Manual de DIREITO TRIBUTÁRIO

JOSIANE MINARDI

Manual de DIREITO TRIBUTÁRIO

CONFORME novo CPC

4ª edição | revista, atualizada e ampliada

2017

EDITORA JusPODIVM
www.editorajuspodivm.com.br

EDITORA
*Jus*PODIVM
www.editorajuspodivm.com.br

Rua Mato Grosso, 175 – Pituba, CEP: 41830-151 – Salvador – Bahia
Tel: (71) 3363-8617 / Fax: (71) 3363-5050
Contato: https://www.editorajuspodivm.com.br/sac

Capa: Ana Caquetti

Diagramação: Linotec Fotocomposição e Fotolito Ltda. (*www.linotec.com.br)*

M663m Minardi, Josiane

Manual de Direito Tributário / Josiane Minardi – 4. ed. rev. ampl. e atual. – Salvador: JusPODIVM, 2017.

1.152 p.

Bibliografia.

ISBN 978-85-442-1306-3.

1. Direito Tributário. I. Título.

CDD 341.39

APRESENTAÇÃO

A presente obra é uma síntese do Direito Tributário que traz uma compilação dos principais entendimentos doutrinários e jurisprudenciais, ordenados didaticamente por assunto, de modo a proporcionar um aprendizado efetivo. Tal obra busca não apenas a teoria, mas a sua concatenação com a prática jurídica em linguagem clara e objetiva.

Trata-se de um trabalho formatado e projetado com o intuito de atender os estudos do acadêmico de Direito, do concorrente a concurso público e do próprio operador do Direito.

Em seu conteúdo o leitor encontrará conceitos e teorias em discussões acadêmicas dos principais doutrinadores, referências legislativas e jurisprudenciais. Ademais, foram elaborados quadros sinóticos e inseridas questões atuais de provas de concursos públicos com comentários, a fim de proporcionar um melhor entendimento, além de fixar o conteúdo.

Ao longo da obra o leitor perceberá que a metodologia adotada colaborará com sua aplicação na vida prática jurídica e na resolução de questões de concursos públicos, visto que, além do conteúdo, houve a inserção de diversos exemplos, gráficos e quadros sinóticos. Tudo isso para tornar a leitura agradável, dinâmica e acessível a todos.

O Direito Tributário é um conjunto de princípios e normas positivas que disciplinam a função tributária e o poder de tributar do ente público. Esse breve conceito do Direito Tributário possibilita ao leitor o entendimento da principal base de abrangência desse ramo do Direito que será estudado. Por meio de minha experiência docente, desenvolvi didaticamente o presente trabalho com a intenção de suavizar e descomplicar a compreensão dessa complexa relação jurídica entre o Fisco e o Sujeito Passivo, de maneira a efetivamente quebrar o paradigma de que Direito Tributário é de difícil assimilação. Pelo contrário, o estudo do Direito Tributário é apaixonante!

Trata-se de um livro eclético e também pragmático que busca com versatilidade transferir conhecimento ao leitor de forma clara e objetiva.

SUMÁRIO

Capítulo 4

Capítulo 5

Capítulo 6

Capítulo 7

CAPÍTULO 1

CONSIDERAÇÕES INICIAIS

Sumário • 1. Breves considerações sobre o direito financeiro – 2. Direito tributário. Noção conceptual: 2.1. Autonomia do Direito Tributário; 2.2 Relação do Direito Tributário com Outros Ramos do Direito – 3. Tributo: 3.1. Conceito; 3.2. Espécies de Tributos – 4. A função do tributo no ordenamento jurídico: 4.1. Introdução; 4.2. O Tributo Fiscal; 4.3. O Tributo Extrafiscal – 5. Quadro Sinótico – 6. Informativo – 7. Questões – 8. Gabarito.

1. BREVES CONSIDERAÇÕES SOBRE O DIREITO FINANCEIRO

O Estado deve captar receitas para custear as necessidades públicas e, com isso, compete à **ciência das finanças** a investigação dos fatos, explicação dos fenômenos ligados à obtenção e ao dispêndio de dinheiro necessário ao funcionamento dos serviços a cargo do Estado.

A ciência das finanças possibilita o esclarecimento ao legislador na elaboração de lei fiscal, fazendo com que ele tenha condições de saber, por exemplo, se é conveniente o momento de sua elaboração, se é justa e adequada a medida da carga tributária, quais os efeitos econômicos, políticos e sociais.

Porém, o Estado, no desempenho de sua atividade financeira, precisa elaborar juízos de valor, que visem a alcançar determinados fins. Necessita, então, recorrer ao direito para obter resultados práticos e favoráveis do exercício de sua atividade financeira até como ter garantias contra possíveis abusos no desempenho da atividade estatal.

Tendo em vista tanta diversidade, o direito atua como instrumento necessário e indispensável para propor a convivência harmoniosa entre todos.

Assim, ao direito compete cumprir um papel de repressão de certas condutas e ao mesmo tempo garantir a liberdade, por atuar na fixação de estruturas sociais, como, por exemplo, realizar o *mister* de implementar políticas públicas.

Surge, portanto, o **Direito Financeiro**, com caráter jurídico, o qual compete estabelecer as normas legais que possibilitem ao Estado executar sua atividade financeira, certo de que suas normas serão observadas pelo particular, justamente em razão do caráter de coercibilidade de que se revestem.

Sob o ponto de vista de Aliomar Baleeiro, a **ciência das finanças** "é um estudo ontológico de todos os complexos aspectos sociais do fenômeno da atividade financeira dos governos, ao passo que o Direito Financeiro se limita ao aspecto jurídico daquela atividade".[1]

1. DERZI, Misabel Abreu Machado. **Direito Tributário Brasileiro.** 11. ed. Rio de Janeiro: Forense, 2007. p. 4.

Assim, pode-se afirmar que o **Direito Financeiro** se define por um conjunto de normas que regulamenta a atividade financeira, no trato das receitas, despesas, orçamento e crédito.

A **receita pública** corresponde ao ingresso definitivo de dinheiro aos cofres do Estado para cumprimento de suas finalidades. Pode ser classificada da seguinte forma:

- Quanto à sua periodicidade

As receitas públicas podem ser divididas em **extraordinárias** e **ordinárias**.

As **receitas extraordinárias** são aquelas auferidas em caráter excepcional e temporário, como, por exemplo, os Empréstimos Compulsórios, previstos no artigo 148, I, da CF, instituídos apenas em caso de guerra externa ou calamidade pública, e o Imposto Extraordinário de Guerra (art. 154, II, da CF) que a União irá criar em caso de guerra externa ou de sua iminência.

As **receitas ordinárias** ingressam regularmente e de forma permanente em nosso ordenamento com a finalidade precípua de custear as necessidades públicas, tais como os impostos.

- Quanto à origem

As receitas públicas são classificadas em **originárias** e **derivadas**.

As receitas públicas **originárias** são aquelas decorrentes da exploração do patrimônio público e atividades desenvolvidas pelo próprio Estado, como se fosse uma empresa privada com intuito lucrativo.

Os bens públicos dominicais, descritos nos artigos 99 e 101 do Código Civil, são passíveis de alienação, bem como podem possuir estrutura de regime de direito privado, atendidas as exigências legais.

Assim, os frutos (aluguéis, foros de terrenos da marinha, laudêmios, etc.) decorrentes da utilização desses bens públicos são receitas públicas originárias.

Pode-se mencionar ainda, como exemplo de receitas públicas originárias, os dividendos, os resultados obtidos (**preços públicos**) pela venda de produtos ou serviços desenvolvidos e prestados por empresas públicas e sociedades de economia mista.

Sem falar nos valores recebidos pela Administração Pública pela permissão da ocupação temporária das calçadas para realização de obras, para instalação de bancas de jornal, uso de vias públicas para estacionamento, barracas de feiras, etc., que também constituem receitas públicas originárias.

As receitas públicas **derivadas** são aquelas em que o Estado, com seu Poder de Império (atual Poder Extroverso), retira parcela de riqueza dos administrados para a consecução de seus fins, no interesse do bem comum.

São exemplos de receitas derivadas: i) **tributos** (impostos, taxas, contribuições de melhoria, contribuições e empréstimo compulsório); ii) **multas pecuniárias** (**Administrativas** – aplicada aos administrados pela Administração Pública em caso de inobservância ou infração à lei; **Penal** – aplicada pelo Judiciário; e **Fiscal** – aplicada pelo descumprimento de obrigações tributárias); iii) **reparações de guerra**.

As **despesas públicas**, objeto do Direito Financeiro, pode significar na percepção Aliomar Baleeiro:

> (...) o conjunto dos dispêndios do Estado, ou de outra pessoa de direito público, para o funcionamento dos serviços públicos. Pode significar, também, "a aplicação de certa quantia, em dinheiro, por parte da autoridade ou agente público competente, dentro duma autorização legislativa, para execução de fim a cargo do governo".2

Pode-se afirmar, assim, que a despesa pública corresponde ao emprego das receitas para cumprimento das necessidades públicas.

No **orçamento** há a aprovação prévia da despesa e da receita para um período determinado.

Por conseguinte, o orçamento consiste num ato do Poder Legislativo que prevê e autoriza ao Poder Executivo, por certo período, as despesas destinadas ao funcionamento dos serviços públicos e outros fins adotados pela política econômica ou geral do país, assim como a arrecadação das receitas já criadas em lei.[3]

O orçamento é periódico. Esse período corresponde ao exercício financeiro, ou seja, um ano, conforme determina o artigo 34 da Lei nº 4.320/64. Aplica-se, portanto, ao orçamento o Princípio da **Anualidade Orçamentária** (arts. 48, II; 165, III e § 5º e 166 da CF) que não se confunde com o Princípio da Anualidade Tributária que deixou de fazer parte do nosso ordenamento jurídico com a Emenda Constitucional n. 1/69, substituído pelo Princípio da Anterioridade que será tratado no Capítulo 3, Item 3.6. E, para finalizar as breves considerações do Direito Financeiro tem-se o **Crédito Público. Este se oriunda do fato de, em determinadas circunstâncias, o Estado não conseguir obter as receitas originárias ou derivadas para manter as necessidades públicas, de modo que se obriga a emprestar dinheiro da esfera privada. Com isso, o Crédito Público surge por meio de um contrato bilateral, autorizado por lei, em que o Estado empresta do particular determinada quantia, intervindo assim na Economia.** Em suma, corresponde a um contrato cujo objeto consiste na transferência de certa quantia em dinheiro de uma pessoa particular a uma entidade pública para ser restituído, acrescido de juros, em determinado período de tempo.

A Constituição do Brasil de 1946, no artigo 5º, XV, "b", pela primeira vez trouxe o Direito Financeiro de forma autônoma, e atribuiu a competência – para legislar sobre "normas gerais de direito financeiro" – à União, sem prejuízo da competência dos Estados, desde que limitada à legislação supletiva ou complementar. Atualmente, tal competência está prevista no artigo 24, I, da CF/88. *"Compete à União, aos Estados e ao Distrito Federal legislar concorrentemente sobre: I – direito tributário, financeiro, penitenciário, econômico e urbanístico; (...)".*

Com a complexidade e quantidade de receitas administradas pela atividade financeira, logo se percebeu a necessidade de mais uma ramificação desse campo do Direito, para atender apenas as receitas derivadas, referentes aos tributos.

2. **Uma Introdução à Ciência das Finanças**. 6. ed. Rio de Janeiro: Forense, 1969. p. 81.
3. *Ibidem*, p. 397.

Surge, então, o **Direito Tributário** com o fim de regularizar as receitas oriundas da tributação (receitas derivadas), deixando para o Direito Financeiro o estudo referente às demais receitas públicas, não compreendidas no conceito de tributos.

Desse modo, tendo em vista que o estudo da atividade desempenhada pelo Estado relativo ao tributo tornou-se cada vez mais relevante no ordenamento jurídico, nada mais justo que individualizá-lo como um ramo do Direito específico para sua disciplinação. Referida disciplinação se dá, sobretudo, não apenas porque o Estado utiliza a tributação como fonte de angariação de recursos financeiros, mas também como maneira de intervir na economia privada, estimulando setores, incentivando o desenvolvimento econômico das regiões e promovendo a redistribuição da renda.

2. DIREITO TRIBUTÁRIO. NOÇÃO CONCEPTUAL

Segundo o entendimento de Paulo de Barros Carvalho, Direito Tributário é "o ramo didaticamente autônomo do direito, integrado pelo conjunto das proposições jurídico-normativas que correspondam, direta ou indiretamente, à instituição, arrecadação e fiscalização de tributos".[4]

Hugo de Brito Machado conceitua Direito Tributário como "ramo do direito que se ocupa das relações entre fisco e as pessoas sujeitas a imposições tributárias de qualquer espécie, limitando o poder de tributar e protegendo o cidadão contra os abusos desse poder".[5]

Já Regina Helena Costa define Direito Tributário como "conjunto de normas jurídicas que disciplinam a instituição, a arrecadação e a fiscalização de tributos".[6]

Podemos afirmar, diante das definições acima reproduzidas, que o **Direito Tributário** constitui um ramo do **Direito Público** que disciplina princípios e regras próprias referentes à instituição, fiscalização e arrecadação de tributos entre os sujeitos envolvidos nessa relação jurídica.

Trata-se de um ramo do Direito Público, pois não há como negar a preponderância do interesse coletivo na seara da tributação.

2.1. Autonomia do Direito Tributário

Não se pode afirmar que o Direito Tributário é um ramo cientificamente autônomo, porquanto não há como conhecer e aplicar regras jurídicas isoladas, uma vez que se trata de sistema jurídico uno e indecomponível.

As regras jurídicas encontram-se entrelaçadas por vínculos de hierarquia e relações de coordenação e, por essa razão, não podem ser observadas individualmente, sob pena de ignorar o sistema de proposições prescritivas.[7]

4. CARVALHO, Paulo de Barros. **Curso de Direito Tributário.** 19. ed. São Paulo: Saraiva, 2007. p. 15.
5. MACHADO, Hugo de Brito. **Curso de Direito Tributário.** 30. ed. São Paulo: Malheiros, 2009. p. 50.
6. COSTA, Regina Helena. **Curso de Direito Tributário** – Constituição e Código Tributário Nacional. São Paulo: Saraiva, 2009. p. 10.
7. CARVALHO, Paulo de Barros, op. cit., p. 14.

O Direito Tributário deve ser aplicado e analisado à luz de outros ramos do Direito, em virtude da interdisciplinaridade de conceitos e regras de outras matérias.

Tomemos como exemplo a regra-matriz de incidência tributária do ITBI – Imposto de Transmissão de Bens Imóveis, de competência municipal. O critério material desse tributo, segundo o artigo 156, II, da CF, é realizar a "transmissão de bem imóvel por título oneroso". Bem imóvel é conceito desenvolvido pelo Direito Civil, assim, a transmissão só será operacionalizada em conformidade com as regras desse ramo do Direito. Município é pessoa política definida pelo Direito Constitucional.

Embora exista esse entendimento, muitos doutrinadores entendem, por outro lado, que o Direito Tributário por apresentar princípios e regras próprias, não aplicáveis em outras searas, seria um ramo cientificamente autônomo.

Nesse diapasão, elucida Kiyoshi Harada:

> "Porém, o que realmente caracteriza a autonomia do Direito Tributário é o fato de existir princípios jurídicos próprios, não aplicáveis aos demais ramos da ciência jurídica, tais como o da imunidade recíproca, imunidade genérica, da capacidade contributiva, da discriminação de rendas tributárias, da vedação de efeitos confiscatórios".[8]

Luciano Amaro sustenta, todavia, que o Direito Tributário é relativamente autônomo, tanto cientificamente como didaticamente. Para o autor não existe nem mesmo autonomia didática pela impossibilidade de estudar Direito Tributário isoladamente de outros preceitos dos outros ramos do Direito:

> "Portanto, se se quiser dizer que o direito tributário goza de autonomia legislativa (por ser objeto de conjuntos de normas dirigidas especificamente à disciplina dos tributos), ou que possui autonomia científica (por abrigar princípios e institutos não comuns a outros ramos do direito) e que desfruta, ademais, de autonomia didática (por ser ensinado em cadeiras autônomas nos cursos jurídicos), é preciso sublinhar que, em todos esses aspectos, a autonomia é sempre relativa. Não se legisla, nem se teoriza, nem se ensina matéria tributária sem que se tenham presentes conceitos estruturados noutros ramos da ciência jurídica".[9]

Geraldo Ataliba já sustentava que por ser o Direito Tributário um sub-ramo do Direito Administrativo não gozava de autonomia científica, apenas de autonomia didática[10].

Por fim, entendemos que o Direito Tributário **não se configura cientificamente autônomo**, justamente por não poder ser individualizado, deve interligar-se com os demais ramos do Direito, uma vez que o sistema é uno e indivisível. Todavia, vale lembrar que **é didaticamente autônomo**, porque existe uma ramificação do Direito para disciplinar suas regras e princípios; por essa razão se estuda em cadeiras autônomas nos cursos jurídicos.

2.2. Relação do Direito Tributário com Outros Ramos do Direito

Passamos agora à análise da inter-relação do Direito Tributário com outras disciplinas do Direito.

8. HARADA, Kiyishi. **Direito Financeiro e Tributário.** 20 ed. São Paulo: Atlas, 2011. p. 296.
9. AMARO, Luciano. **Direito Tributário Brasileiro.** 16. ed. São Paulo: Saraiva, 2010. p. 31.
10. ATALIBA, Geraldo. **Hipótese de Incidência Tributária.** 6. ed. São Paulo: Malheiros, 2006. p. 37.

Merecem destaque as relações do Direito Tributário com o **Direito Constitucional**, em razão de ser a Constituição Federal competente para outorgar poderes aos Entes Federativos para que esses criem e majorem tributos. Ao traçar, assim, a denominada competência tributária, delineia os limites desse poder de tributar (os princípios constitucionais tributários, imunidades, etc.). Luciano Amaro sustenta que é na Constituição que encontramos os fundamentos de validade do tributo e por esse motivo poderia se chamar Direito Tributário Constitucional.[11]

Há conexão com o **Direito Administrativo** porque esse fornece o embasamento às atividades tributárias que são prestadas por autoridades administrativas, como a atividade de lançamento tributário, fiscalização, arrecadação e cobrança de tributos. Além disso, muitas vezes, devemos recorrer aos conceitos administrativos com o fim de buscar a compreensão da materialidade de tributos que estão vinculados a uma atividade estatal, como Poder de Polícia, Serviço Público e Obra Pública.

Por sua vez, no **Direito Financeiro,** a interdisciplinaridade decorre da própria especialização do objeto de estudo, porque anteriormente o Direito Financeiro abrangia todas as receitas auferidas pelo Estado. Com o tempo, a parte de tributação passou para análise do Direito Tributário. Além disso, nos valemos de conceitos importantes daquele ramo do Direito, tais como exercício financeiro, importante na aplicação do Princípio Tributário da Anterioridade que será estudado no Subitem 3.2.6.

Há íntima relação com o **Direito Ambiental**, tendo em vista que o Estado pode se valer da tributação para alcançar a sustentabilidade ambiental.

Os tributos, além de funcionarem como angariadores de receitas para abastecimento dos cofres públicos (função fiscal), podem servir na tarefa educativa de direcionar condutas dos contribuintes, de forma a fazê-los participar na proteção do meio ambiente (função extrafiscal).

A tributação ambiental, revestida da técnica da extrafiscalidade, visa estimular uma conduta individual que propicie uma postura ambientalmente correta, à medida que interfere no patrimônio do contribuinte, que preferirá adotar atitudes menos agressivas ao meio ambiente e, assim, economizar.

3. TRIBUTO

3.1. Conceito

O tributo é uma prestação pecuniária arrecadada pelo Estado, no uso de seu Poder de Império (Poder Extroverso), com a finalidade de atender aos gastos públicos. O legislador se preocupou em estabelecer a definição de tributo, conforme se observa no artigo 3º do Código Tributário Nacional – CTN: *"Tributo é toda prestação pecuniária compulsória, em moeda ou cujo valor nela se possa exprimir,* **que não constitua sanção de ato ilícito**, *instituída em lei e cobrada mediante atividade administrativa plenamente vinculada".*

11. **Direito Tributário Brasileiro,** op. cit., p. 34.

Para melhor compreensão, passa-se à análise dos elementos que compõem o conceito de tributo:

1 **Tributo** é toda **prestação pecuniária compulsória**, significa dizer que consiste no cumprimento obrigatório de uma prestação em dinheiro, que independe da vontade do sujeito passivo.

O Código Tributário Nacional, ao se referir à expressão "toda prestação", estabelece que qualquer prestação que se enquadre em todos os requisitos do seu artigo 3º será tributo, independentemente de sua denominação, conforme determina o seu artigo 4º:

> **Art. 4º.** A natureza jurídica específica do tributo é determinada pelo fato gerador da respectiva obrigação, **sendo irrelevantes para qualificá-la: I – a denominação e demais características formais adotadas pela lei;** II – a destinação legal do produto da sua arrecadação.

Importante evidenciar nesse momento que, embora o inciso II do artigo 4º do Código Tributário Nacional mencione a irrelevância da destinação legal do produto para qualificá-lo como tributo, esse entendimento foi superado a partir da Constituição Federal de 1988. Observe que a destinação foi considerada como relevante, com o propósito de diferenciar especificamente dois tributos dos demais: Contribuições e Empréstimos Compulsórios. Se assim não o fosse, a Contribuição Social sobre o Lucro Líquido, por exemplo, em que sua arrecadação está vinculada ao financiamento da Seguridade Social, consequentemente seria confundida com o Imposto de Renda Pessoa Jurídica (IRPJ), tendo em vista que ambos possuem como fato gerador o auferimento de renda pelas pessoas jurídicas. Portanto, para essas exações a denominação e a destinação são **destacadas** pelo próprio legislador constituinte, não tendo relevância a identificação do fato gerador do tributo. O que não ocorre com os impostos, taxas e contribuições de melhoria – o fato gerador é sim relevante.

Cumpre mencionar, ainda, que o desvio do produto da arrecadação, implicando a destinação para finalidade diversa da que justificou a instituição do tributo, pode demonstrar a inexistência, em concreto, da atividade a qual visa a custear ou sua realização em intensidade desproporcional ao custeio, causando a invalidade total ou parcial da exação.

Sobre o aspecto da Compulsoriedade, Hugo de Brito leciona que "caracteriza-se pela ausência do elemento vontade no suporte fático da incidência da norma de tributação. O dever de pagar tributo nasce independentemente da vontade".[12]

Registre-se que a compulsoriedade está ligada ao nascimento da obrigação legal, diferente, portanto, de adimplemento. Não se trata de um acordo de vontades.

2 Em **moeda** ou cujo valor nela se **possa exprimir**: o legislador infraconstitucional incorreu em redundância ao repetir o caráter **pecuniário** da prestação, não havia a necessidade de insistir com a locução "em moeda" ou "cujo valor nela possa se exprimir", pois, ao tratar de obrigação pecuniária, já indica que será paga em **dinheiro**.

12. MACHADO, Hugo de Brito. **Curso de Direito Tributário.** 31. ed. São Paulo: Malheiros, 2010. P. 62.

Ninguém poderá entregar ao fisco, como forma de pagamento, algo que não seja dinheiro, salvo o caso do artigo 156, XI, do CTN, que alude à dação de bem imóvel, quando houver expressa determinação legal. Observa-se que mesmo nesse caso, por se referir a uma exceção, há necessariamente a previsão em lei para autorizar o pagamento do tributo com a entrega de bem imóvel.

3 Que **não** constitua **sanção de ato ilícito**: ninguém paga o tributo por ter desrespeitado uma lei, tributo não é sanção, muito menos castigo. Ao contrário, paga-se o tributo por incorrer em uma situação estabelecida em lei como hipótese de incidência tributária, ou seja, o legislador elegeu uma situação que uma vez praticada pelo sujeito, no mundo concreto, estará sujeita à incidência da norma tributária e, por essa razão, irá nascer a obrigação de pagar um tributo.

Por exemplo: a lei prevê que a hipótese de incidência tributária do Imposto sobre Renda ou Proventos de Qualquer Natureza – IR – se traduz por "auferir renda", isto é, o sujeito terá de pagar IR quando obtiver renda, porque praticou o fato previsto em lei.

Assim sendo, pode-se afirmar que uma lei descreve hipoteticamente um estado de fato e dispõe que a realização concreta, no mundo fenomênico, do que foi descrito, determina o nascimento de uma obrigação de pagar um tributo.[13]

As hipóteses de incidência da norma tributária, portanto, são sempre constituídas por fatos **lícitos**, que uma vez ocorridos no mundo jurídico originam a obrigação de pagar o tributo.

Por exemplo:

Hipótese de incidência previsão na lei	Consequência: pagar
Auferir Renda	IR – Imposto sobre Renda ou Proventos de Qualquer Natureza
Ser proprietário de veículo automotor	IPVA – Imposto sobre a Propriedade de Veículos Automotores
Ser proprietário de imóvel urbano	IPTU – Imposto sobre a Propriedade Predial e Territorial Urbana
Ser proprietário de imóvel rural	ITR – Imposto sobre a Propriedade Territorial Rural
Transmissão *inter vivos* de bem imóvel por título oneroso	ITBI – Imposto sobre a Transmissão Inter Vivos, a qualquer título, por ato oneroso, de bens imóveis, por natureza ou acessão física, e de direitos reais sobre imóveis, exceto os de garantia, bem como cessão de direitos a sua aquisição
Prestar serviços	ISS – Imposto sobre Serviços de Qualquer Natureza
Circular mercadorias	ICMS – Imposto sobre Operações de Circulação de Mercadorias
Importar mercadorias	II – Imposto sobre Importação de produtos estrangeiros
Exportar mercadorias	IE – Imposto sobre Exportação, para o exterior, de produtos nacionais ou nacionalizados

13. ATALIBA, Geraldo. **Hipótese de Incidência Tributária.** 6. ed. São Paulo: Malheiros, 2005. p. 53.

Jamais, o legislador poderá eleger como hipótese de incidência tributária uma conduta ilícita.

Nas palavras de Leandro Paulsen:

> "O tributo não é sanção de ato ilícito e, portanto, não poderá o legislador colocar, abstratamente, o ilícito como gerador da obrigação tributária ou dimensionar o montante devido tendo como critério a ilicitude (e.g., definir alíquota maior para o IR relativamente à renda advinda do jogo do bicho). Entretanto, a ilicitude subjacente é irrelevante. A aquisição de renda e a promoção da circulação de mercadorias, e.g., são, abstratamente consideradas, fatos lícitos e passíveis de serem tributados. Se a renda foi adquirida de modo ilegal ou se a mercadoria não poderia ser vendida no País, são fatos que desbordam da questão tributária, são ilicitudes subjacentes que não afastam a tributação".[14]

Como bem assevera Leandro Paulsen, faz-se necessário salientar que, embora a hipótese de incidência tributária não se refira a ações ilícitas, os **frutos** de uma atividade ilícita podem ser objeto de tributação.

Para melhor compreensão do afirmado, exemplifica-se o caso do Imposto sobre Rendas ou Proventos de Qualquer Natureza – IR, em que a hipótese de incidência, também chamada pelo legislador de "fato gerador", consiste em "auferir renda". Assim, o sujeito que obtiver renda consequentemente incidirá na obrigação de pagar IR, não importando, para fins de tributação, como essa renda foi alcançada, seja por meio de atividade lícita ou ilícita. O que importa é que o sujeito incorreu na previsão da norma tributária, ou seja, auferiu renda.

Assim, se o sujeito recebeu renda de atividades ilícitas, terá de pagar o IR. Ressalte-se que não se trata de tributar atividade ilícita, mas sim de efetiva ocorrência, no mundo concreto, da hipótese de incidência tributária.

O artigo 118, I, do Código Tributário Nacional prevê que a definição do fato gerador será interpretada **abstraindo-se** da validade dos atos praticados pelo sujeito, *in verbis*:

> **Art. 118.** A definição legal do fato gerador é interpretada abstraindo-se: I – da validade jurídica dos atos efetivamente praticados pelos contribuintes, responsáveis, ou terceiros, bem como da natureza do seu objeto ou dos seus efeitos; II – dos efeitos dos fatos efetivamente ocorridos.

No caso do sujeito que aufere renda pela venda de entorpecentes, a ilicitude se configura irrelevante para fins tributários, o que importa é que foi praticado o fato gerador, "auferir renda" e, por esse motivo, o sujeito deverá pagar IR.

O STF tem o entendimento majoritário no sentido de que praticado o fato gerador previsto em lei, deve ser pago o imposto, independentemente de a atividade ser lícita ou ilícita, conforme se observa da ementa do HC n. 77.530/RS da relatoria do Ministro Sepúlveda Pertence:

> "**Drogas:** tráfico de drogas, envolvendo sociedades comerciais organizadas, com lucros vultosos subtraídos à contabilização regular das empresas e subtraídos à declaração de rendimentos: caracterização, em tese, de crime de sonegação fiscal, a acarretar a competência da Justiça Federal e atrair pela conexão, o tráfico de entorpecentes: irrelevância da origem ilícita, mesmo quando criminal, da renda subtraída à tributação.

14. PAULSEN, Leandro. **Curso de Direito Tributário.** 4. ed. Porto Alegre: Livraria do Advogado, 2012, p. 14.

A exoneração tributária dos resultados econômicos de fato criminoso – antes de ser corolário do princípio da moralidade – constituiu violação do princípio da isonomia fiscal, de manifesta inspiração ética".

Os Tribunais Superiores aplicam o princípio ***pecunia non olet***, ou seja, o dinheiro não tem cheiro, surgido no Direito Romano. Não importa a origem da renda. Nesse caso, se considera como relevante a ocorrência do fato gerador do IR, "auferir renda", e, por isso, aplica-se o artigo 118, I, do CTN; portanto, deve haver a tributação.

Pelo princípio da *pecunia non olet* extrai-se que se observa o conteúdo axiológico do valor de justiça, direcionando a exigibilidade da exação sobre quem possui capacidade contributiva, ainda que o rendimento provenha de atividade ilícita.

4 **Instituída em lei.** O tributo só pode ser instituído por meio de lei, de acordo com os artigos 150, I, da CF e 97 do CTN, e mediante instrumento normativo com força de lei, isto é, Medida Provisória, conforme prevê o artigo 62, § 2º, da Carta Magna, em observância ao Princípio da Legalidade (estudado mais adiante).

5 Cobrada mediante **atividade administrativa plenamente vinculada**. O tributo será cobrado pelo Poder Público que não terá margem de liberdade para escolhas discricionárias. O fiscal não poderá cobrar o tributo consoante a sua conveniência e oportunidade; deverá exigir a obrigação tributária do contribuinte exatamente como está disposto na legislação.

3.2. Espécies de Tributos

Muito se discute sobre quantas espécies tributárias subsistem no ordenamento jurídico pátrio, por conta da possibilidade de classificá-las de diversas formas, adotando-se inúmeros critérios. Diante dessa discussão, vale trazer à baila as correntes doutrinárias:

Existe a corrente **binária ou bipartite**, defendida por Geraldo Ataliba, Pontes de Miranda e Alfredo Augusto Becker, segundo a qual as espécies tributárias seriam classificadas em apenas impostos e taxas, posto que utilizam como critério de classificação os tributos vinculados (taxas – contraprestação estatal) e não vinculados (impostos – sem atuação estatal direta).

Há a teoria **ternária ou tripartite ou tripartida ou tricotômica**, defendida por Roque Antonio Carrazza e Paulo de Barros Carvalho, também contida na redação da Constituição Federal, em seu artigo 145, e no Código Tributário Nacional, artigo 5º, a qual divide os tributos em impostos, taxas e contribuição de melhoria. Essa teoria provém da teoria binária, que também se classifica como tributos vinculados (taxas e contribuição de melhoria) e não vinculados (impostos), mas também adota, como critério de classificação, o fato gerador, posto que esse elemento especifica a espécie de tributo. Aqueles que defendem essa teoria explicam que as contribuições especiais e os empréstimos compulsórios podem se enquadrar ora como taxa, ora como imposto, dependendo da análise do fato gerador.

Ressalta-se que se entende como tributo vinculado aquele relacionado a uma atividade estatal especificamente voltada ao contribuinte. Cita-se, como exemplo, a contribuição de melhoria, que é devida em decorrência da realização de uma obra pública, cuja consequência seja a valorização de um imóvel do contribuinte, pois há uma contraprestação estatal. Outro exemplo de tributo vinculado são as taxas que serão pagas pela utilização efetiva ou potencial de um serviço público específico e divisível ou pelo exercício regular do Poder de Polícia.

Importante, ainda, estabelecer a seguinte diferença entre taxas e contribuições de melhoria: como dito, a taxa também tem como característica a vinculação, em que a lei impõe uma prestação estatal **direta e imediata**, visto que, se houver a atuação do Estado, consequentemente nasce a obrigação tributária. Enquanto as **contribuições de melhoria** são devidas apenas se houver uma valorização imobiliária ao contribuinte, decorrente de uma obra pública, por esse motivo se trata de uma vinculação **indireta e mediata.** Frise-se que não basta a simples realização de uma obra pública para a exigência do tributo, deve existir a valorização imobiliária.

Já no critério da não vinculação inexiste esta contraprestação estatal específica, há simplesmente a arrecadação de dinheiro aos cofres públicos para suprir as necessidades públicas de maneira geral, sem determinar circunstanciadamente a contraprestação estatal.

Os impostos são tributos não vinculados, em virtude de o contribuinte pagar pelo fato de ter praticado o fato gerador, sem saber exatamente qual será a contraprestação estatal.

Há a teoria **quaternária ou quadripartite, tetrapartida ou quadricotômica,** defendida por Bernardo Ribeiro de Moraes e Ricardo Lobo Torres, estabelecendo que os tributos são divididos em: impostos, taxas, contribuições e empréstimos compulsórios. Para essa teoria, houve a diferenciação dos empréstimos compulsórios, por se tratar de um tributo restituível, acrescentando mais esse critério de classificação.

E, por fim, a teoria **quinaria ou quimpartite ou pentapartite,** defendida pela doutrina majoritária (cite-se Hugo de Brito Machado) e pelo Supremo Tribunal Federal[15], também prevista nos artigos 149 e 149-A da CF, entende que os tributos são divididos em: impostos, taxas, contribuições de melhoria, contribuições e empréstimos compulsórios. Para essa teoria, os empréstimos compulsórios e as contribuições especiais são espécies tributárias autônomas, distintas das taxas, impostos e contribuições de melhoria.

Vale evidenciar que tanto a Constituição Federal em seu artigo 145, quanto o artigo 5º do CTN preveem **três espécies tributárias**:

- Impostos
- Taxas
- Contribuição de Melhoria

15. "(...) As diversas espécies tributárias, determinadas pela hipótese de incidência ou pelo fato gerador da respectiva obrigação (CTN, art. 4º), são: **a) os impostos** (CF, art. 145, I, arts. 153, 154, 155 e 156), **b) as taxas** (CF, art. 145, II), **c) as contribuições**, que são c.1) **de melhoria** (CF, art. 145, III), c.2) **sociais** (CF, art. 194), que, por sua vez, podem ser c.2.1) de seguridade social (CF, art. 195, CF, 195, § 4º) e c.2.2) salário educação (CF, art. 212, § 5º) e c.3) especiais: c.3.1) de intervenção no domínio econômico (CF, art. 149) e c.3.2) de interesse de categorias profissionais ou econômicas (CF, art. 149). Constituem, ainda, espécie tributária, **d) os empréstimos compulsórios** (CF, art. 148)." (**Informativo** Nº 397, RE – 416601, Rel. Min. Carlos Velloso, **DJ** 30.09.2005) (grifos nossos)

Porém, também há a previsão, no artigo 148 da CF do **Empréstimo Compulsório** e no artigo 149 da CF das **Contribuições**.

Ademais, o artigo 149, também da CF, divide as contribuições em três modalidades de competência da União, que serão estudadas no Capítulo 9.

Contribuição social

Contribuição de Intervenção no Domínio Econômico (CIDE)

Contribuição de Interesse de Categoria Profissional ou Econômica

Também, não menos importante, o artigo 149-A da CF estabelece a Contribuição para Custeio do Serviço de Iluminação Pública – **COSIP**.

Assim, por mais que o Código Tributário Nacional adote a teoria **ternária**, de modo a classificar as espécies tributárias em apenas três (impostos, taxas e contribuição de melhoria), o Supremo Tribunal Federal, como dito anteriormente, adotou a teoria **quinária**, que classifica os tributos em cinco espécies tributárias:

Impostos

Contribuição social

Taxas

Contribuição de melhoria

Contribuições Especiais

Empréstimo compulsório

Transcreve-se a seguir o trecho do voto do Ministro do STF, Moreira Alves, em 29.06.1992, no RE n. 146.733-9/SP:

> (...) "De fato, a par das três modalidades de tributos **(os impostos, as taxas e as contribuições de melhoria)**, a que se refere o art. 145, para declarar que são competentes para instituí-los a União, os Estados, o Distrito Federal e os Municípios, os artigos

> 148 e 149 aludem a duas outras modalidades tributárias, para cuja instituição só a União é competente: **o empréstimo compulsório e as contribuições sociais**, inclusive as de intervenção no domínio econômico e de interesse das categorias profissionais ou econômicas" (RE n. 146733-SP – São Paulo, rel. Min. Moreira Alves, **DJ** de 06.11.1992) (grifos nossos).

A maioria das bancas de concurso segue a teoria **quinária**. No entanto, se a prova mencionar que, segundo o Código Tributário Nacional, são três espécies tributárias, essa alternativa estará correta, pois o seu artigo 5º prevê apenas os impostos, taxas e contribuição de melhoria.

Vale mencionar que as demais exações tributárias, contribuições e o empréstimo compulsório ingressaram no ordenamento jurídico apenas com a Constituição de 1988.

Em prova realizada pela banca CESPE, em 2008, para o cargo de Procurador/PB, uma das questões subjetivas tratava sobre a classificação dos tributos, segundo o entendimento doutrinário. Vejamos:

Exemplo de questão sobre o tema

▶ **(CESPE – Procurador do Estado – PB/2008).** A doutrina propõe inúmeras classificações para os tributos, com base em suas especificidades, semelhanças e diferenças. Tais classificações, embora ausentes na legislação, ajudam na compreensão da natureza jurídica e aplicação de cada espécie tributária.

Com foco nas principais classificações propostas pela doutrina, redija um texto dissertativo, conceituando as espécies tributárias e mencionando, necessariamente, os seguintes critérios: natureza do fato gerador, destinação da arrecadação, finalidade, aspectos subjetivos e objetivos da hipótese de incidência e repercussão.

A questão supracitada deveria ser respondida de acordo com a classificação demonstrada nesse Capítulo, citando os critérios de classificação adotados em cada teoria, bem como com alusão ao artigo 4º do CTN que demonstra ser a natureza jurídica do tributo determinada pelo fato gerador, sendo irrelevantes para sua qualificação a denominação e demais características formais adotadas pela lei e a destinação legal do produto da sua arrecadação. Ressaltando-se, ainda, que a partir da Constituição de 1988 a destinação da arrecadação do tributo passou a ser relevante, principalmente para distinguir as Contribuições e Empréstimos Compulsórios das demais espécies tributárias. Isso quer dizer que a Constituição de 1988 não recepcionou totalmente o referido art. 4º do CTN, segundo os adeptos à teoria quimpartite.

Com relação à hipótese de incidência, também objeto de análise na questão, deveriam ser mencionados os cinco critérios adotados pelo legislador para determinar o pagamento do tributo, quais sejam: i) critério material, ii) critério espacial, iii) critério temporal, iv) critério pessoal e v) critério quantitativo. O Capítulo 5 dessa obra irá abordar essa matéria com a devida atenção.

4. A FUNÇÃO DO TRIBUTO NO ORDENAMENTO JURÍDICO

4.1. Introdução

A fim de compreender a função do tributo no ordenamento jurídico, faz-se necessário descrever um breve histórico sobre os princípios teóricos da tributação.

Uma primeira teoria sobre a causa dos tributos foi a do **Princípio da Equivalência**, a qual justificava o pagamento dos tributos pela troca de serviços prestados pelo Estado.

De acordo com o princípio da equivalência, o tributo seria pago por aquele que gozasse de uma prestação estatal, sendo que seu pagamento seria proporcional ao grau da prestação. Com base nesse princípio, os tributos seriam vinculados às suas finalidades, não se utilizando deles para cobrir interesses públicos que não correspondessem a um interesse especial dos contribuintes a eles sujeitos.[16]

O princípio da equivalência fazia menção apenas aos tributos vinculados, em que existia uma relação sinalagmática entre o tributo e a prestação estatal, sem considerar os não vinculados.

Surge, então, o **Princípio do Benefício**, em que se evidencia que o contribuinte concedia ao Estado uma parcela de sua riqueza individual em troca dos serviços prestados, de forma geral, pelo Estado, que contribuía para o bem-estar do particular.[17] Em outras palavras, cada contribuinte pagava o tributo em conformidade com o benefício que ele recebia do Estado.

Por meio dos tributos, o Estado obtém receitas para custear as despesas públicas em busca do bem comum: prover a educação, a cultura, o lazer, melhorar a saúde da população, dar-lhe segurança, prestar-lhe serviços públicos, conservar o meio ambiente, etc.

Ocorre que tal princípio excluía aqueles que não possuíam renda, de modo que o Princípio do Benefício se tornou ineficiente.

Até o século XIX, os doutrinadores viam, na tributação, apenas um meio de alcançar o equilíbrio financeiro entre as receitas públicas e despesas públicas.

Adolph Wagner, no século XIX, verificou a necessidade de incluir, na atividade financeira, preocupações de natureza social, dando à tributação uma função diferente da simples arrecadação, mas apresentando-a como possível alternativa para a **redistribuição de riquezas**.[18]

Surge, com Adolph Wagner, a ideia de que o tributo não apresentaria como causa apenas a arrecadação, contudo poderia sim trazer uma segunda função, a **função social**.

A visão do tributo deixou de ter apenas a função arrecadatória, passou a se voltar ao bem comum.

Essa perspectiva surge com maior ênfase com Keynes, que defendeu, ainda no século XIX, que a política fiscal deveria ser utilizada para intervir diretamente na economia, promovendo a redistribuição de riquezas e o pleno emprego.[19]

Atualmente, o Estado se vale efetivamente do tributo, não apenas como angariador de receitas para o abastecimento dos cofres públicos, mas para a consecução de objetivos econômicos e sociais.

---

16. SHOUERI, Luís Eduardo. **Normas Tributárias Indutoras e Intervenção Econômica**, p. 143-144.
17. Idem, *ibidem*, p. 144.
18. **Traité des science desfinances.** Théorie de impositión, theoriedes taxes e théorie genérale dês impots, p. 111-113.
19. KEYNES, John Maynard. El camino hacia la prosperidade. (The means to prosperity). In: DOMINGUES, Francisco Del Brio (Dir.). **La política fisca Le maccion.** Selección de lecturas sobre política fiscal moderna, p. 92 e ss.

Destarte, pode-se afirmar que o tributo pode apresentar duas funções: a) a função eminentemente **arrecadatória**, que retrata a **fiscalidade** do tributo, cujo único objetivo consiste na a arrecadação de receitas para sustentação das necessidades públicas; e b) a segunda função, que consiste em estimular ou desestimular condutas do particular consoante os objetivos sociais, políticos e econômicos do Estado, exercendo, assim, uma função **extrafiscal do tributo**.

4.2. O Tributo Fiscal

O tributo se define por um instrumento de soberania estatal, legal e social, composto pela receita oriunda dos particulares, para que o Estado possa desenvolver suas atividades e necessidades. Esse instrumento de soberania provém como decorrência direta da supremacia do interesse público sobre o interesse privado.

Um tributo será fiscal quando ele visar tão somente ao abastecimento dos cofres públicos, sem quaisquer outros interesses. Sua pretensão constitui puramente de **obtenção de receitas** para a realização de despesas voltadas ao interesse público.

Mesmo em se tratando de um Estado Democrático de Direito, de regime econômico capitalista, cujo ordenamento jurídico é composto por um regime constitucional delineado pela valorização da livre-iniciativa e pelas regras delimitadoras do poder econômico estatal, como agente preponderante, como bem assevera Marcus de Freitas Gouvêa, *"[...] é axiomático adotar-se a tributação como forma de obtenção de recursos para financiar a concretização dos fins estatais"*.[20]

Nessa linha, Marcos André Vinhas Catão aponta o entendimento adotado pela doutrina clássica, ao referir a fiscalidade ou a função fiscal dos tributos como a *"[...] concretização de receitas tributárias [...]"* por intermédio da aplicação legítima pelo Estado de cargas tributárias razoáveis.[21]

Sob a ótica de Marcus de Freitas Gouvêa, ainda sobre a fiscalidade "[...] o Estado é impelido à tributação a fim de suprir-se de meios necessários para financiar suas finalidades constitucionalmente estabelecidas".[22]

Bernardo Ribeiro de Moraes identifica os tributos fiscais como tributos neutros, à medida que não provocam qualquer ingerência de cunho econômico ou social, limitando-se à angariação de fundos para o custeio do Estado.

> "Os impostos fiscais são denominados, também, **impostos neutros, porque não intervêm na ordem social e econômica.** Obter recursos para o atendimento dos fins do Estado é a finalidade normal, natural, fiscal, de todo imposto. A economia **clássica**, condenando em princípio toda intromissão do Estado no desenvolvimento econômico, propugna pelo imposto como instrumento exclusivamente financeiro, **para servir como carreador de receitas públicas necessárias para as despesas do Estado, não para outros fins**"[23](*sic*) (Grifos Nossos).

20. GOUVÊA, Marcus de Freitas. **A extra fiscalidade no direito tributário,** p. 40.
21. **Regime jurídico dos incentivos fiscais**, p. 4.
22. **A extra fiscalidade...,** op. cit., p. 39.
23. **Compêndio de Direito Tributário,** v. 1, p. 441-442.

Portanto, ao se referir à função arrecadatória do Estado – finalística fiscal –, visando a auferir recursos para a sua subsistência, faz-se menção ao uso do instrumento tributário totalmente desvinculado de axiomas, reportando-se apenas às despesas e às receitas.

4.3. O Tributo Extrafiscal

Diferentemente dos tributos fiscais – cuja finalidade é tão somente o abastecimento dos cofres públicos, para financiar o bem-estar comum -, o tributo extrafiscal constitui um instrumento para **estimular** ou **desestimular** condutas, na busca de objetivos econômicos, sociais e políticos do Estado.

Leandro Paulsen leciona que os tributos extrafiscais:

> "por onerarem determinadas situações ou operações, acabam por influenciar as escolhas dos agentes econômicos (...). Diz-se que se trata de um tributo com finalidade extrafiscal quando os efeitos extrafiscais são não apenas uma decorrência secundária da tributação, mas seu efeito principal, deliberadamente pretendido pelo legislador que se utiliza do tributo como instrumento para dissuadir ou estimular determinadas condutas".[24]

Portanto, o tributo extrafiscal se define por aquele que visa induzir determinados comportamentos, de modo que a arrecadação passa a ser analisada em segundo plano.

Na Constituição Federal não há previsão expressa da utilização da tributação com objetivo extrafiscal, o que pode levar ao entendimento de que o tributo teria apenas efeito arrecadatório.

Conquanto não haja tal previsão expressa na Constituição sobre a extrafiscalidade tributária, esse entendimento está implícito na ordem tributária constitucional, assim, é plenamente possível a utilização dessa ferramenta.

Comprova-se o alegado na observância do artigo 151, I, da CF, por exemplo, em que há, implicitamente, o reconhecimento da extrafiscalidade, quando se admite à União a "[...] concessão de incentivos fiscais destinados a promover o equilíbrio do desenvolvimento socioeconômico entre as diferentes regiões do País".

No mesmo sentido, pode-se citar o artigo 153, § 4º, da CF que prevê alíquotas progressivas do Imposto Territorial Rural (ITR), com o fim de desestimular a manutenção de propriedades improdutivas.

Não obstante, no artigo 182, § 4º, x há previsão de alíquotas progressivas do Imposto sobre a Propriedade Predial e Territorial Urbana (IPTU), a fim de garantir a função social da propriedade.

Menciona-se, ainda, o artigo 155, § 2º, III, da CF, no que tange à seletividade (em função da essencialidade) do Imposto sobre Operações Relativas à Circulação de Mercadorias (ICMS); o artigo 156, § 1º, II, da CF na hipótese de distinção de alíquotas do IPTU, em face da utilização e localização do imóvel; e o artigo 155, § 6º, II, na mesma distinção de alíquotas para o Imposto sobre a Propriedade de Veículos Automotores (IPVA), em razão do tipo e utilização do veículo, dentre tantos outros dispositivos constitucionais.

---

24. PAULSEN, Leandro. **Curso de Direito Tributário.** 4. ed. Porto Alegre: Livraria do Advogado, 2012, p.9.

Verifica-se, também, a extrafiscalidade do IPI, no artigo 153, § 3º, I, da CF, que trata do **Princípio da Seletividade**, segundo o qual a tributação será em razão da essencialidade do bem – quanto mais essencial for o bem para a vida humana, menor a tributação; e, quanto menos essencial, no caso de produtos supérfluos, maior a tributação. Tal dispositivo refere-se ao estímulo tanto para a produção quanto para o consumo dos diversos tipos de bens.

A extrafiscalidade decorre da supremacia do interesse público e apresenta fins diversos do eminentemente arrecadatório.

Na visão de Misabel Derzi:

> "Costuma-se denominar de extrafiscal aquele tributo que não almeja, prioritariamente, prover o Estado dos meios financeiros adequados a seu custeio, mas antes visa ordenar a propriedade de acordo com a sua função social ou a intervir em dados conjunturais (injetando ou absorvendo a moeda em circulação) ou estruturais da economia. Para isso, o ordenamento jurídico, a doutrina e jurisprudência têm reconhecido ao legislador tributário a faculdade de estimular ou desestimular comportamentos, por meio de uma tributação progressiva ou regressiva, ou da concessão de benefícios e incentivos fiscais. A Constituição expressamente os admite para promover o equilíbrio do desenvolvimento socioeconômico entre as diferentes regiões do país (art. 151, I) determina ainda que o imposto territorial rural seja utilizado com fins extrafiscais, colimando alcançar a produtividade da propriedade rural, assim como autoriza a progressividade do imposto sobre a propriedade predial e territorial urbana, para assegurar a função social da propriedade *(sic)*"[25].

Raimundo Bezerra Falcão define:

> [...] "por extrafiscalidade, entender-se-á a atividade financeira que o Estado exercita sem o fim *precípuo* de obter recursos para seu erário, para o fisco, mas sim com vistas a ordenar ou reordenar a economia e as relações sociais, intervindo, portanto, por exemplo, no mercado, na redistribuição de riquezas, nas tendências demográficas, no planejamento familiar. No fundo – mas não unicamente, importa em atuar sobre a economia, para mudar o panorama social" *(sic)*.[26]

Para Regina Helena Costa, a extrafiscalidade aproxima-se da noção de Poder de Polícia ou de Polícia Administrativa, conceituada como a atividade estatal consistente em limitar o exercício dos direitos individuais em benefício do interesse coletivo; e esta, na questão tributária, deve levar em conta o equilíbrio entre interesse público e interesse social. Para a autora, tanto a polícia administrativa quanto a extrafiscalidade tributária, posto que se valham de meios distintos, definidos em lei, buscam moldar as condutas dos particulares conforme os objetivos de interesse público.[27]

Verifica-se que a lei tributária, muitas vezes, atinge com maior eficiência e eficácia seus objetivos quando, em lugar de apenas se valer da arrecadação, tenta influenciar as condutas dos contribuintes, oferecendo-lhes, por exemplo, subvenções, isenções, créditos presumidos, bonificações, etc.

25. **Nota de Atualização.** In: ALIOMAR BALEEIRO. **Direito Tributário Brasileiro**, p. 233-234.
26. **Tributação e mudança social**, p. 47-48.
27. **Princípio da capacidade contributiva**, p. 49.

A extrafiscalidade, função na qual o Estado tributa criando um ambiente de estímulos e desestímulos, orientando comportamentos e almejando a realização de algum valor constitucional, é também destacada por Alfredo Augusto Becker:

> "A principal finalidade de muitos tributos (que continuarão a surgir em volume e variedade sempre maiores pela progressiva transfiguração dos tributos de finalismo clássico ou tradicional) não será a de um instrumento de arrecadação de recursos para custeio das despesas públicas, mas a de um instrumento de intervenção estatal no meio social e na economia privada *(sic)*".[28]

Leciona Paulo de Barros Carvalho que a tributação extrafiscal visa orientar o contribuinte a planejar suas condutas, **estimulando-os** ou **desestimulando-os**, com finalidade regulatória, em plena harmonia com objetivos sociais, políticos e econômicos estatais:

> "A experiência jurídica nos mostra, porém, que vezes sem conta a compostura da legislação de um tributo vem pontilhada de inequívocas providências no sentido de prestigiar certas situações, tidas como social, política ou economicamente valiosas, às quais o legislador dispensa tratamento mais confortável ou menos gravoso. A essa forma de manejar elementos jurídicos usados na configuração de tributos, perseguindo objetivos alheios aos meramente arrecadatórios, dá-se o nome de *extrafiscalidade (sic)*".[29]

A grande maioria dos tributos, senão **todos**, comporta, na sua regulação, a função extrafiscal; uns em maior grau, outros nem tanto. O nível de extrafiscalidade poderá preponderar ou não sobre a função fiscal, em virtude das decisões políticas, por parte do Poder Legislativo, e em sintonia com o Poder Executivo.[30]

Em algumas situações, revela-se difícil reconhecer a fiscalidade ou a extrafiscalidade de um determinado tributo. Paulo de Barros Carvalho afirma que: *"Não existe, porém, entidade tributária que se possa dizer pura, no sentido de realizar tão só a fiscalidade, ou, unicamente, a extrafiscalidade"*.[31]No seu entendimento, tanto a extrafiscalidade quanto a fiscalidade podem conviver em um mesmo tributo – apenas ora um objetivo prevalecendo sobre o outro.

Na concepção de Marcus de Freitas Gouvêa:

> "A fiscalidade e a extrafiscalidade são grandezas que caminham em conjunto, tanto na fundamentação do dever tributário quanto na apuração de seus efeitos. O fenômeno tributário mostra que não pode haver extrafiscalidade sem fiscalidade e que qualquer esboço de fiscalidade apresenta algum efeito extrafiscal".[32]

Pode-se mencionar como exemplo de tributação fiscal e extrafiscal ao mesmo tempo, o **tributo ambiental**, uma vez que a extrafiscalidade está presente na medida em que o tributo é utilizado de forma diversa e mais onerosa para aquele que age em desconformidade com políticas de proteção ao meio ambiente. E, ao mesmo tempo em que a tributação age como indutora de condutas (característica da extrafiscalidade), estar-se-á transferindo, via arrecadação tributária, recursos monetários do setor privado ao público, cumprindo concomitantemente uma função fiscal.

---

28. **Teoria geral do direito tributário**, p. 132.
29. **Curso de direito tributário**, p. 252-253.
30. SEBASTIÃO, Simone Martins. **Tributo ambiental**– extrafiscalidade e função promocional do direito, p. 137.
31. **Curso de...**, op. cit., p. 253.
32. *Ibidem*, p. 146-147.

Exemplo de questão discursiva sobre o tema

► **(TJ-DF – Juiz de Direito – DF/2011).** Tendo como pano de fundo a correlação entre direito tributário e meio ambiente, desenvolva, em linhas gerais, o tema da "imposição de tributos com finalidade extra-fiscal ambiental", posicionando-se, motivadamente, ainda que de forma sucinta, sobre haver ou não, no Direito brasileiro, um modelo de tributação equipado para a proteção do meio ambiente.

Encerramos aqui nossas Considerações Inicias. Observe abaixo no Quadro Sinótico um breve resumo do estudado até o momento, bem como questões de concursos públicos atualizadas sobre o assunto abordado. Nessa edição do livro, o gabarito de todas as questões, juntamente com os comentários, foi disposto ao final de cada Capítulo.

5. QUADRO SINÓTICO

<table>
<tr><th colspan="4">CAPÍTULO 1. CONSIDERAÇÕES INICIAIS</th></tr>
<tr><th colspan="3">Conteúdo</th><th>Item</th></tr>
<tr><td>Direito financeiro</td><td colspan="2">É um conjunto de normas que regulamenta a atividade financeira, no trato das receitas, despesas, orçamento e crédito.</td><td>1</td></tr>
<tr><td rowspan="3">Conceitos</td><td>Receita Pública</td><td>Corresponde ao ingresso definitivo de dinheiro aos cofres do Estado para cumprimento de suas finalidades.
Quanto à periodicidade, as receitas públicas podem ser divididas em extraordinárias e ordinárias.
As receitas extraordinárias são aquelas auferidas em caráter excepcional e temporário. Exemplo: Imposto Extraordinário de Guerra.
As receitas ordinárias ingressam regularmente e de forma permanente em nosso ordenamento com a finalidade precípua de custear as necessidades públicas, como os impostos.
Quanto à origem, as receitas públicas são classificadas em originárias e derivadas.
As receitas públicas originárias são aquelas decorrentes da exploração do patrimônio público e atividades desenvolvidas pelo próprio Estado. Exemplo: os frutos (aluguéis, foros de terrenos da marinha, laudêmios, etc.) resultantes da utilização de bens públicos.
As receitas públicas derivadas são aquelas por meio das quais o Estado, com seu Poder de Império (Poder Extroverso), retira a parcela de riqueza dos administrados para a consecução de seus fins, no interesse do bem comum. Exemplo: tributos.</td><td rowspan="3">1</td></tr>
<tr><td>Despesa Pública</td><td>Corresponde ao emprego das receitas para o cumprimento das necessidades públicas.
No orçamento há a aprovação prévia da despesa e da receita para um período determinado.</td></tr>
<tr><td>Crédito Público</td><td>Equivale a um contrato cujo objeto consiste na transferência de certa quantia em dinheiro de uma pessoa a uma entidade pública para ser restituído, acrescido de juros, em determinado período de tempo.</td></tr>
<tr><td>Direito Tributário</td><td colspan="2">É um ramo do Direito Público que disciplina princípios e regras próprias referentes à instituição, fiscalização e arrecadação de tributos entre os sujeitos envolvidos nessa relação jurídica.</td><td>2</td></tr>
</table>

CAPÍTULO 1. CONSIDERAÇÕES INICIAIS		
	Conteúdo	Item
Autonomia do Direito Tributário	O Direito Tributário **não é cientificamente autônomo**, por não poder ser individualizado, deve interligar-se com os demais ramos do Direito, uma vez que o sistema é uno e indivisível. Entretanto, **é didaticamente autônomo**, pois existe uma ramificação do Direito para disciplinar suas regras e princípios, e é ensinado em cadeiras autônomas nos cursos jurídicos.	2.1
Tributo	É toda prestação pecuniária compulsória, em moeda ou cujo valor nela se possa exprimir, **que não constitua sanção de ato ilícito**, instituída em lei e cobrada mediante atividade administrativa plenamente vinculada (art. 3º do CTN).	3
Espécies tributárias	De acordo com o Código Tributário Nacional, há três espécies (Teoria Ternária): Impostos, Taxas e Contribuições de Melhoria. Contudo, o Supremo Tribunal Federal adota a teoria **Quinária**, que classifica os tributos em CINCO espécies tributárias: Impostos, Taxas, Contribuições de Melhoria, Contribuições e Empréstimo Compulsório.	3.2
Função dos tributos no ordenamento jurídico	O tributo pode apresentar duas funções: a primeira eminentemente **arrecadatória**, que retrata a fiscalidade do tributo, cujo único objetivo é a arrecadação de receitas para sustentação das necessidades públicas; e a segunda, que consiste em estimular ou desestimular as condutas do particular conforme os objetivos sociais, políticos e econômicos do Estado, exercendo, assim, uma função **extrafiscal do tributo**.	4

6. INFORMATIVO

"Non olet" e atividade ilícita

É possível a incidência de tributação sobre valores arrecadados em virtude de atividade ilícita, consoante determina o artigo 118 do CTN: "A definição legal do fato gerador é interpretada abstraindo-se: I – da validade jurídica dos atos efetivamente praticados pelos contribuintes, responsáveis, ou terceiros, bem como da natureza do seu objeto ou dos seus efeitos; II – dos efeitos dos fatos efetivamente ocorridos". Com base nessa orientação, a 1ª Turma conheceu parcialmente de habeas corpus e, na parte conhecida, por maioria, denegou a ordem. Na espécie, o paciente fora condenado pelo crime previsto no artigo 1º, I, da Lei n. 8.137/90: "Constitui crime contra a ordem tributária suprimir ou reduzir tributo, ou contribuição social e qualquer acessório, mediante as seguintes condutas: I – omitir informação, ou prestar declaração falsa às autoridades fazendárias", e sustentava a atipicidade de sua conduta, porque inexistiria obrigação tributária derivada da contravenção penal do jogo do bicho (Decreto-Lei n. 6.259/44, art. 58). O Ministro Dias Toffoli, relator, assinalou que a definição legal do fato gerador deveria ser interpretada com abstração da validade jurídica da atividade efetivamente praticada, bem como da natureza do seu objeto ou dos seus efeitos. Ressaltou que a possibilidade de tributação da renda obtida em razão de conduta ilícita consubstanciar-se-ia no princípio do non olet. Assim, concluiu que o réu praticara sonegação fiscal, porquanto não declarara suas receitas, mesmo que resultantes de ato contravencional. O Ministro Luiz Fux aludiu ao caráter sui generis da teoria geral do direito tributário. Acrescentou que seria contraditório o não pagamento do imposto proveniente de ato ilegal, pois haveria locupletamento da própria torpeza em detrimento do interesse público da satisfação das necessidades coletivas, a qual se daria mediante a exação tributária. Vencido o Ministro Marco Aurélio, que concedia a ordem por entender que recolhimento de tributo pressuporia atividade legítima. Precedente citado: HC n. 77530/RS (**DJU** de 18.09.1998) (STF, **Informativo** n. 627 – HC n. 94240/SP, rel. Min. Dias Toffoli, 23.08.2011).

7. QUESTÕES

1. (TRF4 – Juiz – TRF4/2016). Assinale a alternativa INCORRETA.

Acerca do orçamento público, tendo em conta as disposições constitucionais:

(A) As emendas individuais ao projeto de lei orçamentária serão aprovadas no limite de 1,2% (um inteiro e dois décimos por cento) da receita corrente líquida prevista no projeto encaminhado pelo Poder Executivo, sendo que a metade desse percentual será destinada a ações e serviços públicos de saúde.

(B) As programações orçamentárias previstas nas emendas individuais ao projeto de lei orçamentária não serão de execução obrigatória nos casos dos impedimentos de ordem técnica.

(C) Constitui crime de responsabilidade a realização de investimento cuja execução ultrapasse um exercício financeiro sem prévia inclusão no plano plurianual, ou sem lei que autorize a inclusão.

(D) A transposição, o remanejamento ou a transferência de recursos de uma categoria de programação para outra poderão ser admitidos, no âmbito das atividades de ciência, tecnologia e inovação, com o objetivo de viabilizar os resultados de projetos restritos a essas funções, mediante ato do Poder Executivo, desde que haja prévia autorização legislativa.

(E) Os recursos correspondentes às dotações orçamentárias, compreendidos os créditos suplementares e especiais, destinados aos órgãos dos Poderes Legislativo e Judiciário, do Ministério Público e da Defensoria Pública, ser-lhes-ão entregues até o dia 20 de cada mês, em duodécimos, na forma da lei complementar.

2. (TJRJ – Juiz – VUNESP/2016). O orçamento fiscal referente aos Poderes da União, seus fundos, órgãos e entidades da Administração direta e indireta, inclusive fundações instituídas e mantidas pelo Poder Público está compreendido na lei

(A) do plano diretor.

(B) do orçamento anual.

(C) de diretrizes orçamentárias.

(D) de responsabilidade fiscal.

(E) orgânica.

3. (Câmara de Conceição do Mato Dentro/MG – Advogado – FUMARC/2016). A respeito dos orçamentos públicos, é CORRETO afirmar:

(A) É vedada a realização de operações de créditos que excedam o montante das despesas de capital, ressalvadas as autorizadas mediante créditos suplementares ou especiais com finalidade precisa, aprovados pelo Poder Legislativo por maioria simples.

(B) É vedada a realização de despesas ou a assunção de obrigações diretas que excedam os créditos orçamentários, mas permite-se a realização de despesas que ultrapassem os créditos adicionais.

(C) A transposição, o remanejamento ou a transferência de recursos de uma categoria de programação para outra poderão ser admitidos, no âmbito das atividades de ciência, tecnologia e inovação, com o objetivo de viabilizar os resultados de projetos restritos a essas funções, mediante ato do Poder Executivo, sem necessidade da prévia autorização legislativa.

(D) A abertura de crédito extraordinário somente será admitida após autorização prévia do Poder Legislativo e desde que para atender a despesas imprevisíveis e urgentes, como as decorrentes de guerra, comoção interna ou calamidade pública.

4. (Câmara de Almirante Tamandaré/PR – Advogado – FAFIPA/2016). A Lei Complementar n. 101/2000, também conhecida como "Lei de Responsabilidade Fiscal", estabelece normas de finanças públicas voltadas para a responsabilidade na gestão fiscal. Acerca do previsto na referida Lei, bem como da previsão constitucional acerca da responsabilidade fiscal, assinale a alternativa INCORRETA.

(A) Todas as despesas relativas à dívida pública, mobiliária ou contratual, e as receitas que as atenderão, constarão da lei orçamentária anual.

(B) O refinanciamento da dívida pública constará separadamente na lei orçamentária e nas de crédito adicional.

(C) É autorizado consignar na lei orçamentária crédito com finalidade imprecisa ou com dotação ilimitada, desde que autorizado pelo Chefe do Executivo.

(D) A lei orçamentária não consignará dotação para investimento com duração superior a um exercício financeiro que não esteja previsto no plano plurianual ou em lei que autorize a sua inclusão.

5. (Câmara de Telêmaco Borba/PR – Advogado – FAFIPA/2016). Assinale a alternativa que NÃO corresponde a um tributo.

(A) Contribuição de melhoria.

(B) Multa sancionatória.

(C) Imposto.

(D) Taxas pelo exercício do Poder de Polícia.

6. (Pref. Caçapava do Sul/RS – Advogado – ASSCON-PP/2016). Segundo o art. 3º do Código Tributário Nacional, Tributo é toda prestação pecuniária compulsória, em moeda ou cujo valor nela se possa exprimir, que não constitua sanção de ato ilícito, instituída em lei e cobrada mediante atividade administrativa plenamente vinculada. Poderão ser instituídos/criados pela União, Estados e Municípios somente através de lei . De acordo com entendimento do STF as espécies tributárias são:

(A) Impostos, taxas e contribuição de melhorias;

(B) Impostos, taxas, contribuição de melhorias e contribuições especiais;

(C) Impostos, taxas, contribuição de melhorias e contribuições especiais e empréstimos compulsórios.

(D) Impostos, taxas e contribuições especiais;

7. (Câmara de Santa Mariana/PR – Analista Legislativo – FUNTEF-PR/2016). Segundo o Código Tributário Nacional:

I. Tributo é toda prestação pecuniária compulsória, em moeda ou cujo valor nela se possa exprimir, que não constitua sanção de ato ilícito, instituída em lei e cobrada mediante atividade administrativa plenamente vinculada.

II. Tributo é toda prestação pecuniária, em moeda ou cujo valor nela se possa exprimir, que não constitua sanção de ato ilícito, instituída em lei e cobrada mediante atividade administrativa vinculada.

III. Segundo a Súmula n. 545 do STF, "Preços de serviços públicos e taxas não se confundem, porque estas, diferentemente daqueles, são compulsórias e têm sua cobrança condicionada à prévia autorização orçamentária, em relação à lei que as instituiu".

IV. Cabe à lei complementar dispor sobre conflito de competência, em matéria tributária, entre União, Estados, Municípios e Distrito Federal.

Marque a alternativa correta.

(A) Somente a II está correta.

(B) Somente III e IV estão corretas.

(C) Somente I, II e III estão corretas.

(D) Somente II, III e IV estão corretas.

(E) Somente I, III e IV estão corretas.

8. (Câmara de Atibaia/SP – Advogado – CAIPIMES/2016). Para que o tributo se caracterize, precisa conter determinadas características simultaneamente. Nesse sentido é correto conceituar o tributo como:

(A) prestação pecuniária compulsória, em moeda ou cujo valor nela se possa exprimir, que não constitua sanção de ato ilícito, instituída em lei e cobrada mediante atividade administrativa plenamente vinculada.

(B) prestação pecuniária compulsória, em moeda ou cujo valor nela se possa exprimir, que não constitua sanção de ato ilícito, instituída em lei e cobrada mediante atividade administrativa discricionária.

(C) prestação pecuniária, em moeda ou cujo valor nela se possa exprimir, que constitua sanção de ato ilícito, instituída em lei e cobrada mediante atividade administrativa plenamente vinculada.

(D) prestação pecuniária compulsória, em moeda ou cujo valor nela se possa exprimir, que não constitua sanção de ato ilícito e cobrada mediante atividade administrativa plenamente vinculada

9. (Santana do Jacaré/MG – Procurador – Reis & Reis/2015). O Código Tributário Nacional define como tributo "toda prestação pecuniária compulsória, em moeda ou cujo valor nela se possa exprimir, que não constitua sanção de ato ilícito, instituída em lei e cobrada mediante atividade administrativa plenamente vinculada".

Os tributos têm, portanto, funções próprias que podem ser fiscal, extrafiscal ou parafiscal.

Assim, a cobrança do Imposto de Renda, as alterações da alíquota do IPI e as contribuições pagas pelos profissionais aos órgãos de classe apresentam as seguintes funções, respectivamente:

(A) fiscal, fiscal e extrafiscal.
(B) fiscal, parafiscal e extrafiscal.
(C) fiscal, extrafiscal e parafiscal.
(D) Todas apresentam características fiscais.

10. (CORECON/MG – Advogado – Gestão de Concursos/2015). De acordo com a teoria pentapartida adotada pelo Supremo Tribunal Federal, que assinala a presença de cinco espécies tributárias no ordenamento jurídico nacional, assinale a alternativa que NÃO é considerada uma espécie tributária.

(A) Taxas.
(B) Impostos.
(C) Empréstimos compulsórios.
(D) Pedágios

11. (OAB – Exame de Ordem Unificado – XII – Primeira Fase – FGV/2013). Em procedimento de fiscalização, a Secretaria da Receita Federal do Brasil identificou lucro não declarado por três sociedades empresárias, que o obtiveram em conluio, fruto do tráfico de entorpecentes.

(A) O imposto sobre a renda é devido face ao princípio da interpretação objetiva do fato gerador, também conhecido como o princípio do *pecunia non olet*.
(B) Não caberá tributação e, sim, confisco da respectiva renda.
(C) Não caberá tributo, uma vez que tributo não é sanção de ato ilícito.
(D) Caberá aplicação de multa fiscal pela não declaração de lucro, ficando afastada a incidência do tributo, sem prejuízo da punição na esfera penal.

12. (Procurador – PGE-GO/2013). Considerando as determinações legais vigentes, acerca dos tributos, está CORRETA a seguinte proposição:

(A) Adota-se atualmente a teoria pentapartida ou quinquipartida, reconhecida pelo Supremo Tribunal Federal, que distribui os tributos em cinco espécies: impostos, taxas, contribuições de melhoria, imposto extraordinário de guerra e contribuições diversas.
(B) Os impostos são tributos não vinculados, cujo fato gerador consiste numa situação independente de qualquer atividade estatal específica em relação ao contribuinte.
(C) As taxas e contribuições especiais são tributos contraprestacionais de referibilidade direta.
(D) Os impostos residual e sobre grandes fortunas serão instituídos por meio de lei ordinária federal.
(E) O ICMS é um típico imposto pessoal.

13. (Prefeitura de Iguatu/CE – Fiscal de Tributos – Pró-Município/2013). De acordo com o Código Tributário Nacional "toda prestação pecuniária compulsória, em moeda ou cujo valor nela se possa exprimir, que não constitua sanção de ato ilícito, instituída em lei e cobrada mediante atividade administrativa plenamente vinculada" é denominada de:

(A) Imposto.
(B) Taxa.
(C) Tributo.
(D) Contribuição Social.
(E) Tarifa.

14. (Prefeitura/SP – Auditor-Fiscal Tributário Municipal I. Área de Especialização Gestão Tributária – FCC/2012). Um contribuinte deixou de emitir o documento fiscal referente a uma prestação de serviço tributada pelo ISS, tributo de competência municipal, e, como consequência, foi-lhe aplicada penalidade pecuniária pelo descumprimento dessa obrigação acessória (art. 230, *caput*, inciso V, alínea "a", do Decreto Municipal n. 52.703/11). Essa penalidade pecuniária:

(A) É taxa, pois tem a finalidade de ressarcir o erário pelo dano causado pelo descumprimento de uma obrigação acessória.

(B) É imposto, pois está prevista na legislação do ISS.

(C) Não é imposto, mas é tributo, em sentido amplo, pois tem natureza compulsória.

(D) É tributo, porque é cobrado por meio de atividade vinculada, conforme estabelece o Código Tributário Nacional.

(E) Não é tributo, pois sanção pelo cometimento de ato ilícito não pode ser definida como tributo.

15. (PG/João Pessoa-PB – Procurador – FCC/2012). Um tributo que tenha por características ser não vinculado a uma atividade estatal, admita, por expressa e excepcional previsão constitucional, destinação específica do produto da arrecadação e não admita previsão de restituição ao final de determinado período classifica-se como:

(A) Taxa.

(B) Contribuição de intervenção no domínio econômico.

(C) Imposto.

(D) Empréstimo compulsório.

(E) Contribuição social.

16. (Câmara Municipal de Paula Freitas/PR – Advogado – UNIUV/2012). Assinale a alternativa incorreta, quanto ao Tributo, de acordo com o Código Tributário Nacional:

(A) O Tributo é sempre compulsório.

(B) Tributo não se confunde com sanção pecuniária por ato ilícito.

(C) A natureza jurídica do Tributo é qualificada pela destinação legal do produto de sua arrecadação.

(D) O Tributo deve ser instituído por lei.

(E) O Tributo é cobrado mediante atividade administrativa plenamente vinculada.

17. (PG/Teresina – Procurador – FCC/2010). A partir do conceito legal de tributo, é possível afirmar que a multa NÃO é espécie de tributo porque o tributo:

(A) Tem que ser instituído mediante lei, ao passo que a multa não se reveste desta obrigatoriedade.

(B) É cobrado mediante atividade administrativa vinculada, enquanto a multa pode ser aplicada de forma discricionária pelo poder público.

(C) Não é sanção por ato ilícito e a multa é sanção pecuniária por prática de ato ilícito.

(D) É prestação pecuniária compulsória, ao passo que a aplicação da multa não é compulsória, dependendo de condenação administrativa.

(E) Pode ser objeto de compensação, anistia e remissão, ao contrário da multa, que só pode ser objeto de anistia.

18. (Secretaria de Estado da Administração. Secretaria de Estado de Finanças/Governo de Rondônia – Auditor Fiscal de Tributos Estaduais – FCC/2010). Sobre as características das espécies de tributos, é correto afirmar que:

(A) Imposto é o tributo cuja obrigação tributária tem por fato gerador uma atividade estatal.

(B) Taxa é o tributo cuja obrigação tributária tem por fato gerador uma obra pública.

(C) Contribuição de melhoria é uma espécie de tributo vinculado a uma prévia atividade estatal, qual seja, obra pública.

(D) O empréstimo compulsório é um tributo de competência comum e pode ser instituído por medida provisória em caso de investimento urgente.

(E) A contribuição para o custeio do serviço de iluminação pública é de competência exclusiva dos Estados e Distrito Federal.

19. (Assembleia Legislativa/SP – Procurador – FCC/2010). Considere:

I. Tributo é toda prestação pecuniária compulsória ou voluntária, que constitua ou não sanção de ato ilícito, instituída em lei e cobrada mediante atividade administrativa não vinculada.

II. Constitui delegação de competência tributária o cometimento, a pessoas de direito público ou privado, do encargo ou da função de arrecadar tributos, compreendendo as garantias e os privilégios processuais que competem à pessoa jurídica de direito público que a conferir.

III. Compete ao Distrito Federal e aos Estados não divididos em Municípios, instituir, cumulativamente, os impostos atribuídos aos Estados e aos Municípios.

IV. As taxas têm como fato gerador o exercício regular do poder de polícia, ou a discricionariedade em relação a serviço público específico e indivisível, prestado ao contribuinte ou posto à sua disposição.

V. Imposto é o tributo cuja obrigação tem por fato gerador uma situação independente de qualquer atividade estatal específica, relativa ao contribuinte.

Está correto o que se afirma APENAS em:

(A) III e V.
(B) II, IV e V.
(C) II e III.
(D) I e IV.
(E) I, III e V.

20. (Prefeitura/SP – Auditor-Fiscal Tributário Municipal I – FCC/2007). Para que uma prestação pecuniária compulsória possa ser conceituada como tributo, é preciso que, além de ser cobrada mediante atividade administrativa plenamente vinculada, tenha como objeto:

(A) Moeda corrente ou valor que nela possa ser expresso, constitua ou não sanção de ato ilícito e esteja instituída em lei.
(B) Unicamente moeda corrente, não constitua sanção de ato ilícito e esteja instituída em lei.
(C) Moeda corrente ou valor que nela possa ser expresso, não constitua sanção de ato ilícito e esteja instituída em lei.
(D) Unicamente moeda corrente, constitua ou não sanção de ato ilícito e esteja instituída em lei.
(E) Moeda corrente ou valor que nela possa ser expresso, não constitua sanção de ato ilícito e esteja instituída na legislação tributária.

21. (TC/GO – Analista de Controle Externo Jurídico – FCC/2009). Os tributos classificam-se em vinculados e não vinculados. É exemplo de tributo vinculado, de forma direta, com finalidade de remunerar serviço público:

(A) O imposto.
(B) A taxa.
(C) A contribuição de melhoria.
(D) A contribuição social.
(E) O empréstimo compulsório.

22. (Procurador-Geral do Estado do Paraná/PR – UEL/COPS/2011). Dentre as alternativas abaixo, aponte aquela que estiver correta:

(A) Somente os impostos são classificados como tributos vinculados.
(B) As taxas são tributos que podem ser instituídos tanto em razão do exercício do poder de polícia quanto somente pela efetiva utilização de serviços públicos específicos e divisíveis.
(C) As contribuições de melhoria são classificadas como tributos não vinculados porque não decorrem da utilização de serviços públicos, específicos e divisíveis, e sim de obras públicas.
(D) Compete à União, aos Estados, ao Distrito Federal e aos Municípios, instituir contribuições sociais, de intervenção no domínio econômico e de interesse das categorias profissionais ou econômicas, como instrumento de sua atuação nas respectivas áreas.
(E) N. d. a.

8. GABARITO

1. **Alternativa (D).** A transposição, o remanejamento ou a transferência de recursos de uma categoria de programação para outra poderão ser admitidos, no âmbito das atividades de ciência, tecnologia e inovação, com o objetivo de viabilizar os resultados de projetos restritos a essas funções, mediante ato do Poder Executivo, desde que haja prévia autorização legislativa.

Comentário: A alternativa **"D"** está incorreta, pois não há necessidade da prévia autorização legislativa, nos termos do art. 167, § 5º, da CF. A opção "A" está correta, conforme o art. 166, § 9º, da CF. A resposta "B" está correta, de acordo com o art. 166, § 12 da CF. A justificativa "C" está correta, à luz do art. 167, § 1º, da CF. A letra "E" está correta, consoante a previsão do art. 168 da CF.

2. **Alternativa (B).** Do orçamento anual.

Comentário: A assertiva **"B"** está correta, nos termos do art. 165, § 5º, I, da CF.

3. **Alternativa (C).** A transposição, o remanejamento ou a transferência de recursos de uma categoria de programação para outra poderão ser admitidos, no âmbito das atividades de ciência, tecnologia e inovação, com o objetivo de viabilizar os resultados de projetos restritos a essas funções, mediante ato do Poder Executivo, sem necessidade da prévia autorização legislativa.

Comentário: A opção **"C"** está correta, nos termos do art. 167, § 5º, da CF. A resposta "A" está incorreta, conforme o art. 167, III, da CF, é preciso a aprovação por maioria absoluta. A justificativa "B" está incorreta, segundo o art. 167, II, da CF, é vedada a realização de despesas ou a assunção de obrigações diretas que excedam os créditos orçamentários ou adicionais. A letra "D" está incorreta, não há necessidade de autorização prévia do Poder Legislativo, de acordo com o art. 167, § 3º, da CF.

4. **Alternativa (C).** É autorizado consignar na lei orçamentária crédito com finalidade imprecisa ou com dotação ilimitada, desde que autorizado pelo Chefe do Executivo.

Comentário: A resposta **"C"** está incorreta, com fundamento no art. 5º, § 4º, da Lei Complementar n. 101/2000. A justificativa "A" está correta, consoante preceitua o art. 5º, § 1º, da Lei Complementar n. 101/2000. A letra "B" está correta, nos termos do art. 5º, § 2º, da Lei Complementar n. 101/2000. A opção "D" está correta, à luz do art. 5º, § 5º, da Lei Complementar n. 101/2000.

5. **Alternativa (B).** Multa sancionatória.

Comentário: A justificativa **"B"** está correta, conforme dispõe o art. 3º do CTN, tributo é toda prestação pecuniária compulsória, em moeda ou cujo valor nela se possa exprimir, que não constitua sanção de ato ilícito, instituída em lei e cobrada mediante atividade administrativa plenamente vinculada.

6. **Alternativa (C).** Impostos, taxas, contribuição de melhorias e contribuições especiais e empréstimos compulsórios.

Comentário: A letra **"C"** está correta, ainda que o Código Tributário Nacional adote a teoria tripartida, por classificar as espécies tributárias em apenas três (impostos, taxas e contribuição de melhoria), a maioria dos doutrinadores e o Supremo Tribunal Federal adotam a teoria pentapartida, que classifica os tributos em 5 (cinco) espécies tributárias.

7. **Alternativa (E).** Somente I, III e IV estão corretas.

Comentário: A alternativa **"E"** é a opção correta. O item I está correto, conforme institui o art. 3º do CTN. O item II está incorreto, conforme a literalidade do art. 3º, cobrada mediante atividade administrativa "plenamente" vinculada. O item III está correto, consoante a redação da referida Súmula. O item IV está correto, nos termos do art. 146, I, da CF.

8. **Alternativa (A).** Prestação pecuniária compulsória, em moeda ou cujo valor nela se possa exprimir, que não constitua sanção de ato ilícito, instituída em lei e cobrada mediante atividade administrativa plenamente vinculada.

Comentário: A justificativa **"A"** está correta, conforme previsão do art. 3º do CTN.

9. **Alternativa (C).** Fiscal, extrafiscal e parafiscal.

Comentário: A alternativa **"C"** é a correta, tendo em vista que a cobrança do Imposto de Renda tem função fiscal, uma vez que visa à arrecadação. As alterações da alíquota do IPI têm função extrafiscal, pois se trata de imposto regulatório de mercado e seguem o princípio da seletividade. Já as contribuições pagas pelos profissionais aos órgãos de classe têm função parafiscal. Neste caso, a competência tributária está com uma pessoa e a capacidade ativa tributária encontra-se com outra. É a União, conforme o art. 149 da CF, que tem a competência dessa contribuição, e a capacidade ativa está com os Conselhos, como CREA, CRO, por exemplo.

---

10. **Alternativa (D).** Pedágios.

Comentário: A alternativa **"D"** é a opção correta, o STF, ao julgar a ADI 800 concluiu que o pedágio constitui preço público, em virtude da natureza contratual e da não compulsoriedade, não sendo considerado, portanto, tributo.

---

11. **Alternativa (A).** O imposto sobre a renda é devido em face do princípio da interpretação objetiva do fato gerador, também conhecido como o princípio do *pecunia non olet*.

Comentário: O fato de existir conluio e omissão de receitas não afasta a incidência do Imposto de Renda, posto que houve a prática do fato gerador, isto é, auferir renda. Desse modo, o referido imposto é devido, mesmo que a renda obtida seja consequência de ato realizado ilicitamente. Consoante consta na letra **"A"**, opção correta, trata-se do princípio *pecunia non olet*, previsto no artigo 118 do CTN.

---

12. **Alternativa (B).** Os impostos são tributos não vinculados, cujo fato gerador consiste numa situação independente de qualquer atividade estatal específica em relação ao contribuinte.

Comentário: De acordo com o estudado no tópico das teorias das espécies tributárias, os impostos são tributos desvinculados de uma contraprestação estatal direta. Portanto, a assertiva **"B"** está correta. Em relação à letra "A" a questão está correta apenas na primeira parte, quando afirma que a teoria adotada pelo STF consiste na pentapartida ou quinquipartida. Entretanto, tal alternativa peca quando diferencia as espécies tributárias. Vale lembrar que para o STF os tributos são divididos em: impostos, taxas, contribuições de melhoria, contribuições especiais e empréstimos compulsórios. A resposta "C" está incorreta, posto que apenas as taxas são contraprestacionais, de referibilidade direta e imediata. A justificativa "D" está incorreta, pois tanto os Impostos Residuais quanto o Imposto sobre Grandes Fortunas serão instituídos por meio de Lei Complementar, nos termos dos artigos 153, VII e 154, I, da CF. E, por fim, a alternativa "E" está incorreta, porque como veremos adiante, o ICMS não é imposto pessoal, mas sim real e indireto.

---

13. **Alternativa (C).** Tributo.

Comentário: Resposta em conformidade com o artigo 3º do CTN.

---

14. **Alternativa (E).** Não é tributo, pois sanção pelo cometimento de ato ilícito não pode ser definida como tributo.

Comentário: Justificativa consoante o disposto no artigo 3º do CTN.

---

15. **Alternativa (C).** Imposto.

Comentário: A opção "A" está incorreta. As taxas são tributos vinculados, pois estão relacionadas a uma atividade estatal especificamente voltada ao contribuinte. Classificada como um tributo vinculado direto e imediato, uma vez que é suficiente a atuação do Estado para nascer a obrigação tributária. A letra "B" está incorreta. Essa espécie tributária caracteriza-se por ser um instrumento de intervenção no domínio econômico, cuja destinação dos recursos arrecadados só pode ser aplicada no financiamento da intervenção que justificou sua instituição. A contribuição de intervenção no domínio econômico não tem por fim custear as atividades ordinariamente desenvolvidas pelo Estado. A lei que institui uma contribuição de intervenção no domínio econômico deve indicar expressamente a destinação dos recursos a serem arrecadados. Nos termos do artigo 177, § 4º, II, da CF, que trata da Contribuição de intervenção no domínio econômico de combustível, por exemplo, tem-se que os recursos arrecadados serão destinados: i) ao pagamento de subsídios a preços ou transporte de álcool combustível, gás natural e seus derivados e derivados de petróleo; ii) ao financiamento de projetos ambientais relacionados com a indústria do petróleo e do gás; iii) ao financiamento de programas de infraestrutura de transportes. A assertiva **"C"** está correta. Os impostos são tributos não vinculados, visto que o contribuinte paga por ter praticado o fato jurídico tributário, sem saber qual será a contraprestação estatal. Segundo o Código Tributário Nacional, "imposto é o tributo cuja obrigação tem por fato gerador uma situação independentemente de qualquer atividade estatal específica, relativa ao contribuinte" (art. 16 do CTN). São tributos destinados a atender indistintamente às necessidades de ordem geral da Administração Pública, não apresentam destinação específica. O artigo 167, IV, da CF estabelece ser vedada a vinculação de receita de impostos a órgão, fundo ou despesa, ressalvadas a repartição do produto da arrecadação dos impostos a que se referem os artigos 158 e 159, a destinação de recursos para as ações e serviços públicos de saúde, para a manutenção e desenvolvimento do ensino e a realização de atividades da administração tributária e a prestação de garantias às operações de crédito por antecipação de receita. Uma vez pago um imposto, só poderá ocorrer a restituição se houver pagamento indevido ou a maior, consoante preceitua o artigo 165 do CTN. A resposta "D" está incorreta. O empréstimo compulsório é uma modalidade de tributo restituível. A União deverá aplicar o produto da arrecadação ao destino determinado em lei e restituir posteriormente o contribuinte a quantia por ele paga a título de Empréstimo Compulsório, consoante o parágrafo único do artigo 148 da CF: "A aplicação dos recursos provenientes de empréstimo compulsório será vinculada à despesa que fundamentou sua instituição". A justificativa "E" está incorreta. As contribuições sociais são destinadas ao financiamento da seguridade social, estão necessariamente direcionadas a instrumentar a atuação da União no setor da ordem social.

16. Alternativa (C). A natureza jurídica do Tributo é qualificada pela destinação legal do produto de sua arrecadação.

Comentário: À luz do artigo 4º, II, do CTN, a natureza jurídica específica do tributo é determinada pelo fato gerador da respectiva obrigação, sendo irrelevantes para qualificá-la a destinação legal do produto da sua arrecadação.

17. Alternativa (C). Não é sanção por ato ilícito e a multa é sanção pecuniária por prática de ato ilícito.

Comentário: A assertiva **"C"** está correta, de acordo com estabelecido no *caput* do artigo 3º do CTN.

18. Alternativa (C). Contribuição de melhoria é uma espécie de tributo vinculado a uma prévia atividade estatal, quer dizer, à obra pública.

Comentário: A resposta "A" está incorreta, com fundamento no artigo 16 do CTN, o Imposto é tributo cuja obrigação tem por fato gerador uma situação independente de qualquer atividade estatal específica, relativa ao contribuinte. A justificativa "B" está incorreta, as taxas apresentam como base do fato gerador o exercício regular do Poder de Polícia e a utilização efetiva ou potencial de serviço público específico e divisível. A alternativa **"C"** está correta, nos termos do artigo 145, III, da CF. A opção "D" está incorreta, o Empréstimo Compulsório, como será visto no Capítulo 9, apresenta competência privativa da União e só poderá ser instituído mediante Lei Complementar. A letra "E" está incorreta, pois a COSIP (Contribuição para Custeio do Serviço de Iluminação Pública) só pode ser instituída pelos Municípios e Distrito Federal.

19. Alternativa (A). III e V.

III. Compete ao Distrito Federal e aos Estados não divididos em Municípios instituírem, cumulativamente, os impostos atribuídos aos Estados e aos Municípios.

V. Imposto é o tributo cuja obrigação tem por fato gerador uma situação independente de qualquer atividade estatal específica, relativa ao contribuinte.

Comentário: O Item I está incorreto, segundo o artigo 3º do CTN, tributo é prestação pecuniária compulsória. O Item II está incorreto, nos termos do artigo 7º, § 3º, do CTN, não constitui delegação de competência o cometimento, a pessoas de direito privado, do encargo ou da função de arrecadar tributos. O **Item III** está correto, conforme previsto no artigo 147 da CF. O Item IV está incorreto, as taxas apresentam como base do fato gerador o exercício regular do Poder de Polícia e a utilização efetiva ou potencial de serviço público específico e divisível. O **Item V** está correto, consoante estabelecido no artigo 16 do CTN.

20. Alternativa (C). Moeda corrente ou valor que nela possa ser expresso, não constitua sanção de ato ilícito e esteja instituída em lei.

Comentário: A assertiva C está correta nos termos do artigo 3º do CTN.

21. Alternativa (B). A taxa.

Comentário: A justificativa **"B"** está correta, pois o contribuinte quando paga uma taxa sabe exatamente qual a atividade estatal que será desenvolvida.

22. Alternativa (E). N. d. a.

Comentário: A alternativa "A" está incorreta, pois os impostos são classificados como tributos não vinculados. A opção "B" está incorreta, nos termos do artigo 145, II, da CF, as taxas podem ser instituídas pela utilização efetiva ou potencial de serviço público específico e divisível. A letra "C" está incorreta, uma vez que as contribuições de melhoria são classificadas como tributos vinculados. A assertiva "D" está incorreta, pois compete privativamente à União a instituição das contribuições sociais, de intervenção no domínio econômico e de interesse das categorias profissionais ou econômicas.

CAPÍTULO 2

COMPETÊNCIA TRIBUTÁRIA

1. CONCEITO

Competência tributária é a outorga de poder concedido pela Constituição Federal aos Entes Federativos para que eles possam **instituir** e **majorar** tributos.

Na lição de Roque Antonio Carrazza, "competência tributária é a possibilidade de criar, *in abstracto*, tributos, descrevendo, legislativamente, suas hipóteses de incidência, seus sujeitos ativos, seus sujeitos passivos, suas bases de cálculo e suas alíquotas".[1]

Somente os **Entes Federativos (entes políticos: União, Estados, Distrito Federal e Municípios)**, por deterem competência tributária, podem instituir, legislar, fiscalizar e cobrar tributos. Registre-se que os Territórios Federais pertencem à União (art. 18 da CF), e por essa razão não possuem competência tributária, por se tratar de entes **administrativos,** sem autonomia política.

Vale lembrar, ainda, que os tributos só podem ser instituídos por meio de lei, ou instrumento normativo que tenha força de lei (Medida Provisória) ou, ainda por lei complementar, conforme determinação da Constituição Federal.

A Constituição Federal, ao conceder a competência tributária às pessoas jurídicas de direito público interno para criar tributos, concedeu, igualmente, para aumentar a carga tributária (majorando alíquota e base de cálculo do tributo), bem como reduzir a tributação (adotando o procedimento inverso), e, ainda, de suprimi-la, conceder benefícios fiscais, isenções, remissões, anistias ou simplesmente não tributar.

Assim, a Constituição Federal delimitou expressamente o campo de incidência de cada um dos tributos a serem instituídos pelos Entes Federativos, por meio da competência tributária concedida.

Observe-se que até o momento se descreveu sobre a **competência tributária**. Mas também faz-se necessário mencionar que existe o instituto da **competência legislativa**.

1. CARRAZA, Roque Antônio. **Curso de Direito Constitucional Tributário.** 14.ª ed., Malheiros: São Paulo, 2000, p. 331.

Não se pode confundir competência tributária com competência para legislar em Direito Tributário.

A **competência para legislar** sobre Direito Tributário consiste na outorga de poder concedido pela Constituição Federal para editar leis que versem sobre tributos e relações jurídicas deles decorrentes. Portanto, trata-se de uma competência concedida aos Entes Federativos para traçarem regras sobre o exercício do poder de tributar.

Competência tributária	Competência para legislar em Direito Tributário
Criação, Instituição e Majoração de Tributos	Leis que versem sobre tributos já instituídos e relações jurídicas a eles pertinentes

Os Entes Federativos possuem competência **legislativa** para dispor sobre Direito Tributário, seja para instituição de tributos, obrigações acessórias, isenções, regimes diferenciados, etc. O artigo 24 da CF estabelece expressamente competência **concorrente** entre a União, os Estados e o Distrito Federal para legislar sobre Direito Tributário.

Ainda sobre o artigo 24 da CF, da leitura dos seus parágrafos, observa-se que compete à União a edição de **normas gerais,** e aos Estados e ao Distrito Federal, a **suplementação** da legislação federal. Caso não exista norma federal, os Estados e o Distrito Federal possuirão competência **plena**. Contudo, se sobrevir norma geral da União, haverá a **suspensão** da lei estadual no que lhe for contrária. Por conseguinte, a lei federal não irá revogar a lei estadual, pois não há entre elas uma hierarquia.

Assim, diante da ausência de norma geral da União sobre IPVA, cada Estado exerce a competência legislativa plena, com base no artigo 24, § 3º, da CF.

> **"Art. 24.** Compete à União, aos Estados e ao Distrito Federal legislar concorrentemente sobre: I – Direito tributário, financeiro, penitenciário, econômico e urbanístico (...) § 1º No âmbito da legislação concorrente, a competência da União limitar-se-á a estabelecer normas gerais. § 2º A competência da União para legislar sobre normas gerais não exclui a competência suplementar dos Estados. § 3º Inexistindo lei federal sobre normas gerais, os Estados exercerão a competência legislativa plena, para atender a suas peculiaridades. § 4º A superveniência de lei federal sobre normas gerais suspende a eficácia da lei estadual, no que lhe for contrário".

Registre-se que os Municípios não constam no artigo 24 da CF, todavia, isso não quer dizer que esse Ente Federativo não possui competência legislativa para dispor sobre Direito Tributário, sua competência está prevista no artigo 30 da CF. Mais especificamente nos incisos II e III do referido artigo, o legislador constituinte cuidou da competência dos Municípios, concedendo competência para legislar sobre assuntos de **interesse local** e **suplementar** a legislação federal e estadual no que lhe couber:

> *"Compete aos Municípios: I – legislar sobre assuntos de interesse local; II – suplementar a legislação federal e a estadual no que couber; III – instituir e arrecadar os tributos de sua competência, bem como aplicar suas rendas, sem prejuízo da obrigatoriedade de prestar contas e publicar balancetes nos prazos fixados em lei"; (...)*

Portanto, cada Ente Federativo legislará sobre os tributos constantes em sua **competência tributária.** Poder esse concedido pela Constituição Federal para **instituir** e **majorar** tributos.

2. CARACTERÍSTICAS DA COMPETÊNCIA TRIBUTÁRIA

A competência tributária apresenta cinco características importantes. São elas: indelegabilidade, facultatividade, incaducabilidade, inalterabilidade e irrenunciabilidade, que estudaremos a seguir.

2.1. Indelegabilidade

A Constituição não só prevê a competência tributária, como também reparte esse poder entre as pessoas políticas que compõem a Federação. Tudo isso porque é imprescindível proporcionar, além da autonomia administrativa e política, a autonomia financeira.

A base do Princípio do Federalismo está na autonomia dos Entes Federativos, por esse motivo há a repartição do Poder de Tributar entre eles. Quando a Constituição outorga o poder para os Entes Federativos, ela estabelece exatamente quais serão os tributos de competência de cada um. E, justamente em razão do Princípio do Federalismo, a Carta Maior determina que tal competência seja **indelegável**, isto é, **intransferível**.

O Ente Federativo não poderá transferir a sua competência tributária, muito menos invadir a de outro. Assim, se a Constituição outorgou poder para a União instituir o Imposto sobre Produtos Industrializados (IPI), apenas ela poderá fazê-lo, mais ninguém.

Frise-se que a indelegabilidade abrange a competência tributária (instituição e majoração). Isso porque, enquanto a competência tributária – que consiste na criação e majoração de tributo – é **indelegável**, as funções administrativas de arrecadar, fiscalizar tributos e executar leis, que compreendem a **Capacidade Ativa Tributária**, podem sim ser **delegadas**. Observe a previsão legal do artigo 7º do CTN:

> "**Art. 7º.** A competência tributária é indelegável, salvo atribuição das funções de arrecadar ou fiscalizar tributos, ou de executar leis, serviços, atos ou decisões administrativas em matéria tributária, conferida por uma pessoa jurídica de direito público a outra, nos termos do § 3º do artigo 18 da Constituição. § 1º A atribuição compreende as garantias e os privilégios processuais que competem à pessoa jurídica de direito público que a conferir. § 2º A atribuição pode ser revogada, a qualquer tempo, por ato unilateral da pessoa jurídica de direito público que a tenha conferido. § 3º Não constitui delegação de competência o cometimento, a pessoas de direito privado, do encargo ou da função de arrecadar tributos".

A fim de ilustrar o estudo, cita-se o caso do Imposto Territorial Rural (ITR), cuja competência para criá-lo ou majorá-lo é da União, conforme estabelece o artigo 153, VI, da CF. No entanto, a União poderá **delegar** a função de arrecadar e fiscalizar (a Capacidade Ativa Tributária) aos Municípios, nos termos do artigo 153, § 4º, III, da CF.

Menciona-se, também, que pela literalidade do artigo 7º do CTN, a capacidade ativa tributária só pode ser delegada para uma pessoa jurídica de direito público. Para fixar:

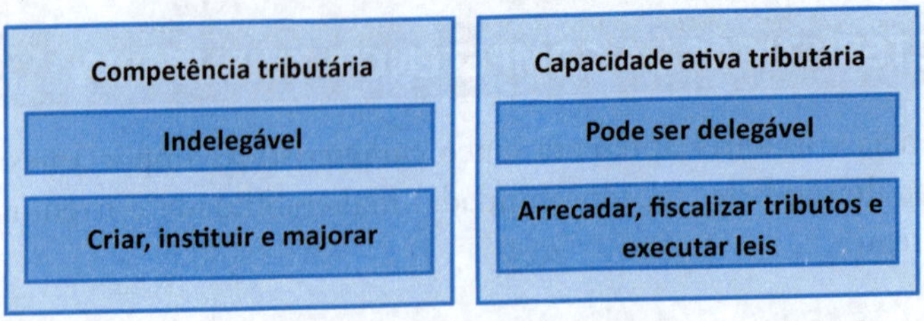

Insta citar também que o Ente Federativo pode delegar a atividade de arrecadar tributos à pessoa jurídica de direito privado, nos termos do artigo 7º, § 3º, do CTN. Observa-se que o próprio CTN reconhece que não se trata de delegação de competência tributária:

> "Art. 7º A competência tributária é indelegável, salvo atribuição das funções de arrecadar ou fiscalizar tributos, ou de executar leis, serviços, atos ou decisões administrativas em matéria tributária, conferida por uma pessoa jurídica de direito público a outra, nos termos do § 3º do artigo 18 da Constituição.
>
> § 1º A atribuição compreende as garantias e os privilégios processuais que competem à pessoa jurídica de direito público que a conferir.
>
> § 2º A atribuição pode ser revogada, a qualquer tempo, por ato unilateral da pessoa jurídica de direito público que a tenha conferido.
>
> § 3º Não constitui delegação de competência o cometimento, a pessoas de direito privado, do encargo ou da função de **arrecadar tributos"** (Grifos Nossos).

É o que ocorre, por exemplo, quando o contribuinte vai até a instituição bancária – contratada por licitação pelo Município – e quita o seu IPTU.

Como bem assevera Hugo de Brito Machado:

> "A atribuição das funções de arrecadar ou fiscalizar tributos, ou de executar leis, serviços, atos ou decisões administrativas em matéria tributária, não constitui delegação de competência. Tal atribuição compreende as garantias e privilégios processuais da entidade que a efetua, a qual pode, a qualquer tempo, revogar tal atribuição".[2]

Assim, a Capacidade Tributária Ativa pode sim ser delegada e, ainda, revogada a qualquer tempo. Por outro lado, a competência tributária sempre será indelegável.

2.2. Facultatividade

Os Entes Federativos **não** estão obrigados a instituir todos os tributos, cuja competência tributária lhe foi atribuída pela Constituição Federal.

Pela literalidade do artigo 145 da CF, a União, os Estados, o Distrito Federal e os Municípios "poderão", e não "deverão", instituir tributos. A partir da terminologia adotada pelo legislador constituinte, a doutrina entende que a competência tributária no Brasil é **facultativa.**

Um exemplo prático que demonstra a facultatividade de exercício da competência tributária é o Imposto sobre Grandes Fortunas (IGF), de competência da União que, até o momento, não foi criado. Observe-se, pois, que não há problema algum quanto à falta de instituição do referido tributo, tendo em vista que se faculta essa competência tributária.

2. MACHADO, Hugo de Brito. **Curso de Direito Tributário.** 31. ed. São Paulo: Malheiros, 2010. p. 290.

Entretanto, cumpre mencionar que muitos indagam sobre a Lei de Responsabilidade Fiscal, LC n. 101/2000, na qual estabelece em seu artigo 11, *caput*, que somente exerce uma boa gestão fiscal o Ente Federativo que instituir e cobrar todos os tributos: *"Constituem requisitos essenciais da responsabilidade na gestão fiscal a instituição, previsão e efetiva arrecadação de todos os tributos da competência constitucional do ente da Federação"*. Por essa razão, a facultatividade, aos olhos da responsabilidade na gestão fiscal, pode levar a certas consequências.

Posto isso, quanto à arrecadação não restam dúvidas da sua obrigatoriedade. Ressalta-se apenas que a obrigatoriedade na **instituição** viola a Constituição Federal.

Observa-se, ainda, que o parágrafo único do artigo 11 da LC n. 101/2000 prevê uma sanção para o Ente Federativo que não instituir todos os impostos de sua competência. O dispositivo legal veda a realização de transferências **voluntárias** àquele que não instituir todos os impostos, *in verbis*:

> **"Art. 11.** *(...)* **Parágrafo único.** *É vedada a realização de transferências voluntárias para o ente que não observe o disposto no caput, no que se refere aos impostos"*.

Sobre esse assunto, entretanto, pela visão do Direito Financeiro, o STF, em Medida Cautelar ADI n. 2.238, entendeu que o parágrafo único do artigo 11 da LC n. 101/2000 não viola a Constituição Federal (art. 160 da CF). O referido diploma legal apenas determina uma certa penalidade por meio da vedação de transferências voluntárias àqueles Entes Federativos que se "revelem negligentes na instituição, previsão e arrecadação de seus próprios tributos".

Nesse entendimento, as transferências obrigatórias de impostos, que estão dispostas nos artigos 153, § 5º, 157, 158 e 159 da CF, só poderão deixar de serem repassadas no caso do artigo 160 da CF, quando o Ente Federativo não estiver aplicando o percentual exigido na área da **saúde** e, também, no caso de **débitos** de um Ente e suas Autarquias com o outro Ente que irá fazer o repasse.

O parágrafo único do artigo 11 da LC n. 101/2000 proibiu apenas o repasse das transferências voluntárias e não das obrigatórias, por isso não é inconstitucional. Assim, como dito acima, a característica da **facultatividade** se revela compatível com a Constituição Federal, apesar de o Ente Federativo poder sofrer certas consequências provenientes da Lei de Responsabilidade Fiscal (LC n. 101/2000).

2.3. Incaducabilidade

A característica da incaducabilidade permite entender que o Ente Federativo tem direito de exercer a competência tributária – instituir o tributo – a qualquer tempo.

Nas palavras de Roque Carrazza:

> "O eventual não exercício da competência tributária, por parte da pessoa política que a detém, não a transfere para outra pessoa política; tampouco a autoriza a dela se apossar. Afinal, a competência tributária é improrrogável".[3]

3. CARRAZZA, Roque Antônio. **Imposto sobre Serviço (conferência publicada na Revista de Direito Tributário) –** Vol. 48 – p. 205.

Em razão disso, o fato de a União não ter instituído o IGF em 1988, quando da promulgação da Constituição Federal, não lhe retira o direito de instituí-lo, apesar de passados mais de 20 anos.

2.4. Inalterabilidade

Apenas o Texto Maior possui a prerrogativa de alterar a competência tributária, por essa razão, esse privilégio não pode ser alterado por lei infraconstitucional.

Assim, quando a Constituição, no artigo 156, I, prevê que o IPTU irá incidir sobre a propriedade predial e territorial urbana, não pode uma lei modificar tal competência ao ponto de determinar que o IPTU tenha como hipótese de incidência (fato gerador) a mera posse de imóvel urbano.

Contudo, observa-se que o artigo 32 do CTN prevê como fato gerador do IPTU a propriedade, posse e domínio útil de imóvel urbano.

Tal divergência ocorre porque o Código Tributário Nacional foi editado em 1966 e a Constituição em 1988. Assim, esse artigo do CTN foi recepcionado pelo ordenamento jurídico em parte, ao considerar que será contribuinte do IPTU o possuidor ou aquele que detenha o domínio útil, se houver o ***animus domini***.

Logo, o mero detentor da posse, como o locatário sem *animus domini*, não é contribuinte do IPTU, em virtude de a lei não poder alterar a competência tributária. E, vale lembrar que a CF determina que apenas o proprietário se enquadra como contribuinte do referido imposto.

Como dito, a competência tributária **não** pode ser alterada por meio de lei, mas a Emenda Constitucional poderá alterá-la.

Tanto é assim, que, por exemplo, a EC n. 39/2002 acrescentou na Constituição o artigo 149-A, criando, assim, a atual Contribuição para Custeio do Serviço de Iluminação Pública (COSIP).

2.5. Irrenunciabilidade

A competência tributária é irrenunciável.

O Ente Federativo jamais pode renunciar sua competência tributária em favor de outro Ente, podendo apenas deixar de exercê-la, conforme estudado na facultatividade.

Paulo de Barros Carvalho, demonstrando a importância da irrenunciabilidade, assevera:

> "Que sentido haveria numa discriminação rigorosa de competências, quando se permitisse que uma pessoa delegasse a outras as habilitações recebidas? Em pouco tempo, no manejo das utilizações concretas, quando se manifestasse o direito no dinamismo do seu estilo peculiar, o desenho das atribuições competenciais passaria por diferentes e imprevisíveis configurações, dissipando a rigidez e a estabilidade pretendidas pelo legislador constituinte. Advém daí o entendimento perante o qual a indelegabilidade e a irrenunciabilidade seriam prerrogativas inafastáveis do exercício competencial".[4]

4. CARVALHO, Paulo de Barros. **Curso de Direito Tributário.** 19. ed. São Paulo: Saraiva, 2007, p. 169.

Observa-se, portanto, que a individualização da competência tributária estabelecida pelo legislador constituinte tem uma razão de ser. Por esse motivo, a irrenunciabilidade possui considerada relevância na caracterização da competência tributária.

Assim, tomando como exemplo novamente o Imposto sobre Grandes Fortunas – IGF –, o fato de a União não tê-lo criado ainda, não confere o direito aos Estados, de instituir o referido imposto, tudo isso em virtude da irrenunciabilidade da competência tributária.

Para memorizar, a competência tributária é:

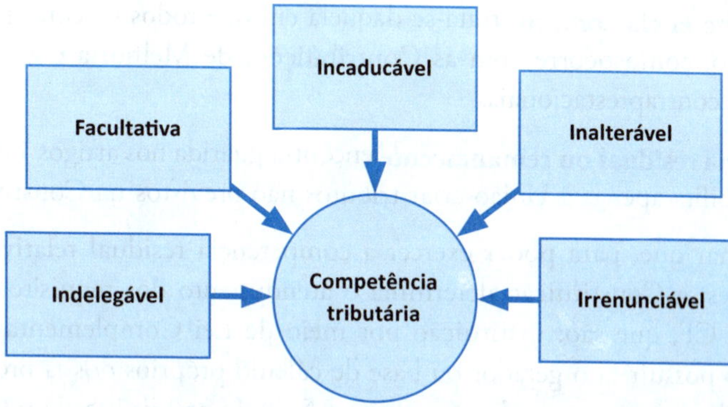

3. CLASSIFICAÇÃO DA COMPETÊNCIA TRIBUTÁRIA

Boa parte da doutrina – podemos citar Paulo de Barros Carvalho, Roque Carrazza, Leandro Paulsen, dentre outros – classifica a competência tributária em: privativa, residual e comum, adotando como critério os dispositivos contidos na Constituição Federal, mais especificamente o Capítulo do Sistema Tributário Nacional. Em nosso entendimento – também adotando como critério a Constituição Federal e algumas peculiaridades didaticamente relevantes que serão estudadas a seguir –, a competência tributária pode ser classificada em cinco categorias, quais sejam: privativa; comum; residual; cumulativa e extraordinária.

No tocante à competência **privativa**, consiste naquela em que a Constituição atribui com individualidade (exclusividade) a um ente político a instituição do tributo, como no caso dos impostos. Observa-se que a terminologia adotada para classificar foi "privativa", insta mencionar que, para o Direito Tributário, essa classificação deve ser entendida como exclusiva, posto que não há permissão constitucional para a delegação de um imposto privativo de um ente político a outro. Entretanto, vale lembrar que para o Direito Constitucional a expressão "privativa" se difere da "exclusiva", porque naquela é possível a delegação.

No exemplo dos impostos, os artigos 153 e 154 da CF enumeram os impostos federais de competência privativa da União; o artigo 155 da CF enumera os impostos estaduais de competência privativa dos Estados e do Distrito Federal e; os artigos 156 e 147 parte final, ambos da CF, enumeram os impostos municipais de competência privativa dos Municípios e do Distrito Federal.

Além dos impostos, a União apresenta competência **privativa** para criar o Empréstimo Compulsório e as Contribuições do artigo 149, *caput*, da CF.

A União, os Estados, o Distrito Federal e os Municípios apresentam competência privativa quanto às Contribuições Sociais para custeio do Sistema de Previdência de seus próprios servidores (art. 149, § 1º, da CF).

A contribuição para o Custeio do Serviço de Iluminação Pública (COSIP) é de competência privativa dos Municípios e do Distrito Federal.

Sobre a **competência comum**, trata-se daquela em que todos os entes políticos podem instituir o tributo, como ocorre com as Contribuições de Melhoria e as Taxas, tributos entendidos como contraprestacionais.

A **competência residual ou remanescente** encontra guarida nos artigos 154, I, e 195, § 4º, da CF, que possibilita apenas à União criar tributos não previstos na Constituição Federal.

Vale mencionar que, para poder exercer a competência residual relativa aos impostos e às Contribuições, a Constituição determina o atendimento dos requisitos constantes no artigo 154, I, da CF, que são: instituição por meio de Lei Complementar, deve ser não cumulativo e não possuir fato gerador ou base de cálculo próprios dos já previstos no texto constitucional. Observe-se que, embora conste no § 4º do artigo 195 da CF o termo "lei", o referido dispositivo condiciona a observância do artigo 154, I, da CF. Por este motivo, as Contribuições instituídas por meio da competência residual também deverão utilizar como instrumento a Lei Complementar.

Em suma, o artigo 154, I, da CF trata da competência residual para os Impostos e o artigo195, 4º, da CF dispõe sobre a competência residual das Contribuições Sociais.

A **competência cumulativa** está contida no artigo 147 da CF, a qual atribui: **a)** à União a instituição nos Territórios Federais de impostos federais e estaduais, também os municipais, se não forem divididos em Municípios; e **b)** ao Distrito Federal os impostos municipais, além dos estaduais.

Ressalta-se que a União deve instituir os impostos federais e estaduais, nos Territórios, em qualquer caso. Já os impostos municipais, por sua vez, serão de competência da União, desde que não haja divisão em Municípios no respectivo Território. Por esse motivo, tem-se aqui uma competência cumulativa para esses Entes Federativos.

A **competência extraordinária** tem previsão no artigo 154, II, da CF, que possibilita à União, por meio de Lei Ordinária ou instituto normativo com força de lei (Medida Provisória), a instituição de Imposto Extraordinário de Guerra, compreendidos ou não em sua competência, na iminência ou no caso de guerra. Evidencia-se que a Constituição Federal permite expressamente que a União institua Imposto Extraordinário de Guerra proporcionando ampla liberdade na escolha do fato gerador, trata-se, pois, de uma permissão expressa de bitributação e de *bis in idem* (estudados mais adiante).

Considerando todo o exposto, segue quadro abrangendo a competência tributária segundo a Constituição Federal:

<table>
<tr><th colspan="2">União</th><th>Estados</th><th colspan="2">Distrito Federal</th><th colspan="2">Municípios</th></tr>
<tr><th colspan="2">Impostos</th><th>Impostos</th><th colspan="2">Impostos</th><th colspan="2">Impostos</th></tr>
<tr><th>Art. 153</th><th>Art. 154</th><th>Art. 155</th><th>Art. 155</th><th>Art. 147</th><th colspan="2">Art. 156</th></tr>
<tr><td>IR, IR, II, ITR, IOF, IGF, IPI</td><td>IEG, Imposto Residual</td><td>IPVA, ITCMD, ICMS</td><td>IPVA, ITCMD, ICMS</td><td>IPTU, ITBI, ISS</td><td colspan="2">IPTU, ITBI, ISS</td></tr>
<tr><th colspan="2">Taxas</th><th>Taxas</th><th colspan="2">Taxas</th><th colspan="2">Taxas</th></tr>
<tr><th colspan="2">Contribuições de melhoria</th><th>Contribuições de melhoria</th><th colspan="2">Contribuições de melhoria</th><th colspan="2">Contribuições de melhoria</th></tr>
<tr><th colspan="2">Contribuições</th><th>Contribuições</th><th colspan="2">Contribuições</th><th colspan="2">Contribuições</th></tr>
<tr><td colspan="2">Contribuição Social Previdenciária do Servidor Público Federal, Contribuição Social, Contribuição de Intervenção no Domínio Econômico (CIDE), Contribuição de Interesse de Categoria Profissional ou Econômica</td><td>Contribuição Social Previdenciária do Servidor Público Estadual</td><td>Contribuição Social Previdenciária do Servidor Público Distrital</td><td>Contribuição para custeio do Serviço de Iluminação Pública (COSIP)</td><td>Contribuição Social Previdenciária do Servidor Público Municipal</td><td>Contribuição para custeio do Serviço de Iluminação Pública (COSIP)</td></tr>
<tr><th colspan="2">Empréstimo Compulsório</th><td colspan="5"></td></tr>
</table>

IMPORTANTE! O Distrito Federal apresenta competência tributária para instituir o IPTU, ITBI e ISS, por força do disposto no artigo 147 da CF – **Competência Cumulativa**. Tal dispositivo estabelece que a instituição dos impostos dos Municípios será de competência do Distrito Federal: "Art. 147. Competem à União, em Território Federal, os impostos estaduais e, se o Território não for dividido em Municípios, cumulativamente, os impostos municipais; ao Distrito Federal cabem os impostos municipais".

Sobre competência tributária, em prova realizada em 2009 para o cargo de Procurador/AL, a banca do CESPE solicitava ao candidato discorrer sobre esse tema apontando conceito, **identificação e características:**

Exemplo de questão sobre o tema

▶ **(CESPE – Procurador do Estado – AL/2009).** Discorra acerca da competência tributária, abordando, necessariamente, a sua definição, bem como a identificação e a definição das suas características, estabelecidas na Constituição Federal e no Código Tributário Nacional, detalhando cada uma delas.

Como visto nesse Capítulo, a competência tributária consiste na outorga de poder concedido pela Constituição aos Entes Federativos para criarem e majorarem os tributos. Apresenta cinco características, as quais o candidato deveria descrever detalhadamente sobre cada uma delas: i) indelegabilidade; ii) facultatividade; iii) incaducabilidade; iv) inalterabilidade e v) irrenunciabilidade.

Além disso, deveria ser mencionado na questão que a competência dos Entes Federativos é: i) privativa, nos termos dos artigos 148, 149, § 1º, 149-A e 153 a 156 da CF; ii) comum, conforme artigo 145, II e III, da CF; iii) residual, artigos 154, I e 195, § 4º, da CF; iv) cumulativa, como determina o artigo 147 da CF e v) extraordinária, consoante artigo 154, II, da CF.

4. REPARTIÇÃO DAS RECEITAS TRIBUTÁRIAS

A Constituição Federal prevê algumas hipóteses de transferência obrigatória da arrecadação dos impostos, conforme os artigos 153, § 5º, 157, 158 e 159.

Antes de adentrar na especificação da repartição das receitas tributárias, cumpre mencionar que referido instituto não pode ser confundido com delegação de competência. Ressalta-se, a competência tributária não pode ser delegada. Nas palavras de Leandro Paulsen:

> "A 'repartição' do poder de tributar, através da atribuição constitucional de competências a cada um dos entes políticos, não se confunde, de modo algum, com a repartição de receitas tributárias, prevista a partir do art. 157 da CF. Daí dispor o parágrafo único do art. 6º do CTN: 'Os tributos cuja receita seja distribuída, no todo ou em parte, a outras pessoas jurídicas de direito público pertencem à competência legislativa daquela a que tenham sido atribuídos'".[5]

Com isso, entende-se que a competência tributária permanece sob a titularidade do Ente Federativo; contudo, deverá respeitar a determinação constitucional de repartir suas receitas.

O artigo 153, § 5º, da CF estabelece que a União tem obrigação de repassar 30% da arrecadação do Imposto sobre Operações Financeiras – **IOF** – incidente sobre o ouro, tido por lei como ativo financeiro, para os Estados, conforme a origem, e, ainda, 70% para o Município pátrio, *in verbis*:

> **"Art. 153.** (...) § 5º O ouro, quando definido em lei como ativo financeiro ou instrumento cambial, sujeita-se exclusivamente à incidência do imposto de que trata o inciso V do *caput* deste artigo, devido na operação de origem; a alíquota mínima será de um por cento, assegurada a transferência do montante da arrecadação nos seguintes termos: **I – trinta por cento para o Estado, o Distrito Federal ou o Território, conforme a origem; II – setenta por cento para o Município de origem"** (grifos nossos).

Ainda, de acordo com o artigo 157 da CF, competem aos Estados e ao Distrito Federal: **100%** da arrecadação do **IR,** incidente na fonte, **sobre rendimentos pagos**, a qualquer título, pelos Estados, suas autarquias e pelas fundações que instituírem e mantiverem; e **20%** do produto da arrecadação do **Imposto Residual**.

Nos termos do artigo 158 da CF, competem aos Municípios: **100% da arrecadação do IR**, incidente na fonte, **sobre rendimentos pagos**, a qualquer título, pelos Municípios, suas autarquias e pelas fundações que instituírem e mantiverem; **50% do ITR**, como via de regra, no caso de imóveis situados nesses, e **100% do ITR** quando o Município detiver a capacidade ativa tributária, ou seja, a função de arrecadar, fiscalizar referido imposto; e, ainda, **50% do IPVA dos veículos licenciados em seus territórios, e 25% do ICMS. Cuidado com o Parágrafo único desse dispositivo – que já foi abordado em prova da Fundação Carlos Chagas –, em que se especificam os critérios para crédito do ICMS:**

> **"Art. 158. (...)** Parágrafo único. As parcelas de receita pertencentes aos Municípios, mencionadas no inciso IV, serão creditadas conforme os seguintes critérios:
>
> I – 3/4, no mínimo, na proporção do valor adicionado nas operações relativas à circulação de mercadorias e nas prestações de serviços, realizadas em seus territórios; II – até 1/4, de acordo com o que dispuser lei estadual ou, no caso dos Territórios, lei federal".

5. PAULSEN, Leandro. **Curso de Direito Tributário.** 4. ed. Porto Alegre: Livraria do Advogado, 2012, p. 34.

E, por fim, o artigo 159 da CF prevê que a União entregará 49% da arrecadação do Imposto sobre Renda e proventos de qualquer natureza (IR) e sobre Produtos Industrializados (IPI) da seguinte forma: I) **21,5%** ao Fundo de Participação dos Estados e do Distrito Federal; II) **22,5%** ao Fundo de Participação dos Municípios; III) **3%** para aplicação em programas de financiamento ao setor produtivo das Regiões Norte, Nordeste e Centro-Oeste, através de suas instituições financeiras de caráter regional, de acordo com os planos regionais de desenvolvimento, ficando assegurada ao semiárido do Nordeste a metade dos recursos destinados à Região, na forma que a lei estabelecer; IV) **1%** ao Fundo de Participação dos Municípios, que será entregue no primeiro decêndio do mês de dezembro de cada ano e V) 1% (um por cento) ao Fundo de Participação dos Municípios, que será entregue no primeiro decêndio do mês de julho de cada ano.

Os incisos II e III do artigo 159 da CF, por sua vez, determinam que: I) **10%** da arrecadação do Imposto sobre Produtos Industrializados será repassado aos Estados e ao Distrito Federal, proporcionalmente ao valor das respectivas exportações de produtos industrializados; III) **29%** do produto da arrecadação da Contribuição de Intervenção no Domínio Econômico – CIDE, prevista no art. 177, § 4º, da CF, será repassada aos Estados e ao Distrito Federal, distribuídos na forma da lei, observada a destinação a que se refere o inciso II, "c", do referido parágrafo ("ao financiamento de programas de infraestrutura de transportes").

Importante informar que as repartições de **impostos**, dispostas nos artigos 153, § 5º, 157, 158 e 159 da CF, somente poderão deixar de ser repassadas quando incorrerem na hipótese do parágrafo único do artigo 160 da CF, isto é, quando o Ente Federativo não estiver aplicando o percentual mínimo exigido na área da **saúde**, e também no caso de **débitos** de um Ente e suas Autarquias com o outro que irá fazer o repasse, senão vejamos:

> "**Art. 160.** É vedada a retenção ou qualquer restrição à entrega e ao emprego dos recursos atribuídos, nesta seção, aos Estados, ao Distrito Federal e aos Municípios, neles compreendidos adicionais e acréscimos relativos a **impostos**.
>
> Parágrafo único. A vedação prevista neste artigo não impede a União e os Estados de condicionarem a entrega de recursos:
>
> I – ao pagamento de seus créditos, inclusive de suas autarquias;
>
> II – ao cumprimento do disposto no art. 198, § 2º, incisos II e III" (Grifos Nossos).

Consoante mencionado anteriormente – quando estudado sobre a facultatividade da competência tributária –, o parágrafo único do artigo 11 da LC n. 101/2000 proibiu apenas o repasse das transferências voluntárias e não das obrigatórias, por isso o STF[6] entendeu que referido dispositivo legal é compatível com o artigo 160 da CF.

5. EXERCÍCIO DA COMPETÊNCIA TRIBUTÁRIA

Como anteriormente mencionado, a competência tributária consiste no poder concedido pela Constituição Federal aos Entes Federativos para que instituam e majorem tributos.

6. Medida Cautelar em ADI n. 2.238 do STF.

Os Entes Federativos irão criar e majorar os tributos apenas por meio de **lei ordinária, ou por instrumento normativo com força de lei (Medida Provisória) ou, ainda, por lei complementar.**

A lei ordinária constitui o instrumento por excelência da imposição tributária. Assim, para efeito de votação parlamentar, a Lei Ordinária necessita de um *quorum* de maioria simples, ou seja, voto favorável de mais da metade do número de parlamentares presentes no dia da votação.

Entretanto, existem quatro tributos que só podem ser instituídos ou majorados por meio de **Lei Complementar,** que são:

Tributos que só podem ser instituídos ou majorados por meio de lei complementar	
1º	Contribuição Social Residual (art. 195, § 4º, da CF);
2º	Empréstimo Compulsório (art. 148 da CF);
3º	IGF (Imposto sobre Grandes Fortunas – art. 153, VII, da CF);
4º	Imposto Residual (art. 154, I, da CF).

Para fins mnemônicos, os tributos que só podem ser instituídos e majorados por meio de Lei Complementar que estão indicados no **CEGI!**

	C	ontribuição Social Residual;
	E	mpréstimo Compulsório;
I	G	F
	I	mposto Residual.

O *quorum* de aprovação de Lei Complementar é diferente da Lei Ordinária. Para que a Lei Complementar seja aprovada faz-se necessária a votação favorável por maioria absoluta, ou seja, mais da metade do número **total de parlamentares** das duas Casas do Congresso Nacional (Câmara dos Deputados e Senado Federal).

Assim, se, por exemplo, houver 100 parlamentares em exercício, mas no dia da votação comparecem apenas 60, para obter aprovação de uma matéria por meio de Lei Complementar, serão necessários 51 votos favoráveis. Frise-se que se trata da metade do total de parlamentares.

De outro modo, se a matéria pode ser instituída por meio de Lei Ordinária, será fundamental que a metade dos parlamentares presentes vote favoravelmente. No exemplo da existência de 100 parlamentares, estando presentes apenas 60, será preciso 31 votos favoráveis – maioria simples.

Vale mencionar que foi o Poder Constituinte que estabeleceu quando será adotada a Lei Ordinária ou a Lei Complementar. Assim, quando a Constituição menciona a necessidade de Lei Complementar, significa que aquela matéria somente poderá ser aprovada por meio desse instrumento legislativo. Nesse sentido, citam-se como exemplos de comando expresso da Constituição Federal a utilização de Lei Complementar, os artigos 146, 148, 154, I, da CF, etc.

Ressalta-se que, regra geral, a instituição e a majoração de tributos devem ser realizadas por meio de lei ordinária, e, ainda, segundo a literalidade do artigo 62, § 2º, da CF, por meio de **Medida Provisória** (MP), por se tratar de um instrumento normativo com força de lei.

IMPORTANTE! Ainda que o artigo 62, § 2º, da CF estabeleça que a Medida Provisória possa instituir e majorar impostos, o STF tem entendimento de que as Medidas Provisórias podem instituir ou majorar outras espécies tributárias, desde que essas não necessitem de Lei Complementar para sua instituição.

Nesse sentido, transcreve-se a ementa do Acórdão AI-AGR 236.976/MG da relatoria do Ministro Néri da Silveira:

> **Ementa:** "Recurso extraordinário. 2. Medida provisória. Força de lei. 3. A Medida Provisória, tendo força de lei, é instrumento idôneo para instituir e modificar tributos e contribuições sociais. Precedentes. 4. Agravo regimental a que se nega provimento (grifos nossos)".[7]

Contudo, a Medida Provisória – MP – para instituir ou majorar impostos deverá observar **dois requisitos**:

- **Primeiro**: deve constar na Constituição que sua instituição se dá por meio de **Lei Ordinária**, posto que o artigo 62, § 1º, III, da CF, veda a MP tratar sobre matérias reservadas à Lei Complementar.
- **Segundo**: como determina o § 2º do artigo 62 da CF, em se tratando de **impostos**, excepcionados o Imposto Extraordinário de Guerra (IEG), Imposto sobre a Importação (II), Imposto sobre a Exportação (IE), Imposto sobre Operações de Crédito, Câmbio e Seguro, ou relativas a Títulos ou Valores Mobiliários (IOF) e Imposto sobre Produtos Industrializados (IPI), será necessário que a Medida Provisória que os criar seja convertida em lei até o final do exercício financeiro, para que possa produzir efeitos no exercício subsequente.

Assim, se, por exemplo, uma Medida Provisória majorar a alíquota do Imposto sobre Renda no exercício de 2013, a nova alíquota desse imposto somente poderá ser exigida no exercício de 2014 se a Medida Provisória for convertida em lei ainda no exercício de 2013.

É o que se depreende da leitura do § 2º do artigo 62 da CF:

> "**Art. 62.** (...) § 2º Medida provisória que implique instituição ou majoração de impostos, exceto os previstos nos arts. 153, I, II, IV, V, e 154, II, só produzirá efeitos no exercício financeiro seguinte se houver sido convertida em lei até o último dia daquele em que foi editada".

Por outro lado, se a alíquota do Imposto sobre Importação (um dos impostos que constituem a exceção do mesmo § 2º do artigo 61 da CF – II, IE, IPI, IOF e IEG) fosse majorada

7. AI n. 236976-AgR-MG, rel. Min. Néri da Silveira, **DJ** de 24.09.1999.

no exercício de 2013, ainda que a Medida Provisória não tenha sido convertida em lei até o último dia do mesmo exercício, a alíquota majorada poderia ser exigida imediatamente, uma vez que não necessitam obedecer aos Princípios da Anterioridade do Exercício e da Noventena. Ressalta-se que, para os demais impostos há a necessidade da conversão em lei até o último dia do exercício em que a Medida Provisória foi editada. Ademais, cumpre mencionar que os Princípios da Anterioridade (do Exercício e da Noventena) deverão ser observados, conforme cada caso e regras estabelecidas no Texto Maior. Esse conteúdo será abordado mais adiante.

6. QUADRO SINÓTICO

CAPÍTULO 2. COMPETÊNCIA TRIBUTÁRIA

Conteúdo			Item
Competência Tributária: Conceito	É a outorga de poder concedido pela Constituição Federal aos Entes Federativos para que eles possam instituir e majorar tributos.		1
Competência para Legislar sobre o Direito Tributário	É a outorga de poder concedido pela Constituição Federal para editar leis que versem sobre tributos e relações jurídicas a eles pertinentes. É uma competência concedida aos Entes Federativos para traçar regras sobre o exercício do poder de tributar. A Carta Magna prevê a competência concorrente entre a União, os Estados e o Distrito Federal para legislar sobre Direito Tributário. Compete à União a edição de normas gerais e aos Estados e ao Distrito Federal a suplementação da legislação federal. Se não existir norma federal, os Estados e o Distrito Federal apresentam competência plena.		1
Características da Competência Tributária	**Indelega-bilidade**	A Constituição define quais serão os tributos de competência tributária de cada Ente Federativo, de modo ser indelegável tal atribuição, ou seja, intransferível. Vale lembrar de que enquanto a competência tributária (que consiste na criação e majoração de tributo) é indelegável, as funções administrativas de arrecadar, fiscalizar tributos e executar leis, (que **compreendem** a capacidade ativa tributária) podem ser delegadas.	2
	Faculta-tividade	Os Entes Federativos **não** estão obrigados a instituir os tributos, cuja competência tributária lhe foi atribuída pela Constituição Federal.	2
	Incaduca-bilidade	O direito do Ente Federativo de instituir o tributo pode ser exercido a qualquer tempo.	
	Inaltera-bilidade	A competência tributária não pode ser alterada por lei infraconstitucional.	
	Irrenuncia-bilidade	O Ente Federativo jamais pode renunciar sua competência tributária em favor de outro Ente, podendo apenas deixar de exercê-la.	
Classificação da Competência Tributária	A competência tributária pode ser classificada em cinco categorias: privativa, comum, residual, cumulativa e extraordinária.		3
	Competência Privativa	É aquela em que a Constituição atribui com exclusividade a este ou aquele ente político a instituição do tributo. Exercida pelos Entes Federativos com relação aos impostos. A União apresenta competência privativa para criar o Empréstimo Compulsório e as Contribuições do artigo 149, *caput*, da CF. A contribuição para o Custeio do Serviço de Iluminação Pública (COSIP) é de competência privativa dos Municípios e do Distrito Federal.	
	Comum	Exercida por todos os Entes Federativos, como ocorre com as Taxas e Contribuições de Melhoria.	

CAPÍTULO 2. COMPETÊNCIA TRIBUTÁRIA			
Conteúdo			Item
Classificação da Competência Tributária	**Competência Residual ou Remanescente**	Encontra guarida nos artigos 154, I, e 195, § 4º, da CF, que possibilita à União criar impostos e contribuições sociais não previstos na Lei Maior.	
	Competência Cumulativa	É a do artigo 147 da CF que estabelece à União a instituição de impostos, nos territórios federais, e pelo Distrito Federal, em sua base territorial.	
	Competência Extraordinária	Tem previsão no artigo 154, II, da CF, que possibilita à União instituir imposto extraordinário, compreendidos ou não em sua competência, na iminência ou no caso de guerra.	
Repartição das Receitas Tributárias	A Constituição Federal prevê algumas hipóteses de transferência obrigatória da arrecadação dos impostos, conforme os artigos 153, § 5º, 157, 158 e 159.		4
Exercício da Competência Tributária	Os Entes Federativos irão criar e majorar os tributos apenas por meio de lei, via de regra, **Lei Ordinária ou instrumento normativo com força de lei, Medida Provisória.** Existem quatro tributos, todavia, que só podem ser instituídos ou majorados mediante Lei Complementar: Contribuição Social Residual, Empréstimo Compulsório, IGF e Imposto Residual. Segundo a literalidade do artigo 62, § 2º, da CF, a Medida Provisória (MP) é um instrumento normativo, com força de lei, que poderá instituir e majorar impostos, desde que atenda a dois requisitos: primeiro, o Imposto deve poder ser instituído por meio de lei ordinária; segundo, em se tratando de impostos, excepcionados o Imposto Extraordinário de Guerra (IEG), Imposto sobre a Importação (II), Imposto sobre a Exportação (IE), Imposto sobre Operações de Crédito, Câmbio e Seguro, ou relativas a Títulos ou Valores Mobiliários (IOF) e Imposto sobre Produtos Industrializados (IPI), é necessário que a Medida Provisória que os criar seja convertida em lei até o final do exercício financeiro, para que possa produzir efeitos no exercício subsequente.		5

7. QUESTÕES

1. (TJAM – Juiz – CESPE/2016). Execução fiscal de IPTU ajuizada por determinado município do estado do Amazonas foi extinta, sem julgamento de mérito, por juiz de primeiro grau, com base na lei de regência. Acerca dessa situação hipotética, assinale a opção correta.

(A) De acordo com a CF, é concorrente a competência entre município e estado-membro para a instituição do IPTU. Assim, na hipótese em apreço, o magistrado poderia fundamentar sua decisão na lei estadual ou na municipal.

(B) O estado tem competência para legislar sobre a matéria; portanto, pode o juiz ter-se baseado em legislação estadual para interromper a execução fiscal.

(C) A previsão constitucional da autonomia dos entes federados não abrange a hipótese, uma vez que se trata de município do próprio estado-membro.

(D) Conforme a CF, é do município a competência para instituir o IPTU; só o ente que tem competência para instituir o tributo tem competência para legislar sobre a matéria.

(E) A instituição de lei estadual referente ao IPTU é constitucional e aplica-se aos tributos e às execuções fiscais em curso no âmbito do estado e de seus municípios.

2. (TJAM – Juiz – CESPE/2016). Acerca da competência tributária no âmbito constitucional, assinale a opção correta.

(A) Aos estados e aos municípios compete regular a maneira como isenções, incentivos e benefícios fiscais serão concedidos e revogados.

(B) Lei estadual poderá prever a possibilidade de concessão de incentivos fiscais a empreendimentos, afastada a necessidade de prévio acordo conjunto entre os estados e o DF.

(C) Além dos tributos previstos expressamente na CF, a União detém competência residual para instituir, por lei complementar, outros impostos, ainda que cumulativos.

(D) É vedada qualquer distinção em razão de ocupação profissional ou função exercida pelos contribuintes, independentemente da denominação jurídica dos rendimentos, títulos ou direitos.

(E) A CF estabelece o limite de 47% do produto da arrecadação do imposto sobre a renda e proventos de qualquer natureza e do imposto sobre produtos industrializados para estados e municípios, por meio dos respectivos fundos de participação.

3. (TCE/PR – Auditor – CESPE/2016). No que concerne à repartição de receitas tributárias, assinale a opção correta.

(A) A União é parte passiva legítima em ações que discutam matéria relacionada ao imposto sobre a renda retido na fonte de servidor público estadual, demanda que deve ser processada na justiça federal.

(B) Compete ao Ministério da Fazenda efetuar o cálculo das quotas referentes aos fundos de participação e editar as normas e instruções complementares necessárias ao pleno cumprimento das regras de repartição constitucional de tributos.

(C) Se, com a instituição de um imposto fundamentado em sua competência extraordinária, a União arrecadar R$ 1.000.000, serão devidos R$ 250.000 aos estados.

(D) Caso arrecade R$ 3.000.000 referentes ao imposto sobre a propriedade territorial rural incidente sobre imóveis rurais localizados em determinado município, a União deverá R$ 750.000 a esse município.

(E) Se o estado do Paraná arrecadar R$ 5.000.000 com o IPVA de veículos registrados no município de Curitiba, R$ 2.500.000 serão devidos a esse município.

4. (Câmara de Doutor Ulysses/PR – Advogado – FAFIPA/2016). Acerca da competência tributária, segundo o Código Tributário Nacional, marque a alternativa CORRETA.

(A) A atribuição constitucional de competência tributária compreende a competência legislativa parcial.

(B) A competência tributária é, em regra, delegável.

(C) O não exercício da competência tributária defere a pessoa jurídica de direito público diversa daquela a que a Constituição a tenha atribuído.

(D) Os tributos cuja receita seja distribuída, no todo ou em parte, a outras pessoas jurídicas de direito público, pertencerá à competência legislativa daquela a que tenham sido atribuídos.

5. (Câmara de Conceição do Mato Dentro/MG – Advogado – FUMARC/2016). A respeito da competência tributária, é possível afirmar:

(A) A competência tributária é indelegável, contudo, a capacidade tributária ativa pode ser delegada.

(B) É vedado o cometimento, a pessoas de direito privado, do encargo ou da função de arrecadar tributos.

(C) O não exercício da competência tributária a defere a pessoa jurídica de direito público diversa daquela a que a Constituição a tenha atribuído.

(D) O não exercício da competência tributária permite que outra pessoa jurídica de direito público, diversa daquela a que a Constituição a tenha atribuído, a exerça.

6. (Câmara de Atibaia/SP – Advogado – CAIPIMES/2016). Compete aos Municípios instituir impostos sobre:

I. propriedade predial e territorial urbana.

II. transmissão *inter* vivos, a qualquer título, por ato oneroso, de bens imóveis, por natureza ou acessão física, e de direitos reais sobre imóveis, exceto os de garantia, bem como cessão de direitos a sua aquisição;

III. serviços de qualquer natureza, inclusive compreendendo os previstos no artigo 155, II (operações relativas à circulação de mercadorias e sobre prestações de serviços de transporte interestadual e intermunicipal e de comunicação, ainda que as operações e as prestações se iniciem no exterior), definidos em lei complementar.

É correto o que se afirma apenas em:

(A) II e III.

(B) III.

(C) I e III.

(D) I e II.

7. (Câmara de Atibaia/SP – Advogado – CAIPIMES/2016). Assinale a alternativa incorreta. Segundo a doutrina, a competência tributária:

(A) é aptidão para criar tributos em abstrato, por meio de lei, com todos os elementos essenciais (hipótese de incidência, sujeito ativo, sujeito passivo, base de cálculo, alíquota). Referida aptidão abrange também, a possibilidade de aumentar, parcelar, diminuir, isentar, modificar e perdoar tributos.

(B) esgota-se na lei. Uma vez exercitada a competência tributária desaparece e cede espaço para o surgimento da capacidade tributária ativa.

(C) no seu exercício possui características especificas como a privatividade, indelegabilidade, incaducabilidade, inalterabilidade, irrenunciabilidade, facultatividade do exercício.

(D) é aptidão para arrecadar e fiscalizar os tributos. Pode ser delegada, é revogável a qualquer tempo, por ato unilateral da pessoa jurídica de direito público.

8. (Câmara de Atibaia/SP – Advogado – CAIPIMES/2016). Competência tributária é a capacidade outorgada pela Constituição às pessoas políticas (União, Estados, Distrito Federal e Municípios) para que estas possam instituir (criar através de lei) e exigir tributos. A competência tributária residual:

(A) é a que outorga ao Estado (e só o Estado) o poder de instituir novos impostos, distintos dos já previstos na Constituição Federal de 1988.

(B) é a que outorga ao Município (e só o Município) o poder de instituir novos impostos, distintos dos já previstos na Constituição Federal de 1988.

(C) é a que outorga ao Distrito Federal (e só o Distrito Federal) o poder de instituir novos impostos, distintos dos já previstos na Constituição Federal de 1988.

(D) é a que outorga à União (e só à União) o poder de instituir novos impostos, distintos dos já previstos na Constituição Federal de 1988.

9. (Câmara de Almirante Tamandaré/PR – Advogado – FAFIPA/2016). Acerca da competência tributária dos Estados e Municípios, prevista na Constituição Federal, assinale a alternativa INCORRETA.

(A) Compete aos Municípios instituir impostos sobre propriedade predial e territorial urbana.

(B) Compete aos Municípios instituir impostos sobre transmissão *causa mortis*, a qualquer título, por ato oneroso, de bens imóveis, por natureza ou acessão física, e de direitos reais sobre imóveis, exceto os de garantia, bem como cessão de direitos a sua aquisição.

(C) Compete aos Estados e ao Distrito Federal instituir impostos sobre propriedade de veículos automotores.

(D) Compete aos Estados e ao Distrito Federal instituir impostos sobre operações relativas à circulação de mercadorias e sobre prestações de serviços de transporte interestadual e intermunicipal e de comunicação, ainda que as operações e as prestações se iniciem no exterior.

10. (Pref. Pompeia /SP – Advogado – CEMAT/2016). Nos últimos vinte anos, os Municípios vêm sofrendo com a grande carga de serviços públicos que a União e o Estado repassaram para os mesmos. Diante de muitos encargos locais e menor cota parte recebidos da União e dos Estados, os nossos munícipes sentem diariamente as consequências dessa desproporcionalidade de serviços e recursos. Leia e julgue as afirmativas abaixo sobre a repartição das receitas tributárias no Brasil:

I. Do produto da arrecadação dos impostos sobre renda e proventos de qualquer natureza e sobre produtos industrializados, a União fica com a maior parte, 51% (cinquenta e um por cento) e, entrega somente os 49% (quarenta e nove por cento) aos Estados, Municípios e outros.

II. Do produto da arrecadação do imposto sobre produtos industrializados, a União entrega o valor integral aos Estados e ao Distrito Federal referente às suas respectivas exportações de produtos industrializados.

III. Pertencem aos Municípios os vinte e cinco por cento do produto da arrecadação do imposto do Estado sobre operações relativas à circulação de mercadorias e sobre prestações de serviços de transporte interestadual e intermunicipal e de comunicação.

IV. Da porcentagem do produto da arrecadação do imposto do Estado sobre operações relativas à circulação de mercadorias e sobre prestações de serviços de transporte interestadual e intermunicipal e de comunicação que pertence aos Municípios será adicionado o valor integral das operações relativas à circulação de mercadorias e nas prestações de serviços realizadas em seus territórios.

Assinale a alternativa correspondente:

(A) Somente as afirmativas I e III estão corretas.
(B) Somente a afirmativa III está correta.
(C) As afirmativas III e IV estão incorretas.
(D) As afirmativas II e III estão incorretas.
(E) As afirmativas I, II, III e IV estão corretas.

11. (Pref. Santa Cecília/SC – Advogado – NUBES/2016). Dos tributos abaixo listados, indique aquele pode ser cobrado pela União, pelos Estados, pelo Distrito Federal ou pelos âmbito de suas respectivas atribuições:

(A) Imposto sobre operações de crédito, câmbio e seguro, ou relativas a títulos ou valores mobiliários.
(B) Imposto sobre a transmissão " *inter* vivos, a qualquer título, por ato oneroso, de bens imóveis, por natureza ou acessão física, e de direitos reais sobre imóveis, exceto os de garantia, bem como cessão de direitos a sua aquisição.
(C) Contribuição para o custeio do serviço de iluminação pública.
(D) Contribuição de melhoria, decorrente de públicas.

12. (Pref. Jacarezinho/PR – Advogado – FAUEL/2016). A organização político-administrativa da República Federativa do Brasil compreende a União, os Estados, o Distrito Federal e os Municípios; para garantir a autonomia desses entes, a Constituição Federal de 1988 e o Código Tributário Nacional previram regras de "competência tributária". A respeito do tema, é correto afirmar que:

(A) A competência tributária é delegável, incluindo a atribuição das funções de arrecadar ou fiscalizar tributos, ou de executar leis, serviços, atos ou decisões administrativas em matéria tributária, desde que conferida por uma pessoa jurídica de direito público a outra.
(B) A delegação de atribuição das funções de arrecadar ou fiscalizar tributos, ou de executar leis, serviços, atos ou decisões administrativas em matéria tributária não compreende as garantias e os privilégios processuais que competem à pessoa jurídica de direito público que a conferir.
(C) Os tributos cuja receita seja distribuída, no todo ou em parte, a outras pessoas jurídicas de direito público pertencerá à competência legislativa daquela a que tenham sido atribuídos.
(D) Constitui delegação de competência o cometimento a pessoas de direito privado, do encargo ou da função de arrecadar tributos, sendo a elas conferidas as garantias e os privilégios processuais que competem à pessoa jurídica de direito público que a conferir.

13. (Pref. Ituiutaba/MG – Advogado – Instituto Excelência/2016). Acerca da competência tributária, assinale a alternativa CORRETA:

(A) Constitui delegação de competência o cometimento, a pessoas de direito privado, do encargo ou da função de arrecadar tributos.
(B) O não-exercício da competência tributária a defere a pessoa jurídica de direito público diversa daquela a que a Constituição a tenha atribuído.
(C) A competência tributária é indelegável, salvo atribuição das funções de arrecadar ou fiscalizar tributos, ou de executar leis, serviços, atos ou decisões administrativas em matéria tributária, conferida por uma pessoa jurídica de direito público a outra.
(D) Nenhuma das alternativas.

14. (Pref. Mojuí dos Campos/PA – Advogado – FADESP/2016). Pertence ao Município do produto da arrecadação do imposto do Estado sobre a propriedade de veículos automotores licenciados em seu território. O percentual que completa corretamente o texto acima é

(A) 50%.
(B) 30%.
(C) 25%.
(D) 20%.

15. (Câmara de São José dos Pinhais/PR – Advogado – FAUEL/2016). É de competência tributária da União:

I. O imposto sobre transmissão *causa mortis* e doação, de quaisquer bens ou direitos.

II. O imposto sobre grandes fortunas.

III. O imposto de transmissão *inter* vivos, a qualquer título, por ato oneroso, de bens imóveis, por natureza ou acessão física, e de direitos reais sobre imóveis, exceto os de garantia, bem como cessão de direitos a sua aquisição.

IV. O imposto sobre serviços de qualquer natureza.

De acordo com as afirmativas acima, assinale a alternativa correta.

(A) I – Falso; II – Verdadeiro; III – Verdadeiro; IV – Falso.

(B) I – Verdadeiro; II – Verdadeiro; III – Falso; IV – Falso.

(C) I – Falso; II – Falso; III – Verdadeiro; IV – Verdadeiro.

(D) I – Falso; II – Verdadeiro; III – Falso; IV – Falso.

16. (CASAN – Advogado – AOCP/2016). Quanto à repartição das receitas tributárias, assinale a alternativa correta.

(A) Pertencem aos Estados e ao Distrito Federal 50% da arrecadação do imposto da União sobre a renda e proventos de qualquer natureza, incidente na fonte, sobre rendimentos pagos, a qualquer título, por eles, suas autarquias e pelas fundações que instituírem e mantiverem.

(B) A União entregará, do produto da arrecadação do imposto sobre produtos industrializados, 10% aos Estados e ao Distrito Federal, proporcionalmente ao valor das respectivas exportações de produtos industrializados.

(C) Pertencem aos municípios 50% do produto da arrecadação do imposto da União sobre renda e proventos de qualquer natureza, incidente na fonte, sobre rendimentos pagos, a qualquer título, por eles, suas autarquias e pelas fundações que instituírem e mantiverem.

(D) Pertencem aos Municípios 50% do produto da arrecadação do imposto da União sobre a produtividade territorial rural, relativamente aos imóveis neles situados, sem exceção.

(E) Pertencem aos Municípios 23,5% do produto da arrecadação do imposto do Estado sobre operações relativas à circulação de mercadorias e sobre prestações de serviços de transporte interestadual e de comunicação.

17. (Pref. Capitão Leônidas Marques/PR – Advogado – UNIOESTE/2016). Sabe-se que a competência tributária esgota-se na lei. Genericamente, competência tributária é a aptidão para

(A) fiscalizar tributos.

(B) instituir e/ou majorar tributos.

(C) instituir as limitações ao poder de tributar.

(D) exercer poder de polícia.

(E) instituir a lei orçamentária anual.

18. (Câmara de Registro/SP – Advogado – VUNESP/2016). Acerca da competência tributária, é correto afirmar que

(A) é delegável, irrenunciável e seu exercício é obrigatório.

(B) é delegável e renunciável, mas seu exercício é facultativo.

(C) é indelegável, salvo atribuição das funções de arrecadar ou fiscalizar tributos, ou de executar leis, serviços, atos ou decisões administrativas em matéria tributária, conferida por uma pessoa de direito público a outra, nos termos estabelecidos pela Constituição Federal.

(D) constitui delegação de competência o cometimento, a pessoas de direito privado, do encargo ou função de arrecadar tributos, como se verifica em relação às instituições financeiras.

(E) o não-exercício da competência tributária pelos Estados ou pelos Municípios a defere à União.

19. (Câmara de Ibiporã/PR 2016 – Advogado – FAU – UNICENTRO/2016). De acordo com a disposição constitucional, compete a União instituir impostos sobre:

(A) Operações de crédito, câmbio, excluído o seguro.

(B) Exportação para o exterior apenas de produtos nacionalizados e importação de produtos estrangeiros.
(C) Grandes fortunas, nos termos da lei complementar e produtos industrializados.
(D) Propriedade territorial rural e urbana.
(E) Operações de credito relativas á títulos, excluídos os valores mobiliários.

20. (CRAISA – Advogado – CAIPIMES/2016). Compete à União instituir impostos sobre:

I. Importação de produtos estrangeiros e exportação, para o exterior, de produtos nacionais ou nacionalizados.
II. Renda e proventos de qualquer natureza e propriedade predial e territorial urbana.
III. Transmissão *causa mortis* e doação, de quaisquer bens ou direitos e operações de crédito, câmbio e seguro, ou relativas a títulos ou valores mobiliários.
IV. Propriedade predial e territorial urbana e Transmissão *causa mortis* e doação, de quaisquer bens ou direitos.
V. Propriedade territorial rural e grandes fortunas, nos termos de lei complementar.

Está correto o que se afirma nos itens:

(A) I, II, III e IV apenas.
(B) I, II e III apenas.
(C) II, III e IV apenas.
(D) I e V apenas.

21. (Pref. Sarandi/PR – Advogado – FAFIPA/2016). Acerca da competência tributária definida na Constituição Federal, assinale a alternativa INCORRETA:

(A) Compete aos Estados e ao Distrito Federal instituir impostos sobre propriedade de veículos automotores.
(B) Compete privativamente à União instituir impostos sobre a transmissão *causa mortis* e doação, de quaisquer bens ou direitos.
(C) Compete aos Municípios instituir impostos sobre transmissão *inter* vivos, a qualquer título, por ato oneroso, de bens imóveis, por natureza ou acessão física, e de direitos reais sobre imóveis, exceto os de garantia, bem como cessão de direitos a sua aquisição.
(D) A União poderá instituir na iminência ou no caso de guerra externa, impostos extraordinários, compreendidos ou não em sua competência tributária, os quais serão suprimidos, gradativamente, cessadas as causas de sua criação.

22. (Pref. Toledo/PR – Advogado – FAFIPA/2016). Sobre a repartição das receitas tributárias, assinale a alternativa CORRETA, que contempla o porcentual pertencente aos municípios do produto da arrecadação do imposto do Estado sobre a propriedade de veículos automotores licenciados em seus territórios.

(A) 20% (vinte por cento).
(B) 30% (trinta por cento).
(C) 40% (quarenta por cento).
(D) 50% (cinquenta por cento).
(E) 60% (sessenta por cento).

23. (Analista Tributário OLIVEIRAPREV de Oliveira/MG – Analista de Nível Superior I – Gestão de Concursos/2016). São espécies de tributos municipais, EXCETO:

(A) ITBI.
(B) IPTU.
(C) Taxas.
(D) Preço público.

24. (Direito BAHIAGÁS – Analista de Processos Organizacionais – IESES/2016). Competência tributária é conceituada como sendo o poder, atribuído pela Constituição Federal, observadas as normas gerais de Direito Tributário, de instituir, cobrar e fiscalizar o tributo, compreendendo a competência legislativa, administrativa e judicante. Definir competência tributária como sendo a parcela do poder de tributar conferida pela Constituição a cada ente político. Com fulcro nesse conceito assinale a resposta correta.

(A) Os Estados detêm a competência para legislar sobre IPI.

(B) A Constituição Federal em seus arts. 153, 155 e 156, sob as epígrafes estabeleceu a competência dos entes políticos para tributar.

(C) Cabe à União instituir os impostos sobre: a) patrimônio, renda ou serviços, uns dos outros; b) templos de qualquer culto; c) patrimônio, renda ou serviços dos partidos políticos, inclusive suas fundações, das entidades sindicais d) livros, jornais, periódicos e o papel destinado à sua impressão (art. 150, VI, CF).

(D) O art. 7º do CTN dispõe que a competência tributária é delegável.

(E) O ICMS é imposto de competência dos Municípios.

25. (Câmara de Votorantim/SP – Analista Legislativo – INTEGRI BRASIL/2016). Assinale V, para verdadeiro e F, para falso, na sequência.

"De acordo com a Constituição da Republica Federativa do Brasil de 1988, em seu art. 154 a União poderá instituir".

(__) mediante lei complementar, impostos não previstos no artigo anterior, desde que sejam não cumulativos e não tenham fato gerador ou base de cálculo próprios dos discriminados nesta Constituição.

(__) na iminência ou no caso de guerra externa, impostos extraordinários, compreendidos ou não em sua competência tributária, os quais serão suprimidos, gradativamente, cessadas as causas de sua criação.

(__) operações relativas à circulação de mercadorias e sobre prestações de serviços de transporte interestadual e intermunicipal e de comunicação, ainda que as operações e as prestações se iniciem no exterior.

(A) V, V, F.

(B) V, F, F.

(C) V, F, V.

(D) F, V, V.

26. (Câmara de Santa Mariana/PR – Analista Legislativo – FUNTEF-PR/2016). A respeito da repartição constitucional das receitas tributárias, assinale a alternativa INCORRETA.

(A) As receitas dos impostos arrecadados pelos Municípios e pelo Distrito Federal não são repartidas.

(B) Devem os Estados entregar a cada Município metade do produto da arrecadação do imposto sobre a propriedade de veículos automotores licenciados em seus respectivos territórios.

(C) A União deve repassar aos Municípios (e ao DF) cinquenta por cento do produto da arrecadação do imposto da União sobre a propriedade territorial rural, relativamente aos imóveis neles situados.

(D) Os impostos federais sobre importação, exportação, grandes fortunas e os extraordinários de guerra são repartidos com os Estados.

(E) Pertencem aos Municípios vinte e cinco por cento do produto da arrecadação do imposto do Estado sobre operações relativas à circulação de mercadorias e sobre prestações de serviços de transporte interestadual e intermunicipal e de comunicação.

27. (Fiscal de Rendas Pref. Alfenas/MG – Analista Fiscal Tributário I – UNILAVRAS/2016). Julgue os itens a seguir a partir do Direito Tributário nacional:

I. Compete aos Estados e ao Distrito Federal instituir impostos sobre propriedade de veículos automotores.

II. Compete à União instituir impostos sobre exportação de produtos nacionais ou nacionalizados.

III. Compete aos Estados e ao Distrito Federal instituir impostos sobre grandes fortunas, de acordo com lei específica.

IV. A União, os Estados, o Distrito Federal e os Municípios divulgarão, até um ano após a arrecadação, os montantes de cada um dos tributos arrecadados, os recursos recebidos, os valores de origem tributária entregues e a entregar e a expressão numérica dos critérios de rateio.

V. Compete aos Municípios instituir impostos sobre propriedade predial e territorial urbana.

As assertivas verdadeiras estão elencadas nos itens:

(A) I, II e V.

(B) II, III e IV.

(C) III, IV e V.

(D) I, II e III.

28. (TJ/GO – Juiz – FCC/2015). Considere as seguintes afirmativas:

I. A competência tributária pode ser deslocada para outro ente diante da inércia na instituição do tributo pelo ente político originalmente competente.

II. A competência se distingue da capacidade tributária ativa porque esta está relacionada à instituição do tributo e aquela à cobrança do tributo.

III. A competência tributária é fixada pela Constituição da República.

IV. A imunidade tributária significa ausência de competência do ente para instituir tributo na situação definida pela norma constitucional imunizante.

V. A competência tributária pode ser delegada por lei a outro ente político, hipótese em que se torna também o titular da capacidade tributária ativa.

Está correto o que se afirma APENAS em:

(A) III e IV.
(B) I, II e III.
(C) III, IV e V.
(D) I e II.
(E) IV e V.

29. (Câmara de Penha/SC – Advogado – IOBV/2015). Com relação à repartição constitucional das receitas tributárias, assinale qual alternativa abaixo está erroneamente descrita sobre o que pertence ao Município:

(A) 100% da arrecadação do imposto sobre a propriedade territorial urbana, e 50% da arrecadação de Imposto sobre a circulação de mercadorias e serviços.
(B) 50% da arrecadação do imposto sobre a propriedade de veículos automotores e 50% da arrecadação do Imposto sobre a propriedade territorial rural.
(C) 100% do imposto de renda retido na fonte de seus próprios servidores.
(D) 100% da arrecadação do imposto sobre transmissão de bem imóveis *intervivos*, e 100% da arrecadação do imposto sobre serviços de qualquer natureza.

30. (Câmara de São José do Rio Preto/SP – Advogado – VUNESP/2015). Com relação à transmissão de bens ou direitos decorrentes de fusão de pessoa jurídica, cuja atividade preponderante da adquirente seja a de arrendamento mercantil

(A) não incide ITBI (imposto sobre a transmissão de bens imóveis), cuja competência é estadual.
(B) incide ITCMD (imposto sobre a transmissão causa mortis ou por doação), cuja competência é estadual.
(C) incide IR (imposto sobre a renda e proventos de qualquer natureza), cuja competência é federal.
(D) incide ITBI (imposto sobre a transmissão de bens imóveis), cuja competência é municipal.
(E) incide IPTU (imposto sobre a propriedade predial e territorial urbana), cuja competência é municipal.

31. (CORECON/MG – Advogado – Gestão de Concursos/2015). São tributos de competência tributária ativa dos Estados, EXCETO:

(A) A contribuição, cobrada de seus servidores, para o custeio, em benefício destes, do regime previdenciário especial, contributivo e solidário, cuja alíquota não será inferior à da contribuição dos servidores titulares de cargos efetivos da União.
(B) As taxas, em razão do exercício do poder de polícia ou pela utilização, efetiva ou potencial, de serviços públicos específicos e divisíveis, prestados ao contribuinte ou postos à sua disposição.
(C) A contribuição de melhoria, decorrente de obras públicas.
(D) Imposto sobre a transmissão "inter vivos", a qualquer título, por ato oneroso, de bens imóveis, por natureza ou acessão física, e de direitos reais sobre imóveis, exceto os de garantia, bem como cessão de direitos à sua aquisição.

32. (PGFN – ESAF/2015). Sobre a competência tributária prevista no CTN, assinale a opção incorreta.

(A) Os tributos cuja receita seja distribuída, no todo ou em parte, a outras pessoas jurídicas de direito público pertencem à competência legislativa daquela a que tenham sido atribuídos.

(B) A competência tributária, salvo exceções, é indelegável, podendo a atribuição das funções de arrecadar ou fiscalizar tributos, ou de executar leis, serviços, atos ou decisões administrativas em matéria tributária, ser conferida de uma pessoa jurídica de direito público a outra.

(C) A atribuição da função de arrecadar ou fiscalizar tributos, conferida por uma pessoa jurídica de direito público a outra, pode ser revogada, a qualquer tempo e unilateralmente, pela pessoa que a tenha conferido.

(D) A atribuição das funções de arrecadar tributos pode ser cometida a pessoas jurídicas de direito privado.

(E) A atribuição das funções de executar leis, serviços, atos ou decisões administrativas em matéria tributária, conferida por uma pessoa jurídica de direito público a outra, também confere as garantias e os privilégios processuais que competem à pessoa jurídica de direito público que a cometeu.

33. (TJ/SP – Titular de Serviços de Notas e de Registros – VUNESP/2014). Dentro da competência da União, estão os impostos:

(A) Imposto sobre a propriedade territorial rural, imposto sobre transmissão de bens imóveis e direitos a eles relativos, imposto sobre a propriedade territorial urbana.

(B) Imposto sobre produtos industrializados, imposto sobre a propriedade territorial rural.

(C) Imposto sobre a renda e proventos de qualquer natureza, imposto sobre a propriedade territorial rural e imposto sobre propriedade de veículos automotores.

(D) Imposto sobre a renda e proventos de qualquer natureza, imposto sobre a propriedade territorial rural, imposto sobre transmissão de bens imóveis e direitos a eles relativos.

34. (TJ/SP – Titular de Serviços de Notas e de Registros – VUNESP/2014). Em relação à competência residual tributária da União Federal, outorgada pela Constituição, é correto afirmar que:

(A) Esse direito não está sujeito ao princípio de legalidade e somente pode ser utilizado em caso de guerra ou comoção interna grave.

(B) É o direito de instituir taxas e contribuições de melhoria.

(C) É direito de a União instituir impostos não previstos no artigo 154, I, da Carta Magna, desde que eles sejam não cumulativos e não tenham base de cálculo própria dos demais impostos descritos na Constituição.

(D) É o direto de a União instituir impostos e contribuições sociais por lei complementar, desde que não cumulativos.

35. (Câmara Municipal de São Paulo/SP – Procurador Legislativo – FCC/2014). O exercício da competência constitucional tributária:

(A) Somente se delega através de lei específica do ente federado que é competente para a instituição do tributo.

(B) Pode ser renunciado pelo ente federado, bem assim delegado por lei a outro ente, desde que por meio de lei complementar.

(C) É atribuído constitucionalmente para os entes federados, suas autarquias e fundações.

(D) É atribuído constitucionalmente para os entes federados, que podem delegá-la às suas autarquias e fundações, para os fatos geradores relacionados com suas funções.

(E) Se manifesta através da criação de leis instituidoras e modificadoras de tributos, bem assim de leis que disciplinam as causas de exclusão, suspensão e extinção do crédito tributário.

36. (TRF/3ª Região – Analista Judiciário: Área Judiciária –FCC/2014). A competência legislativa em matéria tributária é:

(A) Fixada por lei complementar federal, que atualmente é o Código Tributário Nacional.

(B) Administrativa, conferida somente aos entes da Administração Pública Direta Estatal e Paraestatal.

(C) Constitucional exclusiva para instituir impostos, empréstimo compulsório e contribuições de intervenção no domínio econômico, e comum em relação às taxas e contribuição de melhoria.

(D) Suplementar em relação à instituição de taxas, contribuições e impostos, e privativa à instituição de empréstimos compulsórios e impostos residual e extraordinário.

(E) É concorrente da União, dos Estados, do Distrito Federal e dos Municípios para legislar sobre normas gerais em matéria tributária, mediante lei complementar.

37. (SEFAZ/RJ – Prova 2 – Auditor Fiscal da Receita Estadual – FCC/2014). De acordo com o que estabelece a Constituição Federal, o IPVA é tributo de competência estadual e 50% de sua receita deve ser repassada aos municípios, observados os critérios constitucionais para isso.

Nesse sentido, considere:

I. As atribuições do Estado do Rio de Janeiro para arrecadar o crédito tributário do IPVA e para fiscalizá-lo são delegáveis aos municípios fluminenses, relativamente aos veículos neles licenciados.

II. A competência do Estado do Rio de Janeiro para instituir o IPVA é delegável aos municípios fluminenses, em cujos territórios os proprietários de veículos tenham seus domicílios.

III. Caso o Estado do Rio de Janeiro decida por não exercer sua competência tributária, tal fato só deferirá essa competência aos municípios fluminenses que tiverem veículos licenciados em seus territórios.

IV. O Estado do Rio de Janeiro tem competência legislativa plena, em relação ao IPVA, ressalvadas as limitações contidas na Constituição Federal e na Constituição Estadual Fluminense.

V. O fato de os municípios fluminenses terem direito a receber 50% da receita do IPVA não retira a competência do Estado do Rio de Janeiro para legislar sobre esse imposto, mas permite o compartilhamento da atividade legislativa, em relação às obrigações tributárias acessórias.

Com base no CTN, está correto o que se afirma APENAS em:

(A) IV e V.
(B) I e II.
(C) III e V.
(D) II e III.
(E) I e IV.

38. (Juiz Tribunal Regional Federal da 2ª Região – CESPE/2013). Assinale a opção correta acerca do Sistema Tributário Nacional:

(A) Compete aos estados a instituição de imposto sobre transmissão *inter* vivos, a qualquer título, por ato oneroso, de bens imóveis, por natureza ou acessão física.
(B) O produto da arrecadação do imposto sobre renda e proventos de qualquer natureza, incidente na fonte, pertence à União, mesmo que recaia sobre rendimentos pagos pelos estados.
(C) Os municípios e o DF poderão instituir taxa, na forma das respectivas leis, para custeio do serviço de iluminação pública.
(D) O município pode atualizar o IPTU, mediante decreto, em percentual não superior ao índice oficial de correção monetária.
(E) O aumento da alíquota do imposto sobre renda e proventos de qualquer natureza deve obedecer aos princípios da anterioridade anual e nonagesimal.

39. (Defensoria Pública do Tocantins – CESPE/2013). A respeito das obrigações e competências tributárias, assinale a opção correta:

(A) Compete aos municípios instituir impostos sobre a propriedade de veículos automotores.
(B) A competência tributária é atribuída, constitucionalmente ou legalmente, a um ente estatal não necessariamente dotado de poder legislativo, haja vista que é exercida mediante atos administrativos.
(C) As obrigações tributárias acessórias são relevantes para a atividade de arrecadação e fiscalização, podendo ser estabelecidas em atos infralegais, sem ofensa ao princípio da tipicidade.
(D) A União, os estados, o DF e os municípios podem instituir contribuições sociais, de intervenção no domínio econômico e de interesse das categorias profissionais ou econômicas, como instrumento de atuação nas respectivas áreas.
(E) As competências tributárias foram rigidamente traçadas pelo constituinte originário, portanto são insuscetíveis de alterações pelo poder constituinte de reforma.

40. (TJ/MA – Juiz – CESPE/2013). Assinale a opção correta acerca do ajuizamento de ações em matéria tributária, competência tributária e taxa:

(A) São funções da CF outorgar competência tributária aos entes federados, inaugurar as limitações constitucionais ao poder de tributar, enumerar exaustivamente as espécies tributárias e prever as hipóteses de repartição de receita.

(B) Segundo o STF, não ofende a CF a taxa judiciária calculada sem limite sobre o valor da causa.

(C) A jurisprudência do STF já afirmou reiteradamente a possibilidade de exigência de depósito prévio como requisito de admissibilidade de ação judicial na qual se pretenda discutir a exigibilidade de crédito tributário.

(D) De acordo com a jurisprudência do STJ, é possível o manejo de mandado de segurança com o intuito de convalidar compensação tributária realizada pelo contribuinte.

41. (TJ/MA – Juiz – CESPE/2013). No que se refere à competência tributária, a preços públicos e a outros aspectos relacionados ao direito tributário, assinale a opção correta:

(A) De acordo com entendimento firmado no STJ, não é possível a citação por edital na execução fiscal.

(B) A anulação do lançamento por vício formal não tem o condão de reabrir o prazo decadencial.

(C) Os descontos incondicionais nas operações mercantis devem ser incluídos na base de cálculo do ICMS.

(D) A CF não cria tributo, mas outorga competência tributária a cada ente federado, devendo o exercício dessa competência ser regulado por lei, por expressa previsão constitucional.

42. (TC/DF – Procurador do MP –CESPE/2013). Julgue os itens que se seguem, acerca do Sistema Tributário Nacional, dos tributos, da competência tributária e das fontes do direito tributário:

(A) A CF assegura aos municípios 25% do ICMS arrecadado pelo estado onde eles se situem, tendo adotado, para fins de distribuição desse percentual entre os municípios, o critério da territorialidade do valor adicionado, ou seja, a cada município compete o valor adicionado produzido em seu próprio território, relativamente a três quartos do valor a ser distribuído.

(B) Quando a União deixa de editar normas gerais sobre matéria tributária, cabe aos estados a prerrogativa de exercer a competência legislativa plena.

43. (TC/SP – Auditor do Tribunal de Contas – FCC/2013). "Uma coisa é poder de legislar, desenhando o perfil jurídico de um gravame ou regulando os expedientes necessários à sua funcionalidade; outra é reunir credenciais para integrar a relação jurídica, no tópico do sujeito ativo". (CARVALHO, Paulo de Barros. **Curso de direito tributário**. 23 ed. São Paulo: Saraiva, 2011. p. 271). O trecho transcrito faz alusão, respectivamente, à:

(A) Capacidade tributária passiva e competência tributária.

(B) Capacidade tributária passiva e capacidade tributária ativa.

(C) Competência tributária e obrigação tributária.

(D) Capacidade tributária ativa e obrigação tributária.

(E) Competência tributária e capacidade tributária ativa.

44. (Prefeitura Municipal de São Sebastião da Amoreira/PR – Advogado – FUNTEF/2013). É de competência privativa dos Municípios e do Distrito Federal, de acordo com a Constituição Federal de 1988, instituir os seguintes impostos:

(A) IPTU (imposto sobre a propriedade territorial urbana), ISS (imposto sobre serviços), ITBI (imposto sobre a transmissão de bens imóveis).

(B) ICMS (imposto sobre circulação de mercadorias); IPVA (imposto sobre a propriedade de veículos automotores), ITBI (imposto sobre a transmissão de bens imóveis).

(C) II (imposto sobre importação), IE (imposto sobre exportação), IR (imposto de renda).

(D) IPTU (imposto sobre a propriedade territorial urbana), ISS (imposto sobre serviços), ICMS (imposto sobre circulação de mercadorias).

(E) ICMS (imposto sobre circulação de mercadorias); IPVA (imposto sobre a propriedade de veículos automotores), IPTU (imposto sobre a propriedade territorial urbana).

45. (Prefeitura de Iguatu/CE – Fiscal de Tributos – Pró-Município/2013). Assinale a alternativa que apresenta exclusivamente tributo de competência estadual:

(A) ICMS e IPI.

(B) CIDE e IR.

(C) ISS e IPI.

(D) IPVA e ICMS.

(E) IPTU e IPVA.

46. (MP/RR – CESPE/2012). Com base na CF, assinale a opção correta acerca do Sistema Tributário Nacional, dos impostos e da repartição das receitas tributárias. (Adaptada):

(A) Compete à União instituir o imposto sobre renda e proventos de qualquer natureza, mas pertence aos estados e ao DF o produto da arrecadação desse imposto, incidente na fonte, sobre rendimentos pagos, a qualquer título, por tais Entes Federativos, suas respectivas autarquias e fundações.

(B) A União, os Estados, o DF e os Municípios podem cobrar taxas em razão do exercício do poder de polícia ou pela utilização de serviços públicos, devendo tais serviços estar sendo efetivamente prestados, pois não se admite a cobrança de taxa em razão de serviços potencialmente postos à disposição do contribuinte.

(C) A vedação constitucional da cobrança de tributos no mesmo exercício financeiro em que haja sido publicada a lei que os tenha instituído ou aumentado alcança, de modo indeterminado, os diversos tributos de todos os Entes Federativos.

(D) Pertence aos municípios a competência para instituir impostos sobre transmissão causa mortis e doação de quaisquer bens ou direitos.

47. (CEF – Advogado – CESGRANRIO/2012). Em relação à competência tributária exercida pelas entidades federativas, sabe-se, com base no atual sistema jurídico tributário, que a (o):

(A) União pode instituir novos impostos, desde que sejam não cumulativos e não tenham fato gerador ou base de cálculo próprios dos discriminados na CRFB/1988 por lei ordinária ou medida provisória.

(B) União, os Estados, o Distrito Federal e os Municípios detêm competência tributária comum para instituírem contribuições de intervenção no domínio econômico.

(C) União pode, em decorrência da competência tributária comum exercida pelos Entes Federativos, instituir e cobrar o IPTU.

(D) Distrito Federal pode, por meio de sua competência residual, instituir e cobrar novo imposto cumulativo e com fato gerador ou base de cálculo próprio dos discriminados na CRFB/1988.

(E) Distrito Federal pode instituir e cobrar impostos estaduais e municipais.

48. (Prefeitura/SP – Auditor-Fiscal Tributário Municipal I. Área de Especialização em Gestão Tributária – FCC/2012). Projeto de lei estadual, no intuito de fiscalizar a pesca esportiva no rio Piracicaba, foi enviado à Assembleia Legislativa, propondo a criação da *Taxa de Fiscalização de Pesca do Rio Piracicaba,* como meio de custear aparato fiscalizador estadual das atividades de pesca do referido rio. Tendo em vista que os benefícios trazidos por tal fiscalização atingiriam toda a população das cidades ribeirinhas, o projeto de lei em questão propunha que a base de cálculo da taxa pelo exercício do poder de polícia sobre a pesca esportiva fosse o valor venal dos imóveis localizados no perímetro urbano das cidades, desde que esses imóveis se encontrassem na zona limítrofe do rio Piracicaba, até a distância máxima de 10 km. O projeto de lei não foi aprovado pela Assembleia Legislativa, tendo sido arquivado, sob o fundamento de inconstitucionalidade. Com base na situação descrita acima, é correto afirmar:

(A) Nas circunstâncias descritas e pela relevância social do projeto de lei proposto, somente a União teria competência para instituir um imposto extraordinário, com a mesma finalidade e com a mesma base de cálculo do IPTU.

(B) Como a competência para instituir taxas pelo exercício do poder de polícia é exclusiva dos municípios, o projeto de lei deveria ser municipal.

(C) A taxa não pode ter base de cálculo idêntica à que corresponda a imposto.

(D) A espécie tributária a ser criada deveria ser uma contribuição de melhoria, e não uma taxa pelo exercício do poder de polícia, tendo em vista os benefícios trazidos pela fiscalização da pesca às cidades ribeirinhas.

(E) A espécie tributária a ser criada deveria ser um imposto estadual com base de cálculo idêntica à do IPTU, e não uma taxa pelo exercício do poder de polícia.

49. (Prefeitura/SP – Auditor-Fiscal Tributário Municipal I. Área de Especialização em Gestão Tributária – FCC/2012). Município *Deixa pra Lá,* não conseguindo, hipoteticamente, exercer sua competência constitucional tributária para instituir o ITBI no seu território, celebrou acordo com o Estado federado em que se localiza, para que esse Estado passasse a exercer, em seu lugar, a competência constitucional para instituir o referido imposto em seu território municipal e, ainda, para que exercesse as funções de fiscalizar e arrecadar esse tributo, recebendo, em contrapartida, um pagamento fixo anual, a título de "retribuição compensatória". Relativamente a essa situação, o Município *Deixa pra Lá*:

(A) Não pode delegar sua competência tributária, nem suas funções de arrecadar e de fiscalizar tributos de sua competência tributária a qualquer outra pessoa jurídica de direito público, mas pode delegar as funções de arrecadação às instituições bancárias públicas e privadas.

(B) Pode delegar sua competência tributária e suas funções de arrecadar e de fiscalizar tributos a outra pessoa jurídica de direito público.

(C) Não pode delegar sua competência tributária a qualquer outra pessoa jurídica de direito público, embora possa delegar as funções de arrecadar e de fiscalizar tributos de sua competência tributária.

(D) Não pode delegar sua competência tributária, nem suas funções de fiscalizar tributos a qualquer outra pessoa jurídica de direito público, embora possa delegar suas funções de arrecadar tributos de sua competência tributária.

(E) Não pode delegar sua competência tributária, nem suas funções de arrecadar e de fiscalizar tributos de sua competência tributária a qualquer outra pessoa jurídica de direito público.

50. (OAB/Unificado VI – FGV/2012). A competência tributária não se confunde com a capacidade tributária ativa. Aquela se traduz na aptidão para instituir tributos, enquanto esta é o exercício da competência, ou seja, a aptidão para cobrar tributos. Nesse sentido, é correto afirmar que:

(A) Compete à União, aos Estados, ao Distrito Federal e aos Municípios instituir impostos, taxas, contribuições de melhoria, assim como as contribuições para o custeio do serviço de iluminação pública.

(B) Em virtude do princípio federativo, que, entre outras consequências, delimita entre os entes políticos o poder de tributar, ao Distrito Federal compete apenas instituir espécies tributárias próprias dos Estados-membros da federação.

(C) A União pode instituir, via lei ordinária, impostos além dos previstos na Constituição, mediante dois requisitos: que eles sejam não cumulativos e que não tenham fato gerador próprio dos impostos já previstos constitucionalmente.

(D) Em Território Federal, os impostos estaduais são de competência da União. Caso o Território não seja dividido em Municípios, cumulativamente, os impostos municipais também são de competência da União.

51. (Cubatão/SP – Procurador – VUNESP/2012). Uma das características da competência tributária é a:

(A) Indelegabilidade.

(B) Prescritibilidade.

(C) Delegabilidade.

(D) Renunciabilidade.

(E) Caducidade.

52. (Unicamp/SP – Procurador de Universidade Assistente – VUNESP/2012). Para custeio do serviço de iluminação pública, na forma das respectivas leis e respeitados os ditames constitucionais, poderão instituir contribuição apenas os:

(A) Estados e a União.

(B) Estados e o Distrito Federal.

(C) Municípios e o Distrito Federal.

(D) Estados.

(E) Municípios.

53. (TJ/PE – Juiz – FCC/2011). Em nosso sistema tributário, os impostos designados residuais:

(A) Podem ser instituídos por lei ordinária federal, desde que não sejam cumulativos e tenham fato gerador e base de cálculo inéditos.

(B) Podem ser instituídos pela União, Estados ou Municípios, desde que não sejam cumulativos e tenham fato gerador e base de cálculo inéditos.

(C) Podem ser instituídos por lei ordinária federal, desde que tenham fato gerador e base de cálculo inéditos.

(D) São de competência privativa da União e só podem ser instituídos mediante lei complementar.

(E) São instituídos para cobertura das despesas residuais orçamentárias.

54. (TJ/PI – Juiz Substituto – CESPE/2011). No que concerne à competência tributária, assinale a opção correta:

(A) O poder de criar tributos é repartido entre os vários entes políticos, e a CF assinala a esfera de competência dos níveis federal, estadual e municipal.

(B) Mesmo na ausência de normas gerais da União, os estados e o DF não têm a possibilidade de exercer a competência legislativa plena em matéria tributária.

(C) As principais características da competência tributária são a transmissibilidade e a renunciabilidade, conforme a legislação em vigor.

(D) Sendo, como regra geral, delegável a competência tributária, justifica-se a delegação da atribuição das funções de arrecadar ou fiscalizar tributos.

(E) À luz do CTN, o não exercício da competência tributária pelo ente competente defere a outra pessoa jurídica de direito público o exercício tributário, que não pode ser obstaculizado.

55. (Procurador-Geral/PR – UEL/COPS/2011). Quanto ao exercício da competência tributária, é incorreto afirmar:

(A) Exceto no que diz respeito aos empréstimos compulsórios e aos impostos compreendidos na competência residual da União, os quais devem ser instituídos por lei complementar, todos os demais impostos, previstos no Sistema Constitucional Tributário, são instituídos por lei ordinária;

(B) Ao Distrito Federal cabem os impostos municipais;

(C) Os Estados não têm competência para tributar, por via de ICMS, as operações de exportação de mercadorias e serviços de transporte interestadual, intermunicipal e bem assim os serviços de comunicação;

(D) N.d.a.

56. (MPE/SC – MP/2010).

I. Quando uma pessoa política deixa de exercitar sua competência tributária, outra pessoa jurídica de direito público não pode fazê-lo suprindo a lacuna.

II. O produto de arrecadação do ITR destina-se em sua totalidade à União.

III. A imunidade tributária sobre o patrimônio e a renda dos entes políticos é extensiva às suas autarquias e fundações públicas.

IV. A lei pode atribuir à terceira pessoa a responsabilidade pela obrigação tributária, excluindo a responsabilidade do contribuinte.

V. A responsabilidade dos sucessores pela obrigação tributária do autor do espólio se aplica somente àquelas obrigações preexistentes, ou seja, às existentes na data da abertura da sucessão.

(A) Apenas I, III e V estão corretos.

(B) Apenas II, III e V estão corretos.

(C) Apenas II e V estão corretos.

(D) Apenas I, III e IV estão corretos.

(E) Apenas IV e V estão corretos.

57. (PGE/SC – FEPESE/2010). Conforme disposto na Constituição Federal de 1988, é correto afirmar:

(A) As contribuições sociais incidirão também sobre a importação de produtos estrangeiros ou serviços, mas não incidirão sobre as receitas decorrentes de exportação.

(B) A União poderá instituir, mediante lei complementar, na iminência ou no caso de guerra externa, impostos extraordinários, compreendidos ou não em sua competência tributária, os quais serão suprimidos, gradativamente, cessadas as causas de sua criação.

(C) Pertencem aos Estados e ao Distrito Federal cinquenta por cento do produto da arrecadação do imposto que a União instituir no exercício da competência residual.

(D) Os Municípios e o Distrito Federal poderão instituir taxas, na forma das respectivas leis, para o custeio do serviço de iluminação pública.

(E) Cabe à lei complementar a definição de tributos e de suas espécies, bem como, em relação aos impostos, a dos respectivos fatos geradores, bases de cálculo, alíquotas e contribuintes.

8. GABARITO

1. **Alternativa (D).** Conforme a CF, é do município a competência para instituir o IPTU; só o ente que tem competência para instituir o tributo tem competência para legislar sobre a matéria.

Comentário: A alternativa **"D"** está correta, nos termos do art. 156, I, da CF, o Município detém competência para criar o IPTU; trata-se de competência tributária indelegável.

2. **Alternativa (D).** É vedada qualquer distinção em razão de ocupação profissional ou função exercida pelos contribuintes, independentemente da denominação jurídica dos rendimentos, títulos ou direitos.

Comentário: A opção **"D"** está correta, em atenção ao princípio da isonomia, conforme prescreve o art. 150, II, da CF. As respostas "A" e "B" estão incorretas, à luz do art. 155, § 2º, XII, "g", da CF, cabe à lei complementar regular a forma como, mediante deliberação dos Estados e do Distrito Federal, isenções, incentivos e benefícios fiscais serão concedidos e revogados. A justificativa "C" está incorreta, de acordo com o art. 154, I, da CF, os impostos residuais não podem ser cumulativos. A letra "E" está incorreta, consoante o art. 159, I, da CF, a União entregará 49% do produto da arrecadação dos impostos sobre renda e proventos de qualquer natureza e sobre produtos industrializados, sendo que 3% será para aplicação em programas de financiamento ao setor produtivo das Regiões Norte, Nordeste e Centro-Oeste.

3. **Alternativa (E).** Se o estado do Paraná arrecadar R$ 5.000.000 com o IPVA de veículos registrados no município de Curitiba, R$ 2.500.000 serão devidos a esse município.

Comentário: A resposta **"E"** está correta, nos termos do art. 158, III, da CF. A justificativa "A" está incorreta, nesses casos a legitimidade passiva não é da União, e sim do Estado, em razão do art. 157, I, da CF, pois quando o Estado faz a retenção do IR na fonte, 100% da arrecadação desse imposto ficarão para o próprio Estado, por isso deverá fazer parte do polo passivo em eventual ação de restituição, nesse sentido, tem-se a Súmula n. 447 do STJ. A letra "B" está incorreta, de acordo com o art. 161 da CF, cabe à lei complementar. A alternativa "C" está incorreta, com base no art. 157, II, da CF, o percentual devido aos estados e ao Distrito Federal é de 20% do produto da arrecadação do imposto que a União instituir no exercício da competência extraordinária. A opção "D" está incorreta, conforme o art. 158, II, da CF, o percentual devido aos municípios é de 50% do produto da arrecadação do imposto da União sobre a propriedade territorial rural, relativamente aos imóveis neles situados, e de 100%, caso o Município detenha a capacidade ativa tributária, ou seja, realize a arrecadação do ITR, consoante dispõe o art. 153, § 4º, III, da CF.

4. **Alternativa (D).** Os tributos cuja receita seja distribuída, no todo ou em parte, a outras pessoas jurídicas de direito público, pertencerá à competência legislativa daquela a que tenham sido atribuídos.

Comentário: A justificativa **"D"** está correta, de acordo com o parágrafo único do art. 6º do CTN. A letra "A" está incorreta, pois se trata de competência legislativa plena, conforme previsto no art. 6º do CTN. A alternativa "B" está incorreta, pois a competência tributária é indelegável, art. 7º, *caput*, do CTN. A opção "C" está incorreta, segundo o art. 8º do CTN, o não exercício da competência tributária não a defere à outra pessoa jurídica de direito público.

5. **Alternativa (A).** A competência tributária é indelegável, contudo, a capacidade tributária ativa pode ser delegada.

Comentário: A letra **"A"** está correta, conforme o art. 7º do CTN, é possível a delegação da capacidade ativa tributária. A alternativa "B" está incorreta, nos termos do art. 7º, § 3º, do CTN, não constitui delegação de competência o cometimento, a pessoas de direito privado, do encargo ou da função de arrecadar tributos. As opções "C" e "D" estão incorretas, a competência tributária não caduca, é facultativa e é indelegável. O fato de determinado ente não ter criado o tributo até o presente momento, não implica nenhuma consequência, ele poderá fazê-lo a qualquer momento.

6. **Alternativa (D).** I e II.

I. propriedade predial e territorial urbana.

II. transmissão *inter* vivos, a qualquer título, por ato oneroso, de bens imóveis, por natureza ou acessão física, e de direitos reais sobre imóveis, exceto os de garantia, bem como cessão de direitos a sua aquisição;

Comentário: A alternativa **"D"** está correta. O item I está correto, nos termos do art. 156, I, da CF. O item II está correto, art. 156, II, da CF. O item III está incorreto, com base no art. 156, III, da CF, não se compreende na competência municipal os impostos previstos no art. 155, II, da CF.

7. **Alternativa (D).** É aptidão para arrecadar e fiscalizar os tributos. Pode ser delegada, é revogável a qualquer tempo, por ato unilateral da pessoa jurídica de direito público.

Comentário: A opção **"D"** está incorreta, pois a competência tributária é indelegável e irrevogável, diferentemente da capacidade ativa tributária, prevista no art. 7º do CTN.

8. **Alternativa (D).** É a que outorga à União (e só à União) o poder de instituir novos impostos, distintos dos já previstos na Constituição Federal de 1988.

Comentário: A resposta **"D"** está correta, à luz do art. 154, I, da CF, a União poderá instituir, mediante lei complementar, impostos não previstos no artigo anterior, desde que sejam não cumulativos e não tenham fato gerador ou base de cálculo próprios dos discriminados na Constituição.

9. **Alternativa (B).** Compete aos Municípios instituir impostos sobre transmissão *causa mortis*, a qualquer título, por ato oneroso, de bens imóveis, por natureza ou acessão física, e de direitos reais sobre imóveis, exceto os de garantia, bem como cessão de direitos a sua aquisição.

Comentário: A justificativa **"B"** está incorreta, a competência é nos casos de transmissão por ato *inter* vivos e não *causa mortis*. A letra "A" está correta, consoante o art. 156, I, da CF. A alternativa "C" está correta, com fundamento no art. 155, III, da CF. A opção "D" está correta, conforme reza o art. 155, II, da CF.

10. **Alternativa (B).** Somente a afirmativa III está correta.

III. Pertencem aos Municípios os vinte e cinco por cento do produto da arrecadação do imposto do Estado sobre operações relativas à circulação de mercadorias e sobre prestações de serviços de transporte interestadual e intermunicipal e de comunicação.

Comentário: A letra **"B"** está correta. O item I está incorreto, 49% (quarenta e nove por cento), na seguinte forma: vinte e um inteiros e cinco décimos por cento ao Fundo de Participação dos Estados e do Distrito Federal; vinte e dois inteiros e cinco décimos por cento ao Fundo de Participação dos Municípios, art. 159, I, da CF. O item II está incorreto, a União entregará dez por cento aos Estados e ao Distrito Federal, proporcionalmente ao valor das respectivas exportações de produtos industrializados, art. 159, II, da CF. O item III está correto, art. 158, IV, da CF. O item IV está incorreto, conforme institui o art. 158, parágrafo único, I, da CF, será de três quartos, no mínimo, na proporção do valor adicionado nas operações relativas à circulação de mercadorias e nas prestações de serviços, realizadas em seus territórios.

11. **Alternativa (D).** Contribuição de melhoria, decorrente de públicas.

Comentário: A alternativa **"D"** está correta, à luz do art. 145, III, da CF. A opção "A" está incorreta, a competência é somente da União, consoante estabelece o art. 153, V, da CF. A resposta "B" está incorreta, a competência é somente dos municípios, conforme reza o art. 156, II, da CF. A justificativa "C" está incorreta, a competência é municipal, nos termos do art. 149-A da CF.

12. **Alternativa (C).** Os tributos cuja receita seja distribuída, no todo ou em parte, a outras pessoas jurídicas de direito público pertencerá à competência legislativa daquela a que tenham sido atribuídos.

Comentário: A opção **"C"** está correta, conforme determina o art. 6º, parágrafo único, do CTN. A resposta "A" está incorreta, segundo dispõe o art. 7º do CTN. A justificativa "B" está incorreta, de acordo com o art. 7º do CTN. A letra "D" está incorreta, com base no art. 7º, § 3º, do CTN.

13. **Alternativa (C).** A competência tributária é indelegável, salvo atribuição das funções de arrecadar ou fiscalizar tributos, ou de executar leis, serviços, atos ou decisões administrativas em matéria tributária, conferida por uma pessoa jurídica de direito público a outra.

Comentário: A resposta **"C"** está correta, nos termos do art. 7º do CTN, a competência tributária é indelegável. A justificativa "A" está incorreta, conforme preceitua o art. 7º, § 3º, do CTN. A letra "B" está incorreta, à luz do art. 8º do CTN.

14. **Alternativa (A).** 50%.

Comentário: A justificativa "A" é a assertiva correta, consoante determina o art. 158, III, da CF.

15. Alternativa (D). I – Falso; II – Verdadeiro; III – Falso; IV – Falso.

Comentário: A alternativa **"D"** está correta. O item I está incorreto, conforme o art. 155, I, da CF, a competência é dos estados e do DF. O item II está correto, à luz do art. 153, VII, da CF. O item III está incorreto, de acordo com o art. 156, II, da CF, a competência é municipal. O item IV está incorreto, nos termos do art. 156, III, da CF, a competência é municipal.

---

16. Alternativa (B). A União entregará, do produto da arrecadação do imposto sobre produtos industrializados, 10% aos Estados e ao Distrito Federal, proporcionalmente ao valor das respectivas exportações de produtos industrializados.

Comentário: A alternativa **"B"** está correta, com base no art. 159, II, da CF. A opção "A" está incorreta, segundo o art. 157, I, da CF, trata-se de 100% da arrecadação do mencionado imposto. A resposta "C" está incorreta, de acordo com o art. 158, I, da CF, trata-se de 100% da arrecadação do mencionado imposto. A justificativa "D" está incorreta, há exceção, conforme o art. 158, II, da CF, caberá a totalidade na hipótese da opção a que se refere o art. 153, § 4º, III, da CF. A letra "E" está incorreta, trata-se de 25%, nos termos do art. 158, IV, da CF.

---

17. Alternativa (B). Instituir e/ou majorar tributos.

Comentário: A opção **"B"** está correta, conforme se extrai da interpretação dos arts. 6º e 7º do CTN.

---

18. Alternativa (C). É indelegável, salvo atribuição das funções de arrecadar ou fiscalizar tributos, ou de executar leis, serviços, atos ou decisões administrativas em matéria tributária, conferida por uma pessoa de direito público a outra, nos termos estabelecidos pela Constituição Federal.

Comentário: A resposta **"C"** está correta, à luz do art. 7º, § 3º, do CTN. A justificativa "A" está incorreta, a competência tributária é indelegável e facultativo, consoante preceituam os arts. 7º e 8º do CTN. A letra "B" está incorreta, a competência tributária é indelegável e irrenunciável. A alternativa "D" está incorreta, com base no art. 7º, § 3º, do CTN. A opção "E" está incorreta, segundo estabelece o art. 8º do CTN.

---

19. Alternativa (C). Grandes fortunas, nos termos da lei complementar e produtos industrializados.

Comentário: A justificativa **"C"** está correta, consoante preceitua o art. 153, VII e IV, da CF. A letra "A" está incorreta, nos termos do art. 153, V, da CF. A alternativa "B" está incorreta, segundo o art. 153, II, da CF, são produtos nacionais ou nacionalizados. A opção "D" está incorreta, somente propriedade rural, à luz do art. 153, VI, da CF. A resposta "E" está incorreta, com fundamento no art. 153, V, da CF.

---

20. Alternativa (D). I e V apenas.

I. Importação de produtos estrangeiros e exportação, para o exterior, de produtos nacionais ou nacionalizados.

V. Propriedade territorial rural e grandes fortunas, nos termos de lei complementar.

Comentário: A letra **"D"** está correta. O item I está correto, conforme previsto no art. 153, I e II, da CF. O item II está incorreto, a competência do IPTU é municipal, à luz do art. 156, I, da CF. O item III está incorreto, a competência do ITCMD é estadual, nos termos do art. 155, I, da CF. O item IV está incorreto, conforme já justificado. O item V está correto, com base no art. 153, VI e VII, da CF.

---

21. Alternativa (B). Compete privativamente à União instituir impostos sobre a transmissão *causa mortis* e doação, de quaisquer bens ou direitos.

Comentário: A alternativa **"B"** está incorreta, a competência é dos estados e do DF, nos termos do art. 155, I, da CF. A opção "A" está correta, com fundamento no art. 155, III, da CF. A resposta "C" está correta, à luz do art. 156, II, da CF. A justificativa "D" está correta, com base no art. 154, II, da CF.

---

22. Alternativa (D). 50 % (cinquenta por cento).

Comentário: A opção **"D"** é a assertiva correta, consoante determina o art. 158, III, da CF.

---

23. Alternativa (D). Preço público.

Comentário: A resposta **"D"** está correta, preço público não é tributo, conforme o entendimento do STF. A justificativa "A" está correta, segundo o art. 156, II, da CF. A letra "B" está correta, de acordo com o art. 156, I, da CF. A alternativa "C" está correta, consoante o art. 145, II, da CF.

---

24. Alternativa (B). A Constituição Federal em seus arts. 153, 155 e 156, sob as epígrafes estabeleceu a competência dos entes políticos para tributar.

Comentário: A justificativa **"B"** está correta, conforme literalidade da CF. A letra "A" está incorreta, à luz do art. 153, IV, da CF. A alternativa "C" está incorreta, nos termos do art. 150, VI, da CF. A opção "D" está incorreta, este dispositivo prescreve que a competência tributária é indelegável. A resposta "E" está incorreta, com base no art. 155, II, da CF, a competência é dos estados e do DF.

25. Alternativa (A). V, V, F.

Comentário: A letra **"A"** está correta. A primeira afirmação está correta, nos termos do art. 154, I, da CF. A segunda afirmação está correta, consoante o art. 154, II, da CF. A terceira afirmação está incorreta, não há essa previsão no art. 154 da CF, mas sim no art. 155, II, da CF.

26. Alternativa (D). Os impostos federais sobre importação, exportação, grandes fortunas e os extraordinários de guerra são repartidos com os Estados.

Comentário: A alternativa **"D"** está incorreta, não há essa previsão no texto constitucional. A opção "A" está correta, não há previsão de repartição dessas receitas. A resposta "B" está correta, à luz do art. 158, III, da CF. A justificativa "C" está correta, nos termos do art. 158, II, da CF. A letra "E" está correta, com base no art. 158, IV, da CF.

27. Alternativa (A). I, II e V.

I. Compete aos Estados e ao Distrito Federal instituir impostos sobre propriedade de veículos automotores.
II. Compete à União instituir impostos sobre exportação de produtos nacionais ou nacionalizados.
V. Compete aos Municípios instituir impostos sobre propriedade predial e territorial urbana.

Comentário: A opção **"A"** está correta. O item I está correto, à luz do art. 155, III, da CF. O item II está correto, consoante determina o art. 153, II, da CF. O item III está incorreto, a competência é da União, por meio de lei complementar, nos termos do art. 153, VII, da CF. O item IV está incorreto, conforme prescreve o art. 162 da CF, a União, os Estados, o Distrito Federal e os Municípios divulgarão, até o último dia do mês subsequente ao da arrecadação, os montantes de cada um dos tributos arrecadados, os recursos recebidos, os valores de origem tributária entregues e a entregar e a expressão numérica dos critérios de rateio. O item V está correto, com base no art. 156, I, da CF.

28. Alternativa (A). Somente os itens III e IV estão corretos.

III. A competência tributária é fixada pela Constituição da República;
IV. A imunidade tributária significa ausência de competência do ente para instituir tributo na situação definida pela norma constitucional imunizante.

Comentário: Os itens I e V estão incorretos, pois a competência tributária é indelegável. O item II está incorreto, uma vez que a competência tributária está relacionada à instituição de tributos, enquanto a capacidade tributária refere-se à cobrança do tributo. O **item III** está correto, uma vez que a competência tributária é outorga de poder concedido pela Constituição aos entes federativos para eles criarem e majorarem os tributos. O **item IV** também está correto, a imunidade tributária para muitos doutrinadores é considerada como ausência de competência tributária, pois o ente federativo não poderá instituir tributo nas hipóteses mencionadas pela Constituição Federal.

29. Alternativa (A). 100% da arrecadação do imposto sobre a propriedade territorial urbana, e 50% da arrecadação de Imposto sobre a circulação de mercadorias e serviços

Comentário: A alternativa **"A"** está incorreta, conforme o artigo 158, IV, da CF, 25% da arrecadação do Imposto sobre a circulação de mercadorias e serviços pertencerá ao Município. A opção "B" está correta, nos termos do artigo 158, II e III, da CF. A resposta "C" está correta, de acordo como artigo 158, I, da CF. A justificativa "D" está correta, consoante o artigo 156, II e III, da CF.

30. Alternativa (D). Incide ITBI (imposto sobre a transmissão de bens imóveis), cuja competência é municipal.

Comentário: A alternativa **"D"** está correta, consoante o artigo 156, § 2º, I, da CF, aqui não há que se falar em imunidade, pois a atividade preponderante é o arrendamento mercantil. A opção "A" está incorreta, incide ITBI no caso, e a competência do referido tributo é municipal, conforme o artigo 156, II, da CF. A resposta "B" está incorreta, nos termos do artigo 155, I, da CF, o caso em questão não se trata de fato gerador do ITCMD.A letra "C" está incorreta, não se trata de hipótese de incidência do IR, segundo o artigo 156, §2º, da CF. A justificativa "E" está incorreta, de acordo como artigo 156, I, da CF, não se trata de fato gerador do IPTU.

---

31. Alternativa (D). Imposto sobre a transmissão "inter vivos", a qualquer título, por ato oneroso, de bens imóveis, por natureza ou acessão física, e de direitos reais sobre imóveis, exceto os de garantia, bem como cessão de direitos à sua aquisição.

Comentário: A alternativa **"D"** está correta, consoante o artigo 156, II, da CF, a competência desse imposto é municipal. A opção "A" está incorreta, nos termos do artigo 149, §1º, da CF, a contribuição social previdenciária do servidor público é de competência do ente a que pertencer o servidor público. A resposta "B" está incorreta, à luzdosartigos145, II, da CF e do 77, *caput*, do CTN, a competência para instituição de taxa é comum. A justificativa "C" está incorreta, todo e qualquer ente federativo poderá instituir a contribuição de melhoria, a competência é comum, nos ditames do artigo 145, III, da CF.

---

32. Alternativa (B). A competência tributária, salvo exceções, é indelegável, podendo a atribuição das funções de arrecadar ou fiscalizar tributos, ou de executar leis, serviços, atos ou decisões administrativas em matéria tributária, ser conferida de uma pessoa jurídica de direito público a outra.

Comentário: A alternativa **"B"** está incorreta, pois a competência tributária é indelegável, o que pode ser delegado a outras pessoas jurídicas de direito público, nos termos do artigo 7º do CTN, é a capacidade ativa tributária, que consiste nas funções de arrecadar, fiscalizar tributos ou de executar leis, serviços, atos ou decisões administrativas em matéria tributária. A opção "A" está correta, à luz do artigo 6º do CTN. A resposta "C" está correta, com base no artigo 7º, § 2º, do CTN. A letra "D" está correta, nos ditames do artigo 7º, § 3º, do CTN. A justificativa "E" está correta, com fundamento artigo 7º, § 1º, do CTN.

---

33. Alternativa (B). Imposto sobre Produtos Industrializados, Imposto sobre a Propriedade Territorial Rural.

Comentário: Gabarito baseado no artigo 153 da CF, que estabelece os tributos de competência da União.

---

34. Alternativa (C). É direito de a União instituir impostos não previstos no artigo 154, I, da Carta Magna, desde que eles sejam não cumulativos e não tenham base de cálculo própria dos demais impostos descritos na Constituição.

Comentário: A alternativa **"C"** está correta, trata-se da competência Residual ou Remanescente conferida à União para instituir outros impostos, além dos já estabelecidos na Carta Magna (em conformidade com o art. 154, I, da CF). A opção "A" está incorreta, não há o que se questionar quanto a Competência Residual se submeter ao Princípio da Legalidade. A letra "B" está incorreta, consoante estudado, o direito de instituir taxas e contribuições de melhoria refere-se à competência comum. A assertiva "D" está incorreta, pois além de estar incompleta, não é direito de a União residual instituir quaisquer impostos ou contribuições sociais, mas sim instituir impostos não previstos no artigo 154, I, da Carta Magna, desde que sejam não cumulativos e não tenham base de cálculo própria dos demais impostos descritos na Constituição.

---

35. Alternativa (E). Manifesta-se através da criação de leis instituidoras e modificadoras de tributos, bem como de leis que disciplinam as causas de exclusão, suspensão e extinção do crédito tributário.

Comentário: A opção **"E"** está correta, uma vez que a competência tributária consiste na atribuição fornecida pela CF aos Entes Federativos para instituir e majorar tributos. As justificativas "A", "B" e "D" estão incorretas, como estudado nesse Capítulo, a competência tributária é indelegável e irrenunciável. A resposta "C" está incorreta, somente os Entes Federativos (entes políticos) detêm a competência tributária. Lembre-se de que nem mesmo os Territórios Federais (entes administrativos) possuem competência tributária – nesse caso a União que instituirá seus tributos –, assim, muito menos as Autarquias e Fundações Públicas o poderão, posto que fazem parte da Administração Indireta.

---

36. Alternativa (C). Constitucional exclusiva para instituir impostos, empréstimo compulsório e contribuições de intervenção no domínio econômico, e comum em relação às taxas e contribuição de melhoria.

Comentário: A letra **"C"** está correta, pois conforme estudado, a competência privativa é exclusiva dos Entes Federativos, de acordo com a distribuição de competência contida na Constituição Federal; e a competência comum refere-se às taxas e contribuições de melhorias, tributos tidos como vinculados (contraprestacionais). A assertiva "A" está incorreta, posto que a competência tributária é fixada pela Constituição Federal. A justificativa "B" está incorreta, a competência tributária tem natureza política e abrange a competência legislativa. A resposta "D" está incorreta, a banca tentou confundir o candidato misturando informações, a competência suplementar foi conferida aos Estados pela Constituição Federal, quando estabeleceu a competência concorrente para legislar, contida no artigo 24, § 2º, da CF. A alternativa "E" está incorreta, frise-se que a competência para legislar é concorrente entre a União, os Estados, o Distrito Federal, conforme *caput* do artigo 24 da CF. Entretanto, legislar sobre normas gerais é competência da União, à luz do § 2º do artigo 24 da CF.

---

37. Alternativa (E). I e IV.

I. As atribuições do Estado do Rio de Janeiro para arrecadar o crédito tributário do IPVA e para fiscalizá-lo são delegáveis aos municípios fluminenses, relativamente aos veículos neles licenciados.

IV. O estado do Rio de Janeiro tem competência legislativa plena, em relação ao IPVA, ressalvadas as limitações contidas na Constituição Federal e na Constituição Estadual Fluminense.

Comentário: O **item "I"** está correto, a atividade de fiscalizar e arrecadar que são abrangidas pela Capacidade Ativa Tributária são delegáveis. Apenas a competência tributária é indelegável, conforme artigo **7º do CTN.** O **item "IV"** está correto, nos termos do artigo 24 da CF e do artigo6º do CTN: "A atribuição constitucional de competência tributária compreende a competência legislativa plena, ressalvadas as limitações contidas na Constituição Federal, nas Constituições dos Estados e nas Leis Orgânicas do Distrito Federal e dos Municípios, e observado o disposto nesta Lei". Os itens "II" e "III" estão incorretos, como se sabe, a competência tributária é indelegável e irrenunciável. O item "V" começa correto quando trata da repartição tributária, porém a competência tributária compreende a competência legislativa de modo que não pode ser delegada, com fundamento nos artigos6º e 7º do CTN, portanto, este item "V" está incorreto.

---

38. Alternativa (D). O município pode atualizar o IPTU, mediante decreto, em percentual não superior ao índice oficial de correção monetária.

Comentário: A assertiva "A" está incorreta, o ITBI é tributo de competência municipal, nos termos do artigo 156, II, da CF. A justificativa "B" está incorreta, conforme disposto no artigo 157, I, da CF, pertence aos Estados e ao Distrito Federal o produto da arrecadação do imposto da União sobre renda e proventos de qualquer natureza, incidente na fonte, sobre rendimentos pagos, a qualquer título, por eles, suas autarquias e pelas fundações que instituírem e mantiverem. A resposta "C" está incorreta, é inconstitucional a remuneração de iluminação pública por meio de taxa (Súmula n. 670 do STF– recentemente convertida na Súmula Vinculante n. 41). A alternativa **"D"** está correta, nos termos do artigo 97, § 2º, do CTN, uma vez que a mera correção monetária não configura majoração de tributo. A opção "E" está incorreta, a majoração do IR se sujeita apenas ao Princípio da Anterioridade do Exercício.

---

39. Alternativa (C). As obrigações tributárias acessórias são relevantes para a atividade de arrecadação e fiscalização, podendo ser estabelecidas em atos infralegais, sem ofensa ao princípio da tipicidade.

Comentário: A justificativa "A" está incorreta, a competência tributária do IPVA é dos Estados e do Distrito Federal. A resposta "B" está incorreta, uma vez que a competência tributária é atribuída apenas pela Constituição Federal aos Entes Federativos, por apresentarem competência legislativa, haja vista a exigência de lei para criação de tributos. A alternativa **"C"** está correta, consoante previsão do artigo 113, § 3º, do CTN. A opção "D" está incorreta, a competência para instituir contribuições sociais, de intervenção no domínio econômico e de interesse das categorias profissionais ou econômicas é privativa da União. A letra "E" está incorreta, pois é possível a competência tributária ser alterada por Emenda à Constituição.

---

40. Alternativa (A). São funções da CF outorgar a competência tributária aos Entes Federados, inaugurar as limitações constitucionais ao poder de tributar, enumerar exaustivamente as espécies tributárias e prever as hipóteses de repartição de receita.

Comentário: A resposta **"A"** está correta, como visto no Capítulo 2, a Constituição Federal define a competência tributária, bem como estabelece os limites do poder de tributar. A alternativa "B" está incorreta, segundo o entendimento do STF, todas as espécies tributárias devem respeitar ao princípio da capacidade contributiva e, por isso, a taxa judiciária não pode ser calculada sem limite sobre o valor da causa. A opção

"C" está incorreta, conforme a Súmula Vinculante n. 28 do STF: "É inconstitucional a exigência de depósito prévio como requisito de admissibilidade de ação judicial na qual se pretenda discutir a exigibilidade de crédito tributário". A letra "D" está incorreta, consoante a Súmula n. 460 do STJ: "É incabível o mandado de segurança para convalidar a compensação tributária realizada pelo contribuinte".

41. Alternativa (D). A Constituição Federal não cria tributo, mas outorga competência tributária a cada Ente Federado, devendo o exercício dessa competência ser regulado por lei, mediante expressa previsão constitucional.

Comentário: A alternativa "A" está incorreta, nos termos da Súmula n. 414 do STJ, a citação por edital na execução fiscal é cabível quando frustradas as demais modalidades. A opção "B" está incorreta, à luz do artigo 173, II, do CTN, da data em que se tornar definitiva a decisão que houver anulado, por vício formal, o lançamento anteriormente efetuado, a fazenda terá cinco anos para realizar um novo lançamento tributário. A letra "C" está incorreta, segundo entendimento do STJ, Súmula n. 457: "Os descontos incondicionais nas operações mercantis não se incluem na base de cálculo do ICMS". A assertiva **"D"** está correta, conforme vimos nesse Capítulo.

42. Alternativa (A). A Constituição Federal assegura aos municípios 25% do ICMS arrecadado pelo estado onde eles se situem, tendo adotado, para fins de distribuição desse percentual entre os municípios, o critério da territorialidade do valor adicionado, ou seja, a cada município compete o valor adicionado produzido em seu próprio território, relativamente a três quartos do valor a ser distribuído. **(CERTO).**

Comentário: (CERTO). Resposta em conformidade com o artigo 158, IV, da CF.

43. Alternativa (E). Competência tributária e capacidade tributária ativa.

Comentário: A opção **"E"** está correta, pois a competência tributária é poder conferido pela Constituição aos Entes Federativos para criarem e majorarem tributos; enquanto a capacidade ativa tributária consiste nas funções de arrecadar, fiscalizar e executar leis.

44. Alternativa (A). IPTU (Imposto sobre a Propriedade Territorial Urbana), ISS (Imposto sobre Serviços), ITBI (Imposto sobre a Transmissão de Bens Imóveis).

Comentário: A assertiva **"A"** está correta, à luz dos artigos 147 e 156 da CF.

45. Alternativa (D). IPVA e ICMS.

Comentário: A opção **"D"** está correta, de acordo com o artigo 155, II e III, da CF.

46. Alternativa (A). Compete à União instituir o Imposto sobre Renda e Proventos de Qualquer Natureza, mas pertence aos Estados e ao Distrito Federal o produto da arrecadação desse imposto, incidente na fonte, sobre rendimentos pagos, a qualquer título, por tais Entes Federativos, suas respectivas autarquias e fundações.

Comentário: A letra **"A"** está correta, nos termos do artigo 153, III, da CF, a União detém a competência tributária do IR; porém à luz do art. 157, I, da CF pertencem aos Estados e ao Distrito Federal o produto da arrecadação do Imposto da União sobre Renda e Proventos de Qualquer Natureza, incidente na fonte, sobre rendimentos pagos, a qualquer título, por eles, suas autarquias e pelas fundações que instituírem e mantiverem. A assertiva "B" está incorreta, as taxas podem ser cobradas pela utilização efetiva ou potencial de serviços públicos específicos e divisíveis, artigo 145, II, da CF. A justificativa "C" está incorreta, como será estudado no Capítulo 3, subitem 3.2.6, o Princípio da Anterioridade do Exercício apresenta inúmeras exceções dispostas no artigo 150, § 1º, da CF. A resposta "D" está incorreta, visto que a competência tributária do ITCMD é dos Estados e do Distrito Federal, artigo 155, I, da CF.

47. Alternativa (E). O Distrito Federal pode instituir e cobrar impostos estaduais e municipais.

Comentário: A assertiva "A" está incorreta, nos termos do artigo 154, I, da CF, a União poderá instituir imposto residual, desde que sejam não cumulativos e não tenham fato gerador ou base de cálculo próprios dos discriminados na CRFB/1988, por meio de Lei Complementar. A justificativa "B" está incorreta, apenas a União detém competência para instituir contribuições de intervenção no domínio econômico. A resposta "C" está incorreta, a competência para criar o IPTU é dos Municípios, artigo 156, I, da CF. A alternativa "D" está incorreta, a competência residual é da União, artigo 154, I, da CF. A opção **"E"** está correta, de acordo com o previsto nos artigos 147 e 155 da CF.

48. Alternativa (C). A taxa não pode ter base de cálculo idêntica à que corresponda a imposto.

Comentário: A justificativa "A" está incorreta, pois não poderia ser criado imposto porque se trata de tributo cuja obrigação tem por fato gerador uma situação independente de qualquer atividade estatal específica, relativa ao contribuinte. A resposta "B" está incorreta, a competência para instituição de taxa é comum. A alternativa **"C"** está correta, de acordo com o artigo 145, § 2º, da CF. A opção "D" está incorreta, o fato gerador da contribuição de melhoria é a realização de obra pública que resulte em valorização imobiliária. A letra "E" está incorreta, pela justificativa da alternativa A.

49. Alternativa (C). Não pode delegar sua competência tributária a qualquer outra pessoa jurídica de direito público, embora possa delegar as funções de arrecadar e de fiscalizar tributos de sua competência tributária.

Comentário: A resposta **"C"** está correta, à luz do disposto no artigo 7º do CTN.

50. Alternativa (D). Em Território Federal, os impostos estaduais são de competência da União. Caso o Território não seja dividido em Municípios, cumulativamente, os impostos municipais também são de competência da União .

Comentário: A alternativa "A" está incorreta, a competência para instituição da COSIP é dos Municípios e do Distrito Federal. A opção "B" está incorreta, nos termos do artigo 147 da CF, o Distrito Federal poderá instituir os impostos de competência dos Municípios. A letra "C" está incorreta, segundo o artigo 154, I, da CF, a União poderá instituir impostos residuais apenas por meio de lei complementar. A assertiva **"D"** está correta, de acordo com o artigo 147 da CF.

51. Alternativa (A). Indelegabilidade.

Comentário: A opção **"A"** está correta, consoante o estudado neste Capítulo.

52. Alternativa (C). Municípios e o Distrito Federal.

Comentário: A letra **"C"** está correta, segundo a previsão do artigo 149-A da CF.

53. Alternativa (D). São de competência privativa da União e só podem ser instituídos mediante lei complementar.

Comentário: A assertiva **"D"** está correta, de acordo com o previsto no artigo 154, I, da CF.

54. Alternativa (A). O poder de criar tributos é repartido entre os vários entes políticos, e a CF assinala a esfera de competência dos níveis federal, estadual e municipal.

Comentário: A justificativa "B" está incorreta, conforme prevê o artigo 24, § 3º, da CF, inexistindo lei federal sobre normas gerais, os Estados exercerão a competência legislativa plena, para atender às suas peculiaridades. As respostas "C" e "D" estão incorretas, posto que a competência tributária é indelegável e irrenunciável. A alternativa "E" está incorreta, à luz do artigo 8º do CTN, "o não exercício da competência tributária não a defere a pessoa jurídica de direito público diversa daquela a que a Constituição a tenha atribuído". Por isso, a assertiva correta é a letra **"A"**.

55. Alternativa (A). Exceto no que diz respeito aos empréstimos compulsórios e aos impostos compreendidos na competência residual da União, os quais devem ser instituídos por lei complementar, todos os demais impostos, previstos no Sistema Constitucional Tributário, são instituídos por lei ordinária.

Comentário: A resposta **"A"**, que é o gabarito da questão, está incorreta, pois o IGF, nos termos do artigo 153, VII, da CF, e a contribuição social residual, artigo 195, § 4º, da CF, devem ser instituídos por meio de lei complementar. A alternativa "B" está correta, de acordo com o artigo 147 da CF. A opção "C" está correta, segundo o artigo 155, § 2º, X, "a", da CF, as mercadorias e serviços destinados ao exterior são imunes ao ICMS.

56. Alternativa (D). Apenas I, III e IV estão corretos.

I. Quando uma pessoa política deixa de exercitar sua competência tributária, outra pessoa jurídica de direito público não pode fazê-lo suprindo a lacuna.

III. A imunidade tributária sobre o patrimônio e a renda dos entes políticos é extensiva às suas autarquias e fundações públicas.

IV. A lei pode atribuir à terceira pessoa a responsabilidade pela obrigação tributária, excluindo a responsabilidade do contribuinte.

Comentário: O **item I** está correto, uma vez que a competência tributária é indelegável. O item II está incorreto, pois conforme o artigo 158, II, da CF, 50% da arrecadação do ITR é destinada para os Municípios, e quando o Município, nos termos do artigo 153, § 4º, III, da CF, realiza a fiscalização e a arrecadação do ITR, ele ficará com 100% da arrecadação desse imposto. O **item III** está correto, a imunidade tributária sobre o patrimônio e a renda dos entes políticos é extensiva às suas autarquias e fundações públicas, artigo 150, § 2º, da CF. O **item IV** está correto, de acordo com o artigo 121, II, do CTN. O item V está incorreto, o espólio é responsável pelos tributos devidos pelo de *cujus* até a data da abertura da sucessão, artigo 131, III, do CTN.

57. Alternativa (A). As contribuições sociais incidirão também sobre a importação de produtos estrangeiros ou serviços, mas não incidirão sobre as receitas decorrentes de exportação.

Comentário: A alternativa **"A"** está correta, à luz do artigo 149, § 2º, I e II, da CF. A opção "B" está incorreta, não é necessário Lei Complementar para instituição de Imposto Extraordinário de Guerra, nos termos do artigo 154, II, da CF. A letra "C" está incorreta, segundo o artigo 157, II, da CF, compete aos Estados e ao Distrito Federal 20% da arrecadação do imposto residual. A assertiva "D" está incorreta, é inconstitucional a cobrança de taxas para remuneração de iluminação pública. A justificativa "E" está incorreta, conforme prevê o artigo 146, III, "a", da CF, compete à lei complementar a definição de tributos e de suas espécies, bem como em relação aos impostos discriminados nesta Constituição, a dos respectivos fatos geradores, bases de cálculo e contribuintes; a definição de alíquota não necessita de Lei Complementar.

CAPÍTULO 3

LIMITAÇÕES AO PODER DE TRIBUTAR

Sumário • 1. Limites ao exercício da competência – 2. Princípios. Noção conceptual; 2.1. Princípio da Legalidade: 2.1.1. Atenuação do Princípio da Legalidade; 2.1.1.1. Questões; 2.1.2. O Princípio da Legalidade e a Medida Provisória; 2.2. Princípio da Tipicidade; 2.3. Princípio da Capacidade Contributiva: 2.3.1. Questões; 2.3.2. A Capacidade Contributiva e a Igualdade; 2.3.2.1. Breves Considerações sobre o Princípio da Igualdade; 2.3.3. A Relação do Princípio da Capacidade Contributiva e o Princípio da Igualdade; 2.3.4. Questões; 2.3.5. A Capacidade Contributiva e a Progressividade; 2.3.6. Questões; 2.4. A capacidade Contributiva e o Não Confisco: 2.4.1. Questões; 2.5. Princípio da Solidariedade Tributária: 2.5.1. Questões; 2.6. Princípio da Irretroatividade: 2.6.1. O Princípio da Irretroatividade e os Fatos Geradores Periódicos; 2.6.2. O Princípio da Irretroatividade e a Súmula n. 584 do STF; 2.6.3. O Princípio da Irretroatividade e as Decisões Administrativas; 2.6.4. Questões; 2.7. Princípio da Anterioridade: 2.7.1. O Princípio da Anterioridade e o Art. 104 do CTN; 2.7.2. O Princípio da Anterioridade Nonagesimal e as Medidas Provisórias; 2.7.3. Questões – 2.8. Princípio da Liberdade de Tráfego: 2.8.1. Questões – 2.9. Princípio da Uniformidade Geográfica: 2.9.1. Questões – 2.10. Princípio da Uniformidade da Tributação da Renda nos Títulos da Dívida Pública e nos Vencimentos dos Funcionários Públicos – 2.11. Princípio da Proibição das Isenções Heterônomas; 2.11.1. Questões – 2.12. Princípio da Não Discriminação Quanto à Procedência ou ao Destino – 3. Imunidade tributária: 3.1. Natureza; 3.2. Interpretação da Norma Constitucional Imunizante; 3.3. Classificação das Imunidades; 3.3.1. Imunidades Excludentes e Incisivas; 3.3.2. Imunidades Subjetivas, Objetivas e Mistas; 3.3.3. Imunidades Ontológicas e Políticas; 3.3.4. Imunidades Condicionáveis e Incondicionadas; 3.3.5. Imunidades Genéricas e Específicas; 3.4. Imunidades Genéricas: 3.4.1. Imunidade Recíproca; 3.4.1.1. Imunidade Recíproca e a Transferência da Prestação dos Serviços Públicos a Terceiros; 3.4.1.2. Imunidades Recíprocas e os Impostos Indiretos; 3.4.2. Imunidade dos Templos de Qualquer Culto; 3.4.3.1. Imunidade das Entidades de Assistência Social Sem Fins Lucrativos; 3.4.4. Imunidade dos Livros, Jornais, Periódicos e Papel Destinado à Sua Impressão; 3.4.5. Imunidade dos CD'S e DVD'S – 4. Quadro sinótico – 5. Informativos – 6. Questões – 7. Gabarito.

1. LIMITES AO EXERCÍCIO DA COMPETÊNCIA

Como estudado no Capítulo precedente, a Constituição Federal atribuiu aos Entes Federativos a Competência Tributária. Ocorre que tal prerrogativa deve sofrer certas limitações, no sentido de direcionar o exercício da competência, com o intuito de assegurar os direitos fundamentais, tratam-se dos Limites ao Poder de Tributar.

Nas palavras de Luciano Amaro:

> "Essa outorga de competência, obviamente, não é sem fronteiras. Além de buscar demarcação tanto quanto possível nítida das áreas de atuação de cada ente político, com a partilha da competência tributária, a Constituição fixa vários balizamentos, que resguardam valores por ela reputados relevantes, com atenção especial para os direitos e garantias individuais. O conjunto dos princípios e normas que disciplinam esses balizamentos da competência tributária corresponde às chamadas limitações do poder de tributar".[1]

1. AMARO, Luciano. **Direito Tributário Brasileiro.** 16. ed. São Paulo: Saraiva, 2010, p. 111.

De maneira geral, as limitações ao poder de tributar desdobram-se em Princípios e Imunidades constitucionais tributárias.

Mais especificamente, esses limites ao exercício da competência tributária podem ser classificados em dois tipos: **limites genéricos** e **específicos**.

Limites genéricos: são os trazidos pela Constituição Federal e pelo Ato das Disposições Constitucionais Transitórias (ADCT).

Assim, nenhum tributo poderá ser instituído sem observar a Constituição Federal e o ADCT.

Limites específicos: são os princípios e as imunidades, que se encontram basicamente nos artigos 145, § 1º e 150 a 153 da CF, que serão tratados no presente Capítulo 3.

2. PRINCÍPIOS. NOÇÃO CONCEPTUAL

Os princípios exercem função importantíssima no ordenamento jurídico, uma vez que eles orientam, condicionam e iluminam a interpretação das normas jurídicas em geral, e, por essa razão, o texto constitucional deve ser analisado como um todo, de forma a extrair a melhor interpretação no caso concreto.

Sustenta-se, aqui, que o princípio constitui uma norma jurídica qualificada, desde que, tendo âmbito de validade maior, orienta a atuação de outras normas, mesmo as de nível constitucional.

Por conseguinte, as leis e demais atos normativos de igual ou inferior hierarquia, além de obedecerem às regras constitucionais, precisam ser interpretados e praticados da forma mais congruente possível com os princípios encartados na Lei Magna.

Para o ordenamento jurídico brasileiro, os princípios funcionam como pilares estruturantes do direito, assim como leciona Canotilho: os "princípios são *standards* juridicamente vinculantes, radicados nas exigências da justiça ou na ideia de direito".[2]

Ricardo Lobo Torres destaca que os princípios compartilham com valores as características de abstração e generalidade e, se presentes no texto constitucional, implicarão a concretização de valores, mas, mesmo ausentes do bojo da Constituição, não perderão seus atributos.[3]

Os princípios visam conferir o caráter de validade às normas jurídicas funcionando como critérios interpretativos, que dão coerência e coesão ao sistema jurídico.

No mesmo sentido, posiciona-se Geraldo Ataliba: *"[...] são as linhas mestras, os grandes nortes, as diretrizes magnas do sistema jurídico. Apontam os rumos a serem seguidos por toda a sociedade e obrigatoriamente perseguidos pelos órgãos do governo (poderes constituídos)"*.[4]

2. CANOTILHO, José Joaquim Gomes. **Direito constitucional e Teoria da Constituição**, 2000. p. 1.034.
3. **Valores e Princípios no Direito Tributário Ambiental.** In: TAVEIRA TORRES, Heleno (Org.). **Direito tributário ambiental**, 2005. p. 21.
4. **República e CONSTITUIÇÃO**, 2001. p. 34.

Humberto Ávila ao tratar sobre princípios esclarece:

> "Os princípios são normas imediatamente finalísticas, primariamente prospectivas e com pretensão de complementariedade e de parcialidade, para cuja aplicação se demanda uma avaliação da correlação entre o estado de coisas a ser promovido e os efeitos decorrentes da conduta havida como necessária à sua promoção".[5]

Na concepção de Paulo de Barros Carvalho, os princípios demonstram:

> [...]"como linhas diretivas que iluminam a compreensão de setores normativos, imprimindo-lhes caráter de unidade relativa e servindo de fator de agregação num dado feixe de normas. Exercem eles uma reação centrípeta, atraindo em torno de si regras jurídicas que caem sob seu raio de influência e manifestam a força de sua presença".[6]

Na verdade, Paulo de Barros Carvalho visualiza quatro funções distintas dos princípios:

> "*a)* como norma jurídica de posição privilegiada e portadora de valor expressivo; *b)* como norma jurídica de posição privilegiada que estipula limites objetivos; *c)* como os valores insertos em regras jurídicas de posição privilegiada, mas considerados independentemente das estruturas normativas; e *d)* como o limite objetivo estipulado em regra de forte hierarquia, tomado, porém, sem levar em conta a estrutura da norma".[7]

O presente estudo compartilha do entendimento de José Roberto Vieira, no sentido de que os princípios são normas jurídicas de posição privilegiada, portadores de valor expressivo e de limites objetivos.

Vista a importância do papel dos princípios na hermenêutica jurídica, passa-se a estudar os princípios constitucionais tributários.

2.1. Princípio da Legalidade

De acordo com o ordenamento jurídico pátrio, apenas a **lei** pode criar direitos e obrigações com caráter original, inovando a ordem jurídica de modo primário. Do artigo 5º, II, da CF extrai-se: "Ninguém será obrigado a fazer ou deixar de fazer alguma coisa senão em virtude de lei". Nessa mesma linha, o artigo 150, I, do texto constitucional determina que será vedado à União, aos Estados, ao Distrito Federal e aos Municípios "[...] exigir ou aumentar tributo sem lei que o estabeleça".

Sobre o Princípio da Legalidade, Roque Antonio Carrazza assevera que consiste num dos mais importantes para o Direito Tributário. O autor afirma que é por meio da lei, editada pelos representantes do povo, que a sociedade manifesta a própria vontade, e, assim, autorregula-se, na nítida ideia de autotributação:

> [...]é da essência de nosso regime republicano que as pessoas só devem pagar os tributos em cuja cobrança consentirem. Tal consentimento há de ser dado, por meio de lei ordinária, pelo Poder Legislativo, com este fito reunido, conforme a Constituição.[8]

5. **Teoria dos Princípios: da Definição à Aplicação dos Princípios Jurídicos**, 2006. p. 78.
6. **Curso de direito tributário**, 2008. p. 163.
7. *Ibidem*, p. 159.
8. **Curso de...**, op. cit., p. 251 e 257.

De acordo com Carrazza, urge afirmar que, na esfera tributária, contudo, além do Princípio da Legalidade, verifica-se o Princípio da Estrita Legalidade, uma vez que,

> [...]no direito tributário, não exige, apenas, que a atuação do Fisco rime com uma lei material (simples preeminência da lei). Mais do que isto, determina que cada ato concreto do Fisco, que importe exigência de um tributo, seja rigorosamente autorizado por uma lei (*sic*).[9]

Sacha Calmon Navarro Coêlho esclarece que, em atenção ao Princípio da Legalidade, a tributação não é decidida pelo chefe de governo, mas pelos representantes do povo, livremente eleitos para legislar.[10]

Somente à lei é dada a atribuição de definir delitos e penas, de impor deveres administrativos, de instituir e de majorar tributos.

Alguns doutrinadores, contudo, entendem, com base no § 1º do artigo 153 do Texto Maior, que o Princípio da Legalidade comporta exceções, visto que tal dispositivo constitucional faculta ao **Poder Executivo** alterar as alíquotas dos impostos de Importação de produtos estrangeiros **(II);** de Exportação **(IE);** sobre Produtos Industrializados **(IPI)** e sobre operações de crédito, câmbio e seguro, ou relativas a títulos ou valores mobiliários **(IOF).**

Destaca-se, entretanto, que a alíquota desses impostos poderá ser modificada pelo Poder Executivo, tão somente dentro dos limites estabelecidos **em lei.** Por essa razão, torna-se equivocado o entendimento de que o artigo 153, § 1º, da CF, que traz essa possibilidade, constitui uma exceção ao Princípio da Legalidade. Ora, o Poder Executivo somente poderá alterar essas alíquotas desde que observadas as condições e limites que uma lei estabelece.

Roque Antonio Carrazza refere-se a esse artigo aludindo a *"[...] Aparentes exceções ao princípio da legalidade tributária"*.[11]

Entende-se que não se trata nem sequer de "aparente exceção", pois não há que se falar em quaisquer possibilidades de afastar-se do Princípio da Legalidade, uma vez que o Poder Executivo somente poderá exercer tal faculdade, desde que observados os limites e condições previstos e determinados em lei.

Assim, dada a imperatividade do Princípio da Estrita Legalidade, cada ato concreto condizente com pretensa exigência de tributo deve estar pautado em prévia e explícita autorização legal.

O Princípio da Legalidade garante ao contribuinte somente pagar o tributo que tenha sido instituído ou majorado por lei.

Ainda que o artigo 150, I, da CF determine que somente uma lei poderá instituir ou majorar tributos, tais exações também só poderão ser extintas ou reduzidas do ordenamento jurídico por meio de lei.

Considerando tais preceitos, constata-se que o Princípio da Legalidade, juntamente com outros princípios como o da Irretroatividade – previsto no artigo 150, III, "a", da CF –, e o

---

9. *Ibidem*, p. 263.
10. **Curso de...**, op. cit., p. 173.
11. *Ibidem*, p. 307.

da Anterioridade – disposto no artigo 150, III, "b" e "c", do Texto Maior – convalidam o **Princípio da Segurança Jurídica,** de suma importância, uma vez que possibilita *"a previsibilidade da atuação estatal, afastando as surpresas que repugnam ao nosso sistema jurídico [...]"*.[12]

Como se sabe, a segurança jurídica é proclamada no preâmbulo constitucional, como um dos valores supremos da sociedade brasileira.

Assim, em atenção à segurança jurídica e ao **Princípio do Paralelismo das Formas**, uma matéria que foi tratada por um ato normativo, só poderá ser alterada por um ato normativo de igual hierarquia ou de hierarquia superior.

Essa previsão também pode ser encontrada no artigo 97 do CTN: *"Somente a lei pode estabelecer: I – a instituição de tributos, ou a sua extinção; II – a majoração de tributos, ou sua redução, ressalvado o disposto nos artigos 21, 26, 39, 57 e 65"*.

De acordo com o artigo 97, § 1º, do CTN, considera-se majoração de tributo a modificação da base de cálculo de forma a torná-lo mais oneroso.

Dessa premissa, tem-se que a **mera atualização do valor monetário** da respectiva base de cálculo **NÃO** constitui majoração de tributo, nos termos do artigo 97, § 2º, do CTN; por esse motivo pode ser realizada por meio de simples Decreto.

No entanto, se a "atualização monetária" ocorrer com índices **superiores ao oficial**, não se tem uma mera atualização de valores, e sim uma majoração da base de cálculo disfarçada, e, por isso, nesse caso, o instrumento normativo necessário será a lei.

Nesse sentido, em observância ao Princípio da Segurança Jurídica e da Legalidade, o STJ consolidou esse entendimento por meio da Súmula n. 160:

> **IMPORTANTE!** É defeso ao Município atualizar o IPTU, mediante Decreto, em percentual superior ao índice oficial de correção monetária.

Ainda no tocante ao Princípio da Legalidade, vale mencionar que de acordo com o artigo 97 do CTN, existem outras matérias que só podem ser tratadas por meio de lei:

> **Art. 97.** Somente a lei pode estabelecer: (...) III – a definição do fato gerador da obrigação tributária principal, ressalvado o disposto no inciso I do § 3º do artigo 52, e do seu sujeito passivo; IV – a fixação de alíquota do tributo e da sua base de cálculo, ressalvado o disposto nos artigos 21, 26, 39, 57 e 65; V – a cominação de penalidades para as ações ou omissões contrárias a seus dispositivos, ou para outras infrações nela definidas; VI – as hipóteses de exclusão, suspensão e extinção de créditos tributários, ou de dispensa ou redução de penalidades.

Com relação à alteração da data do **prazo de pagamento** de tributo, o entendimento majoritário é de que **não há necessidade de lei,** podendo ser por meio de **Decreto.**

Consoante essa interpretação, o STF entendeu que o Poder Executivo detém competência para expedir ato normativo infralegal fixando o prazo de pagamento de tributo, sob a alegação

12. VIEIRA, José Roberto. Medidas provisórias tributárias e segurança jurídica: a insólita opção estatal pelo "Viver Perigosamente". In: **Segurança jurídica na tributação e estado de direito.** II Congresso Nacional de Estudos Tributários, p. 322.

de que tal matéria não está no rol do artigo 97 do CTN: "(...) Improcedência da alegação, tendo em vista não se encontrar sob **o princípio da legalidade estrita e da anterioridade a fixação do vencimento da obrigação tributária** (...)" (RE n. 195.218/MG, rel. Min. Ilmar Galvão, **DJ** de 28.05.2002).

Ressalta-se que a exação tributária já está contida no ordenamento jurídico, portanto, a alteração do prazo para seu adimplemento por meio de Decreto não viola o Princípio da Legalidade.

2.1.1. Atenuação do Princípio da Legalidade

Todos os tributos estão sujeitos ao Princípio da Legalidade, ou seja, só podem ser instituídos ou majorados por intermédio de lei.

Cumpre informar que a Constituição Federal, em seu artigo 153, § 1º, prevê que alguns impostos podem ter **as alíquotas alteradas** por meio de ato do Poder Executivo, o que se dá comumente por Decreto Presidencial ou por Portaria do Ministro da Fazenda. Todavia, para utilizar-se desse instrumento normativo, impõe a condição de que devem ser observados os limites e requisitos estabelecidos em lei. Os referidos impostos são:

I	Imposto sobre a Importação (II);
II	Imposto sobre a Exportação (IE);
III	Imposto sobre Operações de Crédito, Câmbio e Seguros (IOF); e
IV	Imposto sobre Produtos Industrializados (IPI).

O artigo 153, § 1º, da CF, ao estabelecer que o Poder Executivo poderá **alterar** as alíquotas do II, IE, IOF e IPI, possibilitou, inclusive, que esses tributos tenham suas alíquotas **majoradas por Decreto**, porém, repita-se: desde que observados os limites e condições estabelecidos em lei. Cumpre lembrar que o maior fundamento dessa permissão do uso do Decreto consiste no fato de permitir maior agilidade na alteração, de forma a atender à função extrafiscal desses tributos, com o intuito de regulamentar o mercado e intervir na economia, como explicado no Capítulo 1.

As alíquotas dos tributos aduaneiros (II e IE) têm sido alteradas, frequentemente, por meio de Resolução da Câmara de Comércio Exterior – CAMEX, o que o STF compreende estar em conformidade com o nosso ordenamento jurídico, conforme se extrai da ementa abaixo transcrita:

> TRIBUTÁRIO. IMPOSTO DE EXPORTAÇÃO. ALTERAÇÃO DE ALÍQUOTA. ART. 153, § 1º, DA CONSTITUIÇÃO FEDERAL. COMPETÊNCIA PRIVATIVA DO PRESIDENTE DA REPÚBLICA NÃO CONFIGURADA. **ATRIBUIÇÃO DEFERIDA À CAMEX. CONSTITUCIONALIDADE.** FACULDADE DISCRICIONÁRIA CUJOS LIMITES ENCONTRAM-SE ESTABELECIDOS EM LEI. RECURSO EXTRAORDINÁRIO DESPROVIDO. I – É compatível com a Carta Magna a norma infraconstitucional que atribui a órgão integrante do Poder Executivo da União a faculdade de estabelecer as alíquotas do Imposto de Exportação. II – **Competência que não é privativa do Presidente**

da República. III – Inocorrência de ofensa aos arts. 84, *caput*, IV e parágrafo único, e 153, § 1º, da Constituição Federal ou ao princípio de reserva legal. Precedentes. IV – **Faculdade discricionária atribuída à Câmara de Comércio Exterior – CAMEX**, que se circunscreve ao disposto no Decreto-Lei n. 1.578/1977 e às demais normas regulamentares. V – Recurso extraordinário conhecido e desprovido (RE n. 570680, rel. Min. Ricardo Lewandowski, Tribunal Pleno, julgado em 28.10.2009. Repercussão Geral – Mérito. **DJe**-228, divulg. em 03.12.2009, public. em 04.12.2009. Ement. v. 02385-05, p. 01024: **RTJ**, v. 00213, p. 00693; **RSJADV**, p. 41-51, mar. 2010; **RT**, v. 99, n. 894, p. 105-124, 2010; **LEXSTF**, v. 32, n. 373, p. 215-245, 2010).

O artigo 177, § 4º, I, "b", da CF também possibilita ao Poder Executivo **reduzir e restabelecer as alíquotas** da Contribuição de Intervenção no Domínio Econômico Combustível – CIDE Combustível, por meio de ato próprio, no caso, o Decreto Presidencial.

O artigo 155, § 4º, IV, "c", da CF concede ao Poder Executivo a possibilidade de **reduzir e restabelecer as alíquotas** do ICMS – incidência monofásica –, nas operações com combustíveis e lubrificantes previstos em Lei Complementar Federal.

Acrescente-se, ainda, que nos termos do artigo 155, § 2º, XII, "h", da CF cabe à Lei Complementar Federal definir os combustíveis e lubrificantes sobre os quais o ICMS incidirá uma única vez, qualquer que seja a sua finalidade.

Além disso, vale registrar que no caso do ICMS Combustível, os convênios interestaduais, celebrados no âmbito do CONFAZ (Conselho de Política Fazendária) é que definirão as suas alíquotas.

Observe-se que, tanto no caso da CIDE Combustível, como no do ICMS Combustível, a Constituição Federal prevê a possibilidade de o Poder Executivo apenas reduzir e restabelecer as alíquotas, diferentemente do que ocorre com o II, IE, IPI e IOF, quando o artigo 153, § 1º, da CF determina a alteração das alíquotas, o que permite inclusive a majoração para estes quatro impostos.

Por permitir alterar, também verifica-se a possibilidade de ocorrer a redução do II, IE, IPI e IOF, o restabelecimento ou ainda a majoração de alíquotas, conforme estatui o artigo 153, § 1º, da CF.

Alterar quer dizer, por exemplo, que a alíquota do II (Imposto de Importação) era de 10% e passou para 20%, ou seja, majorou, o que poderá ocorrer por meio de ato normativo expedido pelo Poder Executivo.

Ressalta-se que para a **CIDE Combustível** e **ICMS Combustível**, a CF possibilita apenas a redução e o restabelecimento por ato do Poder Executivo, mas **não** a majoração.

Exemplo: CIDE Combustível era de 20%, passou para 10% e voltou para 20%. Nesse caso, a alíquota foi reduzida e depois restabelecida. Observe o seguinte quadro:

Alíquotas por meio de atos do poder executivo	Decreto	Convênio (CONFAZ)
Alterar (majorar, reduzir e restabelecer)	II, IE, IOF e IPI Art. 153, § 1º, da CF	–
Apenas reduzir e restabelecer	CIDE Combustível Art. 177, § 4º, I, "b", da CF	ICMS Combustível Art. 155, § 4º, IV, "c", da CF

2.1.1.1. Questões

1. (PGE/MT – Procurador do Estado – FCC/2016). Um Decreto editado pelo Governador de determinado Estado altera o prazo de recolhimento de ICMS, com vigência imediata a partir de sua publicação, no mês de janeiro de 2016. Neste caso, referido decreto, à luz da Constituição Federal, é

(A) incompatível com a Constituição Federal, por ferir o princípio constitucional tributário da legalidade.
(B) incompatível com a Constituição Federal, por ferir o princípio constitucional tributário da anterioridade.
(C) incompatível com a Constituição Federal, por ferir o princípio constitucional tributário da irretroatividade.
(D) compatível com a Constituição Federal, não estando sujeito ao princípio constitucional tributário da anterioridade.
(E) incompatível com a Constituição Federal, por ferir o princípio constitucional tributário da capacidade contributiva.

2. (PGE/MT – FCC/2016). Considere o seguinte princípio constitucional:

"Art. 152 É vedado aos Estados, ao Distrito Federal e aos Municípios estabelecer diferença tributária entre bens e serviços, de qualquer natureza, em razão de sua procedência ou destino."

Os Estados e o Distrito Federal estão impedidos de

(A) cobrar o ICMS sobre a entrada de mercadorias oriundas de determinado país, em operação de importação, mas desonerar por completo esse imposto na saída de mercadorias tendo como destinatário o mesmo país.
(B) exigir o ICMS pelas alíquotas interestaduais variáveis conforme o Estado de destino dos bens ou serviços, diferentemente das alíquotas praticadas às operações internas.
(C) instituir isenções ou alíquotas diferenciadas do ITD tendo como fator de discriminação o domicílio do respectivo donatário dos bens doados.
(D) estabelecer a não incidência do ITD sobre doações de imóveis situados em outras Unidades da Federação.
(E) exigir o ICMS por alíquotas diferenciadas para mercadorias ou serviços diferentes.

3. (PGE/MT – FCC/2016). O princípio da não cumulatividade é:

(A) um atributo exclusivo do ICMS e do IPI.
(B) princípio de tributação por meio do qual se pretende evitar a assim chamada "tributação em cascata" que onera as sucessivas operações e prestações com bens e serviços sujeitos a determinado tributo.
(C) técnica de tributação aplicável também aos impostos reais, tais como o ITR e o IPTU.
(D) suscetível apenas de interpretação restritiva e literal, à medida que institui um benefício fiscal ao contribuinte.
(E) um instrumento de transferência de riqueza indireta entre as Unidades da Federação inserido no pacto federativo, à medida que o crédito de ICMS a ser suportado pela Unidade da Federação de destino dos bens e serviços está limitado ao valor do imposto efetivamente recolhido em favor do Estado de origem.

4. (Analista Administrativo Pref. Teresina/PI Técnico de Nível Superior – FCC/2016). O dispositivo constitucional previsto no art. 151, I, da Carta Magna, que veda à União ao instituir tributo a distinção em relação a um Estado, ao Distrito Federal ou a um Município, em prejuízo dos demais, adota o princípio da

(A) vinculabilidade da tributação.
(B) indelegabilidade da competência tributária.
(C) uniformidade geográfica.
(D) tipologia tributária.
(E) anterioridade vinculada.

5. (Câmara de Atibaia/SP – Advogado – CAIPIMES/2016). A Constituição Federal de 1998:

I. permite que a União institua tributo que não seja uniforme em todo o território nacional ou que implique distinção ou preferência em relação a Estado, ao Distrito Federal ou a Município, em detrimento de outro, admita a concessão de incentivos fiscais destinados a promover o equilíbrio do desenvolvimento socioeconômico entre as diferentes regiões do País;

II. veda à União tributar a renda das obrigações da dívida pública dos Estados, do Distrito Federal e dos Municípios, bem como a remuneração e os proventos dos respectivos agentes públicos, em níveis superiores aos que fixar para suas obrigações e para seus agentes;

III. permite à União instituir isenções de tributos da competência dos Estados, do Distrito Federal ou dos Municípios.

É correto o que se afirma apenas em:

(A) II.

(B) II e III.

(C) I.

(D) I e II.

6. (Advogado Câmara de Atibaia/SP – Advogado – CAIPIMES/2016). Segundo o CTN, a lei tributária é aplicável a ato ou fato pretérito:

I. em qualquer caso, quando seja expressamente interpretativa, excluída a aplicação de penalidade à infração dos dispositivos interpretados;

II. tratando-se de ato não definitivamente julgado quando deixe de defini-lo como infração.

III. tratando-se de ato não definitivamente julgado quando deixe de tratá-lo como contrário a qualquer exigência de ação ou omissão, desde que não tenha sido fraudulento e não tenha implicado em falta de pagamento de tributo.

IV. tratando-se de ato não definitivamente julgado quando lhe comine penalidade menos severa que a prevista na lei vigente ao tempo da sua prática.

É correto o que se afirma em:

(A) I, II e III, apenas.

(B) I, II, III e IV.

(C) I e II, apenas.

(D) IV, apenas.

7. (Câmara de Atibaia/SP – Advogado – CAIPIMES/2016). São princípios constitucionais de Direito Tributário:

I. legalidade, anterioridade, irretroatividade, igualdade ou isonomia tributária.

II. liberdade de tráfego, uniformidade geográfica, capacidade contributiva e vinculabilidade da tributação.

III. transparência dos impostos ou da transparência fiscal, não cumulatividade, seletividade, não diferenciação tributária, tipicidade e imunidade.

É correto o que se afirma em:

(A) I e II, apenas.

(B) III e I, apenas.

(C) I, II e III.

(D) II e III, apenas.

8. (Câmara de Aripuanã/MT – Advogado – SYDCON/2016). Assinale a afirmativa INCORRETA:

(A) É vedado a União instituir isenções de tributos da competência dos Estados, do DF ou dos Municípios.

(B) É vedado exigir ou aumentar tributo sem lei que o estabeleça.

(C) É vedado instituir tributos sobre templos de qualquer culto.

(D) Em linhas gerais, é permitido utilizar tributo como forma de confisco.

(E) Nenhuma das alternas corresponde ao enunciado da questão.

9. (Pref. São Gabriel/RS – Advogado – OBJETIVA/2016). O artigo 150, parágrafo I, da Constituição Federal, dispõe: "sem prejuízo de outras garantias asseguradas ao contribuinte, é vedado à União, aos Estados, ao Distrito Federal e aos Municípios: exigir ou aumentar tributo sem lei que o estabeleça". O referido artigo materializa qual princípio aplicado ao direito tributário?

(A) Direito à proteção jurisdicional.
(B) Legalidade.
(C) Uniformidade.
(D) Anterioridade tributária.

10. (PGE/RS – Procurador do Estado – Fundatec/2015). Quanto aos princípios da legalidade e da anterioridade tributária, analise as assertivas abaixo:

I. O princípio da legalidade tributária aplica-se a todos os tributos, mas se admite a alteração da alíquota de certos impostos federais, de caráter extrafiscal, desde que sejam atendidas as condições e os limites estabelecidos em lei.
II. Reserva absoluta de lei tributária designa a exigência de que a Administração Tributária se paute rigorosamente pelos ditames legais, não adotando condutas contrárias à legislação tributária.
III. A anterioridade de exercício e a nonagesimal são aplicáveis a todos os tributos, de forma cumulativa, excetuadas hipóteses previstas taxativamente no texto constitucional.
IV. Majoração de alíquota do ICMS, determinada por lei publicada em 1° de novembro de um ano, pode ser aplicada em 1° de janeiro do ano subsequente.

Após a análise, pode-se dizer que:
(A) Está correta apenas a assertiva I.
(B) Estão corretas apenas as assertivas I e II.
(C) Estão corretas apenas as assertivas I e III.
(D) Estão corretas apenas as assertivas II e III.
(E) Todas as assertivas estão corretas.

11. (CGE/MA –Auditor – Conhecimentos Específicos – FGV/2014). A respeito das limitações constitucionais ao poder de tributar do Sistema Tributário Nacional, analise as afirmativas a seguir.

I. Pelo princípio da legalidade somente a Constituição Federal pode criar e majorar tributos.
II. Pelo princípio da legalidade tributária só lei em sentido estrito pode criar tributo novo.
III. A lei complementar só de forma excepcional é utilizada para criar tributos.
IV. A iniciativa da lei tributária, sempre privativa, é reflexo do princípio da legalidade.

Assinale:
(A) se somente as afirmativas I e II estiverem corretas.
(B) se somente as afirmativas II e III estiverem corretas.
(C) se somente as afirmativas I e III estiverem corretas.
(D) se somente as afirmativas II e IV estiverem corretas.
(E) se somente as afirmativas III e IV estiverem corretas.

12. (TJ/PR – Juiz – UFPR/2013). Quanto às limitações do poder de tributar, é correto afirmar:
(A) Os Estados podem instituir tributo com efeito de confisco desde que se trate de desapropriação de bens de concessionário público que não cumpriu suas obrigações contratuais.
(B) Aos Estados e aos Municípios é vedado exigir ou aumentar tributo sem lei que o estabeleça.
(C) Os Estados ou os Municípios podem instituir impostos sobre templos de qualquer culto, desde que durante as suas realizações ocorram doações por parte dos fiéis, pois se trata de formação de renda e/ou prestação de serviço.
(D) Aos Estados e aos Municípios é vedado exigir ou aumentar tributos nas hipóteses de calamidade pública, salvo quando absolutamente necessário para evitar danos irreversíveis ao patrimônio público, ao orçamento público ou à saúde pública.

13. (MP/RR – CESPE/2012). Com relação ao princípio da legalidade, assinale a opção correta:
(A) Para atender a situação de calamidade pública decorrente de enchentes, o Poder Executivo estadual poderá receber delegação legislativa para, mediante resolução, conceder crédito presumido de ICMS às empresas afetadas.

(B) As alíquotas do imposto de exportação podem ser alteradas pelo Poder Executivo federal por decreto, desde que obedecidos os limites e condições estabelecidos por lei.

(C) A remissão poderá ser concedida pela autoridade administrativa por despacho fundamentado, consideradas a equidade da imposição tributária e as condições de penúria do sujeito passivo, independentemente de lei.

(D) Lei delegada poderá estabelecer que o Poder Executivo possa outorgar isenção tributária por meio de decreto, não podendo fazê-lo quando tal exija a edição de lei complementar.

(E) Cabe ao Poder Legislativo municipal editar lei outorgando ao Poder Executivo competência para dispor, mediante decreto, sobre redução de base de cálculo do imposto sobre serviço, em face de benefícios concedidos por outro ente federado.

14. (MP/PI – Promotor de Justiça Substituto – CESPE/2012). A respeito das limitações do poder de tributar, assinale a opção correta:

(A) O princípio da vedação do confisco é extensível às multas, apesar de estas terem natureza jurídica diversa dos tributos.

(B) Em razão do princípio da imunidade recíproca, é vedado à União, aos Estados, ao DF e aos Municípios instituir impostos sobre patrimônio, renda ou serviços uns dos outros, inclusive quando houver contraprestação ou pagamento de preços ou tarifas pelo usuário.

(C) O princípio da isonomia não se inclui entre os princípios que limitam o poder de tributar, mas entre os princípios universais de justiça.

(D) O princípio da legalidade, o mais importante no âmbito do direito tributário, não comporta exceções ou mitigações.

(E) É vedada, em razão da aplicação do princípio da anterioridade, a cobrança de tributos em relação a fatos geradores ocorridos antes do início da vigência da lei que os houver instituído ou aumentado.

15. (TJ/PA– Juiz Substituto – CESPE/2012) (Adaptada). A respeito dos impostos da União, assinale a opção correta:

(A) O aumento do IPI pode entrar em vigor no dia da sua publicação, caso seja determinado em medida provisória.

(B) Medida provisória que determine a majoração do IPI só poderá produzir efeitos no exercício financeiro seguinte se for convertida em lei até o último dia do exercício em que seja editada.

(C) O comprador que goza de imunidade tributária, ao adquirir veículo automotor importado, estende sua imunidade ao produtor.

(D) Está de acordo com a CF norma infraconstitucional que atribua a órgão integrante do Poder Executivo da União a faculdade de estabelecer as alíquotas do imposto de exportação.

16. (TC/AL – Procurador – FCC/2008). O Chefe do Poder Executivo poderá, através de:

(A) Decreto, dentro dos limites legais, majorar a alíquota da CIDE combustível.

(B) Medida provisória, instituir empréstimo compulsório das despesas extraordinárias decorrentes de calamidade pública.

(C) Medida provisória, instituir imposto residual, com fato gerador e base de cálculo distintos dos impostos já discriminados na Magna Carta.

(D) Decreto, dentro dos limites legais, majorar a alíquota do imposto sobre operações de crédito, câmbio, seguro e valores mobiliários.

(E) Decreto, instituir contribuição social para seguridade social, dentro da competência constitucional residual.

17. (TC/BA – Procurador – FCC/2011). Comparada com a norma de Direito Penal, verifica-se que a norma tributária é mais rígida. No Direito Penal, o *nullum crimen nulla poena sini lege* exige que o delito seja típico, decorra de uma previsão legal precisa, mas se permite ao juiz, ao sentenciar, a dosimetria da pena, com relativa liberdade, assim como diminuir ou afrouxar a pena a posteriori. No Direito Tributário, além de se exigir seja o fato gerador tipificado, o dever de pagar o tributo também deve sê-lo em todos os seus elementos, pois aqui são importantes tanto a previsão do tributo quanto o seu pagamento, baseado em fórmulas de quantificação da prestação devida, e que a sociedade exige devam ser rígidas e intratáveis (Sacha Calmon Navarro Coêlho. **Curso de direito tributário brasileiro.** 9. ed. Rio de Janeiro: Forense, 2006. p. 220). O texto acima está se referindo ao ***princípio*** explícito da:

(A) Legalidade.

(B) Irretroatividade da lei tributária.

(C) Anterioridade da lei tributária.

(D) Segurança jurídica.

(E) Igualdade.

18. (TJ/ES – Juiz Substituto – CESPE/2011). Assinale a opção correta com referência aos princípios do direito tributário:

(A) Para a dispensa ou redução de penalidades, não é necessário disposição em lei, uma vez que a própria administração pública pode, de ofício, atuar nesses casos.

(B) As obrigações tributárias acessórias, embora não estejam inseridas na obrigação principal, devem, necessariamente, ser instituídas por lei.

(C) Em respeito ao princípio da legalidade tributária, garantia assegurada ao contribuinte, a União não pode exigir um tributo que a lei não estabeleça, mas pode aumentá-lo sem tal exigência.

(D) No sistema brasileiro, é juridicamente possível a instituição de determinados tributos por meio de leis complementares.

19. (Município de Quitandinha/PR – Advogado – RCV Concursos/2012). A Lei n. 5.172/1966, Código Tributário Nacional, no artigo 97, determina que a instituição de tributos será estabelecida por:

(A) medida provisória;

(B) lei;

(C) emenda constitucional;

(D) ato administrativo;

(E) resolução do Congresso Nacional.

20. (TJ/PB – Juiz – FCC/2013). Prefeito Municipal que entrou em exercício no dia primeiro de janeiro de 2013 baixou um decreto corrigindo monetariamente, conforme índice de correção lá indicado, a Planta Genérica de Valores utilizada para apuração da base de cálculo do Imposto sobre a Propriedade Predial e Territorial Urbana – IPTU – e sobre o Imposto sobre a Transmissão de Bens Imóveis por ato *inter vivos* a título oneroso – ITBI. Fez constar o Prefeito que a vigência do decreto é imediata, a partir da data da publicação, já valendo para o exercício de 2013. Inconformados com esta medida, que acabou por majorar a base de cálculo do IPTU e do ITBI, alguns proprietários ingressaram em juízo questionando a constitucionalidade do decreto. Considerando-se os fatos relatados, é correto afirmar que esse decreto é:

(A) Inconstitucional porque não atendeu à regra da legalidade, pois, apesar de se tratar de exceção à regra da anterioridade, deveria ter sido feito por lei.

(B) Inconstitucional porque não atendeu à regra da anterioridade nonagesimal, embora seja exceção à regra da legalidade.

(C) Inconstitucional porque não atendeu às regras da anterioridade anual e nonagesimal, embora seja exceção à regra da legalidade.

(D) Constitucional porque majoração de base de cálculo de IPTU e ITBI é exceção às regras da legalidade e da anterioridade.

(E) Constitucional porque a correção monetária da base de cálculo não equivale à majoração, razão pela qual não se submete às regras da anterioridade e da legalidade.

GABARITO

1. **Alternativa (D).** Compatível com a Constituição Federal, não estando sujeito ao princípio constitucional tributário da anterioridade.

Comentário: A alternativa **"D"** está correta, pois trata-se apenas de alteração do prazo de pagamento de tributo, não se sujeitando, portanto, aos princípios da anterioridade do exercício e nonagesimal. De acordo com os arts. 150, III, "b" e "c", da CF, os princípios da anterioridade devem ser observados na instituição e majoração de tributo. Nesse sentido, o STF já publicou a Súmula n. 669 e a Súmula Vinculante n. 50 que determinam: "Norma legal que altera o prazo de recolhimento da obrigação tributária não se sujeita ao princípio da anterioridade. A opção "A" está incorreta, a alteração de prazo de pagamento de tributo não precisa ocorrer por meio de lei, visto que o art. 150, I, da CF estabelece que os tributos devem ser criados e majorados por meio de lei, logo, a mera alteração da data de pagamento não fere o princípio da legalidade. Além disso, o art. 97 do CTN prevê taxativamente as matérias em direito tributário que precisam de lei, como pode se observar nesse dispositivo, nada se menciona sobre a modificação da data de pagamento. A resposta "B" está incorreta, pois a alteração do prazo de pagamento do tributo não fere a anterioridade, conforme mencionado acima ao identificar que a assertiva "D" é a correta. A justificativa "C" está incorreta, o princípio da irretroatividade, previsto no art. 150, III, "a", da CF, determina que a lei que criar ou majorar tributos não poderá retroagir para alcançar fatos pretéritos. A letra "E" está incorreta, a alteração do prazo de pagamento do tributo não fere o princípio da capacidade contributiva, previsto no art. 145, § 1º, da CF.

---

2. **Alternativa (C).** Instituir isenções ou alíquotas diferenciadas do ITD tendo como fator de discriminação o domicílio do respectivo donatário dos bens doados.

Comentário: A opção **"C"** está correta, a procedência e o destino são índices inidôneos para efeito de manipulação das alíquotas e da base de cálculo pelos legisladores dos Estados, do Distrito Federal e dos Municípios. O legislador não pode, portanto, alterar a tributação em virtude da procedência ou origem do bem, sob ofensa do princípio da não discriminação quanto à procedência ou destino. A resposta "A" está incorreta, segundo o art. 155, § 2º, IX, "a", da CF incide ICMS na importação de bem ou mercadoria, ainda que realizada por não contribuinte habitual. E o inciso X, "a", prevê imunidade para esse imposto nas operações que destinem mercadorias para o exterior. A justificativa "B" está incorreta, de acordo com o art. 155, § 2º, IV, da CF, resolução do Senado Federal estabelecerá as alíquotas aplicáveis às operações e prestações, interestaduais e de exportação. A letra "D" está incorreta, uma vez que não há impedimento para estabelecer incidência do ITD em imóveis situados em outras Unidades da Federação. A alternativa "E" está incorreta, pois o ICMS é seletivo, ou seja, pode estabelecer suas alíquotas de acordo com a essencialidade dos bens; quanto mais essencial, menor será a tributação.

---

3. **Alternativa (B).** Princípio de tributação por meio do qual se pretende evitar a assim chamada "tributação em cascata" que onera as sucessivas operações e prestações com bens e serviços sujeitos a determinado tributo.

Comentário: A resposta **"B"** está correta, o princípio da não cumulatividade visa compensar o tributo que foi pago na cadeia anterior com a cadeia posterior, a fim de evitar o efeito cascata. A justificativa "A" está incorreta, pois o princípio da não cumulatividade pode ser aplicado a outros tributos, como, por exemplo, as contribuições sociais, de acordo com o art. 195, § 12, da CF. A letra "C" está incorreta, o ITR e IPTU não seguem o princípio da não cumulatividade. A alternativa "D" está incorreta, via de regra, a legislação tributária poderá ser interpretada por todos os métodos de interpretação utilizados no direito. O art. 111 do CTN determina interpretação literal, apenas para as hipóteses de suspensão e exclusão do crédito tributário, e lei que desobriga o cumprimento de obrigações acessórias. A opção "E" está incorreta, visto que descaracteriza o instituto da não cumulatividade.

---

4. **Alternativa (C).** Uniformidade geográfica.

Comentário: A justificativa **"C"** está correta, pois, conforme o art. 151, I, da CF, é vedado à União estabelecer tratamento diferenciado aos entes federativos, salvo se for concessão de incentivo fiscal. Logo, trata-se do princípio da uniformidade geográfica.

---

5. **Alternativa (A).** II.

II. veda à União tributar a renda das obrigações da dívida pública dos Estados, do Distrito Federal e dos Municípios, bem como a remuneração e os proventos dos respectivos agentes públicos, em níveis superiores aos que fixar para suas obrigações e para seus agentes;

Comentário: A letra **"A"** está correta. O item I está incorreto, à luz do art. 151, I, da CF, é vedado à União instituir tributo que não seja uniforme em todo o território nacional ou que implique distinção ou preferência em relação ao Estado, ao Distrito Federal ou ao Município, em detrimento de outro, admitida apenas a concessão de incentivos fiscais destinados a promover o equilíbrio do desenvolvimento socioeconômico entre as diferentes regiões do País. O item II está correto, nos exatos termos do art. 151, II, da CF. O item III está incorreto, de acordo com o art. 151, III, da CF, é vedada a isenção heterônoma, ou seja, não pode a União isentar tributo que não seja de sua competência, ressalvada a hipótese do art. 156, § 3º, II, da CF.

6. **Alternativa (B).** I, II, III e IV.

I. em qualquer caso, quando seja expressamente interpretativa, excluída a aplicação de penalidade à infração dos dispositivos interpretados;

II. tratando-se de ato não definitivamente julgado quando deixe de defini-lo como infração.

III. tratando-se de ato não definitivamente julgado quando deixe de tratá-lo como contrário a qualquer exigência de ação ou omissão, desde que não tenha sido fraudulento e não tenha implicado em falta de pagamento de tributo.

IV. tratando-se de ato não definitivamente julgado quando lhe comine penalidade menos severa que a prevista na lei vigente ao tempo da sua prática.

Comentário: A alternativa **"B"** está correta. O item I está correto, de acordo com o art. 106, I, do CTN. O item II está correto, segundo o art. 106, II, "a", do CTN. O item III está correto, com base no art. 106, II, "b", do CTN. O item IV está correto, à luz do art. 106, II, "c", do CTN.

7. **Alternativa (C).** I, II e III.

I. legalidade, anterioridade, irretroatividade, igualdade ou isonomia tributária.

II. liberdade de tráfego, uniformidade geográfica, capacidade contributiva e vinculabilidade da tributação.

III. transparência dos impostos ou da transparência fiscal, não cumulatividade, seletividade, não diferenciação tributária, tipicidade e imunidade.

Comentário: A opção **"C"** está correta, pois todos os itens trazem princípios constitucionais tributários. Os princípios do item I estão previstos no art. 150, I, II, III, "a", da CF. Os do item II, nos arts. 150, V, 151, I e 145, §1º, todos da CF. Por fim, os princípios do item III estão previstos nos arts. 150 a 152 da CF.

8. **Alternativa (D).** Em linhas gerais, é permitido utilizar tributo como forma de confisco.

Comentário: A resposta **"D"** está incorreta, de acordo com o art. 150, IV, da CF, é vedado aos entes federativos instituírem tributos com efeito confiscatório. A justificativa "A" está correta, em razão do princípio da vedação à isenção heterônoma, previsto no art. 151, III, da CF. A letra "B" está correta, em observância ao princípio da legalidade, disposto no art. 150, I, da CF. A alternativa "C "está correta, em razão da imunidade dos templos de qualquer culto, prescrito no art. 150, VI, "b" da CF.

9. **Alternativa (B).** Legalidade.

Comentário: A justificativa **"B"** está correta, consoante o ordenamento jurídico pátrio, apenas a lei pode criar direitos e obrigações com caráter original, inovando a ordem jurídica de modo primário, à luz do art. 5º, II, da CF.

10. **Alternativa (C).** Estão corretas apenas as assertivas I e III.

I. O princípio da legalidade tributária aplica-se a todos os tributos, mas se admite a alteração da alíquota de certos impostos federais, de caráter extrafiscal, desde que sejam atendidas as condições e os limites estabelecidos em lei.

III. A anterioridade de exercício e a nonagesimal são aplicáveis a todos os tributos, de forma cumulativa, excetuadas hipóteses previstas taxativamente no texto constitucional.

Comentário: O **item I** está correto, o princípio da legalidade deve ser aplicado sempre, conforme prescreve o artigo 150, I, da CF, porém o artigo 153, § 1º, da CF determina que o Poder Executivo poderá alterar as alíquotas do Imposto sobre Importação, Imposto sobre Exportação, IOF e IPI, desde que atendidos os limites e condições previstos em lei. O item II está incorreto, uma vez que a reserva absoluta de lei se refere à impossibilidade de a matéria ser disciplinada senão por lei formal e legislação tributária compreende além das leis, tratados e convenções internacionais, decretos e normas complementares. O

item III está correto, nos termos do artigo 150, III, "b" e "c", da CF, toda vez que o tributo for instituído ou majorado deverá respeitar os princípios da anterioridade do exercício e nonagesimal, salvo nas hipóteses previstas expressamente pela Constituição. O item IV está incorreto, pois o ICMS, quando majorado, deverá respeitar além do princípio da anterioridade também o princípio nonagesimal.

---

11. Alternativa (B). Somente as afirmativas II e III estão corretas.

II. Pelo princípio da legalidade tributária só lei em sentido estrito pode criar tributo novo.

III. A lei complementar só de forma excepcional é utilizada para criar tributos.

Comentário: O Item II está correto, posto que, como estudado, o Princípio da Legalidade determina que somente a lei em sentido estrito poderá instituir tributo. Referente ao termo "lei em sentido estrito", entende-se que se trata de instrumento normativo assim determinado pela Constituição Federal, que, via de regra, consiste na Lei Ordinária ou instrumento normativo com força de lei – Medida Provisória. Contudo, vale frisar que a Lei Complementar também poderá ser utilizada, nos casos em que a Carta Magna determinar. O Item III também está correto, os tributos são criados por meio de Lei Ordinária, como regra geral. Entretanto, a Constituição estabelece que determinados tributos, em caráter excepcional, deverão ser instituídos somente por meio de Lei Complementar, quais sejam: Imposto sobre Grandes Fortunas – IGF (art. 153, VII, da CF), Empréstimos Compulsórios (art. 148 da CF), Impostos Residuais (art. 154, I, da CF) e Contribuições Sociais Residuais (art. 195, § 4º c/c o art. 154, I, da CF). O Item I está incorreto, tendo em vista que o Princípio da Legalidade prescreve que a lei é o instrumento normativo para criar e majorar tributos, e não a Constituição Federal. Registre-se que a Constituição Federal concede a competência para os Entes Federativos instituírem ou majorarem os tributos. Sobre o Item IV, ele está incorreto, conforme o entendimento do STF: "Não há, no texto constitucional em vigor, qualquer mandamento que determine a iniciativa exclusiva do chefe do Executivo quanto aos tributos" (ARE n. 743480 RG/MG – Min Gilmar Mendes, **DJe**-228, divulg. em 19.11.2013, public. em 20.11.2013). Cuidado! O artigo 61, § 1º, "b", da CF refere-se à iniciativa de lei do Presidente da República sobre matéria tributária dos Territórios.

---

12. Alternativa (B). Aos Estados e aos Municípios é vedado exigir ou aumentar tributo sem lei que o estabeleça.

Comentário: A alternativa **"B"** está correta, em consonância com o Princípio da Legalidade do artigo 150, I, da CF. A opção "A" está incorreta, pois viola o Princípio do Não Confisco, estabelecido no artigo 150, IV, da CF, que estudaremos mais adiante. A letra "C" está incorreta, a assertiva vai de encontro à Imunidade Tributária prevista no artigo 150, IV, "b", da CF, que será estudado ainda nesse Capítulo. E, por fim, a assertiva "D" está incorreta, visto que os Estados e os Municípios não poderão exigir ou aumentar tributos nas hipóteses de calamidade pública, tal competência pertence à União, por meio de Lei Complementar, nos termos do artigo 148 da CF.

---

13. Alternativa (B). As alíquotas do imposto de exportação podem ser alteradas pelo Poder Executivo federal por decreto, desde que obedecidos os limites e condições estabelecidos por lei.

Comentário: A opção "A" está incorreta, porque à luz do artigo 155, § 2º, XII, "g", da CF, cabe à Lei Complementar regular a forma como, mediante deliberação dos Estados e do Distrito Federal, isenções, incentivos e benefícios fiscais serão concedidos e revogados. A LC n. 24/75, art. 1º, III, estabelece que os créditos presumidos do ICMS devem ser concedidos ou revogados nos termos de convênios celebrados e ratificados pelos Estados e pelo Distrito Federal. A letra **"B"** está correta, consoante dispõe o artigo 153, § 1º, da CF, pois se refere a imposto regulatório de mercado e, por essa razão, pode ter sua alíquota alterada por meio de ato do Poder Executivo, desde que respeitados os limites e as condições previstos em lei. A assertiva "C" está incorreta, já que a remissão é uma hipótese de extinção do crédito tributário e, segundo o artigo 97, VI, do CTN, só pode ser tratada por meio de lei. A resposta "D" está incorreta, uma vez que a isenção, segundo o artigo 150, § 6º, da CF, só pode ser estabelecida por meio de lei. A justificativa "E" está incorreta, de acordo com o artigo 97, IV, do CTN, a base de cálculo do tributo deve ser regulada por meio de lei.

---

14. **Alternativa (A).** O princípio da vedação do confisco é extensível às multas, apesar de estas terem natureza jurídica diversa dos tributos.

Comentário: A letra **"A"** está correta, pois, conforme entendimento do STF, as multas tributárias também devem respeitar o Princípio do Não Confisco, nos termos do artigo 150, IV, da CF. A assertiva "B" está incorreta, porque a imunidade tributária recíproca aplica-se somente aos impostos, segundo o artigo 150, VI, "c", da CF. A resposta "C" está incorreta, pois o Princípio da Isonomia Tributária constitui-se em um limite ao poder de tributar. A justificativa "D" está incorreta, porque nos termos do artigo 153, § 1º, da CF, o Poder Executivo poderá alterar as alíquotas do II, IE, IOF e IPI, inclusive majorá-las, desde que observados os limites e as condições previstos em lei. A alternativa "E" se refere ao Princípio da Irretroatividade, previsto no artigo 150, III, "a", da CF.

15. **Alternativa (D).** Está de acordo com a CF norma infraconstitucional que atribua a órgão integrante do Poder Executivo da União a faculdade de estabelecer as alíquotas do imposto de exportação.

Comentário: O IPI deverá respeitar o princípio da anterioridade nonagesimal, só poderá ser exigido após 90 dias da data de publicação da Medida Provisória, porém, não precisa obedecer à anterioridade do exercício, por isso estão incorretas as assertivas "A" e "B". A resposta "C" está incorreta em razão da Súmula n. 591 do STF que determina: "A imunidade ou a isenção tributária do comprador não se estende ao produtor, contribuinte do imposto sobre produtos industrializados". A justificativa **"D"** está correta, segundo o artigo 153, § 1º, da CF.

16. **Alternativa (D).** Decreto, dentro dos limites legais, majorar a alíquota do imposto sobre operações de crédito, câmbio, seguro e valores mobiliários.

Comentário: A resposta "A" está incorreta, uma vez que a CF no artigo 177, § 4º, I, "b", estabelece que o Poder Executivo poderá apenas reduzir e restabelecer as alíquotas da CIDE Combustível e não majorá-las. As justificativas "B", "C" e "E" estão incorretas, pois essas espécies tributárias só podem ser instituídas por meio de Lei Complementar. A alternativa **"D"** está correta, de acordo com o artigo 153, § 1º, da CF.

17. **Alternativa (A).** Legalidade.

Comentário: Justificativa de acordo com o artigo 150, I, da CF.

18. **Alternativa (D).** No sistema brasileiro, é juridicamente possível a instituição de determinados tributos por meio de leis complementares.

Comentário: A alternativa "A" está incorreta, segundo o artigo 97, V, do CTN, é necessário lei para tratar sobre a cominação de penalidades; logo, em razão do Princípio do Paralelismo das Formas, é imprescindível lei para a dispensa ou redução de penalidades. A opção "B" está incorreta, pois nos termos do artigo 113, § 2º, do CTN, as obrigações tributárias serão tratadas por legislação tributária. A letra "C" está incorreta, uma vez que o artigo 150, I, da CF que trata sobre o Princípio da Legalidade estabelece que o tributo só poderá ser instituído ou majorado por meio de lei. A assertiva **"D"** está correta, em que pese a lei ordinária ser aquela a qual irá instituir os tributos, há, por exemplo, 4 tributos, que só podem ser fixados ou majorados por meio de Lei Complementar, como: Contribuição Social Residual, Empréstimo Compulsório, IGF e Imposto Residual.

19. **Alternativa (B).** Lei.

Comentário: A opção correta é a letra **"B"**, em razão do Princípio da Legalidade, previsto ainda no artigo 150, I, da CF.

20. **Alternativa (A).** Inconstitucional porque não atendeu à regra da legalidade, pois, apesar de se tratar de exceção à regra da anterioridade, deveria ter sido feito por lei.

Comentário: A assertiva **"A"** está correta, já que com base no artigo 97, § 2º, do CTN, a mera correção monetária não configura majoração de tributo, por essa razão não precisa respeitar os Princípios da Legalidade e da Anterioridade.

2.1.2. *O Princípio da Legalidade e a Medida Provisória*

A Medida Provisória é instrumento normativo de vida efêmera e de utilização excepcional, podendo ser usada apenas quando houver relevância e urgência, um dos requisitos estabelecidos pela Constituição Federal em seu artigo 62.

Em que pese ser um ato normativo excepcional, tem força de lei. Por essa razão, de acordo com a literalidade do artigo 62, § 2º, da CF, a **Medida Provisória poderá instituir ou majorar impostos,** desde que observados os requisitos do artigo 62, § 1º, III, da CF e também do seu próprio § 2º.

Parte da doutrina não tem aceitado a Medida Provisória como ato normativo para instituir ou majorar tributos, por entender que há ofensa à Constituição, posto que viola os Princípios da Anterioridade e da Legalidade.

Pelo Princípio da Anterioridade, ressalvadas algumas hipóteses que serão tratadas mais detalhadamente no subitem 3.2.6 deste Capítulo, o tributo instituído ou majorado num exercício financeiro somente poderá ser exigido no próximo exercício, desde que tenham passados mais de 90 dias da data da publicação da lei que o instituiu ou o majorou.

Entendem os doutrinadores que diante da exigência de observação do Princípio da Anterioridade do exercício, não teria como justificar a utilização da Medida Provisória para criar ou majorar tributos, uma vez que ela apenas pode ser utilizada nos casos de urgência.

Para provas de concurso, aconselha-se a seguir a literalidade da Constituição Federal, nos termos do artigo 62, § 2º, da CF, a qual estabelece que a Medida Provisória poderá instituir ou majorar impostos, desde que atenda a determinados requisitos, como estudado no Item 2.5, quais sejam: **(A)** o Imposto escolhido deve ser o que em regra é instituído por meio de Lei Ordinária; **(B)** em se tratando de **impostos**, excepcionados o Imposto Extraordinário de Guerra (IEG), Imposto sobre a Importação (II), Imposto sobre a Exportação (IE), Imposto sobre Operações de crédito, câmbio e seguro, ou relativas a títulos ou valores mobiliários (IOF) e Imposto sobre Produtos Industrializados (IPI), faz-se necessário que a Medida Provisória que os criar seja convertida em lei até o final do exercício financeiro, para que possa produzir efeitos no exercício subsequente.

> **IMPORTANTE!** O STF compreende que a Medida Provisória, desde que observados os requisitos previstos no artigo 62 da CF, poderá instituir e majorar qualquer espécie tributária, ainda que a Constituição se refira apenas aos impostos.

Exemplo de questão sobre o tema

▶ **(AGU – CESPE/2012).** Julgue o item a seguir, acerca da ordem econômica e financeira e da edição de medida provisória sobre matéria tributária. *A CF admite a edição de medida provisória que institua ou majore impostos, desde que seja respeitado o princípio da anterioridade tributária.*

Gabarito: (CERTO).

Comentários: A resposta está correta, nos termos do artigo 62, § 2º, da CF.

2.2. Princípio da Tipicidade

Além do Princípio da Legalidade, há, em nosso ordenamento jurídico, o Princípio da Tipicidade. Tal princípio exige que a lei seja rigorosamente delimitada na descrição da imposição tributária.

Nesse sentido, Sacha Calmon Navarro Coêlho faz a distinção:

> Por primeiro, é preciso dizer que, enquanto a legalidade formal diz respeito ao veículo (*lei*), a tipicidade entronca com o conteúdo da lei (*norma*). O princípio da tipicidade é tema normativo, pois diz respeito ao conteúdo da lei. O princípio da legalidade originariamente cingia-se a requerer lei em sentido formal, continente de prescrição jurídica abstrata. Exigências ligadas aos princípios éticos da certeza e segurança do Direito, como vimos de ver, passaram a requerer que o fato gerador e o dever tributário passassem a ser rigorosamente previstos e descritos pelo legislador, daí a necessidade de *tipificar* a relação jurídico-tributária. Por isso, em segundo lugar, é preciso observar que a tipicidade não é só do fato jurígeno-tributário, como também do dever jurídico decorrente (sujeitos ativos e passivos, bases de cálculo, alíquotas, fatores outros de quantificação, *quantum debeatur* – como, onde, quando pagar o tributo). *Tipificada*, isto é, rigorosamente legislada, deve ser a norma jurídico-tributária, por inteiro, envolvendo o *descritor* e o *prescritor*, para usar a terminologia de Lorival Vilanova. Assim, se a lei institui imposto sem alíquota, não pode a Administração integrar a lei. Esta restará inaplicada e inaplicável [...][13]

Em outras palavras, Geraldo Ataliba leciona que a lei descreve, hipoteticamente, um fato ou estado de fato, e dispõe que a realização concreta, no mundo fenomênico, do que foi descrito, determina o nascimento de uma obrigação de pagar um tributo.[14]

Vale ressaltar que a norma jurídica tributária é uma regra de comportamento, que disciplina a relação jurídica obrigacional entre o devedor, ao qual é imposto a prestação compulsória tributária e o titular do crédito.[15]

Paulo de Barros Carvalho enfatiza que somente haverá subsunção quando o fato guardar absoluta identidade com o desenho normativo da hipótese tributária.[16]

Dessa forma, se faltar qualquer dos elementos que compõem a hipótese, ela será tida por não realizada, uma vez que somente haverá a subsunção se o fato corresponder fiel e integralmente à sua descrição. Alfredo Augusto Becker ressalta:

> [...] "basta faltar um único elemento para que a hipótese de incidência continue não realizada, e enquanto não se realizar este último elemento, não ocorrerá a incidência da regra jurídica. Porém, realizando-se este último elemento, a regra jurídica incide sobre a hipótese de incidência realizada e a sua incidência é imediata, instantânea e infalível".[17]

A regra-matriz de incidência tributária possibilita ao cientista do Direito o conhecimento do tributo, na medida em que proporciona a verificação das características comuns e essenciais

13. **Curso de Direito Tributário Brasileiro**, p. . 179.
14. ATALIBA, Geraldo. **Hipótese de Incidência Tributária**, p. 53.
15. Por norma jurídica entende-se o juízo, pensamento final obtido, por meio da análise dos enunciados do direito positivo. Considerando tratar-se de um juízo hipotético-condicional, formado por várias noções, tem-se que a integridade existencial de uma norma jurídica nem sempre poderá ser transmitida pela leitura de um único enunciado. Isso porque o texto verificado pode ser incompleto, insuficiente para formar o **juízo, por isso, para obtenção da significação, faz-se necessário a análise de outros textos prescritivos do direito positivo** (Paulo de Barros Carvalho. **Curso de...**, op. cit., p. 9). A norma jurídica é dotada de uma estrutura lógica elementar, em que há em um primeiro momento a descrição de uma conduta, de um fato, quando o legislador elege características e peculiaridades para a formação daquela hipótese, e em seguida o estabelecimento da consequência, em que realizada aquela hipótese prevista pelo legislador, deve ser adotada determinada consequência obrigacional, igualmente com todas as suas características e peculiaridades prescritas.
16. **Curso de...**,op. cit., p. 278.
17. **Teoria geral do...**, op. cit., p. 307.

para imposição da norma jurídica de incidência. Assim, por meio da análise dos critérios que compõem a regra matriz de incidência tributária, é possível identificar o fato fenomênico juridicamente relevante, quando da sua ocorrência, e, ainda, a relação jurídica a ser instaurada pelo consequente normativo.

Os critérios da regra-matriz devem estar previstos na legislação de regência do tributo. O artigo 97 do Código Tributário Nacional, explicitando o mandamento constitucional, estabelece que todos os aspectos da norma de incidência tributária devem estar previstos em lei.

Para Alberto Xavier, o Princípio da Tipicidade tem como corolários: a) o Princípio da Seleção, em que o legislador não pode descrever a tributação de modo vago e com cláusula geral, valendo-se de todas as situações reveladoras de capacidade contributiva, mas deve selecionar a situação passível de sofrer incidência tributária; b) o Princípio do *Numerus Clausus*, o qual define ser a tributação taxativa, vedada a analogia; c) o Princípio do Exclusivismo, de forma que ocorrendo, no mundo fenomênico, a situação retratada em lei é suficiente para o nascimento da obrigação tributária; e d) o Princípio da Determinação ou da Tipicidade Fechada, com elevado grau de determinação conceitual, de modo a impedir a utilização de critérios subjetivos no momento de sua aplicação.[18]

O autor entende de suma importância o Princípio da Tipicidade, pois, além de proteger a segurança jurídica, garante a separação de poderes. Nessa linha, elucida:

> O princípio da tipicidade de tributação traduz-se, pois, na imposição de comandos ao legislador para que formule as leis tributárias: (i) de um modo casuístico ou seletivo, com a consequente proibição de cláusulas gerais (*lex stricta*); (ii) de modo completo e exclusivo, com a consequente proibição de normas de reenvio (*lex completa*), (iii) de modo claro e preciso, com a consequente proibição de conceitos indeterminados (*lex certa*); (iv) de modo expresso, com a consequente proibição da analogia (*lex stricta*).[19]

No ordenamento jurídico, vigoram tipos abertos e fechados. Os abertos reduzem-se a descrever, fazer uma enumeração não exaustiva de seus elementos, de modo que, ao faltar um dos elementos, tal falta não impede a sua aplicação. Com relação aos fechados, o legislador não permite sua aplicação caso falte um dos elementos, não admitindo, portanto, a utilização de termos indeterminados de conceito.

Misabel de Abreu Machado Derzi aponta que o tipo aberto é compatível com a realidade jurídica, pois está mais apto a adaptar-se a situações vitais novas, enquanto o tipo fechado está sempre em atrito com o mundo concreto:

> O tipo, sendo uma ordem cujas notas características não são rígidas e limitadas, podendo faltar em certos casos algumas delas, é dotado de certa temporariedade ou permeabilidade mais adequada a um sistema jurídico aberto, histórico, onde as situações vitais problematizadas atuam constantemente no evoluir do próprio direito.[20]

No Direito Tributário vigora, como regra, o tipo fechado, em que se busca a segurança jurídica.

18. **Tipicidade da Tributação, Simulação e Norma Antielisiva**, p. 18-19.
19. *Ibidem*, p. 29.
20. **Direito tributário, Direito Penale Tipo**, p. 61.

2.3. Princípio da Capacidade Contributiva

O Princípio da Capacidade Contributiva constitui fundamento basilar do Direito Tributário e está preceituado no artigo 145, § 1º, da CF:

> **Art. 145.** (...) § 1º Sempre que possível, os impostos terão caráter pessoal e serão graduados segundo a capacidade econômica do contribuinte, facultado à administração tributária, especialmente para conferir efetividade a esses objetivos, identificar, respeitados os direitos individuais e nos termos da lei, o patrimônio, os rendimentos e as atividades econômicas do contribuinte.

De acordo com esse princípio, o cidadão tem o dever de contribuir para as despesas públicas, na exata proporção da sua capacidade econômica, ou seja, a sua habilidade de suportar o encargo tributário. As despesas públicas devem ser rateadas proporcionalmente entre os cidadãos, à medida que eles tenham, potencial ou efetivamente, usufruído a riqueza garantida pelo Estado.

Argos Gregório entende que a capacidade contributiva seria: *"[...] o potencial atribuído ao cidadão-contribuinte-subordinado para que este possa suprir as despesas públicas"*. [21]

Klaus Tipke defende que o Princípio da Capacidade Contributiva, em um ordenamento jurídico, é muito mais eficaz do que a utilização dos princípios do imposto *per capita* e da equivalência, uma vez que a capacidade contributiva se configura realista, na medida em que "[...] devem pagar apenas aqueles que podem pagar"[22], sem ferir direito fundamental algum trata-se, na verdade, de um Princípio de Individualidade, que mensura a capacidade contributiva do indivíduo.

Para o jurista germânico,

> [...]Quanto mais alta a renda disponível, tanto mais alto deve ser o imposto. Para contribuintes com rendas disponíveis igualmente altas o imposto deve ser igualmente alto. Para contribuintes com rendas disponíveis desigualmente altas o imposto deve ser desigualmente alto.[23]

Por sua vez, a capacidade contributiva não se confunde com a econômica. Como dito alhures, a capacidade contributiva se define naquela que o contribuinte apresenta para contribuir com os gastos públicos conforme sua capacidade econômica. A capacidade econômica – mais abrangente –, não coincide com a capacidade contributiva, pois muitas vezes a pessoa apresenta capacidade econômica, sem, contudo, apresentar a capacidade contributiva.

Para aclarar o entendimento, citam-se, como exemplo, os Entes Federativos, que apresentam capacidade econômica, pois dispõem de recursos financeiros próprios, todavia não manifestam capacidade contributiva. Em atenção ao Princípio Federativo, esses entes não irão cobrar tributos uns dos outros, para cobrir seus gastos públicos. Muitos doutrinadores

21. **A capacidade Contributiva**. São Paulo: Quartier Latin, 2011. p. 39.
22. Fundamentos da Justiça Fiscal. In: KLAUS TIPKE e DOUGLAS YAMASHITA, **Justiça Fiscale Princípio da Capacidade Contributiva,** p. 29 e 32. Tipke afirma que o princípio do imposto *percapita* não leva em consideração o mínimo existencial, arraigado na dignidade humana, e o princípio da equivalência como considera o imposto como preço pelos serviços prestados pelo Estado a um grupo ou indivíduo, pode ocorrer de o sujeito pagar mais imposto do que tem disponibilidade, pois tanto mais irá pagar quanto mais ele recebe contraprestações estatais.
23. *Ibidem*, p. 31.

nacionais afirmam que não haveria a necessidade de previsão da imunidade recíproca para os Entes Federativos, em nosso texto constitucional, justamente por lhes faltar a capacidade contributiva, o que, por si só, bastaria para impedir a tributação.

Ives Gandra da Silva Martins denomina de capacidade contributiva: "[...] a capacidade do contribuinte relacionada com a imposição específica ou global, sendo, portanto, dimensão econômica particular de sua vinculação ao poder tributante, nos termos da lei;" e de capacidade econômica a *"[...] exteriorização da potencialidade econômica de alguém, independentemente de sua vinculação ao referido poder"*.[24]

Marcos F. García Etchegoyen, diferenciando capacidade contributiva de capacidade econômica, destaca que esta é mais ampla do que aquela, pois apresenta elementos que não podem ser objeto de tributação, como, por exemplo, o mínimo vital, o qual engloba os recursos mínimos para existência da pessoa, e, por essa razão, não guardam identidade com a capacidade contributiva.[25]

Nesse sentido, pode-se afirmar que o primeiro obstáculo que se verifica na tributação é o não tributar o **mínimo vital**– valores imprescindíveis para sobrevivência do ser humano. Por isso, a capacidade contributiva coaduna-se com os valores fundamentais fixados pela Constituição, de modo a fazer a verificação do mínimo existencial, não podendo ocorrer a incidência de tributos sobre esses valores utilizados pelo contribuinte para sua manutenção básica.

Assim, pode-se afirmar que **a capacidade contributiva só é evidenciada após a mensuração do mínimo vital,** antes disso não há que se falar em capacidade contributiva.

A quantificação do mínimo que o sujeito necessita para sobreviver e que não pode, portanto, ser objeto de tributação, não é uma tarefa tão simples e objetiva, pois vai depender de algumas variantes como: época, lugar, tempo, membros da família, além de questões sociais, políticas e econômicas.

A tributação que se pauta na solidariedade, na medida em que todos devem contribuir para suprir as despesas públicas, só pode ocorrer sobre valores que ultrapassem aquele mínimo suficiente para a pessoa sobreviver com dignidade e razoável para manutenção da sua família. Deve-se considerar, antes de realizar a tributação, o valor que é necessário para o contribuinte, além de se manter, sustentar sua família.

Não pode ocorrer a tributação sobre a quantia destinada à: **(A)** aquisição de produtos alimentares suficientes para garantir aos membros da família a quantidade necessária para a manutenção da saúde, **(B)** aquisição de vestuário indispensável para convivência na sociedade, **(C)** aquisição de artigos de higiene; e **(D)** despesas de transporte entre o domicílio e o local de trabalho dos membros da família.

Nos termos dos artigos 6º e 7º, IV, da CF, o mínimo vital seria o valor capaz de atender às necessidades básicas do contribuinte e de sua família, com relação à moradia, alimentação, educação, saúde, lazer, vestuário, higiene, transporte e previdência social, com reajustes periódicos que lhe preservem o poder aquisitivo, sendo vedada sua vinculação para qualquer fim.

---

24. Capacidade Econômica e Capacidade Contributiva. In: IVES GANDRA DA SILVA MARTINS, **Capacidade Contributiva**, p. 34.
25. **El principio de Capacidad Contributiva**. Buenos Aires: Ábaco e Universidad Austral, 2004.p. 54.

Marcelo Saldanha Rohenkohl denomina de capacidade contributiva de conteúdo negativo o campo permitido constitucionalmente para poder ocorrer a tributação. *"É referir aquele espaço onde, pelas incidências fiscais, não sejam obstados o exercício ou fruição total de quaisquer dos direitos e garantias fundamentais consagradas na Constituição"*.[26]

O mínimo existencial seria a menor quantia de renda absolutamente essencial para a sobrevivência digna do contribuinte, e, por essa razão, essa parcela não pode ser objeto de tributação, somente o seu excedente.

Argos Gregório trata o mínimo existencial como verdadeira *"[...] isenção contra a incidência tributária"* sendo assim, "postulado intocável pela Capacidade Contributiva", que pode inclusive limitar, em última análise, a sua aplicabilidade.[27]

Além de se observar o mínimo existencial, a tributação não pode também ter **efeito confiscatório**, de forma a ser extremamente elevada, e de modo que possa inibir, assim, o direito de propriedade do sujeito.

Agostinho Toffoli Tavolaro declara:

> Direito integrado no patrimônio do contribuinte, não pode, via fiscal, ter impedido o seu exercício, por excessivamente oneroso, excedendo a capacidade econômica do contribuinte, pois o excesso caracteriza, a nosso ver, o confisco. Tem-se, aí, a ligação entre os dois conceitos, de capacidade econômica e de confisco. O tributo que se exceder à capacidade econômica do contribuinte configurará confisco, pois implicará, para o contribuinte, em perda de um direito (o de propriedade, no mais dos casos) ou no impedimento do seu exercício, consistindo o confisco [...] (*sic*).[28]

Assim, conclui-se que a **capacidade contributiva**, princípio basilar do Direito Tributário, deve respeitar o **mínimo vital** e o **não confisco**.

Regina Helena Costa conceitua a capacidade contributiva sob os pontos de vista jurídico-positivo, ético-econômico e técnico-econômico. Para a autora, a legislação tributária estabelece os direitos e obrigações do contribuinte, definindo a sua capacidade e seu âmbito, o que configuraria o plano jurídico-positivo.[29]

O dever de o contribuinte suportar a carga tributária e contribuir com os gastos públicos dependeria de dois elementos: *"[...] o volume de recursos que o sujeito possui para satisfazer o gravame e a necessidade que tem de tais recursos"* – referência ao plano ético-econômico.[30]

Quanto ao plano técnico-econômico, Regina Helena Costa entende que se *"[...] deva proceder à análise de todos os princípios, regras, procedimentos e categorias relativos à operatividade e eficácia arrecadatória dos impostos"*.[31]

26. **O princípio da Capacidade Contributiva no Estado Democrático de Direito** (Dignidade, Igualdade e Progressividade na Tributação), p. 195.
27. **A Capacidade...**, op. cit., p. 159.
28. Capacidade Contributiva. In: IVES GANDRA DA SILVA MARTINS, **Capacidade Contributiva**, p. 211.
29. **Princípio da Capacidade Contributiva**, p. 26.
30. **Princípio da...**, op. cit., p. 26.
31. *Ibidem*, p. 26.

Assim, segundo a Autora, apresentariam capacidade contributiva os sujeitos que:

> [...] "(A) constituam unidades econômicas de possessão e de emprego de recursos produtivos ou de riqueza, (B) sejam facilmente identificáveis e avaliados pela Fazenda Pública como suscetíveis de imposição e (C) estejam em situação de solvência presumidamente suficiente para suportar o tributo".[32]

Em suma, a capacidade contributiva consiste no dever de contribuir para os gastos públicos, para suprir as necessidades públicas, que a pessoa apresenta, segundo os ditames constitucionais, e que deve estar intimamente relacionada à capacidade econômica do sujeito, de modo que ele contribua de acordo com o seu orçamento, sem violação ao mínimo vital e ao não confisco.

Entende-se que a capacidade contributiva é um princípio constitucional **autoaplicável** e que deve ser observado por todos, desde o legislador até o intérprete e o aplicador da lei.

A doutrina classifica, ainda, a capacidade contributiva em **absoluta** e **relativa,** sendo absoluta, com relação à manifestação de riqueza passível de tributação, e relativa, na análise do sujeito concreto, na medida da verificação da sua possibilidade de suportar a tributação. Regina Helena Costa distingue:

> Fala-se em **capacidade contributiva absoluta** ou **objetiva** quando está diante de um fato que se constitua numa manifestação de riqueza; refere-se o termo, nessa acepção, à atividade de eleição, pelo legislador, de eventos que demonstrem aptidão para concorrer às despesas públicas. Tais eventos, assim escolhidos, apontam para a existência de um sujeito passivo em potencial. Diversamente, a **capacidade contributiva relativa** ou **subjetiva** – como a própria designação indica – reporta-se a um sujeito individualmente considerado. Expressa aquela aptidão de contribuir na medida das possibilidades econômicas de determinada pessoa. Nesse plano, presente a capacidade contributiva *in concreto*, aquele potencial sujeito passivo torna-se efetivo – apto, pois, a absorver o impacto tributário (*sic*).[33]

Nas palavras de Marçal Justen Filho:

> Efetivada essa distinção prévia, afirmaria que a chamada capacidade contributiva 'absoluta' informa diretamente a materialidade da hipótese de incidência tributária. Ou seja, toda hipótese de incidência, que se reconheça como tributária, necessariamente está assujeitada ao princípio da capacidade contributiva 'absoluta'. Como visto, só há hipótese de incidência tributária quando a norma descrever, abstratamente, uma situação exteriorizadora de riqueza, de conteúdo patrimonial.
>
> Já a capacidade contributiva 'relativa' – propriamente a capacidade 'econômica' – aplica-se, fundamentalmente, sobre o mandamento normativo. [...] A capacidade contributiva, no tocante ao mandamento, refere-se a três ângulos jurídicos diversos: sujeito passivo, base imponível e alíquota.[34]

Outrossim, em síntese, insta mencionar que o Princípio da Capacidade Contributiva possui, como **efeito negativo,** a limitação à competência tributária, e, como **efeito positivo**, a garantia aos direitos dos contribuintes.

Não obstante todo o significado axiológico desse princípio, a doutrina ainda se debruça sobre a interpretação do texto positivado na Constituição Federal, especialmente no que tange às expressões **"sempre que possível"** e **"caráter pessoal".**

32. *Ibidem*, p. 26.
33. **Princípio da...**, op. cit., p. 27.
34. Capacidade Contributiva. In: IVES GANDRA DA SILVA MARTINS. **Capacidade Contributiva**, p. 362-363.

A expressão **"caráter pessoal"** é interpretada por Sacha Calmon Navarro Coêlho de forma a equalizar a tributação como uma carga pessoal, suportada pelo indivíduo, e, por consequência, não sendo repassada a terceiros.[35]

Ângela M. M. Pacheco refere-se ao caráter pessoal dos impostos como *"[...] aptidão de o imposto poder se relacionar à pessoa do sujeito passivo da obrigação, considerando-se a sua condição econômica especial e levando-se em conta os indícios ou índices que melhor valorem esta situação"*.[36]

Compreende-se, nessa linha, que o tributo pessoal se denomina como aquele que leva em consideração os atributos da pessoa, tais como sua capacidade econômica e financeira, e não do objeto envolvido na incidência tributária.

José Maurício Conti afirma que os tributos de caráter pessoal são os que mais se adaptam ao Princípio da Capacidade Contributiva e os mais possíveis de alcançar a justiça tributária, e, por essa razão, devem ter preferência em relação aos de natureza real.[37]

Com relação à expressão **"sempre que possível"**, Marçal Justen Filho admite que ela irá submeter o legislador às circunstâncias objetivas da tributação que se configura, de forma que o Princípio da Capacidade Contributiva não pode ser uma escolha subjetiva do legislador, sendo afastado apenas quando for "impossível" sua aplicação.[38]Esclarece:

> Se inexistisse a cláusula, a evidência de supostos que não comportam a incidência dos aludidos princípios serviria de pretexto para deixar-se de aplicá-lo. Poder-se-ia até argumentar que a regra seria um mero conselho. A ressalva constitucional elimina qualquer dúvida sobre a imperatividade dos princípios enfocados. Submete o legislador infraconstitucional à sua observância segundo não escolhas pessoais e subjetivas, mas de acordo com a natureza objetiva da figura tributária regulada (*sic*).[39]

José Eduardo Soares de Melo explica que a expressão "sempre que possível" é justamente para evitar qualquer equívoco por parte do legislador "[...] a fim de que o contribuinte participe das necessidades da coletividade (interesse público) com suportável parcela de seu patrimônio".[40]

Não parece que a expressão "sempre que possível" tenha sido acrescida ao texto constitucional, nos termos do entendimento de José Eduardo Soares de Melo, uma vez que esse sentido já é a essência do Princípio da Capacidade Contributiva, que, como visto no início desse Capítulo, não se confunde com a capacidade econômica do sujeito, que irá contribuir para os gastos públicos proporcionalmente às suas possibilidades.

Em prova realizada pela banca do CESPE para AGU, em 2006, foi considerada **errada** a assertiva: "Os impostos terão caráter pessoal e serão graduados segundo a capacidade econômica do contribuinte". Observe-se que tal assertiva deu a entender que os impostos sempre teriam o caráter pessoal, quando a Constituição Federal prevê "sempre que possível", conforme artigo 145 da CF.

---

35. **Manual de Direito Tributário,** p. 130.
36. *Apud* CONTI, José Maurício. **Princípios Tributários da Capacidade Contributiva e da Progressividade**, p. 48.
37. *Ibidem*, p. 50.
38. **Capacidade Contributiva...**, op. cit., p. 368.
39. *Ibidem*, p. 368.
40. Capacidade Contributiva. In: MARTINS, Ives Gandra da Silva. **Capacidade Contributiva**, p. 148.

IMPORTANTE! Sempre que possível, os impostos terão caráter pessoal e serão graduados segundo a capacidade econômica do contribuinte, facultado à administração tributária, especialmente para conferir efetividade a esses objetivos, identificar, respeitados os direitos individuais e nos termos da lei, o patrimônio, os rendimentos e as atividades econômicas do contribuinte.

Gilberto de Ulhôa Canto entende ser questionável a aplicação do Princípio da Capacidade Contributiva quando há possibilidade de repassar o encargo financeiro para outrem:

> "Quanto aos impostos sobre o comércio exterior, já me parece até questionável se o princípio deve aplicar-se, notadamente no que concerne ao imposto sobre a exportação que acresce ao preço do produto e irá afetar a capacidade contributiva de consumidores estrangeiros. Além disso, é de interesse nacional que os produtos brasileiros possam ter cada vez mais oportunidades de serem colocados nos mercados internacionais, de sorte que o critério de quantificação de alíquotas é ditado pela mera conveniência de tornar os produtos acessíveis e competitivos no exterior. No concernente aos dois impostos, o de importação e o de exportação, há conveniência de outra índole na sua exploração, servindo como servem a propósitos regulatórios e mesmo de retaliação comercial".[41]

Não se pode afirmar que o Princípio da Capacidade Contributiva jamais será observado nos tributos indiretos. É possível a sua aplicação sim, registre-se que no caso do IPI e do ICMS, por exemplo, por serem tributos seletivos, apresentam alíquotas maiores para produtos supérfluos e alíquotas menores para produtos essenciais, de acordo com consumo do bem.

Verificar-se-á a isonomia não do ponto de vista do contribuinte propriamente dito, mas do **consumidor**, e, assim, conferir a observância à capacidade contributiva. Logo, o fato do sujeito comprar um iate demonstra que terá capacidade econômica igual à de outro que também comprar esse bem, por exemplo. Hugo de Brito Machado dá seu apoio à tese:

> [...] O IPI, o ICMS, entre muitos outros impostos elencados pela Constituição Federal, são impostos reais. Não lhes pode o legislador atribuir caráter pessoal, sem lhes inviabilizar a cobrança. Pode, todavia, o legislador, mesmo em relação aos impostos reais, estabelecer alíquotas mais elevadas para aqueles que geralmente são adquiridos por pessoas dotadas de maior capacidade econômica, e assim, estará observando o princípio da capacidade contributiva.[42]

No mesmo sentido, o entendimento de Agostinho Toffoli Tavolaro, ao tratar da possibilidade de observância do Princípio da Capacidade Contributiva nos tributos indiretos:

> [...] a realidade fiscal do Brasil, nos últimos anos, nos mostra que as isenções do IPI e do ICM para produtos e gêneros de primeira necessidade, são aplicação concreta do princípio e que a seletividade para eles prevista na Constituição de 1988 (art. 153, § 3º, I, no que se refere ao IPI e art. 155, parágrafo 2º, III, no que se refere ao ICM) corresponde exatamente a essas finalidades, ligada que está à essencialidade dos produtos, das mercadorias e dos serviços (*sic*).[43]

Ives Gandra da Silva Martins discorda desse posicionamento, por compreender que a capacidade contributiva só é aplicável aos tributos pessoais, e o fato de alguns impostos observarem o Princípio da Seletividade, não o tornaria pessoal.[44]

41. Capacidade Contributiva. In: MARTINS, Ives Gandra da Silva. **Capacidade Contributiva,** p. 9.
42. *Ibidem*, p. 125-126.
43. **Capacidade Contributiva...,** op. cit., p. 202.
44. Capacidade Contributiva. In: MARTINS, Ives Gandra da Silva. **Capacidade Contributiva**, p. 44.

Nosso entendimento inclina-se pela aplicação do Princípio da Capacidade Contributiva aos tributos indiretos por estar ligado à observância do **Princípio da Seletividade,** pelo qual poderá determinar alíquotas maiores de acordo com o bem consumido e demonstrar assim a capacidade econômica e contributiva do contribuinte.

Nesse sentido, transcreve-se questão da prova de Juiz Substituto do Tribunal de Justiça do Estado do Espírito Santo, realizada em 04.12.2011 pela banca do **CESPE**, que considerou correta a seguinte assertiva:

IMPORTANTE! "A forma de concretização do postulado da capacidade contributiva de certos tributos indiretos é a seletividade, de natureza obrigatória para o imposto sobre produtos industrializados" **(CORRETO).**

Outro aspecto polêmico, com relação ao Princípio da Capacidade Contributiva, **consiste na discussão** se aplicável a todas as espécies tributárias ou apenas aos impostos, uma vez que a Constituição atual, no artigo 145, § 1º, faz menção apenas aos impostos.

Gilberto de Ulhôa Canto entende que esse princípio, realmente, só deve ser aplicável para os impostos, uma vez que, nesse caso, não pressupõe relação entre o contribuinte e qualquer serviço ou vantagem que o beneficie, diferentemente do que ocorre com as taxas, e, por isso, essa espécie tributária pode ser cobrada independentemente do princípio em tela, pois elas "[...] nada têm a ver com a capacidade econômica do contribuinte".[45]

Ao compreender, porém, que o Princípio da Capacidade Contributiva é corolário do Princípio da Igualdade, torna-se equivocado afirmar que a capacidade contributiva só seria aplicável aos **impostos**, pois poderia ocorrer a situação de uma pessoa desprovida de força econômica ter de pagar um tributo extremamente elevado.

Regina Helena Costa defende, todavia, que as taxas não estão sujeitas a esse princípio, pois apresentam caráter remuneratório da atuação estatal, e, por essa razão, devem manter razoável equivalência com a despesa por ele efetuada. A autora entende que "[...] sustentar a necessidade de observância do princípio da capacidade contributiva nas taxas é não atentar para a natureza dessas imposições tributárias". A remuneração da taxa deve "[...] reportar-se ao custo da mesma, e não à capacidade contributiva do sujeito passivo, irrelevante para a hipótese de incidência ou para a graduação da taxa".[46]

Em sua opinião, as isenções ou imunidades conferidas às taxas, em decorrência das situações limite, à população carente, quando, por exemplo, desobriga os hipossuficientes do pagamento de taxas de água e de energia elétrica ou, então, quando autoriza seu acesso ao serviço público de prestação jurisdicional independentemente do pagamento das custas, em obediência ao disposto no artigo 5º, XXXV, da Lei Maior, outorgando autêntica imunidade; são benefícios concedidos não em virtude da diminuta ou inexistente capacidade contributiva dos sujeitos, mas em razão de considerações de outra ordem, tais como a desigualdade social, a minimização do sofrimento das pessoas pobres etc. Considera que essas medidas apresentam fundamento em outras diretrizes constitucionais, sem se *"[...] recorrer ao postulado da capa-*

45. **Capacidade Contributiva...**, op. cit., p. 11-12.
46. **Princípio da...**, op. cit., p. 57.

cidade contributiva, estranho à compostura da hipótese de incidência dos tributos vinculados",[47] mas não estranho à compostura da sua consequência tributária.

E com relação às contribuições de melhoria, Regina Helena Costa sustenta a não observância do princípio, por entender que a "[...] mais-valia imobiliária foi proporcionada pelo Poder Público, sendo alheia à capacidade contributiva do sujeito, assim como se verifica nas taxas".[48]

As Contribuições e Empréstimos Compulsórios, do ponto de vista de Regina Helena Costa, só estão sujeitas ao princípio da capacidade contributiva quando assumem a feição de impostos.[49]

Entendimento diverso do da autora acima citada é o de Andrei Pitten Velloso, que defende que o princípio deve ser observado na instituição de **todas as espécies tributárias**, sob pena de violar o Princípio da Igualdade:

> A isonomia tributária concretiza-se à luz do critério da capacidade contributiva, exigindo o estabelecimento de tratos jurídicos díspares entre cidadãos que recebam idênticos benefícios de atividades estatais – isto é, entre cidadãos que são iguais à luz dos critérios da equivalência e do benefício. Exigir tributos de indivíduos desprovidos de recursos para pagá-los afetaria não só o princípio da capacidade contributiva, mas também o próprio princípio da igualdade tributária.[50]

O entendimento do Supremo Tribunal Federal é de que a capacidade contributiva não está restrita **apenas aos impostos**. No julgamento do RE n. 177.835-1, ficou evidenciada sua utilização para as taxas de fiscalização dos mercados de títulos e valores mobiliários, instituídas pela Lei n. 7.940, de 20.12.1989, no voto do Ministro Carlos Velloso:

> CONSTITUCIONAL. TRIBUTÁRIO. TAXA DE FISCALIZAÇÃO DOS MERCADOS DE TÍTULOS E VALORES MOBILIÁRIOS. TAXA DA CVM. LEI N. 7.940, de 20.12.1989. FATO GERADOR. CONSTITUCIONALIDADE. I. – A taxa de fiscalização da CVM tem por fato gerador o exercício do poder de polícia atribuído à Comissão de Valores Mobiliários – CVM. Lei n. 7.940/89, art. 2º. A sua variação, em função do patrimônio líquido da empresa, não significa seja dito patrimônio a sua base de cálculo, mesmo porque tem-se, no caso, um tributo fixo. Sua constitucionalidade. II. – RE não conhecido.[51]

No julgamento da ADIN n. 948/GO, em 1995, o STF também aplicou o Princípio da Capacidade Contributiva à taxa judiciária progressiva.

E, recentemente (outubro de 2016), o STF ao julgar a ADI n. 4697 mais uma vez admitiu que o princípio da capacidade contributiva e da progressividade devem ser observados em todas as espécies tributárias, inclusive sobre as contribuições de interesse profissional. Isso porque a funcionalização da tributação para realizar a igualdade é satisfeita por meio do pagamento de tributos na medida da capacidade contributiva do contribuinte, o qual se vincula a um Estado soberano comprometido com a satisfação das necessidades coletivas do povo.

---

47. *Ibidem*, p. 58.
48. *Ibidem*, p. 59.
49. *Ibidem*, p. 59-60.
50. **O Princípio da Isonomia Tributária** – Da Teoria da Igualdade ao Controle das Desigualdades Impositivas, p. 194.
51. RE n. 177835, rel. Min. Carlos Velloso, **DJ** de 25.05.2001. Disponível em: <http://www.stf.jus.br/portal/inteiroTeor/pesquisarInteiroTeor.asp#resultado>. Acesso em: 16 jun. 2012.

Em prova realizada pela ESAF, em 2009, para o cargo de Analista em Planejamento, Orçamento e Finanças Públicas do órgão, foi considerado **errado** o item que mencionava ser o Princípio da Capacidade Contributiva aplicável apenas para os impostos, o que nos leva a concluir que essa banca adota, nesse ponto da matéria, o entendimento jurisprudencial do STF, pela aplicação desse Princípio às demais espécies tributárias.

Marcos F. García Etchegoyen converge no entendimento pela aplicação do princípio às demais espécies tributárias e não apenas aos impostos. Para ele, o princípio pode e deve ser observado na cobrança de taxas, por considerar que não se trata apenas de mera contraprestação, como no direito privado: o pagamento de taxa deve estar relacionado ao custo do serviço para Administração e à parte da riqueza tributável do contribuinte[52].

A capacidade contributiva deve ser observada para **todas as espécies** tributárias, obedecidas, contudo, as peculiaridades de cada uma delas, sob pena de ofensa ao Princípio da Igualdade Tributária e à justiça social.

2.3.1. Questões

1. (CORECON/MG – Advogado – Gestão de Concursos/2015). Em observância aos princípios constitucionais tributários, assinale a alternativa INCORRETA.

(A) Sempre que possível, os impostos terão caráter real, geral e serão graduados segundo a capacidade econômica do contribuinte.

(B) É facultado à administração tributária, especialmente para conferir efetividade a esses objetivos, identificar, respeitados os direitos individuais e nos termos da lei, o patrimônio, os rendimentos e as atividades econômicas do contribuinte.

(C) É vedado à União instituir tratamento desigual entre contribuintes que se encontrem em situação equivalente, proibida qualquer distinção em razão de ocupação profissional ou função por eles exercida, independentemente da denominação jurídica dos rendimentos, títulos ou direitos.

(D) É vedado aos Estados utilizar tributo com efeito de confisco.

2. (TRF/4ª Região – Técnico Judiciário: Área Administrativa – FCC/2014). Sobre o Sistema Tributário Nacional, considere:

I. Segundo a Constituição Federal, a União, os Estados, o Distrito Federal e os Municípios poderão instituir os seguintes tributos: impostos, taxas e contribuição de melhoria.

II. A Constituição Federal é fonte instituidora de tributos, especialmente impostos e contribuições especiais.

III. Constitucionalmente, o princípio da capacidade contributiva é direcionado aos impostos, que terão caráter pessoal e serão graduados segundo a capacidade econômica do contribuinte.

IV. Segundo a Constituição Federal, a União tem competência para instituir impostos municipais, desde que sejam instituídos sobre Territórios não divididos em Municípios.

V. É vedado à União, aos Estados, ao Distrito Federal e aos Municípios instituir tributos sobre patrimônio, renda e serviços, relacionados com as finalidades essenciais dos templos de qualquer culto.

Está correto o que consta APENAS em:

(A) II, IV e V.

(B) I, II e III.

(C) III, IV e V.

(D) I, II e V.

(E) I, III e IV.

52. *Ibidem*, p. 112

3. (CONDER – Advogado – FGV/2013). Márcia Só, nos autos do inventário de seu falecido pai, foi surpreendida com a pretensão da Fazenda Estadual em lhe cobrar o Imposto *Mortis Causa* e Doação aplicando alíquota progressiva. Nesse caso,

(A) a pretensão da Fazenda Estadual é inconstitucional eis que só os impostos de caráter pessoal podem ter alíquotas progressivas.

(B) a pretensão da Fazenda Estadual não se coaduna com o princípio da capacidade contributiva, já que incide sobre o patrimônio herdado, sem considerar o perfil do herdeiro.

(C) assiste razão à Fazenda Estadual uma vez que todos os impostos devem ser graduados de acordo com o princípio da capacidade contributiva.

(D) não cabe a progressividade das alíquotas do imposto *Mortis Causa* e Doação sem que haja algum grau de pessoalidade em sua exigência.

(E) a aplicação de alíquotas progressivas de acordo com a herança recebida fere o princípio da isonomia, por não examinar o perfil de cada herdeiro.

4. (APOF/SP – ESAF/2009). O princípio da capacidade contributiva:

(A) Não se aplica às penalidades tributárias.

(B) Aplica-se somente às contribuições.

(C) Aplica-se somente aos impostos.

(D) Aplica-se indistintamente a todas as espécies tributárias.

(E) É atendido pela progressividade dos impostos reais.

5. (TC/GO – Analista de Controle Externo: Jurídica – FCC/2009). Previsto expressamente na Constituição Federal como sendo um princípio direcionado aos impostos para que, sempre que possível, tenham caráter pessoal e atendam às condições econômicas do contribuinte, corresponde ao princípio da:

(A) Isonomia.

(B) Pessoalidade.

(C) Capacidade contributiva.

(D) Dignidade da pessoa humana.

(E) Progressividade.

6. (Município de Votorantim/SP – Procurador – INTEGRI/2010). Complete os espaços em branco no texto abaixo: *A ______ é da União, dos Estados, dos Municípios e do Distrito Federal. A ______ envolve apenas a fiscalização e a cobrança dos ______; os órgãos não podem legislar sobre eles. Importante enfatizar que o princípio da ______ é um princípio inerente a isonomia, tratando os desiguais de forma desigual, podendo, assim, o tributo ser cobrado de acordo com as possibilidades de cada um.* A assertiva correta é:

(A) Competência tributária; capacidade tributária, tributos; capacidade contributiva.

(B) Capacidade tributária; competência tributária, tributos; capacidade tributária.

(C) Competência tributária; competência tributária, tributos; da estrita legalidade.

(D) Capacidade tributária; capacidade tributária, tributos; da estrita legalidade.

7. (MP/CE – Promotor – FCC/2011). Sobre os princípios constitucionais tributários é correto afirmar que:

(A) A lei que modifica tributos só pode ser aplicada no exercício seguinte ao da sua publicação por força da regra da irretroatividade da lei tributária.

(B) Os tributos sempre deverão ser pessoais e atender às condições econômicas dos contribuintes, por força do princípio da capacidade contributiva.

(C) Salvo exceções, a lei que cria ou majora tributo terá eficácia no exercício financeiro seguinte ao da sua publicação, como expressão da anterioridade tributária.

(D) Como exceção à legalidade tributária, pode o Presidente da República instituir, por decreto, impostos de importação, de exportação, sobre produtos industrializados e sobre operações financeiras.

(E) A instituição de empréstimo compulsório, imposto extraordinário, imposto residual e impostos de natureza extrafiscal são exceções à anterioridade nonagesimal.

8. (Prefeitura Municipal de Iguatu/CE – Fiscal de Tributos – Pró-Município/2013). Caso ocorra tratamento desigual entre contribuintes que se encontrem em situação equivalente, ou qualquer distinção em razão de ocupação profissional ou função por eles exercidas, independente da denominação jurídica dos rendimentos, títulos e direitos, estar-se-á quebrando um princípio constitucional tributário da:

(A) Legalidade Tributária.

(B) Anterioridade Tributária.

(C) Irretroatividade Tributária.

(D) Isonomia Tributária.

(E) Entidade Tributária.

GABARITO

1. **Alternativa (A).** Sempre que possível, os impostos terão caráter real, geral e serão graduados segundo a capacidade econômica do contribuinte.

Comentário: A alternativa **"A"** está incorreta, o artigo 145, §1º, da CF dispõe que "os impostos terão caráter pessoal". A opção "B" está correta, nos termos do artigo 145, §1º, da CF.A justificativa "C" está correta, conforme o artigo 150, II, da CF, que trata sobre o princípio da isonomia. A letra "D" está correta, consoante o artigo 150, IV, da CF, que estabelece sobre o princípio do não confisco.

2. **Alternativa (E).** Itens I, III e IV

I. Segundo a Constituição Federal, a União, os Estados, o Distrito Federal e os Municípios poderão instituir os seguintes tributos: impostos, taxas e contribuição de melhoria.

III. Constitucionalmente, o princípio da capacidade contributiva é direcionado aos impostos, que terão caráter pessoal e serão graduados segundo a capacidade econômica do contribuinte.

IV. Segundo a Constituição Federal, a União tem competência para instituir impostos municipais, desde que sejam instituídos sobre Territórios não divididos em Municípios.

Comentário: O item I está correto, nos termos do artigo 145 da CF. O item III está correto, à luz do artigo 145, § 1º, da CF. O Item IV está correto, em conformidade com o artigo 147 da CF. O Item II está incorreto, como estudado no Capítulo anterior, a Constituição não institui tributos, mas tem o poder de atribuir competência para criação aos Entes Federativos. O Item V está incorreto, em atenção ao fato de que as imunidades do artigo 150 da CF referem-se aos impostos e não aos tributos, como consta na assertiva, ver artigo 150, VI, "b" e § 4º, da CF.

3. **Alternativa (C).** Assiste razão à Fazenda Estadual, uma vez que todos os impostos devem ser graduados de acordo com o princípio da capacidade contributiva.

Comentário: A alternativa **"C"** está correta, pois encontra-se em conformidade com o Princípio da Capacidade Contributiva estabelecido no artigo 145, § 1º, da CF. Ademais, aprofundando um pouco mais o assunto, o Senado Federal, na Resolução n. 9/1992, em seu artigo 2º estabeleceu: "Art. 2º As alíquotas dos Impostos, fixados em lei estadual, poderão ser progressivas em função do quinhão que cada herdeiro efetivamente receber nos termos da Constituição Federal". Além disso, vale mencionar que o STF compartilha desse entendimento. No **Informativo** n. 694 de 2013, acostado ao final desse Capítulo, o STF entendeu pela compatibilidade desse princípio ao ITCMD inclusive, segue trecho do informativo: "(...) Assim, todos os impostos, independentemente de sua classificação como de caráter real ou pessoal, poderiam e deveriam guardar relação com a capacidade contributiva do sujeito passivo. Aduziu-se, também, ser possível aferir a capacidade contributiva do sujeito passivo do ITCD, pois, tratando-se de imposto direto, a sua incidência poderia expressar, em diversas circunstâncias, progressividade ou regressividade direta. Asseverou-se que a progressividade de alíquotas do imposto em comento não teria como descambar para o confisco, porquanto haveria o controle do teto das alíquotas pelo Senado Federal (CF, art. 155, § 1º, IV). Outrossim, assinalou-se inexistir incompatibilidade com o Enunciado n. 668 da Súmula do STF ('É inconstitucional a lei municipal que tenha estabelecido, antes da Emenda Constitucional n. 29/2000, alíquotas progressivas para o IPTU, salvo se destinada a assegurar o cumprimento da função social da propriedade urbana'). Por derradeiro, esclareceu-se que, diferentemente do que ocorreria com o IPTU, no âmbito do ITCD não haveria a necessidade de emenda constitucional para que o imposto fosse progressivo".

4. **Alternativa (A).** Não se aplica às penalidades tributárias.

Comentário: Não há previsão expressa na Constituição Federal sobre a aplicação da capacidade contributiva às multas tributárias, por isso a banca considerou a opção **"A"** correta. As letras "B" e "C" estão incorretas, porque o entendimento da banca é conforme orientação jurisprudencial, a qual esse princípio deve ser observado para todas as espécies tributárias. A assertiva "D" também é considerada incorreta, uma vez que a Constituição Federal dispõe que esse princípio será aplicado "sempre que possível" e não indistintamente. A resposta "E" está incorreta, visto que a capacidade contributiva não é necessariamente atendida pelo Princípio da Progressividade.

5. **Alternativa (C).** Capacidade contributiva.

Comentário: A letra **"C"** está correta, com base no artigo 145, § 1º, da CF.

6. **Alternativa (A).** Competência tributária; capacidade tributária, tributos; capacidade contributiva.

Comentário: Conforme verificado no Capítulo 2 desta obra, apenas os Entes Federativos apresentam Competência Tributária. Nos termos do artigo 7º do CTN, entende-se que a Capacidade Ativa Tributária envolve as funções de arrecadar e fiscalizar os tributos. Por sua vez, esta Capacidade Contributiva é inerente ao Princípio da Isonomia, consoante estudado neste Capítulo.

7. **Alternativa (C).** Salvo exceções, a lei que cria ou majora tributo terá eficácia no exercício financeiro seguinte ao da sua publicação, como expressão da anterioridade tributária.

Comentário: A assertiva "A" está errada, pois à luz do artigo 150, III, "b", da CF, a lei que instituir ou majorar tributos só poderá ser aplicada no exercício seguinte, em decorrência do Princípio da Anterioridade do Exercício. Nos termos do artigo 145, § 1º, da CF, os impostos sempre "que possível" terão caráter pessoal e serão graduados conforme a capacidade econômica do sujeito passivo, por isso está errada a resposta "B". A justificativa **"C"** está certa, de acordo com o artigo 150, III, "b", da CF. A alternativa "D" está errada, porque o tributo só poderá ser instituído por meio de lei, conforme orientação do Princípio da Legalidade, previsto no artigo 150, I, da CF; consoante o art. 153, § 1º, da CF pode o Poder Executivo, desde que atendidos os limites e condições previstos em lei, alterar as alíquotas do Imposto sobre Importação, Imposto sobre Exportação, IOF e IPI, mas jamais criar tributo por meio de Decreto. A opção "E" está errada, porque apenas o Empréstimo Compulsório de guerra ou calamidade pública, previsto no artigo 148, I, da CF, é que não respeita os Princípios da Anterioridade do Exercício e Nonagesimal, o Empréstimo Compulsório de investimento público, de caráter urgente e de relevância nacional, disposto no artigo148, II, da CF, deverá respeitar tanto o Princípio da Anterioridade do Exercício como o Nonagesimal. O Imposto Residual deve obedecer também aos Princípios da Anterioridade. Além disso, muitos tributos extrafiscais, como, por exemplo, o IPI, devem aceitar a anterioridade nonagesimal.

8. **Alternativa (D).** Isonomia Tributária.

Comentário: Resposta de acordo com o artigo 150, II, da CF.

2.3.2. A Capacidade Contributiva e a Igualdade

2.3.2.1. Breves Considerações sobre o Princípio da Igualdade

O Princípio da Igualdade consiste naquele que atribui aos contribuintes a garantia de tratamento igualitário perante o ordenamento jurídico, de forma a conceder tratamentos paritários para os iguais e díspares para os desiguais, à luz de um critério jurídico legítimo, conforme respaldado no *caput* do artigo 5º da CF, constituindo-se cláusula pétrea.[53]

No mesmo sentido, o artigo 150, II, da Carta Magna, prevê que as pessoas políticas dotadas de competência tributária estão expressamente vedadas de instituir tratamento desi-

53. VELLOSO, Andrei Pitten. **O Princípio da...**, op. cit., p. 89.

gual para contribuintes que possuam situação equivalente, sendo **proibida** qualquer distinção em razão de ocupação profissional ou função por eles exercida, independentemente da denominação jurídica dos rendimentos, títulos ou direitos.

Na prova para Juiz Substituto do TJ do Acre, realizada em 2012, pela banca do CESPE, foi considerada **errada** a seguinte assertiva:

> **IMPORTANTE!** A CF veda a instituição de tratamento desigual entre contribuintes que se encontrem em situação equivalente, mas admite, em caráter excepcional, distinções em razão da ocupação profissional ou função por eles exercida (**ERRADO**).

Na visão de Celso Antônio Bandeira de Mello, o Princípio da Igualdade é instrumento regulador da vida social, uma vez que a lei não pode servir de fonte de privilégios ou de perseguições, devendo tratar equitativamente todos os cidadãos. Nesse sentido, justifica:

> Com efeito, por via do princípio da igualdade, o que a ordem jurídica pretende firmar é a impossibilidade de desequiparações fortuitas ou injustificadas. Para atingir este bem, este valor absorvido pelo Direito, o sistema normativo concebeu fórmula hábil que interdita, o quanto possível, tais resultados, posto que, exigindo igualdade, assegura que os preceitos genéricos, os abstratos e atos concretos colham a todos sem especificações arbitrárias, assim proveitosas que detrimentosas para os atingidos.[54]

Victor Uckmar esclarece:

> A igualdade perante a lei consiste em dever a lei ser igual para todos aqueles que se encontrem em situações idênticas e na proibição de estabelecer exceções ou privilégios tais que excluam, a favor de um, aquilo que é imposto a outros em idênticas circunstâncias.[55]

Para falar-se de **igualdade** se faz necessário verificar os critérios de discriminação, tendo em vista a tributação que será igual para os iguais e diferente para os desiguais. Para tanto, constata-se que sem critérios para formulação de juízos de igualdade entre pessoas, fatos ou situações, torna-se improvável, senão impossível, traçar uma isonomia jurídica, visto que sempre haverá a configuração de desigualdades e igualdades.

Celso Antônio Bandeira de Mello afirma que o critério discriminatório para justificar o tratamento díspar deve ser munido de justificativa racional, sendo "[...] agredida a igualdade quando o fator diferencial adotado para qualificar os atingidos pela regra não guardar relação de pertinência lógica com a inclusão ou exclusão no benefício deferido ou com a inserção ou arrendamento do gravame imposto".[56]

O autor esclarece que para o discrímen não afrontar a isonomia, para tanto devem ser observados quatro fatores:

> (A) que a desequiparação não atinja, de modo atual e absoluto, um só indivíduo; (B) que as situações ou pessoas desequiparadas pela regra de direito sejam efetivamente distintas entre si, vale dizer, possuam características, traços, nelas residentes, diferenciados; (C) que exista, em abstrato, uma correlação lógica entre os fatores diferenciais existentes e a distinção de regime jurídico em função deles, estabelecida pela norma jurídica; (D) que,

54. *Ibidem*, p. 18.
55. **Princípios Comuns de Direito Constitucional Tributário**, p. 68.
56. **Conteúdo...**, op. cit., p. 38.

> *in concreto*, o vínculo de correlação suprarreferido seja pertinente em função dos interesses constitucionalmente protegidos, isto é, resulte em diferenciação de tratamento jurídico fundada em razão valiosa – ao lume do texto constitucional – para o bem público.[57]

Fernando Aurelio Zilveti, por sua vez, defende que *"[...] a defesa da igualdade na tributação, mediante a equitativa repartição da carga fiscal, é um pressuposto de justiça"* e que só será possível alcançá-lo mediante a integração do contribuinte no poder, participando do processo que o leva a contribuir para as despesas do Estado.[58]

Andrei Pitten Velloso, a seu turno, denomina de **igualdade vertical**, quando o legislador deve graduar as características juridicamente relevantes para atuarem como critério de discrímen; e de **igualdade horizontal** "[...] o mandado de trato paritário [...]", de modo que os contribuintes iguais sob determinado ponto de vista sejam tributados de modo uniforme. Dessa forma, a igualdade horizontal permite que os contribuintes com capacidades contributivas iguais colaborem com a mesma quantia para os gastos com as necessidades públicas.[59]

Em 2002, a Confederação Nacional das Profissões Liberais ingressou perante o Supremo Tribunal Federal com a Ação Direta de Inconstitucionalidade n. 1643-1, para que fosse declarada a inconstitucionalidade do artigo 9º, XIII, da Lei n. 9.317/96, que impedia os profissionais liberais de profissão regulamentada de optarem pelo regime de tributação do SIMPLES, sob a alegação de ofensa ao Princípio da Isonomia. A referida lei permitia uma tributação simplificada e favorecida para as microempresas e empresas de pequeno porte, deixando de fora as sociedades de profissão regulamentada, ainda que suas receitas brutas fossem de microempresas ou empresas de pequeno porte.

O Supremo Tribunal Federal entendeu não existir afronta ao Princípio da Isonomia, uma vez que o regime de tributação simplificado para as microempresas e empresas de pequeno porte decorre dos objetivos constitucionais para protegê-las contra o abuso de poder econômico, retirando-as da economia informal para possibilitá-las o desenvolvimento do próprio negócio de acordo com a respectiva capacidade financeira.

Observou-se que as sociedades de profissão regulamentada não sofrem impacto do domínio de mercado pelas grandes empresas, não se encontram no contexto da economia informal, em razão de preparo científico, técnico, profissional de seus sócios que se apresentam. Portanto, tais sociedades têm condições de disputar o mercado de trabalho sem assistência do Estado. Segue abaixo trecho da jurisprudência:

> ACÃO DIRETA DE INCONSTITUCIONALIDADE. SISTEMA INTEGRADO DE PAGAMENTO DE IMPOSTOS E CONTRIBUIÇÕES DAS MICROEMPRESAS E EMPRESAS DE PEQUENO PORTE. CONFEDERAÇÃO NACIONAL DAS PROFISSÕES LIBERAIS. PERTINÊNCIA TEMÁTICA. LEGITIMIDADE ATIVA. PESSOAS JURÍDICAS IMPEDIDAS DE OPTAR PELO REGIME. CONSTITUCIONALIDADE. 1. Há pertinência temática entre os objetivos institucionais da requerente e o inciso XIII do artigo 9º da Lei n. 9.317/96, uma vez que o pedido visa à defesa dos interesses de profissionais liberais, nada obstante a referência a pessoas jurídicas prestadoras de serviços. 2. Legitimidade ativa da Confederação. O Decreto de 27.05.1954 reconhece-a como entidade sindical de grau

57. *Ibidem*, p. 41.
58. **Princípios de...**, op. cit., p. 80.
59. **O Princípio da...**, op. cit., p. 133.

> superior, coordenadora dos interesses das profissões liberais em todo o território nacional. Precedente. 3. Por disposição constitucional (CF, art. 179), as microempresas e as empresas de pequeno porte devem ser beneficiadas, nos termos da lei, pela "simplificação de suas obrigações administrativas, tributárias, previdenciárias e creditícias, ou pela eliminação ou redução destas (CF, art. 179). 4. **Não há ofensa ao princípio da isonomia tributária se a lei, por motivos extrafiscais, imprime tratamento desigual a microempresas e empresas de pequeno porte de capacidade contributiva distinta, afastando do regime do SIMPLES aquelas cujos sócios têm condição de disputar o mercado de trabalho sem assistência do Estado**. Ação direta de inconstitucionalidade julgada improcedente. (STF – ADIN n. 1643-1, **DJ** de 14.03.2003) (grifos nossos).

A banca do **CESPE**, em prova realizada em 2011 para Juiz Substituto Federal do TRF da 5ª Região, abordou esse assunto e, em consonância com o STF, considerou **errada** a assertiva que mencionava afronta ao Princípio da Isonomia como impedimento ao ingresso do regime do SIMPLES.

IMPORTANTE! Segundo a jurisprudência do STF, ofende o Princípio da Isonomia Tributária a instituição de lei que, por motivos extrafiscais, imprima tratamento desigual a microempresas de capacidade contributiva distinta, afastando do regime do SIMPLES aquelas cujos sócios tenham condição de disputar o mercado de trabalho sem auxílio estatal (**ERRADO**).

Ressalta-se que a Lei n. 9.317/96 foi revogada pela LC n. 123/2006. O novo diploma legal manteve o impedimento de as sociedades de profissão regulamentada ingressarem no SIMPLES, conforme determina o seu artigo 17, lembrando que, pelos fundamentos da decisão na ADI n. 1643-1, considera-se constitucional esse impedimento à luz da nova legislação.

Todavia, em 2014, a LC n. 147 alterou a LC n. 123/2006 e passou a permitir que as sociedades regulamentadas sejam tributadas pelo regime do SIMPLES:

> LC n. 123/2006 – Art. 18:
>
> (...)
>
> § 5º Sem prejuízo do disposto no § 1º do art. 17 desta Lei Complementar, as seguintes atividades de prestação de serviços serão tributadas na forma do Anexo VI desta Lei Complementar: (Produção de efeito)
>
> (...)
>
> XII – outras atividades do setor de serviços que tenham por finalidade a prestação de serviços decorrentes do exercício de atividade intelectual, de natureza técnica, científica, desportiva, artística ou cultural, que constitua profissão regulamentada ou não, desde que não sujeitas à tributação na forma dos Anexos III, IV ou V desta Lei Complementar.

Em prova realizada pelo TJ no Distrito Federal para o cargo de juiz, em 2013, umas das questões subjetivas era sobre o Princípio da Igualdade, vejamos:

Exemplo de questão sobre o tema

▶ **(TJ/DF – Juiz de Direito – DF/2013)**. Especificamente a partir da correlação entre o Princípio Republicano e a ideia de tributação, teça considerações sobre igualdade tributária, competência tributária e capacidade contributiva (máximo de 20 linhas).

Para responder sobre a competência tributária e a capacidade contributiva temos o Capítulo 2 dessa obra que trabalha com esses temas.

2.3.3. A Relação do Princípio da Capacidade Contributiva e o Princípio da Igualdade

O Princípio da Capacidade Contributiva está intimamente ligado ao **Princípio da Igualdade.** Trata-se, na verdade, de um desdobramento deste último; sendo a relação entre igualdade e capacidade contributiva algo entre um princípio maior, aplicável a todo o direito, e um subprincípio, que se consubstancia na eleição de um critério fundamental para atuar na esfera tributária.

Marciano Seabra de Godoi explica que ver o Princípio da Igualdade como uma causa maior e o da Capacidade Contributiva como subprincípio, permite que se superem as aparentes antinomias existentes entre a Capacidade Contributiva e as Medidas de Extrafiscalidade.[60]

As normas que impõem a observância da capacidade contributiva e da igualdade são autênticos "princípios constitucionais tributários", uma vez que se traduzem em normas gerais que apontam diretrizes fundamentais para a atividade interpretativa das normas jurídicas.

Regina Helena Costa sustenta que *"[...] a igualdade está na essência da noção de capacidade contributiva, que não pode ser dissociada daquela"*.[61]

Ao se apontar para a relação entre o Princípio da Capacidade Contributiva e o da Igualdade, destaca-se que se entende como justiça tributária a repartição da carga tributária proporcionalmente àquela que o indivíduo pode suportar. Nesse mesmo sentido, Ricardo Lobo Torres argumenta quanto à vinculação deste Princípio à ideia de "justiça retributiva".

Dos ensinamentos de Ricardo Berzosa Saliba sobre a relação deste Princípio com a justiça tributária, extrai-se a seguinte ideia:

> Pelo princípio da capacidade contributiva, tenta-se atender aos ditames de uma justiça tributária adequada, justamente para que o contribuinte não se sinta afrontado diante de uma pretensa sujeição tributária inadequada, ilegal, que afronte garantias fundamentais.[62]

Para José Roberto Vieira:

> O Princípio da Capacidade Contributiva poderia continuar implícito, tal como o estava no sistema constitucional imediatamente anterior, sem prejuízo da sua efetividade, uma vez que *inegável corolário do Princípio da Igualdade em matéria tributária.*[63]

Roque Antonio Carrazza discorrendo sobre a íntima relação entre a isonomia e a capacidade contributiva, afirma que:

> I – O princípio da igualdade exige que a lei, tanto ao ser editada quanto ao ser aplicada: a) não discrimine os contribuintes que se encontrem em situação jurídica equivalente; b) discrimine, *na medida de suas desigualdades,* os contribuintes que não se encontrem em situação jurídica equivalente.
>
> No caso dos impostos, estes objetivos são alcançados levando-se em conta a *capacidade contributiva* das pessoas (físicas ou jurídicas). A lei deve tratar de modo igual os fatos

60. **Justiça, Igualdade e Direito Tributário**, p. 192.
61. **Princípio da...**, op. cit.,41.
62. **Fundamentos do...**,*op. cit.*, p. 242.
63. A Semestralidade do PIS: Favos de Abelha ou Favos de Vespa? *Revista Dialética de Direito Tributário*, p. 101.

> econômicos que exprimem igual capacidade contributiva e, por oposição, de modo diferenciado os que exprimem capacidade contributiva diversa.[64]

Nesse diapasão, conclui-se que a Capacidade Contributiva, sendo corolário do Princípio da Igualdade, deve ser aplicável sempre na tributação, em busca da justiça tributária, conquanto não ser o único princípio analisado no caso concreto, deve-se, ainda, buscar o mais próximo da aplicação da igualdade, princípio que também se identifica em todos os tributos.

Em prova realizada para o cargo de juiz, pela banca do CESPE, em 2013 uma das questões subjetivas era para discorrer, também, sobre o Princípio da Igualdade:

Exemplo de questão sobre o tema

▶ **(TRF/1ª Região – Juiz – CESPE/2013)**. Redija um texto dissertativo a respeito do seguinte tema: "Os princípios da igualdade e da vedação ao confisco, conforme a Constituição Federal de 1988 (CF)." Ao elaborar sua dissertação, aborde, necessariamente e na sequência dada, os seguintes aspectos: (i) princípio da igualdade; (ii) igualdade segundo a CF; (iii) dever de distinguir segundo a capacidade econômica (capacidade contributiva como princípio fundamental da justiça tributária); (iv) igualdade e vedação de confisco; (v) direito de propriedade e vedação à tributação confiscatória segundo a CF.

Com base no estudo desse Item e no Capítulo 2, Subitem 2.3.2, se pode responder os Itens i e ii da questão, por meio do qual discorremos sobre o Princípio da Igualdade. Quanto ao Item iii, o presente Capítulo traça a relação entre o Princípio da Igualdade e Capacidade Contributiva e no Capítulo 2, Item 2.4. se analisa com maior profundidade o Princípio do Não Confisco que, por sua vez, além de estar interligado ao mínimo vital, está intimamente relacionado aos Princípios da Justiça, da Generalidade, da Igualdade, da Capacidade Contributiva e da Progressividade.

2.3.4. Questões

1. (Analista de Gestão – Advogado – COMPESA FGV/2016). Sobre o princípio da isonomia no direito tributário e sua efetividade, analise as afirmativas a seguir.

I. Viola o princípio da isonomia a instituição de isenção de custas e emolumentos para membros do Poder Judiciário.

II. O tratamento diferenciado e favorecido a empresas de acordo com o seu porte, não viola o princípio da isonomia.

III. Viola o princípio da isonomia a concessão de privilégios fiscais às empresas públicas e às sociedades de economia mista, não extensivos às empresas do setor privado.

Está correto o que se afirma em

(A) I, apenas.

(B) II, apenas.

(C) I e II, apenas.

(D) II e III, apenas.

(E) I, II e III.

2. (CASAN – Advogado – AOCP/2016). Sobre a limitação do poder de tributar, assinale a alternativa correta.

(A) Os Estados podem instituir tratamento desigual entre contribuintes que se encontrem em situação equivalente, proibida qualquer distinção em razão de ocupação profissional ou função por eles exercida, independentemente da denominação jurídica dos rendimentos, títulos ou direitos.

64. Curso de..., *op. cit.*, p. 97.

(B) Podem os municípios, em caso de calamidade pública, cobrarem tributos em relação a fatos geradores ocorridos antes do início da vigência da lei que os houver instituído ou aumentado.

(C) Em caso de guerra declarada, a União poderá utilizar tributo com efeito de confisco.

(D) A União, os Estados, o Distrito Federal e os Municípios não poderão instituir impostos sobre fonogramas e videofonogramas musicais produzidos no Brasil contendo obras musicais ou literomusicais de autores brasileiros e/ou obras em geral interpretadas por artistas brasileiros bem como os suportes materiais ou arquivos digitais que os contenham, salvo na etapa de replicação industrial de mídias ópticas de leitura a laser.

(E) É permitido aos Estados, ao Distrito Federal e aos Municípios estabelecer diferença tributária entre bens e serviços, de qualquer natureza, em razão de sua procedência ou destino.

3. (Pref. Acari/RN 2016 – Advogado – GERCON/2016). O Código Tributário Nacional traz regras sobre a Competência Tributária. Sendo assim, assinale a alternativa correta:

(A) Os tributos cuja receita seja distribuída, no todo ou em parte, a outras pessoas jurídicas de direito público não pertencem à competência legislativa daquela a que tenham sido atribuídos.

(B) O não exercício da competência tributária a defere a pessoa jurídica de direito público diversa daquela a que a Constituição tenha atribuído.

(C) É permitido à União instituir tributo que não seja uniforme em todo o território nacional, ou que importe distinção ou preferência em favor de determinado Estado ou Município.

(D) É vedado aos Estados, ao Distrito Federal e aos Municípios estabelecer diferença tributária entre bens de qualquer natureza, em razão da sua procedência ou do seu destino.

(E) É permitido à União, aos Estados, ao Distrito Federal e aos Municípios cobrar imposto sobre o patrimônio ou a renda com base em lei posterior à data inicial do exercício financeiro que corresponda.

4. (Câmara de Campo Erê/SC – Advogado Legislativo – ALTERNATIVE CONCURSOS/2016). Em matéria Tributária, assinale a assertiva incorreta:

(A) É vedado à União instituir isenções de tributos da competência dos Estados, do Distrito Federal ou dos Municípios, ressalvando-se os casos de estado de necessidade, previstos na Constituição Federal.

(B) Embora seja vedado à União estabelecer tributos que não sejam uniformes em todo território nacional, é permitida a concessão de incentivos fiscais na busca de equilíbrio do desenvolvimento socioeconômico entre as diferentes regiões do país.

(C) É vedado aos Estados, ao Distrito Federal e aos Municípios estabelecer diferença tributária entre bens e serviços, de qualquer natureza, em virtude de sua procedência ou destino.

(D) Sem prejuízo de outras garantias, é vedado aos Municípios exigir ou aumentar tributo sem lei que o estabeleça, bem como instituir tratamento desigual entre contribuintes que se encontrem em situação equivalente.

(E) A instituição de impostos extraordinários pela União, somente será permitida nos casos de guerra externa ou na sua iminência.

5. (EBSERH – Advogado – Instituto AOCP/2016). De acordo com o texto constitucional, em relação às limitações do poder de tributar, é vedado à União, aos Estados e aos Municípios

(A) instituir tributos, inclusive taxas e contribuições sobre patrimônio, renda ou serviços uns dos outros.

(B) instituir tratamento desigual entre contribuintes que se encontrem em situação equivalente, autorizada, no entanto, institui a distinção em razão de ocupação profissional ou função por eles exercida.

(C) instituir impostos sobre livros, jornais, periódicos, assim como o papel e o prédio destinados à sua impressão.

(D) instituir tributos, inclusive taxas e contribuições, sobre templos de qualquer culto.

(E) utilizar tributos com efeito de confisco.

6. (CREMAM – Advogado – QUADRIX/2016). [...] vedando que União institua tributo que não seja uniforme em todo o território nacional ou que implique distinção ou preferência em relação a Estado, ao Distrito Federal ou a Município, o artigo [...] reforça a igualdade federativa pretendida pelo art. 19, III [...] (Alexandre de Moraes, Direito Constitucional)

Considerando o texto acima indicado, bem como os princípios constitucionais em matéria tributária, assinale a alternativa que indica o princípio comentado pelo autor.

(A) Princípio da vedação ao confisco.

(B) Princípio da anterioridade.

(C) Princípio da capacidade contributiva.

(D) Princípio da razoabilidade.

(E) Princípio da uniformidade.

7. (Gaúcha do Norte/MT – Procurador – ACPI/2015). Analise o caso fictício abaixo e assinale a alternativa correta.

O município XYZ editou e publicou lei disciplinando novos regramentos sobre o ISS. Entre as alterações, está prevista alíquota de 5% para serviços descritos no subitem 8.1, salvo para alguns serviços em que se aplicaria a alíquota de 2%. A referida alíquota de 2% abrangeria diversos serviços de ensino, exceto serviços de ensino superior.

(A) A presente lei é constitucional, tendo em vista que é poder discricionário dos municípios estipular as alíquotas de acordo com os serviços prestados.

(B) A presente lei é constitucional, tendo em vista que ISS é de competência municipal e que o município tem isonomia tributária para determinar alíquotas iguais para serviços idênticos e alíquotas diferentes para serviços divergentes.

(C) A presente lei é inconstitucional, tendo em vista o tratamento fiscal desigual aplicado aos prestadores de serviços de ensino superior.

(D) A presente lei é inconstitucional, tendo em vista que a alíquota do ISS deve ser igual a todo o tipo de prestação de serviços.

8. (São Paulo/SP – Procurador – VUNESP/2015). Determina a Constituição Federal que, sempre que possível, os impostos terão caráter pessoal e serão graduados segundo a capacidade econômica do contribuinte, facultado à administração tributária, especialmente para conferir efetividade a esses objetivos, identificar, respeitados os direitos individuais e nos termos da lei, o patrimônio, os rendimentos e as atividades econômicas do contribuinte. Referida determinação reflete um princípio que, por seu turno, é corolário do princípio tributário da

(A) imposição do efeito confiscatório.

(B) isonomia tributária.

(C) anterioridade.

(D) irretroatividade.

(E) parafiscalidade.

9. (Fiscal de Tributos/CE – Pró-Município/2013). Caso ocorra tratamento desigual entre contribuintes que se encontrem em situação equivalente, ou qualquer distinção em razão de ocupação profissional ou função por eles exercidas, independente da denominação jurídica dos rendimentos, títulos e direitos, estar-se-á quebrando um princípio constitucional tributário da:

(A) Legalidade Tributária.

(B) Anterioridade Tributária.

(C) Irretroatividade Tributária.

(D) Isonomia Tributária.

(E) Entidade Tributária.

10. (Unicamp/SP – Procurador de Universidade Assistente – VUNESP/2012). O princípio da isonomia tributária relaciona-se diretamente com o princípio constitucional tributário da:

(A) Exclusividade.

(B) Não vinculação dos impostos.

(C) Capacidade contributiva.

(D) Programação.

(E) Unidade orçamentária.

11. (TJ/MA – Juiz – CESPE/2012). Considerando os aspectos relacionados à incidência de imposto, às contribuições sociais, ao princípio da igualdade tributária e às normas gerais do direito tributário, assinale a opção correta:

(A) Segundo o STF, não haverá ofensa ao princípio da isonomia tributária se a lei complementar, por motivos extrafiscais, imprimir tratamento desigual a microempresas e empresas de pequeno porte de capacidade contributiva distinta, afastando do regime diferenciado aquelas cujos sócios tenham condição de disputar o mercado de trabalho sem assistência do Estado.

(B) A contribuição previdenciária não incide sobre o 13º salário.

(C) O CTN admite expressamente a compensação mediante o aproveitamento de tributo, objeto de contestação judicial pelo sujeito passivo, antes do trânsito em julgado da respectiva decisão judicial.

(D) Não incide ICMS sobre o valor da tarifa de energia elétrica correspondente à demanda de potência efetivamente utilizada.

GABARITO

1. **Alternativa (E).** I, II e III.

I. Viola o princípio da isonomia a instituição de isenção de custas e emolumentos para membros do Poder Judiciário.

II. O tratamento diferenciado e favorecido a empresas de acordo com o seu porte, não viola o princípio da isonomia.

III. Viola o princípio da isonomia a concessão de privilégios fiscais às empresas públicas e às sociedades de economia mista, não extensivos às empresas do setor privado.

Comentário: A alternativa **"E"** está correta. Todas as afirmações estão corretas, art. 150, II, da CF, é vedado à União, aos Estados, ao Distrito Federal e aos Municípios instituir tratamento desigual entre contribuintes que se encontrem em situação equivalente. Fica proibida qualquer distinção em razão de ocupação profissional ou função por eles exercida, independentemente da denominação jurídica dos rendimentos, títulos ou direitos.

---

2. **Alternativa (D).** A União, os Estados, o Distrito Federal e os Municípios não poderão instituir impostos sobre fonogramas e videofonogramas musicais produzidos no Brasil contendo obras musicais ou literomusicais de autores brasileiros e/ou obras em geral interpretadas por artistas brasileiros, bem como os suportes materiais ou arquivos digitais que os contenham, salvo na etapa de replicação industrial de mídias ópticas de leitura a laser.

Comentário: A opção **"D"** está correta, é o que prescreve o art. 150, VI, "e" da CF. A resposta "A" está incorreta, em razão do princípio da isonomia previsto no art. 150, II, da CF, é vedado o tratamento desigual entre contribuintes que se encontrem em situação equivalente. A justificativa "B" está incorreta, somente a União poderá criar o empréstimo compulsório em caso de calamidade pública e mesmo assim não poderá cobrá-lo de forma retroativa. A letra "C" está incorreta, é vedada a cobrança de tributo com efeito confiscatória, conforme determina o art. 150, IV, da CF. A alternativa "E" está incorreta, é proibida a cobrança pelos Estados, Distrito Federal e Municípios com distinção em razão da procedência ou destino do bem, segundo estabelece o art. 152 da CF.

---

3. **Alternativa (D).** É vedado aos Estados, ao Distrito Federal e aos Municípios estabelecer diferença tributária entre bens de qualquer natureza, em razão da sua procedência ou do seu destino.

Comentário: A resposta **"D"** está correta, nos termos dos arts. 152 da CF e 11 do CTN. A justificativa "A" está incorreta, conforme o art. 6º, parágrafo único, do CTN, os tributos, cuja receita seja distribuída, no todo ou em parte, a outras pessoas jurídicas de direito público, pertencerá à legislativa daquela a que tenham sido atribuídos. A letra "B" está incorreta, à luz do art. 8º do CTN, o não exercício da competência tributária não a defere a pessoa jurídica de direito público diversa daquela a que a Constituição a tenha atribuído. A alternativa "C" está incorreta, de acordo com os arts. 10 do CTN e 151, I, da CF. A opção "E" está incorreta, com base no art. 150, III, "b", da CF.

---

4. **Alternativa (A).** É vedado à União instituir isenções de tributos da competência dos Estados, do Distrito Federal ou dos Municípios, ressalvando-se os casos de estado de necessidade, previstos na Constituição Federal.

Comentário: A justificativa **"A"** está incorreta, de acordo com o art. 151, III, da CF, não existe essa ressalva, é vedada à União instituir isenções de tributos de competência dos Estados, Distrito Federal ou dos Municípios, em razão da vedação à isenção heterônoma. A letra "B" está correta, nos termos do art. 151, I, da CF. A alternativa "C" está correta, conforme previsão no art. 152 da CF. A opção "D" está correta, segundo disposição no art. 150, I e II, da CF. A resposta "E" está correta, consoante o art. 154, II, da CF.

5. **Alternativa (E).** Utilizar tributos com efeito de confisco.

Comentário: A letra **"E"** está correta, à luz do art. 150, IV, da CF. A alternativa "A" está incorreta, a imunidade do art. 150, VI, "a", da CF é apenas para impostos. A opção "B" está incorreta, conforme preceitua o art. 150, II, da CF, é proibida qualquer distinção em razão de ocupação profissional ou função por eles exercida, independentemente da denominação jurídica dos rendimentos, títulos ou direitos. A resposta "C" está incorreta, a imunidade prevista no art. 150, VI, "d", da CF dispõe somente sobre livros, jornais, periódicos e o papel destinado à sua impressão. A justificativa "D" está incorreta, a redação do art. 150, VI, "b", da CF não inclui as taxas nem contribuições.

6. **Alternativa (E).** Princípio da uniformidade.

Comentário: A alternativa "E" é a opção correta, nos termos do art. 151, I, da CF.

7. **Alternativa (C).** A presente lei é inconstitucional, tendo em vista o tratamento fiscal desigual aplicado aos prestadores de serviços de ensino superior.

Comentário: A alternativa **"C"** está correta, conforme o art. 150, II, da CF, "é vedado à União, aos Estados, ao Distrito Federal e aos Municípios instituir tratamento desigual entre contribuintes que se encontrem em situação equivalente, proibida qualquer distinção em razão de ocupação profissional ou função por eles exercida, independentemente da denominação jurídica dos rendimentos, títulos ou direito". A opção "A" está incorreta, não há que se falar em discricionariedade, pois fere o princípio da isonomia. A resposta "B" está incorreta, nos termos do art. 150, II, da CF, trata-se de tratamento desigual entre contribuintes que se encontrem em situações equivalentes. A justificativa "D" está incorreta, visto que a alíquota do ISS não precisa ser igual a todo tipo de prestação de serviço.

8. **Alternativa (B).** Isonomia tributária.

Comentário: A alternativa **"B"** está correta, nos ditames do art. 150, II, da CF.

9. **Alternativa(D).** Isonomia Tributária.

Comentário: Resposta correta nos termos do artigo 150, II, da CF.

10. **Alternativa (C).** Capacidade contributiva.

Comentário: Justificativa consoante o entendimento demonstrado neste Capítulo.

11. **Alternativa (A).** Segundo o STF, não haverá ofensa ao Princípio da Isonomia Tributária se a lei complementar, por motivos extrafiscais, imprimir tratamento desigual a microempresas e empresas de pequeno porte de capacidade contributiva distinta, afastando do regime diferenciado aquelas cujos sócios tenham condição de disputar o mercado de trabalho sem assistência do Estado.

Comentário: A alternativa **"A"** está correta, segundo o entendimento do STF na ADI n. 1643-1. A opção "B" está incorreta, de acordo com a Súmula n. 688 do STF, é legítima a incidência da contribuição previdenciária sobre o 13º salário. A letra "C" está incorreta, consoante previsto no artigo 170-A do CTN, só é possível realizar a compensação após o trânsito em julgado. A assertiva "D" está incorreta, pois é permitida a incidência do ICMS sobre o valor da tarifa de energia elétrica efetivamente utilizada (Súmula n. 391 do STJ).

2.3.5. A Capacidade Contributiva e a Progressividade

O **Princípio da Progressividade** se operacionaliza pela aplicação de diferentes alíquotas de acordo com a base de cálculo do tributo, de modo a ser mais elevada quanto maior for a base imponível.

A progressividade de alíquotas também se configura como tributação extrafiscal, em que se busca a elevação da tributação a fim de estimular ou desestimular certas condutas, de acordo com o interesse do Estado.

Como exemplo de progressividade na tributação extrafiscal, tem-se o IPTU e o ITR, que se destinam a promover a função social da propriedade.

O caráter extrafiscal da progressividade também é identificável nos tributos seletivos, como o IPI. Por meio desse tributo, o Estado incentiva determinadas atividades econômicas, como a agricultura, a indústria de bens de primeira necessidade etc., e desincentiva as atividades que trazem risco à saúde, como a indústria de tabaco e de álcool.

Marciano Buffon identifica a progressividade com a capacidade contributiva, uma vez que há *"[...] elevação da exigência de tributos à medida que cresce a capacidade de contribuir para com a coletividade"*.[65] Para o autor, o Princípio da Progressividade se traduz pelo instrumento para a construção de uma sociedade livre, justa e solidária, consubstanciando-se em meio pelo qual o Princípio da Igualdade pode ser concretizado. A progressividade tributária é justificável e compatível com esse princípio, não se tratando de uma *"[...] justificativa meramente ideológica"*.[66]

Discorda desse entendimento Adhemar João de Barros, que critica a utilização da progressividade na tributação, por entender que sanciona os mais eficientes, pois aquele que for mais criativo, mais eficiente, apresenta maiores chances de auferir mais renda, e uma tributação mais elevada poderá desestimular as pessoas. Esse autor ressalta, ainda, que a progressividade prejudica toda a sociedade, visto que pode desmotivar o esforço e a criatividade de todos, além do fato de a utilização dos serviços públicos ser inversamente proporcional à progressividade, porque quem os utiliza, geralmente, são pessoas com menor capacidade econômica, que não serão alcançadas com as alíquotas mais elevadas; e quem recolhe tributo mais elevado não utiliza o serviço público por pagar pelos serviços particularmente.[67]

Sob a ótica de Fernando Aurelio Zilveti, a progressividade pode não aplicar necessariamente a justiça social. Ao se pretender cobrar mais tributo dos mais ricos, verifica-se que eles podem evitar a maior carga tributária por meio de planejamento tributário, resultando em isenções, reduções e deduções. Assim, suportariam a tributação mais elevada apenas as pessoas que não dispõem de recursos técnicos e econômicos para realizar planejamento tributário.[68]

Não há como negar que o Princípio da Progressividade está intimamente vinculado ao da **Capacidade Contributiva**; no entanto, não se pode afirmar que a Capacidade Contributiva somente se alcança por meio da progressividade.

Pode-se afirmar que a técnica da **proporcionalidade** em que se aplica uma alíquota única sobre uma base de cálculo variável constitui também um excelente instrumento de aplicação da capacidade contributiva.

65. **O Princípio da...**, op. cit., p. 81.
66. *Ibidem*, p. 84.
67. *Idem, ibidem*, p. 77.
68. **Princípios de...**, op. cit., p. 176.

Klaus Tipke defende a ideia de que a Progressividade se compatibiliza com a Capacidade Contributiva, porém não necessariamente em todas as situações: "O princípio da capacidade contributiva exige uma base de cálculo adequada. Não se deduz dele que a alíquota deva ser progressiva".[69]

Luís Eduardo Schoueri denomina de progressividade distributiva, quando ela se refere à tributação de caráter fiscal que corresponde à capacidade contributiva, e de progressividade estrutural aquela que se vincula à natureza extrafiscal do tributo, que se baseia em parâmetros oriundos da ordem econômica.[70]

A Constituição Federal prevê expressamente o Princípio da Progressividade para três impostos: Imposto sobre Renda e Proventos de qualquer Natureza – **IR** (art. 153, § 2º, I), Imposto sobre a Propriedade Predial e Territorial Urbana – **IPTU** (arts. 156, § 1º e 182, § 4º, II) e Imposto sobre a Propriedade Territorial Rural – **ITR** (art. 153, § 4º, I).

A **progressividade do IR** é verificada pela variação da base de cálculo desse tributo, pois quanto maior for a renda auferida pelo contribuinte, maior será a alíquota aplicada no respectivo cálculo.

Há, atualmente, conforme dispõe a Lei n. 11.482/2007, cinco faixas de tributação para o IR pessoa física, que se encontram da seguinte forma: i) isenção, ii) 7,5%, iii) 15%, iv) 22,5% e v) 27,5%.

Para análise do exercício de 2014, temos que a pessoa cuja renda auferida mensalmente: não ultrapassou a R$ 1.787,77, logo esteve isenta do IR; de 1.787,78 até 2.679,29, a alíquota aplicada foi de 7,5%; entre 2.679,30 até 3.572,43, de 15%; valores entre R$ 3.572,44 até 4.463,81, de 22,5%; e acima de R$ 4.463,81, de 27,5%.[71]

Em busca de uma melhor visualização, segue abaixo a tabela progressiva mensal do IR referente ao exercício-base 2014:

Tabela progressiva mensal		
Base de Cálculo (R$)	**Alíquota (%)**	**Parcela a Deduzir do IR (R$)**
Até 1.787,77	—	—
De 1.787,78 até 2.679,29	7,5	134,08
De 2.679,30 até 3.572,43	15,0	335,03
De 3.572,44 até 4.463,81	22,5	602,96
Acima de 4.463,81	27,5	826,15

O **IPTU** pode ser progressivo por duas razões: a) para garantir **a função social** da propriedade, nos termos do artigo 182, § 4º, II, da CF, que assume o caráter extrafiscal da tributação; e b) em razão do **valor do imóvel**, após a Emenda Constitucional n. 29, que alterou o artigo 156, § 1º, I, da CF, com viés fiscal.

69. **Fundamentos da...**, op. cit., p. 35.
70. **Normas tributárias...**, op. cit., p. 298.
71. **http://www.receita.fazenda.gov.br/aliquotas/contribfont2012a2015.htm.**

O imóvel urbano cumpre sua função social quando há o seu adequado aproveitamento. Assim, o imóvel sem nenhuma construção irá pagar mais IPTU do que aquele com área construída, em atenção à progressividade mencionada.

Com relação ao IPTU progressivo em virtude do valor do imóvel, cumpre ressaltar que essa progressividade só foi possível após a EC n. 29/2000. Nesse sentido, destaca-se que muitos Municípios já haviam estabelecido em suas legislações essa progressividade, entretanto, tal instituto fora considerado inconstitucional, posto que não havia tal previsão na Constituição anterior à Emenda.

Anteriormente, diversos julgados do STF demonstravam sua tendência a associar o Princípio da Capacidade Contributiva apenas aos impostos pessoais (que levam em consideração os atributos das pessoas). O Supremo Tribunal Federal apresentava esse entendimento ao declarar inconstitucional a progressividade do IPTU – um tributo real, por levar em atenção apenas os atributos da coisa –, de modo que sempre julgou em razão do valor do imóvel. Isso até a criação da EC n. 29/2000, consoante observado nos julgados abaixo transcritos:

> IPTU. PROGRESSIVIDADE. No Sistema Tributário Nacional é o **IPTU inequivocamente um imposto real**. Sob o império da atual Constituição, **não é admitida a progressividade fiscal do IPTU, quer com base exclusivamente no seu artigo 145, § 1º, porque esse imposto tem caráter real que é incompatível com a progressividade decorrente da capacidade econômica do contribuinte**, quer com arrimo na conjugação desse dispositivo constitucional (genérico) com o artigo 156, § 1º (específico). A interpretação sistemática da Constituição conduz inequivocamente à conclusão de que o IPTU com finalidade extrafiscal a que alude o inciso II do § 4º do artigo 182 é a explicitação especificada, inclusive com limitação temporal, do IPTU com finalidade extrafiscal aludido no artigo 156, I, § 1º. Portanto, é inconstitucional qualquer progressividade, em se tratando de IPTU, que não atenda exclusivamente ao disposto no artigo 156, § 1º, aplicado com as limitações expressamente constantes dos §§ 2º e 4º do artigo 182, ambos da Constituição Federal. Recurso extraordinário conhecido e provido, declarando-se inconstitucional o subitem 2.2.3 do setor II da Tabela III da Lei 5.641, de 22.12.89, no município de Belo Horizonte (RE n. 153771, rel. Min. Carlos Velloso, rel. p/ acórdão: Min. Moreira Alves, Tribunal Pleno, julgado em 20.11.1996, **DJ** de 05.09.1997, p. 41.892, Ement. v. 01881-03, p. 00496, **RTJ**, v. 00162-02, p. 00726).
>
> TRIBUTÁRIO. IPTU PROGRESSIVO. MUNICÍPIO DO RIO DE JANEIRO. ARTIGO 67 DA LEI N. 691/84. PRECEDENTES. 1. **É pacífica a jurisprudência desta Corte no sentido de que a progressividade do IPTU, que é imposto de natureza real em que não se pode levar em consideração a capacidade econômica do contribuinte, só é admissível, em face da Constituição Federal, para o fim extrafiscal de assegurar o cumprimento da função social da propriedade.** 2. O artigo 67 da Lei n. 691/84, do Município do Rio de Janeiro, que instituiu a progressividade do IPTU levando em conta a área e a localização dos imóveis – fatos que revelam a capacidade contributiva –, não foi recepcionado pela Carta Federal de 1988. 3. Recurso extraordinário não conhecido (RE n. 248892, rel. Min. Maurício Corrêa, 2ª Turma, julgado em 09.11.1999, **DJ** de 31.03.2000, p. 00063, Ement. v. 01985-06, p. 01265).

Com a EC n. 29/2000, que inseriu no texto constitucional o inciso I no artigo 156, § 1º, o STF não enfrentou nessa ocasião a questão quanto à possibilidade da progressividade alcançar ou não os tributos reais, apenas limitou-se a admitir possível a progressividade fiscal após a EC n. 29/2000, e considerar inconstitucional as leis anteriores à emenda. Entendimento que resultou na Súmula n. 668:

IMPORTANTE! Súmula n. 668 STF: "É inconstitucional a lei municipal que tenha estabelecido, antes da Emenda Constitucional n. 29/2000, alíquotas progressivas para o IPTU, salvo se destinada a assegurar o cumprimento da função social da propriedade urbana".

Conclui-se, assim, que a progressividade do IPTU, em razão do valor do imóvel, só é válida aos Municípios que legislaram dessa forma **após** o advento da EC n. 29/2000, uma vez que nosso ordenamento jurídico não admite a constitucionalização superveniente de uma lei. O fato de a CF permitir, hoje, essa progressividade não torna constitucional uma lei que nasceu inconstitucional, ou seja, anterior à EC n. 29/2000.

Ressalta-se, ainda, que o STF, em que pese ter aceitado a progressividade do IPTU em razão do valor do imóvel, não considera constitucional a legislação municipal que prevê a progressividade proporcionalmente ao número de imóveis do contribuinte, como se pode verificar no entendimento consubstanciado na Súmula n. 589 do STF:

IMPORTANTE! Súmula n. 589 do STF: "É inconstitucional a fixação de adicional progressivo do imposto predial e territorial urbano em função do número de imóveis do contribuinte".

Sobre a progressividade do IPTU, a matéria foi objeto de questão em prova realizada pelo Ministério Público Federal, como se pode verificar:

Exemplo de questão sobre o tema

▶ **(MPF/18)**. Imposto sobre Propriedade Predial e Territorial Urbano (IPTU). Progressividade: de natureza fiscal e de natureza extrafiscal. Distinção. Hipótese de cabimento da progressividade.

Em 2009, mais uma vez foi ventilada questão sobre a progressividade do IPTU em prova para o cargo de Juiz:

Exemplo de questão sobre o tema

▶ **(TJ/GO – Juiz de Direito – GO/2009)**. Em relação aos aspectos constitucionais do IPTU, em que situação pode um Município majorar a alíquota para o imposto mencionado em razão do tamanho do imóvel não edificado, considerando o teor da Emenda Constitucional n. 29/2000? Justifique.

Muitos Municípios têm estabelecido, também, a progressividade em razão do valor do imóvel para o **ITBI** – Imposto sobre a Transmissão de Bens Imóveis por Título Oneroso –, o que o STF considerou inconstitucional por falta de previsão na Constituição Federal, como se verifica no julgado abaixo transcrito e Súmula n. 656 do STF:

> CONSTITUCIONAL. TRIBUTÁRIO. IMPOSTO SOBRE A TRANSMISSÃO DE BENS IMÓVEIS *INTER VIVOS*. ITBI. PROGRESSIVIDADE. ESCALONAMENTO DE ALÍQUOTAS CONFORME CRITÉRIOS ALEGADAMENTE EXTRAÍDOS DO PRINCÍPIO DA CAPACIDADE CONTRIBUTIVA. IMPOSSIBILIDADE NO PERÍODO EM QUE AUSENTE AUTORIZAÇÃO CONSTITUCIONAL EXPRESSA. O imposto previsto no art. 156, II, da Constituição não admite a técnica da progressividade, enquanto ausente autorização constitucional expressa. Agravo regimental ao qual se nega provimento (AI n. 456768-AgR, rel. Min. Joaquim Barbosa, 2ª Turma, julgado em 14.09.2010, **DJ**e-190, divulg. em 07.10.2010, public. em 08.10.2010, Ement. v. 02418-05, p. 01089, REVJMG, v. 61, n. 194, p. 345-346, 2010).

IMPORTANTE! Súmula n. 656 do STF: "É inconstitucional a lei que estabelece alíquotas progressivas para o imposto de transmissão *inter vivos* de bens imóveis – ITBI – com base no valor venal do imóvel".

No entanto, em 2013 houve mudança desse posicionamento por parte do STF. Cumpre mencionar, que, em que pese, o STF tinha se pronunciado desfavoravelmente à progressividade do ITBI, ao julgar o RE n. 562.045, **em fevereiro de 2013**, modificou seu entendimento, julgando ser constitucional a **progressividade no ITCM** (Imposto sobre Transmissão de quaisquer bens por *Causa Mortis*) em razão do valor dos bens herdados. E, desse modo, admitiu que o Princípio da Capacidade Contributiva **deve ser aplicado a todos os impostos,** sejam eles **pessoais ou reais**; por esse motivo, pode ser aplicada a progressividade no ITCM, conforme se nota no trecho colhido no voto do Ministro Marco Aurélio:

> Essa não tão breve exposição, de há mais de trinta anos, presta-se a deixar claro que todos os impostos podem e devem guardar relação com a capacidade contributiva do sujeito passivo e não ser impossível aferir-se à capacidade contributiva do sujeito passivo do ITCMD. Ao contrário, tratando-se de imposto direto, a sua incidência poderá expressar, em diversas circunstâncias, progressividade ou regressividade direta. **Todos os impostos – repito – estão sujeitos ao princípio da capacidade contributiva, especialmente os diretos, independentemente de sua classificação como de caráter real ou pessoal; isso é completamente irrelevante (RE nº 542.485, rel. Min. Marco Aurélio, julgado em 19.02.2013, Primeira Turma, DJe de 08.03.2013) (grifos nossos).**

No mesmo sentido, a Ministra Cármen Lúcia no RE n. 562.045:

> (...) todos os impostos podem e devem guardar relação com a capacidade contributiva do sujeito passivo e não ser impossível aferir-se a capacidade contributiva do sujeito passivo do ITCD. Ao contrário, tratando-se de imposto direto, a sua incidência poderá expressar, em diversas circunstâncias, progressividade ou regressividade direta. **Todos os impostos, repito, estão sujeitos ao princípio da capacidade contributiva, especialmente os diretos, independentemente de sua classificação como de caráter real ou pessoal; isso é completamente irrelevante.** Daí por que dou provimento ao recurso, para declarar constitucional o disposto no art. 18 da Lei 8.821/1989 do Estado do Rio Grande do Sul (RE n. 562.045, rel. p/ o ac. Minª. Cármen Lúcia, voto do Min. Eros Grau, julgado em 06.02.2013, Plenário, **DJe** de 27.11.2013, com repercussão geral) (grifos nossos).

Diante do resultado do julgado mencionado, por ter sido proferido em sede de repercussão geral, deverá ser observado, admitindo-se, portanto, a **progressividade no ITCM. Ademais, tal entendimento foi consolidado no Informativo n. 694 (transcrito ao final deste Capítulo), no sentido de que seria desnecessária uma Emenda Constitucional para estabelecer também a progressividade do ITCMD, considerando que referida questão já foi abordada na EC n. 29/2000:**

> Assim, **todos os impostos, independentemente de sua classificação como de caráter real ou pessoal, poderiam e deveriam guardar relação com a capacidade contributiva do sujeito passivo.** Aduziu-se, também, ser possível aferir a capacidade contributiva do sujeito passivo do ITCD, pois, tratando-se de imposto direto, a sua incidência poderia expressar, em diversas circunstâncias, progressividade ou regressividade direta. Asseverou-se que a progressividade de alíquotas do imposto em comento não teria como descambar para o confisco, porquanto haveria o controle do teto das alíquotas pelo Senado Federal (CF, art. 155, § 1º, IV). Ademais, assinalou-se inexistir incompatibilidade com o Enunciado 668 da Súmula do STF ("É inconstitucional a lei municipal que tenha estabelecido, antes da Emenda Constitucional 29/2000, alíquotas progressivas para o IPTU, salvo se destinada a assegurar

o cumprimento da função social da propriedade urbana"). Por derradeiro, esclareceu-se que, diferentemente do que ocorreria com o IPTU, **no âmbito do ITCD não haveria a necessidade de emenda constitucional para que o imposto fosse progressivo** (STF – **Informativo** n. 694 – RE n. 562045/RS, rel. orig. Min. Ricardo Lewandowski, red. p/ o acórdão Min.ª Cármen Lúcia, 06.02.2013) (grifos nossos).

Temos, ainda, a progressividade do ITR que a Constituição prevê expressamente no artigo 153, § 4º, a fim de desestimular a manutenção de terras improdutivas, *in verbis*: "Art. 153. Compete à União instituir impostos sobre: (...) § 4º O imposto previsto no inciso VI do *caput*: I – será progressivo e terá suas alíquotas fixadas de forma a desestimular a manutenção de propriedades improdutivas; (...)"

Dessa maneira, a Constituição Federal prevê a progressividade extrafiscal do ITR para o cumprimento da função social do imóvel rural.

Por fim, sobre a progressividade nos tributos, insta mencionar que muitos entendem que a CF prevê implicitamente, no artigo 155, § 6º, II, a progressividade do IPVA, quando viabiliza a diferenciação de suas alíquotas, em função do tipo e da utilização do veículo: *"Art. 155. Compete aos Estados e ao Distrito Federal instituir impostos sobre: (...) § 6º O imposto previsto no inciso III: (...) II – poderá ter alíquotas diferenciadas em função do tipo e utilização"*.

Esse posicionamento também é encontrado em algumas bancas examinadoras.

Em prova realizada pela banca da FGV, em 2011, para o cargo de Auditor Fiscal do Rio de Janeiro, considerou-se que o IPVA era um tributo progressivo.

Porém, vale ressaltar que o STF entende que não há progressividade a se discutir quando não se leva em consideração a capacidade contributiva e, por essa razão, as alíquotas diferenciadas do IPVA em razão do tipo e utilização do veículo não corresponderiam à progressividade, conforme examinado na ementa abaixo transcrita:

> AGRAVO REGIMENTAL NO RECURSO EXTRAORDINÁRIO. IPVA. LEI ESTADUAL. ALÍQUOTAS DIFERENCIADAS EM RAZÃO DO TIPO DO VEÍCULO. 1. Os Estados-membros estão legitimados a editar normas gerais referentes ao IPVA, no exercício da competência concorrente prevista no artigo 24, § 3º, da Constituição do Brasil. 2. **Não há tributo progressivo quando as alíquotas são diferenciadas segundo critérios que não levam em consideração a capacidade contributiva.** Agravo Regimental a que se nega provimento (RE n. 414259-AgR, rel. Min. Eros Grau, 2ª Turma, julgado em 24.06.2008, **DJe**-152, divulg. em 14.08.2008, public. em 15.08.2008, Ement. v. 02328-05, p. 00931, **LEXSTF**, v. 30, n. 360, p. 160-165, 2008).

Nesse mesmo sentido, jurisprudência mais recente do STF em RE n. 772.433 MG, publicado em 29/05/2014, em que o Relator foi o Ministro Dias Toffoli, confirma o entendimento da inexistência de progressividade, no caso de aplicação de alíquotas diferenciadas de IPVA em virtude do tipo de veículo:

> (...)Ademais, a jurisprudência da Corte é **firme no sentido da inexistência de progressividade de tributo no caso de aplicação de alíquotas diferenciadas de IPVA em razão do tipo de veículo**. Nesse sentido: AGRAVO REGIMENTAL NO RECURSO EXTRAORDINÁRIO. IPVA. LEI ESTADUAL. ALÍQUOTAS DIFERENCIADAS EM RAZÃO DO TIPO DO VEÍCULO. 1. Os Estados-membros estão legitimados a ditar as normas gerais referentes ao IPVA, no exercício da competência concorrente prevista no artigo **24, § 3º**, da **Constituição** do Brasil. 2. O Supremo possui **orientação no sentido de que não há tributo**

progressivo quando as alíquotas são diferenciadas segundo critérios que não levam em consideração a capacidade contributiva (RE n. 772.433/MG, Min. Dias Toffoli, julgado em 23.05.2014 – **DJe** de 29.05.2014) (grifos nossos).

A seguir se encontra um quadro para facilitar a memorização com relação à progressividade em nosso ordenamento jurídico:

Impostos	Progressividade	Previsão	Justificativa
IR	Há	Art. 153, § 2º, I, da CF	Cumprimento do Princípio da Capacidade Contributiva
ITR	Há	Art. 153, § 4º, I, da CF	Desestimular a manutenção de propriedades improdutivas
IPTU	Há	Arts. 182, § 4º, II, e 156, § 1º, I, ambos da CF Súmula n. 668 do STF	Função Social da Propriedade e em razão do valor do imóvel
ITBI	Não há	Súmula n. 656 do STF – se com base no valor do imóvel não há	Não há previsão na Constituição Federal
ITCMD	Há	Entendimento do STF no RE n. 562.045 e 772.433-MG, publicado em 29.05.2014	Todos os impostos, sejam reais ou pessoais, devem atender à capacidade contributiva

2.3.6. Questões

1. (TJ/PA – Juiz Substituto – CESPE/2012). Assinale a opção correta a respeito do IPTU e do ITBI:

(A) As alíquotas do IPTU são fixadas pelos estados e pelo DF.

(B) Na doação de bem imóvel, há incidência do ITBI.

(C) Incide ITBI sobre a venda de ações de sociedade anônima proprietária de imóveis.

(D) Cabe à legislação federal estabelecer o sujeito passivo do IPTU.

(E) É inconstitucional a fixação de adicional progressivo do IPTU em função do número de imóveis do contribuinte.

2. (TJ/CE – Juiz Substituto– CESPE/2012). Com base nos princípios que regem a atividade tributária, assinale a opção correta:

(A) O princípio da legalidade afasta em caráter absoluto a possibilidade de se remeter, para o plano infralegal, a definição de aspectos inerentes aos elementos do tributo.

(B) De acordo com o princípio da legalidade, apenas a lei, em sentido formal, configura o veículo apto para instituir tributo, razão pela qual é vedada a instituição de tributo por intermédio de medida provisória.

(C) Dado que o estabelecimento da progressividade de alíquotas constitui instrumento a serviço do princípio da capacidade contributiva, entende o STF ser constitucional lei que estabelece alíquotas progressivas para o imposto de transmissão inter vivos de bens imóveis, com base no valor venal do imóvel.

(D) Segundo o STF, o denominado princípio da vedação ao confisco tem aplicação apenas em relação ao tributo e não à sanção, motivo pelo qual não estende a sua aplicação às multas moratórias.

(E) Segundo o STF, é constitucional lei estadual que estabelece alíquotas diferenciadas do imposto sobre a propriedade de veículos automotores (IPVA) em razão do tipo do veículo, por entender que não há tributo progressivo quando as alíquotas são diferenciadas segundo critérios que não levam em consideração a capacidade contributiva.

3. (TC/ES – Auditor de Controle Externo da Área Direito – CESPE/2012). No que se refere ao imposto predial territorial urbano (IPTU) e ao ITR, julgue o item subsequente: *Sem prejuízo da progressividade no tempo como instrumento de política urbana, o IPTU será progressivo, em razão do valor do imóvel, e suas alíquotas, uniformes.*

4. (TJ/GO – Juiz Substituto – FCC/2012). Um Município alterou sua legislação para instituir o IPTU progressivo em razão do valor venal do imóvel, criando uma tabela com alíquotas variando de 0,5% a 2,5%. Do mesmo modo instituiu também o ITBI progressivo em razão do valor venal do imóvel, com alíquotas variando de 1% a 5%. Nesse caso, a partir dos fatos apresentados e do entendimento do Supremo Tribunal Federal:

(A) É constitucional a instituição tanto do IPTU como do ITBI progressivo em razão do valor venal do imóvel como forma de graduação dos impostos segundo a capacidade contributiva.

(B) É inconstitucional a instituição de alíquotas progressivas para o IPTU e para o ITBI, pois ambos são impostos reais e, portanto, não podem ter alíquotas progressivas.

(C) É inconstitucional a instituição de dois impostos municipais com mesma base de cálculo, qual seja, valor venal do imóvel, pois caracteriza *bis in idem*.

(D) É constitucional apenas a instituição do IPTU progressivo em razão do valor venal do imóvel, por expressa autorização na Constituição Federal.

(E) É constitucional apenas a instituição do ITBI progressivo em razão do valor venal do imóvel, por expressa autorização na Constituição Federal.

5. (RJ – Auditor Fiscal – FGV/2011). Assinale, dentre os impostos abaixo, aquele que não obedece ao princípio da progressividade:

(A) IPTU.

(B) ITBI.

(C) Imposto de Renda.

(D) IPVA.

(E) ITR.

6. (Procurador Federal – CESPE/2007). Visando dar efetividade ao princípio da capacidade contributiva, é lícito que lei municipal fixe adicional progressivo do IPTU em função do número de imóveis do contribuinte.

7. (TC/ES – Auditor de Controle Externo da Área Direito – CESPE/2012). Acerca do Sistema Tributário Nacional, julgue o item abaixo: *Consoante a jurisprudência do STF, o princípio da capacidade contributiva restringe a utilização da progressividade às hipóteses autorizadas constitucionalmente, motivo pelo qual não poderá a lei ordinária estabelecer alíquotas progressivas, com base no valor venal do imóvel, para o imposto de transmissão inter vivos de bens imóveis.*

8. (TJ/PR – Juiz Substituto –UFPR/2012). Considere as seguintes afirmativas sobre a jurisprudência do Superior Tribunal de Justiça e do Supremo Tribunal Federal em matéria tributária:

1. É inconstitucional a fixação de adicional progressivo do imposto predial e territorial urbano em função do número de imóveis do contribuinte.
2. É ilegítima a incidência do imposto de transmissão causa mortis no inventário por morte presumida.
3. Promitente comprador de imóvel residencial transcrito em nome de autarquia é contribuinte do Imposto Predial Territorial Urbano.
4. É inconstitucional a adoção no cálculo do valor de taxa de um ou mais elementos da base de cálculo própria de determinado imposto, desde que não haja integral identidade entre uma base e outra.

Assinale a alternativa **CORRETA:**

(A) Somente a afirmativa 4 é verdadeira.

(B) Somente as afirmativas 2 e 4 são verdadeiras.

(C) Somente as afirmativas 1 e 3 são verdadeiras.

(D) Somente as afirmativas 1, 2 e 3 são verdadeiras.

9. (Município Porto Vitória/PR – Advogado – UNIUV/2012). É correto afirmar, quanto aos tributos da União:

(A) O imposto sobre a renda e proventos de qualquer natureza será informado pelos critérios da generalidade, da universalidade e da progressividade, na forma da lei.

(B) Compete à União, instituir Impostos sobre operações de crédito, câmbio e seguro, ou relativas a títulos ou valores imobiliários.

(C) O Imposto sobre a propriedade territorial rural será não cumulativo.

(D) O Imposto sobre Produtos Industrializados será progressivo, operando-se, no entanto, a compensação entre o que for devido em cada operação com o montante cobrado nas anteriores.

(E) Compete à União instituir impostos sobre grandes fortunas, conforme a lei ordinária de iniciativa do Presidente da República.

GABARITO

1. **Alternativa(E).** É inconstitucional a fixação de adicional progressivo do IPTU em função do número de imóveis do contribuinte.

Comentário: A alternativa "A" está incorreta, pois as alíquotas do IPTU serão fixadas pelos Municípios e DF. A opção "B" está incorreta, na doação de quaisquer bens e direitos incide o ITCMD. A letra "C" está incorreta, visto que o ITBI somente incide na transmissão de bem imóvel, por título oneroso. A assertiva "D" está incorreta, por caber à legislação municipal estabelecer o sujeito passivo do IPTU. A resposta **"E"** está correta, segundo entendimento do STF, Súmula n. 589: "É inconstitucional a fixação de adicional progressivo do imposto predial e territorial urbano em função do número de imóveis do contribuinte".

2. **Alternativa (E).** Segundo o STF, é constitucional lei estadual que estabelece alíquotas diferenciadas do imposto sobre a propriedade de veículos automotores (IPVA) em razão do tipo do veículo, por entender que não há tributo progressivo quando as alíquotas são diferenciadas segundo critérios que não levam em consideração a Capacidade Contributiva.

Comentário: A opção "A" está incorreta, uma vez que o artigo 146 da CF estabelece que cabe à Lei Complementar estabelecer normas gerais em matéria de legislação tributária, especialmente sobre a definição de tributos e de suas espécies. A letra "B" está incorreta, pois segundo o artigo 62, § 2º, da CF pode a Medida Provisória, desde que atendidos os requisitos previstos na Constituição Federal, instituir e majorar impostos. A assertiva "C" está incorreta, visto que de acordo com a Súmula n. 656 do STF é inconstitucional a progressividade no ITBI. O STF entende que as multas tributárias também devem seguir o Princípio do Não Confisco previsto no artigo 150, IV, da CF, por isso está incorreta a resposta "D". A justificativa **"E"** é a correta, já que está de acordo com o entendimento do STF proferido no julgamento do RE n. 414.259.

3. **Alternativa (CERTO).** No que se refere ao imposto predial territorial urbano (IPTU) e ao ITR, julgue o item subsequente: Sem prejuízo da progressividade no tempo como instrumento de política urbana, o IPTU será progressivo, em razão do valor do imóvel, e suas alíquotas, uniformes.

Comentário: Resposta correta nos termos do artigo 156, §1º, I, da CF.

4. **Alternativa (D).** É constitucional apenas a instituição do IPTU progressivo em razão do valor venal do imóvel, por expressa autorização na Constituição Federal.

Comentário: A letra **"D"** está correta, porque com base no artigo 156, § 1º, I, da CF, é possível a progressividade do IPTU em razão do valor do imóvel. O STF tem entendimento contrário à progressividade do ITBI por causa do valor do imóvel, Súmula n. 656 do STF: "É inconstitucional a lei que estabelece alíquotas progressivas para o imposto de transmissão *inter vivos* de bens imóveis – ITBI – com base no valor venal do imóvel".

5. **Alternativa (B).** ITBI.

Comentário: A assertiva "A" está incorreta, porque o IPTU obedece à progressividade, nos termos dos artigos 156, § 1º, I e 182, § 4º, II, da CF. A resposta **"B"** está correta, de acordo com o entendimento do STF, Súmula n. 656. A justificativa "C" está incorreta, o IR poderá ser progressivo, conforme preceitua o artigo 153, § 2º, I, da CF. A alternativa "D", a banca considerou incorreta, porém como vimos no presente Capítulo, o STF entende que o IPVA não é progressivo, em razão do tipo e utilização do veículo, posto que não corresponderiam à progressividade. A opção "E" está incorreta, o ITR será progressivo para desestimular a manutenção de terras improdutivas, à luz do artigo 153, § 4º, I, da CF.

6. **Alternativa (ERRADO).** Visando dar efetividade ao princípio da capacidade contributiva, é lícito que lei municipal fixe adicional progressivo do IPTU em função do número de imóveis do contribuinte.

Comentário: De acordo com a Súmula n. 589 do STF: "É inconstitucional a fixação de adicional progressivo do imposto predial e territorial urbano em função do número de imóveis do contribuinte".

7. **Alternativa (CERTO).** Acerca do Sistema Tributário Nacional, julgue o item abaixo: *Consoante a jurisprudência do STF, o princípio da capacidade contributiva restringe a utilização da progressividade às hipóteses autorizadas constitucionalmente, motivo pelo qual não poderá a lei ordinária estabelecer alíquotas progressivas, com base no valor venal do imóvel, para o imposto de transmissão inter vivos de bens imóveis.*

Comentário: Justificativa em conformidade com a Súmula n. 565 do STF.

8. **Alternativa (C).** Somente as afirmativas 1 e 3 são verdadeiras.

Comentário: A alternativa **"1"** é verdadeira, de acordo com a orientação na Súmula n. 589 do STF. A opção "2" é falsa, pois o entendimento do STF na Súmula n. 331 é pela incidência do imposto de transmissão *causa mortis* no inventário por morte presumida. A resposta **"3"** é verdadeira, nos termos da Súmula n. 583 do STF. A justificativa "4" é falsa, porque de acordo com parecer constante na Súmula Vinculante n. 29 é constitucional a base de cálculo da taxa ter um ou mais elementos da base de cálculo dos impostos, desde que não exista identidade entre as bases de cálculo. Portanto, a assertiva correta é a opção **"C"**.

9. **Alternativa (A).** O imposto sobre a renda e proventos de qualquer natureza será informado pelos critérios da generalidade, da universalidade e da progressividade, na forma da lei.

Comentário: A letra **"A"** está correta, nos termos do artigo 153, § 2º, I, da CF, visto que o Imposto de Renda respeita à Generalidade, Universalidade e Progressividade. A assertiva "B" está incorreta, porque segundo o artigo 153, V, da CF compete à União instituir imposto sobre operações de crédito, câmbio e seguro, ou relativas a títulos ou valores mobiliários. A resposta "C" está incorreta, pois não há previsão na Constituição Federal sobre a não cumulatividade do ITR. A justificativa "D" está incorreta, uma vez que a assertiva se refere ao Princípio da Não Cumulatividade, que será observado pelo IPI. A alternativa "E" está incorreta, à luz do artigo 153, VII, da CF compete à União, por meio de Lei Complementar, criar o Imposto sobre Grandes Fortunas.

2.4. A capacidade Contributiva e o Não Confisco

O Princípio da Vedação ao **Confisco**, disposto no artigo 150, IV, da CF, decorre do direito de propriedade, que coíbe o confisco, ao estabelecer prévia e justa indenização na desapropriação.[72]

Do **Vocabulário jurídico**, De Plácido e Silva, extrai-se o significado de confisco:

> **Confisco**: ou *confiscação*, é vocábulo que se deriva do latim *confiscatio*, de *confiscare*, tendo o sentido de ato pelo qual se apreendem e se adjudicam ao *fisco* bens pertencentes a outrem, por ato administrativo ou por sentença judiciária, fundados em lei.
>
> Em regra, pois, o *confisco* se indica uma *punição*. Quer isto dizer que sua imposição, ou decretação, decorre da evidência de crimes ou contravenções praticados por uma pessoa, em virtude do que, além de outras sanções, impõe a lei a *perda* de todos ou parte dos bens em seu poder, em proveito do *erário público*.
>
> Por esta forma, o confisco ou confiscação pode ser *total ou parcial*.
>
> Total ou geral quando abrange todo o patrimônio do condenado; parcial, quando somente incide sobre uma certa porção de bens.

72. ESTEVÃO HORVATH entende que, se o princípio do não confisco não estivesse disposto expressamente na Constituição, decorreria implicitamente do direito de propriedade, e também do princípio da capacidade contributiva do cidadão – **O princípio do...**, op. cit., p. 32.

> O confisco é, em verdade, o ato de *adjudicação dos bens* ao patrimônio do Estado, em virtude de determinação legal ou qualquer outro ato que o autorize.
>
> Em matéria fiscal, o confisco indica o ato de apreensão de mercadoria *contrabandeada* ou que seja posta no comércio em contravenção às leis fiscais. Dá-se apreensão, e o poder público a *confisca* para cobrar-se dos impostos e das multas devidas. Mesmo, nesse caso, embora não se adjudique ao erário a soma de mercadorias apreendidas, adjudica-se o seu *preço*, isto é, seu valor.
>
> **Confisco**. Na linguagem penal, o confisco é o ato de apreensão, autorizado pelo juiz, dos instrumentos e do produto do crime.[73]

A doutrina encontra dificuldade em conceituar o que seria um tributo com efeito confiscatório, por conta do acentuado grau de generalidade e abstração do conceito.

Para Hugo de Brito Machado, o efeito de confisco, no tributo, seria verificado quando excessivamente oneroso, fosse sentido como penalidade para o contribuinte.[74]

Como exemplo de tributo com efeito de confisco, o autor cita o caso dos impostos reais, incidentes sobre o patrimônio, considerando-os confiscatórios quando a tributação for superior à renda produzida pelo patrimônio tributado, de forma que o contribuinte se vê obrigado a desfazer-se de parte de seu patrimônio para poder pagar o tributo:

> Um dos objetivos mais importantes do imposto sobre patrimônio deve ser o de desestimular a existência de patrimônios improdutivos. Assim, poder-se-á considerar confiscatório imposto, sobre o patrimônio, cuja alíquota seja superior à renda que razoavelmente se possa esperar seja produzida por aquele patrimônio. Pouco importa que o contribuinte, por quaisquer meios, aufira renda superior e consiga permanecer com seu patrimônio inatingível. Se o imposto tiver alíquota superior à renda que se pode razoavelmente esperar seja produzida pelo patrimônio, sobre o qual incide, será confiscatório. Por outro lado, um imposto com alíquota inferior àquele limite, mesmo que o contribuinte, por ser mau administrador, ou por qualquer outro motivo, não aufira renda suficientemente para o respectivo pagamento, e tenha por isto de privar-se de parte de seu patrimônio, não será considerado confiscatório (*sic*).[75]

No mesmo sentido, o entendimento de Gilberto de Ulhôa Canto, para o qual "[...] haverá efeito confiscatório de impostos sobre a produção e a circulação de mercadorias e/ou serviços, sempre que a alíquota real do tributo for maior do que a margem de lucro com que o contribuinte opera".[76]

Já Ricardo Mariz de Oliveira define o **confisco** como subtração patrimonial imotivada, ainda que prevista em lei. O autor diferencia o confisco da tributação, que também seria uma subtração patrimonial, porém motivada e com liberdade do sujeito passivo de praticar os atos ou omitir os atos configuratórios dos fatos descritivos nas hipóteses de incidência tributárias. Explica:

> [...] a lei não pode prever a hipótese de incidência tributária e obrigar o cidadão a adentrar nos contornos dessa hipótese, nem prevê-la em tese e declará-la ocorrida por ficção legal, caso o cidadão se negue a nela adentrar.

---

73. **Vocabulário Jurídico**, p. 199.
74. **Capacidade Contributiva...**, op. cit., p. 133.
75. *Ibidem*, p. 136-137.
76. **Capacidade Contributiva...**, op. cit., p. 28.

> A propriedade privada é intocável, sofrendo apenas as restrições que a própria Constituição lhe impõe. Daí dever ser justamente indenizada se o interesse público exigir sua desapropriação. Daí ser protegida contra a tributação que decorre de lei instituidora de compulsória incursão no campo de incidência.
>
> [...]
>
> Este é, portanto, um critério científico e objetivo para definir tributo com efeito confiscatório, isto é, aquele tributo que seja devido haja ou não o sujeito passivo querido incorrer na hipótese de incidência.[77]

Ainda que não haja um conceito objetivo sobre o efeito confiscatório, não há dúvidas de que o tributo terá esse efeito quando inviabilizar o direito de **propriedade** do contribuinte. Assim, a tributação não pode ser tão elevada de modo a impedir o sujeito passivo de manter sua propriedade sobre o bem.

Considera-se, ainda, que o tributo terá efeito confiscatório, a partir de uma tributação em desacordo com a Constituição Federal, na medida em que irá absorver o patrimônio do particular sem permissão constitucional para tanto.

No Brasil não há uma alíquota determinada que demonstre o caráter confiscatório do tributo, como na Argentina, cuja jurisprudência considera confiscatório o tributo imobiliário com alíquota superior a 33% da renda potencialmente auferida com o imóvel.

Segundo entendimento do STF, a verificação do caráter confiscatório de um tributo deve ser realizada à luz de todo o Sistema Tributário, considerando o **total da carga tributária** exigida pelo mesmo Ente Federativo e não de forma individual, como se pode verificar do trecho do julgado abaixo:

> A identificação do efeito **confiscatório deve ser feita em função da totalidade da carga tributária**, mediante verificação da capacidade de que dispõe o contribuinte – considerado o montante de sua riqueza (renda e capital) – para suportar e sofrer a incidência de todos os tributos que ele deverá pagar, dentro de determinado período, à mesma pessoa política que os houver instituído (a União Federal, no caso), condicionando-se, ainda, a aferição do grau de insuportabilidade econômico-financeira, à observância, pelo legislador, de padrões de razoabilidade destinados a neutralizar excessos de ordem fiscal eventualmente praticados pelo Poder Público. Resulta configurado o caráter confiscatório de determinado tributo, sempre que o efeito cumulativo – resultante das múltiplas incidências tributárias estabelecidas pela mesma entidade estatal – afetar, substancialmente, de maneira irrazoável, o patrimônio e/ou os rendimentos do contribuinte. O Poder Público, especialmente em sede de tributação (as contribuições de seguridade social revestem-se de caráter tributário), não pode agir imoderadamente, pois a atividade estatal acha-se essencialmente condicionada pelo princípio da razoabilidade (ADI n. 2010 MC, rel. Min. Celso De Mello, Tribunal Pleno, julgado em 30.09.1999, **DJ** de 12.04.2002, p. 00051, Ement. v. 02064-01, p. 00086).

Além de analisar a carga tributária global para determinar o efeito confiscatório, o STF analisa, inclusive, dados concretos e peculiaridades de cada operação ou situação, tomando-se em conta custos, margens de lucro e condições pontuais do mercado e de conjuntura social e econômica.

77. *Ibidem*, p. 184.

IMPORTANTE! O princípio do não confisco está intimamente ligado ao da capacidade contributiva, uma vez que o cidadão tem o dever de contribuir na exata proporção da sua capacidade econômica, ou seja, da sua habilidade para suportar o encargo tributário.

Assim, a tributação deve respeitar o mínimo existencial, que está delineado no artigo 7º, IV, da CF, cujo teor indica os parâmetros de quantidade de riqueza mínima, suficiente para manutenção do indivíduo e de sua família, e, ainda, ser não confiscatório.

O Princípio do **Não Confisco**, além de estar interligado ao mínimo vital, está intimamente relacionado aos Princípios da Justiça, da Generalidade, da Igualdade, da Capacidade Contributiva e da Progressividade.

O Princípio do Não Confisco exige do legislador uma conduta marcada pelo equilíbrio, pela moderação e pela medida, na busca da tributação justa.[78]

Constata-se, ainda, que a Constituição Federal ao estabelecer o Princípio do Não Confisco, em seu artigo 150, IV, refere-se aos tributos, ou seja, de acordo com a literalidade desse dispositivo constitucional, apenas eles devem respeitar o não confisco: *"Art. 150. Sem prejuízo de outras garantias asseguradas ao contribuinte, é vedado à União, aos Estados, ao Distrito Federal e aos Municípios: (...) IV – utilizar tributo com efeito de confisco;".*

Nesse sentido, muitos indagam se as multas estariam sujeitas ao Princípio do Não Confisco, pois sabe-se que multa não é tributo, mas sanção exigível pelo descumprimento de obrigação tributária.

O Supremo Tribunal Federal tem, frequentemente, se mostrado avesso às **multas** com caráter confiscatório, ampliando, assim, o efeito do referido princípio às penalidades impostas. Seguem exemplos de decisões nesse sentido:

> [...]hipótese que versa o exame de diploma legislativo (Lei n. 8.846/94, art. 3º e seu parágrafo único) que instituiu multa fiscal de 300% (trezentos por cento). A proibição constitucional do confisco em matéria tributária – ainda que se trate de multa fiscal resultante do inadimplemento, pelo contribuinte, de suas obrigações tributárias – nada mais representa senão a interdição, pela Carta Política, de qualquer pretensão governamental que possa conduzir, no campo da fiscalidade, à injusta apropriação estatal, no todo ou em parte, do patrimônio ou dos rendimentos dos contribuintes, comprometendo-lhes, pela insuportabilidade da carga tributária, o exercício do direito a uma existência digna, ou a prática de atividade profissional lícita, ou, ainda, a regular satisfação de suas necessidades vitais básicas. **O Poder Público, especialmente em sede de tributação (mesmo tratando-se da definição do "quantum" pertinente ao valor das multas fiscais), não pode agir imoderadamente, pois a atividade governamental acha-se essencialmente condicionada pelo princípio da razoabilidade que se qualifica como verdadeiro parâmetro de aferição da constitucionalidade material dos atos estatais**. (grifos nossos).
>
> AGRAVO REGIMENTAL NO RECURSO EXTRAORDINÁRIO COM AGRAVO. TRIBUTÁRIO. MULTA. CARÁTER CONFISCATÓRIO. PRECEDENTES. 1. **O princípio da vedação do confisco, previsto no art. 150, IV, da Constituição Federal, também se aplica às multas.** Precedentes: RE n. 523.471-AgR, 2ª Turma, rel. Min. Joaquim Barbosa, **DJe** de 23.04.2010 e AI n. 482.281-AgR, 1ª Turma, rel. Min. Ricardo Lewandowski, **DJe** de

78. CARRAZZA, Roque Antonio. **Curso de...**, op. cit., p. 108.

> 21.08.2009. (...) (ARE n. 637717-AgR, rel. Min. Luiz Fux, 1ª Turma, julgado em 13.03.2012, acórdão eletrônico **DJe**-065, divulg. em 29.03.2012, public. em 30.03.2012, RTJ, v. 00220, p. 00599) (grifos nossos).
>
> AGRAVO REGIMENTAL EM RECURSO EXTRAORDINÁRIO. TRIBUTÁRIO. PRINCÍPIO DO NÃO CONFISCO. APLICABILIDADE ÀS MULTAS TRIBUTÁRIAS. INOVAÇÃO DE MATÉRIA EM AGRAVO REGIMENTAL. IMPOSSIBILIDADE. AGRAVO IMPROVIDO. **I – A vedação à utilização de tributos com efeito de confisco (art. 150, IV, da Constituição) deve ser observada pelo Estado tanto na instituição de tributos quanto na imposição das multas tributárias.** II – A questão referente à não demonstração, pelo recorrido, do caráter confiscatório da multa discutida nestes autos, segundo os parâmetros estabelecidos pela jurisprudência desta Corte, não foi arguida no recurso extraordinário e, desse modo, não pode ser aduzida em agravo regimental. É incabível a inovação de fundamento nesta fase processual. III – Agravo regimental improvido (RE n. 632315-AgR, rel. Min. Ricardo Lewandowski, 2ª Turma, julgado em 14.08.2012, Processo Eletrônico **DJe**-181, divulg. em 13.09.2012, public. em 14.09.2012) (grifos nossos).

Ressalta-se, ainda, que a verificação do efeito confiscatório nas **taxas** se realiza de forma diferente, pois como essa espécie tributária apresenta caráter contraprestacional – em que o Estado é remunerado por prestar uma atividade específica para o contribuinte –, deve-se averiguar se a cobrança dessa exação está de acordo com o custo da atividade estatal. Posicionamento do STF nesse sentido:

> (...) A taxa, enquanto contraprestação a uma atividade do Poder Público, não pode superar a relação de razoável equivalência que deve existir entre o custo real da atuação estatal referida ao contribuinte e o valor que o Estado pode exigir de cada contribuinte, considerados, para esse efeito, os elementos pertinentes às alíquotas e à base de cálculo fixadas em lei. – Se o valor da taxa, no entanto, ultrapassar o custo do serviço prestado ou posto à disposição do contribuinte, dando causa, assim, a uma situação de onerosidade excessiva, que descaracterize essa relação de equivalência entre os fatores referidos (o custo real do serviço, de um lado, e o valor exigido do contribuinte, de outro), configurar-se-á, então, quanto a essa modalidade de tributo, hipótese de ofensa à cláusula vedatória inscrita no art. 150, IV, da Constituição da República. (...) (ADI n. 2551 MC-QO, rel. Min. Celso de Mello, Tribunal Pleno, julgado em 02.04.2003, **DJ** de 20.04.2006, p. 00005, Ement v. 02229-01, p. 00025).

Não obstante, indaga-se sobre a possibilidade de o tributo extrafiscal ter efeito confiscatório. Alguns doutrinadores defendem que os tributos extrafiscais podem acabar por não observar o Princípio da Capacidade Contributiva, e, por essa razão, dada a inter-relação entre os dois princípios, afirma-se que também, em casos específicos, em que haja um interesse maior, não estariam sujeitos ao efeito confiscatório.

Sacha Calmon Navarro Coêlho, por exemplo, defende que a tributação exacerbada se justifica por razões **extrafiscais**:

> É exatamente no escopo de tornar insuportável a propriedade utilizada contra a função social que são arrumadas as tributações extrafiscais. O imposto territorial rural exacerbado leva o proprietário egoísta a desfazer-se dela ou dar-lhe função compatível com a CF. O IPTU progressivo no tempo leva o proprietário de lotes inaproveitados ao desespero. O imposto de importação altíssimo desestimula o consumo de bens supérfluos, o mesmo ocorrendo com os demais impostos que gravam a renda utilizada no consumo de bens e serviços. Admitem-se até alíquotas progressivas sobre o consumo de energia elétrica e combustíveis por faixas de consumo (quanto mais alto o consumo, maior a

> tributação). A meta é evitar o desperdício, excluídos os consumos obrigatórios, como é o caso da indústria de alumínio (energia elétrica) e dos frotistas (combustíveis), só para exemplificar.[79]

Sobre esse aspecto, a banca do CESPE, em prova realizada em 2008, para o cargo de procurador do Estado do Espírito Santo (1ª categoria), considerou correta a assertiva favorável à tributação elevada para tributos extrafiscais, sem configurar a violação ao não confisco. Note que o item abaixo foi considerado Correto:

> **IMPORTANTE!** Considere que um decreto presidencial tenha majorado a alíquota do Imposto sobre Importação de determinado bem de 10% para 200%. Nesse caso, por se tratar de tributo com função extrafiscal de controle da balança comercial, a referida majoração não fere o Princípio do Não Confisco **(CORRETO).**

A mesma banca, no entanto, **modificou** seu entendimento em prova mais **recente**, realizada em 2012, para o cargo de Juiz Substituto do PA, pois considerou **Incorreta** a seguinte assertiva:

> **IMPORTANTE!** A finalidade extrafiscal justifica a tributação confiscatória **(INCORRETO).**

Ressaltamos que nosso entendimento, em constante contato com a realidade, se volta para o fato de que o tributo jamais poderá violar a capacidade contributiva, ainda que diante dos tributos extrafiscais, pois essa deve sempre atentar para não tributar o mínimo existencial e não ter efeito confiscatório. Por esse motivo, a capacidade contributiva consiste, na verdade, no campo de tributação permitido pelo legislador entre não atingir o mínimo vital e o não confisco.

A tributação extrafiscal tem por finalidade incentivar condutas desejadas pelo ordenamento jurídico e não punir ou castigar o infrator. O legislador também permite tal interpretação, posto que de acordo com o artigo 3º do CTN, o tributo não pode, em nenhum momento, ser concebido como sanção de atividade ilícita, como encargo a ser lançado contra atividades econômicas ou como espécie de punição.

Na verdade, pode-se afirmar que a **extrafiscalidade** volta-se para a função promocional do direito, em que está em causa uma prestação positiva ao indivíduo, na medida em que oferece um prêmio – um benefício ou um incentivo – para aquele que agir de acordo com o interesse público, na proteção do meio ambiente, por exemplo.

No caso do IPTU e ITR, progressivos para cumprimento da função social da propriedade, tributar-se-á com uma menor carga tributária o sujeito que der a devida finalidade a sua propriedade.

Deixa-se de lado, portanto, a imagem tradicional do direito como ordenamento protetivo--repressivo, em que as normas jurídicas prescrevem condutas e sanções. No ordenamento puramente protetivo-repressivo, a preocupação está em desfavorecer as ações nocivas à sociedade.

Hans Kelsen define a ordem jurídica como uma norma coativa que reage contra as condutas humanas consideradas socialmente indesejáveis:

79. **Curso de Direito Tributário Brasileiro.** 12. ed. Rio de Janeiro: Forense, p. 37.

> Uma outra característica comum às ordens sociais a que chamamos de direito é que elas são ordens coativas, no sentido de que reagem contras as situações consideradas indesejáveis, por serem socialmente perniciosas – particularmente contra condutas humanas indesejáveis – com um ato de coação, isto é, com um mal – com a privação da vida, da saúde, da liberdade, de bens econômicos e outros – um mal que é aplicado ao destinatário mesmo contra sua vontade, se necessário empregando até a força física – coativamente, portanto. Dizer-se que, com o ato coativo que funciona como sanção, se aplica um mal ao destinatário, significa que este ato é normalmente recebido pelo destinatário como um mal.
>
> [...] Como ordem coativa, o Direito distingue-se de outras ordens sociais. O momento coação, isto é, a circunstância de que o ato estatuído pela ordem como consequência de uma situação de fato considerada socialmente prejudicial deve ser executado mesmo contra a vontade da pessoa atingida e – em caso de resistência – mediante o emprego de força física, é o critério decisivo *(sic)*.[80]

Para o autor supracitado, a ordem jurídica perfaz-se pela aplicação de sanção à conduta indesejada pelo ordenamento jurídico:

> Se o ato coercitivo estatuído pela ordem jurídica surge como reação contra uma determinada conduta humana tida por socialmente nociva, e o fim da sua estatuição é impedir essa conduta (prevenção individual e geral), esse ato coercitivo assume o caráter de uma sanção no sentido específico e estrito da palavra. E a circunstância de uma determinada conduta humana ser tornada, nesses termos, pressuposto de uma sanção, significa que essa conduta é juridicamente proibida, isto é, constituiu um ilícito, um delito. Este conceito de sanção e o conceito de ilícito são correlativos. A sanção é consequência do ilícito; o ilícito (ou delito) é um pressuposto da sanção.[81]

Daniel Ferreira define sanção como: *"[...] a direta e imediata consequência jurídica, restritiva de direitos, de caráter repressivo, determinada pela norma jurídica a um comportamento proibido nela previsto, comissivo ou omissivo, dos seus destinatários"*.[82]

Segundo Ferreira, a sanção tem por finalidade desestimular a prática de condutas juridicamente reprováveis, mediante imposição de consequências desfavoráveis, danosas, a quem a lei previamente determinar.[83]

Norberto Bobbio esclarece que o termo **sanção**, no entanto, pode ser utilizado tanto para consequências desagradáveis da inobservância das normas, quanto para consequências agradáveis da observância, distinguindo entre sanções positivas e negativas. Se não houver menção ulterior ao termo sanção, será compreendida como negativa.[84]

No mesmo sentido, a lição de Maurício Benevides Filho:

> "Sanção jurídica deve ser compreendida, modernamente, como uma reação ou retribuição prevista no ordenamento normativo, blindando-se esta contraprestação de uma feição premial (sanção), quando o agente adota a conduta aprovada ou esperada, ou um caráter punitivo (sanção negativa), quando o ato praticado é indesejado ou dissonante" *(sic)*.[85]

80. *Ibidem*, p. 37.
81. *Ibidem*, p. 42-43.
82. **Sanções Administrativas**, p. 25.
83. *Ibidem*, p. 30.
84. **Da estrutura à Função** – novos estudos de teoria do direito, p. 7.
85. **A sanção Premial no Direito,** *(sic.)* p. 112.

O Estado, além de tutelar o ordenamento jurídico, apresenta como função a sua promoção: deve promover o desenvolvimento da sociedade. As normas de sanção negativa atuam no ordenamento jurídico apenas como forma de desencorajamento de certas atitudes, a fim de manter a ordem social; enquanto as normas de sanção positiva, que exercem a função premiativa do direito, voltam-se para o encorajamento de atitudes, de forma a contribuir para o desenvolvimento da sociedade, incentivando a mudança social.

Norberto Bobbio distingue a função protetivo-repressiva da função premiativa do direito, pelo fato de a primeira atribuir valor à inércia da sociedade, ao pretender que as coisas permaneçam como estão, e a segunda, valor positivo à transformação, sendo a situação subsequente diferente da anterior. Logo, a técnica do encorajamento tem uma função transformadora ou inovadora. Na concepção de Bobbio:

> É possível distinguir, de modo útil, um ordenamento protetivo-repressivo de um promocional com a afirmação de que, ao primeiro, interessam, sobretudo, os comportamentos socialmente não desejados, sendo seu fim precípuo impedir o máximo possível a sua prática; ao segundo, interessam, principalmente, os comportamentos socialmente desejáveis, sendo seu fim levar a realização destes até mesmo aos recalcitrantes.
>
> Para atingir o próprio fim, um ordenamento repressivo efetua operações de três tipos e graus, uma vez que existem três modos típicos de impedir uma ação não desejada: torná-la impossível, torná-la difícil e torná-la desvantajosa. De modo simétrico, pode-se afirmar que um ordenamento promocional busca atingir o próprio fim pelas três operações contrárias, isto é, buscando tornar a ação desejada necessária, fácil e vantajosa.[86]

Enquanto o modelo tradicional do ordenamento repressivo se utiliza da técnica do desencorajamento de condutas indesejáveis à ordem jurídica, o ordenamento promocional vale-se do encorajamento de comportamentos desejáveis. Para Bobbio, a técnica do desencorajamento tem uma função conservadora, enquanto o encorajamento tem uma função transformadora ou inovadora.[87]

Com base nas lições consignadas na *Theoria des Peines et des Récompenses*, publicada no século XIX, e nas de Norberto Bobbio, em *Dalla strutura alla funcione*, Maurício Benevides Filho elaborou um quadro comparativo entre sanção positiva e negativa:[88]

Sanção Positiva (PRÊMIO)	Sanção Negativa (PENA)
Reação a uma conduta boa.	Reação a uma conduta ruim.
Configura-se como medida de pressão (*costrizione*) para fazer nascer um comportamento desejado.	Configura-se como medida de vedação (*precluzione*), objetivando impedir um comportamento indesejado.
Propulsão a ato socialmente útil.	Repressão a ato socialmente nocivo.
Decorre da função ativa do direito na sociedade.	Decorre da função passiva do direito na sociedade.
Retribui com um prazer uma dor (o esforço do agente pela tarefa realizada).	Retribui com uma dor a um prazer do delito da parte do agente.
Consiste na atribuição de uma vantagem ou na privação de uma desvantagem.	Consiste na atribuição de uma desvantagem ou na privação de vantagem.

86. *Ibidem*, p. 15.
87. *Ibidem*, p. 20.
88. **A Sanção...**, op. cit., p. 59.

Sanção Positiva (PRÊMIO)	Sanção Negativa (PENA)
Técnica de facilitação que visa favorecer a ação de uma conduta desejada.	Técnica de obstaculização que visa desmotivar a ação de uma conduta indesejada.
Função de encorajamento das condutas.	Função de desencorajamento das condutas.
Medida que tende a provocar as condutas desejadas.	Medida que tende a impedir as condutas indesejadas.
Surge, sobretudo, em razão da função promocional do Estado Intervencionista Contemporâneo.	Originou-se, basicamente, em decorrência da função protetivo-repressiva do Estado Liberal-Clássico.
Faz o destinatário empenhar-se em condutas desejáveis e benéficas, tornando-as necessárias, fáceis e vantajosas.	Impele o destinatário a desfazer as condutas não desejáveis, tornando-as impossíveis, difíceis e desvantajosas.
Produz um efeito de estimulação (*stimulazione*).	Produz um efeito de intimidação (*intimidazione*).
Detém um aspecto preventivo ao tencionar promover as condutas desejadas, fazendo surgir uma esperança.	Detém um aspecto repressivo ao tencionar impedir as condutas não desejadas, impondo medo.
Corresponde a uma medida antecedente, tendo em vista a reação favorável aos comportamentos desejados.	Corresponde a uma medida sucessiva, tendo em vista a reação desfavorável aos comportamentos indesejados.
Constitui a promessa de uma vantagem.	Constituiu a ameaça de um prejuízo.

A função premiativa do direito configura um instrumento valioso para a promoção do interesse público e social pelo Estado.

O contribuinte que agir de acordo com o interesse público será beneficiado pela tributação, tendo como prêmio uma incidência menor de tributos sobre suas atividades, como uma maneira de incentivá-lo e compensá-lo pelo bom comportamento.

Assim, mostra-se desarrazoado sustentar que as atividades não desejadas pela sociedade suportarão uma maior carga tributária como forma de sanção negativa.

Para as sanções negativas, podem ser utilizadas as multas ou outras formas de punição. E é justamente o que ocorre no confisco – a punição, o castigo para o contribuinte –, extorquindo-lhe imotivada e abusivamente o patrimônio tributável, a pretexto de ser um tributo, o que a Constituição Federal expressamente afasta, ao vedar a utilização do tributo com efeito de confisco, quando utilizado sem observância da proporcionalidade razoável.

2.4.1. Questões

1. (AGU – Advogado da União –CESPE/2015). Acerca dos princípios constitucionais tributários, julgue os itens subsequentes.

I. Pela aplicação do princípio da anterioridade tributária, quaisquer modificações na base de cálculo ou na alíquota dos tributos terão sua eficácia suspensa até o primeiro dia do exercício financeiro seguinte à publicação da lei que promoveu a alteração.

II. O princípio da isonomia tributária impõe que o tributo incida sobre as atividades lícitas e, igualmente, sobre as atividades ilícitas, de modo a se consagrar a regra da interpretação objetiva do fato gerador. Dessa forma, é legítima a cobrança de IPTU sobre imóvel construído irregularmente, em área *non aedificandi*, não significando tal cobrança de tributo concordância do poder público com a ocupação irregular.

III. Conforme o princípio da irretroatividade da lei tributária, não se admite a cobrança de tributos em relação a fatos geradores ocorridos em período anterior à vigência da lei que os instituiu ou aumentou. Entretanto, o Código Tributário Nacional admite a aplicação retroativa de lei que estabeleça penalidade menos severa que a prevista na norma vigente ao tempo da prática do ato a que se refere, desde que não tenha havido julgamento definitivo.

IV. O princípio da vedação à utilização de tributo com efeito de confisco, previsto expressamente na CF, aplica-se igualmente às multas tributárias, de modo a limitar, conforme jurisprudência pacífica do STF, o poder do Estado na instituição e cobrança de penalidades.

V. De acordo com o princípio da legalidade, fica vedada a criação ou a majoração de tributos, bem como a cominação de penalidades em caso de violação da legislação tributária, salvo por meio de lei.

2. (TJ/PA – Juiz Substituto – CESPE/2012)(Adaptada). Considerando a majoração, para o patamar de 25%, da contribuição previdenciária dos servidores públicos de determinado ente federado, associada à incidência do imposto de renda de 27,5%, assinale a opção correta a respeito do efeito confiscatório e da contribuição previdenciária:

(A) O aumento da referida contribuição previdenciária pode ser exigido na data de publicação da respectiva norma.

(B) A referida majoração não caracteriza efeito confiscatório, uma vez que, na verificação da onerosidade, o aumento não se soma à alíquota do imposto de renda.

(C) A vedação do efeito confiscatório aplica-se tanto aos tributos propriamente ditos quanto às multas pelo descumprimento da legislação tributária.

(D) A finalidade extrafiscal justifica a tributação confiscatória.

3. (Câmara de Jau/SP – Advogado – SIGMA/ 2012). Sobre o princípio do não confisco, previsto no artigo 150, inciso IV, da Constituição Federal, é CORRETO afirmar que:

(A) Rege todas as espécies tributárias.

(B) Não se aplica à contribuição de melhoria.

(C) É aplicado somente ao imposto.

(D) É aplicável somente à taxa e ao Imposto.

(E) Não se aplica às contribuições parafiscais e às sanções tributárias.

4. (RJ – Auditor Fiscal – FGV/2011). A respeito dos princípios constitucionais tributários, assinale a alternativa correta, considerando que a segunda assertiva é decorrência lógico-jurídica da primeira:

(A) O princípio da capacidade contributiva tem por finalidade atingir a justiça fiscal, e essa finalidade só é alcançada pela progressividade obrigatória das espécies de tributos.

(B) O princípio da capacidade contributiva determina que os impostos tenham, sempre, caráter pessoal; assim sendo, os impostos devem ser graduados segundo a capacidade econômica do contribuinte.

(C) O princípio da vedação do tributo confiscatório impede a utilização de imposto com tal efeito; / dessa forma, o imposto só será confiscatório se ultrapassar 33% da renda.

(D) O princípio da vedação do tributo confiscatório impede a utilização de imposto com efeito de confisco, mas não há percentual que estabeleça previamente os limites do tributo confiscatório.

(E) O princípio da legalidade veda aos entes da Federação que se exija ou aumente tributo sem lei que o estabeleça; desse modo, a atualização do valor monetário da base de cálculo do tributo tem de ser sempre prevista em lei.

5. (Fiscal da Receita Estadual/AP – FGV/2010). Analise as afirmativas a seguir:

I. A anterioridade nonagesimal foi estendida à União, aos Estados, ao Distrito Federal e aos Municípios a fim de vedar-lhes a cobrança de tributos antes de decorridos noventa dias da data em que tenha sido publicada a lei que os instituiu ou aumentou, comportando, dentre suas exceções, o imposto sobre a renda.

II. À União, aos Estados, ao Distrito Federal e aos Municípios é vedada ainda a instituição de impostos sobre o patrimônio, renda ou serviços dos partidos políticos, inclusive suas fundações, das entidades sindicais dos empregadores, das instituições de educação e de assistência social, sem fins lucrativos, atendidos os requisitos da lei.

III. A vedação à instituição de tributos com efeito de confisco não atinge as multas moratórias ou punitivas, que podem ser fixadas em qualquer patamar conforme admitido pela jurisprudência.

Assinale:

(A) Se somente a afirmativa I estiver correta.

(B) Se somente as afirmativas I e II estiverem corretas.
(C) Se somente as afirmativas I e III estiverem corretas.
(D) Se somente as afirmativas II e III estiverem corretas.
(E) Se todas as afirmativas estiverem corretas.

6. (Juiz Federal Substituto da 5ª Região – CESPE/2012). Assinale a opção correta de acordo com a CF, as normas gerais de direito tributário e a jurisprudência do STJ e do STF sobre essa matéria:

(A) Incide IR sobre a indenização por danos morais.
(B) É possível a instituição de taxa sobre o serviço de iluminação pública.
(C) De acordo com o STF, a não cumulatividade é considerada cláusula pétrea, visto que constitui direito fundamental das pessoas na condição de contribuintes.
(D) A edição pela União de norma modificadora alterando o prazo para o recolhimento de determinada obrigação tributária deve respeitar o princípio da anterioridade.
(E) Configura-se o caráter confiscatório de determinado tributo sempre que o efeito cumulativo, resultante das múltiplas incidências tributárias estabelecidas pela mesma entidade estatal, afetar, substancialmente e de maneira irrazoável, o patrimônio ou os rendimentos do contribuinte.

GABARITO

1. I – Pela aplicação do princípio da anterioridade tributária, quaisquer modificações na base de cálculo ou na alíquota dos tributos terão sua eficácia suspensa até o primeiro dia do exercício financeiro seguinte à publicação da lei que promoveu a alteração. **(Errado)**

Comentário: Resposta incorreta, pois nos termos do artigo 150, III, "b" e "c", da CF, somente quando houver instituição ou majoração de tributo é que será necessária a observação aos princípios da anterioridade, e nem toda modificação na base de cálculo ou alíquota implica majoração de tributo, pode ser simples redução.

II – O princípio da isonomia tributária impõe que o tributo incida sobre as atividades lícitas e, igualmente, sobre as atividades ilícitas, de modo a se consagrar a regra da interpretação objetiva do fato gerador. Dessa forma, é legítima a cobrança de IPTU sobre imóvel construído irregularmente, em área *non aedificandi*, não significando tal cobrança de tributo concordância do poder público com a ocupação irregular. **(Certo)**

Comentário: Resposta correta, segundo o entendimento do STF, aplica-se o artigo 118, I, do CTN, que estabelece que o fato gerador deve ser interpretado independentemente da validade do negócio jurídico em plena consonância com o princípio da isonomia, pois todo proprietário de imóvel urbano deverá pagar o IPTU.

III – Conforme o princípio da irretroatividade da lei tributária, não se admite a cobrança de tributos em relação a fatos geradores ocorridos em período anterior à vigência da lei que os instituiu ou aumentou. Entretanto, o Código Tributário Nacional admite a aplicação retroativa de lei que estabeleça penalidade menos severa que a prevista na norma vigente ao tempo da prática do ato a que se refere, desde que não tenha havido julgamento definitivo. **(Certo)**

Comentário: Resposta correta, à luz do artigo 150, III, "a", da CF, que discorre sobre o princípio da irretroatividade, e artigo 106, III, "c", do CTN, que prevê uma exceção a esse princípio.

IV – O princípio da vedação à utilização de tributo com efeito de confisco, previsto expressamente na CF, aplica-se igualmente às multas tributárias, de modo a limitar, conforme jurisprudência pacífica do STF, o poder do Estado na instituição e cobrança de penalidades. **(Certo)**

Comentário: Resposta correta, em que pese o artigo 150, IV, da CF referir-se tão somente aos tributos, o STF compreende que o princípio do não confisco deve ser estendido para as multas tributárias.

V – De acordo com o princípio da legalidade, fica vedada a criação ou a majoração de tributos, bem como a cominação de penalidades em caso de violação da legislação tributária, salvo por meio de lei. **(Certo)**

Comentário: Resposta correta, com base nos artigos 150, I, da CF e 97, I, II e IV, do CTN.

2. **Alternativa(C).** A vedação do efeito confiscatório aplica-se tanto aos tributos propriamente ditos quanto às multas pelo descumprimento da legislação tributária.

Comentário: A alternativa "A" está incorreta, por se tratar de contribuição social, deverá respeitar a anterioridade nonagesimal, nos termos do artigo 195, § 6º, da CF. A opção "B" está incorreta, pois no Brasil verifica-se o desrespeito ao Princípio do Não Confisco com a soma de todos os tributos exigidos pelo mesmo Ente Federativo. A letra **"C"** está correta, de acordo com o entendimento do STF (ARE n. 637717-AgR, rel. Min. Luiz Fux, 1ª Turma, julgado em 13.03.2012, acórdão eletrônico **DJe**-065, divulg. em 29.03.2012), nos termos do que foi estudado neste Capítulo. A assertiva "D" está incorreta, visto que os tributos de forma geral deverão respeitar o não confisco.

3. **Alternativa (A).** Rege todas as espécies tributárias.

Comentário: A resposta **"A"** está correta, pois o Princípio do Não Confisco alcança inclusive as multas tributárias.

4. **Alternativa (D).** O princípio da vedação do tributo confiscatório impede a utilização de imposto com efeito de confisco, mas não há percentual que estabeleça previamente os limites do tributo confiscatório.

Comentário: A opção "A" está incorreta, pois segundo entendimento doutrinário e do STF, a capacidade contributiva poderá ser verificada pelo Princípio da Proporcionalidade. A letra "B" está incorreta, porque a capacidade contributiva será observada "sempre que possível", com base no artigo 145, § 2º, da CF. A assertiva "C" está incorreta, uma vez que no Brasil não existe um conceito objetivo de efeito não confiscatório. A resposta **"D"** está correta, já que realmente não há uma percentagem definida para configurar o não confisco. A justificativa "E" está incorreta, conforme dispõe o artigo 97, § 2º, do CTN, a mera correção monetária não é majoração de tributo e, por essa razão, prescinde (dispensa) de lei, pode ocorrer por meio de Decreto.

5. **Alternativa (A).** Se somente a afirmativa I estiver correta.

Comentário: O item **I** está correto, nos termos do artigo 150, III, "c", da CF. A assertiva II está incorreta, pois a referida imunidade tributária subjetiva, segundo o artigo 150, VI, "c", da CF, alcança apenas as Entidades de Assistência Social sem fins lucrativos, Entidades de Educação sem fins lucrativos, partidos políticos e suas fundações e o Sindicato dos Trabalhadores. A resposta III está incorreta, pois o Princípio do Não Confisco é extensivo às multas tributárias, conforme julgamento do STF.

6. **Alternativa (E).** Configura-se o caráter confiscatório de determinado tributo sempre que o efeito cumulativo, resultante das múltiplas incidências tributárias estabelecidas pela mesma entidade estatal, afetar, substancialmente e de maneira irrazoável, o patrimônio ou os rendimentos do contribuinte.

Comentário: A assertiva "A" está incorreta, consoante entendimento do STJ, Súmula n. 498, o IR não incide sobre a indenização por danos morais. A resposta "B" está incorreta, porque o serviço de iluminação pública não é divisível e, por isso, não pode ser remunerado por meio de taxa, que segundo o artigo 145, II, da CF, essa espécie tributária deve incidir sobre o serviço público específico e divisível, nesse sentido, pode ser mencionada a Súmula n. 670 do STF, que considera inconstitucional tal exação sobre a iluminação pública– recentemente convertida na Súmula Vinculante n. 41. A justificativa "C" está incorreta, já que o Princípio da Não Cumulatividade não é considerado pelo STF como cláusula pétrea. A alternativa "D" está incorreta, uma vez que o Princípio da Anterioridade deve ser observado nas hipóteses de instituição e majoração do tributo, de acordo com o posicionamento do STF, Súmula n. 669, norma legal que altera o prazo de recolhimento da obrigação tributária não se sujeita ao Princípio da Anterioridade, convertida recentemente na Súmula Vinculante n. 50. A opção **"E"** está correta, conforme entendimento do STF ao julgar a ADI n. 2010-2/DF, rel. Min. Celso de Mello, que considera como caráter confiscatório de um tributo o total da carga tributária exigida pelo mesmo Ente Federativo de maneira irrazoável o patrimônio ou os rendimentos do contribuinte.

2.5. Princípio da Solidariedade Tributária

A Constituição Federal por meio do seu art. 3º, I, estabeleceu expressamente que o objetivo fundamental da República Federativa do Brasil constitui "construir uma sociedade livre, justa e **solidária**". Referida premissa traduz literalmente que a Solidariedade Social configura um dos pilares mais relevantes de um Estado Democrático de Direito, de modo que sua aplicação deve direcionar a buscar o equilíbrio entre os valores de Justiça e de Liberdade.

Diante disso, o Princípio da Solidariedade pode ser entendido como o fundamento orientador da atuação estatal, no sentido de promover o bem de todos. Observe-se que não há um direcionamento para um sujeito em específico. Pelo contrário, tal preceito leva uma generalidade que visa atingir a todos sem distinção. Tudo no sentido de se alcançar um Estado ideal de sociedade.

Cumpre mencionar que o referido Princípio encontra diversas aplicações no ordenamento jurídico, sendo identificado com maior ênfase no Direito Previdenciário, Tributário e Administrativo.

No presente estudo será analisado esse Princípio na seara do Direito Tributário. Registre-se, primeiramente, que a tributação não deve ser compreendida como expressão do Poder soberano estatal em detrimento dos cidadãos, mas como atividade necessária ao bom funcionamento da sociedade representada pelo próprio Estado.

A disposição que mais expressa a aplicação desse Princípio, no Direito Tributário, na Constituição está no art. 145, §1º, em virtude da íntima relação com a Capacidade Contributiva. Desse modo, quando se observa que os Impostos deverão ser graduados segundo a Capacidade Contributiva, deve-se interpretar que também, em virtude da Solidariedade, busca-se o bem comum para se alcançar a verdadeira Igualdade.

Outrossim, pode-se identificar a aplicação do Princípio da Solidariedade nos arts. 194 e 195 da CF, conquanto com mais ênfase no Direito Previdenciário, que estabelece que a "seguridade social será financiada por toda a sociedade".

No estudo desse Princípio se deve levar em consideração que, por um lado, o tributo pode ser um instrumento que vise uma política de redistribuição de rendas (por meio de investimentos e gastos públicos), mas, por outro lado, não se pode admitir arbitrariedades, utilizando-se como justificativa tal Princípio e o da Legalidade, de modo a transcender os limites do poder de tributar.

Registre-se que os Princípios da Legalidade e da Solidariedade se complementam na complexa tarefa de limitar o poder estatal, com o intuito de assegurar a Liberdade e a Justiça. Por conseguinte, não se deve admitir que a invocação desse Princípio possa justificar a violação da lei.

Nesse diapasão, embora com mais frequência no Direito Previdenciário, a Suprema Corte tem aplicado o Princípio da Solidariedade com esse objetivo de limitar o Poder de tributar do Estado, como se depreende da jurisprudência a seguir:

> TRIBUTÁRIO. CONTRIBUIÇÃO DESTINADA AO CUSTEIO DA SEGURIDADE SOCIAL. REVOGAÇÃO DO LIMITE PARA APURAÇÃO DA BASE DE CÁLCULO. RAZÕES RECURSAIS GENÉRICAS. IMPUGNAÇÃO BASEADA APENAS NA RELAÇÃO DE RETRIBUTIVIDADE LINEAR (ISOMÉTRICA). DEFICIÊNCIA QUE IMPEDE O APROFUNDAMENTO DO DEBATE CONSTITUCIONAL. DECRETO-LEI 2.318/1986. ART. 165, XVI, E PAR. ÚN. DA EC 01/1969. ART. 195, §5º DA CONSTITUIÇÃO DE 1988. Embora a adoção do modelo solidário de custeio da previdência esteja

longe de chancelar todo e qualquer tipo de aumento da base de tributação, a referibilidade ou a retributividade linear postulada pela agravante também é inaplicável. **A alegação genérica de que o aumento da contribuição deve ser respaldado diretamente por igual acréscimo do benefício (retributividade linear) é insuficiente, pois não enfrenta o alcance do princípio da solidariedade.** Fazia-se necessário indicar de modo preciso e analítico como a revogação do limite implicaria excesso de exação ou desproporcionalidade, considerada a repartição do ônus de custeio da seguridade entre a União, os empregadores e os trabalhadores. Ausentes tais elementos do debate constitucional, é plenamente aplicável o reconhecimento incidental da constitucionalidade do texto atacado (RE 231.538, rel. Min. Ilmar Galvão, Primeira Turma, **DJ** de 21.02.2003 e RE 202.294, rel. Min. Ellen Gracie, Segunda Turma, **DJ** de 02.06.2006). Agravo regimental ao qual se nega provimento. (AI 724582 AgR / SP, Relator(a): Min. JOAQUIM BARBOSA , **DJe**-065, divulg. em 05.04.2011) (grifos nossos)

Também no STJ se pode encontrar aplicação do referido Princípio:

PROCESSUAL CIVIL E TRIBUTÁRIO. RECURSO ESPECIAL. CONTRIBUIÇÃO PREVIDENCIÁRIA. AUXÍLIO-DOENÇA, AUXÍLIO-ACIDENTE. VERBAS RECEBIDAS NOS 15 (QUINZE) PRIMEIROS DIAS DE AFASTAMENTO. NÃO-INCIDÊNCIA. SALÁRIO – MATERNIDADE. NATUREZA JURÍDICA. INCIDÊNCIA. FÉRIAS E ADICIONAL DE 1/3. VERBAS DE CARÁTER REMUNERATÓRIO. INCIDÊNCIA. AUSÊNCIA DE PREQUESTIONAMENTO. SÚMULA 282 DO STF. 1. (...) 5. A Previdência Social é instrumento de política social do governo, sendo certo que sua finalidade primeira é a manutenção do nível de renda do trabalhador em casos de infortúnios ou de aposentadoria, abrangendo atividades de seguro social definidas como aquelas destinadas a amparar o trabalhador nos eventos previsíveis ou não, como velhice, doença, invalidez: aposentadorias, pensões, auxílio-doença e auxílio-acidente do trabalho, além de outros benefícios ao trabalhador. 6. (...)**O regime previdenciário do servidor público hoje consagrado na Constituição está expressamente fundado no princípio da solidariedade (art. 40 da CF), por força do qual o financiamento da previdência não tem como contrapartida necessária a previsão de prestações específicas ou proporcionais em favor do contribuinte. A manifestação mais evidente desse princípio é a sujeição à contribuição dos próprios inativos e pensionistas.**(...) 8. **Consequentemente, incólume resta o respeito ao Princípio da Legalidade, quanto à ocorrência da contribuição previdenciária sobre a retribuição percebida pelo servidor a título salário maternidade, férias gozadas e respectivo um terço constitucional de férias.** 9. A apreciação, em sede de Recurso Especial, de matéria sobre a qual não se pronunciou o tribunal de origem é inviável, porquanto indispensável o requisito do prequestionamento. Ademais, como de sabença, "é inadmissível o recurso extraordinário, quando não ventilada na decisão recorrida, a questão federal suscitada" (Súmula282/STF). 10. *In casu*, merece ser afastada apenas a contribuição previdenciária sobre o auxílio-doença, pagas até o 15º dia pelo empregador. 11. Agravo regimental desprovido. (AgRg no REsp 1042319/PR, Relator Ministro LUIZ FUX (1122), T1 – PRIMEIRA TURMA, **DJe** de 15.12.2008)

Diante disso, a invocação do Princípio da Solidariedade por aqueles que representam o povo, em questões tributárias ou previdenciárias, não pode ensejar a ampliação dos limites impostos pelo Princípio da Legalidade.

2.5.1. Questões

1. (TJ/SE – Cartórios – CESPE/2014). A respeito da previdência social, assinale a opção correta.* **Obs.: Embora a questão se refira a Direito Previdenciário, abrange relevantes preceitos do Princípio da Solidariedade.**

(A) Em regra, o notário, ou tabelião, e o oficial de registros não estão submetidos ao Regime Geral de Previdência Social.

(B) Ao município é permitida a instituição de contribuição social destinada a custear o serviço local de saúde, respeitado o interregno de noventa dias entre a instituição e a cobrança.

(C) O custeio da seguridade social é caracterizado pelo princípio da solidariedade, podendo todos os integrantes da sociedade ser chamados a contribuir, independentemente de pertencerem ou não a determinado grupo diretamente relacionado com a atuação estatal.

(D) Não se achando no gozo de benefício, aquele que deixar de contribuir por mais de dois meses consecutivos perderá a qualidade de segurado.

(E) Há variados fatos geradores, contribuintes e bases de cálculo para as contribuições destinadas ao financiamento da seguridade social, vedada a instituição de novas fontes diversas das estabelecidas no texto constitucional.

2. (ESAF – Auditor-Fiscal– RFB/2014). Sobre o princípio constitucional da solidariedade, próprio do direito previdenciário, julgue os itens a seguir, classificando-os como certos ou errados. Em seguida, assinale a opção correta.* **Obs.: Embora a questão se refira a Direito Previdenciário, abrange relevantes preceitos do Princípio da Solidariedade.**

I. A solidariedade é a justificativa elementar para a compulsoriedade do sistema previdenciário, pois os trabalhadores são coagidos a contribuir em razão da cotização individual ser necessária para a manutenção de toda a rede protetiva, e não para a tutela do indivíduo, isoladamente considerado.

II. A solidariedade é pressuposto para a ação cooperativa da sociedade, sendo essa condição fundamental para a materialização do bem-estar social, com a necessária redução das desigualdades sociais.

III. É a solidariedade que justifica a cobrança de contribuições pelo aposentado que volta a trabalhar.

IV. A solidariedade impede a adoção de um sistema de capitalização pura em todos os segmentos da previdência social.

(A) Apenas I está correta.

(B) Apenas I e II estão corretas.

(C) Apenas I, II e III estão corretas.

(D) Apenas II e III estão corretas.

(E) Todos os itens estão corretos.

GABARITO

1. **Alternativa (C).** O custeio da seguridade social é caracterizado pelo princípio da solidariedade, podendo todos os integrantes da sociedade ser chamados a contribuir, independentemente de pertencerem ou não a determinado grupo diretamente relacionado com a atuação estatal.

Comentário: Alternativa "C" correta, essa é a premissa da Seguridade Social que efetivamente aplica o Princípio da Solidariedade, visando o bem de todos – art. 194 da CF.

---

2. **Alternativa (E).** Todos os itens estão corretos.

I. A solidariedade é a justificativa elementar para a compulsoriedade do sistema previdenciário, pois os trabalhadores são coagidos a contribuir em razão da cotização individual ser necessária para a manutenção de toda a rede protetiva, e não para a tutela do indivíduo, isoladamente considerado.

II. A solidariedade é pressuposto para a ação cooperativa da sociedade, sendo essa condição fundamental para a materialização do bem-estar social, com a necessária redução das desigualdades sociais.

III. É a solidariedade que justifica a cobrança de contribuições pelo aposentado que volta a trabalhar.

IV. A solidariedade impede a adoção de um sistema de capitalização pura em todos os segmentos da previdência social.

Comentário: Item I correto, a Previdência Social tem caráter obrigatório, nos termos do art. 201 da CF, todos devem contribuir. Item II correto, como estudado nesse Capítulo, o Princípio da Solidariedade pode ser entendido como o fundamento orientador da atuação estatal, no sentido de promover o bem de todos.

Observe-se que não há um direcionamento para um sujeito em particular. Pelo contrário, tal preceito leva uma generalidade que visa atingir a todos sem distinção. Tudo no sentido de se alcançar um Estado ideal de sociedade. Item III correto, a assertiva se coaduna com o Princípio da Solidariedade e está disposta no § 1º do Art. 9º do Decreto 3.048/99. Item IV correto, novamente em conformidade com o Princípio da Solidariedade, o Regime de Previdência Social adota o Regime de Repartição Simples, em que aqueles que contribuem hoje para o sistema, financiam os beneficiários atuais. Ao passo que, quando aqueles contribuintes obtiverem o benefício da Previdência Social, serão financiados para os que contribuírem. Em outras palavras, o Regime Geral da Previdência Social transfere a responsabilidade de custeio dos benefícios atuais, aos segurados que ainda estão na ativa. Do mesmo modo, as gerações futuras manterão os benefícios daqueles que estão contribuindo no presente, e assim por diante. Trata-se de um regime que representa efetivamente a solidariedade, idealizado pelo Estado Democrático de Direito. Também chamado de "Pacto das Gerações".

2.6. Princípio da Irretroatividade

É vedado à União, aos Estados, ao Distrito Federal e aos Municípios cobrarem tributos em relação a fatos geradores ocorridos antes do início da vigência da lei que os houver instituído ou aumentado (art. 150, III, "a", da CF).

O Princípio da Irretroatividade também reflete a segurança jurídica, nos termos do artigo 5º, XXXVI, da CF, o qual determina que "a lei não prejudicará o direito adquirido, o ato jurídico perfeito e a coisa julgada".

O legislador constituinte ao estabelecer o Princípio da **Irretroatividade,** nos termos do artigo 150, III, "a", da CF, invocou uma garantia maior ao contribuinte, que ultrapassa a proteção ao **direito adquirido** e ao **ato jurídico perfeito**, posto que proíbe a tributação sobre fatos geradores não introduzidos anteriormente em lei, o que permite ao contribuinte a faculdade de evitá-la, se assim desejar, pela privação, na prática, do ato ensejador da tributação.

O Princípio da Irretroatividade se revela como instrumento de otimização da **segurança jurídica**, pelo fato de conferir ao contribuinte uma maior certeza do que efetivamente será tributado. Tudo isso em virtude de **previamente** estabelecer em lei as situações relevantes na relação jurídico-tributária em que ensejarão a tributação, assegurando-se, assim, a impossibilidade de o sujeito passivo se deparar com exações que considerem atos, fatos ou situações do passado.

A Constituição Federal não prevê nenhuma exceção ou atenuação ao Princípio da Irretroatividade Tributária, contudo, o Código Tributário Nacional estabelece três exceções ao Princípio da Irretroatividade, conforme se verifica nos artigos 106, I e II, e 144, § 1º.

O artigo 106 do CTN prevê duas situações em que a lei tributária poderá retroagir:

Primeira possibilidade: quando se tratar de lei **expressamente interpretativa** e desde que **não comine penalidade;** e, **segunda:** de ato **NÃO** definitivamente julgado, quando verificada as hipóteses do artigo 106, II, do CTN:

> Art. 106. A lei aplica-se a ato ou fato pretérito:
>
> I – em qualquer caso, quando seja expressamente interpretativa, excluída a aplicação de penalidade à infração dos dispositivos interpretados;
>
> II – tratando-se de ato não definitivamente julgado:
>
> a) quando deixe de defini-lo como infração;

> b) quando deixe de tratá-lo como contrário a qualquer exigência de ação ou omissão, desde que não tenha sido fraudulento e não tenha implicado em falta de pagamento de tributo;
>
> c) quando lhe comine penalidade menos severa que a prevista na lei vigente ao tempo da sua prática.

Da leitura do artigo 106, I, do CTN, constata-se que a lei expressamente **interpretativa**, desde que **não comine penalidade,** poderá retroceder.

Registre-se que uma lei interpretativa apenas esclarece o sentido de outra anterior, elidindo dúvidas a seu respeito, sem, contudo, inovar a ordem jurídica. Havendo qualquer agravação na situação do contribuinte, será considerada ofensiva ao Princípio da Irretroatividade das leis.

Nesse sentido, a norma interpretativa visa à reprodução do conteúdo de uma lei anterior de modo a expulsar os seus pontos obscuros e imprecisos, sem modificar ou limitar o seu sentido ou o seu alcance.

Entretanto, vale mencionar que a questão não é pacífica, muitos doutrinadores entendem que não há possibilidade de existir lei interpretativa, visto que essa tarefa seria exercida apenas pelo Poder Judiciário. Cita-se, como exemplo, o entendimento de Ruy Barbosa:

> (...) a interpretação é função da doutrina e com o caráter decisório-definitivo somente dos tribunais (CF, art. 5, XXXV). O Órgão legislativo, por meio de lei escrita, dispõe de modo geral para o futuro. A Constituição não lhe dá competência, antes lhe veda, de modo expresso, dispor retroativamente contra as situações definitivas do direito adquirido, do ato jurídico perfeito ou da coisa julgada. (...) Na atualidade do Estado de Direito e dos Regimes democráticos a lei interpretativa reveste-se de caráter excepcional porque a função interpretativa conclusiva é reservada ao Poder Judiciário. (...) o item I do art. 106 somente pode ser entendido dentro do poder de autolimitação que tem o Estado, porque a interpretação autêntica, no campo tributário, somente pode esclarecer dúvidas sem qualquer agravo. (...) poderá como medida de política tributária e dentro da autolimitação dispor sobre aspectos de equidade, remissão, anistia, enfim de suavizações, jamais de agravações retroativas em relação às obrigações tributárias principais.[89]

Conquanto, o STF tem se manifestado no sentido de aceitar que uma lei interpretativa poderá retroagir, desde que não modifique o ordenamento jurídico, como se vê no trecho da ADI-MC n. 605-3/DF transcrita a seguir:

> 1. É plausível, em face do ordenamento constitucional brasileiro, o reconhecimento da admissibilidade das leis interpretativas, que configuram instrumento juridicamente idôneo de veiculação da denominada interpretação autêntica. 2. As leis interpretativas – desde que reconhecida a sua existência em nosso sistema de direito positivo – não traduzem usurpação das atribuições institucionais do judiciário e, em consequência, não ofendem o postulado fundamental da divisão funcional do poder. 3. Mesmo as leis interpretativas expõem-se ao exame e à interpretação dos juízes e tribunais. Não se revelam, assim, espécies normativas imunes ao controle jurisdicional. (...) 6. As leis, em face do caráter prospectivo de que se revestem, devem, ordinariamente, dispor para o futuro. **O sistema jurídico-constitucional brasileiro, contudo, não assentou como postulado absoluto, incondicional e inderrogável, o princípio da irretroatividade. 7. A questão da retroatividade das leis interpretativas** (STF, ADI-MC n. 605-3/DF, Pleno, rel. Min. Celso de Mello, **DJ** de 23.10.1991) (grifos nossos).

89. NOGUEIRA, Ruy Barbosa. **Curso de Direito Tributário**. 14. ed. Saraiva, 1995. p. 84-85.

Urge destacar que o fato de o legislador mencionar expressamente ser a lei interpretativa não é suficiente para aplicar o artigo 106, I, do CTN, tendo em vista que só poderá retroagir se a lei **não modificar** o ordenamento jurídico. Nesse sentido, cumpre destacar o trecho da ementa de julgamento proferido pelo STJ, em AgRg no REsp n. 776.599, de relatoria do Ministro Luiz Fux, ao analisar o artigo 3º da LC n. 118/2005:

> 4. Deveras, a norma inserta no artigo 3º da lei complementar em tela, indubitavelmente, **cria direito novo, não configurando lei meramente interpretativa, cuja retroação é permitida**, consoante apregoa doutrina abalizada:
>
> Denominam-se leis interpretativas as que têm por objeto determinar, em caso de dúvida, o sentido das leis existentes, sem introduzir disposições novas. **Nota**: A questão da caracterização da lei interpretativa tem sido objeto de não pequenas divergências, na doutrina. Há a corrente que exige uma declaração expressa do próprio legislador (ou do órgão de que emana a norma interpretativa), afirmando ter a lei (ou a norma jurídica, que não se apresente como lei) caráter interpretativo. Tal é o entendimento da AFFOLTER *(Das intertemporale Recht,* v. 22, *System des deutschen bürgerlichen Uebergangsrechts,* 1903, p. 185), julgando necessária uma *Auslegungsklausel,* ao qual GABBA, que cita, nesse sentido, decisão de tribunal de Parma, (...) Compreensão também de VESCOVI (Intorno alla misura dello stipendio dovuto alle maestre insegnanti nelle scuole elementari maschili. In: *Giurisprudenza italiana,* 1904, I, I, cols. 1191, 1204) e a que adere DUGUIT, para quem nunca se deve presumir ter a lei caráter interpretativo – "os tribunais não podem reconhecer esse caráter a uma disposição legal, senão nos casos em que o legislador lho atribua expressamente" (*Traité de droit constitutionnel,* 3. ed., v. 2, 1928, p. 280). Com o mesmo ponto de vista, o jurista pátrio PAULO DE LACERDA concede, entretanto, que seria exagero exigir que a declaração seja inseri da no corpo da própria lei não vendo motivo para desprezá-la se lançada no preâmbulo, ou feita noutra lei.
>
> Encarada a questão, do ponto de vista da lei interpretativa por determinação legal, outra indagação, que se apresenta, é saber se, manifestada a explícita declaração do legislador, dando caráter interpretativo, à lei, esta se deve reputar, por isso, interpretativa, sem possibilidade de análise, por ver se reúne requisitos intrínsecos, autorizando uma tal consideração.
>
> (...)
>
> SAVIGNY coloca a questão nos seus precisos termos ensinando: "trata-se unicamente de saber se o legislador fez, ou quis fazer uma lei interpretativa, e, não, se na opinião do juiz essa interpretação está conforme com a verdade" (*System des heutigen romischen Rechts,* v. 8, 1849, p. 513). Mas, não é possível dar coerência a coisas, que são de si incoerentes, não se consegue conciliar o que é inconciliável. E, desde que a chamada interpretação autêntica é realmente incompatível com o conceito, com os requisitos da verdadeira interpretação (v., supra, a nota 55 ao nº 67), não admira que se procurem torcer as consequências inevitáveis, fatais de tese forçada, evitando-se-lhes os perigos. Compreende-se, pois, que muitos autores não aceitem o rigor dos efeitos da imprópria interpretação. Há quem, como GABBA (*Teoria delta retroattività delle leggi,* 3. ed., v. 1, 1891, p. 29), que invoca MAILHER DE CHASSAT (*Traité de la rétroactivité des lois,* v. 1, 1845, p. 131 e 154), sendo seguido por LANDUCCI (*Trattato storico-teorico-pratico di diritto civile francese ed italiano, versione ampliata del Corso di diritto civile francese, secondo il metodo dello Zachariæ, di Aubry e Rau,* v. 1 e único, 1900, p. 675) e DEGNI (L'interpretazione della legge, 2. ed., 1909, p. 101), entenda que é de distinguir quando uma lei é declarada interpretativa, mas encerra, ao lado de artigos que apenas esclarecem, outros introduzido novidade, ou modificando dispositivos da lei interpretada. PAULO DE LACERDA (loc. cit.) reconhece ao juiz competência para verificar se a lei é, na verdade, interpretativa, mas somente quando ela própria afirme que o é. LANDUCCI (nota 7 à p. 674 do v. cit.) é de prudência manifesta: "Se o legislador declarou interpretativa uma lei, deve-se, certo, negar tal caráter somente em casos extremos, quando seja absurdo ligá-la com a lei interpretada, quando nem mesmo se possa considerar a mais errada inter-

pretação imaginável. A lei interpretativa, pois, permanece tal, ainda que errônea, mas, se de modo insuperável, que suplante a mais aguda conciliação, contrastar com a lei interpretada, desmente a própria declaração legislativa". Ademais, a doutrina do tema é pacífica no sentido de que: "Pouco importa que o legislador, para cobrir o atentado ao direito, que comete, dê à sua lei o caráter interpretativo. É um ato de hipocrisia, que não pode cobrir uma violação flagrante do direito" (*Traité de droit constitutionnel*, 3. ed., v. 2, 1928, p. 274-275).

O artigo 3º da LC n. 118/2005 se autodenominou interpretativo, porém modificou o ordenamento jurídico ao reduzir o prazo de restituição aos sujeitos passivos relativos aos tributos sujeitos a lançamento por homologação. Para melhor compreensão, verifique abaixo a redação do dispositivo:

> **Art. 3º Para efeito de interpretação** do inciso I do art. 168 da Lei n. 5.172, de 25 de outubro de 1966 – Código Tributário Nacional, a extinção do crédito tributário ocorre, no caso de tributo sujeito a lançamento por homologação, no momento do pagamento antecipado de que trata o § 1o do art. 150 da referida Lei (grifo nosso).

Observe que o artigo 168, I, do CTN prevê que o sujeito passivo que pagou indevidamente ou a maior o tributo tem o prazo de cinco anos para pleitear a restituição a **contar da extinção** da obrigação tributária.

Como veremos mais adiante, nos tributos sujeitos a lançamento por homologação não é o pagamento em si que extingue o crédito tributário, mas sim a homologação **ulterior** realizada pela autoridade administrativa ou realizada tacitamente, nos termos do artigo 156, VII, c/c o artigo 150 e seus §§ 1º e 4º do CTN. Isso porque, nessa modalidade de lançamento tributário, o próprio contribuinte verifica a ocorrência do fato gerador, calcula o tributo e já antecipa o seu pagamento. Em momento posterior, a autoridade administrativa terá de verificar se o pagamento foi realizado corretamente ou não; ou ainda, caso não o faça, ocorre a homologação tácita após cinco anos da ocorrência do fato gerador. Assim, somente após a homologação expressa ou tácita o crédito tributário será extinto. Por essa razão, o pagamento antecipado pelo contribuinte, por si só, **não** extingue o crédito tributário, pois se assim o fosse, no caso de eventual pagamento a menor, a Fazenda perderia o direito de cobrar a diferença.

Ressalta-se que, a autoridade administrativa tem cinco anos para verificar se o pagamento está correto ou não. A homologação realizada por ela poderá ser **expressa** ou **tácita.** Considera-se **homologação tácita** quando se passam os cinco anos da ocorrência do fato gerador sem a manifestação do Fisco. No caso de o contribuinte não realizar o pagamento do tributo que deveria ter feito ou, ainda, pagar valor a menor, depois de transcorrido o prazo de cinco anos, a Fazenda não mais poderá constituir o crédito tributário, visto que terá ocorrido a **decadência tributária**, que configura a perda do direito do Fisco de constituir o crédito tributário, instituto que será estudado nesta obra.

Para melhor compreensão, cita-se, por exemplo, um comerciante que realiza a operação de circulação de mercadoria no dia 05.01.2013, nesse momento, ele deveria recolher R$ 1.000,00 de ICMS (tributo sujeito a lançamento por homologação), porém, recolhe apenas R$ 100,00, faltou, portanto, R$ 900,00. A autoridade poderá constituir essa diferença até o dia 04.01.2018. Caso não o faça, no dia 05.01.2018 terá ocorrido a decadência.

Na prática, ocorre com mais frequência a homologação tácita. Logo, pode-se afirmar que a extinção do crédito tributário nos tributos sujeitos a lançamento por homologação se dá depois de transcorridos o prazo de cinco anos do fato gerador – art. 150, §4º, do CTN. Desse modo, ainda que o contribuinte recolha corretamente o valor do tributo sujeito a lançamento por homologação, a extinção acontecerá apenas com a homologação por parte da Fazenda, que poderá ser expressa – a qualquer momento dentro do prazo de cinco anos – ou tacitamente decorrido esse período.

Embasado novamente pelo exemplo anterior, se o contribuinte recolhesse R$ 1.000,00 de ICMS no dia 05.01.2013, por mais que o valor estivesse correto, o crédito tributário estaria extinto somente no dia 05.01.2018, no caso da homologação tácita.

Nesse sentido, agora enfocando o direito do sujeito passivo (lado oposto à Fazenda Pública), o artigo 168, I, do CTN determina que o sujeito passivo que pagou a maior ou indevidamente o tributo tem cinco anos para pleitear a restituição, contados da extinção do crédito tributário.

Ilustrativamente, exemplifica-se que antes da vigência da LC n. 118/2005, o contribuinte que tivesse pago R$ 2.000,00 de ICMS no dia 05.01.1998, quando deveria ter pago R$ 1.000,00, teria até o dia 05.01.2008 para ingressar com a Ação de Restituição. Isso porque, pelo raciocínio concatenado dos artigos mencionados, o crédito estaria extinto apenas no dia 05.01.2003. Assim, contar-se-ia mais cinco anos para restituir dessa data da extinção, resultando como prazo final 05.01.2008. Por isso, afirmava-se que, na verdade, o sujeito passivo tinha 10 anos para restituir o que pagou indevidamente, pois era a tese dos 5 + 5 – cinco anos para extinguir e mais cinco para restituir.

Entretanto, com a redação do artigo 3º da LC n. 118 de 09.02.2005, esse prazo foi **reduzido** para cinco anos. Atualmente, o contribuinte tem apenas cinco anos para ingressar com a ação de restituição, posto que a referida lei menciona que para fins de "**interpretação**" do artigo 168, I, do CTN, entende-se extinto o crédito tributário no momento do pagamento antecipado realizado pelo contribuinte, com relação aos tributos sujeitos a lançamento por homologação.

Dessa maneira, de acordo com a interpretação da LC n. 118/2005, o contribuinte que pagou o ICMS em 05.01.2006, por exemplo, como se considera extinta a obrigação no momento do pagamento, esse contribuinte teria apenas até o dia 05.01.2011 para pedir a restituição, e não mais até 2016.

Destaca-se que a LC n. 118/2005, em que pese se **autodenominar interpretativa**, não há como admitir que de fato seja, porque simplesmente modificou nosso ordenamento jurídico, quando literalmente reduziu o prazo de restituição do contribuinte de dez para cinco anos. Considerando tal efeito modificativo, o STF, em observância ao Princípio da Segurança Jurídica e Dignidade da Pessoa Humana, ao julgar o RE n. 566.621-RG/RS (rel.ª Min.ª Ellen Gracie, Tribunal Pleno, **DJe** de 11.10.2011), utilizando-se do instituto da modulação dos efeitos, decidiu que essa lei **não poderia retroagir.** Observe a ementa do julgado:

> DIREITO TRIBUTÁRIO. LEI INTERPRETATIVA. APLICAÇÃO RETROATIVA DA LEI COMPLEMENTAR N. 118/2005. DESCABIMENTO. VIOLAÇÃO À SEGURANÇA JURÍDICA. NECESSIDADE DE OBSERVÂNCIA DA VACACIO LEGIS. APLICAÇÃO DO PRAZO REDUZIDO PARA REPETIÇÃO OU COMPENSAÇÃO DE INDÉBITOS AOS PROCESSOS AJUIZADOS A PARTIR DE 9 DE JUNHO DE 2005. Quando do advento da LC n. 118/2005, estava consolidada a orientação da Primeira Seção do STJ no

> sentido de que, para os tributos sujeitos a lançamento por homologação, o prazo para repetição ou compensação de indébito era de 10 anos contados do seu fato gerador, tendo em conta a aplicação combinada dos arts. 150, § 4º, 156, VII, e 168, I, do CTN. **A LC n. 118/2005, embora tenha se autoproclamado interpretativa, implicou inovação normativa, tendo reduzido o prazo de 10 anos contados do fato gerador para 5 anos contados do pagamento indevido. Lei supostamente interpretativa que, em verdade, inova no mundo jurídico deve ser considerada como lei nova.** Inocorrência de violação à autonomia e independência dos Poderes, porquanto a lei expressamente interpretativa também se submete, como qualquer outra, ao controle judicial quanto à sua natureza, validade e aplicação. **A aplicação retroativa de novo e reduzido prazo para a repetição ou compensação de indébito tributário estipulado por lei nova, fulminando, de imediato, pretensões deduzidas tempestivamente à luz do prazo então aplicável, bem como a aplicação imediata às pretensões pendentes de ajuizamento quando da publicação da lei, sem resguardo de nenhuma regra de transição, implicam ofensa ao princípio da segurança jurídica em seus conteúdos de proteção da confiança e de garantia do acesso à Justiça.** Afastando-se as aplicações inconstitucionais e resguardando-se, no mais, a eficácia da norma, permite-se a aplicação do prazo reduzido relativamente às ações ajuizadas após a *vacatio legis*, conforme entendimento consolidado por esta Corte no Enunciado n. 445 da Súmula do Tribunal. O prazo de *vacatio legis* de 120 dias permitiu aos contribuintes não apenas que tomassem ciência do novo prazo, mas também que ajuizassem as ações necessárias à tutela dos seus direitos. Inaplicabilidade do art. 2.028 do Código Civil, pois, não havendo lacuna na LC n. 118/2008, que pretendeu a aplicação do novo prazo na maior extensão possível, descabida sua aplicação por analogia. Além disso, não se trata de lei geral, tampouco impede iniciativa legislativa em contrário. **Reconhecida a inconstitucionalidade, art. 4º, segunda parte, da LC n. 118/2005, considerando-se válida a aplicação do novo prazo de 5 anos tão somente às ações ajuizadas após o decurso da *vacatio legis* de 120 dias, ou seja, a partir de 9 de junho de 2005.** Aplicação do art. 543-B, § 3º, do CPC aos recursos sobrestados. Recurso extraordinário desprovido (grifos nossos).

Assim, o STF, ao determinar que a lei não retroagiria, solucionou a discussão em tela utilizando-se do instituto da Modulação dos Efeitos, de modo que foram definidas três hipóteses distintas, englobando a questão do prazo para restituição referida na LC n. 118/2005, que compreendem:

i) primeiro caso: quanto ao pagamento de tributos indevidos ou a maior em que o contribuinte **já teria ingressado** com a ação de restituição **antes** da vigência da LC n. 118/2005;

ii) segundo caso: ao pagamento de tributos indevidos ou a maior **antes** da vigência da LC n. 118/2005, mas o contribuinte **não teria ingressado** com a referida demanda ainda; e

iii) terceiro caso: ao pagamento de tributos indevidamente ou a maior **após** a vigência da LC n. 118/2005.

Com relação ao **primeiro caso**, cujo pagamento do tributo e a ação de restituição eram **anteriores à LC n. 118/2005**, a dúvida que existia era se poderia retroagir a nova regra e tornar indevida a demanda, caso houvesse ultrapassado o prazo de cinco anos entre a propositura da demanda e o pagamento antecipado. Por exemplo: o contribuinte que recolheu indevidamente o ICMS em 05.01.1998, pela regra antiga, teria até 05.01.2008 para pleitear a restituição. Mas esse contribuinte ingressou com a ação de restituição em 05.01.2004 (antes da LC n. 118/2005), ou seja, seis anos após o pagamento do tributo. Registre-se que antes da referida LC não haveria qualquer problema nesse caso, pois o contribuinte tinha dez anos para pleitear a restituição. Entretanto, com o advento da LC n. 118/2005, o prazo para restituição passou a ser de cinco anos a contar do pagamento, assim, por essa LC, o contribuinte deveria ter ingressado com a demanda até o dia 05.01.2003. Mas então poderia retroagir essa nova regra, posto que a própria Lei Complementar se declarou interpretativa?

Resposta do STF ao julgar o RE n. 566.621: a LC n. 118/2005 não pode ser considerada interpretativa, tendo em vista que mudou o ordenamento jurídico, reduzindo o prazo para restituição. Por esse motivo, **não poderá retroagir**. Assim, o contribuinte que pagou o tributo e ingressou com a ação de restituição **antes** da vigência da LC n. 118/2005, manteve seu direito previsto no regime anterior. Isso quer dizer que prevaleceu a regra dos 10 anos para aqueles contribuintes que ajuizaram a ação antes da LC n. 118/2005.

No que concerne ao **segundo caso:** relativamente ao **pagamento** de tributos indevidos ou a maior **antes** da vigência da LC n. 118/2005, em que o contribuinte **não teria ingressado** com a referida demanda antes do advento da LC. Por exemplo: o contribuinte pagou indevidamente ICMS no dia 05.01.1998. Pela regra antiga ele teria até o dia 05.01.2008 para pedir a restituição, porém, no dia 09.02.2005 é publicada a LC n. 118/2005 que reduziu o prazo para cinco anos a contar do pagamento antecipado. Pergunta-se: como o contribuinte ainda não tinha ajuizado a ação de restituição, ele não mais poderia restituir, pois entre a data da publicação da referida Lei Complementar e o pagamento realizado já tinham se passado mais de cinco anos?

Resposta do STF ao julgar o RE n. 566.621: todos são obrigados a conhecer a lei e, por essa razão, deveriam saber que a partir da vigência da LC n. 118/2005 o prazo para restituir seria de cinco anos e não mais de dez anos. Todavia, vale mencionar que o legislador concedeu o prazo de 120 dias de *vacatio legis* para a LC n. 118/2005, ou seja, esse diploma legal iniciou sua vigência apenas em 09.06.2005. Ao apreciar a constitucionalidade da LC n. 118/2005,o STF considerou tal período. Assim, para esses contribuintes que ainda não tinham ingressado com a ação de restituição, poderiam ajuizar até a vigência da lei, ou seja, até 09.06.2005, mesmo que já tivesse passado mais de cinco anos do pagamento do tributo. Nesse sentido, confira o trecho da ementa: "O prazo de *vacatio legis* de 120 dias permitiu aos contribuintes não apenas que tomassem ciência do novo prazo, mas também que ajuizassem as ações necessárias à tutela dos seus direitos".

Quanto ao **terceiro caso:** pagamento indevido ou a maior de tributo **após** a vigência da LC n. 118/2005: o prazo para restituir é de cinco anos a contar do pagamento antecipado.

Passada a interpretação da LC n. 118/20005 e retomando à segunda exceção ao Princípio da Irretroatividade, ainda no estudo do artigo 106, II, do CTN, o legislador estabeleceu que "a lei aplica-se a ato ou fato pretérito"(...) "tratando-se de ato **NÃO** definitivamente julgado:

a) quando deixar de defini-lo como infração;

b) no momento em que tratá-lo como contrário a qualquer exigência de ação ou omissão, desde que não tenha sido fraudulento e não tenha implicado em falta de pagamento de tributo;

c) sempre que lhe cominar penalidade menos severa que a prevista na lei vigente ao tempo da sua prática".

IMPORTANTE! Na hipótese do artigo 106, II, do CTN, a lei tributária somente poderá retroagir em se tratando de ato **NÃO** definitivamente julgado e quando a lei **DEIXAR** de tratar o ato como infração ou cominar penalidade menos severa.

Em Direito Tributário considera-se penalidade como MULTA, qualquer que seja sua natureza: de mora ou de infração. Por conseguinte, em se tratando de ato não definitivamente julgado, se uma nova lei (lei posterior) estabelecer uma multa menor, poderá retroagir para alcançar fatos pretéritos. No entanto, deve-se destacar que não poderá retroagir a lei que reduzir o TRIBUTO, como no caso de redução de alíquotas, posto que primeiro não se trata de penalidade, segundo porque prevalecerá a regra do *caput* do artigo 144 do CTN, ou seja, será aplicada a lei da época do fato gerador.

IMPORTANTE! Somente poderá retroagir, nos termos do artigo 106, II, do CTN, a lei que reduzir apenas a **multa**, por se tratar de penalidade, e **não** poderá retroceder a lei que reduzir o **tributo**.

Cita-se como exemplo um contribuinte que esteja discutindo na esfera judicial o pagamento do ICMS, pois deixou de pagá-lo em 2007, quando a alíquota era 15% e a multa, para quem deixasse de pagar esse imposto, era de 30%.

Ocorre que, em 2011, foi promulgada uma lei que reduziu a alíquota para 10% e a multa para 20%. Nesse caso, tratando-se de ato não definitivamente julgado, somente poderá retroagir a lei com relação à multa menos severa. Assim, caso o contribuinte tivesse de pagar esse ICMS em atraso, deveria executá-lo com a alíquota da época do fato gerador: 15% e, a multa menos severa: de 20%, que foi reduzida por uma lei posterior – em 2011. Observe que apenas no tocante à multa aplicou-se a retroatividade da lei.

Muito se discute, ainda, com relação à expressão **"não definitivamente julgado"** prevista no artigo 106, II, do CTN. Isso porque as decisões da esfera administrativa podem ser reformadas na esfera judicial, em razão do artigo 5º, XXXV, da CF. Assim, a dúvida pairou a respeito da decisão irreformável na esfera administrativa, se essa decisão poderia ser considerada um ato "não definitivamente julgado".

Com o intuito de por um fim a essa dúvida, alguns doutrinadores e os Tribunais, cite-se o STF e o STJ, se posicionaram no sentido de entender que o ato pode ser definitivamente julgado tanto no âmbito administrativo quanto no judicial. Contudo, cumpre evidenciar que caso haja a possibilidade de determinada discussão administrativa ainda ser analisada na esfera judicial, não se considera o ato definitivamente julgado. Como se vê dos trechos das jurisprudências a seguir:

STF:

> TRIBUTÁRIO. BENEFÍCIO DA LEI 1.687/79, ART. 5º. REDUÇÃO DA MULTA PARA 5%. ATO DEFINITIVAMENTE JULGADO. ART. 106, II, "C", DO CTN. **Se a decisão administrativa ainda pode ser submetida ao crivo do judiciário, e para este houve recurso do contribuinte, não há de se ter o ato administrativo ainda como definitivamente julgado, sendo esta a interpretação que há de dar-se ao art. 106, II, "c", do CTN.** E não havendo ainda julgamento definitivo, as multas previstas nos arts. 80 e 81 da Lei 4.502/64, com a redação dada pelo art. 2º, alterações 22 e 23 do Decreto-lei 34/66, ficam reduzidas para 5%, se o débito relativo ao IPI houver sido declarado em documento instituído pela Secretaria da Receita Federal ou por outra forma confessado, até à data da publicação do Decreto-lei 1.680/79, segundo o benefício concedido pelo art. 5º da Lei 1.687/79. Acórdão que assim decidiu é de ser confirmado. Decisão unânime (STF, 2ª Turma,

> RE n. 95900/BA, rel. Min. Aldir Passarinho, julgado em 04.12.1984, DJU de 08.03.1985, p. 2.602) (grifos nossos).
>
> STJ:
>
> TRIBUTÁRIO. EXECUÇÃO FISCAL. ART. 106 DO CTN. RETROATIVIDADE DA LEI MAIS BENIGNA. ATO NÃO DEFINITIVAMENTE JULGADO. O Código Tributário Nacional, em seu artigo 106, estabelece que a lei nova mais benéfica ao contribuinte aplica-se ao fato pretérito, razão por que correta a redução da multa nos casos como os da espécie, em que a execução fiscal não foi definitivamente julgada. O referido artigo não especifica a esfera de incidência da retroatividade da lei mais benigna, o que enseja a aplicação do mesmo, **tanto no âmbito administrativo como no judicial.** Recurso especial provido (REsp n. 295762/RS, Min. Franciulli Netto (1117), T2 – 2ª Turma, julgado em 05.08.2004, **DJe** de 25.10.2004) (grifos nossos).

Em suma, está correta a afirmação da existência de ato definitivamente julgado na esfera administrativa e na judicial. Contudo, frisa-se que, nos casos em que a decisão administrativa seja irreformável naquele âmbito (administrativo), ainda haja a possibilidade de ser analisada pelo Poder Judiciário, o ato não é definitivamente julgado.

IMPORTANTE! Entende-se que a decisão ainda que irreformável na esfera administrativa, mas que possa ser submetida ao crivo do Poder Judiciário, não é considerada um ato definitivamente julgado.

Assim, se o contribuinte perdeu a demanda na esfera administrativa e ainda não a ajuizou na esfera judicial, mas nesse interregno foi publicada uma nova lei que reduziu a penalidade tributária, ela poderá retroagir para esse contribuinte. Observe que nesse caso a decisão pode ser analisada pelo Poder Judiciário e, por essa razão, não se trata de ato definitivamente julgado.

Evidencia-se, ainda, que a **confissão** do débito, por meio de **parcelamento** tributário não impede a aplicação da legislação posterior mais benéfica com relação às parcelas pendentes de pagamento. O STJ tem compreendido pacificamente que o parcelamento não afasta a lei posterior mais benéfica, a não ser que o crédito já tenha sido extinto. Plenamente justificável, pois não pode após a quitação do tributo requerer a aplicação da multa menor. Observe o entendimento desse Tribunal Superior a respeito do tema:

> TRIBUTÁRIO. EXECUÇÃO FISCAL. ADESÃO A PARCELAMENTO. MULTA. REDUÇÃO. APLICAÇÃO DE LEI MAIS BENÉFICA. RETROATIVIDADE. ART. 106, II, "C", CTN. POSSIBILIDADE. DAÇÃO EM PAGAMENTO. SÚMULA N. 280/STF. 1. A jurisprudência do STJ reconhece que "**a concessão de parcelamento do crédito tributário não constitui óbice, enquanto perdurar o cumprimento do acordo, à aplicação retroativa de lei posterior que comine penalidade menos severa** que a prevista na lei vigente ao tempo da prática do ato" (REsp n. 1056371/SC, rel. Min. Teori Albino Zavascki, 1ª Turma, julgado em 22.03.2011, **DJe** de 28.03.2011). (...) (AgRg no REsp n. 1269018/RS, rel. Min. Humberto Martins, 2ª Turma, julgado em 16.02.2012, **DJe** de 27.02.2012) (grifos nossos).

Outra questão a se ressaltar consiste no fato de que o artigo 106, II, do CTN se refere a **todas** as penalidades tributárias, por essa razão, a retroatividade abrange tanto as multas **moratórias** como as **punitivas**. Veja ementa de decisão do STJ abaixo transcrita:

> EXECUÇÃO FISCAL. MULTA PUNITIVA. ARTIGO 92, DA LEI N. 8.212/91. MESMA REDAÇÃO ATUAL. INEXISTÊNCIA DE LEI MAIS BENÉFICA. 1. Foi aplicada ao agravante a multa do art. 92, da Lei n. 8.212/91 – multa punitiva –, que permanece com a redação original até hoje, não existindo lei nova mais benéfica a aplicar neste caso. 2. A

multa moratória, conquanto seja sanção imposta ao inadimplente, não se confunde com a multa punitiva. **Esta Corte tem jurisprudência pacífica no sentido de que o princípio da retroatividade da lei mais benéfica, do artigo 106 do CTN, aplica-se a multas de natureza moratória.** Precedentes. Agravo regimental improvido. (AgRg no AgRg no REsp n. 724.572/RS, rel. Min. Humberto Martins, 2ª Turma, julgado em 13.10.2009, **DJe** de 21.10.2009) (grifos nossos).

Entretanto, os juros moratórios, como não apresentam caráter punitivo, não sofrem a incidência desse dispositivo, ou seja, não podem retroagir. Frise-se o artigo 106, II, se refere apenas às **multas** tributárias.

Passa-se agora a análise da **terceira possibilidade** de a lei tributária retroceder, trata-se da previsão contida no artigo 144, § 1º, do CTN, qual seja: quando se referir a lançamento tributário, uma lei instituir **novos** critérios de apuração ou fiscalização, ampliando os poderes de investigação das autoridades administrativas.

Para entender esse dispositivo, faz-se necessário tecer um breve histórico. Quando foi instituída a Contribuição Provisória sobre a Movimentação Financeira – CPMF, em 1996, a Lei n. 9.311/96 proibia a utilização das informações decorrentes do cruzamento entre os dados da CPMF – quando ainda existia – com as informações presentes nas declarações de renda dos sujeitos passivos.

Em 2001, foi promulgada a Lei nº 10.174/2001 que possibilitou ao Poder Público cruzar os dados da declaração do IR com a CPMF, com o intuito de proceder ao lançamento dos impostos supostamente sonegados.

Diante disso, com base na Lei nº 10.174/2001, a Autoridade Administrativa autuou vários contribuintes que movimentavam valores altos, durante os exercícios de 1996 a 2001, não declarados na Declaração de Imposto de Renda.

Em defesa, os contribuintes alegavam que a Lei nº 10.174/2001 não poderia ser aplicada para os exercícios de 1996 a 2001, pois estaria alcançando fatos pretéritos, e o ordenamento jurídico proíbe a lei tributária de retroagir.

Por sua vez, com o intuito de demonstrar a plena legalidade de sua conduta, a Administração Tributária embasou as autuações realizadas com o artigo 144, § 1º, do CTN que estabelece a possibilidade de retroagir a lei tributária que institui novos critérios de apuração ou fiscalização.

Os Tribunais Superiores ratificaram o fundamento da Fazenda e reconheceram o direito de cruzar os dados da CPMF com a Declaração do Imposto de Renda, mesmo para os fatos geradores ocorridos antes da edição da Lei n. 10.174/2001, desde que não atingidos pela decadência.

IMPORTANTE! A lei tributária **NÃO** pode retroagir, salvo em 03 (três) situações, dispostas nos artigos 106 e 144 do CTN

2.6.1. *O Princípio da Irretroatividade e os Fatos Geradores Periódicos*

O fato gerador – expressão utilizada pelo legislador, por parte da doutrina e pela jurisprudência – corresponde à descrição em lei da situação eleita pelo legislador como passível de sofrer a incidência tributária.

Os fatos geradores podem ser classificados em: **instantâneos**, **continuados** e **complexivos**.

Os fatos geradores **instantâneos**, segundo Paulo de Barros Carvalho correspondem àqueles que "se verificassem e se esgotassem em determinada unidade de tempo, dando origem, cada ocorrência, uma obrigação tributária autônoma".[90] O IPI, ICMS, Imposto sobre Importação, Imposto sobre Exportação são exemplos de tributos cujos fatos geradores são instantâneos. No caso do IPI, o fato gerador ocorre a cada operação de industrialização de produto. No do ICMS, a cada realização de operação de circulação de mercadoria.

Já o fato gerador **continuado** abrange situações duradouras que se desdobram no tempo, por intervalos maiores ou menores. Cita-se o IPTU e o ITR como exemplos.

O fato gerador **complexivo** se configura com o transcurso de unidades sucessivas de tempo que com a integração formaria um fato final que seria tributado. Exemplo: IR, uma vez que o contribuinte aufere renda mensalmente. O fato gerador **complexivo** recebeu inúmeras críticas, dentre elas: a inexistência em nosso dicionário, pois se trata de uma palavra do dicionário italiano (*complessivo*). Outra crítica se refere à análise isolada de cada unidade sucessiva, posto que isoladamente não configura o fato gerador em si. O fato gerador ocorrerá apenas no instante em que todos os fatos estiverem concretizados e relatados, na forma legalmente prevista. Por essa razão, faz-se necessário que o legislador estipule um momento, um marco de tempo, para averiguar que a integração daquelas unidades poderá ser objeto de tributação.

Desse modo, no caso do IR, a renda auferida para tributação acontece no período-base. Para as pessoas físicas, temos esse marco reputado perfeito e acabado no dia 31 de dezembro de todo ano.

Para melhor compreensão do tema: considere que uma vendedora receba mensalmente um salário de R$ 1.000,00 e mais comissões. No mês que a loja não teve muito movimento, ela recebeu apenas R$ 1.000,00. De acordo com a tabela de IR, referente ao ano-base 2013, a contribuinte não recolheria o imposto, visto que esse valor está isento por ser inferior a R$ 1.710,78. Digamos que houve, durante o ano, dois meses em que ela recebera R$ 2.000,00, nesses meses o seu empregador fez a retenção de 7,5% de IR. Contudo, como o fato gerador do IR se reputou perfeito e acabado no dia 31 de dezembro, foi apenas nessa data que se verificou se a vendedora de fato recebeu durante o ano todo renda suficiente para haver a tributação. Assim, para chegar a essa conclusão, soma-se os valores auferidos durante o ano de 2013(os 12 meses) e se realiza os descontos admitidos pela legislação. Se o resultado foi inferior a R$ 20.529,36 essa pessoa física foi isenta de imposto de renda, tendo em vista que durante o ano de 2013 não atingiu o teto de tributação (R$ 1.710,78 x 12 meses = R$ 20.529,36). Assim, no mês de abril de 2014, exercício seguinte, teria a restituição do valor que foi retido na fonte nos meses em que o salário ultrapassou o teto mensal.

Desse modo, a doutrina que critica essa classificação entende que se o fato gerador complexivo apenas surge no mundo jurídico, propagando seus efeitos, em um **determinado instante** – quando integrado todos os fatos anteriores –, tem-se que na realidade trata-se de

90. **Curso de Direito Tributário.** 19. ed., op. cit., p. 298.

fato gerador instantâneo. Como no caso do IR pessoa física, em que o fato gerador ocorre apenas no dia 31 de dezembro, naquele exato momento.

Nesse sentido, o STF ao julgar o AI-AgR-ED n. 333.209, julgou válida a utilização de alíquota mais elevada, vigente no dia 31 de dezembro, para a CSLL durante aquele ano-base, por entender que o fato gerador dessa contribuição ocorre no dia 31 de dezembro e, como se trata de uma contribuição social, só precisa respeitar o prazo de 90 dias – Anterioridade Nonagesimal, estudado mais adiante neste Capítulo. Segue abaixo a ementa do referido julgado:

> Embargos de declaração acolhidos para complementar a fundamentação do acórdão embargado e alterar a respectiva ementa, que passam a ter o teor seguinte: "Contribuição social: correção monetária: atualização pela UFIR: constitucionalidade do art. 79 da Lei n. 8.383, de 30.12.1991: precedentes. Se o fato gerador da obrigação tributária relativa à contribuição social reputa-se ocorrido em 31 de dezembro, conforme a orientação do STF, a lei que esteja em vigor nessa data é aplicável imediatamente, sem contrariedade ao art. 5º, XXXVI, da Constituição" (AI n. 333209-AgR-ED, rel. Min. Sepúlveda Pertence, 1ª Turma, julgado em 02.03.2007, **DJ** de 30.03.2007, p. 00075, Ement. v. 02270-03, p. 00450).

Logo, se a lei da CSLL fosse publicada até o dia 02 de outubro (faltando 90 dias para que se alcance o dia 31 de dezembro) poderia sim atingir os lucros percebidos já no início do exercício seguinte, **sem afronta** à irretroatividade, uma vez que o fato gerador "complexivo" seria considerado perfeito e acabado no dia 31 de dezembro, de modo a aplicar a lei que já estava em vigor.

2.6.2. O Princípio da Irretroatividade e a Súmula n. 584 do STF

Consoante examinado no Subitem 10.3.3.2, considera-se ocorrido o fato gerador do imposto de renda no período-base, cuja data eleita pelo legislador é o dia 31 de dezembro. Assim, nessa data se reputa perfeito e acabado o fato a ser tributado, devendo ser aplicada a lei vigente nessa época, de modo a não existir ofensa ao Princípio da **Irretroatividade**.

Ocorre que o STF havia publicado a Súmula n. 584 em 1976 (antes da Constituição Federal) em que entende ser aplicável a lei vigente no ano da entrega da declaração de imposto de renda. Veja:

Súmula n. 584 do STF: "Ao imposto de renda calculado sobre os rendimentos do ano-base, aplica-se a lei vigente no exercício financeiro em que deve ser apresentada a declaração".

Contudo, muitos doutrinadores criticaram o teor dessa Súmula, isso porque o fato gerador do imposto de renda ocorre no período-base – no dia 31 de dezembro – e, ao aplicar a lei vigente no exercício da entrega da declaração (que é o ano seguinte), estar-se-ia violando o princípio da **irretroatividade**, que o imposto de renda deve respeitar.

Imagine-se que, no ano de 2013, o contribuinte já sabe que sobre a sua renda auferida terá de recolher 27,5% de IR, porém, no final desse exercício é majorada a alíquota para 32,5%, em atenção ao princípio da anterioridade, só poderá ser exigido esse tributo em 2014, ano da entrega da declaração De acordo com a Súmula n. 584 do STF, a renda auferida pelo contribuinte no exercício de 2013 estaria sujeita à nova alíquota, pois a entrega da declaração de IR só ocorreria em abril de 2014.

Há nítida violação à irretroatividade, pois o fato gerador do IR ocorreu em 2013, portanto, ao aplicar a lei de 2014, ela retroagiria para alcançar um fato pretérito, o que é inadmissível em nosso ordenamento jurídico.

Além disso, se seguirmos a doutrina majoritária que defende que a lei que institui ou majora o tributo entra em vigor em um exercício e só terá eficácia no seguinte, em respeito à anterioridade, ao seguirmos a orientação da Súmula n 584 do STF a situação piora, pois além de ofender ao princípio da irretroatividade, ofenderia, também, o princípio da anterioridade.

Como visto no capítulo 2, item 2.7, para Paulo de Barros Carvalho: "Não advogamos a tese de que tais normas (as que criam ou aumentam tributos) entrem, efetivamente, em vigor, nas datas que estipulem, ficando a eficácia jurídica dos fatos previstos em suas hipóteses protelada até o início do próximo exercício financeiro."

Assim, por esse entendimento a lei que entra em vigor em 2014, ano da entrega da declaração em nosso exemplo acima, é a lei que majorou naquele ano o tributo, podendo, por tanto, só ter eficácia a majoração em 2015.

Ao que parece esse é o entendimento do Superior Tribunal de Justiça que refuta a aplicação da Súmula n. 584 do STF justamente por entender que há violação aos Princípios da Anterioridade e da Irretroatividade. A seguir pode ser analisada a ementa de julgado proferido por esse Tribunal:

> PROCESSUAL CIVIL E TRIBUTÁRIO. AGRAVO REGIMENTAL PROVIDO. LEGISLAÇÃO TRIBUTÁRIA. APLICAÇÃO RETROATIVA. IMPOSSIBILIDADE. SÚMULA N. 584, DO STF. INAPLICABILIDADE. 1. Os Decretos-Lei n. 1.967/82 e 2.065/83 não podem regular o imposto de renda apurado em demonstrações financeiras cujos exercícios sociais se encerraram antes de sua vigência. **2. Inaplicável o verbete sumular n. 584, do STF, erigido à luz da legislação anterior à atual Carta Magna, vigendo, desde então, os princípios da anterioridade e da irretroatividade da lei tributária.** 3. Agravo regimental provido. Agravo de instrumento desprovido (AgRg no Ag 420.635/SP, rel. Min. Luiz Fux, 1ª Turma, j. em 03.10.2002, **DJ** de 28.10.2002, p. 239).

Em setembro de 2014, o STF julgou um caso, sob a relatoria do **então** Ministro Carlos Velloso, cuja ementa menciona sobre a não aplicabilidade da Súmula nº 584 do STF ao caso apreciado, vejamos:

> Ementa: CONSTITUCIONAL. TRIBUTÁRIO. IMPOSTO DE RENDA. OPERAÇÕES INCENTIVADAS. LEI 7.988/89, ART. 1º, I. 1. Não é legítima a aplicação retroativa do art. 1º, I, da Lei 7.988/89 que majorou a alíquota incidente sobre o lucro proveniente de operações incentivadas ocorridas no passado, ainda que no mesmo exercício. Relativamente a elas, a legislação havia conferido tratamento fiscal destacado e mais favorável, justamente para incrementar a sua exportação. A evidente função extrafiscal da tributação das referidas operações afasta a aplicação, em relação a elas, da Súmula 584/STF. 2. Recurso Extraordinário improvido. (RE 183130, Relator(a): Min. CARLOS VELLOSO, Relator(A) p/ Acórdão: Min. TEORI ZAVASCKI, Tribunal Pleno, julgado em 25/09/2014, **DJe**-225, divulg. em 14.11.2014, public. em 17.11.2014, Ement. v. 02758-01, p. 00001).

Ao ler apenas a ementa desse julgado **equivocadamente** poderíamos afirmar que o STF reviu seu entendimento anterior e decidiu por não mais aplicar a Súmula nº 584 do STF. Porém, ao ler a íntegra **do acórdão, deparamos com uma intensa** discussão sobre o assunto e que apenas para esse **específico** caso decidiu-se pela não aplicação do **verbete sumular** por se tratar de **situação** em que o imposto de renda assume o caráter extrafiscal. Nesse sentido trecho do voto no RE nº 183.130:

> "A possibilidade de alteração de alíquotas, após o Poder Público ter alcançado seu desiderato com o incentivo, quebra o liame básico da confiança que deve nortear as relações comerciais. Há uma relação de causalidade entre a redução da alíquota e o comportamento econômico dos particulares.
>
> (...)
>
> Por isso, após a ocorrência do efeito extrafiscal, não há como o Poder Público alterar a promessa que fez em forma de incentivo fiscal. Do contrário, não haveria como restabelecer o vínculo de confiança entre Poder Público e pessoa privada e, por consequência, a própria eficácia de políticas de incentivo fiscal estaria inarredavelmente comprometida.
>
> (...)
>
> No caso do IR ser utilizado em caráter extrafiscal, a configuração do fato gerador dá-se em outro momento. O momento da realização da operação. Destaco, ainda, o vínculo de confiança entre Poder Público e entidade privado, o vínculo de causa e efeito entre redução de alíquota e comportamento econômico desejável. Por isso, após a realização do comportamento estimulado, a lei nova somente poderia ter eficácia para novas possibilidades de comportamentos sob o risco de ser inconstitucional por violação à irretroatividade das leis em matéria de extrafiscalidade."

Em que pese o Ministro Carlos Velloso sustentar pela não mais aplicação da Súmula 584 do STF tendo em vista o princípio constitucional de que a lei não prejudicará o direito adquirido e o ato jurídico perfeito, bem como deixar-se de dar cumprimento ao princípio constitucional da irretroatividade da lei, a maioria dos Ministros presentes no julgamento do RE nº 183.130 **seguiram o voto** do Ministro Nelson Jobim que afasta a aplicação da **referida** súmula apenas quando o IR assume caráter extrafiscal, **sustentando** sua aplicação para o imposto de renda com viés fiscal. **Ainda, alguns dos Ministros deixaram entrelinhas que o teor dessa súmula será motivo de reapreciação em momento oportuno.** Por essa razão, temos que para fins de provas de concursos, a Súmula 584 do STF ainda está em plena vigência, embora haja referida polêmica acerca do assunto, sendo afastada apenas quando o imposto de renda assume caráter extrafiscal.

2.6.3. O Princípio da Irretroatividade e as Decisões Administrativas

O Princípio da Irretroatividade, corolário da segurança jurídica, é observado no Direito Tributário tanto para as **leis** como também para as **decisões administrativas e judiciais**, uma vez que não haveria como o contribuinte confiar no sistema, se fosse possível o Fisco modificar seu entendimento e fazê-lo retroagir conforme suas conveniências.

Nos termos do artigo 146 do CTN, a modificação nos critérios jurídicos adotados pela autoridade administrativa no lançamento tributário, seja em consequência de decisão administrativa ou de judicial, somente pode ser efetivada em relação ao mesmo sujeito passivo, quanto a fato gerador ocorrido **posteriormente** a sua introdução.

Defende-se que o Princípio da Irretroatividade deve ser seguido ainda que a orientação administrativa seja contrária ao nosso ordenamento, uma vez que o contribuinte não pode ser apenado por ter seguido uma interpretação incorreta da autoridade administrativa.

Assim, em nome da **confiança** e da **proteção** ao contribuinte, deve-se resguardar o seu direito em relação a lançamentos já efetuados e aplicar o novo entendimento apenas para eventos futuros.

O CTN invoca o Princípio da Irretroatividade também no artigo 156, IX e X, ao estabelecer que as decisões irreformáveis extinguem o crédito tributário: *"Art. 156. Extinguem o crédito tributário: (...) IX. a decisão administrativa irreformável, assim entendida a definitiva na órbita administrativa, que não mais possa ser objeto de ação anulatória; X. a decisão judicial passada em julgado".*

A Fazenda, quando vencida na esfera administrativa, não poderá buscar reforma da decisão na esfera judicial. Perceba-se que não haveria lógica a própria Fazenda reconhecer que foi vencida no âmbito administrativo e pretender reformar a decisão no âmbito judiciário. Por essa razão, o artigo 156, IX, do CTN prevê que tal decisão extingue o crédito tributário. No entanto, se o contribuinte for a parte vencida, em atenção ao artigo 5º, XXXV, da CF – que determina que nenhuma lesão ou ameaça de lesão será afastada da análise do Poder Judiciário –, poderá buscar a tutela jurisdicional para reverter a decisão e, se vencer no Judiciário com consequente trânsito em julgado, nos termos do artigo 156, X, do CTN, extingue-se o crédito tributário.

2.6.4. Questões

1. (TJ/AP – Juiz – FCC/2014). Estado pretende dar aplicação a ato ou fato pretérito em face de lei nova tributária de caráter expressamente interpretativo com a finalidade de prescrever penalidade à infração dos dispositivos normativos por ela interpretados. Com base no Código Tributário Nacional, considere as seguintes afirmações:

I. Correto o entendimento do Estado, tendo em vista que a lei aplica-se a ato ou fato pretérito em qualquer caso, quando seja expressamente interpretativa.

II. Equivocado o entendimento do Estado, pois a possibilidade de aplicação pretérita só ocorreria tratando-se de ato não definitivamente julgado.

III. Equivocado o entendimento do Estado, pois nesse caso deve ser excluída a aplicação de penalidade à infração dos dispositivos interpretados.

Está correto o que se afirma APENAS em:

(A) II e III.

(B) I.

(C) II.

(D) III.

(E) I e III.

2. (TJ/PR – Juiz Substituto – PUC-PR/2014). Acerca dos princípios de direito tributário, assinale a alternativa CORRETA.

I. A despeito da consagração do Princípio da Irretroatividade, admite nossa legislação a retroatividade da lei interpretativa, a qual, sem a finalidade de inovar o sistema normativo, pode esclarecer o sentido da norma ainda que seu conteúdo divirja de posição já consolidada junto à jurisprudência.

II. Da irradiação dos valores constitucionais para todo o sistema jurídico, é possível afirmar que inexistem hipóteses de mitigação ou atenuação do Princípio da Legalidade Tributária.

III. Por força do Princípio da Legalidade Tributária, a majoração e a atualização monetária da base de cálculo do tributo somente podem ser feitas por lei.

IV. A lei que altere a base de cálculo do IPTU, majorando-o, não está sujeita ao Princípio da Anterioridade Nonagesimal.

(A) Somente a alternativa IV está correta.

(B) Todas as alternativas estão corretas.

(C) Somente a alternativa I está correta.

(D) Somente as alternativas III e IV estão corretas.

3. (OAB – Exame de Ordem Unificado – XIV – Primeira Fase – FGV/2014). Visando a proteger a indústria de tecnologia da informação, o governo federal baixou medida, mediante decreto, em que majora de 15% para 20% a alíquota do Imposto sobre a Importação de Produtos Estrangeiros para monitores de vídeo procedentes do exterior, limites esses que foram previstos em lei.

A respeito da modificação de alíquota do Imposto de Importação, assinale a afirmativa correta.

(A) Deve observar a reserva de lei complementar.

(B) Deve ser promovida por lei ordinária.

(C) Deve observar o princípio da irretroatividade.

(D) Deve observar o princípio da anterioridade.

4. (Prefeitura/SP – Auditor-Fiscal Tributário Municipal I. Área de Especialização: Gestão Tributária – FCC/2012). Uma lei hipotética do município de São Paulo reduziu de 50% para 30% o percentual da penalidade aplicável ao sujeito passivo que descumpriu uma determinada obrigação tributária. Esse novo percentual de penalidade se aplica:

(A) Em relação a todas as infrações cometidas depois da entrada da lei em vigor e, em relação àquelas cometidas antes dessa data, somente em relação aos processos não definitivamente julgados e desde que a nova lei mencione expressamente produzir efeitos retroativos.

(B) Apenas às infrações cometidas após a data em que essa lei entrou em vigor.

(C) Apenas às infrações cometidas antes da data em que essa lei entrou em vigor.

(D) Em relação às infrações cometidas tanto antes, como depois, da data em que essa lei entrou em vigor.

(E) Em relação a todas as infrações cometidas depois da entrada da lei em vigor e, em relação àquelas cometidas antes dessa data, somente em relação aos processos não definitivamente julgados.

5. (TJ/ES – Juiz Substituto – CESPE/2011). No que concerne a capacidade tributária, fato gerador e irretroatividade da lei tributária, assinale a opção correta:

(A) A nulidade ou a anulabilidade do ato jurídico, sob o enfoque do direito civil, são irrelevantes para o direito tributário, pois a definição do fato gerador é interpretada abstraindo-se tais fatos.

(B) A capacidade tributária passiva da pessoa jurídica depende de ela estar regularmente constituída.

(C) Na análise da capacidade contributiva, o CTN confere ao fisco o poder discricionário, na consideração da pessoalidade, para graduar o tributo.

(D) O CTN adota como regra a irretroatividade da lei tributária. Nesse sentido, a lei aplica-se ao ato pretérito, salvo tratando-se de ato não definitivamente julgado.

(E) Em decorrência do postulado da capacidade contributiva, é possível que profissionais da mesma categoria ou função sejam tributados de modo diverso.

6. (TRF/2ª Região – Juiz Federal Substituto – CESPE/2011). De acordo com o que dispõe o CTN, há possibilidade de lei nova retroagir em seus efeitos se o ato:

(A) Tiver contrariado fraudulentamente uma obrigação acessória relativa a imposto que deveria ter sido cumprida antes da vigência da nova lei, independentemente de ter sido ou não julgado.

(B) Tiver importado o não pagamento de tributo e não tiver sido definitivamente julgado quando da vigência da nova lei, e esta deixar de considerá-lo contrário a uma exigência de ação.

(C) Tiver importado o não pagamento de tributo e já tiver sido definitivamente julgado quando da vigência da nova lei, e esta deixar de considerá-lo como contrário a uma exigência de ação.

(D) Não tiver sido definitivamente julgado, independentemente de se referir a imposto ou contribuição, e a nova lei deixar de considerá-lo infração.

(E) Tiver contrariado fraudulentamente uma obrigação acessória relativa a contribuição social com vigência já findada quando da vigência da nova lei, independentemente de ter sido ou não julgado.

7. (FUNSERV/Município de Sorocaba/SP – Procurador – VUNESP/2012). É vedado aos titulares do poder de tributar cobrar tributos em relação a fatos geradores ocorridos antes do início da vigência da lei que os houver instituído ou aumentado. Mencionada vedação traduz o princípio tributário da:

(A) irretroatividade;

(B) anterioridade;

(C) anualidade;

(D) não afetação;

(E) noventena.

8. (Município de Nova Fátima/PR – Advogado – FAUEL/2012). A um contribuinte foi aplicada uma multa no valor R$ 500,00 (quinhentos reais), pela prática de uma infração. Ofereceu defesa perante a esfera administrativa e, antes que esta fosse julgada, foi editada uma lei que reduziu o valor da penalidade aplicada para metade, ou seja, R$ 250,00 (duzentos e cinquenta reais). Considerando o disposto no artigo 106 do Código Tributário Nacional e o fato de o contribuinte ser o sujeito passivo da infração, a multa devida é de:

(A) 500,00 (quinhentos reais), pois cometeu a infração na vigência da lei anterior.

(B) 250,00 (duzentos e cinquenta reais), pois no caso se aplica o princípio da isonomia.

(C) 250,00 (duzentos e cinquenta reais), tendo em vista o princípio da retroatividade da lei mais favorável ao infrator.

(D) 500,00 (quinhentos reais), tendo em vista que a lei tributária nunca retroage, mesmo que para beneficiar o infrator.

9. (Metrô/Companhia do Metropolitano/SP – Advogado Trainee – FCC/2010). Analise:

I. Em sentido específico e restrito, a vigência relaciona-se com a validade social, enquanto a eficácia refere-se à validade formal.

II. A legislação tributária, por sua natureza, regulando os atos do fisco e contribuinte, é dotada de retroatividade como regra, e de irretroatividade como exceção.

III. Dentre outras situações, observa-se que, no aspecto espacial ou territorial, como regra geral, a legislação tributária aplica-se em todo o território nacional, mas, como exceção, a extraterritorialidade de aplicação poderá ser reconhecida em convênios.

É correto o que consta APENAS em:

(A) II e III.

(B) II.

(C) I e II.

(D) III.

(E) I e III.

GABARITO

1. **Alternativa(D).** III.

III. Equivocado o entendimento do Estado, pois nesse caso deve ser excluída a aplicação de penalidade à infração dos dispositivos interpretados.

Comentário: O Item **III** está correto, posto que a Constituição Federal em seu artigo 150, III, estabelece o Princípio da Irretroatividade, de modo que toda vez que uma lei criar ou majorar um tributo não poderá alcançar fatos pretéritos. Porém, o CTN traz três exceções ao Princípio da Irretroatividade em seus artigos 106, I e II, e 144, § 1º, trata-se dos casos de retroatividade da lei de forma benigna ao sujeito passivo. A primeira exceção determina que a lei tributária poderá retroagir quando se tratar de lei expressamente interpretativa **e desde que não comine penalidades**. A segunda refere-se à possibilidade de a lei reduzir penalidade ou excluir infrações, mas que somente alcança os atos não definitivamente julgados. E a terceira estabelece que a lei que criar novas hipóteses para realizar a fiscalização e arrecadação também poderá retroagir. O Item I está incorreto, pois a regra não é absoluta, além de ser expressamente interpretativa, o CTN estabelece que deve ser "excluída a aplicação de penalidade à infração dos dispositivos interpretados". O item II está incorreto, visto que são três as exceções ao Princípio da Irretroatividade, e não somente a hipótese de ato não definitivamente julgado.

---

2. **Alternativa (A).** Somente o Item IV está correto.

IV. A lei que altera a base de cálculo do IPTU, majorando-o, não está sujeita ao Princípio da Anterioridade Nonagesimal.

Comentário: O Item **IV** está correto, como estudaremos mais adiante, a base de cálculo do IPTU é exceção ao Princípio da Anterioridade Nonagesimal, nos termos do artigo 150, § 1º, da CF. O Item I está incorreto, o artigo 106, I, do CTN que prevê que à lei expressamente interpretativa é aplicável a exceção do Princípio da Irretroatividade. Entretanto, se alterar a interpretação já consolidada, estará inovando e, por esse motivo, não poderá retroagir, em razão do Princípio da Segurança Jurídica. Registre-se que a retroatividade da lei interpretativa somente poderá ocorrer quando inexistente outra interpretação. Desse modo, se a norma interpretável já tiver sido objeto de interpretação realizada pelo Poder Judiciário, uma lei posterior "interpretativa" fatalmente dará novo sentido, apresentará, portanto, efeito modificativo, não se encaixando com a exceção contida no artigo 106 do CTN. O Item III também está incorreto, porque, conforme estudado, a atualização monetária poderá ser realizada por meio de Decreto, por não configurar criação ou majoração de tributos.

---

3. **Alternativa (C).** Deve observar o princípio da irretroatividade.

Comentário: A alternativa **"C"** está correta, porque a alteração da alíquota, por se tratar de majoração de tributo, deverá observar o Princípio da Irretroatividade. As opções "A" e "B" estão incorretas, posto que o Imposto de Importação não precisa observar o trâmite de Lei Complementar, mas sim Lei Ordinária ou instrumento Normativo com força de lei – Medida Provisória, por se tratar de tributo extrafiscal. A letra "D" está incorreta, uma vez que aplica-se a exceção ao Princípio da Anterioridade no caso do Imposto de Importação, à luz do artigo 150, § 1º, da CF.

---

4. **Alternativa (E).** Em relação a todas as infrações cometidas depois da entrada da lei em vigor e em relação àquelas cometidas antes dessa data, somente em relação aos processos não definitivamente julgados.

Comentário: Em atenção ao Princípio da Irretroatividade, a nova lei aplica-se aos casos futuros. E, a exceção prevista no artigo 106, II, do CTN permite que a penalidade mais benéfica possa retroagir em se tratando de ato não definitivamente julgado. Logo, a opção correta é a letra **"E"**.

---

5. **Alternativa (A).** A nulidade ou a anulabilidade do ato jurídico, sob o enfoque do direito civil, são irrelevantes para o direito tributário, pois a definição do fato gerador é interpretada abstraindo-se tais fatos.

Comentário: A letra "A" está correta, pois nos termos do artigo 118, I, do CTN, o fato gerador será interpretado abstraindo-se da validade do negócio jurídico. A assertiva "B" está incorreta, porque à luz do artigo 126 do CTN, a Capacidade Tributária Passiva independe de estar a pessoa jurídica regularmente constituída, bastando que configure uma unidade econômica ou profissional. A resposta "C" está incorreta, visto que segundo o artigo 142, paragrafo único, do CTN, a atividade administrativa de lançamento é vinculada e obrigatória, sob pena de responsabilidade funcional. A justificativa "D" está incorreta, já que a CF adota o Princípio da Irretroatividade, de modo que a lei tributária não pode retroagir para alcançar fatos pretéritos. O CTN prevê três exceções ao Princípio da Irretroatividade, dentre elas: a possibilidade de a lei reduzir penalidade ou excluir infrações, mas que somente alcança os atos não definitivamente julgados; além de poder retroagir a lei expressamente interpretativa, desde que não comine penalidade; e a lei que criar novas hipóteses para realizar a fiscalização e arrecadação. A alternativa "E" está incorreta, na medida em que o Princípio da Isonomia, previsto no artigo 150, II, da CF, veda qualquer distinção em razão de ocupação profissional ou função por eles exercida, independentemente da denominação jurídica dos rendimentos, títulos ou direitos.

---

6. **Alternativa (D).** Não tiver sido definitivamente julgado, independentemente de se referir a imposto ou contribuição, e a nova lei deixar de considerá-lo infração.

Comentário: A assertiva **"D"** está correta, com base no artigo 106, II, "a", do CTN.

7. **Alternativa (A).** Irretroatividade.

Comentário: A justificativa A está correta, de acordo com o artigo 150, III, "a", da CF.

8. **Alternativa (C).** R$ 250,00 (duzentos e cinquenta reais), tendo em vista o princípio da retroatividade da lei mais favorável ao infrator.

Comentário: A resposta **"C"** está correta, nos termos do artigo 106, II, do CTN.

9. **Alternativa (D).** III.

III. Dentre outras situações, observa-se que, no aspecto espacial ou territorial, como regra geral, a legislação tributária aplica-se em todo o território nacional, mas, como exceção, a extraterritorialidade de aplicação poderá ser reconhecida em convênios.

Comentário: O Item I está incorreto, pois a vigência está relacionada com a validade formal e a eficácia com a validade social. O Item II também está incorreto, porque a regra no Direito Tributário é a irretroatividade das leis, nos termos do artigo 150, III, "a", da CF, porém, apresenta algumas exceções no Código Tributário Nacional. O Item **III** está correto, como exemplo de aplicação da extraterritorialidade cita-se o Imposto de Renda que incide sobre todas as rendas de residentes no Brasil, ainda que provenientes de países exteriores.

2.7. Princípio da Anterioridade

O Princípio da Anterioridade, também resultado da **segurança** jurídica e da **garantia** da certeza do direito, evita a surpresa ao contribuinte com relação às imposições tributárias, em razão de permitir o conhecimento antecipado – por tempo suficiente – da instituição e/ou majoração de um tributo.

Também denominado de Princípio da **Não Surpresa** do contribuinte é considerado de suma importância no ordenamento jurídico, pois possibilita o exame da imposição legal com antecedência de algo que era imprevisto, contudo, uma vez publicado será obrigatória sua imposição.

Sacha Calmon Navarro Coêlho evidencia que o Princípio da **Não Surpresa** se realiza de quatro maneiras: a) pelo Princípio da **Anualidade** que estava previsto na Constituição de 1946 (art. 141, § 34, 2ª parte) e indicava que um tributo só poderia ser cobrado em cada exercício se fosse autorizado pelo **orçamento** anual, ressalvada apenas a tarifa aduaneira e o imposto lançado por motivo de guerra. Como o orçamento é anual, o tributo só poderia ser exigido se houvesse sua previsão no orçamento, por isso o nome de Princípio da Anualidade (esse princípio deixou de ser aplicado com a CF de 1988); b) por meio Princípio de **Postergação** Genérica da Eficácia das Leis Fiscais, em que a lei fiscal poderia produzir efeitos após 120 dias da sua publicação (também não mais aplicado pela CF/88), c) por intermédio do Princípio que **fixar** um tempo para que a lei produza efeitos para determinado tributo, como o que ocorre com a contribuição social, nos termos do artigo 195, § 6º, da CF; e d) em decorrência do Princípio da Anterioridade do **Exercício**, previsto no artigo 150, III, "b", da CF que determina que o tributo que foi instituído ou majorado só pode ser exigido no exercício financeiro **seguinte** à publicação da lei.[91]

91. **Curso de Direito Tributário Brasileiro.** 12. ed., op. cit., p. 214.

Para resguardar a segurança jurídica e o Princípio da Não Surpresa, a Constituição Federal no artigo 150, III, "b" e "c" (este último – nonagesimal – incluído pela EC n. 42/2003), estabelece que o tributo o qual for **instituído** ou **majorado** em determinado exercício financeiro (que coincide com o ano civil, inicia no dia 1º de janeiro e se encerra no dia 31 de dezembro) somente poderá ser exigido no próximo exercício e desde que transcorridos **90 dias da data da publicação** da lei que houver instituído ou majorado o tributo.

Portanto, a lei que institui ou majora o tributo entra em **vigor** em determinado exercício, porém só terá **eficácia** no subsequente e desde que decorrido o interstício de 90 dias. Nesse sentido, José Afonso da Silva denota:

> A eficácia jurídica da norma designa a qualidade de produzir, em maior ou menor grau, efeitos jurídicos, ao regular, desde logo, as situações, relações, à aplicabilidade, exigibilidade ou executoriedade da norma, como possibilidade de sua aplicação jurídica. Possibilidade e não efetividade.[92]

O Princípio da Anterioridade das leis tributárias tem a finalidade de obstar a **eficácia** das normas que instituíam ou majoram tributos até o exercício **subsequente** àquele no qual tenham entrado em **vigor**, impedindo, assim, a sua aplicabilidade, executoriedade e exigibilidade **imediata**. Aires F. Barreto explica:

> Embora a lei criadora (ou que aumente) entre em vigor na data de sua publicação (como, em regra, vêm consignado nessas normas), o certo é que essas leis só poderão produzir eficácia no exercício subsequente àquele em que forem editadas. Em que pese vigentes, tais leis têm sua eficácia protraída para o ano seguinte ao da sua edição.[93]

Paulo de Barros Carvalho, entretanto, diverge do entendimento de que a eficácia da lei que institui ou majora tributo seria **postergada** para o próximo exercício. Para o autor, a própria **vigência** é que estaria prejudicada. Explica que: "Viger é ter força para disciplinar, para reger, cumprindo a norma seus objetivos finais".[94] Assim, conclui:

> Não advogamos a tese de que tais normas (as que criam ou aumentam tributos) entrem, efetivamente, em vigor, nas datas que estipulem, ficando a eficácia jurídica dos fatos previstos em suas hipóteses protelada até o início do próximo exercício financeiro. **Não se trata de problema de eficácia, mas única e exclusivamente de vigência.** Na hipótese, o que ocorre é a convergência de dois fatores condicionantes, que interagem provocando o deslocamento do termo inicial da vigência, de modo que a regra jurídica que entraria em vigor quarenta e cinco dias depois de publicada ou na data que estabelecer continua sem força vinculante, até que advenha o primeiro dia do novo exercício financeiro. Isso nos autoriza a falar numa vigência predicada pela norma e noutra imperiosamente estabelecida pelo sistema.[95]

Inúmeras bancas de concurso seguem a corrente doutrinária que defende que a lei instituidora ou a qual majora tributo tem vigência no exercício de sua publicação, e eficácia postergada para o próximo exercício, como exemplo, podemos mencionar as bancas da FCC e FGV: em prova realizada para o cargo de **Auditor Fiscal** de Rondônia, em 2010, pela banca da FCC, a pergunta era sobre a data que teria **eficácia** a lei que majorou a base de cálculo

92. SILVA, José Afonso da. **Aplicabilidade das Normas Constitucionais**, São Paulo. Ed. Revista dos Tribunais, 1968. p. 58.
93. **ISS na Constituição e na lei**. 3. ed. São Paulo: Dialética, 2009. p. 23.
94. **Curso de...**, p. 84.
95. Idem, *op. cit.*, p. 88.

do IPVA em novembro de 2009, como resposta correta, considerou a assertiva que afirmou ser o próximo exercício financeiro.

Exemplo de questão sobre o tema

▶ **(Auditor Fiscal-RO/FCC/2012).** O Estado de Rondônia majorou a base de cálculo do IPVA para o exercício de 2010, em 20 de novembro de 2009, conforme lei publicada no diário oficial do Estado naquela data. Considerando que a lei entrou em vigor na data de sua publicação, é correto afirmar que esta lei terá eficácia:

RESPOSTA: A partir do início do exercício financeiro de 2010, por ser exceção à anterioridade nonagesimal, mas se submeter à anterioridade anual.

Em 2008, a banca da FGV, em prova para o Senado Federal, considerou errada a assertiva que afirmava ser o Princípio da Anterioridade uma regra de vigência. Diante disso, conclui-se que a banca compreende que esse princípio não é uma regra de vigência, mas de eficácia, pois ela pode estar em vigor, porém terá eficácia apenas no próximo exercício.

Para melhor compreensão dos Princípios da Anterioridade do Exercício e Nonagesimal, imagine-se que o Imposto sobre Serviços de qualquer Natureza (ISS) foi majorado em janeiro de 2012, por sua vez, ele só poderá ser exigido em 1º de janeiro de 2013, próximo exercício financeiro.

Agora, se o ISS fosse majorado no dia 1º de dezembro de 2012, não poderia ser exigido no dia 1º de janeiro de 2013, isso porque, embora seja o exercício financeiro subsequente, ainda não teria transcorrido os 90 dias da data da publicação da lei que majorou o tributo. Por esse motivo, essa exação só poderia ser exigida em 1º de março de 2013, quando **transcorridos** 90 dias da data da publicação (para contagem inclui-se o dia da publicação).

Além de ser respeitado o **próximo** exercício financeiro, deve-se examinar se transcorreram 90 dias da data da publicação da lei, posto que, repita-se, o Princípio da Anterioridade busca evitar a surpresa do contribuinte. Assim, se for respeitado apenas o próximo exercício, como antigamente ocorria (antes da EC n. 42/2003), o contribuinte se via surpreendido na situação de um tributo ser majorado ou instituído no dia 31 de dezembro e já ser cobrado no dia 1º de janeiro, sob alegação que era o próximo exercício financeiro.

Vale evidenciar que o Princípio da Anterioridade do Exercício, que preconiza o respeito ao próximo exercício financeiro, está previsto no artigo 150, III, "b", da CF e sempre esteve presente no texto constitucional. Já o Princípio da Anterioridade **Nonagesimal**, que preconiza a transcorrência de 90 dias da publicação da lei, encontra-se no artigo 150, III, "c", da CF, mas teve sua inserção apenas em 2003, por meio da EC n. 42/2003.

O Princípio da Anterioridade, mencionado no artigo 150, III, "b", é conhecido também como Princípio da Anterioridade **Anual**, Princípio da Anterioridade do Exercício, ou ainda como Princípio da Anterioridade **Comum**.

Já o Princípio da Anterioridade, disposto no artigo 150, III, "c", da CF, pode aparecer como Princípio da Anterioridade **Privilegiada**, da Anterioridade **Qualificada**, da Anterioridade Mitigada, ou ainda, o que é mais comum, como da Anterioridade **Nonagesimal** ou **Noventena.**

É importante não confundir o Princípio da Anterioridade Tributária com o da Anualidade Tributária, este último já rechaçado pelo legislador constituinte.

Registre-se que a Constituição de 1988 não prevê mais a necessidade de haver autorização no orçamento anual, então o Princípio da Anualidade foi suprimido. Em substituição a ele, foi instituído o Princípio da **Anterioridade**.

Ocorre que nem todos os tributos precisam respeitar o Princípio da Anterioridade, existem diversas exceções. Tais exceções encontram-se dispostas nos artigos 150, § 1º, 155, § 4º, IV, "c", 177, § 4º, I, "b" e 195, § 6º, da CF. Analisa-se a seguir cada uma delas:

A) Tributos que não precisam aguardar o próximo exercício (**não respeitam o Princípio da Anterioridade**) e nem os 90 dias (**não respeitam o Princípio Nonagesimal**), ou seja, o tributo pode ser cobrado: **imediatamente**! São eles:

I	Imposto Extraordinário de Guerra (IEG);
II	Empréstimo Compulsório de Guerra ou Calamidade Pública;
III	Imposto sobre Importação (II);
IV	Imposto sobre Exportação (IE); e,
V	Imposto sobre Operações de Crédito, Câmbio e Seguros (IOF).

Os tributos referentes à guerra, como o caso do Imposto Extraordinário de Guerra e o Empréstimo Compulsório de Guerra ou Calamidade Pública, não precisam respeitar nenhum Princípio da Anterioridade, em decorrência do fato da extrema necessidade da sua cobrança. Caso haja uma guerra, o Brasil precisará urgentemente de dinheiro, não podendo aguardar o próximo exercício, nem os 90 dias para poder cobrar o referido tributo. Por essa razão, esses tributos de guerra são cobrados imediatamente.

Com relação ao II, ao IE e ao IOF, por serem impostos **regulatórios** de mercado, que apresentam o caráter de **extrafiscalidade**, não se considera razoável aguardar o próximo exercício para a efetiva cobrança. Por isso, também são **exceções** aos Princípios da Anterioridade do Exercício e a Nonagesimal. Logo, caso aconteça uma majoração, a cobrança poderá ser também imediata.

Se o tributo for instituído ou majorado no dia 05 de janeiro de 2011, por exemplo, já pode ser cobrado imediatamente, não é necessário aguardar o próximo exercício e nem os 90 dias!

B) Existem tributos, no entanto, que não precisam aguardar o próximo exercício (**não respeitam o Princípio da Anterioridade**), mas necessitam esperar os 90 dias para serem exigidos (**respeitam** o **Princípio Nonagesimal**), são eles:

I	Imposto sobre Produtos Industrializados (IPI);
II	Casos de redução e restabelecimento das alíquotas da CIDE Combustível e do ICMS Combustível;
III	Contribuição Social.

Não respeitar a anterioridade do exercício, mas sim o Princípio da Anterioridade Nonagesimal – os 90 dias –, significa que a cobrança do tributo não precisará aguardar o próximo exercício, mas somente poderá ser cobrado após os 90 dias da publicação da lei.

Assim, se, por exemplo, o tributo for instituído ou majorado no dia 05 de janeiro de 2011, não poderá ser cobrado imediatamente, deverá aguardar, nesse caso, os 90 dias.

Observe que nos casos da CIDE Combustível e do ICMS Combustível, não precisarão aguardar o próximo exercício, sujeitando-se apenas ao Princípio Nonagesimal, no caso de **redução e restabelecimento de alíquotas** (20%, -10%, -20%). Perceba que se for caso de **majoração** desses dois tributos, precisarão sim respeitar **inclusive** o Princípio da Anterioridade do Exercício.

C) Existem tributos que devem respeitar o Princípio da Anterioridade (**respeitam** o Princípio da **Anterioridade** do Exercício), mas não precisam respeitar os 90 dias (**não respeitam** o Princípio **Nonagesimal**), são eles:

I	Imposto sobre Renda e Proventos de Qualquer Natureza (IR);
II	Alteração de **base** de **cálculo** do IPTU e do IPVA.

Dizer que esses tributos respeitam a anterioridade do exercício e não os 90 dias, significa que se um desses tributos for instituído ou majorado no dia 20 de dezembro de 2011, por exemplo, não poderá ser exigido no dia 21 de dezembro de 2011, mas poderá ser cobrado no dia 1º de janeiro de 2012, observando-se assim a anterioridade do exercício, sem precisar respeitar os 90 dias.

Muita atenção para o caso do IPTU e IPVA, posto que essa disposição de não respeitar a anterioridade nonagesimal, apenas se refere à alteração da **base de cálculo.** Portanto, se a **alíquota** for majorada, estará sujeita à regra geral de respeitar a anterioridade do exercício e os 90 dias.

Com relação ao IR, podem ser alteradas tanto a base de cálculo como a alíquota, sendo necessário apenas respeitar a anterioridade do exercício, sem observar a nonagesimal.

Em prova realizada para o cargo de Juiz de Direito do Amazonas, em 2014, pela banca da FGV os princípios da anterioridade foram abordados no tocante ao Imposto de Renda, vejamos:

▶ **(FGV – Juiz de Direito – AM/2014)** Lei Complementar altera a legislação do imposto sobre a renda e proventos de qualquer natureza (IR), prevendo uma nova alíquota para o tributo em questão. Posteriormente a alíquota vem a ser majorada por lei ordinária, sancionada pelo Presidente da República e publicada no dia 11.12.2012. A lei ordinária prevê que seus efeitos serão produzidos a partir do dia 01.01.2013. Determinado contribuinte, insatisfeito com a elevação de sua carga tributária, propõe medida judicial alegando (A) usurpação da competência da lei complementar, que não poderia ser alterada por lei ordinária, e (B) violação do princípio da noventena ou nonagesimalidade, porque a majoração de alíquota passou a produzir efeitos quando decorridos apenas 20 (vinte) dias desde a publicação da lei ordinária.
Os fundamentos que o contribuinte opõe à lei ordinária são procedentes?
(A resposta deve ser objetivamente fundamentada).

O candidato primeiramente deveria alegar que não houve usurpação da competência da lei complementar, pois o imposto de renda pode ser instituído e majorado por meio de lei ordinária. O fato da lei complementar ter tratado sobre o referido imposto, não impede que a lei ordinária possa posteriormente alterá-lo. Poderia ser mencionado ainda sobre o Princípio do Paralelismo das Formas, que estabelece que uma matéria tratada por determinado ato normativo só poderá ser alterada por ato normativo de igual hierarquia ou de hierarquia superior. Frisa-se que a lei ordinária e lei complementar são de igual hierarquia. Quanto à alternativa "B" não há problemas, também, pois em que pese a regra ser no sentido de respeitar os princípios da anterioridade do exercício e nonagesimal, temos que no caso do Imposto de Renda, ocorrendo a majoração somente deverá respeitar o princípio da anterioridade do exercício, sendo exceção quanto ao princípio da anterioridade nonagesimal, conforme previsto no art. 150, § 1º da CF.

Cobrança imediata! NRAE e NRA 90 dias			
Guerra, IEG, Empréstimo compulsório	**II**	**IE**	**IOF**

NRAE e RA 90 dias			
IPI	**Reduzir e restabelecer CIDE combustível**	**Reduzir e restabelecer ICMS combustível**	**Contribuição Social**

RAE e NRA 90 dias		
IR	**Alteração da base de cálculo do IPTU**	**Alteração da base de cálculo do IPVA**

- ÑRAE: não respeita a anterioridade do exercício;
- ÑRA90: não respeita a anterioridade nonagesimal;
- RA90: respeita a anterioridade nonagesimal;
- RAE: respeita a anterioridade do exercício.

> **IMPORTANTE!** O artigo 150, III, "b" e "c", no que se refere aos Princípios da Anterioridade do Exercício e Nonagesimal, só se aplica no caso de instituição ou majoração de tributo.

Por conseguinte, se entendia que, se a lei **beneficiar** o contribuinte com redução, extinção ou mesmo isenção não havia que se falar em respeitar o Princípio da Anterioridade, haveria produção **imediata** dos efeitos.

Assim, relativo à revogação de isenção ou redução de determinado benefício, de modo que majorasse o valor a ser recolhido, se entendia que não havia necessidade de um planejamento orçamentário por parte do Contribuinte, em virtude de se tratar de um benefício que apenas dispensou total ou parcialmente o pagamento de determinado tributo.

Esse era antes o posicionamento do STF.

Entretanto, recentemente essa Suprema Corte **alterou** seu entendimento, conforme se depreende do 564.225 AgR/RS, publicado em 2.9.2014, inclusive inserido no **Informativo** do STF de n. 757, juntado ao final desse Capítulo e do Capítulo 11 de Tributos Estaduais.

Nesse novo posicionamento, o STF compreendeu que se tratava sim de aumento indireto de tributo, de maneira que deve ser observado o Princípio da Anterioridade, com o objetivo de assegurar a Segurança Jurídica. Nas palavras do Ministro Relator Marco Aurélio: "Continuo convencido de que as duas espécies de anterioridade – **a anterioridade alusiva ao exercício e a nonagesimal** – visam evitar que o contribuinte seja surpreendido. Se, de uma hora para outra, modifica-se o valor do tributo, muito embora essa modificação decorra de cassação de benefício tributário, há surpresa. Por isso, entendo que, buscando o objeto maior do Texto Constitucional, é observável a anterioridade".

Ademais, e não menos importante, o Ministro Luiz Fux em seu voto nesse mesmo jugado denota:

> "(...) A revogação da isenção é uma estratégia tributária que não tem vinculação com base de cálculo. Então, uma coisa é aumentar a base de cálculo; outra, é revogar a isenção. Para revogação da isenção, muito embora a doutrina mais abalizada, considerando que o contribuinte não é mais objeto de tributação, mas sujeito de direitos, e em nome do princípio da segurança jurídica, tal como faz o Professor Roque Carrazza, que tem uma obra sobre a Constituição e as limitações do poder de tributar, ele ali faz uma explanação bem interessante sobre a surpresa fiscal que gera uma revogação de isenção. Sucede que o Supremo Tribunal Federal, sob a égide da Constituição anterior – mas também ainda não revogou essa súmula –, na Súmula 615, dispõe: 'O princípio constitucional da anualidade não se aplica à revogação da isenção do ICM'".

Outrossim, refutando o posicionamento anterior do STF, o Ministro Luís Roberto Barroso em seu voto assevera que "(...) a ocasião é oportuna para revisitar a jurisprudência da Corte, que foi muito bem retratada pela divergência. A concepção de anterioridade que me parece mais adequada é aquela afeta ao conteúdo teleológico da garantia. O princípio busca assegurar a previsibilidade da relação fiscal ao não permitir que o contribuinte seja surpreendido com um aumento súbito do encargo, confirmando o direito inafastável ao planejamento de suas finanças. O prévio conhecimento da carga tributária tem como fundamento a segurança jurídica e como conteúdo a garantia da certeza do direito".

Diante dessa decisão recente, para o STF, tem-se que a revogação de isenção, bem como a extinção de um benefício fiscal de maneira geral – ainda que parcialmente, de forma a aumentar a carga tributária do Contribuinte –, deve obedecer ao Princípio da Anterioridade, primando pela garantia da Segurança Jurídica estabelecida pela Carta Maior.

No entanto, quanto à mudança da data do **prazo** de pagamento do tributo não haverá sujeição ao Princípio da Anterioridade. Nesse sentido, segue a Súmula n. 669 do STF:

> **IMPORTANTE!** Norma legal que altera o prazo de recolhimento da obrigação tributária **não** se sujeita ao Princípio da Anterioridade.

O Supremo Tribunal Federal compreende que a alteração na data do prazo de pagamento do tributo, ainda que o antecipe, não configura hipótese de instituição ou majoração de tributo e, por essa razão, não precisará respeitar o Princípio da Anterioridade.

Importante mencionar que essa Súmula 669 foi convertida na Súmula Vinculante n. 50, para tornar o efeito vinculante, observe que continua com o mesmo teor: "Súmula Vinculante n. 50. Norma legal que altera o prazo de recolhimento de obrigação tributária não se sujeita ao princípio da anterioridade".

2.7.1. O Princípio da Anterioridade e o Art. 104 do CTN

O artigo 104, em seus incisos I e II, do CTN estabelece que os dispositivos de lei entram em vigor no primeiro dia do exercício seguinte àquele em que ocorreu: a instituição, majoração ou que definem novas hipóteses de incidência de impostos sobre a **renda** ou **patrimônio.** No entanto, há que se observar que esse dispositivo foi elaborado à luz da Emenda Constitucional n. 18 de 1965, que não era compatível com a Constituição de 1967. Ademais, esta última (CF de 1967) restabeleceu o Princípio da Anualidade, também incompatível com o atual ordenamento jurídico, portanto, não está presente na CF/88. Tal Princípio foi substituído pelo atual Princípio da Anterioridade que, por sua vez, alcança **todos** os tributos, ressalvadas as exceções trazidas pelo próprio texto constitucional. Considerando esse breve histórico, pode-se afirmar que esse artigo foi **suprimido** tacitamente pela Constituição de 1988. Segue abaixo quadro comparativo para facilitar a compreensão:

Princípio da anterioridade nos termos do art. 104 do CTN	Princípio da anterioridade nos termos do art. 150, III, "B" e "C", da CF
Aplica-se apenas aos impostos sobre renda ou patrimônio. Observação apenas ao próximo exercício financeiro.	Aplica-se aos tributos de forma geral. Além de observar o próximo exercício, deve-se computar o interregno de 90 dias a contar da data de publicação da lei que instituir ou majorar o tributo.

Já o inciso III do artigo 104 do CTN prevê que, no caso de **revogação** de **isenção** de imposto sobre renda ou patrimônio, a lei só surtirá efeitos no próximo exercício financeiro.

Grande parte da doutrina entende que esse dispositivo está em vigência, e aplica-se a **todas** às espécies tributárias, sujeitas ao Princípio da Anterioridade, de modo que quando se **revoga** uma lei isentiva, para evitar surpresa ao contribuinte, essa só produziria efeitos no **próximo** exercício financeiro. Para Paulo de Barros Carvalho:

> **É questão assente que os preceitos de lei que extingam ou reduzam isenções só devam entrar em vigor no primeiro dia do exercício seguinte àquele em que forem publicados.** Os dispositivos editados com esse fim equivalem, em tudo e por tudo, aos que instituem o tributo, inaugurando um tipo de incidência. **Nesses termos, em homenagem ao princípio da anterioridade, o termo inicial de sua vigência fica diferido para o primeiro dia do próximo exercício.**
>
> Esse o conteúdo do art. 104, III, do Código Tributário Nacional, se bem que restringindo a regra aos impostos sobre o patrimônio e a renda. A restrição, porém, prevaleceu apenas até o início da vigência da Carta de 1967, quando o constituinte retomou, com entusiasmo, a linha da primazia da anterioridade. **A partir de então o âmbito de abran-**

gência do citado art. 104, III, passou a ser pleno, estendendo-se a qualquer espécie de tributo.[96] (grifos nossos)

Luciano Amaro conclui que:

> Aquilo que, na época, era aplicável apenas aos tributos sobre renda e patrimônio hoje deve ser entendido como abrangente de todos os tributos protegidos pelo princípio da anterioridade. Assim, mesmo a revogação de uma isenção de tributo não mencionado no art. 104 submete-se ao princípio da anterioridade, desde que, hoje, esse tributo esteja sujeito a tal princípio.[97]

Como descrito no Subitem anterior, o entendimento recente do STF tende para que a revogação de isenção também está sujeita a esses princípios, aplicando-se o artigo 104, III, do CTN.

Assim, evidencia-se que nos termos do que se depreende do AgR/RS n. 564.225, publicado em 02.09.2014 o STF compreendeu que tal revogação se tratava sim de aumento indireto de tributo, de maneira que deve ser observado o Princípio da Anterioridade, com o objetivo de assegurar a Segurança Jurídica.

Como bem leciona em parecer anterior do STF, o Ministro Luís Roberto Barroso em seu voto assevera que: (...) "a ocasião é oportuna para revisitar a jurisprudência da Corte, que foi muito bem retratada pela divergência. A concepção de anterioridade que me parece mais adequada é aquela afeta ao conteúdo teleológico da garantia. O princípio busca assegurar a previsibilidade da relação fiscal ao não permitir que o contribuinte seja surpreendido com um aumento súbito do encargo, confirmando o direito inafastável ao planejamento de suas finanças. O prévio conhecimento da carga tributária tem como fundamento a segurança jurídica e como conteúdo a garantia da certeza do direito".

Desse modo, frise-se que, para o STF, tem-se que a revogação de isenção, bem como a extinção de um benefício fiscal de maneira geral deve obedecer ao Princípio da Anterioridade, primando pela garantia da Segurança Jurídica estabelecida pela Carta Maior. Portanto, não somente aqueles impostos sobre o patrimônio ou a renda.

Por fim, como defendido no Subitem anterior, entendemos em consonância com o posicionamento do STF, que o Princípio da Anterioridade deve ser observado também em casos de revogação de isenção, para evitar que o contribuinte seja surpreendido com esse ônus tributário, tendo em vista que se encontrava dispensado legalmente do dever de seu pagamento.

2.7.2. O Princípio da Anterioridade Nonagesimal e as Medidas Provisórias

Como visto anteriormente no Capítulo 2, Item 2.5, nos termos do artigo 62, § 2º, da CF, a Medida Provisória poderá instituir e majorar impostos desde que atendidos os requisitos previstos no texto constitucional.

Um dos requisitos a ser observado consiste em estabelecer que o imposto instituído ou majorado por meio de Medida Provisória possa ser exigido apenas no exercício financeiro subsequente. E, além disso, a **Medida Provisória** deverá ser convertida em **lei** até o **final** do exercício em que foi editada:

96. **Curso**..., op. cit., p. 533.
97. AMARO, Luciano. **Direito Tributário Brasileiro.** 15. ed. São Paulo: Saraiva, 2009, p. 287.

> **CF – Art. 62.** (...) § 2º Medida provisória que implique instituição ou majoração de impostos, exceto os previstos nos arts. 153, I, II, IV, V, e 154, II, só produzirá efeitos no exercício financeiro seguinte se houver sido convertida em lei até o último dia daquele em que foi editada (incluído pela Emenda Constitucional n. 32, de 2001).

Assim, se, por exemplo, uma Medida Provisória instituir um novo imposto no dia 02 de setembro de 2014 (exceto os impostos que não precisam atender a essas condições, quais sejam: II, IE, IPI, IOF e IEG), para essa exação ser exigida em 2015, faz-se necessário que a Medida Provisória seja convertida em lei até o dia 31 de dezembro de 2014.

Todavia, é imperioso saber se a Medida Provisória que for convertida em lei apenas no dia 31 de dezembro de 2014 poderá exigir o imposto já no dia 1º de janeiro de 2015, ou se seria necessário aguardar os 90 dias, em atenção ao Princípio da Anterioridade Nonagesimal, contados da data da conversão da Medida Provisória em lei.

Em resposta a essa indagação, tem-se que o Princípio da Anterioridade **Nonagesimal** deve ser observado **sempre**, ressalvadas as exceções trazidas pela Constituição Federal. Assim, independentemente do tributo ser instituído por meio de Lei ou Medida Provisória deverá ser respeitado esse Princípio em atenção ao artigo 150, III, "c", da CF.

O Supremo Tribunal Federal compreende, todavia, que se no momento da conversão da Medida Provisória em lei não houver **nenhuma** alteração **substancial** no texto, conta-se 90 dias da data da sua **primeira** edição (edição da Medida Provisória), pois como esse ato tem força de lei, todos têm ciência do seu texto, e por esse motivo não haveria surpresa ao contribuinte.

Para melhor compreensão, seguem transcrições de trechos de ementas do STF sobre o assunto:

> AGRAVO REGIMENTAL EM RECURSO EXTRAORDINÁRIO. COFINS. MEDIDA PROVISÓRIA 1.724/1998, CONVERTIDA NA LEI 9.718/1998. ALÍQUOTA FIXADA EM 3% (TRÊS POR CENTO). ANTERIORIDADE NONAGESIMAL. 1. A jurisprudência do Supremo Tribunal Federal, que me parece juridicamente correta, é firme no sentido de que o prazo nonagesimal de que trata o § 6º do art. 195 da Constituição Federal é contado a partir da publicação da Medida Provisória n. 1.724/1998, e não a partir da publicação da Lei n. 9.718/1998. 2. Agravo regimental desprovido (RE n. 493396-AgR, rel. Min. Ayres Britto, 2ª Turma, julgado em 26.04.2011, **DJ**e-107, divulg. em 03.06.2011, public. em 06.06.2011, Ement. v. 02537-01, p. 00105).

> CONSTITUCIONAL. TRIBUTÁRIO. COFINS. ALÍQUOTA. MAJORAÇÃO. LEI N. 9.718/98. AGRAVO IMPROVIDO. I – (...) "VI – **O prazo da anterioridade nonagesimal (art. 195, § 6º, CF) começa a ser contado da publicação da medida provisória que majorou a contribuição, e não da publicação da lei que resultou de sua conversão".** VII – Agravo regimental improvido. (RE n. 487475-AgR, rel. Min. Ricardo Lewandowski, 1ª Turma, julgado em 01.06.2010, **DJ**e-145, divulg. em 05.08.2010, public. em 06.08.2010, Ement. v. 02409-06, p. 01386) (grifos nossos).

O Supremo Tribunal Federal tem jurisprudência consolidada no sentido de que, em se tratando de tributo instituído ou majorado por meio de Medida Provisória, se não ocorrer modificação substancial no texto, o termo inicial para a contagem do prazo nonagesimal é a data da publicação da Medida e não a da promulgação da lei na qual foi convertida (precedentes do STF: RE n. 367.935, AI n. 392.615, RE n. 232.896, ADI n. 1.417, ADI n. 1.135, RE n. 222.719, RE n. 269.428 e RE n. 231.630).

2.7.3. Questões

1. (Analista Portuário – Advogado – CODEBA – FGV/2016). Em maio de 2015, a União aumentou, por meio de lei, as alíquotas do Imposto sobre Produtos Industrializados (IPI) de itens de alimentação e higiene. Sobre essa lei, assinale a afirmativa correta.

(A) A lei que majorou as alíquotas do IPI entrará em vigor imediatamente após a sua publicação, uma vez que o IPI não está sujeito ao princípio da anterioridade.

(B) A lei que majorou as alíquotas do IPI entrará em vigor 90 (noventa) dias após a sua publicação, uma vez que o IPI não está sujeito ao princípio da anterioridade de exercício.

(C) A lei que majorou as alíquotas do IPI entrará em vigor no primeiro dia do exercício financeiro de 2016, uma vez que o IPI se submete apenas ao princípio da anterioridade de exercício.

(D) A lei que majorou as alíquotas do IPI poderá ser aplicada a fatos geradores ocorridos antes do início da vigência da lei que as aumentou, uma vez que o IPI não se submete ao princípio da irretroatividade.

(E) A lei que majorou as alíquotas do IPI entrará em vigor no primeiro dia do exercício de 2016, uma vez que o IPI se submete ao princípio da anterioridade de exercício e ao princípio da anterioridade nonagesimal.

2. (Pref. Pompeia/SP – Advogado – CEMAT/2016). Todos esses impostos abaixo obedecem ao princípio da noventena ou anterioridade mínima de 90 dias, EXCETO:

(A) Imposto sobre grandes fortunas.

(B) Imposto sobre propriedade territorial rural.

(C) Imposto sobre produtos industrializados.

(D) Imposto sobre a propriedade de veículos automotores.

(E) Imposto sobre a renda.

3. (Pref. Ribeirão do Pinhal/PR – Advogado – FAUEL/2016). A Constituição da República Federativa do Brasil estabelece que é vedado aos entes federativos cobrar tributos antes de decorridos noventa dias da data em que haja sido publicada a lei que os instituiu ou aumentou. Trata-se do princípio da anterioridade nonagesimal. Há, no entanto, tributos que não se submetem ao referido princípio, por força de exceções igualmente estabelecidas pelo texto constitucional. Assinale, abaixo, a única alternativa que NÃO indica uma hipótese de exceção ao princípio da anterioridade nonagesimal.

(A) Aumento da alíquota do Imposto sobre a Propriedade Predial e Territorial Urbana.

(B) Fixação da base de cálculo do Imposto sobre a Propriedade de Veículos Automotores.

(C) Empréstimo Compulsório instituído para atender a despesas extraordinárias decorrentes da iminência de guerra externa.

(D) Aumentar o tributo Imposto de Exportação.

4. (Pref. Jacarezinho/PR – Advogado – FAUEL/2016). Suponha que um Município "X", em agosto de 2015, altere a legislação tributária para prever a majoração do prazo de recolhimento do ISS (Imposto Sobre Serviço). Nesse contexto, é correto afirmar, a respeito da correta aplicação do princípio constitucional da anterioridade, que:

(A) A alteração de prazo para recolhimento de tributo não se submete ao princípio da anterioridade, seja a anterioridade geral ou nonagesimal.

(B) A alteração de prazo submete-se apenas ao princípio da anterioridade nonagesimal, não se aplicando o princípio da anterioridade geral.

(C) A alteração do prazo submete-se apenas ao princípio da anterioridade geral, aplicando-se no exercício financeiro seguinte ao que foi publicada a lei.

(D) A alteração do prazo submete-se ao princípio da anterioridade geral e anterioridade nonagesimal, conjuntamente.

5. (Câmara de São Lourenço/MG – Advogado – Gestão de Concursos/2016). Para o correto funcionamento do Sistema Tributário Nacional, é imprescindível a observância, pelo legislador e pelo fisco, de determinadas garantias fundamentais do contribuinte e do regime federal, traduzidas nos princípios constitucionais tributários e nas imunidades.

Assim, a aplicação dos princípios ao caso concreto está INCORRETA em:

(A) A majoração da alíquota do imposto sobre produtos industrializados (IPI) via ato do Poder Executivo fere o princípio da legalidade, que determina ser vedado à União, aos Estados, ao Distrito Federal e aos Municípios exigir ou aumentar tributo sem lei que o estabeleça.

(B) Determinada lei municipal de readequação das alíquotas do imposto sobre a transmissão inter vivos de bens imóveis (ITBI), que acarretou na sua redução, poderá ter aplicação imediata sem que isso caracterize violação ao princípio da anterioridade anual.

(C) A progressividade de alíquota do ITR, imposto territorial rural, não fere o princípio da isonomia, tendo em vista o seu caráter extrafiscal, cuja finalidade principal não é arrecadatória, mas atende ao objetivo de desestimular a manutenção de propriedades improdutivas.

(D) Uma importante exceção ao princípio da uniformidade geográfica é a concessão de incentivos fiscais destinados a promover o equilíbrio do desenvolvimento socioeconômico entre as diferentes regiões do país.

6. (CRQ 18ª – Advogado – QUADRIX/2016). [...] segundo o princípio [...], a vigência da lei que institui ou aumenta tributo deve ficar protraída para o ano seguinte ao da sua publicação, momento em que o ato se insere no contexto comunicacional do direito. (Paulo de Barros Carvalho, Curso de Direito Tributário)

Considerando o texto acima indicado, bem como os princípios constitucionais em matéria tributária, assinale a alternativa que indica o princípio comentado pelo autor.

(A) Princípio da irretroatividade.

(B) Princípio da anterioridade.

(C) Princípio do não confisco.

(D) Princípio da tipologia tributária.

(E) Princípio da estrita legalidade.

7. (CRQ 18ª – Advogado – QUADRIX/2016). Considere a proposição I e a razão II a seguir.

I. Nos termos da jurisprudência do Supremo Tribunal Federal, não é possível subtrair a garantia constitucional assegurada ao cidadão no artigo 150, inciso III, alínea "b", da Constituição de 1988 (princípio da anterioridade tributária) por meio de emenda constitucional.

Porque

II. A tentativa de limitação ao princípio da anterioridade tributária esbarra em obstáculo previsto pelo artigo 60, § 4º, inciso IV, da Constituição – impossibilidade de proposta de emenda tendente a abolir os direitos e garantias individuais, que, de acordo com a Suprema Corte, não estão restritos ao rol do artigo 5º da Carta de 1988.

Assinale a alternativa correta.

(A) A proposição é falsa, mas a razão é verdadeira.

(B) A proposição é verdadeira, mas a razão é falsa.

(C) A proposição e a razão são falsas.

(D) A proposição e a razão são verdadeiras, mas a razão não justifica a proposição.

(E) A proposição e a razão são verdadeiras e a razão justifica a proposição

8. (Câmara de Quatro Barras/PR – Advogado – OBJETIVA/2015). Quanto ao imposto sobre a propriedade predial e territorial urbana, é CORRETO afirmar que:

(A) Tem natureza exclusivamente fiscal.

(B) Tem como base de cálculo o valor de aquisição do imóvel.

(C) A progressividade de alíquotas em razão do tempo é ilimitada.

(D) A fixação de sua base de cálculo não se submete ao princípio da noventena.

9. (PGFN – Procurador da Fazenda Nacional –ESAF/2015). A Lei que diminui o prazo de recolhimento de tributo

(A) submete-se ao princípio da anterioridade nonagesimal.

(B) somente se aplica no exercício financeiro seguinte àquele em que foi publicada.

(C) não se submete ao princípio da anterioridade.

(D) somente se aplica no exercício financeiro seguinte ao da data de sua vigência.

(E) somente gera efeitos normativos 30 (trinta) dias após a data da sua publicação.

10. (TJ/RR – Juiz – FCC/2015). Autoridades judiciais, estaduais e federais, conforme o caso, exercendo jurisdição no Estado de Roraima, e tendo de proferir decisões em cinco processos judiciais distintos, pronunciaram-se das seguintes maneiras:

I. A cota parte dos Municípios do Estado de Roraima, na arrecadação do ITCMD, não é de 25%, mas de 50%.

II. O Imposto de Renda está sujeito ao princípio da anterioridade, mas não ao princípio da noventena (anterioridade nonagesimal).

III. A substituição tributária com retenção antecipada de imposto não tem previsão na Constituição Federal.

IV. A instituição, pelos Estados e pelo Distrito Federal, da contribuição para o custeio do serviço de iluminação pública está sujeita ao princípio da irretroatividade, mas não ao da anterioridade.

V. A majoração da base de cálculo do IPVA não está sujeita ao princípio da noventena (anterioridade nonagesimal), mas a majoração de sua alíquota está.

Com base no que dispõe a Constituição Federal acerca dessa matéria, as autoridades judiciais decidiram corretamente em relação às situações descritas nos itens:

(A) I, II, III e IV, apenas.

(B) I, II, III, IV e V.

(C) I e IV, apenas.

(D) II, III e IV, apenas.

(E) II e V, apenas.

11. (TJ/SC – Juiz – FCC/2015). Autoridades brasileiras constataram que as relações internacionais com determinado país vizinho começaram a se deteriorar velozmente, e todas as medidas diplomáticas ao alcance de nossas autoridades foram inúteis para reverter o quadro que apontava para a eclosão de guerra iminente. Em razão disso, o País teve de começar a tomar medidas defensivas, visando a aparelhar as forças armadas brasileiras de modo a que pudessem defender o território nacional e sua população. Os ministérios das áreas competentes constataram que seria necessário incrementar a arrecadação de tributos em, pelo menos, 20%, em face das despesas extraordinárias que essa situação estava ocasionando. Com base na situação hipotética descrita e nas regras da Constituição Federal,

(A) a União poderá instituir, mediante lei, tanto empréstimos compulsórios para atender a despesas extraordinárias, decorrentes de guerra externa ou sua iminência, como impostos extraordinários, sendo estes últimos apenas no caso de guerra externa deflagrada.

(B) a União, não tendo despesas extraordinárias a atender, poderá instituir, na iminência de guerra externa, mediante lei complementar, empréstimo compulsório, que deverá ser cobrado, observados os princípios da anterioridade e da noventena (anterioridade nonagesimal).

(C) os Estados e os Municípios, por meio de lei, poderão instituir contribuições de beligerância, a serem lançadas e cobradas na fase pré-conflito, para custear as despesas necessárias à adaptação da infraestrutura urbana das cidades que fazem fronteira com a potência estrangeira hostil.

(D) a União, tendo ou não tendo despesas extraordinárias a atender, poderá instituir, na iminência de guerra externa, mediante lei, impostos extraordinários, dispensada a observância dos princípios da anterioridade e da noventena (anterioridade nonagesimal).

(E) a União, os Estados e os Municípios, na iminência de guerra externa, poderão, por meio de lei, instituir, respectivamente, adicionais do ITR, do IPVA e do IPTU sobre a propriedade de bens de estrangeiros residentes no Brasil, nacionais da potência estrangeira hostil.

12. (TJ/CE – Juiz – FCC/2014). De acordo com a Constituição Federal, a alíquota da contribuição de intervenção no domínio econômico relativa às atividades de importação ou comercialização de petróleo e de seus derivados, de gás natural e de seus derivados e de álcool combustível – CIDE COMBUSTÍVEL – poderá ser:

(A) reduzida e restabelecida por ato do Poder Executivo da União, aplicando-se à tributação do gás natural e de seus derivados os princípios da legalidade, noventena e anterioridade.

(B) aumentada e restabelecida por ato do Poder Legislativo da União, não se lhe aplicando o princípio da legalidade.

(C) reduzida e aumentada por ato do Poder Legislativo da União, não se lhe aplicando o princípio da noventena.

(D) reduzida e aumentada por ato dos Poderes Executivos dos Estados e do Distrito Federal, não se lhe aplicando o princípio da irretroatividade.

(E) reduzida e restabelecida por ato do Poder Executivo da União, não se lhe aplicando o princípio da anterioridade.

13. (TRF/3ª Região – Analista Judiciário: Área Judiciária – FCC/2014). A partir da noção acerca das limitações constitucionais ao poder de tributar,

(A) a legalidade é uma regra absoluta quando se trata de instituição, majoração e redução de tributos, por alteração de base de cálculo ou de alíquota, salvo as exceções constitucionais.

(B) na alteração que implique redução de tributo, beneficiando o contribuinte quer por alteração de base de cálculo, quer por alteração de alíquota, não se aplicam as regras da legalidade, anterioridade e irretroatividade.

(C) a irretroatividade da lei tributária é uma regra absoluta, quer para criar, majorar ou reduzir tributos, independente de benefício ou prejuízo para o contribuinte.

(D) a anterioridade da lei tributária é uma regra que sempre deve ser aplicada no caso de modificação da lei que veicula tributo, salvo as exceções constitucionais.

(E) limitam o exercício da capacidade tributária ativa para instituir ou modificador tributos, sendo considerados verdadeiros direitos fundamentais do contribuinte.

14. (Juiz Federal Substituto da 5ª Região – CESPE/2012) (Adaptada). Assinale a opção correta de acordo com a CF, as normas gerais de direito tributário e a jurisprudência do STJ e do STF:

(A) Segundo a CF, o IR deve submeter-se à exigência da noventena, mas não necessita obedecer à anterioridade tributária. O IPI, por sua vez, tem o tratamento inverso, visto que está liberado da noventena, mas é obrigado a respeitar a anterioridade tributária.

(B) A seletividade implica tributação diferenciada conforme a qualidade do que é objeto da tributação, não se confundindo com a progressividade, que se refere ao simples agravamento do ônus tributário conforme a base de cálculo aumenta.

(C) O imposto sobre operações financeiras submete-se ao princípio da anterioridade anual.

(D) É possível a utilização da regra de imputação de pagamentos prevista no Código Civil às hipóteses de compensação tributária.

15. (Juiz Federal Substituto da 5ª Região – CESPE/2012). Assinale a opção correta de acordo com a CF, as normas gerais de direito tributário e a jurisprudência do STJ e do STF sobre essa matéria:

(A) Incide IR sobre a indenização por danos morais.

(B) É possível a instituição de taxa sobre o serviço de iluminação pública.

(C) De acordo com o STF, a não cumulatividade é considerada cláusula pétrea, visto que constitui direito fundamental das pessoas na condição de contribuintes.

(D) A edição pela União de norma modificadora alterando o prazo para o recolhimento de determinada obrigação tributária deve respeitar o princípio da anterioridade.

(E) Configura-se o caráter confiscatório de determinado tributo sempre que o efeito cumulativo, resultante das múltiplas incidências tributárias estabelecidas pela mesma entidade estatal, afetar, substancialmente e de maneira irrazoável, o patrimônio ou os rendimentos do contribuinte.

16. (Prefeitura/SP – Auditor-Fiscal Tributário Municipal I – FCC/2007). O imposto "A" foi instituído por lei publicada no dia 05 de julho de 2004 e a taxa "B" foi instituída por lei publicada no dia 16 de novembro de 2004. Esses tributos já poderiam ser cobrados:

(A) Desde a data de suas respectivas publicações.

(B) Em 02 de janeiro de 2005 e 02 de janeiro de 2005, respectivamente.
(C) Em 05 de outubro de 2004 e 15 de fevereiro de 2005, respectivamente.
(D) Em 02 de janeiro de 2005 e 15 de fevereiro de 2005, respectivamente.
(E) Em 05 de outubro de 2004 e 02 de janeiro de 2005, respectivamente.

17. (TC/MG – Procurador do MP – FCC/2007). Obedece ao princípio da anterioridade anual, mas não obedece ao princípio da anterioridade nonagesimal (noventena) o imposto sobre:
(A) A renda (IR).
(B) Produtos industrializados (IPI).
(C) Importação (II).
(D) Serviço de qualquer natureza (ISS).
(E) Exportação (IE).

18. (MP/PE – Promotor – FCC/2008). É exceção aos princípios da anterioridade, mas deve obediência ao princípio da anterioridade nonagesimal, o imposto sobre:
(A) A renda e proventos de qualquer natureza.
(B) Serviços de qualquer natureza.
(C) Importação.
(D) Operações de câmbio e valores mobiliários.
(E) Produtos industrializados.

19. (Prefeitura/SP – Procurador – FCC/2008). Em relação aos impostos, haverá exceção aos princípios da anterioridade anual e nonagesimal a majoração de:
(A) Alíquotas do IPI.
(B) Alíquotas do IR.
(C) Alíquotas do IOF.
(D) Base de cálculo do IPTU.
(E) Base de cálculo do IPVA.

20. (Prefeitura do Recife/PE – Procurador – FCC/ 2008). Lei municipal publicada em 20 de dezembro de 2007 majorou as alíquotas do ITBI de 2% para 4% e a base de cálculo do IPTU em 20%. As novas faixas de valores serão aplicadas:
(A) Em noventa dias a contar da publicação da lei para o ITBI e no primeiro dia do exercício seguinte ao da publicação da lei para o IPTU.
(B) No primeiro dia do exercício seguinte ao da publicação da lei, para os dois casos.
(C) No primeiro dia do exercício seguinte ao da publicação da lei para o ITBI e no primeiro dia do exercício seguinte ao exercício do vencimento de noventa dias da publicação da lei para o IPTU.
(D) Noventa dias a contar da publicação da lei, para os dois casos.
(E) Em noventa dias a contar do primeiro dia do exercício seguinte ao da publicação da lei, para os dois casos.

21. (TJ/RR – Juiz – FCC/2008). Diante da majoração da contribuição social sobre o lucro líquido das empresas através de decreto presidencial, para que tenha eficácia no mesmo exercício financeiro da sua publicação, é possível afirmar que é:
(A) Ilegal, pois depende de medida provisória, com eficácia de 60 dias, prorrogáveis por igual período uma única vez.
(B) Inconstitucional, pois depende de lei tal majoração, ainda que tenha eficácia no mesmo exercício financeiro ao da sua publicação.
(C) Inconstitucional, pois a majoração depende de lei e só pode entrar em vigor no exercício financeiro seguinte ao da publicação da lei.
(D) Constitucional, por se tratar de tributo extrafiscal, sendo exceção aos princípios da legalidade e da anterioridade.
(E) Legal, por ser uma contribuição de intervenção no domínio econômico, admitindo alíquota majorada por decreto e vigência no mesmo exercício financeiro.

21. (Defensor Público/PA – FCC/2009). Lei que fixa nova base de cálculo e majora as alíquotas do IPTU e do ITBI municipal, publicada em novembro de 2008 tem eficácia:

(A) A partir do primeiro dia do exercício de 2009.

(B) A partir do primeiro dia do exercício de 2009 apenas para a nova base de cálculo do IPTU.

(C) Noventa dias a contar da publicação da nova lei.

(D) Noventa dias a contar da publicação da nova lei para base de cálculo e alíquota do ITBI e do primeiro dia do exercício de 2009 para base de cálculo e alíquota do IPTU.

(E) Noventa dias a contar da publicação da nova lei para base de cálculo e alíquota do IPTU e do primeiro dia do exercício de 2009 para base de cálculo e alíquota do ITBI.

22. (Defensoria Pública/SP – FCC/2010). Nos termos do artigo 148, inciso I, da Constituição Federal, a União poderá, mediante lei complementar, instituir empréstimo compulsório para atender a despesas extraordinárias, sem sujeição ao princípio da anterioridade tributária, anual e nonagesimal, em situação de:

(A) Iminência de guerra externa.

(B) Investimento público de caráter urgente.

(C) Relevante interesse nacional.

(D) Ameaça de calamidade pública.

(E) Temor de perturbação da ordem interna.

23. (Secretaria de Estado da Administração/Secretaria de Estado de Finanças/RO – Auditor Fiscal de Tributos Estaduais – FCC/2010). O Estado de Rondônia majorou a base de cálculo do IPVA para o exercício de 2010, em 20 de novembro de 2009, conforme lei publicada no diário oficial do Estado naquela data. Considerando que a lei entrou em vigor na data de sua publicação, é correto afirmar que esta lei terá eficácia:

(A) 90 dias a contar do início do exercício de 2010, tendo em vista a anterioridade nonagesimal.

(B) na data de sua publicação, podendo ser aplicada imediatamente, ainda no exercício de 2009, por ser exceção à anterioridade.

(C) 90 dias a contar da publicação, por dever obediência apenas à anterioridade nonagesimal.

(D) A partir do início do exercício financeiro de 2010, por ser exceção à anterioridade nonagesimal, mas se submeter à anterioridade anual.

(E) 90 dias da publicação, desde que já no outro exercício financeiro, por dever obediência às regras de anterioridades nonagesimal e anual.

24. (PGE/MG – Procurador –FCC/2011). A Constituição Federal fixa regras que limitam o exercício da competência tributária. Dentre elas podem ser citadas as regras da anterioridade anual e da anterioridade nonagesimal. Estas regras não são absolutas, comportando exceções. NÃO se submete às regras da anterioridade anual e nonagesimal, ao mesmo tempo, a majoração de alíquota do imposto sobre:

(A) Produtos industrializados (IPI).

(B) A renda e proventos de qualquer natureza (IR).

(C) Operações de crédito, câmbio e seguro, ou relativas a títulos ou valores mobiliários (IOF).

(D) A propriedade territorial rural (ITR).

(E) Circulação de mercadorias e sobre prestação de serviços de transporte interestadual e intermunicipal e de comunicação (ICMS).

25. (TC/AM – Analista de Controle Externo – Área Controle Externo – Especialidade: Jurídica – FCC/2012). Medida provisória que majore alíquota de Imposto sobre a Renda e Imposto sobre Operações de Câmbio, Crédito, Seguro e Valores Mobiliários - IOF - produz efeitos:

(A) Imediato no caso do IOF e noventa dias depois de sua edição, no caso do Imposto sobre a Renda.

(B) No exercício financeiro seguinte, se convertida em lei até o último dia do exercício em que foi editada, em ambos os casos.

(C) No exercício financeiro seguinte, se convertida em lei até o último dia do exercício em que foi editada, no caso do IOF.

(D) No exercício financeiro seguinte, se convertida em lei até o último dia do exercício em que foi editada, no caso do Imposto sobre a Renda.

(E) Em ambos os casos, imediatamente.

26. (Procurador do Município/Petrolina/PE – FACAPE/2011). Considere as informações a seguir e assinale a alternativa correta:

(A) Carta Magna de 88 admite, tacitamente, a edição de medidas provisórias como veículo introdutório de majoração de alguns impostos, contudo, o imposto só poderá ser cobrado com o aumento respeitando-se o princípio da anterioridade, o que permitiria a cobrança do novel acréscimo no exercício seguinte ao da publicação da medida provisória.

(B) Desde que atendidos os requisitos previstos em lei federal de caráter nacional, pode a administração fiscal do município fiscalizar e cobrar o Imposto Sobre a Propriedade Territorial Rural, relativo a imóveis localizados em seu território, hipótese em que o município está dispensado de repassar qualquer valor arrecadado a esse título à União.

(C) O CTN não admite hipótese em que a legislação aplicável ao lançamento seja aquela vigente à época em que este for efetuado, em razão da irretroatividade da lei tributária em face de fatos geradores anteriores à vigência da lei que se pretende aplicar.

(D) Pode o executivo federal, por meio de decreto, aumentar a alíquota do IPI, hipótese em que a cobrança, com o referido aumento, pode ser implementada logo após a publicação e vigência do decreto presidencial.

(E) Segundo a jurisprudência do STJ, a entrega da declaração de tributos, feita antes do vencimento destes, configura forma de constituição do crédito e dispensa a Fazenda Pública de qualquer ato de comunicação para sua exigibilidade, sendo contado a partir da data da entrega da declaração o prazo para exercício do direito subjetivo de cobrança pela Fazenda Pública.

27. (Procurador de Nova Lima/MG – FUMARC/ 2011). A anterioridade nonagesimal aplica-se ao seguinte tributo:

(A) Empréstimos compulsórios por motivos de guerra ou calamidade.

(B) Imposto sobre exportação.

(C) Imposto sobre as operações de crédito, câmbio e seguro, ou relativas a títulos ou valores mobiliários.

(D) IPI (Imposto sobre produtos industrializados).

28. (Procurador-Geral/PR – UEL/COPS – 2011). Quanto aos princípios da anterioridade e da legalidade, é correto afirmar:

(A) A anterioridade nonagesimal, prevista no art. 150, III, "c", não se aplica aos empréstimos compulsórios instituídos para atender investimentos públicos de caráter urgente e de relevante interesse nacional, ao imposto de importação, ao imposto de exportação, ao imposto sobre a renda e proventos de qualquer natureza, ao imposto sobre operações de crédito, câmbio e seguro, ou relativas a títulos ou valores mobiliários e aos impostos extraordinários para atender guerra externa ou sua iminência.

(B) Em observância ao princípio da legalidade, no que diz respeito ao ICMS, a concessão e revogação de isenções, incentivos e benefícios ficais deverá será regulada por lei ordinária.

(C) A fixação da base de cálculo do IPTU não está sujeita à observância da anterioridade nonagesimal prevista no art. 150, III, "c", da Constituição Federal.

(D) N. d. a.

29. (Procurador-Geral – Município de Niterói/RJ – FEMPERJ/2011). O princípio constitucional da anterioridade nonagesimal admite exceções. O tributo que NÃO constitui exceção ao princípio aludido é:

(A) Imposto de Renda – IR (art. 153, III, da CF).

(B) Empréstimo Compulsório para atender a despesas extraordinárias decorrentes de calamidade pública, de guerra externa ou sua iminência (art. 148, I da CF).

(C) Imposto Extraordinário de Guerra (art. 154, II da CF).

(D) Imposto sobre Operações relativas à Circulação de Mercadorias e sobre Prestações de Serviços de Transporte Interestadual e Intermunicipal e de Comunicação, ainda que as operações e as prestações se iniciem no exterior – ICMS (art. 155, II da CF).

(E) Imposto sobre Operações de Crédito, Câmbio e Seguro, ou relativas a Títulos ou Valores Mobiliários – IOF (art. 153, V, da CF).

30. (PGE/MT – FCC/2011). A Constituição Federal fixa regras que limitam o exercício da competência tributária. Dentre elas podem ser citadas as regras da anterioridade anual e da anterioridade nonagesimal. Estas regras não são absolutas, comportando exceções. NÃO se submete às regras da anterioridade anual e nonagesimal, ao mesmo tempo, a majoração de alíquota do imposto sobre:

(A) Produtos industrializados (IPI).
(B) A renda e proventos de qualquer natureza (IR).
(C) Operações de crédito, câmbio e seguro, ou relativas a títulos ou valores mobiliários (IOF).
(D) A propriedade territorial rural (ITR).
(E) Circulação de mercadorias e sobre prestação de serviços de transporte interestadual e intermunicipal e de comunicação (ICMS).

31. (TJ/ES – Juiz Substituto – CESPE/2011). Considerando as fontes do direito tributário, assinale a opção correta:

(A) O princípio da anualidade confunde-se com o princípio da anterioridade tributária, ambos com o mesmo fundamento jurídico.
(B) De acordo com o princípio da anterioridade anual, previsto constitucionalmente, é vedado à União, sem prejuízo de outras garantias asseguradas ao contribuinte, cobrar tributos no mesmo exercício financeiro em que haja sido publicada a lei que os instituiu ou aumentou.
(C) Não se aplicam as regras gerais da *vacatio legis* à lei tributária, ainda que não haja disposição sobre a data de sua entrada em vigor.
(D) A característica principal do imposto de renda é o fato de esse tributo não ser progressivo, sendo suas alíquotas fixadas taxativamente em lei.
(E) De acordo com a sistemática traçada pela CF, cabe à lei ordinária dispor sobre conflitos de competência entre a União, os Estados, o DF e os Municípios, em matéria tributária.

32. (Juiz Federal Substituto – TRF 4/2008). Dadas as assertivas abaixo, assinalar a alternativa correta:

I. A imunidade tributária conferida a instituições de assistência social sem fins lucrativos alcança as entidades fechadas de previdência em que não haja contribuições dos beneficiários.
II. O princípio da anterioridade faz com que a lei tributária publicada no dia 2 de outubro, vigente "na data de sua publicação", ganhe eficácia no exercício financeiro seguinte.
III. As contribuições para a seguridade social, ainda que detenham índole tributária, não se fazem abranger pela imunidade pertinente a livros, jornais, periódicos e papel destinado à sua impressão.
IV. A Constituição brasileira atual consagra o princípio da anualidade, segundo o qual nenhum tributo será cobrado em cada exercício sem prévia autorização orçamentária, exceto a tarifa aduaneira e o imposto lançado por motivo de guerra.

(A) Estão corretas apenas as assertivas I e III.
(B) Estão corretas apenas as assertivas I, II e III.
(C) Estão corretas apenas as assertivas II, III e IV.
(D) Estão corretas todas as assertivas.

33. (Juiz Substituto/PA – FGV/2007). De acordo com a Constituição de 1988 e suas atualizações, analise as afirmativas abaixo e assinale a incorreta:

(A) O Poder Executivo pode, atendidas as condições e limites estabelecidos em lei, alterar por decreto as alíquotas do imposto de importação, de exportação, imposto sobre produtos industrializados (IPI) e imposto sobre operações de crédito, câmbio e seguro relativas a títulos ou valores mobiliários (IOF).
(B) A União poderá, como instrumento de atuação nas respectivas áreas, instituir contribuições sociais, de intervenção no domínio econômico e de interesse das categorias profissionais ou econômicas.
(C) Os impostos de importação e de exportação são exceções ao princípio constitucional da anterioridade tributária em razão de sua finalidade extrafiscal e podem ter suas alíquotas majoradas e cobradas de imediato.

(D) O IPTU e o IPVA podem ter sua alíquota e base de cálculo majoradas e cobradas de imediato, por força da Emenda Constitucional n. 42/2003, que os excepcionou do princípio da anterioridade tributária, sendo irrelevante o exercício financeiro e a noventena.

(E) A atualização do valor monetário da base de cálculo do tributo não constitui majoração, conforme o disposto no CTN.

34. (Fiscal de Rendas/RJ – FGV/2010). As alternativas a seguir apresentam princípios tributários consagrados no texto constitucional, à exceção de uma. Assinale-a:

(A) Princípio do não confisco.

(B) Princípio da liberdade de tráfego.

(C) Princípio da anualidade.

(D) Princípio da anterioridade.

(E) Princípio da capacidade contributiva.

35. (Fiscal da Receita Estadual/AP – FGV/2010). Analise as afirmativas a seguir:

I. A anterioridade nonagesimal foi estendida à União, aos Estados, ao Distrito Federal e aos Municípios a fim de vedar-lhes a cobrança de tributos antes de decorridos noventa dias da data em que tenha sido publicada a lei que os instituiu ou aumentou, comportando, dentre suas exceções, o imposto sobre a renda.

II. À União, aos Estados, ao Distrito Federal e aos Municípios é vedada ainda a instituição de impostos sobre o patrimônio, renda ou serviços dos partidos políticos, inclusive suas fundações, das entidades sindicais dos empregadores, das instituições de educação e de assistência social, sem fins lucrativos, atendidos os requisitos da lei.

III. A vedação à instituição de tributos com efeito de confisco não atinge as multas moratórias ou punitivas, que podem ser fixadas em qualquer patamar conforme admitido pela jurisprudência.

Assinale:

(A) Se somente a afirmativa I estiver correta.

(B) Se somente as afirmativas I e II estiverem corretas.

(C) Se somente as afirmativas I e III estiverem corretas.

(D) Se somente as afirmativas II e III estiverem corretas.

(E) Se todas as afirmativas estiverem corretas.

36. (Juiz Substituto/PA – FGV/2005). Considerando a insuficiência dos recursos previstos na lei orçamentária municipal para a realização de obras de pavimentação e que todos os recursos já estavam comprometidos com outras despesas, determinado prefeito municipal baixou decreto, publicado no dia 15 de maio de 1997, instituindo uma taxa de pavimentação, a ser cobrada a partir de agosto do mesmo ano. Os contribuintes visados, insatisfeitos com a criação de mais um tributo, poderão:

(A) Impugnar a cobrança do tributo, com fundamento no princípio da legalidade e anterioridade.

(B) Impugnar a cobrança do tributo, com base no princípio da anterioridade.

(C) Impugnar a cobrança do tributo, com o argumento de que seu fato gerador não constitui serviço específico e divisível.

(D) Requerer, tão somente, o parcelamento do valor do tributo.

(E) Requerer, tão somente, a dispensa do pagamento de tributo.

37. (Juiz Substituto/MS – FGV/2008). Com base na jurisprudência sumulada pelo STF e pelo STJ, assinale a afirmativa incorreta:

(A) É defeso ao Município atualizar o IPTU, mediante decreto, em percentual superior ao índice oficial de correção monetária.

(B) O mandado de segurança constitui ação adequada para a declaração do direito à compensação tributária.

(C) Os juros moratórios, na repetição de indébito tributário, são devidos a partir do trânsito em julgado da sentença.

(D) Norma legal que altera prazo de recolhimento de obrigação tributária se sujeita ao princípio da anterioridade tributária.

(E) É inconstitucional a lei que estabelece alíquotas progressivas para o ITBI – imposto de transmissão *inter vivos* de bens imóveis – com base no valor venal do imóvel.

38. (Auditor Fiscal/RJ – FGV/2011). Acerca do princípio da anterioridade tributária, assinale a alternativa correta:

(A) A contribuição social sobre o lucro e a contribuição social sobre a folha de salários estão sujeitas ao princípio da anterioridade mitigada ou nonagesimal.

(B) A majoração do imposto incidente sobre a importação de produtos estrangeiros e do imposto territorial rural não estão sujeitos ao princípio da anterioridade.

(C) A cobrança de qualquer tributo só poderá ser realizada um ano após a sua criação, em decorrência da previsão constitucional do princípio da anterioridade.

(D) A cobrança de qualquer tributo só poderá ser realizada um ano após a publicação da lei que o criou, em decorrência da previsão constitucional do princípio da anterioridade.

(E) Imposto extraordinário, no caso de guerra externa, não observa o princípio da anterioridade, mas deve respeitar a anterioridade nonagesimal.

39. (MP/CE – Promotor – FCC/2011). Sobre os princípios constitucionais tributários é correto afirmar que:

(A) A lei que modifica tributos só pode ser aplicada no exercício seguinte ao da sua publicação por força da regra da irretroatividade da lei tributária.

(B) Os tributos sempre deverão ser pessoais e atender às condições econômicas dos contribuintes, por força do princípio da capacidade contributiva.

(C) Salvo exceções, a lei que cria ou majora tributo terá eficácia no exercício financeiro seguinte ao da sua publicação, como expressão da anterioridade tributária.

(D) Como exceção à legalidade tributária, pode o Presidente da República instituir, por decreto, impostos de importação, de exportação, sobre produtos industrializados e sobre operações financeiras.

(E) A instituição de empréstimo compulsório, imposto extraordinário, imposto residual e impostos de natureza extrafiscal são exceções à anterioridade nonagesimal.

40. (Petrobras – Advogado Júnior – CESGRANRIO/2012). De acordo com o Sistema Tributário Nacional, a imposição e a cobrança do tributo, ressalvadas as hipóteses previstas no ordenamento jurídico tributário, observam o princípio da anterioridade tributária porque:

(A) O STF já decidiu que a redução ou a extinção de um desconto para pagamento de um tributo sob certas condições previstas em lei, com o pagamento antecipado em parcela única, equiparam-se à majoração de tributo.

(B) O STF já decidiu pela inaplicabilidade do princípio da anterioridade tributária quanto à norma que se limita a alterar o prazo para pagamento do tributo, mesmo antecipando-o.

(C) O Impacto causado nos contratos comerciais internacionais com o aumento da alíquota do IOF, mediante decreto pelo Poder Executivo Federal, deverá observar o princípio da anterioridade tributária.

(D) A atração por novos polos industriais e comerciais, o aumento e a diminuição da alíquota do ISSQN dispensam a aplicação do princípio da anterioridade tributária.

(E) A Medida Provisória que venha a instituir empréstimo compulsório para atender a despesas extraordinárias decorrentes de guerra externa deverá observar o princípio da anterioridade tributária.

41. (PFN – ESAF/2012). Alguns tributos possuem, além da função meramente arrecadatória ou fiscal, finalidade outra que se destina a regular a economia, criando mecanismos que induzem, ou incentivam, a conduta do potencial contribuinte numa ou noutra direção. É o que se viu recentemente com a majoração das alíquotas do IPI – Imposto sobre Produtos Industrializados, incidente sobre a importação de automóveis, já que, no período de janeiro a agosto de 2011, a balança comercial do setor automotivo atingiu um déficit de R$ 3 bilhões. Contudo, o STF entendeu que o decreto que majorar as alíquotas aplicáveis às operações de importação de veículos automotores:

(A) Sujeita-se ao princípio da anterioridade, segundo o qual não se poderá exigir, no mesmo exercício financeiro em que o decreto é publicado, alíquotas maiores do que aquelas até então vigentes.

(B) Tem aplicabilidade imediata, por ser o IPI um tributo regulatório e pelo fato de que o Decreto-Lei que o criou (DL n. 1.191/1971) ter autorizado o Poder Executivo a reduzir suas alíquotas a zero; majorá-las, acrescentando até 30 unidades ao percentual de incidência fixado na lei, e, ainda, alterar a base de cálculo em relação a determinados produtos, podendo, para esse fim, fixar-lhes valor tributável mínimo.

(C) Submete-se, dentre outros, ao princípio constitucional da anterioridade nonagesimal, ou seja, fica suspenso até que tenha transcorrido o prazo de noventa dias da sua publicação.

(D) Fica suspenso, por força da anterioridade nonagesimal, até que tenha transcorrido o prazo de noventa dias da sua publicação. Contudo, a suspensão somente opera efeitos *ex tunc* caso haja pedido liminar formulado no sentido de reparar dano, e não para prevenir risco ao contribuinte.

(E) Não se submete ao princípio constitucional da anterioridade nonagesimal, eis que a Constituição Federal foi clara ao prever tal comando para a lei (antes de decorridos 90 dias da data em que haja sido publicada a lei que os instituiu ou aumentou). Assim, como o texto constitucional fala em "lei", o aumento das alíquotas por decreto não está sujeito à espera nonagesimal.

42. (Agência Reguladora de Serviços Públicos Delegados/CE – Procurador Autárquico da ARCE – FCC/2012). Foi promulgado decreto presidencial que veiculou aumento de 30% na alíquota de IPI incidente sobre a importação, para a indústria automotiva. O decreto entrou em vigor na data de sua publicação, aplicando-se o aumento da carga tributária imediatamente aos contribuintes. Nesse contexto, o referido decreto:

(A) É legítimo, pois o IPI é tributo extrafiscal e a Constituição Federal, em seu art. 153, § 3º, prescreve que o imposto será seletivo em função da essencialidade do produto, de maneira que é exceção ao Princípio da Anterioridade, podendo a sua carga tributária ser majorada a qualquer tempo.

(B) Não é legítimo, pois o IPI é exceção ao Princípio da Anterioridade Anual, porém não da Anterioridade Qualificada (Noventena), conforme o art. 150, § 1º, da Constituição Federal.

(C) Não é legítimo, pois a Constituição Federal estabelece como limitação constitucional ao poder de tributar, a cobrança de tributos no mesmo exercício financeiro em que haja sido publicada a lei que os instituiu ou aumentou.

(D) Não é legítimo, pois a Constituição Federal estabelece dentre as limitações constitucionais ao poder de tributar o princípio da legalidade, que determina que é vedada a exigência ou aumento de tributo sem lei que o estabeleça.

(E) não é legítimo, pois de acordo com a Constituição Federal, qualquer aumento da carga tributária do IPI incidente sobre a importação, deverá ser submetido à aprovação da Organização Mundial de Comércio, como condição de sua validade.

GABARITO

1. **Alternativa (B).** A lei que majorou as alíquotas do IPI entrará em vigor 90 (noventa) dias após a sua publicação, uma vez que o IPI não está sujeito ao princípio da anterioridade de exercício.

Comentário: A alternativa **"B"** está correta, nos termos do art. 150, § 1º, da CF, a majoração do IPI não respeita o princípio da anterioridade do exercício, mas tão somente a anterioridade nonagesimal.

2. **Alternativa (E).** Imposto sobre a renda.

Comentário: A opção **"E"** é a assertiva correta, com base no art. 150, § 1º, da CF.

3. **Alternativa (A).** Aumento da alíquota do Imposto sobre a Propriedade Predial e Territorial Urbana.

Comentário: A resposta **"A"** está correta, à luz do art. 150, III, "c", da CF. As justificativas "B", "C" e "D" estão incorretas, pois nos termos do art. 150, § 1º, da CF, esses tributos não precisam respeitar o princípio da anterioridade.

4. **Alternativa (A).** A alteração de prazo para recolhimento de tributo não se submete ao princípio da anterioridade, seja a anterioridade geral ou nonagesimal.

Comentário: A justificativa "A" está correta, nos termos do art. 150, III, "b" e "c", da CF, é vedado cobrar tributos no mesmo exercício financeiro em que haja sido publicada a lei que os instituiu ou aumentou e antes de decorridos noventa dias da data em que haja sido publicada a lei que os instituiu ou aumentou. A alteração do prazo de pagamento não configura instituição e nem majoração de tributo, por isso não precisa respeitar as anterioridades, nesse sentido tem-se as Súmula n. 669 do STF e a Súmula Vinculante n. 50 do STF.

5. **Alternativa (A).** A majoração da alíquota do imposto sobre produtos industrializados (IPI) via ato do Poder Executivo fere o princípio da legalidade, que determina ser vedado à União, aos Estados, ao Distrito Federal e aos Municípios exigir ou aumentar tributo sem lei que o estabeleça.

Comentário: A letra **"A"** está incorreta, nos termos do art. 153, § 1º, da CF, é facultado ao Poder Executivo, atendidas as condições e os limites estabelecidos em lei, alterar as alíquotas do IPI. A alternativa "B" está correta, com relação à redução de alíquota, não há que se falar em observância das anterioridades, uma vez que é benéfico ao contribuinte. A opção "C" está correta, consoante dispõe o art. 153, § 4º, I, da CF. A resposta "D" está correta, conforme o art. 151, I, da CF, é vedado à União estabelecer tratamento diferenciado aos entes federativos, salvo se for concessão de incentivo fiscal.

6. **Alternativa (B).** Princípio da anterioridade.

Comentário: A alternativa **"B"** está correta, de acordo com o art. 150, III, "b", da CF, os tributos quando instituídos ou majorados só podem ser exigidos no próximo exercício financeiro.

7. **Alternativa (E).** A proposição e a razão são verdadeiras e a razão justifica a proposição.

I. Nos termos da jurisprudência do Supremo Tribunal Federal, não é possível subtrair a garantia constitucional assegurada ao cidadão no artigo 150, inciso III, alínea b, da Constituição de 1988 (princípio da anterioridade tributária) por meio de emenda constitucional.

Porque

II. A tentativa de limitação ao princípio da anterioridade tributária esbarra em obstáculo previsto pelo artigo 60, § 4º, inciso IV, da Constituição – impossibilidade de proposta de emenda tendente a abolir os direitos e garantias individuais, que, de acordo com a Suprema Corte, não estão restritos ao rol do artigo 5º da Carta de 1988.

Comentário: A opção **"E"** está correta, conforme entendimento do STF, a anterioridade tributária é princípio constitucional, garantia fundamental aos contribuintes, e por isso, considerada cláusula pétrea.

8. **Alternativa (D).** A fixação de sua base de cálculo não se submete ao princípio da noventena.

Comentário: A alternativa **"D"** está correta, a alteração na base de cálculo do IPTU deverá respeitar apenas o princípio da anterioridade do exercício, sendo exceção ao princípio da anterioridade nonagesimal. A opção "A" está incorreta, o IPTU é um imposto fiscal, uma vez que sua finalidade precípua é arrecadar recursos para o Município ou para o Distrito Federal. Contudo, será extrafiscal quando se valer da progressividade para coibir o descumprimento da função social da propriedade urbana. A resposta "B" está incorreta, nos termos do artigo 33 do CTN, a sua base de cálculo é o valor venal do imóvel. A justificativa "C" está incorreta, a Constituição Federal determina que as alíquotas podem ser progressivas para cumprir a função social do imóvel urbano, artigo 182, § 4º, II, da CF, e em razão do valor do imóvel, conforme o artigo 156, § 1º, I, da CF, após EC n. 29/2000.

9. **Alternativa (C).** Não se submete ao princípio da anterioridade.

Comentário: Apenas a alternativa **"C"** está correta, uma vez que os princípios do exercício e da noventena devem ser observados quando o tributo for instituído ou majorado, para evitar a surpresa ao contribuinte (art. 150, III, "b" e "c", da CF). A lei que diminui o prazo de pagamento do tributo não precisa observar esses princípios, esse é inclusive o entendimento do STF, Súmula n.669.

10. **Alternativa ().** Somente os itens II e V estão corretos.

II. O Imposto de Renda está sujeito ao princípio da anterioridade, mas não ao princípio da noventena (anterioridade nonagesimal).

V. A majoração da base de cálculo do IPVA não está sujeita ao princípio da noventena (anterioridade nonagesimal), mas a majoração de sua alíquota está.

Comentário: O item I está incorreto, a arrecadação do ITCMD pertence tão somente aos Estados e ao Distrito Federal. O **item II** está correto, nos termos do art. 150, III, "b", da CF c/c o art. 150, § 1º, da CF, o imposto de renda precisa respeitar o princípio da anterioridade do exercício, porém, não precisa respeitar a anterioridade nonagesimal. O item III está incorreto, pois o art. 150, § 7º, da CF prevê sobre a substituição progressiva para frente, em que primeiro há o pagamento do tributo e depois ocorre o fato gerador. O item IV está todo incorreto, primeiro, porque as contribuições para o custeio do serviço de iluminação pública só pode ser instituída pelos Municípios e pelo Distrito Federal, e, em segundo lugar, devem respeitar tanto ao princípio da irretroatividade como da anterioridade. O **item V** também está correto, à luz do art. 150, III, "b" e "c", § 1º, da CF, a alteração da base de cálculo do IPVA não precisa respeitar a anterioridade nonagesimal, contudo, se a alteração for na alíquota, deverá respeitar ambas as anterioridades.

11. **Alternativa (D).** A União, tendo ou não tendo despesas extraordinárias a atender, poderá instituir, na iminência de guerra externa, mediante lei, impostos extraordinários, dispensada a observância dos princípios da anterioridade e da noventena (anterioridade nonagesimal).

Comentário: A alternativa "A" está incorreta, pois o empréstimo compulsório somente poderá ser instituído por meio de lei complementar. Além disso, o imposto extraordinário, previsto no art. 154, II, da CF, poderá ser criado na iminência ou no caso de guerra externa. A opção "B" está incorreta, porque conforme se depreende do art. 148, I, da CF, o empréstimo compulsório de guerra não precisa respeitar as anterioridades do exercício e nem mesmo a nonagesimal. As respostas "C" e "E" estão incorretas, por inexistir previsão constitucional nesse sentido. A justificativa **"D"** está correta, nos termos do art. 154, II, da CF, que determina que a União: "na iminência ou no caso de guerra externa, impostos extraordinários, compreendidos ou não em sua competência tributária, os quais serão suprimidos, gradativamente, cessadas as causas de sua criação". O art. 150, § 1º, da CF esclarece que os impostos criados em razão de guerra não precisam respeitar as anterioridades do exercício e a nonagesimal.

12. **Alternativa(E).** Reduzida e restabelecida por ato do Poder Executivo da União, não se lhe aplicando o princípio da anterioridade.

Comentário: A alternativa "A" está incorreta, pois nos termos do artigo 177, § 4º, I, "b", da CF, no caso das alíquotas da CIDE Combustível serem reduzidas e restabelecidas não respeitará a Anterioridade do Exercício. A opção "B" está incorreta, visto que o Princípio da Legalidade deverá ser respeitado, à luz do artigo 150, I, da CF, sempre que um tributo for instituído ou majorado. A letra "C" está incorreta, porque nos ditames do artigo 177, § 4º, I, "b", da CF, a CIDE Combustível respeitará o Princípio da Anterioridade Nonagesimal, nas hipóteses das suas alíquotas serem reduzidas e restabelecidas, e quando majoradas, deverá ser respeitado os Princípios da Anterioridade do Exercício e da Anterioridade Nonagesimal. A assertiva "D" está incorreta, uma vez que o Princípio da Irretroatividade deverá ser respeitado, consoante o artigo 150, III, "a", da CF, sempre que um tributo for instituído ou majorado. A resposta **"E"** está correta, segundo o artigo 177, § 4º, I, "b", da CF, nessa hipótese não se aplica a Anterioridade do Exercício.

13. **Alternativa (B).** Na alteração que implique redução de tributo, beneficiando o contribuinte quer por alteração de base de cálculo, quer por alteração de alíquota, não se aplicam as regras da legalidade, anterioridade e irretroatividade.

Comentário: A banca examinadora entendeu como correta a opção **"B",** dentre as alternativas é a mais correta. Entretanto, deve-se considerar que o Princípio da Legalidade deve ser observado nesse caso, mesmo que se trate de redução, em observância ao disposto no artigo 150, § 6º, da CF e artigo 97, II, do CTN. As letras "A" e "C" estão incorretas, em razão do termo "absoluta", os princípios referidos não são de aplicação absoluta, em virtude das exceções previstas na CF. A assertiva "D" está incorreta, posto que a modificação da lei que veicula tributo, de maneira geral, não precisa necessariamente respeitar os Princípios da Anterioridade. Precisará respeitar sim quando houver criação ou majoração do tributo, como estudado nesse Capítulo. A assertiva "E" está incorreta, a banca misturou conceitos para confundir o candidato. As limitações ao poder de tributar referem-se ao instituto da Competência Tributária concedida pela Constituição aos Entes Federativos para criação ou majoração de tributos. Já a Capacidade Tributária Ativa refere-se à atividade de arrecadar, fiscalizar tributos e executar leis que, inclusive, pode ser delegada.

14. **Alternativa (B).** A seletividade implica tributação diferenciada conforme a qualidade do que é objeto da tributação, não se confundindo com a progressividade, que se refere ao simples agravamento do ônus tributário conforme a base de cálculo aumenta.

Comentário: A letra "A" está incorreta, porque o imposto de renda está sujeito ao Princípio da Anterioridade do Exercício, mas não precisa respeitar a Anterioridade Nonagesimal; enquanto o IPI deve obedecer apenas à Anterioridade Nonagesimal, segundo determina o artigo 150, § 1º, da CF. A assertiva **"B"** está correta, visto que o Princípio da Seletividade significa tributar de acordo com a essencialidade do bem; já o Princípio da Progressividade diz respeito ao aumento das alíquotas de acordo com a majoração da base de cálculo. A resposta "C" está incorreta, pois refere-se a uma exceção ao Princípio da Anterioridade do Exercício, já que o IOF, uma vez majorado, poderá ser cobrado imediatamente, nos termos do artigo 150, § 1º, da CF. A imputação no pagamento de crédito tributário deve observar o artigo 163 do CTN, além disso, a compensação tributária só poderá ocorrer nas hipóteses do artigo 170 do CTN, mediante lei que a autorize, por isso a justificativa "D" está incorreta.

15. **Alternativa (E).** Configura-se o caráter confiscatório de determinado tributo sempre que o efeito cumulativo, resultante das múltiplas incidências tributárias estabelecidas pela mesma entidade estatal, afetar, substancialmente e de maneira irrazoável, o patrimônio ou os rendimentos do contribuinte.

Comentário: A assertiva "A" está incorreta, pois as indenizações não configuram acréscimo patrimonial e por isso não são fato gerador do imposto de renda, nesse sentido temos a Súmula n. 498 do STJ que preconiza: "Não incide imposto de renda sobre a indenização por danos morais". A resposta "B" também está incorreta, porque não pode um serviço indivisível ser remunerado por meio de taxa. À luz do artigo 145, II, da CF, as taxas podem ser instituídas na utilização efetiva ou potencial de serviço público específico e divisível. Súmula n. 670 do STF: "O serviço de iluminação pública não pode ser remunerado mediante taxa"– recentemente convertida na Súmula Vinculante n. 41. A justificativa "C" está incorreta, uma vez que a não cumulatividade não se trata de cláusula pétrea. A alternativa "D" está incorreta, na medida em que o Princípio da Anterioridade deve ser observado apenas nas hipóteses de instituição e majoração de tributo, conforme entendimento do artigo 150, III, "b" e "c", da CF. A opção **"E"** está correta, como pode ser verificado o conceito de confisco no Subitem 3.2.4.

16. **Alternativa (D).** Em 02 de janeiro de 2005 e 15 de fevereiro de 2005, respectivamente.

Comentário: Como a questão não se referiu a nenhum tributo que apresenta exceção aos Princípios da Anterioridade do Exercício e Nonagesimal, a regra, segundo o artigo 150, III, "b" e "c", da CF, é que, quando instituído ou majorado o tributo, só poderá ser exigido no próximo exercício e desde que transcorridos os 90 dias a contar da publicação da lei que instituir ou majorar o tributo. Assim, se o imposto foi criado em 05 de julho de 2004, ele poderá ser exigido em 02 de janeiro de 2005, por ser o próximo exercício e por já haver transcorrido mais de 90 dias da data da publicação. Com relação à taxa, como foi instituída em 16 de novembro de 2004, em janeiro de 2005 não teria transcorrido ainda os 90 dias da data da publicação da lei, por isso, só poderá ser cobrada em 15 de fevereiro de 2005. Logo, a resposta correta é a letra **"D"**.

17. **Alternativa (A).** A renda (IR).

Comentário: Consoante determinação do artigo 150, § 1º, da CF, o imposto de renda, uma vez majorado, deverá respeitar apenas o Princípio da Anterioridade do Exercício, não precisa respeitar o Princípio Nonagesimal. Portanto, a justificativa correta é a letra **"A"**.

18. **Alternativa (E).** Produtos industrializados.

Comentário: Nos termos do artigo 150, § 1º, da CF, o Imposto sobre Produtos Industrializados, uma vez majorado, deverá respeitar apenas o Princípio da Anterioridade Nonagesimal, não precisa respeitar o Princípio da Anterioridade do Exercício. Assim, a alternativa correta é a letra **"E"**.

19. **Alternativa (C).** Alíquotas do IOF.

Comentário: À luz do artigo 150, § 1º, da CF, o IOF não precisa respeitar o Princípio da Anterioridade do Exercício e nem mesmo a Anterioridade Nonagesimal. Portanto, a opção correta é a letra **"C"**.

20. **Alternativa (A).** Em noventa dias a contar da publicação da lei para o ITBI e no primeiro dia do exercício seguinte ao da publicação da lei para o IPTU.

Comentário: Segundo os Princípios da Anterioridade do Exercício e Nonagesimal, dispostos no artigo 150, III, "b" e "c", da CF, o tributo, via de regra, uma vez instituído ou majorado só poderá ser exigido no próximo exercício financeiro e desde que transcorridos 90 dias da data da publicação da lei que o instituiu ou majorou; porém, o artigo 150, § 1º, da CF prevê algumas exceções, dentre elas, a hipótese de a alteração na base de cálculo do IPTU não precisar respeitar o Princípio da Anterioridade Nonagesimal, apenas a Anterioridade do Exercício. Então, a assertiva correta é a letra **"A"**.

21. Alternativa (B). Inconstitucional, pois depende de lei tal majoração, ainda que tenha eficácia no mesmo exercício financeiro ao da sua publicação.

Comentário: A letra **"B"** está correta, pois segundo o artigo 150, I, da CF, somente a lei poderá instituir e majorar tributos. Ressalta-se que as Contribuições Sociais, em razão do disposto no artigo 195, § 6º, da CF, só respeitam a Anterioridade Nonagesimal, por isso é chamada de Anterioridade Mitigada.

22. Alternativa (B). A partir do primeiro dia do exercício de 2009 apenas para a nova base de cálculo do IPTU.

Comentário: Conforme preceituam os Princípios da Anterioridade do Exercício e Nonagesimal, prescritos no artigo 150, III, "b" e "c", da CF, o tributo, via de regra, uma vez instituído ou majorado só poderá ser exigido no próximo exercício financeiro e desde que transcorridos 90 dias da data da publicação da lei que o instituiu ou majorou; contudo, o artigo 150, § 1º, da CF analisa algumas exceções, dentre elas a hipótese de a alteração na base de cálculo do IPTU não precisar obedecer o Princípio da Anterioridade Nonagesimal, apenas à Anterioridade do Exercício. Sendo assim, a resposta correta é a letra **"B"**.

23. Alternativa (A). Iminência de guerra externa.

Comentário: O empréstimo compulsório previsto no artigo 148, I, da CF para custeio de despesas extraordinárias, decorrentes de calamidade pública, de guerra externa ou sua iminência, poderá ser cobrado imediatamente, quando instituído, não precisará respeitar os Princípios da Anterioridade do Exercício e nem mesmo a Anterioridade Nonagesimal. Portanto, a justificativa correta é a letra **"A"**.

24. Alternativa (D). A partir do início do exercício financeiro de 2010, por ser exceção à anterioridade nonagesimal, mas se submeter à anterioridade anual.

Comentário: Consoante os Princípios da Anterioridade do Exercício e Nonagesimal, determinados no artigo 150, III, "b" e "c", da CF, o tributo, via de regra, uma vez instituído ou majorado só poderá ser exigido no próximo exercício financeiro e desde que transcorridos 90 dias da data da publicação da lei que o instituiu ou majorou; entretanto, o artigo 150, § 1º, da CF estabelece algumas exceções, dentre elas a hipótese de a alteração na base de cálculo do IPVA não precisar respeitar o Princípio da Anterioridade Nonagesimal, apenas a Anterioridade do Exercício. Logo, a alternativa correta é a letra **"D"**.

25. Alternativa (C). Operações de crédito, câmbio e seguro, ou relativas a títulos ou valores mobiliários (IOF).

Comentário: Nos termos do artigo 150, § 1º, da CF, o IOF não precisa atender ao Princípio da Anterioridade do Exercício e nem mesmo à Anterioridade Nonagesimal, posto que se trata de tributo regulador de mercado. Dessa forma, a opção correta é a letra **"C"**.

26. Alternativa (D). No exercício financeiro seguinte, se convertida em lei até o último dia do exercício em que foi editada, no caso do Imposto sobre a Renda.

Comentário: As letras "A" e "E" estão erradas, porque o imposto sobre rendas e proventos de qualquer natureza deve respeitar a Anterioridade do Exercício; assim, com base no artigo 62, § 2º, da CF, só poderá ser exigido no próximo exercício se a Medida Provisória for convertida em lei até o final do exercício que ela foi editada. O IOF, em razão do artigo 150, § 1º, da CF, poderá ser exigido imediatamente. As assertivas "B" e "C" estão erradas, porque o IOF não respeita a Anterioridade do Exercício, podendo ser cobrado imediatamente. A resposta **"D"** está certa em atenção ao artigo 62, § 2º, da CF.

27. Alternativa (B). Desde que atendidos os requisitos previstos em lei federal de caráter nacional, pode a administração fiscal do município fiscalizar e cobrar o Imposto sobre a Propriedade Territorial Rural, relativo a imóveis localizados em seu território, hipótese em que o município está dispensado de repassar qualquer valor arrecadado a esse título à União.

Comentário: A assertiva "A" está incorreta, porque o tributo só poderá ser exigido no próximo exercício, conforme previsão no artigo 62, § 2º, da CF, se a Medida Provisória for convertida em lei até o final do exercício em que foi editada. A resposta **"B"** está correta, nos termos do art. 153, § 4º, III, da CF, que permite à União delegar a Capacidade Ativa Tributária para os Municípios, hipótese em que esses ficarão com 100%

da arrecadação do ITR, conforme preceitua o artigo 158, II, da CF. A justificativa "C" está incorreta, com fundamento no artigo 144, *caput*, do CTN, a lei que se aplica ao lançamento tributário é aquela vigente à época da ocorrência do fato gerador, ainda que posteriormente alterada ou revogada. A alternativa "D" está incorreta, ainda que o artigo 153, § 1º, da CF permite ao Poder Executivo, desde que atendidas as condições e os limites previstos em lei, alterar as alíquotas do IPI, em observância ao artigo 150, § 1º, da CF, esse imposto, uma vez majorado, deverá respeitar o Princípio da Anterioridade Nonagesimal. A opção "E" está incorreta, realmente o entendimento do STJ é que a entrega de declaração pelo contribuinte, na qual ele afirma ser devedor do tributo, constitui o crédito tributário, Súmula n. 436 do STJ; porém o prazo prescricional quinquenal da execução correspondente pode ter início no momento do vencimento da dívida declarada e não paga, ou na ocasião da entrega da declaração, o que for posterior, dependendo do caso.

28. Alternativa (D). IPI (Imposto sobre produtos industrializados).

Comentário: À luz do artigo 150, § 1º, da CF, o Empréstimo Compulsório de Guerra ou de Calamidade Pública, o IE e o IOF não obedecem aos Princípios da Anterioridade do Exercício e Nonagesimal. Portanto, a opção **"D"** é a resposta correta.

29. Alternativa (C). A fixação da base de cálculo do IPTU não está sujeita à observância da Anterioridade Nonagesimal prevista no artigo 150, III, "c", da CF.

Comentário: A letra "A" está errada, porque o Empréstimo Compulsório, previsto no artigo 148, II, da CF, deverá respeitar tanto a Anterioridade do Exercício como a Anterioridade Nonagesimal, ainda que o artigo 148, II, da CF refira-se apenas ao Princípio da Anterioridade do Exercício, ressalta-se que o Princípio Nonagesimal surgiu apenas com a EC n. 42 e não fez a necessária modificação no artigo 148, II, da CF; mas o artigo 150, § 1º, quando trata das exceções aos Princípios da Anterioridade do Exercício e Nonagesimal, não faz menção ao artigo 148, II, apenas ao inciso I, por isso afirmamos que o Empréstimo Compulsório de investimento público de caráter urgente e relevância nacional deve respeitar os dois princípios. A assertiva "B" está errada, nos termos do artigo 155, § 2º, XII, "g", da CF, cabe à Lei Complementar regular as isenções, incentivos e benefícios fiscais do ICMS. A resposta **"C"** está correta, de acordo com o artigo 150, § 1º, da CF.

30. Alternativa (D). Imposto sobre Operações relativas à Circulação de Mercadorias e sobre Prestações de Serviços de Transporte Interestadual e Intermunicipal e de Comunicação, ainda que as operações e as prestações se iniciem no exterior – ICMS (art. 155, II, da CF).

Comentário: A assertiva **"D"** é a correta, consoante estabelecido no artigo 150, § 1º, da CF.

31. Alternativa (C). Operações de crédito, câmbio e seguro, ou relativas a títulos ou valores mobiliários (IOF).

Comentário: O IPI respeita a Anterioridade Nonagesimal; o IR não obedece à Anterioridade Nonagesimal, mas sim à Anterioridade do Exercício; tanto o ITR como o ICMS acatam às duas anterioridades. Logo, a resposta **"C"** é a letra correta.

32. Alternativa (B). De acordo com o princípio da anterioridade anual, previsto constitucionalmente, é vedado à União, sem prejuízo de outras garantias asseguradas ao contribuinte, cobrar tributos no mesmo exercício financeiro em que haja sido publicada a lei que os instituiu ou aumentou.

Comentário: A justificativa "A" está incorreta, visto que o Princípio da Anualidade não está mais em nosso ordenamento jurídico, determinando que para o tributo poder ser exigido deveria ter autorização no orçamento anual. A alternativa **"B"** está correta, de acordo com o estabelecido no artigo 150, III, "b", da CF. A opção "C" está incorreta, pois à luz do artigo 101 do CTN, a vigência, no espaço e no tempo, da legislação tributária rege-se pelas disposições legais aplicáveis às normas jurídicas em geral, ressalvadas as hipóteses previstas nos artigos 102 a 104 do CTN que seguem a previsão do CTN. A letra "D" está incorreta, porque o artigo 153, § 2º, da CF determina a progressividade para o imposto de renda. A assertiva "E" está incorreta, pois cabe à Lei Complementar, segundo o artigo 146, I, da CF, dispor sobre conflitos de competência entre a União, os Estados, o Distrito Federal e os Municípios, em matéria tributária.

33. Alternativa (B). Estão corretas apenas as assertivas I, II e III.

I. A imunidade tributária conferida a instituições de assistência social sem fins lucrativos alcança as entidades fechadas de previdência em que não haja contribuições dos beneficiários.

II. O princípio da anterioridade faz com que a lei tributária publicada no dia 2 de outubro, vigente "na data de sua publicação", ganhe eficácia no exercício financeiro seguinte.

III. As contribuições para a seguridade social, ainda que detenham índole tributária, não se fazem abranger pela imunidade pertinente a livros, jornais, periódicos e papel destinado à sua impressão.

Comentário: A resposta **I** está correta, como analisado no Item 3.12 deste Capítulo, que diz respeito às imunidades tributárias, a matéria está com entendimento na Súmula n. 730 do STF: "A imunidade tributária conferida a instituições de assistência social sem fins lucrativos pelo art. 150, VI, "c", da Constituição, somente alcança as entidades fechadas de previdência social privada se não houver contribuição dos beneficiários". A justificativa **II** está correta, observa-se que a banca segue a corrente doutrinária de que o Princípio da Anterioridade estabelece que a lei que instituir ou majorar um tributo terá vigência no ano de sua publicação, mas com eficácia no exercício seguinte. A alternativa **III** está correta, porque a imunidade dos livros, jornais, periódicos e papel destinado à sua impressão é uma imunidade genérica que só alcança os impostos, nos termos do artigo 150, VI, "d", da CF. A opção IV está incorreta, pois o Princípio da Anualidade foi suprimido do nosso ordenamento jurídico.

34. **Alternativa (D).** O IPTU e o IPVA podem ter sua alíquota e base de cálculo majoradas e cobradas de imediato, por força da Emenda Constitucional n. 42/2003, que os excepcionou do princípio da anterioridade tributária, sendo irrelevante o exercício financeiro e a noventena.

Comentário: A justificativa "A" está correta, nos termos do artigo 153, § 1º, da CF. A alternativa "B" está correta, de acordo com o artigo 149 da CF. A opção "C" está correta, pois realmente o Imposto sobre Importação e o Imposto sobre Exportação são contribuições regulatórias de mercado e, por essa razão, uma vez majoradas, poderão ser cobradas imediatamente, como estabelece o artigo 150, § 1º, da CF. A letra **"D"** está incorreta, porque apenas a modificação das bases de cálculo do IPTU e do IPVA é que podem ser exigidas sem observância ao Princípio da Anterioridade Nonagesimal, consoante o artigo 150, § 1º, da CF. A assertiva "E" está correta, consoante disposição estabelecida no artigo 97, § 2º, do CTN.

35. **Alternativa (C).** Princípio da anualidade.

Comentário: Conforme estudado neste Capítulo, o Princípio da Anualidade foi suprimido do nosso ordenamento jurídico. Logo, a alternativa correta é a letra **"C"**.

36. **Alternativa (A).** Se somente a afirmativa I estiver correta.

I. A anterioridade nonagesimal foi estendida à União, aos Estados, ao Distrito Federal e aos Municípios a fim de vedar-lhes a cobrança de tributos antes de decorridos noventa dias da data em que tenha sido publicada a lei que os instituiu ou aumentou, comportando, dentre suas exceções, o imposto sobre a renda.

Comentário: A alternativa I está correta, com base no artigo 150, § 1º, da CF. A opção II está incorreta, como será visto no Item 3.3 deste Capítulo sobre Imunidades Tributárias, à luz do artigo 150, III, "c", da CF, a imunidade subjetiva alcança o sindicato dos trabalhadores e não dos empregadores. A assertiva III também está incorreta, pois segundo entendimento do STF, o Princípio do Não Confisco deve ser respeitado para as multas tributárias.

37. **Alternativa (A).** Impugnar a cobrança do tributo, com fundamento no princípio da legalidade e anterioridade.

Comentário: Conforme entendimento do artigo 150, I, da CF, o tributo só pode ser instituído e majorado por meio de lei – Princípio da Legalidade; e nos termos do artigo 150, III, "b", esse novo tributo só poderá ser exigido no próximo exercício financeiro, em atenção ao Princípio da Anterioridade. Portanto, a opção correta é a letra **"A"**.

38. **Alternativa (D).** Norma legal que altera prazo de recolhimento de obrigação tributária se sujeita ao princípio da anterioridade tributária.

Comentário: A letra "A" está correta, com fundamento na Súmula n. 160 do STJ: "É defeso, ao Município, atualizar o IPTU, mediante decreto, em percentual superior ao índice oficial de correção monetária". A assertiva "B" está correta, segundo entendimento do STJ, Súmula n. 212: "O mandado de segurança constitui ação adequada para a declaração do direito à compensação tributária". A resposta "C" está correta, consoante determinado no artigo 167, parágrafo único, do CTN. A justificativa **"D"** é a opção incorreta, porque os Princípios da Anterioridade só devem ser observados nas hipóteses de instituição e majoração de tributo. Nesse sentido, verifique a Súmula n. 669 do STF: "Norma legal que altera o prazo de recolhimento da obrigação tributária não se sujeita ao princípio da anterioridade", convertida recentemente na Súmula Vinculante n. 50. A alternativa "E" está correta, de acordo com entendimento do STF, Súmula n. 656: "É inconstitucional a lei que estabelece alíquotas progressivas para o imposto de transmissão *inter vivos* de bens imóveis – ITBI – com base no valor venal do imóvel".

---

39. Alternativa (A). A contribuição social sobre o lucro e a contribuição social sobre a folha de salários estão sujeitas ao princípio da anterioridade mitigada ou nonagesimal.

Comentário: A assertiva **"A"** está correta, pois conforme prescrito no artigo 195, § 6º, da CF, as contribuições sociais devem respeitar apenas o Princípio da Anterioridade Nonagesimal. A resposta "B" está incorreta, porque o imposto sobre importação não precisa obedecer à Anterioridade do Exercício e nem mesmo à Anterioridade Nonagesimal. As respostas "C" e "D" estão incorretas, visto que o Princípio da Anterioridade estabelece que o tributo poderá ser exigido no exercício financeiro posterior àquele em que foi publicada a lei e desde que tenha transcorrido 90 dias a contar da data da sua publicação. A justificativa "E" está incorreta, na medida em que o Imposto Extraordinário de Guerra não está sujeito a nenhuma das Anterioridades, uma vez instituído poderá ser exigido imediatamente.

---

40. Alternativa (C). Salvo exceções, a lei que cria ou majora tributo terá eficácia no exercício financeiro seguinte ao da sua publicação, como expressão da anterioridade tributária.

Comentário: A resposta "A" está incorreta, segundo o Princípio da Anterioridade, previsto no artigo 150, III, "b", da CF, o tributo instituído ou majorado só poderá ser exigido no próximo exercício financeiro. A justificativa "B" está incorreta, pois nos termos do artigo 145, § 1º, da CF, os impostos, sempre que possível, terão caráter pessoal e serão graduados segundo a capacidade econômica do contribuinte, facultado à administração tributária, especialmente para conferir efetividade a esses objetivos, identificar, respeitados os direitos individuais e nos ditames da lei, o patrimônio, os rendimentos e as atividades econômicas do contribuinte. A alternativa **"C"** está correta, com base no artigo 150, III, "b", da CF, em atenção ao Princípio da Anterioridade do Exercício. A opção "D" está incorreta, pois à luz do artigo 150, I, da CF, somente a lei poderá instituir tributo. A letra "E" está incorreta, porque apenas o Empréstimo Compulsório de Guerra ou de Calamidade Pública, previstos no artigo 148, I, da CF, é que não respeitam os Princípios da Anterioridade do Exercício e Nonagesimal; além disso, o Imposto Residual deverá obedecer às Anterioridades do Exercício e Nonagesimal.

---

41. Alternativa (B). O STF já decidiu pela inaplicabilidade do princípio da anterioridade tributária quanto à norma que se limita a alterar o prazo para pagamento do tributo, mesmo antecipando-o.

Comentário: A justificativa "A" está incorreta, porque, segundo o entendimento do STF, a redução e extinção de desconto não se equiparam à majoração de tributo e, por essa razão, não respeitam o Princípio das Anterioridades. A alternativa **"B"** está correta, uma vez que os Princípios das Anterioridades devem ser obedecidos apenas em casos de instituição e majoração de tributo. As opções "C" e "E" estão incorretas, visto que esses tributos são exceção aos Princípios da Anterioridade do Exercício e Nonagesimal, eles podem ser cobrados imediatamente, nos termos do artigo 150, § 1º, da CF. A letra "D" está incorreta, já que o ISS, assim como a maioria dos tributos, respeita o Princípio da Anterioridade.

---

42. Alternativa (C). Submete-se, dentre outros, ao princípio constitucional da anterioridade nonagesimal, ou seja, fica suspenso até que tenha transcorrido o prazo de noventa dias da sua publicação.

Comentário: A majoração do IPI não está sujeita à Anterioridade do Exercício, apenas à Anterioridade Nonagesimal, por isso as alternativas "A", "B", "D" e "E" estão incorretas. Logo, a opção correta é a letra **"C"**.

---

43. Alternativa (B). Não é legítimo, pois o IPI é exceção ao Princípio da Anterioridade Anual, porém não da Anterioridade Qualificada (Noventena), conforme o art. 150, § 1º, da Constituição Federal.

Comentário: A opção **"B"** está correta, em atenção ao artigo 150, § 1º, da CF, o IPI não precisa respeitar a Anterioridade do Exercício, mas sim a Anterioridade Nonagesimal.

2.8. Princípio da Liberdade de Tráfego

Este Princípio está previsto no artigo 150, V, da CF e tem por premissa a vedação aos Entes Federativos de instituírem tributos interestaduais ou intermunicipais que visem estabelecer limitações ao tráfego de pessoas ou bens, ressalvada, contudo, a exigência do pagamento de pedágio pela utilização das vias conservadas pelo Poder Público.

É importante ressaltar que o Princípio da Liberdade de Tráfego visa garantir o próprio direito de ir e vir, não inviabilizando, entretanto, a possibilidade da cobrança do ICMS, posto que a hipótese de incidência desse tributo consiste na operação de circulação de mercadorias e não o tráfego.

Com relação ao pedágio, de acordo com o artigo 150, V, da CF, o legislador constituinte ressalvou expressamente pela possibilidade de cobrança desse instituto, de modo a permitir a convivência com o Princípio da Liberdade de Tráfego.

Sobre a natureza do pedágio, havia muita discussão doutrinária e jurisprudencial sobre a natureza do pedágio, assim, vale relatar um breve histórico.

Para aqueles que defendiam ser taxa, citam-se Geraldo Ataliba e Aires Barreto[98], os argumentos basicamente eram de que: i) o pedágio estava expressamente previsto na Constituição; ii) constituía pagamento de serviço público específico ou divisível; e iii) não seria cabível remunerar serviço público por meio outro que não a taxa.

Por outro lado, aqueles que defendiam se tratar de preço público, cita-se Sacha Calmon Navarro Coêlho[99], com natureza de contrato, entendiam que: i) o fato de estar expresso na Constituição serve apenas para esclarecer que, embora não incida tributo, pode ser cobrado o pedágio, uma espécie jurídica diferenciada; ii) não existe compulsoriedade na utilização das rodovias; e iii) a cobrança ocorre em razão da efetiva utilização do serviço e não potencial.

Essa discussão doutrinária, de alguma forma, foi influenciada pela edição da Lei n. 7.712/88 (*revogada pela Lei n. 8.075/90)* que instituiu o *"selo-pedágio"*. Para o STF, essa exação tinha caráter de tributo, uma vez que era compulsório, isto é, **cobrado pelo Poder Público**, pela utilização de vias por ele conservadas. Segue a decisão que havia nesse sentido:

> CONSTITUCIONAL. TRIBUTÁRIO. PEDÁGIO. Lei n. 7.712, de 22.12.1988. I. Pedágio: natureza jurídica: taxa: CF, art. 145, II, art. 150, V. II. Legitimidade constitucional do pedágio instituído pela Lei n. 7.712, de 1988 (RE n. 181475, rel. Min. Carlos Velloso, **DJ** de 04.05.1999).

Consoante fora o entendimento do STF, o pedágio tinha natureza tributária de taxa. Para o Ministro Carlos Velloso, tratava-se de ressalva a uma limitação à tributação, e se fosse preço, ela não teria sentido. Transcreve-se, trecho de seu voto, no RE n. 181.475: *"É dizer, se está a Constituição tratando de limitações à tributação, não haveria sentido impor limitação a um preço (tarifa), que tem caráter contratual, assim incluído no regime de direito privado"*.

98. **Revista de Direito Tributário**, São Paulo, nº. 46, p. 90-96, out./dez. 1988

99. Coêlho, Sacha Calmon Navarro. Comentários à Constituição de 1988: sistema tributário. 9. ed. Rio de Janeiro: Forense, 2005, p. 308-309.

Ocorre que o posicionamento do STF mudou.

Em *votação unânime, o Pleno do STF, na Ação Direta de Inconstitucionalidade n. 800/RS, rel. Min. Teori Zavascki, 11.06.2014, decidiu que o pedágio tem natureza de* **preço público**.

No voto do Ministro Relator Teori Zavascki, há o esclarecimento sobre a posição anterior desse Tribunal e as razões do novo entendimento, como se vê da transcrição de trechos do voto:

> *Há, como se percebe, profundas diferenças entre o "selo-pedágio", previsto na Lei 1988, e o pedágio, tal como hoje está disciplinado. Esse último somente é cobrado se, quando e cada vez que houver efetivo uso da rodovia, o que não ocorria com o "selo-pedágio", que era exigido em valor fixo, independentemente do número de vezes que o contribuinte fazia uso das estradas durante o mês. Essas profundas diferenças entre um e outro indicam, sem dúvida, que a decisão da 2ª Turma do STF no RE 181475 (tratando de "selo-pedágio") não pode servir de paradigma na definição da natureza jurídica do pedágio. Ressalta-se, ainda, que a Lei 8.075, que entrou em vigor no dia 17 de agosto de 1990, revogou a Lei 7.712/88 e extinguiu a cobrança do "selo-pedágio".*
>
> *(...) O Ministro Ilmar Galvão, sem seu voto, entendeu que o pedágio é espécie de preço público por não ser cobrado compulsoriamente de quem não utilizar a rodovia; ou seja, é uma retribuição facultativa paga apenas mediante o uso voluntário do serviço.*
>
> *(...) o enquadramento do pedágio como espécie tributária (taxa) ou não (preço público) independe de sua localização topológica no texto constitucional, mas sim do preenchimento ou não dos requisitos previstos no art. 3º do Código Tributário Nacional, que delimita o conceito de tributo.*
>
> *(...) Segundo a jurisprudência firmada nessa Corte, o elemento nuclear para identificar e distinguir taxa e preço público é o da compulsoriedade, presente na primeira e ausente na segunda espécie, como faz certo, aliás, a Súmula 545: "Preços públicos e taxas não se confundem, porque estas, diferentemente daqueles, são compulsórias e têm sua cobrança condicionada à prévia autorização orçamentária, em relação à lei que as instituiu".*
>
> *(...) Em suma, no atual estágio normativo constitucional, o pedágio cobrado pela efetiva utilização de rodovias não tem natureza tributária, mas sim de preço público, não estando, consequentemente, sujeita ao princípio da legalidade estrita.*

Diante desse voto, na ADI n. 800/RS, percebe-se que o principal argumento do STF está na ausência de compulsoriedade do pedágio, característica elementar do tributo. Por esse motivo, essa espécie jurídica (pedágio) foi considerada **preço público**. Tal entendimento também foi exarado na ADI n. 4965, conforme se observa no **Informativo** do STF n. 750 de 2014, juntado ao final desse Capítulo.

Observe, ainda, que atualmente o pedágio não é cobrado pelo Poder Público, mas sim por particulares em regime de **concessão, permissão ou autorização, nos termos da Lei n. 8.987/95**. Por essa razão, há que se evidenciar o caráter contratual da relação de cobrança dessa espécie jurídica – entre a Concessionária e o Usuário. Trata-se de mais um fundamento para entender que o pedágio não terá a natureza de tributo, e sim de **preço público – tarifa.** Ressalta-se, também, que a Constituição estabelece que os serviços públicos serão custeados por meio de tributos, denominados de taxas. Já a prestação de serviços, mediante concessão ou permissão, será remunerada por meio de preços públicos, consoante estabelece o artigo 175 da CF.

Para melhor assimilação, segue uma breve diferenciação entre taxa (tributo) e tarifa (preço público):

Taxa	Tarifa
É tributo	Não é tributo
Caráter obrigatório	Caráter contratual
Regime Jurídico de Direito Público	Regime Jurídico de Direito Privado
Visa cobrar o preço do serviço	Visa lucro
Receita derivada (são provenientes de bens pertencentes ao patrimônio dos particulares, impostas coercitivamente aos cidadãos) – compulsoriedade.	Receita originária (são as auferidas pelo Estado em decorrência da exploração do seu próprio patrimônio).
Decorre de lei	Decorre de contrato

Em 2006, em prova realizada para o cargo de juiz, uma das questões subjetivas era sobre a natureza do pedágio:

Exemplo de questão sobre o tema

▶ **(TRF – 4ª Região – Juiz – TRF/2006).** Pedágio é tarifa ou tributo?

Resposta: Agora, após decisão recente do STF sobre o assunto, o candidato deveria demonstrar conhecimento a respeito e deixar claro que, após muitas discussões, o STF entendeu por ser preço público o pedágio e não taxa.

Alerta-se que o candidato deve demonstrar conhecimento a respeito e deixar claro que, após muitas discussões, o STF, em posicionamento recente – junho de 2014, na ADI n. 800 citada nesse Capítulo, entendeu que o pedágio tem natureza de "preço público" – tarifa -, em virtude da natureza contratual existente entre o usuário e a concessionária. Essa questão também foi novamente cobrada na prova do Ministério Público do Estado do Paraná em 2014.

2.8.1. Questões

1. (DNIT – Analista Administrativo e Analista em Infraestrutura de Transportes: Comum a todas as áreas – ESAF/2013). Em relação aos princípios tributários encartados na Constituição Federal, assinale a opção **INCORRETA**.

(A) O princípio da anterioridade impede a cobrança de tributos em relação a fatos geradores ocorridos antes do início da vigência da lei que os houver instituído ou aumentado.

(B) O princípio da anterioridade mitigada impede a cobrança de tributos antes de decorridos noventa dias da data em que haja sido publicada a lei que os instituiu ou aumentou.

(C) O princípio da vedação de confisco impede que o Estado institua tributo com o fim de desapossar o indivíduo de seus bens.

(D) O princípio da liberdade de tráfego impede a cobrança de tributos que impeçam a livre circulação de bens ou pessoas, ressalvado o pedágio em estradas conservadas pelo Poder Público.

(E) O princípio da capacidade contributiva exige que o imposto, sempre que possível, tenha caráter pessoal e leve em consideração a capacidade econômica do contribuinte.

2. (Secretaria de Administração/PE – Companhia Pernambucana de Saneamento – COMPESA – Advogado – UPENET/IAUPE/2012). Sobre Direito Constitucional Tributário, assinale a alternativa CORRETA:

(A) É vedado à União, aos Estados, ao Distrito Federal e aos Municípios estabelecer limitações ao tráfego de pessoas ou bens por meio de tributos interestaduais ou intermunicipais, ressalvada a cobrança de pedágio pela utilização de vias conservadas pelo Poder Público.

(B) Compete à União, aos Estados, ao Distrito Federal e aos Municípios instituir contribuições sociais, de intervenção no domínio econômico e de interesse das categorias profissionais ou econômicas, como instrumento de sua atuação nas respectivas áreas.

(C) É possível que a União, os Estados, o Distrito Federal e os Municípios cobrem tributo no mesmo exercício financeiro em que haja sido publicada a lei que os instituiu ou aumentou.

(D) A União, os Estados, o Distrito Federal e os Municípios podem instituir tributo com efeito de confisco.

(E) Os templos de qualquer culto têm obrigação de recolher os Impostos Estaduais.

3. (TC/SP – Auditor – FCC/2013). É vedada a limitação ao tráfego de pessoas ou bens por meio de tributos interestaduais ou intermunicipais. A proibição refere-se ao princípio da:

(A) Não discriminação em razão da procedência ou destino, que deve ser observado por todos os entes federados, tendo como exceção a cobrança de pedágio pela utilização de vias conservadas pelo poder público.

(B) Liberdade do tráfego de pessoas e bens, que deve ser observado por todos os entes federados, tendo como exceção a cobrança de pedágio pela utilização de vias conservadas pelo poder público.

(C) Liberdade do tráfego de pessoas e bens, sendo direcionado unicamente à União, Estados e Distrito Federal, tendo como exceção a cobrança do pedágio pela utilização de vias conservadas pelo poder público.

(D) Não discriminação em razão da procedência ou destino, que deve ser observado por todos os entes federados, não contemplando exceção.

(E) Não discriminação em razão da procedência ou destino, que deve ser observado pela União, Estados e Distrito Federal, tendo como exceção a cobrança do pedágio pela utilização de vias conservadas pelo poder público.

4. (Analista de Controle Interno/RJ – SEFAZ/ 2011). A respeito dos princípios constitucionais tributários, é correto afirmar que:

(A) Nos termos do art. 150, V, da CRFB, a vedação à limitação do tráfego de pessoas e mercadorias por meio de tributos é aplicada, exclusivamente, à União, aos Estados e aos Municípios.

(B) A contribuição social sobre o lucro e a contribuição social sobre a folha de salários estão sujeitas ao princípio da anterioridade mitigada ou nonagesimal.

(C) A majoração do imposto incidente sobre a importação de produtos estrangeiros e do imposto territorial rural não estão sujeitos ao princípio da anterioridade.

(D) O princípio da anterioridade, previsto no art. 150, III, "b", da CRFB, determina que os tributos criados ou majorados só poderão ser cobrados no exercício financeiro posterior ao da lei que os instituiu ou majorou. Esse princípio aplica-se a todos os tributos, inclusive às contribuições sociais.

(E) A fim de alcançar o objetivo fundamental de redução das desigualdades sociais e regionais (art. 3º, III, da CRFB), é permitido aos Estados, ao Distrito Federal e aos Municípios, estabelecer diferença tributária entre bens e serviços em razão de sua procedência ou destino.

5. (TJ/MG – Juiz de Direito Substituto – VUNESP/2012). Com relação aos princípios do Direito Tributário, assinale a alternativa que apresenta informação incorreta:

(A) É vedado à União, aos Estados, ao Distrito Federal e aos Municípios utilizar tributo com efeito de confisco.

(B) À União, aos Estados, ao Distrito Federal e aos Municípios é proibido, sem ressalvas, estabelecer limitações ao tráfego de pessoas ou bens, por meio de tributos interestaduais e intermunicipais.

(C) O nosso sistema tributário constitucional veda à União, aos Estados, ao Distrito Federal e aos Municípios a instituição de impostos sobre templos de qualquer natureza.

(D) O princípio da imunidade tributária recíproca é extensivo às autarquias e às fundações instituídas e mantidas pelo poder público, no que se refere ao patrimônio, à renda e aos serviços, vinculados a suas finalidades essenciais ou às delas decorrentes.

GABARITO

1. **Alternativa (A). INCORRETA**. O princípio da anterioridade impede a cobrança de tributos em relação a fatos geradores ocorridos antes do início da vigência da lei que os houver instituído ou aumentado.

Comentário: O gabarito da questão é a alternativa **"A"**, que está incorreta, posto que como estudado nesse Capítulo, os Princípios das Anterioridades Tributárias (do Exercício e Nonagesimal) estabelecem que a lei tributária que criar ou majorar tributo só produzirá efeitos no próximo exercício financeiro e após decorridos os 90 dias da publicação. A opção "A" na realidade descreveu sobre o Princípio da Irretroatividade. A letra "B" está correta, conforme reza o artigo 150, "c", da CF. A assertiva "C" está correta, em consonância com o Princípio do Não Confisco, artigo 150, IV, da CF. A resposta "D" está correta, trata-se do que preceitua o artigo 150, V, da CF: "Sem prejuízo de outras garantias asseguradas ao contribuinte, é vedado à União, aos Estados, ao Distrito Federal e aos Municípios: (...)V – estabelecer limitações ao tráfego de pessoas ou bens, por meio de tributos interestaduais ou intermunicipais, ressalvada a cobrança de pedágio pela utilização de vias conservadas pelo Poder Público". E, por fim, a justificativa "E" está correta, consoante determina o artigo 145, §1º da CF.

---

2. **Alternativa (A).** É vedado à União, aos Estados, ao Distrito Federal e aos Municípios estabelecer limitações ao tráfego de pessoas ou bens por meio de tributos interestaduais ou intermunicipais, ressalvada a cobrança de pedágio pela utilização de vias conservadas pelo Poder Público.

Comentário: A opção **"A"** está correta, consoante determina o artigo 150, V, da CF. A letra "B" está incorreta, porque, nos termos do artigo 149 da CF, compete à União criar contribuições sociais, de intervenção no domínio econômico e de interesse das categorias profissionais ou econômicas. A assertiva "C" está incorreta, por violação ao Princípio da Anterioridade do Exercício, previsto no artigo 150, III, "b", da CF. A resposta "D" está incorreta, por infringir o Princípio do Não Confisco, disposto no artigo 150, IV, da CF. A justificativa "E" está incorreta, uma vez que os templos de qualquer culto gozam de imunidade tributária, segundo o entendimento do artigo 150, VI, "b", da CF.

---

3. **Alternativa (B).** Liberdade do tráfego de pessoas e bens, que deve ser observado por todos os entes federados, tendo como exceção a cobrança de pedágio pela utilização de vias conservadas pelo poder público.

Comentário: A letra **"B"** é a assertiva correta, com fundamento no artigo 150, V, da CF.

---

4. **Alternativa (B).** A contribuição social sobre o lucro e a contribuição social sobre a folha de salários estão sujeitas ao princípio da anterioridade mitigada ou nonagesimal.

Comentário: A resposta "A" está incorreta, porque o Princípio de Liberdade de Tráfego é aplicável a todos os Entes Federativos. A justificativa **"B"** está correta, nos termos do artigo 195, § 6º, da CF, as contribuições sociais estão sujeitas apenas à Anterioridade Nonagesimal. A alternativa "C" está incorreta, pois o ITR está ligado ao Princípio da Anterioridade do Exercício. A opção "D" está incorreta, consoante verificado no Subitem 3.2.6, que trata do Princípio da Anterioridade, há exceções; a contribuição social, por exemplo, não respeita a Anterioridade do Exercício, apenas a nonagesimal. A letra "E" está incorreta, pois veda aos Estados, ao Distrito Federal e aos Municípios estabelecerem diferença tributária entre bens e serviços, de qualquer natureza, em razão de sua procedência ou destino.

---

5. **Alternativa (B).** À União, aos Estados, ao Distrito Federal e aos Municípios é proibido, sem ressalvas, estabelecer limitações ao tráfego de pessoas ou bens, por meio de tributos interestaduais e intermunicipais.

Comentário: A justificativa "A" está correta, de acordo com o determinado no artigo 150, IV, da CF. A alternativa **"B"** está incorreta, pois com base no artigo 150, V, da CF, é vedado estabelecer limitações ao tráfego de pessoas ou bens, ressalvada, contudo, a exigência do pagamento de pedágio pela utilização das vias conservadas pelo Poder Público. A opção "C" está correta, conforme previsão no artigo 150, VI, "b", da CF, os templos de qualquer culto são imunes aos impostos. A letra "D" está correta, à luz do artigo 150, §§ 2º e 3º, da CF.

2.9. Princípio da Uniformidade Geográfica

O Princípio da Uniformidade Geográfica veda à União:

> "Instituir tributo que não seja uniforme em todo o território nacional ou que implique distinção ou preferência em relação a Estado, ao Distrito Federal ou a Município, em detrimento de outro, admitida a **concessão de incentivos fiscais** destinados a promover o equilíbrio do desenvolvimento socioeconômico entre as diferentes regiões do País" (art. 151, I, da CF).

Logo, o legislador constituinte permitiu a concessão de isenção, redução de alíquotas, remissão, anistia, diferimentos e fixação de prazos excepcionais de recolhimento de tributo, apenas como forma de incentivo fiscal, para determinadas regiões, quando reputar justo e adequado o tratamento.

Assim, não é possível à União, por exemplo, instituir IPI com alíquotas diferenciadas para certos Estados, salvo se for concessão de incentivo fiscal.

Na lição de Ana Maria Ferraz Augusto, numa visão *lato sensu*, o incentivo é uma medida que determina um tratamento desigual, com a finalidade de criar condições melhores para o **desenvolvimento** de certas áreas geográficas ou setores econômicos. Apresenta como consequência a captação ou o desvio de recursos materiais, a direção da iniciativa privada, o desenvolvimento ou a adequação de técnicas novas, ou, ainda, o deslocamento de recursos humanos para as áreas e atividades favorecidas. Para a autora, os incentivos podem ser classificados em: (i) prêmios de produtividade (não muito frequentes, por causa da dificuldade na sua distribuição); (ii) incentivos creditício (que consistem na abertura de linhas de crédito especiais, visando ao atendimento da necessidade de aumento dos investimentos em determinados setores); (iii) incentivos fiscais (mais utilizados, atualmente). A seu ver, os "incentivos fiscais" são "técnicas utilizadas pelo Estado para a realização de determinados objetivos de sua política econômica". Possibilita ao Estado propulsionar ou desestimular determinadas atividades econômicas, a depender dos seus efeitos, pois, se o forem positivos, ter-se-á o impulsionamento da respectiva atividade; e, se negativos, o seu desincentivo.[100].

Nas palavras de Leandro Paulsen, sobre o Princípio da Uniformidade Geográfica:

> Cuida-se de vedação que se apresenta como subprincípio tanto do princípio federativo como do princípio da isonomia, assegurando que a tributação federal não se preste a privilegiar determinados entes federados em detrimento dos demais, só admitindo diferenciações que, na forma de incentivos, visem a promover o equilíbrio do desenvolvimento socioeconômico entre as diferentes regiões. Assim, ao mesmo tempo em que concretiza o princípio da isonomia, permite diferenciação com a finalidade extrafiscal de reduzir as desigualdades regionais, o que configura objetivo fundamental da República Federativa do Brasil, nos termos do art. 3º, III, da CF.[101]

Entende-se, desse modo, que o Poder Constituinte permitiu apenas à União conceder diferenciações, desde que com caráter de incentivo. Isso quer dizer que não poderá o Poder Judiciário substituir a vontade do legislador federal e estender a isenção a contribuintes não contemplados pela lei: a uma, porque fere o pacto federativo da separação de Poderes e, a

100. **Incentivos: Instrumentos Jurídicos do Desenvolvimento**, RDP, v. 47-48, p. 280-288.

101. PAULSEN, Leandro. **Curso de Direito Tributário**. 4. ed. Porto Alegre: Livraria do Advogado, 2012, p.73-74.

duas, porque vai de encontro com o estabelecido no artigo 111 do CNT, pelo qual determina a interpretação literal, em casos de outorga de isenção, impossibilitando a interpretação extensiva. Observe o entendimento do STJ nesse sentido:

> RECURSO EXTRAORDINÁRIO. IPI. CONCESSÃO DE BENEFÍCIOS. ALÍQUOTAS REGIONALIZADAS. LEI N. 8.393/91. DECRETO N. 2.501/98. ADMISSIBILIDADE. 1. Incentivos fiscais concedidos de forma genérica, impessoal e com fundamento em lei específica. Atendimento dos requisitos formais para sua implementação. 2. A Constituição na parte final do art. 151, I, admite a "concessão de incentivos fiscais destinados a promover o equilíbrio do desenvolvimento socioeconômico entre as diferentes regiões do país". 3. A concessão de isenção é ato discricionário, por meio do qual o Poder Executivo, fundado em juízo de conveniência e oportunidade, implementa suas políticas fiscais e econômicas e, portanto, a análise de seu mérito escapa ao controle do Poder Judiciário. Precedentes: RE n. 149.659 e AI n. 138.344-AgR. 4. Não é possível ao Poder Judiciário estender isenção a contribuintes não contemplados pela lei, a título de isonomia (RE n. 159.026). 5. Recurso extraordinário não conhecido (RE n. 344.331, rel.ª Min.ª Ellen Gracie, **DJ** de 11.02.2003).

Diante dessas considerações, tem-se que o Princípio da Uniformidade Geográfica prima pelo tratamento igualitário que a União deve dar aos demais Entes Federativos e, ao mesmo tempo, prevê a exceção de tratamento diferenciado apenas em casos de incentivos, com o fim de amenizar as diferenças socioeconômicas entre as diversas regiões do país, tudo em conformidade com os objetivos fundamentais da República Federativa do Brasil, contidos no artigo 3º, II e III, da CF. Um exemplo prático de incentivo está previsto na Constituição Federal, mais especificamente no Ato das Disposições Constitucionais Transitórias (ADCT), no artigo 40 que estabeleceu a Zona Franca de Manaus.

2.9.1. Questões

1. (CORECON/MG – Advogado – Gestão de Concursos/2015). De acordo com os princípios constitucionais que limitam o poder de tributar, assinale a alternativa CORRETA.

(A) É vedado tão só à União estabelecer limitações ao tráfego de pessoas ou bens, por meio de tributos interestaduais ou intermunicipais, ressalvada a cobrança de pedágio pela utilização de vias conservadas pelo Poder Público.

(B) É vedado tão só ao Município cobrar tributos em relação a fatos geradores ocorridos antes do início da vigência da lei que os houver instituído ou aumentado.

(C) É vedado à União instituir tributo que não seja uniforme em todo o território nacional ou que implique distinção ou preferência em relação a Estado, ao Distrito Federal ou a Município, em detrimento de outro, admitida a concessão de incentivos fiscais destinados a promover o equilíbrio do desenvolvimento socioeconômico entre as diferentes regiões do País.

(D) É permitido aos Estados, ao Distrito Federal e aos Municípios estabelecer diferença tributária entre bens e serviços, de qualquer natureza, em razão de sua procedência ou destino, desde que tenha como finalidade alcançar a finalidade extrafiscal na exação tributária.

2. (Gaúcha do Norte/MT – Procurador – ACPI/2015). Assinale a alternativa incorreta.

De acordo com as limitações ao poder de tributar, impostas pela Constituição Federal, é vedado à União:

(A) Estabelecer diferença tributária entre bens e serviços, de qualquer natureza, em razão de sua procedência ou destino.

(B) Instituir isenções de tributos de competência dos estados, do Distrito Federal ou dos municípios.

(C) Tributar a renda das obrigações da dívida pública dos estados, do Distrito Federal e dos municípios, bem como a remuneração e os proventos dos respectivos agentes públicos, em níveis superiores aos que fixar para suas obrigações e para seus agentes.

(D) Instituir tributo que não seja uniforme em todo o território nacional, ou que implique distinção ou preferência em relação ao estado, ao Distrito Federal ou ao município, em detrimento de outro, ou que admitida à concessão de incentivos fiscais destinados a promover o equilíbrio do desenvolvimento socioeconômico entre as diferentes regiões do País.

3. (TJ/AC – Juiz Substituto – CESPE/2012). No que concerne às disposições constitucionais sobre o Sistema Tributário Nacional, assinale a opção correta:

(A) É vedado à União cobrar tributo que implique distinção de estado ou município em detrimento de outro, ou instituir incentivos fiscais que não sejam concedidos, de modo uniforme, às diferentes regiões do país.

(B) Os estados e o DF podem instituir, por decreto do Poder Executivo, contribuição para o custeio do serviço de iluminação pública, cuja cobrança pode ocorrer na fatura de consumo de energia elétrica.

(C) A CF veda a instituição de tratamento desigual entre contribuintes que se encontrem em situação equivalente, mas admite, em caráter excepcional, distinções em razão da ocupação profissional ou função por eles exercida.

(D) As alíquotas de ICMS aplicáveis às operações interestaduais e de exportação de mercadorias e sobre prestação de serviços são estabelecidas por resolução do Senado Federal.

(E) Pertence integralmente aos municípios, relativamente aos imóveis neles situados, o produto da arrecadação do imposto sobre a propriedade territorial rural.

4. (TJ/ES – Juiz Substituto – CESPE/2011) (Adaptada). Em conformidade com a legislação tributária em vigor e com a CF, assinale a opção correta;

(A) Se, de algum modo, a lei beneficiar o contribuinte, ela não deverá produzir efeitos imediatos, dada a obrigatoriedade da observância do princípio da anterioridade.

(B) A forma de concretização do postulado da capacidade contributiva de certos tributos indiretos é a seletividade, de natureza obrigatória para o imposto sobre produtos industrializados.

(C) De acordo com a CF, é livre a locomoção no território nacional em tempo de paz, podendo qualquer pessoa nele entrar, permanecer ou dele sair, entretanto, sobre o trânsito dos bens dessa pessoa incidirão impostos.

(D) É possível que um tributo federal contenha alíquotas diferenciadas em algumas áreas do país, não se observando uma alíquota una para toda a extensão do território nacional.

5. (Exame da OAB – FGV/2010.2). Considere a seguinte situação hipotética: lei federal fixou alíquotas aplicáveis ao ITR e estabeleceu que a alíquota relativa aos imóveis rurais situados no Rio de Janeiro seria de 5% e a relativa aos demais Estados do Sudeste de 7%. Tal enunciado normativo viola o princípio constitucional:

(A) Da uniformidade geográfica da tributação.

(B) Da legalidade tributária.

(C) Da liberdade de tráfego.

(D) Da não diferenciação tributária entre a procedência e o destino do produto.

6. (Juiz Substituto/MS – FGV/2008). Com base nos Princípios Constitucionais Tributários, analise as afirmativas a seguir:

I. A vedação que impede a União, os Estados, o DF e os Municípios de exigir ou aumentar tributo sem lei que o estabeleça consagra o princípio da legalidade tributária.

II. O princípio da irretroatividade tributária veda a cobrança de tributo no mesmo exercício financeiro em que tenha sido publicada a lei que o instituiu ou majorou.

III. O princípio da uniformidade geográfica admite excepcionalmente que sejam concedidos incentivos fiscais destinados a promover o equilíbrio do desenvolvimento socioeconômico entre as diferentes regiões do país.

Assinale:

(A) Se nenhuma afirmativa estiver correta.

(B) Se somente as afirmativas I e II estiverem corretas.

(C) Se somente as afirmativas I e III estiverem corretas.

(D) Se somente as afirmativas II e III estiverem corretas.

(E) Se todas as afirmativas estiverem corretas.

7. (Auditor Fiscal/RJ – FGV/2011). Considere a seguinte situação hipotética: lei federal fixou alíquotas aplicáveis ao IPI e estabeleceu que a alíquota relativa aos carros de luxo produzidos no Estado de Sergipe é de 12%, e a dos produzidos nos demais Estados da região Nordeste é de 18%. Tal enunciado normativo viola o princípio constitucional

(A) Da uniformidade geográfica da tributação.

(B) Da capacidade contributiva.

(C) Da liberdade de tráfego.

(D) Da não diferenciação tributária entre a procedência e o destino do produto.

(E) Do não confisco.

8. (TC/AM – Auditor –FCC/2007). Lei federal que fixa alíquotas aplicáveis ao Imposto sobre Produtos Industrializados (IPI) estabeleceu que a alíquota referente a navios produzidos no Estado do Rio de Janeiro é de 1%, e a dos produzidos no resto do país, 8%. Tal disposição vulnera, especificamente, o princípio constitucional da:

(A) Não discriminação entre procedência e destino do produto.

(B) Seletividade do imposto sobre produtos industrializados.

(C) Liberdade de trânsito.

(D) Uniformidade geográfica da tributação.

(E) Não cumulatividade.

9. (TC/AL – Procurador – FCC/2008). É exceção ao princípio da uniformidade geográfica a:

(A) Vedação da União em instituir tributo uniforme em todo o território nacional.

(B) Concessão, pela União, de incentivos fiscais destinados a promover o equilíbrio do desenvolvimento socioeconômico entre diferentes regiões do País.

(C) Vedação aos Estados e Distrito Federal de instituir isenções de tributos de competência dos Municípios.

(D) Concessão, pela União, Estados, Distrito Federal e Municípios, de diferença tributária entre bens e serviços, de qualquer natureza, em razão da procedência.

(E) Vedação de estabelecer limitação ao tráfego de pessoas ou bens, por meio de tributos interestaduais ou intermunicipais.

10. (Município de Araucária – Advogado – UFPR/ 2012). Assinale a alternativa correta:

(A) Os impostos são tributos que competem aos Estados, União e Municípios.

(B) As taxas podem ter base de cálculo própria de impostos.

(C) Assim como no caso dos impostos, a aplicação dos recursos provenientes de empréstimos compulsórios terão vinculação com as despesas que fundamentaram sua instituição.

(D) Pelo princípio constitucional da uniformidade, a União fica vedada de instituir tributo que não seja uniforme em todo o território nacional ou que implique distinção ou preferência em relação a Estado, ao Distrito Federal ou a Município em detrimento de outro, admitida a concessão de incentivos fiscais destinados a promover o equilíbrio do desenvolvimento socioeconômico entre as diferentes regiões do País.

(E) Os Estados, o Distrito Federal e os Municípios poderão instituir contribuição, na forma das respectivas leis, para o custeio do serviço de iluminação pública, observados os princípios da estrita legalidade tributária, da irretroatividade e anterioridade, respectivamente.

GABARITO

1. **Alternativa (C).** É vedado à União instituir tributo que não seja uniforme em todo o território nacional ou que implique distinção ou preferência em relação a Estado, ao Distrito Federal ou a Município, em detrimento de outro, admitida a concessão de incentivos fiscais destinados a promover o equilíbrio do desenvolvimento socioeconômico entre as diferentes regiões do País.

Comentário: A alternativa **"C"** está correta, conforme o artigo 151, I, da CF. A opção "A" está incorreta, de acordo com o artigo 150, V, da CF. Trata-se de vedação que abrange todos os entes federativos. A resposta "B" está incorreta, nos termos do artigo 150, III, "a", da CF. Alude à vedação que abrange todos os entes federativos. A justificativa "D" está incorreta, consoante o artigo 152 da CF, "é vedado aos Estados, ao Distrito Federal e aos Municípios estabelecer diferença tributária entre bens e serviços, de qualquer natureza, em razão de sua procedência ou destino".

2. **Alternativa (A).** Estabelecer diferença tributária entre bens e serviços, de qualquer natureza, em razão de sua procedência ou destino.

Comentário: A alternativa **"A"** está incorreta, pois esta vedação não cabe à União. O art. 152, *caput*, da CF veda aos Estados, ao Distrito Federal e aos Municípios estabelecer diferença tributária entre bens e serviços, de qualquer natureza, em razão da procedência ou destino. A opção "B" está correta, nos termos do art. 151, III, da CF. A resposta "C" está correta, conforme reza o art. 151, II, da CF. A justificativa "D" está correta, consoante preceitua o art. 151, I, da CF.

3. **Alternativa(D).** As alíquotas de ICMS aplicáveis às operações interestaduais e de exportação de mercadorias e sobre prestação de serviços são estabelecidas por resolução do Senado Federal.

Comentário: A opção "A" está incorreta, porque o artigo 151, I, da CF permite o tratamento diferenciado para concessão de incentivos fiscais. A letra "B" está incorreta, visto que a contribuição para custeio do serviço de iluminação só poderá ser instituída pelos Municípios e pelo Distrito Federal, conforme determina o artigo 149-A da CF. A assertiva "C" está incorreta, nos termos do artigo 150, II, da CF é vedada a instituição de tratamento desigual entre contribuintes que se encontrem em situação equivalente e distinções em razão da ocupação profissional ou função por eles exercida. A resposta **"D"** está correta, à luz do artigo 155, § 2º, IV, da CF. A justificativa "E" está incorreta, consoante dispositivo do artigo 158, II, da CF, os Municípios ficarão com 50% da arrecadação do ITR, e somente quando o Município realizar a fiscalização e a arrecadação ficará com 100% da arrecadação desse imposto.

4. **Alternativa (B).** A forma de concretização do postulado da capacidade contributiva de certos tributos indiretos é a seletividade, de natureza obrigatória para o imposto sobre produtos industrializados.

Comentário: A letra "A" está errada, pois o artigo 150, III, "a", da CF, que estabelece sobre o Princípio da Irretroatividade, veda à lei tributária retroagir para alcançar fatos pretéritos, salvo nos casos previstos nos artigos 106 e 144, § 1º, do CTN. A assertiva **"B"** está certa, como visto no Capítulo sobre Capacidade Contributiva, Subitem 3.2.3, nos tributos indiretos é possível sua aplicação em razão do Princípio da Seletividade, verifica-se a capacidade contributiva de acordo com o consumo dos bens. A resposta "C" está errada, nos termos do artigo 150, V, da CF, temos o Princípio da Liberdade de Tráfego, no qual, via de regra, é vedada a cobrança de tributos que possa inviabilizar o direito de ir e vir das pessoas, salvo para arrecadação de pedágio pela utilização das vias conservadas pelo Poder Público. A justificativa "D" está errada, por decorrência do Princípio da Uniformidade Geográfica, previsto no artigo 151, I, da CF, que veda o tratamento que não seja uniforme em todo território nacional, exceto para concessão de incentivos fiscais.

5. **Alternativa (A).** Da uniformidade geográfica da tributação.

Comentário: A assertiva **"A"** está correta, de acordo com o artigo 151, I, da CF.

6. **Alternativa (C).** Se somente as afirmativas I e III estiverem corretas.

I. A vedação que impede a União, os Estados, o DF e os Municípios de exigir ou aumentar tributo sem lei que o estabeleça consagra o princípio da legalidade tributária.

III. O princípio da uniformidade geográfica admite excepcionalmente que sejam concedidos incentivos fiscais destinados a promover o equilíbrio do desenvolvimento socioeconômico entre as diferentes regiões do país.

Comentário: A resposta **"I"** está correta, com base no artigo 150, I, da CF. A justificativa "II" está incorreta, porque o artigo 150, III, "a", da CF, que trata sobre o Princípio da Irretroatividade, veda à lei tributária alcançar fatos pretéritos, salvo nas hipóteses previstas nos artigos 106 e 144, § 1º, do CTN. A alternativa **"III"** também está correta, conforme previsão no artigo 150, I, da CF.

7. **Alternativa (A).** Da uniformidade geográfica da tributação.

Comentário: Não há violação ao Princípio da Não Diferenciação Tributária entre a procedência e o destino do produto, porque nos termos do artigo 152 da CF é vedado aos Estados, ao Distrito Federal e aos Municípios estabelecer diferença tributária entre bens e serviços, de qualquer natureza, em razão de sua procedência ou destino. Logo, a opção correta é a letra **"A"**.

8. **Alternativa (D).** Uniformidade geográfica da tributação.

Comentário: Justificativa com base no artigo 151, I, da CF.

9. **Alternativa (B).** Concessão, pela União, de incentivos fiscais destinados a promover o equilíbrio do desenvolvimento socioeconômico entre diferentes regiões do País.

Comentário: A letra **"B"** está correta, à luz do artigo 151, I, da CF.

10. **Alternativa (D).** Pelo princípio constitucional da uniformidade, a União fica vedada de instituir tributo que não seja uniforme em todo o território nacional ou que implique distinção ou preferência em relação a Estado, ao Distrito Federal ou a Município em detrimento de outro, admitida a concessão de incentivos fiscais destinados a promover o equilíbrio do desenvolvimento socioeconômico entre as diferentes regiões do País.

Comentário: A assertiva "A" está incorreta, uma vez que os impostos também poderão ser instituídos pelo Distrito Federal. A resposta "B" está incorreta, segundo o artigo 145, § 2º, da CF, as taxas não podem ter base de cálculo idêntica ao dos impostos. A justificativa "C" está incorreta, porque o imposto é tributo cuja obrigação tem por fato gerador uma situação independente de qualquer atividade estatal específica. A alternativa **"D"** está correta, consoante previsão do artigo 151, I, da CF. A opção "E" está incorreta, somente os Municípios e o Distrito Federal poderão instituir a contribuição para o custeio do serviço de iluminação pública.

2.10. Princípio da Uniformidade da Tributação da Renda nos Títulos da Dívida Pública e nos Vencimentos dos Funcionários Públicos

Vimos por bem separar este assunto específico nesse Subitem, em razão de sua peculiaridade. Observe que o artigo 151, II, da CF veda à União tributar a renda das obrigações da dívida pública dos demais Entes Federativos, como as remunerações e os proventos dos agentes públicos destes, em níveis superiores aos que fixar para suas obrigações e para seus agentes.

Esclareça-se que a União poderá tributar a renda das obrigações estaduais e municipais, assim como os proventos dos servidores dos Estados e Municípios. Outrora, não poderá tributá-los em nível superior ao que fixar para as suas próprias obrigações e para o provento de seus próprios agentes. Caso assim não fosse, o título federal seria preterido, em relação ao estadual e municipal. Assim, a carga tributária seria mais pesada às obrigações estaduais e municipais, o que resultaria em uma concorrência desleal, violando, portanto, o Princípio em estudo.

2.11. Princípio da Proibição das Isenções Heterônomas

Por esse Princípio, deve-se entender que a União não pode conceder isenção para tributos que não estejam em sua competência tributária. Nos ditames do inciso III do artigo 151 da CF: *"Art. 151. É* ***vedado*** *à União: (...) III – instituir isenções de tributos da competência dos Estados, do Distrito Federal ou dos Municípios"* (grifos nossos).

Dessa maneira, a União não pode conceder isenções de tributos estaduais ou municipais, sob pena de violar o Princípio do Pacto Federativo.

Assim, só pode oferecer isenção de determinado tributo o Ente Federativo que tem competência para a sua instituição.

Como visto no artigo 151, III, da CF, a isenção heterônoma é proibida no ordenamento jurídico brasileiro. Vale esclarecer que isenção heterônoma se configura quando um Ente Federativo diferente daquele que detém a competência para instituir o tributo concede a isenção – acaba por invadir a competência de outro Ente Federativo.

Para ilustrar o esclarecimento, entende-se que será heterônoma, por exemplo, a concessão de isenção do ITBI pela União, vez que esse imposto é de competência dos Municípios. O que é proibido, repita-se, pela Constituição Federal.

Como dito anteriormente, a isenção heterônoma é vedada no Brasil, entretanto há **exceções, quais sejam:**

1 **ISS sobre serviços prestados no exterior** – O artigo 156, § 3º, II, da CF prevê a possibilidade de a União, por lei complementar, conceder **isenção do ISS** nas exportações de serviços. O artigo 2º, I, da LC n. 116/2003 trata sobre a referida isenção.

2 **ICMS sobre operações que destinem mercadorias para o exterior e sobre serviços prestados a destinatários no exterior** – Até a EC n. 42, de 19.12.2003, essa situação era considerada como uma isenção heterônoma, uma vez que o artigo 155, § 2º, XII, "e", da CF possibilitava lei complementar tratar sobre a não incidência do ICMS nas exportações para o exterior, serviços e outros produtos. A partir da EC n. 42, que modificou o artigo 155, § 2º, X, "a", da CF, a própria Constituição retirou do campo de incidência do ICMS as mercadorias destinadas ao exterior, bem como os serviços prestados no exterior, portanto, atualmente não se trata de isenção, mas sim de imunidade.

3 **Tratados e Convenções Internacionais** – O Supremo Tribunal Federal tem o entendimento pacífico de que os Tratados e Convenções Internacionais **podem** conceder **isenções de tributos estaduais e municipais**, visto que a União, ao celebrar o tratado, não se mostra como pessoa política de Direito Público Interno, mas como pessoa política internacional.

Sobre essa última exceção à regra da proibição de isenção heterônoma, segue jurisprudência do STF, demonstrando o entendimento de que, quando tais benefícios envolvem tratados internacionais, a União é tida como **pessoa política internacional** e não como Ente Federativo detentor de competência tributária:

RECURSO EXTRAORDINÁRIO. GASODUTO BRASIL-BOLÍVIA. ISENÇÃO DE TRIBUTO MUNICIPAL (ISS) CONCEDIDA PELA REPÚBLICA FEDERATIVA DO BRASIL MEDIANTE ACORDO BILATERAL CELEBRADO COM A REPÚBLICA DA BOLÍVIA. **A questão da isenção de tributos estaduais e/ou municipais outorgada pelo estado federal brasileiro em sede de convenção ou tratado internacional. Possibilidade constitucional.** Distinção necessária que se impõe, para esse efeito, entre o Estado Federal brasileiro (expressão institucional da comunidade jurídica total), que detém "o monopólio da personalidade internacional", e a união, pessoa jurídica de direito público interno (que se qualifica, nessa condição, como simples comunidade parcial de caráter central). Não incidência, em tal hipótese, da vedação estabelecida no art. 151, III, da Constituição Federal, cuja aplicabilidade restringe-se, tão somente, à União, na condição de pessoa jurídica de direito público interno. Recurso de agravo improvido. – **A cláusula de vedação inscrita no art. 151, III, da Constituição – que proíbe a concessão de isenções tributárias heterônomas – é inoponível ao Estado Federal brasileiro (vale dizer, à República Federativa do Brasil), incidindo, unicamente, no plano das relações institucionais domésticas que se estabelecem entre as pessoas políticas de direito público interno. Doutrina.** Precedentes. – **Nada impede, portanto, que o Estado Federal brasileiro celebre tratados internacionais que veiculem cláusulas de exoneração tributária em matéria de tributos locais (como o ISS, p. ex.), pois a República Federativa do Brasil, ao exercer o seu *treaty-making power*, estará praticando ato legítimo que se inclui na esfera de suas prerrogativas como pessoa jurídica de direito internacional público**, que detém – em face das unidades meramente federadas – o monopólio da soberania e da personalidade internacional. – Considerações em torno da natureza político-jurídica do Estado Federal. (...) (RE n. 543943 no AgR/PR, rel. Min. Celso de Mello, **DJ** de 30.11.2010) (grifos nossos).

2.11.1. Questões

1. (TJ/SP – Juiz – VUNESP/2015). Na hipótese da União, mediante tratado internacional, abrir mão de tributos de competência de Estados e Municípios, nos termos do decidido pelo Supremo Tribunal Federal (RE 229096), é correto afirmar que:

(A) se caracteriza violação ao princípio federativo, objeto de cláusula pétrea, nos termos do art. 60, § 4º, I, da Constituição Federal.

(B) o tratado é válido desde que acompanhado de medidas de "compensação tributária" em favor dos Estados e Municípios prejudicados.

(C) se insere a medida na competência privativa do Presidente da República, sujeita a referendo do Congresso Nacional, com prevalência dos tratados em relação à legislação tributária interna.

(D) se caracteriza a denominada isenção heterônoma, vedada nos termos do art. 151, III, da Constituição Federal.

2. (Procurador – PGR/2012). Produtos importados de países signatários do GATT (Acordo Geral de Tarifas e Comercio). quanto ao imposto sobre circulação de mercadorias e serviços – ICMS, é certo afirmar que:

(A) a isenção de tributo estadual prevista em tratado internacional firmado pela União, caracterizasse como isenção heterônoma vedada pela Constituição Federal.

(B) a isenção de tributo estadual prevista em tratado internacional firmado pela União não se caracteriza como isenção heterônoma.

(C) é cabível a isenção inserida em tratado internacional de ICMS firmado pela União relativa a mercadorias importadas de país signatário do GATT, mesmo não sendo isento o similar nacional.

(D) a isenção, no caso do *caput*, somente prevalece para os impostos de competência da União.

3. (Auditor Fiscal/RJ – FGV/2011). Assinale a alternativa correta, considerando que a segunda assertiva se vincula e é decorrência lógico-jurídica da primeira:

(A) O CTN equipara à majoração de tributo a modificação de sua base de cálculo que importe em torná-lo mais oneroso, sendo matéria reservada à lei; entretanto, a atualização do valor monetário da respectiva base de cálculo não configura majoração de tributo e, portanto, não é matéria reservada à lei.

(B) De acordo com o princípio da vedação de isenções heterônomas, os Estados e Municípios não podem determinar isenções nos tributos de competência dos demais entes federados; contudo, somente a União poderá instituir isenções de tributos de competência de Estados e Municípios, como prevê a Constituição.

(C) Pelo princípio da anterioridade tributária, que destaca o valor da segurança jurídica, os tributos criados ou majorados só poderão ser cobrados no exercício financeiro posterior ao da lei que os instituiu ou majorou; assim sendo, esse princípio deve ser aplicado a todas as espécies tributárias.

(D) Pelo princípio da noventena, que está vinculado ao valor da segurança jurídica, a lei que cria ou aumenta tributos só pode produzir efeitos noventa dias após a sua publicação; dessa forma, todos os tributos estão sujeitos a essa regra, exceto as contribuições sociais.

(E) De acordo com Princípio da Liberdade de Tráfego, é vedado à União, Estados e Municípios estabelecer tributos pelo fato de pessoa ou bem estar indo ou voltando de um ponto a outro; por isso, o pedágio não pode ter natureza jurídica de tributo.

4. (Procurador do Estado do Rio de Janeiro/RJ – FGV/2008). Assinale a assertiva correta:

(A) A imunidade tributária recíproca, pertencente aos entes federativos, não se estende às empresas públicas, sociedades de economia mistas, autarquias e fundações públicas.

(B) O princípio da anterioridade tributária consagrado na Constituição Federal confunde-se com a própria ideia de anualidade tributária, já que o tributo somente poderá ser cobrado no exercício seguinte àquele em que a lei que o instituiu ou majorou entrou em vigor.

(C) Segundo a Constituição de 1988, é vedado à União conceder isenção heterônoma.

(D) Não constitui majoração de tributo a atualização do valor monetário da respectiva base de cálculo. No caso do IPTU, pode ser atualizada por decreto do prefeito, ainda que o índice da atualização seja um pouco superior ao índice de inflação oficial do governo.

(E) Nenhum imposto pode ser exigido sem que lei o estabeleça, salvo o II (Imposto sobre Importação), o IE (Imposto sobre Exportação), o IPI (Imposto sobre Produtos Industrializados), o CIDE combustíveis, o IPTU e o IOF (Imposto sobre Operações Financeiras), que podem ter suas alíquotas alteradas por ato do Poder Executivo.

5. (OAB/DF – Advogado – IADES/2012) (Adaptada). O Sistema Tributário Nacional alberga importante espaço às limitações ao poder de tributar, como garantias do contribuinte. Dentre elas, ganha relevo a da imunidade tributária. Assinale a alternativa correta sobre o tema:

(A) Os ganhos de capital decorrentes das aplicações financeiras de renda fixa ou variável, obtidos pelas instituições da assistência social, são excluídos da imunidade de impostos.

(B) A despeito do princípio da vedação de a União decretar isenção de impostos dos demais entes políticos, pode a União, nos tratados e convenções internacionais, vir a instituir isenção de impostos dos estados e municípios.

(C) Como decorrência do princípio da uniformidade de tributo estadual ou municipal quanto à procedência ou destino de bens e serviços de qualquer natureza, não há possibilidade de existirem alíquotas diferenciadas para o Imposto sobre Circulação de Mercadorias e Serviços (ICMS) para as operações internas.

(D) As contribuições sociais de interesse das categorias profissionais ou econômicas, nelas incluídas as entidades do sistema "S", encontram-se abrangidas pela imunidade sobre a receita de exportação.

6. (Câmara de Barra do Jacaré/PR – Advogado – UENP/2012). Considerando os princípios da legalidade, anterioridade e isonomia tributária, julgue as afirmativas abaixo:

I. O Poder Executivo pode, nas condições e nos limites estabelecidos em lei, alterar as alíquotas ou as bases de cálculo do imposto, a fim de ajustá-lo aos objetivos da política cambial e do comércio exterior.

II. É vedado à União instituir tributo que não seja uniforme em todo território nacional, ou que importe distinção ou preferência em favor de determinado Estado ou Município.

III. É vedado à União, aos Estados, ao Distrito Federal e aos Municípios cobrar imposto sobre o patrimônio e a renda com base em lei posterior à data inicial do exercício financeiro a que corresponda.

IV. A União poderá instituir, mediante lei complementar ou ordinária, impostos não previstos na Constituição Federal, desde que sejam não cumulativos e não tenham fato gerador ou base de cálculo próprios dos predefinidos no texto constitucional.

V. A União poderá instituir no específico caso de guerra declarada, impostos extraordinários, compreendidos ou não em sua competência tributária, os quais serão suprimidos, gradativamente, cessadas as causas de sua criação.

Quais afirmativas estão corretas?

(A) Apenas I, II e III.
(B) Apenas I, II e V.
(C) Apenas IV e V.
(D) Apenas II, III e IV.
(E) Todas.

GABARITO

1. **Alternativa (C).** Se insere a medida na competência privativa do Presidente da República, sujeita a referendo do Congresso Nacional, com prevalência dos tratados em relação à legislação tributária interna.

Comentário: As alternativas "A" e "D" estão incorretas, pois a cláusula de vedação inscrita no art. 151, III, da Constituição – que proíbe a concessão de isenções tributárias heterônomas – é inoponível ao Estado Federal brasileiro incidindo, unicamente, no plano das relações institucionais domésticas que se estabelecem entre as pessoas políticas de direito público interno. Nada impede, portanto, que o Estado Federal brasileiro celebre tratados internacionais que veiculem cláusulas de exoneração tributária em matéria de tributos locais. O Presidente da República não subscreve tratados como Chefe de Governo, mas como Chefe de Estado, o que descaracteriza a existência de uma isenção heterônoma, vedada pelo art. 151, III, da Constituição. A opção "B" está incorreta, porque não é necessária nenhuma exigência nesse sentido para ser admitida a isenção de tributos estaduais e municipais por meio de Tratados Internacionais. A justificativa **"C"** está correta, nos ditames do art. 49, I, da CF, os tratados internacionais são veiculados por meio de Decreto Legislativo, que depende de aprovação pelo Congresso Nacional. Segundo o art. 98 do CTN, os Tratados Internacionais prevalecem sobre a legislação interna.

2. **Alternativa (B).** A isenção de tributo estadual prevista em tratado internacional firmado pela União não se caracteriza como isenção heterônoma.

Comentário: A assertiva **"B"** está correta, visto que o Princípio que proíbe concessão de isenções heterônomas pela União está expresso no artigo 151, II, da CF. Porém, conforme estudado nesse Capítulo, se constar expressamente na Constituição hipótese de isenção heterônoma, será válida. Vale lembrar os dois dispositivos que permitem a isenção heterônoma: artigo 155, § 2º, XII, "e", e artigo 156, § 3º, II. Ademais, no entendimento do STF, os tratados internacionais podem conceder isenções ou outros benefícios fiscais relativos a tributos da competência da União, dos Estados, do DF e dos Municípios, posto que nesse caso a União atua como pessoa jurídica de direito internacional público. Cumpre citar ainda as Súmulas do STF e STJ: Súmula n. 575 do STF: "À mercadoria importada de país signatário do GATT ou membro da ALALC, estende-se a isenção do imposto de circulação de mercadoria concedida a similar nacional". E a Súmula n. 20 do STJ: "A mercadoria importada de país signatário do GATT é isenta do ICM, quando contemplado com esse favor o similar nacional".

3. **Alternativa (A).** O CTN equipara à majoração de tributo a modificação de sua base de cálculo que importe em torná-lo mais oneroso, sendo matéria reservada à lei; entretanto, a atualização do valor monetário da respectiva base de cálculo não configura majoração de tributo e, portanto, não é matéria reservada à lei.

Comentário: A resposta **"A"** está correta, nos termos do artigo 97, §§ 1º e 2º, do CTN. A justificativa "B" está incorreta, porque o artigo 151, III, da CF veda até a União a isentar tributos estaduais, distritais ou municipais, exceto no caso do ISS para serviços destinados ao exterior, conforme determina o artigo 156, § 3º, II, da CF. A alternativa "C" está incorreta, pois como verificado no capítulo do Princípio da Anterioridade, esse Princípio apresenta algumas exceções. A opção "D" está incorreta, primeiro porque os tributos, salvo as exceções pontuadas na CF, uma vez criados ou majorados só podem ser exigidos no próximo exercício financeiro em atenção ao Princípio da Anterioridade Anual e desde que transcorridos 90 dias da data da publicação da lei que instituir ou majorá-los, em respeito à Anterioridade Nonagesimal. As contribuições sociais, por sua vez, não precisam respeitar a Anterioridade do Exercício apenas a Anterioridade Nonagesimal, conforme previsão no artigo 195, § 6º, da CF. A letra "E" está incorreta, como verificado no Subitem do Princípio de Liberdade de Tráfego, a exceção a esse Princípio é justamente a cobrança de pedágio quando a via for conservada pelo Poder Público, e, por essa razão, o STF ao julgar o RE n. 181.475 concluiu pela natureza tributária do pedágio.

4. **Alternativa (C).** Segundo a Constituição de 1988, é vedado à União conceder isenção heterônoma.

Comentário: A assertiva "A" está incorreta, como será visto no Subitem referente às imunidades tributárias, a imunidade recíproca, nos termos do artigo 150, §§ 2º e 3º, da CF pode ser extensiva às autarquias públicas e fundações públicas desde que atendidos os requisitos previstos na CF, além disso, o STF já reconhece a imunidade recíproca a algumas empresas públicas e sociedades de economia mista. A resposta "B" está incorreta, uma vez que o Princípio da Anualidade determinava que a cobrança do tributo só poderia ocorrer se houvesse previsão em lei orçamentária, Princípio esse que foi extinto no ordenamento jurídico brasileiro. A justificativa **"C"** está correta, nos termos do artigo 151, III, da CF. A alternativa "D" está incorreta, pois com base na Súmula n. 160 do STJ, "é defeso ao Município atualizar o IPTU, mediante decreto, em percentual superior ao índice oficial de correção monetária". A opção "E" está incorreta, visto vez que o Princípio da Legalidade, com relação à instituição de tributo, não apresenta nenhuma exceção.

5. **Alternativa (B).** A despeito do princípio da vedação de a União decretar isenção de impostos dos demais entes políticos, pode a União, nos tratados e convenções internacionais, vir a instituir isenção de impostos dos estados e municípios.

Comentário: A letra "A" está incorreta, como será visto no Subitem de Imunidades tributárias, nos termos do artigo 150, § 4º, da CF, todo patrimônio, renda e serviços em nome das entidades de assistência social sem fins lucrativos estão imunes aos impostos, desde que cumpram as suas finalidades essenciais. A assertiva **"B"** está correta, à luz do artigo 151, III, da CF, é vedada a isenção heterônoma, entretanto, segundo o entendimento do STF, os tratados internacionais ao concederem isenções de tributos estaduais, distritais e municipais não violariam esse dispositivo constitucional. A resposta "C" está incorreta, porque o ICMS respeita o Princípio da Seletividade e por isso poderá ter alíquotas diferenciadas em razão da essencialidade da mercadoria. A justificativa "D" está incorreta, pois não se confunde contribuição social com contribuição de interesse de categoria profissional ou econômica, consoante determina o artigo 149, § 2º, I, da CF, não incide contribuição social sobre as receitas de exportação.

6. **Alternativa (A).** Apenas I, II e III.

I. O Poder Executivo pode, nas condições e nos limites estabelecidos em lei, alterar as alíquotas ou as bases de cálculo do imposto, a fim de ajustá-lo aos objetivos da política cambial e do comércio exterior.

II. É vedado à União instituir tributo que não seja uniforme em todo território nacional, ou que importe distinção ou preferência em favor de determinado Estado ou Município.

III. É vedado à União, aos Estados, ao Distrito Federal e aos Municípios cobrar imposto sobre o patrimônio e a renda com base em lei posterior à data inicial do exercício financeiro a que corresponda.

Comentário: A alternativa **"I"** está correta, nos termos do artigo 153, § 1º, da CF, o Poder Executivo, nas condições e nos limites estabelecidos em lei, poderá alterar as alíquotas do II, IE, IOF e IPI. A opção **"II"** também está correta, em razão do disposto no artigo 151, I, da CF que dispõe sobre o Princípio da Uniformidade Geográfica. A assertiva **"III"** igualmente está correta, por observar o Princípio da Irretroatividade previsto no artigo 150, III, "a", da CF. A resposta "IV" está incorreta, pois os Impostos Residuais, segundo o artigo 154, I, da CF, só podem ser instituídos por meio de Lei Complementar. A justificativa "V" está incorreta, à luz do artigo 154, II, da CF, a União poderá em caso de guerra externa ou sua iminência instituir o imposto extraordinário guerra, o qual será suprimido, gradativamente, cessadas as causas de sua criação.

2.12. Princípio da Não Discriminação Quanto à Procedência ou ao Destino

Esse Princípio está previsto no artigo 152, *caput*, da CF que veda aos Estados, ao Distrito Federal e aos Municípios estabelecer diferença tributária entre bens e serviços, de qualquer natureza, em razão da **procedência ou destino**.

Sobre o artigo 152 da CF, Leandro Paulsen leciona:

> Tal dispositivo visa a garantir que não haja barreiras tributárias entre os Estados e Municípios, que impliquem restrição à atividade econômica ou o estabelecimento de blocos com preferência relativamente às demais unidades federadas. Cuida-se, assim, de limitação aos Estados que se agrega àquela estabelecida pelo art. 151, I, da CF à União (uniformidade geográfica) de modo que, no âmbito da República Federativa do Brasil, tenha-se uma economia unificada, sem quaisquer barreiras ou privilégios para determinados entes federados. [102]

Dessa maneira, a procedência e o destino são índices inidôneos para efeito de manipulação das alíquotas e da base de cálculo pelos legisladores dos Estados, do Distrito Federal e dos Municípios.

O legislador não pode, portanto, alterar a tributação em virtude da procedência ou da origem do bem. Nesse sentido, tem-se o entendimento dos Tribunais Superiores:

> TRIBUTÁRIO. IPVA. ALÍQUOTA. CARRO IMPORTADO. A Constituição Federal, artigos 150 e 152, proíbe os Estados de estabelecer alíquotas diferenciadas do IPVA para carros importados (STJ, RMS 10906/RJ, rel. Min. Garcia Vieira, **DJ** de 02.05.2000).

Exemplo de questão sobre o tema

▶ **(TJ/ES – Juiz Substituto – CESPE/2011).** Assinale a opção correta acerca da competência tributária:

(A) Pessoas reconhecidamente pobres gozam de imunidade tributária no que se refere à taxa de propositura de ações ou à de solicitação de registros e certidões.

(B) O cumprimento da finalidade essencial da entidade fundacional não é condição legal para fruição da imunidade.

(C) É garantida constitucionalmente à União a possibilidade de tributar a renda das obrigações da dívida pública dos estados, bem como a remuneração e os proventos dos respectivos agentes públicos.

(D) Em nome do princípio da procedência ou destino, os Estados, o DF e os Municípios podem estabelecer diferença tributária entre serviços de qualquer natureza, em razão da procedência ou destino destes.

(E) A competência tributária apresenta-se como aptidão jurídica para criar tributos, sendo a imunidade uma forma qualificada de incidência, por expressa disposição legal.

Gabarito (A). Pessoas reconhecidamente pobres gozam de imunidade tributária no que se refere à taxa de propositura de ações ou à de solicitação de registros e certidões.

Comentários: A alternativa **"A"** está correta, segundo disposição no artigo 5º, XXXIV, "a" e "b", LXXIII, LXXIV, LXXVI e LXXVII, da CF. A opção "B" está incorreta, porque nos termos do artigo 151, II, da CF, é vedado à União tributar a renda das obrigações da dívida pública dos Estados, do Distrito Federal e dos Municípios, bem como a remuneração e os proventos dos respectivos agentes públicos, em níveis superiores aos que fixar para suas obrigações e para seus agentes. A letra "C" está incorreta, conforme previsão no artigo 152 da CF, é proibido aos Estados, ao Distrito Federal e aos Municípios estabelecerem diferença tributária entre bens e serviços, de qualquer natureza, em razão de sua procedência

102. PAULSEN, Leandro. **Curso de Direito Tributário**. 4. ed. Porto Alegre: Livraria do Advogado, 2012, p. 74.

ou destino. A assertiva "D" está incorreta, uma vez que a imunidade tributária é um limite ao poder de tributar. A resposta "E" está incorreta, pois como veremos a seguir, a imunidade não é uma forma qualificada de incidência, muito menos está disposta na lei. A imunidade consiste numa limitação Constitucional.

3. IMUNIDADE TRIBUTÁRIA

3.1. Natureza

Na doutrina não há consenso sobre a real natureza da imunidade tributária. A título de exemplo, uma das correntes a trata como **limitação constitucional** ao poder de tributar. Nesse sentido, Aliomar Baleeiro afirma que "toda imunidade é uma limitação constitucional ao poder de tributar, embora a recíproca não seja verdadeira".[103]

Paulo de Barros Carvalho refuta essa linha, por entender que inexiste cronologia que justifique primeiramente a descrição do exercício de competências tributárias definidas pela Constituição, para, em momento posterior ser mutilada ou limitada pelo recurso da imunidade. Na visão do Autor:

> "Ora, o que limita a competência vem em sentido contrário a ela, buscando amputá-la ou suprimi-la, enquanto a norma que firma a hipótese de imunidade colabora no desenho constitucional da faixa de competência adjudicada às entidades tributantes. Dirige-se ao legislador ordinário para formar, juntamente com outros mandamentos constitucionais, o feixe de atribuições entregue às pessoas investidas de poder político".[104]

Há vertente doutrinária, ainda, que entende ser a imunidade uma **exclusão** ou **supressão** do poder de tributar, cita-se José Eduardo Soares de Melo que defende:

> "A imunidade consiste na exclusão de competência da União, Estados, Distrito Federal e Municípios para instituir tributos relativamente a determinados atos, fatos e pessoas, expressamente previstos na Constituição Federal. Do mesmo modo que outorga as competências para instituir tributos sobre determinadas materialidades, a própria Constituição também estabelece outras específicas situações que são afastadas dos gravames tributários".[105]

A crítica que se faz a esse entendimento também está condicionada ao fator cronológico, posto que em um primeiro momento teria uma regra em que fossem definidas as faixas de competência, e outra posteriormente, quando seriam introduzidos preceitos excludentes ou supressores da tributação. Paulo de Barros Carvalho discorda e explica:

> Resumindo, a imunidade não exclui nem suprime competências tributárias, uma vez que estas representam o resultado de uma conjunção de normas constitucionais, entre elas, as de imunidade tributária, A competência para legislar, quando surge, já vem com as demarcações que os preceitos da Constituição fixaram.[106]

Consoante Paulo de Barros Carvalho, a imunidade tributária trata-se de classe finita e imediatamente determinável de normas jurídicas, contida no texto da Constituição Federal, e

103. Imunidades e Isenções Tributárias. **Revista de Tributário**. São Paulo: RT, p. 1/70, jul.-set./1977.

104. **Curso...**, op. cit., p. 190-191.

105. **Curso de Direito Tributário**. 10. ed. São Paulo: Dialética, 2012. p. 156.

106. **Curso...**, op. cit., p. 194.

que estabelece, de modo expresso, a **incompetência** das pessoas políticas de direito constitucional interno para expedir regras instituidoras de tributos que alcancem situações específicas e suficientemente caracterizadas.[107]

Na lição de Roque Antonio Carrazza,

> A imunidade tributária é um fenômeno de natureza constitucional. As normas constitucionais que, direta ou indiretamente, tratam do assunto fixam, por assim dizer, a *incompetência* das entidades tributantes para onerar, com exações, certas pessoas, seja em função de sua natureza jurídica, seja porque coligadas a determinados fatos, bens ou situações.[108]

A imunidade tributária dá-se, em resumo, quando a Constituição **veda** a criação de tributos, por meio da **incompetência das pessoas políticas**, sobre determinadas situações ou sobre certos sujeitos, com a finalidade de preservar valores de grande interesse nacional, tais como: a manutenção das entidades federadas, o exercício das atividades religiosas, da democracia, das instituições educacionais, assistenciais e o acesso às informações.

Destaca-se que não se pode confundir **imunidade** com **isenção** ou **não incidência**.

Misabel de Abreu Machado Derzi enumera as principais diferenças entre isenção e imunidade tributária:

> 1. A imunidade é norma de incompetência posta na Constituição, que limita outra norma constitucional atributiva de poder, modelando a competência de cada ente político da Federação. 2. A isenção, ao contrário, pressupõe a competência, pois é norma de não incidência, que, em princípio, somente pode ser posta em lei pela pessoa competente para legislar. 3. A instituição ou modificação de uma imunidade, duração, extinção pressupõem alteração da Constituição. 4. A isenção decorre de lei específica e exclusiva para sua concessão (art. 150, § 7º), ainda que contratual, e é ato facultativo do legislador ordinário, que se utiliza de certa margem de discricionariedade própria, em face dos critérios de oportunidade e legitimidade (*sic*).[109]

Desse modo, a imunidade impede a incidência do tributo porque a Constituição Federal assim determina. Já na isenção, é a lei **infraconstitucional** que estabelece certas situações ou determinados sujeitos não serão tributados. E, por fim, a não incidência, no sentido *lato*, consiste no gênero ao qual pertencem a imunidade e a isenção. Já em sentido estrito, considera que o Ente Federativo pode, mas não tributa determinado fato ou situação por não prever em sua legislação, embora seja permitida a tributação – trata-se do não exercício da competência tributária.

Como visto, a **não incidência** abrange as situações não descritas na lei como sendo tributadas. Por exemplo: as bicicletas não se encontram na hipótese de incidência tributária do IPVA. O legislador estadual estabeleceu neste caso os veículos automotores. Assim, em relação às bicicletas não há que se pagar IPVA, pois essas estão fora do campo de incidência tributária, sendo, portanto, um caso de não incidência.

107. **Curso...**, op. cit., p. 203.
108. **Curso...**, op. cit., p. 725.
109. Nota de atualização. In: ALIOMAR BALEEIRO, **Direito Tributário...**, op. cit., p. 921.

Em prova realizada pela banca do CESPE, em setembro de 2016, para o cargo de analista do TCE/PR, o examinador perguntava sobre os institutos da isenção e imunidade tributária em questão discursiva. Acompanhe na íntegra:

QUESTÃO: Discorra, de forma fundamentada, a respeito das características do instituto da imunidade tributária e do instituto da isenção tributária, apontando suas principais diferenças.

Como padrão de resposta, a banca ofereceu o seguinte gabarito:

Os fatos que não possuem aptidão para gerar tributos integram a seara da não incidência. Entre esses fatos, há aqueles que não foram incluídos entre as situações tributáveis, embora a sua inclusão fosse possível.

A não inclusão pode decorrer da ausência de competência para fazê-lo, ou da vontade discricionária do legislador.

O instituto da imunidade é tratado pela Constituição Federal de 1988, a qual não reconhece a competência necessária ao legislador para a criação de tributo sobre determinado fato ou base imponível, ou seja, caso a lei venha a instituir um tributo sobre algum fato imune, tal lei deverá ser considerada inconstitucional e, portanto, nula.

No caso da imunidade, os fatos que possuem aptidão para gerar tributos são afastados da incidência, isto é, a imunidade fica restrita ao campo da não incidência tributária.

Em se tratando do instituto da isenção, o legislador infraconstitucional possui competência para tributar determinado fato, mas concede isenção por entender que, pela sua natureza, tal fato não deve ser onerado pela tributação, ou seja, exclui-se da tributação uma situação específica dentro de um universo de situações tributáveis, considerando-se que a isenção é uma das formas de exclusão do crédito tributário, conforme define o Código Tributário Nacional. Deve, entretanto, haver um critério que justifique a discriminação do fato, respeitando-se, assim, o princípio da isonomia tributária.

Voltando ao tema das imunidades, destaca-se que, por estarem na Constituição Federal e constituírem direitos fundamentais, são **irrevogáveis – cláusulas pétreas**, nos termos do artigo 60, § 4º, IV, da CF.

Marily Diniz do Amaral Chaves sustenta que são três as razões que fundamentam o fato de a imunidade tributária encontrar-se na Constituição Federal: a **analiticidade**, a **rigidez constitucional** e a **proteção** de valores sociais relevantes.[110] A autora esclarece a **analiticidade** porque permite inserir na Constituição normas que não se referem à matéria de natureza constitucional, mas que gozam de status de normas constitucionais.

Sobre as **isenções,** essas podem ser revogadas a qualquer tempo, salvo no caso de isenções onerosas, com prazo estabelecido e em função de determinadas condições – artigo 178 do CTN –, observado o disposto no inciso III do artigo 104 do CTN.

110. SERRANO, Mônica de Almeida Magalhães (Org.). Tratados das Imunidades e Isenções Tributárias. In: **A Imunidade e Isenção Tributárias**– Pressupostos Teóricos e Traços Diferenciais. São Paulo: Verbatim, p. 7-34.

Outra diferença importante entre imunidade e isenção é que esta só pode ser interpretada **literalmente** (art. 111 do CTN), enquanto a imunidade, a teor de precedentes do Supremo Tribunal Federal, admite-se análise ampla à luz dos princípios constitucionalmente consagrados.

Segue transcrição do artigo 111 do CTN:

Art. 111. Interpreta-se literalmente a legislação tributária que disponha sobre:

I – suspensão ou exclusão do crédito tributário; II – outorga de isenção;

Ressalta-se: As regras de imunidade têm foro exclusivo na Constituição, porque são (ainda que negativas) de competência tributária. Já as isenções são estabelecidas na legislação infraconstitucional. Seguem as principais diferenças entre imunidade e isenção no quadro comparativo abaixo:

Imunidades
Previsão na **CF.**
Irrevogável – Art. 60, § 4º, IV, da CF.
Interpretação à luz dos **Princípios Constitucionais.**

Isenção
Previsão em **LEI.**
Revogável, salvo nas hipóteses do art. 178 do CTN.
Interpretação **literal.**

Os dispositivos constantes no texto constitucional referem-se sempre às normas de imunidade, ainda que a Constituição não mencione expressamente o termo "imunidade". Destaca-se que no texto constitucional em alguns dispositivos encontram-se os termos "isenções" ou "não incidência", contudo, faz-se necessário frisar que se está na Constituição, é regra imunizante.

Citam-se, como exemplos de imunidades previstas no texto constitucional, porém utilizando o termo "isenções", os artigos 195, § 7º e 184, § 5º, da CF.

Cumpre evidenciar, ainda, que as imunidades tributárias alcançam várias espécies tributárias, como os impostos, taxas, contribuições sociais, contribuições de intervenção no domínio econômico (CIDE). Por outro lado, inexistem imunidades previstas para as contribuições de melhoria e os empréstimos compulsórios.

Em prova realizada em 2011 para o cargo de promotor de justiça, o candidato teria que fazer a distinção dos institutos de imunidade e isenção, como vimos nesse Capítulo:

Exemplo de questão sobre o tema

▶ **(MPE/PR – Promotor de Justiça – PR/2011).** Faça a distinção entre imunidade tributária e isenção tributária. Fundamente e exemplifique (máximo de 20 linhas).

Em 2012, mais uma vez foi cobrada questão sobre imunidades e isenções em prova para o cargo de promotor de justiça:

Exemplo de questão sobre o tema

▶ **(MPE/PR – Promotor de Justiça – PR/2012) (máximo de 30 linhas).** A imunidade tributária atinge todos os tributos? E a isenção tributária? Explique e aponte também os pontos em comum entre as duas modalidades (imunidade e isenção tributárias).

3.2. Interpretação da Norma Constitucional Imunizante

Muito se discute sobre o método utilizado para interpretação da norma imunizante. Regina Helena Costa, por exemplo, não admite a sua interpretação literal e estrita, porém, refuta a interpretação ampla e extensiva que albergue sob o instituto da imunidade situações não tuteladas pelo constituinte.

Em sentido contrário, Ives Gandra da Silva Martins, Amílcar de Araújo Falcão, Gilberto de Ulhôa Canto, Sampaio Dória, Bernardo de Moraes, dentre outros defendem uma interpretação ampla para as imunidades.

O Supremo Tribunal Federal em muitas de suas decisões preserva a interpretação **ampla** e **teleológica** da regra imunizante. Nessa linha de pensamento, o STF analisa a finalidade da norma, considerando as exigências econômicas e sociais que ela buscou atender, em consonância com os Princípios da Justiça e do bem comum. Observa-se esse entendimento, por exemplo, no julgamento de incidência de tributo sobre imóveis, cuja propriedade é de pessoas alcançadas pela imunidade. O STF confirma a previsão constitucional, no sentido de que, encontrando-se os imóveis em nome de proprietários imunes, porém locados para terceiros, mas que o dinheiro dos aluguéis é revertido para cumprimento das finalidades essenciais (dessas pessoas imunes), a imunidade permanecerá. Para melhor compreensão, segue abaixo trecho da Ementa:

> "AGRAVO REGIMENTAL NO AGRAVO DE INSTRUMENTO. IMUNIDADE TRIBUTÁRIA DA ENTIDADE BENEFICENTE DE ASSISTÊNCIA SOCIAL. ALEGAÇÃO DE IMPRESCINDIBILIDADE DE O IMÓVEL ESTAR RELACIONADO ÀS FINALIDADES ESSENCIAIS DA INSTITUIÇÃO. INTERPRETAÇÃO TELEOLÓGICA DAS NORMAS DE IMUNIDADE TRIBUTÁRIA, DE MODO A MAXIMIZAR O SEU POTENCIAL DE EFETIVIDADE. 1. A jurisprudência do Supremo Tribunal Federal **vem flexibilizando as regras atinentes à imunidade, de modo a estender o alcance axiológico dos dispositivos imunitórios, em homenagem aos intentos protetivos pretendidos pelo constituinte originário.** 2. Esta Corte já reconhece a imunidade do IPTU para imóveis locados e lotes não edificados. Nesse esteio, cumpre reconhecer a imunidade ao caso em apreço, sobretudo em face do reconhecimento, pelo Tribunal de origem, do caráter assistencial da entidade. 3. Agravo regimental não provido" (AI n. 746263-AgR, rel. Min. Dias Toffoli, 1ª Turma, julgado em 18.12.2012, acórdão eletrônico **DJe**-034, divulg. em 20.02.2013, public. em 21.02.2013) (grifos nossos).

A questão sobre a interpretação da imunidade ainda está longe de um consenso, pois, mesmo na jurisprudência do STF, encontramos muitas divergências. Em 2011, por exemplo, ao julgar sobre a imunidade dos insumos para livros, jornais e periódicos, duas correntes, diametralmente opostas, firmaram entendimento em julgados diferentes sobre o mesmo tema: uma pela interpretação restritiva da regra e outra pela interpretação ampla. Confira:

> AGRAVO REGIMENTAL EM RECURSO EXTRAORDINÁRIO. TRIBUTÁRIO. IMUNIDADE TRIBUTÁRIA DO ART. 150, VI, "D", DA CF. ABRANGÊNCIA. IPMF. IMPOSSIBILIDADE. INTERPRETAÇÃO RESTRITIVA. AGRAVO IMPROVIDO. I – O Supremo Tribunal Federal possui entendimento no sentido de que a imunidade tributária prevista no art. 150, VI, "d", da Constituição Federal deve ser **interpretada restritivamente** e que seu alcance, tratando-se de insumos destinados à impressão de livros, jornais e periódicos, estende-se, exclusivamente, a materiais que se mostrem assimiláveis ao papel, abrangendo, por consequência, os filmes e papéis fotográficos. Precedentes. II – A imunidade prevista no art. 150, VI, d, da Lei Maior não abrange as operações financeiras realizadas pela agravante.

III – Agravo regimental improvido (RE n. 504615-AgR, rel. Min. Ricardo Lewandowski, 1ª Turma, julgado em 03.05.2011, **DJe**-094, divulg. em 18.05.2011, public. em 19.05.2011, Ement. v. 02525-03, p. 00381) (grifos nossos).

CONSTITUIÇÃO FEDERAL. EXTRAIA-SE DA CONSTITUIÇÃO FEDERAL, EM **INTERPRETAÇÃO TELEOLÓGICA E INTEGRATIVA**, A MAIOR CONCRETUDE POSSÍVEL. IMUNIDADE. "LIVROS, JORNAIS, PERIÓDICOS E O PAPEL DESTINADO A SUA IMPRESSÃO". ARTIGO 150, INCISO VI, ALÍNEA "D", DA CARTA DA REPÚBLICA. INTELIGÊNCIA. A imunidade tributária relativa a livros, jornais e periódicos **é ampla, total,** apanhando produto, maquinário e insumos. A referência, no preceito, a papel é exemplificativa e não exaustiva (RE n. 202149, rel. Min. Menezes Direito, rel. p/ acórdão: Min. Marco Aurélio, 1ª Turma, julgado em 26.04.2011, **DJe**-195, divulg. em 10.10.2011, public. em 11.10.2011, Ement. v. 02605-01, p. 00101, **RTJ** v. 00220, p. 00510; **RDDT** n. 198, p. 194-199, 2012) (grifos nossos).

Por fim, em nosso entendimento, a regra imunizante realmente não pode ser interpretada literalmente – restritivamente –, nem tampouco ampla e extensivamente de modo a alcançar valores não tutelados pela Constituição. Deve, com razoabilidade, ser utilizado o critério teleológico, averiguando-se a finalidade da norma e atentando-se aos valores que o legislador constituinte pretendeu proteger.

Para fins de concursos, recomenda-se que observe o tema sobre o qual o examinador buscou abordar sobre a forma de interpretação, pois, como visto, dependendo da matéria, o STF aplica a interpretação restritiva, como no caso dos insumos dos livros, jornais, periódicos[111] e outras que entende merecer a interpretação ampliativa. Nos Itens a seguir será trabalhado com essas hipóteses, o que facilitará a compreensão.

3.3. Classificação das Imunidades

3.3.1. *Imunidades Excludentes e Incisivas*

As imunidades **excludentes** são aquelas cuja tributação é admitida apenas para um tipo de imposto, excluindo os demais tributos. Cita-se como exemplo o ouro, enquanto ativo financeiro, que nos termos do artigo 153, § 5º, da CF está sujeito à incidência apenas do IOF.

A imunidade **incisiva,** por sua vez, se refere a situações em que é admitida a tributação por alguns impostos, excluindo os demais. Outro exemplo que se pode mencionar consiste no artigo 155, § 3º, da CF, em relação às operações referentes à energia elétrica, aos serviços de telecomunicações, aos derivados de petróleo, combustíveis e minerais do país, que se sujeitam à incidência apenas do ICMS, Imposto sobre Importação e Imposto sobre Exportação, excluindo-se, assim, a incidência de outros tributos.

3.3.2. *Imunidades Subjetivas, Objetivas e Mistas*

A imunidade **subjetiva** é aquela conferida em função da natureza jurídica da pessoa ou Ente para proteção de valores socialmente relevantes. Cita-se como exemplo a imunidade do artigo 150, VI, "c", da CF conferida aos partidos políticos, inclusive suas fundações, às

111. Atualmente, são inúmeras as decisões do STF pela interpretação restritiva dos insumos dos livros, jornais e periódicos e apenas uma, proferida no RE n. 202149, que entende necessária a interpretação ampliativa.

entidades sindicais dos trabalhadores, às instituições de educação e de assistência social, sem fins lucrativos, atendidos os requisitos da lei.

Já a imunidade **objetiva** é atribuída a determinados fatos, bens ou situações. Trata-se, por exemplo, da imunidade do artigo 150, VI, "d", da CF que estabelece que sobre os livros, jornais, periódicos e papel destinado à sua impressão não incide impostos. Percebe-se que, nesse caso, a Imunidade recai sobre o objeto em si.

A imunidade **mista** se dirige a pessoas que, por sua natureza jurídica e por se encontrarem relacionadas com determinados fatos, bens ou situações, não terão de pagar determinado tributo em decorrência do estabelecido na Constituição. É o que ocorre, por exemplo, com a imunidade do ITR para os proprietários de pequenas glebas rurais, que as explore e não tenham outro imóvel, segundo reza o artigo 153, § 4º, II, da CF.

3.3.3. Imunidades Ontológicas e Políticas

As imunidades **ontológicas** decorrem de princípios constitucionais e, por essa razão, não teriam necessidade de estarem previstas em nossa Constituição, posto que a observância dos princípios já excluiria do dever de pagar determinado tributo. A imunidade recíproca, prevista no artigo 150, VI, "a", da CF é um exemplo de imunidade ontológica. Essa imunidade está em consonância com o Princípio Federativo. Portanto, esses Entes não podem cobrar impostos, uns dos outros, para cobrir seus gastos públicos. Assim, pela interpretação do Princípio Federativo, não precisaria existir a previsão expressa na Constituição a respeito dessa imunidade, pois a cobrança tributária já não ocorreria.

As imunidades **políticas ou explícitas** existem por expressa previsão na Constituição Federal, com o intuito de proteger direitos fundamentais ou prestigiar determinados princípios constitucionais. Caracterizam-se como imunidades políticas as conferidas aos livros, jornais, periódicos e ao papel destinado à sua impressão, as outorgadas aos sindicatos dos trabalhadores, partidos políticos e suas fundações, templos de qualquer culto.

3.3.4. Imunidades Condicionáveis e Incondicionadas

A imunidade **incondicionada** alude à norma imunizante que apresenta eficácia plena e aplicabilidade direta e imediata. Assim, basta a previsão constitucional para que não ocorra a exigência tributária, como acontece com a imunidade recíproca, prevista nos termos do artigo150, VI, "a", da CF, em que veda a instituição, pelos Entes Federativos, de impostos sobre o patrimônio, os serviços e as rendas de uns sobre os outros.

A imunidade **condicionável** não se confunde com a eficácia limitada da norma (Classificação do Direito Constitucional), pois essas não veiculam imunidades; o condicionamento se reporta para o exercício do benefício da desoneração, que poderá ou não ser estatuído pelo legislador infraconstitucional, de modo que não há uma condição para o gozo da imunidade, mas poderá haver para restringi-lo nos termos permitidos pela Constituição, tal como ocorre nos ditames do artigo 150, VI, "c", da CF, uma vez que as pessoas ali descritas, que fazem jus à imunidade, são os sindicatos dos trabalhadores, partidos políticos e suas fundações, as entidades de assistência social e entidades de educação sem fins lucrativos, que só não irão pagar impostos se cumprirem os requisitos previstos em lei, os quais estão descritos no artigo 14 do CTN, como adiante será estudado.

3.3.5. Imunidades Genéricas e Específicas

As imunidades **genéricas** também denominadas de **gerais** estão previstas no artigo 150, VI, da CF, e incidem apenas em relação aos **impostos.**

Já as imunidades **específicas**, também chamadas de **tópicas** ou **especiais,** são aquelas dispostas ao longo da Constituição Federal. São descritas individualmente, seja relativo a um único tributo, seja dirigidas a uma única pessoa política, ou, ainda, seja diante de conveniências especiais, que tutelam valores mais ou menos relevantes socialmente, conforme o caso. Cita-se como exemplo a imunidade do artigo 149, § 2º, I, da CF que trata sobre a não incidência da Contribuição Social e da Contribuição de Intervenção no Domínio Econômico (CIDE) sobre receitas decorrentes de exportação.

A seguir um quadro esquemático com um resumo das principais imunidades – genéricas e específicas – contidas na Constituição:

PRINCIPAIS IMUNIDADES		
Artigo da CF	**Tributo**	**Imunidade**
Art. 150, VI	Apenas impostos.	Genérica
Art. 5º, XXXIV, "a" e "b", LXXIII, LXXIV, LXXVI e LXXVII	Taxa – para propositura de Ações ou solicitação de registros e certidões.	Específica
Art. 149, § 2º, I	Contribuição Social e CIDE – referente às receitas de exportação.	Específica
Art. 195, § 7º	Contribuição Social – referente às Entidades de Assistência Social sem fins lucrativos, atendidos os requisitos de lei.	Específica
Art. 155, § 3º	À exceção do ICMS, II e IE, nenhum outro imposto poderá incidir sobre operações relativas à energia elétrica, serviços de telecomunicações, derivados de petróleo, combustíveis e minerais do País.	Específica
Art. 153, § 3º, III	Não incide IPI sobre produtos industrializados destinados ao exterior.	Específica
Art. 153, § 4º, II	Não incide ITR sobre pequenas glebas rurais, definidas em lei, quando as explore o proprietário que não possua outro imóvel.	Específica
Art. 155, § 2º, X, "b"	Não incide ICMS sobre operações que destinem a outros Estados o petróleo, inclusive lubrificantes, combustíveis líquidos e gasosos dele derivados, e energia elétrica.	Específica
Art. 155, § 2º, X, "a"	Não incide ICMS sobre operações que destinem mercadorias para o exterior, nem sobre serviços prestados a destinatários no exterior.	Específica
Art. 155, § 2º, X, "c"	Não incide ICMS sobre ouro enquanto ativo financeiro.	Específica
Art. 155, § 2º, X, "d"	Não incide ICMS sobre serviço de comunicação livre e gratuita.	Específica

PRINCIPAIS IMUNIDADES		
Artigo da CF	**Tributo**	**Imunidade**
Art. 156, § 2º, I	Não incide ITBI sobre a transmissão de bens ou direitos incorporados ao patrimônio de pessoa jurídica de capital, nem sobre a transmissão de bens ou direitos decorrente de fusão, incorporação, cisão ou extinção de pessoa jurídica, salvo se, nesses casos, a atividade preponderante do adquirente for a compra e a venda desses bens ou direitos, locação de bens imóveis ou arrendamento mercantil.	Específica

No próximo item, serão analisadas com mais profundidade as imunidades genéricas, que se encontram previstas no artigo 150, VI, da CF.

3.4. Imunidades Genéricas

As imunidades genéricas estão presentes no artigo 150, VI, da CF e dizem respeito a apenas uma espécie tributária – aos **impostos.** Isso significa que as hipóteses mencionadas por esse dispositivo somente dispensam o recolhimento dos impostos, devendo cobrar todas as demais espécies tributárias.

Como método mnemônico, pode-se dizer que quem possui imunidade genérica tem "SORTE na vida", sorte de não pagar impostos. Ao escrever SORTE, verifica-se, por intermédio de um macete, as quatro primeiras hipóteses de imunidade genéricas presentes no artigo 150, VI, da CF:

	S	ubjetiva – art. 150, VI, "c", CF;
	O	bjetiva – art. 150, VI, "d", CF;
	R	ecíproca – art. 150, VI, "a", CF;
T	**E**	mplos de qualquer culto – art. 150, VI, "b", CF.

Vale destacar que a recente EC n. 75/2013 incluiu a alínea "e" no artigo 150, VI, que trata sobre a imunidade dos fonogramas e videofonogramas musicais produzidos no Brasil contendo obras musicais ou literomusicais de autores brasileiros e/ou obras em geral, interpretadas por artistas brasileiros, bem como os suportes materiais ou arquivos digitais que os contenham, salvo na etapa de replicação industrial de mídias ópticas de leitura a laser. Observe-se que essa imunidade possui natureza mista, embora predominantemente objetiva, se referindo aos objetos em si, porém condicionando que sejam artistas brasileiros.

3.4.1. Imunidade Recíproca

A imunidade tributária recíproca, prevista no artigo 150, VI, "a", da CF – consequência do modelo Federal de Estado, cujas bases repousam na necessária igualdade político-jurídica entre as unidades que compõem o Estado Federal –, veda à União, aos Estados, ao Distrito Federal e aos Municípios instituírem **impostos** sobre o **patrimônio**, **renda** e **serviços** uns dos outros, *in verbis:* "Art. 150. Sem prejuízo de outras garantias asseguradas ao contribuinte, **é vedado à União, aos Estados, ao Distrito Federal e aos Municípios:** (...) VI – instituir impostos sobre: a) patrimônio, renda ou serviços, uns dos outros;".

Permitir tal tributação colocaria em risco o sistema federativo, possibilitaria que os meios de atuação do governo federal ficassem à mercê de cada um dos Entes Federativos locais. Paulo de Barros Carvalho, sintetiza que:

> A imunidade recíproca, prevista no art. 150, VI, "a", da Constituição **é uma decorrência pronta e imediata do postulado da isonomia dos entes constitucionais, sustentado pela estrutura federativa do Estado brasileiro** e pela autonomia dos municípios. Na verdade, encerraria imensa contradição imaginar o princípio da paridade jurídica daquelas entidades e, simultaneamente, conceder que pudessem elas exercitar suas competências impositivas sobre o patrimônio, a renda e os serviços, umas com relação às outras (grifos nossos).[112]

Ressalta-se que a imunidade tributária **recíproca** alcança apenas os **impostos**, podendo haver incidência, portanto, de outras espécies tributárias, como taxas, contribuições, etc.

Nesse sentido, transcreve-se trecho de ementa do STF:

> TRIBUTÁRIO. IPTU. IMÓVEIS QUE COMPÕEM O ACERVO PATRIMONIAL DO PORTO DE SANTOS, INTEGRANTES DO DOMÍNIO DA UNIÃO. Impossibilidade de tributação pela Municipalidade, independentemente de encontrarem-se tais bens ocupados pela empresa delegatária dos serviços portuários, em face da imunidade prevista no art. 150, VI, "a", da Constituição Federal. Dispositivo, todavia, **restrito aos impostos, não se estendendo às taxas.** Recurso parcialmente provido (RE n. 253394, rel. Min. Ilmar Galvão, **DJ** de 26.11.2002).

Compreende-se que a imunidade recíproca abrange apenas os impostos, porque se referem a tributos **não vinculados** a uma atividade estatal específica. O Estado cobra os tributos em razão de seu Poder de Império (Poder Extroverso) para obter recursos dos particulares e suprir as necessidades públicas.

Com relação aos tributos **vinculados**, cujo fato gerador encontra-se relacionado a uma atividade estatal voltada diretamente para a prestação de um serviço específico ao contribuinte, o pacto federativo não sofre nenhuma afronta, uma vez que é possível identificar a atividade prestada ao particular pelo Ente Federativo que a instituiu. Por essa razão, a imunidade recíproca não alcança os tributos vinculados.

Insta mencionar ainda que, o artigo 150, VI, "a", da CF, em sua literalidade, diz respeito à imunidade dos Entes Federativos apenas com relação aos impostos incidentes **sobre a renda, patrimônio e serviços um dos outros.** Entretanto, o Supremo Tribunal Federal tem mantido entendimento no sentido de afastar a incidência de **quaisquer impostos** que possam onerar economicamente as finanças do Ente Federativo, albergado pela regra imunizante, independentemente de incidir sobre a renda, patrimônio ou serviços. Observe a ementa a seguir:

> AGRAVO REGIMENTAL EM AGRAVO DE INSTRUMENTO. 2. IMUNIDADE RECÍPROCA TRIBUTÁRIA. MUNICÍPIO. ART. 150, VI, "A", DA CF. IOF. 3. AGRAVO REGIMENTAL A QUE SE NEGA PROVIMENTO "(...) O acórdão recorrido **está em consonância com a jurisprudência desta Corte, quanto ao reconhecimento da imunidade**

112. CARVALHO, Paulo de Barros. **Curso de direito tributário**. 8. ed. São Paulo: Saraiva, 1996, p. 124.

recíproca em relação ao IOF em aplicações financeiras de entes públicos, v.g., os precedentes citados, o RE n. 213.059, 1ª Turma, rel. Ilmar Galvão, **DJ** de 27.02.1998, o AgRRE n. 197.940, 2ª Turma, rel. Marco Aurélio, **DJ** de 27.02.1998, o AgRE n. 197.940, 2ª Turma, rel. Marco Aurélio, **DJ** de 25.04.1997 e o AgRAI n. 175.133, 2ª Turma, rel. Marco Aurélio, **DJ** de 26.04.1996 (...)." (AI n. 436156-AgR, rel. Min. Gilmar Mendes, 2ª Turma, julgado em 29.11.2005, **DJ** de 03.02.2006, p. 00036, Ement. v. 02219-09, p. 01706) (grifos nossos).

A imunidade tributária recíproca não abrange apenas a administração pública direta, mas também as **autarquias** e **fundações públicas** de direito público, conforme disposição do artigo 150, § 2º, da CF, *in verbis:"§ 2º A vedação do inciso VI, 'a', é extensiva às autarquias e às fundações instituídas e mantidas pelo Poder Público, no que se refere ao patrimônio, à renda e aos serviços, vinculados a suas finalidades essenciais ou às delas decorrentes".*

Todavia, a referida imunidade alcançará as autarquias e fundações públicas se cumprirem 4 (quatro) requisitos, conforme previsto no artigo 150, §§ 2º e 3º:

Imunidade recíproca às autarquias e fundações públicas	
1º	Cumpram suas finalidades essenciais ou qualquer uma delas decorrentes;
2º	Sejam instituídas e mantidas pelo Poder Público;
3º	Não cobrem preços e nem tarifas;
4º	Não entrem na concorrência privada.

As finalidades essenciais das autarquias e das fundações de direito público estão previstas na lei que as instituiu (no caso das autarquias) ou na lei que autorizou (ou, ainda, na Lei Complementar que estabeleceu a área de atuação, no caso das fundações), nos termos do artigo 37, XIX, da CF.

Para Regina Helena da Costa, finalidades essenciais "são os objetivos inerentes à própria natureza da entidade, os propósitos que conduziram a sua instituição"; enquanto as finalidades decorrentes das essencialidades "são aquelas relacionadas com os objetivos principais da entidade, aquelas que guardam com eles correspondência, apesar de não constituírem metas atreladas à própria natureza da entidade".[113]

Sobre esse aspecto, o STF, ao julgar o RE n. 233.843, reconheceu que a Caixa de Assistência aos Advogados, por não exercer as atividades inerentes à Ordem dos Advogados do Brasil, não faz jus à imunidade recíproca. Ademais, urge destacar que a imunidade recíproca alcança **somente as autarquias e fundações públicas**. As **empresas públicas** e **sociedades de economia mista**, por serem detentoras de personalidade jurídica de direito privado, não gozam de imunidade tributária, por esse motivo, haverá normal incidência tributária sobre essas últimas.

113. COSTA, Regina Helena. **Imunidades Tributárias – Teoria e Análise da jurisprudência do STF.** 2ª Edição. Malheiros. Página 158.

Embora esse entendimento seja regra geral, o Supremo Tribunal Federal tem se posicionado no sentido de que algumas empresas públicas e algumas sociedades de economia mista são merecedoras da regra imunizante, quando prestam serviço público de **caráter obrigatório** e de **forma exclusiva.**

Cita-se como exemplo a Empresa Brasileira de Correios e Telégrafos (ECT), empresa pública que teve sua imunidade reconhecida em 2004 pelo STF, conforme se verifica na jurisprudência a seguir:

> CONSTITUCIONAL. TRIBUTÁRIO. ECT – EMPRESA BRASILEIRA DE CORREIOS E TELÉGRAFOS: IMUNIDADE TRIBUTÁRIA RECÍPROCA: CF, ART. 150, VI, "a". EMPRESA PÚBLICA QUE EXERCE ATIVIDADE ECONÔMICA E EMPRESA PÚBLICA PRESTADORA DE SERVIÇO PÚBLICO. DISTINÇÃO. TAXAS. IMUNIDADE RECÍPROCA. INEXISTÊNCIA. I. – As empresas públicas prestadoras de serviço público distinguem-se das que exercem atividade econômica. **A ECT – Empresa Brasileira de Correios e Telégrafos – é prestadora de serviço público de prestação obrigatória e exclusiva do Estado, motivo por que está abrangida pela imunidade tributária recíproca: CF, art. 22, X; CF, art. 150, VI, "a".** Precedentes do STF: RE n. 424.227/SC, 407.099/RS, 354.897/RS, 356.122/RS e 398.630/SP, Min. Carlos Velloso, 2ª Turma. II. – A imunidade tributária recíproca – CF, art. 150, VI, "a" – somente é aplicável a impostos, não alcançando as taxas. III. RE conhecido e improvido (RE n. 364202, rel. Min. Carlos Velloso, **DJ** de 05.10.2004) (grifos nossos).

Com relação à **Empresa Brasileira de Correios e Telégrafos** – ECT –, ressalta-se também que, recentemente, o STF entendeu que a imunidade alcança **todas** as atividades desenvolvidas pelos Correios, inclusive aquelas com natureza de serviços não postais por ela prestados, como, por exemplo, serviços que abrangem cobranças e recebimentos por conta de terceiros, inclusive "direitos autorais, protestos de títulos, sustação de protestos, devolução de títulos pagos, manutenção de títulos vencidos, fornecimento de posição de cobrança ou recebimento e outros serviços correlatos da cobrança ou recebimento".

A justificativa do STF, ao julgar o RE n. 601392, para permitir a imunidade das atividades não postais desenvolvidas pelos Correios está no fato de que se trata de uma **empresa pública** prestadora de serviços públicos, criada por lei para os fins do artigo 21, inciso X, da CF, sendo que todas as suas rendas ou lucratividade são revertidas para as "finalidades precípuas". Além disso, ressaltou-se que os Correios prestam um serviço público de natureza essencial e atuam no âmbito em que a iniciativa privada não tem interesse e, portanto, **não há** concorrência com **fins lucrativos**.

Destaca-se, ainda, que o fato de as empresas cobrarem valores para exclusiva remuneração dos seus serviços, não afasta a imunidade, por não haver a finalidade lucrativa, conforme entendimento já pacificado pelo STF:

> AGRAVO REGIMENTAL NO RECURSO EXTRAORDINÁRIO. IMUNIDADE RECÍPROCA. **AUTARQUIA MUNICIPAL QUE PRESTA SERVIÇOS REMUNERADOS POR TARIFA. INAFASTABILIDADE DO BENEPLÁCITO CONSTITUCIONAL EM VIRTUDE DA CONTRAPRESTAÇÃO AUFERIDA.** (...) 1. O debate sobre o alcance da norma imunizante e a possível incidência de uma regra de exceção, a qual também está constitucionalmente prevista, não denota qualquer prejudicialidade de ordem legal. (...) 3. De acordo com a jurisprudência consolidada pelo Supremo Tribunal Federal, **a cobrança de tarifas, isoladamente considerada, não descaracteriza a regra imunizante.** Precedentes.

> 4. Agravo regimental não provido (RE n. 598912-AgR, rel. Min. Dias Toffoli, 1ª Turma, julgado em 05.02.2013, **DJe**-054, divulg. em 20.03.2013, public. em 21.03.2013).

Outro exemplo de empresa pública que teve a imunidade reconhecida pelo STF em 2007 é a **INFRAERO** (RE-AgR n. 363.412).

Em fevereiro de 2007, o STF, na Ação Cautelar n. 1.550-2, reconheceu também a imunidade da sociedade de economia mista – **CAERD**, Companhia de Águas e Esgotos de Rondônia.

Não obstante, trata-se de entendimento pacífico no STF que as sociedades de economia mista, cujo capital social seja majoritariamente estatal, que prestam **serviço de saúde**, sem finalidade lucrativa, por se tratar de direito fundamental ao cidadão, fazem jus à imunidade tributária recíproca. Confira jurisprudência nesse sentido:

> CONSTITUCIONAL. TRIBUTÁRIO. RECURSO EXTRAORDINÁRIO. REPERCUSSÃO GERAL. IMUNIDADE TRIBUTÁRIA RECÍPROCA. SOCIEDADE DE ECONOMIA MISTA. SERVIÇOS DE SAÚDE. **1. A saúde é direito fundamental de todos e dever do Estado (arts. 6º e 196 da Constituição Federal).** Dever que é cumprido por meio de ações e serviços que, em face de sua prestação pelo Estado mesmo, se definem como de natureza pública (art. 197 da Lei das leis). 2. A prestação de ações e serviços de saúde por sociedades de economia mista corresponde à própria atuação do Estado, desde que a empresa estatal não tenha por finalidade a obtenção de lucro. **3. As sociedades de economia mista prestadoras de ações e serviços de saúde, cujo capital social seja majoritariamente estatal, gozam da imunidade tributária prevista na alínea "a" do inciso VI do art. 150 da Constituição Federal**. 3. Recurso extraordinário a que se dá provimento, com repercussão geral (RE n. 580264, rel. Min. Joaquim Barbosa, rel. p/ Acórdão: Min. Ayres Britto, Tribunal Pleno, julgado em 16.12.2010, Repercussão Geral – Mérito **DJe**-192, divulg. em 05.10.2011, public. em 06.10.2011, Ement. v. 02602-01, p. 00078) (grifos nossos).

Mais recente ainda, em junho de 2013, o STF, ao julgar o RE n. 610517, reconheceu a imunidade tributária para a Casa da Moeda do Brasil (CMB), empresa governamental delegatária de serviço público em caráter de monopólio.

Importante destacar que o fato de a empresa prestar serviços **exclusivamente** não é suficiente para permitir a imunidade tributária. É necessário ainda que não haja a finalidade lucrativa; por essa razão foi negada a imunidade para a Petrobrás, sociedade de economia mista, que presta serviços em regime de monopólio. Observe-se que, nesse caso, a atividade desenvolvida por ela caracteriza-se como atividade econômica lucrativa, com capacidade contributiva que não implica riscos ao pacto federativo.

Discute-se, ainda, no STF, se a sociedade de economia mista, cuja composição acionária é objeto de negociação em **Bolsas de Valores**, faria jus à imunidade tributária ou se tal atividade se revela com inequívoco objetivo de distribuição de lucros a investidores públicos e privados, o julgamento foi suspenso pelo Plenário do Supremo Tribunal Federal (STF) – RE n. 600867, conforme publicação em **DJe** de 06.06.2014. Referido processo permanece pendente de julgamento, nos termos da consulta realizada em dezembro/2016[114].

114. Decisão: Após os votos dos Ministros Rosa Weber, Gilmar Mendes e Dias Toffoli, negando provimento ao recurso, pediu vista dos autos a Ministra Cármen Lúcia. Ausente, justificadamente, o Ministro Celso de Mello. Não participa da votação o Ministro Edson Fachin, sucessor do Ministro Joaquim Barbosa (Relator). Presidência

Ressalta-se, ainda, que o STF ao julgar a ACO n. 2.569, de fevereiro de 2015, reconheceu a imunidade tributária aos órgãos de representação consular de Estados estrangeiros, nos termos da Convenção de Viena sobre Relações Diplomáticas (aprovada pelo Decreto Legislativo n. 103/1964, promulgado pelo Decreto n. 56.435/1965) e da Convenção de Viena sobre Relações Consulares (aprovado pelo Decreto Legislativo n. 6/1964, que assim determinam:

> Decreto n. 56.435/65): "Artigo 23 1. O Estado acreditante e o Chefe da Missão estão isentos de todos os impostos e taxas, nacionais, regionais ou municipais, sobre os locais da Missão de que sejam proprietários ou inquilinos, excetuados os que representem o pagamento de serviços específicos que lhes sejam prestados.
>
> Decreto Legislativo n. 6/1964, promulgado pelo Decreto n. 61.078/1967): ARTIGO 32º Isenção fiscal dos locais consulares. Os locais consulares e a residência do chefe da repartição consular de carreira de que for proprietário o Estado que envia, ou pessoa que atue em seu nome, estarão isentos de quaisquer impostos e taxas nacionais, regionais e municipais, excetuadas as taxas cobradas em pagamento de serviços específicos prestados.

Para melhor compreensão do tema, transcreve-se a seguir o trecho do voto do Min. Luiz Fux que cita a lição de Francisco Resek:

> No âmbito da missão diplomática, os membros do quadro diplomático de carreira (dos embaixadores ao terceiro secretário) gozam de ampla imunidade de jurisdição penal e civil. Os membros do quadro administrativo e técnico (tradutores, contabilistas, etc.), desde que oriundos do Estado acreditante, e não recrutados *in loco*, distinguem-se dos diplomatas no que concerne à imunidade de jurisdição civil, aqui limitada aos praticados no exercício de suas funções. Todos são, ademais, fisicamente invioláveis, e em caso algum podem ser obrigados a depor como testemunhas. Reveste-os, além disso, a imunidade tributária. [...] Exceções quanto à imunidade tributária: o beneficiário do privilégio diplomático deverá, de todo modo, arcar com os impostos indiretos, normalmente incluídos no preço de bens ou serviços, bem assim com as tarifas correspondentes a serviços que tenha efetivamente utilizado. É óbvio que possuindo, acaso, imóvel particular no território local, pagará os impostos sobre ele incidentes. O pessoal administrativo e técnico tem ainda sua imunidade tributária limitada, em matéria de importação, àquilo que traga consigo quando do ingresso inicial no Estado acreditado (RESEK, Francisco. **Direito internacional público**: curso elementar. São Paulo: Saraiva, 2013. p. 207-208).

Destaca-se, por fim, que a Constituição Federal estabelece que a regra imunizante **NÃO** exonera o promitente comprador da obrigação de pagar imposto relativamente ao bem imóvel, conforme versa o artigo 150, § 3º, da CF, *in verbis:*

> **Art. 150.** (...) § 3º As vedações do inciso VI, "a", e do parágrafo anterior não se aplicam ao patrimônio, à renda e aos serviços, relacionados com exploração de atividades econômicas regidas pelas normas aplicáveis a empreendimentos privados, ou em que haja contraprestação ou pagamento de preços ou tarifas pelo usuário, **nem exonera o promitente comprador da obrigação de pagar imposto relativamente ao bem imóvel.**

No mesmo sentido, segue a Súmula n. 583 do STF:

"Promitente comprador de imóvel residencial transcrito em nome de autarquia é contribuinte do imposto predial territorial urbano".

---

do Ministro Ricardo Lewandowski. Plenário, 06.08.2015 – **DJe** de 18.08.2015. Consulta no *site*: http://www.stf.jus.br/portal/processo/verProcessoAndamento.asp?numero=600867&classe=RE&codigoClasse=0&origem=JUR&recurso=0&tipoJulgamento=M

3.4.1.1. Imunidade Recíproca e a Transferência da Prestação dos Serviços Públicos a Terceiros

No Brasil, a Constituição de 1934 estabeleceu um Capítulo dedicado à ordem econômica e social, pelo qual o Estado foi levado a agir mais ativamente por meio de medidas intervencionistas.

A Constituição, nesse modelo de Estado, passou, então, a estabelecer prerrogativas ao Estado, para intervenção no domínio econômico, com o fim de observância dos princípios de cunho social, tais como existência digna, valorização do trabalho humano e justiça social.

Contudo, logo se evidenciou que o Estado não apresentara condições suficientes para solucionar todos os problemas, desde o âmbito do indivíduo, ou mesmo em relação à sociedade; e, por essa razão, seria necessária a participação dos particulares para alcançarem o bem comum.

A multiplicação da população, aliada à redução da eficiência das atividades desempenhadas diretamente pelo Estado, contribuíram para a crise fiscal, que demonstrava a situação de insolvência governamental, inviabilizadora do cumprimento das obrigações assumidas e do desenvolvimento de outros projetos.

Marçal Justen Filho[115] narra que, nesse período, a realidade evidenciou a falsidade da ilusão de que a supressão da autonomia individual resultaria na eliminação da pobreza e das desigualdades. Verificou-se que a mudança desse panorama não seria possível apenas no nível estatal, sendo imprescindível a participação dos particulares também.

Assim, seria essencial a redução da intervenção direta do Estado, o que acabou por resultar na ampliação da atuação dos particulares.

Entretanto, a liberdade econômica e a livre concorrência não estariam mais em oposição, como no liberalismo clássico. Haveria a colaboração e a complementariedade, para que se realizassem atividades de utilidade ou necessidade pública, desonerando o Estado. Restou, assim, para o Estado apenas auxiliar o particular na execução dessas atividades, um papel mais secundário.

Assim, de responsável pelo desenvolvimento das atividades econômico-sociais e pela produção de bens e serviços, pretendeu-se que o Estado passasse a incentivar e a regular as ações praticadas pelo setor privado. A redução da intervenção estatal implicou o consequente predomínio de funções regulatórias.

Ressalta-se, todavia, que a substituição do Estado por organizações privadas não acarretaria o desaparecimento da supremacia do interesse público. Isso porque os particulares, ao assumirem tais tarefas, não estariam livres para exercê-las como bem entendessem, mas deveriam, sim, seguir normas ditadas pelo próprio Poder Público.

Por esse motivo, toda privatização deve ser resguardada por instrumentos jurídicos destinados a assegurar a realização dos valores fundamentais.

115. JUSTEN FILHO, Marçal. **O Direito das Agências Reguladoras Independentes.** São Paulo: Editora Dialética, 2002, p.14.

O Estado deixa então de atuar diretamente como agente econômico e passa a fiscalizar as atividades privadas.

Nesse sentido, assevera Marçal Justen Filho:

> [...]as conquistas do Estado do bem-estar social não são superadas nem rejeitadas, mas se integram e se amoldam em uma organização sociopolítica caracterizada pela conjunção de esforços entre Estado e sociedade.
>
> O Estado continua a exercer a sua intervenção na economia, mas de uma forma indireta, na medida em que fiscalizará os particulares para proteger o bem comum. Os serviços públicos submetem-se ao regime jurídico público, não se lhes aplicando os princípios da Liberdade de Iniciativa e da Concorrência.[116]

Na verdade, a intervenção do Estado no domínio econômico passou a se relacionar a um modelo regulatório, de origem norte-americana.

Ao conceituar o Estado Regulador, Marçal Justen Filho[117] afirma tratar-se de uma organização institucional que se relaciona às concepções do Estado de Direito, e assim pressupõe não apenas o monopólio do direito por parte do Estado, mas também a submissão deste àquele. Defende que o conceito de Estado Regulador é determinado diretamente pela concepção intervencionista do Estado de Bem-estar Social.

Calixto Salomão Filho, por sua vez, entende que a regulação pode representar a contribuição mais útil de um Estado que decide se retirar da intervenção econômica direta para exercer sua função de organizador das relações sociais e econômicas; e que, por outro lado, reconhece ser, para tanto, insuficiente o mero e passivo exercício de uma atividade de polícia sobre os mercados.

Sob a ótica de Leila Cuéllar, a regulação econômica constitui um conjunto de técnicas utilizadas pelo Estado para intervir no domínio econômico de forma contínua, que visa a corrigir as imperfeições dos mercados.

Dessa forma, todos os serviços que puderem ser organizados segundo os padrões de racionalidade econômica deverão ser remetidos à iniciativa privada.

Tem-se, portanto, um Estado subsidiário, em que sua participação se restringe apenas aos setores qualificados como essenciais; a participação estatal diminui, justificando sua intervenção na economia somente de forma subsidiária – complementar.

Nota-se que a função regulatória permite a participação do Estado, ainda que indireta, no domínio econômico, e em que pese reduzir sua atuação direta, impõe forte regulação sobre a atividade dos particulares, que implica restrição à autonomia privada das escolhas acerca dos fins e dos meios.

Desse modo, tem-se como aplicação imediata do Estado regulador, por exemplo, a concessão, a permissão e a autorização dos serviços públicos.

116. JUSTEN FILHO, Marçal. **O Direito das Agências Reguladoras Independentes**. São Paulo: Editora Dialética, 2002, p. 14-15.

117. Idem, p. 14-15.

Na concepção de Marçal Justen Filho[118], o objetivo da regulação é conjugar as vantagens provenientes da capacidade empresarial privada com a realização de fins de interesse público.

As finalidades regulatórias relacionam-se diretamente com a realização dos valores fundamentais consagrados pela nação, apresentando natureza econômica ou não.

De acordo com esse autor, a regulação consiste num conjunto ordenado de políticas públicas, que busca a realização de valores econômicos ou não, reputados como essenciais para determinados grupos ou para a coletividade em seu conjunto. Tais políticas implicam adoção de medidas de cunho legislativo e de natureza administrativa, destinadas a incentivar práticas privadas desejáveis e a reprimir tendências individuais e coletivas incompatíveis com a realização dos valores prezados. As políticas regulatórias estão intimamente ligadas à aplicação jurisdicional do direito.

Como visto, a atividade estatal não desaparece, mas ganha novos contornos, visto que, por meio da regulação, os particulares desempenham atividades de interesse público utilizando estruturas da iniciativa privada e alcançando fins que não poderiam ser atingidos apenas com o esforço da Administração Pública, mas ainda há grande intervenção do Estado.

A intervenção do Estado, contudo, não se apresenta mais sem limites. Há necessidade de observar, dentre outros princípios, a Cidadania, a Dignidade da Pessoa Humana, os Valores Sociais do Trabalho e da Livre-Iniciativa, conforme estabelece o artigo 1º da CF.

Ainda que seja limitada a intervenção do Estado na sociedade, verifica-se que a própria Constituição Federal prevê tal intervenção.

O artigo 174 da CF, por exemplo, estabelece que ao Estado compete: "(...) as funções de fiscalização, incentivo e planejamento, sendo este determinante para o setor público e indicativo para o setor privado".

Ao Estado não cabe impor ao particular condutas para alcançar seus objetivos; contudo, caberá incentivá-los para que, espontaneamente, realizem esses objetivos.

A intervenção do Estado no domínio econômico poderá ocorrer de diversas formas.

Eros Roberto Grau[119] entende que a intervenção do Estado pode acontecer, no domínio econômico, por absorção, caso em que este é o único autorizado a exercer aquela determinada atividade econômica; poderá ser por participação, quando o Estado concorre com empresas privadas no exercício de determinada atividade econômica; poderá ser por direção, sempre que ele dirige, fiscaliza, regula a atividade econômica; ou por indução, enquanto a promove mediante estímulos positivos ou negativos.

Para Egon Bockmann Moreira[120], a intervenção poderá ser por meio da intervenção regulatória ou por uma outra em sentido estrito. Trata-se de intervenção em sentido estrito

118. JUSTEN FILHO, Marçal. **O Direito das Agências Reguladoras Independentes**. São Paulo: Editora Dialética, 2002, p.16.

119. GRAU, Eros Roberto. **Interpretação e crítica da ordem econômica na constituição de 1988. In: ___A ordem econômica da constituição de 1988.** São Paulo: Malheiros, 12ª. Ed.

120. MOREIRA, Egon Bockmann. **Artigo: O Direito Administrativo Contemporâneo e a Intervenção na Ordem econômica. Revista Eletrônica de Direito Administrativo Econômico**. Salvador. Nº 10 – maio/junho/julho/2007.

quando o Estado produz um determinado fato econômico alheio, à esfera empresarial interna dos particulares, e, com tal fato, modifica a conduta dos particulares, sem a necessidade de edição de novas normas. Quanto à intervenção regulatória, há edição de normas que submeterão os particulares ao seu cumprimento, sob pena de sofrerem as consequências impostas.

A doutrina pátria admite ainda a intervenção do Estado de forma direta e indireta. Nesse sentido, tem-se o entendimento de Célia Cunha Mello:

> "A intervenção do Estado na ordem econômica pode, então, ocorrer de forma direta e indireta. A primeira existe quando é próprio Estado, ou criatura sua, que assume o papel de protagonista da atividade econômica. A intervenção indireta ocorre quando o Estado, na condição de agente normativo regulador da atividade econômica, exerce as funções de fiscalização, incentivo e planejamento, limitando ou estimulando a ação dos sujeitos econômicos"[121].

O artigo 173 da CF é um exemplo de intervenção direta do Estado, enquanto o artigo 174 desse mesmo diploma trata da intervenção indireta.

Ainda que outorgada a particulares, a prestação de serviços públicos nunca poderá ser realizada exclusivamente sob regime jurídico de direito privado, dado que sua titularidade não se transfere, permanecendo com o Poder Público.

O fato de um particular realizar a prestação de um serviço público pode gerar dúvidas com relação à imunidade tributária recíproca e para solucioná-los utiliza-se a regra prevista no artigo 150, § 3º, da CF:

> **Art. 150.** (...) § 3º As vedações do inciso VI, "a", e do parágrafo anterior **não se aplicam ao patrimônio, à renda e aos serviços, relacionados com exploração de atividades econômicas regidas pelas normas aplicáveis a empreendimentos privados, ou em que haja contraprestação ou pagamento de preços ou tarifas pelo usuário**, nem exonera o promitente comprador da obrigação de pagar imposto relativamente ao bem imóvel. (...)

De acordo com o dispositivo acima transcrito, não haverá imunidade tributária quando o patrimônio, renda ou serviços estiverem relacionados à exploração de atividades econômicas, regidas pelas normas aplicáveis a empreendimentos privados, ou em que haja contraprestação ou pagamento de preços ou tarifas pelo usuário.

Por conseguinte, na concessão de serviços públicos, a remuneração é realizada por meio de tarifa com intuito lucrativo, o que afasta o direito à imunidade tributária.

Exemplo são os Cartórios que **NÃO** gozam de imunidade tributária, ainda que exerçam os serviços notariais e de registro (serviços públicos) em caráter privado, por delegação do Poder Público, conforme estabelece o artigo 236 da CF.

Recentemente, o STF julgou a ADIN n. 3089 e reconheceu a constitucionalidade da incidência do ISS sobre os serviços de registros públicos, por entender que os cartórios desenvolvem suas atividades com inequívoco intuito lucrativo, razão pela qual não merecem imunidade nos certames do artigo 150, VI, "a", da CF.

121. MELLO, Célia Cunha. **O fomento da administração pública**. Belo Horizonte: Del Rey, 2003, p. 12.

Ressalta-se que o disposto no artigo 150, § 3º, da CF, não deve ser observado apenas pelas autarquias, fundações públicas e particulares, os Entes Federativos, que gozam de imunidade em razão do artigo 150, VI, "a", da CF, poderão tê-la afastada se as atividades econômicas forem exploradas pelas normas aplicáveis a empreendimentos privados.

O Supremo Tribunal Federal, ao julgar o RE n. 253472, de relatoria do Ministro Joaquim Barbosa, entendeu ser incorreto ler a cláusula de imunização de modo a reduzi-la a mero instrumento destinado a dar ao Ente Federado condições de contratar em circunstâncias mais vantajosas, sendo que as atividades de exploração econômica, destinadas primordialmente a aumentar o patrimônio do Estado ou de particulares, devem ser submetidas à tributação, por apresentarem-se como manifestações de riqueza e deixarem a salvo a autonomia política.

Concluiu-se, portanto, que a desoneração não deve ter como efeito colateral relevante a quebra dos princípios da livre concorrência e do exercício de atividade profissional ou econômica lícita.

Em prova realizada pela banca da ESAF, em 2012, para o cargo de Procurador da Fazenda Nacional, considerou correta a assertiva que traduziu não ser a propriedade do bem suficiente para albergar a imunidade tributária recíproca. Vejamos:

Exemplo de questão sobre o tema

► Tanto os objetivos como os efeitos do reconhecimento da aplicação da imunidade constitucional recíproca são passíveis de submissão ao crivo jurisdicional, em um exame de ponderação, não bastando a constatação objetiva da propriedade do bem. (CORRETA).

Cumpre mencionar que há duas decisões ainda **pendentes** de julgamento no STF (última consulta ao site do STF em 10/2015) em sede de repercussão geral sobre o tema abordado e que merece acompanhamento para fins de prova em concursos. A primeira delas é o RE n. 594.015/SP em que se discute: se bem imóvel de propriedade da União arrendado para Petrobras permanece com a imunidade, e a segunda é o RE n. 601.720 RG/RJ, em que se argumenta: se bem imóvel de propriedade de ente público permanece imune quando há concessão de uso à empresa privada exploradora de atividade com fins lucrativos.

A diferença entre os dois julgamentos é que no primeiro (RE n. 594015) alega-se que o bem público está sendo utilizado por uma sociedade de economia mista, para prestação de um serviço público de interesse da coletividade, abastecimento nacional de combustíveis; enquanto no segundo (RE n. 601720), o bem público é utilizado por uma concessionária para exploração de atividade econômica com fins lucrativos.

3.4.1.2. Imunidades Recíprocas e os Impostos Indiretos

Por impostos indiretos têm-se aqueles que admitem o repasse do encargo financeiro para o próximo da cadeia. Por exemplo: IPI e ICMS.

Em uma relação jurídico-tributária, referente aos impostos indiretos, existe: **i)** o **contribuinte de direito**, que deve recolher o tributo, por ter praticado o fato gerador (contribuinte, nos termos do art. 121, I, do CTN), ou que recolhe o tributo em razão de a lei ter-lhe atribuído a condição de responsável (nos termos do art. 121, II, do CTN); e **ii)** o **contribuinte de fato,** que suportou o encargo financeiro, geralmente esse é o consumidor final.

Assim, o industrial que realiza a operação de industrialização do produto deve recolher o IPI por ter praticado o fato gerador, ele é o **contribuinte de direito** (*de jure*). No entanto, no caso de o industrial embutir o IPI que teve de recolher no preço do produto industrializado, repassando esse ônus para o consumidor final, que acaba por suportar o encargo financeiro do imposto, esse consumidor final é denominado de **contribuinte de fato**.

Nesse sentido, o STF tem entendido que o Ente Federativo somente terá direito à **imunidade** tributária se estiver na condição de **contribuinte de direito**. Por conseguinte, se for contribuinte de fato, não terá imunidade tributária. Segue julgado nesse sentido:

> TRIBUTÁRIO. ICMS. AQUISIÇÕES DE BENS. MUNICÍPIO. CONTRIBUINTE DE FATO. IMUNIDADE RECÍPROCA. ART. 150, VI, "A", DA CONSTITUIÇÃO. INAPLICABILIDADE. AGRAVO IMPROVIDO. **I – A imunidade do art. 150, VI, "a", da Constituição somente se aplica ao imposto incidente sobre serviço, patrimônio ou renda do próprio ente beneficiado, na qualidade de contribuinte de direito.** II – Como o Município não é contribuinte de direito do ICMS incidente sobre aquisições de bens, não tem o benefício da imunidade em questão, uma vez que esta não alcança o contribuinte de fato. Precedentes. III – Agravo regimental improvido (ARE 690382-AgR, rel. Min. Ricardo Lewandowski, 2ª Turma, julgado em 04.12.2012, Processo Eletrônico **DJ**e-246, divulg. em 14.12.2012, public. em 17.12.2012, RB, v. 25, n. 591, p. 63-64, 2013) (grifos nossos).

Considerando esse entendimento, se o Ente Federativo, por exemplo, industrializar o produto, terá imunidade – não irá precisar pagar o IPI –, ainda que pudesse repassar o encargo financeiro para outra pessoa.

No entanto, nesse mesmo exemplo, quando o Ente Federativo é o consumidor final, este não poderá alegar a sua imunidade para não pagar o preço do produto com o tributo embutido, pois nesse caso ele estará na condição de contribuinte de fato.

3.4.2. Imunidade dos Templos de Qualquer Culto

O artigo 150, VI, "b", da CF veda aos Entes Federativos instituírem **IMPOSTOS** sobre os templos de qualquer culto.

Há muito tempo se discutiu sobre a extensão da imunidade com relação ao termo "templo". Num primeiro momento compreendeu-se que a imunidade alcançaria **apenas** a construção, o local onde se realizavam os cultos, não abrangendo os anexos, como a casa paroquial, as entidades mantenedoras.

Em um segundo momento, uma interpretação mais ampliativa ganhou corpo, entendendo que estariam imunes à incidência dos impostos não somente a construção onde é celebrado o culto, mas também as dependências relacionadas com as finalidades essenciais das entidades religiosas.

E sob a égide da Constituição de 1967, Aliomar Baleeiro conferiu ao Texto Constitucional um sentido maior, de modo a alcançar todo o patrimônio que estivesse em nome da instituição religiosa e atendesse às finalidades religiosas:

> (...) O templo de qualquer culto não é apenas a materialidade do edifício, que estaria sujeito tão só ao imposto predial do Município, se não existisse a franquia inserta na Lei Máxima. Um edifício só é templo se o completam as instalações ou pertenças adequadas àquele fim, ou se o utilizam efetivamente no culto ou prática religiosa.
>
> Destarte, "o templo", no art. 19, III, "b", compreende o próprio culto e tudo quanto vincula o órgão à função. (...) O templo não deve ser apenas a igreja, sinagoga ou edifício principal, onde se celebra a cerimônia pública, mas também dependência acaso contígua, o convento, os anexos por força de compreensão, inclusive a casa ou residência especial do páraco ou pastor, pertencente à comunidade religiosa, desde que não empregados em fins econômicos.
>
> Não repugna à Constituição inteligência que equipare ao templo – edifício – também a embarcação, o veículo ou avião usado como templo móvel, só para o culto.[122]

Atualmente, compreende-se que a expressão "templos de qualquer culto" deve ser interpretada de forma **ampla**, abrangendo todas as formas de expressão de religiosidade. Há a ressalva, apenas, em relação aos templos de inspiração demoníaca, cultos satânicos e suas instituições congêneres, para esses não há como enquadrá-los na referida imunidade, por contrariar a teleologia do texto constitucional. Portanto, deve-se ter como premissa que a imunidade dos templos abarcará as instituições com valores morais e religiosos.

A imunidade dos templos de qualquer culto visa tutelar a liberdade religiosa, e, por isso, oque estiver em nome da instituição religiosa e cumprir sua **finalidade essencial** serão alcançados por essa imunidade.

Cumpre mencionar também que a referida imunidade dos impostos abrange apenas o **patrimônio, a renda e os serviços** relacionados com as finalidades essenciais das entidades religiosas. Nesse sentido, atente-se para a redação do artigo 150, § 4º, da CF:

> **Art. 150.** Sem prejuízo de outras garantias asseguradas ao contribuinte, é vedado à União, aos Estados, ao Distrito Federal e aos Municípios (...) VI – instituir impostos sobre: (...) b) templos de qualquer culto (...) § 4º As vedações expressas no inciso **VI, alíneas "b" e "c"**, compreendem somente o **patrimônio, a renda e os serviços**, relacionados com **as finalidades essenciais das entidades nelas mencionadas. (...)**

Com o intuito de melhorar a compreensão, citam-se como exemplos em que não haverá incidência: i) o IPTU sobre o local onde é celebrado o culto, nem mesmo sobre a casa paroquial, ou estacionamentos em nome da instituição, ou sobre o convento; ii) do IPVA sobre o veículo do religioso utilizado no trabalho eclesiástico; iii) do ITBI sobre o imóvel adquirido pela entidade religiosa destinada as suas finalidades essenciais; iv) do IR sobre as doações, dízimos recebidos pela instituição e nem sobre as aplicações financeiras dos templos, tudo desde que sejam destinadas para o cumprimento de suas finalidades. Ademais, v) **não** incidirá ISS sobre os serviços religiosos.

Recentemente, o STF decidiu que não incide IPTU sobre os cemitérios que sejam extensão da entidade religiosa:

> RECURSO EXTRAORDINÁRIO. CONSTITUCIONAL. IMUNIDADE TRIBUTÁRIA. IPTU. ARTIGO 150, VI, "B", CB/88. CEMITÉRIO. EXTENSÃO DE ENTIDADE DE CUNHO RELIGIOSO. **1. Os cemitérios que consubstanciam extensões de entidades de cunho religioso estão abrangidos pela garantia contemplada no artigo**

122. BALEEIRO, Aliomar. **Direito tributário brasileiro.** 11. ed. Rio de Janeiro: Forense, 2007, p. 146.

> **150 da Constituição do Brasil. Impossibilidade da incidência de IPTU em relação a eles.** 2. A imunidade aos tributos de que gozam os templos de qualquer culto é projetada a partir da interpretação da totalidade que o texto da Constituição é, sobretudo do disposto nos artigos 5º, VI, 19, I e 150, VI, "b". 3. As áreas da incidência e da imunidade tributária são antípodas. Recurso extraordinário provido (RE n. 578562, rel. Min. Eros Grau, **DJ** de 21.05.2008) (grifos nossos).

Não são todos os cemitérios que gozam de imunidade tributária, pois se for cemitério **privado**, cujo proprietário não tenha nenhum vínculo com as finalidades institucionais típicas de entidade eclesiástica, e a atividade for econômico-lucrativa – sem destinação do produto à manutenção de atividades institucionais essenciais a qualquer entidade religiosa –, não terá a imunidade tributária!

Nessa linha, o STF também se posiciona no sentido de que a referida imunidade alcança o IPTU incidente sobre os imóveis de propriedade da Entidade religiosa que sejam locados para terceiros, desde que os aluguéis sejam utilizados como fonte de custeio para cumprir as suas finalidades essenciais:

> Recurso extraordinário. 2. Imunidade tributária de templos de qualquer culto. Vedação de instituição de impostos sobre o patrimônio, renda e serviços relacionados com as finalidades essenciais das entidades. Artigo 150, VI, "b" e § 4º, da Constituição. 3. Instituição religiosa. **IPTU sobre imóveis de sua propriedade que se encontram alugados. 4. A imunidade prevista no art. 150, VI, "b", CF, deve abranger não somente os prédios destinados ao culto, mas, também, o patrimônio, a renda e os serviços "relacionados com as finalidades essenciais das entidades nelas mencionadas".** 5. O § 4º do dispositivo constitucional serve de vetor interpretativo das alíneas "b" e "c"" do inciso VI do art. 150 da Constituição Federal. Equiparação entre as hipóteses das alíneas referidas. 6. Recurso extraordinário provido (RE n. 325822, rel. Min. Ilmar Galvão, rel. p/ acórdão: Min. Gilmar Mendes, Tribunal Pleno, julgado em 18.12.2002, **DJ** de 14.05.2004, p. 00033, Ement. v. 02151-02, p. 00246) (grifos nossos).

No final de 2012, o STF, ao julgar o RE n. 562351, decidiu que as lojas maçônicas não fazem jus à imunidade tributária, por não celebrarem culto. Segue trecho da citada jurisprudência consolidada no **Informativo** n. 678 de 2012, também juntado ao final deste Capítulo:

> As organizações maçônicas não estão dispensadas do pagamento do imposto sobre propriedade predial e territorial urbana – IPTU. Essa a conclusão da 1ª Turma ao conhecer, em parte, de recurso extraordinário e, por maioria, negar-lhe provimento. Na espécie, discutia-se se templos maçônicos se incluiriam no conceito de "templos de qualquer culto" ou de "instituições de assistência social" para fins de concessão da imunidade tributária prevista no art. 150, VI, "b" e "c", da CF ["Art. 150. Sem prejuízo de outras garantias asseguradas ao contribuinte, é vedado à União, aos Estados, ao Distrito Federal e aos Municípios: ... VI – instituir impostos sobre: ... b) templos de qualquer culto; c) patrimônio, renda ou serviços dos partidos políticos, inclusive suas fundações, das entidades sindicais dos trabalhadores, das instituições de educação e de assistência social, sem fins lucrativos, atendidos os requisitos da lei"] – v. **Informativo** n. 582. Entendeu-se que o enquadramento da recorrente na hipótese de imunidade constitucional seria inviável, consoante o Verbete 279 da Súmula do STF ("Para simples reexame de prova não cabe recurso extraordinário"). Aludiu-se, ainda, à observância do art. 14 do CTN para que pudesse existir a possibilidade do gozo do benefício, matéria que não possuiria índole constitucional. Pontuou-se que a maçonaria seria uma ideologia de vida e não uma religião" (RE n. 562351/RS, rel. Min. Ricardo Lewandowski, 04.09.2012).

Desse modo, compreendeu-se que a maçonaria é uma ideologia de vida, e não uma religião, de modo que a prática maçom não tem dogmas, não é um credo, é uma grande família. "Ajudam-se mutuamente aceitando e pregando a ideia de que o homem e a humanidade são passíveis de melhoria, aperfeiçoamento. Como se vê, é uma grande confraria que antes de mais nada prega e professa uma filosofia de vida." O ministro Ricardo Lewandowski asseverou também que para as imunidades tributárias deve ser dado tratamento restritivo, assim, quando a Constituição conferiu imunidade tributária aos templos de qualquer culto, este benefício fiscal estaria circunscrito aos cultos religiosos.

3.4.3. *Imunidade Subjetiva*

A imunidade do artigo 150, VI, "c", da CF visa a tutelar a liberdade política, a liberdade sindical e estimular colaboradores do Estado na prestação de serviços de assistência social, desde que sem finalidade lucrativa e atendidos os requisitos legais. Tal imunidade refere-se a certas pessoas, razão por que é chamada de imunidade **subjetiva**. Há quatro pessoas que, nos termos desse dispositivo, constitucional não irão pagar impostos sobre suas rendas, patrimônio e serviços:

Entidades de Assistência Social Sem Fins Lucrativos	**Entidades de Educação Sem Fins Lucrativos**
Partidos Políticos e suas Fundações	**Sindicato dos Trabalhadores**

A parte final do artigo 150, VI, "c", da CF estatui que essas pessoas somente terão direito à imunidade tributária se atenderem requisitos estabelecidos em lei, trata-se de uma imunidade condicionável.

Art. 150. Sem prejuízo de outras garantias asseguradas ao contribuinte, é vedado à União, aos Estados, ao Distrito Federal e aos Municípios: (...) VI – instituir impostos sobre: (...) c) patrimônio, renda ou serviços dos partidos políticos, inclusive suas fundações, das entidades sindicais dos trabalhadores, das instituições de educação e de assistência social, sem fins lucrativos, **atendidos os requisitos da lei (grifos nossos).**

Nos termos do artigo 146, II, da CF, cabe à **lei complementar** regular as limitações do poder de tributar. Assim, a lei infraconstitucional mencionada no dispositivo supramencionado é, na realidade, uma Lei Complementar que tratará sobre os aspectos formais da questão, de modo a assegurar o respeito à vontade constitucional e ditar os critérios para fruição do benefício da desoneração tributária.

Assim sendo, atualmente, a Lei Complementar analisada para averiguar se os requisitos foram atendidos é o Código Tributário Nacional (recepcionado pelas Constituições de 67 e 88 como Lei Complementar). Em seu artigo 14 há três requisitos que devem ser cumpridos pelas pessoas jurídicas descritas no artigo 150, VI, "c", da CF para poderem gozar da aludida imunidade. São eles:

IMUNIDADE SUBJETIVA

- Não distribuírem qualquer parcela de seu patrimônio ou de suas rendas, a qualquer título.
- Aplicarem integralmente, no País, os seus recursos na manutenção dos seus objetivos institucionais.
- Manterem escrituração de suas receitas e despesas em livros revestidos de formalidades capazes de assegurar sua exatidão.

Com relação ao **primeiro requisito**: *"Não distribuírem qualquer parcela de seu patrimônio ou de suas rendas, a qualquer título"*, justifica-se, sobretudo, porque as pessoas do artigo 150, VI, "c", da CF, para fazerem jus à imunidade, **não** podem ter finalidade **lucrativa**, o que não significa gratuidade na prestação de seus serviços.

Ao agir em benefício de pessoas carentes – como, por exemplo, as entidades de assistência social e de educação –, acaba acarretando vantagens à sociedade como um todo. Ocorre que, para tanto, há necessidade de obtenção de valores para garantir os recursos essenciais à própria manutenção da entidade e à realização de seus programas. Por essa razão, é admissível a **cobrança** de mensalidades dos usuários dos serviços.

Outra questão controversa a respeito desse primeiro requisito consiste na possibilidade de **remunerar** os profissionais elencados nos serviços prestados por essas instituições imunes nos termos do art. 150, VI, "c", da CF. O artigo 12, § 2º, "a", da Lei n. 9.532/97 condiciona a imunidade à não remuneração de quaisquer valores aos dirigentes dessas pessoas imunes:

> **Art. 12.** Para efeito do disposto no art. 150, inciso VI, alínea "c", da Constituição, considera-se imune a instituição de educação ou de assistência social que preste os serviços para os quais houver sido instituída e os coloque à disposição da população em geral, em caráter complementar às atividades do Estado, sem fins lucrativos (*vide* arts. 1º e 2º da MP n. 2.189-49, de 2001, e MP n. 2158-35, de 2001). § 2º Para o gozo da imunidade, as instituições a que se refere este artigo, estão obrigadas a atender aos seguintes requisitos: a) não remunerar, por qualquer forma, seus dirigentes pelos serviços prestados; (*vide* Lei n.10.637, de 2002).

Ocorre que também se discute sobre a aplicação ou não da Lei Ordinária em referência. Isso porque, como dito anteriormente, o artigo 146, II, da CF estabelece que compete à **Lei Complementar** regular os limites do poder de tributar; logo, essa Lei Ordinária não poderia tratar sobre essa matéria, sendo nessa parte inconstitucional.

Sobre esse aspecto, na ADI-MC n. 1.802-3 invocou-se a inconstitucionalidade de alguns dispositivos da Lei n. 9.532/97, dentre eles o artigo 12, e, até o presente momento (conclusos com o Relator – consulta em 10/2015), o STF analisou cautelar nessa ADI, suspendendo a vigência do § 1º, do § 2º apenas na alínea f e do § 3º do art. 12 da Lei n. 9.532/97.

Roque Antonio Carrazza[123] defende que a própria Constituição é que estabelece as condições da imunidade, que nem mesmo a Lei Complementar pode erigir outras condições que não as presentes no Texto Maior. Assim, compete à Lei Complementar o caráter estritamente regulamentar e, por isso, deve, apenas, dar execução ao preceito do artigo 150, VI, "c", da CF.

123. CARRAZA, Roque Antonio. **Curso de Direito Constitucional Tributário**. 19.ª ed. São Paulo: Malheiros, 2003, p. 445.

Embora ainda não haja decisão final do STF na ADI 1.802-3 sobre a aplicação ou não da Lei n. 9.532/97, cumpre mencionar que tal diploma legal sofreu alteração em seu artigo 12. Foram incluídos os §§ 4º a 6º pela Lei n. 12.868/2013, regulando justamente a remuneração dos dirigentes. E a Lei n. 13.204/2015 alterou a redação do art. 12, § 2º, "a", da Lei n. 9.532/07 para ressaltar que os dirigentes de associações, fundações e organizações sem fins lucrativos podem ser remunerados:

> Lei n. 9.532/07 – Art. 12 (...)
>
> a) não remunerar, por qualquer forma, seus dirigentes pelos serviços prestados, exceto no caso de associações, fundações ou organizações da sociedade civil, sem fins lucrativos, cujos dirigentes poderão ser remunerados, desde que atuem efetivamente na gestão executiva e desde que cumpridos os requisitos previstos nos arts. 3º e 16 da Lei n. 9.790, de 23 de março de 1999, respeitados como limites máximos os valores praticados pelo mercado na região correspondente à sua área de atuação, devendo seu valor ser fixado pelo órgão de deliberação superior da entidade, registrado em ata, com comunicação ao Ministério Público, no caso das fundações; (Redação dada pela Lei n. 13.204, de 2015)

O **segundo requisito** trazido pelo artigo 14 do CTN para fruição da imunidade subjetiva é que deve ser aplicado *"integralmente, no País, os seus recursos na manutenção dos seus objetivos institucionais"*.

Nada impede, porém, uma entidade beneficente importar medicamentos para uso exclusivo no Brasil. Ou, por exemplo, uma entidade educacional enviar seus professores para o exterior para realização de cursos de aprimoramento, com o objetivo de aplicar o conhecimento obtido nas instituições brasileiras, ainda que implique remessas ao exterior corresponde a investimentos – tudo isso para cumprimento da finalidade da instituição –, o que não afastaria a imunidade. Destaca-se que não se admite a remessa para fins de investimentos no **exterior**, bem diferente das situações exemplificadas.

E quanto ao **terceiro e último requisito** previsto no artigo 14 do CTN para gozo da imunidade, diz respeito à: *"Escrituração de suas receitas e despesas em livros revestidos de formalidades capazes de assegurar sua exatidão"*. O STF tem entendido que não basta apenas a escrituração de livros para o gozo da imunidade, todas as **obrigações acessórias** devem ser atendidas.

Para dar maior ênfase aos requisitos, o legislador, no § 1º do artigo 14 do CTN, estabeleceu que a Autoridade competente poderá **suspender** a imunidade da pessoa que não cumprir quaisquer um desses requisitos.

Ressalta-se, ainda, que os **Partidos Políticos**, além de cumprirem os requisitos do artigo 14 do CTN devem cumprir mais dois, quais sejam:

Estarem devidamente registrados no TSE (art. 17, § 2º, CF)	+	**Não atentarem contra os costumes e princípios do Estado brasileiro**

Semelhante ao que ocorre com a imunidade dos templos de qualquer culto, e à luz da Súmula n. 724 do STF, todas as pessoas do artigo 150, VI, "c", da CF (entidade de assistência social sem fins lucrativos, entidades de educação sem fins lucrativos, partidos políticos e suas fundações e sindicato dos trabalhadores), ainda que tenham imóveis **locados** para terceiros,

não irão pagar IPTU desses imóveis, desde que utilizem o valor dos aluguéis para cumprimento de suas **finalidades essenciais**.

> **Súmula n.º 724.** Ainda quando alugado a terceiros, permanece imune ao IPTU o imóvel pertencente a qualquer das entidades referidas pelo art. 150, VI, "c", da Constituição, desde que o valor dos aluguéis seja aplicado nas atividades essenciais de tais entidades (Súmula n. 724, Sessão Plenária, julgado em 26.11.2003, **DJ** de 09.12.2003, p. 1; **DJ** de 10.12.2003, p. 1; **DJ** de 11.12.2003, p. 1).

Importante mencionar que a Súmula 724 foi recentemente convertida na Súmula Vinculante n. 52 do STF *in verbis:* "Ainda quando alugado a terceiros, permanece imune ao IPTU o imóvel pertencente a qualquer das entidades referidas pelo art. 150, VI, "c", da Constituição Federal, desde que o valor dos aluguéis seja aplicado nas atividades para as quais tais entidades foram constituídas"[124].

3.4.3.1. Imunidade das Entidades de Assistência Social Sem Fins Lucrativos

As **entidades de assistência social** são aquelas que não possuem finalidade lucrativa e auxiliam o Estado no atendimento dos direitos sociais assegurados no artigo 6º da CF, que compreendem: o direito à educação, à saúde, à alimentação, ao trabalho, à moradia, ao transporte, ao lazer, à segurança, à previdência social, bem a proteção à maternidade, à infância e à assistência aos desamparados(Redação do caput do art. 6º alterada pela EC n. 90/2015)

Desse modo, em razão da falta de estrutura e de recursos por parte do Estado, as instituições de assistência social sem fins lucrativos acabam por atuar no lugar do Estado. Assim, o Legislador Constituinte viu por bem estabelecer a **imunidade subjetiva** como uma forma de retribuição – compensação – a essas instituições e, ao mesmo tempo, com o intuito de assegurar a dignidade da pessoa humana, em relação às pessoas beneficiadas por essas entidades.

Seria, na verdade, a intervenção indireta do Estado, por meio da atividade de **fomento**, pelo qual sua atuação se dá no sentido de direcionar o particular a realizar condutas para satisfação da **necessidade pública**, em busca do bem comum.

Por conseguinte, tem-se a atuação do particular em prol da Administração Pública, sem que essa se utilize da força. Pelo contrário, o particular realizará o bem comum por vontade própria, em virtude de ter recebido da Administração Pública um **incentivo**, qual seja: o não pagamento de impostos, nos termos do artigo 150, VI, "c", da CF.

A atuação administrativa de fomento satisfaz necessidades públicas sem limitar a liberdade dos particulares, apenas estimulando-os para cooperarem voluntariamente.

O fim alcançado pela atividade de fomento é o mesmo que seria atingido pela atuação direta da Administração Pública. Observe, pois, que se o Estado estimula o particular, por exemplo, a manter uma escola, concedendo a ele incentivos fiscais, ou o próprio Estado institui uma escola, em ambas as situações, o fim pretendido pelo Estado será alcançado, qual seja, o cumprimento da necessidade pública de educação.

---

124. http://www.stf.jus.br/arquivo/cms/jurisprudenciaSumulaVinculante/anexo/SUV_52__PSV_107.pdf

Contudo, a atividade de fomento pode alcançar outras finalidades importantes para o desenvolvimento, conforme elucida Diogo de Figueiredo Moreira Neto:

> [...] pela consensualidade, Poder Público vai além de estimular a prática de condutas privadas de interesse público, passando a estimular a criação de soluções privadas de interesse público, concorrendo para enriquecer seus modos e formas de atendimento. É como acrescentar às potencialidades da máquina burocrática as infinitas potencialidades da sociedade e de suas miríades de organizações sociais, que deixa de ser mera súdita para ser sócia e parceira da atuação estatal, passando a ter no consenso e não na coerção a primeira das opções relacionadas[125].

A atividade de fomento tem por finalidade reduzir as falhas de mercado, com a ajuda dos particulares, e propulsionar o desenvolvimento em determinados setores e regiões. Exerce-se a função promocional do direito, na medida em que não se vale da coercitividade para deter a aceitação do particular em seguir a conduta desejada pela sociedade, mas tenta encorajá-lo, em troca de incentivos.

Consoante Regina Helena Costa, as instituições assistenciais são formadas com o propósito de servir à coletividade, colaborando com o Estado para suprir as deficiências, em atividades que, a princípio, deveriam ser por ele próprio desempenhadas[126].

Roque Antonio Carrazza[127] defende que a imunidade deve ser mantida às entidades de assistência social, ainda que elas apresentem sobras financeiras, mas desde que, é claro, reinvistam no atingimento dos seus fins, ou seja, se associem ao Poder Público, suprindo suas deficiências, na consecução dos valores contemplados no artigo 203 da CF.

Pode-se afirmar que cumprir assistência social constitui respeitar o artigo 203 da CF. As entidades que o cumprirem os requisitos e não visarem lucro – assim como as entidades beneficentes, as Organizações não Governamentais (ONGs), dentre outras – terão a imunidade tributária prevista no artigo 150, VI, "c", da CF.

Outro exemplo de entidades que gozam de imunidade tributária são aquelas que compõem o **Sistema "S"** (SESI, SENAI, SENAC e SEBRAE), que promovem a integração do mercado de trabalho. Imunidade essa reconhecida pelo STF, cita-se: RE n. 235.737.

Recentemente, o STF reconheceu que as entidades fechadas de previdência privada que **NÃO** exigirem de seus associados contribuições para custeio do benefício, também têm direito à imunidade que dispõe o artigo 150, VI, "c", da CF. Esse entendimento foi consolidado na Súmula n. 730, *in verbis:*

> **Súmula n. 730.** A imunidade tributária conferida a instituições de assistência social sem fins lucrativos pelo art. 150, VI, "c", da Constituição, somente alcança as entidades fechadas de previdência social privada se não houver contribuição dos beneficiários (Súmula n. 730, Sessão Plenária, julgado em 26.11.2003, **DJ** de 09.12.2003, p. 2; **DJ** de 10.12.2003, p. 2; **DJ** de 11.12.2003, p. 2).

125. MOREIRA NETO, Diogo de Figueiredo. **Mutações do Direito Administrativo**. 3. ed. rev. ampl. Rio de Janeiro: Renovar, 2007, p. 37.
126. COSTA, Regina Helena. **Imunidades Tributárias.** São Paulo: Dialética, 2011, p. 54.
127. CARRAZA, Roque Antonio. **Curso de Direito Constitucional Tributário**. 19. ed. São Paulo: Malheiros, 2003, p. 147.

Destaca-se, ainda, que as entidades de assistência social sem fins lucrativos, além de serem imunes ao pagamento de impostos, também gozam de **imunidade** das **contribuições sociais**, nos meandros do artigo 195, § 7º, da CF. Assim, a Entidade de Assistência Social sem fins lucrativos, que atende os requisitos de lei, é a única pessoa do artigo 150, VI, da CF que, além de possuir o benefício de não pagar impostos, também não irá pagar contribuição social.

3.4.3.2. Imunidade das Entidades de Educação Sem Fins Lucrativos

Direito fundamental previsto no artigo 205 da CF, a educação será promovida e incentivada pela sociedade com a finalidade de promover o pleno desenvolvimento da pessoa, bem como o seu preparo para o exercício da cidadania e sua qualificação para o trabalho.

Tendo em vista que o Estado não reúne condições para, sozinho, assegurar o direito de todos à educação, é imprescindível a colaboração de entidades não governamentais para suprir essa deficiência. E, assim, a Constituição lhe garante a imunidade tributária para o desenvolvimento dessa atividade, desde que sem fins lucrativos e atendam os requisitos.

Segundo Roque Antônio Carrazza[128], a educação não se resume à mera transmissão de conhecimentos – mediante aulas expositivas –, mas abrange toda e qualquer forma de acesso à cultura e à ciência, como preconiza o artigo 23, V, da CF.

Antônio Manoel Gonçales, também, sustenta que a imunidade tributária prevista no artigo 150, VI, "c", da CF deve alcançar a todas as atividades de ensino, explicando que:

> À evidência, todo e qualquer ensino está contemplado na imunidade: ciência, esporte, dança, etc. Ora, ensino é transmissão de conhecimentos, informações ou esclarecimentos úteis ou indispensáveis à educação ou a um fim determinado (...) o aluno, ao ingressar na escola, vai em busca de conhecimento, de informação, de esclarecimento. Assim, todo e qualquer curso está incluído no vocábulo "ensino" (ensino de português, ensino de matemática, ensino de danças, prática de esportes, ensino de qualquer ciência, arte, ofício, etc.)[129].

Ressalta-se, ainda, que a cobrança de mensalidades dos alunos, por si só, não afasta a imunidade tributária, pois se o produto da arrecadação for utilizado para cumprimento da sua finalidade – como remuneração dos professores, investimento em equipamentos e materiais para a educação, sem a finalidade lucrativa –, a imunidade se justifica.

Nos termos do artigo 150, § 4º, da CF, todo patrimônio, rendas e serviços prestados pelas entidades de educação, sem fins lucrativos, estarão imunes de impostos desde que cumpram suas finalidades.

Questão que tem sido objeto de discussão nos Tribunais é se os terrenos vagos em nomes das pessoas previstas no artigo 150, VI, "c", da CF, fazem jus à imunidade tributária. Em dezembro de 2012, no julgamento do AI n. 746.263, o STF ao utilizar a interpretação teleológica reconheceu a imunidade de terreno vazio, sob a seguinte justificativa:

128. CARRAZA, Roque Antonio. **Curso de Direito Constitucional Tributário**. 19.ª ed. São Paulo: Malheiros, 2003, p. 149.

129. GONÇALES, Antônio Manoel. **A imunidade de Sociedade de Educação Sem Fins Lucrativos**. CDTFP nº 14, RT, 1996, p. 114.

> Agravo regimental no agravo de instrumento. Imunidade tributária da entidade beneficente de assistência social. Alegação de imprescindibilidade de o imóvel estar relacionado às finalidades essenciais da instituição. Interpretação teleológica das normas de imunidade tributária, de modo a maximizar o seu potencial de efetividade. 1. A jurisprudência do Supremo Tribunal Federal vem flexibilizando as regras atinentes à imunidade, de modo a estender o alcance axiológico dos dispositivos imunitórios, em homenagem aos intentos protetivos pretendidos pelo constituinte originário. **2. Esta Corte já reconhece a imunidade do IPTU para imóveis locados e lotes não edificados.** Nesse esteio, cumpre reconhecer a imunidade ao caso em apreço, sobretudo em face do reconhecimento, pelo Tribunal de origem, do caráter assistencial da entidade. 3. Agravo regimental não provido (AI n. 746263-AgR, rel. Min. Dias Toffoli, 1ª Turma, julgado em 18.12.2012, acórdão eletrônico **DJe**-034, divulg. em 20.02.2013, public. em 21.02.2013).

Entretanto, pode-se constatar que esse entendimento ainda não está pacificado no Tribunal. Cita-se o julgamento do AI n. 661713, de março de 2013, que entendeu que o lote vazio não cumpre as finalidades das entidades de educação e, consequentemente, não podem fazer jus à imunidade tributária.

> IMUNIDADE. INSTITUIÇÃO DE EDUCAÇÃO. IMÓVEIS LOCADOS E NÃO EDIFICADOS. INEXISTÊNCIA. Consoante dispõe o artigo 150, § 4º, da Constituição Federal, as instituições de educação apenas gozam de imunidade quando o patrimônio, a renda e os serviços estão relacionados a finalidades essenciais da entidade. Imóveis locados e lotes não edificados ficam sujeitos ao Imposto Predial e Territorial Urbano – IPTU (AI n. 661713-AgR, rel. Min. Dias Toffoli, rel. p/ acórdão: Min. MARCO AURÉLIO, 1ª Turma, julgado em 19.03.2013, acórdão eletrônico **DJe**-099, divulg. em 24.05.2013, public. em 27.05.2013).

E, ainda, mais recentemente, publicado no **Informativo** n. 714 do STF, da decisão proferida no RE n. 385091/DF, da relatoria do Ministro Dias Toffoli, julgado em 06.08.2013, entendeu-se que o lote vazio faz sim jus à imunidade:

> A 1ª Turma, por maioria, negou provimento a recurso extraordinário em que discutido se **imóvel não edificado pertencente ao Serviço Social da Indústria – SESI estaria alcançado pela imunidade tributária.** Na espécie, reconheceu-se que, por ser o recorrido entidade de direito privado, sem fins lucrativos, encaixar-se-ia na hipótese do art. 150, VI, "c", da CF e, por isso, estaria imune. Apontou-se que a constatação de que imóvel vago ou sem edificação não seria suficiente, por si só, para destituir a garantia constitucional da imunidade tributária. Ponderou-se que, caso já tivesse sido deferido o status de imune ao contribuinte, o afastamento dessa imunidade somente poderia ocorrer mediante prova em contrário produzida pela administração tributária. **Asseverou-se não ser possível considerar que determinado imóvel destinar-se-ia a finalidade diversa da exigida pelo interesse público apenas pelo fato de, momentaneamente, estar sem edificação ou ocupação.** Assinalou-se que a qualquer momento poderia deixar sua condição de imóvel vago. Vencido o Min. Marco Aurélio, que dava provimento ao recurso. Assentava não poder concluir que um imóvel não edificado estivesse diretamente relacionado a serviço prestado. Explicitava que a imunidade do art. 150, VI, "c", da CF não seria linear, tendo em vista a restrição disposta no seu § 4º ("As vedações expressas no inciso VI, alíneas "b" e "c", compreendem somente o patrimônio, a renda e os serviços, relacionados com as finalidades essenciais das entidades nelas mencionadas). RE n. 385091/DF, rel. Min. Dias Toffoli, 6.8.2013 (RE n. 385091) (grifos nossos).

Entendeu-se, nesse último julgado, que um terreno vazio temporariamente pode ainda cumprir as finalidades de uma instituição de educação, quando, por exemplo, algumas atividades educativas são desenvolvidas pela entidade no local vago e, por esse motivo, poderiam manter a sua imunidade tributária. Contudo, faz-se necessário ressaltar que a propriedade de vários terrenos vazios sem cumprimento das finalidades essenciais afastaria a imunidade do artigo 150, VI, "c", da CF.

3.4.3.3. Imunidade dos Partidos Políticos e Suas Fundações

A regra imunizante conferida aos partidos políticos tem por finalidade preservar o Estado Democrático de Direito e o Princípio Federativo, garantindo, assim, o regime democrático almejado. Tudo isso de modo a tornar efetiva a livre manifestação de pensamento e das convicções políticas, além de permitir o pluripartidarismo.

É imprescindível como condição para fruição da imunidade o registro do Partido Político no Tribunal Superior Eleitoral, conforme prescrição do artigo 17, § 2º, da CF. Ademais, os partidos políticos não poderão utilizar-se de organização paramilitar (art. 17, § 4º, da CF) ou atentarem contra os costumes e princípios do Estado brasileiro.

3.4.4. Imunidade dos Livros, Jornais, Periódicos e Papel Destinado à Sua Impressão

O artigo 150, VI, "d", da CF trata sobre a imunidade objetiva ou também denominada de real, que proíbe a União, os Estados, o Distrito Federal e os Municípios de instituírem impostos sobre alguns objetos, tais como **livros**, **jornais**, **periódicos** e o **papel** destinado à sua impressão. Sobre esses objetos não irão incidir o ICMS – quando saem do estabelecimento comercial, IPI – quando saem da indústria; e II – se houver a importação.

Destaca-se que as pessoas (Físicas ou Jurídicas), como: gráfica, empresa jornalística, empresa editorial, livrarias e autores, **não** gozam de imunidade; por essa razão, o imposto que incidir sobre essas pessoas envolvidas haverá a obrigação de recolher os impostos. Cita-se como exemplo o IR pelos rendimentos auferidos pela venda dos livros, e o IPTU relativo aos imóveis de sua propriedade.

A imunidade acima referida visa a possibilitar o acesso à cultura e à informação, e sua finalidade é baratear o custo dos objetos em si: livros, jornais, periódicos e papéis destinados à impressão.

Terão imunidade os livros que transmitirem pensamentos e ideias formalmente orientadas, **independentemente do conteúdo** – não admitindo a censura, o juízo de valores subjetivos, intelectuais, morais e religiosos.

Sacha Calmon, ao tratar sobre a imunidade objetiva, esclarece:

> Onde há a mesma razão, há a mesma disposição, embora se diga, também, que, diante da enfática insuficiência do texto não cabe o *minus dixit*, porque onde o constituinte não distingue ou não quis distinguir, não cabe ao intérprete fazer distinções, a não ser em relação aos próprios objetivos da imunidade[130].

130. CALMON, Sacha. Curso de Direito Tributário Brasileiro. 9ª ed. Rio de Janeiro: Forense, 2007, p. 314.

Nesse sentido, segue-se o julgado do STF:

> CONSTITUCIONAL. TRIBUTÁRIO. IMUNIDADE. ART. 150, VI, "D" DA CF/88. "ÁLBUM DE FIGURINHAS". ADMISSIBILIDADE. 1. A imunidade tributária sobre livros, jornais, periódicos e o papel destinado à sua impressão tem por escopo evitar embaraços ao exercício da liberdade de expressão intelectual, artística, científica e de comunicação, bem como facilitar o acesso da população à cultura, à informação e à educação. **2. O Constituinte, ao instituir esta benesse, não fez ressalvas quanto ao valor artístico ou didático, à relevância das informações divulgadas ou à qualidade cultural de uma publicação.** 3. Não cabe ao aplicador da norma constitucional em tela afastar este benefício fiscal instituído para proteger direito tão importante ao exercício da democracia, por força de um juízo subjetivo acerca da qualidade cultural ou do valor pedagógico de uma publicação destinada ao público infanto-juvenil. 4. Recurso extraordinário conhecido e provido (RE n. 221.239, rel.ª Min.ª Ellen Gracie, **DJ** de 06.08.2004) (grifos nossos).

A decisão supramencionada destaca que o **álbum de figurinha** faz jus à imunidade, pois facilita o acesso à cultura e à informação de maneira a estimular o público infantil a se familiarizar com os meios de comunicação impressos, atendendo à finalidade do benefício tributário.

Ademais, o STF, no RE n. 183.403, reconheceu a imunidade das **apostilas** por se tratarem de um veículo de transmissão de cultura simplificado.

Com relação aos periódicos e jornais, somente perderão a imunidade se apresentarem cunho eminentemente **publicitário**, sem qualquer destinação à cultura e à educação, como os **encartes**. No entanto, a presença de propaganda no corpo do próprio periódico ou jornal que apresente informações à cultura e à educação não afasta a imunidade. O Ministro Moreira Alves ao julgar o RE n. 87.049-1 justificou o entendimento pela imunidade, por entender que os jornais serão vendidos pelo preço que o são, em virtude de terem a manutenção derivada, precipuamente, da propaganda em suas páginas. Transcreve-se trecho do seu voto, para melhor compreensão:

> Daí, a razão por que a propaganda divulgada pelos jornais – e isso a par da circunstância de que não deixa ela de ser uma informação aos leitores – se tornou atividade indispensável a eles. Passou a ser serviço que lhes é ínsito, ao lado da comunicação das notícias e da divulgação de comentários, críticas e trabalhos culturais de toda ordem. (...) Se o objetivo da norma constitucional é inequivocamente o de, com um meio de natureza econômica – a imunidade de imposto – facilitar a circulação de jornais, dentro dele se insere a da imunidade de tributo sobre prestação de serviço que integra a natureza desse veículo de comunicação (RE 87049/SP, rel. Min. Xavier de Albuquerque, **DJ** de 01.09.1978).

O Supremo Tribunal Federal, no RE n. 199.183, também já reconheceu a imunidade da **lista telefônica** por ter utilidade pública, ainda que veicule anúncios e publicidade.

Ressalta-se que a norma constitucional imuniza **apenas** o papel destinado à impressão dos livros, jornais e periódicos, abrangendo os materiais similares ao papel – como os filmes e papéis fotográficos –, sem estender a imunidade para os demais insumos, como as tintas, cola e linha. Esse posicionamento foi consolidado pelo STF, na Súmula n. 657, *in verbis*:

> **Súmula n. 657.** A imunidade prevista no art. 150, VI, "d", da CF abrange os filmes e papéis fotográficos necessários à publicação de jornais e periódicos (Sessão Plenária, julgado em 24.09.2003, **DJ** de 09.10.2003, p. 3; **DJ** de 10.10.2003, p. 3; **DJ** de 13.10.2003, p. 3).

O fato de a imunidade objetiva alcançar somente o papel destinado à impressão dos livros, jornais e periódicos causou polêmica na doutrina e jurisprudência. Isso porque, a corrente doutrinária majoritária compreende que a interpretação seria finalística e, como a finalidade dessa imunidade é a redução do custo do produto – favorecendo a veiculação de informações, do ensino, da educação e da cultura –, todos os insumos envolvidos no processo de produção deveriam ser imunes, visto que é o consumidor final quem de fato suporta todo o encargo financeiro. Nesse sentido, segue o ensinamento de Hugo de Brito Machado:

> A imunidade do livro, jornal, periódico, e do papel destinado a sua impressão, há de ser entendida em sentido finalístico. E o objetivo da imunidade poderia ser frustrado se o legislador pudesse tributar quaisquer dos meios indispensáveis à produção dos objetos imunes. Assim, a imunidade, para ser efetiva, abrange todo o material necessário à confecção do livro, jornal ou do periódico. Não apenas o exemplar deste ou daquele, materialmente considerado, mas o conjunto. Por isto nenhum imposto pode incidir sobre qualquer insumo, ou mesmo sobre qualquer dos instrumentos, ou equipamentos, que sejam destinados exclusivamente à produção desses objetos[131].

A espécie de imunidade objetiva do artigo 150, VI, "d", da CF é tão polêmica, que novamente o STF se pronunciou a respeito. Em abril de 2011, esse Tribunal proferiu decisão reconhecendo a imunidade às chapas de impressão dos jornais, por entender que a imunidade objetiva deve ser estendida aos insumos necessários para produção dos objetos descritos no artigo 150, VI, "d", da CF, já que tal benesse constitucional tem por finalidade viabilizar, sem ônus maiores, a publicação desses materiais.

> **Constituição Federal.** Extraia-se da Constituição Federal, em interpretação teleológica e integrativa, a maior concretude possível. IMUNIDADE. "LIVROS, JORNAIS, PERIÓDICOS E O PAPEL DESTINADO A SUA IMPRESSÃO". ARTIGO 150, INCISO VI, ALÍNEA "D", DA CARTA DA REPÚBLICA. INTELIGÊNCIA. **A imunidade tributária relativa a livros, jornais e periódicos é ampla, total, apanhando produto, maquinário e insumos.** A referência, no preceito, a papel é exemplificativa e não exaustiva (RE n. 202149, rel. Min. Menezes Direito, rel. p/ acórdão: Min. Marco Aurélio, 1ª Turma, julgado em 26.04.2011, **DJe**-195, divulg. em 10.10.2011, public. em 11.10.2011, Ement. v. 02605-01, p. 00101, **RTJ** v. 00220, p. 00510 **RDDT** n. 198, p. 194-199, 2012).

Essa foi a primeira vez que o STF interpretou a imunidade objetiva de forma ampliativa, pois reiteradas vezes aplicou a interpretação **restritiva nessa espécie de imunidade**, de modo a abranger apenas o papel destinado à impressão dos livros, jornais e periódicos. Por esse motivo, a Fazenda inconformada apresentou recurso da decisão proferida no RE n. 202.149 e que se encontra pendente de decisão(conclusos ao Relator desde 04/2015[132]), razão pela qual devemos aguardar o trânsito judicial dessa decisão.

Não obstante, em maio do mesmo ano de 2011, o STF proferiu outra decisão aplicando a interpretação **restritiva**, o que comprova que o tema não está pacificado ainda em nossos Tribunais:

> AGRAVO REGIMENTAL EM RECURSO EXTRAORDINÁRIO. TRIBUTÁRIO. IMUNIDADE TRIBUTÁRIA DO ART. 150, VI, "D", DA CF. ABRANGÊNCIA. IPMF. IMPOSSIBILIDADE. INTERPRETAÇÃO RESTRITIVA. AGRAVO IMPROVIDO.

131. MACHADO, Hugo de Brito. **Curso de Direito Tributário.** 30. ed. São Paulo: Malheiros, 2009.
132. Consulta no site em 10/2015: **http://www.stf.jus.br/portal/processo/verProcessoAndamento.asp?numero=202149&classe=RE&codigoClasse=0&origem=JUR&recurso=0&tipoJulgamento=M**

> **I – O Supremo Tribunal Federal possui entendimento no sentido de que a imunidade tributária prevista no art. 150, VI, "d", da Constituição Federal deve ser interpretada restritivamente e que seu alcance, tratando-se de insumos destinados à impressão de livros, jornais e periódicos, estende-se, exclusivamente, a materiais que se mostrem assimiláveis ao papel, abrangendo, por consequência, os filmes e papéis fotográficos.** Precedentes. II – A imunidade prevista no art. 150, VI, "d", da Lei Maior não abrange as operações financeiras realizadas pela agravante. III – Agravo regimental improvido (RE n. 504615-AgR, rel. Min. Ricardo Lewandowski, 1ª Turma, julgado em 03.05.2011, **DJe**-094, divulg. em 18.05.2011, public. em 19.05.2011, Ement. v. 02525-03, p. 00381) (grifos nossos).

Há diversas decisões do STF afastando a imunidade tributária da **tinta** utilizada no processo de produção de livros, jornais e periódicos, por, repita-se, aplicar a interpretação restritiva.

Importante ressaltar, outrossim, que a imunidade tributária não abrange os serviços prestados por empresas que fazem a distribuição, o transporte ou a entrega de livros, jornais, periódicos e do papel destinado a sua impressão.

Outra questão polêmica diz respeito à imunidade tributária dos **livros eletrônicos**, pois de acordo com a redação do artigo 150, VI, "d", da CF, apenas os livros impressos é que fazem jus à referida benesse constitucional.

Sobre esse aspecto, a doutrina majoritária defende que o livro eletrônico está abrangido pela imunidade, posto que da mesma forma há atividade intelectual, artística, cultural e científica, igualmente como se observa no livro impresso. Ruy Barbosa Nogueira conceitua o livro como sendo:

> Objeto pelo qual se expressam e se transmitem ideias. Pode ser feito de tábuas, de argila, de pele, de pergaminho, de papel, de plástico, de pano, etc. o que caracteriza não é o material de que é fabricado, mas a função que exerce na divulgação do conhecimento e da cultura[133].

Para Antonio Roque Carrazza[134], livro para fins de imunidade tributária é qualquer objeto que transmita conhecimentos (ideias, informações, comentários, narrações reais ou fictícias, etc.), pouco importando se isto se faz por processo tecnológico que a realiza (impressão gráfica em papel, impressão magnética em disquete de computador, gravação em fita de vídeo, etc.).

O STF, apenas em outubro de 2012, reconheceu repercussão geral ao RE n. 330817, que trata sobre o tema. Ainda não há decisão a respeito (consulta realizada em 10/2015)[135], entretanto, cumpre mencionar que foram identificadas em algumas provas de concurso, que a banca examinadora do **CESPE** tem adotado o entendimento da doutrina majoritária, estendendo, assim, a imunidade aos livros eletrônicos.

Registre-se: Em prova, da banca do **CESPE**, realizada para o cargo de Juiz do Tribunal de Justiça do Espírito Santo, em 2011, foi considerada errada a assertiva que mencionava não

133. NOGUEIRA, Ruy Barbosa. **CD-ROM e Imunidade Tributária**, in Revista Dialética de Direito Tributário, n. 83, 2002, p. 168.
134. CARRAZA, Roque Antonio. **Curso de Direito Constitucional Tributário**. 25. ed. São Paulo: Malheiros, 2009.
135. Consulta no site do STF: http://www.stf.jus.br/portal/jurisprudencia/listarJurisprudencia.asp?s1=%28%28330817%2ENUME%2E+OU+330817%2EDMS%2E%29%29+NAO+S%2EPRES%2E&base=baseMonocraticas&url=http://tinyurl.com/l94gvxp

ter imunidade tributária as apostilas virtuais. *"Manuais técnicos no formato de apostilas virtuais não gozam da imunidade tributária conferida aos livros, visto que só é considerado livro, para efeitos fiscais, o que pode ser impresso e identificado como tal"* (ERRADA).

Por fim, entendemos que a imunidade do livro eletrônico deve prevalecer, uma vez que a interpretação nesse caso deve ser **finalística**. Tudo isso de modo a proteger a livre manifestação de pensamento e de expressão da atividade intelectual, artística, científica e cultural, a livre comunicação e o acesso à informação, o que é possível, independentemente do meio pelo qual o livro é instrumentalizado, seja impresso ou em meio magnético.

3.4.5. Imunidade dos CD'S e DVD'S

A EC n. 75/2013 incluiu a alínea "e" no artigo 150, VI, da CF que estabelece imunidade para:

> Fonogramas e videofonogramas musicais produzidos no Brasil contendo obras musicais ou literomusicais de autores brasileiros e/ou obras em geral interpretadas por artistas brasileiros, bem como os suportes materiais ou arquivos digitais que os contenham, salvo na etapa de replicação industrial de mídias ópticas de leitura a laser.

Assim, nos ditames desse dispositivo constitucional, os CDs e os DVDs produzidos no Brasil com obras musicais ou literomusicais de autores nacionais não irão pagar **impostos**. Vale mencionar que também há imunidade para as obras em geral interpretadas por artistas brasileiros e as mídias ou os arquivos digitais que as contenham. Logo, a imunidade alcança as músicas comercializadas pela internet, além dos downloads de *ringtones* de telefones celulares.

Evidencia-se que a imunidade alcança tão e somente obras musicais de autores ou intérpretes **brasileiros**, não abarcando, portanto, a produção musical estrangeira, em conformidade com o Princípio Constitucional da Soberania.

O objetivo maior dessa alteração constitucional foi desestimular a "pirataria", que estava dilapidando o mercado da música no país, em razão da disparidade de preço entre o original e o "pirata". O legislador constituinte concluiu que com a desoneração das músicas, a "pirataria" perderia força.

3.5. Imunidade Tributária e Substituição Tributária

O Ente imune não é afastado do dever de pagar o tributo na condição de responsável tributário, como prevê o artigo 9º, § 1º, do CTN:

> **Art. 9º.** É vedado à União, aos Estados, ao Distrito Federal e aos Municípios: IV – cobrar imposto sobre: a) o patrimônio, a renda ou os serviços uns dos outros; b) templos de qualquer culto; c) o patrimônio, a renda ou serviços dos partidos políticos, inclusive suas fundações, das entidades sindicais dos trabalhadores, das instituições de educação e de assistência social, sem fins lucrativos, observados os requisitos fixados na Seção II deste Capítulo; (Redação dada pela Lei Complementar n. 104, de 10.01.2001) d) papel destinado exclusivamente à impressão de jornais, periódicos e livros. § 1º O disposto no inciso IV **não exclui a atribuição, por lei, às entidades nele referidas, da condição de responsáveis pelos tributos** que lhes caiba reter na fonte, e não as dispensa da prática de atos, previstos em lei, assecuratórios do cumprimento de obrigações tributárias por terceiros (...) (grifos nossos).

A responsabilidade tributária, como será visto no Capítulo 6, consiste na sujeição passiva indireta, em que a pessoa, por ter uma relação indireta com a situação que constitua o fato gerador, a lei impõe-lhe o dever de pagar o tributo. É certo que o responsável não praticou o fato gerador, mas, por ter algum vínculo com esse fato, a lei impõe-lhe o dever de responder pelo pagamento do tributo.

Assim, pode-se afirmar que o responsável tributário, ainda que goze de imunidade, fica obrigado ao recolhimento de tributo, em lugar do contribuinte que não tenha essa benesse, em decorrência de lei que lhe impõe esse dever, com o intuito de colaborar com o Fisco. Isso porque a tributação não recairá sobre o patrimônio, renda e serviços da pessoa imune à tributação, mas incidirá sobre operações alheias (daquele que efetivamente praticou o fato gerador). Por esse motivo, a obrigação acabará por sujeitar diretamente essas pessoas estranhas à entidade beneficiada. Observe-se que apenas a responsabilidade de reter e recolher o tributo passou para o responsável tributário, o ônus patrimonial permanece com aquele que praticou o fato gerador. Esse é o entendimento do STF, o qual podemos verificar nas ementas abaixo transcritas:

> CONSTITUCIONAL. TRIBUTÁRIO. **IMUNIDADE. ENTIDADE DE ASSISTÊNCIA SOCIAL E EDUCAÇÃO SEM FINS LUCRATIVOS. INAPLICABILIDADE ÀS HIPÓTESES DE RESPONSABILIDADE OU SUBSTITUIÇÃO TRIBUTÁRIA.** IMPOSTO SOBRE OPERAÇÃO DE CIRCULAÇÃO DE MERCADORIAS – ICM/ICMS. LANÇAMENTO FUNDADO NA RESPONSABILIDADE DO SERVIÇO SOCIAL DA INDÚSTRIA – SESI PELO RECOLHIMENTO DE TRIBUTO INCIDENTE SOBRE A VENDA DE MERCADORIA ADQUIRIDA PELA ENTIDADE. PRODUTOR-VENDEDOR CONTRIBUINTE DO TRIBUTO. TRIBUTAÇÃO SUJEITA A DIFERIMENTO. Recurso extraordinário interposto de acórdão que considerou válida a responsabilização tributária do Serviço Social da Indústria – SESI pelo recolhimento de ICMS devido em operação de circulação de mercadoria, sob o regime de diferimento. Alegada violação do art. 150, IV, "c", da Constituição, que dispõe sobre a imunidade das entidades assistenciais sem fins lucrativos. **A responsabilidade ou a substituição tributária não alteram as premissas centrais da tributação, cuja regra-matriz continua a incidir sobre a operação realizada pelo contribuinte. Portanto, a imunidade tributária não afeta, tão somente por si, a relação de responsabilidade tributária ou de substituição e não exonera o responsável tributário ou o substituto.** Recurso extraordinário conhecido, mas ao qual se nega provimento (RE n. 202987, rel. Min. Joaquim Barbosa, 2ª Turma, julgado em 30.06.2009, **DJe**-181, divulg. em 24.09.2009, public. em 25.09.2009, Ement. v. 02375-03, p. 01021).

> AGRAVO REGIMENTAL NO RECURSO EXTRAORDINÁRIO. TRIBUTÁRIO. ISS. SUBSTITUIÇÃO TRIBUTÁRIA. **IMUNIDADE DAS EMPRESAS PÚBLICAS PRESTADORAS DE SERVIÇOS PÚBLICOS. INFRAERO. POSSIBILIDADE DE SUJEIÇÃO PASSIVA NA QUALIDADE DE SUBSTITUTO TRIBUTÁRIO.** SERVIÇOS PRESTADOS POR TERCEIRO NÃO ABRANGIDOS PELA IMUNIDADE. AGRAVO IMPROVIDO. I – A imunidade recíproca aplicada aos serviços públicos imanentes ao Estado, quando prestados por empresas públicas, **não impede a qualificação dessas entidades como substitutas tributárias em relação ao ISS devido em decorrência de serviços prestados por terceiros** não abrangidos por norma de desoneração. II – Agravo regimental improvido (RE n. 446530-AgR, rel. Min. Ricardo Lewandowski, 2ª Turma, julgado em 29.05.2012, acórdão eletrônico **DJe**-114, divulg. em 12.06.2012, public. em 13.06.2012, **RTFP** v. 20, n. 105, p. 411-416, 2012; **RT** v. 101, n. 926, p. 783-787, 2012) (grifos nossos).

4. QUADRO SINÓTICO

CAPÍTULO 3. LIMITAÇÕES AO PODER DE TRIBUTAR		
	Conteúdo	**Item**
Princípios	Os princípios exercem função importantíssima no ordenamento jurídico, uma vez que eles orientam, condicionam e iluminam a interpretação das normas jurídicas em geral, e, por essa razão, o texto constitucional deve ser analisado como um todo, de forma a extrair a melhor interpretação no caso concreto. As leis e demais atos normativos de igual ou inferior hierarquia, além de obedecerem às regras constitucionais, precisam ser interpretados e praticados da forma mais congruente possível com os Princípios encartados na Lei Magna.	2
Princípio da Legalidade	**Somente a lei poderá instituir ou majorar tributos. Essas exações também só poderão ser extintas ou reduzidas do ordenamento jurídico por meio de lei.** De acordo com o artigo 97, § 1º, do CTN, considera-se **majoração de tributo a modificação da base de cálculo de forma a torná-lo mais oneroso.** A **mera atualização do valor monetário** da respectiva base de cálculo **NÃO** constitui majoração de tributo, nos termos do art. 97, § 2º, do CTN, podendo ser realizada mediante simples decreto. Nesse sentido, Súmula n. 160 do STJ.	2.1
Atenuação do Princípio da Legalidade	À luz **do art. 153, § 1º, da CF, o Poder Executivo, desde que observados os limites e condições previstos em lei, poderá alterar as alíquotas do II, IE, IOF e IPI.** O artigo 177, § 4º, I, "b", da CF também possibilita ao Poder Executivo **reduzir e restabelecer as alíquotas** da Contribuição de Intervenção no Domínio Econômico Combustível – CIDE Combustível, por meio de ato próprio, no caso, o decreto presidencial. O artigo 155, § 4º, IV, "c", da CF concede ao Poder Executivo **reduzir e restabelecer as alíquotas** do ICMS, incidência monofásica, nas operações com combustíveis e lubrificantes previstos em Lei Complementar Federal.	2.2.1
Princípio da Legalidade e a Medida Provisória	A Medida Provisória poderá instituir ou majorar impostos, desde que atendidos alguns requisitos: 1) o Imposto deve possuir como regra a instituição por meio de Lei Ordinária; 2) em se tratando de **impostos, excepcionados**: o Imposto Extraordinário de Guerra (IEG), Imposto sobre a Importação (II), Imposto sobre a Exportação (IE), Imposto sobre Operações de crédito, câmbio e seguro, ou relativas a títulos ou valores mobiliários (IOF) e Imposto sobre Produtos Industrializados (IPI), é necessário que a Medida Provisória que os criar seja convertida em lei até o final do exercício financeiro, para que possa produzir efeitos no exercício subsequente.	2.1.2
Princípio da Tipicidade	Além do Princípio da Legalidade, há, em nosso ordenamento jurídico, o Princípio da Tipicidade, que exige que a lei seja rigorosa na descrição da imposição tributária.	2.2
Princípio da Capacidade Contributiva	A capacidade contributiva consiste no dever de contribuir para os gastos públicos, para suprir as necessidades públicas, que a pessoa apresenta, segundo os ditames constitucionais, e que deve estar intimamente relacionada à capacidade econômica do sujeito, de modo que ele contribua de acordo com o seu orçamento, sem violação ao mínimo vital e ao não confisco. Entende-se que se aplica o Princípio da Capacidade Contributiva aos tributos indiretos por observação ao **Princípio da Seletividade,** que poderá ter alíquotas maiores de acordo com o bem consumido e demonstrar assim a capacidade econômica e contributiva do contribuinte.	2.3
A Capacidade Contributiva e a Igualdade	O Princípio da Igualdade é aquele que atribui aos contribuintes a garantia de tratamento igualitário perante o ordenamento jurídico, de forma a conceder tratamentos paritários para os iguais e díspares para os desiguais, à luz de um critério jurídico legítimo, conforme respaldado no *caput* do artigo 5º da CF, constituindo-se cláusula pétrea.	2.3.1/ 2.3.1.1

<table>
<tr><th colspan="4">CAPÍTULO 3. LIMITAÇÕES AO PODER DE TRIBUTAR</th></tr>
<tr><th colspan="3">Conteúdo</th><th>Item</th></tr>
<tr><td>A Capacidade Contributiva e a Igualdade</td><td colspan="2">O Princípio da Capacidade Contributiva está intimamente ligado ao Princípio da Igualdade. Trata-se, na verdade, de um desdobramento deste último; sendo a relação entre igualdade e capacidade contributiva algo entre um princípio maior, aplicável a todo o direito, e um subprincípio, que se consubstancia na eleição de um critério fundamental para atuar na esfera tributária.</td><td>2.3.1/
2.3.1.1</td></tr>
<tr><td>A Capacidade Contributiva e a Progressividade</td><td colspan="2">O Princípio da Progressividade é operacionalizado pela aplicação de alíquotas de acordo com a base de cálculo do tributo, de modo a ser mais elevada quanto maior for a base imponível.
A Constituição Federal prevê expressamente o Princípio da Progressividade para três impostos: Imposto sobre Renda e Proventos de qualquer Natureza – IR (art. 153, § 2º, I), Imposto sobre a Propriedade Predial e Territorial Urbana – IPTU (arts. 156, § 1º, e 182, § 4º, II) e Imposto sobre a propriedade Territorial Rural – ITR (art. 153, § 4º, I). Em fevereiro de 2013, o STF reconheceu a progressividade para o ITCMD – RE n. 562045/RS.</td><td>2.3.3</td></tr>
<tr><td>A Capacidade Contributiva e o Não Confisco</td><td colspan="2">O Princípio da Vedação ao Confisco, disposto no artigo 150, IV, da CF, decorre do direito de propriedade, que coíbe o confisco, ao estabelecer prévia e justa indenização na desapropriação.

Ainda que não haja um conceito objetivo sobre o efeito confiscatório, não há dúvidas de que o tributo terá efeito confiscatório quando inviabilizar o direito de propriedade do contribuinte. Assim, a tributação não pode ser tão elevada de modo a impedir o sujeito passivo de manter sua propriedade sobre o bem.
Segundo entendimento do STF, a verificação do caráter confiscatório de um tributo deve ser realizada à luz de todo o sistema tributário, considerando o total da carga tributária exigida pelo mesmo ente federativo e não de forma individual.
O Princípio do Não Confisco está intimamente ligado ao da capacidade contributiva, uma vez que o cidadão tem o dever de contribuir na exata proporção da sua capacidade econômica, ou seja, da sua habilidade para suportar o encargo tributário.
O STF tem, frequentemente, se mostrado avesso às multas com caráter confiscatório.</td><td>2.4</td></tr>
<tr><td rowspan="2">Princípio da Irretroatividade</td><td colspan="2">É vedado à União, aos Estados, ao Distrito Federal e aos Municípios cobrarem tributos em relação a fatos geradores ocorridos antes do início da vigência da lei que os houver instituído ou aumentado (art. 150, III, "a", da CF).</td><td rowspan="2">2.5</td></tr>
<tr><td>Exceções ao Princípio da Irretroatividade</td><td>Em se tratando de lei expressamente interpretativa, desde que não comine penalidade (art. 106, I, do CTN);
Versando sobre ato não definitivamente julgado, quando uma nova lei exclui infrações ou reduza penalidades (art. 106, II, do CTN);
Referindo-se lançamento, quando vier uma lei que crie novos critérios de fiscalização ou apuração (art. 144, § 1º, do CTN).</td></tr>
<tr><td rowspan="2">Princípio da Anterioridade</td><td colspan="2">O tributo quando for instituído ou majorado só poderá ser exigido no próximo exercício financeiro e desde que transcorridos mais de 90 dias a contar da data da publicação da lei que instituir ou majorar o tributo – art. 150, III, "b" e "c", da CF.</td><td rowspan="2">2.6</td></tr>
<tr><td>Exceções</td><td>Art. 150, § 1º, da CF:
Há tributos que não respeitam a anterioridade do exercício e nem 90 dias, ou seja, poderão ser cobrados imediatamente, são eles: o Empréstimo Compulsório Guerra ou Calamidade Pública, o II, IE e IOF.</td></tr>
</table>

<table>
<tr><th colspan="4">CAPÍTULO 3. LIMITAÇÕES AO PODER DE TRIBUTAR</th></tr>
<tr><th colspan="3">Conteúdo</th><th>Item</th></tr>
<tr><td>Princípio da Anterioridade</td><td>Exceções</td><td>Há outros tributos, no entanto, que não precisam respeitar a anterioridade do exercício, mas devem respeitar os 90 dias, como o IPI, a Contribuição Social, e nas hipóteses de redução e restabelecimento da CIDE Combustível e o ICMS combustível.
E, por fim, há tributos que devem respeitar o próximo exercício, mas não respeitam os 90 dias, é o caso do IR e a modificação da base de cálculo do IPTU e IPVA.</td><td>2.6</td></tr>
<tr><td>Princípio da Liberdade de Tráfego</td><td colspan="2">Veda os Entes Federativos de instituírem tributos interestaduais ou intermunicipais que visem estabelecer limitações ao tráfego de pessoas ou bens, ressalvada, contudo, a exigência do pagamento de pedágio pela utilização das vias conservadas pelo Poder Público – art. 150, V, da CF.</td><td>2.7</td></tr>
<tr><td>Princípio da Uniformidade Geográfica</td><td colspan="2">Veda à União instituir tributo que não seja uniforme em todo o território nacional ou que implique distinção ou preferência em relação a Estado, ao Distrito Federal ou a Município, em detrimento de outro, admitida a concessão de incentivos fiscais destinados a promover o equilíbrio do desenvolvimento socioeconômico entre as diferentes regiões do País – art. 151, I, da CF.</td><td>2.8</td></tr>
<tr><td>Princípio da Uniformidade da Tributação da Renda nos Títulos da Dívida Pública e nos Vencimentos dos Funcionários Públicos</td><td colspan="2">O artigo 151, II, da CF veda à União tributar a renda das obrigações da dívida pública dos demais entes federativos, como as remunerações e os proventos dos agentes públicos destes, em níveis superiores aos que fixar para suas obrigações e para seus agentes.
A União poderá tributar a renda das obrigações estaduais e municipais, assim como os proventos dos servidores dos Estados e Municípios. Outrora, não poderá tributá-los em nível superior ao que fixar para as suas próprias obrigações e para o provento de seus próprios agentes. Caso contrário, o título federal seria preterido, em virtude da carga tributária mais pesada às obrigações estaduais e municipais, o que resultaria em uma concorrência desleal.</td><td>2.9</td></tr>
<tr><td>Princípio da Proibição das Isenções Heterônomas</td><td colspan="2">A União não pode conceder isenções de tributos estaduais ou municipais, sob pena de violar o Princípio do Pacto Federativo.
Assim, só pode oferecer isenção de determinado tributo o ente federativo que tem competência para a sua instituição – art. 151, III, da CF.
Exceção: ISS sobre serviços prestados no exterior –O artigo 156, § 3º, II, da CF prevê a possibilidade de a União, por Lei Complementar, conceder isenção do ISS nas exportações de serviços. O artigo 2º, I, da LC n. 116/2003 trata sobre a referida isenção.
Em relação ao ICMS sobre operações que destinem mercadorias para o exterior e sobre serviços prestados a destinatários no exterior, artigo 155, § 2º, X, "a", da CF, a própria Constituição, com a EC n. 42/3003, retirou do campo de incidência do ICMS as mercadorias destinadas ao exterior e os serviços prestados no exterior; portanto, atualmente não se trata de isenção, mas sim de imunidade.
Referente aos Tratados e Convenções Internacionais – O STF tem o entendimento de que os Tratados e Convenções Internacionais podem conceder isenções de tributos estaduais e municipais, visto que a União, ao celebrar o tratado, não se mostra como pessoa política de Direito Público Interno, mas como pessoa política internacional.</td><td>2.10</td></tr>
<tr><td>Imunidade Tributária</td><td colspan="2">A imunidade tributária dá-se, em resumo, quando a Constituição veda a criação de tributos, por meio da incompetência das pessoas políticas, sobre determinadas situações ou sobre certos sujeitos, com a finalidade de preservar valores de grande interesse nacional, tais como: a manutenção das entidades federadas, o exercício das atividades religiosas, da democracia, das instituições educacionais, assistenciais e o acesso às informações.</td><td>3</td></tr>
</table>

<table>
<tr><th colspan="3">CAPÍTULO 3. LIMITAÇÕES AO PODER DE TRIBUTAR</th></tr>
<tr><th colspan="2">Conteúdo</th><th>Item</th></tr>
<tr><td>Imunidade Tributária</td><td colspan="1">Não se confunde imunidade com isenção ou não incidência. A imunidade impede a incidência do tributo porque a Constituição Federal assim determina. Já na isenção, é a lei infraconstitucional que estabelece certas situações ou que determinados sujeitos não serão tributados.
A não incidência abrange as situações não descritas na lei como sendo tributadas.</td><td>3</td></tr>
<tr><td>Interpretação da norma constitucional imunizante</td><td>Verifica-se que o Supremo Tribunal Federal em muitas de suas decisões preserva a interpretação ampla e teleológica da regra imunizante, ao analisar a finalidade da norma, considerando as exigências econômicas e sociais que ela buscou atender em consonância com os Princípios da Justiça e do Bem Comum. Podemos observar esse entendimento no julgamento de imóveis, cuja propriedade é de pessoas titulares de imunidade. O STF estendeu a referida imunidade aos imóveis locados para terceiros, condicionando que o dinheiro dos aluguéis fosse revertido para cumprimento das finalidades essenciais dessas pessoas imunes.</td><td>3.2</td></tr>
<tr><td rowspan="3">Classificação das Imunidades</td><td>Imunidades Excludentes e Incisivas
As imunidades excludentes são aquelas cuja tributação é admitida apenas para um tipo de imposto, excluindo outros tributos, a exemplo do ouro, enquanto ativo financeiro, que nos termos do art. 153, § 5º, da CF está sujeito à incidência apenas do IOF.
A imunidade incisiva se refere às situações em que é admitida a tributação por alguns impostos, excluindo os demais, como exemplo, o art. 155, § 3º, da CF, em relação às operações referentes à energia elétrica, serviços de telecomunicações, derivados de petróleo, combustíveis e minerais do país, que se sujeitam à incidência apenas do ICMS, Imposto sobre Importação e Imposto sobre Exportação.</td><td rowspan="3">3.3/
3.3.1/
3.3.2/
3.3.3</td></tr>
<tr><td>Imunidades Subjetivas, Objetivas e Mistas
A imunidade subjetiva é aquela conferida em função da natureza jurídica da pessoa ou ente para proteção de valores socialmente relevantes. Exemplo: Imunidade das pessoas do art. 150, VI, “c”, da CF.
A imunidade objetiva é atribuída a determinados fatos, bens ou situações.
A imunidade mista se dirige a pessoas que, por sua natureza jurídica e porque se encontram relacionadas com determinados fatos, bens ou situações, não terão de pagar determinado tributo em decorrência da Constituição.</td></tr>
<tr><td>Imunidades Ontológicas e Políticas
As imunidades Ontológicas decorrem de princípios constitucionais e, por essa razão, não teriam necessidade de estarem previstas em nossa Constituição, pois a observância dos princípios já excluiria do dever de pagar determinado tributo.
As imunidades Políticas ou Explícitas existem por expressa previsão na Constituição Federal com o intuito de proteger direitos fundamentais ou prestigiar determinados princípios constitucionais.
A imunidade incondicionada alude à norma imunizante que apresenta eficácia plena e aplicabilidade direta e imediata, assim, basta a previsão constitucional para que não ocorra a exigência tributária, exemplo: imunidade recíproca.
A imunidade condicionável: o condicionamento se reporta para o exercício do benefício da desoneração, que poderá ou não ser estatuído pelo legislador infraconstitucional, de modo que não há uma condição para o gozo da imunidade, mas poderá haver para restringi-lo nos termos permitidos pela Constituição (COSTA,</td></tr>
</table>

<table>
<tr><th colspan="4">CAPÍTULO 3. LIMITAÇÕES AO PODER DE TRIBUTAR</th></tr>
<tr><th colspan="3">Conteúdo</th><th>Item</th></tr>
<tr><td rowspan="2">Classificação das Imunidades</td><td>Imunidades Condicionáveis e Incondicionadas</td><td>Regina Helena. Imunidades tributárias..., op. cit., p. 131), como ocorre nos ditames do artigo 150, VI, “c”, da CF, uma vez que as pessoas ali descritas só não irão pagar impostos se cumprirem requisitos previstos em lei.</td><td rowspan="2">3.3/
3.3.1/
3.3.2/
3.3.3</td></tr>
<tr><td>Imunidades Genéricas e Específicas</td><td>As imunidades Genéricas também denominadas de Gerais estão previstas no artigo 150, VI, da CF, e descrevem apenas aos Impostos.
As imunidades Específicas, também chamadas de Tópicas ou Especiais, são aquelas relativas a um único tributo, dirigidas a uma única pessoa política, diante de conveniências especiais, que tutelam valores menos relevantes socialmente</td></tr>
<tr><td rowspan="3">Imunidade Genérica</td><td>Imunidade Recíproca</td><td>Veda à União, aos Estados, ao Distrito Federal e aos Municípios instituírem impostos sobre o patrimônio, renda e serviços um dos outros – art. 150, VI, “a”, da CF.
A imunidade tributária recíproca não abrange apenas a administração pública direta, mas também as autarquias e fundações públicas de direito público, conforme disposição do art. 150, § 2º, da CF, mas desde que atendam a quatro requisitos:
1. Cumpram suas finalidades essenciais, ou qualquer uma delas decorrentes;
2. Sejam instituídas e mantidas pelo Poder Público;
3. Não cobrem preços e nem tarifas;
4. Não entrem na concorrência privada.
As empresas públicas e sociedades de economia mista, por serem detentoras de personalidade jurídica de direito privado, não gozam de imunidade tributária, portanto, haverá normal incidência tributária sobre essas últimas.
No entanto, o Supremo Tribunal Federal tem entendido que algumas empresas públicas, bem como algumas sociedades de economia mista, são merecedoras da regra imunizante, quando prestam serviço público de caráter obrigatório e de forma exclusiva. (Exemplo: ECT, Infraero, etc.)</td><td rowspan="3">3.4 a
3.4.4</td></tr>
<tr><td>Imunidade Recíproca e a Transferência da Prestação dos Serviços Públicos a Terceiros</td><td>De acordo com o art. 150, § 3,º da CF, não haverá imunidade tributária quando o patrimônio, renda ou serviços estiverem relacionados à exploração de atividades econômicas regidas pelas normas aplicáveis a empreendimentos privados, ou em que haja contraprestação ou pagamento de preços ou tarifas pelo usuário.
Na concessão de serviços públicos, a remuneração é realizada por meio de tarifa com intuito lucrativo, o que afasta o direito à imunidade tributária.</td></tr>
<tr><td>Imunidades Recíprocas e os Impostos Indiretos</td><td>O STF tem entendido que o Ente Federativo somente terá direito à imunidade tributária se estiver na condição de contribuinte de direito; se for contribuinte de fato, não terá imunidade tributária.
Imunidade dos templos de qualquer culto: A imunidade dos templos de qualquer culto visa tutelar a liberdade religiosa, e, por isso, tudo o que estiver em nome da instituição religiosa e cumprir sua finalidade essencial terá imunidade, ou seja, não terá de pagar impostos – art. 150, VI, “b”, da CF.</td></tr>
</table>

<table>
<tr><th colspan="4">CAPÍTULO 3. LIMITAÇÕES AO PODER DE TRIBUTAR</th></tr>
<tr><th colspan="3">Conteúdo</th><th>Item</th></tr>
<tr><td rowspan="2">Imunidade Genérica</td><td>Imunidade Subjetiva</td><td>A imunidade do artigo 150, VI, “c”, da CF visa tutelar a liberdade política, a liberdade sindical e estimular colaboradores do Estado na prestação de serviços de assistência social, desde que sem finalidade lucrativa. Tal imunidade refere-se a certas pessoas, razão por que é chamada de imunidade subjetiva.
Há quatro pessoas que, nos termos desse dispositivo constitucional, não pagarão impostos sobre suas rendas, patrimônio e serviços, quais sejam: entidades de assistência social sem fins lucrativos, entidades de educação sem fins lucrativos, partidos políticos e suas fundações e sindicatos dos trabalhadores.
Porém, lembre-se de que essas pessoas só terão imunidade se cumprirem os requisitos do artigo 14 do CTN, que resumidamente são: não distribuir lucros, não enviar valores ao exterior e manter os livros contábeis em dia.</td><td rowspan="2">3.4 a 3.4.4</td></tr>
<tr><td>Imunidade dos Livros, Jornais, Periódicos e Papel Destinado a Sua Impressão dos CD’S e dos DVD’S</td><td>É vedado à União, aos Estados, ao Distrito Federal e aos Municípios instituírem impostos sobre alguns objetos, tais como livros, jornais, periódicos e o papel destinado à sua impressão – art. 150, VI, “d”, da CF.
Imunidade dos CD’S e DVD’S: De acordo com a recente EC n. 75/2013 os CD’S e DVD’S de artistas nacionais produzidos no Brasil não pagarão impostos – art. 150, VI, “e”, da CF.</td></tr>
<tr><td>Imunidade Tributária e Substituição Tributária</td><td colspan="2">O Ente imune não é afastado do dever de pagar o tributo na condição de responsável tributário.
Assim, o responsável tributário, ainda que goze de imunidade, fica obrigado ao recolhimento de tributo, em lugar do contribuinte que não tenha essa benesse, em decorrência de lei que lhe impõe esse dever com o intuito de colaborar com o Fisco. A tributação não recairá sobre o patrimônio, renda e serviços da pessoa imune à tributação, mas incidirá sobre operações alheias, sujeitando diretamente pessoas estranhas à entidade beneficiada.</td><td>3.5</td></tr>
</table>

5. INFORMATIVOS

IR de pessoa jurídica: fato gerador

Ante a peculiaridade do caso, consistente no uso do imposto de renda com função extrafiscal, o Plenário, em conclusão de julgamento e por maioria, negou provimento a recurso extraordinário e, em consequência, afastou a incidência retroativa do art. 1º, I, da Lei n. 7.988/1989. A mencionada norma, editada em 28.12.1989, elevou de 6% para 18% a alíquota do imposto de renda aplicável ao lucro decorrente de exportações incentivadas, apurado no ano-base de 1989 — v. **Informativos** n. 111, 419 e 485. Prevaleceu o voto do Ministro Nelson Jobim. Observou, de início, que o Enunciado 584 da Súmula do STF (“Ao imposto de renda calculado sobre os rendimentos do ano-base, aplica-se a lei vigente no exercício financeiro em que deve ser apresentada a declaração”) continuaria sendo adotado para fins de interpretação do fato gerador do imposto de renda, de modo a corroborar orientação no sentido de que, em razão de o fato gerador do imposto de renda ocorrer somente em 31 de dezembro, se a lei fosse editada antes dessa data, sua aplicação a fatos ocorridos no mesmo ano da edição não violaria o princípio da irretroatividade. Ressaltou, entretanto, que na situação dos autos ter-se-ia utilizado o imposto de renda em seu caráter extrafiscal. No ponto, esclareceu que a União, por meio do Decreto-lei 2.413/1988, reduzira a alíquota do imposto cobrada sobre a renda auferida sobre certos negócios e atividades, a fim de estimular as exportações, a determinar o comportamento do agente econômico. Essas operações teriam, portanto, tributação diferenciada das demais, e seriam tratadas como unidades contábeis distintas das demais operações. Por isso, o Ministro Nelson Jobim reputou falacioso o argumento da União de que seria materialmente impossível tomar os rendimentos como unidades isoladas, pois, do contrário, não poderia haver o incentivo de operações específicas. Asseverou que, uma vez alcançado o objetivo extrafiscal, não seria possível modificar as regras de incentivo, sob pena de quebra do vínculo de confiança entre o Poder Público e a pessoa privada, e da própria eficácia de políticas de incentivo fiscal. Concluiu, destarte, que, no caso do imposto de renda ser utilizado em caráter extrafiscal, a configuração do fato gerador dar-se-ia no momento da realização da operação para, então, ser tributado com alíquota reduzida. Dessa forma, depois da realização do comportamento estimulado, a lei nova apenas poderia ter eficácia para novas possibilidades de comportamentos, sob pena de ofensa ao princípio da irretroatividade da lei em matéria de extrafiscalidade. Os Ministros Carlos Velloso (relator), Joaquim Barbosa e Marco Aurélio também negaram provimento ao recurso, sob entendimento de que o fato gerador do imposto de renda de pessoa jurídica seria complexivo – e ocorreria nos diversos momentos em que acontecessem os fatos econômicos que afetassem o patrimônio da pessoa jurídica. Assim, afastaram o Enunciado 584 da Súmula do STF. Vencidos os Ministros Eros Grau e Menezes Direito, que davam provimento ao recurso extraordinário. Entendiam aplicável o Enunciado 584 da Súmula do STF, mesmo nos casos de imposto de renda com função extrafiscal. RE n. 183130/PR, rel. orig. Min. Carlos Velloso, red. p/ o acórdão Min. Teori Zavascki, 25.09.2014. (RE-183130) (STF – **Informativo** n. 760, Plenário – RE n. 183130/PR, rel. orig. Min. Carlos Velloso, red. p/ o acórdão Min. Teori Zavascki, 25.09.2014)

Pedágio – Preço Público

O pedágio cobrado pela efetiva utilização de rodovias não tem natureza tributária, mas de preço público, consequentemente, não está sujeito ao princípio da legalidade estrita. Com base nesse entendimento, o Plenário julgou improcedente pedido formulado em ação direta ajuizada contra o Decreto n. 34.417/92, do Estado do Rio Grande do Sul, que autoriza a cobrança de pedágio em rodovia estadual. O Tribunal recordou que a Constituição autoriza a cobrança de pedágio ("Art. 150. Sem prejuízo de outras garantias asseguradas ao contribuinte, é vedado à União, aos Estados, ao Distrito Federal e aos Municípios: ...V – estabelecer limitações ao tráfego de pessoas ou bens, por meio de tributos interestaduais ou intermunicipais, ressalvada a cobrança de pedágio pela utilização de vias conservadas pelo Poder Público"). Rememorou que essa norma reproduziria, em linhas gerais, regra semelhante contida nas Constituições de 1946 e 1967. Ressalvou, contudo, que a EC 1/1969 não repetira a parte final dessa disposição ("Art. 19. É vedado à União, aos Estados, ao Distrito Federal e aos Municípios: ... II – estabelecer limitações ao tráfego de pessoas ou mercadorias, por meio de tributos interestaduais ou intermunicipais"). Ressaltou que a falta de referência à cobrança de pedágio, no regime constitucional precedente despertara a controvérsia a respeito da natureza dessa exação — se tributária ou não tributária —, divergência que persistiria, especialmente no âmbito doutrinário. Afirmou que os defensores da natureza tributária, da subespécie taxa, o fariam sob os seguintes fundamentos: a) a referência ao pedágio, nas limitações constitucionais ao poder de tributar; b) o pagamento de um serviço específico ou divisível, prestado ao contribuinte ou posto à sua disposição; e c) a impossibilidade de remunerar serviços públicos por meio outro que não o de taxa. Aludiu, entretanto, que os defensores da natureza contratual da exação como preço público o fariam com base nas seguintes considerações: a) a inclusão no texto constitucional apenas esclareceria que, apesar de não incidir tributo sobre o tráfego de pessoas ou bens, poderia, excepcionalmente, ser cobrado o pedágio, espécie jurídica diferenciada; b) a ausência de compulsoriedade na utilização de rodovias; e c) a cobrança se daria em virtude da utilização efetiva do serviço, e não seria devida com base no seu oferecimento potencial. ADI 800/RS, rel. Min. Teori Zavascki, 11.6.2014. (ADI-800)

A Corte realçou que essa discussão teria sido contaminada pela figura do denominado "selo-pedágio", prevista na Lei 7.712/1988, reconhecido como taxa pelo STF. Lembrou, porém, que essa exação seria compulsória a todos os usuários de rodovias federais, por meio de pagamento renovável mensalmente, independentemente da frequência de uso, cobrada antecipadamente, como contrapartida a serviço específico ou divisível, prestado ao contribuinte ou posto à sua disposição. Consignou haver profundas diferenças entre o citado "selo-pedágio" e o pedágio, na forma em que atualmente disciplinado. Asseverou que esse último somente seria cobrado se, quando e cada vez que houvesse efetivo uso da rodovia, o que não ocorreria com o "selo-pedágio", que seria exigido em valor fixo, independentemente do número de vezes que o contribuinte fizesse uso das estradas durante o mês. Destacou que o enquadramento do pedágio como taxa ou preço público independeria de sua localização topológica no texto constitucional, mas seria relacionado ao preenchimento, ou não, dos requisitos previstos no art. 3º do CTN ("Tributo é toda prestação pecuniária compulsória, em moeda ou cujo valor nela se possa exprimir, que não constitua sanção de ato ilícito, instituída em lei e cobrada mediante atividade administrativa plenamente vinculada"). ADI 800/RS, rel. Min. Teori Zavascki, 11.6.2014. (ADI-800)

O Plenário sublinhou que seria irrelevante também, para a definição da natureza jurídica do pedágio, a existência, ou não, de via alternativa gratuita para o usuário trafegar. Reconheceu que a cobrança de pedágio poderia, indiretamente, limitar o tráfego de pessoas. Observou, todavia, que essa restrição seria agravada quando, por insuficiência de recursos, o Estado não construísse rodovias ou não conservasse adequadamente as existentes. Ponderou que, diante dessa realidade, a Constituição autorizara a cobrança de pedágio em rodovias conservadas pelo Poder Público, inobstante a limitação de tráfego que essa cobrança pudesse eventualmente acarretar. Registrou, assim, que a contrapartida de oferecimento de via alternativa gratuita como condição para a cobrança de pedágio não seria uma exigência constitucional, tampouco estaria prevista em lei ordinária. Consignou que o elemento nuclear para identificar e distinguir taxa e preço público seria o da compulsoriedade, presente na primeira e ausente na segunda espécie. Nesse sentido, mencionou o Enunciado 545 da Súmula do STF ("Preços de serviços públicos e taxas não se confundem, porque estas, diferentemente daqueles, são compulsórias e têm sua cobrança condicionada à prévia autorização orçamentária, em relação à lei que as instituiu"). (STF – **Informativo** n. 750 ADI 800/RS, rel. Min. Teori Zavascki, 11.6.2014 – ADI-800)

IR: nova hipótese de incidência e irretroatividade tributária

A 1ª Turma desproveu recurso extraordinário em que se pleiteava a incidência do art. 63, § 1º, da MP 812/1994, convertida na Lei 8.981/1995, sobre conduta que teria sido praticada em momento anterior à edição daquele ato normativo ("Art. 63. Os prêmios distribuídos sob a forma de bens e serviços, através de concursos e sorteios de qualquer espécie, estão sujeitos à incidência do imposto, à alíquota de trinta e cinco por cento, exclusivamente na fonte. § 1º O imposto de que trata este artigo incidirá sobre o valor de mercado do prêmio, na data da distribuição, e será pago até o terceiro dia útil da semana subsequente ao da distribuição"). No caso, em 30.11.1994, a associação recorrida fora autorizada a distribuir gratuitamente prêmios a seus associados. No entanto, posteriormente a essa autorização, em 31.12.1994, fora editada a referida Medida Provisória, que criara nova hipótese de incidência do imposto de renda, ao incluir a distribuição de prêmios na abrangência daquela exação. O Ministro Marco Aurélio (relator) destacou que a autorização em comento precedera à Medida Provisória e por isso, à época em que distribuídos os prêmios, não haveria a hipótese de incidência. Dessa forma, consignou que não caberia a imposição do ônus, pois a lei nova não poderia retroagir, visto que não existiria, ainda, a base de incidência ao fato imponível. O Ministro Roberto Barroso acompanhou o relator, porém por fundamento diverso. Considerou que a criação de um tributo, por Medida Provisória, no último dia do exercício, seria uma burla ao direito fundamental à anterioridade e à segurança jurídica (STF – **Informativo** n. 750, 1ª Turma – RE n. 230536/SP, rel. Min. Marco Aurélio, 10.06.2014. RE-230536).

Imunidade Tributária – Crédito tributário: sucessão e imunidade recíproca

A imunidade tributária recíproca (CF, art. 150, VI, "a") não afasta a responsabilidade tributária por sucessão, na hipótese em que o sujeito passivo era contribuinte regular do tributo devido. Com base nessa orientação, o Plenário deu provimento a recurso extraordinário para reformar acórdão que considerara aplicável a imunidade recíproca a débitos tributários da extinta Rede Ferroviária Federal S.A. – RFFSA, sucedida pela União. No recurso extraordinário, discutia-se a aplicação da imunidade tributária recíproca de créditos tributários já constituídos e transferidos à União por sucessão. Na espécie, o Município ajuizara execução fiscal referente a IPTU e contribuição de melhoria, incidente sobre imóvel de propriedade da RFFSA. A União, após suceder a RFFSA em direitos e obrigações, opusera embargos à execução, julgados procedentes sob o fundamento da imunidade recíproca. O Colegiado afirmou que a imunidade tributária recíproca seria norma constitucional de competência que proibiria a instituição de impostos sobre o patrimônio, a renda ou os serviços dos entes federados. Consignou que essa imunidade seria instrumento de preservação e calibração do pacto federativo, destinado a proteger os entes federados de eventuais pressões econômicas, projetadas para induzir escolhas políticas ou administrativas da preferência do ente tributante. Nesse contexto, realçou que a imunidade tributária recíproca seria inaplicável se a atividade ou a entidade tributada demonstrasse capacidade contributiva; se houvesse risco à livre iniciativa e às condições de justa concorrência econômica; ou se não houvesse risco ao pleno exercício da autonomia política que a Constituição conferira aos entes federados. Mencionou que a Constituição seria expressa ao excluir da imunidade: a) o patrimônio;

b) a renda; e c) os serviços relacionados com a exploração de atividades econômicas regidas pelas normas aplicáveis a empreendimentos privados ou em que houvesse contraprestação ou pagamento de preço ou tarifas pelo usuário. Assinalou que a RFFSA, por ser sociedade de economia mista, constituída sob a forma de sociedade por ações, apta, portanto, a cobrar pela prestação de seus serviços e a remunerar o capital investido, não teria jus à imunidade. Registrou que, com a liquidação da pessoa jurídica e com a já mencionada sucessão, a União se tornara responsável tributária pelos créditos inadimplidos, nos termos dos artigos 130 e seguintes do CTN. (RE-599176) (STF – **Informativo** n. 749, Plenário RE n. 599176/PR, rel. Min. Joaquim Barbosa, 05.06.2014).

Crédito tributário: sucessão e imunidade recíproca

A Corte frisou que a regra constitucional da imunidade, por se destinar à proteção específica do ente federado, seria inaplicável aos créditos tributários constituídos legitimamente contra pessoas jurídicas dotadas de capacidade contributiva e cuja tributação em nada afetaria o equilíbrio do pacto federativo. Anotou que qualquer imunidade tributária prejudicaria, em certa medida, a expectativa de arrecadação dos entes federados. Aduziu que essa perda deveria ser tolerada pelos entes para satisfazer a outros valores, tão ou mais relevantes, previstos na Constituição. Reputou, porém, que haveria desequilíbrio no pacto federativo, ao invés de sua preservação, caso se deixasse de tributar pessoa jurídica dotada de capacidade contributiva. Ressaltou que a União não poderia se livrar da responsabilidade tributária ao alegar simplesmente que o tributo seria devido por sociedade de economia mista, tampouco por sugerir a aplicação de regra constitucional que protegeria a autonomia política de entes federados. Sublinhou que a responsabilidade tributária dos sucessores protegeria o erário de um tipo de inadimplência bastante específica, que seria o desaparecimento jurídico do contribuinte, conjugado com a transferência integral ou parcial do patrimônio a outra pessoa jurídica. Assim, a desconstituição da pessoa jurídica faria com que o crédito tributário não pudesse mais ser exigido contra o contribuinte original, que deixaria de existir juridicamente. Explicou que o patrimônio — material ou imaterial — transferido deveria garantir o crédito. Salientou, por fim, que o sucessor, ainda que se tratasse de um ente federado, deveria arcar com a dívida. (RE-599176) (STF – **Informativo** n. 749, Plenário – RE n. 599176/PR, rel. Min. Joaquim Barbosa, 05.06.2014).

Entidades beneficentes: contribuição para o PIS e imunidade

A imunidade tributária prevista no art. 195, § 7º, da CF (§ 7º – São isentas de contribuição para a seguridade social as entidades beneficentes de assistência social que atendam às exigências estabelecidas em lei), regulamentada pelo art. 55 da Lei 8.212/1991, abrange a contribuição para o PIS. Com base nessa orientação, o Plenário negou provimento a recurso extraordinário em que se discutia o reconhecimento de imunidade tributária às entidades filantrópicas em relação à contribuição para o PIS, por suposta ausência de lei específica a tratar dos requisitos para o gozo da mencionada imunidade. Preliminarmente, por maioria, o Tribunal conheceu do recurso. Vencido, no ponto, o Ministro Marco Aurélio, que entendia que a matéria seria de ordem estritamente legal. No mérito, a Corte assinalou que a jurisprudência orientar-se-ia no sentido de que a contribuição para o PIS seria tributo e estaria abrangida pela imunidade consagrada na Lei 8.212/1991. Acresceu que não seria necessário lei complementar para a completude do que estabelecido no art. 195, § 7º, da CF. Sublinhou que as exigências constitucionais feitas às entidades beneficentes de assistência social, para o gozo de imunidade, estariam satisfeitas com a simples edição de lei ordinária, que seria a Lei 8.212/1991. Precedentes citados: RE 469079/SP (**DJU** de 20.4.2006); ADI 2028 MC/DF (DJU de 23.11.99); e MI 616/SP (**DJU** de 25.10.2002). (STF – **Informativo** n. 735, Plenário, Repercussão Geral – RE n. 636941/RS, rel. Min. Luiz Fux, 13.02.2014 RE-636941).

PIS e anterioridade nonagesimal

A contribuição social para o PIS submete-se ao princípio da anterioridade nonagesimal (CF, art. 195, § 6º), e, nos casos em que a majoração de alíquota tenha sido estabelecida somente na lei de conversão, o termo inicial da contagem é a data da conversão da Medida Provisória em lei. Com base nessa orientação, o Plenário negou provimento a recurso extraordinário em que se discutia a não sujeição dessa contribuição ao referido postulado constitucional. No caso, o projeto de lei de conversão da Medida Provisória n. 164/2004, que resultara na promulgação da Lei 10.865, em 30 de abril de 2004, introduzira dispositivo que teria majorado a alíquota da aludida contribuição para água mineral. Ocorre que tal majoração não havia sido prevista, originariamente, pela Medida Provisória, adotada em janeiro de 2004. Entretanto, as alterações inseridas pela referida lei teriam produzido efeitos a partir de 1º de maio de 2004 (Lei n. 10.865, art. 50). O Plenário reputou que a jurisprudência seria pacífica no sentido de que se aplicaria o princípio da anterioridade nonagesimal às contribuições sociais. O Ministro Luiz Fux destacou que, em regra, o termo inicial para a contagem do prazo nonagesimal seria a data da publicação da Medida Provisória e não a da lei na qual fosse convertida. Todavia, se houvesse agravamento da carga tributária pela lei de conversão, a contagem do termo iniciar-se-ia da publicação desta (STF – **Informativo** n. 735, Plenário, Repercussão Geral – RE n. 568503/RS, rel.ª Min.ª Cármen Lúcia, 12.02.2014. RE-568503).

Imunidade tributária e imóvel vago

A 1ª Turma, por maioria, negou provimento a recurso extraordinário em que discutido se imóvel não edificado pertencente ao Serviço Social da Indústria – SESI estaria alcançado pela imunidade tributária. Na espécie, reconheceu-se que, por ser o recorrido entidade de direito privado, sem fins lucrativos, encaixar-se-ia na hipótese do art. 150, VI, "c", da CF e, por isso, estaria imune. Apontou-se que a constatação de que imóvel vago ou sem edificação não seria suficiente, por si só, para destituir a garantia constitucional da imunidade tributária. Ponderou-se que, caso já tivesse sido deferido o status de imune ao contribuinte, o afastamento dessa imunidade somente poderia ocorrer mediante prova em contrário produzida pela administração tributária. Asseverou-se não ser possível considerar que determinado imóvel destinar-se-ia a finalidade diversa da exigida pelo interesse público apenas pelo fato de, momentaneamente, estar sem edificação ou ocupação. Assinalou-se que a qualquer momento poderia deixar sua condição de imóvel vago. Vencido o Min. Marco Aurélio, que dava provimento ao recurso. Assentava não poder concluir que um imóvel não edificado estivesse diretamente relacionado a serviço prestado. Explicitava que a imunidade do art. 150, VI, "c", da CF não seria linear, tendo em vista a restrição disposta no seu § 4º ("As vedações expressas no inciso VI, alíneas "b" e "c", compreendem somente o patrimônio, a renda e os serviços, relacionados com as finalidades essenciais das entidades nelas mencionadas") (STF – **Informativo** n. 714 – RE 385091/DF, rel. Min. Dias Toffoli, 06.08.2013).

ECT: ISS e imunidade tributária recíproca

Os serviços prestados pela Empresa Brasileira de Correios e Telégrafos – ECT estão abrangidos pela imunidade recíproca (CF, art. 150, VI, a, e §§ 2º e 3º). Essa a orientação do Plenário que, ao concluir julgamento, por maioria, proveu recurso extraordinário interposto de acórdão em que se limitara o colimado benefício aos serviços tipicamente postais mencionados no art. 9º da Lei 6.538/78. A Corte de origem entendera lícito ao município recorrido a cobrança de Imposto sobre Serviços – ISS relativamente àqueles não abarcados pelo monopólio concedido pela União – v. **Informativos** n. 628 e 648. Na sessão de 16.11.2011, o Min. Ayres Britto registrou, de início, que a manutenção do correio aéreo nacional e dos serviços postais e telegráficos pela recorrente não poderia sofrer solução de continuidade, de maneira a ser obrigatoriamente sustentada pelo Poder Público, ainda que lhe gerasse prejuízo. Além do mais, reputou possível a adoção de política tarifária de subsídios cruzados, porquanto os Correios realizariam também direitos fundamentais da pessoa humana – comunicação telegráfica e telefônica e o sigilo dessas comunicações —, em atendimento que alçaria todos os municípios brasileiros (integração nacional) com tarifas módicas. Assinalou que, na situação dos autos, a extensão do regime de imunidade tributária seria natural, haja vista que a recorrente seria longa *manus* da União, em exercício de atividade absolutamente necessária e mais importante do que a própria compostura jurídica ou a estrutura jurídico-formal da empresa. O Min. Gilmar Mendes, em reforço ao que referido, ressaltou que a base do monopólio da ECT estaria sofrendo esvaziamento, tornando-se ultrapassada, diante da evolução tecnológica. Ressurtiu que a recorrente, mesmo quando exercesse atividades fora do regime de privilégio, sujeitar-se-ia a condições decorrentes desse status, não extensíveis à iniciativa privada, a exemplo da exigência de prévia licitação e da realização de concurso público. Concluiu que, enquanto não houvesse a mudança preconizada na ADPF 46/DF (**DJe** de 26.02.2010), a imunidade recíproca aplicar-se-ia em relação ao ISS, sob pena de desorganização desse serviço, dado que os municípios o tributariam de modo distinto. (STF – **Informativo** n. 696 – RE 601392/PR, rel. orig. Min. Joaquim Barbosa, red. p/ o acórdão Min. Gilmar Mendes, 28.02.2013).

ITCMD. Progressividade

Em conclusão, o Plenário, por maioria, deu provimento a recurso extraordinário, interposto pelo Estado do Rio Grande do Sul, para assentar a constitucionalidade do art. 18 da Lei gaúcha 8.821/89, que prevê o sistema progressivo de alíquotas para o imposto sobre a transmissão causa mortis de doação – ITCD – v. **Informativos** 510, 520 e 634. Salientou-se, inicialmente, que o entendimento de que a progressividade das alíquotas do ITCD seria inconstitucional decorreria da suposição de que o § 1º do art. 145 da CF a admitiria exclusivamente para os impostos de caráter pessoal. Afirmou-se, entretanto, que todos os impostos estariam sujeitos ao princípio da capacidade contributiva, mesmo os que não tivessem caráter pessoal. Esse dispositivo estabeleceria que os impostos, sempre que possível, deveriam ter caráter pessoal. Assim, todos os impostos, independentemente de sua classificação como de caráter real ou pessoal, poderiam e deveriam guardar relação com a capacidade contributiva do sujeito passivo. Aduziu-se, também, ser possível aferir a capacidade contributiva do sujeito passivo do ITCD, pois, tratando-se de imposto direto, a sua incidência poderia expressar, em diversas circunstâncias, progressividade ou regressividade direta. Asseverou-se que a progressividade de alíquotas do imposto em comento não teria como descambar para o confisco, porquanto haveria o controle do teto das alíquotas pelo Senado Federal (CF, art. 155, § 1º, IV). Ademais, assinalou-se inexistir incompatibilidade com o Enunciado 668 da Súmula do STF ("É inconstitucional a lei municipal que tenha estabelecido, antes da Emenda Constitucional 29/2000, alíquotas progressivas para o IPTU, salvo se destinada a assegurar o cumprimento da função social da propriedade urbana"). Por derradeiro, esclareceu-se que, diferentemente do que ocorreria com o IPTU, no âmbito do ITCD não haveria a necessidade de emenda constitucional para que o imposto fosse progressivo. STF – **Informativo** n. 694 – RE n. 562045/RS, rel. orig. Min. Ricardo Lewandowski, red. p/ o acórdão Min.ª Cármen Lúcia, 06.02.2013).

Art. 150, VI, "b" e "c", da CF: maçonaria e imunidade tributária

As organizações maçônicas não estão dispensadas do pagamento do imposto sobre propriedade predial e territorial urbana – IPTU. Essa a conclusão da 1ª Turma ao conhecer, em parte, de recurso extraordinário e, por maioria, negar-lhe provimento. Na espécie, discutia-se se templos maçônicos se incluiriam no conceito de "templos de qualquer culto" ou de "instituições de assistência social" para fins de concessão da imunidade tributária prevista no art. 150, VI, "b" e "c", da CF ["Art. 150. Sem prejuízo de outras garantias asseguradas ao contribuinte, é vedado à União, aos Estados, ao Distrito Federal e aos Municípios: ... VI – instituir impostos sobre: ... b) templos de qualquer culto; c) patrimônio, renda ou serviços dos partidos políticos, inclusive suas fundações, das entidades sindicais dos trabalhadores, das instituições de educação e de assistência social, sem fins lucrativos, atendidos os requisitos da lei"] – v. **Informativo** n. 582. Entendeu-se que o enquadramento da recorrente na hipótese de imunidade constitucional seria inviável, consoante o Verbete n. 279 da Súmula do STF ("Para simples reexame de prova não cabe recurso extraordinário"). Aludiu-se, ainda, à observância do art. 14 do CTN para que pudesse existir a possibilidade do gozo do benefício, matéria que não possuiria índole constitucional. Pontuou-se que a maçonaria seria uma ideologia de vida e não uma religião.

(...) Vencido o Min. Marco Aurélio, que dava provimento ao recurso para reconhecer o direito à imunidade tributária dos templos em que realizados os cultos da recorrente. Sustentava que, diversamente das isenções tributárias, que configurariam favores fiscais do Estado, as imunidades decorreriam diretamente das liberdades, razão pela qual mereceriam interpretação, no mínimo, estrita. Frisava não caber potencializar o disposto no art. 111, II, do CTN — que determinaria a interpretação literal da legislação tributária que dispusesse sobre outorga de isenção —, estendendo-o às imunidades. Destacava que a Constituição não teria restringido a imunidade à prática de uma religião, mas apenas àquele ente que fosse reconhecido como templo de qualquer culto. Asseverava que, em perspectiva menos rígida do conceito de religião, certamente se conseguiria classificar a maçonaria como corrente religiosa, que contemplaria física e metafísica. Explicava haver inequívocos elementos de religiosidade na maçonaria. Presumia conceito mais largo de religião, até mesmo em deferência ao art. 1º, V, da CF, que consagraria o pluralismo como valor basilar da República. Realçava que o pluralismo impediria que o Poder Judiciário adotasse definição ortodoxa de religião.

RE 562351/RS, rel. Min. Ricardo Lewandowski, 4.9.2012. (RE-562351).

(STF – **Informativo** n. 678 – RE n. 562351/RS, rel. Min. Ricardo Lewandowski, 04.09.2012).

Direito tributário. Requisitos para a concessão de imunidade tributária à instituição de ensino sem fins lucrativos

Não é possível condicionar a concessão de imunidade tributária prevista para as instituições de educação e de assistência social sem fins lucrativos à apresentação de certificado de entidade de assistência social na hipótese em que prova pericial tenha demonstrado o preenchimento dos requisitos para a incidência da norma imunizante. De fato, o art. 150, VI, "c", da CF/1988 prevê a concessão de imunidade tributária às instituições de educação sem fins lucrativos, delegando à lei infraconstitucional os requisitos para a incidência da norma imunizante. Nesse contexto, o art. 14 do CTN elencou os pressupostos para qualificar uma instituição de ensino como entidade desprovida de finalidade lucrativa, dispondo que essas entidades não podem distribuir qualquer parcela de seu patrimônio ou de suas rendas a qualquer título, devem aplicar integralmente no país os seus recursos na manutenção dos seus objetivos institucionais e devem manter escrituração de suas receitas e despesas em livros revestidos de formalidades capazes de assegurar sua exatidão. Assim, condicionar a concessão de imunidade tributária à apresentação do certificado de entidade de assistência social, na hipótese em que perícia técnica tenha demonstrado o preenchimento dos requisitos legais, implica acréscimo desarrazoado e ilegal de pressupostos não previstos em lei para tanto, ainda mais quando o próprio texto constitucional prevê como condicionante para a concessão do referido benefício apenas a inexistência de finalidade lucrativa por parte da instituição (STJ – **Informativo** n. 535 – AgRg no AREsp n. 187.172-DF, rel. Min. Napoleão Nunes Maia Filho, julgado em 18.02.2014).

Direito processual civil e tributário. Ônus da prova referente à imunidade tributária de entidade de religiosa

Para fins de cobrança de ITBI, é do município o ônus da prova de que imóvel pertencente à entidade religiosa está desvinculado de sua destinação institucional. De fato, em se tratando de entidade religiosa, há presunção relativa de que o imóvel da entidade está vinculado às suas finalidades essenciais, o que impede a cobrança de impostos sobre aquele imóvel de acordo com o art. 150, VI, c, da CF. Nesse contexto, a descaracterização dessa presunção para que incida ITBI sobre imóvel de entidade religiosa é ônus da Fazenda Pública municipal, nos termos do art. 333, II, do CPC. Precedentes citados: AgRg no AREsp n. 239.268-MG, 2ª Turma, **DJe** de 12.12.2012 e AgRg no AG n. 849.285-MG, 1ª Turma, **DJ** de 17.05.2007 (STJ – **Informativo** n. 0534 – AgRg no AREsp n. 444.193-RS, rel. Min. Mauro Campbell Marques, julgado em 04.02.2014).

Direito Tributário e Processual Civil. Ônus da prova relacionado ao afastamento da imunidade Tributária Prevista no § 2º do art. 150 da CF

O ônus de provar que o imóvel não está afetado à destinação compatível com os objetivos e finalidades institucionais de entidade autárquica recai sobre o ente tributante que pretenda, mediante afastamento da imunidade tributária prevista no § 2º do art. 150 da CF, cobrar IPTU sobre o referido imóvel. Isso porque, conforme orientação jurisprudencial predominante no STJ, presume-se que o imóvel de entidade autárquica está afetado a destinação compatível com seus objetivos e finalidades institucionais. Precedentes citados: AgRg no REsp 1.233.942-RJ, Primeira Turma, **DJe** de 26.09.2012; e AgRg no AREsp n. 236.545-MG, 2ª Turma, **DJe** de 26.11.2012 (STJ – **Informativo** n. 527 – AgRg no AREsp 304.126-RJ, rel. Min. Benedito Gonçalves, julgado em 13.08.2013).

6. QUESTÕES

1. (PGE/MT – FCC/2016). No que concerne às limitações do poder de tributar, à luz da Constituição Federal e da jurisprudência do Supremo Tribunal Federal, considere:

I. O imóvel pertencente a uma determinada instituição de assistência social sem fins lucrativos que atenda aos requisitos da lei está imune ao Imposto sobre a Propriedade Predial e Territorial Urbana – IPTU, ainda que alugado a terceiros, desde que o valor dos aluguéis seja aplicado nas atividades para as quais a instituição foi constituída.

II. Não estão imunes à incidência do Imposto sobre a Propriedade de Veículos Automotores – IPVA veículos de propriedade da Empresa de Correios e Telégrafos, independentemente de serem utilizados no exercício de atividades em regime de exclusividade ou em concorrência com a iniciativa privada.

III. Aplica-se a imunidade tributária para fins de incidência de Imposto sobre a Propriedade Predial e Territorial Urbana – IPTU aos imóveis temporariamente ociosos e sem qualquer utilização pertencentes a um determinado partido político.

IV. A imunidade tributária não abrange os serviços prestados por empresas que fazem a distribuição, o transporte ou a entrega de livros, jornais, periódicos e do papel destinado à sua impressão.

Está correto o que se afirma APENAS em

(A) I e II.

(B) II, III e IV.

(C) I, II e III.

(D) III e IV.

(E) I, III e IV.

2. (Defensor Público/MT – UFMT/2016). Quanto às imunidades tributárias, analise as assertivas abaixo.

I. A extensão da imunidade recíproca às empresas estatais prestadoras de serviços públicos, por construção pretoriana do Supremo Tribunal Federal, refere-se tão somente aos impostos incidentes sobre o patrimônio, a renda e os serviços.

II. A norma constitucional que favorece as entidades beneficentes de assistência social em relação à cobrança de contribuições sociais – não obstante referir-se impropriamente à isenção de contribuição para a seguridade social – contemplou tais entidades com o favor constitucional da imunidade tributária, desde que por elas preenchidos os requisitos fixados em lei complementar.

III. A imunidade tributária torna indevida a incidência de IPVA (Imposto sobre a Propriedade de Veículos Automotores) sobre os veículos pertencentes às entidades sindicais de trabalhadores e de empregadores, desde que sejam utilizados para atender a suas finalidades essenciais.

IV. Os livros, jornais, periódicos e o papel destinado a sua impressão gozam de imunidade objetiva em relação ao ICMS (Imposto sobre Circulação de Mercadorias e Serviços).

Estão corretas as assertivas

(A) I, II e IV, apenas.

(B) II, III e IV, apenas.

(C) I e IV, apenas.

(D) I, II e III, apenas.

(E) III e IV, apenas.

3. (TCE/PR – Auditor– CESPE/2016). No que se refere à imunidade tributária, isenção, não incidência e princípios tributários, assinale a opção correta.

(A) Expressão do poder constituinte decorrente, a Constituição de estado-membro pode imunizar determinadas atividades – imunidade objetiva – ou pessoas –imunidade subjetiva.

(B) Constitui exemplo de isenção a não incidência do imposto sobre a propriedade territorial rural sobre um imóvel qualificado como urbano.

(C) Isenções de ICMS devem ser objeto de convênio normativo, conforme previsão constitucional, a despeito de ser esse imposto regulamentado por lei complementar.

(D) Salvo se ratificadas pelo estado ou pelo município detentor da competência tributária, são inválidas isenções de tributos estaduais e municipais previstas em tratados de direito internacional celebrados pela República Federativa do Brasil.

(E) Se suceder empresa pública federal devedora de tributos estaduais e municipais, a União estará imune aos referidos gravames, em decorrência da imunidade recíproca.

4. (Juiz de Fora/MG – Auditor Fiscal – AOCP/2016). Relativamente ao IPTU, a legislação tributária do Município "X" previa a isenção do referido tributo aos imóveis de propriedade de sindicatos. Todavia, em 30 de dezembro de 2015, foi publicada uma lei que revogou a isenção concedida aos sindicatos. Assim, o Sindicato "Y" recebeu, em 05 de janeiro de 2016, o carnê de IPTU de sua sede. Diante do caso relatado, tem-se que

(A) tal lançamento do IPTU está correto, tendo em vista que o município possui plena competência tributária tanto para conceder como para revogar isenções.

(B) o lançamento do IPTU é inconstitucional, haja vista a inobservância da anterioridade nonagesimal, uma vez que o IPTU somente poderá ser cobrado após noventa dias contados da publicação da lei que revogou a isenção.

(C) subsiste inconstitucionalidade no lançamento tributário, pois os sindicatos são imunes a impostos, pouco importando, assim, a legislação municipal alusiva à isenção.

(D) subsiste inconstitucionalidade do lançamento tributário em razão de o IPTU não ser de competência municipal.

(E) há inconstitucionalidade no lançamento tributário em razão de não ser observada a Lei Complementar de regência do IPTU, editada pela União para uniformizar a cobrança de tal imposto no país.

5. (Câmara de Atibaia/SP – Advogado – CAIPIMES/2016). A imunidade tributária:

I. tem raiz constitucional, pois a atividade limitadora estabelecida na CF interfere na própria competência do ente tributante.

II. A imunidade atua no plano do exercício da competência tributária e tem sede infraconstitucional, excluindo o crédito tributário.

III. constitui limitação ao poder de tributar. Nada obsta que se espalhe pelo texto constitucional contudo, a maioria de suas regras estão concentradas na seção "das limitações ao poder de tributar".

IV. é uma hipótese de não-incidência qualificada com previsão na lei infraconstitucional.

É correto o que se afirma apenas em:

(A) II e III.

(B) I e III.

(C) III.

(D) I e II.

6. (Pref. Guaraciama/MG – Advogado – COTECUNIMONTES/2016). O Partido da União Libertadora, depois de adquirir nova sede, resolveu alugar o imóvel da antiga sede para uma escola particular do município de Pai Antônio. Depois de um ano de locação, o Partido da União Libertadora recebeu a guia para o recolhimento do IPTU referente ao imóvel da antiga sede. Considerando o enunciado, marque a alternativa CORRETA.

(A) A vedação expressa no artigo 9º, IV, "c", do Código Tributário Nacional é absoluta, o que impede a cobrança de imposto sobre o patrimônio do Partido da União Libertadora.

(B) A vedação expressa no artigo 9º, IV, "c", do Código Tributário Nacional se aplica ao patrimônio alugado a terceiro, desde que o valor dos aluguéis seja aplicado nas atividades para as quais o Partido da União Libertadora foi constituído.

(C) A vedação expressa no artigo 9º, IV, "c", do Código Tributário Nacional não se aplica ao patrimônio que não esteja em uso exclusivo do partido político.

(D) A vedação expressa no artigo 9º, IV, "c", do Código Tributário Nacional se aplica ao patrimônio do Partido da União Libertadora, uma vez que a locatária é uma instituição de ensino.

7. (Pref. Criciúma/SC – Advogado – FEPESE/2016). Assinale a alternativa que indica corretamente o instituto jurídico que veda a instituição de tributos sobre livros, jornais, periódicos e o papel destinado a sua impressão.

(A) Anistia fiscal

(B) Isenção tributária

(C) Imunidade tributária

(D) Exclusão do crédito tributário

(E) Remissão do crédito tributário

8. (Pref. Palmares do Sul/RS – Advogado – OBJETIVA/2016). De acordo com o Código Tributário Nacional, é vedado à União, aos Estados, ao Distrito Federal e aos Municípios cobrar imposto sobre:

I. O patrimônio, a renda ou os serviços uns dos outros.

II. Templos de qualquer culto.

(A) Somente o item I está correto.
(B) Somente o item II está correto.
(C) Os itens I e II estão corretos.
(D) Os itens I e II estão incorretos

9. (Pref. Miraí/MG – Advogado – IDECAN/2016). Nos termos da Constituição, a tributação sobre fonogramas e videofonogramas musicais produzidos no Brasil, contendo obras musicais ou literomusicais de autores brasileiros e/ou obras em geral interpretadas por artistas brasileiros bem como os suportes materiais ou arquivos digitais que os contenham, salvo na etapa de replicação industrial de mídias ópticas de leitura a laser:

(A) É vedada.
(B) Compete à União.
(C) Compete aos Estados.
(D) Compete ao Município.

10. (Pref. Matozinhos/MG – Advogado – FUMARC/2016). A norma que veda à União, aos Estados, ao Distrito Federal e aos Municípios instituir impostos sobre o "patrimônio, renda ou serviços dos partidos políticos, inclusive suas fundações, das entidades sindicais dos trabalhadores, das instituições de educação e de assistência social, sem fins lucrativos, atendidos os requisitos da lei" consiste em:

(A) Imunidade tributária recíproca.
(B) Imunidade tributária.
(C) Isenção tributária.
(D) Norma de status legal.

11. (Pref. Cambira/PR – Advogado – FAUEL/2016). Assinale a alternativa correta acerca das limitações ao poder de tributar.

(A) É vedado à União, aos Estados, ao Distrito Federal e aos Municípios instituir quaisquer tributos sobre patrimônio, renda ou serviços, uns dos outros.
(B) É autorizado à União, aos Estados, ao Distrito Federal e aos Municípios estabelecer limitações ao tráfego de pessoas ou bens, por meio de tributos interestaduais ou intermunicipais, bem como a cobrança de pedágio pela utilização de vias conservadas pelo Poder Público.
(C) É vedado à União, aos Estados, ao Distrito Federal e aos Municípios instituir impostos sobre patrimônio, renda ou serviços dos partidos políticos, inclusive suas fundações, das entidades sindicais dos trabalhadores, das instituições de educação e de assistência social, sem fins lucrativos, atendidos os requisitos da lei.
(D) Compete a União instituir isenções de tributos da competência dos Estados, do Distrito Federal ou dos Municípios.

12. (CRQ 18ª – Advogado – QUADRIX/2016). Considerando as regras constitucionais de imunidade tributária, assinale a alternativa incorreta.

(A) O direito a imunidade tributária é uma garantia fundamental constitucionalmente assegurada ao contribuinte, que nenhuma lei pode anular.
(B) A imunidade que recai sobre os templos de qualquer culto, nos termos da doutrina, representa a extensão do direito fundamental à liberdade de consciência e de crença, consagrado no artigo 5º da Constituição Federal.
(C) A imunidade prevista no artigo 150, inciso VI, "d", da Constituição Federal (livros, jornais, periódicos e o papel destinado a sua impressão), não abrange os filmes e papéis fotográficos necessários à publicação de jornais e periódicos.
(D) A imunidade recíproca é extensiva às autarquias federais, estaduais e municipais no que atina ao patrimônio, renda e serviços vinculados às suas finalidades essenciais.
(E) No que diz respeito ao IPTU, não podem os municípios impor tributação sobre os prédios ou terrenos onde se exerce o culto (os templos).

13. (Pref. Trairi/CE – Advogado – CETREDE/2016). De acordo com a legislação vigente, é vedado à União

(A) tributar a renda das obrigações da dívida pública dos Estados, do Distrito Federal e dos Municípios, bem como a remuneração e os proventos dos respectivos agentes públicos, em níveis superiores aos que fixar para suas obrigações e para seus agentes.

(B) instituir impostos sobre importação de produtos estrangeiros.

(C) instituir impostos sobre produtos industrializados.

(D) instituir impostos sobre operações de crédito, câmbio e seguro, ou relativas a títulos ou valores mobiliários.

(E) instituir impostos sobre propriedade territorial rural.

14. (Pref. Sarandi/PR – Advogado – FAFIPA/2016). Acerca das imunidades tributárias, assinale a alternativa CORRETA:

(A) A imunidade tributária atinge a obrigação principal, bem como todas as obrigações acessórias dela decorrentes.

(B) Imunidades tributárias só existem para impostos, sendo vedada com relação à taxas e contribuições especiais.

(C) Templos de qualquer culto gozam de imunidade tributária somente quando não receberem valores pecuniários de seus fiéis.

(D) São beneficiários de imunidade tributária livros, jornais, periódicos e o papel destinado a sua impressão.

15. (Pref. São Gabriel/RS – Advogado – OBJETIVA/2016). Em consonância com ALEXANDRE, analisar a sentença abaixo:

A fiscalização, atividade estatal que tem por objetivo estimular o cumprimento espontâneo das obrigações tributárias por intermédio da identificação e punição daqueles que não as cumprem, é um poder-dever orientado pela isonomia, que, em matéria tributária, se prende à ideia de tributar cada pessoa na medida de sua capacidade contributiva (1ª parte). Não é permitida a atividade de fiscalizar e arrecadar tributos de igrejas, partidos políticos ou qualquer outro ente imune (2ª parte).

A sentença está:

(A) Totalmente correta.

(B) Correta somente em sua 1ª parte.

(C) Correta somente em sua 2ª parte.

(D) Totalmente incorreta.

16. (Analista Portuário – CODEBA – Advogado – FGV/2016). O Município X realizou o lançamento do Imposto sobre Propriedade Territorial Urbana – IPTU em face da contribuinte Igreja Cristã ABC, referente ao imóvel onde realiza seus cultos. Por não concordar com o lançamento, a Igreja Cristã ABC ofereceu impugnação ao lançamento.

Assinale a opção que indica a possível tese de defesa da contribuinte.

(A) O IPTU é devido sobre qualquer propriedade territorial urbana, inclusive sobre o imóvel em que a Igreja Cristã ABC realiza seus cultos.

(B) O IPTU não é devido, pois os templos de qualquer culto são isentos desse tributo.

(C) O IPTU não incide sobre imóveis onde se realizam cultos, por ausência de previsão legal.

(D) O IPTU não é devido, pois os templos de qualquer culto são imunes a qualquer imposto.

(E) O IPTU não é devido, pois a Igreja Cristã ABC não possui capacidade tributária.

17. (Câmara de São José do Rio Preto/SP – Advogado – VUNESP/2015). Estabelece o Sistema Tributário Nacional a vedação à cobrança de impostos sobre os fonogramas e videofonogramas musicais produzidos no Brasil contendo obras musicais ou literomusicais de autores brasileiros e/ou obras em geral interpretadas por artistas brasileiros, bem como os suportes materiais ou arquivos digitais que os contenham, salvo na etapa de replicação industrial de mídias ópticas de leitura a laser. Referida vedação consiste em

(A) imunidade.

(B) isenção.

(C) anistia.

(D) remissão total.

(E) remissão parcial.

18. (PGFN – Procurador da Fazenda Nacional –ESAF/2015). Assinale a opção correta acerca da obrigação tributária.

(A) A autoridade fiscal pode exigir, por instrução normativa específica, a regularidade fiscal do sócio para efeito de inscrição de sociedade comercial no cadastro fiscal.

(B) As obrigações acessórias dependem da obrigação principal.

(C) Pessoa jurídica em pleno gozo de benefício fiscal não pode ser obrigada, por simples portaria, a consolidar e apresentar resultados mensais como condição para continuidade da fruição do benefício.

(D) O descumprimento de obrigação acessória pode gerar penalidade pecuniária que não se confunde com a obrigação principal, razão pela qual nesta não se converte.

(E) A imunidade das pessoas físicas ou jurídicas não abrange as obrigações tributárias acessórias.

19. (PGE/PR – Procurador do Estado –PUC/2015). Sobre as imunidades tributárias, à luz da jurisprudência do Supremo Tribunal Federal, assinale a alternativa CORRETA.

(A) É vedada a instituição, por meio de Emenda à Constituição, de novas hipóteses de imunidades tributárias.

(B) Não incide Imposto de Importação sobre as operações de importação de bens realizadas por Estado da Federação, salvo nos casos em que restar comprovada violação ao princípio da neutralidade concorrencial do Estado.

(C) A imunidade tributária recíproca exonera o sucessor, desde que Ente Público integrante da Administração Direta, das obrigações tributárias relativas aos fatos jurídicos tributários ocorridos antes da sucessão.

(D) Não incide o ICMS sobre o serviço de transporte de bens e mercadorias realizado pelas franqueadas da Empresa Brasileira de Correios e Telégrafos – ECT.

(E) A Constituição Federal de 1988 contém hipóteses de imunidades de impostos e contribuições, mas não de taxas.

20. (Câmara de São José do Rio Preto/SP – Advogado – VUNESP/2015). Estabelece o Sistema Tributário Nacional a vedação à cobrança de impostos sobre os fonogramas e videofonogramas musicais produzidos no Brasil, contendo obras musicais ou literomusicais de autores brasileiros e/ou obras em geral interpretadas por artistas brasileiros, bem como os suportes materiais ou arquivos digitais que os contenham, salvo na etapa de replicação industrial de mídias ópticas de leitura a laser. Referida vedação consiste em

(A) imunidade.

(B) isenção.

(C) anistia.

(D) remissão total.

(E) remissão parcial.

21. (Câmara de Itatiba/SP – Advogado – VUNESP). A imunidade e a isenção

(A) são institutos que possuem a mesma origem.

(B) identificam-se por representarem, ambas, liberalidades fiscais.

(C) distinguem-se porque a primeira verifica-se no âmbito do poder de tributar, ao passo que a segunda constitui-se em mero não exercício da competência tributária.

(D) identificam-se em nível da lei que as concede.

(E) confundem-se quanto ao efeito que produzem, na medida em que o crédito tributário constituído será dispensado da cobrança relativamente ao contribuinte, em ambos os casos.

22. (Procurador da República – MPF/2015). Assinale, dentre as opções abaixo, aquela considerada correta:

(A) A imunidade do IPTU deferida às autarquias goza da presunção de que os imóveis se destinam aos seus fins institucionais.

(B) A contribuição destinada ao custeio do serviço de iluminação pública consiste num tributo que, embora *sui generis*, confunde-se com um imposto pelo seu caráter impositivo.

(C) A contribuição destinada ao custeio do serviço de iluminação pública caracteriza-se como taxa eis que presente a exigibilidade da contraprestação de um serviço ao contribuinte.

(D) Em nenhuma hipótese incide o ICMS sobre operações de importação de mercadorias, sob o regime de arrendamento mercantil internacional.

23. (Defensor Público/PA – FMP/2015). Assinale a alternativa CORRETA.

(A) Segundo entendimento do Supremo Tribunal Federal (STF), a imunidade tributária dos templos de qualquer culto alcança as lojas maçônicas.

(B) A imunidade tributária endereçada aos livros e periódicos não alcança, no entendimento do STF, álbuns de figurinhas.

(C) A imunidade tributária recíproca não alcança o Imposto sobre operações relativas à Circulação de Mercadorias e sobre a prestação de Serviços de Transporte interestadual e intermunicipal e de comunicação (ICMS) que incide no transporte de bens e mercadorias realizado pela Empresa Brasileira de Correios e Telégrafos (ECT) porque, na esteira do entendimento do STF, tal atividade tem fins lucrativos, não merecendo tratamento tributário privilegiado.

(D) Têm imunidade tributária fonogramas e videofonogramas musicais produzidos no Brasil contendo obras musicais ou literomusicais de autores brasileiros e/ou obras em geral, interpretadas por artistas brasileiros, bem como os suportes materiais ou arquivos digitais que os contenham, salvo na etapa de replicação industrial de mídias ópticas de leitura a laser.

(E) Não têm imunidade tributária recíproca as autarquias e fundações instituídas e mantidas pelo Poder Público no que se refere ao patrimônio, à renda e aos serviços vinculados às suas finalidades essenciais.

24. (TJ/MG – Cartório – CONSULPLAN/2015). Sobre o tema das imunidades tributárias, é INCORRETO afirmar:

(A) As pessoas beneficiadas pela imunidade tributária não podem ser fiscalizadas pela autoridade administrativa.

(B) A norma tributária infraconstitucional que desobedece uma imunidade tributária é uma norma inconstitucional.

(C) A imunidade tributária outorga a seu beneficiário o direito subjetivo de não ser tributado pelo Poder Público.

(D) A imunidade tributária limita o exercício da competência tributária outorgada pela Constituição Federal.

25. (São Paulo/SP – Procurador – VUNESP/2015). A imunidade recíproca consiste na vedação constitucional que impede a União, os Estados, o Distrito Federal e os Municípios de cobrar

(A) tributos sobre os templos de qualquer culto.

(B) tributos sobre patrimônio, renda ou serviços dos partidos políticos, inclusive suas fundações.

(C) impostos sobre o patrimônio, renda ou serviços uns dos outros.

(D) impostos sobre o patrimônio, renda ou serviços das instituições de educação e de assistência social, sem fins lucrativos, atendidos os requisitos da lei.

(E) impostos sobre livros, jornais, periódicos e o papel destinado à sua impressão.

26. (TRF/4ª REGIÃO – Juiz Substituto – TRF/2014). Dadas as assertivas abaixo, assinale a alternativa correta. Considerando a jurisprudência do Supremo Tribunal Federal:

I. A prestação de ações e serviços de saúde por sociedades de economia mista corresponde à própria atuação do Estado, razão pela qual a elas se estende a imunidade tributária prevista na alínea a do inciso VI do art. 150 da Constituição Federal, desde que a empresa estatal não tenha por finalidade a obtenção de lucro e o capital social seja majoritariamente estatal.

II. É incompatível com o texto constitucional a regra constante de lei ordinária que condiciona o ingresso de empresa no Simples à inexistência de débito tributário, por se constituir em sanção política e via indireta de cobrança de tributo.

III. A imunidade tributária conferida a instituições de assistência social sem fins lucrativos pelo art. 150, VI, "c", da Constituição Federal somente alcança as entidades fechadas de previdência social se não houver contribuição dos beneficiários.

IV. A lei que altera o prazo de pagamento do tributo, por não implicar majoração da exação, não se sujeita ao princípio da anterioridade.

V. É inconstitucional a cobrança de taxa para custear o serviço de iluminação pública.

(A) Estão corretas apenas as assertivas I, II e IV.
(B) Estão corretas apenas as assertivas I, II, IV e V.
(C) Estão corretas apenas as assertivas I, III, IV e V.
(D) Estão corretas apenas as assertivas II, III, IV e V.
(E) Estão corretas todas as assertivas.

27. (TRF/2ª Região – Juiz Federal – TRF/2014). Assinale a opção correta:

(A) São imunes de impostos os templos religiosos, assim entendidos os prédios dedicados ao culto de religião consagrada e de aceitação tradicional, sem extensão.
(B) É lícito exigir impostos sobre a comercialização ao consumidor final de DVD que contenha videofonograma produzido por produtores brasileiros, em território nacional, contendo obras musicais de autores estrangeiros interpretadas por artistas brasileiros.
(C) A imunidade constitucional tributária torna indevida a incidência de IOF sobre operações de câmbio praticadas em favor de entidade sindical dos empregadores, quando da remessa de valores ao exterior para fins de aplicação financeira.
(D) Imóvel rural pertencente a líder de partido político é imune de Imposto Territorial Rural, durante o mandato parlamentar do líder.
(E) Todo cidadão é isento (na verdade, imune) do pagamento de taxas judiciais quando do ajuizamento de ações populares destinadas a anular ato lesivo ao patrimônio público, à moralidade administrativa, ao meio ambiente e ao patrimônio histórico e cultural, a não ser quando demonstrada a má-fé no ajuizamento da ação.

28. (TJ/MS – Titular de Serviços de Notas e de Registros – Provimento IESES/2014). Com relação ao princípio constitucional da imunidade recíproca, previsto na Constituição Federal, art.150, VI, podemos afirmar que:

(A) Os Municípios estão impedidos de cobrar, da União e dos Estados, taxas pelo serviço de coleta de lixo bem como quaisquer outras taxas de polícia.
(B) É defeso à União, Estados, Distrito Federal e Municípios exigir impostos sobre o patrimônio, renda ou serviços uns dos outros, bem como das autarquias ou fundações por eles mantidas, no que se refere ao patrimônio, à renda e aos serviços, vinculados a suas finalidades essenciais ou às delas decorrentes.
(C) Não incide Imposto sobre a Propriedade Predial e Territorial Urbana sobre os imóveis pertencentes à União, mas o imposto pode ser cobrado dos Estados, em relação aos imóveis de que são proprietários.
(D) Fica vedada a instituição de impostos e de contribuições sociais, sobre livros, jornais e periódicos e o papel destinado a sua impressão.

29. (TJ/MT – Juiz – FMP/2014). As imunidades são normas negativas de competência tributária, figurando na constituição, ainda, como limitações constitucionais ao poder de tributar. Sobre as imunidades, é correto afirmar que:

(A) são identificadas no texto constitucional justamente pelo uso da expressão imunidade, não se podendo considerar como imunidades as vedações ou proibições de tributação referidas pelo texto constitucional como isenção ou não incidência, na medida em que se trata de institutos diversos.
(B) as imunidades constam em diversos artigos do texto constitucional, e, conforme o dispositivo, dizem respeito a impostos, a contribuições ou mesmo a taxa, não se podendo, onde a imunidade é relativa a impostos, pretender estendê-la a outras espécies tributárias.
(C) as imunidades tributárias a impostos em favor dos templos e das entidades educacionais sem fins lucrativos são incondicionadas.

(D) a imunidade recíproca a impostos tem caráter subjetivo, alcançando tão somente os entes políticos e suas autarquias, jamais se podendo estendê-la às empresas públicas e às sociedades de economia mista, para as quais o texto constitucional inclusive veda privilégios fiscais.

(E) a jurisprudência do Supremo Tribunal Federal é uníssona no sentido de que a imunidade dos livros deve ser interpretada restritivamente, não havendo dissenso quanto a isso, porquanto imunidades são normas de exceção.

30. (TJ/MA – Juiz – CESPE/2013). Assinale a opção correta no que se refere ao sistema tributário nacional:

(A) No que se refere às limitações ao poder de tributar, a CF estabelece a necessidade de prévia autorização orçamentária para a exigibilidade de tributos.

(B) A CF não admite o estabelecimento de imposto de caráter real, definido sem que se levem em consideração as condições pessoais do contribuinte, aspecto tido por imprescindível na ordem tributária nacional para a fixação do referido tributo.

(C) Segundo entendimento do STF, o valor cobrado dos usuários pelos serviços de água e esgoto tem natureza jurídica de taxa.

(D) O princípio da imunidade tributária recíproca não pode, à luz do posicionamento firmado pelo STF, ser invocado na hipótese de contribuições previdenciárias.

31. (TRF/5ª REGIÃO – Juiz Federal Substituto – CESPE/2013). Ainda com base na CF, nas normas gerais de direito tributário e na jurisprudência do STJ e do STF sobre essa matéria, assinale a opção correta:

(A) Ainda que a isenção tenha sido concedida por prazo certo e sob condição onerosa, é possível a sua posterior revogação, com efeitos sobre os contribuintes que tiverem por ela sido beneficiados, já que eles não possuem direito adquirido de usufruir do benefício legalmente estipulado.

(B) É devida a correção monetária ao creditamento do IPI quando há oposição ao seu aproveitamento decorrente de resistência legítima do fisco.

(C) A simples declaração, pelo contribuinte, do débito tributário lhe dá o direito de obter a certidão negativa ou positiva com efeito de negativa.

(D) O inadimplemento da obrigação tributária pela sociedade é suficiente, por si só, para atrair a responsabilidade solidária do sócio-gerente.

(E) A imunidade tributária recíproca é princípio garantidor da Federação, motivo pelo qual não pode ser restringida nem mesmo por emenda constitucional.

32. (Companhia do Metropolitano-METRÔ/SP – Advogado Júnior – FCC/2012). Considere:

I. O legislador não tem competência para criar o tributo em hipóteses que se encontram fora do campo de incidência descrito no texto constitucional.

II. A constituição proíbe que o legislador crie tributo sobre determinadas situações que, em tese, estariam incluídas no campo de incidência do texto constitucional.

III. Favor fiscal através do qual há dispensa legal do pagamento do tributo devido, com o objetivo de atendimento de políticas voltadas ao interesse público.

Os conceitos acima se referem, respectivamente, à:

(A) Não incidência, isenção e imunidade.

(B) Imunidade, isenção e não incidência.

(C) Isenção, não incidência e imunidade.

(D) Imunidade, não incidência e isenção.

(E) Não incidência, imunidade e isenção.

33. (TC/AM – Analista de Controle Externo. Área de Controle Externo. Especialidade: Jurídica – FCC/2012). A imunidade tributária:

(A) Só pode ser concedida por lei complementar.

(B) Pode ser concedida pela União relativamente a impostos estaduais, desde que esta esteja também regulando impostos federais.

(C) Implica ausência de competência tributária para instituir tributo e está prevista apenas na Constituição Federal.

(D) É causa de exclusão do crédito tributário, ao lado da anistia e da isenção.

(E) Alcança apenas patrimônio, renda e serviços de tributos que incidem sobre atividades relacionadas a livro, jornal, periódico e o papel destinado a sua impressão.

34. (TRF/2ª Área Judiciária – Analista Judiciário – FCC/2012). Em matéria tributária, de modo geral, NÃO pode ser considerada imunidade constitucional, dentre outras situações:

(A) A proibição à tributação de livros, dos jornais e dos periódicos, bem como do papel destinado à sua impressão.

(B) O conjunto de favores concedidos por lei, dispensando o pagamento de um tributo devido, compreendendo todos os contribuintes do território da entidade tributante ou de determinada região.

(C) A vedação à instituição de tributos interestaduais ou intermunicipais, objetivando estabelecer limitações ao tráfego de pessoas ou de mercadorias, com exclusão da cobrança de pedágio.

(D) O não cabimento de tributação entre si das pessoas jurídicas de Direito Público interno sobre o patrimônio, a renda ou os serviços, com exclusão de situações específicas.

(E) A impossibilidade de tributação sobre o patrimônio, a renda ou serviços das instituições de educação ou assistência.

35. (SEGER/ES – Analista do Executivo: Direito – CESPE/2013). Acerca do Sistema Tributário Nacional e das regras constitucionais relacionadas às finanças públicas, assinale a opção correta:

(A) Os estados não podem cobrar o imposto sobre propriedade de veículo automotores de veículos de propriedade de autarquia pública federal prestadora de serviço público, pois a CF estabelece, para casos como esse, a imunidade recíproca.

(B) A abertura de crédito extraordinário, admitida somente para atender a despesas imprevisíveis e urgentes, não pode ser feita por meio de medida provisória.

(C) O princípio da irretroatividade tributária relaciona-se à proibição de os entes federativos exigirem ou aumentarem tributo sem lei que o estabeleça.

(D) Compete aos estados instituir imposto sobre a propriedade predial e territorial urbana.

36. (TJ/MA – Juiz – CESPE/2013). Assinale a opção correta no que se refere ao sistema tributário nacional:

(A) No que se refere às limitações ao poder de tributar, a CF estabelece a necessidade de prévia autorização orçamentária para a exigibilidade de tributos.

(B) A CF não admite o estabelecimento de imposto de caráter real, definido sem que se levem em consideração as condições pessoais do contribuinte, aspecto tido por imprescindível na ordem tributária nacional para a fixação do referido tributo.

(C) Segundo entendimento do STF, o valor cobrado dos usuários pelos serviços de água e esgoto tem natureza jurídica de taxa.

(D) O princípio da imunidade tributária recíproca não pode, à luz do posicionamento firmado pelo STF, ser invocado na hipótese de contribuições previdenciárias.

37. (TRF/5ª Região – Juiz Federal Substituto – CESPE/2013). Ainda com base na CF, nas normas gerais de direito tributário e na jurisprudência do STJ e do STF sobre essa matéria, assinale a opção correta:

(A) Ainda que a isenção tenha sido concedida por prazo certo e sob condição onerosa, é possível a sua posterior revogação, com efeitos sobre os contribuintes que tiverem por ela sido beneficiados, já que eles não possuem direito adquirido de usufruir do benefício legalmente estipulado.

(B) É devida a correção monetária ao creditamento do IPI quando há oposição ao seu aproveitamento decorrente de resistência legítima do fisco.

(C) A simples declaração, pelo contribuinte, do débito tributário lhe dá o direito de obter a certidão negativa ou positiva com efeito de negativa.

(D) O inadimplemento da obrigação tributária pela sociedade é suficiente, por si só, para atrair a responsabilidade solidária do sócio-gerente.

(E) A imunidade tributária recíproca é princípio garantidor da Federação, motivo pelo qual não pode ser restringida nem mesmo por emenda constitucional.

38. (TC/DF – Procurador do MP – CESPE/2013). Julgue o item seguinte, relativos ao Sistema Tributário Nacional, às limitações do poder de tributar e aos princípios gerais da atividade econômica:

O princípio da imunidade recíproca, mediante o qual é vedado à União, aos estados, ao DF e aos municípios instituir impostos sobre patrimônio, renda ou serviços uns dos outros, é extensivo às autarquias e às fundações instituídas e mantidas pelo poder público, no que se refere ao patrimônio, à renda e aos serviços, vinculados a suas finalidades essenciais ou às delas decorrentes.

39. (TJ/PB – Juiz – FCC/2013). Sobre imunidade e isenção, analise os itens abaixo:

I. A Constituição Federal assegura isenção no pagamento de taxa para obtenção de certidões em repartições públicas e privadas que prestam serviço público, para defesa de direitos e esclarecimento de situações de interesse pessoal.

II. A imunidade sobre o templo de qualquer culto apenas alcança os impostos, sendo devidas, portanto, as taxas e contribuição de melhoria incidentes sobre o imóvel destinado ao templo.

III. Há isenção de imposto sobre comercialização de livro, jornal, periódico e sobre a comercialização de papel destinado a impressão destes produtos.

IV. Possui imunidade de contribuição social para seguridade social a entidade beneficente de assistência social que atenda às exigências estabelecidas em lei sobre a folha de salários e demais rendimentos do trabalho pagos ou creditados, a qualquer título, à pessoa física que lhe preste serviço, mesmo sem vínculo empregatício.

Está correto o que se afirma APENAS em:

(A) I e II.
(B) II e IV.
(C) I e III.
(D) I, II e III.
(E) II, III e IV.

40. (Defensoria Pública/SP – FCC/2012). Dentre as hipóteses constitucionais de vedação à União, aos Estados, ao Distrito Federal e aos Municípios para instituir impostos é autoaplicável a imunidade sobre:

(A) Livros, jornais, periódicos e o papel destinado a sua impressão.
(B) Partidos políticos, inclusive suas fundações.
(C) Entidades sindicais dos trabalhadores.
(D) Instituições de educação.
(E) Entidades de assistência social, sem fins lucrativos.

41. (Prefeitura/SP – Auditor-Fiscal Tributário Municipal I. Área de Especialização: Gestão Tributária – FCC/2012). A Igreja Mundial do Imposto Sagrado, tendo em vista a ampliação de suas atividades religiosas, começou a cobrar de seus fiéis o valor de R$ 100,00 por batismo realizado. Responsáveis pela entidade religiosa regularmente constituída formulam consulta ao órgão competente do município de sua localização, para saber se devem, ou não, recolher o ISS pelos serviços religiosos prestados. Formulam consulta, também, ao fisco federal, para saber se a renda auferida com os batismos deve ser declarada como tributada pelo Imposto sobre Renda e Proventos de Qualquer Natureza – Pessoa Jurídica – IRPJ –da entidade religiosa. Nesse caso:

(A) O IRPJ não deve ser cobrado, pois a renda auferida com os batismos resta alcançada por imunidade tributária; porém, sobre o serviço de batismo deve ser cobrado o ISS, tendo em vista a ausência de dispositivo normativo em sentido contrário.

(B) O ISS e o IRPJ devem ser cobrados, em razão do princípio da igualdade, pois os templos de qualquer culto devem ser tratados tributariamente como qualquer pessoa jurídica que realize um serviço tributável e que aufira rendas.

(C) O ISS não deve ser cobrado, tendo em vista que o serviço de batismo é atividade relacionada às finalidades religiosas da entidade, porém, o IRPJ deve ser cobrado, pois a renda auferida com qualquer serviço prestado pelo templo é tributada.

(D) Tanto o ISS como o IRPJ devem ser cobrados, pois não há dispositivo normativo que exima o templo de qualquer culto de quaisquer cobranças tributárias.

(E) Nem o ISS, nem o IRPJ devem ser cobrados, tendo em vista que, tanto o serviço de batismo como a renda respectivamente auferida estão relacionados às finalidades essenciais da entidade religiosa.

42. (TJ/MG – Juiz de Direito Substituto – VUNESP/2012). Com relação aos princípios do Direito Tributário, assinale a alternativa que apresenta informação incorreta:

(A) É vedado à União, aos Estados, ao Distrito Federal e aos Municípios utilizar tributo com efeito de confisco.

(B) À União, aos Estados, ao Distrito Federal e aos Municípios é proibido, sem ressalvas, estabelecer limitações ao tráfego de pessoas ou bens, por meio de tributos interestaduais e intermunicipais.

(C) O nosso sistema tributário constitucional veda à União, aos Estados, ao Distrito Federal e aos Municípios a instituição de impostos sobre templos de qualquer natureza.

(D) O princípio da imunidade tributária recíproca é extensivo às autarquias e às fundações instituídas e mantidas pelo poder público, no que se refere ao patrimônio, à renda e aos serviços, vinculados a suas finalidades essenciais ou às delas decorrentes.

43. (TJ/RJ – Juiz Substituto – VUNESP/2012). A instituição de assistência social "Criança Feliz" não paga IPTU (imposto predial e territorial urbano) porque não tem fins lucrativos e, atendendo aos requisitos da lei, está abrangida pela:

(A) Não incidência infraconstitucional.

(B) Isenção.

(C) Remissão.

(D) Imunidade.

44. (FUNSERV/Município de Sorocaba/SP – Procurador – VUNESP/2012). A imunidade recíproca, conforme determinada na Constituição Federal, impede a instituição de impostos sobre o patrimônio, renda ou serviços entre os titulares do poder de tributar. Acerca da referida imunidade, é correto afirmar que:

(A) Não é extensiva às autarquias e às fundações instituídas e mantidas pelo Poder Público, no que se refere ao patrimônio, à renda e aos serviços, vinculados a suas finalidades essenciais ou às delas decorrentes, posto faltar-lhes competência tributária.

(B) Não se aplica ao patrimônio, à renda e aos serviços, relacionados com exploração de atividades econômicas regidas pelas normas aplicáveis a empreendimentos privados, quando desenvolvidas por qualquer dos titulares do poder de tributar.

(C) Se aplica apenas às autarquias, mas não às fundações públicas, visto que apenas aquelas podem ser consideradas pessoas jurídicas da administração indireta.

(D) Se aplica ainda quando qualquer dos titulares do poder de tributar explore atividades em que haja contraprestação ou pagamento de preços ou tarifas pelo usuário.

45. (Procurador de São Gonçalo/RJ – CEPERJ/ 2011). Através do reconhecimento judicial da atuação da Empresa Brasileira de Correios e Telégrafos como pessoa jurídica, atuando no exercício do monopólio postal da União com as mesmas prerrogativas do referido ente federativo, houve pleito de natureza tributária vinculado ao imposto sobre a propriedade de veículos automotores (IPVA). A ECT buscou judicialmente o reconhecimento, em relação aos Estados, do instituto da:

(A) Isenção tributária federativa.

(B) Instituição de tributos.

(C) Imunidade recíproca.

(D) Suspensão da cobrança.

(E) Isonomia com os municípios.

46. (TRF/5ª Região – Juiz Federal – CESPE/2011). Com relação aos impostos federais, assinale a opção correta:

(A) A imunidade tributária conferida aos partidos políticos, às entidades sindicais dos trabalhadores e às instituições de educação e de assistência social, sem fins lucrativos, não abrange o imposto sobre operações de crédito, câmbio e seguro, ou as relativas a títulos ou valores mobiliários.

(B) É constitucional a instituição de taxa municipal de conservação de estradas de rodagem cuja base de cálculo seja idêntica à do imposto sobre a propriedade territorial rural.

(C) A base de cálculo do imposto sobre a exportação corresponde, quando a alíquota for específica, ao preço normal que o produto ou seu similar alcançaria, ao tempo da exportação, em uma venda em condições de livre concorrência.

(D) Considera-se contribuinte do imposto de renda o titular de disponibilidade econômica ou jurídica, podendo a lei atribuir essa condição ao possuidor, a qualquer título, dos bens produtores de renda ou dos proventos tributáveis.

(E) O imposto sobre produtos industrializados, que pode ser seletivo, em razão da essencialidade do produto, deve ser não cumulativo e incidir sobre produtos industrializados destinados ao exterior.

47. (TJ/ES – Juiz – CESPE/2011). Com base na disciplina aplicável à imunidade tributária, assinale a opção correta:

(A) A instituição de imposto extraordinário de guerra, por lei complementar, é da competência da União.

(B) A CF confere benefício de isenção tributária aos templos religiosos, ou seja, sobre eles é conferida, pela ordem constitucional, exoneração de obrigação de pagar tributos.

(C) A obtenção do registro no TSE é condição para a fruição da imunidade pelos partidos políticos.

(D) Manuais técnicos no formato de apostilas virtuais não gozam da imunidade tributária conferida aos livros, visto que só é considerado livro, para efeitos fiscais, o que pode ser impresso e identificado como tal.

48. (TJ/PE – Juiz – FCC/2011). O art. 155, § 2º, inciso X, letra "d", da Constituição Federal, enuncia que o ICMS "não incidirá" sobre prestação de serviços de comunicação nas modalidades de radiodifusão e transmissão de imagens. Bem observado, o dispositivo consagra, segundo a melhor doutrina do direito:

(A) Hipótese de não incidência tributária.

(B) Imunidade tributária.

(C) Isenção de nível constitucional.

(D) Isenção pura e simples.

(E) Remissão fiscal.

49. (PGE/RO – FCC/2011). O Sindicato Patronal das Indústrias do Setor de Plásticos e Derivados, alegando como argumento o fato de constituir-se como sindicato, requereu imunidade constitucional tributária abrangendo a totalidade de seu patrimônio, renda e serviços. Com relação ao pleito e fundamentação apresentada:

(A) Aplica-se a imunidade tributária exclusivamente ao patrimônio do sindicato patronal.

(B) Aplica-se a imunidade exclusivamente para os serviços, em função do princípio da imunidade recíproca.

(C) Aplica-se a imunidade integral, abrangendo inclusive, taxas e contribuições, em razão da finalidade da entidade.

(D) Não se aplica a imunidade por se tratar de sindicato patronal.

(E) Não se aplica a imunidade, que é restrita, exclusivamente, aos templos de qualquer culto, às entidades de assistência social sem fins lucrativos e aos livros, jornais e periódicos.

50. (Procurador-Geral do Município De Florianópolis/SC – FEPESE/2011). No tocante às limitações do poder de tributar contidas na Constituição Federal de 1988, é correto afirmar:

(A) É inconstitucional a cobrança de contribuição de melhoria, decorrente de obras públicas, das entidades religiosas de qualquer culto.

(B) Para usufruir imunidade tributária, as entidades sindicais dos trabalhadores não podem distribuir qualquer parcela de seu patrimônio ou de suas rendas, a qualquer título.

(C) É vedado à União exigir contribuições destinadas à seguridade social no mesmo exercício financeiro em que haja sido publicada a lei que os instituiu ou aumentou.

(D) Quando alugado a terceiros, o imóvel pertencente aos partidos políticos não goza de imunidade ao Imposto sobre a Propriedade Territorial Urbana – IPTU, mesmo que o valor dos aluguéis seja integralmente aplicado em suas atividades essenciais.

(E) Os impostos extraordinários de competência da União, instituídos na iminência ou no caso de guerra externa, não poderão ser cobrados antes de decorridos noventa dias da data em que haja sido publicada a lei que os instituiu ou aumentou.

51. (Procurador de Nova Lima/MG – FUMARC/ 2011). O Supremo Tribunal Federal adotou entendimento consubstanciado na ementa a seguir transcrita. *Ementa: RECURSO EXTRAORDINÁRIO. CONSTITUCIONAL. IMUNIDADE TRIBUTÁRIA. IPTU. ARTIGO 150, VI, "B", CB/88. CEMITÉRIO. EXTENSÃO DE ENTIDADEDE CUNHO RELIGIOSO. 1. Os cemitérios que consubstanciam extensões de entidades de cunho religioso estão abrangidos pela garantia contemplada no artigo 150 da Constituição do Brasil. Impossibilidade da incidência de IPTU em relação a eles. 2. A imunidade aos tributos de que gozam os templos de qualquer culto é projetada a partir da interpretação da totalidade que o texto da Constituição é, sobretudo do disposto nos artigos 5º, VI, 19, I e 150, VI, "b". 3. As áreas da incidência e da imunidade tributária são antípodas. Recurso extraordinário provido.* (RE n. 578562, rel. Min. Eros Grau, Tribunal Pleno, julgado em 21.05.2008, **DJe**-172, divulg. em 11.09.2008, public. em 12.09.2008, Ement. v. 02332-05, p. 01070, **RTJ** v. 00206-02, p. 00906, **LEXSTF** v. 30, n. 358, p. 334-340, 2008). Considerando o teor da decisão, sobre a imunidade dos templos, pode-se afirmar que:

(A) A casa paroquial, vizinha à Igreja, não está abrangida pela imunidade.

(B) A imunidade em questão visa proteger o patrimônio das entidades religiosas.

(C) A imunidade em questão visa proteger o direito fundamental relativo à liberdade religiosa.

(D) A imunidade aplica-se somente às religiões reconhecidas pelo poder público.

52. (Procurador-Geral da República – PGR/2011). As imunidades tributárias de que trata o art. 150, inciso VI, da Constituição:

(A) Abrange também propriedades não afetadas ao culto como forma de incentivar as manifestações religiosas, não embaraçar o funcionamento das entidades religiosas e, sobretudo, assegurar a liberdade de culto, direito individual expressamente consagrado na Lei Magna (art. 5º, VI).

(B) Abrangem as empresas públicas e sociedades de economia mista prestadores de serviços públicos de prestação obrigatória e exclusiva do Estado.

(C) Para incidirem deve-se levar em conta a natureza da renda.

(D) Alcançam não só os impostos, mas também as contribuições, porquanto constituindo garantias não podem ter diminuído o seu alcance.

7. GABARITO

1. Alternativa (E). I, III e IV.

I. O imóvel pertencente a uma determinada instituição de assistência social sem fins lucrativos que atenda aos requisitos da lei está imune ao Imposto sobre a Propriedade Predial e Territorial Urbana – IPTU, ainda que alugado a terceiros, desde que o valor dos aluguéis seja aplicado nas atividades para as quais a instituição foi constituída.

III. Aplica-se a imunidade tributária para fins de incidência de Imposto sobre a Propriedade Predial e Territorial Urbana – IPTU aos imóveis temporariamente ociosos e sem qualquer utilização pertencentes a um determinado partido político.

IV. A imunidade tributária não abrange os serviços prestados por empresas que fazem a distribuição, o transporte ou a entrega de livros, jornais, periódicos e do papel destinado à sua impressão.

Comentário: A alternativa **"E"** está correta. O item I está correto. De acordo com o art. 150, § 4º, da CF, todo patrimônio, renda e serviços em nome das pessoas do art. 150, VI, "c", da CF, o que inclui as entidades de assistência social sem fins lucrativos, gozam de imunidade tributária referente aos impostos, desde que cumpram as finalidades essenciais das entidades. Nesse sentido, tem-se a Súmula n. 724 e Súmula Vinculante n. 52 do STF que determinam: "Ainda quando alugado a terceiros, permanece imune ao IPTU o imóvel pertencente a qualquer das entidades referidas pelo art. 150, VI, "c", da Constituição Federal, desde que o valor dos aluguéis seja aplicado nas atividades para as quais tais entidades foram constituídas". O item II está incorreto, segundo entendimento do STF (ACO nº 790, data de julgamento: 15.03.2016), a imunidade recíproca prevista no art. 150, VI, "a", e §§ 2º e 3º, da CF, é extensível à ECT (Empresa de Correios e Telégrafos). A imunidade da ECT constitui consequência imediata de sua natureza de empresa estatal prestadora de serviço público essencial, subsistindo em relação a todas as suas atividades, inclusive quanto aos serviços não exclusivos, dispensados em regime concorrencial e os quais se prestam, via subsídio cruzado, ao financiamento do serviço postal deficitário. O item III está correto, consoante parecer do STF, a condição de um imóvel estar vago ou sem edificação temporariamente não é suficiente, por si só, para destituir a garantia constitucional da imunidade, uma vez que a regra da imunidade se traduz numa negativa de competência, limitando, a priori, o poder impositivo do Estado. Na regra imunizante, como a garantia decorre diretamente da Carta Política, mediante decote de competência legislativa, as presunções sobre o enquadramento originalmente conferido devem militar a favor das pessoas ou das entidades que apontam a norma constitucional. Assim, para a imunidade prevista no art. 150, inciso VI, alínea "c", da CF, o ônus de elidir a presunção de vinculação às atividades essenciais é do Fisco. O item IV está correto, conforme posicionamento do STF (RE n. 530121), a imunidade tributária prevista no art. 150, VI, "d", da CF não abrange os serviços prestados por empresas que fazem a distribuição, o transporte ou a entrega de livros, jornais, periódicos e do papel destinado à sua impressão.

2. **Alternativa (C).** I e IV, apenas.

I. A extensão da imunidade recíproca às empresas estatais prestadoras de serviços públicos, por construção pretoriana do Supremo Tribunal Federal, refere-se tão somente aos impostos incidentes sobre o patrimônio, a renda e os serviços.

IV. Os livros, jornais, periódicos e o papel destinado a sua impressão gozam de imunidade objetiva em relação ao ICMS (Imposto sobre Circulação de Mercadorias e Serviços).

Comentário: A opção **"C"** está correta. O item I está correto, a imunidade recíproca alcança apenas os impostos, pois correspondem a tributos não vinculados em que o Estado cobra os tributos em razão de seu Poder de Império (Poder Extroverso) para obter recursos dos particulares e suprir as necessidades públicas. Com relação aos tributos vinculados, cujo fato gerador encontra-se relacionado a uma atividade estatal voltada diretamente para a prestação de um serviço específico ao contribuinte, o pacto federativo não sofre nenhuma afronta, uma vez que é possível identificar a atividade prestada ao particular pelo ente federativo que a instituiu. Por essa razão, a imunidade recíproca não alcança os tributos vinculados. O item II está incorreto, segundo entendimento dos Tribunais Superiores, a disposição inserta no art. 195, § 7º, da CF, relativa à disciplina da constituição e ao funcionamento das **entidades** beneficentes de **assistência social,** pode ser regulamentada por **lei** ordinária. Só se exige lei complementar, nos termos do art. 146, II, da CF para regular os limites do poder de tributar. O item III está incorreto, pois apenas o sindicato dos trabalhadores é que goza de imunidade tributária, à luz do art. 150, VI, "c", da CF. O item IV está correto, conforme previsão no art. 150, VI, "d", da CF.

3. **Alternativa (C).** Isenções de ICMS devem ser objeto de convênio normativo, conforme previsão constitucional, a despeito de ser esse imposto regulamentado por lei complementar.

Comentário: A resposta **"C"** está correta, nos termos do art. 155, §2 º, XII, "g", da CF. A justificativa "A" está incorreta, as imunidades não podem decorrer de fonte diversa da Constituição Federal. A letra "B" está incorreta, o fato de não incidir ITR sobre imóvel urbano decorre da não incidência tributária, pois o legislador escolheu como hipótese de incidência do ITR "ser proprietário de imóvel rural" (art. 153, VI, da CF). A alternativa "D" está incorreta, conforme entendimento do STF, os tratados internacionais podem conceder isenção de tributo de competência de qualquer ente federativo. A opção "E" está incorreta, O ente imune não é afastado do dever de pagar o tributo na condição de responsável tributário, como prevê o art. 9º, § 1º, do CTN.

4. **Alternativa (C).** Subsiste inconstitucionalidade no lançamento tributário, pois os sindicatos são imunes a impostos, pouco importando, assim, a legislação municipal alusiva à isenção.

Comentário: A justificativa **"C"** está correta, a banca considerou correta esta alternativa, nos termos do art. 150, VI, "c", da CF, porém, vale ressaltar que apenas os sindicatos dos trabalhadores é que gozam de imunidade tributária.

5. **Alternativa (B).** I e III.

I. tem raiz constitucional, pois a atividade limitadora estabelecida na CF interfere na própria competência do ente tributante.

III. constitui limitação ao poder de tributar. Nada obsta que se espalhe pelo texto constitucional contudo, a maioria de suas regras estão concentradas na seção "das limitações ao poder de tributar".

Comentário: A letra **"B"** está correta. O item I está correto, a imunidade tributária é um limite ao poder de tributar, segundo parecer de corrente doutrinária e disposição no texto constitucional. As regras de imunidade têm foro exclusivo na Constituição, porque são regras (ainda que negativas) de competência tributária. O item II está incorreto, pois a imunidade impede a incidência do tributo, porque a Constituição assim determina. Não se trata de exclusão do crédito tributário, visto que não ocorre a incidência. Além disso, a imunidade tem previsão somente em âmbito constitucional. O item III está correto, conforme já aqui demonstrado. O item IV está incorreto, a não-incidência abrange as situações não descritas na lei como sendo tributadas, o que não se confunde com imunidade, uma vez que o não pagamento do tributo decorre de ordem constitucional.

6. **Alternativa (B).** A vedação expressa no artigo 9º, IV, "c", do Código Tributário Nacional se aplica ao patrimônio alugado a terceiro, desde que o valor dos aluguéis seja aplicado nas atividades para as quais o Partido da União Libertadora foi constituído.

Comentário: A alternativa **"B"** está correta, nesse sentido, temos a Súmula n. 724 do STF e Súmula Vinculante n. 52.

7. **Alternativa (C).** Imunidade tributária.

Comentário: A opção **"C"** está correta, nos termos do art. 150, VI, "d", da CF.

8. **Alternativa (C).** Os itens I e II estão corretos.

I. O patrimônio, a renda ou os serviços uns dos outros.

II. Templos de qualquer culto.

Comentário: A resposta **"C"** está correta, com base no art. 150, VI, "a" e "b", da CF.

9. **Alternativa (A).** É vedada.

Comentário: A justificativa **"A"** está correta, conforme preceitua o art. 150, VI, "e", da CF.

10. **Alternativa (B).** Imunidade tributária.

Comentário: A letra **"B"** está correta, com fundamento no art. 150, VI, "c", da CF.

11. **Alternativa (C).** É vedado à União, aos Estados, ao Distrito Federal e aos Municípios instituir impostos sobre patrimônio, renda ou serviços dos partidos políticos, inclusive suas fundações, das entidades sindicais dos trabalhadores, das instituições de educação e de assistência social, sem fins lucrativos, atendidos os requisitos da lei.

Comentário: A alternativa **"C"** está correta, de acordo com o art. 150, VI, "c", da CF. A opção "A" está incorreta, conforme o art. 150, VI, "a", da CF, a imunidade é somente com relação aos impostos. A resposta "B" está incorreta, pois consoante o art. 150, V, da CF, trata-se de uma vedação. A justificativa "D" está incorreta, segundo o art. 151, III, da CF.

12. **Alternativa (C).** A imunidade prevista no artigo 150, inciso VI, "d", da Constituição Federal (livros, jornais, periódicos e o papel destinado a sua impressão), não abrange os filmes e papéis fotográficos necessários à publicação de jornais e periódicos.

Comentário: A opção **"C"** está incorreta, conforme dispõe a Súmula n. 657 do STF, a imunidade prevista no art. 150, VI, "d", da CF abrange os filmes e papéis fotográficos necessários à publicação de jornais e periódicos. A resposta "A" está correta, a imunidade trata-se de garantia fundamental ao contribuinte, cláusula pétrea. A justificativa "B" está correta, é o entendimento da doutrina, a imunidade dos templos de qualquer culto visa tutelar a liberdade religiosa e, por isso, a imunidade alcança todos os bens que estejam em nome da instituição e cumpram sua finalidade. A letra "D" está correta, nos termos do art. 150, §2 º da CF. A alternativa "E" está correta, de acordo com o art. 150, VI, "b", da CF.

13. Alternativa (A). Tributar a renda das obrigações da dívida pública dos Estados, do Distrito Federal e dos Municípios, bem como a remuneração e os proventos dos respectivos agentes públicos, em níveis superiores aos que fixar para suas obrigações e para seus agentes.

Comentário: A resposta **"A"** está correta, conforme determina o art. 151, II, da CF. A justificativa "B" está incorreta, com base no art. 153, I, da CF. A letra "C" está incorreta, nos termos do art. 153, IV, da CF. A alternativa "D" está incorreta, à luz do art. 153, V, da CF. A opção "E" está incorreta, consoante o art. 153, VI, da CF.

---

14. Alternativa (D). São beneficiários de imunidade tributária livros, jornais, periódicos e o papel destinado a sua impressão.

Comentário: A justificativa **"D"** está correta, de acordo com o art. 150, VI, "d", da CF. A letra "A" está incorreta, a jurisprudência compreende que para a pessoa fazer jus à imunidade, deve manter também todas as obrigações acessórias em dia, segundo o art. 113, § 2º, do CTN, que correspondem aos deveres formais que o sujeito passivo está obrigado para facilitar a arrecadação e fiscalização. A alternativa "B" está incorreta, as imunidades tributárias podem alcançar qualquer espécie tributária, desde que haja previsão na CF. A imunidade das taxas encontra-se no art. 5º, XXXIV, LXXVI e LXXVII, da CF. A opção "C" está incorreta, pois ainda que receba valores, utilizando-os para cumprimento de suas finalidades, fará jus à imunidade, conforme prevê o art. 150, § 4º, da CF.

---

15. Alternativa (B). Correta somente em sua 1ª parte.

Comentário: A letra **"B"** está correta. A jurisprudência compreende que para a pessoa fazer jus à imunidade subjetiva, deve manter também todas as obrigações acessórias em dia, consoante preceitua o art. 113, § 2º, do CTN, que correspondem aos deveres formais que o sujeito passivo está obrigado para facilitar a arrecadação e fiscalização. Assim, essas entidades estão sim sujeitas à fiscalização da autoridade administrativa. Nesse sentido, encontra-se, ainda, a previsão do art. 14 do CTN.

---

16. Alternativa (D). O IPTU não é devido, pois os templos de qualquer culto são imunes a qualquer imposto.

Comentário: A alternativa **"D"** está correta, conforme previsão do art. 150, VI, "b", da CF.

---

17. Alternativa (A). Imunidade.

Comentário: A alternativa **"A"** está correta, pois se trata de imunidade. A recente EC n. 75/2013 incluiu a alínea "e" no artigo 150, VI, da CF. Essa imunidade possui natureza mista, embora predominantemente objetiva, se referindo aos objetos em si, porém condicionando que sejam artistas brasileiros.

---

18. Alternativa (E). A imunidade das pessoas físicas ou jurídicas não abrange as obrigações tributárias acessórias.

Comentário: A alternativa **"E"** está correta, pois o fato de a pessoa ter imunidade tributária e por isso não ter de pagar tributo, não tendo, portanto, obrigação principal, não a exime do cumprimento das obrigações acessórias. A opção "A" está incorreta, visto que segundo o entendimento do STJ, firmado no REsp n. 1.103.009/RS, é ilegítima a criação de empecilhos, mediante norma infralegal, para a inscrição e alteração dos dados cadastrais em cadastro fiscal. A resposta "B" está incorreta, as obrigações acessórias independem das obrigações principais, tanto que muitas pessoas não apresentam essas últimas, mas deverão cumprir com suas obrigações acessórias. A letra "C" está incorreta, na medida em que o artigo 113, § 2º, do CTN permite à legislação tributária definir as obrigações acessórias, assim, pode, portanto, uma portaria estipular a apresentação de resultados mensais para manutenção de benefícios fiscais. A justificativa "D" está incorreta, nos termos do artigo 113, § 1º, do CTN, a penalidade tributária é considerada obrigação principal, e segundo o § 3º desse mesmo dispositivo, a inobservância de obrigação acessória converte-a em principal com relação à penalidade tributária.

---

19. Alternativa (B). Não incide Imposto de Importação sobre as operações de importação de bens realizadas por Estado da Federação, salvo nos casos em que restar comprovada violação ao princípio da neutralidade concorrencial do Estado.

Comentário: A alternativa "A" está incorreta, pois nada impede a emenda constitucional de criar novas imunidades, a exemplo podemos citar a EC n. 75/13 que acrescentou a alínea "e" ao artigo 150, VI, da CF que trata sobre a imunidade musical. A opção **"B"** está correta, de fato, os Estados, quando na condição de contribuintes de direito, estão imunes ao Imposto de Importação, salvo se implicar risco à livre concorrência e à livre-iniciativa, como pode se extrair da ementa de julgado do STF: "(...) A imunidade tributária prevista no art. 150, VI, "a", da Constituição aplica-se às operações de importação de bens realizadas por municípios, quando o ente público for o importador do bem (identidade entre o 'contribuinte de direito' e o 'contribuinte de fato'). Compete ao ente tributante provar que as operações de importação desoneradas estão influindo negativamente no mercado, a ponto de violar o art. 170 da Constituição. Impossibilidade de presumir risco à livre-iniciativa e à concorrência. Agravo regimental ao qual se nega provimento" (AI 518405 AgR, rel. Min. Joaquim Barbosa, 2ª Turma, julgado em 06.04.2010, **DJe**-076, divulg. em 29.04.2010, public. em 30.04.2010, Ement. v. 02399-08, p. 01694). A resposta "C" está incorreta, segundo o entendimento do STF, a imunidade tributária recíproca não exonera o sucessor das obrigações tributárias relativas aos fatos jurídicos tributários ocorridos antes da sucessão (aplicação "retroativa" da imunidade tributária) (RE 599176). A letra "D" está incorreta, pois, de acordo com o parecer do STF é a ECT (Empresa de Correios e Telégrafos) que goza de imunidade. A justificativa "E" está incorreta, uma vez que a Constituição Federal também prevê imunidade para taxas.

20. **Alternativa (A).** Imunidade.

Comentário: A alternativa **"A"** está correta, pois se trata de imunidade. A recente EC nº 75/2013 incluiu a alínea "e" no art. 150, VI, da CF. Essa imunidade possui natureza mista, embora predominantemente objetiva, se referindo aos objetos em si, porém condicionando que sejam artistas brasileiros.

21. **Alternativa (C).** Distinguem-se porque a primeira verifica-se no âmbito do poder de tributar, ao passo que a segunda constitui-se em mero não exercício da competência tributária.

Comentário: A alternativa **"C"** está correta, pois a imunidade tributária dá-se, em resumo, quando a Constituição veda a criação de tributos, por meio da incompetência das pessoas políticas, sobre determinadas situações ou sobre certos sujeitos, com a finalidade de preservar valores de grande interesse nacional. A opção "A" está incorreta, a isenção é sempre decorrente de lei, conforme preceituam os arts. 176 do CTN e 150, § 6º, da CF. Já a imunidade sempre estará prevista na CF. A resposta "B" está incorreta, a imunidade veda a criação de tributos. A isenção é uma modalidade de exclusão do crédito tributário, segundo o art. 175, I, do CTN. A letra "D" está incorreta, somente a CF concederá imunidade, já a isenção será concedida sempre por meio de lei, arts. 176 do CTN e 150, § 6º, da CF.A justificativa "E" está incorreta, consoante o art. 175, I, do CTN, a isenção é uma hipótese de exclusão do crédito tributário, ao passo que com a imunidade impede a incidência do tributo porque a Constituição Federal assim determina.

22. **Alternativa (A).** A imunidade do IPTU deferida às autarquias goza da presunção de que os imóveis se destinam aos seus fins institucionais.

Comentário: A alternativa **"A"** está correta, conforme **Informativo** n. 763 do STF. A opção "B" está incorreta, consoante entendimento do STF firmado na decisão do RE n. 724104 AgR/SP, "a contribuição para custeio do serviço de iluminação pública constitui, dentro do gênero tributo, um novo tipo de contribuição que não se confunde com taxa ou imposto". A resposta "C" está incorreta, segundo posicionamento do STF já citado nesta questão. A justificativa "D" está incorreta, conforme **Informativos** ns. 629 e 729: "Não incide o ICMS importação na operação de arrendamento mercantil internacional, salvo na hipótese de antecipação da opção de compra na medida em que o arrendamento mercantil não implica, necessariamente, transferência de titularidade sobre o bem. Com base nessa orientação, o Plenário, por maioria e em conclusão de julgamento, desproveu recurso extraordinário se discutia a constitucionalidade da incidência de ICMS sobre operações de importação de mercadorias, sob o regime de arrendamento mercantil internacional".

23. **Alternativa (D).** Têm imunidade tributária fonogramas e videofonogramas musicais produzidos no Brasil contendo obras musicais ou literomusicais de autores brasileiros e/ou obras em geral, interpretadas por artistas brasileiros, bem como os suportes materiais ou arquivos digitais que os contenham, salvo na etapa de replicação industrial de mídias ópticas de leitura a laser.

Comentário: A alternativa **"D"** está correta, à luz do art. 150, VI, "e" da CF, incluída pela EC n. 75/2013. A opção "A" está incorreta, conforme entendimento do STF, em decisão recente, "a maçonaria seria uma ideologia de vida e não uma religião". Dessa forma, não faz jus à imunidade tributária. A resposta "B" está incorreta, de acordo com o STF, o álbum de figurinha faz jus à imunidade, pois facilita o acesso à cultura e à informação de maneira a estimular o público infantil a se familiarizar com os meios de comunicação impressos, atendendo à finalidade do benefício tributário. A letra "C" está incorreta, consoante decisão recentemente, o STF entendeu que a imunidade da Empresa Brasileira de Correios e Telégrafos (ECT) alcança todas as atividades desenvolvidas pelos Correios, sendo que todas as suas rendas ou lucratividade são revertidas para as "finalidades precípuas". Além disso, ressaltou-se que os Correios prestam um serviço público de natureza essencial e atuam no âmbito em que a iniciativa privada não tem interesse e, portanto, não há concorrência com fins lucrativos. A justificativa "E" está incorreta, pois a imunidade tributária recíproca não abrange apenas a administração pública direta, mas também as autarquias e fundações públicas de direito público, à luz da disposição do art. 150, § 2º, da CF.

24. Alternativa (A). As pessoas beneficiadas pela imunidade tributária não podem ser fiscalizadas pela autoridade administrativa.

Comentário: A alternativa **"A"** está incorreta, as pessoas que gozam de imunidade podem sim ser fiscalizadas, conforme previsão no art. 194, parágrafo único, do CTN. A opção "B" está correta, já que as imunidades sempre estarão previstas na CF. A resposta "C" está correta, pois a imunidade pode ser considerada como limite ao poder de tributar. A justificativa "D" está correta, já que a imunidade tributária dá-se, em resumo, quando a Constituição veda a criação de tributos.

25. Alternativa (C). Impostos sobre o patrimônio, renda ou serviços uns dos outros.

Comentário: A alternativa **"C"** está correta, conforme o art. 150, VI, "a", da CF. A opção "A" está incorreta, pois se trata da imunidade prevista no art. 150, VI, "b", da CF. A resposta "B" está incorreta, nos termos do art. 150, VI, "c", da CF, a imunidade dos partidos políticos e suas fundações aludem a uma imunidade subjetiva. A letra "D" está incorreta, à luz do art. 150, VI, "c", da CF, a imunidade das instituições de educação e de assistência social versam sobre uma imunidade subjetiva. A justificativa "E" está incorreta, consoante o art. 150, VI, "d", da CF, a imunidade de livros, jornais, periódicos e o papel destinado à sua impressão referem-se a uma imunidade objetiva.

26 Alternativa (C). Estão corretas apenas as assertivas I, III, IV e V.

I. A prestação de ações e serviços de saúde por sociedades de economia mista corresponde à própria atuação do Estado, razão pela qual a elas se estende a imunidade tributária prevista na alínea "a" do inciso VI do art. 150 da Constituição Federal, desde que a empresa estatal não tenha por finalidade a obtenção de lucro e o capital social seja majoritariamente estatal.

III. A imunidade tributária conferida a instituições de assistência social sem fins lucrativos pelo art. 150, VI, "c", da Constituição Federal somente alcança as entidades fechadas de previdência social se não houver contribuição dos beneficiários.

IV. A lei que altera o prazo de pagamento do tributo, por não implicar majoração da exação, não se sujeita ao princípio da anterioridade.

V. É inconstitucional a cobrança de taxa para custear o serviço de iluminação pública.

Comentário: O Item I está correto, como estudado nesse Capítulo, de acordo com o entendimento do STF, as sociedades de economia mista, cujo capital social seja majoritariamente estatal, que prestam serviço de saúde, sem finalidade lucrativa, por se tratar de direito fundamental ao cidadão, fazem jus à imunidade tributária recíproca – RE n. 580264, rel. Min. Joaquim Barbosa, rel. p/ Acórdão: Min. Ayres Britto, Tribunal Pleno, julgado em 16.12.2010, **DJe** public. em 06.10.2011). O Item II está incorreto, o STF entendeu que: "É constitucional a exigência contida no art. 17, V, da LC 123/2006 (Art. 17. "Não poderão recolher os impostos e contribuições na forma do Simples Nacional a microempresa ou a empresa de pequeno porte: ... V – que possua débito com o Instituto Nacional do Seguro Social – INSS, ou com as Fazendas Públicas Federal, Estadual ou Municipal, cuja exigibilidade não esteja suspensa)". RE 627543/RS, rel. Min. Dias Toffoli, 30.10.2013, essa matéria foi consolidada no **Informativo** n. 726 de 2013. O Item III está correto, nos termos da Súmula n. 730 do STF: "A imunidade tributária conferida a instituições de assistência social sem fins lucrativos pelo art. 150, VI, "c", da Constituição, somente alcança as entidades fechadas de previdência social privada se não houver contribuição dos beneficiários". O item IV está correto, conforme Súmula n. 669 do STF: "Norma legal que altera o prazo de recolhimento da obrigação tributária não se sujeita ao princípio da anterioridade", convertida recentemente na Súmula Vinculante n. 50). E, por fim, o Item V está correto, à luz da Súmula 670 do STF(recentemente convertida em Súmula Vinculante n. 41): "O serviço de iluminação pública não pode ser remunerado mediante taxa".

27. **Alternativa (E).** Todo cidadão é isento (na verdade, imune) do pagamento de taxas judiciais quando do ajuizamento de ações populares destinadas a anular ato lesivo ao patrimônio público, à moralidade administrativa, ao meio ambiente e ao patrimônio histórico e cultural, a não ser quando demonstrada a má-fé no ajuizamento da ação.

Comentário: A alternativa "E" está correta, nos termos do artigo 5º, LXXIII, CF. A opção "A" está incorreta, como visto, a imunidade dos templos de qualquer culto se aplica ao patrimônio, a renda e os serviços, relacionados com as finalidades essenciais das entidades nelas mencionadas, com base no artigo 150, § 4º, da CF. A letra "B" está incorreta, trata-se de imunidade incluída pela EC n. 75/2013: art. 150, VI, "e", da CF: "e) fonogramas e videofonogramas musicais produzidos no Brasil contendo obras musicais ou literomusicais de autores brasileiros e/ou obras em geral interpretadas por artistas brasileiros, bem como os suportes materiais ou arquivos digitais que os contenham, salvo na etapa de replicação industrial de mídias ópticas de leitura a laser". A letra "C" está incorreta, a imunidade abrange os sindicatos dos trabalhadores, e não dos empregadores, conforme artigo 150, VI, "c", da CF. A letra "D" está incorreta, a imunidade abrange os partidos políticos e não as pessoas que estão vinculadas a ele, nos termos do artigo 150, VI, "c", da CF.

28. **Alternativa (B).** É defeso à União, aos Estados, ao Distrito Federal e aos Municípios exigirem impostos sobre o patrimônio, renda ou serviços uns dos outros, bem como das autarquias ou fundações por eles mantidas, no que se refere ao patrimônio, à renda e aos serviços vinculados às suas finalidades essenciais ou às delas decorrentes.

Comentário: A assertiva **"B"** está correta; como estudado nesse Capítulo, a imunidade recíproca está contida no art. 150, VI, "a", da CF.

29. **Alternativa (B).** As imunidades constam em diversos artigos do texto constitucional, e, conforme o dispositivo, dizem respeito a impostos, a contribuições ou mesmo a taxa, não se podendo, onde a imunidade é relativa a impostos, pretender estendê-la a outras espécies tributárias.

Comentário: A resposta "A" está incorreta, uma vez que a imunidade corresponde à dispensa constitucional do dever de pagar tributo, assim tudo que estiver na Constituição referente ao não pagamento do tributo será hipótese de imunidade, independentemente da expressão utilizada. A justificativa **"B"** está correta, de fato, a imunidade tributária poderá alcançar qualquer espécie tributária, desde que haja previsão expressa na Constituição Federal. A alternativa "C" está incorreta, pois as entidades educacionais só farão jus à imunidade se cumprirem todos os requisitos previstos no artigo 14 do CTN, como determina o artigo 150, VI, "c", da CF. A opção "D" está incorreta, visto que o STF prevê imunidades para empresas públicas e sociedades de economia mista quando verifica que elas prestam serviço público de caráter obrigatório e em forma de monopólio. A letra "E" está incorreta, pois há decisões no STF de que as imunidades dos livros, jornais, periódicos e do papel destinado à sua impressão devem ser interpretadas de forma ampliativa e sistemática.

30. **Alternativa (D).** O princípio da imunidade tributária recíproca não pode, à luz do posicionamento firmado pelo STF, ser invocado na hipótese de contribuições previdenciárias.

Comentário: A assertiva "A" está incorreta, pois atualmente não existe mais o Princípio da Anualidade que exigia a previsão em orçamento para cobrança do tributo; em substituição, temos o Princípio da Anterioridade, nos meandros do artigo 150, III, "b" e "c", da CF. A resposta "B" está incorreta, visto que a CF admite impostos de caráter real, como exemplo podemos mencionar o IPTU e IPVA. A justificativa "C" está incorreta, porque segundo o entendimento do STF, a cobrança de água e esgoto tem natureza de tarifa, já que os serviços são prestados por concessionárias, pessoas jurídicas de direito privado. A alternativa **"D"** está correta, já que a imunidade recíproca, por se tratar de imunidade genérica, só alcança os impostos, conforme dispõe o artigo 150, VI, "a", da CF.

31. **Alternativa (E).** A imunidade tributária recíproca é princípio garantidor da Federação, motivo pelo qual não pode ser restringida nem mesmo por emenda constitucional.

Comentário: A opção "A" está incorreta, pois à luz do artigo 178 do CTN, a isenção por prazo certo e sob certas condições não pode ser revogada, entendimento do STF na Súmula n. 544. A letra "B" está incorreta, porque, via de regra, não é admitida a correção monetária dos créditos de IPI por se tratar de créditos escriturais, porém tem-se admitido a correção quando comprovada que há oposição ao seu aproveitamento decorrente de resistência ilegítima do Fisco, posicionamento do STJ, REsp n. 1.220.942, publicado no **Informativo** n. 521. A assertiva "C" está incorreta, visto que a declaração do contribuinte de devedor constitui o crédito tributário, julgamento de acordo com a Súmula n. 436 do STJ, o que impede a expedição de certidão negativa ou positiva com efeito de negativa. A resposta "D" está incorreta, uma vez que o mero inadimplemento da empresa, por si só, não gera responsabilidade para o sócio-diretor, Súmula n. 430 do STJ. A justificativa **"E"** está correta, já que a imunidade tributária é uma garantia aos contribuintes.

32. Alternativa (E). Não incidência, imunidade e isenção.

Comentário: Resposta de acordo com os conceitos tratados nesse Capítulo.

33. Alternativa (C). Implica ausência de competência tributária para instituir tributo e está prevista apenas na Constituição Federal.

Comentário: Justificativa consoante os conceitos verificados nesse Capítulo.

34. Alternativa (B). O conjunto de favores concedidos por lei, dispensando o pagamento de um tributo devido, compreendendo todos os contribuintes do território da entidade tributante ou de determinada região.

Comentário: A letra "A" é hipótese de imunidade tributária, nos termos do artigo 150, VI, "d", da CF. A assertiva **"B"** refere-se à isenção tributária. A resposta "C" está de acordo com o artigo 150, V, da CF – imunidade, portanto. A justificativa "D" é caso de imunidade, à luz do artigo 150, VI, "a", da CF. A alternativa "E" diz respeito à imunidade tributária subjetiva, consoante disposição do artigo 150, VI, "c", da CF.

35. Alternativa (A). Os estados não podem cobrar o imposto sobre propriedade de veículo automotores de veículos de propriedade de autarquia pública federal prestadora de serviço público, pois a CF estabelece, para casos como esse, a imunidade recíproca.

Comentário: A opção **"A"** está correta, nos ditames do artigo 150, VI, "a", da CF. A letra "B" está incorreta, pois é possível a abertura de crédito extraordinário por meio de Medida Provisória, conforme disciplina o artigo 167, § 4º, da CF. A assertiva "C" está incorreta, porque é o Princípio da Legalidade, previsto no artigo 150, I, da CF que se relaciona à proibição de os Entes Federativos exigirem ou aumentarem tributo sem lei que o estabeleça. A resposta "D" está incorreta, uma vez que o imposto sobre a propriedade predial e territorial urbana – IPTU – é de competência municipal, art. 156, I, da CF.

36. Alternativa (D). O princípio da imunidade tributária recíproca não pode, à luz do posicionamento firmado pelo STF, ser invocado na hipótese de contribuições previdenciárias.

Comentário: A letra "A" está incorreta, pois hoje não existe mais o Princípio da Anualidade que exigia a previsão em orçamento para cobrança do tributo, em substituição temos o Princípio da Anterioridade, nos meandros do artigo 150, III, "b" e "c", da CF. A assertiva "B" está incorreta, visto que a CF admite impostos de caráter real, como exemplos podemos mencionar o IPTU e o IPVA. A resposta "C" está incorreta, porque segundo o entendimento do STF, a cobrança de água e esgoto tem natureza de tarifa, já que os serviços são prestados por concessionárias, pessoas jurídicas de direito privado. A justificativa **"D"** está correta, visto que a imunidade recíproca, por se tratar de imunidade genérica, só alcança os impostos, conforme dispõe o artigo 150, VI, "a", da CF.

37. Alternativa (E). A imunidade tributária recíproca é princípio garantidor da Federação, motivo pelo qual não pode ser restringida nem mesmo por emenda constitucional.

Comentário: A assertiva "A" está incorreta, pois nos termos do artigo 178 do CTN, a isenção por prazo certo e sob certas condições não pode ser revogada, posicionamento do STF na Súmula n. 544. A resposta "B" está incorreta, porque, via de regra, não é admitida a correção monetária dos créditos de IPI por se tratar de créditos escriturais, porém tem-se admitido a correção quando comprovada que há oposição ao seu aproveitamento decorrente de resistência ilegítima do Fisco, entendimento do STJ, REsp n. 1.220.942, publicado no **Informativo** n. 521. A justificativa "C" está incorreta, visto que a declaração do contribuinte de devedor constitui o crédito tributário, julgamento de acordo com a Súmula n. 436 do STJ, o que impede a expedição de certidão negativa ou positiva com efeito de negativa. A alternativa "D" está incorreta, uma vez que o mero inadimplemento da empresa, por si só, não gera responsabilidade para o sócio-diretor, Súmula n. 430 do STJ. A opção **"E"** está correta, pois a imunidade tributária é uma garantia aos contribuintes.

38. **Alternativa (CERTO).** *O princípio da imunidade recíproca, mediante o qual é vedado à União, aos estados, ao DF e aos municípios instituir impostos sobre patrimônio, renda ou serviços uns dos outros, é extensivo às autarquias e às fundações instituídas e mantidas pelo poder público, no que se refere ao patrimônio, à renda e aos serviços, vinculados a suas finalidades essenciais ou às delas decorrentes.***(CERTO).**

Comentário: Resposta de acordo com o artigo 150, VI, "a" e § 2º, da CF.

39. **Alternativa (B).** II e IV.

II. A imunidade sobre o templo de qualquer culto apenas alcança os impostos, sendo devidas, portanto, as taxas e contribuição de melhoria incidentes sobre o imóvel destinado ao templo.

IV. Possui imunidade de contribuição social para seguridade social a entidade beneficente de assistência social que atenda às exigências estabelecidas em lei sobre a folha de salários e demais rendimentos do trabalho pagos ou creditados, a qualquer título, à pessoa física que lhe preste serviço, mesmo sem vínculo empregatício.

Comentário: O Item I está incorreto, pois há imunidade tributária com relação ao pagamento de taxa para expedição de certidão de óbito e nascimento para pessoas reconhecidamente pobres, nos termos do artigo 5º, LXXVI, "a" e "b", da CF. O **Item II** está correto, porque a imunidade dos templos de qualquer culto é imunidade genérica que só alcança os impostos, à luz do artigo 150, VI, "b", da CF. O Item III está incorreto, visto que se trata de imunidade tributária, segundo o artigo 150, VI, "d", da CF, e não isenção. O **Item IV** também está correto, conforme reza o artigo 195, § 7º, da CF, há imunidade à entidade beneficente de assistência social que atenda às exigências estabelecidas com relação às contribuições sociais.

40. **Alternativa (A).** Livros, jornais, periódicos e o papel destinado à sua impressão.

Comentário: A justificativa correta é a letra **"A"**. As demais alternativas se referem à imunidade subjetiva, prevista no artigo 150, VI, "c", da CF, que é classificada como condicionada.

41. **Alternativa (E).** Nem o ISS nem o IRPJ devem ser cobrados, tendo em vista que, tanto o serviço de batismo como a renda respectivamente auferida estão relacionados às finalidades essenciais da entidade religiosa.

Comentário: À luz do artigo 150, § 4º, da CF, todo patrimônio, renda e serviços dos templos de qualquer culto que cumpram sua finalidade estão imunes aos impostos. Sendo assim, a alternativa **"E"** está correta.

42. **Alternativa (B).** À União, aos Estados, ao Distrito Federal e aos Municípios é proibido, sem ressalvas, estabelecer limitações ao tráfego de pessoas ou bens, por meio de tributos interestaduais e intermunicipais.

Comentário: A opção "A" está correta, pois com base no artigo 150, IV, da CF, é vedada a utilização de tributo com efeito confiscatório. A letra **"B"** está incorreta, porque o artigo 150, V, da CF, que trata sobre o Princípio da Liberdade de Tráfego, autoriza a cobrança de pedágio pela utilização de vias conservadas pelo Poder Público. A assertiva "C" está correta, consoante a previsão do artigo 150, VI, "b", da CF. A resposta "D" está correta, segundo a previsão do artigo 150, VI, "a", § 2º, da CF.

43. **Alternativa (D).** Imunidade.

Comentário: Trata-se de imunidade, porque o artigo 150, VI, "c", da CF veda a cobrança de impostos das entidades de assistência social sem fins lucrativos.

44. **Alternativa (B).** Não se aplica ao patrimônio, à renda e aos serviços, relacionados com exploração de atividades econômicas regidas pelas normas aplicáveis a empreendimentos privados, quando desenvolvidas por qualquer dos titulares do poder de tributar.

Comentário: A justificativa "A" está incorreta, porque segundo o artigo 150, § 2º, da CF, a imunidade recíproca é extensiva às autarquias e às fundações instituídas e mantidas pelo Poder Público, no que se refere ao patrimônio, à renda e aos serviços, vinculados a suas finalidades essenciais ou às delas decorrentes, posto faltar-lhes competência tributária. A alternativa **"B"** está correta, à luz do artigo 150, § 3º, da CF. A opção "C" está incorreta, visto que a imunidade recíproca é extensiva às autarquias e às fundações públicas, conforme reza o artigo 150, § 2º, da CF. A letra "D" está incorreta, de acordo com o artigo 150, § 3º, da CF, haverá a imunidade desde que não exista cobrança de preços e tarifas.

45. Alternativa (C). Imunidade recíproca.

Comentário: A assertiva **"C"** está correta em razão do artigo 150, VI, "a", §§ 2º e 3º, da CF.

46. Alternativa (D). Considera-se contribuinte do imposto de renda o titular de disponibilidade econômica ou jurídica, podendo a lei atribuir essa condição ao possuidor, a qualquer título, dos bens produtores de renda ou dos proventos tributáveis.

Comentário: A banca do CESPE considera que imunidade genérica é extensiva para todos os impostos, independentemente de ser sobre o patrimônio, renda ou serviços, por isso considerou a resposta "A" incorreta. A justificativa "B" também está incorreta, nos termos do artigo 145, § 1º, da CF, as taxas não podem ter base de cálculo idêntica à dos impostos. Nesse sentido, confira a Súmula n. 595 do STF: "É inconstitucional a taxa municipal de conservação de estradas de rodagem cuja base de cálculo seja idêntica a do imposto territorial rural". A alternativa "C" igualmente está incorreta, segundo o artigo 24, I e II, do CTN, a base de cálculo do imposto sobre exportação, quando a alíquota for específica, será a unidade de medida adotada pela lei tributária; e quando a alíquota for *ad valorem*, o preço normal que o produto, ou seu similar, alcançaria, ao tempo da exportação, em uma venda em condições de livre concorrência. A opção **"D"** está correta, consoante estabelecido no artigo 43 do CTN. A letra "E" está incorreta, pois há imunidade do IPI para produtos industrializados destinados ao exterior, art. 153, § 3º, III, da CF.

47. Alternativa (C). A obtenção do registro no TSE é condição para a fruição da imunidade pelos partidos políticos.

Comentário: A assertiva "A" está incorreta, pois o Imposto Extraordinário de Guerra não precisa de Lei Complementar para sua instituição. A resposta "B" também está incorreta, uma vez que a Constituição Federal outorga imunidade tributária aos templos de qualquer culto, segundo dispõe o artigo 150, VI, "b", da CF. A justificativa **"C"** está correta, visto que realmente é necessário o registro dos partidos políticos no TSE, nos termos do artigo 17, § 2º, da CF, para fazer jus à imunidade tributária. A banca do CESPE entende que as apostilas e os livros eletrônicos fazem jus à imunidade, por essa razão considerou incorreta a alternativa "D".

48. Alternativa (B). Imunidade tributária.

Comentário: Trata-se de imunidade em razão da dispensa do dever de pagar o tributo estar prevista na Constituição Federal.

49. Alternativa (D). Não se aplica a imunidade por se tratar de sindicato patronal.

Comentário: Apenas o sindicato dos trabalhadores faz jus à imunidade tributária, artigo 150, VI, "c", da CF.

50. Alternativa (B). Para usufruir imunidade tributária, as entidades sindicais dos trabalhadores não podem distribuir qualquer parcela de seu patrimônio ou de suas rendas, a qualquer título.

Comentário: A opção "A" está incorreta, já que os templos de qualquer culto gozam de imunidade genérica que afasta a cobrança apenas dos impostos. A letra **"B"** está correta, como os sindicatos dos trabalhadores gozam de imunidade condicionada, devem cumprir os requisitos do artigo 14 do CTN, dentre eles não podem remeter valores para o exterior. A assertiva "C" está incorreta, de acordo com o artigo 195, § 6º, da CF, as contribuições sociais só respeitam a Anterioridade Nonagesimal. A resposta "D" está incorreta, nos termos do artigo 150, § 4º e Súmula n. 724 do STF, os imóveis de propriedade das pessoas do artigo 150, VI, "c", da CF, quando locados para terceiros, mas sendo aplicado o dinheiro dos aluguéis nas suas finalidades, são imunes ao IPTU. A resposta "E" está incorreta, pois o Imposto Extraordinário de Guerra, uma vez instituído, poderá ser exigido imediatamente, não precisa respeitar os Princípios da Anterioridade.

51. Alternativa (C). A imunidade em questão visa a proteger o direito fundamental relativo à liberdade religiosa.

Comentário: Consoante preceitua o artigo 150, § 4º, da CF, todo patrimônio, renda e serviços em nome dos templos religiosos e que cumpram suas finalidades estão imunes aos impostos.

52. Alternativa (B). Abrangem as empresas públicas e sociedades de economia mista prestadores de serviços públicos de prestação obrigatória e exclusiva do Estado.

Comentário: A justificativa "A" está incorreta, com base no artigo 150, § 4º, da CF, pelo qual todo patrimônio, renda e serviços em nome dos templos religiosos só terão imunidade se cumprirem suas finalidades. A alternativa **"B"** está correta, segundo o entendimento jurisprudencial estudado nesse Capítulo. A opção "C" está incorreta, porque independe da natureza da renda para gozar da imunidade tributária, conforme estabelece o artigo 150, VI, da CF. A letra "D" está incorreta, uma vez que a imunidade genérica alcança apenas os impostos.

CAPÍTULO 4

LEGISLAÇÃO TRIBUTÁRIA

1. INTRODUÇÃO

A Constituição Federal rege o Sistema Tributário Nacional. Como se sabe, o Poder Constituinte define a competência tributária, bem como os limites ao poder de tributar. Por essa razão, diz-se que toda legislação tributária deve ser interpretada à luz da Carta Magna.

Nos termos do artigo 96 do Código Tributário Nacional (CTN), a **legislação tributária** compreende:

Legislação tributária
- Leis;
- Tratados e Convenções Internacionais
- Decretos; e
- Normas Complementares.

Assim, quando houver menção à expressão "legislação tributária", não se tem apenas a lei em sentido **estrito**, mas os demais atos normativos que cuidam de relações jurídicas tributárias.

Aliomar Baleeiro, ao tratar sobre o assunto, explica que o artigo 96 do CTN adota um conceito de legislação tributária:

> Amplo, ao enumerar quer as fontes formais principais do Direito Tributário (como as leis e os tratados internacionais), quer as secundárias (como os atos normativos e ordinatórios do Poder Executivo). Os dispositivos pressupõem a ideia de hierarquia, segundo a qual as normas superiores ditam os critérios de validade das normas chamadas "inferiores"[1].

O Código Tributário Nacional, por exemplo, em seu artigo 113, § 2º, prevê que a obrigação acessória decorre da legislação tributária. Isso quer dizer que um ato normativo, ainda que infralegal – assim como um Decreto –, poderá tratar das obrigações acessórias.

1. BALEEIRO, Aliomar. **Direito Tributário Brasileiro**. 11. ed. Rio de Janeiro: Forense, 2007.

Já o artigo 97 do CTN refere-se às matérias que só podem ser tratadas por meio de lei no sentido estrito, posto que prevê: "Somente a lei pode estabelecer".

2. LEIS

A lei regula situações **gerais** e **impessoais** e, por esse motivo, um ato do parlamento, com forma de lei, mas que cuide de apenas uma situação individual, não é na verdade lei, mas simples ato administrativo.

Ao definir lei, Hugo de Brito Machado elabora uma classificação. Divide a lei: em sentido formal e em sentido material. Segue trecho de seus ensinamentos:

> Em sentido formal, lei é o ato jurídico produzido pelo Poder competente para o exercício da função legislativa, nos termos estabelecidos pela Constituição. Diz-se que o ato tem a forma de lei. Foi feito por quem tem competência para fazê-lo, e na forma estabelecida para tanto, pela Constituição. (...) Em sentido material, lei é o ato jurídico normativo, vale dizer, que contém uma regra de direito objetivo, dotada de hipoteticidade. Em outras palavras, a lei, em sentido material, é uma prescrição jurídica hipotética, que não se reporta a um fato individualizado no tempo e no espaço, mas a um modelo, a um tipo. É uma norma. Nem sempre as leis em sentido material também são leis em sentido formal[2].

Essa classificação apontada pelo ilustre professor Hugo de Brito tem como função demonstrar a diferença entre a forma e o conteúdo ao analisar a lei em si.

As leis também se classificam em **ordinárias** e **complementares**. Para diferenciar as duas, faz-se necessário evidenciar que, quando a Constituição Federal utiliza apenas o termo "lei", refere-se à Lei Ordinária, que é aprovada por maioria simples. E, quando se trata de Lei Complementar, que só pode ser aprovada por quorum qualificado – maioria absoluta, art. 69 da CF –, reporta-se à "Lei Complementar".

As matérias estabelecidas pela Constituição Federal, que devem ser tratadas por meio de Lei Complementar, somente poderão ingressar no ordenamento jurídico utilizando-se desse instrumento normativo. Trata-se de um requisito considerado relevante, pois se referida matéria for tratada por Lei Ordinária será considerada **inconstitucional**.

Nada impede, todavia, uma Lei Complementar versar sobre matéria de Lei Ordinária. Repita-se, não pode a Lei Ordinária discorrer sobre matéria reservada à Lei Complementar.

No passado houve discussão sobre a constitucionalidade das LC n. 7/70 e 70/91 que tratam sobre o PIS e o COFINS cumulativos, matérias de Lei Ordinária. Em 1993, o STF ao julgar a ADC n. 1 entendeu não ter problema algum uma Lei Complementar tratar sobre matéria de Lei Ordinária, como se vê no trecho da decisão:

> (...) Essa contribuição poderia ser instituída por lei ordinária. A circunstância de ter sido instituída por lei formalmente complementar – a Lei Complementar n. 70/91 – não lhe dá, evidentemente, a natureza de contribuição social nova, a que se aplicaria o disposto no § 4º do artigo 195 da Constituição, porquanto essa lei, com relação aos dispositivos concernentes à contribuição social por ela instituída – que são objeto desta ação –, é materialmente ordinária,

2. MACHADO, Hugo de Brito. **Curso de Direito Tributário.** 31. ed. São Paulo: Malheiros, 2010. P. 83-84.

por não tratar, nesse particular, de matéria reservada, por texto expresso da Constituição, à lei complementar.

A jurisprudência desta Corte, sob o império da Emenda Constitucional n. 1/69 – e a Constituição atual não alterou esse sistema –, se firmou no sentido de que só se exige lei complementar para as matérias cuja disciplina a Constituição expressamente faz tal exigência e, se por ventura a matéria, disciplinada por lei cujo processo legislativo observado tenha sido o da lei complementar, não seja daquelas para que a Carta Magna exige essa modalidade legislativa, os dispositivos que tratam dela se têm como dispositivos de lei ordinária (ADC n. 1-1/DF, Pleno, rel. Min. Moreira Alves, julgado em 01.12.1993, DJU de 16.06.1995, p. 18.213).

O mesmo Tribunal ao julgar o RE n. 377.457 considerou, ainda, ser possível a Lei n. 9.430/96 revogar o artigo da LC n. 70/91, que isentava os profissionais de sociedade regulamentada da COFINS. Isso porque, segundo o entendimento do STF, entre essas leis não existe hierarquia e, portanto, não precisava o legislador utilizar-se de Lei Complementar para tratar sobre a COFINS e a isenção. Logo, sendo matéria de Lei Ordinária, esta poderá alterar a Lei Complementar que tratou sobre aquele assunto inicialmente.

O artigo 97 do CTN estabelece as matérias que somente poderão ser abordadas por meio de **lei** em direito tributário:

Art. 97. Somente a lei pode estabelecer: I – a instituição de tributos, ou a sua extinção; II – a majoração de tributos, ou sua redução, ressalvado o disposto nos artigos 21, 26, 39, 57 e 65; III – a definição do fato gerador da obrigação tributária principal, ressalvado o disposto no inciso I do § 3º do artigo 52, e do seu sujeito passivo; IV – a fixação de alíquota do tributo e da sua base de cálculo, ressalvado o disposto nos artigos 21, 26, 39, 57 e 65; V – a cominação de penalidades para as ações ou omissões contrárias a seus dispositivos, ou para outras infrações nela definidas; VI – as hipóteses de exclusão, suspensão e extinção de créditos tributários, ou de dispensa ou redução de penalidades (...).

Com relação à instituição, à extinção, à majoração e à redução do tributo, consoante verificado anteriormente, estas observam o Princípio da Legalidade, previsto no artigo 150, I, da CF, de modo que deverá ser utilizada lei para essa disciplina. Evidencia-se, ainda, que o legislador constituinte previu a possibilidade de Medida Provisória instituir e majorar impostos, desde que atendidos os requisitos, à luz do artigo 62, § 2º, da CF.

Caberá, portanto, à lei a definição do fato jurídico tributário (ou **fato gerador**, como adotado pela doutrina e pela legislação) que se refere à situação eleita pelo legislador como sendo passível de sofrer a incidência tributária.

A **sujeição passiva** está relacionada às pessoas que devem pagar tributo, discriminadas em lei, indicando com precisão o destinatário da exação tributária, a fim de resguardar a segurança jurídica.

Para a fixação da **alíquota** e da **base de cálculo**, dimensões que possibilitam determinar a exata quantia a ser recolhida a título de tributo, também se faz necessária a edição de lei, dada a importância da matéria.

No tocante às penalidades tributárias, essas dizem respeito às **multas** (de mora ou por infração) e só podem ser estabelecidas por lei, assim como as hipóteses de extinção, suspensão e exclusão do crédito tributário, tudo nos termos do artigo 97 do CTN.

2.1. Lei Ordinária

A Lei Ordinária é o veículo, por excelência, da matéria tributária. Trata-se, pois, do instrumento de instituição, modificação e extinção dos tributos. Os tributos irão ingressar no sistema jurídico pátrio, via de regra, em decorrência de **Lei Ordinária**. Luciano Amaro ao tratar sobre o assunto explica:

> A constituição não cria tributos; define competências. A lei complementar também, em regra, não cria tributos; ela complementa a Constituição; em alguns casos, vimos que ela se presta à criação de tributos, afastando a atuação da lei ordinária. A regra, portanto, é a lei ordinária exercer a tarefa de criar, *in abstracto*, o tributo, que, *in concreto*, nascerá com a ocorrência do fato gerador nela previsto[3].

Em regra, a lei ordinária irá tratar sobre matérias tributárias. Conquanto, há exceções que a Constituição Federal determina que algumas matérias só podem ser abordadas por meio de Lei Complementar.

Adiante serão traçadas as matérias que precisam ser instrumentalizadas por Lei Complementar. Registre-se que se não houver menção expressa na Constituição sobre a necessidade de Lei Complementar, significa dizer que o legislador poderá se valer de Lei Ordinária.

2.2. Lei Complementar

Existem quatro tributos que só podem ser instituídos e majorados por meio de Lei Complementar. Com o objetivo de facilitar a compreensão do leitor, segue sugestão de mnemônico – "CEGI":

	C	ontribuição Social Residual (art. 195, § 4º, da CF);
	E	mpréstimo Compulsório (art. 148 da CF);
I	**G**	F (Imposto sobre Grandes Fortunas – art. 153, VII, da CF);
	I	mposto Residual (art. 154, I, da CF).

Além desses quatro tributos que obrigatoriamente devem ser instituídos por meio de Lei Complementar, a Constituição Federal determina que algumas matérias só podem ser tratadas mediante Lei Complementar, nesse sentido segue artigo 146 da CF:

> **Art. 146.** Cabe à lei complementar: **I – dispor sobre conflitos de competência, em matéria tributária, entre a União, os Estados, o Distrito Federal e os Municípios; II – regular as limitações constitucionais ao poder de tributar;** III – estabelecer normas gerais em matéria de legislação tributária, especialmente sobre: a) definição de tributos e de suas espécies, bem como dos impostos discriminados nesta Constituição, e dos respectivos fatos geradores, bases de cálculo e contribuintes; b) obrigação, lançamento, crédito, prescrição e decadência tributárias; **c) adequado tratamento tributário ao ato cooperativo praticado pelas sociedades cooperativas.** d) definição de tratamento diferenciado e favorecido para as **microempresas e para as empresas de pequeno porte**, inclusive regimes especiais ou simplificados no caso

3. AMARO, Luciano. Direito Tributário Brasileiro. 16. ed. São Paulo: Saraiva, 2010, p. 168.

do imposto previsto no art. 155, II, das contribuições previstas no art. 195, I, e §§ 12 e 13, e da contribuição a que se refere o art. 239. **Parágrafo único.** A lei complementar de que trata o inciso III, d, também poderá instituir um regime único de arrecadação dos impostos e contribuições da União, dos Estados, do Distrito Federal e dos Municípios, observado que: (...) **Art. 146-A.** Lei complementar poderá estabelecer critérios especiais de tributação, com o objetivo de prevenir **desequilíbrios da concorrência**, sem prejuízo da competência de a União, por lei, estabelecer normas de igual objetivo.

1 **DISPOR sobre conflitos de competência, em matéria tributária**: em razão de possíveis conflitos de competência entre tributos atribuídos a pessoas políticas distintas, caberá à Lei Complementar definir qual tributo deve incidir sobre determinada situação.

Sobre esse dispositivo, constata-se que pode existir incerteza, com relação a uma situação em que possa incidir o IPI, o ISS ou o ICMS, por exemplo. Isto é, em determinada situação pode ocorrer dúvida: i) quanto ao tributo da União, por entender que se trata de uma operação de industrialização de produto, ao mesmo tempo; ii) o imposto do Município, se compreender que é uma prestação de serviço e, ainda; iii) o tributo de competência dos Estados e do DF, se se concluir ser apenas operação de circulação de mercadoria.

Nesse exemplo, a técnica de resolução legislativa dos conflitos de competência entre o ISS, o ICMS e o IPI fora solucionada por meio da Lei Complementar (LC) n. 116/03, que trouxe uma lista taxativa a respeito dos serviços tributáveis pelos Municípios – ISS, com as seguintes variações:

- Serviços relacionados, ainda que implicando o fornecimento de mercadorias – ISS;
- Serviços relacionados implicando o fornecimento de mercadorias com previsão de incidência do ICMS sobre essas – ISS sobre serviços e ICMS sobre as mercadorias;
- Serviços não mencionados na lista, mas com fornecimento de mercadorias – Incidência do ICMS.

Ao analisar a Lei Complementar n. 116/2003 de ISS observa-se a presença dos serviços de recondicionamento (itens 14.03, 14.05), recauchutagem ou regeneração de pneus (item 14.04), beneficiamento (item 14.05), alfaiataria e costura (item 14.09), que poderiam gerar dúvidas com relação à incidência de IPI, ICMS ou ISS. Desse modo, com o intuito de solucionar as dúvidas e evitar eventuais discussões, a referida Lei Complementar estabeleceu a incidência do ISS, de modo que o legislador demonstrou que se trata de prestação de serviços, de competência tributária dos Municípios. Registre-se, portanto, que a Lei Complementar em questão consiste no instrumento hábil para solucionar os conflitos de competência, tudo em conformidade com o artigo 146, I, da CF.

2 **REGULAR as limitações constitucionais ao poder de tributar**: por limites ao poder de tributar temos os princípios e as imunidades, previstos nos artigos 145, § 1º, 150 a 152 da Constituição Federal.

Algumas matérias sobre os limites ao poder de tributar precisam de regulação em lei, como no caso das imunidades subjetivas do artigo 150, VI, "c", da CF. Essa lei, conforme prevê o artigo 146, II, da CF, deverá ser Lei Complementar.

Consoante analisado anteriormente, as entidades de assistência social sem fins lucrativos, entidades de educação sem fins lucrativos, partidos políticos e suas fundações e sindicato dos trabalhadores para gozarem da imunidade do artigo150, VI, "c", da CF precisam atender aos requisitos do artigo 14 do CTN que compreendem:

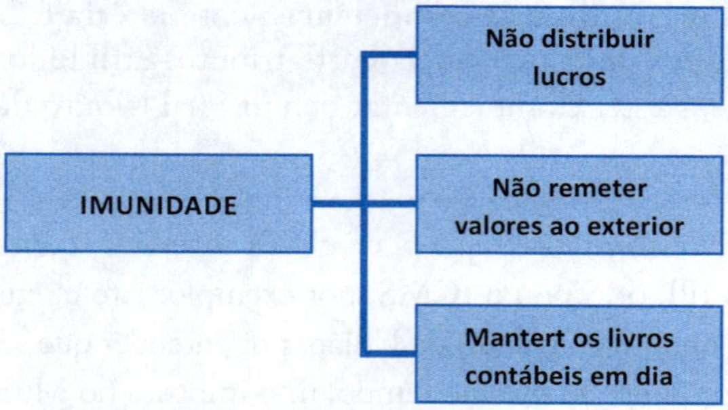

Cumpre mencionar que o Código Tributário Nacional, em que pese ser uma Lei Ordinária, foi recepcionado pela Constituição Federal como Lei Complementar. Registre-se que antes da atual Constituição de 1988, não havia essa exigência de natureza formal: utilizar-se, como veículo de introdução dessas regulamentações, da Lei Complementar (art. 146 da CF). Por esse motivo, não havia qualquer problema o fato de o Código Tributário Nacional de 1966 ter sido introduzido por meio de Lei Ordinária. No entanto, com a promulgação da Constituição Federal de 1988, viu-se por bem receber tal Codificação como Lei Complementar, primando pela compatibilização com o Texto Maior e em prol da segurança jurídica.

Nas palavras de Hugo de Brito Machado:

> Muitos afirmam que o Código Tributário Nacional é hoje uma lei complementar, não obstante tenha sido aprovado como lei ordinária. (...) Na verdade o Código Tributário Nacional continua sendo uma lei ordinária. Ocorre que ele trata de matéria que, hoje, está reservada à lei complementar. Matéria que hoje somente por lei complementar pode ser tratada.
>
> (...) É que a validade da lei, do ponto de vista formal, que consiste na sua compatibilidade com a norma superior que lhe serve de fundamento, deve ser verificada tendo-se em vista a norma superior vigente da data de sua edição. E na data da edição do Código Tributário Nacional a norma superior não exigia lei complementar para o trato da matéria no mesmo disciplinada. Em outras palavras, quanto ao procedimento de sua elaboração o Código Tributário Nacional obedeceu à Constituição vigente na data em que foi elaborado[4].

Assim, o CTN é uma Lei formalmente Ordinária, mas materialmente Lei Complementar, pois trata de matérias que só podem ser veiculadas por meio desta.

3 **NORMAS gerais em matéria tributária**: o artigo 146, III, da CF esclarece que as normas gerais seriam a definição de tributos e de suas espécies, fatos geradores, bases de cálculo, contribuintes, obrigação, lançamento, crédito, prescrição e decadência tributários.

4. MACHADO, Hugo de Brito. **Curso de Direito Tributário.** 31. ed. São Paulo: Malheiros, 2010. p. 86-87.

Com relação à definição de tributos e de suas espécies, deve-se destacar que à Lei Complementar cabe apenas explicitar o que está implícito na Constituição[5], sem criar nenhum direito novo; ao passo que é na Constituição Federal que se encontram as peculiaridades de cada tributo. Ainda que a Constituição não institua tributo, a lei não pode ampliar, reduzir ou alterar as previsões constitucionais sobre o tema, tendo em vista que essas previsões constitucionais são limitadoras, pouca liberdade tem o legislador infraconstitucional. Nesse sentido, veja a lição de José Eduardo Soares de Melo:

> Considerando que a Constituição expressamente indica as espécies tributárias, à lei complementar pouco restaria fazer, salvo a instituição de empréstimos compulsórios (art. 148), dos impostos sobre grandes fortunas (art. 153, VII), bem como impostos e contribuições decorrentes da competência residual da União (arts. 154, I, e 195, § 4º), ainda assim sem modificar a natureza de cada tipo tributário, que se encontra plasmado nas normas e princípios constitucionais, que podem ser captadas pelo hermeneuta. Impertinente a definição de taxa, em face da compreensão do conceito encartado no inciso II do art. 145 (exercício regular do poder de polícia pela utilização, efetiva ou potencial e prestação de serviços públicos, específicos e divisíveis, prestados ao contribuinte ou postos a sua disposição). A lei complementar que pretendesse defini-la nada poderia acrescentar, muito menos restringir[6].

Além disso, é importante constatar que a Lei Complementar deve traçar apenas os lineamentos **básicos**, sem tratar sobre assuntos de economia interna, do peculiar interesse das pessoas políticas. O regramento contido na Lei Complementar não pode invadir a autonomia jurídica dos Entes Federativos no que concerne à decretação e arrecadação dos tributos de sua competência.

A competência tributária de cada Ente foi devidamente traçada e distribuída pela Constituição, logo, não pode a Lei Complementar alterar a faculdade privativa que a União, os Estados, o Distrito Federal e os Municípios detêm para tributar, sob pena de ofensa ao Princípio **Federativo** e da **Autonomia Financeira** e **Tributária** dessas pessoas políticas.

Dessa forma, se a Lei Complementar transcender no detalhamento das normas – tratando do fato gerador e da alíquota, por exemplo –, não mais estará dispondo sobre normas gerais, mas sim criando literalmente um tributo, o que não se pode admitir a uma Lei Complementar (limitada a traçar normas gerais – art. 146, III, da CF). Evidencia-se que será, portanto, a Lei Ordinária própria de cada Ente tributante que descreverá individualmente tais premissas. Por conseguinte, se a Lei Complementar transpuser essa limitação, tal diploma legal poderá ser considerado inconstitucional por usurpação de competência das ordens parciais de governo.

Sacha Calmon Navarro Coêlho afirma que a vantagem de se instrumentalizar por meio da Lei Complementar está "na unificação do sistema tributário nacional, epifenômeno da centralização legislativa", uma vez que, em todo território nacional, as normas gerais sobre o fato gerador, a obrigação tributária, seus elementos, bem como as técnicas de lançamento, prescrição, decadência e crédito tributário obedecem a uma mesma disciplina normativa, em termos conceituais, evitando, assim, o caos e a desarmonia[7]. Para o autor, há três conclusões sobre a Lei Complementar:

5. CARRAZZA, Roque Antônio. **Curso de Direito Constitucional.** 25. ed. São Paulo: Malheiros, 2009. p. 917.
6. **Curso de Direito Tributário.** 10. ed. São Paulo: Dialética, 2012. p. 208.
7. **Curso de Direito Tributário.** 12. ed. Rio de Janeiro, 2012. p. 95.

> **1ª.** A edição das normas gerais de direito tributário é veiculada pela União, através do Congresso Nacional, mediante leis complementares (lei nacional) que serão observadas pelas ordens jurídicas parciais da União, dos Estados e dos Municípios.
>
> **2ª.** A lei com estado de complementar sobre normas gerais de direito tributário, ora em vigor, é o Código Tributário Nacional.
>
> **3ª.** A lei complementar que edita normas gerais é lei de atuação e desdobramento do sistema tributário, fator de unificação e equalização aplicativa do direito tributário[8].

Além de ser um fator de unificação, como bem assevera Sacha Calmon, pode-se afirmar que essa determinação, por parte do Poder Constituinte, está em plena consonância com o Princípio da Segurança Jurídica, evitando-se, assim, eventual desarmonia política.

As normas gerais, mencionadas pelo artigo 146 da CF, em sua grande parte, estão dispostas no CTN que, como explicitado, exibe *status* de Lei Complementar. Ressalta-se que alguns impostos, como ICMS e ISS, possuem Lei Complementar própria para dispor sobre as normas gerais, referente à hipótese de incidência, também com o intuito de unificação e equalização da matéria no território nacional. Cite-se que, no caso do ICMS, existe a LC n. 87/96, e para o ISS, a LC n. 116/2003.

Insta mencionar que sobre o Imposto sobre Serviços de Qualquer Natureza (ISS), o artigo 156, § 3º, da CF, estabelece que há a necessidade do intermédio de Lei Complementar para estabelecer as normas gerais:

> **Art. 156.** Compete aos Municípios instituir impostos sobre: (...) § 3º Em relação ao imposto previsto no inciso III do *caput* deste artigo, cabe à lei complementar: (Redação dada pela Emenda Constitucional n. 37, de 2002) I – fixar as suas alíquotas **máximas** e **mínimas**; II – **excluir** da sua incidência exportações de serviços para o **exterior**; III – regular a forma e as condições como **isenções**, **incentivos** e **benefícios** fiscais serão concedidos e revogados. (grifos nossos).

Quanto ao ICMS, o artigo 155, § 2º, XII, da CF, determina:

> **Art. 155.** (...) XII – cabe à lei complementar: a) definir seus contribuintes; b) dispor sobre substituição tributária; c) disciplinar o regime de compensação do imposto; d) fixar, para efeito de sua cobrança e definição do estabelecimento responsável, o local das operações relativas à circulação de mercadorias e das prestações de serviços; e) excluir da incidência do imposto, nas exportações para o exterior, serviços e outros produtos além dos mencionados no inciso X, "a"; f) prever casos de manutenção de crédito, relativamente à remessa para outro Estado e exportação para o exterior, de serviços e de mercadorias; g) regular a forma como, mediante deliberação dos Estados e do Distrito Federal, isenções, incentivos e benefícios fiscais serão concedidos e revogados. h) definir os combustíveis e lubrificantes sobre os quais o imposto incidirá uma única vez, qualquer que seja a sua finalidade, hipótese em que não se aplicará o disposto no inciso X, "b"; i) fixar a base de cálculo, de modo que o montante do imposto a integre, também na importação do exterior de bem, mercadoria ou serviço.

Muito se discutia se realmente as normas gerais em Direito Tributário só poderiam ser abordadas em Lei Complementar. O STF, em virtude dessa discussão, pacificou o entendimento de que esse é o único instrumento para tratar sobre norma geral em Direito Tributário.

8. **Curso de Direito Tributário**. 12. ed. Rio de Janeiro, 2012. p. 95.

Tanto é assim que a Súmula Vinculante n. 08, por exemplo, considerou inconstitucionais os artigos 45 e 46 da Lei n. 8.212/91 – que estabeleciam ser o prazo de decadência para as contribuições tributárias de 10 anos –, quando o CTN determina ser de 5 anos. O STF argumentou que somente Lei Complementar pode versar sobre prescrição e decadência, conforme previsão do artigo 146, III, da CF.

Ainda sobre o artigo 146, III, da CF, a Constituição determina que o tratamento tributário dos **atos cooperativos** praticados pelas sociedades cooperativas só pode ocorrer por meio de Lei Complementar, como forma de controlar a tributação dessas sociedades de pessoas de natureza civil.

O regime das Cooperativas está previsto na Constituição Federal de 1988 e na Lei n. 5.764/71. Cumpre mencionar que, com o advento da Constituição Federal de 1988, referida lei acabou por ganhar *status* de Lei Complementar, por conta do artigo 146, III, "c", da CF.

Evidencia-se, desse modo, que o legislador constituinte se preocupou em dar tratamento adequado às sociedades Cooperativas. Pode-se justificar essa preocupação, quando se analisa a definição dos atos cooperativos. Tratam-se daqueles praticados no interesse do bem comum. Nesse sentido, o artigo 79 da Lei n. 5.764/71 conceitua: "Denominam-se atos cooperativos os praticados entre as cooperativas e seus associados, entre estes e aquelas e pelas cooperativas entre si quando associados, para a consecução dos objetivos sociais".

Como bem leciona Roque Carrazza:

> Finalmente, com ou sem lei complementar, parece-nos evidente que as pessoas políticas devem dispensar adequado tratamento tributário ao ato cooperativo praticado pelas sociedades cooperativas. Entretanto, é a própria Constituição, sistematicamente interpretada e aplicada, que determina em que consiste tal tratamento tributário adequado[9].

Cite-se, também, que a definição de tratamento diferenciado e favorecido para as **microempresas** e as empresas de **pequeno porte,** em observância ao estabelecido no artigo 146, III, "d", da CF, está regulamentada na Lei Complementar n. 123/2006.

2.3. Lei Delegada

Nos termos do artigo 68 da CF, trata-se de um ato normativo de feitura do Poder Executivo, em que o Presidente da República solicita autorização ao Congresso Nacional para poder legislar sobre a matéria.

A delegação pelo Congresso Nacional ocorrerá por meio de **Resolução**. Observe-se que, além de o Presidente da República ter que solicitar a autorização, o § 1º do artigo 68 da CF proíbe que a Lei Delegada trate sobre matérias reservadas à Lei Complementar e sobre determinadas matérias, *in verbis*:

> *(...) § 1º Não serão objeto de delegação os atos de competência exclusiva do Congresso Nacional, os de competência privativa da Câmara dos Deputados ou do Senado Federal, a matéria reservada à lei complementar, nem a legislação sobre: I – organização do Poder Judiciário e do Ministério Público, a carreira e a garantia de seus membros; II – nacionalidade, cidadania, direitos individuais, políticos e eleitorais; III – planos plurianuais, diretrizes orçamentárias e orçamentos. (...).*

9. ARRAZA, Roque Antonio. **Curso de Direito Constitucional Tributário.** 19.ª ed. São Paulo: Malheiros, 2003.

Atualmente, a lei delegada está praticamente em desuso, dada a possibilidade de o Presidente da República valer-se das Medidas Provisórias para instituir e majorar impostos, sem a necessidade de buscar autorização do Congresso Nacional.

3. MEDIDA PROVISÓRIA

Como visto anteriormente no Item 2.4, Capítulo 2 desta obra, o artigo 62, § 2º, da CF permite à Medida Provisória **instituir e majorar impostos,** mas desde que observe dois requisitos:

1º	O imposto possa ser instituído por meio de Lei Ordinária, pois o art. 62, § 1º, III, da CF veda a MP tratar sobre matérias reservadas à Lei Complementar.
2º	Em se tratando de **impostos**, **excepcionados** o Imposto Extraordinário Guerra, Imposto sobre a Importação (II), Imposto sobre a Exportação (IE), Imposto sobre operações de crédito, câmbio e seguro, ou relativas a títulos ou valores mobiliários (IOF) e Imposto sobre Produtos Industrializados (IPI), é **necessário** que a Medida Provisória que os criar seja **convertida em lei até o final do exercício financeiro**, para que possa produzir efeitos no exercício subsequente.

Assim, se uma Medida Provisória majorar a alíquota do Imposto sobre Renda no exercício de 2013, a nova alíquota desse imposto somente poderá ser exigida no ano de 2014, se a Medida Provisória for convertida em lei ainda no exercício de 2013. Observe-se que o Imposto de Renda não está no rol dos impostos excepcionados no referido dispositivo constitucional.

No entanto, se a alíquota do Imposto sobre Importação for majorada no exercício de 2013, por exemplo, ainda que a Medida Provisória não tenha sido convertida em lei, a alíquota acrescida já poderá ser exigida. Isso porque, em atenção às **exceções** dos Princípios da Anterioridade do Exercício e Nonagesimal, que foram analisadas no Capítulo 3, Subitem 3.2.6, o Imposto Extraordinário de Guerra, Imposto sobre a Importação (II), Imposto sobre a Exportação (IE), Imposto sobre operações de crédito, câmbio e seguro, ou relativas a títulos ou valores mobiliários (IOF) e Imposto sobre Produtos Industrializados (IPI), no caso de instituição ou majoração, não precisam nem mesmo aguardar o próximo exercício para já serem exigidos, podem ser cobrados **imediatamente.** Cuide-se que em relação ao IPI não se respeitará a Anterioridade do Exercício, mas a Nonagesimal deverá observar.

O **IPI**, ainda que não precise aguardar a conversão da Medida Provisória em lei, dentre as exceções trazidas no artigo 62, § 2º, é o único que não poderá ser cobrado de imediato, deverá aguardar **90 dias, tudo isso porque esse dispositivo deve ser analisado concomitantemente com o artigo 150, § 1º, da CF**.

Frise-se, contudo, que a regra do artigo 62, § 2º, da CF, a qual permite a instituição ou majoração por meio de Medida Provisória (MP) referente aos demais impostos, poderá ser exigida no próximo exercício, desde que a MP seja convertida em lei até o final do exercício financeiro em que foi editada. Isso só vale para os **impostos**!

Ademais, vale mencionar que, além da condição de conversão em lei até o final do exercício em que foi editada, tal imposto deve obedecer aos Princípios da Anterioridade do Exercício e Nonagesimal, conforme o caso, de modo a aplicar simultaneamente com o artigo 62, o artigo 150, III e § 1º da CF.

No caso da Contribuição Social, o STF entendeu que se Medida Provisória a instituir ou a majorar poderá ser exigida, desde que contados 90 dias da data da publicação da MP, posto que a Contribuição Social respeita apenas a Anterioridade Nonagesimal, nos termos do artigo 195, § 6º, da CF. Como dito no Capítulo anterior, contar-se-iam 90 dias da data da conversão da MP em lei apenas se aquela sofrer **alterações substanciais** em seu texto. Senão vejamos:

> Agravo regimental em recurso extraordinário. 2. Contribuição Social. Medida Provisória n. 63. Lei n. 7.787/89. **Contagem do prazo nonagesimal a partir da primeira edição da medida provisória**. Precedentes. 3. Agravo regimental a que se nega provimento (RE n. 481675, rel. Min. Gilmar Mendes, **DJ** de 23.10.2007).

Salienta-se, assim, que o STF compreende que a Medida Provisória poderá instituir e majorar quaisquer espécies tributárias, desde que obedecidos os dois requisitos constitucionais anteriormente mencionados.

Assim, como dito, além de respeitar o Princípio da Anterioridade do Exercício, o Princípio da Anterioridade Nonagesimal, também deve ser observado, em caso de instituição ou majoração de tributo, o procedimento de edição de Medida Provisória. Desse modo, será aplicado, conforme o que determina a Constituição em cada caso, os dois Princípios da Anterioridade. Registre-se que os 90 dias serão contados também da edição da Medida Provisória, caso tal MP não tenha sofrido nenhuma alteração substancial em seu texto, no momento da conversão em lei. Visualizemos o exemplo abaixo para uma melhor compreensão:

Imaginemos que no dia 02 setembro de 2013 uma Medida Provisória instituiu um novo imposto e no dia 30 de dezembro de 2013 ela foi **convertida em lei**, sem sofrer qualquer alteração substancial em seu texto. Com isso, a partir do dia 1º de janeiro de 2014, esse tributo já poderá ser exigido, uma vez que a Medida Provisória foi convertida em lei no ano de sua edição; e, da data de sua publicação até 1º de janeiro de 2014 já se passaram mais de 90 dias. Portanto, a referida exação (que não se está enquadrada nas exceções do artigo 62 e 150, §1º da CF) está em conformidade com os Princípios da Anterioridade do Exercício e Nonagesimal.

Agora, repita-se que se a Medida Provisória sofrer alterações substanciais no momento da sua conversão em lei, o prazo de 90 dias será computado da data da conversão dessa medida em lei. Isso porque, o STF entende que se trata de nova exação ou nova majoração, como se vê do julgado a seguir:

> Contribuição social prevista na Medida Provisória 63/89, convertida na Lei 7.787/89. Vigência do art. 3º, I. Interpretação conforme a Constituição do art. 21. – O inciso I do art. 3º da Lei 7.787/89 não é fruto da conversão do disposto no art. 5º, I, da Medida Provisória 63/89. E, **assim sendo, o período de noventa dias a que se refere o disposto no § 6º do art. 195 da Constituição Federal se conta, quanto a ele, a partir da data da publicação da Lei 7.787/89, e não de 1º de setembro de 1989. – Isso implica dizer que o art. 21 dessa Lei 7.787/89** ("Art. 21. Esta Lei entra em vigor na data da sua publicação, produzindo efeitos, quanto a majoração de alíquota, a partir de 1º de setembro de 1989") **só é constitucional se entendido – interpretação conforme a Constituição – como aplicável apenas aquelas majorações de alíquota fruto de conversão das contidas na Medida Provisória 63/89**. Recurso extraordinário conhecido e provido (STF – RE n. 169740/PR – Tribunal Pleno, rel. Min. Moreira Alves – **DJ** de 17.11.1995, p. 39217, Ement. v. 01809-08, p. 01806) (grifos nossos).

No Voto do Relator Ministro Moreira Alves, nesse mesmo RE n. 169.740-PR, há a preocupação do ilustre Ministro em explicar sobre a conversão parcial e integral da Medida Provisória em lei, de modo a fazer compreender as razões que justificaram a data inicial da contagem dos 90 dias. Observe trecho do voto:

> Em se tratando de medida provisória, sua conversão em lei pode dar-se total ou parcialmente. A conversão é total quando a lei que a realiza mantém, sem alteração, os dispositivos da medida provisória, dando-lhes eficácia permanente. Já a conversão é parcial quando a lei que a realiza mantém, sem alteração, parte dos dispositivos da medida provisória, alterando, porém – por acréscimo, supressão ou modificação –, a outra parte. Neste último caso, a medida provisória, em última análise, serve de suporte para a conversão naquilo em que é mantida, e atua como projeto de lei para permitir as emendas que, se vierem a ser transformadas em lei, são tidas como preceitos novos que implicitamente rejeitam a disciplina resultante da medida provisória no que foi alterado. (...) Por outro lado, é de notar-se que essas modificações são as que dizem respeito ao conteúdo dos dispositivos da medida provisória em confronto com o dos da lei de conversão, não se levando em consideração as meras alterações de colocação (como, por exemplo, as mudanças de numeração dos artigos) dos dispositivos da medida provisória na lei de conversão. **Assim, quando a lei de conversão tiver de observar o prazo fixado no artigo 195,** § 6º, da Constituição Federal, esse prazo, se se tratar de **conversão total, se conta a partir da edição da medida provisória; se se tratar, porém, de conversão parcial, essa contagem se fará a partir da edição da medida provisória naquilo em que ela não foi modificada, ao passo que se fará a partir da publicação da lei de conversão parcial naquilo em que a medida provisória tiver sido alterada** (grifos nossos).

Nessa perspectiva, considera-se relevante a análise da natureza da alteração da Medida Provisória – se meramente material ou se substancial –, no momento de sua conversão em lei, em virtude de essa análise efetivamente definir o *dies a quo* (dia inicial) da contagem do prazo da Anterioridade Nonagesimal.

4. TRATADOS E CONVENÇÕES INTERNACIONAIS

Primeiramente, há que se evidenciar que a Convenção de Viena, de 26 de maio de 1969, ratificada pelo Brasil com algumas ressalvas em 2009, em relação ao "Direito dos Tratados" – no artigo 2º, § 1º, "a" – esclarece não importar a terminologia atribuída aos atos internacionais, por essa razão, **não se faz distinções entre as expressões: "tratado" e "convenção internacional".**

Os tratados internacionais (ou convenções) são atos firmados entre dois ou mais Estados, no intuito de estabelecer normas comuns a serem observadas no âmbito internacional.

Em matéria tributária, os tratados e as convenções internacionais são muito utilizados para evitar a **bitributação** internacional de renda, concernentes às atividades de pessoas físicas relativas a profissões independentes, diretores, artistas e esportistas, bem como estabelecer a tributação de mercadorias exportadas e importadas.

Esses tratados e convenções internacionais, nos termos do artigo 84, VIII, da CF, são celebrados privativamente pelo **Presidente da República**, sujeitos a referendo do Congresso Nacional.

Quanto à inserção no ordenamento jurídico brasileiro, os tratados e convenções são veiculados por meio do **Decreto Legislativo**, conforme prevê o artigo 49, I, da CF, sem a necessidade de sanção do Poder Executivo.

Entretanto, há todo um procedimento para esses tratados internacionais **produzirem efeitos no Brasil. O procedimento se compõe pelo seguinte ciclo:** (A) **aprovação**, pelo Congresso Nacional, mediante Decreto Legislativo, de tais convenções; (B) **ratificação** desses atos internacionais, pelo Chefe de Estado, em decorrência de depósito do respectivo instrumento; (C) **promulgação** de tais acordos ou tratados, pelo Presidente da República, por intermédio de Decreto, em ordem, de modo a viabilizar a produção dos seguintes efeitos básicos, essenciais à sua vigência doméstica: (c.1) **publicação oficial** do texto do tratado e (c.2) **executoriedade** do ato de Direito Internacional Público, que passa então – e somente então – a vincular e a obrigar no plano do direito positivo interno.

Sobre os tratados internacionais, o CTN em seu artigo 98 dispõe que:

> Art. 98. Os tratados e as convenções internacionais **revogam ou modificam** a legislação tributária interna, e serão **observados pela que lhes sobrevenha** (grifo nosso).

Segundo o dispositivo supracitado, *"os tratados e as convenções internacionais revogam ou modificam a legislação tributária interna"*. Contudo, observa-se que uma vez **denunciado** o tratado, a norma interna volta a produzir efeitos. Assim, tendo em vista que a legislação interna volta a vigorar, uma vez denunciado o tratado, não se pode dizer que essa lei fora revogada, mas que apenas estava com sua **eficácia suspensa**.

A parte final do artigo 98 do CTN estabelece que os tratados serão observados pela legislação que lhes **sobrevenha**. Por conseguinte, sendo a legislação superveniente contrária ao Tratado, este irá prevalecer, nos termos do que estabelece o Código Tributário Nacional.

Todavia, em sentido contrário, no julgamento da ADI n. 1480, **DJ** de 18.05.2001, o STF manifestou-se pela inadmissibilidade de considerar nula, ilegítima ou inaplicável uma lei ordinária superveniente, naquilo que for incompatível com o tratado.

O entendimento do STF pautou-se em reiteradas decisões que consideraram que os tratados internacionais (à exceção dos tratados de direitos humanos[10]) incorporam-se ao ordenamento jurídico com status de Lei Ordinária, e, por esse motivo, se uma lei interna de caráter meramente ordinário, posterior a um tratado – **já internalizado** –, for com este incompatível, ela irá prevalecer.

Ocorre que, o STF ao analisar o RE n. 229.096-RS (**DJe**-065, divulg. em 10.04.2008, public. em 11.04.2008) pronunciou-se pela prevalência do artigo 98 do CTN quando se tratar de matéria tributária. Isto é, o tratado deve ser observado ainda que a lei posterior seja com ele incompatível. O Ministro Ilmar Galvão justificou que as decisões anteriores, sobre a lei interna posterior prevalecer sobre um tratado, não tinham analisado uma questão de

10. Acrescentou-se o § 3º ao art. 5º da CF para estabelecer o nível hierárquico dos tratados internacionais de direitos humanos no Brasil, desde que aprovados, em cada casa do Congresso Nacional, em dois turnos, por três quintos dos votos dos seus respectivos membros, coincidindo com o quórum de aprovação de emenda constitucional, terão então *status* de emenda constitucional.

Direito Tributário e, por essa razão, **não aplicaram o artigo 98 do CTN.** Nesse sentido, o STF decidiu que:

> O referido art. 98 do CTN, ao proclamar a supremacia dos acordos internacionais, em torno de matéria tributária, sobre a lei, indistintamente, outra coisa não fez, senão explicitar a realidade jurídica, ou seja, o caráter geral e, pois, nacional dos tratados em matéria tributária, assinalando que não expressam eles ato normativo emanado da União, como mera ordem central, mas da União como ordem total e, como tal, endereçado a todos os brasileiros (STF, Pleno, RE n. 229.096-RS, **DJ** de 16.08.2007).

A banca da FGV tem seguido a literalidade do artigo 98 do CTN. Na prova de Auditor da Receita Estadual – AP/2010 – considerou correta a seguinte assertiva: "O Código Tributário Nacional determina (art. 98) que a lei interna deverá observar os tratados anteriormente firmados".

5. TRATADOS E CONVENÇÕES INTERNACIONAIS E A ISENÇÃO HETERÔNOMA

Consoante analisado no Subitem 3.2.10, o STF possui decisões reiteradas no sentido de que os tratados internacionais podem conceder **isenção** de tributos **estaduais** e **municipais**, uma vez que o Presidente da República ao assinar esses tratados, assina como **Chefe de Estado** e não como Chefe de Governo, e, por esse motivo, não seria considerado uma isenção heterônoma vedada pela nossa Constituição Federal no artigo 151, III.

Outra questão muito discutida diz respeito ao Acordo Geral sobre Tarifas e Comércio (GATT), tratado internacional, do qual o Brasil faz parte, pelo qual se prevê a **equivalência** de tratamento entre o produto importado, quando esse ingressa no Brasil, e o similar nacional. Por esse acordo, entende-se que uma isenção concedida a um produto nacional deve ser interpretada como aplicável a todas as mercadorias estrangeiras similares (exceto, os expressamente ressalvados).

O ponto de discussão baseia-se no artigo 111 do CTN, o qual estabelece que uma regra de **isenção** deve ser interpretada **literalmente**. Portanto, se a lei trouxer individualizadamente a dispensa legal do dever de pagar certo tributo sobre uma determinada mercadoria, não pode alcançar outra, em virtude dessa vedação de interpretação extensiva.

Por outro lado, ao ser aplicado o artigo 98 do CTN, de maneira que o tratado internacional deve **prevalecer** sobre norma interna, tem-se a extensão da isenção dos produtos nacionais aos importados. Além disso, deve-se lembrar do fato de a Constituição Federal, em seu artigo 152, vedar tratamento diferenciado entre bens e serviços de qualquer natureza, em razão de sua procedência ou destino.

Nesse sentido, com o intuito de resolver esse conflito de normas, confira o entendimento do STF:

> Direito Tributário. Recepção pela Constituição da República de 1988 do Acordo Geral de Tarifas e Comércio. Isenção de tributo estadual prevista em tratado internacional firmado pela República Federativa do Brasil. Art. 151, inciso III, da Constituição da República. Art. 98 do Código Tributário Nacional. Não caracterização de isenção heterônoma. Recurso extraordinário conhecido e provido. **1. A isenção de tributos estaduais prevista no Acordo Geral**

de Tarifas e Comércio para as mercadorias importadas dos países signatários quando o similar nacional tiver o mesmo benefício foi recepcionada pela Constituição da República de 1988. 2. O artigo 98 do Código Tributário Nacional *"possui caráter nacional, com eficácia para a União, os Estados e os Municípios"* (voto do eminente Ministro Ilmar Galvão). 3. No direito internacional apenas a República Federativa do Brasil tem competência para firmar tratados (art. 52, § 2º, da Constituição da República), dela não dispondo a União, os Estados-membros ou os Municípios. **O Presidente da República não subscreve tratados como Chefe de Governo, mas como Chefe de Estado, o que descaracteriza a existência de uma isenção heterônoma, vedada pelo art. 151, inc. III, da Constituição. 4. Recurso extraordinário conhecido e provido** (STF, Pleno, RE, n. 229.096, rel. Min. Ilmar Galvão, **DJ** de 16.08.2007) (grifos nossos).

No caso em questão, o STF aplicou o entendimento de que a isenção foi estendida por meio de Acordo Internacional, sem violar a proibição da isenção heterônoma, posto que o tratado foi celebrado pela União, como Chefe de Estado, e não como pessoa jurídica de direito público interno.

Sobre a possibilidade da extensão da isenção ao produto importado, existem três súmulas do STJ e STF:

Súmula n. 20 – STJ	Súmula n. 71 – STJ	Súmula n. 575 – STF
"A mercadoria importada de país signatário do GATT é isenta do ICM, quando contemplado com esse favor o similar nacional".	"O bacalhau importado de país signatário do GATT é isento do ICM".	"A mercadoria importada de país signatário do GATT, ou membro da ALALC, estende-se à isenção do imposto sobre circulação de mercadorias concedida a similar nacional".

Vale enfatizar que as importações de bacalhau oriundas de país signatário do GATT somente estiveram desoneradas do ICMS até 30 de abril de 1999, data em que expiraram as regras do Convênio n. 60/1991. A partir daí, não havendo mais isenção do similar nacional, não há que se falar em isenção da mercadoria importada. É o que se depreende do entendimento do STJ:

Tributário. Agravo regimental no recurso especial. Mandado de segurança. ICMS. Importação de bacalhau. Isenção. País signatário do GATT. Operação realizada após abril de 1999. Afastamento da súmula 71/STJ. 1. A Primeira Seção desta Corte, utilizando-se da sistemática prevista no art. 543-C do CPC, introduzido no ordenamento jurídico pátrio por meio da Lei dos Recursos Repetitivos, ao julgar o REsp n. 871.760/BA, entendeu que, enquanto vigorou o Convênio n. 60/91, ou seja, até 30 de abril de 1999, a importação de bacalhau de país signatário do GATT estava isenta do pagamento do ICMS, porquanto isento o similar nacional, qual seja, o *"peixe seco e salgado"*. **Assim, nas importações realizadas até aquela data (30.04.1999), tem plena aplicação o entendimento consagrado na Súmula n. 71 do STJ. A partir de então, tributado com ICMS o pescado nacional, não há mais fundamento para reconhecer a isenção em favor do similar importado.** 2. Hipótese em que a importação se deu após 30.04.1999, o que afasta a aplicação da Súmula n. 71/STJ. 3. Agravo regimental não provido (AgRg no REsp n. 876742/RJ, rel. Min. Mauro Campbell Marques, Segunda Turma, julgado em 23.04.2009, **DJe** de 13.05.2009) (grifos nossos).

6. DECRETO LEGISLATIVO

Nos termos do artigo 59, VI, da CF, o **Decreto Legislativo** é ato emanado pelo Congresso Nacional que não está sujeito à sanção do Presidente da República.

No âmbito tributário, os decretos legislativos são utilizados para aprovação dos **Tratados e Convenções Internacionais** (art. 49, I, da CF) e para disciplinar os efeitos das **Medidas Provisórias** não convertidas em lei, conforme prevê o artigo 62, §§ 3º e 11, da CF:

> **Art. 49.** É da competência exclusiva do Congresso Nacional:
>
> I – resolver definitivamente sobre tratados, acordos ou atos internacionais que acarretem encargos ou compromissos gravosos ao patrimônio nacional; (...)
>
> **Art. 62.** (...) § 3º As medidas provisórias, ressalvado o disposto nos §§ 11 e 12 perderão eficácia, desde a edição, se não forem convertidas em lei no prazo de sessenta dias, prorrogável, nos termos do § 7º, uma vez por igual período, devendo o Congresso Nacional disciplinar, por decreto legislativo, as relações jurídicas delas decorrentes. (...) § 11. Não editado o decreto legislativo a que se refere o § 3º até sessenta dias após a rejeição ou perda de eficácia de medida provisória, as relações jurídicas constituídas e decorrentes de atos praticados durante sua vigência conservar-se-ão por ela regidas.

7. DECRETO

Trata-se de instrumento normativo, utilizado pelo Presidente da República, conforme previsão do artigo 84, IV, da CF, para obter a correta aplicação e execução da lei, **sem ampliar** ou **restringir** o conteúdo por ela definido.

Nesse sentido, estabelece o artigo 99 do CTN: *"Art. 99. O conteúdo e o alcance dos decretos restringem-se aos das leis em função das quais sejam expedidos, determinados com observância das regras de interpretação estabelecidas nesta Lei".*

O Decreto do Poder Executivo tem por finalidade esmiuçar os dispositivos legais, detalhando-os, interpretando-os de tal forma, a tornar a aplicação da lei mais fácil e próxima da realidade social. Além disso, busca a uniformidade de procedimentos, vez que tendem a limitar a conduta dos administrados, bem como das autoridades administrativas, aproximando-se do cânone fundamental da igualdade.

No Direito Tributário, os **Decretos** são muito utilizados para:

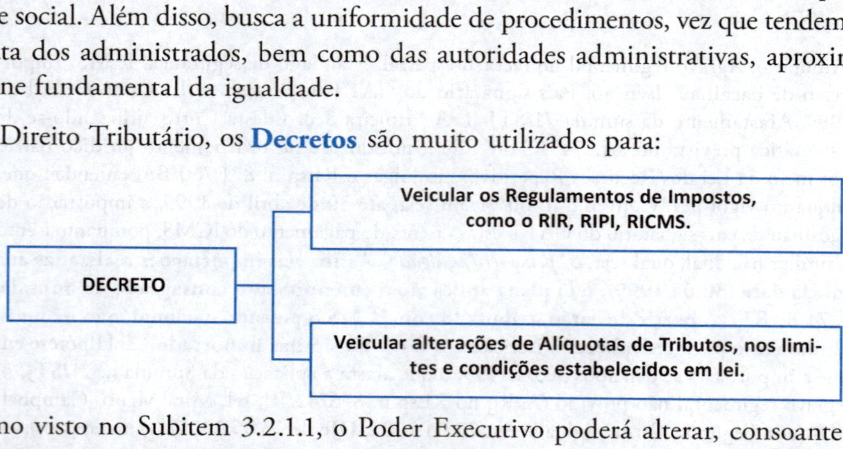

Como visto no Subitem 3.2.1.1, o Poder Executivo poderá alterar, consoante previsão do artigo 153, § 1º, da CF, as alíquotas do II, IE, IOF e IPI. E, nos termos do artigo 177, § 4º, I, "b", da CF, o Poder Executivo poderá reduzir e restabelecer as alíquotas da CIDE Combustível. Nesses dois casos, o Poder Executivo poderá se valer do **Decreto**.

Importante lembrar que o Poder Executivo também poderá reduzir e restabelecer as alíquotas do ICMS Combustível, conforme previsão no artigo 155, § 4º, IV, "c", da CF, mas nessa situação, em vez de valer-se do Decreto, se valerá dos **Convênios (art. 155, § 2º XII, "g", da CF)**.

Para melhor elucidação, confira o seguinte quadro comparativo entre as matérias que devem ser regulamentadas em consequência de Lei e de Decreto:

Somente por meio de Lei	Pode ser regulado por Decreto
Instituição e extinção de tributo	Mudança de prazo de pagamento de tributo, inclusive antecipação
Majoração ou redução de tributo	Alteração de alíquotas do II, IE, IOF, IPI
Definição do fato gerador da obrigação tributária principal	Redução e restabelecimento de CIDE Combustível
Fixação de alíquota do tributo e da sua base de cálculo	Locais de pagamento do tributo
Cominação de penalidades para as ações ou omissões contrárias a seus dispositivos	Atualização do valor monetário da respectiva base de cálculo
Hipóteses de exclusão, suspensão e extinção de créditos tributários	Consolidação de legislação tributária (Regulamentos RIR, RIPI, RICMS)
Hipóteses de dispensa ou redução de penalidades	

8. RESOLUÇÃO

A Resolução é ato legislativo emanado pelo Congresso Nacional que não se sujeita à sanção do Presidente da República.

Para Paulo de Barros Carvalho: *"Ainda que não sejam leis em sentido estrito, revestem-se do status jurídico próprio da lei ordinária e, atuando em setores que a Constituição lhes demarca, são também instrumentos primários de introdução de normas tributárias"*[11].

Em âmbito tributário se vê mais usualmente as Resoluções do Senado Federal. A seguir alguns dispositivos constitucionais que determinam a regulação de matéria tributária por meio de Resolução.

Consoante preceito do artigo 155, § 1º, IV, da CF, caberá à Resolução do Senado Federal fixar as alíquotas **máximas** do ITCMD. A Resolução n. 9/92 definiu que a alíquota máxima desse imposto será de 8%. Isso significa dizer que em nenhum Estado e nem no DF poderá ter alíquota superior a 8%, sob pena de ser considerado inconstitucional.

Ainda no artigo 155, em seu § 2º, V, "a" e "b", da CF, caberá à Resolução do Senado Federal firmar as alíquotas **máximas** e **mínimas** do ICMS.

E, também, de acordo com o artigo 155, § 6º, I, da CF, as alíquotas **mínimas** do IPVA serão determinadas por Resolução do Senado Federal.

11. CARVALHO, Paulo de Barros. **Curso de Direito Tributário.** 19 ed. São Paulo: Saraiva, 2008.

Segue quadro-resumo para facilitar o entendimento dos dispositivos mencionados:

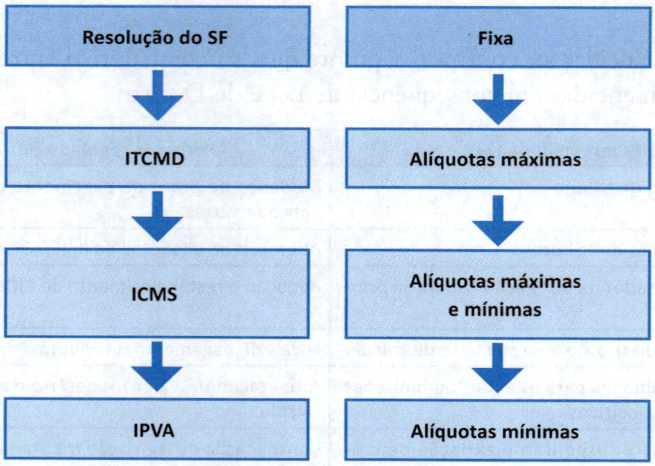

9. NORMAS COMPLEMENTARES

Nos termos do artigo 100 do CTN, são quatros as normas complementares das leis, dos tratados e das convenções internacionais e dos decretos:

> **Art. 100.** São normas complementares das leis, dos tratados e das convenções internacionais e dos decretos: I – Os atos normativos expedidos pela autoridade administrativa; II – As decisões dos órgãos singulares ou coletivos de jurisdição administrativa, a que a lei atribua eficácia normativa; III – As práticas reiteradamente observadas pelas autoridades administrativas; IV – Os convênios que entre si celebrem a União, os Estados, o Distrito Federal e os Municípios. Parágrafo único. A observância das normas referidas neste artigo exclui a imposição de penalidades, a cobrança de juros de mora e a atualização do valor monetário da base de cálculo do tributo.

Como se percebe no parágrafo único do referido artigo, a observância dessas normas complementares exclui a eventual "imposição de penalidades, a cobrança de juros de mora e a atualização do valor monetário da base de cálculo do tributo", de modo que poderá ser utilizado como argumento pelo sujeito passivo ou contribuinte que venha a sofrer algum tipo de penalidade, por falta de atenção a tais normas por parte da Fazenda Pública (art. 100, parágrafo único, do CTN).

9.1. Atos Normativos Expedidos pela Autoridade Administrativa

Os atos normativos expedidos pela autoridade administrativa são editados pelo Poder Executivo com a finalidade de propiciar a correta aplicação das normas que complementam. Visam, por sua vez, possibilitar uma orientação universal aos contribuintes, bem como **uniformizar** os procedimentos adotados pelos servidores da administração tributária.

Os atos normativos são hierarquicamente **inferiores** às leis, aos tratados e às convenções internacionais e, inclusive, aos decretos, por essa razão, ainda que os complementem, jamais poderão contrariá-los.

Apesar de não revogarem a legislação que complementam, sua observância impede a exigência de qualquer acréscimo legal, conforme prevê o parágrafo único do artigo 100 do CTN. Assim, se uma norma complementar dispuser que o contribuinte não deve recolher determinada exação, por algum equívoco, não poderá exigir do contribuinte, posteriormente, as penalidades supostamente cabíveis, com juros de mora e mesmo a atualização do valor monetário, mas **apenas** o tributo em si.

Esses atos normativos podem ser elaborados pelo Presidente da República, Ministro da Fazenda, Secretário da Receita Federal-Estadual, Superintendente da Receita Federal, Delegado da Receita Federal ou Estadual, Chefe de Atendimento ao Contribuinte, ou até mesmo por um chefe de repartição.

Citam-se como exemplos: Instruções Normativas (IN), Circulares, Portarias Ministeriais, Resoluções do Ministro da Fazenda, Pareceres Normativos.

9.2. Decisões dos Órgãos Singulares ou Coletivos com Eficácia Normativa

A autoridade administrativa, ao verificar que o contribuinte é devedor, constitui o crédito tributário e o informa por meio da Notificação de Lançamento (ou Notificação Fiscal de Lançamento de Débito – NFLD).

Ao receber uma Notificação de Lançamento, o sujeito passivo pode optar por uma dessas quatro opções: i) a primeira delas é **pagar** a quantia exigida; ii) se for o caso de não concordar, a segunda é **recorrer** na esfera administrativa; iii) ou, ainda, **ingressar** diretamente perante o Poder Judiciário (terceira opção); e iv) também pode ficar inerte, não fazer **nada** (quarta possibilidade), apenas aguardar a cobrança judicial da sua dívida tributária ou, então, aguardar o interregno do prazo prescricional, caso a Fazenda Pública não o faça (cobrança judicial).

Notificação de lançamento	
1º	Pagar
2º	Recorrer administrativamente
3º	Ingressar com medida judicial
4º	Não fazer nada

Se o sujeito passivo optar em recorrer administrativamente na esfera federal, por exemplo, sua impugnação será analisada pela Delegacia da Receita Federal de Julgamento (DRJ), cuja competência para julgamento do recurso caberá a um órgão colegiado, conforme prescreve o Decreto n. 7.574/2011. E, se a decisão, nessa instância, for desfavorável ao contribuinte, caberá ainda recurso voluntário para o Conselho Administrativo de Recursos Fiscais – 2ª instância administrativa.

As decisões proferidas na esfera administrativa não integram a legislação tributária, uma vez que versam sobre casos concretos, com efeito *inter* partes apenas. Conquanto, é possível que o ente político atribua eficácia normativa, por meio de **lei**, às decisões proferidas por seu órgão de jurisdição administrativa. Dessa forma, a decisão proferida na esfera administrativa passa a ser de observância **obrigatória** nos casos futuros, nesse momento, pode-se considerá-la como **norma complementar** e, portanto, legislação tributária.

Ressalta-se, pois, que, para serem consideradas legislação tributária, as decisões dos Órgãos Singulares ou Coletivos devem ter a **eficácia normativa** atribuída por meio de **lei**.

Entretanto, há que se mencionar que no Estado de São Paulo há uma exceção, posto que na própria legislação estadual há a previsão de que as decisões do Tribunal relativas a Impostos e Taxas (TIT), aprovadas por quórum qualificado (2/3 – dois terços) ou homologadas pelo Secretário Estadual da Fazenda, já terão eficácia normativa.

9.3. Práticas Reiteradas da Autoridade Administrativa

Pode-se afirmar que as normas complementares consistem nos **usos** e **costumes** adotados pela administração tributária, decorrentes de interpretação reiterada da legislação vigente no ordenamento jurídico.

Essas normas complementares têm como função **garantir a segurança jurídica** aos sujeitos passivos que se veem obrigados a agir conforme a interpretação da administração tributária **reiterada** sobre determinada disciplina.

Por esse motivo, se a interpretação reiterada por parte da autoridade administrativa resultou no não recolhimento de determinado tributo, a modificação, no entendimento por essa autoridade, **não** poderá implicar o pagamento do tributo retroativo (não pago até então) com **penalidades**.

Nesse sentido, segue decisão do STJ, REsp n. 98.703-SP: *"Se o contribuinte recolheu o tributo à base de prática administrativa adotada pelo fisco, eventuais diferenças devidas só podem ser exigidas sem juros de mora e sem atualização do valor monetário da respectiva base de cálculo"*.

No mesmo sentido, temos a decisão no REsp n. 215.655, rel. Min. Francisco Falcão, **DJ** de 18.09.2003:

> TRIBUTÁRIO. RECURSO ESPECIAL. RECOLHIMENTO REITERADO DO ISS. COSTUME. ART. 100, III E PARÁGRAFO ÚNICO, DO CTN. AUTO DE INFRAÇÃO. ICMS. BOA-FÉ. CONTRIBUINTE. MULTA. EXCLUSÃO. JUROS MORATÓRIOS. CORREÇÃO MONETÁRIA. DIES A QUO. NOTIFICAÇÃO. I – **Presume-se a boa-fé do contribuinte quando este reiteradamente recolhe o ISS sobre sua atividade**, baseado na **interpretação** dada ao Decreto-Lei n. 406/68 **pelo Município, passando a se caracterizar como costume, complementar à referida legislação**. II – A falta de pagamento do ICMS, pelo fato de se presumir ser contribuinte do ISS, **não impõe a condenação em multa, devendo-se incidir os juros e a correção monetária a partir do momento em que a empresa foi notificada do tributo estadual**. II – Recurso especial improvido (no REsp n. 215.655, rel. Min. Francisco Falcão, **DJ** de 18.09.2003 (grifos nossos).

Portanto, **não** se pode punir o sujeito passivo que descumpriu a legislação tributária, por seguir as práticas reiteradas da autoridade administrativa.

Além disso, como se trata de norma complementar, **a prática administrativa observada por um contribuinte será aplicada a todos**. Tudo isso em razão da isonomia. Assim, a Fazenda Pública fica impedida de punir todos os sujeitos passivos que também observaram as práticas administrativas reiteradas. Isso quer dizer que referido impedimento ao Fisco abrange todos aqueles que cometeram atos, em tese, contrários à legislação pátria.

O Superior Tribunal de Justiça, ao julgar o REsp n. 142. 280, em que o contribuinte argumentou "não poder o Fisco tratar desigualmente os contribuintes que se encontrem em idêntica situação, de modo a dispensar alguns dos encargos decorrentes do não recolhimento do imposto de renda incidente sobre a ajuda de custo, exigindo-os de outros", concluiu ser inaplicável a punição em razão da prática reiterada da administração, devendo ser observada para todos os sujeitos passivos nessa situação.

9.4. Convênios Celebrados pelos Entes Federativos

Trata-se de atos celebrados pelos entes políticos, para mútua assistência administrativa, com a finalidade de facilitar a fiscalização e a arrecadação.

Nesse sentido, o artigo 199 do CTN permite aos Entes Federativos, por meio de convênio, a troca de informações para a realização de fiscalização de tributos.

> **Art. 199.** A Fazenda Pública da União e as dos Estados, do Distrito Federal e dos Municípios prestar-se-ão mutuamente assistência para a fiscalização dos tributos respectivos e permuta de informações, na forma estabelecida, em caráter geral ou específico, por lei ou convênio.
> **Parágrafo único.** A Fazenda Pública da União, na forma estabelecida em tratados, acordos ou convênios, poderá permutar informações com Estados estrangeiros no interesse da arrecadação e da fiscalização de tributos.

Os Convênios são bastante utilizados para uniformizar obrigações acessórias, bem como no reconhecimento de extraterritorialidade a determinada legislação, como se depreende do artigo 102 do CTN:

> **Art. 102.** A legislação tributária dos Estados, do Distrito Federal e dos Municípios vigora, no País, fora dos respectivos territórios, nos limites em que lhe reconheçam extraterritorialidade os convênios de que participem, ou do que disponham esta ou outras leis de normas gerais expedidas pela União.

Importante frisar que os Convênios tratados por normas complementares, nos termos do artigo 100, IV, do CTN, **não se confundem com os Convênios do ICMS celebrados no âmbito do Conselho Nacional de Política Fazendária** (CONFAZ).

Os Convênios de ICMS inovam o ordenamento jurídico na medida em que, de acordo com a LC n. 24/75, podem conceder e revogar isenções, reduzir a base de cálculo do ICMS, tratar sobre a concessão de créditos presumidos, estabelecer incentivos ou favores fiscais, dentre outros assuntos. Portanto, há certa autonomia nesses convênios. Já os Convênios aqui estudados não inovam o direito, são meros acordos de vontade celebrados entre os Entes.

10. A DIVISÃO DAS FONTES DO DIREITO TRIBUTÁRIO

Paulo de Barros Carvalho elucida que as fontes do direito são os acontecimentos do mundo social, juridicizados por regras do sistema e credenciados para produzir normas jurídicas que introduzam no ordenamento outras normas, gerais e abstratas, gerais e concretas, individuais e abstratas ou individuais e concretas[12].

---

12. **Curso...**, op. cit., p. 48.

As fontes do direito podem ser classificadas em: **formais** e **materiais**; **primárias** e **secundárias**.

As fontes **formais** são os veículos utilizados pela ordem jurídica para introduzirem regras em nosso ordenamento jurídico, pode-se afirmar que os atos normativos que compreendem a legislação tributária são fontes formais, conforme previsão do artigo 96 do CTN.

Importante evidenciar que a **doutrina** não é fonte do direito, pois seu discurso não altera a natureza prescritiva do direito positivo.

O direito positivo constitui-se de uma linguagem prescritiva, prescreve comportamento humano. E, a Ciência do Direito, cujo principal objeto de estudo é o direito positivo, possui índole cognoscitiva e descritiva.

No entanto, esse caráter descritivo não pode ser tomado em seu sentido estrito (expor, contar minuciosamente), mas sim no caráter *lato* (explicar, tornar inteligível, interpretar).

Assim, admite-se que ao cientista do Direito cabe construir a norma jurídica, uma vez que essa não se encontra pronta e acabada no direito posto. Nas palavras de Eros Roberto Grau, "a interpretação é atividade que se presta a transformar disposições (textos, enunciados) em normas... Por isso, as normas resultam da interpretação"[13].

Nesse sentido, José Roberto Vieira conclui: *"Em linguagem clássica, o texto é o dado, a norma o construído. Nós não interpretamos normas jurídicas, mas os textos do direito positivo, pois a norma não é objeto da interpretação, mas o seu resultado"*[14].

As fontes **materiais** ocupam-se de acontecimentos da realidade social que, descritos em regras normativas, **têm aptidão de produzir novas proposições prescritivas para integrar o direito posto.**

No tocante à classificação das fontes como primárias e secundárias, as **primárias** disciplinam as situações e relações tributárias de modo a inovar o ordenamento jurídico. Já as **secundárias** estão sempre subordinadas à lei.

Citam-se como exemplos de fontes **primárias**: Constituição Federal; Lei Complementar; Lei Ordinária; Lei Delegada; Medidas Provisórias; Decreto-Legislativo e Resoluções do Congresso Nacional. No caso de fontes **secundárias** têm-se: Decretos; Instruções Ministeriais; Circulares; Ordens de Serviço; enfim, outros atos normativos estabelecidos pelas autoridades administrativas.

11. VIGÊNCIA DA APLICAÇÃO DA LEGISLAÇÃO TRIBUTÁRIA

A norma jurídica tributária consiste numa regra de **comportamento** que disciplina a relação jurídica obrigacional entre o devedor, que sofre a imposição da prestação compulsória fiscal, e o titular do crédito.

13. GRAU, Eros Roberto. **Ensaio e discurso sobre a Interpretação/Aplicação do Direito.** São Paulo: Malheiros Editores, 5ª ed., p. 59.
14. VIEIRA, José Roberto. Métodos de interpretação jurídica. In: A semestralidade do PIS: favos de abelha ou favos de vespa? **Revista Dialética de Direito Tributário**. São Paulo, Dialética, n. 83, p. 89-91, ago. 2002.

Essa norma descreve hipoteticamente um estado de fato e dispõe que a sua realização concreta no mundo fenomênico estabelece o nascimento de uma obrigação de pagar determinado tributo.

Sobre a **vigência** da norma jurídica, na ótica de Paulo de Barros Carvalho, consiste na "propriedade das regras jurídicas que estão prontas para propagar efeitos, tão logo aconteçam, no mundo fático, os eventos que elas descrevem"[15].

Quando se publica a lei, faz-se necessário dimensionar o momento em que ela passa a ter vigência **e até quando** vigorará, bem como o espaço em que irá viger.

O artigo 101 do CTN determina que a vigência das leis tributárias, no tempo e no espaço, é regida, em regra, pelas mesmas normas que disciplinam a vigência das demais, ressalvadas as disposições contidas no Capítulo referente ao tema no mesmo Código.

Assim, no silêncio do Código Tributário Nacional, em **caráter supletivo**, aplicam-se às normas tributárias, as regras sobre vigência das normas jurídicas em geral, tratadas pela Lei de Introdução ao Código Civil (Decreto-Lei n. 4.657/42).

11.1. Vigência no Espaço

A lei tributária se aplica, em regra, no território do ente político que a edita, em respeito ao **Princípio da Territorialidade**. Dessa forma, se a lei se refere ao Imposto sobre Produtos Industrializados (IPI), por exemplo, tem vigência em todo território nacional, por se tratar de imposto de competência da União. Por outro lado, se a lei se refere ao Imposto sobre a Propriedade de Veículos Automotores (IPVA), alcança apenas o Estado que o criou.

Assim, a legislação produzida pelo ente vigora em seu **território,** e somente vigorará fora dele nos estritos limites em que se reconheçam **extraterritorialidade** aos convênios de que participem.

Frisa-se, portanto, que os Estados, o Distrito Federal e os Municípios, se celebrarem convênios, terão suas normas vigentes no território do outro.

No mesmo sentido, pode uma lei federal atingir fatos e pessoas localizados no exterior, como ocorre com o Imposto sobre Rendas e Proventos de Qualquer Natureza (IR). Para evitar a bitributação, tratados e convenções internacionais são celebrados, admitindo-se a compensação dos valores de imposto pagos em um país com aqueles devidos em outro país – art. 102 do CTN:

> **Art. 102.** A legislação tributária dos Estados, do Distrito Federal e dos Municípios vigora, no País, fora dos respectivos territórios, nos limites em que lhe reconheçam extraterritorialidade os convênios de que participem, ou do que disponham esta ou outras leis de normas gerais expedidas pela União.

11.2. Vigência no Tempo

Conforme prevê o artigo **1º da Lei de Introdução ao Código Civil**, regra geral, a lei vigora 45 (quarenta e cinco) dias depois de sua publicação, salvo disposição de lei em contrário.

---

15. **Curso de Direito Tributário**. 19. ed. São Paulo: Saraiva, 2007. p. 84.

Em matéria tributária, sobre a vigência no tempo, o Código Tributário Nacional não é no todo omisso, estabelece sim algumas normas específicas.

Observe que o artigo 103 do CTN institui a entrada em vigor das normas complementares. Designa que os **atos normativos** expedidos pelas autoridades administrativas comecem a vigorar na data da sua **publicação**. Sobre as **decisões administrativas** com eficácia normativa, determina que essas entrem em vigor **30 dias** após a publicação. E, no tocante aos **convênios,** estabelece que comecem a vigorar na **data** neles prevista.

Por sua vez, o artigo 104 do CTN prevê a vigência para o primeiro dia do exercício seguinte ao da publicação da lei, quando se trata de imposto sobre a **renda** ou **patrimônio** para os seguintes casos: (i) instituição ou majoração de impostos; (ii) que definem novas hipóteses de incidência; (iii) que extinguem ou reduzem isenções, a menos que a lei disponha de maneira mais favorável ao contribuinte e observado o previsto no artigo 178 do CTN.

A primeira hipótese do artigo 104 do CTN, que trata sobre a instituição e majoração de impostos, se coaduna com o postulado constitucional previsto no artigo 150, III, "b", da CF, que corresponde ao Princípio da Anterioridade do Exercício. Nesse sentido, destaca-se que deve ser observado, também, o Princípio da Anterioridade Nonagesimal. Frise-se, como estudado no Capítulo anterior, a Noventena só foi acrescida com a EC n. 42/2003 – posterior ao CTN de 1966.

Com relação à terceira hipótese do artigo 104 do CTN – "que extinguem ou reduzem isenções" –, deve-se tomar certa cautela. Como visto no Capítulo anterior, muito se discute, na doutrina e na jurisprudência, se quando há revogação de uma isenção o tributo ou o imposto só deve ser exigido no próximo exercício financeiro em atenção ao Princípio da **Anterioridade,** ou se já poderá ser solicitado **imediatamente**.

O artigo 104, III, do CTN determina expressamente que quando a revogação da isenção for referente a um **imposto** sobre renda ou patrimônio, a sua vigência será para o primeiro dia do exercício seguinte. Assim, o tributo não seria cobrado de imediato. Mas e com relação aos demais tributos, que não sejam sobre renda ou patrimônio, se aplicariam os Princípios da Anterioridade?

Muitos doutrinadores defendem que os Princípios da Anterioridade devem ser respeitados inclusive na hipótese de revogação de isenção, visto que a finalidade desses Princípios seria evitar a **surpresa** ao contribuinte que não mais pagava o tributo em razão da isenção, e agora, por força da revogação, voltará a pagar.

Os Tribunais Superiores, no entanto, entendiam que os Princípios da Anterioridade, tanto do Exercício como o Nonagesimal, deveriam ser observados apenas nas hipóteses de **instituição** ou **majoração** de tributo. Por isso, a revogação de isenção permitiria sim a cobrança imediata dos tributos, tal dispositivo do CTN seria restrito apenas aos impostos sobre o patrimônio e a renda (RE n. 204.062).

No entanto, recentemente o STF, ao julgar o RE n. 564.225, publicado em 2.9.2014,compreendeu que a revogação da isenção corresponderia à majoração indireta de tributo e, por essa razão, deveriam ser respeitados os Princípios da Anterioridade do Exercício e Nonagesimal.

IMPOSTO SOBRE CIRCULAÇÃO DE MERCADORIAS E SERVIÇOS. DECRETOS N. 39.596 E 39.697, DE 1999, DO ESTADO DO RIO GRANDE DO SUL. REVOGAÇÃO DE BENEFÍCIO FISCAL. PRINCÍPIO DA ANTERIORIDADE. DEVER DE OBSERVÂNCIA. PRECEDENTES. Promovido aumento indireto do Imposto Sobre Circulação de Mercadorias e Serviços – ICMS – por meio da revogação de benefício fiscal, surge o dever de observância ao princípio da anterioridade, geral e nonagesimal, constante das alíneas "b" e "c" do inciso III do artigo 150, da Carta. Precedente – Medida Cautelar na Ação Direta de Inconstitucionalidade n. 2.325/DF, de minha relatoria, julgada em 23 de setembro de 2004. MULTA. AGRAVO. ARTIGO 557, § 2º, DO CÓDIGO DE PROCESSO CIVIL. Surgindo do exame do agravo o caráter manifestamente infundado, impõe-se a aplicação da multa prevista no § 2º do artigo 557 do Código de Processo Civil.

(RE n. 564225 AgR, rel. Min. Marco Aurélio, 1ª Turma, julgado em 02.09.2014, acórdão eletrônico **DJe**-226, divulg. em 17.11.2014, public. em 18.11.2014).

Como descrito no Capítulo anterior, o posicionamento recente do STF tende para o sentido de que a revogação de isenção, bem como a extinção de um benefício fiscal de maneira geral deve obedecer ao Princípio da Anterioridade, primando pela garantia da Segurança Jurídica estabelecida pela Constituição.

12. APLICAÇÃO DA LEI

Sobre a aplicação da Lei, o CTN em seu artigo 105 pressupõe que *"a legislação aplica-se imediatamente aos fatos geradores futuros e aos pendentes, assim entendidos aqueles cuja ocorrência tenha tido início, mas não esteja completa nos termos do artigo 116"*. A regra desse dispositivo legal prevê que uma lei nova poderá alcançar fatos já iniciados, mas ainda não concluídos, não atingindo apenas os já finalizados, salvo nas hipóteses previstas expressamente no Código,[16] que são verdadeiras exceções ao Princípio da Irretroatividade, como já estudado no Subitem 3.2.5.

Ocorre que a interpretação do referido dispositivo não é pacífica. O primeiro problema encontrado no dispositivo se relaciona com a expressão "fatos geradores pendentes". Expressão muito criticada pela doutrina, uma vez que leva a interpretação de que só haverá a incidência tributária se ocorrer, no mundo fenomênico, exatamente tudo que está descrito na regra como situação passível de sofrer a incidência tributária.

Paulo de Barros Carvalho enfatiza que somente haverá subsunção do fato à norma tributária, quando aquele guardar absoluta identidade com o desenho normativo da hipótese tributária[17].

16. A legislação tributária poderá retroagir nas hipóteses do art. 106 e parágrafo único do art. 144 do CTN.
Art. 106. "A lei aplica-se a ato ou fato pretérito:
I – em qualquer caso, quando seja expressamente interpretativa, excluída a aplicação de penalidade à infração dos dispositivos interpretados; II – tratando-se de ato não definitivamente julgado: a) quando deixe de defini-lo como infração; b) quando deixe de tratá-lo como contrário a qualquer exigência de ação ou omissão, desde que não tenha sido fraudulento e não tenha implicado em falta de pagamento de tributo;
c) quando lhe comine penalidade menos severa que a prevista na lei vigente ao tempo da sua prática".
Art. 144. "(...) § 1º Aplica-se ao lançamento a legislação que, posteriormente à ocorrência do fato gerador da obrigação, tenha instituído novos critérios de apuração ou processos de fiscalização, ampliado os poderes de investigação das autoridades administrativas, ou outorgado ao crédito maiores garantias ou privilégios, exceto, neste último caso, para o efeito de atribuir responsabilidade tributária a terceiros".

17. **Curso...**, op. cit., p. 41.

Dessa forma, se faltar quaisquer dos elementos que compõe a hipótese, ter-se-á essa por não realizada, visto que somente haverá a subsunção do fato à norma se o fato corresponder fiel e integralmente à descrição da hipótese. Alfredo Augusto Becker ressalta que:

> "Basta faltar um único elemento para que a hipótese de incidência continue não realizada, e enquanto não se realizar este último elemento, não ocorrerá a incidência da regra jurídica. Porém, realizando-se este último elemento, a regra jurídica incide sobre a hipótese de incidência realizada e a sua incidência é imediata, instantânea e infalível"[18].

Paulo de Barros Carvalho ao conceituar fatos geradores esclarece que:

> "Fato gerador pendente é aquele que não aconteceu e, se por alguma razão deixou de completar-se, não pode ser chamado de fato gerador. Pendente é adjetivo que qualifica a expressão fato gerador. Se essa inexistir, não terá o que qualificar. (...) São eventos jurídicos tributários que não ocorreram no universo da conduta humana regrada pelo direito. Poderão realizar-se ou não, ninguém o sabe. Acontecendo, efetivamente, terão adquirido significação jurídica. Antes, porém, nenhuma importância podem espertar, assemelhando-se, em tudo e por tudo, com os fatos geradores futuros. Se a contingência de haver-se iniciado uma situação de fato ou uma situação jurídica pudesse emprestar-lhe alguma dimensão significativa, na ordem do direito, seria o caso de cogitarmos de outra designação, terminologia diversa, evitando-se, por via de consequência, a ilogicidade que a presente construção engendra"[19].

Sacha Calmon Navarro Coêlho também entende que o fato gerador pendente é inexistente em nosso ordenamento jurídico, pois o que pode estar vinculado **é o negócio e não o fato gerador. Para o autor: "O fato gerador ocorre ou não ocorre. Não há nem poderia haver meio-termo"**[20].

Assim, se estiver pendente a situação ensejadora da tributação, **não poderá essa ocorrer enquanto não estiver concluído o negócio jurídico, por isso compartilhamos do entendimento de que fato gerador pendente não existe.**

13. INTERPRETAÇÃO DE INTEGRAÇÃO DA LEGISLAÇÃO TRIBUTÁRIA

A aplicação da lei a um caso concreto, seja pela autoridade administrativa, pelo julgador ou, ainda, pelo próprio sujeito passivo, requer a sua interpretação para que seja identificado o seu significado e o seu alcance. Assim, fazem-se necessárias, no momento de aplicação da legislação, considerações de ordem léxica, lógica, sistemática, histórica e teleológica.

Por esse motivo, admite-se em Direito Tributário, exceto as hipóteses previstas no artigo 111 do CTN, a utilização de **todos** os métodos de interpretação admitidos em direito, tais como o método literal, sistemático, teleológico e histórico.

A interpretação **literal** analisa pura e simplesmente o significado das palavras constantes no texto legal, sem qualquer extensão. Pelo método **sistemático**, verifica-se a norma dentro do sistema jurídico a que pertence, e dele extrai-se a conclusão compatível com o conjunto

18. BECKER, Alfredo Augusto. **Teoria geral do direito tributário**. 3. ed. São Paulo: Lejus, 1998. p. 307.
19. **Curso...**, op. cit., p. 93.
20. **Curso...**, op. cit., p. 568.

de normas ali inseridas, não analisando, simplesmente, o preceito isoladamente. A interpretação **teleológica** pauta-se no fim buscado pela norma, o porquê de sua criação. No método **histórico** há a análise dos elementos que historicamente foram considerados na elaboração da norma, tais como as circunstâncias políticas, sociais, econômicas e culturais presentes naquele momento de criação.

Com relação aos **efeitos** da norma, a interpretação pode ser classificada como **extensiva** ou **restritiva**. A interpretação extensiva é necessária, quando se verifica que o legislador disse menos do que queria, deixando de fora situações que desejava, na verdade, que fossem alcançadas pela norma.

Um exemplo de interpretação extensiva é a lista anexa à Lei Complementar n. 116/03, que, apesar de ser taxativa em sua enumeração, permite a interpretação extensiva, dentro de cada item, para proporcionara incidência do ISS sobre serviços correlatos àqueles previstos expressamente. Tal entendimento ocorre em consequência da utilização de expressões do tipo "congêneres", "semelhantes", "qualquer natureza" e etc. Sobre o tema, apresenta-se o seguinte julgado:

> PROCESSUAL CIVIL E TRIBUTÁRIO. DL N. 406/1968. LISTA DE SERVIÇOS. TAXATIVIDADE. INTERPRETAÇÃO EXTENSIVA DE CADA ITEM. SÚMULA N. 7 DO STJ. RECURSO REPETITIVO. ART. 543-C DO CPC. 1. A jurisprudência do STJ pacificou-se no sentido de reconhecer que a Lista de Serviços anexa ao Decreto-Lei 406/1968 e à Lei Complementar 116/2003, para efeito de incidência de ISS sobre serviços bancários, é taxativa, mas admite leitura **extensiva de cada item a fim de enquadrar serviços idênticos aos expressamente previstos**. 2. Orientação reafirmada no julgamento do REsp n. 1.111.234/PR, sob o rito dos recursos repetitivos (art. 543-C do CPC). 3. Verificar se as atividades apontadas pela parte efetivamente se enquadram nos itens 95 e 96 da Lista de Serviços inserta no Decreto-Lei 406/68 implica reexame de fatos e provas, obstado pelo teor da Súmula n. 7 do STJ. 4. Revela-se manifestamente infundado o Agravo Regimental interposto após decisão proferida em processo submetido à sistemática do art. 543-C do CPC. Imposição de multa de 10% sobre o valor da causa, nos termos do art. 557, § 2º, do CPC. 5. Agravo Regimental não provido, com aplicação de multa. (AgRg no Ag n. 1305387, rel. Min. Herman Benjamin, **DJ** de 14.09.2010) (grifos nossos).

Por sua vez, a interpretação **restritiva** se configura quando a lei teria dito mais do que queria, abrangendo casos que não deveriam estar sobre sua regulação.

Um exemplo de interpretação literal com efeito restritivo, que pode ser citado, se refere às hipóteses de suspensão, exclusão do crédito tributário, bem como dispensa do cumprimento de obrigação acessória, conforme disposto no artigo 111 do CTN, o aplicador somente poderá se valer da interpretação **literal**.

Assim, todas as hipóteses de suspensão do crédito tributário, previstas no artigo 151 do CTN, e as de exclusão, constantes no artigo 175 do CTN, só podem ser interpretadas literalmente. Para fixar:

Matérias que só podem ser interpretadas literalmente (art. 111 do CTN)

Causas de suspensão (art. 151 do CTN) e Exclusão do Crédito Tributário (art. 175 do CTN)	Outorga de isenção	Dispensa de cumprimento de obrigações acessórias

Outro dispositivo do CTN que direciona a forma de interpretação consiste no artigo 112. Por esse artigo, a lei tributária que define infrações, ou que comina penalidades, será interpretada da maneira mais favorável ao acusado, sempre que houver dúvida quanto:

> **Art. 112.** (...) I – à capitulação legal do fato; II – à natureza ou às circunstâncias materiais do fato, ou à natureza ou extensão dos seus efeitos; III – à autoria, imputabilidade, ou punibilidade; IV – à natureza da penalidade aplicável, ou à sua graduação.

Ressalta-se, ainda, que a lei tributária não pode alterar a definição, o conteúdo e o alcance de institutos, conceitos e formas de direito privado utilizados, expressa ou implicitamente, pela Constituição Federal, pelas Constituições dos Estados, ou pelas Leis Orgânicas do Distrito Federal ou dos Municípios, para definir ou limitar competências tributárias (art. 110 do CTN).

Estudadas as possibilidades de interpretação da legislação tributária, tem-se, ainda, as situações em que há **obscuridade** ou **lacuna** da lei. Quando ocorre esse tipo de situação, a regra que impera no Direito é de que se deve preencher o vácuo por meio da **integração**. Preocupado com isso, o legislador no artigo 108 do CTN permite a utilização da integração desde que ocorra na seguinte ordem **sucessiva**: *"Art. 108. (...) I – analogia; II – princípios gerais de direito tributário; III – princípios gerais de direito público; IV – equidade".*

Desse modo, o aplicador da legislação se vale da **analogia**: quando, diante de um caso sem previsão expressa, utiliza uma norma legal prevista para uma situação semelhante.

Entretanto, há que se evidenciar que ninguém pode se valer da analogia para cobrar tributo, conforme estabelece o § 1º do artigo 108 do CTN.

Quanto à equidade, essa atua como instrumento de realização concreta da justiça. Mas ninguém pode utilizá-la para ser dispensado do pagamento do tributo – art. 108, § 2º, do CTN.

Sobre esse assunto, observe-se que a prova realizada para o cargo de Juiz do Tribunal de Justiça de São Paulo, em 2007, abordou em umas das questões subjetivas sobre a integração da legislação tributária:

Exemplo de questão sobre o tema

▶ **(TJ/SP – Juiz de Direito – SP/2007).** Como se aplica a integração jurídica no âmbito do Direito Tributário?

14. QUADRO SINÓTICO

<table>
<tr><th colspan="2">CAPÍTULO 4. LEGISLAÇÃO TRIBUTÁRIA</th><th></th></tr>
<tr><th colspan="2">Conteúdo</th><th>Item</th></tr>
<tr><td>Introdução</td><td>A legislação tributária é compreendida por: Leis, Tratados e Convenções Internacionais, Decretos e Normas Complementares.</td><td>1</td></tr>
<tr><td>Leis</td><td>O art. 97 do CTN traz um rol taxativo das matérias em direito tributário que precisam ser tratadas por intermédio de lei. Quais sejam:
Instituição e extinção de tributos;
Majoração e redução de tributos;
Definição do fato gerador, bem como do sujeito passivo;
Fixação de alíquota e base de cálculo do tributo;
Definição da penalidade tributária;
Hipóteses de suspensão, extinção e exclusão do crédito tributário.
Lembre-se que a mera correção monetária não é majoração de tributo e por isso poderá ocorrer por meio de Decreto.</td><td>2</td></tr>
<tr><td>Lei Ordinária</td><td>A Lei Ordinária é o veículo, por excelência, da matéria tributária, pois é o instrumento de instituição, modificação e extinção dos tributos.</td><td>2.1</td></tr>
<tr><td>Lei Complementar</td><td>A Contribuição Social Residual, o Empréstimo Compulsório, o IGF e o Imposto Residual são as únicas espécies tributárias que só podem ser instituídas, bem como alteradas mediante Lei Complementar – art. 195, § 4º (c/c o art. 154, I), arts. 148, 153, VII e 154, I, da CF.
Além disso, a CF enumera mais algumas matérias que precisam ser tratadas por Lei Complementar, dentre elas pode-se citar sua obrigatoriedade para – arts. 146, 146-A, 155, XII, 156, § 3º, da CF:
1) Dispor sobre conflitos de competência, em matéria tributária;
2) Regular as Limitações do Poder de Tributar;
3) Tratar sobre as normas gerais de direito tributário: definição de tributos e de suas espécies, fatos geradores, bases de cálculo, contribuintes, obrigação, lançamento, crédito, prescrição e decadência tributários;
4) Definir o tratamento tributário dos atos cooperativos praticados pelas sociedades cooperativas;
5) Fixar tratamento diferenciado e favorecido para as microempresas e para as empresas de pequeno porte;
6) Estabelecer critérios especiais de tributação, com o objetivo de prevenir desequilíbrios da concorrência;
7) Estabelecer as alíquotas mínimas e máximas do ISS;
8) Excluir da incidência do ISS exportações de serviços para o exterior;
9) Regular a forma e as condições como isenções, incentivos e benefícios fiscais serão concedidos e revogados para o ISS;
10) Definir o Estado competente para recolher o ITCMD quando o doador for domiciliado no exterior, ou, ainda, o de cujus possuía bens, era residente ou domiciliado ou teve o seu inventário processado no exterior;</td><td>2.2</td></tr>
<tr><td>Lei Delegada</td><td>Ato normativo de feitura do Poder Executivo, em que o Presidente da República solicita autorização do Congresso Nacional para poder legislar sobre a matéria. Praticamente em desuso em direito tributário, dada a possibilidade da utilização de Medidas Provisórias – arts. 59 e 68 da CF.</td><td>2.3</td></tr>
</table>

<table>
<tr><th colspan="3">CAPÍTULO 4. LEGISLAÇÃO TRIBUTÁRIA</th></tr>
<tr><th colspan="2">Conteúdo</th><th>Item</th></tr>
<tr><td>Medida Provisória</td><td>Poderá instituir e majorar impostos desde que observe dois requisitos:
Primeiro: que o imposto possa ser instituído por meio de Lei Ordinária.
Segundo: em se tratando de impostos, excepcionados o Imposto Extraordinário de Guerra, Imposto sobre a Importação (II), Imposto sobre a Exportação (IE), Imposto sobre operações de crédito, câmbio e seguro, ou relativas a títulos ou valores mobiliários (IOF) e Imposto sobre Produtos Industrializados (IPI), é necessário que a Medida Provisória que os criar seja convertida em lei até o final do exercício financeiro, para que possa produzir efeitos no exercício subsequente art. 62 da CF.</td><td>3</td></tr>
<tr><td>Tratados e Convenções Internacionais</td><td>Atos firmados entre dois ou mais Estados, no intuito de estabelecer normas comuns a serem observadas no âmbito internacional.
Em matéria tributária, os tratados e as convenções internacionais são muito utilizados para evitar a bitributação internacional de renda, concernentes às atividades de pessoas físicas relativas a profissões independentes, diretores, artistas e esportistas, bem como estabelecer a tributação de mercadorias exportadas e importadas.</td><td>4</td></tr>
<tr><td>Os Tratados Internacionais e a Isenção Heterônoma</td><td>O STF possui decisões reiteradas no sentido de que os tratados internacionais podem conceder isenção de tributos estaduais e municipais, uma vez que o Presidente da República, ao assinar esses tratados, assina como chefe de Estado e não como Chefe de Governo, e, por isso, não seria considerada uma isenção heterônoma (vedada pela nossa Constituição Federal no artigo 151, III).</td><td>4.1</td></tr>
<tr><td>Decreto Legislativo</td><td>Ato emanado do Congresso Nacional que não está sujeito à sanção do Presidente da República.
No âmbito tributário, os decretos legislativos são utilizados para aprovação dos Tratados e Convenções Internacionais e para disciplinar os efeitos das Medidas Provisórias não convertidas em lei, conforme prevê o artigo 62, §§ 3º e 11, da CF.</td><td>5</td></tr>
<tr><td>Decreto</td><td>Instrumento normativo, utilizado pelo Presidente da República, conforme previsão do artigo 84, IV, da CF, para obter a correta aplicação e execução da lei, sem ampliar ou restringir o conteúdo por ela definido.</td><td>6</td></tr>
<tr><td>Resolução</td><td>Ato legislativo emanado do Congresso Nacional que não se sujeita à sanção do Presidente da República.
A Resolução do Senado Federal vai fixar – art. 155 da CF:
alíquotas máximas do ITCMD;
alíquotas mínimas e máximas do ICMS; e
alíquotas mínimas do ICMS.</td><td>7</td></tr>
<tr><td rowspan="2">Normas Complementares</td><td>Atos Normativos Expedidos pela Autoridade Administrativa: São editados pelo Poder Executivo com a finalidade de propiciar a correta aplicação das normas que complementam. Visam possibilitar uma orientação universal aos contribuintes, bem como uniformizar os procedimentos adotados pelos servidores da administração tributária. Exemplo: Instruções normativas, portarias, etc.</td><td rowspan="2">8 a 8.4</td></tr>
<tr><td>Decisões de Órgãos Singulares ou Coletivos com Eficácia Normativa: As decisões proferidas na esfera administrativa não integram a legislação tributária, visto que versam sobre casos concretos, com efeito inter partes apenas. Contudo, é possível que o ente político atribua eficácia normativa, por meio de Lei, às decisões proferidas por seu órgão de jurisdição administrativa. Dessa forma, a decisão proferida na esfera administrativa passa a ser de observância obrigatória nos casos futuros. Quando isso acontece pode-se considerar a decisão como norma complementar, e, portanto, integrante da legislação tributária.</td></tr>
</table>

<table>
<tr><th colspan="4">CAPÍTULO 4. LEGISLAÇÃO TRIBUTÁRIA</th></tr>
<tr><th colspan="3">Conteúdo</th><th>Item</th></tr>
<tr><td rowspan="2">Normas Complementares</td><td>Práticas Reiteradas da Autoridade Administrativa</td><td>São os usos e costumes adotados pela administração tributária, decorrentes de interpretação reiterada da legislação vigente no ordenamento jurídico.</td><td rowspan="2">8 a 8.4</td></tr>
<tr><td>Convênios Celebrados pelos Entes Federativos</td><td>São atos celebrados pelos entes políticos, para mútua assistência administrativa, com a finalidade de facilitar a fiscalização e a arrecadação.</td></tr>
<tr><td rowspan="6">Divisão das Fontes de Direito Tributário</td><td>Fontes Formais</td><td>São os veículos utilizados pela ordem jurídica para introduzir regras em nosso ordenamento jurídico. Podemos afirmar que os atos normativos que compreendem a legislação tributária são fontes formais, conforme previsão do artigo 96 do CTN.</td><td rowspan="4">5</td></tr>
<tr><td>Fontes Materiais</td><td>Ocupam-se de acontecimentos da realidade social que, descritos em regras normativas, têm aptidão de produzir novas proposições prescritivas para integrar o direito posto.</td></tr>
<tr><td>Fontes Primárias</td><td>Disciplinam as situações e relações tributárias de modo a inovar o ordenamento jurídico. Exemplo: CF, Leis e Medida Provisória.</td></tr>
<tr><td>Fontes Secundárias</td><td>Estão sempre subordinadas à Lei. Exemplo: Decretos.</td></tr>
<tr><td>Vigência no Espaço</td><td>A lei tributária se aplica, em regra, no território do ente político que a edita (Princípio da Territorialidade).</td><td rowspan="2"></td></tr>
<tr><td>Vigência no Tempo</td><td>Conforme prevê o artigo 1º da Lei de Introdução às Normas do Direito Brasileiro, a lei vigora 45 dias depois de sua publicação, salvo disposição de lei em contrário.</td></tr>
<tr><td>Vigência da Legislação Tributária</td><td colspan="2">O Código Tributário Nacional, por sua vez, estabelece algumas normas específicas. O artigo 103 do CTN institui a entrada em vigor das normas complementares. Designa: i) que os atos normativos expedidos pelas autoridades administrativas comecem a vigorar na data da sua publicação; ii) que as decisões administrativas com eficácia normativa entrem em vigor 30 dias após a publicação; e iii) que os convênios comecem a vigorar na data neles prevista.</td><td>6.1 e 6.2</td></tr>
<tr><td>Aplicação da Lei</td><td colspan="2">A legislação aplica-se imediatamente aos fatos geradores futuros e aos pendentes, assim entendidos aqueles cuja ocorrência tenha tido início, mas não esteja completa.</td><td>7</td></tr>
<tr><td>Interpretação e Integração da Legislação</td><td colspan="2">Admite-se em Direito Tributário, exceto as hipóteses previstas no artigo 111 do CTN, a utilização de todos os métodos de interpretação admitidos em Direito, tais como o método literal, sistemático, teleológico e histórico.
O art. 111 do CTN estabelece que as possibilidades de suspensão, exclusão do crédito tributário, bem como dispensa do cumprimento de obrigação acessória, o aplicador somente poderá se valer da interpretação literal.
A integração da legislação tributária é possível desde que siga a ordem sucessiva: Analogia, aplicação dos Princípios de Direito Tributário, aplicação dos Princípios do Direito Público e Equidade– art. 108 do CTN.
Não se esqueça: Ninguém pode se valer da analogia para cobrar tributos e ninguém poderá se valer da equidade para ser dispensado do dever de pagar o tributo.</td><td>8</td></tr>
</table>

15. INFORMATIVOS

Simples Nacional: vedação e isonomia

É constitucional a exigência contida no art. 17, V, da LC n. 123/2006 ("Art. 17. Não poderão recolher os impostos e contribuições na forma do Simples Nacional a microempresa ou a empresa de pequeno porte: ... V – que possua débito com o Instituto Nacional do Seguro Social – INSS, ou com as Fazendas Públicas Federal, Estadual ou Municipal, cuja exigibilidade não esteja suspensa"). Essa é a conclusão do Plenário ao desprover, por maioria, o recurso extraordinário. De início, rememorou-se que o Simples Nacional teria sido criado com o objetivo de concretizar as diretrizes constitucionais do tratamento jurídico diferenciado às microempresas e empresas de pequeno porte (CF, arts. 170, IX, e 179). Lembrou-se, ainda, que a EC n. 42/2003 trouxera modificações ao texto constitucional, dentre elas a necessidade de edição de lei complementar para se definir o tratamento favorecido às microempresas e às empresas de pequeno porte, e facultara a instituição de regime único de arrecadação de impostos e contribuições da União, dos Estados, do Distrito Federal e dos Municípios (CF, art. 146, III, "d", e parágrafo único). Salientou-se existir o princípio constitucional do tratamento favorecido para microempresas e empresas de pequeno porte, fundado em questões sociais e econômicas ligadas à necessidade de se conferirem condições justas e igualitárias de competição para essas empresas. Destacou-se, no ponto, a relevância do setor na geração de emprego e renda no País. Sinalizou-se, ainda, que a alta carga tributária seria o segundo principal motivo para o encerramento das atividades em empresas dessa categoria. Frisou-se que, nesse contexto, teria sido promulgada a LC n. 123/2006, a estabelecer tratamento diferenciado e favorecido especialmente no que se refere a regime de arrecadação tributária; cumprimento de obrigações trabalhistas e previdenciárias; acesso a crédito e ao mercado; capitalização e inovação tecnológica; associativismo; regras de inclusão; acesso à justiça, dentre outros. Esse tratamento favorável estaria inserto no contexto das políticas públicas voltadas à concretude dos objetivos da Constituição (STF – **Informativo** n. 726, RE n. 627543/RS, rel. Min. Dias Toffoli, 30.10.2013 (RE-627543).

IPTU: majoração da base de cálculo e decreto

É inconstitucional a majoração, sem edição de lei em sentido formal, do valor venal de imóveis para efeito de cobrança do IPTU, acima dos índices oficiais de correção monetária. Com base nessa orientação, o Plenário negou provimento a recurso extraordinário em que se discutia a legitimidade da majoração, por decreto, da base de cálculo acima de índice inflacionário, em razão de a lei municipal prever critérios gerais que seriam aplicados quando da avaliação dos imóveis. Ressaltou-se que o aumento do valor venal dos imóveis não prescindiria da edição de lei, em sentido formal. Consignou-se que, salvo as exceções expressamente previstas no texto constitucional, a definição dos critérios que compõem a regra tributária e, especificamente, a base de cálculo, seria matéria restrita à atuação do legislador. Deste modo, não poderia o Poder Executivo imiscuir-se nessa seara, seja para definir, seja para modificar qualquer dos elementos da relação tributária. Aduziu-se que os municípios não poderiam alterar ou majorar, por decreto, a base de cálculo do IPTU. Afirmou-se que eles poderiam apenas atualizar, anualmente, o valor dos imóveis, com base nos índices anuais de inflação, haja vista não constituir aumento de tributo (CTN, art. 97, § 1º) e, portanto, não se submeter à reserva legal imposta pelo art. 150, I, da CF. O Min. Roberto Barroso, embora tivesse acompanhado a conclusão do relator no tocante ao desprovimento do recurso, fez ressalva quanto à generalização da tese adotada pela Corte. Salientou que o caso concreto não envolveria questão de reserva de lei, mas de preferência de lei, haja vista a existência da referida espécie normativa a tratar da matéria, que não poderia ser modificada por decreto (STF – **Informativo** n. 713 – RE 648245/MG, rel. Min. Gilmar Mendes, 1º.08.2013).

16. QUESTÕES

1. (Pref. Novorizonte/MG – Advogado – COTECUNIMONTES/2016). Assinalar a alternativa INCORRETA.

(A) Considera-se norma complementar de lei tributária a decisão de órgão singular de jurisdição administrativa, quando a lei lhe atribuir eficácia normativa.

(B) Em matéria tributária, pode-se considerar norma complementar à lei convênio celebrado entre entes federativos específicos.

(C) Uma norma tributária pode ter vigência fora dos limites de um determinado município desde que isso, por exemplo, conste de convênio firmado com outro ente da federação.

(D) À lei que, por exemplo, majora imposto incidente sobre a renda, aplica-se a *vacatio legis*, no que diz respeito a sua entrada em vigor.

2. (Pref. Arapoti/PR – Advogado – FUNTEF-PR/2016). No Direito Tributário, cabe à Lei Complementar:

(A) Dispor sobre conflito de competência entre União, Estado, Município e Distrito Federal e regular as limitações constitucionais ao poder de tributar e estabelecer normas gerais em matéria de legislação tributária.

(B) Dispor sobre possíveis conflitos de competência que possam surgir entre o Estado e o Município.

(C) Dispor sobre possíveis conflitos de competência que possam surgir entre União e Estado.

(D) Instituir isenções de tributos da competência dos Estados, do Distrito Federal ou dos Municípios.

(E) Tributar a renda das obrigações da dívida pública dos Estados, do Distrito Federal e dos Municípios, bem como a remuneração e os proventos dos respectivos agentes públicos, em níveis superiores aos que fixar para suas obrigações e para seus agentes.

3. (CASAN – Advogado – AOCP/2016). Em relação à interpretação e à integração da legislação tributária, assinale a alternativa correta.

(A) A legislação tributária do município nunca vigora fora do respectivo território.

(B) É possível, por interpretação analógica ou extensiva, criar-se fato gerador não previsto em lei.

(C) A lei tributária não pode alterar a definição, o conteúdo e o alcance de institutos, conceitos e formas de direito privado, utilizados, expressa ou implicitamente, pela Constituição Federal e pelas Constituições dos Estados, mas pode alterar a definição, o conteúdo e o alcance utilizados pelas Leis Orgânicas dos Municípios.

(D) Os princípios gerais de direito privado utilizam-se para pesquisa da definição, do conteúdo e do alcance de seus institutos, conceitos e formas, mas não para definição dos respectivos efeitos tributários.

(E) A legislação tributária não deverá ser interpretada literalmente quando dispor sobre a suspensão ou exclusão do crédito tributário e quando dispor sobre a dispensa do cumprimento de obrigações tributárias acessórias.

4. (Câmara de Santa Rita do Trivelato/MT – Advogado – SYDCON/2016). Qual a ordem de hierarquia na integração da legislação tributaria?

(A) A analogia; os princípios gerais de direito público; os princípios gerais de direito tributário e a equidade.

(B) A analogia; os princípios gerais de direito tributário, os princípios gerais de direito público e a equidade.

(C) Os princípios gerais de direito tributário, os princípios gerais de direito público; a analogia e equidade.

(D) Os princípios gerais de direito tributário; os princípios gerais de direito público; a equidade e a analogia.

5. (CRAISA – Advogado – CAIPIMES/2016). Assinale a alternativa correta.

(A) Na ausência de disposição expressa, a autoridade competente para aplicar a legislação tributária utilizará sucessivamente e, na ordem indicada, os princípios gerais de direito tributário; os princípios gerais de direito público; a analogia e a equidade.

(B) O emprego da analogia poderá resultar na exigência de tributo não previsto em lei.

(C) A lei tributária não pode alterar a definição, o conteúdo e o alcance de institutos, conceitos e formas de direito privado, utilizados, expressa ou implicitamente, pela Constituição Federal, pelas Constituições dos Estados, ou pelas Leis Orgânicas do Distrito Federal ou dos Municípios, para definir ou limitar competências tributárias.

(D) Interpreta-se extensivamente a legislação tributária que disponha sobre suspensão ou exclusão do crédito tributário.

6. (Câmara de Atibaia/SP – Advogado – CAIPIMES/2016). Em relação à Interpretação e Integração da Legislação Tributária Na ausência de disposição expressa, a autoridade competente para aplicar a legislação tributária utilizará sucessivamente, na ordem indicada:

(A) a analogia; os costumes; os princípios gerais de direito tributário; os princípios gerais de direito público e a equidade.
(B) os princípios gerais de direito público; os princípios gerais de direito tributário; a analogia e os costumes.
(C) a analogia; os princípios gerais de direito tributário; os princípios gerais de direito público e a equidade.
(D) a analogia; os princípios gerais de direito tributário; os princípios gerais de direito público e a equidade.

7. (Câmara de Aripuanã/MT – Advogado – SYDCON/2016). O Prefeito Municipal fez publicar Decreto Municipal estabelecendo como hipótese de suspensão do crédito tributário quando o Contribuinte for cadastrado no programa do governo federal denominado "Bolsa Família". Em relação ao Decreto Municipal é correto afirmar que:
(A) Possui validade jurídica se for precedido de estudo de impacto orçamentário em relação as metas de equilíbrio financeiro determinada pela Lei de Responsabilidade Fiscal.
(B) É constitucional eis que adota critério objetivo e impessoal para escolha dos beneficiários.
(C) É nulo de pleno direito eis que a matéria deve ser tratada por lei.
(D) Pode ser expedido até noventa dias antes das eleições municipais.
(E) Nenhuma das alternativas acima pertence ao enunciado da questão.

8. (Câmara de Joaquim Távora/PR – Advogado – FUNTEF/2015). Sob a ótica do Direito Tributário, assinale a alternativa correta.
(A) Cabe à lei complementar dispor sobre conflitos de competência, em matéria tributária, entre a União, os Estados, o Distrito Federal e os Municípios.
(B) São impostos federais: Imposto sobre Circulação de Mercadorias e Imposto sobre a Propriedade de Veículos Automotores.
(C) O imposto de transmissão *causa mortis* e doação, de quaisquer bens ou direitos, é de competência exclusiva dos Municípios e do Distrito Federal.
(D) Em regra, é permitido à União, aos Estados, ao Distrito Federal e aos Municípios cobrar tributos, instituir impostos sobre patrimônio, renda ou serviços, uns dos outros.
(E) São impostos estaduais: Imposto sobre Importação, Imposto sobre Operações Financeiras e Imposto sobre Produto Industrializado.

9. (Câmara de São José do RioPreto/SP – Advogado – VUNESP/2015). Em matéria tributária, representam modalidades de normas complementares:
(A) os decretos.
(B) as leis complementares.
(C) os tratados e convenções internacionais que versem sobre tributos.
(D) as medidas provisórias.
(E) os convênios que entre si celebrem os entes tributantes.

10. (Câmara de Itatiba/SP – Advogado – VUNESP/2015). Assinale a alternativa na qual estão presentes apenas fontes secundárias do Direito Tributário.
(A) Decisões dos órgãos singulares ou coletivos de jurisdição administrativa, a que a lei atribua eficácia normativa, e os decretos.
(B) Tratados e convenções internacionais que versem, no todo, sobre tributos, e os atos normativos expedidos pelas autoridades administrativas.
(C) Decretos regulamentares e os tratados e convenções internacionais que versem sobre tributos.
(D) Convênios que entre si celebrem a União, os Estados, o Distrito Federal e os Municípios e os tratados e convenções internacionais que versem, em parte, sobre tributos.
(E) Práticas reiteradamente observadas pelas autoridades administrativas e a lei ordinária que verse sobre matéria tributária.

11. (PGFN – Procurador da Fazenda Nacional – ESAF/2015). Os convênios sobre matéria tributária
(A) entram em vigor na data neles prevista.
(B) entram em vigor no primeiro dia do exercício seguinte ao da sua publicação.

(C) entram em vigor na data da sua publicação.
(D) entram em vigor 30 (trinta) dias após a data da sua publicação.
(E) entram em vigor após homologados pelo Congresso Nacional.

12. (PGFN – Procurador da Fazenda Nacional –ESAF/2015). Assinale a opção correta sobre Interpretação e Integração da Legislação Tributária.

(A) Os princípios gerais de direito privado não podem ser utilizados para pesquisa da definição, do conteúdo e do alcance de seus institutos, conceitos e formas utilizados pela legislação tributária.
(B) A lei tributária pode alterar a definição, o conteúdo e o alcance de institutos, conceitos e formas de direito privado.
(C) Interpreta-se da maneira mais favorável ao acusado a legislação tributária que define infrações ou comine penalidades.
(D) Somente a Constituição Federal, as Constituições dos Estados, ou as Leis Orgânicas do Distrito Federal ou dos Municípios podem alterar a definição, o conteúdo e o alcance de institutos, conceitos e formas de direito privado.
(E) Salvo disposição expressa, interpreta-se literalmente a legislação tributária que disponha sobre parcelamento, ainda quando prevista em contrato, é sempre decorrente de lei e não extingue o crédito tributário.

13. (Câmara Municipal de Joaquim Távora/PR – Advogado – FUNTEF/2015). Sob a ótica do Direito Tributário, assinale a alternativa correta.

(A) Cabe à lei complementar dispor sobre conflitos de competência, em matéria tributária, entre a União, os Estados, o Distrito Federal e os Municípios.
(B) São impostos federais: Imposto sobre Circulação de Mercadorias e Imposto sobre a Propriedade de Veículos Automotores.
(C) O imposto de transmissão *causa mortis* e doação, de quaisquer bens ou direitos, é de competência exclusiva dos Municípios e do Distrito Federal.
(D) Em regra, é permitido à União, aos Estados, ao Distrito Federal e aos Municípios cobrar tributos, instituir impostos sobre patrimônio, renda ou serviços, uns dos outros.
(E) São impostos estaduais: Imposto sobre Importação, Imposto sobre Operações Financeiras e Imposto sobre Produto Industrializado.

14. (Câmara de São José do Rio Preto/SP – Advogado – VUNESP/2015). Em matéria tributária, representam modalidades de normas complementares

(A) os decretos.
(B) as leis complementares.
(C) os tratados e convenções internacionais que versem sobre tributos.
(D) as medidas provisórias.
(E) os convênios que entre si celebrem os entes tributantes.

15. (Câmara de Itatiba/SP – Advogado – VUNESP/2015). Assinale a alternativa na qual estão presentes apenas fontes secundárias do Direito Tributário.

(A) Decisões dos órgãos singulares ou coletivos de jurisdição administrativa, a que a lei atribua eficácia normativa, e os decretos.
(B) Tratados e convenções internacionais que versem, no todo sobre tributos, e os atos normativos expedidos pelas autoridades administrativas.
(C) Decretos regulamentares e os tratados e convenções internacionais que versem sobre tributos.
(D) Convênios que entre si celebrem a União, os Estados, o Distrito Federal e os Municípios e os tratados e convenções internacionais que versem, em parte, sobre tributos.
(E) Práticas reiteradamente observadas pelas autoridades administrativas e a lei ordinária que verse sobre matéria tributária.

16. (TJ/RR – Juiz – FCC/2015). O Código Tributário Nacional estabelece que, em caso de dúvida quanto à natureza ou às circunstâncias materiais do fato, ou à natureza ou extensão dos seus efeitos, deverá ser interpretada da maneira mais favorável ao acusado, a lei tributária que

(A) outorga isenções.
(B) cria obrigações acessórias para o sujeito passivo.
(C) define o fato gerador do tributo.
(D) define infrações.
(E) fixa percentuais de juros de mora.

17. (Grande ABC/SP –Procurador –CAIPIMES/2015). Cabe à Lei Complementar estabelecer normas gerais em matéria de legislação tributária, especialmente sobre:
(A) definição de tratamento análogo para as grandes empresas e empresas de pequeno porte.
(B) obrigação, lançamento, crédito, prescrição e decadência tributários.
(C) adequado tratamento tributário ao ato cooperativo praticado pelas microempresas.
(D) recolhimento unificado e centralizado, admitida determinada retenção ou condicionamento.

18. (AGERIO – Advogado – Dom Cintra/2014). Por disposição expressa do Código Tributário Nacional (CTN), deve ser interpretada literalmente a legislação tributária que disponha sobre:
(A) Compensação de tributos.
(B) Outorga de isenção.
(C) Consignação em pagamento.
(D) Prescrição e decadência.
(E) Decadência.

19. (TJ/CE – Juiz – FCC/2014). Atendidas as condições e os limites estabelecidos em lei, o IPI, o ICMS, as taxas municipais pelo poder de polícia, as contribuições de melhoria e o Imposto de Exportação podem ter suas alíquotas aumentadas, respectivamente, por:
(A) lei ordinária, decreto, lei ordinária, decreto e lei ordinária.
(B) lei complementar, lei ordinária, decreto, decreto e lei complementar.
(C) decreto, lei ordinária, lei ordinária, lei ordinária e decreto.
(D) lei ordinária, decreto, lei ordinária, lei ordinária e lei complementar.
(E) decreto, lei ordinária, decreto, decreto e lei ordinária.

20. (TJ/MG – Juiz – TJMG/2014). Em relação ao conceito de fontes formais do direito tributário, assinale a alternativa CORRETA.
(A) Fontes formais do direito tributário são apenas as leis especificamente votadas e sancionadas ou promulgadas.
(B) As fontes formais do direito tributário compreendem as leis, os tratados e as convenções internacionais, os decretos e as normas complementares que versem, no todo ou em parte, sobre tributos e relações jurídicas a eles pertinentes.
(C) As fontes formais não contemplam os tratados e as convenções internacionais.
(D) As fontes formais não contemplam os decretos legislativos e as resoluções.

21. (TJ/AP – Juiz – FCC/2014). O Estado do Amapá, pretendendo atrair empresas de outros estados para seu território, institui lei ordinária estadual concedendo isenção de ICMS por 5 anos nas saídas de mercadorias em operações estaduais para aquelas empresas que ali se estabelecerem no biênio 2014/2015. Tendo em vista o disposto na Constituição Federal e no Código Tributário Nacional, é correto afirmar:
(A) Se o Estado do Amapá optasse por conceder créditos presumidos de ICMS ao invés de isenção, não haveria necessidade de autorização por meio de convênio autorizativo do CONFAZ (Conselho Nacional de Política Fazendária).
(B) Há a necessidade de que haja convênio autorizativo do CONFAZ (Conselho Nacional de Política Fazendária) para que a iniciativa legislativa do Estado do Amapá seja considerada constitucional.
(C) O Estado do Amapá atuará dentro de seus limites de competência, tendo em vista que há veículo normativo legal concedendo a isenção, sendo dispensada autorização prévia por convênio, por não se tratar de benefício ou de incentivo fiscal.

(D) A iniciativa estatal é inconstitucional porque somente lei complementar pode conceder isenção de ICMS, desde que haja autorização do CONFAZ (Conselho Nacional de Política Fazendária) por meio de convênio.

(E) O convênio autorizativo do CONFAZ (Conselho Nacional de Política Fazendária) é obrigatório para a concessão da isenção do ICMS, sendo suficiente para sua celebração que quatro quintos dos estados presentes à reunião deliberativa concordem com a concessão.

22. (TRF/2ª Região – Juiz Federal – TRF 2/2014). Atenção. O acerto da presente questão consiste em IDENTIFICAR A ASSERTIVA FALSA. Sobre o papel da Lei Complementar em matéria tributária é ERRADO afirmar:

(A) Somente Lei Complementar Federal poderá dispor sobre a definição do prazo de prescrição do crédito tributário, assim como seu termo inicial e causas de suspensão e interrupção, o que condicionará o exercício da competência tributária de Estados e Municípios.

(B) É permitido à União estabelecer, mediante Lei Complementar, regime diferenciado e simplificado de recolhimento de tributos federais para microempresas e empresas de pequeno porte.

(C) Dentre os papéis destacados à Lei Complementar Federal em matéria tributária não se encontra o estabelecimento de alíquotas mínimas e máximas de determinados impostos.

(D) Cabe à União Federal instituir, mediante lei complementar, o tributo conhecido como empréstimo compulsório, com a finalidade de realização de investimento público de caráter urgente e de relevante interesse da nação.

(E) É atribuição da União estabelecer, por lei complementar, empréstimo compulsório destinado ao atendimento de despesas classificadas como extraordinárias, decorrentes de guerra externa, iminência de guerra externa ou calamidade pública.

23. (TJ/SE – Titular de Serviços de Notas e de Registros – CESPE/2014). No que diz respeito à competência tributária e à vigência, abrangência e interpretação da legislação tributária, assinale a opção correta.

(A) Vige, no direito tributário brasileiro, a regra interpretativa denominada *in dubio pro* fisco, fundada na prevalência do interesse público sobre o privado.

(B) Segundo o CTN, o emprego da analogia não pode resultar na dispensa do pagamento de tributo devido e o emprego da equidade não poderá resultar na exigência de tributo não previsto em lei.

(C) O critério adotado na CF para a distribuição de competência tributária para a instituição de impostos, ressalvado o imposto extraordinário de guerra, fundamenta-se na definição de situações materiais que servirão de suporte para a incidência do tributo.

(D) A legislação tributária abrange leis, medidas provisórias, tratados e convenções internacionais, decretos e normas complementares, sendo vedada a edição de atos normativos de natureza tributária pelas autoridades administrativas.

(E) A legislação tributária aplica-se imediatamente aos fatos geradores futuros e aos pendentes cuja ocorrência ainda não se tenha iniciado.

24. (TJ/MA – Juiz – CESPE/2013). Assinale a opção correta de acordo com a CF, o CTN e a jurisprudência dos Tribunais superiores:

(A) Para a caracterização da capacidade tributária passiva, exige-se que a pessoa jurídica esteja regularmente constituída.

(B) São isentos de imposto de renda as indenizações de férias proporcionais e o respectivo adicional.

(C) Segundo o STF, a previsão constitucional de adequado tratamento tributário ao ato cooperativo praticado pelas sociedades cooperativas equivale a privilégio ou favorecimento em relação a qualquer tributo.

(D) Segundo o CTN, interpreta-se literalmente a legislação tributária que disponha sobre suspensão ou exclusão do crédito tributário e outorga de isenção, sendo expressamente admitida, no entanto, a interpretação extensiva para a dispensa do cumprimento de obrigações tributárias acessórias.

25. (TJ/MA – Juiz – CESPE/2013). Considerando o princípio da anterioridade e a interpretação das leis tributárias, e outros aspectos relacionados ao direito tributário, assinale a opção correta:

(A) Em regra, o ICMS é considerado um imposto plurifásico, mas a própria CF prevê hipótese excepcional de incidência monofásica do ICMS.

(B) Segundo o STF, o prazo da anterioridade nonagesimal começa a ser contado a partir da promulgação da lei que resulte da conversão de medida provisória editada, e não da publicação da medida provisória que institua ou modifique contribuição.

(C) Consoante entendimento consolidado no STF, os convênios celebrados pelo Poder Executivo exigem a ratificação do Poder Legislativo.

(D) Na atual legislação tributária, não se admitem interpretações *in dubio* contra *fiscum* e *pro lege*, sendo atualmente aplicável a interpretação *in dubio pro* fisco.

26. (TRF/2ª Região – Juiz – CESPE/2013). A União poderá instituir impostos não previstos na CF, desde que eles não sejam cumulativos nem tenham fato gerador ou base de cálculo próprios dos nela discriminados, mediante:

(A) Medida provisória.

(B) Lei delegada.

(C) Lei ordinária.

(D) Lei complementar.

(E) Emenda constitucional.

27. (TC/DF – Procurador do MP – CESPE/2013). No que tange à legislação tributária, à obrigação tributária, ao crédito tributário e à administração tributária, julgue o item a seguir: *Desde que a lei atribua eficácia normativa às decisões dos órgãos singulares ou coletivos de jurisdição normativa, essas decisões, no que se refere aos efeitos normativos, entram em vigor na data de sua publicação.*

28. (TJ/PB – Juiz – FCC/2013). Sobre as fontes do Direito Tributário é correto afirmar que:

(A) Somente a lei em sentido estrito é fonte instituidora de tributos, especialmente impostos.

(B) A fixação das alíquotas máximas do Imposto sobre Transmissão causa mortis e Doação – ITCD – e das alíquotas mínimas do Imposto sobre a Propriedade de Veículo Automotor – IPVA – se dá por Resolução do Senado Federal.

(C) A lei complementar em matéria tributária é hierarquicamente superior à lei ordinária em qualquer hipótese em que venha a ser exigida, quer quando fixa normas gerais, quer quando seja fonte instituidora de tributos.

(D) A Instrução Normativa derroga a lei instituidora do tributo naquilo que for do âmbito de competência da autoridade administrativa com atribuição para editá-la, já que norma especial derroga norma geral.

(E) A Constituição Federal autoriza expressamente a instituição ou majoração de todos os tributos por meio de medida provisória, desde que se trate de tributo de competência da União.

29. (UNESP – Advogado – VUNESP/2012). Considerando os impostos previstos pela Constituição Federal, no âmbito municipal, assinale a alternativa correta:

(A) O imposto sobre a propriedade predial e territorial urbana não poderá ser progressivo em razão do valor do imóvel, visto ferir o princípio da capacidade contributiva.

(B) O texto constitucional veda, expressamente, aos municípios que estabeleçam alíquotas diferentes para o imposto sobre a propriedade predial e territorial urbana de acordo com a localização e o uso do imóvel.

(C) Incide imposto sobre a transmissão *inter vivos*, a qualquer título, por ato oneroso, de bens imóveis, por natureza ou acessão física, e direitos reais sobre imóveis, inclusive os de garantia, bem como cessão de direitos a sua aquisição.

(D) Cabe ao Senado Federal, por meio de resolução, fixar as alíquotas máximas e mínimas do imposto sobre serviço de qualquer natureza, não compreendidos na competência impositiva dos estados.

(E) Cabe à lei complementar, por expressa disposição constitucional, excluir da incidência do imposto sobre serviços de qualquer natureza, não compreendidos na competência impositiva dos estados, as exportações de serviços para o exterior.

30. (FUNSERV/Município de Sorocaba/SP – Procurador – VUNESP/2012). Em termos de legislação tributária, os atos normativos expedidos pelas autoridades administrativas têm natureza jurídica de:

(A) Decretos autônomos.
(B) Decretos regulamentadores.
(C) Decretos legislativos.
(D) Normas complementares.
(E) Leis ordinárias.

31. (FUNSERV/Município de Sorocaba/SP – Procurador – VUNESP/2012). Na ausência de disposição expressa, a autoridade competente para aplicar a legislação tributária deverá utilizar, sucessivamente, a ordem estabelecida pelo Código Tributário Nacional que, em terceiro lugar, prevê:

(A) A analogia.
(B) A equidade.
(C) Os princípios gerais de direito público.
(D) Os princípios gerais de direito tributário.
(E) A jurisprudência.

32. (Unicamp/SP – Procurador de Universidade Assistente – VUNESP/2012). A União, nas situações que a Constituição Federal prevê, poderá instituir empréstimos compulsórios mediante:

(A) Lei ordinária.
(B) Lei complementar.
(C) Lei delegada.
(D) Decreto legislativo.
(E) Medida provisória.

33. (Unicamp/SP – Procurador de Universidade Assistente – VUNESP/2012). Ressalvadas as situações estabelecidas pelo Código Tributário Nacional, a vigência, no espaço e no tempo, da legislação tributária rege-se pelas disposições aplicáveis às normas jurídicas:

(A) Em geral.
(B) De caráter administrativo.
(C) Exclusivamente de direito tributário.
(D) Próprias de direito orçamentário.
(E) Preferencialmente de direito financeiro.

34. (TJ/RJ – Juiz Substituto – VUNESP/2012). A legislação tributária que disponha sobre suspensão ou exclusão do crédito tributário é de ser interpretada, nos exatos termos do que dispõe o Código Tributário Nacional:

(A) Teleologicamente.
(B) Exemplificativamente.
(C) Literalmente.
(D) Extensivamente.

35. (Prefeitura/SP – Auditor-Fiscal Tributário Municipal I. Área de Especialização Gestão Tributária – FCC/2012). A autoridade competente para aplicar a lei tributária municipal, estando diante de norma legal a partir da qual se podem erigir diferentes interpretações, deverá interpretá-la de maneira mais favorável ao:

(A) Sujeito passivo de obrigação acessória, quanto à extensão dos prazos para cumprimento de obrigação acessória.
(B) Acusado, quando essa lei tributária estiver definindo infrações ou cominando penalidades.
(C) Contribuinte, no tocante à alíquota e à base de cálculo aplicáveis a um determinado tributo.
(D) Contribuinte acusado, no tocante à alíquota e à base de cálculo aplicáveis a um determinado tributo, bem como às penalidades passíveis de imposição a ele.
(E) Contribuinte, no tocante à alíquota aplicável a um determinado tributo.

36. (Município de Marquinho/PR – Advogado – IBDUS/2012). A palavra legislação, como a utilizada no CTN, significa lei em sentido amplo, abrangendo, além das leis em sentido estrito, os tratados e as convenções internacionais, os decretos e as normas complementares que versem, no todo ou em parte, sobre tributos e relações jurídicas a eles pertinentes. Considerando a legislação tributária, julgue os itens a seguir:

I. Considere que um contribuinte receba notificação de que foi proferida decisão administrativa denegando-lhe a restituição de tributos pagos indevidamente. Nesse caso, terá ele direito a promover ação anulatória de tal ato dentro de 5 anos, contados da data da notificação.

II. A Constituição Federal, como limitação do poder de tributar, vedou à União, aos estados, ao DF e aos municípios a instituição de tributos sobre templos de qualquer culto, criando-se, dessa forma, uma imunidade tributária.

III. Se uma lei publicada em janeiro de 2006 tem caráter meramente interpretativo, tal lei não se aplica aos fatos passados, em face do princípio da irretroatividade da lei tributária.

IV. Se o secretário da Receita Federal expediu ato normativo em 02.01.2006, e se tal ato somente foi publicado em 02.02/2006, sua vigência somente iniciará em 02.02.2006.

V. Se determinado crédito tributário prescreveu, é correto afirmar que ocorreu a exclusão tributária.

VI. Considere que, por negligência do agente público, ocorreu a decadência do crédito tributário por ele não ter sido constituído. Nesse caso, conclui-se, automaticamente, que tal crédito se extinguiu.

(A) Todas as alternativas estão incorretas.

(B) Apenas as alternativas I, II e VI estão incorretas.

(C) Apenas as alternativas IV e VI estão corretas.

(D) Apenas as alternativas III, V e VI estão corretas.

37. (PG/JOÃO PESSOA/PB – Procurador – FCC/ 2012). Sobre lei complementar em matéria tributária, é correto afirmar que:

(A) O fato gerador, a base de cálculo e os contribuintes do Imposto sobre Serviços de Qualquer Natureza – ISS – estão definidos no Código Tributário Nacional, recepcionado como lei complementar.

(B) É a única fonte para instituir as contribuições de intervenção no domínio econômico, de competência federal e estadual.

(C) O Imposto Residual, de competência da União, é instituído por lei complementar, tal qual o Imposto Extraordinário instituído em caso de guerra externa ou sua iminência.

(D) É a fonte legislativa prevista na Constituição Federal para estabelecer normas gerais em matéria de legislação tributária, tal como definição de obrigação e crédito tributário.

(E) É fonte instituidora de impostos e taxas não discriminados na Constituição Federal, desde que atrelados à competência residual da União

38. (FPMA/Prefeitura de Araucária/PR – Advogado – UFPR/2012). Assinale a alternativa correta;

(A) As práticas reiteradamente observadas pelas autoridades administrativas, por sua vez, não são consideradas normas complementares da legislação tributária.

(B) A legislação tributária interna revoga ou modifica os tratados e as convenções internacionais, e será observada pelos que lhe sobrevenham.

(C) O conteúdo e o alcance dos decretos não se restringem aos das leis em função das quais sejam expedidos, podendo ser também determinados pelas regras de interpretação da legislação tributária.

(D) As decisões dos órgãos singulares ou coletivos de jurisdição administrativa, a que a lei atribua eficácia normativa, são consideradas normas complementares das leis, dos tratados e convenções internacionais e dos decretos.

(E) A expressão "legislação tributária" compreende as leis, os tratados e as convenções internacionais, exclusive decretos e normas complementares, que versem, no todo ou em parte, sobre tributos e relações jurídicas pertinentes.

39. (TJ/PI – Juiz Substituto – CESPE/2011). A respeito da disciplina das fontes do direito tributário, assinale a opção correta:

(A) Qualquer alteração no CTN deve ser feita por lei complementar ou por normas superiores, dada a determinação constitucional acerca da fixação de normas gerais de direito tributário.

(B) O CTN não considera normas complementares do direito tributário as práticas reiteradas das autoridades administrativas.

(C) Os convênios fiscais entre a União, os estados, o DF e os municípios não veiculam a prática de assistência mútua, pois a atuação desses entes não é integrada.

(D) Os tratados e as convenções internacionais não são aptos a revogar ou modificar a legislação tributária interna, pois não fazem parte da chamada legislação tributária.

(E) Resolução do Senado Federal pode cominar penalidades para ações ou omissões contrárias aos dispositivos legais.

40. (PGE/MT – FCC/2011). Diante da ausência de disposição expressa, a autoridade competente poderá aplicar a legislação tributária e utilizar métodos de integração previstos no Código Tributário Nacional. Sobre os métodos de integração é correto afirmar:

(A) A autoridade competente poderá aplicar, alternativamente, conforme a necessidade, a analogia, os costumes, a equidade e os princípios gerais de direito.

(B) O emprego da analogia só terá cabimento se for impossível a aplicação dos princípios gerais de direito.

(C) Não se admite o emprego da equidade, que é reservado exclusivamente a membro do Poder Judiciário no exercício da jurisdição.

(D) Os princípios gerais de direito privado são utilizados sucessivamente após ter restado insuficiente o emprego da analogia e dos princípios gerais de direito público.

(E) Se com o emprego da analogia resultar exigência de tributo não previsto em lei, deve a autoridade aplicar, sucessivamente, os princípios gerais de direito tributário.

41. (PGE/MT – FCC/2011). A legislação tributária que disponha sobre dispensa do cumprimento de obrigações tributárias acessórias interpreta-se:

(A) Literalmente.

(B) Sistematicamente.

(C) Teleologicamente.

(D) Retroativamente.

(E) Historicamente.

42. (PGE/MT – FCC/2011). A forma como os Estados e o Distrito Federal podem deliberar sobre concessão de isenções, incentivos e benefícios fiscais do ICMS deve ser regulada em:

(A) Lei complementar.

(B) Lei ordinária de cada Estado e do Distrito Federal.

(C) Decreto legislativo do Congresso Nacional.

(D) Resolução do Senado Federal.

(E) Convênio celebrado entre os Estados e o Distrito Federal.

43. (Procurador-Geral do Município de Florianópolis/SC – FEPESE/2011). Assinale a alternativa correta:

(A) Interpreta-se literalmente a legislação tributária que disponha sobre dispensa do cumprimento de obrigações tributárias acessórias.

(B) Norma legal que altera o prazo de recolhimento da obrigação tributária se sujeita ao princípio da anterioridade.

(C) Constitui majoração de tributo a atualização do valor monetário da sua respectiva base de cálculo, sujeitando-se ao princípio da estrita legalidade.

(D) São normas complementares de direito tributário a analogia, os princípios gerais de direito tributário, os princípios gerais de direito público e a equidade.

(E) Salvo disposição em contrário, entram em vigor na data da sua publicação as decisões dos órgãos singulares ou coletivos de jurisdição administrativa, a que a lei atribua eficácia normativa.

44. (MPE/MS – MP/2011). Assinale a alternativa correta:

(A) A legislação tributária pode ser aplicada a fatos geradores pendentes;

(B) A lei que reduz isenção de impostos que gravam o patrimônio e a renda entra em vigor na data de sua publicação;

(C) Não é possível a revisão de ofício do lançamento, em nenhuma circunstância, por ser ato administrativo vinculado;

(D) A subordinação do recebimento de certo tributo ao cumprimento de exigências administrativas previstas em lei, autoriza a consignação judicial;

(E) O prazo prescricional para anular decisão administrativa que denega a restituição é de 05 (cinco) anos.

45. (Procurador Municipal de São José do Rio Preto/SP – VUNESP/2011). Considerando-se o imposto de competência do Município incidente sobre serviços de qualquer natureza, não compreendidos no âmbito da incidência do imposto estadual – ICMS, é correto afirmar que a fixação de suas alíquotas máximas e mínimas é matéria que a Constituição Federal atribui:

(A) À lei ordinária.

(B) À resolução do Senado Federal.

(C) À lei complementar.

(D) Ao decreto legislativo do Congresso Nacional.

(E) Ao decreto do Presidente da República.

46. (Procurador do Município de Boa Vista/RR – CESPE/2010). Em matéria de legislação tributária, a casa legislativa do município pode estabelecer norma dispondo sobre crédito, diferentemente do disposto em lei complementar.

47. (PF/AGU – CESPE/2010). Um fiscal da Receita Federal do Brasil, ao aplicar a legislação tributária, na ausência de disposição legal expressa, pode empregar a analogia, desde que isso não resulte na dispensa do pagamento de tributo devido.

48. (Procurador do Município de Teresina/PI – FCC/2010). Através de Resolução, o Senado Federal:

(A) Disporá sobre conflito de competência, em matéria tributária, entre a União, os Estados, o Distrito Federal e os Municípios.

(B) Fixará as alíquotas máximas e mínimas do imposto sobre serviços de qualquer natureza.

(C) Regulará a forma e as condições como isenções, incentivos e benefícios fiscais serão concedidos ou revogados pelo Município em relação ao imposto sobre serviços de qualquer natureza.

(D) Fixará alíquotas mínimas do imposto sobre a propriedade de veículo automotor.

(E) Determinará medidas para que os consumidores sejam esclarecidos acerca dos impostos que incidam sobre serviços.

17. GABARITO

1. **Alternativa (D).** À lei que, por exemplo, majora imposto incidente sobre a renda, aplica-se a *vacatio legis*, no que diz respeito a sua entrada em vigor.

Comentário: A alternativa **"D"** está incorreta, deve-se aplicar as anterioridades previstas no art. 150, III, "b" e "c", da CF. A opção "A" está correta, nos termos do art. 100, II, do CTN. A resposta "B" está correta, segundo o art. 100, IV, do CTN. A justificativa "C" está correta, conforme prescreve o art. 102 do CTN.

2. **Alternativa (A).** Dispor sobre conflito de competência entre União, Estado, Município e Distrito Federal e regular as limitações constitucionais ao poder de tributar e estabelecer normas gerais em matéria de legislação tributária.

Comentário: A opção **"A"** está correta, conforme previsão do art. 146, I, da CF.

3. **Alternativa (D).** Os princípios gerais de direito privado utilizam-se para pesquisa da definição, do conteúdo e do alcance de seus institutos, conceitos e formas, mas não para definição dos respectivos efeitos tributários.

Comentário: A resposta **"D"** está correta, é a redação do art. 109 do CTN. A justificativa "A" está incorreta, de acordo com o art. 102 do CTN, a legislação tributária dos Estados, do Distrito Federal e dos Municípios vigora, no País, fora dos respectivos territórios, nos limites em que lhe reconheçam extraterritorialidade os convênios que participem, ou do que disponham esta ou outras leis de normas gerais expedidas pela União. A letra "B" está incorreta, nos termos do art. 108, § 1º, do CTN, ninguém poderá se valer de analogia para cobrar tributo não previsto em lei. A alternativa "C" está incorreta, pois a lei tributária não pode alterar a definição, o conteúdo e o alcance de institutos, expressa ou implicitamente, pela CF, pelas Constituições dos Estados, ou pelas Leis Orgânicas do Distrito Federal ou dos Municípios, para definir ou limitar competências tributárias, conforme prevê o art. 110 do CTN. A opção "E" está incorreta, à luz do art. 111, I, do CTN, a legislação que trata sobre suspensão ou exclusão do crédito tributário deverá ser interpretada literalmente.

4. **Alternativa (B).** A analogia; os princípios gerais de direito tributário, os princípios gerais de direito público e a equidade.

Comentário: A justificativa **"B"** está correta, conforme previsão do art. 108 do CTN.

5. **Alternativa (C).** A lei tributária não pode alterar a definição, o conteúdo e o alcance de institutos, conceitos e formas de direito privado, utilizados, expressa ou implicitamente, pela Constituição Federal, pelas Constituições dos Estados, ou pelas Leis Orgânicas do Distrito Federal ou dos Municípios, para definir ou limitar competências tributárias.

Comentário: A letra **"C"** está correta, de acordo com o art. 110 do CTN. A alternativa "A" está incorreta, nos termos do art. 108 do CTN, a ordem a ser seguida é: i) analogia, ii) princípios gerais de direito tributário, e iii) princípios gerais de direito público. A opção "B" está incorreta, o emprego da analogia não pode resultar na exigência de tributo não previsto em lei, conforme determina o art. 108, § 1º, do CTN. A resposta "D" está incorreta, com base no art. 111, I, do CTN, a interpretação é literal.

6. **Alternativa (C).** A analogia; os princípios gerais de direito tributário; os princípios gerais de direito público e a equidade.

Comentário: A alternativa "C" é a correta, conforme previsão no art. 108 do CTN.

7. **Alternativa (C).** É nulo de pleno direito eis que a matéria deve ser tratada por lei.

Comentário: A opção **"C"** está correta, nos termos do art. 97, VI, do CTN, as hipóteses de exclusão, suspensão e extinção de créditos tributários, ou de dispensa ou redução de penalidades, somente poderão ser tratadas por meio de lei.

8. **Alternativa (A).** Cabe à lei complementar dispor sobre conflitos de competência, em matéria tributária, entre a União, os Estados, o Distrito Federal e os Municípios.

Comentário: A alternativa **"A"** está correta, conforme o artigo 146, I, da CF. A opção "B" está incorreta, nos termos do artigo 155, II e III, da CF, a competência do ICMS e do IPVA pertence aos Estados e ao Distrito Federal. A resposta "C" está incorreta, de acordo como artigo 155, I, da CF, a competência do ITCMD pertence aos Estados e ao Distrito Federal. A justificativa "D" está incorreta, consoante o artigo 150, VI, "a", da CF. A letra "E" está incorreta, são impostos federais, segundo o artigo 153, I, IV e V, da CF.

9. **Alternativa (E).** Os convênios que entre si celebrem os entes tributantes.

Comentário: A justificativa **"E"** está correta, conforme o artigo 100, IV, do CTN.

10. **Alternativa (A).** Decisões dos órgãos singulares ou coletivos de jurisdição administrativa, a que a lei atribua eficácia normativa, e os decretos.

Comentário: A alternativa **"A"** está correta, conforme a doutrina, têm-se como fontes secundárias decisões dos órgãos singulares ou coletivos de jurisdição administrativa, a que a lei atribua eficácia normativa, e os decretos. As opções "B""C", "D" estão incorretas, pois de acordo coma doutrina, Tratados e convenções internacionais, decretos e Convênios são fontes primárias, segundo previsão no artigo 96 do CTN. A resposta "E" está incorreta, consoante a doutrina, a lei ordinária é fonte primária.

11. **Alternativa (A).** Entram em vigor na data neles prevista.

Comentário: A alternativa **"A"** está correta, pois de acordo com o artigo 103, III, do CTN, os convênios entrarão em vigor na data neles prevista.

12. **Alternativa (B).** A lei tributária pode alterar a definição, o conteúdo e o alcance de institutos, conceitos e formas de direito privado.

Comentário: A banca considerou correta a alternativa **"B"**, uma vez que o artigo 110 do CTN somente nega a possibilidade de alterar a definição, conteúdo e alcance de institutos, conceitos e formas de direito privado, utilizados, expressa ou implicitamente pela Constituição Federal, pelas Constituições do Estado ou pelas leis orgânicas do Distrito Federal ou dos Municípios, para definir ou limitar competências tributárias. A opção "A" está incorreta, de acordo com o artigo 109 do CTN, "os princípios gerais de direito privado utilizam-se para pesquisa da definição, do conteúdo e do alcance de seus institutos, conceitos e formas, mas não para definição dos respectivos efeitos tributários". A resposta "C" está incorreta, somente se aplica na legislação tributária a interpretação mais favorável ao acusado quando houver dúvida quanto: I) à capitulação legal do fato; II) à natureza ou às circunstâncias materiais do fato, ou à natureza ou extensão dos seus efeitos; III) à autoria, imputabilidade ou punibilidade e IV) à natureza da penalidade aplicável, ou a sua graduação. A letra "D" está incorreta, não há essa possibilidade, nos termos do artigo 110 do CTN. A justificativa "E" está incorreta, tendo em vista o parcelamento ser hipótese de suspensão da exigibilidade do crédito tributário, conforme prescreve o artigo 111 do CTN, só poderá ser interpretado literalmente.

---

13. **Alternativa (A).** Cabe à lei complementar dispor sobre conflitos de competência, em matéria tributária, entre a União, os Estados, o Distrito Federal e os Municípios.

Comentário: A alternativa **"A"** está correta, conforme o art. 146, I, da CF. A opção "B" está incorreta, nos termos do art. 155, II e III, da CF, a competência do ICMS e do IPVA é dos Estados e do DF.A resposta "C" está incorreta, segundo o art. 155, I, da CF, a competência do ITCMD pertence aos Estados e ao DF. A letra "D" está incorreta, consoante o art. 150, VI, "a" da CF. A justificativa "E" está incorreta, são impostos federais, de acordo com o art. 153, I, IV e V, da CF.

---

14. **Alternativa (E).** Os convênios que entre si celebrem os entes tributantes.

Comentário: A alternativa **"E"** está correta, conforme o art. 100, IV, do CTN.

---

15. **Alternativa (A).** Decisões dos órgãos singulares ou coletivos de jurisdição administrativa, a que a lei atribua eficácia normativa, e os decretos.

Comentário: A alternativa **"A"** está correta, conforme a doutrina, têm-se como fontes secundárias as decisões dos órgãos singulares ou coletivos de jurisdição administrativa, a que a lei atribua eficácia normativa, e os decretos. As opções "B", "C" e "D" estão incorretas, pois de acordo com a doutrina, Tratados e convenções internacionais são fontes primárias. A justificativa "E" está incorreta, segundo a doutrina, a lei ordinária é fonte primária.

---

16. **Alternativa (D).** Define infrações.

Comentário: a alternativa **"D"** está correta, nos termos do *caput* do art. 112 do CTN que determina: "A lei tributária que define infrações, ou lhe comina penalidades, interpreta-se da maneira mais favorável ao acusado, em caso de dúvida quanto: à capitulação legal do fato; à natureza ou às circunstâncias materiais do fato, ou à natureza ou extensão dos seus efeitos".

---

17. **Alternativa (B).** Obrigação, lançamento, crédito, prescrição e decadência tributários.

Comentário: A alternativa **"B"** está correta, à luz do art. 146, III, "b", da CF. A opção "A" está incorreta, o art. 146, III, "d", da CF dispõe sobre "definição de tratamento diferenciado e favorecido para as microempresas e para as empresas de pequeno porte". A resposta "C" está incorreta, o art. 146, III, "c" da CF discorre sobre "ato cooperativo praticado pelas sociedades cooperativas". A justificativa "D" está incorreta, o art. 146, III, "d", da CF versa sobre "definição de tratamento diferenciado e favorecido para as microempresas e para as empresas de pequeno porte".

---

18. **Alternativa (B).** Outorga de isenção.

Comentário: A alternativa **"B"** está correta, nos termos do artigo 111 do CTN.

---

19. **Alternativa (C).** Decreto, lei ordinária, lei ordinária, lei ordinária e decreto.

Comentário: A opção "A" está incorreta, pois as alíquotas do ICMS e das Contribuições de Melhoria só podem ser majoradas por meio de lei. A letra "B" está incorreta, já que as alíquotas do IPI e do Imposto sobre Exportação não precisam ser majoradas mediante Lei Complementar. Além disso, as alíquotas das Taxas e

Contribuições de Melhoria só podem ser majoradas por meio de Lei e não por Decreto. O IPI e o IE podem ter suas alíquotas majoradas por Decreto, conforme o artigo 153, § 1º, da CF. Assim, a assertiva **"C"** está correta. A resposta "D" está incorreta, o ICMS necessita de Lei para tratar sobre suas alíquotas, e o Imposto sobre Exportação não precisa de Lei Complementar para alterar as suas alíquotas. A justificativa "E" está incorreta, uma vez que as alíquotas das Taxas e Contribuições de Melhoria não podem ser majoradas por intermédio de Decreto.

20. **Alternativa (B).** As fontes formais do direito tributário compreendem as leis, os tratados e as convenções internacionais, os decretos e as normas complementares que versem, no todo ou em parte, sobre tributos e relações jurídicas a eles pertinentes.

Comentário: Nos ditames do artigo 96 do CTN, a legislação tributária é compreendida por: leis, tratados e convenções internacionais, decretos e normas complementares, por essa razão as alternativas "A", "C" e "D" estão incorretas. Logo, a opção correta é a letra **"B"**.

21. **Alternativa (B).** Há a necessidade de que haja convênio autorizativo do CONFAZ (Conselho Nacional de Política Fazendária) para que a iniciativa legislativa do Estado do Amapá seja considerada constitucional.

Comentário: A assertiva "A" está incorreta, à luz do artigo 1º, III, da LC n. 24/75, a concessão de crédito presumido para o ICMS só poderá ocorrer mediante convênios celebrados e ratificados pelos Estados e pelo Distrito Federal no âmbito do CONFAZ. A resposta **"B"** está correta, com base no *caput* do artigo 1º da LC n. 24/75. A justificativa "C" está incorreta, posto que segundo o artigo 155, § 2º, XII, "g", da CF, a concessão de isenção do ICMS deve ser regulada por meio de Lei Complementar, e, nesse caso, temos a LC n. 24/75 que prevê sobre a necessidade de assinatura de convênio para concessão da isenção. A alternativa "D" está incorreta, a Lei Complementar é imprescindível para regular a isenção do ICMS, o que ocorreu com a promulgação da LC n. 24/75 que determina a criação de convênios para conceder a isenção a esse imposto. A opção "E" está incorreta, é necessária a assinatura de todos os Estados e do Distrito Federal para que seja concedida a isenção.

22. **Alternativa (C).** Dentre os papéis destacados à Lei Complementar Federal em matéria tributária não se encontra o estabelecimento de alíquotas mínimas e máximas de determinados impostos.

Comentário: Cuidado! Essa questão pediu a alternativa FALSA. As justificativas "A" e "B" estão corretas, em conformidade com o artigo 146 da CF. A resposta **"C"** está incorreta, consoante estudado nesse Capítulo, a Lei Complementar poderá sim estabelecer alíquotas mínimas e máximas de determinados impostos, cita-se, como exemplo, o artigo 156, § 3º, da CF. As opções "D" e "E" estão corretas, nos termos do artigo 148 da CF.

23. **Alternativa (C).** O critério adotado na CF para a distribuição de competência tributária para a instituição de impostos, ressalvado o imposto extraordinário de guerra, fundamenta-se na definição de situações materiais que servirão de suporte para a incidência do tributo.

Comentário: A letra "A" está incorreta, posto que está em desacordo com o que prescreve o artigo 112 do CTN: "A lei tributária que define infrações, ou lhe comina penalidades, interpreta-se da maneira mais favorável ao acusado, em caso de dúvida quanto (...)". A assertiva "B" está incorreta, os conceitos estão invertidos, conforme se vê nos §§ 1º e 2º do artigo 108 do CTN: "Art. 108 (...) § 1º O emprego da analogia não poderá resultar na exigência de tributo não previsto em lei. § 2º O emprego da equidade não poderá resultar na dispensa do pagamento de tributo devido". A justificativa **"C"** está correta, a CF elegeu situações materiais para a incidência de tributo, segundo a competência tributária de cada Ente Federativo. Foi ressalvado o Imposto Extraordinário de Guerra na alternativa, porque esse tributo foi expressamente excepcionado na própria Constituição (art. 154, II, da CF). Observe que a União pode instituir, na iminência ou no caso de guerra externa, Impostos Extraordinários, compreendidos ou não em sua competência tributária, à luz do artigo 154, II. Nessa hipótese, portanto, a União pode tanto instituir um novo IPI quanto um novo ISS, por exemplo. No caso do IPI, haveria *bis in idem*, pois o mesmo Ente cobra mais de uma exação (IPI e Imposto Extraordinário de Guerra – com o mesmo fato gerador do IPI); no caso do ISS, se configuraria bitributação, posto que dois Entes Federativos estariam cobrando dois tributos sobre o mesmo fato gerador (ISS e Imposto Extraordinário de Guerra – sobre o mesmo fato gerador do ISS). A resposta "D" está incorreta, porque vai de encontro com o que prescreve os artigos 96 e 100 do CTN. A alternativa "E" está incorreta, de acordo com o artigo 105 do CTN: "A legislação tributária aplica-se imediatamente aos fatos geradores futuros e aos pendentes, assim entendidos aqueles cuja ocorrência tenha tido início mas não esteja completa nos termos do artigo 116".

24. Alternativa (B). São isentos de imposto de renda as indenizações de férias proporcionais e o respectivo adicional.

Comentário: A opção "A" está incorreta, porque nos ditames do artigo 126, III, do CTN, a capacidade tributária passiva independe de estar a pessoa jurídica regularmente constituída, bastando que configure uma unidade econômica ou profissional. A letra **"B"** está correta nos termos da Súmula n. 386 do STJ. A assertiva "C" está incorreta, pois o artigo 146, III, "c", da CF, estabelece que compete à Lei Complementar estabelecer adequado tratamento tributário ao ato cooperativo praticado pelas sociedades cooperativas. A resposta "D" está incorreta, visto que o artigo 111 do CTN prevê interpretação literal também para a hipótese de dispensa de cumprimento de obrigação acessória.

25. Alternativa (A). Em regra, o ICMS é considerado um imposto plurifásico, mas a própria CF prevê hipótese excepcional de incidência monofásica do ICMS.

Comentário: A justificativa **"A"** está correta, segundo previsão do artigo 155, § 2º, XII, "h", cabe à Lei Complementar definir os combustíveis e lubrificantes sobre os quais o imposto incidirá uma única vez. A alternativa "B" está incorreta, o entendimento do STF é que os 90 dias são contados da data da publicação da Medida Provisória, se no momento da conversão em lei não sofrer nenhuma modificação substancial. A opção "C" está incorreta, pois não há necessidade de ratificação do Poder Legislativo. A letra "D" está incorreta, uma vez que as interpretações *in dubio* contra *fiscum* e *in dubio pro* fisco já não possuem mais poder de influência sobre a interpretação do Direito Tributário.

26. Alternativa (D). Lei complementar.

Comentário: A assertiva correta é a letra **"D"**, de acordo com o artigo 154, I, da CF.

27. Alternativa (ERRADO). No que tange à legislação tributária, à obrigação tributária, ao crédito tributário e à administração tributária, julgue o item a seguir: *Desde que a lei atribua eficácia normativa às decisões dos órgãos singulares ou coletivos de jurisdição normativa, essas decisões, no que se refere aos efeitos normativos, entram em vigor na data de sua publicação.*

Comentário: Nos termos do artigo 103, II, do CTN, as decisões dos órgãos singulares ou coletivos de jurisdição normativa entram em vigor 30 (trinta) dias após a data da sua publicação.

28. Alternativa (B). A fixação das alíquotas máximas do Imposto sobre Transmissão *causa mortis* e Doação – ITCD – e das alíquotas mínimas do Imposto sobre a Propriedade de Veículo Automotor – IPVA – se dá por Resolução do Senado Federal.

Comentário: A justificativa "A" está incorreta, pois nos termos do artigo 62, § 2º, da CF e entendimento do STF, a Medida Provisória pode instituir e majorar tributos, desde que atendidos os requisitos previstos na Constituição Federal. A resposta **"B"** está correta, à luz do artigo 155, § 1º, IV, da CF, o Senado Federal, por meio de Resolução, irá fixar as alíquotas máximas do ITCMD e conforme artigo 155, § 6º, I, da CF serão fixadas as alíquotas mínimas do IPVA, por resolução do Senado Federal. A alternativa "C" está incorreta, porque inexiste hierarquia entre Lei Complementar e Lei Ordinária. A opção "D" está incorreta, visto que as instruções normativas são normas complementares das leis, consoante previsto no artigo 96 do CTN, e por isso são hierarquicamente inferiores às leis. A letra "E" está incorreta, uma vez que a Medida Provisória só poderá instituir e majorar tributos que não sejam de competência de Lei Complementar.

29. Alternativa (E). Cabe à lei complementar, por expressa disposição constitucional, excluir da incidência do imposto sobre serviços de qualquer natureza, não compreendidos na competência impositiva dos estados, as exportações de serviços para o exterior.

Comentário: A assertiva "A" está incorreta, com base no artigo 156, § 1º, I, da CF, é possível a progressividade do IPTU em razão do valor do imóvel. A resposta "B" está incorreta, uma vez que o artigo 156, § 1º, II, da CF permite alíquotas diferentes para o Imposto sobre a Propriedade Predial e Territorial Urbana de acordo com a localização e o uso do imóvel. A justificativa "C" está incorreta, visto que à luz do artigo 156, II, da CF, não incide ITBI sobre os direitos reais de garantia. A alternativa "D" está incorreta, porque cabe ao Senado Federal, por meio de Resolução, fixar as alíquotas mínimas e máximas do ICMS, nos preceitos do artigo 155, § 2º, V, "a" e "b," da CF. A opção **"E"** está correta, consoante previsto nos termos do artigo 156, § 3º, II, da CF.

30. Alternativa (D). Normas complementares.

Comentário: A resposta **"D"** está de acordo com o artigo 100, I, do CTN.

31. Alternativa (C). Os princípios gerais de direito público.

Comentário: A justificativa **"C"** é a assertiva correta, pois, de acordo com o artigo 108 do CTN, é possível a integração da legislação tributária, desde que ocorra na ordem sucessiva: em primeiro lugar, a utilização da analogia; em segundo, os princípios gerais de direito tributário; em terceiro, os princípios gerais de direito público; em quarto, a equidade.

---

32. Alternativa (B). Lei complementar.

Comentário: A alternativa **"B"** é a resposta correta, conforme estabelecido pelo artigo 148 da CF.

---

33. Alternativa (A). Em geral.

Comentário: A opção **"A"** é a correta, consoante previsão do artigo 101 do CTN.

---

34. Alternativa (C). Literalmente.

Comentário: A letra **"C"** é a correta, segundo dispõe o artigo 111 do CTN.

---

35. Alternativa (B). Acusado, quando essa lei tributária estiver definindo infrações ou cominando penalidades.

Comentário: A assertiva **"B"** é a correta, em conformidade com o artigo 112 do CTN.

---

36. Alternativa (C). Apenas as alternativas IV e VI estão corretas.

IV. Se o secretário da Receita Federal expediu ato normativo em 02.01.2006, e se tal ato somente foi publicado em 02.02.2006, sua vigência somente iniciará em 02.02.2006.

VI. Considere que, por negligência do agente público, ocorreu a decadência do crédito tributário por ele não ter sido constituído. Nesse caso, conclui-se, automaticamente, que tal crédito se extinguiu.

Comentário: O Item I está incorreto, nos termos do artigo 169 do CTN, o prazo para apresentar ação anulatória de decisão administrativa que nega o direito do contribuinte de restituir é de 2 anos. O Item II também está incorreto, pois a imunidade dos templos de qualquer culto, à luz do artigo 150, VI, "b", da CF, é apenas para os impostos. O Item III igualmente está incorreto, ainda que a regra seja a irretroatividade da lei tributária, o CTN prevê algumas exceções, dentre elas, o artigo 106, I, do CTN que permite a lei expressamente interpretativa desde que não comine penalidade retroagir. O **Item IV** está correto, consoante estabelece o artigo 103, I, do CTN. O Item V está incorreto, conforme será visto no Subitem 7.9.5, a prescrição do crédito tributário é hipótese de extinção do crédito tributário, art. 156, V, do CTN. O **Item VI** está correto, pois a decadência, assim como a prescrição são hipóteses de extinção do crédito tributário, art. 156, V, do CTN.

---

37. Alternativa (D). É a fonte legislativa prevista na Constituição Federal para estabelecer normas gerais em matéria de legislação tributária, tal como definição de obrigação e crédito tributário.

Comentário: A resposta "A" está incorreta, a LC n. 116/2003 é que trata sobre ISS. A justificativa "B" está incorreta, pois as contribuições de intervenção no domínio econômico podem ser instituídas por meio de Lei Ordinária e são de competência privativa da União. A alternativa "C" está incorreta, porque o Imposto Extraordinário de Guerra não precisa de Lei Complementar para ser instituído. A opção **"D"** está correta, nos termos do artigo 146, III, da CF. A letra "E" está incorreta, a CF prevê a competência residual para impostos e contribuições sociais– art. 154, I e 195,§4º da CF.

---

38. Alternativa (D). As decisões dos órgãos singulares ou coletivos de jurisdição administrativa, a que a lei atribua eficácia normativa, são consideradas normas complementares das leis, dos tratados e convenções internacionais e dos decretos.

Comentário: A assertiva "A" está incorreta, uma vez que as práticas reiteradamente observadas pelas autoridades administrativas são normas complementares, conforme dispõe o artigo 100, III, do CTN. A resposta "B" está incorreta, à luz do artigo 98 do CTN, os tratados e as convenções internacionais revogam ou modificam a legislação tributária interna, e serão observados pela a que lhes sobrevenha. A justificativa "C" está incorreta, visto que o conteúdo e o alcance dos decretos restringem-se aos das leis em função das quais sejam expedidos, determinados com observância pelas regras de interpretação estabelecidas nesta lei, art. 99 do CTN. A alternativa **"D"** está correta, nos termos do artigo 100, II, do CTN. A opção "E" está incorreta, consoante reza o artigo 96 do CTN, a expressão "legislação tributária" compreende as leis, os tratados e as convenções internacionais, os decretos e as normas complementares que versem, no todo ou em parte, sobre tributos e relações jurídicas a eles pertinentes.

---

39. Alternativa (A). Qualquer alteração no CTN deve ser feita por lei complementar ou por normas superiores, dada a determinação constitucional acerca da fixação de normas gerais de direito tributário.

Comentário: A assertiva **"A"** foi considerada correta pela banca em razão do artigo 146, III, da CF que estabelece que as normas gerais de Direito Tributário devem ser tratadas por meio de Lei Complementar. Tendo em vista que o CTN foi recepcionado em nosso ordenamento jurídico como Lei Complementar e versa sobre essas matérias, alterações sobre elas devem ser realizadas realmente por meio de Lei Complementar ou por norma superior, porém, entendemos que outras matérias tratadas pelo CTN que não precisariam de Lei Complementar podem ser modificadas por meio de Lei Ordinária. A letra "B" está incorreta, tendo em vista que o artigo 100, III, do CTN elenca as práticas reiteradas das autoridades administrativas como normas complementares. A resposta "C" está incorreta, pois nos ditames do artigo 199 do CTN, a Fazenda Pública da União e as dos Estados, do Distrito Federal e dos Municípios prestar-se-ão mutuamente à assistência para a fiscalização dos tributos respectivos e permuta de informações, na forma estabelecida, em caráter geral ou específico, por lei ou convênio. A justificativa "D" está incorreta, visto que os tratados e as convenções internacionais fazem parte da legislação tributária (art. 96 do CTN) e nos termos do artigo 98 do CTN podem modificar e revogar a legislação interna. A alternativa "E" está incorreta, conforme determinado pelo artigo 97, V, do CTN, a cominação de penalidades para as ações ou omissões contrárias a seus dispositivos deve ser prevista em lei.

---

40. Alternativa (E). Se com o emprego da analogia resultar exigência de tributo não previsto em lei, deve a autoridade aplicar, sucessivamente, os princípios gerais de direito tributário.

Comentário: A opção **"E"** está correta, de acordo com o artigo 108 do CTN, pelo qual a integração deve ocorrer na ordem sucessiva: (i) analogia; (ii) princípios gerais de direito tributário; (iii) princípios gerias de direito público e (iv) equidade. A analogia não pode resultar na cobrança de tributo, conforme prescreve o artigo 108, § 1º, do CTN.

---

41. Alternativa (A). Literalmente.

Comentário: A assertiva **"A"** está correta, consoante estabelece o artigo 111, III, do CTN.

---

42. Alternativa (A). Lei complementar.

Comentário: A resposta **"A"** está de acordo com o artigo 155, § 2º, XII, "g", da CF, que estabelece ser Lei Complementar que irá regular a forma como, mediante deliberação dos Estados e do Distrito Federal, isenções, incentivos e benefícios fiscais serão concedidos e revogados. A LC n. 24/75 prevê que será por meio de Convênios.

---

43. Alternativa (A). Interpreta-se literalmente a legislação tributária que disponha sobre dispensa do cumprimento de obrigações tributárias acessórias.

Comentário: A justificativa **"A"** está correta, nos termos do artigo 111, III, do CTN. A alternativa "B" está incorreta, segundo entendimento do STF, Súmula n. 669, norma legal que altera o prazo de recolhimento da obrigação tributária não se sujeita ao Princípio da Anterioridade, essa súmula foi convertida recentemente na Súmula Vinculante n. 50. A opção "C" está incorreta, conforme o artigo 108, § 2º, do CTN, a atualização do valor monetário da base de cálculo de tributo não configura majoração de tributo e, por isso, não está sujeita ao Princípio da Legalidade. A letra "D" está incorreta, as normas complementares estão previstas no artigo 100 do CTN, as hipóteses trazidas pela questão configuram possibilidade de integração da legislação tributária. A assertiva "E" está incorreta, as decisões dos órgãos singulares ou coletivos de jurisdição administrativa, a que a lei atribua eficácia normativa entram em vigor 30 dias após a data da sua publicação.

---

44. Alternativa (A). A legislação tributária pode ser aplicada a fatos geradores pendentes.

Comentário: A resposta **"A"** está correta, pois encontra-se de acordo com a literalidade do artigo 105 do CTN. A justificativa "B" está incorreta, nos termos do artigo 104, III, do CTN, entram em vigor no primeiro dia do exercício seguinte da sua publicação. A alternativa "C" está incorreta, como será visto no Item 7.5, a revisão de ofício de lançamento tributário, à luz do artigo 145, III, do CTN, poderá ocorrer sempre que presentes umas das hipóteses do artigo 149 do CTN. A opção "D" está incorreta, consoante disposto no artigo 164 do CTN, é possível a consignação em pagamento quando houver subordinação do pagamento do tributo a exigências administrativas não previstas em lei. A letra "E" está incorreta, conforme entendimento do artigo 169 do CTN, o prazo para anular decisão administrativa que denega a restituição é de 2 anos.

---

45. Alternativa (C). À lei complementar.

Comentário: A resposta correta é a letra **"C",** pois o enunciado se refere ao ISS, de acordo com o estabelecido no artigo 156, § 3º, I, da CF.

---

46. Alternativa (ERRADA). Em matéria de legislação tributária, a casa legislativa do município pode estabelecer norma dispondo sobre crédito, diferentemente do disposto em lei complementar.

Comentário: Nos termos do artigo 146, III, "b", da CF, as normas gerais de direito tributário devem ser tratadas por meio de Lei Complementar.

---

47. Alternativa (ERRADA). Um fiscal da Receita Federal do Brasil, ao aplicar a legislação tributária, na ausência de disposição legal expressa, pode empregar a analogia, desde que isso não resulte na dispensa do pagamento de tributo devido.

Comentário: À luz do artigo 108, § 2º, do CTN, o emprego da equidade não poderá resultar na dispensa do pagamento de tributo devido. Sobre a analogia, nos termos do § 1º do artigo 108 do CTN, essa não poderá resultar na exigência de tributo não previsto em lei.

---

48. Alternativa (D). Fixará alíquotas mínimas do imposto sobre a propriedade de veículo automotor.

Comentário: A assertiva **"D"** está correta, pois a resolução do Senado Federal irá fixar as alíquotas de tributos estaduais, cabendo ao Senado Federal estipular as alíquotas máximas do ITCMD (art. 155, § 1º, IV, da CF), as alíquotas mínimas e máximas do ICMS (art. 155, § 2º, V, "a" e "b", da CF) e as alíquotas mínimas do IPVA (art. 155, § 6º, I, da CF).

CAPÍTULO 5

A REGRA MATRIZ DE INCIDÊNCIA TRIBUTÁRIA

1. A ESTRUTURA DA NORMA JURÍDICA

Por norma jurídica entende-se o juízo, pensamento final, obtido em decorrência da análise dos enunciados do Direito Positivo.

Considerando tratar-se de um juízo hipotético-condicional, formado por várias noções, supõe-se que a integridade existencial de uma norma jurídica nem sempre poderá ser transmitida pela leitura de um único enunciado. Isso porque o texto verificado pode ser incompleto, insuficiente para formar o juízo, por isso, para obtenção da significação, faz-se necessária a análise de outros textos prescritivos do direito positivo[1].

A norma jurídica é dotada de uma estrutura lógica elementar, em que há em um primeiro momento a **descrição** de uma conduta, de um fato, em que o legislador elege características e peculiaridades para formação daquela hipótese, e, em seguida, o **estabelecimento da consequência**, em que realizada aquela hipótese prevista pelo legislador, deve ser adotada determinada consequência.

Opera-se, na verdade, a lógica deôntica, do **dever-ser**, característica do Direito Positivo, em que, ocorrendo a conduta ali prevista, deve ser adotada certa consequência.

Marçal Justen Filho[2] elucida que os elementos essenciais para o reconhecimento de determinado evento fático encontra-se na **hipótese**. Enquanto a determinação teórica da conduta devida está prevista na **consequência**, que fornecerá os detalhes para a fixação da natureza e da extensão da conduta.

Ressalta-se as várias designações acatadas pela doutrina para fazer referência à hipótese e à consequência. Sendo utilizado antecedente ou suposto para hipótese; e mandamento, disposição, estatuição ou preceito para a consequência.

1. CARVALHO, Paulo de Barros. **Curso de Direito Tributário.** 13. ed. São Paulo: Saraiva, 2000. p. 9.
2. JUSTEN, Marçal Filho. **O Imposto Sobre Serviços na Constituição.** São Paulo: Revista dos Tribunais, 1985. p. 42.

José Roberto Vieira[3] adota a visão de Hans Kelsen, também seguida por Paulo de Barros Carvalho, quanto à enunciação do Direito a partir da norma complexa, composta pela **norma primária** (determinação da conduta desejada) e pela **norma secundária** (estabelecimento da sanção pelo descumprimento da primeira). Ou, seguindo a terminologia de Carlos Cossio, **endonorma** (a norma primária) e **perinorma** (a secundária).

Nesse sentido, o autor supradescrito entende que uma norma primária estaria configurada da seguinte forma: dado o fato A, deve ser a conduta B. Já a norma secundária assim seria: Dado o descumprimento de B, deve ser a sanção C.

Dessa feita, verifica-se que ocorrido o fato descrito na hipótese, opera-se a **subsunção** do fato **à norma**, mas desde que o ocorrido cumpra fielmente todos os critérios descritos na hipótese.

Para finalizar, ressalta-se que embora a norma de direito possa ser mais bem explicada diante deum caso concreto, tal caso pode ser real ou hipotético. Será real quando configurado o fato previsto no antecedente normativo. Destarte, será hipotético, se o fato previsto não ocorrer, permanecendo, no entanto, a norma.

1.1. A Estrutura da Norma Jurídico-Tributária

A norma jurídico-tributária caracteriza-se por ser uma regra de comportamento que disciplina a relação jurídica **obrigacional** entre o devedor – ao qual é imposta a prestação compulsória – e o Fisco – o titular do crédito.

Marçal Justen Filho, ao discorrer sobre o conceito de norma tributária, ensina que: *"É aquela que imputa a uma certa situação fática, descrita idealmente, uma consequência peculiar, consistente no nascimento de uma relação jurídica pela qual alguém está obrigado a levar dinheiro aos cofres do Estado"*[4].

Paulo de Barros Carvalho[5] enfatiza que somente haverá subsunção do fato à norma tributária quando aquele guardar absoluta identidade com o desenho normativo da hipótese tributária.

Dessa forma, se faltar quaisquer dos elementos que compõe a hipótese, ter-se-á essa por não realizada, visto que somente haverá a subsunção do fato à norma se o fato corresponder fiel e integralmente à descrição da hipótese. Alfredo Augusto Becker ressalta que:

> Basta faltar um único elemento para que a hipótese de incidência continue não realizada, e enquanto não se realizar este último elemento, não ocorrerá a incidência da regra jurídica. Porém, realizando-se este último elemento, a regra jurídica incide sobre a hipótese de incidência realizada e a sua incidência é imediata, instantânea e infalível[6].

As hipóteses de incidência da norma tributária são sempre constituídas por **fatos lícitos** e as suas consequências, tratando de obrigações principais, correspondem à entrega de dinheiro ao Estado.

3. VIEIRA. José Roberto. **A Regra Matriz de Incidência do IPI. Texto e contexto.** Curitiba: Juruá, 1993. p. 56.
4. Idem, op. cit., p. 41.
5. Idem, op. cit., p. 244.
6. BECKER, Alfredo Augusto. **Teoria Geral do Direito Tributário.** 3. ed. São Paulo: Lejus, 1998. p. 307.

Assim sendo, pode-se afirmar que uma lei **descreve** hipoteticamente um estado de fato e dispõe que a realização concreta, no mundo fenomênico, do que foi descrito, determina o nascimento de uma **obrigação** de pagar um tributo[7].

2. A REGRA MATRIZ DE INCIDÊNCIA TRIBUTÁRIA

A regra matriz de incidência tributária possibilita ao cientista do Direito o conhecimento do tributo, na medida em que proporciona a verificação das características comuns e essenciais para imposição da norma jurídica de incidência.

Assim, por intermédio da análise dos critérios que compõem a regra matriz de incidência tributária é possível identificar o fato fenomênico juridicamente relevante quando da sua ocorrência e, ainda, a relação jurídica a ser instaurada pelo consequente normativo.

Os critérios da **regra matriz** devem estar previstos na legislação de regência do tributo.

Na presente obra, adotar-se-á a terminologia utilizada por Paulo de Barros Carvalho, em que emprega **critérios** para tratar dos elementos que compõem a regra matriz de incidência.

Como dito alhures, por meio da análise dos critérios pode-se obter o conhecimento do tributo em abstrato. E, como visto no Subitem 5.1.2 da presente obra, a norma jurídica é composta por um **antecedente** e um **consequente**, e é nesse sentido que alguns doutrinadores discordam entre si, ao incluírem certos critérios no antecedente e outros diversos no consequente.

Registre-se que, será por meio da análise do antecedente da norma jurídico-tributária que será possível verificar e identificar os critérios que, ocorridos no mundo real, darão ensejo ao nascimento da **obrigação tributária**.

Paulo de Barros Carvalho elenca que são três os critérios necessários e suficientes para o reconhecimento do fato, que devem compor o **antecedente** da norma tributária. São eles: o critério **material**, o **temporal** e o **espacial**.

Com relação ao **consequente**, entende esse autor que são apenas dois os critérios necessários para identificar o aparecimento de uma relação jurídica: o critério **pessoal**, que apontará quem são os sujeitos da relação jurídica, e o critério **quantitativo**, em que se encontrará referências de grandezas mediante as quais o legislador pretendeu dimensionar o fato jurídico-tributário[8].

Discorda, no entanto, Sacha Calmon Navarro Coêlho[9]que acrescenta no antecedente da norma o critério pessoal, por entender que as qualificações das pessoas podem ser importantes para a delimitação da hipótese de incidência.

7. ATALIBA, Geraldo. **Hipótese de Incidência Tributária.** 6. ed. São Paulo: Malheiros, 2005. p. 53.
8. CARVALHO, Paulo de Barros, op. cit., 2000, p. 278.
9. COÊLHO, Sacha Calmon Navarro. **Teoria Geral do Tributo e da Exoneração Tributária.** 3. ed. Belo Horizonte: Del Rey, 2000. p. 113.

Como exemplo, o autor menciona o caso do ICMS, em que não basta ocorrer uma operação de circulação da mercadoria para haver a incidência desse imposto, o sujeito passivo deve ser necessariamente industrial, comerciante, produtor, agropecuário ou equiparado.

Contudo, vale ressaltar que o único exemplo que o referido autor apresenta, em que a falta do sujeito passivo no antecedente se justifica é o caso supracitado, assim, deve-se ter em mente que as exceções não estabelecem a regra matriz de incidência tributária.

E quanto ao consequente, Sacha Calmon Navarro Coêlho[10] entende que outros elementos se fazem necessários na determinação da relação jurídica, dentre eles: como, onde e quando pagar.

O autor supradescrito discorda, também, da terminologia "critérios" empregada por Paulo de Barros Carvalho, prefere o termo **aspectos**, utilizada por Geraldo Ataliba.

Geraldo Ataliba, ao discorrer sobre a hipótese de incidência tributária, especifica que nela devem estar as qualidades suficientes para determinar hipoteticamente os sujeitos da obrigação tributária, bem como seu conteúdo substancial, local e momento de nascimento. Para o autor, a regra matriz de incidência tributária assim está disposta:

> Na hipótese de incidência, a indicação do sujeito ativo e dos critérios para determinação do sujeito passivo (aspecto pessoal); a indicação da materialidade ou consistência material do fato descrito (aspecto material); a qualificação das coordenadas de tempo (aspecto temporal) e de lugar (aspecto espacial) juridicamente relevantes e a fixação da perspectiva dimensível do aspecto material (base imponível) que deve ser considerada, no fato, pelo intérprete. Aplicada a alíquota – inserida no mandamento – à base calculada, obtém-se, em cada caso, o *quantum* devido, objeto da obrigação, nascida do fato imponível[11].

Marçal Justen Filho[12], também, entende ser necessário e imprescindível a indicação dos sujeitos na hipótese, por ser o sujeito que objetivamente materializa o fato tributário. Ressalta: *"Não se trata, repita-se, de indicação dos sujeitos da relação jurídica, mas tão só da completa e integral previsão teórica de uma situação fática consistente em uma conduta humana. Seria ilógico suprimir, de tal previsão, a indicação do sujeito da conduta".*

O autor preceitua que o fato jurídico caracterizar-se-á quando uma pessoa (indefinida) praticar a conduta ou se encontrar na situação descrita pelo critério material, delimitada exatamente pelos aspectos temporal e espacial da norma. Assim, ainda que se afirme que o sujeito da conduta é indeterminado, ele é determinável. E o fato de a lei não trazer o aspecto pessoal expresso, não quer dizer que não está contido na hipótese de incidência da norma.

Marçal Justen Filho[13] salienta, ainda, discordando de Paulo de Barros Carvalho, que a consequência da norma não fornece critérios para o reconhecimento de algo. Por isso, enquanto a hipótese apresenta caráter descritivo, o consequente tem natureza geradora ou constitutiva, vez que se não fosse a norma jamais viria a existir.

---

10. Idem, *ibidem*, p. 117.
11. ATALIBA, Geraldo, op. cit., 2005, p. 119.
12. JUSTEN, Marçal Filho, op. cit., 1985, p. 47.
13. Idem, *ibidem*, p. 45-46.

O presente estudo adotará o entendimento de Paulo de Barros Carvalho, por compreender que na **hipótese de incidência** os critérios material, temporal e espacial são suficientes para reconhecer um fato, que ocorrido no mundo real ensejará o nascimento do vínculo jurídico e, portanto, a partir desse momento ter-se-á definido o sujeito passivo e o *quantum debeatur – consequente.*

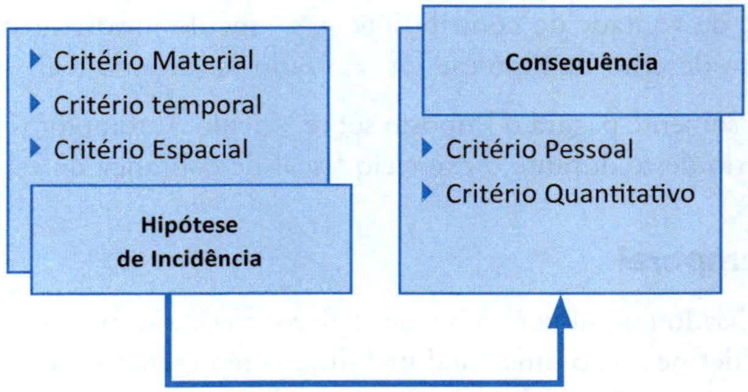

3. A HIPÓTESE DE INCIDÊNCIA TRIBUTÁRIA

3.1. Critério Material

Pode-se afirmar que o **critério material** é o núcleo da hipótese de incidência. Consiste, portanto, no dado central e principal que permite identificar, com maiores detalhes, o **fato escolhido** pelo legislador para ocorrência da incidência da norma tributária.

O critério material expressa um **comportamento** humano identificado por intermédio de uma ação, expressa em um **verbo** (fazer, dar, ou, mesmo, ser, estar, permanecer, etc.), que, por sua vez, será sempre transitivo, uma vez que precisa de um complemento, jamais se admitindo verbos impessoais.

Paulo de Barros Carvalho[14] completa que o comportamento de uma pessoa "... há de estar delimitado por condições espaciais e temporais, para que o perfil típico esteja perfeito e acabado, como descrição normativa de um fato".

Contudo, vale salientar que esse comportamento humano deve ser impreterivelmente **revelador de riqueza**, até para justificar a função do tributo, que não deixa de estar atrelada à propriedade do contribuinte.

Alfredo Augusto Becker[15] especifica que nos sistemas jurídicos em que há previsão constitucional quanto ao princípio da capacidade contributiva é imprescindível *"... fato signo presuntivo de capacidade contributiva..."*.

Como dito alhures, o verbo utilizado não poderá ser impessoal. Admitir que o critério material aceita um verbo impessoal, estar-se-ia diante de uma tributação que recairia sobre um evento desprovido de vinculação a um determinado sujeito, o que poderia, inevitavelmente, implicar a impossibilidade da avaliação econômica desse evento[16].

14. Idem, *ibidem*, p. 45-46.
15. BECKER, Alfredo Augusto, op. cit., 1998, p. 327.
16. BAPTISTA, Marcelo Caron. **ISS do Texto à Norma.** São Paulo: Quartier, 2005. p. 124.

Tais circunstâncias acabariam por violar o Princípio da **Capacidade Contributiva** e **do Confisco**, tendo em vista que ensejariam várias incidências tributárias sobre o patrimônio dos contribuintes, independentemente de auferir novas riquezas.

Importante ressaltar, ainda, que, em que pese a obrigação tributária ser compulsória – independentemente da vontade do contribuinte –, o vínculo jurídico-tributário somente irá se instaurar se o fato descrito na hipótese for realizado no mundo real.

Dessa maneira, somente pagará o Imposto sobre Veículo Automotor (IPVA), por exemplo, quem for proprietário deste durante o exercício fiscal de cobrança do referido imposto.

3.2. Critério Temporal

Como fora analisado no Subitem 5.3.1 deste livro, o critério material da hipótese de incidência tributária se define como uma conduta humana representada por um verbo transitivo, mais um complemento, configurada pelas coordenadas de **espaço** e de **tempo**.

Isso quer dizer que de nada importa afirmar que ocorreu a conduta humana se ela não estiver delimitada por um espaço e um instante.

Assim sendo, e agora mais especificamente sobre o instante, pode-se afirmar que é juridicamente impossível isolar, para fins de incidência tributária, o comportamento humano, previsto no critério material, se não for delimitado o instante de sua ocorrência – **Critério Temporal.**

Dessa forma, constata-se que o critério temporal possibilita compreender o **instante** em que **ocorre** o fato jurídico-tributário.

É de extrema relevância saber o momento em que se instaurará o vínculo jurídico obrigacional entre as pessoas.

Por essa razão, se constitui imprescindível que a norma tributária revele o **marco temporal** em que se dará por ocorrido o fato jurídico-tributário, ocasião em que possibilitará aos sujeitos da relação o exato conhecimento da existência de seus direitos e de suas obrigações.

Paulo de Barros Carvalho, ao tratar sobre a questão ensina:

> Compreendemos o critério temporal da hipótese tributária como o grupo de indicações, contidas no suposto da regra, e que nos oferecem elementos para saber, com exatidão, em que preciso instante acontece o fato descrito, passando a existir o liame jurídico que amarra devedor e credor, em função de um objeto – o pagamento de certa prestação pecuniária[17].

Posto isso, conclui-se que a norma tributária deve contemplar na hipótese de incidência, ainda que implicitamente, a indicação do momento em que se considera ocorrido o fato previsto no **antecedente normativo**.

Geraldo Ataliba[18] esclarece que se o legislador se omitir quanto ao critério material, estará implicitamente afirmando que o momento a ser considerado é aquele em que o fato material descrito ocorrer no mundo real.

---

17. CARVALHO, Paulo de Barros, op. cit., 2000, p. 258-259.
18. ATALIBA, Geraldo, op. cit., 2005, p. 95.

Marcelo Caron Baptista[19] entende que: *"Sem que se saiba reconhecer o momento em que ocorre o fato descrito na hipótese normativa fica prejudicada toda a fenomenologia da incidência e a aplicação das regras que dela decorrem, como as de decadência e de prescrição"*.

Assim sendo, como bem assevera Caron Baptista, ressalta-se a verdadeira importância do critério temporal – constante no antecedente da norma tributária – para o Direito Tributário, principalmente quando se analisam as diversas regras atreladas a esse. Citam-se, como exemplos de regras: Princípios Constitucionais Tributários da Legalidade, da Anterioridade, da Irretroatividade; os institutos da Prescrição e da Decadência (que estudaremos mais adiante); entre outros.

3.3. Critério Espacial

Pelo critério espacial percebe-se qual o espaço em que o fato jurídico-tributário deverá ocorrer para instaurar a relação jurídico-tributária, ou seja, trata-se do **local** em que o fato previsto na hipótese normativa se **realiza**.

Paulo de Barros Carvalho[20] elucida que há regras em que o critério material faz menção a determinados locais para a ocorrência do fato jurídico-tributário, é o caso do IPI sobre Produtos Importados, do Imposto sobre Importação e Imposto sobre Exportação, no qual esse se realiza nas repartições alfandegárias.

Há outras regras, por sua vez, que o critério material alude a áreas específicas. Prevê intervalos territoriais, extensos e dilatados, dentro dos quais se podem efetivar o evento. Como exemplos têm-se o IPTU e o ITR.

E, por fim, a hipótese de critério espacial bem genérico, segundo Paulo de Barros Carvalho, "onde todo e qualquer fato, que suceda sob o manto da vigência territorial da lei instituidora, estará apto a desencadear seus efeitos peculiares"[21]. Aqui se pode citar o Imposto sobre Produtos Industrializados.

Ressalta-se, por conseguinte, a importância do critério espacial, por ser instrumento de realização de **limitação constitucional** da competência de tributar.

4. O CONSEQUENTE DA NORMA TRIBUTÁRIA

4.1. Critério Pessoal

Como se sabe, o consequente normativo prescreve uma relação jurídica, que, por sua vez, sempre será constituída no mínimo por duas pessoas, quais sejam: um sujeito ativo (detentor da capacidade tributária) e um passivo (contribuinte ou responsável).

Por essa razão, afirma-se que o critério pessoal aponta os **sujeitos** da relação jurídica firmada, isto é, sujeito ativo e passivo.

19. BAPTISTA, Marcelo Caron, op. cit., 2005, p. 128.
20. CARVALHO, Paulo de Barros, op. cit., 2000, p. 256.
21. CARVALHO, Paulo de Barros, op. cit., 2000, p. 256.

4.1.1. *Sujeito Ativo*

No sistema jurídico-tributário, o sujeito ativo da relação jurídica é o detentor do direito subjetivo de **exigir** a prestação pecuniária.

O Código Tributário Nacional em seu artigo 119 estabelece que "sujeito ativo da obrigação é a pessoa jurídica de direito público titular da competência para exigir o seu cumprimento".

Ruy Barbosa Nogueira[22] esclarece que somente a União, os Estados, o Distrito Federal e os Municípios podem ser sujeito ativo da relação jurídico-tributária, uma vez que somente a pessoa jurídica de direito público é titular de **competência** para criar obrigação e exigir seu cumprimento.

Com relação a esse ponto, discordamos do autor supracitado, por entender que nada obsta o sujeito ativo da obrigação tributária ser pessoa jurídica de direito público da administração indireta. Posto que, embora, não apresentem competência para criar tributos, característica exclusiva dos Entes Federativos, podem gozar de **capacidade tributária ativa** para cobrar os tributos instituídos pelas pessoas jurídicas de direito público.

Assim, pode-se afirmar que o sujeito ativo da relação jurídico-tributária se define por aquele (cuja previsão encontra-se na lei) que detém a capacidade para exigir o pagamento do tributo por parte do contribuinte.

Por esse motivo, nada obsta que a pessoa que detém a competência constitucional para instituir o tributo seja distinta daquela que deverá exigir o cumprimento da obrigação tributária do sujeito passivo.

Cumpre mencionar, ainda, que o CTN estabeleceu outro tipo de sujeito ativo que poderá existir. Tal previsão consta no artigo 120 do CTN, o qual determina que, salvo disposição de lei em contrário, a pessoa jurídica de direito público que se constituir pelo desmembramento territorial de outra, **sub-roga-se** nos direitos desta, cuja legislação tributária aplicará até que entre em vigor a sua própria.

Assim, se uma pessoa possuía débito de IPVA, por exemplo, em virtude de ser proprietário de veículo automotor licenciado em Município do Estado "A", que foi desmembrado de um Estado "B", passou a dever IPVA ao Estado "A", pois houve mudança de sujeito ativo, ainda que não tenha legislação própria.

4.1.2. *Sujeito Passivo*

Trata-se da pessoa, física ou jurídica, privada ou pública, da qual se poderá exigir o **cumprimento** da obrigação tributária.

O sujeito passivo somente será identificado **após** a ocorrência do fato jurídico-tributário. Por essa razão, compartilhamos do entendimento de Paulo de Barros Carvalho, de que se trata de critério contido no consequente da norma tributária. O legislador, preocupado com a definição desse sujeito na relação jurídico-tributária, também o descreveu em seu artigo 121 do CTN:

22. NOGUEIRA, Ruy Barbosa. **Curso de Direito Tributário.** 14. ed. São Paulo: Saraiva, 1995. p. 144.

> **Art.121.** Sujeito passivo da obrigação principal é a pessoa obrigada ao pagamento de tributo ou penalidade pecuniária. Parágrafo único. **O sujeito passivo da obrigação principal diz-se:** I – contribuinte, quando tenha relação pessoal e direta com a situação que constitua o respectivo fato gerador; II – responsável, quando, sem revestir a condição de contribuinte, sua obrigação decorra de disposição expressa de lei.

Da análise desse dispositivo legal, pode-se afirmar que o **contribuinte,** também denominado pela doutrina de sujeito passivo **direto**, é aquele que tem relação **direta** e **pessoal** com a situação que constitua o fato gerador da obrigação. Na verdade, trata-se de quem **pratica** o fato gerador.

A título de exemplo, o proprietário de um imóvel urbano, por praticar o fato gerador do IPTU – "ser proprietário de imóvel urbano" –, irá pagar esse imposto na condição de contribuinte.

Por outro lado, o **responsável** (sujeito passivo **indireto**) consiste naquele que, sem revestir a condição de contribuinte, mas por ter relação **indireta** com a situação que constitua o fato gerador, a **lei** lhe atribui o dever de pagar o tributo. Cita-se como exemplo os pais que pagam os tributos devidos pelos seus filhos menores, na condição de responsáveis, nos termos do que estabelece o artigo 134 do CTN.

Vale ressaltar que **a responsabilidade tributária decorre tão e somente de lei.**

Não se esqueça!

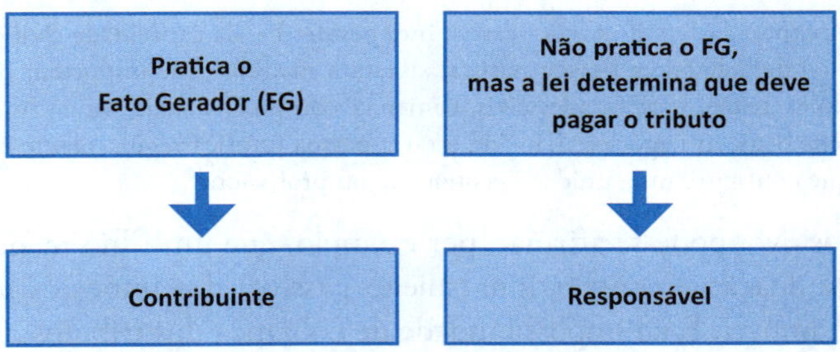

Também zeloso com eventuais alterações convencionais da sujeição passiva na relação jurídico-tributária, o legislador determinou que a definição legal do sujeito passivo decorre de lei. Portanto, as convenções particulares, salvo disposição de lei em contrário, relativas à modificação da sujeição passiva quanto à responsabilidade pelo pagamento dos tributos, não podem ser opostas perante o Fisco, conforme determina o artigo 123 do CTN:

> **Art. 123.** Salvo disposições de lei em contrário, as convenções particulares, relativas à responsabilidade pelo pagamento de tributos, não podem ser opostas à Fazenda Pública, para modificar a definição legal do sujeito passivo das obrigações tributárias correspondentes.

Sobre esse dispositivo, vale trazer à baila para ilustrar o entendimento, o exemplo do ITBI: na maioria dos Municípios, a legislação estabelece que o comprador deve recolher o ITBI, na condição de contribuinte, quando ocorre a transmissão de bem imóvel por título oneroso. Imagine-se, assim, que no contrato de compra e venda do imóvel ficou estabelecido que o vendedor assumiria a responsabilidade pelo pagamento desse imposto. Esse contrato não tem a menor força perante o Fisco (com base nesse dispositivo legal), assim, se o vendedor eventualmente não pagar o imposto, o Município irá cobrar do comprador, pois será esse o sujeito passivo da relação jurídico-tributária. É claro que na esfera cível o contrato celebrado entre o comprador e vendedor poderá ser executado, por meio de ação regressiva, porém tal pactuação não poderá ser oposta perante o Fisco, uma vez que a responsabilidade só decorre de lei.

No tocante à obrigação acessória, o legislador não deixa lacuna. Estabelece no artigo 122 do CTN que o sujeito passivo da obrigação acessória é a pessoa obrigada às prestações que constituam o seu objeto.

Importante ressaltar, nesse momento, que para ser sujeito passivo da relação jurídico-tributária, basta ser capaz de realizar o fato jurídico-tributário. Isso quer dizer que basta concretizar a hipótese descrita no antecedente normativo, **independentemente** de gozar de capacidade para realizar outros fatos jurídicos, pertinentes à ciência do direito civil ou do direito penal, por exemplo.

Paulo de Barros Carvalho[23] elucida que a capacidade para realizar o fato jurídico-tributário depende de duas exigências: "(...) os limites da outorga constitucional de competência" e "(...) o grau de relacionamento da entidade com o evento fático. Dentro dessa moldura, é quase infinita a legitimidade criativa do legislador fiscal, que pode atribuir personalidade tributária e capacidade para realizar o fato jurídico-tributário a quem não as tenha por reconhecidas, no enredo das normas de direito civil".

Considerando essas premissas, o legislador define a abrangência da sujeição passiva, conforme se depreende do artigo 126 do CTN:

> **Art. 126. A capacidade tributária passiva independe:** I – da capacidade civil das pessoas naturais; II – de achar-se a pessoa natural sujeita a medidas que importem privação ou limitação do exercício de atividades civis, comerciais ou profissionais, ou da administração direta de seus bens ou negócios; III – de estar a pessoa jurídica regularmente constituída, bastando que configure uma unidade econômica ou profissional.

Por esse dispositivo, pode-se afirmar, por exemplo, que um filho menor que recebe um imóvel a título de doação é contribuinte (sujeito passivo) dos impostos incidentes sobre a propriedade desse imóvel. E na impossibilidade de cobrança dos tributos do filho menor, os pais, nos termos do artigo 134 do CTN, serão **responsáveis** pelo pagamento.

Os sujeitos passivos (contribuinte ou responsável) podem também ser responsabilizados **solidariamente**, desde que haja interesse **comum** na situação que constitua o fato gerador do tributo, ou sempre que a **lei** assim determinar, conforme se constata no artigo 124 do CTN: "São **solidariamente obrigadas:** I – as pessoas que tenham interesse comum na situação que constitua o fato gerador da obrigação principal; II – as pessoas expressamente designadas por lei".

Referente ao inciso I do artigo 124 do CTN, para existir a solidariedade, os sujeitos devem estar no mesmo polo da relação, porque se estiverem em posições **contrapostas**, não haverá solidariedade.

Assim, a título de exemplo, em um contrato de compra e venda de uma casa, para ocorrer o fato gerador do ITBI, por título oneroso, não há que se falar em solidariedade, ainda que

23. CARVALHO, Paulo de Barros, op. cit., 2000, p. 306.

haja interesse comum entre o comprador e o vendedor, pois ambos estão em polos distintos: um na condição de devedor e outro na de credor.

Nesse caso, portanto, somente haveria solidariedade entre os sujeitos passivos se fossem duas ou mais pessoas compradoras do mesmo imóvel, pois além de ter o interesse comum na situação que constitui o fato gerador, estariam do mesmo lado na relação jurídica.

Da mesma forma, se duas pessoas são proprietárias de um imóvel urbano, por estarem no mesmo polo e por terem interesse comum na situação que constitua o fato gerador do IPTU, são **contribuintes solidários**.

Com relação à solidariedade expressamente designada por lei, hipótese do inciso II do artigo 124 do CTN, não há dúvidas, pois quando houver tal previsão haverá a solidariedade.

Os artigos 124, parágrafo único, e 125, ambos do CTN, determinam **quatro efeitos** da solidariedade, que salvo disposição de lei em contrário:

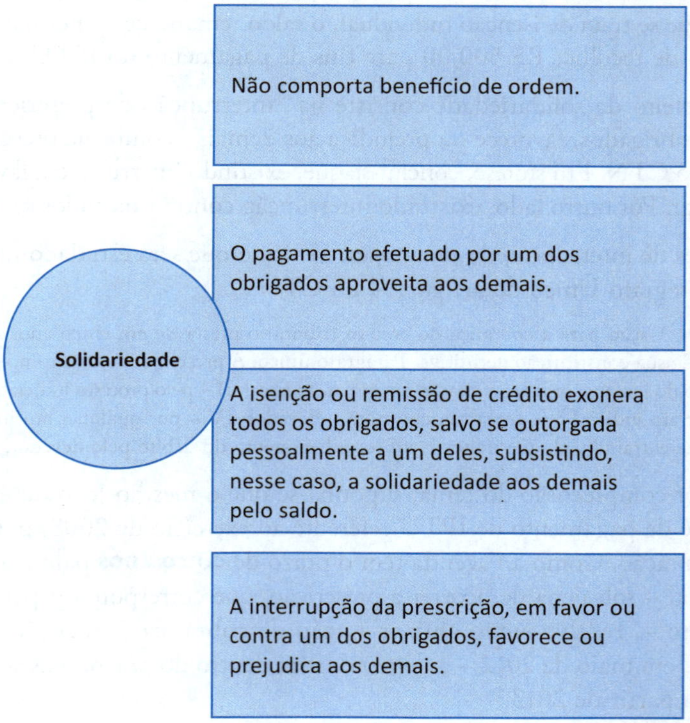

Com relação ao primeiro efeito da solidariedade, "que não comporta benefício de ordem", nos termos do Parágrafo Único do artigo 124 do CTN, significa que a cobrança total da exação pode ser realizada em face de **qualquer um** dos coobrigados, o Fisco poderá escolher quem irá responder pelo cumprimento da obrigação tributária. Quanto ao segundo efeito, "o pagamento efetuado por um dos obrigados aproveita aos demais" (art. 125, I, do CTN); na prática, vislumbra-se que o pagamento realizado por um dos codevedores estender-se-á aos demais, haja vista a **indivisibilidade** das obrigações, de modo a extinguir a obrigação tributária. Há que se mencionar que na esfera cível, é possível ser exercido o direito de **regresso** por aquele que realizou o pagamento integralmente.

O terceiro efeito diz respeito à "concessão de isenção ou remissão de créditos", hipótese do inciso II do artigo 125 do CTN. A **isenção,** como será analisada no Subitem 7.10.1 do Capítulo 7, corresponde à dispensa legal do dever de pagar o tributo. Já a **remissão,** que será analisada no Subitem 7.9.4, se refere ao perdão da dívida tributária. Se for concedido um desses benefícios, via de regra, exonerará **todos** os obrigados. Todavia, se tais benesses forem concedidas individualmente, o saldo remanescente permanecerá para os demais coobrigados.

Imagine-se, por exemplo, que João e Maria são coproprietários de uma casa na cidade. Existe, portanto, uma solidariedade, pois há interesse comum na situação que constitua o fato gerador do IPTU, qual seja: ser proprietário de imóvel urbano. E nesse Município há uma lei que concede isenção **individual** para Maria. Se a cobrança total do IPTU corresponde a R$ 1.000,00, significa que a parte do João corresponde a R$ 500,000 e a da Maria R$ 500,00. Como Maria foi beneficiada pela isenção, não irá precisar pagar o IPTU. Contudo, considerando que se trata de isenção individual, o saldo remanescente permanecerá para João, ou seja, ele terá de recolher R$ 500,00 para fins de pagamento do IPTU.

O último efeito da solidariedade consiste na "interrupção da prescrição, em favor ou contra um dos obrigados, favorece ou prejudica aos demais", conforme prescreve o inciso III do artigo 125 do CTN. Em síntese, conclui-se que, existindo interrupção a favor de um, todos irão se beneficiar. Por outro lado, existindo interrupção contra um, todos serão prejudicados.

As hipóteses de interrupção da prescrição, instituto que será estudado no Item 7.7, estão previstas no Parágrafo Único do artigo 174 do CTN:

> **Art. 174.** A ação para a cobrança do crédito tributário prescreve em cinco anos, contados da data da sua constituição definitiva. Parágrafo único. A prescrição se interrompe: I – pelo despacho do juiz que ordenar a citação em execução fiscal; II – pelo protesto judicial; III – por qualquer ato judicial que constitua em mora o devedor; IV – por qualquer ato inequívoco ainda que extrajudicial, que importe em reconhecimento do débito pelo devedor.

Para melhor compreensão do tema, suponha-se que o mesmo João do exemplo anterior recebeu o carnê de pagamento de IPTU referente ao exercício de 2008, porém se esqueceu de realizar a quitação. Como a Fazenda tem o prazo de **cinco anos** para realizar a cobrança na esfera judicial – sob pena de ocorrer a prescrição, que corresponde à perda do direito de cobrar o tributo –, resolve então ajuizar a ação de cobrança (Execução Fiscal) em face de João apenas, em maio de 2012 – a demanda está dentro do prazo, pois só se poderia falar em prescrição a partir de 2013.

Com isso, em julho de 2012, o juiz profere despacho ordenando a citação. Em atenção ao disposto no artigo 174, Parágrafo Único, I, do CTN, nesse momento ocorre a **interrupção** da **Prescrição**. Assim, o prazo "zera" e recomeça para a Fazenda realizar a cobrança. Dessa forma, o novo prazo de prescrição se encerrará em julho de 2017.

No entanto, a Fazenda verificou que Maria também é devedora do IPTU desse mesmo imóvel – em razão da solidariedade. Resolve então cobrar dela esse imposto. Desse modo, em abril de 2015, peticiona no processo e requer que seja incluída na demanda. Maria, ao receber a citação, **não** poderá alegar a prescrição, ainda que o crédito tributário seja de 2008, uma vez que, em julho de 2012 – quando o juiz proferiu o despacho de citação em nome de João –, interrompeu-se a prescrição. Trata-se, portanto, do quarto efeito da solidariedade (art. 125, III, do CTN), a prescrição foi interrompida para **todos os obrigados**. Logo, a Fazenda poderia sim cobrar de Maria até julho de 2017 – prazo da nova prescrição, devido à ocorrência da interrupção.

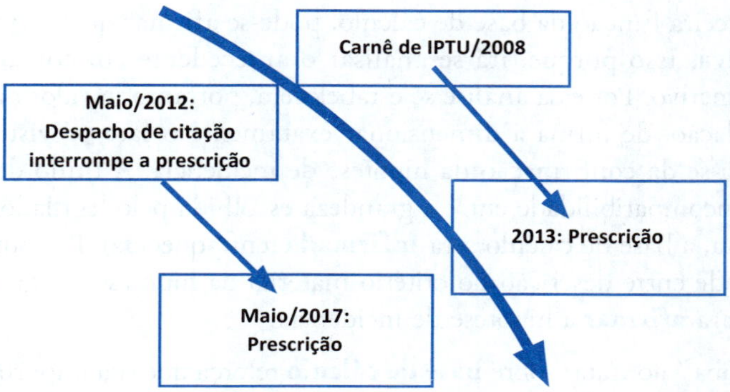

4.2. Critério Quantitativo

Pelo critério quantitativo, situado no consequente da norma tributária, é possível determinar a exata quantia a ser recolhida a título de tributo. Esse valor será apurado a partir da conjugação de duas entidades imprescindíveis para formação do *quantum* devido, quais sejam: **base de cálculo** e **alíquota.**

Contudo, nosso ordenamento jurídico excepciona determinadas situações. Tratam-se dos **tributos fixos**, em que o valor a ser recolhido pelo contribuinte será delimitado em termos fixos, definitivos e invariáveis.

Há muita discussão doutrinária sobre a constitucionalidade dos tributos fixos. O argumento principal daqueles que são contrários a essa forma de tributação está na verdadeira afronta aos Princípios, como o da Capacidade Contributiva e o da Isonomia.

Eduardo Domingos Bottallo[24], ao tratar sobre o IPI, entende que a possibilidade de variar as alíquotas é o mecanismo que melhor realiza a função redistributiva, preceito do Princípio da Seletividade. Assim conclui: "A adoção, pela legislação ordinária, do sistema de 'valores fixos', compromete, de modo visceral, esta característica fundamental do tributo".

Entende-se, por conseguinte, que o critério quantitativo, formado pela base de cálculo aliado à alíquota, possibilita a correta dimensão da materialidade do fato jurídico-tributário.

4.2.1. Base de Cálculo

De acordo com Paulo de Barros Carvalho[25], a base de cálculo apresenta três funções: "(A) indicar o exato montante da dívida tributária, que só será possível a partir da conjugação

24. BOTTALLO, Eduardo Domingos. **Fundamentos do IPI** – Imposto sobre produtos industrializados. São Paulo: Revista dos Tribunais, 2002. p. 82.
25. CARVALHO, Paulo de Barros, op. cit., 2000, p. 322-329.

com a alíquota prevista pela legislação aplicável; b) mensurar a verdadeira dimensão do fato jurídico-tributário, em decorrência de manifestações exteriores, resultantes do comportamento humano, que podem se expressar por intermédio do valor da operação, do valor da renda e assim por diante; c) confirmar, infirmar ou afirmar o critério material do antecedente normativo".

Quanto à terceira função da base de cálculo, pode-se afirmar que se trata de uma atividade **comparativa**. Isso porque, irá se analisar o antecedente em concomitância com o consequente normativo. Por essa análise se estabelecerá, portanto, o valor da base de cálculo prevista na legislação, de forma a dimensionar exatamente o fato previsto na hipótese de incidência – trata-se da confirmação da hipótese de incidência. A título de esclarecimento, quando houver incompatibilidade entre a grandeza escolhida pelo legislador e a hipótese de incidência descrita, a base de cálculo será **infirmada** (enfraquecida). Por outro lado, quando houver obscuridade entre descrição do critério material da hipótese e a grandeza, a base de cálculo servirá para **afirmar** a hipótese de incidência.

Geraldo Ataliba[26] ao tratar sobre **base de cálculo** reforça que sua importância é tamanha, pois conforme a escolha do legislador por uma ou outra, pode-se reconhecer configurada as espécies e subespécies tributárias. E que sua inadequação pode distorcer o critério material e assim "desnaturar o tributo".

Para concluir tem-se que a base de cálculo configura, sem dúvida, pressuposto indispensável de quaisquer tributos. Trata-se, pois, de instrumento de verificação de validade da norma jurídico-tributária.

4.2.2. *Alíquota*

Como dito anteriormente, a alíquota integra o consequente normativo que, conjugado com a **base de cálculo,** irá determinar o ***quantum debeatur***.

Por alíquota entende-se parte ou parcela. De acordo com Paulo de Barros Carvalho[27], a alíquota poderá estar representada por *"(...) um valor monetário fixo ou variável em função de escalas progressivas da base de cálculo"* ou por *"(...) uma fração, percentual ou não, da base de cálculo (...)"*.

5. OBRIGAÇÃO TRIBUTÁRIA

A obrigação tributária surgirá quando o fato jurídico-tributário guardar absoluta identidade, no mundo concreto, com o desenho normativo da hipótese tributária. Ocorrido esse fato, instaura-se **automática** e **imediatamente** a relação jurídico-tributária integrada pelas seguintes partes: no polo ativo, o titular do direito subjetivo público de exigir a prestação; no polo passivo, o sujeito passivo (contribuinte ou responsável) que terá o dever de cumprir tal prestação.

---

26. ATALIBA, Geraldo, op. cit., 2005, p. 112-113.
27. **Curso...**, op. cit., p. 334-337.

Muitos entendem que a obrigação tributária surge com a ocorrência do fato gerador – fato imponível. A expressão "fato gerador", embora utilizada pelo nosso legislador e constante na jurisprudência, não se configura a mais correta, uma vez que faz alusão a um só tempo a duas realidades distintas. Isso porque, ora se refere à **descrição** legislativa do fato que faz nascer a relação jurídico-tributária, outrora faz referência ao próprio **acontecimento** relatado no antecedente da norma individual do ato de aplicação.

Diante desse entendimento, Geraldo Ataliba[28] passou então a adotar *"fato imponível" para representar a ocorrência no mundo dos fenômenos físicos, por entender que "fato imponível seria aquela ocorrência que estivesse sujeita à imposição tributária e por isso passível de sofrer imposição".*

Paulo de Barros Carvalho[29] critica a expressão fato imponível por defender que ao surgir o **fato**, a incidência da norma ocorre imediatamente, instaurando-se a relação jurídico-tributária. Entende o autor que, por não existir o fato anteriormente à incidência, enquanto imponível, não é ainda fato e, após a incidência, de modo concomitante com seu nascimento, já assumiu os dons da juridicidade.

A melhor forma de se referir ao fato ocorrido no mundo fenomênico, para Paulo de Barros Carvalho é a expressão **"fato jurídico-tributário"**, explica que fato por irradiar efeitos jurídicos e tributários, justamente por sua eficácia estar diretamente ligada à instituição do tributo. Assim, enquanto há apenas a descrição da situação passível de sofrer a incidência tributária na lei, temos a hipótese de incidência tributária, hipótese porque aquela previsão pode nunca ocorrer, como exemplo, a hipótese do IPVA, a lei estabelece "ser proprietário de veículo automotor" a obrigação de pagar IPVA; se a pessoa nunca for proprietária de um carro, ela não terá de pagar esse imposto. Agora, após verificado no mundo concreto sua ocorrência, denomina-se de fato jurídico-tributário.

Por fim, entendemos realmente que essa seria a forma mais correta de se denominar a descrição em lei – como hipótese de incidência tributária – e, após, ocorrido no mundo concreto – fato jurídico-tributário, como bem defende Paulo de Barros Carvalho.

Como visto no Capítulo 5, Item 5.2 desta obra, a relação jurídico-tributária só irá se instaurar se ocorrer todos os elementos previstos nos cinco critérios da regra matriz de incidência tributária, quais sejam: material, temporal, espacial, pessoal e quantitativo. Verificando a ocorrência dos cinco critérios nasce imediatamente a **obrigação tributária.**

Sobre a obrigação tributária, o CTN prevê, em seu artigo 113, que pode ser **principal** ou **acessória.**

A **obrigação principal** tem por objeto o **pagamento** de tributo ou penalidade pecuniária (art. 113, § 1º, do CTN), consiste em dar dinheiro – pagar. A **obrigação acessória** refere-se, na verdade, aos deveres formais que o sujeito passivo está obrigado, a fim de facilitar a arrecadação e a fiscalização. Nos termos do artigo 113, § 2º, do CTN, as obrigações acessórias são "prestações positivas ou negativas" que irão facilitar a arrecadação e a fiscalização dos tributos. Por prestações positivas, tem-se, como obrigação acessória do sujeito passivo,

28. ATALIBA, Geraldo. **Hipótese de Incidência Tributária.** 6ª ed. São Paulo: Malheiros, 2005.
29. CARVALHO, Paulo de Barros. **Curso de Direito Tributário.** 19 ed. São Paulo: Saraiva, 2008.

o dever de "emitir nota fiscal", "escriturar livros", "declarar impostos", etc. Quanto às prestações negativas, cita-se o dever de "não receber mercadorias desacompanhadas da devida documentação fiscal".

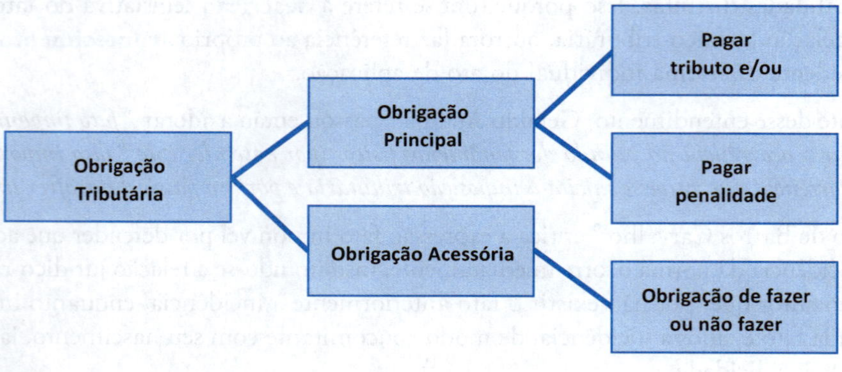

A inobservância de uma obrigação acessória, pelo sujeito passivo, implica o surgimento de uma obrigação principal, que se denomina de penalidade tributária. Assim, por exemplo, se o sujeito deixar de declarar o Imposto de Renda, terá de fazê-lo com atraso e, por esse motivo, deverá pagar uma multa, a qual se constitui em uma obrigação principal, nos termos do que prevê o § 3º do artigo 113 do CTN, *in verbis:* "Art. 113. **A obrigação tributária é principal ou acessória.** (...) § 3º A obrigação acessória, pelo simples fato da sua inobservância, converte-se em obrigação principal relativamente à penalidade pecuniária".

Cumpre evidenciar que o fato de o sujeito passivo não ter uma obrigação principal – por gozar de imunidade ou isenção tributária, por exemplo –, não afasta a obrigação acessória, uma vez que essa é **autônoma** em relação à obrigação principal – art. 175, Parágrafo Único, do CTN.

Portanto, o sujeito que goza de imunidade ou isenção, ainda assim, deve manter suas obrigações acessórias em dia:

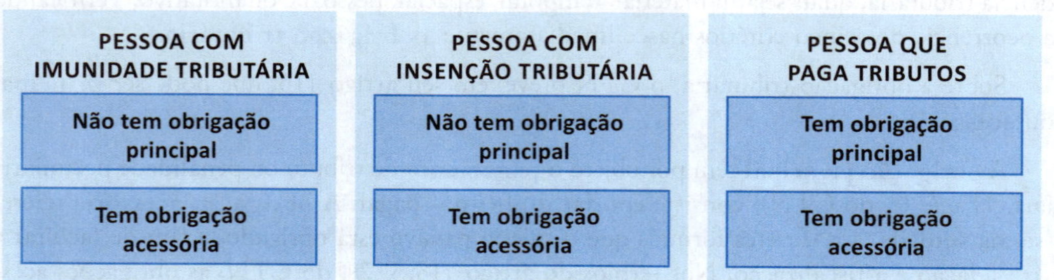

Como se sabe, a **obrigação principal** surge com a ocorrência do "fato gerador", nos termos do artigo 113, § 1º, do CTN.

A lei, ao instituir o tributo, descreve hipoteticamente um estado de fato e dispõe que a realização concreta, no mundo fenomênico, determina o nascimento de uma obrigação de pagar um tributo (obrigação principal).

A doutrina critica o artigo 113 do CTN, o primeiro argumento se justifica porque tal dispositivo classifica como obrigação principal o pagamento de multa tributária. Como é sabido, tributo não se define por sanção de ato ilícito, portanto, não se trata de multa (art. 3º do CTN). Assim, como poderia o artigo 113, § 1º, classificá-la como obrigação tributária?

Por intepretação do referido artigo, acredita-se que o legislador reuniu a característica **pecuniária** para chamar de obrigação principal. Cumpre mencionar que, embora a doutrina discorde dessa classificação, as provas de concursos aplicam a literalidade do artigo 113, § 1º, do CTN. Assim, deve ser considerada como correta a assertiva que indicar ser a obrigação tributária principal o pagamento de tributo ou penalidade tributária.

A segunda crítica da doutrina se refere à própria nomenclatura "obrigação principal e obrigação acessória". Se uma obrigação **é independente** da outra, por que prescrever acessória? Tanto que se verifica que uma pessoa pode não ter obrigação principal, por ter imunidade ou isenção, e mesmo assim terá de cumprir as suas obrigações acessórias. Aliás, esse é o entendimento do STF:

> IMUNIDADE. LIVROS FISCAIS. O fato de a pessoa jurídica gozar da imunidade tributária não afasta a exigibilidade de manutenção dos livros fiscais. (RE n. 250844, rel. Min. Marco Aurélio, Primeira Turma, julgado em 29.05.2012, **DJe**-205, divulg. em 18.10.2012, public. em 19.10.2012. Republicação: **DJe**-234, divulg. em 28.11.2012, public. em 29.11.2012).

Ao embasar essa crítica, Paulo de Barros Carvalho[30] entende que as obrigações acessórias deveriam ser chamadas de **deveres formais instrumentais**, dando, pois, uma solução ao problema de nomenclatura.

A terceira crítica se relaciona com o artigo 113, § 3º, do CTN que estabelece que caso a obrigação acessória seja inobservada, essa se converterá em obrigação principal no tocante à penalidade. Na verdade, a obrigação acessória não se converterá simplesmente em obrigação principal. Vale lembrar que tal obrigação não deixará de existir, deverá sim ser cumprida juntamente com o pagamento da penalidade correspondente. Em outras palavras, o sujeito que deixou, por exemplo, de entregar sua declaração de Imposto de Renda no prazo, continua com esse dever de entregá-la, porém, agora deverá, adicionalmente, suportar o pagamento de uma multa (em razão do atraso). Logo, terá duas obrigações: a acessória (dever de declarar o Imposto de Renda) e a principal (referente à multa tributária).

Importante ressaltar que a obrigação tributária principal sempre decorre de **lei**, porque seu objeto corresponde ao pagamento de tributo ou penalidade tributária. Tanto o **tributo** como a **penalidade** só podem ser regulamentados por meio de lei, arts. 150, I, da CF e 97, I, II e V, do CTN.

Quanto à obrigação tributária acessória, informa-se que essa será prevista em legislação tributária, como determina o artigo 113, § 2º, do CTN. Pela interpretação do referido dispositivo legal, pode ser que tal matéria seja disciplinada por Decreto.

Como bem assevera Hugo de Brito Machado, o termo legislação tributária tem maior abrangência que a lei em sentido estrito:

30. CARVALHO, Paulo de Barros. **Direito Tributário, Linguagem e Método.** São Paulo: Noeses, 4ª edição, 2011, p. 624.

> (...) Já a palavra legislação, como utilizada no CTN, significa lei em sentido amplo, abrangendo, além das leis em sentido restrito, os tratados e as convenções internacionais, os decretos e as normas complementares que versem, no todo ou em parte, sobre tributos e relações jurídicas a eles pertinentes. É o que dispõe o art. 96 do CTN. Mas isto não significa dizer que também as próprias disposições constitucionais, dos atos e das leis complementares, dos decretos-leis, convênios interestaduais e outros atos jurídicos normativos pertinentes à matéria não se compreendem no conceito de legislação tributária. O disposto no art.96 do CTN não tem o sentido de restringir o conceito de legislação tributária, mas de mostrar sua amplitude em comparação com o conceito de lei tributária[31].

Assim, nos termos estudados no Capítulo 4, Item 4.2 desta obra, a legislação tributária compreende: leis, tratados e convenções internacionais, decretos, normas complementares, dentre outros (art. 96 do CTN).

6. EVASÃO, ELISÃO E ELUSÃO FISCAL

Conforme analisado no Item 5.5, a incidência tributária só acontecerá se ocorrer, no mundo fenomênico, exatamente tudo como previsto no desenho normativo; por essa razão muitos contribuintes se utilizam de meios para fugir da tributação, de forma lícita e ilícita.

Assim, nesse Item serão analisadas as características e os conceitos dos meios para evitar a tributação, quais sejam: evasão, elisão e elusão fiscal.

Entende-se por **elisão fiscal**, quando o contribuinte age em conformidade com a legislação tributária, por meio de atividades de planejamento – anteriores à ocorrência do fato gerador –, de modo a impedir que o fato previsto em lei, passível de tributação, ocorra no mundo concreto. A elisão fiscal também se denomina como planejamento tributário lícito.

O planejamento tributário de forma lícita, que vise apenas ao pagamento a menor ou mesmo o não pagamento do tributo, é permitido pelo nosso ordenamento jurídico.

O meio de evitar a tributação, proibido pelo ordenamento jurídico, consiste na chamada **evasão fiscal.** Trata-se do modo pelo qual o contribuinte se utiliza de meios **ilícitos** para burlar a tributação. Configuram práticas violadoras do sistema jurídico-tributário, em que se mostra evidente a intenção do agente de se esquivar do pagamento do tributo (sonegação).

Nas palavras de Ricardo Lobo Torres[32], ocorre geralmente após a ocorrência do fato gerador e consiste na sua ocultação com o objetivo de não pagar o tributo devido de acordo com a lei, sem que haja qualquer modificação na estrutura da obrigação ou na responsabilidade do contribuinte.

Há inúmeras previsões legislativas que permitem a autoridade administrativa utilizar meios coercitivos aptos a evitar essa prática ilícita, dentre eles, citam-se a fiscalização e o cruzamento de informações – art. 144 do CTN.

Outro meio utilizado é a **elusão fiscal**, um planejamento tributário abusivo em que o contribuinte se vale de excessos na forma do direito para recolher menos tributo ou tributo

31. MACHADO, Hugo de Brito. Curso de direito tributário. 30. ed. São Paulo: Malheiros, 2009. p. 84.
32. TORRES, Ricardo Lobo. **Planejamento Tributário** – Elisão Abusiva e Evasão Fiscal. Rio de Janeiro: Elsevier, 2012. p. 9-10.

a menor. O contribuinte acaba por simular determinado negócio jurídico com a finalidade de dissimular a ocorrência do fato gerador.

Como exemplo, pode ser mencionada a hipótese de compra e venda de um bem imóvel que se sujeita à incidência do ITBI, nos termos do artigo 156, I, da CF. Em razão da imunidade tributária prevista na Constituição, muitos contribuintes se valem de abusos ou de simulações para se desvencilharem dessa tributação. A imunidade referida está contida no artigo 156, § 2º, I, da CF, que estabelece que não incide ITBI sobre a transmissão de bens ou direitos incorporados ao patrimônio de pessoa jurídica em realização de capital, nem sobre a transmissão de bens ou direitos decorrentes de fusão, incorporação, cisão ou extinção de pessoa jurídica, salvo se, nesses casos, a atividade preponderante do adquirente for a compra e venda desses bens ou direitos, locação de bens imóveis ou arrendamento mercantil.

Nesse exemplo, constata-se que muitos contribuintes, ao celebrarem um contrato de compra e venda de imóvel, acabam por constituir uma pessoa jurídica, na qual serão eles (comprador e vendedor) sócios. Nessa operação, para formar o capital social, o comprador ingressa com o valor que pagaria no bem imóvel em dinheiro, e o vendedor integraliza as cotas entregando o bem imóvel. Um tempo depois extingue-se a sociedade, de modo que o comprador sai com a propriedade do imóvel e o vendedor com o dinheiro, sem pagar o ITBI.

Verifique-se que não foi utilizado nessa operação nenhum meio ilícito. No entanto, houve uma simulação para configurar a hipótese de imunidade prevista na Constituição para o ITBI. Ficou evidente que a única pretensão era a compra e venda do imóvel, realizada por meio de uma pessoa jurídica instituída somente para escapar do recolhimento do ITBI – art. 156, § 2º, I, da CF.

Diante dessas elusões fiscais, com o intuito de combater essas práticas, o legislador tributário criou a "**norma antielisiva**", por meio da LC n. 104/2001 que acrescentou o Parágrafo Único ao artigo 116 do CTN:

> **Art. 116.** (...) **Parágrafo único.** A autoridade administrativa poderá desconsiderar atos ou negócios jurídicos praticados com a finalidade de dissimular a ocorrência do fato gerador do tributo ou a natureza dos elementos constitutivos da obrigação tributária, observados os procedimentos a serem estabelecidos em lei ordinária.

De acordo com o dispositivo acima transcrito, a autoridade administrativa poderá **desconsiderar** atos ou negócios jurídicos praticados com a finalidade de burlar a tributação. Segundo Ricardo Lobo Torres[33], compreende-se que a desconsideração operada pela autoridade significa **requalificação**, ou seja, uma qualificação jurídica diferente daquela praticada pelo contribuinte na elisão, que terá sido abusiva para fins de tributação.

No exemplo da constituição da sociedade apenas para o fim do não pagamento do ITBI, a autoridade administrativa poderá desconsiderar esse ato (de constituição e posterior extinção da pessoa jurídica) e requalificá-lo como compra e venda do imóvel, com a devida incidência do ITBI.

Conclui-se, pois, que se permite o planejamento tributário, porém, devem ser analisadas as cláusulas antiabuso que visam reagir às práticas dos contribuintes que envolvam esquemas

33. Idem, *ibidem*, p. 46.

negociais manifestamente artificiosos, que manipulem as formas jurídicas com o intuito principal de escapar ao pagamento do tributo, o qual seria devido se empregadas as técnicas negociais mais comuns para atingir o mesmo resultado econômico[34] José Luis Saldanha Sanches define que a finalidade das cláusulas antiabuso é prevenir:

> A vantagem fiscal de um comportamento em que se põe em causa a totalidade do ordenamento jurídico-tributário como sistema de partilha de encargos tributários, exigindo, por isso, que o aplicador da lei considere os princípios estruturantes do sistema de onde deve ser extraída uma intenção inequívoca de tributação particular daquela situação, ainda que tal intenção não encontre uma expressão correspondente na formulação da lei[35].

O artigo 116, Parágrafo Único do CTN corresponde a esse limite do planejamento tributário na medida em que tenta combater a fraude, a simulação. Assim como o artigo 149, VII, do CTN veicula as hipóteses em que se admitem a desconsideração dos efeitos tributários de negócios jurídicos.

Ressalta-se, todavia, que é difícil para a Administração Fiscal desconsiderar operações empresariais com base, unicamente, no Parágrafo único do artigo 116 do CTN para as hipóteses de dissimulação da ocorrência do fato gerador, pois trata-se de dispositivo legal amplo e abstrato.

Muitos doutrinadores defendem que enquanto não houver Lei Ordinária estabelecendo os procedimentos a serem observados para desconsideração dos negócios jurídicos dissimulados, o artigo 116, Parágrafo único do CTN padece de ineficácia técnico-sintática, não podendo ser aplicado[36].

Além disso, ressalta-se que a ausência de propósito negocial não deve ser utilizada como argumento para desconsiderar os efeitos tributários de negócios jurídicos, pois não está positivado em nosso ordenamento jurídico.

As provas subjetivas de concursos estão cobrando cada vez mais sobre o planejamento tributário, como exemplo transcreve-se abaixo o enunciado sobre o respectivo tema, objeto de questão para prova de juiz do TRF da 4ª Região:

Exemplo de questão sobre o tema

▶ **(TRF/–4ª Região – Juiz– TRF 4/2008)**. Discorra sobre a legalidade ou viabilidade do planejamento tributário.

7. DOMICÍLIO TRIBUTÁRIO

O legislador permitiu ao sujeito passivo **escolher** o local em que deseja manter suas relações com o Fisco, ou seja, o local de seu **domicílio tributário**. Conquanto, o Fisco poderá

34. VASQUES, Sérgio. Manual de Direito Fiscal. Coimbra: Almedian, 2011. p. 313-314
35. **Os Limites do Planejamento Fiscal**: substância e forma no Direito Fiscal português, comunitário e internacional. Coimbra: Coimbra Editora, 2006. p. 180-181
36. NETO HABER, Michael. **Limites normativos ao planejamento tributário no Brasil. Revista Dialética de Direito Tributário,** n. 223, abril/2014, p. 125.

rejeitar a escolha realizada pelo sujeito passivo, quando comprovado que tal eleição dificulta a arrecadação ou a fiscalização.

Como se depreende do artigo 127 do CTN, na falta da eleição do domicílio tributário pelo sujeito passivo, ou, ainda, quando houver rejeição pela autoridade administrativa, considera-se como tal:

> **Art. 127.** Na falta de eleição, pelo contribuinte ou responsável, de domicílio tributário, na forma da legislação aplicável, considera-se como tal: **I – quanto às pessoas naturais, a sua residência habitual, ou, sendo esta incerta ou desconhecida, o centro habitual de sua atividade; II – quanto às pessoas jurídicas de direito privado ou às firmas individuais, o lugar da sua sede, ou, em relação aos atos ou fatos que derem origem à obrigação, o de cada estabelecimento; III – quanto às pessoas jurídicas de direito público, qualquer de suas repartições no território da entidade tributante**.

O § 1º do artigo 127 do CTN estabelece ainda que, quando não couber a aplicação das regras fixadas em qualquer dos incisos deste artigo, considerar-se-á, como domicílio tributário do contribuinte ou responsável, o lugar da situação dos bens ou da ocorrência dos atos ou fatos que deram origem à obrigação.

O Superior Tribunal de Justiça entende que a modificação de domicílio tributário sem a devida comunicação à autoridade competente pressupõe **dissolução irregular** da sociedade e, por essa razão, geraria responsabilidade para pagamento das dívidas tributárias aos sócios gerentes, nos termos do artigo 135 do CTN que será analisado no Capítulo 6 – Responsabilidade Tributária. Diante da importância do assunto, o STJ editou a Súmula n. 435 com esse entendimento:

> **IMPORTANTE!** Súmula n. 435 do STJ. Presume-se dissolvida irregularmente a empresa que deixar de funcionar no seu domicílio fiscal, sem comunicação aos órgãos competentes, legitimando o redirecionamento da execução fiscal para o sócio-gerente.

8. QUADRO SINÓTICO

CAPÍTULO 5. A REGRA MATRIZ DE INCIDÊNCIA TRIBUTÁRIA		
Conteúdo		Item
A Estrutura da Norma Jurídica	A norma jurídica é dotada de uma estrutura lógica elementar, em que há em um primeiro momento a **descrição** de uma conduta, de um fato, em que o legislador elege características e peculiaridades para formação daquela hipótese, e em seguida o **estabelecimento da consequência**, em que realizada aquela situação prevista pelo legislador, deve ser adotada determinada consequência.	1
A Estrutura da Norma Jurídico-Tributária	A norma jurídico-tributária é uma regra de comportamento que disciplina a relação jurídica **obrigacional** entre o devedor, ao qual é imposta a prestação compulsória fiscal, e o titular do crédito. A lei **descreve** hipoteticamente um estado de fato e dispõe que a realização concreta, no mundo fenomênico, do que foi descrito, determina o nascimento de uma **obrigação** de pagar um tributo.	1.2
A Regra Matriz de Incidência Tributária	A regra matriz de incidência tributária possibilita ao cientista do Direito o conhecimento do tributo, na medida em que proporciona a verificação das características comuns e essenciais para imposição da norma jurídica de incidência. Da análise do antecedente da norma jurídico-tributária será possível verificar e identificar os	2

<table>
<tr><th colspan="5">CAPÍTULO 5. A REGRA MATRIZ DE INCIDÊNCIA TRIBUTÁRIA</th></tr>
<tr><th colspan="4">Conteúdo</th><th>Item</th></tr>
<tr><td>A Regra Matriz de Incidência Tributária</td><td colspan="3">critérios que, ocorridos no mundo real, darão ensejo ao nascimento da obrigação tributária. Na hipótese de incidência, os critérios material, temporal e espacial são suficientes para reconhecer um fato, que ocorrido no mundo real ensejará o nascimento do vínculo jurídico. E, portanto, a partir desse momento ter-se-á definido o sujeito passivo e o quantum debeatur, representando, assim, o consequente da norma.</td><td>2</td></tr>
<tr><td rowspan="3">Hipótese de Incidência Tributária</td><td>Critério Material</td><td colspan="2">Permite identificar, com maiores detalhes, o fato escolhido pelo legislador para ocorrência da incidência da norma tributária. O critério material expressa um comportamento humano, que é identificado por intermédio de uma ação (fazer, dar, ou, mesmo, ser, estar, permanecer, etc.); um verbo, que, por sua vez, será sempre transitivo, posto que precisa de um complemento, jamais se admitindo verbos impessoais.</td><td rowspan="3">3 a 3.3</td></tr>
<tr><td>Critério Temporal</td><td colspan="2">Possibilita compreender o instante em que ocorre o fato jurídico-tributário.</td></tr>
<tr><td>Critério Espacial</td><td colspan="2">Percebe-se qual o espaço em que o fato jurídico-tributário deverá ocorrer para instaurar a relação jurídico-tributária. Trata-se do local em que o fato previsto na hipótese normativa se realiza.</td></tr>
<tr><td rowspan="3">O Consequente da Norma Tributária</td><td rowspan="3">Critério Pessoal</td><td>Sujeito Ativo</td><td>É aquele (cuja previsão encontra-se na lei) que detém a capacidade para exigir o pagamento do tributo por parte do contribuinte.</td><td rowspan="3">4 a 4.2.2</td></tr>
<tr><td>Sujeito Passivo</td><td>É a pessoa, física ou jurídica, privada ou pública, da qual se poderá exigir o cumprimento da obrigação tributária. Somente será identificada após a ocorrência do fato jurídico-tributário. Pode ser contribuinte, aquele que detém relação direta e pessoal com a situação que constitua o fato gerador da obrigação. Na verdade, é quem pratica o fato gerador. Ou, ainda, o responsável tributário, aquele que, sem revestir a condição de contribuinte, mas por ter relação indireta com a situação que constitua o fato gerador, a lei lhe atribui o dever de pagar o tributo.</td></tr>
<tr><td>Importante!</td><td>A capacidade tributária passiva independe – art. 126 do CTN:
a) da capacidade civil das pessoas naturais;
b) de achar-se a pessoa natural sujeita a medidas que importem privação ou limitação do exercício de atividades civis, comerciais ou profissionais, ou da administração direta de seus bens ou negócios;
c) de estar a pessoa jurídica regularmente constituída, bastando que configure uma unidade econômica ou profissional.
Os sujeitos passivos (contribuinte ou responsável) podem ser solidários, desde que haja interesse comum na situação que constitua o fato gerador do tributo ou sempre que a lei assim determinar – art. 124 do CTN.
A solidariedade apresenta quatro efeitos – art. 124, Parágrafo Único e art. 125, ambos do CTN:
a) não comporta benefício de ordem;
b) o pagamento realizado por um aproveita a todos;</td></tr>
</table>

<table>
<tr><th colspan="5">CAPÍTULO 5. A REGRA MATRIZ DE INCIDÊNCIA TRIBUTÁRIA</th></tr>
<tr><th colspan="4">Conteúdo</th><th>Item</th></tr>
<tr><td rowspan="4">O Consequente da Norma Tributária</td><td>Critério Pessoal</td><td>Importante!</td><td>c) a concessão da isenção ou remissão aproveita a todos, salvo se for concedida individualmente, quando prevalece o saldo remanescente para os demais;
d) a interrupção da prescrição prejudica ou favorece a todos.</td><td rowspan="4">4 a 4.2.2</td></tr>
<tr><td rowspan="3">Critério Quantitativo</td><td colspan="2">Pelo critério quantitativo é possível determinar a exata quantia a ser recolhida a título de tributo. Esse valor será apurado a partir da conjugação de duas entidades imprescindíveis para formação do quantum devido: base de cálculo e alíquota.</td></tr>
<tr><td>Base de Cálculo</td><td>Para Paulo de Barros Carvalho, a base de cálculo apresenta três funções: a) indicar o exato montante da dívida tributária, que só será possível a partir da conjugação com a alíquota prevista pela legislação aplicável; b) mensurar a verdadeira dimensão do fato jurídico-tributário, em decorrência de manifestações exteriores, resultantes do comportamento humano, que podem se expressar por intermédio do valor da operação, do valor da renda e assim por diante; e c) confirmar, infirmar ou afirmar o critério material do antecedente normativo.</td></tr>
<tr><td>Alíquota</td><td>É componente do consequente normativo que conjugado com a base de cálculo irá determinar o quantum debeatur. Por alíquota entende-se parte, parcela.</td></tr>
<tr><td>Obrigação Tributária</td><td colspan="3">A obrigação tributária surgirá quando o fato jurídico-tributário guardar absoluta identidade com o desenho normativo da hipótese tributária. Ocorrido esse fato, instaura-se automaticamente e imediatamente a relação jurídico-tributária, ocupando o polo ativo, o titular do direito subjetivo público de exigir a prestação; enquanto no polo passivo estará o sujeito passivo ou responsável tributário, o qual terá o dever de cumprir tal prestação.
A obrigação tributária pode ser principal ou acessória. A obrigação principal tem por objeto o pagamento de tributo ou penalidade pecuniária (art. 113, § 1º, do CTN), consiste em dar dinheiro, pagar. A obrigação acessória refere-se, na verdade, aos deveres formais que o sujeito passivo está obrigado, a fim de facilitar a arrecadação e a fiscalização.</td><td>5</td></tr>
<tr><td rowspan="3">Evasão, Elisão e Elusão Fiscal</td><td>Elisão Fiscal</td><td colspan="2">Trata-se de planejamento tributário de forma lícita, que vise apenas ao pagamento a menor ou mesmo não pagamento do tributo, é permitido pelo nosso ordenamento jurídico.</td><td rowspan="3">6</td></tr>
<tr><td>Evasão Fiscal</td><td colspan="2">O contribuinte se utiliza de meios ilícitos para burlar a tributação. Consiste em práticas violadoras do sistema jurídico-tributário em que se mostra evidente a intenção do agente de se esquivar do pagamento do tributo.</td></tr>
<tr><td>Elusão Fiscal</td><td colspan="2">Trata-se de um planejamento tributário abusivo em que o contribuinte se vale de simulações para recolher menos ou não recolher tributo. O contribuinte simula determinado negócio jurídico com a finalidade de dissimular a ocorrência do fato gerador.</td></tr>
<tr><td>Domicílio Tributário</td><td colspan="3">O sujeito passivo pode escolher o local em que deseja manter suas relações com o Fisco, isto é, o seu domicílio tributário. Conquanto o Fisco poderá rejeitar a escolha realizada pelo sujeito passivo quando comprovado que tal eleição dificulta a arrecadação ou a fiscalização – art. 127 do CTN.
Na falta de eleição, pelo contribuinte ou responsável, de domicílio tributário, na forma da legislação aplicável, considera-se como tal: I – quanto às pessoas naturais, a sua residência habitual, ou, sendo esta incerta ou desconhecida, o centro habitual de sua atividade; II – em relação às pessoas jurídicas de direito privado ou às firmas individuais, o lugar da sua sede, ou, em relação aos atos ou fatos que derem origem à obrigação, o de cada estabelecimento.</td><td>7</td></tr>
</table>

9. INFORMATIVOS

IR e CSLL: lucros oriundos do exterior.

ADI n. 2.588. De início, asseverou inexistir relação necessária entre o término do ano civil e a disponibilização de recursos provenientes de participações nos lucros e resultados de investimentos. Em seguida, aduziu que a legislação impugnada poderia conduzir à tributação imotivada, porquanto a autoridade fiscal não precisaria demonstrar a existência de disponibilidade jurídica ou econômica da participação nos resultados. Isso ocorreria em virtude da presunção de o contribuinte ser considerado sonegador. Além disso, rejeitou a invocação do Método de Equivalência Patrimonial – MEP – como solução satisfatória ao caso. Após discorrer sobre esse método, concluiu que ele não supriria a disponibilidade jurídica da renda proveniente da participação de lucros. Nessa linha, aplicável o regime de competência para fins de apuração do imposto de renda das pessoas jurídicas, pois bastaria a disponibilidade jurídica para a caracterização do ingresso de renda no patrimônio do contribuinte, independentemente do efetivo recebimento da quantia. Destacou que a sujeição ao MEP para presumir-se a repartição de lucros poderia ser mantida se o objetivo da medida fosse o combate à sonegação causada pela distribuição disfarçada de lucros devidos pelas empresas estrangeiras às controladoras ou às coligadas no Brasil. Entretanto, da forma como redigido, o texto questionado excederia esse escopo por tratar de forma indistinta países com tributação favorecida e países com patamar normal ou alto. Assentou a possibilidade de conciliação da garantia de efetividade dos instrumentos de fiscalização com os princípios do devido processo legal, da proteção à propriedade e do exercício de atividades econômicas lícitas. Consignou que a presunção de intuito evasivo somente seria viável se a entidade estrangeira estivesse localizada em países com tributação favorecida ou que não impusessem controles e registros societários rígidos. Assim, se a empresa estrangeira não estiver situada em "paraíso fiscal", cabível à autoridade tributária a prova da evasão fiscal. Após, o julgamento foi suspenso (STF – **Informativo** n. 700 – ADI n. 2588/DF, rel.ª Min.ª Ellen Gracie, 3.4.2013).

Indústria de cigarros: cancelamento de registro especial e obrigação tributária

A cassação de registro especial para a fabricação e comercialização de cigarros, em virtude de descumprimento de obrigações tributárias por parte da empresa, não constitui sanção política. Essa a conclusão do Plenário que, ao finalizar julgamento, por decisão majoritária, negou provimento a recurso extraordinário, interposto por indústria de cigarros, em que se discutia a validade de norma que prevê interdição de estabelecimento, por meio de cancelamento de registro especial, em caso do não cumprimento de obrigações tributárias (Decreto-Lei 1.593/77) – v. **Informativo** n. 505. Preponderou o voto do Min. Joaquim Barbosa, relator e Presidente. Salientou, inicialmente, precedentes da Corte no sentido da proibição constitucional às sanções políticas. Asseverou que essa orientação não serviria, entretanto, de escusa ao deliberado e temerário desrespeito à legislação tributária. Não haveria se falar em sanção política se as restrições à prática de atividade econômica combatessem estruturas empresariais que se utilizassem da inadimplência tributária para obter maior vantagem concorrencial. Assim, para ser reputada inconstitucional, a restrição ao exercício de atividade econômica deveria ser desproporcional. Aduziu que a solução da controvérsia seria, no entanto, mais sutil do que o mero reconhecimento do art. 2º, II, do Decreto-Lei 1.593/77 como sanção política ou como salvaguarda da saúde pública e do equilíbrio concorrencial. A questão de fundo consistiria em saber se a interpretação específica adotada pelas autoridades fiscais, no caso concreto, caracterizaria sanção política, dada a ambiguidade do texto normativo em questão. Assim, a norma extraída a partir da exegese do aludido dispositivo legal seria inconstitucional se atentasse contra um dos três parâmetros constitucionais: 1) relevância do valor dos créditos tributários em aberto, cujo não pagamento implicaria a restrição ao funcionamento da empresa; 2) manutenção proporcional e razoável do devido processo legal de controle do ato de aplicação da penalidade; 3) manutenção proporcional e razoável do devido processo legal de controle de validade dos créditos tributários cujo inadimplemento importaria na cassação do registro especial. Julgou atendidas essas três salvaguardas constitucionais, e concluiu que a interpretação dada pela Secretaria da Receita Federal não reduziria a norma ao status de sanção política (STF – **Informativo** n. 707 – RE 550769/RJ, rel. Min. Joaquim Barbosa, 22.5.2013).

10. QUESTÕES

1. (PGE/MT – FCC/2016). A obrigação tributária acessória, relativamente a um determinado evento que constitua, em tese, fato gerador de um imposto,

(A) não poderá ser instituída, em relação a um mesmo fato jurídico, por mais de uma pessoa política distinta.

(B) não pode ser exigida de quem é imune ao pagamento do imposto.

(C) pode ser exigida de quem é isento do imposto.

(D) poderá ser exigida de quaisquer pessoas designadas pela lei tributária que disponham de informação sobre os bens, serviços, rendas ou patrimônio de terceiros, independentemente de cargo, ofício, função, ministério, atividade ou profissão por aqueles exercidas.

(E) não é exigível no caso de não incidência tributária, pois inexiste interesse da arrecadação ou fiscalização tributárias a justificar a imposição acessória

2. (Juiz de Fora/MG – Auditor Fiscal – AOCP/2016). Assinale a alternativa correta.

(A) Ao fato gerador, é aplicada a legislação vigente à época do lançamento.

(B) A cobrança do tributo é uma atividade administrativa discricionária.

(C) Ao fato gerador, é aplicada a legislação vigente à época de sua ocorrência.

(D) As taxas e contribuições de melhoria são tributos não vinculados a uma atuação estatal.

(E) Os impostos são tributos vinculados a uma atividade estatal específica.

3. (PROCON – Pref. Januária/MG – Advogado – COTECUNIMONTES/2016). A obrigação tributária trata-se da relação que se estabelece entre o fisco e o particular, surge com a ocorrência do fato gerador e tem por objeto o pagamento de tributo ou penalidade pecuniária, extinguindo-se juntamente com o crédito dela decorrente.

No que refere à obrigação tributária, é CORRETO afirmar:

(A) A capacidade tributária passiva depende da capacidade civil das pessoas naturais e jurídicas, nos termos da lei civil.

(B) O fato gerador é a situação definida pela Administração Pública como necessária e suficiente à sua ocorrência.

(C) A sucessora responde pelos tributos devidos pela sucedida, multas moratórias ou punições referentes aos fatos geradores ocorridos até a data da sucessão.

(D) O inadimplemento de obrigação tributária pela sociedade empresária gera, por si só, a responsabilidade solidária do sócio-gerente.

4. (Pref. Juazeiro/BA – Advogado – AOCP/2016). De acordo com o que dispõe o Código Tributário Nacional a respeito da Obrigação Tributária, assinale a alternativa correta.

(A) A obrigação tributária é principal, acessória ou secundária e multa.

(B) A obrigação tributária principal e a acessória surgem pelo lançamento do crédito tributário.

(C) A obrigação principal e a multa surgem com a ocorrência do lançamento e têm por objeto o pagamento de tributo ou penalidade pecuniária e extingue-se juntamente com o crédito dela decorrente.

(D) A obrigação acessória decorre da legislação tributária e tem por objeto o pagamento das multas decorrentes da fiscalização dos tributos.

(E) A obrigação acessória, pelo simples fato da sua inobservância, converte-se em obrigação principal relativamente à penalidade pecuniária.

5. (Pref. Bocaiuva/MG – Advogado – COTECUNIMONTES/2016). Em relação às obrigações tributárias, é CORRETO afirmar:

(A) A capacidade passiva tributária depende da capacidade civil plena.

(B) A capacidade passiva tributária das pessoas jurídicas depende de regular formalização junto às repartições pertinentes.

(C) Interditados civilmente não perdem automaticamente a capacidade tributária passiva.

(D) A limitação do regular exercício de atividades civis implica afastamento da capacidade passiva tributária, na forma da lei.

6. (CASAN – Advogado – AOCP/2016). Sobre a obrigação tributária, assinale a alternativa correta.

(A) No Direito Tributário, só existe a obrigação tributária principal.

(B) A obrigação tributária principal decorre da legislação tributária e tem por objeto as prestações, positivas ou negativas, nela previstas no interesse da arrecadação.

(C) Sem exceção, considera-se ocorrido o fato gerador e existentes os seus efeitos, tratando-se de situação de fato, desde o momento em que se verificarem as circunstâncias materiais necessárias a que produza os efeitos que normalmente lhe são próprios.

(D) As convenções particulares, relativas à responsabilidade pelo pagamento de tributos, nunca podem ser opostas à Fazenda Pública, para modificar a definição legal do sujeito passivo das obrigações tributárias correspondentes.

(E) Será sujeito passivo responsável da obrigação tributária, aquele que, sem revestir a condição de contribuinte, tem obrigação decorrente de disposição expressa de lei.

7. (Pref. Torres/RS – Advogado – FUNDATEC/2016). Assinale a alternativa correta no que diz respeito à obrigação tributária prevista no Código Tributário Nacional.

(A) Sujeito passivo da obrigação acessória é a pessoa obrigada ao pagamento de tributo ou penalidade pecuniária.

(B) São subsidiariamente obrigadas as pessoas que tenham interesse comum na situação que constitua o fato gerador da obrigação principal.

(C) A capacidade tributária passiva independe da capacidade civil das pessoas naturais.

(D) Fato gerador da obrigação acessória é a situação definida em lei como necessária e suficiente à sua ocorrência.

(E) Sujeito passivo da obrigação é a pessoa jurídica de direito público, titular da competência para exigir o seu cumprimento.

8. (Pref. Viamão RS 2016 – Advogado – FUNDATEC/2016). Em relação à obrigação tributária constante no Código Tributário Nacional, analise as afirmações abaixo e assinale V, se verdadeiras, ou F, se falsas.

( ) A obrigação acessória surge com a ocorrência do fato gerador.

( ) Fato gerador da obrigação acessória é qualquer situação que, na forma da legislação aplicável, impõe a prática ou a abstenção de ato que não configure obrigação principal.

( ) A definição legal do fato gerador é interpretada abstraindo-se dos efeitos dos fatos efetivamente ocorridos.

A ordem correta de preenchimento dos parênteses, de cima para baixo, é:

(A) F – F – F.

(B) F – F – V.

(C) F – V – V.

(D) V – F – F.

(E) V – V – F.

9. (Câmara de Rio Branco/AC – Analista Legislativo – Direito – AOCP/2016). Em relação à Obrigação Tributária, assinale a alternativa correta.

(A) A obrigação tributária acessória, com a sua inobservância, permanece acessória quanto à penalidade pecuniária.

(B) Fato gerador da obrigação principal é a situação definida em lei como necessária e suficiente à sua ocorrência.

(C) Sujeito ativo da obrigação tributária é a pessoa que tem a obrigação de praticar o ato do pagamento.

(D) Sujeito passivo da obrigação tributária é aquele que aguarda o pagamento.

(E) Não são solidariamente obrigadas as pessoas que tenham interesse comum na situação que constitua o fato gerador da obrigação tributária.

10. (Câmara de São José do Rio Preto/SP – Advogado – VUNESP/2015). Salvo disposição de lei em contrário, tratando-se de situação de fato, considera-se ocorrido o fato gerador e existentes os seus efeitos, desde o momento

(A) em que se verifiquem as circunstâncias materiais necessárias a que produza os efeitos que normalmente lhe são próprios.

(B) em que a situação esteja definitivamente constituída, nos termos de direito aplicável.

(C) de seu implemento, se sujeito à condição suspensiva.

(D) da prática do ato ou da celebração do negócio, se sujeito à condição resolutória.

(E) da entrada em vigor da lei que define a hipótese de incidência.

11. (FUNPESPA/PR – Advogado – FAUEL/2015). Analise as afirmativas abaixo sobre a Obrigação Tributária, como sendo Verdadeiras (V) ou Falsas (F):

( ) A obrigação tributária é principal ou acessória. A obrigação acessória surge com a ocorrência do fato gerador, tem por objeto o pagamento de tributo ou penalidade pecuniária e extingue-se juntamente com o crédito dela decorrente.

( ) São solidariamente obrigadas as pessoas que tenham interesse comum na situação que constitua o fato gerador da obrigação principal e as pessoas expressamente designadas por lei.

( ) A lei pode atribuir de modo expresso a responsabilidade pelo crédito tributário a terceira pessoa, vinculada ao fato gerador da respectiva obrigação, excluindo a responsabilidade do contribuinte ou atribuindo-a a este em caráter supletivo do cumprimento total ou parcial da referida obrigação.

A sequência CORRETA de cima para baixo corresponde a:

(A) V, F, V.

(B) F, V, V.

(C) V, F, F.

(D) F, V, F.

12. (Câmara de Marialva/PR – Advogado – FAUEL/2015). O Código Tributário Nacional (CTN) designou o Título II de seu Livro Segundo para tratar da obrigação tributária. A respeito do tema e considerando as disposições estritas da lei, julgue a verdade (V) ou falsidade (F) dos itens abaixo e, após, assinale a alternativa correta:

I. A obrigação acessória, pelo simples fato de sua inobservância, converte-se em obrigação principal relativamente a penalidade pecuniária.

II. A interrupção da prescrição contra um dos obrigados solidários prejudica aos demais, porém, caso se dê a favor, apenas aproveitará àquele que lhe deu causa.

III. A pessoa natural ou jurídica que adquire de outra estabelecimento comercial e continue a respectiva exploração responderá pelos tributos relativos ao estabelecimento adquirido, devidos até a data do ato, subsidiariamente com o alienante, se este prosseguir na exploração da atividade no mesmo ramo de comércio, dentro de 06 (seis) meses a contar da alienação.

(A) F, V, V.

(B) V, F, V.

(C) V, V, V.

(D) V, F, F.

13. (PGFN – Procurador da Fazenda Nacional – ESAF/2015). Não tem capacidade ou sujeição tributária passiva:

(A) o menor impúbere.

(B) o louco de todo gênero.

(C) o interdito.

(D) o ente despersonalizado.

(E) a pessoa alheia ao fato gerador, mas obrigada pela Administração Tributária ao pagamento de tributo ou penalidade pecuniária.

14. (Câmara de São José do Rio Preto/SP – Advogado – VUNESP/2015). Salvo disposição de lei em contrário, tratando-se de situação de fato, considera-se ocorrido o fato gerador e existentes os seus efeitos, desde o momento

(A) em que se verifiquem as circunstâncias materiais necessárias a que produza os efeitos que normalmente lhe são próprios.
(B) em que a situação esteja definitivamente constituída, nos termos de direito aplicável.
(C) de seu implemento, se sujeito à condição suspensiva.
(D) da prática do ato ou da celebração do negócio, se sujeito à condição resolutória.
(E) da entrada em vigor da lei que define a hipótese de incidência.

15. (FUNPESPA/PR – Advogado – FAUEL/2015). Analise as afirmativas abaixo sobre a Obrigação Tributária, como sendo Verdadeiras (V) ou Falsas (F):

( ) A obrigação tributária é principal ou acessória. A obrigação acessória surge com a ocorrência do fato gerador, tem por objeto o pagamento de tributo ou penalidade pecuniária e extingue-se juntamente com o crédito dela decorrente.
( ) São solidariamente obrigadas as pessoas que tenham interesse comum na situação que constitua o fato gerador da obrigação principal e as pessoas expressamente designadas por lei.
( ) A lei pode atribuir de modo expresso a responsabilidade pelo crédito tributário à terceira pessoa, vinculada ao fato gerador da respectiva obrigação, excluindo a responsabilidade do contribuinte ou atribuindo-a a este em caráter supletivo do cumprimento total ou parcial da referida obrigação.

A sequência CORRETA de cima para baixo corresponde a:
(A) V, F, V.
(B) F, V, V.
(C) V, F, F.
(D) F, V, F.

16. (TJ/SP – Juiz – VUNESP/2014). No que diz respeito ao chamado domicílio tributário, é correto afirmar que
(A) é coincidente, em qualquer hipótese, com o domicílio civil , previsto no Código Civil brasileiro de 2002.
(B) em casos específicos, pode o domicílio tributário ser aquele da situação dos bens ou da ocorrência dos atos ou fatos que deram origem à obrigação.
(C) no caso do contribuinte pessoa física, é sempre coincidente com a sua residência.
(D) não apresenta qualquer distinção na sua fixação no que diz respeito ao caso dos contribuintes pessoas jurídicas, sejam estas de direito privado de direito público.

17. (Câmara de Contenda/PR – Advogado – IOBV/2014). Considerando as obrigações tributárias no Direito Tributário Brasileiro, é incorreto afirmar:
(A) A obrigação tributária é principal ou acessória. A obrigação principal é decorrente da legislação tributária e tem por objeto as prestações, positivas ou negativas, nela previstas no interesse da arrecadação ou da fiscalização dos tributos. A obrigação acessória surge com a ocorrência do fato gerador, tem por objeto o pagamento de tributo ou penalidade pecuniária e extingue-se juntamente com o crédito dela decorrente.
(B) Fato gerador da obrigação principal é a situação definida em lei como necessária e suficiente à sua ocorrência. Fato gerador da obrigação acessória é qualquer situação que, na forma da legislação aplicável, impõe a prática ou a abstenção de ato que não configure obrigação principal.
(C) Salvo disposição de lei em contrário, considera-se ocorrido o fato gerador e existentes os seus efeitos: tratando-se de situação de fato, desde o momento em que o se verifiquem as circunstâncias materiais necessárias a que produza os efeitos que normalmente lhe são próprios; tratando-se de situação jurídica, desde o momento em que esteja definitivamente constituída, nos termos de direito aplicável.
(D) Sujeito ativo da obrigação tributária é a pessoa jurídica de direito público, titular da competência para exigir o seu cumprimento.

18. (CEASA/Campinas – Advogado – SHDIAS/2014). O sujeito passivo da obrigação tributária principal diz-se:
I. responsável, quando, sem revestir a condição de contribuinte, sua obrigação decorra de disposição expressa de lei;

II. contribuinte, quando tenha relação pessoal e direta com a situação que constitua o respectivo fato gerador.

Essas afirmações:

(A) Ambas estão corretas.
(B) Ambas estão incorretas.
(C) Somente a afirmação I está correta.
(D) Somente a afirmação II está correta.

19. (Prefeitura de Cambé/PR – Advogado – FUNTEF/2014). Sobre a obrigação tributária, analise as seguintes afirmativas:

I. A obrigação principal surge com a ocorrência do fato gerador, tem por objeto o pagamento de tributo ou penalidade pecuniária e extingue-se juntamente com o crédito dela decorrente.
II. A obrigação acessória decorre da legislação tributária e tem por objeto as prestações, positivas ou negativas, nela previstas no interesse da arrecadação ou da fiscalização dos tributos.
III. Fato gerador da obrigação principal é a situação definida em lei como necessária e suficiente a sua ocorrência.
IV. Fato gerador da obrigação acessória é qualquer situação que, na forma da legislação aplicável, impõe a prática ou a abstenção de ato que não configure obrigação principal.

Assinale a alternativa correta.

(A) Apenas I, II e IV estão corretas.
(B) Apenas I, II e III estão corretas.
(C) Apenas II, III e IV estão corretas.
(D) Todas as alternativas estão incorretas.
(E) Todas as alternativas estão corretas.

20. (Prefeitura de Recife/PE – Procurador – FCC/2014). Autoridade administrativa lotada na Secretaria de Finanças do Município do Recife e em função de fiscalização direta de tributos lavra auto de infração à legislação municipal desconsiderando negócio jurídico praticado por contribuinte do ISSQN. A autoridade fiscal age nos estritos limites procedimentais estabelecidos por Ofício da própria Secretaria de Finanças da qual é funcionário. Neste contexto, e atuando como Procurador Judicial, considere as seguintes afirmações:

I. Correta a atuação do fiscal em termos procedimentais se o Ofício citado tiver fundamento em Decreto do Executivo Municipal.
II. Os procedimentos para a desconsideração dos negócios jurídicos previstos no ofício observado pelo fiscal autuante devem ter por fundamento lei ordinária.
III. Se não houver lei complementar fundamentando os procedimentos de desconsideração praticados pelo agente fiscal autuante, deve-se considerar este ato administrativo como nulo.

Está correto o que consta APENAS em

(A) II e III.
(B) I.
(C) II.
(D) III.
(E) I e III.

21. (Prefeitura de São Sebastião da Amoreira/PR – Agente Tributário – FUNTEF/2013). Acerca do tema Obrigação Tributária, assinale a alternativa correta:

(A) A obrigação principal, pelo simples fato da sua inobservância, converte-se em obrigação acessória relativamente à penalidade pecuniária.
(B) Sujeito passivo da obrigação principal é a pessoa obrigada ao pagamento de tributo ou penalidade pecuniária.
(C) Sujeito ativo da obrigação acessória é a pessoa obrigada às prestações que constituam o seu objeto.

(D) A obrigação acessória surge com a ocorrência do fato gerador, tem por objeto o pagamento de tributo ou penalidade pecuniária e extingue-se juntamente com o crédito dela decorrente.

(E) Fato gerador da obrigação acessória é a situação definida em lei como necessária e suficiente à sua ocorrência.

22. (Prefeitura de Iguatu/CE – Auditor de Tributos Municipais – Pró-Município/2013). "O fato gerador pode fazer nascer uma obrigação principal que é sempre de natureza ______, isto é, pagar um tributo; ou uma obrigação ______ , que é um dever administrativo". Assinale a alternativa que apresenta as palavras que preenchem respectivamente de modo correto as lacunas:

(A) permanente – fiscal;

(B) pecuniária – acessória;

(C) pecuniária – fiscal;

(D) permanente – acessória;

(E) principal – secundária.

23. (PG/João Pessoa – Procurador – FCC/2012). Quando se afirma que "o conceito de obrigação principal é, portanto, mais amplo do que o de tributo propriamente dito" (DERZI, Misabel Abreu Machado. In: BALLEIRO, Aliomar. Direito tributário brasileiro. 11. ed. Rio de Janeiro: Forense, 2003. p. 701), o trecho faz menção ao objeto de obrigação tributária principal e significa que obrigação principal:

(A) e obrigação acessória têm objetos coincidentes no que se refere ao tributo pois, enquanto a obrigação principal tem por objeto pagamento de tributo, a obrigação acessória tem por objeto deveres instrumentais;

(B) tem por objeto o pagamento de tributo ou penalidade e, por si só, tributo não se confunde com penalidade, muito embora ambos integrem o objeto da obrigação principal;

(C) e obrigação acessória têm objetos distintos, pois a primeira tem por objeto o tributo e a segunda a penalidade;

(D) e obrigação acessória têm objetos distintos, pois a primeira tem por objeto a penalidade e a segunda o tributo;

(E) pressupõe a obrigação acessória, pois enquanto a obrigação principal tem por objeto o pagamento de tributo, a obrigação acessória tem por objeto o pagamento de penalidade.

24. (PGE/SP – Procurador – FCC/2012). No tocante à obrigação tributária:

(A) A criação de obrigação acessória independe da competência tributária.

(B) A obrigação acessória tem o mesmo destino da obrigação principal. Somente pode existir em razão dela e, uma vez extinta a obrigação principal, extinta estará também a obrigação acessória.

(C) Contribuinte desobrigado de cumprimento da obrigação principal, por imunidade ou isenção, não pode ser compelido a cumprir a respectiva obrigação acessória.

(D) A não emissão de nota fiscal, por contribuinte a ela obrigado, configura descumprimento de obrigação principal, já que a emissão de referido documento é de suma importância para a fiscalização tributária.

(E) O descumprimento da obrigação acessória pode dar ensejo ao nascimento de uma obrigação principal.

25. (TJ/PI – Juiz Substituto – CESPE/2011). No que tange à obrigação tributária, assinale a opção correta:

(A) É possível que sujeito passivo de obrigação principal figure como responsável, ainda que a obrigação não decorra de disposição expressa em lei.

(B) A solidariedade mencionada no CTN importa benefício de ordem quando as pessoas solidárias são expressamente designadas por lei.

(C) Não é possível que uma obrigação acessória se converta em principal, pois esta é vinculada à ocorrência do fato gerador.

(D) A autoridade administrativa pode desconsiderar atos ou negócios jurídicos praticados com a finalidade de dissimular a ocorrência de fato gerador de tributo; o procedimento a ser adotado deve ser estabelecido por lei ordinária.

(E) Na hipótese de constituição de pessoa jurídica de direito público pelo desmembramento territorial de outra, não haverá sub-rogação em direitos.

26. (Procurador Esp. de Contas junto aos Municípios/BA – FCC/2011). Diante da simulação de negócio jurídico que dissimula a ocorrência de um fato gerador, o Código Tributário Nacional traz norma, conforme denominação doutrinária, de caráter "antielisivo", cuja regra é:

(A) Anulação do negócio jurídico simulado em ação judicial própria e início do prazo prescricional somente a partir do trânsito em julgado da decisão.

(B) Declaração de nulidade do negócio jurídico em ação judicial própria e início do prazo prescricional somente a partir do trânsito em julgado da decisão.

(C) Revogação do negócio jurídico simulado e do lançamento respectivo, por ato de autoridade administrativa competente, com posterior lançamento de ofício do tributo efetivamente devido.

(D) Desconsideração do fato gerador fruto da simulação, além de constituição do crédito tributário que teve por fato gerador o negócio efetivamente praticado e que se pretendeu omitir.

(E) Consideração do negócio jurídico simulado pela autoridade administrativa competente, observados os procedimentos a serem estabelecidos em lei ordinária.

27. (Procurador-Geral do Município de Florianópolis/SC – FEPESE/2011). A respeito da obrigação tributária, assinale a alternativa incorreta:

(A) Embora a multa tributária não se constitua tributo, a obrigação de pagá-la tem natureza tributária.

(B) A definição legal do fato gerador é interpretada levando-se em consideração a validade jurídica dos atos praticados pelos contribuintes.

(C) É constitucional a adoção, no cálculo do valor de taxa, de um ou mais elementos da base de cálculo própria de determinado imposto, desde que não haja integral identidade entre uma base e outra.

(D) A obrigação acessória, pelo simples fato da sua inobservância, converte-se em obrigação principal relativamente à penalidade pecuniária.

(E) A hipótese de incidência da obrigação tributária principal é a situação definida em lei como necessária e suficiente à sua ocorrência.

28. (Procurador-Geral/PR – UEL/COPS/2011). Dentre as alternativas abaixo, aponte aquela que estiver correta:

(A) A obrigação tributária é principal ou acessória, em ambos os casos surgindo com a ocorrência do fato gerador e tendo por objeto o pagamento de tributo ou penalidade pecuniária, extinguindo-se juntamente com o crédito dela decorrente;

(B) A obrigação tributária acessória, pelo simples fato de sua inobservância, converte-se em obrigação principal relativamente à penalidade pecuniária;

(C) Além do contribuinte, o responsável também é qualificado como sujeito passivo tributário, eis que tem relação pessoal e direta com a situação que de regra constitui o respectivo fato gerador;

(D) Na relação jurídica tributária, o sujeito ativo é titular do dever de recolher o tributo, ao passo que, o sujeito passivo corresponde ao titular do direito de receber o montante devido;

(E) N. d. a.

29. (Procurador do Município de São Leopoldo/RS – CONSULPLAN/2010). Sobre Normas Gerais de Direito Tributário, marque a alternativa INCORRETA:

(A) O emprego da analogia não poderá resultar na exigência de tributo não previsto em lei.

(B) O emprego da equidade poderá resultar na dispensa do pagamento de tributo devido.

(C) A obrigação tributária é principal ou acessória.

(D) Fato gerador da obrigação principal é a situação definida em lei como necessária e suficiente à sua ocorrência.

(E) A capacidade tributária passiva independe da capacidade civil das pessoas naturais.

30. (MPE/MG/2010). Analise as seguintes afirmativas e assinale a alternativa INCORRETA:

(A) Fato gerador da obrigação tributária principal é a situação definida em lei como necessária e suficiente à sua ocorrência.

(B) Sujeito ativo da obrigação tributária é a pessoa jurídica de direito público, titular da competência para exigir o seu cumprimento.

(C) A lei pode atribuir de modo expresso a responsabilidade pelo crédito tributário a terceira pessoa, vinculada ao fato gerador da respectiva obrigação, excluindo a responsabilidade do contribuinte ou atribuindo-a a este em caráter supletivo do cumprimento total ou parcial da referida obrigação.

(D) A capacidade tributária passiva depende da capacidade civil das pessoas naturais.

31. (Procurador de Aparecida de Goiânia/GO – UFG/2010). Leia o fragmento a seguir: "A lei descreve um fato e atribui a este o efeito de criar uma relação entre alguém e o Estado. Ocorrido o fato, que em direito Tributário denomina-se fato gerador ou fato imponível, nasce a relação tributária, que compreende o dever de alguém (sujeito passivo da obrigação tributária) e o direito do Estado (sujeito ativo da obrigação tributária)" MACHADO, Hugo de Brito. Curso de direito tributário. 30. ed. Rev. Atual. Ampl. São Paulo: Malheiros, 2009. p. 121. Nesta relação jurídica tributária:

(A) A hipótese de incidência, sinônimo de fato gerador, enseja o início da obrigação tributária.

(B) A obrigação acessória, pelo simples fato de sua inobservância, não pode converter-se em obrigação principal relativamente a penalidade pecuniária.

(C) Para a definição legal do fato gerador é irrelevante, a validade jurídica dos atos efetivamente praticados pelos contribuintes, responsáveis ou terceiros.

(D) Os entes tributantes União, Estado, Municípios e Distrito Federal, detentores de competência tributária, são os únicos que poderão ser os sujeitos ativos de obrigação tributária.

11. GABARITO

1. **Alternativa (C).** Pode ser exigida de quem é isento do imposto.

Comentário: A alternativa **"C"** está correta, nos termos do art. 175, parágrafo único, do CTN. A opção "A" está incorreta, pois a obrigação acessória atua no interesse da arrecadação e da fiscalização de tributos e por isso deve ser exigida por todos que detém a competência tributária. As respostas "B" e "D" estão incorretas, todos apresentam obrigação acessória, ainda que não tenham obrigação principal. A única pessoa que não tem obrigação acessória é a pessoa física isenta de imposto de renda. A justificativa "D" está incorreta, nos termos do art. 197, parágrafo único, do CTN, as pessoas que estejam legalmente obrigadas a observar o segredo em razão de cargo, ofício, função, ministério, atividade ou profissão não precisam prestar as informações de terceiros.

2. **Alternativa (C).** Ao fato gerador, é aplicada a legislação vigente à época de sua ocorrência.

Comentário: A opção **"C"** está correta, nos termos do *caput* do art. 144 do CTN. A resposta "A" está incorreta, à luz do art. 144 do CTN, o lançamento reporta-se à data da ocorrência do fato gerador da obrigação e rege-se pela lei então vigente, ainda que posteriormente modificada ou revogada. A justificativa "B" está incorreta, conforme o parágrafo único do art. 142 do CTN, o lançamento tributário é atividade vinculada. A letra "D" está incorreta, as taxas e contribuições de melhoria são tributos vinculados, com base nos arts. 77 e 81 do CTN e 145, II e III, da CF. A alternativa "E" está incorreta, os impostos são tributos não vinculados, conforme se verifica no art. 16 do CTN.

3. **Alternativa (C).** A sucessora responde pelos tributos devidos pela sucedida, multas moratórias ou punições referentes aos fatos geradores ocorridos até a data da sucessão.

Comentário: A resposta **"C"** está correta, a banca considerou correta a assertiva C, porém vale ressaltar que as penalidades tributárias somente são transferidas nas hipóteses de responsabilidade dos arts. 132 e 133 do CTN, nesse sentido há a Súmula n. 554 do STJ. A justificativa "A" está incorreta, segundo o art. 126, I, do CTN, a capacidade tributária passiva independe da capacidade civil das pessoas. A letra "B" está incorreta, pois o fato gerador da obrigação principal é a situação definida em lei como necessária e suficiente à sua ocorrência, consoante o art. 114 do CTN. A alternativa "D" está incorreta, o mero inadimplemento da obrigação tributária não é infração à lei e, por isso, não gera a responsabilidade tributária para o sócio-gerente que, nos termos do art. 135 do CTN, só é responsável por pagar a dívida da empresa quando der causa ao crédito tributário, por ter agido com excesso de poderes, infração à lei, ou infração a contrato social ou estatuto social, nesse sentido há a Súmula n. 430 do STJ.

4. **Alternativa (E).** A obrigação acessória, pelo simples fato da sua inobservância, converte-se em obrigação principal relativamente à penalidade pecuniária.

Comentário: A letra **"E"** está correta, conforme o art. 113, § 3º, do CTN. A alternativa "A" está incorreta, de acordo com o art. 113, *caput*, do CTN, a obrigação tributária é principal ou acessória. A opção "B" está incorreta, segundo o art. 113, § 1º e § 2º, do CTN. A resposta "C" está incorreta, consoante o art. 113, § 1º, do CTN, a obrigação principal surge com a ocorrência do fato gerador. A justificativa "D" está incorreta, nos termos do art. 113, § 2º, do CTN, a obrigação acessória tem por objeto as prestações, positivas ou negativas, nela previstas no interesse da arrecadação ou da fiscalização dos tributos.

5. **Alternativa (C).** Interditados civilmente não perdem automaticamente a capacidade tributária passiva.

Comentário: A alternativa **"C"** está correta, nos termos do art. 126, I, do CTN, a capacidade tributária passiva independe da capacidade civil do sujeito. A opção "A" está incorreta, com base no art. 126, I, do CTN. A resposta "B" está incorreta, à luz do art. 126, III, do CTN, a capacidade tributária passiva independe da pessoa jurídica estar regularmente constituída. A justificativa "D" está incorreta, de acordo com o art. 126, II, do CTN, a capacidade tributária passiva independe de achar-se a pessoa natural sujeita a medidas que importem privação ou limitação do exercício de atividades civis, comerciais ou profissionais, ou da administração direta de seus bens ou negócios.

6. **Alternativa (E).** Será sujeito passivo responsável da obrigação tributária, aquele que, sem revestir a condição de contribuinte, tem obrigação decorrente de disposição expressa de lei.

Comentário: A opção **"E"** está correta, nos termos do art. 121, II, do CTN. A resposta "A" está incorreta, à luz do art. 113 do CTN, a obrigação tributária é principal ou acessória. A justificativa "B" está incorreta, essa é a definição de obrigação acessória, consoante o art. 113, § 2º, do CTN. A letra "C" está incorreta, o art. 116 do CTN prevê que pode haver disposição de lei em contrário. A alternativa "D" está incorreta, conforme o art. 123 do CTN.

7. **Alternativa (C).** A capacidade tributária passiva independe da capacidade civil das pessoas naturais.

Comentário: A resposta **"C"** está correta, nos termos do art. 126, I, do CTN. A justificativa "A" está incorreta, com fundamento no art. 121 do CTN, este é o sujeito passivo da obrigação principal. A letra "B" está incorreta, conforme o art. 124, I, do CTN, essas pessoas são solidariamente obrigadas. A alternativa "D" está incorreta, de acordo com o art. 114 do CTN, este é o fato gerador da obrigação principal. A opção "E" está incorreta, à luz do art. 119 do CTN, este é o sujeito ativo da obrigação.

8. **Alternativa (C).** F – V – V.

( ) A obrigação acessória surge com a ocorrência do fato gerador.

( ) Fato gerador da obrigação acessória é qualquer situação que, na forma da legislação aplicável, impõe a prática ou a abstenção de ato que não configure obrigação principal.

( ) A definição legal do fato gerador é interpretada abstraindo-se dos efeitos dos fatos efetivamente ocorridos.

A ordem correta de preenchimento dos parênteses, de cima para baixo, é:

Comentário: A justificativa **"C"** está correta. A primeira afirmação está incorreta, nos termos do art. 113, § 1º, do CTN, é a obrigação principal que surge com a ocorrência do fato gerador. A segunda afirmação está correta, conforme previsão do art. 115 do CTN. A terceira afirmação está correta, com base no art. 118, II, do CTN.

9. **Alternativa (B).** Fato gerador da obrigação principal é a situação definida em lei como necessária e suficiente à sua ocorrência.

Comentário: A letra **"B"** está correta, segundo o art. 114 do CTN. A alternativa "A" está incorreta, conforme o art. 113, § 3º, do CTN, a obrigação acessória, pelo simples fato da sua inobservância, converte-se em obrigação principal relativamente à penalidade pecuniária. A opção "C" está incorreta, é a pessoa jurídica de direito público, titular da competência para exigir o seu cumprimento, de acordo com o art. 119 do CTN. A resposta "D" está incorreta, é a pessoa obrigada ao pagamento de tributo ou penalidade pecuniária, consoante o art. 121 do CTN. A justificativa "E" está incorreta, com base no art. 124, I, do CTN.

10. Alternativa (A). Em que se verifiquem as circunstâncias materiais necessárias a que produza os efeitos que normalmente lhe são próprios.

Comentário: A alternativa **"A"** está correta, nos termos do artigo 116, I, do CTN. A opção "B" está incorreta, à luz do artigo 116, II, do CTN, esta é a hipótese de situação jurídica. A resposta "C" está incorreta, conforme o artigo 117, I, do CTN, é hipótese de situação jurídica. A letra "D" está incorreta, consoante o artigo 117, II, do CTN, é hipótese de situação jurídica. A justificativa "E" está incorreta, de acordo com o artigo 116, I, do CTN, considera-se ocorrido o fato gerador na situação de fato, desde o momento em que se verifiquem as circunstâncias materiais necessárias a que produza os efeitos que normalmente lhe são próprios.

11. Alternativa (B). F, V, V.

(F) A obrigação tributária é principal ou acessória. A obrigação acessória surge com a ocorrência do fato gerador, tem por objeto o pagamento de tributo ou penalidade pecuniária e extingue-se juntamente com o crédito dela decorrente.

(V) São solidariamente obrigadas as pessoas que tenham interesse comum na situação que constitua o fato gerador da obrigação principal e as pessoas expressamente designadas por lei.

(V) A lei pode atribuir de modo expresso a responsabilidade pelo crédito tributário a terceira pessoa, vinculada ao fato gerador da respectiva obrigação, excluindo a responsabilidade do contribuinte ou atribuindo-a a este em caráter supletivo do cumprimento total ou parcial da referida obrigação.

Comentário: A primeira afirmação está incorreta, conforme o artigo 113, §1º, do CTN, é a obrigação principal que surge com a ocorrência do fato gerador e tem por objeto o pagamento de tributo ou penalidade pecuniária, e extingue-se juntamente com o crédito dela decorrente. A segunda afirmação está correta, nos termos do artigo 124, I, do CTN. A terceira afirmação também está correta, consoante o disposto no artigo 128 do CTN..

12. Alternativa (D). V, F, F.

I. A obrigação acessória, pelo simples fato de sua inobservância, converte-se em obrigação principal relativamente a penalidade pecuniária. (VERDADEIRO)

II. A interrupção da prescrição contra um dos obrigados solidários prejudica aos demais, porém, caso se dê a favor, apenas aproveitará àquele que lhe deu causa. (FALSO)

III. A pessoa natural ou jurídica que adquire de outra estabelecimento comercial e continue a respectiva exploração responderá pelos tributos relativos ao estabelecimento adquirido, devidos até a data do ato, subsidiariamente com o alienante, se este prosseguir na exploração da atividade no mesmo ramo de comércio, dentro de 06 (seis) meses a contar da alienação. (FALSO)

Comentário: O item I está correto, nos termos do artigo 113, §3º, do CTN. O item II está incorreto, conforme o artigo 125, III, do CTN, "a interrupção da prescrição, em favor ou contra um dos obrigados, favorece ou prejudica aos demais". O item III está incorreto, à luz do artigo 133, II, do CTN, o adquirente responderá "subsidiariamente com o alienante, se este prosseguir na exploração ou iniciar dentro de seis meses, a contar da data da alienação, nova atividade no mesmo ou em outro ramo de comércio, indústria ou profissão".

13. Alternativa (E). A pessoa alheia ao fato gerador, mas obrigada pela Administração Tributária ao pagamento de tributo ou penalidade pecuniária.

Comentário: A alternativa **"E"** está correta, pois quando se trata de capacidade tributária passiva é a aptidão para ser sujeito passivo, na condição de contribuinte ou responsável tributário. Contribuinte, em suma, é aquele que pratica o fato gerador; e responsável é aquele que não praticou o fato gerador, mas por ter uma relação indireta com a situação que constitua o fato gerador, a lei lhe atribui o dever de pagar o tributo. Assim, a responsabilidade tributária é decorrente de lei e não da Administração Tributária. As opções "A", "B" e "C" estão incorretas, de acordo com o artigo 126, I, do CTN, a capacidade tributária passiva independe da capacidade civil das pessoas. A justificativa "D" está incorreta, o artigo 126, III, do CTN esclarece que a capacidade tributária independe da pessoa jurídica estar regularmente constituída, bastando que configure uma unidade econômica e profissional.

14. Alternativa (A). Em que se verifiquem as circunstâncias materiais necessárias a que produza os efeitos que normalmente lhe são próprios.

Comentário: A alternativa **"A"** está correta, nos termos do art. 116, I, do CTN. A opção "B" está incorreta, à luz do art. 116, II, do CTN, esta é a hipótese de situação jurídica. A resposta "C" está incorreta, conforme o art. 117, I, do CTN, é hipótese de situação jurídica. A letra "D" está incorreta, consoante o art. 117, II, do CTN, é hipótese de situação jurídica. A justificativa "E" está incorreta, pois contraria o disposto no art. 116 do CTN.

15. Alternativa (B). F, V, V..

(F) A obrigação tributária é principal ou acessória. A obrigação acessória surge com a ocorrência do fato gerador, tem por objeto o pagamento de tributo ou penalidade pecuniária e extingue-se juntamente com o crédito dela decorrente.

(V) São solidariamente obrigadas as pessoas que tenham interesse comum na situação que constitua o fato gerador da obrigação principal e as pessoas expressamente designadas por lei.

(V) A lei pode atribuir de modo expresso a responsabilidade pelo crédito tributário à terceira pessoa, vinculada ao fato gerador da respectiva obrigação, excluindo a responsabilidade do contribuinte ou atribuindo-a a este em caráter supletivo do cumprimento total ou parcial da referida obrigação.

Comentário: A primeira afirmação está incorreta, conforme o art. 113, §1º, do CTN, é a obrigação principal que surge com a ocorrência do fato gerador e tem por objeto o pagamento de tributo ou penalidade pecuniária e extingue-se juntamente com o crédito dela decorrente. A segunda afirmação está correta, à luz do art. 124, I, do CTN. A terceira afirmação está correta, consoante o disposto no art. 128 do CTN.

16. Alternativa (B). Em casos específicos, pode o domicílio tributário ser aquele da situação dos bens ou da ocorrência dos atos ou fatos que deram origem à obrigação.

Comentário: As alternativas "A" e "C" estão incorretas, pois não será em qualquer hipótese, o artigo 127, I, do CTN prevê que poderá ser "residência habitual, ou, sendo esta incerta ou desconhecida, o centro habitual de sua atividade". A opção "B" está correta, nos termos do § 1º do artigo 127 do CTN. A letra "D" está incorreta, há diferença entre pessoa jurídica de direito privado e de direito público- artigo 127, II e III , CTN.

17. Alternativa (A). A obrigação tributária é principal ou acessória. A obrigação principal é decorrente da legislação tributária e tem por objeto as prestações, positivas ou negativas, nela previstas no interesse da arrecadação ou da fiscalização dos tributos. A obrigação acessória surge com a ocorrência do fato gerador, tem por objeto o pagamento de tributo ou penalidade pecuniária e extingue-se juntamente com o crédito dela decorrente.

Comentário: A questão pede a INCORRETA. A assertiva **"A"** é a incorreta, pois os conceitos estão invertidos, como se depreende do artigo 113 do CTN. A resposta "B" está correta, conforme os artigos 114 e 115 do CTN. A justificativa "C" também está correta, nos termos do artigo 116 do CTN. E a alternativa "D" está igualmente correta, em conformidade com o artigo 119 do CTN.

18. Alternativa (A). Ambas estão corretas.

I. responsável, quando, sem revestir a condição de contribuinte, sua obrigação decorra de disposição expressa de lei;

II. contribuinte, quando tenha relação pessoal e direta com a situação que constitua o respectivo fato gerador.

Comentário: As duas afirmações estão corretas, à luz do artigo 121 do CTN.

19. Alternativa (E). Todas as alternativas estão corretas.

I. A obrigação principal surge com a ocorrência do fato gerador, tem por objeto o pagamento de tributo ou penalidade pecuniária e extingue-se juntamente com o crédito dela decorrente.

II. A obrigação acessória decorre da legislação tributária e tem por objeto as prestações, positivas ou negativas, nela previstas no interesse da arrecadação ou da fiscalização dos tributos.

III. Fato gerador da obrigação principal é a situação definida em lei como necessária e suficiente a sua ocorrência.

IV. Fato gerador da obrigação acessória é qualquer situação que, na forma da legislação aplicável, impõe a prática ou a abstenção de ato que não configure obrigação principal.

Comentário: Todas as opções estão corretas, de acordo com os artigos 113 a 115 do CTN.

20. Alternativa (C). II.

II. Os procedimentos para a desconsideração dos negócios jurídicos previstos no ofício observado pelo fiscal autuante devem ter por fundamento lei ordinária.

Comentário: A letra **"C"** está correta, conforme se depreende do parágrafo único do artigo 116 do CTN: "A autoridade administrativa poderá desconsiderar atos ou negócios jurídicos praticados com a finalidade de dissimular a ocorrência do fato gerador do tributo ou a natureza dos elementos constitutivos da obrigação tributária, observados os procedimentos a serem estabelecidos em lei ordinária".

21. Alternativa (B). Sujeito passivo da obrigação principal é a pessoa obrigada ao pagamento de tributo ou penalidade pecuniária.

Comentário: A assertiva "A" está incorreta, a inobservância da obrigação acessória é que se converterá em obrigação principal com relação à penalidade tributária. A resposta **"B"** está correta, nos termos do artigo 121 do CTN. A justificativa "C" está incorreta, é o sujeito passivo a pessoa obrigada às prestações que constituam o seu objeto da obrigação acessória. A alternativa "D" está incorreta, é a obrigação principal que surge com a ocorrência do fato gerador, tem por objeto o pagamento de tributo ou penalidade pecuniária e extingue-se juntamente com o crédito dela decorrente. A opção "E" está incorreta, conforme entendimento do artigo 114 do CTN, o fato gerador da obrigação acessória é a situação definida em lei como necessária e suficiente à sua ocorrência.

22. Alternativa (B). Pecuniária – acessória.

Comentário: De acordo com o artigo 113, §§ 1º e 2º, do CTN, a letra **"B"** está correta.

23. Alternativa (B). Tem por objeto o pagamento de tributo ou penalidade e, por si só, tributo não se confunde com penalidade, muito embora ambos integrem o objeto da obrigação principal.

Comentário: Consoante preceitua o artigo 113 do CTN, a letra **"B"** é a correta.

24. Alternativa (E). O descumprimento da obrigação acessória pode dar ensejo ao nascimento de uma obrigação principal.

Comentário: A assertiva "A" está incorreta, uma vez que a obrigação acessória está atrelada à competência tributária. A resposta "B" está incorreta, porque a obrigação acessória independe da obrigação principal. A justificativa "C" está incorreta, pois ainda que a pessoa não tenha obrigação principal, em razão de imunidade ou isenção, ela deverá cumprir suas obrigações acessórias. A alternativa "D" está incorreta, a não emissão de nota fiscal configura descumprimento de obrigação acessória. A resposta **"E"** é a correta, segundo o disposto no artigo 113, § 3º, do CTN.

25. Alternativa (D). A autoridade administrativa pode desconsiderar atos ou negócios jurídicos praticados com a finalidade de dissimular a ocorrência de fato gerador de tributo; o procedimento a ser adotado deve ser estabelecido por lei ordinária.

Comentário: A alternativa "A" está incorreta, segundo o disposto no artigo 121, II, do CTN, a responsabilidade tributária só decorre de lei. A opção "B" está incorreta, nos termos do artigo 124, parágrafo único, do CTN, a solidariedade não comporta benefício de ordem. A letra "C" está incorreta, a inobservância de uma obrigação acessória converte-a em obrigação principal com relação à penalidade tributária (art. 113, § 3º, do CTN). A assertiva **"D"** está correta, conforme determinado no artigo 116, parágrafo único, do CTN. A resposta "E" está incorreta, pois na hipótese de constituição de pessoa jurídica de direito público pelo desmembramento territorial de outra, haverá sub-rogação em direitos (art. 120 do CTN).

26. Alternativa (D). Desconsideração do fato gerador fruto da simulação, além de constituição do crédito tributário que teve por fato gerador o negócio efetivamente praticado e que se pretendeu omitir.

Comentário: A justificativa **"D"** está correta, consoante preceitua o artigo 116, parágrafo único, do CTN.

27. Alternativa (B). A definição legal do fato gerador é interpretada levando-se em consideração a validade jurídica dos atos praticados pelos contribuintes.

Comentário: A questão pede a INCORRETA. A alternativa "A" está correta, nos termos do artigo 113, § 1º, do CTN. A opção **"B"** está incorreta, à luz do artigo 118, I, do CTN, a definição legal do fato gerador é interpretada abstraindo-se da validade jurídica dos atos efetivamente praticados pelos contribuintes, responsáveis, ou terceiros, bem como da natureza do seu objeto ou dos seus efeitos. A letra "C" está correta, segundo o entendimento do STF, Súmula vinculante n. 29: "É constitucional a adoção, no cálculo do valor de taxa, de um ou mais elementos da base de cálculo própria de determinado imposto, desde que não haja integral identidade entre uma base e outra". A assertiva "D" está correta, conforme prescrito no artigo 113, § 3º, do CTN. A resposta "E" está correta, consoante redação do artigo 114 do CTN.

28. **Alternativa (B).** A obrigação tributária acessória, pelo simples fato de sua inobservância, converte-se em obrigação principal relativamente à penalidade pecuniária.

Comentário: A justificativa "A" está incorreta, uma vez que a obrigação acessória consiste em deveres formais que o sujeito passivo está submetido a fim de facilitar a arrecadação e a fiscalização. A alternativa **"B"** está correta, de acordo com o artigo 113, § 3º, do CTN. A opção "C" está incorreta, pois o responsável tributário tem relação indireta com a situação que constitui o fato gerador. A letra "D" está incorreta, já que o sujeito ativo é titular do direito de recolher o tributo e o sujeito passivo corresponde tem o dever de pagar o tributo.

29. **Alternativa (B).** O emprego da equidade poderá resultar na dispensa do pagamento de tributo devido.

Comentário: **A questão pede a INCORRETA**. A assertiva "A" está correta, nos termos do artigo 108, § 1º, do CTN. A resposta **"B"** está incorreta, segundo o artigo 108, § 2º, do CTN, o emprego da equidade não poderá resultar na dispensa do pagamento de tributo devido. A justificativa "C" está correta, consoante o artigo 113 do CTN. A alternativa "D" está correta, de acordo com o artigo 114 do CTN. A opção "E" está correta, conforme preceitua o artigo 126, I, do CTN.

30. **Alternativa (D).** A capacidade tributária passiva depende da capacidade civil das pessoas naturais.

Comentário: **A questão pede a INCORRETA**. A letra "A" está correta, de acordo com o artigo 114 do CTN. A assertiva "B" também está correta, nos termos do artigo 119 do CTN. A resposta "C" igualmente está correta, conforme dispositivo do artigo 128 do CTN. A justificativa **"D"** está incorreta, pois à luz do artigo 126, I, do CTN, a capacidade tributária independe da capacidade civil das pessoas.

31. **Alternativa (C).** Para a definição legal do fato gerador é irrelevante, a validade jurídica dos atos efetivamente praticados pelos contribuintes, responsáveis ou terceiros.

Comentário: A alternativa "A" está incorreta, uma vez que a obrigação tributária surge com a ocorrência do fato gerador no mundo fenomênico e não apenas com a descrição em lei. A opção "B" está incorreta, nos termos do artigo 113, § 3º, do CTN, a inobservância da obrigação acessória converte-a em obrigação principal com relação à penalidade tributária. A letra **"C"** está correta, consoante entendimento do artigo 118, I, do CTN. A assertiva "D" está incorreta, porque podem ser sujeitos ativos pessoas jurídicas de direito público da Administração Indireta.

CAPÍTULO 6

RESPONSABILIDADE TRIBUTÁRIA

1. INTRODUÇÃO

Em Direito Tributário, o responsável tributário se denomina a pessoa que a lei impõe o dever de pagar o tributo, ainda que não tenha praticado o fato gerador. Exclui, assim, a responsabilidade do contribuinte (quem praticou o fato gerador) ou, o atribui em caráter supletivo para o cumprimento da obrigação tributária.

Na lição de Hugo de Brito Machado, a responsabilidade, "em sentido estrito, é a submissão, em virtude de disposição legal expressa, de determinada pessoa que não é contribuinte, mas está vinculada ao fato gerador da obrigação tributária, ao direito do Fisco de exigir a prestação respectiva"[1].

A responsabilidade tributária pode ser classificada, segundo a doutrina, por substituição ou por transferência. A responsabilidade por **substituição** surge contemporaneamente à ocorrência do fato gerador, uma vez que no momento da ocorrência do fato gerador o dever de pagar o tributo já recai sobre o responsável. Já a responsabilidade por **transferência** decorre de um evento posterior à ocorrência do fato gerador, quando a lei determina que o contribuinte não mais deverá pagar o tributo, mas sim outra pessoa – por ter incorrido na situação estabelecida em lei como modificadora da sujeição passiva. A responsabilidade por transferência pode ser dividida em responsabilidade por **sucessão**, por **solidariedade** e de **terceiros**, como se visualiza no esquema abaixo:

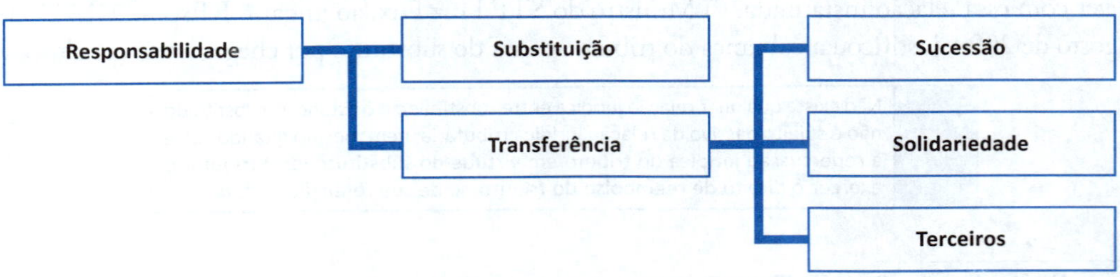

1. MACHADO, Hugo de Brito. **Curso de Direito Tributário.** 30. ed. São Paulo: Malheiros, 2009.

2. RESPONSABILIDADE POR SUBSTITUIÇÃO

A responsabilidade por **substituição**, como visto anteriormente, se configura quando a lei determina que uma terceira pessoa deve pagar o tributo em substituição ao contribuinte.

Por essa razão pode-se concluir que a substituição tributária parte de uma decisão política, que visa facilitar a fiscalização e a cobrança das prestações tributárias, substituindo aquele que pratica o fato jurídico-tributário por uma terceira pessoa, vinculada de alguma forma a essa relação jurídica instaurada.

Nas palavras de Leandro Paulsen:

> O substituto tributário é o terceiro que a lei obriga a apurar o montante devido e cumprir a obrigação de pagamento do tributo "em lugar" do contribuinte. Mas, embora o substituto seja obrigado "em lugar" do contribuinte, não há o afastamento automático da responsabilidade do próprio contribuinte, o que depende de ter suportado a retenção ou de a lei expressamente afastar a sua responsabilidade. Note-se que, na substituição tributária, a obrigação surge diretamente para o substituto, a quem cabe substituir o contribuinte na apuração e no cumprimento da obrigação de pagar, total ou parcialmente, o tributo devido pelo contribuinte, mas com recursos alcançados pelo próprio contribuinte ou dele retidos (arts. 150, § 7º, da CF, 45, parágrafo único, e 128 do CTN e diversas leis ordinárias)[2].

Assim, essa **terceira pessoa** paga o tributo como cumprimento de um dever jurídico preestabelecido em lei. Logo, o substituído, aquele que deu nascimento à relação jurídico-tributária, dela não irá participar.

Marcelo Caron Baptista[3] entende que o fundamento constitucional para a instituição da regra da substituição tributária reside no Princípio da Solidariedade Social. Assim, faculta-se ao legislador exigir a colaboração de terceiros, a fim de dar maior operatividade ao mecanismo de arrecadação da receita tributária.

A substituição tributária, para ser válida, deve sempre estar prevista em **lei. E**, ao mesmo tempo, o substituto estar necessariamente relacionado ao fato previsto pelo antecedente normativo, de tal sorte que tenha acesso à riqueza tributável, podendo entregar parte dessa ao Fisco.

Nos casos de substituição tributária, a obrigação tributária passa a ser entre o **credor** e o **substituto**, sendo este último o **único sujeito passivo da relação jurídico-tributária.** Isso porque não pode haver na mesma relação jurídica dois sujeitos passivos: substituído e substituto. A lei que estabelece a mudança retira do polo passivo o substituído e insere o substituto.

Logo, o Fisco deve exigir o tributo apenas do substituto e não do substituído que nada tem a ver com essa relação instaurada. O Ministro do STF Luiz Fux, ao julgar o REsp n. 931.727 de agosto de 2009, justificou a cobrança do tributo apenas do substituto por chegar a três conclusões:

1º	Não existe qualquer relação jurídica entre substituído e o Estado. O substituído não é sujeito passivo da relação jurídica tributária, nem mesmo quando sofre a repercussão jurídica do tributo em virtude do substituto legal tributário exercer o direito de reembolso do tributo ou de sua retenção na fonte.

2. PAULSEN, Leandro. **Curso de Direito Tributário**. 4. ed. Porto Alegre: Livraria do Advogado, 2012. P. 104.
3. BAPTISTA, Marcelo Caron. **ISS do texto à norma. Doutrina e Jurisprudência da EC n. 18/65 à LC n. 116/2003**. São Paulo: Quartier Latin, 2005.

2º	Em todos os casos de substituição legal tributária, mesmo naqueles em que o substituto tem perante o substituído o direito de reembolso do tributo ou de sua retenção na fonte, o único sujeito passivo da relação jurídica tributária (o único cuja prestação jurídica reveste-se de natureza tributária) é o substituto (nunca o substituído).
3º	O substituído não paga "tributo" ao substituto. A prestação jurídica do substituído que satisfaz o direito (de reembolso ou de retenção na fonte) do substituto, não é de natureza tributária, mas, sim, de natureza privada.

Alfredo Augusto Becker percebe que realmente o substituído não tem relação com o Estado, pois a lei elegeu o substituto para ser sujeito na relação jurídica da substituição tributária:

> Tendo-se bem presente a distinção entre substituído e contribuinte de fato indicada no segundo esclarecimento supra, compreende-se facilmente que o contribuinte de fato nunca tem relação jurídica com o sujeito ativo (Estado). Quando a doutrina fala em relevância jurídica do contribuinte de fato, ela está se referindo ao substituído. Este, o substituído (ressalvando-se o caso indicado no terceiro esclarecimento supra), nenhuma vinculação jurídica mantém com o Estado. Entre o Estado e o substituído não existe qualquer relação jurídica[4].

No mesmo sentido, tem-se o entendimento de Paulo de Barros Carvalho:

> A responsabilidade tributária por substituição ocorre quando um terceiro, na condição de sujeito passivo por especificação da lei, ostenta a integral responsabilidade pelo *quantum* devido a título de tributo. Enquanto nas outras hipóteses permanece a responsabilidade supletiva do contribuinte, aqui o substituto absorve totalmente o *debitum*, assumindo, na plenitude, os deveres de sujeito passivo, quer os pertinentes à prestação patrimonial, quer os que dizem respeito aos expedientes de caráter instrumental, que a lei costuma chamar de "obrigações acessórias". Paralelamente, os direitos porventura advindos do nascimento da obrigação, ingressam no patrimônio jurídico do substituto, que poderá defender suas prerrogativas, administrativa ou judicialmente, formulando impugnações ou recursos, bem como deduzindo suas pretensões em juízo para, sobre elas, obter a prestação jurisdicional do Estado[5].

Tem-se utilizado com frequência a responsabilidade por substituição **para facilitar a fiscalização e a arrecadação do Fisco.**

Há dois casos de responsabilidade por substituição no ordenamento pátrio. A substituição para trás (regressiva ou antecedente) e para frente (progressiva ou subsequente).

2.1. Substituição para Trás

A substituição para trás, **regressiva** ou **antecedente** se constitui quando ocorre o fato gerador e o pagamento do tributo será realizado posteriormente, por uma terceira pessoa (o responsável), em substituição àquele que praticou o fato gerador (contribuinte). Se não fosse a substituição, ocorrendo o fato gerador, o pagamento seria imediato e efetuado pelo contribuinte.

4. BECKER, Alfredo Augusto. **Teoria Geral do Direito Tributário.** 5. ed. São Paulo: Noeses, 2010.
5. CARVALHO, Paulo de Barros. **Direito Tributário – Fundamentos Jurídicos da Incidência.** 4. ed., São Paulo: Saraiva, 2006.

Um exemplo de substituição para trás consiste na da cadeia de produção e circulação, no caso de ICMS. Quando o produtor vende a sua mercadoria para a indústria, ocorre uma operação de circulação de mercadoria, o que o obrigaria a recolher o ICMS; entretanto, a lei determina que quem irá recolher esse tributo em substituição ao produtor (contribuinte, por ter praticado o fato gerador) será o próximo da cadeia, ou seja, a indústria.

2.2. Substituição para Frente

A substituição para frente, **progressiva** ou, ainda, **subsequente**, é quando primeiro ocorre o pagamento do tributo sobre uma base de cálculo presumida e, posteriormente se realiza o fato gerador. A Constituição Federal, no artigo 150, § 7º, trata sobre a possibilidade da substituição para frente, *in verbis*:

> **Art. 150.** (...) § 7º A lei poderá atribuir ao sujeito passivo de obrigação tributária a condição de responsável pelo pagamento de imposto ou contribuição, cujo fato gerador deva ocorrer posteriormente, **assegurada a imediata e preferencial restituição da quantia paga, caso não se realize o fato gerador presumido.**

Nos termos do dispositivo acima mencionado, tem-se que na substituição para frente, quando o responsável paga o tributo no início da cadeia e no futuro acaba **NÃO** ocorrendo o fato gerador, caberá a **restituição** daquele tributo.

Com o intuito de regulamentar a substituição para frente quanto ao ICMS, no Convênio n. 13/97, celebrado por 23 Estados brasileiros, ficou estabelecido que **ocorrendo** o fato gerador, na substituição para frente, mas por um valor inferior ao recolhimento realizado pelo responsável no início da cadeia, não poderá ser executada a restituição pelo sujeito passivo.

Em julho de 1998, a Confederação Nacional de Comércio (CNC) ajuizou Ação Direta de Inconstitucionalidade contra o Convênio, ADI n. 1851, por entender que deveria ocorrer a restituição do ICMS caso o fato gerador ocorresse por um valor inferior ao recolhido pelo responsável tributário.

O STF entendeu ser constitucional o Convênio, pois quando a Constituição Federal discorreu sobre a substituição para frente, em seu artigo 150, § 7º, tratou apenas sobre a hipótese de restituição quando **não** ocorresse o fato gerador, sendo, por conseguinte, omissa sobre a ocorrência deste em valor inferior. Nesse sentido, veja o trecho da Ementa da ADI n. 1851 com esse posicionamento:

> **IMPORTANTE!** O fato gerador presumido, por isso mesmo, não é provisório, mas definitivo, não dando ensejo à restituição ou à complementação do imposto pago, senão, no primeiro caso, na hipótese de sua **não** realização final.

Segundo o STF, admitir o contrário valeria por despojar-se o instituto das vantagens que determinaram a sua concepção e adoção, como a redução, a um só tempo, da máquina fiscal e da evasão fiscal a dimensões mínimas, propiciando, portanto, maior comodidade, economia, eficiência e celeridade às atividades de tributação e arrecadação.

Assim, para as provas objetivas tem-se:

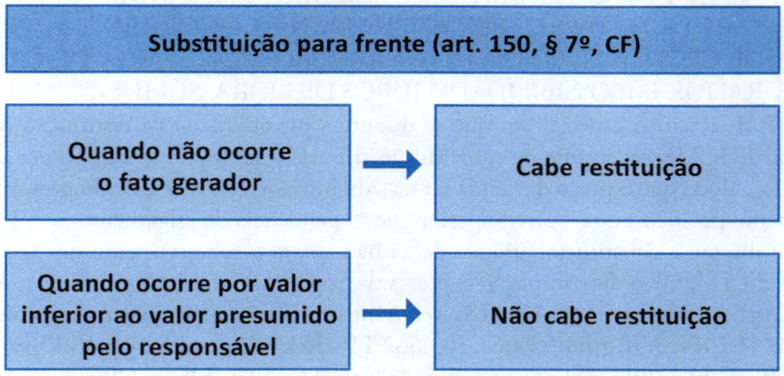

Importante mencionar, ainda, que sobre esse tema há duas Ações Diretas de Inconstitucionalidade (ADI n. 2.675/PE, movida pelo governador do Estado de Pernambuco contra a Assembleia Legislativa do Estado e ADI n. 2.777/SP, instigada pelo governador do Estado de São Paulo contra a Assembleia Legislativa do Estado), em que se discute mais uma vez sobre a definitividade da base de cálculo, quando menor que a presumida. A situação nessas ADIs é um pouco diversa da tratada na ADI n. 1851, posto que as leis, objetos de discussão, autorizam a restituição quando o fato gerador ocorrer por valor inferior ao presumido.

Em 19 de outubro de 2016, o STF julgou o RE n. 593849 e entendeu ser devida a restituição da diferença do Imposto sobre Circulação de Mercadorias e Serviços (ICMS) pago a mais, no regime de substituição tributária para frente, se a base de cálculo efetiva da operação for inferior à presumida.

Com base nesse entendimento, o Plenário, por maioria e em conclusão, julgou improcedentes os pedidos formulados em ações diretas de inconstitucionalidade. Assim, declarou constitucionais o art. 19, II, da Lei n. 11.408/1996 do Estado de Pernambuco e o art. 66-B, II, da Lei n. 6.374/1989 do Estado de São Paulo, com redação dada pela Lei estadual paulista n. 9.176/1995. Os referidos diplomas legais asseguram a restituição do ICMS pago antecipadamente no regime de substituição tributária, nas hipóteses em que a base de cálculo da operação for inferior à presumida.

O Tribunal observou haver distinção substancial entre a ADI n. 1.851/AL (**DJU** de 15.05.2003) e as presentes ações diretas, razão pela qual a afastou como paradigma destes julgamentos. Naquele caso, o contribuinte poderia optar pelo regime de substituição tributária com o benefício fiscal da redução da base de cálculo, porém, sem a possibilidade de restituição, se o fato gerador ocorrer em valor menor comparado ao presumido.

Para o STJ, os Estados que não assinaram o Convênio n. 13/1997 podem realizar a restituição do ICMS quando o fato gerador ocorrer por valor inferior ao presumido. Segue jurisprudência recente nesse sentido:

> PROCESSO CIVIL E TRIBUTÁRIO. MATÉRIA PENDENTE DE TRÂNSITO EM JULGADO NO STF. SOBRESTAMENTO DO FEITO. DESCABIMENTO. VIOLAÇÃO DO ART. 535 DO CPC. NÃO OCORRÊNCIA. ICMS. SUBSTITUIÇÃO TRIBUTÁRIA. FATO GERADOR OCORRIDO EM VALOR INFERIOR AO PRESUMIDO. RESTITUIÇÃO. POSSIBILIDADE. INAPLICABILIDADE DA ADI N. 1.851/AL DO STF.

ESTADO DE SÃO PAULO. PRECEDENTES. SÚMULA N. 280/STF. INADEQUAÇÃO DA VIA ELEITA. NÃO OCORRÊNCIA. DECLARAÇÃO DE DIREITO A COMPENSAÇÃO. SÚMULA N. 213/STJ. DECADÊNCIA. NÃO OCORRÊNCIA. TRANSFERÊNCIA DE CRÉDITOS. POSSÍVEL. CORREÇÃO MONETÁRIA DE CRÉDITOS ESCRITURADOS. IMPOSSIBILIDADE. JUROS DE MORA. SÚMULA VINCULANTE N. 17/STF. 1. Recurso especial em que se discute a possibilidade de restituição de valores recolhidos de ICMS no regime de substituição tributária na hipótese de não ocorrência do fato gerador, ainda que o preço de venda tenha sido inferior à base de cálculo presumida. 2. É entendimento pacífico nesta Corte Superior que "a pendência de julgamento no STF de ação em que se discute a constitucionalidade de lei não enseja o sobrestamento dos recursos que tramitam no STJ, salvo determinação expressa da Suprema Corte". Nesse sentido: AgRg nos EDcl no AgRg no REsp 1.413.554/RS, Rel. Ministro Herman Benjamin, Segunda Turma, **DJe** de 27.11.2014; AgRg no REsp 1.303.662/PR, Rel. Ministro Sérgio Kukina, Primeira Turma, **DJe** de 13.3.2015. 3. Inexiste a alegada violação do art. 535 do CPC, pois a prestação jurisdicional foi dada na medida da pretensão deduzida, conforme se depreende da análise do acórdão recorrido. 4. **"O Superior Tribunal de Justiça firmou o entendimento de que não se aplica o quanto decidido na ADI 1.851/AL aos Estados de São Paulo e Pernambuco, por não serem signatários do Convênio ICMS 13/97, pelo que é possível haver a restituição dos valores de ICMS pagos a maior sob a sistemática da substituição tributária para frente"**. Nesse sentido: AgRg no REsp 1.371.922/SP, Rel. Ministro Humberto Martins, Segunda Turma, **DJe** de 14.08.2013; REsp 976.650/SP, Rel. Ministro Mauro Campbell Marques, Segunda Turma, julgado em 20/05/2010, **DJe** de 11.06.2010; AgRg no REsp 1.086.951/SP, Rel. Ministro Sérgio Kukina, Primeira Turma, **DJe** de 17.10.2014. 5. **A questão controvertida acerca do art. 66-B da Lei Estadual n. 6.374/89 perpassa pela análise de norma local. Segundo o enunciado da Súmula n. 280 do STF: "Por ofensa a direito local não cabe recurso extraordinário"**. 6. Adequada a utilização do mandado de segurança na hipótese analisada. No caso, busca-se o reconhecimento do direito a compensação de créditos de ICMS. Aplicável, ao caso, a Súmula n. 213 do STJ: "O mandado de segurança constitui ação adequada para a declaração do direito à compensação tributária". 7. O ICMS é recolhido mensalmente. O direito de crédito, de acordo com as operações efetuadas pelo contribuinte, renova-se mês a mês. No caso de cobrança indevida de ICMS, a prescrição é de trato sucessivo, não havendo falar em prescrição do fundo de direito. Nesse sentido: REsp 1.054.011/RS, Rel. Ministra DENISE ARRUDA, Rel. p/ Acórdão Ministro TEORI ALBINO ZAVASCKI, Primeira Turma, **DJe** de 20.08.2010. 8. "Por ser autoaplicável o § 1º do art. 25 da Lei Complementar n. 87/96, e sendo os créditos oriundos de operações disciplinadas no art. 3º, inciso II, do mesmo normativo, 'não é dado ao legislador estadual qualquer vedação ao aproveitamento dos créditos do ICMS, sob pena de infringir o princípio da não-cumulatividade, quando este aproveitamento se fizer em benefício de qualquer outro estabelecimento seu, no mesmo Estado, ou de terceiras pessoas, observando-se para tanto a origem no art. 3º'". Nesse sentido: AgRg no AREsp 151.708/RS, Rel. Ministro Humberto Martins, Segunda Turma, **DJe** de 14.06.2012. 9. Não incide correção monetária sobre o crédito escritural, por absoluta ausência de previsão legal. Entendimento pacífico do STF. Nesse sentido: RE 634.468-ED, Min. Cármen Lúcia, Primeira Turma, **DJe** de 09.04.2012; RE 386.475, Min. Cármen Lúcia, Plenário, **DJ** de 22.6.2007; RE 387.839-AgR, Rel. Min. Gilmar Mendes, Segunda Turma, **DJ** de 06.10.2006. 10. A Corte Especial do Superior Tribunal de Justiça, analisando a aplicação da Súmula Vinculante n. 17 do Supremo Tribunal Federal, firmou orientação no sentido de que não incidem juros de mora no período compreendido entre a conta de atualização e o efetivo pagamento do precatório/RPV. Tal entendimento ficou assentado no julgamento do REsp 1.143.677/RS, submetido ao regime do art. 543-C do CPC. Precedentes: AgRg no REsp 1403104/SC, rel. Ministro Sérgio Kukina, Primeira Turma, **DJe** de 11.06.2014. Agravo regimental improvido. (AgRg nos EDcl no REsp 1380204 / SP AGRAVO REGIMENTAL NOS EMBARGOS DE DECLARAÇÃO NO RECURSO ESPECIAL 2013/0132637-0 – Ministro HUMBERTO MARTINS – T2 – SEGUNDA TURMA – **DJe** de 22.10.2015) (grifos nossos).

3. RESPONSABILIDADE POR TRANSFERÊNCIA

A responsabilização por Transferência afeta pessoa, que, *a priori*, nada tem a ver com a relação jurídica preestabelecida, mas será compelida a pagar o tributo, caso se envolva, ainda que posteriormente, com o sujeito passivo ou com os seus bens.

Sobre a responsabilidade tributária Leandro Paulsen leciona:

> A atribuição da responsabilidade a **terceiro jamais será presumida ou implícita; decorrerá, necessariamente, de dispositivo do CTN ou da legislação ordinária que assim determine**. A par da norma tributária que estabelece a obrigação do contribuinte, teremos, ainda, uma norma específica impondo a responsabilidade tributária a outra pessoa: A responsabilidade tributária pressupõe duas normas autônomas: a regra matriz de incidência tributária e a regra matriz de responsabilidade tributária, cada uma com seu pressuposto de fato e seus sujeitos próprios. O CTN estabelece alguns casos de responsabilidade tributária e deixa ao legislador ordinário a possibilidade de estabelecer outras hipóteses específicas. **Seu art. 128 é inequívoco no sentido de que "a lei pode atribuir de modo expresso a responsabilidade pelo crédito tributário a terceira pessoa,** vinculada ao fato gerador da respectiva obrigação, excluindo a responsabilidade do contribuinte ou atribuindo-a a este em caráter supletivo do cumprimento total ou parcial da referida obrigação". Não poderá o legislador ordinário, por certo, contrariar o disposto no CTN. (grifos nossos)[6].

Diante dessas considerações, pode-se concluir que será somente a lei que determinará a responsabilidade tributária a outrem – art. 128 do CTN.

O Código Tributário Nacional estabelece em seus artigos 129 a 133 a figura do responsável por **sucessão**; nos artigos 134 e 135 a responsabilidade de **terceiros** e nos artigos 136 a 138 a responsabilidade por **infrações**, estudados a seguir.

3.1. Responsabilidade por Sucessão

3.1.1. Responsabilidade do Adquirente de Bens Imóveis (art. 130 do CTN)

Nos termos do artigo 130 do CTN, o adquirente de um bem imóvel responde pelos créditos tributários relativos a impostos cujo fato gerador seja a **propriedade, posse, o domínio útil** de bens imóveis, bem como pelo pagamento das taxas pela prestação de serviços referentes a tais bens, ou contribuições de melhoria, salvo se houver **prova de quitação** desses débitos.

O título de prova de quitação a que se refere o artigo 130 do CTN consiste numa Certidão Negativa de Débitos (CND). Logo, se o Comprador do bem imóvel obtiver, perante a Autoridade Administrativa, uma CND referente a esse bem, esse mesmo adquirente não será responsável por créditos tributários anteriores à emissão da referida CND.

Assim, sob outro ângulo, se uma pessoa compra um bem imóvel com dívidas de IPTU ou ITR, Taxas e Contribuição de Melhoria do antigo proprietário, será o responsável por sucessão pelo pagamento dos respectivos créditos tributários. Por essa razão, pode-se afirmar que os créditos tributários **sub-rogam-se** na pessoa do adquirente do bem imóvel nessa situação.

Ressalta-se que o *caput* do artigo 130 do CTN responsabiliza o adquirente de bem imóvel pelo pagamento apenas dos impostos cujo fato gerador é a propriedade, posse ou domínio

6. PAULSEN, Leandro. **Curso de Direito Tributário.** 4. ed. Porto Alegre: Livraria do Advogado, 2012. p. 105.

útil, as contribuições de melhoria e as taxas em razão de serviços prestados ao imóvel. Desse modo, a responsabilidade em relação aos impostos alcança apenas o IPTU e o ITR.

Conquanto, se a aquisição do bem imóvel for por **arrematação** em hasta pública, o Parágrafo único do artigo 130 do CTN determina que os créditos tributários sub-rogam-se no respectivo preço:

> **Art. 130.** Os créditos tributários relativos a impostos cujo fato gerador seja a propriedade, o domínio útil ou a posse de bens imóveis, e bem assim os relativos a taxas pela prestação de serviços referentes a tais bens, ou a contribuições de melhoria, sub-rogam-se na pessoa dos respectivos adquirentes, salvo quando conste do título a prova de sua quitação. **Parágrafo único. No caso de arrematação em hasta pública, a sub-rogação ocorre sobre o respectivo preço.**

Por conseguinte, se, por exemplo, um sujeito arrematar um imóvel por R$ 100.000 em hasta pública, e existir uma dívida de R$ 50.000 de IPTU, essa dívida sub-roga-se no valor arrematado. Nesse sentido, temos o entendimento do STJ:

> PROCESSUAL CIVIL. RECURSO ORDINÁRIO EM MANDADO DE SEGURANÇA. TRIBUTÁRIO. ARREMATAÇÃO EM HASTA PÚBLICA. IMPOSSIBILIDADE DE SE IMPOR RESPONSABILIDADE TRIBUTÁRIA AO ARREMATANTE EM RELAÇÃO AO PERÍODO ANTERIOR À ARREMATAÇÃO. 1. **Em se tratando de arrematação em hasta pública, os créditos tributários relativos a tributos incidentes sobre bens imóveis sub-rogam-se no respectivo preço (art. 130 do CTN), afastada a responsabilidade do arrematante pelos débitos tributários referentes ao período anterior à arrematação.** Nesse sentido: REsp n. 909.254/DF, 2ª Turma, rel. Min. Mauro Campbell Marques, **DJe** de 21.11.2008; REsp n. 954.176/SC, 2ª Turma, rel.ª Min.ª Eliana Calmon, **DJe** de 23.06.2009; AgRg no Ag n. 1.137.529/SP, 1ª Turma, rel. Min. Benedito Gonçalves, **DJe** de 02.02.2010. 2. Desse modo, inexiste direito líquido e certo do Município-impetrante em obstar a transferência do imóvel ao arrematante, sob o argumento de que não houve comprovação da quitação dos débitos tributários referentes ao período anterior à arrematação. 3. Recurso ordinário não provido. (RMS n. 27.486/RS, rel. Min. Mauro Campbell Marques, 2ª Turma, julgado em 07.08.2012, **DJe** de 14.08.2012) (grifos nossos).

O julgamento do STJ pela não responsabilização do arrematante quanto às dívidas do bem arrematado estende-se ainda que o valor da dívida seja **superior** ao valor arrematado, uma vez que o arrematante se exime de quaisquer responsabilidades, recebendo o imóvel livre de ônus tributário. Os débitos devem ser quitados com o produto da arrematação, como se vê no julgado a seguir:

> PROCESSUAL CIVIL E TRIBUTÁRIO. AGRAVO REGIMENTAL EM AGRAVO DE INSTRUMENTO. EXECUÇÃO FISCAL DE IPTU. IMÓVEL ARREMATADO EM HASTA PÚBLICA. DÉBITOS TRIBUTÁRIOS. SUB-ROGAÇÃO NO PREÇO. PARÁGRAFO ÚNICO DO ART. 130 DO CTN. IMPOSSIBILIDADE DE IMPUTAR-SE AO ARREMATANTE ENCARGO OU RESPONSABILIDADE TRIBUTÁRIA PENDENTE. **1. Ainda que o preço alcançado na arrematação do bem seja insuficiente para a quitação do débito tributário, o arrematante não poderá ser responsabilizado por dívidas contraídas por outrem, conforme a literalidade do parágrafo único do art. 130 do CTN.** Precedentes: AgRg no Ag n. 1246665/SP, rel. Min. Luiz Fux, 1ª Turma, **DJe** de 22.04.2010; REsp n. 954.176/SC, rel.ª Min.ª Eliana Calmon, 2ª Turma, **DJe** de 23.06.2009. 2. Agravo regimental não provido (AgRg no AREsp n. 132.083/SP, rel. Min. Benedito Gonçalves, 1ª Turma, julgado em 28.08.2012, **DJe** de 05.09.2012) (grifos nossos)

No caso de a dívida tributária ultrapassar o valor arrematado, o Município deverá cobrar o excedente do **antigo proprietário**, superado o parecer já proferido por esse Egrégio Tribunal de que a dívida estaria extinta, isso porque as hipóteses de extinção do crédito tributário são apenas aquelas descritas no artigo 156 do CTN, que nada menciona sobre a arrematação ser hipótese de extinção de crédito tributário. Transcreve-se a ementa do REsp n. 108.7275 para melhor compreensão:

> PROCESSUAL CIVIL. RECURSO ESPECIAL. IMÓVEL ARREMATADO EM HASTA PÚBLICA, PARA FINS DE PAGAMENTO DE DÍVIDAS TRABALHISTAS. DÉBITOS DE IPTU RELATIVOS AO PERÍODO ANTERIOR À ARREMATAÇÃO. COBRANÇA EM FACE DO ANTIGO PROPRIETÁRIO. IMPOSSIBILIDADE DE OPOSIÇÃO DA REGRA PREVISTA NO ART. 130, PARÁGRAFO ÚNICO DO CTN. (...) Assim, não obstante o Código Tributário Nacional afaste a responsabilidade do adquirente, **não há falar em extinção do crédito tributário, subsistindo a responsabilidade do antigo proprietário.** 3. De igual modo, quando o imóvel é arrematado em hasta pública, se a arrematação não enseja a quitação dos débitos fiscais – como ocorre no caso dos autos —, não há falar em extinção do crédito tributário. Especificamente em relação a esta hipótese, impende ressaltar que o parágrafo único do art. 130 do CTN traz uma exceção de responsabilidade oponível apenas pelo adquirente do imóvel em hasta pública, ou seja, não beneficia o antigo proprietário, como bem observou o Tribunal de origem. 5. Recurso especial desprovido. (REsp n. 1087275/SP, rel.ª Min.ª Denise Arruda, 1ª Turma, julgado em 17.11.2009, **DJe** de 10.12.2009) (grifos nossos).

Diante disso, tornou-se praxe nos leilões realizados pelo Poder Judiciário fazer constar nos editais de leilão que a venda do imóvel penhorado só será feita livre e desembaraçada, se o produto da arrecadação satisfizer o crédito do autor da ação, em razão do Parágrafo Único do artigo 130 do CTN.

Surpreendentemente, o STJ ao julgar o REsp n. 1316970, em junho de 2013, entendeu válida essa prática e considerou que não viola o artigo 130 do CTN o edital de hasta pública que prevê a responsabilidade do arrematante por débitos fiscais de IPTU. Com isso, o Município passaria a ter dupla garantia de quitação da dívida tributária, quais sejam: **(i)** a garantia pessoal do arrematante, aceita judicialmente por ocasião da arrematação; e **(ii)** a garantia real representada pelo imóvel arrematado, que dá origem ao próprio débito de IPTU.

Nesse julgamento, o bem arrematado fora avaliado em R$ 8.470.060,43 e, no momento do lance, condicionou-se o depósito de R$ 2.450.000,00 e que o arrematante assumisse os débitos de IPTU, no valor de R$ 4.746.446,72. O que totalizaria R$ 7.196.446,72, equivalente a quase 85% do valor do imóvel arrematado.

Note-se que o entendimento do STJ se inclina pelo fracionamento no momento do pagamento do bem arrematado, de modo que o arrematante irá depositar um valor inferior ao da arrematação, porque assumiu a dívida tributária. Na verdade, o bem foi arrematado por R$ 7.196.446,72, mas o arrematante deposita apenas uma parte desse valor, porque o restante ele utilizará para quitar a dívida tributária diretamente com o Município.

Ao levar em consideração esse raciocínio não haverá problemas, posto que de fato não afronta o Parágrafo Único do artigo 130 do CTN.

Registre-se que não se admite que nem a Lei Ordinária modifique o Parágrafo Único do artigo 130 do CTN, quem dirá um edital de hasta pública poder ser considerado meio hábil para tanto, que justamente tem natureza jurídica de simples oferta pública a terceiros.

Ao discorrer sobre o assunto, Isabel Marques da Cunha[7] ressalta que a responsabilidade tributária é tema de Direito Público, devendo ser tratada como tal e não como um erro aceitável entre as partes quando da sujeição a um edital.

3.1.2. Responsabilidade do art. 131 do CTN

Também denominada de Responsabilidade por Sucessão, a responsabilidade do artigo 131 do CTN ocorre na transação, quando o adquirente ou remitente de bens se torna responsável pelo pagamento dos créditos tributários dos bens adquiridos ou remidos. No caso de aquisição de um veículo com dívidas de IPVA, por exemplo, o adquirente será responsável pelo pagamento desse tributo.

Entretanto, se o bem for adquirido em arrematação judicial, o STJ entende que se aplica o parágrafo único do artigo 130 do CTN por **analogia**, assim o crédito sub-roga-se no respectivo preço.

> TRIBUTÁRIO. ARREMATAÇÃO JUDICIAL DE VEÍCULO. DÉBITO DE IPVA. RESPONSABILIDADE TRIBUTÁRIA. CTN, ART. 130, PARÁGRAFO ÚNICO. 1. A arrematação de bem em hasta pública é considerada como aquisição originária, inexistindo relação jurídica entre o arrematante e o anterior proprietário do bem. 2. **Os débitos anteriores à arrematação sub-rogam-se no preço da hasta. Aplicação do artigo 130, parágrafo único, do CTN, em interpretação que se estende aos bens móveis e semoventes.** (REsp n. 807455, rel.ª Min.ª Eliana Calmon, **DJ** de 21.11.2008) (grifos nossos).

Alerta-se para a devida cautela em provas de concurso, pois se a banca examinadora considerar pela literalidade da lei, entenderá incorreta a assertiva que afirmar que a responsabilidade será afastada pela aquisição do bem móvel em leilão, visto que o artigo 131 do CTN não faz de fato essa ressalva. Repita-se que o posicionamento alhures exposto pertence ao STJ.

O **remitente** responsável por pagar as dívidas tributárias consiste naquele que faz o resgate da dívida. Configura-se a remição, na verdade, quando o **cônjuge**, **ascendente** ou **descendente** resgata bens que, num processo de execução, tenham sido levados a leilão (Lembre-se de que remição – pagamento – difere-se de remissão – perdão). Esse instituto era disciplinado pelos artigos 787 e 788 do CPC, que atualmente se encontram revogados. A remição hoje está disciplinada no artigo 685-A, §§ 2º e 3º do CPC, acrescentados pela Lei n. 11.382/2006.E, no art. 876 do Novo CPC (Lei n.13.105/2015)

Destaca-se, também, a possibilidade atual de o próprio credor ficar com o bem do executado. Essa alternativa, inclusive, consta como a primeira opção para a alienação do bem expropriado do devedor, a **adjudicação** pelo exequente (próprio credor), que concorre com o cônjuge, o ascendente e os descendentes (remitentes), consoante exposto no artigo 685-A do CPC:

---

7. A responsabilidade do arrematante de imóvel em hasta pública por dívidas de IPTU pretéritas. **RDDT** n. 180/85, set. 2010.

> **Art. 685-A.** É lícito ao exequente, oferecendo preço não inferior ao da avaliação, requerer lhe sejam adjudicados os bens penhorados. (...) § 2º Idêntico direito pode ser exercido pelo credor com garantia real, pelos credores concorrentes que hajam penhorado o mesmo bem, pelo cônjuge, pelos descendentes ou ascendentes do executado. § 3º Havendo mais de um pretendente, proceder-se-á entre eles à licitação; em igualdade de oferta, terá preferência o cônjuge, descendente ou ascendente, nessa ordem.

Segue conteúdo similar no art. 876 do CPC/2015 (Lei n. 13.105/2015):

> Art. 876. É lícito ao exequente, oferecendo preço não inferior ao da avaliação, requerer que lhe sejam adjudicados os bens penhorados.
>
> (...) § 5º Idêntico direito pode ser exercido por aqueles indicados no art. 889, incisos II a VIII, pelos credores concorrentes que hajam penhorado o mesmo bem, pelo cônjuge, pelo companheiro, pelos descendentes ou pelos ascendentes do executado.
>
> § 6º Se houver mais de um pretendente, proceder-se-á a licitação entre eles, tendo preferência, em caso de igualdade de oferta, o cônjuge, o companheiro, o descendente ou o ascendente, nessa ordem.(...)

Tanto na remição quanto na adjudicação **há responsabilidade** tributária pelos tributos devidos pelos bens remidos ou adjudicados. O STJ entende que a responsabilidade permanece ainda quando se tratar de bem imóvel, pois não se confunde arrematação, prevista no Parágrafo Único do artigo 130 do CTN com remição e adjudicação – art. 685-A, §§ 2º e 3º do CPC.

PROCESSUAL CIVIL. EXECUÇÃO FISCAL. IPTU. ARREMATAÇÃO DE IMÓVEL EM HASTA PÚBLICA. AQUISIÇÃO ORIGINÁRIA. ADJUDICAÇÃO. VIOLAÇÃO DO ART. 130, PARÁGRAFO ÚNICO, DO CTN. OCORRÊNCIA. OBRIGAÇÃO TRIBUTÁRIA *PROPTER REM.* EXISTÊNCIA DE RESPONSABILIDADE TRIBUTÁRIA. 1. Discute-se nos autos se o credor-exequente (adjudicante) está dispensado do pagamento dos tributos que recaem sobre o imóvel anteriores à adjudicação. **2. Arrematação e adjudicação são situações distintas, não podendo a analogia ser aplicada na forma pretendida pelo acórdão recorrido, pois a adjudicação pelo credor com dispensa de depósito do preço não pode ser comparada a arremate por terceiro.** 3. A arrematação em hasta pública extingue o ônus do imóvel arrematado, que passa ao arrematante livre e desembaraçado de tributo ou responsabilidade, sendo, portanto, considerada aquisição originária, de modo que os débitos tributários anteriores à arrematação sub-rogam-se no preço da hasta. Precedentes: REsp n. 1.188.655/RS, rel. Min. Luiz Fux, 1ª Turma, **DJe** de 08.06.2010; AgRg no Ag n. 1.225.813/SP, rel. Min. Eliana Calmon, 2ª Turma, **DJe** de 08.04.2010; REsp n. 909.254/DF, rel. Min. Mauro Campbell Marques, 2ª Turma **DJe** de 21.11.2008. 4. O adquirente só deixa de ter responsabilidade pelo pagamento dos débitos anteriores que recaiam sobre o Bem, se ocorreu, efetivamente, depósito do preço, que se tornará a garantia dos demais credores. De molde que o crédito fiscal perquirido pelo fisco é abatido do pagamento, quando da praça, por isso que, encerrada a arrematação, não se pode imputar ao adquirente qualquer encargo ou responsabilidade. **5. Por sua vez, havendo a adjudicação do imóvel, cabe ao adquirente (credor) o pagamento dos tributos incidentes sobre o Bem adjudicado, eis que, ao contrário da arrematação em hasta pública, não possui o efeito de expurgar os ônus obrigacionais que recaem sobre o Bem. 6. Na adjudicação, a mutação do sujeito passivo não afasta a responsabilidade pelo pagamento dos tributos do imóvel adjudicado,**

uma vez que a obrigação tributária *propter rem* (no caso dos autos, IPTU e taxas de serviço) acompanha o Bem, mesmo que os fatos imponíveis sejam anteriores à alteração da titularidade do imóvel (arts. 130 e 131, I, do CTN). 7. À luz do decidido no REsp n. 1.073.846/SP, rel. Min. Luiz Fux, Primeira Seção, **DJe** de 18.12.2009, "os impostos incidentes sobre o patrimônio (Imposto sobre a Propriedade Territorial Rural – ITR – e Imposto sobre a Propriedade Predial e Territorial Urbana – IPTU) decorrem de relação jurídico-tributária instaurada com a ocorrência de fato imponível encartado, exclusivamente, na titularidade de direito real, razão pela qual consubstanciam obrigações propter rem, impondo-se sua assunção a todos aqueles que sucederem ao titular do imóvel". Recurso especial provido. (REsp n. 1179056/MG, rel. Min. Humberto Martins, 2ª Turma, julgado em 07.10.2010, **DJe** de 21.10.2010) (grifos nossos).

Importante para não errar!

Arrematação		Adjudicação	
O que é?	Terceiro arremata o bem Não tem responsabilidade	O que é?	Credor, cônjuge, descendente e ascendente arremata o bem Tem responsabilidade
Por quê?	Art. 130, parágrafo único, do CTN	Por quê?	Art. 131, I, do CTN

Quanto à sucessão hereditária, o artigo 131, III, do CTN prevê que o **espólio** será responsável pelo pagamento dos tributos devidos pelo *de cujus* até a **abertura da sucessão**. Isso quer dizer que, durante o processo de inventário ou arrolamento, o espólio terá o dever de pagar os tributos cujos fatos geradores ocorrerem nesse período, sendo a responsabilidade do cônjuge meeiro e dos sucessores limitados ao montante do seu quinhão, **até a partilha**.

> **Art. 131.** São pessoalmente responsáveis: (...) II – o sucessor a qualquer título e o cônjuge meeiro, pelos tributos devidos pelo *de cujus* até a data da partilha ou adjudicação, limitada esta responsabilidade ao montante do quinhão do legado ou da meação; III – o espólio, pelos tributos devidos pelo *de cujus* até a data da abertura da sucessão.

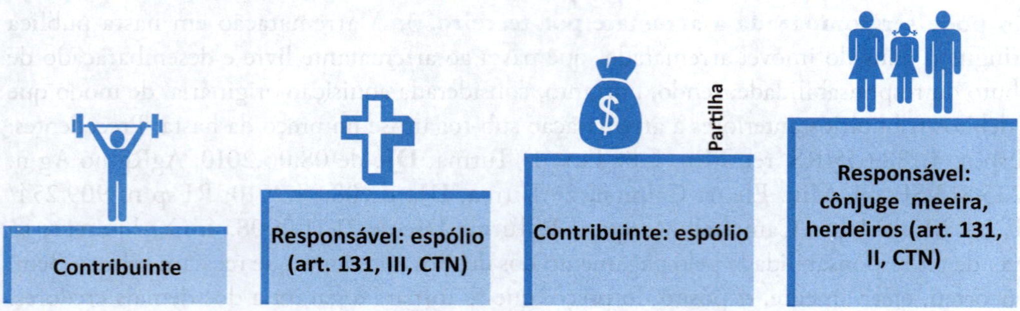

3.1.3. Responsabilidade do art. 132 do CTN

Ainda dentro do instituto da Responsabilidade dos Sucessores, o legislador, no artigo 132 do CTN, estabeleceu que nas operações de fusão, incorporação ou transformação, a pessoa jurídica **resultante** será responsável **pessoalmente** pelo pagamento dos tributos devidos até a data do ato pelas pessoas jurídicas de direito privado fusionada, incorporada, ou transformada, *in verbis*:

> **Art. 132.** *A pessoa jurídica de direito privado que resultar de fusão, transformação ou incorporação de outra ou em outra é responsável pelos tributos devidos até à data do ato pelas pessoas jurídicas de direito privado fusionadas, transformadas ou incorporadas.*

Para melhor compreensão do instituto em referência, vale trazer à baila alguns conceitos. As operações de **fusão** decorrem da união de duas ou mais sociedades para formar uma nova sociedade, que lhes sucederá em todos os direitos e obrigações, incluindo as de natureza tributária, conforme prevê o artigo 228 da Lei n. 6.404/76.

A **incorporação** se dá quando uma empresa absorve outra empresa. E a operação de **transformação** ocorre quando a sociedade passa, independentemente de dissolução e liquidação, de um tipo para outro – Lei n. 6.404/76, art. 229. Trata-se do caso, por exemplo, de uma Empresa por Quotas de Responsabilidade Limitada transformar-se em uma Sociedade por Ações (S.A.).

Observe que o Código Tributário Nacional não tratou sobre a responsabilidade nos casos de **cisão** – quando a companhia transfere parcelas de seu patrimônio para uma ou mais sociedades –, constituídas para esse fim ou já existentes, extinguindo-se a companhia cindida, se houver versão de todo o seu patrimônio, ou dividindo-se o seu capital, se parcial a versão – Lei n. 6.404/76, art. 220.

O fato de o CTN não ter mencionado a responsabilidade na hipótese de cisão gera muita divergência na doutrina. Cumpre esclarecer que a responsabilidade tributária em estudo foi instituída pelo CTN antes do surgimento dessa operação societária (cisão) que, por sua vez, só foi introduzida no ordenamento jurídico por meio da Lei de Sociedades Anônimas em 1976.

Para se dimensionar a divergência na doutrina, Maria Rita Ferragut[8], por exemplo, considera que tal responsabilidade decorre do artigo 128 do CTN, e, por isso, a Lei n. 6.404/1976 disciplina essa responsabilidade tributária, nos meandros do artigo 233, *in verbis:*

> **Art. 233. Na cisão com extinção da companhia cindida, as sociedades que absorverem parcelas do seu patrimônio responderão solidariamente pelas obrigações da companhia extinta.** A companhia cindida que subsistir e as que absorverem parcelas do seu patrimônio responderão solidariamente pelas obrigações da primeira anteriores à cisão. **Parágrafo único.** O ato de cisão parcial poderá estipular que as sociedades que absorverem parcelas do patrimônio da companhia cindida serão responsáveis apenas pelas obrigações que lhes forem transferidas, sem solidariedade entre si ou com a companhia cindida, mas, nesse caso, qualquer credor anterior poderá se opor à estipulação, em relação ao seu crédito, desde que notifique a sociedade no prazo de 90 (noventa) dias a contar da data da publicação dos atos da cisão (grifos nossos).

Por outro lado, Sacha Calmon Navarro Coêlho interpreta que a cisão configura uma operação societária que deve ter o mesmo tratamento conferido às demais, ou seja, deve seguir a responsabilidade prevista no artigo 132 do CTN:

> A doutrina vem admitindo, até para evitar a elisão de tributos pela via do planejamento fiscal, que os casos de cisão total ou parcial estão abrangidos pelo dispositivo legal sob comento, ao argumento de que o CTN é anterior à Lei n. 6.404, de 15.12.1976, sobre as sociedades anônimas, que regrou os casos de cisão. Diz-se que há cisão total quando a empresa se reparte em várias partes, cada qual tornando-se uma nova empresa com o desaparecimento da empresa-mãe. Na cisão parcial, a empresa-mãe é preservada. A cisão

8. **Responsabilidade Tributária e o Código Civil de 2002.** São Paulo: Noeses, 2009. p. 81.

se dá por conveniência (especialização de atividades) ou para acomodar divergências (separação de sócios, v.g.). Entendemos que a disciplina legal deva estender-se aos casos de cisão, por isso que configuram uma forma, junto com as demais previstas no artigo, de mutação empresarial. "Onde a mesma razão, a mesma disposição", já ensinavam os praxistas, com espeque na clarividência jurídica dos jurisconsultos romanos. O parágrafo único do art. 132, ademais, reforça essa percepção, ao estender a normatividade do dispositivo aos casos de extinção de pessoas jurídicas de Direito Privado quando a exploração da respectiva atividade seja continuada por sócio remanescente ou seu espólio, sob a mesma razão social ou outra, ou sob forma individual. Tem-se aí configurada uma sucessão empresarial, implicando transferência da responsabilidade pelo pagamento de tributos. Evidentemente, tributos lançados, em vias de lançamento ou que porventura venham a ser lançados em razão de atos jurígeno-tributários (fatos geradores) ocorridos até a data da sucessão, não atingidos pela decadência ou pela prescrição, nos exatos termos do CTN[9].

No mesmo sentido, temos o parecer de Luís Eduardo Schoueri ao se referir ao artigo 132 do CTN:

Deve-se notar que o referido dispositivo não trata de cisão. Explica-se a omissão: quando da publicação do Código Tributário Nacional, a legislação societária ainda não conhecia a cisão, que somente surgiu em 1976, com a Lei 6.404. Entretanto, não há razão para deixar de se aplicar à cisão a regra de sucessão empresarial acima transcrita, especialmente se for considerado o parágrafo único, que versa sobre a continuação da exploração da atividade, após a extinção da pessoa jurídica[10].

Os Tribunais Superiores também têm se posicionado pela responsabilidade nos termos do artigo 132 do CTN. Defendem que, embora o instituto da cisão não esteja previsto nesse dispositivo, deve-se ao fato que foi inserido em nosso ordenamento apenas em 1976 com a promulgação da Lei n. 6.404/76. Assim, por analogia pode ser aplicado o artigo 132 do CTN nessas operações, uma vez que o artigo 108, § 1º, do CTN veda o emprego da analogia apenas nos casos em que resultar na exigência de tributo não previsto em lei.

Nesse sentido, transcrevem-se as ementas dos julgados a seguir:

(...) 2. Nos termos do art. 132 do CTN, "a pessoa jurídica de direito privado que resultar de fusão, transformação ou incorporação de outra ou em outra é responsável pelos tributos devidos até a data do ato pelas pessoas jurídicas de direito privado fusionadas, transformadas ou incorporadas". **A responsabilidade tributária da pessoa jurídica nascida de cisão empresarial é *ex lege*, vale dizer, decorre diretamente da lei, notadamente do art. 132 do CTN. A pessoa jurídica que resultar desse tipo de modificação** societária será responsável pelas dívidas anteriores, ou seja, **haverá responsabilidade empresarial até a data do ato.** 3. Não há ilegalidade no ato administrativo questionado neste *mandamus*. Nessa medida, o mandado de segurança deve ser denegado. 4. Apelação e remessa necessária providas (AMS n. 70681, Des. Theophilo Miguel, TRF 2, **DJ** de 11.06.2013). (grifos nossos).

TRIBUTÁRIO. MANDADO DE SEGURANÇA. CISÃO PARCIAL. RESPONSABILIDADE TRIBUTÁRIA. SUCESSÃO DE EMPRESA. APLICAÇÃO DO ART. 132 DO CTN. SOLIDARIEDADE. ART. 233 DA LEI N. 6.404/76. INAPLICÁVEL TRATANDO-SE DE CRÉDITO TRIBUTÁRIO. 1. **Embora não conste expressamente do rol do art. 132 do CTN, a cisão da sociedade é modalidade de mutação empresarial sujeita, para efeito de responsabilidade tributária, ao mesmo tratamento jurídico conferido às demais espécies de sucessão** (REsp n. 970.585/RS, 1ª Turma, rel. Min. José Delgado,

9. COELHO, Sacha Calmon Navarro. **Curso de Direito Tributário Brasileiro.** 10. ed., Rio de Janeiro: Forense, 2009. p. 660.
10. **Direito tributário**. 2. ed. São Paulo: Saraiva, 2012. p. 528.]

DJe de 07.04.2008) 2. *In casu*, os débitos pendentes são anteriores à operação questionada, que data de 2000 – conforme protocolo de justificação datado em 26 de junho de 2000 – , que, aliás, até 14 de junho de 2000 a empresa Comercial Mineira S/A integrava o quadro societário da Apelante. 3. Existindo débitos tributários exigíveis não há direito à expedição de CND ou CPND. 4. Inaplicável o disposto no art. 233 da Lei n. 6.404/1976 para os casos de créditos tributários, sob pena de afronta ao art. 123 do CTN (AMS 2004.36.00.008180-4/MT. Des.ª Federal Maria do Carmo Cardoso. 13.07.2012 e-DJF1, p. 1.269) 5. Apelação e Remessa Oficial a que se dá provimento (AMS n. 200238000152275, Des. Lino Osvaldo Serra Sousa Segundo, TRF 1, **DJ** de 24.05.2013) (grifos nossos).

PROCESSUAL CIVIL E TRIBUTÁRIO. EXECUÇÃO FISCAL. PRESCRIÇÃO. CISÃO DE EMPRESA. HIPÓTESE DE SUCESSÃO, NÃO PREVISTA NO ART. 132 DO CTN. REDIRECIONAMENTO A SÓCIO-GERENTE. INDÍCIOS SUFICIENTES DE FRAUDE. (...) 2. **Embora não conste expressamente do rol do art. 132 do CTN, a cisão da sociedade é modalidade de mutação empresarial sujeita, para efeito de responsabilidade tributária, ao mesmo tratamento jurídico conferido às demais espécies de sucessão** (REsp n. 970.585/RS, 1ª Turma, Min. José Delgado, **DJe** de 07.04.2008). 3. Recurso especial parcialmente conhecido e, nesta parte, desprovido (REsp n. 852972/PR, rel. Min. Teori Albino Zavascki, 1ª Turma, julgado em 25.05.2010, **DJe** de 08.06.2010) (grifos nossos).

Em prova realizada em 2008 para o cargo de Juiz de Direito do Tribunal de Justiça de São Paulo, uma das questões discursivas versava justamente sobre a responsabilidade nas operações de cisão.

Exemplo de questão sobre o tema

► **(TJ/SP – Juiz de Direito – SP/2008).** A pessoa jurídica de direito privado que resultar de cisão é responsável pelos tributos devidos pelas pessoas jurídicas cindidas, até a data do ato? Fundamente a resposta.

O candidato deveria mencionar sobre o posicionamento doutrinário e ainda sobre a jurisprudência nos Tribunais Superiores, como visto nesse capítulo.

Não obstante, nos casos de **extinção** de pessoas jurídicas, o Parágrafo Único do artigo 132 do CTN prevê que as regras do *caput* se aplicam quando a respectiva atividade seja continuada por qualquer sócio remanescente, ou seu espólio, sob a mesma ou outra razão social.

3.1.4. Responsabilidade do art. 133 do CTN

E, por último, mas não menos importante, outra modalidade de Responsabilidade dos Sucessores consiste no caso do adquirente de fundo de comércio ou estabelecimento comercial, industrial ou profissional que continuar a respectiva exploração, ainda que modifique a razão social. Nesse caso, será o adquirente o responsável pelo pagamento dos tributos devidos pelo fundo ou estabelecimento adquirido, ou até a data do ato.

Essa modalidade de responsabilidade se justifica para assegurar que as dívidas tributárias de um estabelecimento sejam quitadas por esse (adquirente), no caso de cessação da exploração da atividade, por parte do alienante. Ou, ainda, responsabiliza o adquirente, embora de forma subsidiária, no caso de o alienante continuar produzindo riqueza ou iniciar dentro de 6 meses, nos termos do inciso II do *caput* do artigo 133 do CTN. Isso quer dizer, frise-se, que o Fisco terá de alguma forma a garantia do adimplemento das obrigações tributárias, independentemente de quem seja o proprietário, com as devidas ressalvas constantes no mesmo artigo.

Em suma, o adquirente responderá **integralmente** pelos créditos tributários se o alienante **cessar** a exploração do comércio, indústria ou atividade.

Por outro lado, a responsabilidade do adquirente será **subsidiária** com o alienante se este **continuar** a explorar qualquer atividade ou iniciar, **dentro de seis meses** a contar da data da alienação, nova atividade no mesmo, ou em **outro ramo** de comércio, indústria ou profissão. Tudo isso com fundamento no artigo 133 do CTN:

> **Art. 133.** A pessoa natural ou jurídica de direito privado que adquirir de outra, por qualquer título, fundo de comércio ou estabelecimento comercial, industrial ou profissional, e continuar a respectiva exploração, sob a mesma ou outra razão social, ou sob firma ou nome individual, responde pelos tributos, relativos ao fundo ou estabelecimento adquirido, devidos até à data do ato: I – integralmente, se o alienante cessar a exploração do comércio, indústria ou atividade; II – subsidiariamente com o alienante, se este prosseguir na exploração ou iniciar dentro de seis meses a contar da data da alienação, nova atividade no mesmo ou em outro ramo de comércio, indústria ou profissão (...).

A maior parte da doutrina sustenta que fundo de comércio e estabelecimento comercial são sinônimos e correspondem à integralidade, **universalidade** de bens utilizados e necessários para a realização da atividade empresarial. Corrobora com esse entendimento o artigo 1.142 do Código Civil, que define estabelecimento como "todo o complexo de bens organizado, para exercício de empresa, por empresário, ou por sociedade empresária".

Fazem parte de um estabelecimento, por exemplo, os estoques, os ativos, os contratos, os processos e relatórios sobre a produção, distribuição e gestão, a carteira de clientes, as marcas e patentes, os *royalties*, os pontos comerciais, bem como a tecnologia de atuação empresarial, assim como inúmeros outros bens corpóreos e incorpóreos existentes.

Todavia, cumpre evidenciar que a aquisição de um ou alguns desses bens não acarreta a responsabilidade do artigo 133 do CTN. Ainda que o adquirente continue a desenvolver o mesmo ramo de atividade econômica, porém promovendo atividades negociais diversas daquelas praticadas pelo antigo proprietário.

Ives Gandra da Silva Martins elucida que a aquisição de fundo comércio, para acarretar a responsabilidade do artigo 133 do CTN, deve corresponder à aquisição da **integralidade** dos bens patrimoniais, inclusive os de natureza pessoal e de valor material, e não apenas um local para exploração de idênticas atividades, mas da respectiva atividade. Explica que:

> Aquisição de instalação e exploração de atividade semelhante, mas à luz de atividade com densidade própria e de maior expressão daquele que adquire alguns dos bens da empresa vendedora e que, simultaneamente, desenvolverá no local, além de atividades semelhantes, outras atividades nunca exploradas pelo alienante, sobre utilizar-se, de marca própria, nacionalmente conhecida, configura hipótese não prevista pelo legislador complementar. [...] ...a exploração deve ser "do negócio" de quem venda o fundo de comércio e não "de negócio do adquirente", mesmo que semelhante. [...] a dicção do dispositivo não oferta dúvida de que a aquisição se refere à assunção da própria empresa, do seu fundo de comércio, vale dizer, da cumulação de sua propriedade imaterial (marcas, patentes e quaisquer outras dimensões que representem o valor do empreendimento) e material (bens, mercadorias, contratos em andamento, incluídos nestes contratos os clientes etc.)[11].

---

11. Inteligência do art. 133 do Código Tributário Nacional. Origem do dispositivo. Evolução jurisprudencial e doutrinária. Inaplicabilidade à hipótese consultada. **RDDT** n. 145, p. 132, out. 2007.

Ademais, importa esclarecer que não se pode confundir **ponto comercial** com estabelecimento comercial, pois este configura apenas um elemento do conjunto estabelecimento. O ponto refere-se ao local onde se realiza a atividade. Trata-se de bem incorpóreo, que não se confunde com o imóvel a partir do qual se materializa. Logo, a aquisição apenas do ponto comercial não gera a responsabilidade tributária do artigo 133 do CTN.

A responsabilidade tributária a que se refere o artigo 133 do CTN está ligada à aquisição dos elementos necessários para continuidade das atividades pelo adquirente, da mesma forma que atuava anteriormente o bem adquirido.

Registre-se que não haverá a responsabilidade nem mesmo se o adquirente exercer **idêntica** atividade, uma vez que é necessário o desenvolvimento da **respectiva** atividade.

Assim, com o intuito de melhor compreender, se, por exemplo, um estabelecimento de maior renome adquire instalações do vendedor de menor projeção, de modo a continuar atuando com sua marca própria e nos moldes que a caracteriza, mesmo que explore idêntica ou semelhante atividade, não estará sujeito à responsabilidade do artigo 133 do CTN, por não explorar a **respectiva** atividade.

Não obstante, se uma pessoa jurídica toma posse, mediante **contrato de aluguel**, de um imóvel onde funcionava outro estabelecimento, também, não se pode cogitar da responsabilidade do artigo 133 do CTN. Isso porque não houve aquisição do estabelecimento, apenas foi alugado um imóvel no qual funcionava outro estabelecimento. O STJ tem posicionamento nesse sentido, como se vê na ementa de decisão da Ministra Eliana Calmon:

> TRIBUTÁRIO. RESPONSABILIDADE TRIBUTÁRIA. SUCESSÃO POR AQUISIÇÃO DE ESTABELECIMENTO EMPRESARIAL OU FUNDO DE COMÉRCIO. ART. 109 DO CTN. LOCAÇÃO. IMPOSSIBILIDADE. 1. **A responsabilidade do art. 133 do CTN ocorre pela aquisição do fundo de comércio ou estabelecimento, ou seja, pressupõe a aquisição da propriedade com todos os poderes inerentes ao domínio, o que não se caracteriza pela celebração de contrato de locação, ainda que mantida a mesma atividade exercida pelo locador.** Precedente: REsp n. 108.873/SP, rel. Min. Ari Pargendler, 2ª Turma, julgado em 04.03.1999, **DJ** de 12.04.1999, p. 111. 2. O Direito tributário utiliza-se dos institutos, conceitos e formas de Direito privado tal qual utilizados nos ramos jurídicos específicos, sendo-lhe vedado modificar-lhes o conteúdo, sentido e alcance. 3. Recurso especial não provido (REsp n. 1140655/PR, rel.ª Min.ª Eliana Calmon, 2ª Turma, julgado em 17.12.2009, **DJe** de 19.02.2010) (grifos nossos).

Desse modo, o STJ tem entendido que o adquirente do fundo de comércio ou estabelecimento comercial em sua integralidade responderá nos termos do *caput* do artigo 133 do CTN, inclusive com relação às **penalidades tributárias**.

> TRIBUTÁRIO. RECURSO ESPECIAL. RECURSO ESPECIAL REPRESENTATIVO DE CONTROVÉRSIA. ART. 543-C DO CPC. RESPONSABILIDADE POR INFRAÇÃO. SUCESSÃO DE EMPRESAS. ICMS. BASE DE CÁLCULO. VALOR DA OPERAÇÃO MERCANTIL. INCLUSÃO DE MERCADORIAS DADAS EM BONIFICAÇÃO. DESCONTOS INCONDICIONAIS. IMPOSSIBILIDADE. LC N. 87/96. MATÉRIA DECIDIDA PELA 1ª SEÇÃO, NO RESP N. 1111156/SP, SOB O REGIME DO ART. 543-C DO CPC. **1. A responsabilidade tributária do sucessor abrange, além dos tributos devidos pelo sucedido, as multas moratórias ou punitivas, que, por representarem dívida de valor, acompanham o passivo do patrimônio adquirido pelo sucessor, desde que seu fato gerador tenha ocorrido até a data da sucessão.** (Precedentes: REsp n. 1085071/SP, rel. Min. Benedito Gonçalves, 1ª Turma, julgado em 21.05.2009, **DJe** de 08.06.2009; REsp n. 959.389/RS, rel. Min. Castro Meira, 2ª Turma, julgado em 07.05.2009,

> **DJe** de 21.05.2009; AgRg no REsp n. 1056302/SC, rel. Min. Mauro Campbell Marques, 2ª Turma, julgado em 23.04.2009, **DJe** de 13.05.2009; REsp n. 3.097/RS, rel. Min. Garcia Vieira, 1ª Turma, julgado em 24.10.1990, **DJ** de 19.11.1990) 2. (...) A hipótese de sucessão empresarial (fusão, cisão, incorporação), **assim como nos casos de aquisição de fundo de comércio ou estabelecimento comercial** e, principalmente, nas configurações de sucessão por transformação do tipo societário (sociedade anônima transformando-se em sociedade por cotas de responsabilidade limitada, v.g.), em verdade, não encarta sucessão real, mas apenas legal. O sujeito passivo é a pessoa jurídica que continua total ou parcialmente a existir juridicamente sob outra "roupagem institucional". Portanto, a multa fiscal não se transfere, simplesmente continua a integrar o passivo da empresa que é: a) fusionada; b) incorporada; c) dividida pela cisão; d) adquirida; e) transformada. (Sacha Calmon Navarro Coêlho. In: Curso de direito tributário brasileiro. 9. ed. Rio de Janeiro: Forense, p. 701) (...) 9. Recurso especial desprovido. Acórdão submetido ao regime do art. 543-C do CPC e da Resolução STJ 08/2008. (REsp n. 923012/MG, rel. Min. Luiz Fux, 1ª Seção, julgado em 09.06.2010, **DJe** de 24.06.2010) (grifos nossos).

Diante desse julgado, percebe-se que o STJ superou o entendimento de que as penalidades não se transferem para outras pessoas, nas hipóteses de responsabilidade dos artigos 132 e 133 do CTN. Tudo isso por entender que no caso das sucessões ocorrerem à luz desses dispositivos, as multas moratórias ou punitivas representam dívida de valor que acompanham o passivo do patrimônio adquirido pelo sucessor.

Assim, na sucessão empresarial (fusão, cisão e incorporação), bem como nos casos de aquisição de fundo de comércio ou estabelecimento comercial, o sujeito passivo corresponde à pessoa que continua total ou parcialmente a existir juridicamente sob outra "roupagem institucional". Por essa razão, a multa não se transfere, simplesmente continua a integrar o passivo da empresa.

Nesse sentido, atente-se para a Súmula n. 554 do STJ:

> Na hipótese de sucessão empresarial, a responsabilidade da sucessora abrange não apenas os tributos devidos pela sucedida, mas também as multas moratórias ou punitivas referentes a fatos geradores ocorridos até a data da sucessão. **Informativo** n. 574 – Primeira Seção, aprovada em 09.12.2015, **DJe** de 15.12.2015.

A regra do *caput* do artigo 133 do CTN somente não se aplica quando o fundo de comércio ou estabelecimento comercial, industrial ou profissional for adquirido em **processo de falência** ou de **recuperação judicial**, conforme determina o § 1º do artigo 133 do CTN, *in verbis:*

> **Art. 133.** (...) § 1º O disposto no *caput* deste artigo não se aplica na hipótese de alienação judicial: I – em processo de falência; II – de filial ou unidade produtiva isolada, em processo de recuperação judicial.

Contudo, segundo o § 2º do artigo 133 do CTN, o adquirente responderá pela dívida tributária, nos ditames do *caput*, se a aquisição do fundo de comércio ou estabelecimento comercial, ainda que realizada no processo de falência ou recuperação judicial, for por:

A	Sócio da sociedade falida ou em recuperação judicial, ou sociedade controlada pelo devedor falido ou em recuperação judicial;
B	Parente, em linha reta ou colateral até o 4º (quarto) grau, consanguíneo ou afim, do devedor falido ou em recuperação judicial ou de qualquer de seus sócios; ou
C	Identificado como agente do falido ou do devedor em recuperação judicial com o objetivo de fraudar a sucessão tributária.

Sobre os parágrafos do artigo 133 do CTN, insta mencionar que foi a Lei Complementar n. 118/2005 que os acrescentou. Isso quer dizer que até o advento da Lei de Falências – Lei n. 11.101/2005 – e da referida Lei Complementar, **não** havia a **ressalva** à regra da sucessão empresarial tributária subsidiária, na hipótese de alienação judicial em processo de falência ou em recuperação judicial.

Frise-se, portanto, que o novo § 1º do artigo 133 do CTN criou uma exceção à regra do *caput*, de modo a determinar que não haverá responsabilidade tributária quando a pessoa física ou jurídica adquirir fundo de comércio em processo de **falência** ou em processo de **recuperação judicial**.

O principal objetivo do legislador, ao criar essas exceções por meio da Lei Complementar n. 118/2005, foi possibilitar a recuperação das sociedades que estão enfrentando dificuldades financeiras – recuperação judicial –, ou de viabilizar a continuação da atividade por outro grupo – no caso de falência.

Entretanto, evidencia-se que, além da exceção, o legislador ao acrescentar o § 2º ao artigo 133 do CTN, também tomou a cautela de estabelecer a responsabilização, no âmbito tributário, nesses casos de falência ou recuperação judicial a pessoas específicas, tudo isso com o fim de evitar simulação ou fraude, garantir a idoneidade e a segurança jurídica da transação.

Por fim, ainda sobre o artigo 133 do CTN, mais especificamente no tocante ao seu § 3º, o legislador estabeleceu que, em processo de falência, o produto da alienação judicial de empresa, filial ou unidade produtiva isolada permanecerá em conta de depósito à disposição do juízo de falência pelo prazo de 1 (um) ano, contado da data de alienação, somente podendo ser utilizado para o pagamento de créditos extraconcursais ou de outros que preferem o tributário. Pode-se perceber, pois, que, com esse § 3º do artigo 133 do CTN, o crédito tributário passou a ter a preferência relativizada (antes absoluta) nos processos de falência.

3.2. Responsabilidade de Terceiros

3.2.1. Responsabilidade do art. 134 do CTN

No tocante à Responsabilidade de Terceiros, o artigo 134 do CTN prevê responsabilidade **solidária** a algumas pessoas, nos atos em que intervierem ou forem omissas, na impossibilidade de exigir o cumprimento da obrigação principal pelo contribuinte que efetivamente praticou o fato gerador, *in verbis:*

> **Art. 134.** Nos casos de impossibilidade de exigência do cumprimento da obrigação principal pelo contribuinte, respondem solidariamente com este nos atos em que intervierem ou pelas omissões de que forem responsáveis: I – os pais, pelos tributos devidos por seus filhos menores; II – os tutores e curadores, pelos tributos devidos por seus tutelados ou curatelados; III – os administradores de bens de terceiros, pelos tributos devidos por estes; IV – o inventariante, pelos tributos devidos pelo espólio; V – o síndico e o comissário, pelos tributos devidos pela massa falida ou pelo concordatário; VI – os tabeliães, escrivães e demais serventuários de ofício, pelos tributos devidos sobre os atos praticados por eles, ou perante eles, em razão do seu ofício; VII – os sócios, no caso de liquidação de sociedade de pessoas. **Parágrafo único.** O disposto neste artigo só se aplica, em matéria de penalidades, às de caráter moratório.

Ressalta-se, primeiramente, que as pessoas enumeradas nas sete alíneas do referido dispositivo irão responder pelo pagamento das dívidas tributárias, na impossibilidade de cumprimento da obrigação principal pelo contribuinte, e somente nos casos em que intervierem ou pelas omissões de que forem responsáveis.

Logo, a responsabilidade tributária enumerada pelo artigo 134 do CTN pressupõe duas condições:

A	A impossibilidade de o contribuinte satisfazer seu débito;
B	A participação do terceiro nos atos tributados ou nas omissões verificadas.

Todavia, há que se mencionar a crítica realizada, pela maior parte dos doutrinadores, referente à nomenclatura adotada pelo legislador: "responsabilidade solidária". Observe-se que ao considerar que os créditos tributários devem ser cobrados primeiramente do contribuinte para somente depois a responsabilidade recair sobre as pessoas enumeradas no artigo 134 do CTN não se trata, em verdade, de uma responsabilidade solidária, uma vez que essa modalidade não comporta benefício de ordem, segundo o Direito Civil. Seria, então, uma **responsabilidade subsidiária**, na qual primeiro cobra-se de uma pessoa e, se essa não cumprir a obrigação, cobra-se de outra.

O Superior Tribunal de Justiça tem compreendido que a responsabilidade do artigo 134 do CTN se refere de fato a uma responsabilidade subsidiária, que houve falta de tecnicidade legislativa ao ser mencionada a responsabilidade solidária:

> PROCESSUAL CIVIL. TRIBUTÁRIO. ALEGAÇÃO DE OMISSÃO NO ACÓRDÃO EMBARGADO. EXISTÊNCIA. REDIRECIONAMENTO. IMPOSSIBILIDADE. EMBARGOS DE DECLARAÇÃO ACOLHIDOS SEM EFEITOS INFRINGENTES. 1. **Os arts. 134 e 135 do CTN estabelecem a responsabilidade de terceiros quando impossibilitada a exigência do cumprimento da obrigação tributária principal ao contribuinte**. 2. Decidindo a Corte de origem que não houve dissolução irregular da empresa devedora, não se permite o redirecionamento da execução fiscal, haja vista que, **nos termos do CTN, a responsabilidade tributária do corresponsável é subsidiária.** Embargos de declaração acolhidos, sem efeitos modificativos. (EDcl nos EDcl no AgRg no REsp n. 1241432/SC, rel. Min. Humberto Martins, 2ª Turma, julgado em 20.09.2011, **DJe** de 26.09.2011) (grifos nossos).

Deve-se tomar a devida cautela com essa questão em provas de concurso, pois se a banca examinadora tender pela literalidade da lei, considerará correta a assertiva que versar sobre responsabilidade **solidária** apenas; entretanto, se seguir a jurisprudência pacificada do STJ, considerará a referida responsabilidade como **subsidiária**.

A banca do CESPE, em prova realizada em 2012 para o cargo de Advogado-Geral da União, anulou a questão que considerou correta a responsabilidade solidária do espólio e do inventariante:

> No que se refere à penalidade de caráter moratório, a responsabilidade tributária do espólio e do inventariante é solidária.

A justificação da banca para anulação da questão foi justamente o julgamento do STJ:

> Embora o *caput* do art. 134 do CTN estabeleça a solidariedade, também determina que o inventariante só responde nos casos de impossibilidade de exigência do cumprimento da obrigação principal e das penalidades de caráter moratório (parágrafo único) pelo espólio, o que configuraria, na verdade, responsabilidade subsidiária. **A matéria é polêmica e a redação**

> **do enunciado não possibilita ao candidato oferecer uma única resposta adequada. Cite-se, a respeito, o seguinte excerto de julgado do STJ:** "Flagrante ausência de tecnicidade legislativa se verifica no artigo 134 do CTN, em que se indica hipótese de responsabilidade solidária 'nos casos de impossibilidade de exigência do cumprimento da obrigação principal pelo contribuinte', uma vez cediço que o instituto da solidariedade não se coaduna com o benefício de ordem ou de excussão. **Em verdade, o aludido preceito normativo cuida de responsabilidade subsidiária"**. (EREsp n. 446955/SC, rel. Min. Luiz Fux, 1ª Seção, julgado em 09.04.2008, **DJe** de 19.05.2008). Com esses fundamentos, propõe-se a anulação do item (grifos nossos).

Ademais, vale salientar que os sócios só respondem pelo pagamento das dívidas tributárias da pessoa jurídica no caso de liquidação de **sociedade de pessoas**, conforme prevê o artigo 134, VII, do CTN.

Contudo, importa mencionar que não há na doutrina posicionamento unânime sobre o conceito de sociedade de pessoas.

Fábio Ulhôa Canto, para tentar conceituar, diferencia as sociedades de pessoas das de capital, de modo que as sociedades de pessoas são aquelas em que *"os sócios têm direito de vetar o ingresso de estranhos no quadro associativo", enquanto nas sociedades de capital vige o princípio da "livre circulabilidade da participação societária"*[12].

Na concepção de Maria Helena Diniz:

> **Sociedade de pessoas. Direito comercial.** Aquela em que os sócios se escolhem mutuamente, considerando-se a idoneidade moral e econômica, e havendo predominância do *intuitu personae* sobre o *intuitu pecuniae*, no seu funcionamento. É aquela em que a pessoa do sócio, como diz Fran Martins, tem papel preponderante, não só na constituição como também durante a vida da pessoa jurídica; logo, a morte ou incapacidade de um reflete na sociedade, gerando em regra, sua dissolução parcial, com diminuição do capital, visto que a sua quota não é livremente cessível, por estar sujeita a certos condicionamentos estabelecidos no pacto social, que estipula proibições atinentes à transferência de quotas. São sociedades de pessoas: a em nome coletivo, a de capital e indústria, a em comandita simples, a em conta de participação.
>
> **(...) Sociedade de Capital. Direito Comercial.** Sociedade mercantil organizada em função dos bens que formam o capital social, como a sociedade anônima, a sociedade em comandita, a sociedade por quotas de responsabilidade limitada. Seus sócios respondem pelas obrigações sociais até a importância do capital com que entraram para a sociedade, e votam segundo aquele capital. As decisões sociais são tomadas pelo maior número de ações, ainda que pertençam a apenas um sócio. A pessoa do sócio não é levada em consideração para seu funcionamento, não sofrendo a sociedade, como ensina Fran Martins, nenhuma alteração com a mudança, morte ou incapacidade deste. Só importa a contribuição do sócio para o capital social. Havendo tal capital, a sociedade funciona mesmo sem a colaboração do sócio, podendo sua administração ser confiada a terceiro[13].

Para fins de atribuição da responsabilidade tributária do artigo 134, VII, do CTN, tem-se que as sociedades de pessoas são aquelas cuja responsabilidade dos sócios é **ilimitada**. Logo, se ocorrer a liquidação de sociedade cuja responsabilidade dos sócios é limitada pelas regras do direito privado (sociedade limitada ou sociedade anônima, por exemplo), seus sócios somente poderão responder com observância dessas limitações e não conforme o disposto no artigo 134 do CTN. Segue o parecer do STJ nesse sentido:

---

12. **Manual de Direito Comercial: Direito de empresa.** 19. ed. São Paulo: Saraiva, 2007. p. 122.
13. DINIZ, Maria Helena. Direito Civil Brasileiro. **Teoria das Obrigações Contratuais e Extracontratuais.** 3º v., 15. ed. São Paulo: Saraiva, 2000.

> (...) 2. Quanto à alegação de que teria ocorrido dissolução irregular da sociedade, a ensejar a responsabilização dos sócios nos termos do art. 134, VII, do CTN, convém destacar que o aresto recorrido afastou a incidência desse dispositivo legal sob o argumento de que a **sociedade por quotas de responsabilidade limitada não se constitui numa sociedade de pessoas** (EDcl no REsp n. 109143, rel. Min. Castro Meira, **DJ** de 02.05.2005).

Note-se, ainda, que a responsabilidade do artigo 134 do CTN se refere tão somente às penalidades de caráter moratório.

3.2.2. Responsabilidade do art. 135 do CTN

Ainda no tocante à responsabilidade do terceiro, nos termos do artigo 135 do CTN, respondem pessoalmente pelos créditos tributários correspondentes a obrigações tributárias resultantes de atos praticados com **excesso de poderes ou infração à lei, contrato social ou estatuto social:** *"(i) as pessoas referidas no art. 134 do CTN; (ii) os mandatários, prepostos e empregados; e (iii) os diretores, gerentes ou representantes de pessoas jurídicas de direito privado"*.

Como visto no item anterior, as pessoas arroladas no artigo 134 do CTN apresentam, via de regra, responsabilidade "solidária" (termo utilizado pelo legislador), conforme *caput* desse dispositivo; mas se as obrigações tributárias forem resultantes de atos praticados com excesso de poderes ou infração à lei, contrato social ou estatuto social, passa a ser uma responsabilidade **pessoal**, portanto, uma responsabilidade subsidiária, conforme entendimento da doutrina e da jurisprudência.

Na prova da AGU, realizada pela banca do CESPE em 2012, o item **"A responsabilidade tributária de terceiros é solidária"**, foi primeiramente considerado "correto" e, após recursos, o gabarito foi alterado para "**errado**", sob a justificativa: *"Recurso deferido. A responsabilidade de terceiros também pode ser pessoal, conforme dispõe o art. 135 do CTN, o que contraria a afirmação feita no item. Por essa razão, opta-se pela alteração do gabarito do item"*.

Quanto à responsabilidade **pessoal** dos sócios, de acordo com o artigo 135 do CTN, trata-se de apenas os sócios que tenham poderes de gerência, direção ou representação e não todos os sócios indistintamente.

Além disso, as pessoas elencadas nesse dispositivo legal só respondem pessoalmente pelos créditos tributários que derem **causa** por excesso de poder, infração à lei ou contrato social e estatuto social.

Diante disso, o mero **inadimplemento de tributo** por parte da pessoa jurídica **não** será considerado pelos Tribunais Superiores infração à lei e, por essa razão, não gera responsabilidade para os sócios com poderes de gerência, como se vê no entendimento pacificado do STJ, por meio da *Súmula n. 430: "O inadimplemento da obrigação tributária pela sociedade não gera, por si só, a responsabilidade solidária do sócio-gerente"*.

Ressalta-se, todavia, que o não repasse de valores descontados de empregados e autônomos não se enquadra como mero inadimplemento, pois, nessa hipótese, se está diante de crime de Apropriação Indébita Tributária, nos termos do artigo 2º, II, da Lei n. 8.137/1990 ou Apropriação Indébita Previdenciária, artigo 168-A, *caput* e § 1º, I, do Código Penal. Portanto, justifica-se a aplicação da responsabilidade do artigo 135 do CTN com relação aos tributos retidos pelo empregador e não repassados para os Entes Federativos.

A dissolução irregular da sociedade também configura infração à lei e, por esse motivo, gera responsabilidade tributária aos sócios-gerentes, conforme prevê o artigo 135, III, do CTN.

Entende-se, por conseguinte, que a responsabilidade do administrador da empresa em que ocorreu a dissolução irregular decorre da infração à lei, nos termos do artigo 135, III, do CTN. A prática desse ilícito deve ser sancionada de modo a recair sobre aquele que a praticou, ou seja, o sócio administrador da época em que ocorreu a dissolução irregular.

Sobre o assunto, merece destaque, ainda, a Súmula n. 435 do STJ: –*"Presume-se dissolvida irregularmente a empresa que deixar de funcionar no seu domicílio fiscal, sem comunicação aos órgãos competentes, legitimando o redirecionamento da execução fiscal para o sócio-gerente"*.

Nesse momento, importante esclarecer que é possível o redirecionamento da execução fiscal para o sócio gerente, segundo entendimento do STJ, caso viasulizada uma das hipóteses do art. 135 do CTN, vejamos:

> PROCESSUAL CIVIL E TRIBUTÁRIO. EXECUÇÃO FISCAL. DISSOLUÇÃO IRREGULAR. EMPRESA NÃO ENCONTRADA NO ENDEREÇO. REDIRECIONAMENTO. POSSIBILIDADE. SÚMULA 435/STJ. **1. A jurisprudência do STJ entende que "a certidão emitida pelo Oficial de Justiça que atesta que a empresa devedora não mais funciona no endereço constante dos assentamentos da junta comercial é indício de dissolução irregular, apto a ensejar o redirecionamento da execução para o sócio-gerente, nos termos da Súmula 435/STJ"** (AgRg no AREsp 743.185/RS, Rel. Ministro Humberto Martins, Segunda Turma, DJe 16.9.2015). 2. *In casu*, consta nos autos certidão emitida por oficial de justiça atestando que a empresa recorrida não funciona mais no endereço constante nos assentamentos da junta comercial (fl. 333, e-STJ). Dessa forma, deve ser reconhecido que há indício de dissolução irregular apta a ensejar o redirecionamento da execução. 3. Recurso Especial provido. (REsp 1616492/SP, Rel. Ministro HERMAN BENJAMIN, SEGUNDA TURMA, julgado em 23/08/2016, DJe 13/09/2016)

> PROCESSUAL CIVIL E TRIBUTÁRIO. AGRAVO INTERNO NO AGRAVO EM RECURSO ESPECIAL. EXECUÇÃO FISCAL. REDIRECIONAMENTO. DISSOLUÇÃO IRREGULAR DA SOCIEDADE. REEXAME FÁTICO-PROBATÓRIO. SÚMULA 7/STJ. 1. No julgamento do REsp 1.101.728/SP, submetido ao rito do art. 543-C, do CPC, esta Corte firmou a compreensão de que o redirecionamento da execução fiscal para o sócio-gerente da empresa é cabível apenas quando demonstrado que este agiu com excesso de poderes, infração à lei ou ao estatuto, ou no caso de dissolução irregular da empresa, não se incluindo o simples inadimplemento de obrigações tributárias. 2. No caso concreto, a Corte de origem, após ampla análise do conjunto fático-probatório dos autos, concluiu encontrar-se demonstrada a dissolução irregular da sociedade empresária, circunstância apta a autorizar o redirecionamento do feito executivo. Rever a conclusão a que chegou o Tribunal a quo sobre a questão demanda o reexame dos fatos e provas constantes dos autos, o que é vedado no âmbito do recurso especial, nos termos da Súmula 7/STJ. 3. Agravo interno não provido. (AgInt no AREsp 738.350/SC, Rel. Ministro BENEDITO GONÇALVES, PRIMEIRA TURMA, julgado em 18/08/2016, DJe 26/08/2016)

> TRIBUTÁRIO. EXECUÇÃO FISCAL. REDIRECIONAMENTO PARA O SÓCIO-GERENTE. PRESUNÇÃO DE LEGITIMIDADE DO TÍTULO EXECUTIVO EM QUE CONSTA O NOME DO SÓCIO. MATÉRIA DECIDIDA DE ACORDO COM O RITO DOS RECURSOS REPETITIVOS. **1. A Primeira Seção do STJ, no julgamento do REsp 1.104.900/ES sob o rito dos recursos repetitivos, consolidou o entendimento segundo o qual a presunção de legitimidade do título executivo extrajudicial viabiliza o redirecionamento da Execução Fiscal contra sócio-gerente cujo nome estiver incluído na CDA. 2. "(...) se a execução foi ajuizada apenas contra a pessoa jurídica, mas o nome**

do sócio consta da CDA, a ele incumbe o ônus da prova de que não ficou caracterizada nenhuma das circunstâncias previstas no art. 135 do CTN, ou seja, não houve a prática de atos 'com excesso de poderes ou infração de lei, contrato social ou estatutos'". 3. *In casu*, o nome do sócio-gerente contra o qual se pretende o redirecionamento da execução fiscal, Luis Eduardo Fontenelle Barros, constava da CDA e foi retirado sem que este houvesse provado que não agiu com excessos de poderes, infração à lei ou ao estatuto. Agravo interno improvido. (AgInt nos EDcl no REsp 1581567/CE, Rel. Ministro HUMBERTO MARTINS, SEGUNDA TURMA, julgado em 16/08/2016, DJe 23/08/2016)

RECURSO FUNDADO NO CPC/73. TRIBUTÁRIO. EXECUÇÃO FISCAL INTENTADA DIRETAMENTE CONTRA SOCIEDADE E SEUS SÓCIOS GERENTES. NOMES DOS SÓCIOS CONSTANTES DA CDA. INVERSÃO DO ÔNUS DA PROVA QUANTO A ALGUMA EXCLUDENTE DE RESPONSABILIDADE. PRECEDENTES. **1. Nos termos da jurisprudência desta Corte, "Se a execução foi proposta contra a pessoa jurídica e contra o sócio-gerente, a este compete o ônus da prova, já que a CDA goza de presunção relativa de liquidez e certeza, nos termos do art. 204 do CTN c/c o art. 3º da Lei n.º 6.830/80." (EREsp 702.232/RS, Rel. Ministro CASTRO MEIRA, PRIMEIRA SEÇÃO, julgado em 14/09/2005, DJ 26/09/2005, p. 169)** 2. Ademais, por ocasião do julgamento do REsp 1.104.900/ES, na sistemática do art. 543-C do CPC, reforçou-se a orientação no sentido de que, se o nome do sócio consta da CDA, a ele incumbe o ônus da prova de que não ficou caracterizada nenhuma das circunstâncias previstas no art. 135 do CTN. 3. Agravo regimental a que se nega provimento. (AgRg no AREsp 94.663/MG, Rel. Ministro SÉRGIO KUKINA, PRIMEIRA TURMA, julgado em 09/08/2016, DJe 25/08/2016)

Outro ponto que merece destaque quanto ao assunto redirecionamento da execução fiscal é com relação à dissolução da sociedade. Para Segunda Turma do STJ, basta que o sócio gerente esteja nessa condição no momento da dissolução irregular para ser responsável tributário, independentemente dele se encontrar nessa condição no momento em que ocorreram os fato geradores que ensejaram o pagamento do tributo, isso porque a própria dissolução irregular já configura infração à lei e nos termos do art. 135 do CTN já autoriza a responsabilidade do sócio gerente.

PROCESSUAL CIVIL E TRIBUTÁRIO. RESPONSABILIDADE TRIBUTÁRIA. DISSOLUÇÃO IRREGULAR. ILÍCITO QUE JUSTIFICA O REDIRECIONAMENTO DA EXECUÇÃO FISCAL. DESNECESSIDADE DE O SÓCIO FIGURAR TAMBÉM NO MOMENTO DO FATO GERADOR. ENTENDIMENTO ATUAL DA SEGUNDA TURMA DO STJ. DISSOLUÇÃO IRREGULAR. REVISÃO. SÚMULA 7/STJ. **1. Se o motivo da responsabilidade tributária é a infração a lei consubstanciada pela dissolução irregular da empresa (art. 135, III, do CTN), é irrelevante para efeito de redirecionamento da Execução Fiscal ao sócio-gerente ou ao administrador o fato de ele não integrar a sociedade quando do fato gerador do crédito tributário (AgRg no REsp 1.545.342/GO, Rel. Ministro Mauro Campbell Marques, Segunda Turma, DJe 28/9/2015; REsp 1.508.500/SP, Rel. Ministro Og Fernandes, Segunda Turma, DJe 21/8/2015).** 2. A revisão da premissa fática e probatória, expressamente registrada no acórdão do Tribunal de origem, relativa à existência de indício de dissolução irregular, decorrente de certidão de oficial de justiça que certifica que a empresa não se localiza no endereço diligenciado, esbarra no óbice da Súmula 7/STJ. 3. Agravo Regimental não provido. (AgRg no AREsp 615.303/RS, Rel. Ministro HERMAN BENJAMIN, SEGUNDA TURMA, julgado em 07/06/2016, DJe 02/09/2016)

TRIBUTÁRIO. EXECUÇÃO FISCAL. ART. 135 DO CTN. PRESUNÇÃO DE DISSOLUÇÃO IRREGULAR NOS TERMOS DA SÚMULA 435/STJ. REDIRECIONAMENTO AO SÓCIO-GERENTE QUE EXERCIA ESSE ENCARGO POR OCASIÃO DO ATO PRESUMIDOR DA DISSOLUÇÃO. POSSIBILIDADE. IRRELEVÂNCIA DA DATA DA OCORRÊNCIA DO FATO GERADOR OU DO VENCIMENTO

DO TRIBUTO. **1. A Segunda Turma desta Corte, por ocasião da apreciação do REsp 1.520.257/SP, firmou entendimento de que o redirecionamento da execução fiscal, na hipótese de dissolução irregular da sociedade ou de sua presunção, deve recair sobre o sócio-gerente que se encontrava no comando da entidade no momento da dissolução irregular ou da ocorrência de ato que presuma a sua materialização, nos termos da Súmula 435/STJ, sendo irrelevantes a data do surgimento da obrigação tributária (fato gerador), bem como o vencimento do respectivo débito fiscal.** 2. Recurso especial a que se dá parcial provimento a fim de reformar o acórdão recorrido, para determinar o prosseguimento da execução em face dos sócios-gerentes que exerciam o comando da sociedade executada ao tempo da constatação da dissolução irregular. (REsp 1594205/PR, Rel. Ministro OG FERNANDES, SEGUNDA TURMA, julgado em 13/09/2016, DJe 20/09/2016)

Já a Primeira Turma do STJ compreende que o sócio gerente só será o responsável tributário se estava nessa condição no momento da dissolução irregular e desde que também estivesse no momento da ocorrência das obrigações tributárias.

PROCESSUAL CIVIL E TRIBUTÁRIO. AGRAVO INTERNO. RECURSO ESPECIAL. EXECUÇÃO FISCAL. REDIRECIONAMENTO. DISSOLUÇÃO IRREGULAR. AUSÊNCIA DE PODER DE GERÊNCIA À ÉPOCA DO FATO GERADOR. IMPOSSIBILIDADE. SÚMULA 83/STJ. **1. A jurisprudência do Superior Tribunal de Justiça definiu as seguintes orientações: a) o redirecionamento da execução fiscal ao sócio, em razão de dissolução irregular da empresa, pressupõe a respectiva permanência no quadro societário ao tempo da dissolução; e b) o redirecionamento não pode alcançar os créditos cujos fatos geradores são anteriores ao ingresso do sócio na sociedade.** 2. Na situação em que fundamentado o pedido de redirecionamento da execução fiscal na dissolução irregular da empresa executada, é imprescindível que o sócio contra o qual se pretende redirecionar o feito tenha exercido a função de gerência no momento dos fatos geradores e da dissolução irregular da sociedade. Precedentes: AgRg no REsp n. 1.497.599/SP, Relator Ministro Napoleão Nunes Maia Filho, DJe 26/2/2015; AgRg no Ag n. 1.244.276/SC, Relator Ministro Sérgio Kukina, DJe 4/3/2015; e AgRg no AREsp n. 705.298/BA, Rel. Min. Benedito Gonçalves, Primeira Turma, DJe 1/9/15; AgRg no REsp n. 1.364.171/PE, Rel. Ministra Regina Helena Costa, Primeira Turma, DJe 29/2/2016. 3. Agravo interno não provido. (AgInt no REsp 1569844/SP, Rel. Ministro BENEDITO GONÇALVES, PRIMEIRA TURMA, julgado em 22/09/2016, DJe 04/10/2016)

RECURSO FUNDADO NO NOVO CPC/2015. TRIBUTÁRIO. AGRAVO INTERNO NO AGRAVO EM RECURSO ESPECIAL. EXECUÇÃO FISCAL. DISSOLUÇÃO IRREGULAR. SÓCIOS QUE NÃO INTEGRAVAM A SOCIEDADE EMPRESÁRIA À ÉPOCA DOS FATOS GERADORES. REDIRECIONAMENTO. IMPOSSIBILIDADE. PRECEDENTES. **1. Não é possível o redirecionamento da execução fiscal a sócio que não integrava a sociedade empresária à época da ocorrência dos fatos geradores, porquanto o redirecionamento em tal hipótese pressupõe o exercício de gerência pelo sócio da empresa à época da ocorrência dos fatos geradores das obrigações e da dissolução irregular da empresa.** Precedentes: AgRg no REsp 1529041/CE, Rel. Ministra Regina Helena Costa, Primeira Turma, DJe 19/04/2016; e AgRg no REsp 1468257/SP, Rel. Ministro Og Fernandes, Segunda Turma, DJe 18/12/2014. 2. Agravo interno a que se nega provimento. (AgInt no AgInt no AREsp 856.173/SC, Rel. Ministro SÉRGIO KUKINA, PRIMEIRA TURMA, julgado em 13/09/2016, DJe 22/09/2016)

PROCESSUAL CIVIL. TRIBUTÁRIO. AGRAVO INTERNO NO RECURSO ESPECIAL. CÓDIGO DE PROCESSO CIVIL DE 2015. APLICABILIDADE. ARGUMENTOS INSUFICIENTES PARA DESCONSTITUIR A DECISÃO ATACADA. EXECUÇÃO FISCAL. REDIRECIONAMENTO. DISSOLUÇÃO IRREGULAR. PERMANÊNCIA DO SÓCIO NA ADMINISTRAÇÃO DA EMPRESA AO TEMPO DA DISSOLUÇÃO. EXERCÍCIO DA FUNÇÃO DE GERÊNCIA À ÉPOCA DO FATO GERADOR. CONCO-

MITÂNCIA. NECESSIDADE. INCIDÊNCIA DA SÚMULA N. 83/STJ. I – Consoante o decidido pelo Plenário desta Corte na sessão realizada em 09.03.2016, o regime recursal será determinado pela data da publicação do provimento jurisdicional impugnado. Assim sendo, *in casu*, aplica-se o Código de Processo Civil de 2015. **II – É pacífico o entendimento no Superior Tribunal de Justiça segundo o qual o pedido de redirecionamento da execução fiscal, quando fundado na dissolução irregular da sociedade executada, pressupõe não apenas a permanência do sócio na administração da empresa no momento da ocorrência da dissolução, como que tenha ele exercido a função de gerência à época do fato gerador do tributo.** III – O recurso especial, interposto pelas alíneas a e/ou c do inciso III do art. 105 da Constituição da República, não merece prosperar quando o acórdão recorrido encontra-se em sintonia com a jurisprudência desta Corte, a teor da Súmula n. 83/STJ. IV – A Agravante não apresenta, no agravo, argumentos suficientes para desconstituir a decisão recorrida. V – Agravo Interno improvido. (AgInt no REsp 1602080/SP, Rel. Ministra REGINA HELENA COSTA, PRIMEIRA TURMA, julgado em 13/09/2016, DJe 21/09/2016)

PROCESSUAL CIVIL E TRIBUTÁRIO. AGRAVO REGIMENTAL NO RECURSO ESPECIAL. EXECUÇÃO FISCAL. REDIRECIONAMENTO. DISSOLUÇÃO IRREGULAR. AUSÊNCIA DE PODER DE GERÊNCIA À ÉPOCA DO FATO GERADOR. IMPOSSIBILIDADE. O Plenário do STJ decidiu que "aos recursos interpostos com fundamento no CPC/1973 (relativos a decisões publicadas até 17 de março de 2016) devem ser exigidos os requisitos de admissibilidade na forma nele prevista, com as interpretações dadas até então pela jurisprudência do Superior Tribunal de Justiça" (Enunciado Administrativo n. 2). **O entendimento da Primeira Turma do Superior Tribunal de Justiça é o de que, para ocorrer o redirecionamento da execução, é necessário, além da dissolução irregular da pessoa jurídica, a existência do poder de gerência do sócio à época do fato gerador da dívida.** Hipótese em que o acórdão recorrido asseverou a ausência dos poderes de gerência na época do fato gerador, o que impede o redirecionamento. Agravo regimental desprovido. (AgRg no REsp 1504886/PE, Rel. Ministro GURGEL DE FARIA, PRIMEIRA TURMA, julgado em 13/09/2016, DJe 06/10/2016)

Cumpre mencionar, ainda, que não se pode confundir a responsabilidade do artigo 135 do CTN com a dos sócios e o correspondente adimplemento de suas obrigações, conforme previsão no Código Civil.

Na sociedade limitada, por exemplo, a responsabilidade de cada sócio se restringe ao valor de suas quotas, mas todos respondem solidariamente pela integralização do capital social, nos termos do artigo 1.052 do CC.

Ocorre que, se o sócio-gerente, mesmo sendo uma sociedade limitada, der causa à tributação em razão de uma das hipóteses do *caput* do artigo 135 do CTN, a sua responsabilidade será pela integralidade do tributo devido, independentemente de ultrapassar o valor de suas cotas. Isso porque o CTN, por se tratar de uma lei específica, deverá prevalecer nessa situação. É claro que se isso não ocorrer, a responsabilidade para pagamento dos tributos será conforme previsão do artigo 1.052 do CC.

Sobre esse assunto, na prova de AGU de 2012, realizada pela banca do CESPE, a seguinte assertiva foi considerada correta: *"O sócio de sociedade comercial de responsabilidade limitada, ainda que passados mais de três anos de sua liquidação, responderá, na proporção da sua participação no capital social, pelas obrigações tributárias não honradas pela sociedade"*.

O item foi objeto de recurso, porém a banca manteve seu gabarito sob a justificativa: "O item está correto, uma vez que se trata de responsabilidade limitada, em que o sócio, quando não praticou ato ilícito ou com abuso de poder, somente fica responsável pela sua proporção do capital integralizado".

A responsabilidade tributária é tema recorrente em provas de concurso. Observe-se também em prova realizada em 2012 para o cargo de Juiz Federal do TRF da 4ª Região umas das questões subjetivas foi sobre a responsabilidade do art. 135 do CTN:

Exemplo de questão sobre o tema

▶ **(TRF/4ª Região – Juiz – TRF 4/2012).** Disserte sobre a responsabilidade tributária do acionista, sócio, diretor, gerente ou administrador de pessoa jurídica, enfocando os seguintes aspectos: (i) hipóteses de cabimento; (ii) responsabilidade pelo não recolhimento; e (iii) natureza jurídica.

3.3. Responsabilidade por Infrações (arts. 136 e 137 do CTN)

Salvo disposição de lei em contrário, a responsabilidade por infrações da legislação tributária **independe** da intenção do agente ou do responsável e da efetividade, natureza e extensão dos efeitos do ato.

Assim, ainda que o contribuinte tenha um motivo nobre para estar inadimplente com o Fisco, o descumprimento obrigacional será punível. Da mesma forma, será punível a entrega de declaração de imposto em atraso, devidamente justificada.

Cumpre evidenciar, portanto, que a responsabilidade por infrações no Direito Tributário, relativamente ao descumprimento de obrigações principais e acessórias, traduz-se, geralmente, em multas e desconsidera a intenção do agente, de modo a demonstrar a natureza objetiva dessa responsabilidade.

Contudo, há que se mencionar que o artigo 136 do CTN prenuncia que o legislador poderá considerar aspectos subjetivos excludentes, atenuantes ou, ainda, agravantes da punibilidade para aplicação das penalidades, quando faz a ressalva: "salvo disposição de lei em contrário".

Cita-se, como exemplo disso, o disposto no artigo 44 da Lei n. 9.430/96 que prevê uma multa de 75% ao sujeito passivo que deixar de recolher ou de declarar o Imposto de Renda, sendo a multa duplicada no caso de agir o contribuinte com dolo, fraude ou simulação.

Ainda no tocante à responsabilidade por infrações, porém agora analisando a modalidade do artigo 137 do CTN, a referida responsabilidade será **pessoal**, *in verbis:*

> **Art. 137.** A responsabilidade é pessoal ao agente: I – quanto às infrações conceituadas por lei como crimes ou contravenções, salvo quando praticadas no exercício regular de administração, mandato, função, cargo ou emprego, ou no cumprimento de ordem expressa emitida por quem de direito; II – quanto às infrações em cuja definição o dolo específico do agente seja elementar; III – quanto às infrações que decorram direta e exclusivamente de dolo específico: a) das pessoas referidas no artigo 134, contra aquelas por quem respondem; b) dos mandatários, prepostos ou empregados, contra seus mandantes, preponentes ou empregadores; c) dos diretores, gerentes ou representantes de pessoas jurídicas de direito privado, contra estas.

Diante desse dispositivo, mais especificamente o inciso I, pode-se concluir que será a responsabilidade por infrações **pessoal** do agente (Pessoa Física) quando o ato praticado configurar ilícito penal. Entretanto, o legislador excepciona tal responsabilidade no caso de existir prova de que o agente teria agido no "regular exercício da administração", ou, ainda, teria cumprido ordem expressa por quem de direito. O regular exercício da administração ocorre, por exemplo, quando o agente comete o ilícito na condição de mero portador da vontade da empresa.

Outro caso de responsabilidade pessoal do agente, disposto também no artigo 137 do CTN, inciso II, refere-se às infrações "em cuja definição o dolo específico do agente seja elementar". Embora a responsabilidade por infrações seja, via de regra, objetiva, existem situações em que o legislador exige o dolo específico do agente. Pode-se afirmar que o referido inciso abrange as infrações administrativas, posto que no inciso I já abarca os crimes.

O inciso III do artigo 137 do CTN refere-se ao dolo específico de pessoas determinadas que agem em nome de terceiros. Cita-se, como exemplo, o empregado que pratica infração tributária com intenção de prejudicar a empresa em que labora. O empregado responderá pessoalmente pela penalidade e a empresa pagará por eventual obrigação apurada.

4. DENÚNCIA ESPONTÂNEA

Consoante teor do artigo 138 do CTN, a responsabilidade por infrações será **excluída** quando o contribuinte, **antes** de **qualquer** procedimento administrativo, promover a Denúncia Espontânea de forma a pagar o tributo acompanhado dos **juros e correção somente**. Assim, no caso de Denúncia Espontânea, o sujeito passivo não terá a obrigação de pagar as **multas** tributárias.

Vale salientar, que conforme estabelece o Parágrafo Único do artigo 138 do CTN, só será considerado devido o beneficio da Denúncia Espontânea se o contribuinte fizer o pagamento do tributo antes de **qualquer** procedimento administrativo, *in verbis:*

> **Art. 138.** *(...) Parágrafo único. Não se considera espontânea a denúncia apresentada após o início de qualquer procedimento administrativo ou medida de fiscalização, relacionados com a infração.*

Nesse sentido, segue abaixo ementa de decisão do STJ sobre o tema:

> PROCESSUAL CIVIL. AGRAVO REGIMENTAL NO RECURSO ESPECIAL. TRIBUTÁRIO. DENÚNCIA ESPONTÂNEA. CONFIGURAÇÃO. ESPECIAL EFICÁCIA VINCULATIVA DO ACÓRDÃO PROFERIDO NO RESP 1.149.022/SP. **1. A orientação da Primeira Seção STJ pacificou-se no sentido de que: (a) o benefício previsto no art. 138 do CTN impõe a exclusão da multa moratória; (b) não havendo prévia declaração pelo contribuinte (como ocorre no caso concreto), configura denúncia espontânea a confissão da dívida acompanhada de seu pagamento integral, desde que anterior a qualquer procedimento administrativo ou medida de fiscalização, relacionados com a infração, ainda que se trate de tributo sujeito a lançamento por homologação.** Nesse sentido: REsp 1.149.022/SP, 1ª Seção, Rel. Min. Luiz Fux, DJe de 24.6.2010 – acórdão submetido ao regime do art. 543-C do CPC. 2. Agravo regimental não provido. (AgRg no REsp 1414966/RJ, Rel. Ministro MAURO CAMPBELL MARQUES, SEGUNDA TURMA, julgado em 05/03/2015, DJe 11/03/2015)

Ademais, ressalta-se que o Judiciário tem afastado o benefício da denúncia espontânea no caso de obrigações acessórias, como, por exemplo, a entrega da declaração do imposto de renda extemporaneamente. Assim, se houver a entrega da declaração em atraso, mesmo que o contribuinte pague o imposto eventualmente devido antes de qualquer procedimento fiscalizatório, será devida a multa correspondente.

TRIBUTÁRIO. PROCESSUAL CIVIL. AUSÊNCIA DE VIOLAÇÃO DO ART. 535 DO CPC. OMISSÃO NÃO CARACTERIZADA. TRIBUTO SUJEITO A LANÇAMENTO POR HOMOLOGAÇÃO. ATRASO NA ENTREGA DA DCTF. APLICAÇÃO DE MULTA. POSSIBILIDADE. DENÚNCIA ESPONTÂNEA NÃO CARACTERIZADA. 1. Inexiste violação do art. 535 do CPC quando a prestação jurisdicional é dada na medida da pretensão deduzida, com enfrentamento e resolução das questões abordadas no recurso. **2. Nos termos da jurisprudência do STJ, a denúncia espontânea não é capaz de afastar a multa decorrente do atraso na entrega da Declaração de Contribuições e Tributos Federais (DCTF), pois os efeitos do art. 138 do CTN não se estendem às obrigações acessórias autônomas. Precedente: AgRg nos EDcl no AREsp 209.663/BA, Rel. Ministro HERMAN BENJAMIN, SEGUNDA TURMA, julgado em 04/04/2013, DJe 10/05/2013.** Agravo regimental improvido. (AgRg no REsp 1466966/RS, Rel. Ministro HUMBERTO MARTINS, SEGUNDA TURMA, julgado em 05/05/2015, DJe 11/05/2015)

Registre-se, ainda, que o procedimento administrativo não se refere exclusivamente à conduta do agente administrativo. Isso quer dizer que se o contribuinte ou responsável primeiramente cumprir a obrigação acessória no tributo sujeito ao lançamento por homologação – por exemplo, realizando a declaração do tributo – terá iniciado o procedimento administrativo nesse momento, de modo que não poderá se valer do instituto da Denúncia Espontânea.

Esse entendimento é compartilhado pelo STJ quanto aos tributos sujeitos ao lançamento por homologação, posto que uma vez declarados e, porém, pagos a destempo, não fazem jus à Denúncia Espontânea: *Súmula n. 360 STJ: "O benefício da denúncia espontânea não se aplica aos tributos sujeitos a lançamento por homologação regularmente declarados, mas pagos a destempo".*

Isso porque, segundo a jurisprudência pacífica do STJ, a apresentação, pelo contribuinte, de Declaração de Débitos e Créditos Tributários Federais – DCTF –, ou guia de informação e Apuração do ICMS – GIA –, ou de outra declaração dessa natureza, prevista em lei, configura o modo de formalizar a existência do crédito tributário, dispensada, para esse efeito, qualquer outra providência por parte do Fisco.

Desse modo, quando o contribuinte entrega, por exemplo, a DCTF e declara que há dívidas de tributos, quando for pagá-los posteriormente (fora da data de vencimento), não poderá se valer do benefício da Denúncia Espontânea. Tudo isso, repita-se, por já ter iniciado um procedimento administrativo, por meio da entrega da declaração, nos termos do que proíbe o Parágrafo Único do artigo 138 do CTN.

Insta salientar, também, que o Judiciário tem afastado o benefício da Denúncia Espontânea no caso de cumprimento de obrigações acessórias de forma extemporânea. Cita-se, como exemplo, a entrega da declaração do Imposto de Renda fora do prazo. Dessa maneira, se houver a entrega da declaração em atraso, antes de qualquer procedimento fiscalizatório, será devida a multa correspondente.

Além do pressuposto de inexistência de procedimento administrativo disposto no artigo 138, Parágrafo Único, do CTN, o STJ mantém o entendimento de que o contribuinte só fará jus ao benefício da Denúncia Espontânea se o pagamento do tributo for **à vista**:

PROCESSUAL CIVIL. TRIBUTÁRIO. AGRAVO REGIMENTAL NO AGRAVO DE INSTRUMENTO. DENÚNCIA ESPONTÂNEA. PARCELAMENTO. INAPLICABILIDADE. ENTENDIMENTO FIRMADO PELA PRIMEIRA SEÇÃO SOB O REGIME PREVISTO NO ART. 543-C DO CPC. VIOLAÇÃO DO ART. 535, II, DO CPC. ALEGA-

ÇÕES GENÉRICAS. SÚMULA N. 284/STF. INCIDÊNCIA. (...) 2. Entendimento da 1ª Seção deste Tribunal, firmado por ocasião do julgamento do REsp n. 1.102.577/DF, feito submetido ao regime do art. 543-C do CPC, no sentido de que **o instituto da denúncia espontânea (art. 138 do CTN) não se aplica nos casos de parcelamento de débito tributário.** (rel. Min. Castro Meira, **DJ** de 18.05.2009). 3. Agravo regimental não provido (AgRg no Ag n. 1308661, rel. Min. Benedito Gonçalves, **DJ** de 15.10.2010) (grifos nossos).

Como se vê, embora o legislador tenha concedido o benefício da Denúncia Espontânea, o contribuinte ou responsável deverá observar as condições de inexistência de procedimento administrativo – imposta pelo artigo 138 do CTN –, bem como as do pagamento à vista (nos termos do que entende o STJ).

Sobre a denúncia espontânea, em 2014 em prova realizada para o cargo de Juiz Federal do TRF da 2ª Região, a questão foi formulada da seguinte forma:

Exemplo de questão sobre o tema

▶ **Em que consiste o instituto da denúncia espontânea?** Explique os requisitos de sua configuração, bem como sua aplicabilidade às obrigações tributárias principal e acessória, e aos tributos sujeitos ao lançamento de ofício, declaração e homologação? (1,5)

COMENTÁRIOS: A resposta de acordo com a banca organizadora do concurso deveria conter menção aos seguintes itens:

Previsão no artigo 138 do CTN com a finalidade de exonerar o contribuinte do pagamento de multas, valorizando a boa-fé do sujeito passivo que se antecipa à fiscalização administrativa e recolhe o tributo devido, acompanhado dos juros de mora. Esperava-se a explicação acerca da necessidade de que o pagamento fosse integral, não sendo cabível a sua configuração nos casos de parcelamento, a despeito do cabimento de depósito em casos nos quais o tributo dependa de apuração pela autoridade administrativa. Quanto à aplicabilidade, deveria o candidato sustentar sua plena incidência quanto às obrigações principais (desde que satisfeitos seus requisitos) e a não incidência em relação às obrigações acessórias dada sua incompatibilidade com tais obrigações instrumentais de fazer e não-fazer, conforme entendimento já consolidado pelo Superior Tribunal de Justiça. No que tange à aplicabilidade da denúncia espontânea conforme a modalidade de lançamento, há que se destacar sua incidência primordial nos casos de tributos sujeitos a lançamento por homologação (quando o fato gerador não tenha sido declarado pelo contribuinte), visto que somente nestes a constituição do crédito ocorre independentemente de ato do Fisco. Seria ainda necessário fazer a ressalva da Súmula 360 do STJ, diferenciando os casos em que o contribuinte informa ao Fisco acerca de determinado crédito (não cabimento) dos casos em que há omissão na informação do crédito (cabimento). Neste contexto, a denúncia espontânea é incompatível nos tributos sujeitos a lançamento de ofício, pois nestes a eventual infração é sempre posterior ao lançamento, não havendo o que antecipar. Por sua vez, nos tributos sujeitos a lançamento por declaração vislumbra-se a possibilidade de utilização da denúncia espontânea ou quando o fato gerador não tenha sido declarado pelo contribuinte (sobretudo em razão da previsão da última parte do artigo 138 do CTN), ou quando após declaração, o contribuinte proceda a sua retificação, antes da atuação da Administração Pública.

A distribuição de pontos foi feita da seguinte forma:

Pontuação	Tópicos
0,2	Requisitos da denúncia espontânea
0,2	Aplicabilidade à obrigação principal
0,2	Inaplicabilidade à obrigação acessória
0,3	Incompatibilidade com lançamento de ofício
0,3	Compatibilidade relativa com lançamento por declaração
0,3	Compatibilidade condicionado com lançamento por homologação
1,5	Total

5. QUADRO SINÓTICO

<table>
<tr><th colspan="4">CAPÍTULO 6. RESPONSABILIDADE TRIBUTÁRIA</th></tr>
<tr><th colspan="3">Conteúdo</th><th>Item</th></tr>
<tr><td>Introdução</td><td colspan="2">O responsável tributário é a pessoa que, sem ter praticado o fato gerador, a lei lhe impõe o dever de pagar o tributo, excluindo a responsabilidade do contribuinte (quem praticou o fato gerador) ou atribuindo-lhe em caráter supletivo o cumprimento da obrigação tributária.
A responsabilidade tributária pode ser classificada, segundo a doutrina, por substituição ou por transferência.
A responsabilidade por substituição surge contemporaneamente à ocorrência do fato gerador, uma vez que no momento do seu acontecimento o dever de pagar o tributo já recai sobre o responsável.
Já a responsabilidade por transferência decorre de um evento posterior à ocorrência do fato gerador, quando a lei determina que o contribuinte não mais deverá pagar o tributo, mas outra pessoa, por essa ter incorrido na situação estabelecida em lei como modificadora da sujeição passiva.</td><td>1</td></tr>
<tr><td>Responsabilidade por Substituição</td><td colspan="2">A responsabilidade tributária pode ser “para trás” ou “para frente”. A substituição “para trás”, regressiva ou antecedente é quando ocorre o fato gerador e o pagamento do tributo será realizado posteriormente, por uma terceira pessoa (o responsável), em substituição àquele que praticou o fato gerador (contribuinte). A substituição “para frente”, progressiva ou, ainda, subsequente, configura-se quando primeiro ocorre o pagamento do tributo sobre uma base de cálculo presumida e posteriormente se realiza o fato gerador. Se o responsável pagar o tributo no início da cadeia e no futuro acaba NÃO ocorrendo o fato gerador, caberá a restituição daquele tributo.</td><td>2</td></tr>
<tr><td>Responsabilidade por Transferência</td><td colspan="2">A responsabilização afeta a pessoa que, a priori, nada tem a ver com a relação jurídica preestabelecida, mas será compelida a pagar o tributo, caso se envolva, ainda que posteriormente, com o sujeito passivo ou com os seus bens. Divide-se em responsabilidade por sucessão, por transferência e de terceiro.</td><td>3</td></tr>
<tr><td rowspan="3">Responsabilidade por Sucessão</td><td>Responsabilidade do art. 130 do CTN</td><td>Nos termos do artigo 130 do CTN, o adquirente de um bem imóvel responde pelos créditos tributários relativos a impostos cujo fato gerador seja a propriedade, a posse, o domínio útil de bens imóveis, bem como o pagamento das taxas pela prestação de serviços referentes a tais bens, ou contribuições de melhoria, salvo se houver prova de quitação desses débitos. Se a aquisição do bem imóvel for por arrematação em hasta pública, o Parágrafo Único do artigo 130 do CTN determina que os créditos tributários sub-rogam-se no respectivo preço.</td><td rowspan="3">3.1 a 3.1.4</td></tr>
<tr><td>Responsabilidade do art. 131 do CTN</td><td>O adquirente ou remitente de bens é responsável pelo pagamento dos créditos tributários dos bens adquiridos ou remidos. Quanto à sucessão hereditária, o artigo 131, III, do CTN prevê que o espólio é responsável pelo pagamento dos tributos devidos pelo decujus até a abertura da sucessão. Durante o processo de inventário ou arrolamento, o espólio tem o dever de pagar os tributos cujos fatos geradores ocorrerem nesse período, sendo a responsabilidade do cônjuge meeiro e dos sucessores até o montante do seu quinhão, até a partilha.</td></tr>
<tr><td>Responsabilidade do art. 132 do CTN</td><td>Nas operações de fusão, incorporação ou transformação, a pessoa jurídica resultante será responsável pessoalmente pelo pagamento dos tributos devidos até a data do ato pelas pessoas jurídicas de direito privado fusionada, incorporada, ou transformada.</td></tr>
</table>

<table>
<tr><th colspan="4">CAPÍTULO 6. RESPONSABILIDADE TRIBUTÁRIA</th></tr>
<tr><th colspan="3">Conteúdo</th><th>Item</th></tr>
<tr><td>Responsabilidade por Sucessão</td><td>Responsabilidade do art. 133 do CTN</td><td>O adquirente de fundo de comércio ou estabelecimento comercial, industrial ou profissional que continuar a respectiva exploração, ainda que modifique a razão social, é responsável pelo pagamento dos tributos devidos pelo fundo ou estabelecimento adquirido, ou até a data do ato.
O adquirente responderá integralmente pelos créditos tributários se o alienante cessar a exploração do comércio, indústria ou atividade. A responsabilidade do adquirente será subsidiária com o alienante se este continuar a explorar qualquer atividade ou iniciar, dentro de seis meses, a contar da data da alienação, nova atividade no mesmo ou em outro ramo de comércio, indústria ou profissão.</td><td>3.1 a 3.1.4</td></tr>
<tr><td rowspan="3">Responsabilidade de Terceiro</td><td rowspan="2">Responsabilidade do art. 134 do CTN</td><td>O artigo 134 do CTN prevê a responsabilidade solidária a algumas pessoas, nos atos em que intervierem ou forem omissas, na impossibilidade de exigir o cumprimento da obrigação principal pelo contribuinte.
• os pais, pelos tributos devidos por seus filhos menores;
• os tutores e curadores, pelos tributos devidos por seus tutelados ou curatelados;
• os administradores de bens de terceiros, pelos tributos devidos por estes;
• o inventariante, pelos tributos devidos pelo espólio;</td><td rowspan="3">3.2 a 3.2.2</td></tr>
<tr><td>• o síndico e o comissário, pelos tributos devidos pela massa falida ou pelo concordatário;
• os tabeliães, escrivães e demais serventuários de ofício, pelos tributos devidos sobre os atos praticados por eles, ou perante eles, em razão do seu ofício;
• os sócios, no caso de liquidação de sociedade de pessoas.</td></tr>
<tr><td>Responsabilidade do art. 135 do CTN</td><td>Nos termos do artigo 135 do CTN, respondem pessoalmente pelos créditos tributários correspondentes a obrigações tributárias resultantes de atos praticados com excesso de poderes ou infração à lei, contrato social ou estatuto social:
• as pessoas referidas no art. 134 do CTN;
• os mandatários, prepostos e empregados;
• os diretores, gerentes ou representantes de pessoas jurídicas de direito privado.</td></tr>
<tr><td>Responsabilidade por Infrações</td><td colspan="2">Salvo disposição de lei em contrário, a responsabilidade por infrações da legislação tributária independe da intenção do agente ou do responsável e da efetividade, natureza e extensão dos efeitos do ato.</td><td>3.3</td></tr>
<tr><td>Denúncia Espontânea</td><td colspan="2">A responsabilidade por infrações será excluída quando o contribuinte, antes de qualquer procedimento administrativo, promover a Denúncia Espontânea de forma a pagar o tributo acompanhado dos juros. Assim, no caso de Denúncia Espontânea, o sujeito passivo não terá a obrigação de pagar apenas as multas tributárias.</td><td>4</td></tr>
</table>

6. INFORMATIVOS

Direito tributário e processual civil. Redirecionamento da execução contra sócio-gerente.

É possível redirecionar a execução fiscal contra o sócio-gerente que exercia a gerência por ocasião da dissolução irregular da sociedade contribuinte, independentemente do momento da ocorrência do fato gerador ou da data do vencimento do tributo. De fato, existem precedentes do STJ no sentido de que, embora seja necessário demonstrar quem ocupava o posto de gerente no momento da dissolução, é preciso, antes, que aquele responsável pela dissolução tenha sido também, simultaneamente, o detentor da gerência na oportunidade do surgimento da obrigação tributária – com a materialização do fato gerador – ou do vencimento do respectivo tributo. Em outras palavras, seria necessário que o sócio-gerente estivesse no comando da sociedade quando da dissolução irregular ou do ato caracterizador de sua presunção e também fizesse parte do quadro societário à época dos fatos geradores ou do vencimento da obrigação tributária. No entanto, a solução dessa questão jurídica deve partir das premissas também já reconhecidas pelo STJ em diversos precedentes de que (i) o mero inadimplemento do débito fiscal não se enquadra na hipótese do art. 135, III, do CTN para fins de redirecionamento da execução ao sócio-gerente; (ii) a dissolução irregular da sociedade inclui-se no conceito de "infração à lei" previsto no art. 135, *caput*, do CTN; e (iii) a certificação, no sentido de que a sociedade deixou de funcionar no seu domicílio fiscal sem comunicação aos órgãos competentes, gera presunção de dissolução irregular apta a atrair a incidência do art. 135, III, do CTN para redirecionar a execução ao sócio-gerente. Com base nessas premissas, deve-se concluir que o pedido de redirecionamento da execução fiscal, quando fundado na dissolução irregular ou em ato que presuma sua ocorrência – encerramento das atividades empresariais no domicílio fiscal, sem comunicação aos órgãos competentes (Súmula 435/STJ) –, pressupõe a permanência do sócio na administração da sociedade no momento dessa dissolução ou do ato presumidor de sua ocorrência, uma vez que, nos termos do art. 135, *caput*, III, CTN, combinado com a orientação constante da Súmula 435/STJ, o que desencadeia a responsabilidade tributária é a infração de lei evidenciada na existência ou presunção de ocorrência de referido fato. Por essas razões, é irrelevante para a definição da responsabilidade por dissolução irregular (ou sua presunção) a data da ocorrência do fato gerador da obrigação tributária, bem como o momento em que vencido o prazo para pagamento do respectivo débito. Por fim, registre-se que a alteração social realizada em obediência à legislação civil e empresarial não merece reparo. Pondera-se, contudo, que se as instâncias ordinárias, na hipótese acima descrita, constatarem, à luz do contexto fático-probatório, que referida alteração ocorreu com o fim específico de lesar a Administração Tributária – o Fisco –, não resta dúvida de que essa conduta corresponderá à infração de lei, já que eivada de vícios por pretender afastar a aplicação da legislação tributária que disciplina a responsabilidade pelo débito nos termos do art. 135 do CTN. Tal circunstância admitirá, portanto, o redirecionamento da execução fiscal ao sócio-gerente, mesmo que não constante do quadro societário ou da respectiva gerência no momento da dissolução irregular ou da prática de ato apto a presumir a sua ocorrência, nos termos da Súmula 435/STJ. (**Informativo** n. 564 – REsp 1.520.257-SP, rel. Min. Og Fernandes, julgado em 16.06.2015, **DJe** de23.06.2015).

Responsabilidade de sócios cotistas por débitos contraídos junto à Seguridade Social.

É inconstitucional o art. 13 da Lei n. 8.620/93, na parte em que estabeleceu que os sócios das empresas por cotas de responsabilidade limitada respondem solidariamente, com seus bens pessoais, pelos débitos junto à Seguridade Social. Essa foi a conclusão do Plenário ao manter acórdão que declarara inconstitucional o referido dispositivo por ofensa ao art. 146, III, "b", da CF. Preliminarmente, ressaltou-se que a revogação do citado preceito pela Medida Provisória 449/2008, convertida na Lei n. 11.941/2009, não impediria o julgamento, em razão de não se estar no âmbito do controle direto de constitucionalidade, mas do controle difuso. Acrescentou-se o fato de o dispositivo impugnado ter vigorado por quase 16 anos e a existência de milhares de feitos aguardando o pronunciamento definitivo do Supremo sobre a matéria. No mérito, salientou-se, de início, inexistir dúvida quanto à submissão das contribuições de seguridade social, por terem natureza tributária, às normas gerais de direito tributário, as quais reservadas, pelo art. 146, III, "b", da CF, à lei complementar. (...) Na sequência, afirmou-se ser necessário verificar se a matéria relacionada à responsabilidade tributária estaria contida na relação das normas gerais. Ressaltou-se que o art. 146, III, "b", da CF, ao se referir a obrigação, lançamento, crédito, prescrição e decadência tributários, teria apresentado relação meramente exemplificativa, que se somaria aos conteúdos indicados nas outras alíneas desse inciso e a tudo o que se poderia entender alcançado pelo conceito de norma geral em matéria de legislação tributária. Salientou-se que as normas gerais orientariam o exercício da tributação, sendo passíveis de aplicação por todos os entes tributantes e que o Código Tributário Nacional – CTN teria sido recepcionado pela CF/88 com nível de lei complementar por apresentar normas que cumpririam essa função. Considerou-se que a definição dos traços essenciais da figura da responsabilidade tributária, como o de exigir previsão legal específica e, necessariamente, vínculo do terceiro com o fato gerador do tributo, estaria incluída no rol das normas gerais de direito tributário que orientam todos os entes políticos. Aduziu-se que, do mesmo modo, a previsão de regras matrizes de responsabilidade tributária aplicáveis à generalidade dos tributos também se encontraria no âmbito das normas gerais, assegurando uniformidade de tratamento dos terceiros perante o Fisco. Assentou-se ser adequado reconhecer caráter de normas gerais aos dispositivos do CTN que tratam da responsabilidade tributária, sem prejuízo da permissão de que o legislador preveja outros casos específicos de responsabilidade, nos termos do art. 128 do CTN. Reputou-se, então, correto conferir ao art. 135 do CTN ("São pessoalmente responsáveis pelos créditos correspondentes a obrigações tributárias resultantes de atos praticados com excesso de poderes ou infração de lei, contrato social ou estatutos: I – as pessoas referidas no artigo anterior; II – os mandatários, prepostos e empregados; III – os diretores, gerentes ou representantes de pessoas jurídicas de direito privado") o nível de lei complementar por disciplinar matéria abrangida pelo art. 146, III, da CF. (...) Frisou-se, ademais, ser essencial à compreensão do instituto da responsabilidade tributária a noção de que a obrigação do terceiro, de responder por dívida originariamente do contribuinte, jamais decorreria direta e automaticamente da pura e simples ocorrência do fato gerador do tributo. Registrou-se que do fato gerador só surgiria a obrigação direta do contribuinte, visto que cada pessoa seria sujeito de direitos e obrigações próprios e o dever fundamental de pagar tributos estaria associado às revelações de capacidade contributiva a que a lei vinculasse o surgimento da obrigação do contribuinte. Nesse sentido, a relação contributiva dar-se-ia exclusivamente entre o Estado e o contribuinte em face da revelação da capacidade contributiva deste, sendo que o terceiro apenas poderia ser chamado a responder na hipótese de descumprimento de deveres de colaboração para com o Fisco, deveres estes seus, próprios, e que tivessem repercutido na ocorrência do fato gerador, no descumprimento da obrigação pelo contribuinte ou em um óbice à fiscalização pela Administração tributária. Assinalou-se que a referência ao responsável enquanto terceiro evidenciaria, justamente, que não participaria da relação contributiva, mas de uma relação específica de responsabilidade tributária, inconfundível com aquela. Portanto, a referência do art. 121 do CTN ao contribuinte e ao responsável como sujeitos passivos da obrigação tributária principal deveria ser compreendida no sentido de serem eles sujeitos passivos de relações jurídicas distintas, com suporte em previsões legais e pressupostos de fato específicos. (...) Asseverou-se que o art. 135, III, do CTN constituiria uma regra matriz de responsabilidade tributária que não se confundiria com a regra matriz de incidência de qualquer tributo, que possuiria estrutura própria, e partiria de um pressuposto de fato específico, sem o qual não haveria espaço para a atribuição de responsabilidade. O caráter geral desse dispositivo viabilizaria aplicação relativamente aos diversos tributos. Referido pressuposto de fato ou hipótese de incidência da norma de responsabilidade seria a prática de atos, por quem estivesse na gestão ou representação da sociedade, com excesso de poder ou infração à lei, contrato social ou estatutos e que tivessem implicado, se não o surgimento, ao menos o inadimplemento de obrigações tributárias. Destacou-se jurisprudência no sentido de que tais ilícitos, passíveis de serem praticados pelos sócios com poderes de gestão, não se confundiriam com o simples inadimplemento de tributos por força do risco do negócio, isto é, com o atraso no pagamento dos tributos, incapaz de fazer com que os diretores, gerentes ou representantes respondessem, com seu próprio patrimônio, por dívida da sociedade. Seria necessário, para tanto, um ilícito qualificado, do qual decorresse a obrigação ou seu inadimplemento. A regra matriz de responsabilidade do art. 135, III, do CTN, portanto, responsabilizaria aquele que estivesse na direção, gerência ou representação da pessoa jurídica e atuasse em excesso ou abuso de poder, de forma a qualificar um ilícito, o que resultaria no dever de responder pelo tributo devido pela sociedade. Tendo isso em conta, entendeu-se que o art. 13 da Lei n. 8.620/93, ao vincular à simples condição de sócio a obrigação de responder solidariamente pelos débitos da sociedade limitada perante a Seguridade Social, teria estabelecido exceção desautorizada à norma geral de direito tributário consubstanciada no art. 135, III, do CTN, o que demonstraria a invasão da esfera reservada à lei complementar pelo art. 146, III, da CF. Afastou-se, em seguida, o argumento da União segundo o qual o art. 13 da n. Lei 8.620/93 estaria amparado pelo art. 124, II, do CTN, dado que este, que prevê que são solidariamente obrigadas as pessoas expressamente designadas por lei, não autorizaria o legislador a criar novos casos de responsabilidade tributária sem observância dos requisitos exigidos pelo art. 128 do CTN, nem a desconsiderar as regras matrizes de responsabilidade de terceiros estabelecidas em caráter geral pelos artigos 134 e 135 do mesmo diploma legal. (...) Enfatizou-se, ainda, que a solidariedade estabelecida pelo art. 13 da Lei n. 8.620/93 também se revestiria de inconstitucionalidade material, porquanto não seria dado ao legislador estabelecer simples confusão entre os patrimônios de pessoa física e jurídica, mesmo que para fins de garantia dos débitos da sociedade perante a Seguridade Social. Asseverou-se que a censurada confusão patrimonial não poderia decorrer de interpretação do art. 135, III, "c", da CF, nem ser estabelecida por nenhum outro dispositivo legal, haja vista que impor confusão entre os patrimônios da pessoa jurídica e da pessoa física no bojo de sociedade em que, por definição, a responsabilidade dos sócios é limitada, comprometeria um dos fundamentos do Direito de Empresa, consubstanciado na garantia constitucional da livre-iniciativa. Afirmou-se que a garantia dos credores, frente ao risco da atividade empresarial, estaria no capital e no patrimônio sociais, e que seria tão relevante a delimitação da responsabilidade no regramento dos diversos tipos de sociedades empresárias que o Código Civil de 2002 a teria disciplinado no primeiro capítulo destinado a cada qual. Reconheceu-se tratar-se de dispositivo de lei ordinária, mas que regularia a limitação do risco da atividade empresarial, inerente à garantia de livre-iniciativa. Concluiu-se que a submissão do patrimônio pessoal do sócio de sociedade limitada à satisfação dos débitos da sociedade para com a Seguridade Social, independentemente de ele exercer, ou não, a gerência e de cometer, ou não, qualquer infração, tolheria, de forma excessiva, a iniciativa privada, de modo a descaracterizar essa espécie societária, em afronta aos arts. 5º, XIII, e 170, parágrafo único, da CF. Os Ministros Ayres Britto, Dias Toffoli e Gilmar Mendes reconheceram apenas o vício formal da norma em questão. Aplicou-se, ainda, o art. 543-B do CPC a todos os processos sobrestados (STF –**Informativo** n. 607 – RE 562276/PR, rel.ª Min.ª Ellen Gracie, em 3.11.2010) (RE-562276).

Direito tributário e processual civil. Penhora, por dívidas tributárias da matriz, de valores depositados em nome de filiais. Recurso repetitivo (ART. 543-C DO CPC E RES. 8/2008-STJ)

Os valores depositados em nome das filiais estão sujeitos à penhora por dívidas tributárias da matriz. De início, cabe ressaltar que, no âmbito do direito privado, cujos princípios gerais, à luz do art. 109 do CTN, são informadores para a definição dos institutos de direito tributário, a filial é uma espécie de estabelecimento empresarial, fazendo parte do acervo patrimonial de uma única pessoa jurídica, partilhando os mesmos sócios, contrato social e firma ou denominação da matriz. Nessa condição, consiste, conforme doutrina majoritária, em uma universalidade de fato, não ostenta personalidade jurídica própria, nem é sujeito de direitos, tampouco uma pessoa distinta da sociedade empresária. Cuida-se de um instrumento para o exercício da atividade empresarial. Nesse contexto, a discriminação do patrimônio da sociedade empresária mediante a criação de filiais não afasta a unidade patrimonial da pessoa jurídica, que, na condição de devedora, deve responder, com todo o ativo do patrimônio social, por suas dívidas à luz da regra de direito processual prevista no art. 591 do CPC, segundo a qual "o devedor responde, para o cumprimento de suas obrigações, com todos os seus bens presentes e futuros, salvo as restrições estabelecidas em lei". Cumpre esclarecer, por oportuno, que o princípio tributário da autonomia dos estabelecimentos, cujo conteúdo normativo preceitua que estes devem ser considerados, na forma da legislação específica de cada tributo, unidades autônomas e independentes nas relações jurídico-tributárias travadas com a administração fiscal, é um instituto de direito material ligado ao nascimento da obrigação tributária de cada imposto especificamente considerado e não tem relação com a responsabilidade patrimonial dos devedores, prevista em um regramento de direito processual, ou com os limites da responsabilidade dos bens da empresa e dos sócios definidos no direito empresarial. Além disso, a obrigação de que cada estabelecimento se inscreva com número próprio no CNPJ tem especial relevância para a atividade fiscalizatória da administração tributária, não afastando a unidade patrimonial da empresa, cabendo ressaltar que a inscrição da filial no CNPJ é derivada da inscrição do CNPJ da matriz. Diante do exposto, limitar a satisfação do crédito público, notadamente do crédito tributário, a somente o patrimônio do estabelecimento que participou da situação caracterizada como fato gerador é adotar interpretação absurda e odiosa. Absurda porque não se concilia, por exemplo, com a cobrança dos créditos em uma situação de falência, em que todos os bens da pessoa jurídica (todos os estabelecimentos) são arrecadados para pagamento dos credores; com a possibilidade de responsabilidade contratual subsidiária dos sócios pelas obrigações da sociedade como um todo (arts. 1.023, 1.024, 1.039, 1.045, 1.052 e 1.088 do CC); ou com a administração de todos os estabelecimentos da sociedade pelos mesmos órgãos de deliberação, direção, gerência e fiscalização. Odiosa porque, por princípio, o credor privado não pode ter mais privilégios que o credor público, salvo exceções legalmente expressas e justificáveis. (STJ – **Informativo** n. 524 – REsp n. 1.355.812-RS, rel. Min. Mauro Campbell Marques, julgado em 22.05.2013).

Direito tributário. Fiscalização da contabilidade da prestadora de serviços como pressuposto para o reconhecimento de solidariedade na fase de cobrança de contribuições previdenciárias incidentes sobre a cessão de mão de obra

Na cobrança de contribuições previdenciárias realizada com base na redação original do art. 31 da Lei n. 8.212/1991, não é lícita a autuação da tomadora de serviços sem que antes tenha havido a fiscaliza**ção da contabilidade da prestadora de serviços executados mediante cessão de mão de obra.** O art. 31 da Lei n. 8.212/1991, em sua redação original, reconhece a existência de responsabilidade solidária entre o tomador e o prestador de serviços pelas contribuições previdenciárias incidentes sobre a cessão de mão de obra. A referida solidariedade, entretanto, ocorrerá na fase de cobrança do tributo, pressupondo, desse modo, a regular constituição do crédito tributário, cuja ocorrência, antes da vigência da Lei n. 9.711/1998; que deu nova redação ao art. 31 da Lei n. 8.212/1991, demandava a fiscalização da contabilidade da empresa prestadora dos serviços de mão de obra, devedora principal da contribuição previdenciária. Precedentes citados: AgRg no REsp n. 1.348.395-RJ, 2ª Turma, **DJe** de 04.12.2012, e AgRg no REsp n. 1.174.800-RS, 2ª Turma, **DJe** de 23.04.2012 (STJ – **Informativo** n. 518 – AgRg no REsp n. 1.194.485-ES, rel.ª Min.ª Diva Malerbi (Desembargadora convocada do TRF/3ª Região), julgado em 26.02.2013).

Direito processual civil. Inaplicabilidade do redirecionamento de execução previsto no art. 135 Do CTN na hipótese em que se objetive a cobrança de contribuições para o FGTS

Não é cabível o redirecionamento da execução previsto no art. 135 do CTN na hipótese em que a referida execução vise à cobrança de contribuições para o FGTS. Isso porque não é cabível o redirecionamento previsto no art. 135 do CTN na hipótese de execução de dívida não tributária. Precedentes citados: AgRg no REsp n. 1.255.445-RJ, **DJe** de 03.11.2011; AgRg no REsp n. 1.266.647-SP, **DJe** de 13.09.2011, e AgRg no AREsp n. 15.159-RJ, **DJe** de 30.08.2011 (STJ – **Informativo** n. 514 – AgRg no AREsp n. 242.114-PB, rel. Min. Castro Meira, julgado em 04.12.2012).

7. QUESTÕES

1. (TJ/AM – Juiz – CESPE/2016). A indústria R S.A., que havia declarado regularmente, mas não havia pagado ICMS no valor de R$ 100.000, ciente de iminente fiscalização, já que havia recebido a visita de auditor fiscal, que, no entanto, não lavrou termo algum, decidiu fazer denúncia espontânea de sua inadimplência, tendo feito acompanhá-la de pedido de parcelamento no qual incluiu o principal e os juros de mora, com o objetivo de ser eximida da multa de mora e de outras penalidades. Nessa situação hipotética,

(A) a visita do auditor fiscal constitui início de ação fiscal, o que exclui a denúncia espontânea.

(B) a eventual homologação da denúncia espontânea pela autoridade não surtiria efeitos sobre a multa de mora, que permaneceria devida.

(C) para obter os efeitos da denúncia espontânea, o contribuinte deveria anexar a seu requerimento o comprovante do pagamento da primeira parcela do parcelamento, não sendo o mero pedido de parcelamento meio idôneo a dar suporte aos efeitos da denúncia espontânea.

(D) não é cabível denúncia espontânea, pois trata-se de tributo por homologação com declaração regular e pagamento a destempo.

(E) o parcelamento é modalidade de pagamento do crédito tributário, por implicar novação, de modo que a denúncia espontânea acompanhada de pedido de parcelamento do principal e dos juros exclui a responsabilidade por infrações.

2. (CAGEPAR – Advogado – FAFIPA/2016). Sobre a denúncia espontânea no âmbito do Direito Tributário, assinale a alternativa INCORRETA.

(A) A responsabilidade é excluída pela denúncia espontânea da infração, acompanhada, se for o caso, do pagamento do tributo devido e dos juros de mora, ou do depósito da importância arbitrada pela autoridade administrativa, quando o montante do tributo dependa de apuração.

(B) A denúncia espontânea exclui o pagamento de qualquer penalidade, incluindo-se juros e correção monetária, devendo ser efetuada no prazo máximo de 15 (quinze) dias do fato gerador.

(C) Não se considera espontânea a denúncia apresentada após o início de qualquer procedimento administrativo ou medida de fiscalização, relacionados com a infração.

(D) O benefício da denúncia espontânea não se aplica aos tributos sujeitos a lançamento por homologação regularmente declarados, mas pagos a destempo.

3. (TRF4 – Juiz – TRF4/2016). Assinale a alternativa INCORRETA.

(A) A substituição tributária pode ocorrer como antecipação de pagamento a fato gerador futuro (progressiva), como também pela modalidade de diferimento, ocasião em que a responsabilidade pelo pagamento é transferida ao responsável tributário de fase futura da incidência do tributo.

(B) Segundo predominante entendimento do Supremo Tribunal Federal, não cabe restituição do tributo recolhido quando o fato gerador ocorrer a menor, mas apenas quando este não se realizar, na hipótese de substituição tributária progressiva.

(C) As contribuições destinadas ao Programa de Integração Social (PIS) e ao financiamento da seguridade social (COFINS) incidentes sobre a receita advinda de venda de mercadorias podem estar sujeitas ao regime de substituição tributária.

(D) A substituição tributária desobriga o contribuinte substituído de prestar obrigações acessórias aos órgãos de controle e fiscalização.

(E) É imprescindível a edição de lei em sentido estrito para o estabelecimento da substituição tributária.

4. (TJAM – Juiz – CESPE/2016). Lei ordinária estadual do estado do Amazonas instituiu o regime de substituição tributária do ICMS na fabricação de alimentos congelados, ficando a entidade industrial responsável pelo tributo devido pelo varejista nas vendas ao consumidor final. A indústria de congelados G Ltda. recolheu o valor devido por suas operações e pelas operações do varejista, sendo o tributo correspondente a esta última etapa equivalente a R$ 0,50. Em razão de prolongada falta de luz, o supermercado S Ltda. perdeu metade de seu estoque de alimentos congelados, tendo sido, ainda, obrigado a vender o restante do estoque por metade do valor arbitrado, como base de cálculo da substituição. Considerando essa situação hipotética, assinale a opção correta acerca da substituição tributária.

(A) Como o fato gerador não ocorreu ou ocorreu com valor menor que o presumido, é permitido ao supermercado S pleitear a restituição do valor pago a maior, de modo que tanto as vendas frustradas como as vendas com desconto lhe gerarão crédito, já que se trata de substituição tributária subsequente.

(B) Por se tratar de substituição tributária subsequente, a inocorrência do fato gerador ou a sua ocorrência com valor menor que o presumido, permite à indústria G pleitear a restituição do valor pago a maior, de modo que tanto as vendas frustradas como as em que houve desconto lhe gerarão crédito.

(C) Como em caso de substituição tributária subsequente, apenas a inocorrência do fato gerador permite ao substituto, a indústria G, pleitear a restituição do valor pago a maior, não podendo pleitear a restituição para os casos em que houve desconto.

(D) Lei que trate de substituição tributária atribui a responsabilidade pelo crédito tributário a terceira pessoa, vinculada ao fato gerador da respectiva obrigação, não podendo criar fatos geradores presumidos, sob pena de tornar inválida a substituição tributária subsequente, como ocorre na situação apresentada.

(E) Por se tratar de substituição tributária subsequente, apenas a inocorrência absoluta do fato gerador permitiria ao supermercado S, o substituído, pleitear a restituição do valor pago a maior, não sendo possível pleitear-se a restituição para os casos de desconto.

5. (Juiz de Fora/MG – Auditor Fiscal – AOCP/2016). É corrente que, desde que previsto em lei, a Obrigação Tributária pode ser constituída diretamente em relação a um terceiro que não o contribuinte, o que se observa nos casos de

(A) Substituição Tributária.

(B) Sucessão Tributária.

(C) Transferência Tributária.

(D) Subsidiariedade Tributária.

(E) Imputação Tributária.

6. (Pref. Herval/RS 2016 – Advogado – OBJETIVA/2016). Segundo os ensinamentos de MACHADO, acerca da responsabilidade de terceiros prevista no art. 134 do Código Tributário Nacional, analisar a sentença abaixo:

De modo nenhum se pode concluir que os pais sejam sempre responsáveis pelos tributos devidos por seus filhos menores, nem que os tutores ou curadores sejam sempre responsáveis pelos tributos devidos pelos seus tutelados ou curatelados etc. (1ª parte). É preciso que exista uma relação entre a obrigação tributária e o comportamento daquele a quem a lei atribui a responsabilidade (2ª parte).

A sentença está:

(A) Totalmente correta.

(B) Correta somente em sua 1ª parte.

(C) Correta somente em sua 2ª parte.

(D) Totalmente incorreta.

7. (CRAISA – Advogado – CAIPIMES/2016). Leia as afirmativas abaixo e responda.

Nos casos de impossibilidade de exigência do cumprimento da obrigação principal pelo contribuinte, respondem solidariamente com este nos atos em que intervierem ou pelas omissões de que forem responsáveis:

I. os avós e os pais, pelos tributos devidos por seus filhos e netos menores.

II. os tutores e curadores, pelos tributos devidos por seus tutelados ou curatelados.

III. os administradores de bens de terceiros, pelos tributos devidos por estes.

IV. o inventariante, pelos tributos devidos pelo espólio.

É correto o que se afirma:

(A) apenas nas afirmativas III e IV.

(B) apenas nas afirmativas II, III, e IV.

(C) apenas na afirmativa III.

(D) apenas nas afirmativas I, II e III.

8. (BAHIAGÁS – Analista de Processos Organizacionais – Direito – IESES/2016). Determina o artigo 141 do Código Tributário Nacional que o crédito tributário regularmente constituído somente se modifica ou extingue, ou tem sua exigibilidade suspensa ou excluída, nos casos previstos nesta Lei. Assinale a resposta correta.

(A) Sobre os encargos incidentes sobre o tributo (multa, juros, etc.) em relação à determinada empresa transferida a terceiros responde o vendedor, tendo em vista a época do fato gerador.

(B) De acordo com o CTN, a responsabilidade tributária por transferência comporta duas espécies: a responsabilidade de terceiros (arts. 134 e 135) e responsabilidade por sucessão (arts. 129 a 133).

(C) A lei pode atribuir de modo expresso a responsabilidade pelo crédito tributário a terceira pessoa, vinculada ao fato gerador da respectiva obrigação, excluindo a responsabilidade do contribuinte ou atribuindo-a a este em caráter supletivo do cumprimento total ou parcial da referida obrigação.

(D) A extinção por sua vez consiste no desaparecimento da exigibilidade do crédito tributário motivado por qualquer ato jurídico ou fato jurídico que faça desaparecer a obrigação respectiva, por força de ato administrativo que reconheça a inexigibilidade do crédito.

(E) Na responsabilidade por substituição, a sujeição passiva do responsável surge posteriormente à ocorrência do fato gerador.

9. (COMPESA – Analista de Gestão – Advogado – FGV/2016). Em 2016, Caio adquiriu um carro de João que tinha débitos do Imposto sobre Propriedade de Veículo Automotor – IPVA – em atraso.

Sobre a responsabilidade de Caio pelo pagamento do IPVA do carro, assinale a afirmativa correta:

(A) Caio é pessoalmente responsável pelo pagamento do IPVA.
(B) Caio é subsidiariamente responsável pelo pagamento do IPVA.
(C) Caio é responsável solidário pelo pagamento do IPVA.
(D) Caio é substituto tributário pelo pagamento do IPVA.
(E) Caio não responde pelo pagamento do IPVA, uma vez que é João o contribuinte do imposto.

10. (TCE/SC – Auditor Fiscal de Controle Externo – Direito – CESPE/2016). Decidido anteriormente pelo juízo de direito, nos autos da recuperação judicial, que o adquirente de unidade produtiva via alienação naquele processo não responderia pelas obrigações do devedor (art. 60, parágrafo único, da Lei n. 11.101/2005), tal deliberação sobrepõe-se a qualquer decisão sobre a matéria advinda de juízos diversos, sob pena de inibição do propósito tutelar e da operacionalidade do mencionado diploma legal. (AgRg no CC 112638/RJ, Relator Ministro João Otávio de Noronha, Órgão Julgador S2 – Segunda Seção do STJ, Data do Julgamento 10.08.2011).

Na hipótese de o adquirente da referida unidade produtiva empresarial ser sócio da empresa submetida ao processo de recuperação judicial, à sua responsabilidade tributária deverá ser destinado o mesmo tratamento que o destinado à responsabilidade do adquirente que for agente do devedor em recuperação judicial.

A alienação de filial ou unidade produtiva isolada de uma empresa que sofre processos de execução fiscal – no caso de a sociedade empresária não estar submetida à falência ou processo de recuperação judicial – ensejará a responsabilidade, por sucessão, do adquirente em relação à integridade do crédito tributário se o alienante cessar o exercício de qualquer atividade mercantil.

11. (Pref. Alfenas/MG – Analista Fiscal Tributário I – Fiscal de Rendas – UNILAVRAS/2016). Trata-se de assertiva INCORRETA sobre a responsabilidade tributária ou extinção do crédito tributário:

(A) O sucessor é pessoalmente responsável pelo débito tributário até o limite de sua meação.
(B) Os gerentes ou representantes de pessoas jurídicas de direito privado são pessoalmente responsáveis pelos créditos correspondentes a obrigações tributárias resultantes de atos praticados com excesso de poderes ou infração de lei, contrato social ou estatutos.
(C) Respondem subsidiariamente com o contribuinte nos atos em que intervierem ou pelas omissões de que forem responsáveis os pais, pelos tributos devidos por seus filhos menores nos casos de impossibilidade de exigência do cumprimento da obrigação principal por aquele.
(D) A remissão e a compensação são modalidades de extinção do crédito tributário.

12. (PGE/RS – Procurador do Estado –Fundatec/2015). Quanto à responsabilidade tributária, analise as assertivas abaixo:

I. A infração ao dever legal de recolher tempestivamente os tributos enseja a responsabilização pessoal dos sócios-gerentes.
II. A dissolução irregular da empresa enseja a responsabilização pessoal daqueles que, no momento da dissolução, atuavam efetivamente na condição de sócios-gerentes.
III. Em alienação de estabelecimento comercial ocorrida em processo de falência, o adquirente responde pelos tributos, relativos ao estabelecimento adquirido, devidos até a data do ato, de forma integral ou subsidiária, se for parente em linha reta do devedor falido.
IV . O adquirente é pessoalmente responsável pelos tributos relativos aos bens adquiridos.

Após a análise, pode-se dizer que:

(A) Estão corretas apenas as assertivas I e II.
(B) Estão corretas apenas as assertivas II e III.
(C) Estão corretas apenas as assertivas III e IV.
(D) Estão corretas apenas as assertivas II, III e IV.
(E) Todas as assertivas estão corretas.

13. (Empresa de Pesquisa Energética (EPE) – Advogado – CESGRANRIO/2015). O Sr. X foi sócio-gerente da empresa S S/A, até o ano de 2008. No ano seguinte, ele se desligou da sociedade. Em maio de 2012, foi citado em processo de execução fiscal para responder por débitos contraídos pela empresa relativos ao

Imposto sobre a Renda da Pessoa Jurídica, referente ao período de apuração em que o Sr. X administrava a empresa. Com base nessas informações verifica-se que:

(A) A prática de atos com excesso de poderes gera a responsabilização integral do Sr. X por todos os tributos devidos pela S/A em sua gestão.

(B) A responsabilização do Sr. X pelo crédito tributário contraído é possível, caso ele tenha agido além dos limites previstos pelo estatuto da S/A.

(C) O inadimplemento da obrigação tributária pela sociedade gera a imediata responsabilização do sócio--gerente desidioso.

(D) O crédito fazendário decorre de dívida tributária pertencente à empresa e, por isso, o Sr. X não pode ser responsabilizado.

(E) Somente o sócio-gerente em atividade em maio de 2012 poderá ser responsabilizado pelo crédito contraído.

14. (EPE – Empresa de Pesquisa Energética – Advogado – CESGRANRIO/2015). O Sr. X foi sócio-gerente da empresa S S/A, até o ano de 2008. No ano seguinte, ele se desligou da sociedade. Em maio de 2012, foi citado em processo de execução fiscal para responder por débitos contraídos pela empresa relativos ao Imposto sobre a Renda da Pessoa Jurídica, referente ao período de apuração em que o Sr. X administrava a empresa. Com base nessas informações verifica-se que:

(A) a prática de atos com excesso de poderes gera a responsabilização integral do Sr. X por todos os tributos devidos pela S/A em sua gestão.

(B) a responsabilização do Sr. X pelo crédito tributário contraído é possível, caso ele tenha agido além dos limites previstos pelo estatuto da S/A.

(C) o inadimplemento da obrigação tributária pela sociedade gera a imediata responsabilização do sócio--gerente desidioso.

(D) o crédito fazendário decorre de dívida tributária pertencente à empresa e, por isso, o Sr. X não pode ser responsabilizado.

(E) somente o sócio-gerente em atividade em maio de 2012 poderá ser responsabilizado pelo crédito contraído.

15. (Empresa de Pesquisa Energética (EPE) – Advogado – CESGRANRIO/2015). Sociedade Empresária adquiriu estabelecimento comercial e começou a desenvolver, decorridos quatro meses da alienação, nova atividade industrial no local, que passou então a adotar o seu nome empresarial. O alienante, por sua vez, iniciou a exploração de nova atividade comercial, três meses após a alienação. Nessa situação, a responsabilidade da empresa adquirente pelas obrigações tributárias contraídas pelo antigo proprietário, devidas até o ato da alienação, será

(A) subsidiária, excepcionados os tributos não lançados até a data do ato.

(B) subsidiária, mesmo pelos tributos não lançados até a data do ato.

(C) solidária, excepcionados os tributos não lançados até a data do ato.

(D) solidária, mesmo pelos tributos não lançados até a data do ato.

(E) integral, excepcionados os tributos não lançados até a data do ato.

16. (Defensor Público/PA – FMP/2015). Examine as assertivas abaixo e, após, assinale a alternativa CORRETA, considerando o Código Tributário Nacional:

I. O ajuizamento de ação anulatória de auto de lançamento suspende a exigibilidade do crédito tributário.

II. A pessoa jurídica que adquirir de outra estabelecimento comercial, e continuar a exploração do mesmo objeto social, não responde pelos tributos devidos até a data da aquisição, caso tal aquisição tenha ocorrido no âmbito de alienação judicial em processo de falência.

III. A observância, pelo sujeito passivo, das normas complementares, exclui a imposição de penalidades, a cobrança de juros de mora e a atualização monetária da base de cálculo do tributo.

IV. A denúncia espontânea da infração tributária pode ocorrer até dez dias após a notificação do sujeito passivo da lavratura do auto de lançamento.

V. Não se aplica ao lançamento a legislação que, posteriormente à ocorrência do fato gerador, tenha ampliado os poderes de investigação das autoridades administrativas.

VI. Sempre que dispensado o cumprimento da obrigação principal, será dispensado, igualmente, o cumprimento de obrigação acessória.

(A) Apenas as assertivas I e II estão corretas.
(B) Apenas as assertivas II e III estão corretas.
(C) Apenas as assertivas III e IV estão corretas.
(D) Apenas as assertivas IV e V estão corretas.
(E) Apenas as assertivas V e VI estão corretas.

17. (TJ/GO – Juiz – FCC/2015). A responsabilidade tributária

(A) é atribuída expressamente por lei à terceira pessoa, que não praticou o fato gerador, mas que está a ele vinculado, podendo ser exclusiva ou supletiva à obrigação do contribuinte.
(B) é atribuída ao sujeito passivo da obrigação tributária que pratica o fato gerador.
(C) é do contribuinte quando a lei lhe impõe esta obrigação, mesmo que não pratique o fato gerador.
(D) pode ser atribuída a terceiro estranho ao fato gerador através de contrato particular firmado entre o contribuinte e terceiro.
(E) independe de qualquer vínculo jurídico entre o terceiro e o contribuinte, bastando que haja expressa disposição legal ou convenção entre as partes.

18. (TJ/MS – Juiz – VUNESP/2015). De acordo com as disposições do Código Tributário Nacional, é correto afirmar que:

(A) a obrigação acessória é sempre dependente da prévia existência da obrigação principal.
(B) a solidariedade passiva tributária comporta benefício de ordem.
(C) o sujeito passivo da obrigação principal diz-se responsável quando tenha relação pessoal e direita com o fato gerador.
(D) a capacidade tributária passiva depende de estar a pessoa jurídica regularmente constituída.
(E) a responsabilidade por infrações da legislação tributária, salvo disposição de lei em contrário, independe da intenção do agente ou do responsável e da efetividade, natureza e extensão dos efeitos do ato.

19. (TJ/SP – Juiz – VUNESP/2015). Quando a legislação tributária estabelece que é responsável pelo recolhimento do tributo terceira pessoa, vinculada ao mesmo fato gerador ocorrido, estamos diante da situação denominada

(A) substituição tributária "para frente".
(B) substituição tributária "para trás".
(C) reponsabilidade *stricto sensu*, "por transferência".
(D) solidariedade passiva tributária por imposição legal.

20. (Câmara de São José dos Campos/SP – Advogado – VUNESP/2014). Acerca da responsabilidade tributária, é correto afirmar que são pessoalmente responsáveis, por imposição legal,

(A) o sucessor a qualquer título e o cônjuge meeiro, pelos tributos devidos pelo *de cujus* até a data da partilha ou adjudicação, limitada essa responsabilidade ao montante do quinhão, do legado ou da meação.
(B) os pais, pelos tributos devidos por seus filhos menores.
(C) os administradores de bens de terceiros, pelos tributos devidos por estes.
(D) os tutores, pelos tributos devidos por seus tutelados.
(E) os tabeliães, escrivães e demais serventuários, pelos tributos devidos sobre os atos praticados por eles ou perante eles, em razão do seu ofício.

21. (DESENBAHIA – Advogado – ESPP/2014). A lei pode atribuir de modo expresso a responsabilidade do crédito tributário a terceira pessoa, vinculada ao fato gerador da respectiva obrigação, excluindo a responsabilidade do contribuinte ou atribuindo-a a este em caráter supletivo do cumprimento total ou parcial da referida obrigação. Nessa hipótese, trata-se da:

(A) Aplicação do princípio da capacidade contributiva.

(B) Solidariedade entre os contribuintes envolvidos.

(C) Responsabilidade por sucessão.

(D) Substituição tributária.

22. (DESENVOLVE/SP – Advogado – VUNESP/2014). A pessoa natural ou jurídica de direito privado que adquirir de outra, por qualquer título, fundo de comércio ou estabelecimento comercial, industrial ou profissional, e continuar a respectiva exploração, sob a mesma ou outra razão social ou sob firma ou nome individual, responde pelos tributos relativos ao fundo ou estabelecimento adquirido, devidos até a data do ato, pelas formas especificadas no Código Tributário Nacional. Assinale a alternativa que traduz, corretamente, uma situação na qual a referida disposição não se aplica.

(A) Aquisição por sócio da sociedade falida.

(B) Adquirente identificado como agente do devedor em recuperação judicial.

(C) Aquisição por parente, em linha reta até o 4º grau, do devedor falido.

(D) Aquisição por parente, em linha colateral até o 4.º grau, do devedor em recuperação judicial.

(E) Adquirente, na hipótese de alienação judicial, de unidade produtiva, em processo de recuperação judicial.

23. (EMDUR/RO – Advogado – FUNCAB/2014). Consoante disposto no Código Tributário Nacional, na hipótese de impossibilidade de exigência do cumprimento da obrigação tributária principal pelo espólio, o inventariante:

(A) responde subsidiariamente ao espólio apenas pelas omissões de que for responsável.

(B) responde solidariamente com o espólio nos atos em que interveio ou pelas omissões de que for responsável.

(C) responde solidariamente com o espólio apenas pelas omissões de que for responsável.

(D) não pode ser responsabilizado em caráter subsidiário, tampouco em caráter solidário com o espólio.

(E) responde subsidiariamente o espólio os atos em que interveio ou pelas omissões de que for responsável.

24. (TJ/MT – Juiz – FMP/2014). O descumprimento de obrigações tributárias, principais ou acessórias, pode implicar, quando a lei prevê, a imposição de multas. Relativamente à legislação relativa a infrações, a sua aplicação e à responsabilidade por infrações, é correto afirmar que:

(A) as multas podem ser estabelecidas pela legislação tributária em sentido amplo, incluindo os decretos e as instruções normativas, porquanto a elas não se aplica a legalidade tributária estrita ou absoluta relativa à instituição de tributos tão somente.

(B) a lei que deixe de definir como infração determinado ato só é aplicável prospectivamente, não tendo aplicação a ato ou fato pretérito, salvo quando tiver caráter interpretativo.

(C) a responsabilidade por infrações à legislação tributária independe da intenção do agente ou do responsável, de modo que, em matéria tributária, jamais será relevante perquirir da culpa ou da boa-fé do contribuinte, mesmo quando induzido em erro por normas complementares.

(D) a conversão da obrigação acessória, pelo simples fato da sua inobservância, em obrigação principal independe de lei que estabeleça multa pela infração, porquanto o CTN, ao estabelecer a conversão, traz norma autoaplicável.

(E) a responsabilidade por infrações à legislação tributária é excluída pela denúncia espontânea, acompanhada do pagamento do tributo devido e dos juros de mora, exclusão de responsabilidade essa que não alcança os casos em que o contribuinte, em vez de pagar o tributo, simplesmente requer seu parcelamento.

25. (TJ/PR – Outorga de Delegação de Serviços de Notas e Registros Provimento – IBFC/2014). A responsabilidade por infrações da legislação tributária:

(A) Depende sempre da intenção do agente ou do responsável, mas não da efetividade, natureza e extensão dos efeitos do ato.

(B) Independe, salvo indisposição em contrário, da intenção do agente ou do responsável, mas depende sempre da efetividade, natureza e extensão dos efeitos do ato.

(C) Independe sempre da intenção do agente ou do responsável e da efetividade, natureza e extensão dos efeitos do ato.

(D) Independe, salvo disposição em contrário, da intenção do agente ou do responsável e da efetividade, natureza e extensão dos efeitos do ato.

26. (TJ/SE – Outorga de Delegação de Serviços de Notas e Registros Provimento – CESPE/2014). Acerca da responsabilidade tributária, assinale a opção correta.

(A) Os diretores, gerentes ou representantes de pessoas jurídicas de direito privado são pessoalmente responsáveis pelos créditos correspondentes às obrigações tributárias resultantes de atos que impliquem infração de lei, mas não por aqueles que infrinjam o contrato social ou o estatuto.

(B) A denúncia espontânea, acompanhada do pagamento da obrigação, pode ser apresentada a qualquer tempo, mesmo após o início de processo administrativo ou de medida de fiscalização.

(C) As hipóteses de responsabilidade tributária previstas no CTN são de três tipos: dos sucessores, de terceiros e por infrações.

(D) Conforme expressamente previsto na CF, a responsabilidade por substituição classifica-se em progressiva e regressiva.

(E) Nos termos do CTN, é subsidiária a responsabilidade dos administradores de bens de terceiros pelos tributos por estes devidos, nos casos de impossibilidade de exigência do cumprimento da obrigação principal pelo contribuinte.

27. (TJ/PR – Outorga de Delegação de Serviços de Notas e Registros Remoção – IBFC/2014). São pessoalmente responsáveis, em matéria de responsabilidade tributária, por sucessão:

(A) O adquirente, em hasta pública, de estabelecimento comercial ou fundo de comércio, em processo de falência, por tributos devidos até a data da aquisição.

(B) O sucessor a qualquer título e o cônjuge meeiro, pelos tributos devidos pelo *de cujus* até a data da partilha ou adjudicação, limitada a responsabilidade ao montante do quinhão, do legado ou meação.

(C) O alienante de bem imóvel, no caso de ter assumido em escritura pública a obrigação por tributo relativo a fato gerador acontecido antes da transmissão, quando não houver prova de quitação de tributos.

(D) O arrematante de bem imóvel, no caso de arrematação em hasta pública, pelos tributos devidos por fatos geradores anteriores à arrematação.

28. (Prefeitura de Jucás/CE – Procurador – Instituto Neo Exitus/2014). Sobre a responsabilidade tributária, marque a opção CORRETA.

(A) A pessoa natural ou jurídica de direito privado que adquirir de outra, por qualquer título, fundo de comércio ou estabelecimento comercial, industrial ou profissional, e continuar a respectiva exploração, sob a mesma ou outra razão social ou sob firma ou nome individual, somente responde pelos tributos devidos pelo estabelecimento adquirido se o alienante cessar a exploração do comércio, indústria ou atividade.

(B) A responsabilidade pelo crédito tributário pode ser atribuída por decreto à terceira pessoa, vinculada ao fato gerador da respectiva obrigação, excluindo a responsabilidade do contribuinte ou atribuindo-a a este em caráter supletivo do cumprimento total ou parcial da referida obrigação.

(C) São pessoalmente responsáveis o sucessor a qualquer título e o cônjuge meeiro, pelos tributos devidos pelo *de cujus* até a data da partilha ou adjudicação, limitada esta responsabilidade ao montante do quinhão do legado ou da meação.

(D) O remitente não é responsável pelos tributos relativos aos bens remidos.

(E) A vedação legal a que tabeliães respondam solidariamente pelos tributos devidos sobre os atos praticados por eles, ou perante eles, em razão do seu ofício, diz respeito apenas ao IPTU.

29. (TRF/4ª Região – Técnico Judiciário. Área Administrativa – FCC/2014). Sobre responsabilidade tributária,

(A) a pessoa jurídica de direito privado que resultar da incorporação, fusão ou transformação é responsável pelos tributos relativos aos fatos geradores anteriores à incorporação, fusão ou transformação de forma subsidiária, caso o patrimônio da incorporada, fundida ou transformada seja insuficiente para quitar os créditos tributários devidos.

(B) o representante legal de pessoa jurídica de direito privado, ainda que não seja sócio da empresa, é pessoalmente responsável pelos créditos correspondentes a obrigações tributárias resultantes de atos praticados com excesso de poderes, infração de lei, contrato social ou estatuto.

(C) o arrematante é responsável pelos tributos cujos fatos geradores sejam anteriores à arrematação, do mesmo modo que o adquirente de bem móvel.

(D) o adquirente de estabelecimento comercial é responsável pelos tributos cujos fatos geradores sejam anteriores à aquisição quando a aquisição se dá em processo de falência, já que os créditos tributários têm preferência sobre créditos extraconcursais.

(E) a responsabilidade pelo pagamento do tributo, juros de mora e multa é excluída pela denúncia espontânea da infração.

30. (Juiz Federal Substituto da 5ª Região – CESPE/2013). Ainda com base na CF, nas normas gerais de direito tributário e na jurisprudência do STJ e do STF sobre essa matéria, assinale a opção correta:

(A) Ainda que a isenção tenha sido concedida por prazo certo e sob condição onerosa, é possível a sua posterior revogação, com efeitos sobre os contribuintes que tiverem por ela sido beneficiados, já que eles não possuem direito adquirido de usufruir do benefício legalmente estipulado.

(B) É devida a correção monetária ao creditamento do IPI quando há oposição ao seu aproveitamento decorrente de resistência legítima do fisco.

(C) A simples declaração, pelo contribuinte, do débito tributário lhe dá o direito de obter a certidão negativa ou positiva com efeito de negativa.

(D) O inadimplemento da obrigação tributária pela sociedade é suficiente, por si só, para atrair a responsabilidade solidária do sócio-gerente.

(E) A imunidade tributária recíproca é princípio garantidor da Federação, motivo pelo qual não pode ser restringida nem mesmo por emenda constitucional.

31. (TC/SP – Auditor do Tribunal de Contas – FCC/2013). Ao prever a lei de determinado tributo que será atribuído ao sujeito passivo da obrigação tributária a condição de responsável pelo pagamento de imposto, cujo fato gerador deva ocorrer posteriormente, estar-se-á diante de:

(A) Fato gerador pendente.

(B) Fato gerador futuro.

(C) Substituição tributária para frente.

(D) Substituição tributária para trás.

(E) Lançamento a certo período de tempo.

32. (TJ/PB – Juiz – FCC/2013). Em fiscalização realizada em uma empresa de embalagens foram constatadas inúmeras irregularidades relativamente ao recolhimento dos tributos devidos, razão pela qual foi lavrado um Auto de Infração e Imposição de Multa. O crédito tributário decorrente destes fatos geradores por atos praticados com infração de lei, contrato ou estatuto, será devido:

(A) Pela empresa, em sua totalidade, na qualidade de contribuinte e, subsidiariamente, pelos sócios diretores, enquanto representantes legais, pelo crédito decorrente de atos praticados com infração de lei, contrato ou estatuto.

(B) Pela empresa e pelos sócios, solidariamente, na qualidade de contribuinte e responsável, respectivamente, pelos créditos decorrentes de todos os atos praticados, inclusive com infração de lei, contrato ou estatuto.

(C) Pelos sócios, em sua totalidade, na qualidade de responsáveis pessoais pelos atos com infração de lei, contrato ou estatuto; e pela empresa, na qualidade de contribuinte, pelos créditos decorrentes de todos os atos praticados por seus responsáveis legais, em regime de solidariedade.

(D) Pelos diretores ou gerentes, enquanto representantes legais da empresa, na qualidade de responsáveis pessoais, pelos créditos cujos atos advieram de infração de lei, contrato ou estatuto; e pela empresa, na qualidade de contribuinte, pelos créditos cujos fatos geradores efetivamente tenha praticado sem afronta à lei, contrato ou estatuto.

(E) Pelos sócios e pelos diretores ou gerentes, enquanto representantes legais da empresa, na qualidade de responsáveis solidários, por créditos advindos de atos decorrentes da infração de lei, contrato ou estatuto; e pela empresa, na qualidade de contribuinte, pelos fatos geradores que efetivamente praticou.

33. (Prefeitura de Iguatu/CE – Auditor de Tributos Municipais – Pró-Município/2013). A empresa ALFA contrata serviços profissionais de um contador autônomo, combinando pagar-lhe honorários de R$ 3.000. Por ocasião do pagamento, a lei determina que ela desconte o Imposto de Renda sobre a essa remuneração de trabalho sem vínculo empregatício. Nessa situação, conforme preceitos do Código Tributário Nacional a empresa ALFA, perante o fisco é:

(A) Sujeito ativo do tipo recolhedor.

(B) Sujeito passivo do tipo contribuinte.

(C) Sujeito passivo do tipo responsável.

(D) Sujeito ativo do tipo delegado.

(E) Sujeito passivo do tipo pagador.

34. (FATMA – Fundação do Meio Ambiente/SC – Advogado – FEPESE/2012). Acerca da responsabilidade tributária, assinale a alternativa correta, de acordo como o Código Tributário Nacional:

(A) A responsabilidade por infrações da legislação tributária depende da intenção do agente ou do responsável e da efetividade, natureza e extensão dos efeitos do ato.

(B) A responsabilidade é excluída pela denúncia espontânea da infração, acompanhada do seu pedido de parcelamento.

(C) Os diretores, gerentes ou representantes de pessoas jurídicas de direito privado são pessoalmente responsáveis pelos créditos correspondentes a obrigações tributárias resultantes de atos praticados com excesso de poderes ou infração de lei, contrato social ou estatutos.

(D) A pessoa natural ou jurídica de direito privado que adquirir de outra fundo de comércio ou estabelecimento comercial, industrial ou profissional, e continuar a respectiva exploração, sob a mesma ou outra razão social, responde integralmente, em qualquer caso, pelos tributos, relativos ao estabelecimento adquirido.

(E) A lei não poderá atribuir a responsabilidade pelo crédito tributário a terceira pessoa, mesmo que vinculada ao fato gerador da respectiva obrigação, excluindo a responsabilidade do contribuinte.

35. (PROCON/RJ – Advogado – CEPERJ/2012). Em casos de tributos incidentes sobre a propriedade imobiliária, havendo a arrematação do mesmo, nos termos do Código Tributário Nacional, a responsabilidade por sucessão ocorrerá na sub-rogação do:

(A) vendedor;

(B) arrematante;

(C) preço;

(D) tributo;

(E) herdeiro.

36. (TJ/PR – Juiz Substituto – UFPR/2012). A sociedade empresária X, cujo objeto social é a industrialização e a revenda de produtos e equipamentos para laboratórios farmacêuticos, adquiriu o estabelecimento industrial da sociedade empresária Y, titular de mesmo objeto social, em 20.11.2011. Dois meses após a aquisição, os sócios da sociedade empresária Y passaram a explorar a atividade de panificação. Um ano após, a Fiscalização da Secretaria Estadual apurou crédito tributário, anterior à data da aquisição do estabelecimento industrial da sociedade empresária Y, resultante do não recolhimento de ICMS, devido pela sociedade empresária Y. Sobre esse caso, assinale a alternativa correta:

(A) A sociedade empresária X responderá integralmente pelo tributo devido.

(B) A sociedade empresária X responderá subsidiariamente com a sociedade empresária Y pelo tributo devido.

(C) A sociedade empresária X não responderá pelo tributo devido, sendo a responsabilidade integral da sociedade empresária Y.

(D) As sociedades empresárias X e Y responderão solidariamente pelo tributo devido.

37. (AGU – CESPE/2012). Em relação à responsabilidade tributária, julgue o item: *o adquirente de um fundo de comércio é subsidiariamente responsável, juntamente com o alienante que continue a exercer a atividade comercial em outro estado, pelos tributos devidos até a data da venda desse fundo.*

38. (Defensoria Pública/SP – FCC/2012). Em relação às espécies de responsabilidade tributária, na responsabilidade:

(A) de devedores solidários, por terem eles interesse comum na situação constituinte do fato gerador, cabe o benefício de ordem;

(B) por transferência, o responsável tributário responde por débito próprio, após a ocorrência do fato gerador;

(C) de devedores sucessores, a obrigação é transferida para outro devedor em razão da remissão do devedor original;

(D) por substituição, o não recolhimento do tributo pelo substituto retransmite a responsabilidade das obrigações acessórias para o contribuinte substituído;

(E) de terceiros devedores, o dever em relação ao patrimônio de outrem exsurge, em geral, do vínculo jurídico existente para com incapazes ou entes despersonalizados.

39. (OAB/DF – Advogado – IADES/2012). Importante consectário da obrigação tributária é o estudo da responsabilidade tributária. Dentre as alternativas abaixo, assinale a alternativa incorreta, em relação a uma hipótese legalmente prevista dessa responsabilidade:

(A) Os serventuários de cartórios, pelos tributos devidos sobre os atos praticados por eles, ou perante eles, em razão do seu ofício.

(B) Os adquirentes de fundo de comércio, solidariamente com o alienante, acaso este último inicie, dentro de 6 meses, nova atividade, no mesmo ou, ainda, em diferente ramo.

(C) Os empregados mandatários, pessoalmente, decorrentes de atos praticados com infração à lei.

(D) Os sócios, no caso de liquidação de sociedade de pessoas.

(E) Os gerentes de pessoas jurídicas de Direito Privado, pessoalmente, em face de atos praticados com infração ao contrato social ou estatutos.

40. (Prefeitura Municipal de Rosana/SP – Procurador Jurídico – VUNESP/2012). Assinale a alternativa que, corretamente, ilustra uma situação na qual haverá responsabilidade solidária:

(A) O sucessor a qualquer título e o cônjuge meeiro, pelos tributos devidos pelo *de cujus* até a data da partilha ou adjudicação.

(B) O adquirente e o remitente, pelos tributos relativos aos bens adquiridos ou remidos.

(C) Os administradores de bens de terceiros, pelos tributos devidos por estes.

(D) Os diretores, gerentes ou representantes de pessoas jurídicas de direito privado, pelos créditos correspondentes a obrigações tributárias resultantes de atos praticados com excesso de poderes.

(E) O arrematante e o devedor, no caso de arrematação em hasta pública, pelos tributos devidos pelo bem arrematado.

41. (OAB/Unificado VII – FGV/2012). Determinada pessoa física adquire de outra um estabelecimento comercial e segue na exploração de suas atividades, cessando ao vendedor toda a atividade empresarial. Nesse caso, em relação aos tributos devidos pelo estabelecimento comercial até a data da aquisição do referido negócio jurídico, o novo adquirente responde:

(A) Pela metade dos tributos.

(B) Subsidiariamente pela integralidade dos tributos.

(C) Integralmente por todos os tributos.

(D) Solidariamente, com o antigo proprietário, por todos os tributos.

42. (TRF/2ª Região – Analista Judiciário. Área Judiciária – FCC/2012). Samuel vendeu, por escritura pública, um imóvel para Sueli. Havia débitos referentes ao imposto predial e territorial urbano. O contrato de venda e compra estipulou a transferência dessa responsabilidade (quitação dos débitos) para Rafael (então devedor de Samuel), mas que deixou de cumpri-la. Nesse caso, a responsabilidade da quitação do débito perante a Fazenda Pública do Município será:

(A) De Rafael, ou seja, o terceiro integrante no contrato.

(B) De Samuel, ou seja, o vendedor do imóvel.

(C) De Sueli, ou seja, a compradora e atual proprietária do imóvel.

(D) Do vendedor Samuel e da compradora Sueli.

(E) Da compradora Sueli e do terceiro Rafael.

43. (Prefeitura/SP – Auditor-Fiscal Tributário Municipal I. Área de Especialização em Gestão Tributária – FCC/2012). Uma pessoa adquiriu bem imóvel, localizado em área urbana de município paulista, sem exigir que o vendedor lhe exibisse ou entregasse documento comprobatório da quitação do IPTU, relativo aos cinco exercícios anteriores ao da data da referida aquisição. Nada constou a respeito dessa quitação no título por meio do qual foi feita a transmissão da propriedade do referido imóvel. Desse modo, esse adquirente:

(A) Tornou-se contribuinte do IPTU em relação aos créditos tributários referentes aos exercícios anteriores ao de sua aquisição, cabendo a ele quitá-los nessa condição.

(B) É responsável tributário pelo pagamento do IPTU devido até o momento da transmissão da propriedade.

(C) É responsável tributário pelo pagamento do IPTU somente em relação aos fatos geradores ocorridos após a aquisição do imóvel.

(D) Não é responsável tributário pelo pagamento do IPTU anterior à aquisição do imóvel, pois não há ilícito algum na aquisição de imóvel em transmissão *inter vivos*.

(E) Não é responsável tributário pelo pagamento do IPTU anterior à aquisição do imóvel, pois nada constou, no título aquisitivo, sobre a existência desses créditos tributários não pagos.

44. (Prefeitura/SP – Auditor-Fiscal Tributário Municipal I. Área de Especialização em Gestão Tributária – FCC/2012). Uma determinada pessoa adquiriu um imóvel urbano em maio de 2010. Em fevereiro de 2012, ela constatou que o IPTU incidente sobre esse imóvel, nos exercícios de 2008, 2009 e 2010, não havia sido pago pelo proprietário anterior. Os créditos tributários referentes ao IPTU incidente nos exercícios de 2011 e 2012 ela mesma os pagou, em razão de o imóvel já lhe pertencer nesses exercícios. Não existe prova alguma de quitação do tributo referente aos exercícios 2008, 2009 e 2010. Considerando que o fato gerador do IPTU, em relação à situação descrita acima, ocorre no dia 1º de janeiro de cada exercício, o adquirente é:

(A) Responsável tributário pelo pagamento do IPTU, em relação aos exercícios de 2008, 2009 e 2010, e contribuinte desse imposto em relação aos exercícios de 2011 e 2012.

(B) Contribuinte do IPTU, em relação aos exercícios de 2008, 2009, 2010, 2011 e 2012.

(C) Contribuinte do IPTU, em relação aos exercícios de 2008, 2009 e 2010 e responsável tributário pelo pagamento desse imposto em relação aos exercícios de 2011 e 2012.

(D) Contribuinte do IPTU, em relação aos exercícios de 2008 e 2009 e responsável tributário pelo pagamento desse imposto em relação aos exercícios de 2010, 2011 e 2012.

(E) Responsável tributário pelo pagamento do IPTU, em relação aos exercícios de 2008, 2009, 2010, 2011 e 2012.

45. (Prefeitura de Nova Tebas/PR – Advogado – UNIUV/2012). Quanto à responsabilidade tributária, é correto afirmar:

(A) É pessoalmente responsável o espólio pelos tributos devidos pelo *de cujus* até a data da abertura da sucessão.

(B) São contribuintes secundários os adquirentes ou remitentes pelos tributos relativos aos bens adquiridos ou remidos.

(C) Os pais sempre responderão pelos tributos devidos por seus filhos como solidários.

(D) Os tutores, curadores e conselheiros serão sempre solidários pelos tributos devidos por seus tutelados, adotados ou curatelados.

(E) Os sócios deverão ser chamados à responsabilidade tributária solidária, no caso de liquidação de sociedade de pessoas ou de capital.

46. (TJ/PI – Juiz Substituto – CESPE/2012). Com relação à disciplina da obrigação tributária, assinale a opção correta:

(A) De acordo com a sistemática do CTN, a lei pode atribuir expressamente a responsabilidade pelo crédito tributário a terceira pessoa, ainda que não vinculada ao fato gerador da obrigação.

(B) O cônjuge meeiro é pessoalmente responsável pelos tributos devidos pelo *de cujus* até a data da adjudicação ou da partilha, limitada a responsabilidade ao montante do quinhão, legado ou meação.

(C) Os mandatários, prepostos e empregados são solidariamente responsáveis pelos créditos correspondentes a obrigações tributárias resultantes de atos praticados com excesso de poderes.

(D) A capacidade tributária passiva depende da regular constituição da pessoa jurídica, a fim de se localizar o seu domicílio tributário.

(E) A autoridade administrativa não pode recusar o domicílio eleito pelo contribuinte ou responsável, pois ambos possuem autonomia para elegê-lo.

47. (MP/RR – CESPE/2012). Determinado consumidor, ávido por conseguir abatimento no preço de determinado produto, adquiriu a mercadoria de estabelecimento comercial, aceitando nota fiscal emitida, por um dos sócios da sociedade comercial, no valor da metade da venda efetivamente realizada, o que reduziu os tributos incidentes sobre a operação comercial e possibilitou a concessão do desconto. Com base na situação hipotética acima apresentada, assinale a opção correta:

(A) O consumidor passou a ser substituto tributário da sociedade comercial no pagamento da diferença advinda da sonegação, porquanto foi o principal beneficiário da fraude.

(B) O consumidor é contribuinte de fato do tributo, razão por que é responsável direto pela satisfação do débito tributário, respondendo a sociedade comercial subsidiariamente.

(C) Os sócios cotistas da sociedade comercial responderão solidariamente com a sociedade comercial pelo débito tributário decorrente da sonegação fiscal.

(D) Além de responder pessoalmente pela dívida da sociedade, o sócio que realizou a venda subfaturada responderá pela prática de crime contra a ordem tributária.

(E) A responsabilidade tributária do consumidor prevê o benefício de ordem no cumprimento da obrigação tributária principal.

48. (Defensoria Pública/RO – CESPE/2012). Duas pessoas constituíram sociedade comercial e, sendo ambas responsáveis pela gerência e administração da empresa, estabeleceram responsabilidades pelas dívidas contraídas, limitadas ao capital integralizado. A partir de determinado momento, os sócios passaram a não enviar para a contabilidade parte das notas fiscais emitidas nas operações realizadas e, em consequência, a apuração do tributo foi efetivada sem que fossem considerados os referidos fatos geradores, o que aumentou o lucro e a retirada dos sócios. O fisco constatou o fato e efetuou o lançamento tributário, que, com os acréscimos de multa e correção monetária, ultrapassou o valor do capital integralizado da referida sociedade comercial. Com base na situação hipotética acima apresentada, assinale a opção correta:

(A) Tratando-se de empresa optante pelo simples nacional, inexiste solidariedade dos sócios pelas dívidas contraídas pela sociedade comercial.

(B) Dada a redução criminosa de débito tributário, o fisco deverá lavrar o auto de infração e, ao mesmo tempo, apresentar representação fiscal ao MP para promover a ação penal.

(C) Sendo a responsabilidade limitada ao capital integralizado, apesar de o fisco lançar o total do crédito tributário, este somente será satisfeito caso se respeite o limite do capital.

(D) Caso conste da certidão de inscrição do débito em dívida ativa o nome dos sócios como responsáveis pela dívida tributária, a execução fiscal poderá ser proposta contra a sociedade e os respectivos sócios.

(E) Ainda que constem da certidão de inscrição do débito em dívida ativa os nomes dos dois sócios, para incluí-los no polo passivo da execução fiscal, o credor deverá comprovar a condição de devedor solidário.

49. (Município de Nova Fátima/PR – Advogado – FAUEL/2012). Considerando as regras de responsabilidade tributária nos termos do Código Tributário Nacional, não é pessoalmente responsável:

(A) O adquirente ou remitente, pelos tributos relativos a bens adquiridos ou remidos.

(B) O pai ou mãe, pelos tributos devidos por seus filhos menores, nos atos que intervierem.

(C) O Espólio, pelos tributos devidos pelo *de cujus* até a data da abertura da sucessão.

(D) O sucessor a qualquer título e o cônjuge meeiro, pelos tributos devidos pelo *de cujus* até a data da partilha ou adjudicação.

50. (Prefeitura Municipal de JI-Paraná/RO – Procurador/PGM – FUNCAB/2012). Em relação ao instituto da denúncia espontânea, é correto afirmar que:

(A) Consiste em causa de suspensão do crédito tributário.

(B) Afasta a incidência da multa e dos juros moratórios.

(C) Pode ocorrer em qualquer momento do procedimento administrativo ou fiscalização relacionados com a infração.

(D) É aplicável aos tributos sujeitos a lançamento por homologação.

(E) O pagamento parcelado do tributo não caracteriza a denúncia espontânea, sendo necessário o pagamento integral.

51. (TJ/PB – Juiz – CESPE/2011). A respeito da disciplina aplicável ao domicílio tributário e à responsabilidade tributária, assinale a opção correta:

(A) De acordo com o estabelecido no CTN, obrigação e responsabilidade tributária são equivalentes, não se podendo atribuir responsabilidade tributária a terceira pessoa que não o contribuinte.

(B) A convenção particular relativa à responsabilidade pelo pagamento de tributos pode ser oposta à fazenda pública, desde que esta possua conhecimento da convenção e a tenha recusado expressamente.

(C) Em regra, é direito do contribuinte eleger o lugar do domicílio fiscal, o que não pode ser recusado pelo fisco, ainda que a eleição resulte em dificuldades para a arrecadação e fiscalização tributária.

(D) De acordo com o CTN, são apenas duas as espécies de obrigação tributária: a principal e a acessória.

(E) O domicílio tributário do proprietário de terreno não edificado, para fins de IPTU, deve estar situado na mesma cidade onde o terreno esteja localizado, o que constitui exceção à regra do domicílio de eleição.

52. (Procurador 1ª Categoria/ES – CESPE/2011). Tendo em vista que o CTN estabelece que a responsabilidade tributária é do contribuinte ou de terceira pessoa vinculada ao fato gerador, assinale a opção correta:

(A) Na aquisição de imóvel em hasta pública, o adquirente não tem responsabilidade sobre os tributos incidentes sobre o mesmo, cabendo ao fisco sub-rogar-se no preço pago.

(B) Constando os sócios como responsáveis pelos débitos tributários da empresa na certidão de inscrição do débito na dívida ativa, presume-se a ocorrência de sonegação fiscal, cuja defesa poderá excluir a responsabilidade apresentando embargos à execução, os quais, entretanto, terão de restringir-se a demonstrar tratar-se de mero inadimplemento da obrigação principal.

(C) A responsabilidade por infração à legislação tributária de terceiros que agem em nome do contribuinte depende da demonstração pelo fisco da intenção na fraude constatada.

(D) A responsabilidade solidária do sócio independe de ele mesmo exercer cargo de direção ou gerência ou outro cargo de administrador na sociedade.

(E) O CTN, como lei complementar, esgotou a possibilidade de legislação ordinária dos municípios, dos estados e do DF atribuir a responsabilidade pelo crédito tributário a terceira pessoa.

53. (Procurador-Geral do Município de Florianópolis/SC – FEPESE/2011). Acerca da responsabilidade tributária, é correto afirmar:

(A) O simples inadimplemento da obrigação tributária pela sociedade gera a responsabilidade solidária do sócio-gerente.

(B) A responsabilidade por infrações da legislação tributária é subjetiva, ou seja, depende da intenção do agente ou do responsável.

(C) O benefício da denúncia espontânea não se aplica aos tributos sujeitos a lançamento por homologação regularmente declarados, mas pagos a destempo.

(D) De acordo com o Código Tributário Nacional, é possível opor convenções particulares à Fazenda Pública, relativas à responsabilidade pelo pagamento de tributos.

(E) Os tutores e curadores serão sempre pessoalmente responsáveis pelos tributos devidos por seus tutelados ou curatelados.

54. (PGE/RO – FCC/2011). Empresa CÉU AZUL realizou a devida apuração do ICMS incidente nas suas operações, efetuou toda a escrituração fiscal, bem como promoveu a regular entrega de suas declarações ao Fisco Estadual. Entretanto, embora venha adotando tal conduta regular, com habitualidade, por falta de recursos financeiros não vem provendo o recolhimento do ICMS. Com o fechamento de um grande contrato com um cliente e o ingresso de receitas, pretende promover a quitação dos valores em atraso, requerendo o benefício denominado "denúncia espontânea". O referido benefício:

(A) É cabível uma vez que resta presente a boa-fé do contribuinte.
(B) É cabível, uma vez que será promovido o pagamento parcial do tributo.
(C) Não é cabível, uma vez que este benefício se aplica apenas aos tributos federais.
(D) Não é cabível, uma vez que o contribuinte já havia promovido o lançamento/declaração do tributo devido.
(E) É cabível, uma vez que a legislação adota a redução sempre que o contribuinte pretende regularizar sua situação.

55. (Procurador de Aparecida de Goiânia/GO – UFG/2010). Um imóvel foi levado a hasta pública em razão de execução movida pela Fazenda Pública Municipal de Aparecida de Goiânia. O arrematante, adquirente desse bem:
(A) É responsável integralmente por eventuais créditos tributários (impostos, taxas de serviço, contribuição de melhoria) relativos ao bem arrematado, independentemente da data da constituição desses.
(B) É responsável solidariamente como o antigo proprietário por eventuais créditos tributários (impostos, taxas de serviço, contribuição de melhoria) relativos aos bem arrematado.
(C) É eximido de responsabilidade por eventuais créditos tributários (impostos, taxas de serviços, contribuição de melhoria) relativos ao bem arrematado.
(D) É responsável pela integração e melhoria relativas ao bem arrematado, constituídas até a data da aquisição em hasta pública.

56. (PF/AGU – CESPE/2010). O sócio administrador de sociedade limitada em débito com a fazenda pública federal, referente ao pagamento do IRPJ, é pessoal e solidariamente responsável pelos referidos débitos, quando contraídos durante a sua administração.

57. (PGE/AM – FCC/2010). Em caso de falecimento, a responsabilidade pelos tributos devidos pelo *de cujus* será:
(A) Do inventariante, exclusivamente, até a conclusão do inventário, com o trânsito em julgado.
(B) Do espólio até a data da abertura da sucessão. Dos sucessores e do cônjuge meeiro até a data da partilha ou adjudicação.
(C) Dos herdeiros, que respondem de forma integral e ilimitada pelos tributos devidos.
(D) Apenas dos herdeiros, que poderão transferir a responsabilidade pelo pagamento dos tributos a terceiros, desde que com o aval da Fazenda Pública.
(E) Encerrada com seu falecimento, não se aplicando, neste caso, a responsabilidade tributária.

58. (PGE/SC – FEPESE/2010). Conforme disposto no Código Tributário Nacional, é correto afirmar:
(A) A eleição do domicílio tributário, pelo contribuinte ou responsável, não poderá ser recusada pela autoridade administrativa.
(B) O espólio é pessoalmente responsável pelos tributos devidos pelo *de cujus* até a data da abertura da sucessão.
(C) Salvo disposição de lei em contrário, considera-se ocorrido o fato gerador e existentes os seus efeitos, tratando-se de situação de fato, desde o momento em que esteja definitivamente constituída, nos termos de direito aplicável.
(D) A capacidade tributária passiva depende de estar a pessoa jurídica regularmente constituída, não bastando que configure uma unidade econômica ou profissional.
(E) São pessoalmente responsáveis o síndico e o comissário, em relação aos tributos devidos pela massa falida ou pelo concordatário.

59. (MPE/PB/2010). São pessoalmente responsáveis pela obrigação tributária, perante a Fazenda Pública, exceto:
(A) O cônjuge meeiro.
(B) O locatário, cujo contrato prevê a responsabilidade tributária.
(C) O sucessor a qualquer título.
(D) O adquirente.
(E) O remitente.

8. GABARITO

1. **Alternativa (D).** Não é cabível denúncia espontânea, pois trata-se de tributo por homologação com declaração regular e pagamento a destempo.

Comentário: A alternativa **"D"** está correta, o benefício da denúncia espontânea não se aplica aos tributos sujeitos ao lançamento por homologação regularmente declarados mas pagos a destempo, Súmula n. 360 do STJ. A opção "A" está incorreta, o enunciado da questão informa que o auditor fiscal não lavrou auto de infração. A resposta "B" está incorreta, os juros são devidos, mas a multa tributária é excluída com a denúncia espontânea, seja ela considerada de mora ou punitiva, art. 138 do CTN. Segundo entendimento do STJ, é desnecessário fazer distinção entre multa moratória e multa punitiva, visto que ambas são excluídas em caso de configuração da denúncia espontânea. A justificativa "C" está incorreta, pois a jurisprudência tem decidido no sentido de que o contribuinte só fará jus à denúncia espontânea se ele pagar o valor devido à vista. A letra "E" está incorreta, nos termos do art. 151, VI, do CTN, o parcelamento é modalidade de suspensão do crédito tributário e como dito anteriormente, o STJ entende que uma vez parcelado não fará jus à denúncia espontânea.

---

2. **Alternativa (B).** A denúncia espontânea exclui o pagamento de qualquer penalidade, incluindo-se juros e correção monetária, devendo ser efetuada no prazo máximo de 15 (quinze) dias do fato gerador.

Comentário: A opção "B" está incorreta, conforme o art. 138 do CTN, os juros de mora são devidos com a denúncia espontânea. Além disso, não há previsão legal desse prazo de quinze dias, contados da ocorrência do fato gerador. A resposta "A" está correta, nos termos do art. 138 do CTN. A justificativa "C" está correta, segundo o parágrafo único do art. 138 do CTN. A letra "D" está correta, de acordo com a Súmula n. 360 do STJ, que determina que nos tributos sujeitos a lançamento por homologação, uma vez declarados e pagos a destempo, não farão jus à denúncia espontânea.

---

3. **Alternativa (D).** A substituição tributária desobriga o contribuinte substituído de prestar obrigações acessórias aos órgãos de controle e fiscalização.

Comentário: A alternativa **"D"** está incorreta, não há essa previsão legal. A opção "A" está correta, é a previsão do art. 150, § 7º, da CF, a chamada substituição progressiva. A banca considerou correta a resposta "B", segundo o entendimento do STF na ADI n. 1851. Porém, mais recentemente, o STF julgou o RE 593849 e admitiu que cabe restituição quando ocorrer o fato gerador por valor menor do que o presumido. A justificativa "C" está correta, a legislação pertinente às contribuições sociais versa sobre a substituição tributária, nesse sentido, à luz dos arts. 3º, § 10, da Lei nº 9.718/98 e 1º, § 3º, III, da Lei nº 10.637/2002. A letra "E" está correta, pois o art. 128 do CTN prevê que a lei pode atribuir de modo expresso a responsabilidade pelo crédito tributário a terceira pessoa.

---

4. **Alternativa (E).** Por se tratar de substituição tributária subsequente, apenas a inocorrência absoluta do fato gerador permitiria ao supermercado S, o substituído, pleitear a restituição do valor pago a maior, não sendo possível pleitear-se a restituição para os casos de desconto.

Comentário: A opção **"E"** está correta. A banca considerou a alternativa **"E"** correta, porém, ressalta-se que a prova foi realizada em março/abril de 2016 e em outubro de 2016 o STF, ao julgar o RE nº 593849, proferiu novo entendimento, admitindo que na substituição tributária, ocorrendo o fato gerador menor que o presumido, caberá a restituição.

---

5. **Alternativa (A).** Substituição Tributária.

Comentário: A resposta **"A"** está correta, nos termos do art. 128 do CTN, sem prejuízo do disposto neste capítulo, a lei pode atribuir de modo expresso a responsabilidade pelo crédito tributário a terceira pessoa, vinculada ao fato gerador da respectiva obrigação, excluindo a responsabilidade do contribuinte ou atribuindo-a a este em caráter supletivo do cumprimento total ou parcial da referida obrigação.

---

6. **Alternativa (A).** Totalmente correta.

De modo nenhum se pode concluir que os pais sejam sempre responsáveis pelos tributos devidos por seus filhos menores, nem que os tutores ou curadores sejam sempre responsáveis pelos tributos devidos pelos seus tutelados ou curatelados etc. (1ª parte). É preciso que exista uma relação entre a obrigação tributária e o comportamento daquele a quem a lei atribui a responsabilidade (2ª parte).

Comentário: A justificativa **"A"** está correta, é o que se extrai do *caput* do art. 134 do CTN, pois só haverá a responsabilidade tributária nos atos em que eles intervierem ou pelas omissões de que forem responsáveis.

7. Alternativa (B). Apenas nas afirmativas II, III, e IV.

II. os tutores e curadores, pelos tributos devidos por seus tutelados ou curatelados.

III. os administradores de bens de terceiros, pelos tributos devidos por estes.

IV. o inventariante, pelos tributos devidos pelo espólio.

Comentário: A letra "B" está correta, nos termos do art. 134, II, III e IV, do CTN. Não há previsão da responsabilidade dos avós, o que invalida o item I.

8. Alternativa (C). A lei pode atribuir de modo expresso a responsabilidade pelo crédito tributário a terceira pessoa, vinculada ao fato gerador da respectiva obrigação, excluindo a responsabilidade do contribuinte ou atribuindo-a a este em caráter supletivo do cumprimento total ou parcial da referida obrigação.

Comentário: A alternativa **"C"** está correta, nos termos do art. 128 do CTN. A opção "A" está incorreta, de acordo com o art. 133 do CTN o adquirente de fundo de comércio ou estabelecimento comercial será integralmente responsável quando o alienante cessar a exploração de suas atividades. A responsabilidade inclui juros e multas tributárias, segundo o entendimento do STJ, Súmula n. 554. A resposta "B" está incorreta, a responsabilidade tributária pode ser classificada por substituição ou por transferência. A responsabilidade por transferência pode ser dividida por sucessão, solidariedade e de terceiros. A justificativa "D" está incorreta, a extinção consiste no desaparecimento do crédito tributário pelo desaparecimento do objeto. A letra "E" está incorreta, pois a responsabilidade por substituição pode aparecer antes da ocorrência do fato gerador.

9. Alternativa (A). Caio é pessoalmente responsável pelo pagamento do IPVA.

Comentário: A opção **"A"** está correta, conforme preceitua o art. 131, I, do CTN.

10. As duas afirmativas estão corretas.

Na hipótese de o adquirente da referida unidade produtiva empresarial ser sócio da empresa submetida ao processo de recuperação judicial, à sua responsabilidade tributária deverá ser destinado o mesmo tratamento que o destinado à responsabilidade do adquirente que for agente do devedor em recuperação judicial.

A alienação de filial ou unidade produtiva isolada de uma empresa que sofre processos de execução fiscal – no caso de a sociedade empresária não estar submetida à falência ou processo de recuperação judicial – ensejará a responsabilidade, por sucessão, do adquirente em relação à integridade do crédito tributário se o alienante cessar o exercício de qualquer atividade mercantil.

Comentário: A primeira afirmação está correta, consoante previsão do art. 133, § 2º, I, do CTN. A segunda, também está correta, nos termos do art. 133 do CTN.

11. Alternativa (C). Respondem subsidiariamente com o contribuinte nos atos em que intervierem ou pelas omissões de que forem responsáveis os pais, pelos tributos devidos por seus filhos menores nos casos de impossibilidade de exigência do cumprimento da obrigação principal por aquele.

Comentário: A resposta **"C"** está incorreta, conforme o art. 134, I, do CTN, a responsabilidade é solidária. A justificativa "A" está correta, nos termos do art. 131, II, do CTN. A letra "B" está correta, de acordo com o art. 135, III, do CTN. A alternativa "D" está correta, segundo o art. 156, II e IV, do CTN.

12. Alternativa (D). Estão corretas apenas as assertivas II, III e IV.

II. A dissolução irregular da empresa enseja a responsabilização pessoal daqueles que, no momento da dissolução, atuavam efetivamente na condição de sócios-gerentes.

III. Em alienação de estabelecimento comercial ocorrida em processo de falência, o adquirente responde pelos tributos, relativos ao estabelecimento adquirido, devidos até a data do ato, de forma integral ou subsidiária, se for parente em linha reta do devedor falido.

IV. O adquirente é pessoalmente responsável pelos tributos relativos aos bens adquiridos.

Comentário: O item I está incorreto, segundo o artigo 135, III, do CTN, os sócios-gerentes responderão pessoalmente pelas dívidas tributárias da empresa quando derem causa ao crédito tributário por terem agido com excesso de poderes, ou infração à lei ou infração a contrato social ou estatuto social. O recolhimento extemporâneo do tributo não configura infração à lei. O **item II** está correto, pois a dissolução irregular da sociedade é considerada infração à lei e, por essa razão, o STJ tem compreendido que o sócio-gerente que estiver nessa função no momento da dissolução irregular responderá pessoalmente, nos termos do artigo 135, III, do CTN. O **item III** está correto, à luz do artigo 133, § 2º, do CTN. O **item IV** está correto, com base nos artigos 130 e 131 do CTN.

---

13. **Alternativa (B).** A responsabilização do Sr. X pelo crédito tributário contraído é possível, caso ele tenha agido além dos limites previstos pelo estatuto da S/A.

Comentário: A alternativa **"B"** está correta, nos termos do artigo 135 do CTN. A opção "A" está incorreta, conforme o artigo 135 do CTN, a responsabilidade será pelos créditos tributários que o sócio-gerente der causa. A resposta "C" está incorreta, de acordo como artigo 135 do CTN, não se trata de imediata responsabilização do sócio-gerente. A letra "D" está incorreta, consoante o artigo 135 do CTN, poderá ocorrer a responsabilização do sócio-gerente se incorrer numa das hipóteses ali elencadas. A justificativa "E" está incorreta, segundo o artigo 135 do CTN, a responsabilidade nestes casos é pessoal.

---

14. **Alternativa (B).** A responsabilização do Sr. X pelo crédito tributário contraído é possível, caso ele tenha agido além dos limites previstos pelo estatuto da S/A.

Comentário: A alternativa **"B"** está correta, à luz do art. 135 do CTN, que determina que o sócio-gerente responde pelos créditos tributários que deu origem, quando houver: excesso de poderes, ou infração à lei ou a contrato social, estatuto social. A opção "A" está incorreta, conforme o art. 135 do CTN, a responsabilidade será pelos créditos tributários que o sócio-gerente der causa. A resposta "C" está incorreta, de acordo com o art. 135 do CTN, não se trata de imediata responsabilização do sócio-gerente. A letra "D" está incorreta, consoante o art. 135 do CTN, poderá ocorrer a responsabilização do sócio-gerente se incorrer numa das hipóteses ali elencadas. A justificativa "E" está incorreta, segundo o art. 135 do CTN, a responsabilidade nestes casos é pessoal..

---

15. **Alternativa (B).** Subsidiária, mesmo pelos tributos não lançados até a data do ato.

Comentário: A alternativa **"B"** está correta, nos termos do art. 133, II, do CTN.

---

16. **Alternativa (B).** Apenas as assertivas II e III estão corretas.

II. A pessoa jurídica que adquirir de outra estabelecimento comercial, e continuar a exploração do mesmo objeto social, não responde pelos tributos devidos até a data da aquisição, caso tal aquisição tenha ocorrido no âmbito de alienação judicial em processo de falência.

III. A observância, pelo sujeito passivo, das normas complementares, exclui a imposição de penalidades, a cobrança de juros de mora e a atualização monetária da base de cálculo do tributo.

Comentário: O **item II** está correto, nos termos do art. 133, §1º, I, do CTN. O **item III** está correto, à luz do art. 113 do CTN. O item I está incorreto, pois as hipóteses de suspensão do crédito tributário (art. 151 do CTN)são taxativas, conforme o art. 141 do CTN. O item IV está incorreto, de acordo com o art. 138, parágrafo único, do CTN. O item V está incorreto, consoante o art. 144, §1º, do CTN. O item VI está incorreto, pois a obrigação acessória não tem a ver com a obrigação principal, por isso a acessória não segue a principal, diferentemente do Direito Civil, art. 113, §3º, do CTN.

---

17. **Alternativa (A).** É atribuída expressamente por lei à terceira pessoa, que não praticou o fato gerador, mas que está a ele vinculado, podendo ser exclusiva ou supletiva à obrigação do contribuinte.

Comentário: A alternativa **"A"** está correta, nos termos do art. 128 do CTN que determina que a lei pode atribuir de modo expresso a responsabilidade pelo crédito tributário à terceira pessoa, vinculada ao fato gerador da respectiva obrigação, excluindo a responsabilidade do contribuinte ou atribuindo-a a este em caráter supletivo do cumprimento total ou parcial da referida obrigação. A opção "B" está incorreta, porque aquele que pratica o fato gerador é denominado de contribuinte, segundo o art. 121, I, do CTN. A resposta "C" está incorreta, pois o responsável tributário não reveste a condição de contribuinte, conforme prevê o art. 121, I, do CTN. A letra "D" está incorreta, visto que a responsabilidade tributária, salvo disposição de lei em contrário, só decorre de lei (art. 123, CTN). A justificativa "E" está incorreta, já que a responsabilidade tributária só poderá ser atribuída à terceira pessoa vinculada ao fato gerador, consoante prescreve o art. 128 do CTN.

---

18. **Alternativa (E).** A responsabilidade por infrações da legislação tributária, salvo disposição de lei em contrário, independe da intenção do agente ou do responsável e da efetividade, natureza e extensão dos efeitos do ato.

Comentário: A alternativa "A" está incorreta, a obrigação tributária acessória independe da obrigação tributária acessória, tanto que o art. 175, parágrafo único, do CTN esclarece que: "A exclusão do crédito tributário não dispensa o cumprimento das obrigações acessórias dependentes da obrigação principal cujo crédito seja excluído, ou dela consequente". A opção "B" está incorreta, segundo o parágrafo único do art. 124 do CTN, a solidariedade passiva não comporta benefício de ordem. A resposta "C" está incorreta, uma vez que o responsável tributário é aquele que não reveste a condição de contribuinte, pois não pratica o fato gerador, mas sua obrigação decorre de disposição expressa de lei (art. 121, II, do CTN). A letra "D" está incorreta, à luz do art. 126, III, do CTN, a capacidade tributária passiva independe de a pessoa jurídica encontrar-se regularmente constituída, bastando que configure unidade econômica e profissional. A justificativa **"E"** está correta, nos exatos termos do art. 136 do CTN.

19. **Alternativa (B).**Substituição tributária "para trás".

Comentário: A substituição para trás, regressiva ou antecedente, se constitui quando ocorre o fato gerador e o pagamento do tributo será realizado posteriormente, por uma terceira pessoa (o responsável), em substituição àquele que praticou o fato gerador (contribuinte). Se não fosse a substituição, ocorrendo o fato gerador, o pagamento seria imediato e efetuado pelo contribuinte.

20. **Alternativa (A).** O sucessor a qualquer título e o cônjuge meeiro, pelos tributos devidos pelo *de cujus* até a data da partilha ou adjudicação, limitada essa responsabilidade ao montante do quinhão, do legado ou da meação.

Comentário: A alternativa **"A"** é a correta, nos termos do artigo 131, II, do CTN. As demais opções referem-se à Responsabilidade de Terceiros prevista no artigo 134 do CTN.

21. **Alternativa (D).** Substituição tributária.

Comentário: A letra **"D"** é a correta, trata-se do instituto da Substituição Tributária, conforme prescreve o artigo 128 do CTN.

22. **Alternativa (E).** Adquirente, na hipótese de alienação judicial, de unidade produtiva, em processo de recuperação judicial.

Comentário: A assertiva **"E"** é a correta. Observe que o enunciado solicitou a situação em que NÃO se aplica a Responsabilidade dos Sucessores estabelecida pelo artigo 133 do CTN. Das alternativas expostas, a única que se enquadra na exceção da responsabilidade é a resposta "E", conforme artigo 133, § 1º, do CTN. As demais justificativas se referem ao § 2º do artigo 133 do CTN que expressamente estabelece o não enquadramento daquelas pessoas na exceção à regra da responsabilidade.

23. **Alternativa (B).** Responde solidariamente com o espólio nos atos em que interveio ou pelas omissões de que for responsável.

Comentário: A alternativa **"B"** é a correta, com base na Responsabilidade de Terceiros, disposta no artigo 134, IV, do CTN.

24. **Alternativa (E).** A responsabilidade por infrações à legislação tributária é excluída pela denúncia espontânea, acompanhada do pagamento do tributo devido e dos juros de mora, exclusão de responsabilidade essa que não alcança os casos em que o contribuinte, em vez de pagar o tributo, simplesmente requer seu parcelamento.

Comentário: A opção **"E"** está correta, trata-se do instituto da Denúncia Espontânea previsto no artigo 138 do CTN. Ademais, consoante estudado nesse Capítulo, o STJ mantém o posicionamento de que o contribuinte só fará jus ao benefício da Denúncia Espontânea se o pagamento do tributo for à vista, nos termos da jurisprudência: "PROCESSUAL CIVIL. TRIBUTÁRIO. AGRAVO REGIMENTAL NO AGRAVO DE INSTRUMENTO. DENÚNCIA ESPONTÂNEA. PARCELAMENTO. INAPLICABILIDADE. ENTENDIMENTO FIRMADO PELA PRIMEIRA SEÇÃO SOB O REGIME PREVISTO NO ART. 543-C DO CPC. VIOLAÇÃO DO ART. 535, II, DO CPC. ALEGAÇÕES GENÉRICAS. SÚMULA N. 284/STF. INCIDÊNCIA. (...) 2. Entendimento da 1ª Seção deste Tribunal, firmado por ocasião do julgamento do REsp n. 1.102.577/DF, feito submetido ao regime do art. 543-C do CPC, no sentido de que o instituto da denúncia espontânea (art. 138 do CTN) não se aplica nos casos de parcelamento de débito tributário (rel. Min. Castro Meira, **DJ** de 18.05.2009). 3. Agravo regimental não provido" (AgRg no Ag n. 1308661, rel. Min. Benedito Gonçalves, **DJ** de 15.10.2010).

25. Alternativa (D). Independe, salvo disposição em contrário, da intenção do agente ou do responsável e da efetividade, natureza e extensão dos efeitos do ato.

Comentário: A letra **"D"** está correta, em conformidade com o artigo 136 do CTN.

26. Alternativa (C). As hipóteses de responsabilidade tributária previstas no CTN são de três tipos: dos sucessores, de terceiros e por infrações.

Comentário: A assertiva "A" está incorreta, segundo prescreve o artigo 135, III, do CTN. A resposta "B" também está incorreta, como estudado nesse Capítulo, o benefício da Denúncia Espontânea se aplica somente antes do início de qualquer procedimento administrativo, nos termos do artigo 138 do CTN. A justificativa **"C"** está correta, conforme classificação contida no CTN: dos sucessores (arts. 129 a 133 do CTN), de terceiros (arts. 134 e 135 do CTN) e por infrações (arts. 136 a 138 do CTN). A alternativa "D" está incorreta, na CF está prevista apenas a responsabilidade por substituição progressiva, ou para frente, nos termos do artigo 150, § 7º. A opção "E" está incorreta, posto que a assertiva pediu conhecimento exato da lei, e, à luz do artigo 134, III, do CTN, consta como responsabilidade solidária, embora a doutrina majoritária entenda que se trata de responsabilidade subsidiária.

27. Alternativa (B). O sucessor a qualquer título e o cônjuge meeiro, pelos tributos devidos pelo *de cujus* até a data da partilha ou adjudicação, limitada a responsabilidade ao montante do quinhão, do legado ou meação.

Comentário: A letra **"B"** está correta, conforme artigo 131, II, do CTN. As demais alternativas estão incorretas por misturarem conceitos e acrescentarem informações que não constam no referido artigo da responsabilidade pessoal tributária.

28. Alternativa (C). São pessoalmente responsáveis o sucessor a qualquer título e o cônjuge meeiro, pelos tributos devidos pelo *de cujus* até a data da partilha ou adjudicação, limitada esta responsabilidade ao montante do quinhão do legado ou da meação.

Comentário: A assertiva "A" está incorreta, a parte que viciou a resposta está no trecho: "Somente responde pelos tributos devidos pelo estabelecimento adquirido se o alienante cessar a exploração", observe que, conforme o artigo 133 do CTN, "a pessoa natural ou jurídica de direito privado que adquirir de outra, por qualquer título, fundo de comércio ou estabelecimento comercial, industrial ou profissional, e continuar a respectiva exploração, sob a mesma ou outra razão social ou sob firma ou nome individual, responde pelos tributos, relativos ao fundo ou estabelecimento adquirido, devidos até à data do ato: I – integralmente, se o alienante cessar a exploração do comércio, indústria ou atividade; II – subsidiariamente com o alienante, se este prosseguir na exploração ou iniciar dentro de seis meses a contar da data da alienação, nova atividade no mesmo ou em outro ramo de comércio, indústria ou profissão". A justificativa "B" também está incorreta, em verdade a lei pode atribuir responsabilidade e não o decreto, nos ditames do artigo 128 do CTN. A alternativa **"C"** está correta, em conformidade com o artigo 131, II, do CTN. A opção "D" está incorreta, porque vai de encontro ao que estabelece o artigo 131, I, do CTN. A letra "E" está igualmente incorreta, os tabeliães respondem "pelos tributos devidos sobre os atos praticados por eles, ou perante eles, em razão do seu ofício", consoante reza o artigo 134, VI, do CTN.

29. Alternativa (B). O representante legal de pessoa jurídica de direito privado, ainda que não seja sócio da empresa, é pessoalmente responsável pelos créditos correspondentes a obrigações tributárias resultantes de atos praticados com excesso de poderes, infração de lei, contrato social ou estatuto.

Comentário: A assertiva "A" está incorreta, pois diverge do que está prescrito no artigo 132 do CTN. A resposta **"B"** está correta, conforme o artigo 135, III, do CTN e Súmula n. 430 do STJ. A justificativa "C" está incorreta, consoante artigo 130, Parágrafo Único do CTN: "No caso de arrematação em hasta pública, a sub-rogação ocorre sobre o respectivo preço". A alternativa "D" está também incorreta, a responsabilidade do artigo 133 do CTN não se aplica no caso de processo de falência, exceção contida no § 1º do mesmo artigo. A opção "E" está igualmente incorreta, somente a penalidade é excluída na Denúncia Espontânea, nos termos artigo 138 do CTN.

30. **Alternativa (E).** A imunidade tributária recíproca é princípio garantidor da Federação, motivo pelo qual não pode ser restringida nem mesmo por emenda constitucional.

Comentário: A letra "A" está incorreta, pois à luz do artigo 178 do CTN, a isenção por prazo certo e sob certas condições é irrevogável, nesse sentido tem-se a Súmula n. 544 do STF: "Isenções tributárias concedidas, sob condição onerosa, não podem ser livremente suprimidas". A assertiva "B" está incorreta, segundo o entendimento do STJ, é devida a correção monetária ao creditamento do IPI quando há oposição ao seu aproveitamento decorrente de resistência ilegítima do Fisco, REsp n. 1.331.033-SC, rel. Min. Mauro Campbell Marques, 2ª Turma, julgado em 02.04.2013. A resposta "C" está incorreta, uma vez que a declaração, pelo contribuinte, do débito tributário não lhe dá o direito de obter a Certidão Negativa ou Positiva com Efeito de Negativa. A justificativa "D" está incorreta, de acordo com a previsão do STJ, Súmula n. 430: "O inadimplemento da obrigação tributária pela sociedade não gera, por si só, a responsabilidade solidária do sócio-gerente". A alternativa **"E"** está correta, como visto no Subitem 3.3.1 sobre Imunidades Tributárias.

31. **Alternativa (C).** Substituição tributária para frente.

Comentário: Com fundamento no artigo 150, § 7º, da CF, a opção **"C"** está correta.

32. **Alternativa (D).** Pelos diretores ou gerentes, enquanto representantes legais da empresa, na qualidade de responsáveis pessoais, pelos créditos cujos atos advieram de infração de lei, contrato ou estatuto; e pela empresa, na qualidade de contribuinte, pelos créditos cujos fatos geradores efetivamente tenha praticado sem afronta à lei, contrato ou estatuto.

Comentário: À luz do artigo 135, III, do CTN, a resposta correta é a letra **"D"**.

33. **Alternativa (C).** Sujeito passivo do tipo responsável.

Comentário: Tendo em vista que a empresa Alfa não praticou esse fato gerador, porém a lei lhe atribuiu o dever de pagar o tributo, trata-se de sujeito passivo na condição de responsável tributário, consoante previsão do artigo 121, II, do CTN.

34. **Alternativa (C).** Os diretores, gerentes ou representantes de pessoas jurídicas de direito privado são pessoalmente responsáveis pelos créditos correspondentes a obrigações tributárias resultantes de atos praticados com excesso de poderes ou infração de lei, contrato social ou estatutos.

Comentário: A assertiva "A" está incorreta, nos ditames do artigo 136 do CTN, a responsabilidade por infrações independe da intenção do agente ou do responsável e da efetividade, natureza e extensão dos efeitos do ato. A justificativa "B" também está incorreta, segundo o parecer pacificado do STJ, a responsabilidade é excluída pela Denúncia Espontânea apenas se o pagamento com os juros forem pagos à vista. A alternativa **"C"** está correta, conforme determinação do artigo 135 do CTN. A opção "D" está incorreta, uma vez que, conforme o artigo 133, II, do CTN, a responsabilidade do adquirente do fundo de comércio será subsidiária se o alienante continuar ou iniciar dentro de seis meses qualquer atividade. A letra "E" igualmente está incorreta, de acordo com o artigo 121, II, do CTN, a lei poderá atribuir o dever de recolher tributos a uma pessoa indiretamente vinculada ao fato gerador, na condição de responsável tributário.

35. **Alternativa (C).** Preço.

Comentário: De acordo com o artigo 130, Parágrafo Único do CTN, a assertiva correta é a letra **"C"**.

36. **Alternativa (B).** A sociedade empresária X responderá subsidiariamente com a sociedade empresária Y pelo tributo devido.

Comentário: À luz do artigo 133, II, do CTN, a resposta **"B"** é a opção correta.

37. **Alternativa (CERTO).** Em relação à responsabilidade tributária, julgue o item: o adquirente de um fundo de comércio é subsidiariamente responsável, juntamente com o alienante que continue a exercer a atividade comercial em outro estado, pelos tributos devidos até a data da venda desse fundo.

Comentário: Justificativa correta, consoante disposição do artigo 133, II, do CTN.

38. **Alternativa (E).** De terceiros devedores, o dever em relação ao patrimônio de outrem exsurge, em geral, do vínculo jurídico existente para com incapazes ou entes despersonalizados.

Comentário: A alternativa "A" está incorreta, nos termos do artigo 134, Parágrafo Único do CTN, na sujeição passiva solidária não comporta benefício de ordem. A opção "B" também está incorreta, pois a responsabilidade por transferência consiste em débito de terceiro. A letra "C" está igualmente incorreta, a responsabilidade tributária decorre sempre de lei. A assertiva "D" está incorreta, de acordo com o julgamento dos Tribunais Superiores, consoante verificado no Capítulo 6, Item 6.2. A resposta **"E"** é a justificativa correta, como exemplo menciona-se a responsabilidade prevista no artigo 134 do CTN.

39. Alternativa (B). Os adquirentes de fundo de comércio, solidariamente com o alienante, acaso este último inicie, dentro de 6 meses, nova atividade, no mesmo ou, ainda, em diferente ramo.

Comentário: **A questão pede a INCORRETA.** A alternativa "A" está correta, consoante estabelece o artigo 134, VI, do CTN. A opção **"B"** é a resposta incorreta, a responsabilidade do adquirente de fundo de comércio nessa hipótese é subsidiária, conforme prevê o artigo 133, II, do CTN. A letra "C" está correta, segundo dispõe o artigo 135, II, do CTN. A assertiva "D" está correta, nos termos do artigo 134, VII, do CTN. A justificativa "E" está correta, como preceitua o artigo 135, III, do CTN.

40. Alternativa (C). Os administradores de bens de terceiros, pelos tributos devidos por estes.

Comentário: A alternativa "A" está incorreta, à luz do artigo 131, III, do CTN, o espólio responderá pelos tributos devidos até a abertura da sucessão e o cônjuge meeiro, pelos tributos devidos até a data da partilha ou adjudicação. A opção "B" está incorreta, pois se refere à responsabilidade por sucessão e pessoal. A letra **"C"** está correta, consoante previsão do artigo 134, III, do CTN. A assertiva "D" está incorreta, com base no artigo 135, III, do CTN, trata-se de responsabilidade pessoal. A resposta "E" também está incorreta, segundo o Parágrafo Único do artigo 130 do CTN, a dívida tributária sub-roga-se no valor arrematado.

41. Alternativa (C). Integralmente por todos os tributos.

Comentário: A justificativa **"C"** é a alternativa correta, nos ditames do artigo 133, I, do CTN.

42. Alternativa (C). De Sueli, ou seja, a compradora e atual proprietária do imóvel.

Comentário: A responsabilidade pelos tributos devidos do bem imóvel é do adquirente, à luz do artigo 130 do CTN. De acordo com o artigo 123 do CTN, salvo disposição de lei em contrário, as convenções particulares não podem ser opostas perante o Fisco para modificar a sujeição passiva. Portanto, a opção correta é a letra **"C"**.

43. Alternativa (B). É o responsável tributário pelo pagamento do IPTU devido até o momento da transmissão da propriedade.

Comentário: O adquirente de bem imóvel responde pelas dívidas tributárias do bem referente aos impostos cujo fato gerador seja a propriedade, posse e domínio útil, as contribuições de melhoria e taxas em razão de serviços prestados ao bem, salvo se tiver prova de quitação, artigo 130 do CTN. Logo, a assertiva correta é a justificativa **"B"**.

44. Alternativa (A). Responsável tributário pelo pagamento do IPTU, em relação aos exercícios de 2008, 2009 e 2010, e contribuinte desse imposto em relação aos exercícios de 2011 e 2012.

Comentário: Nos termos do artigo 130, *caput*, do CTN, o adquirente de bem imóvel é responsável por pagar os impostos cujo fato gerador seja a propriedade, posse ou domínio útil do bem adquirido, salvo se tiver prova de quitação. Com relação aos exercícios de 2011 e 2012, como já se encontrava na condição de proprietário, então passou a praticar o fato gerador do IPTU e, por isso, deve recolher o imposto nesses exercícios na condição de contribuinte. Assim, a letra "A" é a resposta correta.

45. Alternativa (A). É pessoalmente responsável o espólio pelos tributos devidos pelo *de cujus* até a data da abertura da sucessão.

Comentário: A alternativa **"A"** está correta, nos termos do artigo 131, III, do CTN. A opção "B" está incorreta, pois à luz do artigo 131, I, do CTN, os adquirentes e remitentes de bens são responsáveis pelos tributos devidos pelos remidos e adquiridos. As letras "C" e "D" igualmente estão incorretas, uma vez que a responsabilidade dessas pessoas, via de regra, é solidária, segundo preceitua o artigo 134 do CTN; porém se derem causa ao crédito tributário, em razão de ato com excesso de poderes, infração à lei ou estatuto social, responderão pessoalmente, conforme prescreve o artigo 135 do CTN.

46. Alternativa (B). O cônjuge meeiro é pessoalmente responsável pelos tributos devidos pelo *de cujus* até a data da adjudicação ou da partilha, limitada a responsabilidade ao montante do quinhão, legado ou meação.

Comentário: A assertiva "A" está incorreta, segundo o artigo 128 do CTN, a lei pode atribuir de modo expresso a responsabilidade pelo crédito tributário a terceira pessoa, vinculada ao fato gerador da respectiva obrigação, excluindo a responsabilidade do contribuinte ou atribuindo-a a este em caráter supletivo do cumprimento total ou parcial da referida obrigação. A resposta **"B"** é a justificativa correta, à luz do artigo 131, II, do CTN. A alternativa "C" está incorreta, pois a responsabilidade na situação descrita é pessoal, conforme determina o artigo 135 do CTN. A opção "D" também está incorreta, visto que a capacidade tributária passiva independe da regular constituição da pessoa jurídica, artigo 126, III, do CTN. A letra "E" está incorreta, de acordo com o artigo 127, § 2º, do CTN, a autoridade administrativa pode recusar o domicílio eleito, quando impossibilite ou dificulte a arrecadação ou a fiscalização do tributo.

47. Alternativa (D). Além de responder pessoalmente pela dívida da sociedade, o sócio que realizou a venda subfaturada responderá pela prática de crime contra a ordem tributária.

Comentário: A assertiva **"D"** está correta, nos termos dos artigos 135 e 137 do CTN.

48. Alternativa (D). Caso conste da certidão de inscrição do débito em dívida ativa o nome dos sócios como responsáveis pela dívida tributária, a execução fiscal poderá ser proposta contra a sociedade e os respectivos sócios.

Comentário: Nos meandros do artigo 135 do CTN, o empregado, sócio-gerente, diretor, dentre outras pessoas ali arroladas, que derem causa ao crédito tributário em razão de ato praticado com excesso de poderes, infração à lei, infração a contrato social ou a estatuto social, responderão pessoalmente por toda a dívida tributária, independentemente da responsabilidade limitada à cota integralizada. Segundo o parecer do STJ, se o nome do sócio constar na Certidão de Dívida Ativa, título executivo, caberá ao sócio em execução fiscal comprovar que não incorreu em nenhuma das hipóteses do artigo 135 do CTN. Por isso, está correta a resposta **"D"**.

49. Alternativa (B). O pai ou mãe, pelos tributos devidos por seus filhos menores, nos atos que intervierem.

Comentário: Consoante o artigo 134 do CTN, a responsabilidade dos pais pelos tributos devidos pelo seu filho menor, nos atos em que intervierem ou forem omissos, é uma responsabilidade solidária. Dessa forma, está correta a justificativa **"B"**.

50. Alternativa (E). O pagamento parcelado do tributo não caracteriza a denúncia espontânea, sendo necessário o pagamento integral.

Comentário: A alternativa **"E"** é a opção correta, de acordo com o entendimento já pacificado no STJ, como visto neste Capítulo.

51. Alternativa (D). De acordo com o CTN, são apenas duas as espécies de obrigação tributária: a principal e a acessória.

Comentário: A letra "A" está incorreta, com fundamento no artigo 121, II, do CTN, o responsável tributário é aquele que não revestir a condição de contribuinte, cuja obrigação de pagar o tributo irá decorrer de lei. A assertiva "B" está incorreta, uma vez que, salvo disposição de lei em contrário, as convenções particulares não podem ser opostas perante o Fisco para modificar a sujeição passiva. A resposta "C" também está incorreta, segundo o artigo 127, § 2º, a autoridade administrativa poderá recusar o domicílio eleito, quando verificar impossibilidade ou dificuldade na arrecadação ou na fiscalização do tributo. A justificativa **"D"** é a alternativa correta, de acordo com o artigo 113 do CTN. A alternativa "E" está incorreta, a regra de domicílio está prevista no artigo 127 do CTN, e na falta de eleição pelo contribuinte teremos o domicílio: quanto às pessoas naturais, a sua residência habitual, ou, sendo esta incerta ou desconhecida, o centro habitual de sua atividade; em relação às pessoas jurídicas de direito privado ou às firmas individuais, o lugar da sua sede; quanto aos atos ou fatos que derem origem à obrigação, o de cada estabelecimento; e no que se refere às pessoas jurídicas de direito público, qualquer de suas repartições no território da entidade tributante.

52. **Alternativa (A).** Na aquisição de imóvel em hasta pública, o adquirente não tem responsabilidade sobre os tributos incidentes sobre o mesmo, cabendo ao Fisco sub-rogar-se no preço pago.

Comentário: A opção **"A"** é a letra correta, nos termos do Parágrafo Único do artigo 130 do CTN. A assertiva "B" está incorreta, segundo o julgamento do STJ, quando o nome do sócio contar na CDA, a sua defesa deve ser por meio de embargos à execução, pois cabe a ele comprovar que não incorreu em nenhuma das hipóteses previstas no *caput* do artigo 135 do CTN. A resposta "C" está incorreta, de acordo com o artigo 136 do CTN, a responsabilidade por infrações independe da intenção do agente. A justificativa "D" está incorreta, pois a responsabilidade do sócio por pagar as dívidas tributárias da empresa depende de exercer sim os poderes de administração, gerência da empresa, conforme preceitua o artigo 135, III, do CTN. A alternativa "E" está incorreta, o artigo 128 do CTN autoriza a lei atribuir de forma expressa a responsabilidade tributária.

53. **Alternativa (C).** O benefício da denúncia espontânea não se aplica aos tributos sujeitos a lançamento por homologação regularmente declarados, mas pagos a destempo.

Comentário: A opção "A" está incorreta, à luz da Súmula n. 430 do STJ: "O inadimplemento da obrigação tributária pela sociedade não gera, por si só, a responsabilidade solidária do sócio-gerente". A letra "B" também está incorreta, uma vez que a responsabilidade por infrações independe da intenção do agente, artigo 136 do CTN. A assertiva **"C"** é a resposta correta, conforme orientação do STJ, Súmula n. 360. A justificativa "D" está incorreta, nos termos do artigo 123 do CTN, salvo disposição de lei em contrário, não se pode opor convenções particulares ao Fisco para modificar a sujeição passiva. A alternativa "E" igualmente está incorreta, pois a responsabilidade dos tutores e curadores, via de regra, é solidária, consoante fundamento do artigo 134 do CTN, passando à pessoal apenas nas hipóteses configuradas no *caput* do artigo 135 do CTN.

54. **Alternativa (D).** Não é cabível, uma vez que o contribuinte já havia promovido o lançamento/declaração do tributo devido.

Comentário: Segundo o posicionamento do STJ, Súmula n. 360, o benefício da Denúncia Espontânea não se aplica aos tributos sujeitos a lançamento por homologação regularmente declarados, mas pagos a destempo. Assim, a opção correta é a letra **"D"**.

55. **Alternativa (C).** É eximido de responsabilidade por eventuais créditos tributários (impostos, taxas de serviços, contribuição de melhoria) relativos ao bem arrematado.

Comentário: A assertiva **"C"** é a resposta correta, nos termos do Parágrafo Único do artigo 130 do CTN e segundo o posicionamento do STJ, entendendo que: "Ainda que o preço alcançado na arrematação do bem seja insuficiente para a quitação do débito tributário, o arrematante não poderá ser responsabilizado por dívidas contraídas por outrem, por se tratar de aquisição originária".

56. **Alternativa (ERRADA).** O sócio administrador de sociedade limitada em débito com a fazenda pública federal, referente ao pagamento do IRPJ, é pessoal e solidariamente responsável pelos referidos débitos, quando contraídos durante a sua administração.

Comentário: À luz do artigo 135, III, do CTN, só haverá responsabilidade pessoal ao sócio administrador se os créditos tributários forem decorrentes de atos praticados com excesso de poderes, infração à lei, a contrato social ou estatuto social.

57. **Alternativa (B).** Do espólio até a data da abertura da sucessão. Dos sucessores e do cônjuge meeiro até a data da partilha ou adjudicação.

Comentário: A justificativa correta é a alternativa **"B"**, consoante determinação do artigo 132, II e III, do CTN.

58. **Alternativa (B).** O espólio é pessoalmente responsável pelos tributos devidos pelo *de cujus* até a data da abertura da sucessão.

Comentário: A opção "A" está incorreta, com base no artigo 127, § 2º, do CTN, a autoridade administrativa pode recusar o domicílio eleito, quando impossibilite ou dificulte a arrecadação ou a fiscalização do tributo, aplicando-se então a regra do parágrafo anterior. A letra **"B"** é a assertiva correta, segundo o entendimento do artigo 131, III, do CTN. A resposta "C" está incorreta, pois salvo disposição de lei em contrário, considera-se ocorrido o fato gerador e existentes os seus efeitos tratando-se de situação de fato, desde o momento em que se verifiquem as circunstâncias materiais necessárias a que produza os efeitos que normalmente lhe são próprios, art. 116, I, do CTN. A justificativa "D" também está incorreta, à luz do artigo 126, III, do CTN, a capacidade tributária passiva independe de estar a pessoa jurídica regularmente constituída, bastando que configure uma unidade econômica ou profissional. A alternativa "E" de igual modo está incorreta, nos certames do artigo 134 do CTN trata-se de responsabilidade "solidária", a responsabilidade seria pessoal, apenas se eles incorressem em uma das hipóteses do *caput* do artigo 135 do CTN.

59. Alternativa (B). O locatário, cujo contrato prevê a responsabilidade tributária.

Comentário: A opção **"B"** é a letra correta, conforme prevê o artigo 123 do CTN: "Salvo disposições de lei em contrário, as convenções particulares, relativas à responsabilidade pelo pagamento de tributos, não podem ser opostas à Fazenda Pública, para modificar a definição legal do sujeito passivo das obrigações tributárias correspondentes".

CAPÍTULO 7

CRÉDITO TRIBUTÁRIO

1. INTRODUÇÃO

O crédito tributário configura a formalização da obrigação tributária. Assim, quando a lei estabelece a situação que uma vez ocorrida no mundo concreto irá gerar o dever de pagar o tributo, no momento em que for efetivada, nasce a obrigação tributária – de um lado o dever de o sujeito passivo ou responsável de pagar o tributo e, de outro, o direito subjetivo do Fisco de cobrá-lo.

Com o surgimento da obrigação tributária aparece o **crédito tributário**, que irá documentar sua existência, quantificando-a, permitindo sua cobrança.

Na visão de Paulo de Barros Carvalho, crédito tributário consiste no "direito subjetivo de que é portador o sujeito ativo de uma obrigação tributária e que lhe permite exigir o objeto prestacional, representado por uma importância em dinheiro"[1].

Apenas com a existência do crédito tributário que o Fisco poderá exigir o tributo, por isso afirma-se que ele representa o momento de **exigibilidade** da relação jurídico-tributária.

Na hipótese de inadimplemento por parte do contribuinte ou responsável, o Fisco pode, então, encaminhar o seu crédito já formalizado para inscrição em dívida ativa, de modo a produzir o título executivo que lhe dará exequibilidade.

Segundo o artigo 139 do CTN, "o crédito tributário decorre da obrigação principal e tem a mesma natureza desta", mas com vida própria. Por essa razão, elucida o artigo 140 do

1. **Curso...**, op. cit., p. 395-396.

CTN que as circunstâncias que modificam o crédito tributário, sua extensão ou seus efeitos, bem como as garantias ou privilégios a ele atribuídos não afetam a obrigação tributária que lhe deu origem.

Por conseguinte, caso exista uma obrigação tributária, mas o crédito tributário dela decorrente seja considerado formalmente inválido, não impedirá que a Autoridade Administrativa proceda a um novo lançamento e constitua novo crédito tributário.

Ressalta-se, ainda, que o Código Tributário (art. 141) estabelece que o crédito tributário devidamente constituído somente será extinto, modificado ou terá sua exigibilidade suspensa ou excluída nas hipóteses previstas nessa Lei, *in verbis*:

> **Art. 141.** O crédito tributário regularmente constituído somente se modifica ou extingue, ou tem sua exigibilidade suspensa ou excluída, nos casos previstos nesta Lei, fora dos quais não podem ser dispensadas, sob pena de responsabilidade funcional na forma da lei, a sua efetivação ou as respectivas garantias.

Da interpretação do referido dispositivo, alguns doutrinadores entendem que podem ser acrescentadas a novação e a confusão, institutos previstos no Código Civil, como causas de extinção do crédito tributário.

O instituto da confusão está previsto nos artigos 381 e seguintes do Código Civil, que ocorre quando se confundem na mesma pessoa as qualidades de credor e devedor.

Sobre esse assunto, o STJ julgou caso de confusão no Município de Belo Horizonte, em que determinado imóvel foi esbulhado pelo Município, porém o imóvel possuía débito de IPTU. Com isso, como o Município passa a ser devedor de si mesmo, tendo em vista a existência do instituto da responsabilidade por aquisição de bem imóvel, o crédito tributário foi extinto. Segue jurisprudência citada:

> TRIBUTÁRIO. IMPOSTO PREDIAL E TERRITORIAL URBANO. ESBULHO POSSESSÓRIO PRATICADO PELO PRÓPRIO MUNICÍIO QUE EXIGE O TRIBUTO. Os litígios possessórios entre particulares não afetam a obrigação de pagar o IPTU, resolvendo-se entre eles a indenização acaso devida a esse título; já que, sendo contribuinte não só condição de possuidor, é esbulhado da posse pelo próprio Município, não está obrigado a recolher o tributo até nela ser reintegrado por sentença judicial, à mingua do fato gerador previsto no art. 32 do Código Tributário Nacional, confundindo-se nesse caso o sujeito ativo e o sujeito passivo do imposto. Agravo regimental provido – voto do Ministro relator: "Na espécie, todavia, **o esbulho foi praticado pelo próprio Município (...), sujeito ativo do tributo, que, imitindo-se na posse, confundiu-se com o sujeito passivo – não se compreendendo que o esbulhado deve recolher imposto indevido, para depois reavê-lo em ação própria sob a forma de indenização, sendo o flagrante o fato inibidor da obrigação tributária**, vale dizer, a posse pelo próprio Poder Público. (...) (AgRg n. 117/895/MG, rel. Min. Ari Pargendler, 2ª Turma, v. u., 10.10.1996. DJU de 29.10.1996, p. 41.639) (grifos nossos)

O instituto da novação, por sua vez, ocorre quando o devedor adquire uma nova dívida em substituição à anterior, nos termos dos artigos360 e seguintes do CC. Quanto a esse instituto ainda não se encontrou posicionamento da jurisprudência, no tocante ao Direito Tributário.

Em provas realizadas pela banca da FGV, constata-se que as questões que trazem como hipótese de extinção a novação foram consideradas incorretas.

É claro, no entanto, que o legislador poderá aumentar o rol das causas suspensivas, extintivas, modificativas e de exclusão do crédito tributário, desde que o faça por meio de **Lei Complementar**, como determina o artigo 146, III, “b”, da CF.

Como exemplo, pode-se mencionar a LC n. 104/2001 que acrescentou os incisos V e VI ao artigo 151 do CTN, de modo que a concessão de medida liminar ou de tutela antecipada, em outras espécies de ação judicial, e o parcelamento podem suspender a exigibilidade do crédito tributário. Além disso, o inciso XI do artigo 156 do CTN, também acrescentado por essa mesma LC, determinou que a dação em pagamento de bem imóvel, desde que previsto em lei, extingue o crédito tributário.

Sobre a dação em pagamento, cumpre mencionar que em 1998, ao julgar a ADI n. 1917, o STF considerou inconstitucional a Lei n. 1.624/97, do Distrito Federal, que estabelecia o pagamento dos débitos tributários das microempresas, das empresas de pequeno porte e das médias empresas, mediante dação em pagamento de materiais destinados a atender a programas de Governo do Distrito Federal, por entender existir ofensa à reserva de Lei Complementar para a definição das formas de extinção do crédito tributário, descrita no artigo 146, III, “b”, da CF.

Contudo, posteriormente, ao julgar cautelar na ADI n. 2405, em 2003, o STF alterou seu entendimento firmado na ADI n. 1917 considerando não ser necessária a adoção de Lei Complementar para estabelecer normas gerais **reguladoras** dos modos de extinção e suspensão da exigibilidade do crédito tributário. Para melhor compreensão, transcreve-se trecho dos votos:

> (...) a Constituição de 67 não reservou a lei complementar a enumeração dos meios de extinção de suspensão dos créditos tributários. Por igual, a de 88, salvo no que concerne à prescrição e decadência tributários. De ser entendido, por isso, não ser exaustivo o rol de institutos suscetíveis de gerar tais efeitos, contidos nos arts. 151 e 156 do CTN. (...) A Lei Complementar n. 104/2001, em seu art. 1º, acrescentou ao rol do art. 156 do CTN a dação em pagamento de bens imóveis, sob o inciso IX (...). A disposição, todavia, pelas razões acima expostas, não teve o efeito de ampliar o rol de causas de extinção do crédito tributário, visto que já era aceita pela doutrina a possibilidade de a lei estadual atribuir ao instituto esse efeito e nem muito menos de restringir essa possibilidade aos bens imóveis, dado não se poder ter por razoável qualquer limitação dessa ordem, aos Estados, impedindo-o de aceitar, em pagamento de seus créditos, v.g., títulos públicos por ele emitidos, ou pela União, o que não passaria de um rematado contrassenso. Nada impedia, nem impede, por isso, em princípio, que a lei estadual, com vista ao incremento da receita, estabeleça novas modalidades de extinção da dívida ativa, como fez a lei gaúcha, ao instituir a dação em pagamento, visto que a transação e a moratória, também nela previstas, estão contempladas no CTN. Trata-se de medida de economia interna de cada unidade federada, que, por isso, não exige uniformidade normativa, ditada por lei complementar (voto do Min. Ilmar Galvão).
>
> (...) é altamente plausível a constitucionalidade do dispositivo: trata-se, sem norma expressa que o reserve ao Código Tributário – isto é, à Lei Complementar Federal – de deixar ao Estado a possibilidade de dispor sobre formas de quitação dos seus próprios créditos tributários. Não creio que a tanto se deva chegar nesse caminho de centralização asfixiante da federação brasileira. (voto do Min. Sepúlveda Pertence)
>
> (...) se o Estado pode o mais, até mesmo anistiar, e, portanto, abrir mão de seu crédito, ele pode o menos, admitir uma forma de pagamento, que, no caso, sequer compele a Fazenda a recebê-lo, porque exige a aceitação por parte do orçamento. (Voto do Min. Moreira Alves).

Não há ainda decisão final na ADI n. 2405, apenas em sede de cautelar e decisão de Embargos de Declaração da Cautelar publicada em 19/03/2014 que "acolheu os embargos de declaração para registrar o indeferimento da liminar quanto à expressão 'ou mediante moratória', contida no § 1º do art. 114 da Lei nº 6.537, de 27 de fevereiro de 1973"e, por isso, essa questão deve ser acompanhada para provas de concurso– conclusos ao Relator desde 03/04/2014.

Em prova realizada pelo CESPE, por exemplo, para o cargo de Juiz Federal do TRF-1, em 2009, nota-se que a banca adotou o posicionamento firmado na Cautelar da ADI n. 2405, ao considerar correta a seguinte assertiva:

> **IMPORTANTE!** O STF passou a entender que os estados e o DF podem estabelecer outros meios não previstos expressamente no Código Tributário Nacional de extinção de seus créditos tributários, máxime porque podem conceder remissão, e quem pode o mais pode o menos.

Já a banca da FGV, em prova realizada para o IV Exame de Ordem Unificado, na prova prático-profissional, considerou correta apenas a resposta que continha a necessidade de **Lei Complementar** para ampliar o rol do artigo 156 do CTN a fim de extinguir o crédito tributário. Em sede de recurso manteve seu gabarito inicial, ignorando a cautelar na ADI n. 2405. Confira, abaixo, a questão com o gabarito oficial da banca:

Exemplo de questão sobre o tema

▶ Um Estado da Federação promulga lei ordinária que prevê como modalidade de extinção, total ou parcial, dos créditos tributários de sua competência inscritos em dívida ativa a dação em pagamento de bens móveis (títulos públicos). Analise a regularidade dessa lei e sua compatibilidade com o sistema jurídico tributário nacional.

Resposta: "Não é possível a lei ordinária criar uma nova forma de extinção do crédito tributário, conforme art. 141 do CTN ('Art. 141. O crédito tributário regularmente constituído somente se modifica ou extingue, ou tem sua exigibilidade suspensa ou excluída, nos casos previstos nesta Lei, fora dos quais não podem ser dispensadas, sob pena de responsabilidade funcional na forma da lei, a sua efetivação ou as respectivas garantias.'). Logo, somente mediante lei complementar seria modificável a hipótese de extinção do crédito tributário. Além disso, o art. 156, XI, do CTN prevê que a prestação substitutiva do pagamento em dinheiro somente poderá ser a dação em pagamento de bem imóvel, sendo o referido dispositivo dotado de caráter taxativo".

Para esse ponto da matéria, recomenda-se que se observe a banca idealizadora do concurso, pois, se seguir a literalidade da lei, irá considerar que as hipóteses de extinção, suspensão, exclusão e modificação do crédito tributário são taxativas no CTN, nos termos do artigo 141 deste Código, admitindo-se outras apenas se a inclusão ocorrer por meio de Lei Complementar, conforme previsão no artigo 146, III, "b", da CF.

2. CONSTITUIÇÃO DO CRÉDITO TRIBUTÁRIO

O crédito tributário será **constituído**, isto é, materializado, por meio do **lançamento** tributário.

Assim, pode-se afirmar que apenas com a ocorrência do fato gerador (prática no mundo fenomênico do ato descrito em lei como passível de sofrer a incidência tributária) surgirá a obrigação tributária. Quando nasce a obrigação tributária, despontam com ela os sujeitos da relação jurídico-tributária, quais sejam: Sujeito Ativo e Passivo. Enquanto o primeiro tem o direito de exigir o cumprimento da obrigação tributária, o segundo possui o dever de adimpli-la. Portanto, o Sujeito Ativo tem um crédito tributário em face do Sujeito Passivo, crédito esse que será materializado por intermédio do lançamento tributário. Observe o esquema abaixo para facilitar a compreensão:

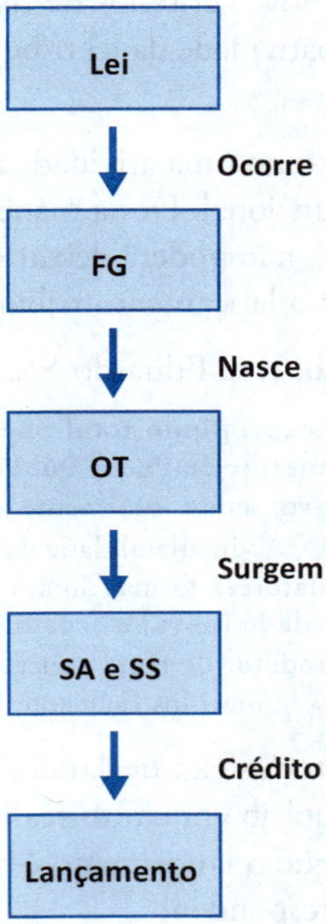

Legenda:

* FG – Fato Gerador;
* OT – Obrigação Tributária;
* SA – Sujeito Ativo; SP – Sujeito Passivo.

A Autoridade Administrativa formaliza a existência e a liquidez do crédito tributário por meio do **lançamento** tributário. Com essa formalização, notifica o contribuinte para pagá-lo ou impugná-lo. Nesse sentido, o CTN estabelece:

> **Art. 142.** Compete privativamente à Autoridade Administrativa **constituir o crédito tributário pelo lançamento,** assim entendido o procedimento administrativo tendente a verificar a ocorrência do fato gerador da obrigação correspondente, determinar a matéria tributável, calcular o montante do tributo devido, identificar o sujeito passivo e, sendo caso, propor a aplicação da penalidade cabível.

Diante dessas considerações, o STJ entende que: "O crédito tributário não surge com o fato gerador. Ele é constituído com o lançamento" (art. 142 do CTN). REsp n. 250.306, rel. Min. Garcia Vieira, **DJ** de 06.06.2000).

Como dito anteriormente, apenas por meio da constituição do crédito tributário que o sujeito ativo poderá exigir o cumprimento da obrigação principal, uma vez que será o lançamento o instrumento pelo qual conferirá certeza e liquidez à relação jurídico-tributária.

O lançamento tributário reporta-se à data da ocorrência do fato gerador da obrigação e rege-se pela lei então vigente, ainda que posteriormente modificada ou revogada, conforme prescreve o artigo 144 do CTN.

Todavia, há que se mencionar que o § 1º do artigo 144 do CTN prevê uma exceção. Referido parágrafo estabelece que será aplicada a legislação posterior à ocorrência do fato gerador, quando a lei tenha instituído novos critérios de fiscalização e apuração do tributo. Essa hipótese configura no caso de retroatividade da lei tributária, como estudado no Subitem 3.2.5.

O lançamento tributário se define como uma atividade administrativa **vinculada** e **obrigatória**, sob pena de responsabilidade funcional. Dessa maneira, a Autoridade Administrativa, ao verificar a ocorrência do fato gerador, não poderá deixar de constituir o crédito tributário, isto é, não poderá eximir-se de efetivar o lançamento tributário.

A respeito do lançamento tributário, José Eduardo Soares de Melo esclarece:

> O ato de lançamento é vinculado, **exprimindo total obediência à prévia e objetiva tipificação legal, em que o representante do Poder Público não emite nenhum juízo ou critério pessoal, mesmo valorativo, sendo totalmente impertinente (e ilícita) qualquer apreciação de índole subjetiva**. A vinculabilidade da ação estatal reside tanto nos aspectos substanciais como nos de natureza formal do ato administrativo, concernente ao fato tributário. **Ao executivo é vedado inovar a ordem jurídica, só lhe competindo realizar o comando normativo**, produtor de regra concreta e individual, regulando e exercendo os preceitos abstratos para cumpri-los fielmente (grifos nossos)[2].

Pode-se afirmar que o lançamento tem efeito declaratório de uma obrigação preexistente e, por sua vez, constitui o crédito tributário enquanto realidade formal autônoma. Por essa razão, muitos doutrinadores afirmam que o lançamento é constitutivo do crédito tributário e apenas declaratório da obrigação correspondente.

Outra questão relevante, que ocorre na maioria dos tributos, refere-se às respectivas obrigações tributárias que são liquidadas sem que ocorra o lançamento. Nesses casos, assim que acontece o fato gerador, o contribuinte efetua o recolhimento do respectivo valor sem prévia participação, anuência ou sequer conhecimento fazendário.

É o que se dá com os tributos sujeitos a lançamento por homologação, que será estudado no Subitem 7.3.3, em que o contribuinte verifica a ocorrência do fato gerador, calcula o tributo devido e ao final de determinado período de tempo procede ao seu recolhimento.

O STF tem decidido que o débito tributário prescinde(dispensa) do efetivo lançamento[3].

E, segundo entendimento mais recente do STJ, a **declaração** de existência de crédito tributário, entregue pelo sujeito passivo, constitui o crédito tributário e, desse modo, a Fazenda poderá exigir diretamente as quantias declaradas e não pagas, independentemente de lançamento tributário. O referido posicionamento foi consolidado na *Súmula n. 436 do STJ – "A entrega de declaração pelo contribuinte reconhecendo débito fiscal constitui o crédito tributário, dispensada qualquer outra providência por parte do Fisco"*.

2. **Curso de Direito Tributário**. 10. ed. São Paulo: Dialética, 2012. p. 342.
3. RE n. 93.036.

Nesse sentido, segue abaixo questão discursiva em prova realizada para o cargo de Promotor de Justiça:

Exemplo de questão sobre o tema

▶ **(MPE/PR – Promotor de Justiça – PR/2008) (máximo de 25 linhas).** Nos tributos sujeitos ao lançamento por homologação, para a constituição do crédito tributário, o STJ tem entendimento específico sobre a entrega da DCTF. Aponte qual é este entendimento, explicando-o.

Importante salientar, ainda, que não se confunde lançamento por homologação, realizado antecipadamente pelo contribuinte ou responsável, com **auto de infração, lançamento de ofício formalizado pela Fazenda**. Enquanto o lançamento tributário constitui o crédito tributário, oriundo da prática de uma situação descrita em lei como suscetível de sofrer a incidência tributária, o auto de infração consubstancia-se em ato administrativo para aplicação de sanção em razão da prática de um ilícito tributário. Nessa concepção, Paulo de Barros Carvalho elucida:

> (...) dois atos administrativos, ambos introdutores de norma individual e concreta no ordenamento positivo: um, de lançamento, produzindo regra cujo antecedente é fato lícito e o consequente uma relação jurídica de tributo; outro, o auto de infração, veiculando uma norma que tem, no suposto, a descrição de um delito e, no consequente, a instituição de liame jurídico sancionatório, cujo conteúdo da prestação tanto pode ser um valor pecuniário (multa), como uma conduta de fazer ou não fazer[4].

Na prática, o contribuinte ou responsável se depara com dois atos: um de lançamento, exigindo o tributo devido, e outro de aplicação de penalidade em razão do inadimplemento do contribuinte. Tais atos acabam consubstanciando-se em um único instrumento material, denominado simplesmente de "auto de infração", porém, evidencia-se que esses não deixam de ser institutos distintos, reunidos no mesmo suporte físico, por comodidade da Autoridade Administrativa.

3. MODALIDADES DE LANÇAMENTO TRIBUTÁRIO

Em nosso ordenamento jurídico há três modalidades de lançamento tributário, quais sejam:

(i) de ofício ou direto;
(ii)por declaração ou misto;
(iii) por homologação ou autolançamento.

3.1. Lançamento de Ofício

O lançamento de **ofício,** também conhecido como **direto,** nasce com a formalização realizada pela Autoridade Administrativa, independentemente de qualquer atuação ou participação do sujeito passivo. Será a própria Autoridade Administrativa quem verificará a ocorrência

4. **Curso...**, op. cit., p. 450.

do fato gerador, determinará a matéria tributável, calculará o montante do tributo devido, identificará o sujeito passivo e, sendo o caso, proporá a aplicação da penalidade cabível.

Como exemplo de tributos sujeitos ao lançamento de ofício, tem-se o IPTU, IPVA, Taxas, Contribuição de Melhoria, Contribuições Corporativas e Contribuição para o Serviço de Iluminação Pública.

3.2. Lançamento por Declaração ou Misto

Este tipo de lançamento tem como elaborador a Autoridade Administrativa que utiliza como base informações referentes à ocorrência do fato gerador, prestadas pelo Sujeito Passivo.

Se o contribuinte em sua declaração relatar fatos verdadeiros e não omitir fatos que deva declarar, a Autoridade Administrativa terá todos os elementos necessários à efetivação do lançamento.

O artigo 147 do CTN disciplina sobre o lançamento por declaração: *"Art. 147. O lançamento é efetuado com base na declaração do sujeito passivo ou de terceiro, quando um ou outro, na forma da legislação tributária, presta à Autoridade Administrativa informações sobre matéria de fato, indispensáveis à sua efetivação(...)"*.

Informa-se que o contribuinte poderá retificar a declaração, porém quando implicar redução ou exclusão do tributo, só será possível se acompanhada da demonstração de erro em que se funde, e desde que apresentada antes da notificação do lançamento, conforme determina o artigo 147, § 1º, do CTN.

Assim, o Sujeito Passivo declara à Autoridade Administrativa a ocorrência de fatos em face dos quais seria possível efetuar o lançamento. Após essa informação, a autoridade efetua o lançamento e notifica o Sujeito Passivo para pagá-lo.

Após a notificação do lançamento, se o contribuinte ou responsável verificar que incorreu em erro com relação à indicação dos fatos relatados em sua declaração ou que houve algum equívoco por parte da Autoridade Administrativa, de modo a implicar redução ou exclusão, esse Sujeito Passivo poderá impugnar o lançamento tributário, dentro do prazo legal.

No caso de a retificação da declaração consistir em aumento do valor do tributo devido, tal correção poderá ocorrer antes ou depois da notificação do lançamento. Se for posterior, o Fisco poderá, então, realizar um lançamento suplementar.

A retificação também pode ser realizada pela Autoridade Administrativa quando identificar erros, nos termos do artigo 147, § 2º, do CTN: *"Os erros contidos na declaração e apuráveis pelo seu exame serão retificados de ofício pela Autoridade Administrativa a que competir a revisão daquela"*.

Citam-se como exemplos de tributos sujeitos a essa modalidade de lançamento o ITBI e o Imposto sobre Importação na Bagagem.

3.3. Lançamento por Homologação

O lançamento por **homologação**, também conhecido como autolançamento, ocorre quando o próprio Sujeito Passivo verifica a ocorrência do fato gerador, calcula o tributo e realiza o pagamento, independentemente de qualquer atuação prévia da Autoridade Administrativa. Essa autoridade apenas irá averiguar posteriormente se o pagamento foi realizado corretamente, momento em que irá efetivar a homologação do lançamento tributário.

O Sujeito Passivo, portanto, irá antecipar o pagamento do tributo quando a legislação assim determinar, conforme reza o artigo 150 do CTN, *in verbis:*

> **Art. 150.** O lançamento por homologação, que ocorre quanto aos tributos cuja legislação atribua ao sujeito passivo o dever de antecipar o pagamento sem prévio exame da Autoridade Administrativa, opera-se pelo ato em que a referida autoridade, tomando conhecimento da atividade assim exercida pelo obrigado, expressamente a homologa.

Na verdade, a previsão do artigo 150 do CTN não configura um lançamento tributário em si, pois inexiste um ato privativo da Autoridade Administrativa. O posterior conhecimento dessa autoridade pode acarretar a homologação do lançamento, que poderá ser realizada de forma expressa ou tácita, no prazo cinco anos da ocorrência do fato gerador.

Atualmente, o lançamento por homologação está presente na maior parte dos tributos, como exemplos citam-se: o ICMS, IPI, IR, ITCMD (Estados de São Paulo, Paraná e Santa Catarina), PIS, COFINS, II, IE.

Cumpre ressaltar, ainda, que nos tributos sujeitos a lançamento por homologação, consoante previsto no artigo 150 do CTN, se o pagamento do tributo não for realizado de forma correta pelo Sujeito Passivo, a Autoridade Administrativa deverá realizar o lançamento de **ofício**, à luz do artigo 142 do CTN.

Sobre as modalidades de lançamento tributário, a banca do CESPE em prova discursiva realizada em 2005 para o cargo de Juiz Federal do TRF da 1ª Região, a questão abordou o assunto da seguinte forma:

Exemplo de questão sobre o tema

▶ **(TRF/1ª Região – Juiz – CESPE – 2005)**. Quais as características, a natureza jurídica e as modalidades do lançamento tributário? Explicá-las, esclarecendo se o prazo previsto no § 4º do art. 150 do Código Tributário Nacional é de decadência ou prescrição.

Como será visto no Item 6, o prazo previsto no § 4º do artigo 150 do CTN é decadencial.

Em prova mais recente realizada para o cargo de juiz, também foi cobrada questão discursiva sobre as modalidades de lançamento tributário:

Exemplo de questão sobre o tema

▶ **(TJ/RS – Juiz de Direito – RS/2012).** Compete privativamente à autoridade administrativa constituir o crédito tributário pelo lançamento, assim entendido o procedimento administrativo tendente a verificar a ocorrência do fato gerador da obrigação correspondente, determinar a matéria tributável, calcular o montante do tributo devido e identificar o sujeito passivo (Código Tributário Nacional, art. 142).

Estabeleça a diferença entre lançamento direto e lançamento por homologação, exemplificando com o tributo correspondente.

4. ATIVIDADE DE ARBITRAMENTO

Consoante o estabelecido no artigo 148 do CTN, a Autoridade Administrativa poderá **arbitrar** valor ou preço de bens, direitos, serviços, sempre que forem omissos ou não mereçam fé as declarações, os esclarecimentos prestados ou os documentos expedidos pelo Sujeito Passivo:

> **Art. 148.** Quando o cálculo do tributo tenha por base, ou tome em consideração, o valor ou o preço de bens, direitos, serviços ou atos jurídicos, a autoridade lançadora, mediante processo regular, arbitrará aquele valor ou preço, sempre que sejam omissos ou não mereçam fé as declarações ou os esclarecimentos prestados, ou os documentos expedidos pelo sujeito passivo ou pelo terceiro legalmente obrigado, ressalvada, em caso de contestação, avaliação contraditória, administrativa ou judicial.

Ressalta-se, todavia, que não se trata de uma quarta modalidade de lançamento, mas apenas de uma **técnica** de tributação.

Vale evidenciar que a Autoridade Administrativa somente fará o arbitramento por meio de processo regular, quando o cálculo do tributo tenha "por base o valor ou o preço de bens, direitos, serviços ou atos jurídicos". Ademais, apenas o fará quando ocorrer a situação em que os valores declarados pelo Sujeito Passivo contenham omissões ou não mereçam fé, ou quando o Sujeito Passivo cumprir as obrigações informando valores absolutamente fora da realidade.

Nesse mesmo dispositivo legal (art. 148 do CTN), o legislador ressalva o Direito de Petição. Estabelece a possibilidade de o sujeito passivo apresentar elementos contestatórios, de forma a demonstrar os valores e preços que entender devidos, no desenvolvimento de suas atividades. Essa premissa também busca observar o Princípio da Autonomia da Vontade.

5. ALTERAÇÃO DO LANÇAMENTO TRIBUTÁRIO

Ainda que o Sujeito Passivo tenha sido notificado do lançamento, conforme prevê o artigo 145 do CTN, ele poderá ser alterado em três situações:

A	Por impugnação do sujeito passivo;
B	Mediante recurso de ofício;
C	Por iniciativa de ofício da autoridade administrativa, nos casos previstos no artigo 149.

(i) Por impugnação do Sujeito Passivo: trata-se do caso em que o contribuinte recebe a notificação de lançamento e não concorda com os valores apurados. Então, apresenta a impugnação que poderá ser em âmbito administrativo ou judicial, o que oportunizará a alteração do lançamento anteriormente realizado.

(ii) Mediante Recurso de Ofício: Nos termos do artigo 70 do Decreto n. 7.574/2011 – que regulamenta o processo de determinação e exigência de créditos tributários da União –, o Recurso de Ofício deve ser interposto, pela autoridade competente de primeira instância, sempre que a decisão exonerar o Sujeito Passivo do pagamento de tributo e encargos de multa, bem como quando deixar de aplicar a pena de perdimento de mercadoria com base na legislação do IPI.

(iii) De Ofício pela Autoridade Administrativa: nas hipóteses do artigo 149 do CTN, observe:

> **Art. 149.** O lançamento é efetuado e revisto de ofício pela Autoridade Administrativa nos seguintes casos: I – quando a lei assim o determine; II – quando a declaração não seja prestada, por quem de direito, no prazo e na forma da legislação tributária; III – quando a pessoa legalmente obrigada, embora tenha prestado declaração nos termos do inciso anterior, deixe de atender, no prazo e na forma da legislação tributária, a pedido de esclarecimento formulado pela Autoridade Administrativa, recuse-se a prestá-lo ou não o preste satisfatoriamente, a juízo daquela autoridade; IV – quando se comprove falsidade, erro ou omissão quanto a qualquer elemento definido na legislação tributária como sendo de declaração obrigatória; V – quando se comprove omissão ou inexatidão, por parte da pessoa legalmente obrigada, no exercício da atividade a que se refere o artigo seguinte; VI – quando se comprove ação ou omissão do sujeito passivo, ou de terceiro legalmente obrigado, que dê lugar à aplicação de penalidade pecuniária; VII – quando se comprove que o sujeito passivo, ou terceiro em benefício daquele, agiu com dolo, fraude ou simulação; VIII – quando deva ser apreciado fato não conhecido ou não provado por ocasião do lançamento anterior; IX – quando se comprove que, no lançamento anterior, ocorreu fraude ou falta funcional da autoridade que o efetuou, ou omissão, pela mesma autoridade, de ato ou formalidade especial. Parágrafo único. A revisão do lançamento só pode ser iniciada enquanto não extinto o direito da Fazenda Pública.

O artigo 149 do CTN cuida de duas situações distintas: a primeira com relação à possibilidade de o Fisco realizar o lançamento de ofício; e a segunda refere-se à revisão de ofício do lançamento tributário.

No inciso I, tem-se a consecução do lançamento de ofício por determinação da lei de incidência. Como visto anteriormente, nessa modalidade de lançamento ao Fisco compete toda atividade de verificação da ocorrência do fato gerador, identificação do sujeito passivo e de todos os elementos necessários para a constituição do crédito tributário.

Os incisos II a IV tratam de hipóteses em que o Sujeito Passivo não tenha prestado a declaração (com base na qual se deva fazer o lançamento) ou não tenha prestado adequadamente (por erro, falsidade ou omissão), ou não atenda pedido de esclarecimentos feitos pela Autoridade Administrativa.

O item V refere-se ao lançamento de ofício que deve ser realizado pela Autoridade Administrativa quando o Contribuinte ou Responsável deixar de apurar corretamente o seu débito na hipótese de recolhimento de tributo por homologação. Essa autoridade agirá nos casos de omissão ou de inexatidão, rejeitando os valores indicados pelo Sujeito Passivo como devidos e efetuando o lançamento que entender correto.

O inciso VI prevê o lançamento de ofício de penalidade – de multa tributária.

No inciso VII constam as situações em que o Sujeito Passivo age com dolo, fraude ou simulação para pagar menos tributo ou ainda nada recolher e, com isso, permite à Autoridade Administrativa a realização do lançamento de ofício ou de sua revisão.

Acontecerá também a revisão do lançamento, nos termos do inciso VIII, na hipótese de caber à autoridade a apreciação de fato não conhecido ou não provado, por ocasião de lançamento anterior.

Não haverá problemas de se rever o lançamento quando houver **erro de fato**, porém, a jurisprudência refuta a revisão quando se refere a **erro de direito**.

Esclarece-se que o **erro de fato** está relacionado a vícios de ordem individual e de natureza concreta, está vinculado à situação real do Contribuinte. Na concepção de Paulo de Barros

Carvalho, o erro de fato "é um problema intranormativo, um desajuste interno na estrutura do enunciado pelo uso indevido de construções de linguagem que fazem as vezes de prova"[5].

Como exemplos de erro de fato, pode-se mencionar: i) o erro na valoração de imóvel do Contribuinte para fins de base de cálculo do IPTU; ii) uma operação que foi tida como de prestação de serviços, porém, numa nova averiguação, indica que o tomador do serviço foi o próprio prestador; iii) a Autoridade Administrativa, ao apurar a base de cálculo do tributo, toma um valor menor e, posteriormente, verifica que o referido valor era maior, poderá, de ofício, alterar o lançamento originário – desde que antes de transcorrido o prazo decadencial.

O **erro de direito** configura um problema que envolve os enunciados de normas jurídicas diferentes, de ordem geral e abstrata e, dessa maneira, não pode ser objeto de revisão. Isso porque não se autoriza a Autoridade Administrativa simplesmente desconhecer a diretriz jurídica apropriada para o evento.

Um exemplo, para esclarecer, seria a aplicação errônea de alíquota de um determinado produto na importação, utilizando-se de ofício ou em consequência de decisão administrativa ou judicial introduzida posteriormente ao fato gerador. Como se trata de erro de direito, apenas poderia ser aplicada a nova alíquota para fatos jurídicos tributários **subsequentes** àquele que ensejou a tributação, nos termos do artigo 146 do CTN.

Nesse propósito, transcreve-se ementa de decisões do STJ para melhor compreensão:

> TRIBUTÁRIO. IMPORTAÇÃO. DESEMBARAÇO ADUANEIRO. RECLASSIFICAÇÃO DA MERCADORIA. REVISÃO DE LANÇAMENTO POR ERRO DE DIREITO. IMPOSSIBILIDADE. SÚMULA N. 227 DO EXTINTO TFR. **1. É permitida a revisão do lançamento tributário, quando houver erro de fato, entendendo-se este como aquele relacionado ao conhecimento da existência de determinada situação. Não se admite a revisão quando configurado erro de direito consistente naquele que decorre do conhecimento e da aplicação incorreta da norma.** 2. A jurisprudência do STJ, acompanhando o entendimento do extinto TRF consolidado na Súmula n. 227, tem entendido que o contribuinte não pode ser surpreendido, após o desembaraço aduaneiro, com uma nova classificação, proveniente de correção de erro de direito. 3. Hipótese em que o contribuinte atribuiu às mercadorias classificação fiscal amparada em laudo técnico oficial confeccionado a pedido da auditoria fiscal, por profissional técnico credenciado junto à autoridade alfandegária e aceita por ocasião do desembaraço aduaneiro. 4. Agravo regimental não provido (AgRg no REsp n. 1347324/RS, rel.ª Min.ª Eliana Calmon, 2ª Turma, julgado em 06.08.2013, **DJe** de 14.08.2013) (grifos nossos)

> TRIBUTÁRIO. AGRAVO REGIMENTAL NO AGRAVO DE INSTRUMENTO. IMPOSTO DE IMPORTAÇÃO. EQUÍVOCO NA DECLARAÇÃO DE IMPORTAÇÃO. LEGISLAÇÃO APLICÁVEL. ALÍQUOTA. ERRO DE DIREITO. REVISÃO. IMPOSSIBILIDADE. 1. Hipótese em que se discute se a indicação, pelo contribuinte, de legislação errônea na Declaração de Importação devidamente recebida pela autoridade alfandegária **consiste em erro de fato e, portanto, pode dar ensejo à posterior revisão, pela Fazenda, do tributo devido; ou se trata-se de mudança de critério jurídico, cuja revisão é vedada pelo CTN. 2. A jurisprudência desta Corte é pacífica no sentido de que o erro de direito (o qual não admite revisão) é aquele que decorre da aplicação incorreta da norma.** Precedentes. Por outro lado, o erro de fato é aquele consubstanciado "na inexatidão de dados fáticos, atos ou negócios que dão origem à obrigação tributária (EDcl no REsp n. 1174900/RS, rel. Min. Mauro Campbell Marques, 2ª Turma, **DJe** de 09.05.2011). 3. Da análise dos autos, verifica-se que ocorreu a indicação de legislação equivocada no momento da internalização da mercadoria, o que culminou com o pagamento da alíquota em valor reduzido, **de sorte**

5. **Curso...**, op. cit., p. 451.

que não houve engano a respeito da ocorrência ou não de determinada situação de fato, mas sim em relação à norma incidente na situação, como, aliás, registrou o acórdão recorrido. Assim, não há falar em possibilidade de revisão do lançamento no caso dos autos, mormente porque, ao desembaraçar o bem importado, o Fisco tem, ao menos em tese, a oportunidade de conferir as informações prestadas pelo contribuinte em sua declaração. 4. Agravo regimental não provido". (AgRg no Ag n. 1422444/AL, rel. Min. Benedito Gonçalves, 1ª Turma, julgado em 04.10.2012, **DJe** de 11.10.2012) (grifos nossos)

E, por fim, o item IX do artigo 149 do CTN trata de hipóteses de revisão de lançamento anterior, quando se apurarem irregularidades praticadas pela própria Autoridade Administrativa.

Ressalta-se, ainda, que o Fisco tem o direito de revisar, de ofício, o lançamento tributário, nas suposições acima elencadas, mas desde que esse direito não esteja extinto pela Decadência, conforme determina o Parágrafo Único do artigo 149 do CTN. Cumpre adiantar que o instituto da Decadência será estudado no Subitem 7.9.5, e, em suma, consiste no direito de a Fazenda constituir o crédito tributário por meio do lançamento (art. 173 do CTN).

6. CRÉDITO TRIBUTÁRIO E DECADÊNCIA

Como visto anteriormente, o crédito tributário representa o momento de exigibilidade da relação jurídico-tributária. Assim, quando o Sujeito Passivo pratica o fato gerador no mundo concreto, o Fisco só poderá exigir o cumprimento da obrigação tributária se constituir o crédito tributário, por meio do lançamento tributário.

A constituição do crédito tributário deve ocorrer no interregno de cinco anos. Passado esse prazo, o Fisco perde o seu direito de lançar, quer dizer, ocorre a **decadência**.

A decadência, portanto, se denomina pela perda do direito do Fisco de constituir o crédito tributário. Sem crédito tributário não há exigibilidade do tributo.

O *dies a quo* para a contagem do prazo decadencial está prescrito nos artigos 173 e 150, § 4º, do CTN.

O artigo 173, I, do CTN prevê como marco inicial o primeiro dia do exercício seguinte àquele em que o lançamento poderia ter sido efetuado. O artigo 150, § 4º, por sua vez, determina que a contagem se inicia na data da ocorrência do fato gerador, *in verbis:*

> **Art. 173.** *O direito de a Fazenda Pública constituir o crédito tributário extingue-se após 5 (cinco) anos, contados: I – do primeiro dia do exercício seguinte àquele em que o lançamento poderia ter sido efetuado. (...)*
>
> **Art. 150.** O lançamento por homologação, que ocorre quanto aos tributos cuja legislação atribua ao sujeito passivo o dever de antecipar o pagamento sem prévio exame da autoridade administrativa, opera-se pelo ato em que a referida autoridade, tomando conhecimento da atividade assim exercida pelo obrigado, expressamente a homologa. (...) *§ 4º Se a lei não fixar prazo a h*omologação, será ele de cinco anos, a contar da ocorrência do fato gerador; expirado esse prazo sem que a Fazenda Pública se tenha pronunciado, considera-se homologado o lançamento e definitivamente extinto o crédito, salvo se comprovada a ocorrência de dolo, fraude ou simulação.

Nas palavras de Leandro Paulsen:

> *O art. 150, § 4º, é uma regra específica para os casos sujeitos de tributos a lançamento por homologação, em que o contribuinte tem a obrigação de, ele próprio, verificar que o fato gerador*

> *ocorreu, calcular o montante devido e efetuar o pagamento, sujeitando-se à fiscalização posterior. Efetuado o pagamento tempestivo, o Fisco tem cinco anos, contados da ocorrência do fato gerador, para verificar a exatidão do pagamento e, na hipótese de o contribuinte ter calculado e pago montante inferior ao devido, promover o lançamento de ofício da diferença ainda devida. O art. 173, em seu inciso I, traz uma regra geral de decadência para o lançamento de ofício: prazo de cinco anos contados do primeiro dia do exercício seguinte aquele em que o lançamento poderia ter sido efetuado, assim considerado: a) para os tributos sujeitos ao regime de lançamento de ofício, o exercício seguinte ao da ocorrência do fato gerador; b) para os tributos sujeitos ao regime de lançamento por declaração, o exercício seguinte ao do decurso do prazo para a apresentação da declaração pelo contribuinte; c) para os tributos sujeitos ao regime de lançamento por homologação em que, por falta de pagamento tempestivo, não haja o que homologar, o exercício seguinte ao do vencimento do tributo sem qualquer pagamento por parte do contribuinte; (...)*[6].

Diante disso, o exercício em que o lançamento poderia ter sido efetuado (inciso I do art. 173 do CTN), trata justamente daquele em que houver acontecido o fato gerador. Assim, enquanto o artigo 150, § 4º, prevê o início da contagem no próprio exercício em que ocorre o fato gerador(regra para os tributos sujeitos a lançamento por homologação), o artigo 173, I, do CTN disponibiliza um prazo um pouco maior, pois prevê o início da contagem apenas no primeiro dia do exercício seguinte ao da ocorrência do fato gerador(regra para os casos de lançamento de ofício).

Frise-se que os tributos sujeitos ao lançamento por **homologação** respeitam a regra do **artigo 150, § 4º, do CTN:**

> **Art. 150. O lançamento por homologação,** que ocorre quanto aos tributos cuja legislação atribua ao sujeito passivo o dever de antecipar o pagamento sem prévio exame da Autoridade Administrativa, opera-se pelo ato em que a referida autoridade, tomando conhecimento da atividade assim exercida pelo obrigado, expressamente a homologa. (...) § 4º Se a lei não fixar prazo à homologação, **será ele de cinco anos, a contar da ocorrência do fato gerador**; expirado esse prazo sem que a Fazenda Pública se tenha pronunciado, considera-se homologado o lançamento e definitivamente extinto o crédito, **salvo se comprovada a ocorrência de dolo, fraude ou simulação**.

Por conseguinte, se o Sujeito Passivo recolhe, por exemplo, um valor inferior de ICMS (tributo sujeito ao lançamento por homologação), cujo fato gerador ocorreu no dia 05 de maio 2013, o Fisco terá cinco anos para constituir o crédito tributário, contados a partir dessa data. Nesse caso, a consumação da decadência ocorrerá no dia 05 de maio 2018.

Os tributos sujeitos ao lançamento de **ofício** e por **declaração**, bem como os casos em que houver **fraude**, **dolo**, **simulação** ou **ausência de pagamento – nos tributos sujeitos ao lançamento por homologação –**, sujeitam-se à regra do artigo 173, I, do CTN.

Insta ilustrar o tema com o seguinte exemplo: Se o Fisco deixar de lançar o IPTU de 2013, como se trata de um tributo sujeito ao lançamento de ofício, o Município terá cinco anos para realizar o lançamento, contados do 1º dia do exercício seguinte àquele que poderia ter ocorrido o lançamento. Portanto, serão cinco anos contados do dia 1º de janeiro de 2014, pois o lançamento poderia ter ocorrido em 2013. A consumação da decadência ocorrerá, nessa situação, no dia 1º de janeiro de 2019.

Observa-se, ainda, que mesmo sendo um tributo sujeito a lançamento por homologação, porém no caso de ter ocorrido fraude, dolo, simulação ou ausência de pagamento, a regra será

6. PAULSEN, Leandro. **Curso de Direito Tributário**. 4. ed. Porto Alegre: Livraria do Advogado, 2012. p. 139.

pelo artigo 173, I, do CTN. Entendimento consubstanciado pelo STJ, como se depreende do julgado a seguir:

> TRIBUTÁRIO. TRIBUTO SUJEITO A LANÇAMENTO POR HOMOLOGAÇÃO. AUSÊNCIA DE PAGAMENTO ANTECIPADO. DECADÊNCIA. VERBA HONORÁRIA. ART. 20, § 4º, DO CPC. 1. **Nos créditos tributários relativos a tributo sujeito a lançamento por homologação, cujo pagamento não foi antecipado pelo contribuinte – caso em que se aplica o art. 173, I, do CTN –, deve o prazo decadencial de cinco anos para a sua constituição ser contado a partir do primeiro dia do exercício financeiro seguinte àquele em que o lançamento poderia ter sido efetuado.** (REsp n. 1207053, rel. Min. Castro Meira, **DJ** de 23.11.2010). AGRAVO REGIMENTAL EM RECURSO ESPECIAL. TRIBUTÁRIO. OMISSÃO. INOCORRÊNCIA. INOVAÇÃO DE FUNDAMENTOS. INCABIMENTO. DECADÊNCIA. FRAUDE, DOLO OU SIMULAÇÃO. TERMO INICIAL. PRIMEIRO DIA DO EXERCÍCIO SEGUINTE ÀQUELE EM QUE O LANÇAMENTO PODERIA TER SIDO EFETUADO. AGRAVO IMPROVIDO. 1. Em sede de agravo regimental, não se conhece de alegações estranhas às razões do recurso especial, por vedada a inovação de fundamento. **2. A jurisprudência do Superior Tribunal de Justiça é firme em que, no caso de imposto lançado por homologação, quando há prova de fraude, dolo ou simulação, o direito da Fazenda Pública constituir o crédito tributário extingue-se após cinco anos, contados do primeiro dia do exercício seguinte àquele em que o lançamento poderia ter sido efetuado (artigo 173, inciso I, do Código Tributário Nacional).** 3. Agravo regimental improvido (AgRg no REsp n. 1050278/RS, rel. Min. Hamilton Carvalhido, 1ª Turma, julgado em 22.06.2010, **DJe** de 03.08.2010) (grifos nossos)

A Súmula n. 555 do STJ descreve que nos tributos sujeitos a lançamento por homologação, nas hipóteses de ausência de pagamento, realmente deve-se contar o prazo decadencial pela regra do art. 173, I, do CTN:

> Quando não houver declaração do débito, o prazo decadencial quinquenal para o Fisco constituir o crédito tributário conta-se exclusivamente na forma do art. 173, I, do CTN, nos casos em que a legislação atribui ao sujeito passivo o dever de antecipar o pagamento sem prévio exame da autoridade administrativa. Primeira Seção, aprovada em 09.12.2015, **DJe** 15.12.2015.

Para memorizar:

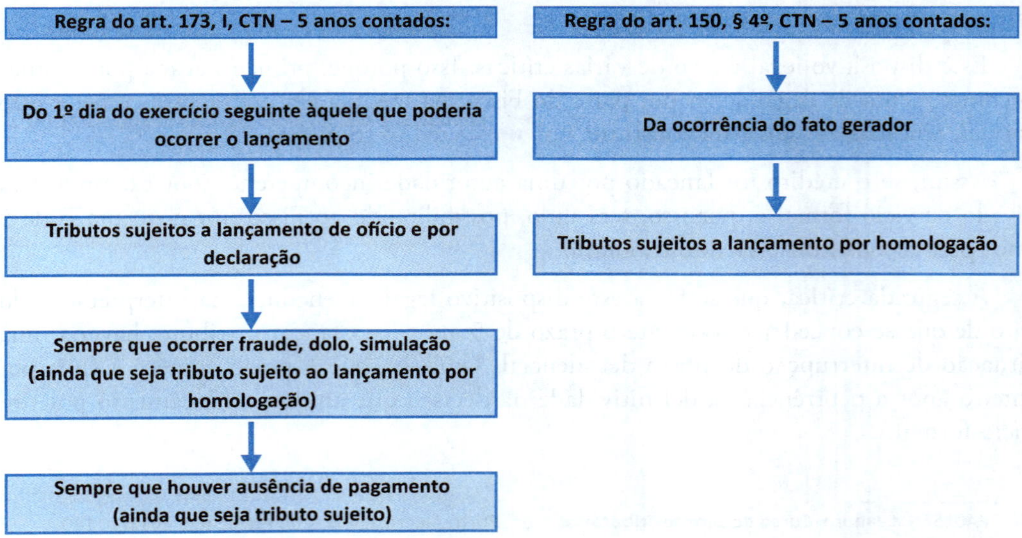

6.1. Decadência e o art. 173, II, do CTN

O lançamento, por ser ato jurídico administrativo, pode ser nulo ou anulável. O Poder Judiciário poderá, assim como a Autoridade Administrativa, apenas anular o lançamento, mas jamais revogá-lo. Essa premissa foi retirada do Direito Administrativo e também consolidada na Súmula n. 473 do STF:

> **Súmula n. 473.** A administração pode anular seus próprios atos, quando eivados de vícios que os tornam ilegais, porque deles não se originam direitos; ou revogá-los, por motivo de conveniência ou oportunidade, respeitados os direitos adquiridos, e ressalvada, em todos os casos, a apreciação judicial.

A revogação consiste no desfazimento de ato por motivo de conveniência e oportunidade que somente pode, portanto, ocorrer pela própria Administração. Entretanto, salienta-se que, como a atividade de lançamento tributário é plenamente vinculada, se esse ato de lançar contiver vícios, nem mesmo a Autoridade Administrativa poderá revogá-lo, apenas anulá-lo, em virtude de ilegalidade.

Conforme leciona Leandro Paulsen:

> Quando, efetuado o lançamento, restar posteriormente anulado em razão de algum vício formal (por exemplo, ausência de requisitos essenciais no auto de infração, elencados no art. 10 do Decreto 70.235/72, ou violação ao direito de defesa no processo administrativo fiscal), terá o Fisco a reabertura do prazo decadencial para proceder a novo lançamento do mesmo crédito.(...) É o que dispõe o art. 173, II, do CTN ao dizer da contagem do prazo de cinco anos "da data em que se tornar definitiva a decisão que houver anulado, por vício formal, lançamento anteriormente efetuado". É relevante, pois, que reste claro, das decisões administrativas e judiciais anulatórias de lançamento, se o fazem por vício formal ou por vício material. A anulação por vício material não reabre qualquer prazo, de modo que, muitas vezes, já decorrido prazo decadencial, não mais poderá ser lançado o crédito[7].

Nessa linha, tem-se que, nos termos do artigo 173, II, do CTN, o direito de a Autoridade Administrativa proceder ao lançamento tributário extingue-se em cinco anos, contados da data em que se tornar definitiva a decisão que houver **anulado** – **por vício formal** – o lançamento anteriormente efetuado.

Esse dispositivo legal é alvo de várias críticas. Isso porque, primeiro acaba por premiar o cometimento de ilegalidades por parte do Fisco, na medida em que se esse cometer erro formal, terá mais 5 anos para constituir um **novo** crédito tributário.

Assim, se o crédito for lançado por uma autoridade incompetente, por exemplo, será eivado de vício formal e, por isso, será nulo, possibilitando ao Fisco um novo prazo de 5 anos para reconstituir o crédito tributário.

A segunda crítica, que se faz a esse dispositivo legal, se encontra na interpretação do fato de que se conceder novamente o prazo de 5 anos para lançar o tributo, haveria uma situação de interrupção do prazo decadencial. Uma vez que o prazo começa a fluir por inteiro após a ocorrência da definitividade da decisão que anulou o lançamento por um vício formal.

7. PAULSEN, Leandro. **Curso de Direito Tributário.** 4. ed. Porto Alegre: Livraria do Advogado, 2012. p. 140.

A título de exemplo, imagina-se que um Sujeito Passivo praticou um fato gerador de IPI, no dia 25 de maio de 2005 e recolheu valor insuficiente. Tendo em vista se tratar de um tributo sujeito ao lançamento por homologação, o Fisco teria 5 anos para constituir o restante do crédito, contados da ocorrência do fato gerador, por isso ocorreria a decadência no dia 25 de maio de 2010.

Ocorre que no dia 20 de maio de 2010 foi realizado o lançamento tributário, por uma Autoridade Administrativa incompetente, faltando apenas 5 dias para se operar a decadência. Considere-se, ainda, que, da notificação de lançamento de IPI, o sujeito passivo apresentou impugnação na esfera administrativa tempestivamente. Após o trâmite normal do processo administrativo, a Autoridade Administrativa profere uma decisão irreformável, que anula o lançamento por vício formal, posto se tratar de autoridade incompetente que efetuou o lançamento.

Nesse mesmo exemplo, tem-se que, conforme prevê o artigo 173, II, do CTN, a contar da data dessa decisão que anula o lançamento por **vício formal**, a autoridade tem nesse momento mais 5 anos para constituir um novo crédito tributário.

Paulo de Barros Carvalho[8], ao discorrer sobre esse dispositivo, destaca que como a anulação de ato pressupõe invalidade iminente, que necessita de comprovação, mediante procedimento contraditório, seus efeitos são *ex nunc*, começando a contar do ato que declara a anulabilidade.

Em suma, a maior crítica da doutrina se funda nesses argumentos que, por sinal, são muito pertinentes, tendo em vista que o legislador proporcionou condições privilegiadas para o Fisco, nos casos de vícios formais no lançamento tributário.

Por fim, embora o dispositivo permaneça vigente, cumpre salientar que nos casos de vícios materiais – referem-se à existência da dívida, como não ocorrência do fato gerador, sujeito passivo ou ativo incorreto –, não há essa reabertura de prazo para lançar. Isso quer dizer que, se já tiver transcorrido o prazo, o direito da Fazenda restará decaído.

7. PRESCRIÇÃO

Uma vez constituído o crédito tributário, a Autoridade Administrativa deverá cobrá-lo do Sujeito Passivo. Nesse intuito, o artigo 174 do CTN prevê o prazo de 5 anos, a contar da **constituição definitiva** para a Fazenda ajuizar a execução fiscal com o fim de obter a satisfação coativa do crédito tributário, sob pena de ocorrer a prescrição.

A **prescrição** no Direito Tributário se define pela perda do direito do Fisco de **cobrar** o crédito tributário, constituído por meio do lançamento.

Ressalta-se que a **notificação de lançamento** configura o instrumento de constituição do crédito. Por meio dessa notificação, a Autoridade Administrativa confere ao Sujeito Passivo um prazo para pagar amigavelmente ou para apresentar impugnação.

8. **Curso de...**, op. cit., p. 455.

Durante esse período não corre o prazo prescricional. Importa informar que começará a fluir a prescrição no término desse prazo para pagamento ou impugnação –no caso de o contribuinte ter sido inerte – ; ou do momento em que for concluído o processo administrativo – no caso de o Sujeito Passivo tiver optado pela discussão administrativa. Essas são as hipóteses de suspensão da exigibilidade do crédito tributário na esfera administrativa, contidas no artigo 151 do CTN, que será estudado mais adiante.

No tocante ao prazo para pagamento amigável, o artigo 160 do CTN prevê que o vencimento do crédito ocorre trinta dias depois da data em que se considera o Sujeito Passivo notificado do lançamento. Nesse aspecto, tem-se o entendimento do STJ, em que passados os 30 dias para o sujeito passivo pagar ou impugnar, nada sendo feito, dar-se-á início ao prazo prescricional:

> TRIBUTÁRIO. DECADÊNCIA. PRESCRIÇÃO. TERMO INICIAL E FINAL. ICMS. INEXISTÊNCIA DE DECLARAÇÃO TRIBUTÁRIA. NOTIFICAÇÃO DE LANÇAMENTO. 1. A decadência do direito de lançar o crédito tributário, inexistindo declaração tributária do contribuinte, inicia-se no primeiro dia seguinte ao que o lançamento poderia ser efetuado, na forma do art. 173, I, do CTN. 2. **A prescrição da pretensão tributária tem por termo inicial a data do vencimento da dívida, em regra, 30 dias após a notificação, findo o prazo para pagamento voluntário do débito, na forma do art. 160, parágrafo único, do CTN.** 3. Hipótese em que a notificação operou-se em 20.12.2002 e a citação do devedor deu-se em 27.10.2006, antes de findo o lustro prescricional. 4. Recurso especial provido (REsp n. 1153038/AC, rel.ª Min.ª Eliana Calmon, 2ª TURMA, julgado em 04.03.2010, **DJe** de 18.03.2010) (grifos nossos).

Além do mais, como analisado anteriormente, segundo o entendimento do STJ (Súmula n. 436), a declaração de existência de crédito tributário entregue pelo sujeito passivo constitui o crédito tributário e, por causa disso, a Fazenda poderá exigir diretamente as quantias declaradas e não pagas, independentemente de lançamento de ofício.

Desse modo, o prazo de prescrição da execução correspondente tem início no momento do vencimento da dívida declarada e não paga, ou na ocasião da entrega da declaração, o que for **posterior**. Segue jurisprudência do STJ nesse sentido:

> AGRAVO REGIMENTAL. RECURSO ESPECIAL. OMISSÃO. TERMO INICIAL DA PRESCRIÇÃO. NÃO ALTERAÇÃO DO JULGADO AGRAVADO. – O **termo inicial do prazo de prescrição para o ajuizamento de execução fiscal é a data da entrega da declaração pelo contribuinte, quando se considera constituído o crédito tributário ou seu vencimento, se posterior**. – Esclarecimento que não altera a conclusão do julgado. Agravo regimental improvido (AgRg no REsp n. 1158312/GO, rel. Min. Cesar Asfor Rocha, 2ª Turma, julgado em 24.05.2011, **DJe** de 08.06.2011) (grifos nossos).

Importante esclarecer que para a Autoridade Administrativa propor a execução fiscal em face do sujeito passivo será imprescindível a inscrição em **dívida ativa**, instrumentalizada por meio da Certidão em Dívida Ativa (CDA). A CDA consiste num título executivo extrajudicial que goza da presunção de certeza e liquidez e tem o efeito de prova pré-constituída.

A inscrição em dívida ativa não guarda relação com a constituição do crédito, sendo simples procedimento administrativo destinado a registrar os valores contabilmente e torná-los exigíveis por meio da execução fiscal. Além disso, a CDA tributária não suspende a prescrição por 180 dias, ainda que haja a previsão no artigo 2º, § 3º, da Lei n. 6.830/1980:

> **Art. 2º.** (...) § 3º A inscrição, que se constitui no ato de controle administrativo da legalidade, será feita pelo órgão competente para apurar a liquidez e certeza do crédito e suspenderá a prescrição, para todos os efeitos de direito, por 180 dias, ou até a distribuição da execução fiscal, se esta ocorrer antes de findo aquele prazo.

O Superior Tribunal de Justiça demonstrou reiteradamente que entende não ser aplicável às dívidas tributárias esse dispositivo legal, uma vez que o artigo 146, III, "b", da CF determina que as normas gerais de Direito Tributário devem estar reguladas por meio de Lei Complementar. Por essa razão, a inscrição em dívida ativa não suspende o prazo prescricional no Direito Tributário, em virtude de essa previsão estar contida em Lei Ordinária. Segue um dos julgados com esse posicionamento:

> (...) 9. A suspensão de 180 (cento e oitenta) dias do prazo prescricional, a contar da inscrição em Dívida Ativa, prevista no art. 2º, § 3º, da Lei n. 6.830/80, **aplica-se tão somente às dívidas de natureza não tributária,** porquanto a prescrição do direito do Fisco ao crédito tributário regula-se por lei complementar, *in casu*, o art. 174 do CTN (Precedente: REsp n. 708.227/PR, rel.ª Min.ª Eliana Calmon, **DJ** de 19.12.2005). 10. Agravo regimental desprovido (AgRg no REsp n. 1002435/RS, rel. Min. Luiz Fux, 1ª Turma, julgado em 20.11.2008, **DJe** de 17.12.2008) (grifos nossos).

Aliás, há que se apontar que o CTN, de certo modo, não se omite a esse assunto. Embora trate expressamente de interrupção, em vez de suspensão, prescreve no Parágrafo Único do artigo 174, que a prescrição será interrompida – contada novamente do zero – nas seguintes hipóteses:

(i) pelo despacho do juiz que ordenar a citação em execução fiscal;
(ii)mediante protesto judicial;
(iii) por qualquer ato judicial que constitua em mora o devedor;
(iv) em decorrência qualquer ato inequívoco ainda que extrajudicial, que importe em reconhecimento do débito pelo devedor.

Dentre as hipóteses de interrupção, cumpre enfatizar que se considera o parcelamento como hipótese de interrupção de prescrição, por se tratar de reconhecimento expresso (inequívoco) pelo devedor de existência de dívida tributária – art. 174, IV, do CTN. Ocorre que, o artigo 151, VI, do CTN também determina o parcelamento como causa de suspensão da exigibilidade do crédito tributário. Diante disso, quando um contribuinte, por exemplo, obtém um parcelamento, o prazo de prescrição é zerado – em razão da interrupção do artigo 174, IV, do CTN –, e, ao mesmo tempo, tem a exigibilidade do crédito suspensa, enquanto o parcelamento for cumprido – art. 151, VI, do CTN.

7.1. Questões

1. (TCE/SC – Auditor Fiscal de Controle Externo – Direito – CESPE/2016). Autoridade fiscal de determinado município foi denunciada no tribunal de contas do estado (TCE) por ter emitido certidão positiva com efeitos de negativa para uma empresa que detinha débitos de imposto sobre serviços de qualquer natureza (ISS) com o município. Na denúncia, constava que a certidão havia sido expedida durante o período em que era analisado, em processo administrativo tributário, o recurso interposto pela empresa contra a decisão em primeira instância, que havia julgado improcedente a impugnação do contribuinte e concluído pela subsistência do auto de infração, dada a existência de débito da empresa.

A esse respeito, dispõe o Código Tributário Nacional (CTN):

Art. 205. A lei poderá exigir que a prova da quitação de determinado tributo, quando exigível, seja feita por certidão negativa, expedida à vista de requerimento do interessado, que contenha todas as informações necessárias à identificação de sua pessoa, domicílio fiscal e ramo de negócio ou atividade e indique o período a que se refere o pedido.

Parágrafo único. A certidão negativa será sempre expedida nos termos em que tenha sido requerida e será fornecida dentro de dez dias da data da entrada do requerimento na repartição.

Art. 206. Tem os mesmos efeitos previstos no artigo anterior a certidão de que conste a existência de créditos não vencidos, em curso de cobrança executiva em que tenha sido efetivada a penhora, ou cuja exigibilidade esteja suspensa.

Considerando essa situação hipotética e os artigos do CTN apresentados, julgue os itens a seguir.

Na situação em apreço, a constituição do crédito tributário já havia ocorrido com o lançamento, ou seja, em ato anterior ao julgamento da impugnação do contribuinte.

2. (TRF4 – Juiz – TRF4/2016). Dadas as assertivas abaixo, assinale a alternativa correta.

I. É de cinco anos o prazo da Fazenda Pública para promover o lançamento de ofício de impostos, contados do dia em que for devido o imposto, sob pena de decadência do direito.

II. A partir do majoritário entendimento do Superior Tribunal de Justiça, o prazo decadencial para o lançamento será de cinco anos, a contar da ocorrência do fato gerador, independentemente de ter havido ou não pagamento pelo contribuinte.

III. No caso de fraude, dolo ou simulação na declaração prestada pelo contribuinte, relativamente aos tributos sujeitos ao lançamento por homologação, o marco inicial de contagem da decadência para constituição do crédito tributário é o primeiro dia do exercício seguinte àquele em que o lançamento poderia ter sido efetuado.

IV. A decadência sujeita-se às causas de interrupção de contagem do prazo previstas para a cobrança do crédito tributário, nos casos de protesto judicial ou qualquer outro ato que constitua em mora o devedor.

V. Segundo majoritária jurisprudência do Superior Tribunal de Justiça sobre o assunto, a confissão espontânea do contribuinte em parcelamento é admitida como modalidade de declaração de tributos e pode, independentemente de anterior declaração, fundamentar o futuro título executivo (Certidão de Dívida Ativa).

(A) Estão corretas apenas as assertivas I e III.
(B) Estão corretas apenas as assertivas II e IV.
(C) Estão corretas apenas as assertivas II e V.
(D) Estão corretas apenas as assertivas III e V.
(E) Estão corretas todas as assertivas.

3. (Pref. Juazeiro/BA – Advogado – AOCP/2016). Considere a seguinte asserção: "Procedimento administrativo tendente a verificar a ocorrência do fato gerador da obrigação correspondente, determinar a matéria tributável, calcular o montante do tributo devido, identificar o sujeito passivo e, sendo caso, propor a aplicação da penalidade cabível". De acordo com o Código Tributário Nacional, tal asserção refere-se

(A) ao Lançamento que constitui o crédito tributário.
(B) à formação da multa, que é constituída pelo descumprimento do fato gerador.
(C) à remissão.
(D) à anistia concedida em caso de isenção.
(E) à isenção concedida em caso de anistia.

4. (Pref. Bocaiuva/MG – Advogado – COTECUNIMONTES/2016). É causa de alteração de lançamento tributário feito de forma regular ao sujeito passivo, EXCETO:

(A) Interposição de recurso de ofício.
(B) Interrupção da prescrição bienal, na forma do CTN.
(C) Iniciativa da autoridade administrativa, quando a lei assim determinar.
(D) Impugnação do sujeito passivo nesse sentido.

5. (Câmara de Registro/SP – Advogado – VUNESP/2016). Determina o Código Tributário Nacional a possibilidade de homologação tácita, tratando-se de tributo sujeito a lançamento dessa natureza, quando a autoridade competente, tomando conhecimento do pagamento antecipado realizado pelo contribuinte, permanece inerte pelo prazo de cinco anos. Referido prazo conta-se

(A) da ocorrência do fato gerador.
(B) da verificação da obrigação tributária.
(C) da data em que for efetivado o pagamento.
(D) da data da constituição do crédito exigido.
(E) do primeiro dia do exercício seguinte ao que tenha sido realizado o pagamento.

6. (FAMA – Pref. Araranguá/SC – Advogado – FAEPESUL/2016). Marque a alternativa correta para definir as modalidades de lançamento tributário existentes no ordenamento tributário brasileiro:

I. Lançamento de ofício ou lançamento direto é aquele efetuado com base na declaração do sujeito passivo ou de terceiro, quando um ou outro, na forma da legislação tributária, prestem à autoridade administrativa informações sobre matéria de fato, indispensáveis à sua efetivação.
II. O lançamento por homologação, que ocorre quanto aos tributos cuja legislação atribua ao sujeito passivo o dever de antecipar o pagamento sem prévio exame da autoridade administrativa, opera-se pelo ato em que a referida autoridade, tomando conhecimento da atividade assim exercida pelo obrigado, expressamente a homologa.
III. Lançamento por declaração é aquele feito pela autoridade administrativa sem qualquer colaboração do contribuinte, sendo o lançamento por declaração como aquele feito em face da declaração prestada pelo contribuinte ou por terceiro, sem a obrigação do pagamento antecipado.
IV. Lançamento de ofício por arbitramento pode ocorrer a partir do momento em que o contribuinte deveria prestar informações para a Administração Pública, mas deixa de fazê-lo, ou mesmo prestando, se essas informações não mereçam fé ou não forem verdadeiras.

(A) Apenas uma afirmativa está correta.
(B) Apenas três afirmativas estão corretas.
(C) Apenas duas afirmativas estão corretas.
(D) Todas as afirmativas estão corretas.
(E) Nenhuma afirmativa está correta.

7. (Pref. Bonito de Minas/MG – Analista Administrativo – Advogado – COTECUNIMONTES/2016). Compete, privativamente, à autoridade administrativa constituir o crédito tributário pelo lançamento, assim entendido o procedimento administrativo tendente a verificar a ocorrência do fato gerador da obrigação correspondente, determinar a matéria tributável, calcular o montante do tributo devido, identificar o sujeito passivo e, sendo o caso, propor a aplicação da penalidade cabível.

Sobre o procedimento descrito no enunciado, pode-se afirmar:

(A) Trata-se de ato administrativo discricionário, cabendo à administração, por critério de conveniência e oportunidade, realizar ou não.
(B) É suprido pela entrega de declaração do contribuinte que reconhece o débito fiscal, constituindo, assim, o crédito tributário.
(C) Reporta-se à data da ocorrência do fato gerador da obrigação e rege-se pela lei então vigente, salvo se posteriormente modificada ou revogada.
(D) Regularmente notificado ao sujeito passivo, só pode ser alterado em virtude de impugnação do sujeito passivo.

8. (PGE/MT – FCC/2016). Considere:

I. A modalidade de lançamento a ser aplicada pelo fisco por ocasião da constituição do crédito tributário é a que impõe o menor ônus ao contribuinte, inclusive quanto às opções fiscais relativas a regimes de apuração, créditos presumidos ou outorgados e demais benefícios fiscais que o contribuinte porventura não tenha aproveitado.
II. A modalidade de lançamento por declaração é aquela na qual o contribuinte, tendo efetivado o cálculo e recolhimento do tributo devido com base na legislação, apresenta à autoridade fazendária a declaração dos valores correspondentes à base de cálculo, alíquota, tributo devido e recolhimento efetuado.

III. O pagamento antecipado efetivado pelo contribuinte poderá ser efetuado mediante guia de recolhimentos, compensação ou depósito judicial.

IV. O lançamento de ofício é o formalizado quando a autoridade fazendária identifica diferenças no crédito tributário constituído espontaneamente pelo contribuinte.

Está correto o que se afirma APENAS em

(A) IV.

(B) II e III.

(C) III e IV.

(D) I.

(E) I e II

9. (Câmara de Estreito/MA – Advogado – IMA/2016). Sobre as disposições do Código Tributário Nacional, assinale a alternativa correta:

(A) As circunstâncias que modificam o crédito tributário, sua extensão ou seus efeitos, ou as garantias ou os privilégios a ele atribuídos, ou que excluem sua exigibilidade não afetam a obrigação tributária que lhe deu origem.

(B) O lançamento reporta-se à data da ocorrência do fato gerador da obrigação e rege-se pela lei então vigente, exceto se posteriormente modificada ou revogada.

(C) O lançamento regularmente notificado ao sujeito passivo só pode ser alterado em virtude de iniciativa de ofício da autoridade administrativa.

(D) A modificação introduzida nos critérios jurídicos, em consequência de decisão judicial, adotados pela autoridade administrativa no exercício do lançamento deve ser efetivada em relação a um mesmo sujeito passivo.

10. (Pref. Januária/MG – Advogado – PROCON – COTECUNIMONTES/2016). Compete, privativamente, à autoridade administrativa constituir o crédito tributário pelo lançamento, assim entendido o procedimento administrativo tendente a verificar a ocorrência do fato gerador da obrigação correspondente, determinar a matéria tributável, calcular o montante do tributo devido, identificar o sujeito passivo e, sendo o caso, propor a aplicação da penalidade cabível.

Sobre o procedimento descrito no enunciado, pode-se afirmar:

(A) Trata-se de ato administrativo discricionário, cabendo à administração, por critério de conveniência e oportunidade, realizar ou não.

(B) É suprido pela entrega de declaração do contribuinte que reconhece o débito fiscal, constituindo, assim, o crédito tributário.

(C) Reporta-se à data da ocorrência do fato gerador da obrigação e rege-se pela lei então vigente, salvo se posteriormente modificada ou revogada.

(D) Regularmente notificado ao sujeito passivo, só pode ser alterado em virtude de impugnação do sujeito passivo.

11. (Pref. Acari/RN – Advogado – GERCON/2016). Sobre as regras estabelecidas no Código Tributário Nacional, assinale a alternativa INCORRETA:

(A) Sujeito passivo da obrigação tributária principal é a pessoa jurídica de direito público titular da competência para exigir o seu cumprimento.

(B) Considera-se poder de polícia a atividade da administração pública que, limitando ou disciplinando direito, interesse ou liberdade, regula a prática de ato ou abstenção de fato, em razão de interesse público concernente à segurança, à higiene, à ordem, aos costumes, à disciplina da produção e do mercado, ao exercício de atividades econômicas dependentes de concessão ou autorização do Poder Público, à tranquilidade pública ou ao respeito à propriedade e aos direitos individuais ou coletivos.

(C) A obrigação tributária principal surge com a ocorrência do fato gerador, tem por objeto o pagamento de tributo ou penalidade pecuniária e extingue-se juntamente com o crédito dela decorrente.

(D) As circunstâncias que modificam o crédito tributário, sua extensão ou seus efeitos, ou as garantias ou os privilégios a ele atribuídos, ou que excluem sua exigibilidade não afetam a obrigação tributária que lhe deu origem.

(E) Compete privativamente à autoridade administrativa constituir o crédito tributário pelo lançamento, assim entendido o procedimento administrativo tendente a verificar a ocorrência do fato gerador da obrigação correspondente, determinar a matéria tributável, calcular o montante do tributo devido, identificar o sujeito passivo e, sendo caso, propor a aplicação da penalidade cabível.

12. (Pref. Ararangua/SC 2016 – Advogado – FAMA – FAEPESUL/2016). Marque a alternativa que o Código Tributário Nacional aponta como solução aos casos de imputação tributária:

Existindo simultaneamente dois ou mais débitos vencidos do mesmo sujeito passivo para com a mesma pessoa jurídica de direito público, relativos ao mesmo ou a diferentes tributos, a autoridade administrativa competente para receber o pagamento determinará a respectiva imputação, que determina na seguinte ordem, em primeiro lugar,

(A) na ordem crescente dos prazos de prescrição e decadência; depois os débitos por obrigação própria e depois por responsabilidade tributária; por fim, impostos, taxas e só depois contribuições de melhoria.

(B) os débitos na ordem decrescente dos prazos de prescrição; os débitos por responsabilidade tributária e depois os decorrentes de obrigação própria; por fim, primeiramente os impostos, as taxas e depois as contribuições de melhoria.

(C) os débitos por obrigação própria e depois os decorrentes de responsabilidade tributária; a seguir, as contribuições de melhoria, taxas e depois impostos; por fim, na ordem crescente dos prazos de prescrição.

(D) impostos, taxas e contribuições de melhoria; débitos por obrigação própria e depois decorrente de responsabilidade tributária; por fim, na ordem decrescente dos prazos de prescrição e decadência.

(E) as contribuições de melhoria, taxas e impostos; os débitos por obrigação própria e depois os decorrentes de responsabilidade tributária; por fim, na ordem decrescente dos prazos prescricionais.

13. (BAHIAGÁS – Analista de Processos Organizacionais –Direito – IESES/2016). Sobre a prescrição e decadência do crédito tributário, aponte a afirmativa ERRADA.

(A) A decadência supõe um direito que, embora nascido, não se tornou efetivo pela falta de exercício, a prescrição supõe um direito nascido e efetivo, mas que pereceu pela falta de proteção pela ação, contra a violação sofrida.

(B) A interrupção da prescrição, em favor ou contra um dos obrigados, favorece ou prejudica aos demais.

(C) A contagem do prazo decadencial não se interrompe nem se suspende.

(D) Através da Súmula Vinculante n. 08, o Supremo Tribunal Federal (STF) determinou que os prazos de decadência e prescrição das contribuições previdenciárias (do tipo INSS, SESI, SAT, etc.) são de 5 anos e não de 10 como preconizado na Lei Ordinária n. 8.212/1991.

(E) Decadência do crédito tributário é decorrente da inércia da Administração em ajuizar ação fiscal.

14. (COMPESA – Analista de Gestão – Advogado – FGV/2016). Sobre a constituição do crédito tributário, analise as afirmativas a seguir.

I. A entrega da declaração de rendimentos, seja mediante DCTF, GFIP e GIA pelo próprio contribuinte reconhecendo o débito fiscal, constitui o crédito tributário, dispensada qualquer outra providência por parte do fisco.

II. O envio do carnê de cobrança do IPTU ao endereço do contribuinte constitui o crédito tributário.

III. A revisão do lançamento só pode ser iniciada se não extinto pela decadência o direito de a Fazenda Pública lançar.

Está correto o que se afirma em:

(A) I, apenas.

(B) I e II, apenas.

(C) I e III, apenas.

(D) II e III, apenas.

(E) I, II e III.

15. (TCE SC – Auditor Fiscal de Controle Externo – Direito – CESPE/2016). No exercício do controle fiscal, o tribunal de contas identificou que a secretaria de fazenda do estado vinha, de forma contumaz, retardando por mais de cinco anos a constituição de muitos dos créditos tributários oriundos de tributos sujeitos a lançamento de ofício, fato que gerou, como consectário lógico, a impossibilidade de cobrar do contribuinte o crédito tributário.

Nesses casos, não havia possibilidade de a autoridade competente realizar o lançamento. A respeito dessa situação hipotética e de aspectos legais a ela relacionados, julgue os itens que se seguem.

Considerando-se que, nessa situação, não tenha havido anulação de lançamento por vício formal, os tributos referidos deveriam ter sido lançados em até cinco anos, contados do primeiro dia do exercício seguinte àquele em que o lançamento poderia ter sido efetuado.

Caso um contribuinte apresente a declaração exigida por lei e efetive o pagamento antecipado de tributos sujeitos ao lançamento por homologação, desde que inexistente lei estadual que fixe prazo distinto, o prazo para a homologação será de cinco anos, contados da efetiva ocorrência do fato gerador de cada tributo.

A situação hipotética diz respeito à prescrição tributária de tributos estaduais.

16. (Câmara de Rio Branco/AC – Analista Legislativo – Direito – AOCP/2016). Quanto ao lançamento do crédito tributário, assinale a alternativa correta.

(A) O lançamento é efetuado com base na declaração do sujeito passivo ou de terceiros, quando um ou outro, na forma da legislação tributária, presta à autoridade administrativa informações sobre matéria de fato, indispensáveis à sua efetivação.

(B) A retificação da declaração por iniciativa do próprio declarante, quando vise reduzir ou excluir tributo, é admissível mediante comprovação do erro em que se funde, podendo ser feita após de notificado do lançamento.

(C) Quando o cálculo do tributo tenha por base, ou leve em consideração, o valor ou o preço de bens, direitos, serviços ou atos jurídicos, a autoridade lançadora, mediante processo regular, arbitrará, sem exceção, aquele valor ou preço, sempre que sejam omissos ou não mereçam fé as declarações ou os esclarecimentos prestados, ou os documentos expedidos pelo sujeito passivo ou pelo terceiro legalmente obrigado.

(D) A revisão do lançamento pode ser iniciada após extinto o direito da Fazenda Pública.

(E) Se a lei não fixar prazo à homologação do lançamento, será ele de cinco anos, a contar da ocorrência do fato gerador. Expirado esse prazo sem que a Fazenda Pública se tenha pronunciado, considera-se homologado o lançamento e definitivamente extinto o crédito, mesmo que se comprove a ocorrência de dolo, fraude ou simulação.

17. (Câmara de Rio Branco/AC – Analista Legislativo - Direito – AOCP/2016). Sobre o Crédito Tributário, assinale a alternativa correta.

(A) O crédito tributário decorre da obrigação principal e tem natureza diversa desta.

(B) As circunstâncias que modificam o crédito tributário, sua extensão ou seus efeitos, ou as garantias ou os privilégios a ele atribuídos, ou que excluem sua exigibilidade, afetam a obrigação tributária que lhe deu origem.

(C) O crédito tributário regularmente constituído somente se modifica ou extingue, ou tem sua exigibilidade suspensa ou excluída, nos casos previstos em decretos criados pela Administração Pública, fora dos quais não podem ser dispensadas, sob pena de responsabilidade funcional, a sua efetivação ou as respectivas garantias.

(D) Compete privativamente à autoridade administrativa constituir o crédito tributário pelo lançamento, assim entendido o procedimento administrativo tendente a verificar a ocorrência do fato gerador da obrigação correspondente, determinar a matéria tributável, calcular o montante do tributo devido, identificar o sujeito passivo e, sendo caso, propor aplicação da penalidade cabível.

(E) Sempre que o valor tributário estiver expresso em moeda estrangeira, no lançamento far-se-á sua conversão em moeda nacional ao câmbio do dia da ocorrência do fato gerador da obrigação.

18. (Pref. Alfenas/MG – Analista Fiscal Tributário I – Fiscal de Rendas – UNILAVRAS/2016). Assinale a alternativa CORRETA:

(A) A concessão de medida liminar em mandado de segurança não suspende a exigibilidade do crédito tributário.

(B) O lançamento por ofício, que ocorre quanto aos tributos cuja legislação atribua ao sujeito passivo o dever de antecipar o pagamento sem prévio exame da autoridade administrativa, opera-se pelo ato em que a referida autoridade, tomando conhecimento da atividade assim exercida pelo obrigado, expressamente a homologa.

(C) A constituição de crédito tributário é o procedimento administrativo tendente a verificar a ocorrência do fato gerador da obrigação correspondente, determinar a matéria tributável, calcular o montante do tributo devido, identificar o sujeito passivo e, sendo caso, propor a aplicação da penalidade cabível.

(D) A norma legal que altera o prazo de recolhimento de obrigação tributária não se sujeita ao princípio da anterioridade.

19. (PGE/RS – Procurador do Estado – Fundatec/2015). Quanto à decadência e à prescrição tributárias, analise as assertivas abaixo:

I. O direito de pleitear a restituição do indébito extingue-se com o decurso do prazo de 5 (cinco) anos, contados da data do pagamento, ressalvada a hipótese de reforma, anulação, revogação ou rescisão de decisão condenatória.

II. O parcelamento do débito tributário implica a interrupção da prescrição da pretensão fazendária à sua cobrança.

III. A ação anulatória da decisão administrativa que denegar a restituição prescreve em 5 (cinco) anos.

IV. O direito de a Fazenda Pública constituir o crédito tributário extingue-se após 5 (cinco) anos, contados da data em que se tornar definitiva a decisão que houver anulado, por vício material, o lançamento anteriormente efetuado.

Após a análise, pode-se dizer que:

(A) Estão corretas apenas as assertivas I e II.

(B) Estão corretas apenas as assertivas I, II e III.

(C) Estão corretas apenas as assertivas I, II e IV.

(D) Estão corretas apenas as assertivas II, III e IV.

(E) Todas as assertivas estão corretas.

20. (Câmara de São José do Rio Preto/SP – Advogado – VUNESP/2015). A ação anulatória da decisão administrativa que denegar a restituição prescreve em

(A) 1 ano.

(B) 2 anos.

(C) 5 anos.

(D) 10 anos.

(E) 20 anos.

21. (Procurador da República – MPF/2015). Aponte a opção verdadeira:

(A) A obrigação tributária acessória é instituída mediante lei ou ato normativo de igual hierarquia à vista do princípio constitucional de que ninguém será obrigado a fazer ou deixar de fazer alguma coisa senão em virtude de lei (CF, art. 5º, II).

(B) O fato gerador de um tributo deve recair necessariamente sobre uma das tradicionais bases econômicas de tributação, tais como renda, patrimônio e consumo.

(C) São tributos lançados por declaração: no âmbito federal, Imposto de Importação sobre Bagagem Acompanhada e, no plano municipal, Imposto sobre a Transmissão de Bens Imóveis – ITBI.

(D) Tributo cujo lançamento se dá por homologação, com o seu pagamento, a extinção definitiva do crédito tributário fica submetida à condição suspensiva.

22. (TJ/MG – Cartório – CONSULPLAN/2015). É correto afirmar que o lançamento, disciplinado pelo Código Tributário Nacional

(A) não é ato privativo da autoridade administrativa e pode, portanto, ser delegado ao contribuinte.

(B) é um procedimento administrativo facultativo.

(C) é um procedimento administrativo discricionário.

(D) é um procedimento administrativo por meio do qual a autoridade fiscal pode aplicar penalidade.

23. (TJ/GO – Juiz – FCC/2015). Segundo o Código Tributário Nacional, é possível a revisão do lançamento com a consequente modificação do crédito tributário, de ofício, pela autoridade administrativa. Neste caso,

(A) é situação específica da modalidade de lançamento por homologação, quando o sujeito passivo já fez o pagamento antecipado, prestou as declarações necessárias e o Fisco vai homologar ou não o pagamento.

(B) somente é possível a revisão do lançamento na modalidade de lançamento de ofício.

(C) o lançamento somente pode ser revisto de ofício enquanto não extinto o direito da Fazenda Pública.

(D) admite-se apenas a revisão de ofício nas hipóteses de lançamento por declaração, quando se comprove que houve dolo, fraude ou simulação.

(E) se o lançamento foi de ofício não cabe sua revisão pela autoridade administrativa, tendo em vista que a mesma já exerceu seu direito à fiscalização do fato gerador.

24. (Carapicuíba/SP – Procurador – IBC/2015). Analise as assertivas abaixo sobre a dívida ativa tributária e assinale a alternativa incorreta:

(A) A dívida regularmente inscrita goza da presunção absoluta de certeza e liquidez e tem o efeito de prova pré-constituída.

(B) O termo de inscrição da dívida ativa, autenticado pela autoridade competente, indicará obrigatoriamente, entre outras informações, a quantia devida e a maneira de calcular os juros de mora acrescidos.

(C) A certidão de inscrição da dívida ativa conterá, entre outros requisitos, a indicação do livro e da folha da inscrição.

(D) Constitui dívida ativa tributária a proveniente de crédito dessa natureza, regularmente inscrita na repartição administrativa competente, depois de esgotado o prazo fixado, para pagamento, pela lei ou por decisão final proferida em processo regular.

25. (Câmara de Marialva/PR – Advogado – 2015 FAUEL/2015). O Código Tributário Nacional (CTN) designou o Título II de seu Livro Segundo para tratar da obrigação tributária. A respeito do tema e considerando as disposições estritas da lei, julgue a verdade (V) ou falsidade (F) dos itens abaixo e, após, assinale a alternativa correta:

I. A obrigação acessória, pelo simples fato de sua inobservância, converte-se em obrigação principal relativamente à penalidade pecuniária.

II. A interrupção da prescrição contra um dos obrigados solidários prejudica aos demais, porém, caso se dê a favor, apenas aproveitará àquele que lhe deu causa.

III. A pessoa natural ou jurídica que adquire de outro estabelecimento comercial e continue a respectiva exploração responderá pelos tributos relativos ao estabelecimento adquirido, devidos até a data do ato, subsidiariamente com o alienante, se este prosseguir na exploração da atividade no mesmo ramo de comércio, dentro de 06 (seis) meses a contar da alienação.

(A) F, V, V

(B) V, F, V

(C) V, V, V

(D) V, F, F

26. (TJ/MG – Cartório – CONSULPLAN/2015). A respeito da prescrição e da decadência no direito tributário, é correta a afirmação:

(A) Assim como no Direito Civil, o pagamento de crédito prescrito não gera direito à restituição do valor pago, tendo em vista que a prescrição não atinge o direito material.

(B) Caso tenha havido pagamento parcial de tributo sujeito a lançamento por homologação, o direito de a Fazenda Pública constituir o crédito tributário conta-se a partir da data da ocorrência do fato gerador, ainda que tenha havido dolo, fraude ou simulação.

(C) A realização de protesto judicial suspende a prescrição da cobrança do crédito tributário.

(D) Em regra, no caso de lançamento por homologação, caso não haja pagamento do tributo na data devida, o direito de a Fazenda Pública constituir o crédito tributário extingue- se após cinco anos, contados do primeiro dia do exercício seguinte àquele em que o lançamento poderia ter sido efetuado.

27. (Gaúcha do Norte/MT – Procurador – ACPI/2015). Julgue os itens em V, para verdadeiro, ou em F, para falso, e assinale a alternativa correta.

I. O lançamento é efetuado, com base na declaração do sujeito passivo ou de terceiro, quando um ou outro, na forma da legislação tributária, prestar à autoridade administrativa informações sobre matéria de fato, indispensáveis à sua efetivação.

II. A retificação da declaração, por iniciativa do próprio declarante, quando vise a reduzir ou a excluir tributo, só é admissível mediante comprovação do erro em que se funde, realizado antes de notificado o lançamento.

III. Quando o cálculo do tributo tenha por base, ou tome em consideração, o valor ou o preço de bens, direitos, serviços ou atos jurídicos, a autoridade lançadora, mediante processo regular, arbitrará aquele valor ou preço, sempre que sejam omissos ou não mereçam fé as declarações ou os esclarecimentos prestados, ou os documentos expedidos pelo sujeito passivo ou pelo terceiro legalmente obrigado; ressalvada, em caso de contestação, avaliação contraditória, administrativa ou judicial.

IV. Os erros contidos na declaração e apuráveis pelo seu exame serão retificados de ofício pela autoridade administrativa a que competir a revisão daquela.

(A) Apenas os itens I e III são verdadeiros.

(B) Apenas os itens II e III são verdadeiros.

(C) Apenas os itens II, III e IV são verdadeiros.

(D) Todos os itens são verdadeiros.

28. (São Paulo/SP – Procurador – VUNESP/2015). Nos termos da lei que disciplina a matéria, a decretação da medida cautelar fiscal produzirá, de imediato, a indisponibilidade dos bens do requerido, até o limite da satisfação da obrigação. Na hipótese de pessoa jurídica, a indisponibilidade recairá somente sobre os bens do ativo permanente, podendo, ainda, ser estendida aos bens do acionista controlador e aos dos que em razão do contrato social ou estatuto tenham poderes para fazer a empresa cumprir suas obrigações fiscais, ao tempo, nos casos de lançamento de ofício,

(A) do lançamento tributário.

(B) do inadimplemento da obrigação fiscal.

(C) da constituição definitiva do crédito tributário.

(D) do fato gerador.

(E) da lavratura do auto de infração.

29. (Prefeitura Estância Hidromineral de Poá/SP – Procurador – VUNESP/2014). O procedimento administrativo tendente a verificar a ocorrência do fato gerador da obrigação correspondente, determinar a matéria tributável, calcular o montante devido, identificar o sujeito passivo e, sendo caso, propor a aplicação da penalidade cabível, é de ser entendido, nos termos do Código Tributário Nacional, como:

(A) Dívida Ativa.

(B) Inscrição na Dívida Ativa.

(C) Certidão de Dívida Ativa.

(D) Lançamento.

(E) Denúncia espontânea.

30. (Câmara de São Caetano do Sul/SP – Procurador – CAIPIMES/2014). O lançamento é efetuado e revisto de ofício pela autoridade administrativa, dentre outros, no seguinte caso quando:

(A) se comprove falsidade, erro ou omissão quanto a qualquer elemento definido na legislação tributária como sendo de declaração facultativa.

(B) a declaração não seja prestada, por quem de direito, no prazo e na forma da legislação tributária.

(C) se comprove imperícia do sujeito passivo, ou de terceiro legalmente obrigado, que dê lugar à aplicação de sanção disciplinar.

(D) quando se comprove que o sujeito passivo, ou terceiro em benefício daquele, agiu com negligência ou imprudência.

31. (PGE/Piauí – CESPE/2014). No que diz respeito à obrigação principal e acessória, assinale a opção correta com base na jurisprudência atual do STJ.

(A) A presunção de legitimidade assegurada à certidão da dívida ativa não afasta a possibilidade de discussão judicial da condição de responsável tributário indicada no título executivo por meio da exceção de pré-executividade, visto que não há, nessa hipótese, a necessidade de dilação probatória.

(B) À administração tributária não interessa levar a protesto a certidão da dívida ativa, título executivo extrajudicial que já goza de presunção de certeza e liquidez e confere publicidade à inscrição do débito na dívida ativa.

(C) A declaração do contribuinte exigida por lei constitui o próprio crédito tributário, sendo desnecessária qualquer atividade subsequente da administração tributária para a formalização do lançamento fiscal ou a notificação do contribuinte para pagamento.

(D) A responsabilidade do sócio-administrador pelos tributos devidos pela pessoa jurídica demanda a comprovação da prática de atos *ultra vires* ou com infração à lei, ou a dissolução irregular da empresa, e, nessa última hipótese, a responsabilização alcança o sócio-administrador que tenha consentido com o ato de dissolução irregular e todos os demais sócios-administradores que, durante o exercício da administração, tenham inadimplido o crédito tributário.

(E) Ao comerciante de boa-fé não é permitido o aproveitamento dos créditos de ICMS decorrentes de nota fiscal posteriormente declarada inidônea, ainda que demonstrada a veracidade da compra e venda.

32. (PGE/AC – FMP/2014). A empresa IC Materiais de Construção Ltda., no período de maio de 2006, recolheu ICMS na venda de tijolos pela alíquota de 12 %, por entender que seus produtos faziam jus a benefício fiscal destinado a produtos básicos de construção civil. No entanto, a Fazenda Pública Estadual, no dia 30.11.2011, lavrou auto de lançamento contra a empresa, exigindo a diferença entre a alíquota de 17% e a que efetivamente foi paga (12%). Para a Fazenda Pública, os tijolos vendidos, por serem de material especial e impermeabilizado, não faziam jus ao aludido benefício fiscal de redução de alíquota. A empresa, na data de 12.1.2012, ajuizou ação anulatória sustentando a ocorrência de decadência. Considerando o entendimento do Superior Tribunal de Justiça, assinale a alternativa correta.

(A) A ação anulatória deve ser julgada procedente, uma vez que, em se tratando de tributo sujeito a lançamento por homologação, o prazo decadencial tem como termo inicial o momento do fato gerador, nos termos do art. 150, par. 4º, parte inicial, do CTN (Código Tributário Nacional).

(B) A ação anulatória deve ser julgada improcedente, visto que tem aplicação na espécie o art. 173, inciso I, do CTN (Código Tributário Nacional), segundo o qual o prazo decadencial, na hipótese, tem início em 1.1.2007 e término no dia 31.12.2011.

(C) A ação deve ser julgada procedente, visto que ocorreu a prescrição do crédito tributário, a teor do art. 174 do CTN (Código Tributário Nacional).

(D) A ação deve ser julgada improcedente, visto que o prazo para lançamento do tributo é de 10 (dez) anos, a teor dos arts. 150, par. 4º, e 173, inciso I, ambos do CTN (Código Tributário Nacional).

33. (TJ/SE – Outorga de Delegação de Serviços de Notas e Registros Remoção – CESPE/2014). No que se refere à prescrição e à decadência em matéria tributária, assinale a opção correta.

(A) À fazenda pública será concedido o prazo de cinco anos para constituir o crédito tributário, a partir da data em que se tornar definitiva a decisão que anular, por vício formal, lançamento anteriormente efetuado.

(B) A prescrição pode ser definida como a perda do direito de lançar, ou seja, de constituir o crédito tributário.

(C) A decadência pode ocorrer antes ou após a constituição definitiva do crédito tributário.

(D) Ocorre a decadência, em regra, após cinco anos contados da data do pagamento do tributo pelo contribuinte.

(E) Não é legalmente admissível a interrupção da prescrição nem da decadência, podendo, entretanto, ambas ser suspensas nas hipóteses legais.

34. (TJ/MT – Juiz – FMP/2014). O crédito tributário é constituído pelo lançamento, sendo certo, ainda, que há outros modos de formalização do crédito tributário admitidos pela jurisprudência e que dispensam o lançamento, como a declaração do contribuinte em que reconhece o débito fiscal. Sobre a matéria, é correto afirmar:

(A) quando a formalização do crédito acontece mediante declaração do contribuinte, a sua inscrição em dívida ativa só será válida, se acompanhada de notificação do contribuinte para opor alguma causa suspensiva ou extintiva do crédito.

(B) o lançamento por homologação prescinde de qualquer ato concreto do fisco, porquanto, ocorrendo o pagamento tempestivo por parte do contribuinte, considerar-se-á homologado pelo simples decurso do prazo de cinco anos contados do fato gerador, o que extingue definitivamente o crédito, salvo se comprovada a ocorrência de dolo, fraude ou simulação.

(C) estão sujeitos a lançamento por declaração todos os tributos relativamente aos quais a legislação imponha ao contribuinte a obrigação acessória de declarar o seu débito.

(D) o lançamento de ofício sempre poderá ser revisto, quando comprovados dolo, fraude ou simulação, independentemente de prazo, pois não decai o direito à revisão nessas hipóteses.

(E) o lançamento de ofício sempre estará revestido da forma de auto de infração, de modo que sempre implicará lançamento conjunto de tributo e de multa, invariavelmente.

35. (TJ/MG – Juiz – TJMG/2014). A inscrição do crédito tributário decorre da sua constituição definitiva, tornando-o hábil à execução. Assinale a alternativa que define CORRETAMENTE a Certidão da Dívida Ativa (CDA), como título executivo extrajudicial hábil a instruir o processo de execução.

(A) A CDA, como título executivo, independe dos requisitos e conteúdo do termo de inscrição em dívida ativa relativa ao crédito tributário.

(B) A CDA, como título hábil ao processo de execução, deve conter todos os elementos do termo de inscrição na dívida ativa, na forma estabelecida no art. 202 do CTN e art. 2º da Lei n. 6.830/80, o que lhe imprime os requisitos da liquidez, certeza e exigibilidade do crédito que representa.

(C) A CDA é título executivo, mesmo que o crédito tributário não esteja inscrito na dívida ativa.

(D) A CDA é título executivo, mesmo que o crédito que representa ainda não tenha sido definitivamente constituído.

36. (TJ/MG – Juiz – TJMG/2014). O art. 174 do CTN estabelece que a ação para a cobrança do crédito tributário prescreve em cinco anos, contados da data da sua constituição definitiva. A expressão "constituição definitiva do crédito tributário" não é de fácil interpretação. Assinale a alternativa que define CORRETAMENTE o significado de Constituição Definitiva do Crédito Tributário.

(A) Por constituição definitiva, deve ser entendida a eficácia que torna indiscutível o crédito tributário, que não decorre do fato gerador ou da própria obrigação tributária, mas do momento em que não mais se admite qualquer discussão administrativa a seu respeito.

(B) Por constituição definitiva, entende-se o crédito cujo "quantum" não comporta sequer impugnação judicial.

(C) Por constituição definitiva, entende-se o crédito que, embora delimitado no seu "quantum", ainda é permitido ao sujeito passivo interpor recurso administrativo.

(D) Por constituição definitiva, deve-se entender o momento em que o sujeito passivo toma conhecimento do lançamento pela notificação.

37. (TRF/4ª Região – Analista Judiciário. Área Judiciária – FCC/2014). Considerando o mecanismo jurídico-tributário,

(A) o crédito tributário se torna exequível a partir de sua inscrição na dívida ativa.

(B) com o surgimento da obrigação tributária o crédito tributário passa a ser exigível.

(C) com a ocorrência do fato gerador já existe formalmente o crédito tributário, declarado pela obrigação tributária, da qual é indissociável.

(D) a obrigação tributária pressupõe a existência de crédito tributário devidamente constituído, pois a partir de sua existência já se torna o mesmo exequível.

(E) a exequibilidade do crédito tributário surge com o lançamento tributário, mas sua exigibilidade somente acontece a partir de sua inscrição na dívida ativa.

38. (Prefeitura de Cambé/PR – Advogado – FUNTEF/2014). O lançamento é o ato administrativo que torna líquido o crédito tributário. Com fulcro no CTN (Código Tributário Nacional), o lançamento é efetuado e revisto de ofício pela autoridade administrativa nos seguintes casos, EXCETO

(A) quando a lei assim o determine.
(B) quando a declaração é prestada, por quem de direito, no prazo e na forma da legislação tributária.
(C) quando se comprove ação ou omissão do sujeito passivo, ou de terceiro legalmente obrigado, que dê lugar à aplicação de penalidade pecuniária.
(D) quando se comprove falsidade, erro ou omissão quanto a qualquer elemento definido na legislação tributária como sendo de declaração obrigatória.
(E) quando se comprove que o sujeito passivo, ou terceiro em benefício daquele, agiu com dolo, fraude ou simulação.

39. (TJ/AM – Juiz Substituto – FGV/2013). O contribuinte realiza o fato gerador de ICMS em 01.03.2004. Em março de 2008 a fiscalização, percebendo que o contribuinte não havia declarado nem recolhido o tributo, promove a autuação fiscal. No mesmo mês (março/2008) o contribuinte promove a impugnação administrativa da exigência fiscal. Em março de 2012 sobrevém a decisão administrativa definitiva (assim entendida a decisão insuscetível de novo recurso do contribuinte na fase administrativa). Permanecendo inadimplido o crédito fiscal, a Fazenda Pública ajuíza, em março de 2013, a competente Execução Fiscal, à qual o contribuinte opõe Embargos de Devedor alegando a extinção do crédito por força da decadência e/ou da prescrição. Diante do exposto, o magistrado incumbido de solucionar a causa deverá:
(A) Acolher o argumento de decadência do direito da Fazenda constituir o crédito tributário, ante o decurso de oito anos entre o fato gerador e a decisão administrativa definitiva.
(B) Acolher o argumento de prescrição do direito da Fazenda ajuizar a Execução Fiscal, ante o decurso de nove anos entre o fato gerador e o ajuizamento da Execução Fiscal.
(C) Acolher tanto o argumento da decadência quanto o argumento da prescrição.
(D) Acolher o argumento da Fazenda, na impugnação aos Embargos de Devedor, no sentido de que não se consumou nem a decadência nem a prescrição.
(E) Acolher o argumento de prescrição do direito da Fazenda constituir o crédito tributário, ante o decurso de oito anos entre o fato gerador e a decisão administrativa definitiva.

40. (TJ/PR – Juiz Substituto – UFPR/2013). Entende-se por lançamento tributário:
(A) Todo ato judicial impositivo de pagamento de determinado tributo, cuja sentença tem força erga omnes e cujo recurso não tem efeito suspensivo.
(B) Todo ato judicial impositivo de pagamento de determinado tributo, cuja sentença tem força apenas contra o sujeito passivo devidamente identificado na sentença, o que permite o exercício do contraditório e ampla defesa.
(C) O ato privativo de Autoridade Administrativa tendente a constituir o crédito tributário desde que verificada a ocorrência do fato gerador da obrigação correspondente, determinação da matéria tributária, identificação do sujeito passivo, valor do tributo e, se necessário, a proposição de penalidade cabível.
(D) O ato administrativo complexo ou composto que verifique a incidência do fato gerador e do valor do imposto sem que haja necessidade de identificação de plano do sujeito passivo nem do estabelecimento de penalidade cabível.

41. (Defensoria Pública/AM –FCC/2013). Em caso de tributo sujeito a lançamento por homologação, o não pagamento antecipado pelo sujeito passivo traz como consequência a:
(A) Exclusão do crédito tributário, que deverá, portanto, ser lançado de ofício pelo Fisco, sob pena de prescrição.
(B) Necessidade do Fisco em lançar de ofício, o que acontecerá com a lavratura de Auto de Infração e Imposição de Multa, sob pena de decadência.
(C) Extinção da obrigação tributária em cinco anos a contar da ocorrência do fato gerador pela decadência, caso o Fisco não realize o autolançamento neste prazo.
(D) Suspensão da exigibilidade do crédito tributário até que o Fisco lavre Auto de Infração e Imposição de Multa.
(E) Presunção de existência do crédito tributário por parte do Fisco, que deve imediatamente inscrevê-lo em dívida ativa e propor execução fiscal.

42. (DETRAN/PB – Advogado – FUNCAB/2013). Segundo a normatização tributária, é correto afirmar:

(A) O lançamento regularmente notificado ao sujeito passivo não pode ser alterado em virtude de impugnação do sujeito passivo.

(B) O lançamento regularmente notificado ao sujeito passivo pode ser alterado em virtude de recurso de ofício.

(C) O lançamento regularmente notificado ao sujeito passivo só pode ser alterado em virtude de iniciativa de ofício da Autoridade Administrativa, não havendo outros meios.

(D) É inadmissível o lançamento de ofício no ordenamento jurídico pátrio.

(E) O lançamento é efetuado e revisto de ofício pela Autoridade Administrativa quando é comprovado que o sujeito passivo, ou terceiro em benefício daquele, agiu com erro, sendo descabida a revisão de ofício quando a ação resulta de dolo, fraude ou simulação.

43. (Prefeitura Municipal de São Sebastião da Amoreira/PR – Advogado – FUNTEF/2013). Quanto ao crédito tributário, são modalidades de lançamento:

(A) Por declaração, automático, por homologação.

(B) Por declaração, de ofício, por homologação.

(C) Retroativo, de oficio, automático.

(D) Tempestivo, intempestivo, oficial.

(E) Oficial, retroativo, de ofício.

44. (DETRAN/PB – Advogado – FUNCAB/2013). É correto afirmar:

(A) A capacidade tributária passiva depende de estar a pessoa jurídica regularmente constituída.

(B) O crédito tributário decorre da obrigação principal; porém não possui a mesma natureza desta.

(C) As circunstâncias que modificam o crédito tributário, sua extensão ou seus efeitos afetam a obrigação tributária que lhe deu origem.

(D) A capacidade tributária passiva independe da capacidade civil das pessoas naturais.

(E) Nos casos de impossibilidade de exigência do cumprimento da obrigação principal pelo contribuinte, respondem solidariamente os pais, pelos tributos devidos por seus filhos, independentemente de sua idade.

45. (Prefeitura de Iguatu/CE – Fiscal de Tributos – Pró-Munícipio/2013). A constituição do crédito tributário ou lançamento por ser feita por meio de três modalidades, dentre elas existe aquela na qual o sujeito passivo declara à Secretaria de Finanças no Município os dados essenciais sobre as atividades exercidas e a partir delas a secretaria irá calcular o tributo devido. Esse tipo de modalidade de lançamento é denominada de:

(A) Lançamento Direto.

(B) Lançamento por Declaração.

(C) Lançamento de Ofício.

(D) Lançamento por Homologação.

(E) Lançamento por Autolançamento.

46. (VALEC/RJ – Advogado – FEMPERJ/2012). A constituição de crédito tributário dá-se:

(A) No momento em que se configura o fato gerador.

(B) Quando é identificada a base de cálculo do tributo.

(C) Quando é identificado o sujeito passivo do tributo.

(D) Pelo lançamento.

(E) Imediatamente após a decisão do processo administrativo competente.

47. (Petrobras – Advogado Júnior – CESGRANRIO/2012). Na hipótese de lançamento tributário, quando se opera pelo ato em que a Autoridade Administrativa fiscal competente, tomando conhecimento da atividade assim exercida pelo obrigado, expressa ou tacitamente homologa o recolhimento de tributos, cuja legislação atribua ao sujeito passivo o dever de antecipar o pagamento, não há necessidade de prévia anuência do Fisco. Nesse caso, a modalidade de lançamento tributário configura- se como:

(A) direto;
(B) por declaração;
(C) por arbitramento;
(D) por homologação;
(E) por autolançamento.

48. (TJ/PA – Juiz Substituto – CESPE/2012). Assinale a opção correta no que se refere às obrigações e ao lançamento tributário:

(A) A iniciativa do lançamento por declaração é da Autoridade Administrativa e independe de qualquer colaboração do sujeito passivo.
(B) O lançamento não pode ser objeto de revisão.
(C) A entrega de declaração pelo contribuinte reconhecendo débito fiscal constitui o crédito tributário, dispensada qualquer outra providência por parte do Fisco.
(D) O inadimplemento da obrigação tributária pela sociedade gera, por si só, a responsabilidade solidária do sócio-gerente.
(E) Aplica-se o benefício da denúncia espontânea aos tributos sujeitos a lançamento por homologação regularmente declarados, mas pagos a destempo.

49. (Prefeitura Municipal de Campinas/SP – Procurador CETRO 2012). Quanto à disciplina do Crédito Tributário no Código Tributário Nacional, analise as assertivas abaixo:

I. O lançamento reporta-se à data da ocorrência do fato gerador da obrigação tributária e rege-se pela lei então vigente, ainda que posteriormente modificada ou revogada.
II. A revisão do lançamento só pode ser iniciada enquanto não extinto o direito da Fazenda Pública.
III. A compensação suspende a exigibilidade do crédito tributário.

É correto o que se afirma em:

(A) I e III, apenas.
(B) I e II, apenas.
(C) I, apenas.
(D) II e III, apenas.
(E) I, II e III.

50. (Companhia de Saneamento Básico/SP – Advogado – FCC/2012). A empresa "TNT" em razão de sua atividade comercial tem operações relativas à circulação de mercadorias e sobre prestação de serviços de transporte. Nesse caso, aplica-se o:

(A) Lançamento por declaração, que se consuma no momento da homologação expressa pela autoridade fazendária, não sendo cabível a forma presumida.
(B) Lançamento por homologação, que só estará efetivado no momento em que a Autoridade Administrativa expressamente o homologar, o que também pode ser presumido, de regra, por decurso de prazo.
(C) Lançamento de ofício ou direto, visto não haver necessidade de participação ou intervenção prévia do sujeito passivo, mas imprescindível a homologação posterior expressa ou presumida.
(D) Autolançamento, que se efetiva sem qualquer forma de homologação fazendária, sendo que o pagamento feito por antecipação, extingue integralmente a obrigação.
(E) Lançamento de ofício ou o auto lançamento, a critério da Autoridade Administrativa, que após examinar as informações do sujeito passivo deve homologá-lo ou notificar o contribuinte para esclarecimentos.

51. (PG/João Pessoa – Procurador – FCC/2012). Uma vez notificado o sujeito passivo da realização do lançamento tributário, este:

(A) Constitui o crédito tributário em definitivo, não sendo mais possível sua revisão ou modificação administrativa.
(B) Só pode ser alterado na hipótese exclusiva de impugnação do sujeito passivo.

(C) Constitui a obrigação tributária em definitivo, somente sendo possível sua revisão ou modificação de ofício pela Autoridade Administrativa, em caso de erro evidente.

(D) Somente pode ser alterado nas hipóteses de impugnação do sujeito passivo, em decorrência de recurso de ofício ou em virtude de iniciativa de ofício da Autoridade Administrativa, nos casos previstos no Código Tributário Nacional.

(E) Não pode ser revisto ou modificado, mas admite sua anulação por decisão judicial ou por ato de ofício de Autoridade Administrativa competente.

52. (Prefeitura/SP – Auditor-Fiscal Tributário Municipal I. Área de Especialização Gestão Tributária – FCC/2012). Um contribuinte do Imposto Predial e Territorial Urbano - IPTU possuía um imóvel urbano com área construída equivalente a 250 m2. Após a reforma que promoveu nesse imóvel, no final do ano de 2009, a área construída, passou a ser de 400 m2. Essa reforma foi feita sem o conhecimento nem a autorização das autoridades municipais competentes, com o intuito de evitar o aumento do valor do IPTU lançado para esse imóvel. Independentemente das sanções que esse contribuinte possa sofrer pelas irregularidades cometidas, foi constatado que, nos anos de 2010 e 2011, a prefeitura daquele município lançou o IPTU em valor menor do que o devido, pois considerou como construída a área de 250 m^2, e não de 400 m^2. Em setembro de 2011, ao tomar conhecimento de que a área construída do referido imóvel havia sido aumentada sem a devida comunicação à municipalidade, a fiscalização municipal, em relação ao IPTU:

(A) Pode revisar de ofício apenas o lançamento do IPTU referente ao exercício de 2011, pois foi nesse exercício que o Fisco constatou a existência de aumento da área construída.

(B) Não pode fazer coisa alguma, pois os lançamentos do IPTU referentes aos exercícios de 2010 e 2011 já haviam sido feitos e estavam revestidos de definitividade.

(C) Pode revisar de ofício os lançamentos do IPTU referentes aos exercícios de 2010 e 2011, para apreciar fatos anteriormente desconhecidos (o aumento da área construída), não havendo prazo limite para o início dessa revisão, pois o contribuinte agiu com dolo ao deixar de informar a Fazenda Pública municipal a respeito da ampliação da área construída.

(D) Desde que autorizado judicialmente, pode rever de ofício os lançamentos do IPTU referentes aos exercícios de 2010 e 2011, para apreciar fatos anteriormente desconhecidos (o aumento da área construída), devendo essa revisão do lançamento, porém, ser iniciada enquanto não extinto o direito da Fazenda Pública.

(E) Pode revisar de ofício os lançamentos do IPTU referentes aos exercícios de 2010 e 2011, para apreciar fatos anteriormente desconhecidos (o aumento da área construída), devendo essa revisão do lançamento, porém, ser iniciada enquanto não extinto o direito da Fazenda Pública.

53. (Prefeitura/SP – Auditor-Fiscal Tributário Municipal I. Área de Especialização Gestão Tributária – FCC/2012). Um determinado tributo, cuja legislação de regência determine aos seus contribuintes a emissão do correspondente documento fiscal, com sua posterior escrituração no livro fiscal próprio, seguida da apuração do valor devido no final de cada período de competência e, finalmente, do subsequente recolhimento do valor apurado junto à rede bancária, tudo sem a prévia conferência do Fisco, ficando essa atividade desenvolvida pelo contribuinte sujeita à posterior análise e exame pelo agente do Fisco, que poderá considerá-la exata ou não, caracteriza a forma de lançamento denominada:

(A) Extemporâneo.

(B) De ofício.

(C) Por homologação.

(D) Por declaração.

(E) Misto.

54. (UNIFICADO VII – OAB – FGV/2012). A expiração do prazo legal para lançamento de um tributo, sem que a Autoridade Administrativa fiscal competente o tenha constituído, caracteriza hipótese de:

(A) Remissão.

(B) Prescrição.

(C) Decadência.

(D) Transação.

55. (Câmara de Barra do Jacaré/PR – Advogado – UENP/2012). Nos tributos sujeitos a lançamento por homologação, o contribuinte faz o pagamento respectivo com base em apuração feita por quem?

I. Pelo Fisco.
II. Pelo Fisco, e aprovada pelo sujeito passivo.
III. Por ele próprio.
IV. Por ele próprio, após confirmado pelo Fisco.

Que afirmativa está correta:

(A) Apenas a I.
(B) Apenas a II.
(C) Apenas a III.
(D) Apenas a IV.
(E) Nenhuma.

56. (PMS Sorocaba/SP – Procurador – VUNESP/2012). Assinale a assertiva correta no que respeita ao lançamento tributário:

(A) No lançamento por declaração, a retificação da declaração, por iniciativa do próprio declarante, quando vise a reduzir ou excluir tributo, só é admissível mediante comprovação do erro em que se funde, e após a revisão daquela.
(B) O lançamento regularmente notificado ao sujeito passivo só pode ser alterado em virtude de impugnação do sujeito passivo; de recurso de ofício ou de iniciativa de ofício da Autoridade Administrativa, nos casos previstos em lei.
(C) O lançamento reporta-se à data do fato gerador da obrigação e rege-se pela lei então vigente, mesmo que posteriormente modificada ou revogada, regra que se aplica também aos impostos lançados por períodos certos de tempo, ainda que a respectiva lei fixe expressamente a data em que o fato gerador se considera ocorrido.
(D) O lançamento por homologação é efetuado com base na declaração do sujeito passivo ou de terceiro, quando um ou outro, na forma da legislação tributária, presta à Autoridade Administrativa informações sobre a matéria de fato, indispensáveis à sua efetivação.
(E) O lançamento por homologação não admite homologação tácita por decurso de prazo.

57. (Câmara de Mauá/SP – Procurador Legislativo – VUNESP/2012). O lançamento é ato:

(A) Declaratório do crédito tributário.
(B) Declaratório da competência tributária.
(C) Constitutivo da competência tributária.
(D) Constitutivo da obrigação tributária.
(E) Constitutivo do crédito tributário.

58. (Câmara de Mauá/SP – Procurador Legislativo – VUNESP/2012). Da notificação do lançamento ao contribuinte ocorrerá o vencimento do crédito tributário. Quando a legislação não fixar o tempo do pagamento, este ocorrerá em:

(A) 45 dias.
(B) 30 dias.
(C) 15 dias.
(D) 10 dias.
(E) 05 dias.

59. (Município de São José dos Campos/SP – Procurador – VUNESP/2012). No lançamento por homologação, a lei fixa o prazo de 5 anos para que a Fazenda Pública se pronuncie acerca da atividade exercida pelo obrigado no sentido de antecipar o pagamento do tributo sem prévio exame da Autoridade Administrativa. Expirado tal prazo sem que a Fazenda Pública se tenha pronunciado, considera-se homologado o lançamento e definitivamente extinto o crédito, observadas as ressalvas legais.

O termo inicial para contagem do prazo em questão é o da ocorrência do(a):

(A) pagamento;

(B) constituição do crédito;
(C) fato gerador;
(D) publicação da lei que estabelecer a hipótese de incidência;
(E) primeiro dia do exercício seguinte ao que ocorrer o pagamento.

60. (TJ/PI – Juiz Substituto – CESPE/2012). No que concerne à obrigação tributária e ao crédito tributário, assinale a opção correta:

(A) O lançamento não poderá ser revisto de ofício pela Autoridade Administrativa caso a declaração não seja prestada por quem de direito, no prazo e na forma da legislação tributária.
(B) A especificação do prazo de duração do favor não se inclui entre os requisitos previstos na lei que concede a moratória em caráter geral.
(C) Somente nos casos previstos no CTN pode ser modificado ou extinto o crédito tributário regularmente constituído.
(D) Considera-se espontânea a denúncia, mesmo após o início de qualquer medida de fiscalização, dado o privilégio concedido à intenção do agente.
(E) O lançamento do crédito reporta-se à data da ocorrência do fato gerador da obrigação e rege-se pela lei vigente, salvo se esta for posteriormente modificada ou revogada.

61. (MP/PI – Promotor de Justiça Substituto – MP/2012). Com relação ao crédito tributário, assinale a opção correta:

(A) Existindo simultaneamente débitos vencidos referentes à taxa no valor de R$ 700,00 e a imposto sobre propriedade de veículos automotores no valor de R$ 1.000,00 do mesmo contribuinte, ambos devidos ao estado do Piauí, a Autoridade Administrativa determinará a imputação, em primeiro lugar, da taxa.
(B) Considere que determinado crédito tributário tenha sido anulado por vício da notificação de lançamento. Nesse caso, a obrigação tributária, por estar vinculada ao referido crédito fiscal, é automaticamente declarada nula.
(C) A atividade administrativa de lançamento é balizada pelo juízo de conveniência e oportunidade da autoridade fiscal competente.
(D) Compete privativamente à Autoridade Administrativa a constituição do crédito tributário pela concretização da hipótese descrita em lei, o que dá origem à obrigação tributária.
(E) Considere que, em janeiro de 2006, determinado contribuinte tenha efetuado pagamento indevido de tributo sujeito a lançamento por homologação. Nessa situação, de acordo com a legislação brasileira vigente, a homologação tácita teria ocorrido cinco anos depois (janeiro de 2011) do pagamento, iniciando-se o prazo prescricional quinquenal para o pedido de repetição do indébito, cujo termo final ocorrerá em janeiro de 2016, regra conhecida como cinco mais cinco.

62. (Prefeitura/SP – Auditor-Fiscal Tributário Municipal I. Área de Especialização Gestão Tributária – FCC/2012). Ocorrido o fato gerador do IPTU, iniciou-se o prazo para que a Fazenda Pública municipal efetuasse o lançamento desse tributo, o que foi feito dentro do prazo previsto na legislação. O contribuinte, discordando do valor do crédito tributário constituído por meio desse lançamento, ofereceu, tempestivamente, impugnação contra ele, a qual, todavia, resultou totalmente infrutífera, já que a decisão definitiva, na esfera administrativa, manteve a integralidade do crédito tributário lançado. Resignado com essa decisão administrativa, o contribuinte optou por não discutir a questão na esfera judicial, dando ensejo a que a Fazenda Pública pudesse cobrar dele o crédito tributário constituído pelo citado lançamento. O prazo inicialmente referido para a Fazenda Pública efetuar o lançamento do tributo; o obstáculo jurídico do início da fluência do prazo para a cobrança do crédito tributário definitivamente constituído e o prazo finalmente mencionado para a Fazenda Pública poder cobrar do contribuinte o crédito tributário definitivamente constituído são, respectivamente, denominados:

(A) Suspensão de exigibilidade do crédito tributário; decadência e prescrição.
(B) Decadência; suspensão de exigibilidade do crédito tributário e prescrição.
(C) Prescrição; suspensão de exigibilidade do crédito tributário e decadência.
(D) Prescrição; decadência e suspensão de exigibilidade do crédito tributário.
(E) Decadência; prescrição e suspensão de exigibilidade do crédito tributário.

63. (TJ/PR – Juiz Substituto – UFPR/2012). Consoante o entendimento pacificado do Superior Tribunal de Justiça (STJ), no caso de tributo sujeito a lançamento por homologação, a exemplo do ICMS (imposto sobre operações relativas à circulação de mercadorias e sobre prestações de serviços de transporte interestadual, intermunicipal e de comunicação), em que o montante devido foi declarado, mediante a entrega da declaração respectiva, a chamada guia de informação e apuração do ICMS (GIA/ICMS), mas não pago, é correto afirmar:

(A) A Fazenda Pública terá que proceder à cobrança do crédito tributário no prazo de 5 (cinco) anos, contados da entrega da mencionada declaração.

(B) A Fazenda Pública terá que proceder à constituição do crédito tributário no prazo de 5 (cinco) anos, contados do dia seguinte à entrega da mencionada declaração.

(C) A Fazenda Pública terá que proceder à constituição do crédito tributário no prazo de 5 (cinco) anos, contados da ocorrência do fato gerador.

(D) A Fazenda Pública terá que proceder à cobrança do crédito tributário no prazo de 5 (cinco) anos, contados do ano seguinte à entrega da mencionada declaração.

64. (PMS Sorocaba/SP – Procurador – VUNESP/ 2012). Acerca do pagamento como causa extintiva do crédito tributário, assinale a alternativa correta:

(A) A imposição de penalidade ilide o pagamento integral do crédito tributário.

(B) O pagamento de um crédito importa em presunção de pagamento, quando parcial, das prestações em que se decomponha.

(C) Quando a legislação tributária não fixar o prazo do pagamento, o vencimento do crédito ocorre 30 dias depois da data em que se considera o sujeito passivo notificado do lançamento.

(D) A restituição total ou parcial de tributo pago indevidamente vence juros capitalizáveis a partir do trânsito em julgado da decisão definitiva que a determinar.

(E) O direito de pleitear a restituição do tributo pago indevidamente extingue-se com o decurso do prazo de 2 anos contados do pagamento indevido.

65. (Câmara de Mauá/SP – Procurador Legislativo – VUNESP/2012). A contagem do prazo de prescrição da ação para a cobrança do crédito tributário inicia-se:

(A) Na data da constituição definitiva do crédito tributário.

(B) Na data do protesto judicial.

(C) Na data da ocorrência do fato gerador.

(D) Na data em que deveria ter ocorrido o pagamento do crédito tributário.

(E) No primeiro dia do exercício seguinte àquele em que ocorreu o lançamento.

66. (TRF 2ª Região – Juiz Federal – CESPE/2011). Supondo que um contribuinte faça à Receita Federal do Brasil uma declaração para efeitos de cálculo de determinado imposto, assinale a opção correta:

(A) O tributo será, obrigatoriamente lançado por homologação.

(B) Se a declaração não atender à forma prevista na legislação tributária, o lançamento deverá ser feito por homologação, após a devida correção formal da declaração.

(C) Sendo o tributo lançado por homologação, se a Receita Federal verificar que o tributo está subdimensionado, deverá cobrar a diferença por meio de um lançamento de ofício.

(D) O tributo será, obrigatoriamente, lançado por declaração.

(E) O tributo poderá ser lançado por declaração ou por homologação, à escolha da Receita Federal.

67. (PGE/MT – FCC/2011). Segundo jurisprudência pacífica do STJ, quando compete ao contribuinte o pagamento antecipado do tributo e este não o faz, mas cumpre com obrigação tributária acessória de entrega de declaração reconhecendo o débito fiscal:

(A) Haverá lançamento de ofício, através da lavratura de Auto de Infração e Imposição de Multa, para constituir o crédito tributário respectivo.

(B) Haverá lavratura de Auto de Infração e Imposição de Multa para constituir crédito tributário referente ao tributo e à multa por descumprimento da obrigação tributária principal.

(C) O prazo decadencial de cinco anos passará a ser contado a partir da entrega da declaração para a constituição do crédito tributário decorrente da obrigação tributária principal para o Fisco constituir o crédito tributário.

(D) O prazo prescricional de cinco anos passará a ser contado a partir da entrega da declaração para a constituição do crédito tributário decorrente da obrigação tributária principal para o Fisco constituir o crédito tributário.

(E) Haverá constituição do crédito tributário, dispensada qualquer outra providência por parte do Fisco.

68. (TJ/PE – Juiz – FCC/2011). Em nosso sistema tributário, a data da constituição definitiva do crédito tributário é o marco fundamental para contagem do prazo de:

(A) decadência;

(B) interposição de recurso administrativo;

(C) pagamento do crédito tributário sem juros e correção monetária;

(D) prescrição tributária;

(E) parcelamento do débito fiscal.

69. (PGE/RO – FCC/2011). A ação para a cobrança do crédito tributário prescreve no prazo de cinco anos, sendo que ocorre a interrupção do referido prazo, segundo o Código Tributário Nacional, desde:

(A) A notificação do lançamento tributário ao contribuinte.

(B) A penhora dos bens pelo devedor.

(C) A inscrição do tributo na dívida ativa pelo ente tributante.

(D) O julgamento em 1a instância do recurso administrativo.

(E) O despacho do juiz que ordenar a citação em execução fiscal.

70. (Procurador de Aparecida de Goiânia/GO – UFG/2010). No caso de existir, simultaneamente, dois ou mais débitos vencidos do mesmo sujeito passivo como o Município, sendo relativos ao mesmo ou a diferentes tributos ou provenientes de multas ou juros de mora, a Autoridade Administrativa competente determinará:

(A) A respectiva imputação discricionariamente, recebendo o pagamento independentemente da espécie de tributo a que se refere ou da natureza do sujeito passivo.

(B) A respectiva imputação, obedecida a ordem enumerada na norma geral, recebendo, em primeiro lugar, os débitos por obrigação própria e, em segundo, os decorrentes de responsabilidade tributária.

(C) A respectiva imputação, obedecida à ordem enumerada na forma geral, recebendo os débitos em ordem crescente, em razão dos montantes.

(D) A respectiva imputação, obedecida à ordem enumerada na norma geral, recebendo, em primeiro lugar, os débitos relativos aos impostos, depois as taxas e por último as contribuições de melhoria.

GABARITO

1. Estão corretas a primeira e a terceira afirmações e incorreta a segunda.

Autoridade fiscal de determinado município foi denunciada no tribunal de contas do estado (TCE) por ter emitido certidão positiva com efeitos de negativa para uma empresa que detinha débitos de imposto sobre serviços de qualquer natureza (ISS) com o município. Na denúncia, constava que a certidão havia sido expedida durante o período em que era analisado, em processo administrativo tributário, o recurso interposto pela empresa contra a decisão em primeira instância, que havia julgado improcedente a impugnação do contribuinte e concluído pela subsistência do auto de infração, dada a existência de débito da empresa.

A esse respeito, dispõe o Código Tributário Nacional (CTN):

Art. 205. A lei poderá exigir que a prova da quitação de determinado tributo, quando exigível, seja feita por certidão negativa, expedida à vista de requerimento do interessado, que contenha todas as informações necessárias à identificação de sua pessoa, domicílio fiscal e ramo de negócio ou atividade e indique o período a que se refere o pedido.

Parágrafo único. A certidão negativa será sempre expedida nos termos em que tenha sido requerida e será fornecida dentro de dez dias da data da entrada do requerimento na repartição.

Art. 206. Tem os mesmos efeitos previstos no artigo anterior a certidão de que conste a existência de créditos não vencidos, em curso de cobrança executiva em que tenha sido efetivada a penhora, ou cuja exigibilidade esteja suspensa.

Considerando essa situação hipotética e os artigos do CTN apresentados, julgue os itens a seguir.

Na situação em apreço, a constituição do crédito tributário já havia ocorrido com o lançamento, ou seja, em ato anterior ao julgamento da impugnação do contribuinte.

Comentário: A primeira afirmação está correta, nos termos do art. 142 do CTN é o lançamento que constitui o crédito tributário. Caso a empresa exportasse para outros países serviços desenvolvidos no Brasil e pagos por residentes no exterior, não haveria incidência do ISS, e não haveria, também, impedimento à expedição da certidão negativa de débitos.

A segunda afirmação está incorreta, pois a matéria está regulada no art. 2º, I, da LC n. 116/2003, pelo qual determina que esse Imposto Municipal não incidirá sobre serviços prestados no exterior. Entretanto, não se enquadram na referida não incidência "os serviços desenvolvidos no Brasil, cujo resultado aqui se verifique, ainda que o pagamento seja feito por residente no exterior". Agiu corretamente a autoridade fiscal ao expedir a referida certidão, visto que o julgamento do recurso administrativo ainda estava pendente.

A terceira afirmação também está correta, tendo em vista que reclamação e recurso administrativo suspendem a exigibilidade do crédito tributário, art. 151, III, do CTN.

---

2. **Alternativa (D).** Estão corretas apenas as assertivas III e V.

III. No caso de fraude, dolo ou simulação na declaração prestada pelo contribuinte, relativamente aos tributos sujeitos ao lançamento por homologação, o marco inicial de contagem da decadência para constituição do crédito tributário é o primeiro dia do exercício seguinte àquele em que o lançamento poderia ter sido efetuado.

V Segundo majoritária jurisprudência do Superior Tribunal de Justiça sobre o assunto, a confissão espontânea do contribuinte em parcelamento é admitida como modalidade de declaração de tributos e pode, independentemente de anterior declaração, fundamentar o futuro título executivo (Certidão de Dívida Ativa).

Comentário: A alternativa **"D"** é a opção correta. O item I está incorreto, o art. 173, I, do CTN prevê como marco inicial o primeiro dia do exercício seguinte àquele em que o lançamento poderia ter sido efetuado e o art. 150, § 4º, estabelece que a contagem se inicia na data da ocorrência do fato gerador. O item II está incorreto, pois o STJ decidiu que sempre que houver ausência do pagamento de tributo, independentemente do lançamento, conta-se pela regra do art. 173, I, do CTN. Nesse sentido, tem-se a Súmula nº 555 do STJ: "Quando não houver declaração do débito, o prazo decadencial quinquenal para o Fisco constituir o crédito tributário conta-se exclusivamente na forma do art. 173, I, do CTN, nos casos em que a legislação atribui ao sujeito passivo o dever de antecipar o pagamento sem prévio exame da autoridade administrativa". O item III está correto, a contagem será conforme o art. 173, I, do CTN, segundo previsão do art. 150, § 4º, do CTN. O item IV está incorreto, nos termos do art. 174, parágrafo único, do CTN, a prescrição será interrompida em casos de protesto ou qualquer ato que constitua em mora o devedor. O item V está correto, se o contribuinte realiza o parcelamento, considera o crédito tributário válido, e eventual não cumprimento do parcelamento poderá ensejar a execução fiscal diretamente.

---

3. **Alternativa (A).** Ao Lançamento que constitui o crédito tributário.

Comentário: A resposta **"A"** está correta, à luz do art. 142 do CTN.

---

4. **Alternativa (B).** Interrupção da prescrição bienal, na forma do CTN.

Comentário: A justificativa **"B"** está correta, pois as letras "A", "C" e "D" são causas de alteração do lançamento, com base no art. 145 do CTN.

---

5. **Alternativa (A).** Da ocorrência do fato gerador.

Comentário: A letra **"A"** está correta, nos termos do art. 150, § 4º, do CTN.

---

6. **Alternativa (C).** Apenas duas afirmativas estão corretas.

II. O lançamento por homologação, que ocorre quanto aos tributos cuja legislação atribua ao sujeito passivo o dever de antecipar o pagamento sem prévio exame da autoridade administrativa, opera-se pelo ato em que a referida autoridade, tomando conhecimento da atividade assim exercida pelo obrigado, expressamente a homologa.

IV. Lançamento de ofício por arbitramento pode ocorrer a partir do momento em que o contribuinte deveria prestar informações para a Administração Pública, mas deixa de fazê-lo, ou mesmo prestando, se essas informações não mereçam fé ou não forem verdadeiras.

Comentário: A opção **"C"** é a resposta correta. O **item I** está incorreto, pois a descrição é do lançamento por declaração, art. 147 do CTN. O **item II** está correto, nos termos do art. 150 do CTN. O **item III** está incorreto, trata-se do lançamento por ofício, previsto no art. 142 do CTN. O **item IV** está correto, art. 148 do CTN.

7. **Alternativa (B).** É suprido pela entrega de declaração do contribuinte que reconhece o débito fiscal, constituindo, assim, o crédito tributário.

Comentário: A alternativa **"B"** está correta, é o que se entende da Súmula n. 436 do STJ. A opção "A" está incorreta, conforme o parágrafo único do art. 142 do CTN, a atividade administrativa de lançamento é vinculada e obrigatória. A resposta "C" está incorreta, à luz do art. 144 do CTN. A justificativa "D" está incorreta, nos termos do art. 145 do CTN, o lançamento tributário após a notificação do sujeito passivo poderá ser alterado em virtude de: i) impugnação do sujeito passivo; ii) recurso de ofício e iii) iniciativa de ofício da autoridade administrativa, nos casos previstos no art. 149 do CTN.

8. **Alternativa (A).** IV.

IV. O lançamento de ofício é o formalizado quando a autoridade fazendária identifica diferenças no crédito tributário constituído espontaneamente pelo contribuinte.

Comentário: A resposta **"A"** é a alternativa correta. O **item I** está incorreto, A modalidade de lançamento a ser aplicada é a definida pela lei, varia conforme o tributo. O **item II** está incorreto, à luz do art. 147 do CTN, o lançamento por declaração é efetuado com base na declaração do sujeito passivo ou de terceiro, quando um ou outro, na forma da legislação tributária, presta à autoridade administrativa informações sobre matéria de fato, indispensáveis à sua efetivação O **item III** está incorreto, de acordo com o art. 150, § 1º, do CTN, o pagamento antecipado pelo obrigado nos termos deste artigo extingue o crédito, sob condição resolutória da ulterior homologação ao lançamento. O **item IV** está correto, consoante disposto no art. 149, III, do CTN.

9. **Alternativa (A).** As circunstâncias que modificam o crédito tributário, sua extensão ou seus efeitos, ou as garantias ou os privilégios a ele atribuídos, ou que excluem sua exigibilidade não afetam a obrigação tributária que lhe deu origem.

Comentário: A opção **"A"** está correta, conforme o art. 140 do CTN. A resposta "B" está incorreta, nos termos do art. 144 do CTN, o lançamento reporta-se à data da ocorrência do fato gerador da obrigação e rege-se pela lei então vigente, ainda que posteriormente modificada ou revogada. A justificativa "C" está incorreta, de acordo com o art. 145 do CTN, o lançamento tributário, após notificado o sujeito passivo, poderá ser alterado em virtude de: i) impugnação do sujeito passivo; ii) recurso de ofício e iii) iniciativa de ofício, nas hipóteses do art. 149 do CTN. A letra "D" está incorreta, segundo o art. 146 do CTN, a modificação introduzida, de ofício ou em consequência de decisão administrativa ou judicial, nos critérios jurídicos adotados pela autoridade administrativa no exercício do lançamento somente pode ser efetivada, em relação a um mesmo sujeito passivo, quanto a fato gerador ocorrido posteriormente à sua introdução..

10. **Alternativa (B).** É suprido pela entrega de declaração do contribuinte que reconhece o débito fiscal, constituindo, assim, o crédito tributário.

Comentário: A resposta **"B"** está correta, com base na Súmula n. 436 do STJ. A justificativa "A" está incorreta, o lançamento tributário é ato vinculado, consoante reza o art. 142, parágrafo único, do CTN. A letra "C" está incorreta, conforme o art. 144 do CTN, rege-se pela lei então vigente, ainda que posteriormente modificada ou revogada. A alternativa "D" está incorreta, nos termos do art. 145 do CTN.

11. **Alternativa (A).** Sujeito passivo da obrigação tributária principal é a pessoa jurídica de direito público titular da competência para exigir o seu cumprimento.

Comentário: A justificativa **"A"** está incorreta, conforme o art. 121 do CTN, sujeito passivo da obrigação principal é a pessoa obrigada ao pagamento de tributo ou penalidade pecuniária, a alternativa descreve o conceito de sujeito ativo, nos termos do art. 119 do CTN. A letra "B" está correta, à luz do art. 78 do CTN. A alternativa "C" está correta, consoante determina o art. 113, § 1º, do CTN. A opção "D" está correta, com base no art. 140 do CTN. A resposta "E" está correta, de acordo com o art. 142 do CTN.

12. **Alternativa (C).** Os débitos por obrigação própria e depois os decorrentes de responsabilidade tributária; a seguir, as contribuições de melhoria, taxas e depois impostos; por fim, na ordem crescente dos prazos de prescrição.

Comentário: A letra "C" está correta, nos termos do art. 163 do CTN.

13. **Alternativa (E).** Decadência do crédito tributário é decorrente da inércia da Administração em ajuizar ação fiscal.

Comentário: A alternativa **"E"** está incorreta, trata-se de prescrição a perda do direito do fisco de cobrar o crédito tributário. A opção "A" está correta, é a compreensão da doutrina e jurisprudência a respeito do tema. A resposta "B" está correta, à luz do art. 125, III do CTN. A justificativa "C" está correta, pois não há previsão legal nesse sentido. A letra "D" está correta, conforme previsão da referida súmula.

14. **Alternativa (E).** I, II e III.

I. A entrega da declaração de rendimentos, seja mediante DCTF, GFIP e GIA pelo próprio contribuinte reconhecendo o débito fiscal, constitui o crédito tributário, dispensada qualquer outra providência por parte do fisco.

II. O envio do carnê de cobrança do IPTU ao endereço do contribuinte constitui o crédito tributário.

III. A revisão do lançamento só pode ser iniciada se não extinto pela decadência o direito de a Fazenda Pública lançar.

Comentário: A opção **"E"** é a alternativa correta. O **item I** está correto, conforme a Súmula n. 436 do STJ.O **item II** está igualmente correto, consoante a Súmula n. 397 do STJ. O **item III** também está correto, de acordo com o art. 149, parágrafo único, do CTN.

15. **Estão corretas a primeira e a segunda afirmativas e incorreta a terceira.**

Caso um contribuinte apresente a declaração exigida por lei e efetive o pagamento antecipado de tributos sujeitos ao lançamento por homologação, desde que inexistente lei estadual que fixe prazo distinto, o prazo para a homologação será de cinco anos, contados da efetiva ocorrência do fato gerador de cada tributo.

A situação hipotética diz respeito à prescrição tributária de tributos estaduais.

Comentário: A primeira afirmação está correta, o prazo decadencial para tributos sujeitos a lançamento de ofício é contado pela regra do art. 173, I do CTN.

A segunda, também está correta, conforme se verifica no art. 150, § 1º e § 4º, do CTN.

A terceira, todavia, está incorreta, trata-se de decadência, a questão alude à constituição do crédito tributário e não à sua cobrança.

16. **Alternativa (A).** O lançamento é efetuado com base na declaração do sujeito passivo ou de terceiros, quando um ou outro, na forma da legislação tributária, presta à autoridade administrativa informações sobre matéria de fato, indispensáveis à sua efetivação.

Comentário: A alternativa **"A"** está correta, nos termos do art. 147 do CTN. A opção "B" está incorreta, será somente antes de notificado o lançamento, art. 147, § 1º, do CTN. A resposta "C" está incorreta, pois há exceções, conforme preceitua o art. 148 do CTN. A justificativa "D" está incorreta, nos termos do parágrafo único do art. 149 do CTN. A letra "E" está incorreta, consoante dispõe o art. 150, § 4º, do CTN, salvo se comprovada a ocorrência de dolo, fraude ou simulação.

17. **Alternativa (D).** Compete privativamente à autoridade administrativa constituir o crédito tributário pelo lançamento, assim entendido o procedimento administrativo tendente a verificar a ocorrência do fato gerador da obrigação correspondente, determinar a matéria tributável, calcular o montante do tributo devido, identificar o sujeito passivo e, sendo caso, propor aplicação da penalidade cabível.

Comentário: A opção **"D"** está correta, é o que prescreve o art. 142 do CTN. A resposta "A" está incorreta, conforme institui o art. 139 do CTN, o crédito tributário tem a mesma natureza da obrigação principal. A justificativa "B" está incorreta, nos termos do art. 140 do CTN. A letra "C" está incorreta, de acordo com o art. 141 do CTN, são somente hipóteses legais. A alternativa "E" está incorreta, segundo estabelece o art. 143 do CTN, pode haver disposição de lei em contrário.

18. Alternativa (D). A norma legal que altera o prazo de recolhimento de obrigação tributária não se sujeita ao princípio da anterioridade.

Comentário: A resposta **"D"** está correta, conforme prevê a Súmula Vinculante n. 50. A justificativa "A" está incorreta, nos termos do art. 151, IV, do CTN, a concessão de liminar em mandado de segurança suspende a exigibilidade do crédito tributário. A letra "B" está incorreta, trata-se do lançamento por homologação, previsto no art. 150 do CTN. A alternativa "C" está incorreta, essa é a definição de lançamento, com base no art. 142 do CTN.

19. Alternativa (A). Estão corretas apenas as assertivas I e II.

I. O direito de pleitear a restituição do indébito extingue-se com o decurso do prazo de 5 (cinco) anos, contados da data do pagamento, ressalvada a hipótese de reforma, anulação, revogação ou rescisão de decisão condenatória.

II. O parcelamento do débito tributário implica a interrupção da prescrição da pretensão fazendária à sua cobrança.

Comentário: O **item I** está correto, conforme prescreve o artigo 168, I, do CTN, o prazo para pleitear a restituição de tributos pagos indevidamente ou a maior é de 5 (cinco) anos, contados da extinção do crédito tributário, que após a LC n. 118/2005, considera-se, para esses fins, o pagamento a extinção do crédito tributário, inclusive para os tributos sujeitos a lançamento por homologação. E quando houver revogação, anulação, reforma ou rescisão de decisão condenatória, o prazo será de 5 (cinco) anos, contados da data em que se tornar definitiva a decisão, consoante prevê o artigo 168, II, do CTN. O **item II** está correto, de acordo com o artigo 174, parágrafo único, IV, do CTN, que estabelece que a prescrição será interrompida por qualquer ato inequívoco, ainda que extrajudicial, que importe em reconhecimento do débito pelo devedor, a exemplo do parcelamento. O item III está incorreto, segundo o artigo 169 do CTN, o prazo é de 2 (dois) anos.

20. Alternativa (B). 2 anos.

Comentário: A alternativa **"B"** está correta, nos ditames do art. 169 do CTN.

21. Alternativa (C). São tributos lançados por declaração: no âmbito federal, Imposto de Importação sobre Bagagem Acompanhada e, no plano municipal, Imposto sobre a Transmissão de Bens Imóveis – ITBI.

Comentário: A alternativa **"C"** está correta, conforme estudado nesse Capítulo. A opção "A" está incorreta, conforme o art. 113, §2º, do CTN, "a obrigação acessória decorre da legislação tributária". A resposta "B" está incorreta, nos termos do art. 114 do CTN, "fato gerador da obrigação principal é a situação definida em lei como necessária e suficiente à sua ocorrência". A justificativa "D" está incorreta, nas circunstâncias de pagamento de tributo de lançamento por homologação, em que o Sujeito Passivo faz o pagamento antecipado para posterior homologação do Fisco, a extinção somente ocorrerá com a homologação da Fazenda Pública. Esta, por sua vez, poderá homologar (constituir o crédito tributário) em até 5 (cinco) anos contados do fato gerador, consoante previsão no art. 150, § 4º, do CTN.

22. Alternativa (D). É um procedimento administrativo por meio do qual a autoridade fiscal pode aplicar penalidade..

Comentário: A alternativa **"D"** está correta, nos termos do art. 142 do CTN. A opção "A" está incorreta, pois conforme o art. 142, *caput*, do CTN, "compete privativamente à autoridade administrativa constituir o crédito tributário pelo lançamento". A resposta "B" está incorreta, à luz do art. 142, parágrafo único, do CTN, a atividade administrativa de lançamento é obrigatória. A justificativa "C" está incorreta, de acordo com o art. 142, parágrafo único, do CTN, a atividade administrativa de lançamento é vinculada.

23. **Alternativa (C).** O lançamento somente pode ser revisto de ofício enquanto não extinto o direito da Fazenda Pública.

Comentário: O art. 145 do CTN prevê três hipóteses em que o crédito tributário já constituído poderá ser alterado, após a notificação do sujeito passivo, independentemente da modalidade de lançamento, são elas: I) por impugnação do sujeito passivo; II) por recurso de ofício; e III) por iniciativa de ofício da autoridade administrativa, nos casos previstos no art. 149 do CTN. Por essa razão, as alternativas "A", "B", "D" e "E" estão incorretas. A opção **"C"** está correta, nos termos do art. 149, parágrafo único, do CTN, que estabelece: "A revisão do lançamento só pode ser iniciada enquanto não extinto o direito da Fazenda Pública".

---

24. **Alternativa (A).** A dívida regularmente inscrita goza da presunção absoluta de certeza e liquidez e tem o efeito de prova pré-constituída.

Comentário: A alternativa **"A"** está incorreta, tendo em vista que o art. 204, parágrafo único, do CTN que dispõe que: "A presunção a que se refere este artigo é relativa e pode ser ilidida por prova inequívoca, a cargo do sujeito passivo ou do terceiro a que aproveite". A opção "B" está correta, nos termos do art. 202 do CTN. A resposta "C" está correta, conforme o parágrafo único do art. 202 do CTN. A justificativa "D" está correta, à luz do art. 201 do CTN.

---

25. **Alternativa (D).** V, F, F.

I. A obrigação acessória, pelo simples fato de sua inobservância, converte-se em obrigação principal relativamente à penalidade pecuniária. (V)

II. A interrupção da prescrição contra um dos obrigados solidários prejudica aos demais, porém, caso se dê a favor, apenas aproveitará àquele que lhe deu causa. (F)

III. A pessoa natural ou jurídica que adquire de outro estabelecimento comercial e continue a respectiva exploração responderá pelos tributos relativos ao estabelecimento adquirido, devidos até a data do ato, subsidiariamente com o alienante, se este prosseguir na exploração da atividade no mesmo ramo de comércio, dentro de 06 (seis) meses a contar da alienação. (F)

Comentário: O item **I** está correto, nos termos do art. 113, § 3º, do CTN. O item II está incorreto, conforme art. 125, III, do CTN, "a interrupção da prescrição, em favor ou contra um dos obrigados, favorece ou prejudica aos demais". O item III está incorreto, à luz do art. 133, II, do CTN, o adquirente responderá "subsidiariamente com o alienante, se este prosseguir na exploração ou iniciar dentro de seis meses a contar da data da alienação, nova atividade no mesmo ou em outro ramo de comércio, indústria ou profissão".

---

26. **Alternativa (D).** Em regra, no caso de lançamento por homologação, caso não haja pagamento do tributo na data devida, o direito de a Fazenda Pública constituir o crédito tributário extingue-se após cinco anos, contados do primeiro dia do exercício seguinte àquele em que o lançamento poderia ter sido efetuado.

Comentário: A alternativa **"D"** está correta, nos termos do art. 150, §4º, do CTN.A opção "A" está incorreta, em consonância com os arts. 156, V, e 165, I, do CTN, caberá restituição do pagamento de créditos tributários já prescritos na data do pagamento, haja vista a prescrição extinguir o crédito tributário e quando o contribuinte paga um tributo já extinto está pagando um tributo indevidamente. A resposta "B" está incorreta, à luz do art. 150, § 4º, do CTN Sempre que ocorrer fraude, dolo, simulação, o prazo de 5 anos terá início conforme a regra do art. 173, I, do CTN, mesmo para tributos cujo lançamento seja por homologação. O STJ decidiu que sempre que houver ausência do pagamento de tributo, independentemente do lançamento, conta-se pela regra do art. 173, I, do CTN. A justificativa "C" está incorreta, consoante reza o art. 174, parágrafo único, do CTN, o protesto judicial interrompe a prescrição.

---

27. **Alternativa (D).** Todos os itens são verdadeiros.

I. O lançamento é efetuado, com base na declaração do sujeito passivo ou de terceiro, quando um ou outro, na forma da legislação tributária, prestar à autoridade administrativa informações sobre matéria de fato, indispensáveis à sua efetivação. (V)

II. A retificação da declaração, por iniciativa do próprio declarante, quando vise a reduzir ou a excluir tributo, só é admissível mediante comprovação do erro em que se funde, realizado antes de notificado o lançamento. (V)

III. Quando o cálculo do tributo tenha por base, ou tome em consideração, o valor ou o preço de bens, direitos, serviços ou atos jurídicos, a autoridade lançadora, mediante processo regular, arbitrará aquele valor ou preço, sempre que sejam omissos ou não mereçam fé as declarações ou os esclarecimentos prestados, ou os documentos expedidos pelo sujeito passivo ou pelo terceiro legalmente obrigado; ressalvada, em caso de contestação, avaliação contraditória, administrativa ou judicial. (V)

IV. Os erros contidos na declaração e apuráveis pelo seu exame serão retificados de ofício pela autoridade administrativa a que competir a revisão daquela. (V)

Comentário: O **item I** está correto, nos termos do art. 147 do CTN, que disciplina sobre o lançamento por declaração. O **item II** está correto, conforme determina o art. 147, § 1º, do CTN. O **item III** está correto, de acordo com o art. 148 do CTN. O **item IV** está correto, à luz do art. 147, § 2º, do CTN.

28. Alternativa (D). Do fato gerador.

Comentário: A alternativa **"D"** está correta, consoante o art. 4º, §1º, "a", da Lei n. 8.397/92.A opção "A" está incorreta, segundo o art. 4º, § 1º, "a", da Lei n. 8.397/92. A resposta "B" está incorreta, à luz do art. 4º, § 1º, "b", da Lei 8.397/92, esta hipótese aplica-se aos demais casos, que não ao lançamento de ofício. A letra "C" está incorreta, conforme o art. 4º, §1º, "a", da Lei n. 8.397/92. A justificativa "E" está incorreta, de acordo com o art. 4º, §1º, "a", da Lei n. 8.397/92.

29. Alternativa (D). Lançamento.

Comentário: A alternativa **"D"** é a opção correta, em conformidade com o artigo 142 do CTN.

30. Alternativa (B). A declaração não seja prestada, por quem de direito, no prazo e na forma da legislação tributária.

Comentário: A opção "A" está incorreta, posto se tratar de declaração obrigatória e não facultativa, conforme inciso IV do artigo 149 do CTN. A letra **"B"** é a assertiva correta, nos termos do inciso II do artigo 149 do CTN. A resposta "C" está incorreta, em verdade, se revisará quando "comprove ação ou omissão do sujeito passivo, ou de terceiro legalmente obrigado, que dê lugar à aplicação de penalidade pecuniária", consoante inciso VI do artigo 149 do CTN. A justificativa "D" está incorreta, não se trata de negligência ou impudência, mas sim de dolo, fraude ou simulação, à luz do inciso VII do artigo 149 do CTN.

31. Alternativa (C). A declaração do contribuinte exigida por lei constitui o próprio crédito tributário, sendo desnecessária qualquer atividade subsequente da administração tributária para a formalização do lançamento fiscal ou a notificação do contribuinte para pagamento.

Comentário: A letra "A" está incorreta, em razão de a Exceção de Pré-executividade não permitir dilação probatória, no caso haveria de se ajuizar Embargos à Execução. Segue entendimento sumulado do STJ: "Súmula 393. A exceção de pré-executividade é admissível na execução fiscal relativamente às matérias conhecíveis de ofício que não demandem dilação probatória". A assertiva "B" está incorreta, o STJ tem admitido protesto da CDA – REsp n. 1.126.515/PR, **DJe** de 16.12.2013, rel. Min. Herman Benjamin: "A possibilidade do protesto da CDA não implica ofensa aos princípios do contraditório e do devido processo legal, pois subsiste, para todo e qualquer efeito, o controle jurisdicional, mediante provocação da parte interessada, em relação à higidez do título levado a protesto". A resposta **"C"** é a justificativa correta, em conformidade com a Súmula n. 436 do STJ: "A entrega de declaração pelo contribuinte reconhecendo débito fiscal constitui o crédito tributário, dispensada qualquer outra providência por parte do fisco". A alternativa "D" está incorreta, porque vai de encontro ao que prescreve a Súmula n. 430 do STJ: "O inadimplemento da obrigação tributária pela sociedade não gera, por si só, a responsabilidade solidária do sócio-gerente". E, por fim, alternativa "E" está incorreta, o STJ pacificou o entendimento por meio da Súmula n. 509: "É lícito ao comerciante de boa-fé aproveitar os créditos de ICMS decorrentes de nota fiscal posteriormente declarada inidônea, quando demonstrada a veracidade da compra e venda".

32. Alternativa (A). A ação anulatória deve ser julgada procedente, uma vez que, em se tratando de tributo sujeito a lançamento por homologação, o prazo decadencial tem como termo inicial o momento do fato gerador, nos termos do art. 150, par. 4º, parte inicial, do CTN (Código Tributário Nacional).

Comentário: A assertiva **"A"** é a resposta correta, à luz do que entende o STJ: "(...) Nas exações cujo lançamento se faz por homologação, havendo pagamento antecipado, conta-se o prazo decadencial a partir da ocorrência do fato gerador" (art. 150, § 4º, do CTN). Somente quando não há pagamento antecipado, ou há prova de fraude, dolo ou simulação é que se aplica o disposto no artigo 173, I, do CTN. (...) (AgRg no Ag 939714/RS, rel.ª Min.ª Eliana Calmon, 2ª Turma, julgado em 12.02.2008, **DJ** de 21.02.2008, p. 54).

33. Alternativa (A). À fazenda pública será concedido o prazo de cinco anos para constituir o crédito tributário, a partir da data em que se tornar definitiva a decisão que anular, por vício formal, lançamento anteriormente efetuado.

Comentário: A resposta **"A"** é a justificativa correta, inteligência do artigo 173, II, do CTN: "Art. 173. O direito de a Fazenda Pública constituir o crédito tributário extingue-se após 5 (cinco) anos, contados: (...) II – da data em que se tornar definitiva a decisão que houver anulado, por vício formal, o lançamento anteriormente efetuado".

---

34. Alternativa (B). O lançamento por homologação prescinde de qualquer ato concreto do Fisco, porquanto, ocorrendo o pagamento tempestivo por parte do contribuinte, considerar-se-á homologado pelo simples decurso do prazo de cinco anos contados do fato gerador, o que extingue definitivamente o crédito, salvo se comprovada a ocorrência de dolo, fraude ou simulação.

Comentário: A justificativa "A" está incorreta, porque vai de encontro ao que prescreve a Súmula n. 436 do STJ. A alternativa **"B"** é opção correta, nos termos do artigo 150, § 4º, do CTN. A letra "C" está incorreta, a banca examinadora confundiu o conceito de tributo sujeito ao lançamento por declaração com o de tributo sujeito ao lançamento por homologação. Perceba que no tributo sujeito ao lançamento por declaração, o sujeito passivo fornecerá apenas a matéria de fato para que a Fazenda elabore o lançamento. Já no caso de tributo sujeito ao lançamento por homologação, o sujeito passivo, além de fornecer a matéria de fato, realiza o procedimento de declarar e antecipar o pagamento, como ocorre com o IR, por exemplo. A assertiva "D" está incorreta, em virtude do que prevê o artigo 149 do CTN. Por fim, a resposta "E" também está incorreta, como estudado nesse Capítulo, o contribuinte ou responsável se depara com dois atos: um de lançamento, exigindo o tributo devido, e outro de aplicação de penalidade, em razão do inadimplemento do contribuinte. Tais atos acabam consubstanciando-se em um único instrumento material, denominado simplesmente de "auto de infração", porém, evidencia-se que esses não deixam de ser institutos distintos, reunidos no mesmo suporte físico, por comodidade da Autoridade Administrativa.

---

35. Alternativa (B). A CDA, como título hábil ao processo de execução, deve conter todos os elementos do termo de inscrição na dívida ativa, na forma estabelecida no art. 202 do CTN e art. 2º da Lei n. 6.830/80, o que lhe imprime os requisitos da liquidez, certeza e exigibilidade do crédito que representa.

Comentário: A resposta **"B"** é a alternativa correta, com base no que foi estudado nesse Capítulo. Para a Autoridade Administrativa propor a execução fiscal em face do sujeito passivo será imprescindível a inscrição em dívida ativa, instrumentalizada por meio da Certidão em Dívida Ativa (CDA) – art. 202 do CTN e art. 2º da Lei n. 6.830/80.

---

36. Alternativa (A). Por constituição definitiva, deve ser entendida a eficácia que torna indiscutível o crédito tributário, que não decorre do fato gerador ou da própria obrigação tributária, mas do momento em que não mais se admite qualquer discussão administrativa a seu respeito.

Comentário: A alternativa **"A"** é a opção correta, conforme estudado nesse Capítulo, a constituição do crédito tributário, via de regra, se formaliza com o lançamento. Por meio desse ato, a Autoridade Administrativa confere ao Sujeito Passivo um prazo para pagar amigavelmente ou para apresentar impugnação. Após o término desse prazo ou quando for concluído o processo administrativo, ocorrerá a constituição definitiva, marco inicial do prazo da prescrição, nos termos do artigo 174 do CTN.

---

37. Alternativa (A). O crédito tributário se torna exequível a partir de sua inscrição na dívida ativa.

Comentário: A opção **"A"** é a letra correta, consoante visto nesse Capítulo, o Fisco pode encaminhar o seu crédito já formalizado para inscrição em dívida ativa, de modo a produzir o título executivo que lhe dará exequibilidade. Segundo o artigo 139 do CTN, "o crédito tributário decorre da obrigação principal e tem a mesma natureza desta", mas com vida própria.

---

38. Alternativa (B). Quando a declaração é prestada, por quem de direito, no prazo e na forma da legislação tributária.

Comentário: A questão pediu a que está incorreta. Logo, a letra **"B"** é a resposta, posto que, na realidade, "quando a declaração **não** seja prestada, por quem de direito, no prazo e na forma da legislação tributária" será revisto de ofício o lançamento, de acordo com o artigo 149 do CTN.

---

39. Alternativa (D). Acolher o argumento da Fazenda, na impugnação aos Embargos de Devedor, no sentido de que não se consumou nem a decadência nem a prescrição.

Comentário: A alternativa **"D"** está correta, porque o ICMS em que pese ser tributo sujeito a lançamento por homologação, como houve ausência de pagamento, o prazo decadencial segue a regra do artigo 173, I, do CTN. Logo a decadência só ocorreria em 01.01.2010. O contribuinte recebeu a notificação de lançamento em março de 2008 e nessa oportunidade apresentou impugnação, de acordo com o artigo 151, III, do CTN, os recursos e as reclamações na esfera administrativa suspendem a exigibilidade do crédito tributário. Tendo em vista que apenas em março de 2012 foi proferida decisão administrativa irrecorrível, nessa data começa a fluir a contagem do prazo prescricional, nos termos do artigo 174 do CTN, portanto só ocorreria a prescrição em março de 2017.

40. Alternativa (C). O ato privativo de Autoridade Administrativa tendente a constituir o crédito tributário desde que verificada a ocorrência do fato gerador da obrigação correspondente, determinação da matéria tributária, identificação do sujeito passivo, valor do tributo e, se necessário, a proposição de penalidade cabível.

Comentário: A alternativa **"C"** está correta, conforme previsão no artigo 142 do CTN.

41. Alternativa (B). Necessidade do Fisco em lançar de ofício, o que acontecerá com a lavratura de Auto de Infração e Imposição de Multa, sob pena de decadência.

Comentário: A opção "A" está incorreta, pois a exclusão do crédito tributário impede a sua constituição. A assertiva **"B"** está correta, uma vez que se o contribuinte não realizar o pagamento do tributo ou ainda recolher em valor inferior, a Autoridade Administrativa deverá realizar o lançamento de ofício. A alternativa "C" está incorreta, visto que na hipótese de ausência de pagamento de tributo, ainda que sujeito ao lançamento por homologação, o prazo decadencial conta-se pela regra do artigo 173, I, do CTN, ou seja, cinco anos do primeiro dia do exercício seguinte aquele que poderia ter ocorrido o lançamento tributário. A letra "D" está incorreta, já que só há suspensão da exigibilidade do crédito tributário nas hipóteses do artigo 151 do CTN. A resposta "E" está incorreta, porque primeiro o Fisco deve constituir o crédito tributário e somente após a constituição poderá realizar a sua cobrança.

42. Alternativa (B). O lançamento regularmente notificado ao sujeito passivo pode ser alterado em virtude de recurso de ofício.

Comentário: A letra "A" está incorreta, em razão do artigo 145, I, do CTN que permite a alteração do lançamento por meio de impugnação do sujeito passivo. A assertiva **"B"** está correta, nos termos do artigo 145, II, do CTN. A resposta "C" está incorreta, visto que o artigo 145 do CTN permite a alteração do lançamento tributário em três circunstâncias: por impugnação do sujeito passivo; por recurso de ofício; e de ofício pela Autoridade Administrativa nas hipóteses enumeradas no artigo 149 do CTN. A justificativa "D" está incorreta, uma vez que o lançamento de ofício é admitido em nosso ordenamento jurídico, conforme prevê os arts. 142 e 149 do CTN. A alternativa "E" está incorreta, pois à luz do artigo 149, VII do CTN admite-se a revisão do lançamento nas situações de dolo, fraude ou simulação.

43. Alternativa (B). Por declaração, de ofício, por homologação.

Comentário: A resposta "B" está correta, conforme visto no Item 7.3.

44. Alternativa (D). A capacidade tributária passiva independe da capacidade civil das pessoas naturais.

Comentário: A assertiva "A" está incorreta, segundo o artigo 126, III, do CTN, a capacidade passiva independe da pessoa jurídica estar regularmente constituída. A resposta "B" está incorreta, o crédito tributário decorre da obrigação principal e tem a mesma natureza desta, artigo 139 do CTN. A justificativa "C" está incorreta, uma vez que as circunstâncias que modificam o crédito tributário, sua extensão ou seus efeitos, ou as garantias ou os privilégios a ele atribuídos, ou que excluem sua exigibilidade não afetam a obrigação tributária que lhe deu origem. A alternativa **"D"** está correta, nos termos do artigo 126, I, do CTN. A opção "E" está incorreta, de acordo com o art. 134 do CTN, os pais respondem solidariamente por pagar as dívidas dos seus filhos menores e apenas nos atos em que intervierem ou pelas omissões de que forem responsáveis.

45. Alternativa (B). Lançamento por Declaração.

Comentário: A opção **"B"** está correta, consoante disposto no artigo 147 do CTN.

46. Alternativa (D). Pelo lançamento.

Comentário: A resposta **"D"** é a assertiva correta, nos termos do art. 142 do CTN.

47. Alternativa (D). Por homologação.

Comentário: A letra **"D"** está correta, consoante determina o artigo 150 do CTN.

48. Alternativa (C). A entrega de declaração pelo contribuinte reconhecendo débito fiscal constitui o crédito tributário, dispensada qualquer outra providência por parte do Fisco.

Comentário: A alternativa "A" está incorreta, nos ditames do artigo 147 do CTN, no lançamento por declaração é necessário que o Sujeito Passivo informe sobre a ocorrência do fato gerador para a Autoridade Administrativa realizar o lançamento. A opção "B" está incorreta, pois o artigo 145 do CTN estabelece as hipóteses de revisão do lançamento tributário. A assertiva **"C"** está correta, nos termos da Súmula n. 436 do STJ: "A entrega de declaração pelo contribuinte reconhecendo débito fiscal constitui o crédito tributário, dispensada qualquer outra providência por parte do Fisco". A letra "D" está incorreta, segundo o entendimento da Súmula n. 430 do STJ, "o inadimplemento da obrigação tributária pela sociedade não gera, por si só, a responsabilidade solidária do sócio-gerente". A resposta "E" está incorreta, conforme preceitua a Súmula n. 360 do STJ: "O benefício da denúncia espontânea não se aplica aos tributos sujeitos a lançamento por homologação regularmente declarados, mas pagos a destempo".

49. Alternativa (B). I e II, apenas.

I. O lançamento reporta-se à data da ocorrência do fato gerador da obrigação tributária e rege-se pela lei então vigente, ainda que posteriormente modificada ou revogada.

II. A revisão do lançamento só pode ser iniciada enquanto não extinto o direito da Fazenda Pública.

Comentário: O Item I está correto, conforme reza o *caput* do artigo 144 do CTN. O Item II está correto, nos termos do parágrafo único do artigo 149 do CTN. O Item III está incorreto, porque a compensação é hipótese de extinção do crédito tributário, conforme prevê o artigo 156, II, do CTN. Logo, a resposta correta é a letra **"B"**.

50. Alternativa (B). Lançamento por homologação, que só estará efetivado no momento em que a Autoridade Administrativa expressamente o homologar, o que também pode ser presumido, de regra, por decurso de prazo.

Comentário: A resposta **"B"** está correta, à luz do artigo 150 do CTN.

51. Alternativa (D). Somente pode ser alterado nas hipóteses de impugnação do sujeito passivo, em decorrência de recurso de ofício ou em virtude de iniciativa de ofício da Autoridade Administrativa, nos casos previstos no Código Tributário Nacional.

Comentário: A opção **"D"** é a opção correta, nos termos do artigo 145 do CTN.

52. Alternativa (E). Pode revisar de ofício os lançamentos do IPTU referentes aos exercícios de 2010 e 2011, para apreciar fatos anteriormente desconhecidos (o aumento da área construída), devendo essa revisão do lançamento, porém, ser iniciada enquanto não extinto o direito da Fazenda Pública.

Comentário: A assertiva **"E"** é a assertiva correta, consoante preceitua o artigo 149, VIII, do CTN, que permite a alteração do lançamento de ofício pela Autoridade Administrativa quando deva ser apreciado fato não conhecido ou não provado por ocasião do lançamento anterior, e, segundo disposição no parágrafo único desse dispositivo, a revisão só pode ser realizada enquanto não extinto o direito do Fisco de realizar o lançamento.

53. Alternativa (C). Por homologação.

Comentário: A resposta **"C"** é a justificativa correta, conforme determina o artigo 150 do CTN.

54. Alternativa (C). Decadência.

Comentário: A alternativa **"C"** é a resposta correta, eis que a decadência é a perda do direito do Fisco de realizar o lançamento tributário.

55. Alternativa (C) Apenas a III.

III. Por ele próprio.

Comentário: À luz do artigo 150 do CTN, os tributos sujeitos a lançamento por homologação é o próprio contribuinte que deve verificar a ocorrência do fato gerador, calcular o valor devido e recolher. A Autoridade Administrativa só virá posteriormente para verificar se o valor foi recolhido corretamente ou não. Portanto, a afirmativa **"C"** é a letra correta.

56. **Alternativa (B).** O lançamento regularmente notificado ao sujeito passivo só pode ser alterado em virtude de impugnação do sujeito passivo; de recurso de ofício ou de iniciativa de ofício da Autoridade Administrativa, nos casos previstos em lei.

Comentário: A opção "A" está incorreta, pois a retificação da declaração por iniciativa do próprio declarante, quando vise a reduzir ou a excluir tributo, só é admissível mediante comprovação do erro em que se funde, e antes de notificado o lançamento (art. 147, § 1º, do CTN). A assertiva **"B"** está correta, nos termos do artigo 145 do CTN. A letra "C" está incorreta, porque conforme dispõe o artigo 144 do CTN, realmente o lançamento reporta-se à data do fato gerador da obrigação e rege-se pela lei então vigente, mesmo que posteriormente modificada ou revogada, porém essa regra, como estabelece o artigo 144, § 2º, do CTN, não se aplica aos impostos lançados por períodos certos de tempo, desde que a respectiva lei fixe expressamente a data em que o fato gerador se considera ocorrido. A alternativa "D" está incorreta, uma vez que o lançamento por homologação não precisa de informações do sujeito passivo sobre a ocorrência do fato gerador. A resposta "E" está incorreta, visto que nos ditames do artigo 150, § 4º, do CTN, o lançamento por homologação terá a homologação tácita se transcorridos o prazo de cinco anos da ocorrência do fato gerador, salvo se ocorrer dolo, fraude, simulação ou ausência de pagamento, quando o prazo será computado segundo a regra do artigo 173, I, do CTN.

57. **Alternativa (E).** Constitutivo do crédito tributário.

Comentário: O lançamento tributário é constitutivo do crédito tributário e declaratório da obrigação correspondente. Por isso, a opção correta é a letra **"E"**.

58. **Alternativa (B).** 30 dias.

Comentário: A resposta **"B"** é a justificativa correta, nos termos do artigo 160 do CTN.

59. **Alternativa (C).** Fato gerador.

Comentário: A alternativa **"C"** é a opção correta, consoante preceitua o artigo 150, § 4º, do CTN.

60. **Alternativa (C).** Somente nos casos previstos no CTN pode ser modificado ou extinto o crédito tributário regularmente constituído.

Comentário: A alternativa "A" está incorreta, pois o artigo 145, III, do CTN permite a revisão de ofício pela Autoridade Administrativa quando ocorrer uma das situações do artigo 149 do mesmo diploma legal. A opção "B" está incorreta, segundo o artigo 153, I, do CTN, a lei que conceder a moratória deve esclarecer o prazo de duração do favor. A assertiva **"C"** está correta, de acordo com o disposto no artigo 141 do CTN. A letra "D" está incorreta, uma vez que não se considera espontânea a denúncia apresentada após o início de qualquer procedimento administrativo ou medida de fiscalização, relacionados com a infração (art. 138, parágrafo único, do CTN). A resposta "E" está incorreta, pois conforme prescreve o artigo 144 do CTN, "Art. 144. O lançamento reporta-se à data da ocorrência do fato gerador da obrigação e rege-se pela lei então vigente, ainda que posteriormente modificada ou revogada".

61. **Alternativa (A).** Existindo simultaneamente débitos vencidos referentes à taxa no valor de R$ 700,00 e a imposto sobre propriedade de veículos automotores no valor de R$ 1.000,00 do mesmo contribuinte, ambos devidos ao estado do Piauí, a Autoridade Administrativa determinará a imputação, em primeiro lugar, da taxa.

Comentário: A opção **"A"** está correta, consoante determina o artigo 163, II, do CTN. A letra "B" está incorreta, já que de acordo com o artigo 118, I, do CTN, a definição legal do fato gerador é interpretada abstraindo-se da validade jurídica dos atos efetivamente praticados pelos contribuintes, responsáveis, ou terceiros, bem como da natureza do seu objeto ou dos seus efeitos. A assertiva "C" está incorreta, pois o lançamento tributário é atividade plenamente vinculada à lei (art. 142, parágrafo único, do CTN). A resposta "D" está incorreta, porque o nascimento da obrigação tributária dá ensejo à constituição do crédito tributário, e nos termos do artigo 139 do CTN, o crédito tributário decorre da obrigação principal e tem a mesma natureza desta. A justificativa "E" está incorreta, após a vigência da LC n. 118/2005, o prazo para restituir tributo sujeito a lançamento por homologação é de cinco anos contados do pagamento antecipado, logo o termo final para restituir seria em janeiro de 2011.

62. Alternativa (B). Decadência; suspensão de exigibilidade do crédito tributário e prescrição.

Comentário: A Fazenda tem o prazo de cinco anos para realizar o lançamento tributário sob pena de ocorrer o lançamento tributário. Nos termos do artigo 151, III, do CTN, os recursos e as reclamações na esfera administrativa suspendem a exigibilidade do crédito tributário. E à luz do artigo 174 do CTN, a Fazenda tem cinco anos para realizar a cobrança do crédito definitivamente constituído sob pena de ocorrer a prescrição. Logo, a assertiva correta é a letra **"B"**.

63. Alternativa (A). A Fazenda Pública terá que proceder à cobrança do crédito tributário no prazo de 5 (cinco) anos, contados da entrega da mencionada declaração.

Comentário: Segundo o entendimento do STJ, Súmula n. 436 do STJ: "A entrega de declaração pelo contribuinte reconhecendo débito fiscal constitui o crédito tributário, dispensada qualquer outra providência por parte do Fisco. Assim, terá o prazo de cinco anos para realizar a cobrança contados da entrega da declaração ou do prazo de vencimento do tributo". Portanto, a justificativa correta é a opção **"A"**.

64. Alternativa (C). Quando a legislação tributária não fixar o prazo do pagamento, o vencimento do crédito ocorre 30 dias depois da data em que se considera o sujeito passivo notificado do lançamento.

Comentário: A letra "A" está incorreta, visto que nos termos do artigo 157 do CTN, eis que a imposição de penalidade não ilide o pagamento integral do crédito tributário. A assertiva "B" está incorreta, conforme reza o artigo 158 do CTN, o pagamento de um crédito não importa em presunção de pagamento: quando parcial, das prestações em que se decomponha. A resposta **"C"** está correta, à luz do previsto no artigo 160 do CTN. A justificativa "D" está incorreta, pois a restituição vence juros não capitalizáveis, a partir do trânsito em julgado da decisão definitiva que a determinar (art. 167, parágrafo único, do CTN). A alternativa "E" está incorreta, de acordo com o artigo 168 do CTN, o prazo para o sujeito passivo restituir é de 5 anos contados da extinção do crédito tributário.

65. Alternativa (A). Na data da constituição definitiva do crédito tributário.

Comentário: A resposta correta é a letra **"A"**, com base no artigo 174 do CTN.

66. Alternativa (C). Sendo o tributo lançado por homologação, se a Receita Federal verificar que o tributo está subdimensionado, deverá cobrar a diferença por meio de um lançamento de ofício.

Comentário: Consoante reza o artigo 150, § 4º, do CTN, a Autoridade Administrativa terá cinco anos a contar da ocorrência do fato gerador, salvo se ocorrer dolo, fraude, simulação ou ausência de pagamento, para constituir o crédito tributário de ofício. Assim, a alternativa **"C"** é a resposta correta.

67. Alternativa (E). Haverá constituição do crédito tributário, dispensada qualquer outra providência por parte do Fisco.

Comentário: A resposta **"E"** é a justificativa correta, pois nos termos da Súmula n. 436 do STJ: "A entrega de declaração pelo contribuinte reconhecendo débito fiscal constitui o crédito tributário, dispensada qualquer outra providência por parte do Fisco".

68. Alternativa (D). Prescrição tributária.

Comentário: A letra **"D"** é a opção correta, de acordo com o estabelecido no artigo 174 do CTN.

69. Alternativa (E). O despacho do juiz que ordenar a citação em execução fiscal.

Comentário: A opção **"E"** é a assertiva correta, à luz do artigo 174, parágrafo único, I, do CTN.

70. Alternativa (B). A respectiva imputação, obedecida a ordem enumerada na norma geral, recebendo, em primeiro lugar, os débitos por obrigação própria e, em segundo, os decorrentes de responsabilidade tributária.

Comentário: A resposta **"B"** é a alternativa correta, conforme preceitua o artigo 163, I, do CTN.

8. O CRÉDITO TRIBUTÁRIO E AS CAUSAS DE SUSPENSÃO

8.1. Considerações Iniciais

Antes de adentrarmos sobre as causas de suspensão, extinção e exclusão do crédito tributário, devemos relembrar que a Constituição Federal outorga poderes aos Entes Federativos (União, Estados, Municípios e Distrito Federal) para criação de tributos.

A criação de tributos ocorrerá, via de regra, por meio de Lei Ordinária. No entanto, existem as exceções de tributos que deverão, conforme o que determina a Constituição, ser instituídos por meio de Lei Complementar (quais sejam: Contribuição Social Residual, Empréstimo Compulsório, Imposto sobre Grandes Fortunas e Imposto Residual). E, ainda, de acordo com o artigo 62, § 2º, da CF, por meio da Medida Provisória, em virtude de possuir força de lei, poderá instituir tributo.

A Lei, quando instituir tributo, deverá prever tudo o que for necessário para que ocorra a subsunção do caso concreto à norma. Portanto, deverá estabelecer o fato gerador (verbo a ser praticado no "mundo concreto"), para assim nascer a obrigação tributária. Como estudado, a obrigação pode ser principal ou acessória.

A **obrigação principal** consiste em pagamento de tributo ou penalidade pecuniária. Já a **obrigação acessória**, em deveres formais que o Sujeito Passivo está obrigado, a fim de facilitar a arrecadação e a fiscalização.

Com a obrigação tributária, surgem os sujeitos da relação jurídico-tributária. São eles: ativo e passivo.

- Sujeito Ativo: aquele que tem o direito subjetivo de exigir o cumprimento da obrigação tributária.
- Sujeito Passivo: aquele que possui o dever de pagar o tributo, ou seja, que deverá cumprir a obrigação tributária. O Sujeito Passivo pode ser o contribuinte (que possui relação direta e imediata com o fato gerador) ou o responsável (pelo qual possui uma relação indireta com o fato gerador e, sem revestir a condição de contribuinte, a lei impõe a ele o dever de pagar o tributo).

Por meio da ocorrência do fato gerador surge o crédito tributário. Assim, pode-se afirmar que o **Sujeito Ativo** possui um crédito tributário para com o **Sujeito Passivo**. Esse Crédito Tributário se constitui por meio do lançamento. O lançamento tributário pode ser: de ofício, por declaração ou por homologação.

Uma vez constituído o crédito tributário, esse poderá ser exigido pelo Sujeito Ativo, uma vez que a obrigação torna-se líquida e certa. Assim, o sujeito passivo deverá pagar o crédito, sob pena de sofrer os efeitos de mora.

No entanto, existem situações em que a Fazenda Pública não poderá exigir determinado tributo, em virtude da existência das causas de suspensão da exigibilidade, as quais estão previstas no artigo 151 do CTN, *in verbis:*

> **Art. 151.** Suspendem a exigibilidade do crédito tributário:
>
> I – moratória; II – o depósito do seu montante integral; III – as reclamações e os recursos, nos termos das leis reguladoras do processo tributário administrativo; IV – a concessão de medida liminar em mandado de segurança. V – a concessão de medida liminar ou de tutela antecipada, em outras espécies de ação judicial; VI – o parcelamento.

Cumpre mencionar que as causas que suspendem a exigibilidade do crédito são apenas as que estão previstas no Código Tributário, em virtude do que dispõe o artigo 141 do CTN:

> **Art. 141.** O crédito tributário regularmente constituído somente se modifica ou extingue, ou **tem sua exigibilidade suspensa ou excluída, nos casos previstos nesta Lei,** fora dos quais não podem ser dispensadas, sob pena de responsabilidade funcional na forma da lei, a sua efetivação ou as respectivas garantias (grifos nossos).

Assim, pode-se concluir que o artigo 151 do CTN traz um rol taxativo e não meramente exemplificativo das hipóteses de suspensão da exigibilidade do crédito tributário.

8.2. Causas de Suspensão da Exigibilidade do Crédito Tributário e o Lançamento Tributário – Prazo Decadencial

O artigo 151 do CTN enumera as hipóteses de suspensão de exigibilidade do crédito tributário, impedindo apenas a propositura da execução fiscal, mas não a sua constituição. Assim, a Autoridade Administrativa deve realizar o lançamento do tributo, ainda que verificada umas das situações previstas nesse dispositivo, sob pena de ocorrer a **Decadência**

Como exemplo, pode-se mencionar a hipótese de o contribuinte ingressar com Ação Declaratória de Inexistência de Relação Jurídica, por entender que determinado tributo é inconstitucional.

A existência de uma demanda na esfera judicial não altera as atividades do Fisco. Diante de uma lei que descreve a exigência de um tributo (ainda que seja inconstitucional), por ser a sua atividade de lançamento vinculada à lei, a Fazenda deverá constituir o crédito tributário dentro do prazo de cinco anos, sob pena perder esse direito – Decadência, e, inclusive, cobrá-lo no prazo de cinco anos, sob pena também de ocorrer a Prescrição.

Por outro lado, se for concedida a **tutela antecipada** na referida Ação Declaratória do contribuinte, segundo o artigo 151, V, do CTN, a exigibilidade do crédito estará suspensa. Desse modo, o Fisco deverá constituir o crédito, para evitar a decadência, mas não poderá cobrá-lo, em virtude da existência de uma das hipóteses de suspensão da exigibilidade do crédito tributário.

Nesse cenário, tem-se que o crédito tributário deve ser impreterivelmente constituído. Isso porque, se a demanda perdurar por mais de cinco anos e o contribuinte for vencido, o Fisco não poderá ao final exigir o crédito sem que o tenha constituído. Registre-se que sem a devida constituição, por meio do lançamento, dentro do prazo decadencial, o crédito estará extinto – art. 156, V, do CTN. Nesse sentido, confira o parecer do STJ:

> TRIBUTÁRIO. EXECUÇÃO FISCAL. EXCEÇÃO DE PRÉ-EXECUTIVIDADE. CAUSAS SUSPENSIVAS DA EXIGIBILIDADE DO CRÉDITO TRIBUTÁRIO. LIMINAR EM MANDADO DE SEGURANÇA. LANÇAMENTO. AUSÊNCIA DE ÓBICE. DECADÊNCIA. 1. **A suspensão da exigibilidade do crédito tributário na**

> **via judicial impede o Fisco de praticar qualquer ato contra o contribuinte visando à cobrança de seu crédito, tais como inscrição em dívida, execução e penhora, mas não impossibilita a Fazenda de proceder à regular constituição do crédito tributário para prevenir a decadência do direito** (REsp n. 1129450, rel. Min. Castro Meira, **DJ** de 28.02.2011) (grifos nossos).

Agora, se o contribuinte, em vez de pedir a tutela antecipada em sua demanda, preferiu realizar o **depósito do montante integral**, que também suspende a exigibilidade do crédito tributário, consoante o artigo 151, II, do CTN, o Fisco não precisará se preocupar em realizar o lançamento tributário, pois de acordo com o posicionamento do STJ, o contribuinte, ao realizar o depósito, apura o montante devido e o vincula ao resultado da demanda. Dessa forma, será dispensável o ato formal de lançamento por parte do Fisco, não se operando, assim, a decadência. Para melhor compreensão transcreve-se a ementa de decisão do STJ:

> RECURSO ESPECIAL. AGRAVO REGIMENTAL. TRIBUTÁRIO. DEPÓSITO DO MONTANTE INTEGRAL. ART. 151, II, DO CTN. SUSPENSÃO DA EXIGIBILIDADE DO CRÉDITO TRIBUTÁRIO. CONVERSÃO EM RENDA. DECADÊNCIA. 1. **Com o depósito do montante integral, tem-se verdadeiro lançamento por homologação.** O contribuinte calcula o valor do tributo e substitui o pagamento antecipado pelo depósito, por entender indevida a cobrança. **Se a Fazenda aceita como integral o depósito, para fins de suspensão da exigibilidade do crédito, aquiesceu expressa ou tacitamente com o valor indicado pelo contribuinte, o que equivale à homologação fiscal prevista no art. 150, § 4º, do CTN. 2. Uma vez ocorrido o lançamento tácito, encontra-se constituído o crédito tributário, razão pela qual não há mais o que falar no transcurso do prazo decadencial nem na necessidade de lançamento de ofício das importâncias depositadas**. Precedentes da Primeira Seção. 3. A extinção do processo sem resolução de mérito, salvo o caso de ilegitimidade passiva ad causam, impõe a conversão do depósito em renda da Fazenda Pública respectiva. Precedentes: AgRg nos EREsp n. 1.106.765/SP, rel. Min. Benedito Gonçalves, Primeira Seção, **DJe** de 30.11.2009, AgRg nos EDcl no Ag n. 1378036/CE, rel. Min. Cesar Asfor Rocha, **DJe** de 29.06.2011; REsp n. 901.052/SP, rel. Min. Castro Meira, 1ª Seção, **DJe** de 03.03.2008 (...) (AgRg no REsp n. 1213319/SP, rel. Min. Castro Meira, 2ª Turma, julgado em 17.05.2012, **DJe** de 28.05.2012) (grifos nossos).

Entretanto, frise-se que na hipótese de o depósito ser realizado apenas **parcialmente**, será necessário o lançamento do Fisco relativamente à diferença entre o efetivamente devido e o depositado, sob pena de ocorrer a decadência correspondente ao valor não depositado pelo contribuinte.

Ressalta-se, ainda, que a suspensão da exigibilidade do crédito tributário não implica a suspensão do cumprimento das **obrigações acessórias**, devendo o sujeito passivo cumpri-las, independentemente da realização da obrigação principal, nos termos do Parágrafo Único do artigo 151 do CTN: *"Art. 151. (...) Parágrafo único. O disposto neste artigo não dispensa o cumprimento das obrigações assessórios dependentes da obrigação principal cujo crédito seja suspenso, ou dela consequentes"*.

Passa-se, nesse momento, à análise de cada uma das causas que suspendem a exigibilidade do crédito tributário, nos termos do artigo 151 do CTN. Para auxiliar, segue o mnemônico: **MORDER LIMPAR.**

	M	O	ratória
		R	ecurso administrativo
	D	E	pósito integral
		R	eclamação
L	I	M	inar
P	A	R	celamento

8.3. Moratória

Está prevista como causa de suspensão da exigibilidade do crédito tributário nos artigos 151, I, 152 a 155 do CTN.

Trata-se de **dilação** legal do prazo de pagamento do tributo. Isso quer dizer que ocorrendo o fato gerador e existindo a moratória, o Sujeito Passivo deverá pagar o tributo, mas poderá fazê-lo de modo prorrogado e não no instante em que ocorrer o fato gerador (ou exatamente no prazo para recolhimento do tributo). Vale destacar que a moratória consiste em dilação e não dispensa de pagamento do tributo, e será sempre concedida por meio de Lei.

Consoante disposto no artigo 152 do CTN, a moratória pode ser **geral** ou **individual**. A moratória **individual** alcança apenas algumas pessoas que preenchem determinados critérios estabelecidos em lei e que devem, ainda, ser averiguadas por meio de **despacho** da Autoridade Administrativa. Sendo a moratória **geral**, alcança uma generalidade de pessoas, indistintamente e, por essa razão, não há necessidade de despacho da Autoridade Administrativa.

Na moratória individual, a lei estabelece algumas condições específicas a serem preenchidas pelo sujeito passivo. Atendidas as condições estabelecidas em lei, a Autoridade Administrativa concede a moratória individualmente.

A moratória em caráter geral, nos termos do artigo 152, I, do CTN, somente poderá ser concedida pelo Ente Federativo que tem competência para instituir o tributo, trata-se de moratória autônoma ou autonômica (ex.: somente os Estados e o Distrito Federal poderão conceder a moratória de ICMS, vez que eles apresentam competência para instituir esse tributo). O inciso II do artigo 152 do CTN, por sua vez, traz uma exceção ao prever que a União poderá criar moratória para tributos municipais e estaduais, desde que crie moratória simultaneamente para um tributo de sua competência (federal) e, também, desde concedida quanto às obrigações de direito privado. Esta moratória é denominada de **heterônoma**.

> **Art. 152.** A moratória somente pode ser concedida: I – em caráter geral: a) pela pessoa jurídica de direito público competente para instituir o tributo a que se refira; b) pela União, quanto a tributos de competência dos Estados, do Distrito Federal ou dos Municípios, quando simultaneamente concedida quanto aos tributos de competência federal e às obrigações de direito privado; II – em caráter individual, por despacho da Autoridade Administrativa, desde que autorizada por lei nas condições do inciso anterior. **Parágrafo único.** A lei concessiva

de moratória pode circunscrever expressamente a sua aplicabilidade à determinada região do território da pessoa jurídica de direito público que a expedir, ou a determinada classe ou categoria de sujeitos passivos.

A moratória pode ser concedida, inclusive, por determinada classe de profissionais ou, então, ser estendida para certas regiões. Essas restrições podem ser justificadas, por exemplo, para evitar catástrofes. A lei que estabelecer a moratória deverá observar os requisitos contidos no artigo 153 do CTN abaixo transcrito:

> **Art. 153.** A lei que conceda moratória em caráter geral ou autorize sua concessão em caráter individual especificará, sem prejuízo de outros requisitos: I – o prazo de duração do favor; II – as condições da concessão do favor em caráter individual; III – sendo caso: a) os tributos a que se aplica; b) o número de prestações e seus vencimentos, dentro do prazo a que se refere o inciso I, podendo atribuir a fixação de uns e de outros à Autoridade Administrativa, para cada caso de concessão em caráter individual; c) as garantias que devem ser fornecidas pelo beneficiado no caso de concessão em caráter individual.

Além disso, salvo disposição de lei em contrário, a moratória somente abrange os créditos **já definitivamente constituídos** (cujo lançamento já ocorreu) à época da lei que a conceder ou cujo lançamento já tenha sido iniciado àquela data por ato regularmente notificado ao sujeito passivo, nos termos do artigo 154 do CTN.

É preciso salientar, ainda, o artigo 155 do CTN que estabelece que a moratória em caráter individual **não gera direito adquirido**, pois no caso de o contribuinte não preencher mais os requisitos, ou restar comprovado que nunca os preencheu, perderá a moratória, devendo pagar o tributo com juros. E no caso de agir com dolo, fraude ou simulação, deverá pagar o tributo, acrescidos de juros e penalidade tributária.

> **Art. 155.** A concessão da moratória em caráter individual não gera direito adquirido e será revogado de ofício, sempre que se apure que o beneficiado não satisfazia ou deixou de satisfazer as condições ou não cumprira ou deixou de cumprir os requisitos para a concessão do favor, cobrando-se o crédito acrescido de juros de mora: I – com imposição da penalidade cabível, nos casos de dolo ou simulação do beneficiado, ou de terceiro em benefício daquele; II – sem imposição de penalidade, nos demais casos. **Parágrafo único.** No caso do inciso I deste artigo, o tempo decorrido entre a concessão da moratória e sua revogação não se computa para efeito da prescrição do direito à cobrança do crédito; no caso do inciso II deste artigo, a revogação só pode ocorrer antes de prescrito o referido direito.

Por fim, ainda no tocante à **moratória**, salienta-se que não se computa o seu prazo para fins de prescrição quando o sujeito passivo deixou de preencher os requisitos por ter agido com dolo, fraude e simulação. Mas se for o caso de simples erro, por exemplo, perde-se a moratória; entretanto, tal revogação somente poderá acontecer se não houver ocorrido a prescrição – art. 155, Parágrafo Único, II, do CTN.

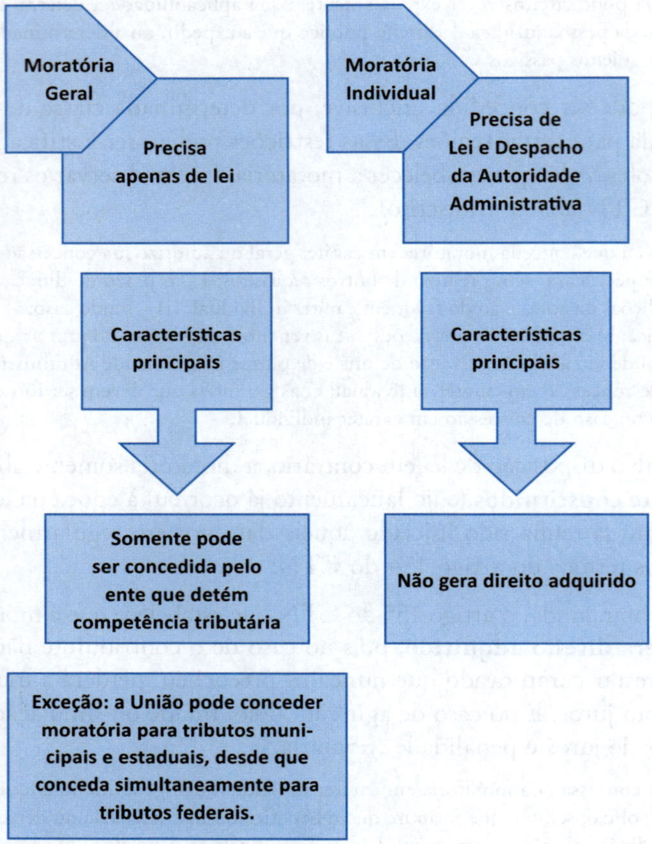

8.4. O Depósito do Montante Integral

Primeiramente, cumpre evidenciar que o depósito é uma faculdade do Sujeito Passivo, sendo muito utilizado nos casos em que o contribuinte ingressa na esfera judicial, uma vez que o mero ajuizamento da ação judicial não suspende a exigibilidade do crédito tributário. Ressalta-se, todavia, que o referido depósito somente irá suspender a exigibilidade se for em seu montante integral e em dinheiro. Essa concepção está consolidada pelo STJ, por meio da Súmula n. 112, senão vejamos:

> **IMPORTANTE!** Súmula n. 112 STJ. O depósito somente suspende a exigibilidade do crédito tributário se for integral e em dinheiro.

Por se tratar de uma faculdade, o depósito do montante integral não configura condição de admissibilidade de ação, apenas consiste num meio, mais célere, para suspender a exigibilidade do crédito tributário, nos termos do artigo 151, II, do CTN.

Assim, ainda que o artigo 38 da Lei n. 6.830/80 (Lei de Execução Fiscal) condicione a existência do depósito judicial para a propositura da Ação Anulatória, o STF já se manifestou pela **inconstitucionalidade** da exigência de depósito como condição de admissibilidade de ação.

Esse parecer foi pacificado pelo STF, por meio da Súmula Vinculante n. 28: "É inconstitucional a exigência de depósito prévio como requisito de admissibilidade de ação judicial na qual se pretenda discutir a exigibilidade do crédito tributário".

No mesmo sentido, o STF também se posicionou quanto à obrigação de depósito na esfera administrativa para a propositura de recurso, concluindo que a lei que condiciona o depósito na esfera administrativa também tem vício de inconstitucionalidade, consoante a Súmula Vinculante n. 21: "É inconstitucional a exigência de depósito ou arrolamento prévio de dinheiro ou bens para admissibilidade de recurso administrativo".

O STJ possui o mesmo posicionamento, como se vê na Súmula n. 373: "É ilegítima a exigência de depósito prévio para admissibilidade de recurso administrativo".

Vale trazer à baila uma questão de concurso polêmica sobre essa hipótese de suspensão da exigibilidade do crédito tributário e a hipótese da reclamação ou recurso, estudada em tópico anterior. Em prova realizada em março de 2012, para o cargo de Analista Judiciário do TRF da 2ª Região, pela banca da FCC, o item abaixo foi considerado correto: *"I. Não é o depósito do montante integral que suspende a exigibilidade do crédito tributário e sim a apresentação da reclamação ou do recurso, procedido de depósito integral"*.

Após recurso, a banca manteve o gabarito sob a seguinte justificativa:

> Alega-se que a questão tem problema e pede-se reparo. Preliminarmente, a questão não cogita de que a reclamação ou os recursos administrativos devam ser precedidos de depósito judicial para que se suspenda a exigibilidade do crédito tributário. Com efeito, o Código Tributário Nacional prevê como forma, dentre outras, de suspensão do crédito tributário, o depósito do montante integral (art. 151, II), assim como as reclamações ou recursos na instância administrativa (art. 151, III, enquanto que o item no II da questão enfocada dispõe não ser o depósito acima que suspende a exigibilidade do crédito tributário e sim a apresentação da reclamação ou de recurso.). A par disso, deve ser observado que não basta analisar a literalidade da lei; a questão não cogita de depósito prévio na via judicial, mas sim um depósito na esfera administrativa. Com efeito, é certo que 'na realidade, não é o depósito do montante integral que suspende a exigibilidade do crédito tributário, e sim a apresentação da reclamação ou do recurso. A apresentação do recurso precedido de depósito do montante integral é que suspende a exigibilidade do crédito tributário, uma vez que, mesmo com o depósito integral não sendo apresentado o recurso específico uma vez decorrido o prazo legal, o poder público poderá requerer a conversão do depósito integral em renda, e aí seria o caso de extinção do crédito tributário. Nesse sentido, YOSHIAKI ICHIHARA. E mais, verifica-se que o depósito não é obrigatório, isto é, não constitui condição para que o sujeito ativo possa impugnar a exigência. Antes da constituição definitiva do crédito tributário tem só efeito de eximir o sujeito passivo do ônus da atualização monetária do crédito respectivo, eis que a suspensão da exigibilidade já é obtida com a simples interposição da reclamação ou recurso. Nesse sentido, HUGO DE BRITO MACHADO. Portanto, a questão está correta, bem como o respectivo gabarito."

Em suma, a banca examinadora pretendeu explicar que não será um depósito no montante integral na esfera **administrativa** que suspenderá a exigibilidade do crédito tributário, mas sim apenas o ato de impugnar ou reclamar o lançamento – art. 151, III, do CTN –, em razão da inconstitucionalidade da exigência de depósito em processo administrativo.

No tocante ao depósito **judicial**, apesar de não ser condição de admissibilidade, **suspende automaticamente** a exigibilidade do crédito tributário, desde que, frise-se, seja realizado em seu montante integral, conforme a Súmula n. 112 do STJ.

Além de suspender a exigibilidade do crédito tributário, o depósito suspende a fluência dos juros a cargo do Sujeito Passivo.

No final da demanda judicial, caso o contribuinte obtenha êxito, a quantia depositada no início deverá ser liberada em seu favor. Caso o Sujeito Passivo seja vencido, o depósito será convertido em renda para o Ente Federativo litigante, extinguindo, assim, o crédito tributário – art. 156, VI, do CTN.

De acordo com o julgamento mais recente do STJ, os juros incidentes da devolução do depósito ao contribuinte, uma vez vencida a Fazenda, constituem natureza remuneratória e, dessa maneira, estão sujeitos à incidência do imposto de renda.

8.5. As Reclamações e os Recursos, nos termos das Leis Reguladoras do Processo Tributário Administrativo

Essa hipótese de suspensão da exigibilidade do crédito tributário tem sido muito utilizada, em razão de ser menos custosa, e por possibilitar uma primeira discussão do crédito tributário, sem que seja necessário adentrar direto na esfera judicial.

Para melhor entender essa causa de suspensão, faz-se *mister* descrever o momento em que ela pode ser utilizada.

Quando o Sujeito Passivo recebe a **Notificação Fiscal de Lançamento** (NFL) pode: (i) pagar; (ii) recorrer administrativamente; (iii) recorrer à esfera judicial; ou, ainda, (iv) permanecer inerte.

No caso de o Sujeito Passivo preferir discutir na esfera administrativa, mais especificamente no âmbito federal, por exemplo, o contribuinte tem 30 dias para apresentar **impugnação**, conforme determina o artigo 56 do Decreto n. 7.574/2011. A impugnação, também denominada de **reclamação,** consiste no primeiro petitório do contribuinte na esfera administrativa.

Nesse exemplo de tributo federal, a **reclamação** será dirigida para a Delegacia da Receita Federal de Julgamento (DRJ), que, por sua vez, irá proferir decisão em primeira instância. No caso de a decisão ser desfavorável ao Sujeito Passivo, consoante determina o artigo 73 do Decreto n. 7.574/2011, caberá interpor Recurso Voluntário ao Conselho Administrativo de Recursos Fiscais (CARF). O recurso voluntário, por ser dirigido à segunda instância, se define como o petitório que possibilita um novo julgamento da questão e, por isso, se denomina "recurso".

Na anterior redação do artigo 33, § 2º, do Decreto n. 70.235/72 estabelecia-se que o recurso voluntário somente teria seguimento se o recorrente arrolasse bens e direitos de valor equivalente a 30% (trinta por cento) da exigência fiscal definida na decisão. Ocorre que, no julgamento do RE n. 389.383/SP, **DJe**-047, divulg. em 28.06.2007, o STF entendeu pela inconstitucionalidade de garantia prévia para recurso administrativo, por violar o artigo 5º, LV, da CF, que garante a ampla defesa e o contraditório; além de violar o Princípio da Isonomia, uma vez que apenas os contribuintes com maior disponibilidade econômica poderiam recorrer.

Atualmente, como dito anteriormente, a Súmula Vinculante n. 21, pacificou esse entendimento, segundo o qual *"é inconstitucional a exigência de depósito ou arrolamento prévio de dinheiro ou bens para admissibilidade de recurso administrativo"*.

Dando continuidade ao exemplo, na segunda instância, o CARF, ao analisar o recurso voluntário proferirá decisão. E, dessa decisão, caberá **recurso** especial em apenas alguns casos. Conforme prescreve o artigo 79 do Decreto n. 7.574/2011, admitir-se-á recurso especial toda vez que a decisão tiver uma interpretação divergente em outra Câmara ou outra Turma. O prazo para interposição desse recurso é de 15 dias e deverá ser encaminhado à Câmara Superior de Recursos Fiscais.

Portanto, enquanto estiver em andamento a discussão do crédito tributário na esfera administrativa – com reclamação ou recursos para serem analisados –, o crédito tributário estará com a exigibilidade suspensa.

Acentua-se, ainda, que o prazo para que o Fisco se manifeste em processos administrativos tem um limite de 360 dias, conforme previsão no artigo 24 da Lei n. 11.457/2007. *"Art. 24. É obrigatório que seja proferida decisão administrativa no prazo máximo de 360 (trezentos e sessenta) dias a contar do protocolo de petições, defesas ou recursos administrativos do contribuinte"*.

Esse dispositivo tem inspiração na duração razoável do processo que foi erigida como cláusula pétrea e direito fundamental pela Emenda Constitucional n. 45 de 2004: *"Art. 5º. (...) LXXVIII – a todos, no âmbito judicial e administrativo, são assegurados a razoável duração do processo e os meios que garantam a celeridade de sua tramitação"*.

A conclusão de processo administrativo em prazo razoável traduz o corolário dos Princípios da Eficiência, Moralidade e Razoabilidade.

8.6. A Concessão de Medida Liminar em Mandado de Segurança

Demanda da esfera judicial, com previsão no artigo 5º, LXIX e LXX, da CF e Lei n. 12.016/2009, o mandado de segurança visa a proteger o direito líquido e certo daquele que sofrer ilegalidade ou abuso de poder, ou tiver o receio de sofrê-la, como ato perpetrado por autoridade pública ou agente de pessoa jurídica, no exercício de atribuições do Poder Público.

Nos termos do artigo 7º, III, da Lei n. 12.016/2009, o impetrante poderá requerer concessão de liminar sempre que houver fundamento relevante (*fumus boni juris*) e do ato impugnado puder resultar a ineficácia da medida (*periculum in mora*).

Nesse caso, a concessão da liminar no mandado de segurança pode suspender a exigibilidade do crédito tributário. Entretanto, há que se salientar que a mera propositura deste mandado com pedido de liminar não suspende automaticamente a exigibilidade do crédito tributário. Referida suspensão se efetiva apenas quando ocorre a **concessão** dessa medida pelo Poder Judiciário.

O inciso III do artigo 7º da Lei n. 12.016/2009 prevê, ainda, que o juiz poderá, para conceder a liminar, exigir do impetrante caução, fiança ou depósito, com o objetivo de assegurar o ressarcimento à pessoa jurídica.

Uma vez concedida a liminar, o Fisco não poderá cobrar o crédito tributário, mas sim constituí-lo, sob pena de ocorrer a decadência. Assim, o Fisco constitui o crédito, e, em virtude da suspensão da exigibilidade, não pode ajuizar uma execução fiscal.

Caso a concessão da medida liminar seja reconsiderada, anulada ou reformada, o crédito voltará a ser exigido, acrescido de **juros** apenas, pois a multa moratória pune o descumprimento da norma tributária que determina o pagamento do tributo no vencimento, enquanto os juros compensam a falta de disponibilidade dos recursos pelo sujeito ativo pelo período correspondente ao atraso[9].

Nesse sentido, o artigo 63, *caput* e § 2º, da Lei n. 9.430/96 afasta tão somente a incidência de multa de ofício, no lançamento tributário destinado a prevenir a decadência, na hipótese em que o crédito tributário estiver com sua exigibilidade suspensa, por força de medida liminar concedida em mandado de segurança ou em outra ação ou de tutela antecipada – matéria do tópico a seguir.

8.7. A Concessão de Medida Liminar ou de Tutela Antecipada em outras Espécies de Ação Judicial

A suspensão da exigibilidade do crédito tributário também pode ser obtida por meio de tutela antecipada em ação judicial, conforme prevê o artigo 151, V, do CTN.

Para falarmos sobre tutela antecipada, mencionada pelo artigo 151, V, do CTN, devemos, primeiramente conhecer a nova sistemática sobre o assunto trazida pelo CPC/2015.

O tema está disposto nos artigos 294 a 311 do atual CPC, como tutela provisória.

Como é cediço, a tutela jurisdicional pode ser **definitiva** ou **provisória**.

A tutela **definitiva** é aquela obtida com base em cognição exauriente, com profundo debate sobre o objeto da decisão, garantindo-se o devido processo legal, o contraditório e a ampla defesa. É predisposta a produzir resultados imutáveis. Prestigia, sobretudo, a segurança jurídica (DIDIER, Fredie, BRAGA, Paula Sarno, OLIVEIRA, Rafael Alexandra. **Curso de direito processual civil** 10. ed. Salvador: JusPodivm, 2015. v. 2, p. 561-562).

A tutela **provisória** é aquela obtida fundamentada em cognição sumária, não tem aptidão de coisa julgada, isso porque será substituída por uma decisão definitiva.

A tutela pode ser **definitiva** e **temporária**, mas nunca definitiva e provisória. Quando se diz temporária é porque pode ser definitiva, sem substituição, porém, não irá durar para sempre.

Ressalta-se, ainda, que qualquer tutela definitiva pode ser concedida provisoriamente.

Na verdade, a antecipação provisória dos efeitos finais da tutela definitiva permite o gozo antecipado e imediato dos efeitos próprios da tutela definitiva pretendida, seja satisfativa ou cautelar. A principal finalidade da tutela provisória é abrandar os males do tempo e garantir a efetividade da jurisdição (DIDIER, ob. cit., p. 567).

9. Parecer do STJ no EREsp n. 839.962/MG, rel. Min. Arnaldo Esteves Lima, 1ª Seção, julgado em 27.02.2013, **DJe** de 24.04.2013.

Por essa razão, afirmamos que a **tutela provisória** pode ser **satisfativa** ou **cautelar**.

A tutela **provisória satisfativa** antecipa os efeitos da tutela definitiva satisfativa, conferindo eficácia imediata ao direito afirmado. No atual CPC, a tutela provisória satisfativa é denominada **tutela antecipada**, pois antecipa os efeitos do direito pretendido. É essa tutela que irá suspender a exigibilidade do crédito tributário, nos termos do art. 151, V, do CTN.

A tutela **provisória cautelar** visa assegurar a futura eficácia da tutela definitiva satisfativa, na medida em que resguarda o direito a ser satisfeito, acautelando-o (DIDIER, ob. cit., p. 569).

À luz do art. 294 do CPC, a tutela provisória pode fundamentar-se em: **urgência** ou **evidência.**

> Art. 294. A tutela provisória pode fundamentar-se em urgência ou evidência.
>
> Parágrafo único. A tutela provisória de urgência, cautelar ou antecipada, pode ser concedida em caráter antecedente ou incidental.

As tutelas provisórias de **urgência**, que podem ser fundamento tanto das tutelas satisfativas (antecipadas) como das cautelares, pressupõem a demonstração de "**probabilidade do direito**" e do "**perigo de dano ou o risco ao resultado útil do processo**".

A tutela provisória de **evidência** apoiada apenas na tutela satisfativa/antecipada pressupõe a demonstração de que as afirmações de fato estejam comprovadas, tornando o direito evidente, o que se presume nas hipóteses do artigo 311 do CPC:

> Art. 311. A tutela da evidência será concedida, independentemente da demonstração de perigo de dano ou de risco ao resultado útil do processo, quando:
>
> I – ficar caracterizado o abuso do direito de defesa ou o manifesto propósito protelatório da parte;
>
> II – as alegações de fato puderem ser comprovadas apenas documentalmente e houver tese firmada em julgamento de casos repetitivos ou em súmula vinculante;
>
> III – se tratar de pedido reipersecutório fundado em prova documental adequada do contrato de depósito, caso em que será decretada a ordem de entrega do objeto custodiado, sob cominação de multa;
>
> IV – a petição inicial for instruída com prova documental suficiente dos fatos constitutivos do direito do autor, a que o réu não oponha prova capaz de gerar dúvida razoável.
>
> Parágrafo único. Nas hipóteses dos incisos II e III, o juiz poderá decidir liminarmente.

Salienta-se, ainda, que a tutela provisória de urgência pode ser requerida em caráter **antecedente** ou **incidente**. A tutela provisória de evidência só pode ser requerida em caráter incidente.

A tutela provisória incidental é requerida dentro do processo em que se pede ou já se pediu a tutela definitiva, no intuito de adiantar seus efeitos. Como exemplo, podemos mencionar a hipótese de Ação Declaratória de Inexistência de relação jurídica tributária c/c tutela provisória (satisfativa/antecipada), pois a minha tutela definitiva é a declaração de inexistência de relação jurídica, logo, o não pagamento do tributo e no intuito de adiantar seus efeitos requer-se a tutela provisória incidental (no mesmo momento do ajuizamento da tutela definitiva) para suspender a exigibilidade do crédito tributário, nos termos do art. 151, V, do CTN.

A tutela provisória incidental pode ser requerida: i) na própria petição inicial, contestação, petição de ingresso do terceiro ou de manifestação do Ministério Público; ii) em petição simples; oralmente, em mesa de audiência ou durante sessão de julgamento no tribunal; iii) ou no bojo da petição recursal.

A tutela provisória **antecedente** deflagra o processo em que se pretende, no futuro, pedir a tutela definitiva. É requerimento anterior à formulação do pedido da tutela definitiva, justifica-se em casos de urgência (satisfativa ou cautelar). Está disposta nos artigos 303 a 310 do CPC:

> Art. 303. Nos casos em que a urgência for contemporânea à propositura da ação, a petição inicial pode limitar-se ao requerimento da tutela antecipada e à indicação do pedido de tutela final, com a exposição da lide, do direito que se busca realizar e do perigo de dano ou do risco ao resultado útil do processo.
>
> § 1º Concedida a tutela antecipada a que se refere o *caput* deste artigo:
>
> I – o autor deverá aditar a petição inicial, com a complementação de sua argumentação, a juntada de novos documentos e a confirmação do pedido de tutela final, em 15 (quinze) dias ou em outro prazo maior que o juiz fixar;
>
> II – o réu será citado e intimado para a audiência de conciliação ou de mediação na forma do art. 334;
>
> III – não havendo autocomposição, o prazo para contestação será contado na forma do art. 335.
>
> § 2º Não realizado o aditamento a que se refere o inciso I do § 1º deste artigo, o processo será extinto sem resolução do mérito.
>
> § 3º O aditamento a que se refere o inciso I do § 1º deste artigo dar-se-á nos mesmos autos, sem incidência de novas custas processuais.
>
> § 4º Na petição inicial a que se refere o *caput* deste artigo, o autor terá de indicar o valor da causa, que deve levar em consideração o pedido de tutela final.
>
> § 5º O autor indicará na petição inicial, ainda, que pretende valer-se do benefício previsto no *caput* deste artigo.
>
> § 6º Caso entenda que não há elementos para a concessão de tutela antecipada, o órgão jurisdicional determinará a emenda da petição inicial em até 5 (cinco) dias, sob pena de ser indeferida e de o processo ser extinto sem resolução de mérito.
>
> (...)
>
> Art. 305. A petição inicial da ação que visa à prestação de tutela cautelar em caráter antecedente indicará a lide e seu fundamento, a exposição sumária do direito que se objetiva assegurar e o perigo de dano ou o risco ao resultado útil do processo.
>
> Parágrafo único. Caso entenda que o pedido a que se refere o *caput* tem natureza antecipada, o juiz observará o disposto no art. 303.
>
> (...)

Nessa modalidade antecedente, no momento de seu requerimento o autor deve indicar o pedido de tutela definitiva (final), com breve exposição da causa de pedir, do direito que se busca e do perigo de dano ou do risco ao resultado útil do processo.

Fredie Didier afirma que a tutela provisória antecedente foi concebida para os casos em que a situação de urgência já é presente no momento da propositura da ação e, em razão disso, a parte não dispõe de tempo hábil para levantar os elementos necessários para formular o pedido de tutela definitiva e respectiva causa de pedir de modo completo e acabado, reservando-se em seu direito de fazê-lo posteriormente (ob. cit., p. 572).

Concedida a tutela antecipada (satisfativa), o autor deverá aditar a petição inicial, com a complementação de sua argumentação, a juntada de novos documentos e a confirmação do pedido de tutela final, em 15 (quinze) dias ou em outro prazo maior que o juiz fixar, consoante prevê o art. 303, § 1º, do CPC.

O art. 304 do CPC traz uma novidade em termos de tutela, pois permite a estabilização da decisão concessiva de tutela antecipada antecedente.

> Art. 304. A tutela antecipada, concedida nos termos do art. 303, torna-se estável se da decisão que a conceder não for interposto o respectivo recurso.
>
> § 1º No caso previsto no *caput*, o processo será extinto.
>
> § 2º Qualquer das partes poderá demandar a outra com o intuito de rever, reformar ou invalidar a tutela antecipada estabilizada nos termos do *caput*.
>
> § 3º A tutela antecipada conservará seus efeitos enquanto não revista, reformada ou invalidada por decisão de mérito proferida na ação de que trata o § 2º.
>
> § 4º Qualquer das partes poderá requerer o desarquivamento dos autos em que foi concedida a medida, para instruir a petição inicial da ação a que se refere o § 2º, prevento o juízo em que a tutela antecipada foi concedida.
>
> § 5º O direito de rever, reformar ou invalidar a tutela antecipada, previsto no § 2º deste artigo, extingue-se após 2 (dois) anos, contados da ciência da decisão que extinguiu o processo, nos termos do § 1º.
>
> § 6º A decisão que concede a tutela não fará coisa julgada, mas a estabilidade dos respectivos efeitos só será afastada por decisão que a revir, reformar ou invalidar, proferida em ação ajuizada por uma das partes, nos termos do § 2º deste artigo.

A estabilização da tutela antecipada ocorre quando concedida em caráter antecedente ao réu, ou qualquer interessado que não a impugnar. Sendo, portanto, extinto o processo, a decisão antecipatória continuará produzindo seus efeitos, enquanto não for ajuizada ação autônoma para revisá-la, reformá-la ou invalidá-la, no prazo de dois anos.

Em direito tributário, é difícil imaginarmos que a tutela antecipada antecedente produziria efeitos eternamente, pois, se assim ocorrer, tem-se o risco de o contribuinte não mais querer extinguir o seu crédito tributário, visto que os efeitos da tutela com relação à suspensão da exigibilidade do crédito tributário lhe possibilitaria a expedição de certidão positiva com efeitos de negativa para toda a vida. Isso porque o artigo 206 do CTN prevê que será concedida essa certidão quando houver suspensão da exigibilidade do crédito tributário.

8.8. Parcelamento

Previsto no artigo 155-A do CTN, consiste na dilação legal do prazo de pagamento do tributo, fracionado em parcelas. O parcelamento configura uma causa de suspensão da exigibilidade do crédito tributário, caracterizada pelo comportamento voluntário do Sujeito Passivo em negociar o pagamento do tributo em aberto – art. 151, VI, do CTN.

Como se depreende do artigo 155-A do CTN, o parcelamento deve ser concedido por lei específica editada pelo Ente Federativo que possui competência tributária para instituir o tributo.

> **Art. 155-A.** O parcelamento será concedido na forma e condição estabelecidas em lei específica. § 1º Salvo disposição de lei em contrário, o parcelamento do crédito tributário não exclui a incidência de juros e multas. § 2º Aplicam-se subsidiariamente ao parcelamento, as disposições desta Lei relativas à moratória. § 3º Lei específica disporá sobre as condições de parcelamento dos créditos tributários do devedor em recuperação judicial. § 4º A inexistência da lei específica a que se refere o § 3º deste artigo importa na aplicação das leis gerais de parcelamento do ente da Federação ao devedor em recuperação judicial, não podendo, neste caso, ser o prazo de parcelamento inferior ao concedido pela lei federal específica.

Pelo artigo 155-A do CTN, o fato de ter sido concedido o parcelamento, causa de suspensão da exigibilidade do crédito tributário, não excluirá a incidência de juros e de eventuais multas. No entanto, nada obsta de existir na legislação hipótese que exclua juros e multa. Seguem alguns exemplos de Leis que excluem a incidência de juros e de multa determinada pelos Entes Federativos: REFIS, PAES, PAEX, etc.

Ademais, o legislador entende que o parcelamento e a moratória são causas de suspensão muito semelhantes, assim, ele determina que se deve aplicar ao parcelamento subsidiariamente a Lei que regulamenta a Moratória.

Frise-se, ainda, que os §§ 3º e 4º do artigo 155-A do CTN estabelece um tratamento diferenciado para os contribuintes que estiverem em recuperação judicial, devendo ser regulamentado em lei específica. E, no caso de inexistência de lei específica, prevê a possibilidade de se aplicar a lei geral.

Importa mencionar que a exigibilidade do crédito tributário somente permanecerá suspensa enquanto o parcelamento for adimplido. Diante disso, dito de outra forma, restará rescindido esse parcelamento automaticamente com cobrança imediata do crédito tributário, quando verificada a falta do pagamento por parte do contribuinte ou responsável tributário.

Segue jurisprudência do STJ nesse sentido:

> TRIBUTÁRIO. AGRAVO REGIMENTAL NO RECURSO ESPECIAL. EXECUÇÃO FISCAL. PARCELAMENTO. REFIS. EXCLUSÃO. PRESCRIÇÃO. NÃO OCORRÊNCIA. AGRAVO NÃO PROVIDO. 1. "A jurisprudência deste Tribunal Superior é no sentido de que, **uma vez interrompido o prazo prescricional em razão da confissão do débito e pedido de seu parcelamento, por força da suspensão da exigibilidade do crédito tributário, o prazo recomeça a fluir a partir da data do inadimplemento do parcelamento**" (AgRg no Ag n. 1.382.608/SC, rel. Min. Benedito Gonçalves, 1ª Turma, **DJe** de 09.06.2011). 2. Agravo regimental não provido. (AgRg no REsp n. 1350845/RS, rel. Min. Arnaldo Esteves Lima, 1ª Turma, julgado em 19.03.2013, **DJe** de 25.03.2013) (grifos nossos).

Não obstante, na própria legislação federal está prevista a rescisão automática do parcelamento em caso de inadimplência. Cita-se a Lei n. 10.522/2002, art. 14-B, que trata do regime de parcelamento em âmbito federal. Nesse dispositivo consta a determinação de que será rescindido automaticamente o parcelamento à falta de pagamento de três parcelas consecutivas ou não; ou, ainda, quando faltar o pagamento de uma parcela, estando pagas todas as demais.

8.9. Questões

1. (PGE/MT – FCC/2016). Constituem modalidades de suspensão da exigibilidade, exclusão e de extinção do crédito tributário, respectivamente,

(A) a moratória, a isenção condicional e o parcelamento.
(B) a remissão, a anistia e o pagamento.
(C) o depósito do montante integral, a liminar em mandado de segurança e a novação.
(D) a isenção condicional, o fato gerador enquanto pendente condição suspensiva e o parcelamento.
(E) a impugnação administrativa, a isenção condicional e a conversão de depósito em renda.

2. (Câmara de Conceição do Mato Dentro/MG – Advogado – FUMARC/2016). Suspende(m) a exigibilidade do crédito tributário, EXCETO:

(A) A concessão de medida liminar em mandado de segurança.
(B) A concessão de medida liminar ou de tutela antecipada, em outras espécies de ação judicial.
(C) A denúncia espontânea.
(D) A moratória e o depósito do seu montante integral.

3. (Pref. Panambi/RS – Advogado – OBJETIVA/2016). Relativo à suspensão do crédito tributário, considerando-se MACHADO, assinalar a alternativa INCORRETA:

(A) Moratória é prorrogação de prazo para pagamento do crédito tributário, com ou sem parcelamento. É a única das formas de suspensão da exigibilidade do crédito tributário disciplinada no CTN, certamente por não ter, como as demais, caráter processual.
(B) São excluídos do benefício da moratória os que agirem com dolo, fraude ou simulação para obtê-lo; provado o vício, é como se não houvesse sido concedido o favor.
(C) O parcelamento jamais exclui qualquer multa, o que exclui a multa é a denúncia espontânea da infração, e esse efeito, a rigor, não é excluído pelo fato de não ocorrer o pagamento de uma única vez, mas em parcelas.
(D) O depósito é feito exatamente nos casos em que o contribuinte entende não ser devido o tributo; se entende que o valor devido é menor, correto é depositar apenas o que entende ser devido.

4. (CRAISA – Advogado – CAIPIMES/2016). Assinale a alternativa incorreta. Suspende(m) a exigibilidade do crédito tributário:

(A) o depósito do seu montante parcial.
(B) a moratória.
(C) as reclamações e os recursos, nos termos das leis reguladoras do processo tributário administrativo.
(D) o parcelamento.

5. (Câmara de Horizonte/CE – Advogado – CETREDE/2016). Marque a opção que apresenta apenas hipóteses de suspensão do crédito tributário de acordo com o Código Tributário Nacional (CTN).

(A) A moratória, o pagamento, as reclamações e os recursos nos termos das leis reguladoras do processo tributário administrativo.
(B) A transação, a remissão e o depósito do montante integral.
(C) A moratória, o depósito do montante integral do crédito e a concessão de liminar em mandado de segurança.
(D) A transação, a decadência e o parcelamento.
(E) O pagamento, o parcelamento e a prescrição.

6. (COMPESA – Analista de Gestão – Advogado – FGV/2016). A Fazenda Nacional lavrou um auto de infração em face de Caio, visando à cobrança de Imposto sobre Renda Pessoa Física – IRPF. Caio apresentou impugnação ao auto de infração, ainda não julgado.

Sobre a hipótese descrita, assinale a afirmativa correta.

(A) O crédito está com a exigibilidade ativa e a Fazenda deverá ajuizar execução fiscal para evitar a decadência do direito de lançar.

(B) O crédito está com a exigibilidade ativa e a Fazenda deverá ajuizar execução fiscal para evitar a prescrição do crédito tributário.

(C) O crédito está com a exigibilidade suspensa e, portanto, a Fazenda não pode ajuizar execução fiscal até o final do processo administrativo.

(D) A impugnação do auto de infração extingue o crédito, sob condição resolutória da ulterior homologação.

(E) A impugnação do auto de infração exclui o crédito, sob condição resolutória da ulterior homologação

7. (CODEBA – Analista Portuário – Advogado – FGV/2016). A pessoa jurídica X deixou de recolher o imposto sobre a renda referente ao ano de 2013. No final do ano de 2014, a pessoa jurídica X requereu o parcelamento do crédito tributário em 60 parcelas, o que foi deferido pela União. O contribuinte vem pagando tempestivamente as parcelas.

Sobre o parcelamento concedido à pessoa jurídica X, assinale a afirmativa correta.

(A) O crédito tributário foi extinto no momento do deferimento do parcelamento.

(B) Independente da previsão em lei, o parcelamento requerido pela pessoa jurídica X exclui a incidência de juros e multa.

(C) A exigibilidade do crédito tributário está suspensa, em razão do seu parcelamento.

(D) O crédito tributário foi excluído quando a pessoa jurídica X recolheu a primeira parcela.

(E) A exigibilidade do crédito está ativa até a quitação total do parcelamento.

8. (CISLIPA/PR – FAFIPA/2015). Não extingue o crédito tributário:

(A) O parcelamento.

(B) A compensação.

(C) A remissão.

(D) O pagamento.

9. (PGE/PR – Procurador do Estado –PUC/2015). Sobre a prescrição e a decadência em matéria tributária, assinale a alternativa CORRETA.

(A) A suspensão da exigibilidade do crédito tributário na via judicial não impossibilita a Fazenda Pública de proceder à regular constituição do crédito tributário com vistas a prevenir a decadência do direito de lançar.

(B) Declarado e não pago o tributo sujeito a lançamento por homologação, tem-se como início do prazo decadencial de 05 (cinco) anos o dia do vencimento da obrigação.

(C) O protesto de certidão de dívida ativa é causa interruptiva da prescrição tributária.

(D) O termo inicial da prescrição tributária é a data da constituição definitiva do crédito, que se dá, nos casos de lançamento de ofício, no primeiro dia do exercício financeiro seguinte ao do lançamento.

(E) O direito de a Fazenda Pública constituir o crédito tributário extingue-se após 05 (cinco) anos, contados da data em que se tornar definitiva a decisão que houver anulado, por vício material, o lançamento anteriormente efetuado.

10. (CAEMA – Advogado – 2014 IBEG/2014). De acordo com o CTN, a moratória é um meio de se suspender a exigibilidade do crédito tributário. Neste sentido assinale a alternativa correta.

I. O depósito somente suspende a exigibilidade do crédito tributário se for integral e em dinheiro.

II. As reclamações e os recursos, nos termos das leis reguladoras do processo tributário administrativo, suspendem a exigibilidade do crédito tributário, desde que ouvido o Conselho de Contribuinte.

III. A concessão de medida cautelar e de liminar em outras espécies de ação judicial também suspende a exigibilidade do crédito tributário.

IV. A concessão de medida cautelar em mandado de segurança também suspende a exigibilidade do crédito tributário.

(A) V, F, F, F.

(B) V, V, F, F.

(C) F, F, V, V.

(D) V, V, F, V.

(E) F, F, V, F.

11. (TJ/MT – Juiz – FMP/2014). O Código Tributário Nacional disciplina a suspensão da exigibilidade do crédito tributário, bem como o direito a certidões de situação fiscal. É correto afirmar que:

(A) o depósito, integral e em dinheiro, é causa suspensiva da exigibilidade do crédito tributário, podendo ser exigido como condição para a admissão de impugnações e recursos no processo administrativo fiscal, bem como para a admissão de ação anulatória, de modo que sejam evitadas manobras processuais meramente procrastinatórias reveladoras do abuso do devido processo legal.

(B) só a liminar em mandado de segurança suspende a exigibilidade do crédito tributário, pois pressupõe relevante fundamento de direito e não apenas verossimilhança, não podendo o contribuinte pretender obter efeito suspensivo por simples liminar em ação cautelar ou mesmo de antecipação de tutela em ação ordinária.

(C) embora o depósito suspensivo da exigibilidade do crédito tributário só tenha esse efeito quando integral e em dinheiro, a jurisprudência reconhece ao contribuinte o direito à certidão positiva de débitos com efeitos de negativa quando, por ação cautelar de caução, oferece bem idôneo em garantia de futura execução fiscal, caso em que a caução faz as vezes da penhora para tal fim.

(D) a suspensão da exigibilidade do crédito tributário é a única hipótese autorizadora da expedição de certidão positiva de débitos com efeitos de negativa.

(E) havendo créditos tributários não vencidos, com exigibilidade suspensa ou garantidos por penhora, tem o contribuinte direito à certidão negativa de débitos.

12. (Prefeitura de Nossa Senhora do Socorro/SE – Procurador – Gestão de Concursos/2014). São hipóteses de suspensão do crédito tributário:

(A) Moratória; o depósito do seu montante integral; as reclamações e os recursos, nos termos das leis reguladoras do processo tributário administrativo; a concessão de medida liminar em mandado de segurança; a concessão de medida liminar ou de tutela antecipada, em outras espécies de ação judicial e o parcelamento.

(B) O pagamento; a compensação; a transação; a remissão; a prescrição e a decadência.

(C) A dação em pagamento em bens imóveis, na forma e condições estabelecidas em lei; a moratória; o depósito do seu montante integral; as reclamações e os recursos, nos termos das leis reguladoras do processo tributário administrativo.

(D) A isenção; a concessão de medida liminar em mandado de segurança; a concessão de medida liminar ou de tutela antecipada, em outras espécies de ação judicial e o parcelamento.

(E) A anistia; o pagamento; a compensação; a transação; a remissão; a prescrição e a decadência.

13. (Defensoria Pública do Tocantins – CESPE/ 2013). Acerca da suspensão do crédito tributário, assinale a opção correta:

(A) A moratória geral concedida pela União nunca alcançará os tributos de competência dos estados, do DF nem dos municípios, pois sempre se limita aos tributos de competência federal.

(B) A suspensão da exigibilidade do crédito tributário também suspende as demais obrigações vinculadas ao tributo, dispensando-se o cumprimento das obrigações acessórias dependentes da obrigação principal dela consequentes.

(C) De acordo com entendimento do STJ, o seguro garantia judicial, assim como a fiança bancária, não é equiparável ao depósito em dinheiro para fins de suspensão da exigibilidade do crédito tributário.

(D) A conversão do depósito em renda é modalidade de suspensão do crédito tributário.

(E) A moratória individual não se inclui no âmbito da reserva legal, pois, tendo natureza de ato administrativo que independe de lei, é concedida por portaria da autoridade fiscal competente.

14. (Serviço Autônomo Municipal de Água e Esgoto – SAMAE/Abatiá/Paraná – Advogado – FUNTEF/2013). Suspendem a exigibilidade do crédito tributário, EXCETO:

(A) A moratória.

(B) O depósito do seu valor integral.

(C) As reclamações e os recursos, nos termos das leis regulamentadoras do processo tributário administrativo.

(D) A impetração de mandado de segurança.

(E) O parcelamento.

15. (CEF – Advogado – CESGRANRIO/2012). É hipótese de suspensão do crédito tributário a (o):

(A) remissão;

(B) transação;

(C) compensação;

(D) pagamento;

(E) parcelamento.

16. (Defensoria Pública de Rondônia – CESPE/2012). Acerca da suspensão e extinção do crédito tributário, assinale a opção correta:

(A) Os recursos e reclamações decorrentes do lançamento administrativo do débito tributário não têm o efeito de suspender ou extinguir o crédito tributário.

(B) Parcelado regularmente o crédito tributário, não pode a fazenda pública propor execução fiscal, dada a consequente suspensão da exigibilidade do referido crédito.

(C) Se, em mandado de segurança, for concedida liminar para suspender a exigibilidade do crédito tributário, posteriormente cassada em julgamento de agravo de instrumento, continua suspensa a exigibilidade do crédito até julgamento definitivo do mérito, porque é a propositura da ação mandamental, e não a liminar, que legitima o instituto da suspensão.

(D) Concedida moratória, estará extinto o crédito tributário.

(E) O depósito prévio do valor da exigência fiscal em ação declaratória de inexigibilidade do crédito tributário extingue a sua exigibilidade porque o valor será convertido em renda.

17. (Município de Castanhal/PA – Advogado – FADESP/2012). A respeito de suspensão da exigibilidade do crédito tributário, assinale a resposta correta:

(A) A moratória concedida em caráter individual gera direito adquirido.

(B) O Estado pode conceder moratória em caráter geral para tributos Municipais, sempre que também conceder moratória para seus próprios tributos.

(C) O Município pode conceder moratória em caráter geral para tributos Estaduais em seu território, sempre que também conceder moratória para seus próprios tributos.

(D) A moratória concedida em caráter individual não gera direito adquirido.

18. (PG/João Pessoa – Procurador – FCC/2012). Possuindo crédito tributário não pago e já inscrito em dívida ativa, um contribuinte necessita de certidão de regularidade fiscal. Neste caso, mesmo sem pagamento do débito é possível uma certidão positiva, mas com efeitos de negativa nas hipóteses de estar o crédito:

(A) Em curso cobrança executiva com efetiva penhora; com a exigibilidade suspensa.

(B) Não vencido; em curso de cobrança executiva devidamente embargada pelo executado.

(C) Sendo questionado em sede de mandado de segurança; não vencido.

(D) sendo questionado em sede de impugnação administrativa; em curso ação judicial para repetição do indébito.

(E) Em curso ação judicial para declaração de inexistência da obrigação tributária; não vencido.

19. (PGE/SP – Procurador – FCC/2012). Considere as seguintes afirmações:

I. No Código Tributário Nacional há uma causa de extinção do crédito tributário que, cronologicamente, ocorre antes de sua própria constituição.

II. O parcelamento, por ser forma de pagamento, é causa de extinção do crédito tributário.

III. Isenção e remissão são cronologicamente anteriores ao nascimento do crédito tributário.

IV. A lei que dispensa o pagamento de valor de multa decorrente de auto de infração configura anistia, causa de exclusão do crédito tributário já constituído, nos termos do disposto no Código Tributário Nacional.

V. Na normatização brasileira, não há possibilidade de extinção do crédito tributário mediante a entrega ao Fisco de algo que não seja dinheiro.

Está correto APENAS o que se afirma em

(A) I e IV.

(B) IV e V.

(C) II, III e IV.

(D) II e IV.

(E) III e V.

20. (TRF/2ª Região – Analista Judiciário. Área Judiciária – FCC/2012). Para os fins de suspensão do crédito tributário, analise:

I. Não é o depósito do montante integral que suspende a exigibilidade do crédito tributário e sim a apresentação da reclamação ou do recurso, precedido de depósito integral.

II. A moratória concedida em caráter geral é a do parcelamento dos débitos fiscais, sendo certo que a união poderá concedê-la em relação aos tributos de competência dos Estados, do Distrito Federal ou dos Municípios.

III. O parcelamento é sempre individual e deve ser requerido pelo contribuinte, sendo que, no caso de não cumprimento, descontadas as parcelas pagas, é possível à Fazenda Pública executar a dívida, tomando por base as certidões das dívidas ativas.

Nesses casos, está correto o que consta APENAS em:

(A) I.

(B) I e II.

(C) II e III.

(D) I e III.

(E) III.

21. (Município de Colatina/ES – Procurador – FUNCAB/2012). Suspende a exigibilidade do crédito tributário:

(A) O depósito do seu montante integral.

(B) A compensação.

(C) A remissão.

(D) A isenção.

(E) A imunidade.

22. (PGE/RO – FCC/2011). De acordo com o Código Tributário Nacional são modalidades de suspensão da exigibilidade do crédito tributário:

(A) Moratória, depósito judicial integral e prescrição.

(B) Parcelamento, pagamento e compensação.

(C) Medida liminar, transação e parcelamento.

(D) Anistia, moratória e recurso administrativo.

(E) Concessão de medida liminar ou tutela antecipada e depósito do montante integral.

23. (PGE/AM – FCC/2010). Contribuinte "ABC" ingressa com medida judicial na qual obtém medida liminar para suspender a exigibilidade do crédito tributário. No decurso do processo, a medida liminar vem a ser cassada pelo referido Juízo. Nesse contexto:

(A) A suspensão da exigibilidade do crédito tributário será mantida até o julgamento final do processo em 1ª instância.

(B) A suspensão da exigibilidade do crédito tributário será mantida até o julgamento do agravo de instrumento, independentemente dos efeitos de seu recebimento.

(C) A liminar não pode suspender a exigibilidade do crédito tributário, mas apenas a tutela antecipada.

(D) Os efeitos da sentença somente serão aplicáveis após 90 dias de sua publicação, com base no princípio constitucional da anterioridade mitigada.

(E) A suspensão da exigibilidade do crédito tributário não mais será aplicável, exceto se o contribuinte promover o depósito judicial do montante integral.

24. (Procurador do Município de Teresina/PI – FCC/2012). A moratória:

(A) É causa de exclusão do crédito tributário.

(B) É admitida apenas em caráter geral, em virtude do princípio da igualdade tributária.

(C) Deve ser concedida por lei do ente político competente para a instituição de tributo, significando dilação do prazo para pagamento do crédito.

(D) Não comporta imposição de penalidade em caso de revogação por dolo ou simulação do beneficiado, por apenas excluir o crédito tributário, que depois volta a ser exigível.

(E) Pode ser concedida pela União, quanto a tributos de competência dos Estados, do Distrito Federal ou dos Municípios dentro de plano de incentivo socioeconômico de determinada região, não havendo necessidade de concessão simultânea de isenção federal.

GABARITO

1. **Alternativa (E).** A impugnação administrativa, a isenção condicional e a conversão de depósito em renda.

Comentário: A alternativa **"E"** está correta, de acordo com os arts. 151, III, 175, I, e 156, VI, todos do CTN. A opção "A" está incorreta, o parcelamento é causa de suspensão, nos termos do art. 151, VI, do CTN. A resposta "B" está incorreta, a remissão é causa de extinção, art. 156, IV, do CTN. A justificativa "C" está incorreta, a liminar em mandado de segurança é causa de suspensão, com base no art. 151, IV, do CTN. A resposta "D" está incorreta, a isenção é causa de exclusão, art. 175, I, do CTN.

2. **Alternativa (C).** A denúncia espontânea.

Comentário: A opção **"C"** está incorreta, pois não há previsão legal no art. 151 do CTN, e conforme art. 141 do CTN, as hipóteses suspensão da exigibilidade do crédito tributário são apenas as que estão previstas no CTN. A resposta "A" está correta, à luz do art. 151, IV, do CTN. A justificativa "B" está correta, nos termos do art. 151, V, do CTN. A letra "D" está correta, consoante dispõe o art. 151, I e II, do CTN.

3. **Alternativa (D).** O depósito é feito exatamente nos casos em que o contribuinte entende não ser devido o tributo; se entende que o valor devido é menor, correto é depositar apenas o que entende ser devido.

Comentário: A resposta **"D"** está incorreta, apenas suspende a exigibilidade do crédito tributário o depósito do montante integral, segundo o art. 151, II, do CTN. A justificativa "A" está correta, com base nos arts. 151, I, e 152 a 155, todos do CTN. A letra "B" está correta, à luz do art. 154, parágrafo único, do CTN. A alternativa "C" está correta, conforme o gabarito, mas há de se fazer a ressalva, nos termos do art. 155-A, § 1º, do CTN, que prevê que salvo disposição de lei em contrário, o parcelamento do crédito tributário não exclui a incidência de juros e multas.

4. **Alternativa (A). O depósito do seu montante parcial.**

Comentário: A justificativa **"A"** está correta, pois conforme preceitua o art. 151, II, do CTN, para suspender o crédito, é necessário o depósito do montante integral. As letras "B", "C" e "D" trazem hipóteses que suspendem a exigibilidade do crédito tributário.

5. **Alternativa (C).** A moratória, o depósito do montante integral do crédito e a concessão de liminar em mandado de segurança.

Comentário: A letra **"C"** está correta, conforme institui o art. 151, I, II e IV, do CTN. A alternativa "A" está incorreta, o pagamento é modalidade de extinção do crédito tributário, de acordo com o art. 156, I, do CTN. A opção "B" está incorreta, a transação e a remissão são modalidades de extinção do crédito tributário, consoante estabelece o art. 156, III e IV, do CTN. A resposta "D" está incorreta, a transação e a decadência são modalidades de extinção do crédito tributário, art. 156, III e V, do CTN. A justificativa "E" está correta, o pagamento e a prescrição são modalidades de extinção do crédito tributário, à luz do art. 156, I e V, do CTN.

6. **Alternativa (C).** O crédito está com a exigibilidade suspensa e, portanto, a Fazenda não pode ajuizar execução fiscal até o final do processo administrativo.

Comentário: A alternativa **"C"** está correta, de acordo com o art. 151, III, do CTN.

7. **Alternativa (C).** A exigibilidade do crédito tributário está suspensa, em razão do seu parcelamento.

Comentário: A opção **"C"** está correta, conforme determina o art. 151, VI, do CTN.

8. **Alternativa (A).** O parcelamento.

Comentário: A alternativa "A" está correta, nos termos do artigo 151, VI, do CTN, o parcelamento é hipótese de suspensão do crédito tributário. A opção "B" está incorreta, à luz do artigo 156, II, do CTN, a compensação é hipótese de extinção do crédito tributário. A resposta "C" está incorreta, conforme o artigo 156, IV, do CTN, a remissão é hipótese de extinção do crédito tributário. A justificativa "D" está incorreta, consoante o artigo 156, I, do CTN, o pagamento é hipótese de extinção do crédito tributário.

9. **Alternativa (A).** A suspensão da exigibilidade do crédito tributário na via judicial não impossibilita a Fazenda Pública de proceder à regular constituição do crédito tributário com vistas a prevenir a decadência do direito de lançar.

Comentário: A alternativa "A" está correta, pois não há que se falar em suspensão da constituição do crédito tributário, apenas da sua exigibilidade, nos termos do artigo 151 do CTN. A opção "B" está incorreta, segundo o entendimento do STJ (Súmula n. 436): "A entrega de declaração pelo contribuinte, reconhecendo o débito fiscal, constitui o crédito tributário, dispensada qualquer providência por parte do Fisco". Logo, não se fala em prazo decadencial quando o contribuinte entregou declaração, pois nesse momento foi constituído o crédito. A resposta "C" está incorreta, de acordo com o artigo 174, parágrafo único, II, do CTN, o protesto judicial é que interrompe a prescrição. A letra "D" está incorreta, independentemente da modalidade de lançamento tributário, o prazo prescricional tem início com a constituição definitiva do crédito tributário, conforme prescreve o artigo 174 do CTN. A justificativa "E" está incorreta, à luz do artigo 173, II, do CTN, o direito de a Fazenda Pública constituir o crédito tributário extingue-se após 05 (cinco) anos, contados da data em que se tornar definitiva a decisão que houver anulado, por vício formal, o lançamento anteriormente efetuado.

10. **Alternativa (A).** V, F, F, F.

I. O depósito somente suspende a exigibilidade do crédito tributário se for integral e em dinheiro – **Verdadeira.**

II. As reclamações e os recursos, nos termos das leis reguladoras do processo tributário administrativo, suspendem a exigibilidade do crédito tributário, desde que ouvido o Conselho de Contribuinte – **Falsa.**

III. A concessão de medida cautelar e de liminar em outras espécies de ação judicial também suspende a exigibilidade do crédito tributário – **Falsa.**

IV. A concessão de medida cautelar em mandado de segurança também suspende a exigibilidade do crédito tributário – **Falsa.**

Comentário: A alternativa **"A"** é a resposta, apenas o Item I está correto, conforme determina o artigo 151 do CTN. Os demais itens são contrários ao referido artigo.

11. **Alternativa (C).** Embora o depósito suspensivo da exigibilidade do crédito tributário só tenha esse efeito quando integral e em dinheiro, a jurisprudência reconhece ao contribuinte o direito à certidão positiva de débitos com efeitos de negativa quando, por ação cautelar de caução, oferece bem idôneo em garantia de futura execução fiscal, caso em que a caução faz as vezes da penhora para tal fim.

Comentário: A opção "A" está incorreta, como estudado nesse Capítulo, é inconstitucional exigir depósito na esfera administrativa, conforme Súmula Vinculante n. 21 do STF e Súmula n. 373 do STJ. A letra "B" está incorreta, pois a assertiva acabou por excluir a possibilidade de suspender a exigibilidade do crédito tributário contida no inciso V do artigo 151 do CTN. A assertiva "C" é a resposta correta, com base no que prescreve os artigos 151, II, 205 e 206 do CTN. Ademais, segue jurisprudência do STJ nesse sentido: "TRIBUTÁRIO. CERTIDÃO POSITIVA COM EFEITOS DE NEGATIVA. CAUÇÃO REAL. CAUTELAR. Ofertada caução real no processo cautelar é de se conceder certidão positiva com efeitos de negativa", nos termos do artigo 206 do CTN (REsp n. 363518/ES, rel. Min. Garcia Vieira, **DJe** de 15.04.2002). As justificativas "D" e "E" estão incorretas, à luz do artigo 206 do CTN.

12. **Alternativa (A).** Moratória; o depósito do seu montante integral; as reclamações e os recursos, nos termos das leis reguladoras do processo tributário administrativo; a concessão de medida liminar em

mandado de segurança; a concessão de medida liminar ou de tutela antecipada, em outras espécies de ação judicial e o parcelamento.

Comentário: A letra **"A"** é a assertiva correta, consoante preceitua o artigo 151 do CTN.

13. Alternativa (C). De acordo com entendimento do STJ, o seguro garantia judicial, assim como a fiança bancária, não é equiparável ao depósito em dinheiro para fins de suspensão da exigibilidade do crédito tributário.

Comentário: A alternativa "A" está incorreta, nos termos do artigo 152, I, "b", do CTN, a União poderá conceder moratória para tributos de competência dos Estados, do Distrito Federal ou dos Municípios, quando simultaneamente concedida quanto aos tributos de competência federal e às obrigações de direito privado. A opção "B" está incorreta, porque a exigibilidade do crédito tributário não dispensa o contribuinte do cumprimento de suas obrigações acessórias, conforme preconiza o artigo 151, Parágrafo Único, do CTN. A assertiva "C" está correta, segundo o posicionamento do STJ, as hipóteses de suspensão da exigibilidade do crédito tributário são taxativas – art. 151 do CTN. A justificativa "D" está incorreta, a conversão de depósito em renda trata-se de hipótese de extinção do crédito tributário, artigo 156, VI, do CTN. A resposta "E" está incorreta, já que a moratória é dilação legal do prazo de pagamento de tributo, precisa de lei para sua determinação.

14. Alternativa (D). A impetração de mandado de segurança.

Comentário: A mera propositura de mandado de segurança não suspende a exigibilidade do crédito tributário, consoante o artigo 151, IV, do CTN, será a concessão de liminar em mandado de segurança que suspende a sua exigibilidade. Portanto, a opção incorreta é a letra "D".

15. Alternativa (E). Parcelamento.

Comentário: A resposta "E" é alternativa correta, à luz do artigo 151, VI, do CTN.

16. Alternativa (B). Parcelado regularmente o crédito tributário, não pode a fazenda pública propor execução fiscal, dada a consequente suspensão da exigibilidade do referido crédito.

Comentário: A justificativa "A" está incorreta, pois nos certames do artigo 151, III, do CTN, os recursos e as reclamações do crédito tributário suspendem a sua exigibilidade. A assertiva "B" é a resposta correta, segundo o artigo 151, VI, do CTN, o parcelamento suspende a exigibilidade do crédito tributário, e por isso não pode a fazenda ajuizar a execução fiscal. A opção "C" está incorreta, uma vez cassada a liminar, o crédito tributário poderá ser exigido. A letra "D" está incorreta, visto que a moratória suspende a exigibilidade do crédito tributário, nos termos do artigo 151, I, do CTN. A alternativa "E" está incorreta, porque o depósito do montante integral suspende a exigibilidade do crédito tributário, artigo 151, II, do CTN.

17. Alternativa (D). A moratória concedida em caráter individual não gera direito adquirido.

Comentário: A assertiva "D" é a resposta correta, nos ditames do artigo 155 do CTN.

18. Alternativa (A). Em curso cobrança executiva com efetiva penhora; com a exigibilidade suspensa.

Comentário: A justificativa **"A"** é a opção correta, nos termos do artigo 206 do CTN.

19. Alternativa (A). I e IV.

I. No Código Tributário Nacional há uma causa de extinção do crédito tributário que, cronologicamente, ocorre antes de sua própria constituição.

IV. A lei que dispensa o pagamento de valor de multa decorrente de auto de infração configura anistia, causa de exclusão do crédito tributário já constituído, nos termos do disposto no Código Tributário Nacional.

Comentário: O Item I está correto, porque se refere à decadência tributária, que consiste na perda do direito do Fisco de constituir o crédito tributário, e nos ditames do artigo 156, V, do CTN, o extingue. O Item II está incorreto, visto que o parcelamento suspende a exigibilidade do crédito tributário, artigo 151, VI, do CTN. O Item III está incorreto, pois em que pese a isenção realmente ser anterior ao lançamento tributário, a remissão é hipótese de extinção do crédito, e por isso ocorre posteriormente. O Item IV está correto, consoante preconiza o artigo 180 do CTN. O Item V está incorreto, nos termos do artigo 156, XI, do CTN, é possível extinguir o crédito tributário mediante dação em pagamento de bem imóvel.

20. Alternativa (D). I e III.

I. Não é o depósito do montante integral que suspende a exigibilidade do crédito tributário e sim a apresentação da reclamação ou do recurso, precedido de depósito integral.

III. O parcelamento é sempre individual e deve ser requerido pelo contribuinte, sendo que, no caso de não cumprimento, descontadas as parcelas pagas, é possível à Fazenda Pública executar a dívida, tomando por base as certidões das dívidas ativas.

Comentário: O Item I foi considerado correto pela banca, de consoante justificativa já comentada neste Capítulo. O Item II está incorreto, pois, via de regra, a moratória só pode ser concedida pelo ente que detém a competência tributária, a União só poderá instituir moratória para tributo de competência dos Estados, Distrito Federal e Municípios se conceder simultaneamente para tributos federal e às obrigações de direito privado. O Item III está correto, de acordo com o artigo 155-A do CTN.

---

21. Alternativa (A). O depósito do seu montante integral.

Comentário: A resposta "A" é a justificativa correta, nos termos do artigo 151, II, do CTN.

---

22. Alternativa (E). Concessão de medida liminar ou tutela antecipada e depósito do montante integral.

Comentário: A opção "E" é a letra correta, conforme determina o artigo 151 do CTN.

---

23. Alternativa (E). A suspensão da exigibilidade do crédito tributário não mais será aplicável, exceto se o contribuinte promover o depósito judicial do montante integral.

Comentário: A assertiva "E" é a resposta correta, com base no artigo 151, V e II, do CTN.

---

24. Alternativa (C). Deve ser concedida por lei do ente político competente para a instituição de tributo, significando dilação do prazo para pagamento do crédito.

Comentário: A alternativa "A" está incorreta, a moratória configura hipótese de suspensão da exigibilidade do crédito tributário, conforme previsão no artigo 151, I, do CTN. A opção "B" está incorreta, segundo o artigo 152 do CTN, a moratória pode ser concedida em caráter geral e individual. A letra "C" é a assertiva correta, nos termos do artigo 152 do CTN. A resposta "D" está incorreta, consoante o artigo 155 do CTN, a revogação de moratória será com imposição da penalidade cabível, nos casos de dolo ou simulação do beneficiado, ou de terceiro em benefício daquele. A justificativa "E" está incorreta, a União só poderá conceder moratória para tributos de competência dos Estados, do Distrito Federal ou dos Municípios, quando simultaneamente outorgada quanto aos tributos de competência federal e às obrigações de direito privado, conforme artigo 152, I, "b", do CTN.

---

9. EXTINÇÃO DO CRÉDITO TRIBUTÁRIO

Como se sabe, a relação jurídico-tributária surge com a ocorrência no mundo fenomênico da situação descrita em lei passível de sofrer a incidência tributária. Nesse instante, despontam o Sujeito Ativo, que possui o direito subjetivo de exigir uma prestação, e o Passivo, que tem o dever de cumpri-la. Havendo o cumprimento extingue-se, dessa forma, o crédito tributário.

Paulo de Barros Carvalho[10] denota que a obrigação tributária poderá ser extinta por meio de cinco hipóteses: pelo desaparecimento do Sujeito Ativo ou do Sujeito Passivo, pelo desaparecimento do objeto, na falta do direito subjetivo de que é titular o sujeito pretensor, ou por cessar o dever jurídico cometido ao sujeito passivo, que equivale à desaparição do débito.

---

10. *Curso..., op. cit.*, p. 485.

O artigo 156 do CTN enumera as situações de extinção do crédito tributário:

> **Art. 156.** Extinguem o crédito tributário: I – o pagamento; II – a compensação; III – a transação; IV – remissão; V – a prescrição e a decadência; VI – a conversão de depósito em renda; VII – o pagamento antecipado e a homologação do lançamento nos termos do disposto no artigo 150 e seus §§ 1º e 4º; VIII – a consignação em pagamento, nos termos do disposto no § 2º do artigo 164; IX – a decisão administrativa irreformável, assim entendida a definitiva na órbita administrativa, que não mais possa ser objeto de ação anulatória; X – a decisão judicial passada em julgado. XI – a dação em pagamento em bens imóveis, na forma e condições estabelecidas em lei. (Incluído pela LCP n. 104, de 10.01.2001) Parágrafo único. A lei disporá quanto aos efeitos da extinção total ou parcial do crédito sobre a ulterior verificação da irregularidade da sua constituição, observado o disposto nos artigos 144 e 149.

A seguir será analisada com maior profundidade cada uma das hipóteses de extinção do crédito tributário.

9.1. Pagamento

Trata-se da causa mais natural da extinção do crédito tributário.

No entanto, para ser extinto o crédito tributário, o pagamento deve ser integral. Assim, em uma obrigação tributária periódica, nos termos do artigo 158 do CTN, o pagamento da última parcela não pressupõe que foram quitadas as parcelas anteriores e, por isso, não implica a extinção do crédito tributário, *in verbis:"Art. 158. O pagamento de um crédito não importa em presunção de pagamento: I – quando parcial, das prestações em que se decomponha; II – quando total, de outros créditos referentes ao mesmo ou a outros tributos".*

Quanto ao inciso II do artigo 158 do CTN, cita-se como exemplo o fato de o Sujeito Passivo pagar o IPTU de 2011, não se pressupõe o pagamento dos créditos tributários anteriores e nem dos demais tributos. A regra do Direito Civil, portanto, não se aplica, a uma, porque o CTN não se omite nesse ponto específico, e, a duas, porque a regra do referido artigo resta clara e expressa: não se presume o pagamento dos demais créditos, só pela circunstância da adimplência de determinado valor.

Consoante determina o artigo 159 do CTN, salvo disposição de lei em contrário, o pagamento do tributo deve ser efetuado na repartição competente do domicílio do Sujeito Passivo.

O prazo para o pagamento do tributo pode ser estipulado por meio de norma infralegal, uma vez que o artigo 160 do CTN refere-se à expressão "legislação" (na concepção de maior abrangência), que, como visto anteriormente, conforme *caput* do artigo 96 do CTN, compreende: leis, tratados e convenções internacionais, decretos e normas complementares.

Se a legislação não fixar o prazo para pagamento, o vencimento do crédito ocorrerá 30 dias após a notificação de lançamento do tributo, tal regramento igualmente está contido no artigo 160 do CTN.

O crédito tributário não integralmente pago no vencimento será acrescido de juros de mora e demais penalidades, independentemente da existência de fraude, dolo ou simulação, nos termos do que determina o artigo 161 do CTN:

> **Art. 161.** O crédito não integralmente pago no vencimento é acrescido de juros de mora, seja qual for o motivo determinante da falta, sem prejuízo da imposição das penalidades cabíveis

e da aplicação de quaisquer medidas de garantia previstas nesta Lei ou em lei tributária. § 1º Se a lei não dispuser de modo diverso, os juros de mora são calculados à taxa de um por cento ao mês. (...)

Há, porém, **duas situações** em que não há fluência de juros e aplicação de penalidades para o Sujeito Passivo:

- **Primeira:** quando o Sujeito Passivo realiza o depósito do montante integral, situação em que os juros passam a ser devidos pela instituição financeira;
- **Segunda:** quando, dentro do prazo legal para pagamento do tributo, o sujeito passivo realiza consulta administrativa. Enquanto a resposta estiver pendente, os juros não fluem –*Art. 161 do CTN. (...) "§ 2º O disposto neste artigo não se aplica na pendência de consulta formulada pelo devedor dentro do prazo legal para pagamento do crédito".*

O pagamento do tributo pode ser feito em moeda corrente, cheque, vale postal, ou, nas condições previstas em lei, em estampilha, papel selado ou por processo mecânico (art. 162 do CTN). Atualmente, não se paga mais tributo por meio de estampilha (selos que o Sujeito Passivo se valia para efetuar o pagamento). No passado, o contribuinte adquiria o selo-pedágio para fixar no para-brisa e com isso comprovava o pagamento do tributo[11].

Se o pagamento for efetuado por meio de cheque, o crédito tributário somente se considera extinto com o resgate deste pelo sacado. Nos casos de pagamento por estampilha, será extinto com a inutilização regular daquela –*"Art. 162. (...) § 2º O crédito pago por cheque somente se considera extinto com o resgate deste pelo sacado. § 3º O crédito pagável em estampilha considera-se extinto com a inutilização regular daquela, ressalvado o disposto no artigo 150. (...)"*

Nas circunstâncias de pagamento de tributo de lançamento por homologação, em que o Sujeito Passivo faz o pagamento antecipado para posterior homologação do Fisco, tem-se que a extinção somente ocorrerá com a homologação da Fazenda Pública. Esta, por sua vez, poderá homologar (constituir o crédito tributário) em até 5 (cinco) anos contados do fato gerador, conforme previsão no artigo 150, § 4º, do CTN.

9.1.1. Imputação do Pagamento

A imputação ocorre quando o Sujeito Passivo possui vários débitos perante o mesmo Sujeito Ativo e não possui a quantia suficiente para quitação de todos os créditos tributários.

Importante mencionar que a Imputação do Pagamento no Direito Tributário possui natureza diferente da contida no Direito Civil. Conforme entendimento do STJ, a imputação de pagamento "tem regime diverso àquele do direito privado (art. 354 do CC), inexistindo regra segundo a qual o pagamento parcial imputar-se-á primeiro sobre os juros para, só depois de findos estes, amortizar-se o capital". Nesse sentido, segue a jurisprudência que embasou a Súmula n. 464 do STJ[12] que trata sobre a compensação tributária, tópico subsequente:

---

11. O selo-pedágio fora considerado taxa de natureza tributária pelo STF no RE n. 181.475-6. Entretanto, a lei nº 7.712/88 que havia instituído esse selo-pedágio foi revogada. Atualmente, o pedágio foi considerado de natureza contratual, sendo, portanto, tarifa (preço público), conforme ADI nº 800, Relator Ministro Teori Zavascki, **DJe** de 27.06.2014.
12. Súmula 464 do STJ – A regra de imputação de pagamentos estabelecida no art. 354 do Código Civil não se aplica às hipóteses de compensação tributária.

PROCESSO CIVIL. RECURSO ESPECIAL REPRESENTATIVO DE CONTROVÉRSIA. ART. 543-C, DO CPC. TRIBUTÁRIO. COMPENSAÇÃO. IMPUTAÇÃO EM PAGAMENTO. ART. 354 DO CÓDIGO CIVIL. INAPLICABILIDADE. TRIBUTO SUJEITO AO LANÇAMENTO POR HOMOLOGAÇÃO. PRESCRIÇÃO. TERMO INICIAL. PAGAMENTO INDEVIDO. ARTIGO 4º, DA LC N. 118/2005. DETERMINAÇÃO DE APLICAÇÃO RETROATIVA. DECLARAÇÃO DE INCONSTITUCIONALIDADE. CONTROLE DIFUSO. CORTE ESPECIAL. RESERVA DE PLENÁRIO. MATÉRIA DECIDIDA PELA 1ª SEÇÃO, NO RESP 1002932/SP, JULGADO EM 25/11/09, SOB O REGIME DO ART. 543-C DO CPC. (...) 5. **A imputação do pagamento na seara tributária tem regime diverso àquele do direito privado (artigo 354 do Código Civil), inexistindo regra segundo a qual o pagamento parcial imputar-se-á primeiro sobre os juros para, só depois de findos estes, amortizar-se o capital.** (...) 6. Os artigos do Código Civil, que regulam os institutos da imputação e da compensação, dispõem que, in verbis: Da Imputação do Pagamento (...) "Art. 354. Havendo capital e juros, o pagamento imputar-se-á primeiro nos juros vencidos, e depois, no capital, salvo estipulação em contrário, ou se o credor passar quitação por conta do capital." Da compensação (...) "Art. 374. A matéria da compensação, no que concerne às dívidas fiscais e parafiscais, é regida pelo disposto neste capítulo" (Revogado pela Lei n. 10.677/03). "Art. 379. Sendo a mesma pessoa obrigada por várias dívidas compensáveis serão observadas, no compensá-las, as regras estabelecidas quanto à imputação do pagamento. 7. O art. 374 restou expressamente revogado pela Lei n. 10.677/2003, a qual, não tendo sido declarada inconstitucional pelo STF, deve ser aplicada, sob pena de violação de cláusula de plenário, ensejando reclamação por infringência da Súmula Vinculante n. 10, *in verbis*: "Viola a cláusula de reserva de plenário (cf. art. 97) a decisão de órgão fracionário de tribunal que, embora não declare expressamente a inconstitucionalidade de lei ou ato normativo do poder público, afasta sua incidência, no todo ou em parte". 8. **Destarte, o próprio legislador excluiu a possibilidade de aplicação de qualquer dispositivo do Código Civil à matéria de compensação tributária, determinando que esta continuasse regida Pela legislação especial. O Enunciado n. 19 da Jornada de Direito Civil CEJ/STJ consolida esse entendimento, *litteris*: "19 – Art. 374: a matéria da compensação no que concerne às dívidas fiscais e parafiscais de Estados, do Distrito Federal e de Municípios não é regida pelo art. 374 do Código Civil".** 9. Deveras, o art. 379 prevê a aplicação das regras da imputação às compensações, sendo certo que a exegese do referido diploma legal deve conduzir à limitação da sua eficácia às relações regidas pelo Direito Civil, uma vez que, em **seara de Direito Tributário, vige o princípio da supremacia do interesse público, mercê de o art. 354, ao disciplinar a imputação do pagamento no caso de amortização parcial do crédito por meio de compensação, ressalvar os casos em que haja estipulação em contrário, exatamente em virtude do princípio da autonomia da vontade, o qual, deslocado para o segmento fiscal, impossibilita que o interesse privado se sobreponha ao interesse público. 10. Outrossim, a previsão contida no art. 170 do CTN, possibilitando a atribuição legal de competência, às autoridades administrativas fiscais, para regulamentar a matéria relativa à compensação tributária, atua como fundamento de validade para as normas que estipulam a imputação** proporcional do crédito em compensação tributária, ao contrário, portanto, das normas civis sobre a matéria.11. Nesse sentido, os arts. 66 da Lei 8.383/91, e 74, da Lei 9.430/96, ***in verbis*: "Art. 66. Nos casos de pagamento indevido ou a maior de tributos e contribuições federais, inclusive previdenciárias, mesmo quando resultante de reforma, anulação,** revogação ou rescisão de decisão condenatória, o contribuinte **poderá efetuar a compensação desse valor no recolhimento de importância correspondente a períodos subsequentes.** (...) § 4º. O Departamento da Receita Federal e o Instituto Nacional do Seguro Social (INSS) expedirão as instruções necessárias ao cumprimento do disposto neste artigo". "Art. 74. O sujeito passivo que apurar crédito, inclusive os judiciais com trânsito em julgado, relativo a tributo ou contribuição administrado pela Secretaria da Receita Federal, passível de restituição ou de ressarcimento, poderá utilizá-lo na compensação de débitos próprios relativos a quaisquer tributos e contribuições administrados por aquele Órgão. (...) § 12. A Secretaria da Receita Federal disciplinará o disposto neste artigo, podendo, para fins de apreciação das declarações de compensação e dos pedidos de restituição e de ressarcimento, fixar critérios de prioridade em função do valor compensado ou a ser restituído ou ressarcido e dos prazos de prescrição". 12. Evidenciada, por conseguinte, a ausência de lacuna na legislação tributária, cuja acepção é mais ampla do que a adoção de lei, e considerando que a compensação tributária surgiu originariamente com a previsão legal de regulamentação pela autoridade administrativa, que expediu as IN's n. 21/97, 210/2002, 323/2003, 600/2005 e 900/2008, as quais não exorbitaram do poder regulamentar ao estipular a imputação proporcional do crédito em compensação tributária, reputa-se legítima a metodologia engendrada pela autoridade fiscal, tanto no âmbito formal quanto no material. 13. A interpretação a *contrario sensu* do art. 108 do CTN conduz à conclusão no sentido de que a extensa regulamentação emanada das autoridades administrativas impõe-se como óbice à integração da legislação tributária pela lei civil, máxime à luz da sistemática adotada pelo Fisco, a qual respeita a integridade do crédito fiscal, cuja amortização deve engendrar-se de forma única e indivisível, principal e juros, em perfeita sintonia com a legislação vigente e com os princípios da matemática financeira, da isonomia, ao corrigir tanto o crédito quanto o débito fiscais pelo mesmo índice (SELIC), mercê de se compatibilizar com o disposto no art. 167 do CTN, que veda a capitalização de juros. 14. Sob esse enfoque são os termos da IN SRF 900/08, que regulamenta, hodiernamente, a matéria referente à compensação com crédito oriundo de pagamento indevido ou a maior. 15. Recurso especial parcialmente provido, tão somente para determinar a aplicação do prazo prescricional decenal. Acórdão submetido ao regime do art. 543-C do CPC e da Resolução STJ 08/2008 (REsp n. 960239/SC – Min. Luiz Fux, **DJe** de 24.06.2010).

Todavia, ao considerar que hoje o Sujeito Passivo realiza o pagamento dos tributos em rede bancária e indica com precisão o crédito tributário que está pagando, o artigo 163 do CTN, que trata sobre a imputação, não é mais utilizado com frequência.

Apenas se identifica esse dispositivo legal nas situações de falência e recuperação judicial, em que há a cobrança geral de créditos tributários.

Nos termos do artigo 163 do CTN, o primeiro critério utilizado para imputação dos créditos tributários estatui que terão preferência na ordem de pagamento os créditos de **obrigação própria** do Sujeito Passivo. Tratam-se daqueles decorrentes de fatos geradores por ele praticado na condição de Contribuinte, e depois os resultantes de responsabilidade tributária.

O segundo critério utilizado se refere à **ordem de preferência** entre as espécies tributárias, considerando que os mais retributivos (contraprestacionais) devem preceder.

Diante disso, a **contribuição de melhoria** será quitada em primeiro lugar, paga em decorrência de uma obra pública que proporcionou a valorização do imóvel do Contribuinte. Por essa razão, considera-se esse tributo o mais retributivo para o Sujeito Passivo.

A **taxa** será paga em seguida, pois os Sujeitos Passivos foram beneficiados pela prestação de um serviço público específico e divisível ou objeto do exercício de um poder de polícia. Também se tratando, portanto, de tributo contraprestacional.

Os **impostos**, por sua vez, somente serão quitados pela imputação depois de devidamente pagas eventuais contribuições de melhoria e taxas. Serão, assim, pagos por último, por não apresentarem nenhum grau de retributividade. De acordo com o artigo 16 do CTN, os impostos apresentam por fato gerador uma situação independentemente de qualquer atividade estatal específica.

O penúltimo critério determina que a imputação dar-se-á na ordem **crescente** do prazo prescricional. O crédito mais antigo será pago primeiramente.

Assim, se houver um crédito referente ao exercício de 2011 e outro de 2008, o de 2008 será pago primeiro, pois está mais próximo de ocorrer a prescrição. Vale lembrar que depois de devidamente constituído o crédito tributário, nos termos do artigo 174 do CTN, a Fazenda tem cinco anos para cobrar o crédito.

E, para finalizar, caso ocorra empate com relação à ordem de pagamento dos créditos tributários, o inciso IV do artigo 163 do CTN determina que será pago primeiro o crédito de **maior valor**.

Segue quadro esquemático da Imputação de pagamento contido no artigo 163 do CTN para facilitar a compreensão:

1º critério	2º critério	3º critério	4º critério
Quanto às obrigações	**Quanto às espécies tributárias**	**Quanto à ordem de prescrição**	**Quanto à ordem de valor**
Primeiro: Obrigações próprias	**Primeiro:** Contribuições de melhoria	Ordem crescente de prescrição	Ordem decrescente dos montantes
Depois: Obrigações decorrentes de responsabilidade	**Segundo:** Taxas		
	Terceiro: Impostos		

9.2. Compensação

Trata-se de uma modalidade de extinção do crédito tributário (art. 156, II, do CTN) que ocorre quando houver **reciprocidade** entre credor e devedor. O conceito de compensação encontra-se nos artigos 368 e seguintes do Código Civil: *"Art. 368. Se duas pessoas forem ao mesmo tempo credor e devedor uma da outra, as duas obrigações extinguem-se, até onde se compensarem".*

A compensação no Direito Tributário deve ser regulamentada por meio de lei, nos termos do artigo 170 do CTN:

> **Art. 170.** A lei pode, nas condições e sob as garantias que estipular, ou cuja estipulação em cada caso atribuir à Autoridade Administrativa, autorizar a compensação de créditos tributários com créditos líquidos e certos, vencidos ou vincendos, do sujeito passivo contra a Fazenda Pública. **Parágrafo único.** Sendo vincendo o crédito do sujeito passivo, a lei determinará, para os efeitos deste artigo, a apuração do seu montante, não podendo, porém, cominar redução maior que a correspondente ao juro de 1% (um por cento) ao mês pelo tempo a decorrer entre a data da compensação e a do vencimento.

A reciprocidade entre credor e devedor no Direito Tributário é verificada quando se pretende realizar a compensação de tributos do **mesmo** Ente Federativo.

Destarte, o contribuinte que tem um crédito de IPTU não pode realizar a compensação com um débito de IPI, haja vista não existir reciprocidade entre credor e devedor nessa situação. Observa-se que está em foco um crédito vinculado a um tributo de competência municipal e de um débito de competência federal.

Além de existir a reciprocidade entre credor e devedor, o crédito tributário somente poderá ser extinto por meio da compensação quando houver previsão legal. Dessa maneira, muitos doutrinadores entendem a tributação como uma modalidade indireta de extinção do crédito tributário, pois não basta apenas existir reciprocidade entre credor e devedor, se faz imprescindível a existência de uma **lei**.

Em âmbito federal, tem-se a Lei n. 9.430/96 que estabelece a possibilidade de compensação entre os tributos da União, à luz de seu artigo 74, *in verbis:*

> **Art. 74.** O sujeito passivo que apurar crédito, inclusive os judiciais com trânsito em julgado, relativo a tributo ou contribuição administrado pela Secretaria da Receita Federal, passível de restituição ou de ressarcimento, poderá utilizá-lo na compensação de débitos próprios relativos a quaisquer tributos e contribuições administrados por aquele Órgão.

O artigo 66 da Lei n. 8.383/91 também disciplina o instituto da compensação, porém estabelece que somente pode ocorrer compensação entre tributos da mesma **espécie** tributária, vedação essa que não se encontra no artigo 74 da Lei n. 9.430/96.

Conforme entendimento firmado pelo Superior Tribunal de Justiça, a legislação aplicável ao procedimento de compensação será aquela vigente e eficaz no momento da formalização do pedido, não podendo o contribuinte se aproveitar de benesses posteriores ou sofrer com novas imposições:

> RECURSO ESPECIAL. PIS. PAGAMENTO INDEVIDO. COMPENSAÇÃO. ART. 535 DO CPC. HONORÁRIOS ADVOCATÍCIOS. EXPURGOS INFLACIONÁRIOS. JUROS DE MORA. COMPENSAÇÃO COM TRIBUTOS E CONTRIBUIÇÕES DE OUTRA ESPÉCIE. (...) – **A possibilidade, ou não, de se efetuar a compensação com tributo ou contribuição de outra espécie administrados pela Secretaria da Receita Federal depende da legislação em vigor na data do ajuizamento da ação.** Ajuizada a presente demanda em 10.05.1996, incide a Lei n. 8.383, de 30.12.1991 (com a alteração da Lei n. 9.069, de 29.06.1995), segundo a qual **"a compensação só poderá ser efetuada entre tributos, contribuições e receitas da mesma espécie"** (art. 66, § 1º). Precedente julgado sob o regime do art. 543-C do CPC e da Resolução STJ n. 8/2008. (...) (REsp n. 1097161/SP, rel. Min. Cesar Asfor Rocha, 2ª Turma, julgado em 21.06.2012, **DJe** de 12.09.2013) (grifos nossos).

O artigo 170 do CTN que trata sobre a compensação explica que a lei poderá autorizar a compensação de créditos tributários com **créditos líquidos e certos, vencidos ou vincendos,** do Sujeito Passivo contra a Fazenda Pública.

Crédito líquido e certo se define como aquele em que não há dúvidas sobre a sua existência e cujo valor tem precisão, determinado. Assim sendo, faz-se necessária a análise do Executivo ou do Judiciário sobre a existência do crédito do Sujeito Passivo.

No caso dos tributos sujeitos a lançamento por homologação, o Sujeito Passivo pode compensar seus créditos informando-os na DCTF – Declaração Centralizada de Tributos Federais –, contudo, deve aguardar a confirmação do Fisco (Poder Executivo). Nesse sentido, veja o que preceitua o artigo 74 da Lei n. 9.430/96: *"Art. 74. (...) § 2º A compensação decla-*

rada à Secretaria da Receita Federal extingue o crédito tributário sob condição resolutória de sua ulterior homologação".

Não homologada a compensação realizada pelo Sujeito Passivo, a Autoridade Administrativa deverá cientificar o Sujeito Passivo e intimá-lo a efetuar, no prazo de 30 (trinta) dias, contado da ciência do ato que não a homologou, o pagamento dos débitos indevidamente compensados (Lei n. 9.430/96, art. 74, § 7º).

O Contribuinte que se socorrer ao Poder Judiciário para ter a certeza da existência de seu crédito só poderá realizar a compensação após o trânsito em julgado, conforme prevê o artigo 170-A do CTN, inserido pela Lei Complementar n. 104/2001: *"Art. 170-A. É vedada a compensação mediante o aproveitamento de tributo, objeto de contestação judicial pelo sujeito passivo, antes do trânsito em julgado da respectiva decisão judicial".*

Desse modo, é possível afirmar que a compensação não pode ser deferida por meio da **liminar**, pois a certeza do crédito só existirá com o trânsito em julgado. Esse entendimento foi consolidado pelo STJ: *"Súmula n. 212. A compensação de créditos tributários não pode ser deferida por medida liminar".*

Uma vez reconhecida a certeza e a liquidez do crédito tributário, seja pelo Poder Executivo ou Judiciário, sendo permitida a compensação por meio de lei, a Autoridade Administrativa não pode se negar a realizá-la. Caso ocorra algum óbice à compensação, o Sujeito Passivo poderá valer-se do **Mandado de Segurança** para **declarar** o seu direito de compensar. Segue Súmula do STJ nesses termos: *Súmula n. 213 do STJ: "O* **mandado de segurança** constitui ação adequada para a **declaração** *do direito à compensação tributária".*

O Mandado de Segurança não pode ser utilizado, entretanto, para realizar a compensação propriamente e nem mesmo para convalidá-la, isso porque essa demanda não admite dilação probatória.

O Sujeito Passivo que entende ter um crédito perante a Fazenda, por ter pagado um tributo indevidamente ou a maior, deve primeiramente ter reconhecido esse direito, seja por meio administrativo ou na esfera judicial. Caso contrário não se pode falar em **direito líquido e certo**. Em decorrência disso (dessa necessidade de comprovação – dilação probatória), o Mandado de Segurança não configura instrumento adequado para realizar a compensação, apenas declarar.

IMPORTANTE! É muito comum o contribuinte, na própria esfera administrativa, já realizar a compensação e após ajuizar mandado de segurança para ser convalidada pelo Poder Judiciário, de forma a impedir o Fisco de analisar se estavam ou não presentes os requisitos conducentes à homologação do procedimento realizado pelo particular.

Nessa linha, o Tribunal compreendeu que, deferindo tal pretensão (compensação), estaria substituindo o Fisco na sua atividade privativa de lançamento. Transcreve-se trecho do voto da Ministra Eliana Calmon, em voto vencedor, proferido no julgamento dos EDcl no REsp n. 1.027.591:

> (...) efetuada a compensação, inexiste para o contribuinte direito líquido e certo, uma vez que **o Poder Judiciário não pode imiscuir-se ou limitar o poder da Autoridade Fazendária de fiscalizar a existência ou não de créditos,** assim como a conformidade do procedimento adotado com os termos da legislação vigente. (Grifos Nossos)

Dessa forma, pode-se concluir que efetivamente o Mandado de Segurança não pode ser utilizado para realizar e, muito menos, para **convalidar** a compensação, por inexistir nesse momento a liquidez e certeza do direito. Contudo, após o reconhecimento desse direito, se existir qualquer outro óbice por parte da Autoridade Administrativa, conforme orientação da Súmula n. 213 do STJ, será esse o instrumento adequado para declarar o direito de compensar.

Outro ponto relevante sobre compensação está no fato de que recentemente o STF ao julgar as ADIs n. 4.425 e 4.357 declarou inconstitucional os dispositivos dos artigos 100 da CF e 97 da ADCT. Mais especificamente os §§ 9º e 10 do artigo 100 da CF (incluídos pela EC n. 62/2009) que tratavam sobre a compensação de **ofício**, realizada pela Autoridade Administrativa no momento de restituir o Contribuinte com débitos que a Fazenda considera que este tinha. Segue a redação dos parágrafos referidos do artigo 100 da CF:

> **Art. 100.** (...) § 9º No momento da expedição dos precatórios, independentemente de regulamentação, deles deverá ser abatido, a título de compensação, valor correspondente aos débitos líquidos e certos, inscritos ou não em dívida ativa e constituídos contra o credor original pela Fazenda Pública devedora, incluídas parcelas vincendas de parcelamentos, ressalvados aqueles cuja execução esteja suspensa em virtude de contestação administrativa ou judicial.
> § 10 Antes da expedição dos precatórios, o Tribunal solicitará à Fazenda Pública devedora, para resposta em até 30 (trinta) dias, sob pena de perda do direito de abatimento, informação sobre os débitos que preencham as condições estabelecidas no § 9º, para os fins nele previstos.

Sob o ponto de vista do STF, os §§ 9º e 10 do artigo 100 da CF:

> (...) consagrariam superioridade processual da parte pública – no que concerne aos créditos privados reconhecidos em decisão judicial com trânsito em julgado – **sem que considerada a garantia do devido processo legal e de seus principais desdobramentos: o contraditório e a ampla defesa. Reiterou-se que esse tipo unilateral e automático de compensação de valores embaraçaria a efetividade da jurisdição, desrespeitaria a coisa julgada e afetaria o princípio da separação dos Poderes**. Enfatizou-se que a Fazenda Pública disporia de outros meios igualmente eficazes para a cobrança de seus créditos tributários e não tributários. **Assim, também se reputou afrontado o princípio constitucional da isonomia, uma vez que o ente estatal, ao cobrar crédito de que titular, não estaria obrigado a compensá-lo com eventual débito seu em face do credor contribuinte.** Pelos mesmos motivos, assentou-se a inconstitucionalidade da frase "permitida por iniciativa do Poder Executivo a compensação com débitos líquidos e certos, inscritos ou não em dívida ativa e constituídos contra o devedor originário pela Fazenda Pública devedora até a data da expedição do precatório, ressalvados aqueles cuja exigibilidade esteja suspensa (...) nos termos do § 9º do art. 100 da Constituição Federal", contida no inciso II do § 9º do art. 97 do ADCT[13].

Por conseguinte, tais dispositivos trazem uma desarrazoada prerrogativa do Estado em detrimento do cidadão, violando o Princípio da Isonomia, inserto no artigo 5º da CF, além de violar o devido processo legal, contraditório, ampla defesa, coisa julgada e afetar o Princípio da Separação dos Poderes.

Importante mencionar, ainda, o entendimento do STJ no sentido de que as regras da Imputação do Pagamento (estudadas no Item anterior) não podem ser aplicadas à compen-

13. Essas ADIs nº 4425 e 4357 são objeto do Informativo nº 698 de 15/03/ 2013 – acostado ao final desse Capítulo o trecho que trata dos parágrafos referentes à compensação tributária.

sação, nos termos do que prescreve a Súmula n. 464: "A regra de imputação de pagamentos estabelecida no art. 354 do Código Civil não se aplica às hipóteses de compensação tributária".

9.3. Transação

Consiste em concessões mútuas para extinguir obrigações, nos termos dos artigos 840 e seguintes do CC: "É lícito aos interessados prevenirem ou terminarem o litígio mediante concessões mútuas".

No Direito Tributário admite-se a transação como causa de extinção do crédito tributário, desde que autorizada por lei, conforme estabelece os artigos 156, III, e 171 do CTN:

> **Art. 156.** (...) III – a transação (...) **Art. 171.** A lei pode facultar, nas condições que estabeleça, aos sujeitos ativo e passivo da obrigação tributária celebrar transação que, mediante concessões mútuas, importe em determinação de litígio e consequente extinção de crédito tributário. **Parágrafo único.** A lei indicará a autoridade competente para autorizar a transação em cada caso.

Da interpretação desse dispositivo legal, o Sujeito Passivo poderá realizar acordos com a administração tributária, desde que dentro das possibilidades previstas em lei.

Cumpre enfatizar que no Direito Tributário, a **transação** somente é acolhida com o intuito de extinguir o litígio e nunca para preveni-lo. A doutrina predominante entende que o litígio pode ocorrer tanto em âmbito judicial quanto na esfera administrativa.

Igualmente, evidencia-se que a transação somente extingue o crédito tributário com relação à parte em que ocorreu a concessão feita pelo Fisco.

Para ilustrar, cita-se um Contribuinte que deve R$ 1.000,00 de IPVA, conforme cobrança em auto de infração, e a lei prevê que a desistência do litígio por parte do Sujeito Passivo confere um desconto de 50% com relação às penalidades. Quando o contribuinte opta por pagar o tributo, o crédito tributário estará extinto por meio de pagamento com relação ao valor desembolsado e extinto mediante transação do valor descontado referente às penalidades.

9.4. Remissão

Consiste no perdão do crédito tributário, incluindo o valor principal, juros e multa. A remissão está prevista no artigo 172 do CTN:

> **Art. 172.** A lei pode autorizar a Autoridade Administrativa a conceder, por despacho fundamentado, remissão total ou parcial do crédito tributário, atendendo: I – à situação econômica do sujeito passivo; II – ao erro ou ignorância escusáveis do sujeito passivo, quanto a matéria de fato; III – à diminuta importância do crédito tributário; IV – a considerações de equidade, em relação com as características pessoais ou materiais do caso; V – a condições peculiares a determinada região do território da entidade tributante.
>
> **Parágrafo único.** O despacho referido neste artigo não gera direito adquirido, aplicando-se, quando cabível, o disposto no artigo 155.

A remissão difere-se da **anistia**, pois enquanto esta perdoa apenas a penalidade tributária, aquela perdoa o tributo em si e seus acessórios. Informa-se que a anistia será tratada a seguir como forma de exclusão do crédito tributário.

Na exclusão, o crédito tributário não se constitui, pois ocorre o **impedimento** da realização do lançamento. Desse modo, apenas ocorrerá o perdão da penalidade na anistia, posto que se dá **antes** do lançamento.

Agora, se o perdão ocorrer após a constituição do crédito tributário, tem-se o instituto da **remissão** que se traduz na modalidade de extinção do crédito tributário contida no inciso IV do artigo156 do CTN.

Na remissão, a Fazenda Pública poderá determinar o que efetivamente será perdoado, seja apenas o tributo principal, os juros e/ou multa. Com isso, pode-se afirmar que a remissão poderá ser **total** ou **parcial**.

Vale destacar que a remissão só poderá ser concedida em virtude de lei, devendo ser editada pelo Ente Federativo competente para instituir o tributo.

9.5. A Prescrição e a Decadência

A decadência e a prescrição extinguem o crédito tributário, conforme estabelece o artigo 156, V, do CTN.

A decadência, conforme estudado nesse Capítulo, consiste na perda do direito do Fisco de constituir o crédito tributário. Já a prescrição, a perda do direito de cobrar esse crédito.

A Fazenda tem o prazo de cinco anos para constituir o crédito tributário, contados de acordo com as regras do artigo 150, § 4º, e 173, I, do CTN.

Assim, se a Fazenda não constituir um crédito tributário no período designado pelo Código Tributário Nacional, não mais poderá constituir esse crédito, vez que esse se extinguiu, por meio da decadência, antes mesmo de sua constituição.

Uma vez constituído o crédito tributário, nos termos do *caput* do artigo 174, o Fisco tem cinco anos para cobrá-lo, isto é, a Fazenda tem um quinquênio para propor a execução fiscal sob pena de perder esse direito em decorrência da prescrição, que também configura hipótese de extinção do crédito tributário.

Esses institutos foram abordados com maior profundidade nos Itens 7.6 e 7.7 desta obra.

9.6. A Conversão de Depósito em Renda

Essa causa de extinção do crédito tributário ocorre quando há depósito do montante integral em determinada demanda e, ao ser proferida decisão **definitiva** desfavorável ao Contribuinte, se converte o depósito em renda a favor do Ente Federativo litigante. A conversão em renda para a Fazenda Pública extingue o crédito tributário – art. 156, VI, do CTN.

9.7. O Pagamento Antecipado e a Homologação Ulterior do Lançamento

Essa causa de extinção do crédito tributário ocorre nos tributos sujeitos a lançamento por homologação, pois nesses casos, apesar de o contribuinte pagar antecipadamente o tributo, com base em apuração realizada por ele mesmo, terá de aguardar a homologação da fazenda, que tem o prazo decadencial de cinco anos para fazê-lo, nos termos do artigo 150, § 4º, do CTN. A homologação poderá ser **tácita** ou **expressa**. Com essa homologação o crédito tributário estará extinto.

> **Art. 150.** O lançamento por homologação que ocorre quanto aos tributos cuja legislação atribua ao sujeito passivo o dever de antecipar o pagamento sem prévio exame da Autoridade Administrativa, opera-se pelo ato em que a referida autoridade, tomando conhecimento da atividade assim exercida pelo obrigado, expressamente a homologa. (...) § 4º Se a lei não fixar prazo a homologação, será ele de cinco anos, a contar da ocorrência do fato gerador; expirado esse prazo sem que a Fazenda Pública se tenha pronunciado, considera-se homologado o lançamento e definitivamente extinto o crédito, salvo se comprovada a ocorrência de dolo, fraude ou simulação.

9.8. Consignação em Pagamento

Primeiramente, insta esclarecer que o mero ajuizamento da Ação Consignatória não configura extinção do crédito tributário, deverá haver decisão julgada procedente desta ação para ocorrer efetivamente a extinção.

A ação consignatória possui rito especial, cuja previsão se encontra nos artigos 890 e seguintes do CC.

No Direito Tributário, as possibilidades para a propositura da consignação em pagamento estão previstas no artigo 164 do CTN:

> **Art. 164.** A importância de crédito tributário pode ser consignada judicialmente pelo sujeito passivo, nos casos: I – de recusa de recebimento, ou subordinação deste ao pagamento de outro tributo ou de penalidade, ou ao cumprimento de obrigação acessória; II – de subordinação do recebimento ao cumprimento de exigências administrativas sem fundamento legal; III – de exigência, por mais de uma pessoa jurídica de direito público, de tributo idêntico sobre um mesmo fato gerador. § 1º A consignação só pode versar sobre o crédito que o consignante se propõe pagar. § 2º Julgada procedente a consignação, o pagamento se reputa efetuado e a importância consignada é convertida em renda; julgada improcedente a consignação no todo ou em parte, cobra-se o crédito acrescido de juros de mora, sem prejuízo das penalidades cabíveis.

Referente à primeira possibilidade de consignação em pagamento, recusa no recebimento, cita-se como exemplo o Contribuinte que, antes de qualquer procedimento administrativo, pretende pagar um tributo acompanhado de juros, mas sem pagar a penalidade (multa), pelo instituto da Denúncia Espontânea, disposto no artigo 138 do CTN. Se o Ente Federativo **recusa-se** a receber esse pagamento, cabe a Ação de Consignação em Pagamento, nos termos do artigo 164, I, do CTN.

Quanto à **subordinação** de outro tributo, cita-se como exemplo o Contribuinte que pretende pagar o IPTU e entende como indevida a cobrança de taxa de coleta de resíduos que vem no mesmo carnê. O Município, por sua vez, recusa-se a desmembrar os tributos do carnê, o que torna possível ajuizar a Ação Consignatória. Nesse contexto, segue a ementa do AgRg n. 767295, de relatoria do Ministro José Delgado, cuja publicação ocorreu no dia 16.10.2006:

> PROCESSUAL CIVIL E TRIBUTÁRIO. AGRAVO REGIMENTAL. CONSIGNAÇÃO EM PAGAMENTO DE TRIBUTO. ART. 164 DO CTN. POSSIBILIDADE. PRECEDENTES. 1. Agravo regimental contra decisão que desproveu agravo de instrumento. 2.

> **O acórdão *a quo* julgou procedente ação de consignação em pagamento objetivando efetuar em separado o pagamento da Taxa de Coleta de Resíduos, cobrada na mesma guia do IPTU, tendo em vista que este tributo foi depositado judicialmente, em ação declaratória de inconstitucionalidade. 3. É correta a propositura da ação consignatória em pagamento para fins de o contribuinte se liberar de dívida fiscal cujo pagamento seja recusado ou dificultado pelos órgãos arrecadadores – arts. 156, VIII e 164 do CTN.** 4. Tem-se por legítima a consignação em pagamento de tributo que o Fisco se recusa a receber sem que esteja acompanhado de obrigação acessória (STJ – AgRg no Ag 767295/MG, rel. Min. José Delgado, **DJ** de 16.10.2006, p. 304) (grifos nossos).

Existe também a possibilidade de ingressar com consignatória quando houver subordinação do pagamento do tributo ao cumprimento de **obrigação acessória** ou à **penalidade** tributária.

Sobre a possibilidade de consignação em pagamento, à luz do artigo 164, II, do CTN, que se refere à **subordinação** do recebimento ao cumprimento de uma obrigação imposta pela Fazenda, sem qualquer previsão legal, cita-se como exemplo o caso do Contribuinte que, por algum equívoco, pagou a menor o IR. Se esse contribuinte, quando do pagamento do tributo, tiver uma subordinação a alguma exigência administrativa, sem previsão legal, poderá ajuizar Ação Consignatória.

Quanto à possibilidade de consignação em pagamento, consoante reza o artigo 164, III, do CTN, a hipótese mais comum ocorre quando mais de um ente tributante exige tributo idêntico sobre o mesmo fato gerador.

Contudo, ainda que o CTN, no artigo 164, III, estabeleça que deve ser tributo **idêntico**, os Tribunais Superiores têm admitido a propositura da Consignação em Pagamento, nos casos de cobrança por mais de um Ente de tributos não idênticos, porém com o mesmo fato gerador.

Exemplifica-se o caso da cobrança pelo Município de IPTU e pela União de ITR, sobre a mesma propriedade do contribuinte. Confira a reprodução da ementa de decisão do STJ:

> PROCESSUAL CIVIL E TRIBUTÁRIO. DÚVIDAS SOBRE O TRIBUTO: ISSQN OU ICMS E SOBRE O ENTE TRIBUTANTE: ESTADO OU MUNICÍPIO. AÇÃO DE CONSIGNAÇÃO EM PAGAMENTO. POSSIBILIDADE. 1. "Não obstante o entendimento doutrinário no sentido de admitir a ação de consignação em pagamento, com base no art. 164, III, do CTN, apenas quando houver dúvida subjetiva em relação a entes tributantes que possuam a mesma natureza (Estado contra Estado e Município contra Município) (...), **a doutrina majoritária tem admitido a utilização da ação mencionada quando plausível a incerteza subjetiva, mesmo que se trate de impostos cobrados por entes de natureza diversa**". (REsp n. 931.566/MG, 1ª Turma, Min.ª Denise Arruda, **DJe** de 07.05.2009). Recurso especial a que se nega provimento. REsp n. 1160256/MG, rel. Min. Teori Albino Zavascki, 1ª Turma, julgado em 04.08.2011, **DJe** de 12.08.2011) (grifos nossos).

Não obstante, registra-se que em prova discursiva realizada pela banca da FGV em 2010, o examinador considerou cabível a Ação de Consignação em Pagamento para a defesa de contribuinte que recebeu cobrança de ITR e IPTU sobre a sua propriedade.

Diferentemente de outras ações em que o contribuinte efetua o depósito do montante integral, para poder discutir a relação jurídico-tributária e, assim, suspender a exigibilidade do crédito tributário, na consignação em pagamento há o depósito porque o contribuinte entende devido o tributo. Por esse motivo, nos termos do § 1º do artigo 164 do CTN, na consignação em pagamento, o depósito do valor se faz na quantia que o Sujeito Passivo entende como devido.

Ao término da ação de consignação em pagamento, se julgada procedente, o valor depositado será convertido em renda para o ente tributante que, por sua vez, terá direito ao recebimento do tributo, conforme estabelecido no § 2º do artigo 164 do CTN. E, assim, finalmente será extinto o crédito tributário.

Sendo julgado improcedente, o crédito tributário será acrescido de juros de mora e das penalidades cabíveis.

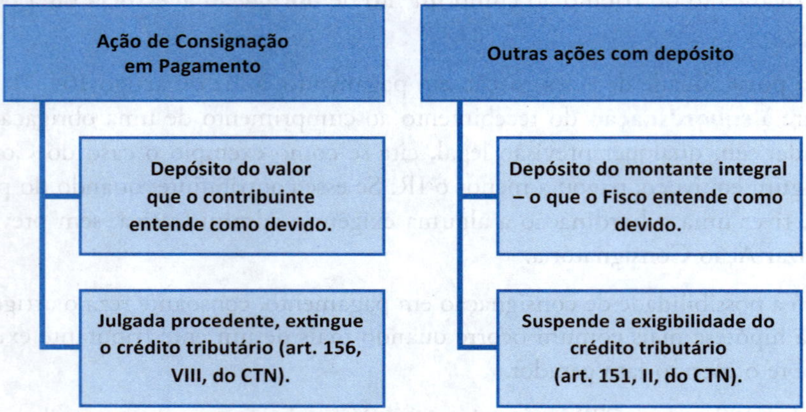

9.9. Decisão Administrativa Irreformável

Essa hipótese de extinção do crédito tributário – art. 156, IX, do CTN – refere-se à decisão administrativa **favorável** ao Sujeito Passivo, nas instâncias administrativas, em que a Fazenda Pública não pode se valer da via judicial. Observa-se que não há sentido a própria Fazenda Pública entender indevido o tributo em processo administrativo e depois querer discutir na via judicial.

Ressalta-se, todavia, que se o Sujeito Passivo for **vencido** na esfera administrativa poderá discutir no Judiciário para tentar reformar tal decisão, em observância ao artigo 5º, XXXV, da CF: "A lei não excluirá da apreciação do Poder Judiciário lesão ou ameaça a direito".

9.10. Decisão Judicial Passada em Julgado

Trata-se de outra causa de extinção do crédito tributário – art. 156, X, do CTN. Vale informar que o contribuinte possui três opções, quais sejam:

1ª Discutir na esfera administrativa antes, até o seu exaurimento, para depois propor ação judicial;

2ª Tentar primeiramente na esfera administrativa e, ao perceber que não obterá êxito, desistir da discussão administrativa para propor ação judicial;

3ª Renunciar à discussão no âmbito administrativo e logo propor ação judicial.

Registre-se que, após iniciar a pretensão na via judicial, o Sujeito Passivo não poderá mais tentar discutir administrativamente o mesmo objeto em qualquer das três hipóteses.

Nesse sentido, tem-se o Parágrafo Único do artigo 38 da Lei n. 6.830/80:

> **Art. 38.** A discussão judicial da Dívida Ativa da Fazenda Pública só é admissível em execução, na forma desta Lei, salvo as hipóteses de mandado de segurança, ação de repetição do indébito ou ação anulatória do ato declarativo da dívida, esta precedida do depósito preparatório do valor do débito, monetariamente corrigido e acrescido dos juros e multa de mora e demais encargos. **Parágrafo único. A propositura, pelo contribuinte, da ação prevista neste artigo importa em renúncia ao poder de recorrer na esfera administrativa e desistência do recurso acaso interposto (grifos nossos).**

Por conseguinte, quando a decisão judicial favorável ao contribuinte passar em julgado, o crédito tributário estará extinto.

9.11. Dação do Pagamento em Bens Imóveis, na Forma e Condições Estabelecidas em Lei

Essa modalidade de extinção do crédito tributário foi acrescentada pela Lei Complementar n. 104/2001. Trata-se de instituto do Direito Civil previsto nos artigos 356 e seguintes do CC. Consiste em dar em pagamento um bem em substituição ao dinheiro.

Nos termos do CTN, verifica-se que a dação em pagamento só tem lugar se for por bem imóvel e houver previsão em lei. O STJ, corroborando com esse entendimento, proferiu a seguinte decisão:

> PROCESSUAL CIVIL. TRIBUTÁRIO. RECURSO ESPECIAL. EXTINÇÃO DO CRÉDITO TRIBUTÁRIO. DAÇÃO EM PAGAMENTO DE BEM IMÓVEL (CTN, ART. 156, XI). PRECEITO NORMATIVO DE EFICÁCIA LIMITADA. 1. O inciso XI do art. 156 do CTN (incluído pela LC n. 104/2001), que prevê, como modalidade de extinção do crédito tributário, "a dação em pagamento em bens imóveis, na forma e condições estabelecidas em lei", é preceito normativo de eficácia limitada, subordinada à intermediação de norma regulamentadora. **O CTN, na sua condição de lei complementar destinada a "estabelecer normas gerais em matéria de legislação tributária" (CF, art. 146, III), autorizou aquela modalidade de extinção do crédito tributário, mas não a impôs obrigatoriamente, cabendo assim a cada ente federativo, no domínio de sua competência e segundo as conveniências de sua política fiscal, editar norma própria para implementar a medida** . 2. Recurso especial improvido. (REsp n. 884272/RJ, rel. Min. Teori Albino Zavascki, T1 – 1ª Turma, **DJ** de 29.03.2007) (grifos nossos).

Em virtude de o CTN apenas ter traçado normas gerais, há necessidade de previsão legal para autorizar o pagamento do tributo com a entrega de bem imóvel. Nesse sentido, em março de 2016, foi promulgada a Lei n. 13.259 que em seu artigo 4º regulamentou o art. 156, inciso XI, do CTN, passando assim o contribuinte que tenha crédito tributário inscrito em dívida ativa da União a poder utilizar a dação em pagamento de bens imóveis como forma de extinção:

> Art. 4º O crédito tributário inscrito em dívida ativa da União poderá ser extinto, nos termos do inciso XI do *caput* do art. 156 da Lei n. 5.172, de 25 de outubro de 1966 – Código Tributário Nacional, mediante dação em pagamento de bens imóveis, a critério do credor,

na forma desta Lei, desde que atendidas as seguintes condições: (Redação dada pela Lei nº 13.313, de 2016)

I – a dação seja precedida de avaliação do bem ou dos bens ofertados, que devem estar livres e desembaraçados de quaisquer ônus, nos termos de ato do Ministério da Fazenda; e (Redação dada pela Lei nº 13.313, de 2016)

II – a dação abranja a totalidade do crédito ou créditos que se pretende liquidar com atualização, juros, multa e encargos legais, sem desconto de qualquer natureza, assegurando-se ao devedor a possibilidade de complementação em dinheiro de eventual diferença entre os valores da totalidade da dívida e o valor do bem ou dos bens ofertados em dação. (Redação dada pela Lei nº 13.313, de 2016)

§ 1º O disposto no *caput* não se aplica aos créditos tributários referentes ao Regime Especial Unificado de Arrecadação de Tributos e Contribuições devidos pelas Microempresas e Empresas de Pequeno Porte – Simples Nacional. (Redação dada pela Lei nº 13.313, de 2016)

§ 2º Caso o crédito que se pretenda extinguir seja objeto de discussão judicial, a dação em pagamento somente produzirá efeitos após a desistência da referida ação pelo devedor ou corresponsável e a renúncia do direito sobre o qual se funda a ação, devendo o devedor ou o corresponsável arcar com o pagamento das custas judiciais e honorários advocatícios. (Redação dada pela Lei nº 13.313, de 2016)

§ 3º A União observará a destinação específica dos créditos extintos por dação em pagamento, nos termos de ato do Ministério da Fazenda. (Redação dada pela Lei nº 13.313, de 2016)

A condição basilar imposta pelo legislador para que ocorra a dação em pagamento é que o crédito tributário deve estar inscrito na dívida ativa da União, não se fazendo necessário o início da Execução Fiscal. Além disso, os bens imóveis ofertados e a serem entregues à Fazenda com o fim de se extinguir a obrigação tributária deverão, inicialmente, ser avaliados, devendo ainda estar desembaraçados e livres de quaisquer ônus que venham a onerar o imóvel.

O imóvel, uma vez avaliado e aceito como meio de se extinguir os débitos tributários, deverá abranger a totalidade do débito(s) que se pretende liquidar, incluindo-se nesse montante as rubricas devidas quanto à atualização, aos juros, à multa e aos encargos, sem desconto de qualquer natureza, e não apenas o valor do tributo em si.

Questão interessante que se discute é se a lei que regulamentou o art. 156, XI, do CTN poderia ser realmente uma lei ordinária. Isso porque o artigo 146, III, "b", da CF determina que as normas gerais sobre direito tributário, que versem sobre o crédito, devem ser tratadas por meio de **lei complementar.**

Considero ser constitucional o dispositivo, pois as normais gerais sobre o crédito tributário já estão previstas no CTN, que foi recepcionado como lei complementar, e por isso atende ao disposto no artigo 146, III, "b", da CF, e quando o inciso XI do artigo 156 do CTN estabelece que poderá ocorrer a dação em pagamento por meio de bem imóvel, na forma e condições estabelecidas em **lei**, essa lei a que se refere o comando apenas mencionará as condições sobre a dação em pagamento do bem imóvel, não tratando sobre o crédito tributário propriamente dito, porque esse já teve autorização para sua extinção por essa operação, em lei complementar, que é o CTN.

9.12. Questões

1. (Defensor Público/MT – UFMT/2016). NÃO é causa extintiva do crédito tributário:

(A) Depósito do seu montante integral.

(B) Consignação em pagamento.

(C) Remissão.

(D) Transação.

(E) Compensação.

2. (Pref. Santa Cecília/SC – Advogado – NUBES/2016). A extinção do crédito tributário, trata instituto que põe fim a exigência tributária, desta forma, quais são estes institutos enumerados no Código Tributário Nacional:

(A) A compensação, o pagamento, a remição, a transação, a prescrição e a decadência.

(B) A conversão de depósito em renda e a moratória.

(C) A decisão judicial passada em julgado.

(D) A decisão administrativa irreformável, assim entendida a definitiva na órbita administrativa, que não mais possa ser objeto de ação anulatória e a preclusão.

3. (Pref. Guaraciama/MG – Advogado – COTECUNIMONTES/2016). O crédito tributário regularmente constituído somente se modifica ou extingue, ou tem sua exigibilidade suspensa ou excluída, nos casos previstos em lei.

Considerando a afirmativa acima, marque a alternativa CORRETA.

(A) A conversão de depósito em renda, a transação e a remissão são hipóteses de suspensão da exigibilidade do crédito tributário.

(B) A concessão de medida liminar em mandado de segurança, o parcelamento e o depósito do montante integral são modalidades de extinção do crédito tributário.

(C) A consignação em pagamento, a remissão e a dação em pagamento de bens móveis são modalidades de extinção do crédito tributário.

(D) A decisão judicial passada em julgado, a isenção e a moratória são hipóteses de suspensão da exigibilidade do crédito tributário.

4. (Pref. Juazeiro/BA 2016 – Advogado – AOCP/2016). Assinale a alternativa que apresenta três modalidades de extinção do crédito tributário descritas no Código Tributário Nacional.

(A) Moratória; parcelamento; recursos em processo administrativo.

(B) Moratória; isenção; anistia.

(C) Parcelamento; anistia; isenção.

(D) Pagamento; remissão; conversão de depósito em renda.

(E) Isenção; remissão; parcelamento.

5. (Pref. Cambira/PR – Advogado – FAUEL/2016). Dentre as alternativas abaixo, assinale aquela que não compreende uma modalidade de extinção do crédito tributário prevista no Código Tributário Nacional.

(A) O depósito do seu montante integral.

(B) Pagamento.

(C) Remissão.

(D) A dação em pagamento em bens imóveis, na forma e condições estabelecidas em lei.

6. (FAMA – Pref. Araranguá/SC – Advogado – FAEPESUL/2016). Marque a alternativa que aponta as formas de extinção do crédito tributário.

(A) A moratória, a decadência e o pagamento antecipado.

(B) A prescrição, a anistia, o pagamento e a dação em pagamento em bens imóveis, na forma e condições estabelecidas em lei.

(C) O depósito judicial do seu montante integral e a decisão judicial passada em julgado

(D) A isenção, a transação e a compensação.

(E) A remissão, a decisão administrativa irreformável, assim entendida a definitiva na órbita administrativa, que não mais possa ser objeto de ação anulatória, e a dação em pagamento em bens imóveis, na forma e condições estabelecidas em lei.

7. (CRAISA – Advogado – CAIPIMES/2016). Relacione o instituto à descrição.

I. Anistia

II. Remissão

III. Imunidade

IV. Isenção

V. Não incidência

( ) é a exclusão do crédito tributário relativo às penalidades pecuniárias.

( ) é situação em que a regra jurídica de tributação não incide porque não se configura o seu suporte fático.

( ) é forma de extinção do crédito tributário já constituído e abrange tributos e as penalidades.

( ) é exceção feita por lei à regra jurídica de tributação.

( ) é o obstáculo criado por uma norma constitucional que impede a incidência de lei ordinária de tributação sobre determinado fato ou em detrimento de determinada pessoa ou categoria de pessoas.

Assinale a sequência correta:

(A) II, V, III, IV e I.

(B) V, II, I, III, IV.

(C) III, I, IV, II, V.

(D) I, V, II, IV e III.

8. (CRAISA – Advogado – CAIPIMES/2016). Assinale a alternativa incorreta. Extinguem o crédito tributário:

(A) o pagamento; a compensação; a transação e a remissão.

(B) a prescrição e a decadência.

(C) a conversão de depósito em renda.

(D) a dação em pagamento em bens imóveis, circunstância que prescinde de lei que se aperfeiçoe.

9. (SIMAESC – Advogado – APRENDER.COM/2016). No que tange aos casos de suspensão e/ou extinção do crédito tributário, assinale a afirmativa incorreta:

(A) Extingue o crédito tributário o depósito do seu montante integral.

(B) A moratória suspende a exigibilidade do crédito tributário, devendo o benefício ser concedido por lei.

(C) A consignação em pagamento extingue o crédito tributário.

(D) Quando a legislação tributária não fixar o tempo do pagamento, o vencimento do crédito ocorre trinta dias depois da data em que se considera o sujeito passivo notificado do lançamento

10. (Pref. Picos/PI – Analista Processual – IMA/2016). Segundo o Código Tributário Nacional, remissão é:

(A) Uma modalidade de extinção dos créditos tributários e consiste na liberação da dívida por parte do credor, respaldada em lei autorizativa.

(B) A perda do direito de constituir o crédito tributário pelo decurso do prazo.

(C) Uma modalidade de exclusão dos créditos tributários com a liberação das penalidades aplicadas ao sujeito passivo, respaldada em lei autorizativa.

(D) Uma modalidade de extinção dos créditos tributários em razão da compensação de créditos entre o sujeito ativo e o sujeito passivo, respaldada em lei autorizativa.

11. (Câmara de Itatiba/SP – Advogado – VUNESP/2015). Dispõe o Código Tributário Nacional que a lei pode autorizar a autoridade administrativa a conceder, por despacho fundamentado, remissão total ou parcial do crédito tributário, atendendo a determinadas circunstâncias que estabelece, dentre as quais,

(A) a elevada importância do crédito tributário.

(B) a condição patrimonial favorecida do sujeito ativo.

(C) a condição peculiar a determinada região do território da entidade tributante.

(D) as considerações de afinidade, em relação às características pessoais ou materiais do caso.
(E) o erro do sujeito passivo, ainda que inescusável, quanto à matéria de fato.

12. (CISLIPA/PR Advogado – FAFIPA/2015). Não extingue o crédito tributário:
(A) O parcelamento.
(B) A compensação.
(C) A remissão.
(D) O pagamento.

13. (Carapicuíba/SP–Procurador – IBC/2015). Analise as assertivas abaixo e assinale a alternativa correta em relação à extinção do crédito tributário:
I. Extinguem o crédito tributário, entre outros: o pagamento, a moratória e transação.
II. O depósito do montante integral do crédito tributário extingue sua exigibilidade.
III. A lei pode facultar, nas condições que estabeleça, aos sujeitos ativo e passivo da obrigação tributária celebrar transação que, mediante concessões mútuas, importe em determinação de litígio e consequente extinção de crédito tributário.
(A) Todas as assertivas estão incorretas.
(B) Apenas a assertiva I está correta.
(C) Apenas a assertiva II está correta.
(D) Apenas a assertiva III está correta.

14. (TJ/MG – Cartório – CONSULPLAN/2015). Quanto ao crédito tributário e às correspondentes hipóteses de suspensão e extinção, é correta a assertiva:
(A) O crédito tributário pode ter sua exigibilidade suspensa, entre outras hipóteses, mediante concessão de moratória, parcelamento ou transação.
(B) O parcelamento tributário pode ser instituído e disciplinado por meio de ato infralegal da Fazenda Pública.
(C) O crédito tributário pode ser extinto por meio de dação em pagamento de bens imóveis, desde que observadas a forma e as condições estabelecidas em lei.
(D) Quando o pagamento é realizado em cotas periódicas, a quitação da última parcela gera a presunção relativa do pagamento das parcelas anteriores.

15. (São Paulo/SP – Procurador – VUNESP/2015). Extingue o crédito tributário:
(A) o parcelamento.
(B) a moratória.
(C) o pagamento pendente de homologação.
(D) a conversão do depósito em renda.
(E) a isenção.

16. (CEASA/Campinas – Advogado – SHDIAS/2014). Extinguem o crédito tributário:
I. Remissão;
II. A prescrição e a decadência;
III. O pagamento;
IV. A compensação;
V. A conversão de depósito em renda;
VI. A transação.
Estão corretos os itens:
(A) I, III, IV e V.
(B) II, III, IV e V.
(C) I, II, III e IV.
(D) I, II, III, IV e V.

17. (TJ/MT – Cartório – FMP/2014). Segundo o Código Tributário Nacional, são hipóteses de extinção do crédito tributário:

(A) compensação, transação e moratória.

(B) conversão do depósito em renda, pagamento e concessão de medida liminar em Mandado de Segurança.

(C) parcelamento, decadência e remissão.

(D) compensação, pagamento e prescrição.

(E) prescrição, decadência e depósito do montante integral.

18. (Prefeitura Cuiabá/MT – Procurador Município – FCC/2014). Lei municipal extingue crédito tributário referente a principal, multas, juros e honorários relativos às cobranças de IPTU ajuizadas e não pagos nos últimos 5 anos, para aqueles contribuintes que demonstrem, neste período, renda familiar inferior a 10 salários-mínimos e que desistam de eventuais litígios tributários em face do município de Cuiabá em relação ao imposto e que se comprometam a efetuar os pagamentos tempestivos do IPTU vincendo. É modalidade de extinção de crédito tributário tratada nessa lei municipal:

(A) compensação.

(B) remissão.

(C) prescrição.

(D) dação em pagamento.

(E) consignação em pagamento.

19. (MPE/AC – Promotor de Justiça – CESPE/2014). Considere que um estado da Federação conceda remissão ao tributo de ICMS de forma autônoma e contrária ao previsto na legislação federal, tendo sido os atos de concessão firmados entre a fazenda local e o contribuinte-empresário. Diante dessa situação hipotética, assinale a opção correta.

(A) Por não ser norma de efeito concreto, a lei editada pelo parlamento local não pode ser objeto de ação direta de inconstitucionalidade.

(B) O ente da Federação detém capacidade tributária para conceder o referido benefício, pois a remissão consiste em perdão de punições.

(C) A remissão é um benefício fiscal e deve, no caso do ICMS, ser autorizada pelo CONFAZ antes de sua concessão por lei estadual, dado que o citado tributo submete-se a regramento nacional.

(D) Para a concessão da remissão, a interpretação da legislação de referência deve ser feita por método integrativo, visto que o objetivo é beneficiar o contribuinte.

(E) Não é possível ao MP o ajuizamento de ACP contra os atos contratuais firmados pelo poder público, pois se trata de matéria vinculada à cobrança de tributos.

20. (Defensoria Pública do Tocantins – CESPE/2013). No que concerne à extinção do crédito tributário, assinale a opção correta:

(A) O vencimento do crédito tributário ocorre dez dias depois da data em que se considera o sujeito passivo notificado do cálculo do montante do tributo devido.

(B) A lei pode autorizar a compensação de crédito tributário com créditos vencidos, líquidos e certos, possibilidade vedada para os vincendos.

(C) De acordo com o STJ, a remissão de juros de mora insertos na composição do crédito tributário não enseja o resgate de juros remuneratórios incidentes sobre o depósito judicial feito para suspender a exigibilidade desse mesmo crédito tributário.

(D) A concessão de medida liminar em mandado de segurança configura hipótese de extinção do crédito tributário.

(E) Caso a legislação tributária não disponha a respeito do local de pagamento do tributo, ele deve ser efetuado na repartição competente do local da ocorrência do fato gerador.

21. (DETRAN/PB – Advogado – FUNCAB/2013). Assinale a alternativa correta:

(A) A prescrição e a decadência extinguem o crédito tributário.

(B) A transação não é considerada modalidade de extinção do crédito tributário.

(C) A compensação é modalidade de suspensão do crédito tributário.
(D) A concessão de medida liminar em mandado de segurança exclui o crédito tributário.
(E) A decisão judicial passada em julgado suspende o crédito tributário.

22. (Prefeitura Municipal de São Sebastião da Amoreira/PR – Advogado – FUNTEF/2013). São causas de extinção do crédito tributário, EXCETO:

(A) pagamento;
(B) compensação;
(C) transação;
(D) moratória;
(E) remissão.

23. (CETESB – Advogado – VUNESP/2013). Extingue(m) o crédito tributário:

(A) A concessão de medida liminar ou de tutela antecipada, em mandado de segurança ou outras espécies de ação judicial.
(B) A decisão administrativa irreformável, assim entendida a definitiva na órbita administrativa, que não mais possa ser objeto de ação anulatória.
(C) A moratória, o parcelamento e o depósito do montante integral.
(D) As reclamações e os recursos, nos termos das leis reguladoras do processo tributário administrativo.
(E) A dação em pagamento em bens móveis, na forma e condições estabelecidas em lei.

24. (PROCON/RJ – Advogado 2012 – CEPERJ/2012). Nos termos do Código Tributário Nacional, das opções seguintes, não é considerada fundamento para a extinção do crédito tributário:

(A) pagamento;
(B) remissão;
(C) liminar;
(D) transação;
(E) prescrição.

25. (CREAS/Município de Diamante do Oeste/PR – Advogado – EXATUS/2012). Quanto às modalidade de extinção do Crédito tributário, assinale a alternativa correta:

(A) Quando a legislação tributária não fixar o tempo do pagamento, o vencimento do crédito ocorre 45 (Quarenta e Cinco) dias depois da data em que se considera o sujeito passivo notificado do lançamento.
(B) O direito de a Fazenda Pública constituir o crédito tributário extingue-se após 15 (quinze) anos, contados.
(C) A lei pode autorizar a Autoridade Administrativa conceder, por despacho fundamentado, remissão total ou parcial do crédito tributário atendendo a condições peculiares a determinada região do território da entidade tributante.
(D) É permitida a compensação mediante o aproveitamento de tributo, objeto de contestação judicial pelo sujeito passivo, desde que antes do transito em julgado da respectiva decisão judicial.

26. (Companhia do Metropolitano-METRÔ/SP – Advogado Júnior – FCC/2012). Considere:

I. Parcelamento.
II. Remissão.
III. Conversão de depósito em renda.
IV. Anistia.

São hipóteses de extinção do crédito tributário as indicadas SOMENTE em:

(A) I e IV.
(B) II e III.
(C) I e III.
(D) II e IV.
(E) III e IV.

27. (Câmara de Barra do Jacaré/PR – Advogado – UENP/2012). Nos termos do art. 172 do Código Tributário Nacional (Lei n. 5.172/66), a lei pode autorizar a Autoridade Administrativa a conceder, por despacho fundamentado, remissão total ou parcial do crédito tributário. Para tanto, a concessão da remissão deve ocorrer visando atender determinadas circunstâncias, dentre as quais NÃO se encontra:

(A) A situação econômica do sujeito passivo.

(B) O erro ou ignorância escusáveis do sujeito passivo quanto à matéria de fato.

(C) A diminuta importância do crédito tributário.

(D) As condições peculiares a determinada região do território da entidade tributante.

(E) As especificidades do programa de governo adotado pela administração.

28. (Câmara de Itambaracá/PR – Advogado 2012 – UENP/2012). Uma Lei Municipal determinou que fossem cancelados todos os créditos tributários até R$ 1.000,00 (mil reais), inscritos ou não na Dívida Ativa. Portanto, essa lei tratou da instituição de:

(A) moratória;

(B) anistia;

(C) remissão;

(D) isenção;

(E) prescrição.

29. (Prefeitura Municipal de Balsa Nova/PR – Advogado – UFPR/2012). A respeito das hipóteses de extinção, de exclusão e de suspensão da exigibilidade do crédito tributário, identifique as afirmativas a seguir como verdadeiras (V) ou falsas (F):

( ) A isenção é hipótese de extinção do crédito tributário.

( ) A remissão é hipótese de extinção do crédito tributário.

( ) A anistia é hipótese de extinção do crédito tributário.

( ) A moratória é hipótese de extinção do crédito tributário.

Assinale a alternativa que apresenta a sequência correta, de cima para baixo:

(A) V – F – V – F.

(B) V – V – V – V.

(C) F – V – F – V.

(D) F – V – F – F.

(E) V – F – F – F.

30. (TJ/RJ – Juiz Substituto – VUNESP/2012). Assinale a alternativa em que estão presentes apenas causas extintivas do crédito tributário:

(A) O depósito do montante integral e o parcelamento.

(B) As reclamações e os recursos, nos termos das leis reguladoras do processo tributário administrativo, e a moratória.

(C) A compensação e a dação em pagamento em bens imóveis, na forma e nas condições estabelecidas em lei.

(D) A concessão de medida liminar em mandado de segurança e o pagamento.

31. (FUNSERV/Município de Sorocaba/SP – Procurador – VUNESP/2012). Acerca das causas de extinção do crédito tributário, assinale a alternativa correta:

(A) O sujeito passivo tem direito, em qualquer hipótese e mediante prévio protesto, à restituição total ou parcial do tributo no caso de pagamento indevido.

(B) Ocorrendo o pagamento indevido, prescreve em 5 anos a ação anulatória da decisão administrativa que denegar a restituição.

(C) Por expressa determinação legal, é permitida a compensação mediante o aproveitamento de tributo, objeto de contestação judicial pelo sujeito passivo, antes do trânsito em julgado da respectiva decisão judicial.

(D) A lei pode autorizar a Autoridade Administrativa a conceder, por despacho fundamentado, remissão total ou parcial do crédito tributário, atendendo às situações previstas no Código Tributário Nacional, casos em que gera direito adquirido.

(E) A lei pode, nas condições e sob as garantias que estipular, ou cuja estipulação em cada caso atribuir à Autoridade Administrativa, autorizar a compensação de créditos tributários com créditos líquidos e certos, vencidos ou vincendos, do sujeito passivo contra a Fazenda Pública.

32. (Município de São José dos Campos/SP – Procurador – VUNESP/2012). Assinale a alternativa em que estão presentes apenas causas de extinção do crédito tributário:

(A) Prescrição, remissão e compensação.

(B) Transação, moratória e concessão de liminar em mandado de segurança.

(C) Decisão judicial passada em julgado, decisão administrativa irreformável e moratória.

(D) Isenção, imunidade e dação em pagamento em bens imóveis, na forma e condições estabelecidas em lei.

(E) Transação, decadência e anistia.

33. (TRF/2ª Região – Juiz Federal – CESPE/2011). De acordo com o CTN, constitui caso de extinção do crédito tributário:

(A) A concessão de isenção tributária.

(B) O transcorrer do prazo de cinco anos contados da constituição do crédito.

(C) A concessão de anistia.

(D) O depósito do montante integral do crédito.

(E) A concessão de parcelamento do crédito.

34. (Procurador Esp. de Contas junto aos Municípios/BA – FCC/2011). O pagamento é a forma mais rudimentar de extinção do crédito tributário. Sobre o pagamento, é INCORRETO afirmar:

(A) Haverá presunção de pagamento integral do crédito tributário quando, tratando-se de pagamento em parcelas, se comprovar o pagamento da última parcela.

(B) O vencimento do crédito tributário ocorre em 30 dias, a contar da data da notificação válida do lançamento feita ao sujeito passivo, desde que a legislação tributária específica não fixe o tempo para pagamento.

(C) Os juros de mora são calculados à taxa de 1% ao mês, se a lei não dispuser de modo diverso.

(D) Na pendência de consulta tempestiva formulada ao Fisco, não haverá incidência de acréscimos decorrentes da mora.

(E) O pagamento em cheque somente opera a extinção do crédito tributário após o resgate do título pelo sacado.

35. (MPE/MS – MPE/2011). São modalidades que extinguem o crédito tributário, exceto:

(A) a compensação;

(B) a concessão de liminar em ação cautelar inominada;

(C) a dação em pagamento de bens imóveis, na forma e condições estabelecidas em lei;

(D) a decisão administrativa irreformável, assim entendida a definitiva na órbita administrativa;

(E) a conversão de depósito em renda.

36. (Procurador-Geral do Estado do Paraná – UEL/COPS/2011). Dentre as alternativas abaixo, aponte aquela que estiver correta:

(A) Unicamente o pagamento extingue o crédito tributário, até porque o tributo é denominado pela legislação tributária vigente como uma prestação pecuniária.

(B) A compensação tributária, quando objeto de contestação judicial, e desde que autorizada em lei, independe do trânsito em julgado da respectiva demanda.

(C) Sujeitos ativo e passivo da relação jurídica tributária podem, a qualquer tempo e condição, celebrar transação que, mediante concessões mútuas, importe em terminação do litígio e consequente extinção do crédito tributário.

(D) A dação em pagamento em bens imóveis, excluídos os móveis, na forma e condições estabelecidas em lei, extingue o crédito tributário.

GABARITO

1. **Alternativa (A).** Depósito do seu montante integral.

Comentário: A alternativa **"A"** está correta, conforme preceitua o art. 151, II, do CTN, é causa de suspensão da exigibilidade do crédito tributário. As opções "B", "C", "D" e "E" são hipóteses de extinção do crédito tributário, nos termos do art. 156 do CTN.

2. **Alternativa (C).** A decisão judicial passada em julgado.

Comentário: A opção **"C"** está correta, de acordo com o art. 156, X ,do CTN. A resposta "A" está incorreta, trata-se de remissão, hipótese que extingue o crédito tributário, nos termos do art. 156, IV, do CTN. A justificativa "B" está incorreta, a moratória é modalidade de suspensão do crédito tributário, com base no art. 151, I, do CTN. A letra "D" está incorreta, a preclusão não consta no rol do art. 156 do CTN.

3. **Alternativa (C).** A consignação em pagamento, a remissão e a dação em pagamento de bens móveis são modalidades de extinção do crédito tributário.

Comentário: A resposta **"C"** está correta, segundo o art. 156, VIII, IV e XI, do CTN. A justificativa "A" está incorreta, são hipóteses de extinção da exigibilidade do crédito tributário, à luz do art. 156, VI, III e IV, do CTN. A letra "B" está incorreta, são hipóteses de suspensão da exigibilidade do crédito tributário, com base no art. 151, IV, VI e II, do CTN. A alternativa "D" está incorreta, a decisão judicial passada em julgado é modalidade de extinção do crédito tributário, consoante reza o art. 156, X do CTN, a isenção é modalidade de exclusão do crédito, de acordo com o art. 175, I do CTN.

4. **Alternativa (D).** Pagamento; remissão; conversão de depósito em renda.

Comentário: A justificativa **"D"** está correta, nos termos do art. 156, I, IV e VI, do CTN. A letra "A" está incorreta, são hipóteses de suspensão, conforme fundamentado no art. 151, I, VI e III, do CTN, A alternativa "B" está incorreta, moratória é hipótese de suspensão, segundo o art. 151, I, do CTN, isenção e anistia são hipóteses de exclusão do crédito tributário, à luz do art. 175, I e II, do CTN. As opções "C" e "E" estão incorretas, com base nos arts. 151 e 175 do CTN.

5. **Alternativa (A).** O depósito do seu montante integral.

Comentário: A letra **"A"** está correta, pois se trata de hipótese de suspensão do crédito tributário, nos termos do art. 151, II, do CTN. As alternativas "B", "C" e "D" são modalidades de extinção do crédito tributário, previstas no art. 156 do CTN.

6. **Alternativa (E).** A remissão, a decisão administrativa irreformável, assim entendida a definitiva na órbita administrativa, que não mais possa ser objeto de ação anulatória, e a dação em pagamento em bens imóveis, na forma e condições estabelecidas em lei.

Comentário: A alternativa **"E"** está correta, nos termos do art. 156 do CTN. A opção "A" está incorreta, a moratória suspende a exigibilidade do crédito tributário, com base no art. 151, I, do CTN. A resposta "B" está incorreta, a anistia exclui o crédito tributário, art. 175, II, do CTN. A justificativa "C" está incorreta, depósito judicial do seu montante integral suspende a exigibilidade do crédito tributário, à luz do art. 151, II, do CTN. A letra "D" está incorreta, a isenção exclui o crédito tributário, conforme institui o art. 175, I, do CTN.

7. **Alternativa (D).** I, V, II, IV e III.

I. é a exclusão do crédito tributário relativo às penalidades pecuniárias.

V. é situação em que a regra jurídica de tributação não incide porque não se configura o seu suporte fático.

II. é forma de extinção do crédito tributário já constituído e abrange tributos e as penalidades.

IV. é exceção feita por lei à regra jurídica de tributação.

III. é o obstáculo criado por uma norma constitucional que impede a incidência de lei ordinária de tributação sobre determinado fato ou em detrimento de determinada pessoa ou categoria de pessoas.

Comentário: A opção **"D"** está correta. A anistia é a exclusão do crédito tributário relativo às penalidades pecuniárias, segundo dispõem os arts. 175, II, e 180 do CTN. A remissão é forma de extinção do crédito tributário já constituído e abrange os tributos e as penalidades, consoante preceituam os arts. 156, IV, e 172 do

CTN. Imunidade é o obstáculo criado por uma norma constitucional que impede a incidência de lei ordinária de tributação sobre determinado fato ou em detrimento de determinada pessoa ou categoria de pessoas. Isenção é exceção feita por lei à regra jurídica de tributação. Não incidência é situação em que a regra jurídica de tributação não incide porque não se configura o seu suporte fático.

8. **Alternativa (D).** A dação em pagamento em bens imóveis, circunstância que prescinde de lei que se aperfeiçoe.

Comentário: A resposta **"D"** está incorreta, o art. 156, XI, traz a previsão da dação em pagamento em bens imóveis, na forma e condições estabelecidas em lei. Atualmente é o art. 4º da Lei n. 13.259/2016 que regula sobre a dação em pagamento de bens imóveis para fins de extinção do crédito tributário. As justificativas "A", "B" e "C" trazem hipóteses que extinguem o crédito tributário.

9. **Alternativa (A).** Extingue o crédito tributário o depósito do seu montante integral.

Comentário: A justificativa **"A"** está incorreta, o depósito do seu montante integral suspende a exigibilidade do crédito tributário, nos termos do art. 151, II, do CTN. A letra "B" está correta, à luz dos arts. 151, I, e 153 do CTN. A alternativa "C" está correta, nos ditames do art. 156, VIII, do CTN. A opção "D" está correta, com base no art. 160 do CTN.

10. **Alternativa (A).** Uma modalidade de extinção dos créditos tributários e consiste na liberação da dívida por parte do credor, respaldada em lei autorizativa.

Comentário: A letra **"A"** está correta, nos termos dos arts. 156, IV, e 172 do CTN.

11. **Alternativa (C).** A condição peculiar a determinada região do território da entidade tributante.

Comentário: A alternativa **"C"** está correta, conforme o artigo 172, V, do CTN. A opção "A" está incorreta, de acordo com o artigo 172, I, do CTN, deve atender "à diminuta importância do crédito tributário". A resposta "B" está incorreta, nos termos do artigo 172, I, do CTN, deve atender "à situação econômica do sujeito passivo". A letra "D" está incorreta, consoante o artigo 172, IV, do CTN, deve atender "a considerações de equidade". A justificativa "E" está incorreta, segundo o artigo 172, II, do CTN, deve atender "ao erro ou ignorância escusáveis".

12. **Alternativa (A).** O parcelamento.

Comentário: A alternativa **"A"** está correta, nos termos do art. 151, VI, do CTN, o parcelamento é hipótese de suspensão da exigibilidade do crédito tributário. A opção "B" está incorreta, à luz do art. 156, II, do CTN, a compensação é hipótese de extinção do crédito tributário. A resposta "C" está incorreta, conforme o art. 156, IV, do CTN, a remissão é hipótese de extinção do crédito tributário. A justificativa "D" está incorreta, consoante o art. 156, I, do CTN, o pagamento é hipótese de extinção do crédito tributário.

13. **Alternativa (D).** Apenas a assertiva III está correta.

III) A lei pode facultar, nas condições que estabeleça, aos sujeitos ativo e passivo da obrigação tributária celebrar transação que, mediante concessões mútuas, importe em determinação de litígio e consequente extinção de crédito tributário.

Comentário: O **item III** está correto, à luz dos arts. 840 e seguintes do CC: "É lícito aos interessados prevenirem ou terminarem o litígio mediante concessões mútuas". No Direito Tributário admite-se a transação como causa de extinção do crédito tributário, desde que autorizada por lei, conforme estabelece os arts. 156, III, e 171 do CTN. O item I está incorreto, pois a moratória é causa de suspensão da exigibilidade do crédito tributário, conforme art. 151, I, do CTN. O item II também está incorreto, porque o depósito do montante integral do crédito tributário suspende a sua exigibilidade, consoante reza o art. 151, II, do CTN.

14. **Alternativa (C).** O crédito tributário pode ser extinto por meio de dação em pagamento de bens imóveis, desde que observadas a forma e as condições estabelecidas em lei.

Comentário: A alternativa **"C"** está correta, consoante o estabelecido no art. 156, XI, do CTN. A opção "A" está incorreta, a transação está prevista no art. 156, III, do CTN como forma de extinção do crédito tributário. A resposta "B" está incorreta, nos termos do art. 155-A do CTN, "o parcelamento será concedido na forma e condição estabelecidas em lei específica". A justificativa "D" está incorreta, conforme o art. 158 do CTN, o pagamento da última parcela não pressupõe que foram quitadas as parcelas anteriores e por isso não implica a extinção do crédito tributário.

15. Alternativa (D). A conversão do depósito em renda.

Comentário: A alternativa **"D"** está correta, consoante o art. 156, VI, do CTN. A opção "A" está incorreta, o parcelamento é hipótese de suspensão da exigibilidade do crédito tributário, à luz do art. 151, VI, do CTN. A resposta "B" está incorreta, a moratória é hipótese de suspensão da exigibilidade do crédito tributário, art. 151, I, do CTN. A letra "C" está incorreta, conforme reza o art. 156, I, do CTN, o pagamento extingue o crédito tributário. A lei não fala em pendência nesta hipótese. A justificativa "E" está incorreta, de acordo com o art. 175, I, do CTN, a isenção é hipótese de exclusão do crédito tributário.

16. Alternativa (D). I, II, III, IV e V.

I. Remissão;
II. A prescrição e a decadência;
III. O pagamento;
IV. A compensação;
V. A conversão de depósito em renda;
VI. A transação.

Comentário: A alternativa "D" é a opção correta, pois todas as assertivas estão em conformidade com as hipóteses de extinção do crédito tributário, contidas no artigo 156 do CTN.

17. Alternativa (D). Compensação, pagamento e prescrição.

Comentário: A opção **"D"** é a letra correta, consoante as hipóteses de extinção do crédito tributário contidas no artigo 156, II, I e V, do CTN.

18. Alternativa (B). Remissão.

Comentário: A letra **"B"** é a assertiva correta. Trata-se de hipótese de extinção do crédito tributário prevista no inciso IV do artigo 156 do CTN. A remissão consiste no perdão do crédito tributário, incluindo o valor principal, juros e multa, conforme previsão no artigo 172 do CTN.

19. Alternativa (C). A remissão é um benefício fiscal e deve, no caso do ICMS, ser autorizada pelo CONFAZ antes de sua concessão por lei estadual, dado que o citado tributo submete-se a regramento nacional.

Comentário: A assertiva "A" está incorreta, a lei que regulamentou o benefício deve observar os limites traçados pela Constituição Federal, razão pela qual, quando desrespeitados permitem o exercício do controle de Constitucionalidade. Observe que o artigo 155, § 2º, inciso XII, "g", da CF dispõe competir à Lei Complementar, mediante deliberação dos Estados-membros e do Distrito Federal, a regulamentação de isenções, incentivos e benefícios fiscais a serem concedidos ou revogados, no que diz respeito ao ICMS. Desse modo, o referido Estado deverá observar a Lei Complementar n. 24/75, regulamentadora dessa questão, que determina que as isenções serão concedidas e revogadas nos termos dos convênios celebrados e ratificados. A resposta "B" também incorreta, o perdão de punições refere-se à anistia, no caso da remissão haverá perdão do crédito tributário, incluindo o valor principal, juros e multa, conforme previsão no artigo 172 do CTN. A resposta **"C"** é a justificativa correta, no caso de ICMS, a remissão deve ser autorizada pelo CONFAZ antes de sua concessão por lei estadual, posto que segundo a Lei Complementar n. 24/1975, as isenções a que se faz referência serão concedidas e revogadas nos termos dos convênios celebrados e ratificados pelos Estados e pelo Distrito Federal. Portanto, há necessidade de aprovação pelo CONFAZ para redução ou qualquer outra benesse ao contribuinte em relação ao ICMS. A alternativa "D" está incorreta, não se utiliza o método integrativo, de acordo com o artigo 108, § 2º, do CTN. Outrossim, o legislador deixou expresso que no caso do inciso IV do artigo 172 do CTN, a remissão de crédito tributário será feita por consideração de equidade. A opção "E" da mesma forma está incorreta, não se trata de matéria vinculada à cobrança, mas sim de perdão (remissão).

20. Alternativa (C). De acordo com o STJ, a remissão de juros de mora insertos na composição do crédito tributário não enseja o resgate de juros remuneratórios incidentes sobre o depósito judicial feito para suspender a exigibilidade desse mesmo crédito tributário.

Comentário: A alternativa "A" está incorreta, nos termos do artigo 160 do CTN, quando a legislação tributária não fixar o tempo do pagamento, o vencimento do crédito ocorrerá 30 dias depois da data em que se considera o sujeito passivo notificado do lançamento. A opção "B" está incorreta, segundo o artigo 170 do CTN, a lei pode autorizar a compensação de créditos vincendos também. A letra **"C"** é a assertiva correta, consoante o entendimento do STJ: os juros que remuneram o depósito (juros remuneratórios e não moratórios) não são os mesmos juros que oneram o crédito tributário (estes sim juros de mora), e, por essa razão, a remissão de juros de mora insertos na composição do crédito tributário não enseja o resgate de juros remuneratórios incidentes sobre o depósito judicial feito para suspender a exigibilidade desse mesmo crédito tributário (REsp n. 1322260/RS, rel. Min. Castro Meira, 2ª Turma, julgado em 06.09.2012, **DJe** de 11.10.2012. A resposta "D" está incorreta, pois trata-se de hipótese de suspensão da exigibilidade do crédito tributário, art. 151, IV, do CTN. A justificativa "E" está incorreta, à luz do artigo 159 do CTN, quando a legislação tributária não dispuser a respeito, o pagamento é efetuado na repartição competente do domicílio do sujeito passivo.

21. Alternativa (A). A prescrição e a decadência extinguem o crédito tributário.

Comentário: A opção correta é a letra **"A"**, nos termos do artigo 156, V, do CTN.

22. Alternativa (D). Moratória.

Comentário: A questão pede a **incorreta**. A moratória é hipótese de suspensão da exigibilidade do crédito tributário, conforme determina o artigo 151, I, do CTN. Logo, o gabarito é a assertiva **"D"**.

23. Alternativa (B). A decisão administrativa irreformável, assim entendida a definitiva na órbita administrativa, que não mais possa ser objeto de ação anulatória.

Comentário: A justificativa correta é a alternativa **"B"**, consoante determina o artigo 156, IX, do CTN.

24. Alternativa (C). Liminar.

Comentário: A assertiva correta é a letra **"C"**, à luz do artigo 156 do CTN. A liminar, de acordo com o artigo 151, IV e V, do CTN, suspende a exigibilidade do crédito tributário.

25. Alternativa (C). A lei pode autorizar a Autoridade Administrativa conceder, por despacho fundamentado, remissão total ou parcial do crédito tributário atendendo a condições peculiares a determinada região do território da entidade tributante.

Comentário: A opção "A" está incorreta, segundo o artigo 160 do CTN, quando a legislação tributária não fixar o tempo do pagamento, o vencimento do crédito ocorre trinta dias depois da data em que se considera o sujeito passivo notificado do lançamento. A letra "B" está incorreta, o prazo para o Fisco constituir o crédito tributário é de cinco anos contados pela regra do artigo 173, I, do CTN, ou do art. 150, § 4º, do CTN. A assertiva **"C"** é a resposta correta, com base no artigo 172 do CTN. A justificativa "D" está incorreta, conforme determina o artigo 170-A do CTN, é vedada a compensação mediante o aproveitamento de tributo, objeto de contestação judicial pelo sujeito passivo, antes do trânsito em julgado da respectiva decisão judicial.

26. Alternativa (B). II e III.

II. Remissão.

III. Conversão de depósito em renda.

Comentário: A resposta correta é a opção **"B"**, nos ditames do artigo 156 do CTN.

27. Alternativa (E). As especificidades do programa de governo adotado pela administração.

Comentário: A opção correta é a alternativa **"E"**, de acordo com o disposto no artigo 172 do CTN.

28. Alternativa (C). Remissão.

Comentário: A remissão consiste no perdão do crédito tributário. Portanto, a assertiva **"C"** é a resposta correta.

29. Alternativa (D). F – V – F – F.

(F) A isenção é hipótese de extinção do crédito tributário.

(V) A remissão é hipótese de extinção do crédito tributário.

(F) A anistia é hipótese de extinção do crédito tributário.

(F) A moratória é hipótese de extinção do crédito tributário.

Comentário: A **primeira** assertiva é **falsa**, pois a isenção é hipótese de exclusão do crédito tributário, art. 175 do CTN. A **segunda** é **verdadeira**, porque remissão é extinção do crédito tributário, segundo disposição do art. 156, IV, do CTN. A **terceira** é **falsa**, uma vez que a anistia é presunção de exclusão do crédito tributário, art. 175 do CTN. A **quarta** também é **falsa**, visto que a moratória é pressuposto de suspensão da exigibilidade do crédito tributário, art. 151 do CTN. Então, a alternativa **"D"** é a justificativa correta.

30. Alternativa (C). A compensação e a dação em pagamento em bens imóveis, na forma e nas condições estabelecidas em lei.

Comentário: A resposta correta é a letra **"C"**, nos termos do artigo 156, II e XI, do CTN.

31. Alternativa (E). A lei pode, nas condições e sob as garantias que estipular, ou cuja estipulação em cada caso atribuir à autoridade administrativa, autorizar a compensação de créditos tributários com créditos líquidos e certos, vencidos ou vincendos, do sujeito passivo contra a Fazenda Pública.

Comentário: A justificativa "A" está incorreta, à luz do artigo 165 do CTN, o sujeito passivo tem direito, independentemente de prévio protesto, à restituição total ou parcial do tributo. A resposta "B" está incorreta, segundo o artigo 169 do CTN, o sujeito passivo tem dois anos para anular decisão administrativa que denegar a restituição. A alternativa "C" está incorreta, em razão do artigo 170-A do CTN vedar a compensação antes do trânsito em julgado. A opção "D" está incorreta, pois não gera direito adquirido, art. 172, Parágrafo Único, do CTN. A letra **"E"** é a assertiva correta, com fundamento no artigo 170 do CTN.

32. Alternativa (A). Prescrição, remissão e compensação.

Comentário: A resposta correta é a alternativa **"A"**, com base no artigo 156, II, IV e V, do CTN.

33. Alternativa (B). O transcorrer do prazo de cinco anos contados da constituição do crédito.

Comentário: Trata-se de prescrição tributária que nos termos do artigo 156, V, do CTN é uma hipótese de extinção do crédito tributário. Logo, a assertiva **"B"** é a resposta correta.

34. Alternativa (A). Haverá presunção de pagamento integral do crédito tributário quando, tratando-se de pagamento em parcelas, se comprovar o pagamento da última parcela.

Comentário: **A questão pede a INCORRETA.** A alternativa **"A"** é o gabarito, nos termos do artigo 158 do CTN, o pagamento de um crédito não importa em presunção de pagamento, quando parcial, das prestações em que se decomponha. A opção "B" está correta, de acordo com o artigo 160 do CTN. A letra "C" também está correta, conforme estabelece o artigo 161, § 1º, do CTN. A assertiva "D" igualmente está correta, segundo o artigo 161, § 2º, do CTN. E, por fim, a resposta "E" do mesmo modo está correta, em atenção ao artigo 162, § 2º, do CTN.

35. Alternativa (B). A concessão de liminar em ação cautelar inominada.

Comentário: A concessão de liminar suspende a exigibilidade do crédito tributário, nos termos do artigo 151, V, do CTN. Por isso, a resposta correta é a letra **"B"**.

36. Alternativa (D). A dação em pagamento em bens imóveis, excluídos os móveis, na forma e condições estabelecidas em lei, extingue o crédito tributário.

Comentário: A opção "A" está incorreta, à luz do artigo 156, XI, do CTN, a dação em pagamento de bem imóvel também extingue o crédito tributário. A letra "B" também está incorreta, pois a compensação só pode ser realizada após o transito em julgado, art. 170-A do CTN. A assertiva "C" da mesma forma está incorreta, visto que a transação será concedida por meio de lei, conforme determinação do artigo 171 do CTN. A resposta **"D"** é a justificativa correta, segundo o artigo 156, XI, do CTN.

10. EXCLUSÃO DO CRÉDITO TRIBUTÁRIO

A isenção e a anistia consistem em causas de inibição do lançamento do tributo, previstas no artigo 175 do CTN. Portanto, ocorre o fato gerador, porém não haverá o lançamento. Com isso, pode-se concluir que a isenção e a anistia têm início **antes** do lançamento e surgem após a ocorrência da obrigação tributária.

> **Art. 175.** Excluem o crédito tributário: I – a isenção; II – a anistia. **Parágrafo único.** A exclusão do crédito tributário não dispensa o cumprimento das obrigações acessórias dependentes da obrigação principal cujo crédito seja excluído, ou dela consequente.

Observe que, no Parágrafo Único do artigo 175 do CTN, há o estabelecimento de que, ainda que exista o direito à isenção ou anistia, o contribuinte deverá cumprir as **obrigações acessórias que são dependentes da obrigação principal**.

Feita essas considerações, vale analisar com maior profundidade cada modalidade de exclusão do crédito tributário:

10.1. Isenção

Prevista nos artigos 176 a 179 do CTN, trata-se de dispensa legal de pagamento do tributo. Nesse sentido, segue o posicionamento do STF:

> (...) **A isenção é a dispensa do pagamento** de um tributo devido em face da ocorrência de seu fato gerador. Constitui exceção instituída por lei à regra jurídica da tributação. 4. A norma legal impugnada concede verdadeira isenção do ICMS, sob o disfarce de não incidência (ADI n. 286, rel. Min. Maurício Corrêa, **DJ** de 30.08.2002).

O conceito de isenção adotado pelo STF não traduz referência pela maior parte dos doutrinadores nacionais. Paulo de Barros Carvalho critica essa tese, em que a isenção consistiria em um favor legal consubstanciado na dispensa do pagamento do tributo devido, por compreender que não há possibilidade da cronologia entre a regra-matriz de incidência tributária e a de isenção, dado o fato de que, nessa hipótese, o pressuposto é de que *"[...] se dá a incidência da regra-matriz, surge a obrigação tributária e, logo a seguir, acontece a desoneração do obrigado, por força da percussão da norma isentiva"*[14]. Como bem assevera esse doutrinador, com base nessa teoria de que a isenção seria dispensa legal do pagamento do tributo, ter-se-ia que a regra-matriz de incidência seria mais rápida do que a de isenção, o que não se pode conceber para a Teoria do Direito, pois todas as normas têm a mesma velocidade.

Paulo de Barros Carvalho entende que as regras isentivas são normas de estrutura e não de comportamento, como as de incidência tributária.

As regras de comportamento dirigem-se ao comportamento das pessoas, enquanto as de estrutura atingem uma regra que, essa sim, vai afetar o comportamento, em última análise. A norma jurídica tributária de incidência se define por uma regra de comportamento, porque disciplina a relação jurídico-obrigacional entre o devedor, contra quem se impõe a prestação compulsória tributária, e, de outro lado, o titular do crédito.

As regras de isenção, por serem normas de estrutura, têm o condão de regular o relacionamento das normas de conduta, assim como alterar seus efeitos. Em decorrência disso, Paulo de Barros Carvalho sustenta que a regra de isenção:

> [...] investe contra um ou mais dos critérios da norma-padrão de incidência, **mutilando-os, *parcialmente***. É óbvio que não pode haver supressão total do critério, porquanto equivaleria a destruir a regra-matriz, inutilizando-a como norma válida no sistema. **O que o preceito da isenção faz é subtrair parcela do campo de abrangência do critério do antecedente ou do consequente** (grifos nossos)[15].

14. CARVALHO, Paulo de Barros. **Curso de Direito Tributário.** 19 ed. São Paulo: Saraiva, 2008. p. 518.
15. *Idem*, p. 520.

Diante disso, tem-se que a isenção retira determinado componente da regra de incidência tributária, de modo que pessoas ou circunstâncias específicas, enquadradas nas situações estabelecidas na lei, ficam desoneradas do pagamento do tributo.

Dito de outro modo, a lei concede a isenção para que determinada situação ou pessoa não esteja obrigada a pagar o tributo. Poderá, por exemplo, ser oferecida à determinada região do território em razão de suas condições peculiares.

Cumpre evidenciar que a concessão de isenção não observa o Princípio da Anterioridade do Exercício, tampouco o da Anterioridade Nonagesimal, uma vez que não se trata de instituição ou majoração de tributo.

De mais a mais, a isenção, mesmo quando prevista em contrato celebrado entre o Contribuinte e o Ente Público correspondente, deve decorrer de lei. Nos termos do que prescreve o artigo 150, § 6º, da CF, a concessão da isenção deve ser feita por lei específica.

Registre-se também que o artigo 177 do CTN estabelece que a concessão de isenção, salvo disposição de lei em contrário, não se estende às taxas e à contribuição de melhoria, bem como aos tributos que venham a ser criados ou instituídos posteriormente à lei que cria a isenção, *in verbis: "Art. 177. Salvo disposição de lei em contrário, a isenção não é extensiva: I – às taxas e às contribuições de melhoria; II – aos tributos instituídos posteriormente à sua concessão."*

Referente a não extensão da isenção às taxas e à contribuição de melhoria, deve-se observar que esses tributos são criados em virtude de uma contraprestação direta, por esse motivo não há embasamento para se estender determinada isenção concedida em lei específica para esses tributos, salvo disposição de lei em contrário.

Observa-se, inclusive, que o legislador se preocupou em deixar expresso que a lei que concede a isenção deve ser **interpretada literalmente**, conforme prevê o artigo 111 do CTN.

Nesse sentido, tem-se o parecer do Superior Tribunal de Justiça:

> (...) 3. Não é possível estender, por analogia, a benesse à agravante, ante a expressa vedação constante no art. 111, inciso II, do CTN, o qual determina a **interpretação literal** das normas legais que disponham sobre **isenção**. (EREsp n. 272671, rel. Min. Benedito Gonçalves, **DJ** de 24.02.2010) (grifos nossos).

Além disso, a lei que concede a isenção pode ser **revogada** a qualquer tempo, salvo se concedida por prazo certo e sob determinadas condições, nos termos do que prescreve o artigo 178 do CTN:

> **Art. 178.** A isenção, salvo se concedida por prazo certo e em função de determinadas condições, pode ser revogada ou modificada por lei, a qualquer tempo, observado o disposto no inciso III do art. 104.
>
> **Art. 104.** Entram em vigor no primeiro dia do exercício seguinte àquele em que ocorra a sua publicação os dispositivos de lei, referentes a impostos sobre o patrimônio ou a renda: (...) III – que extinguem ou reduzem isenções, salvo se a lei dispuser de maneira mais favorável ao contribuinte, e observado o disposto no artigo 178.

Depreendem-se desses dispositivos legais que o legislador infraconstitucional estabeleceu que a isenção concedida por prazo certo e sob determinadas condições, conhecida como isenção onerosa, não pode ser revogada em atenção ao postulado máximo da segurança jurídica e do direito adquirido para aqueles que cumpriram os requisitos.

Não se pode revogar, portanto, isenção concedida por prazo certo e sob certas premissas, sob pena de ferir a segurança jurídica. O STF compartilha dessa opinião por meio da *Súmula n. 544*: *"Isenções tributárias concedidas, sob condição onerosa, não podem ser livremente suprimidas"*.

Vale mencionar, ainda, que a lei que revogar uma isenção de tributo sobre renda ou patrimônio, consoante disposição no artigo 104 do CTN, só produzirá efeitos no primeiro dia do exercício seguinte ao da sua publicação, *in verbis:*

> **Art. 104.** Entram em vigor no primeiro dia do exercício seguinte àquele em que ocorra a sua publicação os dispositivos de lei, referentes a impostos sobre o patrimônio ou a renda: (...) III – que extinguem ou reduzem isenções, salvo se a lei dispuser de maneira mais favorável ao contribuinte, e observado o disposto no artigo 178.

Observe que a regra contida no artigo 104 do CTN, que se associa aos Princípios da Anterioridade (do Exercício e Nonagesimal), prevista no artigo 150, III, "b" e "c", da CF, se dirige apenas aos tributos incidentes sobre a renda e patrimônio, se compatibilizando, assim, com esses dispositivos.

Por outro lado, a doutrina majoritária entende que a previsão do artigo 104 do CTN deve ser estendida a todos os tributos em geral, em atenção à Constituição Federal.

Os Tribunais Superiores, no entanto, entendiam que a revogação de uma isenção não se enquadrava como instituição e tampouco como majoração de tributo e, em decorrência disso, não precisaria seguir o Princípio da Anterioridade do Exercício e nem o Nonagesimal, poderiam, portanto, ser exigidos imediatamente.

Para a jurisprudência, a revogação da isenção só produziria efeitos no exercício seguinte, no exato sentido do artigo 104 do CTN, ou seja, quando se tratar de tributos sobre a renda ou patrimônio:

> (...) 3. A isenção prevista no art. 6º, inciso VII, alínea "b", da Lei n. 7.713/88, abrangia os benefícios ou complementações recebidos das entidades de previdência privada, desde que tais rendimentos, ou ganhos de capital produzidos pelo patrimônio da entidade, tivessem sido tributados na fonte. Verifica-se, porém, que não restou comprovação de que a tributação se efetivou pela fonte. 4. A revogação tem eficácia imediata, podendo o tributo ser cobrado no mesmo exercício financeiro em que a lei revogadora for publicada, sem afrontar o princípio da anterioridade tributária, salvo a hipótese do art. 178 do CTN (REsp n. 932289, rel. Min. José Delgado, **DJ** de 01.10.2007).

Ocorre que, no tocante ao posicionamento dos Tribunais, há que se mencionar que recentemente o STF **alterou** o seu entendimento quanto à revogação de isenção, nos termos do que se depreende do AgR/RS n. 564.225, publicado em 02.09.2014 – como descrito no Capítulo 3 (sobre o Princípio da Anterioridade).

Nesse novo entendimento, o STF compreendeu que tal revogação se tratava sim de aumento indireto de tributo, de maneira que deve ser observado o Princípio da Anterioridade, com o objetivo de assegurar a Segurança Jurídica. Nas palavras do Ministro Relator Marco Aurélio: "Continuo convencido de que as duas espécies de anterioridade – a anterioridade alusiva ao exercício e a nonagesimal – visam evitar que o contribuinte seja surpreendido. Se, de uma hora para outra, modifica-se o valor do tributo, muito embora essa modificação decorra de cassação de benefício tributário, há surpresa. Por isso, entendo que, buscando o objeto maior do Texto Constitucional, é observável a anterioridade".

Além do mais, e não menos importante, o Ministro Luiz Fux em seu voto nesse mesmo jugado denota:

> (...) A revogação da isenção é uma estratégia tributária que não tem vinculação com base de cálculo. Então, uma coisa é aumentar a base de cálculo; outra, é revogar a isenção. Para revogação da isenção, muito embora a doutrina mais abalizada, considerando que o contribuinte não é mais objeto de tributação, mas sujeito de direitos, e em nome do princípio da segurança jurídica, tal como faz o Professor Roque Carrazza, que tem uma obra sobre a Constituição e as limitações do poder de tributar, ele ali faz uma explanação bem interessante sobre a surpresa fiscal que gera uma revogação de isenção. Sucede que o Supremo Tribunal Federal, sob a égide da Constituição anterior – mas também ainda não revogou essa súmula –, na Súmula n. 615, dispõe: "O princípio constitucional da anualidade não se aplica à revogação da isenção do ICM".

Além disso, refutando o parecer anterior do STF, o Ministro Luís Roberto Barroso em seu voto assevera que:

> (...) a ocasião é oportuna para revisitar a jurisprudência da Corte, que foi muito bem retratada pela divergência. A concepção de anterioridade que me parece mais adequada é aquela afeta ao conteúdo teleológico da garantia. O princípio busca assegurar a previsibilidade da relação fiscal ao não permitir que o contribuinte seja surpreendido com um aumento súbito do encargo, confirmando o direito inafastável ao planejamento de suas finanças. O prévio conhecimento da carga tributária tem como fundamento a segurança jurídica e como conteúdo a garantia da certeza do direito.

Diante dessa recente decisão, para o STF, tem-se que a revogação de isenção, bem como a extinção de um benefício fiscal de maneira geral – ainda que parcialmente, de forma a aumentar a carga tributária do Contribuinte –, deve obedecer ao Princípio da Anterioridade, primando pela garantia da Segurança Jurídica estabelecida pela Carta Maior. Portanto, não somente aqueles impostos sobre o patrimônio ou a renda.

Contudo, vale evidenciar que, embora a Suprema Corte não tenha mencionado, por razão lógica e por determinação da própria Constituição, o Princípio da Anterioridade não será aplicado para aqueles tributos que possuem a característica da extrafiscalidade, nos termos do que prevê o artigo 150, § 1º, da CF.

E, para finalizar o Item sobre esse tema, nos certames do artigo 179 do CTN, a isenção pode ser concedida em caráter **geral** e **individual**.

A isenção em caráter **geral** abrange a generalidade de sujeitos, sem a necessidade de comprovação por parte desses de alguma característica pessoal.

Por sua vez, a isenção **individual** só alcança determinadas pessoas, que, mediante despacho de Autoridade Administrativa, comprovadamente preencham certos requisitos estabelecidos pela lei isentiva como se denota do art. 179 do CTN:

> **Art. 179.** A isenção, quando não concedida em caráter geral, é efetivada, em cada caso, por despacho da Autoridade Administrativa, em requerimento com o qual o interessado faça prova do preenchimento das condições e do cumprimento dos requisitos previstos em lei ou contrato para concessão. (...)

A isenção, embora concedida individualmente, **não gera direito adquirido,** porque se os requisitos deixarem de ser cumpridos o Sujeito Passivo não faz mais *jus* à isenção, nos termos previstos no § 2º do artigo 179 do CTN, *in verbis*: *"Art. 179. (...) § 2º O despacho referido neste artigo não gera direito adquirido, aplicando-se, quando cabível, o disposto no artigo 155".*

Pelo dispositivo supramencionado identifica-se, ainda, que se aplicam à isenção individual as regras constantes no artigo 155 do CTN, que se referem à moratória concedida em caráter individual. Assim, devem ser observadas as seguintes regras na isenção individual:

Regras da Moratória Individual (art. 155 do CTN) extensivas à Isenção Individual

A concessão da isenção em caráter individual não gera direito adquirido, e será revogada de ofício, sempre que se apure que o beneficiado não satisfazia ou deixou de satisfazer as condições, ou não cumprira ou deixou de cumprir os requisitos para a concessão do favor

No caso de revogação, sempre serão cobrados o tributo e os juros de mora

Nos casos de dolo ou simulação do beneficiado, ou de terceiro em benefício daquele, para conseguir a isenção serão acrescidas as penalidades na revogação da isenção

Se não houver dolo ou simulação, não haverá cobrança de penalidade, e a revogação da isenção só poderá ocorrer antes de prescrito o direito à cobrança do crédito

10.2. Anistia

Trata-se do perdão, concedido por lei, das **penalidades** pecuniárias, de forma a abranger apenas aquelas aplicadas anteriormente ao lançamento.

Justamente por impedir o lançamento das penalidades pecuniárias, a anistia se inclui como hipótese de **exclusão** do crédito tributário – art. 175, II, do CTN.

Importante destacar que a anistia só alcança as infrações cujos fatos ocorreram anteriores à lei que concede tal benefício. Entender o contrário se estaria incentivando a desobediência à lei tributária.

Assim, pode-se afirmar que a **anistia** somente alcança atos praticados **antes** da lei que a concede e, cumulativamente, ocorre **antes** do lançamento da penalidade pecuniária.

Além disso, a anistia **não** alcança os atos praticados com dolo, fraude ou simulação por Sujeito Passivo ou por Terceiro em benefício daquele, bem como as infrações resultantes de conluio de outras pessoas, nos termos determinados pelo artigo 180 do CTN:

> **Art. 180.** A anistia abrange exclusivamente as infrações cometidas anteriormente à vigência da lei que a concede, não se aplicando: I – aos atos qualificados em lei como crimes ou contravenções e aos que, mesmo sem essa qualificação, sejam praticados com dolo, fraude ou simulação pelo sujeito passivo ou por terceiro em benefício daquele; II – salvo disposição em contrário, às infrações resultantes de conluio entre duas ou mais pessoas naturais ou jurídicas.

De modo semelhante à isenção, a anistia pode ser concedida em caráter **geral** ou **limitadamente**. Poderá ser concedida uma anistia limitadamente: **(i)** às infrações da legislação relativa a determinado tributo; **(ii)** às infrações punidas com penalidades pecuniárias até determinado montante, conjugadas ou não com penalidades de outra natureza; **(iii)** à determinada região do território da entidade tributante, em função de condições a ela peculiares; **(iv)** sob condição do pagamento de tributo no prazo fixado pela lei que a conceder, ou cuja fixação seja atribuída pela mesma lei à Autoridade Administrativa (art. 181 do CTN).

A anistia, quando não concedida em caráter geral, será reconhecida por meio de **despacho** da Autoridade Administrativa, em requerimento com o qual o interessado faça prova do preenchimento das condições e do cumprimento dos requisitos previstos em lei para sua concessão. Tal despacho não gera direito adquirido. Aliás, devem-se aplicar as mesmas regras concernentes à isenção e à moratória concedida em caráter individual, conforme institui o artigo 182 do CTN.

Em prova escrita realizada para o cargo de Promotor de Justiça em 2011, foi invocado o instituto da anistia, bem como a diferença entre a remissão e a isenção:

Exemplo de questão sobre o tema

► **MPE/MS – Promotor de Justiça – MS/2011).** No âmbito do Direito Tributário, em que consiste o instituto da anistia? Após conceituar, faça a distinção entre anistia, remissão e isenção, dando os fundamentos legais e doutrinários?

10.3. Questões

1. (PGE/MT – FCC/2016). O perdão parcial de multa pecuniária regularmente constituída mediante o lançamento de ofício do qual o contribuinte tenha sido devidamente notificado, em decorrência da adesão voluntária, por parte do contribuinte, a um "programa de regularização fiscal" criado por lei, consiste em:

(A) suspensão da exigibilidade do crédito tributário, na modalidade parcelamento com desconto.

(B) exclusão do crédito tributário, na modalidade remissão de débitos.

(C) exclusão do crédito tributário, na modalidade parcelamento de débitos.

(D) exclusão do crédito tributário, na modalidade anistia.

(E) extinção do crédito mediante desconto condicional.

2. (Pref. Ulianópolis PA 2016 – Advogado – FADESP/2016). Assinale a alternativa correta para complementar o texto, a seguir transcrito:

De acordo com o Código Tributário Nacional, a ________ abrange exclusivamente as infrações cometidas anteriormente à vigência da lei que a concede.

(A) anistia.

(B) isenção.

(C) moratória.

(D) remissão.

3. (Analista Tributário OLIVEIRAPREV de Oliveira/MG – Analista de Nível Superior I – Gestão de Concursos/2016). No que concerne ao instituto da exclusão do crédito tributário, assinale a alternativa CORRETA.

(A) A isenção pode ser concedida por Decreto Municipal.

(B) A anistia abrange exclusivamente as infrações cometidas anteriormente à vigência da lei que a concede.

(C) O pagamento é uma modalidade de exclusão do crédito tributário.

(D) A isenção, salvo se concedida por prazo certo e em função de determinadas condições, pode ser revogada ou modificada por ato infralegal.

4. (Pref. Trairi/CE – Advogado – CETREDE/2016). Marque a opção INCORRETA. Considerando o credito tributário, a

(A) anistia exclui o crédito tributário.

(B) exclusão do crédito tributário também dispensa o cumprimento das obrigações acessórias, dependentes da obrigação principal.

(C) moratória não configura modalidade de extinção do crédito tributário.

(D) isenção exclui o crédito tributário.

(E) isenção é concedida por lei.

5. (CRECI/RJ – Advogado – MSCONCURSOS/2016). Acerca da exclusão do crédito tributário, analise as seguintes assertivas:

I. A exclusão do crédito tributário não dispensa o cumprimento das obrigações acessórias dependentes da obrigação principal cujo crédito seja excluído, ou dela consequente.

II. A isenção pode ser restrita à determinada região do território da entidade tributante, em função de condições a ela peculiares.

III. A isenção, quando não concedida em caráter geral, é efetivada, em cada caso, por despacho da autoridade administrativa, em requerimento com o qual o interessado faça prova do preenchimento das condições e do cumprimento dos requisitos previstos em lei ou contrato para sua concessão.

É correto o que se afirma em:

(A) I, somente.

(B) II, somente.

(C) I e III, somente.

(D) I, II e III.

6. (TRF4 –Juiz – TRF4)2016). Assinale a alternativa correta.

Quanto ao crédito tributário em geral, bem como relativamente à sua constituição, às suas garantias e aos seus privilégios:

(A) Não caracteriza denúncia espontânea a hipótese em que o contribuinte, mesmo após efetuar a declaração parcial do débito tributário, acompanhado do respectivo pagamento integral, venha a retificá-la antes de qualquer procedimento da Administração Tributária, noticiando a existência de diferença a maior, cuja quitação se dá concomitantemente.

(B) A isenção pode ser restrita à determinada região do território da entidade tributante, em função de condições a ela peculiares.

(C) Na dicção do Código Tributário Nacional, são causas de exclusão do crédito tributário: anistia, isenção e remição.

(D) A exclusão do crédito tributário dispensa o cumprimento das obrigações acessórias dependentes da obrigação principal cujo crédito seja excluído, ou dela consequente.

7. (Juiz de Fora/MG 2016 – Auditor Fiscal – AOCP/2016). Assinale a alternativa INCORRETA.

(A) A isenção é uma forma de exclusão do crédito tributário que se traduz pela retirada, por lei, de uma parcela da hipótese de incidência do tributo.

(B) A prescrição, no Direito Tributário, extingue não somente o direito de ação da Fazenda Pública para cobrar o crédito tributário não pago, mas também a própria relação jurídico-tributária existente entre as partes, ou seja, o crédito tributário em si.

(C) O depósito do montante integral do crédito tributário consiste em forma de extinção do próprio crédito tributário.
(D) Anistia é a exclusão do crédito tributário relativo às penalidades pecuniárias, não se aplica aos crimes e contravenções e deve ser concedida antes da constituição do crédito tributário.
(E) A liminar obtida em mandado de segurança suspende a exigibilidade do crédito tributário.

8. (Pref. Januária MG 2016 – Advogado – PROCON – COTECUNIMONTES/2016). O crédito tributário decorre da obrigação principal e possui a mesma natureza dela. Regularmente constituído, o crédito tributário somente se modifica, se extingue ou tem sua exigibilidade suspensa ou excluída nos casos previstos em lei.

Considerando o enunciado, assinale a alternativa CORRETA.
(A) A conversão de depósito em renda, a transação e a remissão são hipóteses de suspensão da exigibilidade do crédito tributário.
(B) A decisão judicial passada em julgado, a remissão e a dação em pagamento de bens imóveis são modalidades de extinção do crédito tributário.
(C) A concessão de medida liminar em mandado de segurança, o parcelamento e o depósito do montante integral são modalidades de extinção do crédito tributário.
(D) A consignação em pagamento, a isenção e a moratória são hipóteses de suspensão da exigibilidade do crédito tributário.

9. (CRAISA – Advogado – CAIPIMES/2016). Analise as afirmações abaixo da anistia em direito tributário.
I. A anistia não pode ser concedida em caráter geral.
II. A anistia pode ser concedida limitadamente às infrações punidas com penalidades pecuniárias até determinado montante, conjugadas ou não com penalidades de outra natureza.
III. A anistia abrange exclusivamente as infrações cometidas anteriormente à vigência da lei que a concede, não se aplicando aos atos qualificados em lei como crimes ou contravenções e aos que, mesmo sem essa qualificação, sejam praticados com dolo, fraude ou simulação pelo sujeito passivo ou por terceiro em benefício daquele.
IV. A anistia pode ser concedida limitadamente sob condição do pagamento de tributo no prazo fixado pela lei que a conceder ou cuja fixação seja atribuída pela mesma lei à autoridade administrativa.

Estão corretas as seguintes afirmações:
(A) I, II, III e IV.
(B) II, III e IV apenas.
(C) I, II e IV apenas.
(D) I e II apenas.

10. (CISLIPA/PR – FAFIPA/2015). A respeito do Direito Tributário Nacional é CORRETO afirmar:
(A) É competência de o ente tributante estabelecer os casos de imunidade tributária.
(B) A isenção sempre se estende às taxas e às contribuições de melhoria.
(C) A isenção, quando prevista em contrato, dispensa lei que especifique as condições e requisitos exigidos para a sua concessão.
(D) A exclusão do crédito tributário não dispensa o cumprimento das obrigações acessórias, dependentes da obrigação principal.

11. (PGFN – Procurador da Fazenda –ESAF/2015). Assinale a opção correta.
(A) A anistia não abrange, exclusivamente, as infrações cometidas anteriormente à vigência da lei que a concede.
(B) A isenção somente se aplica aos tributos instituídos posteriormente à sua concessão.
(C) A anistia pode ser concedida por ato discricionário da autoridade tributária.
(D) A transação na esfera tributária pode ter como finalidade prevenir litígio.
(E) A isenção, ainda quando prevista em contrato, é sempre decorrente de lei e não extingue o crédito tributário.

12. (TRF/ 4ª Região – Analista Judiciário. Área Judiciária – FCC/2014). Sobre a anistia, considere:

I. É causa de extinção do crédito tributário, somente podendo ser concedida por lei do ente político competente para instituir o tributo.

II. Anistia e remissão são institutos jurídicos sinônimos e significam a extinção do crédito tributário pelo perdão, somente podendo ser concedidos por lei e desde que haja preenchimento de certos requisitos legais.

III. Enquanto causa de exclusão do crédito tributário, é o perdão da infração à legislação tributária, ou seja, quando do lançamento tributário, em tendo havido anistia, não serão aplicadas as penalidades decorrentes da infração.

IV. Não se aplica a atos qualificados em lei como crimes ou contravenções e aos que, mesmo que não tenham esta qualificação, sejam praticados com dolo, fraude ou simulação pelo sujeito passivo ou por terceiro em benefício daquele.

V. Não se aplica às infrações resultantes de conluio entre duas ou mais pessoas, salvo disposição da lei instituidora em contrário.

É correto o que consta APENAS em

(A) I, II e III.
(B) III, IV e V.
(C) I e IV.
(D) II, IV e V.
(E) III e IV.

13. TJ/AP – Juiz – FCC/2014). Com relação ao crédito tributário e de acordo com o Código Tributário Nacional, traz SOMENTE uma modalidade de suspensão, uma de extinção e uma de exclusão:

(A) consignação em pagamento, nos termos do disposto no parágrafo segundo do artigo 164 do CTN, conversão de depósito em renda e anistia.
(B) isenção, remissão e decadência.
(C) anistia, pagamento e compensação.
(D) transação, moratória e anistia.
(E) depósito do montante integral, concessão de tutela antecipada e isenção.

14. (PGE/PIAUÍ – CESPE/2014). Assinale a opção correta em relação à extinção, suspensão e exclusão do crédito tributário.

(A) A compensação é uma modalidade indireta de extinção do crédito tributário mediante o confronto entre créditos e débitos de pessoas reciprocamente credoras e devedoras, podendo ser deferida em caráter liminar pelo juiz quando requerida em sede de ação judicial.
(B) A prescrição tributária, modalidade de caducidade de direitos, impede o exercício da pretensão fazendária por meio da propositura da ação de execução fiscal e, assim, transforma a obrigação tributária em obrigação natural, de modo que o seu pagamento ocorrerá por exclusivo interesse do devedor.
(C) Na transação, admite-se a concessão recíproca de ônus e vantagens, aplicável em direito tributário apenas em relação aos valores relativos às penalidades pecuniárias e aos juros, pois o crédito tributário objeto da obrigação principal é indisponível.
(D) A isenção, norma tributária que dispensa o pagamento de determinado tributo, deve estar prevista em lei específica e ser interpretada restritivamente, inviabilizando-se a utilização de métodos integrativos da legislação tributária, como a analogia.
(E) A anistia consiste na liberação graciosa, por expressa autorização legal, da obrigação tributária principal surgida com a realização do fato gerador pelo contribuinte.

15. (Prefeitura Estância Hidromineral de Poá/SP – Procurador – VUNESP/2014). Assinale a alternativa que está em consonância com as disposições do Código Tributário Nacional, no tocante à isenção e/ou à anistia.

(A) A exclusão do crédito tributário, por isenção ou anistia, dispensa o cumprimento das obrigações acessórias dependentes da obrigação principal cujo crédito seja excluído, ou dela consequente.

(B) A isenção, salvo disposição de lei em contrário, é extensiva aos tributos instituídos posteriormente à sua concessão.

(C) A anistia abrange exclusivamente infrações cometidas posteriormente à lei que a concede, não se aplicando aos atos qualificados em lei como crimes ou contravenções e aos que, mesmo sem essa qualificação, sejam praticados com dolo, fraude ou simulação pelo sujeito passivo ou por terceiro em benefício daquele.

(D) A anistia pode ser concedida limitadamente, dentre outras hipóteses previstas em lei, às infrações punidas com penalidades pecuniárias até determinado montante, conjugadas ou não com penalidades de outra natureza.

(E) A isenção, quando concedida em caráter geral, é efetivada, em cada caso, por despacho da autoridade administrativa, em requerimento com o qual o interessado faça prova do preenchimento das condições e do cumprimento dos requisitos previstos em lei ou contrato para sua concessão, gerando direito adquirido.

16. (TJ/BA – Cartório – CESPE/2014). A exclusão do crédito tributário

(A) é causada pela compensação, pela transação e pela remissão.

(B) acontece como consequência da moratória e da anistia.

(C) dispensa o cumprimento das obrigações acessórias dependentes da obrigação principal.

(D) ocorre com a isenção e com a anistia.

(E) ocorre devido ao pagamento do tributo e à anistia.

17. (VALEC/RJ – Advogado – FEMPERJ/2012). Excluem o crédito tributário:

(A) A prescrição e o pagamento.

(B) A isenção e a prescrição.

(C) A desistência e a preclusão.

(D) A isenção e a anistia.

(E) A perempção e a remição.

18. (Município de Itaboraí/RJ – Advogado – DOM CITRA/2012). Figura como causa que exclui o crédito tributário a seguinte hipótese:

(A) compensação;

(B) decadência;

(C) imunidade;

(D) remissão;

(E) anistia.

19. (TC/AM – Analista de Controle Externo – Área Controle Externo – Especialidade: Jurídica – FCC/2012). A anistia, isenção em caráter não geral e remissão têm em comum o fato de serem:

(A) Causas de extinção do crédito tributário.

(B) Causas de exclusão do crédito tributário.

(C) Causas de suspensão do crédito tributário.

(D) Formas de renúncia de receita tributária.

(E) Hipóteses de não incidência qualificada.

20. (MP/CE – Promotor – FCC/2011). Sobre anistia e remissão é correto afirmar que:

(A) A anistia é causa de extinção e a remissão é causa de exclusão do crédito tributário.

(B) A multa só é alcançada pelo perdão concedido na anistia.

(C) Enquanto a anistia é perdão da infração, afastando a constituição do crédito tributário relativamente à multa, a remissão é perdão do crédito tributário, extinguindo-o.

(D) A remissão é o perdão do crédito tributário apenas em relação ao tributo; a anistia é o perdão da multa, exclusivamente.

(E) Tanto a anistia como a remissão são causas de extinção do crédito tributário, sendo concedidas por lei, que poderá fazer a concessão em caráter geral ou limitadamente.

21. (PGE/RO – FCC/2011). Nos termos do Código Tributário Nacional, a isenção concedida por prazo certo e em função de determinadas condições:

(A) Não pode ser revogada a qualquer tempo.

(B) somente pode ser revogada após o prazo decadencial de 5 anos.

(C) Pode ser revogada a qualquer momento, na medida em que a isenção é mera faculdade do sujeito ativo, não se confundindo com a imunidade.

(D) Pode ser revogada, desde que observado o prazo de 90 dias, em respeito ao princípio da anterioridade nonagesimal.

(E) Não pode ser revogada porque não existe a possibilidade de concessão de isenção por prazo determinado.

22. (Assembleia Legislativa/SP – Agente Técnico Legislativo Direito – FCC/2010). A concessão de isenção de certo tributo para um determinado setor produtivo, que esteja passando por dificuldades de mercado, em detrimento de outros setores produtivos:

(A) É inconstitucional, por violar o princípio da capacidade contributiva.

(B) Pode ser feita pela União relativamente a tributos estaduais, desde que também esteja concedendo isenção para um tributo federal.

(C) É ilegal, pois o Código Tributário Nacional só prevê isenção em caráter geral.

(D) É inconstitucional, por violar o princípio da uniformidade geográfica.

(E) É constitucional, atendendo, em tese, ao princípio da isonomia.

23. (Procurador da Assembleia Legislativa/SP – FCC/2010). Em tema de exclusão do Crédito tributário, é correto afirmar:

(A) A anistia abrange as infrações cometidas antes ou depois da vigência da lei que a concede, aplicando-se aos atos qualificados em lei como crimes ou contravenções.

(B) A isenção, ainda quando prevista em contrato, é sempre decorrente de lei que especifique as condições e requisitos exigidos para a sua concessão, os tributos a que se aplica e, sendo caso, o prazo de sua duração.

(C) A anistia somente pode ser concedida em caráter geral e ilimitadamente às infrações da legislação relativa a determinado tributo, porém com prazo certo e determinado.

(D) A isenção não pode, em qualquer caso, ser restrita a determinada região do território da entidade tributante, sob pena de violação do princípio da igualdade tributária.

(E) A exclusão do crédito tributário dispensa ilimitadamente o cumprimento das obrigações acessórias dependentes da obrigação principal cujo crédito seja excluído, ou dela consequente.

24. (Procurador – Município de Maringá/PR – FAUEL/ 2010). Assinale a alternativa **incorreta**:

(A) A isenção e a anistia excluem o crédito tributário.

(B) A isenção, ainda quando prevista em contrato, é sempre decorrente de lei que especifique as condições e requisitos exigidos para sua concessão , os tributos a que se aplica e, sendo o caso, o prazo de sua duração.

(C) A isenção depois de concedida não pode ser revogada ou modificada.

(D) A anistia abrange exclusivamente as infrações cometidas anteriormente à vigência da lei que a concede.

GABARITO

1. **Alternativa (D).** Exclusão do crédito tributário, na modalidade anistia.

Comentário: A alternativa **"D"** está correta, nos termos dos arts. 175, II, e 180 do CTN.

2. **Alternativa (A).** Anistia.

Comentário: A opção **"A"** está correta, de acordo com o art. 180 do CTN.

3. **Alternativa (B).** A anistia abrange exclusivamente as infrações cometidas anteriormente à vigência da lei que a concede.

Comentários: A resposta **"B"** está correta, conforme institui o art. 180 do CTN. A justificativa "A" está incorreta, a isenção será concedida somente por lei, com base no art. 97, VI, do CTN. A letra "C" está incorreta, à luz do art. 156, I, do CTN, é modalidade de extinção do crédito. A alternativa "D" está incorreta, somente por meio de lei, segundo o art. 178 do CTN.

---

4. **Alternativa (B).** Exclusão do crédito tributário também dispensa o cumprimento das obrigações acessórias, dependentes da obrigação principal.

Comentário: A justificativa **"B"** está incorreta, de acordo com o art. 175, parágrafo único, do CTN. A letra "A" está correta, consoante o art. 175, II, do CTN. A alternativa "C" está correta, moratória é modalidade de suspensão do crédito tributário, segundo o art. 151, I, do CTN. A opção "D" está correta, conforme o art. 175, I, do CTN. A resposta "E" está correta, à luz dos arts. 97, VI, e. 176 do CTN .

---

5. **Alternativa (D). I, II e III.**

I. A exclusão do crédito tributário não dispensa o cumprimento das obrigações acessórias dependentes da obrigação principal cujo crédito seja excluído, ou dela consequente.

II. A isenção pode ser restrita à determinada região do território da entidade tributante, em função de condições a ela peculiares.

III. A isenção, quando não concedida em caráter geral, é efetivada, em cada caso, por despacho da autoridade administrativa, em requerimento com o qual o interessado faça prova do preenchimento das condições e do cumprimento dos requisitos previstos em lei ou contrato para sua concessão.

Comentário: A letra **"D"** é a alternativa correta. O **item I** está correto, conforme preconiza o art. 175, parágrafo único, do CTN. O **item II** está correto, nos termos do art. 176, parágrafo único, do CTN. O **item III** também está correto, à luz do art. 179 do CTN.

---

6. **Alternativa (B).** A isenção pode ser restrita à determinada região do território da entidade tributante, em função de condições a ela peculiares.

Comentário: A alternativa **"B"** está correta, conforme estabelece o art. 176, parágrafo único, do CTN. A opção "A" está incorreta, pois antes de qualquer procedimento da Administração Tributária, fica caracterizada a denúncia espontânea. A resposta "C" está incorreta, nos termos do art. 175 do CTN, somente a anistia e a isenção são causas de exclusão do crédito tributário. A justificativa "D" está incorreta, consoante o que dispõe o parágrafo único do art. 175 do CTN, a exclusão do crédito tributário não dispensa o cumprimento das obrigações acessórias dependentes da obrigação principal cujo crédito seja excluído, ou dela consequente.

---

7. **Alternativa (C).** O depósito do montante integral do crédito tributário consiste em forma de extinção do próprio crédito tributário.

Comentário: A opção **"C"** está incorreta, pois o depósito do montante integral trata-se de hipótese de suspensão da exigibilidade do crédito, conforme previsão no art. 151, II, do CTN. A resposta "A" está correta, nos termos dos arts. 175, I, e 176 do CTN. A justificativa "B" está correta, com base no art. 174 do CTN. A letra "D" está correta, de acordo com os arts. 175, II, e 180, I, do CTN. A alternativa "E" está correta, consoante o art. 151, IV, do CTN.

---

8. **Alternativa (B).** A decisão judicial passada em julgado, a remissão e a dação em pagamento de bens imóveis são modalidades de extinção do crédito tributário.

Comentário: A resposta **"B"** está correta, nos termos do art. 156, IV, X e XI, do CTN. A justificativa "A" está incorreta, conforme o art. 156, III, IV, e VI, do CTN, são hipóteses de extinção do crédito tributário. A letra "C" está incorreta, de acordo com o art. 151, II, IV e VI, do CTN, são modalidades de suspensão da exigibilidade do crédito tributário. A alternativa "D" está incorreta, a isenção é modalidade de exclusão do crédito tributário, segundo o art. 175, I do CTN.

---

9. **Alternativa (B)**. II, III e IV apenas.

II. A anistia pode ser concedida limitadamente às infrações punidas com penalidades pecuniárias até determinado montante, conjugadas ou não com penalidades de outra natureza.

III. A anistia abrange exclusivamente as infrações cometidas anteriormente à vigência da lei que a concede, não se aplicando aos atos qualificados em lei como crimes ou contravenções e aos que, mesmo sem essa qualificação, sejam praticados com dolo, fraude ou simulação pelo sujeito passivo ou por terceiro em benefício daquele.

IV. A anistia pode ser concedida limitadamente sob condição do pagamento de tributo no prazo fixado pela lei que a conceder ou cuja fixação seja atribuída pela mesma lei à autoridade administrativa.

Comentário: A justificativa **"B"** é a alternativa correta. O **item I** está incorreto, pois segundo o art. 181, I, do CTN, a anistia pode ser concedida em caráter geral e limitadamente. O **item II** está correto, nos termos do art. 181, II, "b", do CTN. O **item III** está correto, conforme prevê o art. 180 do CTN. O **item IV** está correto, com base no art. 181, II, "d", do CTN.

10. **Alternativa (D).** A exclusão do crédito tributário não dispensa o cumprimento das obrigações acessórias, dependentes da obrigação principal.

Comentário: A alternativa **"D"** está correta, consoante o artigo 175, parágrafo único, do CTN. A opção "A" está incorreta, a imunidade se trata de incompetência das pessoas políticas de direito constitucional interno para expedir regras instituidoras de tributos que alcancem situações específicas e suficientemente caracterizadas. A letra "B" está incorreta, nos termos do artigo 177, I, do CTN, uma vez que salvo disposição de lei em contrário, a isenção não é extensiva às taxas e contribuições de melhoria. A justificativa "C" está incorreta, conforme o artigo 176 do CTN, "a isenção, ainda quando prevista em contrato, é sempre decorrente de lei que especifique as condições e requisitos exigidos para a sua concessão".

11. **Alternativa (E).** A isenção, ainda quando prevista em contrato, é sempre decorrente de lei e não extingue o crédito tributário.

Comentário: A alternativa **"E"** está correta, nos termos do artigo 176 do CTN, a isenção, ainda quando prevista em contrato, é sempre decorrente de lei que especifique as condições e requisitos exigidos para a sua concessão. Além disso, vale ressaltar que a isenção é hipótese de exclusão do crédito tributário (art. 175 do CTN) e não extinção. A opção "A" está incorreta, segundo o artigo 180 do CTN, a anistia abrange exclusivamente as infrações cometidas anteriormente à vigência da lei que a concede. A resposta "B" está incorreta, pois salvo disposição de lei em contrário, a isenção não é extensiva aos tributos instituídos posteriormente à sua concessão. A letra "C" está incorreta, uma vez que a anistia só pode ser concedida por meio de lei (art. 97, VI, do CTN). A justificativa "D" incorreta, segundo o artigo 171 do CTN, a lei pode facultar aos sujeitos passivo e ativo da obrigação tributária celebrar transação que, mediante concessões mútuas, importem determinação de litígio e consequente extinção do crédito tributário.

12. **Alternativa (B).** III, IV e V.

III. Enquanto causa de exclusão do crédito tributário, é o perdão da infração à legislação tributária, ou seja, quando do lançamento tributário, em tendo havido anistia, não serão aplicadas as penalidades decorrentes da infração.

IV. Não se aplica a atos qualificados em lei como crimes ou contravenções e aos que, mesmo que não tenham esta qualificação, sejam praticados com dolo, fraude ou simulação pelo sujeito passivo ou por terceiro em benefício daquele.

V. Não se aplica às infrações resultantes de conluio entre duas ou mais pessoas, salvo disposição da lei instituidora em contrário.

Comentário: O Item I está incorreto, posto que a anistia constitui causa de exclusão do crédito tributário, conforme artigo 175 do CTN. O Item II está incorreto, anistia e remissão não são sinônimos. Enquanto a anistia constitui causa de exclusão do crédito tributário, consoante artigo 175 do CTN, a remissão consiste na modalidade de extinção do crédito tributário, nos termos do artigo 156 do CTN. O **Item III** está correto, anistia consiste no perdão da penalidade. Os **Itens IV e V** também estão corretos, de acordo com o artigo 180, I e II do CTN.

13. **Alternativa (D).** Transação, moratória e anistia.

Comentário: A alternativa **"D"** é a opção correta. Transação consiste na modalidade de extinção do crédito tributário, contida no inciso III do artigo 156 do CTN. A moratória constitui causa de suspensão do crédito tributário, à luz do inciso I do artigo 151 do CTN. E, por fim, a anistia constitui modalidade de exclusão do crédito tributário, segundo o inciso II do artigo 175 do CTN.

14. **Alternativa (D).** A isenção, norma tributária que dispensa o pagamento de determinado tributo, deve estar prevista em lei específica e ser interpretada restritivamente, inviabilizando-se a utilização de métodos integrativos da legislação tributária, como a analogia.

Comentário: A opção "A" está incorreta, conforme estudado nesse Capítulo, a compensação não pode ser deferida por Mandado de Segurança, por depender de dilação probatória. O Mandado de Segurança consiste no instrumento adequado apenas para declarar o direito à compensação. Nesse sentido, segue a Súmula n. 23 do STJ: "O mandado de segurança constitui ação adequada para a declaração do direito à compensação tributária". A letra "B" também está incorreta, a prescrição não transforma em obrigação natural, mas sim extingue o crédito tributário, nos termos do artigo 156, V, do CTN. Além do mais, não se trata de exclusivo interesse do devedor. A assertiva "C" igualmente está incorreta, porque vai de encontro ao que determina o artigo 171 do CTN: "A lei pode facultar, nas condições que estabeleça, aos sujeitos ativo e passivo da obrigação tributária celebrar transação que, mediante concessões mútuas, importe em determinação de litígio e consequente extinção de crédito tributário". A resposta **"D"** é a justificativa correta, em conformidade com o que preceituam os artigos 150, § 6º, da CF e 111, II, do CTN. A alternativa "E" está incorreta, o examinador confundiu com o conceito de remissão. Lembre-se de que anistia abrange exclusivamente as penalidades, consoante reza o artigo 180 do CTN.

15. **Alternativa (D).** A anistia pode ser concedida limitadamente, dentre outras hipóteses previstas em lei, às infrações punidas com penalidades pecuniárias até determinado montante, conjugadas ou não com penalidades de outra natureza.

Comentário: A letra "A" está incorreta, pelo contrário, a exclusão não dispensa o cumprimento das obrigações acessórias, conforme estabelece o artigo 175, Parágrafo Único. A assertiva "B" também está incorreta, a isenção não é extensiva, nos termos do artigo 111 do CTN. A resposta "C" do mesmo modo está incorreta, tratam-se das infrações cometidas anteriormente à vigência da lei, de acordo com o *caput* do artigo 180 do CTN. A justificativa **"D"** é a alternativa correta, com base no artigo 181, II, "b", do CTN. A opção "E" está incorreta, o despacho da autoridade administrativa não gera direito adquirido, nos ditames do artigo 179, § 2º, do CTN.

16. **Alternativa (D).** Ocorre com a isenção e com a anistia.

Comentário: A assertiva **"D"** é a resposta correta, em conformidade com o artigo 175 do CTN.

17. **Alternativa (D).** A isenção e a anistia.

Comentário: A resposta **"D"** é a justificativa correta, conforme instituído no artigo 175 do CTN.

18. **Alternativa (E).** Anistia.

Comentário: A alternativa **"E"** é a opção correta, consoante dispõe o artigo 175 do CTN.

19. **Alternativa (D).** Formas de renúncia de receita tributária.

Comentário: A anistia e a isenção são causas de exclusão do crédito tributário e a remissão é a extinção. Logo, a opção correta é a letra **"D"**.

20. **Alternativa (C).** Enquanto a anistia é perdão da infração, afastando a constituição do crédito tributário relativamente à multa, a remissão é perdão do crédito tributário, extinguindo-o.

Comentário: A alternativa "A" está incorreta, a anistia é causa de exclusão do crédito tributário, enquanto a remissão é hipótese de extinção do crédito tributário. A opção "B" está incorreta, pois a multa também pode ser perdoada por meio de remissão. A letra **"C"** é a assertiva correta, de acordo com o disposto nos artigos

172 e 180 do CTN. A resposta "D" está incorreta, porque a remissão é o perdão parcial ou total do crédito tributário, podendo se referir aos valores do principal, juros e multa. A justificativa "E" está incorreta, visto que a anistia só perdoa a multa.

21. **Alternativa (A).** Não pode ser revogada a qualquer tempo.

Comentário: À luz do artigo 178 do CTN, a isenção, via de regra, pode ser revogada a qualquer momento, salvo se concedida sob certas condições e por prazo determinado. Nesse sentido, temos a Súmula n. 544 do STF. Portanto, a assertiva correta é a opção **"A"**.

22. **Alternativa (E).** É constitucional, atendendo, em tese, ao princípio da isonomia.

Comentário: Segundo o Parágrafo Único do artigo 176 do CTN, a isenção pode ser restrita a determinada região do território da entidade tributante, em função de condições a ela peculiares. Assim sendo, a resposta correta é a letra **"E"**.

23. **Alternativa (B).** A isenção, ainda quando prevista em contrato, é sempre decorrente de lei que especifique as condições e requisitos exigidos para a sua concessão, os tributos a que se aplica e, sendo caso, o prazo de sua duração.

Comentário: A opção "A" está incorreta, visto que o artigo 180 do CTN estabelece que a anistia só abrange as infrações cometidas antes da vigência da lei que a concede. A letra **"B"** é a resposta correta, com base nos descritos no *caput* do artigo 176 do CTN. A assertiva "C" está incorreta, a anistia pode ser concedida em caráter geral e limitadamente, conforme prevê o artigo 181 do CTN. A justificativa "D" também está incorreta, há possibilidades de a isenção ser concedida a determinada região em função de condições a ela peculiares, art. 176, Parágrafo Único, do CTN. A alternativa "E" igualmente está incorreta, a exclusão do crédito tributário não dispensa o cumprimento de obrigações acessórias, art. 175, Parágrafo Único, do CTN.

24. **Alternativa (C).** A isenção depois de concedida não pode ser revogada ou modificada.

Comentário: **A questão pede a Incorreta.** A justificativa "A" está correta, consoante preceitua o artigo 175 do CTN. A alternativa "B" está correta, conforme determina o artigo 176 do CTN. A opção **"C"** é a resposta incorreta, pois, via de regra, a isenção pode ser revogada a qualquer instante, salvo se concedida por prazo certo e sob certas condições, como prevê o artigo 178 do CTN. A letra "D" está correta, de acordo com o disposto no artigo 180 do CTN.

11. GARANTIAS E PRIVILÉGIOS DO CRÉDITO TRIBUTÁRIO

As **garantias** são prerrogativas que a Fazenda Pública dispõe para fazer com que o Sujeito Passivo efetue o pagamento do tributo. Esse direito está amparado pelo Princípio da Supremacia do Interesse Público.

Os **Privilégios** do crédito tributário, no entanto, consistem em sua ordem de preferência, numa posição de vantagem quanto aos demais créditos.

Paulo de Barros Carvalho define as garantias em "meios jurídicos assecuratórios que cercam o direito subjetivo do Estado de receber a prestação do tributo". E os privilégios correspondem à "posição de superioridade de que desfruta o crédito tributário, com relação aos demais, excetuando-se os decorrentes da legislação do trabalho"[16].

As Garantias e Privilégios possuem previsão nos artigos 183 a 193 do CTN.

16. CARVALHO, Paulo de Barros. **Curso de Direito Tributário.** 19 ed. São Paulo: Saraiva, 2008.

Contudo, vale esclarecer que as garantias constantes no CTN não excluem a possibilidade de outras medidas assecuratórias serem idealizadas por leis federais, estaduais ou municipais, de modo que o CTN não as descreve de forma **taxativa**, mas meramente exemplificativas, conforme prescreve o seu artigo 183:

> **Art. 183.A enumeração das garantias atribuídas neste Capítulo ao crédito tributário não exclui outras que sejam expressamente previstas em lei**, em função da natureza ou das características do tributo a que se refiram. **Parágrafo único.** A natureza das garantias atribuídas ao crédito tributário não altera a natureza deste nem a da obrigação tributária a que corresponda (grifos nossos).

A única observação que se deve fazer está no fato de que a lei, ao tratar sobre outros meios jurídicos assecuratórios do recebimento do crédito tributário, que não constantes no CTN, deverá versar sobre a matéria de forma **expressa**.

Nos termos do Código Tributário Nacional, o Fisco possui inúmeras garantias para o recebimento da dívida tributária, em virtude de praticamente a totalidade dos bens do Sujeito Passivo responde para a satisfação do crédito tributário, inclusive os bens particulares gravados com **cláusula de impenhorabilidade**, independentemente da data de sua constituição.

A única hipótese em que os bens não serão dados em garantia para o pagamento da dívida tributária, são os considerados **absolutamente** impenhoráveis pela legislação, consoante consta no artigo 184 do CTN:

> **Art. 184.** Sem prejuízo dos privilégios especiais sobre determinados bens, que sejam previstos em lei, responde pelo pagamento do crédito tributário a totalidade dos bens e das rendas, de qualquer origem ou natureza, do sujeito passivo, seu espólio ou sua massa falida, inclusive os gravados por ônus real ou cláusula de inalienabilidade ou impenhorabilidade, seja qual for a data da constituição do ônus ou da cláusula, **excetuados unicamente os bens e rendas que a lei declare absolutamente impenhoráveis** (grifos nossos).

Os diplomas legais que tratam sobre os bens absolutamente impenhoráveis estão dispostos no CPC, em seu artigo 833 e na Lei n. 8.009/90 que versa sobre o bem de família. Transcreve-se a seguir o artigo 649 do CPC:

> **Art. 833.** São impenhoráveis: I – os bens inalienáveis e os declarados, por ato voluntário, não sujeitos à execução; II – os móveis, os pertences e as utilidades domésticas que guarnecem a residência do executado, salvo os de elevado valor ou os que ultrapassem as necessidades comuns correspondentes a um médio padrão de vida; III – os vestuários, bem como os pertences de uso pessoal do executado, salvo se de elevado valor; IV – os vencimentos, os subsídios, os soldos, os salários, as remunerações, os proventos de aposentadoria, as pensões, os pecúlios e os montepios, bem como as quantias recebidas por liberalidade de terceiro e destinadas ao sustento do devedor e de sua família, os ganhos de trabalhador autônomo e os honorários de profissional liberal, ressalvado o § 2º; V – os livros, as máquinas, as ferramentas, os utensílios, os instrumentos ou outros bens móveis necessários ou úteis ao exercício da profissão do executado; VI – o seguro de vida; VII – os materiais necessários para obras em andamento, salvo se essas forem penhoradas; VIII – a pequena propriedade rural, assim definida em lei, desde que trabalhada pela família; IX – os recursos públicos recebidos por instituições privadas para aplicação compulsória em educação, saúde ou assistência social; X – a quantia depositada em caderneta de poupança, até o limite de 40

> (quarenta) salários-mínimos; XI – os recursos públicos do fundo partidário recebidos por partido político, nos termos da lei; XII – os créditos oriundos de alienação de unidades imobiliárias, sob regime de incorporação imobiliária, vinculados à execução da obra. § 1º A impenhorabilidade não é oponível à execução de dívida relativa ao próprio bem, inclusive àquela contraída para sua aquisição. § 2º O disposto nos incisos IV e X do *caput* não se aplica à hipótese de penhora para pagamento de prestação alimentícia, independentemente de sua origem, bem como às importâncias excedentes a 50 (cinquenta) salários-mínimos mensais, devendo a constrição observar o disposto no art. 528, § 8º, e no art. 529, § 3º. § 3º Incluem-se na impenhorabilidade prevista no inciso V do *caput* os equipamentos, os implementos e as máquinas agrícolas pertencentes à pessoa física ou à empresa individual produtora rural, exceto quando tais bens tenham sido objeto de financiamento e estejam vinculados em garantia a negócio jurídico ou quando respondam por dívida de natureza alimentar, trabalhista ou previdenciária.

Cumpre destacar que no artigo 184 do CTN está expresso que serão dados em garantia todos os bens do contribuinte, inclusive os gravados com cláusula de impenhorabilidade, independente da data de sua constituição, ressalvando aqueles em que a lei considera absolutamente impenhoráveis. Já o inciso I do artigo 649 do CPC estabelece que são bens impenhoráveis os gravados com cláusula de impenhorabilidade pelo contratante. Da observação desses dois dispositivos, pode-se afirmar que há um contrassenso. Contudo, para o Direito Tributário, prevalecerá o disposto no CTN, pois se trata de lei específica e porque possui status de Lei Complementar, estando, portanto, em conformidade com o que prescreve a Constituição Federal em seu artigo 146, II. Como já estudado anteriormente, o CPC deve ser aplicado apenas de forma subsidiária.

Ademais, cumpre trazer à baila a Lei n. 6.830/80 que também está em concordância com o artigo 185 do CTN, em razão de seu artigo 10 dispor que: "Art. 10. Não ocorrendo o pagamento, nem a garantia da execução de que trata o art. 9.º, a penhora pode recair em qualquer bem do executado, **exceto os que a lei declare absolutamente impenhoráveis**" (grifos nossos).

No tocante à Lei n. 8.009/90, que discorre sobre o **bem de família**, assim como sobre a impenhorabilidade desses bens, faz-se necessário mencionar que, referente ao crédito tributário relacionado ao imóvel familiar, há uma exceção, conforme dispõe no inciso IV do art. 3º da Lei n. 8.009/90:

> Art. 3º A impenhorabilidade é oponível em qualquer processo de execução civil, fiscal, previdenciária, trabalhista ou de outra natureza, salvo se movido: ~~I – em razão dos créditos de trabalhadores da própria residência e das respectivas contribuições previdenciárias;~~ **(Revogado pela Lei Complementar nº 150, de 2015);** II – pelo titular do crédito decorrente do financiamento destinado à construção ou à aquisição do imóvel, no limite dos créditos e acréscimos constituídos em função do respectivo contrato; ~~III – pelo credor de pensão alimentícia;~~ **III – pelo credor da pensão alimentícia, resguardados os direitos, sobre o bem, do seu coproprietário que, com o devedor, integre união estável ou conjugal, observadas as hipóteses em que ambos responderão pela dívida; (Redação dada pela Lei nº 13.144 de 2015); IV – para cobrança de impostos, predial ou territorial, taxas e contribuições devidas em função do imóvel familiar;** V – para execução de hipoteca sobre o imóvel oferecido como garantia real pelo casal ou pela entidade familiar;VI – por ter sido adquirido com produto de crime ou para execução de sentença penal condenatória a ressarcimento, indenização ou perdimento de bens. VII – por obrigação decorrente de fiança concedida em contrato de locação. (Incluído pela Lei nº 8.245, de 1991)

Portanto, a Lei n. 8.009/90 permite que os tributos relacionados ao bem imóvel familiar (IPTU, ITR, contribuições de melhorias ou taxas do imóvel) sejam objeto de penhora para assegurar o pagamento do crédito tributário.

Ressalta-se, ainda, que a Lei n. 8.009/90, em seu artigo 4º, destaca que não se beneficiará da Lei de Impenhorabilidade do Bem de Família aquele insolvente que adquire de má-fé imóvel mais valioso para transferir a residência familiar.

Passemos agora a analisar a garantia sobre presunção de fraude à execução, elencada pelo legislador nos artigos 185 e seguintes do CTN, com suas respectivas alterações dadas pela Lei Complementar n. 118/2005.

12. DA PRESUNÇÃO DE FRAUDE À EXECUÇÃO FISCAL

Presume-se fraudulenta a alienação realizada por Sujeito Passivo, regularmente **inscrito em dívida ativa**, que dilapidar seu patrimônio de forma a não resguardar bens suficientes para pagamento da dívida tributária, de acordo com o disposto no artigo 185 do CTN:

> **Art. 185.** Presume-se fraudulenta a alienação ou oneração de bens ou rendas, ou seu começo, por sujeito passivo em débito para com a Fazenda Pública, por crédito tributário **regularmente inscrito como dívida ativa**. **Parágrafo único. O disposto neste artigo não se aplica na hipótese de terem sido reservados, pelo devedor, bens ou rendas suficientes ao total pagamento da dívida inscrita.** (Redação dada pela Lcp n. 118, de 2005) (grifos nossos).

Fica evidente que o artigo 185 do CTN foi modificado pela Lei Complementar n. 118/2005, pois anteriormente a interpretação era a de que somente se presumia fraudulenta a alienação ou oneração do bem, após a **citação** do contribuinte em processo de execução fiscal.

Ocorre que, constatava-se que, ao considerar, anteriormente à LC n. 118/2005, se presumia a fraude à execução apenas quando da citação da execução fiscal (considerando que a Fazenda tem até 5 anos para cobrar o crédito tributário, após a sua constituição definitiva – art. 174 do CTN), em virtude da venda de todo o patrimônio do Sujeito Passivo, essa situação de certa forma privilegiava o devedor, que tinha mais tempo para se desfazer de seu patrimônio.

Com a modificação do artigo 185 do CTN, houve o efetivo favorecimento da Fazenda, pois com a nova redação, passou a se admitir que logo após a inscrição em **dívida ativa**, presume-se fraudulenta a alienação ou oneração do bem do contribuinte, salvo se houver bens suficientes para quitar a dívida tributária.

Para que se tenha uma noção melhor do que acarretou essa alteração no artigo 185 do CTN, cita-se o seguinte exemplo: após o contribuinte receber uma notificação de lançamento em 05.05.2010, ele poderá interpor recurso administrativo, para que, após a conclusão do processo administrativo (05.05.2012), e se o mesmo não for acolhido pela Autoridade Administrativa, a Fazenda possa inscrevê-lo em dívida ativa. Na situação anterior à Lei Complementar n. 118/2005, só se presumiria fraude contra a Fazenda depois de instaurado o processo de execução e devidamente citado o executado, o que levaria mais tempo, com certeza. Por meio da alteração dada pela Lei Complementar n. 118/2005, antecipou-se essa presunção, sendo possível logo após o procedimento de inscrição em dívida ativa realizada administrativamente pela Fazenda Pública. Observe o exemplo abaixo:

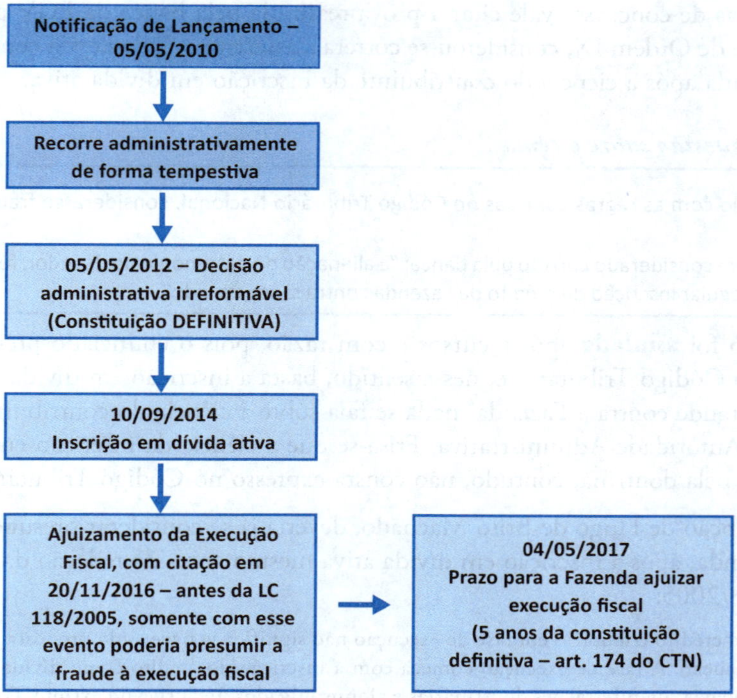

Nesse exemplo, com a alteração da Lei Complementar n. 118/2005, considerando que pode ocorrer a inscrição em dívida ativa já a partir de 05.05.2012, nessa data poderá ser considerada fraude à execução (10.09.2014 – data da inscrição em dívida ativa no exemplo), anteriormente seria somente após a citação da execução fiscal 20.11.2016 (no exemplo), depois da citação da execução fiscal.

Em um segundo exemplo, caso o Contribuinte não interponha recurso e apenas receba a Notificação de Lançamento, ignorando-a simplesmente, a Fazenda, após transcorridos 30 dias (constituição definitiva do crédito tributário), poderá realizar a inscrição do contribuinte em dívida ativa. Com a inscrição em dívida ativa, considerando a redação nova do artigo 185 do CTN, caracteriza-se fraudulenta a alienação ou a oneração de seu patrimônio, se o contribuinte tornar-se insolvente.

Todavia, surge um conflito no caso em que o Contribuinte não saiba que está inscrito em dívida ativa e, dessa forma, aliene seu patrimônio, pois antigamente havia a citação da execução fiscal para que o Contribuinte tivesse ciência de que a partir daquele momento poderia caracterizar-se fraude contra seus credores, caso vendesse seu patrimônio de forma a não preservar um bem suficiente para garantir o crédito tributário.

Parte da doutrina vem se posicionando no sentido de que se faz necessário notificar o contribuinte de que foi inscrito em dívida ativa. Porém, trata-se de apenas um posicionamento doutrinário, no sentido de que se atenda ao Princípio do Contraditório e da Ampla Defesa, pois o processo de execução é público e de fácil acesso, o que possibilita saber se o Contribuinte está ou não inscrito em dívida ativa.

Para provas de concurso, vale citar a prova realizada pela banca da FGV para primeira fase de Exame de Ordem IX, considerou-se correta a assertiva que descrevia constituir fraude contra a fazenda após a ciência do contribuinte da inscrição em dívida ativa.

Exemplo de questão sobre o tema

▶ De acordo com as regras contidas no Código Tributário Nacional, considera-se fraude à execução fiscal:

Comentário: Item considerado correto pela banca: "a alienação do patrimônio do devedor, feita após ciência inequívoca da regular inscrição de crédito da Fazenda contra si constituído".

A questão foi **anulada** após recursos e com razão, pois o enunciado prescrevia ser de acordo com o Código Tributário e, nesse sentido, basta a inscrição em dívida ativa para ser considerada fraude contra a Fazenda, nada se fala sobre a ciência do contribuinte sobre essa atividade da Autoridade Administrativa. Frisa-se que a ciência da inscrição em dívida ativa foi defendida pela doutrina, contudo, não consta expresso no Código Tributário Nacional.

Na concepção de Hugo de Brito Machado, deveria já se considerar presunção de fraude contra a Fazenda, após a inscrição em dívida ativa mesmo antes da redação da Lei Complementar n. 118/2005:

> Estar o crédito tributário em fase de execução não significa já haver sido proposta a ação de execução. A fase de execução começa com a inscrição do crédito como dívida ativa. Há, todavia, manifestações doutrinárias e alguns julgados, inclusive do extinto Tribunal Federal de Recursos, em sentido contrário. Só haveria presunção de fraude, segundo estes, a partir da citação do executado. Agora esse entendimento jurisprudencial restou superado pela lei, impondo-se o entendimento que sempre sustentamos, segundo o qual a fase de execução começa com a inscrição do crédito tributário em Dívida Ativa[17].

A notificação ao contribuinte devedor da Fazenda seria interessante, inclusive, para resguardar possíveis compradores, pois se há a venda do bem com a ciência do contribuinte de que está inscrito em dívida ativa, caracteriza-se como fraude contra o credor, não importando a alegação do comprador de que não tinha ciência desse fato e de que agiu de boa-fé.

Neste ponto, cabe o questionamento se a **Súmula n. 375 do STJ** se aplicaria aos créditos tributários. Essa súmula estabelece que a fraude contra credor somente se configurará se houver o registro da penhora do bem alienado, conforme se verifica na súmula transcrita a seguir: *"Súmula n. 375. O reconhecimento da fraude de execução depende do registro da penhora do bem alienado ou da prova de má-fé do terceiro adquirente"*.

Em resposta à questão, vale informar que essa súmula foi editada para créditos não tributários, pois como já mencionado anteriormente, prevalecerá sempre a lei especial, que, nesse caso, é o CTN, mais precisamente seu artigo 185.

Portanto, caso um terceiro de boa-fé adquirir um bem de um contribuinte inscrito em dívida ativa, e que não tenha qualquer outro patrimônio para a garantia do crédito tributário, irá perdê-lo, pois caracterizou fraudulenta a alienação. Esse é o posicionamento do STJ, conforme jurisprudência a seguir:

17. **Curso...**, op. cit., p. 241.

> TRIBUTÁRIO. AGRAVO REGIMENTAL NO RECURSO ESPECIAL. FRAUDE À EXECUÇÃO. ALIENAÇÃO DE BEM PELO SÓCIO APÓS INSCRIÇÃO DO CRÉDITO TRIBUTÁRIO EM DÍVIDA ATIVA. RESP N. 1.141.990/PR. JULGAMENTO SOB O RITO DO ART. 543-C DO CPC. AGRAVO NÃO PROVIDO. 1. A Primeira Seção do Superior Tribunal de Justiça, no julgamento do REsp n. 1.141.990/PR, da relatoria do Ministro Luiz Fux, julgado sob o rito do art. 543-C do CPC, pacificou entendimento no sentido **da não incidência da Súmula n. 375/STJ em sede de execução tributária**, uma vez que o art. 185 do CTN, seja em sua redação original, seja na redação dada pela LC n. 118/2005, presume a ocorrência de fraude à execução quando, no primeiro caso, a alienação se dá após a citação do devedor na execução fiscal e, no segundo caso (após a LC 118/2005), a presunção ocorre quando a alienação é posterior à inscrição do débito tributário em dívida ativa. 2. Agravo regimental não provido (AgRg no REsp n. 1341624/SC, rel. Min. Arnaldo Esteves Lima, 1ª Turma, julgado em 06.11.2012, **DJe** de 14.11.2012) (grifos nossos).

> AGRAVO REGIMENTAL NO RECURSO ESPECIAL. PROCESSUAL CIVIL E TRIBUTÁRIO. EMBARGOS DE TERCEIRO. FRAUDE À EXECUÇÃO FISCAL. ALIENAÇÃO DE BEM POSTERIOR À CITAÇÃO DO DEVEDOR. INEFICÁCIA DO NEGÓCIO JURÍDICO. **IRRELEVÂNCIA DA AUSÊNCIA DE PENHORA GRAVADA NO REGISTRO DE IMÓVEIS E DA BOA-FÉ DO TERCEIRO. SÚMULA 375/STJ. INAPLICABILIDADE.** JULGAMENTO, PELA PRIMEIRA SEÇÃO, DE RECURSO ESPECIAL REPRESENTATIVO DA CONTROVÉRSIA (RESP 1.141.990/PR). MULTA POR AGRAVO REGIMENTAL MANIFESTAMENTE INFUNDADO. ARTIGO 557, § 2º, DO CPC. APLICAÇÃO. 1. **A lei especial prevalece sobre a lei geral (*lex specialis derrogat lex generalis*), por isso que a Súmula n. 375/STJ ("O reconhecimento da fraude à execução depende do registro da penhorado bem alienado ou da prova de má-fé do terceiro adquirente") não se aplica às execuções fiscais** (Precedente da Primeira Seção submetido ao rito do artigo 543-C, do CPC: REsp n. 1141990/PR, rel. Min. Luiz Fux, julgado em 10.11.2010, **DJe** de 19.11.2010). (...) 4. Consectariamente, antes da entrada em vigor da LC n. 118/2005 (09.06.2005), a alienação efetivada após a citação válida do devedor configurava presumida fraude à execução; ao passo que, a partir da vigência da LC n. 118/2005 (09.06.2005), presumem-se fraudulentas as alienações efetuadas pelo devedor fiscal após a inscrição do crédito tributário na dívida ativa. 5. A diferença de tratamento entre a fraude civil e a fraude fiscal justifica-se pelo fato de que, na primeira hipótese, afronta-se interesse privado, ao passo que, na segunda, interesse público, porquanto o recolhimento dos tributos serve à satisfação das necessidades coletivas. (...) (AgRg no REsp n. 1065799/RS, Min. Luiz Fux (1122), T1, 1ª Turma, **DJe** de 28.02.2011) (grifos nossos).

Desse modo, ressalta-se que não se aplica a Súmula n. 375 do STJ ao Direito Tributário, uma vez que a súmula em questão foi instituída para créditos **não tributários**. Após a edição da Lei Complementar n. 118/2005, para caracterizar a fraude à execução fiscal, não há necessidade do registro da penhora do bem, objeto do negócio jurídico entre particulares, bastando que a alienação leve o contribuinte devedor do tributo (inscrito em dívida ativa) à insolvência.

Em prova discursiva realizada pela banca do CESPE para o cargo de Procurador do Estado, em 2012, foi abordada a questão sobre fraude à execução:

Exemplo de questão sobre o tema

▶ **(Procurador do Estado/AC– CESPE/2012).** Discorra acerca da fraude à execução fiscal, considerando as regras do Código Tributário Nacional e o entendimento do STJ (Superior Tribunal de Justiça).

Ainda no que concerne à Lei Complementar n. 118/2005, informa-se que houve a inclusão do artigo 185-A do CTN, que também veio a favorecer a Fazenda, que assim se descreve:

Art. 185-A. Na hipótese de o devedor tributário, devidamente citado, não pagar nem apresentar bens à penhora no prazo legal e não forem encontrados bens penhoráveis, o juiz determinará a indisponibilidade de seus bens e direitos, comunicando a decisão, preferencialmente por meio eletrônico, aos órgãos e entidades que promovem registros de transferência de bens, especialmente ao registro público de imóveis e às autoridades supervisoras do mercado bancário e do mercado de capitais, a fim de que, no âmbito de suas atribuições, façam cumprir a ordem judicial. § 1º A indisponibilidade de que trata o *caput* deste artigo limitar-se-á ao valor total exigível, devendo o juiz determinar o imediato levantamento da indisponibilidade dos bens ou valores que excederem esse limite. § 2º Os órgãos e entidades aos quais se fizer a comunicação de que trata o *caput* deste artigo enviarão imediatamente ao juízo a relação discriminada dos bens e direitos cuja indisponibilidade houverem promovido. (Incluído pela Lcp n. 118, de 2005).

Portanto, por esse dispositivo conclui-se que poderá haver a determinação do juiz (de forma ponderada), por **meio eletrônico**, de comunicar cartórios e instituições financeiras a fim de que possa bloquear bens e direitos do contribuinte, sendo claro que esse bloqueio apenas deverá ser feito até o montante da dívida, não podendo em nenhuma hipótese ser bloqueado montante superior ao valor da dívida tributária.

De acordo com o artigo 185-A do CTN, a indisponibilidade de bens e direitos do contribuinte só poderia ocorrer após o exaurimento das diligências promovidas pela Fazenda Pública para encontrar outros bens penhoráveis. O STJ, em decisão prolatada no REsp 1377507/SP, em sede de recurso repetitivo, firmou o entendimento de que a ordem de decretação de indisponibilidade de bens e direitos do devedor, autorizada pelo art. 185-A do CTN, realmente fica condicionada à observância dos seguintes requisitos: (i) citação do devedor tributário; (ii) inexistência de pagamento ou apresentação de bens à penhora no prazo legal; e (iii) a não localização de bens penhoráveis após o esgotamento das diligências realizadas pela Fazenda. (Nesse sentido, o AgRg no REsp 1.409.433-PE, Primeira Turma, **DJe** de 18.12.2013).

Esse último requisito, da necessidade de o Fisco comprovar o esgotamento das diligências pelos meios ordinários de localização dos bens do devedor, se caracteriza quando houver nos autos: (a) pedido de acionamento do BacenJud e consequente determinação pelo magistrado; e (b) a expedição de ofícios aos registros públicos do domicílio do executado e ao Departamento Nacional ou Estadual de Trânsito – DENATRAN ou DETRAN. (Nesse sentido o AgRg no AREsp 343.969-RS, Segunda Turma, **DJe** de 03.12.2013; o AgRg no AREsp 428.902-BA, Primeira Turma, **DJe** de 28.11.2013 e o AgRg no Ag 1429330/BA, Primeira Seção, **DJe** de 03.09.2012).

TRIBUTÁRIO. RECURSO ESPECIAL REPRESENTATIVO DE CONTROVÉRSIA. ART. 543-C DO CPC E RESOLUÇÃO STJ N. 8/2008. EXECUÇÃO FISCAL. ART. 185-A DO CTN. INDISPONIBILIDADE DE BENS E DIREITOS DO DEVEDOR. ANÁLISE RAZOÁVEL DO ESGOTAMENTO DE DILIGÊNCIAS PARA LOCALIZAÇÃO DE BENS DO DEVEDOR. NECESSIDADE. 1. Para efeitos de aplicação do disposto no art. 543-C do CPC, e levando em consideração o entendimento consolidado por esta Corte Superior de Justiça, firma-se compreensão no sentido de que a indisponibilidade de bens e direitos autorizada pelo art. 185-A do CTN depende da observância dos seguintes requisitos: (i) citação do devedor tributário; (ii) inexistência de pagamento ou apresentação de bens à penhora no prazo legal; e (iii) a não localização de bens penhoráveis após esgotamento das diligências realizadas pela Fazenda, caracterizado quando houver nos autos (a) pedido de acionamento do BacenJud e consequente determinação pelo magistrado e (b) a expedição de ofícios aos registros públicos do domicílio do executado e ao Departamento Nacional ou Estadual de Trânsito – DENATRAN ou DETRAN. 2. O bloqueio universal de bens e de direitos previsto no art. 185 -A do CTN não se confunde com a penhora de dinheiro aplicado em instituições financeiras, por meio do Sistema BacenJud, disciplinada no art. 655-A do CPC. 3. As disposições do art. 185-A do CTN abrangerão todo e qualquer bem ou direito do devedor, observado como limite o valor do crédito tributário, e dependerão do preenchimento dos seguintes requisitos: (i) citação do executado; (ii) inexistência de pagamento ou de oferecimento de bens à penhora no prazo legal; e, por fim, (iii) não forem encontrados bens penhoráveis. 4. A aplicação da referida prerrogativa da Fazenda Pública pressupõe a comprovação de que, em relação ao último requisito, houve o esgotamento das diligências para localização de bens do devedor. 5. Resta saber, apenas, se as diligências realizadas pela exequente e infrutíferas para o que se destinavam podem ser consideradas suficientes a permitir que se afirme, com segurança, que não foram encontrados bens penhoráveis, e, por consequência, determinar a indisponibilidade de bens. 6. O deslinde de controvérsias idênticas à dos autos exige do magistrado ponderação a respeito das diligências levadas a efeito pelo exequente, para saber se elas correspondem, razoavelmente, a todas aquelas que poderiam ser realizadas antes da constrição consistente na indisponibilidade de bens. 7. A análise razoável dos instrumentos que se encontram à disposição da Fazenda permite concluir que houve o esgotamento das diligências quando demonstradas as seguintes medidas: (i) acionamento do BacenJud; e (ii) expedição de ofícios aos registros públicos do domicílio do executado e ao Departamento Nacional ou Estadual de Trânsito – DENATRAN ou DETRAN. 8. No caso concreto, o Tribunal de origem não apreciou a demanda à luz da tese repetitiva, exigindo-se, portanto, o retorno dos autos à origem para, diante dos fatos que lhe forem demonstrados, aplicar a orientação jurisprudencial que este Tribunal Superior adota neste recurso. 9. Recurso especial a que se dá provimento para anular o acórdão impugnado, no sentido de que outro seja proferido em seu lugar, observando as orientações delineadas na presente decisão. (REsp 1377507/SP, rel. Min. Og Fernandes, Primeira Seção, julgado em 26.11.2014, **DJe** de 02.12.2014).

Hoje, há inclusive Súmula n. 560 do STJ:

A decretação da indisponibilidade de bens e direitos, na forma do artigo 185-A do CTN, pressupõe o exaurimento das diligências na busca por bens penhoráveis, o qual fica caracterizado quando infrutíferos o pedido de constrição sobre ativos financeiros e a expedição de ofícios aos registros públicos do domicílio do executado, ao Denatran ou Detran.

Nesse contexto, é importante observar, ainda, que o STJ decidiu no AgRg no AREsp 705.435/SC que a **penhora eletrônica** de depósitos e aplicações financeiras via BacenJud independe do exaurimento de diligências extrajudiciais, por parte do exequente, na busca de outros bens para a garantia da execução fiscal, dando uma interpretação sistemática dos artigos 655-A do CPC (atual art. 854 do NCPC) e 185-A do CTN. Isso porque, como assentando no REsp 1377507/SP, o bloqueio universal de bens e de direitos previsto no art. 185-A do CTN não se confunde com a penhora de dinheiro aplicado em instituições financeiras, por meio do Sistema BacenJud, disciplinada no artigo 854do CPC, devendo suceder às tentativas de penhora.

PROCESSUAL CIVIL E TRIBUTÁRIO. EXECUÇÃO FISCAL. AGRAVO REGIMENTAL NO AGRAVO EM RECURSO ESPECIAL. PENHORA. BLOQUEIO DE VALORES VIA BACENJUD. PRINCÍPIO DA MENOR ONEROSIDADE. 1. A Primeira Seção deste Tribunal ratificou a necessidade de interpretação sistemática dos arts. 655-A do CPC e 185-A do CTN, de modo a autorizar a penhora eletrônica de depósitos e aplicações financeiras, independentemente do exaurimento de diligências extrajudiciais, por parte do exequente, na busca de outros bens para a garantia da execução fiscal, após o advento da Lei n. 11.382/06. 2. A Fazenda Pública não é obrigada a aceitar bens nomeados à penhora fora da ordem legal insculpida no art. 11 da Lei n. 6.830/80, pois o princípio da menor onerosidade do devedor, preceituado no art. 620 do CPC, tem de estar em equilíbrio com a satisfação do credor. 3. Agravo regimental a que se nega provimento. (AgRg no AREsp 705.435/SC, rel. Min. Og Fernandes, Segunda Turma, julgado em 20.08.2015, **DJe** de 04.09.2015)

O Ministro Luiz Fux, relator do REsp n. 1.184.765, ao justificar seu voto, sobre a prescindibilidade do exaurimento de diligências extrajudiciais, a fim de se autorizar a penhora eletrônica de depósitos ou aplicações financeiras, fundamentou por meio da Teoria do **Diálogo das Fontes**, em que as normas gerais mais benéficas supervenientes dão preferência à norma especial (concebida para conferir tratamento privilegiado a determinada categoria), com o intuito de preservar a coerência do sistema normativo.

13. PRIVILÉGIOS DO CRÉDITO TRIBUTÁRIO

Relativo aos privilégios do crédito tributário, cumpre informar que estes têm importância bastante significativa no Direito Tributário, porém não são absolutos. Assim, neste tópico, pretende-se estudar a ordem com que o crédito tributário será satisfeito.

O artigo 186 do CTN deixa claro que o crédito tributário tem preferência a qualquer outro, independente de sua natureza, com exceção dos créditos decorrentes de natureza **trabalhista** e de **acidentes de trabalho**. Portanto, o crédito tributário será pago sempre em primeiro lugar, salvo se for dívida de natureza trabalhista e de acidente de trabalho:

> **Art. 186. O crédito tributário prefere a qualquer outro, seja qual for sua natureza ou o tempo de sua constituição, ressalvados os créditos decorrentes da legislação do trabalho ou do acidente de trabalho. Parágrafo único.** Na falência: I – o crédito tributário não prefere aos créditos extraconcursais ou às importâncias passíveis de restituição, nos termos da lei falimentar, nem aos créditos com garantia real, no limite do valor do bem gravado; II – a lei poderá estabelecer limites e condições para a preferência dos créditos decorrentes da legislação do trabalho; e III – a multa tributária prefere apenas aos créditos subordinados. Ao analisar o caput do referido artigo, percebe-se que em uma situação normal de pagamentos, os créditos tributários serão pagos, respeitando a seguinte ordem: os créditos trabalhistas e de acidentes de trabalho primeiro; em seguida os créditos tributários e, por conseguinte, os demais créditos (grifos nossos).

Ocorre que, ao observar o Parágrafo Único desse dispositivo, esse julgamento se modifica no caso da **falência**, pois nessa circunstância o crédito tributário não prefere aos créditos extraconcursais ou às importâncias passíveis de restituição, nem aos créditos com garantia real, no limite do bem gravado.

Os créditos **extraconcursais** consistem naqueles que são satisfeitos no curso do processo de falência. São as despesas com a massa falida, despesas com o administrador judicial, custas do processo de falência, enfim, todos os gastos que ocorrerem no curso do processo de falência são denominados de créditos extraconcursais. Ressalta-se, são pagos em primeiro lugar, conforme dispõe o artigo 188 do CTN:

> **Art. 188**. São extraconcursais os créditos tributários decorrentes de fatos geradores ocorridos no curso do processo de falência. **§ 1º.** Contestado o crédito tributário, o juiz remeterá as partes ao processo competente, mandando reservar bens suficientes à extinção total do crédito e seus acrescidos, se a massa não puder efetuar a garantia da instância por outra forma, ouvido, quanto à natureza e valor dos bens reservados, o representante da Fazenda Pública interessada. **§ 2º.** O disposto neste artigo aplica-se aos processos de concordata.

Sobre os créditos extraconcursais, vale atentar-se para os artigos 83 e 84 da Lei de Falência n. 11.101/2005, que estabelecem quais serão esses créditos, bem como a ordem de preferência.

Da observação desses artigos pode-se afirmar que esses terão preferência absoluta na falência, até mesmo no que diz respeito aos de natureza trabalhista.

Frisa-se, portanto, que os créditos trabalhistas e decorrentes de acidentes de trabalho têm preferência, salvo aos extraconcursais, mesmo na falência, em virtude da sua natureza alimentícia.

No tocante aos créditos passíveis de restituição – Lei de Falência n. 11.101/2005, artigo 85 – informa-se que se trata de bens de terceiros, que, quando decretada a Falência, são arrecadados da posse do falido e devolvidos aos proprietários, posto que não são de propriedade do falido e nem da massa falida.

Sobre esse assunto o STJ editou a Súmula n. 307 do STJ, a qual estabelece:

> **Súmula n. 307.** A restituição de adiantamento de contrato de câmbio, na falência, deve ser atendida antes de qualquer crédito.

Esta súmula tem aplicação inclusive antes do pagamento de dívida tributária. Portanto, necessário se faz ter a ciência dessa informação, além de sempre se atentar para o artigo 186, *caput*, do CTN e seu Parágrafo Único.

Além disso, cumpre mencionar que há preferência dos créditos gravados com **garantia real** até o limite do bem sobre os créditos tributários, conforme determina o § 1º do artigo 83 da Lei de Falências:

> **Art. 83.** A classificação dos créditos na falência obedece à seguinte ordem:
>
> (...)II – créditos com garantia real até o limite do valor do bem gravado;
>
> § 1º Para os fins do inciso II do **caput** deste artigo, será considerado como valor do bem objeto de garantia real a importância efetivamente arrecadada com sua venda, ou, no caso de alienação em bloco, o valor de avaliação do bem individualmente considerado.

Importa salientar que, quando se trata de pagamento de créditos tributários, não se podem incluir as **multas**, mas apenas o valor principal do crédito tributário, pois as penalidades só terão o privilégio no que se refere aos créditos subordinados.

Para melhor assimilação do exposto acima, segue tabela com a ordem de preferência dos créditos no caso de falência (Lei n. 11.101/2005):

Ordem de preferência dos créditos na falência			
1º	Créditos extraconcursais – art. 84, V, da Lei n. 11.101/2005, e art. 188 do CTN;	6º	Créditos com privilégio especial – art. 83, IV, da Lei n. 11.101/2005;
2º	Créditos decorrentes da legislação trabalhista e acidente de trabalho – art. 186 do CTN e art. 83, I, da Lei n. 11.101/2005;	7º	Créditos com privilégio geral – art. 83, V, da Lei n. 11.101/2005;
3º	Créditos passíveis de restituição – art. 186, Parágrafo Único, I, do CTN;	8º	Créditos quirografários – art. 83, VI, da Lei n. 11.101/2005;
4º	Créditos com garantia real até o limite do bem – art. 186, Parágrafo Único, I, do CTN e Art. 83, II, da Lei n. 11.101/2005;	9º	Multas contratuais, de natureza penal ou tributária – art. 186, III, do CTN e art. 83, VII, da Lei n. 11.101/2005;
5º	Créditos Tributários – exceto os extraconcursais – art. 186 do CTN e art. 83, III, da Lei n. 11.101/2005.	10º	Créditos subordinados – art. 83, VIII, da Lei n. 11.101/2005.

Aliás, salienta-se que a dívida tributária não precisa entrar na concorrência de credores, ou ser habilitada em inventário, arrolamento, falência, recuperação judicial ou concordata, conforme determina o artigo 187 do CTN, *in verbis*: *"Art. 187. A cobrança judicial do crédito tributário não é sujeita a concurso de credores ou habilitação em falência, recuperação judicial, concordata, inventário ou arrolamento. (...)"*

Diante da observação do dispositivo legal acima, e também com esse conteúdo expresso no artigo 29 da Lei n. 6.830/80, pode-se afirmar que a Fazenda Pública não irá concorrer com nenhum dos outros credores, nem está obrigada a habilitar seus créditos em processos de falência e recuperação judicial.

Além disso, ainda sobre esse dispositivo, faz-se necessário evidenciar que quando houver concurso entre entes tributantes, no Parágrafo Único há a previsão da ordem de preferência entre estes, sendo em primeiro lugar a União, seguida dos Estados, do Distrito Federal e, por fim, dos Municípios:

> **Art. 187**. CTN (...) **Parágrafo único.** O concurso de preferência somente se verifica entre pessoas jurídicas de direito público, na seguinte ordem: I – União; II – Estados, Distrito Federal e Territórios, conjuntamente e *pro rata*; III – Municípios, conjuntamente e *pro rata*.

Entretanto, deve-se chamar a atenção para o fato de que esse dispositivo acaba por violar o Princípio do Federalismo, previsto como cláusula pétrea no artigo 60, § 1º, da Constituição, bem como o Princípio da Isonomia, tudo isso por estabelecer preferência à União em detrimento dos demais Entes Federativos.

Mesmo assim o STF editou a Súmula n. 563, reconhecendo a constitucionalidade do referido dispositivo legal. *Súmula n. 563. "O concurso de preferência a que se refere o parágrafo único do art. 187 do Código Tributário Nacional é compatível com o disposto no art. 9º, I, da Constituição Federal".*

Nesse sentido, tem-se, ainda, o artigo 29 da Lei nº 6.830/80 que apenas incluiu as autarquias nos incisos:

> **Art. 29.** A cobrança judicial da Dívida Ativa da Fazenda Pública não é sujeita a concurso de credores ou habilitação em falência, concordata, liquidação, inventário ou arrolamento. **Parágrafo único.** O concurso de preferência somente se verifica entre pessoas jurídicas de direito público, na seguinte ordem: I – União e suas autarquias; II – Estados, Distrito Federal e Territórios e suas autarquias, conjuntamente e *pro rata*; III – Municípios e suas autarquias, conjuntamente e *pro rata*.

O STJ analisando o conteúdo desses dois dispositivos – os artigos 187 do CTN e 29 da Lei nº 6.830/90 – entendeu:

> *Deveras, verificada a pluralidade de penhoras sobre o mesmo bem em executivos ficais ajuizados por diferentes entidades garantidas com o privilégio do concurso de preferência,* **consagra-se a prelação ao pagamento dos créditos tributários da União e suas autarquias em detrimento dos créditos ficais dos Estados, e destes em relação aos dos Municípios, consoante a dicção do art. 187, parágrafo único, c/c art. 29, da Lei 6.830/80**. *7. O Pretório Excelso, não obstante a título de obiter dictum, proclamou, em face do advento da Constituição Federal de1988, a subsistência da Súmula 563 do STF: "O concurso de preferência a que se refere o parágrafo único do art. 187 do Código Tributário Nacional é compatível com o disposto no art. 9º, Ida Constituição Federal"(...) (RESP n. 957.836/SP, rel. Ministro Luiz Fux, 26.10.2010) (grifos nossos).*

Diante disso, o STJ também consolidou o seu entendimento por meio da Súmula n. 497: "Os créditos das autarquias federais preferem aos créditos da Fazenda estadual desde que coexistam penhoras sobre o mesmo bem".

Outrossim, é de fundamental importância mencionar que os créditos tributários relativos ao INSS foram equiparados aos da União, para efeitos desse dispositivo legal, tendo preferência em relação aos créditos dos demais Entes Federativos, no caso de concurso entre estes. Tal entendimento tem compatibilidade com a legislação previdenciária, em decorrência do artigo 51 da Lei n. 8.212/91:

> **Art. 51. O crédito relativo às contribuições, cotas e respectivos adicionais ou acréscimos de qualquer natureza arrecadados pelos órgãos competentes, bem como a atualização monetária e os juros de mora, estão sujeitos, nos processos de falência, concordata ou concurso de credores, às disposições atinentes aos créditos da União, aos quais são equiparados. Parágrafo único.** O Instituto Nacional do Seguro Social – INSS – reivindicará os valores descontados pela empresa de seus empregados e ainda não recolhidos (grifos nossos).

Ainda sobre os créditos tributários, deve-se evidenciar que serão (vencidos ou vincendos), pagos preferencialmente a quaisquer créditos habilitados em inventário ou arrolamento, ou a outros encargos do monte, a cargo do *de cujus* ou de seu espólio, exigíveis no decurso do processo de inventário ou arrolamento, nos certames do artigo 189 do CTN. Assim, o juiz do arrolamento ou do inventário deverá primeiro efetuar o pagamento das dívidas tributárias e após, com o que restar do espólio, poderão ser feitas as divisões.

Cita-se, ainda, o disposto no artigo 190 do CTN, o qual determina que os crédito tributários vencidos ou vincendos serão pagos preferencialmente, a cargo de pessoas jurídicas em liquidação judicial ou voluntária, exigíveis no decurso da liquidação. Da interpretação desse dispositivo, pode-se concluir que a intenção teve o fim de não prejudicar qualquer credor, havendo assim a presunção de solvência: *"Art. 190. São pagos preferencialmente a quaisquer outros os créditos tributários vencidos ou vincendos, a cargo de pessoas jurídicas de direito privado em liquidação judicial ou voluntária, exigíveis no decurso da liquidação"*.

Outros dispositivos do CTN, oportunos de serem mencionados, consistem nos artigos 191 e 191-A:

> **Art. 191.** A extinção das obrigações do falido requer prova de quitação de todos os tributos. (Redação dada pela Lcp n. 118, de 2005).
>
> **Art. 191-A.** A concessão de recuperação judicial depende da apresentação da prova de quitação de todos os tributos, observado o disposto nos arts. 151, 205 e 206 desta Lei. (Incluído pela Lcp n. 118, de 2005).

Antes da alteração e inclusão desses dispositivos pela Lei Complementar n. 118/2005, bastava apresentar a Certidão Negativa de Débitos dos tributos relacionados à atividade da empresa para se declarar extintas as obrigações tributárias. Entretanto, atualmente, o falido deverá apresentar as Certidões Negativas de Débitos de **todos** os tributos, para se extinguir os créditos tributários. A fim de reforçar esse entendimento, os artigos subsequentes do CTN, 192 e 193, estabelecem que:

> **Art. 192.** Nenhuma sentença de julgamento de partilha ou adjudicação será proferida sem prova da quitação de **todos** os tributos relativos aos bens do espólio, ou às suas rendas.

Art. 193. Salvo quando expressamente autorizado por lei, nenhum departamento da administração pública da União, dos Estados, do Distrito Federal, ou dos Municípios, ou sua autarquia, celebrará contrato ou aceitará proposta em concorrência pública sem que o contratante ou proponente faça prova da quitação de **todos** os tributos devidos à Fazenda Pública interessada, relativos à atividade em cujo exercício contrata ou concorre (grifos nossos).

Por conseguinte, até mesmo na sentença de partilha ou adjudicação, bem como para celebrar contratos ou participar de concorrência com a Fazenda Pública, deverá ser comprovada a quitação de todos os tributos, sejam relativos aos bens do espólio, ou referentes à atividade da empresa e à Fazenda Pública interessada na concorrência ou contrato, respectivamente. Além desses artigos do CTN, cumpre informar que existem exemplos de outros dispositivos legais que determinam a demonstração de quitação de tributos, de modo que se pode constatar a verdadeira importância dessa comprovação, quais sejam: Lei n. 8.666/93 (Licitações); artigo 195, § 3º, da CF; artigo 29 da Lei n. 12.101/2009; entre outros.

14. QUADRO SINÓTICO

<table>
<tr><th colspan="4">CAPÍTULO 7. CRÉDITO TRIBUTÁRIO</th></tr>
<tr><th colspan="3">Conteúdo</th><th>Item</th></tr>
<tr><td>Introdução</td><td colspan="2">O crédito tributário é a formalização da obrigação tributária. Assim, quando a lei estabelece a situação que uma vez ocorrida no mundo concreto irá gerar o dever de pagar o tributo, quando efetivada, nasce a obrigação tributária, ou seja, o dever de o sujeito passivo pagar o tributo, e o direito subjetivo do Fisco de cobrá-lo. Com o surgimento da obrigação tributária desponta o crédito tributário, que irá documentar sua existência, quantificando-a, permitindo sua cobrança. O crédito tributário decorre da obrigação principal e tem a mesma natureza desta (art. 139 do CTN), mas com vida própria. Por isso, as circunstâncias que modificam o crédito tributário, sua extensão ou seus efeitos, bem como as garantias ou privilégios a ele atribuídos não afetam a obrigação tributária que lhe deu origem.</td><td>1</td></tr>
<tr><td>Constituição do Crédito Tributário</td><td colspan="2">O crédito tributário será constituído, isto é, materializado, por meio do lançamento tributário. O lançamento tributário reporta-se à data da ocorrência do fato gerador da obrigação e rege-se pela lei então vigente, ainda que posteriormente modificada ou revogada (art. 144 do CTN). O lançamento tributário consiste numa atividade administrativa vinculada e obrigatória, sob pena de responsabilidade funcional. Desse modo, a Autoridade Administrativa, ao constatar a ocorrência do fato gerador, não poderá deixar de constituir o crédito tributário, quer dizer, não poderá eximir-se de efetivar o lançamento tributário. Segundo entendimento mais recente do STJ (Súmula n. 436), a declaraçãode existência de crédito tributário, entregue pelo Sujeito Passivo, o constitui, e, dessa forma, a Fazenda poderá exigir diretamente as quantias declaradas e não pagas, independentemente de lançamento tributário.</td><td>2</td></tr>
<tr><td rowspan="3">Modalidades de Lançamento</td><td colspan="2">Há três modalidades: de ofício, por declaração e por homologação:</td><td rowspan="3">3 a 3.3</td></tr>
<tr><td>Lançamento de Ofício</td><td>É realizado pela Autoridade Administrativa, independentemente de qualquer atuação ou participação do Sujeito Passivo. Ela própria verifica a ocorrência do fato gerador, determina a matéria tributável, calcula o montante do tributo devido, identifica o Sujeito Passivo e, sendo o caso, propõe a aplicação da penalidade cabível. Exemplo: IPTU e IPVA.</td></tr>
<tr><td>Lançamento por Declaração</td><td>Este tipo de lançamento é realizado pela Autoridade Administrativa com base em informações prestadas pelo Sujeito Passivo sobre a ocorrência do fato gerador. Exemplo: Imposto sobre Importação da Bagagem.</td></tr>
</table>

<table>
<tr><th colspan="3">CAPÍTULO 7. CRÉDITO TRIBUTÁRIO</th><th></th></tr>
<tr><th colspan="3">Conteúdo</th><th>Item</th></tr>
<tr><td>Modalidades de Lançamento</td><td>Lançamento por Homologação</td><td>Também conhecido como autolançamento, ocorre quando o próprio Sujeito Passivo verifica a ocorrência do fato gerador, calcula o tributo e realiza o pagamento, independentemente de qualquer atuação prévia da Autoridade Administrativa. Esta apenas irá verificar posteriormente se o pagamento foi realizado corretamente, momento em que irá efetivar a homologação do lançamento tributário. Exemplo: IPI e ICMS.</td><td>3 a 3.3</td></tr>
<tr><td>Atividade de Arbitramento</td><td colspan="2">Consoante o estabelecido no artigo 148 do CTN, a Autoridade Administrativa poderá arbitrar valor ou preço de bens, direitos, serviços, sempre que forem omissos ou não mereçam fé as declarações, os esclarecimentos prestados ou os documentos expedidos pelo Sujeito Passivo.
Ressalta-se, todavia, que não se trata de uma quarta modalidade de lançamento, mas apenas de uma técnica de tributação.</td><td>4</td></tr>
<tr><td>Alteração do Lançamento Tributário</td><td colspan="2">Após a notificação do Sujeito Passivo, o lançamento tributário poderá ser alterado em três situações:
Por impugnação do Sujeito Passivo;
Mediante recurso de ofício;
Por iniciativa de ofício da Autoridade Administrativa, nos casos previstos no artigo 149 do CTN.</td><td>5</td></tr>
<tr><td>Crédito Tributário e Decadência</td><td colspan="2">A constituição do crédito tributário deve ocorrer no interregno de cinco anos. Passado esse prazo, o Fisco perde o seu direito de lançar, quer dizer, ocorre a decadência. A decadência, portanto, é a perda do direito do Fisco de constituir o crédito tributário. Sem crédito tributário não há exigibilidade do tributo.
Há duas regras para contagem do prazo decadencial, uma prevista no art. 173, I, do CTN e outra pelo art. 150, § 4º, do CTN. Pela regra do art. 173, I, do CTN, o Fisco tem cinco anos a contar do primeiro dia do exercício seguinte àquele que poderia ter ocorrido o lançamento para realizá-lo. Nos termos do art. 150, § 4º, do CTN, o prazo inicia-se da ocorrência do fato gerador.
Os tributos sujeitos ao lançamento de ofício e por declaração, bem como os casos em que houver fraude, dolo, simulação ou ausência de pagamento (nesse último caso para qualquer tipo de lançamento) sujeitam-se à regra do art. 173, I, do CTN. Os tributos sujeitos ao lançamento por homologação respeitam a regra do art. 150, § 4º, do CTN. Além do mais, lembrar-se do disposto no art. 173, II, do CTN, pelo qual determina que da decisão que anular por vício formal o lançamento tributário, isto é, o direito de a Autoridade Administrativa proceder ao lançamento tributário, extingue-se em cinco anos, contados da data em que se tornar definitiva essa decisão.
Quando constituído o crédito tributário definitivamente, a Autoridade Administrativa deverá cobrá-lo do Sujeito Passivo. Nesse intuito, o art. 174 do CTN prevê o prazo de cinco anos, a contar da constituição definitiva, para a Fazenda ajuizar a execução fiscal, com o fim de obter a satisfação coativa do crédito tributário, sob pena de ocorrer a prescrição.</td><td>6/ 6.1</td></tr>
<tr><td>Prescrição</td><td colspan="2">A prescrição no Direito Tributário se define pela perda do direito do Fisco de cobrar o crédito tributário. Na hipótese de o crédito tributário ser constituído pela entrega da declaração de devedor do contribuinte, nos termos da Súmula n. 436 do STJ, o prazo de prescrição da execução correspondente tem início no momento do vencimento da dívida declarada e não paga, ou na ocasião da entrega da declaração, o que for posterior.</td><td>7</td></tr>
</table>

<table>
<tr><th colspan="4">CAPÍTULO 7. CRÉDITO TRIBUTÁRIO</th></tr>
<tr><th colspan="3">Conteúdo</th><th>Item</th></tr>
<tr><td rowspan="8">O Crédito Tributário e as Causas de Suspensão O Crédito Tributário e as Causas de Suspensão</td><td colspan="2">Uma vez constituído o crédito tributário, esse poderá ser exigido pelo Sujeito Ativo, posto que a obrigação torna-se líquida, certa e exigível. Assim, o Sujeito Passivo deverá pagar o crédito, sob pena de sofrer os efeitos de mora. No entanto, existem situações em que a Fazenda Pública não poderá exigir determinado tributo, em virtude da existência das causas de suspensão da exigibilidade, as quais estão previstas no artigo 151 do CTN, que são: (1) moratória; (2) depósito do montante integral; (3) recurso e reclamação na esfera administrativa; (4) liminar ou tutela antecipada em qualquer tipo de ação e (5) parcelamento.</td><td rowspan="8">8 a 8.7</td></tr>
<tr><td>Moratória</td><td>Trata-se de dilação legal do prazo de pagamento do tributo. Ela poder ser geral ou individual – art. 152 do CTN.</td></tr>
<tr><td>A Moratória Individual</td><td>Alcança apenas algumas pessoas que preenchem determinados critérios estabelecidos em lei e que devem, ainda, ser averiguadas por meio de despacho da Autoridade Administrativa. Sendo geral, alcança uma generalidade de pessoas, indistintamente e, por essa razão, não há necessidade de despacho da Autoridade Administrativa. A moratória em caráter geral somente poderá ser concedida pelo Ente Federativo que tem competência para instituir o tributo, trata-se de moratória autônoma ou autonômica. No entanto, a União poderá criar moratória para tributos municipais e estaduais, desde que esta crie moratória, simultaneamente, de um tributo de sua competência e às obrigações de direito privado (art. 152 I, "b", do CTN). Essa moratória denomina-se heterônoma.
Importante: A moratória em caráter individual não gera direito adquirido (art. 155 do CTN).</td></tr>
<tr><td>Depósito do Montante Integral</td><td>O depósito é uma faculdade do Sujeito Passivo, sendo muito utilizado nos casos em que o contribuinte ingressa na esfera judicial, visto que o mero ajuizamento da ação judicial não suspende a exigibilidade do crédito tributário. Ressalta-se, todavia, que o depósito somente irá suspender a exigibilidade se for integral e em dinheiro.</td></tr>
<tr><td>As Reclamações e os Recursos, nos Termos das Leis Reguladoras do Processo Tributário Administrativo</td><td>Essa hipótese de suspensão da exigibilidade do crédito tributário é muito utilizada em razão de ser menos custosa e por possibilitar uma primeira discussão do crédito tributário, sem que seja necessário adentrar direto na esfera judicial.</td></tr>
<tr><td>Medida Liminar em Mandado de Segurança</td><td>A mera propositura desse remédio constitucional com pedido de liminar não suspende a exigibilidade do crédito tributário, mas sim a concessão dessa medida pelo Poder Judiciário.</td></tr>
<tr><td>A Concessão de Medida Liminar ou de Tutela Antecipada em Outras Espécies de Ação Judicial</td><td>A tutela antecipada, assim como a liminar devem ser concedidas quando presentes os seus pressupostos, independentemente de depósito do crédito tributário; isso porque tratam-se de hipóteses distintas de suspensão da exigibilidade do crédito tributário.</td></tr>
<tr><td>Parcelamento</td><td>Consiste na dilação legal do prazo de pagamento do tributo, realizado em parcelas. O parcelamento consiste numa causa de suspensão do crédito tributário caracterizada pelo comportamento voluntário do sujeito passivo em negociar o pagamento do tributo em aberto. Registre-se que o parcelamento será concedido na forma e condição estabelecidas em lei específica – art. 155-A do CTN.</td></tr>
</table>

CAPÍTULO 7. CRÉDITO TRIBUTÁRIO			
Conteúdo			Item
Extinção do Crédito Tributário	O artigo 156 do CTN enumera as situações de extinção do crédito tributário:		9 a 9.11
	Pagamento	Para ser extinto o crédito tributário o pagamento deve ser integral.	
	Compensação	Trata-se de uma modalidade de extinção do crédito tributário que ocorre quando houver reciprocidade entre credor e devedor. A compensação no Direito Tributário deve ser regulamentada mediante lei.	
	Transação	Consiste em concessões mútuas para extinguir obrigações. No Direito Tributário só será admitida se regulada por lei.	
	Remissão	Baseia-se no perdão do crédito tributário, incluindo o valor principal, juros e multa.	
	Prescrição e Decadência	A decadência se define pela perda do direito do Fisco de constituir o crédito tributário (art. 150, § 4º e art. 173 do CTN). Já a prescrição, pela perda do direito de cobrar esse crédito (art. 174 do CTN).	
	Conversão do Depósito em Renda	Essa causa de extinção do crédito tributário ocorre quando há depósito do montante integral em determinada demanda e, ao ser proferida decisão definitiva desfavorável ao contribuinte, o depósito é convertido em renda para o Ente Federativo litigante.	
	Pagamento Antecipado e Homologação Ulterior	Essa causa de extinção do crédito tributário ocorre nos tributos sujeitos a lançamento por homologação, pois nesses casos, apesar de o Contribuinte pagar antecipadamente o tributo, com base em apuração realizada por ele mesmo, terá de aguardar a homologação da Fazenda, que tem o prazo decadencial de cinco anos para fazê-lo. A homologação poderá ser tácita ou expressa. Com essa homologação o crédito tributário estará extinto.	
	Consignação em Pagamento	O mero ajuizamento da Ação Consignatória não configura extinção do crédito tributário, deve haver decisão julgada procedente dessa ação para ocorrer a extinção.	
	Decisão Administrativa Irreformável	Refere-se à decisão administrativa favorável ao Sujeito Passivo, nas instâncias administrativas, uma vez que, nesses casos, o crédito tributário é extinto. Por essa razão, a Fazenda Pública não pode mais se valer da via judicial.	
	Decisão Judicial Passada em Julgado	Quando a decisão judicial favorável ao contribuinte for passada em julgado, o crédito tributário estará extinto.	
	Dação em Pagamento de Bem Imóvel	Equivale em dar em pagamento um bem imóvel em substituição ao dinheiro – modalidade de extinção do crédito tributário incluída pela LC n. 104, de 10.01.2001.	
Exclusão do Crédito Tributário	A isenção e a anistia consistem em causas de inibição do lançamento do tributo, previstas no artigo 175 do CTN. Portanto, ocorre o fato gerador, porém não haverá o lançamento. Com isso, pode-se concluir que a isenção e a anistia têm início antes do lançamento e surgem após a ocorrência da obrigação tributária.		10 a 10.2
	Isenção	Trata-se de dispensa legal de pagamento do tributo, segundo o entendimento do STF. O artigo 177 do CTN estabelece que a concessão de isenção, salvo disposição de lei em contrário, não se estende às taxas e contribuição de melhoria, bem	

CAPÍTULO 7. CRÉDITO TRIBUTÁRIO			
Conteúdo			**Item**
Exclusão do Crédito Tributário	**Isenção**	como aos tributos que venham a ser criados ou instituídos posteriormente à lei que cria a isenção. A lei que concede a isenção deve ser interpretada literalmente (art. 111 do CTN). A lei que autoriza a isenção pode ser revogada a qualquer tempo, salvo se concedida por prazo certo e sob determinadas condições, caso em que será irrevogável – art. 178 do CTN. A isenção pode ser concedida em caráter geral e individual – art. 179 do CTN. A isenção em caráter geral abrange a generalidade de sujeitos, sem a necessidade de comprovação por parte destes de alguma característica pessoal.	10 a 10.2
		A isenção individual só alcança determinadas pessoas, que, mediante despacho de Autoridade Administrativa, comprovadamente preencham certos requisitos estabelecidos pela lei isentiva. Atentar-se para o fato de que o despacho referido **não** gera direito adquirido – art. 179 do CTN.	
	Anistia	É o perdão, concedido por lei, das penalidades pecuniárias, de forma a abranger apenas aquelas anteriores ao lançamento – art. 180 do CTN. A anistia pode ser concedida em caráter geral ou limitadamente. Poderá ser autorizada uma anistia limitadamente – art. 181 do CTN: às infrações da legislação relativa a determinado tributo; às infrações punidas com penalidades pecuniárias até determinado montante, conjugadas ou não com penalidades de outra natureza; à determinada região do território da entidade tributante, em função de condições a ela peculiares; sob condição do pagamento de tributo no prazo fixado pela lei que a conceder, ou cuja fixação seja atribuída pela mesma lei à Autoridade Administrativa (art. 181 do CTN). A anistia, quando não concedida em caráter geral, será reconhecida por intermédio de despacho da Autoridade Administrativa, em requerimento com o qual o interessado faça prova do preenchimento das condições e do cumprimento dos requisitos previstos em lei para sua concessão. Também atentar-se para o fato de que o despacho referido **não** gera direito adquirido – art. 182 do CTN.	
Garantias do Crédito Tributário	As garantias são prerrogativas que a Fazenda Pública dispõe para fazer com que o Sujeito Passivo efetue o pagamento do tributo. Esse direito está amparado pelo Princípio da Supremacia do Interesse Público. Os Privilégios do crédito tributário, no entanto, consistem em sua ordem de preferência, numa posição de vantagem quanto aos demais – arts. 183 e seguintes do CTN. À luz do Código Tributário Nacional, o Fisco apresenta inúmeras garantias para o recebimento da dívida tributária, pois praticamente a totalidade dos bens do Sujeito Passivo responde para a satisfação do crédito tributário, inclusive os bens particulares gravados com cláusula de impenhorabilidade, independentemente da data de sua constituição. A única hipótese em que os bens não serão dados em garantia para o pagamento da dívida tributária, são os considerados absolutamente impenhoráveis pela legislação. No tocante à Lei n. 8.009/90, que discorre sobre o bem de família, assim como sobre a impenhorabilidade desses bens, importa mencionar que, referente ao crédito tributário relacionado ao imóvel familiar, há uma exceção, posto que permite		11

CAPÍTULO 7. CRÉDITO TRIBUTÁRIO		
	Conteúdo	Item
Garantias do Crédito Tributário	que os tributos relacionados ao bem imóvel familiar (IPTU, ITR, contribuições de melhorias ou taxas do imóvel) sejam objeto de penhora para assegurar o pagamento do crédito tributário.	11
Da Presunção de Fraude à Execução Fiscal	Presume-se fraudulenta a alienação realizada por sujeito passivo regularmente inscrito em dívida ativa, que dilapidar seu patrimônio de forma a não resguardar bens suficientes para pagamento da dívida tributária. Atentar-se para o fato de que não se aplica ao Direito Tributário a Súmula n. 375 do STJ.	12
Privilégios do Crédito Tributário	O artigo 186 do CTN deixa claro que o crédito tributário tem preferência a qualquer outro, independente de sua natureza, com exceção dos créditos decorrentes de natureza trabalhista e de acidentes de trabalho. No caso da falência, o crédito tributário não prefere aos créditos extraconcursais ou às importâncias passíveis de restituição, nem aos créditos com garantia real, no limite do bem gravado – arts. 186 e seguintes do CTN e arts. 83 e seguintes da Lei de Falência n. 11.101/2005.	13

15. INFORMATIVOS

Direito tributário. Reclamação administrativa incapaz de suspender a exigibilidade do crédito tributário.

Não suspende a exigibilidade do crédito tributário a reclamação administrativa interposta perante o Conselho Administrativo de Recursos Fiscais (CARF) na qual se questione a legalidade do ato de exclusão do contribuinte de programa de parcelamento. Nessa situação, é inaplicável o art. 151, II, do CTN. De fato, o parcelamento fiscal, concedido na forma e condição estabelecidas em lei específica, é causa suspensiva da exigibilidade do crédito tributário, assim como as reclamações e recursos administrativos (art. 151, III e VI, do CTN). As reclamações e recursos previstos nesse dispositivo legal, entretanto, são aqueles que discutem o próprio lançamento tributário, ou seja, a exigibilidade do crédito tributário. No caso em análise, a reclamação administrativa apresentada apenas questiona a legalidade do ato de exclusão do parcelamento. Logo, não suspendem a exigibilidade do crédito. Ressalta-se que tal entendimento encontra respaldo na doutrina e no art. 5º, § 3º, da Resolução CG/REFIS 9/2001. (**Informativo** 561 – REsp 1.372.368- PR, rel. Min. Humberto Martins, julgado em 05.05.2015, **DJe** de 11.05.2015).

ED: extinção de punibilidade pelo pagamento integral de débito e prescrição retroativa

Em conclusão de julgamento, o Plenário, por maioria, acolheu embargos de declaração e declarou extinta a punibilidade de parlamentar apenado pela prática dos crimes de apropriação indébita previdenciária e de sonegação de contribuição previdenciária (CP, art. 168-A, § 1º, I, e art. 337-A, III, c/c o art. 71, *caput*, e art. 69). O embargante alegava que o acórdão condenatório omitira-se sobre o entendimento desta Corte acerca de pedido de extinção de punibilidade pelo pagamento integral de débito fiscal, bem assim sobre a ocorrência de prescrição retroativa da pretensão punitiva do Estado — v. **Informativos** ns. 650, 705 e 712. Preponderou o voto do Ministro Luiz Fux, que deu provimento aos embargos. No tocante à assertiva de extinção da punibilidade pelo pagamento do débito tributário, realizado após o julgamento, mas antes da publicação do acórdão condenatório, reportou-se ao art. 69 da Lei n. 11.941/2009 ("Extingue-se a punibilidade dos crimes referidos no art. 68 quando a pessoa jurídica relacionada com o agente efetuar o pagamento integral dos débitos oriundos de tributos e contribuições sociais, inclusive acessórios, que tiverem sido objeto de concessão de parcelamento"). Sublinhou que eventual inconstitucionalidade do preceito estaria pendente de exame pela Corte, nos autos da ADI n. 4273/DF. Entretanto, haja vista que a eficácia do dispositivo não estaria suspensa, entendeu que o pagamento do tributo, a qualquer tempo, extinguiria a punibilidade do crime tributário, a teor do que já foi decidido pelo STF (HC n. 81929/RJ, **DJU** de 27.2.2004). Asseverou que, na aludida disposição legal, não haveria qualquer restrição quanto ao momento ideal para realização do pagamento. Não caberia ao intérprete, por isso, impor restrições ao exercício do direito postulado. Incidiria, dessa maneira, o art. 61, *caput*, do CPP ("Em qualquer fase do processo, o juiz, se reconhecer extinta a punibilidade, deverá declará-lo de ofício"). Observou, ainda, que a repressão penal nos crimes contra a ordem tributária seria forma reforçada de execução fiscal. Na sequência, o Ministro Dias Toffoli ressaltou que a lei privilegiaria o recebimento do valor devido pelo contribuinte, em detrimento da imposição de pena corporal. Alertou que a Corte não poderia agir de modo a restringir a aplicabilidade de norma despenalizadora – a condicionar o pagamento a determinado marco temporal –, sob pena de extrapolar sua atribuição constitucional. Ressalvou entendimento de que o pagamento integral, promovido mesmo após o trânsito em julgado da condenação, implicaria a extinção da punibilidade. O Ministro Marco Aurélio subscreveu a orientação segundo a qual o direito penal funcionaria como método coercitivo ao recolhimento de tributos. Ademais, se o título condenatório ainda não ostentaria irrecorribilidade e o débito estaria satisfeito, a punibilidade estaria extinta. O Ministro Celso de Mello enfatizou que a circunstância de ordem temporal da sucessão de leis penais no tempo revelar-se-ia apta a conferir aplicabilidade, no caso, às disposições contidas no § 2º do art. 9º da Lei n. 10.684/2003. AP 516 ED/DF, rel. orig. Min. Ayres Britto, red. p/ o acórdão Min. Luiz Fux, 5.12.2013. (AP-516).

Precatório: Regime especial e EC n. 62/2009

Quanto aos §§ 9º e 10 do art. 100 da CF ["§ 9º No momento da expedição dos precatórios, independentemente de regulamentação, deles deverá se abatido, a título de compensação, valor correspondente aos débitos líquidos e certos, inscritos ou não em dívida ativa e constituídos contra o credor original pela Fazenda Pública devedora, incluída parcelas vincendas de parcelamentos, ressalvados aqueles cuja execução esteja suspensa em virtude de contestação administrativa ou judicial. § 10 Antes da expedição dos precatórios, o Tribunal solicitará à Fazenda Pública devedora, para resposta em até 30 (trinta) dias, sob pena de perda do direito de abatimento, informação sobre os débitos que preencham as condições estabelecidas no § 9º, para os fins nele previstos"], apontou-se configurar compensação obrigatória de crédito a ser inscrito em precatório com débitos perante a Fazenda Pública. Aduziu-se que os dispositivos consagrariam superioridade processual da parte pública – no que concerne aos créditos privados reconhecidos em decisão judicial com trânsito em julgado – sem que considerada a garantia do devido processo legal e de seus principais desdobramentos: o contraditório e a ampla defesa. Reiterou-se que esse tipo unilateral e automático de compensação de valores embaraçaria a efetividade da jurisdição, desrespeitaria a coisa julgada e afetaria o princípio da separação dos Poderes. Enfatizou-se que a Fazenda Pública disporia de outros meios igualmente eficazes para a cobrança de seus créditos tributários e não tributários. Assim, também se reputou afrontado o princípio constitucional da isonomia, uma vez que o ente estatal, ao cobrar crédito do titular, não estaria obrigado a compensá-lo com eventual débito seu em face do credor contribuinte. Pelos mesmos motivos, assentou-se a inconstitucionalidade da frase "permitida por iniciativa do Poder Executivo a compensação com débitos líquidos e certos, inscritos ou não em dívida ativa e constituídos contra o devedor originário pela Fazenda Pública devedora até a data da expedição do precatório, ressalvados aqueles cuja exigibilidade esteja suspensa ... nos termos do § 9º do art. 100 da Constituição Federal", contida no inciso II do § 9º do art. 97 do ADCT. ADI n. 4357/DF, rel. orig. Min. Ayres Britto, red. p/ o acórdão Min. Luiz Fux, 13 e 14.3.2013. (ADI-4357) ADI n. 4425/DF, rel. orig. Min. Ayres Britto, red. p/ o acórdão Min. Luiz Fux, 13 e 14.3.2013. (ADI-4425) (STF – **Informativo** n. 698 – ADI n. 4357/DF e 4425/DF – rel. orig. Min. Ayres Britto, red. p/ o acórdão Min. Luiz Fux, 13 e 14.3.2013).

Direito processual civil e tributário. Penhora efetivada após adesão a parcelamento tributário

Não cabe a efetivação da penhora pelo sistema BacenJud após a adesão ao parcelamento tributário disposto pela Lei 11.419/2009, ainda que o pedido de bloqueio de valores tenha sido deferido antes da referida adesão. O art. 11, I, da Lei 11.941/2009 prevê a manutenção de penhora realizada previamente ao parcelamento do débito. Como o parcelamento representa hipótese de suspensão da exigibilidade do crédito tributário, a causa incide a partir dele, sem efeito retroativo. Em contrapartida, se ainda não havia penhora na execução fiscal, a suspensão decorrente do parcelamento obsta o andamento do feito no que diz respeito às medidas de cobrança. REsp 1.421.580-SP, rel. Min. Herman Benjamin, julgado em 04.02.2014 (**Informativo** n. 0537).

Direito tributário. Efeitos da suspensão da norma autorizadora de parcelamento do crédito tributário

Ocorre a prescrição da pretensão executória do crédito tributário objeto de pedido de parcelamento após cinco anos de inércia da Fazenda Pública em examinar esse requerimento, ainda que a norma autorizadora do parcelamento tenha tido sua eficácia suspensa por medida cautelar em ação direta de inconstitucionalidade. De fato, em caso análogo, a Primeira Turma do STJ já decidiu que a concessão de medida cautelar em

ADI que suspende a lei ensejadora do pedido de parcelamento não suspende a exigibilidade do crédito tributário, na medida em que esse provimento judicial não impede o fisco de indeferir, desde logo, o pedido de administrativo e, ato contínuo, promover a respectiva execução. Isso porque o deferimento de cautelar com eficácia *ex nunc* em ação direta de inconstitucionalidade constitui determinação dirigida aos aplicadores da norma contestada para que, nas suas futuras decisões, (A) deixem de aplicar o preceito normativo objeto da ação direta de inconstitucionalidade e (B) apliquem a legislação anterior sobre a matéria, mantidas, no entanto, as decisões anteriores em outro sentido (salvo se houver expressa previsão de eficácia *ex tunc*). Precedente citado: AgREsp 1.234.307-DF, rel. Min. Benedito Gonçalves, **DJe** de 12.06.2012. REsp n. 1.389.795-DF, rel. Min. Ari Pargendler, julgado em 05.12.2013 (**Informativo** n. 0534).

Direito Tributário. Impossibilidade de compensação de precatório estadual com crédito tributário federal

Não é possível a compensação de precatórios estaduais com dívidas oriundas de tributos federais. Isso porque, nessa hipótese, não há identidade entre devedor e credor. Precedentes citados: AgRg no AREsp n. 94.667-BA, 1ª Turma, **DJe** 2.4.2012; e AgRg no AREsp 125.196-RS, 2ª Turma, **DJe** de 15.02.2013 (STJ – **Informativo** n. 528 – AgRg no AREsp n. 334.227-RS, rel. Min. Sérgio Kukina, julgado em 06.08.2013).

Direito Tributário. Impossibilidade de constituição de crédito tributário com base em confissão de dívida realizada após a extinção do crédito pela decadência. Recurso repetitivo (art. 543-C do CPC e Res. n. 8/2008-STJ)

Não é possível a constituição de crédito tributário com base em documento de confissão de dívida tributária apresentado, para fins de parcelamento, após o prazo decadencial previsto no art. 173, I, do CTN. A decadência, consoante disposto no art. 156, V, do referido diploma legal, é forma de extinção do crédito tributário. Sendo assim, uma vez extinto o direito, não pode ser reavivado por qualquer sistemática de lançamento ou autolançamento, seja ela via documento de confissão de dívida, declaração de débitos, parcelamento seja de outra espécie qualquer (DCTF, GIA, DCOMP, GFIP etc.). Isso porque, além de não haver mais o que ser confessado sob o ponto de vista jurídico (os fatos podem ser sempre confessados), não se pode dar à confissão de débitos eficácia superior àquela própria do lançamento de ofício (arts. 145 e 149), forma clássica de constituição do crédito tributário da qual evoluíram todas as outras formas: lançamento por declaração (art. 147), lançamento por arbitramento (art. 148) e lançamento por homologação (art. 150). Se a administração tributária, de conhecimento dos mesmos fatos confessados, não pode mais lançar de ofício o tributo, por certo que este não pode ser constituído via autolançamento ou confissão de dívida existente dentro da sistemática do lançamento por homologação. Dessa forma, a confissão de dívida para fins de parcelamento não tem efeitos absolutos, não podendo reavivar crédito tributário já extinto (STJ – **Informativo** n. 522 – REsp n. 1.355.947SP, rel. Min. Mauro Campbell Marques, julgado em 12.06.2013).

Direito tributário. Irregularidade de notificação de lançamento referente à TCFA diante da ausência de prazo para a apresentação de defesa administrativa

É irregular a notificação de lançamento que vise constituir crédito tributário referente à taxa de controle e fiscalização ambiental TCFA na hipótese em que não conste, na notificação, prazo para a apresentação de defesa administrativa. A cobrança de TCFA submete-se ao procedimento administrativo fiscal, que contempla exigências prévias para a constituição do crédito tributário mediante lançamento. Entre essas exigências, encontra-se, em consideração ao art. 11, II, do Dec. n. 70.235/1972, a obrigatoriedade de constância, na notificação de lançamento, de prazo para a sua impugnação (STJ – **Informativo** n. 516 – AgRg no REsp n. 1.352.234-PR, rel. Min. Humberto Martins, julgado em 21.02.2013).

Direito empresarial. Possibilidade de inclusão de multa moratória de natureza tributária na classificação dos créditos de falência decretada na vigência da Lei n. 11.101/2005

É possível a inclusão de multa moratória de natureza tributária na classificação dos créditos de falência decretada na vigência da Lei n. 11.101/2005, ainda que a multa seja referente a créditos tributários anteriores à vigência da lei mencionada. No regime do Decreto-Lei n. 7.661/1945, impedia-se a cobrança da multa moratória da massa falida, tendo em vista a regra prevista em seu art. 23, parágrafo único, III, bem como o entendimento consolidado nas Súmulas 192 e 565 do STF. Com a vigência da Lei n. 11.101/2005, tornou-se possível a cobrança da multa moratória de natureza tributária da massa falida, pois o art. 83, VII, da aludida lei preceitua que "as multas contratuais e as penas pecuniárias por infração das leis penais ou administrativas, inclusive as multas tributárias" sejam incluídas na classificação dos créditos na falência. Além disso, deve-se observar que a Lei n. 11.101/2005 é aplicável às falências decretadas após a sua vigência, em consideração ao disposto em seu art. 192 (STJ – **Informativo** n. 515 – REsp n. 1.223.792-MS, rel. Min. Mauro Campbell Marques, julgado em 19.02.2013).

Direito tributário. Extensão de isenção fiscal a categoria não contemplada

Não é possível ao Poder Judiciário estender benefício de isenção fiscal a categoria não abrangida por regra isentiva na hipótese de alegação de existência de situação discriminatória e ofensa ao princípio da isonomia. A concessão de isenção fiscal é ato discricionário, fundado em juízo de conveniência e oportunidade do Poder Público, não sendo possível ao Poder Judiciário, sob o pretexto de tornar efetivo o princípio da isonomia, reconhecer situação discriminatória de categorias não abrangidas pela regra isentiva e estender, por via transversa, benefício fiscal sem que haja previsão legal específica. Precedente citado do STF: RE 405.579- PR, **DJ** de 03.08.2011 (STJ – **Informativo** n. 514 – AgRg no AREsp 248.264-RS, rel. Min. Mauro Campbell Marques, julgado em 27.11.2012).

Direito tributário. Prescrição. Termo a quo do prazo prescricional quinquenal para a cobrança de créditos tributários excluídos do Refis

Quando interrompido pelo pedido de adesão ao Refis, o prazo prescricional de 5 anos para a cobrança de créditos tributários devidos pelo contribuinte excluído do programa reinicia na data da decisão final do processo administrativo que determina a exclusão do devedor do referido regime de parcelamento de débitos fiscais. O Programa de Recuperação Fiscal Refis, regime peculiar de parcelamento dos tributos devidos à União, é causa de suspensão da exigibilidade do crédito tributário (art. 151, VI, do CTN) e, ao mesmo tempo, causa de interrupção da prescrição (art. 174, parágrafo único, IV, do CTN), na medida em que representa confissão extrajudicial do débito. Dessa forma, o crédito tributário submetido ao aludido programa será extinto se houver quitação integral do parcelamento, ou, ao contrário, retomará a exigibilidade em caso de rescisão do programa, hipótese em que o prazo prescricional será reiniciado, uma vez que, como foi dito, a submissão do crédito ao programa representa causa de interrupção, e não de suspensão, da prescrição. Ocorre que, no caso do Refis, o Fisco, atento aos princípios do contraditório e da ampla defesa, prevê a obrigatoriedade de instauração de processo administrativo para a exclusão de tal regime de parcelamento, nos moldes da Resolução CG/Refis 9/2001, com as alterações promovidas pela Resolução CG/Refis 20/2001 editada conforme autorização legal do art. 9º da Lei n. 9.964/2000 para regulamentar a exclusão. Assim, considerando o fato de que o STJ possui entendimento de que a instauração do contencioso administrativo, além de representar causa de suspensão da exigibilidade do crédito tributário, amolda-se à hipótese do art. 151, III, do CTN razão pela qual perdurará a suspensão da exigibilidade até decisão final na instância administrativa , deve ser prestigiada a orientação de que, uma vez instaurado o contencioso administrativo, a exigibilidade do crédito tributário e, com ela, a fluência da prescrição somente será retomada após a decisão final da autoridade fiscal (STJ – **Informativo** n. 511 – REsp n. 1.144.963- SC, rel. Min. Herman Benjamin, julgado em 20.11.2012).

16. QUESTÕES

1. (Pref. Mojuí dos Campos/PA – Advogado – FADESP/2016). Assinale a alternativa correta, quanto ao concurso de preferência do crédito tributário entre pessoas jurídicas de direito público:

(A) União, Autarquias e Territórios.

(B) União, Fundações Públicas e Distrito Federal.

(C) União, Distrito Federal e Territórios.

(D) União, Estado e Municípios.

2. (Pref. Três Corações/MG – Advogado – Instituto Excelência/2016). Sobre as garantias e os privilégios do Crédito Tributário, é INCORRETO afirmar:

(A) Presume-se fraudulenta a alienação ou oneração de bens ou rendas, ou seu começo, por sujeito passivo em débito para com a Fazenda Pública, por crédito tributário regularmente inscrito como dívida ativa.

(B) Na hipótese de o devedor tributário, devidamente citado, não pagar nem apresentar bens à penhora no prazo legal e não forem encontrados bens penhoráveis, o juiz determinará a indisponibilidade de seus bens e direitos, comunicando a decisão, preferencialmente por meio eletrônico, aos órgãos e entidades que promovem registros de transferência de bens, especialmente ao registro público de imóveis e às autoridades supervisoras do mercado bancário e do mercado de capitais, a fim de que, no âmbito de suas atribuições, façam cumprir a ordem judicial.

(C) A natureza das garantias atribuídas ao crédito tributário não altera a natureza deste nem a da obrigação tributária a que corresponda.

(D) Sem prejuízo dos privilégios especiais sobre determinados bens, que sejam previstos em lei, responde pelo pagamento do crédito tributário a totalidade dos bens e das rendas, de qualquer origem ou natureza, do sujeito passivo, seu espólio ou sua massa falida, excluindo aqueles gravados por ônus real ou cláusula de inalienabilidade ou impenhorabilidade, seja qual for a data da constituição do ônus ou da cláusula, excetuados unicamente os bens e rendas que a lei declare absolutamente impenhoráveis.

(E) Nenhuma das alternativas.

3. (BAHIAGÁS – Analista de Processos Organizacionais – Direito – IESES/2016). Sobre o concurso fiscal de preferências assinale a proposição ERRADA.

(A) O concurso de preferência, disciplinado pelo art. 187 do CTN, e pelo parágrafo único do art. 29 da LEF somente tem lugar nas hipóteses de falência do comerciante e de execução coletiva do devedor civil insolvente. Nesses casos, as Fazendas Públicas federal, estadual e municipal podem promover execuções individuais sem se sujeitarem ao concurso universal.

(B) O direito de preferência concede à entidade autárquica federal a prerrogativa de intervir em execução movida pela Fazenda do Estado, para reivindicar a satisfação preferencial de seu crédito.

(C) O crédito tributário prefere a qualquer outro, ressalvados aqueles provenientes da legislação do trabalho ou de acidente de trabalho.

(D) Considerando o art. 29, parágrafo único, da Lei n. 6.830/80, que prescreve que, entre créditos com a mesma preferência, serão atendidos, nesta ordem, os da União e suas autarquias, os dos Estados e de suas autarquias "pro rata" e dos municípios e de suas autarquias "pro rata".

(E) O concurso de preferência, disciplinado pelo art. 187 do CTN, repetido pelo parágrafo único do art. 29 da Lei de Execução Fiscal, somente tem lugar nas hipóteses de falência do comerciante e de execução coletiva do devedor civil insolvente. Nesses casos, as Fazendas Públicas federal, estadual e municipal podem promover execuções individuais sem se sujeitarem ao concurso universal.

4. (OLIVEIRAPREV de Oliveira/MG – Analista de Nível Superior I – Analista Tributário – Gestão de Concursos/2016). Sobre os institutos da garantia, privilégio e preferências do crédito tributário, assinale a alternativa INCORRETA.

(A) O crédito tributário prefere a qualquer outro, seja qual for sua natureza ou o tempo de sua constituição, ressalvados os créditos decorrentes da legislação do trabalho, indenização civil e acidente de trabalho.

(B) A cobrança judicial do crédito tributário não é sujeita a concurso de credores ou habilitação em falência, recuperação judicial, concordata, inventário ou arrolamento.

(C) São pagos preferencialmente a quaisquer outros os créditos tributários vencidos ou vincendos, a cargo de pessoas jurídicas de direito privado em liquidação judicial ou voluntária, exigíveis no decurso da liquidação.

(D) Nenhuma sentença de julgamento de partilha ou adjudicação será proferida sem prova da quitação de todos os tributos relativos aos bens do espólio ou às suas rendas.

5. (TJRJ – Juiz – VUNESP/2016). No tocante às garantias e privilégios do crédito tributário, é correto afirmar que

(A) a extinção das obrigações do falido requer prova de quitação de todos os tributos.

(B) a natureza das garantias atribuídas ao crédito tributário altera a natureza deste e a da obrigação tributária a que corresponda.

(C) responde pelo crédito tributário a totalidade dos bens e das rendas, de qualquer origem ou natureza, do sujeito passivo, excetuados os gravados com cláusula de impenhorabilidade.

(D) a multa tributária, no processo falimentar, prefere apenas aos créditos quirografários.

(E) na falência, o crédito tributário prefere aos créditos extraconcursais e aos créditos com garantia real.

6. (Defensor Público/MT – UFMT/2016). Sobre as garantias e privilégios atribuídos aos créditos tributários, assinale a afirmativa INCORRETA.

(A) O crédito tributário prefere a qualquer outro, seja qual for sua natureza ou o tempo de sua constituição, ressalvados os créditos decorrentes da legislação do trabalho ou do acidente do trabalho.

B) Na falência, o crédito tributário não prefere ao crédito com garantia real, até o limite do valor do bem gravado.

(C) No concurso de preferências entre pessoas jurídicas de direito público, há uma ordem estabelecida entre as entidades políticas, segundo a esfera governamental (federal, estadual/distrital, municipal), mas entre a entidade política e suas autarquias a preferência é conjunta e sujeita a rateio.

(D) Presume-se fraudulenta a alienação ou oneração de bens ou rendas, ou seu começo, por sujeito passivo em débito para com a Fazenda Pública, por crédito tributário regularmente inscrito como dívida ativa.

(E) A natureza das garantias atribuídas ao crédito tributário não altera a natureza deste nem a da obrigação tributária a que corresponda.

7. (TCE/PR – Auditor – CESPE/2016). Acerca dos impostos, dos princípios e direitos do contribuinte e das garantias e preferências do crédito tributário, assinale a opção correta.

(A) Em caso de falência, pagos os créditos trabalhistas, há preferência do crédito tributário sobre os créditos extraconcursais e os créditos com garantia real, até o valor do bem gravado.

(B) A receita líquida do imposto sobre operações financeiras, que incide sobre operações de crédito, câmbio, seguro e sobre operações relativas a títulos e valores mobiliários, destina-se à formação de reservas monetárias, segundo disposição legal, podendo o Poder Executivo, nos limites e nas condições da lei, alterar as alíquotas ou as bases de cálculo desse imposto.

(C) Conforme o entendimento do STF, os órgãos de representação consular de Estado estrangeiro não gozam de imunidade tributária quando devido ITCMD incidente sobre doação de imóvel.

(D) É vedada a instituição por medida provisória de norma que implique a obrigatoriedade de que todo o contribuinte informe à administração tributária atos e negócios jurídicos que impliquem elisão fiscal lícita.

(E) Operação consistente em alienação de imóvel não considerado bem de família e que possa reduzir seu proprietário à insolvência, se realizada antes da inscrição na dívida ativa, mas após notificação do lançamento tributário, será considerada fraude à execução, sendo, por isso, também, considerada sem efeito perante a fazenda pública lesada

8. (PGE/RS – Procurador do Estado –Fundatec/2015). Quanto às garantias e privilégios do crédito tributário, analise as assertivas abaixo:

I. A totalidade dos bens e das rendas do sujeito passivo responde pelo pagamento do crédito tributário, inclusive os bens gravados por ônus real e declarados, pela lei civil, relativa e absolutamente impenhoráveis.

II. Presume-se fraudulenta a alienação ou oneração de bens por sujeito passivo em débito para com a Fazenda Pública, desde o momento em que o contribuinte é notificado do lançamento de ofício.

III. O crédito tributário prefere a qualquer outro, ressalvados apenas os decorrentes da legislação do trabalho ou do acidente do trabalho.

IV. Na falência, o crédito tributário não prefere aos créditos hipotecários, se não for ultrapassado o valor do bem gravado.

Após a análise, pode-se dizer que:

(A) Está correta apenas a assertiva I.

(B) Está correta apenas a assertiva II.

(C) Estão corretas apenas as assertivas II e III.

(D) Estão corretas apenas as assertivas III e IV.

(E) Todas as assertivas estão corretas.

9. (Câmara de Quatro Barras/PR – Advogado – OBJETIVA/2015). Analisar os itens abaixo:

I. No concurso de preferência entre pessoas de direito público, a União é privilegiada.

II. No concurso de preferência entre pessoas de direito público, os Estados, o Distrito Federal e os Territórios recebem os pagamentos conjuntamente e *pro rata*.

III. No processo de falência, os créditos tributários extraconcursais são pagos somente após os derivados da legislação do trabalho, estes limitados a 150 salários-mínimos por credor.

Está(ão) CORRETO(S):

(A) Somente os itens I e III.

(B) Somente os itens I e II.

(C) Somente os itens II e III.

(D)Somente o item I.

10. PGE/PR – Procurador do Estado – PUC/2015). Sobre as garantias e os privilégios do crédito tributário, assinale a alternativa CORRETA.

(A) O reconhecimento da fraude à execução fiscal de dívida tributária depende do registro da penhora do bem alienado ou da prova de má-fé do terceiro adquirente.

(B) A indisponibilidade de bens e direitos do devedor depende do preenchimento dos seguintes requisitos: (i) citação do devedor, (ii) inexistência de pagamento ou apresentação de bens à penhora no prazo legal e (iii) não localização de bens penhoráveis após o esgotamento das diligências realizadas pela Fazenda Pública, ficando referido esgotamento caracterizado quando houver nos autos pedido de acionamento de Bacen Jud e consequente determinação pelo magistrado e expedição de ofício aos registros públicos do executado.

(C) O Estado do Paraná pode instituir, por meio de lei, novas hipóteses de garantias do crédito tributário, diversas daquelas previstas no Código Tributário Nacional.

(D) O crédito tributário prefere a qualquer outro, seja qual for sua natureza ou o tempo de sua constituição, ressalvados os créditos decorrentes da legislação do trabalho ou do acidente de trabalho e os créditos garantidos com garantia real até o limite do valor do bem gravado.

(E) A natureza das garantias atribuídas ao crédito tributário altera a natureza deste, mas não a da obrigação tributária a que corresponda.

11. (TJ/SP – Juiz – VUNESP/2015). O art. 655-A do Código de Processo Civil ainda em vigor e o art. 11 da Lei n.6.830/1980 indicam o dinheiro, em espécie ou depósito, como preferencial para penhora; de outra parte, o art. 620 do Código de Processo Civil ainda vigente e o art. 185-A do Código Tributário Nacional recomendam, respectivamente, que a execução se faça "pelo modo menos gravoso ao credor" e que, se o devedor não pagar ou indicar bens, deverá ser decretada a indisponibilidade de seus bens e direitos. Diante de tais disposições, o Superior Tribunal de Justiça tem concluído que:

(A) a penhora de dinheiro em espécie ou depósitos judiciais só é possível após expressa e fundamentada justificativa da Fazenda.

(B) o Juiz deve verificar, inicialmente, se foram esgotadas as diligências para localização de bens do devedor antes de determinar a penhora on-line.

(C) não pago o valor devido nem indicados bens à penhora, o bloqueio de ativos financeiros do devedor é medida que prescinde de outras diligências prévias por parte do credor.

(D) indicados bens não poderá ser efetivada a denominada penhora on-line.

12. (Carapicuíba/SP– Procurador - IBC/2015). Com relação à preferência do crédito tributário, assinale a alternativa incorreta:

(A) A cobrança judicial do crédito tributário é sujeita a concurso de credores ou habilitação em falência, recuperação judicial, concordata, inventário ou arrolamento.

(B) São extraconcursais os créditos tributários decorrentes de fatos geradores ocorridos no curso do processo de falência.

(C) Havendo mais de uma pessoa jurídica de direito público com crédito tributário a receber, verifica-se o concurso de preferências, na seguinte ordem: União; Estados, Distrito Federal e Territórios, conjuntamente e pró-rata; Municípios, conjuntamente e pró-rata.

(D) O crédito tributário prefere a qualquer outro, seja qual for sua natureza ou o tempo de sua constituição, ressalvados os créditos decorrentes da legislação do trabalho ou do acidente de trabalho.

13. (São Paulo/SP – Procurador – VUNESP/2015). No processo da falência, as multas tributárias preferem aos créditos

(A) reais até o limite do bem gravado.

(B) extraconcursais.

(C) com privilégio geral.

(D) quirografários.

(E) subordinados.

14. (AGERIO – Advogado – DOM CINTRA/2014). Assinale a alternativa correta a respeito das garantias e privilégios do crédito tributário:

(A) o rol das garantias do crédito tributário, previsto no CTN, é taxativo;

(B) todos os bens do sujeito passivo respondem pelo crédito tributário, mesmo os hipotecados ou penhorados, salvo se o ônus real for anterior à constituição do respectivo crédito;

(C) reputam-se extraconcursais os créditos tributários passíveis de concurso de preferências entre as pessoas jurídicas de direito público;

(D) em quaisquer hipóteses, o crédito tributário tem preferência em relação ao crédito com garantia real;

(E) o rol das garantias do crédito tributário, previsto no CTN, é exemplificativo.

15. (Câmara de São José dos Campos/SP – Advogado – VUNESP/2014). No que respeita ao crédito tributário na falência, assinale a alternativa correta.

(A) O crédito tributário não prefere aos créditos extraconcursais, nos termos da lei falimentar.

(B) O crédito tributário prefere às importâncias passíveis de restituição, nos termos da lei falimentar.

(C) O crédito tributário prefere aos créditos com garantia real, no limite do bem gravado.

(D) A multa tributária não prefere aos créditos subordinados.

(E) A multa tributária prefere apenas aos créditos quirografários.

16. (Companhia de Saneamento Básico/SP – Advogado – FCC/2014). Na falência, o crédito tributário

(A) decorrente de impostos prefere o pagamento daqueles decorrentes de taxas e contribuições de melhoria, devidos pelo mesmo sujeito passivo, caso seja necessária a imputação de pagamento.

(B) não se sujeita a concurso de credores ou habilitação em falência, mas admite concurso de preferência entre as pessoas jurídicas de direito público, na seguinte ordem: União; Estados e Distrito Federal, pro rata e Municípios, pro rata.

(C) é considerado extraconcursal quando o fato gerador ocorreu antes do processo de falência, hipótese em que prefere qualquer outro crédito, exceto os créditos decorrentes da legislação do trabalho ou do acidente do trabalho.

(D) prefere às importâncias passíveis de restituição, nos termos da lei falimentar, bem assim aos créditos com garantia real.

(E) prefere a qualquer outro, seja qual for a natureza ou o tempo da sua constituição, ressalvados os créditos decorrentes da legislação do trabalho ou do acidente do trabalho.

17. (DESENVOLVE/SP – Advogado – VUNESP/2014). Determina o Código Tributário Nacional que, sem prejuízo dos privilégios especiais sobre determinados bens, que sejam previstos em lei, responde pelo pagamento do crédito tributário a totalidade dos bens e das rendas, de qualquer origem ou natureza, do sujeito passivo, seu espólio ou sua massa falida, inclusive os

(A) gravados com cláusula de impenhorabilidade, dependendo da data da constituição da cláusula.

(B) gravados com cláusula de inalienabilidade ou impenhorabilidade, seja qual for a data da constituição da cláusula.

(C) bens ou rendas que a lei declare absolutamente impenhoráveis.

(D) gravados com ônus real, dependendo da data da constituição do ônus.

(E) gravados com cláusula de inalienabilidade, dependendo da data da constituição da cláusula.

18. (TJ/PR – Outorga de Delegação de Serviços de Notas e Registros Provimento – IBFC/2014). A presunção de fraude à execução fiscal, por alienação ou oneração de bens ou rendas, ou o seu começo, por sujeito passivo em débito para com a Fazenda Pública, ocorre a partir:

(A) Da inscrição do crédito tributário em dívida ativa.

(B) Da constituição do crédito tributário.

(C) Do despacho do juiz que ordena a citação.

(D) Da citação válida feita ao executado.

19. (PGE/AC – FMP/2014). Analise as assertivas abaixo.

I. O CTN (Código Tributário Nacional) determina que a norma prevendo isenção seja interpretada de modo a abranger o maior número de situações fáticas possível, afastando a interpretação literal.

II. Considerando que a obrigação tributária principal nasce contra o sujeito passivo indicado em lei, nos termos do CTN (Código Tributário Nacional), a pessoa jurídica de direito privado que resultar de fusão não pode ser responsabilizada pelos tributos devidos até a data do ato pelas pessoas jurídicas fusionadas.

III. Segundo o entendimento do Superior Tribunal de Justiça, os créditos das autarquias federais preferem aos créditos da Fazenda estadual, desde que coexistam penhoras sobre o mesmo bem.

IV. Nos termos do CTN (Código Tributário Nacional) presume-se fraudulenta a alienação ou oneração de bens ou rendas, ou seu começo, por sujeito passivo em débito para com a Fazenda Pública, por crédito tributário regularmente inscrito em dívida ativa, salvo se o devedor reservar bens ou rendas suficientes ao pagamento total da dívida inscrita.

Assinale a afirmativa correta.

(A) Apenas as assertivas I e II estão corretas.

(B) Apenas as assertivas II e III estão corretas.

(C) Apenas as assertivas I e IV estão corretas.

(D) Apenas as assertivas III e IV estão corretas

20. (PGE/AC – FMP/2014). Assinale a alternativa correta.

(A) Na falência, o crédito tributário não prefere aos créditos extraconcursais.

(B) Os créditos tributários relativos a impostos cujo fato gerador seja a transmissão da propriedade de bens imóveis sub-rogam-se nas pessoas dos respectivos adquirentes.

(C) A dívida ativa regularmente inscrita goza da presunção de certeza e liquidez, presunção essa que não admite prova em contrário.

(D) De acordo com o entendimento do Superior Tribunal de Justiça, considerando que a apresentação de embargos do executado à execução fiscal não prescinde da garantia do juízo, não é necessário verificar a relevância da fundamentação (fumus boni juris) e perigo de dano irreparável ou de difícil reparação (periculum in mora) para atribuir-se efeito suspensivo à referida ação de embargos.

21. (Prefeitura de Cuiabá/MT – Procurador Município – FCC/2014). Manoel Truco, conhecido jogador profissional do município de Cuiabá, é dono de diversos imóveis residenciais e estabelecimentos prestadores de serviços da região. Em débito de IPTU e de ISSQN com a Fazenda Pública municipal, ao ter contra si lavrados diversos autos de infração e verificando que seriam precários seus argumentos em eventual impugnação administrativa, apressou-se em alienar todos os seus imóveis e estabelecimentos, antes do crédito tributário constituído ser regularmente inscrito em dívida ativa. Em relação à atitude de Manoel Truco em face do disposto no Código Tributário Nacional, é correto afirmar:

(A) Se o crédito tributário já tivesse sido regularmente inscrito em dívida ativa, haveria a presunção de fraude em qualquer circunstância.

(B) A fraude cometida pelo contribuinte é patente, tendo em vista que uma vez lavrado auto de infração não se pode alienar qualquer bem, tendo em vista a garantia do crédito tributário regularmente constituído.

(C) Não há a presunção de fraude, tendo em vista que o crédito tributário não fora regularmente inscrito em dívida ativa.

(D) Não há a presunção de fraude, tendo em vista que o crédito tributário não fora regularmente inscrito em dívida ativa, contanto que tenha rendas suficientes para pagar integralmente a dívida administrativamente constituída.

(E) Deve haver apenas a presunção de fraude, tendo em vista a alienação de seus bens quando já constituído regularmente o crédito tributário.

22. (TJ/PE – Juiz Substituto – FCC/2013). Sobre as garantias e privilégios do crédito tributário, é correto afirmar que:

(A) A fraude à execução fiscal tem seu termo inicial a partir do despacho do juiz que ordena a citação.

(B) O juiz não pode decretar fraude à execução fiscal se o devedor está em local incerto e não sabido e foi citado por edital, caso seja constatada a alienação de imóvel após a publicação do edital.

(C) O juiz deve decretar a indisponibilidade de todos os bens e direitos do devedor que se encontra em local incerto e não sabido e é citado por edital em sede de execução fiscal.

(D) A indisponibilidade de bens e direitos em execução fiscal é decretada de ofício pelo juiz, desde que o devedor tenha sido devidamente citado e não tenha oferecido bens para garantir a execução e não forem encontrados bens suficientes para tanto.

(E) A indisponibilidade de bens e direitos do devedor decorre da decretação, de ofício pelo juiz, da fraude à execução, que se dá quando existe alienação de bens que reduzam o devedor à insolvência após a citação válida, ainda que por edital

23. (PG/João Pessoa/PB – Procurador – FCC/2012). Sobre as preferências do crédito tributário, é INCORRETO afirmar que:

(A) Não se sujeita a habilitação em inventário ou arrolamento.

(B) Prefere a qualquer outro, exceto os créditos decorrentes de legislação do trabalho ou do acidente do trabalho.

(C) São pagos preferencialmente a quaisquer créditos habilitados em inventário ou arrolamento ou a outros encargos do monte, exigíveis no decurso do processo de inventário ou arrolamento.

(D) Admite concurso de preferência entre pessoas jurídicas de direito público credoras de créditos tributários apresentados no processo de inventário ou arrolamento.

(E) A existência de débitos tributários relativos aos bens do espólio ou às suas rendas não impede sentença homologatória de partilha ou adjudicação.

24. (Câmara de Itambaracá/PR – Advogado – UENP/2012). Sobre as Garantias e Privilégios do Crédito Tributário, assinale a alternativa INCORRETA:

(A) Na falência, a multa tributária encontra-se no mesmo patamar de preferência pela concorrência de créditos que a obrigação principal.

(B) O crédito tributário prefere a qualquer outro, seja qual for sua natureza ou o tempo de sua constituição, ressalvados os créditos decorrentes da legislação do trabalho ou do acidente de trabalho.

(C) Nenhuma sentença de julgamento de partilha ou adjudicação será proferida sem prova da quitação de todos os tributos relativos aos bens do espólio, ou às suas rendas.

(D) Salvo quando expressamente autorizado por lei, nenhum departamento da administração pública da União, dos Estados, do Distrito Federal, ou dos Municípios, ou sua autarquia, celebrará contrato ou aceitará proposta em concorrência pública sem que o contratante, ou proponente, faça prova da quitação de todos os tributos devidos à Fazenda Pública interessada, sejam eles relativos à atividade em cujo exercício contrata ou concorre.

(E) No Código Tributário Nacional, a enumeração das garantias atribuídas ao crédito tributário não exclui outras que sejam expressamente previstas em lei.

25. (Município de Santa Amélia – Advogado – UENP/2012). Sobre as preferências, na cobrança judicial, no recebimento do crédito tributário existente entre as pessoas jurídicas de direito público, assinale a alternativa correta:

(A) Os Municípios têm preferência em face da União e dos Estados.

(B) Os Estados têm preferência em face da União e dos Municípios.

(C) A União tem preferência, seguida pelos Estados, Distrito Federal e Territórios, sendo que os Municípios estão na última posição, conjuntamente e dividindo pro rata o crédito.

(D) As pessoas jurídicas de direito público, na cobrança judicial, estão sujeitas a concurso de credores ou habilitação em falência, recuperação judicial, concordata, inventário ou arrolamento.

(E) Não há preferências entre as pessoas jurídicas de direito público, sendo que cada qual cobra de forma independente seus créditos.

26. (Prefeitura Municipal de Rosana – Procurador Jurídico – VUNESP/2012). Na falência, o crédito tributário não prefere aos créditos extraconcursais ou às importâncias passíveis de restituição, nos termos da lei falimentar, nem, no limite do valor do bem gravado, aos créditos:

(A) com privilégio especial;

(B) com privilégio geral;

(C) com garantia real;

(D) quirografários;

(E) por benfeitorias necessárias ou úteis à coisa beneficiada.

27. (PMS/Sorocaba/SP – Procurador – VUNESP/ 2012). Assinale a alternativa que está de acordo com as disposições do Código Tributário Nacional no que se refere às preferências do crédito tributário:

(A) Os créditos tributários decorrentes de fatos geradores ocorridos no curso do processo de falência são extraconcursais.

(B) Na falência, o crédito tributário prefere aos créditos com garantia real, no limite dos bens gravados.

(C) Na falência, a multa tributária prefere a todos os demais créditos.

(D) A cobrança judicial do crédito tributário é sujeita à habilitação apenas em falência ou recuperação judicial.

(E) O crédito tributário prefere a qualquer outro, seja qual for sua natureza ou tempo de sua constituição, ressalvados, apenas, os créditos decorrentes da legislação do trabalho.

28. (Cubatão/SP – Procurador – VUNESP/2012). Considerando-se determinado processo de falência no qual existam créditos tributários a serem exigidos, é correto afirmar que:

(A) Sua cobrança sujeita-se à habilitação no processo.

(B) Prefere aos créditos extraconcursais, nos termos da lei falimentar.

(C) Prefere às importâncias passíveis de restituição, nos termos da lei falimentar.

(D) Considera-se extraconcursal, quando decorrente de fato gerador ocorrido no curso do processo de falência.

(E) Não se admite o concurso de preferência caso os créditos pertençam a diferentes pessoas jurídicas de direito público.

29. (TJ/PB – Juiz Substituto – CESPE/2011). As garantias e privilégios do crédito tributário, instituídas pela lei em favor do poder público, visam assegurar o recebimento da prestação tributária. Acerca de tais garantias e privilégios, assinale a opção correta:

(A) O bem de família, instituído por lei, pode ser penhorado em execução fiscal, independentemente da natureza do tributo cobrado em juízo.

(B) A fraude à execução fiscal ocorre com a alienação de bens pelo sujeito passivo em débito tributário para com a fazenda pública, após a regular inscrição do crédito tributário na dívida ativa, tornando-o insolvente.

(C) Os créditos tributários gozam de preferência em relação a quaisquer outros, incluindo-se os decorrentes da legislação trabalhista.

(D) O concurso de preferência para recebimento do crédito tributário entre as pessoas jurídicas de direito público obedece à seguinte ordem: municípios, estados e DF e, por fim, a União.

(E) Respondem pelo pagamento do crédito tributário todos os bens, presentes e futuros, do sujeito passivo, salvo os gravados por ônus real ou cláusula de inalienabilidade ou impenhorabilidade.

30. (Procurador Esp. de Contas junto aos Municípios/BA – FCC/2011). Sobre garantias e privilégios do crédito tributário, é correto afirmar que:

(A) O crédito tributário, na falência, se sujeita a concurso de credores com créditos decorrentes de legislação do trabalho ou do acidente do trabalho e com os créditos extraconcursais.

(B) O bem gravado com cláusula de impenhorabilidade convencional responde pelo pagamento do crédito tributário, qualquer que seja a data de constituição do ônus.

(C) O termo inicial da presunção de alienação de bens em fraude à execução é o despacho do juiz que ordena a citação em sede de execução fiscal.

(D) A decretação de indisponibilidade de bens e direitos de devedor tributário devidamente citado, que não paga nem oferece bens à penhora no prazo legal, e não são encontrados bens penhoráveis, deve ser decretada apenas em sede de medida cautelar fiscal.

(E) O crédito tributário, na falência, prefere a qualquer outro, seja qual for sua natureza ou tempo de sua constituição, ressalvados apenas os créditos decorrentes da legislação do trabalho ou do acidente do trabalho e os créditos extraconcursais.

31. (SAAE/Sorocaba/SP – Procurador – FUNSERV/ 2011). Na falência, o crédito tributário tem preferência sobre:

(A) Os créditos derivados da legislação do trabalho.

(B) As indenizações decorrentes de acidente de trabalho.

(C) Os créditos quirografários.

(D) Todos os créditos.

(E) Os créditos extraconcursais.

17. GABARITO

1. **Alternativa (D).** União, Estado e Municípios.

Comentário: A alternativa **"D"** está correta, nos termos do art. 187 do CTN.

2. **Alternativa (D).** Sem prejuízo dos privilégios especiais sobre determinados bens, que sejam previstos em lei, responde pelo pagamento do crédito tributário a totalidade dos bens e das rendas, de qualquer origem ou natureza, do sujeito passivo, seu espólio ou sua massa falida, excluindo aqueles gravados por ônus real ou cláusula de inalienabilidade ou impenhorabilidade, seja qual for a data da constituição do ônus ou da cláusula, excetuados unicamente os bens e rendas que a lei declare absolutamente impenhoráveis.

Comentário: A opção **"D"** está incorreta, conforme o art. 184 do CTN, tem-se "inclusive" os gravados por ônus real ou cláusula de inalienabilidade ou impenhorabilidade. A resposta "A" está correta, segundo o art. 185 do CTN. A justificativa "B" está correta, de acordo com o art. 185-A do CTN. A letra "C" está correta, consoante o art. 183, parágrafo único, do CTN.

3. **Alternativa (B).** O direito de preferência concede à entidade autárquica federal a prerrogativa de intervir em execução movida pela Fazenda do Estado, para reivindicar a satisfação preferencial de seu crédito.

Comentário: A resposta **"B"** está incorreta, à luz do art. 187, parágrafo único, do CTN. A justificativa "A" está correta, conforme as previsões descritas. A letra "C" está correta, nos termos do art. 186 do CTN. A alternativa "D" está correta, é a redação do mencionado dispositivo. A opção "E" está correta, com base na legislação citada.

4. **Alternativa (A).** O crédito tributário prefere a qualquer outro, seja qual for sua natureza ou o tempo de sua constituição, ressalvados os créditos decorrentes da legislação do trabalho, indenização civil e acidente de trabalho.

Comentário: A justificativa **"A"** está incorreta, conforme o art. 186 do CTN, não existe a ressalva de indenização civil. A letra "B" está correta, com base no art. 187 do CTN. A alternativa "C" está correta, nos termos do art. 190 do CTN. A opção "D" está correta, à luz do art. 192 do CTN.

5. **Alternativa (A).** A extinção das obrigações do falido requer prova de quitação de todos os tributos.

Comentário: A letra **"A"** está correta, com base no art. 191 do CTN. A alternativa "B" está incorreta, conforme o parágrafo único do art. 183 do CTN, a natureza das garantias atribuídas ao crédito tributário não altera a natureza deste nem a da obrigação tributária a que corresponda. A opção "C" está incorreta, à luz do art. 184 do CTN, responde pelo pagamento do crédito tributário a totalidade dos bens e das rendas, de qualquer origem ou natureza, do sujeito passivo, seu espólio ou sua massa falida, inclusive os gravados por ônus real ou cláusula de inalienabilidade ou impenhorabilidade, seja qual for a data da constituição do ônus ou da cláusula, excetuados unicamente os bens e rendas que a lei declare absolutamente impenhoráveis. A resposta "D" está incorreta, consoante o art. 186, III, do CTN, a multa tributária prefere apenas aos créditos subordinados. A justificativa "E" está incorreta, de acordo com o art. 186, I, do CTN, o crédito tributário não prefere aos créditos extraconcursais ou às importâncias passíveis de restituição, nos termos da lei falimentar, nem aos créditos com garantia real, no limite do valor do bem gravado.

6. **Alternativa (C).** No concurso de preferências entre pessoas jurídicas de direito público, há uma ordem estabelecida entre as entidades políticas, segundo a esfera governamental (federal, estadual/distrital, municipal), mas entre a entidade política e suas autarquias a preferência é conjunta e sujeita a rateio.

Comentário: A alternativa **"C"** está incorreta, à luz do art. 187, parágrafo único, do CTN. A opção "A" está correta, nos termos do art. 186, *caput*, do CTN. A resposta "B" está correta, com fundamento no art. 186, I, do CTN. A justificativa "D" está correta, conforme o art. 185 do CTN. A letra "E" está correta, consoante o art. 183, parágrafo único, do CTN.

7. **Alternativa (B).** A receita líquida do imposto sobre operações financeiras, que incide sobre operações de crédito, câmbio, seguro e sobre operações relativas a títulos e valores mobiliários, destina-se à formação de reservas monetárias, segundo disposição legal, podendo o Poder Executivo, nos limites e nas condições da lei, alterar as alíquotas ou as bases de cálculo desse imposto.

Comentário: A opção **"B"** está correta, à luz do art. 65 do CTN, o Poder Executivo pode, nas condições e nos limites estabelecidos em lei, alterar as alíquotas ou as bases de cálculo do IOF, e, de acordo com o art. 67 do CTN, a receita líquida desse imposto destina-se à formação de reservas monetárias. A resposta "A" está incorreta, conforme o art. 186, I, do CTN, na falência, o crédito tributário não prefere aos créditos extraconcursais ou às importâncias passíveis de restituição, nos termos da lei falimentar, nem aos créditos com garantia real, no limite do valor do bem gravado. A justificativa "C" está incorreta, segundo entende o STF e com base na Convenção de Viena sobre Relações Consulares, há imunidade, consoante vimos em capítulo específico. A letra "D" está incorreta, não há referida vedação, na forma do art. 62, § 1º, da CF. A alternativa "E" está incorreta, nos ditames do art. 185 do CTN, presume-se fraudulenta a alienação ou oneração de bens ou rendas, ou seu começo, por sujeito passivo em débito para com a Fazenda Pública, por crédito tributário regularmente inscrito como dívida ativa.

8. **Alternativa (D).** Estão corretas apenas as assertivas III e IV.

III. O crédito tributário prefere a qualquer outro, ressalvados apenas os decorrentes da legislação do trabalho ou do acidente do trabalho.

IV. Na falência, o crédito tributário não prefere aos créditos hipotecários, se não for ultrapassado o valor do bem gravado.

Comentário: O item I está incorreto, nos termos do artigo 184 do CTN responde pelo pagamento do crédito tributário a totalidade dos bens e das rendas, de qualquer origem ou natureza, do sujeito passivo, seu espólio ou sua massa falida, inclusive os gravados por ônus real ou cláusula de inalienabilidade ou impenhorabilidade, seja qual for a data da constituição do ônus ou da cláusula, excetuados unicamente os bens e rendas que a lei declare absolutamente impenhoráveis. O item II está incorreto, segundo o artigo 185 do CTN, presume-se fraudulenta a alienação ou oneração de bens ou rendas, por sujeito passivo em débito com a Fazenda Pública por crédito tributário regularmente inscrito como dívida ativa. O **item III** está correto,à luz do artigo 186, *caput*, do CTN. O **item IV** está correto, com base no artigo 186, parágrafo único, I, do CTN.

9. **Alternativa (B).** Somente os itens I e II.

I. No concurso de preferência entre pessoas de direito público, a União é privilegiada.

II. No concurso de preferência entre pessoas de direito público, os Estados, o Distrito Federal e os Territórios recebem os pagamentos conjuntamente e *pro rata*.

Comentário: O **item I** está correto, nos termos do artigo 187, I, do CTN. O **item II** está correto, conforme o artigo 187, II, do CTN. O item III está incorreto, à luz do artigo 186, parágrafo único, I, do CTN, "na falência, o crédito tributário não prefere aos créditos extraconcursais".

10. Alternativa (C). O Estado do Paraná pode instituir, por meio de lei, novas hipóteses de garantias do crédito tributário, diversas daquelas previstas no Código Tributário Nacional.

Comentário: A alternativa **"C"** está correta, nos termos do artigo 183 do CTN, é possível a lei estabelecer outras garantias ao crédito tributário não previstas pelo CTN. A opção "A" está incorreta, segundo o artigo 185 do CTN, presume-se fraudulenta a alienação ou operação de bens ou rendas, quando realizada após a regular inscrição em dívida ativa. A resposta "B" está incorreta, o STJ decidiu no AgRg no AREsp n. 705.435/SC que a penhora eletrônica de depósitos e aplicações financeiras via Bacen Jud independe do exaurimento de diligências extrajudiciais, por parte do exequente, na busca de outros bens para a garantia da execução fiscal, dando uma interpretação sistemática dos artigos 655-A do CPC e 185-A do CTN. A letra "D" está incorreta, à luz do artigo 186, parágrafo único, I, o crédito tributário só não prefere aos créditos com garantia real, no limite do valor do bem gravado, na falência. A justificativa "E" está incorreta, "as circunstâncias que modificam o crédito tributário, sua extensão ou seus efeitos, ou as garantias ou os privilégios a ele atribuídos, ou que excluem sua exigibilidade não afetam a obrigação tributária que lhe deu origem" (art. 140 do CTN).

---

11. Alternativa (C). Não pago o valor devido nem indicados bens à penhora, o bloqueio de ativos financeiros do devedor é medida que prescinde de outras diligências prévias por parte do credor.

Comentário: O STJ decidiu no AgRg no AREsp 705.435/SC que a penhora eletrônica de depósitos e as aplicações financeiras via Bacen Jud independem do exaurimento de diligências extrajudiciais, por parte do exequente, na busca de outros bens para a garantia da execução fiscal, dando uma interpretação sistemática dos arts. 854 do CPC e 185-A do CTN. Por essa razão, apenas a alternativa **"C"** está correta.

---

12. Alternativa (A). A cobrança judicial do crédito tributário é sujeita a concurso de credores ou habilitação em falência, recuperação judicial, concordata, inventário ou arrolamento.

Comentário: A alternativa **"A"** está incorreta, a cobrança judicial do crédito tributário não se sujeita a concurso de credores ou habilitação em falência, recuperação judicial, concordata, inventário ou arrolamento, conforme prevê o art. 189 do CTN. A opção "B" está correta, nos termos do art. 188 do CTN. A resposta "C" está correta, com base no parágrafo único do art. 187 do CTN. A justificativa "D" está correta, consoante o art. 186 do CTN, que determina que: "O crédito tributário prefere a qualquer outro, seja qual for sua natureza ou o tempo de sua constituição, ressalvados os créditos decorrentes da legislação do trabalho ou do acidente de trabalho".

---

13. Alternativa (E). Subordinados.

Comentário: A alternativa "E" está correta, conforme preceitua o art. 186, parágrafo único, III, do CTN.

---

14. Alternativa (E). O rol das garantias do crédito tributário, previsto no CTN, é exemplificativo.

Comentário: A alternativa correta é a opção **"E"**, pois o rol das garantias de fato é exemplificativo. Da interpretação do artigo 183 *caput* do CTN pode-se chegar a essa conclusão: "A enumeração das garantias atribuídas neste Capítulo ao crédito tributário não exclui outras que sejam expressamente previstas em lei, em função da natureza ou das características do tributo a que se refiram". Esse dispositivo legal também justifica a incorreção da letra "A". A assertiva "B" está incorreta, nem todos os bens, há a ressalva para aqueles unicamente que a lei declare absolutamente impenhoráveis, nos termos do artigo 184 do CTN. A resposta "C" está incorreta, conforme o artigo 188 do CTN, os créditos extraconcursais são aqueles decorrentes de fatos geradores ocorridos no curso do processo de falência. A justificativa "D" está incorreta, a ordem está invertida, consoante prescreve o artigo 83 da Lei de Falência n. 11.101/2005.

---

15. Alternativa (A). O crédito tributário não prefere aos créditos extraconcursais, nos termos da lei falimentar.

Comentário: A opção correta é a letra **"A"**, com base no que prescreve o artigo 84 da Lei de Falência n. 11.101/2005. A assertiva "B" está incorreta, de acordo com o artigo 186, Parágrafo Único, I, do CTN e artigos 85 e seguintes da Lei n. 11.101/2005. A resposta "C" está incorreta, os créditos tributários não precedem aos créditos de garantia real, segundo preceitua o artigo 83 da Lei n. 11.101/2005. A justificativa "D" está incorreta, visto que a multa tributária prefere aos créditos subordinados, conforme estabelece o artigo 83 da Lei n. 11.101/2005. E, por fim, a alternativa "E" também está incorreta, a multa tributária não prefere aos créditos quirografários, à luz do artigo 83 da Lei n. 11.101/2005. Observa-se que o artigo 83 deixa expresso que se deve seguir aquela ordem.

16. **Alternativa (B).** Não se sujeita a concurso de credores ou habilitação em falência, mas admite concurso de preferência entre as pessoas jurídicas de direito público, na seguinte ordem: União; Estados e Distrito Federal, *pro rata* e Municípios, *pro rata*.

Comentário: A letra **"B"** é a assertiva correta, em conformidade com o artigo 187 do CTN. A resposta "A" está incorreta, consoante os artigos 186 e 188 do CTN. A justificativa "C" está incorreta, os créditos extra-concursais são decorrentes de fatos geradores ocorridos no curso do processo de falência (arts. 186 e 188 do CTN). A alternativa "D" está incorreta, o crédito tributário não prefere as importâncias passíveis de restituição, nos termos da lei falimentar, mas aos créditos com garantia real, segundo o artigo 83 da Lei n. 11.101/2005. A opção "E" está incorreta, apesar de ser a redação do *caput* do artigo 186 do CTN, atente-se para o enunciado que pede os casos de Falência, assim, deve ser feita a análise em conjunto com o próprio Parágrafo Único do referido artigo e também do artigo 83 da Lei Especial de Falência n. 11.101/2005.

17. **Alternativa (B).** Gravados com cláusula de inalienabilidade ou impenhorabilidade, seja qual for a data da constituição da cláusula.

Comentário: A assertiva **"B"** é a resposta correta, com fundamento 184 do CTN.

18. **Alternativa (A).** Da inscrição do crédito tributário em dívida ativa.

Comentário: A resposta **"A"** é a justificativa correta, à luz do artigo 185 do CTN, redação dada pela LC n. 118/2005.

19. **Alternativa (D).** Apenas as assertivas III e IV estão corretas.

III. Segundo o entendimento do Superior Tribunal de Justiça, os créditos das autarquias federais preferem aos créditos da Fazenda estadual, desde que coexistam penhoras sobre o mesmo bem.

IV. Nos termos do CTN (Código Tributário Nacional) presume-se fraudulenta a alienação ou oneração de bens ou rendas, ou seu começo, por sujeito passivo em débito para com a Fazenda Pública, por crédito tributário regularmente inscrito em dívida ativa, salvo se o devedor reservar bens ou rendas suficientes ao pagamento total da dívida inscrita.

Comentário: O Item I está incorreto, a isenção deve ser interpretada literalmente e decorre de lei, nos termos dos artigos 111 e 176 do CTN. Item II também está incorreto, conforme reza o artigo 132 do CTN. Item III está correto, consoante Súmula n. 497 do STJ. Item IV está igualmente correto, à luz do artigo 185 do CTN.

20. **Alternativa (A).** Na falência, o crédito tributário não prefere aos créditos extraconcursais.

Comentário: A alternativa **"A"** é a opção correta, de acordo com o artigo 186 do CTN. A letra "B" está incorreta, embasamento legal: artigo 130 do CTN. A assertiva "C" está incorreta, a presunção é relativa, conforme determina o artigo 204 do CTN. A resposta "D" está incorreta, segue a jurisprudência do STJ com o seu entendimento sobre os Embargos à Execução Fiscal: "PROCESSUAL CIVIL. TRIBUTÁRIO. RECURSO REPRESENTATIVO DA CONTROVÉRSIA. ART. 543-C, DO CPC. APLICABILIDADE DO ART. 739-A, § 1º, DO CPC ÀS EXECUÇÕES FISCAIS. NECESSIDADE DE GARANTIA DA EXECUÇÃO E ANÁLISE DO JUIZ A RESPEITO DA RELEVÂNCIA DA ARGUMENTAÇÃO (*FUMUS BONI JURIS*) E DA OCORRÊNCIA DE GRAVE DANO DE DIFÍCIL OU INCERTA REPARAÇÃO (*PERICULUM IN MORA*) PARA A CONCESSÃO DE EFEITO SUSPENSIVO AOS EMBARGOS DO DEVEDOR OPOSTOS EM EXECUÇÃO FISCAL. (...)4. Desta feita, à luz de uma interpretação histórica e dos princípios que nortearam as várias reformas nos feitos executivos da Fazenda Pública e no próprio Código de Processo Civil de 1973, mormente a eficácia material do feito executivo a primazia do crédito público sobre o privado e a especialidade das execuções fiscais, é ilógico concluir que a Lei n. 6.830, de 22 de setembro de 1980 – Lei de Execuções Fiscais – LEF – e o art. 53, § 4º da Lei n. 8.212, de 24 de julho de 1991, foram em algum momento ou são incompatíveis com a ausência de efeito suspensivo aos embargos do devedor. Isto porque quanto ao regime dos embargos do devedor invocavam – com derrogações específicas, sempre no sentido de dar maiores garantias ao crédito público –, a aplicação subsidiária do disposto no CPC/73 que tinha redação dúbia a respeito, admitindo diversas interpretações doutrinárias. 5. Desse modo, tanto a Lei n. 6.830/80 – LEF – quanto o art. 53, § 4º da Lei n. 8.212/91 não fizeram a opção por um ou outro regime, isto é, são compatíveis com a atribuição de efeito suspensivo ou não aos embargos do devedor. Por essa razão, não se incompatibilizam com o art. 739-A do CPC/73 (introduzido pela Lei n. 11.382/2006) que condiciona a atribuição de efeitos suspensivos aos embargos do devedor ao cumprimento de três requisitos: apresentação de garantia; verificação pelo juiz da relevância da fundamentação (*fumus boni juris*) e perigo de dano irreparável ou de difícil reparação (*periculum in mora*). 6. **Em atenção ao princípio da especialidade da LEF, mantido com a reforma do CPC/73, a nova redação do art. 736 do CPC dada pela Lei n. 11.382/2006 – artigo que dispensa a garantia como condicionante dos embargos –** não se aplica às execuções fiscais diante da presença de dispositivo específico, qual seja o art. 16, §1º da Lei n. 6.830/80, que exige expressamente a garantia para a apresentação dos embargos à execução fi**scal.** 7. Muito embora por fundamentos variados – ora fazendo uso da interpretação sistemática da LEF e do CPC/73, ora trilhando o inovador caminho da teoria do "Diálogo das Fontes", ora utilizando-se de interpretação histórica dos dispositivos (o que se faz agora) – essa conclusão tem sido a alcançada pela jurisprudência predominante, conforme ressoam os seguintes precedentes de ambas as Turmas deste Superior Tribunal de Justiça. (...) 9. Recurso especial provido. Acórdão submetido ao regime do art. 543-C do CPC e da Resolução STJ n. 8/2008.(REsp n. 1272827/PE, Min. Mauro Campbell Marques, **DJe** de 31.05.2013)

---

21. **Alternativa (C).** Não há a presunção de fraude, tendo em vista que o crédito tributário não fora regularmente inscrito em dívida ativa.

Comentário: A opção **"C"** é a letra correta, nos termos do artigo 185 do CTN, redação dada pela LC n. 118/2005.

---

22. **Alternativa (D).** A indisponibilidade de bens e direitos em execução fiscal é decretada de ofício pelo juiz, desde que o devedor tenha sido devidamente citado e não tenha oferecido bens para garantir a execução e não forem encontrados bens suficientes para tanto.

Comentário: As assertivas "A" e "B" estão incorretas, segundo o artigo 185 do CTN, considera-se fraude contra a Fazenda após a inscrição em dívida ativa. A resposta "C" está incorreta, com base no artigo 185-A, § 1º, do CTN, a indisponibilidade limitar-se-á ao valor total da dívida tributária. A justificativa **"D"** é a alternativa correta, porque a banca considerou a literalidade do artigo 185- A do CTN, sem reputar a decisão do STJ no REsp n. 1.184.765, julgado em sede de repetitivo, como verificamos nesse Capítulo. A opção "E" está incorreta, em razão da regra do *caput* do artigo 185 do CTN.

---

23. **Alternativa (E).** A existência de débitos tributários relativos aos bens do espólio ou às suas rendas não impede sentença homologatória de partilha ou adjudicação.

Comentário: A letra "A" está correta, consoante preceitua o artigo 187 do CTN. A assertiva "B" está correta, segundo o *caput* do artigo 186 do CTN. A resposta "C" está correta, conforme prevê o artigo 189 do CTN. A justificativa "D" está correta, à luz da redação do Parágrafo Único do artigo 187 do CTN. A alternativa **"E"** é a opção incorreta, de acordo com o artigo 192 do CTN, nenhuma sentença de julgamento de partilha ou adjudicação será proferida sem prova da quitação de todos os tributos relativos aos bens do espólio, ou às suas rendas.

---

24. **Alternativa (A).** Na falência, a multa tributária encontra-se no mesmo patamar de preferência pela concorrência de créditos que a obrigação principal.

Comentário: **A questão pede a Incorreta.** A justificativa **"A"** é falsa, pois, com base no III do Parágrafo Único do artigo 186 do CTN, a multa tributária prefere apenas aos créditos subordinados.

---

25. **Alternativa (C).** A União tem preferência, seguida pelos Estados, Distrito Federal e Territórios, sendo que os Municípios estão na última posição, conjuntamente e dividindo *pro rata* o crédito.

Comentário: A resposta **"C"** está correta, nos certames do artigo 187, Parágrafo Único, do CTN.

---

26. **Alternativa (C).** Com garantia real.

Comentário: A assertiva **"C"** está correta, à luz do Parágrafo Único, I, do artigo 186 do CTN.

---

27. **Alternativa (A).** Os créditos tributários decorrentes de fatos geradores ocorridos no curso do processo de falência são extraconcursais.

Comentário: A alternativa **"A"** é a opção correta, nos termos do artigo 188 do CTN. A letra "B" está incorreta, de acordo com o Parágrafo Único, I, artigo 186 do CTN, o crédito tributário na falência não prefere aos créditos extraconcursais ou às importâncias passíveis de restituição e sim os créditos com garantia real até o limite do bem. A assertiva "C" está incorreta, segundo o artigo 186, parágrafo único, III, do CTN, a multa tributária só prefere aos créditos subordinados. A resposta "D" está incorreta, visto que a cobrança judicial do crédito tributário não está sujeita a concurso de credores ou habilitação em falência, recuperação judicial, concordata, inventário ou arrolamento, *caput* do artigo 187 do CTN. A justificativa "E" está incorreta, consoante disposição no Parágrafo Único, I, do artigo 186 do CTN.

28. **Alternativa (D).** Considera-se extraconcursal, quando decorrente de fato gerador ocorrido no curso do processo de falência.

Comentário: A opção "A" está incorreta, porque o crédito tributário não se sujeita à habilitação no processo de falência. As letras "B" e "C" igualmente estão incorretas, pois os créditos tributários não preferem aos extraconcursais, mas sim aqueles passíveis de restituição. A assertiva **"D"** é a resposta correta, nos meandros do artigo 188 do CTN. A justificativa "E" está incorreta, uma vez que o Parágrafo Único do artigo 187 do CTN estabelece a preferência para União, seguida dos Estados, do Distrito Federal e depois dos Municípios *pro rata*.

29. **Alternativa (B).** A fraude à execução fiscal ocorre com a alienação de bens pelo sujeito passivo em débito tributário para com a fazenda pública, após a regular inscrição do crédito tributário na dívida ativa, tornando-o insolvente.

Comentário: A assertiva "A" está incorreta, o artigo 184 do CTN estabelece que os bens declarados absolutamente impenhoráveis por lei não servem de garantia à dívida tributária. A Lei n. 8.009/90 declara os bens de família impenhoráveis, salvo quando a dívida tributária decorrer do próprio bem de família, como prevê o artigo 3º, IV, desse diploma legal. A resposta **"B"** é a alternativa correta, nos termos do *caput* do artigo 185 do CTN. A justificativa "C" está incorreta, à luz do artigo 186 do CTN, os créditos tributários não preferem os decorrentes de legislação trabalhista. A opção "D" está incorreta, segundo o Parágrafo Único do artigo 187 do CTN, o concurso de preferência para recebimento do crédito tributário entre as pessoas jurídicas de direito público obedece à seguinte ordem: União, Estados e Distrito Federal e, por último, os Municípios. A letra "E" está incorreta, responde pelo pagamento do crédito tributário a totalidade dos bens e das rendas, de qualquer origem ou natureza, do sujeito passivo, seu espólio ou sua massa falida, inclusive os gravados por ônus real ou cláusula de inalienabilidade ou impenhorabilidade, seja qual for a data da constituição do ônus ou da cláusula, excetuados unicamente os bens e as rendas que a lei declare absolutamente impenhoráveis (art. 184 do CTN).

30. **Alternativa (B).** O bem gravado com cláusula de impenhorabilidade convencional responde pelo pagamento do crédito tributário, qualquer que seja a data de constituição do ônus.

Comentário: A resposta "A" está incorreta, segundo o *caput* do artigo 187 do CTN, a cobrança judicial do crédito tributário não está sujeita a concurso de credores ou habilitação em falência, recuperação judicial, concordata, inventário ou arrolamento. A justificativa **"B"** é a alternativa correta, com base no *caput* do artigo 184 do CTN. A opção "C" está incorreta, após a LC n. 118/2005 presume-se fraude contra fazenda após a inscrição em dívida ativa – artigo 185 do CTN. A letra "D" está incorreta, à luz do artigo 185-A do CTN, o juiz determinará a indisponibilidade dos bens e direitos, comunicando a decisão, preferencialmente por meio eletrônico, aos órgãos e entidades que promovem registros de transferência de bens, especialmente ao registro público de imóveis e às autoridades supervisoras do mercado bancário e do mercado de capitais, a fim de que, no âmbito de suas atribuições, façam cumprir a ordem judicial. A assertiva "E" está incorreta, consoante preceitua o Parágrafo Único, I, do artigo 186 do CTN.

31. **Alternativa (C).** Os créditos quirografários.

Comentário: A alternativa **"C"** está correta, com fundamento no artigo 186, parágrafo único, I, do CTN.

CAPÍTULO 8

ADMINISTRAÇÃO TRIBUTÁRIA

1. INTRODUÇÃO

A competência constitucional conferida aos Entes Federativos para instituir tributos também implica competência de exercer com eficácia a cobrança desses. Diante disso, o legislador incluiu o Título "Administração Tributária" no CTN (arts. 194 e seguintes) com o intuito de regular o modo pelo qual se dará o exercício dessa competência de forma eficaz. Essa eficácia pode ser traduzida por meio de: fiscalização, cobrança judicial de débitos inscritos em dívida ativa e controle e verificação da regularidade fiscal do Sujeito Passivo.

Tendo em vista essas considerações, faz-se necessário estudar de forma mais detalhada cada um desses instrumentos que viabilizam a cobrança por parte do Fisco, quais sejam: a fiscalização, a dívida ativa e as certidões expedidas pela autoridade administrativa.

2. FISCALIZAÇÃO

Pode-se afirmar que a fiscalização, ao lado da arrecadação, consiste numa das atividades--meio mais relevantes da Administração Pública. Isso porque são os recursos advindos dessas atividades-meio que proporcionam as atividades-fim do Estado, garantidas na Constituição, quais sejam: saúde, educação, segurança pública, entre outros. Por essa razão que a Emenda Constitucional n. 42/2003 incluiu em seu artigo 37, o inciso XXII, e alterou a redação do inciso IV do artigo 167 (ambos da Constituição), de modo a deixar expresso que as administrações tributárias configuram "atividades essenciais ao funcionamento do Estado, exercidas por servidores de carreiras específicas", e, portanto, "terão recursos prioritários para a realização de suas atividades e atuarão de forma integrada, inclusive com o compartilhamento de cadastros e de informações fiscais, na forma da lei ou convênio".

A fiscalização tributária trata de procedimento de verificação do cumprimento das obrigações tributárias por parte do Sujeito Passivo.

Destaca-se que a competência concedida aos Entes Federativos para fiscalizar está intimamente ligada à legislação tributária, nos termos do artigo 194 do CTN:

> **Art. 194.** A legislação tributária, observado o disposto nesta Lei, regulará, em caráter geral, ou especificamente em função da natureza do tributo de que se tratar, a competência e os poderes das autoridades administrativas em matéria de fiscalização da sua aplicação.

Parágrafo único. A legislação a que se refere este artigo aplica-se às pessoas naturais ou jurídicas, contribuintes ou não, inclusive às que gozem de imunidade tributária ou de isenção de caráter pessoal.

Da interpretação do referido dispositivo percebe-se que a legislação tributária (na concepção ampla) poderá, desde que observados os limites legais, regular os poderes e as competências das autoridades administrativas para o adequado exercício da atividade fiscalizatória. Vale evidenciar ainda sobre esse dispositivo, mais especificamente em seu Parágrafo Único, que tal legislação será aplicada aos Sujeitos Passivos, Pessoas Físicas ou Jurídicas, "inclusive às que gozem de imunidade tributária ou de isenção de caráter pessoal".

A título de ilustração, segue um exemplo de legislação tributária que regula a atividade fiscalizatória: o Decreto n. 70.235/1972 em vigência. Nesse momento, convém citar que o referido Decreto inclusive foi objeto da prova de Advogado da Agência de Fomento do Estado do Rio de Janeiro, realizada pela Fundação Dom Cintra – FDC – em 2014, que considerou correta que "o procedimento fiscal tem início com a apreensão de mercadorias, documentos ou livros", nos termos do artigo 7º do Decreto n. 70.235/72, *in verbis:*

Art. 7º O procedimento fiscal tem início com: (vide Decreto n. 3.724, de 2001) I – o primeiro ato de ofício, escrito, praticado por servidor competente, cientificado o sujeito passivo da obrigação tributária ou seu preposto; **II – a apreensão de mercadorias, documentos ou livros;** III – o começo de despacho aduaneiro de mercadoria importada. § 1º O início do procedimento exclui a espontaneidade do sujeito passivo em relação aos atos anteriores e, independentemente de intimação a dos demais envolvidos nas infrações verificadas. § 2º Para os efeitos do disposto no § 1º, os atos referidos nos incisos I e II valerão pelo prazo de sessenta dias, prorrogável, sucessivamente, por igual período, com qualquer outro ato escrito que indique o prosseguimento dos trabalhos (grifos nossos).

Ademais, o legislador conferiu à Fazenda Pública o direito de solicitar informações financeiras, independentemente de autorização judicial, sem exceder a competência administrativa, segundo prevê o artigo 195 do CTN:

Art. 195. Para os efeitos da legislação tributária, não têm aplicação quaisquer disposições legais excludentes ou limitativas do direito de examinar mercadorias, livros, arquivos, documentos, papéis e efeitos comerciais ou fiscais, dos comerciantes industriais ou produtores, ou da obrigação destes de exibi-los. **Parágrafo único**. Os livros obrigatórios de escrituração comercial e fiscal e os comprovantes dos lançamentos neles efetuados serão conservados até que ocorra a prescrição dos créditos tributários decorrentes das operações a que se refiram.

Por meio desse dispositivo legal conclui-se que a não apresentação de documentos relacionados às atividades comerciais, em virtude de sigilo, não pode ser oposta à Fazenda Pública, devendo os Sujeitos Passivos mantê-los conservados até a efetiva ocorrência da prescrição.

O STF compartilha desse entendimento, conforme se depreende da Súmula n. 439: –*"Estão sujeitos à fiscalização tributária ou previdenciária quaisquer livros comerciais, limitado o exame aos pontos objeto da investigação".*

Observa-se que o STF entende que até mesmo os livros não obrigatórios devem ser apresentados numa regular fiscalização. Deve-se frisar que a fiscalização precisa ser formalizada, com abertura de procedimento fiscal, para haver esse direito da Fazenda exigir tais documentos.

Cita-se outro exemplo de legislação tributária que regulamentou a atividade fiscalizatória: a Lei Complementar n. 105/2001 – Sigilo Bancário. Conforme determina o artigo 6º da referida lei, para as autoridades fiscais exigirem apresentação de documentos, devem formalizar o procedimento fiscal, *in verbis:*

> As autoridades e os agentes fiscais tributários da União, dos Estados, do Distrito Federal e dos Municípios **somente poderão examinar documentos, livros e registros de instituições financeiras, inclusive os referentes a contas de depósitos e aplicações financeiras, quando houver processo administrativo instaurado ou procedimento fiscal** em curso e tais exames sejam considerados indispensáveis pela autoridade administrativa competente (grifos nossos).

Por esse dispositivo, depreende-se que os dados pertinentes às movimentações bancárias podem proporcionar a constituição do crédito tributário pelo Fisco, por meio do lançamento.

Ademais, como já estudado no Item do Princípio da Irretroatividade, pelo entendimento do STJ, nos termos do que dispõe o artigo 144, § 1º, do CTN, as leis tributárias procedimentais ou formais têm aplicação imediata, ao passo que as leis de natureza material só alcançam fatos geradores ocorridos durante a sua vigência. A legislação que possibilita a utilização de informações bancárias para fins de apuração e constituição de crédito tributário, por possuir natureza procedimental, tem aplicação imediata, alcançando inclusive fatos anteriores.

Os precedentes do STJ são expressivos nesse assunto:

> TRIBUTÁRIO. NORMAS DE CARÁTER PROCEDIMENTAL. APLICAÇÃO INTERTEMPORAL. UTILIZAÇÃO DE INFORMAÇÕES OBTIDAS A PARTIR DA ARRECADAÇÃO DA CPMF PARA A CONSTITUIÇÃO DE CRÉDITO REFERENTE A OUTROS TRIBUTOS. RETROATIVIDADE PERMITIDA PELO ART. 144, § 1º, DO CTN. 1. O resguardo de informações bancárias era regido, ao tempo dos fatos que permeiam a presente demanda (ano de 1998), pela Lei n. 4.595/64, reguladora do sistema financeiro nacional, e que foi recepcionada pelo art. 192 da Constituição Federal com força de lei complementar ante a ausência de norma regulamentadora desse dispositivo, até o advento da Lei Complementar n. 105/2001. 2. O art. 38 da Lei n. 4.595/64, revogado pela Lei Complementar n. 105/2001, previa a possibilidade de quebra do sigilo bancário apenas por decisão judicial. 3. Com o advento da Lei n. 9.311/96, que instituiu a CPMF, as instituições financeiras responsáveis pela retenção da referida contribuição ficaram obrigadas a prestar à Secretaria da Receita Federal informações a respeito da identificação dos contribuintes e os valores globais das respectivas operações bancárias, sendo vedado, a teor do que preceituava o § 3º da art. 11 da mencionada lei, a utilização dessas informações para a constituição de crédito referente a outros tributos. 4. **A possibilidade de quebra do sigilo bancário também foi objeto de alteração legislativa, levada a efeito pela Lei Complementar n. 105/2001, cujo art.** 6º dispõe: "Art. 6º. As autoridades e os agentes fiscais tributários da União, dos Estados, do Distrito Federal e dos Municípios somente poderão examinar documentos, livros e registros de instituições financeiras, inclusive os referentes a contas de depósitos e aplicações financeiras, quando houver processo administrativo instaurado ou procedimento fiscal em curso e tais exames sejam considerados indispensáveis pela autoridade administrativa competente". 5. **A teor do que dispõe o art. 144, § 1º, do Código Tributário Nacional, as leis tributárias procedimentais ou formais têm aplicação imediata, ao passo que as leis de natureza material só alcançam fatos geradores ocorridos durante a sua vigência. 6. A norma que permite a utilização de informações bancárias para fins de apuração e constituição de crédito tributário, por envergar natureza procedimental, tem aplicação imediata, alcançando mesmo fatos pretéritos.** 7. A exegese do art. 144, § 1º, do Código Tributário Nacional, considerada a natureza formal da norma que permite o cruzamento de dados referentes à arrecadação da CPMF para fins de constituição de crédito relativo a outros tributos, conduz à conclusão da possibilidade da aplicação dos artigos 6º da Lei Complementar n. 105/2001 e 1º da Lei n. 10.174/2001 ao ato de lançamento de tributos

cujo fato gerador se verificou em exercício anterior à vigência dos citados diplomas legais, desde que a constituição do crédito em si não esteja alcançada pela decadência. 8. **Inexiste direito adquirido de obstar a fiscalização de negócios tributários, máxime porque, enquanto não extinto o crédito tributário, a autoridade fiscal tem o dever vinculativo do lançamento em correspondência ao direito de tributar da entidade estatal**. 9. Recurso especial provido (REsp n. 506.232/PR, STJ, 1ª Turma, **DJ** de 16.02.2004, rel. Min. Luiz Fux) (grifos nossos).

RECURSO ESPECIAL. ALÍNEA "A". TRIBUTÁRIO. MANDADO DE SEGURANÇA. PRETENDIDA SUSPENSÃO DOS EFEITOS DE TERMO DE PROCEDIMENTO FISCAL. REQUERIMENTO DE INFORMAÇÕES AO CONTRIBUINTE RELATIVAS AO ANO-BASE DE 1998, A PARTIR DE DADOS INFORMADOS PELOS BANCOS À SECRETARIA DA RECEITA FEDERAL SOBRE A CPMF. PRETENDIDA COBRANÇA DE CRÉDITOS RELATIVOS A OUTROS TRIBUTOS. ARTIGO 6º DA LC N. 105/2001, E 11, § 3º, DA LEI N. 9.311/96, NA REDAÇÃO DADA PELA LEI N. 10.174/2001. NORMAS DE CARÁTER PROCEDIMENTAL. APLICAÇÃO RETROATIVA. EXEGESE DO ART. 144, § 1º, DO CTN. – À luz do que dispõe o artigo 144, § 1º, do CTN, infere-se que as normas tributárias que estabeleçam "novos critérios de apuração ou processos de fiscalização, ampliando os poderes de investigação das autoridades administrativas" aplicam-se ao lançamento do tributo, mesmo que relativas a fato gerador ocorrido antes de sua entrada em vigor. Diversamente, as normas que descrevem os elementos do tributo de natureza material somente são aplicáveis aos fatos geradores ocorridos após o início de sua vigência (cf. Vladimir Passos de Freitas (coord.). **Código Tributário Nacional comentado** São Paulo: Revista dos Tribunais, 1999. p. 566). – Nesse contexto, é forçoso reconhecer que os dispositivos (arts. 6º da LC n. 105/2001 e 11, § 3º, da Lei n. 9.311/96, na redação dada pela Lei n. 10.174/2001) que autorizam a utilização dos dados da CPMF pelo Fisco para a apuração de eventuais créditos tributários relativos a outros tributos são normas adjetivas ou meramente procedimentais, acerca das quais não prevalece a irretroatividade defendida pelo v. acórdão da Corte a quo. É de se observar tão somente o prazo de que dispõe a Fazenda Nacional para constituição do crédito tributário. – "**Tanto o art. 6º da Lei Complementar n. 105/2001, quanto o art. 1º da Lei n. 10.174/2001, por ostentarem natureza de normas tributárias procedimentais, são submetidas ao regime intertemporal do art. 144, § 1º, do Código Tributário Nacional, permitindo sua aplicação, utilizando-se de informações obtidas anteriormente à sua vigência**". (REsp n. 506.232/PR, rel. Min. Luiz Fux, **DJU** de 16.02.2004). (...) (REsp n. 505.493/PR, STJ, 2ª Turma, **DJ** de 08.11.2004, rel. Min. Franciulli Netto).

Por conseguinte, a autoridade que conduz a fiscalização deverá lavrar um termo por escrito – como, por exemplo, o Termo de Início de Fiscalização –, com todos os dados, solicitando documentos, independentemente de ordem judicial, e, inclusive, o período a ser fiscalizado, consoante prescrição apresentada no artigo 196 do CTN:

Art. 196. A autoridade administrativa que proceder ou presidir a quaisquer diligências de fiscalização **lavrará os termos necessários para que se documente o início do procedimento**, na forma da legislação aplicável, que fixará prazo máximo para a conclusão daquelas.
Parágrafo único. Os termos a que se refere este artigo serão lavrados, sempre que possível, em um dos livros fiscais exibidos; quando lavrados em separado deles se entregará, à pessoa sujeita à fiscalização, cópia autenticada pela autoridade a que se refere este artigo (grifos nossos).

Cumpre esclarecer que a fiscalização consiste em um procedimento administrativo. Isso quer dizer que não se trata de uma lide administrativa, em virtude de que na fiscalização há apenas a averiguação do devido cumprimento das obrigações tributárias, sejam acessórias ou judiciais. Portanto, no referido procedimento administrativo, não há que se falar em amplo contraditório.

O contribuinte tem o dever de facilitar a fiscalização. O CTN, em seu artigo 197, determina que, em certas situações, algumas pessoas jurídicas são obrigadas a prestar informações de terceiros de que disponham. Observa-se que o rol não é taxativo, em razão da amplitude dada no inciso VII do referido artigo:

> **Art. 197.** Mediante intimação escrita, são obrigados a prestar à autoridade administrativa todas as informações de que disponham com relação aos bens, negócios ou atividades de terceiros: I – os tabeliães, escrivães e demais serventuários de ofício; II – os bancos, casas bancárias, Caixas Econômicas e demais instituições financeiras; III – as empresas de administração de bens; IV – os corretores, leiloeiros e despachantes oficiais; V – os inventariantes; VI – os síndicos, comissários e liquidatários; **VII – quaisquer outras entidades ou pessoas que a lei designe, em razão de seu cargo, ofício, função, ministério, atividade ou profissão. Parágrafo único. A obrigação prevista neste artigo não abrange a prestação de informações quanto a fatos sobre os quais o informante esteja legalmente obrigado a observar segredo em razão de cargo, ofício, função, ministério, atividade ou profissão** (grifos nossos).

No entanto, conforme o Parágrafo Único, desse dispositivo, existem algumas situações em que o informante está obrigado a assegurar o sigilo, hipóteses essas previstas em lei.

A proteção legal das informações observam os Princípios Constitucionais da Legalidade, Intimidade, Privacidade e Sigilo. Além desses princípios, vale citar a existência de inúmeros dispositivos legais que visam observar esses princípios, como, por exemplo, os artigos 154 e 325 do CP, 229 do CC (alterado recentemente pela Lei n. 13.105/2015, que ainda entrará em vigência, nos termos do art. 1.045 da referida Lei), 347, II, e 406, II, do CPC – 388, II e 448, II correspondentes do Novo CPC (Lei n. 13.105/2015) –, 207 do CPP, Estatuto da OAB – Lei n. 8.906/94, artigos, 34, VII, 36, I, e 76, XIX, entre outros.

Importante salientar que, ao término da fiscalização, a autoridade administrativa não tem o direito de divulgar as informações. Todavia, há exceções para esse comando, dispostas nos §§1º e 3º do artigo 198 e artigo 199, ambos do CTN, que compreendem: **(i)** requisição de ordem judicial; **(ii)** quando outra autoridade administrativa requerer informações, em nome dos interesses da Administração Pública, desde que possua processo administrativo em andamento, com a finalidade de investigar o sujeito passivo; **(iii)** casos de representações ficais, para fins penais; **(iv)** informações sobre inscrições em dívida ativa da Fazenda Pública; **(v)** parcelamento ou moratória; **(vi)** possibilidade de prestar assistência entre os Entes Federativos, por meio de lei ou convênio, a fim de facilitar a fiscalização.

Possibilidades de divulgação das informações objeto de fiscalização – arts. 198 e 199 do CTN	
1º	Requisição de ordem judicial;
2º	Quando outra autoridade administrativa requerer informações, em nome dos interesses da administração pública, desde que possua processo administrativo em andamento, com a finalidade de investigar o sujeito passivo;
3º	Casos de representações ficais, para fins penais;
4º	Informações sobre inscrições em dívida ativa da fazenda pública;
5º	Parcelamento ou moratória;
6º	Possibilidade de prestar assistência entre os entes federativos, por meio de lei ou convênio, a fim de facilitar a fiscalização.

No caso de o contribuinte não colaborar com a fiscalização tributária, negando-se a apresentar os documentos, a autoridade fazendária poderá requisitar reforço policial a fim de legitimar sua autoridade, conforme reza o artigo 200 do CTN:

> **Art. 200.** As autoridades administrativas federais **poderão requisitar o auxílio da força pública federal, estadual ou municipal, e reciprocamente, quando vítimas de embaraço ou desacato no exercício de suas funções, ou quando necessário à efetivação de medida** prevista na legislação tributária, ainda que não se configure fato definido em lei como crime ou contravenção (grifos nossos).

Evidencia-se, contudo, que a doutrina diverge sobre a possibilidade de a autoridade fazendária utilizar o reforço policial para tornar legítima a atividade administrativa no caso de embaraço à fiscalização, tendo em vista a existência do Princípio da Inviolabilidade, previsto na CF, em seu artigo 5º, XI. Nesse caso, deve-se observar a Lei Maior que está em posição hierarquicamente superior à Lei Complementar (CTN).

O STF, na tentativa de solucionar tal divergência, considera que o conceito de casa se estende a todos os espaços privados, não abertos ao público, em que atividades profissionais são exercidas, para efeito de proteção constitucional. Desse modo, a autoridade administrativa também precisaria de mandado judicial para realizar a fiscalização se houvesse algum embaraço por parte do contribuinte. Confira o texto da seguinte ementa:

> FISCALIZAÇÃO TRIBUTÁRIA. APREENSÃO DE LIVROS CONTÁBEIS E DOCUMENTOS FISCAIS REALIZADA, EM ESCRITÓRIO DE CONTABILIDADE, POR AGENTES FAZENDÁRIOS E POLICIAIS FEDERAIS, SEM MANDADO JUDICIAL. INADMISSIBILIDADE. **ESPAÇO PRIVADO, NÃO ABERTO AO PÚBLICO, SUJEITO À PROTEÇÃO CONSTITUCIONAL DA INVIOLABILIDADE DOMICILIAR (CF, ART. 5º, XI). SUBSUNÇÃO AO CONCEITO NORMATIVO DE "CASA". NECESSIDADE DE ORDEM JUDICIAL. ADMINISTRAÇÃO PÚBLICA E FISCALIZAÇÃO TRIBUTÁRIA. DEVER DE OBSERVÂNCIA, POR PARTE DE SEUS ÓRGÃOS E AGENTES, DOS LIMITES JURÍDICOS IMPOSTOS PELA CONSTITUIÇÃO E PELAS LEIS DA REPÚBLICA. IMPOSSIBILIDADE DE UTILIZAÇÃO, PELO MINISTÉRIO PÚBLICO, DE PROVA OBTIDA COM TRANSGRESSÃO À GARANTIA DA INVIOLABILIDADE DOMICILIAR**. PROVA ILÍCITA. INIDONEIDADE JURÍDICA. *HABEAS CORPUS* DEFERIDO. ADMINISTRAÇÃO TRIBUTÁRIA. FISCALIZAÇÃO. PODERES. NECESSÁRIO RESPEITO AOS DIREITOS E GARANTIAS INDIVIDUAIS DOS CONTRIBUINTES E DE TERCEIROS. – Não são absolutos os poderes de que se acham investidos os órgãos e agentes da administração tributária, pois o Estado, em tema de tributação, inclusive em matéria de fiscalização tributária, está sujeito à observância de um complexo de direitos e prerrogativas que assistem, constitucionalmente, aos contribuintes e aos cidadãos em geral. Na realidade, os poderes do Estado encontram, nos direitos e garantias individuais, limites intransponíveis, cujo desrespeito pode caracterizar ilícito constitucional. – A administração tributária, por isso mesmo, embora podendo muito, não pode tudo. É que, ao Estado, é somente lícito atuar, "respeitados os direitos individuais e nos termos da lei" (CF, art. 145, § 1º), consideradas, sobretudo, e para esse específico efeito, as limitações jurídicas decorrentes do próprio sistema instituído pela Lei Fundamental, cuja eficácia – que prepondera sobre todos os órgãos e agentes fazendários – restringe-lhes o alcance do poder de que se acham investidos, especialmente quando exercido em face do contribuinte e dos cidadãos da República, que são titulares de garantias impregnadas de estatura constitucional e que, por tal razão, não podem ser transgredidas por aqueles que exercem a autoridade em nome do Estado. **A GARANTIA DA INVIOLABILIDADE DOMICILIAR COMO LIMITAÇÃO CONSTITUCIONAL AO PODER DO ESTADO EM TEMA DE FISCALIZAÇÃO TRIBUTÁRIA. CONCEITO**

DE "CASA" PARA EFEITO DE PROTEÇÃO CONSTITUCIONAL. AMPLITUDE DESSA NOÇÃO CONCEITUAL, QUE TAMBÉM COMPREENDE OS ESPAÇOS PRIVADOS NÃO ABERTOS AO PÚBLICO, ONDE ALGUÉM EXERCE ATIVIDADE PROFISSIONAL: NECESSIDADE, EM TAL HIPÓTESE, DE MANDADO JUDICIAL (CF, ART. 5º, XI). – Para os fins da proteção jurídica a que se refere o art. 5º, XI, da Constituição da República, o conceito normativo de "casa" revela-se abrangente e, por estender-se a qualquer compartimento privado não aberto ao público, onde alguém exerce profissão ou atividade (CP, art. 150, § 4º, III), compreende, observada essa específica limitação espacial (área interna não acessível ao público), os escritórios profissionais, inclusive os de contabilidade, "embora sem conexão com a casa de moradia propriamente dita" (NELSON HUNGRIA). Doutrina. Precedentes. – **Sem que ocorra qualquer das situações excepcionais taxativamente previstas no texto constitucional (art. 5º, XI), nenhum agente público, ainda que vinculado à administração tributária do Estado, poderá, contra a vontade de quem de direito (*invito domino*), ingressar, durante o dia, sem mandado judicial, em espaço privado não aberto ao público, onde alguém exerce sua atividade profissional, sob pena de a prova resultante da diligência de busca e apreensão assim executada reputar-se inadmissível, porque impregnada de ilicitude material.** (...) (HC n. 93050, rel. Min. Celso de Mello, 2ª Turma, julgado em 10.06.2008, **DJe**-142, divulg. em 31.07.2008, public. em 01.08.2008, Ement. v. 02326-04, p. 00700) (grifos nossos).

Em prova para Delegado de Polícia Federal (DPF) realizada em 2004 pela banca CESPE, seguiu-se a orientação jurisprudencial do STF. A questão apresentava o seguinte enunciado:

Exemplo de questão sobre o tema

▶ Após regularmente intimados pela autoridade administrativa para apresentarem a documentação fiscal da empresa, os sócios não atenderam à notificação no prazo de 15 dias. Em razão disso, os agentes da fiscalização requisitaram auxílio policial, adentrando o estabelecimento comercial, onde, imediatamente, passaram a apreender notas fiscais e documentos de controle paralelo. Com tal documentação, e em virtude de fraude descoberta, o lançamento tributado veio a ser realizado. Com base na situação hipotética, foram julgados alguns itens, dentre eles o seguinte: A autoridade policial não poderia negar o auxílio requisitado, já que ocorreu embaraço à fiscalização.

Resposta: O item foi considerado ERRADO.

Na questão supradescrita, constata-se que o examinador considerou errada a negativa de auxílio requisitado pela autoridade policial, tudo em consonância com as garantias individuais, da inviolabilidade do domicílio, conforme posicionamento do STF.

Curioso, entretanto, que a mesma banca ao realizar a prova de DPF, em julho de 2013, entendeu ser possível a requisição de auxílio policial para realização de fiscalização em escritórios. Observe a questão cobrada nessa prova:

Exemplo de questão sobre o tema

▶ Com a finalidade de gerar créditos fictícios para sua empresa, determinado empresário formalmente constituído criou outra sociedade comercial em nome de dois empregados seus, analfabetos. No contrato social dessa sociedade, um dos empregados consta como sócio administrador e o outro, como sócio. A confecção do contrato social e a utilização dos créditos fictícios ficaram a cargo do contador da empresa, que tinha consciência dos fatos. Considerando essa situação hipotética, julgue os itens que se seguem com base na legislação tributária vigente.

Resposta: Item CORRETO: A administração tributária poderá requisitar o auxílio da força policial para garantir, em caso de oposição, o direito de fiscalizar todos os livros e documentos das referidas empresas.

Após inúmeros recursos, a banca manteve o gabarito sob a seguinte justificativa:

> A questão não merece reparo, devendo os recursos serem indeferidos, pois com base nos arts. 195 e 200 do CTN, os contribuintes não podem restringir o trabalho do fisco que apura a idoneidade das informações que as empresas devem prestar ao Fisco. Aqui trata-se de direito e dever na relação jurídico-tributária em que o Estado tem a prevalência em função de estar trabalhando em prol da sociedade. Não se pode aludir a fatos que não foram postos na questão, como adentrar em escritórios de contabilidade ou outros assuntos. Tratam-se de disposições legais previstas no CTN, como aliás se requer na própria questão: "Considerando essa situação hipotética, julgue os itens que se seguem com base na legislação tributária".

Como se pode observar na fundamentação da banca examinadora, houve o acolhimento da literalidade da legislação tributária, em virtude de o enunciado não ter aludido à questão de local, como "adentrar em escritórios de contabilidade ou outros assuntos".

3. DÍVIDA ATIVA

A inscrição em dívida ativa consiste em pressuposto para Fazenda Pública poder ajuizar a execução fiscal em face do Sujeito Passivo, conforme preceitua o artigo 201 do CTN:

> **Art. 201.** Constitui dívida ativa tributária a proveniente de crédito dessa natureza, regularmente inscrita na repartição administrativa competente, depois de esgotado o prazo fixado para pagamento pela lei ou por decisão final proferida em processo regular.
>
> **Parágrafo único.** A fluência de juros de mora não exclui, para os efeitos deste artigo, a liquidez do crédito.

Além de o CTN tratar da dívida ativa, a Lei n. 6.830/80 também estabelece sobre a cobrança judicial da dívida ativa da Fazenda Pública, conforme prescrevem os artigos 1º e 2º da referida Lei:

> **Art. 1º** A execução judicial para cobrança da Dívida Ativa da União, dos Estados, do Distrito Federal, dos Municípios e respectivas autarquias será regida por esta Lei e, subsidiariamente, pelo Código de Processo Civil.
>
> **Art. 2º** Constitui Dívida Ativa da Fazenda Pública aquela definida como tributária ou não tributária na Lei n. 4.320, de 17 de março de 1964, com as alterações posteriores, que estatui normas gerais de direito financeiro para elaboração e controle dos orçamentos e balanços da União, dos Estados, dos Municípios e do Distrito Federal. § 1º Qualquer valor, cuja cobrança seja atribuída por lei às entidades de que trata o artigo 1º, será considerado Dívida Ativa da Fazenda Pública. § 2º A Dívida Ativa da Fazenda Pública, compreendendo a tributária e a não tributária, abrange atualização monetária, juros e multa de mora e demais encargos previstos em lei ou contrato. § 3º A inscrição, que se constitui no ato de controle administrativo da legalidade, será feita pelo órgão competente para apurar a liquidez e certeza do crédito e suspenderá a prescrição, para todos os efeitos de direito, por 180 dias, ou até a distribuição da execução fiscal, se esta ocorrer antes de findo aquele prazo. § 4º A Dívida Ativa da União será apurada e inscrita na Procuradoria da Fazenda Nacional. § 5º O Termo de Inscrição de Dívida Ativa deverá conter: I – o nome do devedor, dos corresponsáveis e, sempre que conhecido, o domicílio ou residência de um e de outros; II – o valor originário da dívida, bem como o termo inicial e a forma de calcular os juros de mora e demais encargos previstos em lei ou contrato; III – a origem, a natureza e o fundamento legal ou contratual da dívida; IV – a indicação, se for o caso, de estar a dívida sujeita à atualização monetária, bem como o respectivo fundamento legal e o termo inicial para o cálculo; V – a data e o número da inscrição, no Registro de Dívida Ativa; e VI – o número do processo administrativo ou do auto de infração, se neles estiver apurado o valor da dívida. § 6º

> A Certidão de Dívida Ativa conterá os mesmos elementos do Termo de Inscrição e será autenticada pela autoridade competente. § 7º O Termo de Inscrição e a Certidão de Dívida Ativa poderão ser preparados e numerados por processo manual, mecânico ou eletrônico. § 8º Até a decisão de primeira instância, a Certidão de Dívida Ativa poderá ser emendada ou substituída, assegurada ao executado a devolução do prazo para embargos. § 9º O prazo para a cobrança das contribuições previdenciárias continua a ser o estabelecido no artigo 144 da Lei n. 3.807, de 26 de agosto de 1960.

Insta lembrar, conforme estudado no Capítulo 7, que não se aplica à CDA **tributária** a suspensão da prescrição em 180 dias, ainda que haja a previsão no artigo 2º, § 3º, da Lei n. 6.830/80. O STJ demonstrou reiteradamente que entende não ser aplicável às dívidas tributárias referido dispositivo legal, uma vez que o artigo 146, III, "b", da CF determina que as normas gerais de Direito Tributário devem estar reguladas por meio de Lei Complementar. Por essa razão, a inscrição em dívida ativa não suspende o prazo prescricional no Direito Tributário. Segue um dos julgados com esse posicionamento:

> (...)9. A suspensão de 180 (cento e oitenta) dias do prazo prescricional, a contar da inscrição em Dívida Ativa, prevista no art. 2º, § 3º, da Lei n. 6.830/80, **aplica-se tão somente às dívidas de natureza não tributária,** porquanto a prescrição do direito do Fisco ao crédito tributário regula-se por lei complementar, *in casu*, o art. 174 do CTN (Precedente: REsp n. 708.227/PR, rel.ª Min.ª Eliana Calmon, **DJ** de 19.12.2005). 10. Agravo regimental desprovido (AgRg no REsp n. 1002435/RS, rel. Min. Luiz Fux, 1ª Turma, julgado em 20.11.2008, **DJe** de 17.12.2008) (grifos nossos).

Ressalta-se que a inscrição em dívida ativa do crédito tributário se oriunda do inadimplemento da obrigação tributária, por parte do Sujeito Passivo, e tem o poder de dar exequibilidade ao crédito. O procedimento de inscrição em dívida ativa está previsto no artigo 202 do CTN:

> **Art. 202.** O termo de inscrição da dívida ativa, autenticado pela autoridade competente, indicará obrigatoriamente: I – o nome do devedor e, sendo caso, o dos corresponsáveis, bem como, sempre que possível, o domicílio ou a residência de um e de outros; II – a quantia devida e a maneira de calcular os juros de mora acrescidos; III – a origem e natureza do crédito, mencionada especificamente a disposição da lei em que seja fundado; IV – a data em que foi inscrita; V – sendo caso, o número do processo administrativo de que se originar o crédito. Parágrafo único. A certidão conterá, além dos requisitos deste artigo, a indicação do livro e da folha da inscrição.

Vale ressaltar, como estudado no Capítulo anterior, que, a partir do momento da inscrição em dívida ativa, tem-se como presumida a fraude contra credores, no caso de o contribuinte alienar os bens de forma a se tornar insolvente, consoante o que dispõe o artigo 185 do CTN, alteração dada pela LC n. 118/2005.

Por meio da inscrição em dívida ativa surge a Certidão de Dívida Ativa (CDA), que configura em título executivo extrajudicial (art. 585, VII, do CPC– art. 784, IX correspondente do Novo CPC – Lei n.13.105/2015), art. 204 do CTN e art. 3º da Lei n. 6.830/80). Esse título executivo extrajudicial poderá ensejar Ação de Execução Fiscal ajuizada pela Fazenda Pública.

Cumpre evidenciar que a inscrição em dívida ativa, não realizada nos termos do artigo 202 do CTN, poderá gerar **nulidade** da CDA. No entanto, a CDA poderá ser **substituída** até a decisão de primeira instância, sendo devolvido o prazo para defesa ao Sujeito Passivo, conforme dispõe o artigo 203 do CTN e art. 2º, § 8º, da Lei n. 6.830/80. Caso a substituição da CDA ocorra após a decisão em primeira instância, será reconhecida a nulidade de todo o processo.

> **Art. 203.** A omissão de quaisquer dos requisitos previstos no artigo anterior, ou o erro a eles relativo, são causas de nulidade da inscrição e do processo de cobrança dela decorrente, **mas a nulidade poderá ser sanada até a decisão de primeira instância, mediante substituição da certidão nula,** devolvido ao sujeito passivo, acusado ou interessado o prazo para defesa, que somente poderá versar sobre a parte modificada (grifos nossos).

Ainda que a CDA possa ser substituída até a decisão de primeira instância, o STJ em sua Súmula n. 392 entende que a alteração **não** poderá ser com relação ao Sujeito Passivo. Confira: *"A Fazenda Pública pode substituir a certidão de dívida ativa (CDA) até a prolação da sentença de embargos, quando se tratar de correção de erro material ou formal, vedada a modificação do sujeito passivo da execução"*.

Importante salientar nesse ponto, que o posicionamento do STJ possui evidente coerência, posto que uma alteração substancial que visa a literalmente alterar o lançamento, deve ser considerado como novo lançamento. Tudo isso, com o intuito de assegurar ao Sujeito Passivo a ampla defesa e o contraditório – garantias constitucionais do artigo 5º, LV, da CF –, permitindo a impugnação na esfera administrativa ou o ajuizamento ação na esfera judicial.

Por fim, faz-se necessário notar que os artigos 204 do CTN e 3º da Lei n. 6.830/80 conferem presunção de certeza e liquidez à dívida regulamente inscrita pela Fazenda Pública. Desse modo, pode-se concluir que a Fazenda Pública tem o privilégio de não precisar provar a certeza e a liquidez de seu crédito, para poder executar o Sujeito Passivo.

Por considerar que a CDA goza de presunção de certeza e liquidez, o STJ tem compreendido que o Fisco poderá **redirecionar** a execução fiscal para o sócio com poderes de administração quando seu nome constar na inscrição de dívida ativa. Dessa maneira, caberá ao sócio comprovar que não incorreu em nenhuma das hipóteses do artigo 135 do CTN, que o tornaria responsável pessoalmente por pagar as dívidas tributárias da pessoa jurídica. Transcreve-se a seguir a jurisprudência em referência:

> TRIBUTÁRIO. AGRAVO REGIMENTAL NO AGRAVO EM RECURSO ESPECIAL. EXECUÇÃO FISCAL. REDIRECIONAMENTO. ART. 135 DO CTN. DISSOLUÇÃO IRREGULAR. REEXAME DE PROVA. INCIDÊNCIA DA SÚMULA N. 7/STJ. 1. Esta Corte Superior firmou entendimento, no REsp n. 1.101.728/SP, julgado pela sistemática do art. 543-C do CPC, no sentido de que **o redirecionamento da execução fiscal para o sócio-gerente da empresa somente é cabível quando comprovado que ele agiu com excesso de poderes**, infração à lei ou contra o estatuto, ou na hipótese de dissolução irregular da empresa. (...) 4. Agravo regimental não provido (AgRg no AREsp n. 297.835/PE, rel. Min. Benedito Gonçalves, 1ª Turma, julgado em 17.10.2013, **DJe** de 24.10.2013) (grifos nossos).

3.1. Certidões

A Autoridade Administrativa poderá expedir três certidões, quais sejam: Certidão Negativa de Débito, Certidão Positiva com Efeito de Negativa e Certidão Positiva de Débito Fiscal.

As certidões **negativas** consistem em documentos emitidos pela Fazenda Pública que comprovam a regularidade fiscal do Contribuinte para com ela, conforme se verifica no artigo 205 do CTN:

> **Art. 205.** A lei poderá exigir que a prova da quitação de determinado tributo, quando exigível, seja feita por certidão negativa, expedida à vista de requerimento do interessado, que contenha todas as informações necessárias à identificação de sua pessoa, domicílio fiscal e ramo de negócio ou atividade e indique o período a que se refere o pedido.
>
> **Parágrafo único.** A certidão negativa será sempre expedida nos termos em que tenha sido requerida e será fornecida dentro de 10 (dez) dias da data da entrada do requerimento na repartição.

Por conseguinte, as **Certidões Negativas de Débitos** serão emitidas pelo Ente Federativo que constatar não haver créditos tributários em aberto e/ou que há créditos tributários vincendos (a vencer – portanto, ainda inexigível).

Atente-se para o Parágrafo Único do dispositivo em referência, posto que o requerimento do Sujeito Passivo deverá ser específico, contendo, além dos seus dados, o período e o tributo, para atender efetivamente à necessidade em questão, seja para obter Alvará, participar de Fiscalização, realizar empréstimos, obter benefícios fiscais, entre outros.

Cita-se como exemplo, para demonstrar a importância dessa especificação no requerimento do Sujeito Passivo, a obtenção de Certidão Negativa de Tributos Municipais. Alguns Municípios possuem departamentos específicos que trabalham com obras, alvarás, dívida ativa, etc. Quanto à emissão de certidões, também pode haver dois departamentos que emitem, quais sejam: o setor de tributos imobiliários (relacionados de alguma forma com a transmissão, propriedade, domínio ou posse de imóveis – IPTU, Contribuição de Melhoria e ITBI) e mobiliários (os tributos que não têm sua origem relacionada a imóveis – ISS e Taxas).

Ainda no tocante ao procedimento de obtenção de certidões, cumpre mencionar que a CF, em seu artigo 5º, XXXIV, "b", assegura **imunidade** de taxas para a obtenção de certidões em repartições públicas, a fim de garantir a defesa de direitos e esclarecimento de situações de interesse pessoal.

Repita-se essas certidões são extremamente importantes para o Sujeito Passivo, pois configura uma das condições para se participar de licitações, concessões, fazer empréstimos, obter benefícios fiscais, entre outros.

Entretanto, se o Contribuinte declara que deve o tributo e não realiza o seu pagamento, não fará jus à expedição da Certidão Negativa de Débitos, tampouco da Certidão Positiva com Efeitos de Negativa, mas sim da Certidão Positiva de Débitos.

Corrobora com esse entendimento a *Súmula n. 446 do STJ: "Declarado e não pago o débito tributário pelo contribuinte, é legítima a recusa de expedição de certidão negativa ou positiva com efeito de negativa".*

No caso de emissão de **Certidão Positiva com Efeitos de Negativa**, por parte da Fazenda Pública, significa dizer que o Sujeito Passivo possui débitos com a Fazenda Pública que emitiu a Certidão, porém tais débitos encontram-se: i) com a **exigibilidade suspensa** (hipóteses previstas no art. 151 do CTN, estudadas no Capítulo anterior); ii) e/ou tratam-se de débitos **vincendos** (que ainda não venceram); iii) e/ou, ainda, há execução fiscal com o **juízo garantido** com penhora ou fiança bancária (arts. 9º e 16 da Lei n. 6.830/80). Isso significa que essa Certidão produzirá os mesmos efeitos da Certidão Negativa, conforme prescreve o artigo 206 do CTN:

> **Art. 206.** Tem os mesmos efeitos previstos no artigo anterior a certidão de que conste a existência de **créditos não vencidos, em curso de cobrança executiva em que tenha sido efetivada a penhora, ou cuja exigibilidade esteja suspensa** (grifos nossos).

Sobre a situação em que há execução fiscal com o juízo garantido por meio de fiança bancária, cumpre trazer à baila o entendimento do STJ no sentido de que tal medida tem o condão de garantir o juízo da execução fiscal ajuizada pela Fazenda Pública, embora não suspenda a exigibilidade do crédito tributário (art. 151 do CTN), possibilita a emissão de Certidão Positiva com Efeitos de Negativa, como se depreende do julgado a seguir:

> AGRAVO REGIMENTAL NO AGRAVO DE INSTRUMENTO. TRIBUTÁRIO. AÇÃO DECLARATÓRIA DE IMUNIDADE TRIBUTÁRIA. NOS TERMOS DO ART. 151 DO CTN, É INCABÍVEL A SUSPENSÃO DA EXIGIBILIDADE DO CRÉDITO TRIBUTÁRIO COM BASE NA OFERTA DE CARTA DE FIANÇA BANCÁRIA (SÚMULA 112/STJ), O QUE NÃO IMPEDE, TODAVIA, A EXPEDIÇÃO DE CERTIDÃO POSITIVA COM EFEITOS DE NEGATIVA, A TEOR DO ART. 206 DO CTN. PRECEDENTES. AGRAVO REGIMENTAL PROVIDO. 1. Proferida pelo eminente Ministro LUIZ FUX, a decisão ora agravada assentou, em apertada síntese, que a prestação de caução, **mediante o oferecimento de fiança bancária, ainda que no montante integral do valor devido, não se encontra encartada nas hipóteses elencadas no art. 151 do CTN, não ostentando o efeito de suspender a exigibilidade do crédito tributário, mas, apenas, o de garantir o débito exequendo, em equiparação ou antecipação à penhora, permitindo-se, neste caso, a expedição de Certidão Positiva com Efeitos de Negativa** (**DJe** de 03.03.2011). 2. Entrementes, em seu dispositivo, tal decisão negou provimento ao Agravo de Instrumento e manteve, assim, o acórdão recorrido, que, fundado no Enunciado 112 da Súmula de jurisprudência do Superior Tribunal de Justiça, deu provimento ao Agravo de Instrumento para reformar a decisão do Magistrado de piso que, por sua vez, em pedido de antecipação de tutela, **indeferiu a suspensão da exigibilidade do crédito tributário, mas, por outro lado, concedeu medida cautelar incidental, para suspender os efeitos do Auto de Infração que constituiu o imposto devido, bem como determinar a expedição da Certidão Positiva com Efeitos de Negativa, uma vez ofertada, em garantia, Carta de Fiança Bancária.** 3. Agravo Regimental provido para, provendo-se o Agravo de Instrumento, conhecer do Recurso Especial e dar-lhe provimento, reformando-se, em parte, o acórdão recorrido, para restabelecer a decisão de primeiro grau, mas apenas na parte em que determinou a expedição da Certidão Positiva com Efeitos de Negativa (AgRg no Ag 1185481/DF, rel. Min. Napoleão Nunes Maia Filho, **DJe** de 05.11.2013) (grifos nossos).

Outrossim, o STJ também em tema polêmico, pacificou o entendimento no sentido de permitir a expedição da Certidão Positiva com Efeitos de Negativa nos casos em que se faz caução em antecipação à penhora de execução fiscal ainda não ajuizada, conforme jurisprudência juntada a seguir:

> PROCESSUAL CIVIL E TRIBUTÁRIO. RECURSO ESPECIAL REPRESENTATIVO DE CONTROVÉRSIA. ART. 543-C DO CPC. AÇÃO CAUTELAR PARA ASSEGURAR A EXPEDIÇÃO DE CERTIDÃO POSITIVA COM EFEITOS DE NEGATIVA. POSSIBILIDADE. INSUFICIÊNCIA DA CAUÇÃO. IMPOSSIBILIDADE. 1. O contribuinte pode, após o vencimento da sua obrigação e antes da execução, garantir o juízo de forma antecipada, para o fim de obter certidão positiva com efeito de negativa (Precedentes: EDcl no AgRg no REsp n. 1057365/RS, rel. Ministro Luiz Fux, 1ª Turma, julgado em 04.08.2009, **DJe** de 02.09.2009; EDcl nos EREsp n. 710.153/RS, rel. Min. Herman Benjamin, 1ª Seção, julgado em 23.09.2009, **DJe** de 01.10.2009; REsp n. 1075360/RS, rel. Min. Mauro Campbell Marques, 2ª Turma, julgado em 04.06.2009, **DJe** de 23.06.2009; AgRg no REsp n. 898.412/RS, rel. Min. Humberto Martins, 2ª Turma, julgado em 18.12.2008, **DJe** 13.02.2009; REsp n. 870.566/RS, rel.ª Min.ª Denise Arruda, 1ª Turma, julgado em 18.12.2008, **DJe**

de 11.02.2009; REsp n. 746.789/BA, rel. Min. Teori Albino Zavascki, Primeira Turma, julgado em 18.11.2008, **DJe** de 24.11.2008; EREsp n. 574107/PR, rel. Min. João Otávio de Noronha **DJ** de 07.05.2007) 2. Dispõe o artigo 206 do CTN que: "tem os mesmos efeitos previstos no artigo anterior a certidão de que conste a existência de créditos não vencidos, em curso de cobrança executiva em que tenha sido efetivada a penhora, ou cuja exigibilidade esteja suspensa." **A caução oferecida pelo contribuinte, antes da propositura da execução fiscal é equiparável à penhora antecipada e viabiliza a certidão pretendida, desde que prestada em valor suficiente à garantia do juízo.** 3. É viável a antecipação dos efeitos que seriam obtidos com a penhora no executivo fiscal, através de caução de eficácia semelhante. A percorrer-se entendimento diverso, o contribuinte que contra si tenha ajuizada ação de execução fiscal ostenta condição mais favorável do que aquele contra o qual o Fisco não se voltou judicialmente ainda. 4. Deveras, não pode ser imputado ao contribuinte solvente, isto é, aquele em condições de oferecer bens suficientes à garantia da dívida, prejuízo pela demora do Fisco em ajuizar a execução fiscal para a cobrança do débito tributário. Raciocínio inverso implicaria em que o contribuinte que contra si tenha ajuizada ação de execução fiscal ostenta condição mais favorável do que aquele contra o qual o Fisco ainda não se voltou judicialmente. 5. Mutatis mutandis o mecanismo assemelha-se ao previsto no revogado art. 570 do CPC, por força do qual era lícito ao devedor iniciar a execução. Isso porque as obrigações, como vínculos pessoais, nasceram para serem extintas pelo cumprimento, diferentemente dos direitos reais que visam à perpetuação da situação jurídica nele edificadas. 6. **Outrossim, instigada a Fazenda pela caução oferecida, pode ela iniciar a execução, convertendo-se a garantia prestada por iniciativa do contribuinte na famigerada penhora que autoriza a expedição da certidão**. (...) Os objetos da ação cautelar e da ação ordinária em questão são diferentes. Na ação cautelar a demanda limita-se à possibilidade ou não de oferecer bens em caução de dívida tributária para fins de obtenção de CND, não se adentrando a discussão do débito em si, já que tal desbordaria dos limites do procedimento cautelar. Ademais, há que se observar que a sentença corretamente julgou extinto o presente feito, sem julgamento de mérito, em relação ao pedido que ultrapassou os limites objetivos de conhecimento da causa próprios do procedimento cautelar. 10. Recurso Especial parcialmente conhecido e, nesta parte, desprovido. Acórdão submetido ao regime do art. 543-C do CPC e da Resolução STJ 08/2008 (REsp n. 1123669/RS, rel. Min. Luiz Fux, **DJe** de 01.02.2010).

O posicionamento do STJ, nas duas situações, visou à ponderação entre as partes (Fisco e Sujeito Passivo), de modo a propor uma medida menos gravosa para o Sujeito Passivo, porém que, simultaneamente, atenda ao fim principal da regularidade fiscal. Observa-se, por exemplo, que para o Sujeito Passivo Pessoa Jurídica que possui débitos consideravelmente volumosos, uma carta de fiança bancária constitui uma medida menos gravosa, comparado ao depósito em seu montante integral, posto que a carta de fiança bancária prejudicaria de forma ponderada a continuidade das atividades comerciais daquele Sujeito Passivo.

Para ilustrar o entendimento da Certidão Positiva com Efeitos de Negativa, cita-se como exemplo o caso de um contribuinte que pode obter a Certidão Positiva com Efeitos de Negativa e Débitos Mobiliários perante o Município "X", em virtude de possuir: a) um débito de IPTU sendo discutido na esfera administrativa – causa de suspensão da exigibilidade do artigo 151, III, do CTN; b) outro débito a vencer de Taxa de Licença; c) e, ainda, uma Carta de Fiança Bancária com valor suficiente para garantir o juízo de uma Execução Fiscal de ISS.

Outro tipo de Certidão que pode ser emitida pela Fazenda Pública se denomina Certidão **Positiva** de Débitos. A emissão dessa certidão traz consigo o entendimento de que o Sujeito Passivo possui débitos em aberto (vencidos) e não há penhora, carta de fiança ou causa de suspensão da exigibilidade da totalidade dos créditos tributários até o momento da expedição da referida Certidão.

Cumpre evidenciar que o CTN estabelece um prazo de 10 dias para a expedição da Certidão, nos termos do Parágrafo Único do artigo 205 do CTN, sendo que a forma da contagem do prazo está prevista no artigo 210 do CTN. Informa-se ainda que o descumprimento de tal prazo poderá ensejar impetração de Mandado de Segurança contra a Autoridade coatora.

De fundamental importância apontar, também, o artigo 207 do CTN. Isso porque comumente o Sujeito Passivo se depara com situações de urgência em relação a atos ou negócios, de modo que não dispõe de tempo hábil para obter as Certidões Negativas ou Positivas com Efeitos de Negativa. Nesses casos, será dispensada a apresentação da prova de quitação, desde que, nos termos do que prescreve o referido dispositivo legal, se trate de prática de ato indispensável para evitar a caducidade de direito. Cita-se, como exemplo, o prazo de licitação, em que o Sujeito Passivo pretendeu participar, porém não dispôs de tempo para obter a Certidão Negativa de Débitos ou Positiva com Efeitos de Negativa.

Outro dispositivo relevante sobre esse assunto é o artigo 208 do CTN:

> **Art. 208.** A certidão negativa expedida com dolo ou fraude, que contenha erro contra a Fazenda Pública, responsabiliza pessoalmente o funcionário que a expedir, pelo crédito tributário e juros de mora acrescidos.
>
> **Parágrafo único.** O disposto neste artigo não exclui a responsabilidade criminal e funcional que no caso couber.

Por esse dispositivo, deve-se entender que será responsabilizado o funcionário que emitir a Certidão Negativa de Débitos com dolo ou fraude. Este responderá perante as instâncias tributária, administrativa e penal, podendo, ainda, ser alvo de persecução penal. No caso de não haver dolo, ele poderá responder disciplinar e penalmente.

Para melhor compreensão do tema, segue esquema contendo a especificação de cada uma das certidões que podem ser emitidas pela Fazenda Pública em atenção ao requerimento do Sujeito Passivo, referente aos créditos tributários a ele vinculados:

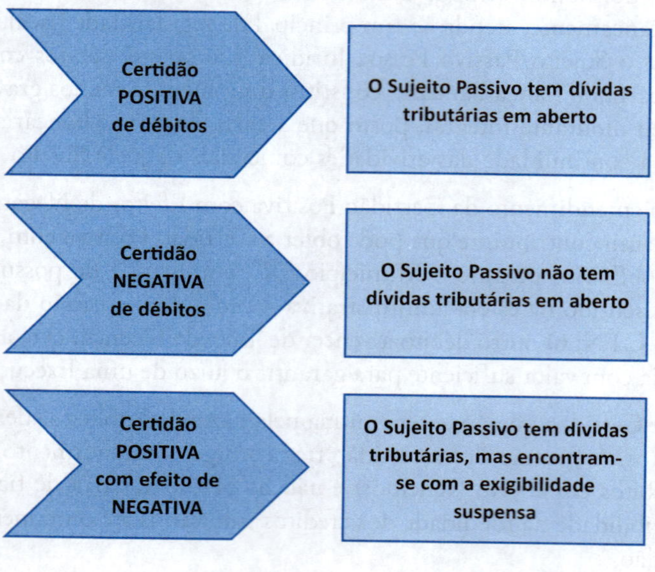

Sobre as Certidões de Regularidade Fiscal, cumpre mencionar que tal matéria foi abordada em uma das questões da Prova Discursiva de Juiz de Direito do Tribunal de Justiça do Rio de Janeiro em 2008, *in verbis*:

Exemplo de questão sobre o tema

▶ **(TJ/RJ – Juiz de Direito – TJRJ/2008).** A Sociedade XYZ foi inscrita em dívida ativa e posteriormente teve contra si ajuizada Execução Fiscal em decorrência do não pagamento de ICMS incidente sobre operação de leasing (sendo que o tributo não foi efetivamente pago). Seus sócios e administradores foram incluídos no polo passivo da Execução Fiscal. Pergunta-se:

1.1. No interregno entre a inscrição em dívida ativa e o ajuizamento da execução fiscal, o que podem os contribuintes fazer para obter certidão negativa de débitos (ou positiva com efeitos de negativa)?

1.2. Esta medida perde seu objeto com a propositura da execução fiscal?

1.3. É legítima a inclusão dos sócios e administradores no polo passivo da execução fiscal?

1.4. Pretendendo ter a execução fiscal extinta em face deles, o que podem os sócios e administradores arguir em sua defesa?

1.5. Em que sede esta matéria será aduzida? RESPONDA FUNDAMENTADAMENTE.

Por meio dessa questão, o candidato poderá demonstrar o conhecimento citando as formas de se obter a Certidão Positiva com Efeitos de Negativa, conforme estudado nesse Capítulo e no Capítulo 7 que aborda as causas de Suspensão da Exigibilidade do Crédito Tributário, contidas no artigo 151 do CTN. Ademais, o candidato poderá se utilizar dos estudos contidos no Capítulo 6 sobre a Responsabilidade Tributária, bem como citar o entendimento consubstanciado recentemente pelo STF e pelo STJ sobre a incidência do ISS e não do ICMS sobre o *leasing*, conforme analisado no Capítulo 12 dos Tributos Municipais.

4. QUADRO SINÓTICO

Capítulo 8. Administração Tributária		
	Conteúdo	**Item**
Introdução	A competência constitucional conferida aos Entes Federativos para instituir tributos também implica competência de exercer com eficácia a cobrança desses. Essa eficácia pode ser traduzida mediante: fiscalização, cobrança judicial de débitos inscritos em dívida ativa e controle e verificação da regularidade fiscal do sujeito passivo – Título IV Administração Tributária – arts. 194 e seguintes do CTN.	1
Fiscalização	A fiscalização tributária trata de procedimento de verificação do cumprimento das obrigações tributárias por parte do Sujeito Passivo. A Autoridade que conduz a fiscalização deverá lavrar um termo por escrito – o Termo de Início de Fiscalização –, com todos os dados, solicitando documentos, independentemente de ordem judicial, e, inclusive, o período a ser fiscalizado. O contribuinte tem o dever de facilitar a fiscalização. O CTN, em seu artigo 197, determina que em certas situações algumas pessoas jurídicas são obrigadas a prestar informações de terceiros de que disponham. No entanto, consoante o Parágrafo Único deste mesmo dispositivo, existem alguns casos em que o informante está obrigado a assegurar o sigilo. Dessa forma, o sigilo irá prevalecer. No caso de o contribuinte não colaborar com a fiscalização tributária, negando-se a apresentar os documentos, a autoridade fazendária poderá requisitar reforço policial a fim de legitimar sua autoridade, conforme reza o artigo 200 do CTN. Em respeito aos Princípios Constitucionais da Legalidade, Intimidade, Privacidade e Sigilo as informações do contribuinte não	2

Capítulo 8. Administração Tributária		
Conteúdo		Item
Fiscalização	são públicas. Existem informações, no entanto, que podem ser divulgadas, tais como: (1) requisição de ordem judicial; (2) quando outra autoridade administrativa requerer informações, em nome dos interesses da Administração Pública, desde que possua processo administrativo em andamento, com a finalidade de investigar o sujeito passivo; (3) casos de representações ficais, para fins penais; (4) informações sobre inscrições em dívida ativa da Fazenda Pública; (5) parcelamento ou moratória; (6) possibilidade de prestar assistência entre os Entes Federativos, por meio de lei ou convênio, a fim de facilitar a fiscalização – arts. 198 e 199 do CTN.	2
Dívida Ativa	A inscrição em dívida ativa consiste em pressuposto para Fazenda Pública ajuizar a execução fiscal em face do Sujeito Passivo. Por meio da inscrição em dívida ativa surge a Certidão de Dívida Ativa (CDA), que configura em título executivo extrajudicial (art. 585, VII, do CPC– art. 78,IX correspondente do Novo CPC Lei n. 13.105/2015), art. 204 do CTN e art. 3º da Lei n. 6.830/80). Esse título executivo extrajudicial poderá ensejar Ação de Execução Fiscal ajuizada pela Fazenda Pública. A inscrição em dívida ativa, não realizada nos termos do artigo 202 do CTN, poderá gerar **nulidade** da CDA. Contudo, a CDA poderá ser substituída até a decisão de primeira instância, sendo devolvido o prazo para defesa ao Sujeito Passivo, conforme dispõe o artigo 203 do CTN e art. 2º, § 8º, da Lei n. 6.830/80. Se a substituição da CDA acontecer após a decisão em primeira instância, será reconhecida a nulidade de todo o processo. Ainda que a CDA possa ser substituída até a decisão de primeira instância, o STJ em sua Súmula n. 392 entende que a alteração não poderá ser com relação ao Sujeito Passivo.	3
Certidões	A autoridade administrativa poderá expedir três certidões: Certidão Negativa de Débito, Certidão Positiva com Efeito de Negativa e Certidão Positiva de Débito Fiscal. As **Certidões** Negativas consistem em documentos emitidos pela Fazenda Pública que comprovam a regularidade fiscal do contribuinte para com ela. A **Certidão Positiva com Efeitos de Negativa**, por parte da Fazenda Pública, se emite quando o Sujeito Passivo possui débitos com a Fazenda Pública que emitiu a Certidão, porém: i) estão com a exigibilidade suspensa (hipóteses previstas no art. 151 do CTN); ii) e/ou são débitos vincendos (a vencer); iii) e/ou há juízo garantido em sede de execução fiscal (penhora ou carta de fiança). Isso significa que essa Certidão produzirá os mesmos efeitos da Certidão Negativa, conforme o artigo 206 do CTN. A **Certidão** Positiva **de Débitos** é expedida quando o Sujeito Passivo possui débitos em abertos e não há causa de suspensão da exigibilidade do crédito tributário (art. 151 do CTN), e/ou não há juízo garantido, por meio de penhora ou de carta de fiança, em sede de execução; até o momento da expedição da Certidão.	3.1

5. INFORMATIVOS

Imunidade tributária. Necessidade de manutenção dos livros fiscais (Transcrições)

Imunidade tributária. Necessidade de manutenção dos livros fiscais (Transcrições) (v. **Informativo** n. 668) – RE n. 250844/SP –* RELATOR: Min. Marco Aurélio Relatório: O recurso extraordinário foi interposto, com alegada base na alínea "a" do permissivo constitucional, contra acórdão proferido pelo Primeiro Tribunal de Alçada Civil do Estado de São Paulo que implicou o não acolhimento de pedido formulado em apelação. **A decisão ficou alicerçada nos seguintes fundamentos (folha 328): ... embora não se possa negar que o Hotel Escola SENAC de Águas de São Pedro goze de imunidade tributária, é forçoso concluir que está obrigado a utilizar e manter documentos, livros e escrita fiscal de suas atividades, assim como está sujeito à fiscalização dos poderes públicos.** Os embargos declaratórios que se seguiram foram desprovidos (folhas 338 e 339). O recorrente argui ofensa ao artigo 150, inciso VI, alínea "c", da Carta da República. Consoante alega, sendo entidade educacional de direito privado, sem fins lucrativos, goza de imunidade tributária e, por não ser contribuinte do Imposto sobre Serviços, não lhe cabe o cumprimento da obrigação acessória de manter livro de registro do ISS e autorização para a emissão de notas fiscais de prestação de serviços, documentos exigidos apenas dos contribuintes do tributo (folhas 383 a 414). A recorrida não apresentou contrarrazões (certidão de folha 423). O Juízo primeiro de admissibilidade obstou o trânsito do recurso, processado em razão do provimento dado ao agravo em apenso, quando consignei: O tema versado nestes autos está a merecer o crivo de Colegiado desta Corte, uniformizando-se o entendimento sobre o alcance da imunidade prevista no art. 150, inciso VI, alínea "a", da Constituição Federal. É fato constante do acórdão impugnado mediante o extraordinário: o ora Agravante goza da imunidade tributária relativa aos impostos; mesmo assim, concluiu-se estar obrigado a manter documentação fiscal relativa ao Imposto sobre Serviços. Há de apreciar-se o tema sob o ângulo da utilidade e necessidade, valendo notar que não se trata de simples escrituração contábil, mas escrituração específica, ou seja, a fiscal, nos moldes da legislação concernente ao imposto. O especial simultaneamente interposto teve a mesma sorte do extraordinário, seguindo-se a protocolação de agravo, desprovido no Superior Tribunal de Justiça. A Procuradoria-Geral na República, no parecer de folhas 475 e 476, manifestou-se pela negativa de seguimento ao extraordinário. É o relatório. Voto: Na interposição deste recurso, atendeu-se aos pressupostos gerais de recorribilidade. O extraordinário, subscrito por profissional da advocacia regularmente constituída (folha 29), foi protocolado no prazo assinado em lei. Observem a organicidade e a dinâmica do Direito. O racionalismo direciona a utilidade, valendo notar que, pelo princípio do terceiro excluído, ou uma coisa é, ou não é. Pois bem, mostra-se estreme de dúvidas que o recorrente, Grande Hotel São Pedro – Hotel-Escola SENAC, goza de imunidade tributária. Assim, descabe cogitar de fiscalização quanto à parte fiscal, ou seja, a alusiva a certo tributo. Tendo sido assentada, no acórdão proferido pelo então Tribunal de Alçada Civil do Estado de São Paulo, a imunidade prevista no artigo 150, inciso VI, alínea "c", da Constituição Federal, cumpria dar a esse fato as consequências jurídicas próprias, afastando-se a viabilidade de a Previdência exigir-lhe livros fiscais. O que aconteceria, por exemplo, se não estivessem em dia – se é que pessoa jurídica imune deva mantê-los em tal estado? Caberia a imposição de multa, no que se apresenta como sanção de caráter acessório. Há possibilidade de, sem o principal – obrigatoriedade de recolhimento de tributo –, cogitar-se de escrituração voltada a controlar esse recolhimento? A resposta é desenganadamente negativa, porquanto o acessório segue a sorte do principal. Aqueles que estão cobertos pela imunidade tributária não podem ser compelidos a práticas próprias aos contribuintes em geral. É como voto. Provejo o extraordinário para assentar que o recorrente está desobrigado da manutenção dos livros fiscais. Retificação de Voto: Cumpre ao juiz evoluir, tão logo convencido de assistir maior razão à tese contrária ao que sustentou inicialmente. Evoluem aqueles que realmente têm segurança para fazê-lo, sem receio de o perfil ficar respingado. O que temos? Não há a menor dúvida, o Hotel Escola SENAC de Águas de São Pedro goza de imunidade tributária. Questionamento: está compelido a manter atualizados os livros, a escrita fiscal? Eis o que revela o artigo 14 do Código Tributário Nacional: –"O disposto na alínea "c" do inciso IV do artigo 9º é subordinado à observância dos seguintes requisitos pelas entidades nele referidas. O artigo 9º tem esta redação: "É vedado à União, aos Estados, ao Distrito Federal e aos Municípios: (...) IV – cobrar imposto sobre: a) o patrimônio, a renda ou os serviços uns dos outros; Cuida da imunidade. E se tem no inciso III do artigo 14: "III – manterem" – aqueles que detêm a imunidade – "escrituração de suas receitas e despesas em livros revestidos de formalidades capazes de assegurar sua exatidão". A exigência, portanto, mostra-se consentânea com o gozo da imunidade tributária, que é o afastamento de tributo, segundo a Constituição Federal. Evoluo para, no caso, portanto, negar provimento ao recurso. * acórdão publicado no **DJe** de 19.10.2012 (STF – **Informativo** n. 686 – RE n. 250844/SP – * rel. Min. Marco Aurélio – **DJe** de 19.10.2012).

Direito processual civil e tributário. Garantia do juízo no âmbito de execução fiscal

A garantia do juízo no âmbito da execução fiscal (arts. 8º e 9º da Lei n. 6.830/1980) deve abranger honorários advocatícios que, embora não constem da Certidão de Dívida Ativa (CDA), venham a ser arbitrados judicialmente. Em relação aos honorários advocatícios, é preciso distinguir duas situações: há hipóteses em que a verba é expressamente incluída entre os encargos a serem lançados na CDA (por exemplo, Decreto-Lei n. 1.025/1969, que se refere à dívida ativa da União); e há situação em que os honorários advocatícios são arbitrados judicialmente (seja a título provisório, por ocasião do recebimento da petição inicial, seja com o trânsito em julgado da sentença proferida nos embargos do devedor). Na primeira hipótese, em que os honorários advocatícios estão abrangidos entre os encargos da CDA, não há dúvida de que a garantia judicial deve abrangê-los, pois, conforme já decidido pelo STJ (REsp n. 687.862-RJ, 1ª Turma, **DJ** de 05.09.2005), a segurança do juízo está vinculada aos valores descritos na CDA, a saber: principal, juros e multa de mora e demais encargos constantes da CDA. Na segunda hipótese, em que os honorários são arbitrados judicialmente, deve-se atentar que a legislação processual é aplicável subsidiariamente à execução fiscal, conforme art. 1º da Lei n. 6.830/1980. Posto isso, o art. 659 do CPC, seja em sua redação original, de 1973, seja com a alteração promovida pela Lei n. 11.382/2006, sempre determinou que a penhora de bens seja feita de modo a incluir o principal, os juros, as custas e os honorários advocatícios. Assim, por força da aplicação subsidiária do CPC e por exigência da interpretação sistemática e histórica das leis, tendo sempre em mente que a Lei n. 6.830/1980 foi editada com o propósito de tornar o processo judicial de recuperação dos créditos públicos mais célere e eficiente que a execução comum do CPC, tudo aponta para a razoabilidade da exigência de que a garantia inclua os honorários advocatícios, estejam eles lançados ou não na CDA. REsp n. 1.409.688-SP, rel. Min. Herman Benjamin, julgado em 11.02.2014 (STF – **Informativo** n. 0539 – REsp n. 1.409.688-SP – rel. Min. Herman Benjamin – julgado em 11.02.2014).

Direito processual civil e tributário. Garantia do juízo para embargos à execução fiscal

Não devem ser conhecidos os embargos à execução fiscal opostos sem a garantia do juízo, mesmo que o embargante seja beneficiário da assistência judiciária gratuita. De um lado, a garantia do pleito executivo é condição de procedibilidade dos embargos de devedor nos exatos termos do art. 16, § 1º, da Lei n. 6.830/1980. De outro lado, o art. 3º da Lei n. 1.060/1950 é cláusula genérica, abstrata e visa à isenção de despesas de natureza processual, como custas e honorários advocatícios, não havendo previsão legal de isenção de garantia do juízo para embargar. Assim, em conformidade com o princípio da especialidade das leis, o disposto no art. 16, § 1º, da Lei n. 6.830/1980 deve prevalecer sobre o art. 3º, VII, da Lei n. 1.060/1950, o qual determina que os beneficiários da justiça gratuita ficam isentos dos depósitos previstos em lei para interposição de recurso, ajuizamento de ação e demais atos processuais inerentes ao exercício da ampla defesa e do contraditório. Precedentes citados: AgRg no REsp n. 1.257.434-RS, 2ª Turma, **DJe** de 30.08.2011; e REsp n. 1.225.743-RS, 2ª Turma, **DJe** 16.03.2011. REsp n. 1.437.078-RS, rel. Min. Humberto Martins, julgado em 25.03.2014 (STF – **Informativo** n. 0538 – REsp n. 1.437.078-RS – rel. Min. Humberto Martins – julgado em 25.03.2014).

Direito Tributário. Protesto de CDA

É possível o protesto de Certidão de Dívida Ativa (CDA). No regime instituído pelo art. 1º da Lei n. 9.492/97 ("Protesto é o ato formal e solene pelo qual se prova a inadimplência e o descumprimento de obrigação originada em títulos e outros documentos de dívida"), o protesto foi ampliado, desvinculando-se dos títulos estritamente cambiar informes para abranger todos e quaisquer "títulos ou documentos de dívida". Nesse sentido, há, tanto no STJ (REsp n. 750.805/RS) quanto na Justiça do Trabalho, precedentes que autorizam o protesto, por exemplo, de decisões judiciais condenatórias, líquidas e certas, transitadas em julgado. Dada a natureza bifronte do protesto – o qual representa, de um lado, instrumento para constituir o devedor em mora e provar a inadimplência e, de outro, modalidade alternativa para cobrança de dívida –, não é dado ao Poder Judiciário substituir-se à Administração para eleger, sob o enfoque da necessidade (utilidade ou conveniência), as políticas públicas para recuperação, no âmbito extrajudicial, da dívida ativa da Fazenda Pública. A manifestação sobre essa relevante matéria, com base na valoração da necessidade e pertinência desse instrumento extrajudicial de cobrança de dívida, carece de legitimação por romper com os princípios da independência dos poderes (art. 2º da CF) e da imparcialidade. Quanto aos argumentos de que o ordenamento jurídico (Lei n. 6.830/80) já instituiu mecanismo para a recuperação do crédito fiscal e de que o sujeito passivo não participou da constituição do crédito, estes são falaciosos. A Lei das Execuções Fiscais disciplina exclusivamente a cobrança judicial da dívida ativa e não autoriza, por si, a conclusão de que veda, em caráter permanente, a instituição ou utilização de mecanismos de cobrança extrajudicial. A defesa da tese de impossibilidade do protesto seria razoável apenas se versasse sobre o "Auto de Lançamento", esse sim procedimento unilateral dotado de eficácia para imputar débito ao sujeito passivo. A inscrição em dívida ativa, de onde se origina a posterior extração da Certidão que poderá ser levada a protesto, decorre ou do exaurimento da instância administrativa (na qual foi possível impugnar o lançamento e interpor recursos administrativos) ou de documento de confissão de dívida, apresentado pelo próprio devedor (como o DCTF, a GIA e o Termo de Confissão para adesão ao parcelamento). O sujeito passivo, portanto, não pode alegar que houve "surpresa" ou "abuso de poder" na extração da CDA, uma vez que esta pressupõe sua participação na apuração do débito. Note-se, aliás, que o preenchimento e entrega da DCTF ou GIA (documentos de confissão de dívida) corresponde integralmente ao ato do emitente de cheque, nota promissória ou letra de câmbio. Outrossim, a possibilidade do protesto da CDA não implica ofensa aos princípios do contraditório e do devido processo legal, pois subsiste, para todo e qualquer efeito, o controle jurisdicional, mediante provocação da parte interessada, em relação à higidez do título levado a protesto. Ademais, a Lei n. 9.492/97 deve ser interpretada em conjunto com o contexto histórico e social. De acordo com o "II Pacto Republicano de Estado por um sistema de Justiça mais acessível, ágil e efetivo", definiu-se como meta específica para dar agilidade e efetividade à prestação jurisdicional a "revisão da legislação referente à cobrança da dívida ativa da Fazenda Pública, com vistas à racionalização dos procedimentos em âmbito judicial e administrativo". Nesse sentido, o CNJ considerou que estão conformes com o princípio da legalidade normas expedidas pelas Corregedorias de Justiça dos Estados do Rio de Janeiro e de Goiás que, respectivamente, orientam seus órgãos a providenciar e admitir o protesto de CDA e de sentenças condenatórias transitadas em julgado, relacionadas às obrigações alimentares. A interpretação contextualizada da Lei n. 9.492/97 representa medida que corrobora a tendência moderna de intersecção dos regimes jurídicos próprios do Direito Público e Privado. REsp n. 1.126.515-PR, rel. Min. Herman Benjamin, julgado em 03.12.2013 (STF – **Informativo** n. 0533 – REsp n. 1.126.515-PR, rel. Min. Herman Benjamin, julgado em 03.12.2013).

CPI Estadual e Quebra de Sigilo Fiscal

Quanto à questão sobre a pertinência entre o objeto da investigação de interesse do Estado federado e a requisição de informações coligidas por órgão federal, bem como do temor de que a divulgação de tais informações, sem a intermediação judicial, violasse garantia individual, o Min. Joaquim Barbosa assentou que as informações protegidas pelo sigilo fiscal seriam colhidas com as chamadas obrigações acessórias (deveres instrumentais), que registrariam dados da atividade dos sujeitos passivos relevantes à apuração de tributos devidos, constituindo, também, resultado da atividade de fiscalização do próprio Estado, que, com meios próprios, levantaria direta e indiretamente fatos sobre a vida dos contribuintes. Expôs que a proteção destas informações atenderia a duas finalidades: uma voltada à esfera privada, e outra, à esfera pública. Na esfera privada, as informações seriam reservadas para impedir que outras pessoas tivessem acesso a dados que permitissem, direta ou indiretamente, revelar detalhes sobre o patrimônio e as atividades desempenhadas pelo sujeito passivo. Dentre as razões para isso apontou a proteção à privacidade e à intimidade. Consignou que, já no campo público, não haveria cláusula geral e absoluta de proteção da intimidade oponível ao Estado-arrecadador, de modo a legitimar a ocultação de bens e operações como instrumento para a evasão fiscal. A restrição se justificaria em termos funcionais, ou seja, se servissem as informações para auxiliar o Fisco a constituir e cobrar créditos tributários, somente os agentes públicos destacados para tal atividade específica é que deveriam ter acesso aos dados. Nesse sentido, a restrição ajudaria a Administração a lidar melhor com os riscos de vazamento indevido de informações, bem como reduziria o risco de utilização geral indevida dos dados. ACO 1271/RJ, rel. Min. Joaquim Barbosa, julgado em 11.03.2010. (ACO-1271) (STF – **Informativo** n. 578 – ACO n. 1271/RJ, rel. Min. Joaquim Barbosa, julgado em 11.03.2010).

Direito tributário. Caução para expedição de certidão positiva com efeitos de negativa

O contribuinte pode, após o vencimento de sua obrigação e antes da execução fiscal, garantir o juízo de forma antecipada mediante o oferecimento de fiança bancária, a fim de obter certidão positiva com efeitos de negativa. De fato, a prestação de caução mediante o oferecimento de fiança bancária, ainda que no montante integral do valor devido, não se encontra encartada nas hipóteses elencadas no art. 151 do CTN, não suspendendo a exigibilidade do crédito tributário. Entretanto, tem o efeito de garantir o débito exequendo em equiparação ou antecipação à penhora, permitindo-se, neste caso, a expedição de certidão positiva com efeitos de negativa. AgRg no Ag n. 1.185.481/DF, rel. Min. Napoleão Nunes Maia Filho, julgado em 14.10.2013 (STJ – **Informativo** n. 532 – AgRg no Ag n. 1.185.481/DF, rel. Min. Napoleão Nunes Maia Filho, julgado em 14.10.2013).

Direito tributário. Possibilidade de expedição de certidão positiva com efeitos de negativa em nome de estabelecimento que tenha CNPJ individual

É possível a expedição de certidões negativas de débito ou positivas com efeitos de negativas em nome de filial de grupo econômico, ainda que existam pendências tributárias da matriz ou de outras filiais, desde que possuam números de CNPJ distintos. O art. 127, I, do CTN consagra o princípio da autonomia de cada estabelecimento da empresa que tenha o respectivo CNPJ. Efetivamente, cada empresa é identificada como contribuinte pelo número de sua inscrição no CNPJ, que "compreende as informações cadastrais de entidades de interesse das administrações tributárias da União, dos Estados, do Distrito Federal e dos Municípios". Ainda que se afirme que o conjunto de filiais e a matriz façam parte de um todo indissolúvel denominado "pessoa jurídica", a existência de registros de CNPJ diferentes caracteriza a autonomia patrimonial, administrativa e jurídica de cada um dos estabelecimentos, fato que justifica a expedição do documento de modo individual. Precedentes citados: AgRg no REsp n. 1.235.407/RJ, **DJe** de 19.04.2011; AgRg no REsp n. 961.422/SC, **DJe** de 15.06.2009, e AgRg no REsp n. 1.114.696-AM, **DJe** de 20.10.2009. AgRg no AREsp n. 192.658/AM, rel. Min. Castro Meira, julgado em 23.10.2012 (STJ – **Informativo** n. 508 – AgRg no AREsp n. 192.658-AM, rel. Min. Castro Meira, julgado em 23.10.2012).

Ação cautelar. Expedição. Certidão positiva. Efeitos de negativa

A questão cinge-se na possibilidade de arrolamento de bens em sede de ação cautelar, para a suspensão da exigibilidade do crédito tributário, cujo respectivo executivo fiscal ainda não fora ajuizado, visando à obtenção de certidão positiva com efeitos de negativa. A caução oferecida pelo contribuinte antes da propositura da execução fiscal é equiparável à penhora antecipada e viabiliza a certidão pretendida. Segundo o art. 206 do CTN, vê-se que a garantia do crédito, em suma, é a essência da norma, regramento jurídico de direito material que permite a expedição da almejada certidão positiva com efeito de negativa. Precedentes citados: REsp n. 363.518-ES, **DJ** de 15.04.2002; REsp n. 99.653/SP, **DJ** 23.11.1998, e REsp n. 424.166-MG, **DJ** de 18.11.2002. REsp n. 536.037-PR, rel. originário Min. Teori Albino Zavascki, rel. para acórdão Min. Luiz Fux, julgado em 12.04.2005 (STJ – **Informativo** n. 242 – REsp n. 536.037/PR, rel. originário Min. Teori Albino Zavascki, rel. para acórdão Min. Luiz Fux, julgado em 12.04.2005).

6. QUESTÕES

1. (TJAM – Juiz – CESPE/2016). A empresa J Ltda. impetrou, em 20/7/2014, mandado de segurança para obter certidão negativa de débitos tributários na Fazenda do Estado do Amazonas. Ao seu nome estavam vinculados três débitos: um primeiro, já com decisão de primeira instância, pendente de intimação, mantendo o lançamento; um segundo, de ICMS, em relação ao qual o contribuinte alegou decadência, tendo o fato gerador ocorrido em 20/6/2009, com declaração e pagamento parcial do tributo à época, sem que tivesse ocorrido até a data da impetração qualquer lançamento; e um terceiro, em fase de execução judicial, com penhora determinada, e não realizada, sobre o faturamento.

Nessa situação hipotética,

(A) ocorrida a penhora sobre o faturamento, seria possível a expedição da certidão negativa, de acordo com o CTN.

(B) não havia possibilidade de expedição de certidão negativa, mas apenas de certidão positiva com efeitos de negativa.

(C) a expedição da certidão cabível estava condicionada ao depósito integral do terceiro débito discutido.

(D) não havia ocorrido a decadência do segundo débito, pois o início da contagem do prazo de decadência era 1.º/1/2010, por força de dispositivo do CTN.

(E) a prolação de decisão pela Secretaria de Fazenda do Estado do Amazonas cessou a suspensão da exigibilidade do crédito tributário que permitiria a expedição da certidão cabível.

2. (Câmara de Almirante Tamandaré/PR – Advogado – FAFIPA/2016). Acerca do procedimento de Execução Fiscal, assinale a alternativa CORRETA.

(A) Até a decisão de primeira instância, a Certidão de Dívida Ativa poderá ser emendada ou substituída, assegurada ao executado a devolução do prazo para embargos.

(B) A Dívida Ativa da Fazenda Pública, compreendendo a tributária e a não tributária, abrange atualização monetária, mas não abrange juros, multa de mora ou os demais encargos previstos em lei ou contrato.

(C) A Dívida Ativa regularmente inscrita goza da presunção absoluta de certeza e liquidez.

(D) A execução fiscal deverá ser proposta contra o devedor, não sendo admissível em face da massa ou espólio, diante da ausência de personalidade jurídica destes.

3. (OLIVEIRAPREV de Oliveira/MG – Analista de Nível Superior I – Analista Tributário – Gestão de Concursos/2016). Para o bom funcionamento da Administração Tributária, é incorreto afirmar:

(A) Mediante intimação escrita, pessoas físicas e jurídicas são obrigadas a prestar à autoridade administrativa todas as informações de que disponham com relação aos bens, negócios ou atividades de terceiros, bancos, casas bancárias, Caixas Econômicas e demais instituições financeiras, dentre outros.

(B) Os livros obrigatórios de escrituração comercial e fiscal e os comprovantes dos lançamentos neles efetuados serão conservados até que ocorra a prescrição dos créditos tributários decorrentes das operações a que se refiram.

(C) A Fazenda Pública da União e as dos estados, do Distrito Federal e dos municípios prestarão mutuamente assistência para a fiscalização dos tributos respectivos e permuta de informações, na forma estabelecida, em caráter geral ou específico, por lei ou convênio.

(D) É vedada a divulgação, por parte da Fazenda Pública ou de seus servidores, de informação obtida em razão do ofício, relativas a representações fiscais para fins penais, sob pena de responsabilidade funcional.

4. (PGFN – Procurador da Fazenda Nacional – ESAF/2015). Estão submetidas a sigilo fiscal as informações relativas a:

(A) representações fiscais para fins penais.

(B) inscrições na Dívida Ativa da Fazenda Pública.

(C) parcelamento ou moratória.

(D) bens, negócios ou atividades do contribuinte ou de terceiros.

(E) dados cadastrais do contribuinte.

5. (Gaúcha do Norte/MT – Procurador – ACPI/2015). Analise o caso hipotético abaixo narrado:

Durante o exercício financeiro de 2014, constou-se na DCTF (Declaração de Débitos e Créditos Tributários Federais) de determinada pessoa jurídica o valor de R$ 12.500,00 (doze mil quinhentos reais) a título de pagamento de COFINS. No entanto, a pessoa jurídica, por não se atentar ao débito, não efetuou o recolhimento do tributo no prazo estipulado. Assim, no exercício financeiro de 2015, a referida pessoa jurídica efetuou o recolhimento do valor devido; porém, sem atentar-se para o pagamento de juros e de multas. Sabendo que a União lavrou auto de infração cobrando o valor total do tributo e intimando a pessoa jurídica para quitar o débito ou apresentar defesa, assinale a alternativa correta.

(A) A pessoa jurídica pode propor ação anulatória, buscando desconstituir o auto de infração e apresentando simultaneamente defesa no processo administrativo.

(B) Aplica-se, ao caso narrado, o benefício da denúncia espontânea, em que se exclui a multa de mora; portanto, os juros são devidos; porém, a multa não.

(C) A Lei de Execuções Fiscais prevê, em seu art. 38, parágrafo único, que: "A propositura, pelo contribuinte, da ação prevista neste artigo (que é a ação anulatória) importa em renúncia ao poder de recorrer na esfera administrativa e desistência do recurso acaso interposto". Assim sendo, se a empresa propuser ação anulatória, não poderá apresentar simultaneamente defesa no processo administrativo.

(D) Nenhuma das alternativas anteriores está correta.

6. (PGE/AC – FMP/2014). Analise as assertivas abaixo.

I. No entendimento do Superior Tribunal de Justiça, as empresas de construção civil não estão obrigadas a pagar ICMS sobre mercadorias adquiridas como insumos em operações interestaduais.

II. De acordo com entendimento atual do Superior Tribunal de Justiça, basta o pedido de parcelamento para configurar a denúncia espontânea.

III. Nos termos do CTN (Código Tributário Nacional), a denúncia espontânea pode ser realizada a qualquer tempo, desde que antes da inscrição em dívida ativa do crédito tributário oriundo de lançamento de ofício.

IV. De acordo com entendimento do Superior Tribunal de Justiça, declarado e não pago o débito tributário pelo contribuinte, é legítima a recusa de expedição de certidão negativa ou positiva com efeito de negativa.

Assinale a afirmativa correta.

(A) Apenas as assertivas I e II estão corretas.

(B) Apenas as assertivas III e IV estão corretas.

(C) Apenas as assertivas I e IV estão corretas.

(D) Todas as assertivas estão incorretas.

7. (Prefeitura Cuiabá/MT – Procurador do Município – FCC/2014). Ao analisar auto de infração, cujo termo de início de fiscalização e lavratura deu-se em 2013 por autoridade administrativa fazendária municipal, em face de infração cometida em 2009 por contribuinte do ISSQN, verifica-se que a legislação aplicável ao contribuinte à época do fato gerador fora revogada em 2011, e a legislação instituindo novos critérios de apuração e processos de fiscalização fora alterada em 2012. Com base nestas informações, considere as assertivas a seguir:

I. A legislação aplicável ao lançamento referente ao contribuinte infrator deve ser a vigente em 2009.

II. A legislação aplicável ao lançamento referente ao contribuinte infrator deve ser a de 2009 e a aplicável à autoridade administrativa, em sua fiscalização e procedimento de lavratura, deve ser a vigente em 2013.

III. A legislação aplicável à autoridade administrativa em sua fiscalização e procedimento de lavratura deve ser a vigente em 2009.

Estão de acordo com os dispositivos do Código Tributário Nacional em relação ao lançamento tributário, o que se afirma APENAS em

(A) I e II.

(B) I.

(C) II.

(D) III.

(E) I e III

8. (Promotor de Justiça/SC – FEPESE/2014). Analise o enunciado da questão abaixo e assinale se ele é falso ou verdadeiro:

( ) O Superior Tribunal de Justiça assentou entendimento de que a execução fiscal pode incidir contra o devedor ou contra o responsável tributário, não sendo necessário que conste o nome deste na certidão de dívida ativa. Contudo, constando o nome do sócio- gerente como corresponsável tributário na CDA – Certidão de Dívida Ativa –, cabe a ele o ônus de provar a ausência dos requisitos do art. 135 do CTN, ou seja, que não houve a prática de atos "com excesso de poderes ou infração de lei, contrato social ou estatutos", independentemente se a ação executiva foi proposta contra a pessoa jurídica e contra o sócio ou somente contra aquela, tendo em vista que a CDA goza de presunção relativa de liquidez e certeza.

9. (TJ/MA – Juiz – CESPE/2013). Assinale a opção correta a respeito de receitas públicas, responsabilidade tributária, fiscalização tributária e preços públicos:

(A) O regime contábil adotado para a receita pública no Brasil é o de competência.

(B) O inadimplemento da obrigação tributária pela sociedade gera, de forma automática, a responsabilidade solidária do sócio-gerente.

(C) Sob o ponto de vista tributário e financeiro, é correto afirmar que vigora, no Brasil, o federalismo simétrico, visto que o pacto federativo reconhece as diferenças econômicas entre os vários Entes da Federação em virtude da arrecadação de receita, e, por esse motivo, tenta superar tais distorções com os sistemas de compartilhamento de competência e repartição de competência tributária.

(D) O procedimento de fiscalização tributária é informado pelo princípio documental.

10. (TJ/PR – Juiz Substituto – UFPR/2012). Com relação à administração tributária, identifique as afirmativas a seguir como verdadeiras (V) ou falsas (F):

I. O crédito tributário não pago será inscrito em dívida ativa, viabilizando a execução fiscal, após a notificação do lançamento ao sujeito passivo, ainda que haja recurso administrativo pendente de julgamento.

II. A certidão negativa expedida com dolo ou fraude, que contenha erro contra a Fazenda Pública, responsabiliza pessoalmente o funcionário que a expedir, pelo crédito tributário e juros de mora acrescidos.

III. As fazendas públicas poderão prestar assistência mútua para a fiscalização dos tributos de sua competência, devendo, contudo, adotar as medidas necessárias para resguardar o sigilo fiscal.

IV. Não é possível requisição de força policial federal pela Fazenda Pública estadual, mesmo quando esta entendê-la necessária à efetivação de medida que lhe é atribuída pela legislação tributária.

Assinale a alternativa que apresenta a sequência correta, de cima para baixo:

(A) V – F – F – F.

(B) V – V – F – V.
(C) F – V – V – F.
(D) F – F – V – V.

11. (Município de Caririaçu/CE – Advogado – UPA/2012). Sobre a Administração Tributária e a Dívida Ativa Tributária, assinale a alternativa correta:

(A) Estão sujeitos à fiscalização tributária ou previdenciária quaisquer livros comerciais, mesmo os não obrigatórios, desde que haja limitação do exame aos pontos, objeto da investigação.
(B) As informações relativas a inscrições na dívida ativa tributária não podem ser divulgadas, pois configuraria violação ao sigilo fiscal.
(C) As empresas de administração de bens, bem como os bancos públicos ou privados não são obrigados a fornecer à autoridade administrativa as informações de que disponham com relação aos bens, negócios ou atividades de terceiros.
(D) Com a lavratura de Termo de Início de Fiscalização promovido pela autoridade administrativa fazendária, tem-se a antecipação do prazo decadencial que, normalmente, ocorreria com lançamento.

12. (TRF/2ª Região – Analista Judiciário: Área Judiciária – FCC/2012)(Adaptada). No que diz respeito à administração tributária, é certo que:

(A) Uma das características da dívida ativa é que a Fazenda Pública a constitui unilateralmente, sendo que a presunção de certeza e liquidez é juris tantum, por admitir prova em contrário.
(B) As entidades ou pessoas que a lei designe, em razão de seu ofício, atividade ou profissão, são obrigadas, em qualquer hipótese, a prestar à autoridade administrativa todas as informações que disponham em relação aos bens e negócios de terceiros.
(C) A certidão expedida com a ressalva da existência de créditos tributários não vencidos ou em curso de cobrança executiva, em que tenha sido efetivada a penhora, não tem os mesmos efeitos da certidão negativa.
(D) Todas as normas pertinentes à fiscalização têm a natureza das regras de Direito Tributário e Direito Penal-Tributário, vedada sua concretização por meio das normas de Direito Administrativo ou de Direito Civil.

13. (Juiz Substituto do Pará – FGV/2007). Com relação à Administração Tributária e às Garantias e Privilégios, assinale a afirmativa incorreta:

(A) A certidão em que constar a existência de crédito não vencido, no curso de cobrança executiva em que tenha sido efetivada a penhora, ou cuja exigibilidade tenha sido suspensa, será considerada "positiva, com efeito, de negativa".
(B) A dívida regularmente inscrita goza de presunção de certeza e liquidez e tem o efeito de prova pré-constituída. Assim, com base na alteração introduzida no CTN pela Lei Complementar 118/05, presume-se fraudulenta a alienação ou oneração de bens ou rendas, ou seu começo, por sujeito passivo em débito para com a Fazenda Pública, por crédito tributário regularmente inscrito como dívida ativa.
(C) A penhora on-line no Direito Tributário, encontra amparo no CTN e permite a decretação judicial da indisponibilidade dos bens e direitos do devedor, com a comunicação da decisão, preferencialmente por meio eletrônico, aos órgãos e entidades que promovem os registros de transferência de bens, a fim de que, no âmbito de suas atribuições, façam cumprir a ordem judicial.
(D) Segundo o CTN, os créditos tributários decorrentes de fatos geradores ocorridos no curso do processo de falência são considerados extraconcursais.
(E) A enumeração das garantias do crédito tributário pelo CTN é taxativa, pois não permite que outras garantias sejam previstas em lei.

14. (Fiscal de Rendas do Rio de Janeiro – FGV/ 2010). Com relação à dívida ativa, analise as afirmativas a seguir:

I. O lançamento regularmente notificado ao contribuinte, porque dotado de exigibilidade, constitui dívida ativa tributária.

II. A certidão de dívida ativa poderá ser emendada ou substituída até a decisão de primeira instância judicial, assegurada ao executado a devolução do prazo para embargos.

III. A certidão negativa de débito expedida com dolo ou fraude, que contenha erro contra a Fazenda Pública, responsabiliza pessoalmente o funcionário que a expedir, pelo crédito tributário e juros de mora.

Assinale:

(A) Se somente as afirmativas II e III estiverem corretas.
(B) Se somente as afirmativas I e III estiverem corretas.
(C) Se somente a afirmativa III estiver correta.
(D) Se somente a afirmativa II estiver correta.
(E) Se somente a afirmativa I estiver correta.

7. GABARITO

1. **Alternativa (C).** A expedição da certidão cabível estava condicionada ao depósito integral do terceiro débito discutido.

Comentário: A alternativa **"C"** está correta, conforme o art. 206 do CTN, a certidão que conste a existência de créditos não vencidos, em curso de cobrança executiva em que tenha sido efetivada a penhora, ou cuja exigibilidade esteja suspensa, tem os mesmos efeitos da certidão negativa. O depósito do montante integral suspende a exigibilidade do crédito tributário, nos termos do art. 151, II, do CTN. A opção "A" está incorreta, pois será concedida a certidão positiva com efeito de negativa, à luz do art. 206 do CTN, quando em curso de cobrança executiva tenha ocorrido a penhora do bem. A resposta "B" está incorreta, pois se o contribuinte suspender a exigibilidade do crédito tributário fará jus à certidão positiva com efeito de negativa, com base no art. 206 do CTN. A justificativa "D" está incorreta, como o ICMS trata-se de tributo sujeito a lançamento por homologação e houve pagamento parcial do tributo, o prazo decadencial conta-se pela regra do art. 150, § 4º, do CTN, logo a decadência ocorreu no dia 20/06/2014. A letra "E" está incorreta, uma vez realizado o depósito do montante integral estará suspensa a exigibilidade do crédito tributário.

---

2. **Alternativa (A).** Até a decisão de primeira instância, a Certidão de Dívida Ativa poderá ser emendada ou substituída, assegurada ao executado a devolução do prazo para embargos.

Comentário: A opção **"A"** está correta, nos termos do art. 203 do CTN. A resposta "B" está incorreta, de acordo com o art. 202, II, do CTN. A justificativa "C" está incorreta, conforme o parágrafo único do art. 204 do CTN, a presunção é relativa. A letra "D" está incorreta, com fulcro no art. 131 do CTN.

---

3. **Alternativa (D).** É vedada a divulgação, por parte da Fazenda Pública ou de seus servidores, de informação obtida em razão do ofício, relativas a representações fiscais para fins penais, sob pena de responsabilidade funcional.

Comentário: A resposta **"D"** está incorreta, de acordo com o art. 198, § 3º, I, do CTN. A justificativa "A" está correta, consoante o art. 197 do CTN. A letra "B" está correta, segundo o art. 195, parágrafo único, do CTN. A alternativa "C" está correta, conforme o art. 199 do CTN.

---

4. **Alternativa (D).** Bens, negócios ou atividades do contribuinte ou de terceiros.

Comentário: A alternativa **"D"** é a única correta, pois nos termos do artigo 198, *caput*, do CTN, é vedada a divulgação por parte da Fazenda Pública ou de seus servidores, de informação obtida em razão de ofício sobre a situação econômica ou financeira do sujeito passivo ou de terceiros e sobre a natureza e o estado de seus negócios ou atividades. Além disso, o artigo 198, § 3º, do CTN estabelece que não é vedada a divulgação de informações relativas a representações fiscais para fins penais; inscrições em dívida ativa e parcelamento ou moratória.

---

5. **Alternativa (C).** A Lei de Execuções Fiscais prevê, em seu art. 38, parágrafo único, que: "A propositura, pelo contribuinte, da ação prevista neste artigo (que é a ação anulatória) importa em renúncia ao poder de recorrer na esfera administrativa e desistência do recurso acaso interposto". Assim sendo, se a empresa propuser ação anulatória, não poderá apresentar simultaneamente defesa no processo administrativo.

Comentário: A alternativa **"C"** está correta, conforme o art. 38, parágrafo único, da Lei n. 6.830/80. A opção "A" está incorreta, não é possível a apresentação de defesa simultânea nas esferas administrativa e judicial. A resposta "B" está incorreta, o benefício da denúncia espontânea não se aplica aos tributos sujeitos ao lançamento por homologação regularmente declarados, mas pagos a destempo. Se o contribuinte declara que deve, mas deixa para pagar depois, ele perde o benefício, conforme o parágrafo único do art. 138 do CTN e Súmula n.360 do STJ. A justificativa "D" está incorreta, já que a assertiva **"C"** está correta.

6. **Alternativa (C).** Apenas as opções I e IV estão corretas.

I. No entendimento do Superior Tribunal de Justiça, as empresas de construção civil não estão obrigadas a pagar ICMS sobre mercadorias adquiridas como insumos em operações interestaduais.

IV. De acordo com entendimento do Superior Tribunal de Justiça, declarado e não pago o débito tributário pelo contribuinte, é legítima a recusa de expedição de certidão negativa ou positiva com efeito de negativa.

Comentário: O **Item I** está correto, de acordo com a Súmula n. 432 do STJ: "As empresas de construção civil não estão obrigadas a pagar ICMS sobre mercadorias adquiridas como insumos em operações Interestaduais". Item II está incorreto, para o STJ não se aplica a Denúncia Espontânea ao parcelamento, conforme julgado: TRIBUTÁRIO. PARCELAMENTO DE DÉBITO. DENÚNCIA ESPONTÂNEA.INAPLICABILIDADE. RECURSO REPETITIVO. ART. 543-C DO CPC.1. O instituto da denúncia espontânea (art. 138 do CTN) não se aplica nos casos de parcelamento de débito tributário. 2. Recurso Especial provido. Acórdão sujeito ao regime do art. 543-C do CPC e da Resolução n. 8/2008 do STJ (REsp n. 1102577/DF, rel. Min. Herman Benjamin, **DJe** de 18.05.2009). Item III também está incorreto, conforme prescreve o artigo 183 do CTN. O **Item IV** está correto, consoante estudado nesse Capítulo, o STJ consolidou o entendimento por meio da Súmula n. 446: *"Declarado e não pago o débito tributário pelo contribuinte, é legítima a recusa de expedição de certidão negativa ou positiva com efeito de negativa"*.

7. **Alternativa (A).** I e II.

I. A legislação aplicável ao lançamento referente ao contribuinte infrator deve ser a vigente em 2009.

II. A legislação aplicável ao lançamento referente ao contribuinte infrator deve ser a de 2009 e a aplicável à autoridade administrativa, em sua fiscalização e procedimento de lavratura, deve ser a vigente em 2013.

Comentário: os **Itens I e II** estão corretos, segundo o artigo 144 do CTN: "O lançamento reporta-se à data da ocorrência do fato gerador da obrigação e rege-se pela lei então vigente, ainda que posteriormente modificada ou revogada. § 1º Aplica-se ao lançamento a legislação que, posteriormente à ocorrência do fato gerador da obrigação, tenha instituído novos critérios de apuração ou processos de fiscalização, ampliado os poderes de investigação das autoridades administrativas, ou outorgado ao crédito maiores garantias ou privilégios, exceto, neste último caso, para o efeito de atribuir responsabilidade tributária a terceiros. (...)".

8. **Alternativa (VERDADEIRO).** O Superior Tribunal de Justiça assentou entendimento de que a execução fiscal pode incidir contra o devedor ou contra o responsável tributário, não sendo necessário que conste o nome deste na certidão de dívida ativa. Contudo, constando o nome do sócio-gerente como corresponsável tributário na CDA – Certidão de Dívida Ativa –, cabe a ele o ônus de provar a ausência dos requisitos do art. 135 do CTN, ou seja, que não houve a prática de atos "com excesso de poderes ou infração de lei, contrato social ou estatutos", independentemente se a ação executiva foi proposta contra a pessoa jurídica e contra o sócio ou somente contra aquela, tendo em vista que a CDA goza de presunção relativa de liquidez e certeza.

Comentário: Afirmação CORRETA. O STJ segue o entendimento abordado na questão, conforme o julgamento do REsp n. 1104900: "PROCESSUAL CIVIL. RECURSO ESPECIAL SUBMETIDO À SISTEMÁTICA PREVISTA NO ART. 543-C DO CPC. EXECUÇÃO FISCAL. INCLUSÃO DOS REPRESENTANTES DA PESSOA JURÍDICA, CUJOS NOMES CONSTAM DA CDA, NO POLO PASSIVO DA EXECUÇÃO FISCAL. POSSIBILIDADE. MATÉRIA DE DEFESA. NECESSIDADE DE DILAÇÃO PROBATÓRIA. EXCEÇÃO DE PRÉ-EXECUTIVIDADE. INVIABILIDADE. RECURSO ESPECIAL DESPROVIDO. 1. A orientação da Primeira Seção **desta Corte firmou-se no sentido de que, se a execução foi ajuizada apenas contra a pessoa jurídica, mas o nome do sócio consta da CDA, a ele incumbe o ônus da prova de que não ficou caracterizada nenhuma das circunstâncias previstas no art. 135 do CTN, ou seja, não houve a prática de atos 'com excesso de poderes ou infração de lei, contrato social ou esta-**

tutos'. 2. Por outro lado, é certo que, malgrado serem os embargos à execução o meio de defesa próprio da execução fiscal, a orientação desta Corte firmou-se no sentido de admitir a exceção de pré-executividade nas situações em que não se faz necessária dilação probatória ou em que as questões possam ser conhecidas de ofício pelo magistrado, como as condições da ação, os pressupostos processuais, a decadência, a prescrição, entre outras. 3. Contudo, no caso concreto, como bem observado pelas instâncias ordinárias, o exame da responsabilidade dos representantes da empresa executada requer dilação probatória, razão pela qual a matéria de defesa deve ser aduzida na via própria (embargos à execução), e não por meio do incidente em comento. 4. Recurso especial desprovido. Acórdão sujeito à sistemática prevista no art. 543-C do CPC, c/c a Resolução 8/2008 – Presidência/STJ" (STJ – REsp n. 1104900/ES (2008/0274357-8), rel.ª Min.ª Denise Arruda, data de julgamento: 25.03.2009, S1 — 1ª Seção, **DJe** de 01.04.2009).

9. **Alternativa (D).** O procedimento de fiscalização tributária é informado pelo princípio documental.

Comentário: A letra "A" está incorreta, o regime contábil adotado é de caixa. A assertiva "B" também está incorreta, o sócio-gerente só irá responder pela dívida tributária da empresa, se incorrer em uma das hipóteses do *caput* do artigo 135 do CTN. A resposta "C" igualmente está incorreta, uma vez que a competência tributária é indelegável. A justificativa **"D"** é a alternativa correta, consoante determina o artigo 196 do CTN.

10. **Alternativa (C).** F – V – V – F.

Verdadeiras apenas:

II. A certidão negativa expedida com dolo ou fraude, que contenha erro contra a Fazenda Pública, responsabiliza pessoalmente o funcionário que a expedir, pelo crédito tributário e juros de mora acrescidos.

III. As fazendas públicas poderão prestar assistência mútua para a fiscalização dos tributos de sua competência, devendo, contudo, adotar as medidas necessárias para resguardar o sigilo fiscal.

Comentário: O Item I é falso, uma vez que o recurso na esfera administrativa suspende a exigibilidade do crédito tributário, nos termos do artigo 151, III, do CTN. O **Item II** é verdadeiro, consoante previsão no artigo 208 do CTN. O **Item III** é verdadeiro, segundo dispõe o artigo 199 do CTN. Por fim, o Item IV é falso, de acordo com o previsto no artigo 200 do CTN. Logo, a opção correta é a letra **"C"**.

11. **Alternativa (A).** Estão sujeitos à fiscalização tributária ou previdenciária quaisquer livros comerciais, mesmo os não obrigatórios, desde que haja limitação do exame aos pontos, objeto da investigação.

Comentário: A assertiva **"A"** é a resposta correta, à luz do artigo 195 do CTN e da Súmula n. 439 do STF. A justificativa "B" está incorreta, segundo o artigo 198, § 3º, II, do CTN, não é vedada a divulgação das informações referente às inscrições em dívida ativa. A alternativa "C" também está incorreta, pois de acordo com o artigo 197 do CTN, os bancos, mediante intimação por escrito, são obrigados a prestar à autoridade administrativa todas as informações de que disponham com relação aos bens, negócios ou atividades de terceiros. A opção "D" de igual modo está incorreta, com base no parágrafo único do artigo 173 do CTN, o prazo decadencial extingue-se contado da data em que tenha sido iniciada a constituição do crédito tributário pela notificação, ao sujeito passivo, de qualquer medida preparatória indispensável ao lançamento.

12. **Alternativa (A).** Uma das características da dívida ativa é que a Fazenda Pública a constitui unilateralmente, sendo que a presunção de certeza e liquidez é *juris tantum*, por admitir prova em contrário.

Comentário: A letra **"A"** é a assertiva correta, consoante determina o artigo 204 do CTN. A resposta "B" está incorreta, segundo prescrito no artigo 197, parágrafo único, do CTN. A justificativa "C" igualmente está incorreta, de acordo com o artigo 206 do CTN, tem os mesmos efeitos de certidão negativa, a certidão de que conste a existência de créditos não vencidos, em curso de cobrança executiva em que tenha sido efetivada a penhora, ou cuja exigibilidade esteja suspensa. A alternativa "D" também está incorreta, já que a Administração Pública pode observar as regras do direito administrativo e direito civil.

13. **Alternativa (E).** A enumeração das garantias do crédito tributário pelo CTN é taxativa, pois não permite que outras garantias sejam previstas em lei.

Comentário: **A questão pede a incorreta.** A opção "A" está correta, nos termos do artigo 206 do CTN. A letra B também está correta, segundo estabelecidos nos artigos 185 e 204 do CTN. A assertiva "C" igualmente está correta, de acordo com o artigo 185-A do CTN. A resposta "D" de igual modo está correta, conforme preceitua o artigo 188 do CTN. A justificativa **"E"** é a alternativa incorreta, porque o artigo 183 do CTN estabelece que a enumeração das suas garantias ao crédito tributário não exclui outras que sejam expressamente previstas em lei, em função da natureza ou das características do tributo a que se refiram.

14. Alternativa (A). Se somente as afirmativas II e III estiverem corretas.

II. A certidão de dívida ativa poderá ser emendada ou substituída até a decisão de primeira instância judicial, assegurada ao executado a devolução do prazo para embargos.

III. A certidão negativa de débito expedida com dolo ou fraude, que contenha erro contra a Fazenda Pública, responsabiliza pessoalmente o funcionário que a expedir, pelo crédito tributário e juros de mora.

Comentário: O Item I está incorreto, à luz do artigo 201 do CTN, a dívida ativa deve ser regularmente inscrita na repartição administrativa competente, depois de esgotado o prazo fixado para pagamento, pela lei ou por decisão final. O **Item II** está correto, em razão do teor do artigo 203 do CTN. O **Item III** está correto, de acordo com o artigo 208 do CTN. Portanto, a opção correta é a letra **"A"**.

CAPÍTULO 9

ESPÉCIES TRIBUTÁRIAS

1. TAXAS

As taxas são tributos intimamente ligados à atividade do Estado. Isso quer dizer que a hipótese de sua incidência está atrelada a uma **contraprestação** do Estado, paga pelo contribuinte que usufrui dessa atividade estatal. Aliomar Baleeiro a assevera da seguinte forma:

> Taxa é o tributo cobrado de alguém que se utiliza de serviço público especial e divisível, de caráter administrativo ou jurisdicional, ou tem à sua disposição, e ainda, quando provoca em seu benefício, ou por ato seu, despesa especial os cofres públicos.
>
> Quem paga a taxa recebeu serviço ou vantagem: goza de segurança decorrente de ter o serviço à sua disposição, ou, enfim, provocou uma despesa do poder público. A casa de negócio, a fábrica ou o proprietário podem não invocar nunca o socorro dos bombeiros, mas a existência duma corporação disciplinada e treinada para extinguir incêndios, dotada de veículos e equipamentos adequados e mantida permanentemente de prontidão, constitui serviço e vantagem que especialmente lhes aproveita e reduz a um mínimo inevitável seus prejuízos e riscos[1].

Pela explanação do ilustre jurista, há uma reciprocidade quando da ocorrência do fato gerador da Taxa, o Sujeito Passivo paga por ter recebido uma vantagem ou um serviço estatal.

Além disso, em observância ao Princípio da **Retributividade**, o Contribuinte irá pagar a taxa por ter provocado o exercício regular do Poder de Polícia, em virtude de ter sido prestado um serviço público específico e divisível ou, ainda, por ter sido o serviço dessa natureza colocado à sua disposição.

A competência para instituição desse tributo com caráter sinalagmático é **comum**, ou seja, todo e qualquer Ente Federativo que prestar um serviço público poderá instituir taxas por meio de Lei Ordinária. Esse tributo está previsto no artigo 145, II, da CF e reiterado no *caput* do artigo 77 do CTN:

1. **Direito tributário brasileiro**, op. cit., p. 540.

> **Art. 145 da CF.** A União, os Estados, o Distrito Federal e os Municípios poderão instituir os seguintes tributos: II – taxas, em razão do exercício do poder de polícia ou pela utilização, efetiva ou potencial, de serviços públicos específicos e divisíveis, prestados ao contribuinte ou postos a sua disposição; (...)

> **Art. 77 do CTN.** As taxas cobradas pela União, pelos Estados, pelo Distrito Federal ou pelos Municípios, no âmbito de suas respectivas atribuições, têm como fato gerador o exercício regular do poder de polícia, ou a utilização, efetiva ou potencial, de serviço público específico e divisível, prestado ao contribuinte ou posto à sua disposição.

Para melhor compreensão dessa espécie tributária, será estudado primeiramente a Taxa em razão do exercício regular do **Poder de Polícia** e, logo após, a sua "utilização, efetiva ou potencial, no serviço público **específico e divisível**, prestado ao contribuinte ou posto à sua disposição".

1.1. Taxa em Razão do Exercício Regular do Poder de Polícia

O conceito de exercício regular do **Poder de Polícia** está disposto no artigo 78 do CTN, utilizado, inclusive, pelo Direito Administrativo:

> **Art. 78.** Considera-se poder de polícia atividade da administração pública que, limitando ou disciplinando direito, interesse ou liberdade, regula a prática de ato ou abstenção de fato, em razão de interesse público concernente à segurança, à higiene, à ordem, aos costumes, à disciplina da produção e do mercado, ao exercício de atividades econômicas dependentes de concessão ou autorização do Poder Público, à tranquilidade pública ou ao respeito à propriedade e aos direitos individuais ou coletivos. (Redação dada pelo Ato Complementar n. 31, de 28.12.1966) **Parágrafo único.** Considera-se regular o exercício do poder de polícia quando desempenhado pelo órgão competente nos limites da lei aplicável, com observância do processo legal e, tratando-se de atividade que a lei tenha como discricionária, sem abuso ou desvio de poder.

As taxas serão cobradas em razão do exercício do Poder de Polícia, podendo ser entendido como atividade da Administração Pública que visa a atender ao **interesse público**.

A atividade de polícia administrativa pode ser compreendida como a aplicação, pela Administração Pública, das limitações constitucionais e legais impostas ao exercício de direitos individuais, em benefício do interesse público[2].

Observe-se que, diferentemente da polícia judiciária, a polícia administrativa tem caráter preventivo, voltada às **atividades** das pessoas.

O Poder Público exerce a atividade de polícia administrativa em diversas áreas, como segurança, higiene, ordem pública, entre outros, conforme determina o artigo 78 do CTN (em caráter meramente exemplificativo, portanto), e, por isso, pode-se afirmar que são inúmeras as possibilidades para sua instituição.

Citam-se como exemplos, cuja constitucionalidade já foi reconhecida pelo STF: as Taxas de Fiscalização de Localização e Funcionamento (TFLF – RE n. 588.322), a Taxa de Alvará, a Taxa de Controle e Fiscalização Ambiental (TCFA – Lei n. 10.165/2000 – declarada cons-

2. COSTA, Regina Helena. **Curso de Direito Tributário** – Constituição e Código Tributário Nacional. São Paulo: Saraiva, 2009. p. 116.

titucional pelo STF, por meio do RE n. 416.601), a Taxa dos Títulos e Valores Mobiliários (Súmula n. 665 do STF), a Taxa de Vigilância Sanitária, a Taxa de Renovação de Cadastro de Arma de Fogo, a Taxa sobre Atividades Notariais e de Registro, Taxa de fiscalização de anúncios, etc.

Sobre a possibilidade de cobrança, o STF há muito considerava que o exercício do Poder de Polícia deveria ser regular para ensejar a cobrança de taxa. No entanto, em decisões mais recentes entende que esse poder se presume por existir um **órgão estruturado** em **efetivo funcionamento**, não sendo necessariamente exigível, desse modo, que se comprove a fiscalização realizada diretamente pelos agentes. Segue exemplo de jurisprudência sobre esse assunto:

> RECURSO EXTRAORDINÁRIO. 1. Repercussão geral reconhecida. 2. Alegação de inconstitucionalidade da taxa de renovação de localização e de funcionamento do Município de Porto Velho. 3. Suposta violação ao artigo 145, inciso II, da Constituição, ao fundamento de não existir comprovação do efetivo exercício do poder de polícia. 4. O texto constitucional diferencia as taxas decorrentes do exercício do poder de polícia daquelas de utilização de serviços específicos e divisíveis, facultando apenas a estas a prestação potencial do serviço público. 5. A regularidade do exercício do poder de polícia é imprescindível para a cobrança da taxa de localização e fiscalização. 6. À luz da jurisprudência deste Supremo Tribunal Federal, a existência do órgão administrativo não é condição para o reconhecimento da con**stitucionalidade da cobrança da taxa de localização e fiscalização, mas constitui um dos elementos admitidos para se inferir o efetivo exercício do poder de polícia, exigido constitucionalmente.** Precedentes. 7. O Tribunal de Justiça de Rondônia assentou que o Município de Porto Velho, que criou a taxa objeto do litígio, é dotado de aparato fiscal necessário ao exercício do poder de polícia. 8. Configurada a existência de instrumentos necessários e do efetivo exercício do poder de polícia. 9. É constitucional taxa de renovação de funcionamento e localização municipal, **desde que efetivo o exercício do poder de polícia, demonstrado pela existência de órgão e estrutura competentes para o respectivo exercício**, tal como verificado na espécie quanto ao Município de Porto Velho/RO 10. Recurso extraordinário ao qual se nega provimento (RE n. 588322, rel. Min. Gilmar Mendes, Tribunal Pleno, julgado em 16.06.2010, Repercussão Geral – Mérito, **DJe**-164, divulg. em 02.09.2010, public. em 03.09.2010, Ement. v. 02413-04, p. 00885, **RIP**, v. 12, n. 63, p. 243-255, 2010; **RT**, v. 99, n. 902, p. 149-157, 2010) (grifos nossos).

No mesmo sentido, confira o trecho do voto do Ministro Joaquim Barbosa extraído do RE n. 416.601:

> **A efetividade do exercício do poder de polícia não depende tão somente da realização de vistorias locais, mas compreende também todos os atos necessários à averiguação da conformação da atividade desempenhada pelo contribuinte às normas ambientais. Portanto, não há como vincular a incidência do tributo tão somente ao exercício do poder de polícia que redunde em fiscalização ou diligências locais.** A dificuldade de individualização da atividade do IBAMA para fins de confirmação, nestes autos, torna-se ainda mais aparente quando se observa que o recorrente é associação que representa os interesses de diversos contribuintes, sem que seja possível afirmar para todos e cada um desses contribuintes se houve ou não a atividade de fiscalização. (grifos nossos).

Ainda no RE n. 416.601, voto do Min. Carlos Velloso:

> **Não há invocar o argumento no sentido de que a taxa decorrente do poder de polícia fica "restrita aos contribuintes cujos estabelecimentos tivessem sido efetivamente visitados pela fiscalização"**, por isso que, registra Sacha Calmon – parecer, fl. 377 – essa questão já foi resolvida, pela negativa, pelo Supremo Tribunal Federal, **que deixou assentada em diversos julgados a suficiência da manutenção, pelo sujeito ativo, de órgão de controle**

> **em funcionamento** (cf., *inter plures*, RE n. 116.518 e RE n. 230.973). Andou bem a Suprema Corte brasileira em não aferrar-se ao método antiquado da vistoria porta a porta, abrindo as portas do Direito às inovações tecnológicas que caracterizam a nossa era. Destarte, os que exercem atividades de impacto ambiental tipificadas na lei sujeitam-se à fiscalização do IBAMA, pelo que são contribuintes da taxa decorrente dessa fiscalização, fiscalização que consubstancia, vale repetir, o poder de polícia estatal. O art. 17-C estabelece o sujeito passivo do tributo: todo aquele que exerça as atividades constantes do Anexo VIII desta Lei. O citado Anexo VIII lista as atividades potencialmente poluidoras e utilizadoras de recursos ambientais, em número de 20 (vinte), já que as atividades sob 21 e 22 foram vetadas (grifos nossos).

Regina Helena Costa, contudo, discorda desse posicionamento do STF por entender que o Direito Tributário se sujeita ao Princípio da **Realidade** ou da **Verdade Material,** e, por isso, afirma que a "fiscalização não efetuada, ou mera presunção de fiscalização, não podem conduzir ao nascimento da obrigação tributária", a autora conclui seu raciocínio sob o seguinte argumento:

> Em nossa opinião, este último entendimento não prestigia integralmente a norma constitucional autorizadora da imposição em foco. Realmente, pensamos que somente a efetiva realização de atividade de polícia administrativa pode ensejar a exigência de taxa. (...) Acresça-se que a Lei Maior autoriza expressamente a aplicação de tal raciocínio tão-somente em relação às taxas de serviço, ao declarar que sua instituição pode se dar pela utilização, efetiva ou potencial, de serviços públicos específicos e divisíveis, prestados ao contribuinte ou postos a sua disposição. Logo, nessa hipótese, a mera utilização potencial de serviço público, desde que se cuide de serviço de oferecimento obrigatório, enseja a exação, como veremos. Todavia, não existe preceito semelhante em relação às taxas de polícia, pelo que entendemos que a simples presunção da realização de fiscalização não legitima sua exigência[3].

O STJ acena na mesma direção do STF, conforme se constata na ementa da decisão no AgRg no AREsp n. 245.197:

> PROCESSUAL CIVIL E TRIBUTÁRIO. AGRAVO REGIMENTAL NO AGRAVO EM RECURSO ESPECIAL. VIOLAÇÃO DO ART. 535 DO CPC. NÃO OCORRÊNCIA. TAXA DE LICENCIAMENTO PARA USO OU OCUPAÇÃO DA FAIXA DE DOMÍNIO DE RODOVIAS – TFDR. ACÓRDÃO QUE JULGA VÁLIDA LEI LOCAL CONTESTADA EM FACE DE LEI FEDERAL. MATÉRIA CONSTITUCIONAL. EXIGIBILIDADE DO TRIBUTO. PROVA DA FISCALIZAÇÃO. DESNECESSIDADE. NOTORIEDADE DA ATUAÇÃO ESTATAL. 1. Constatado que a Corte a quo empregou fundamentação suficiente para dirimir a controvérsia, é de se afastar a alegada violação do art. 535 do CPC. 2. O presente recurso especial ataca acórdão que julgou válida a lei local instituidora do tributo e que ora é contestada em face da legislação federal apontada, o que denota a natureza constitucional da controvérsia, cuja apreciação, na instância excepcional, não compete ao STJ, mas, sim, ao STF, em sede de recurso extraordinário (art. 102, III, "d", da CF). 3. **A exigibilidade da taxa de licença prescinde de comprovação do efetivo exercício da atividade fiscalizatória, em face da notoriedade do exercício do poder de polícia pelo aparato existente no órgão público encarregado.** Precedentes: AgRg no Ag n. 1.314.006/SC, rel. Min. Cesar Asfor Rocha, 2ª Turma, **DJe** de 13.06.2012; REsp n. 936.487/ES, rel. Min. Mauro Campbell Marques, 2ª Turma, **DJe** de 30.09.2010; AgRg no REsp n. 721.114/SP, rel. Min. Luiz Fux, 1ª Turma, **DJ** de 03.04.2006; AgRg no REsp n. 1078480/MG, rel. Min. Francisco Falcão, 1ª Turma, **DJe** de 17.11.2008; REsp n. 680829/MG, rel. Min. Teori Albino Zavascki, 1ª Turma, **DJe** de 15.05.2008. 4. Agravo regimental não provido (AgRg no AREsp n. 245.197/MG, rel. Min. Benedito Gonçalves, 1ª Turma, julgado em 04.06.2013, **DJe** de 11.06.2013) (grifos nossos).

3. Idem, *ibidem*, p. 117.

Oportuno salientar que quando se trata de procedimento cíclico da atividade do Poder de Polícia, devendo ser renovado frequentemente, o STF tem compreendido ser constitucional a exigência da taxa **renovável,** comprovada a existência de órgão e a estrutura competentes para o respectivo exercício. Como se depreende no julgado a seguir:

> AGRAVO REGIMENTAL NO RECURSO EXTRAORDINÁRIO. TRIBUTÁRIO. TAXA DE FISCALIZAÇÃO DE LOCALIZAÇÃO, DE INSTALAÇÃO E DE FUNCIONAMENTO. RENOVAÇÃO ANUAL. CONSTITUCIONALIDADE. PRECEDENTES DO SUPREMO TRIBUNAL FEDERAL. AGRAVO REGIMENTAL AO QUAL SE NEGA PROVIMENTO. Argumento de inexistência de previsão legal para a cobrança anual da taxa: ausência de prequestionamento. Súmulas n. 282 e 356 do Supremo Tribunal Federal. (RE n. 571511-AgR, rel.ª Min.ª Cármen Lúcia, 1ª Turma, julgado em 05.05.2009, **DJe**-113, divulg. em 18.06.2009, public. em 19.06.2009, Ement. v. 02365-06, p. 01187).
>
> RECURSO EXTRAORDINÁRIO. TAXA DE LICENÇA PARA LOCALIZAÇÃO DE ESTABELECIMENTO. CONSTITUCIONALIDADE. BASE DE CÁLCULO. PROPORCIONALIDADE COM O CUSTO DA ATIVIDADE ESTATAL DE FISCALIZAÇÃO. PRECEDENTES. **1. Nos termos da jurisprudência da Corte, a taxa de renovação de licença de funcionamento é constitucional, desde que haja o efetivo exercício do poder de polícia, o qual é demonstrado pela mera existência de órgão administrativo que possua estrutura e competência para a realização da atividade de fiscalização. 2. A base de cálculo da taxa de fiscalização e funcionamento fundada na área de fiscalização é constitucional, na medida em que traduz o custo da atividade estatal de fiscalização. Quando a Constituição se refere às taxas, o faz no sentido de que o tributo não incida sobre a prestação, mas em razão da prestação de serviço pelo Estado. A área ocupada pelo estabelecimento comercial revela-se apta a refletir o custo aproximado da atividade estatal de fiscalização.** 3. Agravo regimental a que se nega provimento. (RE 856185 AgR, Relator(a): Min. ROBERTO BARROSO, Primeira Turma, julgado em 04/08/2015, ACÓRDÃO ELETRÔNICO **DJe**-190 DIVULG 23-09-2015 PUBLIC 24-09-2015)

O STJ, que hoje coaduna com o mesmo entendimento do STF, ao julgar o REsp n. 261.571 acabou por cancelar a Súmula n. 157 daquele Tribunal que estabelecia ser "ilegítima a cobrança de taxa, pelo Município, na renovação de licença para localização de estabelecimento comercial ou industrial".

1.2. Taxa em Razão da Utilização Efetiva ou Potencial de Serviço Público Específico e Divisível

A taxa de serviço se exige em razão da utilização efetiva ou potencial de serviço público específico e divisível. O conceito de serviço público abaixo foi extraído da lição do Celso Antônio Bandeira de Mello:

> Serviço público é toda atividade de oferecimento de utilidade ou comodidade material fruível diretamente pelos administrados, prestado pelo Estado ou por quem lhe faça as vezes, sob um regime de Direito Público – portanto, consagrador de prerrogativas de supremacia e de restrições especiais –, instituído pelo Estado em favor dos interesses que houver definido como próprios no sistema normativo[4].

O serviço público, atividade de incumbência do Estado, é prestado sempre no interesse da coletividade sem concernir jamais com interesse de uma ou algumas pessoas apenas.

4. **Curso de Direito Administrativo**. 13. ed. São Paulo: Malheiros, 2001. p. 597.

Para estar sujeito à incidência de taxa, consoante preceitua o artigo 145, II, da CF, deverá ser necessariamente um serviço público **específico e divisível**.

Por serviço **específico** (*uti singuli*), pode-se afirmar que se trata de um trabalho possível de ser identificado pela sua natureza contraprestacional, ou seja, quando "possam ser destacados em unidades autônomas de intervenção, de unidade, ou de necessidades públicas" (art. 79, II, do CTN). Portanto, consiste em atividade estatal fruível individualmente por cada um de seus usuários. E **divisível,** porque deverá possibilitar a individualização de maneira a quantificar o serviço utilizado, possibilitando a mensuração dessa fruição individual.

Ressalta-se que esses requisitos devem estar presentes de forma cumulativa para permitir a exigência da taxa. Para melhor compreensão, transcrevem-se ementas de decisões do STF que consideraram inconstitucionais determinadas taxas por faltar um dos requisitos imprescindíveis a sua existência:

> AÇÃO DIRETA DE INCONSTITUCIONALIDADE. DIREITO TRIBUTÁRIO. TAXA. SEGURANÇA PÚBLICA. EVENTOS PRIVADOS. SERVIÇO PÚBLICO GERAL E INDIVISÍVEL. LEI 6.010/96 DO ESTADO DO PARÁ. TEORIA DA DIVISIBILIDADE DAS LEIS. MEDIDA CAUTELAR DEFERIDA. **1. A jurisprudência do Supremo Tribunal Federal se consolidou no sentido de que a atividade de segurança pública é serviço público geral e indivisível, logo deve ser remunerada mediante imposto, isto é, viola o artigo 145, II, do Texto Constitucional, a exigência de taxa para sua fruição.** 2. Da argumentação exposta pela parte Requerente não se extrai a inconstitucionalidade *in totum* do dispositivo impugnado, assim se aplica ao caso a teoria da divisibilidade das leis, segundo a qual, em sede de jurisdição constitucional, somente se deve proferir a nulidade dos dispositivos maculados pelo vício de inconstitucionalidade, de maneira que todos aqueles dispositivos legais que puderem subsistir autonomamente não são abarcados pelo juízo de inconstitucionalidade. 3. Ação direta de inconstitucionalidade a que se dá parcial procedência, a fim de declarar inconstitucional a expressão "serviço ou atividade policial militar, inclusive policiamento preventivo" constante no artigo 2º da Lei 6.010/96 do estado do Pará, assim como a Tabela V do mesmo diploma legal. (ADI 1942, Relator(a): Min. EDSON FACHIN, Tribunal Pleno, julgado em 18/12/2015, ACÓRDÃO ELETRÔNICO **DJe**-027 DIVULG 12-02-2016 PUBLIC 15-02-2016)

> Agravo regimental no agravo de instrumento. Taxa. Exação suprimida pelo Tribunal de origem, que, após empreender análise do conjunto fático e probatório, entendeu que a atividade fiscalizatória já estaria acobertada por outra taxa já instituída pelo Poder Público. Para se chegar a conclusão contrária àquela adotada pelo Tribunal a quo, necessário seria o reexame do conjunto das circunstâncias e das evidências constante dos autos, o que atrai a incidência da Súmula n. 279 do STF. 1. O efetivo exercício do poder de polícia, que legitimaria a cobrança da taxa em questão, foi afastado com base na análise do conjunto fático e probatório. A Corte de revisão suprimiu a exação ao conceber que a remuneração pretendida já estaria albergada pela materialidade de outra taxa. 2. Segundo o acórdão recorrido, a disponibilização de policiamento não poderia ser fundamento para a cobrança da taxa, haja vista que a **segurança pública é uma atividade geral e indivisível custeada pela receita proveniente dos impostos.** 3. Urge reconhecer que somente uma nova imersão no cenário fático e probatório poderia fornecer os subsídios necessários para demonstrar que se trata, na hipótese, de serviço específico e divisível. 4. Agravo regimental não provido (AI n. 699074-AgR, rel. Min. Dias Toffoli, 1ª Turma, julgado em 02.04.2013, acórdão eletrônico, **DJe**-107, divulg. em 06.06.2013, public. em 07.06.2013) (grifos nossos).

> AGRAVO REGIMENTAL. TRIBUTÁRIO. TAXA DE LIMPEZA PÚBLICA. EXAÇÃO QUE TAMBÉM REMUNERA O SERVIÇO DE LIMPEZA DE LOGRADOUROS PÚBLICOS. INCONSTITUCIONALIDADE. Esta Corte fixou **entendimento no sentido**

> **da invalidade da remuneração do serviço universal e indivisível de limpeza de logradouros públicos por meio de taxa.** Hipótese em que o Tribunal de origem concluiu que a exação remunera tanto o serviço de remoção de lixo domiciliar quanto o serviço de limpeza de vias e logradouros. Impossibilidade de conclusão diversa ante o óbice da Súmula n. 280/STF e da falta de cópia da legislação municipal nos autos. Agravo regimental a que se nega provimento (RE n. 540951-AgR, rel. Min. Joaquim Barbosa, 2ª Turma, julgado em 28.08.2012, acórdão eletrônico, **DJe**-184, divulg. em 18.09.2012, public. em 19.09.2012) (grifos nossos).

Importante citar outro exemplo: trata-se do caso da instituição da Taxa por Iluminação Pública que foi entendida como inconstitucional pelo STF, tendo em vista a impossibilidade de atender ao requisito **divisível** do serviço de iluminação pública. Buscando uniformizar esse posicionamento, o STF editou a Súmula n. 670: *"O serviço de iluminação pública não pode ser remunerado mediante taxa"*. Essa Súmula foi recentemente convertida na Súmula Vinculante 41, com o fim de produzir efeito vinculante perante ao Poder Executivo e ao Judiciário. Além de o serviço público ser específico e divisível, a sua utilização, segundo o artigo 79 do CTN, deverá ser **efetiva** ou **potencial**. Por **efetiva,** considera-se que deverá ser um serviço prestado de maneira concreta e de fato usufruído pelo Contribuinte. E **potencial,** porque deverá ser um serviço de utilização obrigatória, colocado à disposição do contribuinte em efetivo funcionamento. Por conseguinte, o serviço público, quando se apresentar disponível para utilização potencial, se revestirá de compulsoriedade, sendo devida a cobrança da taxa. Sobre a taxa de serviço transcreve-se o artigo 79 do CTN:

> **Art. 79.** Os serviços públicos a que se refere o artigo 77 consideram-se: I – utilizados pelo contribuinte: a) efetivamente, quando por ele usufruídos a qualquer título; b) potencialmente, quando, sendo de utilização compulsória, sejam postos à sua disposição mediante atividade administrativa em efetivo funcionamento; II – específicos, quando possam ser destacados em unidades autônomas de intervenção, de unidade, ou de necessidades públicas; III – divisíveis, quando suscetíveis de utilização, separadamente, por parte de cada um dos seus usuários.

Como exemplos de taxas cobradas em razão da utilização efetiva ou potencial de serviço público específico e divisível, pode-se mencionar a **Taxa de Coleta de Lixo domiciliar** individual (diferente da limpeza pública – varrição – declarada inconstitucional, como mencionado anteriormente), entendida como constitucional pelo STF, tendo em vista a possibilidade de **divisibilidade**.

Diante disso, o STF consolidou esse parecer por meio da Súmula Vinculante n. 19, segue o inteiro teor: "A taxa cobrada exclusivamente em razão dos serviços públicos de coleta, remoção e tratamento ou destinação de lixo ou resíduos provenientes de imóveis, não viola o **artigo 145, II, da Constituição Federal".**

Outro exemplo relevante consiste na cobrança de **custas processuais e emolumentos,** na qual a jurisprudência tem considerado tributo da espécie taxa, posto que tem por finalidade a remuneração do Estado em caráter retributivo, na prestação de serviços pelo Poder Público, de forma direta ou indireta, à população. Observe o trecho da ementa da ADI-MC n. 1772/MG, da relatoria do Ministro Carlos Velloso, julgado em 15 de abril de 1998:

> (...)**Taxa judiciária e custas: são espécies tributárias, classificando-se como taxas, resultando da prestação de serviço público específico e divisível e que têm como base de cálculo o valor da atividade estatal referida diretamente ao contribuinte,** pelo que deve ser proporcional ao custo da atividade do Estado a que está vinculada, devendo ter um limite, sob pena de inviabilizar o acesso de muitos à justiça (...) (grifos nossos).

Na mesma linha de raciocínio, observe a ADI n. 1.145/PB de relatoria do Ministro Carlos Velloso, com julgamento em 03 de outubro de 2002: *"(...) as custas, a taxa judiciária e os emolumentos constituem espécies tributária; são taxas, segundo a jurisprudência iterativa do Supremo Tribunal Federal"*.

Ademais, e não menos importante, segue o posicionamento extraído da ADI n. 1.444/PR de relatoria do Ministro Sydney Sanches, cujo julgamento ocorreu em 12 de fevereiro de 2003:

> As custas e os emolumentos judiciais ou extrajudiciais, por não serem preços públicos, mas, sim, taxas, não podem ter seus valores fixados por decreto, sujeito que estão ao princípio constitucional da legalidade. (...) O art. 145 admite a cobrança de taxas, em razão do exercício do poder de polícia ou pela utilização, efetiva ou potencial, de serviços públicos específicos e divisíveis, prestados ao contribuinte ou postos a sua disposição. Tal conceito abrange não só as custas judiciais, mas, também, as extrajudiciais (emolumentos), pois estas resultam, igualmente, de serviço público, ainda que prestado em caráter particular (art. 236, CF).

O STF considera, entretanto, inconstitucional a taxa judiciária que não guardar uma relação de equivalência entre o valor da taxa e o custo real dos serviços, ou do proveito do contribuinte, em observância ao Princípio da Inafastabilidade do Controle Judicial de Lesão ou Ameaça de Direito. Como se depreende do trecho da ementa da ADI n. 1772/MG:

> (...) IV. **Necessidade da existência de limite que estabeleça a equivalência entre o valor da taxa e o custo real dos serviços, ou do proveito do contribuinte**. Valores excessivos: possibilidade de inviabilização do acesso de muitos á Justiça, com ofensa ao princípio da inafastabilidade do controle judicial de lesão ou ameaça de direito. CF, art. 5º, XXXV (...) (grifos nossos).

No mesmo diapasão, menciona-se a Súmula n. 667 do STF, cujo enunciado prescreve: *"Viola a garantia constitucional de acesso à jurisdição a taxa judiciária calculada sem limite sobre o valor da causa"*.

Salienta-se ainda que, embora as custas processuais e emolumentos sejam espécies de taxa (tributo ligado à uma atividade estatal), não podem vincular o produto da sua arrecadação a órgão ou fundo privado, tampouco exceder ao valor real do serviço prestado, conforme se pode constatar em decisão do STF (ADI-MC n. 1.889/AM), cujo trecho da ementa se transcreve:

> (...) É assente a jurisprudência deste Tribunal quanto à **inconstitucionalidade da vinculação de emolumentos à entidade com personalidade jurídica de direito privado ou a determinado Órgão ou Fundo**; do cálculo das custas com base no valor dos bens imóveis envolvidos no litígio, e quanto à inexistência de teto para cobrança de taxas cujo valor tem por base o proveito auferido pelo contribuinte, sobre as quais incide alíquota variável (...) (grifos nossos).

Desse modo, pode-se concluir ser inconstitucional a taxa que não tenha equivalência entre o seu valor e o custo real dos serviços, ou do proveito do Sujeito Passivo, e que estabeleça vinculação do produto da sua arrecadação a órgãos ou fundos.

Sobre as taxas de serviço cumpre citar a questão aplicada pelo Concurso para Procurador do Estado do Rio de Janeiro em 2008:

Exemplo de questão sobre o tema

► **(PGE-RJ – Procurador do Estado – RJ/2008).** O RIOPREVIDÊNCIA, autarquia estadual, representado pela PGE, ingressou com ação de reintegração de posse. Após distribuída a ação, o juiz determinou a intimação do autor para o recolhimento da taxa judiciária, no prazo de 10 dias, sob pena de cancelamento da distribuição. A decisão teve como fundamento o Enunciado n. 76 do TJRJ, com o seguinte teor:

"A taxa judiciária é devida por todas as autarquias, notadamente o INSS, ao Fundo Especial do Tribunal de Justiça, competindo-lhes antecipar o pagamento do tributo se agirem na condição de parte autora e, ao final caso sucumbentes". Pergunta-se: Agiu com acerto o juiz? Por quê?

Além de descrever sobre o estudado nesse Item, o candidato deve lembrar que a Taxa não está abrangida pela imunidade recíproca dos Impostos contida no artigo 150, VI, da CF, conforme se denota do Capítulo 3.

2. A BASE DE CÁLCULO DAS TAXAS

A base de cálculo da taxa deve ser consoante o aspecto material próprio da sua hipótese de incidência tributária.

Geraldo Ataliba elucida sobre o assunto: *"Base imponível é uma perspectiva dimensível do aspecto material da hipótese de incidência que a lei qualifica, com a finalidade de fixar critério para a determinação, em cada obrigação tributária concreta, do quantum debeatur"*[5].

Com efeito, pode-se afirmar que a base de cálculo – também chamada por base imponível, ou, ainda, base tributável – constitui sempre uma grandeza mensuradora do critério material da hipótese de incidência tributária, trata-se, portanto, da expressão econômica do fato jurídico-tributário.

A base de cálculo deve guardar coerência com o fato jurídico-tributário que o dimensiona. Por essa razão, sua função primordial está na quantificação e confirmação da materialidade na hipótese de incidência tributária.

Isolando-se o critério material da hipótese de incidência, se terá circunscrita a base de cálculo do referido tributo.

Deve existir, por conseguinte, uma relação de congruência entre o critério material da hipótese de incidência e a sua base de cálculo, sendo íntima a relação existente. Frise-se, a base de cálculo irá expressar o valor do critério material, no momento da ocorrência do fato que instaura a relação jurídico-tributária.

Por essa razão, a base de cálculo da taxa tem de, necessariamente, ser a perspectiva dimensível do aspecto material da hipótese de incidência, de modo a afigurar-se como sua verdadeira e autêntica expressão econômica. Nesse sentido, Humberto Ávila condiciona a validade das taxas à observância de certos critérios, como:

> **Critério da equivalência:** o valor da taxa deve manter uma relação proporcional com a atuação estatal, no sentido de que a atuação estatal aumente na mesma proporção do aumento do elemento legal indicativo da atuação estatal; **Critério da imputabilidade individual:** as taxas só podem ser instituídas quando houver uma atividade administrativa relacionada ao contribuinte e cujos custos possam ser-lhe individualmente imputáveis; (...) **Critério da cobertura especial de custos:** o valor da taxa não pode ultrapassar os custos concretos e individuais decorrentes da atuação administrativa; **Critério da cobertura geral de custos:** as receitas totais auferidas pelo Estado, em cada período, pela cobrança da taxa não podem ultrapassar os custos totais decorrentes da atividade administrativa vinculada à taxa[6].

5. ATALIBA, Geraldo. **Hipótese de Incidência Tributária.** 5. ed. São Paulo: Malheiros, 1998. p. 96-97.
6. As taxas e sua mensuração. In: **Revista Dialética de Direito Tributário**, n. 204, p. 37-44, set. 2012.

Por também entender dessa forma, dentro da razoabilidade e proporcionalidade, o STF considerou inconstitucional a base de cálculo das Taxas de Fiscalização de Localização e Funcionamento de estabelecimentos que apresentam como critério de contagem o **número de empregados**, por não guardar identidade com a hipótese de incidência tributária da taxa que consiste no poder de polícia, pois não dizem respeito ao custo da atividade estatal. Observe trecho do voto do Ministro Carlos Madeira no RE n. 100.201-6/SP, julgado em 29 de outubro de 1985:

> A taxa de licença de localização, e funcionamento, é tipicamente um tributo decorrente do exercício de poder de polícia, pois pressupõe o controle da localização de atividades do município. Mas se a sua base de cálculo inclui outros elementos, tais como o número de empregados de contribuinte, a taxa não mais se fundamenta em exercício do poder de polícia, nem mesmo na prestação de serviços específicos e divisíveis.
>
> Sendo a taxa uma contraprestação de atividade estatal desenvolvida genericamente em prol do contribuinte, o seu fato gerador é sempre essa atividade. **Sua base de cálculo há de corresponder a esse fato gerador e não as condições específicas de cada contribuinte.** A taxa de licença não pode, assim, ter como base de cálculo o valor do patrimônio, a renda, o volume da produção ou o número de empregados, que dizem respeito a condições econômicas do contribuinte e não ao custo do exercício do poder de polícia (grifos nossos).

Nessa toada, transcreve-se a ementa de decisão mais recente do STF sobre essa questão:

> AGRAVO REGIMENTAL EM AGRAVO DE INSTRUMENTO. DIREITO TRIBUTÁRIO. TAXA DE FISCALIZAÇÃO DE LOCALIZAÇÃO, INSTALAÇÃO E FUNCIONAMENTO. LEI MUNICIPAL 9.670/1983. BASE DE CÁLCULO. NÚMERO DE EMPREGADOS. **1. A jurisprudência do STF não admite a utilização do número de empregados como critério válido para fixação da base de cálculo das taxas de funcionamento e fiscalização instituídas pelos Municípios.** Precedentes. 2. Agravo regimental a que se nega provimento. (ARE 910033 AgR, Relator(a): Min. EDSON FACHIN, Primeira Turma, julgado em 13/10/2015, ACÓRDÃO ELETRÔNICO **DJe**-255 DIVULG 17-12-2015 PUBLIC 18-12-2015)
>
> DIREITO TRIBUTÁRIO. EMBARGOS À EXECUÇÃO FISCAL. **TAXA DE INSTALAÇÃO, LOCALIZAÇÃO E FUNCIONAMENTO. BASE DE CÁLCULO. NÚMERO DE EMPREGADOS DO ESTABELECIMENTO. ELEMENTO ESTRANHO AO CUSTO DA ATIVIDADE ESTATAL NO REGULAR EXERCÍCIO DO PODER DE POLÍCIA. INCONSTITUCIONALIDADE.** DECISÃO REGIONAL EM HARMONIA COM A JURISPRUDÊNCIA DO STF. PRECEDENTES. ACÓRDÃO REGIONAL DISPONIBILIZADO EM 01.12.2011. As razões do agravo regimental não são aptas a infirmar os fundamentos da decisão agravada, mormente no que se refere à conformidade do entendimento regional com a jurisprudência do STF, a inviabilizar o trânsito do recurso extraordinário. Agravo regimental conhecido e não provido (RE 727579-AgR, rel. Min. Rosa Weber, 1ª Turma, julgado em 25.06.2013, acórdão eletrônico, **DJe**-159, divulg. em 14.08.2013, public. em 15.08.2013) (grifos nossos).

Além de ser inconstitucional a adoção de critérios estranhos para se dimensionar a base de cálculo, as taxas não podem ter base de cálculo **idêntica** a dos impostos, e tampouco serem calculadas em função do capital social da empresa, conforme dispõem os artigos 145, § 2º, da CF e 77, Parágrafo Único, do CTN, *in verbis*:

> **Art. 145 da CF.** A União, os Estados, o Distrito Federal e os Municípios poderão instituir os seguintes tributos: (...) § 2º As taxas não poderão ter base de cálculo própria de impostos.
>
> **Art. 77 do CTN.** As taxas cobradas pela União, pelos Estados, pelo Distrito Federal ou pelos Municípios, no âmbito de suas respectivas atribuições, têm como fato gerador o exercício

> regular do poder de polícia, ou a utilização, efetiva ou potencial, de serviço público específico e divisível, prestado ao contribuinte ou posto à sua disposição. Parágrafo único. A taxa não pode ter base de cálculo ou fato gerador idênticos aos que correspondam a imposto nem ser calculada em função do capital das empresas (*vide* Ato Complementar n. 34, de 30.1.1967).

De maneira a ratificar esses preceitos, o STF consolidou entendimento no sentido de declarar inconstitucional a taxa com base de cálculo de imposto, no caso da Taxa de Conservação das Estradas, por meio da Súmula n. 595 do STF, que declara inconstitucional a taxa de conservação das estradas, cuja base de cálculo seja idêntica à dos impostos: *"É inconstitucional a taxa municipal de conservação de estradas de rodagem cuja base de cálculo seja idêntica à do imposto territorial rural"*.

No entanto, deve-se destacar que o STF compreende que pode haver **um ou mais elementos** da base de cálculo dos impostos, desde que não exista identidade entre as bases de cálculo, conforme preceitua a Súmula Vinculante n. 29: *"É constitucional a adoção no cálculo do valor de taxa de um ou mais elementos da base de cálculo própria de determinado imposto, desde que não haja integral identidade entre uma base e outra"*.

O STF, ao analisar a base de cálculo da Taxa de Coleta de Lixo, sendo a metragem do imóvel, considerou que o fato de a área ser verificada para estimar o valor do IPTU, não tornaria inconstitucional a avaliação daquela, em virtude de não existir identidade entre elas (RE 232.393-SP, rel. Min. Carlos Velloso, 12.8.99). Ademais, no caso do IPTU, o critério de avaliação se refere ao valor venal do imóvel e não apenas à sua metragem. Assim sendo, a menção a um ou mais elementos da base de cálculo de imposto na contagem da taxa, foi considerada razoável, não sendo, portanto, inconstitucional.

3. TAXAS E PREÇOS PÚBLICOS

Os serviços públicos poderão ser cobrados por meio de taxa ou de tarifa.

Tema de polêmica na doutrina e na jurisprudência, parte da doutrina defende que haverá cobrança de **taxa** se a prestação do serviço tiver íntima relação com a função desempenhada pelo Estado, e no caso de haver uma certa desvinculação do serviço com a atividade do Estado (serviço prestado por concessionárias ou permissionárias), este deve ser cobrado mediante **tarifa**.

Assim, os serviços públicos entendidos como **essenciais e tidos como obrigatórios**, prestados exclusivamente pelo Estado, serão remunerados por **taxa.** Por outro lado, os serviços públicos não considerados como essenciais e, geralmente, delegados para concessionárias ou permissionárias, serão remunerados por meio de preços públicos (tarifa). Coaduna desse posicionamento, Sacha Calmon Navarro Coêlho:

> (...) A nós interessa o regime jurídico adotado pelo legislador com escora, é claro, constitucional. Apenas não nos convencemos de que a Constituição quer apenas taxa como contrapartida de serviço público. Assim: (A) quando o Estado exerce o poder de polícia, é de taxa e só dela que se pode cogitar; (B) quando o Estado diretamente presta serviço público *stricto sensu*, o caso é, também, de taxa; (C) quando o Estado, porém, engendra instrumentalidades para, em regime de Direito Privado, embora sob concessão, prestar serviços de utilidade, tais como fornecimento de gás, luz, transporte, energia, telefonia, atividade econômica, etc.), admitimos em casos tais a adoção do regime de preços[7].

7. **Curso...**, op. cit., p. 402.

Regina Helena Costa, por sua vez, discorda dessa opinião, entendendo não ser suficiente a delegação de serviços públicos a particulares para afastar a remuneração por intermédio das taxas, já que o regime jurídico da atividade continua sendo o de Direito Administrativo e, por isso, a remuneração não pode ser submetida ao regime de Direito Privado. Explica que:

> (...) consistindo o serviço público atividade estatal, a remuneração pela sua prestação somente pode estar regrada pelo mesmo regime jurídico imposto àquela, qual seja, o regime de direito público. Logo, a mera delegação da execução do serviço a particular não possui o condão de impor o regime jurídico próprio deste a atividade de incumbência do Poder Público.
>
> Daí o entendimento segundo o qual o ordenamento jurídico, em determinadas situações, defere a opção de que os serviços públicos específicos e divisíveis, sob regime de delegação de sua execução a particulares, possam ser remunerados por taxa ou tarifa, parece-nos equivocado[8].

Em que pese a autora discordar dessa forma de diferenciação da cobrança de taxas e preços públicos, reconhece que na prática se tem observado com frequência. Inúmeros serviços públicos prestados sob o regime de concessão ou permissão são remunerados por tarifa – preço público –, por ser mais atraente à iniciativa privada. Segundo a autora, se tais serviços fossem cobrados por meio de taxa, estariam sujeitos à observância de regras mais severas, como o respeito aos Princípios da Legalidade e da Anterioridade aplicável aos tributos.

A tarifa, por não ser tributo, em razão de sua natureza contratual, poderá ser cobrada independentemente de lei. Esse entendimento pode ser encontrado nas Súmulas n. 148 e 545, ambas do STF:

Súmula n. 148	Súmula n 545
"É legítimo o aumento de tarifas portuárias por ato do ministro da viação e obras públicas".	"Preços de serviços públicos e taxas não se confundem, porque estas, diferentemente daqueles, são compulsórias e têm sua cobrança condicionada à prévia autorização orçamentária, em relação à lei que as instituiu".

Observe-se, ainda, que os serviços de **água e de esgoto,** em que pese sejam atividades essenciais, são segundo o STF, remuneradas mediante **preços públicos** (tarifas) e não taxas:

> Agravo regimental nos embargos de declaração no recurso extraordinário. Constitucional. Serviços de água e esgoto. Natureza jurídica. Tarifa. Precedentes. **1. A jurisprudência desta Corte firmou-se no sentido de que o valor cobrado dos usuários pelos serviços de água e esgoto têm natureza jurídica de preço público, não de taxa.** 2. Os fundamentos da agravante, insuficientes para modificar a decisão ora agravada, demonstram apenas inconformismo e resistência em pôr termo ao processo, em detrimento da eficiente prestação jurisdicional (RE n. 408.537-AgR, rel. Min. Cezar Peluso, **DJ** de 06.03.2008). 3. Agravo regimental não provido (RE n. 581085 ED-AgR, rel. Min. Dias Toffoli, 1ª Turma, julgado em 25.09.2012, acórdão eletrônico **DJe**-201, divulg. em 11.10.2012, public. em 15.10.2012).

Ao que parece, o STF adota como diferenciação o fato de haver ou não delegação do serviço a concessionárias e permissionárias, para afirmar tratar-se de preço público ou taxa. Registre-se que, ao julgar sobre a natureza jurídica da cobrança realizada pelo Departamento Municipal de Águas e Esgotos (DMAE) de Porto Alegre, entendeu que nessa hipótese apresentaria natureza de tributo por ser desenvolvido o serviço pelo próprio ente público. Confira:

8. **Curso...**, op. cit., p. 123.

(...) Ainda que o serviço de fornecimento de água seja atividade cuja delegação é constitucionalmente permitida, no Município de Porto Alegre, **por estar sendo prestada pelo próprio ente público através de uma autarquia (DMAE), a remuneração do serviço somente pode ser procedida por tributo, no caso, por taxa.** Assim, tratando-se de tributo, as regras aplicáveis são aquelas previstas do CTN, inclusive quanto à prescrição. Revelam-se, assim, prescritas as cobranças de taxas de água do período de janeiro de 2001 a agosto de 2001, uma vez que a execução fiscal foi ajuizada somente em 30.06.2008, quando já havia se implementado a prescrição desses créditos. RECURSO DESPROVIDO, POR MAIORIA. 4. Agravo Regimental desprovido (AI n. 765898-AgR, rel. Min. Luiz Fux, 1ª Turma, julgado em 03.04.2012, acórdão eletrônico, **DJe**-080, divulg. em 24.04.2012, public. em 25.04.2012).

Outrossim, em posicionamento mais recente, conforme estudado no Capítulo 3 (no tocante ao Princípio da Liberdade de Tráfego), o STF na ADI n. 800/RS julgada em 11.06.2013 diferenciou os dois institutos com maior propriedade, concluindo que o pedágio constitui preço público, em virtude da natureza contratual e da não compulsoriedade. Segue transcrição de parte do *voto do Ministro Relator Teori Zavascki*:

(...) Segundo a jurisprudência firmada nessa Corte, **o elemento nuclear para identificar e distinguir taxa e preço público é o da compulsoriedade, presente na primeira e ausente na segunda espécie, como faz certo, aliás, a Súmula n. 545: "Preços públicos e taxas não se confundem, porque estas, diferentemente daqueles, são compulsórias e têm sua cobrança condicionada à prévia autorização orçamentária, em relação à lei que as instituiu".**

(...) Em suma, no atual estágio normativo constitucional, o pedágio cobrado pela efetiva utilização de rodovias não tem natureza tributária, mas sim de preço público, não estando, consequentemente, sujeita ao princípio da legalidade estrita.

Diante disso, percebe-se que o principal argumento do STF, ao definir como tarifa, está na ausência de compulsoriedade do pedágio, característica elementar do tributo. Por esse motivo, essa espécie jurídica (pedágio) foi considerada **preço público**. Tal entendimento também foi exarado na ADI n. 4965, conforme se observa no **Informativo do STF n. 750** de 2014 juntado ao final do Capítulo 3.

À vista de tal quadro, conclui-se que a maior parte dos serviços públicos concedidos e permitidos tem sua remuneração por meio de **preço público,** enquanto os serviços públicos específicos e divisíveis prestados diretamente pelo Poder Público são remunerados mediante **taxa, sendo, portanto, compulsória**. Para melhor compreensão segue abaixo um quadro comparativo entre taxas e preços públicos:

Taxa	Tributo
É tributo	Não é tributo
Caráter Obrigatório – compulsoriedade	Caráter Contratual
Regime Jurídico de Direito Público	Regime Jurídico de Direito Privado
Visa cobrar o preço do serviço	Visa lucro
Receita Derivada (são provenientes de bens pertencentes ao patrimônio dos particulares, impostas coercitivamente aos cidadãos)	Receita originária (são as auferidas pelo Estado em decorrência da exploração do seu próprio patrimônio)
Decorre da Lei	Decorre do contrato

3.1. Questões

1. (Pref. Teresina/PI – Técnico de Nível Superior – Analista Administrativo – FCC/2016). O tributo que tem como fato gerador o exercício regular do poder de polícia denomina-se

(A) contribuição social.

(B) imposto vinculado.

(C) imposto discricionário.

(D) taxa.

(E) empréstimo compulsório.

2. (Câmara de Registro/SP 2016 – Advogado – VUNESP/2016). Estabelece a Constituição Federal que a União, os Estados, o Distrito Federal e os Municípios poderão instituir taxas, em razão do exercício do poder de polícia ou pela utilização, efetiva ou potencial, de serviços públicos específicos e divisíveis, prestados ao contribuinte ou postos à sua disposição. Certo município, por seu turno, realiza cobrança de taxa exclusivamente em razão de serviços públicos de coleta, remoção e tratamento de lixo proveniente de imóveis nele localizados. Em tal circunstância, é correto afirmar que referida taxa

(A) não viola a disposição constitucional, pois a taxa é cobrada pela utilização, efetiva ou potencial, de serviço público específico e divisível, prestado aos contribuintes ou postos à sua disposição.

(B) não viola a disposição constitucional, visto se tratar do exercício do poder de polícia que, embora específico, é indivisível.

(C) pode, excepcionalmente, ter como base de cálculo o valor venal dos imóveis beneficiados pelos serviços, visto que o fato gerador do tributo em questão está relacionado ao próprio imóvel.

(D) é inconstitucional porque a base de cálculo a ser adotada é a mesma do imposto predial e territorial urbano, o que é vedado pela Constituição Federal.

(E) afronta a disposição constitucional por se tratar de serviço público específico, mas não divisível.

3. (Pref. Arapoti/PR – Advogado – FUNTEF-PR/2016). Assinale a alternativa correta.

(A) Somente a União e os Estados poderão instituir o tributo denominado taxa.

(B) As taxas poderão ter base de cálculo própria de impostos.

(C) Preço público tem natureza tributável e contratual.

(D) A taxa como tributo não se confunde com preço público, obrigação contratual assumida voluntariamente.

(E) O uso de bem público é suscetível de cobrança por meio de taxa.

4. (Pref. Nova Santa Bárbara/PR – Advogado – FAFIPA/2016). De acordo com o atual sistema tributário nacional, é INCORRETO afirmar que a União, os Estados, o Distrito Federal e os Municípios poderão instituir os seguintes tributos:

(A) Impostos.

(B) Contribuição de melhoria, decorrente de obras públicas.

(C) Taxas de serviços públicos específicos e indivisíveis, prestados ao contribuinte ou postos a sua disposição.

(D) Taxas, em razão do exercício do poder de polícia ou pela utilização, efetiva ou potencial, de serviços públicos específicos e divisíveis, prestados ao contribuinte ou postos a sua disposição.

5. (Pref. Matozinhos/MG – Advogado – FUMARC/2016). Suponha que um Município institua o pagamento de taxas estabelecendo como fato gerador do referido tributo a prestação e serviço público de sua competência.

Em face de tal hipótese, é CORRETO afirmar que

(A) a instituição ou majoração da referida taxa se sujeitará ao princípio da legalidade estrita.

(B) a prescrição a ser aplicada para eventual repetição de indébito decorrente da cobrança da referida taxa observará o Código Civil e seus prazos prescricionais.

(C) a referida taxa poderá ser majorada mediante decreto municipal.

(D) a relação entre o prestador e o usuário do serviço será de índole contratual.

6. (Pref. Ituiutaba/MG 2016 – Advogado – Instituto Excelência/2016). As taxas cobradas pela União, pelos Estados, pelo Distrito Federal ou pelos Municípios, no âmbito de suas respectivas atribuições, têm como fato gerador o exercício regular do poder de polícia, ou a utilização, efetiva ou potencial, de serviço público específico e divisível, prestado ao contribuinte ou posto à sua disposição. Acerca dos serviços públicos, consideram-se:

(A) Utilizados pelo contribuinte, efetivamente, quando, sendo de utilização compulsória, sejam postos à sua disposição mediante atividade administrativa em efetivo funcionamento.

(B) Utilizados pelo contribuinte, potencialmente, quando por ele usufruídos a qualquer título.

(C) Específicos, quando suscetíveis de utilização, separadamente, por parte de cada um dos seus usuários.

(D) Nenhuma das alternativas.

7. (Juiz de Fora/MG – Auditor Fiscal – AOCP/2016). Em relação às taxas, assinale a alternativa INCORRETA.

(A) Somente podem subsistir as chamadas taxas pela prestação de serviços públicos e pelo exercício do poder de polícia.

(B) A especificidade e a divisibilidade são princípios informadores das taxas de serviço.

(C) As taxas devem ser criadas por lei em sentido estrito.

(D) A taxa é uma espécie de tributo vinculado a uma atuação estatal.

(E) Podem subsistir taxas pelo uso de bem público.

8. (Pref. Ponta Grossa/PR – PROLAR – Advogado – OBJETIVA/2016). Em conformidade com ALEXANDRE, assinalar a alternativa que preenche a lacuna abaixo CORRETAMENTE:

A criação das _____________ só é possível mediante a disponibilização de serviços públicos que se caracterizem pela divisibilidade e especificidade.

(A) taxas de polícia.

(B) taxas de serviço.

(C) contribuições de melhoria.

(D) contribuições sociais.

9. (Câmara de Santa Maria/RS – Analista Legislativo – Advocacia – OBJETIVA/2016). Em conformidade com ALEXANDRE, marcar C para as afirmativas Certas, E para as Erradas e, após, assinalar a alternativa que apresenta a sequência CORRETA:

( ) As taxas de polícia têm por fato gerador o exercício regular do Poder de Polícia, cuja fundamentação é o princípio da supremacia do interesse público sobre o interesse privado, que permeia todo o direito público.

( ) É possível a cobrança da contribuição de melhoria com o intuito de obter recursos a serem utilizados em obras futuras, uma vez que, independentemente da vontade do contribuinte, haverá valorização do imóvel.

( ) O ente competente para instituir e cobrar a taxa é aquele que presta o respectivo serviço ou que exerce o respectivo Poder de Polícia.

(A) C – C – C.

(B) E – E – E.

(C) C – E – E.

(D) E – C – E.

(E) C – E – C.

10. (Câmara de Marumbi/PR – Advogado – FAUEL/2014). Sobre o Sistema Tributário Nacional, é INCORRETO afirmar que:

(A) As taxas poderão ter base de cálculo própria de impostos.

(B) Os tributos são impostos, taxas e contribuições de melhoria.

(C) É vedado à União instituir isenções de tributos da competência dos Estados, do Distrito Federal ou dos Municípios.

(D) Sempre que possível, os impostos terão caráter pessoal e serão graduados segundo a capacidade econômica do contribuinte.

11. (Companhia de Saneamento Básico/SP – Advogado – FCC/2014). Pelo serviço público de fornecimento de água tratada de forma compulsória pelo ente federado diretamente

(A) é devida a tarifa, tendo em vista que o serviço é indivisível, já que não é possível identificar o destinatário do mesmo, sendo prestado a toda a coletividade.

(B) não pode ser instituída nenhuma cobrança do usuário, tendo em vista que se trata de uma obrigação do poder público decorrente do dever de prestar saúde a todos.

(C) só deve existir cobrança de qualquer tributo quando a prestação do serviço se der por ente da Administração pública indireta estatal, como autarquia, por exemplo, já que estes entes têm capacidade tributária para instituir tributos.

(D) é devido o tributo taxa, pela prestação efetiva do serviço público específico e divisível, prestado ao contribuinte ou posto à sua disposição, desde que instituída por lei.

(E) é devido o tributo taxa, posto que o fato gerador será o uso da água tratada de modo individualizado por cada usuário, ou seja, por ser serviço público específico e divisível.

12. (DESENVOLVE/SP – Advogado – VUNESP/2014). Exercida de forma regular, a atividade da administração pública que, limitando ou disciplinando direito, interesse ou liberdade, regula a prática de ato ou abstenção de fato, em razão de interesse público concernente à segurança, à higiene, à ordem, aos costumes, à disciplina da produção e do mercado, ao exercício de atividades econômicas dependentes de concessão ou autorização do poder público ou ao respeito à propriedade e aos direitos individuais ou coletivos, autoriza a cobrança de

(A) imposto.

(B) contribuição de melhoria.

(C) preço público.

(D) tarifa.

(E) taxa.

13. (HU-UFGD/MT – Advogado – AOCP/2014). Analise as assertivas e assinale a alternativa que aponta as corretas. A União, os Estados, o Distrito Federal e os Municípios poderão instituir os seguintes tributos:

I. impostos.

II. taxas, em razão do exercício do poder de polícia ou pela utilização, efetiva ou potencial, de serviços públicos específicos e divisíveis, prestados ao contribuinte ou postos a sua disposição.

III. empréstimos compulsórios.

IV. contribuição de melhoria, decorrente de obras públicas.

(A) Apenas I, II e III.

(B) Apenas I, II e IV.

(C) Apenas II e III.

(D) Apenas I e IV.

(E) I, II, III e IV.

14. (TJ/MT – Juiz – FMP/2014). Os tributos vêm sendo classificados em cinco espécies: impostos, taxas, contribuições de melhoria, contribuições (especiais) e empréstimos compulsórios. Considerando as normas constitucionais e características de cada espécie, é correto afirmar que:

(A) a competência para a instituição de impostos é outorgada forte no critério da base econômica ou materialidade (revelações de riqueza do contribuinte) e não no da finalidade, mas não há impedimento a que o legislador, ao instituir um imposto, vincule o seu produto a determinado órgão ou ao custeio de determinada despesa ou investimento.

(B) as taxas podem ser instituídas em razão da prestação de serviços específicos e divisíveis ou do exercício do poder de polícia, bem como do uso de bens imóveis, mas não podem ter base de cálculo própria de impostos.

(C) as taxas são tributos com característica contraprestacional ou comutativa, de modo que o montante cobrado guarde equivalência razoável com o custo da atividade estatal que constitui seu fato gerador.

(D) a competência para a instituição de contribuições é outorgada segundo o critério da finalidade, exclusivamente, e não segundo o critério da base econômica que é utilizado apenas para os impostos, jamais sendo combinados tais critérios.

(E) os empréstimos compulsórios caracterizam-se como empréstimos em razão da necessária promessa de restituição, a qual pode se dar em dinheiro ou em outro bem, desde que respeitada a equivalência com o montante recolhido, atualizada monetariamente por índice não inferior ao da inflação.

15. (Prefeitura de Nossa Senhora do Socorro/SE – Procurador – Gestão de Concursos/2014). Sobre tributo, assinale a alternativa INCORRETA.

(A) Imposto é o tributo cuja obrigação tem por fato gerador uma situação independente de qualquer atividade estatal específica relativa ao contribuinte.

(B) A contribuição de melhoria é instituída para fazer face ao custo de obras públicas de que decorra valorização imobiliária, tendo como limite total a despesa realizada e, como limite individual, o acréscimo de valor que da obra resultar para cada imóvel beneficiado.

(C) As taxas têm como fato gerador o exercício regular do poder de polícia ou a utilização efetiva de serviço público específico e divisível, prestado ao contribuinte ou posto à sua disposição, sendo vedada a sua cobrança em razão de mera potencialidade.

(D) Os empréstimos compulsórios, que poderão ser instituídos pela União, terão a aplicação dos recursos vinculados à despesa que fundamentou sua instituição.

(E) Salvo exceções estabelecidas expressamente pela Constituição vigente, é vedada a vinculação de receita de impostos a órgão, fundo ou despesa.

16. (Recife/PE – Procurador – FCC/2014). A Prefeitura do Recife, por meio de sua Secretaria de Finanças, resolveu enviar proposta ao legislativo municipal para a instituição de novas taxas aplicáveis aos munícipes recifenses. É prescrição normativa constitucional que deve ser observada por esta proposta legislativa:

(A) Instituir em 2014 taxa para o custeio do serviço de iluminação pública que possa ser cobrada ainda no primeiro semestre do mesmo ano, tendo em vista as necessidades deste serviço nos bairros carentes do Recife.

(B) Instituição de taxas cobradas pela valorização de imóveis decorrente de obras públicas municipais, tomando-se o cuidado de não atribuir às taxas instituídas bases de cálculo própria de imposto.

(C) Instituição de taxas pela utilização efetiva ou potencial de serviços públicos específicos e divisíveis, prestados ao contribuinte, desde que elas não tenham base de cálculo própria de impostos.

(D) Instituição de taxas pelo exercício potencial ou efetivo do poder de polícia ou pela utilização de serviços públicos específicos e indivisíveis, prestados ao contribuinte.

(E) Sempre que possível, instituir taxas que tenham caráter pessoal e que sejam graduadas segundo a capacidade econômica dos contribuintes.

17. TJ/BA– Cartório – CESPE/2014). Com relação às taxas, assinale a opção correta.

(A) Pela prestação do serviço de iluminação pública, os municípios podem instituir taxa de iluminação pública.

(B) As taxas são tributos não vinculados a uma contraprestação do ente tributante em relação ao contribuinte.

(C) As taxas têm como fato gerador o exercício regular do poder de polícia ou a utilização, efetiva ou potencial, de serviço público específico e divisível prestado ou posto à disposição do contribuinte.

(D) Devido ao fato de a destinação do produto da arrecadação ser previsto em lei, as taxas são tributos vinculados.

(E) As taxas podem ter a mesma base de cálculo dos impostos.

18. (TRF/4ª Região – Juiz Federal Substituto – TRF4/2014). Assinale a alternativa INCORRETA.

Considerando o disposto no Código Tributário Nacional:

(A) A base de cálculo do imposto sobre a importação, quando a alíquota seja ad valorem, é o preço normal que o produto, ou seu similar, alcançaria, ao tempo da importação, em uma venda em condições de livre concorrência, para entrega no porto ou no lugar de entrada do produto no país.

(B) O Superior Tribunal de Justiça firmou entendimento no sentido de que, em se tratando da "**área de reserva legal**", é imprescindível a averbação da referida área na matrícula do imóvel para o gozo do benefício da isenção vinculado ao ITR, sendo que as áreas de preservação permanente não sofrem a obrigatoriedade do mencionado registro.

(C) A base de cálculo do imposto sobre a renda e os proventos de qualquer natureza é o montante real, arbitrado ou presumido, da renda ou dos proventos tributáveis.

(D) Os serviços públicos, para fins de cobrança de taxa, são divisíveis, quando podem ser destacados em unidades autônomas de intervenção, de utilidade ou de necessidades públicas, e específicos, quando suscetíveis de utilização, separadamente, por parte de cada um dos seus usuários.

(E) A base de cálculo do imposto incidente sobre as operações de crédito, câmbio e seguro, ou relativas a títulos ou valores mobiliários, é, quanto às operações relativas a títulos e valores mobiliários, na emissão, o valor nominal mais o ágio, se houver.

19. (CETESB – Advogado – VUNESP/2013). Licenciamento ambiental é o procedimento administrativo pelo qual o órgão ambiental competente licencia a localização, instalação, ampliação e a operação de empreendimentos e atividades utilizadoras de recursos ambientais, consideradas efetiva ou potencialmente poluidoras ou daquelas que, sob qualquer forma, possam causar degradação ambiental, considerando as disposições legais e regulamentares e as normas técnicas aplicadas ao caso. Tendo em vista tal conceito, o pagamento de valor, efetuado no momento do licenciamento ambiental, tem a natureza jurídica de:

(A) taxa;

(B) preço público;

(C) imposto;

(D) contribuição;

(E) tarifa.

20. (TJ/MA – Juiz – CESPE/2013). Assinale a opção correta acerca do ajuizamento de ações em matéria tributária, competência tributária e taxa:

(A) São funções da CF outorgar competência tributária aos entes federados, inaugurar as limitações constitucionais ao poder de tributar, enumerar exaustivamente as espécies tributárias e prever as hipóteses de repartição de receita.

(B) Segundo o STF, não ofende a CF a taxa judiciária calculada sem limite sobre o valor da causa.

(C) A jurisprudência do STF já afirmou reiteradamente a possibilidade de exigência de depósito prévio como requisito de admissibilidade de ação judicial na qual se pretenda discutir a exigibilidade de crédito tributário.

(D) De acordo com a jurisprudência do STJ, é possível o manejo de mandado de segurança com o intuito de convalidar compensação tributária realizada pelo contribuinte.

21. (Procurador Legislativo Câmara de Mauá/SP – VUNESP/2012). O serviço público que constitui fato gerador da Taxa de Serviço:

(A) precisa ser efetivamente prestado ao sujeito passivo, não podendo simplesmente estar à sua disposição.

(B) desde que seja específico, não precisa ser divisível.

(C) considera-se efetivo, quando usufruído pelo contribuinte.

(D) não precisa estar em efetivo funcionamento, desde que esteja definido em lei.

(E) é divisível quando destinado à sociedade no seu todo, independentemente da possibilidade de ser usufruído individualmente.

22. (Unicamp/SP – Procurador de Universidade: Assistente – VUNESP/2012). A espécie tributária, cobrada pela União, pelos Estados, pelo Distrito Federal ou pelos Municípios, no âmbito de suas respectivas atribuições, cujo fato gerador seja o exercício regular do poder de polícia, ou a utilização, efetiva ou potencial, de serviço público específico ou divisível, prestado ao contribuinte ou posto à sua disposição, denomina-se:

(A) taxa;

(B) imposto;

(C) contribuição de melhoria:

(D) tarifa;

(E) preço público.

23. (PMS/Sorocaba/SP – Procurador – VUNESP). De acordo com previsão expressa do Código Tributário Nacional, a especificidade e a divisibilidade são requisitos exigíveis para legitimar a cobrança de:

(A) Impostos em razão de sua vinculação *uti universi*.

(B) Taxas referentes à utilização efetiva ou potencial de serviço público pelo contribuinte.

(C) Taxas decorrentes do exercício regular do poder de polícia.

(D) Tarifas em razão de sua natureza de receita patrimonial.

(E) Tarifas em razão do caráter contraprestacional que possuem.

24. (Câmara Municipal de Paula Freitas/PR – Advogado – UNIUV/2012). Assinale a alternativa incorreta sobre as Taxas, de acordo com o Código Tributário Nacional:

(A) União, Estados, Distrito Federal e Municípios podem cobrar taxas.

(B) A taxa tem como fato gerador o exercício regular do poder de polícia, ou a utilização, efetiva ou potencial, de serviço público específico e divisível, prestado ao contribuinte ou posto à sua disposição.

(C) O poder de polícia diz respeito à segurança, à limpeza, à ordem, aos comportamentos sociais, à disciplina da produção e consumo e ao exercício de atividades econômicas e financeiras.

(D) Os serviços públicos sobre os quais incidem as taxas consideram-se efetivamente utilizados pelo contribuinte, quando por ele usufruídos a qualquer título.

(E) A taxa não pode ter base de cálculo ou fato gerador idênticos aos que correspondam a imposto.

25. (TJ/PR – Juiz Substituto – UFPR/2012). Considere as seguintes afirmativas sobre a jurisprudência do Superior Tribunal de Justiça e do Supremo Tribunal Federal em matéria tributária:

1. É inconstitucional a fixação de adicional progressivo do imposto predial e territorial urbano em função do número de imóveis do contribuinte.
2. É ilegítima a incidência do imposto de transmissão causa mortis no inventário por morte presumida.
3. Promitente comprador de imóvel residencial transcrito em nome de autarquia é contribuinte do Imposto Predial Territorial Urbano.
4. É inconstitucional a adoção no cálculo do valor de taxa de um ou mais elementos da base de cálculo própria de determinado imposto, desde que não haja integral identidade entre uma base e outra.

Assinale a alternativa correta.

(A) Somente a afirmativa 4 é verdadeira.

(B) Somente as afirmativas 2 e 4 são verdadeiras.

(C) Somente as afirmativas 1 e 3 são verdadeiras.

(D) Somente as afirmativas 1, 2 e 3 são verdadeiras.

26. (Câmara de Itambaracá/PR – Advogado – UENP/2012). O Município X deseja cobrar dos munícipes, através de uma taxa, pelo serviço de limpeza pública prestado. Assim, os Vereadores solicitam ao Advogado da Câmara um parecer acerca de como deve ser feita esta cobrança. Assinale a única alternativa correta a ser dada no parecer do Advogado:

(A) A cobrança poderá ser feita mediante a instituição de uma taxa. Sendo necessário que seja realizada por intermédio de lei municipal, apenas com observância do princípio da anterioridade anual.

(B) A cobrança poderá ser feita mediante a instituição de uma taxa. Sendo necessário que seja realizada por intermédio de lei municipal, apenas com observância do princípio da anterioridade anual. Ainda, poderá ser cobrada juntamente com o carnê de IPTU.

(C) O serviço de limpeza pública não pode ser cobrado mediante taxa, sendo necessária a criação de um imposto específico. Deverá ser editada uma lei municipal, apenas com observância do princípio da anterioridade anual apenas. Ainda, não poderá ser cobrada juntamente com o carnê de IPTU.

(D) A cobrança pelo serviço será uma taxa, não sendo necessário que seja realizada por intermédio de lei municipal. Basta um decreto do chefe do Executivo, não é preciso observar o princípio da anterioridade. Ainda, poderá ser cobrada juntamente com o carnê de IPTU.

(E) A cobrança de taxa de limpeza pública é inconstitucional, pois não é um serviço específico e divisível colocado à disposição do contribuinte.

27. (Município de Bom Jesus/SC – Advogado 2012 – INCAPEL/2012). Não viola a Constituição Federal:

I. A taxa cobrada exclusivamente em razão dos serviços públicos de coleta, remoção e tratamento ou destinação de lixo ou resíduos provenientes de imóveis.

II. A incidência do imposto sobre serviços de qualquer natureza – ISS sobre operações de locação de bens móveis.

III. A adoção, no cálculo do valor de taxa, de um ou mais elementos da base de cálculo própria de determinado imposto, desde que não haja integral identidade entre uma base e outra.

IV. A exigência de depósito prévio como requisito de admissibilidade de ação judicial na qual se pretenda discutir a exigibilidade de crédito tributário.

Estão corretas:

(A) apenas I e IV.

(B) apenas II e IV.

(C) apenas I e III.

(D) apenas II e III.

(E) I, II, III e IV.

28. (Prefeitura Municipal de Ji-Paraná/RO – Procurador (PGM) – FUNCAB/2012). Sobre as limitações do poder de tributar, assinale a assertiva cor reta, segundo entendimento jurisprudencial dominante. Sobre as limitações do poder de tributar, assinale a assertiva correta, segundo entendimento jurisprudencial dominante:

(A) O imposto sobre serviço de qualquer natureza – ISS – pode incidir sobre a operação de locação de bens móveis.

(B) O ICMS incide sobre salvado de sinistro pelas seguradoras.

(C) A imunidade tributária conferida a instituições de assistência social sem fins lucrativos pelo Art. 150, VI, "c", da Constituição alcança as entidades fechadas de previdência social privada, ainda que haja contribuição dos beneficiários.

(D) A norma legal que altera o prazo de recolhimento da obrigação tributária se sujeita ao princípio da anterioridade.

(E) O serviço de iluminação pública não pode ser remunerado mediante taxa.

29. (TJ/GO – Juiz Substituto – FCC/2012). Analise os itens a seguir:

I. Pavimentação asfáltica é fato gerador de taxa de serviço específico e divisível; deve ter valor fixo para todos os beneficiários da obra.

II. Serviço de coleta de lixo domiciliar é fato gerador de taxa de serviço específico e indivisível; deve ter valor fixo para todos os beneficiários do serviço, desde que haja efetiva fruição.

III. A concessão de alvará de construção pode ser remunerada por taxa de polícia, pois se trata de exercício regular do poder de polícia.

IV. O imposto pode ter por fato gerador serviços públicos indivisíveis, assim como o serviço de iluminação pública.

V. A destinação do produto da arrecadação é irrelevante para definir a natureza jurídica do tributo como imposto.

É correto o que se afirma APENAS em:

(A) I e II.

(B) I e IV.

(C) II e III.

(D) III e V.

(E) IV e V.

30. (Prefeitura/SP – Auditor-Fiscal Tributário Municipal I. Área de Especialização em Gestão Tributária – FCC/2012). Admitindo-se que caiba apenas aos Estados federados colocar à disposição da população um determinado serviço público específico e divisível, e, admitindo-se, também, que, em decorrência de omissão de alguns Estados, os municípios neles localizados resolvam, fora do âmbito de suas respectivas atribuições, tornar esse serviço disponível às suas respectivas populações, cobrando, em razão disso, taxas pelos serviços que estão sendo colocados à sua disposição, conclui-se que a instituição dessa taxa está em:

(A) Desconformidade com a legislação, pois as taxas só podem ser cobradas em razão de serviços efetivamente prestados e não meramente colocados à disposição do munícipe.

(B) Desconformidade com a legislação, pois uma pessoa jurídica de direito público não pode cobrar taxa por atividade que não esteja no âmbito de suas respectivas atribuições.

(C) Conformidade com a legislação, desde que o Estado delegue sua competência tributária para o município.

(D) Desconformidade com a legislação, pois a atividade desenvolvida pelo município deve ser prestada gratuitamente, custeada pela receita geral de impostos, já que os municípios não estão constitucionalmente autorizados a cobrar taxa de espécie alguma.

(E) Conformidade com a legislação, pois, se o Estado não exerceu sua competência constitucional, o município deve fazê-lo, cobrando, consequentemente, as taxas cabíveis.

31. (Prefeitura/SP – Auditor-Fiscal Tributário Municipal I. Área de Especialização Gestão Tributária – FCC/2012). Projeto de lei estadual, no intuito de fiscalizar a pesca esportiva no rio Piracicaba, foi enviado à Assembleia Legislativa, propondo a criação da Taxa de Fiscalização de Pesca do Rio Piracicaba, como meio de custear aparato fiscalizador estadual das atividades de pesca do referido rio. Tendo em vista que os benefícios trazidos por tal fiscalização atingiriam toda a população das cidades ribeirinhas, o projeto de lei em questão propunha que a base de cálculo da taxa pelo exercício do poder de polícia sobre a pesca esportiva fosse o valor venal dos imóveis localizados no perímetro urbano das cidades, desde que esses imóveis se encontrassem na zona limítrofe do rio Piracicaba, até a distância máxima de 10 km. O projeto de lei não foi aprovado pela Assembleia Legislativa, tendo sido arquivado, sob o fundamento de inconstitucionalidade. Com base na situação descrita acima, é correto afirmar:

(A) Nas circunstâncias descritas e pela relevância social do projeto de lei proposto, somente a União teria competência para instituir um imposto extraordinário, com a mesma finalidade e com a mesma base de cálculo do IPTU.

(B) Como a competência para instituir taxas pelo exercício do poder de polícia é exclusiva dos municípios, o projeto de lei deveria ser municipal.

(C) A taxa não pode ter base de cálculo idêntica à que corresponda a imposto.

(D) A espécie tributária a ser criada deveria ser uma contribuição de melhoria, e não uma taxa pelo exercício do poder de polícia, tendo em vista os benefícios trazidos pela fiscalização da pesca às cidades ribeirinhas.

(E) A espécie tributária a ser criada deveria ser um imposto estadual com base de cálculo idêntica à do IPTU, e não uma taxa pelo exercício do poder de polícia.

32. (Município de Mossoró/RN – Advogado – COMPERVE/UFRN/2012). Considerando a jurisprudência do Supremo Tribunal Federal (STF) sobre as taxas, é correto afirmar que:

(A) Taxa cobrada exclusivamente em razão dos serviços públicos de coleta, remoção e tratamento ou destinação de lixo ou resíduos provenientes de imóveis não viola o artigo 145, inciso II, da Constituição Federal.

(B) É inconstitucional a adoção, no cálculo do valor de taxa, de um ou mais elementos da base de cálculo própria de determinado imposto, desde que não haja integral identidade entre uma base e outra.

(C) O município poderá instituir taxa como contraprestação pelos serviços a serem prestados por unidade especializada em saúde.

(D) É constitucional a instituição de taxa para atender a despesas extraordinárias, decorrentes de calamidade pública, cobrada em razão da prestação de serviço essencial.

33. (AGU – CESPE/2012). As taxas de prestação de serviços, tais como as cobradas em razão do poder de polícia, devidas pelo alienante até a data da aquisição do imóvel, são de responsabilidade do adquirente do imóvel.

34. (Defensoria Pública de Rondônia – CESPE/2012). Assinale a opção correta acerca da instituição de tributos:

(A) É válida a cobrança, pelo município, de contribuição de melhoria que estabeleça como base de cálculo a valorização dos imóveis.

(B) É legítimo o estabelecimento, pelo município, de taxa de renovação anual de licença para localização, instalação e funcionamento de estabelecimento comercial, para custear o poder de polícia para tal fim instituído.

(C) É válida a cobrança, pela União, de taxa de fiscalização de atividade poluidora, ainda que não exercida, de fato, qualquer fiscalização, ingressando o tributo nos cofres públicos como se imposto fosse, dada sua competência residual.

(D) É legal a instituição de taxa municipal para custear a limpeza dos logradouros públicos, já que tal serviço é específico, divisível e possível de ser vinculado a cada contribuinte.

35. (TJ/PA – Juiz Substituto – 2012 – CESPE/2012). Assinale a opção correta a respeito da instituição e cobrança de taxas:

(A) É constitucional a cobrança de taxa de matrícula em universidade pública federal.

(B) De acordo com entendimento firmado em súmula do STJ, é ilegítima a cobrança, pelo município, de taxa relativa à renovação de licença para a localização de estabelecimento comercial ou industrial.

(C) É permitida a criação de taxa judiciária, sem limite, sobre o valor da causa.

(D) É constitucional a adoção, no cálculo do valor de taxa, de um ou mais elementos da base de cálculo própria de determinado imposto, desde que não haja integral identidade entre uma base e outra.

(E) É vedada a cobrança de taxa em razão do serviço público de coleta, remoção e tratamento de lixo ou resíduos provenientes de imóveis.

36. (TCE/SP – FCC/2011). A respeito da receita pública, analise as afirmações:

I. A taxa é receita originária e compulsória, enquanto o preço público é receita derivada e voluntária.

II. A contribuição de melhoria é uma relação jurídica de direito privado, enquanto o preço público é uma relação jurídica de direito público.

III. O imposto é receita derivada e compulsória, enquanto o preço público é receita originária e não compulsória.

IV. A taxa e o preço público se confundem, porque ambos têm natureza jurídica tributária.

Está correto o que se afirma APENAS em:

(A) I.

(B) II.

(C) III.

(D) IV.

(E) III e IV.

37. (TRF/5ª Região – Juiz Federal – CESPE/2011). A respeito do Sistema Tributário Nacional, assinale a opção correta:

(A) Consoante a jurisprudência do STF, as custas, a taxa judiciária e os emolumentos constituem espécies de preço público. Assim, é admissível que parte da arrecadação obtida com essas espécies seja destinada a instituições privadas, entidades de classe e caixas de assistência dos advogados.

(B) Compete aos entes federativos instituir contribuições sociais, de intervenção no domínio econômico e de interesse das categorias profissionais ou econômicas, como instrumento de atuação nas respectivas áreas, observado o princípio da anterioridade.

(C) A cobrança de taxa exclusivamente em razão dos serviços públicos de coleta, remoção e tratamento ou destinação de lixo ou resíduos provenientes de imóveis não viola o texto constitucional.

(D) A receita proveniente da arrecadação de empréstimo compulsório instituído para atender a despesa extraordinária decorrente de calamidade pública ocorrida no sul do país pode ser destinada para a construção de escolas públicas na região Nordeste, uma vez que é vedada a vinculação de receita de tributos a órgão, fundo ou despesa.

(E) Segundo o STF, a existência de órgão administrativo constitui condição suficiente para o reconhecimento da constitucionalidade da cobrança da taxa de localização e fiscalização, sendo um dos elementos para se inferir o efetivo exercício do poder de polícia, exigido constitucionalmente.

38. (TRF/3ª Região – Juiz – TRF 3/2010). Assinale a alternativa incorreta:

(A) As taxas não poderão ter base de cálculo própria de impostos;

(B) Cabe à lei complementar dispor sobre conflitos de competência, em matéria tributária, entre a União, os Estados, o Distrito Federal e os Municípios;

(C) A União poderá instituir taxas, em razão do exercício do poder de polícia ou pela utilização, efetiva ou potencial, de serviços públicos específicos e indivisíveis, prestados ao contribuinte ou postos a sua disposição;

(D) O Distrito Federal poderá instituir contribuição de melhoria, decorrente de obras públicas.

39. (TC/BA Procurador – CESPE/2010). É vedada a incidência de taxa municipal em razão da renovação de licença para localização de estabelecimento empresarial.

GABARITO

1. **Alternativa (D).** Taxa.

Comentário: A alternativa **"D"** está correta, nos termos do art. 145, II, da CF.

2. **Alternativa (A).** Não viola a disposição constitucional, pois a taxa é cobrada pela utilização, efetiva ou potencial, de serviço público específico e divisível, prestado aos contribuintes ou postos à sua disposição.

Comentário: A opção **"A"** está correta, conforme a Súmula Vinculante n. 19. A resposta "B" está incorreta, para dar ensejo à cobrança de taxa, o serviço deve ser divisível. A justificativa "C" está incorreta, com base no art. 145, § 2º, da CF. A letra "D" está incorreta, a questão não informou qual seria a base de cálculo. A alternativa "E" está incorreta, trata-se de serviço público específico e divisível.

3. **Alternativa (D).** A taxa como tributo não se confunde com preço público, obrigação contratual assumida voluntariamente.

Comentário: A resposta "D" está correta, o preço público não é tributo e por isso não está sujeito aos princípios tributários. A justificativa "A" está incorreta, a competência é comum, art. 145, II, da CF. A letra "B" está incorreta, nos termos do art. 145, § 2º, da CF, as taxas não podem ter base de cálculo idêntica à dos impostos. A alternativa "C" está incorreta, conforme o entendimento do STF, preço público não tem natureza tributária. A opção "E" está incorreta, enseja a cobrança por meio de preço público.

4. **Alternativa (C).** Taxas de serviços públicos específicos e indivisíveis, prestados ao contribuinte ou postos a sua disposição.

Comentário: A justificativa **"C"** está incorreta, consoante prevê o art. 145, II, da CF, os serviços devem ser específicos e divisíveis.

5. **Alternativa (A).** A instituição ou majoração da referida taxa se sujeitará ao princípio da legalidade estrita.

Comentário: A letra **"A"** está correta, pois se trata de tributo, e segundo o art. 150, I, da CF, os tributos só podem ser instituídos e majorados por meio de lei.

6. **Alternativa (D).** Nenhuma das alternativas.

Comentário: A alternativa **"D"** está correta. A opção "A" está incorreta, conforme o art. 79, I, "a", do CTN, será utilizado efetivamente, quando por ele usufruídos a qualquer título. A resposta "B" está incorreta, conforme institui o art. 79, I, "b", do CTN, será utilizado potencialmente, quando, sendo de utilização compulsória, sejam postos à sua disposição mediante atividade administrativa em efetivo funcionamento. A justificativa "C" está incorreta, pois os serviços serão específicos quando possam ser destacados em unidades autônomas de intervenção, de utilidade, ou de necessidades públicas, com fulcro no art. 79, II, do CTN.

7. Alternativa (E). Podem subsistir taxas pelo uso de bem público.

Comentário: A opção **"E"** está incorreta, as taxas são tributos que têm por fato gerador o exercício regular do poder de polícia ou pela utilização, efetiva ou potencial, de serviços públicos específicos e divisíveis, prestados ao contribuinte ou postos à sua disposição. As respostas "A", "B", "C" e "D" estão corretas, de acordo com os arts. 145, II, da CF e 77 do CTN.

8. Alternativa (B). Taxas de serviço.

A criação das _____________ só é possível mediante a disponibilização de serviços públicos que se caracterizem pela divisibilidade e especificidade.

Comentário: A resposta "B" está correta, nos termos dos arts. 77 e 79 do CTN.

9. Alternativa (E). C – E – C.

( ) As taxas de polícia têm por fato gerador o exercício regular do Poder de Polícia, cuja fundamentação é o princípio da supremacia do interesse público sobre o interesse privado, que permeia todo o direito público.

( ) É possível a cobrança da contribuição de melhoria com o intuito de obter recursos a serem utilizados em obras futuras, uma vez que, independentemente da vontade do contribuinte, haverá valorização do imóvel.

( ) O ente competente para instituir e cobrar a taxa é aquele que presta o respectivo serviço ou que exerce o respectivo Poder de Polícia.

Comentário: A justificativa **"E"** está correta. A primeira afirmação está correta, conforme o art. 145, II, da CF. A segunda, incorreta, nos termos do art. 145, III, da CF, pois só é possível cobrar a contribuição de melhoria frente a uma obra pública finalizada e que decorreu em valorização imobiliária, consoante previsão nos arts. 81 e 82 do CTN. A terceira afirmação está correta, à luz do art. 145, II, da CF, a competência é comum.

10. Alternativa (A). As taxas poderão ter base de cálculo própria de impostos.

Comentário: A questão pede a alternativa incorreta. A alternativa **"A"** é a opção incorreta, conforme dispõe o artigo 145, § 2º da CF e o artigo 77 do CTN. A letra "B" está correta, nos termos da teoria Tripartida defendida por Roque Antonio Carrazza e Paulo de Barros Carvalho, estudada no Capítulo 1. A assertiva "C" está correta, conforme o artigo 151, III, da CF. A resposta "D" está correta, segundo o artigo 145, § 1º, da CF.

11. Alternativa (D). É devido o tributo taxa, pela prestação efetiva do serviço público específico e divisível, prestado ao contribuinte ou posto à sua disposição, desde que instituída por lei.

Comentário: A opção **"D"** é a assertiva correta, com base no estudado nesse Capítulo, segundo os critérios adotados pelo STF, por se tratar de serviço público essencial, instituído pelo ente federativo por meio de lei, à luz do artigo 77 do CTN.

12. Alternativa (E). Taxa.

Comentário: A assertiva **"E"** é a resposta correta, nos ditames do artigo 78 do CTN.

13. Alternativa (B). Apenas I, II e IV.

Comentário: A resposta **"B"** é a justificativa correta, trata-se da competência comum da União, dos Estados, do Distrito Federal e dos Municípios, prescrita no artigo 145, I, II e III, da CF. Os Empréstimos Compulsórios são de competência da União, consoante estabelece o artigo 148 da CF.

14. Alternativa (C). As taxas são tributos com característica contraprestacional ou comutativa, de modo que o montante cobrado guarde equivalência razoável com o custo da atividade estatal que constitui seu fato gerador.

Comentário: A alternativa "A" está incorreta, a Constituição expressamente veda a vinculação da receita dos impostos, conforme o artigo 167, IV, da CF. A opção "B" também está incorreta, a assertiva confunde os conceitos de taxa proveniente do Poder de Polícia e da utilização, efetiva ou potencial, de serviço público específico e divisível, prevista no artigo 77 do CTN, ao incluir o trecho: "uso de bens imóveis". A letra **"C"** é a assertiva correta, nos termos do estudado nesse Capítulo, as Taxas devem observar o custo real, o STF na ADI n. 1772/MG expressa seu entendimento nesse sentido: (...) "IV. Necessidade da existência de limite que estabeleça a equivalência entre o valor da taxa e o custo real dos serviços, ou do proveito do contribuinte.

Valores excessivos: possibilidade de inviabilização do acesso de muitos à Justiça, com ofensa ao princípio da inafastabilidade do controle judicial de lesão ou ameaça de direito, CF, art. 5º, XXXV (...)". A resposta "D" está incorreta, as contribuições poderão conter alguns elementos da base de cálculo de impostos, a diferença maior entre essas duas exações está na vinculação, enquanto as contribuições são tributos vinculados, os impostos não são, conforme estudado no Capítulo 1. A justificativa "E" igualmente está incorreta, o STF, no RE n. 121336/CE, pacificou o entendimento de que "'Empréstimo compulsório, ainda que compulsório, continua empréstimo' (Victor Nunes Leal): utilizando-se, para definir o instituto de Direito Público, do termo empréstimo, posto que compulsório – obrigação 'ex lege' e não contratual –, a Constituição vinculou o legislador a essencialidade da restituição na mesma espécie, seja por força do princípio explícito do art. 110 do Código Tributário Nacional, seja porque a identidade do objeto das prestações recíprocas e indissociável da significação jurídica e vulgar do vocábulo empregado. Portanto, não é empréstimo compulsório, mas tributo, a imposição de prestação pecuniária para receber, no futuro, quotas do Fundo Nacional de Desenvolvimento: conclusão unânime a respeito".

---

15. Alternativa (C). As taxas têm como fato gerador o exercício regular do poder de polícia ou a utilização efetiva de serviço público específico e divisível, prestado ao contribuinte ou posto à sua disposição, sendo vedada a sua cobrança em razão de mera potencialidade.

Comentário: **A questão pede a incorreta.** A opção "A" está correta, nos termos do artigo 16 do CTN. A letra "B" também está correta, conforme prescreve o artigo 81 do CTN. A assertiva **"C"** é a resposta incorreta (gabarito da questão); a assertiva iniciou correta, porém finalizou erroneamente, posto que não há proibição de cobrança pela mera potencialidade. Pelo contrário, a utilização potencial pode ensejar a cobrança de taxa, conforme institui o artigo 77 do CTN. A justificativa "D" está correta, consoante preceitua o artigo 148, Parágrafo Único, da CF. A alternativa "E" também correta, com fundamento no artigo 167, IV, da CF.

---

16. Alternativa (C). Instituição de taxas pela utilização efetiva ou potencial de serviços públicos específicos e divisíveis, prestados ao contribuinte, desde que elas não tenham base de cálculo própria de impostos.

Comentário: A letra "A" está incorreta, as taxas devem observar os Princípios da Anterioridade do Exercício e da Nonagesimal, nos termos do artigo 150, III, "b" e "c", da CF. A assertiva "B" está incorreta, a valorização de imóveis constitui fato gerador da contribuição de melhoria, não podendo ser utilizada para cobrança de taxa. A resposta **"C"** é a justificativa correta, à luz do artigo 145, § 2º, da CF e do artigo 77 do CTN. A alternativa "D" está incorreta, misturou os conceitos contidos no artigo 77 do CTN. A opção "E" também está incorreta, o Princípio da Capacidade Contributiva se aplica aos impostos, conforme determina o artigo 145, § 1º, da CF.

---

17. Alternativa (C). As taxas têm como fato gerador o exercício regular do poder de polícia ou a utilização, efetiva ou potencial, de serviço público específico e divisível prestado ou posto à disposição do contribuinte.

Comentário: A assertiva "A" está incorreta, o serviço de iluminação pública é custeado por contribuição, consoante artigo 149-A da CF. As respostas "B" e "D" também estão incorretas, como estudado nesse Capítulo, as taxas são tributos com característica contraprestacional e não é vinculado em relação à destinação do produto de sua arrecadação. A justificativa **"C"** é a alternativa correta, consoante estabelece o artigo 77 do CTN. A opção "E" está incorreta, nos termos do artigo 145, § 2º, da CF e do artigo 77 do CTN.

---

18. Alternativa (D). Os serviços públicos, para fins de cobrança de taxa, são divisíveis, quando podem ser destacados em unidades autônomas de intervenção, de utilidade ou de necessidades públicas, e específicos, quando suscetíveis de utilização, separadamente, por parte de cada um dos seus usuários.

Comentário: **A questão pede a incorreta.** A resposta "A" está correta, à luz do artigo 20 do CTN. A justificativa "B" também está correta, entendimento do STJ, conforme julgado transcrito a seguir: "TRIBUTÁRIO. EMBARGOS DE DIVERGÊNCIA NO RECURSO ESPECIAL. ITR. ISENÇÃO. ART. 10, § 1º, II, "a", DA LEI N. 9.393/96. AVERBAÇÃO DA ÁREA DA RESERVA LEGAL NO REGISTRO DE IMÓVEIS. NECESSIDADE. ART. 16, § 8º, DA LEI N. 4.771/65. 1. Discute-se nestes embargos de divergência se a isenção do Imposto Territorial Rural (ITR) concernente à Reserva Legal, prevista no art. 10, § 1º, II, "a", da Lei n. 9.393/96, está, ou não, condicionada à prévia averbação de tal espaço no registro do imóvel. O acórdão embargado, da Segunda Turma e relatoria do Ministro Mauro Campbell Marques, entendeu pela imprescindibilidade da averbação. (...) (EREsp n.

1.027.051/SC, rel. Min. Benedito Gonçalves, **DJe** de 21.10.2013). A alternativa "C" igualmente está correta, consoante determina o artigo 44 do CTN. A opção **"D"** é a letra incorreta (gabarito da questão), os conceitos foram invertidos, nos termos dos incisos II e III do artigo 79 do CTN. E, por fim, a assertiva "E" está correta, com base no artigo 64, IV, "a", do CTN.

19. Alternativa (A). Taxa.

Comentário: A alternativa **"A"** é a justificativa correta, pois trata-se de taxa em razão do exercício regular do poder de polícia, nos termos do artigo 145, II, da CF e do artigo 78 do CTN.

20. Alternativa (A). São funções da CF outorgar competência tributária aos entes federados, inaugurar as limitações constitucionais ao poder de tributar, enumerar exaustivamente as espécies tributárias e prever as hipóteses de repartição de receita.

Comentário: A assertiva **"A"** é a resposta correta, de acordo com o ordenamento jurídico tributário nacional, a Constituição Federal trata da competência tributária, bem como de seus limites ao Poder de Tributar. A justificativa "B" está incorreta, segundo o entendimento do STF, Súmula n. 667 do STF: *"Viola a garantia constitucional de acesso à jurisdição a taxa judiciária calculada sem limite sobre o valor da causa"*. A resposta "C" também está incorreta, porque o STF considera inconstitucional a exigência de depósito prévio como requisito de admissibilidade de ação judicial, na qual se pretenda discutir a exigibilidade de crédito tributário, Súmula Vinculante n. 28. A alternativa "D" do mesmo modo está incorreta, consoante a Súmula n. 460 do STJ: *"É incabível o mandado de segurança para convalidar a compensação tributária realizada pelo contribuinte"*.

21. Alternativa (C). Considera-se efetivo, quando usufruído pelo contribuinte.

Comentário: A opção "A" está incorreta, à luz do artigo 145, II, da CF e do artigo 79 do CTN justifica-se a cobrança de taxa pela utilização efetiva ou potencial do serviço público específico e divisível. A letra "B" também está incorreta, porque o serviço deve ser específico e divisível. A assertiva **"C"** é a justificativa correta, conforme previsão do artigo 79, I, "a", do CTN. A resposta "D" está incorreta, visto que só poderá ser exigida taxa desde que o serviço esteja à disposição do contribuinte. A alternativa "E" está incorreta, só será divisível quando suscetíveis de utilização, separadamente, por parte de cada um dos seus usuários (art. 79, III, do CTN).

22. Alternativa (A). Taxa.

Comentário: A justificativa **"A"** é a alternativa correta, de acordo com o artigo 145, II, da CF e art. 77 do CTN.

23. Alternativa (B). Taxas referentes à utilização efetiva ou potencial de serviço público pelo contribuinte.

Comentário: A resposta **"B"** é a opção correta, nos termos dos artigos 145, II, da CF e 77 do CTN.

24. Alternativa (C). O poder de polícia diz respeito à segurança, à limpeza, à ordem, aos comportamentos sociais, à disciplina da produção e consumo e ao exercício de atividades econômicas e financeiras.

Comentário: **A questão pede a Incorreta.** A assertiva "A" está correta, a competência tributária para instituição das taxas é comum a todos os Entes Federativos, conforme preconiza o artigo 145, II, da CF. A letra "B" também está correta, nos termos do artigo 145, II, da CF e art. 77 do CTN. A opção **"C"** é a resposta incorreta, segundo o artigo 78 do CTN: "Considera-se poder de polícia atividade da administração pública que, limitando ou disciplinando direito, interesse ou liberdade, regula a prática de ato ou abstenção de fato, em razão de interesse público concernente à segurança, à higiene, à ordem, aos costumes, à disciplina da produção e do mercado, ao exercício de atividades econômicas dependentes de concessão ou autorização do Poder Público, à tranquilidade pública ou ao respeito à propriedade e aos direitos individuais ou coletivos". A justificativa "D" está correta, com base no artigo 79, I, "a", do CTN. A alternativa "E" está correta, de acordo com o artigo 145, § 2º, da CF.

25. Alternativa (C). Somente as afirmativas 1 e 3 são verdadeiras.

1. É inconstitucional a fixação de adicional progressivo do imposto predial e territorial urbano em função do número de imóveis do contribuinte.
3. Promitente comprador de imóvel residencial transcrito em nome de autarquia é contribuinte do Imposto Predial Territorial Urbano.

Comentário: O **Item 1** é verdadeiro, consoante entendimento do STF proferido na Súmula n. 589. O Item 2 é falso, nos termos da Súmula n. 331 do STF, é legítima a incidência do imposto sobre transmissão na morte presumida. O **Item 3** é verdadeiro, de acordo com enunciado da Súmula n. 583 do STF. O Item 4 é falso, segundo o entendimento do STF, Súmula vinculante n. 29, é possível a adoção no cálculo do valor de taxa de um ou mais elementos da base de cálculo própria de determinado imposto, desde que não haja integral identidade entre uma base e outra.

26. Alternativa (E). A cobrança de taxa de limpeza pública é inconstitucional, pois não é um serviço específico e divisível colocado à disposição do contribuinte.

Comentário: A alternativa **"E"** é a justificativa correta, à luz do artigo 145, II, da CF, as taxas só podem ser instituídas em razão do exercício regular do poder de polícia e pela utilização efetiva ou potencial de serviço público específico e divisível, a segurança pública é um serviço *uti universi*, cuja remuneração deverá ser por impostos e não por taxas.

27. Alternativa (C). Apenas I e III.

I. A taxa cobrada exclusivamente em razão dos serviços públicos de coleta, remoção e tratamento ou destinação de lixo ou resíduos provenientes de imóveis.

III. A adoção, no cálculo do valor de taxa, de um ou mais elementos da base de cálculo própria de determinado imposto, desde que não haja integral identidade entre uma base e outra.

Comentário: O **Item I** está correto, pois está de acordo com o posicionamento do STF, Súmula Vinculante n. 19. O Item II está incorreto, o STF já se manifestou sobre a inconstitucionalidade do ISS sobre a locação de bens móveis, Súmula Vinculante n. 31. O **Item III** também está correto, nos termos do enunciado da Súmula Vinculante n. 29 do STF. O IV está incorreto, já que o STF considera inconstitucional a exigência de depósito prévio como requisito de admissibilidade de ação judicial na qual se pretenda discutir a exigibilidade de crédito tributário, Súmula Vinculante n. 28 do STF.

28. Alternativa (E). O serviço de iluminação pública não pode ser remunerado mediante taxa.

Comentário: A opção "A" está incorreta, consoante a Súmula Vinculante n. 31 do STF, é inconstitucional a exigência de ISS sobre a locação de bens móveis. A letra "B" está incorreta, de acordo com a Súmula vinculante n. 32 do STF: "O ICMS não incide sobre alienação de salvados de sinistro pelas seguradoras". A assertiva "C" está incorreta, nos termos da Súmula n. 730 do STF, a imunidade do artigo 150, VI, "c", da CF só é extensiva às instituições de assistência social sem fins lucrativos se não houver contribuição do beneficiário. A resposta "D" está incorreta, segundo o entendimento do STF, Súmula n. 669, a norma legal que altera o prazo de recolhimento da obrigação tributária não se sujeita ao princípio da anterioridade. Essa Súmula foi recentemente convertida na Súmula Vinculante n. 50. A justificativa **"E"** é a alternativa correta, pois a iluminação pública é serviço indivisível e somente se justifica a instituição da taxa pela utilização efetiva ou potencial de serviço público específico e divisível, nesse sentido versa a Súmula n. 670 do STF: "O serviço de iluminação pública não pode ser remunerado mediante taxa"– recentemente convertida na Súmula Vinculante n. 41.

29. Alternativa (D). III e V.

III. A concessão de alvará de construção pode ser remunerada por taxa de polícia, pois se trata de exercício regular do poder de polícia.

V. A destinação do produto da arrecadação é irrelevante para definir a natureza jurídica do tributo como imposto.

Comentário: O Item I está incorreto, a pavimentação asfáltica é obra pública que decorre em valorização imobiliária, logo é fato gerador da contribuição de melhoria. O Item II está incorreto, pois o STF (Súmula Vinculante n. 19) já se pronunciou sobre a coleta de lixo individual e por ser serviço público específico e divisível está sujeito à incidência de taxas. O **Item III** está correto, nos termos do artigo 145, II, da CF. O Item IV está incorreto, imposto é o tributo cuja obrigação tem por fato gerador uma situação independente de qualquer atividade estatal específica, relativa ao contribuinte (art. 16 do CTN). O **Item V** também está correto, à luz do artigo 4º do CTN.

30. Alternativa (B). Desconformidade com a legislação, pois uma pessoa jurídica de direito público não pode cobrar taxa por atividade que não esteja no âmbito de suas respectivas atribuições.

Comentário: A justificativa **"B"** é a correta, porque as taxas são tributos vinculados à atividade estatal, logo só poderá instituir essa espécie tributária o ente que desenvolvê-la.

31. Alternativa (C). A taxa não pode ter base de cálculo idêntica à que corresponda a imposto.

Comentário: A resposta "A" está incorreta, a União, consoante prevê o artigo 154, II, da CF, só poderá criar um imposto extraordinário em caso de guerra externa ou sua iminência. A justificativa "B" está incorreta, a competência para instituição de taxas é comum a todos os Entes Federativos. A assertiva **"C"** é a opção correta, conforme preconiza o artigo 145, § 2º, da CF, a taxa não pode ter base de cálculo idêntica ao dos impostos. A letra "D" está incorreta, pois o fato gerador da contribuição de melhoria é a realização de obra pública que implique valorização imobiliária. A alternativa "E" está incorreta, os impostos residuais só podem ser instituídos pela União, mediante Lei Complementar, conforme preceitua o artigo 154, I, da CF. Ademais, não podem ter fato gerador ou base de cálculo próprios dos já discriminados na CF.

32. Alternativa (A). Taxa cobrada exclusivamente em razão dos serviços públicos de coleta, remoção e tratamento ou destinação de lixo ou resíduos provenientes de imóveis não viola o artigo 145, inciso II, da Constituição Federal.

Comentário: A assertiva **"A"** está correta, em razão da Súmula Vinculante n. 19 do STF. A letra "B" está incorreta, segundo o entendimento do STF (Súmula Vinculante n. 29), é constitucional a adoção, no cálculo do valor de taxa, de um ou mais elementos da base de cálculo própria de determinado imposto, desde que não haja integral identidade entre uma base e outra. A alternativa "C" está incorreta, pois as taxas só podem ser instituídas em razão do exercício regular do poder de polícia e pela utilização efetiva ou potencial de serviço público específico e divisível, de acordo com o artigo 145, II, da CF, e o serviço de saúde é um serviço indivisível. A opção "D" está incorreta, porque em caso de calamidade pública será instituído o empréstimo compulsório, nos termos do artigo 148, I, da CF.

33. Alternativa (ERRADA). As taxas de prestação de serviços, tais como as cobradas em razão do poder de polícia, devidas pelo alienante até a data da aquisição do imóvel, são de responsabilidade do adquirente do imóvel.

Comentário: Justificativa errada, visto que nos termos do *caput* do art. 130 do CTN, o adquirente de bem imóvel responde pelas taxas devidas em razão de serviços prestados ao imóvel, desde que o adquirente não tenha prova de quitação.

34. Alternativa (B). É legítimo o estabelecimento, pelo município, de taxa de renovação anual de licença para localização, instalação e funcionamento de estabelecimento comercial, para custear o poder de polícia para tal fim instituído.

Comentário: A letra "A" está incorreta, a contribuição de melhoria deverá respeitar dois limites: global e individual. O limite global corresponde ao valor gasto efetivamente com a obra e o individual, ao acréscimo de valor que da obra resultar para cada imóvel beneficiado. A opção **"B"** está correta, como analisado nesse Capítulo é constitucional a taxa mencionada em razão do exercício regular do poder de polícia. A resposta "C" está incorreta, a taxa de fiscalização é devida, segundo o entendimento do STF, desde que haja um órgão estruturado para realizá-la e em pleno funcionamento. A justificativa "D" está incorreta, pois a limpeza pública é serviço indivisível e, por esse motivo, não pode ser remunerada por meio de taxas, e sim mediante impostos – entendimento reiterado do STF, conforme estudado nesse Capítulo.

35. Alternativa (D). É constitucional a adoção, no cálculo do valor de taxa, de um ou mais elementos da base de cálculo própria de determinado imposto, desde que não haja integral identidade entre uma base e outra.

Comentário: A alternativa "A" está incorreta, o STF entende ser inconstitucional a cobrança de taxa de matrícula em universidade pública federal por violar o artigo 206, IV, da CF (Súmula Vinculante n. 12). A opção "B" está incorreta, de acordo com o posicionamento do STF, é legítima a cobrança de taxa de fiscalização de localização e funcionamento de estabelecimento, a Súmula n. 157 do STJ que entendia ser ilegítima já foi cancelada. A justificativa "C" está incorreta, nos termos da Súmula n. 667 do STF. A assertiva **"D"** é a resposta correta, segundo o entendimento do STF, Súmula vinculante n. 29. A letra "E" está incorreta, à luz da Súmula Vinculante n. 19 do STF, é constitucional a cobrança de taxa em razão do serviço público de coleta, remoção e tratamento de lixo ou resíduos provenientes de imóveis.

36. Alternativa (C). III.

III. O imposto é receita derivada e compulsória, enquanto o preço público é receita originária e não compulsória.

Comentário: O Item I está incorreto, porque a taxa é receita derivada e compulsória, por apresentar natureza tributária, enquanto o preço público é receita originária e não compulsória. O Item II está incorreto, uma vez que a contribuição de melhoria é espécie tributária, por isso trata-se de relação jurídica de direito público, e os preços públicos, de relação jurídica de direito privado. O **Item III** está correto, pois os impostos são cobrados em razão do patrimônio de terceiros, por isso são classificados como receitas de terceiros, enquanto preço público é devido pela utilização de bens públicos, receita originária. O Item IV está incorreto, já que preço público não configura tributo.

37. Alternativa (C). A cobrança de taxa exclusivamente em razão dos serviços públicos de coleta, remoção e tratamento ou destinação de lixo ou resíduos provenientes de imóveis não viola o texto constitucional.

Comentário: A opção "A" está incorreta, conforme parecer do STF, as taxas judiciárias, custas e emolumentos são tributos da espécie taxa e, por isso, não podem vincular a sua arrecadação a nenhum órgão. A letra "B" está incorreta, é competência privativa da União a instituição de contribuições sociais, de intervenção no domínio econômico e de interesse das categorias profissionais ou econômicas. A assertiva **"C"** é a justificativa correta, em razão da Súmula Vinculante n. 19 do STF. A alternativa "D" está incorreta, nos termos do artigo 148, Parágrafo Único, da CF – A aplicação dos recursos provenientes de empréstimo compulsório será vinculada à despesa que fundamentou sua instituição. A resposta "E" está incorreta, segundo o julgamento do STF, a cobrança de taxa se justifica em razão do exercício regular do poder de polícia, a existência de órgão estruturado e em pleno funcionamento.

38. Alternativa (C). A União poderá instituir taxas, em razão do exercício do poder de polícia ou pela utilização, efetiva ou potencial, de serviços públicos específicos e indivisíveis, prestados ao contribuinte ou postos a sua disposição.

Comentário: **A questão pede a Incorreta.** A justificativa "A" está correta, nos termos do artigo 145, § 2º, da CF. A resposta "B" também está correta, segundo o artigo 146, I, da CF. A alternativa **"C"** é a opção incorreta, uma vez que as taxas só podem ser exigidas frente a serviços públicos específicos e divisíveis. A letra "D" está correta, a competência para criação de taxas é comum a todos os Entes Federativos, de acordo com o artigo 145, III, da CF.

39. Alternativa (INCORRETA). É vedada a incidência de taxa municipal em razão da renovação de licença para localização de estabelecimento empresarial.

Comentário: A assertiva está incorreta, o entendimento do STF, como verificado nesse Capítulo, tende pela constitucionalidade da renovação anual de licença para fiscalização de localização e funcionamento de estabelecimento empresarial.

4. CONTRIBUIÇÃO DE MELHORIA

Alude ao tributo instituído em virtude da realização de **obra pública** que, de maneira geral, **valoriza** os imóveis da região abrangida pela obra. Com essa valorização, o Ente Federativo que a realizou poderá exigir Contribuição de Melhoria dos proprietários desses imóveis.

A obra é realizada não em face do interesse privado de tal ou qual pessoa, mas em razão do interesse público envolvido, do benefício que a obra traz para toda a sociedade. Porém, como irá beneficiar particularmente determinadas pessoas por causa da valorização de seus imóveis, essas terão de participar em maior grau do seu custeio mediante **Contribuição de Melhoria**[9].

9. PAULSEN, Leandro. **Direito Tributário** – Constituição e código tributário – à luz da doutrina e da jurisprudência. 15. ed. Porto Alegre: Livraria do Advogado, 2013. p. 49.

Regina Helena Costa[10] compreende que a exigência de Contribuição de Melhoria pertence à Teoria Geral do Direito, do **enriquecimento sem causa**, pois ainda que a obra seja realizada em atendimento ao interesse público, por resultar em "mais-valia imobiliária" para determinadas pessoas sem concorrer de alguma maneira para esse resultado, faltará "justa causa" ao benefício por eles recebido, o que impõe, portanto, a correção por meio da cobrança de tributo específico, qual seja, a Contribuição de Melhoria.

Importante ressaltar que a consecução da obra pública, por si só, não enseja a cobrança da Contribuição de Melhoria, há a necessidade da **valorização imobiliária**.

Não existe motivo para alguns proprietários suportarem o custo de uma obra pública que não os beneficiou de modo diferente do resto da coletividade. Os Tribunais Superiores compartilham dessa opinião, conforme exemplos de jurisprudência a seguir:

> (...) 2. A jurisprudência Corte pacificou-se no sentido de **que "o fato gerador da contribuição da melhoria é a valorização do imóvel, não cabendo sua fixação meramente sobre o valor da obra realizada"** (REsp n. 651.790/RS, 2ª Turma, rel. Min. Castro Meira, **DJ** de 05.04.2006), ou seja, "a contribuição de melhoria tem como fato gerador a valorização do imóvel que lhe acarreta real benefício, não servindo como base de cálculo tão-só o custo da obra pública realizada" (REsp n. 280.248/SP, 2ª Turma, rel. Min. Francisco Peçanha Martins, **DJ** de 28.10.2002) (grifos nossos).

> (...) 3. Assim, a cobrança da contribuição de melhoria deve levar em consideração o acréscimo do valor do imóvel, decorrente da realização de obra pública, não sendo possível estabelecer a sua cobrança com base no custo total da obra dividido pelo número de unidades existentes na área beneficiada. 4. Agravo regimental não provido (AgRg no AgRg no REsp n. 1018797/RS, rel. Min. Mauro Campbell Marques, 2ª Turma, julgado em 17.04.2012, **DJe** de 26.04.2012).

> CONSTITUCIONAL. TRIBUTÁRIO. AGRAVO REGIMENTAL NO AGRAVO DE INSTRUMENTO. CONTRIBUIÇÃO DE MELHORIA. FATO GERADOR: QUANTUM DA VALORIZAÇÃO IMOBILIÁRIA. PRECEDENTES. 1. Esta Corte consolidou o entendimento no sentido de que a contribuição de melhoria incide sobre o quantum da valorização imobiliária. Precedentes. 2. Agravo regimental improvido (AI n. 694836-AgR/SP, rel.ª Min.ª Ellen Gracie, Órgão Julgador: 2ª Turma, **DJe**-237, divulg. em 17.12.2009, public. em 18.12.2009).

Diante disso, o **asfaltamento** de via pública se considera obra que gera a valorização imobiliária, logo, motiva a instituição de Contribuição de Melhoria. Entretanto, o simples recapeamento de via pública não implica valorização imobiliária, portanto não dá ensejo à instituição dessa espécie tributária.

Muitos doutrinadores defendem a cobrança de Contribuição de Melhoria quando parques são construídos. Roberto Ferraz[11], por exemplo, critica a postura atual do Poder Público com relação à criação de parques, posto que não há a cobrança da Contribuição de Melhoria, ainda que haja uma valorização imobiliária. Ao Estado compete pagar uma indenização para aqueles moradores que foram desapropriados, e esse valor acaba ficando extremamente elevado, ao considerar a valorização da região pela construção do próprio parque.

Por essa interpretação, ao decidir criar áreas de preservação ambiental, o Estado deve se valer da cobrança da Contribuição de Melhoria, até mesmo para ter condições de arcar

10. **Curso...**, 2009, p. 124-125.
11. **Tributação ambientalmente orientada...**, op. cit., 2005, p. 349.

com novas desapropriações com o fim de criar novos parques, praças, e assim preservar o meio ambiente.

O autor supracitado entende que a cobrança dessa exação tributária traz possibilidades infindáveis, visto que viabiliza: "[...] economicamente, e com, justiça fiscal, a efetivação de políticas públicas ambientais" (sic)[12].

A competência tributária da Contribuição de Melhoria, assim como as Taxas e os Impostos, é **comum**. Isso significa que todo e qualquer Ente Federativo poderá instituir essa espécie tributária, nos termos do artigo 145, III, da CF, *in verbis: "A União, os Estados, o Distrito Federal e os Municípios poderão instituir os seguintes tributos: (...) III – contribuição de melhoria, decorrente de obras públicas".*

A Contribuição de Melhoria deve ser instituída por lei específica, podendo ser instrumentalizada por meio de Lei Ordinária.

A cobrança da Contribuição de Melhoria deverá ocorrer pelo Ente Federativo que tiver realizado a obra (Sujeito Ativo) e será exigida do **proprietário** do imóvel (Sujeito Passivo).

Desse modo, não há como se aceitar, no âmbito tributário, convenções particulares, responsabilizando terceiros ao pagamento desse tributo, consoante preceituam o artigo 123 do CTN e os artigos 3º, § 3º, e 8º, *caput*, do Decreto-lei n. 195/67:

> **Art. 123 do CTN.** Salvo disposições de lei em contrário, as convenções particulares, relativas à responsabilidade pelo pagamento de tributos, não podem ser opostas à Fazenda Pública, para modificar a definição legal do sujeito passivo das obrigações tributárias correspondentes.
>
> **Art. 3º do DL n. 195/67.** A Contribuição de Melhoria a ser exigida pela União, Estado, Distrito Federal e Municípios para fazer face ao custo das obras públicas, será cobrada pela Unidade Administrativa que as realizar, adotando-se como critério o benefício resultante da obra, calculado através de índices cadastrais das respectivas zonas de influência, a serem fixados em regulamentação deste Decreto-lei. (...) § 3º A Contribuição de Melhoria será cobrada do proprietário de imóveis do domínio privado, situados nas áreas direta e indiretamente beneficiadas pela obra. (...)
>
> **Art. 8º do DL n. 195/67.** Responde pelo pagamento da Contribuição de Melhoria o proprietário do imóvel ao tempo do seu lançamento, e esta responsabilidade se transmite aos adquirentes e sucessores, a qualquer título, do domínio do imóvel.

Ocorre que, o legislador permitiu que o locador ajustasse o aluguel do locatário que esteja usufruindo da valorização do imóvel, em até **10%** (dez por cento) ao ano da **Contribuição de Melhoria** paga, de acordo com o disposto no artigo 8º, § 2º, do Decreto-lei n. 195/67:

> **Art. 8º** Responde pelo pagamento da Contribuição de Melhoria o proprietário do imóvel ao tempo do seu lançamento, e esta responsabilidade se transmite aos adquirentes e sucessores, a qualquer título, do domínio do imóvel. (...) § 2º No imóvel locado **é lícito ao locador exigir aumento de aluguel correspondente a 10% (dez por cento) ao ano da Contribuição de Melhoria efetivamente paga**. (grifos nossos)

A **base de cálculo** da Contribuição de Melhoria será calculada a partir de duas dimensões: (i) o valor da valorização individual do imóvel, decorrente da obra pública, e (ii) o quanto

12. *Ibidem*, 2005, p. 349.

foi gasto efetivamente com a realização da obra. Para melhor compreensão, transcreve-se o *caput* do artigo 81 do CTN com esses preceitos:

> **Art. 81.** A contribuição de melhoria cobrada pela União, pelos Estados, pelo Distrito Federal ou pelos Municípios, no âmbito de suas respectivas atribuições, é instituída para fazer face ao custo de obras públicas de que decorra valorização imobiliária, tendo como limite total a despesa realizada e como limite individual o acréscimo de valor que da obra resultar para cada imóvel beneficiado.

Diante da leitura do referido artigo, pode-se classificar a forma de cálculo da Contribuição de Melhoria em:

- **Limite Individual:** Trata-se do valor de **valorização individual**, verificando-se o imóvel de cada Contribuinte. Esse cálculo poderá ser feito por meio da obtenção do resultado da diferença do valor do imóvel depois e do valor do imóvel antes da obra[13].
- **Limite Geral (Total):** Refere-se ao **valor total da obra**, ou seja, a despesa total gasta com a obra pública.

O STJ compartilha do posicionamento sobre a utilização desses limites, cabendo ao ente tributante o ônus da prova em relação à valorização imobiliária, conforme jurisprudência a seguir:

> AGRAVO REGIMENTAL NO RECURSO ESPECIAL. TRIBUTÁRIO. CONTRIBUIÇÃO DE MELHORIA. BASE DE CÁLCULO. VALORIZAÇÃO IMOBILIÁRIA. ÔNUS DA PROVA DO ENTE TRIBUTANTE. PRECEDENTES: AGRG NO AG N. 1.159.433/RS, REL. MIN. BENEDITO GONÇALVES, **DJe** DE 05.11.2010 E AGRG NO AG N. 1.190.553/RS, REL.ª MIN.ª ELIANA CALMON, **DJe** DE 26.04.2011. AGRAVO REGIMENTAL DO MUNICÍPIO DE BENTO GONÇALVES DESPROVIDO. 1. Essa Corte Superior tem entendido que a base de cálculo da contribuição de melhoria é a efetiva **valorização imobiliária dela decorrente, inadmitida sua cobrança com base exclusivamente no custo da obra.** Cabe ainda, ao ente tributante, o ônus da prova da referida valorização 2. Agravo Regimental do MUNICÍPIO DE BENTO GONÇALVES desprovido (AgRg no REsp n. 1304925/RS, rel. Min. Napoleão Nunes Maia Filho, 1ª Turma, julgado em 17.04.2012, **DJe** de 20.04.2012) (grifos nossos).

> PROCESSUAL CIVIL E TRIBUTÁRIO. RECURSO ESPECIAL. MANDADO DE SEGURANÇA. CONTRIBUIÇÃO DE MELHORIA. BASE DE CÁLCULO. VALORIZAÇÃO IMOBILIÁRIA. INDIVIDUALIZAÇÃO. ARTIGOS 81 E 82 DO CÓDIGO TRIBUTÁRIO NACIONAL. (...) 2. É pacífico no Superior Tribunal de Justiça o entendimento de que a valorização individualizada do imóvel do co**ntribuinte é fator delimitador da base de cálculo da contribuição de melhoria, não sendo permitido tão somente o rateio do custo da obra entre aqueles que residem na área em que foi realizada a obra pública.** Precedentes: AgRg no REsp n. 1.079.924/RS, rel. Min. Francisco Falcão, 1ª Turma, **DJe** de 12.11.2008; REsp n. 671.560/RS, rel.ª Min.ª Denise Arruda, 1ª Turma, **DJ** de 11.06.2007; REsp n. 615.495/RS, rel. Min. José Delgado, 1ª Turma, **DJ** 17.05.2004; REsp n. 362.788/RS, rel.ª Min.ª Eliana Calmon, 2ª Turma, **DJ** de 05.08.2002. 3. O art. 81 do Código Tributário Nacional dispõe que "a contribuição de melhoria [...] é instituída para fazer face ao custo de obras públicas de que decorra valorização imobiliária, tendo como limite total a despesa realizada e como limite individual o acréscimo de valor que da obra resultar para cada imóvel beneficiado". Enquanto que o art. 82, § 1º, do CTN estabelece que "a contribuição relativa a cada imóvel será determinada pelo rateio da parcela do custo

13. O art. 3º do Decreto-lei n. 195/67 também versa sobre o procedimento de cálculo do limite individual.

da obra [...] pelos imóveis situados na zona beneficiada em função dos respectivos fatores individuais de valorização" (...) (REsp n. 147094/PR, Min. Benedito Gonçalves (1142), T1 – 1ª Turma, **DJe** de 21.03.2011) (grifos nossos).

Além dos limites estabelecidos no artigo 81 do CTN, há os requisitos mínimos que devem ser cumpridos, previstos no artigo 82 do mesmo diploma legal:

Art. 82. A lei relativa à contribuição de melhoria observará os seguintes requisitos mínimos: I – publicação prévia dos seguintes elementos: a) memorial descritivo do projeto; b) orçamento do custo da obra; c) determinação da parcela do custo da obra a ser financiada pela contribuição; d) delimitação da zona beneficiada; e) determinação do fator de absorção do benefício da valorização para toda a zona ou para cada uma das áreas diferenciadas, nela contidas; II – fixação de prazo não inferior a 30 (trinta) dias, para impugnação pelos interessados, de qualquer dos elementos referidos no inciso anterior; III – regulamentação do processo administrativo de instrução e julgamento da impugnação a que se refere o inciso anterior, sem prejuízo da sua apreciação judicial. § 1º A contribuição relativa a cada imóvel será determinada pelo rateio da parcela do custo da obra a que se refere a alínea "c", do inciso I, pelos imóveis situados na zona beneficiada em função dos respectivos fatores individuais de valorização. § 2º Por ocasião do respectivo lançamento, cada contribuinte deverá ser notificado do montante da contribuição, da forma e dos prazos de seu pagamento e dos elementos que integram o respectivo cálculo.

Da interpretação dos referidos dispositivos, pode-se concluir que a cobrança da contribuição de melhoria somente deve ser realizada **após a conclusão** da obra pública que efetivamente valorizar os bens imóveis. Ratifica esse entendimento o artigo 9º do Decreto-lei n. 195/67:

Art. 9º. Executada a obra de melhoramento na sua totalidade ou em parte suficiente para beneficiar determinados imóveis, de modo a justificar o início da cobrança da Contribuição de Melhoria, proceder-se-á ao lançamento referente a esses imóveis depois de publicado o respectivo demonstrativo de custos.

Diante de tudo o que foi exposto, depreende-se que essa espécie tributária somente será exigida de determinadas pessoas particularmente beneficiadas com a valorização do seu patrimônio em virtude da obra pública.

Para melhor visualização da contribuição de melhoria, segue abaixo um quadro com a regra matriz dessa espécie tributária:

Critério Material (Fato Gerador)	Realização de obra pública que decorra em valorização imobiliária.	
Critério Espacial	Onde for realizada a obra.	
Critério Temporal	Após a finalização da obra pública – art. 9º do Decreto-lei n. 195/67.	
Critério Quantitativo	Base de Cálculo	Valor rateado entre os proprietários que tiveram a valorização imobiliária, considerando o custo individual e o global, ou seja, o quanto valorizou para cada contribuinte e a despesa total com a obra.
	Alíquota	Percentual a ser estabelecido pelo ente tributante.
Critério Pessoal	Sujeito Ativo	Ente Federativo que realizar a obra pública (Competência COMUM – art. 145, III, da CF).
	Sujeito Passivo	Proprietário do Imóvel que sofreu a valorização imobiliária.

4.1. Questões

1. (Pref. Ribeirão do Pinhal/PR – Advogado – FAUEL/2016). Acerca do tributo Contribuição de Melhoria, é correto afirmar que:

(A) Trata-se de tributo não vinculado.

(B) Obras públicas de grande vulto que venham a ocasionar a valorização de bens móveis podem dar ensejo à cobrança do tributo.

(C) Trata-se de tributo que pode ser municipal ou distrital, mas não estadual ou federal.

(D) Tem como limite total o custo da obra e como limite individual a mais-valia imobiliária.

2. (SERGIPE GÁS S/A – SERGAS – Advogado – IESES/2016). De acordo com os princípios constitucionais que norteiam o Sistema Tributário Nacional, a União, os Estados, o Distrito Federal e os Municípios poderão instituir os seguintes tributos:

I. Contribuição de melhoria, decorrente de obras públicas.

II. Tarifas.

III. Taxas, em razão do exercício do poder de polícia ou pela utilização, efetiva ou potencial, de serviços públicos específicos e divisíveis, prestados ao contribuinte ou postos a sua disposição.

IV. Impostos.

A sequência correta é:

(A) Apenas as assertivas I e IV estão corretas.

(B) Apenas as assertivas I e III estão corretas.

(C) Apenas a assertiva III está correta.

(D) As assertivas I, III e IV estão corretas.

3. (CASAL/AL – Advogado – COPEVE/2014). A Lei n. 5.172/1966, Código Tributário Nacional, institui normas gerais de direito tributário, aplicando-se a União, Estados, Municípios e Distrito Federal. Considerando o que dispõe essa lei, dadas as afirmativas abaixo,

I. Para efeito de cobrança de taxa, consideram-se "específicos" os serviços quando suscetíveis de utilização, separadamente, por parte de cada um dos seus usuários.

II. O direito de efetuar o lançamento extingue-se em cinco anos, a contar do fato gerador dos tributos, exceto contribuições sociais.

III. As taxas de polícia podem ser cobradas em virtude de atividade da administração pública que, limitando ou disciplinando direito, interesse ou liberdade, regula a prática de ato ou abstenção de fato, por exemplo, a bem da segurança, da higiene ou da disciplina do mercado.

IV. As contribuições de melhoria não podem incidir sobre a realização de atividade típica de poder de polícia, mas podem ser cobradas em virtude de realização de serviço público que gere utilidade e mais valia ao contribuinte.

V. Para o Código Tributário Nacional, os tributos são impostos, taxas e contribuições de melhoria, irrelevante a destinação legal do produto da sua arrecadação.

Verifica-se que está(ão) correta(s) apenas

(A) I e II.

(B) I e IV.

(C) II e III.

(D) III e V.

(E) I, IV e V.

4. (PGE/AC – FMP/2014). Dadas as assertivas abaixo, assinale a alternativa correta.

I. Os impostos e as taxas podem ser instituídos por qualquer dos entes públicos que compõem a Federação, desde que haja, por parte de tais entes, a devida contraprestação em matéria de serviços públicos específicos e divisíveis.

II. A denominada "taxa de polícia" pode ser cobrada exclusivamente pelos estados-membros, os quais titulam competência constitucional de zelar pela segurança pública de toda a coletividade.

III. Segundo entendimento do Supremo Tribunal Federal a União, mediante lei complementar, pode instituir outras contribuições destinadas à manutenção ou expansão da seguridade social, além daquelas já previstas no art. 195, inciso I a IV, da Constituição Federal, desde que as novas contribuições sejam não cumulativas, e não tenham o mesmo fato gerador dos impostos já discriminados na Constituição Federal.

IV. A contribuição de melhoria está prevista na Constituição Federal e no Código Tributário Nacional, manifestando-se no poder impositivo de exigir o tributo dos proprietários de bens imóveis valorizados com a realização de obra pública.

(A) Apenas a assertiva I está correta.

(B) Apenas a assertiva II está correta.

(C) Apenas a assertiva III está correta.

(D) Apenas a assertiva IV está correta.

5. (Procurador do Estado/PI – CESPE/2014). A respeito das competências tributárias, assinale a opção correta.

A) Por ser tributo vinculado, a contribuição de melhoria somente pode ser exigida quando realizada obra pública que proporcione a valorização de imóvel de propriedade do contribuinte, estando sua cobrança limitada pelo valor global da obra pública e, concomitantemente, pelo valor do benefício econômico auferido pelo contribuinte.

B) As contribuições sociais gerais são fundadas na CF e, diferentemente das contribuições sociais de financiamento da seguridade social, devem ser instituídas por meio de leis complementares.

C) As taxas de serviço podem ser exigidas em virtude da mera disponibilidade do serviço público específico e divisível e, no caso de serviços de natureza compulsória, a sua cobrança independe da efetiva prestação da atividade pelo Estado ao contribuinte.

D) A denominação do tributo, assim como a destinação do produto da sua arrecadação, é irrelevante para a identificação da espécie tributária e do regime jurídico a ela aplicável.

E) São pressupostos dos empréstimos compulsórios a ocorrência de calamidade pública, guerra, investimento público urgente e de relevante interesse nacional, e uma conjuntura econômica que exija a absorção temporária de poder aquisitivo, exigindo- se, em todos os casos, aprovação por lei complementar.

6. (Município de Paraibano/MA – Procurador – IMA/2014). Assinale a alternativa correta acerca da espécie tributária que decorre da realização de uma obra pública que beneficie imóveis determinados ou determináveis:

(A) A taxa tem seu fato gerador sempre na realização de uma obra pública de que efetivamente decorra uma valorização imobiliária.

(B) À cobrança da contribuição de melhoria o CTN impõe dois limites: limite individual, que é o correspondente à valorização para cada imóvel, e o limite total, que é o correspondente ao total da valorização.

(C) O limite total à cobrança da taxa é o valor total da despesa realizada pelo Poder Público na obra.

(D) O limite total à cobrança da contribuição de melhoria é o valor total da despesa realizada pelo Poder Público na obra.

7. (TJ/BA – Cartório – CESPE/2014). No que se refere à contribuição de melhoria, assinale a opção correta.

(A) Essa contribuição é instituída para fazer face aos custos de obras públicas de que decorra valoriza**ção imobiliária.**

(B) Para calcular a contribuição de melhoria, o poder público deve considerar apenas o custo da obra sem a necessidade de verificar a valorização que da obra resultar para cada imóvel beneficiado.

(C) A lei que instituir a contribuição de melhoria deve fixar um prazo máximo de dez dias para que os interessados possam impugnar o memorial descritivo do projeto e o orçamento do custo da obra.

(D) O limite total da contribuição de melhoria deve ser igual ao valor que da obra resultar para cada imóvel beneficiado.

(E) A competência para instituir a contribuição de melhoria é privativa dos municípios.

8. (TJ/PB – Cartório – IESES/2014). De acordo com a Constituição Federal de 1988, a União, os Estados, o Distrito Federal e os Municípios poderão instituir os seguintes tributos:

(A) Impostos, tarifas e contribuição de melhoria.

(B) Impostos, taxas, tarifas e contribuição de melhoria.

(C) Taxas, tarifas e contribuição de melhoria.

(D) Impostos, taxas e contribuição de melhoria.

9. TJ/DF – Cartório – CESPE/2014). No que se refere a taxas e contribuições de melhoria, assinale a opção correta.

(A) A instituição de taxas deve sempre observar o princípio da legalidade tributária.

(B) As taxas cobradas pelo DF, no âmbito de suas atribuições, podem ter como fato gerador o exercício efetivo ou potencial do poder de polícia.

(C) Os serviços públicos específicos são suscetíveis de utilização por parte de cada um dos seus usuários de forma separada.

(D) A contribuição de melhoria cobrada pelo DF, no âmbito de suas atribuições, pode ser instituída para fazer face ao custo de obras públicas de que decorra ou não valorização imobiliária.

(E) Apesar de ampla aceitação pela doutrina e jurisprudência, a espécie tributária "contribuição de melhoria" não guarda expressa previsão na CF.

10. Câmara dos Deputados – Analista Legislativo: Consultor Legislativo – CESPE/2014). A doutrina e a jurisprudência constitucional classificam os tributos em impostos, taxas, contribuições de melhoria, empréstimos compulsórios e contribuições especiais. Acerca dessas espécies tributárias, julgue os itens que se seguem.

O fato gerador da contribuição de melhoria não é a realização da obra em si, mas sua consequência. Com isso, para efeito de cobrança do tributo, deve-se considerar melhoria como sinônimo de valorização do imóvel beneficiado. ( )

Segundo o STF, o custeio do serviço de iluminação pública constitui um tipo de contribuição de caráter sui generis, em que podem ser eleitos contribuintes os consumidores de energia elétrica, a base de cálculo pode ser definida conforme o consumo e, ainda, podem ser impostas alíquotas progressivas que consideram a quantidade de consumo e as características dos diversos tipos de consumidor. ( )

A União, ao instituir contribuição de interesse de determinada categoria profissional, poderá cobrá-la no mesmo exercício financeiro em que tenha sido publicada a lei que a instituiu, pois o princípio da anterioridade, nesse caso, limita-se ao período de noventa dias. ( )

A restituição de empréstimo compulsório pode ser feita mediante a transferência de ações de empresa pública ou sociedade de economia mista, ainda que o recolhimento do tributo tenha ocorrido mediante valor pecuniário. ( )

11. (Município de Leópolis/PR – Advogado – UENP/2012). Quanto à Contribuição de Melhoria, analise as afirmativas abaixo.

I. Esse tributo só pode ser instituído por um município ou pelo Distrito Federal.

II. O valor da contribuição de melhoria deverá corresponder, exclusivamente, ao custo total da obra dividido pelo número de imóveis beneficiados.

III. O orçamento do custo da obra deverá ser previamente publicado, e o prazo para a sua impugnação administrativa, pelos interessados, não poderá ser inferior a 30 dias.

IV. O valor da contribuição de melhoria deverá englobar, necessariamente, o valor total da obra pública a ser custeada pela exação.

Que afirmativa(s) está(ao) correta(s)?

(A) Apenas a I.

(B) Apenas a II.

(C) Apenas a III.

(D) Apenas a IV.

(E) Nenhuma.

12. (Município de Colatina/ES – Procurador– FUNCAB/2012). A obra pública da qual decorra valorização imobiliária consiste em fator gerador:

(A) empréstimo compulsório;

(B) taxa;

(C) imposto;

(D) contribuição social;

(E) contribuição de melhoria.

13. (Município de Congonhas/MG – Procurador – FGR/2012). Considerando as definições presentes no Código Tributário Nacional, marque a alternativa INCORRETA:

(A) As taxas poderão ter como fato gerador a utilização, efetiva ou potencial, de serviço público específico e divisível, prestado ao contribuinte ou posto à sua disposição.

(B) A contribuição de melhoria é instituída para fazer face ao custo de obras públicas de que decorra valorização imobiliária, tendo como limite total a despesa realizada e como limite individual o acréscimo de valor que da obra resultar para cada imóvel beneficiado.

(C) A lei relativa à contribuição de melhoria observará requisitos mínimos, dentre os quais se inclui a publicação prévia do orçamento do custo da obra.

(D) Imposto é o tributo cuja obrigação tem por fato gerador uma situação dependente de atividade estatal específica, relativa ao contribuinte.

14. (Prefeitura/SP – Auditor-Fiscal Tributário Municipal I. Área de Especialização em Gestão Tributária – FCC/2012). A realização de obras públicas, que transformaram uma região anteriormente pantanosa em um belo e aprazível parque, ocasionou a valorização da maior parte dos imóveis localizados em suas proximidades, da seguinte maneira:

– o imóvel "A", que valia R$ 4.000.000,00 antes das obras, teve fator de absorção do benefício de valorização de 200%, passando a valer R$ 12.000.000,00.

– o imóvel "B", que valia R$ 3.000.000,00 antes das obras, teve fator de absorção do benefício da valorização de 100%, passando a valer R$ 6.000.000,00.

– o imóvel "C", que valia R$ 2.000.000,00 antes das obras, teve fator de absorção do benefício da valorização de 50%, passando a valer R$ 3.000.000,00.

– o imóvel "D" não teve valorização alguma em decorrência das obras realizadas.

Obs.: Todos os quatro imóveis têm a mesma área de terreno e o que determinou a diferença nos fatores de absorção do benefício da valorização foram elementos alheios à dimensão do terreno.

O custo total da obra foi orçado em R$ 6.000. 000,00 e a referida contribuição deverá custeá-la integralmente. Com base nessas informações e considerando que o município em questão editou lei ordinária estabelecendo a cobrança de contribuição de melhoria para fazer face ao custo dessa obra, é correto afirmar que:

(A) A municipalidade poderá exigir do proprietário do imóvel "C" contribuição de melhoria no valor de R$ 500.000,00, mesmo que seu imóvel tenha sido valorizado em R$ 1.000.000,00, desde que o limite total da exigência referente ao custo da obra não ultrapasse R$ 6.000.000,00.

(B) Os proprietários dos imóveis "A", "B", "C" e "D" deverão pagar contribuição de melhoria, pois estão na zona beneficiada.

(C) Os proprietários dos imóveis "A", "B" e "C" deverão pagar contribuição de melhoria, desde que a fixação das bases de cálculo e dos fatos geradores respectivos sejam estabelecidos por lei complementar.

(D) Os proprietários dos imóveis "A", "B" e "C", que tiveram seus imóveis efetivamente valorizados com a obra, deverão ratear integralmente o valor de custo da obra, com base na área do terreno de cada um deles, cabendo a cada um o valor de R$ 2.000.000,00.

(E) A municipalidade poderá exigir, cumulativamente, de todos os quatro proprietários, contribuição de melhoria em valor igual ao da valorização de seus respectivos imóveis, cabendo ao imóvel "A" pagar R$ 8.000.000,00, ao imóvel "B" pagar R$ 3.000.000,00, ao imóvel "C" pagar R$ 1.000.000,00 e não cabendo nada a "D", perfazendo um total de R$ 12.000.000,00.

15. (Prefeitura Municipal de Campinas – Procurador – CETRO/2012). Sobre a contribuição de melhoria, assinale a alternativa correta:

(A) A realização de obra pública é o fato gerador da contribuição de melhoria.

(B) É tributo de competência exclusiva dos municípios.

(C) O limite individual da contribuição de melhoria é o acréscimo de valor que da obra resultar para cada imóvel beneficiado.

(D) Os limites total e individual da contribuição de melhoria são constitucionalmente previstos.

(E) É possível cobrança de contribuição de melhoria sem ocorrência de valorização imobiliária.

16. (TRF/5ª Região – Juiz Federal – CESPE/2011). Com relação a taxas e contribuições, assinale a opção correta.

(A) É cabível a cobrança de contribuição de melhoria em virtude da construção de estradas de rodagem e do recapeamento de via pública já asfaltada.

(B) As contribuições sociais residuais devem ser instituídas por lei complementar, ser não cumulativas e ter bases de cálculo e fatos geradores diferentes dos de outras contribuições sociais.

(C) Em conformidade com a legislação local aplicável, é legítima a cobrança de taxa de calçamento.

(D) É ilegítima a cobrança da contribuição para financiamento da seguridade social (COFINS) sobre as operações relativas a serviços de telecomunicações.

17. (Procurador do Rio Grande da Serra/SP – Moura Melo/2011). No que se refere à contribuição de melhoria, é correto afirmar que:

(A) É somente cobrada pelo Estado ante a necessidade de custear obras públicas.

(B) Tem como fato gerador a calamidade pública.

(C) Deverá ser publicada lei prévia com a determinação da parcela do custo da obra de contribuição de melhoria.

(D) Tem como fato gerador o exercício regular do poder de polícia.

18. (Juiz do TRF/3ª Região/2010). Assinale a alternativa incorreta:

(A) A União poderá instituir empréstimo compulsório, mediante Lei Complementar para atender a despesas extraordinárias, decorrentes de calamidade pública, da guerra externa ou sua iminência.

(B) A cobrança de impostos deve sempre decorrer de uma situação que independa de qualquer atividade estatal específica.

(C) A contribuição de melhoria é instituída para fazer face ao custo de obras públicas do qual decorra valorização imobiliária.

(D) É vedado instituir tratamento desigual entre contribuintes que se encontrem em situação equivalente, admitindo-se distinção em razão da ocupação profissional ou função por eles exercida.

GABARITO

1. **Alternativa (D).** Tem como limite total o custo da obra e como limite individual a mais-valia imobiliária.

Comentário: A alternativa **"D"** está correta, nos termos do art. 81 do CTN. A opção "A" está incorreta, é tributo vinculado, pois no momento em que o contribuinte paga o tributo ele sabe exatamente qual foi a contraprestação estatal, isto é, ocorrência de obra pública com valorização imobiliária, segundo o art. 145, III, da CF. A resposta "B" está incorreta, basta que sejam obras públicas e decorram em valorização imobiliária, conforme literalidade da CF. A justificativa "C" está incorreta, todos os entes têm competência para instituir a contribuição de melhoria, de acordo com o art. 145, III, da CF.

2. **Alternativa (D).** As assertivas I, III e IV estão corretas.

I. Contribuição de melhoria, decorrente de obras públicas.

III. Taxas, em razão do exercício do poder de polícia ou pela utilização, efetiva ou potencial, de serviços públicos específicos e divisíveis, prestados ao contribuinte ou postos a sua disposição.

IV. Impostos.

Comentário: A opção **"D"** está correta, a tarifa não é tributo. Os serviços públicos não considerados como essenciais e, geralmente, delegados para concessionárias ou permissionárias, serão remunerados por meio de preços públicos (tarifa). Nesse sentido, tem-se a Súmula n. 545 do STF.

---

3. **Alternativa (D).** III e V.

III. As taxas de polícia podem ser cobradas em virtude de atividade da administração pública que, limitando ou disciplinando direito, interesse ou liberdade, regula a prática de ato ou abstenção de fato, por exemplo, a bem da segurança, da higiene ou da disciplina do mercado.

V. Para o Código Tributário Nacional, os tributos são impostos, taxas e contribuições de melhoria, irrelevante a destinação legal do produto da sua arrecadação.

Comentário: O Item I está incorreto, a assertiva forneceu o conceito de divisível em vez de específico, conforme estabelece o artigo 79 do CTN. O Item II está incorreto, as contribuições sociais estão incluídas nesse preceito, posto que também se tratam de tributos sujeitos a lançamento por homologação. O **Item III** está correto, nos termos do artigo 78 do CTN. O Item IV está incorreto, como estudado nesse Capítulo, a Contribuição de Melhoria tem por fato gerador obras públicas de que decorra valorização imobiliária, tendo como limite total a despesa realizada e como limite individual o acréscimo de valor que da obra resultar para cada imóvel beneficiado, conforme preceitua o artigo 81 do CTN. O **Item V** está correto, consoante os artigos 4º e 5º do CTN.

---

4. **Alternativa (D).** Apenas a assertiva IV está correta.

IV. A contribuição de melhoria está prevista na Constituição Federal e no Código Tributário Nacional, manifestando-se no poder impositivo de exigir o tributo dos proprietários de bens imóveis valorizados com a realização de obra pública.

Comentário: O Item I está incorreto, a opção iniciou correta, entretanto, a parte final se aplica apenas às taxas, somente as taxas são contraprestacionais. O Item II também está incorreto, como estudado nesse Capítulo, as taxas – seja a em razão do Poder de Polícia, seja em virtude de serviço público – podem ser instituídas por qualquer dos Entes Federativos, posto que é de competência comum, conforme prescreve a Constituição em seu artigo 145, II. O Item III igualmente está incorreto, de acordo com o entendimento do STF, não se aplica às novas contribuições sociais, a segunda parte do artigo 154, I, da CF – RE n. 258470, rel. Min. Moreira Alves, **DJ** de 12.05.2000. O **Item IV** está correto, com base nos artigos 145, III, da CF e 81 do CTN.

---

5. **Alternativa (A).** Por ser tributo vinculado, a contribuição de melhoria somente pode ser exigida quando realizada obra pública que proporcione a valorização de imóvel de propriedade do contribuinte, estando sua cobrança limitada pelo valor global da obra pública e, concomitantemente, pelo valor do benefício econômico auferido pelo contribuinte.

Comentário: A Alternativa **"A"** é a opção correta, nos termos dos artigos 81 e 82 do CTN. A opção "B" está incorreta, não há essa diferenciação, conforme reza o artigo 195, § 4º c/c o artigo 154, I, da CF. A letra "C" está incorreta, de acordo com o estudado, as taxas são tributos contraprestacionais, dependem, portanto, da efetiva prestação da atividade pelo Estado ao contribuinte. A assertiva "D" está incorreta, segundo o artigo 4º do CTN a natureza jurídica do tributo é determinada pelo fato gerador, sendo irrelevante a denominação e a destinação legal. Entretanto, conforme estudado no Capítulo 1, em virtude da Teoria Pentapartite, adotada inclusive pelo STF, a destinação legal passou a ser levada em consideração para diferenciar outras espécies de tributo – as Contribuições Sociais, por exemplo. E, por fim, a resposta "E" também está incorreta, consoante prescreve a Constituição (art. 148),não há como incluir a "conjuntura econômica que exija a absorção temporária de poder aquisitivo" como fato gerador dos Empréstimos Compulsórios, tal fato não foi recepcionado pela Constituição.

---

6. **Alternativa (D).** O limite total à cobrança da contribuição de melhoria é o valor total da despesa realizada pelo Poder Público na obra.

Comentário: As opções "A" e "C" estão incorretas, as assertivas descreveram sobre a contribuição de melhoria e não sobre a taxa, com fundamento no artigo 81 do CTN. A letra "B" também está incorreta, à luz do artigo 81 do CTN, a contribuição de melhoria tem como "limite total a despesa realizada e como limite individual o acréscimo de valor que da obra resultar para cada imóvel beneficiado". A assertiva **"D"** é a resposta correta, nos termos do artigo 81 do CTN.

---

7. **Alternativa (A).** Essa contribuição é instituída para fazer face aos custos de obras públicas de que decorra valorização imobiliária.

Comentário: A justificativa **"A"** é a alternativa correta, conforme artigo 81 do CTN. As respostas "B" e "D" estão incorretas, nos termos do artigo 81 do CTN, a contribuição de melhoria tem como "limite total a despesa realizada e como limite individual o acréscimo de valor que da obra resultar para cada imóvel beneficiado". A letra "C" está incorreta, estabelece o artigo 82, II, que o prazo deve ser "não inferior a 30 (trinta) dias, para impugnação pelos interessados". A opção "E" também está incorreta, a competência é comum, nos ditames do artigo 145, III, da CF.

8. **Alternativa (D).** Impostos, taxas e contribuição de melhoria.

Comentário: Alternativa **"D"** é a opção correta, trata-se da competência comum conferida pela Constituição no artigo 145.

9. **Alternativa (A).** A instituição de taxas deve sempre observar o princípio da legalidade tributária.

Comentário: A opção **"A"** é a resposta correta, as taxas observam o Princípio da Legalidade contido no artigo 150, I, da CF, bem como no artigo 80 do CTN. E, ainda, em conformidade com o entendimento do STF na Súmula n. 545. A letra "B" está incorreta, a assertiva misturou os conceitos de taxa proveniente do Poder de Polícia com a de serviço público, conforme artigo 77 do CTN. A justificativa "C" está incorreta, a assertiva tentou confundir os conceitos de específicos e divisíveis, consoante preceitua o artigo 79 do CTN. A alternativa "D" está incorreta, sempre deve decorrer de valorização imobiliária, de acordo com o estudado nesse Capítulo. A assertiva "E" está incorreta, guarda expressa previsão no artigo 145, III, da CF.

10. **Alternativas:**

O fato gerador da contribuição de melhoria não é a realização da obra em si, mas sua consequência. Com isso, para efeito de cobrança do tributo, deve-se considerar melhoria como sinônimo de valorização do imóvel beneficiado. **(CERTO)**

Segundo o STF, o custeio do serviço de iluminação pública constitui um tipo de contribuição de caráter *sui generis*, em que podem ser eleitos contribuintes os consumidores de energia elétrica, a base de cálculo pode ser definida conforme o consumo e, ainda, podem ser impostas alíquotas progressivas que consideram a quantidade de consumo e as características dos diversos tipos de consumidor **(CERTO)**

– A União, ao instituir contribuição de interesse de determinada categoria profissional, poderá cobrá-la no mesmo exercício financeiro em que tenha sido publicada a lei que a instituiu, pois o princípio da anterioridade, nesse caso, limita-se ao período de noventa dias. **(ERRADO)**

– A restituição de empréstimo compulsório pode ser feita mediante a transferência de ações de empresa pública ou sociedade de economia mista, ainda que o recolhimento do tributo tenha ocorrido mediante valor pecuniário. **(ERRADO)**

Comentário: A **primeira assertiva** está correta, nos termos do artigo 81 do CTN. A **segunda assertiva** também está correta, segue jurisprudência com o entendimento do STF: "AGRAVO REGIMENTAL NO RECURSO EXTRAORDINÁRIO. TRIBUTÁRIO. CONTRIBUIÇÃO PARA O CUSTEIO DO SERVIÇO DE ILUMINAÇÃO PÚBLICA. CONSTITUCIONALIDADE. RE N. 573.675-RG/SC. ACÓRDÃO RECORRIDO QUE SE FUNDA EM PRECEDENTE FIRMADO PELO TRIBUNAL DE JUSTIÇA DE SÃO PAULO CONTRÁRIO AO ENTENDIMENTO DESTA CORTE. CIRCUNSTÂNCIA QUE NÃO OBSTA A APLICAÇÃO DO ENTENDIMENTO DO SUPREMO TRIBUNAL FEDERAL SOBRE O TEMA. AGRAVO IMPROVIDO. I – Esta Corte, ao julgar o RE n. 573.675-RG/SC, de minha relatoria, reconheceu a repercussão geral do tema em exame e assentou que a contribuição para custeio do serviço de iluminação pública constitui, dentro do gênero tributo, um novo tipo de contribuição que não se confunde com taxa ou imposto. II – Concluiu-se, ainda, pela possibilidade de se eleger como contribuintes os consumidores de energia elétrica, bem como de se calcular a base de cálculo conforme o consumo e de se variar a alíquota de forma progressiva, consideradas a quantidade de consumo e as características dos diversos tipos de consumidor. III – A circunstância de o acórdão de origem se amparar em precedente firmado no julgamento de ADIN pelo Órgão Especial do Tribunal de Justiça do Estado de São Paulo para assentar a inconstitucionalidade da contribuição em questão não obsta a aplicação, a este caso, do entendimento desta Corte sobre a matéria. IV – Agravo regimental improvido" (RE n. 724104 AgR/SP-São Paulo, rel. Min. Ricardo Lewandowski, **DJe**-056, divulg. em 22.03.2013). **A terceira assertiva** está incorreta, conforme interpretação combinada dos artigos 149, 195, § 6º, 150, I e III, da CF. A **quarta assertiva** está incorreta, a restituição tem de ser feita na mesma espécie. Nesse sentido segue jurisprudência do STJ, no caso de Sociedade de Economia Mista: "TRIBUTÁRIO. EMPRÉSTIMO COMPULSÓRIO SOBRE ENERGIA ELÉTRICA INSTITUÍDO PELA LEI N. 4.156/62 DECLARADO CONSTITUCIONAL PELO STF. DEVOLUÇÃO ATRAVÉS DE AÇÕES DA ELETROBRÁS E NÃO EM DINHEIRO. 1. Precedentes do STF e desta Corte no sentido de que a devolução do empréstimo compulsório, uma vez declarado constitucional pela Suprema Corte, deve ser feita na sistemática em que foi concebido: através de ações da ELETROBRÁS e não em dinheiro. 2. Recurso especial improvido. ACÓRDÃO. Vistos, relatados e discutidos os autos em que são partes as acima indicadas, acordam os Ministros da SEGUNDA TURMA do Superior Tribunal de Justiça. "A Turma, por unanimidade, negou provimento ao recurso, nos termos do voto da Sra. Ministra-Relatora." Os Srs. Ministros Franciulli Netto, João Otávio de Noronha, Castro Meira e Francisco Peçanha Martins votaram com a Sra. Ministra Relatora" (REsp n. 561792/DF, rel.ª Min.ª Eliana Calmon, **DJ** de 20.09.2004, p. 249). Ademais, o STF também, se posicionou nessa linha, no RE n. 121336/CE, pacificou o entendimento de que "'Empréstimo compulsório, ainda que compulsório, continua empréstimo' (Victor Nunes Leal): utilizando-se, para definir o instituto de Direito Público, do termo empréstimo, posto que compulsório – obrigação 'ex lege"' e não contratual –, a Constituição vinculou o legislador à essencialidade da restituição na mesma espécie, seja por força do princípio explícito do art. 110 Código Tributário Nacional, seja porque a identidade do objeto das prestações recíprocas e indissociável da significação jurídica e vulgar do vocábulo empregado. Portanto, não é empréstimo compulsório, mas tributo, a imposição de prestação pecuniária para receber, no futuro, quotas do Fundo Nacional de Desenvolvimento: conclusão unânime a respeito".

11. Alternativa (C). Apenas a III.

Comentário: O Item I está incorreto, a competência tributária para instituição da contribuição de melhoria é comum a todos os Entes Federativos, segundo o artigo 145, III, da CF. O Item II está incorreto, pois o valor dessa espécie tributária deverá levar em consideração também a valorização imobiliária do contribuinte, art. 81 do CTN. O Item III está correto, nos termos do artigo 82 do CTN. O Item IV está incorreto, visto que há dois limites a serem observados para cobrança da contribuição de melhoria, o individual e o global; o limite individual equivale à valorização imobiliária de cada contribuinte e o global, ao valor gasto com a obra, art. 81 do CTN.

12. Alternativa (E). Contribuição de melhoria.

Comentário: A alternativa "E" está correta, consoante preceitua o artigo 145, III, da CF.

13. Alternativa (D). Imposto é o tributo cuja obrigação tem por fato gerador uma situação dependente de atividade estatal específica, relativa ao contribuinte.

Comentário: A questão pede a Incorreta. A opção "A" está correta, nos termos do art. 145, II, da CF. A "B" está correta, segundo o artigo 145, III, da CF e o artigo 81 do CTN. A "C" está correta, à luz do art. 82 do CTN. A justificativa "D" é a alternativa incorreta, imposto é tributo cuja obrigação tem por fato gerador uma situação independente de atividade estatal específica, relativa ao contribuinte (art. 16 do CTN).

14. Alternativa (A). A municipalidade poderá exigir do proprietário do imóvel "C" contribuição de melhoria no valor de R$ 500.000,00, mesmo que seu imóvel tenha sido valorizado em R$ 1.000.000,00, desde que o limite total da exigência referente ao custo da obra não ultrapasse R$ 6.000.000,00.

Comentário: A assertiva **"A"** está correta, pois respeita o limite individual e o global, previstos no artigo 81 do CTN. A "B" está incorreta, posto que o imóvel "D" não teve valorização imobiliária, logo não deve recolher a contribuição de melhoria. A "C" está incorreta, a contribuição de melhoria pode ser instituída por meio de lei ordinária. A "D" está incorreta, porque a contribuição de melhoria leva em consideração o valor gasto com a obra e quanto valorizou para cada contribuinte, portanto não pode simplesmente o valor da obra ser rateado entre os contribuintes, sem verificar a valorização imobiliária individual. A letra "E" está incorreta, o imóvel "A" não pode pagar uma contribuição de melhoria superior a sua valorização imobiliária, e o imóvel "D" não deve pagar esse tributo porque não teve valorização em seu imóvel.

15. Alternativa (C). O limite individual da contribuição de melhoria é o acréscimo de valor que da obra resultar para cada imóvel beneficiado.

Comentário: A justificativa "A" está incorreta, pois o fato gerador da contribuição de melhoria é a realização de obra pública que decorra em valorização imobiliária. A "B" está incorreta, porque a competência tributária da contribuição de melhoria é comum a todos os Entes Federativos, nos termos do artigo 145, III, da CF. A letra **"C"** é a resposta correta, conforme reza o artigo 81 do CTN. A "D" está incorreta, os limites da contribuição de melhoria estão previstos no CTN. A "E" está incorreta, posto que essa espécie tributária só pode ser cobrada se houver a valorização imobiliária decorrente da realização da obra pública.

16. **Alternativa (B).** As contribuições sociais residuais devem ser instituídas por lei complementar, ser não cumulativas e ter bases de cálculo e fatos geradores diferentes dos de outras contribuições sociais.

Comentário: A alternativa "A" está incorreta, pois se a via era asfaltada, o recapeamento é apenas uma manutenção e não resulta em valorização imobiliária, por isso no recapeamento de via pública não pode ser exigida a contribuição de melhoria. A opção **"B"** é a justificativa correta, nos termos do artigo 195, § 4º, da CF. A "C" está incorreta, o calçamento seria uma obra pública que decorre em valorização imobiliária, logo se sujeitaria à incidência da contribuição de melhoria. A "D" está incorreta, segundo o entendimento do STF, Súmula n. 659: "É legítima a cobrança da COFINS, do PIS e do FINSOCIAL sobre as operações relativas a energia elétrica, serviços de telecomunicações, derivados de petróleo, combustíveis e minerais do País".

17. **Alternativa (C).** Deverá ser publicada lei prévia com a determinação da parcela do custo da obra de contribuição de melhoria.

Comentário: A opção "A" está incorreta, uma vez que a contribuição de melhoria poderá ser exigida por qualquer Ente Federativo, desde que realize a obra pública e em razão dela ocorra valorização imobiliária para o contribuinte. A letra "B" está incorreta, a calamidade pública pode ser fato gerador de Empréstimo Compulsório, conforme artigo 148 da CF. A justificativa **"C"** é a assertiva correta, como se trata de espécie tributária, só pode ser instituída mediante lei e após o término da realização da obra pública, pois deverá verificar o quanto foi gasto efetivamente com a sua consecução. As alternativas "B" e "D" estão incorretas, o fato gerador da contribuição de melhoria é a realização de obra pública com valorização imobiliária.

18. **Alternativa (D).** É vedado instituir tratamento desigual entre contribuintes que se encontrem em situação equivalente, admitindo-se distinção em razão da ocupação profissional ou função por eles exercida.

Comentário: **A questão pede a Incorreta.** A assertiva "A" está correta, nos termos do artigo 148 da CF. A "B" está correta, de acordo com o artigo 16 do CTN. A "C" está correta, segundo o artigo 145, III, da CF. A resposta **"D"** é a opção incorreta, à luz do artigo 150, II, da CF, é vedado aos Entes Federativos instituir tratamento desigual entre contribuintes que se encontrem em situação equivalente, proibida qualquer distinção em razão de ocupação profissional ou função por eles exercida, independentemente da denominação jurídica dos rendimentos, títulos ou direitos.

5. EMPRÉSTIMO COMPULSÓRIO

Trata-se de tributo de competência privativa da União, que tem previsão no artigo 148 da CF. Por meio desse dispositivo legal, pode-se constatar que o Empréstimo Compulsório apenas pode ser instituído mediante **Lei Complementar**:

> **Art. 148.** A União, mediante lei complementar, poderá instituir empréstimos compulsórios: I – para atender a despesas extraordinárias, decorrentes de calamidade pública, de guerra externa ou sua iminência; II – no caso de investimento público de caráter urgente e de relevante interesse nacional, observado o disposto no art. 150, III, "b". **Parágrafo único.** A aplicação dos recursos provenientes de empréstimo compulsório será vinculada à despesa que fundamentou sua instituição".

Observa-se que o artigo 148 da CF não descreve as hipóteses de incidência do Empréstimo Compulsório, mas apenas as circunstâncias da sua criação, que compreendem: i) em caso de **calamidade pública**, **guerra** externa ou sua iminência e ii) **investimento público** de caráter **urgente** e **relevante** interesse nacional.

O legislador não definiu especificamente qual a situação, uma vez praticada no mundo concreto, surgirá para o Contribuinte a obrigação tributária. Logo, conclui-se que presente uma necessidade estatal, dentre as enumeradas no artigo 148 da CF, o legislador elegerá um fato gerador que identificará quem deverá recolher tal exação. Nessa linha de interpretação, Luís Eduardo Schoueri elucida que:

> A guerra externa não há de ser a hipótese tributária, tampouco o será o investimento ou a calamidade pública. Essas são as motivações para a exigência, a hipótese tributária identificará quem será o contribuinte e em que situação será pago o empréstimo compulsório[14].

Dado ao fato de o legislador constituinte não ter elegido a hipótese de incidência tributária, mas tão somente as circunstâncias para sua instituição, muitos doutrinadores defendem não ser o Empréstimo Compulsório uma quinta espécie tributária. Enquadrando-se, assim, dentro das já existentes, podendo revestir-se de imposto ou de contribuição a depender do fato gerador eleito pelo legislador infraconstitucional.

Uma das justificativas desses doutrinadores está no sentido de que se o Empréstimo Compulsório for instituído em razão de um investimento público, poderá o legislador infraconstitucional investigar se há um grupo a quem possa ser imputado o investimento, considerando-o no momento da definição do fato gerador, e nessa possibilidade o Empréstimo Compulsório será subespécie das **Contribuições**[15].

Ademais, segundo essa doutrina, as situações de calamidade pública ou guerra externa, sendo o gasto no interesse de toda coletividade, todos deverão contribuir, considerando a capacidade contributiva de cada um. Nesses casos, o Empréstimo Compulsório terá por fato gerador uma situação independentemente da ação estatal, característica dos **Impostos**, sendo agora uma subespécie desse.

Paulo de Barros Carvalho[16], um dos defensores da Teoria Tripartida, argumenta que o evento calamidade pública deverá abranger não apenas as catástrofes provocadas por agentes da natureza, mas outros eventos de caráter socioeconômico, que ponham em perigo o equilíbrio do organismo social.

Justifica-se que o Empréstimo Compulsório deverá incidir sobre situação que possa ser tributada pela União, sem invadir a competência dos demais Entes Federativos, excetuando-se o caso de guerra externa[17].

Porém, vale lembrar que no passado o Empréstimo Compulsório já assumiu hipótese de incidência de tributo estadual, como, por exemplo, menciona-se: o Empréstimo Compulsório Calamidade (DL n. 2.047/83) incidente sobre a renda e como adicional de imposto estadual (ICMS) e o caso do Empréstimo Compulsório sobre aquisição de veículos e consumo de combustíveis (DL n. 2.288/86), com fato gerador praticamente coincidente com o ICM, à época.

Com o propósito de atender às despesas extraordinárias, decorrentes de calamidade pública, de guerra externa ou sua eminência, o Empréstimo Compulsório, instituído para essa finalidade, poderá ser cobrado **imediatamente**, sem ter de observar os Princípios da

14. **Direito tributário**. 2. ed. São Paulo: Saraiva, 2012. p. 201.
15. SCHOUERI, Luís Eduardo, op. cit., p. 201-202.
16. **Curso...**, p. 32.
17. SCHOUERI, op. cit., p. 202.

Anterioridade **do Exercício** e dos **Noventa** Dias, nos termos do artigo 150, § 1º, da CF, tendo em vista seu caráter emergencial.

Por outro lado, na hipótese de instituição para investimento público de caráter urgente e de relevante interesse nacional deverá observar os Princípios da Anterioridade do Exercício e dos Noventa Dias, pois não configura exceção do artigo 150, § 1º, da CF.

Cumpre informar que, a totalidade do valor arrecadado por meio desse tributo deverá ser aplicada na finalidade que gerou a sua instituição, nos termos do artigo 148, Parágrafo Único, da CF.

Ademais, por se tratar de empréstimo, a lei que instituir o mencionado tributo, deverá regulamentar a forma de devolução, bem como o prazo para o respectivo resgate. Em consonância com esse entendimento, o CTN, em seu artigo 15 estabelece sobre esse assunto:

> **Art. 15.** Somente a União, nos seguintes casos excepcionais, pode instituir empréstimos compulsórios: (...) **Parágrafo único.** A lei fixará obrigatoriamente o prazo do empréstimo e as condições de seu resgate, observando, no que for aplicável, o disposto nesta Lei.

Ao tratar sobre o artigo 15 do CTN, importa salientar que o inciso III que enumera uma outra situação passível de instituição de empréstimo compulsório – "conjuntura que exija a absorção temporária de poder aquisitivo" – **não** foi recepcionado pela Constituição Federal, de modo que as hipóteses para instituição do Empréstimo Compulsório são apenas aquelas mencionadas pelo artigo 148 da CF.

Essa hipótese do artigo 15, III, do CTN se assemelha com a retratada pelo "Plano Collor I", criada pela MP n. 168/90 e convertida na Lei n. 8.024/90 que implementou, dentre outras medidas, a retenção de toda importância superior a 50.000 cruzados novos depositada nas cadernetas de poupança e nas contas-correntes e de 80% das aplicações no *over* e demais produtos financeiros.

O STF, ao julgar a ADI n. 534/DF ajuizada em razão da MP n. 168/90, concluiu pela inconstitucionalidade do disfarçado Empréstimo Compulsório, o que se pode comprovar do excerto de julgamento do TRF da 1ª Região:

> (...) III – A retenção compulsória dos ativos financeiros, em cruzados novos, determinada pela Medida Provisória n. 168/1990, convolada na Lei 8.024/1990, sujeita à fiscalização do BACEN, com promessa de restituição, nos prazos e condições fixados naqueles diplomas legais, **configura disfarçado empréstimo compulsório, flagrantemente inconstitucional, por não encontrar adequado fundamento nos incisos I e II do art. 148 da Constituição Federal de 1988, eis que não instituído mediante lei complementar e inobservado o princípio da anterioridade tributária, previsto no art. 150, III, "b", da Carta Constitucional vigente, de vez que apenas o empréstimo compulsório previsto no art. 148, I, da Constituição Federal a ele não está sujeito** (TRF/1ª Região, 2ª Turma, MAS n. 91.01.06056-2, rel.ª Juíza Assusete Magalhães, j. em 14.04.1992, **DJ** de 01.07.1992) (grifos nossos).

Por conseguinte, repita-se que apenas os fundamentos contidos no artigo 148 da CF podem ensejar a instituição do Empréstimo Compulsório por meio de Lei Complementar.

A devolução de Empréstimo Compulsório deverá ser sempre na mesma espécie, via de regra, em **dinheiro**, tanto que no passado o STF, ao julgar o RE n. 121.336, considerou inconstitucional o Empréstimo Compulsório incidente na aquisição de automóveis de passeio e combustíveis, visto que o DL n. 2.288/86 (anterior à CF/88) estabelecia que o resgate não seria em dinheiro, mas em quotas do Fundo Nacional de Desenvolvimento, fundo esse nunca constituído, inclusive. Segue ementa do julgado referido:

> "Empréstimo compulsório" (DL 2.288/86, art. 10): incidência na aquisição de automóveis de passeio, com resgate em quotas do Fundo Nacional de Desenvolvimento: inconstitucionalidade. 1. "**Empréstimo compulsório, ainda que compulsório, continua empréstimo" (Victor Nunes Leal): utilizando-se, para definir o instituto de Direito Público, do termo empréstimo, posto que compulsório – obrigação "ex lege" e não contratual –, a Constituição vinculou o legislador a essencialidade da restituição na mesma espécie, seja por força do princípio explícito do art. 110 Código Tributário Nacional, seja porque a identidade do objeto das prestações recíprocas e indissociável da significação jurídica e vulgar do vocábulo empregado. Portanto, não é empréstimo compulsório, mas tributo, a imposição de prestação pecuniária para receber, no futuro, quotas do Fundo Nacional de Desenvolvimento: conclusão unânime a respeito.** 2. Entendimento da minoria, incluído o relator segundo o qual – admitindo-se em tese que a exação questionada, não sendo empréstimo, poderia legitimar-se, quando se caracterizasse imposto restituível de competência da União – , no caso, a reputou invalida, porque ora configura tributo reservado ao Estado (ICM), ora imposto inconstitucional, porque discriminatório. 3. Entendimento majoritário, segundo o qual, no caso, não pode, sequer em tese, cogitar de dar validade, como imposto federal restituível, ao que a lei pretendeu instituir como empréstimo compulsório, porque "não se pode, a título de se interpretar uma lei conforme a Constituição, dar-lhe sentido que falseie ou vicie o objetivo legislativo em ponto essencial"; duvidas, ademais, quanto a subsistência, no sistema constitucional vigente, da possibilidade do imposto restituível. 4. Recurso extraordinário da União, conhecido pela letra "b", mas, desprovido: decisão unânime (RE n. 121336/CE-CEARÁ, rel. Min. Sepúlveda Pertence, **DJ** de 26.06.1992) (grifos nossos).

Desse modo, o STF alegou ser da essência do Empréstimo Compulsório a restituição na mesma espécie, caso não seja atendido esse requisito, será inconstitucional aquela exação.

Cita-se, ainda, o julgamento do STF no RE n. 175.385 entendendo, no mesmo sentido, que a restituição do valor arrecadado a título de Empréstimo Compulsório deve ser na mesma espécie:

> EMPRÉSTIMO COMPULSÓRIO. AQUISIÇÃO DE COMBUSTÍVEIS. O empréstimo compulsório alusivo à aquisição de combustíveis – Decreto-Lei n. 2.288/86 mostra-se inconstitucional tendo em conta a forma de devolução – quotas do Fundo Nacional de Desenvolvimento – em vez de operar-se na **mesma espécie** em que recolhido – Precedente: recurso extraordinário n. 121.336-CE (RE n. 175385/SC- SANTA CATARINA, rel. Min. Marco Aurélio, **DJ** de 24.02.1995) (grifos nossos).

Relativo ao Empréstimo Compulsório da Eletrobrás com devolução em ações, o STF (AGRRE n. 193.798) em caráter excepcional considerou constitucional por entender ter sido expressamente recepcionado na forma da legislação em vigor, à época (ADCT, art. 34, § 12º). Senão vejamos:

> EMPRÉSTIMO COMPULSÓRIO INSTITUIDO EM BENEFÍCIO DA ELETROBRÁS. LEI N. 4.156/62. LEGITIMIDADE DA COBRANÇA RECONHECIDA PELO PLENÁRIO DO SUPREMO TRIBUNAL FEDERAL. ALEGADA OMISSÃO QUANTO A QUESTÃO ALUSIVA À FORMA DE DEVOLUÇÃO DAS PARCELAS. O Supremo Tribunal Federal, no julgamento do RE 146.615-4, reconheceu que o empréstimo compulsório, instituído pela Lei n. 7.181/83, cobrado dos consumidores de energia elétrica, foi recepcionado pela nova Constituição Federal, na forma do art. 34, par. 12, do ADCT. **Se a Corte concluiu que a referida disposição transitória preservou a exigibilidade do empréstimo**

compulsório com toda a legislação que o regia, no momento da entrada em vigor da Carta Federal, evidentemente também acolheu a forma de devolução relativa a esse empréstimo compulsório imposta pela legislação acolhida, que a agravante insiste em afirmar ser inconstitucional. Agravo regimental improvido (RE n. 193798 AgR/PR-PARANÁ, Ag. Reg. no Recurso Extraordinário, rel. Min. Ilmar Galvão, **DJ** de 19.04.1996).

Portanto, tem-se que o STF acolheu a forma de devolução do Empréstimo Compulsório da Eletrobrás, nos termos do que prescreve a legislação regulamentadora.

Outrossim, ainda sobre o Empréstimo Compulsório da Eletrobrás, o STJ, em julgado mais recente (REsp n. 561792/DF, rel.ª Min.ª Eliana Calmon, **DJ** de 20.09.2004), acolheu o entendimento do STF, conforme jurisprudência a seguir:

> TRIBUTÁRIO. EMPRÉSTIMO COMPULSÓRIO SOBRE ENERGIA ELÉTRICA INSTITUÍDO PELA LEI 4.156/62 DECLARADO CONSTITUCIONAL PELO STF. DEVOLUÇÃO ATRAVÉS DE AÇÕES DA ELETROBRÁS E NÃO EM DINHEIRO. 1. Precedentes do STF e desta Corte no sentido de que a devolução do empréstimo compulsório, uma vez declarado constitucional pela Suprema Corte, deve ser feita na sistemática em que foi concebido: através de ações da ELETROBRÁS e não em dinheiro. 2. Recurso especial improvido. Acórdão Vistos, relatados e discutidos os autos em que são partes as acima indicadas, acordam os Ministros da SEGUNDA TURMA do Superior Tribunal de Justiça. "A Turma, por unanimidade, negou provimento ao recurso, nos termos do voto da Sra. Ministra-Relatora." Os Srs. Ministros Franciulli Netto, João Otávio de Noronha, Castro Meira e Francisco Peçanha Martins votaram com a Sra. Ministra Relatora (REsp n. 561792/DF, rel.ª Min.ª Eliana Calmon, **DJ** de 20.09.2004, p. 249).

Cumpre salientar que não sendo feita a devolução no prazo previsto na lei que instituiu o Empréstimo Compulsório, o Contribuinte poderá ingressar com ação de cobrança em face da União. Registre-se que não será ação de restituição, isso porque essa ação somente se admite quando houver pagamento indevido ou a maior de tributo, nos termos do artigo 165 do CTN.

<table>
<tr><td>Critério Material (Fato Gerador)</td><td colspan="2">Será definido pelo legislador infraconstitucional.</td></tr>
<tr><td>Critério Espacial</td><td colspan="2">Território Nacional.</td></tr>
<tr><td>Critério Temporal</td><td colspan="2">Será estabelecido pelo legislador infraconstitucional.</td></tr>
<tr><td rowspan="2">Critério Quantitativo</td><td>Base de Cálculo</td><td>A ser definida em lei.</td></tr>
<tr><td>Alíquota</td><td>A ser definida em lei.</td></tr>
<tr><td rowspan="2">Critério Pessoal</td><td>Sujeito Ativo</td><td>União – art. 148 da CF.</td></tr>
<tr><td>Sujeito Passivo</td><td>Em caso de guerra externa ou sua iminência, calamidade pública: toda a coletividade;
Em caso de investimento público: poderá o legislador escolher determinada categoria para recolher o tributo– hipóteses contidas no art. 148 da CF. Obs.: O inciso III do art. 15 do CTN não foi recepcionado pela Constituição de 1988.</td></tr>
</table>

5.1. Questões

1. (CODEBA – Analista Portuário – Advogado – FGV/2016). A União instituiu, por meio de lei ordinária, empréstimo compulsório para atender à despesa extraordinária decorrente de calamidade pública. Sobre essa lei, assinale a afirmativa correta.

(A) Ela é inconstitucional, pois a União não é competente para a instituição de empréstimos compulsórios.

(B) Ela é inconstitucional, pois a CRFB/88 não autoriza a instituição de empréstimos compulsórios para atender despesa extraordinária, decorrente de calamidade pública.

(C) Ela, ao instituir o empréstimo compulsório, é constitucional e entrará em vigor no exercício seguinte ao da sua publicação, uma vez que é necessária a observância do princípio da anterioridade de exercício.

(D) Ela é constitucional e entrará em vigor no dia seguinte ao da sua publicação, em razão da relevância e urgência da medida.

(E) Ela é inconstitucional, uma vez que os empréstimos compulsórios devem ser instituídos por meio de lei complementar e não lei ordinária.

2. (Câmara de Pato Bragado/PR – Advogado – FAUEL/2014). No Direito Tributário, o fato gerador define a natureza jurídica dos seguintes tributos, exceto:

(A) impostos.

(B) taxas.

(C) empréstimos compulsórios.

(D) contribuições de melhoria.

3. (METRÔ/SP – Advogado – FCC/2014). Considere as seguintes matérias tributárias:

I. Regular as limitações constitucionais ao poder de tributar.

II. Estabelecer normas gerais em matéria de legislação tributária, especialmente sobre adequado tratamento tributário ao ato cooperativo praticado pelas sociedades cooperativas.

III. Estabelecer critérios diferenciados de tributação com o objetivo de prevenir desequilíbrios da concorrência.

IV. Instituir empréstimos compulsórios.

Nos termos da Constituição Federal, cabe à lei complementar dispor sobre o que consta em:

(A) III e IV, apenas.

(B) I e III, apenas.

(C) I, apenas.

(D) I e II, apenas.

(E) I, II, III e IV.

4. (NUCLEP – Advogado – BIORIO/2014). Nos termos da Constituição Federal em caso de calamidade pública causadora de despesa extraordinária, poderá a União Federal instituir, autorizada por lei complementar, o seguinte tributo:

(A) empréstimo compulsório

(B) imposto de renda excepcional

(C) taxa sobre serviços

(D) adicional de energia

(E) contribuição social

5. (TJ/BA Cartório – CESPE/2014). Considerando a espécie tributária empréstimo compulsório, assinale a opção correta.

(A) É admissível a instituição do empréstimo compulsório em um contexto que exija a absorção temporária do poder aquisitivo.

(B) Ao se instituir empréstimo compulsório para atender a despesas extraordinárias decorrentes de iminente guerra externa, deve-se respeitar o princípio da anterioridade tributária.

(C) Além da União, também os estados têm, em razão da chamada competência residual, competência para instituir empréstimos compulsórios.

(D) A instituição do empréstimo compulsório, no caso de investimento público urgente e de relevante interesse nacional, não precisa atender ao princípio da anterioridade tributária.

(E) Estabelece a CF que a aplicação dos recursos provenientes do empréstimo compulsório será vinculada à despesa que fundamentar a instituição desse empréstimo.

6. (TJ/DF – Cartório – CESPE/2014). Considerando o empréstimo compulsório e a contribuição de intervenção no domínio econômico, assinale a opção correta.

(A) Não há previsão constitucional para a instituição de empréstimos compulsórios no caso de conjuntura que exija a absorção temporária de poder aquisitivo.

(B) As contribuições de intervenção no domínio econômico poderão incidir sobre as receitas decorrentes de exportação.

(C) É preciso que se decrete estado de calamidade para que o empréstimo compulsório seja cobrado.

(D) O DF poderá, mediante lei complementar, instituir empréstimo compulsório nas hipóteses legais.

(E) O DF poderá, mediante lei ordinária, instituir contribuição de intervenção no domínio econômico nas hipóteses legais.

7. (Companhia de Águas e Esgoto do Maranhão/MA (CAEMA/MA) – 2014). Em relação aos Empréstimos Compulsórios previsto na Constituição Federal, assinale a alternativa CORRETA.

(A) A União e os Estados, mediante lei complementar, poderão instituir empréstimos compulsórios, para atender a despesas extraordinárias, decorrentes de calamidade pública, de guerra externa ou sua iminência e, no caso de investimento público de caráter urgente e de relevante interesse nacional, observado o Princípio da Irretroatividade da Lei Tributária.

(B) A aplicação dos recursos provenientes de empréstimo compulsório poderá ser vinculada à despesa que fundamentou sua instituição.

(C) A União, mediante lei ordinária, poderá instituir empréstimos compulsórios, para atender a despesas extraordinárias, decorrentes de calamidade pública, de guerra externa ou sua iminência e, no caso de investimento público de caráter urgente e de relevante interesse nacional, observado o Princípio da Irretroatividade da Lei Tributária.

(D) A aplicação dos recursos provenientes de empréstimo compulsório será vinculada à despesa que fundamentou sua instituição.

(E) A União, os Estados e os Municípios, mediante lei ordinária, poderão instituir empréstimos compulsórios, para atender a despesas extraordinárias, decorrentes de calamidade pública, de guerra externa ou sua iminência e, no caso de investimento público de caráter urgente e de relevante interesse nacional, observado o Princípio da Irretroatividade da Lei Tributária.

8. (OAB/Unificado VII – FGV/2012). No que se refere aos empréstimos compulsórios, NÃO é correto afirmar que:

(A) São restituíveis.

(B) Podem ser instituídos por medida provisória, desde que haja relevância e urgência.

(C) A competência para sua instituição é exclusiva da União Federal.

(D) Podem ser instituídos em caso de guerra externa ou sua iminência e, neste caso, não respeitam o princípio da anterioridade.

9. (Município de Porto Vitória/PR – Advogado – UNIUV/2012). É incorreto afirmar quanto ao Sistema Tributário Nacional:

(A) Competem à União, em Território Federal, os impostos estaduais e, se o Território não for dividido em Municípios, cumulativamente, os impostos municipais; ao Distrito Federal cabem os impostos municipais.

(B) A União, mediante lei complementar, poderá instituir empréstimos compulsórios.

(C) É de competência comum da União, Estados e Municípios, instituir contribuições sociais, de intervenção no domínio econômico e de interesse das categorias profissionais ou econômicas.

(D) A aplicação dos recursos provenientes de empréstimo compulsório será vinculada à despesa que fundamentou sua instituição.

(E) Cabe à lei complementar, entre outras competências, regular as limitações constitucionais ao poder de tributar.

10. (UNICAMP/SP – Procurador de Universidade: Assistente – VUNESP/2012). A União, nas situações que a Constituição Federal prevê, poderá instituir empréstimos compulsórios mediante:

(A) lei ordinária;

(B) lei complementar;

(C) lei delegada;

(D) decreto legislativo;

(E) medida provisória.

11. (Município de Marquinho/PR – Advogado – IBDUS/2012). Sobre o Sistema Tributário Nacional previsto na Constituição da República, analise as afirmativas abaixo e assinale a alternativa correta:

I. As taxas podem ter base de cálculo própria de impostos.

II. Uma das funções da lei complementar é dispor sobre conflitos de competência em matéria tributária, entre a União, os Estados, o Distrito Federal e os Municípios.

III. Empréstimos compulsórios podem ser instituídos por lei ordinária ou por medida provisória.

IV. É de competência exclusiva da União a instituição de contribuições sociais, de intervenção no domínio econômico e de interesse das categorias profissionais.

V. A Emenda Constitucional n. 42/2003, introduziu na Constituição da República autorização para incidência de contribuições sociais e de intervenção no domínio econômico sobre a importação de produtos estrangeiros ou serviços.

(A) Todas as afirmativas estão corretas.

(B) As afirmativas II, IV e V estão incorretas.

(C) As afirmativas I, III e V estão corretas.

(D) As afirmativas I e III estão incorretas.

12. (Companhia de Saneamento Básico/SP – Advogado – FCC/2012). Sobre o tema tributário, analise as afirmações abaixo.

I. As contribuições sociais e de intervenção no domínio econômico podem ter alíquotas genéricas, tendo por base o faturamento, a receita líquida e a natureza da operação.

II. A lei complementar poderá estabelecer critérios especiais de tributação, com o objetivo de prevenir desequilíbrios da concorrência, sem prejuízo da competência de a União, por lei, estabelecer normas de igual objetivo.

III. As taxas, em casos específicos, previstos em lei ordinária, poderão ter base de cálculo própria dos impostos.

IV. Cabe à União, entre outros casos, mediante lei complementar, instituir empréstimos compulsórios para atender despesa extraordinária decorrente de calamidade pública.

Estão corretas APENAS as afirmações:

(A) I e III.

(B) II e IV.

(C) III e IV.

(D) I, II e III.

(E) I, II e IV.

13. (Município de Votorantim/SP – Procurador – Integri/2010). Assinale a alternativa incorreta:

(A) O lançamento tributário pode ser direto, por declaração ou por homologação;

(B) Qualquer dos entes federados podem instituir o empréstimo compulsório;

(C) Contribuinte é todo sujeito passivo que tem uma relação pessoal e direta com a situação que constitua o fato gerador;

(D) O fato gerador é a situação que gera a obrigação tributária.

14. (PGE/SC – FEPESE/2010). De acordo com as disposições constitucionais acerca do Sistema Tributário Nacional, assinale a alternativa correta:

(A) É vedado à União, aos Estados, ao Distrito Federal e aos Municípios instituírem isenções heterônomas, sem qualquer exceção.

(B) É vedado à União cobrar imposto sobre renda e proventos de qualquer natureza antes de decorridos 90 (noventa) dias da data em que haja sido publicada a lei que o instituiu ou aumentou.

(C) É vedado à União cobrar empréstimo compulsório, em caso de investimento público de caráter urgente e de relevante interesse nacional, no mesmo exercício financeiro em que haja sido publicada a lei que o instituiu ou aumentou.

(D) É vedado à União, aos Estados, ao Distrito Federal e aos Municípios instituírem impostos sobre patrimônio, renda ou serviços dos partidos políticos, inclusive suas fundações, das entidades sindicais patronais, das instituições de educação e de assistência social, sem fins lucrativos, atendidos os requisitos da lei.

(E) A imunidade recíproca é extensiva às autarquias, às sociedades de economia mista e às fundações instituídas e mantidas pelo Poder Público, no que se refere ao patrimônio, à renda e aos serviços, vinculados a suas finalidades essenciais ou às delas decorrentes.

15. (MPE-ES – CESPE/2010). Assinale a opção correta com relação aos conceitos e à classificação dos tributos:

(A) A contribuição para o custeio do serviço de iluminação pública é de competência dos estados e do DF.

(B) Para atender a despesas extraordinárias decorrentes de calamidade pública, a União pode instituir empréstimo compulsório, mediante lei complementar, sem a observância dos princípios da anterioridade e da irretroatividade.

(C) A taxa pode ter como fato gerador a utilização potencial de serviço público específico e divisível, posto à disposição do contribuinte mediante atividade administrativa em efetivo funcionamento, desde que tal serviço seja de utilização compulsória.

(D) A contribuição de melhoria, cujo fundamento ético-jurídico é o não enriquecimento injusto, tem como fato gerador a realização de obra pública.

(E) O imposto sobre a transmissão *causa mortis* e doação, de quaisquer bens ou direitos, de competência dos estados e do DF, tem suas alíquotas máxima e mínima fixadas pelo Senado Federal.

GABARITO

1. **Alternativa (E).** Ela é inconstitucional, uma vez que os empréstimos compulsórios devem ser instituídos por meio de lei complementar e não lei ordinária.

Comentário: A alternativa **"E"** está correta, nos termos do art. 148, *caput*, da CF. A opção "A" está incorreta, pois a competência para instituição do empréstimo compulsório é privativa da União. A resposta "B" está incorreta, visto que o art. 148, I, da CF determina que o empréstimo compulsório poderá ser instituído em caso de calamidade pública. A justificativa "D" está incorreta, já que o empréstimo compulsório só pode ser instituído por meio de lei complementar.

2. **Alternativa (C).** Empréstimos compulsórios.

Comentário: A alternativa **"C"** é a opção correta, conforme estudado nesse Capítulo, o legislador constituinte não elegeu a hipótese de incidência tributária, mas tão somente as circunstâncias para sua instituição, nos termos do que se depreende do artigo 148 da CF.

3. **Alternativa (E).** I, II, III e IV.

Comentário: A opção **"E"** é a letra correta, todas as assertivas contêm matérias que dependem de Lei de Complementar para a sua regulamentação, conforme determinam os artigos 146, 146-A e 148 da CF.

4. **Alternativa (A).** Empréstimo compulsório.

Comentário: A letra **"A"** é a assertiva, consoante preceitua o artigo 148 da CF.

5. **Alternativa (E).** Estabelece a CF que a aplicação dos recursos provenientes do empréstimo compulsório será vinculada à despesa que fundamentar a instituição desse empréstimo.

Comentário: A alternativa "A" está incorreta, as circunstâncias para instituição dos Empréstimos Compulsórios estão definidas no artigo 148 da CF. As opções "B" e "D" também estão incorretas, de acordo com o estudado nesse Capítulo, no caso de Empréstimos Compulsórios para atender às despesas extraordinárias, decorrentes de calamidade pública, de guerra externa ou sua eminência, poderá ser cobrado **imediatamente**, sem ter de observar os Princípios da Anterioridade **do Exercício** e dos **Noventa Dias**, nos termos do artigo 150, § 1º, da CF, tendo em vista seu caráter emergencial. Por outro lado, na hipótese de instituição para investimento público de caráter urgente e de relevante interesse nacional deverá observar o Princípio da Anterioridade do Exercício e o dos Noventa Dias, pois não configura exceção do artigo 150, § 1º, da CF.

A letra "C" igualmente está incorreta, a Competência Residual pertence à União, consoante institui o artigo 154 da CF. A assertiva **"E"** é a resposta correta, nos ditames do Parágrafo Único do artigo 148 da CF.

6. **Alternativa (A).** Não há previsão constitucional para a instituição de empréstimos compulsórios no caso de conjuntura que exija a absorção temporária de poder aquisitivo.

Comentário: A opção **"A"** é a justificativa correta, conforme estudado nesse Capítulo, o inciso III do artigo 15 do CTN não foi recepcionado pela Constituição Federal. Assim, somente as circunstâncias para sua instituição contidas no artigo 148 da CF são permitidas. letra "B" está incorreta, as CIDEs não incidirão sobre as receitas decorrentes de exportação, nos termos do que prescreve o artigo 149, § 2º, I, da CF. A assertiva "C" está incorreta, não há a exigência na Constituição de que se decrete estado de calamidade. A resposta "D" está incorreta, a competência do Empréstimo Compulsório pertence à União, consoante determina o artigo 148 da CF. A alternativa "E" está incorreta, a competência para instituir Contribuição de Intervenção no Domínio Econômico também pertence à União, segundo estabelece o artigo 149 da CF.

7. **Alternativa (D).** A aplicação dos recursos provenientes de empréstimo compulsório será vinculada à despesa que fundamentou sua instituição.

Comentário: A letra "A" está incorreta, a competência do Empréstimo Compulsório pertence à União, com base no artigo 148 da CF. A assertiva "B" está incorreta, o erro está no verbo "poderá", não existe essa faculdade, a aplicação dos recursos provenientes de Empréstimo Compulsório **será** vinculada (...). A resposta "C" está incorreta, o instrumento de introdução deverá ser a Lei Complementar, conforme prescreve o *caput* do artigo 148 da CF. A justificativa **"D"** é a opção correta, à luz do artigo 148, Parágrafo Único, da CF. alternativa "E" incorreta, conforme as justificativas das incorreções das assertivas "A" e "C".

8. **Alternativa (B).** Podem ser instituídos por medida provisória, desde que haja relevância e urgência.

Comentário: **A questão pede a Incorreta.** A alternativa **"B"** é a resposta incorreta porque o artigo 148 da Constituição Federal estabelece que o Empréstimo Compulsório deve ser instituído por meio de Lei Complementar, assim, nos termos do artigo 62, § 1º, III, da CF, é vedada Medida Provisória tratar sobre matéria reservada à Lei Complementar.

9. **Alternativa (C).** É de competência comum da União, Estados e Municípios, instituir contribuições sociais, de intervenção no domínio econômico e de interesse das categorias profissionais ou econômicas.

Comentário: **A questão pede a Incorreta.** A opção "A" está correta, segundo disposição no artigo 147 da CF. A "B" está correta, nos termos do artigo 148 da CF. A letra **"C"** é a resposta incorreta, a competência para criação das Contribuições Sociais, de Intervenção no Domínio Econômico e de Interesse de Categoria Profissionais ou Econômicas é da União. A "D" está correta, conforme previsão do artigo 148, Parágrafo Único, da CF. A "E" está correta, consoante determina o artigo 146, II, da CF.

10. **Alternativa (B).** Lei complementar.

Comentário: A assertiva **"B"** é a justificativa correta, de acordo com o preceituado no art. 148 da CF.

11. **Alternativa (D).** As afirmativas I e III estão incorretas.

I. As taxas podem ter base de cálculo própria de impostos.

III. Empréstimos compulsórios podem ser instituídos por lei ordinária ou por medida provisória.

Comentário: O **Item I** está incorreto, pois o artigo 145, § 2º, da CF determina que a base de cálculo das taxas não pode ser idêntica ao dos impostos. O Item II está correto, conforme dispõe o artigo 146, I, da CF. O **Item III** também está incorreto, nos termos do artigo 148 da CF, o Empréstimo Compulsório só pode ser instituído por Lei Complementar. O Item IV está correto, de acordo com o estabelecido no artigo 149 da CF. O Item V está correto, consoante determina o artigo 149, § 2º, I, da CF.

12. **Alternativa (B).** II e IV.

II. A lei complementar poderá estabelecer critérios especiais de tributação, com o objetivo de prevenir desequilíbrios da concorrência, sem prejuízo da competência de a União, por lei, estabelecer normas de igual objetivo.

IV. Cabe à União, entre outros casos, mediante lei complementar, instituir empréstimos compulsórios para atender despesa extraordinária decorrente de calamidade pública.

Comentário: O Item I está incorreto, as Contribuições Sociais e de Intervenção no Domínio Econômico podem ter alíquotas *ad valorem*, tendo por base o faturamento, a receita líquida e a natureza da operação. O **Item II** está correto, à luz do artigo 146-A da CF. O Item III está incorreto, posto que o artigo 145, § 2º, da CF determina que as taxas não podem ter base de cálculo idêntica a dos impostos. O **Item IV** também está correto, nos ditames do artigo 148 da CF.

13. Alternativa (B). Qualquer dos entes federados podem instituir o empréstimo compulsório.

Comentário: **A questão pede a Incorreta.** A justificativa "A" está correta, visto que essas são as três modalidades de lançamento tributário admitidas em nosso ordenamento jurídico. A opção **"B"** é a resposta incorreta, segundo o artigo 148 da CF, apenas a União poderá instituir o Empréstimo Compulsório. A letra "C" está correta, conforme previsão no artigo 121, I, do CTN. A assertiva "D" está correta, de acordo com a redação do artigo 113, § 1º, do CTN.

14. Alternativa (C). É vedado à União cobrar empréstimo compulsório, em caso de investimento público de caráter urgente e de relevante interesse nacional, no mesmo exercício financeiro em que haja sido publicada a lei que o instituiu ou aumentou.

Comentário: A resposta "A" está incorreta, em que pese a isenção heterônoma ser vedada em nosso ordenamento jurídico, quando pessoa jurídica tributante distinta daquela que detém a competência tributária concede a isenção, nos termos do artigo 151, III, da CF, há exceção à luz do artigo 156, § 3º, II da CF, que autoriza a Lei Complementar Federal regular a isenção do ISS para serviços destinados ao exterior. A alternativa "B" está incorreta, o Imposto de Renda deve respeitar apenas o Princípio da Anterioridade do Exercício, não precisa observar o Princípio da Anterioridade Nonagesimal (art. 150, § 1º, da CF). A assertiva **"C"** é a justificativa correta, consoante preceitua o artigo 148, II, da CF. A letra "D" está incorreta, porque a imunidade subjetiva, prevista no artigo 150, VI, "c", da CF, não alcança os sindicatos patronais. A opção "E" está incorreta, a imunidade recíproca, segundo a CF, não alcança as sociedades de economia mista.

15. Alternativa (C). A taxa pode ter como fato gerador a utilização potencial de serviço público específico e divisível, posto à disposição do contribuinte mediante atividade administrativa em efetivo funcionamento, desde que tal serviço seja de utilização compulsória.

Comentário: A alternativa "A" está incorreta, porque a Contribuição para o Custeio do Serviço de Iluminação Pública é de competência dos Municípios e do Distrito Federal, art. 149-A da CF. A resposta "B" está incorreta, já que o Empréstimo Compulsório deve observar o Princípio da Irretroatividade previsto no artigo 150, III, "a", da CF. A letra **"C"** é a opção correta, segundo o artigo 145, II, da CF. A justificativa "D" está incorreta, pois o fato gerador da Contribuição de Melhoria é a realização de obra pública com valorização imobiliária para o contribuinte, art. 145, III, da CF. E, por fim, a assertiva "E" está incorreta, nos termos do artigo 155, § 1º, IV, da CF, o Senado Federal irá fixar apenas as alíquotas máximas do ITCMD.

6. CONTRIBUIÇÕES

No âmbito das **Contribuições,** pode-se dividi-las em duas categorias: as Contribuições por Benefícios Diferenciais e as Especiais.

As Contribuições por **Benefícios Diferenciais** se denominam dessa forma porque apresentam a característica de serem devidas com o fim de fornecer um benefício específico que, embora favoreça a coletividade como um todo, é usufruído pelos seus Contribuintes de modo especial. São subdivididas em Contribuição de Melhoria (que foi estudado no Item 9.4) e Contribuição para o Custeio de Iluminação Pública (CIP ou COSIP) que está prevista no artigo 149-A da CF– esta última incluída pela Emenda Constitucional n. 39/2002[18].

18. VELLOSO, Andrei Pitten e PAULSEN, Leandro. **Contribuições** – teoria geral: contribuições em espécie. 2. ed. Livraria do Advogado: Porto Alegre, 2013. p. 26.

Por outro lado, as **Contribuições Especiais,** que integram o gênero "Contribuição", não estão vinculadas a nenhuma atividade estatal, mas a fatos ligados aos Contribuintes. Subdividem-se em três espécies: Contribuições Sociais, Corporativas e de Intervenção no Domínio Econômico.

As Contribuições Sociais desdobram-se, por sua vez, em: **(i)** Contribuições de Seguridade Social (CF, art. 195, I, II e III); **(ii)** outras de Seguridade Social (CF, art. 195, § 4º); **(iii)** Contribuições Sociais Gerais (FGTS, salário-educação, CF, art. 212, § 5º; Contribuições para o SESI, SENAI, SESC, SENAC, CF, art. 240).

Para melhor compreensão, segue quadro esquematizado com as Contribuições:

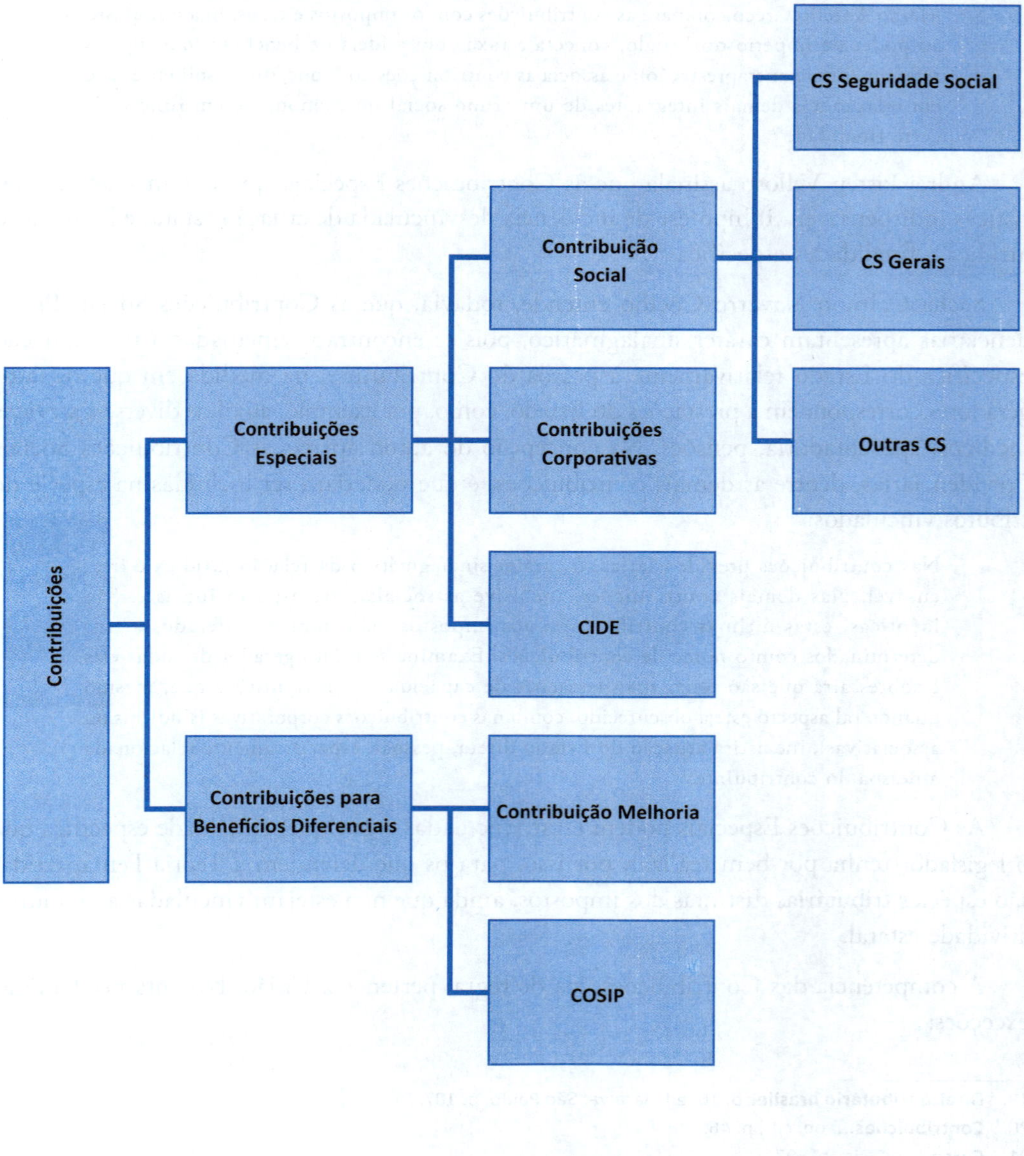

As Contribuições Especiais possuem destinação específica, por isso são denominadas de tributos **teleológicos**. Sua hipótese de incidência está pautada no fato descrito em lei e no benefício a que se pretende alcançar, o que as diferencia dos Impostos. São utilizadas como instrumento para a atuação estatal em segmentos determinados. Na visão de Luciano Amaro:

> É circunstância de as contribuições terem destinação específica que as diferencia dos impostos, enquadrando-as, pois, como tributos afetados à execução de uma atividade estatal ou paraestatal específica, que pode aproveitar ou não ao contribuinte, vale dizer, a referibilidade ao contribuinte não é inerente (ou essencial) ao tributo, nem ao fato gerador da contribuição se traduz na fruição de utilidade fornecida pelo Estado. Marco Aurélio Greco compara as contribuições com os impostos e taxas; liga o imposto ao poder de império do Estado; conecta a taxa com a ideia de benefício (que alguns referem como contraprestação); e associa as contribuições ao "conceito de solidariedade em relação aos demais integrantes de um grupo social ou econômico, em função de certa finalidade[19].

Andrei Pitten Velloso assinala que as Contribuições Especiais apresentam suas características indispensáveis: i) hipótese de incidência desvinculada de atuação estatal e ii) afetação jurídica a finalidades específicas[20].

Sacha Calmon Navarro Coêlho entende, todavia, que as Contribuições Sociais Previdenciárias apresentam caráter sinalagmático, pois se encontram vinculadas a uma atuação específica do Estado relativamente à pessoa do Contribuinte, na medida em que os fatos geradores correspondem a prestações do Estado, como, por exemplo, auxílios diversos, serviços médicos, aposentadoria, pensões. Na concepção do autor, apenas as Contribuições Sociais Previdenciárias, dentre as demais contribuições, é que poderiam ser incluídas na espécie de tributos vinculados:

> Nas contribuições previdenciárias, o caráter sinalagmático da relação jurídica é irrecusável. Nas demais contribuições, inclusive as sociais, este aspecto inexiste. São idênticas, estas últimas contribuições, aos impostos. São impostos afetados a fins determinados com o nome de contribuições. Examine-se o fato gerador de todas elas e sobressairá que são todas manifestações de capacidade contributiva e que, mesmo quando tal aspecto esteja obscurecido, como nas contribuições corporativas (sindicais ou associativas), inexistirá atuação do Estado direta, pessoal, especificamente relacionada à pessoa do contribuinte[21].

As Contribuições Especiais podem estar vinculadas a qualquer finalidade específica que o legislador tenha por bem realizar, por isso, para os que defendem a Teoria Pentapartida, são espécies tributárias distintas dos impostos, ainda que não estejam vinculadas a nenhuma atividade estatal.

A competência das Contribuições, via de regra, pertence à União. No entanto, há duas exceções:

---

19. **Direito tributário brasileiro**. 16. ed. Saraiva: São Paulo, p. 107.
20. **Contribuições...**, op. cit., p. 46.
21. **Curso...**, op. cit., p. 397.

1ª	Trata-se da Contribuição Social Previdenciária do Servidor Público, que será instituída pelo Ente Federativo a que pertencer o servidor público, nos termos do art. 149, § 1º, da CF.
2ª	Outra exceção consiste na COSIP, que será instituída pelos Municípios e Distrito Federal, à luz do art. 149-A da CF.

<table>
<tr><th colspan="4">Competência Tributária – Contribuições</th></tr>
<tr><th>União</th><th>Estados</th><th>Distrito Federal</th><th>Municípios</th></tr>
<tr><td>Contribuição Social</td><td rowspan="4">Contribuição Social Previdenciária do Servidor Público</td><td rowspan="2">Contribuição Social Previdenciária do Servidor Público</td><td rowspan="2">Contribuição Social Previdenciária do Servidor Público</td></tr>
<tr><th>CIDE</th></tr>
<tr><td rowspan="2">Contribuição de Interesse de Categoria Profissional</td><td rowspan="2">Contribuição para Custeio da Iluminação Pública (COSIP)</td><td rowspan="2">Contribuição para Custeio da Iluminação Pública (COSIP)</td></tr>
<tr></tr>
</table>

Em observância ao Princípio da Legalidade, previsto na Constituição Federal, as Contribuições podem ser instituídas mediante Lei Ordinária. A única Contribuição que deve ser instituída por meio de Lei Complementar consiste na Contribuição Social **Residual**, conforme preceitua o artigo 195, § 4º, da CF:

> **Art. 195.** A seguridade social será financiada por toda a sociedade, de forma direta e indireta, nos termos da lei, mediante recursos provenientes dos orçamentos da União, dos Estados, do Distrito Federal e dos Municípios, e das seguintes contribuições sociais: (...) § 4º A lei poderá instituir outras fontes destinadas a garantir a manutenção ou expansão da seguridade social, obedecido o disposto no art. 154, I (...).

Observe-se que no artigo 195, § 4º, da Constituição consta o termo "lei", entretanto, no mesmo dispositivo legal determina que se deve obedecer ao disposto no artigo 154, I, da CF, *in verbis*:

> **Art. 154.** A União poderá instituir: I – mediante **lei complementar,** impostos não previstos no artigo anterior, desde que sejam não cumulativos e não tenham fato gerador ou base de cálculo próprios dos discriminados nesta Constituição"; (...)(grifos nossos)

Da interpretação combinada desses dois dispositivos, conclui-se que se deve aplicar as regras do Imposto Residual de competência da União. Isso quer dizer que as Contribuições Sociais Residuais serão instituídas por meio de Lei Complementar.

Ademais, há que se mencionar que tais novas Contribuições deverão ser não cumulativas e não poderão ter "base de cálculo próprios dos discriminados nesta Constituição".

Sobre esse último ponto, referente à proibição de "base de cálculo próprios dos discriminados nesta Constituição", cumpre citar que houve discussão na doutrina e na jurisprudência no sentido de se questionar se essa proibição se estenderia às Contribuições Sociais Residuais. A maior parte da doutrina e o STF entenderam que essa proibição deve ser interpretada de modo que referida vedação abrange a base de cálculo própria de outras Contribuições Sociais já existentes e não à base de cálculo de Impostos. Do contrário, se concluiria, por exemplo, pela inconstitucionalidade da existência simultânea do IRPJ e da CSLL, posto que, como visto em Capítulo anterior, a base de cálculo das duas exações coincide.

Nessa linha de pensamento, segue trecho do Voto do Ministro Carlos Velloso, no RE n. 228321/RS, **DJ** de 30.05.2003:

> Tem-se contribuições sociais oriundas de "outras fontes", cuja criação segue a regra da competência residual da União: CF, art. 154, I, *ex vi* do disposto no § 4º do art. 195. **A primeira condição – criação mediante Lei Complementar – está atendida (CF, art. 154, I).** Sustenta-se, entretanto, que a nova contribuição "muito embora não tenha o mesmo fato gerador, tem a mesma base de cálculo do imposto de renda, previsto no art. 153, III, da Constituição Federal, I e, o montante de renda, da remuneração, da retribuição obtida/paga como contraprestação do trabalho sem vínculo empregatício, também a mesma base de cálculo do Imposto sobre Serviço, previsto no art. 156, III, da CF, I, é, o preço do serviço – honorários ou remuneração dos profissionais autônomos. A argumentação é, entretanto, improcedente. **A uma, porque tem-se, no caso, uma contribuição. Quando do julgamento dos REEE 177.137-RS e 165.939-RS, por mim relatados, sustentamos a tese no sentido de que, tratando-se de contribuição, a Constituição não proíbe a coincidência de sua base de cálculo com a do imposto, o que é vedado relativamente as taxas. (...) A duas, porque, quando o § 4º do art.195 da CF manda obedecer a regra da competência residual da União – art. 154,** I – não estabelece que as contribuições não devam ter fato gerador ou base de cálculo de impostos. As contribuições, criadas na forma do **§ 4º do art. 195 da CF, não devem ter, isto sim, fato gerador e base de cálculo próprios das contribuições já existentes.** É que deve ser observado o sistema. E o sistema é este: tratando-se de contribuição, a Constituição não proíbe a coincidência da sua base de cálculo com a base de cálculo do imposto, o que é vedado, expressamente, relativamente às taxas (CF, art. 145, § 2º) (grifos nossos).

Por conseguinte, a interpretação harmoniosa dos artigos 195, § 4º e 154, I dá ensejo à seguinte conclusão: as Contribuições Sociais Residuais, além de serem instituídas por meio de Lei Complementar, não poderão ter base de cálculo própria das Contribuições Sociais já existentes.

Em relação ao Princípio da Anterioridade Tributária, faz-se necessário salientar que as Contribuições devem observar tanto o Princípio da Anterioridade do Exercício quanto o da Nonagesimal, consoante reza o artigo 150, III, "b" e "c", da CF. Existem apenas **duas exceções**, que são: a CIDE sobre Combustíveis e a Contribuição Social.

A CIDE Combustível não observa o Princípio da Anterioridade do Exercício, nos certames do artigo 177, § 4º, "b", da CF, quando ocorrer **redução** e **restabelecimento** das suas alíquotas, respeitando, assim, apenas a Anterioridade Nonagesimal:

> **Art. 177.** Constituem monopólio da União: (...) § 4º A lei que instituir contribuição de intervenção no domínio econômico relativa às atividades de importação ou comercialização de petróleo e seus derivados, gás natural e seus derivados e álcool combustível deverá atender aos seguintes requisitos: (Incluído pela Emenda Constitucional n. 33, de 2001) I – a alíquota da contribuição poderá ser: (Incluído pela Emenda Constitucional n. 33, de 2001) (...) b) reduzida e restabelecida por ato do Poder Executivo, não se lhe aplicando o disposto no art. 150, III, "b"; (Incluído pela Emenda Constitucional n. 33, de 2001).

Outrossim, as Contribuições Sociais, também, só respeitam o Princípio da Anterioridade Nonagesimal, conforme dispõe o artigo 195, § 6º, da CF.

> **Art. 195.** A seguridade social será financiada por toda a sociedade, de forma direta e indireta, nos termos da lei, mediante recursos provenientes dos orçamentos da União, dos Estados, do Distrito Federal e dos Municípios, e das seguintes contribuições sociais: (...) § 6º As contribuições sociais de que trata este artigo só poderão ser exigidas após decorridos noventa dias

da data da publicação da lei que as houver instituído ou modificado, não se lhes aplicando o disposto no art. 150, III, "b".

Segue quadro esquemático das Contribuições, relativo à observância do Princípio da Anterioridade do Exercício e o da Nonagesimal:

Princípio da Anterioridade		
Contribuições	**Anterioridade do Exercício**	**Anterioridade Nonagesimal**
Contribuição Social – art. 195, § 6º, da CF.	Não Respeita	Respeita
CIDE (geral)	Respeita	Respeita
CIDE Combustível (redução e restabelecimento de alíquotas) – art. 177, § 4º, "b", da CF.	Não Respeita	Respeita
Contribuição de Interesse de Categoria Profissional	Respeita	Respeita
COSIP	Respeita	Respeita

Analisados os principais aspectos das Contribuições, vale estudar, com maior profundidade, cada uma das espécies:

6.1. Contribuições Sociais Gerais

Dentre os objetivos sociais que admitem a instituição de Contribuições Sociais Gerais estão a promoção da educação, da cultura, do desporto, da ciência, da família e dos índios, conforme preconizam os artigos da Constituição Federal, abaixo transcritos:

> **Art. 205.** A educação, direito de todos e dever do Estado e da família, será promovida e incentivada com a colaboração da sociedade, visando ao pleno desenvolvimento da pessoa, seu preparo para o exercício da cidadania e sua qualificação para o trabalho.
>
> (...) **Art. 215.** O Estado garantirá a todos o pleno exercício dos direitos culturais e acesso às fontes da cultura nacional, e apoiará e incentivará a valorização e a difusão das manifestações culturais.
>
> (...) **Art. 217.** É dever do Estado fomentar práticas desportivas formais e não formais, como direito de cada um, observados: (...)
>
> **Art. 218.** O Estado promoverá e incentivará o desenvolvimento científico, a pesquisa, a capacitação científica e tecnológica e a inovação. (Redação dada pela Emenda Constitucional nº 85, de 2015)(...)
>
> **Art. 225.** Todos têm direito ao meio ambiente ecologicamente equilibrado, bem de uso comum do povo e essencial à sadia qualidade de vida, impondo-se ao Poder Público e à coletividade o dever de defendê-lo e preservá-lo para as presentes e futuras gerações. (...)
>
> **Art. 231.** São reconhecidos aos índios sua organização social, costumes, línguas, crenças e tradições, e os direitos originários sobre as terras que tradicionalmente ocupam, competindo à União demarcá-las, proteger e fazer respeitar todos os seus bens.

As Contribuições Sociais Gerais terão suas **bases econômicas** considerando: "O faturamento, a receita bruta ou o valor da operação e, no caso de importação, o valor aduaneiro", nos termos do artigo 149, § 2º, III, "a", da CF.

Há três Contribuições Sociais Gerais instituídas pela União, quais sejam: i) a Contribuição "Salário-Educação", ii) a Contribuição do FGTS regulamentada pela LC n. 110/2001 e iii) Contribuições dos Serviços Sociais Autônomos.

A **Contribuição "Salário-Educação",** prevista no artigo 212, § 5º, da CF, será exigida das empresas para ser aplicada diretamente no ensino fundamental de seus empregados e dependentes, *in verbis*: (...) *"§ 5º A educação básica pública terá como fonte adicional de financiamento a contribuição social do salário-educação, recolhida pelas empresas na forma da lei"*.

Essa contribuição está regulamentada, ainda, nas Leis Federais n. 9.424/96 e 9.766/98. O STF, ao julgar a ADC n. 3, entendeu constitucional a instituição da contribuição pela Lei n. 9.424/96, sem necessidade de Lei Complementar, por existir expressa previsão na Constituição Federal sobre essa espécie tributária sem essa exigência:

> CONSTITUCIONAL. Ação declaratória de constitucionalidade do art. 15, Lei n. 9.424/96. Salário-educação. Contribuições para o fundo de manutenção e desenvolvimento do ensino fundamental e de valorização do magistério. Decisões judiciais controvertidas. Alegações de inconstitucionalidade formal e material. Formal: lei complementar. **Desnecessidade. Natureza da contribuição social. § 5º do art. 212 da CF que remete só à lei.** Processo legislativo. Emenda de redação pelo senado. Emenda que não alterou a proposição jurídica. Folha de salários. Remuneração. Conceitos. Precedentes. Questão interna *corporis* do poder legislativo. Cabimento da análise pelo tribunal em face da natureza constitucional. Inconstitucionalidade material: base de cálculo. Vedação do art. 154, I, da CF, que não atinge esta contribuição, somente impostos. Não se trata de outra fonte para a seguridade social. Imprecisão quanto à hipótese de incidência. A CF quanto ao salário-educação define a finalidade: financiamento do ensino fundamental e o sujeito passivo da contribuição: as empresas. Não resta dúvida. Constitucionalidade da lei amplamente demonstrada. Ação declaratória de constitucionalidade que se julga procedente, com efeitos *ex tunc* (grifos nossos).

A matéria encontra-se inclusive sumulada no STF: *"Súmula n. 732. É constitucional a cobrança da contribuição do salário-educação, seja sob a Carta de 1969, seja sob a Constituição Federal de 1988, e no regime da Lei n. 9.424/96"*.

A Contribuição "Salário-Educação" apresenta como Sujeito Passivo a **empresa** que, segundo o artigo 15, I, da Lei n. 8.212/91, está compreendida no conceito de qualquer firma individual ou sociedade que assume o risco de atividade econômica, urbana ou rural, com fins lucrativos ou não, bem como empresas e demais entidades públicas ou privadas, vinculadas à seguridade social.

Nesse sentido, transcreve-se a ementa do RE n. 405444, na qual o STF considerou que mesmo as sociedades sem fins lucrativos se enquadram no conceito de empresa e, por causa disso, também estão sujeitas ao recolhimento da Contribuição "Salário-Educação":

> TRIBUTO. Contribuição. Salário-educação. Sujeito passivo. Sociedade sem fins lucrativos. Caracterização. Conceito de empresa. Alegação de que apenas as pessoas jurídicas dedicadas a atividades empresariais estariam sujeitas ao tributo. Descabimento. Art. 212, § 5º, da CF/88. Art. 15 da Lei n. 9.424/96. Agravo regimental improvido. Precedente. **O conceito de "empresa", para fins de sujeição passiva à contribuição para o salário-educação, corresponde à firma individual ou à pessoa jurídica que, com ou sem fins lucrativos, pague remuneração a segurado-empregado** (RE n. 405444-AgR, rel. Min. Cezar Peluso, 2ª Turma, julgado em 04.03.2008, **DJe**-055, divulg. em 27.03.2008, public. em 28.03.2008, Ement. v. 02312-07, p. 01163, **RTJ**, v. 00205-01, p. 00429) (grifos nossos).

A Contribuição "Salário-Educação" devida pelas empresas se calcula com base na alíquota de 2,5% incidente sobre o total de remuneração paga aos segurados-empregados(Art. 15 da Lei 9.424/96), ressalvadas as exceções legais, como no caso dos empregados contratados por prazo determinado, cuja alíquota é de 1,25%.

No tocante à outra Contribuição Social Geral, qual seja: a **Contribuição do FGTS** (Fundo de Garantia do Tempo de Serviço), criada pela LC n. 110/2001, importa evidenciar que merece a devida atenção em seu estudo. Primeiramente pelo fato de essa distinguir-se da contribuição ao FGTS prevista na Lei n. 8.036/90, uma vez que essa última não apresenta natureza tributária.

Observe-se que no caso da contribuição para o FGTS regulada pela Lei n. 8.036/90, os recolhimentos de FGTS são realizados em contas vinculadas em nome dos empregados, descaracterizando a natureza tributária de tais contribuições. Portanto, trata-se de um ônus de cunho Trabalhista. Para melhor compreensão, segue abaixo a transcrição da ementa do RE n. 100.249 do STF:

> Fundo de Garantia por Tempo de Serviço. Sua natureza jurídica. Constituição, art. 165, XIII. Lei n. 5.107, de 13.09.1966. **As contribuições para o FGTS não se caracterizam como crédito tributário ou contribuições a tributo equiparáveis.** Sua sede está no art. 165, XIII, da Constituição. Assegura-se ao trabalhador estabilidade, ou fundo de garantia equivalente. Dessa garantia, de índole social, promana, assim, a exigibilidade pelo trabalhador do pagamento do FGTS, quando despedido, na forma prevista em lei. Cuida-se de um direito do trabalhador. Dá-lhe o estado garantia desse pagamento. A contribuição pelo empregador, no caso, deflui do fato de ser ele o sujeito passivo da obrigação, de natureza trabalhista e social, que encontra, na regra constitucional aludida, sua fonte. **A atuação do estado, ou de órgão da administração pública, em prol do recolhimento da contribuição do FGTS, não implica torná-lo titular do direito à contribuição, mas, apenas, decorre do cumprimento, pelo poder público, de obrigação de fiscalizar e tutelar a garantia assegurada ao empregado optante pelo FGTS. Não exige o Estado, quando aciona o empregador, valores a serem recolhidos ao erário, como receita pública. Não há, daí, contribuição de natureza fiscal ou parafiscal. Os depósitos do FGTS pressupõem vínculo jurídico, com disciplina no direito do trabalho.** Não se aplica às contribuições do FGTS o disposto nos arts. 173 e 174, do CTN. Recurso extraordinário conhecido, por ofensa ao art. 165, XIII, da Constituição, e provido, para afastar a prescrição quinquenal da ação (RE n. 100249, rel. Min. Oscar Correa, rel. p/ acórdão: Min. Néri da Silveira, Tribunal Pleno, julgado em 02.12.1987, **DJ** de 01.07.1988, p. 16.903, Ement. v. 01508-09, p. 01903) (grifos nossos).

Como bem assevera a Suprema Corte, não há relação jurídico-tributária, na contribuição do FGTS – que assegura ao trabalhador estabilidade, ou fundo de garantia. Trata-se de um direito do trabalhador, configurando, por conseguinte, natureza Trabalhista.

A LC n. 110/2001, por sua vez, criou uma nova Contribuição devida pelos empregadores em caso de despedida de empregado sem justa causa (a título de multa), com alíquota de 10% sobre o montante de todos os depósitos devidos referentes ao Fundo, durante a vigência do contrato de trabalho, acrescido das remunerações aplicáveis às contas vinculadas, a partir de 29 de setembro de 2001.

Também foi criada contribuição à alíquota de 0,5% sobre a remuneração devida, passando de 8% para 8,5% pelo prazo de 60 meses, até novembro de 2006.

Essas contribuições instituídas pela LC n. 110/2001 foram muito criticadas, principalmente por não privilegiar determinada categoria profissional e nem intervir no domínio econômico; constituem fundo indenizatório para propiciar recursos à Caixa Econômica Federal em face das condenações judiciais em razão de aplicar correção com índices defasados; além de inexistir correlação lógica entre os beneficiários dos recursos (pessoas que não tiveram a integral correção) e os contribuintes (empregadores atuais)[22].

Em meio a diversas críticas, o STF, ao julgar as ADIs n. 2.556 e 2.568 entendeu serem constitucionais as Contribuições criadas pela LC n. 110/2001, na função de espécies tributárias que configuram validamente as contribuições sociais gerais, segue trecho do julgamento:

> Ação direta de inconstitucionalidade. Impugnação de artigos e de expressões contidas na Lei Complementar Federal n. 110, de 29 de junho de 2001. Pedido de liminar. **– A natureza jurídica das duas exações criadas pela lei em causa, neste exame sumário, é a de que são elas tributárias, caracterizando-se como contribuições sociais que se enquadram na subespécie "contribuições sociais gerais" que se submetem à regência do artigo 149 da Constituição, e não à do artigo 195 da Carta Magna.** – Não ocorrência de plausibilidade jurídica quanto às alegadas ofensas aos artigos 145, § 1º, 154, I, 157, II, e 167, IV, da Constituição. – Também não apresentam plausibilidade jurídica suficiente para a concessão de medida excepcional como é a liminar as alegações de infringência ao artigo 5º, LIV, da Carta Magna e ao artigo 10, I, de seu ADCT. – Há, porém, plausibilidade jurídica no tocante à arguição de inconstitucionalidade do artigo 14, "caput", quanto à expressão "produzindo efeitos", e seus incisos I e II da Lei Complementar objeto desta ação direta, sendo conveniente, dada a sua relevância, a concessão da liminar nesse ponto. Liminar deferida em parte, para suspender, *ex tunc* e até final julgamento, a expressão "produzindo efeitos" do *caput* do artigo 14, bem como seus incisos I e II, todos da Lei Complementar Federal n. 110, de 29 de junho de 2001 (ADI n. 2556-MC, rel. Min. Moreira Alves, Tribunal Pleno, julgado em 09.10.2002, **DJ** de 08.08.2003, p. 00087, Ement. v. 02118-02, p. 00266) (grifos nossos).

Embora o STF tenha considerado constitucionais essas Contribuições Sociais Gerais, merece enfrentamento, ainda, o fato de elas incidirem sobre outras bases econômicas que não àquelas arroladas no artigo 149, § 2º, III, "a", da CF (Incluídas pela EC n. 33/2001). Cita-se, como exemplo, a circunstância das contribuições instituídas pela LC n. 110/2001 recaírem sobre "o montante de todos os depósitos devidos, referentes ao FGTS, durante a vigência do contrato de trabalho, acrescido das remunerações aplicáveis às contas vinculadas e remuneração devida, no mês anterior, a cada trabalhador, incluídas as parcelas de que trata o artigo 15 da Lei n. 8.036/90".

Além disso, alia-se ao fato da não cassação das Contribuições instituídas pela LC n. 110/2001, após o alcance da finalidade para sua instituição, uma vez que foram estabelecidas de modo temporário para financiamento do pagamento dos expurgos dos Planos Verão e Collor, o que já foram atendidas[23].

Por fim, para encerrar os estudos sobre as Contribuições Sociais Gerais, será tratado a seguir o tema sobre as **Contribuições de Serviços Sociais Autônomos**, conhecidas também

22. MELO, José Eduardo Soares. **Curso de Direito Tributário.** 10. ed. Dialética: São Paulo, 2012. p. 111.
23. PAULSEN, Leandro. **Contribuições** – teoria geral: contribuições em espécie. p. 116-117.

como Contribuições do **Sistema "S"**, isso porque a maioria dos serviços sociais autônomos iniciavam com a letra "s", tais como:

SESI	Serviço Social da Indústria;
SENAI	Serviço Nacional de Aprendizagem Industrial;
SESC	Serviço Social do Comércio;
SENAC	Serviço Nacional de Aprendizagem do Comércio;
SEST	Serviço Social de Transporte;
SENAT	Serviço Nacional de Aprendizagem do Transporte;
SENAR	Serviço Nacional de Aprendizagem Rural;
SESCOOP	Serviço Nacional de Aprendizagem do Cooperativismo;
SEBRAE	Serviço Brasileiro de Apoio às Micro e Pequenas Empresas.

Atualmente, pode-se mencionar ainda como serviços sociais autônomos, por desmembramento das receitas da contribuição ao SEBRAE: i) APEX-Brasil (Agência de Promoção de Exportações do Brasil) e a ABDI (Agência Brasileira de Desenvolvimento Industrial). Dessa forma, não são apenas entidades cujas iniciais tenham a letra "s" que são consideradas serviços sociais autônomos.

Por serviços sociais autônomos se podem compreender os entes instituídos por lei, qualificando-se como pessoas jurídicas de direito privado, sem fins lucrativos, que recebem recursos públicos, todavia não integram a administração pública direta ou indireta. São entes paraestatais, com autonomia administrativa e financeira que prestam atividades privadas de interesse público. São custeados fundamentalmente por contribuições específicas instituídas pela União[24].

O SESC, por exemplo, tem por finalidade planejar e executar, direta ou indiretamente, medidas pertinentes ao bem-estar social e à melhoria do padrão de vida dos comerciários. Já o SENAC tem como objetivo precípuo organizar e administrar escolas de aprendizagem comercial e cursos de especialização na área do comércio. O SENAI, por sua vez, tem por fim organizar e administrar escolas de aprendizagem para industriários.

As Contribuições de Serviços Sociais Autônomos estão fundamentadas no artigo 240 da CF, como se pode observar: *"Ficam ressalvadas do disposto no art. 195 as atuais contribuições compulsórias dos empregadores sobre a folha de salários, destinadas às entidades privadas de serviço social e de formação profissional vinculadas ao sistema sindical"*.

Em regra, as Contribuições ao Sistema "S" são devidas pelas empresas e incidem sobre as remunerações pagas a seus empregados (folha de salário).

Recentemente, o STJ considerou que as empresas prestadoras de serviços também estariam sujeitas ao recolhimento das contribuições para o SESC e para o SENAC. Ocorre que essas contribuições são cobradas dos estabelecimentos comerciais referidos no quadro constante no artigo 577 da CLT e, por esse motivo, não teriam como alcançar as prestadoras de serviços.

24. VELLOSO, Andrei Pitten, op. cit., p. 331.

O parecer do STJ pautou-se no novo conceito de empresa, o qual considera que as empresas prestadoras de serviços que auferem lucros são estabelecimentos comerciais. Portanto, tais empresas estariam sujeitas ao recolhimento das contribuições do SESC e para o SENAC, salvo se contribuírem para outra entidade integrante do sistema, sob pena de deixar seus empregados desprotegidos – sem os benefícios advindos da atuação dos serviços sociais autônomos.

A fim de tornar o entendimento mais claro, segue o texto da ementa de decisão do STJ:

> TRIBUTÁRIO. PROCESSUAL CIVIL. VIOLAÇÃO AO ART. 535 DO CPC. ALEGAÇÕES GENÉRICAS. SÚMULA N. 284/STF. Recurso Especial representativo de controvérsia (art. 543-C, do CPC). CONTRIBUIÇÃO AO SESC E SENAC. EMPRESAS PRESTADORAS DE SERVIÇOS EDUCACIONAIS. INCIDÊNCIA. 1. Não merece conhecimento o recurso especial que aponta violação ao art. 535 do CPC, sem, na própria peça, individualizar o erro, a obscuridade, a contradição ou a omissão ocorridas no acórdão proferido pela Corte de Origem, bem como sua relevância para a solução da controvérsia apresentada nos autos. Incidência da Súmula n. 284/STF: "É inadmissível o recurso extraordinário, quando a deficiência na sua fundamentação não permitir a exata compreensão da controvérsia". 2. **As empresas prestadoras de serviço são aquelas enquadradas no rol relativo ao art. 577 da CLT, atinente ao plano sindical da Confederação Nacional do Comércio – CNC – e, portanto, estão sujeitas às contribuições destinadas ao SESC e SENAC.** Precedentes: REsp n. 431.347/SC, 1ª Seção, rel. Min. Luiz Fux, julgado em 23.10.2002; e AgRgRD no REsp n. 846.686/RS, 2ª Turma, rel. Min. Mauro Campbell Marques, julgado em 16.09.2010. 3. O entendimento se aplica às empresas prestadoras de serviços educacionais, muito embora integrem a Confederação Nacional de Educação e Cultura, consoante os seguintes precedentes: Pela Primeira Turma: EDcl no REsp n. 1.044.459/PR; AgRg no Ag n. 882.956/MG; REsp n. 887.238/PR; REsp n. 699.057/SE; Pela 2ª Turma: AgRg no Ag n. 1.347.220/SP; AgRgRD no REsp n. 846.686/RS; REsp n. 886.018/PR; AgRg no REsp n. 1.041.574 PR; REsp n. 1.049.228/PE; AgRg no REsp n. 713.653/PR; REsp n. 928.818/PE. 4. **A lógica em que assentados os precedentes é a de que os empregados das empresas prestadoras de serviços não podem ser excluídos dos benefícios sociais das entidades em questão (SESC e SENAC) quando inexistente entidade específica a amparar a categoria profissional a que pertencem. Na falta de entidade específica que forneça os mesmos benefícios sociais e para a qual sejam vertidas contribuições de mesma natureza e, em se tratando de empresa prestadora de serviços, há que se fazer o enquadramento correspondente à Confederação Nacional do Comércio – CNC –, ainda que submetida a atividade respectiva a outra Confederação, incidindo as contribuições ao SESC e SENAC que se encarregarão de fornecer os benefícios sociais correspondentes.** 5. Recurso especial parcialmente conhecido e, nessa parte, provido. Acórdão submetido ao regime do art. 543-C do CPC e da Resolução STJ n. 8/2008 (REsp n. 1255433/SE, rel. Min. Mauro Campbell Marques, 1ª Seção, julgado em 23.05.2012, **DJe** de 29.05.2012) (grifos nossos).

O referido posicionamento apresenta-se sumulado no STJ: *"Súmula n. 499. As empresas prestadoras de serviços estão sujeitas às contribuições ao SESC e Senac, salvo se integradas noutro serviço social"*.

Por conseguinte, as Contribuições destinadas ao Sistema "S", compreendidas como subespécies das Contribuições Sociais Gerais, devem ser recolhidas pelas empresas prestadoras de serviços, exceto no caso de *existir entidade específica a amparar a categoria profissional a que pertencem.*

6.2. Contribuições Sociais

As Contribuições Sociais previstas no artigo 195 da CF têm como finalidade precípua custear a seguridade social e apresentam como característica marcante a **solidariedade**, uma vez que será exigida não de determinado grupo de pessoas, mas de toda a sociedade.

A solidariedade desperta a união de pessoas para colaborarem para um fim específico, que se torna indispensável para o desenvolvimento da sociedade.

José Fernando de Castro Farias traduz que a solidariedade é *"(...) uma nova maneira de pensar a sociedade e por uma política concreta, não somente de um sistema de proteção social, mas também como 'um fio condutor' indispensável à construção e à conceitualização das políticas sociais"*[25].

José Casalta Nabais ao discorrer sobre a solidariedade esclarece:

> Daí também que a solidariedade, enquanto fenômeno estável ou duradouro e mais geral, refira-se à relação ou sentimento de pertença a um grupo ou formação social, entre os muitos grupos ou formações sociais em que o homem manifesta e realizada atualmente a sua *affectio societatis*, dentro dos quais sobressai, naturalmente, a comunidade paradigma dos tempos modernos – o Estado. Do que resulta que a solidariedade pode ser entendida quer em sentido objetivo, em que se alude à relação de pertença e, por conseguinte, de partilha e de corresponsabilidade que liga cada um dos indivíduos à sorte e vicissitudes dos demais membros da comunidade, quer em sentido subjetivo e de ética social, em que a solidariedade exprime o sentimento, a consciência dessa mesma pertença à comunidade.
>
> Uma relação ou consciência de pertença que tem por suporte uma relação recíproca de ajuda e sustento nas dificuldades e nas necessidades e que, por isso mesmo, não deixou de ser identificada com a relação de fraternidade. A relação presente justamente no terceiro termo célebre divisa da Revolução Francesa e que parte significativa dos autores considera, no essencial, alcançada com a consagração constitucional e a efetivação prática dos direitos sociais. Direitos estes justamente designados também por direitos de solidariedade[26].

A solidariedade consiste basicamente na ideia de cooperação no âmbito da sociedade, com vistas à concretização da justiça social, como uma forma de garantir a Dignidade da Pessoa Humana. Trata-se, sem dúvida, de um Princípio Fundamental do nosso ordenamento jurídico, previsto expressamente no artigo 3º da CF:

> **Art. 3º** Constituem objetivos fundamentais da República Federativa do Brasil: I – construir uma sociedade livre, justa e solidária; II – garantir o desenvolvimento nacional; III – erradicar a pobreza e a marginalização e reduzir as desigualdades sociais e regionais; IV – promover o bem de todos, sem preconceitos de origem, raça, sexo, cor, idade e quaisquer outras formas de discriminação.

Nessa linha de pensamento da solidariedade, evidencia-se que o custeio da seguridade social é suportado por toda sociedade, independentemente da pessoa ter ou não relação direta com os segurados ou de serem ou não destinatárias de benefícios. Aliás, a solidariedade consiste exatamente no sacrifício financeiro daqueles que revelam capacidade para contribuir, ainda que não beneficiários dos serviços e benefícios da seguridade social.

---

25. **A origem do direito de solidariedade**. Rio de Janeiro: Renovar, 1998. p. 180.
26. Solidariedade Social, Cidadania e Direito Fiscal. In: GRECO, Marco Aurélio; GODOI, Marciano Seabra de (Coord.). **Solidariedade Social e Tributação**. São Paulo: Dialética, 2005. p. 112.

O STF entende, por exemplo, que mesmo as pessoas jurídicas sem empregados devem recolher as contribuições sociais em atenção ao Princípio da Solidariedade, porque se tem como regra a inclusão, de modo que a seguridade social será financiada por toda a sociedade:

> AGRAVO REGIMENTAL NO RECURSO EXTRAORDINÁRIO. CONSTITUCIONAL. TRIBUTÁRIO. CONTRIBUIÇÃO SOCIAL SOBRE O LUCRO. SUJEIÇÃO PASSIVA. EMPRESAS SEM EMPREGADOS. LEGITIMIDADE. PRECEDENTES. JULGAMENTO DA MATÉRIA NOS TERMOS DO ART. 557, *CAPUT*, DO CPC. POSSIBILIDADE. AGRAVO IMPROVIDO. I – **A jurisprudência desta Corte é pacífica no sentido de se conferir interpretação ampla ao art. 195, I, da Constituição, na redação anterior à EC n. 20/98, de modo a compreender as pessoas jurídicas empregadoras em potencial, inclusive aquelas que não possuem empregados. Aplicação, no caso, do princípio da solidariedade, no sentido de que a Seguridade Social será financiada por toda a sociedade (art. 195, *caput*, da CF/88).** II – A existência de precedentes firmados por ambas as Turmas do Supremo Tribunal Federal a respeito do tema versado no recurso extraordinário possibilita o julgamento monocrático do recurso nos termos do art. 557, *caput*, do CPC. III – Agravo regimental improvido (RE n. 500121-AgR, rel. Min. Ricardo Lewandowski, 2ª Turma, julgado em 20.03.2012, acórdão eletrônico, **DJe**-066 divulg. em 30.03.2012, public. em 02.04.2012) (grifos nossos).

Igualmente, ao julgar o RE n. 474.132, o Ministro Ayres Brito afirmou que "a seguridade social há de ser financiada por toda a sociedade, porque ela obedece a uma base de inspiração: a solidariedade. Uma solidariedade que é impositiva, que é imposta a toda a sociedade". E segue: "Por que toda a sociedade? Porque essa seguridade social é serviente daquele valor chamado solidariedade, que está na cabeça do art. 3º, inciso I, que é o primeiro dos objetivos fundamentais da República Federativa do Brasil...". Concluiu: "Então, a solidariedade há de recair sobre toda a sociedade. Por isso, não pode ser interpretada no plano da excludência desse ou daquele segmento social, mais ainda, desse ou daquele segmento empresarial; não pode ser interpretada a solidariedade no plano da excludência senão restritivamente, porque a regra é da inclusão, será financiada por toda a sociedade".

A seguridade social que deve ser custeada por toda a sociedade, em observância ao Princípio da Solidariedade e aplicação ao *caput* do artigo 195 da CF é composta pela **Previdência**, **Saúde** e **Assistência Social** (art. 194 da CF).

A **Previdência** será custeada tanto pelo empregado como pelo empregador. Nos termos do que prevê o artigo 195, I, da CF, assegura-se que o empregador, a empresa e a entidade a ela equiparada irão recolher as Contribuições Sociais Previdenciárias sobre a **folha de salário**.

Por conseguinte, o artigo 15 da Lei n. 8.212/91 conceitua empresa e arrola as pessoas que devem ser consideradas equiparadas a ela para efeito de recolhimento de Contribuições de Seguridade Social:

> **Art. 15.** Considera-se: I – empresa – a firma individual ou sociedade que assume o risco de atividade econômica urbana ou rural, com fins lucrativos ou não, bem como os órgãos e entidades da administração pública direta, indireta e fundacional; II – empregador doméstico – a pessoa ou família que admite a seu serviço, sem finalidade lucrativa, empregado doméstico.
>
> **Parágrafo único.** Equiparam-se a empresa, para os efeitos desta Lei, o contribuinte individual e a pessoa física na condição de proprietário ou dono de obra de construção civil, em relação a segurado que lhe presta serviço, bem como a cooperativa, a associação ou a entidade de qualquer natureza ou finalidade, a missão diplomática e a repartição consular de carreira estrangeiras. (Redação dada pela Lei nº 13.202, de 2015)

A folha de salário a que alude o artigo 195, I, da CF, que serve de base econômica da seguridade social, pressupõe a remuneração paga aos empregados, nos termos do artigo 201, § 11, da CF:

> **Art. 201.** A previdência social será organizada sob a forma de regime geral, de caráter contributivo e de filiação obrigatória, observados critérios que preservem o equilíbrio financeiro e atuarial, e atenderá, nos termos da lei, a: (Redação dada pela Emenda Constitucional n. 20, de 1998). (...) § 11. Os ganhos habituais do empregado, a qualquer título, serão incorporados ao salário para efeito de contribuição previdenciária e consequente repercussão em benefícios, nos casos e na forma da lei (incluído pela Emenda Constitucional n. 20, de 1998).

O texto constitucional para fins de recolhimento das Contribuições Sociais esclareceu que a folha de salários abrangeria "os **ganhos habituais** do empregado", o que impede restringir a incidência dessas espécies tributárias ao conceito estrito de salário previsto na CLT.

Logo, as remunerações a sócios-diretores, autônomos e avulsos estão sujeitas à Contribuição Social. Já os valores pagos a título de auxílio-creche, auxílio-transporte[27], as ajudas de custo em geral não podem compor a base de cálculo da Contribuição Previdenciária, por se tratarem de verbas indenizatórias (a lei que dispõe sobre a Seguridade Social, Lei n. 8.212/91, estabeleceu especificamente quais as verbas não integram o salário de contribuição em seu artigo 28, § 9º).

Vale mencionar que o STJ também consolidou o seu entendimento sobre a não incidência da referida Contribuição Social sobre auxílio-creche, por meio da Súmula n. 310 que determina que "o auxílio-creche não integra o salário de contribuição".

Com relação à gratificação natalina, o STF pacificou o entendimento pela incidência, conforme estabelece a Súmula n. 688: *"É legítima a incidência da contribuição previdenciária sobre o 13º salário". Posicionamento que confirma o disposto no artigo 28, § 7º, da Lei n. 8.212/91.*

Há uma série de Contribuições Sociais Previdenciárias incidentes sobre a folha salário recolhida pelo empregador, empresa ou entidade a ela equiparada. Pode-se mencionar, como exemplo, a contribuição do **empregador doméstico**, prevista no artigo 24 da Lei n. 8.212/91, a qual determina que a pessoa que admite **sem finalidade lucrativa** um empregado doméstico deverá recolher 8% e 0,8% (este último para financiamento do seguro contra acidentes de trabalho) do salário de contribuição do empregado doméstico a seu serviço – redação alterada pela Lei n. 13.202/2015.

Nesse ponto, insta evidenciar o artigo 28 da Lei n. 8.212/91 que define o salário de contribuição do empregado doméstico:

> **Art. 28.** Entende-se por salário-de-contribuição: II – para o empregado doméstico: a remuneração registrada na Carteira de Trabalho e Previdência Social, observadas as normas a serem estabelecidas em regulamento para comprovação do vínculo empregatício e do valor da remuneração;

Ressalta-se que o empregador doméstico recolhe na condição de **contribuinte** 8% e 0,8% (este último para financiamento do seguro contra acidentes de trabalho) de Contribuição Social Previdenciária (art. 24 da Lei n. 8.212/91– dispositivo alterado pela Lei n. 13.202/2015).

27. RE n. 478.410, STF.

Ademais, porém, na condição de **responsável tributário** do empregado doméstico, tem a obrigação de reter e recolher entre 8% a 11% da Contribuição Previdenciária que tem como **contribuinte o empregado doméstico**, nos termos do artigo 20 da Lei n. 8.212/91.Atentar também para a Nova Lei do Empregado Doméstico – Lei Complementar nº 150/2015 -, que em seu art. 34 estabelece o recolhimento único do Simples Doméstico, *in verbis*:

> **Art. 34.** O Simples Doméstico assegurará o recolhimento mensal, mediante documento único de arrecadação, dos seguintes valores: **I – 8% (oito por cento) a 11% (onze por cento) de contribuição previdenciária, a cargo do segurado empregado doméstico, nos termos do art. 20 da Lei nº 8.212, de 24 de julho de 1991; II – 8% (oito por cento) de contribuição patronal previdenciária para a seguridade social, a cargo do empregador doméstico, nos termos do art. 24 da Lei no 8.212, de 24 de julho de 1991; III – 0,8% (oito décimos por cento) de contribuição social para financiamento do seguro contra acidentes do trabalho;** IV – 8% (oito por cento) de recolhimento para o FGTS; **V – 3,2% (três inteiros e dois décimos por cento), na forma do art. 22 desta Lei; e VI – imposto sobre a renda retido na fonte de que trata o inciso I do art. 7º da Lei n. 7.713, de 22 de dezembro de 1988, se incidente.** § 1º As contribuições, os depósitos e o imposto arrolados nos incisos I a VI incidem sobre a remuneração paga ou devida no mês anterior, a cada empregado, incluída na remuneração a gratificação de Natal a que se refere a Lei n. 4.090, de 13 de julho de 1962, e a Lei n. 4.749, de 12 de agosto de 1965. § 2º A contribuição e o imposto previstos nos incisos I e VI do caput deste artigo serão descontados da remuneração do empregado pelo empregador, que é responsável por seu recolhimento. § 3º O produto da arrecadação das contribuições, dos depósitos e do imposto de que trata o caput será centralizado na Caixa Econômica Federal. § 4º A Caixa Econômica Federal, com base nos elementos identificadores do recolhimento, disponíveis no sistema de que trata o § 1º do art. 33, transferirá para a Conta Única do Tesouro Nacional o valor arrecadado das contribuições e do imposto previstos nos incisos I, II, III e VI do caput. § 5º O recolhimento de que trata o caput será efetuado em instituições financeiras integrantes da rede arrecadadora de receitas federais. § 6º O empregador fornecerá, mensalmente, ao empregado doméstico cópia do documento previsto no caput. § 7º O recolhimento mensal, mediante documento único de arrecadação, e a exigência das contribuições, dos depósitos e do imposto, nos valores definidos nos incisos I a VI do *caput*, somente serão devidos após 120 (cento e vinte) dias da data de publicação desta Lei. (grifos nossos)

Outra Contribuição Previdenciária incidente sobre a folha salário devida pela empresa consiste na Contribuição dos **Segurados Empregados e Trabalhadores Avulsos**, prevista no artigo 22, I, da Lei n. 8.212/91:

> **Art. 22.** A contribuição a cargo da empresa, destinada à Seguridade Social, além do disposto no art. 23, é de: I – vinte por cento sobre o total das remunerações pagas, devidas ou creditadas a qualquer título, durante o mês, aos segurados empregados e trabalhadores avulsos que lhe prestem serviços, destinadas a retribuir o trabalho, qualquer que seja a sua forma, inclusive as gorjetas, os ganhos habituais sob a forma de utilidades e os adiantamentos decorrentes de reajuste salarial, quer pelos serviços efetivamente prestados, quer pelo tempo à disposição do empregador ou tomador de serviços, nos termos da lei ou do contrato ou, ainda, de convenção ou acordo coletivo de trabalho ou sentença normativa. (Redação dada pela Lei n. 9.876, de 1999). (Vide Lei n. 13.189, de 2015) (Vigência).

Cita-se, também, o artigo 25 da Lei n. 8.870/94 que instituiu a Contribuição Previdenciária do **Produtor Rural Pessoa Jurídica**, tendo por base de cálculo a comercialização da sua produção.

Sobre essa última Contribuição, em maio de 2013, o STF reconheceu a repercussão geral no RE n. 700.922 para julgar sobre a constitucionalidade do artigo 25, I e II, da Lei

n. 8.870/94, por ter estabelecido uma base de cálculo não prevista pela Constituição Federal, na época da promulgação da lei.

Vale esclarecer que a **receita** da pessoa jurídica só foi inserida na Constituição Federal como base de cálculo das Contribuições Sociais com o advento da EC n. 20/98. Assim, a Lei n. 8.870/94 ao fixar uma Contribuição com base econômica distinta da prevista na CF, cria na verdade uma nova contribuição em nosso ordenamento jurídico, o que só poderia ter ocorrido mediante Lei Complementar, conforme preconiza o artigo 195, § 4º, da CF. Observe-se que a Lei que introduziu a referida Contribuição precede à inclusão feita pela Emenda Constitucional.

O julgamento do RE n. 700.922 ainda encontra-se pendente– conclusos ao Relator desde 10/08/2015 – e, por essa razão, há necessidade de acompanhamento para verificação do desfecho dessa questão, principalmente para fins de provas de concurso, cujo resultado será seguido por muitas bancas examinadoras.

No tocante à Contribuição Social do Empregador Rural, o STF, ao julgar o RE n. 596.177, com eficácia de repercussão geral, enfrentou a questão da constitucionalidade das Contribuições Sociais devidas pelo **empregador rural pessoa física** incidente sobre a receita da comercialização de seus produtos, prevista no artigo 25, I e II, da Lei n. 8.212/91. Entendeu ser inconstitucional, dentre os motivos, justamente por não existir previsão constitucional sobre essa base de cálculo na época da publicação da Lei n. 8.212/91, segue trecho da jurisprudência:

> CONSTITUCIONAL. TRIBUTÁRIO. CONTRIBUIÇÃO SOCIAL PREVIDENCIÁRIA. EMPREGADOR RURAL PESSOA FÍSICA. INCIDÊNCIA SOBRE A COMERCIALIZAÇÃO DA PRODUÇÃO. ART. 25 DA LEI N. 8.212/91, NA REDAÇÃO DADA PELO ART. 1º DA LEI N. 8.540/92. INCONSTITUCIONALIDADE. I – Ofensa ao art. 150, II, da CF em virtude da exigência de dupla contribuição caso o produtor rural seja empregador. II – Necessidade de lei complementar para a instituição de nova fonte de custeio para a seguridade social. III – RE conhecido e provido para reconhecer a inconstitucionalidade do art. 1º da Lei n. 8.540/92, aplicando-se aos casos semelhantes o disposto no art. 543-B do CPC (RE n. 596177, rel. Min. Ricardo Lewandowski, Tribunal Pleno, julgado em 01.08.2011, Repercussão Geral – Mérito, **DJe**-165, divulg. em 26.08.2011, public. em 29.08.2011, Ement. v. 02575-02, p. 00211, RT, v. 101, n. 916, p. 653-662, 2012).

Registre-se que ainda que a EC n. 20/98 tenha trazido a **receita** como base de cálculo das Contribuições Sociais, tal modificação não tornaria constitucional a lei anterior que estabelecia essa Contribuição, porque não se admite a constitucionalização superveniente.

Também foi reconhecida pelo STF a repercussão geral no RE n. 611.601, com o intuito de julgar a constitucionalidade da Contribuição Previdenciária da **Agroindústria** estabelecida no artigo 22-A da Lei n. 8.212/91, que tem por base de cálculo a receita bruta proveniente da comercialização da produção, visto que esse dispositivo foi incluído pela Lei n. 10.256/2001.

Alega-se que a Lei n. 10.256/2001 padece de inconstitucionalidade por instituir uma nova contribuição sobre a receita, devendo prevalecer a redação original da Lei n. 8.212/91, que estabelecia a cobrança da contribuição calculada com base na folha de salário e demais rendimentos do trabalho. A questão está pendente de julgamento até o presente momento– conclusos ao Relator desde 28/04/2015.

A previdência, como visto anteriormente, também é custeada pelo trabalhador, nos termos do que disciplina o artigo 195, II, da CF:

> **Art. 195.** A seguridade social será financiada por toda a sociedade, de forma direta e indireta, nos termos da lei, mediante recursos provenientes dos orçamentos da União, dos Estados, do Distrito Federal e dos Municípios, e das seguintes contribuições sociais: (*Vide* Emenda Constitucional n. 20, de 1998) (...) II – do trabalhador e dos demais segurados da previdência social, não incidindo contribuição sobre aposentadoria e pensão concedidas pelo regime geral de previdência social de que trata o art. 201; (Redação dada pela Emenda Constitucional n. 20, de 1998)

Trabalhador, em linhas gerais, se define por aquele que desenvolve uma atividade econômica, independentemente de ser empregado, autônomo ou servidor público. E segurados, conforme menciona o artigo supradescrito, são pessoas filiadas ao Regime Geral de Previdência Social.

Há diversas classes de segurados, prevista pela Lei n. 8.212/91, como: empregados, empregados domésticos, contribuinte individual, trabalhador avulso, segurado especial, segurado facultativo, segurado especial.

Todas essas pessoas, para obter o benefício previdenciário, deverão recolher as Contribuições Sociais Previdenciárias para custear a Seguridade Social – arts. 195 da CF e 10 da Lei n. 8.212/91.

Além da contribuição de 20% sobre os pagamentos aos segurados empregados e avulsos (art. 22da Lei n. 8.212/91), as empresas têm a obrigação de pagar um adicional denominado de SAT (Seguro de Acidente do Trabalho) para financiamento da aposentadoria especial e de benefícios decorrentes de incapacidade ocasionados por riscos ambientais do trabalho. O artigo 22, II, da Lei n. 8.212/91 estabelece as alíquotas de 1% a 3%, conforme o grau de risco da atividade preponderante da empresa seja considerado leve, médio ou grave:

> **Lei n. 8.212/91 – Art. 22.** (...) II – para o financiamento do benefício previsto nos arts. 57 e 58 da Lei n. 8.213, de 24 de julho de 1991, e daqueles concedidos em razão do grau de incidência de incapacidade laborativa decorrente dos riscos ambientais do trabalho, sobre o total das remunerações pagas ou creditadas, no decorrer do mês, aos segurados empregados e trabalhadores avulsos: (Redação dada pela Lei n. 9.732, de 1998). a) 1% (um por cento) para as empresas em cuja atividade preponderante o risco de acidentes do trabalho seja considerado leve; b) 2% (dois por cento) para as empresas em cuja atividade preponderante esse risco seja considerado médio; c) 3% (três por cento) para as empresas em cuja atividade preponderante esse risco seja considerado grave. (...) § 3º O Ministério do Trabalho e da Previdência Social poderá alterar, com base nas estatísticas de acidentes do trabalho, apuradas em inspeção, o enquadramento de empresas para efeito da contribuição a que se refere o inciso II deste artigo, a fim de estimular investimentos em prevenção de acidentes.

De acordo com o STF, o fato de o inciso II do artigo 22 da Lei n. 8.212/91 utilizar conceito indeterminado ao se referir à atividade preponderante e implicar norma tributária em branco, leva à necessidade de se elaborar estatísticas que revelem os índices de acidentes do trabalho, qualificando os graus de risco para determinação da alíquota aplicada, assim, a regulamentação por ato normativo não violaria o Princípio da Legalidade, conforme se depreende do julgado a seguir:

> CONSTITUCIONAL. TRIBUTÁRIO. CONTRIBUIÇÃO: SEGURO DE ACIDENTE DO TRABALHO. SAT. Lei n. 7.787/89, arts. 3º e 4º; Lei n. 8.212/91, art. 22, II, redação da Lei n. 9.732/98. Decretos n. 612/92, 2.173/97 e 3.048/99. CF, art. 195, § 4º; art. 154,

II; art. 5º, II; art. 150, I. I. Contribuição para o custeio do Seguro de Acidente do Trabalho – SAT: Lei n. 7.787/89, art. 3º, II; Lei n. 8.212/91, art. 22, II: alegação no sentido de que são ofensivos ao art. 195, § 4º, c/c art. 154, I, da Constituição Federal: improcedência. Desnecessidade de observância da técnica da competência residual da União, CF, art. 154, I. **Desnecessidade de lei complementar para a instituição da contribuição** para o SAT. II. O art. 3º, II, da Lei n. 7.787/89, não é ofensivo ao princípio da igualdade, por isso que o art. 4º da mencionada Lei n. 7.787/89 cuidou de tratar desigualmente aos desiguais. III. As Leis n. 7.787/89, art. 3º, II, e 8.212/91, art. 22, II, definem, satisfatoriamente, todos os elementos capazes de fazer nascer a obrigação tributária válida. **O fato de a lei deixar para o regulamento a complementação dos conceitos de "atividade preponderante" e "grau de risco leve, médio e grave", não implica ofensa ao princípio da legalidade genérica, CF, art. 5º, II, e da legalidade tributária, CF, art. 150, I. IV. Se o regulamento vai além do conteúdo da lei, a questão não é de inconstitucionalidade, mas de ilegalidade, matéria que não integra o contencioso constitucional.** V. Recurso extraordinário não conhecido (RE n. 343446, rel. Min. Carlos Velloso, Tribunal Pleno, julgado em 20.03.2003, **DJ** de 04.04.2003, p. 00040, Ement. v. 02105-07, p. 01388) (grifos nossos).

A Seguridade Social também compreende a **Assistência Social** que será custeada pelo empregador, empresas e entidades a elas equiparadas, e apresentam por base de cálculo a **receita** ou **faturamento** da pessoa jurídica.

Do **Vocabulário jurídico** De Plácido e Silva extrai-se que receita significa:

Derivado do latim *recepta*, forma feminina de *receptus*, de *recipere* (receber), é, na linguagem correntia e em sentido geral, compreendido como toda soma ou quantia recebida. A receita, assim, importa num recebimento de dinheiro ou de soma pecuniária.

Na significação econômica financeira, jurídica ou contábil, receita resulta sempre de uma entrada de numerário, recebimento de dinheiro ou arrecadação de verbas.

Mas, na acepção propriamente financeira, exprime especialmente o total de rendas ou o total de rendimentos prefixados ou previstos num orçamento e efetivamente arrecadado.

No sentido contábil, entende-se todo recebimento de numerário ou a entrada de dinheiro, que se contabiliza, isto é, que se registra ou se escritura nos livros comerciais como um deve da conta de Caixa, correspondendo a um crédito da conta, que produziu a renda, ou da pessoa que fez a entrega do dinheiro, isto é, que pagou ou cumpriu um pagamento[28].

Aires F. Barreto elucida que as receitas se definem por:

> Entradas que modificam o patrimônio da empresa, incrementando-o. Os ingressos envolvem tanto as receitas quanto as somas pertencentes a terceiros (valores que integram o patrimônio de outrem); são aqueles valores que não importam modificação no patrimônio de quem os recebe, porém mero trânsito para posterior entrega a quem pertencerem. (...) Apenas os aportes que incrementem o patrimônio, como elemento novo e positivo, são receitas. (...) Receita, é pois, a entrada que, sem quaisquer reservas, condições ou correspondência no passivo, se integra ao patrimônio da empresa, acrescendo-o, incrementando-o[29].

O **Faturamento**, por sua vez, se denomina como o resultado dos valores recebidos em decorrência das atividades que integram o **objeto social** da empresa, por isso, pode-se afirmar

28. **Vocabulário jurídico**, p. 677.
29. A nova COFINS: Primeiros apontamentos. In: **Revista Dialética de Direito Tributário**, n. 103, São Paulo: Dialética, p. 7-16, abril de 2004.

que todo faturamento é receita, porém, nem toda receita é faturamento, pois ingressam de forma permanente na pessoa jurídica outros valores que não representam necessariamente a atividade da empresa.[30]

Por algum tempo defendeu-se que faturamento seria sinônimo de receita, isso porque a Lei n. 9.718/98, ao tratar sobre as Contribuições Sociais do PIS e da COFINS, indicou como base de cálculo dessas Contribuições o faturamento, em seu artigo 2º. Contudo, no artigo 3º estabeleceu que o faturamento corresponderia ao total da receita bruta auferida pela pessoa jurídica. Segue redação **anterior** à mudança realizada pela recente Lei n. 12.973/2014 (em vigor desde janeiro de 2015):

> **Art. 3º** O faturamento a que se refere o artigo anterior corresponde à receita bruta da pessoa jurídica. § 1º Entende-se por receita bruta a totalidade das receitas auferidas pela pessoa jurídica, sendo irrelevantes o tipo de atividade por ela exercida e a classificação contábil adotada para as receitas.

Referido dispositivo gerou muita discussão sobre os conceitos de receita e faturamento e, por conta disso, logo em seguida, a EC n. 20/98 incluiu no artigo 195, inciso I, alínea "b", da CF a receita como base de cálculo das Contribuições Sociais.

A inclusão da receita como base econômica passível de tributação pelas Contribuições Sociais eliminou qualquer dúvida sobre os conceitos de faturamento e receita. Registre-se que se fossem institutos sinônimos não haveria necessidade do texto constitucional ser emendado.

Observe as transcrições dos trechos dos votos dos Ministros Eros Grau e Carlos Britto no julgamento do RE n. 357.950-9, a respeito do assunto:

> Ora, se receita bruta (= receita de venda de mercadorias e da prestação de serviços) coincide, qual afirmou esta Corte, com a noção de faturamento, a inserção do termo de um outro conceito – "receita" – no texto constitucional há de estar referindo outro conceito, que não o que coincide com a noção de faturamento. Para exemplificar, sem qualquer comprometimento com a conclusão: receita como totalidade das receitas auferidas pela pessoa jurídica, sendo irrelevante para a determinação dessa totalidade o tipo de atividade por ela exercida e a classificação contábil adotada para tais receitas.
>
> Temos aí receita bruta, termo de um conceito, e receita bruta, termo de outro conceito. No primeiro caso, receita bruta que é enquadrada na noção de faturamento, receita bruta das vendas e serviços do agente econômico; isto é, proveniente das operações do seu objeto social. No segundo, receita bruta que envolve, além da receita bruta das vendas e serviços do agente econômico – isto é, das operações do seu objeto social – aquela decorrente de operações estranhas a esse objeto (voto do Min. Eros Grau).
>
> (...)
>
> Por isso, estou insistindo na sinonímia "faturamento" e "receita operacional", exclusivamente, correspondente àqueles ingressos que decorrem da razão social da empresa, da sua finalidade institucional.
>
> Logo, receita operacional é receita bruta de tais vendas, mas não incorpora outras modalidades de ingresso financeiro: royalties, aluguéis, rendimentos de aplicações financeiras, indenizações, etc. (voto do Min. Carlos Britto).

30. Entendimento confirmado no RE n. 585.235-RG-QO/MG, Min. Cezar Peluso, julgado em 10.09.2008.

Assim, pode-se concluir que **faturamento** consiste nos valores recebidos pela empresa decorrentes do seu **objeto social,** e não apenas no produto das vendas de mercadorias e serviços; enquanto **receita** incluem outras receitas alheias ao objeto social.

No tocante ao § 1º do artigo 3º da Lei n. 9.718/98, o STF o julgou inconstitucional, posto que anterior à EC n. 20/98. Então ao mencionar que a base de cálculo seria o total da receita bruta auferida pela pessoa jurídica trouxe uma nova contribuição, pois não havia essa previsão anteriormente, o que só poderia ter ocorrido por meio de Lei Complementar[31].

A inserção da receita no artigo 195 da CF, sendo base de cálculo das Contribuições Sociais, não tem o efeito de convalidar legislação anterior a tal modificação, isso porque a inconstitucionalidade vicia a norma na origem, não se admitindo a recepção de norma inválida. Por essa razão, em 2009, a Lei n. 11.941 **revogou** o § 1º do artigo 3º da Lei n. 9.718/98.

Com o propósito de melhor assimilação do assunto abordado, segue a reprodução da ementa da decisão do STF:

> CONSTITUCIONALIDADE SUPERVENIENTE. ARTIGO 3º, § 1º, DA LEI N. 9.718, DE 27 DE NOVEMBRO DE 1998. EMENDA CONSTITUCIONAL N. 20, DE 15 DE DEZEMBRO DE 1998. **O sistema jurídico brasileiro não contempla a figura da constitucionalidade superveniente.** TRIBUTÁRIO. INSTITUTOS. EXPRESSÕES E VOCÁBULOS. SENTIDO. A norma pedagógica do artigo 110 do Código Tributário Nacional ressalta a impossibilidade de a lei tributária alterar a definição, o conteúdo e o alcance de consagrados institutos, conceitos e formas de direito privado utilizados expressa ou implicitamente. Sobrepõe-se ao aspecto formal o princípio da realidade, considerados os elementos tributários. CONTRIBUIÇÃO SOCIAL. PIS. RECEITA BRUTA. NOÇÃO. INCONSTITUCIONALIDADE DO § 1º DO ARTIGO 3º DA LEI N. 9.718/98. **A jurisprudência do Supremo, ante a redação do artigo 195 da Carta Federal anterior à Emenda Constitucional n. 20/98, consolidou-se no sentido de tomar as expressões receita bruta e faturamento como sinônimas, jungindo-as à venda de mercadorias, de serviços ou de mercadorias e serviços. É inconstitucional o § 1º do artigo 3º da Lei n. 9.718/98, no que ampliou o conceito de receita bruta para envolver a totalidade das receitas auferidas por pessoas jurídicas, independentemente da atividade por elas desenvolvida e da classificação contábil adotada** (RE n. 346084, rel. Min. Ilmar Galvão, rel. p/ acórdão: Min. Marco Aurélio, Tribunal Pleno, julgado em 09.11.2005, **DJ** de 01.09.2006, p. 00019, Ement. v. 02245-06, p. 01170) (grifos nossos).

Ocorre que o referido art. 3º da Lei n. 9.718 foi novamente alterado pelas Leis ns. 12.873/2013, 12.822/2013, 12.973/2014 e 13.043/2014, todas em vigor:

> Art. 3º O faturamento a que se refere o art. 2º compreende a receita bruta de que trata o art. 12 do Decreto-Lei no 1.598, de 26 de dezembro de 1977. (Redação dada pela Lei nº 12.973, de 2014) (Vigência)
>
> § 1º (Revogado pela Lei nº 11.941, de 2009)
>
> § 2º Para fins de determinação da base de cálculo das contribuições a que se refere o art. 2º, excluem-se da receita bruta:
>
> I – as vendas canceladas e os descontos incondicionais concedidos; (Redação dada pela Lei nº 12.973, de 2014)

31. RE 34608

II – as reversões de provisões e recuperações de créditos baixados como perda, que não representem ingresso de novas receitas, o resultado positivo da avaliação de investimento pelo valor do patrimônio líquido e os lucros e dividendos derivados de participações societárias, que tenham sido computados como receita bruta; (Redação dada pela Lei nº 12.973, de 2014) (Vigência)

III – (Revogado pela Medida Provisória nº 2.158-35, de 2001)

IV – as receitas de que trata o inciso IV do caput do art. 187 da Lei no 6.404, de 15 de dezembro de 1976, decorrentes da venda de bens do ativo não circulante, classificado como investimento, imobilizado ou intangível; e (Redação dada pela Lei nº 13.043 de 2014) (Vigência)

V – (Revogado pela Lei nº 12.973, de 2014) (Vigência)

VI – a receita reconhecida pela construção, recuperação, ampliação ou melhoramento da infraestrutura, cuja contrapartida seja ativo intangível representativo de direito de exploração, no caso de contratos de concessão de serviços públicos. (Incluído pela Lei nº 12.973, de 2014) (Vigência)

§ 3º (Revogado pela Lei nº 11.051, de 2004)

§ 4º Nas operações de câmbio, realizadas por instituição autorizada pelo Banco Central do Brasil, considera-se receita bruta a diferença positiva entre o preço de venda e o preço de compra da moeda estrangeira.

§ 5º Na hipótese das pessoas jurídicas referidas no § 1º do art. 22 da Lei nº 8.212, de 24 de julho de 1991, serão admitidas, para os efeitos da COFINS, as mesmas exclusões e deduções facultadas para fins de determinação da base de cálculo da contribuição para o PIS/PASEP.

§ 6º Na determinação da base de cálculo das contribuições para o PIS/PASEP e COFINS, as pessoas jurídicas referidas no § 1º do art. 22 da Lei n. 8.212, de 1991, além das exclusões e deduções mencionadas no § 5º, poderão excluir ou deduzir: (Incluído pela Medida Provisória nº 2.158-35, de 2001)

I – no caso de bancos comerciais, bancos de investimentos, bancos de desenvolvimento, caixas econômicas, sociedades de crédito, financiamento e investimento, sociedades de crédito imobiliário, sociedades corretoras, distribuidoras de títulos e valores mobiliários, empresas de arrendamento mercantil e cooperativas de crédito: (Incluído pela Medida Provisória nº 2.158-35, de 2001)

a) despesas incorridas nas operações de intermediação financeira; (Incluído pela Medida Provisória nº 2.158-35, de 2001)

b) despesas de obrigações por empréstimos, para repasse, de recursos de instituições de direito privado; (Incluído pela Medida Provisória nº 2.158-35, de 2001)

c) deságio na colocação de títulos; (Incluído pela Medida Provisória nº 2.158-35, de 2001)

d) perdas com títulos de renda fixa e variável, exceto com ações; (Incluído pela Medida Provisória nº 2.158-35, de 2001)

e) perdas com ativos financeiros e mercadorias, em operações de hedge; (Incluído pela Medida Provisória nº 2.158-35, de 2001)

II – no caso de empresas de seguros privados, o valor referente às indenizações correspondentes aos sinistros ocorridos, efetivamente pago, deduzido das importâncias recebidas a título de cosseguro e resseguro, salvados e outros ressarcimentos. (Incluído pela Medida Provisória nº 2.158-35, de 2001)

III – no caso de entidades de previdência privada, abertas e fechadas, os rendimentos auferidos nas aplicações financeiras destinadas ao pagamento de benefícios de aposentadoria, pensão, pecúlio e de resgates; (Incluído pela Medida Provisória nº 2.158-35, de 2001)

IV – no caso de empresas de capitalização, os rendimentos auferidos nas aplicações financeiras destinadas ao pagamento de resgate de títulos. (Incluído pela Medida Provisória nº 2.158-35, de 2001)

§ 7º As exclusões previstas nos incisos III e IV do § 6º restringem-se aos rendimentos de aplicações financeiras proporcionados pelos ativos garantidores das provisões técnicas, limitados esses ativos ao montante das referidas provisões. (Incluído pela Medida Provisória nº 2.158-35, de 2001)

§ 8º Na determinação da base de cálculo da contribuição para o PIS/PASEP e COFINS, poderão ser deduzidas as despesas de captação de recursos incorridas pelas pessoas jurídicas que tenham por objeto a securitização de créditos: (Incluído pela Medida Provisória nº 2.158-35, de 2001)

I – imobiliários, nos termos da Lei no 9.514, de 20 de novembro de 1997; (Incluído pela Medida Provisória nº 2.158-35, de 2001)

II – financeiros, observada regulamentação editada pelo Conselho Monetário Nacional. (Incluído pela Medida Provisória nº 2.158-35, de 2001)

III – agrícolas, conforme ato do Conselho Monetário Nacional. (Incluído pela Lei nº 11.196, de 2005)

§ 9º Na determinação da base de cálculo da contribuição para o PIS/PASEP e COFINS, as operadoras de planos de assistência à saúde poderão deduzir: (Incluído pela Medida Provisória nº 2.158-35, de 2001)

I – corresponsabilidades cedidas; (Incluído pela Medida Provisória nº 2.158-35, de 2001)

II – a parcela das contraprestações pecuniárias destinada à constituição de provisões técnicas; (Incluído pela Medida Provisória nº 2.158-35, de 2001)

III – o valor referente às indenizações correspondentes aos eventos ocorridos, efetivamente pago, deduzido das importâncias recebidas a título de transferência de responsabilidades. (Incluído pela Medida Provisória nº 2.158-35, de 2001)

§ 9º-A. Para efeito de interpretação, o valor referente às indenizações correspondentes aos eventos ocorridos de que trata o inciso III do § 9º entende-se o total dos custos assistenciais decorrentes da utilização pelos beneficiários da cobertura oferecida pelos planos de saúde, incluindo-se neste total os custos de beneficiários da própria operadora e os beneficiários de outra operadora atendidos a título de transferência de responsabilidade assumida. (Incluído pela Lei nº 12.873, de 2013)

§ 9º-B. Para efeitos de interpretação do caput, não são considerados receita bruta das administradoras de benefícios os valores devidos a outras operadoras de planos de assistência à saúde. (Incluído pela Lei nº 12.995, de 2014)

§ 10. Em substituição à remuneração por meio do pagamento de tarifas, as pessoas jurídicas que prestem serviços de arrecadação de receitas federais poderão excluir da base de cálculo da Cofins o valor a elas devido em cada período de apuração como remuneração por esses serviços, dividido pela alíquota referida no art. 18 da Lei nº 10.684, de 30 de maio de 2003. (Incluído pela Lei nº 12.844, de 2013)

§ 11. Caso não seja possível fazer a exclusão de que trata o § 10 na base de cálculo da Cofins referente ao período em que auferida remuneração, o montante excedente poderá ser excluído da base de cálculo da Cofins dos períodos subsequentes. (Incluído pela Lei nº 12.844, de 2013)

§ 12. A Secretaria da Receita Federal do Brasil do Ministério da Fazenda disciplinará o disposto nos §§ 10 e 11, inclusive quanto à definição do valor devido como remuneração dos serviços de arrecadação de receitas federais. (Incluído pela Lei nº 12.844, de 2013)

§ 13. A contribuição incidente na hipótese de contratos, com prazo de execução superior a 1 (um) ano, de construção por empreitada ou de fornecimento, a preço predeterminado, de bens ou serviços a serem produzidos será calculada sobre a receita apurada de acordo com os critérios de reconhecimento adotados pela legislação do imposto sobre a renda, previstos para a espécie de operação. (Incluído pela Lei nº 12.973, de 2014)

§ 14. A pessoa jurídica poderá excluir da base de cálculo da Contribuição para o PIS/Pasep e da Cofins incidentes sobre a receita decorrente da alienação de participação societária o valor despendido para aquisição dessa participação, desde que a receita de alienação não tenha sido excluída da base de cálculo das mencionadas contribuições na forma do inciso IV do § 2º do art. 3º. (Incluído pela Lei nº 13.043, de 2014) (Vigência)

Vimos por bem também colacionar o que abrange a receita bruta, nos termos do art. 12 do Decreto-Lei 1.598/1977 (recentemente alterado pela Lei 12.973/2014), artigo este citado no *caput* do artigo 3º da Lei 9.718/98 acima transcrito:

Art. 12. A receita bruta compreende: (Redação dada pela Lei nº 12.973, de 2014) (Vigência)

I – o produto da venda de bens nas operações de conta própria; (Incluído pela Lei nº 12.973, de 2014) (Vigência)

II – o preço da prestação de serviços em geral; (Incluído pela Lei nº 12.973, de 2014) (Vigência)

III – o resultado auferido nas operações de conta alheia; e (Incluído pela Lei nº 12.973, de 2014) (Vigência)

IV – as receitas da atividade ou objeto principal da pessoa jurídica não compreendidas nos incisos I a III. (Incluído pela Lei nº 12.973, de 2014) (Vigência)

§ 1º A receita líquida será a receita bruta diminuída de: (Redação dada pela Lei nº 12.973, de 2014) (Vigência)

I – devoluções e vendas canceladas; (Incluído pela Lei nº 12.973, de 2014) (Vigência)

II – descontos concedidos incondicionalmente; (Incluído pela Lei nº 12.973, de 2014) (Vigência)

III – tributos sobre ela incidentes; e (Incluído pela Lei nº 12.973, de 2014) (Vigência)

IV – valores decorrentes do ajuste a valor presente, de que trata o inciso VIII do caput do art. 183 da Lei n. 6.404, de 15 de dezembro de 1976, das operações vinculadas à receita bruta. (Incluído pela Lei nº 12.973, de 2014) (Vigência)

§ 2º O fato de a escrituração indicar saldo credor de caixa ou a manutenção, no passivo, de obrigações já pagas, autoriza presunção de omissão no registro de receita, ressalvada ao contribuinte a prova da improcedência da presunção.

§ 3º Provada, por indícios na escrituração do contribuinte ou qualquer outro elemento de prova, a omissão de receita, a autoridade tributária poderá arbitrá-la com base no valor dos recursos de caixa fornecidos à empresa por administradores, sócios da sociedade não anônima, titular da empresa individual, ou pelo acionista controlador da companhia, se a efetividade da entrega e a origem dos recursos não forem comprovadamente demonstradas.(Redação dada pelo Decreto-lei nº 1.648, de 1978).

§ 4º Na receita bruta não se incluem os tributos não cumulativos cobrados, destacadamente, do comprador ou contratante pelo vendedor dos bens ou pelo prestador dos serviços na condição de mero depositário. (Incluído pela Lei nº 12.973, de 2014) (Vigência)

§ 5º Na receita bruta incluem-se os tributos sobre ela incidentes e os valores decorrentes do ajuste a valor presente, de que trata o inciso VIII do *caput* do art. 183 da Lei nº 6.404, de 15 de dezembro de 1976, das operações previstas no *caput*, observado o disposto no § 4º. (Incluído pela Lei nº 12.973, de 2014) (Vigência)

As alterações ainda são recentes, mas já há discussão na doutrina no sentido de entender que houve ampliação da base de cálculo da PIS e da COFINS, que incide sobre o faturamento das empresas. Observe-se que antes a base de cálculo abarcava apenas o produto da venda de bens nas operações de conta própria e o preço dos serviços prestados, e, com a alteração, passou a englobar também o resultado auferido nas operações de conta alheia e as receitas da atividade ou objeto principal da pessoa jurídica não compreendidos no produto da venda ou no preço dos serviços prestados. Por outro lado, houve o legislador se preocupou em listar as situações em que se permite dedução, como se depreende do §1º do dispositivo legal acima transcrito.

O STJ, embora em decisão monocrática, já se pronunciou sobre a alteração realizada por meio da Lei n. 12.973/2014, no sentido de entender que tal alteração estar em consonância como entendimento do STF, veja a decisão no REsp 1530769 publicada em 09/06/2015:

RECURSO ESPECIAL. CONSTITUCIONAL. A TEOR DO ART. 102, III, DA CARTA REPUBLICANA, COMPETE AO PRETÓRIO EXCELSO O EXAME DA SUPOSTA VIOLAÇÃO A DISPOSITIVO DA CONSTITUIÇÃO. TRIBUTÁRIO. PIS/COFINS. RECEITA ORIUNDA DA VENDA E LOCAÇÃO DE BENS IMÓVEIS PRÓPRIOS. ARTS. 109 E 110 DO CTN, 79 E 565 DO CCB, E 74 DA LEI 9.430/96: AUSÊNCIA DE PREQUESTIONAMENTO. SÚMULAS 282 E 356/STF. **RECEITA PROVENIENTE DAS ATIVIDADES DE CONSTRUIR, ALIENAR, COMPRAR, ALUGAR, VENDER IMÓVEIS E INTERMEDIAR NEGÓCIOS IMOBILIÁRIOS INTEGRAM O CONCEITO DE FATURAMENTO, PARA FINS DE PIS/COFINS, INCLUINDO-SE AÍ AS RECEITAS PROVENIENTES DA LOCAÇÃO DE IMÓVEIS PRÓPRIOS E INTEGRANTES DO ATIVO IMOBILIZADO, AINDA QUE ESTE NÃO SEJA O OBJETO SOCIAL DA EMPRESA, POIS O SENTIDO DE FATURAMENTO ACOLHIDO PELA LEI E PELO SUPREMO TRIBUNAL FEDERAL NÃO FOI O ESTRITAMENTE COMERCIAL.** SÚMULA 423/STJ. PRECEDENTES DO STJ. NEGADO SEGUIMENTO AO RECURSO ESPECIAL.1. Trata-se de Recurso Especial interposto por RECIFE PARKADMINISTRAÇÃO E PARTICIPAÇÕES LTDA., com fundamento no art. 105, III, a da Constituição da República, em adversidade ao acórdão proferido pelo egrégio Tribunal Regional Federal da 4a. Região assim ementado: TRIBUTÁRIO. PIS E COFINS. RECEITAS DECORRENTES DA VENDA E DA LOCAÇÃO/ ARRENDAMENTO DE BENS IMÓVEIS PRÓPRIOS. FATURAMENTO. INCLUSÃO NA BASE DE CÁLCULO. 1. O conceito de faturamento para fins de incidência das contribuições PIS e COFINS não envolve apenas as receitas decorrentes da venda de mercadorias e da prestação de serviços, mas a soma das receitas oriundas do exercício das atividades empresariais. 2. Sentença mantida (fls. 206). 2. Os Embargos de Declaração foram rejeitados (fls. 229). 3. Alega a recorrente violação aos arts. 109 e 110 do CTN, 79 e 565 do CCB, 2o. e 3o. da Lei 9.718/98, e 5º, II, 150, I e 195, I da Constituição, ao argumento, em apertada síntese, de que não deve incidir PIS/COFINS sobre a receita oriunda da locação e/ou arrendamento e venda de bens imóveis próprios. Aduz, ainda, violação ao art. 74 da Lei 9.430/96, pois sustenta a possibilidade de compensação do indébito com os demais tributos administrados pela Secretaria da Receita Federal do Brasil. 4. Contrarrazões apresentadas (fls. 316/322). 5. É o que havia de relevante para relatar. 6. Em preliminar, cumpre assentar que descabe a esta Corte o exame da suposta violação dos dispositivos constitucionais indicados, ainda que para prequestionamento, uma vez que a competência para tal pertence ao Supremo Tribunal Federal, nos termos do art. 102, III da Constituição da República. Confira-se: AgRg no AREsp

512.730/RS, rel. Min. HUMBERTO MARTINS, **DJe** 13.06.2014, dentre outros. 7. Veja-se o quanto exposto no acórdão recorrido, verbis: Controverte-se nos presentes autos acerca da exclusão da base de cálculo das contribuições PIS e COFINS, devidas na forma da Lei 9.718/98, dos valores provenientes da venda e da locação/arrendamento de bens imóveis próprios. Pois bem, o egrégio Supremo Tribunal Federal, ao julgar os Recursos Extraordinários 346.084, 357.950, 358.273 e 390.840, reconheceu a inconstitucionalidade do § 1º. do art. 3º da Lei 9.718/98, que alargou a base de cálculo das discutidas exações, ao argumento de que o legislador, ao estipular que o faturamento corresponderia à receita bruta da pessoa jurídica e antecipar-se à Emenda Constitucional 20/98, que alterou a art. 195 da Constituição Federal, passando a permitir a instituição de contribuição social sobre a receita ou o faturamento, acabou por criar uma nova fonte de custeio para a Seguridade Social sem a observância da regra prevista no § 4o. do aludido dispositivo constitucional. Na linha de tais precedentes, restou assentado que a base de cálculo das contribuições PIS e COFINS, prevista no § 1o. do art. 3o. da Lei 9.718/98, deve ser entendida como a receita bruta decorrente da venda de mercadorias, de serviços ou de mercadorias e serviços, não se considerando receita bruta de natureza diversa. No caso dos autos, pretende a impetrante seja afastada a incidência das aludidas contribuições sobre as receitas advindas da venda e da locação/arrendamento de bens imóveis próprios, uma vez que não se enquadrariam no conceito de faturamento anteriormente referido. Ocorre que, segundo jurisprudência desta Corte e dos egrégios STJ e STF, o conceito de faturamento para fins de incidência das exações ora debatidas não envolve apenas as receitas decorrentes da venda de mercadorias e da prestação de serviços, mas a soma das receitas oriundas do exercício das atividades empresariais. (...). **Oportuno ressaltar, por fim, que a alteração promovida pela Medida Provisória 627, de 11-11-2013, convertida na Lei 12.973, de 13-05-2014, no art. 3o. da Lei 9.718/98 apenas corrobora o entendimento anteriormente esposado, adotado pelo próprio e. STF** (fls. 203/205). 8. Verifica-se que inexistiu o prequestionamento da matéria relativa aos arts. 109 e 110 do CTN, 79 e 565 do CCB, e 74 da Lei 9.430/96, ou seja, sobre eles não se manifestou o Tribunal de origem, de modo que não consta no acórdão recorrido qualquer menção a respeito da disciplina normativa neles contida. O prequestionamento, requisito de admissibilidade para a abertura da instância especial, é admitido não só na forma explícita, mas, também, implícita, o que não dispensa, nos dois casos, o necessário debate da matéria controvertida, o que não ocorreu. Incidem, assim, os enunciados 282 e 356 da Súmula de jurisprudência do Supremo Tribunal Federal. 9. **No mais, a teor do enunciado 423 da Súmula de jurisprudência desta Corte, a Contribuição para Financiamento da Seguridade Social – Cofins incide sobre as receitas provenientes das operações de locação de bens móveis**. Veja-se, ainda, o seguinte precedente: PROCESSUAL CIVIL. TRIBUTÁRIO. LEI INTERPRETATIVA. PRAZO DE PRESCRIÇÃO PARA A REPETIÇÃO DE INDÉBITO, NOS TRIBUTOS SUJEITOS A LANÇAMENTO POR HOMOLOGAÇÃO. LC 118/2005. TEMA JÁ JULGADO PELO REGIME CRIADO PELO ART. 543-C, CPC, E DA RESOLUÇÃO STJ 08/2008 QUE INSTITUÍRAM OS RECURSOS REPRESENTATIVOS DA CONTROVÉRSIA. PIS E COFINS. RECEITAS FINANCEIRAS (JUROS E CORREÇÃO MONETÁRIA) PROVENIENTES DE CONTRATOS DE VENDA DE IMÓVEIS. RECEITAS ORIUNDAS DO EXERCÍCIO DAS ATIVIDADES EMPRESARIAIS PORQUE INERENTES AOS CONTRATOS. CONCEITO DE FATURAMENTO. INCIDÊNCIA. (...). 2. **A 1a. Seção do STJ firmou entendimento no sentido de que as receitas provenientes das atividades de construir, alienar, comprar, alugar, vender imóveis e intermediar negócios imobiliários integram o conceito de faturamento, para os fins de tributação a título de PIS e COFINS, incluindo-se aí as receitas provenientes da locação de imóveis próprios e integrantes do ativo imobilizado, ainda que este não seja o objeto social da empresa, pois o sentido de faturamento acolhido pela lei e pelo Supremo Tribunal Federal não foi o estritamente comercial.** Precedentes: AgRg no Ag 1.420.729/MG, Primeira Turma, rel. Min. Benedito Gonçalves, julgado em 27.03.2012; REsp. 1.210.655/SC, Primeira Turma, rel. Min. Benedito Gonçalves, rel. p/acórdão Min. Teori Albino Zavascki, julgado em 26.04.2011;AgRg no REsp. 1.318.183/PR, Primeira Turma, rel. Min. Napoleão Nunes Maia Filho, julgado em

> 19.06.2012; AgRg no REsp. 1.238.892/PR, Segunda Turma, rel. Min. Castro Meira, julgado em 03.05.2012; ERESP 179.723/MG, 1a. S., Min. Garcia Vieira, **DJ** de 25.10.2000; EREsp 149.026/AL, 1a. Seção, Min. Humberto Gomes de Barros, **DJ** de 09.12.2002; AGA 512.072/SP, 1a. T., Min. José Delgado, **DJ** de 01.12.2003; RESP. 652.371/PE, 2a. T., Min. Castro Meira, **DJ** de 04.10.2004; AGRESP. 640295/PB, 1a. T., Min. Luiz Fux, **DJ** de 22.11.2004; RESP. 662.397/ PE, 2a. T., Min. João Otávio de Noronha, **DJ** de 01.02.2005.3. **No julgamento do RE 585.235/MG, o Supremo Tribunal Federal apreciou o recurso extraordinário submetido a repercussão geral e definiu que a noção de faturamento deve ser compreendida no sentido estrito de receita bruta das vendas de mercadorias e da prestação de serviços de qualquer natureza, ou seja, a soma das receitas oriundas do exercício das atividades empresariais, consoante interpretação dada pelo RE n. 371.258** AgR (Segunda Turma, rel. Min. Cezar Peluso, julgado em 03.10.2006), pelo RE n. 400.479-8/RJ (Segunda Turma, rel. Min. Cezar Peluso, julgado em 10.10.2006) e pelo RE 527.602/SP (Tribunal Pleno, rel. Min. Eros Grau, rel. p/acórdão Min. Marco Aurélio, julgado em 05.08.2009), sendo que nesse último ficou estabelecido que somente são excluídos do conceito de faturamento os aportes financeiros estranhos à atividade desenvolvida pela empresa. 4. **Sendo assim, se a correção monetária e os juros receitas financeiras) decorrem diretamente das operações de venda de imóveis realizadas pelas empresas – operações essas que constituem os seus objetos sociais – tais rendimentos devem ser considerados como um produto da venda de bens e/ou serviços, ou seja, constituem faturamento, base de cálculo das contribuições PIS e COFINS, pois são receitas inerentes e acessórias aos referidos contratos e devem seguir a sorte do principal.** 5. Recurso Especial não provido (REsp. 1.432.952/PR, rel. Min. MAURO CAMPBELL MARQUES, **DJe** de 11.03.2014). 10. Ante o exposto, com fundamento no art. 557, *caput* do CPC, nega-se seguimento ao Recurso Especial. 11. Publique-se. 12. Intimações necessárias. Brasília/DF, 03 de junho de 2015. NAPOLEÃO NUNES MAIA FILHO MINISTRO RELATOR (REsp 1530769, Ministro NAPOLEÃO NUNES MAIA FILHO, **DJe** de 09.06.2015) (grifos nossos).

Importante esclarecer que há dois regimes de tributação das Contribuições Sociais referente ao PIS e ao COFINS: o **cumulativo**, cuja previsão legal se encontra na Lei n. 9.718/98, e o **não cumulativo,** disciplinado nas Leis n. 10.637/2002, 10.833/2003 e 10.865/2004.

Quanto a não cumulatividade, o artigo 195, § 12, da CF determina que a lei definirá os setores de atividades econômicas para as quais as Contribuições incidentes sobre receita ou faturamento e sobre o importador de bens ou serviços do exterior serão não cumulativas.

No regime **não cumulativo**, o Sujeito Passivo que pagou a Contribuição Social poderá compensá-la ou realizar créditos sobre os custos na operação posterior. Nesse regime de tributação, a base de cálculo das Contribuições Sociais PIS e COFINS corresponde ao total das **receitas** auferidas pela pessoa jurídica. Como esse regime foi criado a partir de 2002, considera-se como receita a base econômica passível de tributação, pois a CF foi alterada apenas com o advento da EC n. 20/98.

Já no regime **cumulativo,** a base de cálculo, conforme prevê o artigo 2º da Lei n. 9.718/98, consiste no faturamento.

As alíquotas do PIS e da COFINS no regime cumulativo são respectivamente: 0,65% e 3%, e no regime não cumulativo correspondem a 1,65% de PIS e 7,6% de COFINS– art. 5º da Lei 9.718/98.

Para determinar se a pessoa jurídica está sujeita ao recolhimento das Contribuições Sociais do PIS e da COFINS pelo regime cumulativo ou pelo regime não cumulativo, basta analisar o artigo 8º da Lei n. 10.637/2002 e o artigo 10 da Lei n. 10.833/2003(com recente alteração dada pela Lei n. 13.043/2014), as pessoas ali referidas sujeitam-se às regras do regime cumulativo.

Sobre o financiamento da **Saúde,** que igualmente está compreendido na Seguridade Social, importa mencionar que existia a CPMF (Contribuição Provisória sobre a Movimentação Financeira), uma Contribuição destinada especificamente ao custeio da Saúde Pública, da Previdência Social e do Fundo de Combate e Erradicação da Pobreza, que foi extinta em 31 de dezembro de 2007.

Ainda sobre as Contribuições Sociais insta destacar que elas podem incidir sobre a **Importação**, entretanto não podem recair sobre a **Exportação**, consoante reza o artigo 149, § 2º, I e II, da CF, *in verbis*:

> **Art. 149.** Compete exclusivamente à União instituir contribuições sociais, de intervenção no domínio econômico e de interesse das categorias profissionais ou econômicas, como instrumento de sua atuação nas respectivas áreas, observado o disposto nos arts. 146, III, e 150, I e III, e sem prejuízo do previsto no art. 195, § 6º, relativamente às contribuições a que alude o dispositivo. (...) § 2º As contribuições sociais e de intervenção no domínio econômico de que trata o *caput* deste artigo: (Incluído pela Emenda Constitucional n. 33, de 2001) I – não incidirão sobre as receitas decorrentes de exportação; (Incluído pela Emenda Constitucional n. 33, de 2001) II – incidirão também sobre a importação de produtos estrangeiros ou serviços"; (Redação dada pela Emenda Constitucional n. 42, de 19.12.2003) (...)

Em relação a esse dispositivo legal, houve uma discussão sobre a cobrança da Contribuição Social sobre o Lucro Líquido (CSLL), incidente sobre a exportação, instituída pela Lei n. 7.689/88. O STF entendeu que, embora o lucro seja oriundo de vendas do exterior, haverá incidência da CSLL, tendo em vista que o artigo 149, § 2º, I, da CF determina que a Contribuição Social não incide sobre **receitas** de exportação. Isso não ocorre no caso da CSLL, posto que tal exação incide sobre o **lucro** das vendas e não sobre receitas de exportação:

> Recurso extraordinário. 2. Contribuições sociais. Contribuição Social sobre o Lucro Líquido (CSLL) e Contribuição Provisória sobre Movimentação ou Transmissão de Valores e de Créditos e Direitos de Natureza Financeira (CPMF). 3. Imunidade. Receitas decorrentes de exportação. Abrangência. **4. A imunidade prevista no art. 149, § 2º, I, da Constituição, introduzida pela Emenda Constitucional n. 33/2001, não alcança a Contribuição Social sobre o Lucro Líquido (CSLL), haja vista a distinção ontológica entre os conceitos de lucro e receita.** 6. Vencida a tese segundo a qual a interpretação teleológica da mencionada regra de imunidade conduziria à exclusão do lucro decorrente das receitas de exportação da hipótese de incidência da CSLL, pois o conceito de lucro pressuporia o de receita, e a finalidade do referido dispositivo constitucional seria a desoneração ampla das exportações, com o escopo de conferir efetividade ao princípio da garantia do desenvolvimento nacional (art. 3º, I, da Constituição). 7. A norma de exoneração tributária prevista no art. 149, § 2º, I, da Constituição também não alcança a Contribuição Provisória sobre Movimentação ou Transmissão de Valores e de Créditos e Direitos de Natureza Financeira (CPMF), pois o referido tributo não se vincula diretamente à operação de exportação. A exação não incide sobre o resultado imediato da operação, mas sobre operações financeiras posteriormente realizadas. 8. Recurso extraordinário a que se nega provimento (RE n. 474132/SC – Santa Catarina, rel. Min. Gilmar Mendes, **DJ**e-231, divulg. em 30-11-2010, public. em 01.12.2010) (grifos nossos).

Sobre esse assunto, a prova discursiva para Juiz Federal do Tribunal Regional Federal aplicada em 2010 cobrou a seguinte questão:

▶ **(TRF/3R/Juiz/2010).** Em relação ao imposto sobre a renda e a contribuição social sobre o lucro líquido, responda: (i) Há um conceito constitucional de renda e proventos de qualquer natureza, delimitador da competência tributária impositiva, para fins de instituição do imposto previsto no artigo 153, III, da Constituição Federal? (ii) Os lucros apurados no exterior por coligada de pessoa jurídica brasileira, no encerramento de cada exercício financeiro, devem ser oferecidos à tributação no Brasil? (iii) De acordo com o artigo 149, § 2º, da Constituição Federal, as contribuições sociais e de intervenção no domínio econômico não incidirão sobre as receitas de exportação. Esta imunidade alcança a contribuição social sobre o lucro líquido, destinada ao custeio da seguridade social? (iv) Pessoa jurídica questiona, por intermédio de mandado de segurança, a incidência da contribuição social sobre o lucro líquido sobre as receitas de exportação, sabendo-se que nenhum débito tributário relativamente a esta incidência foi reconhecido em seus documentos fiscais. Medida liminar é concedida. Sete anos após, há o trânsito em julgado da ação. A decisão final é desfavorável à empresa. Indaga-se: houve a constituição do crédito tributário? Operou-se a decadência?

Para responder essa questão o candidato pode abordar os estudos desse Item, inclusive citando o posicionamento da Suprema Corte. Ademais, poderá se utilizar dos estudos contidos no Capítulo 10 sobre Impostos Federais e Capítulo 7 que trata sobre as causas de suspensão a exigibilidade do crédito tributário, bem como sobre a Decadência.

No tocante às Contribuições Sociais, de intervenção no domínio econômico e de interesse das categorias profissionais ou econômicas, essas podem ter alíquotas ***ad valorem*** e outras **específicas**, nos termos do artigo 149, III, "a" e "b", da CF.

As alíquotas ***ad valorem*** podem variar de acordo com o faturamento, a receita bruta, valor da operação e valor aduaneiro, enquanto as alíquotas **específicas** correspondem a unidades de medida adotadas (Ex.: R$ 40,00 por litro; R$ 50,00 por metro cúbico; etc.).

A **base de cálculo** das Contribuições Sociais, conforme preconiza o artigo 195 da CF, poderá ser: i) folha de salário; ii) faturamento; iii) receita; iv) lucro; v) receitas de prognósticos e vi) receitas de importações.

Sobre a folha de salário incidem as contribuições sociais previdenciárias. Sobre o faturamento, o PIS e o COFINS no regime cumulativo. Sobre a receita da pessoa jurídica, o PIS e o COFINS sujeitos ao regime não cumulativo. Sobre o lucro, a CSLL. Sobre as receitas de prognósticos, mencionam-se as contribuições instituídas em razão dos concursos de sorteio, loterias e apostas promovidos por órgãos do Poder Público ou por sociedades comerciais ou civis, ressalvados os jogos de azar.

As Contribuições que recaem sobre a receita de concurso de prognósticos apresentam previsão no Decreto n. 3.048/99, confira:

> **Art. 212.** Constitui receita da seguridade social a renda líquida dos concursos de prognósticos, excetuando-se os valores destinados ao Programa de Crédito Educativo. § 1º Consideram-se concurso de prognósticos todo e qualquer concurso de sorteio de números ou quaisquer outros símbolos, loterias e apostas de qualquer natureza no âmbito federal, estadual, do Distrito Federal ou municipal, promovidos por órgãos do Poder Público ou por sociedades comerciais ou civis. § 2º A contribuição de que trata este artigo constitui-se de: I – renda líquida dos concursos de prognósticos realizados pelos órgãos do Poder Público destinada à seguridade social de sua esfera de governo; II – cinco por cento sobre o movimento global de

apostas em prado de corridas; e III – cinco por cento sobre o movimento global de sorteio de números ou de quaisquer modalidades de símbolos. § 3º Para o efeito do disposto no parágrafo anterior, entende-se como: I – renda líquida – o total da arrecadação, deduzidos os valores destinados ao pagamento de prêmios, de impostos e de despesas com administração; II – movimento global das apostas – total das importâncias relativas às várias modalidades de jogos, inclusive o de acumulada, apregoadas para o público no prado de corrida, subsede ou outra dependência da entidade; e III – movimento global de sorteio de números – o total da receita bruta, apurada com a venda de cartelas, cartões ou quaisquer outras modalidades, para sorteio realizado em qualquer condição.

E, ainda, a respeito das receitas de **Importação,** pode-se mencionar a incidência do PIS e a da COFINS que devem recair sobre o valor aduaneiro, em decorrência da Lei n. 10.865/2004.

Ressalta-se, também, que o artigo 76 do ADCT estabelecia (recentemente alterado pela EC nº 93/2016) que até 31 de dezembro de 2015 as Contribuições Sociais e a CIDE podem ter 20% de sua arrecadação desvinculada de sua finalidade. Essa desvinculação é denominada de DRU – Desvinculação de Recursos da União, instituída em março de 2000, pela EC n. 27/2000:

> **Art. 76.** São desvinculados de órgão, fundo ou despesa, até 31 de dezembro de 2015, 20% (vinte por cento) da arrecadação da União de impostos, contribuições sociais e de intervenção no domínio econômico, já instituídos ou que vierem a ser criados até a referida data, seus adicionais e respectivos acréscimos legais (Alterado pela EC-000.068-2011).

Houve muita discussão doutrinária acerca do referido dispositivo, em virtude de essa DRU desnaturar as Contribuições por literalmente desconsiderar a principal característica dessa exação, que consiste na destinação do produto da arrecadação.

Cita-se Andrei Pitten Velloso[32] que entende que um tributo desafetado jamais pode ser considerado como Contribuição, podendo ser enquadrado como imposto *sui generis*, parcialmente vinculado à finalidade específica, mas nunca como Contribuição.

Outrossim, Roque Carrazza embora entenda que as Contribuições ora assumem natureza de Imposto, ora de Taxa e de Contribuição de Melhoria, conforme abordado no Capítulo 1, compreende que as Contribuições possuem a peculiaridade de vincular a sua destinação. Em suas palavras:

> Notamos, pois, que as "contribuições" ora em exame não foram qualificadas, em nível constitucional, por suas regras-matrizes, mas, sim, por suas finalidades. Parece-nos sustentável que haverá esse tipo de exação sempre que implementada uma de suas finalidades constitucionais. (...) De qualquer modo, sejam quais forem suas hipóteses de incidência e base de cálculo, o produto da arrecadação das contribuições sempre deve destinar-se a atingir uma das supra-aludidas finalidades. (...) por imperativo da Lei Maior, os ingressos advindos da arrecadação destes tributos devem necessariamente ser destinados à viabilização ou ao custeio de uma das atividades mencionadas no art. 149 da CF. (...) Embora neguemos que, em regra, a destinação do produto da arrecadação é irrelevante para caracterizar o tributo, não podemos ignorar que as contribuições, ainda que venham a assumir roupagem de imposto, pressupõem, por comando expresso da Carta Magna, a vinculação da receita obtida a órgão fundo ou despesa. (...) Por aí já podemos notar que a finalidade é o caminho mais seguro para a identificação do regime jurídico das

32. **Contribuições...**, op. cit., p. 63.

contribuições, o que equivale a dizer que qualquer desvio (...) acarretará a injuridicidade da própria cobrança destas exações[33].

Apesar da robusteza das argumentações por parte da doutrina, demonstrando a verdadeira natureza das Contribuições, em desfavor, portanto, da desvinculação da DRU, a 2ª Turma do STF já se pronunciou pela sua legitimidade, conforme trecho do RE n. 537.610 a seguir:

> 1. TRIBUTO. Contribuição social. Art. 76 do ADCT. Emenda Constitucional n. 27/2000. Desvinculação de 20% do produto da arrecadação. Admissibilidade. Inexistência de ofensa a cláusula pétrea. Negado seguimento ao recurso. Não é inconstitucional a desvinculação de parte da arrecadação de contribuição social, levada a efeito por emenda constitucional (RE n. 537610/RS, rel. Min. Cezar Peluso, **DJe**-237, divulg. em 17.12.2009).

A questão entrou em voga novamente perante a Suprema Corte para que se manifeste em conformidade com os preceitos e Princípios Constitucionais Tributários. A discussão estava em trâmite por meio do RE ***566.007/RS***, cuja repercussão geral foi reconhecida em 13.05.2010 -o objeto central em discussão referia-se à constitucionalidade ou não do art. 76 do ADCT, com as alterações das Emendas Constitucionais n°s 27/2000 e 42/2003, permitindo-se a desvinculação de percentual do produto da arrecadação de contribuições sociais da União. A relatora Ministra Cármen Lúcia deferiu o pedido de inclusão do Instituto Brasileiro de Direito Previdenciário – IBDP –, nesse processo, na condição de *amicus curiae* em decisão publicada em 23.04.2014. E, por fim, a decisão foi proferida com publicação em 11/02/2015, segue a jurisprudência resultante da discussão:

> DIREITOS CONSTITUCIONAL E TRIBUTÁRIO. REPERCUSSÃO GERAL. DESVINCULAÇÃO DE RECEITAS DA UNIÃO – DRU. ART. 76 DO ATO DAS DISPOSIÇÕES CONSTITUCIONAIS TRANSITÓRIAS. AUSÊNCIA DE CORRELAÇÃO ENTRE A ALEGADA INCONSTITUCIONALIDADE DA DRU E O DIREITO À DESONERAÇÃO TRIBUTÁRIA PROPORCIONAL À DESVINCULAÇÃO. ILEGITIMIDADE PROCESSUAL. AUSÊNCIA DE DIREITO LÍQUIDO E CERTO. RECURSO EXTRAORDINÁRIO AO QUAL SE NEGA PROVIMENTO. 1. A questão nuclear deste recurso extraordinário não é se o art. 76 do ADCT ofenderia norma permanente da Constituição da República, mas se, eventual inconstitucionalidade, conduziria a ter a Recorrente direito à desoneração proporcional à desvinculação das contribuições sociais recolhidas. 2. Não é possível concluir que, eventual inconstitucionalidade da desvinculação parcial da receita das contribuições sociais, teria como consequência a devolução ao contribuinte do montante correspondente ao percentual desvinculado, pois a tributação não seria inconstitucional ou ilegal, única hipótese autorizadora da repetição do indébito tributário ou o reconhecimento de inexistência de relação jurídico-tributária. 3. Não tem legitimidade para a causa o contribuinte que pleiteia judicialmente a restituição ou o não recolhimento proporcional à desvinculação das receitas de contribuições sociais instituída pelo art. 76 do ADCT, tanto em sua forma originária quanto na forma das alterações promovidas pelas Emendas Constitucionais n. 27/2000, 42/2003, 56/2007, 59/2009 e 68/2011. Ausente direito líquido e certo para a impetração de mandados de segurança. 4. Negado provimento ao recurso extraordinário. (RE 566007 / RS – RIO GRANDE DO SUL , Relator(a): Min. CÁRMEN LÚCIA, **DJe**-028, divulg. em 10.02.2015, public. em 11.02.2015).

Cumpre mencionar que, nesse acórdão, todos os ministros acompanharam o voto da Relatora Carmen Lúcia que compreendeu pela constitucionalidade da DRU, tomando como base

33. CARRAZA, Roque Antonio. **Curso de Direito Constitucional Tributário.** 25. ed. São Paulo: Malheiros, 2009. p. 598-602.

o próprio entendimento do RE 537.610 (citado alhures) e pela ilegitimidade de conferir direito à restituição ou ao não recolhimento parcial. Segue trecho de sua motivação em seu voto:

> (...) Embora desnecessária a análise da constitucionalidade da DRU no caso, dada a ausência de legitimidade e de direito líquido e certo como pretendo ter demonstrado, deve-se mencionar aqui, como se contém no parecer do Procurador-Geral da República, que a Segunda Turma deste Supremo Tribunal Federal julgou caso idêntico ao presente, no qual também se pleiteava a desoneração proporcional à desvinculação das receitas de contribuições sociais: "1. TRIBUTO. Contribuição social. Art. 76 do ADCT. Emenda Constitucional nº 27/2000. Desvinculação de 20% do produto da arrecadação. Admissibilidade. Inexistência de ofensa a cláusula pétrea. Negado seguimento ao recurso. Não é inconstitucional a desvinculação de parte da arrecadação de contribuição social, levada a efeito por emenda constitucional." (RE 537.610, Relator o Ministro Cezar Peluso, **DJe** de 17.12.2009) (...)"

Segundo o Ministro Luiz Fux em seu voto, nesse mesmo acórdão:

> Senhor Presidente, eu também acompanho a eminente Ministra-Relatora, mas não sem antes consignar que o eminente Advogado especialista do tema trouxe algumas questões que merecem ser sinteticamente rechaçadas. É que, em um primeiro momento, aduziu que essa desvinculação retira uma parte da verba da seguridade social, o que geraria, de alguma maneira, uma ruptura do pacto federativo, até porque também influenciaria naquela repartição das receitas da União para os Estados. Aí eu verifico aqui, Senhor Presidente, que o próprio art. 76 – e até comentava com o Ministro Teori Zavascki, que me revelou a sua inteligência sobre o dispositivo -, apesar da desvinculação, não há nenhuma alteração na base de cálculo das transferências, então, o disposto no artigo não reduzirá base de cálculo das transferências aos Estados. **Assim, não há efetivamente nenhuma violação ao pacto federativo e, a fortiori, não há também nenhuma violação de cláusula pétrea. Por outro lado, Senhor Presidente, a jurisprudência do Supremo Tribunal Federal aqui mencionada é no sentido da constitucionalidade, e não poderia ser diferente, porquanto, na justificativa da emenda constitucional, o que se alega é exatamente o seguinte: umas das características da estrutura orçamentária-fiscal brasileira é a coexistência de um volume elevado de despesas obrigatórias, um sistema que vincula parcelas expressivas de receitas à finalidade específica. Tal estrutura reduz significativamente o volume de recursos livres do orçamento, os quais são essenciais para a consecução de projetos prioritários do Governo. Então, realmente, essa desvinculação é mais que necessária para o Executivo.** (grifos nossos)

Por esse último acórdão, conclui-se que a Suprema Corte reafirmou sua compreensão de que a desvinculação (DRU) não afasta a natureza jurídica de tributo das Contribuições e, portanto, não viola a Constituição Federal.

Ressalta-se que, em setembro de 2016, o Congresso Nacional promulgou a Emenda Constitucional n. 93, que altera o artigo 76 do ADCT e prorroga a Desvinculação de Receitas da União (DRU) até 2023 e também estabelece a desvinculação de receitas dos estados, do Distrito Federal e dos municípios. A emenda permite à União utilizar livremente até 30% de parte de sua arrecadação. Prevê também a utilização livre de 30% das receitas de estados e municípios relativas a impostos, taxas e multas, não sendo aplicada às receitas destinadas à saúde e à educação.

> EC n. 93/2016
>
> Art. 1º O art. 76 do Ato das Disposições Constitucionais Transitórias passa a vigorar com a seguinte redação:

"Art. 76. **São desvinculados de órgão, fundo ou despesa, até 31 de dezembro de 2023, 30% (trinta por cento) da arrecadação da União relativa às contribuições sociais, sem prejuízo do pagamento das despesas do Regime Geral da Previdência Social, às contribuições de intervenção no domínio econômico e às taxas, já instituídas ou que vierem a ser criadas até a referida data.**

§ 1º (Revogado).

§ 2º (...)

§ 3º (Revogado)."(NR)

Art. 2º O Ato das Disposições Constitucionais Transitórias passa a vigorar acrescido dos seguintes arts. 76-A e 76-B:

"Art. 76-A. São desvinculados de órgão, fundo ou despesa, até 31 de dezembro de 2023, **30% (trinta por cento) das receitas dos Estados e do Distrito Federal relativas a impostos, taxas e multas, já instituídos ou que vierem a ser criados até a referida data, seus adicionais e respectivos acréscimos legais, e outras receitas correntes.**

Parágrafo único. Excetuam-se da desvinculação de que trata o *caput*:

I – recursos destinados ao financiamento das ações e serviços públicos de saúde e à manutenção e desenvolvimento do ensino de que tratam, respectivamente, os incisos II e III do § 2º do art. 198 e o art. 212 da Constituição Federal;

II – receitas que pertencem aos Municípios decorrentes de transferências previstas na Constituição Federal;

III – receitas de contribuições previdenciárias e de assistência à saúde dos servidores;

IV – demais transferências obrigatórias e voluntárias entre entes da Federação com destinação especificada em lei;

V – fundos instituídos pelo Poder Judiciário, pelos Tribunais de Contas, pelo Ministério Público, pelas Defensorias Públicas e pelas Procuradorias-Gerais dos Estados e do Distrito Federal."

"Art. 76-B. São desvinculados de órgão, fundo ou despesa, até 31 de dezembro de 2023, 30% (trinta por cento) das receitas dos Municípios relativas a impostos, taxas e multas, já instituídos ou que vierem a ser criados até a referida data, seus adicionais e respectivos acréscimos legais, e outras receitas correntes.

Parágrafo único. Excetuam-se da desvinculação de que trata o *caput*:

I – recursos destinados ao financiamento das ações e serviços públicos de saúde e à manutenção e desenvolvimento do ensino de que tratam, respectivamente, os incisos II e III do § 2º do art. 198 e o art. 212 da Constituição Federal;

II – receitas de contribuições previdenciárias e de assistência à saúde dos servidores;

III – transferências obrigatórias e voluntárias entre entes da Federação com destinação especificada em lei;

IV – fundos instituídos pelo Tribunal de Contas do Município."

Art. 3º Esta Emenda Constitucional entra em vigor na data de sua publicação, produzindo efeitos a partir de 1º de janeiro de 2016.

Sobre as Contribuições Sociais, de Intervenção no Domínio Econômico convém citar a questão aplicada na prova em 2013 para Juiz de Direito do Tribunal de Justiça do Amazonas:

Exemplo de questão sobre o tema

▶ **(TJ/AM – Juiz de Direito – FGV/2013).** A contribuição destinada ao Instituto do Açúcar e do Álcool (IAA), instituída pelo Decreto Lei n. 308/67, tinha por objetivo o "custeio da intervenção da União, através do Instituto do Açúcar e do Álcool, na economia canavieira nacional" (conforme art. 3°, caput, do DL 308/67). Inicialmente concebida com valores fixos por quantidade de produto, a Contribuição foi depois alterada pelos Decretos-lei n. 1.712/79 e n. 1952/82, segundo os quais "mediante proposta do Ministro da Indústria e do Comércio, o Conselho Monetário Nacional estabelecerá os percentuais das contribuições de que trata este Decreto-lei, observado o limite máximo de 20% (vinte por cento) do valor dos preços oficiais do açúcar e do álcool" (art. 3° do DL n. 1712/79, na redação que lhe deu o DL n. 1952/82).
À luz da jurisprudência do Supremo Tribunal Federal, esclareça se, após o advento da Constituição Federal de 1988, o Conselho Monetário Nacional (CMN) poderia continuar a fixar a alíquota da contribuição em referência, ou se esta sequer foi recepcionada pela nova ordem constitucional.

Além de demonstrar o conhecimento com o estudado nesse Item, o candidato pode citar o entendimento recente da Suprema Corte, conforme jurisprudência a seguir:

> AGRAVO REGIMENTAL NO RECURSO EXTRAORDINÁRIO. DEFINIÇÃO DO DESTINATÁRIO DA DELEGAÇÃO PREVISTA NOS DECRETOS-LEIS 308/1967, 1.712/1979 e 1.952/1982. MATÉRIA INFRACONSTITUCIONAL. OFENSA REFLEXA. AGRAVO IMPROVIDO. I – O Tribunal de origem, interpretando as disposições dos Decretos-Leis 308/1967, 1.712/1979 e 1.952/1982, entendeu que a fixação dos percentuais que permitiram a cobrança da contribuição e do adicional previstos naqueles diplomas legais foi atribuída exclusivamente ao Conselho Monetário Nacional. Nessas circunstâncias, essa competência não poderia ser exercida pelo Instituto do Açúcar e do Álcool – IAA, ante a ausência de permissão legal. Concluir de forma contrária ao acórdão a quo implicaria revisão da interpretação conferida à legislação ordinária aplicável à espécie. Eventual violação ao texto constitucional se daria de forma meramente reflexa, circunstância que torna inviável o recurso extraordinário. II – Agravo regimental improvido.(RE 608674 BA, Min. RICARDO LEWANDOWSKI, **DJe**-150, divulg. em 31.07.2012, public. em 01.08.2012).

Diante dessa decisão, percebe-se que o STF mantém o posicionamento de que o Conselho Monetário Nacional detém a competência exclusiva para fixar os percentuais que permitem a cobrança da referida Contribuição.

6.2.1. *Outras Contribuições Sociais*

Nos preceitos do artigo 195, § 4º, da CF, poderão ser criadas outras Contribuições Sociais não previstas pela Lei Maior, denominadas de Contribuições **Sociais Residuais**. Entretanto, tais exações devem atender a quatro requisitos. São eles:

1º	Instituição pela **União**;
2º	Instituição por meio de **Lei Complementar**;
3º	Respeito ao Princípio da **Não Cumulatividade**;
4º	Base de cálculo e fato gerador distintos das **contribuições** já previstas na CF.

Frise-se que, dentre os requisitos, a Contribuição Social Residual para ser instituída deverá possuir base de cálculo e fato gerador diferentes de outra **Contribuição Social** já prevista na CF, sem necessidade, contudo, de ser distinta ao dos impostos, como já abordado nesse Capítulo.

Na prova de Delegado Federal, realizada em 2013, a banca do CESPE considerou justamente correta a assertiva que indicou a possibilidade de a Contribuição Social Residual ter a mesma base de cálculo ou fato gerador dos impostos.

Exemplo de questão sobre o tema

▶ Para o custeio da seguridade social, a União, no exercício da competência residual, pode instituir, por meio de lei complementar, contribuições sociais não previstas na CF e cuja base de cálculo ou fato gerador sejam idênticos ao de outros impostos. (CERTO).

6.3. Contribuições de Intervenção no Domínio Econômico (CIDEs)

As Contribuições de Intervenção no Domínio Econômico são de competência exclusiva da União e servem à atuação do governo federal no mercado, influindo na oferta de bens e serviços, conforme o interesse público.

No Brasil, a Constituição de 1934 estabeleceu um Capítulo dedicado à Ordem Econômica e Social pelo qual o Estado foi levado a agir mais ativamente, mediante medidas intervencionistas. A Constituição, nesse modelo de Estado, passa, então, a estabelecer prerrogativas ao Estado, para intervenção no domínio econômico, com o fim de observar os princípios de cunho social, como: Existência Digna, Valorização do Trabalho Humano e Justiça Social.

Contudo, logo se evidenciou que o Estado não apresentara condições suficientes para solucionar todos os problemas, desde o âmbito do indivíduo, ou até mesmo em relação à sociedade. Por essa razão, constatou ser necessária a participação dos particulares para alcançar o bem comum. A multiplicação da população, aliada à redução da eficiência das atividades desempenhadas diretamente pelo Estado, contribuíram para a crise fiscal que demonstrava a situação de insolvência governamental, inviabilizadora do cumprimento das obrigações assumidas e do desenvolvimento de outros projetos.

Marçal Justen Filho[34] elucida que a realidade evidenciou a falsidade da ilusão de que a supressão da autonomia individual resultaria na eliminação da pobreza e das desigualdades. Asseverou-se que a mudança desse panorama não seria possível apenas no nível estatal, sendo imprescindível a participação dos particulares também.

Assim, entendeu-se que seria fundamental a redução da intervenção direta do Estado, o que acabou por resultar na ampliação da atuação dos particulares.

Entretanto, a liberdade econômica, assim como a livre concorrência, não estaria mais em oposição, como no Liberalismo Clássico. Haveria a colaboração e a complementariedade, para que se realizassem atividades de utilidade ou necessidade pública. Tudo isso de modo a desonerar o Estado e restar apenas o papel de coadjuvante, no sentido de auxiliar o particular na execução dessas atividades.

34. **O direito das agências reguladoras independentes**, p. 13.

Desse modo, de responsável pelo desenvolvimento das atividades econômico-sociais e pela produção de bens e serviços, pretendeu-se que o Estado passasse a incentivar e a regular as ações praticadas pelo setor privado[35]. Por conseguinte, a redução da intervenção estatal implicou o consequente predomínio das funções regulatórias.

Ressalta-se, todavia, que a substituição do Estado por organizações privadas não implicaria o desaparecimento da supremacia do interesse público. Isso porque os particulares, ao assumirem tais tarefas, não estariam livres para exercê-las como bem entendessem, deveriam, sim, seguir normas ditadas pelo próprio Poder Público.

Por esse motivo, toda privatização deve ser resguardada por instrumentos jurídicos destinados a assegurar a realização dos valores fundamentais.

Frise-se, nesse ponto, que o Estado deixa de atuar diretamente como agente econômico e passa a fiscalizar as atividades privadas.

Nesse contexto, assevera Marçal Justen Filho: *"[...] as conquistas do Estado do bem-estar social não são superadas nem rejeitadas, mas se integram e se amoldam em uma organização sociopolítica caracterizada pela conjunção de esforços entre Estado e sociedade"*[36].

O Estado, portanto, continua a exercer a intervenção na economia, mas de forma indireta, na medida em que fiscaliza os particulares para proteger o bem comum. Ademais, os serviços públicos submetem-se ao regime jurídico público, não se lhes aplicando os Princípios da Liberdade de Iniciativa e da Concorrência, em conformidade com o Princípio da Isonomia.

Deveras, a intervenção do Estado no domínio econômico relaciona-se a um modelo regulatório, cuja origem é norte-americana[37].

Ao conceituar o Estado Regulador, Marçal Justen Filho[38] afirma tratar-se de uma organização institucional que se relaciona às concepções do Estado de Direito, e assim pressupõe não apenas o monopólio do direito por parte do Estado, mas também a submissão deste àquele. Defende que o conceito de Estado Regulador é determinado diretamente pela concepção intervencionista do Estado de Bem-estar Social.

Calixto Salomão Filho[39], por sua vez, compreende que a regulação pode representar a contribuição mais útil de um Estado que decide se retirar da intervenção econômica direta para exercer sua função de organizador das relações sociais e econômicas; e que, por outro

35. PRISCILIA SPARAPANI. O estado social e os princípios da segurança jurídica, da proteção à confiança e da vedação ao retrocesso em matéria de direitos sociais. In: PRISCILIA SPARAPANI e RENATA PORTO ADRI (Coord.). **Intervenção do Estado no domínio econômico e no domínio social**, p. 246.
36. **O direito das agências...**, op. cit., p. 14
37. A expressão Estado Regulador foi uma adaptação na tradução da expressão *regulation* que indica a atividade desenvolvida pelo Estado e "regulator" para qualificar o sujeito que a promove. A tradução mais adequada seria, na verdade, "regulamentação" e regulamentador, contudo regulamentação em nosso ordenamento jurídico já apresenta conotações específicas e determinadas. A regulamentação corresponde a ato administrativo normativo, totalmente subordinado à lei, de competência privativa do chefe do Poder Executivo, cuja finalidade, no exercício da função administrativa, apresenta-se com o escopo de melhor aplicação e execução da lei, de modo mais uniforme, e de forma a organizar o funcionamento da Administração Pública.
38. *Ibidem*, p. 16.
39. **Regulação da atividade econômica** – princípios e fundamentos jurídicos, p. 21-22.

lado, reconhece ser, para tanto, insuficiente o mero e passivo exercício de uma atividade de polícia sobre os mercados.

Sob a ótica de Leila Cuéllar[40], a regulação econômica constitui um conjunto de técnicas utilizadas pelo Estado para intervir no domínio econômico de forma contínua, que visa corrigir as imperfeições dos mercados.

Dessa forma, todos os serviços que puderem ser organizados segundo os padrões de racionalidade econômica deverão ser remetidos à iniciativa privada e regulados pelo Estado de forma indireta.

Tem-se, portanto, um Estado subsidiário, em que sua participação se restringe apenas aos setores qualificados como essenciais; a cooperação estatal diminui, justificando sua intervenção na economia somente de forma subsidiária, complementar[41].

Ao Estado compete o desenvolvimento daquelas atividades que possam colocar em risco valores da coletividade. Por isso, deve manter sua atuação, por exemplo, nos ramos da Educação e da Seguridade Social, a fim de evitar a mercantilização dos valores fundamentais.

Calixto Salomão Filho[42] entende, nessa linha, que, toda vez que estiverem presentes externalidade sociais, não há possibilidade da participação de particulares; nesses casos, como no da Educação e no da Saúde, o Estado deve prestar diretamente o serviço.

Nota-se que a função regulatória permite a participação do Estado, ainda que indireta, no domínio econômico. Em que pese reduziu sua atuação direta, impôs forte regulação sobre a atividade dos particulares, que implicou restrição à autonomia privada das escolhas acerca dos fins e dos meios.

Tem-se como aplicação imediata do Estado regulador, por exemplo, a concessão, a permissão e a autorização dos serviços públicos, estudada no Direito Administrativo.

Consoante Marçal Justen Filho[43], o objetivo da regulação visa a conjugar as vantagens provenientes da capacidade empresarial privada com a realização de fins de interesse público.

As finalidades regulatórias relacionam-se diretamente com a realização dos valores fundamentais consagrados pela nação, apresentando natureza econômica ou não.

Para esse autor, a regulação consiste num conjunto ordenado de políticas públicas, que busca a realização de valores econômicos ou não, reputados como essenciais para determinados grupos ou para a coletividade em seu conjunto. Tais políticas implicam adoção de medidas de cunho legislativo e de natureza administrativa, destinadas a incentivar práticas privadas desejáveis e a reprimir tendências individuais e coletivas incompatíveis com a realização dos valores prezados. As políticas regulatórias estão intimamente ligadas à aplicação jurisdicional do Direito[44].

40. **As Agências reguladoras e seu poder normativo**, p. 53.
41. CUÉLLAR, Leila. **Regulação da atividade econômica...**, op. cit., p. 56.
42. **Regulação da atividade econômica** – princípios e fundamentos jurídicos, p. 33.
43. **O direito das agências...**, op. cit., p. 30.
44. *Ibidem*, p. 41.

Como visto, a atividade estatal não desaparece, mas ganha novos contornos, à medida que, por meio da regulação, os particulares desempenham atividades de interesse público utilizando estruturas da iniciativa privada e alcançando fins que não poderiam ser atingidos apenas com o esforço da Administração Pública. No entanto, como se depreende da realidade atual, ainda há grande intervenção do Estado.

A intervenção do Estado pode dar-se por meio de criações, modificações ou extinções de direitos. Essa intervenção pode ocorrer tanto na esfera privada como no domínio econômico.

Ter-se-á interferência do Estado quando se tratar de modificações na vida privada, enquanto se fala em intervenção quando essa acontecer na ordem econômica[45].

Na visão de Egon Bockmann Moreira:

> Entende-se a intervenção econômica como toda e qualquer conduta estatal (comissiva ou omissiva) que vise a alterar o comportamento econômico espontâneo dos agentes privados, seja com fins de prestígio ao mercado concorrencial, seja com fins estranhos ao próprio mercado concorrencial (mas vinculados ao interesse público, tal como definido em lei)[46].

A intervenção do Estado, contudo, não se apresenta mais sem limites. Há necessidade de observar, dentre outros, os Princípios Fundamentais, quais sejam: a Cidadania, a Dignidade da Pessoa Humana, os Valores Sociais do Trabalho e da Livre-Iniciativa, conforme estabelece o artigo 1º da Constituição Federal.

Portanto, ainda que seja limitada a intervenção do Estado na sociedade, identifica-se que a própria Constituição Federal prevê tal intervenção.

O artigo 174 da CF, por exemplo, estabelece que ao Estado compete "[...] as funções de fiscalização, incentivo e planejamento, sendo este determinante para o setor público e indicativo para o setor privado".

Ao Estado não cabe impor, ao particular, condutas para alcançar seus objetivos, contudo, caberá incentivá-los para que, espontaneamente, realizem esses objetivos.

Em suma, a intervenção do Estado no domínio econômico poderá ocorrer de diversas formas.

Eros Roberto Grau[47] pensa que a intervenção do Estado pode dar-se, no domínio econômico, por absorção, caso em que o Estado é o único autorizado a exercer aquela determinada atividade econômica; poderá ser por participação, quando o Estado concorre com empresas privadas no exercício de determinada atividade econômica; poderá ser por direção, se o Estado dirige, fiscaliza, regula a atividade econômica; ou por indução, sempre que o Estado a promove mediante estímulos positivos ou negativos.

45. MELLO, CÉLIA CUNHA. **O Fomento da Administração Pública**, p. 1.

46. **O direito administrativo contemporâneo e a intervenção do Estado na ordem econômica.** Disponível em: <http://www.direitodoestado.com/revista/REDAE>. Acesso em: 22 jan. 2011.

47. **A ordem econômica na Constituição de 1988**, p.158.

Nas palavras de Egon Bockmann Moreira[48], a manifestação poderá ser por meio da intervenção regulatória ou em sentido estrito. A intervenção em sentido estrito ocorre quando o Estado produz um determinado fato econômico alheio à esfera empresarial interna dos particulares, e, com tal fato, modifica a conduta dos particulares, sem a necessidade de edição de novas normas. Quanto à regulatória, há edição de normas que submetem os particulares ao seu cumprimento, sob pena de sofrerem as consequências impostas.

A doutrina pátria admite ainda a intervenção do Estado de forma direta e indireta.

Nesse seguimento, tem-se o posicionamento de Célia Cunha Mello:

> A intervenção do Estado na ordem econômica pode, então, ocorrer de forma direta e indireta. A primeira existe quando é próprio Estado, ou criatura sua, que assume o papel de protagonista da atividade econômica. A intervenção indireta ocorre quando o Estado, na condição de agente normativo regulador da atividade econômica, exerce as funções de fiscalização, incentivo e planejamento, limitando ou estimulando a ação dos sujeitos econômicos[49].

Ao tomar os ensinamentos de Célia Cunha Mello, pode-se citar como exemplo de intervenção direta do Estado o artigo 173 da CF. E o artigo 174 também da CF cuida da intervenção indireta.

Como intervenção indireta do Estado, destaca-se a atividade de fomento, por meio do qual a atuação do Estado tende no sentido de direcionar o particular a realizar condutas para satisfação da necessidade pública.

As Contribuições Interventivas qualificam-se como instrumentos vocacionados a financiar políticas de **fomento** à economia privada.

Citam-se, como exemplos dessas exações, as Contribuições de Intervenção no Domínio Econômico **Combustível**, instituída pela Lei n. 10.336/2001, nos meandros do artigo 177, § 4º, da CF. Essa Contribuição visa a estimular pesquisas para a proteção do Meio Ambiente.

Observe-se que a destinação do produto da arrecadação da referida CIDE Combustível, nos termos do artigo 1º, § 1º, da Lei n. 10.336/2001 será para:

> (...) I – pagamento de subsídios a preços ou transporte de álcool combustível, de gás natural e seus derivados e de derivados de petróleo; II – financiamento de projetos ambientais relacionados com a indústria do petróleo e do gás; e III – financiamento de programas de infraestrutura de transportes.

As Contribuições de Intervenção no Domínio Econômico somente podem ser exigidas se existir um liame entre a intervenção em setor econômico específico, de um lado, e as atividades de certo grupo econômico, de outro. Assim, os Sujeitos Passivos devem ser escolhidos dentre as pessoas que atuam no segmento econômico objeto da intervenção.

48. **O direito administrativo contemporâneo e a intervenção do Estado na ordem econômica.** Disponível em: <http://www.direitodoestado.com/revista/REDAE>. Acesso em: 22 jan. 2011.
49. **O fomento da...**, op. cit., p. 12.

Atento a essas peculiaridades, Roberto Ferraz enumera quatro pressupostos para instituição válida das Contribuições de Intervenção no Domínio Econômico:

1º efetiva intervenção da União nos sentidos constitucionalmente estabelecidos e legitimados, no segmento econômico específico objeto de intervenção;

2º referibilidade da contribuição a contribuinte participante de determinado domínio econômico;

3º vinculação do produto da arrecadação à atuação da União na área econômica específica objeto da contribuição;

4º transitoriedade caracterizada pela instituição da contribuição visando a alcançar determinada finalidade que, se atingida, implica a extinção a própria exação[50].

Como bem assevera o ilustre jurista, tais pressupostos possuem considerável relevância nas Contribuições de Intervenção do Domínio Econômico. A uma, em razão de sua peculiaridade histórica, no sentido da necessidade da intervenção estatal de forma direta e indireta, visando a assegurar os Princípios Fundamentais da Carta Magna. E, a duas, em virtude da natureza fundamental das Contribuições, qual seja: o vínculo da destinação do produto da arrecadação.

As Contribuições de Intervenção no Domínio Econômico também **não** incidirão sobre receitas de **exportação**, porém poderão recair sobre receitas de importação, conforme se interpreta do artigo 149, § 2º, I e II, da CF.

Poderão, ainda, ter essas espécies tributárias alíquotas específicas e *ad valorem*, segundo o artigo 149, III, "a" e "b", da CF.

Ademais, também se enquadram na DRU, podem ter 30% do valor arrecadado desvinculado para outra finalidade que a União entender importante – DRU (Desvinculação da Receita da União), nos certames do artigo 76 da ADCT.

Ressalta-se que a Contribuição de Intervenção no Domínio Econômico pode ter o mesmo **fato gerador** de impostos.

Há inúmeras Contribuições de Intervenção no Domínio Econômico, contudo a Constituição Federal prevê expressamente as CIDEs Combustíveis, artigo 177, § 4º.

A CIDE Combustível pode ter as alíquotas **reduzidas** e **restabelecidas** por meio de **Decreto** do Poder Executivo, conforme dispõe o artigo 177, § 4º, I, "b", da CF. Nessa hipótese não precisará respeitar o Princípio da Anterioridade do Exercício, apenas a Anterioridade Nonagesimal.

Segue abaixo um quadro-resumo com as principais Contribuições de Intervenção no Domínio Econômico presentes em nosso ordenamento jurídico:

50. **Pressupostos de imposição das CIDEs – critérios constitucionais de validade para a instituição das CIDEs.** RET 34/134, dez. 2003.

Contribuições de Intervenção no Domínio Econômico			
Contribuição de Intervenção no Domínio Econômico	**Previsão Legal**	**Finalidade**	**Hipótese de Incidência**
CIDE-Combustível	Lei n. 10.336/ 2001 e art. 177, § 4º, da CF	Desenvolver a indústria do petróleo e do gás, além de estimular pesquisas para a proteção do Meio Ambiente.	Importação e comercialização de combustíveis líquidos
CIDE-Royalties	Lei n. 10.168/ 2000	Fomentar o desenvolvimento tecnológico brasileiro, mediante o incentivo da pesquisa.	Importação de tecnologia ou de serviços a ela relacionados
CONDECINE	MP n. 2.228-1/2001	Promoção da cultura nacional e da língua portuguesa por intermédio do estímulo ao desenvolvimento da indústria cinematográfica e audiovisual nacional. Além de garantir a presença de obras cinematográficas e videofonográficas nacionais nos diversos segmentos de mercado.	Operações relativas a obras cinematográficas e videofonográficas
CIDE-Energia	Lei n. 9.991/ 2000	Pesquisa e desenvolvimento do setor elétrico e fomento de programas de eficiência energética.	Receita operacional líquida
AFRMM	Lei n. 10.893/ 2004	Incentivar o desenvolvimento da marinha mercante brasileira e da indústria de construção e reparação naval.	Valor do frete
FUST	Lei n. 9.998/ 2000	Proporcionar recursos destinados a cobrir a parcela de custo exclusivamente atribuível ao cumprimento das obrigações de universalização de serviços de telecomunicações, que não possa ser recuperada com a exploração eficiente do serviço.	Receita operacional bruta
FUNTTEL	Lei n. 10.052/ 2000	Estimular o processo de inovação tecnológica, incentivar a capacitação de recursos humanos, fomentar a geração de empregos e promover o acesso de pequenas e médias empresas a recursos de capital, de modo a ampliar a competitividade da indústria brasileira de telecomunicações.	Receita bruta

6.4. Contribuições de Interesse de Categoria Profissional ou Econômica

Consistem nas Contribuições cobradas por instituições descentralizadas que fiscalizam o exercício de determinadas profissões e atividades, além de representarem, coletiva ou individualmente, os interesses dos respectivos profissionais. Em razão de as atividades de fiscalização de profissão serem atividades de interesse público, as Contribuições exigidas por essas instituições – como CREA, CRO, CRM e etc. – apresentam natureza tributária, portanto, de pagamento **obrigatório.**

Destaca-se, entretanto, que a Contribuição paga para a OAB não tem natureza tributária. Segundo o entendimento do STF, a OAB foi enquadrada como uma entidade de personalidade *suis generis*, em virtude de ter sido criada para visar ao interesse da coletividade, de modo a realizar, além da fiscalização, atividades diversas, não havendo que se falar em tributo. Segue jurisprudência neste sentido:

> RECURSO EXTRAORDINÁRIO. ORDEM DOS ADVOGADOS DO BRASIL – OAB. CONSELHO SECCIONAL DO PARANÁ. COBRANÇA DE ANUIDADE DE SOCIEDADE DE ADVOGADOS. ANÁLISE DO ART. 46 DA LEI N. 8.906/1994 E DA RESO-

> LUÇÃO N. 10/2000. 1. AUSÊNCIA DE PREQUESTIONAMENTO DOS ARTS. 2º E 5º, INC. XIII, DA CONSTITUIÇÃO DA REPÚBLICA: SÚMULAS N. 282 E 356 DESTE SUPREMO TRIBUNAL. 2. MATÉRIA INFRACONSTITUCIONAL. OFENSA CONSTITUCIONAL INDIRETA. RECURSO EXTRAORDINÁRIO AO QUAL SE NEGA SEGUIMENTO. Relatório 1. Recurso extraordinário interposto com base no art. 102, inc. III, alínea a, da Constituição da República contra o seguinte julgado do Tribunal Regional Federal da 4ª Região: TRIBUTÁRIO. ORDEM DOS ADVOGADOS DO BRASIL – OAB. SOCIEDADE DE ADVOGADOS. ANUIDADES. DESCABIMENTO. ART. 46 DA LEI N. 8.906/94. PRECEDENTES. A competência atribuída à OAB pelo art. 46, *caput*, da Lei n. 8.906/94, diz respeito na fixação e cobrança de contribuições, preços de serviços e multas dos inscritos (assim entendidos os advogados e estagiários), e nunca de sociedade de advogados, as quais se submetem apenas ao registro de seus atos constitutivos para fins de aquisição de personalidade jurídica (...). **Afirma que "não possuem as contribuições cobradas pela Ordem dos Advogados do Brasil natureza tributária, podendo, como foi feito, serem fixadas por resoluções administrativas, como determina os arts. 46 e 58, inc. IX, da Lei n. 8.906/94 (fl. 125)** (...) (RE n. 612015/PR-PARANÁ, rel.ª Min.ª Cármen Lúcia, **DJe**-050, divulg. em 16.03.2011, public. em 17.03.2011).

Diante disso, considerando que **não** há relação jurídica de natureza tributária entre a OAB e aquele que tem o dever de pagar, a respetiva Contribuição **não** pode ser considerada Contribuição de Interesse de Categoria Profissional.

Outra Contribuição de Interesse de Categoria Profissional ou Econômica consiste na sindical, exigida de todos os trabalhadores celetistas, integrantes da categoria, sindicalizados ou não, cuja previsão consta nos artigos 578 e 579 da Consolidação das Leis do Trabalho (CLT).

> **Art. 578.** As contribuições devidas aos Sindicatos pelos que participem das categorias econômicas ou profissionais ou das profissões liberais representadas pelas referidas entidades serão, sob a denominação do "imposto sindical", pagas, recolhidas e aplicadas na forma estabelecida neste Capítulo.

> **Art. 579.** A contribuição sindical é devida por todos aqueles que participarem de uma determinada categoria econômica ou profissional, ou de uma profissão liberal, em favor do sindicato representativo da mesma categoria ou profissão ou, inexistindo este, na conformidade do disposto no art. 591.

Nesse ponto, cumpre salientar que a **Contribuição Sindical** de natureza tributária não se confunde com a **Contribuição Confederativa**, prevista no artigo 8º, IV, da CF:

> **Art. 8º** É **livre** a associação profissional ou sindical, observado o seguinte: (...) IV – a assembleia-geral fixará a **contribuição** que, em se tratando de categoria profissional, será descontada em folha, para custeio do sistema **confederativo** da representação sindical respectiva, independentemente da contribuição prevista em lei;

A Contribuição Confederativa não decorre do Poder de Império (Extroverso) do Estado, mas sim da filiação voluntária ao sindicato, que é desprovida de natureza tributária.

Nesse âmbito, tem-se a Súmula n. 666 do STF: *"A contribuição confederativa de que trata o art. 8º, contribuição, só é exigível dos filiados ao sindicato respectivo". Essa Súmula foi recentemente convertida na Súmula Vinculante n.40, para conferir efeito vinculante.*

Importante diferenciar que as Contribuições Sindicais do artigo 149 da CF são tributos e, por isso, serão exigidas de todos da categoria de interesse profissional ou econômica, independentemente de estarem filiados ou não a algum sindicato – característica da compulsoriedade, contida no artigo 3º do CTN. Por outro lado, as Contribuições Confederativas do artigo 8º, IV, da CF, serão reivindicadas apenas daqueles que se filiaram a algum sindicato, sendo fixada pela Assembleia Geral da Associação Sindical, descaracterizando, portanto, a natureza tributária.

6.5. Contribuições para Custeio do Serviço da Iluminação Pública (COSIP)

Referida exação versa sobre a Contribuição instituída pelos Municípios e pelo Distrito Federal para custeio do serviço de **iluminação pública** – COSIP, art. 149-A da CF.

Antes de adentrar no estudo dessa exação, cumpre tecer um breve histórico até se chegar a sua instituição, com o advento da Emenda Constitucional n. 39/2002.

Anteriormente à instituição da COSIP, fora instituída pelos Municípios a Taxa de Iluminação Pública, por entendê-la como forma de custear a atuação estatal relativa ao serviço da iluminação pública – atendando-se, assim, para a natureza contraprestacional.

No entanto, houve muita polêmica em torno da escolha dessa espécie tributária, em virtude de se tratar de serviço *uti universi,* o que torna impossível destacar em unidades autônomas para se medir a cobrança devida, tampouco se permitia a individualização de sua utilização. Tais pressupostos constituem elementos consideravelmente relevantes para se caracterizar como Taxa, nos termos dos artigos 77 a 79 do CTN, conforme estudado nesse Capítulo.

Considerando tais justificativas e a polêmica discussão sobre o assunto, a matéria acabou sendo submetida ao STF, que, por sua vez, se posicionou pela inconstitucionalidade da Taxa de Iluminação Pública, conforme jurisprudência a seguir:

> TRIBUTÁRIO. MUNICÍPIO DE NITERÓI. TAXA DE ILUMINAÇÃO PÚBLICA. ARTS. 176 E 179 DA LEI MUNICIPAL N. 480, DE 24.11.83, COM A REDAÇÃO DADA PELA LEI N. 1.244, DE 20.12.93. **Tributo de exação inviável, posto ter por fato gerador serviço inespecífico, não mensurável, indivisível e insuscetível de ser referido a determinado contribuinte, a ser custeado por meio do produto da arrecadação dos impostos gerais.** Recurso não conhecido, com declaração de inconstitucionalidade dos dispositivos sob epígrafe, que instituíram a taxa no município (RE n. 233332/RJ, rel. Min. Ilmar Galvão, **DJ** de 14.05.1999) (grifos nossos).

Diante disso, o STF consolidou seu entendimento por meio da Súmula n. 670, *in verbis:* "O serviço de iluminação pública não pode ser remunerado mediante taxa". Essa Súmula foi recentemente convertida na Súmula Vinculante n. 41.

Por conta desse entendimento e em virtude da diminuição da arrecadação dos Municípios foi promulgada a Emenda Constitucional n. 39/2002, que prescreveu a Contribuição para o Custeio da Iluminação Pública, de competência dos Municípios e Distrito Federal, por meio da inclusão do artigo 149-A da CF.

Essa Contribuição poderá ser cobrada na **fatura** de consumo de energia elétrica, à luz do artigo 149-A da CF:

> **Art. 149-A.** Os Municípios e o Distrito Federal poderão instituir contribuição, na forma das respectivas leis, para o custeio do serviço de iluminação pública, observado o disposto no art. 150, I e III. (Incluído pela Emenda Constitucional n. 39, de 2002) **Parágrafo único.** É facultada a cobrança da contribuição a que se refere o *caput,* na fatura de consumo de energia elétrica (Incluído pela Emenda Constitucional n. 39, de 2002).

No tocante à base de cálculo, recentemente, o STF no julgamento do RE n. 573.675-0 considerou constitucional lei catarinense que instituiu a Contribuição para Custeio do Serviço de Iluminação Pública com base de cálculo referente ao custo mensal do serviço de iluminação pública, rateado entre os contribuintes, de acordo com os níveis individuais de consumo mensal de energia elétrica.

O parecer acima considerou ser razoável e proporcional a base de cálculo adotada, além de estar em pleno acordo com o Princípio da Capacidade Contributiva, pois, presume-se que aquele que tiver um consumo maior de energia elétrica, terá mais condições de pagamento de tributo, segue trecho da jurisprudência mencionada:

> (...) I. Lei que restringe os contribuintes da COSIP aos consumidores de energia elétrica do município não ofende o princípio da isonomia, ante a impossibilidade de se identificar e tributar todos os beneficiários do serviço de iluminação pública. II. A progressividade da alíquota, que resulta do rateio do custo da iluminação pública entre os consumidores de energia elétrica, não afronta o princípio da capacidade contributiva. III. Tributo de caráter sui generis, que não se confunde com um imposto, porque sua receita se destina a finalidade específica, nem com uma taxa, por não exigir a contraprestação individualizada de um serviço ao contribuinte. IV. Exação que, ademais, se amolda aos princípios da razoabilidade e da proporcionalidade. V. Recurso extraordinário conhecido e improvido (RE n. 573675, rel. Min. Ricardo Lewandowski, Tribunal Pleno, julgado em 25.03.2009, Repercussão Geral – Mérito **DJe**-094, divulg. em 21.05.2009, public. em 22.05.2009, EMENT. v. 02361-07, p. 01404, **RTJ**, v. 00211, p. 00536, **RDDT**, n. 167, p. 144-157, 2009; **RF**, v. 105, n. 401, p. 409-429, 2009).

O STF, adepto à Teoria Pentapartite (com cinco espécies tributárias, conforme estudado no Capítulo 1), ao proferir referida decisão, demonstrou entender pela constitucionalidade da cobrança do serviço de iluminação pública, por meio da Contribuição COSIP, em virtude de observar os Princípios da Razoabilidade e da Proporcionalidade.

Sobre a COSIP, o Concurso para Promotor de Justiça do Mato Grosso em 2008 aplicou a seguinte questão discursiva:

Exemplo de questão sobre o tema

▶ **(Promotor de Justiça/MT – FMP/2008).** A Contribuição de Iluminação Pública tem vinculação quanto à sua destinação? Fundamente e justifique.

Como estudado nesse Capítulo, o candidato pode demonstrar o conhecimento abordando o breve histórico do surgimento da Contribuição para a Iluminação Pública com a EC n. 39/2002, de modo a descrever sobre a vinculação do destino da arrecadação do referido tributo. Ademais, o candidato pode abordar o estudado no Capítulo 1, quanto às espécies de tributos.

6.6. Súmulas do STJ relacionadas

- **Súmula n. 423.** A Contribuição para Financiamento da Seguridade Social – COFINS incide sobre as receitas provenientes das operações de locação de bens móveis.
- **Súmula n. 425.** A retenção da contribuição para a seguridade social pelo tomador do serviço não se aplica às empresas optantes pelo Simples.

- **Súmula n. 456.** É incabível a correção monetária dos salários de contribuição considerados no cálculo do salário de benefício de auxílio-doença, aposentadoria por invalidez, pensão ou auxílio-reclusão concedidos antes da vigência da CF/1988.
- **Súmula n. 458.** A contribuição previdenciária incide sobre a comissão paga ao corretor de seguros.
- **Súmula n. 468.** A base de cálculo do PIS, até a edição da MP n. 1.212/1995, era o faturamento ocorrido no sexto mês anterior ao do fato gerador.
- **Súmula n. 494.** O benefício fiscal do ressarcimento do crédito presumido do IPI relativo às exportações incide mesmo quando as matérias-primas ou os insumos sejam adquiridos de pessoa física ou jurídica não contribuinte do PIS/PASEP.
- **Súmula n. 499.** As empresas prestadoras de serviços estão sujeitas às contribuições ao Sesc e Senac, salvo se integradas noutro serviço social.
- **Súmula n. 508.** A isenção da COFINS concedida pelo artigo 6º, II, da LC n. 70/1991 às sociedades civis de prestação de serviços profissionais foi revogada pelo artigo 56 da Lei n. 9.430/1996.
- **Súmula n. 516.** A contribuição de intervenção no domínio econômico para o Incra (Decreto-Lei n. 1.110/1970), devida por empregadores rurais e urbanos, não foi extinta pelas Leis ns. 7.787/1989, 8.212/1991 e 8.213/1991, não podendo ser compensada com a contribuição ao INSS.

6.7. Súmulas do STF relacionadas

- **Súmula n. 241.** A contribuição previdenciária incide sobre o abono incorporado ao salário.
- **Súmula n. 466.** Não é inconstitucional a inclusão de sócios e administradores de sociedades e titulares de firmas individuais como contribuintes obrigatórios da previdência social.
- **Súmula n. 467.** A base do cálculo das contribuições previdenciárias, anteriormente à vigência da lei orgânica da previdência social, é o salário mínimo mensal, observados os limites da lei 2.755/1956.
- **Súmula n. 658.** São constitucionais os arts. 7º da Lei n. 7.787/1989 e 1º da Lei n. 7.894/1989 e da Lei 8147/1990, que majoraram a alíquota do FINSOCIAL, quando devida a contribuição por empresas dedicadas exclusivamente à prestação de serviços.
- **Súmula n. 659.** É legítima a cobrança da COFINS, do PIS e do FINSOCIAL sobre as operações relativas a energia elétrica, serviços de telecomunicações, derivados de petróleo, combustíveis e minerais do país.
- **Súmula n. 666.** A contribuição confederativa de que trata o art. 8º, IV, da constituição, só é exigível dos filiados ao sindicato respectivo.(Recentemente convertida na Súmula Vinculante n. 40)
- **Súmula n. 670.** O serviço de iluminação pública não pode ser remunerado mediante taxa.(Recentemente convertida na Súmula Vinculante n. 41)
- **Súmula n. 688.** É legítima a incidência da contribuição previdenciária sobre o 13º salário.
- **Súmula n. 732.** É constitucional a cobrança da contribuição do salário-educação, seja sob a carta de 1969, seja sob a Constituição Federal de 1988, e no regime da Lei n. 9.424/96.

7. QUADRO SINÓTICO

Capítulo 9. Espécies Tributárias		
Conteúdo		Item
Taxas	A competência para instituição da taxa é comum, ou seja, todo e qualquer Ente Federativo que prestar um serviço público poderá instituir taxas por meio de Lei Ordinária. As taxas serão cobradas em razão do exercício do Poder de Polícia, podendo ser entendido como atividade da administração pública que visa a atender ao interesse público.	1 a 2

Capítulo 9. Espécies Tributárias			
Conteúdo			**Item**
Taxas	A atividade de polícia administrativa pode ser compreendida como a aplicação, pela Administração Pública, das limitações constitucionais e legais impostas ao exercício de direitos individuais, em benefício do interesse público. Exemplos: Taxas de Fiscalização de Localização e Funcionamento (TFLF), Taxa de Alvará e Taxa de Controle e Fiscalização Ambiental (TCFA). A existência de um órgão estruturado e em efetivo funcionamento justifica a cobrança de taxa em razão do exercício regular do poder de polícia, segundo o STF. A segunda possibilidade de ser exigida uma taxa está na utilização efetiva ou potencial de serviço público específico e divisível. Por serviço específico (*uti singuli*), pode-se afirmar que se trata de um trabalho possível de ser identificado pela sua natureza contraprestacional, ou seja, quando "possam ser destacados em unidades autônomas de intervenção, de unidade, ou de necessidades públicas" (art. 79, II, do CTN). Portanto, consiste em atividade estatal fruível individualmente por cada um de seus usuários. E **divisível,** porque deverá possibilitar a individualização de maneira a quantificar o serviço utilizado, possibilitando a mensuração dessa fruição individual. Além de o serviço público ser específico e divisível, a sua utilização, segundo o artigo 79 do CTN, deverá ser efetiva ou potencial. Efetiva, considerando-se que deverá ser um serviço prestado de maneira concreta e usufruído pelo contribuinte. E potencial, visto que deverá ser um serviço de utilização obrigatória, colocado à disposição do contribuinte em efetivo funcionamento. Exemplo: Taxa de Coleta de Lixo domiciliar.		1 a 2
	Importante	As taxas não podem ter base de cálculo idêntica à dos impostos, e nem serem calculadas em função do capital social da empresa – art. 145, § 2º, da CF e art. 77 do CTN. No entanto, deve-se destacar que o STF compreende que pode haver um ou mais elementos da base de cálculo dos impostos, desde que não exista identidade entre elas.	
Taxas e Preços Públicos	Os serviços públicos entendidos como essenciais e tidos como obrigatórios, prestados exclusivamente pelo Estado, serão remunerados por Taxa (natureza compulsória). Por outro lado, os serviços públicos não considerados como essenciais e, geralmente, delegados para concessionárias ou permissionárias, serão remunerados mediante **preços públicos** (Tarifa – natureza contratual) – entendimento adotado pelo STF.		3
Contribuição de Melhoria	Tributo de competência comum, instituído por causa da realização de obra pública que, de maneira geral, valoriza os imóveis da região abrangida pela obra – art. 145, III, da CF. Com essa valorização, o Ente Federativo que realizou a obra poderá exigir Contribuição de Melhoria das pessoas proprietárias desses imóveis. A base de cálculo da Contribuição de Melhoria será verificada a partir de duas dimensões: o valor da valorização do imóvel, decorrente da obra pública; e o quanto foi gasto efetivamente com a realização da obra. A cobrança da Contribuição de Melhoria é devida apenas após a conclusão da obra pública que valorizar os bens imóveis.		4
Empréstimo Compulsório	Tributo de competência privativa da União que só poderá ser instituído por meio de Lei Complementar nas seguintes circunstâncias – art. 148 da CF: em caso de calamidade pública, guerra externa ou sua iminência; e investimento público de caráter urgente e relevante interesse nacional. O legislador não definiu qual a situação, uma vez praticada no mundo concreto, surgirá para o contribuinte a obrigação tributária. Logo, conclui-se que presente uma necessidade estatal, o legislador elegerá um fato gerador que identificará quem deverá recolher tal exação.		5
	Importante	O Empréstimo Compulsório, criado em caso de guerra externa ou sua iminência, ou calamidade pública, não respeitará os Princípios da Anterioridade do Exercício e Nonagesimal, a cobrança será imediata – art. 150, § 1º, da CF. Para investimento público de caráter urgente e de	

<table>
<tr><th colspan="4">Capítulo 9. Espécies Tributárias</th></tr>
<tr><th colspan="3">Conteúdo</th><th>Item</th></tr>
<tr><td>Empréstimo Compulsório</td><td>Importante</td><td colspan="2">relevante interesse nacional, nessa hipótese de instituição do tributo em referência, deverá observar o Princípio da Anterioridade do Exercício e o da Nonagesimal.</td><td>5</td></tr>
<tr><td rowspan="8">Contribuições</td><td>Contribuições Beneficiárias</td><td colspan="2">As Contribuições Beneficiárias são devidas por um benefício específico que, embora favoreça a coletividade como um todo, é verificado pelos seus contribuintes de modo especial. Exemplo: COSIP.</td><td rowspan="8">6 a 6.7</td></tr>
<tr><td rowspan="7">Contribuições Especiais</td><td colspan="2">As Contribuições Especiais integram o gênero "contribuição", elas não estão vinculadas a nenhuma atividade estatal, mas a fatos relacionados aos contribuintes. Subdividem-se em três espécies: Contribuições Sociais, Corporativas e de Intervenção no Domínio Econômico. As Contribuições Sociais desdobram-se, por sua vez, em:
Contribuições de Seguridade Social (CF, art. 195, I, II e III);
Outras de Seguridade Social (CF, art. 195, § 4º); e
Contribuições Sociais Gerais (FGTS, salário-educação, CF, art. 212, § 5º; Contribuições para o SESI, SENAI, SESC, SENAC, CF, art. 240).</td></tr>
<tr><td>Contribuições Sociais</td><td>São instituídas, via de regra, pela União, porém, a Contribuição Social Previdenciária será fixada pelo Ente a que pertencer o servidor público – art. 149 da CF.</td></tr>
<tr><td colspan="2">O meio utilizado para instituir as Contribuições Sociais consiste na Lei Ordinária, contudo, a Contribuição Social Residual só pode ser estabelecida em função de Lei Complementar – art. 195, § 4º c/c o art. 154, I, da CF. Serão criadas para financiar a Seguridade Social (Previdência, Saúde e Assistência Social). Não incidem sobre receitas de exportação, mas sim sobre receitas de importação. As Contribuições Sociais, previstas no artigo 195 da CF, só respeitam a Anterioridade Nonagesimal (art. 195, § 6º, da CF).</td></tr>
<tr><td>CIDE</td><td>São instituídas pela União, mediante Lei Ordinária para intervir no domínio econômico.</td></tr>
<tr><td>Contribuição de Interesse de Categoria Profissional ou Econômica</td><td>Instituída pela União e por meio de Lei Ordinária, consistem nas Contribuições cobradas por instituições descentralizadas que fiscalizam o exercício de determinadas profissões e atividades, além de representarem, coletiva ou individualmente, os interesses dos respectivos profissionais. Em razão de as atividades de fiscalização de profissão serem práticas de interesse público, as contribuições exigidas por essas instituições, como CREA, CRO, CRM e etc., apresentam natureza tributária, portanto, de pagamento obrigatório.</td></tr>
<tr><td>COSIP</td><td>Instaurada pelos Municípios e pelo Distrito Federal, em decorrência de lei ordinária, para custeio do serviço de iluminação pública. Essa contribuição poderá ser cobrada na fatura de consumo de energia elétrica – art. 149-A da CF, incluído pela EC n. 39/2002.</td></tr>
</table>

8. INFORMATIVOS

Não incidência da contribuição ao PIS e da COFINS sobre os atos cooperativos típicos

Não incide a Contribuição destinada ao PIS e a COFINS sobre os atos cooperativos típicos realizados pelas cooperativas. O art. 79 da Lei n. 5.764/1971 preceitua que os atos cooperativos são "os praticados entre as cooperativas e seus associados, entre estes e aquelas e pelas cooperativas entre si quando associados, para a consecução dos objetivos sociais". E ainda, em seu parágrafo único, alerta que "O ato cooperativo não implica operação de mercado, nem contrato de compra e venda de produto ou mercadoria". Anotado isso, entendesse que a norma declarou a hipótese de não incidência tributária, tendo em vista a mensagem que veicula, mesmo sem empregar termos diretos ou específicos, por isso que se obtém esse resultado interpretativo a partir da análise de seu conteúdo. Nesse contexto, atos cooperativos próprios ou internos são aqueles realizados pela cooperativa com os seus associados (cooperados), ou pela cooperativa com outras cooperativas, ou pelos associados com a cooperativa, na busca dos seus objetivos institucionais. O que se deve ter em mente é que os atos cooperativos típicos não são *intuitu personae*. Não é porque a cooperativa está no polo da relação que os torna atos típicos, mas sim porque o ato que realiza está relacionado com a consecução dos seus objetivos sociais institucionais. (**Informativo** n. 582 – REsp 1.141.667-RS e REsp 1.164.716-MG, rel. Min. Napoleão Nunes Maia Filho, Primeira Seção, julgado em 27.04.2016, **DJe** de 04.05.2016).

Possibilidade de inclusão do ISSQN no conceito de receita ou faturamento para fins de incidência da contribuição para o PIS e COFINS

O valor suportado pelo beneficiário do serviço, nele incluindo a quantia referente ao ISSQN, compõe o conceito de receita ou faturamento para fins de adequação à hipótese de incidência da Contribuição para o PIS e COFINS. As Leis n. 10.637/2002 e 10.833/2003, na linha do que dispõe o art. 195, I, "c", da CF, estabeleceram como fato gerador da Contribuição para o PIS e COFINS "o faturamento mensal, assim entendido o total das receitas auferidas pela pessoa jurídica, independentemente de sua denominação ou classificação contábil". Diante disso, resta saber se o valor correspondente ao ISS suportado faticamente pelo consumidor (contribuinte de fato), mas recolhido aos cofres públicos pelo prestador de serviço (contribuinte de direito), inclui-se no conceito de receita ou faturamento para fins de incidência da Contribuição para o PIS e COFINS, exações cujo sujeito passivo de direito corresponde ao mesmo contribuinte de direito do ISS, qual seja, o prestador do serviço. A orientação das Turmas que compõem a Primeira Seção do STJ consolidou-se no sentido de que **"o valor do ISSQN integra o conceito de receita bruta, assim entendida como a totalidade das receitas auferidas com o exercício da atividade econômica, de modo que não pode ser dedutível da base de cálculo do PIS e da COFINS"** (REsp 1.145.611-PR, Segunda Turma, **DJe** de 08.9.2010; e AgRg no AREsp 75.356-SC, Primeira Turma, **DJe** de 21.10.2013). Segundo doutrina, para que determinada quantia seja considerada como receita, ela deve ser capaz de incrementar o patrimônio de quem a obtém, não correspondendo, portanto, a meras somas a serem repassadas a terceiros. No entanto, referida premissa – embora seja verdadeira – não se aplica à presente hipótese, em que o valor atribuído ao serviço e suportado pelo beneficiário da prestação de fazer incrementa o patrimônio da entidade prestadora. Desse modo, nas atividades de prestação de serviço, o conceito de receita e de faturamento para fins de incidência do PIS e da COFINS deve levar em consideração o valor auferido pelo prestador do serviço, ou seja, o valor desembolsado pelo beneficiário da prestação; e não o fato de o prestador do serviço utilizar parte do valor recebido pela prestação do serviço para pagar o ISSQN. Isso por uma razão muito simples: o consumidor (beneficiário do serviço) não é contribuinte do ISSQN. Ademais, o fato de constar em nota fiscal informação no sentido de que o valor com o qual arcará o destinatário do serviço compreende quantia correspondente ao valor do ISSQN não torna o consumidor contribuinte desse tributo. Assim, não prospera dizer que o ISSQN não constituiu receita sob o argumento de que, em tese, diz respeito apenas a uma importância que não pertence ao consumidor (e sim ao município competente), mas que transita na contabilidade da sociedade empresária sem representar, entretanto, acréscimo patrimonial. Isso porque, admitir essa tese, seria o mesmo que considerar o consumidor como sujeito passivo de direito do tributo (contribuinte de direito) e a sociedade empresária, por sua vez, apenas uma simples espécie de "substituto tributário", cuja responsabilidade consistiria unicamente em recolher aos cofres públicos a exação devida por terceiro, no caso o consumidor. Não é isso que se tem sob o ponto de vista jurídico, pois o consumidor não é contribuinte (sujeito passivo de direito da relação jurídico-tributária). O consumidor acaba suportando o valor do tributo em razão de uma política do sistema tributário nacional que permite a repercussão do ônus tributário ao beneficiário do serviço, e não porque aquele (consumidor) figura no polo passivo da relação jurídico-tributária como sujeito passivo de direito. Ressalte-se, ainda, que a presente hipótese não se confunde com aquela em que se tem a chamada responsabilidade tributária por substituição, em que determinada entidade, por força de lei, figura no polo passivo de uma relação jurídico-tributária obrigacional, cuja prestação (o dever) consiste em reter o tributo devido pelo substituído para, posteriormente, repassar a quantia correspondente aos cofres públicos. Se fosse essa a hipótese (substituição tributária), é certo que a quantia recebida pelo contribuinte do PIS e da COFINS a título de ISSQN não integraria o conceito de faturamento. Concluir-se-ia da mesma forma se o ônus referente ao citado imposto não fosse transferido ao consumidor do serviço. Nesse caso, não haveria dúvida de que o valor referente ao ISSQN não corresponderia à receita ou ao faturamento, já que faticamente suportado pelo contribuinte de direito, qual seja, o prestador do serviço. Por essas razões, não há que se falar em ofensa aos arts. 109 e 110 do CTN, na medida em que a consideração do valor correspondente ao ISSQN na base de cálculo da Contribuição para o PIS e COFINS não desnatura a definição de receita para fins de incidência das referidas contribuições. (**Informativo** n. 581 – REsp 1.330.737-SP, rel. Min. Og Fernandes, Primeira Seção, julgado em 10.06.2015, **DJe** de 14.04.2016).

Incidência de PIS e COFINS em juros sobre capital próprio

Não são dedutíveis da base de cálculo das contribuições ao PIS e COFINS os valores destinados aos acionistas a título de juros sobre o capital próprio, na vigência da Lei n. 10.637/2002 e da Lei n. 10.833/2003. Inicialmente, destaca-se, para fins tributários, que a única semelhança entre "juros sobre capital próprio" com "lucro" ou "dividendos" é o fato deles serem destinações do lucro líquido. Isso porque o tratamento legislativo que esses institutos recebem é distinto, o que evidencia a diferença de natureza jurídica entre eles. Por um lado, verifica-se que os lucros ou dividendos: (a) não estão sujeitos ao imposto de renda na fonte pagadora nem integram a base de cálculo do imposto de renda de beneficiário (art. 10 da Lei n. 9.249/1995); (b) não são dedutíveis do lucro real (base de cálculo do imposto de renda); (c) obedecem necessariamente ao disposto no art. 202 da Lei n. 6.404/1976 (dividendo obrigatório); (d) têm limite máximo fixado apenas no estatuto social ou, no silêncio deste, o limite dos lucros não destinados, nos termos dos arts. 193 a 197 da Lei n. 6.404/1976; e (e) estão condicionados apenas à existência de lucros (arts. 198 e 202 da Lei n. 6.404/1976). Por outro lado, observa-se que os juros sobre capital próprio: (i) estão sujeitos à incidência do imposto de renda na fonte na data do pagamento de crédito a beneficiário (art. 9º, §2º, da Lei n. 9.249/1995); (ii) quando pagos, são dedutíveis do lucro real (art. 9º, *caput*, da Lei n. 9.249/1995); (iii) podem, facultativamente, integrar o valor dos dividendos para efeito de a sociedade obedecer à regra do dividendo obrigatório (art. 202 da Lei n. 6.404/1976); (iv) têm como limite máximo a variação da Taxa de Juros de Longo Prazo (art. 9º, *caput*, da Lei n. 9.249/1995); e (v) estão condicionados à existência de lucros no dobro do valor dos juros a serem pagos ou creditados (art. 9º, §1º, da Lei n. 9.249/1995). Desse modo, ainda que se diga que os juros sobre o capital próprio não constituam receitas financeiras, não é possível simplesmente classificá-los, para fins tributários, como "lucros e dividendos", de modo que não incidem o art. 1º, § 3º, V, "b", da Lei n. 10.637/2002 e o mesmo dispositivo da Lei n. 10.833/2003. Ademais, não é possível invocar a analogia a fim de alcançar eventual isenção de crédito tributário (art. 111 do CTN), pois a exclusão dos juros sobre capital próprio (categoria nova e autônoma) da base de cálculo das contribuições ao PIS e COFINS dependeria de previsão explícita, a exemplo do que existe para o imposto de renda (art. 9º da Lei n. 9.249/1995). Ocorre, aliás, justamente o contrário, na medida em que não faltam exemplos na legislação tributária de situações em que a inclusão desses valores na base de cálculo das contribuições ao PIS e COFINS é reafirmada (art. 1º da Lei n. 10.637/2002; art. 1º da Lei n. 10.833/2003; art. 1º do Decreto n. 5.164/2004; art. 1º, parágrafo único, I, do Decreto n. 5.442/2005; art. 30, parágrafo único, da Instrução Normativa SRF n. 11/1996). Inclusive, a esse respeito, é indiferente a classificação contábil dada pela CVM (Deliberação CVM n. 207, de 13.12.1996), porquanto, além de não poder suplantar decreto do Chefe do Poder Executivo, esse órgão não tem competência para expedir normas complementares em matéria tributária, atribuição essa exercida pela SRF. Registre-se, por oportuno, que essas conclusões não estão de modo algum em conflito com as razões que fundamentaram o REsp 1.373.438-RS (Segunda Seção, **DJe** de 17.6.2014), julgado sob o rito dos recursos repetitivos, no qual, após investigado o instituto "juros sobre o capital próprio", concluiu-se pela sua natureza jurídica sui generis. Na ocasião, foi afirmado que, ontologicamente, os juros sobre capital próprio são parcela de lucro a ser distribuída aos acionistas e, apenas por ficção jurídica, a lei tributária passou a considerá-los juros. Pois bem, em que pese o art. 110 do CTN vedar que legislação tributária altere a definição, o conteúdo e o alcance de institutos, conceitos e formas de direito privado, utilizados, expressa ou implicitamente, pela Constituição Federal, pelas Constituições dos Estados, ou pelas Leis Orgânicas do Distrito Federal ou dos Municípios, para definir ou limitar competências tributárias, tem-se que os juros sobre capital próprio não são instituto utilizado pelas Constituições Federal ou Estaduais, ou por Lei Orgânica. Além disso, não se trata de instituto exclusivo de direito privado, porque teve origem na própria legislação tributária, especificamente no art. 43, § 1º, "e", do Decreto-Lei n. 5.844/1943 (Dispõe sobre a cobrança e fiscalização do imposto de renda). Nessa ordem de ideias, tratando-se de instituto híbrido de Direito Tributário e Direito Empresarial, criado já no âmbito do imposto de renda como receita tributável, a legislação tributária é apta a definir seu conteúdo e alcance. Por fim, indubitavelmente, compõem o conceito maior de receitas auferidas pela pessoa jurídica, base de cálculo das contribuições ao PIS e COFINS, não havendo exclusão tributária específica para essa rubrica. Precedentes citados: AgRg nos EDcl no REsp 983.066-RS, Primeira Turma, **DJe** de 11.3.2011; REsp 1.212.976-RS, Segunda Turma, **DJe** de 23.11.2010. (**Informativo** n. 577 – REsp 1.200.492-RS, Rel. Min. Napoleão Nunes Maia Filho, Rel. para acórdão Min. Mauro Campbell Marques, julgado em 14.10.2015, **DJe** de 22.2.2016).

Aumento da alíquota da COFINS e sociedades corretoras de seguros

As "sociedades corretoras de seguros" estão fora do rol de entidades constantes do art. 22, § 1º, da Lei n. 8.212/1991. Assim, o aumento de 3% para 4% da alíquota da COFINS promovido pelo art. 18 da Lei n. 10.684/2003 não alcança as sociedades corretoras de seguros. Isso porque as "sociedades corretoras de seguros" não guardam identidade com os "agentes autônomos de seguros privados" mencionados no art. 22, § 1º, da Lei n. 8.212/1991, a que o art. 18 da Lei n. 10.684/2003, ao citar o § 6º do art. 3º da Lei n. 9.178/1998, faz remissão. Observe-se que "O corretor de seguros, seja pessoa física ou jurídica, é o intermediário legalmente autorizado a angariar e a promover contratos de seguros, admitidos pela legislação vigente, entre as Sociedades de Seguros e as pessoas físicas ou jurídicas, de direito público ou privado" (art. 1º da Lei n. 4.594/1964). O seu registro é feito na Superintendência de Seguros Privados (SUSEP), e ele tem por função a intermediação dos contratos de seguros na defesa dos interesses dos segurados, tanto que o art. 17 da Lei n. 4.594/1964 veda relação empregatícia, societária ou de subordinação às seguradoras. A comissão do corretor de seguro é paga pelo segurado, em percentual calculado sobre o prêmio, e não pela seguradora. O contrato com o cliente é o de corretagem regido pelo art. 722 do CC. Os "agentes autônomos de seguros", por sua vez, são pessoas físicas ou jurídicas representantes da seguradora e autorizados a intermediar operações de seguro diretamente com os interessados. O agente de seguros tem interesse direto na colocação de determinadas apólices de seguros, as quais são emitidas pela seguradora que ele representa e de cuja venda advém sua remuneração. A relação com a seguradora rege-se pelo contrato de agência, previsto no art. 710 do CC. Desse modo, em que pese o disposto no art. 1º do Dec. n. 56.903/1965 ("O Corretor de seguros de Vida e de Capitalização, anteriormente denominado Agente, quer seja pessoa física quer jurídica, é o intermediário legalmente autorizado a angariar e a promover contratos de seguros de vida ou a colocar títulos de capitalização, admitidos pela legislação vigente, entre sociedades de seguros e capitalização e o público em geral"), não há como compreender que as "sociedades corretoras de seguros" sejam os "agentes autônomos de seguros privados", havendo que se compreender que o referido Decreto não se reporta aos "agentes autônomos de seguros", mas só às "sociedades corretoras de seguros" que, por uma mera e inconveniente coincidência, anteriormente se chamavam "agentes". Por fim, não sensibiliza o argumento de que as regras legais que disciplinam as contribuições destinadas à Seguridade Social devem ser interpretadas em harmonia com o princípio da solidariedade social (art. 195 da CF). Isso porque a interpretação em questão não acarretará isenção da contribuição, mas, tão somente, a aplicação de alíquota diversa, a qual poderá ser menor (3% – COFINS cumulativa) ou maior (7,6% – COFINS não cumulativa), conforme o caso (art. 10 da Lei n. 10.833/2003). (**Informativo** n. 576 – REsp 1.391.092-SC, rel. Min. Mauro Campbell Marques, Primeira Seção, julgado em 22.4.2015, **DJe** de 10.2.2016).

Alcance da isenção da COFINS nas mensalidades pagas pelos alunos de instituições de ensino sem fins lucrativos

As receitas auferidas a título de mensalidades dos alunos de instituições de ensino sem fins lucrativos são decorrentes de "atividades próprias da entidade", conforme o exige a isenção estabelecida no art. 14, X, da MP n. 1.858/99 (atual MP n. 2.158-35/2001), sendo flagrante a ilicitude do art. 47, § 2º, da IN/SRF n. 247/2002, nessa extensão. Inicialmente, registre-se que o presente recurso representativo da controvérsia não discute quaisquer outras receitas que não as mensalidades, não havendo que se falar em receitas decorrentes de aplicações financeiras ou decorrentes de mercadorias e serviços outros (v.g. estacionamentos pagos, lanchonetes, aluguel ou taxa cobrada pela utilização de salões, auditórios, quadras, campos esportivos, dependências e instalações, venda de ingressos para eventos promovidos pela entidade, receitas de formaturas, excursões, etc.) prestados por essas entidades que não sejam exclusivamente os de educação. O art. 13 da MP n. 1.858/1999 (atual MP n. 2.158-35/2001) faz menção a uma série de entidades cujas atividades normais a elas inerentes também podem possuir natureza contraprestacional, ainda que sem fins lucrativos. Tal é o caso, para exemplo, das instituições de educação ou de assistência social previstas no art. 12 da Lei n. 9.532/1997 e das instituições de caráter filantrópico, recreativo, cultural e científico e as associações civis previstas no art. 15 da Lei n. 9.532/1997. Em ambas as situações, não por acaso, os arts. 12 e 15 da Lei n. 9.532/1997 mencionaram que a instituição deve prestar "os serviços para os quais houver sido instituída". Identificou-se ali, na própria lei, o núcleo do que se chamou de "atividades próprias", que seriam esses mesmos serviços. Reforça essa compreensão o fato de que, com a declaração de inconstitucionalidade do art. 3º, § 1º, da Lei n. 9.718/1998 pelo STF no RE 585.235 RG-QO (**DJe** de 28.11.2008), a vingar o previsto no § 2º do art. 47 da IN/SRF n. 247/2002, segundo o qual "Consideram-se receitas derivadas das atividades próprias somente aquelas decorrentes de contribuições, doações, anuidades ou mensalidades fixadas por lei, assembleia ou estatuto, recebidas de associados ou mantenedores, sem caráter contraprestacional direto, destinadas ao seu custeio e ao desenvolvimento dos seus objetivos sociais", restaria totalmente inócuo o art. 14, X, da MP n. 1.858/1999 (atual MP 2.158-35/2001), já que estaria concedendo isenção para algo que já estaria fora do campo de incidência da COFINS por força do RE 585.235 RG-QO. Nessa toada, não há como compreender que as receitas auferidas nessa condição (mensalidades dos alunos) não sejam aquelas decorrentes de "atividades próprias da entidade". Sendo assim, é flagrante a ilicitude do art. 47, § 2º, da IN/SRF n. 247/2002, nessa extensão. (**Informativo** n. 574 – REsp 1.353.111-RS, rel. Min. Mauro Campbell Marques, Primeira Seção, julgado em 23.9.2015, **DJe** de 18.12.2015).

Contribuição previdenciária: instituições financeiras e EC 20/1998

É constitucional a previsão legal de diferenciação de alíquotas em relação às contribuições previdenciárias incidentes sobre a folha de salários de instituições financeiras ou de entidades a elas legalmente equiparáveis, após a edição da EC 20/1998. Essa a conclusão do Plenário, que negou provimento a recurso extraordinário em que discutida a constitucionalidade do art. 22, § 1º, da Lei 8.212/1991. O preceito impugnado dispõe sobre a contribuição adicional de 2,5% sobre a folha de salários a ser paga por bancos comerciais, bancos de investimentos, bancos de desenvolvimento, caixas econômicas, sociedades de crédito, financiamento e investimento, sociedades de crédito imobiliário, sociedades corretoras, distribuidoras de títulos e valores mobiliários, empresas de arrendamento mercantil, cooperativas de crédito, empresas de seguros privados e de capitalização, agentes autônomos de seguros privados e de crédito e entidades de previdência privada abertas e fechadas, considerado o período posterior à aludida emenda constitucional. O Colegiado assinalou que a jurisprudência do STF é firme no sentido de que a lei complementar, para instituição de contribuição social, exigida para os tributos não descritos conforme o disposto no § 4º do art. 195 da CF, não se aplica ao caso, pois a contribuição incidente sobre a folha de salários está expressamente prevista na Constituição (art. 195, I). O art. 22, § 1º, da Lei 8.212/1991 não prevê nova contribuição ou fonte de custeio, mas mera diferenciação de alíquotas. É, portanto, formalmente constitucional. Quanto à constitucionalidade material, a redação do dispositivo em questão traduz o princípio da igualdade tributária, consubstanciado nos subprincípios da capacidade contributiva, aplicável a todos os tributos, e da equidade no custeio da seguridade social. Esses princípios destinam-se preponderantemente ao legislador, pois apenas a lei pode criar distinções entre os cidadãos, dentro dos limites constitucionais. Assim, a escolha legislativa em onerar as instituições financeiras e entidades equiparáveis com alíquota diferenciada, para fins de custeio da seguridade social, revela-se compatível com a Constituição, tendo em vista que as ECs 20/1998 e 47/2005 apenas explicitaram o conteúdo do art. 145, § 1º, da CF, ao indicar critérios pelos quais poderiam ser estabelecidas distinções entre contribuintes. Ademais, não compete ao Judiciário substituir-se ao legislador na escolha das atividades que terão alíquotas diferenciadas relativamente à contribuição indicada no art. 195, I, da CF. (RE-598572) (**Informativo** n. 819, Plenário, Repercussão Geral – RE 598572/SP, rel. Min. Edson Fachin, 30.3.2016).

Cooperativas de trabalho, terceiros e contribuição ao PIS/Pasep

A receita auferida pelas cooperativas de trabalho decorrente dos atos (negócios jurídicos) firmados com terceiros se insere na materialidade da contribuição ao PIS/Pasep. Com base nessa orientação, o Plenário acolheu embargos de declaração para prestar esclarecimentos, sem efeitos infringentes. Na espécie, a embargante — cooperativa prestadora de serviço com terceiros tomadores de serviço — apontou que o recurso extraordinário teria tratado apenas de ato externo das cooperativas de trabalho (v. **Informativo** n. 766). Portanto, quando realizassem atos com terceiros, deveriam ser tributadas pelo PIS.

O Plenário reafirmou que a norma do art. 146, III, "c", da Constituição, que assegura o adequado tratamento tributário do ato cooperativo, seria dirigida, objetivamente, ao ato cooperativo, e não, subjetivamente, à cooperativa. Elucidou que a questão da incidência da contribuição ao PIS não deveria levar em consideração se o ato do qual a receita ou o faturamento se origina seria qualificado como cooperativo ou não. Mas sim, se a sociedade tributada teria praticado o fato gerador dessa exação, se teria auferido receita ou faturamento, tendo em conta suas atividades econômicas e seus objetos sociais.

Assim, a partir da exegese constitucional do que seja o "adequado tratamento tributário do ato cooperativo", a Corte, para o caso concreto, firmou o entendimento de que a receita ou o faturamento auferidos pelas cooperativas de trabalho decorrentes dos negócios jurídicos praticados com terceiros se inseririam na materialidade da contribuição ao PIS/Pasep. Por fim, registrou que o tema do adequado tratamento tributário do ato cooperativo será retomado pelo Plenário para dirimir controvérsia acerca da cobrança de contribuições sociais destinadas à seguridade social incidentes, também, sobre outras materialidades, como o lucro, por ocasião do julgamento do RE 672.215/CE, de relatoria do Ministro Roberto Barroso, com repercussão geral reconhecida. RE 599362/RJ, rel. Min. Dias Toffoli, 18.8.2016. (RE-599362) (**Informativo n. 835**, Plenário, Repercussão Geral)

Anuidade de conselho profissional e sistema tributário

O Plenário, em conclusão e por maioria, julgou improcedentes pedidos formulados em ações diretas propostas em face de dispositivos da Lei 12.514/2011 que dizem respeito à fixação de anuidades devidas aos conselhos profissionais — v. **Informativo** n. 832.

Inicialmente, o Colegiado definiu que essas anuidades têm natureza jurídica de contribuições corporativas com caráter tributário. Quanto à alegação de inconstitucionalidade formal, ressaltou a dispensabilidade de lei complementar para a criação de contribuições de intervenção no domínio econômico e de interesse das categorias profissionais.

Acerca da falta de pertinência temática entre a emenda parlamentar incorporada à medida provisória, que culminou na lei em comento, e o tema das contribuições devidas aos conselhos profissionais em geral, a Corte lembrou entendimento fixado no julgamento da ADI 5.127/DF (**DJe** de 11.05.2016). Naquela ocasião, o Plenário afirmou ser incompatível com a Constituição apresentar emendas sem pertinência temática com a medida provisória submetida à apreciação do parlamento ("contrabando legislativo"). Entretanto, o Colegiado definiu que essa orientação teria eficácia prospectiva. Assim, a medida provisória em questão não padece de vício de inconstitucionalidade formal, haja vista ter sido editada antes do mencionado precedente.

A respeito da constitucionalidade material da lei, o Tribunal teceu considerações acerca do princípio da capacidade contributiva. No ponto, afirmou que a progressividade deve incidir sobre todas as espécies tributárias. Além disso, a funcionalização da tributação para realizar a igualdade é satisfeita por meio do pagamento de tributos na medida da capacidade contributiva do contribuinte, o qual se vincula a um Estado soberano comprometido com a satisfação das necessidades coletivas do povo. Em síntese, a progressividade e a capacidade contributiva são os fundamentos normativos do Sistema Tributário Nacional.

Por conseguinte, esses princípios incidem sobre as contribuições sociais de interesse profissional. Finalísticas, se prestam a suprir os cofres dos órgãos representativos das categorias profissionais, com o escopo de financiar as atividades públicas por eles desempenhadas. Assim, o fato gerador das anuidades é a existência de inscrição no conselho respectivo, ainda que por tempo limitado, ao longo do exercício.

O Poder Legislativo observou, portanto, a capacidade contributiva dos contribuintes ao instituir o tributo. Em relação às pessoas físicas, estabeleceu razoável correlação entre a desigualdade educacional (níveis técnico e superior) e a provável disparidade de renda. No que tange às pessoas jurídicas, há diferenciação dos valores das anuidades baseada no capital social do contribuinte. Essa medida legislativa garante observância à equidade vertical eventualmente aferida entre os contribuintes.

Ainda no que se refere à constitucionalidade material da lei, o Plenário discorreu sobre o princípio da legalidade tributária, haja vista a atribuição da fixação do valor exato das anuidades aos conselhos profissionais, desde que respeitadas as balizas quantitativas da norma. Quanto à atualização monetária do tributo, tem-se matéria passível de tratamento normativo por intermédio de ato infralegal.

A respeito da imputação de responsabilidade aos conselhos profissionais de fixarem o valor exato da anuidade, a questão tem outras implicações. Devido à expressa previsão constitucional (CF, art. 150, I), o princípio da legalidade tributária incide nas contribuições sociais de interesse profissional. Pode-se afirmar que esse postulado se apresenta sob as seguintes feições: a) legalidade da Administração Pública; b) reserva de lei; c) estrita legalidade; e d) conformidade da tributação com o fato gerador. Há, ainda, a distinção entre reserva de lei – que condiciona as intervenções onerosas na esfera jurídica individual à existência de lei formal, isto é, emanada do Poder Legislativo – e legalidade estrita tributária, que, por sua vez, é a vedação constitucional dirigida à administração federal, estadual e municipal de instituir ou aumentar tributo sem que haja lei que o autorize.

Considerada essa diferença, por um lado, não há ofensa ao princípio da reserva legal, pois o diploma impugnado é lei em sentido formal que disciplina a matéria referente à instituição das contribuições sociais de interesse profissional para os conselhos previstos no art. 3º da Lei 12.514/2011. Por outro lado, o princípio da estrita legalidade tributária exige lei em sentido material e formal para as hipóteses de instituição e majoração de tributos, nos termos do art. 150, I, da CF.

No tocante à majoração, considera-se satisfeita a finalidade da referida limitação constitucional ao poder de tributar, uma vez que o "quantum debeatur" da obrigação tributária é limitado ao montante previamente estabelecido por lei. Assim, o requisito da autotributação da sociedade foi observado, ou seja, infere-se que a lei procurou acolher a pretensão de resistência do contribuinte à intervenção estatal desproporcional, em consonância com a Constituição. O diploma legal inova legitimamente o ordenamento jurídico ao instituir tributo com a respectiva regra matriz de incidência tributária, haja vista que a anuidade (tributo) é vinculada à existência de inscrição no conselho (fato gerador), tem valor definido (base de cálculo e critério de atualização monetária) e está vinculada a profissionais e pessoas jurídicas com inscrição no conselho (contribuintes).

Desse modo, está suficientemente determinado o mandamento tributário, para fins de observância da legalidade tributária, na hipótese das contribuições profissionais previstas no diploma impugnado. Além disso, é adequada e suficiente a determinação do mandamento tributário na lei impugnada, por meio da fixação de tetos aos critérios materiais das hipóteses de incidência das contribuições profissionais.

Vencidos a ministra Rosa Weber, que julgava procedentes os pedidos por inconstitucionalidade formal, e o ministro Marco Aurélio, o qual entendia procedentes as ações por inconstitucionalidade formal e material.

ADI 4697/DF, rel. Min. Edson Fachin, julgamento em 6.10.2016. ADI 4762/DF, rel. Min. Edson Fachin, julgamento em 6.10.2016 (**Informativo n. 842**, Plenário).

Direito tributário. Incidência da COFINS sobre receita proveniente de locação de vagas em estacionamento de shopping center

Compõe a base de cálculo da COFINS a receita proveniente da locação de vagas em estacionamento de shopping center ou de centros comerciais de prestação de serviços ou de venda de produtos, mesmo que esses estejam constituídos na forma de condomínio e que não haja a intervenção de terceira pessoa jurídica empresária. Mesmo na forma de condomínio – destituído de personalidade jurídica – e sem a intervenção de terceira pessoa jurídica empresária, o shopping center ou o centro comercial de prestação de serviços ou venda de produtos é considerado unidade econômica autônoma para fins de tributação, nos termos do art. 126, III, do CTN. Assim, se o empreendimento gera renda por meio de locação de bens e/ou prestação de serviços – mesmo que em benefício de sua infraestrutura ou a favor dos condôminos – sem a intervenção de terceira pessoa jurídica empresária, os valores que recebe compõem a base de cálculo de contribuições sociais (no caso, a COFINS), porquanto referidos valores fazem parte de seu faturamento. A propósito, nos termos do art. 2º da LC 70/1991, a COFINS incide "sobre o faturamento mensal, assim considerado a receita bruta das vendas de mercadorias, de mercadorias e serviços e de serviço de qualquer natureza". Ademais, o STJ, em diversos casos, tem entendido pela legalidade da incidência da COFINS sobre receitas provenientes da administração e locação procedidas por shopping centers. Ora, se há incidência da contribuição sobre a administração e locação das lojas e salas comerciais (AgRg no Ag 1.213.712-PR, Segunda Turma, **DJe** de 08.10.2010; e AgRg no REsp 1.164.449-PR, Segunda Turma, **DJe** de 04.02.2011), não há falar em não incidência na locação de vagas de estacionamento, as quais, igualmente àquelas, são bens imóveis aptos à locação e obtenção de renda. Além disso, cumpre mencionar que a Primeira Seção do STJ, por ocasião do julgamento do REsp 1.141.065-SC (**DJe** de 1º.02.2010), realizado sob a sistemática do art. 543-C do CPC, no qual decidiu pela incidência da COFINS nas receitas provenientes de locação de mão de obra, fez-se peculiar menção à semelhança do caso com os dos shopping centers. Portanto, nessa linha, e ressalvadas as devidas diferenças entre os casos, se o empreendimento aufere renda da locação de vagas de estacionamento e/ou outra espécie de prestação de serviços, essa renda deve compor a base de cálculo da COFINS (**Informativo** n. 556 – REsp 1.301.956/RJ, rel. Min. Benedito Gonçalves, julgado em 10.02.2015, **DJe** de 20.02.2015).

Direito tributário. Abrangência do termo "insumo" para efeitos da sistemática de não cumulatividade da contribuição ao PIS/Pasep e da Cofins

Os materiais de limpeza/desinfecção e os serviços de dedetização usados no âmbito produtivo de contribuinte fabricante de gêneros alimentícios devem ser considerados como "insumos" para efeitos de creditamento na sistemática de não cumulatividade na cobrança da contribuição ao PIS/PASEP (Lei 10.637/2002) e da COFINS (Lei 10.833/2003). Isso porque há perfeito enquadramento dos referidos materiais e serviços na definição de "insumos" extraída do art. 3º, II, da Lei 10.637/2002 e do art. 3º, II, da Lei 10.833/2003. Na hipótese, a empresa é fabricante de gêneros alimentícios, sujeita, portanto, a rígidas normas de higiene e limpeza. No ramo a que pertence, as exigências de condições sanitárias das instalações, se não atendidas, implicam a própria impossibilidade da produção e substancial perda de qualidade do produto resultante. Ademais, o que se extrai de nuclear da definição de "insumos" para efeito dos referidos artigos é que: (i) o bem ou serviço tenha sido adquirido para ser utilizado na prestação do serviço ou na produção, ou para viabilizá-los (pertinência ao processo produtivo); (ii) a produção ou prestação do serviço dependa daquela aquisição (essencialidade ao processo produtivo); (iii) não se faz necessário o consumo do bem ou a prestação do serviço em contato direto com o produto (possibilidade de emprego indireto no processo produtivo). Assim, são "insumos", para efeitos das citadas normas, todos aqueles bens e serviços que viabilizam ou são pertinentes ao processo produtivo e à prestação de serviços, que neles possam ser direta ou indiretamente empregados e cuja subtração importa na impossibilidade mesma da prestação do serviço ou da produção, isto é, cuja subtração obsta a atividade da empresa, ou implica em substancial perda de qualidade do produto ou serviço daí resultantes. Por seu turno, conforme interpretação teleológica e sistemática do ordenamento jurídico em vigor, a conceituação de "insumos", para efeitos das Leis 10.637/2002 e Lei 10.833/2003, não se identifica com a conceituação adotada na legislação do Imposto sobre Produtos Industrializados (IPI), posto que excessivamente restritiva. Dessa forma, é de se reconhecer a ilegalidade das Instruções Normativas 247/2002 e 404/2004 da Secretaria da Receita Federal, por adotarem definição de insumos semelhante à da legislação do IPI. Do mesmo modo, "insumo" não corresponde exatamente aos conceitos de "Custos e Despesas Operacionais" utilizados na legislação do Imposto de Renda (IR), porque demasiadamente elastecidos. (**Informativo** n. 564 – REsp 1.246.317-MG, rel. Min. Mauro Campbell Marques, julgado em 16.06.2011, **DJe** de 29.06.2015).

Direito tributário. Valores do reintegra e base de cálculo da contribuição ao PIS e da Cofins

Até o advento da Lei 12.844/2013, os valores ressarcidos no âmbito do Regime Especial de Reintegração de Valores Tributários para as Empresas Exportadoras (REINTEGRA) incorporavam a base de cálculo da contribuição ao PIS e da COFINS, sobretudo no caso de empresas tributadas pelo lucro real na sistemática da não cumulatividade do PIS e da COFINS instituída pelas Leis 10.637/2002 e 10.833/2003. A Lei 12.546/2011, que institui o REINTEGRA, tem como objetivo reintegrar valores referentes a custos tributários federais residuais existentes nas cadeias de produção de tais empresas. A propósito, extrai-se dos arts. 1º e 2º dessa lei, que esse benefício fiscal tem natureza de "reintegração de valores referentes a custos tributários". Dessa forma, seja por se tratar de recuperação ou devolução de custos, seja por se tratar de subvenção corrente para custeio ou operação, os valores do benefício fiscal criado pelo REINTEGRA integram a receita bruta operacional da empresa por expressa determinação do art. 44 da Lei 4.506/1964, de forma que, salvo autorizativo legal, tais valores integram a base de cálculo do PIS e da COFINS no regime da não cumulatividade previsto nas Leis 10.637/2002 e 10.833/2003. A propósito, conforme entendimento adotado pela Segunda Turma desta Corte nos autos dos EDcl no REsp 1.462.313-RS, **DJe** de 19.12.2014 e do AgRg no REsp 1.518.688-RS, **DJe** de 07.05.2015, os valores do REINTEGRA são passíveis de incidência do imposto de renda, até o advento da MP 651/2014, posteriormente convertida na Lei 13.043/2014, de forma que a conclusão lógica que se tem é a de que tais valores igualmente integram a base de cálculo do PIS e da COFINS, que é mais ampla e inclui, a priori, ressalvadas as deduções legais, os valores relativos ao IRPJ e à CSLL, sobretudo no caso de empresas tributadas pelo lucro real na sistemática da não cumulatividade do PIS e da COFINS instituída pelas Leis 10.637/2002 e 10.833/2003, cuja tributação se dá com base na receita bruta mensal da pessoa jurídica, a qual, por expressa disposição do art. 44 da Lei 4.506/1964, abrange as recuperações ou devoluções de custos, deduções ou provisões e as subvenções correntes, para custeio ou operação, recebidas de pessoas jurídicas de direito público ou privado, ou de pessoas naturais. Nos termos do art. 150, § 6º, da CF, qualquer subsídio ou isenção, redução de base de cálculo, concessão de crédito presumido, anistia ou remissão, relativos a impostos, taxas ou contribuições, só poderá ser concedido mediante lei específica que regule exclusivamente as matérias acima enumeradas ou o correspondente tributo ou contribuição. Nesse sentido, somente com o advento da Lei 12.844/2013, que incluiu o § 12 no art. 2º da Lei 12.546/2011, é que os valores ressarcidos no âmbito do REINTEGRA foram excluídos expressamente da base de cálculo do PIS e da COFINS. Por não se tratar de dispositivo de conteúdo meramente procedimental, mas sim de conteúdo material (exclusão da base de cálculo de tributo), sua aplicação somente alcança os fatos geradores futuros e aqueles cuja ocorrência não tenha sido completada (consoante o art. 105 do CTN), não havendo que se falar em aplicação retroativa (**Informativo** n. 563 – REsp 1.514.731-RS, rel. Min. Mauro Campbell Marques, julgado em 26.05.2015, **DJe** de 1º.06.2015).

Contribuição previdenciária e participação nos lucros

Incide contribuição previdenciária sobre as parcelas pagas a título de participação nos lucros referentes ao período entre a promulgação da CF/1988 e a entrada em vigor da Medida Provisória n. 794/1994, que regulamentou o art. 7º, XI, da CF ("Art. 7º São direitos dos trabalhadores urbanos e rurais, além de outros que visem à melhoria de sua condição social: ... XI – participação nos lucros, ou resultados, desvinculada da remuneração, e, excepcionalmente, participação na gestão da empresa conforme definido em lei"), convertida, posteriormente, na Lei 10.101/2000. Essa é a orientação do Plenário que, em conclusão de julgamento e por maioria, proveu recurso extraordinário em que discutida a questão – v. **Informativo** 760. O Colegiado asseverou haver precedentes de ambas as Turmas do STF no sentido da incidência da contribuição previdenciária sobre as mencionadas parcelas. Acresceu que a seguridade social seria financiada por toda a sociedade, conforme se depreenderia dos artigos 195, I, "a"; e 201, § 11, ambos da CF ["Art. 195. A seguridade social será financiada por toda a sociedade, de forma direta e indireta, nos termos da lei, mediante recursos provenientes dos orçamentos da União, dos Estados, do Distrito Federal e dos Municípios, e das seguintes contribuições sociais: I – do empregador, da empresa e da entidade a ela equiparada na forma da lei, incidentes sobre: a) a folha de salários e demais rendimentos do trabalho pagos ou creditados, a qualquer título, à pessoa física que lhe preste serviço, mesmo sem vínculo empregatício... Art. 201. A previdência social será organizada sob a forma de regime geral, de caráter contributivo e de filiação obrigatória, observados critérios que preservem o equilíbrio financeiro e atuarial, e atenderá, nos termos da lei, a: ... § 11. Os ganhos habituais do empregado, a qualquer título, serão incorporados ao salário para efeito de contribuição previdenciária e consequente repercussão em benefícios, nos casos e na forma da lei"]. Ao se interpretar teleologicamente a cláusula prevista no inciso XI do art. 7º da CF, concluir-se-ia que o objetivo da desvinculação seria impedir que essa parcela servisse de base de cálculo para outras. A aludida medida provisória teria estabelecido hipótese de isenção e não de não incidência, razão pela qual não poderia abranger período pretérito. Vencido o Ministro Dias Toffoli (relator), que negava provimento ao recurso. Registrava que entendimento diverso implicaria a tributação, inclusive, nas hipóteses de convenção coletiva, a versar sobre participação nos lucros e resultados, firmada anteriormente à lei. RE 569441/RS, rel. orig. Min. Dias Toffoli, red. p/ o acórdão Min. Teori Zavascki, 30.10.2014. (RE-569441) (STF – **Informativo** n. 765, Plenário, Repercussão Geral).

O Plenário, ao julgar embargos de declaração, acolheu-os, sem efeito modificativo, apenas para prestar esclarecimento, mantendo, assim, a orientação firmada no julgamento do recurso extraordinário, em que reconhecida a repercussão geral. Dessa forma, o Tribunal reafirmou o entendimento no sentido de que a Contribuição Social sobre o Lucro Líquido – CSLL – incide sobre o lucro das empresas exportadoras, uma vez que a imunidade prevista no art. 149, § 2º, I, da CF (com a redação dada pela EC 33/2001) não o alcança. Inicialmente, a Corte afastou, por maioria, preliminar de nulidade arguida em razão do cancelamento da transcrição do voto vogal do Ministro Celso de Mello na composição do acórdão. Destacou que o cancelamento do voto vogal traduziria faculdade processual reconhecida ao juiz que o tivesse proferido. Vencido o Ministro Marco Aurélio (relator), que provia os embargos de declaração para determinar a juntada do voto do Ministro Celso de Mello. Afirmava que apregoado o processo, tudo que fosse veiculado por integrante do Tribunal mostrar-se-ia público e não ficaria no campo da disponibilidade do autor. Sublinhava que o acórdão revelaria um grande todo e deveria satisfazer a regra do art. 93, IX, da CF ("todos os julgamentos dos órgãos do Poder Judiciário serão públicos e fundamentadas todas as decisões, sob pena de nulidade"). Em seguida, o Tribunal refutou as demais alegações da embargante. No que se refere à primeira delas, a de que não seria possível a qualificação, em tese, de imunidades tributárias como subsídios proibidos ou passíveis de proibição em razão do conceito de subsídio estabelecido no Acordo sobre Subsídios e Medidas Compensatórias – ASMC. O Colegiado ressaltou que filigranas conceituais não estariam em jogo e a norma internacional não as envolveria. Frisou que, consoante o art. 1º do mencionado Acordo, o subsídio consistiria em contribuição financeira concedida pelo governo, que poderia ocorrer sob diferentes modalidades: desde transferência direta de fundos, fornecimento de bens e serviços, financiamentos, delegação de atribuições governamentais a corpos privados, até renúncia de receitas públicas por meio de incentivos fiscais. Realçou que a equiparação pelo acordo internacional, sob o rótulo comum de subsídio, de modos tão diversos de contribuições financeiras governamentais, incluída expressamente a concessão de benefícios fiscais, revelaria o quanto seria impróprio pautar-se em esquemas de linguagem, como pretendera a embargante, para reduzir o alcance normativo da expressão subsídio e sustentar a contradição veiculada. RE 564413 ED/SC, rel. Min. Marco Aurélio, 13.08.2014. (RE-564413) (STF – **Informativo** n. 754, Plenário, Repercussão Geral – RE 564413 ED/SC, rel. Min. Marco Aurélio, 13.08.2014).

Ed: Cancelamento De Voto Vogal E Supostas Contradições

O Plenário observou que a segunda contradição arguida seria também de ordem conceitual. A embargante teria apontado o descompasso em qualificar a imunidade como possível violação do ASMC, porquanto o Acordo Geral sobre Tarifas e Comércio excluiria expressamente do conceito de subsídio as desonerações relacionadas à exportação. Recordou que o art. 16 do Acordo Geral sobre Tarifas e Comércio traria regras gerais sobre os subsídios à exportação. Rememorou que o dispositivo recebera notas e provisões suplementares, entre as quais a que excepcionaria da denominação de subsídio a desoneração de tributos sobre "produto exportado", desde que prevista idêntica incidência quanto a bens similares destinados ao consumo interno. Ponderou que haveria um ponto fundamental: considerada a referência a "produto exportado" pela norma internacional, a desoneração excepcionada possuiria nítida natureza objetiva. Salientou, portanto, que a discutida nota ou provisão suplementar não teria aplicação no caso debatido, porque a CSLL não constituiria tributo incidente em "produto exportado", objeto de proteção da nota adicional ao mencionado art. 16, mas ônus que recairia na figura do exportador. Assim, se imunidade houvesse ou fosse reconhecida pelo Pleno, essa seria subjetiva, fora do alcance da exceção estabelecida pela nota mencionada. Por último, ante a ausência de antinomia, a Corte rejeitou a assertiva de contradição a envolver a norma constitucional de imunidade e as regras dos acordos internacionais, hipoteticamente solucionada pelo Colegiado em favor das últimas. Depreendeu que os votos da Ministra Ellen Gracie e do Ministro Joaquim Barbosa apenas demonstrariam o uso dos compromissos internacionais firmados pelo Brasil como vetor interpretativo para revelar o alcance mais razoável da EC 33/2001. Consignou que, do conteúdo do voto desse Ministro, seria possível concluir que se de antinomia ele tivesse tratado, resolvera em favor da competência do Poder Legislativo e não dos acordos internacionais, como erroneamente sustentava a embargante. RE 564413 ED/SC, rel. Min. Marco Aurélio, 13.08.2014 (RE-564413) (STF – **Informativo** n. 754, Plenário, Repercussão Geral – RE 564413 ED/SC, rel. Min. Marco Aurélio, 13.08.2014 – RE 564413 ED/SC, rel. Min. Marco Aurélio, 13.08.2014).

Contribuição sobre serviços prestados por cooperados por intermédio de cooperativas

É inconstitucional a contribuição a cargo de empresa, destinada à seguridade social, no montante de "quinze por cento sobre o valor bruto da nota fiscal ou fatura de prestação de serviços, relativamente a serviços que lhe são prestados por cooperados por intermédio de cooperativas de trabalho", prevista no art. 22, IV, da Lei 8.212/1991, com a redação dada pela Lei 9.876/1999. Com base nessa orientação, o Plenário deu provimento a recurso extraordinário no qual se discutia a obrigação de recolhimento da exação. Na espécie, o tribunal "a quo" entendera ser possível a fixação da mencionada alíquota via lei ordinária. Decidira, ainda, pela validade da equiparação da cooperativa à empresa mercantil, que ampliara o rol dos sujeitos passivos das contribuições sociais. A Corte, de início, salientou que a Lei 9.876/1999 transferira a sujeição passiva da obrigação tributária para as empresas tomadoras dos serviços. Em seguida, assentou que, embora os sócios/usuários pudessem prestar seus serviços no âmbito dos respectivos locais de trabalho, com seus equipamentos e técnicas próprios, a prestação dos serviços não seria dos sócios/usuários, mas da sociedade cooperativa. Apontou que os terceiros interessados nesses serviços efetuariam os pagamentos diretamente à cooperativa, que se ocuparia, posteriormente, de repassar aos sócios/usuários as parcelas relativas às respectivas remunerações. O colegiado aduziu que a tributação de empresas, na forma delineada na Lei 9.876/1999, mediante desconsideração legal da personalidade jurídica das sociedades cooperativas, subverteria os conceitos de pessoa física e de pessoa jurídica estabelecidos pelo direito privado. Reconheceu que a norma teria extrapolado a base econômica delineada no art. 195, I, "a", da CF, ou seja, a regra sobre a competência para se instituir contribuição sobre a folha de salários ou sobre outros rendimentos do trabalho. Reputou afrontado o princípio da capacidade contributiva (CF, art. 145, § 1º), porque os pagamentos efetuados por terceiros às cooperativas de trabalho, em face de serviços prestados por seus associados, não se confundiriam com os valores efetivamente pagos ou creditados aos cooperados. Sublinhou que o legislador ordinário, ao tributar o faturamento da cooperativa, descaracterizara a contribuição hipoteticamente incidente sobre os rendimentos do trabalho dos cooperados, com evidente "bis in idem". Assim, o Tribunal concluiu que contribuição destinada a financiar a seguridade social, que tivesse base econômica estranha àquelas indicadas no art. 195 da CF, somente poderia ser legitimamente instituída por lei complementar, nos termos do art. 195, § 4º, da CF. RE 595838/SP, rel. Min. Dias Toffoli, 23.04.2014. (RE-595838) (STF – **Informativo** n. 743, Plenário, Repercussão Geral – RE 595838/SP, rel. Min. Dias Toffoli, 23.04.2014).

Contribuição sindical e fiscalização do TCU

As contribuições sindicais compulsórias possuem natureza tributária e constituem receita pública, estando os responsáveis sujeitos à competência fiscalizadora do TCU, cujo controle sobre a atuação das entidades sindicais não representa violação à respectiva autonomia assegurada na Constituição. Com base nessa orientação, a 1ª Turma denegou mandado de segurança em que sindicato buscava se desvencilhar da obrigação de prestar contas. MS 28465/DF, rel. Min. Marco Aurélio, 18.3.2014 (STF – **Informativo** n. 739, Primeira Turma – MS 28465/DF, rel. Min. Marco Aurélio, 18.03.2014).

Contribuição para o Sebrae e desnecessidade de lei complementar. A contribuição destinada ao Sebrae possui natureza de contribuição de intervenção no domínio econômico e não necessita de edição de lei complementar para ser instituída

Com base nessa jurisprudência, o Plenário, por maioria, negou provimento a recurso extraordinário em que se alegava: a) indevida exigência do pagamento da referida exação, pois criada por meio de lei ordinária, em afronta ao art. 146, II, a, da CF; e b) identidade de fato gerador e base de cálculo com outras contribuições, em violação ao art. 195, § 4º, c/c o art. 154, I, ambos da CF. Reputou-se que o acórdão recorrido estaria em consonância com a orientação da Corte. Vencido o Min. Marco Aurélio, que dava provimento ao recurso. Assentava a exigência de lei complementar, bem como realçava o fato de a contribuinte, além de já submetida a outras contribuições, não se incluir no rol de beneficiárias do Sebrae, haja vista não se identificar com micro e pequenas empresas. Precedente citado: RE 396266/SC (**DJU** de 27.02.2004). (STF – **Informativo** n. 703 – RE 635682/RJ, rel. Min. Gilmar Mendes, 25.04.2013).

PIS e Cofins incidentes sobre a importação e base de cálculo

Em conclusão, o Plenário negou provimento a recurso extraordinário em que discutida a constitucionalidade do art. 7º, I, da Lei 10.865/2004, que determina que a base de cálculo do PIS e da COFINS incidentes sobre a importação "será o valor aduaneiro, assim entendido, para os efeitos desta Lei, o valor que servir ou que serviria de base para o cálculo do imposto de importação, acrescido do valor do Imposto sobre Operações Relativas à Circulação de Mercadorias e sobre Prestação de Serviços de Transporte Interestadual e Intermunicipal e de Comunicação – ICMS – incidente no desembaraço aduaneiro e do valor das próprias contribuições, na hipótese do inciso I do *caput* do art. 3º desta Lei" – v. **Informativo** n. 605. Verificada afronta ao art. 149, § 2º, III, "a", da CF, introduzido pela EC 33/2001, **reconheceu-se a inconstitucionalidade da expressão "acrescido do valor do Imposto sobre Operações Relativas à Circulação de Mercadorias e sobre Prestação de Serviços de Transporte Interestadual e Intermunicipal e de Comunicação – ICMS – incidente no desembaraço aduaneiro e do valor das próprias contribuições", contida no citado art. 7º, I, da Lei 10.865/2004** (STF – **Informativo** n. 699 – RE 559937/RS, rel.ª orig. Min.ª Ellen Gracie, red. p/ o acórdão Min. Dias Toffoli, 21.03.2013).

Direito tributário. Contribuição social ao FUNRURAL

A despeito dos arts. 1º da Lei 8.540/1992, 1º da Lei 9.528/1997 e 1º da Lei 10.256/2001, desde a vigência da Lei 8.212/1991, não é possível exigir a contribuição social ao FUNRURAL, a cargo do empregador rural pessoa física, incidente sobre o valor comercial dos produtos rurais. A contribuição social incidente sobre a produção rural foi extinta pela Lei 8.213/1991 para os produtores rurais empregadores pessoas físicas, que passaram a recolher contribuições sobre a folha de salários de seus empregados. Todavia, a referida contribuição foi mantida para os segurados especiais (produtores rurais em regime de economia familiar). Dessa forma, com a criação do Plano de Custeio da Previdência Social pela Lei 8.212/1991, os produtores rurais passaram a contribuir para a Previdência Social, ou sobre o resultado da comercialização (segurados especiais), ou sobre a folha de salários (caso dos empregadores rurais pessoas físicas). Com o advento da Lei 8.540/1992, que deu nova redação ao art. 25 da Lei 8.212/1991, voltou-se a exigir dos produtores rurais empregadores pessoas físicas o recolhimento de contribuição social sobre a comercialização de produtos. Entretanto, o STF, sob o rito do art. 543-B do CPC (RE 596.177-RS, Tribunal Pleno, **DJe** de 29.8.2011), declarou a inconstitucionalidade do art. 1º da Lei 8.540/1992, com base nos seguintes fundamentos: (I) referido dispositivo teria criado nova hipótese de incidência de contribuição social não prevista no art. 195, I, da CF; (II) os empregadores rurais, pessoa física, estariam sujeitos à dupla tributação ao recolher a Contribuição para Financiamento da Seguridade Social – COFINS –, além daquela instituída pela Lei 8.540/1992, ferindo, portanto, o princípio da isonomia; e (III) a lei é formalmente inconstitucional, em razão de que nova fonte de custeio da Seguridade Social só poderia ser criada por meio de Lei Complementar. Saliente-se que as posteriores alterações legislativas impostas ao art. 25 da Lei 8.212/1991 por meio dos arts. 1º da Lei 9.528/1997 e 1º da Lei 10.256/2001 não alteram a conclusão em torno da mesma inconstitucionalidade, haja vista padecerem, por igual, de vício semelhante ao do art. 1º da Lei 8.540/1992, marcadamente no ponto em que havia determinado o restabelecimento da contribuição ao FUNRURAL. REsp 1.070.441-SC, rel. Min. Sérgio Kukina, julgado em 02.09.2014 (STJ – **Informativo** n. 548 – REsp 1.070.441-SC, rel. Min. Sérgio Kukina, julgado em 02.09.2014).

Direito processual civil e tributário. Exigência de trânsito em julgado para fins de compensação tributária

O disposto no art. 170-A do CTN, que exige o trânsito em julgado para fins de compensação de crédito tributário, somente se aplica às demandas ajuizadas após a vigência da LC 104/2001, a qual acrescentou o referido artigo ao CTN. Precedentes citados: REsp 1.266.798-CE, 2ª Turma, **DJe** de 25.04.2012; e AgRg nos EDcl no REsp 1.100.424-PR, 2ª Turma, **DJe** de 27.04.2011. AgRg no REsp 1.240.038-PR, rel. Min. Og Fernandes, julgado em 08.04.2014 (STJ – **Informativo** n. 0541 – AgRg no REsp 1.240.038-PR, rel. Min. Og Fernandes, julgado em 08.04.2014).

Direito tributário e previdenciário. Incidência de contribuição previdenciária sobre férias gozadas

Incide contribuição previdenciária a cargo da empresa sobre o valor pago a título de férias gozadas. Isso porque as férias gozadas são verbas de natureza remuneratória e salarial, nos termos do art. 148 da CLT, e, portanto, integram o salário de contribuição. Ademais, tem-se que os fundamentos e pressupostos apresentados no REsp 1.230.957-RS (Primeira Seção, **DJe** de 18.03.2014), apreciado pela sistemática dos recursos repetitivos, para justificar a incidência da contribuição previdenciária sobre o salário-maternidade, também servem como sustentação para a incidência do tributo sobre as férias gozadas, quais sejam: "O fato de não haver prestação de trabalho durante o período de afastamento da segurada empregada, associado à circunstância de a maternidade ser amparada por um benefício previdenciário, não autoriza conclusão no sentido de que o valor recebido tenha natureza indenizatória ou compensatória, ou seja, em razão de uma contingência (maternidade), paga-se à segurada empregada benefício previdenciário correspondente ao seu salário, possuindo a verba evidente natureza salarial". Precedentes citados: AgRg no REsp 1.355.135-RS, 1ª Turma, **DJe** de 27.02.2013; e AgRg nos EDcl do AREsp 135.682/MG, 2ª Turma, **DJe** de 14.06.2012. AgRg no REsp 1.240.038-PR, rel. Min. Og Fernandes, julgado em 08.04.2014 (STJ – **Informativo** n. 0541 – AgRg no REsp 1.240.038-PR, rel. Min. Og Fernandes, julgado em 08.04.2014).

Direito tributário. Incidência de contribuição previdenciária sobre verbas trabalhistas. Recurso repetitivo (art. 543-c do CPC e Res. 8/2008-STJ)

Estão sujeitas à incidência de contribuição previdenciária as parcelas pagas pelo empregador a título de horas extras e seu respectivo adicional, bem como os valores pagos a título de adicional noturno e de periculosidade. Por um lado, a Lei 8.212/1991, em seu art. 22, I, determina que a contribuição previdenciária a cargo da empresa é de "vinte por cento sobre o total das remunerações pagas, devidas ou creditadas a qualquer título, durante o mês, aos segurados empregados e trabalhadores avulsos que lhe prestem serviços, destinadas a retribuir o trabalho, qualquer que seja a sua forma, inclusive as gorjetas, os ganhos habituais sob a forma de utilidades e os adiantamentos decorrentes de reajuste salarial, quer pelos serviços efetivamente prestados, quer pelo tempo à disposição do empregador ou tomador de serviços, nos termos da lei ou do contrato ou, ainda, de convenção ou acordo coletivo de trabalho ou sentença normativa". Por outro lado, o § 2° do art. 22 da Lei 8.212/1991, ao consignar que não integram o conceito de remuneração as verbas listadas no § 9° do art. 28 do mesmo diploma legal, expressamente exclui uma série de parcelas da base de cálculo do tributo. Com base nesse quadro normativo, o STJ consolidou firme jurisprudência no sentido de que não sofrem a incidência de contribuição previdenciária "as importâncias pagas a título de indenização, que não correspondam a serviços prestados nem a tempo à disposição do empregador" (REsp 1.230.957-RS, Primeira Seção, **DJe** de 18.3.2014, submetido ao rito do art. 543-C do CPC). Nesse contexto, se a verba trabalhista possuir natureza remuneratória, destinando-se a retribuir o trabalho, qualquer que seja a sua forma, ela deve integrar a base de cálculo da contribuição. Desse modo, consoante entendimento pacífico no âmbito da Primeira Seção do STJ, os adicionais noturno e de periculosidade, as horas extras e seu respectivo adicional constituem verbas de natureza remuneratória, razão pela qual se sujeitam à incidência de contribuição previdenciária. Precedentes citados: REsp 1.098.102-SC, 1ª Turma, **DJe** de 17.06.2009; e AgRg no AREsp 69.958-DF, 2ª Turma, **DJe** de 20.06.2012. REsp 1.358.281-SP, rel. Min. Herman Benjamin, julgado em 23.04.2014 (STJ – **Informativo** n. 0540 – REsp 1.358.281-SP, rel. Min. Herman Benjamin, julgado em 23.04.2014).

Direito tributário. Base de cálculo da contribuição para o PIS

A base de cálculo da contribuição para o PIS incidente sobre os ganhos em operações de *swap* com finalidade de *hedge*, atreladas à variação cambial, deve ser apurada pelo regime de competência – e não pelo regime de caixa –, se o contribuinte tiver feito a opção pela apuração segundo aquele regime. Embora o art. 30, *caput*, da MP 2.158-35/2001 excepcione a regra geral do regime de competência estabelecida pela legislação federal, o regime de caixa não decorre de imposição legal, mas do exercício de uma faculdade assegurada ao contribuinte, na medida em que o § 1º desse mesmo artigo garante à pessoa jurídica a opção de continuar a adotar o regime de competência, inclusive para as receitas mencionadas no *caput*. Pela lógica do sistema, a opção pelo regime de competência implica a dispensa da fruição do regime de caixa. Esses dispositivos da MP 2.158-35/2001 também podem ser aplicados a eventuais ganhos auferidos em operações de *swap* com finalidade de *hedge*, desde que atreladas à variação cambial. Já em relação às operações de *swap/hedge* que não estejam atreladas à variação cambial, não se mostra possível a aplicação do regime de caixa, porquanto extrapola a previsão normativa contida no art. 30 da MP 2.158-35/2001. Observe-se que o contrato de *swap/hedge* produz seus efeitos jurídicos desde a sua celebração, sendo que o encontro de contas que ocorre no seu termo final apenas exaure o objeto do negócio jurídico. Logo, a liquidação do contrato não se caracteriza como condição suspensiva para o adimplemento das obrigações assumidas para só então permitir a tributação da receita financeira, mas apenas encerra a avença que fez repercutir seus efeitos desde o momento em que foi pactuada. REsp 1.235.220-PR, rel. Min. Benedito Gonçalves, julgado em 22.04.2014 (STJ – **Informativo** n. 0539 – REsp 1.235.220-PR, rel. Min. Benedito Gonçalves, julgado em 22.04.2014).

Direito tributário e processual civil. Ilegitimidade passiva "ad causam" do INSS em ação de repetição de indébito tributário

Após a vigência da Lei 11.457/2007, o INSS não possui legitimidade passiva nas demandas em que se questione a exigibilidade das contribuições sociais previstas nas alíneas "a", "b" e "c" do parágrafo único do art. 11 da Lei 8.212/1991, ainda que se tenha por objetivo a restituição de indébito de contribuições recolhidas em momento anterior ao advento da Lei 11.457/2007. De fato, da leitura dos arts. 2º, 16 e 23 da Lei 11.457/2007, infere-se que as atividades referentes à tributação, fiscalização, arrecadação, cobrança e recolhimento das contribuições sociais vinculadas ao INSS foram transferidas à Secretaria da Receita Federal do Brasil, órgão da União, cuja representação, após os prazos estipulados no art. 16 da Lei 11.457/2007, ficou a cargo exclusivo da Procuradoria Geral da Fazenda Nacional. Precedente citado: REsp 1.265.333-RS, 2ª Turma, **DJe** de 26.02.2013. REsp 1.355.613-RS, rel. Min. Humberto Martins, julgado em 24.04.2014 (STJ – **Informativo** n. 0539 – REsp 1.355.613-RS, rel. Min. Humberto Martins, julgado em 24.04.2014).

Direito tributário. Isenção tributária do SENAI referente à importação de produtos e serviços

O Serviço Nacional de Aprendizagem Industrial (SENAI) goza de isenção do imposto de importação, da contribuição ao PIS-importação e da COFINS-importação independentemente de a entidade ser classificada como beneficente de assistência social ou de seus dirigentes serem remunerados. Isso porque a isenção decorre diretamente dos arts. 12 e 13 da Lei 2.613/1955. Apesar de o art. 195, § 7º, da CF disciplinar a imunidade das entidades beneficentes de assistência social, não há exclusão de quaisquer outros benefícios fiscais que possam ser concedidos por lei ordinária, tal como o caso da isenção prevista na Lei 2.613/1955. Pensar de forma diferente significaria admitir que para essas entidades o ordenamento jurídico somente possibilitaria a imunidade, sem prever quaisquer outros benefícios fiscais, o que é absurdo lógico. Isso tudo é válido enquanto os arts. 12 e 13 da Lei 2.613/1955 permanecerem em vigor no ordenamento jurídico, ou seja, enquanto não houver sua revogação ou declaração de sua inconstitucionalidade. Desse modo, também se exclui a relevância de se verificar o cumprimento dos requisitos do art. 55 da Lei 8.212/1991 (agora dos arts. 1º, 2º, 18, 19 e 29 da Lei 12.101/2009), notadamente, a existência de remuneração ou não de seus dirigentes. Ademais, também não se vê qualquer conflito com os arts. 175 a 179 do CTN, pois a isenção concedida nos termos dos arts. 12 e 13 da Lei 2.613/1955 se deu por lei e em caráter geral para as entidades SESI, SESC, SENAI e SENAC, criando uma equiparação de tratamento com a União no que diz respeito a seus bens e serviços, o que permite a abrangência dos tributos posteriormente instituídos que onerem tais bens e serviços, havendo, portanto, especificação suficiente dos tributos a que se aplica, pois os invoca justamente pela sua hipótese de incidência (patrimônio, renda e serviços). Precedentes citados: AgRg no AREsp 73.797-CE, 1ª Turma, **DJe** de 11.03.2013; e REsp 1.293.322-ES, 2ª Turma, **DJe** de 24.09.2012. REsp 1.430.257-CE, rel. Min. Mauro Campbell Marques, julgado em 18.02.2014 (STJ – **Informativo** n. 0539 – REsp 1.430.257-CE, rel. Min. Mauro Campbell Marques, julgado em 18.02.2014).

Direito tributário. Hipótese de inclusão do ICMS na base de cálculo do IRPJ e da CSLL

No regime de lucro presumido, o ICMS compõe a base de cálculo do IRPJ e da CSLL. Precedentes citados: AgRg no REsp 1.393.280-RN, 2ª Turma, **DJe** de 16.12.2013; e REsp 1.312.024-RS, 2ª Turma, **DJe** de 07.05.2013. AgRg no REsp 1.423.160-RS, rel. Min. Herman Benjamin, julgado em 27.03.2014 (STJ – **Informativo** n. 0539 – AgRg no REsp 1.423.160-RS, rel. Min. Herman Benjamin, julgado em 27.03.2014).

Direito tributário e processual civil. Execução fiscal de contribuições devidas aos conselhos profissionais (art. 543-c do CPC e Res. 8/2008-STJ)

O artigo 8° da Lei 12.514/2011, segundo o qual "Os Conselhos não executarão judicialmente dívidas referentes a anuidades inferiores a 4 (quatro) vezes o valor cobrado anualmente da pessoa física ou jurídica inadimplente", é inaplicável às execuções ficais propostas antes da vigência do referido diploma legal. De fato, a norma de natureza processual tem aplicação imediata aos processos em curso, conforme dispõe o art. 1.211 do CPC. Contudo, a "Teoria dos Atos Processuais Isolados" preceitua que cada ato processual deve ser considerado separadamente dos demais para o fim de se determinar qual a lei que o rege. Assim, a lei que disciplina o ato processual é aquela em vigor no momento em que ele é praticado, ou seja, a publicação e a entrada em vigor de nova lei só atingem os atos ainda por serem praticados. Portanto, a regra em análise somente faz referência às execuções que serão propostas pelos conselhos profissionais, não estabelecendo critérios acerca das execuções já em curso no momento de sua entrada em vigor. REsp 1.404.796-SP, rel. Min. Mauro Campbell Marques, julgado em 26.03.2014 (STJ – **Informativo** n. 0538 – REsp 1.404.796-SP, rel. Min. Mauro Campbell Marques, julgado em 26.03.2014).

Direito tributário e previdenciário. Isenção de contribuição social sobre despesas com medicamentos pagos diretamente pelo empregador

Não incide contribuição social sobre o valor dos medicamentos adquiridos pelo empregado e pagos pelo empregador ao estabelecimento comercial de forma direta, mesmo que o montante não conste na folha de pagamento. De fato, o art. 28, § 9º, "q", da Lei 8.212/1991 estabelece que não integra o salário de contribuição "o valor relativo à assistência prestada por serviço médico ou odontológico, próprio da empresa ou por ela conveniado, inclusive o reembolso de despesas com medicamentos, óculos, aparelhos ortopédicos, despesas médico-hospitalares e outras similares, desde que a cobertura abranja a totalidade dos empregados e dirigentes da empresa". Ademais, embora não conste na folha de pagamento, trata-se em verdade de forma de reembolso dos valores despendidos pelos empregados com medicamentos, sendo que esse sistema apenas evita etapas do moroso procedimento interno de reembolso via folha de pagamento que, com certeza, seria prejudicial ao empregado. REsp 1.430.043-PR, rel. Min. Mauro Campbell Marques, julgado em 25.02.2014 (STJ – **Informativo** n. 0538 – REsp 1.430.043-PR, rel. Min. Mauro Campbell Marques, julgado em 25.02.2014).

Direito tributário. Incidência do PIS e da COFINS sobre a correção monetária e os juros referentes à venda de imóvel

Os juros e a correção monetária decorrentes de contratos de alienação de imóveis realizados no exercício da atividade empresarial do contribuinte compõem a base de cálculo da contribuição ao PIS e da COFINS. De início, esclareça-se que, no julgamento do RE 585.235-MG (**DJe** de 27.11.2008), o STF apreciou o recurso submetido à repercussão geral e definiu que a noção de faturamento deve ser compreendida no sentido estrito de receita bruta das vendas de mercadorias e da prestação de serviços de qualquer natureza, ou seja, a soma das receitas oriundas do exercício das atividades empresariais, excluindo-se do conceito de faturamento os aportes financeiros estranhos à atividade desenvolvida pela empresa. O STJ, por sua vez, firmou entendimento de que a receita proveniente das atividades de construir, alienar, comprar, alugar, vender imóveis e intermediar negócios imobiliários integra o conceito de faturamento para os fins de tributação a título de PIS e COFINS, incluindo-se aí as provenientes da locação de imóveis próprios e integrantes do ativo imobilizado, ainda que não seja o objeto social da empresa, pois o sentido de faturamento acolhido pela lei e pelo STF não foi o estritamente comercial. Ademais, aplica-se a esses casos, por analogia, o recurso representativo da controvérsia REsp 929.521-SP (Primeira Seção, **DJe** de 13.10.2009) e a Súmula 423 do STJ: "A Contribuição para Financiamento da Seguridade Social – COFINS – incide sobre as receitas provenientes das operações de locação de bens móveis". Sendo assim, se a correção monetária e os juros (receitas financeiras) decorrem diretamente das operações de venda de imóveis realizadas pelas empresas – operações essas que constituem os seus objetos sociais –, esses rendimentos devem ser considerados como um produto da venda de bens ou serviços, ou seja, constituem faturamento, base de cálculo das contribuições ao PIS e da COFINS, pois são receitas inerentes e acessórias aos referidos contratos e devem seguir a sorte do principal. REsp 1.432.952-PR, rel. Min. Mauro Campbell Marques, julgado em 25.02.2014 (STJ – **Informativo** n. 0537 – REsp 1.432.952-PR, rel. Min. Mauro Campbell Marques, julgado em 25.02.2014).

Direito tributário e previdenciário. Incidência de contribuição previdenciária sobre o salário-maternidade. Recurso repetitivo (art. 543-c do CPC e Res. 8/2008-STJ)

Incide contribuição previdenciária a cargo da empresa sobre os valores pagos a título de salário-maternidade. De fato, o art. 201, § 11, da CF estabelece que "os ganhos habituais do empregado, a qualquer título, serão incorporados ao salário para efeito de contribuição previdenciária e consequente repercussão em benefícios, nos casos e na forma da lei". Ademais, no âmbito infraconstitucional, o art. 22, I, da Lei 8.212/1991 (redação dada pela Lei 9.876/1999) prescreve que: a contribuição a cargo da empresa, destinada à Seguridade Social incide "sobre o total das remunerações pagas, devidas ou creditadas a qualquer título [...] destinadas a retribuir o trabalho, qualquer que seja a sua forma, inclusive as gorjetas, os ganhos habituais sob a forma de utilidades e os adiantamentos decorrentes de reajuste salarial, quer pelos serviços efetivamente prestados, quer pelo tempo à disposição do empregador ou tomador de serviços [...]". Posto isso, deve-se observar que o salário-maternidade, para efeitos tributários, tem natureza salarial, e a transferência do encargo à Previdência Social (pela Lei 6.136/1974) não tem o condão de mudar sua natureza. Nos termos do art. 3º da Lei 8.212/1991, "a Previdência Social tem por fim assegurar aos seus beneficiários meios indispensáveis de manutenção, por motivo de incapacidade, idade avançada, tempo de serviço, desemprego involuntário, encargos de família e reclusão ou morte daqueles de quem dependiam economicamente". O fato de não haver prestação de trabalho durante o período de afastamento da segurada empregada, associado à circunstância de a maternidade ser amparada por um benefício previdenciário, não autoriza conclusão no sentido de que o valor recebido tenha natureza indenizatória ou compensatória, ou seja, em razão de uma contingência (maternidade), paga-se à segurada empregada benefício previdenciário correspondente ao seu salário, possuindo a verba evidente natureza salarial. Não é por outra razão que, atualmente, o art. 28, § 2º, da Lei 8.212/1991 dispõe expressamente que o salário maternidade é considerado salário de contribuição. Ademais, sem embargo das posições em sentido contrário, não há indício de incompatibilidade entre a incidência da contribuição previdenciária sobre o salário maternidade e a CF, a qual, em seu art. 5º, I, assegura a igualdade entre homens e mulheres em direitos e obrigações. Por seu turno, o art. 7º, XX, da CF assegura a proteção do mercado de trabalho da mulher, mediante incentivos específicos, nos termos da lei, e, no que se refere ao salário-maternidade, por opção do legislador infraconstitucional, a transferência do ônus referente ao pagamento dos salários, durante o período de afastamento, constitui incentivo suficiente para assegurar a proteção ao mercado de trabalho da mulher. Assim, não é dado ao Poder Judiciário, a título de interpretação, atuar como legislador positivo, a fim de estabelecer política protetiva mais ampla e, desse modo, desincumbir o empregador do ônus referente à contribuição previdenciária incidente sobre o salário-maternidade, quando não foi esta a política legislativa. Precedentes citados: AgRg nos EDcl no REsp 1.040.653-SC, 1ª Turma, **DJe** de 15.9.2011; e AgRg no Ag 1.424.039-DF, 2ª Turma, **DJe** de 21.10.2011. REsp 1.230.957-RS, rel. Min. Mauro Campbell Marques, julgado em 26.02.2014 (STJ – **Informativo** n. 0536 – REsp 1.230.957-RS, rel. Min. Mauro Campbell Marques, julgado em 26.02.2014).

Direito tributário e previdenciário. Incidência de contribuição previdenciária sobre o salário paternidade. Recurso repetitivo (art. 543-c do CPC e Res. 8/2008-STJ)

Incide contribuição previdenciária a cargo da empresa sobre os valores pagos a título de salário paternidade. Esse salário refere-se ao valor recebido pelo empregado durante os cinco dias de afastamento em razão do nascimento de filho (arts. 7º, XIX, da CF; 473, III, da CLT; e 10, § 1º, do ADCT). Ao contrário do que ocorre com o salário-benefício previdenciário. Desse modo, em se tratando de verba de natureza salarial, é legítima a incidência de contribuição previdenciária. Ademais, ressalte-se que o salário paternidade deve ser tributado, por se tratar de licença remunerada prevista constitucionalmente, não se incluindo no rol dos benefícios previdenciários. Precedente citado: AgRg nos EDcl no REsp 1.098.218-SP, Segunda Turma, **DJe** de 09.11.2009. REsp 1.230.957-RS, rel. Min. Mauro Campbell Marques, julgado em 26.02.2014 (STJ – **Informativo** n. 0536 – REsp 1.230.957-RS, rel. Min. Mauro Campbell Marques, julgado em 26.02.2014).

Direito tributário e previdenciário. Não incidência de contribuição previdenciária sobre o terço constitucional de férias gozadas. Recurso repetitivo (art. 543-c do CPC e Res. 8/2008-STJ)

Não incide contribuição previdenciária a cargo da empresa sobre o valor pago a título de terço constitucional de férias gozadas. Nos termos do art. 7º, XVII, da CF, os trabalhadores urbanos e rurais têm direito ao gozo de férias anuais remuneradas com, pelo menos, um terço a mais do que o salário normal. Com base nesse dispositivo, o STF firmou orientação no sentido de que o terço constitucional de férias tem por finalidade ampliar a capacidade financeira do trabalhador durante seu período de férias, possuindo, portanto, natureza "compensatória/indenizatória". Além disso, levando em consideração o disposto no art. 201, § 11 (incluído pela EC 20/1998), da CF ("os ganhos habituais do empregado, a qualquer título, serão incorporados ao salário para efeito de contribuição previdenciária e consequente repercussão em benefícios, nos casos e na forma da lei"), o STF pacificou que somente as parcelas incorporáveis ao salário do servidor sofrem a incidência da contribuição previdenciária. Cumpre observar que esse entendimento refere-se a casos em que os servidores são sujeitos a regime próprio de previdência, o que não justifica a adoção de conclusão diversa em relação aos trabalhadores sujeitos ao Regime Geral da Previdência Social RGPS. Isso porque a orientação do STF se ampara, sobretudo, nos arts. 7º, XVII, e 201, § 11, da CF, sendo que este último preceito constitucional estabelece regra específica do RGPS. Cabe ressaltar que a adoção desse entendimento não implica afastamento das regras contidas nos arts. 22 e 28 da Lei 8.212/1991, tendo em vista que a importância paga a título de terço constitucional de férias não se destina a retribuir serviços prestados nem configura tempo à disposição do empregador. Desse modo, é imperioso concluir que a importância paga a título de terço constitucional de férias possui natureza indenizatória/compensatória, e não constitui ganho habitual do empregado, razão pela qual sobre ela não é possível a incidência de contribuição previdenciária. Precedentes citados do STJ: AgRg nos EREsp 957.719-SC, Primeira Seção, **DJe** de 16.11.2010; e EDcl no AgRg no AREsp 16.759-RS, **DJe** de 19.12.2011. Precedentes citados do STF: AgR no AI 710.361-MG, Primeira Turma, **DJe** de 08.05.2009; e AgR no RE 587.941-SC, 2ª Turma, **DJe** de 21.11.2008. REsp 1.230.957-RS, rel. Min. Mauro Campbell Marques, julgado em 26.02.2014 (STJ – **Informativo** n. 0536 – REsp 1.230.957-RS, rel. Min. Mauro Campbell Marques, julgado em 26.02.2014).

Direito tributário e previdenciário. Não incidência de contribuição previdenciária sobre o terço constitucional de férias indenizadas. Recurso repetitivo (art. 543-c do CPC e Res. 8/2008-STJ)

Não incide contribuição previdenciária a cargo da empresa sobre o valor pago a título de terço constitucional de férias indenizadas. O art. 28, § 9º, "d", da Lei 8.212/1991 (com redação dada pela Lei 9.528/1997) estabelece que não integram o salário de contribuição "as importâncias recebidas a título de férias indenizadas e respectivo adicional constitucional, inclusive o valor correspondente à dobra da remuneração de férias de que trata o art. 137 da Consolidação das Leis do Trabalho-CLT". Destarte, no que se refere ao adicional de férias relativo às férias indenizadas, a não incidência de contribuição previdenciária decorre de previsão legal. REsp 1.230.957-RS, rel. Min. Mauro Campbell Marques, julgado em 26.02.2014 (STJ – **Informativo** n. 0536 – REsp 1.230.957-RS, rel. Min. Mauro Campbell Marques, julgado em 26.02.2014).

Direito tributário e previdenciário. Incidência de contribuição previdenciária sobre o aviso prévio indenizado. Recurso repetitivo (art. 543-c do CPC e Res. 8/2008-STJ)

Não incide contribuição previdenciária a cargo da empresa sobre o valor pago a título de aviso prévio indenizado. A despeito da atual moldura legislativa (Lei 9.528/1997 e Decreto 6.727/2009), as importâncias pagas a título de indenização, que não correspondam a serviços prestados nem a tempo à disposição do empregador, não ensejam a incidência de contribuição previdenciária. A CLT estabelece que, em se tratando de contrato de trabalho por prazo indeterminado, a parte que, sem justo motivo, quiser a sua rescisão, deverá comunicar a outra da sua intenção com a devida antecedência. Não concedido o aviso prévio pelo empregador, nasce para o empregado o direito aos salários correspondentes ao prazo do aviso, garantida sempre a integração desse período no seu tempo de serviço (art. 487, § 1º, da CLT). Desse modo, o pagamento decorrente da falta de aviso prévio, isto é, o aviso prévio indenizado, visa a reparar o dano causado ao trabalhador que não fora alertado sobre a futura rescisão contratual com a antecedência mínima estipulada na CF (atualmente regulamentada pela Lei 12.506/2011). Dessarte, não há como se conferir à referida verba o caráter remuneratório, por não retribuir o trabalho, mas sim reparar um dano. Ressalte-se que, se o aviso prévio é indenizado, no período que lhe for correspondente o empregado não presta trabalho algum, nem fica à disposição do empregador. Assim, por ser não coincidir com a hipótese de incidência, é irrelevante a circunstância de não haver previsão legal de isenção em relação a tal verba. Precedentes citados: AgRg no REsp 1.218.883-SC, 1ª Turma, **DJe** de 22.02.2011; e AgRg no REsp 1.220.119-RS, 2ª Turma, **DJe** de 29.11.2011. REsp 1.230.957-RS, rel. Min. Mauro Campbell Marques, julgado em 26.02.2014 (STJ – **Informativo** n. 0536 – REsp 1.230.957-RS, rel. Min. Mauro Campbell Marques, julgado em 26.02.2014).

Direito tributário e previdenciário. Não incidência de contribuição previdenciária sobre a importância paga nos quinze dias que antecedem o auxílio-doença. Recurso repetitivo (art. 543-c do CPC e Res. 8/2008-STJ)

Não incide contribuição previdenciária a cargo da empresa sobre a importância paga nos quinze dias que antecedem o auxílio-doença. Inicialmente, no que se refere ao segurado empregado, durante os primeiros quinze dias consecutivos ao do afastamento da atividade por motivo de doença, incumbe ao empregador efetuar o pagamento do seu salário integral (art. 60, § 3º, da Lei 8.213/1991, com redação dada pela Lei 9.876/1999). Não obstante nesse período haja o pagamento efetuado pelo empregador, a importância paga não é destinada a retribuir o trabalho, sobretudo porque no intervalo dos quinze dias consecutivos ocorre a interrupção do contrato de trabalho, ou seja, nenhum serviço é prestado pelo empregado. Assim, a importância paga não se enquadra na hipótese de incidência da exação, que exige verba de natureza remuneratória. Com efeito, esse pagamento tem apenas o escopo de transferir o encargo da Previdência Social para o empregador que, evidentemente, não paga salário, mas sim um "auxílio" cujo pagamento lhe foi transferido pela Lei. Trata-se, pois, de política previdenciária destinada a desonerar os cofres da Previdência. Acrescente-se que a opção legislativa, de estabelecer regra própria para o segurado empregado, não tem o condão de alterar a natureza da verba paga durante o período de incapacidade. Ainda, ressalte-se que a incapacidade não se dá a partir do décimo sexto dia, de modo que não se pode confundir o início do pagamento do benefício pela Previdência Social com o início do período de incapacidade. Precedentes citados: AgRg no REsp 957.719-SC, 1ª Turma, **DJe** de 02.12.2009; e AgRg no REsp 1.100.424-PR, 2ª Turma, **DJe** de 18.03.2010. REsp 1.230.957-RS, rel. Min. Mauro Campbell Marques, julgado em 26.02.2014 (STJ – **Informativo** n. 0536 – REsp 1.230.957-RS, rel. Min. Mauro Campbell Marques, julgado em 26.02.2014).

Direito tributário. Majoração da alíquota da COFINS

A majoração da alíquota da COFINS de 3% para 4% prevista no art. 18 da Lei 10.684/2003 não alcança as sociedades corretoras de seguro. Isso porque as referidas sociedades, responsáveis por intermediar a captação de interessados na realização de seguros, não podem ser equiparadas aos agentes de seguros privados (art. 22, § 1º, da Lei 8.212/1991), cuja atividade é típica das instituições financeiras na busca de concretizar negócios jurídicos nas bolsas de mercadorias e futuros. Precedentes citados: AgRg no AREsp 341.927/RS, 1ª Turma, **DJe** de 29.10.2013; e AgRg no AREsp370.921/RS, 2ª Turma, **DJe** de 09.10.2013. AgRg no AREsp 426.242-RS, rel. Min. Herman Benjamin, julgado em 04.02.2014 (STJ – **Informativo** n. 0534 – AgRg no AREsp 426.242-RS, rel. Min. Herman Benjamin, julgado em 04.02.2014).

Direito Tributário. Repetição da contribuição para ó PIS e da COFINS na hipótese de contribuinte vinculado à tributação pelo lucro presumido. Recurso repetitivo (art. 543-C do CPC e Res. 8/2008-STJ)

O contribuinte vinculado ao regime tributário por lucro presumido tem direito à restituição de valores referentes à contribuição para o PIS e à COFINS pagos a maior em razão da utilização da base de cálculo indicada no § 1º do art. 3º da Lei 9.718/1998, mesmo após a EC 20/1998 e a edição das Leis 10.637/2002 e 10.833/2003. De início, esclarece-se que o STF declarou inconstitucional o § 1º do art. 3º da Lei 9.718/1998, isso porque a norma ampliou indevidamente o conceito de receita bruta, desconsiderando a noção de faturamento pressuposta na redação original do art. 195, I, "b", da CF. Assim, o faturamento deve ser compreendido no sentido estrito de receita bruta decorrente da venda de mercadorias e da prestação de serviços de qualquer natureza, ou seja, considerando a soma das receitas oriundas do exercício das atividades empresariais. Entretanto, a reconhecida inconstitucionalidade não se estende às Leis 10.637/2002 e 10.833/2003, tendo em vista a nova redação atribuída ao art. 195, I, "b", da CF pela EC 20/1998, prevendo que as contribuições sociais pertinentes também incidissem sobre a receita. Além do mais, deve-se ressaltar que, após a EC 20/1998 e a edição das Leis 10.637/2002 e 10.833/2003, o direito à repetição passou a ser condicionado ao enquadramento no rol do inciso II dos arts. 8º e 10 das referidas leis, respectivamente, que excluem determinados contribuintes da sistemática não cumulativa, quais sejam: as pessoas jurídicas tributadas pelo imposto de renda com base no lucro presumido ou arbitrado. Dessa forma, mesmo após as mudanças legislativas mencionadas, o contribuinte vinculado à sistemática de tributação pelo lucro presumido não foi abrangido pelos novos ditames legais, estando submetido à Lei 9.718/1998, com todas as restrições impostas pela declaração de inconstitucionalidade no STF. Precedentes citados do STJ: AgRg no REsp 961.340-SC, 2ª Turma, **DJe** de 23.11.2009; e REsp 979.862-SC, 2ª Turma, **DJe** de 11.06.2010 (STJ – **Informativo** n. 529 – REsp 1.354.506-SP, rel. Min. Mauro Campbell Marques, julgado em 14.08.2013).

Direito Tributário. Requisitos para a instituição de contribuição de melhoria

A instituição de contribuição de melhoria depende de lei prévia e específica, bem como da ocorrência de efetiva valorização imobiliária em razão da obra pública, cabendo ao ente tributante o ônus de realizar a prova respectiva. Precedentes citados: REsp 927.846-RS, 1ª Turma, **DJe** de 20.08.2010; e AgRg no REsp 1.304.925-RS, 1ª Turma, **DJe** de 20.04.2012. (STJ – **Informativo** n. 522 – REsp 1.326.502-RS, rel. Min. Ari Pargendler, julgado em 18.04.2013).

Súmula n. 499. As empresas prestadoras de serviços estão sujeitas às contribuições ao Sesc e Senac, salvo se integradas noutro serviço social (STJ – **Informativo** n. 514 – rel. Min. Mauro Campbell Marques, em 13.03.2013).

Direito Previdenciário. Incidência de contribuição previdenciária sobre o adicional de horas extras

Incide contribuição previdenciária sobre os valores pagos a título de horas extras. A incidência decorre do fato de que o adicional de horas extras integra o conceito de remuneração. Precedentes citados: AgRg no REsp 1.311.474-PE, **DJe** de 17.09.2012, e AgRg no AREsp 69.958-DF, **DJe** 20.06.2012 (STJ – **Informativo** n. 514 – AgRg no REsp 1.222.246-SC, rel. Min. Humberto Martins, julgado em 06.12.2012).

Direito Processual Civil e Tributário. Legitimidade passiva em demanda que objetiva a restituição de contribuição previdenciária indevidamente arrecadada

Não é cabível o ajuizamento de demanda judicial na qual se pleiteie a restituição de contribuição previdenciária indevidamente arrecadada em face do sujeito que apenas arrecada o tributo em nome do sujeito ativo da relação jurídico-tributária. Pertence ao sujeito ativo da relação jurídico-tributária, e não ao sujeito que apenas arrecada a contribuição previdenciária em nome do sujeito ativo, a legitimidade para figurar no polo passivo de demanda em que se pleiteie a restituição do tributo indevidamente arrecadado (STJ – **Informativo** n. 513 – AREsp 199.089-PE, rel. Min. Arnaldo Esteves Lima, julgado em 05.02.2013).

9. QUESTÕES

1. (Defensor Público/MT – UFMT/2016). Em relação às contribuições previstas na Constituição Federal de 1988, marque V para as afirmativas verdadeiras e F para as falsas.

( ) Há previsão constitucional de incidência da contribuição de intervenção no domínio econômico sobre importação e exportação de bens e serviços.

( ) A contribuição social do salário-educação, recolhida pelas empresas na forma da lei, é destinada às entidades privadas de serviço social e de formação profissional vinculadas ao sistema sindical.

( ) Os Estados, o Distrito Federal e os Municípios instituirão contribuição, cobrada de seus servidores efetivos, para o custeio, em benefício destes, de regime próprio de previdência, cuja alíquota não será inferior à da contribuição dos servidores titulares de cargos efetivos da União.

( ) Segundo o entendimento do Supremo Tribunal Federal, a instituição de contribuição sobre base de cálculo própria de imposto não configura bitributação.

Assinale a sequência correta.

(A) F, V, F, V
(B) F, F, V, V
(C) V, F, V, F
(D) F, F, V, F
(E) V, V, F, V

2. (TCE/PR – Auditor – CESPE/2016). Considerando a jurisprudência do STF, assinale a opção correta acerca do sistema tributário nacional.

(A) Município pode instituir contribuição previdenciária incidente sobre a remuneração dos servidores públicos municipais para custeio do regime próprio de previdência, devendo, entretanto, os trabalhadores temporários e comissionados contribuir para o RGPS.

(B) Conforme o entendimento do STF, dado o pacto federativo celebrado pela República Federativa do Brasil, é possível a não incidência de contribuições previdenciárias sobre servidores e empregados públicos municipais.

(C) De acordo com o entendimento do STF, é vedada a cobrança de taxa de coleta, remoção e tratamento ou destinação de lixo ou resíduos provenientes de imóveis calculada sobre a metragem do imóvel, por ofensa ao princípio que veda a instituição de taxa com base de cálculo própria de imposto.

(D) Conforme o STF, a validade da taxa instituída com fundamento na criação de órgão de poder de polícia independe do efetivo exercício desse órgão.

(E) Constitui exemplo de contribuição interventiva no interesse de categorias profissionais a contribuição associativa ou confederativa fixada por assembleia geral de determinada categoria com vistas a custear o sistema confederativo de sua representação sindical.

3. (Pref. Acari RN 2016 – Advogado – GERCON/2016). Sobre os tributos elencados no Código Tributário Nacional, assinale a alternativa correta:

(A) A taxa pode ter base de cálculo ou fato gerador idênticos aos que correspondam a imposto, e ser calculada em função do capital das empresas.

(B) A contribuição de melhoria cobrada pela União, pelos Estados, pelo Distrito Federal ou pelos Municípios, no âmbito de suas respectivas atribuições, é instituída para fazer face ao custo de obras públicas de que decorra valorização imobiliária, tendo como limite total a despesa realizada e como limite individual o acréscimo de valor que da obra resultar para cada imóvel beneficiado.

(C) A base de cálculo do imposto sobre operações de crédito, câmbio e seguro, e sobre operações relativas a títulos e valores mobiliários é o valor venal dos bens ou direitos transmitidos.

(D) Na iminência ou no caso de guerra externa, a União pode instituir, temporariamente, impostos extraordinários compreendidos ou não entre os referidos no Código Tributário Nacional, suprimidos, gradativamente, no prazo máximo de 10 (dez) anos, contados da celebração da paz.

(D) O imposto sobre a transmissão de bens imóveis e de direitos a eles relativos compete ao Município da situação do imóvel transmitido, ou sobre que versarem os direitos cedidos, mesmo que a mutação patrimonial decorra de sucessão aberta no estrangeiro.

4. (PGFN – Procurador da Fazenda Nacional –ESAF/2015). A contribuição para o custeio do serviço de iluminação pública pode ser instituída

(A) por Estados, Municípios e Distrito Federal.

(B) como imposto adicional na fatura de consumo de energia elétrica.

(C) mediante a utilização de elemento próprio da mesma base de cálculo de imposto.

(D) somente por Lei Complementar.

(E) para cobrir despesas de iluminação dos edifícios públicos próprios.

5. (Defensor Público/PA – FMP/2015). Assinale a alternativa INCORRETA.

(A) As taxas podem ser cobradas em razão do exercício do poder de polícia e da utilização efetiva ou potencial de um serviço público, enquanto os preços públicos podem ser cobrados em face de um serviço público de utilização efetiva.

(B)Contribuições sociais e taxas têm como traço comum a previsão necessária na hipótese de incidência respectiva de contraprestação estatal endereçada de modo direto e efetivo ao sujeito passivo.

(C) Impostos e taxas podem ser instituídos, observadas as normas constitucionais, por todos os entes da Federação.

(D) A contribuição de melhoria é tributo contraprestacional, visto que pressuposto para a sua cobrança é a existência de obra pública da qual decorra a valorização de imóveis.

(E) As Contribuições de Intervenção no Domínio Econômico podem ser instituídas, de modo exclusivo, pela União Federal.

6. (Gaúcha do Norte/MT – Procurador – ACPI/2015). Analise o caso hipotético abaixo narrado:

O município de Cuiabá-MT instituiu, no ano de 2014, por meio de lei, tributo que tem como fato gerador valorização imobiliária decorrente de obra pública realizada pelo Estado de Mato Grosso, tendo em vista a capital ser uma das cidades sedes da Copa do Mundo de 2014. O contribuinte é o proprietário do imóvel, e a base de cálculo é o valor total da obra. Com base nessa informação, assinale a alternativa correta.

(A) A espécie tributária instituída foi a contribuição de melhoria, a qual tem como fato gerador a valorização imobiliária decorrente de realização de obra pública; no entanto, o município não possui competência para instituir tal tributo, tendo em vista não ser o realizador da obra.

(B) O município é plenamente competente para instituir o referido tributo, ou seja, contribuição de melhoria, tendo em vista que a obra foi realizada em zona municipal, não dependendo a competência para instituição de quem realizou a obra.

(C) De acordo com a Constituição Federal de 1988 e com o Código Tributário Nacional, a base de cálculo do referido tributo, contribuição de melhoria, é o *quantum* da valorização imobiliária ou do valor total da obra dividido entre todos os imóveis valorizados.

(D) Nenhuma das alternativas acima está correta.

7. (CORECON/MG – Advogado – Gestão de Concursos/2015). De acordo com a teoria pentapartida adotada pelo Supremo Tribunal Federal, que assinala a presença de cinco espécies tributárias no ordenamento jurídico nacional, assinale a alternativa que NÃO é considerada uma espécie tributária.

(A) Taxas.

(B) Impostos.

(C) Empréstimos compulsórios.

(D) Pedágios

8. (Empresa de Pesquisa Energética (EPE) –Advogado – CESGRANRIO/2015). O Estado M aprovou, por meio de Lei Estadual, a criação de taxa a incidir sobre os serviços notariais e de registro, com fato gerador identificado pelo serviço desenvolvido, abrangendo a vigilância, a orientação e a correição da atividade em questão e com destinação de parcela de sua arrecadação para financiar um fundo de capital criado com a finalidade de subsidiar o Ministério Público daquele Estado. Considerando-se o caso descrito, o tributo criado é

(A) constitucional, pois a taxa pode ter sua arrecadação livremente vinculada a uma despesa pelo legislador, independente do seu fato gerador.

(B) constitucional, pois o fato gerador da taxa se enquadra nos requisitos constitucionais, além de destinar-se a aperfeiçoar a jurisdição.

(C) inconstitucional, por violar a vedação constitucional à vinculação de receita de tributo a órgão, fundo ou despesa.

(D) inconstitucional, pois está vinculado à atividade apenas indiretamente relacionada ao seu fato gerador.

(E) inconstitucional, pois a taxa incide sobre serviço, não podendo ser destinada em favor de instituição que desempenha poder de polícia.

9. (Empresa de Pesquisa Energética (EPE) – Advogado – CESGRANRIO/2015). O Estado M aprovou, por meio de Lei Estadual, a criação de taxa a incidir sobre os serviços notariais e de registro, com fato gerador identificado pelo serviço desenvolvido, abrangendo a vigilância, a orientação e a correição da atividade em questão e com destinação de parcela de sua arrecadação para financiar um fundo de capital criado com a finalidade de subsidiar o Ministério Público daquele Estado. Considerando-se o caso descrito, o tributo criado é

(A) constitucional, pois a taxa pode ter sua arrecadação livremente vinculada a uma despesa pelo legislador, independente do seu fato gerador.

(B) constitucional, pois o fato gerador da taxa se enquadra nos requisitos constitucionais, além de destinar-se a aperfeiçoar a jurisdição.

(C) inconstitucional, por violar a vedação constitucional à vinculação de receita de tributo a órgão, fundo ou despesa.

(D) inconstitucional, pois está vinculado à atividade apenas indiretamente relacionada ao seu fato gerador.

(E) inconstitucional, pois a taxa incide sobre serviço, não podendo ser destinada em favor de instituição que desempenha poder de polícia.

10. (TJ/MG – Cartório – CONSULPLAN/2015). Acerca das taxas, é correto afirmar:

(A) Têm por fato gerador o exercício efetivo ou potencial do poder de polícia, ou a utilização regular de serviço público específico e divisível, prestado ao contribuinte ou posto à sua disposição.

(B) Em casos excepcionais, podem ter base de cálculo ou fatos geradores idênticos aos que correspondam a impostos; com efeito, os emolumentos percebidos por notários e registradores são taxas e têm base de cálculo idêntica à do imposto sobre a renda da pessoa física do tabelião ou registrador.

(C) Consideram-se serviços públicos específicos quando podem ser destacados em unidades autônomas de intervenção, de utilidade, ou de necessidades públicas; e divisíveis, quando suscetíveis de utilização, separadamente, por parte de cada um dos seus usuários.

(D) Segundo norma constitucional explícita, são assegurados a todos – mediante prévio e regular pagamento de taxas – o direito de petição aos Poderes Públicos em defesa de direitos ou contra ilegalidade ou abuso de poder e a obtenção de certidões em repartições públicas, para defesa de direitos e esclarecimento de situações de interesse pessoal.

11. (Gaúcha do Norte/MT – Procurador – ACPI/2015). Analise o caso fictício abaixo narrado e após assinale a alternativa correta.

Determinado deputado federal propõe projeto de lei pretendendo instituir uma taxa de licenciamento de exportação, cuja base de cálculo da proposta é o valor aduaneiro do produto exportado.

(A) A taxa a ser instituída é constitucional, tendo em vista que não há, na Constituição Federal, nenhum outro tributo com a referida base de cálculo.

(B) A taxa a ser instituída é inconstitucional, pois possui a mesma base de cálculo do imposto de exportação, e a Constituição Federal veda a instituição de taxa com base de cálculo própria de imposto.

(C) A taxa a ser instituída é de competência do Senado Federal, e não da Câmara dos Deputados; assim sendo, se apreciado e se aprovado o projeto de lei, este não entrará em vigor.

(D) A taxa a ser instituída é constitucional, tendo em vista que visa a auferir maior receita à União, e não há impedimento para sua instituição.

12. (CASAL/AL – Advogado – COPEVE/2014). Quanto às contribuições especiais no direito brasileiro, é correto afirmar:

(A) são tributos sempre destinados a entidades integrantes da Administração indireta, tais como autarquias e entidades parafiscais.

(B) em relação às contribuições sociais destinadas à seguridade social, não há imunidades expressas na Constituição de 1988, tendo em vista seu caráter de tributo com destinação vinculada.

(C) as contribuições de interesse de categorias profissionais e econômicas, tais como as devidas aos conselhos profissionais, não demandam lei para serem majoradas.

(D) os municípios não podem instituir qualquer contribuição, a não ser a destinada ao custeio de iluminação pública, incluída na Constituição Federal por força da Emenda Constitucional n. 39, de 2002.

(E) as contribuições de intervenção no domínio econômico, como é o caso da contribuição destinada a Serviço de Apoio às Micro e Pequenas Empresas – SEBRAE –, não carecem de lei complementar para serem instituídas.

13. (ME/AC – Advogado – AOCP/2014). Consoante o sistema tributário nacional descrito na Constituição Federal de 1988, analise as assertivas e assinale a alternativa que aponta as corretas.

I. A União, mediante lei complementar, poderá instituir empréstimos compulsórios.

II. Compete concorrentemente à União, aos Estados, ao Distrito Federal e aos Municípios instituir contribuições sociais de intervenção no domínio econômico e de interesse das categorias profissionais ou econômicas.

III. Os Municípios e o Distrito Federal poderão instituir contribuição para o custeio do serviço de iluminação pública.

IV. É vedado à União instituir isenções de tributos da competência dos Estados, do Distrito Federal ou dos Municípios.

(A) Apenas II, III e IV.

(B) Apenas I, III e IV.

(C) Apenas II e III.

(D) Apenas I e IV.

(E) I, II, III e IV.

14. (Prefeitura de Ituporanga/SC – Advogado – IOBV/2014). No campo do direito tributário é correto afirmar:

(A) Somente por meio de lei complementar poderão ser instituídos tributos.

(B) Somente a União pode instituir contribuições de interesse das categorias profissionais.

(C) A alteração de alíquotas de qualquer dos impostos previstos na Constituição Federal somente poderá ser efetivada mediante lei, em decorrência do princípio da legalidade.

(D) A não cumulatividade é um princípio geral, aplicável a todos os impostos previstos na Constituição Federal.

15. (Prefeitura Estância Hidromineral de Poá/SP – Procurador – VUNESP/2014). A competência para a instituição de contribuição, na forma das respectivas leis, para custeio do serviço de iluminação pública, observadas as exigências constitucionais e facultada sua cobrança na fatura de consumo de energia elétrica, pertence

(A) exclusivamente aos Estados.

(B) exclusivamente à União.

(C) aos Municípios e ao Distrito Federal.

(D) aos Estados e ao Distrito Federal.

(E) à União e aos Estados.

16. (TJ/SP – Cartório – VUNESP/2014). Por impostos e contribuições sociais, entende-se:

(A) Impostos são prestações compulsórias desvinculadas de qualquer atividade prestada pelo estado, já as contribuições sociais destinam-se a viabilizar a atuação do ente federativo na área social.

(B) Os impostos são prestações compulsórias derivadas de serviços gerais prestados pelo estado, já as contribuições sociais não são compulsórias e dependem da variação da dívida pública federal.

(C) Os impostos estão sujeitos ao princípio da anterioridade, e as contribuições sociais podem ser cobradas trinta dias após a sua criação oficial.

(D) Os tributos são criados por lei, já as contribuições sociais podem ser criadas por decreto federal.

17. (Prefeitura Cuiabá/MT – Procurador do Município – FCC/2014). Considere as seguintes afirmações:

I. Compete à União, aos Estados, ao Distrito Federal e aos Municípios, instituir contribuições de intervenção no domínio econômico, observados os princípios da legalidade e da anterioridade, como previsto na Constituição Federal.

II. Tendo em vista a proximidade da Copa do Mundo e sendo Cuiabá uma das cidades-sede escolhidas para a realização de jogos do mundial, verificou-se a necessidade urgente de ampliação da sua rede de transporte de passageiros. Para fazer face aos custos deste investimento, considerado de caráter urgente, o Município de Cuiabá poderia, mediante lei complementar municipal, instituir empréstimo compulsório, desde que observado o princípio da anterioridade.

III. A cobrança da contribuição para o custeio do serviço de iluminação pública, passível de instituição pelo município de Cuiabá, pode ser feita na fatura de consumo de energia elétrica.

Está correto o que se afirma APENAS em

(A) II e III.

(B) I e III.

(C) III.

(D) II.

(E) I.

18. (Defensoria Pública do Tocantins – CESPE/2013). No que concerne às contribuições, assinale a opção correta:

(A) As contribuições sociais do empregador incidentes sobre a receita poderão ser não cumulativas, conforme o setor da atividade econômica.

(B) Com relação às empresas, a CF proíbe a substituição da contribuição incidente sobre folha de salário pela incidente sobre o faturamento.

(C) As contribuições residuais para a seguridade social são cumulativas e de competência da União, instituídas por lei complementar, desde que não tenham fato gerador próprio de impostos.

(D) As contribuições sociais e de intervenção no domínio econômico incidirão sobre as receitas decorrentes de exportação.

(E) As contribuições de interesse das categorias profissionais ou econômicas são de competência da União, dos estados, do DF e dos municípios.

19. (TJ/MA – Juiz – CESPE/2013). Considerando a cobrança de impostos e contribuições sociais, as normas gerais de direito tributário e matéria tributária em juízo, assinale a opção correta:

(A) O STF considera ilegítima a cobrança de COFINS, PIS e FINSOCIAL sobre as operações relativas a energia elétrica, serviços de telecomunicações, derivados de petróleo, combustíveis e minerais do país.

(B) O ajuizamento de ação judicial importa em renúncia ao poder de recorrer na esfera administrativa e desistência do recurso acaso interposto.

(C) Segundo entendimento do STJ, o simples envio de carnê ao endereço do contribuinte não caracteriza notificação do lançamento tributário.

(D) Considera-se norma tributária em sentido amplo aquela que apresenta os elementos do fato gerador integral ou regra matriz de incidência fiscal; as demais normas que tratam de matéria tributária são consideradas normas tributárias em sentido estrito.

20. (Prefeitura de Iguatu/CE – Procurador – Pró-Município/2013). A Emenda Constitucional n. 39/2002 permitiu aos municípios brasileiros a cobrança do seguinte tributo:

(A) Taxa de lixo.

(B) Taxa de esgoto.

(C) Contribuição de melhoria em decorrência de valorização de imóveis com as obras destinadas à Copa do Mundo de 2014.

(D) Contribuição para o custeio do serviço de iluminação pública.

(E) Seguro apagão.

21. (Prefeitura de Iguatu – Fiscal de Tributos – Pró-Município/2013). A Contribuição Social sobre o Faturamento (COFINS) apresenta duas alíquotas conforme o sistema adotado pela organização (cumulativo e não cumulativo). Qual das alternativas apresenta corretamente as duas alíquotas da COFINS?

(A) 0,65% e 1,65%;
(B) 0,65% e 3%;
(C) 1,65% e 3%;
(D) 3% e 7,6%;
(E) 1,65% e 7,6%.

22. (UNICAMP/SP – Procurador de Universidade: Assistente – VUNESP/2012). Para custeio do serviço de iluminação pública, na forma das respectivas leis e respeitados os ditames constitucionais, poderão instituir contribuição apenas os:

(A) Estados e a União.
(B) Estados e o Distrito Federal.
(C) Municípios e o Distrito Federal.
(D) Estados.
(E) Municípios.

23. (UNICAMP/SP – Procurador de Universidade: Assistente – VUNESP/2012). Instituir contribuições sociais, de intervenção no domínio econômico e de interesse de categorias profissionais ou econômicas, como instrumento de sua atuação nas respectivas áreas, observadas as exigências constitucionais a respeito, é matéria que compete:

(A) Exclusivamente à União.
(B) Privativamente aos Estados e ao Distrito Federal.
(C) Concorrentemente à União, aos Estados, ao Distrito Federal e aos Municípios.
(D) Residualmente à União.
(E) Privativamente aos Municípios.

24. (Câmara de Porto Vitória/PR – Advogado 2012 – UNIUV/2012). Considere as assertivas I, II e III:

I. As normas gerais sobre obrigação, lançamento, crédito, prescrição e decadência tributários devem ser estabelecidas por lei complementar.

II. Os impostos terão caráter pessoal e serão graduados segundo a capacidade econômica do contribuinte, sendo, no entanto, vedado à administração tributária, identificar o patrimônio pessoal, os rendimentos e as atividades econômicas do contribuinte, sob pena de ferir seus direitos individuais.

III. Os Estados, o Distrito Federal e os Municípios instituirão contribuição, cobrada de seus servidores, para o custeio, em benefício destes, do regime previdenciário próprio.

De acordo com o disposto no texto da Constituição Federal, sobre o Sistema Tributário Nacional, é certo afirmar que:

(A) Somente a assertiva I está correta.
(B) Somente a assertiva II está correta.
(C) Somente as assertivas I e III estão corretas.
(D) Somente as assertivas I e II estão incorretas.
(E) Somente a assertiva III está incorreta.

25. (TJ/PA – Juiz Substituto – CESPE/2012). Com características ora de imposto, ora de taxa, as contribuições ditas paraestatais, ou sociais, ou de previdência, constituem para a doutrina jurídica, nacional e estrangeira, um ponto de intermináveis controvérsias (Hugo de Brito Machado. Curso de direito tributário. 26. ed. p. 406). Considerando o fragmento de texto acima como referência inicial, assinale a opção correta:

(A) A Contribuição para Financiamento da Seguridade Social (COFINS) não incide sobre as receitas provenientes das operações de locação de bens móveis.

(B) A alíquota de contribuição para o seguro de acidente do trabalho (SAT) é aferida pelo grau de risco desenvolvido em cada empresa, individualizada pela inscrição no Cadastro Nacional da Pessoa Jurídica (CNPJ), ou pelo grau de risco da atividade preponderante, quando houver apenas um registro.

(C) É facultado ao legislador alterar a destinação das contribuições de intervenção no domínio econômico.

(D) A função das contribuições sociais, de acordo com a CF, é suprir de recursos financeiros o Tesouro Nacional.

26. (TJ/BA – Juiz Substituto – CESPE/2012). No que concerne ao sistema tributário nacional e aos orçamentos, assinale a opção correta:

(A) É vedado à União, aos estados, ao DF e aos municípios exigir ou aumentar tributo sem lei que estabeleça essa exigência ou esse aumento, não se aplicando essa vedação aos empréstimos compulsórios para atender a despesas extraordinárias decorrentes de calamidade pública, de guerra externa ou sua iminência.

(B) O presidente da República dispõe de competência para enviar mensagem ao Congresso Nacional propondo modificação nos projetos de lei relativos ao plano plurianual, às diretrizes orçamentárias e ao orçamento anual enquanto não iniciada a votação, no plenário das duas casas legislativas, da parte do projeto a ser alterada.

(C) Aos municípios e ao DF é permitido instituir contribuição, na forma das respectivas leis, para o custeio do serviço de iluminação pública, sendo facultado cobrar o valor da contribuição na fatura de consumo de energia elétrica.

(D) Lei ordinária pode estabelecer normas gerais em matéria de legislação tributária, mas somente lei complementar pode regular as limitações constitucionais ao poder de tributar.

27. (Procurador Municipal de São José do Rio Preto/SP – VUNESP/2011). A competência para a instituição, na forma das respectivas leis, de contribuição para custeio dos serviços de iluminação pública pertence:

(A) À União, aos Estados, ao Distrito Federal e aos Municípios.

(B) Aos Estados, ao Distrito Federal e aos Municípios, apenas.

(C) À União, aos Estados e aos Municípios, apenas.

(D) À União e aos Estados, apenas.

(E) Ao Distrito Federal e aos Municípios, apenas.

28. (Procurador-Geral do Estado Do Paraná – UEL/COPS/2011). Em relação à disciplina constitucional das contribuições, enquanto subespécies tributárias, é correto afirmar:

(A) A instituição das contribuições de intervenção no domínio econômico é de competência exclusiva da União e dos Estados.

(B) Estados, Municípios e Distrito Federal podem cobrar contribuição de iluminação pública, para custear o respectivo serviço, sendo facultada a cobrança na fatura de consumo de energia elétrica.

(C) As receitas decorrentes de exportações e bem assim as importações de produtos e serviços são imunes à incidência de contribuições sociais e de intervenção no domínio econômico.

(D) N. d. a.

29. (Procurador-Geral da República – PGR/2011). As contribuições interventivas corporativas de seguridade social (CF, art. 149), detendo natureza tributária, deverão observar, para sua instituição, os princípios que informam o regime jurídico tributário. Nessa linha, pode-se afirmar corretamente que a contribuição social, sobre lucro líquido (CSLL):

(A) É uma taxa especial qualificada pela finalidade;

(B) Constitui bis in idem porquanto a hipótese de incidência, em sua materialidade, coincide com a do imposto sobre a renda;

(C) A imunidade prevista no art. 149, § 2º, I, da Lei Maior, não alcança a Contribuição Social sobre Lucro Líquido (CSLL) à vista da destinação ontológica entre os conceitos de lucro e receita;

(D) A sua instituição caracteriza-se como bitributação.

30. (Procurador do Município De Niterói – FEMPERJ/2011). A Contribuição para Custeio do Serviço de Iluminação Pública é cobrada na fatura de consumo de energia elétrica. A respeito da matéria, pode-se afirmar que:

(A) Na verdade, trata-se da TIP (taxa de iluminação pública), já discutida em juízo e declarada constitucional.

(B) A Súmula n. 670 do STF já decidiu que "o serviço de iluminação pública pode ser remunerado mediante taxa".

(C) O fato gerador da TCLLP constitui, serviço específico, mensurável e divisível;

(D) Trata-se da CIP, contribuição de iluminação pública, sobre cujas características o STF já se manifestou pela inconstitucionalidade.

(E) É possível que as entidades municipais instituam contribuição, e não taxa, para o custeio do serviço de iluminação pública.

31. (TRF/2ª Região – Juiz Federal – CESPE/2011). O sistema tributário brasileiro compreende tributos de diversas espécies. Em regra, quando uma pessoa jurídica de natureza industrial vende produto a empresa comercial, sobre essa operação incidem:

(A) Taxas e impostos.

(B) Apenas contribuições sociais.

(C) Taxas e contribuições sociais.

(D) Impostos e contribuições sociais.

(E) Apenas taxas.

32. (TRF/5ª Região – Juiz Federal – CESPE/2011). Com relação a taxas e contribuições, assinale a opção correta:

(A) É cabível a cobrança de contribuição de melhoria em virtude da construção de estradas de rodagem e do recapeamento de via pública já asfaltada.

(B) As contribuições sociais residuais devem ser instituídas por lei complementar, ser não cumulativas e ter bases de cálculo e fatos geradores diferentes dos de outras contribuições sociais.

(C) Em conformidade com a legislação local aplicável, é legítima a cobrança de taxa de calçamento.

(D) É ilegítima a cobrança da contribuição para financiamento da seguridade social (COFINS) sobre as operações relativas a serviços de telecomunicações.

33. (TRF/3ª Região – Juiz – TRF3/2010). Assinale a alternativa correta:

(A) Lei Complementar poderá estabelecer critérios especiais de tributação, com o objetivo de prevenir desequilíbrios da concorrência, sem prejuízo da competência de União, por lei, estabelecer normas de igual objetivo.

(B) As contribuições de intervenção no domínio econômico incidirão sobre as receitas decorrentes de exportação.

(C) À União poderá efetuar a cobrança do Imposto Territorial Rural (ITR) sobre pequenas glebas, ainda que o proprietário que explore não possua outro imóvel rural.

(D) O IPI poderá incidir sobre produtos destinados ao exterior desde que não sejam caracterizados como essenciais.

34. (TRF/3ª Região – Juiz – TRF 3/2010). Assinale a alternativa incorreta:

(A) O imposto sobre produtos industrializados terá reduzido seu impacto sobre a aquisição de bens de capital pelo contribuinte do imposto, na forma da lei.

(B) As contribuições de intervenção no domínio econômico não poderão ter alíquota específica.

(C) O ouro, quando definido em lei como ativo financeiro ou instrumento cambial, sujeita-se exclusivamente à incidência do imposto sobre operações de crédito, câmbio e seguros, ou relativas a títulos ou valores mobiliários;

(D) A lei determinará medidas para que os consumidores sejam esclarecidos acerca dos impostos que incidiam sobre mercadorias e serviços.

35. (PGE/SC – FEPESE/2010). Conforme disposto na Constituição Federal de 1988, é correto afirmar:

(A) As contribuições sociais incidirão também sobre a importação de produtos estrangeiros ou serviços, mas não incidirão sobre as receitas decorrentes de exportação.

(B) A União poderá instituir, mediante lei complementar, na iminência ou no caso de guerra externa, impostos extraordinários, compreendidos ou não em sua competência tributária, os quais serão suprimidos, gradativamente, cessadas as causas de sua criação.

(C) Pertencem aos Estados e ao Distrito Federal cinquenta por cento do produto da arrecadação do imposto que a União instituir no exercício da competência residual.
(D) Os Municípios e o Distrito Federal poderão instituir taxas, na forma das respectivas leis, para o custeio do serviço de iluminação pública.
(E) Cabe à lei complementar a definição de tributos e de suas espécies, bem como, em relação aos impostos, a dos respectivos fatos geradores, bases de cálculo, alíquotas e contribuintes.

36. (Procurador do Município de Teresina/PI – FCC/2010). NÃO é competência municipal a instituição de:
(A) Imposto sobre a transmissão de bens imóveis por ato *inter vivos* a título oneroso.
(B) Imposto sobre a propriedade territorial urbana.
(C) Contribuição social dos servidores municipais para custeio de regime previdenciário próprio.
(D) Contribuição de melhoria.
(E) Contribuição de interesse de categorias profissionais ou econômicas.

10. GABARITO

1. **Alternativa (B).** F, F, V, V.

Comentário: A alternativa **"B"** está correta. A primeira afirmação é falsa, nos termos do art. 149, I e II, da CF, incidirá contribuição de intervenção no domínio econômico somente sobre a importação de produtos estrangeiros ou serviços. A segunda afirmação também é falsa, pois a contribuição social do salário-educação será destinada à educação básica pública, nos termos do art. 212, § 5º, da CF. A terceira afirmação é verdadeira, conforme dispõe o art. 149, § 1º, da CF. A quarta afirmação é verdadeira, conforme decisão do STF no RREE 177.137-RS e 165.939-RS.

2. **Alternativa (A).** Município pode instituir contribuição previdenciária incidente sobre a remuneração dos servidores públicos municipais para custeio do regime próprio de previdência, devendo, entretanto, os trabalhadores temporários e comissionados contribuir para o RGPS.

Comentário: A opção **"A"** está correta, de acordo com o art. 149, § 1º, da CF. A resposta "B" está incorreta, não há pacto federativo nesse sentido. A justificativa "C" está incorreta, nos termos da Súmula Vinculante n. 29, é constitucional a adoção, no cálculo do valor de taxa, de um ou mais elementos da base de cálculo própria de determinado imposto, desde que não haja integral identidade entre uma base e outra. A letra "D" está incorreta, segundo a decisão no RE 588322/RO, de 16 de junho de 2010. A alternativa "E" está incorreta, pois tal contribuição não tem caráter tributário.

3. **Alternativa (B).** A contribuição de melhoria cobrada pela União, pelos Estados, pelo Distrito Federal ou pelos Municípios, no âmbito de suas respectivas atribuições, é instituída para fazer face ao custo de obras públicas de que decorra valorização imobiliária, tendo como limite total a despesa realizada e como limite individual o acréscimo de valor que da obra resultar para cada imóvel beneficiado.

Comentário: A resposta **"B"** está correta, nos termos do art. 81 do CTN. A justificativa "A" está incorreta, conforme o art. 145, § 2º, da CF, as taxas não poderão ter base de cálculo própria de impostos. A letra "C" está incorreta, a base de cálculo do IOF está disposta no art. 64 do CTN. A alternativa "D" está incorreta, consoante o art. 76 do CTN, o prazo máximo é de cinco anos, contados da celebração da paz. A opção "E" está incorreta, de acordo com o art. 41 do CTN, o imposto compete ao Estado da situação do imóvel transmitido.

4. **Alternativa (C).** Mediante a utilização de elemento próprio da mesma base de cálculo de imposto.

Comentário: A alternativa **"C"** está correta, pois a vedação à utilização de elemento próprio da mesma base de cálculo de imposto é só para taxa, nos termos do artigo 145, §2º, da CF/88. A opção "A" está incorreta, segundo o artigo 149-A da CF, somente os Municípios e o Distrito Federal podem instituir a contribuição para o custeio do serviço de iluminação. A resposta "B" está incorreta, já que trata-se de tributos distintos. Poderá a referida contribuição ser cobrada juntamente com a fatura de energia elétrica, mas como contribuição (art. 149-A, parágrafo único, da CF). A letra "D" está incorreta, não é necessário lei complementar para criação dessa contribuição, poderá ser instituída por meio de lei ordinária. A justificativa "E" está incorreta, a iluminação de edifícios públicos próprios não se configura como iluminação pública a ser custeada pela contribuição prevista no artigo 149-A da CF/88.

5. **Alternativa (B).** Contribuições sociais e taxas têm como traço comum a previsão necessária na hipótese de incidência respectiva de contraprestação estatal endereçada de modo direto e efetivo ao sujeito passivo.

Comentário: A alternativa **"B"** está incorreta, conforme o entendimento do STF "a seguridade social há de ser financiada por toda a sociedade, porque ela obedece a uma base de inspiração: a solidariedade. Uma solidariedade que é impositiva, que é imposta a toda a sociedade". Não há que se falar, no caso da contribuição social, em necessidade de previsão de hipótese de incidência com respectiva contraprestação estatal. A opção "A" está correta, de acordo com o art. 77 do CTN e o entendimento do STF. A resposta "C" está correta, a competência para instituição da taxa é comum, consoante o art. 145, II, da CF. A competência dos impostos está definida da CF, todos os entes têm competência tributária, respeitados os limites definidos na própria CF e na lei. A letra "D" está correta, nos ditames do art. 145, III, da CF. A justificativa "E" está correta, à luz do art. 149 da CF.

6. **Alternativa (A).** A espécie tributária instituída foi a contribuição de melhoria, a qual tem como fato gerador a valorização imobiliária decorrente de realização de obra pública; no entanto, o município não possui competência para instituir tal tributo, tendo em vista não ser o realizador da obra.

Comentário: A alternativa **"A"** está correta, nos termos do art. 145, III, da CF, tendo em vista que o ente federativo que realizar uma obra pública, que decorrer em valorização econômica, poderá cobrar contribuição de melhoria. A opção "B" está incorreta, a competência da contribuição de melhoria será do ente federativo que realizar a obra. A resposta "C" está incorreta, a base de cálculo da contribuição de melhoria consiste em mensurar o valor da valorização do imóvel, decorrente da obra pública. Esse cálculo poderá ser feito por meio da obtenção do resultado da diferença do valor do imóvel depois e do valor do imóvel antes da obra, respeitados os limites do art. 81 do CTN, pois é necessário verificar o *quantum* foi gasto com a obra, também. A justificativa "D" está incorreta, uma vez que a assertiva **"A"** está correta.

7. **Alternativa (D).** Pedágios.

Comentário: A alternativa **"D"** está correta, o STF concluiu que o pedágio constitui preço público, em virtude da natureza contratual e da não compulsoriedade, não sendo considerado, portanto, tributo – ADI 800.

8. **Alternativa (B).** Constitucional, pois o fato gerador da taxa se enquadra nos requisitos constitucionais, além de destinar-se a aperfeiçoar a jurisdição.

Comentário: A alternativa **"B"** está correta, nos termos dos artigos 145, II, da CF e 77 do CTN, bem como conforme o entendimento do STF, **Informativo** n. 588. A opção "A" está incorreta, as taxas são tributos intimamente ligados à atividade do Estado. Isso quer dizer que a hipótese de sua incidência está atrelada a uma contraprestação do Estado, paga pelo contribuinte que usufrui dessa atividade estatal. A resposta "C" está incorreta, consoante determinação do STF, a vedação do artigo 167, IV, da CF não atinge as taxas, mas tão somente os impostos. A letra "D" está incorreta, direciona-se diretamente ao fato gerador. A justificativa "E" está incorreta, de acordo como artigo 77 do CTN.

9. **Alternativa (B).** Constitucional, pois o fato gerador da taxa se enquadra nos requisitos constitucionais, além de destinar-se a aperfeiçoar a jurisdição.

Comentário: A alternativa **"B"** está correta, à luz dos arts. 145, II, da CF e 77 do CTN, bem como o parecer do STF, segundo o **Informativo** n. 588. A opção "A" está incorreta, as taxas são tributos intimamente ligados à atividade do Estado. Isso quer dizer que a hipótese de sua incidência está atrelada a uma contraprestação do Estado, paga pelo contribuinte que usufrui dessa atividade estatal. A resposta "C" está incorreta, conforme o entendimento do STF, a vedação do art. 167, IV, da CF não atinge as taxas, mas tão somente os impostos. A letra "D" está incorreta, de acordo com o posicionamento do STF. A justificativa "E" está incorreta, consoante o art. 77 do CTN.

10. **Alternativa (C).** Consideram-se serviços públicos específicos quando podem ser destacados em unidades autônomas de intervenção, de utilidade, ou de necessidades públicas; e divisíveis, quando suscetíveis de utilização, separadamente, por parte de cada um dos seus usuários.

Comentário: A alternativa **"C"** está correta, conforme o art. 79, II e III, do CTN. A opção "A" está incorreta, o art. 77, *caput*, do CTN dispõe que se trata de "exercício regular do poder de polícia". A resposta "B" está incorreta, nos termos do art. 77, parágrafo único, do CTN, "a taxa não pode ter base de cálculo ou fato gerador idênticos aos que correspondam a imposto". A justificativa "D" está incorreta, pois de acordo com o art. 5º, XXXIV, "a", da CF, o direito de petição aos Poderes Públicos independe do pagamento de taxas.

11. **Alternativa (B).** A taxa a ser instituída é inconstitucional, pois possui a mesma base de cálculo do imposto de exportação, e a Constituição Federal veda a instituição de taxa com base de cálculo própria de imposto.

Comentário: A alternativa **"B"** está correta, conforme art. 77, parágrafo único, do CTN e art. 145, § 1º, da CF que estabelecem que a taxa não poderá ter base de cálculo idêntica à base de cálculo dos impostos. A opção "A" está incorreta, pois referida taxa é inconstitucional, já que o IE (Imposto de Exportação) tem a mesma base de cálculo, o que é vedado pelo ordenamento, de acordo com o art. 77, parágrafo único, do CTN e art. 145, § 1º, da CF. A resposta "C" está incorreta, visto que a competência para instituição dos tributos é dos entes federativos, e, no caso da taxa, a competência é comum, conforme preceitua o art. 145, II, da CF. A justificativa "D" está incorreta, porque há sim impedimento para a instituição desta taxa, pois tem a mesma base de cálculo de imposto já previsto no ordenamento.

---

12. **Alternativa (E).** As contribuições de intervenção no domínio econômico, como é o caso da contribuição destinada a Serviço de Apoio às Micro e Pequenas Empresas – SEBRAE –, não carecem de lei complementar para serem instituídas.

Comentário: A alternativa "A" está incorreta, como analisado nesse Capítulo, as Contribuições Especiais, que integram o gênero "Contribuição", não estão vinculadas a nenhuma atividade estatal, mas a fatos ligados aos Contribuintes. As Contribuições Especiais possuem destinação específica, por isso são denominadas de tributos teleológicos. Sua hipótese de incidência está pautada no fato descrito em lei e no benefício a que se pretende alcançar, o que as diferencia dos Impostos. Em suma, são utilizadas como instrumento para a atuação estatal em segmentos determinados. A opção "B" também está incorreta, há imunidades das Contribuições Sociais, tanto é assim, que, por exemplo, a Constituição determina que tais contribuições não podem recair sobre a Exportação, consoante reza o seu artigo 149, § 2º, I e II. A letra "C" igualmente incorreta, as Contribuições Sociais de Interesse das Categorias Profissionais ou Econômicas obedecem ao Princípio da Legalidade, nos termos do art. 150, I, consoante o disposto no *caput* do art. 149 da CF. A assertiva "D" do mesmo modo está incorreta, além da COSIP, os Municípios podem instituir contribuição cobrada de seus servidores, para o custeio, em benefício destes, do regime previdenciário de que trata o artigo 40, cuja alíquota não será inferior à da contribuição dos servidores titulares de cargos efetivos da União, nos termos do que prescreve o artigo 149, § 2º, da CF. A resposta **"E"** é a justificativa correta, conforme estudado nesse Capítulo, as Contribuições podem ser instituídas por Lei Ordinária, a ressalva abrange apenas as Contribuições Sociais Residuais, em razão do disposto no artigo 195, § 4º c/c o artigo 154, I, ambos da CF.

---

13. **Alternativa (B).** Apenas I, III e IV.

I. A União, mediante lei complementar, poderá instituir empréstimos compulsórios.

III. Os Municípios e o Distrito Federal poderão instituir contribuição para o custeio do serviço de iluminação pública.

IV. É vedado à União instituir isenções de tributos da competência dos Estados, do Distrito Federal ou dos Municípios.

Comentário: O **Item I** está correto, nos termos do artigo 148 da CF. O Item II está incorreto, a competência de instituir contribuições sociais de intervenção no domínio econômico e de interesse das categorias profissionais ou econômicas pertence exclusivamente à União, conforme *caput* do artigo 149 da CF. **Item III** está correto, consoante artigo 149-A da CF. **Item IV** também correto, em conformidade com o disposto no artigo 151, III, da CF.

---

14. **Alternativa (B).** Somente a União pode instituir contribuições de interesse das categorias profissionais.

Comentário: A opção "A" está incorreta, regra geral a instituição dos tributos obedece ao Princípio da Legalidade contida no artigo 150, I, da CF, apenas algumas exceções expressas na Constituição condicionam a instituição por meio de Lei Complementar. Citam-se, como exemplo, os Empréstimos Compulsórios do artigo 148 da CF. A letra **"B"** é a assertiva correta, com base no *caput* do artigo 149 da CF. A resposta "C" está incorreta, essa regra não é absoluta, citam-se, como exemplo, os tributos reguladores de mercado que podem ter suas alíquotas alteradas por Decreto, de acordo com o artigo 153, § 1º, da CF. A justificativa "D" está incorreta, o Princípio da Não Cumulatividade não se aplica a todos Impostos, apenas aos determinados expressamente pela Constituição como no caso do ICMS (art. 155, § 2º, I, da CF) e do IPI (art. 153, § 3º, II, da CF).

---

15. **Alternativa (C).** Aos Municípios e ao Distrito Federal.

Comentário: A assertiva **"C"** é a resposta correta, à luz do artigo 149-A da CF.

16. **Alternativa (A).** Impostos são prestações compulsórias desvinculadas de qualquer atividade prestada pelo estado, já as contribuições sociais destinam-se a viabilizar a atuação do ente federativo na área social.

Comentário: A justificativa **"A"** é alternativa correta, conforme estudado nesse Capítulo, as Contribuições Sociais, diferentemente dos Impostos, apresentam caráter sinalagmático, posto que se encontram vinculadas a uma atuação específica do Estado relativamente à pessoa do Sujeito Passivo. A opção "B" está incorreta, os Impostos e as Contribuições constituem espécies de tributos e, por essa razão, possuem a característica da compulsoriedade, nos termos do artigo 3º do CTN. A assertiva "C" também está incorreta, as Contribuições Sociais podem ser cobradas noventa dias após a sua instituição – art. 195, §6º, da CF. A letra "D" da mesma forma está incorreta, as Contribuições Sociais também observam o Princípio da Legalidade, nos ditames do artigo 149 da CF.

17. **Alternativa (C).** III.

III. A cobrança da contribuição para o custeio do serviço de iluminação pública, passível de instituição pelo município de Cuiabá, pode ser feita na fatura de consumo de energia elétrica.

Comentário: Item I está incorreto, a competência de instituir as contribuições de intervenção no domínio econômico pertence exclusivamente à União, nos termos do *caput* do artigo 149 da CF. Item II do mesmo modo está incorreto, conforme estudado nesse Capítulo, na hipótese de instituição para investimento público de caráter urgente e de relevante interesse nacional, o Empréstimo Compulsório deverá observar o Princípio da Anterioridade do Exercício e o da Nonagesimal, pois não configura exceção do artigo 150, § 1º, da CF. **Item III** está correto, à luz do artigo 149-A da CF.

18. **Alternativa (A).** As contribuições sociais do empregador incidentes sobre a receita poderão ser não cumulativas, conforme o setor da atividade econômica.

Comentário: A alternativa **"A"** é a opção correta, nos termos do artigo 195, § 12, da CF. A letra "B" está incorreta, pois as empresas apresentam Contribuições incidentes tanto sobre a folha de salários como sobre o faturamento ou receita da pessoa jurídica, conforme previsão no artigo 195, I, "a" e "b", da CF. A assertiva "C" está incorreta, segundo o artigo 195, § 4º, as Contribuições Sociais Residuais devem sim ser instituídas por meio de Lei Complementar, porém devem ser não cumulativas e ter fato gerador e base de cálculo diferente das Contribuições Sociais já existentes na CF. A resposta "D" está incorreta, de acordo com o artigo 149, § 2º, I, da CF, as Contribuições Sociais e de Intervenção no Domínio Econômico não incidem sobre as receitas de exportação. A justificativa "E" está incorreta, visto que as Contribuições de Interesse de Categorias Profissionais ou Econômicas são de competência privativa da União.

19. **Alternativa (B).** O ajuizamento de ação judicial importa em renúncia ao poder de recorrer na esfera administrativa e desistência do recurso acaso interposto.

Comentário: A opção "A" está incorreta, segundo a Súmula n. 659 do STF: "É legítima a cobrança da COFINS, do PIS e do FINSOCIAL sobre as operações relativas a energia elétrica, serviços de telecomunicações, derivados de petróleo, combustíveis e minerais do país". A letra **"B"** é a assertiva correta, nos termos do artigo 38, Parágrafo Único, da Lei n. 6.830/80. A justificativa "C" está incorreta, consoante a Súmula n. 397 do STJ: "O contribuinte do IPTU é notificado do lançamento pelo envio do carnê ao seu endereço". A resposta "D" está incorreta, a regra-matriz de incidência tributária é a norma jurídica tributária em sentido estrito, sendo as demais normas jurídicas, que tem por finalidade prestações de fazer ou não fazer, de modo a concorrerem para a efetiva e concreta aplicação da regra-matriz de incidência tributária, regras tributárias em sentido amplo.

20. **Alternativa (D).** Contribuição para o custeio do serviço de iluminação pública.

Comentário: A assertiva **"D"** é a resposta correta, a EC n. 39/2002 incluiu o artigo 149-A da CF que trata sobre a contribuição para o custeio do serviço de iluminação pública.

21. Alternativa (D). 3% e 7,6%;.

Comentário: A resposta **"D"** é a justificativa correta, a alíquota de 3% é aplicada no regime cumulativo e a alíquota de 7,6%, no regime não cumulativo – Lei n. 10.833/2003.

---

22. Alternativa (C). Municípios e o Distrito Federal.

Comentário: A justificativa **"C"** é a alternativa correta, com base no artigo 149-A da CF.

---

23. Alternativa (A). Exclusivamente à União.

Comentário: A alternativa **"A"** é a opção correta, conforme dispõe o *caput* do artigo 149 da CF.

---

24. Alternativa (C). Somente as assertivas I e III estão corretas.

I. As normas gerais sobre obrigação, lançamento, crédito, prescrição e decadência tributários devem ser estabelecidas por lei complementar.

III. Os Estados, o Distrito Federal e os Municípios instituirão contribuição, cobrada de seus servidores, para o custeio, em benefício destes, do regime previdenciário próprio.

Comentário: O **Item I** está correto, à luz do artigo 146, III, da CF. O Item II está incorreto, segundo o artigo 145, § 1º, da CF, os impostos sempre que possível serão graduados de acordo com a capacidade econômica do contribuinte, logo não é vedado à autoridade administrativa identificar o patrimônio pessoal, os rendimentos e as atividades econômicas do contribuinte. O **Item III** está correto, conforme preconiza o artigo 149, § 1º, da CF.

---

25. Alternativa (B). A alíquota de contribuição para o seguro de acidente do trabalho (SAT) é aferida pelo grau de risco desenvolvido em cada empresa, individualizada pela inscrição no Cadastro Nacional da Pessoa Jurídica (CNPJ), ou pelo grau de risco da atividade preponderante, quando houver apenas um registro.

Comentário: A alternativa "A" está incorreta, consoante o entendimento do STJ, a COFINS incide sobre as receitas provenientes das operações de locação de bens móveis, Súmula n. 423. A opção **"B"** é a assertiva correta, nos termos do artigo 22, II, da Lei n. 8.212/91. A letra "C" está incorreta, pois a destinação das contribuições de intervenção no domínio econômico não pode ser alterada. A resposta "D" está incorreta, uma vez que a finalidade das contribuições sociais é custear a seguridade social.

---

26. Alternativa (C). Aos municípios e ao DF é permitido instituir contribuição, na forma das respectivas leis, para o custeio do serviço de iluminação pública, sendo facultado cobrar o valor da contribuição na fatura de consumo de energia elétrica.

Comentário: A opção "A" está incorreta, pois o Empréstimo Compulsório é uma espécie tributária e todos os tributos devem respeitar o Princípio da Legalidade, previsto no artigo 150, I, da CF, de modo que só poderão ser instituídos e majorados por intermédio de lei. A letra "B" está incorreta, porque o Presidente da República poderá enviar mensagem ao Congresso Nacional para propor modificação nos projetos de lei relativos ao plano plurianual, às diretrizes orçamentárias e ao orçamento anual enquanto não iniciada a votação, na Comissão mista, da parte cuja alteração é proposta (art. 166, § 5º, da CF). A assertiva **"C"** é resposta correta, com fundamento no artigo 149-A, *caput*, e Parágrafo Único da CF. A justificativa "D" está incorreta, segundo o artigo 146, III, da CF, somente Lei Complementar poderá estabelecer normas gerais em matéria de legislação tributária.

---

27. Alternativa (E). Ao Distrito Federal e aos Municípios, apenas.

Comentário: A resposta **"E"** é a justificativa correta, à luz do *caput* do artigo 149-A da CF.

---

28. Alternativa (D). N. d. a.

Comentário: A alternativa "A" está incorreta, a competência tributária das Contribuições de Intervenção no Domínio Econômico é privativa da União, conforme estabelece o artigo 149 da CF. A opção "B" também está incorreta, nos termos do artigo 149-A da CF, a competência tributária da Contribuição para Custeio do Serviço de Iluminação pública é dos Municípios e do Distrito Federal. A letra "C" igualmente está incorreta, em que pese existir imunidade tributária para as Contribuições Sociais e de Intervenção no Domínio Econômico, consoante previsão no artigo 149, § 2º, I, da CF, haverá incidência dessas Contribuições sobre as receitas de importação, à luz do artigo 149, § 2º, II, da CF.

---

29. Alternativa (C). A imunidade prevista no artigo 149, § 2º, I, da Lei Maior, não alcança a Contribuição Social sobre Lucro Líquido (CSLL) à vista da destinação ontológica entre os conceitos de lucro e receita.

Comentário: A opção "A" está incorreta, a CSLL é uma Contribuição Social. Com relação à letra "B", que envolve uma questão de conceituação, alguns doutrinadores entendem que *bis in idem* seria o mesmo Ente Federativo cobrando tributo sobre o mesmo fato gerador, já uma segunda corrente fala que *bis in idem* ocorre quando o mesmo Ente Federativo cobra impostos sobre o mesmo fato gerador. Se seguir a primeira corrente se entenderia que a alternativa "B" estaria correta, pois de fato tanto a CSLL como o IRPJ incidem sobre o lucro da pessoa jurídica. Porém, pode-se observar que a banca segue a segunda corrente e, por isso, concluiu que não se trata de *bis in idem*, o que torna a resposta, portanto, incorreta. A assertiva **"C"** é a justificativa correta, segundo o posicionamento do STF, como visto nesse Capítulo, pois a imunidade, prevista no artigo 149, § 2º, I, da CF, se refere às receitas de exportação e não sobre os lucros, por isso deve incidir CSLL sobre os lucros provenientes do exterior. A resposta "D" está incorreta, não há que se falar em bitributação, que só ocorre quando mais de um Ente Federativo cobra tributo sobre o mesmo fato gerador.

---

30. Alternativa (E). É possível que as entidades municipais instituam contribuição, e não taxa, para o custeio do serviço de iluminação pública.

Comentário: As justificativas "A", "B" e "C" estão incorretas, pois segundo o parecer do STF, Súmula n. 670, a iluminação pública não pode ser remunerada por meio de taxa, por se tratar de serviço público indivisível. Essa Súmula foi recentemente convertida na Súmula Vinculante n. 41. A alternativa "D" está incorreta, alude realmente à CIP (contribuição para o custeio do serviço de iluminação pública), considerada constitucional pelo STF. A resposta **"E"** é a opção correta, nos termos do artigo 149-A da CF.

---

31. Alternativa (D). Impostos e contribuições sociais.

Comentário: A assertiva **"D"** é a resposta correta, pode incidir IPI, ICMS, bem como Contribuições Sociais do PIS e COFINS sobre o faturamento ou receita da pessoa jurídica.

---

32. Alternativa (B). As contribuições sociais residuais devem ser instituídas por lei complementar, ser não cumulativas e ter bases de cálculo e fatos geradores diferentes dos de outras contribuições sociais.

Comentário: A alternativa "A" está incorreta, o recapeamento é mera manutenção do asfalto e, por isso, não incorre em valorização imobiliária. A opção **"B"** é a letra correta, à luz do artigo 195, § 4º, da CF. A resposta "C" está incorreta, as taxas só podem ser exigidas, à luz do art. 145, II, da CF, quando houver exercício regular do poder de polícia ou utilização efetiva ou potencial de serviço público específico e divisível. A justificativa "D" está incorreta, a Súmula n. 659 do STF compreende ser legítima a cobrança da contribuição para financiamento da seguridade social (COFINS) sobre as operações relativas a serviços de telecomunicações.

---

33. Alternativa (A). Lei Complementar poderá estabelecer critérios especiais de tributação, com o objetivo de prevenir desequilíbrios da concorrência, sem prejuízo da competência de União, por lei, estabelecer normas de igual objetivo.

Comentário: A opção **"A"** é a resposta correta, com base no artigo 146-A da CF. A justificativa "B" está incorreta, pois as contribuições de intervenção no domínio econômico não podem incidir sobre as receitas de exportação, conforme preconiza o artigo 149, § 2º, I, da CF. A alternativa "C" também está incorreta, posto que há imunidade do ITR sobre pequenas glebas, definidas em lei, quando o proprietário que as explore não possua outro imóvel, art. 153, § 4º, II, da CF. A opção "D" do mesmo modo está incorreta, nos ditames do artigo 153, § 3º, III, da CF, o IPI não incide sobre produtos industrializados destinados ao exterior.

---

34. Alternativa (B). As contribuições de intervenção no domínio econômico não poderão ter alíquota específica.

Comentário: A justificativa "A" está correta, conforme preceitua o artigo 153, § 3º, IV, da CF. A alternativa **"B"** é a opção incorreta, pois as Contribuições de Intervenção no Domínio Econômico podem ter alíquotas específicas e *ad valorem*, art. 149, III, "a" e "b", da CF. A letra "C" está correta, art. 153, § 5º, da CF. A assertiva "D" também está correta, consoante prevê o artigo 150, § 5º, da CF.

---

35. Alternativa (A). As contribuições sociais incidirão também sobre a importação de produtos estrangeiros ou serviços, mas não incidirão sobre as receitas decorrentes de exportação.

Comentário: A alternativa **"A"** é a justificativa correta, nos termos do artigo 149, § 2º, I e II, da CF. A opção "B" está incorreta, o Imposto Extraordinário de Guerra não precisa de Lei Complementar para ser instituído, conforme previsão no artigo 154, II, da CF. A letra "C" igualmente está incorreta, segundo o artigo 157, II, da CF, pertencem aos Estados e ao Distrito Federal 20% do imposto que a União instituir no exercício da competência residual. A resposta "D" também está incorreta, o STF já concluiu ser inconstitucional a cobrança de taxa sobre a iluminação pública, Súmula n. 670– essa Súmula foi recentemente convertida na Súmula Vinculante n. 41. A "E" está incorreta, pois a definição de alíquotas prescinde de Lei Complementar.

36. Alternativa (E). Contribuição de interesse de categorias profissionais ou econômicas.

Comentário: A opção **"E"** é a resposta correta, de acordo com o artigo 149, *caput*, da CF, a competência para as Contribuições de Interesse de Categorias Profissionais ou Econômicas é privativa da União.

CAPÍTULO 10

IMPOSTOS FEDERAIS

1. IMPOSTO SOBRE IMPORTAÇÃO DE PRODUTOS ESTRANGEIROS

1.1. Breve contexto histórico

Tributo de competência da União, o **Imposto de Importação** é um dos tributos mais antigos do mundo e também do Brasil. Na Constituição de 1891, sua previsão estava contida no artigo 7º, inciso I, sendo que a competência desse tributo já pertencia à União. Havia ainda nessa Constituição, a previsão dos Estados tributarem a importação, nos seguintes termos: "Só é lícito a um Estado tributar a importação de mercadorias estrangeiras, quando destinadas ao consumo no seu território, revertendo, porém, o produto do imposto para o Tesouro federal", conforme antiga redação do artigo 9º, § 3º.

Por outro lado, na Constituição de 1934, não havia mais a previsão dos Estados recolherem o Imposto de Importação – II. A competência era única e exclusiva da União, consoante preconizava o artigo 6º, I, "a" e II.

A CF de 1937, por sua vez, não inovou, trazendo a previsão em seu artigo 20, I, "a", e II.

Na Carta Magna de 1946, a previsão se deu no artigo 15, I e III. E, diferentemente das Constituições anteriores não trouxe a previsão *"cobrar taxas telegráficas, postais e de outros serviços federais; de entrada, saída e estadia de navios e aeronaves, sendo livre o comércio de cabotagem às mercadorias nacionais, e às estrangeiras que já tenham pago imposto de importação"*. Em contrapartida, previu *"produção, comércio, distribuição e consumo, e bem assim importação e exportação de lubrificantes e de combustíveis líquidos ou gasosos de qualquer origem ou natureza, estendendo-se esse regime, no que for aplicável, aos minerais do País e à energia elétrica"*.

Em 1966, o DL n. 37/66 instituiu e regulamentou o Imposto sobre a Importação, ainda em vigor, com diversas alterações.

Na Constituição de 1967, havia as hipóteses de incidência do II, no artigo 22, I, VIII, IX, sem alteração relevante a se mencionar.

E, finalmente, na CF de 1988, o Imposto sobre Importação (II) encontra previsão no artigo 153, I. Ademais, o regulamento aduaneiro atual foi instrumentalizado por meio do Decreto n. 6.759/2009.

1.2. Previsão Legal

- Art. 153, I, da CF.
- Arts. 19 a 22 do CTN.
- Decreto-lei n. 37/66 – Dispõe sobre o Imposto de Importação, reorganiza os serviços aduaneiros e dá outras providências.
- Decreto n. 6.759/2009 – conhecido como Regulamento Aduaneiro – Regulamenta a administração das atividades aduaneiras, e a fiscalização, o controle e a tributação das operações de comércio exterior;
- Dentre outras legislações esparsas.

1.3. Hipótese de Incidência

1.3.1. *Critério Material*

O artigo 153, I, da CF estabelece que a hipótese de incidência do Imposto sobre Importação consiste em: "**importar produtos do estrangeiro**". A obra **Vocabulário Jurídico,** elaborada por De Plácido e Silva, define importação como:

> Derivado de importar, do latim *importare* (trazer para), o que significa, pois, ação de trazer para dentro, é empregado na terminologia jurídica e comercial para significar a

introdução de mercadorias, trazidas por mar, por terra ou por ar, de um país estrangeiro para o território nacional[1].

No tocante ao termo **produto**, por sua vez, Américo Masset Lacombe conceitua como sendo "toda coisa móvel corpórea. Ou será um produto da natureza ou da atividade humana"[2].

O objeto passível de sofrer a incidência do Imposto de Importação se define, em verdade, por um bem material resultante da atividade humana de extração ou de transformação dos elementos da natureza, podendo ser matérias-primas, produtos intermediários, produtos elaborados[3].

Observe-se que o artigo 1º do DL n. 37/66 utiliza o vocábulo "**mercadoria**" em lugar de produto:

> **Art. 1º.** O Imposto sobre a Importação incide sobre mercadoria estrangeira e tem como fato gerador sua entrada no Território Nacional (Redação dada pelo Decreto-Lei n. 2.472, de 01.09.1988). § 1º Para fins de incidência do imposto, considerar-se-á também estrangeira a mercadoria nacional ou nacionalizada exportada, que retornar ao País, salvo se: (...)

Ocorre que, os conceitos de mercadoria e produto são diversos. Sebastião de Oliveira Lima esclarece que a diferença entre produto e **mercadoria** está no fato de que essa última se destina ao comércio: *"Sabendo-se que produto é gênero do qual mercadoria é espécie e conceituados o primeiro como sendo um bem móvel e corpóreo, enquanto o segundo é um bem móvel, corpóreo e destinado ao comércio"*[4].

Compreende-se, no entanto, a despeito do vocábulo "mercadoria", que o legislador infraconstitucional prevê a incidência do Imposto de Importação sobre os bens objetos de comércio, bem como sobre aqueles que destinados para outros fins.

Hamilton Dias de Souza explica que:

> (...) Não há diferença entre bens e mercadorias para efeito do tributo aduaneiro, embora a Constituição Federal e o Código Tributário Nacional se refiram a 'produtos' e o artigo 1º do Decreto-Lei n. 37 de 1966 mercadorias. Pretendeu-se que a legislação de nível ordinário teria utilizado parte de sua competência, de sorte a que o imposto incidisse apenas sobre uma espécie de bens: as mercadorias. Tal distinção é, todavia, improcedente, dada a subjetividade do conceito de mercadorias, cuja caracterização depende do destino que o comerciante pretenda dar ao bem, que não se coaduna com o sistema aduaneiro, que normalmente considera os produtos independentemente da finalidade que lhes irá dar o importador, bem como por serem considerados como tributáveis inúmeros bens que certamente não são mercadorias, como roupas e objetos pessoais de passageiros e bens de capital para uso de quem realiza a importação[5].

E, por fim, o termo estrangeiro designa o produto que tem origem em outro país. Assim, pode-se afirmar que a hipótese de incidência do **Imposto sobre Importação** ocorre quando da entrada de bem produzido no exterior, pela natureza ou pelo homem.

1. **Vocabulário Jurídico**. 17. ed. Rio de Janeiro: Forense, p. 413.
2. **Imposto de Importação.** São Paulo: Ed. Revista dos Tribunais, 1979. p. 14.
3. NETO, Miguel Hilú. **Imposto sobre Importações e Imposto sobre Exportações.** São Paulo: Quartier Latin, 2003. p. 69-70.
4. **O Fato Gerador do Imposto de Importação na Legislação Brasileira.** São Paulo: Ed. Resenha Tributária, 1981. p. 45-46.
5. **Estrutura do Imposto de Importação no Código Tributário Nacional.** São Paulo: Resenha Tributária, 1980. p. 28-29.

Importante citar, ainda no critério material, algumas limitações à incidência do Imposto de Importação determinadas pelo legislador por meio do Decreto-lei n. 37/1966, constantes no art. 1º c/c o art. 70 do Decreto n. 6.759/2009.

Registre-se que embora se determine que o referido Imposto incida sobre mercadoria estrangeira e tem como fato gerador sua entrada no Território Nacional, "considerar-se-á **também estrangeira a mercadoria nacional ou nacionalizada exportada, que retornar ao País**". Contudo, o legislador ressalva essa incidência para os seguintes casos(art. 1º, § 1º do Decreto-Lei 37/66 e art. 70 do Decreto n. 6.759/2009):

a) enviada em consignação e não vendida no prazo autorizado;

b) devolvida por motivo de defeito técnico, para reparo ou substituição;

c) por motivo de modificações na sistemática de importação por parte do país importador;

d) por motivo de guerra ou calamidade pública;

e) por outros fatores alheios à vontade do exportador.

Outrossim, no mesmo dispositivo legal, mais especificamente em seu § 4ºdo art. 1º do Decreto Lei 37/66, há outras limitações impostas no sentido de não incidir sobre a mercadoria estrangeira:

(...) I – destruída sob controle aduaneiro, sem ônus para a Fazenda Nacional, antes de desembaraçada; (Redação dada pela Lei n. 12.350, de 20 de dezembro de 2010)

II – em trânsito aduaneiro de passagem, acidentalmente destruída; ou (Incluído pela Lei n. 10.833, de 29.12.2003)

III – que tenha sido objeto de pena de perdimento, exceto na hipótese em que não seja localizada, tenha sido consumida ou revendida. (Incluído pela Lei n. 10.833, de 29.12.2003)

Nesse sentido, cabe citar o art. 71 do Regulamento Aduaneiro (Decreto n. 6.759/2009), que especifica mais algumas hipóteses de não incidência:

Art. 71. O imposto não incide sobre:

I – mercadoria estrangeira que, corretamente descrita nos documentos de transporte, chegar ao País por erro inequívoco ou comprovado de expedição, e que for redestinada ou devolvida para o exterior; II – mercadoria estrangeira idêntica, em igual quantidade e valor, e que se destine a reposição de outra anteriormente importada que se tenha revelado, após o desembaraço aduaneiro, defeituosa ou imprestável para o fim a que se destinava, desde que observada a regulamentação editada pelo Ministério da Fazenda; III – mercadoria estrangeira que tenha sido objeto da pena de perdimento, exceto na hipótese em que não seja localizada, tenha sido consumida ou revendida (Decreto-Lei n. 37, de 1966, art. 1º, § 4º, inciso III, com a redação dada pela Lei no 10.833, de 2003, art. 77); IV – mercadoria estrangeira devolvida para o exterior antes do registro da declaração de importação, observada a regulamentação editada pelo Ministério da Fazenda; V – embarcações construídas no Brasil e transferidas por matriz de empresa brasileira de navegação para subsidiária integral no exterior, que retornem ao registro brasileiro, como propriedade da mesma empresa nacional de origem (Lei n. 9.432, de 8 de janeiro de 1997, art. 11, § 10); VI – mercadoria estrangeira destruída, sob controle aduaneiro, sem ônus para a Fazenda Nacional, antes de desembaraçada (Decreto-Lei n. 37, de 1966, art. 1º, § 4º, inciso I, com a redação dada pela Lei n. 12.350, de 2010, art. 40); e (Redação dada pelo Decreto n. 8.010, de 2013) VII – mercadoria estrangeira em trânsito aduaneiro de passagem, acidentalmente destruída (Decreto-Lei n. 37, de 1966, art. 1º, § 4º, inciso II, com a redação dada pela Lei n. 10.833, de 2003, art. 77) (...).

1.3.2. Critério Temporal

O artigo 73 do Decreto n. 6.759/2009, assim como o artigo 23 do DL n. 37/66 consideram ocorrido o fato gerador para fins de cálculo do Imposto sobre Importação na data do **registro** da **declaração** de importação da mercadoria submetida a despacho para consumo.

Ocorre que o artigo 19 do CTN estabelece que o fato gerador desse imposto ocorre na entrada do produto no território nacional.

Com o fim de solucionar a possível interpretação equivocada do critério temporal, o STJ e o STF se posicionaram no sentido de que o critério temporal se dá na data do registro da declaração de importação, conforme disposto nos Decretos, não sendo incompatível com o art. 19 do CTN, como pode ser verificado das ementas abaixo reproduzidas:

▶ **STF:**

CONSTITUCIONAL. TRIBUTÁRIO. IMPORTAÇÃO: ALÍQUOTAS: MAJORAÇÃO POR ATO DO EXECUTIVO. MOTIVAÇÃO. ATO. IMPOSTO DE IMPORTAÇÃO: FATO GERADOR. C.F., art. 150, III, "a" e art. 153, § 1º. I. – Imposto de importação: alteração das alíquotas, por ato do Executivo, atendidas as condições e os limites estabelecidos em lei: C.F., art. 153, § 1º. A lei de condições e de limites é lei ordinária, dado que a lei complementar somente será exigida se a Constituição, expressamente, assim determinar. No ponto, a Constituição excepcionou a regra inscrita no art. 146, II. II. – A motivação do decreto que alterou as alíquotas encontra-se no procedimento administrativo de sua formação, mesmo porque os motivos do decreto não vêm nele próprio. III. – **Fato gerador do imposto de importação: a entrada do produto estrangeiro no território nacional (CTN, art. 19). Compatibilidade do art. 23 do D.L. 37/66 com o art. 19 do CTN.** Súmula 4 do antigo T.F.R. IV. – O que a Constituição exige, no art. 150, III, a, é que a lei que institua ou que majore tributos seja anterior ao fato gerador. No caso, o decreto que alterou as alíquotas é anterior ao fato gerador do imposto de importação. V. – R.E. conhecido e provido (RE 225602/CE, rel. Min. Carlos Velloso, **DJ** de 06.04.2001) (grifos nossos).

▶ **STJ:**

PROCESSUAL CIVIL E TRIBUTÁRIO. IMPOSTO DE IMPORTAÇÃO. COMPATIBILIDADE DO ART. 23 DO DECRETO-LEI N. 37/66 COM O ART. 19 DO CTN. FATO GERADOR. DATA DO REGISTRO DA DECLARAÇÃO DE IMPORTAÇÃO. PRECEDENTES. 1. Não há incompatibilidade entre o art. 19 do Código Tributário Nacional e o art. 23 do Decreto-Lei n. 37/66, porquanto o desembaraço aduaneiro completa a importação e, consequentemente, representa, para efeitos fiscais, a entrada de mercadoria no território nacional. 2. **A jurisprudência desta Corte é no sentido de que, no caso de importação de mercadoria despachada para consumo, o fato gerador do imposto de importação ocorre na data do registro da declaração de importação.** Desse modo, deve ser aplicada para o cálculo do imposto a alíquota vigente nessa data. 3. Precedentes: EDcl no REsp n. 1.000.829/ES, rel. Min. Luiz Fux, 1ª Turma, **DJe** de 17.06.2010; AgRg no Ag n. 1.155.843/RJ, rel. Min. Castro Meira, 2ª Turma, **DJe** de 30.09.2009; REsp n. 1.046.361/RJ, rel. Min. Eliana Calmon, 2ª Turma, **DJe** de 05.03.2009; REsp n. 139.658/PR, rel. Min. Milton Luiz Pereira, 1ª Turma, DJ de 28.05.2001. Recurso especial provido (REsp n. 1220979/RJ, rel. Min. Humberto Martins, 2ª Turma, julgado em 05.04.2011, **DJe** de 15.04.2011) (grifos nossos).

Diante disso, embora o fato gerador no sentido material configure a entrada do produto estrangeiro no território nacional, o critério temporal será o registro da respectiva declaração.

Considera-se, porém, ocorrido o fato gerador no dia do **lançamento** do correspondente crédito tributário – nos termos do art. 73, II, do Decreto n. 6.759/2009, com redação dada pelo Decreto n. 8.010, de 16 de maio de 2013 – quando se tratar de: **(A)** bens contidos em remessa postal internacional não sujeitos ao regime de importação comum; **(B)** bens compreendidos no conceito de bagagem, acompanhada ou desacompanhada; **(C)** mercadoria constante de manifesto ou de outras declarações de efeito equivalente, cujo extravio ou avaria tenham sido apurados pela autoridade aduaneira; **(D)** mercadoria estrangeira que não haja sido objeto de declaração de importação, na hipótese em que tenha sido consumida ou revendida, ou não seja localizada.

E, ainda, declara-se ocorrido o fato gerador na data do vencimento do prazo de permanência da mercadoria em recinto alfandegado, se iniciado o respectivo despacho aduaneiro antes de aplicada a pena de perdimento da mercadoria, bem como na data do registro da declaração de admissão temporária para utilização econômica, conforme determina o art. 73, III e IV, do Decreto n. 6.759/2009, redação dada pelo Decreto n. 7.213, de 15 de junho de 2010. Entretanto, em relação a essa última hipótese, vale lembrar a ressalva realizada no Parágrafo Único do art. 79 da Lei n. 9.430/96, *in verbis:*

> **Art. 79.** Os bens admitidos temporariamente no País, para utilização econômica, ficam sujeitos ao pagamento dos impostos incidentes na importação proporcionalmente ao tempo de sua permanência em território nacional, nos termos e condições estabelecidos em regulamento.
>
> **Parágrafo único.** O Poder Executivo **poderá excepcionar**, em caráter temporário, a aplicação do disposto neste artigo em relação a determinados bens.

1.3.3. Critério Espacial

O critério espacial do Imposto sobre Importação abrange o território nacional, conforme se depreende do art.19 do CTN, *in verbis:*

> **Art. 19.** O imposto, de competência da União, sobre a importação de produtos estrangeiros tem como fato gerador a entrada destes no território nacional.

1.4. Consequente Tributário

1.4.1. Critério Pessoal

a) **Sujeito Ativo:** O Sujeito Ativo do Imposto sobre Importação é a União.

b) **Sujeito Passivo:** Como já estudado em Capítulo anterior, pode se tratar de contribuinte e/o responsável tributário – art. 121 do CTN. Assim, além de o art. 22 do CTN definir que o contribuinte consiste no "importador ou quem a lei a ele equiparar e o arrematante de produtos apreendidos ou abandonados"; nos termos do artigo 104 do Decreto n. 6.759/2009, são **Contribuintes** do imposto:

- o importador, assim considerada qualquer pessoa que promova a entrada de mercadoria estrangeira no território aduaneiro;
- o destinatário de remessa postal internacional indicado pelo respectivo remetente; e
- o adquirente de mercadoria entrepostada.

E, serão **Responsáveis** tributários, segundo determina o artigo 105 do Decreto n. 6.759/2009: **(A)** o transportador, quando transportar mercadoria procedente do exterior ou sob controle aduaneiro, inclusive em percurso interno; **(B)** o depositário, assim considerada qualquer pessoa incumbida da custódia de mercadoria sob controle aduaneiro, **(C)** qualquer outra pessoa que a lei assim designar.

Cumpre citar que o legislador, no Regulamento Aduaneiro, se preocupou também em estabelecer o Responsável Solidário, conforme se depreende do art. 106 do Decreto n. 6.759/2009.

1.4.2. Critério Quantitativo

1.4.2.1. Base de Cálculo

Consoante disciplina o artigo 20 do CTN, a base de cálculo do Imposto de Importação consiste:

> I – quando a alíquota seja específica, a unidade de medida adotada pela lei tributária;
>
> II – quando a alíquota seja *ad valorem*, o preço normal que o produto, ou seu similar, alcançaria, ao tempo da importação, em uma venda em condições de livre concorrência, para entrega no porto ou lugar de entrada do produto no País;
>
> III – quando se trate de produto apreendido ou abandonado, levado a leilão, o preço da arrematação.

Igualmente, cita-se o art. 2º do Decreto-lei n. 37/66e art. 239 do Decreto n. 6.759/2009que também prescrevem sobre a base de cálculo.

Insta mencionar ainda, que o valor da mercadoria expresso em moeda estrangeira, deve ser convertida à taxa de câmbio vigente no dia da ocorrência do fato gerador, nos termos do art. 97 do Decreto n. 6.759/2009.

1.4.2.2. Alíquotas

As alíquotas do Imposto de Importação podem ser **específicas** ou ***ad valorem*** – *arts. 20 do CTN, 2º do DL n. 37/66 e 90 e seguintes do Decreto n. 6.759/2009*. As específicas utilizam unidades de medidas como metro, quilos, litros e etc. As *ad valorem*, no entanto, variam de acordo com o valor do bem, o Imposto será tantos por cento sobre o valor do produto. Logo, a alíquota ***ad valorem*** se traduz como aquela que incide sobre o valor, isto é, o percentual a ser multiplicado por uma grandeza que resulta no montante do tributo a ser pago. As alíquotas são fixadas na Tarifa Externa Comum sobre a base de cálculo do mesmo.

1.5. Características

Trata-se de um Imposto **extrafiscal** que apresenta função interventiva estatal no âmbito do comércio exterior.

Em razão dessa extrafiscalidade, o **Imposto sobre Importação** não está sujeito aos Princípios da Anterioridade do Exercício, tampouco da Anterioridade Nonagesimal, assim, se for majorado, poderá ser exigido **imediatamente – art. 150, § 1º, da CF.**

A modalidade de lançamento do Imposto sobre Importação, em regra é por **homologação**. O importador ao elaborar a declaração de importação e registrá-la no SISCOMEX (Sistema Integrado de Comércio Exterior) já saberá o valor devido de tributo. Ademais, o sistema informatizado se encarrega de retirar da conta corrente do importador o montante do imposto devido.

Na hipótese de importação de bens que se enquadrem no conceito de **bagagem**, o lançamento será por **declaração**, em virtude de o Contribuinte informar à Autoridade Administrativa sobre a ocorrência do fato gerador no momento em que preenche a declaração de bagagem acompanhada (DBA). Registre-se que se configura obrigatório o preenchimento quando a importação de bens ultrapassar a cota permitida.

Cabe lembrar ainda, assim como em qualquer tributo, que o Imposto de Importação poderá ser lançado de ofício quando ocorrer falsidade, erro, omissão, dolo, fraude, dentre outros, conforme prevê o art. 149 do CTN.

Além disso, nos ditames do artigo 153, § 1º, da CF, o Poder **Executivo** poderá **alterar** as alíquotas do Imposto de Importação nos limites e condições previstos em lei. Portanto, tais alíquotas poderão ser alteradas por meio de Decreto.

Critério Material (Fato Gerador)	Importar produtos estrangeiros.	
Critério Espacial	Território nacional.	
Critério Temporal	No momento do registro da declaração de importação no Sistema Integrado de Comércio Exterior (SISCOMEX).	
Critério Quantitativo	Base de Cálculo	Preços da mercadoria.
	Alíquota	Específicas ou *ad valorem*.
Critério Pessoal	Sujeito Ativo	União Federal.
	Sujeito Passivo	Importador.

1.6. Questões

1. (Câmara de Quatro Barras/PR – Advogado – OBJETIVA/2015). De acordo com a Lei n. 5.172/66, com relação aos impostos sobre a importação, analisar os itens abaixo:

I. De competência do Estado sobre a importação de produtos estrangeiros tem como fato gerador a entrada destes no território nacional.

II. Contribuinte do imposto é somente o importador ou quem a lei a ele equiparar.

(A) Os itens I e II estão corretos.

(B) Somente o item I está correto.

(C) Somente o item II está correto.

(D) Os itens I e II estão incorretos.

2. (Câmara de Quatro Barras/PR – Advogado – OBJETIVA/2015). De acordo com a Lei n. 5.172/66, com relação aos impostos sobre a importação, analisar os itens abaixo:

I. De competência do Estado sobre a importação de produtos estrangeiros tem como fato gerador a entrada destes no território nacional.

II. Contribuinte do imposto é somente o importador ou quem a lei a ele equiparar.

(A) Os itens I e II estão corretos.

(B) Somente o item I está correto.

(C) Somente o item II está correto.

(D) Os itens I e II estão incorretos.

3. (Câmara de Cruzeiro do Oeste/PR – Advogado – RUFFO/2014). Analise os itens abaixo à luz da Lei n. 5.172/1966 e após assinale a alternativa correta:

I. A natureza jurídica específica do tributo é determinada pelo fato gerador da respectiva obrigação, sendo irrelevantes para qualificá-la a denominação e demais características formais adotadas pela lei.

II. É facultado aos Estados, ao Distrito Federal e aos Municípios estabelecer diferença tributária entre bens de qualquer natureza, em razão da sua procedência ou do seu destino.

III. O imposto, de competência da União, sobre a importação de produtos estrangeiros tem como fato gerador a entrada destes no território nacional.

IV. O imposto, de competência dos Estados, sobre a transmissão de bens imóveis e de direitos a eles relativos tem como fato gerador a transmissão, a qualquer título, de direitos reais sobre imóveis, inclusive os direitos reais de garantia.

V. O imposto é seletivo em função da essencialidade dos produtos.

(A) Apenas os itens I, II e III estão corretos.

(B) Apenas os itens I, III e V estão corretos.

(C) Apenas os itens I, II, III e IV estão corretos.

(D) Apenas os itens II, III e IV estão corretos.

4. (Câmara de Mariana/MG – Advogado – FUMARC/2014). NÃO se refere a receitas tributárias que devem ser repartidas em benefício dos municípios:

(A) Receita do imposto sobre a importação de produtos estrangeiros.

(B) Receita do imposto sobre a produção de produtos industrializados.

(C) Receita do imposto sobre a propriedade de veículos automotores.

(D) Receita do imposto sobre a renda e proventos de qualquer natureza.

5. (RFB – Auditor-Fiscal – ESAF/2014). Sobre a extrafiscalidade, julgue os itens a seguir, classificando-os como certos ou errados. Em seguida, assinale a opção correta.

I. Na medida em que se pode, através do manejo das alíquotas do imposto de importação, onerar mais ou menos o ingresso de mercadorias estrangeiras no território nacional, até o ponto de inviabilizar economicamente determinadas operações, revela-se o potencial de tal instrumento tributário na condução e no controle do comércio exterior.

II. Por meio da tributação extrafiscal, não pode o Estado intervir sobre o domínio econômico, manipulando ou orientando o comportamento dos destinatários da norma a fim de que adotem condutas condizentes com os objetivos estatais.

III. A extrafiscalidade em sentido próprio engloba as normas jurídico-fiscais de tributação (impostos e agravamento de impostos) e de não tributação (benefícios fiscais).

IV. Não existe, porém, entidade tributária que se possa dizer pura, no sentido de realizar tão somente a fiscalidade ou a extrafiscalidade. Os dois objetivos convivem, harmônicos, na mesma figura impositiva, sendo apenas lícito verificar que, por vezes, um predomina sobre o outro.

(A) Apenas I, II e IV estão corretas.

(B) Apenas I e IV estão corretas.

(C) Apenas II e IV estão corretas.

(D) Apenas I, III e IV estão corretas.

(E) Todas as alternativas estão corretas.

6. (TC/DF – Procurador do MP – CESPE/2013). Julgue o item subsequente: *Conforme entendimento jurisprudencial assente no STJ, o fato gerador do imposto sobre a importação de produtos estrangeiros consuma-se na data do ingresso da mercadoria importada no país, devendo, por isso, ser aplicada para o cálculo do imposto a alíquota vigente nessa data.*

7. (TJ/PE – Juiz – FCC/2011). A regra da anterioridade, que veda cobrar tributos no mesmo exercício financeiro em que haja sido publicada a lei que os instituiu ou aumentou, NÃO se aplica:

(A) Aos impostos de importação e exportação.

(B) Ao IR.

(C) Ao ITR.

(D) Às contribuições sociais.

(E) Aos impostos estaduais.

GABARITO

1. **Alternativa (D). Os itens I e II estão incorretos.**

I. De competência do Estado sobre a importação de produtos estrangeiros tem como fato gerador a entrada destes no território nacional.

II. Contribuinte do imposto é somente o importador ou quem a lei a ele equiparar.

Comentário: O item I está incorreto, o imposto sobre a importação de produtos estrangeiros é de competência federal, nos termos do art. 153, I, da CF. O item II está incorreto, além de o art. 22 do CTN definir que o contribuinte consiste no "importador ou quem a lei a ele equiparar e o arrematante de produtos apreendidos ou abandonados", à luz do art. 104 do Decreto n. 6.759/2009, são Contribuintes do imposto: o importador, assim considerada qualquer pessoa que promova a entrada de mercadoria estrangeira no território aduaneiro; o destinatário de remessa postal internacional indicado pelo respectivo remetente; e o adquirente de mercadoria entrepostada.

---

2. **Alternativa (D).** Os itens I e II estão incorretos..

Comentário: O **item I** está incorreto, o imposto sobre a importação de produtos estrangeiros é de competência federal, nos termos do artigo 153, I, da CF. O **itemII** está incorreto, além de o artigo 22 do CTN definir que o contribuinte consiste no "importador ou quem a lei a ele equiparar e o arrematante de produtos apreendidos ou abandonados"; à luz do artigo 104 do Decreto n. 6.759/2009, são contribuintes do imposto: o importador, assim considerada qualquer pessoa que promova a entrada de mercadoria estrangeira no território aduaneiro; o destinatário de remessa postal internacional, indicado pelo respectivo remetente; eo adquirente de mercadoria entrepostada.

---

3. **Alternativa (B).** Apenas os itens I, III e V estão corretos.

I. A natureza jurídica específica do tributo é determinada pelo fato gerador da respectiva obrigação, sendo irrelevantes para qualificá-la a denominação e demais características formais adotadas pela lei.

III. O imposto, de competência da União, sobre a importação de produtos estrangeiros tem como fato gerador a entrada destes no território nacional.

V. O imposto é seletivo em função da essencialidade dos produtos.

Comentário: O **Item I** está correto, nos termos do artigo 4º, I, do CTN. O Item II está incorreto, é vedado estabelecer diferença tributária entre bens de qualquer natureza, em razão da sua procedência ou do seu destino, conforme artigo 11 do CTN. O **Item III** também está correto, fato gerador prescrito no artigo 19 do CTN. O Item IV está incorreto, há duas incorreções na assertiva, a primeira delas consiste na atribuição da competência, o ITBI tem como Ente Federativo competente o Município; e a segunda, está no fato de não incidir nos direitos reais de garantia, consoante artigo 35, II, do CTN. O **Item V** igualmente está correto, nem todos os impostos possuem a característica da seletividade, tal característica é obrigatória para o IPI (art. 153, §3º, I, da CF) e facultativa para o ICMS (art. 155, §2º, III), com base no estudado anteriormente no Capítulo 3.

---

4. **Alternativa (A).** Receita do imposto sobre a importação de produtos estrangeiros.

Comentário: A alternativa **"A"** é o gabarito, a questão se refere à Repartição Tributária, entretanto, vale trazer a referida matéria ao Tópico do Imposto de Importação, com o intuito de chamar a atenção de que o referido imposto não está contido nos artigos 158 e 159 da CF que estabelecem sobre a repartição dos tributos.

---

5. **Alternativa (D).** Apenas I, III e IV estão corretas.

I. Na medida em que se pode, através do manejo das alíquotas do imposto de importação, onerar mais ou menos o ingresso de mercadorias estrangeiras no território nacional, até o ponto de inviabilizar economicamente determinadas operações, revela-se o potencial de tal instrumento tributário na condução e no controle do comércio exterior.

III. A extrafiscalidade em sentido próprio engloba as normas jurídico-fiscais de tributação (impostos e agravamento de impostos) e de não tributação (benefícios fiscais).

IV. Não existe, porém, entidade tributária que se possa dizer pura, no sentido de realizar tão somente a fiscalidade ou a extrafiscalidade. Os dois objetivos convivem, harmônicos, na mesma figura impositiva, sendo apenas lícito verificar que, por vezes, um predomina sobre o outro.

Comentário: O **Item I** está correto, como estudado nesse Capítulo, o Imposto de Importação possui a característica de extrafiscalidade, com o intuito, inclusive, de regular o mercado. O Item II está incorreto, pelo contrário, o Estado pode intervir. Observe-se que a assertiva vai de encontro ao Item I. O **Item III** está correto, conforme estudado nesse Capítulo, a extrafiscalidade apresenta função interventiva estatal, por essa razão, terá momentos que incentivará, por meio de benefícios fiscais, e momento em que desestimulará determinadas condutas no mercado, por meio do agravamento dos tributos. O **Item IV** também está correto, conforme analisado no Capítulo 1, os tributos, além de funcionarem como angariadores de receitas para abastecimento dos cofres públicos (função fiscal), podem servir na tarefa educativa direcionando condutas dos contribuintes, de forma a fazê-los participar na proteção do meio ambiente (função extrafiscal).

6. **Alternativa (ERRADO).** Conforme entendimento jurisprudencial assente no STJ, o fato gerador do imposto sobre a importação de produtos estrangeiros consuma-se na data do ingresso da mercadoria importada no país, devendo, por isso, ser aplicada para o cálculo do imposto a alíquota vigente nessa data.

Comentário: De acordo com o entendimento do STJ, o fato gerador do Imposto sobre Importação consuma-se na data do registro de declaração de importação. Deve ser aplicada para o cálculo do imposto a alíquota vigente nessa data.

7. **Alternativa (A).** Aos impostos de importação e exportação.

Comentário: A alternativa **"A"** é a opção correta, à luz do artigo 150, § 1º, da CF, os Impostos sobre Importação e Exportação não respeitam a Anterioridade do Exercício e nem a Anterioridade Nonagesimal.

2. IMPOSTO SOBRE EXPORTAÇÃO DE PRODUTOS NACIONAIS (IE)

2.1. Breve Contexto Histórico

Igualmente um dos tributos mais antigos do país, o Imposto sobre Exportação- IE constava na Constituição Federal de 1891 no artigo 9º, I, sendo na época de competência dos Estados.

A CF de 1934 manteve tal previsão em seu artigo 8º, I, "f", que acrescentou, no § 3º do artigo 8º, a possibilidade de o Senado Federal majorar o referido Imposto.

Apenas com a Constituição de 1967, a competência do IE passou para a União, nos termos do artigo 22, II. Previsão essa que permanece em nosso ordenamento com a CF de 1988, como reza no artigo 153, II.

2.2. Previsão legal

- Art. 153, II, da CF.
- Arts. 23 a 28 do CTN.

- Decreto-lei n. 1.578/77 – Dispõe sobre o imposto sobre a exportação, e dá outras providências;
- Decreto n. 6.759/2009 – conhecido como Regulamento Aduaneiro – Regulamenta a administração das atividades aduaneiras, e a fiscalização, o controle e a tributação das operações de comércio exterior;
- Dentre outras legislações esparsas.

2.3. Hipótese de Incidência

2.3.1. *Critério Material*

Nos termos do artigo 153, II, da CF, o Imposto sobre Exportação incidirá sobre a exportação para o estrangeiro de produtos nacionais ou nacionalizados.

Diante desse fato gerador, cumpre descrever que produtos **nacionais** consistem nos bens materiais produzidos no Brasil, enquanto produtos **nacionalizados** se definem por bens elaborados no exterior e que são integrados à economia interna, sendo atestados por Certificado de Origem de determinados países, tornando regular a sua utilização no território nacional.

No livro **Vocabulário jurídico** elaborado por De Plácido e Silva exportação significa:

> Derivado do latim *exportatio*, de *exportare* (levar para fora), indica, na terminologia comercial e jurídica, todo ato de remessa de uma mercadoria, ou produto para o exterior, isto é, para fora do país em que foi produzida. Tecnicamente, pois, o vocábulo exportação envolve, simples e puramente, o sentido de saída de mercadoria para país estranho. Desse modo, não se entende exportação a circulação ou trânsito da mercadoria dentro de um país, isto é, em seus limites territoriais, pois exportar é mandar para fora. E juridicamente, para fora quer significar para outro país ou país estrangeiro. (...) Nesta razão é que, na terminologia fiscal, direitos ou impostos de exportação, entendem-se direitos ou impostos de saída da mercadoria para o estrangeiro[6].

O significado de exportar juntamente com a expressão "para o exterior", contida no artigo 153, II, da CF, não deixa dúvida de que a incidência desse Imposto somente ocorre na saída de produtos para **outro país**, jamais de um Estado-membro para outro. Interessante o Decreto-lei n. 288/67, que regula a Zona Franca de Manaus, fazer menção à exportação para a Zona Franca de Manaus, equiparando-a a uma exportação brasileira para o estrangeiro:

> **Art. 4º** A exportação de mercadorias de origem nacional para consumo ou industrialização na Zona Franca de Manaus, ou reexportação para o estrangeiro, será para todos os efeitos fiscais, constantes da legislação em vigor, equivalente a uma exportação brasileira para o estrangeiro.

O termo **produtos,** como visto no item anterior, abrange bens destinados ou não para o comércio.

2.3.2. *Critério Temporal*

O Parágrafo Único do artigo 213 do Decreto n. 6.759/2009 considera ocorrido o fato gerador para fins de cálculo do Imposto sobre Exportação na data do **registro da declaração** de exportação no Sistema Integrado de Comércio Exterior (SISCOMEX). Desse modo, mesmo

6. **Vocabulário Jurídico**, op. cit., p. 340.

que conste no descritivo do fato gerador que se trata da saída (art. 23 do CTN), em razão da difícil apuração, considera-se como critério temporal a data em que o exportador registra no SICOMEX, conforme o Regulamento Aduaneiro (art. 213 do Decreto n. 6.759/2009).

Cumpre informar que o registro no SISCOMEX é conhecido como o conjunto de informações de natureza comercial, financeira, cambial e fiscal que caracterizam a operação de exportação de uma mercadoria e definem seu enquadramento legal. Nesse sentido, traduz-se a ementa de decisão do STJ:

> TRIBUTÁRIO. AGRAVO REGIMENTAL. IMPOSTO DE EXPORTAÇÃO. AÇÚCAR. FATO GERADOR. REGISTRO DA VENDA NO SISCOMEX ANTES DA EXPEDIÇÃO DA RESOLUÇÃO DO BACEN N. 2.163/95. 1. É pacífico nesta Corte o entendimento de que o fato gerador do Imposto de Exportação sobre o açúcar ocorre com o registro de vendas no SISCOMEX, sendo este efetivado em 30.03.1995, antes da publicação da Resolução n. 2.163/95, que majorou a alíquota da exação, cuja vigência se iniciou em 31.05.1995. Não pode tal deliberação onerar ato jurídico celebrado à luz de ordenamento anterior. 2. Agravo Regimental provido (AgRG no Ag n. 830231, rel. Min. Herman Benjamin, **DJ** de 13.03.2009).

2.3.3. *Critério espacial*

O critério espacial do Imposto sobre Exportação abarca todo o território nacional – art. 23 do CTN, art. 1º do Decreto-lei n. 1.578/77, art. 213 c/c o art. 2º do Decreto n. 6.759/2009.

2.4. Consequente Tributário

2.4.1. *Critério Pessoal*

2.4.1.1. *Sujeito Ativo*

O Sujeito Ativo do Imposto sobre Exportação é a União.

2.4.1.2. *Sujeito Passivo*

De acordo com o artigo 27 do CTN, o contribuinte do Imposto sobre Exportação é o exportador, ou quem a lei a ele equiparar.

2.4.2. *Critério Quantitativo*

2.4.2.1. *Base de Cálculo*

A base de cálculo do Imposto sobre Exportação, à luz do artigo 214 do Decreto n. 6.759/2009, configura o **preço normal** que a mercadoria, ou similar, alcançaria, ao tempo da exportação, em uma venda em condições de livre concorrência no mercado internacional, observadas as normas expedidas pela Câmara de Comércio Exterior (CAMEX).

Quando o preço da mercadoria for de difícil apuração ou for suscetível de oscilações bruscas no mercado internacional, a Câmara de Comércio Exterior fixará critérios específicos ou estabelecerá pauta de valor mínimo, para apuração da base de cálculo.

Para efeito de determinação da base de cálculo do Imposto, o preço de venda das mercadorias exportadas não poderá ser inferior ao seu custo de aquisição ou de produção, acrescido dos Impostos e das Contribuições incidentes e da margem de lucro de 15% sobre a soma dos custos, mais impostos e contribuições– art. 214, § 2º do Decreto n. 6.759/2009.

Ademais, vale mencionar que igualmente ao Imposto de Importação, deverá haver a conversão do valor na moeda estrangeira para a moeda nacional.

2.4.2.2. *Alíquota*

As alíquotas do Imposto de Exportação podem ser **específicas** ou ***ad valorem* – *art. 24 do CTN***. Como estudado, as alíquotas específicas utilizam unidades de medidas como metro, quilos, litros, etc. Já as alíquotas *ad valorem* variam de acordo com o valor do bem, o imposto será tantos por cento sobre o valor do produto.

A alíquota do Imposto sobre Exportação está pautada pelo artigo 3º do DL n. 1.578/77 que estabelece as condições e os limites para que o executivo altere as alíquotas, em atenção ao artigo 153, § 1º, da CF:

> *"Art. 3º A alíquota do imposto é de trinta por cento, facultado ao Poder Executivo reduzi-la ou aumentá-la, para atender aos objetivos da política cambial e do comércio exterior".*

Essa mesma determinação pode ser encontrada no art. 215 do Regulamento Aduaneiro (Decreto n. 6.759/2009).

2.5. Características

Trata-se de um Imposto **extrafiscal** e apresenta função interventiva estatal no âmbito do comércio exterior.

Assim como o Imposto de Importação, o Imposto sobre Exportação **não** está sujeito aos Princípios da Anterioridade do Exercício e nem a Anterioridade Nonagesimal – art. 150, § 1º, da CF. Assim, se for majorado poderá ser exigido imediatamente.

O Imposto sobre Exportação, por se tratar de tributo sujeito ao lançamento por **homologação**, cabe ao exportador elaborar e registrar no SISCOMEX a declaração de exportação, momento que já terá ciência do valor do tributo a ser recolhido.

Além disso, nos termos do art. 153, § 1º, da CF o Poder Executivo poderá alterar as alíquotas do Imposto de Exportação nos limites e condições previstos em lei. Também não respeitando, portanto, o Princípio da Legalidade, no tocante à alteração das alíquotas.

Registre-se que se aplica ao Imposto de Exportação subsidiariamente a legislação do Imposto de Importação, nos termos do art. 235 do Decreto n. 6.759/2009.

O STF já decidiu que não se trata de competência privativa do Presidente da República alterar as alíquotas do Imposto sobre Exportação e mesmo de Importação, nos termos do artigo 153, § 1º, da CF, podendo ser atribuído à CAMEX a alteração das alíquotas[7].

Critério Material (Fato Gerador)	Exportação, para o exterior, de produtos nacionais ou nacionalizados.
Critério Espacial	Território Nacional.
Critério Temporal	No momento do registro da declaração de exportação no Sistema Integrado de Comércio Exterior (Siscomex).

7. STF, Pleno, RE n. 570680, rel. Min. Ricardo Lewandowski, out. 2009.

Critério Quantitativo	Base de Cálculo	Preços da mercadoria.
	Alíquota	Específicas ou ad valorem.
Critério Pessoal	Sujeito Ativo	União Federal.
	Sujeito Passivo	Exportador.

2.6. Questões

1. (Pref. Santo Augusto/RS – Advogado – OBJETIVA/2016). De acordo com a Lei nº 5.172/66 – Código Tributário Nacional, acerca do Imposto sobre Exportação, é CORRETO afirmar que:

(A) A base de cálculo do imposto quando a alíquota seja específica ou ad valorem é o preço normal que o produto, ou seu similar, alcançaria, ao tempo da exportação, em uma venda em condições de livre concorrência.

(B) É um tipo de imposto de competência dos Estados, sobre a exportação, para o estrangeiro, de produtos nacionais ou nacionalizados que tem como fato gerador a saída destes do território nacional.

(C) O Poder Executivo não pode alterar as alíquotas ou as bases de cálculo do imposto, com o pretexto de ajustá-los aos objetivos da política cambial e do comércio exterior.

(D) A receita líquida do imposto destina-se à formação de reservas monetárias, na forma da lei.

2. (Pref. Acari/RN – Advogado – GERCON/2016). Imposto é o tributo cuja obrigação tem por fato gerador uma situação independente de qualquer atividade estatal específica, relativa ao contribuinte. Sobre o imposto, assinale a alternativa correta:

(A) O imposto, de competência dos Estados, sobre a importação de produtos estrangeiros tem como fato gerador a saída destes do território nacional.

(B) O imposto, de competência dos Estados, sobre a exportação, para o estrangeiro, de produtos nacionais ou nacionalizados tem como fato gerador a entrada destes no território nacional.

(C) Compete à União instituir nos Territórios Federais, os impostos atribuídos aos Estados e, se aqueles não forem divididos em Municípios, cumulativamente, os atribuídos a estes.

(D) O contribuinte do imposto sobre a importação é o exportador ou quem a lei a ele equiparar.

(E) O contribuinte do imposto sobre a exportação é o importador ou quem a lei a ele equiparar.

3. (Prefeitura de Palmeiras do Tocantins/TO – Procurador –IMA/2014). De acordo com o que estipula o Código Tributário Nacional sobre os impostos, marque a alternativa INCORRETA.

(A) Compete ao Distrito Federal e aos Estados não divididos em Municípios, instituir, cumulativamente, os impostos atribuídos aos Estados e aos Municípios.

(B) Compete à União instituir, nos Territórios Federais, os impostos atribuídos aos Estados e, se aqueles não forem divididos em Municípios, cumulativamente, os atribuídos a estes.

(C) Imposto é o tributo cuja obrigação tem por fato gerador uma situação independente de qualquer atividade estatal específica, relativa ao contribuinte.

(D) O imposto, de competência da União, sobre a importação de produtos estrangeiros tem como fato gerador a saída destes no território nacional.

4. (MP/PI – Promotor de Justiça Substituto) (Adaptada). Com relação ao fato gerador dos impostos em espécie, assinale a opção correta com base na CF, na legislação específica e na jurisprudência:

(A) O saque em caderneta de poupança não atrai a incidência do imposto sobre operações de crédito, câmbio e seguro, nem sobre operações relativas a títulos e valores mobiliários, visto que a referida operação não se enquadra em seu fato gerador.

(B) O fato gerador do imposto sobre a renda e proventos de qualquer natureza ocorre, entre outras hipóteses, com a expectativa do direito a renda ou proventos pela realização de trabalho ou negócio jurídico remunerado.

(C) Na operação de importação de mercadorias do exterior, somente é devido o ICMS quando da entrada do produto importado no estabelecimento comercial do importador.

(D) Na operação de exportação de mercadorias, o fato gerador do imposto de exportação ocorre com a expedição da guia de exportação, ainda que esta não seja consumada, sendo, nesse caso, indevida a devolução do imposto pago.

5. (Procurador do Município de Carapicuíba/SP – INTEGRI/2010). São tributos federais:

(A) O imposto sobre a propriedade territorial rural e o imposto sobre a propriedade territorial e predial urbana.

(B) Exportação para o exterior de produtos nacionais ou nacionalizados (IE) e produtos industrializados (IPI).

(C) O imposto de renda e proventos de qualquer natureza e o imposto sobre serviços de qualquer natureza.

(D) O imposto sobre as operações de crédito, câmbio e seguro, ou relativas a títulos ou valores imobiliários e o imposto sobre transmissão *inter vivos* a qualquer título (ITBI).

GABARITO

1. **Alternativa (D).** A receita líquida do imposto destina-se à formação de reservas monetárias, na forma da lei.

Comentário: A alternativa **"D"** está correta, nos termos do art. 28 do CTN. A opção "A" está incorreta, de acordo com o art. 24, I, do CTN, quando a alíquota seja específica, a unidade de medida adotada pela lei tributária. A resposta "B" está incorreta, a competência é da União, conforme preveem os arts. 153, I, da CF e 23 do CTN. A justificativa "C" está incorreta, consoante preceitua o art. 153, § 1º, da CF.

2. **Alternativa (C).** Compete à União instituir nos Territórios Federais, os impostos atribuídos aos Estados e, se aqueles não forem divididos em Municípios, cumulativamente, os atribuídos a estes.

Comentário: A opção **"C"** está correta, conforme o art. 147 da CF. A resposta "A" está incorreta, nos termos do art. 153, I, da CF, a competência é da União. A justificativa "B" está incorreta, de acordo com o art. 153, II, da CF, a competência é da União. A letra "D" está incorreta, à luz do art. 51 do CTN. A alternativa "E" está incorreta, consoante previsão do art. 27 do CTN, o contribuinte do imposto é o exportador ou quem a lei a ele equiparar.

3. **Alternativa (D).** O imposto, de competência da União, sobre a importação de produtos estrangeiros tem como fato gerador a saída destes no território nacional.

Comentário: A questão pede a Incorreta. As alternativas "A" e "B" estão corretas, nos termos do artigo 147 da CF. A opção "C" também está correta, conforme artigo 16 do CTN. A letra **"D"** é a resposta incorreta, a assertiva confundiu-se com o fato gerador do Imposto de Exportação, com base no artigo 23 do CTN.

4. **Alternativa (A).** O saque em caderneta de poupança não atrai a incidência do imposto sobre operações de crédito, câmbio e seguro, nem sobre operações relativas a títulos e valores mobiliários, visto que a referida operação não se enquadra em seu fato gerador.

Comentário: A alternativa **"A"** é a resposta correta, consoante o entendimento do STF, Súmula n. 664: "É inconstitucional o inciso V do art. 1º da Lei 8.033/90, que instituiu a incidência do imposto nas operações de crédito, câmbio e seguros – IOF – sobre saques efetuados em caderneta de poupança". A opção "B" está incorreta, visto que o fato gerador do IR, segundo o artigo 43 do CTN, é "a aquisição da disponibilidade econômica ou jurídica: de renda, assim entendido o produto do capital, do trabalho ou da combinação de ambos; de proventos de qualquer natureza, assim entendidos os acréscimos patrimoniais não compreendidos no inciso anterior". A justificativa "C" está incorreta, o ICMS importação é devido no momento do desembaraço aduaneiro, de acordo com a Súmula n. 661 do STF: "na entrada de mercadoria importada do exterior, é legítima a cobrança do ICMS por ocasião do desembaraço aduaneiro". Referida Súmula foi recentemente convertida na Súmula Vinculante n. 48. A letra "D" está incorreta, o Parágrafo Único do artigo 213 do Decreto n. 6.759/2009 considera ocorrido o fato gerador para fins de cálculo do Imposto sobre Exportação na data do registro da declaração de exportação no Sistema Integrado de Comércio Exterior (SISCOMEX).

5. **Alternativa (B).** Exportação para o exterior de produtos nacionais ou nacionalizados (IE) e produtos industrializados (IPI).

Comentário: A opção "A" está incorreta, porque o IPTU é de competência municipal. A letra **"B"** é a assertiva correta, à luz do artigo 153, II e IV, da CF. A alternativa "C" está incorreta, pois a competência do ISS pertence ao Município. A resposta "D" também está incorreta, visto que a competência do ITBI pertence ao Município.

3. IMPOSTO SOBRE RENDA E PROVENTOS DE QUALQUER NATUREZA (IR)

3.1. Breve Contexto Histórico

Desde o ano de 1843, o Império já pretendia tributar a renda das pessoas.

Em 1867, foi publicada a Lei n. 1.507, de 26 de maio, que previa um Imposto sobre vencimentos em seu artigo 22. Mas a tentativa também acabou não dando certo.

Rui Barbosa, então Ministro da Fazenda, no ano de 1891, período em que foi editada a primeira Constituição da República no país, era favorável a uma tributação sobre a renda das pessoas. Porém, a Lei Maior da época não trouxe essa previsão. Com a República, o governo passou a sentir necessidade de uma fonte de renda que poderia ser suprida pela criação de um Imposto.

Em 1921, a Lei n. 4.440 então trouxe a previsão "Imposto sobre a Renda", contudo, ainda não considerava a capacidade contributiva do Sujeito Passivo.

Apenas com a Lei n. 4.625, publicada em 31 de dezembro de 1922 – em seu artigo 31 –, instituiu, finalmente, o Imposto sobre a Renda no Brasil, nos moldes como se conhece.

Houve alguns aprimoramentos na instituição desse tributo, cita-se que na Constituição de 1946, em seu art. 202, fora instituído o Princípio da Capacidade Contributiva, sendo aplicada para todos os tributos e não somente para os impostos, como atualmente consta na Constituição de 1988. Ademais, após a EC n. 18/65 adotou-se a tese do acréscimo patrimonial, configurado no aumento fruto do capital, trabalho ou combinação de ambos.

E, por fim, a Constituição de 1988 em seu artigo 153, III, manteve o Imposto de Renda na competência da União.

3.2. Previsão legal

- Art. 153, III e §2º da CF.
- Arts. 43 a 45 do CTN.
- Principais Leis n. 7.713/88, 9.250/95, 8.981/95, 9.430/96, 9.718/98, 11.941/2009, 12.973/2014, dentre outras.
- Decreto n. 3.000/99 – Conhecido como RIR – Regulamento do Imposto de Renda.

3.3. Hipótese de Incidência

3.3.1. Critério Material

Consoante determinação do artigo 43 do CTN, o fato gerador do IR se traduz pela aquisição da disponibilidade **econômica** ou **jurídica**: (i) de **renda**, assim entendido o produto do capital, do trabalho ou da combinação de ambos; (ii) de **proventos** de qualquer natureza, como os acréscimos patrimoniais não compreendidos no inciso I do artigo 43 do CTN. Dessa maneira, conclui-se que o critério material do IR se define pelo **acréscimo patrimonial**.

Nas palavras de Edmar Oliveira Andrade Filho[8], trata-se da disponibilidade que traduz a ideia de atualidade, de possibilidade de disposição sobre algo de forma incondicional, livre e desembaraçada. Para fins de tributação do Imposto de Renda poderá ser econômica ou jurídica.

Oscar Valente Cardoso diferencia a disponibilidade econômica da jurídica:

> A disponibilidade econômica ocorre com o recebimento da renda, a sua incorporação ao patrimônio, a possibilidade de utilizar, gozar ou dispor dela. Por sua vez, a disponibilidade jurídica dá-se com a aquisição de um direito não sujeito a condição suspensiva, ou seja, o acréscimo ao patrimônio ainda não economicamente disponível, mas já existe um título para o seu recebimento, como, por exemplo, os direitos de crédito (cheque, nota promissória etc.)[9].

Bulhões Pedreira[10] entende que a disponibilidade econômica se conceitua pelo poder de dispor efetivo e atual, de quem tem posse direta da renda, enquanto a disponibilidade jurídica é presumida por força de lei e abrange a aquisição virtual e não efetiva, do poder de dispor de renda, sendo disponibilidade quando já ocorreram todas as condições necessárias para que se torne efetiva.

O fato jurídico tributário do Imposto de Renda se consubstancia com a aquisição de renda ou provento que represente **riqueza nova**. No ponto de vista de Marçal Justen Filho, a renda consiste:

> (...) numa diferença que tem em mente a riqueza pré-existente, as despesas efetivadas para aquisição de riqueza nova e o ingresso que possa ser obtido a partir de então. Existem diversas teorias, até mesmo em nível de Direito Positivo, mas em todas elas prevalece esse conceito, prevalece a ideia de que há necessidade, para definir a renda, de distinguir o conjunto das despesas, o conjunto dos investimentos, o conjunto dos desembolsos efetivados relativamente ao conjunto das receitas que são produzidas a partir desse desembolso; ou eventualmente, até independentemente desse desembolso. Se nós considerarmos que renda é um conceito aberto, que renda é um conceito que tem a sua definição linear indeterminada, ainda assim não temos esse núcleo perfeito e inquestionável, sob pena de, não sendo assim, nós tributarmos ou o patrimônio ou o faturamento[11].

Dessa feita, para que ocorra a incidência do Imposto de Renda, deve-se realizar o cômputo de todos os valores que entram e que saem do patrimônio do Contribuinte. Se houver **acréscimo** de renda, haverá a incidência do IR, caso contrário, se existir um decréscimo, não há que se falar em incidência desse Imposto, por inexistir fato que se enquadre à hipótese da lei ensejadora da relação jurídico-tributária.

Roque Antonio Carrazza, ao definir o conceito de renda, esclarece que consiste necessariamente na disponibilidade de riqueza nova compreendida em dois momentos distintos. Na concepção do autor, "tanto a renda quanto os proventos de qualquer natureza pressupõem ações que revelem mais-valias, isto é, incrementos na capacidade contributiva". Conclui que:

8. FILHO, Edmar Oliveira Andrade. **Imposto de Renda das Empresas**. Atlas. São Paulo, 2010. p. 25.
9. **A Controversa Incidência do Imposto de Renda sobre Juros de Mora Decorrentes de Condenação Judicial**. **RDDT**, n. 153, p. 55, jun. 2008.
10. **Imposto sobre a renda:** pessoas jurídicas. Rio de Janeiro: Justec, 1979. v. 1, p. 119-120.
11. Periodicidade do Imposto de Renda I, Mesa de Debates. **Revista de Direito Tributário,** n. 63. São Paulo: Malheiros, p. 17.

"só diante de realidades econômicas novas, que se incorporam ao patrimônio da pessoa (...) é que podemos juridicamente falar em renda ou proventos de qualquer natureza"[12].

Por sua vez, na visão do STJ, disponibilidade econômica configura acréscimo de renda ou proventos de qualquer natureza ainda que não exigível ou não vencido, nos termos da jurisprudência a seguir:

> PROCESSUAL CIVIL E TRIBUTÁRIO. VIOLAÇÃO DO ART. 535 DO CPC INEXISTENTE. FALTA DE PREQUESTIONAMENTO. SÚMULA 211/STJ. IMPOSTO DE RENDA PESSOA JURÍDICA. CONTRIBUIÇÃO SOCIAL SOBRE O LUCRO. LUCROS AUFERIDOS POR EMPRESAS CONTROLADAS SITUADAS NO EXTERIOR. DISPONIBILIDADE JURÍDICA DA RENDA. ART. 74 DA MP. N. 2.158-35/2001. HIPÓTESE DE INCIDÊNCIA CONTIDA NO CAPUT DO ART. 43 DO CTN. PRECEDENTES. (...) 4. "**Para que haja a disponibilidade econômica, basta que o patrimônio resulte economicamente acrescido por um direito, ou por um elemento material, identificável como renda ou como proventos de qualquer natureza. Não importa que o direito ainda não seja exigível (um título de crédito ainda não vencido), ou que o crédito seja de difícil e duvidosa liquidação (contas a receber). O que importa é que possam ser economicamente avaliados e, efetivamente, acresçam ao patrimônio**" (Zuudi Sakakihara in "Código Tributário Nacional Comentado", coordenador Vladimir Passos de Freitas, Ed. RT, p. 133). 5. "**Não se deve confundir disponibilidade econômica com disponibilidade financeira da renda ou dos proventos de qualquer natureza. Enquanto esta última se refere à imediata 'utilidade' da renda, a segunda está atrelada ao simples acréscimo patrimonial, independentemente da existência de recursos financeiros**" (REsp 983.134/RS, rel. Min. Castro Meira, Segunda Turma, julgado em 3.4.2008, **DJe** de 17.04.2008). 6. "Não é necessário que a renda se torne efetivamente disponível (disponibilidade financeira) para que se considere ocorrido o fato gerador do imposto de renda, limitando-se a lei a exigir a verificação do acréscimo patrimonial (disponibilidade econômica). No caso, o incremento patrimonial verificado no balanço de uma empresa coligada ou controlada no exterior representa a majoração, proporcionalmente à participação acionária, do patrimônio da empresa coligada ou controladora no Brasil." (REsp 983.134/RS, rel. Min. Castro Meira, Segunda Turma, julgado em 3.4.2008, **DJe** de 17.04.2008) 7. O julgamento do REsp 1.211.822/RJ, relatoria do Min. Mauro Campbell Marques, reiterou a legalidade de tributação do IRPJ e da CSLL sobre os lucros auferidos pelas empresas brasileiras investidoras, sobre empresas investidas no exterior, destacando a ilegalidade somente quanto ao art. 7º da IN SRF 213/02, ao determinar a incidência tributária sobre a integralidade da variação positiva, pois a existência de balanço patrimonial positivo não acarreta, necessariamente, em lucro. Recurso especial conhecido em parte e improvido. (REsp 1222719/RS, rel. Min. Humberto Martins, **DJe** de 10.05.2011) (grifos nossos).

A identificação do patrimônio já existente do Contribuinte faz-se necessária, uma vez que muitos valores recebidos constituem mera recomposição patrimonial do sujeito, não caracterizando, assim, riqueza nova e, certamente, não estariam sujeitos à incidência do IR.

Logo, ainda que haja um "acréscimo patrimonial", o mesmo **não** será tributado se for decorrente de **indenização**, isso porque a indenização tem por finalidade a compensação de um prejuízo suportado pelo indenizado, ou seja, reparar o dano causado em virtude de uma relação pré-constituída.

---

12. A natureza meramente interpretativa do art. 129 da Lei n. 11.196/2005, o imposto de renda, a contribuição previdenciária e as sociedades de serviços profissionais. **RDDT**, n. 154, p. 109, jul. 2008.

O valor recebido pela indenização visa, tão somente, a restabelecer o equilíbrio patrimonial em função do valor que representa o prejuízo, não consistindo, portanto, efetivo incremento patrimonial. Por esse motivo não se pode falar em incidência do Imposto de Renda sobre parcelas recebidas a título de indenização. Nesse sentido, confira o posicionamento do Superior Tribunal de Justiça:

> PROCESSUAL CIVIL E TRIBUTÁRIO. IMPOSTO DE RENDA. INDENIZAÇÃO DECORRENTE DE DESAPROPRIAÇÃO. ACÓRDÃO EM CONSONÂNCIA COM O ENTENDIMENTO CONSOLIDADO NO JULGAMENTO DO RESP N. 1.116.460/SP, JULGADO PELO RITO DOS RECURSOS REPETITIVOS. ART. 543-C DO CPC.
>
> 1. A incidência do imposto de renda pressupõe acréscimo patrimonial. Nesse caso, qualquer pagamento que possua caráter indenizatório ficará resguardado da incidência da exação, posto que **a indenização representa reposição do patrimônio, e não acréscimo patrimonial**. (...) (AgRg no REsp n. 1239613, rel. Min. Humberto Martins, **DJ** de 26.04.2011) (grifos nossos).

Com o propósito de esclarecer, a indenização tem por fim compensar o dano, que seria uma lesão (diminuição ou destruição) que, por causa de um determinado evento, sofre uma pessoa, contra sua vontade, em qualquer bem ou interesse jurídico, patrimonial ou moral.

Da lição de Antonio Jeová Santos extrai-se o conceito de dano:

> Dano é prejuízo. É diminuição de patrimônio ou detrimento a afeições legítimas, todo ato que diminua ou cause menoscabo aos bens materiais ou imateriais, pode ser considerado dano.
>
> Traduzindo o resultado de uma certa conduta do ser humano suscetível de lesionar um interesse tutelado do ponto de vista jurídico, dano também é perda. Se o prejuízo recai sobre um ganho, mola propulsora do empobrecimento, diz-se que é dano emergente. Se, ao contrário, a perda diz respeito a uma utilidade esperada, ao impedimento de aumento no patrimônio ou ganhos que são frustrados, está-se diante de lucros cessantes[13].

O dano, na verdade, nada mais é que o sentido econômico de diminuição ocorrida ao patrimônio de alguém, por ato ou fato estranho à sua vontade, equivalente a prejuízo, sendo compensado pela indenização, retribuição monetária para ressarcir as perdas obtidas.

Do **Vocabulário jurídico** de Plácido e Silva retira-se o conceito de indenização:

> **É, portanto, em sentido amplo, toda reparação ou contribuição pecuniária, que se efetiva para satisfazer um pagamento, a que se está obrigado ou que se apresenta como um dever jurídico.** Traz a finalidade de integrar o patrimônio da pessoa daquilo de que se desfalcou pelos desembolsos, de recompô-lo pelas perdas ou prejuízos sofridos (danos), ou ainda de acrescê-lo dos proventos, a que faz jus a pessoa, pelo seu trabalho. Em qualquer aspecto em que se apresente, constituindo um direito, que deve ser atendido por quem, correlatamente, se colocou na posição de cumpri-lo, corresponde sempre a uma compensação de caráter monetário, a ser atribuída ao patrimônio da pessoa[14]. (grifos nossos)

Dessa forma, valores recebidos a título de indenização não devem se sujeitar à incidência do Imposto de Renda. Recentemente, o STJ compreendeu que não incide o referido Imposto nem mesmo sobre valores recebidos por danos morais, o que resultou na publicação da Súmula n. 498, *in verbis*: *"Súmula n. 498. Não incide imposto de renda sobre a indenização por danos morais"*.

---

13. SANTOS, Antonio Jeová. **Dano moral indenizável.** São Paulo: Ed. Lejus, 1997. p. 17.
14. Op. cit., p. 425.

Outrossim, o STJ considera como verbas indenizatórias e, que por esse motivo, não se sujeitam à incidência do IR: valores recebidos a título de demissão voluntária, título de aposentadoria voluntária, indenização por dano moral, as indenizações de férias proporcionais e o respectivo adicional.

Para melhor percepção, segue a reprodução da ementa e súmulas desse Egrégio Tribunal:

> (...) IMPOSTO DE RENDA. VERBA DENOMINADA "PRÊMIO APOSENTADORIA". SÚMULA N. 215/STJ. APLICAÇÃO POR ANALOGIA. PRECEDENTES ESPECÍFICOS. EMBARGOS ACOLHIDOS PARA, CONHECENDO DO RECURSO ESPECIAL, NEGAR-LHE PROVIMENTO. 1. A Corte Especial do Superior Tribunal de Justiça firmou compreensão segundo a qual o fato de não ter interposto recurso voluntário pela Fazenda Pública contra a sentença não impede o conhecimento da questão de direito federal ventilada no recurso especial, discutida em reexame necessário, não havendo falar em preclusão lógica. 2. "A indenização recebida pela adesão ao programa de incentivo à demissão voluntária não está sujeita à incidência do imposto de renda" (Súmula n. 215/STJ). 3. "Aplica-se, por analogia, a inteligência do enunciado da Súmula n. 215/STJ às verbas relativas ao denominado 'Prêmio Aposentadoria' ou aposentadoria premiada, por se equivaler à aposentadoria incentivada" (AgRg no REsp n. 1.073.929/RJ, rel. Min. Humberto Martins, 2ª Turma, **DJe** de 05.11.2008). 4. Embargos de declaração acolhidos para, conhecendo do recurso especial, negar-lhe provimento (EDcl no REsp n. 856.641/RJ, rel. Min. Arnaldo Esteves Lima, 1ª Turma, julgado em 03.02.2011, **DJe** de 17.02.2011).
>
> **Súmula n. 215 do STJ.** A indenização recebida pela adesão a programa de incentivo à demissão voluntária não está sujeita à incidência do imposto de renda.
>
> **Súmula n. 386 do STJ.** São isentas de imposto de renda as indenizações de férias proporcionais e o respectivo adicional.
>
> **Súmula n. 498 do STJ.** Não incide imposto de renda sobre a indenização por danos morais.

Oportuno esclarecer que em que pese o STJ entender que não deve incidir IR sobre os valores recebidos a título de aposentadoria voluntária, compreende ser devido o IR na **complementação** de aposentadoria recebida por ocasião de incentivo, para assegurar paridade com o salário da ativa, assim como a prevista em dissídio coletivo.

Deve-se, ainda, levar em consideração que não será a nomenclatura "indenizatória" atribuída à referida verba que definirá a incidência ou não do IR. Isso tudo para evitar que as partes, por sua própria liberalidade, assim acordem em denominar de indenizatória, o que seria, na verdade, verba remuneratória. Portanto, se considerará a natureza real da verba, para se determinar a natureza.

Por outro lado, sobre os valores recebidos a título de **horas extras**, conforme o parecer do STJ deverá incidir IR. *"Súmula n. 463. Incide imposto de renda sobre os valores percebidos a título de indenização por horas extraordinárias trabalhadas, ainda que decorrentes de acordo coletivo".*

Nos julgados precedentes que ensejaram a referida Súmula, pode-se identificar que o Egrégio Tribunal entendeu que as Horas Extras configuram acréscimos patrimoniais, de modo a se enquadrar com o fato gerador do Imposto de Renda contido no art. 43 do CTN, conforme jurisprudência a seguir:

> *TRIBUTÁRIO. IMPOSTO DE RENDA. PETROBRÁS. HORAS-EXTRAS. INDENIZAÇÃO DE HORAS TRABALHADAS. NATUREZA. REGIME TRIBUTÁRIO DAS INDENIZAÇÕES. PRECEDENTES. 1. O imposto sobre renda e proventos de qualquer*

> *natureza tem como fato gerador, nos termos do art. 43 e seus parágrafos do CTN, os 'acréscimos patrimoniais', assim entendidos os acréscimos ao patrimônio material do contribuinte. 2. A Primeira Seção, no julgamento do recurso dos Embargos de Divergência 695.499/RJ (Min. Herman Benjamin,* **DJ** *de 24.09.2007), assentou o entendimento de que o pagamento a título de horas extraordinárias, ainda que efetuado por força de acordo coletivo, configura acréscimo patrimonial e, portanto, é fato gerador de imposto de renda. 3. Embargos de divergência conhecidos e desprovidos (EREsp 666288/RN, Ministro TEORI ALBINO ZAVASCKI,* **DJe** *de 09.06.2008).*

O STJ igualmente concluiu que os **juros de mora** recebidos em demandas trabalhistas judiciais, em que não ocorre o rompimento do vínculo empregatício, deverá sempre seguir a sorte do principal. Desse modo, se sobre o principal incide IR, recairá também sobre os juros que seguirem esses valores. Da mesma forma, se sobre as verbas do principal não incidirem IR, sobre os juros de mora que os seguirem, também não recairá IR. Já nas demandas trabalhistas decorrentes de **rescisão** de contrato de trabalho não deve incidir o IR sobre os juros de mora, independentemente de ser a verba principal tributada ou não.

Essa conclusão do STJ se deve em virtude de a legislação desse Imposto estabelecer, nos termos do artigo 16, Parágrafo Único, da Lei n. 4.506/64 que: "Serão também classificados como rendimentos de trabalho assalariado os juros de mora e quaisquer outras indenizações pelo atraso no pagamento das remunerações previstas neste artigo". Assim, da interpretação desse dispositivo, compreendeu que os juros de mora caracterizam lucros cessantes.

Cumpre citar também que conforme dispõe o artigo 6º, V, da Lei n. 7.713/88, não incide imposto de renda sobre juros de mora oriundos de decisão judicial condenatória proferida em Reclamação Trabalhista, **no contexto de rescisão contratual.**

Em síntese, pode-se dizer que o Imposto de Renda com relação aos juros de mora, **em regra**, incidirá. No entanto, em razão do artigo 16, Parágrafo Único, da Lei n. 4.506/64, há duas exceções:

1ª	Não há Imposto de Renda sobre juros de mora decorrentes de verbas trabalhistas pagas no contexto de despedida ou rescisão de contrato de trabalho, consoante o art. 6º, inciso V, da Lei n. 7.713/88.
2ª	São isentos da exação os juros de mora sobre verba principal isenta ou fora do campo do IR, conforme a regra do *accessorium sequitur suum principale*.

Os juros de mora devidos em decorrência de depósitos em demandas judiciais, quando levantados pelo Contribuinte, também se sujeitam à incidência do Imposto de Renda.

No tocante especificamente ao critério material do Imposto de Renda, bem como seu prazo decadencial, a prova do Ministério Público Federal, aplicada em 2012 – 26º Concurso –, apresentou as seguintes questões:

Exemplos de questões sobre o tema

▶ **(MPF – 26º Concurso – 2012).** O Imposto sobre a Renda e Proventos de qualquer natureza tem como fato gerador a aquisição de disponibilidade econômica ou jurídica (CTN, art. 43). Disponibilidade jurídica. Conceito. (Máximo de 15 linhas). Indicar dois exemplos.

► **(MPF – 26º Concurso – 2012). Imposto de Renda.** Lançamento por homologação. Indique o "dies a quo" (data certa) do prazo decadencial para a Fazenda Pública homologar, tácita ou expressamente, ou constituir o crédito tributário, nos casos de declaração de rendimentos realizada em 30 de abril de 2011, ano calendário 2010, uma com antecipação de pagamento e a outra sem pagamento.

Observe-se que o candidato deve se atentar em descrever o conceito contido no art. 43 do CTN, de modo a abordar cada um dos elementos componentes do fato gerador do IR, bem como citar dois exemplos que podem se enquadrar como fato gerador do Imposto de Renda, como visto nesse Subitem.

Ademais, na segunda questão, a banca cobrou o conhecimento da aplicação do prazo Decadencial no imposto sujeito ao lançamento por homologação, no caso de haver o pagamento antecipado – aplicando-se o art. 150, § 4º, do CTN – e no caso de não existir recolhimento, devendo-se aplicar o art. 173, I, do CTN, em conformidade com o entendimento doutrinário e jurisprudencial, nos termos do estudado no Capítulo 7.

Para melhor compreensão, insta mencionar um exemplo, imagine que determinado contribuinte, pessoa física, deveria ter recolhido R$ 1.000,00 de IR referente ao ano de 2014, porém recolheu apenas R$ 100,00. Nesse caso, por ter recolhido uma parte do valor devido, contar-se-á o prazo decadencial pela regra do art. 150, § 4º, do CTN, ou seja, cinco anos da ocorrência do fato gerador. O fato gerador do IR pessoa física é o dia 31 de dezembro de todo ano, nesse exemplo temos que o fato gerador ocorreu no dia 31.12.2014, logo a decadência ocorrerá no dia 31.12.2019.

Agora, se o contribuinte não recolher nenhum valor referente ao imposto de renda de 2014, o prazo será computado pela regra do art. 173, I, do CTN, pois em que pese ser tributo sujeito a lançamento por homologação estamos frente à ausência de pagamento. Assim, devemos contar cinco anos do primeiro dia do exercício seguinte aquele que poderia ter ocorrido o lançamento. Ao considerar que o fato gerador ocorreu no dia 31.12.2014, o contribuinte só entregaria sua declaração de IR em abril do ano seguinte, 2015. Apenas a partir desse momento é que o fisco poderia, então, realizar o lançamento, logo o início da contagem do prazo decadencial seria em 1º.01.2016, ocorrendo, portanto, a decadência apenas em 1º.01.2021.

Sobre a contagem de prazo decadencial referente ao Imposto de Renda, segue abaixo ementas de decisões do STJ sobre o assunto:

> TRIBUTÁRIO. IMPOSTO DE RENDA. LANÇAMENTO POR HOMOLOGAÇÃO. PAGAMENTO A MENOR. INCIDÊNCIA DO ART. 150, § 4º, DO CTN. FATO GERADOR COMPLEXIVO. DECADÊNCIA AFASTADA.
>
> 1. Na hipótese de tributo sujeito a lançamento por homologação, quando o contribuinte constitui o crédito, mas efetua pagamento parcial, sem constatação de dolo, fraude ou simulação, o termo inicial da decadência é o momento do fato gerador. Aplica-se exclusivamente o art. 150, § 4º, do CTN, sem a possibilidade de cumulação com o art. 173, I, do mesmo diploma (REsp 973.733/SC, rel. Min. Luiz Fux, Primeira Seção, **DJe** de 18.09.2009, submetido ao regime do art. 543-C do CPC).
>
> 2. O imposto de renda é tributo cujo fato gerador tem natureza complexiva. Assim, a completa materialização da hipótese de incidência de referido tributo ocorre apenas em 31 de dezembro de cada ano-calendário.

3. Hipótese em que a renda auferida ocorreu em fevereiro de 1993 e o lançamento complementar se efetivou em 25.03.1998, o seja, dentro do prazo decadencial de 05 (cinco) anos, uma vez que este se findava apenas em 31.12.1998. Decadência afastada.

4. Agravo regimental não provido.

(AgRg no AgRg no Ag 1395402/SC, rel.ª Min.ª Eliana Calmon, Segunda Turma, julgado em 15.10.2013, **DJe** de 24.10.2013)

TRIBUTÁRIO. IRPF. ACRÉSCIMO PATRIMONIAL A DESCOBERTO. COMPROVAÇÃO DA ORIGEM DOS RENDIMENTOS. SÚMULA 7/STJ. DISPOSITIVOS LEGAIS IMPERTINENTES. SÚMULA 284/STF. DECADÊNCIA. TERMO INICIAL. AUSÊNCIA DE PAGAMENTO. ART. 173, I, DO CPC.

1. Cuida-se, originariamente, de Ação Anulatória que pretende desconstituir lançamento de imposto sobre a renda de pessoa física decorrente de acréscimo patrimonial a descoberto relativo a 1994 e 1995.

2. Não está configurada a ofensa ao art. 535 do Código de Processo Civil, uma vez que o Tribunal local julgou integralmente a lide e solucionou a controvérsia, tal como lhe foi apresentada.

3. O Tribunal a quo, mediante análise da prova documental produzida pelo contribuinte, concluiu pela comprovação parcial da origem dos rendimentos tributados. A reforma de tal entendimento demanda revolvimento fático-probatório, o que é vedado pela Súmula 7/STJ.

4. Da mesma forma, o exame das alegadas nulidades havidas no processo administrativo-fiscal exigem revolvimento de prova documental, uma vez que o Tribunal a quo atestou que "os documentos acostados aos autos demonstram que, ao demandante, foram conferidas todas as oportunidades de manifestação, nas diversas fases do processo administrativo, tendo sido devidamente observadas as formalidades do Decreto 70.235/72" (fl. 592).

5. Os arts. 333, I, do CPC e 204 do CTN – que disciplinam o ônus da prova e a presunção de certeza e liquidez da CDA – não possuem carga normativa suficiente para amparar a tese da Fazenda Nacional, no sentido da necessidade de averbação do contrato na matrícula do imóvel. Incide, por analogia, a Súmula 284/STF.

6. De acordo com a jurisprudência consolidada do STJ, a decadência do direito de constituir o crédito tributário é regida pelo art.

173, I, do CTN, quando se trata de tributo sujeito a lançamento por homologação e o contribuinte não realiza o respectivo pagamento parcial antecipado (REsp 973.733/SC, rel. Min. Luiz Fux, Primeira Seção, **DJe** de 18.09.2009, submetido ao art. 543-C do CPC).

7. *In casu*, ocorrido o fato gerador em 31 de dezembro de 1994, o lançamento somente poderia ter sido realizado no decorrer do ano de 1995, de modo que o termo inicial da decadência é 1° de janeiro de 1996. Como o prazo decadencial de cinco anos se encerraria em 31 de dezembro de 2000, e a constituição do crédito tributário deu-se em junho de 2000 (fl. 593), não há falar em decadência do direito de lançar o tributo.

8. Agravos Regimentais não providos.

(AgRg no AREsp 252.942/PE, rel. Min. HERMAN Benjamin, Segunda Turma, julgado em 06.06.2013, **DJe** de 12.06.2013).

3.3.2. Critério Temporal

No tocante ao Imposto de Renda Pessoa Física considera-se ocorrido o fato gerador do IR no dia 31 de dezembro do ano-base.

No caso de Pessoa Física, o critério temporal ocorre no dia 31 de dezembro de todo ano, porém, será no exercício seguinte que deverá ser entregue a **declaração** anual de ajuste do Imposto. Assim, no exercício subsequente será apurado o imposto efetivamente devido, compensando-se o que já foi objeto de adiantamento mensal durante o ano-base – seja pelo pagamento do carnê-leão ou pela retenção na fonte – ou recolhendo, ou ainda, recolhendo a diferença do tributo pago a menor.

No caso de Pessoa Jurídica, o fato gerador também ocorre no dia 31 de dezembro do ano-base se o Contribuinte optou pelo regime de tributação que permite o recolhimento anual com antecipações mensais – art. 221 do RIR (Decreto n. 3.000/99). Entretanto, se a Pessoa Jurídica optou pelo regime de apuração trimestral, o fato gerador acontecerá ao final de cada trimestre do ano civil – art. 220 do RIR (Decreto n. 3.000/99).

3.3.3. Critério Espacial

O critério espacial abrange o território nacional, mas também alcança fatos geradores que não ocorrem no Brasil, prestigiando assim o Princípio da **Extraterritorialidade**, como se pode observar no artigo 43, §§ 1º e 2º, do CTN:

> **Art. 43.** (...) § 1º A incidência do imposto independe da denominação da receita ou do rendimento, da localização, condição jurídica ou nacionalidade da fonte, da origem e da forma de percepção. § 2º Na hipótese de receita ou de rendimento oriundos do exterior, a lei estabelecerá as condições e o momento em que se dará sua disponibilidade, para fins de incidência do imposto referido neste artigo.

No mesmo sentido, tem-se a Lei n. 7.713/88, art. 3º, § 4º, que determina o critério da extraterritorialidade para o Imposto de Renda das Pessoas Físicas, e o artigo 25 da Lei n. 9.249/95 para as Pessoas Jurídicas.

Vale mencionar também, que as Pessoas Físicas que declararem rendimentos provenientes de fontes situadas no exterior poderão deduzir o Imposto de Renda apurado quanto aos rendimentos percebidos no Brasil, do cobrado pelo país de origem, desde que atendidas determinadas condições, conforme prescreve o art. 103 do RIR (Decreto 3.000/99):

> **Art. 103.** As pessoas físicas que declararem rendimentos provenientes de fontes situadas no exterior poderão deduzir, do imposto apurado na forma do art. 86, o cobrado pela nação de origem daqueles rendimentos, desde que (Lei n. 4.862, de 1965, art. 5º, e Lei n. 5.172, de 1966, art. 98):
>
> I – em conformidade com o previsto em acordo ou convenção internacional firmado com o país de origem dos rendimentos, quando não houver sido restituído ou compensado naquele país; ou
>
> II – haja reciprocidade de tratamento em relação aos rendimentos produzidos no Brasil.
>
> **§ 1º** A dedução não poderá exceder a diferença entre o imposto calculado com a inclusão daqueles rendimentos e o imposto devido sem a inclusão dos mesmos rendimentos.
>
> **§ 2º** O imposto pago no exterior será convertido em Reais mediante utilização do valor do dólar dos Estados Unidos da América informado para compra pelo Banco Central do Brasil para o último dia útil da primeira quinzena do mês anterior ao do recebimento do rendimento (Lei n. 9.250, de 1995, art. 6º).

Salienta-se que, conforme determina o § 1º do referido dispositivo, a dedução não poderá exceder a diferença entre o imposto calculado com a inclusão daqueles rendimentos e o imposto devido sem a inclusão dos mesmos rendimentos.

3.4. Consequente Tributário

3.4.1. Critério Pessoal

3.4.1.1. Sujeito Ativo

O sujeito ativo do IR é a União.

3.4.1.2. Sujeito Passivo

Segundo dispõe o art. 45 do CTN o "Contribuinte do imposto é o titular da disponibilidade a que se refere o artigo 43, sem prejuízo de atribuir a lei essa condição ao possuidor, a qualquer título, dos bens produtores de renda ou dos proventos tributáveis". Ademais, conforme rege o Parágrafo Único do mesmo artigo, "a lei pode atribuir à fonte pagadora da renda ou dos proventos tributáveis a condição de responsável pelo imposto cuja retenção e recolhimento lhe caibam".

Mais especificamente, tratam-se de Contribuintes do Imposto sobre Renda ou Proventos de Qualquer Natureza, as **pessoas físicas** residentes ou domiciliadas no Brasil; aquelas residentes no exterior, que recebam rendas ou proventos de qualquer natureza no Brasil, e as **pessoas jurídicas** com sede no Brasil, conforme determinam os artigos 2º e 3º do Decreto n. 3.000/99:

> **Art. 2º** As pessoas físicas domiciliadas ou residentes no Brasil, titulares de disponibilidade econômica ou jurídica de renda ou proventos de qualquer natureza, inclusive rendimentos e ganhos de capital, são contribuintes do imposto de renda, sem distinção da nacionalidade, sexo, idade, estado civil ou profissão (Lei n. 4.506, de 30 de novembro de 1964, art. 1º, Lei n. 5.172, de 25 de outubro de 1966, art. 43, e Lei n. 8.383, de 30 de dezembro de 1991, art. 4º). **§ 1º** São também contribuintes as pessoas físicas que perceberem rendimentos de bens de que tenham a posse como se lhes pertencessem, de acordo com a legislação em vigor (Decreto-Lei n. 5.844, de 23 de setembro de 1943, art. 1º, parágrafo único, e Lei n. 5.172, de 1966, art. 45). **§ 2º** O imposto será devido à medida que os rendimentos e ganhos de capital forem percebidos, sem prejuízo do ajuste estabelecido no art. 85 (Lei n. 8.134, de 27 de dezembro de 1990, art. 2º).
>
> **Art. 3º** A renda e os proventos de qualquer natureza percebidos no País por residentes ou domiciliados no exterior ou a eles equiparados, conforme o disposto nos arts. 22, § 1º, e 682, estão sujeitos ao imposto de acordo com as disposições do Livro III" (Decreto-lei n. 5.844, de 1943, art. 97, e Lei n. 7.713, de 22 de dezembro de 1988, art. 3º, § 4º).

Ressalta-se que as pessoas físicas que percebem rendimentos de outras pessoas físicas devem providenciar o pagamento mensal do Imposto de Renda mediante carnê-leão. Se os valores forem recebidos por pessoas jurídicas, haverá a retenção na fonte, consoante disciplina o artigo 7º da Lei n. 7.713/88.

3.4.2. Critério Quantitativo

3.4.2.1. Base de Cálculo

Segundo prescreve o art. 44 do CTN, "a base de cálculo do imposto é o montante, real, arbitrado ou presumido, da renda ou dos proventos tributáveis".

A base de cálculo do IR se configura pelo valor do **acréscimo patrimonial** auferido no exercício financeiro, em decorrência de rendas ou proventos de qualquer natureza, como determina o artigo 3º da Lei n. 7.713/88:

> **Art. 3º** O imposto incidirá sobre o rendimento bruto, sem qualquer dedução, ressalvado o disposto nos arts. 9º a 14 desta Lei. **§ 1º.** Constituem rendimento bruto todo o produto do capital, do trabalho ou da combinação de ambos, os alimentos e pensões percebidos em dinheiro, e ainda os proventos de qualquer natureza, assim também entendidos os acréscimos patrimoniais não correspondentes aos rendimentos declarados. **§ 2º.** Integrará o rendimento bruto, como ganho de capital, o resultado da soma dos ganhos auferidos no mês, decorrentes de alienação de bens ou direitos de qualquer natureza, considerando-se como ganho a diferença positiva entre o valor de transmissão do bem ou direito e o respectivo custo de aquisição corrigido monetariamente, observado o disposto nos arts. 15 a 22 desta Lei. **§ 3º.** Na apuração do ganho de capital serão consideradas as operações que importem alienação, a qualquer título, de bens ou direitos ou cessão ou promessa de cessão de direitos à sua aquisição, tais como as realizadas por compra e venda, permuta, adjudicação, desapropriação, dação em pagamento, doação, procuração em causa própria, promessa de compra e venda, cessão de direitos ou promessa de cessão de direitos e contratos afins. **§ 4º.** A tributação independe da denominação dos rendimentos, títulos ou direitos, da localização, condição jurídica ou nacionalidade da fonte, da origem dos bens produtores da renda, e da forma de percepção das rendas ou proventos, bastando, para a incidência do imposto, o benefício do contribuinte por qualquer forma e a qualquer título(...).

Importante registrar que para se encontrar o valor efetivamente devido de IR, a legislação possibilita determinadas deduções dispostas no Regulamento do Imposto de Renda e legislação esparsa, com o intuito de confirmar a observância ao Princípio da Capacidade Contributiva.

Em relação à pessoa jurídica, informa-se que essa pode recolher o Imposto sobre Renda ou Proventos de Qualquer Natureza com base no lucro **real**, **presumido** ou **arbitrado**. Porém, aquelas enquadradas no artigo 14 da Lei n. 9.718/98 só poderão recolher o IR com base no lucro real.

> Lei nº 9.718/98 (...)
>
> Art. 14. Estão obrigadas à apuração do lucro real as pessoas jurídicas:
>
> I – cuja receita total no ano-calendário anterior seja superior ao limite de R$ 78.000.000,00 (setenta e oito milhões de reais) ou proporcional ao número de meses do período, quando inferior a 12 (doze) meses; (Redação dada pela Lei nº 12.814, de 2013) (Vigência)
>
> II – cujas atividades sejam de bancos comerciais, bancos de investimentos, bancos de desenvolvimento, caixas econômicas, sociedades de crédito, financiamento e investimento, sociedades de crédito imobiliário, sociedades corretoras de títulos, valores mobiliários e câmbio, distribuidoras de títulos e valores mobiliários, empresas de arrendamento mercantil, cooperativas de crédito, empresas de seguros privados e de capitalização e entidades de previdência privada aberta;
>
> III – que tiverem lucros, rendimentos ou ganhos de capital oriundos do exterior;
>
> IV – que, autorizadas pela legislação tributária, usufruam de benefícios fiscais relativos à isenção ou redução do imposto;
>
> V – que, no decorrer do ano-calendário, tenham efetuado pagamento mensal pelo regime de estimativa, na forma do art. 2° da Lei n° 9.430, de 1996;
>
> VI – que explorem as atividades de prestação cumulativa e contínua de serviços de assessoria creditícia, mercadológica, gestão de crédito, seleção e riscos, administração de contas a pagar

e a receber, compras de direitos creditórios resultantes de vendas mercantis a prazo ou de prestação de serviços (*factoring*).

VII – que explorem as atividades de securitização de créditos imobiliários, financeiros e do agronegócio. (Incluído pela Lei nº 12.249, de 2010)

A tributação pelo **lucro real** consiste na que mais se aproxima do lucro obtido pela pessoa jurídica, uma vez que se apura após as deduções possíveis pela legislação tributária – art. 247 do RIR (Decreto n. 3.000/99).

O lucro **presumido**, por sua vez, se define como uma opção da pessoa jurídica que não esteja obrigada pela lei ao recolhimento pelo lucro real. As pessoas jurídicas autorizadas a optar pelo lucro presumido farão apurações trimestrais, encerrados nos dias 31 de março, 30 de junho, 30 de setembro e 31 de dezembro de cada ano-calendário. Com base no faturamento da empresa aplica-se um percentual, fixado em lei, o qual presumidamente corresponderá ao lucro auferido pela pessoa jurídica, à luz do artigo 15 da Lei n. 9.249/95:

Art. 15. A base de cálculo do imposto, em cada mês, será determinada mediante a aplicação do percentual de 8% (oito por cento) sobre a receita bruta auferida mensalmente, observado o disposto no art. 12 do Decreto-Lei no 1.598, de 26 de dezembro de 1977, deduzida das devoluções, vendas canceladas e dos descontos incondicionais concedidos, sem prejuízo do disposto nos arts. 30, 32, 34 e 35 da Lei no 8.981, de 20 de janeiro de 1995. (Redação dada pela Lei nº 12.973, de 2014)§ 1º Nas seguintes atividades, o percentual de que trata este artigo será de: I – um inteiro e seis décimos por cento, para a atividade de revenda, para consumo, de combustível derivado de petróleo, álcool etílico carburante e gás natural; II – dezesseis por cento: a) para a atividade de prestação de serviços de transporte, exceto o de carga, para o qual se aplicará o percentual previsto no *caput* deste artigo; b) para as pessoas jurídicas a que se refere o inciso III do art. 36 da Lei n. 8.981, de 20 de janeiro de 1995, observado o disposto nos §§ 1º e 2º do art. 29 da referida Lei; III – trinta e dois por cento, para as atividades de: a) prestação de serviços em geral, exceto a de serviços hospitalares e de auxílio diagnóstico e terapia, patologia clínica, imagenologia, anatomia patológica e citopatologia, medicina nuclear e análises e patologias clínicas, desde que a prestadora destes serviços seja organizada sob a forma de sociedade empresária e atenda às normas da Agência Nacional de Vigilância Sanitária – Anvisa (Redação dada pela Lei n. 11.727, de 2008); b) intermediação de negócios; c) administração, locação ou cessão de bens imóveis, móveis e direitos de qualquer natureza; d) prestação cumulativa e contínua de serviços de assessoria creditícia, mercadológica, gestão de crédito, seleção de riscos, administração de contas a pagar e a receber, compra de direitos creditórios resultantes de vendas mercantis a prazo ou de prestação de serviços (*factoring*). § 2º No caso de atividades diversificadas será aplicado o percentual correspondente a cada atividade. § 3º As receitas provenientes de atividade incentivada não comporão a base de cálculo do imposto, na proporção do benefício a que a pessoa jurídica, submetida ao regime de tributação com base no lucro real, fizer jus. § 4º O percentual de que trata este artigo também será aplicado sobre a receita financeira da pessoa jurídica que explore atividades imobiliárias relativas a loteamento de terrenos, incorporação imobiliária, construção de prédios destinados à venda, bem como a venda de imóveis construídos ou adquiridos para a revenda, quando decorrente da comercialização de imóveis e for apurada por meio de índices ou coeficientes previstos em contrato (Incluído pela Lei n. 11.196, de 2005).

Sobre tal base de cálculo presumida (porque o lucro pode ter sido maior ou menor que o percentual da receita) se aplica a alíquota do IR e se encontra o *quantum* devido.

O lucro **arbitrado** será utilizado apenas quando o Sujeito Passivo, com base na tributação sob o regime do lucro real ou presumido, não atender às exigências que a legislação impõe à apuração do lucro para cada uma das modalidades – arts. 529 e seguintes do Decreto n.

3.000/99. Utiliza-se, por exemplo, quando houver fraude ou vícios que possam comprometer a idoneidade da apuração realizada, ou ainda tiver ocorrido opção indevida pelo lucro presumido. O artigo 47 da Lei n. 8.981/95 prevê as hipóteses de tributação do IR sob o lucro arbitrado:

> **Art. 47.** O lucro da pessoa jurídica será arbitrado quando: I – o contribuinte, obrigado à tributação com base no lucro real ou submetido ao regime de tributação de que trata o Decreto-Lei n. 2.397, de 1987, não mantiver escrituração na forma das leis comerciais e fiscais, ou deixar de elaborar as demonstrações financeiras exigidas pela legislação fiscal; II – a escrituração a que estiver obrigado o contribuinte revelar evidentes indícios de fraude ou contiver vícios, erros ou deficiências que a tornem imprestável para: a) identificar a efetiva movimentação financeira, inclusive bancária; ou b) determinar o lucro real. III – o contribuinte deixar de apresentar à autoridade tributária os livros e documentos da escrituração comercial e fiscal, ou o livro Caixa, na hipótese de que trata o art. 45, parágrafo único; IV – o contribuinte optar indevidamente pela tributação com base no lucro presumido; V – o comissário ou representante da pessoa jurídica estrangeira deixar de cumprir o disposto no § 1º do art. 76 da Lei n. 3.470, de 28 de novembro de 1958; VII – o contribuinte não mantiver, em boa ordem e segundo as normas contábeis recomendadas, livro Razão ou fichas utilizados para resumir e totalizar, por conta ou subconta, os lançamentos efetuados no Diário. VIII – o contribuinte não escriturar ou deixar de apresentar à autoridade tributária os livros ou registros auxiliares de que trata o § 2º do art. 177 da Lei n. 6.404, de 15 de dezembro de 1976, e § 2º do art. 8º do Decreto-Lei n. 1.598, de 26 de dezembro de 1977. (Redação dada pela Lei n. 11.941, de 2009) § 1º Quando conhecida a receita bruta, o contribuinte poderá efetuar o pagamento do Imposto de Renda correspondente com base nas regras previstas nesta seção. § 2º Na hipótese do parágrafo anterior: a) a apuração do Imposto de Renda com base no lucro arbitrado abrangerá todo o ano-calendário, assegurada a tributação com base no lucro real relativa aos meses não submetidos ao arbitramento, se a pessoa jurídica dispuser de escrituração exigida pela legislação comercial e fiscal que demonstre o lucro real dos períodos não abrangido por aquela modalidade de tributação, observado o disposto no § 5º do art. 37; b) o imposto apurado com base no lucro real, na forma da alínea anterior, terá por vencimento o último dia útil do mês subsequente ao de encerramento do referido período.

O cálculo para obter o lucro arbitrado se mensura pelos mesmos critérios do lucro presumido (exceção das empresas imobiliárias), contudo com acréscimo de 20%.

3.4.2.2. Alíquotas

Em consonância com o Princípio da Capacidade Contributiva, as alíquotas observam a **progressividade**. Portanto, as alíquotas do IR para a Pessoa Física são de 7,5%, 15%, 22,5% e 27,5%, variam de acordo com o valor auferido anualmente, conforme disposto na Lei n. 11.482/2007 e; para Pessoa Jurídica é de 15% – Lei n. 9.430/96 e n. 9.249/95.

A partir do mês de abril de 2015, pela Lei n. 13.149, de 2015, têm-se as seguintes alíquotas:

Tabela progressiva mensal – Ano-Calendário 2015		
Base de Cálculo (R$)	**Alíquota (%)**	**Parcela a Deduzir do IR (R$)**
Até 1.903,98	—	—
De 1.903,99 até 2.826,65	7,5	142,80
De 2.826,66 até 3.751,05	15	354,80
De 3.751,06 até 4.664,68	22,5	636,13
Acima de 4.664,68	27,5	869,36

Ressalta-se, todavia, que sobre o **ganho de capital**, resultante da alienação de bens e direitos de qualquer natureza, a alíquota será inicialmente de 15%, podendo alcançar até 22,5%, conforme prevê o artigo 21 da Lei n. 8.981/95:

> Art. 21. O ganho de capital percebido por pessoa física em decorrência da alienação de bens e direitos de qualquer natureza sujeita-se à incidência do imposto sobre a renda, com as seguintes alíquotas: (Redação dada pela Lei nº 13.259, de 2016) Produção de efeito
>
> I – 15% (quinze por cento) sobre a parcela dos ganhos que não ultrapassar R$ 5.000.000,00 (cinco milhões de reais); (Redação dada pela Lei nº 13.259, de 2016) Produção de efeito
>
> II – 17,5% (dezessete inteiros e cinco décimos por cento) sobre a parcela dos ganhos que exceder R$ 5.000.000,00 (cinco milhões de reais) e não ultrapassar R$ 10.000.000,00 (dez milhões de reais); (Redação dada pela Lei nº 13.259, de 2016) Produção de efeito
>
> III – 20% (vinte por cento) sobre a parcela dos ganhos que exceder R$ 10.000.000,00 (dez milhões de reais) e não ultrapassar R$ 30.000.000,00 (trinta milhões de reais); e (Redação dada pela Lei nº 13.259, de 2016) Produção de efeito
>
> IV – 22,5% (vinte e dois inteiros e cinco décimos por cento) sobre a parcela dos ganhos que ultrapassar R$ 30.000.000,00 (trinta milhões de reais). (Redação dada pela Lei nº 13.259, de 2016) Produção de efeito
>
> § 1º O imposto de que trata este artigo deverá ser pago até o último dia útil do mês subsequente ao da percepção dos ganhos.
>
> § 2º Os ganhos a que se refere este artigo serão apurados e tributados em separado e não integrarão a base de cálculo do Imposto de Renda na declaração de ajuste anual, e o imposto pago não poderá ser deduzido do devido na declaração.
>
> § 3º Na hipótese de alienação em partes do mesmo bem ou direito, a partir da segunda operação, desde que realizada até o final do ano-calendário seguinte ao da primeira operação, o ganho de capital deve ser somado aos ganhos auferidos nas operações anteriores, para fins da apuração do imposto na forma do *caput*, deduzindo-se o montante do imposto pago nas operações anteriores. (Redação dada pela Lei nº 13.259, de 2016) Produção de efeito
>
> § 4º Para fins do disposto neste artigo, considera-se integrante do mesmo bem ou direito o conjunto de ações ou quotas de uma mesma pessoa jurídica. (Redação dada pela Lei nº 13.259, de 2016) Produção de efeito
>
> § 5º (VETADO). (Redação dada pela Lei nº 13.259, de 2016) Produção de efeito

E, de acordo com a Lei n. 13.259/2016, as pessoas jurídicas irão recolher o imposto de renda sobre o ganho de capital, nos termos do artigo 21 da Lei n. 8.981/2016:

> Art. 2º O ganho de capital percebido por pessoa jurídica em decorrência da alienação de bens e direitos do ativo não circulante sujeita-se à incidência do imposto sobre a renda, com a aplicação das alíquotas previstas no *caput* do art. 21 da Lei nº 8.981, de 20 de janeiro de 1995, e do disposto nos §§ 1º, 3º e 4º do referido artigo, exceto para as pessoas jurídicas tributadas com base no lucro real, presumido ou arbitrado.

Não estará sujeito ao pagamento do IR sobre o ganho de capital, nos termos da Lei n. 9.250/95 – artigo 23 –, o Contribuinte que possua apenas um imóvel, sendo esse alienado até R$ 440.000,00 e não tenha sido realizada qualquer outra alienação nos últimos cinco anos.

Ademais, o artigo 39 da Lei n. 11.196/2005 prevê uma **isenção**, também, para o Imposto sobre Renda ou Proventos de Qualquer Natureza sobre o ganho de capital, quando a Pessoa Física, na venda de um imóvel residencial, independentemente do valor e de ser ou não único imóvel, o aplique na compra de outro imóvel residencial dentro de **180 dias**.

Para facilitar a compreensão, confira no quadro abaixo as principais diferenças entre as duas isenções de IR na venda de imóveis:

	Isenção imóvel único	Isenção imóvel residencial
1ª Condição	Valor do Imóvel até R$ 440.000,00.	Aplicar o valor de venda do imóvel residencial na compra de outro imóvel residencial no prazo de 180 dias.
2ª Condição	Não tenha sido realizada qualquer outra alienação nos últimos 5 anos.	—
Observação	Aplicável na venda de único imóvel.	Independentemente da quantidade de imóveis do contribuinte.

3.5. Características

Primeiramente, importa registrar que a maior parte da doutrina classifica o Imposto de Renda como detentor de um fato gerador **periódico**, posto que ocorre ao longo de um determinado período de tempo, conforme legislação. Esse período corresponde a 1ª de janeiro a 31 de dezembro do mesmo ano-calendário. Assim, apenas em 31 de dezembro o Imposto de Renda completa o ciclo de formação. Tudo de modo de que esteja em observância com o Princípio da Irretroatividade.

Cumpre mencionar, também, que para alguns doutrinadores, o fato gerador do Imposto de Renda se denomina de **pendente**, em virtude de iniciar em 1º de janeiro e ser finalizado – ou seja, atinge sua perfeição – somente em 31 de dezembro. Trata-se, portanto, daquele fato que não se completou, mas cujo impulso inicial já não se pode voltar atrás, a fim de gerar no futuro os efeitos considerados necessários para surgimento da obrigação tributária, tudo em conformidade com a legislação.

Contudo, outra parte da doutrina, inclusive adotada por nós, defende que o fato gerador do Imposto de Renda deve ser considerado **complexo** ou **complexivo**, em razão de ser constituído por uma série de fatos considerados como um todo no momento da constituição do fato gerador em sua perfeição. Assim, diferentemente dos fatos geradores instantâneos que surgem formal e estruturalmente em um dado ponto, os fatos geradores complexivos surgem formalmente em um momento – no caso do IR, em 31 de dezembro – porém são compostos de vários elementos que abrangem um período relativamente maior.

No tocante as demais características do Imposto de Renda, evidencia-se que se trata de um imposto de natureza essencialmente **fiscal**, posto que sua finalidade precípua visa a obter recursos financeiros para a União.

Caracteriza-se por ser um tributo **direto**, pois, via de regra, não comporta o repasse do encargo financeiro. Ademais, trata-se de exação de caráter **pessoal,** vinculado diretamente às circunstâncias do Sujeito Passivo.

Como dito anteriormente, o IR tem índole **progressiva** de acordo com o aumento da base de cálculo. Assim, quanto maior for a renda auferida pelo Sujeito Passivo, maior será a alíquota aplicável.

Além disso, o IR está sujeito ao lançamento por **homologação.** Desse modo, conforme estudado em Capítulo anterior, o Sujeito Passivo deve antecipar-se, de modo a efetuar a declaração e o recolhimento, para que, no prazo de 5 anos, a União efetue a homologação expressa ou tácita.

Esse tributo observa também os Princípios da **Generalidade** e **Universalidade,** princípios estes intimamente ligados ao Princípio da Isonomia – art. 153, § 2º, da CF.

Pela Generalidade, todos os Sujeitos que auferirem renda devem pagar o IR. Renato Romeu Renck deslinda sobre o Princípio da Generalidade:

> A generalidade abrange todos os contribuintes não se admitindo qualquer tributação especial. (...) a generalidade, a nosso ver compreende com mais evidência os contribuintes, critério pessoal, que são os sujeitos passivos da relação tributária. Assim, todos os contribuintes devem ser tratados de uma só forma, o que aliás já decorre do próprio princípio da igualdade. Com este fundamento pode-se afirmar que a renda deve ser conhecida com a observância do critério da generalidade, em que não se admitem classes de contribuintes. Todos, indistintamente, são contribuintes, potenciais, ou de fato, do imposto[15].

Referente à Universalidade tem-se a determinação de que todos os rendimentos auferidos sejam tributados pelo IR, independentemente de serem nacionais ou estrangeiros. Desse modo, se o beneficiário da renda for residente no Brasil, o imposto será devido para o Estado brasileiro. Na opinião de Renck:

> A base calculada, além de ser informada pela generalidade, terá de ter a natureza universal. Ser universal é ser total. Logo, de nada adianta apurar a base impositiva dividindo-a em espécies de renda quando, no final, se deve apurar o valor informado pela universalidade. Desta forma, para que a renda seja informada pelo critério da universalidade, os elementos integrados no processo de sua produção devem estar dispostos de forma tal que atendam a este critério. Ou seja, todos devem ser submetidos à tributação de forma absolutamente igual. Não há receita diferente de outra, como não há despesa diferente de outra[16] .

Nesse contexto, o § 1º do artigo 43 do CTN estabelece que "a incidência do imposto independe da denominação da receita ou do rendimento, da localização, condição jurídica ou nacionalidade da fonte, da origem e da forma de percepção."

Outra característica relevante a se abordar do Imposto sobre Renda ou Provento de Qualquer Natureza refere-se ao Princípio da Anterioridade. Tal exação observa o Princípio da Anterioridade do Exercício, no entanto, **não respeita** os 90 dias, nos termos do art. 150, § 1º, da CF. Assim, se sofrer qualquer modificação, de forma a majorar o tributo no dia 31 de dezembro, por exemplo, poderá ser cobrado no dia 1º de janeiro do exercício seguinte, em conformidade apenas com o Princípio do Exercício.

15. **Imposto de Renda da Pessoa Jurídica** – critérios constitucionais de apuração da base de cálculo. Porto Alegre: Livraria do Advogado, 2001. p. 160.
16. Idem, *ibidem*, p. 161.

Critério		
Critério Material (Fato Gerador)		Auferir renda e proventos de qualquer natureza.
Critério Espacial		Território nacional e fatos geradores que não ocorrem no Brasil, prestigiando assim o Princípio da Extraterritorialidade – artigo 43, §§ 1º e 2º, do CTN.
Critério Temporal		31 de dezembro de todo ano para Pessoa Física e Pessoa Jurídica que optou pelo regime de tributação que permite o recolhimento anual com antecipações mensais – art. 221 do RIR (Decreto n. 3.000/99). Entretanto, se a Pessoa Jurídica optou pelo regime de apuração trimestral, o fato gerador acontecerá ao final de cada trimestre do ano civil – art. 220 do RIR (Decreto n. 3.000/99).
Critério Quantitativo	**Base de Cálculo**	Acréscimo patrimonial auferido no exercício financeiro, em decorrência de rendas ou proventos de qualquer natureza.
	Alíquota	Pessoa Física: 7,5%, 15%, 22,5% e 27,5%; Pessoa Jurídica: 15%.
Critério Pessoal	**Sujeito Ativo**	União.
	Sujeito Passivo	Pessoa Física e Pessoa Jurídica

3.6. Questões

1. (TRF4 – Juiz – TRF4/2016). Das alternativas abaixo, assinale a que NÃO está de acordo com a jurisprudência do Superior Tribunal de Justiça.

(A) Não incide contribuição social previdenciária sobre o adicional de férias, tanto na hipótese de férias gozadas quanto na hipótese de férias não gozadas.

(B) A decadência, em sede tributária, é forma de extinção do crédito tributário. Sendo assim, uma vez extinto o direito, não pode ser reavivado por qualquer sistemática de lançamento ou autolançamento, seja ela via documento de confissão de dívida, declaração de débitos, parcelamento, ou de outra espécie qualquer (DCTF, GIA, DCOMP, GFIP, etc.).

(C) Não incide o Imposto sobre Produtos Industrializados (IPI) na revenda pelo estabelecimento importador quando esse produto importado não sofrer qualquer processo de industrialização.

(D) A isenção do Imposto de Renda decorrente de doença grave pode ser deferida independentemente de laudo pericial oficial, bastando a existência de provas suficientes nos autos.

(E) O termo inicial do prazo prescricional para o Fisco exercer a pretensão de cobrança judicial do crédito tributário declarado, mas não pago, é a data do vencimento da obrigação tributária expressamente reconhecida.

2. (COMPESA – Analista de Gestão – Advogado – FGV/2016). José ajuizou ação trabalhista contra a sociedade empresária Gama, sua antiga empregadora, visando à cobrança de salários atrasados, horas extras trabalhadas, 13º salário e, ainda, licença-prêmio não gozada por necessidade do serviço. O juiz deu provimento aos pedidos e José recebeu todas as verbas com o desconto do Imposto sobre Renda Pessoa Física – IRPF.

Sobre a hipótese descrita, assinale a afirmativa correta.

(A) Está correta a retenção do IRPF, uma vez que todas as verbas são produto do trabalho de José.

(B) Está incorreta a retenção do IRPF no que se refere às verbas de horas extras e do 13º salário, por serem verbas de caráter indenizatório.

(C) Está incorreta a retenção do IRPF no que se refere às verbas de horas extras e de licença-prêmio não gozadas por necessidade do serviço, por serem verbas de caráter indenizatório.

(D) Está incorreta a retenção do IRPF apenas no que se refere à verba de licença-prêmio não gozada por necessidade do serviço, por ter caráter indenizatório.

(E) Está incorreta a retenção do IRPF apenas no que se refere à verba de horas extras, por ter caráter indenizatório.

3. (Grande ABC/SP – Procurador – CAIPIMES/2015). Pertencem aos Municípios:

(A) o produto da arrecadação do imposto da União sobre renda e proventos de qualquer natureza, incidente na fonte, sobre rendimentos pagos, a qualquer título, por eles, suas autarquias e pelas fundações que instituírem e mantiverem.

(B) trinta por cento do produto da arrecadação do imposto do Estado sobre a propriedade de veículos automotores licenciados em seus territórios.

(C) trinta por cento do produto da arrecadação do imposto da União sobre a propriedade territorial rural, relativamente aos imóveis neles situados.

(D) vinte por cento do produto da arrecadação do imposto do Estado sobre operações relativas à circulação de mercadorias e sobre prestações de serviços de transporte interestadual e intermunicipal e de comunicação.

4. (PGFN – Procurador da Fazenda Nacional –ESAF/2015). Estão obrigadas à apuração do lucro real as pessoas jurídicas, exceto aquelas:

(A) cuja receita total no ano-calendário anterior seja superior ao limite de R$ 78.000.000,00 (setenta e oito milhões de reais) ou proporcional ao número de meses do período, quando inferior a 12 (doze) meses.

(B) cujas atividades sejam de empresas de seguros privados.

(C) que, autorizadas pela legislação tributária, usufruam de benefícios fiscais relativos à isenção ou redução do imposto.

(D) que tiverem lucros, rendimentos ou ganhos de capital oriundos do exterior.

(E) que, no decorrer do ano-calendário, não tenham efetuado pagamento mensal pelo regime de estimativa.

5. (CASAL/AL – Advogado – COPEVE/2014). Entre os limites constitucionais ao poder de tributar está a segurança jurídica, que protege o patrimônio do contribuinte contra mudanças abruptas na legislação tributária. Em geral, a Constituição Federal proíbe a aplicação imediata de leis que criem ou majorem tributos. Há, contudo, exceções. Quanto às exceções à anterioridade, assinale a opção correta.

(A) As alterações relativas às taxas e contribuições de melhoria aplicam-se imediatamente, no mesmo exercício financeiro em que foram publicadas as leis que as majorem.

(B) O imposto sobre renda e proventos de qualquer natureza pode ser cobrado antes de transcorridos noventa dias da publicação da lei que o majorou, desde que se observe a anterioridade em relação ao exercício financeiro.

(C) Às contribuições de intervenção no domínio econômico aplica-se anterioridade em relação ao exercício financeiro, sem exceções.

(D) Apenas os impostos aduaneiros são exceção à anterioridade anual e à anterioridade nonagesimal.

(E) A fixação da alíquota do imposto sobre propriedade de veículos automotores não se submete à anterioridade anual.

6. (DESENVOLVE/SP – Advogado – VUNESP/2014). A Constituição Federal veda a cobrança de tributos no mesmo exercício financeiro em que haja sido publicada a lei que os instituiu ou aumentou, bem como veda que referida cobrança se dê antes de decorridos noventa dias da publicação da lei que os instituir ou aumentar. Tais vedações refletem o que a doutrina, respectivamente, denomina de princípio da anterioridade e de noventena. Assinale a alternativa na qual se encontra um tributo que se sujeita à anterioridade, mas excepciona a noventena.

(A) Empréstimo compulsório instituído no caso de investimento público de caráter urgente e de relevante interesse nacional.

(B) Empréstimo compulsório instituído para atender a despesas extraordinárias, decorrentes de calamidade pública, de guerra externa ou sua iminência.

(C) Imposto sobre produtos industrializados.

(D) Imposto de renda.

(E) Contribuição de intervenção no domínio econômico

7. (TJ/MT – Juiz – FMP/2014). A competência tributária não se confunde com a repartição das receitas tributárias. A competência diz respeito à instituição de tributos; a repartição das receitas, à divisão do produto da sua arrecadação. A Constituição Federal, ao dispor sobre a repartição das receitas tributárias, prevê que determinados impostos da competência da União serão repartidos com os Estados e com os Municípios e que determinados impostos estaduais serão repartidos com os Municípios. Sobre a matéria, é correto afirmar que:

(A) pertence aos Municípios o produto da arrecadação do imposto de renda incidente na fonte, sobre rendimentos pagos, a qualquer título, por eles, suas autarquias e fundações que instituírem e mantiverem, do que é exemplo o retido no pagamento dos vencimentos dos seus servidores.

(B) os Estados, embora destinatários do produto da arrecadação do imposto de renda retido na fonte por ocasião do pagamento dos vencimentos dos seus servidores, não são parte legítima para as respectivas eventuais repetições de indébito, na medida em que a fiscalização é realizada pela Receita Federal do Brasil, e a declaração de ajuste também é prestada e fiscalizada por esse órgão da União.

(C) pertence aos Municípios a totalidade do ITR e do IPVA quando optem, respectivamente, por fiscalizar e cobrar o ITR e por realizar a fiscalização de trânsito.

(D) pertence aos Municípios em que estão situados os portos e aeroportos de entrada dos produtos estrangeiros 80% da arrecadação do imposto sobre as respectivas importações.

(E) o produto do IPVA é dividido com o Município em que foi licenciado o veículo automotor, mas o produto do ICMS pertence exclusivamente aos Estados, não sendo dividido com os Municípios.

8. (TJ/PR – Outorga de Delegação de Serviços de Notas e Registros Remoção – IBFC/2014). Obedece ao princípio da anterioridade anual, mas não o nonagesimal, o imposto sobre:

(A) A renda (IR).

(B) Importação (II).

(C) Serviços de qualquer natureza (ISS).

(D) Produtos industrializados (IPI).

9. (TJ/SE – Outorga de Delegação de Serviços de Notas e Registros Remoção – CESPE/2014). No que se refere a fato gerador e obrigação tributária, assinale a opção correta.

(A) O fato gerador da obrigação acessória deve estar previsto em lei específica.

(B) Fato gerador é a situação prevista em lei e cuja ocorrência faça surgir o crédito tributário.

(C) A transmissão de bem imóvel, por ato oneroso, configura fato gerador do ITBI, iniciando-se nesse momento a contagem do prazo prescricional da obrigação.

(D) A obrigação tributária origina-se com o lançamento.

(E) A obtenção de renda decorrente de negócio, ainda que ilícito, constitui fato gerador do imposto sobre a renda.

10. (MUNICÍPIO DE PARAIBANO/MA – Procurador – IMA/2014). Marque a alternativa incorreta sobre os impostos:

(A) Imposto é o tributo cuja obrigação tem por fato gerador uma situação independente de qualquer atividade estatal específica, relativa ao contribuinte.

(B) O imposto de renda é o imposto de competência dos estados que possui a base de cálculo no montante, real, arbitrado ou presumido, da renda ou dos proventos tributáveis.

(C) A arrematação de produtos industrializados, quando apreendidos ou abandonados e levados a leilão é um dos fatos geradores do imposto sobre produtos industrializados.

(D) O imposto, de competência dos Municípios, sobre a propriedade predial e territorial urbana tem como fato gerador a propriedade, o domínio útil ou a posse de bem imóvel por natureza ou por acessão física, como definido na lei civil, localizado na zona urbana do Município.

11. (Juiz de Direito Substituto/SP – VUNESP/2014). Tendo em vista o denominado princípio da anterioridade (comum), é correto afirmar que descabe a cobrança, no mesmo exercício financeiro da lei instituidora

(A) da Contribuição para a Seguridade Social, que está sujeita somente à anterioridade nonagesimal (art. 195, § 6º, da CF).

(B) do Imposto sobre a renda e os proventos de qualquer natureza (IR).

(C) do Imposto sobre Produtos Industrializados (IPI).

(D) do Imposto sobre operações de crédito, câmbio e seguro, ou relativas a títulos ou valores mobiliários (IOF).

12. (TRF/2ª Região – Juiz – CESPE/2013). Assinale a opção correta acerca do Sistema Tributário Nacional:

(A) Compete aos estados a instituição de imposto sobre transmissão *inter vivos*, a qualquer título, por ato oneroso, de bens imóveis, por natureza ou acessão física.

(B) O produto da arrecadação do imposto sobre renda e proventos de qualquer natureza, incidente na fonte, pertence à União, mesmo que recaia sobre rendimentos pagos pelos estados.

(C) Os municípios e o DF poderão instituir taxa, na forma das respectivas leis, para custeio do serviço de iluminação pública.

(D) O município pode atualizar o IPTU, mediante decreto, em percentual não superior ao índice oficial de correção monetária.

(E) O aumento da alíquota do imposto sobre renda e proventos de qualquer natureza deve obedecer aos princípios da anterioridade anual e nonagesimal.

13. (TC/DF – Procurador do MP – CESPE/2013). Julgue o item subsequente, acerca dos impostos da União.

O fato gerador do imposto sobre a renda e proventos de qualquer natureza é a disponibilidade financeira da renda.

14. (PFN – ESAF/2012). Sobre o Imposto sobre a Renda e Proventos de qualquer Natureza, julgue os itens a seguir, para então assinalar a opção que corresponda às suas respostas.

I. Como renda deve-se entender a aquisição de disponibilidade de riqueza nova, na forma de um acréscimo patrimonial, ao longo de um determinado período de tempo.

II. Tanto a renda quanto os proventos de qualquer natureza pressupõem ações que revelem mais-valias, isto é, incrementos na capacidade contributiva.

III. Limitações temporais ou quantitativas com relação às despesas e provisões não necessariamente guardam estrita compatibilidade com a teoria do acréscimo patrimonial e com a atividade do contribuinte.

IV. Embora haja diversas teorias que se destinem a delinear o conceito de renda, em todas prevalece a ideia de que haja a necessidade de seu confronto com o conjunto de desembolsos efetivados relativamente ao conjunto das receitas.

V. Pode-se afirmar, a partir de alguns julgados do Supremo Tribunal Federal, que o conceito legalista/fiscalista de renda, assim considerado aquilo que a legislação do imposto de renda estabelecer que é, está ultrapassado.

Estão corretos apenas os itens:

(A) II, IV e V.

(B) I, II e III.

(C) II, III, IV e V.

(D) I, II, IV e V.

(E) todos os itens estão corretos.

15. (TRF/3ª Região – Juiz – TRF3/2010). Relativamente ao imposto sobre a renda, assinale a alternativa incorreta:

(A) Obedecerá aos critérios da generalidade, universalidade e progressividade, na forma da lei.

(B) Terá como fato gerador a aquisição de disponibilidade econômica ou jurídica de renda, assim entendidos os produtos do capital, do trabalho ou da combinação de ambos e de proventos de qualquer natureza, assim entendidos os demais acréscimos patrimoniais.

(C) Terá sua incidência vinculada à denominação da receita ou rendimento, à localização, condição jurídica ou nacionalidade da fonte.

(D) A lei estabelecerá as condições e o momento em que se dará a disponibilidade da renda, quando proveniente do exterior, para fins de incidência deste imposto.

GABARITO

1. **Alternativa (C).** Não incide o Imposto sobre Produtos Industrializados (IPI) na revenda pelo estabelecimento importador quando esse produto importado não sofrer qualquer processo de industrialização.

Comentário: A alternativa **"C"** está incorreta, conforme decisão do STJ, no REsp 1429656/PR, em 18.02.2014, os produtos importados estão sujeitos a uma nova incidência do IPI quando de sua saída do estabelecimento importador na operação de revenda. A opção "A" está correta, a 1ª Seção do STJ, no julgamento dos Recursos Especiais 1.358.281/SP, da relatoria do eminente Ministro Herman Benjamin (**DJe** de 05.12.2014), e 1.230.957/RS, da relatoria do eminente Ministro Mauro Campbell MARQUES (**DJe** de 18.03.2014), sob o rito dos recursos repetitivos previstos no art. 543-C do CPC, entendeu que não incide a contribuição previdenciária sobre o adicional de um terço de férias, sobre o aviso-prévio indenizado e sobre os primeiros quinze dias de auxílio-doença e auxílio-acidente; incidindo sobre o adicional noturno e de periculosidade, sobre os salários-maternidade e paternidade, e sobre as horas extras. A resposta "B" está correta, pois uma vez ocorrida a decadência, ou seja, a perda do direito do fisco de constituir o crédito, nem mesmo se o contribuinte declarar devido o tributo (Súmula n. 436 do STJ) poderá renascer o crédito tributário. A justificativa "D" está correta, o STJ consolidou entendimento de que não se exige a demonstração da contemporaneidade dos sintomas da enfermidade, bem como a indicação de validade do laudo pericial, ou a comprovação de recidiva da enfermidade, para que o contribuinte faça jus à isenção do imposto de renda, nos termos do art. 6º, XIV, da Lei n. 7.713/1988, uma vez que "a isenção do imposto de renda, em favor dos inativos portadores de moléstia grave, tem como objetivo diminuir o sacrifício do aposentado, aliviando os encargos financeiros relativos ao tratamento médico" (REsp 734.541/SP, rel. Min. Luiz Fux, Primeira Turma, **DJe** de 20.2.2006). A letra "E" está correta, O STJ, por ocasião do julgamento do Recurso Especial 1.120.295-SP, representativo de controvérsia, de relatoria do Ministro Luiz Fux, firmou o entendimento de que "o prazo prescricional quinquenal para o Fisco exercer a pretensão de cobrança judicial do crédito tributário conta-se da data estipulada como vencimento para o pagamento da obrigação tributária declarada (mediante DCTF, GIA, entre outros), nos casos de tributos sujeitos a lançamento por homologação, em que, não obstante cumprido o dever instrumental de declaração da exação devida, ficou inadimplida a obrigação principal (pagamento antecipado), nem sobreveio quaisquer das causas suspensivas da exigibilidade do crédito ou interruptivas do prazo prescricional".

---

2. **Alternativa (D).** Está incorreta a retenção do IRPF apenas no que se refere à verba de licença-prêmio não gozada por necessidade do serviço, por ter caráter indenizatório.

Comentário: A opção **"D"** está correta, conforme entendimento dos tribunais superiores, não incide IR sobre verba de caráter indenizatório, porém incide sobre as verbas de caráter indenizatório.

---

3. **Alternativa (A).** O produto da arrecadação do imposto da União sobre renda e proventos de qualquer natureza incidente na fonte, sobre rendimentos pagos, a qualquer título, por eles, suas autarquias e pelas fundações que instituírem e mantiverem.

Comentário: A alternativa **"A"** está correta, nos termos do art. 158, I, da CF. A opção "B" está incorreta, à luz do art. 158, III, da CF, pertencem aos Municípios cinquenta por cento. A resposta "C" está incorreta, de acordo com o disposto no art. 158, II, da CF, pertencem aos Municípios cinquenta por cento. A justificativa "D" está incorreta, consoante o art. 158, IV, da CF, pertencem aos Municípios vinte e cinco por cento.

---

4. **Alternativa (E).** Que, no decorrer do ano-calendário, não tenham efetuado pagamento mensal pelo regime de estimativa.

Comentário: A alternativa **"E"** está incorreta, porque nos termos do artigo 14, V, da Lei n. 9.718/98 está obrigada ao recolhimento do IR pelo lucro real a pessoa jurídica que, no decorrer do ano-calendário, tenha efetuado pagamento mensal pelo regime de estimativa. A opção "A" está correta, nos termos do artigo 14, I, da Lei n. 9.718/98. A resposta "B" está correta, à luz do artigo 14, II, da Lei n. 9.718/98. A letra "C" está correta, com base no artigo 14, IV, da Lei n. 9.718/98. A justificativa "D" está correta, nos ditames do artigo 14, III, da Lei n. 9.718/98.

---

5. **Alternativa (B).** O imposto sobre renda e proventos de qualquer natureza pode ser cobrado antes de transcorridos noventa dias da publicação da lei que o majorou, desde que se observe a anterioridade em relação ao exercício financeiro.

Comentário: A alternativa "A" está incorreta, a Contribuição de Melhoria observa os Princípios da Anterioridade do Exercício e da Nonagesimal. A opção **"B"** é a assertiva correta, conforme estudado nesse Capítulo, o Imposto de Renda observa apenas a Anterioridade do Exercício, nos termos do artigo 150, § 1º, da CF. A letra "C" está incorreta, a redução e o restabelecimento da CIDE Combustível não obedece à Anterioridade do Exercício, mas respeita a Anterioridade Nonagesimal, à luz do artigo 177, § 4º, da CF. A resposta "D" está incorreta, o IOF também é exceção às duas Anterioridades, consoante artigo 150, § 1º, da CF. A justificativa "E" está incorreta, a Alteração da base de cálculo do IPVA não respeita a Anterioridade Nonagesimal, mas sim a Anterioridade do Exercício, em conformidade com o artigo 150, § 1º, da CF.

---

6. **Alternativa (D).** Imposto de renda.

Comentário: As opções "A" e "B" estão incorretas, pois conforme estudado no Capítulo anterior, o Empréstimo Compulsório instituído para atender às despesas extraordinárias, decorrentes de calamidade pública, de guerra externa ou sua eminência, poderá ser cobrado imediatamente, sem ter de observar os Princípios da Anterioridade do Exercício e dos Noventa Dias, nos termos do artigo 150, § 1º, da CF, tendo em vista seu caráter emergencial. Por outro lado, na hipótese de instituição para investimento público de caráter urgente e de relevante interesse nacional, deverá observar o Princípio da Anterioridade do Exercício e o dos Noventa Dias, pois não configura exceção do artigo 150, § 1º, da CF. A letra "C" também está incorreta, o IPI observa o Princípio da Noventena, à luz do artigo 150, § 1º, da CF. A assertiva **"D"** é a resposta correta, consoante estudado nesse Capítulo, o Imposto de Renda observa apenas a Anterioridade do Exercício, com base no artigo 150, § 1º, da CF. A justificativa "E" está incorreta, a redução e o restabelecimento da CIDE Combustível não obedecem à Anterioridade do Exercício, mas respeita a Anterioridade Nonagesimal, nos ditames do artigo 177, § 4º, da CF.

---

7. **Alternativa (A).** Pertence aos Municípios o produto da arrecadação do imposto de renda incidente na fonte, sobre rendimentos pagos, a qualquer título, por eles, suas autarquias e fundações que instituírem e mantiverem, do que é exemplo o retido no pagamento dos vencimentos dos seus servidores.

Comentário: Embora o exercício se refira à Repartição Tributária, vale trazer ao Capítulo a correspondente informação a respeito do IR. A letra **"A"** é a assertiva correta, nos termos do artigo 158, I, da CF. A resposta "B" está incorreta, conforme entendimento consolidado pelo STJ na Súmula 447: "Os Estados e o Distrito Federal são partes legítimas na ação de restituição de imposto de renda retido na fonte proposta por seus servidores". A justificativa "C" está incorreta, não será a totalidade, mas sim 50%, consoante determina o artigo 158, II e III, da CF. A alternativa "D" está incorreta, não há essa repartição, de acordo com o observado no artigo 159 da CF. E, por fim, a opção "E" está incorreta, também há repartição do ICMS, segundo prevê o artigo 158, IV da CF.

---

8. **Alternativa (A).** A renda (IR).

Comentário: Conforme estudado nesse Capítulo, o Imposto de Renda observa apenas a Anterioridade do Exercício, com fundamento no artigo 150, § 1º, da CF.

---

9. **Alternativa (E).** A obtenção de renda decorrente de negócio, ainda que ilícito, constitui fato gerador do imposto sobre a renda.

Comentário: A resposta "A" está incorreta, nos termos do estudado em Capítulo anterior, a obrigação tributária pode ser prevista em legislação tributária, na sua concepção ampla, conforme artigo 115 do CTN: "Art. 115. Fato gerador da obrigação acessória é qualquer situação que, na forma da legislação aplicável, impõe a prática ou a abstenção de ato que não configure obrigação principal". A justificativa "B" está incorreta, consoante artigo 114 do CTN, o "fato gerador da obrigação principal é a situação definida em lei como necessária e suficiente à sua ocorrência". A alternativa "C" está incorreta, como estudado em Capítulo anterior, o prazo prescricional começa a fluir da constituição definitiva do crédito tributário e não com a ocorrência do fato gerador, nos ditames do *caput* do artigo 174 do CTN. A letra "D" está incorreta, origina-se com o fato gerador, segundo artigo 114 do CTN. A opção **"E"** é a assertiva correta, em consagração ao princípio *pecunia non olet* – estudado no Capítulo 1, em que o dinheiro não tem cheiro, surgido no Direito Romano – não importa a origem da renda. Nesse caso, o que importa é que ocorreu o fato gerador do IR, "auferir renda", e, por essa razão, aplica-se o artigo 118, I, do CTN, portanto, deve haver a tributação.

---

10. Alternativa (B). O imposto de renda é o imposto de competência dos estados que possui a base de cálculo no montante, real, arbitrado ou presumido, da renda ou dos proventos tributáveis.

Comentário: **A questão pede a Incorreta.** A justificativa "A" está correta, nos termos do artigo 116 do CTN. A alternativa **"B"** é a opção incorreta, a competência do IR pertence à União, conforme artigo 153, III, da CF e artigos 43 e 44 do CTN. A letra "C" está correta, segundo artigo 46, III, do CTN. A assertiva "D" também está correta, em conformidade com o artigo 32 do CTN.

11. Alternativa (B). Do Imposto sobre a renda e os proventos de qualquer natureza (IR).

Comentário: A alternativa **"B"** é a resposta correta, dentre os tributos das assertivas, o único que observa o Princípio da Anterioridade do Exercício é o IR, à luz do artigo 150, § 1º, da CF.

12. Alternativa (D). O município pode atualizar o IPTU, mediante decreto, em percentual não superior ao índice oficial de correção monetária.

Comentário: A alternativa "A" está incorreta, o ITBI é de competência municipal (art. 156, II, da CF). A opção "B" está incorreta, segundo o artigo 157, I, da CF, 100% da arrecadação do IRRF sobre os pagamentos realizados pelos Estados, suas autarquias ou Fundações Públicas pertencerá aos Estados. A letra "C" está incorreta, é inconstitucional a remuneração de iluminação pública por meio de taxa, Súmula n. 670 do STF – essa súmula foi recentemente convertida na Súmula Vinculante n. 41. A assertiva **"D"** é a resposta correta, nos termos do artigo 97, § 2º, do CTN, a mera correção monetária não constitui majoração de tributo. A justificativa "E" está incorreta, pois o aumento de IR respeita apenas a Anterioridade do Exercício, conforme artigo 150, § 1º, da CF.

13. Alternativa (ERRADO). O fato gerador do imposto sobre a renda e proventos de qualquer natureza é a disponibilidade financeira da renda.

Comentário: O fato gerador do IR é a aquisição da disponibilidade econômica ou jurídica: (i) de renda, assim entendido o produto do capital, do trabalho ou da combinação de ambos; (ii) de proventos de qualquer natureza, deste modo compreendidos os acréscimos patrimoniais não compreendidos no inciso I do artigo 43 do CTN.

14. Alternativa (D). I, II, IV e V.

Comentário: Os **Itens I e II** estão corretos, conforme analisado nesse Capítulo, o fato gerador do IR consta no artigo 43 do CTN. Ademais, tal imposto obedece ao Princípio da Capacidade Contributiva, utilizando-se da progressividade, nos termos dos artigos 153, § 2º e 145, § 1º, da CF. O Item III está incorreto, uma vez que as limitações temporais ou quantitativas com relação às despesas e provisões devem guardar estrita compatibilidade com o conceito de renda e a capacidade contributiva do Sujeito Passivo sob pena de serem inconstitucionais, como, por exemplo, a tributação do patrimônio. O **Item IV** está correto, pois a base de cálculo consiste no total de rendimentos percebidos, menos as despesas necessárias à produção dos rendimentos. O **Item V** também está correto, na medida em que não possui o legislador infraconstitucional liberdade ampla e irrestrita para tributar todo e qualquer ingresso financeiro como renda. Embora não haja consenso doutrinário sobre o conceito "renda", o STF decidiu no RE n. 346.084 a necessidade de incorporação dos conceitos infralegais pela Constituição Federal: "Como já exposto, não há, na Constituição Federal, prescrição de significado do termo faturamento. Se se escusou a Constituição de o definir, tem o intérprete de verificar, primeiro, se, no próprio ordenamento, havia então algum valor semântico a que pudesse filiar-se o uso constitucional do vocábulo, sem explicitação de sentido particular, nem necessidade de futura regulamentação por lei inferior. É que, se há correspondente semântico na ordem jurídica, a presunção é de que a ele se refere o uso constitucional. Quando uma mesma palavra, usada pela Constituição sem definição expressa nem contextual, guarde dois ou mais sentidos, um dos quais já incorporado ao ordenamento jurídico, será esse, não outro, seu conteúdo semântico, porque seria despropositado que o texto normativo esteja aludindo a objeto extrajurídico". No mesmo contexto, tem-se a consideração do Ministro Nelson Jobim no julgamento da ADIN n. 2.588, ao ponderar que "o conceito de renda na CF é polissêmico e não ontológico. Para efeitos tributários, o conceito de renda é o legal".

15. Alternativa (C). Terá sua incidência vinculada à denominação da receita ou rendimento, à localização, condição jurídica ou nacionalidade da fonte.

Comentário: **A questão pede a Incorreta.** A opção "A" está correta, nos termos do artigo 153, § 2º, I, da CF. A letra "B" está correta, conforme preconiza o artigo 43 do CTN. A justificativa **"C"** é a alternativa incorreta, a incidência do Imposto independe da denominação da receita ou do rendimento, da localização, condição jurídica ou nacionalidade da fonte, da origem e da forma de percepção (art. 43, § 1º, do CTN). A assertiva "D" está correta, à luz do artigo 43, § 2º, do CTN.

4. IMPOSTO SOBRE PRODUTOS INDUSTRIALIZADOS (IPI)

4.1. Breve Contexto Histórico

Em 30 de maio 1820 foi criado um Alvará sobre o consumo de aguardente, contudo, somente em 1842, por meio do Decreto n. 149, surgiu a primeira regulamentação do Imposto sobre consumo, restrita à aguardente de produção no país[17].

Mais tarde, o Imposto sobre Consumo recaía já quase sobre toda a totalidade dos produtos consumidos no Brasil, desde o tabaco até móveis, armas de fogo, lâmpadas elétricas, borracha, navalhas, brinquedos, sanitários, e assim por diante.

Havia uma regulamentação diferenciada do Imposto sobre Consumo para cada produto, o que fora normatizado em 1900 pelo Decreto n. 3.622, de 22 de maio de 1900, em que foi expedido um Regulamento único para todos os Impostos de Consumo.

A Constituição Federal de 1934 foi a pioneira a fazer referência ao Imposto sobre Consumo de Mercadorias. Atribuiu, por intermédio do artigo 6º, inciso I, alínea "b", à União, competência privativa para instituir, Imposto de Consumo de quaisquer mercadorias, excetuando-se os combustíveis de motor a explosão.

As Constituições Federais brasileiras anteriores à Emenda Constitucional n. 18 de 1965 mantiveram a mesma exigência com relação ao Imposto de Consumo, que era de competência privativa da União, exceto em relação ao consumo de combustíveis.

Com o advento da EC n. 18/65 instituiu-se o tributo atualmente conhecido como "Imposto sobre Produtos Industrializados" (artigo 11, *caput*), de competência da União Federal.

Nesse sentido, em adaptação e conformidade ao prescrito na Constituição – com a referida Emenda Constitucional –, o Decreto-lei n. 34, de 18 de novembro de 1966 regulamentou que o "Imposto sobre Consumo" de que tratava a Lei n. 4.502/64 passou a denominar-se "Imposto sobre Produtos Industrializados".

Por essa razão, muitos doutrinadores entendiam que tal exação aludia, em verdade, a um Imposto "velho", porém com "nome novo".

José Eduardo Tellini Toledo[18] concluiu que o Imposto sobre Produtos Industrializados, criado pela EC n. 18, de 1965, não poderia ser considerado como sucessor do Imposto sobre Consumo de Mercadorias, primeiro por não poder confundir mercadoria com produto, e segundo porque o Imposto previsto no artigo 153 da Constituição Federal apresenta como uma de suas características a não cumulatividade, enquanto o antigo Imposto sobre Consumo era totalmente cumulativo, tornando-se não cumulativo apenas com a publicação da Lei n. 3.520, de 30 de novembro de 1958.

---

17. ROSA, Demerson Dias. **Do histórico da tributação sobre o consumo.** In: PEIXOTO, Marcelo Magalhães. **IPI – aspectos jurídicos relevantes**, São Paulo: Quartier Latin, 2003. p. 57-78.
18. TOLEDO, José Eduardo Tellini. **IPI–incidência tributária e princípios constitucionais**. São Paulo: Quartier Latin, 2006. p. 27-34.

De todo modo, a referida legislação condicionava a dedução do Imposto em decorrência da aquisição de matérias-primas e outros produtos, quando adquiridos para emprego na fabricação e acondicionamento de artigos ou produtos tributados.

À época da instituição do Imposto sobre Produtos Industrializados, por meio da EC n. 18/65, o texto constitucional não fazia nenhuma distinção quanto ao direito de aproveitamento do crédito do Imposto.

Por fim, com o advento da CF de 1988, houve a previsão do Imposto sobre Produtos Industrializados, em seu artigo 153, IV, inserindo-o na competência tributária da União e dotando-o dos Princípios da Não Cumulatividade e da Seletividade.

4.2. Previsão legal

- Art. 153, IV, da CF;
- Arts. 46 a 51 do CTN;
- Lei n. 4.502/64 – Regulamenta a cobrança, fiscalização, arrecadação e administração do Imposto sobre Produtos Industrializados – IPI;
- Decreto n. 7.212/2010 – Regulamenta a cobrança, fiscalização, arrecadação e administração do Imposto sobre Produtos Industrializados – IPI;
- Decreto n. 8.950/2016 – Aprova a Tabela de Incidência do Imposto sobre Produtos Industrializados – TIPI;
- Legislação Esparsa.

4.3. Hipótese de Incidência

4.3.1. Critério Material

O Imposto sobre Produtos Industrializados tem sua fonte na Constituição vigente, no artigo 153, inciso IV, que dispõe: *"Art. 153. Compete à União instituir impostos sobre: (...) IV – produtos industrializados;"*

Ao analisar o dispositivo constitucional supracitado, constata-se que o legislador constituinte fora extremamente vago e genérico ao abordar o tema "produtos industrializados", permitindo apenas a conclusão de imediato de que o IPI não incidirá sobre os produtos naturais (agrícolas, pecuários e minerais, por exemplo).

Conclusão essa passível de discussão, uma vez que o termo "industrializado" pode ser entendido em seu sentido ficto, como lembra José Eduardo Tellini Toledo[19] ao referir-se ao parecer da Consultoria Tributária da Secretaria da Fazenda do Estado de São Paulo, a qual considerou que na criação de aves devia ser empregado, por analogia, o tratamento fiscal aplicável às operações de remessa e retorno para industrialização.

O referido Autor questiona, inclusive, sobre a possibilidade de considerar uma industrialização, por ficção, o plantio, pois no passado houve tal analogia quanto à criação de frangos.

19. Idem, *ibidem*, 2006, p. 59.

No entanto, Eduardo Bottallo[20] é específico em afirmar que o IPI "é um imposto que necessariamente haverá de prever, na descrição da materialidade de sua hipótese de incidência, a existência de um produto, ou seja, de uma coisa corpórea (...) não se trata de produção artística, artesanal ou extrativista".

Por tudo isso, faz-se imprescindível saber exatamente o sentido da norma, dado que a dúvida instaurada poderá causar, inclusive, conflito de competências, quando houver incidência do IPI sobre uma atividade que possa ser tributável por outro tributo, cuja atribuição seja de outro Ente Federativo.

Por essa razão, ainda que a verificação da regra-matriz de incidência tributária far-se-á pelo caminho constitucional, vale ressaltar que aqui não se esgota, sendo necessária a análise dos demais textos do ordenamento jurídico, bem como a apreciação dos demais elementos para ter-se uma noção mais próxima de "produtos industrializados".

José Eduardo Soares de Melo[21] entende que "para conceituar produto industrializado, o intérprete deve pautar-se por elementos técnicos, físicos e operacionais (e mesmo empresariais), dentro de um contexto constitucional".

Realmente não há como discordar do autor supracitado, visto que se torna indispensável, para compreender a norma, antes de mais nada, uma análise conjunta de outros textos legais sobre a materialidade desse Imposto, bem como a compreensão dos demais elementos necessários para apurar tal conceito dentro do contexto constitucional.

José Roberto Vieira[22] assegura que não é a industrialização em si critério material do IPI, mas o produto dela resultante. Nesse diapasão, o autor cita o corolário de Geraldo Ataliba e Cleber Giardino: *"Se, portanto, a produção ou industrialização for posta na materialidade da hipótese de incidência do imposto, já não estará diante do IPI, mas de tributo diverso"*.

E, ainda, da leitura do Código Tributário Nacional, na parte que se refere ao IPI, extrai-se:

> **Art. 46.** O imposto, de competência da União, sobre produtos industrializados tem como fato gerador: I – o seu desembaraço aduaneiro, quando de procedência estrangeira; II – a sua saída dos estabelecimentos a que se refere o parágrafo único do artigo 51; III – a sua arrematação, quando apreendido ou abandonado e levado a leilão. **Parágrafo Único.** Para os efeitos deste imposto, considera-se industrializado o produto que tenha sido submetido a qualquer operação que lhe modifique a natureza ou a finalidade, ou o aperfeiçoe para o consumo.

Da interpretação do referido dispositivo legal, pode-se identificar com maior clareza o fato gerador do IPI, em razão de ter sido delineado nessas 3 hipóteses. Importante mencionar também que o Regulamento do IPI, o Decreto n. 7.212/2010, delineou as hipóteses de ocorrência do fato gerador, em seus arts. 35 e seguintes.

---

20. BOTTALLO, Eduardo Domingos. **Fundamentos do IPI (Imposto sobre produtos industrializados).** São Paulo: Revista dos Tribunais, 2002. p. 41.
21. MELO, José Eduardo Soares de. **O Imposto sobre Produtos Industrializados (IPI)**. In: **Curso de Iniciação em Direito Tributário**. São Paulo: Dialética, 2004. p. 132.
22. VIEIRA, José Roberto. **A regra-matriz de incidência do IPI**: texto e contexto. Curitiba: Juruá, 1993. p. 73

Quanto ao disposto no CTN, na verdade, como bem salientou Paulo de Barros Carvalho, e lembrado por Eduardo Domingos Bottallo, a expressão "Imposto sobre Produtos Industrializados" não passa de uma sigla que alberga **três impostos** distintos, sendo que somente um deles pode ser considerado em seu sentido estrito, cujo aspecto material da hipótese de incidência "é realizar operação de industrialização de produto", com a eminente saída desse do estabelecimento produtor[23].

O critério material do IPI, previsto constitucionalmente (realizar operações de industrialização de produto), referente ao inciso II do artigo 46 do Código Tributário Nacional, constitui toda operação que modifique ou aperfeiçoe um produto, mediante ação humana, transformando-lhe sua utilidade primeira.

Assim, pode-se atestar que o verbo que se extrai do critério material desse imposto aqui abordado consiste em "realizar", e seu complemento está contido nos termos **"operações com produtos industrializados".**

Diversamente pensa José Eduardo Tellini Toledo[24], para o qual o verbo dessa possibilidade está disposto em "industrializar produtos".

José Roberto Vieira ao discorrer sobre o critério material do IPI leciona:

> Se o critério material do antecedente normativo apresenta comportamentos de pessoas, representados por um verbo e seu complemento, o esforço de esquadrinhamento constitucional, até aqui realizado, revelou-nos por inteiro o complemento verbal, termo integrante da oração, ora consubstanciado num objeto direto, nestes termos disposto: operações com produtos industrializados. O cerne do complemento reside no substantivo operações, por sua vez complementado por um termo acessório – com produtos industrializados – um adjunto adnominal, cuja função nítida é a de reduzir a amplitude do miolo do complemento verbal, qualificando precisamente as operações que se situam na área de abrangência do imposto[25].

No mesmo rumo, o entendimento de Eduardo Domingos Bottallo[26], "o IPI incide sobre operações jurídicas praticadas com produtos industrializados".

Isso posto, conclui-se que o **critério material** do IPI constitui "realizar operações com produtos industrializados".

Todavia, importante salientar que não basta a realização de operação com produtos industrializados para ocorrer a incidência do IPI, faz-se imprescindível que esse produto industrializado saia do **estabelecimento** em que ocorrera a operação.

Diante disso, ainda que um produto seja modificado em sua integralidade, isto é, tenha sido submetido a uma operação de industrialização, não incidirá o IPI se esse nunca deixar o estabelecimento industrial.

Destarte, quando se declara que o produto industrializado deve deixar o estabelecimento industrial, há de se ter em mente que a saída deve ser em virtude da celebração de um

23. CARVALHO, Paulo de Barros *apud* BOTTALLO, op. cit., 2002, p. 36.
24. TOLEDO, op. cit., p. 57.
25. VIEIRA, op. cit., 1993, p. 74.
26. BOTTALLO, op. cit., 2002, p. 35.

negócio jurídico, em que haja **transferência** de posse, propriedade. Caso contrário, se teria de admitir que a simples saída desse produto, em decorrência de uma enchente, ou mesmo fruto de um furto, ensejaria a incidência normativa do IPI, o que desvirtuaria totalmente o sentido do fato gerador.

Em decorrência disso, pode-se ratificar que as operações com produtos industrializados, contidas na hipótese de incidência do IPI, constituem sempre **operações jurídicas**.

José Roberto Vieira ensina: "... E operações jurídicas que promovem a saída de produtos industrializados, transferindo-lhes a propriedade ou ao menos a posse, donde se pode afirmar que a materialidade da hipótese de incidência do IPI consiste numa obrigação de dar"[27].

Eduardo Domingos Bottallo[28] enfatiza que o Imposto sobre Produtos Industrializados tem por hipótese de incidência o fato de alguém industrializar o produto e levá-lo para além do estabelecimento produtor, em decorrência de um negócio jurídico em que há transmissão de posse ou propriedade. Conclui: "Na verdade a obrigação de pagar o IPI se aperfeiçoa apenas quando a saída do produto industrializado seja causada por um negócio jurídico".

> **IMPORTANTE!** Somente haverá a incidência do IPI:
>
> **Primeiro:** se houver operação de industrialização de produto;
>
> **Segundo:** se o resultado final do produto industrializado deixar o estabelecimento produtor por conta da celebração de negócio jurídico, transmitindo a sua propriedade ou a posse.

Ao analisar o Parágrafo Único do artigo 3º da Lei n. 4.502/64, extrai-se que industrialização se define por "qualquer operação de que resulte alteração da natureza, funcionamento, utilização, acabamento ou apresentação do produto".

Além disso, o Parágrafo Único do artigo 46 do Código Tributário Nacional tem-se: "Industrializado o produto que tenha sido submetido a qualquer operação que lhe modifique a natureza ou a finalidade, ou o aperfeiçoe para o consumo".

Outrossim, do Decreto n. 7.212/2010, em seu artigo 4º, pode-se observar:

> **Art. 4º** Caracteriza industrialização qualquer operação que modifique a natureza, o funcionamento, o acabamento, a apresentação ou a finalidade do produto, ou o aperfeiçoe para consumo, tal como (Lei n. 5.172, de 1966, art. 46, parágrafo único, e Lei n. 4.502, de 1964, art. 3º, parágrafo único): I – a que, exercida sobre matérias-primas ou produtos intermediários, importe na obtenção de espécie nova (transformação); II – a que importe em modificar, aperfeiçoar ou, de qualquer forma, alterar o funcionamento, a utilização, o acabamento ou a aparência do produto (beneficiamento); III – a que consista na reunião de produtos, peças ou partes e de que resulte um novo produto ou unidade autônoma, ainda que sob a mesma classificação fiscal (montagem); IV – a que importe em alterar a apresentação do produto, pela colocação da embalagem, ainda que em substituição da original, salvo quando a embalagem colocada se destine apenas ao transporte da mercadoria (acondicionamento ou reacondicionamento); ou V – a que, exercida sobre produto usado ou parte remanescente de produto deteriorado ou inutilizado, renove ou restaure o produto para utilização (renovação ou recondicionamento).
>
> **Parágrafo único.** São irrelevantes, para caracterizar a operação como industrialização, o processo utilizado para obtenção do produto e a localização e condições das instalações ou equipamentos empregados.

27. VIEIRA, op. cit., p. 80.
28. BOTTALLO, p. 35.

Em suma, pode-se afirmar que **industrializar** consiste em modificar a natureza, o funcionamento, o acabamento, a apresentação ou a finalidade, ou aperfeiçoamento para o consumo do produto.

Contudo, vale enfatizar que nem todo processo de modificação dos produtos constitui fato jurídico tributável pelo IPI.

Nesse sentido, o artigo 5º do Decreto n. 7.212/2010 determina que **não estarão sujeitos** à incidência do Imposto sobre Produtos Industrializados: a) o preparo de produtos alimentares, não acondicionados em embalagens de apresentação; b) o preparo de refrigerantes, à base de extrato concentrado por meio de máquinas, automáticas ou não, em restaurantes, bares e similares, para venda direta ao consumidor; c) a confecção de vestuário, por encomenda direta do consumidor ou usuário, em oficina ou na residência do confeccionador; d) a confecção ou preparo de produtos de artesanato, conforme preceitua o artigo 7º desse dispositivo legal. Além disso: e) o preparo de produto, por encomenda direta do consumidor ou usuário, na residência do preparador ou em oficina, desde que, em qualquer caso, seja preponderante o trabalho profissional; f) a manipulação em farmácia, para venda direta a consumidor, de medicamentos oficinais e magistrais, mediante receita médica; g) a moagem de café torrado, realizada por comerciante varejista como atividade acessória; h) a operação efetuada fora do estabelecimento industrial, consistente na reunião de produtos, peças ou partes e de que resulte: edificação (casas, edifícios, pontes, hangares, galpões e semelhantes, e suas coberturas) ou instalação de oleodutos, usinas hidrelétricas, torres de refrigeração, estações e centrais telefônicas ou outros sistemas de telecomunicação e telefonia, estações, usinas e redes de distribuição de energia elétrica e semelhantes; ou fixação de unidades ou complexos industriais ao solo, entre outros.

A montagem de óculos, mediante receita médica, também não configura hipótese de incidência do IPI, bem como o acondicionamento de produtos classificados nos Capítulos 16 a 22 da TIPI (Tabela de Incidência do Imposto sobre Produtos Industrializados – Decreto n. 8.950/2016), adquiridos de terceiros, em embalagens confeccionadas sob a forma de cestas de natal e semelhantes; o conserto, a restauração e o recondicionamento de produtos usados, nos casos em que se destinem ao uso da própria empresa executora ou quando essas operações sejam executadas por encomenda de terceiros não estabelecidos com o comércio de tais produtos, bem assim o preparo, pelo consertador, restaurador ou recondicionador, de partes ou peças empregadas exclusiva e especificamente naquelas operações.

Também no reparo de produtos com defeito de fabricação, inclusive mediante substituição de partes e peças, quando a operação for executada gratuitamente, ainda que por concessionários ou representantes, em virtude de garantia dada pelo fabricante, é operação, ainda que industrial, mas que **não** incide IPI, assim como a restauração de sacos usados, executada por processo rudimentar, ainda que com emprego de máquinas de costura; e a mistura de tintas entre si, ou com concentrados de pigmentos, sob encomenda do consumidor ou usuário, realizada em estabelecimento varejista, efetuada por máquina automática ou manual, desde que fabricante e varejista não sejam empresas interdependentes, controladora, controlada ou coligadas.

Todas as operações acima relacionadas, previstas no artigo 5º do Decreto n. 7.212/2010, por mais que consistam em operações de industrialização não estão sujeitas à incidência do

Imposto sobre Produtos de Industrialização, por **opção do legislador** infraconstitucional. Existem também outras exceções ao longo do Decreto n. 7.212/2010 que não constituem fato gerador, cite-se o art. 38, como exemplo.

Outrossim, o IPI incide na importação de produtos industrializados, conforme determina o artigo 46, I do CTN: *"Art. 46. O imposto, de competência da União, sobre produtos industrializados tem como fato gerador: I – o seu desembaraço aduaneiro, quando de procedência estrangeira".*

Primeiramente, faz-se necessário lançar a crítica quanto à presente materialidade dessa hipótese de incidência do Imposto sobre Produtos Industrializados, já que se caracteriza mais um critério temporal, na medida em que o legislador escolheu o **desembaraço** para incidência desse tributo, do que o **critério material**, que sempre se manifesta por uma conduta humana.

Na verdade, o desembaraço aduaneiro constitui um procedimento de importação, por meio do qual a mercadoria é entregue ao importador. Assim, assemelha-se mais com o **critério temporal**, em virtude de definir o momento em que o imposto será devido.

José Eduardo Tellini Toledo menciona: "melhor seria se o legislador complementar tivesse utilizado a terminologia 'importar produtos industrializados estrangeiros', como conduta humana regulada pela norma jurídica, a fim de melhor definir o critério material"[29].

A hipótese de incidência estabelecida pelo artigo 46, inciso I, do Código Tributário Nacional não guarda relação com a conceituação proposta pelo legislador constituinte "produto industrializado", visto que esse produto importado não se submeteu a qualquer processo de industrialização, em que lhe alterasse a função, utilidade, ou mesmo o aperfeiçoasse, **em território brasileiro**.

Assim sendo, há de se lembrar de que não pode o legislador infraconstitucional ir além do arquétipo do Imposto, delimitado pela Constituição Federal. A redação do inciso I do artigo 46 do CTN extrapolou a previsão contida no Texto Maior.

Neste cenário, Eduardo Domingos Bottallo[30] depreende que o Imposto sobre Produtos Industrializados sobre a importação não passa de "mero adicional do imposto de importação" para o contribuinte que compra produtos industrializados.

E pode-se sustentar que tal realidade ocorre no sistema jurídico tributário, o IPI acaba por configurar um complemento do Imposto sobre Importação, pois não há como negar que existe uma dupla incidência de Impostos sobre a atividade de **importação** de bens do exterior, posto que além de incidir o Imposto de Importação, incide o Imposto sobre Produtos Industriais.

Em prova realizada pela banca da FGV para a segunda fase do Exame de Ordem, no entanto, compreendeu-se que as hipóteses de incidência desses dois impostos são distintas, ao considerar que o fato gerador do Imposto de Importação configura na entrada do produto no território nacional, como determina o artigo 19 do CTN; e no caso do IPI importação, no desembaraço aduaneiro, nos termos do artigo 46, I, do CTN. Confira:

29. TOLEDO, op. cit., p.72.
30. BOTTALLO, op. cit., p. 36.

Exemplo de questão sobre o tema

▶ Jogador de futebol, colecionador de carros de luxo, importa o último modelo de veículo utilitário para integrar sua coleção pessoal e é surpreendido ao ser impedido de retirar o produto no desembaraço aduaneiro, em razão de ter apenas apresentado a documentação pertinente à quitação do Imposto de Importação, único tributo que o atleta acreditava devido, restando pendente a comprovação do pagamento do IPI, exigido pela autoridade alfandegária. Utilizando todos os argumentos jurídicos apropriados e a fundamentação legal pertinente, responda aos itens a seguir:

(A) Na importação de produtos, a cobrança simultânea do Imposto de Importação e do Imposto sobre Produtos Industrializados revela hipótese de bitributação? (Valor: 0,55)

(B) Sobre a importação do veículo incide o Imposto sobre Produtos Industrializados? (Valor: 0,70)

Resposta: Letra A: Não há bitributação, pois os tributos apresentam fatos geradores distintos. Além disso, bitributação é figura que ocorre quando entes tributantes diversos exigem do mesmo Sujeito Passivo tributos decorrentes do mesmo fato gerador. O fato gerador do Imposto de Importação é a entrada do produto no território nacional, vide art. 19 do CTN. Já a hipótese de incidência do Imposto sobre Produtos Industrializados na importação, na forma do art. 46, I, do CTN, é o desembaraço aduaneiro. Quanto à opção B: Não. Como a importação não se destina ao comércio, o importador não é considerado contribuinte do Imposto sobre Produtos Industrializados. O fato gerador do IPI na importação envolve uma relação mercantil. Caso contrário, haveria um descumprimento do Princípio da Não Cumulatividade, previsto no art. 153, § 3º, II, da CRFB.

Por conseguinte, não se pode falar em inconstitucionalidade, visto que os tributos acima referidos pertencem à competência de uma só pessoa política, a União, configurando nitidamente como um adicional do outro tributo.

Hugo de Brito Machado, ao versar sobre o assunto, elucida que "tal cobrança é juridicamente possível, mesmo caracterizando um *bis in idem*, porque este não é constitucionalmente proibido"[31].

Ademais, passa a ser admissível e plenamente justificável a incidência do IPI na importação de bens do exterior, quando se tratar de reimportação, como bem explorado por Antônio Maurício da Cruz, citado por José Roberto Vieira:

> Tratando-se de reimportação de produtos industrializados, ou seja, de importação dos produtos brasileiros anteriormente exportados, a incidência cabível é a do IPI. É compreensível este mecanismo adotado por obviar a evasão: produto industrializado no País e exportado foge à incidência do IPI; se pudesse retornar ao país sem a incidência do imposto sobre Produtos Industrializados, estaria aberta a porta à fraude, uma vez que não ocorre também a incidência do imposto de Importação (por não ser produtos estrangeiro)[32].

Misabel Abreu Machado Derzi[33] deduz que se tem como perfeitamente legal a incidência do Imposto sobre Produtos Industrializados na importação de produtos estrangeiros, por defender que não pode ocorrer distorções nas leis de concorrência e competitividade.

Na ótica de Hugo de Brito Machado[34], não importa o fato de o produto ter sido industrializado em outro país. "O âmbito constitucional do imposto em tela é o produto industrializado. Basta a existência deste. Não importa onde tenha ocorrido a industrialização."

31. MACHADO, Hugo de Brito. O IPI e a importação de produtos industrializados. In: **Revista Dialética de Direito Tributário**, n. 69, p. 77-85, jun. 2001.
32. VIEIRA, op. cit., p. 99.
33. DERZI, Misabel Abreu Machado. **Fundamentos da Tributação Ampla das Importações pelo ICMS e pelo IPI.** In: **Revista de Direito Tributário**, n. 69, p. 326-340.
34. MACHADO, Hugo de Brito, op. cit., p. 77-85.

Aliomar Baleeiro[35] informa, ainda, que há diferenças entre o Imposto sobre Importação e o Imposto sobre Produtos Industrializados, contanto que o primeiro atinja todos os produtos estrangeiros, independentemente de serem industrializados ou não e de forma alguma poderão incidir sobre produtos nacionais ou nacionalizados.

E quanto ao Imposto sobre Produtos Industrializados, este deverá alcançar quaisquer operações relativas a produtos industrializados, sejam nacionais ou estrangeiros.

Diante de todo o exposto, tem-se que, realmente, a hipótese de incidência prevista no inciso I do artigo 46 do Código Tributário Nacional não guarda qualquer relação com o critério material extraído do texto constitucional, equivale dizer, "realizar operações de industrialização", não podendo o legislador infraconstitucional extrapolar os limites ali impostos.

Todavia, faz-se necessário frisar que não importa a designação dada ao Imposto, resta nítido que o legislador chamou de IPI, quando, na verdade, se trata de Imposto de Importação. Desse modo, resta configurada uma segunda incidência do imposto aduaneiro nas importações de produtos industrializados. Nesse sentido, no tocante à utilização do termo para impor o referido tributo, José Roberto Vieira[36] enfatiza que essa incidência do IPI se caracteriza por ser: "(...) oculta pela ilusão taxionômica do apelido de IPI".

Por essa circunstância não se pode falar em inconstitucionalidade do IPI na atividade de importação.

Diversamente leciona José Eduardo Tellini Toledo[37], em que sustenta que seria indevido o Imposto aqui abordado na importação de produtos industrializados, entendendo que o texto do legislador complementar não encontra amparo no texto constitucional.

Corrobora com o posicionamento do autor supracitado, André Elali[38], que conclui que a incidência do IPI sobre atividades que não estejam relacionadas à industrialização – como o caso do inciso I do artigo 46 do CTN, a importação de produtos –, viola a regra-matriz constitucional do IPI, a competência da União em instituir Imposto sobre Produtos Industrializados e fere o Princípio da Territorialidade.

Observa-se, contudo, que o STJ tem entendido pela legalidade e constitucionalidade da cobrança do IPI sobre os produtos industrializados importados, como pode se verificar no julgado abaixo redigido:

> PROCESSUAL CIVIL. RECURSO ESPECIAL. TRIBUTÁRIO. IPI INCIDENTE SOBRE PRODUTO IMPORTADO. LEGITIMIDADE. 1. Cumpre esclarecer que eventual discussão acerca da incompatibilidade entre a legislação infraconstitucional reguladora do IPI (Lei n. 4.502/64, CTN e Regulamento do IPI) e a Constituição Federal não pode ser dirimida em sede de recurso especial, porquanto requer a apreciação acerca da existência ou não de contrariedade a dispositivo constitucional, o que constitui matéria afeta à competência do Supremo Tribunal Federal. 2. Por outro lado, nos termos do art. 46, I, do CTN, "o imposto, de competência da União, sobre produtos industrializados tem como fato gerador o seu desembaraço aduaneiro, quando de procedência estrangeira". Conforme a clássica lição

35. BALEEIRO, Aliomar. **Direito Tributário Brasileiro.** 11. ed. Rio de Janeiro: Forense, 2002. p. 342.
36. VIEIRA, op. cit., p. 98.
37. TOLEDO, op. cit., p. 79.
38. ELALI, André. **IPI – aspectos práticos e teóricos.** Curitiba: Juruá, 2006. p. 67.

de Aliomar Baleeiro, o IPI "recai sobre o produto, sem atenção de seu destino provável ou ao processo econômico do qual proveio a mercadoria", sendo que o "CTN escolheu, para fato gerador, três hipóteses diversas, ou momentos característicos da entrada da coisa no circuito econômico de sua utilização" (*Direito tributário brasileiro*, 9. ed., Rio de Janeiro: Forense, 1977. p. 184). 3. Ressalte-se que, não obstante a doutrina admita que na hipótese ocorra o *bis in idem* (que não se confunde com a bitributação em sentido estrito), a incidência tanto do imposto de importação quando do IPI, nas hipóteses de produtos importados, não viola a 'discriminação constitucional de competências tributárias, pois tanto um como o outro imposto pertencem à competência de uma só pessoa política (MACHADO, Hugo de Brito. *Comentários ao Código Tributário Nacional*, v. I, São Paulo: Atlas, 2003. p. 475). 4. Precedentes citados: REsp n. 273.205/RS, 1ª Turma, rel. Min. José Delgado, **DJ** de 05.03.2001; AgRg no REsp n. 216.265/SP, 2ª Turma, rel. Min. Franciulli Netto, **DJ** de 29.03.2004; REsp n. 846.667/RJ, 2ª Turma, rel. Min. Humberto Martins, **DJ** de 07.03.2007. 5. Recurso especial parcialmente conhecido e, nessa parte, desprovido (REsp n. 660.192/SP, rel.ª Min.ª Denise Arruda, 1ª Turma, julgado em 26.06.2007, **DJ** de 02.08.2007, p. 338).

Vale frisar que, recentemente, o STF, ao julgar o RE 723651 firmou posicionamento de que mesmo a **pessoa natural**, ainda que não desempenhe atividade empresarial e realize a importação para **uso próprio**, deverá recolher o IPI nessa operação. Tal entendimento considerou que se os produtos industrializados nacionais sofrem tal incidência, os importados industrializados também deveriam ter a tributação, isso porque as políticas de mercado referentes à isonomia deveriam ser conducentes a homenagear, tanto quanto possível, a circulação dos produtos nacionais, sem prejuízo, evidentemente, do fenômeno no tocante aos estrangeiros.

IMPOSTO SOBRE PRODUTOS INDUSTRIALIZADOS – IMPORTAÇÃO DE BENS PARA USO PRÓPRIO – CONSUMIDOR FINAL. Incide, na importação de bens para uso próprio, o Imposto sobre Produtos Industrializados, sendo neutro o fato de tratar-se de consumidor final. (RE 723651, rel. Min. Marco Aurélio, Tribunal Pleno, julgado em 04.02.2016, Processo Eletrônico Repercussão Geral – Mérito **DJe**-164, divulg. em 04.08.2016, public. 05.08.2016).

No tocante à terceira hipótese de incidência elencada no inciso III do artigo 46 do Código Tributário Nacional, o legislador previu como critério material da hipótese de incidência tributária do IPI: "A sua arrematação, quando apreendido ou abandonado e levado a leilão."

Todavia, quando da análise do Regulamento do Imposto sobre Produtos Industrializados (Decreto n. 7.212/2010), observa-se que se deixou de trazer como hipótese de incidência tributária a "arrematação" nos termos trazidos pelo Código Tributário Nacional.

Eduardo Bottallo[39] garante que essa hipótese de incidência não chega a constituir uma terceira espécie do Imposto sobre Produtos Industrializados, "mas mera consequência da circunstância de um produto industrializado (nacional ou importado) ficar sujeito a perdimento ou abandono, levando as autoridades competentes a leiloá-lo".

Há de se concordar com o autor acima citado, visto que "arrematar" produtos industrializados não tem qualquer relação com a conceituação de "realizar operação de produtos industrializados", retirada do contexto constitucional.

Outrossim, ressalta-se que "arrematar" produtos industrializados caracteriza-se mais com o critério temporal da hipótese de incidência, do que com o critério material, em virtude de apenas definir o momento em que o tributo será devido.

39. BOTTALLO, op. cit., p. 37.

4.3.1.1. Conflito de Conceitos de Industrialização e Prestação de Serviços

Para elucidar sobre o conflito existente entre a Industrialização e a Prestação de Serviços, insta mencionar que o Imposto sobre Serviços de Qualquer Natureza tem sua fonte na Constituição, no artigo 156, inciso III, que dispõe:

> **Art. 156.** Compete aos Municípios instituir imposto sobre: (...) III – serviços de qualquer natureza, não compreendidos no artigo 155, II, definidos em lei complementar. (...) § 3º Em relação ao imposto previsto no inciso III do *caput* deste artigo, cabe à lei complementar: I – fixar as suas alíquotas máximas e mínimas; II – excluir da sua incidência exportações de serviços para o exterior. III – regular a forma e as condições como isenções, incentivos e benefícios fiscais serão concedidos e revogados.

Da leitura do referido dispositivo e em razão de possíveis conflitos de competência entre tributos atribuídos a pessoas políticas distintas, caberá à Lei Complementar definir quais os serviços em que incidirá o ISS.

Desse modo, a Lei Complementar que passou a regular o ISS no plano nacional é a LC n. 116/2003, que revogou, salvo algumas exceções, as disposições anteriores. Assim, estabelece a LC n. 116/2003:

> **Art. 1º** O Imposto sobre Serviços de Qualquer Natureza, de competência dos Municípios e do Distrito Federal, tem como fato gerador a prestação de serviços constantes da lista anexa, ainda que esses não se constituam como atividade preponderante do prestador.

Ocorre que para a incidência do ISS, não basta, apenas que determinado serviço esteja descrito e previsto na lista de serviços. Há necessidade que haja realmente uma **prestação de serviço**, reconhecida pela condição de um fazer, como será visto no Subitem 12.3.3.2 do Capítulo de Impostos Municipais.

Trata-se, portanto, de operação pela qual uma pessoa, em troca do pagamento de um preço (preço do serviço), realiza em favor de outra um serviço, configurando uma obrigação de fazer.

Contudo, tendo em vista que o critério material do IPI consiste, como já fora analisado anteriormente, em uma obrigação de dar, e a hipótese de incidência do ISS configura um fazer, indaga-se o real motivo da preocupação quanto a um possível conflito de competências.

Realmente o industrial obriga-se a realizar uma industrialização, seguida de transferência de propriedade ou posse do produto resultante – uma **obrigação de dar**. Acontece que há casos em que ocorre a chamada industrialização por **encomenda**, em que pode haver confusão entre quais impostos deve incidir, visto que além de ser concedido o produto final, teve-se uma fase anterior que consiste em um **fazer individualizado**.

Na industrialização por **encomenda** elabora-se um produto pelo industrial, conforme as necessidades específicas e delineadas pela pessoa que fez a encomenda. E ainda que o produto encomendado seja similar aos produtos por ele industrializado, o primeiro apresentará sempre características próprias, exigidas pelo encomendante.

Aqui realmente avultam-se duas obrigações, uma de fazer e outra de dar. Logo, sem a prestação de fazer não haverá o produto, e sem a obrigação de dar não haverá negócio jurídico.

Nesse caso, configura imprescindível saber quais das obrigações se sobressaem para definir qual imposto deve incidir, se o **IPI** ou o **ISS**.

Entende-se, em conclusão, que incidirá apenas ISS quando se tratar de industrialização por encomenda, em que o resultado do produto for peculiar, pois a prestação-fim será a obrigação de fazer, enquanto a entrega do produto será a prestação-meio.

José Eduardo Soares de Melo[40] exemplifica que a atividade de industrialização compreende a produção ou beneficiamento de bens em massa, repetidos, sendo distinta de serviço, que se caracteriza, justamente, pela individualidade. Assim, os tributos, segundo o autor, distinguem-se pela circunstância de que o IPI não consiste unicamente num fazer, mas também num dar (produto industrializado, decorrente de operações de transformação, beneficiamento, montagem, acondicionamento ou recondicionamento e renovação); enquanto o ISS implica apenas um fazer, mediante esforço pessoal, que pode (ou não) traduzir-se em bem corpóreo, ou na utilização de materiais.

Sacha Calmon Navarro Coêlho[41] aponta que a técnica de resolução legislativa dos conflitos de competência entre o ISS, o ICMS e o IPI, fora justamente a lista taxativa a respeito dos serviços tributáveis pelos Municípios, com as seguintes variações:

- Serviços relacionados ainda que implicando fornecimento de mercadorias – ISS;
- Serviços relacionados implicando fornecimento de mercadorias com previsão de incidência do ICMS sobre estas – ISS sobre serviços e ICMS sobre as mercadorias;
- Serviços não mencionados na lista, mas com fornecimento de mercadorias – Incidência do ICMS.

Ao analisar a Lei Complementar n. 116/2003 observa-se a presença dos serviços de recondicionamento (itens 14.03, 14.05), recauchutagem ou regeneração de pneus (item 14.04), beneficiamento (item 14.05), alfaiataria e costura (item 14.09).

Constata-se que em alguns casos o legislador complementar entendeu como prestação de serviço, o que poderia ser captado como uma operação de industrialização, nesse caso deve-se analisar a destinação que será dada ao produto, com o intuito de saber qual tributo irá incidir.

Na legislação anterior, que tratava sobre o ISS (Decreto-lei n. 406/68), havia previsão de que somente incidiria o ISS, caso os objetos não fossem destinados à industrialização ou comercialização, e assim, tornava-se fácil dirimir os conflitos de competência de tributar.

Ocorre que essa parte da legislação fora totalmente suprimida pela nova sistemática legislativa do ISS com o advento da Lei Complementar n. 116/2003.

Dessa forma, alguns doutrinadores compreendem que se houver previsão do serviço na lista anexa à Lei Complementar n. 116/2003 existirá incidência do ISS, independentemente do serviço ser prestado para o consumidor final ou destinado para o comércio, por entenderem que referida Lei Complementar constitui instrumento hábil para dirimir qualquer conflito de competência.

40. MELO, José Eduardo Soares; PAULSEN, Leandro. **Impostos federais, estaduais e municipais.** Porto Alegre: Livraria do Advogado, 2004. p. 249.

41. COÊLHO, Sacha Calmon Navarro. **Curso de Direito Tributário Brasileiro.** Rio de Janeiro: Forense, 2005. p. 619.

José Eduardo Tellini Toledo defende essa teoria e acrescenta que o fato de o legislador, em apenas alguns serviços, acrescer a conjugação "destinados ao usuário final" não significa que a ausência dessa previsão implique a não competência municipal para cobrança desse imposto. Explica:

> Ora, se o legislador complementar, em outras modalidades de serviço não fez a distinção mencionada acima (ou seja, não especificou que o ISS somente incidiria se o serviço fosse prestado a consumidor final), não cabe ao interprete fazê-lo, principalmente em afronta ao texto em vigor[42].

Entende-se, todavia, que os serviços descritos na lista anexa à LC n. 116/2003 estarão sujeitos à incidência do ISS, tão somente, quando destinados ao **usuário final**, por assim restar configurada uma obrigação de **fazer** o serviço, critério material desse tributo.

E quando a prestação consistir em **obrigação de dar**, casos em que a prestação de serviço destina-se à **comercialização** dos produtos, incidir-se-á o IPI.

Nesse contexto, José Roberto Vieira interpreta que "se definida a supremacia do dar, admite-se a compra e venda e a submissão ao IPI. Se, ao revés, estabelecida a prioridade do fazer, reconhece-se a empreitada de materiais e a sujeição ao ISS"[43].

José Roberto Vieira[44] complementa sua opinião explicando que se persistirem dúvidas quanto à preponderância das prestações, obrigação de fazer ou de dar, aplicar-se-á a Lei Complementar para dirimir esse conflito. "... a Lei Complementar específica do ISS não deixa também de ser uma lei específica do IPI, na medida dos conflitos que os cometem reciprocamente".

Entende-se que alguns casos podem consubstanciar tanto uma industrialização como uma prestação de serviços. Será industrialização quando o produto for destinado à comercialização, e será tida como prestação de serviços se realizadas para o próprio usuário do produto ao qual digam respeito. Nesse âmbito, seguem decisões do STJ:

> TRIBUTÁRIO E PROCESSO CIVIL. VIOLAÇÃO DO ART. 535 DO CPC. INCIDÊNCIA DA SÚMULA N. 284/STF. INDUSTRIALIZAÇÃO POR ENCOMENDA. BENEFICIAMENTO DE MATÉRIA-PRIMA. INCIDÊNCIA DO ISS. APLICAÇÃO DA SÚMULA N. 83/STJ. CONCLUSÃO DO ACÓRDÃO DE ORIGEM COM BASE NO CONTEXTO FÁTICO DOS AUTOS. INCIDÊNCIA DA SÚMULA N. 7/STJ. (...) **2. Esta Corte entende que "a 'industrialização por encomenda' caracteriza prestação de serviço sujeita à incidência de ISS, e não de ICMS" (AgRg no REsp n. 1.280.329/MG, rel. Min. Herman Benjamin, 2ª Turma, julgado em 27.03.2012, DJe de 13.04.2012). Incidência da Súmula n. 83/STJ.** 3. A Corte de origem entendeu que o recorrente não comprovou o fato constitutivo do seu direito, porquanto "no caso dos autos, onde pretende a autora desconstituir o auto de lançamento sob o argumento de que as operações estão sujeitas ao IPI e ao ICMS, deveria impugnar especificadamente os valores lançados pelo fisco, trazendo elementos, dados, números, perícia, etc. no sentido de que uma, ou algumas das operações tributadas são fatos geradores do IPI e do ICMS" (fls. 2055, e-STJ). Alterar esse entendimento demanda a incursão no contexto fático dos autos, impossível nesta Corte ante o óbice da Súmula n. 7/STJ. Agravo regimental improvido (AgRg no AREsp n. 350.842/RS, rel. Min. Humberto Martins, 2ª Turma, julgado em 05.09.2013, **DJe** de 18.09.2013) (grifos nossos).

42. TOLEDO, op. cit., p. 91.
43. VIEIRA, op. cit., p. 89.
44. Idem, *ibidem*, 1993, p. 93.

> A elaboração dos cartões com as características requeridas pelo destinatário, que é aquele que encomenda o serviço, tais como a logomarca, a cor, eventuais dados e símbolos, indica de pronto a prestação de um serviço de composição gráfica, enquadrado no item 77 da Lista de Serviços anexa ao Decreto-lei n. 406/68. Há, portanto, nítida violação ao disposto no § 1º do artigo 8º do Decreto-Lei n. 406/68, uma vez que a hipótese dos autos configura prestação de serviços de composição gráfica personalizados, sujeitos apenas à incidência do ISS (Súmulas n. 156/STJ e 143 do extinto TFR). **Considerada a circunstância de se tratar de serviço personalizado, destinados os cartões, de pronto, ao consumidor final, que neles inserirá os dados pertinentes e não raro sigilosos, conclui-se que a atividade não é fato gerador do IPI. Tanto isso é exato que, se forem embaralhadas as entregas, com a troca de destinatários, um estabelecimento não poderá servir-se da encomenda de outro, que veio ter a suas mãos por mero acaso ou acidente de percurso.** Dissídio jurisprudencial configurado quanto ao mérito. Recurso especial provido (STJ, REsp n. 437324, rel. Franciulli Netto, **DJ** de 22.08.2003, p. 295) (grifos nossos).

O parecer do STF também está nessa toada, compreendendo que incidirá o ISS quando a atividade preponderante for a obrigação de fazer e destinada ao consumidor final. Confira abaixo uma decisão que tratou do conflito existente entre o ISS e o ICMS, mas que se aplica e permite a clareza sobre o conflito do IPI e ISS:

> Agravo regimental no recurso extraordinário. Serviço de composição gráfica com fornecimento de mercadoria. Conflito de incidências entre o ICMS e o ISSQN. Serviços de composição gráfica e customização de embalagens meramente acessórias à mercadoria. Obrigação de dar manifestamente preponderante sobre a obrigação de fazer, o que leva à conclusão de que o ICMS deve incidir na espécie. 1. Em precedente da Corte consubstanciado na ADI n. 4.389/DF-MC, restou definida a incidência de ICMS "sobre operações de industrialização por encomenda de embalagens, destinadas à integração ou utilização direta em processo subsequente de industrialização ou de circulação de mercadoria. 2. **A verificação da incidência nas hipóteses de industrialização por encomenda deve obedecer dois critérios básicos: (i) verificar se a venda opera-se a quem promoverá nova circulação do bem e (ii) caso o adquirente seja consumidor final, avaliar a preponderância entre o dar e o fazer mediante a averiguação de elementos de industrialização. 4. À luz dos critérios propostos, só haverá incidência do ISS nas situações em que a resposta ao primeiro item for negativa e se no segundo item o fazer preponderar sobre o dar.** 5. A hipótese dos autos não revela a preponderância da obrigação de fazer em detrimento da obrigação de dar. Pelo contrário. A fabricação de embalagens é a atividade econômica específica explorada pela agravante. Prepondera o fornecimento dos bens em face da composição gráfica, que afigura-se meramente acessória. Não há como conceber a prevalência da customização sobre a entrega do próprio bem. 6. Agravo regimental não provido (AI n. 803296-AgR, rel. Min. Dias Toffoli, 1ª Turma, julgado em 09.04.2013, processo eletrônico, **DJe**-107, divulg. em 06.06.2013, public. em 07.06.2013) (grifos nossos).

Na visão de José Eduardo Tellini Toledo[45], a melhor solução seria uma reforma na legislação para que se incluísse novamente aos itens que preveem modalidades de industrialização a seguinte frase: "Não destinados à industrialização ou comercialização", casos em que incidiria o ISS.

Diante dessas decisões e do posicionamento doutrinário, pode-se afirmar que se tem como assente que no caso de preponderar a obrigação de fazer, bem como se tratar de destinatário final e, ainda, se enquadrar na Lista contida no Anexo da LC n. 116/2003, haverá incidência

45. TOLEDO, op. cit., p. 91.

do ISS. Caso contrário, poderá incidir IPI ou ICMS, dependendo do enquadramento do fato gerador. Esse último imposto (ICMS) será analisado no Capítulo dos Impostos Estaduais mais adiante.

4.3.2. Critério Temporal

Da análise ao artigo 46 do Código Tributário Nacional, incisos I, II e III, extrai-se que o critério temporal do IPI ocorre com: a) "o **desembaraço aduaneiro**", quando se trata de importação de produtos industrializado, b) a "**saída do estabelecimento produtor**", se discorrer sobre a realização de operação de industrialização de produtos, c) a **arrematação**, caso o produto industrializado seja apreendido ou abandonado e levado à leilão.

Observa-se, nesse ponto, que o legislador chamou de critério material, na verdade o critério temporal, pois como se sabe a circunstância que se representa por um verbo, que descreve um comportamento humano, quer dizer um fato. Desse modo, constata-se que no artigo 46 do CTN tem-se a descrição de um momento e não de um fato – uma ação.

Paulo de Barros Carvalho critica a confusão acima elucidada:

> **Os legisladores e os jurisprudentes passaram a dar nome de fato gerador dos impostos justamente ao critério temporal** estabelecido na lei para cada um, o que muito contribuiu para o desalinho teórico formado em derredor de gravames como o IPI e o ICMS, cuja consistência material sempre experimentou profundas divergências conceptuais. (...) são muitas as ocasiões em que o legislador assevera que a hipótese de incidência da exação é aquilo que denominamos critério temporal do suposto normativo. Como o emprego de circunlóquios, escolhe um momento, topicamente determinado, para situar, no tempo, o fato tributário, com a inauguração do vínculo jurídico patrimonial[46]. (grifos nossos)

Não obstante a crítica acima levantada, constata-se que qualquer que seja o instante eleito para considerar-se ocorrido o fato jurídico tributário, esse fato deverá estar necessariamente ligado ao critério material da hipótese de incidência tributária.

E, nesse diapasão, pode-se afirmar que tanto a saída do produto industrializado do estabelecimento produtor; como o desembaraço aduaneiro desse ao ser importado; e, ainda, a arrematação, guardam identidade com o comportamento pessoal descrito no critério material da hipótese de incidência tributária do IPI. Por esse motivo pode-se comprovar que tais circunstâncias compõem o critério temporal desse imposto.

A saída do estabelecimento do produtor deve sempre decorrer de uma **operação** jurídica. José Eduardo Tellini Toledo completa: "Haverá sempre a necessidade da existência de um ato ou negócio jurídico que promova a saída do produto industrializado"[47].

Saliente-se, ainda, que na assentada do dia 14.10.2015, a Primeira Seção concluiu o julgamento do EREsp 1.403.532/SC, sob a sistemática de recurso repetitivo, de modo a permitir a cobrança do IPI na operação de saída da mercadoria do estabelecimento comercial do importador, ainda que já tenha incidido o mesmo tributo no desembaraço aduaneiro. Entende a corte que não há ocorrência de *bis in idem*, ou mesmo dupla tributação, por serem

46. CARVALHO, Paulo de Barros. **Curso de Direito Tributário.** 13. ed. São Paulo, Saraiva, 2000. p. 259-261.
47. TOLEDO, op. cit., p. 96.

hipóteses de incidência distintas: primeiramente ocorre o desembaraço aduaneiro decorrente da operação de compra de produto industrializado do exterior, momento em que incide o IPI, com fulcro no artigo 46, I, do CTN; e a segunda operação consiste na saída do produto industrializado do **estabelecimento importador** equiparado a **estabelecimento** produtor, que deve sofrer a incidência do IPI em razão da previsão do artigo 46, II, do CTN.

Além disso, considera-se que as duas incidências de IPI (inicialmente no momento do desembaraço aduaneiro e posteriormente no momento de saída do estabelecimento importador, equiparado a industrial) não onera a cadeia além do razoável, pois o importador na primeira operação apenas acumula a condição de contribuinte de fato e de direito em razão da territorialidade, já que o estabelecimento industrial produtor estrangeiro não pode ser eleito pela lei nacional brasileira como contribuinte do IPI (os limites da soberania tributária o impedem), sendo que a empresa importadora nacional brasileira acumula o crédito do imposto pago no desembaraço aduaneiro para ser utilizado como abatimento do imposto a ser pago na saída do produto como contribuinte de direito (não cumulatividade), mantendo-se a tributação apenas sobre o valor agregado. Para melhor compreensão, segue abaixo trecho do voto do Ministro Mauro Campbell Marques:

> (...) o fato de o nomen juris do tributo ser "Imposto sobre Produtos Documento: 48754036 – VOTO VOGAL – não significa que seu fato gerador esteja necessariamente atrelado a uma imediata operação de industrialização. A este respeito, rememoro que o IPI, antes da Emenda Constitucional n. 18/65 e do Decreto-Lei n. 34/66, denominava-se «Imposto de Consumo», e assim o era porque seu ônus econômico era e é suportado pelo consumidor e em suas origens incidia sobre bens de consumo. O fato de o tributo incidir sobre o produto industrializado significa somente que é necessário e relevante que essa operação de industrialização em algum momento tenha ocorrido, pois a circulação que se tributa é de um produto industrializado, mas não que ela tenha que ocorrer simultaneamente a cada vez que se realize uma hipótese de incidência do tributo (fato gerador). Por todos, transcrevo as lições de Ricardo Lobo Torres e Fábio Fanucchi, in verbis: Tanto que industrializado o produto, aqui ou no estrangeiro, a sua circulação, seja pela saída econômico-jurídica do estabelecimento industrial, seja pela arrematação em leilão, seja pelo desembaraço aduaneiro, constitui fato gerador do IPI (TORRES, R. L. **Tratado de direito constitucional, financeiro e tributário**, v. IV – Os tributos na Constituição. Rio de Janeiro: Renovar, 2007. p. 174). O fato gerador do tributo é instantâneo (...). Cada desembaraço aduaneiro, cada saída de produto de estabelecimento contribuinte e cada produto arrematado em leilão, faz nascer uma obrigação tributária distinta (FANUCCHI, F. Curso de Direito Tributário Brasileiro. 4ª ed. São Paulo: IBET/Resenha Tributária, 1986. vol. II, p. 129). À toda evidência, quando se está a falar da importação de produtos, a primeira incidência do IPI encontra guarida no art. 46, I, do CTN, que assim define o fato gerador: Lei n. 5.172/66 – Código Tributário Nacional – CTN Art. 46. O imposto, de competência da União, sobre produtos industrializados tem como fato gerador: I – o seu desembaraço aduaneiro, quando de procedência estrangeira; [...] Veja-se que para essa hipótese de incidência não há a necessidade de operação de industrialização imediatamente associada ao desembaraço aduaneiro. Até porque o produto pode ser adquirido do exterior depois de ter trafegado pelas mãos de vários intermediários, sejam ou não industriais produtores. O que importa aqui é que em algum momento tenha havido a industrialização (produto industrializado) e não que ela ocorra imediatamente antes da operação que leva ao desembaraço. Essa mesma lógica subsiste quando se tributa "o comerciante de produtos sujeitos ao imposto, que os fornece a estabelecimento industrial ou equiparado a industrial", ou "o arrematante de produtos apreendidos ou abandonados", pois nesses dois casos também não há atividade de industrialização desenvolvida pelos contribuintes.

Abaixo, atente-se para a ementa do julgado sobre o assunto:

> EMBARGOS DE DIVERGÊNCIA EM RECURSO ESPECIAL. DIREITO TRIBUTÁRIO. RECURSO REPRESENTATIVO DA CONTROVÉRSIA. ART. 543-C, DO CPC. IMPOSTO SOBRE PRODUTOS INDUSTRIALIZADOS - IPI. FATO GERADOR. INCIDÊNCIA SOBRE OS IMPORTADORES NA REVENDA DE PRODUTOS DE PROCEDÊNCIA ESTRANGEIRA. FATO GERADOR AUTORIZADO PELO ART. 46, II, C/C 51, PARÁGRAFO ÚNICO DO CTN. SUJEIÇÃO PASSIVA AUTORIZADA PELO ART. 51, II, DO CTN, C/C ART. 4º, I, DA LEI N. 4.502/64. PREVISÃO NOS ARTS. 9, I E 35, II, DO RIPI/2010 (DECRETO N. 7.212/2010). **1. Seja pela combinação dos artigos 46, II e 51, parágrafo único do CTN - que compõem o fato gerador, seja pela combinação do art. 51, II, do CTN, art. 4º, I, da Lei n. 4.502/64, art. 79, da Medida Provisória n. 2.158-35/2001 e art. 13, da Lei n. 11.281/2006 - que definem a sujeição passiva, nenhum deles até então afastados por inconstitucionalidade, os produtos importados estão sujeitos a uma nova incidência do IPI quando de sua saída do estabelecimento importador na operação de revenda, mesmo que não tenham sofrido industrialização no Brasil. 2. Não há qualquer ilegalidade na incidência do IPI na saída dos produtos de procedência estrangeira do estabelecimento do importador, já que equiparado a industrial pelo art. 4º, I, da Lei n. 4.502/64, com a permissão dada pelo art. 51, II, do CTN. 3. Interpretação que não ocasiona a ocorrência de bis in idem, dupla tributação ou bitributação, porque a lei elenca dois fatos geradores distintos, o desembaraço aduaneiro proveniente da operação de compra de produto industrializado do exterior e a saída do produto industrializado do estabelecimento importador equiparado a estabelecimento produtor, isto é, a primeira tributação recai sobre o preço de compra onde embutida a margem de lucro da empresa estrangeira e a segunda tributação recai sobre o preço da venda, onde já embutida a margem de lucro da empresa brasileira importadora. Além disso, não onera a cadeia além do razoável, pois o importador na primeira operação apenas acumula a condição de contribuinte de fato e de direito em razão da territorialidade, já que o estabelecimento industrial produtor estrangeiro não pode ser eleito pela lei nacional brasileira como contribuinte de direito do IPI (os limites da soberania tributária o impedem), sendo que a empresa importadora nacional brasileira acumula o crédito do imposto pago no desembaraço aduaneiro para ser utilizado como abatimento do imposto a ser pago na saída do produto como contribuinte de direito (não-cumulatividade), mantendo-se a tributação apenas sobre o valor agregado.** 4. Precedentes: REsp. 1.386.686 - SC, Segunda Turma, rel. Min. Mauro Campbell Marques, julgado em 17.09.2013; e REsp. 1.385.952 - SC, Segunda Turma, rel. Min. Mauro Campbell Marques, julgado em 03.09.2013. Superado o entendimento contrário veiculado nos EREsp. 1.411.749 – PR, Primeira Seção, rel. Min. Sérgio Kukina, rel. p/acórdão Min. Ari Pargendler, julgado em 11.06.2014; e no REsp. 841.269 – BA, Primeira Turma, rel. Min. Francisco Falcão, julgado em 28.11.2006. 5. Tese julgada para efeito do art. 543-C, do CPC: "Os produtos importados estão sujeitos a uma nova incidência do IPI quando de sua saída do estabelecimento importador na operação de revenda, mesmo que não tenham sofrido industrialização no Brasil". 6. Embargos de divergência em Recurso especial não providos. Acórdão submetido ao regime do art. 543-C do CPC e da Resolução STJ 08/2008. (EREsp 1.403.532/SC, rel. Min. Napoleão Nunes Maia Filho, rel. p/ acórdão Min. Mauro Campbell Marques, Primeira Seção, julgado em 14.10.2015, **DJe** de 18.12.2015).

4.3.3. *Critério Espacial*

O critério espacial do IPI deverá abranger todo o território **nacional**, haja vista se referir a imposto cuja competência pertence à União.

O artigo 32 do Decreto n. 7.212/2010 estabelece que se considera domicílio tributário, para efeitos de cumprimento da obrigação tributária, se pessoa jurídica de direito privado, "o lugar do estabelecimento responsável pelo cumprimento da obrigação tributária".

Dessa feita, independentemente do local (território nacional) em que se realize a operação jurídica que promova a saída dos produtos industrializados do estabelecimento produtor, mediante celebração de negócio jurídico em que haja, impreterivelmente, a transferência de propriedade ou posse do bem produzido, ter-se-á instaurada a relação jurídico-tributária, uma vez que preenchidos todos os critérios do antecedente da norma de incidência.

Nesse escopo, oportuno ressaltar o conceito de estabelecimento, visto que se considerado apenas como prédio isolado, poder-se-á perceber que a passagem de um produto para outro prédio situado no mesmo terreno pode ensejar a incidência do IPI.

De Plácido e Silva extrai-se: "Local ou edifício em que a profissão vai ser exercida ou o negócio vai ser instalado, de modo que passa a compreender todo conjunto de instalações e aparelhamentos necessários ao desempenho da profissão ou negócio, inclusive o próprio edifício em que se instala"[48].

Como visto anteriormente, a simples saída do produto industrializado do estabelecimento do produtor, sem a celebração do negócio jurídico, não configura hipótese de incidência do IPI.

Assim, ainda que um dos prédios situa-se do outro lado da rua, não haverá incidência do IPI se não ocorrer celebração de negócio jurídico. De mais a mais, ressalta-se que o artigo 43 do Decreto n. 7.212/2010, inciso X, estabelece que os produtos remetidos, para industrialização ou comércio, de um para outro estabelecimento, industrial ou equiparado a industrial, da mesma firma podem sair com **suspensão** do IPI.

No tocante ao Imposto sobre Produtos Industrializados sobre a importação, tendo em vista que o ingresso dos produtos, no território nacional, somente pode ocorrer por meio de portos, aeroportos e pontos de fronteira alfandegados, conclui-se que o critério espacial consiste no local em que ocorrer o respectivo **desembaraço** aduaneiro.

Quanto à arrematação de produtos industrializados, tem-se que o critério espacial do IPI se caracteriza pelo local onde ocorre a **arrematação** dos produtos industrializados.

4.4. Consequente Tributário

4.4.1. Critério Pessoal

4.4.1.1. Sujeito Ativo

Infere-se que para todos os critérios materiais relativos ao Imposto sobre Produtos Industrializados o sujeito ativo é a União. No entanto, assim como ocorre com os demais tributos, a União poderá delegar a capacidade tributária ativa a outro ente federativo, conforme estudado no Capítulo 2.

48. DE PLÁCIDO E SILVA, **Vocabulário Jurídico**. 17. ed. Rio de janeiro: Forense, 2000. p. 319.

4.4.1.2. Sujeito Passivo

O artigo 24 do Decreto n. 7.212/2010 preconiza que são obrigados ao pagamento do Imposto sobre Produtos Industrializados: a) o importador, quando do desembaraço aduaneiro; b) o industrial, se o fato jurídico tributário se der pela saída do produto que industrializar em seu estabelecimento; c) o estabelecimento equiparado a industrial, caso os produtos deles saiam.

E o inciso IV do dispositivo legal supracitado prevê como Contribuinte desse Imposto: "Os que consumirem ou utilizarem em outra finalidade, ou remeterem a pessoas que não sejam empresas jornalísticas ou editoras, o papel destinado à impressão de livros, jornais e periódicos, quando alcançado pela imunidade prevista no inciso I do artigo 18" (Lei n. 9.532, de 1997, art. 40).

Ademais, o artigo 35 da Lei n. 4.502/64 determina que o Contribuinte do IPI consiste no: " industrial, inclusive os que lhe são equiparados (...) com relação aos produtos tributados que, real ou fictamente, saírem de seu estabelecimento (...)"

No mesmo enredo tem-se o artigo 51 do Código Tributário Nacional:

> **Art. 51**. Contribuinte do imposto é:
>
> I – o importador ou quem a lei a ele equiparar;
>
> II – o industrial ou quem a lei a ele equiparar;
>
> III – o comerciante de produtos sujeitos ao imposto, que os forneça aos contribuintes definidos no inciso anterior;
>
> IV – o arrematante de produtos apreendidos ou abandonados, levados a leilão.
>
> Parágrafo único. Para os efeitos deste imposto, considera-se contribuinte autônomo qualquer estabelecimento de importador, industrial, comerciante ou arrematante.

No tocante ao estabelecimento industrial, os artigos 9º e 10 do Decreto n. 7.212/2010 trazem um rol dos estabelecimentos equiparados a industrial. Além desses dispositivos, o artigo 11 elenca aqueles que se assemelham a estabelecimento industrial por opção.

De fundamental importância evidenciar que o legislador atribuiu certa autonomia aos estabelecimentos industriais. Isso porque a legislação define que cada unidade responsável pelas atividades de industrialização deve apurar individualmente o IPI devido, ainda que seja uma única empresa.

Quanto à responsabilidade, o regulamento do IPI (Decreto n. 7.212/2010) se preocupou em prescrevê-la. Em seu artigo 25 define aqueles que são obrigados ao pagamento do IPI, na qualidade de responsáveis tributários.

E, para finalizar, o artigo 26 do texto legal acima mencionado estabelece que será responsável como Contribuinte Substituto do IPI: "O industrial ou equiparado a industrial, mediante requerimento, em relação às operações anteriores, concomitantes ou posteriores às saídas que promover, nas hipóteses e condições estabelecidas pela SRF".

4.4.2. Critério Quantitativo

4.4.2.1. Base de Cálculo

Nos termos do artigo 47 do CTN, a base de cálculo do IPI, no caso de se tratar de produto industrializado importado, será o preço normal, acrescido do montante do Imposto sobre a Importação, das taxas exigidas para entrada do produto no país e dos encargos cambiais efetivamente pagos pelo importador ou dele exigíveis.

Já os produtos que apresentam como critério material, de acordo com o Código Tributário Nacional (inciso II do art. 47), a saída dos estabelecimentos do industrial, do comerciante, o critério quantitativo constitui o **valor da operação** de que decorrer a saída da mercadoria ou, na falta deste, o preço corrente da mercadoria, ou seu similar no mercado atacadista da praça do remetente.

> Art. 47. A base de cálculo do imposto é:
>
> (...)
>
> II – no caso do inciso II do artigo anterior: a) o valor da operação de que decorrer a saída da mercadoria;

O STJ compreende que o valor da mercadoria vendida a prazo, sem intermediação de instituições financeiras, deve compor a base de cálculo do IPI, porque o valor acrescido corresponderia ao "valor de operação que decorre a saída da mercadoria".

> TRIBUTÁRIO. VENDAS A PRAZO. BASE DE CÁLCULO DO IPI. VALOR TOTAL DA OPERAÇÃO. IMPOSSIBILIDADE DE CONSIDERAR QUE PARCELA DO PREÇO CORRESPONDERIA A JUROS E NÃO SOFRERIA A INCIDÊNCIA DO IMPOSTO. PRECEDENTE RELATIVO AO ICMS JULGADO SOBRE A SISTEMÁTICA DOS RECURSOS REPETITIVOS.
>
> 1. Não se pode conhecer da alegada ofensa ao art. 535 do CPC, porquanto as razões do recurso são genéricas e não indicam objetivamente de que forma teria havido omissão e qual a relevância do ponto, em tese omitido, para o deslinde da controvérsia.
>
> Aplica-se, por analogia, o óbice da Súmula 284/STF.
>
> 2. A indicada afronta dos arts. 46 e 51 do CTN não pode ser analisada, pois o Tribunal de origem não emitiu juízo de valor sobre esses dispositivos legais. O Superior Tribunal de Justiça entende ser inviável o conhecimento do Recurso Especial quando os artigos tidos por violados não foram apreciados pelo Tribunal *a quo*, a despeito da oposição de Embargos de Declaração, haja vista a ausência do requisito do prequestionamento. Incide, na espécie, a Súmula 211/STJ.
>
> 3. Nas operações de saída realizadas no mercado interno, a base de cálculo do IPI é o valor da operação (art. 47, II, "a", do CTN).
>
> **4. A "venda a prazo" e a "venda financiada"** não se confundem. Nesta, o comprador obtém recursos de instituição financeira para pagar a aquisição da mercadoria e o IPI incide apenas sobre o valor efetivamente pago ao vendedor da mercadoria, não englobando os juros pagos ao financiador, sobre o qual incidirá apenas o IOF. Na venda a prazo, porém, em que o vendedor recebe o preço em parcelas, o IPI incide sobre a soma de todas essas, ainda que o valor seja maior do que o cobrado em operações de venda à vista, pois esse total corresponde ao valor da operação.

5. A mesma questão existe quando ao ICMS e já foi julgada sob a sistemática da lei dos recursos repetitivos, em precedente inteiramente aplicável também ao IPI: "TRIBUTÁRIO. RECURSO ESPECIAL REPRESENTATIVO DA CONTROVÉRSIA. ART. 543-C, DO CPC. ICMS. ENCARGOS DECORRENTES DE FINANCIAMENTO. SÚMULA N. 237 DO STJ. ENCARGOS DECORRENTES DE "VENDA A PRAZO" PROPRIAMENTE DITA. INCIDÊNCIA. BASE DE CÁLCULO. VALOR TOTAL DA VENDA. AUSÊNCIA DE PREQUESTIONAMENTO.

SÚMULAS 282 E 356 DO C. STF. 1. A 'venda financiada' e a 'venda a prazo' são figuras distintas para o fim de encerrar a base de cálculo de incidência do ICMS, sendo certo que, sobre a venda a prazo, que ocorre sem a intermediação de instituição financeira, incide ICMS. 2. A **'venda a prazo' revela modalidade de negócio jurídico único, cognominado compra e venda, no qual o vendedor oferece ao comprador o pagamento parcelado do produto, acrescendo-lhe um plus ao preço final, razão pela qual o valor desta operação integra a base de cálculo do ICMS, na qual se incorpora, assim, o preço 'normal' da mercadoria (preço de venda à vista) e o acréscimo decorrente do parcelamento.** (Precedentes desta Corte e do Eg. STF: AgR no RE 228.242/SP, rel. Min. Carlos Velloso, **DJ** de 22.10.2004; REsp 1.087.230/RS, rel. Min. Herman Benjamin, Segunda Turma, julgado em 16.06.2009, **DJe** de 20.08.2009; AgRg no REsp 480.275/SP, rel. Min. Herman Benjamin, Segunda Turma, julgado em 08.04.2008, **DJe** de 04.03.2009; AgRg no REsp 743.717/SP, rel. Min. Humberto Martins, Segunda Turma, julgado em 04.03.2008, **DJe** de 18.03.2008; EREsp 215.849/SP, rel. Min. Luiz Fux, Primeira Seção, julgado em 11.06.2008, **DJe** de 12.08.2008; AgRg no REsp 848.723/RS, rel.ª Min.ª Eliana Calmon, Segunda Turma, julgado em 16.10.2008, **DJe** de 10.11.2008; REsp 677.870/PR, Primeira Turma, rel. Min. Teori Albino Zavascki, **DJ** de 28.02.2005). 3. A venda financiada, ao revés, depende de duas operações distintas para a efetiva 'saída da mercadoria' do estabelecimento (art. 2º do DL 406/68), quais sejam, uma compra e venda e outra de financiamento, em que há a intermediação de instituição financeira, aplicando-se-lhe o enunciado da Súmula 237 do STJ: 'Nas operações com cartão de crédito, os encargos relativos ao financiamento não são considerados no cálculo do ICMS'. 4. *In casu*, dessume-se do voto condutor do aresto recorrido hipótese de venda a prazo, em que o financiamento foi feito pelo próprio vendedor, razão pela qual a base de cálculo do ICMS é o valor total da venda. (...) 8. Recurso especial parcialmente conhecido e, nesta parte, desprovido. Acórdão submetido ao regime do art. 543-C do CPC e da Resolução STJ 08/2008.

Proposição de verbete sumular" (REsp 1.106.462/SP, rel. Min. Luiz Fux, Primeira Seção, julgado em 23.09,2009, **DJe** de 13.10.2009) 6. A base de cálculo do IPI nas vendas a prazo, sem a intermediação de instituição financeira, é o valor total da operação.

7. Recurso Especial parcialmente conhecido e, nessa parte, não provido.

(REsp 1586158/SP, rel. Min. Herman Benjamin, Segunda Turma, julgado em 03.05.2016, **DJe** de 25.05.2016).

E aqueles produtos que tenham como hipótese de incidência a arrematação, a base de cálculo será o preço de **arrematação** – art. 47, III, do CTN.

Outrossim, o Decreto n. 7.212/2010 possui uma Seção individualizada sobre a Base de Cálculo, de modo a regulamentar especificamente os valores tributáveis, tributáveis mínimos e forma de arbitramento, nos termos dos arts. 190 seguintes.

Insta mencionar, também, que em relação a alguns produtos há o chamado tributo **fixo.** A Lei n. 7.798/89 estabeleceu dois grupos para incidência fixa do IPI, quais sejam:

a) Em seu artigo 1º instituiu a sistemática de valores, no que se refere ao vinho, vermute, uísque, cachaça, gim, vodca, licor, aperitivo, batida, *steinhager*, e outros mais, em que o industrial de tais produtos deve indicar as respectivas características e preço de venda, para que o Ministro da Fazenda faça o enquadramento dos produtos nas classes e a tributação ocorra conforme a tabela de preço em reais para cada unidade.

b) O artigo 3º da Lei n. 7.798/89, relativamente a água mineral, refrigerantes, refrescos e cerveja de malte, há a faculdade de o Executivo estabelecer as classes de valores em reais e assim determinar o quanto de IPI deve ser pago em relação a cada um desses produtos.

Ademais, o anexo do Decreto n. 8.950/2016 fixa a tabela de incidência do Imposto sobre Produtos Industriais, determinando o valor em reais, separados por classe, do quanto devido de IPI por unidade de produtos acima citados, como exemplo de tributação por imposto fixo.

4.4.2.2. Alíquota

Como regra geral, as alíquotas do IPI encontram-se discriminadas na Tabela de Incidência do Imposto sobre Produtos Industrializados (TIPI), aprovada por meio do Decreto n. 8.950/2016, que, conforme a respectiva classificação fiscal da mercadoria, encontrar-se-á a correlata alíquota desse imposto.

Vale lembrar que nos certames do artigo 153, § 1º, da CF, a alíquota do IPI poderá ser modificada pelo Poder Executivo, dentro dos limites legalmente estabelecidos, é claro. Portanto, a alteração poderá ser realizada por meio de Decreto, em exceção ao Princípio da Legalidade.

4.5. Características

Embora seja a segunda maior arrecadação da União, o IPI assume uma função essencialmente **extrafiscal** e, por essa razão, serve como instrumento de controle da União na economia.

Trata-se de um tributo **real** e **indireto.** Real em virtude de se voltar basicamente para os produtos industrializados, sem considerar as características pessoais. E, **indireto** porque permite o repasse do encargo financeiro para o consumidor final.

O IPI não está sujeito ao Princípio da Anterioridade do Exercício, previsto no artigo 150, III, "b", do Texto Maior, devendo obedecer tão somente ao Princípio da Anterioridade **Nonagesimal**, disposto no artigo 150, III, "c", da Carta Magna.

Essa exação está sujeita **obrigatoriamente** ao Princípio da **Seletividade**, disposto no artigo 153, § 3º, inciso I, da Constituição Federal, em função da **essencialidade** do produto. Tal disposição igualmente consta do art. 48 do CTN.

Assim, os gêneros de primeira necessidade devem ser tributados com uma alíquota menor do que os produtos entendidos como supérfluos.

Nesse sentido, Eduardo Domingos Bottallo[49] preceitua que por meio do Princípio da Seletividade, tem-se o IPI como "instrumento de ordenação político-social", em que se favorecem

49. BOTTALLO, op. cit., 2002, p. 199.

as operações necessárias e úteis, bem como as convenientes, e, por outro lado, dificulta-se a prática de outras, que estão distantes dos interesses coletivos.

O IPI observa ao Princípio da **Não Cumulatividade**, compensando-se o que for devido em cada operação com o montante cobrado nas anteriores (art. 153, § 3º, II, da CF e art. 49 do CTN).

Relativo a essa compensação daquilo que foi pago na cadeia anterior com a posterior, proveniente da sistemática do Princípio da Não Cumulatividade, convém mencionar que referido procedimento desencadeou inúmeras discussões em nossos Tribunais a respeito da possibilidade de creditamento do IPI. Observe-se que quando são adquiridos produtos com **alíquotas zero**, ou **não tributados** ou, ainda, **isentos**, não se recolhe o IPI e, por ser devido o Imposto na cadeia seguinte, levantou-se a possibilidade de realizar a compensação.

Ao enfrentar essa matéria, o STF primeiramente teve um entendimento contrário ao creditamento, as decisões tendiam para o sentido de que o tratamento de todas as hipóteses de aquisições desoneradas (isenção, não tributação e alíquota zero) não geravam direito a crédito, pois se não houve pagamento do tributo relativo à operação de entrada, não havia que se falar em direito a crédito por parte do adquirente, como se depreende a seguir:

> DIREITO CONSTITUCIONAL E TRIBUTÁRIO. IMPOSTO SOBRE PRODUTOS INDUSTRIALIZADOS. INSUMOS ISENTOS, SUJEITOS À ALÍQUOTA ZERO OU NÃO TRIBUTADOS. PRODUTO FINAL TRIBUTADO. PRINCÍPIO DA NÃO CUMULATIVIDADE. IMPOSSIBILIDADE DE APROVEITAMENTO DE CRÉDITOS. AGRAVO REGIMENTAL A QUE SE NEGA PROVIMENTO. 1. O artigo 153, § 3º, II, da Constituição dispõe que o IPI "será não cumulativo, compensando-se o que for devido em cada operação com o montante cobrado nas anteriores". 2. O princípio da não cumulatividade é alicerçado especialmente sobre o direito à compensação, o que significa que o valor a ser pago na operação posterior sofre a diminuição do que pago anteriormente, pressupondo, portanto, dupla incidência tributária. **Assim, se nada foi pago na entrada do produto, nada há a ser compensado.3. O aproveitamento dos créditos do IPI não se caracteriza quando a matéria-prima utilizada na fabricação de produtos tributados reste desonerada, sejam os insumos isentos, sujeitos à alíquota zero ou não tributáveis.** Isso porque a compensação com o montante devido na operação subsequente pressupõe, necessariamente, a existência de crédito gerado na operação anterior, o que não ocorre nas hipóteses exoneratórias. 4. A jurisprudência do egrégio STF, à luz de entendimento hodierno retratado por recentes julgados, inclui os insumos isentos no rol de hipóteses exoneratórias que não geram créditos a serem compensados, verbis: "Embargos de declaração em recurso extraordinário. 2. Não há direito a crédito presumido de IPI em relação a insumos isentos, sujeitos à alíquota zero ou não tributáveis. (...) (RE n. 370.682 – ED, relator o Min. Gilmar Mendes, Plenário, **DJe** de 17.11.2010). "TRIBUTÁRIO. IPI. INSUMOS ISENTOS, NÃO TRIBUTADOS OU SUJEITOS À ALÍQUOTA ZERO. INEXISTÊNCIA DE DIREITO AOS CRÉDITOS. DECISÃO COM FUNDAMENTO EM PRECEDENTES DO PLENÁRIO. 1. A decisão recorrida está em consonância com a jurisprudência do Plenário desta Corte (RE n. 370.682/SC e RE n. 353.657/RS), no sentido de que não há direito à utilização dos créditos do IPI no que tange às aquisições insumos isentos, não tributados ou sujeitos à alíquota zero. 2. Agravo regimental improvido (RE n. 566.551-AgR, rel.ª Min.ª Ellen Gracie, 2ª Turma, **DJe** de 30.04.2010). 5. Agravo regimental a que se nega provimento". (RE n. 592917-AgR, rel. Min. Luiz Fux, 1ª Turma, julgado em 31.05.2011, **DJe**-116, divulg. em 16.06.2011, public. em 17.06.2011, Ement. v. 02546-01, p. 00191) (grifos nossos).

> AGRAVO REGIMENTAL EM RECURSO EXTRAORDINÁRIO. TRIBUTÁRIO. IPI. CREDITAMENTO. AQUISIÇÃO DE INSUMOS FAVORECIDOS PELA ALÍQUOTA-

-ZERO, NÃO TRIBUTAÇÃO E ISENÇÃO. IMPOSSIBILIDADE. 1. A jurisprudência do Supremo Tribunal Federal é no sentido de que **não há direito à utilização de créditos do IPI na aquisição de insumos não tributados, isentos ou sujeitos à alíquota zero**. Precedentes. 2. Agravo regimental desprovido (RE n. 508708-AgR, rel. Min. Ayres Britto, 2ª Turma, julgado em 04.10.2011, acórdão eletrônico, **DJe**-230, divulg. em 02.12.2011, public. em 05.12.2011) (grifos nossos).

A questão se considera polêmica, posto que muitos defenderam que deveria existir a possibilidade de creditamento, sob pena desse benefício da isenção configurar como mero diferimento do pagamento do tributo, desvirtuando, assim, o benefício fiscal concedido.

Posteriormente, o STF se posicionou no sentido oposto: de que a empresa tem sim direito ao creditamento. Tudo isso levando em consideração que se assim não fosse, todo o beneficio concedido nas etapas anteriores seria efetivamente desvirtuado, como se depreende do RE 615929 AgR/PR, publicado em 28.06.2012:

AGRAVO REGIMENTAL NO RECURSO EXTRAORDINÁRIO. CONSTITUCIONAL. TRIBUTÁRIO. IMPOSTO SOBRE PRODUTOS INDUSTRIALIZADOS – IPI. OPOSIÇÃO INDEVIDA DO FISCO À UTILIZAÇÃO DO CRÉDITO. CORREÇÃO MONETÁRIA. INCIDÊNCIA. O ACÓRDÃO RECORRIDO, NESTE PONTO, NÃO DIVERGIU DO ENTENDIMENTO DESTA CORTE. 1. Cabível a incidência de correção monetária sobre créditos de IPI quando há oposição injustificada do Fisco à sua utilização pelo contribuinte. (Precedentes: RE n. 558.442-AgR-segundo, Relator o Ministro Dias Toffoli, 1ª Turma, **DJe** de 06.12.2002; RE n. 590.224-AgR, Relator o Ministro Joaquim Barbosa, 2ª Turma, **DJe** de 21.03.2012; RE n. 644.916-AgR, Relator o Ministro Cármen Lúcia, 1ª Turma, **DJe** de 22.09.2011; AI n. 820.614-AgR, Relator o Ministro Ricardo Lewandowski, 1ª Turma, **DJe** de 04.03.2011; AI n. 783.603-AgR, Relator o Ministro Eros Grau, 2ª Turma, **DJe** 13.05.2010; RE n. 411.861-AgR-Ed, Relator o Ministro Ricardo Lewandowski, 1ª Turma, **DJe** de 25.06.2010; AI n. 619.664-AgR, Relator o Ministro Marco Aurélio, 1ª Turma, **DJe** de 20.02.2009; RE n. 572.395-AgR, Relator o Ministro Ricardo Lewandowski, 1ª Turma, **DJe** de 24.09.2009; AI n. 738.200, Relator o Ministro Gilmar Mendes, **DJe** de 27.02.2012; AI n. 736.148, Relator o Ministro Joaquim Barbosa, **DJe** de 16.12.2011, entre outros). 2. In casu, o acórdão originariamente recorrido assentou: TRIBUTÁRIO. IMPOSTO SOBRE PRODUTOS INDUSTRIALIZADOS – IPI. MATÉRIAS-PRIMAS E INSUMOS ISENTOS OU SUJEITOS À ALÍQUOTA ZERO. DIREITO DE CREDITAMENTO. CORREÇÃO MONETÁRIA. **No caso de matérias-primas, insumos e embalagens imunes, isentas ou tributadas à alíquota zero, cabe o creditamento para ser abatido do imposto devido sobre o produto transformado. Se não houver o creditamento, a imunidade, isenção ou tributação à alíquota zero de determinada operação anular-se-á na operação seguinte. Teríamos, então, mero diferimento do imposto. Este efeito, além de violar o princípio da não cumulatividade, compromete os objetivos extrafiscais pretendidos com o benefício da isenção ou taxação à alíquota zero, pois a carga fiscal apenas se transfere para uma etapa seguinte do processo produtivo. Para assegurar o princípio da não cumulatividade, é cabível a aplicação de correção monetária ao IPI não apropriado no devido tempo, porquanto é** mero mecanismo de preservação de seu valor real aviltado ela inflação. Segundo preceito clássico da jurisprudência pátria, a correção monetária não é um *plus* mas um *minus* que se evita. Os valores devem ser corrigidos desde a data em que o aproveitamento poderia ter sido feito até o trânsito em julgado da ação, posto que, após essa data, o crédito poderá ser escriturado em valores então atualizados." 3. Agravo regimental a que se nega provimento (RE 615929 AgR/PR, rel. Min. Luiz Fux, **DJe**-126, divulg. em 27.06.2012, public. em 28.06.2012) (grifos nossos).

Observe-se que a decisão supracitada acolheu o fundamento de que a negativa ao creditamento comprometeria os objetivos extrafiscais almejados com os benefícios fiscais, bem como violaria o Princípio da Não Cumulatividade, determinado pela Constituição.

Em que pese ser esse o entendimento que deveria prevalecer, sobre a possibilidade de créditos na entrada de insumos isentos, não tributados ou com alíquota zero, mais uma vez o STF modificou seu posicionamento e hoje prepondera decisão sobre a impossibilidade de admitir o aproveitamento de crédito decorrente de operação em que não houve qualquer "montante cobrado", pois, segundo parecer da Corte, em tal hipótese, estar-se-ia transferindo, sem base legal, hipótese de não incidência para operação efetivamente tributável.

> Recurso extraordinário. Repercussão geral. 2. Tributário. Aquisição de insumos isentos, não tributados ou sujeitos à alíquota zero. 3. Creditamento de IPI. Impossibilidade. 4. Os princípios da não cumulatividade e da seletividade, previstos no art. 153, § 3º, I e II, da Constituição Federal, não asseguram direito de crédito presumido de IPI para o contribuinte adquirente de insumos não tributados ou sujeitos à alíquota zero. Precedentes. 5. Recurso não provido. Reafirmação de jurisprudência. (RE 398365 RG, rel. Min. GILMAR MENDES, julgado em 27.08.2015, Processo Eletrônico Repercussão Geral – Mérito, **DJe**-188, divulg. em 21.09.2015, public. em 22.09.2015),
>
> AGRAVO REGIMENTAL NO RECURSO EXTRAORDINÁRIO. DIREITO CONSTITUCIONAL E TRIBUTÁRIO. IMPOSTO SOBRE PRODUTOS INDUSTRIALIZADOS – IPI. INEXISTÊNCIA DE DIREITO AO CRÉDITO PRESUMIDO NA AQUISIÇÃO DE INSUMOS E MATÉRIA-PRIMA ISENTOS, NÃO TRIBUTADOS OU SUJEITOS À ALÍQUOTA ZERO. ACÓRDÃO RECORRIDO EM HARMONIA COM A JURISPRUDÊNCIA DO SUPREMO TRIBUNAL FEDERAL REAFIRMADA EM REPERCUSSÃO GERAL. AGRAVO REGIMENTAL AO QUAL SE NEGA PROVIMENTO. (RE 926736 AgR, rel.ª Min.ª Cármen Lúcia, Segunda Turma, julgado em 01.03.2016, Processo Eletrônico, **DJe**-051, divulg. em 17.03.2016, public. em 18.03.2016).

Outra situação de creditamento do IPI ocorre quando a operação de entrada foi tributada e a operação de saída não. Nos termos do artigo 11 da Lei n. 9.779/1999, autoriza-se a manutenção e utilização dos créditos de IPI, ainda que frente a saídas desoneradas, *in verbis*:

> **Art. 11.** O saldo credor do Imposto sobre Produtos Industrializados – IPI, acumulado em cada trimestre-calendário, decorrente de aquisição de matéria-prima, produto intermediário e material de embalagem, aplicados na industrialização, inclusive de produto isento ou tributado à alíquota zero, que o contribuinte não puder compensar com o IPI devido na saída de outros produtos, poderá ser utilizado de conformidade com o disposto nos arts. 73 e 74 da Lei n. 9.430, de 27 de dezembro de 1996, observadas normas expedidas pela Secretaria da Receita Federal do Ministério da Fazenda.

Vale reforçar que a possibilidade de creditamento, a que se refere o dispositivo legal acima transcrito, somente se aplica àqueles insumos recebidos no estabelecimento industrial ou equiparado a partir de 1º de janeiro de 1999, posto que a utilização dos créditos depende de expressa previsão em lei, conforme prescreve o entendimento do STF a seguir:

> IMPOSTO SOBRE PRODUTOS INDUSTRIALIZADOS – IPI. INSUMOS OU MATÉRIAS PRIMAS TRIBUTADOS. SAÍDA ISENTA OU SUJEITA À ALÍQUOTA ZERO. ART. 153, § 3º, II, DA CONSTITUIÇÃO DA REPÚBLICA. ART. 11 DA LEI N. 9.779/99. PRINCÍPIO DA NÃO CUMULATIVIDADE. DIREITO AO CREDITAMENTO: INEXISTÊNCIA. RECURSO EXTRAORDINÁRIO PROVIDO. 1. Direito ao creditamento do montante de Imposto sobre Produtos Industrializados pago na aquisição de insumos ou matérias primas tributados e utilizados na industrialização de produtos cuja

saída do estabelecimento industrial é isenta ou sujeita à alíquota zero. 2. A compensação prevista na Constituição da República, para fins da não cumulatividade, depende do cotejo de valores apurados entre o que foi cobrado na entrada e o que foi devido na saída: o crédito do adquirente se dará em função do montante cobrado do vendedor do insumo e o débito do adquirente existirá quando o produto industrializado é vendido a terceiro, dentro da cadeia produtiva. 3. Embora a isenção e a alíquota zero tenham naturezas jurídicas diferentes, a consequência é a mesma, em razão da desoneração do tributo. 4. O regime constitucional do Imposto sobre Produtos Industrializados determina a compensação do que for devido em cada operação com o montante cobrado nas operações anteriores, esta a substância jurídica do princípio da não cumulatividade, não aperfeiçoada quando não houver produto onerado na saída, pois o ciclo não se completa. 5. **Com o advento do art. 11 da Lei n. 9.779/99 é que o regime jurídico do Imposto sobre Produtos Industrializados se completou, apenas a partir do início de sua vigência se tendo o direito ao crédito tributário decorrente da aquisição de insumos ou matérias primas tributadas e utilizadas na industrialização de produtos isentos ou submetidos à alíquota zero.** 6. Recurso extraordinário provido (RE n. 475551, rel. Min. Cezar Peluso, rel.ª p/ acórdão: Min.ª Cármen Lúcia, Tribunal Pleno, julgado em 06.05.2009, **DJe**-213, divulg. em 12.11.2009, public. em 13.11.2009, Ement. v. 02382-03, p. 00568, RTJ, v. 00218, p. 00486) (grifos nossos).

Registre-se, também, que nas operações com entrada e saída com tributação prevalece o Princípio da **Não Cumulatividade**. Importante evidenciar, todavia, que por se tratar de crédito de natureza escritural não haverá correção monetária, salvo se comprovado oposição injustificada do Fisco.

Nesse sentido, confira o posicionamento pacificado por meio da súmula do STJ: *"Súmula n. 411. É devida a correção monetária ao creditamento do IPI quando há oposição ao seu aproveitamento decorrentes de resistência ilegítima do Fisco"*.

Cumpre mencionar, no entanto, que as aquisições de bens que integram o ativo permanente da empresa, ou de insumos que não se incorporam ao produto final, ou cujo desgaste não decorra de forma imediata e integral durante o processo de industrialização, não gera direito de crédito de IPI, conforme entendimento do STJ: *"Súmula n. 495. A aquisição de bens integrantes do ativo permanente da empresa não gera direito a creditamento de IPI"*.

Ainda sobre o Princípio da Não Cumulatividade, convém ressaltar que o STF tem compreendido que a **Pessoa Física** que importar produto para **uso próprio** não deverá recolher o IPI, sob pena de não aplicação do Princípio da Não Cumulatividade, em virtude de nessa hipótese não haver uma próxima cadeia para ser realizada a compensação do IPI[50].

Registre-se também que a Lei n. 4.502/1964, em seu Parágrafo Único do art. 3º, dispõe que não se considera industrialização e, por esse motivo, não incide IPI nas seguintes situações:

> (...)
>
> I – o conserto de máquinas, aparelhos e objetos pertencentes a terceiros;
>
> II – o acondicionamento destinado apenas ao transporte do produto;
>
> III – O preparo de medicamentos oficinais ou magistrais, manipulados em farmácias, para venda no varejo, diretamente e consumidor, assim como a montagem de óculos, mediante receita médica. (Incluído pelo Decreto-Lei n. 1.199, de 1971)

50. RE n. 550170-AgR, rel. Min. Ricardo Lewandowski, 1ª Turma, julgado em 07.06.2011, **DJe**-149, divulg. em 03.08.2011 – julgado colacionado no Item do Critério Material do IPI, nesse Capítulo. Entretanto, vale lembrar que a questão está sendo discutida novamente no RE 723651 RG / RS, ainda pendente de julgamento.

> IV – a mistura de tintas entre si, ou com concentrados de pigmentos, sob encomenda do consumidor ou usuário, realizada em estabelecimento varejista, efetuada por máquina automática ou manual, desde que fabricante e varejista não sejam empresas interdependentes, controladora, controlada ou coligadas.

Nesse contexto, cumpre mencionar que a matéria do Princípio da Não Cumulatividade tem sido abordada também em questões discursivas, como no caso da Prova para Procurador do Estado do Rio de Janeiro, aplicada em 2008:

Exemplo de questão sobre o tema

▶ **(PGE/RJ – Procurador do Estado – RJ/2008).** Discorra sobre o princípio da não cumulatividade no IPI. Na resposta, deverá o candidato enfrentar a questão do aproveitamento de créditos decorrentes da aquisição de insumos tributados à alíquota zero, não tributados e isentos de IPI, considerando, em todas as hipóteses, que os insumos foram empregados em produto final tributado pelo referido imposto.

Embora a prova tenha sido aplicada em 2008, o candidato deve se atentar para o novo posicionamento do STF abordado anteriormente, sobre o aproveitamento de créditos decorrentes alíquota zero, não tributados ou isentos de IPI, bem como as demais questões analisadas nesse Capítulo e no Capítulo 3 que trata especificamente sobre o Princípio da Não Cumulatividade.

No que concerne às **imunidades** específicas, conforme determina o artigo 153, § 3º, III, da CF, o IPI não incidirá sobre produtos industrializados destinados ao **exterior**.

O IPI se sujeito ao **lançamento** por **homologação**. Assim sendo, o próprio Contribuinte verifica a ocorrência do fato gerador, calcula o tributo e recolhe, aguardando apenas a ulterior homologação pela autoridade competente.

Por fim, para ilustrar ainda mais o conteúdo relacionado ao IPI e demonstrar a importância do assunto, cita-se questão discursiva aplicada em 2013 no XIV Concurso de Juiz Federal Substituto do TRF2:

> "Túlio da Silva, advogado domiciliado no Município do Rio de Janeiro, adquiriu uma motocicleta nova na Concessionária Duas Rodas Ltda. em março de 2013. Todavia, ao tomar conhecimento do valor da alíquota do IPI que incidira sobre o veículo, e que montava a 35%, considerou-a confiscatória, daí porque decidiu ajuizar ação de repetição de indébito tributário em uma das Varas Federais da Capital, pleiteando a devolução do que foi pago a este título. Como V. Sa., na qualidade de Juiz Federal Substituto da Vara para a qual foi distribuída a inicial, se posicionaria na espécie?"

No espelho fornecido pela banca foram apontados os pontos principais que deveriam ser mencionados na resposta do candidato, quais sejam:

> Ao se referir ao tributo federal IPI e à repetição de indébito tributário, a questão impunha que o candidato abordasse tema clássico do Direito Tributário, materializado na distinção entre tributos diretos e tributos indiretos. Isto porque, ao concluir que o IPI é um tributo indireto, na linha da doutrina tradicional, o candidato deveria consignar que este imposto admite a chamada repercussão tributária, com a transferência do respectivo encargo financeiro. Em consequência, a repetição do indébito do IPI deve seguir a orientação do art. 166 do Código Tributário Nacional. É dizer, só pode ser pleiteada pelo sujeito passivo tributário desde que prove que assumiu o referido encargo ou, no caso de repercussão a terceiro, desde que esteja autorizado por este a recebê-la. Contudo, o que se vê da questão

é que Túlio da Silva não é contribuinte do IPI (art. 51 do CTN), mas apenas terceiro estranho à relação jurídica tributária – mero adquirente consumidor do produto. Em consequência, como já de há muito tem se manifestado a jurisprudência dominante dos Tribunais Superiores (STF: verbete 546; STJ: AgRg no REsp n. 1319044/PE, REsp n. 903394-AL), por não integrar a relação jurídica tributária, o terceiro não tem legitimidade ativa para ajuizar a repetição de indébito tributário. Portanto, com estes fundamentos, caberia ao candidato reconhecer, na qualidade de Juiz Federal Substituto, a ilegitimidade ativa de Túlio da Silva, com a consequente extinção do feito sem resolução de mérito, nos termos do art. 267, VI, do CPC.

Perceba que a banca abordou conceitos de Direito Material e Processual Tributário, dando maior ênfase nas matérias referentes ao Princípio do Não Confisco, abordado no Capítulo 3 e as características do IPI, por se tratar de tributo indireto, comportando repasse do encargo financeiro. Ademais, exigiu a cautela do candidato no sentido de identificar que o sujeito em questão não teria legitimidade para pleitear a repetição.

<table>
<tr><td>Critério Material (Fato Gerador)</td><td colspan="2">Realizar operação de industrialização de produto;
Importação de produtos industrializados;
Arrematação de produto, quando apreendido ou abandonado e levado a leilão.</td></tr>
<tr><td>Critério Espacial</td><td colspan="2">Território Nacional.</td></tr>
<tr><td>Critério Temporal</td><td colspan="2">O “desembaraço aduaneiro”, quando se trata de importação de produtos industrializados;
A “saída do estabelecimento produtor”, quando se trata da realização de operação de industrialização de produtos;
A arrematação, quando o produto industrializado for apreendido ou abandonado e levado a leilão.</td></tr>
<tr><td rowspan="2">Critério Quantitativo</td><td>Base de Cálculo</td><td>Preço do produto.</td></tr>
<tr><td>Alíquota</td><td>Podem ser alteradas por ato do Poder Executivo.</td></tr>
<tr><td rowspan="2">Critério Pessoal</td><td>Sujeito Ativo</td><td>União.</td></tr>
<tr><td>Sujeito Passivo</td><td>o importador, quando do desembaraço aduaneiro;
o industrial, quando o fato jurídico tributário se der pela saída do produto que industrializar em seu estabelecimento;
o estabelecimento equiparado a industrial, quando os produtos deles saírem.</td></tr>
</table>

4.6. Questões

1. (FUNPESPA/PR – Advogado – FAUEL/2015). Sobre o Imposto sobre Produtos Industrializados, é INCORRETO afirmar que:

(A) O imposto é de competência da União, dos Estados e dos Municípios.

(B) O imposto é seletivo em função da essencialidade dos produtos.

(C) O imposto é não cumulativo, dispondo a lei de forma que o montante devido resulte da diferença a maior, em determinado período, entre o imposto referente aos produtos saídos do estabelecimento e o pago relativamente aos produtos nele entrados.

(D) O importador ou quem a lei a ele equiparar é um dos contribuintes do imposto.

2. (TJ/MG – Cartório – CONSULPLAN/2015). Não é necessário lei complementar para instituir

(A) empréstimos compulsórios.

(B) Imposto sobre Produtos Industrializados.

(C) impostos residuais.

(D) Imposto sobre Grandes Fortunas.

3. (TJ/SC – Juiz – FCC/2015). Wagner, pequeno empresário, domiciliado na cidade de Mafra/SC, desejando ampliar seus negócios, pensou em transformar seu estabelecimento comercial em estabelecimento industrial. Sua preocupação era ter de pagar um imposto que até então lhe era desconhecido: o IPI. Para melhor conhecer esse imposto, conversou com alguns amigos que também eram proprietários de indústria, e cada um deles lhe passou as informações que tinham sobre esse imposto. Disseram-lhe, por exemplo, que a competência para instituir esse imposto está prevista na Constituição Federal e que, de acordo com o texto constitucional, o IPI

I. é imposto não cumulativo, compensando-se o que é devido em cada operação com o montante cobrado nas anteriores, pelo mesmo ou outro Estado ou pelo Distrito Federal.
II. tem seu impacto reduzido sobre a aquisição de bens de capital pelo contribuinte do imposto, na forma estabelecida em Regulamento.
III. pode ter suas alíquotas interestaduais alteradas por meio de Resolução do Senado Federal.
IV. é imposto seletivo, em função da essencialidade do produto, mas não o é em função do porte do estabelecimento industrial que promove seu fato gerador.

Está correto o que se afirma em:

(A) IV, apenas.
(B) I, apenas.
(C) I, II, III e IV.
(D) I e III, apenas.
(E) II e IV, apenas.

4. (FUNPESPA/PR – Advogado – FAUEL/2015). Sobre o Imposto sobre Produtos Industrializados, é INCORRETO afirmar que:

(A) O imposto é de competência da União, dos Estados e dos Municípios.
(B) O imposto é seletivo em função da essencialidade dos produtos.
(C) O imposto é não cumulativo, dispondo a lei de forma que o montante devido resulte da diferença a maior, em determinado período, entre o imposto referente aos produtos saídos do estabelecimento e o pago relativamente aos produtos nele entrados.
(D) O importador ou quem a lei a ele equiparar é um dos contribuintes do imposto.

5. (PGFN – Procurador da Fazenda Nacional – ESAF/2015). Não é fato gerador do Imposto sobre Produtos Industrializados – IPI:

(A) o conserto, a restauração e o recondicionamento de produtos usados para comércio.
(B) a confecção de vestuário, por encomenda direta do consumidor ou usuário, em oficina do confeccionador.
(C) a operação efetuada fora do estabelecimento industrial.
(D) o reparo de produtos com defeito de fabricação, mediante substituição de partes e peças, mesmo quando a operação for remunerada.
(E) o preparo de produto, por encomenda direta do consumidor ou usuário, desde que na residência do preparador.

6. (Câmara de Cruzeiro do Oeste/PR – Advogado – RUFFO/2014). Analise os itens abaixo à luz da Lei n. 5.172/1966 e após assinale a alternativa correta:

I. Sujeito ativo da obrigação é a pessoa jurídica de direito público, titular da competência para exigir o seu cumprimento.
II. O arrematante de produtos apreendidos ou abandonados, levados a leilão é o Contribuinte do imposto.
III. Os créditos tributários relativos a impostos cujo fato gerador seja a propriedade ou a posse de bens imóveis, não sub-rogam-se na pessoa dos respectivos adquirentes.
IV. A competência tributária pode ser delegada na forma da lei.
V. A lei aplica-se a ato ou fato pretérito em qualquer caso, quando seja expressamente interpretativa, excluída a aplicação de penalidade à infração dos dispositivos interpretados.

(A) Apenas os itens I, II e V estão corretos.
(B) Apenas os itens I e V estão corretos.
(C) Apenas os itens I, II, III e IV estão corretos.
(D) Apenas os itens I e II estão corretos.

7. (TJ/CE – Juiz – FCC/2014). Raquel, violonista, Flávia, flautista e Beatriz, pianista, também são cantoras de música popular brasileira. Essas três artistas brasileiras decidiram, em novembro de 2013, gravar um DVD com canções, cujas letras e melodias são de autores brasileiros. Decidiram produzir o DVD no Estado do Ceará, porque, além de ser mais barato do que produzi-lo em outro Estado, ou até mesmo no exterior, foram informadas de que o DVD já estaria nas lojas a tempo para as vendas de Natal. A criação desse DVD

(A) está sujeita ao ICMS, nas vendas dos DVDs pelos estabelecimentos varejistas aos consumidores finais.

(B) está sujeita ao Imposto sobre Produtos Industrializados, na fase de multiplicação industrial de seus suportes materiais gravados.

(C) está sujeita ao Imposto sobre Serviços de Qualquer Natureza, relativamente à gravação das canções.

(D) não está sujeita a imposto algum, desde a gravação do videofonograma até sua comercialização no varejo, porque Raquel, Flávia e Beatriz são brasileiras.

(E) não está sujeita a imposto algum, desde a gravação do videofonograma até sua comercialização no varejo, porque os autores das canções são brasileiros.

8. (TRF 4 – Analista Judiciário. Área Judiciária – FCC/2014). Considerando os critérios de tributação, são tributos com tributação não cumulativa e progressiva, respectivamente,

(A) IR e IOF.

(B) IOF e ICMS.

(C) ICMS e IPI.

(D) ICMS e IOF.

(E) IPI e IR.

9. (Promotor de Justiça/PE – FCC/2014). O Presidente da República, através de Decreto, elevou a alíquota do IPI incidente sobre carro zero. É correto afirmar que este ato

(A) é legal, porque somente a lei pode prever a possibilidade de majoração de alíquota por ato do Poder Executivo.

(B) é inconstitucional, porque esta majoração sempre depende de lei, não podendo ser praticado por ato do Poder Executivo que não tenha força de lei.

(C) é ilegal, porque para se elevar a alíquota do IPI é necessário lei ou, pelo menos, medida provisória.

(D) é constitucional, desde que esta elevação de alíquota tenha ocorrido dentro de condições e limites estabelecidos em lei.

(E) é constitucional, pois a Constituição autoriza majoração do IPI por ato do Poder Executivo, sem necessidade de se observar qualquer limite ou condição legal.

10. (Juiz Federal Substituto da 5ª Região – CESPE/2013). Ainda com base na CF, nas normas gerais de direito tributário e na jurisprudência do STJ e do STF sobre essa matéria, assinale a opção correta:

(A) Ainda que a isenção tenha sido concedida por prazo certo e sob condição onerosa, é possível a sua posterior revogação, com efeitos sobre os contribuintes que tiverem por ela sido beneficiados, já que eles não possuem direito adquirido de usufruir do benefício legalmente estipulado.

(B) É devida a correção monetária ao creditamento do IPI quando há oposição ao seu aproveitamento decorrente de resistência legítima do fisco.

(C) A simples declaração, pelo contribuinte, do débito tributário lhe dá o direito de obter a certidão negativa ou positiva com efeito de negativa.

(D) O inadimplemento da obrigação tributária pela sociedade é suficiente, por si só, para atrair a responsabilidade solidária do sócio-gerente.

(E) A imunidade tributária recíproca é princípio garantidor da Federação, motivo pelo qual não pode ser restringida nem mesmo por emenda constitucional.

11. (TJ/PA – Juiz Substituto – CESPE/2012)(Adaptada). A respeito dos impostos da União, assinale a opção correta:

(A) O aumento do IPI pode entrar em vigor no dia da sua publicação, caso seja determinado em medida provisória.

(B) Medida provisória que determine a majoração do IPI só poderá produzir efeitos no exercício financeiro seguinte se for convertida em lei até o último dia do exercício em que seja editada.

(C) O comprador que goza de imunidade tributária, ao adquirir veículo automotor importado, estende sua imunidade ao produtor.

(D) Está de acordo com a CF norma infraconstitucional que atribua a órgão integrante do Poder Executivo da União a faculdade de estabelecer as alíquotas do imposto de exportação.

12. (TC/ES – Auditor – CESPE/2012). Julgue o item a seguir, relativos ao sujeito da obrigação tributária, segundo a jurisprudência do STJ. *O contribuinte de fato não detém legitimidade ativa ad causam para pleitear a restituição do indébito relativo ao imposto sobre produtos industrializados (IPI).*

13. (TJ/PE – Juiz – FCC/2011). Em nosso sistema tributário, a não cumulatividade e a essencialidade são atributos exclusivos:

(A) do ICMS;

(B) do IR;

(C) dos impostos residuais;

(D) do ITR;

(E) do IPI.

14. (Procurador Rio Grande da Serra/SP – Moura Melo/2011). Sobre a modalidade de lançamento por homologação:

(A) O IPI poderá ser pago antecipadamente, sem prévio exame da autoridade tributaria, ficando a declaração sujeita à confirmação posterior da autoridade administrativa.

(B) Com relação ao IPTU, a autoridade obtém informações e realiza o lançamento.

(C) De iniciativa da autoridade tributária sem prévia colaboração do sujeito passivo.

(D) É efetuado quando se comprove que o sujeito passivo agiu com fraude.

15 (TRF/3ª Região – Juiz – TRF3/2010). Assinale a alternativa incorreta com relação ao IPI:

(A) Este imposto será seletivo em função da essencialidade do produto.

(B) Não incidirá sobre produtos industrializados destinados ao exterior.

(C) Terá reduzido seu impacto sobre a aquisição de bens de capital pelo contribuinte dos impostos, na forma da lei.

(D) Terá suas alíquotas mínimas e máximas fixadas pelo Senado Federal.

16. (TRF/3ª Região – Juiz – TRF3/2010). Assinale a alternativa correta:

(A) Lei Complementar poderá estabelecer critérios especiais de tributação, com o objetivo de prevenir desequilíbrios da concorrência, sem prejuízo da competência de União, por lei, estabelecer normas de igual objetivo;

(B) As contribuições de intervenção no domínio econômico incidirão sobre as receitas decorrentes de exportação;

(C) À União poderá efetuar a cobrança do Imposto Territorial Rural (ITR) sobre pequenas glebas, ainda que o proprietário que explore não possua outro imóvel rural;

(D) O IPI poderá incidir sobre produtos destinados ao exterior desde que não sejam caracterizados como essenciais.

GABARITO

1. Alternativa (A). O imposto é de competência da União, dos Estados e dos Municípios.

Comentário: A alternativa **"A"** está incorreta, o Imposto sobre Produtos Industrializados, conforme art. 153, IV, da CF, é de competência da União. A opção "B" está correta, nos termos do disposto no art. 153, § 3º, I, da CF.A resposta "C" está correta, de acordo com o art. 153, § 3º, II, da CF. A justificativa "D" está correta, consoante o art. 51 do CTN.

2. **Alternativa (B).** Imposto sobre Produtos Industrializados.

Comentário: A alternativa **"B"** está correta, nos termos do art. 153, IV, da CF, não é mencionada a necessidade de Lei Complementar para a instituição deste imposto. A opção "A" está incorreta, conforme o art. 148 da CF, o Empréstimo Compulsório apenas pode ser instituído por meio de Lei Complementar. A resposta "C" está incorreta, segundo o art. 154, I, da CF, a União poderá instituir Impostos Residuais desde que o faça mediante Lei Complementar. A justificativa "D" está incorreta, consoante o art. 153, VII, da CF, a União poderá criá-lo a qualquer momento, desde que o faça por intermédio de Lei Complementar.

3. **Alternativa (A).** Somente **o item IV** está correto.

IV. É imposto seletivo, em função da essencialidade do produto, mas não o é em função do porte do estabelecimento industrial que promove seu fato gerador.

Comentário: Apenas o **item IV** está correto, à luz do art. 153, § 3º, I, da CF, que estabelece ser o IPI um imposto seletivo em razão da essencialidade do produto, que implica ter alíquotas diferenciadas dependendo do produto (individualmente considerado) ou do tipo do produto (se alimentício, de higiene, têxtil, etc.).O item I está incorreto, em que pese o IPI ser não cumulativo, compensando-se o que for devido em cada operação com o montante cobrado nas anteriores, conforme se extrai do art. 153, § 3º, II, da CF, essa técnica visa a impedir que as incidências sucessivas nas diversas operações da cadeia econômica de um produto impliquem um ônus tributário muito elevado, decorrente da múltipla tributação da mesma base econômica. Assim, não há que se falar em "pelo mesmo ou outro Estado ou pelo Distrito Federal", como descrito no item. O item II está incorreto, pois o art. 153, § 3º, IV, determina que o IPI tem seu impacto reduzido sobre a aquisição de bens de capital pelo contribuinte do imposto, na forma da lei. O item III está incorreto por inexistir previsão constitucional nesse sentido.

4. **Alternativa (A).** O imposto é de competência da União, dos Estados e dos Municípios.

Comentário: A alternativa **"A"** está incorreta, o Imposto sobre Produtos Industrializados, conforme artigo 153, IV, da CF, é de competência privativa da União. A opção "B" está correta, nos termos do disposto no artigo 153, § 3º, I, da CF. A letra "C" está correta, conforme o artigo 153, § 3º, II, da CF. A justificativa "D" está correta, consoante o artigo 24 do Decreto n. 7.212/2010.

5. **Alternativa (B).** A confecção de vestuário, por encomenda direta do consumidor ou usuário, em oficina do confeccionador.

Comentário: A alternativa **"B"** está correta, nos termos do artigo 5º, IV, do Decreto n. 7.212/2010, não estarão sujeitos à incidência do IPI: "A confecção de vestuário, por encomenda direta do consumidor ou usuário, em oficina do confeccionador". A opção "A" está incorreta, de acordo com o artigo 5º, XI, do Decreto n. 7.212/2010, não será fato gerador do IPI o conserto, a restauração e o recondicionamento de produtos usados, nos casos em que se destinem ao uso da própria empresa executora ou quando essas operações sejam executadas por encomenda de terceiros não estabelecidos com o comércio de tais produtos, bem como o preparo, pelo consertador, restaurador ou recondicionador, de partes ou peças empregadas exclusiva e especificamente naquelas operações. A resposta "C" está correta, tanto que o artigo 182, I, "f", do Decreto n. 7.212/2010 determina que o IPI deve ser recolhido no momento em que ficar concluída a operação industrial, quando a industrialização se der no próprio local de consumo ou de utilização, fora do estabelecimento industrial. A letra "D" está incorreta, não haverá incidência do IPI quando houver reparo de produtos com defeito de fabricação, inclusive mediante substituição de partes e peças, quando a operação for executada gratuitamente (art. 5º, XII, do Decreto n. 7.212/2010). A justificativa "E" está incorreta, não será fato gerador do IPI o preparo de produto, por encomenda direta do consumidor ou usuário, na residência do preparador ou em oficina, desde que, em qualquer caso, seja preponderante o trabalho profissional (art. 5º, V, do Decreto n. 7.212/2010).

6. **Alternativa (A).** APENAS OS ITENS I, II E V ESTÃO CORRETOS.

I. Sujeito ativo da obrigação é a pessoa jurídica de direito público, titular da competência para exigir o seu cumprimento.

II. O arrematante de produtos apreendidos ou abandonados, levados a leilão é o Contribuinte do imposto.

V. A lei aplica-se a ato ou fato pretérito em qualquer caso, quando seja expressamente interpretativa, excluída a aplicação de penalidade à infração dos dispositivos interpretados.

Comentário: O **Item I** está correto, nos termos do artigo 119 do CTN. O **Item II** também está correto, conforme artigo 51, IV, do CTN, trata-se de contribuinte do IPI. O Item III está incorreto, pelo contrário, sub-rogam-se na pessoa dos respectivos adquirentes, consoante artigo 130 do CTN. O Item IV está incorreto, a competência tributária é indelegável. Apenas se pode delegar a Capacidade Tributária Ativa, em conformidade com o estudado no Capítulo 2. E, por fim, o **Item V** também está correto, com base no artigo 106, I, do CTN.

7. **Alternativa (B).** Está sujeita ao Imposto sobre Produtos Industrializados, na fase de multiplicação industrial de seus suportes materiais gravados.

Comentário: A alternativa **"B"** é a opção correta, incidirá IPI na multiplicação industrial. Nos termos da imunidade contida no artigo 150, VI, "e", inserida pela EC n. 75/2013, que prevê a imunidade de impostos, **exceto no caso de replicação industrial**: "Art. 150. Sem prejuízo de outras garantias asseguradas ao contribuinte, é vedado à União, aos Estados, ao Distrito Federal e aos Municípios: (...) VI – instituir impostos sobre: (...) e) fonogramas e videofonogramas musicais produzidos no Brasil contendo obras musicais ou literomusicais de autores brasileiros e/ou obras em geral interpretadas por artistas brasileiros, bem como os suportes materiais ou arquivos digitais que os contenham**, salvo na etapa de replicação industrial de mídias ópticas de leitura a laser**" e Art. 153. IV (que prevê sobre o IPI – "(...) IV – produtos industrializados").

8. **Alternativa (E).** IPI e IR.

Comentário: A opção **"E"** é a assertiva correta, o IPI será não cumulativo, nos termos do artigo 153, § 3º, II, da CF. E o IR será progressivo, em conformidade com o artigo 153, § 2º, I da CF.

9. **Alternativa (D).** É constitucional, desde que esta elevação de alíquota tenha ocorrido dentro de condições e limites estabelecidos em lei.

Comentário: A assertiva **"D"** é a resposta correta, nos certames do artigo 153, § 1º, da CF, a alíquota do IPI poderá ser modificada pelo Poder Executivo, dentro dos limites legalmente estabelecidos. Portanto, a alteração poderá ser realizada por meio de Decreto, em exceção ao Princípio da Legalidade.

10. **Alternativa (E).** A imunidade tributária recíproca é princípio garantidor da Federação, motivo pelo qual não pode ser restringida nem mesmo por emenda constitucional.

Comentário: A alternativa "A" está incorreta, nos termos do artigo 178 CTN, a isenção pode ser revogada a qualquer momento, salvo se concedida por prazo certo e sob certas condições. No mesmo sentido, tem-se o posicionamento do STF na Súmula n. 544: "Isenções tributárias concedidas, sob condição onerosa, não podem ser livremente suprimidas". A opção "B" está incorreta, pois é devida a correção monetária ao creditamento do IPI quando há oposição ao seu aproveitamento decorrente de resistência ilegítima do Fisco – Súmula n. 411 do STJ. A justificativa "C" está incorreta, consoante dispõe a Súmula n. 446 do STJ: "Declarado e não pago o débito tributário pelo contribuinte, é legítima a recusa de expedição de certidão negativa ou positiva com efeito de negativa". A letra "D" está incorreta, será atribuída a responsabilidade do sócio-gerente pelo pagamento da dívida tributária da empresa, caso o crédito tributário decorra em razão de uma das hipóteses previstas no *caput* do artigo 135 do CTN, dentre elas: excesso de poderes, infração à lei, infração a contrato social ou estatuto social, o mero inadimplemento de tributo não é infração à lei. A assertiva **"E"** é a resposta correta, de fato a imunidade tributária é irrevogável.

11. **Alternativa (D).** Está de acordo com a CF norma infraconstitucional que atribua a órgão integrante do Poder Executivo da União a faculdade de estabelecer as alíquotas do imposto de exportação.

Comentário: A opção "A" está incorreta, a majoração do IPI deverá respeitar o Princípio da Anterioridade Nonagesimal, independentemente de ter ocorrido por Lei ou Medida Provisória. A letra "B" está incorreta, o IPI é uma das exceções mencionadas no artigo 62, § 2º, da CF, que transcorridos o prazo de 90 dias da data da publicação da MP que o majorou, independentemente de ser convertida em lei, esse imposto já poderá ser exigido. A resposta "C" está incorreta, nos termos da Súmula n. 591 do STF: "A imunidade ou isenção tributária do comprador não se estende ao produtor, contribuinte do imposto sobre produtos industrializados". A alternativa **"D"** é a justificativa correta, à luz do art. 153, § 1º, da CF.

12. Alternativa (CERTO). O contribuinte de fato não detém legitimidade ativa ad causam para pleitear a restituição do indébito relativo ao imposto sobre produtos industrializados (IPI).

Comentário: O IPI é tributo indireto, e segundo posicionamento do STJ proferido no REsp n. 903394, o contribuinte de fato (consumidor final) não pode requerer a restituição, somente o Contribuinte de direito (aquele que praticou o fato gerador), consoante preceitua o artigo 165, I, do CTN.

13. Alternativa (E). Do IPI.

Comentário: A assertiva **"E"** é opção correta, porque o IPI respeita a Não Cumulatividade e, obrigatoriamente, a Seletividade – art. 153, § 3º, I e II, da CF. O ICMS em que lhe pese ser aplicado o Princípio da Não Cumulatividade, quanto ao Princípio da Seletividade, é facultativo – art. 155, § 2º, I e III, da CF.

14. Alternativa (A). O IPI poderá ser pago antecipadamente, sem prévio exame da autoridade tributaria, ficando a declaração sujeita à confirmação posterior da autoridade administrativa.

Comentário: A justificativa **"A"** é a alternativa correta, o IPI é um tributo sujeito ao lançamento por homologação, cuja previsão encontra-se no art. 150 do CTN, por isso o Contribuinte realizará o pagamento antecipado sujeito à verificação posterior da autoridade administrativa, pois se verificado que o Contribuinte pagou a menor o tributo, poderá realizar o lançamento de ofício quanto à parte não paga por ele. A letra "B" está incorreta, o IPTU é tributo sujeito a lançamento de ofício, logo a autoridade administrativa verifica que o contribuinte praticou o fato gerador e realiza o lançamento tributário. As respostas "C" e "D" estão incorretas, o lançamento por homologação ocorre quando a lei estabelece que o próprio Contribuinte, ao verificar que praticou o fato gerador, deverá calcular o tributo e já realizar o pagamento antecipadamente.

15. Alternativa (D). Terá suas alíquotas mínimas e máximas fixadas pelo Senado Federal.

Comentário: A questão pede a Incorreta. A resposta "A" está correta, conforme orientação do artigo 153, § 3º, I ,da CF. A assertiva "B" está correta, de acordo com o artigo 153, § 3º, III, da CF. A letra "C" está correta, segundo o artigo 153, § 3º, IV, da CF. A justificativa **"D"** é a opção incorreta, visto que a Resolução do Senado Federal fixa as alíquotas de impostos estaduais – art. 155, § 2º, da CF.

16. Alternativa (A). Lei Complementar poderá estabelecer critérios especiais de tributação, com o objetivo de prevenir desequilíbrios da concorrência, sem prejuízo da competência de União, por lei, estabelecer normas de igual objetivo.

Comentário: A alternativa **"A"** é a resposta correta, nos termos do artigo 146-A da CF. A justificativa "B" está incorreta, o artigo 149, § 2º, I, da CF prevê imunidade das Contribuições de Intervenção no Domínio Econômico sobre as receitas de exportação. A opção "C" está incorreta, segundo o artigo 153, § 4º, II, da CF, não incide ITR sobre definidas em lei, quando as explore o proprietário que não possua outro imóvel. A letra "D" está incorreta, não recai IPI sobre produtos destinados ao exterior, desde que não sejam caracterizados como essenciais, art. 153, § 3º, III, da CF.

5. IMPOSTO SOBRE OPERAÇÕES DE CRÉDITO, CÂMBIO E SEGUROS (IOF)

5.1. Breve Contexto Histórico

Supõe-se que o IOF decorra do Imposto do Selo. Foi criado por um holandês interessado no prêmio oferecido pelos Estados Gerais àquele que propusesse uma nova forma tributária, sem caráter confiscatório. A ideia foi recepcionada por outras nações europeias, também, como Portugal, Reino Unido, França e Áustria, durante o século XVII[51].

51. CÁRNIO, Thaís Cíntia. Imposto sobre Operações de Crédito, Câmbio, Seguro, ou Relativas a Títulos ou Valores Mobiliários – IOF. *In:* JARDIM, Eduardo Marcial Ferreira e PASIN, João Bosco Coelho (coord.). **Tributos em Espécie: Fundamentos e Elementos**. Rio de Janeiro: Elsevier, 2010, p. 79

No Brasil, tem sua origem no período colonial, introduzido pelos Alvarás de 10 de março de 1797 e de 24 de abril de 1801. Em 1842, a Lei nº 317 estabeleceu tabelas de impostos proporcionais sujeitando ao selo todos os contratos onerosos.

Em janeiro de 1967 entrou em vigor a Lei nº 5.143/66 que praticamente extinguiu o imposto do selo e institui o imposto sobre operações de crédito e seguro, todavia o CTN já previa em sua denominação as operações com valores mobiliários.

Na Constituição Federal de 1988, o IOF está previsto no seu artigo153, V, de competência da União. No decorrer dos anos, algumas leis trouxeram mudanças na legislação desse imposto. Dentre elas vale destacar: o Decreto-lei n. 1.783/80 e a Lei n. 8.894/94. No ano de 2007 entrou em vigor o Decreto n. 6.360/2007, que ficou conhecido como "Regulamento do IOF".

5.2. Previsão legal

- Art. 153, V, da CF.
- Arts. 63 a 67 do CTN.
- Decreto n. 6.306/2007 – Regulamenta o Imposto sobre Operações de Crédito, Câmbio e Seguro, ou relativas a Títulos ou Valores Mobiliários – IOF.

5.3. Noções Gerais

Vale destacar, primeiramente, que a sigla IOF não pode ser considerada como diminutivo de "Imposto sobre operações financeiras", como é senso comum. Isso porque o IOF incide sobre várias espécies de operações, nem todas de cunho financeiro.

Nos termos do art. 153, V da Constituição destaca-se que o IOF incide sobre: i) operações de crédito; ii) operações de câmbio; iii) operações de seguro e iv) operações relativas a títulos ou valores mobiliários.

Roberto Quiroga Mosquera critica a expressão IOF, entende que além de ser vaga, pois contempla operações financeiras que não são atingidas pelo imposto, é restritiva pois os impostos sobre câmbio, crédito, seguro e relativa a títulos ou valores mobiliários podem incidir também, sobre operações não financeiras[52].

Os impostos previstos pelo art. 153, V da CF apresentam como núcleo da materialidade da hipótese de incidência o termo **operações**. Sob o ponto de vista jurídico, as operações consistem em atos regulados pelo Direito capazes de produzir efeitos jurídicos, ou seja, negócios jurídicos. Assim, pode-se afirmar que os impostos mencionados não oneram os títulos ou valores mobiliários, o câmbio, o seguro, etc., incidem, na verdade, sobre os negócios jurídicos que têm esses bens ou valores por objeto, ou ainda, sobre operações a eles relativas[53].

Realizar operações pressupõe sempre a existência de alguém em relação oposta. Como por exemplo, em uma operação de crédito, de um lado encontra-se aquele que entrega o crédito e do outro aquele que recebe; na operação de câmbio temos aquele que vende a moeda

52. MOSQUERA, Roberto Quiroga. **Tributação no Mercado Financeiro e de Capitais**. São Paulo: Dialética, 1998, p. 104.
53. BARRETO, Aires Fernandino. **Natureza Jurídica do imposto criado pela medida provisória 160/90. Repertório IOB de Jurisprudência – 2ª quinzena de maio de 1990**, nº 10, p. 152.

estrangeira e aquele que adquire; na operação de seguro temos uma pessoa que assume os riscos de indenização futura e aquele que paga o prêmio pelo seguro contratado e na operação com títulos ou valores mobiliários temos aquele que transfere um valor mobiliário e aquele que recebe.

Esclarecida a extensão do núcleo do critério material da hipótese de incidência dos impostos do art. 153, V da CF, passsamos ao esboço da regra matriz desses quatro impostos.

5.4. Regra Matriz de Incidência do Imposto sobre Operações de Crédito– IO/crédito

5.4.1. Hipótese de Incidência

5.4.1.1. Critério Material

O critério material se define por realizar operações de crédito. O termo operações foi analisado no item 5.3, e quanto ao termo crédito se originário do latim *credere* que significa confiança.

J. X. Carvalho de Mendonça, afirma que a operação de crédito é aquela "mediante a qual alguém efetua uma prestação presente, contra a promessa de uma prestação futura". Ressalta, ainda, o referido autor que o essencial nessa operação constitui o lapso temporal existente entre a prestação presente e a contraprestação futura, pois sem esse intervalo de tempo estaremos frente a um negócio à vista, pronto e acabado[54].

A confiança decorre daquele que fornece o crédito na solvência do devedor. As operações de crédito podem ser realizada entre: i) pessoas físicas; ii) pessoas físicas e jurídicas; iii) pessoas jurídicas; iv) pessoas, físicas ou jurídicas, não financeiras v) pessoas, físicas ou jurídicas e entidades financeiras e vi) entidades financeiras.

Como exemplo de operações bancárias de crédito podemos mencionar: a) o mútuo bancário; b) a abertura de crédito; c) o crédito documentado ou documentário; d) o crédito imobiliário; e) o crédito rural; f) o crédito industrial, etc.

Ressalta-se, todavia, que as operações de crédito não precisam ser realizadas apenas por instituições financeiras para que sofram a incidência do imposto previsto pelo art. 153, V da CF. Cabe ao legislador ordinário prescrever as operações de crédito que pretende ver tributadas.

A Lei nº 5.143/66, por exemplo, restringiu o campo de incidência do IO/crédito apenas para as operações em que o crédito é dado por instituições financeiras. Já a Lei nº 9.532/97 estabeleceu que a pessoa jurídica ou física que alienasse recebíveis resultantes de vendas a prazo ou de prestação de serviços à empresa de *factoring* estaria sujeita ao IO/crédito, o imposto passou a incidir, portanto, sobre a alienação de direitos creditórios a empresas de *factoring*.

E em 1999, a Lei nº 9.779 sujeitou o mútuo de recursos financeiros entre pessoas jurídicas ou entre pessoa física e pessoa jurídica ao IO/crédito:

---

54. MENDONÇA, J. X. Carvalho de Mendonça. **Tratado de Direito Comercial Brasileiro.** Rio de Janeiro: Freitas Bastos, 1970, vol. V, 2ª parte, pp. 50-51

> Art. 13. As operações de crédito correspondentes a mútuo de recursos financeiros entre pessoas jurídicas ou entre pessoa jurídica e pessoa física sujeitam-se à incidência do IOF segundo as mesmas normas aplicáveis às operações de financiamento e empréstimos praticadas pelas instituições financeiras.

A partir da Lei nº 9.779/99 as operações de crédito realizadas entre pessoas jurídicas e pessoas jurídicas e físicas, passou a ser objeto de tributação do IO/crédito, da mesma forma que aquelas onde há instituições financeiras. Nesse sentido, mencionamos entendimento do STJ:

> PROCESSUAL CIVIL E TRIBUTÁRIO. OMISSÃO. OFENSA AO ART. 535 DO CPC NÃO CONFIGURADA. AUSÊNCIA DE PREQUESTIONAMENTO. SÚMULA 211/STJ.IOF.LEI 9.779/1999. INCIDÊNCIA SOBRE OPERAÇÕES DE MÚTUO, INCLUSIVE ENTRE EMPRESAS INTEGRANTES DE UM MESMO GRUPO ECONÔMICO.
>
> 1. A solução integral da controvérsia, com fundamento suficiente, não caracteriza ofensa ao art. 535 do CPC.
>
> 2. É inadmissível Recurso Especial quanto à questão (arts. 65 e 67 do CTN, art. 1º da Lei 5.143/1966, art. 76 da Lei 8.981/1995 e art. 74 da Lei 9.430/1996) que, a despeito da oposição de Embargos Declaratórios, não foi apreciada pelo Tribunal de origem.
>
> Incidência da Súmula 211/STJ.
>
> 3. De acordo com o art. 13 da Lei 9.779/1999, incide IOF sobre operações de mútuo entre pessoas jurídicas e físicas, ou somente entre pessoas jurídicas, ainda que integrantes de um mesmo grupo econômico. Precedentes do STJ.
>
> 4. Agravo Regimental não provido.
>
> (AgRg no REsp 1501870/PE, Rel. Ministro HERMAN BENJAMIN, SEGUNDA TURMA, julgado em 05/03/2015, **DJe** de 31.03.2015)

Nas operações envolvendo pessoas jurídicas não financeiras é necessário investigar se o negócio jurídico celebrado entre as partes pode ser realmente qualificado como mútuo. Tal verificação se constitui imprescindível para afirmarmos sobre a incidência ou não do IO/crédito sobre contratos de conta-corrente celebrados entre pessoas jurídicas integrantes do mesmo grupo econômico, por exemplo.

O contrato de conta corrente consiste na organização de uma relação jurídica continuativa, mediante operações com fluxos financeiros recíprocos que serão objeto de liquidação por diferença apenas no momento do encerramento do contrato. Dessa forma, no contrato de conta corrente as partes apenas escrituram os haveres recíprocos em lançamentos contábeis de débitos e créditos que registram as movimentações financeiras. Porém, não há o nascimento de relação jurídica de natureza creditícia, eis que a pretensão de exigir eventual saldo remanescente apenas surge com o término do contrato de conta-corrente, mediante liquidação por diferença.

Diferentemente do que ocorre nos contratos de mútuo em que a fidúcia é inerente a esse tipo de negócio, pois o mutuante realiza uma prestação presente, contra a promessa de recebimento de uma prestação futura que consiste na devolução da quantia anteriormente entregue pelo credor, a causa do negócio jurídico de conta corrente não repousa no elemento fidúcia, mas na necessidade de cooperação que justifica a reunião de esforços e a realização de movimentações financeiras pautados pela necessidade de gestão eficiente do caixa. Por essa razão, entendemos que nessa negociação de conta corrente não deve incidir o IO/crédito.

Registre-se que o saque da caderneta de poupança não gera a incidência do IOF. Nesse sentido, tem-se a Súmula n. 664 do STF que esclarece:

> **Súmula n. 664.** *É inconstitucional o inciso V do art. 1º da Lei n. 8.033/90, que instituiu a incidência do imposto nas operações de crédito, câmbio, e seguros – IOF – sobre saques efetuados em caderneta de poupança.*

Igualmente não incide IOF sobre depósitos judiciais. Observe o texto sumulado do STJ com esse posicionamento: *"Súmula n 185. Nos depósitos judiciais, não incide o Imposto sobre Operações Financeiras".*

Em resumo, o comportamento humano que enseja a tributação do IO/crédito é realizar operações de empréstimo sob qualquer modalidade, de abertura de crédito e de desconto de títulos.

5.4.1.2 Critério Temporal

Consoante previsão do artigo 63 do CTN, o fato gerador do IO/crédito acontece:

i) no momento da sua efetivação pela entrega total ou parcial do montante ou do valor que constitua o objeto da obrigação, ou sua colocação à disposição do interessado;

5.4.1.3 Critério Espacial

O legislador não faz nenhuma menção expressa quanto ao critério espacial da regra matriz de incidência do IO/crédito, contudo identifica-se, implicitamente, como todo o **território nacional**, uma vez que é sobre tal elemento espacial que as Leis nº 5.143/66, 9.532/97 e 9.779/99 têm validade.

5.4.2. Consequente Tributário

5.4.2.1. Critério Pessoal

5.4.2.1.1 Sujeito Ativo

O sujeito ativo do IO/crédito é a União.

5.4.2.1.2 Sujeito Passivo

Nos termos do artigo 66 do CTN, o Contribuinte do Imposto poderá ser qualquer das partes na operação tributada a depender do legislador. Nesse contexto, o Decreto n. 6.306/2007 determina os Sujeitos Passivos.

Nas operações de **crédito**, o artigo 4º do Decreto n. 6.306/2007 define que o Contribuinte compreende a Pessoa Física ou Jurídica tomadora de crédito. Ademais, no art. 5º o referido Regulamento estabelecer quem serão responsáveis pela retenção do IO/crédito e seu respectivo recolhimento ao Tesouro Nacional:

i) as instituições financeiras que efetuarem operações de crédito;

ii) as empresas de adquirentes do direito creditório, nas hipóteses da alínea "b" do inciso I do art. 2º do Decreto n. 6.303/2007;

iii) a pessoa jurídica que conceder o crédito, nas operações de crédito correspondentes a mútuo de recursos financeiros (art. 5º, Decreto n. 6.303/2007).

5.4.3. Critério Quantitativo

5.4.3.1. Base de Cálculo

Nos termos do artigo 64 do CTN, a base de cálculo do IO/crédito será:

o montante da obrigação, compreendendo o principal e os juros;

5.4.3.2. Alíquotas

As alíquotas do IOF são proporcionais, variando de acordo com a natureza das operações financeiras ou de mercado de capitais. Estão previstas no Regulamento do IOF – Decreto n. 6.306/2007.

Nas operações de **crédito**, a alíquota máxima do IOF é de 1,5%ao dia, consoante prevê o artigo 6º do Decreto n.º 6.306/2007.

5.5. A Regra Matriz do Imposto sobre Operações de Câmbio – IO/câmbio

5.5.1. Hipótese de Incidência

5.5.1.1. Critério Material

O critério material da regra matriz do IO/câmbio se define por realizar operações de câmbio.

A palavra câmbio se origina do latim ***cambium*** e traduz permuta ou troca. Cambiar significa, portanto, trocar, permutar.

J. X. Carvalho de Mendonça ao conceituar a palavra câmbio a define como o poder que tem a moeda de um País de adquirir a moeda de outro. Considera que: "O dinheiro como mercadoria tem o seu valor, o seu custo e o seu preço; é suscetível de propriedade e posse e constitui o ramo especial de comércio denominado câmbio, onde figura como objeto de especulação"[55].

Em suma, o câmbio representa a operação por intermédio da qual uma pessoa entrega determinada quantia de moeda a outra pessoa e recebe em troca outra moeda em valores equivalentes.

5.5.1.2. Critério Temporal

Segundo artigo 63 do CTN, o fato gerador do IO/câmbio acontece pela entrega de moeda nacional ou estrangeira, ou de documento que a represente, ou sua colocação à disposição

55. op. cit. p. 15.

do interessado em montante equivalente à moeda estrangeira ou nacional entregue ou posta à disposição por este.

5.5.1.3. Critério Espacial

O imposto sobre operações de câmbio incidirá nos limites espaciais do território nacional e desde que ocorrido *in concreto* o fato tributado.

5.5.2. Consequente Tributário

5.5.2.1. Critério Pessoal

5.5.2.1.1. Sujeito Ativo

O sujeito ativo do IO/câmbio é a União.

5.5.2.1.1. Sujeito Passivo

Nas operações de **câmbio,** o Contribuinte compreende o comprador ou vendedor da "moeda estrangeira nas negociações referentes às transferências financeiras para o ou do exterior, respectivamente" (art. 12, Decreto n. 6.306/2007). As instituições autorizadas a operar em câmbio são responsáveis pela cobrança do IOF e pelo seu recolhimento ao Tesouro Nacional, nos termos do que prescreve o art. 13 do Decreto 6.306/20007.

5.5.2.2. Critério Quantitativo

5.5.2.2.1. Base de Cálculo

Nos termos do artigo 64 do CTN, a base de cálculo do IO/câmbio será o respectivo montante em moeda nacional, recebido, entregue ou posto à disposição.

5.5.2.2.2. Alíquota

A alíquota máxima do IO/câmbio é de 25%, nos termos do artigo do Decreto n. 6.306/2007.

5.6. A Regra Matriz de Incidência do Imposto sobre Operações de Seguro – IO/Seguro

5.6.1. Hipótese de Incidência

5.6.1.1. Critério Material

O critério material do IO/seguros consiste em realizar operações de seguro.

O **artigo 757 do Código Civil** esclarece que pelo contrato de seguro, o segurador se obriga, mediante o pagamento do prêmio, a garantir interesse legítimo do segurado, relativo a pessoa ou a coisa, contra riscos predeterminados.

Nas operações de seguro temos de um lado o segurador que tem por obrigação a indenização de eventual prejuízo verificado e do outro o segurado que deverá pagar um prêmio que garante a respectiva indenização caso determinado evento venha ocorrer em efetivo.

No seguro há uma incerteza quanto ao evento que provocará a consequente obrigação do segurador em indenizar o segurado. Pode-se, portanto, afirmar que o contrato de seguro é bilateral, porque acarreta obrigações recíprocas entre segurador e segurado; oneroso, porque cria vantagens e benefícios para ambas as partes contratantes; aleatório porque o segurador assume os riscos, sem co-respectividade entre as prestações recíprocas e sem equivalência mesmo que se conheça o valor global das obrigações do segurado[56].

São várias as operações de seguro praticadas, tais como: seguro de vida, seguro de bens e mercadorias, seguro agrário, seguro-mútuo, dentre outros.

O legislador constituinte escolheu como hipótese de incidência tributária, nos termos do art. 153, V da CF, a realização de negócios jurídicos, nos quais uma pessoa se obriga perante outra, mediante remuneração de um prêmio a indenizar prejuízos resultantes de riscos futuros, mas devidamente especificados no momento da celebração do contrato.

5.6.1.2. *Critério Temporal*

Segundo art. 63 do CTN entende-se ocorrido o fato gerador no momento da emissão da apólice ou do documento equivalente, ou recebimento do prêmio, na forma da lei aplicável.

5.6.1.3. *Critério Espacial*

O critério espacial do IO/seguros coincide com o âmbito de validade da Lei nº 5.143/66 e alterações posteriores, qual seja, o território nacional.

5.6.2. *Consequente Tributário*

5.6.2.1. *Critério Pessoal*

5.6.2.1.1. Sujeito Ativo

O sujeito ativo na relação jurídica tributária atinente ao IO/seguros é a União.

5.6.2.1.2. Sujeito Passivo

Nas operações de **seguro,** os Contribuintes são as Pessoas Físicas ou Jurídicas seguradas. Os responsáveis pela cobrança do IOF e o seu recolhimento ao Tesouro Nacional são as seguradoras ou as instituições financeiras a quem estas encarregarem da cobrança do prêmio – Arts. 19 e 20 do Decreto nº 6.306/2007.

5.6.2.2. *Critério Quantitativo*

5.6.2.2.1. Base de Cálculo

Nos termos do artigo 64 do CTN, a base de cálculo do IO/seguros será o montante da o montante do prêmio.

56. MOSQUERA, Roberto Quiroga. **Tributação no Mercado Financeiro e de Capitais.** São Paulo: Dialética, 1998, p. 111.

5.6.2.2.2. Alíquotas

A alíquota máxima do IOF é de 25%, à luz do artigo 22 do Decreto nº 6.303/2007.

5.7. A Regra Matriz de Incidência do Imposto sobre Operações Relativas a Títulos ou Valores Mobiliários – IO/Títulos

5.7.1. Hipótese de Incidência

5.7.1.1. Critério Material

O critério material da regra matriz de incidência do IO/títulos constitui realizar operações relativas a títulos e valores mobiliários.

Waldírio Bulgarelli compreende que os valores mobiliários estão impregnados de características e peculiaridades dos títulos de crédito e por essa razão revela a subordinação do conceito de valor mobiliário à condição de título de crédito.

Para o autor, os valores mobiliários são "títulos de massa, títulos negociáveis e títulos societários (...) tem-se evidente que, de um lado, para ser considerado valor mobiliário, o papel necessita de alguns requisitos próprios que lhe confiram (mesmo independentemente de disposição legal) a possibilidade de mobilização em termos de negociabilidade de títulos de massa e sua vinculação a uma empresa emitente; e por outro lado, para que atuem eficazmente como valores mobiliários necessitam tais papéis de serem dotados de alguns requisitos básicos dos títulos de crédito, sobretudo, e principalmente, no tocante à circulabilidade (pode-se falar principalmente, em legitimação e titularidade e ainda em regras de circulabilidade)[57].

Pode-se afirmar que a hipótese de incidência do IO/títulos são os negócios jurídicos relativos a investimentos oferecidos ao público, sobre os quais o investidor não tem controle direto, cuja aplicação é feita em dinheiro, bens ou serviço, na expectativa de lucro, não sendo necessária a emissão do título para a materialização da relação obrigacional[58].

5.7.1.2. Critério Temporal

Consoante previsão do artigo 63 do CTN, o fato gerador do IO/títulos ocorre no momento da emissão, transmissão, pagamento ou resgate destes, na forma da lei aplicável.

5.7.1.3. Critério Espacial

O critério espacial do IO/títulos corresponde ao território nacional.

5.7.2. Consequente Tributário

5.7.2.1. Sujeito Ativo

O sujeito ativo do IO/títulos é a União.

57. BULGARELLI, Waldírio. **Os Valores Mobiliários Brasileiros como Títulos de Crédito.** Revista de Direito Mercantil, Industrial Econômico e Financeiro, ano XIX, vol. 37, 1980, p. 111.

58. MOSQUERA, op. cit. p. 132.

5.7.2.2. *Sujeito Passivo*

Quanto às operações relativas a **títulos** e valores **mobiliários,** os contribuintes são os adquirentes de títulos ou valores mobiliários e os titulares de aplicações financeiras – art. 26 do Decreto 6.306/2007. E, conforme o art. 27 do Decreto 6.306/2007, responsáveis as:

> (...) I – as instituições autorizadas a operar na compra e venda de títulos e valores mobiliários;
>
> II – as bolsas de valores, de mercadorias, de futuros e assemelhadas, em relação às aplicações financeiras realizadas em seu nome, por conta de terceiros e tendo por objeto recursos destes;
>
> III – a instituição que liquidar a operação perante o beneficiário final, no caso de operação realizada por meio do SELIC ou da Central de Custódia e de Liquidação Financeira de Títulos – CETIP;
>
> IV – o administrador do fundo de investimento;
>
> V – a instituição que intermediar recursos, junto a clientes, para aplicações em fundos de investimentos administrados por outra instituição, na forma prevista em normas baixadas pelo Conselho Monetário Nacional;
>
> VI – a instituição que receber as importâncias referentes à subscrição das cotas do Fundo de Investimento Imobiliário e do Fundo Mútuo de Investimento em Empresas Emergentes. (...)

5.7.2.3. *Critério Quantitativo*

5.7.2.3.1. Base de Cálculo

Nos termos do artigo 64 do CTN, a base de cálculo do IO/títulos será:

a) na emissão, o valor nominal mais o ágio, se houver;

b) na transmissão, o preço ou o valor nominal, ou o valor da cotação em Bolsa, como determinar a lei;

c) no pagamento ou resgate, o preço.

5.7.2.3.2. Alíquotas

A alíquota máxima é de 1,5% ao dia, conforme reza o artigo 29 do Decreto n. 6.306/2007. E, por fim, quanto às **operações com ouro** enquanto ativo financeiro, a alíquota é de 1% sobre o preço da aquisição, como disciplinados nos artigos 38 e 39 do Decreto n. 6.306/2007.

5.8. Características

Trata-se de um imposto essencialmente **extrafiscal, regulador de mercado**. Consiste em um tributo **direto**, uma vez que, via de regra, não comporta o repasse do encargo financeiro.

O IOF não está sujeito aos Princípios da Anterioridade do Exercício e nem a Anterioridade Nonagesimal, assim, se for majorado, poderá ser exigido imediatamente – art. 150, § 1º, da CF.

Tal exação está sujeita ao lançamento por **homologação**. Além disso, nos certames do artigo 153, § 1º, da CF, o Poder Executivo poderá alterar as alíquotas do IOF nos limites e condições previstos em lei.

Outrossim, vale registrar que se trata do único tributo que incide sobre o ouro, enquanto ativo financeiro ou instrumento cambial, conforme prescreve o artigo 153, § 5º, da CF.

5.9. Questões

1. (TJ/AL – Juiz – FCC/2015). De acordo com a Constituição Federal, as operações com ouro sujeitam-se à incidência

(A) do ICMS, exceto quando definido em lei como ativo financeiro ou instrumento cambial.
(B) exclusivamente do IPI, quando definido em lei como ativo financeiro ou instrumento cambial.
(C) do IOF, exceto quando definido em lei como ativo financeiro ou instrumento cambial.
(D) exclusivamente do IR, quando definido em lei como ativo financeiro ou instrumento cambial.
(E) do ICMS e do IOF, exceto quando definido em lei como ativo financeiro ou instrumento cambial.

2. (PGFN – Procurador da Fazenda Nacional –ESAF/2015). São contribuintes do Imposto sobre Operações de Crédito, Câmbio e Seguro, ou relativas a Títulos e Valores Mobiliários (IOF):

(A) o mutuante, nas operações de crédito.
(B) os alienantes de títulos e valores mobiliários.
(C) os titulares dos contratos, nas operações relativas a contratos derivativos.
(D) os titulares de conta corrente, nas hipóteses de lançamento e transmissão de valores.
(E) as instituições financeiras e demais instituições autorizadas a funcionar pelo Banco Central do Brasil, nas operações relativas a aquisição, resgate, cessão ou repactuação de títulos e valores mobiliários em que o valor do pagamento para a liquidação seja superior a 95% (noventa e cinco por cento) do valor inicial da operação.

3. (Prefeitura Estância Hidromineral de Poá/SP – Procurador – VUNESP/2014). Dentre as limitações que determina ao poder de tributar, a Constituição Federal veda aos entes tributantes a cobrança de tributos no mesmo exercício financeiro em que haja sido publicada a lei que os instituiu ou aumentou. Referida vedação que se traduz no conhecido Princípio da Anterioridade, contudo, não se aplica a alguns tributos que a própria Constituição especifica. Assinale a alternativa na qual se identifica um desses tributos.

(A) Imposto sobre a propriedade predial e territorial urbana.
(B) Imposto sobre a propriedade de veículos automotores.
(C) Imposto sobre operações de crédito, câmbio e seguro, ou relativas a títulos ou valores mobiliários.
(D) Empréstimo compulsório, no caso de investimento público de caráter urgente e de relevante interesse nacional.
(E) Contribuição social de intervenção no domínio econômico.

4. (TJ/MS – Cartórios – IESES/2014). Compete à União instituir impostos sobre:

I. Exportação, para o exterior, de produtos nacionais ou nacionalizados.
II. Operações relativas à circulação de mercadorias e sobre prestações de serviços de transporte interestadual e intermunicipal e de comunicação, ainda que as operações e as prestações se iniciem no exterior.
III. Operações de crédito, câmbio e seguro, ou relativas a títulos ou valores mobiliários.
IV. Propriedade territorial rural e sobre a renda e proventos de qualquer natureza.

A sequência correta é:

(A) As assertivas I, II, III e IV estão corretas.
(B) Apenas as assertivas II e IV estão corretas.
(C) Apenas as assertivas I, III e IV estão corretas.
(D) Apenas as assertivas I e II estão corretas.

5. (Juiz de Direito Substituto/PA – VUNESP/2014). A Constituição veda que determinados tributos sejam cobrados no mesmo exercício financeiro em que haja sido publicada a lei que os instituiu ou aumentou. Trata-se da limitação constitucional ao poder de tributar conhecida por princípio da anterioridade. Assinale a alternativa da qual consta um tributo que excepciona tal princípio.

(A) Imposto sobre a propriedade territorial rural.
(B) Imposto sobre a renda e proventos de qualquer natureza.

(C) Imposto sobre operações de crédito, câmbio e seguro, ou relativas a títulos ou valores mobiliários.
(D) Contribuição social no interesse das categorias profissionais ou econômicas.
(E) Empréstimo compulsório instituído no caso de investimento público de caráter urgente e de relevante interesse nacional.

6. (Analista Tributário da Receita Federal – ESAF/2012). O ouro, quando não for considerado como simples metal, mas definido em lei como ativo financeiro ou instrumento cambial, sujeita-se exclusivamente à incidência do _____ . Esse imposto é devido na operação _____ . Está sujeito à alíquota _____ , já estabelecida na Constituição. O produto da arrecadação pertence _____ .

(A) ICMS / de origem / máxima / ao Estado.
(B) ICMS / de destino / máxima / ao Estado de destino.
(C) IOF / de origem / mínima / ao Estado e ao Município de origem.
(D) IOF / de origem / máxima / À União e, compartilhadamente, ao Estado e Município de origem.
(E) IOF / de destino / mínima / ao Estado e ao Município de destino.

7. (TC/DF – Procurador do MP – CESPE/2013). Julgue o item subsequente: *Nas operações de câmbio, o fato gerador do imposto sobre operações de crédito, câmbio e seguro (IOF) consiste na efetivação da operação – configurada pela entrega de moeda nacional ou estrangeira ou de documento que a represente – ou na colocação à disposição do interessado do montante equivalente à moeda estrangeira ou nacional por ele entregue ou por ele posta à disposição.*

8. (TC/AM – Analista de Controle Externo. Área Controle Externo. Especialidade: Jurídica – FCC/2012). Medida provisória que majore alíquota de Imposto sobre a Renda e Imposto sobre Operações de Câmbio, Crédito, Seguro e Valores Mobiliários – IOF produz efeitos,

(A) imediato no caso do IOF e noventa dias depois de sua edição, no caso do Imposto sobre a Renda;
(B) no exercício financeiro seguinte, se convertida em lei até o último dia do exercício em que foi editada, em ambos os casos;
(C) no exercício financeiro seguinte, se convertida em lei até o último dia do exercício em que foi editada, no caso do IOF;
(D) no exercício financeiro seguinte, se convertida em lei até o último dia do exercício em que foi editada, no caso do Imposto sobre a Renda;
(E) em ambos os casos, imediatamente.

9. (PGE/MT – FCC/2011). A Constituição Federal fixa regras que limitam o exercício da competência tributária. Dentre elas podem ser citadas as regras da anterioridade anual e da anterioridade nonagesimal. Estas regras não são absolutas, comportando exceções. NÃO se submete às regras da anterioridade anual e nonagesimal, ao mesmo tempo, a majoração de alíquota do imposto sobre:

(A) Produtos industrializados (IPI).
(B) A renda e proventos de qualquer natureza (IR).
(C) Operações de crédito, câmbio e seguro, ou relativas a títulos ou valores mobiliários (IOF).
(D) A propriedade territorial rural (ITR).
(E) Circulação de mercadorias e sobre prestação de serviços de transporte interestadual e intermunicipal e de comunicação (ICMS).

GABARITO

1. **Alternativa (A).** Do ICMS, exceto quando definido em lei como ativo financeiro ou instrumento cambial.

Comentário: A alternativa **"A"** está correta, nos termos do art. 155, § 2º, X, "c", da CF que prevê a imunidade específica do ICMS sobre o ouro definido em lei como ativo financeiro. As opções "B", "C", "D" e "E" estão incorretas, pois o art. 153, § 5º, da CF determina que sobre o ouro, quando definido em lei como ativo financeiro ou instrumento cambial, deverá incidir apenas o IOF.

2. **Alternativa (C).** Os titulares dos contratos, nas operações relativas a contratos derivativos.

Comentário: A alternativa **"C"** está correta, segundo o artigo 32-C do Decreto n. 6.306/2007, "o IOF será cobrado à alíquota de um por cento, sobre o valor nacional ajustado, na aquisição, venda ou vencimento de contrato de derivativo financeiro celebrado no País que, individualmente, resulte em aumento da exposição cambial vendida ou redução da exposição cambial comprada". Nessa operação, o contribuinte do tributo é o titular do contrato de derivativos financeiros (art. 32-C, § 6º, Decreto n. 6.306/2007). A opção "A" está incorreta, os contribuintes do IOF/crédito são as pessoas físicas ou jurídicas tomadoras de crédito (art. 4º, Decreto n. 6.306/2007). A resposta "B" está incorreta, nos termos do art. 26 do Decreto n. 6.306/2007, os contribuintes do IOF/valores mobiliários são os adquirentes, no caso de aquisição de títulos ou valores mobiliários, e os titulares de aplicações financeiras, nos casos de resgate, cessão ou repactuação. A letra "D" está incorreta, à luz do artigo 26, I, do Decreto n. 6.306/2007, os adquirentes são contribuintes do IOF no caso de aquisição de títulos ou valores mobiliários. A justificativa "E" está incorreta, as instituições financeiras e demais instituições autorizadas a funcionar pelo Banco Central do Brasil serão contribuintes do IOF nas operações relativas à aquisição, ao resgate, à cessão ou à repactuação de títulos e valores mobiliários em que o valor do pagamento para a liquidação seja inferior a 95% (noventa e cinco por cento) do valor inicial da operação (art. 26, II c/c o art. 28, IV, do Decreto n. 6.306/2007).

3. **Alternativa (C).** Imposto sobre operações de crédito, câmbio e seguro, ou relativas a títulos ou valores mobiliários.

Comentário: A Alternativa **"C"** é a opção correta, dentre os tributos elencados nas assertivas, o IOF é o único que não observa os Princípios da Anterioridade, em vista de sua extrafiscalidade, em conformidade com o artigo 150, § 1º, da CF.

4. **Alternativa (C).** Apenas as assertivas I, III e IV estão corretas.

Comentário: A opção **"C"** é a assertiva correta, dentre os itens da questão, os tributos de competência da União são IE, IOF e ITR, segundo o artigo 153 da CF.

5. **Alternativa (C).** Imposto sobre operações de crédito, câmbio e seguro, ou relativas a títulos ou valores mobiliários.

Comentário: A assertiva **"C"** é a resposta correta, semelhante à questão 1, dentre os tributos elencados nas assertivas, o IOF é o único que não observa os Princípios da Anterioridade, em vista de sua extrafiscalidade, consoante estabelece o artigo 150, § 1º, da CF.

6. **Alternativa (C).** IOF / de origem / mínima / ao Estado e ao Município de origem.

Comentário: Inicialmente, a banca tinha considerado correta a alternativa "D", porém, após recursos, julgou como correta a alternativa **"C"** e com razão, pois a resposta está de acordo com o artigo 153, § 5º, da CF, o ouro, como ativo financeiro, está sujeito ao IOF, à alíquota mínima de 1% e será transferida a arrecadação da seguinte forma: 30% para o Estado, o Distrito Federal ou o Território, conforme a origem, e 70% para o Município de origem.

7. **Alternativa (CERTO).** *Nas operações de câmbio, o fato gerador do imposto sobre operações de crédito, câmbio e seguro (IOF) consiste na efetivação da operação – configurada pela entrega de moeda nacional ou estrangeira ou de documento que a represente – ou na colocação à disposição do interessado do montante equivalente à moeda estrangeira ou nacional por ele entregue ou por ele posta à disposição.*

Comentário: Resposta correta, à luz do artigo 11 do Decreto n. 6.306/2007.

8. **Alternativa (D).** No exercício financeiro seguinte, se convertida em lei até o último dia do exercício em que foi editada, no caso do Imposto sobre a Renda.

Comentário: A alternativa **"D"** é a justificativa correta, nos termos do artigo 62, § 2º, da CF, visto que a regra prevista nesse dispositivo estabelece que em atenção ao Princípio da Anterioridade do Exercício, quando o imposto é criado ou majorado por meio de medida provisória, ele só poderá ser exigido no exercício seguinte, se a Medida Provisória for convertida em lei até o final do exercício em que ela foi editada. Porém, essa regra apresenta exceções, como o Imposto Extraordinário de Guerra, Imposto sobre Importação, Imposto sobre Exportação e IOF, que uma vez instituídos ou majorados podem ser cobrados imediatamente independentemente da conversão da Medida Provisória em Lei, e, ainda, menciona-se o IPI que, quando majorado, precisará respeitar apenas o Princípio da Anterioridade Nonagesimal.

9. **Alternativa (C).** Operações de crédito, câmbio e seguro, ou relativas a títulos ou valores mobiliários (IOF). **Comentário:** A opção "A" está incorreta, porque o IPI, em que pese não respeitar a Anterioridade do Exercício, obedecerá a Anterioridade Nonagesimal. A justificativa "B" está incorreta, pois o IR não respeita a Anterioridade Nonagesimal, mas sim a Anterioridade do Exercício. A assertiva **"C"** é a resposta correta, consoante disciplina o artigo 150, § 1º, da CF, o IOF não respeita a Anterioridade do Exercício e nem a Anterioridade Nonagesimal. A alternativa "D" está incorreta, o ITR respeita as duas Anterioridades. E a letra "E" está incorreta, posto que o ICMS respeita as duas Anterioridades.

6. IMPOSTO SOBRE PROPRIEDADE TERRITORIAL RURAL (ITR)

6.1. Breve Contexto Histórico

O Imposto Territorial Rural (ITR) está previsto no ordenamento jurídico brasileiro desde a Constituição de 1891. Tratava-se de um Imposto incidente sobre imóveis urbanos e rurais, de competência estatal, conforme artigo 9º da Lei Maior supracitada. Na CF de 1934, houve a distinção, em seu artigo 8º, do Imposto sobre a Propriedade Territorial Rural e Urbana. A competência do ITR fora delegada aos Estados até a Constituição de 1946. A Emenda à Constituição de n. 5, do ano de 1961, transferiu a competência do ITR para os Municípios. Por fim, com o advento da Emenda Constitucional de n. 10 de 1964, a competência passou a ser da União.

Houve a publicação da Lei n. 4.504 de 1964, o Estatuto da Terra, que trouxe funções fiscais e extrafiscais ao ITR, consoante reza o artigo 49 da referida lei.

A Constituição de 1988, por sua vez, determinou o repasse de 50% da arrecadação do ITR pela União aos Municípios. Ademais, a Emenda Constitucional n. 42 de 2003 trouxe a possibilidade de o Município ficar com 100% da arrecadação quando realizar a fiscalização e arrecadação desse imposto – art. 158, II, da CF.

6.2. Previsão legal

- Art. 153, VI, da CF;
- Arts. 29 a 31 do CTN;
- DL n. 57/66 – Altera dispositivos sobre lançamento e cobrança do Imposto sobre a Propriedade Territorial Rural, institui normas sobre arrecadação da Dívida Ativa correspondente, e dá outras providências;
- Lei n. 9.393/96 – Dispõe sobre o Imposto sobre a Propriedade Territorial Rural – ITR, sobre pagamento da dívida representada por Títulos da Dívida Agrária e dá outras providências;
- Decreto n. 4.382/2002 – Regulamenta a tributação, fiscalização, arrecadação e administração do Imposto sobre a Propriedade Territorial Rural – ITR.

6.3. Hipótese de Incidência

6.3.1. Critério Material

Em atenção ao artigo 153, VI, da CF, o critério material do ITR consiste em ser **proprietário** de imóvel rural.

Ser proprietário, nos termos do artigo 1.228 do Código Civil, envolve a faculdade de usar, gozar e dispor da coisa e o direito de reavê-la do poder de quem quer que injustamente a possua ou detenha.

O artigo 29 do CTN estabelece, todavia, de forma mais específica, que o fato gerador do ITR constitui ser proprietário, ou possuidor, ou detentor do domínio útil, o que destoa, de certo modo, do texto constitucional – que determina ser Contribuinte do ITR apenas o proprietário do imóvel rural.

Sob esse aspecto, a doutrina majoritária entende estar em conformidade com a Constituição o artigo 29 do CTN, como se pode observar pela lição de Hugo de Brito Machado:

> Referindo-se a Constituição à propriedade, naturalmente abrangeu a posse, que nada mais é que um direito inerente à propriedade. A autorização constitucional é para tributar a propriedade, e o Código Tributário Nacional facultou à lei ordinária tomar para fato gerador do tributo a propriedade, o domínio útil ou a posse, vale dizer, o direito pleno, total, que é a propriedade, ou um de seus elementos, o domínio útil, ou ainda a posse. Se a propriedade, com todos os seus elementos, está reunida em poder de uma pessoa, o tributo recai sobre ela. Se está fracionada, isto é, se ninguém é titular da propriedade plena, porque há enfiteuse, ou porque a posse está com pessoa diversa do proprietário, que é desconhecido, ou imune ao tributo, ou isento, então o tributo recai sobre o domínio útil ou a posse[59].

Nosso posicionamento se inclina no sentido de que será contribuinte do ITR o possuidor ou detentor de domínio útil que apresentar ***animus domini***, não bastando apenas ter a posse do imóvel rural.

Para fins de incidência do ITR, considera-se apenas a **terra nua**, uma vez que incide sobre o imóvel por natureza, que segundo o artigo 79 do Código Civil engloba o solo com a sua superfície; enquanto o IPTU (tributo municipal) incide sobre a propriedade de imóveis por natureza ou por acessão física que inclui tudo que o homem incorpora permanentemente ao solo, como edifício, construções de forma que não se possa retirar sem destruição.

Importante mencionar que Imóvel rural se conceitua como aquele localizado na **zona rural**. Ademais, pode-se entender, por eliminação, que não se enquadra como zona rural, mas sim como urbana, quando se analisa a determinação de zona urbana, definida por meio de lei municipal e prescrita no artigo 32, § 1º, do CTN. Vale evidenciar que se deve observar o requisito mínimo da existência de melhoramentos indicados em pelo menos 2 (dois) dos incisos do referido artigo, construídos ou mantidos pelo Poder Público, quais sejam:

1. meio-fio ou calçamento, com canalização de águas pluviais;
2. abastecimento de água;
3. sistema de esgotos sanitários;
4. rede de iluminação pública, com ou sem posteamento para distribuição domiciliar;
5. escola primária ou posto de saúde a uma distância máxima de 3 (três) quilômetros do imóvel considerado.

---

59. **Comentários ao Código Tributário Nacional**. v. 1. São Paulo: Atlas, 2003. p. 343.

A lei municipal pode considerar urbanas as áreas urbanizáveis, ou de expansão urbana, constantes de loteamentos aprovados pelos órgãos competentes, destinados à habitação, à indústria ou ao comércio, mesmo que localizados fora das zonas definidas nos meandros do Parágrafo Anterior do mesmo dispositivo legal em apreço.

A área que não tiver ao menos dois dos melhoramentos acima mencionados, não poderá ser considerada zona urbana. Podendo, assim, os imóveis nela situados sofrerem a incidência do ITR e não do IPTU.

Excepcionalmente, nos certames do artigo 15 do DL n. 57/66, o imóvel localizado dentro da zona urbana de um Município, mas que tiver como **destinação** econômica a exploração vegetal, agrícola, pecuária ou agroindustrial, incidirá o ITR e não o IPTU.

Nesse sentido, confira a transcrição da ementa de decisão do STJ para melhor compreensão:

> TRIBUTÁRIO. IPTU OU ITR. IMÓVEL LOCALIZADO EM ÁREA URBANA. NATUREZA DO IMÓVEL. REVISÃO DAS CONCLUSÕES DO TRIBUNAL DE ORIGEM. IMPOSSIBILIDADE. SÚMULA N. 7/STJ. 1. **A jurisprudência desta Corte Superior é no sentido de que incide o ITR e, não, o IPTU sobre imóveis nos quais são comprovadamente utilizados em exploração extrativa, vegetal, agrícola, pecuária ou agroindustrial, ainda que localizados em áreas consideradas urbanas por legislação municipal.** 2. Hipótese em que o acórdão recorrido é claro em afirmar que o imóvel possui como atividade preponderante o beneficiamento e a comercialização de arroz, e que não se trata de atividade agropecuária ou agroindustrial. Assim, para mudar tal entendimento, seria imprescindível adentrar a seara dos fatos para apurar, conforme alega o recorrente, que o imóvel em questão possui natureza industrial, o que esbarra na Súmula n. 7/STJ: "A pretensão de simples reexame de prova não enseja recurso especial". 3. Agravo regimental não provido (AgRg no AREsp n. 323.705/RS, rel. Min. Herman Benjamin, 2ª Turma, julgado em 15.08.2013, **DJe** de 16.09.2013) (grifos nossos).

Diante da decisão, pode-se concluir que o STJ tem interpretação em consonância com o disposto no artigo 15 do DL n. 57/66, de modo que incidirá ITR no caso de imóvel que, embora esteja situado em zona urbana, seja destinado para exploração vegetal, agrícola, pecuária ou agroindustrial.

6.3.2. Critério Temporal

Trata-se de um tributo cujo fato gerador a doutrina denomina de **continuado**, posto que a situação se perdura no tempo. Observe-se que "ser proprietário" – diferentemente da maioria dos tributos que apresentam fato gerador instantâneo –, gera a obrigação de recolhimento do tributo, em que cada ocorrência da hipótese eleita para sofrer tributação.

O Decreto n. 4.382/2002, em seu artigo 2º, bem como o artigo 1º da Lei n. 9.393/96 estabelecem que o fato gerador do ITR ocorre no dia **1º de janeiro** de todo ano.

> **Decreto 4.382/2002. Art. 2º** O Imposto sobre a Propriedade Territorial Rural, de apuração anual, tem como fato gerador a propriedade, o domínio útil ou a posse de imóvel por natureza, localizado fora da zona urbana do município, em 1º de janeiro de cada ano (Lei n. 9.393, de 19 de dezembro de 1996, art. 1). § 1º O ITR incide sobre a propriedade rural declarada de utilidade ou necessidade pública, ou interesse social, inclusive para fins de reforma agrária: I – até a data da perda da posse pela imissão prévia do Poder Público na posse; II – até a data da perda do direito de propriedade pela transferência ou pela incorporação do imóvel

> ao patrimônio do Poder Público. § 2º A desapropriação promovida por pessoa jurídica de direito privado delegatária ou concessionária de serviço público não exclui a incidência do ITR sobre o imóvel rural expropriado.

> **Lei n. 9.393/96. Art. 1º** O Imposto sobre a Propriedade Territorial Rural – ITR, de apuração anual, tem como fato gerador a propriedade, o domínio útil ou a posse de imóvel por natureza, localizado fora da zona urbana do município, em 1º de janeiro de cada ano.

6.3.3. Critério Espacial

O critério espacial do ITR abrange o território nacional, pois se trata de tributo de competência da União.

6.4. Consequente Tributário

6.4.1. Critério Pessoal

6.4.1.1. Sujeito Ativo

O Sujeito Ativo é a **União**. Conquanto, insta mencionar que conforme previsão no artigo 153, § 4º, III, da CF, a União poderá repassar a fiscalização e cobrança do ITR para os **Municípios**, desde que não implique redução do imposto ou qualquer outra forma de renúncia fiscal.

Esse dispositivo constitucional **não** altera a competência tributária da União, mas apenas autoriza o legislador federal delegar ao Município, mediante opção deste, a condição de Sujeito Ativo da obrigação tributária, titular dos poderes de fiscalizar e arrecadar o ITR.

A Lei n. 11.250/2005 regula o artigo 153, § 4º, III, da CF, permitindo a fiscalização e arrecadação do ITR pelos Municípios, mediante a formalização de convênio entre a União e o Município, conforme se depreende de seu artigo 1º, *in verbis:*

> **Art.1º.** A União, por intermédio da Secretaria da Receita Federal, para fins do disposto no inciso III do § 4º do art. 153 da Constituição Federal, poderá celebrar convênios com o Distrito Federal e os Municípios que assim optarem, visando a delegar as atribuições de fiscalização, inclusive a de lançamento dos créditos tributários, e de cobrança do Imposto sobre a Propriedade Territorial Rural, de que trata o inciso VI do art. 153 da Constituição Federal, sem prejuízo da competência supletiva da Secretaria da Receita Federal.

No caso de o Município optar em fiscalizar e cobrar o ITR, o artigo 158, II, da CF determina que este Ente ficará com 100% da arrecadação do ITR. Sendo que se não for feita a fiscalização e a cobrança pelo Município, ele ficará apenas com 50% da arrecadação do referido Imposto.

6.4.1.2. Sujeito Passivo

Nos termos do artigo 5º do Decreto n. 4.382/2002 e artigo 4º da Lei n. 9.393/96, o contribuinte do ITR é o **proprietário**, o titular do domínio útil ou o possuidor com *animus domini*. Isso porque a Constituição Federal determina como fato gerador do ITR a propriedade do imóvel rural.

Quanto à responsabilidade, o artigo 5º da Lei n. 9.393/96 preceitua que o sujeito será responsável pelo pagamento do ITR, quando verificada uma das hipóteses previstas nos artigos 128 a 133 do CTN, que se referem à Responsabilidade por Sucessão.

Como exemplo de responsabilidade, pode-se mencionar o adquirente de um imóvel rural com dívidas de ITR. Esse adquirente irá responder pelo seu pagamento, à luz do artigo 130 do CTN, salvo se constar prova de quitação desse tributo.

6.4.2. Critério Quantitativo

6.4.2.1. Base de Cálculo

O artigo 30 do CTN estabelece que a base de cálculo do ITR compreende o valor **fundiário** do imóvel, isto é, o valor da terra nua tributável.

A base de cálculo também tem previsão no Regulamento do ITR em seus arts. 32 e 33 – Decreto n. 4.382/2002.

Nos ditames do artigo 10 da Lei n. 9.393/96, o valor da terra nua (VTN) se define pelo valor do imóvel por natureza **excluindo** as construções, instalações, benfeitorias, culturas permanentes e temporárias, pastagens cultivadas e melhoradas, florestas plantadas; áreas de preservação permanente e de reserva legal, áreas de interesse ecológico para a proteção dos ecossistemas, áreas comprovadamente imprestáveis para qualquer exploração agrícola, pecuária, granjeira, aquícola ou florestal, declaradas de interesse ecológico mediante ato do órgão competente, federal ou estadual, áreas sob regime de servidão ambiental; áreas cobertas por florestas nativas, primárias ou secundárias em estágio médio ou avançado de regeneração e áreas alagadas para fins de constituição de reservatório de usinas hidrelétricas autorizada pelo poder público.

Em discussão sobre a isenção do ITR concernente à reserva legal, prevista no art. 10, § 1º, II, "a", da Lei n. 9.393/96, estar ou não condicionada à prévia averbação de tal espaço no registro do imóvel, o STJ entendeu que para as áreas de preservação **permanente** será inexigível a apresentação de ato declaratório do IBAMA ou da averbação dessa condição à margem do registro do imóvel para a não tributação do ITR. Entretanto, quando se tratar de Área de Reserva Legal, será imprescindível a sua averbação no respectivo registro imobiliário. Segundo consta na justificativa do voto, há menção do AgR no REsp 1.30.871/PR, que justifica que "a fixação do perímetro da Reserva Legal carece de prévia delimitação pelo proprietário, pois, em tese, pode ser situada em qualquer ponto do imóvel (...). Inexistindo o registro, que tem por escopo a identificação do perímetro da Reserva Legal, não se pode cogitar de regularidade da área protegida e, por conseguinte, de direito à isenção tributária correspondente"[60].

60. AgRg no REsp n. 1315220/MG, rel. Min. Arnaldo Esteves Lima, 1ª Turma, julgado em 05.03.2013, **DJe** de 12.03.2013. Segue também o julgado dos Embargos de Declaração ao AgRG desse julgado, que esclarece a particularidade apontada entre Preservação Permanente e a área de Reserva Legal: TRIBUTÁRIO. EMBARGOS DE DECLARAÇÃO NO AGRAVO REGIMENTAL NO RECURSO ESPECIAL. ITR. ÁREA DE RESERVA LEGAL. ISENÇÃO. NECESSIDADE DE AVERBAÇÃO NO REGISTRO DE IMÓVEIS. EMBARGOS ACOLHIDOS COM EFEITOS INFRINGENTES. 1. É pacífico nesta Corte o entendimento segundo o qual é inexigível, para as áreas de preservação permanente, a apresentação do Ato Declaratório Ambiental com vistas à isenção do ITR. Por outro lado, quando de trata

Por esse entendimento, constata-se que no caso de área de Preservação Permanente o proprietário não precisa apresentar ato declaratório do IBAMA ou averbação dessa condição à margem do registro do imóvel, para usufruir do benefício fiscal. O que não ocorre nos casos de Área de Reserva Legal, em que essa condição se exige.

6.4.2.2. Alíquotas

A Constituição Federal (art. 153, § 4º, I) determina que as alíquotas do ITR podem ser **progressivas,** a fim de desestimular a manutenção de terras improdutivas.

Nesse contexto, a Lei n. 9.393/96 disciplina que as alíquotas iniciam em 0,03% para imóveis até 50 hectares, com grau de utilização superior a 80% podendo chegar até 20%, em relação a imóvel de mais de 5.000 hectares, com grau de utilização inferior a 30% – art. 11 e anexo da Lei n. 9.393/1996, em consonância com o art. 34 do Decreto n. 4.382/2002.

6.5. Características

Trata-se de um imposto **fiscal**, visto que sua finalidade precípua visa a arrecadar recursos para a União. Contudo, será **extrafiscal** quando se valer da **progressividade** para desestimular a manutenção de terras improdutivas.

Também se classifica de tributo **direto**, uma vez que, via de regra, não comporta o repasse do encargo financeiro. O ITR respeita o Princípio da Anterioridade do Exercício e a Anterioridade Nonagesimal (arts. 150, III, "b" e "c", da CF).

Além do mais, ele está sujeito ao lançamento por **homologação,** consoante estabelece o artigo 10 da Lei n. 9.393/96.

O ITR apresenta uma **imunidade** específica (art. 153, § 4º, II, da CF), pois não incide sobre pequenas glebas rurais, definidas em lei, quando as explore o proprietário que não possua outro imóvel. A Lei n. 9.393/96 regula a imunidade em referência, conforme art. 2º, *in verbis:*

> **Lei n. 9.393/96. Art. 2º.** Nos termos do art. 153, § 4º, *in fine*, da Constituição, o imposto não incide sobre pequenas glebas rurais, quando as explore, só ou com sua família, o proprietário que não possua outro imóvel. **Parágrafo único.** Para os efeitos deste artigo, pequenas glebas rurais são os imóveis com área igual ou inferior a: I. 100 ha, se localizado em município compreendido na Amazônia Ocidental ou no Pantanal mato-grossense e sul-mato-grossense; II. 50 ha, se localizado em município compreendido no Polígono das Secas ou na Amazônia Oriental; III. 30 ha, se localizado em qualquer outro município.

Outrossim, e não menos importante, cumpre mencionar que o ITR não incidirá sobre os imóveis declarados de interesse social para fins de reforma agrária, enquanto não transferida a propriedade, exceto se houver imissão prévia na posse, nos termos da imunidade prescrita no art. 184, § 5º, da CF c/c o art. 1º, § 1º, da Lei n. 9.393/96 e art. 2º do Decreto n. 4.382/2002.

de área de reserva legal, é imprescindível a sua averbação no respectivo registro imobiliário. 2. Embargos de declaração acolhidos, com atribuição de efeitos modificativos, para dar parcial provimento ao recurso especial. (EDcl no AgRg no REsp 1315220 / MG, Ministro ARNALDO ESTEVES LIMA, T1 – PRIMEIRA TURMA, **DJe** 08/05/2014)

Critério Material (Fato Gerador)	Ser proprietário de imóvel rural.	
Critério Espacial	Território nacional.	
Critério Temporal	1º de janeiro de cada ano.	
Critério Quantitativo	**Base de cálculo**	Valor da terra nua.
	Alíquota	Será progressivo e terá suas alíquotas fixadas de forma a desestimular a manutenção de propriedades improdutivas.
Critério Pessoal	**Sujeito ativo**	União.
	Sujeito passivo	Proprietário do imóvel.

6.6. Questões

1. (TRF4 – Juiz – TRF4/2016). Assinale a alternativa correta.

(A) O imposto sobre produtos industrializados, segundo a Constituição Federal, será seletivo, em função da essencialidade do produto, não cumulativo, compensando-se o que for devido em cada operação com o montante cobrado nas anteriores, salvo em relação às empresas optantes pelo lucro presumido, e não incidirá sobre produtos industrializados destinados ao exterior.

(B) O imposto sobre a propriedade territorial rural será progressivo, terá suas alíquotas fixadas de forma a desestimular a manutenção de propriedades improdutivas, não incidirá sobre pequenas glebas rurais, definidas em lei, quando as explore o proprietário que não possua outro imóvel e será fiscalizado e cobrado pelos Municípios que assim optarem, na forma da lei, desde que não implique redução do imposto ou qualquer outra forma de renúncia fiscal.

(C) A instituição de imposto inominado, de competência residual da União, poderá ocorrer mediante lei complementar ou ordinária, desde que seja não cumulativo e não tenha fato gerador ou base de cálculo próprios dos discriminados na Constituição Federal.

(D) A União, na iminência ou nos casos de guerra externa ou de grave comoção intestina, poderá instituir impostos extraordinários, compreendidos ou não em sua competência tributária, os quais serão suprimidos, gradativamente, cessadas as causas de sua criação.

(E) Todas as alternativas anteriores estão incorretas.

2. (Pref. Acari/RN – Advogado – GERCON/2016). Sobre os impostos que recaem sobre o patrimônio e a renda, analise as afirmativas abaixo:

I. O imposto, de competência da União, sobre a propriedade territorial rural tem como fato gerador a propriedade, o domínio útil ou a posse de imóvel por natureza, como definido na lei civil, localizado dentro da zona urbana do Município.

II. O imposto de competência da União, sobre a propriedade predial e territorial urbana tem como fato gerador a propriedade, o domínio útil ou a posse de bem imóvel por natureza ou por acessão física, como definido na lei civil, localizado na zona urbana do Município.

III. A base de cálculo do imposto sobre a transmissão de bens imóveis e de direitos a eles relativos é o valor venal dos bens ou direitos transmitidos.

IV. A incidência do imposto sobre a renda e proventos de qualquer natureza independe da denominação da receita ou do rendimento, da localização, condição jurídica ou nacionalidade da fonte, da origem e da forma de percepção.

Está correto o que se afirma apenas em:

(A) I e II.

(B) II e III.

(C) I e III.

(D) II e IV.

(E III e IV.

3. (Procurador da República – MPF/2015). Indique a opção correta:

(A) A base de cálculo do Imposto Territorial Rural – ITR – é o valor da terra nua tributável, que é o valor do imóvel excluídos os valores relativos a construções, instalações e benfeitorias, culturas permanentes e temporárias, pastagens e florestas plantadas.

(B) A tributação do lucro líquido de uma empresa pelo Imposto sobre a Renda das Pessoas Jurídicas – IRPJ – e pela Contribuição Social sobre o Lucro Líquido – CSLL–, instituída pela União Federal, configura dupla imposição vedada porque decorrente do mesmo fato gerador.

(C) Estabelecimento prestador de serviços está situado em determinado município, mas a efetiva prestação do serviço ocorre em outro município, e ambos se consideram competentes para a cobrança do ISS. Nesse quadro, exsurge um conflito aparente de competência, que se resolve com a interferência do Conselho Nacional de Política Fazendária– CONFAZ.

(D) O art. 150, IV, da Constituição Federal estabelece o não confisco como princípio a ser aplicado aos tributos, vale dizer, a restrição não se aplica às multas tributárias.

4. (TJ/SE – Outorga de Delegação de Serviços de Notas e Registros Remoção – CESPE/2014). Em relação ao IPTU e ao ITR, assinale a opção correta.

(A) O enfiteuta não pode ser sujeito passivo do ITR, pois não detém o domínio útil do imóvel rural.

(B) A progressividade é característica do IPTU, não sendo, entretanto, admitida para o ITR, por ausência de previsão constitucional expressa.

(C) O IPTU é exemplo de imposto sujeito a lançamento por homologação.

(D) O município poderá fiscalizar e cobrar o ITR, imposto de competência da União, se assim optar, apropriando-se, nesse caso, do valor total arrecadado.

(E) Incide IPTU sobre o imóvel sede da prefeitura municipal, de propriedade do município.

5. (TJ/PB – Cartório – IESES /2014). Com relação aos Impostos sobre a Propriedade Territorial Rural (ITR), ao Imposto de Transmissão *Inter Vivos* e o IPTU, a Constituição Federal dispõe que:

(A) O ITR será fiscalizado e cobrado pelos Municípios que assim optarem, na forma da lei, desde que não implique redução do imposto ou qualquer outra forma de renúncia fiscal.

(B) O Imposto *Inter Vivos* **não incide sobre a transmissão de bens ou direitos incorporados ao patrimô**nio de pessoa jurídica em realização de capital, incidindo porém sobre a transmissão de bens ou direitos decorrente de fusão, incorporação, cisão ou extinção de pessoa jurídica.

(C) O ITR não incide sobre pequenas glebas rurais, definidas em lei, quando as explore, só ou com sua família, o proprietário que não possua outro imóvel.

(D) Sem prejuízo da progressividade no tempo a que se refere o art. 182, § 4°, inciso II, CF, o IPTU poderá ser progressivo em razão do valor do imóvel, mas não poderá ter alíquotas diferentes em fun**ção da localização e o uso do imóvel.**

6. (TJ/DF – Cartório –CESPE/2014). Com referência ao imposto sobre propriedade territorial rural (ITR), assinale a opção correta.

(A) O ITR não incide sobre o imóvel declarado como de interesse social para fins de reforma agrária.

(B) Não há previsão constitucional para a progressividade do ITR.

(C) O enfiteuta não pode ser sujeito passivo do ITR.

(D) Não há fato gerador do ITR em relação ao imóvel rural por acessão física.

(E) A base de cálculo do ITR corresponde ao valor da terra nua, incluindo os valores de mercado relativos a construções, instalações e benfeitorias.

7. (Juiz Federal Substituto da 4ª região – TRF 4/2014). Dadas as assertivas abaixo, assinale a alternativa correta.

I. Pertence aos Estados e ao Distrito Federal o produto da arrecadação do imposto da União sobre renda e proventos de qualquer natureza, incidente na fonte, sobre rendimentos pagos, a qualquer título, por eles, por suas autarquias, por suas empresas públicas e pelas fundações que instituírem e mantiverem.

II. Caberá ao Município cem por cento do valor relativo ao Imposto Territorial Rural sempre que, na forma da lei, optar o ente federativo por fiscalizar e cobrar a exação e desde que não implique redução do imposto ou qualquer outra forma de renúncia fiscal.

III. A União entregará quinze por cento do produto da arrecadação do imposto sobre produtos industrializados aos Estados e ao Distrito Federal, proporcionalmente ao valor das respectivas exporta**ções de produtos industrializados.**

IV. Os Estados entregarão aos respectivos Municípios vinte por cento dos recursos que receberem da cota que lhes cabe do imposto sobre produtos industrializados.

V. Segundo orientação do Supremo Tribunal Federal, a Constituição da República Federativa do Brasil veda o estabelecimento de cláusula contratual que implique, a um só tempo, vinculação e repasse direto de valores sem o aporte na contabilidade do Município e sem o ingresso nesta última.

(A) Estão corretas apenas as assertivas II e V.
(B) Estão corretas apenas as assertivas III e IV.
(C) Estão corretas apenas as assertivas I, II e IV.
(D) Estão corretas apenas as assertivas I, II e V.
(E) Estão corretas apenas as assertivas III, IV e V.

8. (DESENVOLVE/SP – Advogado – VUNESP/2014). A competência tributária para instituir imposto sobre a propriedade territorial rural pertence

(A) exclusivamente à União.
(B) privativamente aos municípios que optarem por fiscalizar e cobrar o imposto, na forma da lei, conforme determina a Constituição Federal.
(C) concorrentemente à União e aos municípios que optarem por fiscalizar e cobrar o imposto, na forma da lei, conforme determina a Constituição Federal.
(D) concorrentemente à União e ao Distrito Federal.
(E) residualmente aos Estados e ao Distrito Federal, caso optem por fiscalizar e cobrar o imposto, na forma da lei, conforme determina a Constituição Federal.

9. (Prefeitura Palhoça/SC – Procurador –FEPESE/2014). Assinale a alternativa correta em relação à repartição das receitas tributárias.

(A) Pertence ao Município cinquenta por cento do produto da arrecadação do imposto da União sobre renda e proventos de qualquer natureza, incidente na fonte, sobre rendimentos pagos, a qualquer título, aos seus empregados e servidores.
(B) O produto da arrecadação do imposto estadual sobre a propriedade de veículos automotores será revertido na sua totalidade ao Município em que ocorrer o licenciamento.
(C) Ao Município em que forem declaradas as operações relativas à circulação de mercadorias e sobre prestações de serviços de transporte interestadual e intermunicipal e de comunicação pertencerá trinta e cinco por cento do produto de sua arrecadação.
(D) Vinte por cento do produto da arrecadação do imposto residual extraordinário que a União instituir no exercício da competência pertencerão ao Município em que se verificar a ocorrência do fato gerador.
(E) O Município que optar por fiscalizar e cobrar o imposto sobre a propriedade territorial rural e desde que não implique redução do imposto ou qualquer outra forma de renúncia fiscal terá cem por cento do produto arrecado com o imposto.

10. (TJ/PB – Cartório – IESES/2014). São imunes do Importo Territorial Rural, desde que atendidos os requisitos constitucionais e legais:

I. Os imóveis rurais de instituições de educação e de assistência social, sem fins lucrativos.

II. A pequena gleba rural.

III. Os imóveis rurais de autarquias e fundações instituídas e mantidas pelo poder público.

IV. A propriedade rural desapropriada por utilidade ou necessidade pública, ou por interesse social, inclusive para fins de reforma agrária até a data da perda da posse pela imissão prévia ou provisória do Poder Público na posse.

A sequência correta é:

(A) Apenas as assertivas II e IV estão corretas.
(B) Apenas a assertiva IV está correta.

(C) As assertivas I, II, III e IV estão corretas.

(D) Apenas as assertivas I, II e III estão corretas.

11. (TC/DF – Procurador do MP – CESPE/2013). No que concerne aos impostos de competência dos municípios e do DF, julgue os próximos itens. *Segundo o STJ, incide o imposto sobre a propriedade territorial rural (ITR), e não o imposto sobre a propriedade predial e territorial urbana (IPTU), sobre imóveis comprovadamente utilizados para exploração extrativa, vegetal, agrícola, pecuária ou agroindustrial, ainda que localizados em áreas consideradas urbanas por legislação municipal.*

12. (Analista Tributário da Receita Federal – ESAF/2012). Avalie as três proposições abaixo, à luz do Código Tributário Nacional, e responda à questão correspondente, assinalando a opção correta:

I. No ICMS incidente sobre o ponto telefônico, decidiu o Superior Tribunal de Justiça que o sujeito ativo da obrigação tributária é a concessionária, titular da competência para exigir o seu cumprimento.

II. Um menor de 10 anos de idade é absolutamente incapaz do ponto de vista civil e tributário.

III. Salvo se a lei o previr, os contratos feitos entre o contribuinte do ITR e o arrendatário do imóvel, para excluir a responsabilidade daquele pelo pagamento desse imposto, embora válido entre as partes, não é eficaz em relação à fazenda pública.

Contém ou contêm erro:

(A) Apenas a segunda proposição.

(B) Apenas a terceira.

(C) Apenas as duas primeiras.

(D) Apenas a primeira.

(E) Nenhuma, pois as três estão certas.

13. (TJ/RJ – Juiz Substituto – VUNESP/2012). Leia as afirmações e assinale a alternativa correta:

(A) O município que tenha observado, para efeitos da definição de zona urbana, o requisito mínimo da existência de rede de iluminação pública, com ou sem posteamento para distribuição domiciliar e posto de saúde a uma distância de 5 quilômetros do imóvel considerado para esse fim, poderá instituir e exigir o IPTU (imposto sobre a propriedade territorial urbana).

(B) Para fins da exigência do ITR (imposto territorial rural), contribuinte do imposto é o proprietário do imóvel, o titular do domínio útil ou seu possuidor a qualquer título.

(C) O ICMS (imposto sobre operações relativas à circulação de mercadorias e sobre a prestação de determinados serviços), por determinação constitucional, será seletivo em função da essencialidade das mercadorias e dos serviços.

(D) Sobre a prestação de serviços de transporte intermunicipal incide o ISS (imposto sobre serviços).

14. (TJ/PB – Juiz – CESPE/2011). Com relação aos impostos estaduais e federais, assinale a opção correta:

(A) O IPVA, cobrado anualmente, submete-se, no que tange à alteração de sua base de cálculo, ao princípio da anterioridade, inclusive a nonagesimal.

(B) O ITR tem como base de cálculo o valor da terra nua.

(C) O IPI é seletivo, em razão da essencialidade do produto, de maneira que, em determinadas circunstâncias, pode ter alíquota zero, caso em que ocorre a isenção, ou imunidade tributária.

(D) O ICMS tem como fato gerador o deslocamento de mercadorias, inclusive de um estabelecimento para outro do mesmo contribuinte.

(E) Os estados e o DF, nos limites da sua esfera de competência e de acordo com a sistemática constitucional, têm plena liberdade para estabelecer as alíquotas do ICMS.

15. (Juiz Substituto do Estado do Mato Grosso do Sul – FGV/2008). Com base na Constituição Federal de 1988, assinale a afirmativa incorreta:

(A) O ITR será progressivo e terá suas alíquotas fixadas de forma a desestimular a manutenção de propriedades improdutivas.

(B) A União poderá instituir na iminência ou no caso de guerra externa impostos extraordinários, compreendidos ou não em sua competência tributária, os quais serão suprimidos, gradativamente, cessadas as causas de sua criação.

(C) Em relação ao ICMS é facultado ao Senado Federal estabelecer alíquotas mínimas nas operações internas, mediante resolução de iniciativa de um terço e aprovada pela maioria absoluta de seus membros.

(D) Não incide ITBI sobre a transmissão de bens ou direitos incorporados ao patrimônio de pessoa jurídica em realização de capital, nem sobre a transmissão de bens ou direitos decorrente de fusão, incorporação, cisão ou extinção de pessoa jurídica, salvo se, nesses casos, a atividade preponderante do adquirente for a compra e venda desses bens ou direitos, locação de bens imóveis ou arrendamento mercantil.

(E) O IPI poderá ser seletivo, em função da essencialidade do produto, e será não cumulativo, compensando-se o que for devido em cada operação com o montante cobrado nas anteriores.

GABARITO

1. **Alternativa (B).** O imposto sobre a propriedade territorial rural será progressivo, terá suas alíquotas fixadas de forma a desestimular a manutenção de propriedades improdutivas, não incidirá sobre pequenas glebas rurais, definidas em lei, quando as explore o proprietário que não possua outro imóvel e será fiscalizado e cobrado pelos Municípios que assim optarem, na forma da lei, desde que não implique redução do imposto ou qualquer outra forma de renúncia fiscal.

Comentário: A alternativa **"B"** está correta, nos termos do art. 153, § 4º, da CF. A opção "A" está incorreta, pois no texto constitucional, art. 153, § 3º, I e II, não há essa ressalva. A resposta "C" está incorreta, conforme o art. 154, I, da CF, somente será possível a instituição de imposto residual por meio de lei complementar. A justificativa "D" está incorreta, segundo o art. 154, II, da CF, será tão somente na iminência ou no caso de guerra externa.

---

2. **Alternativa (E).** III e IV.

III. A base de cálculo do imposto sobre a transmissão de bens imóveis e de direitos a eles relativos é o valor venal dos bens ou direitos transmitidos.

IV. A incidência do imposto sobre a renda e proventos de qualquer natureza independe da denominação da receita ou do rendimento, da localização, condição jurídica ou nacionalidade da fonte, da origem e da forma de percepção.

Comentário: A opção **"E"** está correta. O **item I** está incorreto, a localização do imóvel deve ser fora da zona urbana do Município, com base no art. 29 do CTN. O **item II** está incorreto, a competência é dos municípios, à luz dos arts. 156, I, da CF e 32 do CTN. O **item III** está correto, de acordo com o art. 38 do CTN. O **item IV** está correto, nos termos do art. 43, § 1º, do CTN.

---

3. **Alternativa (A).** A base de cálculo do Imposto Territorial Rural – ITR – é o valor da terra nua tributável, que é o valor do imóvel excluídos os valores relativos a construções, instalações e benfeitorias, culturas permanentes e temporárias, pastagens e florestas plantadas.

Comentário: A alternativa **"A"** está correta, conforme o art. 10 da Lei n. 9.393/96, o valor da terra nua (VTN) se define pelo valor do imóvel por natureza **excluindo** as construções, instalações, benfeitorias, culturas permanentes e temporárias, pastagens cultivadas e melhoradas, florestas plantadas; áreas de preservação permanente e de reserva legal, áreas de interesse ecológico para a proteção dos ecossistemas, áreas comprovadamente imprestáveis para qualquer exploração agrícola, pecuária, granjeira, aquícola ou florestal, declaradas de interesse ecológico mediante ato do órgão competente, federal ou estadual, áreas sob regime de servidão ambiental; áreas cobertas por florestas nativas, primárias ou secundárias em estágio médio ou avançado de regeneração e áreas alagadas para fins de constituição de reservatório de usinas hidrelétricas autorizada pelo poder público. A opção "B" está incorreta, o caso é hipótese de *bis in idem*, quando o próprio ente federativo cobra tributo sobre o mesmo fato gerador previsto constitucionalmente, o que é permitido em nosso ordenamento jurídico. A resposta "C" está incorreta, consoante o art. 146, I, da CF, os conflitos de competência tributária serão solucionados por meio de lei complementar. A justificativa "D" está incorreta, pois o Supremo Tribunal Federal tem, frequentemente, se mostrado avesso às multas com caráter confiscatório, ampliando, assim, o efeito do referido princípio às penalidades impostas.

---

4. **Alternativa (D).** O município poderá fiscalizar e cobrar o ITR, imposto de competência da União, se assim optar, apropriando-se, nesse caso, do valor total arrecadado.

Comentário: A Alternativa "A" está incorreta, o enfiteuta tem *animus domini,* portanto, pode ser Sujeito Passivo de ITR. A opção "B" está incorreta, o ITR também tem como característica a progressividade, nos termos do artigo 153, § 4º, I, da CF. A letra "C" está incorreta, como será analisado no Capítulo dos Impostos Municipais, o IPTU é tributo sujeito a lançamento de ofício. A assertiva **"D"** é a resposta correta, em conformidade com o prescrito no artigo 158, II, da CF c/c o artigo 153, § 4º, III, da CF. justificativa "E" está incorreta, o Município tem imunidade recíproca, à luz do artigo 150, VI, "a", da CF.

5. **Alternativa (A).** O ITR será fiscalizado e cobrado pelos Municípios que assim optarem, na forma da lei, desde que não implique redução do imposto ou qualquer outra forma de renúncia fiscal.

Comentário: A opção "A" é assertiva correta, conforme previsão no artigo 153, § 4º, III, da CF, a União poderá repassar a fiscalização e cobrança do ITR para os Municípios, desde que não implique redução do imposto ou qualquer outra forma de renúncia fiscal. A letra "B" está incorreta, nos termos do artigo 36 do CTN. A resposta "C" está incorreta, embora na Lei n. 9.393/96 conste "só ou com sua família", a disposição constitucional que tem competência para estabelecer a imunidade assim prescreve em seu artigo 153, § 4º, II, com inclusão dada pela EC n. 42/2003: "II – não incidirá sobre pequenas glebas rurais, definidas em lei, quando as explore o proprietário que não possua outro imóvel". A justificativa "D" está incorreta, pelo contrário, o IPTU poderá ter alíquotas diferentes de acordo com a localização e o uso do imóvel, consoante preceitua o artigo 156, § 1º, da CF.

6. **Alternativa (D).** Não há fato gerador do ITR em relação ao imóvel rural por acessão física.

Comentário: A letra "A" está incorreta, conforme estudado nesse Capítulo, o ITR não incidirá sobre os imóveis declarados de interesse social para fins de reforma agrária, enquanto não transferida a propriedade, exceto se houver imissão prévia na posse, nos termos da imunidade prescrita no artigo 184, § 5º da CF c/c o artigo 1º, § 1º, da Lei n. 9.393/96 e o artigo 2º do Decreto n. 4.382/2002. A assertiva "B" está incorreta, para o ITR também haverá progressividade, nos ditames do artigo 153, § 4º, I, da CF. A resposta "C" está incorreta, o enfiteuta tem *animus domini*, portanto, pode ser Sujeito Passivo de ITR. A justificativa **"D"** é a alternativa correta, consoante estudado nesse Capítulo, para fins de incidência do ITR, considera-se apenas a terra nua, uma vez que incide sobre o imóvel por natureza, que segundo o artigo 79 do CC engloba o solo com a sua superfície. Por outro lado, o IPTU (tributo municipal) incide sobre a propriedade de imóveis por natureza ou por acessão física que inclui tudo que o homem incorpora permanentemente ao solo, como edifício, construções de forma que não se possa retirar sem destruição. E, enfim, a opção "E" está incorreta, à luz do estudado nesse Capítulo, a base de cálculo do ITR é o valor fundiário do imóvel, isto é, o valor da terra nua tributável – art. 30 do CTN.

7. **Alternativa (A).** Estão corretas apenas as assertivas II e V.

II. Caberá ao Município cem por cento do valor relativo ao Imposto Territorial Rural sempre que, na forma da lei, optar o ente federativo por fiscalizar e cobrar a exação e desde que não implique redução do imposto ou qualquer outra forma de renúncia fiscal.

V. Segundo orientação do Supremo Tribunal Federal, a Constituição da República Federativa do Brasil veda o estabelecimento de cláusula contratual que implique, a um só tempo, vinculação e repasse direto de valores sem o aporte na contabilidade do Município e sem o ingresso nesta última.

Comentário: O Item I está incorreto, a assertiva incluiu equivocadamente as Empresas Públicas, conforme se depreende do artigo 157, I, da CF. O **Item II** está correto, nos termos do artigo 158, II, da CF c/c o artigo 153, § 4º, III, da CF. O Item III está incorreto, será entregue 10% e não 15%, à luz do artigo 159, II, da CF. O Item IV está incorreto, os Estados entregarão aos respectivos Municípios vinte por cento, segundo o § 3º do artigo 159 da CF. O **Item V** está correto, entendimento consolidado no **Informativo** n. 698, juntado ao final desse Capítulo: "RECEITA PÚBLICA. FUNDO DE PARTICIPAÇÃO DOS MUNICÍPIOS. ICMS. O que previsto no inciso IV do artigo 167 da Constituição Federal não autoriza o estabelecimento de cláusula contratual que implique, a um só tempo, vinculação e repasse direto de valores sem o aporte na contabilidade do município, sem o ingresso nesta última – inteligência do artigo 167, inciso IV e § 4º, da Carta da República Ag. Reg. no RE n. 397.458/MT – rel. Min. Marco Aurélio, **DJe**-046, divulg. em 08.03.2013".

8. **Alternativa (A).** Exclusivamente **à União.**

Comentário: A Alternativa **"A"** é a resposta correta, nos termos do artigo 153, VI, da CF.

---

9. **Alternativa (E).** O Município que optar por fiscalizar e cobrar o imposto sobre a propriedade territorial rural e desde que não implique redução do imposto ou qualquer outra forma de renúncia fiscal terá cem por cento do produto arrecado com o imposto.

Comentário: A assertiva "A" está incorreta, nos termos do artigo 158, I, da CF, pertencerá aos Municípios todo o produto da arrecadação do imposto da União. A resposta "B" está incorreta, pertencem aos Municípios "cinquenta por cento do produto da arrecadação do imposto do Estado sobre a propriedade de veículos automotores licenciados em seus territórios", art. 158, III, da CF. A justificativa "C" está incorreta, com base no artigo 158, IV, da CF. A alternativa "D" está incorreta, pertencem aos Estados e ao Distrito Federal, consoante artigo 157, II, da CF. Finalmente, a opção correta é a letra **"E"**, em conformidade com o prescrito no artigo 158, II, da CF c/c o artigo 153, § 4º, III, da CF.

---

10. **Alternativa (D).** Apenas as assertivas I, II e III estão corretas.

I. Os imóveis rurais de instituições de educação e de assistência social, sem fins lucrativos.

II. A pequena gleba rural.

III. Os imóveis rurais de autarquias e fundações instituídas e mantidas pelo poder público.

Comentário: A resposta **"D"** é a alternativa correta. O Item I trata da imunidade genérica contida no artigo 150, VI, "c", da CF. O Item II refere-se à imunidade específica do ITR prevista no artigo 153, § 4º, II, da CF: "II – não incidirá sobre pequenas glebas rurais, definidas em lei, quando as explore o proprietário que não possua outro imóvel". O Item III alude à imunidade recíproca contida no artigo 150, VI, "a" e § 2º da CF. O Item IV é o único incorreto, pois o ITR não incidirá sobre os imóveis declarados de interesse social para fins de reforma agrária, enquanto não transferida a propriedade, exceto se houver imissão prévia na posse, nos termos da imunidade prescrita no artigo 184, § 5º, da CF c/c o artigo 1º, § 1º, da Lei n. 9.393/96 e artigo 2º do Decreto n. 4.382/2002.

---

11. **Alternativa (CORRETO).** Segundo o STJ, incide o imposto sobre a propriedade territorial rural (ITR), e não o imposto sobre a propriedade predial e territorial urbana (IPTU), sobre imóveis comprovadamente utilizados para exploração extrativa, vegetal, agrícola, pecuária ou agroindustrial, ainda que localizados em áreas consideradas urbanas por legislação municipal.

Comentário: O entendimento do STJ baseia-se no artigo 15 do DL n. 57/66.

---

12. **Alternativa (C).** Apenas as duas primeiras.

I. No ICMS incidente sobre o ponto telefônico, decidiu o Superior Tribunal de Justiça que o sujeito ativo da obrigação tributária é a concessionária, titular da competência para exigir o seu cumprimento.

II. Um menor de 10 anos de idade é absolutamente incapaz do ponto de vista civil e tributário.

Comentário: A questão pede as incorretas. O Item I está incorreto, pois, segundo o posicionamento do STJ: "O sujeito ativo da relação tributária discutida é a Fazenda Pública, nos termos do artigo 119 do Código Tributário Nacional, e não a concessionária de telefonia, simples responsável pelo repasse dos valores" (REsp n. 1.036.589/MG, rel. Min. José Delgado, 1ª Turma, **DJe** de 05.06.2008). O Item II está incorreto, à luz do artigo 126, I, do CTN, a Capacidade Tributária Passiva independe da capacidade civil. O **Item III** está correto, de acordo com o artigo 123 do CTN, determinado, salvo disposição de lei em contrário, que as convenções particulares não podem ser opostas perante o Fisco.

---

13. **Alternativa (B).** Para fins da exigência do ITR (imposto territorial rural), contribuinte do imposto é o proprietário do imóvel, o titular do domínio útil ou seu possuidor a qualquer título.

Comentário: A alternativa "A" está incorreta, nos termos do artigo 32, § 1º, do CTN, para ser considerada zona urbana deve ter no mínimo 2 dentre os 5 melhoramentos previstos nesse dispositivo, sendo que a distância máxima do Posto de Saúde ou Escola Primária deve ser 3 quilômetros do imóvel. A justificativa **"B"** é a opção correta, consoante prevê o artigo 29 do CTN. A letra "C" está incorreta, de acordo com o artigo 155, § 2º, III, da CF, o ICMS poderá ser seletivo, trata-se, no caso desse imposto, de uma faculdade e não obrigatoriedade. A resposta "D" está incorreta, sobre a prestação de serviços de transporte intermunicipal ou interestadual incidirá o ICMS, art. 155, II, da CF.

---

14. Alternativa (B). O ITR tem como base de cálculo o valor da terra nua.

Comentário: A opção "A" está incorreta, a modificação da base de cálculo do IPVA não precisa respeitar a Anterioridade Nonagesimal, conforme prevê o artigo 150, § 1º, da CF. A assertiva **"B"** é a justificativa correta, nos termos do artigo 30 do CTN. A resposta "D" está incorreta, o fato gerador do ICMS é a operação de circulação de mercadorias, consoante determina o artigo 155, II, da CF, e não o mero deslocamento de um estabelecimento para outro. Nesse diapasão, tem-se a Súmula n. 166 do STJ: "Não constitui fato gerador do ICMS o simples deslocamento de mercadoria de um para outro estabelecimento do mesmo contribuinte". A letra "E" está incorreta, nos ditames do artigo 155, § 2º, V, "a" e "b", da CF, compete ao Senado Federal mediante Resolução fixar as alíquotas mínimas e máximas do ICMS.

15. Alternativa (E). O IPI poderá ser seletivo, em função da essencialidade do produto, e será não cumulativo, compensando-se o que for devido em cada operação com o montante cobrado nas anteriores.

Comentário: A questão pede a incorreta. A assertiva "A" está correta, nos termos do artigo 153, § 4º, I, da CF. A letra "B" está correta, de acordo com o artigo 154, II, da CF. A alternativa "C" está correta, à luz do artigo 155, § 2º, V, "a", da CF. A opção "D" está correta, há imunidade tributária para o ITBI, segundo o art. 156, § 2º, I, da CF. A justificativa **"E"** a resposta incorreta, pois o IPI será seletivo conforme determina o artigo 153, § 3º, I, da CF.

7. IMPOSTO SOBRE GRANDES FORTUNAS (IGF)

Com previsão no artigo 153, VII, da CF, o Imposto sobre Grandes Fortunas (IGF) não foi ainda instituído pela União, a qual poderá criá-la a qualquer momento, desde que o faça por meio de Lei Complementar, em observância ao Princípio da Legalidade.

Cumpre evidenciar também que referido Imposto obedece aos Princípios da Anterioridade do Exercício e a Nonagesimal, previstos no art. 150, III, "b" e "c", bem como aos demais Princípios Constitucionais Tributários.

8. IMPOSTO RESIDUAL

O Imposto Residual tem sua fonte na Constituição Federal de 1988, no artigo 154, I, que dispõe: *"Art. 154. A União poderá instituir: I – mediante lei complementar, impostos não previstos no artigo anterior, desde que sejam não cumulativos e não tenham fato gerador ou base de cálculo próprios dos discriminados nesta Constituição."*

Da interpretação do artigo 154, I, da CF, pode-se concluir que a União poderá instituir Impostos Residuais – não previstos no artigo 153 da Constituição –, contudo, deverá atender três requisitos, quais sejam: desde que o faça mediante Lei Complementar; seja um imposto não cumulativo e tenha base de cálculo e fato gerador diferente dos impostos já previstos na Constituição.

9. IMPOSTO EXTRAORDINÁRIO DE GUERRA (IEG)

A União, na iminência ou no caso de guerra externa, poderá instituir Impostos Extraordinários, compreendidos ou não em sua competência tributária, os quais serão suprimidos, gradativamente, cessadas as causas de sua criação (CF/88, art. 154, II).

Como se pode observar, o artigo 154, II, da Constituição autoriza a União a instituir Imposto Extraordinário de Guerra sobre bases econômicas, correspondentes a Impostos de competência dos Estados, do Distrito Federal e dos Municípios.

Por essa razão, pode-se afirmar que o fato gerador desse Imposto não configura a guerra, mas poderá ser sobre a circulação de mercadorias, a propriedade de veículos automotores, ou até mesmo conter um fato gerador novo, uma vez que não há limitação quanto à sua estrutura de incidência. Trata-se, na verdade, de uma permissão constitucional de bitributação e *bis in idem*. Portanto, frise-se que a iminência ou a declaração de guerra externa configuram somente as situações que autorizam a instituição do IEG, não correspondendo o fato gerador em si.

Importante lembrar que a bitributação ocorre quando dois Entes Federativos diferentes instituem tributos sobre o mesmo fato gerador, o que é vedado em nosso ordenamento jurídico, salvo algumas hipóteses trazidas pela própria Constituição, como o caso do Imposto Extraordinário de Guerra e o ICMS na importação, este último previsto no artigo 155, § 2º, IX, "a", da CF.

Por outro lado, o *bis in idem* acontece quando duas ou mais exigências fiscais feitas pelo mesmo Ente Federativo, dentro de sua competência, sobre o mesmo fato gerador. Exemplos de *bis in idem* em nosso ordenamento jurídico: (i) Imposto de Renda Pessoa Jurídica (IRPJ) e Contribuição Social sobre o Lucro – CSLL, ambos incidem sobre o lucro da Pessoa Jurídica e a competência de ambas as exações pertente à União; (ii) PIS e COFINS, Contribuições Sociais de competência da União que incidem sobre as receitas da Pessoa Jurídica.

O Imposto Extraordinário de Guerra se caracteriza por ser Imposto provisório, visto que, cessadas as causas de sua criação, deve desaparecer. Nos certames do artigo 76 do CTN, a cobrança do IEG será suspensa no prazo máximo de 5 anos, a contar da data da celebração da paz.

Vale salientar que o IEG observa o Princípio da Legalidade, de modo que poderá ser instituído por meio de Lei Ordinária.

Vale alertar para o fato de que o referido Imposto muito se assemelha com o Empréstimo Compulsório de Guerra, já estudado em Capítulo anterior. Assim, para melhor compreensão, observe, a seguir, o quadro comparativo entre o Imposto Extraordinário de Guerra (IEG) e o Empréstimo Compulsório Guerra:

	Imposto Extraordinário de Guerra (IEG)	Empréstimo Compulsório de Guerra
Previsão Constitucional	Art.154, II	Art.148, I
Competência Tributária	União	União
Requisitos	Na iminência ou no caso de guerra externa	Calamidade pública, guerra externa ou sua iminência
Prazo para cobrança	Enquanto durar o conflito. Será suspensa no prazo máximo de 5 anos, a contar da data da celebração da paz.	Não tem prazo.

10. QUADRO SINÓTICO

CAPÍTULO 10. IMPOSTOS FEDERAIS		
Conteúdo		Item
Imposto sobre Importação	O objeto passível de sofrer a incidência do Imposto de Importação consiste, na verdade, em importar produtos do estrangeiro – art. 153, I, da CF e art. 19 do CTN. Considera-se ocorrido o fato gerador para fins de cálculo do Imposto sobre Importação na data do registro da declaração de compra da mercadoria submetida a despacho para consumo – art. 73 do Decreto n. 6.759/2009 e art. 23 do DL n. 37/66. O critério espacial do Imposto sobre Importação é o território nacional. O Sujeito Ativo do Imposto sobre Importação é a União. O Sujeito Passivo será: o importador, assim considerada qualquer pessoa que promova a entrada de mercadoria estrangeira no território aduaneiro; o destinatário de remessa postal internacional indicado pelo respectivo remetente; e o adquirente de mercadoria entrepostada. A base de cálculo do Imposto de Importação ocorre: (i) quando a alíquota for específica, a unidade de medida adotada pela lei tributária; (ii) quando a alíquota for *ad valorem*, o preço normal que o produto, ou seu similar, alcançaria, ao tempo da importação, em uma venda em condições de livre concorrência, para entrega no porto ou lugar de entrada do produto no País; (iii) quando se trate de produto apreendido ou abandonado, levado a leilão, o preço da arrematação – art. 20 do CTN. As alíquotas do imposto de importação podem ser específicas ou *ad valorem* – art. 20 do CTN, art. 2º do DL n. 37/66 e arts. 90 e seguintes do Decreto n. 6.759/2009. O Poder Executivo poderá alterar as alíquotas do imposto sobre importação – art. 153, § 1º, da CF. Esse imposto não respeita a Anterioridade do Exercício e nem a Nonagesimal – art. 150, § 1º, da CF.	1/ 1.1
Imposto sobre Exportação	O Imposto sobre Exportação incidirá sobre a venda para o estrangeiro de produtos nacionais ou nacionalizados – art. 153, II, da CF. Considera-se ocorrido o fato gerador para fins de cálculo do Imposto sobre Exportação na data do registro da declaração de exportação no Sistema Integrado de Comércio Exterior (SISCOMEX) – Parágrafo Único do art. 213 do Decreto n. 6.759/2009. O Sujeito Ativo do Imposto sobre Exportação é a União. O contribuinte do Imposto sobre Exportação é o exportador, ou quem a lei a ele equiparar. A base de cálculo do imposto sobre exportação compreende o preço normal que a mercadoria, ou similar, alcançaria, ao tempo da exportação, em uma venda em condições de livre concorrência no mercado internacional, observadas as normas expedidas pela Câmara de Comércio Exterior – art. 214 do Decreto n. 6.759/2009. As alíquotas do imposto de exportação podem ser específicas ou *ad valorem* – art. 24 do CTN.	2 a 2.5
Imposto sobre Renda	O fato gerador do IR é a aquisição da disponibilidade econômica ou jurídica – art. 43 do CTN: (i) de renda, assim entendido o produto do capital, do trabalho ou da combinação de ambos; (ii) de proventos de qualquer natureza. O fato jurídico tributário do Imposto de Renda se consubstancia com a aquisição de renda ou provento que represente riqueza nova. Se houver acréscimo de renda, acontecerá a incidência do IR, caso contrário, se existir um decréscimo, não há que se falar em incidência desse Imposto, por inexistir fato que se enquadre à hipótese da lei ensejadora da relação jurídico-tributária. O valor recebido pela indenização visa, tão somente, a restabelecer o equilíbrio patrimonial em função do valor que representa o prejuízo, não consistindo, portanto, em efetivo incremento patrimonial; por isso não se pode falar em incidência do Imposto de Renda sobre parcelas recebidas a título de indenização. No Imposto de Renda Pessoa Física, considera-se ocorrido o seu fato gerador no dia 31 de dezembro do ano-base.	3 a 3.6

<table>
<tr><th colspan="3">CAPÍTULO 10. IMPOSTOS FEDERAIS</th></tr>
<tr><th colspan="2">Conteúdo</th><th>Item</th></tr>
<tr><td>Imposto sobre Renda</td><td>No caso de pessoa jurídica, o fato gerador também ocorre no dia 31 de dezembro do ano-base se o contribuinte optou pelo regime de tributação que permite o recolhimento anual com antecipações mensais. Entretanto, se a pessoa jurídica optou pelo regime de apuração trimestral, o fato gerador acontecerá ao final de cada trimestre do ano civil.
O critério espacial é o território nacional, mas também alcança fatos geradores que não ocorrem no Brasil, prestigiando assim o princípio da extraterritorialidade.
O sujeito ativo do IR é a União.
São contribuintes do Imposto sobre renda ou proventos de qualquer natureza: as pessoas físicas residentes ou domiciliadas no Brasil; aquelas residentes no exterior, que recebam rendas ou proventos de qualquer natureza no Brasil, e as pessoas jurídicas com sede no Brasil,
A base de cálculo do IR é o valor do acréscimo patrimonial auferido no exercício financeiro, em decorrência de rendas ou proventos de qualquer natureza.
A pessoa jurídica pode recolher o Imposto sobre renda ou proventos de qualquer natureza com base no lucro real, presumido ou arbitrado. As alíquotas do IR para pessoa jurídica são de 15%, e para pessoa física são de 7,5%, 15%, 22,5% e 27,5%.
Sobre o ganho de capital, resultante da venda de um imóvel, a alíquota será de 15%, independentemente do valor.
O IR é progressivo de acordo com o aumento da base de cálculo; assim quanto maior for a renda auferida pelo sujeito passivo, maior será a alíquota aplicável. Além disso, o IR está sujeito aos princípios da generalidade e universalidade.
O Imposto sobre rendas ou proventos de qualquer natureza respeita o princípio da anterioridade do exercício, no entanto, não obedece aos 90 dias– art.150, §4º da CF. Assim, se sofrer qualquer modificação, de forma a majorar o tributo no dia 31 de dezembro, poderá ser cobrado no dia 1º de janeiro do exercício seguinte.</td><td>3 a 3.6</td></tr>
<tr><td>Imposto sobre Produtos Industrializados</td><td>O critério material do IPI, previsto constitucionalmente (realizar operações de industrialização de produto), consiste em toda operação que modifique ou aperfeiçoe um produto, mediante ação humana, transformando-lhe sua utilidade primeira – art. 153, inciso IV da CF.
Todavia, importa salientar que não basta a realização de operação com produtos industrializados para ocorrer a incidência do IPI, é imprescindível que esse produto industrializado saia do estabelecimento em que ocorrera a operação. O IPI incide também na importação de produtos industrializados e na arrematação quando um produto é abandonado ou apreendido.
O critério temporal do IPI configura-se quando ocorrer – art. 46 do CTN: a) “o desembaraço aduaneiro”, quando se trata de importação de produtos industrializado; b) a “saída do estabelecimento produtor”, se discorrer sobre a realização de operação de industrialização de produtos; e c) a arrematação, caso o produto industrializado seja apreendido ou abandonado e levado à leilão. O critério espacial do IPI deverá abranger todo o território nacional.
O Sujeito Ativo é a União. O Sujeito Passivo será: a) o importador, quando do desembaraço aduaneiro; b) o industrial, se o fato jurídico tributário se der pela saída do produto que industrializar em seu estabelecimento; c) o estabelecimento equiparado a industrial, caso os produtos deles saiam.
A base de cálculo do IPI, no caso de se tratar de produto industrializado importado, será o preço normal, acrescido do montante do imposto sobre a importação, das taxas exigidas para entrada do produto no país e dos encargos cambiais efetivamente pagos pelo importador ou dele exigíveis – art. 47 do CTN.
Já os produtos que apresentam como critério material, de acordo com o Código Tributário Nacional, a saída dos estabelecimentos do industrial, comerciante, esse método quantitativo é o valor da operação de que decorrer a saída da mercadoria ou, na falta deste, o preço corrente da mercadoria, ou seu similar no mercado atacadista da praça do remetente.</td><td>4 a 4.7</td></tr>
</table>

CAPÍTULO 10. IMPOSTOS FEDERAIS		
Conteúdo		**Item**
Imposto sobre Produtos Industrializados	E aqueles produtos que tenham como hipótese de incidência a arrematação, a base de cálculo será o preço de arrematação. O IPI não está sujeito ao Princípio da Anterioridade, previsto no artigo 150, III, "b", do Texto Maior, devendo obedecer tão somente ao Princípio da Anterioridade Nonagesimal, que dispõe o artigo 150, III, "c", da Carta Magna – art. 150, § 1º, da CF. O IPI está sujeito obrigatoriamente ao Princípio da Seletividade.	4 a 4.7
IOF	Esse imposto incide sobre: a) operações de crédito; operações de câmbio; operações de seguro realizadas por seguradoras; operações relativas a títulos ou valores mobiliários e operações com ouro, ativo financeiro, ou instrumento cambial – art. 2º do Decreto n. 6.306/2007. O critério espacial do IOF é o território nacional. O Sujeito Ativo do IOF é a União. O Contribuinte do Imposto poderá ser qualquer das partes na operação tributada a depender do legislador. Nas operações de crédito, o contribuinte é a pessoa física ou jurídica tomadora de crédito. Nas operações de **câmbio**, o contribuinte é o comprador ou vendedor da moeda estrangeira nas negociações referentes às transferências financeiras para o/ou do exterior. Nas operações de seguro, os contribuintes são as pessoas físicas ou jurídicas asseguradas. Quanto às operações relativas a **títulos** e valores mobiliários, os contribuintes são os adquirentes de títulos ou valores mobiliários e os titulares de aplicações financeiras. O IOF não está sujeito aos Princípios da Anterioridade do Exercício e nem a Anterioridade Nonagesimal, assim, se for majorado, poderá ser exigido imediatamente – art. 150, § 1º, da CF. O IOF é tributo sujeito a lançamento por homologação. Além disso, nos certames do artigo 153, § 1º, da CF, o Poder Executivo poderá alterar as alíquotas do IOF nos limites e condições previstos em lei.	5 a 5.7
ITR	O critério material do ITR é ser proprietário de imóvel rural – art. 153, VI, da CF e art. 29 do CTN. Imóvel rural consiste naquele localizado na zona rural, sendo que a determinação de zona urbana é definida por lei municipal, conforme estabelece o artigo 32, § 1º, do CTN, observado o requisito mínimo da existência de melhoramentos indicados em pelo menos 2 (dois) dos incisos desse artigo, construídos ou mantidos pelo Poder Público: (i) meio-fio ou calçamento, com canalização de águas pluviais; (ii) abastecimento de água; (iii) sistema de esgotos sanitários; (iv) rede de iluminação pública, com ou sem posteamento para distribuição domiciliar; e (v) escola primária ou posto de saúde a uma distância máxima de 3 (três) quilômetros do imóvel considerado. Excepcionalmente, nos certames do artigo 15 do DL n. 57/66, o imóvel localizado dentro da zona urbana de um Município, mas que tiver como destinação econômica a exploração vegetal, agrícola, pecuária ou agroindustrial, incidirá o ITR e não o IPTU. O critério espacial do ITR é o território nacional. O Sujeito Ativo é a União. O Contribuinte do ITR é o proprietário, o titular do domínio útil ou o possuidor com *animus domini*. A base de cálculo do ITR compreende o valor fundiário do imóvel, isto é, o valor da terra nua tributável – art. 30 do CTN e arts. 32 e 33 do Decreto n. 4.382/2002. O ITR é o tributo sujeito a lançamento por **homologação**, **progressivo** e apresenta uma imunidade específica, pois não incide sobre pequenas glebas rurais, definidas em lei, quando as explore o proprietário que não possua outro imóvel – art. 153, § 4º, II, da CF e art. 2º da Lei n. 9.393/96. Outrossim, e não menos importante, cumpre mencionar que o ITR não incidirá sobre os imóveis declarados de interesse social para fins de reforma agrária, enquanto não transferida a propriedade, exceto se houver imissão prévia na posse, nos termos da imunidade prescrita no art. 184, § 5º, da CF c/c o art. 1º, § 1º, da Lei n. 9.393/96 e art. 2º do Decreto n. 4.382/2002.	6 a 6.6
IGF	O Imposto sobre Grandes Fortunas (IGF) não foi ainda instituído pela União, a qual poderá criá-lo a qualquer momento, desde que o faça por meio de Lei Complementar – art. 153, VII, da CF.	7

CAPÍTULO 10. IMPOSTOS FEDERAIS		
Conteúdo		Item
Imposto Residual	A União poderá instituir Impostos não previstos no artigo 153 da Constituição, desde que o faça mediante Lei Complementar, seja um imposto não cumulativo e tenha base de cálculo e fato gerador diferentes dos impostos já previstos na Constituição – art. 154, I, da CF.	8
Imposto Extraordinário de Guerra	A União, na iminência ou no caso de guerra externa, poderá instituir Impostos Extraordinários, compreendidos ou não em sua competência tributária, os quais serão suprimidos, gradativamente, cessadas as causas de sua criação – art. 154, II, da CF.	9

11. INFORMATIVOS

IPI e importação de automóveis para uso próprio

Incide o Imposto de Produtos Industrializados - IPI na importação de veículo automotor por pessoa natural, ainda que não desempenhe atividade empresarial e o faça para uso próprio. Essa a orientação do Plenário, que, por maioria, negou provimento a recurso extraordinário em que se discutia, ante o princípio da não-cumulatividade do referido tributo, a incidência do IPI na importação de automóveis para uso próprio, por pessoa física, como consumidor final, que não atuasse na compra e venda de veículos — v. **Informativo** n. 768. A Corte afirmou que IPI incidiria sobre produtos enquadrados como industrializados, ou seja, decorrentes da produção. Conforme preceitua o art. 153, § 3º, da CF, o IPI seria seletivo, em função da essencialidade do produto. Essa cláusula ensejaria a consideração, consoante o produto e a utilidade que apresentasse, de alíquotas distintas. Além disso, o IPI seria um tributo não cumulativo. A definição desse instituto estaria no inciso II do referido parágrafo. Resultaria na compensação do que devido em cada operação subsequente, quando cobrado, com o montante exigido nas operações anteriores. A Constituição não distinguiria o contribuinte do imposto que, ante a natureza, poderia ser nacional, pessoa natural ou pessoa jurídica brasileira, de modo que seria neutro o fato de não estar no âmbito do comércio e a circunstância de adquirir o produto para uso próprio. Outrossim, o CTN preveria, em atendimento ao disposto no art. 146 da CF, os parâmetros necessários a ter-se como legítima a incidência do IPI em bens importados, presente a definição do fato gerador, da base de cálculo e do contribuinte. Segundo o art. 46 do CTN, o imposto recairia em produtos industrializados e, no caso, teria como fato gerador o desembaraço aduaneiro, quando de procedência estrangeira (inciso I). O parágrafo único do citado artigo conceituaria produto industrializado como aquele submetido a qualquer operação que lhe modificasse a natureza ou a finalidade, ou o aperfeiçoasse para consumo. Sob o ângulo da base de cálculo, disporia o art. 47 do CTN que, se o produto adviesse do estrangeiro, o preço normal seria o versado no inciso II do artigo 20 do CTN, acrescido do montante do Imposto sobre a Importação, das taxas exigidas para entrada do produto no País, dos encargos cambiais efetivamente pagos pelo importador ou dele exigíveis (RE-723651) (**Informativo** n. 813, Plenário, Repercussão Geral – RE 723651/PR, rel. Min. Marco Aurélio, 03 e 04.02.2016).

IOF e transmissão de ações de companhias abertas

É constitucional o art. 1º, IV, da Lei n. 8.033/1990 ("Art. 1º São instituídas as seguintes incidências do imposto sobre operações de crédito, câmbio e seguro, ou relativas a títulos ou valores mobiliários: ... IV – transmissão de ações de companhias abertas e das consequentes bonificações emitidas"), uma vez que a incidência de IOF sobre o negócio jurídico de transmissão de títulos e valores mobiliários, tais como ações de companhias abertas e respectivas bonificações, encontra respaldo no art. 153, V, da CF, sem ofender os princípios tributários da anterioridade e da irretroatividade, nem demandar a reserva de lei complementar. Com base, nesse entendimento o Plenário proveu recurso extraordinário em que se questionava a constitucionalidade do dispositivo legal mencionado. O Tribunal concluiu que não haveria incompatibilidade material entre os artigos 1º, IV, da Lei n. 8.033/90, e 153, V, da CF. Isso porque a tributação de um negócio jurídico, que tivesse por objeto ações e respectivas bonificações, inserir-se-ia na competência tributária atribuída à União no âmbito do Sistema Tributário Nacional, para fins de instituir imposto sobre operações relativas a títulos ou valores mobiliários. Não haveria espaço, portanto, para alegações de que a exação incidiria sobre o patrimônio, a titularidade das ações, pois a incidência se daria em relação ao negócio jurídico que envolvesse a transferências dos ativos. Ademais, a instituição desse imposto não ofenderia o princípio da anterioridade, dada expressa previsão no art. 150, III, "b", e §1 º, da CF. Também não violaria o princípio da irretroatividade, porquanto teria por fator gerador futura operação de transmissão de títulos ou valores mobiliários. Em relação à suposta reserva de lei complementar para a instituição desse tributo, caberia ressaltar que aquela somente se aplicaria no caso de impostos não previstos em nível constitucional (**Informativo** n. 813, Plenário, Repercussão Geral – RE 583712/SP, rel. Min. Edson Fachin, 04.02.2016 (RE-583712).

Direito tributário. Incidência de IPI sobre a saída de produto de estabelecimento importador. Recurso repetitivo (art. 543-C do CPC E Res. n. 8/2008-STJ). Tema 912.

Os produtos importados estão sujeitos a uma nova incidência do IPI quando de sua saída do estabelecimento importador na operação de revenda, mesmo que não tenham sofrido industrialização no Brasil. Efetivamente, o fato de o nomen juris do tributo ser "Imposto sobre Produtos Industrializados" não significa que seu fato gerador esteja necessariamente atrelado a uma imediata operação de industrialização. O fato de o tributo incidir sobre o produto industrializado significa somente que é necessário e relevante que essa operação de industrialização, em algum momento, tenha ocorrido – pois a circulação que se tributa é de um produto industrializado –, mas não que a industrialização tenha que ocorrer simultaneamente a cada vez que se realize uma hipótese de incidência do tributo (fato gerador). A toda evidência, quando se está a falar da importação de produtos, a primeira incidência do IPI encontra guarida no art. 46, I, do CTN, que assim define o fato gerador: "Art. 46. O imposto, de competência da União, sobre produtos industrializados tem como fato gerador: I – o seu desembaraço aduaneiro, quando de procedência estrangeira". Veja-se que, para essa hipótese de incidência, não há a necessidade de operação de industrialização imediatamente associada ao desembaraço aduaneiro. Essa mesma lógica subsiste quando se tributa "o comerciante de produtos sujeitos ao imposto, que os fornece a estabelecimento industrial ou equiparado a industrial" (art. 51, III, do CTN), ou "o arrematante de produtos apreendidos ou abandonados" (art. 51, IV, do CTN), pois, nesses dois casos, também não há atividade de industrialização desenvolvida pelos contribuintes. Não foge a esta linha a segunda incidência do tributo sobre o importador, no momento em que promove a saída do produto do seu estabelecimento a título de revenda ("Art. 46. O imposto, de competência da União, sobre produtos industrializados tem como fato gerador: [...] II - a sua saída dos estabelecimentos a que se refere o parágrafo único do artigo 51"; "Art. 51. [...] Parágrafo único. Para os efeitos deste imposto, considera-se contribuinte autônomo qualquer estabelecimento de importador, industrial, comerciante ou arrematante"). No CTN, não foi repetida a regra contida no art. 2º, II, da Lei n. 4.502/1964 – que limitou o critério temporal "saída" apenas para os produtos de produção nacional. Sendo assim, a lei permitiu que também os produtos de procedência estrangeira estejam sujeitos novamente ao fato gerador do imposto quando da saída do estabelecimento produtor ou equiparado. Observe-se que essa autorização é perfeitamente compatível com o art. 4º, I, da Lei n. 4.502/1964, que equipara os importadores a estabelecimento produtor, isso porque o próprio art. 51, II, do CTN admitiu a equiparação. Outrossim, legislação mais recente estabeleceu a referida equiparação entre estabelecimento industrial e estabelecimentos atacadistas ou varejistas que adquirem produtos de procedência estrangeira (art. 79 da MP n. 2.158-35/2001 e art. 13 da Lei n. 11.281/2006). Dessa forma, seja pela combinação dos arts. 46, II, e 51, parágrafo único, do CTN, seja pela combinação dos arts. 51, II, do CTN, 4º, I, da Lei n. 4.502/1964, 79 da MP n. 2.158-35/2001 e 13 da Lei n. 11.281/2006 – nenhum deles até então afastados por inconstitucionalidade –, os produtos importados estão sujeitos a uma nova incidência do IPI quando de sua saída do estabelecimento importador na operação de revenda. Também se observe que essa incidência do IPI não se caracteriza como bis in idem, dupla tributação ou bitributação. Isto porque a Lei elenca dois fatos geradores distintos, o desembaraço aduaneiro proveniente da operação de compra de produto industrializado do exterior e a saída do produto industrializado do estabelecimento importador equiparado a estabelecimento produtor, isto é, a primeira tributação recai sobre o preço de compra no qual embutida a margem de lucro da empresa estrangeira, e a segunda tributação recai sobre o preço da venda, no qual já embutida a margem de lucro da empresa brasileira importadora. Ademais, não onera a cadeia além do razoável, pois o importador na primeira operação apenas acumula a condição de contribuinte de fato e de direito em razão da territorialidade, já que o estabelecimento industrial produtor estrangeiro não pode ser eleito pela lei nacional brasileira como contribuinte do IPI (os limites da soberania tributária o impedem), sendo que a empresa importadora nacional brasileira acumula o crédito do imposto pago no desembaraço aduaneiro para ser utilizado como abatimento do imposto a ser pago na saída do produto como contribuinte de direito (não-cumulatividade), mantendo-se a tributação apenas sobre o valor agregado. Do mesmo modo quanto à tão falada questão da bitributação entre o IPI e o ICMS na revenda interna do produto importado. Nesse ponto, esclareço que a Lei Kandir (LC n. 87/1996) admite hipóteses expressas de bitributação entre o IPI e o ICMS. O art. 13, § 2º, estabelece que o valor do IPI não integra a base de cálculo do ICMS toda a vez que a operação configurar fato gerador de ambos os impostos, ou seja, a lei permite a bitributação, mas minora seus efeitos ao retirar o IPI da base de cálculo do ICMS. Essa regra é uma mera reprodução do disposto no art. 155, § 2º, XI, da CF, que parte do pressuposto justamente da possibilidade de se bitributar pelo IPI e pelo ICMS. Tal não transforma, de modo algum, o IPI em ICMS, ou cria o chamado "ICMS federal", dadas as competências tributárias distintas das exações. Quanto ao GATT, registre-se que a cláusula de obrigação de tratamento nacional tem aplicação somente na primeira operação (a de importação). A segunda operação já é interna. Há dois fatos geradores. Desse modo, a igualdade ao tratamento nacional resta preservada para a primeira operação. Precedentes citados (**Informativo** n. 574 – REsp 1.386.686-SC, Segunda Turma, **DJe** de 24.10.2013; e REsp 1.385.952-SC, Segunda Turma, **DJe** de 11.09.2013. EREsp 1.403.532-SC, rel. Min. Napoleão Nunes Maia Filho, rel. para o acórdão Min. Mauro Campbell Marques, Corte Especial, julgado em 14.10.2015, **DJe** de 18.12.2015).

Direito tributário. Direito ao creditamento de IPI

Apenas com a vigência da Lei n. 9.779/1999, surgiu o direito ao creditamento do IPI decorrente da aquisição de matéria-prima, produto intermediário e material de embalagem utilizados na fabricação de produtos isentos ou sujeitos ao regime de alíquota zero. O STF, ao julgar o RE 562.980-SC (Tribunal Pleno, **DJe** de 04.09.2009), submetido ao rito do art. 543-B do CPC, firmou o entendimento no sentido de que a "ficção jurídica prevista no artigo 11 da Lei nº 9.779/99 não alcança situação reveladora de isenção do Imposto sobre Produtos Industrializados – IPI que a antecedeu". (**Informativo** n. 578 – REsp 811.486-RN, rel. Min. Napoleão Nunes Maia Filho, julgado em 16.02.2016, **DJe** de 08.03.2016).

Direito tributário. Base de cálculo do IPI nas vendas a prazo

A base de cálculo do IPI na venda a prazo é o preço "normal" da mercadoria (preço de venda à vista) mais os eventuais acréscimos decorrentes do parcelamento. A base de cálculo do IPI nas operações internas vem estabelecida no art. 47, II, do CTN e corresponde ao valor da operação: "Art. 47. A base de cálculo do imposto é: (...) II - no caso do inciso II do artigo anterior: a) o valor da operação de que decorrer a saída da mercadoria; b) na falta do valor a que se refere a alínea anterior, o preço corrente da mercadoria, ou sua similar, no mercado atacadista da praça do remetente;" A lei não trata de como foi formado o valor da operação, de raciocínios que seriam até mesmo impossíveis de serem concretizados na prática como cogitar de que "x" por cento do preço corresponde aos custos de produção, "y" por cento corresponde ao lucro, "z" por cento corresponde aos impostos, etc. O que importa é o custo total da operação, sendo irrelevante de que forma o vendedor chegou ao valor que cobrou pelo produto por ele comercializado. Coisa inteiramente diversa aconteceria se o comprador, não tendo como pagar à vista, contratasse um financiamento para a compra. Nessa hipótese, se o preço da operação fosse R$ 1.000,00 a base de cálculo do IPI seria esse exato valor, ainda que para poder pagá-lo o comprador acabasse por pagar à financeira os R$ 1.000,00 mais R$ 200,00 de juros. Não haveria de se pensar em incidência de IPI sobre esses R$ 200,00, pois estes não comporiam o preço da operação, constituindo remuneração pelo capital obtido em empréstimo para pagar a compra. O imposto que incidiria sobre esses R$ 200,00 seria apenas o IOF, que é o imposto incidente sobre juros de financiamento. Além do mais, não é possível extrair do fato de que o preço à vista é normalmente menor que o preço a prazo a conclusão de que a diferença entre eles corresponde aos juros. Ademais, como se sabe, o IPI e o ICMS são dois impostos extremamente semelhantes. Assim, problemas muito semelhantes surgem nos dois impostos e, a menos que exista explicação derivada de algum tratamento legislativo específico diferente, a lógica é que a solução adotada seja a mesma. Ora, no âmbito do ICMS, a tese de que na venda a prazo existem juros como na venda financiada e estes não deveriam compor a base de cálculo do imposto já foi definitivamente dirimida pela Primeira Seção, em julgamento realizado sob a sistemática dos recursos repetitivos (REsp 1.106.462-SP, **DJe** de 13.10.2009): "A base de cálculo do ICMS sobre a venda a prazo, sem intermediação de instituição financeira, é o valor total da operação". (**Informativo** n. 584 – REsp 1.586.158-SP, rel. Min. Herman Benjamin, julgado em 03.05.2016, **DJe** de 25.05.2016).

Direito tributário. Isenções de IPI e de II a instituições culturais.

As entidades com finalidade eminentemente cultural fazem jus às isenções de Imposto de Importação (II) e de Imposto sobre Produtos Industrializados (IPI) previstas nos arts. 2º, I, "b", e 3º, I, da Lei 8.032/1990. Conquanto a Lei 8.032/1990 estabeleça isenções de II e de IPI para as "instituições de educação" (art. 2º, I, "b", da Lei 8.032/1990), as entidades com finalidade eminentemente cultural estão inseridas nessa expressão legal, visto que não se pode dissociar cultura de educação. Precedente citado: REsp 262.590-CE, Segunda Turma, **DJ** de 06.05.2002 (**Informativo** n. 561 – REsp 1.100.912-RJ, rel. Min. Sérgio Kukina, julgado em 28.04.2015, **DJe** de 14.05.2015).

Direito tributário. Aquisição de veículo com isenção de IPI por pessoa com necessidades especiais que teve o seu veículo roubado.

A isenção de IPI para aquisição de automóvel por pessoa com necessidades especiais (art. 1º, IV, da Lei 8.989/1995) poderá ser novamente concedida antes do término do prazo de 2 anos contado da aquisição (art. 2º) se o veículo vier a ser roubado durante esse período. De acordo com o art. 2º da Lei 8.989/1995, "a isenção do Imposto sobre Produtos Industrializados – IPI de que trata o art. 1º desta Lei somente poderá ser utilizada uma vez, salvo se o veículo tiver sido adquirido há mais de 2 (dois) anos". Esse dispositivo, entretanto, deve ser interpretado de maneira a satisfazer o caráter humanitário da política fiscal, primando pela inclusão das pessoas com necessidades especiais e não restringindo seu acesso. Com efeito, a orientação do STJ é que a Lei 8.989/1995 não pode ser interpretada em óbice à implementação de ação afirmativa para inclusão de pessoas com necessidades especiais (REsp 567.873-MG, Primeira Turma, **DJ** de 25.02.2004). Assim, cabe, na situação em análise, afastar a limitação temporal do art. 2º. da Lei 8.989/1995, com base no princípio da dignidade da pessoa humana e em razão de motivo de força maior (**Informativo** n. 559 – REsp 1.390.345- RS, rel. Min. Napoleão Nunes Maia Filho, julgado em 24.03.2015, **DJe** de 07.04.2015).

Direito tributário. Empresas optantes pelo simples e suspensão do IPI.

O benefício da suspensão do IPI na saída do produto do estabelecimento industrial (art. 29 da Lei 10.637/2002) não se estende às empresas optantes pelo SIMPLES. O tratamento diferenciado instituído às microempresas e às empresas de pequeno porte, simplificando o cumprimento de suas obrigações administrativas, tributárias e previdenciárias, estabelece o recolhimento de tributos de forma unificada e, em relação ao IPI, prescreve que ele incide cumulado com outros impostos, por alíquota fixa sobre a receita bruta. Essa sistemática de arrecadação já institui forma de benefício fiscal que determina pagamento único e que, consequentemente, exclui qualquer outra vantagem estabelecida às demais empresas, até porque, contrario sensu, a extensão do benefício quanto à suspensão do IPI da saída do estabelecimento industrial (art. 29 da Lei 10.637/2002) conduziria à concessão de dupla vantagem – uma, decorrente do recolhimento mitigado do IPI pela opção ao SIMPLES, e outra, pela sua total exclusão – sem expressa previsão legal. Precedentes citados: AgRg no Ag 1.171.321-SC, Primeira Turma, **DJe** de 09.04.2010; e AgRg no REsp 986.560-PR, **DJe** de 11.05.2009 (**Informativo** n. 554 – REsp 1.497.591-PE, rel. Min. Humberto Martins, julgado em 09.12.2014, **DJe** de 15.12.2014).

IRPF – IMPOSTO DE RENDA DE PESSOA FÍSICA

Direito tributário. correção monetária do valor do IR incidente sobre verbas recebidas acumuladamente em ação trabalhista. recurso repetitivo (art. 543-C do CPC e RES. 8/2008-STJ).

Até a data da retenção na fonte, a correção do IR apurado e em valores originais deve ser feita sobre a totalidade da verba acumulada e pelo mesmo fator de atualização monetária dos valores recebidos acumuladamente, sendo que, em ação trabalhista, o critério utilizado para tanto é o Fator de Atualização e Conversão dos Débitos Trabalhistas (FACDT). Essa sistemática não implica violação do art. 13 da Lei 9.065/1995, do art. 61, § 3º, da Lei 9.430/1996, dos arts. 8º, I, e 39, § 4º, da Lei 9.250/1995, uma vez que se refere à equalização das bases de cálculo do imposto de renda apuradas pelo regime de competência e pelo regime de caixa e não à mora, seja do contribuinte, seja do Fisco. Ressalte-se que a taxa SELIC, como índice único de correção monetária do indébito, incidirá somente após a data da retenção indevida. (**Informativo** n. 553 – REsp 1.470.720-RS, rel. Min. Mauro Campbell Marques, Primeira Seção, julgado em 10.12.2014, **DJe** de 18.12.2014).

Direito tributário. Isenção de imposto de renda sobre proventos oriundos de previdência privada complementar.

São isentos do imposto de renda os proventos percebidos de fundo de previdência privada a título de complementação da aposentadoria por pessoa física acometida de uma das doenças arroladas no art. 6º, XIV, da Lei 7.713/1988. Isso porque a isenção do imposto de renda prevista no art. 6º, XIV, da Lei 7.713/1988 – da qual faz jus pessoa física portadora de doença grave arrolada nesse inciso que receba proventos de aposentadoria ou reforma – engloba benefício complementar pago por entidade de previdência privada. É preciso ressaltar que o regime da previdência privada é facultativo e baseia-se na constituição de reservas que garantam o benefício contratado, nos termos do art. 202 da CF e da exegese do art. 1º da LC 109/2001. Assim, o capital acumulado em plano de previdência privada representa patrimônio destinado à geração de aposentadoria – ainda que intitulada de complementar –, possuindo natureza previdenciária, mormente ante o fato de estar inserida na seção sobre Previdência Social da CF (EREsp 1.121.719- SP, Segunda Seção, **DJe** de 04.04.2014), o que legitima a isenção sobre a parcela complementar. Além disso, o caráter previdenciário da aposentadoria privada encontra respaldo no próprio Regulamento do Imposto de Renda (Decreto 3.000/1999), que estabelece a isenção sobre os valores decorrentes da complementação de aposentadoria no § 6º do seu art. 39: "As isenções de que tratam os incisos XXXI e XXXIII também se aplicam à complementação de aposentadoria, reforma ou pensão". Ademais, conforme a doutrina, "os planos previdenciários privados têm por ponto principal permitir uma continuidade no padrão de vida da pessoa, numa fase madura da vida". Nesse sentido, a isenção concedida aos portadores de doença grave consubstancia benefício fiscal que visa abrandar o impacto da carga tributária sobre a renda necessária à sua subsistência e sobre os custos inerentes ao tratamento da doença, legitimando um "padrão de vida" o mais digno possível diante do estado de enfermidade. Precedente citado: REsp 1.204.516-PR, Segunda Turma, **DJe** de 23.11.2010 (**Informativo** n. 556 – REsp 1.507.320-RS, rel. Min. Humberto Martins, julgado em 10.02.2015, **DJe** de 20.02.2015).

IRPJ – IMPOSTO DE RENDA DE PESSOA JURÍDICA

Direito tributário. Incidência de irpj e csll sobre os valores de repetição do indébito tributário.

Incide IRPJ – apurado pelo regime de lucro real ou presumido – e CSLL sobre os valores referentes à restituição ou à compensação de indébito tributário se, em períodos anteriores, tiverem sido computados como despesas dedutíveis do lucro real e da base de cálculo da CSLL. De fato, o art. 53 da Lei 9.430/1996 dispõe que "Os valores recuperados, correspondentes a custos e despesas, inclusive com perdas no recebimento de créditos, deverão ser adicionados ao lucro presumido ou arbitrado para determinação do imposto de renda, salvo se o contribuinte comprovar não os ter deduzido em período anterior no qual tenha se submetido ao regime de tributação com base no lucro real ou que se refiram a período no qual tenha se submetido ao regime de tributação com base no lucro presumido ou arbitrado". Tendo em vista o referido dispositivo, o art. 1º do Ato Declaratório Interpretativo da Secretaria da Receita Federal 25/2003 assim disciplinou: "Os valores restituídos a título de tributo pago indevidamente serão tributados pelo Imposto sobre a Renda das Pessoas Jurídicas (IRPJ) e pela Contribuição Social sobre o Lucro Líquido (CSLL), se, em períodos anteriores, tiverem sido computados como despesas dedutíveis do lucro real e da base de cálculo da CSLL". A interpretação literal do art. 1º do ADI SRF 25/2003 poderia levar à conclusão de que os valores recuperados, correspondentes a despesas deduzidas anteriormente da receita do contribuinte, somente poderiam ser adicionados ao lucro presumido ou arbitrado, mas não ao lucro real. Todavia, como a regra de adições e exclusões, para a definição da base de cálculo do IRPJ, é típica do regime de apuração pelo lucro real, infere-se que o espírito do legislador foi tão somente positivar a possibilidade de adicionar, mesmo na sistemática do lucro presumido ou do lucro arbitrado, os valores ressarcidos ao contribuinte. Acrescente-se que a quantia eventualmente recuperada de despesas, tributárias ou não, que em dado exercício foram excluídas da base de cálculo do IRPJ e da CSLL, configura acréscimo patrimonial, de modo que o valor restituído deve ser adicionado à referida base no período de apuração em que ele se tornar disponível. Logo, independentemente da previsão contida no art. 53 da Lei 9.430/1996, que apenas explicita que o raciocínio é válido para os casos de tributação pelo lucro presumido ou arbitrado, é da própria hipótese de incidência do imposto de renda (arts. 43, II, e 44, do CTN) que decorre a exigência do tributo. O mesmo raciocínio se aplica ao fato de o art. 53 da Lei 9.430/1996 não constar do rol do art. 28 da mesma lei como passível de aplicação à apuração da base de cálculo e ao pagamento da CSLL, haja vista a existência de outras "normas da legislação vigente" que possibilitam a incidência da exação. Agregue-se, dentro da ótica de que para fins de incidência tributária a regra é que o acessório segue a sorte do principal, que a Primeira Seção do STJ pacificou entendimento, em acórdão submetido ao regime do art. 543-C do CPC, no sentido de que os "juros incidentes na repetição do indébito tributário, inobstante a constatação de se tratarem de juros moratórios, se encontram dentro da base de cálculo do IRPJ e da CSLL, dada a sua natureza de lucros cessantes, compondo o lucro operacional da empresa a teor art. 17, do Decreto-lei n. 1.598/77, em cuja redação se espelhou o art. 373, do Decreto n. 3.000/99 – RIR/99, assim como o art. 9º, § 2º, do Decreto-Lei nº 1.381/74 e art. 161, IV do RIR/99, estes últimos explícitos quanto à tributação dos juros de mora em relação às empresas individuais" (REsp 1.138.695-SC, Primeira Seção, **DJe** de 31/5/2013). Nesse contexto, firmada a orientação de que os juros incidentes na repetição do indébito tributário se incluem na base de cálculo do IRPJ e da CSLL, dessume-se que a verba principal não foge à tributação. (**Informativo** n. 562 – REsp 1.385.860-CE, rel. Min. Humberto Martins, julgado em 12.05.2015, **DJe** de 19.05.2015).

IRPF e valores recebidos acumuladamente

É inconstitucional o art. 12 da Lei 7.713/1988 ("No caso de rendimentos recebidos acumuladamente, o imposto incidirá, no mês do recebimento ou crédito, sobre o total dos rendimentos, diminuídos do valor das despesas com ação judicial necessárias ao seu recebimento, inclusive de advogados, se tiverem sido pagas pelo contribuinte, sem indenização"). Com base nessa orientação, em conclusão de julgamento e por maioria, o Plenário negou provimento a recurso extraordinário em que se discutia a constitucionalidade da referida norma — v. **Informativo** n. 628. O Tribunal afirmou que o sistema não poderia apenar o contribuinte duas vezes. Esse fenômeno ocorreria, já que o contribuinte, ao não receber as parcelas na época própria, deveria ingressar em juízo e, ao fazê-lo, seria posteriormente tributado com uma alíquota superior de imposto de renda em virtude da junção do que percebido. Isso porque a exação em foco teria como fato gerador a disponibilidade econômica e jurídica da renda. A novel Lei 12.350/2010, embora não fizesse alusão expressa ao regime de competência, teria implicado a adoção desse regime mediante inserção de cálculos que direcionariam à consideração do que apontara como "épocas próprias", tendo em conta o surgimento, em si, da disponibilidade econômica. Desse modo, transgredira os princípios da isonomia e da capacidade contributiva, de forma a configurar confisco e majoração de alíquota do imposto de renda. Vencida a Ministra Ellen Gracie, que dava provimento ao recurso por reputar constitucional o dispositivo questionado. Considerava que o preceito em foco não violaria o princípio da capacidade contributiva. Enfatizava que o regime de caixa seria o que melhor aferiria a possibilidade de contribuir, uma vez que exigiria o pagamento do imposto à luz dos rendimentos efetivamente percebidos, independentemente do momento em que surgido o direito a eles. RE 614406/RS, rel.ª orig. Min.ª Ellen Gracie, red. p/ o acórdão Min. Marco Aurélio, 23.10.2014 (RE-614406) (STF –**Informativo** n. 764, Plenário, Repercussão Geral, RE 614406/RS, rel.ª orig. Min.ª Ellen Gracie, red. p/ o acórdão Min. Marco Aurélio, 23.10.2014).

IR de pessoa jurídica: fato gerador

Ante a peculiaridade do caso, consistente no uso do imposto de renda com função extrafiscal, o Plenário, em conclusão de julgamento e por maioria, negou provimento a recurso extraordinário e, em consequência, afastou a incidência retroativa do art. 1º, I, da Lei 7.988/1989. A mencionada norma, editada em 28.12.1989, elevou de 6% para 18% a alíquota do imposto de renda aplicável ao lucro decorrente de exportações incentivadas, apurado no ano-base de 1989 – v. **Informativos** ns. 111, 419 e 485. Prevaleceu o voto do Ministro Nelson Jobim. Observou, de início, que o Enunciado 584 da Súmula do STF ("Ao imposto de renda calculado sobre os rendimentos do ano-base, aplica-se a lei vigente no exercício financeiro em que deve ser apresentada a declaração") continuaria sendo adotado para fins de interpretação do fato gerador do imposto de renda, de modo a corroborar orientação no sentido de que, em razão de o fato gerador do imposto de renda ocorrer somente em 31 de dezembro, se a lei fosse editada antes dessa data, sua aplicação a fatos ocorridos no mesmo ano da edição não violaria o princípio da irretroatividade. Ressaltou, entretanto, que na situação dos autos ter-se-ia utilizado o imposto de renda em seu caráter extrafiscal. No ponto, esclareceu que a União, por meio do Decreto-lei 2.413/1988, reduzira a alíquota do imposto cobrada sobre a renda auferida sobre certos negócios e atividades, a fim de estimular as exportações, a determinar o comportamento do agente econômico. Essas operações teriam, portanto, tributação diferenciada das demais, e seriam tratadas como unidades contábeis distintas das demais operações. Por isso, o Ministro Nelson Jobim reputou falacioso o argumento da União de que seria materialmente impossível tomar os rendimentos como unidades isoladas, pois, do contrário, não poderia haver o incentivo de operações específicas. Asseverou que, uma vez alcançado o objetivo extrafiscal, não seria possível modificar as regras de incentivo, sob pena de quebra do vínculo de confiança entre o Poder Público e a pessoa privada, e da própria eficácia de políticas de incentivo fiscal. Concluiu, destarte, que, no caso do imposto de renda ser utilizado em caráter extrafiscal, a configuração do fato gerador dar-se-ia no momento da realização da operação para, então, ser tributado com alíquota reduzida. Dessa forma, depois da realização do comportamento estimulado, a lei nova apenas poderia ter eficácia para novas possibilidades de comportamentos, sob pena de ofensa ao princípio da irretroatividade da lei em matéria de extrafiscalidade. Os Ministros Carlos Velloso (relator), Joaquim Barbosa e Marco Aurélio também negaram provimento ao recurso, sob entendimento de que o fato gerador do imposto de renda de pessoa jurídica seria complexivo – e ocorreria nos diversos momentos em que acontecessem os fatos econômicos que afetassem o patrimônio da pessoa jurídica. Assim, afastaram o Enunciado 584 da Súmula do STF. Vencidos os Ministros Eros Grau e Menezes Direito, que davam provimento ao recurso extraordinário. Entendiam aplicável o Enunciado 584 da Súmula do STF, mesmo nos casos de imposto de renda com função extrafiscal. RE 183130/PR, rel. orig. Min. Carlos Velloso, red. p/ o acórdão Min. Teori Zavascki, 25.09.2014 (RE-183130) (STF – **Informativo** n. 760, Plenário – RE 183130/PR, rel. orig. Min. Carlos Velloso, red. p/ o acórdão Min. Teori Zavascki, 25.09.2014).

Correção monetária de demonstrações financeiras

A 1ª Turma, por maioria, negou provimento a agravo regimental em que se discutia a possibilidade de correção monetária de demonstrações financeiras. Inicialmente, a Turma afirmou que a controvérsia a envolver o art. 4º da Lei 9.249/1995, cingir-se-ia a âmbito infraconstitucional. Ademais, verificou que a natureza dos créditos escriturais acumulados concernentes aos prejuízos fiscais do IRPJ e às bases negativas da CSLL seria distinta. Consignou posicionamento da Corte segundo o qual a dedução de prejuízos de exercícios anteriores da base de cálculo do IRPJ e a compensação das bases negativas da CSLL constituiriam favores fiscais. Nesse sentido, os prejuízos ocorridos em exercícios não se caracterizariam como fato gerador, mas meras deduções, cuja proteção para exercícios futuros teria sido autorizada nos termos da lei. Em seguida, a Turma ressaltou que o art. 39, § 4º, da Lei 9.250/1995 não seria aplicável ao caso, uma vez que o dispositivo apenas se referiria à utilização da taxa SELIC aos valores provenientes de tributos pagos indevidamente ou a maior, para fins de compensação, o que não seria a situação dos autos. Vencido o Ministro Marco Aurélio, que provia o agravo. Pontuava que a ausência de correção monetária implicaria transformação do imposto de renda em imposto sobre o patrimônio da própria empresa, em razão da alta inflação existente à época. RE 807062 AgR/PR, rel. Min. Dias Toffoli, 02.09.2014 (RE-807062) (STF – **Informativo** n. 757, 1ª Turma – RE 807062 AgR/PR, rel. Min. Dias Toffoli, 02.09.2014).

IPI e alteração da base de cálculo por lei ordinária

É inconstitucional, por ofensa ao art. 146, III, "a", da CF, o § 2º do art. 14 da Lei 4.502/1964, com a redação dada pelo art. 15 da Lei 7.798/1989, no ponto em que determina a inclusão de descontos incondicionais na base de cálculo do IPI ("Art. 14. Salvo disposição em contrário, constitui valor tributável: ... § 2º. Não podem ser deduzidos do valor da operação os descontos, diferenças ou abatimentos, concedidos a qualquer título, ainda que incondicionalmente"). Essa a conclusão do Plenário, que negou provimento a recurso extraordinário no qual se discutia a constitucionalidade do aludido preceito. O Tribunal assentou prevalecer o disposto na alínea a do inciso II do art. 47 do CTN, que define o valor da operação como a base de cálculo do IPI. Recordou que a Constituição previra que a lei complementar exerceria diferentes funções em matéria tributária como, por exemplo, criação de tributos na hipótese dos empréstimos compulsórios (art. 148), criação de impostos não previstos na Constituição (art. 154) e criação de novas fontes de custeio da seguridade social (art. 195, § 4º, c/c o art. 154, I). Avaliou que nesses casos, as normas complementares eventualmente editadas teriam âmbito federal. Asseverou, no entanto, que, na hipótese do art. 146, III, a, da CF, a lei complementar possuiria a qualidade de norma nacional ["Art. 146. Cabe à lei complementar: I -dispor sobre conflitos de competência, em matéria tributária, entre a União, os Estados, o Distrito Federal e os Municípios; II – regular as limitações constitucionais ao poder de tributar; III – estabelecer normas gerais em matéria de legislação tributária, especialmente sobre: a) definição de tributos e de suas espécies, bem como, em relação aos impostos discriminados nesta Constituição, a dos respectivos fatos geradores, bases de cálculo e contribuintes"]. Pontuou que, no âmbito deste último inciso, a lei complementar atuaria entre a rigidez da Constituição e a mutabilidade constante da legislação ordinária. RE 567935/SC, rel. Min. Marco Aurélio, 04.09.2014 (RE-567935) (STF – **Informativo** n. 757, Plenário, Repercussão Geral – RE 567935/SC, rel. Min. Marco Aurélio, 04.09.2014).

IPI e alteração da base de cálculo por lei ordinária

A Corte assinalou que a lei complementar, com caráter de lei nacional, explicitaria princípios e conceitos indeterminados da Constituição. Ressaltou que a ação posterior do legislador ordinário deveria, portanto, observar as normas gerais contidas na lei complementar. Consignou que, considerada a aludida alínea a, preceito constitucional aplicável a espécie, cumpriria ao legislador complementar definir os fatos geradores, as bases de cálculo e os contribuintes dos impostos previstos na Constituição. Mencionou que a lei complementar teria papel limitador da instituição de impostos em face do legislador ordinário, além de objetivar a harmonização do sistema impositivo nacional. Reputou que a incidência dos impostos apenas poderia ocorrer se formuladas, previamente, tanto as normas gerais, por meio de lei complementar, quanto as normas instituidoras dessa espécie tributária, de competência do legislador ordinário de cada ente tributante e em conformidade com as aludidas diretrizes gerais. Frisou que as leis ordinárias federais, como a da situação examinada, não poderiam implicar inovação no trato dos fatos geradores, bases de cálculo e contribuintes dos impostos federais, a revelar disciplina dissociada das normas gerais precedentes. Caso isso ocorresse, ter-se-ia invasão de competência a ensejar a declaração de inconstitucionalidade formal do ato ordinário. Observou que a sujeição de todo e qualquer diploma ordinário à lei complementar de normas gerais, incluído o federal, decorreria do caráter nacional do ato complementar. Afirmou que sob a óptica jurídico-contábil, os descontos incondicionais seriam parcelas redutoras dos preços de compra e venda outorgados independentemente de evento posterior. Salientou que esse tipo de abatimento repercutiria necessariamente no preço final praticado, ou seja, no valor da operação. Depreendeu que a legislação ordinária, ao impossibilitar a dedução do desconto incondicional, como se este compusesse o preço final cobrado, acabara por disciplinar de forma inovadora a base de cálculo do IPI, de modo a ampliar o alcance material desse elemento da obrigação tributária para além do previsto na norma complementar competente (CTN). Concluiu que o legislador ordinário incorrera em inconstitucionalidade formal, por invadir área reservada à lei complementar pelo art. 146, III, a, da CF. O Ministro Roberto Barroso ressalvou seu ponto de vista no sentido de que, no caso, haveria inconstitucionalidade material e não formal em razão de a lei ordinária ter vulnerado aspecto material da Constituição. RE 567935/SC, rel. Min. Marco Aurélio, 04.09.2014 (RE-567935) (STF – **Informativo** n. 757, Plenário, Repercussão Geral – RE 567935/SC, rel. Min. Marco Aurélio, 04.09.2014).

Exigência de garantia para impressão de nota fiscal

O Colegiado consignou que o aludido dispositivo legal vincularia a continuidade da atividade econômica do contribuinte em mora ao oferecimento de garantias ou ao pagamento prévio do valor devido a título de tributo. Mencionou que, ante a impossibilidade de impressão de talonário de notas fiscais, salvo garantia prevista com base em débitos ainda não existentes, o contribuinte encontrar-se-ia coagido a quitar a pendência sem poder questionar o passivo, o que poderia levar ao encerramento de suas atividades. Aludiu que se trataria de providência restritiva de direito, complicadora ou mesmo impeditiva da atividade empresarial do contribuinte para forçá-lo ao adimplemento dos débitos. Sublinhou que esse tipo de medida, denominada pelo Direito Tributário, sanção política, desafiaria as liberdades fundamentais consagradas na Constituição, ao afastar a ação de execução fiscal, meio legítimo estabelecido pela ordem jurídica de cobrança de tributos pelo Estado. Realçou que, ao assim proceder, o Estado incorreria em desvio de poder legislativo. Rememorou precedente em que assentada a inconstitucionalidade de sanções políticas por afrontar o direito ao exercício de atividades econômicas e profissionais lícitas, bem como por ofensa ao devido processo legal substantivo em virtude da falta de proporcionalidade e razoabilidade dessas medidas gravosas que objetivariam substituir os mecanismos de cobrança de créditos tributários. O Tribunal, ademais, ressaltou o teor dos Enunciados 70 ("É inadmissível a interdição de estabelecimento como meio coercitivo para cobrança de tributo"), 323 ("É inadmissível a apreensão de mercadorias como meio coercitivo para pagamento de tributos") e 547 ("Não é lícito à autoridade proibir que o contribuinte em débito adquira estampilhas, despache mercadorias nas alfândegas e exerça suas atividades profissionais") de sua Súmula. Precedentes citados: ADI 173/DF (**DJe** de 20.09.2009) e RE 413.782/SC (**DJU** de 1º.04.2005). RE 565048/RS, rel. Min. Marco Aurélio. 29.05.2014. (RE-565048) (STF – **Informativo** n. 748, Plenário, Repercussão Geral – RE 565048/RS, rel. Min. Marco Aurélio. 29.05.2014).

Decreto-Lei 1.437/1975 e cobrança pelo fornecimento de selos de controle do IPI

O art. 3º do Decreto-Lei 1.437/1975 (O Ministro da Fazenda poderá determinar seja feito, mediante ressarcimento de custo e demais encargos, em relação aos produtos que indicar e pelos critérios que estabelecer, o fornecimento do selo especial a que se refere o artigo 46 da Lei número 4.502, de 30 de novembro de 1964, com os parágrafos que lhe foram acrescidos pela alteração 12ª do artigo 2º do Decreto-lei n. 34, de 18 de novembro de 1966) é incompatível com a Constituição de 1988, por violar o princípio da legalidade tributária (CF, art. 150, I), bem assim por vulnerar o art. 25, I, do ADCT. Com base nessa orientação, o Plenário, por maioria, deu provimento a recurso extraordinário em que se discutia a possibilidade de cobrança pelo fornecimento de selo de controle do IPI, nos moldes previstos na mencionada norma. O Tribunal aduziu que, em inúmeros precedentes, o STF teria afastado a incidência da cobrança desses selos, efetuada com fundamento no Decreto-Lei 1.437/1975 e na Lei 4.502/1964. Entretanto, a administração tributária continuaria aplicando o referido decreto-lei, a gerar assimetria concorrencial. Mencionou que o art. 146-A da CF, incluído pela EC 42/2003, versaria a possibilidade de se utilizar da tributação para prevenir desequilíbrios da concorrência, não o contrário. Aludiu que o art. 170, IV, da CF preveria a livre concorrência como princípio vetor da ordem econômica. Ponderou que estaria em jogo a insubsistência da cobrança pelo fornecimento dos selos de controle do IPI, ante a falta de lei que legitimasse a referida exigência. Rememorou que a gratuidade do selo fora conferida pelo art. 46, § 1º, da Lei 4.502/1964 (O regulamento poderá determinar, ou autorizar que o Ministério da Fazenda, pelo seu órgão competente, determine a rotulagem, marcação ou numeração, pelos importadores, arrematantes, comerciantes ou repartições fazendárias, de produtos estrangeiros cujo controle entenda necessário, bem como prescrever, para estabelecimentos produtores e comerciantes de determinados produtos nacionais, sistema diferente de rotulagem, etiquetagem obrigatoriedade de numeração ou aplicação de selo especial que possibilite o seu controle quantitativo. § 1º O selo especial de que trata este artigo será de emissão oficial e sua distribuição aos contribuintes será feita gratuitamente, mediante as cautelas e formalidades que o regulamento estabelecer). RE 662113/PR, rel. Min. Marco Aurélio, 12.02.2014. (RE-662113) (STF – **Informativo** n. 735 – RE 662113/PR, rel. Min. Marco Aurélio, 12.02.2014).

Decreto-Lei 1.437/1975 e cobrança pelo fornecimento de selos de controle do IPI

A Corte acrescentou que essa previsão, todavia, teria sido infirmada pelo art. 3º do Decreto-Lei 1.437/1975. Assinalou que o regramento admitiria a cobrança do selo, com o intuito de ressarcimento de custos e encargos dele decorrentes, conforme critérios definidos pelo Ministro da Fazenda, em ato secundário. Registrou que estaria presente a delegação de poder normativo à autoridade administrativa, que poderia explicitar todos os elementos que comporiam a incidência. Consignou que essa delegação não se harmonizaria com o inciso I do art. 25 do ADCT (Art. 25. Ficam revogados, a partir de cento e oitenta dias da promulgação da Constituição, sujeito este prazo a prorrogação por lei, todos os dispositivos legais que atribuam ou deleguem a órgão do Poder Executivo competência assinalada pela Constituição ao Congresso Nacional, especialmente no que tange a: I – ação normativa). Assentou que, por ser o selo do IPI pré-condição para a circulação dos produtos alcançados pela regra do art. 46 da Lei 4.502/1964, não se poderia falar em preço público, evidenciado pela voluntariedade, ou seja, pela necessidade de o usuário aquiescer com o pagamento em relação à contraprestação pelo usufruto de serviços públicos. Afirmou que a finalidade da cobrança seria de controle quantitativo, matéria inerente ao exercício de poderes fiscalizatórios por parte da administração fazendária, de modo a incidir o art. 77 do CTN. Ademais, assinalou que o selo do IPI não geraria nenhum proveito ao contribuinte, razão pela qual o fornecimento dele não poderia ser considerado serviço público. Ao contrário, seria requisito de regularidade na prática de uma atividade privada. Asseverou que o art. 150, I, da CF (Art. 150. Sem prejuízo de outras garantias asseguradas ao contribuinte, é vedado à União, aos Estados, ao Distrito Federal e aos Municípios: I – exigir ou aumentar tributo sem lei que o estabeleça) preconizaria que a exigência de tributos só se revelaria possível mediante lei formal. Vencidos os Ministros Roberto Barroso e Rosa Weber, que negavam provimento ao recurso. Pontuavam que a cobrança pelo fornecimento dos selos de controle do IPI seria uma obrigação acessória. Ressaltavam que o pagamento pelo custo dos selos seria uma decorrência natural de o contribuinte suportar esse ônus, que não poderia ser repartido por toda a sociedade. Não vislumbravam violação à legalidade, porque haveria previsão expressa da existência do selo, uma vez que a cobrança fora instituída por decreto-lei que, à época, supriria a necessidade de lei formal. RE 662113/PR, rel. Min. Marco Aurélio, 12.02.2014 (RE-662113) (STF – **Informativo** n. 734, Plenário – RE 662113/PR, rel. Min. Marco Aurélio, 12.02.2014).

IR e CSLL: disponibilidade de lucros de controlada ou coligada no exterior para controladora ou coligada no Brasil

O Plenário concluiu julgamento de recursos extraordinários em que discutida a constitucionalidade do art. 74 e parágrafo único da Medida Provisória 2.158-35/2001, que estabelece que os lucros auferidos por controlada ou coligada no exterior serão considerados disponibilizados para a controladora no Brasil na data do balanço no qual tiverem sido apurados, na forma do regulamento, bem como que os lucros apurados por controlada ou coligada no exterior até 31.12.2001 serão considerados disponibilizados em 31.12.2002, salvo se ocorrida, antes desta data, qualquer das hipóteses de disponibilização previstas na legislação em vigor. A repercussão geral da questão constitucional fora reconhecida no RE 611586/PR (**DJe** de 02.05.2012). No entanto, em virtude da identidade de temas, o RE 541090/SC fora apregoado em conjunto – v. **Informativo** n. 700. RE 611586/PR, rel. Min. Joaquim Barbosa, 10.04.2013. (RE-611586) (STF – **Informativo** n. 701 – RE 541090/SC, rel. orig. Min. Joaquim Barbosa, red. p/ o acórdão Min. Teori Zavascki, 10.04.2013).

Direito tributário. Responsabilidade pelo recolhimento do imposto de renda cuja declaração foi transmitida com dado equivocado pela fonte pagadora

Mesmo que a fonte pagadora (substituta tributária) equivocadamente tenha deixado de efetuar a retenção de determinada quantia, a título de imposto de renda, sobre importância paga a empregado, tendo, ainda, expedido comprovante de rendimentos informando que a respectiva renda classifica-se como rendimento isento e não tributável, o sujeito passivo da relação jurídico-tributária (substituído tributário) deverá arcar com o imposto de renda devido e não recolhido. Isso porque o STJ tem entendimento pacífico de que o contribuinte substituído, que realiza o fato gerador, é quem efetivamente tem o dever de arcar com o ônus da tributação, que não é afastado pela responsabilidade pessoal do substituto tributário. Precedentes citados: REsp 962.610-RS, Segunda Turma, **DJ** de 7.2.2008; e AgRg no REsp 716.970-CE, Primeira Turma, **DJ** de 29.08.2005. REsp 1.218.222-RS, rel. Min. Mauro Campbell Marques, julgado em 04.09.2014 (STJ – **Informativo** n. 548 – REsp 1.218.222-RS, rel. Min. Mauro Campbell Marques, julgado em 04.09.2014).

Direito tributário. Hipótese de incidência de imposto de renda sobre importância recebida em razão de obrigação alternativa assumida em acordo coletivo de trabalho

Incide imposto de renda sobre a quantia recebida pelo empregado em razão de acordo coletivo de trabalho firmado com o empregador, no qual fora ajustado a constituição de fundo de aposentadoria e pensão e, alternativamente, o pagamento de determinado valor em dinheiro correspondente ao que seria vertido para o aludido fundo. Isso porque os valores recebidos pelo empregado, em razão da não perfectibilização do fundo de aposentadoria e pensão, possuem natureza jurídica de acréscimo patrimonial, a ensejar incidência do imposto de renda. Precedentes citados: REsp 996.341-RS, Primeira Turma, **DJe** de 26.06.2008; e REsp 1.058.771-RS, Segunda Turma, **DJe** de 31.08.2009. REsp 1.218.222-RS, rel. Min. Mauro Campbell Marques, julgado em 04.09.2014 (STJ – **Informativo** n. 548. REsp 1.218.222-RS, rel. Min. Mauro Campbell Marques, julgado em 04.09.2014).

Direito tributário. Responsabilidade pelo pagamento da multa aplicada em decorrência do não recolhimento de imposto de renda

Na hipótese em que a fonte pagadora deixa de efetuar a retenção do imposto de renda, expedindo comprovante de rendimentos o qual os classifica como isentos e não tributáveis, de modo a induzir o empregado/contribuinte a preencher equivocadamente sua declaração de imposto de renda, não é este – mas sim o empregador – o responsável pelo pagamento da multa prevista no art. 44, I, da Lei 9.430/1996. De fato, eximir o contribuinte da multa prevista no art. 44, I, da Lei 9.430/1996 (art. 957, I, do Decreto 3.000/1999 – multa de 75% sobre o valor não recolhido) sempre que não houver a intenção de omitir os valores devidos é excessivamente permissivo e faz tábula rasa ao disposto no art. 136 do CTN, uma vez que, segundo a dicção legal, a omissão dos valores na declaração de imposto de renda enseja a responsabilização objetiva do contribuinte. No entanto, na hipótese em foco, há situação específica em que não houve a omissão dos valores tributáveis na declaração; mas, sim, o registro desses valores como rendimentos isentos e não tributáveis, em razão da informação equivocada fornecida pela fonte pagadora/empregador. Nesse passo, o art. 722 do Decreto 3.000/1999 fixa a responsabilidade exclusiva da fonte pagadora pelo recolhimento da multa aplicada de ofício e dos juros de mora, quando não há recolhimento do tributo devido, mas o rendimento se encontrar incluído na declaração de imposto de renda do contribuinte. Desse modo, a fonte pagadora/empregador deve ser responsabilizada diretamente pela multa prevista no art. 44, I, da Lei 9.430/1996, liberando-se o contribuinte, por ter sido induzido a erro, da referida responsabilidade. Precedentes citados: REsp 374.603-SC, Primeira Turma, **DJ** de 25.05.2006; e REsp 383.309-SC, Segunda Turma, **DJ** de 07.04.2006. REsp 1.218.222-RS, rel. Min. Mauro Campbell Marques, julgado em 04.09.2014 (STJ – **Informativo** n. 548 – REsp 374.603-SC, Primeira Turma, **DJ** de 25.05.2006; e REsp 383.309-SC, Segunda Turma, **DJ** de 07.04.2006. REsp 1.218.222-RS, rel. Min. Mauro Campbell Marques, julgado em 04.09.2014).

Direito tributário. Aplicabilidade da pena de perdimento a mercadorias importadas

A mercadoria importada qualificada como bagagem acompanhada que fora apreendida em zona secundária e desacompanhada de Declaração de Bagagem Acompanhada (DBA) será restituída ao viajante até o limite da cota de isenção determinada pela Receita Federal (art. 33 da IN 1.059/2010 da RFB), aplicável a pena de perdimento em relação à mercadoria que exceda esse limite. Isso porque, conforme dispõe o art. 33 da IN 1.059/2010 da RFB, o viajante procedente do exterior poderá trazer, com a isenção a que se refere o caput do art. 32, em sua bagagem acompanhada (art. 2º, III), livros, folhetos, periódicos, bens de uso ou consumo pessoal e outros bens cujos limites de valor global não ultrapassem os limites da cota de isenção determinada por esse dispositivo normativo. De fato, de acordo com o art. 3º, os "viajantes que ingressarem no território brasileiro deverão efetuar a declaração do conteúdo de sua bagagem, mediante o preenchimento, a assinatura e a entrega à autoridade aduaneira da Declaração de Bagagem Acompanhada (DBA)". Todavia, o art. 3º-A, caput, dessa mesma Instrução Normativa, determina que estão dispensados de apresentar a DBA de que trata do art. 3º "os viajantes que não estiverem obrigados a dirigir-se ao canal 'bens a declarar'". Ocorre que, entre os viajantes que estão obrigados a dirigir-se ao canal "bens a declarar" – e que, portanto, devem apresentar a DBA – enquadra-se o viajante que trouxer "bens cujo valor global ultrapasse o limite de isenção para a via de transporte, de acordo com o disposto no art. 33" (art. 6º, VIII, da IN 1.059/2010 da RFB). Deste modo, se o que está dentro da cota de isenção dispensa declaração de bens, conclui-se que a pena de perdimento só é pertinente aos produtos que, por estarem acima dos limites da cota, venham a configurar dano ao erário, nos termos do art. 689 do Decreto 6.759/2009, já que, quanto a eles, há sim a obrigação de apresentação de declaração e demais formalidades de internação. REsp 1.443.110-PR, rel. Min. Humberto Martins, julgado em 12.08.2014 (STJ – **Informativo** n. 546 – REsp 1.443.110-PR, rel. Min. Humberto Martins, julgado em 12.08.2014).

Direito tributário. Periodicidade de multa por atraso na entrega da DIMOF

A multa pela entrega tardia da Declaração de Informações sobre Movimentação Financeira (Dimof) incide a cada mês de atraso – e não por declaração atrasada. Conforme os arts. 57 da MP 2.158-34/2001 e 4º e 7º da Instrução Normativa 811/2008 da Secretaria da Receita Federal, a não apresentação da Dimof até o último dia útil do mês gera multa de R$ 5 mil por mês-calendário de atraso. Isto significa a aplicação de uma multa de R$ 5 mil que se acumula com periodicidade mensal, e não a cada 30 dias. A óbvia intenção do legislador é a de forçar a entrega da declaração o quanto antes, cominando multa que é majorada a cada mês – para cada mês de atraso soma-se uma nova multa – e não a de fixar uma multa para cada conjunto de informações não apresentado – para cada semestre uma multa. Precedentes citados: REsp. 1.216.930-PR, Segunda Turma, **DJe** de 15.03.2011, REsp 1.136.705-RS, Primeira Turma, **DJe** de 1º.07.2010, REsp 1.118.587-SC, Primeira Turma, **DJe** de 06.11.2009. REsp 1.442.343-RS, rel. Min. Mauro Campbell Marques, julgado em 06.05.2014 (STJ – **Informativo** n. 544 – REsp. 1.216.930-PR, Segunda Turma, **DJe** de 15.03.2011, REsp 1.136.705-RS, Primeira Turma, **DJe** de 1º.07.2010, REsp 1.118.587-SC, Primeira Turma, **DJe** de 06.11.2009. REsp 1.442.343-RS, rel. Min. Mauro Campbell Marques, julgado em 06.05.2014).

Direito tributário. Imposto de renda sobre verbas referentes à migração de plano de benefícios de previdência privada

Incide IRPF sobre os valores recebidos como incentivo à adesão ao processo de repactuação do regulamento do plano de benefícios de previdência privada. Consoante entendimento do STJ, constatada a mudança no regulamento do plano previdenciário, se a verba paga como incentivo à migração para o novo regime tem por objetivo compensar uma eventual paridade com os ativos, que foi perdida pelos inativos com a adesão às mudanças do regulamento do fundo de previdência privada, bem como compensar uma eventual paridade com os inativos que permaneceram no regime original, a toda evidência que se submete ao mesmo regime das verbas a que visa a substituir. Assim, se as verbas pagas aos inativos que não migraram de plano submetem-se ao IRPF e as verbas pagas aos ativos também sofrem a mesma incidência, não há motivos para crer que as verbas pagas aos inativos que migraram de plano devam escapar da incidência do tributo. Essas novas verbas herdam a mesma natureza daquelas que foram suprimidas sendo assim remuneratórias e sujeitas ao imposto de renda. Precedente citado: REsp 1.173.279-AM, Segunda Turma, **DJe** de 23.05.2012. AgRg no REsp 1.439.516-PR, rel. Min. Humberto Martins, julgado em 06.05.2014 (STJ – **Informativo** n. 544 –REsp 1.173.279-AM, Segunda Turma, **DJe** de 23.05.2012. AgRg no REsp 1.439.516-PR, rel. Min. Humberto Martins, julgado em 06.05.2014).

Direito processual civil e tributário. Exigência de trânsito em julgado para fins de compensação tributária

O disposto no art. 170-A do CTN, que exige o trânsito em julgado para fins de compensação de crédito tributário, somente se aplica às demandas ajuizadas após a vigência da LC 104/2001, a qual acrescentou o referido artigo ao CTN. Precedentes citados: REsp 1.266.798-CE, Segunda Turma, **DJe** de 25.04.2012; e AgRg nos EDcl no REsp 1.100.424-PR, Segunda Turma, **DJe** de 27.04.2011. AgRg no REsp 1.240.038-PR, rel. Min. Og Fernandes, julgado em 08.04.2014 (STJ – **Informativo** n. 0541 – AgRg no REsp 1.240.038-PR, rel. Min. Og Fernandes, julgado em 08.04.2014).

Direito tributário. Índice aplicável à correção monetária das demonstrações financeiras do ano-base de 1989

O IPC é o índice aplicável à correção monetária das demonstrações financeiras de janeiro de 1989, para fins de apuração da base de cálculo do Imposto de Renda da Pessoa Jurídica. Com efeito, o STF reconheceu a inconstitucionalidade dos arts. 30, § 1°, da Lei 7.730/1989 e 30 da Lei 7.799/1989, normas que veiculavam a indexação da correção monetária das demonstrações financeiras no período-base de 1989, para efeito da apuração do Imposto de Renda da Pessoa Jurídica e Contribuição Social sobre o Lucro Líquido, no âmbito do Plano de Estabilização Econômica – Plano Verão. Cumpre esclarecer que, antes de implementar o referido plano econômico, a inflação era medida com base nas coletas de preços praticados entre o dia 15 do mês anterior e o dia 14 do mês de referência. Daí a escolha do dia 15 de janeiro de 1989 para servir de base ao chamado "choque" de preços e implantação do Plano Verão. Ocorre que a última coleta de preços abrangeu somente o período de 15/11/1988 a 14/12/1988, dela resultando o IPC de 28,79% que, por sua vez, foi utilizado na apuração da OTN de janeiro de 1989, a chamada OTN "cheia", cujo valor atingiu Cz$ 6.170,17 (NCz$ 6,17). Sendo assim, o período de 15/12/1988 a 14/1/1989 ficou à margem da coleta de preços e, consequentemente, não deu sua contribuição à obtenção do valor da OTN de janeiro/1989, situação que não foi solucionada com o uso da OTN Fiscal, cujo valor atingia, no dia 15/1/1989, NCz$ 6,92. Posteriormente ao dia 15/1/1989, foi concluída a coleta de preços do período faltante e o número oficial obtido do IPC foi expressivo: 70,28%, índice que não foi considerado de nenhuma forma nos cálculos dos valores das OTN's. Desse modo, ficou caracterizado prejuízo aos contribuintes do Imposto de Renda pela aplicação dos arts. 30, § 1°, da Lei 7.730/1989 e 30 da Lei n° 7.799/1989, só recentemente declarado inconstitucional pelo STF, pois houve um significativo expurgo da parcela real de correção monetária, implicando desrespeito ao direito dos contribuintes de corrigirem suas demonstrações financeiras com base em índices que refletissem a real inflação do período. Neste contexto, após a declaração de inconstitucionalidade dos arts. 30, § 1°, da Lei 7.730/1989 e 30 da Lei 7.799/1989 pelo STF, é necessária a revisão da jurisprudência do STJ no sentido de que a correção monetária das demonstrações financeiras no período-base de 1989 deverá tomar como parâmetro os termos da legislação revogada pelo Plano Verão. Destarte, considerando que até 15 de janeiro de 1989 a OTN já era fixada com base no IPC, e que somente no próprio mês de janeiro, por disposição específica da Lei 7.799/1989 (art. 30, declarado inconstitucional), o seu valor foi determinado de forma diferente (NCz$ 6,92) e também que a BTN criada passou a ser fixada pelo IPC, deverá ser aplicado o IPC para o período como índice de correção monetária, consoante os arts. 6º, parágrafo único, do Decreto-Lei 2.283/1986, 6º, parágrafo único, do Decreto-Lei 2.284/1986, e 5º, §2º, da Lei 7.777/1989. Assim, deve ser afastado o reconhecimento da duplicidade de índices de correção monetária por este STJ para um mesmo período, quer se trate de obrigação civil ou tributária. Ou seja, não se pode ter como válido em direito tributário o percentual de 28,79% para janeiro de 1989 (OTN de NCz$ 6,17), quando o mesmo já fora afastado pelos precedentes do STJ para as dívidas civis. Sendo assim, os índices do IPC aplicáveis são aqueles consagrados pela jurisprudência do STJ e já referidos no REsp 43.055-SP (Corte Especial, **DJ** de 25.08.1994) e nos EREsp 439.677-SP (Primeira Seção, **DJ** de 25.09.2006), quais sejam: índice de 42,72% em janeiro de 1989 e reflexo lógico de 10,14% em fevereiro de 1989, não se aplicando o mencionado índice de 70,28% ou o índice de 28,79%. EREsp 1.030.597-MG, rel. Min. Mauro Campbell Marques, julgado em 23.04.2014 (STJ – **Informativo** n. 0539 – EREsp 1.030.597-MG, rel. Min. Mauro Campbell Marques, julgado em 23.04.2014).

Direito tributário. Isenção tributária do SENAI referente à importação de produtos e serviços

O Serviço Nacional de Aprendizagem Industrial (SENAI) goza de isenção do imposto de importação, da contribuição ao PIS-importação e da COFINS-importação independentemente de a entidade ser classificada como beneficente de assistência social ou de seus dirigentes serem remunerados. Isso porque a isenção decorre diretamente dos arts. 12 e 13 da Lei 2.613/1955. Apesar de o art. 195, § 7º, da CF disciplinar a imunidade das entidades beneficentes de assistência social, não há exclusão de quaisquer outros benefícios fiscais que possam ser concedidos por lei ordinária, tal como o caso da isenção prevista na Lei 2.613/1955. Pensar de forma diferente significaria admitir que para essas entidades o ordenamento jurídico somente possibilitaria a imunidade, sem prever quaisquer outros benefícios fiscais, o que é absurdo lógico. Isso tudo é válido enquanto os arts. 12 e 13 da Lei 2.613/1955 permanecerem em vigor no ordenamento jurídico, ou seja, enquanto não houver sua revogação ou declaração de sua inconstitucionalidade. Desse modo, também se exclui a relevância de se verificar o cumprimento dos requisitos do art. 55 da Lei 8.212/1991 (agora dos arts. 1º, 2º, 18, 19 e 29 da Lei 12.101/2009), notadamente, a existência de remuneração ou não de seus dirigentes. Ademais, também não se vê qualquer conflito com os arts. 175 a 179 do CTN, pois a isenção concedida nos termos dos arts. 12 e 13 da Lei 2.613/1955 se deu por lei e em caráter geral para as entidades SESI, SESC, SENAI e SENAC, criando uma equiparação de tratamento com a União no que diz respeito a seus bens e serviços, o que permite a abrangência dos tributos posteriormente instituídos que onerem tais bens e serviços, havendo, portanto, especificação suficiente dos tributos a que se aplica, pois os invoca justamente pela sua hipótese de incidência (patrimônio, renda e serviços). Precedentes citados: AgRg no AREsp 73.797-CE, Primeira Turma, **DJe** de 11.03.2013; e REsp 1.293.322-ES, Segunda Turma, **DJe** de 24.09.2012. REsp 1.430.257-CE, rel. Min. Mauro Campbell Marques, julgado em 18.02.2014 (STJ – **Informativo** n. 0539 – REsp 1.430.257-CE, rel. Min. Mauro Campbell Marques, julgado em 18.02.2014).

Direito tributário. Isenção tributária do SENAI referente à importação de produtos e serviços

O Serviço Nacional de Aprendizagem Industrial (SENAI) goza de isenção do imposto de importação, da contribuição ao PIS-importação e da COFINS-importação independentemente de a entidade ser classificada como beneficente de assistência social ou de seus dirigentes serem remunerados. Isso porque a isenção decorre diretamente dos arts. 12 e 13 da Lei 2.613/1955. Apesar de o art. 195, § 7º, da CF disciplinar a imunidade das entidades beneficentes de assistência social, não há exclusão de quaisquer outros benefícios fiscais que possam ser concedidos por lei ordinária, tal como o caso da isenção prevista na Lei 2.613/1955. Pensar de forma diferente significaria admitir que para essas entidades o ordenamento jurídico somente possibilitaria a imunidade, sem prever quaisquer outros benefícios fiscais, o que é absurdo lógico. Isso tudo é válido enquanto os arts. 12 e 13 da Lei 2.613/1955 permanecerem em vigor no ordenamento jurídico, ou seja, enquanto não houver sua revogação ou declaração de sua inconstitucionalidade. Desse modo, também se exclui a relevância de se verificar o cumprimento dos requisitos do art. 55 da Lei 8.212/1991 (agora dos arts. 1º, 2º, 18, 19 e 29 da Lei 12.101/2009), notadamente, a existência de remuneração ou não de seus dirigentes. Ademais, também não se vê qualquer conflito com os arts. 175 a 179 do CTN, pois a isenção concedida nos termos dos arts. 12 e 13 da Lei 2.613/1955 se deu por lei e em caráter geral para as entidades SESI, SESC, SENAI e SENAC, criando uma equiparação de tratamento com a União no que diz respeito a seus bens e serviços, o que permite a abrangência dos tributos posteriormente instituídos que onerem tais bens e serviços, havendo, portanto, especificação suficiente dos tributos a que se aplica, pois os invoca justamente pela sua hipótese de incidência (patrimônio, renda e serviços). Precedentes citados: AgRg no AREsp 73.797-CE, Primeira Turma, **DJe** de 11.03.2013; e REsp 1.293.322-ES, Segunda Turma, **DJe** de 24.09.2012. REsp 1.430.257-CE, rel. Min. Mauro Campbell Marques, julgado em 18.02.2014 (STJ – **Informativo** n. 0539 – REsp 1.430.257-CE, rel. Min. Mauro Campbell Marques, julgado em 18.02.2014).

Direito tributário. Incidência de IPI na revenda de produtos importados

Não é ilegal a nova incidência de IPI no momento da saída de produto de procedência estrangeira do estabelecimento do importador, após a incidência anterior do tributo no desembaraço aduaneiro. Seja pela combinação dos arts. 46, II e 51, parágrafo único, do CTN – que compõem o fato gerador do referido imposto –, seja pela combinação dos arts. 51, II, do CTN, 4º, I, da Lei 4.502/1964, 79 da MP 2.158-35/2001 e 13 da Lei 11.281/2006 – que definem a sujeição passiva -, os produtos importados estão sujeitos a uma nova incidência do IPI quando de sua saída do estabelecimento importador na operação de revenda. Essa interpretação não ocasiona a ocorrência de bis in idem, dupla tributação ou bitributação, pois a lei elenca dois fatos geradores distintos: o desembaraço aduaneiro proveniente da operação de compra do produto industrializado do exterior e a saída do produto industrializado do estabelecimento importador equiparado a estabelecimento produtor, isto é, a primeira tributação recai sobre o preço da compra, na qual já está embutida a margem de lucro da empresa estrangeira, e a segunda tributação recai sobre o preço da venda, na qual já está embutida a margem de lucro da empresa brasileira importadora. Além disso, a nova incidência do IPI não onera a cadeia além do razoável, pois o importador, na primeira operação, apenas acumula a condição de contribuinte de fato e de direito em razão da territorialidade, já que o estabelecimento industrial produtor estrangeiro não pode ser eleito pela lei nacional brasileira como contribuinte de direito do IPI – os limites da soberania tributária o impedem –, e a empresa importadora nacional brasileira acumula o crédito do imposto a ser pago na saída do produto como contribuinte de direito – não cumulatividade –, mantendo-se a tributação apenas sobre o valor agregado. Precedentes citados: REsp 1.386.686-SC, Segunda Turma, **DJe** de 24.10.2013 e REsp 1.385.952-SC, Segunda Turma, **DJe** de 11.09.2013. REsp 1.429.656-PR, rel. Min. Mauro Campbell Marques, julgado em 11.02.2014 (STJ – **Informativo** n. 0535 – REsp 1.429.656-PR, rel. Ministro Mauro Campbell Marques, julgado em 11.02.2014).

Direito tributário. Modificação da opção do regime de cálculo de crédito presumido de IPI

Após optar, em determinado exercício, pela manutenção do sistema original de cálculo do crédito presumido de IPI previsto na Lei 9.363/1996 ou pela migração para o regime alternativo preconizado pela Lei 10.276/2001, o contribuinte não poderá retificar sua opção em relação ao exercício em que ela foi realizada ou em relação aos exercícios anteriores, mesmo que a escolha tenha ocorrido por desídia decorrente da ausência de modificação da sistemática quando legalmente possível (dentro do prazo legal), ou ainda que ela se relacione ao regime mais oneroso. Precedentes citados: AgRg no REsp 1.119.893/RS, Segunda Turma, **DJe** de 1º.08.2013; e REsp 1.002.855/SC, Segunda Turma, **DJe** de 15.04.2008. AgRg no REsp 1.239.867/RS, rel. Min. Benedito Gonçalves, julgado em 04.02.2014 (STJ – **Informativo** n. 0534 – AgRg no REsp 1.239.867/RS, rel. Min. Benedito Gonçalves, julgado em 04.02.2014)

Direito tributário. Modificação da opção do regime de cálculo de crédito presumido de IPI

Após optar, em determinado exercício, pela manutenção do sistema original de cálculo do crédito presumido de IPI previsto na Lei 9.363/1996 ou pela migração para o regime alternativo preconizado pela Lei 10.276/2001, o contribuinte não poderá retificar sua opção em relação ao exercício em que ela foi realizada ou em relação aos exercícios anteriores, mesmo que a escolha tenha ocorrido por desídia decorrente da ausência de modificação da sistemática quando legalmente possível (dentro do prazo legal), ou ainda que ela se relacione ao regime mais oneroso. Precedentes citados: AgRg no REsp 1.119.893/RS, Segunda Turma, **DJe** de 1º.08.2013; e REsp 1.002.855/SC, Segunda Turma, **DJe** de 15.04.2008. AgRg no REsp 1.239.867/RS, rel. Min. Benedito Gonçalves, julgado em 04.02.2014 (STJ – **Informativo** n. 0534 – AgRg no REsp 1.239.867/RS, rel. Min. Benedito Gonçalves, julgado em 04.02.2014).

Direito tributário. Isenção de ITR relativa à área de reserva legal

A isenção de Imposto Territorial Rural (ITR) prevista no art. 10, § 1º, II, "a", da Lei 9.393/1996, relativa à área de reserva legal, depende de prévia averbação desta no registro do imóvel. Precedentes citados: EREsp 1.027.051-SC, Primeira Seção, **DJe** de 21.10.2013; e EREsp 1.310.871-PR, Primeira Seção, **DJe** de 04.11.2013. AgRg no REsp 1.243.685-PR, rel. Min. Benedito Gonçalves, julgado em 05.12.2013 (STJ – **Informativo** n. 0533 – AgRg no REsp 1.243.685-PR, rel. Min. Benedito Gonçalves, julgado em 05.12.2013).

Direito Tributário. Não incidência de IR sobre verba indenizatória decorrente de demissão sem justa causa no período de estabilidade provisória

Não incide imposto de renda sobre o valor da indenização paga ao empregado demitido sem justa causa no período de estabilidade provisória. Precedentes citados: REsp 1.335.511-PB, Segunda Turma, **DJe** de 10.10.2012; e AgRg no REsp 1.011.594-SP, Segunda Turma, **DJe** de 28.09.2009 (STJ – **Informativo** n. 528 – AgRg no REsp 1.215.211-RJ, rel. Min. Napoleão Nunes Maia Filho, Primeira Turma, julgado em 06.08.2013).

Direito Tributário. Creditamento do IPI em relação à energia elétrica consumida no processo produtivo

O contribuinte não tem direito a crédito presumido de IPI, em relação à energia elétrica consumida no processo produtivo, como ressarcimento das contribuições ao PIS/Pasep e à COFINS, na forma estabelecida pelo art. 1º da Lei 9.363/1996. Isso porque a energia elétrica consumida na produção industrial não integra o conceito de matéria-prima, produto intermediário ou material de embalagem para efeito da legislação do IPI. Efetivamente, é de se observar que os citados termos veiculam conceitos jurídicos que não se encontram diretamente definidos na legislação que instituiu o benefício do crédito presumido, mas sim na própria legislação do imposto, conforme remissão feita pelo parágrafo único do art. 3º da mesma lei, o qual permite a utilização subsidiária da legislação do IPI para o estabelecimento dos conceitos de matéria-prima, produtos intermediários e material de embalagem. Nesse contexto, o art. 82 do Dec. 87.981/1982 (RIPI) prevê que os estabelecimentos industriais poderão creditar-se do imposto relativo a matérias-primas, produtos intermediários e material de embalagem, adquiridos para emprego na industrialização de produtos tributados, incluindo-se, entre as matérias-primas e produtos intermediários, aqueles que, embora não se integrando ao novo produto, forem consumidos no processo de industrialização. De fato, a expressão "consumidos no processo de industrialização" significa consumo, desgaste ou alteração de suas propriedades físicas ou químicas durante a industrialização. Portanto, a legislação tributária considera como insumo aquilo que se integra, de forma física ou química, ao novo produto ou aquilo que sofre consumo, desgaste ou alteração de suas propriedades físicas ou químicas. Desse modo, a energia elétrica consumida no processo produtivo, por não sofrer ou provocar ação direta mediante contato físico com o produto, não integra o conceito de "matéria-prima" ou "produto intermediário" para efeito da legislação do IPI e, por conseguinte, para efeito da obtenção do crédito presumido do imposto como ressarcimento das contribuições ao PIS/PASEP e à COFINS. Ainda, observe-se que esse entendimento já se encontra pacificado na seara administrativa pela Súmula 12 do Segundo Conselho de Contribuintes do Ministério da Fazenda. Precedentes citados: AgRg no REsp 1.000.848-SC, Primeira Turma, **DJe** de 20.10.2010; e AgRg no REsp 919.628- PR, Segunda Turma, **DJe** de 24.08.2010 (STJ – **Informativo** n. 522 – REsp 1.331.033-SC, rel. Min. Mauro Campbell Marques, julgado em 02.04.2013).

Direito Tributário. Correção monetária no caso de mora da fazenda pública para apreciar pedidos administrativos de ressarcimento de créditos de IPI em dinheiro ou mediante compensação com outros tributos

Incide correção monetária sobre o valor relativo a créditos de IPI na hipótese de mora da Fazenda Pública para apreciar pedido administrativo de ressarcimento em dinheiro ou mediante compensação com outros tributos. A situação em análise — que envolve crédito de um determinado tributo recebido em dado período de apuração e utilizado fora da escrita fiscal — não se confunde com a hipótese relativa a crédito escritural — crédito de um determinado tributo recebido em dado período de apuração e utilizado para abatimento desse mesmo tributo em outro período de apuração dentro da escrita fiscal —, caso em que, em regra, não há direito à correção monetária. Com efeito, na hipótese de ressarcimento de créditos — sistemática extraordinária de aproveitamento —, os créditos outrora escriturais passam a ser objeto de ressarcimento em dinheiro ou mediante compensação com outros tributos em virtude da impossibilidade de dedução com débitos de IPI decorrentes das saídas de produtos — normalmente porque isentos, não tributados ou sujeitos à alíquota zero — ou até mesmo por opção do contribuinte, nas hipóteses permitidas por lei. Esses créditos deixam de ser escriturais, pois não estão mais acumulados na escrita fiscal para uso exclusivo no abatimento do IPI devido na saída. São utilizáveis fora da escrita fiscal. Nestes casos, o ressarcimento em dinheiro ou ressarcimento mediante compensação com outros tributos se dá por meio de requerimento do contribuinte que, muitas vezes, diante das vicissitudes burocráticas do Fisco, demora a ser atendido, gerando uma defasagem no valor do crédito que não existiria caso fosse reconhecido anteriormente ou caso pudesse ter sido utilizado na escrita fiscal mediante a sistemática ordinária de aproveitamento. Essa foi exatamente a situação caracterizada no REsp. 1.035.847-RS, julgado conforme a sistemática dos recursos repetitivos, no qual foi reconhecida a incidência de correção monetária. A lógica é simples: se há pedido de ressarcimento de créditos de IPI (em dinheiro ou via compensação com outros tributos) e esses créditos são reconhecidos pela Receita Federal com mora, essa demora no ressarcimento enseja a incidência de correção monetária, uma vez que caracteriza também a chamada "resistência ilegítima" exigida pela Súmula 411 do STJ. Precedentes citados: REsp. 1.122.800-RS, Segunda Turma, **DJe** de 15.3.2011, e AgRg no REsp 1.082.458-RS, Segunda Turma, **DJe** de 16.02.2011 (STJ – **Informativo** n. 521 – EAg 1.220.942-SP, rel. Min. Mauro Campbell Marques, julgado em 10.04.2013).

Direito Tributário. Incidência de IRPJ e CSLL sobre os juros remuneratórios devidos na devolução dos depósitos judiciais. Recurso repetitivo (art. 543-C do CPC e Res. 8/2008-STJ)

Incidem IRPJ e CSLL sobre os juros remuneratórios devidos na devolução dos depósitos judiciais efetuados para suspender a exigibilidade do crédito tributário. Inicialmente, é importante estabelecer que a taxa Selic pode possuir natureza jurídica de acordo com a previsão legal ou relação jurídica que origina sua incidência, ou seja, ora pode ter natureza de juros compensatórios, ora de juros moratórios ou até mesmo de correção monetária. Nesse contexto, o art. 1º, § 3º, da Lei 9.703/1998, que regula os depósitos judiciais para fins de suspensão da exigibilidade de tributos, estabelece que o depósito, após o encerramento da lide, deve ser devolvido ao depositante vitorioso acrescido de juros, na forma do art. 39, § 4º, da Lei 9.250/1995

(Selic). Esta lei, por sua vez, atribui a natureza jurídica de juros à remuneração do capital depositado. Portanto, a natureza jurídica da remuneração do capital é de juros remuneratórios, o que resulta em acréscimo patrimonial que compõe a esfera de disponibilidade do contribuinte. Assim, considerando o fato de que a legislação do IRPJ trata os juros como receitas financeiras, deve-se concluir que incidem IRPJ e CSLL sobre os juros remuneratórios decorrentes dos depósitos judiciais devolvidos. Precedentes citados: AgRg no Ag 1.359.761-SP, Primeira Turma, **DJe** de 06.09.2011; e REsp 1.086.875-PR, Segunda Turma, **DJe** de 06.08.2012 (STJ – **Informativo** n. 521 – REsp 1.138.695-SC, rel. Min. Mauro Campbell Marques, julgado em 22.05.2013).

Direito Tributário. Incidência de IR sobre o lucro auferido em operação de venda de TDA

Incide imposto de renda sobre o ganho de capital oriundo da diferença positiva entre o preço de aquisição e o preço de venda de TDA a terceiros. O recebimento de indenização em virtude de desapropriação para fins de reforma agrária não entra no cômputo do rendimento bruto da pessoa física ou do lucro real da pessoa jurídica, mesmo se for apurado nessa transferência ganho de capital, consoante o art. 22, parágrafo único, da Lei 7.713/1988 e o art. 184, § 5º, da CF/1988. Outrossim, não é tributada a operação financeira consistente na obtenção do rendimento do título da dívida agrária — TDA. Essas isenções têm recebido amparo no STJ e foram estendidas pela jurisprudência aos terceiros portadores do título no que diz respeito ao resgate do seu valor principal ou dos valores correspondentes a juros compensatórios e moratórios ali previstos. Ocorre que, na hipótese tratada, o que se pretende excluir da tributação é a própria operação de compra e venda desses títulos no mercado, ou seja, uma operação financeira como outra qualquer, suscetível de gerar rendimento tributável (art. 43, I, do CTN). Trata-se de situação diferente da aquisição do título como indenização *pro soluto* da desapropriação realizada, ou do recebimento dos juros que remuneram o título enquanto não vencido o principal, ou do recebimento do valor do título quando de seu vencimento. A venda de TDA pode gerar lucro ou prejuízo se comparados os preços de aquisição e de venda. O lucro gerado é ganho de capital que deve submeter-se à tributação do imposto de renda como qualquer outro título mobiliário. Não há aí qualquer impacto na justa e prévia indenização, visto que a tributação somente ocorre quando o título for alienado com lucro (ganho de capital) pelo expropriado ou pelo portador (STJ – **Informativo** n. 520 – REsp 1.124.133-RJ, rel. Min. Mauro Campbell Marques, julgado em 07.03.2013).

Direito Tributário. Incidência de Imposto de Renda da Pessoa Física sobre juros de mora decorrentes de benefícios previdenciários pagos em atraso

Incide imposto de renda da pessoa física sobre os juros moratórios decorrentes de benefícios previdenciários pagos em atraso. Conforme o art. 16, parágrafo único, da Lei n. 4.506/1964, serão também classificados como rendimentos de trabalho assalariado os juros de mora e quaisquer outras indenizações pelo atraso no pagamento das remunerações previstas neste artigo. Assim, os juros moratórios, apesar de terem a natureza jurídica de lucros cessantes, amoldam-se à hipótese de incidência do imposto de renda prevista no inciso II do art. 43 do CTN (proventos de qualquer natureza). Nesse contexto, há duas exceções à regra da incidência do imposto de renda sobre os juros de mora. Nos termos do art. 6º, V, da Lei n. 7.713/1988, na situação excepcional em que o trabalhador perde o emprego, os juros de mora incidentes sobre as verbas remuneratórias ou indenizatórias que lhe são pagas são isentos de imposto de renda. Além disso, não incide o referido tributo sobre os juros de mora decorrentes de verba principal isenta ou fora do seu campo de incidência (tese do acessório que segue o principal). Por outro lado, não há regra isentiva para os juros de mora incidentes sobre verbas previdenciárias remuneratórias pagas a destempo, o que acarreta a aplicação da regra geral do art. 16, parágrafo único, da Lei n. 4.506/1964. Precedentes citados: REsp 1.089.720-RS, **DJe** de 28.11.2012, e REsp 1.227.133-RS, **DJe** de 19.10.2011 (STJ – **Informativo** n. 514 – AgRg no AREsp 248.264-RS, rel. Min. Mauro Campbell Marques, julgado em 27.11.2012).

12. QUESTÕES

1. (TJ/SP –Cartório – VUNESP/2014). Em relação à competência residual tributária da União Federal, outorgada pela Constituição, é correto afirmar que:

(A) esse direito não está sujeito ao princípio de legalidade e somente pode ser utilizado em caso de guerra ou comoção interna grave.

(B) é o direito de instituir taxas e contribuições de melhoria.

(C) é direito de a União instituir impostos não previstos no artigo 154, I, da Carta Magna, desde que eles sejam não cumulativos e não tenham base de cálculo própria dos demais impostos descritos na Constituição.

(D) é o direto de a União instituir impostos e contribuições sociais por lei complementar, desde que não cumulativos.

2. (Prefeitura de Cuiabá/MT – Procurador do Município – FCC/2014). Procurador do município de Cuiabá consultado sobre possibilidades legislativas de iniciativa do executivo municipal que propiciassem um aumento da arrecadação, elaborou parecer indicando quais seriam as espécies tributárias de competência do município passíveis de serem alteradas. São tributos de competência da União, dos Estados e dos Municípios, respectivamente:

(A) Imposto sobre a propriedade territorial rural; Imposto sobre a prestação de Serviços de qualquer natureza, não compreendidos no art. 155, II, definidos em lei ordinária federal; Imposto sobre operações relativas à circulação de mercadorias.

(B) Imposto sobre a transmissão *causa mortis* e doação, de quaisquer bens ou direitos; Imposto sobre a transmissão *inter vivos*, a qualquer título, por ato oneroso, de bens imóveis por acessão física; Imposto sobre a propriedade de veículos automotores.

(C) Impostos extraordinários, no caso de iminência guerra externa ou interna; Imposto sobre a propriedade predial e territorial urbana; Imposto sobre a prestação de serviços de comunicação.

(D) Imposto sobre serviços de qualquer natureza, não compreendidos no art. 155, II, definidos em lei complementar; Imposto sobre grandes fortunas, nos termos de lei ordinária federal; Imposto sobre a prestação de serviços de transporte interestadual.

(E) Imposto sobre operações relativas a valores mobiliários; Imposto sobre operações relativas à circulação de mercadorias; Imposto sobre a transmissão *inter vivos*, a qualquer título, por ato oneroso, de bens imóveis, por natureza.

3. (TJ/SE – Cartórios – CESPE/2014). No que diz respeito à competência tributária e à vigência, abrangência e interpretação da legislação tributária, assinale a opção correta.

(A) Vige, no direito tributário brasileiro, a regra interpretativa denominada *in dubio pro fisco*, fundada na prevalência do interesse público sobre o privado.

(B) Segundo o CTN, o emprego da analogia não pode resultar na dispensa do pagamento de tributo devido e o emprego da equidade não poderá resultar na exigência de tributo não previsto em lei.

(C) O critério adotado na CF para a distribuição de competência tributária para a instituição de impostos, ressalvado o imposto extraordinário de guerra, fundamenta-se na definição de situações materiais que servirão de suporte para a incidência do tributo.

(D) A legislação tributária abrange leis, medidas provisórias, tratados e convenções internacionais, decretos e normas complementares, sendo vedada a edição de atos normativos de natureza tributária pelas autoridades administrativas.

(E) A legislação tributária aplica-se imediatamente aos fatos geradores futuros e aos pendentes cuja ocorrência ainda não se tenha iniciado.

4. (TJ/CE – Juiz Substituto – CESPE/2012). Compete à União instituir, mediante lei complementar, o imposto sobre:

(A) Produtos industrializados.

(B) Operações de crédito, câmbio e seguro, ou imposto relativo a títulos e valores mobiliários.

(C) Grandes fortunas.

(D) Propriedade territorial rural.

(E) Renda e proventos de qualquer natureza.

5. (TRF/3ª Região – Juiz – TRF3/2010). De acordo com o art. 154, I, da Constituição Federal, poderá a União, por intermédio da chamada competência residual, instituir:

(A) Impostos e contribuições, mediante lei ordinária, que não estejam previstos em outros artigos da Constituição, desde que sejam não cumulativos e não tenham fato gerador ou base de cálculo próprios dos discriminados na Constituição;

(B) Impostos mediante lei complementar, que não estejam previstos em outros artigos da Constituição, desde que sejam não cumulativos e não tenham fato gerador ou base de cálculo ou alíquota próprios dos discriminados na Constituição;

(C) Contribuições, mediante lei complementar, que não estejam previstos em outros artigos da Constituição, desde que sejam cumulativos e tenham fato gerador ou base de cálculo próprios dos discriminados na Constituição;

(D) Impostos, mediante lei complementar, que não estejam previstos em outros artigos da Constituição, desde que sejam não cumulativos e não tenham fato gerador ou base de cálculo próprios dos discriminados na Constituição.

GABARITO

1. **Alternativa (C).** É direito de a União instituir impostos não previstos no artigo 154, I, da Carta Magna, desde que eles sejam não cumulativos e não tenham base de cálculo própria dos demais impostos descritos na Constituição.

Comentário: A Alternativa **"C"** é a opção correta, esse direito está sujeito ao Princípio da Legalidade, com a ressalva de que deverá ser utilizada a Lei Complementar como instrumento introdutor da norma. Por meio do artigo 154, I, da CF, pode-se concluir que a União poderá instituir Impostos Residuais – não previstos no artigo 153 da CF –, contudo, deverá atender a três requisitos, quais sejam: desde que o faça mediante Lei Complementar; seja um imposto não cumulativo e tenha base de cálculo e fato gerador diferente dos impostos já previstos na Constituição.

2. **Alternativa (E).** Imposto sobre operações relativas a valores mobiliários; Imposto sobre operações relativas à circulação de mercadorias; Imposto sobre a transmissão *inter vivos*, a qualquer título, por ato oneroso, de bens imóveis, por natureza.

Comentário: A opção "E" é a assertiva correta, o Imposto sobre operações relativas a valores mobiliários é de competência da União, conforme artigo 153, V, da CF. O Imposto sobre operações relativas à circulação de mercadorias tem como competentes para instituição os Estados, nos termos do artigo 155, II, da CF e, por fim, o Imposto sobre a transmissão *inter vivos*, a qualquer título, por ato oneroso, de bens imóveis, por natureza, é de competência dos Municípios, conforme artigo 156, II, da CF.

3. **Alternativa (C).** O critério adotado na CF para a distribuição de competência tributária para a instituição de impostos, ressalvado o imposto extraordinário de guerra, fundamenta-se na definição de situações materiais que servirão de suporte para a incidência do tributo.

Comentário: A letra "A" está incorreta, vige a regra interpretativa *in dubio pro reo*, seguem exemplos de dispositivos legais que a aplicam: artigos 104, III e 112 do CTN. A resposta "B" está incorreta, a assertiva inverteu os conceitos contidos no artigo 108, §§ 1º e 2º do CTN. A justificativa "C" é a assertiva correta, o único tributo que a Constituição apenas delineou as bases econômicas que autorizam a União a instituir é o Imposto Extraordinário de Guerra, à luz do artigo 154, II, da CF. A alternativa "D" está incorreta, conforme dispõe o artigo 96 do CTN: "A expressão 'legislação tributária' compreende as leis, os tratados e as convenções internacionais, os decretos e as normas complementares que versem, no todo ou em parte, sobre tributos e relações jurídicas a eles pertinentes". E, por fim, a opção "E" também está incorreta, conforme preceitua o artigo 105 do CTN: "A legislação tributária aplica-se imediatamente aos fatos geradores futuros e aos pendentes, assim entendidos aqueles cuja ocorrência tenha tido início mas não esteja completa nos termos do artigo 116".

4. **Alternativa (C).** Grandes fortunas.

Comentário: A alternativa **"C"** é a resposta correta, nos termos do artigo 153, VII, da CF.

5. **Alternativa (D).** Impostos, mediante lei complementar, que não estejam previstos em outros artigos da Constituição, desde que sejam não cumulativos e não tenham fato gerador ou base de cálculo próprios dos discriminados na Constituição.

Comentário: A opção **"D"** é a justificativa correta, consoante determina o artigo 154, I, da CF.

CAPÍTULO 11

IMPOSTOS ESTADUAIS E DISTRITAIS

1. IMPOSTO DE TRANSMISSÃO *CAUSA MORTIS* E DOAÇÃO DE QUAISQUER BENS E DIREITOS (ITCMD)

1.1. Breve Contexto Histórico

A primeira previsão constitucional do ITBI e do ITCMD surgiu na Constituição Federal de 24 de fevereiro de 1891, que previa, em seu artigo 9º, inciso 3º, que o Imposto sobre a Transmissão de Propriedade era de competência dos Estados.

Com o advento da CF de 16 de julho de 1934, os Impostos de Transmissão se subdividiram em: Imposto de Transmissão de Propriedade *Causa Mortis* (artigo 8º, I, "b") e Imposto de Propriedade Imobiliária *Inter Vivos* (artigo 8º, I, "c"). Contudo, à época ambos permaneceram sob a égide de competência dos Estados.

O texto da Constituição de 1934 foi inteiramente mantido pela CF de 10 de novembro de 1937, que previa tais tributos no artigo 23, inciso I, alíneas "b" e "c", pela Lei Complementar n. 03, de 18 de setembro de 1940, pelo Decreto-lei n. 1.202, de 8 de abril de 1939, e, ainda, pela Constituição de 18 de setembro de 1946.

Com a Emenda Constitucional n. 05, de 21 de novembro de 1961, o imposto de transmissão de propriedade imobiliária *inter vivos* passou à competência municipal (art. 29, III), remanescendo com o Estado o poder de instituir o Imposto de Transmissão *Causa Mortis* (art. 19, I, e §§ 1º e 2º).

Entretanto, em 1965, com o advento da Emenda Constitucional n. 18 restabeleceu-se a unidade dos Impostos de Transmissão de Bens Imóveis, *inter vivos* e *causa mortis*, atribuindo a competência desses últimos aos Estados e ao Distrito Federal.

Ademais, a reforma restringiu o campo de incidência dos tributos, excluindo dela os bens móveis e semoventes e os imóveis incorporados ao capital das pessoas jurídicas. Explicitou que a transmissão de direitos reais sobre imóveis, excetuados os de garantia, sujeitava-se à tributação; permitiu a tributação da cessão de direitos à aquisição de bens imóveis; estabeleceu alíquota máxima para o imposto em todo o território nacional e possibilitou que o tributo pago fosse deduzido do Imposto de Renda sobre o lucro imobiliário.

Em 25 de outubro de 1966, inseriu-se no ordenamento jurídico o Código Tributário Nacional, por meio da Lei n. 5.172. Esse dispositivo legal veio a tratar dos impostos sobre transmissão nos artigos 35 a 42 da referida Lei.

A Constituição de 24 de janeiro de 1967, em seu artigo 24, I, e § 2º, manteve a incidência do tributo de transmissão, a qualquer título, sobre os bens imóveis por natureza e acessão física e de direitos reais sobre imóveis, excetuando os de garantia, sob a competência dos Estados e do Distrito Federal.

Além disso, o Texto Maior previa que o imposto supracitado incidia em razão da situação do imóvel; ainda que a transmissão resultasse de sucessão aberta no estrangeiro. E que sua alíquota não poderia exceder os limites fixados em resolução do Senado Federal, nos termos do disposto na lei, e o seu montante também seria dedutível do Imposto cobrado pela União sobre a renda auferida na transação.

A Constituição de 1967 determinou, como regra geral, que o Imposto de Transmissão não incidiria sobre a transmissão de bens Incorporados ao patrimônio de Pessoa Jurídica, nem sobre a fusão, incorporação, extinção ou redução do capital de Pessoas Jurídicas, salvo se essas tiverem por atividade preponderante o comércio desses bens ou direitos, ou a locação de imóveis.

Já a Emenda Constitucional n. 01, de 17 de outubro de 1969, em linhas gerais, manteve o texto da Constituição de 1967, deixando de mencionar a dedução do valor pago a título de ITBI do Imposto de Renda, ficando referida matéria a cargo da legislação infraconstitucional.

Por derradeiro, com a Constituição de 5 de outubro de 1988 houve o retorno da separação dos Impostos de Transmissão. Foi atribuída aos Estados e ao Distrito Federal competência para instituir Imposto sobre Transmissão *Causa Mortis* e Doação de quaisquer bens ou direitos (art. 155, I, da CF). E aos Municípios restou instituir o Imposto de Transmissão *Inter Vivos*, por ato oneroso de imóveis, por natureza ou acessão física e de direitos a eles relativos (art. 156, II, da CF).

1.2. Previsão legal

- Art. 155, I, da CF.
- Arts. 35 a 42 do CTN.

1.3. Hipótese de Incidência Tributária

1.3.1. Critério Material

O comportamento humano suscetível de tributação pelo ITCMD consiste na transmissão ***causa mortis*** e **doação** de quaisquer bens e direitos.

Com efeito, se faz *mister* determinar o conceito de doação. O Código Civil em seu artigo 538 estabelece: "Considera-se doação o contrato em que uma pessoa, por liberalidade, transfere do seu patrimônio bens ou vantagens para o de outra".

Maria Helena Diniz[1] ao tratar sobre os contratos de doação esclarece que diante do seu conceito faz-se necessário extrair quatro elementos fundamentais que o caracterizam: contratualidade, ânimo do doador de fazer uma liberalidade, transferência de bens ou de direitos do patrimônio do doador para o do donatário e aceitação do doador.

Neste sentido, Maria Helena Diniz esclarece que o Código Civil considera expressamente a doação como um contrato, haja vista requerer para sua formação a intervenção de duas partes contratantes, que compreendem o doador e o donatário, cujas vontades se entrosam para que se perfaça a liberalidade por ato *inter vivos*, distinguindo-se, dessa maneira, do testamento, que trata da liberalidade *causa mortis* que também se considera uma doação, porém essa só surtirá efeitos com a morte do doador.

Maria Helena Diniz assegura ainda, que o ato do doador deverá se revestir de **espontaneidade**. Logo, faltará o espírito de liberalidade se o autor do benefício agir no cumprimento de uma obrigação ou para preencher uma condição ou um encargo de disposição que lhe tenha sido imposto. O doador deverá sacrificar o seu patrimônio para beneficiar outrem por querer desinteressadamente melhorar a situação deste.

E, por fim, para que ocorra efetivamente a doação deve haver a aceitação do donatário, visto que a doação se define por um contrato e, por isso, requer para a sua formação o consentimento das partes. Assim ter-se-á, de um lado, o ***animus donandi***, isto é, a vontade do doador de beneficiar o donatário, e, de outro, a aceitação do donatário, que se traduz pela manifestação de vontade consentindo na liberalidade do doador.

O Código Civil em seu artigo 539 estabelece que "o doador pode fixar prazo ao donatário, para declarar se aceita ou não a liberalidade. Desde que o donatário, ciente do prazo, não faça, dentro dele, a declaração, entender-se-á que aceitou, se a doação não for sujeita a encargo".

Diante do exposto, pode-se afirmar que preenchidos esses elementos elucidados por Maria Helena Diniz ter-se-á a doação – suscetível da incidência do ITCMD.

Sobre esse aspecto, Pedro Roberto Decomain[2] acredita que o conceito de doação trazido pelo Código Civil é parcialmente inadequado, haja vista não ser pelo contrato que a propriedade se transmite do doador ao donatário, mas pela tradição em se tratando de bens móveis e pelo registro no Órgão Competente quando for imóvel.

1. DINIZ, Maria Helena. **Direito Civil Brasileiro. Teoria das Obrigações Contratuais e Extracontratuais.** 3º v., 15. ed. São Paulo: Saraiva, 2000. p. 189-193.
2. DECOMAIN, Pedro Roberto, op. cit., p. 149.

Com relação à doação com **encargo**, também denominada de modal ou imprópria, prevista no artigo 540 do Código Civil, por não perder seu caráter de liberalidade, sustenta-se que também estará sujeita ao **ITCMD** e não ao ITBI. Segue a transcrição do art. 540 do CC:

> **Art. 540.** *A doação feita em contemplação do merecimento do donatário não perde o caráter de liberalidade, como não o perde a doação remuneratória, ou a gravada, no excedente ao valor dos serviços remunerados ou ao encargo imposto.*

Passa-se, nesse momento, a analisar a ***causa mortis*** que também constitui ato sujeito à tributação do Imposto sobre Transmissão *Causa Mortis* e Doação.

Em se tratando de óbito do titular de quaisquer bens ou direitos, o próprio falecimento determina a imediata transmissão desses bens ou direitos aos seus herdeiros ou legatários. Isso porque no nosso ordenamento jurídico não se admite que um bem não tenha proprietário ou possuidor.

Dessa forma, os bens do *de cujus*, tão logo ocorra o **falecimento**, devem pertencer a alguém. Assim sendo, os herdeiros recebem os bens em seu conjunto, *pro indiviso*, devendo ser realizada posterior partilha, para especificação do quinhão de cada um. Cada herdeiro terá direito apenas a sua parcela na herança, assim como cada legatário terá direito somente aos bens que expressamente lhe houverem sido deixados pela pessoa falecida, por força de testamento.

Por isso, o Parágrafo Único do artigo 35 do CTN estabelece que, em se cuidando de sucessão *causa mortis*, ocorrerão tantos fatos geradores do Imposto quantos sejam os herdeiros ou legatários. Portanto, cada herdeiro ou legatário responderá pelo Imposto incidente sobre a transmissão do seu quinhão hereditário, ou sobre o bem que lhe houver sido legado pela pessoa falecida.

O artigo 1.784 do Código Civil em vigor dispõe que "aberta a sucessão, a herança transmite-se, desde logo, aos herdeiros legítimos e testamentários".

Desse modo, pode-se afirmar que o **fato gerador** do ITCMD ocorre na **abertura da sucessão**. Entretanto, não significa que o Estado pode exigir desde então o recolhimento desse imposto.

Isso porque nem todos os bens integrantes do espólio serão objeto de sucessão *causa mortis*. Haverá aqueles que serão utilizados para o pagamento dos credores do falecido, e outra parcela poderá ser destinada à meação do cônjuge.

Outrossim, pode haver os bens cuja propriedade seja transferida em decorrência da sucessão a pessoas legalmente imunes ou beneficiárias de isenção tributária. Por conseguinte, sobre o valor desses bens não poderá incidir o Imposto de Transmissão.

Dessarte, constata-se que entre o lapso temporal do falecimento e do processamento do inventário e o pagamento dos credores, os herdeiros e os legatários terão direito a uma parcela ideal da herança e possuirão legitimidade para defender o espólio contra o esbulho e a dilapidação. Contudo, apenas após a **homologação da partilha** os herdeiros e os legatários serão proprietários dos bens deixados pelo falecido, representando quota-parte.

Assim, comprova-se que pela abertura da sucessão se transmite desde logo a posse e a propriedade da herança aos herdeiros legítimos e testamentários (Código Civil, art. 1.572). Mas, até a partilha, os herdeiros têm os seus direitos expressos em frações ideais no conjunto dos bens do monte[3].

Somente após a homologação da partilha se obterá a distribuição especificada, uma vez que a partilha tem efeito meramente declaratório e não atributivo da propriedade. Por tal motivo considera-se o herdeiro como proprietário e possuidor dos bens inscritos no seu quinhão, como se tivesse sido desde a data do óbito. Assim, atua na qualidade de proprietário, como se já houvesse recebido, discriminativamente, as coisas que a partilha lhe atribui, embora esta se efetive bem depois.

A sentença homologatória, tornando a partilha definitiva entre os que nela tenham sido contemplados, realiza aquela ficção. Diz-se, por isso mesmo, que a sentença homologatória tem efeito **retro-operante**, para fazer retroagir a discriminação dos bens à data do óbito, com abstração do tempo intermédio. O herdeiro não passa a ser dono de seu quinhão a partir da sentença, porém esta retroage à **data do óbito**. Cada herdeiro, que até a homologação tinha direito expresso em quota ideal do todo, considera-se titular das coisas a ele atribuídas, como se o fosse desde a morte do inventariante.

Assim sendo, com a abertura da sucessão surge um possível direito do Sujeito Passivo, mas trata-se de um direito ainda incerto, que depende de apuração de sua **liquidez** e **certeza**, por meio do apropriado procedimento, para que seja efetivamente constituído o crédito tributário.

Questão muito discutida está no fato de se haverá ou não incidência de ITCMD quando há **renúncia** da herança.

Para saber se a renúncia configura fato jurídico tributário do ITCMD, tem-se de distinguir a renúncia translativa da abdicativa.

Na **translativa**, o herdeiro renuncia em favor de alguém e, como há transmissão de direitos, haverá a incidência do Imposto *Causa Mortis* quando da aceitação da herança.

Já na **abdicativa**, o herdeiro renuncia para o monte sem ressalvas e, por esse motivo, não há que se falar na incidência do Imposto sobre Transmissões, pois não houve transferência de direitos. Compartilha desse entendimento o STJ como se pode observar nas ementas abaixo transcritas:

> TRIBUTÁRIO. ITCMD. RENÚNCIA DA HERANÇA. ABDICATIVA OU TRANSLATIVA. REVOLVIMENTO FÁTICO. SÚMULA N. 7/STJ. 1. A recorrente sustenta que houve renúncia abdicativa e, portanto, não haveria fato gerador do ITCMD. Todavia, o aresto recorrido concluiu estar caracterizada a renúncia translativa. 2. Apurar a existência de renúncia abdicativa, para concluir em sentido diverso do aresto, demandaria incursão probatória inviável no recurso especial, nos termos da Súmula n. 7/STJ. 3. Agravo regimental não provido (AgRg no REsp n. 1254813/RJ, rel. Min. Castro Meira, 2ª Turma, julgado em 01.12.2011, **DJe** de 19.12.2011).

> RENUNCIA À HERANÇA. INEXISTÊNCIA DE DOAÇÃO OU ALIENAÇÃO. ITBI. FATO GERADOR. AUSÊNCIA DE IMPLEMENTO. **A renúncia de todos os herdeiros**

3. PEREIRA, Caio Mário da Silva. **Instituições de Direito Civil.** v. VI, 11. ed. Rio de Janeiro: Forense, 1996. p. 309.

> **da mesma classe, em favor do monte,** não impede seus filhos de sucederem por direito próprio ou por cabeça. Homologada a renúncia, a herança não passa à viúva, e sim aos herdeiros remanescentes. **Esta renúncia não configura doação ou alienação à viúva, não caracterizando o fato gerador do ITBI, que é a transmissão da propriedade ou do domínio útil de bens imóveis.** Recurso provido (REsp n. 36076/MG, rel. Min. Garcia Vieira, 1ª Turma, julgado em 03.12.1998, **DJ** de 29.03.1999, p. 76) (grifos nossos).

No próximo item, será trabalhado com o critério espacial dos Impostos sobre Transmissão.

1.3.2. Critério Espacial

O ITCMD previsto no artigo 155, inciso I, da Constituição, quando incidir sobre a transmissão de bens **imóveis**, competirá o seu recolhimento ao Estado da **situação do bem**, ou ao Distrito Federal, conforme previsto no § 1º do artigo ora mencionado. Se o *de cujus* possuía bens imóveis em vários Estados, a cada um deles competirá o Imposto, relativamente à transmissão do bem nele situado.

Por outro lado, se a transmissão for de bens **móveis**, títulos e créditos, a competência para a cobrança do respectivo imposto será do Estado onde se processar o **inventário** ou arrolamento, ou onde tiver domicílio o **doador**, ou do Distrito Federal – art. 155, § 1º, II, da CF.

Todavia, a competência para a cobrança do Imposto será regulada por meio de **Lei Complementar**, quando o doador tiver domicílio ou residência no exterior, ou se o *de cujus* possuía bens, era residente ou domiciliado ou teve o seu inventário processado no **exterior** – art. 155, § 1º, III, da CF.

Essa norma está, em parte, representada pelo artigo 41 do Código Tributário Nacional, de acordo com o qual, o Imposto compete ao Estado da situação do imóvel transmitido, ou sobre quem versarem os direitos cedidos, mesmo que a mutação patrimonial decorra de sucessão aberta no exterior.

Dessa maneira, sendo o autor da herança domiciliado no exterior, o Imposto incidente sobre a transmissão de bens dos quais era proprietário no Brasil caberá ao Estado onde situados.

Contudo, para as demais hipóteses do inciso III do § 1º do artigo 155 da Constituição Federal, há realmente a necessidade de outra Lei Complementar. Por enquanto, não se tem notícia de que já tenha sido aprovada pelo Congresso Nacional referida lei complementar. Apesar disso, com o fim de atender essas peculiaridades, os Estados tem se utilizado da competência legislativa plena, concedida pela Constituição, conforme prescreve o art. 24, § 3º.

Como é cediço, a competência para o processo de inventário ou arrolamento está regulada no artigo 96 do Código de Processo Civil– art. 48 correspondente do Novo CPC Lei n. 13.105 de 2015, segundo o qual a competência territorial para referido processo será do foro do local onde o autor da herança tinha **domicílio** certo, ou onde houver ocorrido o óbito, quando o autor da herança possuía bens em diferentes locais.

Outrossim, à luz da Súmula n. 435 do STF, quando houver transmissão de ações, o Imposto sobre Transmissão *Causa Mortis* será devido ao Estado em que tenha sede a companhia – *"Súmula n. 435. O imposto de transmissão 'causa mortis' pela transferência de ações é devido ao Estado em que tem sede a companhia".*

1.3.3. *Critério Temporal*

Com relação à doação pode-se afirmar que o ITCMD deve ser recolhido no momento em que há a efetiva **transmissão** da propriedade. Assim, se for doado um bem **móvel** só haverá transmissão da propriedade quando for realizada a **tradição**. Aliás, o Código Civil no artigo 541, Parágrafo Único, estabelece que será válida a doação verbal, versando sobre bens móveis e de pequeno valor, se lhe seguir *incontinenti* a tradição.

Além do mais, o artigo 1.267 do instituto legal supracitado, no Capítulo III, que versa sobre a aquisição da propriedade móvel, dispõe que "a propriedade das coisas não se transfere pelos negócios jurídicos antes da tradição".

Ainda com relação aos bens móveis, o artigo 1.226 do Código Civil relata que os direitos reais sobre esses bens, quando constituídos, ou transmitidos por ato entre vivos, só se adquirem com a tradição.

Em virtude do acima exposto, ocorrendo doação de bem **móvel**, o respectivo Imposto de Transmissão somente será devido a partir do momento da **entrega** da coisa ao donatário.

Agora, se a doação versar sobre bens **imóveis**, o momento para o recolhimento do ITCMD será do **registro** desses bens no Cartório de Registro de Bens imóveis, pois só a partir desse momento que se verifica a transmissão de propriedade.

Nesse sentido, o artigo 1.227 do Código Civil estabelece que *"os direitos reais sobre imóveis constituídos, ou transmitidos por atos entre vivos, só adquirem com o registro no Cartório de Registro de Imóveis dos referidos títulos (arts. 1.245 a 1.247), salvo os casos expressos neste Código".* E, ainda, destaca-se do Código Civil:

> **Art. 1.245.** Transfere-se entre vivos a propriedade mediante o registro do título translativo no Registro de Imóveis. § 1º Enquanto não se registrar o título translativo, o alienante continua a ser havido como dono do imóvel. § 2º Enquanto não se promover, por meio de ação própria, a decretação de invalidade do registro, e o respectivo cancelamento, o adquirente continua a ser havido como dono do imóvel.

Desse modo, constata-se que o simples contrato de doação não é passível de tributação pelo ITCMD, que somente poderá incidir quando do registro desse ato de liberalidade no Cartório de Registro de Imóveis. Tudo isso porque apenas nesse momento se reconhece a transmissão de propriedade.

No tocante ao recolhimento do ITCMD em virtude da transmissão de bens em decorrência de óbito, evidencia-se que ocorre somente após a **homologação do cálculo**, pois em que pese a abertura da sucessão ser o fato gerador do Imposto de Transmissão *Causa Mortis*, nesse momento não se faz surgir ainda o crédito tributário líquido e certo.

Por essa razão, o Supremo Tribunal Federal editou a Súmula n. 114 que estabelece: "O Imposto de Transmissão *Causa Mortis* não é exigível antes da homologação do cálculo".

Cumpre esclarecer que o cálculo a que se refere a súmula tem como competente pela sua elaboração o contador judicial durante o inventário, no caso de partilha judicial, para apurar o *quantum* devido do imposto. Assim, após ouvidas as partes deve ser homologado o cálculo pelo juiz competente. Neste sentido, Angelina Mariz de Oliveira explica que:

> Ao julgar o cálculo do imposto elaborado pelo contador, o magistrado deve apreciar não apenas as questões relativas à base de cálculo e à alíquota, mas também, já tendo inclusive o poder-dever de declarar isenções e imunidades constantes do Ordenamento Jurídico[4].

Entretanto, se a partilha for amigável ou o valor dos bens do espólio for igual ou inferior a 2.000 (duas mil) Obrigações do Tesouro Nacional – OTN –, o inventário processar-se-á na forma de arrolamento, cabendo ao inventariante nomeado, independentemente de assinatura de termo de compromisso, apresentar, com suas declarações, a atribuição do valor dos bens do espólio e o plano de partilha.

Portanto, não ocorrerá a avaliação dos bens, nem elaboração de cálculos pelo contador, devendo o Imposto ser pago pelos sucessores antecipadamente.

Com efeito, o artigo 1.031 do Código de Processo Civil dispõe:

> **Art. 1.031.** A partilha amigável, celebrada entre partes capazes, nos termos do art. 2.015 da Lei no 10.406, de 10 de janeiro de 2002 – Código Civil, será homologada de plano pelo juiz, mediante a prova da quitação dos tributos relativos aos bens do espólio e às suas rendas, com observância dos arts. 1.032 a 1.035 desta Lei. (Redação dada pela Lei n. 11.441, de 2007). (...) § 2º Transitada em julgado a sentença de homologação de partilha ou adjudicação, o respectivo formal, bem como os alvarás referentes aos bens por ele abrangidos, só serão expedidos e entregues às partes após comprovação, verificada pela Fazenda Pública, do pagamento de todos os tributos.

Segue o art. Correspondente do Novo CPC Lei n. 13.105 de 2015:

> Art. 659. A partilha amigável, celebrada entre partes capazes, nos termos da lei, será homologada de plano pelo juiz, com observância dos arts. 660 a 663.
>
> § 1º O disposto neste artigo aplica-se, também, ao pedido de adjudicação, quando houver herdeiro único.
>
> § 2º Transitada em julgado a sentença de homologação de partilha ou de adjudicação, será lavrado o formal de partilha ou elaborada a carta de adjudicação e, em seguida, serão expedidos os alvarás referentes aos bens e às rendas por ele abrangidos, intimando-se o fisco para lançamento administrativo do imposto de transmissão e de outros tributos porventura incidentes, conforme dispuser a legislação tributária, nos termos do § 2º do art. 662.

E, ainda, o § 2º do artigo 1.034 do Código de Processo Civil estabelece que: "O imposto de transmissão será objeto de lançamento administrativo, conforme dispuser a legislação tributária, não ficando as autoridades fazendárias adstritas aos valores dos bens do espólio atribuídos pelos herdeiros".

Segue o artigo correspondente do Novo CPC Lei n. 13.105 de 2015:

> Art. 662. No arrolamento, não serão conhecidas ou apreciadas questões relativas ao lançamento, ao pagamento ou à quitação de taxas judiciárias e de tributos incidentes sobre a transmissão da propriedade dos bens do espólio.
>
> § 1º A taxa judiciária, se devida, será calculada com base no valor atribuído pelos herdeiros, cabendo ao fisco, se apurar em processo administrativo valor diverso do estimado, exigir a eventual diferença pelos meios adequados ao lançamento de créditos tributários em geral.

---

4. OLIVEIRA, Angelina Mariz. **Tributação da transmissão de bens por sucessão hereditária. Revista Dialética de Direito Tributário**, n. 68, p. 15-31, maio 2001.

> **§ 2º O imposto de transmissão será objeto de lançamento administrativo, conforme dispuser a legislação tributária, não ficando as autoridades fazendárias adstritas aos valores dos bens do espólio atribuídos pelos herdeiros.** (grifos nossos)

Diante disso, o juízo monocrático apenas verifica, no caso de arrolamento, a apresentação dos documentos comprobatórios do pagamento dos tributos, sem averiguar seus elementos, devendo homologar de plano a partilha amigável perante prova de quitação das obrigações fiscais. Contudo, se o valor recolhido for inferior ao devido, cabe à Fazenda Pública efetuar o lançamento da diferença.

A conclusão da Corte Suprema na Súmula n. 114 decorre do fato de que dos bens do falecido que compõe o espólio nem todos integrarão a herança.

Assim, somente após a definitiva apuração dos bens que integram o patrimônio do *de cujus*, eles serão avaliados. O principal objetivo da avaliação dos bens do espólio consiste em permitir sua partilha em conformidade com os limites legais. A partir disso, o contador judicial poderá elaborar o cálculo para o pagamento do imposto de transmissão *causa mortis*.

1.4. Consequente Tributário

1.4.1. Critério Pessoal

1.4.1.1. Sujeito Ativo

Em se tratando de Imposto sobre Transmissão *Causa Mortis* e Doação, conforme disposto no artigo 155, § 1º, da Lei Maior, será competente o **Estado** onde se encontrar o bem, quando o fato gerador de incidência desse tributo recair sobre bem **imóvel**.

Neste sentido, preceitua o artigo 41 do Código Tributário Nacional: "O imposto compete ao Estado da situação do imóvel transmitido, ou sobre que versarem os direitos cedidos, mesmo que a mutação patrimonial decorra de sucessão aberta no estrangeiro".

Com relação aos bens **móveis, títulos e créditos** o Sujeito Ativo dessa relação será o Estado onde se processar o inventário ou arrolamento, ou, ainda, tiver domicílio o doador.

1.4.1.2. Sujeito Passivo

O artigo 42 do CTN autoriza as **leis** dos Estados a eleger qualquer das partes envolvidas no negócio como Sujeito Passivo do Imposto. Todavia, em se tratando de *causa mortis*, somente poderão ser Contribuintes do tributo os herdeiros ou legatários, isto é, os beneficiados pela transmissão hereditária.

Agora, quando se tratar de Imposto incidente sobre transmissão resultante de doação, qualquer das partes, tanto o **doador** quanto o **donatário** poderá ser erigido pela lei à condição de Sujeito Passivo. Além disso, utilizando a faculdade prevista no artigo 128 do Código Tributário Nacional, podem as leis locais considerar a outra parte como responsável subsidiário ou por substituição, pelo pagamento do tributo, em ocorrendo inadimplemento por parte daquele a quem a lei considera Sujeito Passivo.

Constata-se que a grande maioria das leis estaduais que versa sobre o ITCMD atribui ao adquirente dos bens ou direitos a condição de Sujeito Passivo da obrigação tributária.

1.4.2. Critério Quantitativo

1.4.2.1. Base de Cálculo

O artigo 38 do CTN determina que a base de cálculo do ITCMD será o **valor venal** dos bens ou direitos transmitidos. O valor venal do bem compreende aquele pelo qual pode ser negociado no mercado.

A Súmula n. 113 do STF determina que o *"imposto de transmissão causa mortis é calculado sobre o valor dos bens na data da avaliação"*.

O entendimento atual dos Tribunais Superiores, no entanto, tende pela possibilidade da fixação do valor na data da **transmissão dos bens**.

Vale mencionar que a Súmula n. 113 do STF foi editada em época anterior à correção monetária de 1964, e assim, a referida Súmula evitava distorções prejudiciais ao Fisco, como se observa na jurisprudência a seguir:

> TRIBUTÁRIO. IMPOSTO DE TRANSMISSAO "CAUSA MORTIS". SÚMULA 113-STF. DECRETO-LEI DO RIO DE JANEIRO N. 413, DE 13.2.79, QUE ALTEROU O DECRETO-LEI N. 5-75 (ART-83 E SEU PAR-2.). DIZENDO A SÚMULA 113 QUE O IMPOSTO DE TRANSMISSÃO "CAUSA MORTIS" E O CALCULADO SOBRE O VALOR DOS BENS NA DATA DA AVALIAÇÃO, REFERINDO-SE, COMO FONTES LEGISLATIVAS, AOS ARTS. 483 E 499 DO CPC DE 1939, QUE CORRESPONDEM AOS ARTS. 1.003 E 1.013 DO CPC DE 1973, BEM COMO AO ART. 38 DO C.T.N., E DETERMINANDO ESSE ÚLTIMO QUE "A BASE DE CÁLCULO DO IMPOSTO E O VALOR VENAL DOS BENS OU DIREITOS TRANSMITIDOS", TEM-SE QUE É POSSÍVEL SER FIXADA POR LEI ESTADUAL A DATA DA TRANSMISSÃO OU POSTERIOR EM RELAÇÃO A QUAL DEVEM SER AVALIADOS OS BENS. **A SÚMULA 113 (1962) É ANTERIOR À LEI DA CORREÇÃO MONETÁRIA (1964), PELO QUE O OBJETIVO A QUE ELA VISAVA, DE EVITAR DISTORÇÕES PREJUDICIAIS AO FISCO, SE ENCONTRA ATENDIDO COM A APLICAÇÃO DA CORREÇÃO MONETÁRIA. E QUE, ANTES, NÃO INTERESSAVA AO CONTRIBUINTE PAGAR A FAZENDA, PRONTAMENTE, O IMPOSTO QUE ERA DEVIDO, MAS COM A CORREÇÃO MONETÁRIA A DISTORÇÃO FOI EVITADA.** INEXISTÊNCIA, DE DIVERGENCIA, ASSIM, ENTRE A SÚMULA 113 E O ART. 83, DO DECRETO-LEI N. 5, COM A REDAÇÃO DO DECRETO-LEI N. 413, DE 1979, AMBOS DO ESTADO DO RIO DE JANEIRO, POIS SE DISPÕE O ART. 83 ALUDIDO QUE "A BASE DO CÁLCULO DO IMPOSTO E O VALOR VENAL DOS BENS OU DIREITOS RELATIVOS A IMÓVEIS, NO MOMENTO DA TRANSMISSÃO", DE OUTRA PARTE DETERMINOU A APLICAÇÃO DA CORREÇÃO MONETÁRIA SE O PAGAMENTO NÃO SE REALIZASSE DENTRO DE UM ANO (RE 98589/RJ – RIO DE JANEIRO, rel. Min. Aldir Passarinho **DJ** de 11.11.1983, p. 17543).

Entretanto, a jurisprudência atual entende que com a correção monetária não há mais esse problema. Por essa razão, há a possibilidade de fixação de tal momento na data da transmissão dos bens.

Nesse sentido, o STJ enfatiza essa permissão por parte do STF:

> TRIBUTÁRIO. IMPOSTO DE TRANSMISSÃO *CAUSA MORTIS*. **EMBORA A SÚMULA 113 DO SUPREMO TRIBUNAL FEDERAL REZE QUE O IMPOSTO DE TRANSMISSÃO *CAUSA MORTIS* É CALCULADO SOBRE O VALOR DOS BENS NA DATA DA AVALIAÇÃO**, REFERIDOS, COMO FONTES LEGISLATIVAS, OS ARTS. 483 E 499 DO CPC DE 1939, QUE CORRESPONDEM AOS ARTS. 1003 A 1013 DO CPC DE 1973, BEM COMO AO ART. 38 DO CTN, **A JURISPRUDÊNCIA POSTERIOR DA CORTE MAIOR ASSENTOU SER POSSÍVEL A FIXAÇÃO DE TAL MOMENTO NA DATA DA TRANSMISSÃO DOS BENS.** RECURSO NÃO CONHECIDO (REsp 2263/RJ, Min. Armando Rolemberg (0019), **DJ** de 18.06.1990).

Diante disso, embora a Súmula n. 113 do STF não tenha sido revogada, convém evidenciar que a aplicação atual tende para a fixação do valor na data da **transmissão dos bens, assegurando-se a devida correção até a data do efetivo pagamento**. Ademais, se o aspecto material da hipótese de incidência do ITCMD se traduz pela transmissão *causa mortis*, não se pode admitir como base de cálculo quantia fixada em data diferente, posto que fatores externos podem alterar o valor do bem posteriormente à transmissão.

Insta salientar ainda que no caso de transmissão *causa mortis*, a abertura da sucessão ocorre no momento da morte. Por essa razão será nesse momento que definirá a legislação aplicável quanto à constituição do crédito tributário. Nesse sentido o STF consolidou seu entendimento por meio da Súmula n. 112, *in verbis*: "O Imposto de Transmissão *Causa Mortis* é devido pela alíquota vigente ao tempo da abertura da sucessão".

Com relação, ao **compromisso de compra e venda**, se o bem imóvel for objeto desse contrato, o Imposto será calculado sobre o crédito existente na abertura da sucessão. Sobre o assunto, confira a Súmula n. 590 do STF: *"Súmula n. 590. Calcula-se o Imposto de transmissão 'causa mortis' sobre o saldo credor da promessa de compra e venda de imóvel, no momento da abertura da sucessão do promitente vendedor".*

1.4.2.2. Alíquotas

Da análise do artigo 155, § 1º, inciso IV, da Constituição Federal, constata-se que as alíquotas **máximas** serão fixadas pelo Senado Federal.

Neste sentido, o Senado Federal, na Resolução n. 9/92 determina que a alíquota máxima para o ITCMD seja de 8%. Ademais, autoriza a progressividade do imposto, nos termos do art. 2º da referida Resolução.

Importante salientar que no início de 2013, o STF ao julgar o RE n. 562.045/RS reconheceu a possibilidade de alíquotas **progressivas** para o ITCMD, por entender que todos os Impostos podem e devem guardar relação com a Capacidade Contributiva do Sujeito Passivo e não ser impossível aferi-la nesse caso.

Assim sendo, as alíquotas do ITCMD poderão ser progressivas conforme o valor dos bens transmitidos, mas deve sempre respeitar a alíquota máxima de 8%.

1.5. Características

Consiste em imposto **fiscal**, em razão de visar à arrecadação e suprir as necessidades públicas.

Trata-se de um tributo **direto**, não cabendo repercussão. Ademais, se caracteriza por se tratar de um tributo **real**, posto que incide sobre determinado bem do Sujeito Passivo, abstraindo-se sua condição pessoal.

Essa exação, regra geral, está sujeita ao lançamento por **declaração**, apesar de existirem casos, em alguns Estados, de lançamento por homologação, como ocorre em São Paulo, Santa Catarina e no Paraná.

Há que se mencionar que o ITCMD não incide sobre as transmissões originárias, como ocorre com a Usucapião e a Acessão, nos termos dos arts. 1.238 e 1.248, respectivamente, do Código Civil.

Além de tudo, respeita o **Princípio da Anterioridade**, tanto **Nonagesimal** como a do **Exercício Financeiro**, nos termos do artigo 150 da CF.

Critério Material (Fato Gerador)	Transmissão causa mortis e doação de quaisquer bens e direitos.	
Critério Espacial	Bem Imóvel	Estado da situação do Bem.
	Bem Móvel	Doação: Estado de Domicílio doador.
	Causa Mortis	Estado onde se processa o Inventário.
Critério Temporal	Bem Imóvel	Com registro em Cartório.
	Bem Móvel	Doação: Com a tradição.
	Causa Mortis	Após a homologação do cálculo – Súmula n. 114 do STF.
Critério Quantitativo	Base de Cálculo	Valor venal dos bens ou direitos transmitidos.
	Alíquota	Máximas fixadas por Resolução do Senado Federal.
Critério Pessoal	Sujeito Ativo	Coincide com o critério espacial – art. 155, § 1º, da Lei Maior, será competente o **Estado** onde se encontrar o bem, quando o fato gerador de incidência desse tributo recair sobre bem **imóvel**. Com relação aos bens **móveis, títulos e créditos,** o Sujeito Ativo dessa relação será o Estado onde se processar o inventário ou arrolamento, ou, ainda, tiver domicílio o doador.
	Sujeito passivo	O art. 42 do CTN autoriza as leis dos Estados a eleger qualquer das partes envolvidas no negócio como Sujeito Passivo do Imposto.

1.6. Questões

1. (PGE/MT – FCC/2016). O imposto de transmissão *causa mortis* e doação de quaisquer bens ou direitos, de competência estadual,

(A) incide sobre a transmissão de bens, realizada entre pessoas jurídicas, em decorrência da transferência da propriedade de bem imóvel em virtude de aumento de capital aprovada pelos órgãos societários das pessoas jurídicas envolvidas.

(B) onera atos jurídicos relativos à constituição de garantias reais sobre imóveis.

(C) será devido em favor do Estado do Mato Grosso, em relação às doações de dinheiro, sempre que o donatário estiver domiciliado nessa Unidade da Federação, ou no Distrito Federal.

(D) não incidirá sobre as transmissões ou doações em que figurarem como herdeiros, legatários ou donatários, os partidos políticos e suas fundações, respeitados os requisitos de lei.

(E) tem lançamento apenas na modalidade "por declaração".

2. (Pref. Buriti dos Lopes/PI – Advogado – IMA/2016). Acerca do imposto de transmissão *causa mortis* e doação de quaisquer bens ou direitos, assinale a alternativa verdadeira:

I. Quando este imposto recair sobre bens imóveis e respectivos direitos, compete ao Estado da situação do bem, ou ao Distrito Federal.

II. Relativamente a bens móveis, títulos e créditos, compete ao Estado onde se processar o inventário ou arrolamento, ou tiver domicílio o doador, ou Distrito Federal.

III. terá a competência para a sua instituição regulada por lei complementar, se o doador tiver domicílio ou residência no exterior; se o "de cujus" possuía bens, era residente ou domiciliado ou teve o seu inventário processado no exterior.

(A) Somente I é verdadeira.

(B) Somente I e II são verdadeiras.

(C) Somente II e III são verdadeiras.

(D) Todas as alternativas são verdadeiras.

3. (Pref. Bodoquena/MS – Advogado – SIMPA/2016). Julgue os itens abaixo:

( ) A empresa "Máquinas Bodoquena" presta serviços de montagem de máquinas de lavar roupas e, esporadicamente, promove a manutenção dessas máquinas. Sendo assim, a empresa "Máquinas Bodoquena" deverá recolher do ISSQN sobre todos os serviços prestados, mesmo que não sejam sua atividade preponderante.

( ) Compete ao Município de Bodoquena instituir imposto sobre as mercadorias que circulam em seu território.

( ) Maria firmou contrato de promessa de compra e venda de imóvel com João. Esse imóvel está registrado no nome de João e localiza-se na zona urbana de Bodoquena. Embora Maria ainda não tenha adquirido a propriedade do imóvel, está exercendo a posse sobre referido bem. Nesse sentido, é correto afirmar que tanto Maria quanto João são contribuintes responsáveis pelo pagamento do IPTU.

( ) O ITCMD é de competência do Município da situação do bem, tendo seu fato gerador a transmissão de direitos e a transmissão de bens móveis e imóveis.

Assinale a alternativa correta:

(A) V – V – V – F.

(B) V – F – V – F.

(C) F – F – V – F.

(D) F – V – F – V

(E) F – F – V – V

4. (Procurador da República – MPF/2015). Lei estadual estabelece progressividade de alíquota do imposto sobre transmissão *causa mortis* e doação de bens e direitos (ITCMD). Neste caso, segundo o Supremo Tribunal Federal:

(A) É incabível a progressividade de alíquotas porquanto é restrita aos tributos taxativamente elencados na vigente Constituição Federal.

(B) A progressividade prevista na cobrança viola o princípio da capacidade contributiva.

(C) É cabível a cobrança do referido imposto de forma progressiva com vistas a assegurar a aferição da capacidade econômica do contribuinte.

(D) A progressividade na cobrança do imposto infringe o constitucional princípio da igualdade material tributária.

5. (TJ/MG – Cartório – CONSULPLAN/2015). Com relação ao entendimento sumulado no STF a respeito do ITCMD e da multa pelo retardamento do inventário, é correto afirmar que:

(A) o imposto de transmissão causa mortis é devido pela alíquota vigente ao tempo da abertura da sucessão e pode ser exigível antes da homologação do cálculo.

(B) sobre os honorários do advogado contratado pelo inventariante, com a homologação do juiz, incide o imposto de transmissão causa mortis.

(C) não é legítima a incidência do imposto de transmissão causa mortis no inventário por morte presumida e não é inconstitucional a multa instituída pelo estado-membro, como sanção pelo retardamento do início ou da ultimação do inventário.

(D) o imposto de transmissão causa mortis é calculado sobre o valor dos bens na data da avaliação, mas calcula-se o ITCMD sobre o saldo credor da promessa de compra e venda de imóvel no momento da abertura da sucessão do promitente vendedor.

6. (TJ/RR – Juiz – FCC/2015). Sérgio, viúvo, faleceu em 2012, tendo deixado dois filhos como herdeiros: um maior de idade e outro menor de idade. No momento de seu falecimento, o valor total dos bens deixados por Sérgio (todos eles bens móveis) era de R$ 1.500.000,00. Nesse mesmo momento, o valor de suas dívidas, inclusive tributárias, perfazia o montante de R$ 300.000,00. Em seu testamento, deixou como legado, para seu sobrinho Carlos, menor de idade, com 8 anos completos, a importância de R$ 120.000,00, e deixou para Madalena, sua sobrinha e irmã de Carlos, com 21 anos completos, a importância de R$ 100.000,00. Camilo, tutor de Carlos, aceitou a herança em nome do menino, mas como este não possuía recurso financeiro algum para liquidar o crédito tributário em questão, deixou-se de efetivar o pagamento do ITCMD incidente sobre essa transmissão *causa mortis*. Madalena aceitou a herança, mas não pagou o ITCMD devido, por puro esquecimento. De acordo com a lei do Estado federado que tinha titularidade ativa para instituir o ITCMD sobre essas transmissões hipotéticas, "o contribuinte do ITCMD é o herdeiro a qualquer título". Considerando os fatos acima narrados e o que o Código Tributário Nacional dispõe a respeito de sujeição passiva e capacidade tributária,

(A) Carlos não pode ser contribuinte do ITCMD relativo ao legado que recebeu, por ser menor de idade, ainda que lei estadual tenha disposto que o herdeiro a qualquer título é o contribuinte na transmissão causa mortis.

(B) Camilo não pode ser responsabilizado pelo pagamento do ITCMD devido sobre o legado recebido por Carlos, pois não agiu com dolo.

(C) o espólio é responsável pelas dívidas tributárias do de cujus, incorridas anteriormente ao seu óbito.

(D) Madalena, por ser irmã de Carlos, e maior de idade, é contribuinte tanto em relação ao ITCMD devido pelo legado que recebeu, como em relação ao ITCMD devido pelo legado recebido por seu irmão.

(E) o espólio, na qualidade de responsável por sucessão, é contribuinte do ITCMD devido pelos legatários e pelos herdeiros legais menores de idade.

7. (TJ/AL – Juiz – FCC/2015). Dr. Misael, renomado advogado, com escritório na cidade de Rio Largo/AL, foi consultado a respeito da incidência do ITCMD em transmissões de bens e direitos realizadas por alguns de seus clientes, tendo tomado nota das seguintes informações:

- Júlio, que, na data de seu falecimento, era domiciliado no Município de Batalha/AL, deixou para sua filha, Telma, domiciliada em Porto Alegre/RS, o imóvel de sua propriedade, situado na cidade de Aracaju/SE.
- Marcos, domiciliado em Natal/RN, possuía um prédio comercial localizado na cidade de Arapiraca/AL, que foi dado em usufruto gratuitamente a seu tio Arquimedes, domiciliado na cidade de São Luiz/MA, para que nele instalasse uma pequena padaria.
- Adelaide, domiciliada no Município de Japaratinga/AL, possuía um veículo automotor, que fica permanentemente em sua casa de praia, na cidade de João Pessoa/PB, que foi doado a seu cunhado Joca, domiciliado na cidade de Salvador/BA, para utilizá-lo como táxi na capital baiana.
- Augusto, domiciliado no Município de Maceió/AL, possuía uma caderneta de poupança em agência bancária da cidade de Recife/PE, com saldo no valor de R$ 200.000,00, importância essa que foi doada a seu irmão Carlos, domiciliado na cidade de Manaus/AM.
- Dalva, domiciliada em União dos Palmares/AL, proprietária de dez caminhões adaptados para o transporte de cana, utilizados e guardados na fazenda de sua propriedade, localizada no município de Campo Maior/PI, doou a fazenda e os veículos a seu sobrinho Tarcísio.

Com base nas notas tomadas pelo ilustre advogado e nas disposições da Constituição Federal acerca do ITCMD, e considerando, ainda, que todas essas transmissões são tributadas, Dr. Misael respondeu corretamente a consulta formulada quando afirmou que o ITCMD incidente sobre a transmissão

(A) por doação feita por Dalva a Tarcísio é devido integralmente ao Estado do Piauí.

(B) causa mortis decorrente do falecimento de Júlio é devido integralmente ao Estado de Alagoas.

(C) por doação feita por Marcos a Arquimedes é devido integralmente ao Estado de Alagoas.

(D) por doação feita por Adelaide a Joca é devido integralmente ao Estado da Bahia.

(E) por doação feita por Augusto a Carlos é devido integralmente ao Estado de Pernambuco.

8. (Juiz de Direito Substituto/PA – VUNESP/2014). No que respeita ao imposto sobre a transmissão *causa mortis* e doação de quaisquer bens ou direitos (ITCMD), cuja titularidade impositiva pertence aos Estados e ao Distrito Federal, é correto afirmar que

(A) terá suas alíquotas máximas fixadas por lei complementar.

(B) terá a competência para sua instituição regulada por lei complementar se o de cujus possuía bens, era residente ou domiciliado ou teve seu inventário processado no exterior.

(C) relativamente a bens móveis compete ao Estado da situação do bem, ou ao Distrito Federal.

(D) relativamente a bens imóveis e respectivos direitos compete aos Estados onde se processar o inventário ou arrolamento, ou tiver domicílio o doador, ou ao Distrito Federal.

(E) terá a competência para sua instituição regulada por resolução do Senado Federal se o doador tiver domicílio ou residência no exterior.

9. (TJ/CE – Juiz – FCC/2014). Em setembro de 2013, Gustavo, com 10 anos de idade, domiciliado em Fortaleza/CE, recebeu em doação, de sua avó, Mariângela, viúva, domiciliada em Natal/RN, um terreno localizado à beira-mar, em Aquiraz/CE, do qual ela era proprietária, fazia 30 anos. Como Gustavo é menor de idade, a aceitação da doação foi feita apenas por sua mãe, que o representa na prática de atos da vida civil, pois seu pai foi destituído do poder familiar, por decisão judicial, e há muito tempo "anda desaparecido". No momento em que foi lavrada a escritura de doação, Mariângela, que era contribuinte do IPTU, encontrava-se em débito com a Prefeitura do Município de Aquiraz, relativamente a esse imposto, no exercício de 2013. Considerando que o contribuinte do ITCD, nas doações, é o donatário e tomando como base o que dispõem a Constituição Federal e o Código Tributário Nacional, é correto afirmar:

(A) Mariângela, ao formalizar a doação do imóvel a seu neto, deixará de revestir a condição de contribuinte do IPTU/2013, passando Gustavo a revestir a condição de contribuinte em relação ao IPTU/2013, mesmo que da escritura de doação conste certidão negativa relativamente a esse exercício.

(B) O pai de Gustavo pode ser considerado responsável tributário pelo ITCD devido por essa transmissão por doação, pelo simples fato de ser pai, mesmo não tendo intervindo no ato de transmissão por doação, nem tendo sido responsável por qualquer omissão.

(C) Gustavo, embora tenha apenas 10 anos de idade e seja, por causa disso, civilmente incapaz, tem, todavia, capacidade tributária para ser contribuinte do ITCD, pois sua capacidade tributária não é afetada por sua incapacidade civil.

(D) O sujeito ativo do ITCD incidente sobre essa transmissão é o Estado do Rio Grande do Norte, pois a doadora, Mariângela, está domiciliada em Natal.

(E) O pai e a mãe de Gustavo revestirão a condição de responsáveis tributários pelo IPTU em atraso e pelo ITCD devido por Gustavo, se, da escritura de doação, não constar certidão negativa relativamente a débitos do IPTU e do ITCD e se não for possível exigir de Gustavo o cumprimento da obrigação principal.

10. (TJ/BA – Cartório – CESPE/2014). Compete aos estados e ao Distrito Federal instituir ITCMD. Nesse sentido, é correto afirmar que o ITCMD

(A) deve ter suas alíquotas máximas do imposto fixadas pela Câmara dos Deputados.

(B) compete ao estado da situação do bem, ou ao Distrito Federal, quando se tratar de bens imóveis e respectivos direitos.

(C) compete ao estado da situação do bem, ou ao Distrito Federal, quando se tratar de bens imóveis, móveis, títulos e créditos.

(D) compete ao estado onde se processar o inventário ou arrolamento, ou tiver domicílio o doador, ou ao Distrito Federal, quando se tratar de bens imóveis.

(E) deve ter suas alíquotas máximas fixadas por decreto presidencial.

11. (TJ/BA – Cartório – CESPE/2014). A respeito do ITCMD, assinale a opção correta.

(A) O ITCMD é considerado um tributo pessoal e, portanto, pode ser progressivo.

(B) A competência para a instituição do ITCMD é dos municípios, dos estados e do DF.
(C) A competência para a instituição do ITCMD é dos municípios e do DF.
(D) O STF decidiu pela constitucionalidade da alíquota progressiva do ITCMD, o qual é considerado tributo real.
(E) As alíquotas máximas do ITCMD são fixadas pelas assembleias legislativas dos estados.

12. (TJ/MT – Cartório –FMP/2014). O Imposto Sobre Transmissão *Causa Mortis* e Doação (ITCD), é tributo de competência:

(A) da União, dos Estados, do Distrito Federal, dos Municípios, podendo cada um instituí-lo de acordo com a competência concorrente.
(B) da União.
(C) dos Estados e do Distrito Federal.
(D) dos Municípios.
(E) Nenhuma das respostas anteriores.

13. (TJ/MT – Cartório – MTFMP/2014). Em relação ao Imposto de Transmissão *Causa Mortis* e Doação (ITCD), observe as seguintes afirmativas.

I. Terá suas alíquotas máximas fixadas pelo Senado Federal.
III. A União terá competência para sua instituição, se o credor tiver domicílio ou residência no exterior.
IIII. Compete ao Estado onde o bem imóvel estiver situado, mesmo que o inventário seja processado em outro Estado.

Está(ão) correta(s) apenas a(s) afirmativa(s):

(A) I.
(B) II.
(C) I e II.
(D) II e III.
(E) I e III.

14. (TJ/MT – Cartório – FMP/2014). A doação de dinheiro, quanto ao imposto de Transmissão *Causa Mortis* e Doação – ITCD,

(A) não está sujeito à tributação, porque não se trata de bem imóvel.
(B) se o doador, ao auferir renda, já ofereceu à tributação o Imposto de Renda sobre o valor que doou, não há tributação do ITCD.
(C) se doador e donatário têm domicílio no mesmo município, não há incidência do ITCD.
(D) está sujeito à tributação do ITCD, porque o tributo incide sobre bens imóveis e móveis.
(E) Nenhuma das respostas anteriores.

15. (TJ/MT – Cartório –FMP/2014). Para fins de se obter a base de cálculo do Imposto sobre Transmissão *Causa Mortis*, ITCD, em caso de inventário judicial, utiliza-se:

(A) o custo de aquisição, quando da compra do bem pelo de cujus.
(B) o custo de aquisição, quando da compra do bem pelo de cujus, corrigido até o mês do recolhimento do tributo.
(C) o valor apontado pela avaliação no inventário.
(D) o valor médio dos imóveis, em condições semelhantes, à data da compra, corrigido até o mês do recolhimento do tributo.
(E) Nenhuma das respostas anteriores.

16. (TJ/MT – Cartório – FMP/2014). Quando não for possível exigir a obrigação principal do contribuinte, responde solidariamente com o mesmo, em relação ao ITCD:

II. o tabelião, o escrivão e demais serventuários de ofício, em relação aos atos tributáveis praticados por eles ou perante eles, em relação ao seu ofício.
III. o filho, em relação ao tributo devido pelo pai.
IIII. os empregados, em relação ao tributo devido pela empresa.

Está(ão) correta(s) apenas a(s) afirmativa(s):

(A) I.

(B) II.

(C) III.

(D) II e III.

(E) I e III.

17. (TC/DF – Procurador do MP – CESPE/2013). Julgue o item referente ao imposto dos estados e do DF: *"O imposto de transmissão causa mortis, que será devido pela alíquota vigente na data da sentença do processo de inventário, não é exigível antes da homologação do cálculo."*

18. (TJ/PB – Juiz – FCC/2013). Sobre as fontes do Direito Tributário é correto afirmar que:

(A) Somente a lei em sentido estrito é fonte instituidora de tributos, especialmente impostos.

(B) A fixação das alíquotas máximas do Imposto sobre Transmissão Causa Mortis e Doação – ITCD – e das alíquotas mínimas do Imposto sobre a Propriedade de Veículo Automotor – IPVA – se dá por Resolução do Senado Federal.

(C) A lei complementar em matéria tributária é hierarquicamente superior à lei ordinária em qualquer hipótese em que venha a ser exigida, quer quando fixa normas gerais, quer quando seja fonte instituidora de tributos.

(D) A Instrução Normativa derroga a lei instituidora do tributo naquilo que for do âmbito de competência da autoridade administrativa com atribuição para editá-la, já que norma especial derroga norma geral.

(E) A Constituição Federal autoriza expressamente a instituição ou majoração de todos os tributos por meio de medida provisória, desde que se trate de tributo de competência da União.

19. (TJ/PR – Juiz Substituto – UFPR/2012). Considere as seguintes afirmativas sobre a jurisprudência do Superior Tribunal de Justiça e do Supremo Tribunal Federal em matéria tributária:

1. É inconstitucional a fixação de adicional progressivo do imposto predial e territorial urbano em função do número de imóveis do contribuinte.
2. É ilegítima a incidência do imposto de transmissão *causa mortis* no inventário por morte presumida.
3. Promitente comprador de imóvel residencial transcrito em nome de autarquia é contribuinte do Imposto Predial Territorial Urbano.
4. É inconstitucional a adoção no cálculo do valor de taxa de um ou mais elementos da base de cálculo própria de determinado imposto, desde que não haja integral identidade entre uma base e outra.

Assinale a alternativa correta:

(A) Somente a afirmativa 4 é verdadeira.

(B) Somente as afirmativas 2 e 4 são verdadeiras.

(C) Somente as afirmativas 1 e 3 são verdadeiras.

(D) Somente as afirmativas 1, 2 e 3 são verdadeiras.

20. (Câmara de Porto Vitória/PR – Advogado – UNIUV/2012). Considere as assertivas I, II e III:

I. O imposto sobre transmissão *causa mortis* e doação, de quaisquer bens ou direitos, de competência dos Estados, segue os critérios da generalidade, da universalidade e da progressividade.

II. União, Estados e Municípios, na iminência ou no caso de guerra externa, poderão instituir impostos extraordinários, compreendidos ou não em sua competência tributária, os quais serão suprimidos, gradativamente, cessadas as causas de sua criação.

III. Compete aos Municípios instituir imposto sobre a transmissão *inter vivos*, a qualquer título, por ato oneroso, de bens imóveis, por natureza ou acessão física, e de direitos reais sobre imóveis, inclusive os de garantia, bem como cessão de direitos a sua aquisição.

De acordo com o disposto no texto da Constituição Federal, é certo afirmar que:

(A) Somente a assertiva I está correta.

(B) Somente a assertiva II está correta.

(C) Somente as assertivas I e III estão corretas.

(D) Somente a assertiva III está correta.

(E) Todas as alternativas estão incorretas.

21. (Município de Caririaçu/CE – Advogado – UPA/ 2012). Concernente aos impostos previstos na Constituição Federal/88 assinale a alternativa incorreta:

(A) O imposto sobre produtos industrializados é caracterizado por ser seletivo e não cumulativo.

(B) Apesar do IOF ser um imposto federal, em se tratando de ouro ativo financeiro ou instrumento cambial, toda a arrecadação é transferida aos Estados e Municípios.

(C) Compete ao Estado em que for processado o arrolamento ou inventário, decorrente de sucessão causa mortis, o ITCMD de bens móveis, títulos e créditos.

(D) Segundo o entendimento do STJ, incide a cobrança de ICMS sobre o serviço de habilitação de telefone celular.

22. (PGE/MT – FCC/2011). Na sucessão *causa mortis*, em arrolamento de bens extrajudicial por escritura pública lavrada em Tabelionato de Notas de Belo Horizonte, foro do domicílio do autor da herança, a transmissão objeto deste arrolamento, referente a bens imóveis situados no município de Cuiabá/MT, sujeita-se ao Imposto de Transmissão *Causa Mortis* e Doação – ITCD –, cuja competência será:

(A) Do Estado de Minas Gerais.

(B) Do Estado de Mato Grosso.

(C) Do Município de Belo Horizonte.

(D) Do Município de Cuiabá.

(E) concorrente dos Estados de Minas Gerais e Mato Grosso.

23. (TCE/SC – Procurador-Geral do Ministério Público – FESEPE/2010). Compete aos Estados e ao Distrito Federal instituir impostos sobre:

(A) Transmissão causa mortis e doação, de quaisquer bens ou direitos.

(B) Renda e proventos de qualquer natureza.

(C) Produtos industrializados.

(D) Operações de crédito, câmbio e seguro.

(E) Operações relativas a títulos ou valores mobiliários.

24. (Fiscal de Rendas do Rio de Janeiro – FGV/ 2010). Com relação ao imposto sobre transmissão *causa mortis* e por doação – ITCMD, devido no caso de escritura pública de inventário e partilha de bens, assinale a afirmativa incorreta:

(A) O reconhecimento de isenção, imunidade e não incidência deve ser certificado pela autoridade fazendária, no plano de partilha apresentado.

(B) O ITD deve ser pago antes da lavratura do ato notarial.

(C) Para processamento da guia de recolhimento do ITD, o interessado deve apresentar à Secretaria de Estado de Fazenda, dentre outros documentos, o plano de partilha, certidões de óbito e de casamento do autor da herança.

(D) O lançamento do ITD terá por base os valores atribuídos aos bens pela autoridade fiscal.

(E) Havendo desigualdade nas meações ou entre quinhões, sem compensação financeira compatível, não incide o ITD.

GABARITO

1. **Alternativa (D).** Não incidirá sobre as transmissões ou doações em que figurarem como herdeiros, legatários ou donatários, os partidos políticos e suas fundações, respeitados os requisitos de lei.

Comentário: A alternativa **"D"** está correta, tendo em vista a imunidade prevista no art. 150, VI, "c", da CF. A opção "A" está incorreta, trata-se de hipótese de imunidade tributária relativa ao ITBI, à luz do art. 156, § 2º, I, da CF. A resposta "B" está incorreta, nos termos do art. 156, II, da CF. A justificativa "C" está incorreta, o estado competente é o do domicilio do doador, art. 155, § 1º, II, da CF. A letra "E" está incorreta, o ITMCD tem modalidade de lançamento, na maioria dos estados por declaração, mas em alguns estados o lançamento é por homologação, como, por exemplo, São Paulo, Santa Catarina e Paraná.

2. **Alternativa (D).** Todas as alternativas são verdadeiras.

I. Quando este imposto recair sobre bens imóveis e respectivos direitos, compete ao Estado da situação do bem, ou ao Distrito Federal.

II. Relativamente a bens móveis, títulos e créditos, compete ao Estado onde se processar o inventário ou arrolamento, ou tiver domicílio o doador, ou Distrito Federal.

III. terá a competência para a sua instituição regulada por lei complementar, se o doador tiver domicílio ou residência no exterior; se o "de cujus" possuía bens, era residente ou domiciliado ou teve o seu inventário processado no exterior.

Comentário: A opção **"D"** está correta. O **item I** é verdadeiro, conforme dispõem os arts. 155, § 1º, I, da CF e 41 do CTN. O **item II** é verdadeiro, com base no art. 155, § 1º, II, da CF. O **item III** é verdadeiro, consoante previsão no art. 155, § 1º, III, da CF.

---

3. **Alternativa (B).** V – F – V – F.

( ) A empresa "Máquinas Bodoquena" presta serviços de montagem de máquinas de lavar roupas e, esporadicamente, promove a manutenção dessas máquinas. Sendo assim, a empresa "Máquinas Bodoquena" deverá recolher do ISSQN sobre todos os serviços prestados, mesmo que não sejam sua atividade preponderante.

( ) Compete ao Município de Bodoquena instituir imposto sobre as mercadorias que circulam em seu território.

( ) Maria firmou contrato de promessa de compra e venda de imóvel com João. Esse imóvel está registrado no nome de João e localiza-se na zona urbana de Bodoquena. Embora Maria ainda não tenha adquirido a propriedade do imóvel, está exercendo a posse sobre referido bem. Nesse sentido, é correto afirmar que tanto Maria quanto João são contribuintes responsáveis pelo pagamento do IPTU.

( ) O ITCMD é de competência do Município da situação do bem, tendo seu fato gerador a transmissão de direitos e a transmissão de bens móveis e imóveis.

Assinale a alternativa correta:

Comentário: A resposta **"B"** está correta. A primeira afirmação está correta, conforme previsão do item 7.02 da lista anexa à LC n. 116/2003. A segunda afirmação está incorreta, a competência do ICMS é estadual e Distrital, de acordo com o art. 155, II, da CF. A terceira afirmação está correta, segundo a Súmula n. 399 do STJ. A quarta afirmação está incorreta, a competência é estadual e Distrital, nos termos do art. 155, I, da CF, e tem como fato gerador a transmissão *causa mortis* e doação, de quaisquer bens ou direitos.

---

4. **Alternativa (C).** É cabível a cobrança do referido imposto de forma progressiva com vistas a assegurar a aferição da capacidade econômica do contribuinte.

Comentário: A alternativa **"C"** está correta, conforme entendimento do STF ao julgar o RE n. 562.045/RS. A opção "A" está incorreta, pois no início de 2013, o STF ao julgar o RE n. 562.045/RS reconheceu a possibilidade de alíquotas progressivas para o ITCMD, nos termos do art. 2º da referida Resolução. A resposta "B" está incorreta, pois o STF reconheceu a possibilidade de alíquotas progressivas para o ITCMD, por entender que todos os Impostos podem e devem guardar relação com a Capacidade Contributiva do Sujeito Passivo e não ser impossível aferi-la nesse caso. A justificativa "D" está incorreta, consoante parecer atual do STF.

---

5. **Alternativa (D).** O imposto de transmissão *causa mortis* é calculado sobre o valor dos bens na data da avaliação, mas calcula-se o ITCMD sobre o saldo credor da promessa de compra e venda de imóvel no momento da abertura da sucessão do promitente vendedor.

Comentário: A alternativa **"D"** está correta, nos termos da Súmula n. 590 STF, "calcula-se o imposto de transmissão *causa mortis* sobre o saldo credor da promessa de compra e venda de imóvel, no momento da abertura da sucessão do promitente vendedor". A opção "A" está incorreta, conforme a Súmula n. 114 do STF: "O Imposto de Transmissão *Causa Mortis* não é exigível antes da homologação do cálculo". A resposta "B" está incorreta, à luz da Súmula n. 115 STF, "sobre os honorários do advogado contratado pelo inventariante, com a homologação do juiz, não incide o imposto de transmissão *causa mortis*". A justificativa "C" está incorreta, consoante a Súmula n. 331 do STF, "é legítima a incidência do imposto de transmissão *causa mortis* no inventário por morte presumida".

---

6. **Alternativa (C).** O espólio é responsável pelas dívidas tributárias do *de cujus*, incorridas anteriormente ao seu óbito.

Comentário: A alternativa "A" está incorreta, nos termos do art. 126, I, do CTN, a capacidade tributária passiva independe da capacidade civil das pessoas. A opção "B" está incorreta, uma vez que o art. 134, II, do CTN determina que os tutores e curadores são responsáveis pelo pagamento do tributo devido pelos seus curatelados, tutelados nos atos em que intervierem ou forem omissos, independentemente de dolo. A letra **"C"** está correta, à luz do art. 132, III, do CTN, uma vez que o falecimento não impede o Fisco de prosseguir na execução dos seus créditos, logo, será o espólio responsável pelos tributos devidos pelo *de cujus* até a data da abertura da sucessão. A resposta "D" está incorreta, segundo o art. 35, parágrafo único, do CTN, "nas transmissões *causa mortis*, ocorrem tantos fatos geradores distintos quantos sejam os herdeiros ou legatários". A justificativa "E" está incorreta, pois o espólio é responsável pelos tributos devidos pelo *de cujus* até a data da abertura da sucessão. Segundo o art. 132, II, do CTN, o sucessor, a qualquer título, e o cônjuge meeiro serão responsáveis pelos tributos devidos pelo *de cujus* até a data da partilha ou adjudicação.

---

7. **Alternativa (C).** Por doação feita por Marcos a Arquimedes é devido integralmente ao Estado de Alagoas.

Comentário: A alternativa "A" está incorreta, nos termos do art. 155, § 1º, II, da CF, nas transmissões de bens móveis por doação, o Estado competente para ficar com o ITCMD é aquele que tiver domicílio o doador, por isso, com relação aos caminhões doados, o imposto incidente nessa operação pertencerá a Alagoas, apenas o ITCMD incidente na transmissão da fazenda pertencerá ao Piauí, pois nesse caso de bem imóvel, o imposto é devido para o Estado da situação do bem (art. 155, § 1º, I, da CF). A opção "B" está incorreta, como ocorreu a transmissão de bem imóvel, o Estado competente para ficar com o ITCMD é o de Sergipe, em que está situado o imóvel transmitido. A letra **"C"** está correta, à luz do art. 155, § 1º, I, da CF, pois se trata de transmissão de bem imóvel, cujo ITCMD é devido para o Estado de situação do bem. A justificativa "D" está incorreta, como foi doado um bem móvel, o Estado competente para ficar com o ITCMD é o de domicílio do doador, conforme prescreve o art. 155, § 1º, II, da CF. A resposta "E" está incorreta, pois o ITCMD nessa hipótese é devido para o Estado de domicílio do doador.

---

8. **Alternativa (B).** Terá a competência para sua instituição regulada por lei complementar se o *de cujus* possuía bens, era residente ou domiciliado ou teve seu inventário processado no exterior.

Comentário: A alternativa "A" está incorreta, segundo o artigo 155, § 1º, inciso IV, da Constituição Federal, as alíquotas **máximas** serão fixadas pelo Senado Federal. A opção **"B"** é a assertiva correta, nos termos do art. 155, § 2º, III, "b", da CF. As letras "C" e "D" estão incorretas, a competência está invertida, em relação aos bens móveis, compete ao Estado onde se processar o inventário ou arrolamento, ou tiver domicílio o doador, ou ao Distrito Federal, art. 155, § 1º, II, da CF; já relativo aos bens imóveis, compete ao Estado da situação do bem, ou ao Distrito Federal, art. 155, § 1º, I, da CF. A resposta "E" está incorreta, será por meio de Lei Complementar, conforme art. 155, § 1º, III, da CF.

---

9. **Alternativa (C).** Gustavo, embora tenha apenas 10 anos de idade e seja, por causa disso, civilmente incapaz, tem, todavia, capacidade tributária para ser contribuinte do ITCD, pois sua capacidade tributária não é afetada por sua incapacidade civil.

Comentário: A opção "A" está incorreta, como estudado no Capítulo de Certidões, a certidão negativa serviu como prova de quitação, de modo que não obrigará Gustavo relativamente ao IPTU/2013, à luz do art. 130 do CTN. "Os créditos tributários relativos a impostos cujo fato gerador seja a propriedade, o domínio útil ou a posse de bens imóveis, e bem assim os relativos a taxas pela prestação de serviços referentes a tais bens, ou a contribuições de melhoria, sub-rogam-se na pessoa dos respectivos adquirentes, salvo quando conste do título a prova de sua quitação". A letra "B" está incorreta, conforme estudado em Capítulo anterior, a responsabilidade não será do pai que não interviu, observem-se os preceitos contidos no art. 134 do CTN. assertiva **"C"** é a resposta correta, a capacidade tributária passiva não depende da capacidade civil das pessoas naturais, com base no art. 126 do CTN. A justificativa "D" está incorreta, o Sujeito Ativo será o Estado do Ceará, em razão de ser o Estado da situação do imóvel transmitido, consoante prescreve o art. 155, § 1º, I e art. 41, ambos do CTN. A alternativa "E" está incorreta, perceba que os pais somente irão responder pelo pagamento das dívidas tributárias, na impossibilidade de cumprimento da obrigação principal pelo contribuinte, e somente nos casos em que intervierem ou pelas omissões de que forem responsáveis, nos ditames do art. 134 do CTN.

10. **Alternativa (B).** Compete ao estado da situação do bem, ou ao Distrito Federal, quando se tratar de bens imóveis e respectivos direitos.

Comentário: As letras "A" e "E" estão incorretas, segundo o artigo 155, § 1º, inciso IV, da Constituição Federal, as alíquotas máximas serão fixadas pelo Senado Federal. A resposta **"B"** é a alternativa correta, conforme art. 155, § 1º, I, da CF. A assertiva "C" está incorreta, relativamente a bens móveis, títulos e créditos, compete ao Estado onde se processar o inventário ou arrolamento, ou tiver domicílio o doador, ou ao Distrito Federal – art. 155, § 1º, II, da CF. A opção "D" está incorreta, à luz do art. 155, § 1º, II, da CF.

11. **Alternativa (D).** O STF decidiu pela constitucionalidade da alíquota progressiva do ITCMD, o qual é considerado tributo real.

Comentário: A resposta "A" está incorreta, o ITCMD se caracteriza por ser um tributo real, incidindo sobre o bem. As justificativas "B" e "C" também estão incorretas, competem ao Estado e ao Distrito Federal, conforme previsto no § 1º do artigo 155 da CF. A assertiva **"D"** é a opção correta, de acordo com o estudado nesse Capítulo, o STF ao julgar o RE n. 562.045/RS reconheceu a possibilidade de alíquotas progressivas para o ITCMD. A letra "E" está incorreta, segundo o artigo 155, § 1º, inciso IV, da CF, constata-se que as alíquotas máximas serão fixadas pelo Senado Federal.

12. **Alternativa (C).** Dos Estados e do Distrito Federal.

Comentário: A justificativa **"C"** é a alternativa correta, o ITCMD compete ao Estado e ao Distrito Federal, conforme previsto no § 1º do artigo 155 da CF.

13. **Alternativa (E).** I e III.

I. Terá suas alíquotas máximas fixadas pelo Senado Federal.

III. Compete ao Estado onde o bem imóvel estiver situado, mesmo que o inventário seja processado em outro Estado.

Comentário: O **Item I** está correto, segundo o artigo 155, § 1º, inciso IV, da CF, constata-se que as alíquotas máximas serão fixadas pelo Senado Federal. O Item II está incorreto, terá competência os Estados ou o Distrito Federal para sua instituição e deverá ser regulada por Lei Complementar, no caso de o doador tiver domicílio ou residência no exterior, nos termos do art. 155, § 1º, III, da CF. O **Item III** também está correto, consoante determina o art. 155, § 1º, I, da CF.

14. **Alternativa (D).** Está sujeito à tributação do ITCD, porque o tributo incide sobre bens imóveis e móveis.

Comentário: A Alternativa **"D"** é a opção correta, a doação de bem móvel constitui um dos fatos geradores do ITCMD, de modo que incidirá esse tributo – art. 155, § 1º, II, da CF.

15. **Alternativa (C).** O valor apontado pela avaliação no inventário.

Comentário: A opção **"C"** é a assertiva correta, consoante estudado nesse Capítulo, o principal objetivo da avaliação dos bens do espólio consiste em permitir sua partilha em conformidade com os limites legais. A partir disso, o contador judicial poderá elaborar o cálculo para o pagamento do Imposto de Transmissão *Causa Mortis*.

16. **Alternativa (A).** I.

I. o tabelião, o escrivão e demais serventuários de ofício, em relação aos atos tributáveis praticados por eles ou perante eles, em relação ao seu ofício.

Comentário: A assertiva **"A"** é a resposta correta, pois o único Item correto é o I, com fundamento no art. 134, VI, do CTN.

17. **Alternativa (ERRADO).** *"O imposto de transmissão causa mortis, que será devido pela alíquota vigente na data da sentença do processo de inventário, não é exigível antes da homologação do cálculo."*

Comentário: O imposto de transmissão *causa mortis* será devido à alíquota vigente à época da abertura da sucessão, conforme esclarece a Súmula n. 112 do STF. E será exigido realmente apenas após a homologação do cálculo, Súmula n. 114 do STF.

---

18. Alternativa (B). A fixação das alíquotas máximas do Imposto sobre Transmissão *Causa Mortis* e Doação – ITCD – e das alíquotas mínimas do Imposto sobre a Propriedade de Veículo Automotor – IPVA – se dá por Resolução do Senado Federal.

Comentário: A alternativa "A" está incorreta, pois segundo o art. 62, § 2º, da CF, a Medida Provisória também poderá instituir e majorar impostos, desde que observados os requisitos previstos no Texto Maior. A opção **"B"** está correta, conforme determina o art. 155, § 1º, IV, da CF, as alíquotas máximas do ITCMD serão fixadas por meio de Resolução do Senado Federal e nos termos do art. 155, § 6º, I, da CF, Resolução do Senado Federal, irá fixar as alíquotas mínimas do IPVA. A letra "C" está incorreta, não existe hierarquia entre Lei Ordinária e Lei Complementar. A "D" está incorreta, visto que a instrução normativa constitui norma complementar, sendo hierarquicamente inferior à lei e, por isso, não poderá contrariá-la. A "E" está incorreta, primeiro, segundo à literalidade do art. 62, § 2º, da CF, a Medida Provisória poderá instituir e majorar apenas os Impostos e um dos requisitos a serem observados é que não poderá ser imposto sujeito à Lei Complementar, isso porque o art. 62, § 1º, III, da CF veda à Medida Provisória tratar sobre matéria reservada à Lei Complementar. O entendimento do STF prescreve que Medida Provisória poderá instituir e majorar qualquer espécie tributária desde que observados os requisitos presentes na Lei Maior.

---

19. Alternativa (C). Somente as afirmativas 1 e 3 são verdadeiras.

Comentário: O **Item 1** é verdadeiro, conforme preceitua a Súmula n. 589 do STF. O Item 2 é falso, segundo o entendimento do STF, é legítima a cobrança do Imposto sobre Transmissão *Causa Mortis* na morte presumida, Súmula n. 331 do STF. O **Item 3** também é verdadeiro, consoante estabelece a Súmula n. 583 STF. O 4 é falso, conforme determinação do STF, Súmula Vinculante n. 29: "É constitucional a adoção, no cálculo do valor de taxa, de um ou mais elementos da base de cálculo própria de determinado imposto, desde que não haja integral identidade entre uma base e outra". Portanto, a assertiva correta é a letra **"C"**.

---

20. Alternativa (E). Todas as alternativas estão incorretas.

Comentário: A assertiva I está incorreta, é o Imposto sobre Rendas e Proventos de Qualquer Natureza que segue os Princípios da Progressividade, Universalidade e Generalidade, conforme preceitua o art. 153, § 2º, I, da CF. A II está incorreta, apenas a União poderá instituir o Imposto Extraordinário de Guerra, art. 154, II, da CF. A III está incorreta, não incide ITBI sobre a transmissão de direitos reais de garantia, art. 156, II, da CF. Logo, tem-se como resposta a opção **"E"**.

---

21. Alternativa (D). Segundo o entendimento do STJ, incide a cobrança de ICMS sobre o serviço de habilitação de telefone celular.

Comentário: A questão pede a Incorreta. A opção "A" está correta, em atenção ao art. 153, § 3º, I e II, da CF. A "B" está correta, nos termos do art. 153, § 5º, da CF. A "C" também está correta, segundo o art. 155, § 1º, II, da CF. A alternativa **"D"** está incorreta, à luz da Súmula n. 350 do STJ: "O ICMS não incide sobre o serviço de habilitação de telefone celular".

---

22. Alternativa (B). Do Estado de Mato Grosso.

Comentário: A assertiva **"B"** está correta, nos termos do art. 155, § 1º, I, da CF, o ITCMD é devido ao Estado em que estiver localizado o bem imóvel.

---

23. Alternativa (A). Transmissão *causa mortis* e doação, de quaisquer bens ou direitos.

Comentário: A letra **"A"** está correta, consoante definição do art. 155, I, da CF. As alternativas "B", "C", "D" e "E" estão incorretas, porque se tratam de impostos de competência da União.

---

24. Alternativa (E). Havendo desigualdade nas meações ou entre quinhões, sem compensação financeira compatível, não incide o ITD.

Comentário: A questão pede a Incorreta. A alternativa **"E"** está incorreta, visto que se houver desigualdade nas meações e ocorrer sem onerosidade deverá incidir o ITCMD.

---

2. IMPOSTO SOBRE OPERAÇÕES RELATIVAS À CIRCULAÇÃO DE MERCADORIAS E SOBRE PRESTAÇÃO DE SERVIÇOS DE TRANSPORTE INTERESTADUAL E INTERMUNICIPAL (ICMS)

2.1. Breve Contexto Histórico

A Constituição Federal de 1934, em seu artigo 8º, I, "e", tratava do Imposto sobre Venda e Consignações (IVC), de competência estadual. Na Constituição de 1946, a previsão estava no artigo 19, IV.

Com a Emenda à Constituição de n. 18 de 1965, surge em substituição ao IVC, o Imposto sobre a Circulação de Mercadoria (ICM), no artigo 12.

O Decreto-lei n. 406/68 aludiu ao ICM de forma mais específica (além de tratar sobre o ISS). Entretanto, com a Constituição Federal de 1988, o referido Decreto-lei não mais conseguia abranger todos os fatos geradores que a nova Constituição lhe concedeu.

Com o advento da referida nova Constituição, o até então chamado ICM sofreu inúmeras mudanças e o Imposto passou a incidir também sobre os serviços de transporte interestadual e intermunicipal e sobre os serviços de comunicação. Atente-se para o fato de que até esse momento, esses serviços estavam no âmbito da competência da União. Tem-se a partir daí o ICMS, previsto no artigo 155, II, da Carta Magna.

Mais tarde, veio a LC n. 87/96, conhecida também como Lei Kandir, com a finalidade de atender às disposições da Constituição Federal de 1988.

2.2. Previsão legal

- Art. 155, II, §§ 2º e 3º, da CF;
- LC n. 24/75 – Dispõe sobre os convênios para a concessão de isenções do imposto sobre operações relativas à circulação de mercadorias, e dá outras providências;
- LC n. 87/96 – Dispõe sobre o imposto dos Estados e do Distrito Federal sobre operações relativas à circulação de mercadorias e sobre prestações de serviços de transporte interestadual e intermunicipal e de comunicação, e dá outras providências.

2.3. Hipótese de Incidência Tributária

2.3.1. *Critério Material*

Por uma visão geral, o elemento objetivo do ICMS compreende a operação relativa à circulação de mercadorias e a prestação de serviço de transporte interestadual e intermunicipal e de comunicação, ainda que iniciada no exterior.

Pode-se extrair do artigo 155 da CF cinco hipóteses de incidência sobre:

Operações de circulação de mercadorias;
Serviços de transporte intermunicipal e interestadual;
Serviços de comunicação;
Energia elétrica;
Derivados de petróleo, combustíveis e minerais do País;
Importação de bens.

Para melhor compreensão, passa-se à análise de cada uma dessas hipóteses de incidência, a começar com:

2.3.1.1. Operações de Circulação de Mercadorias

Observe que o legislador constituinte elegeu como elemento de incidência do ICMS não a mera circulação de mercadorias, mas a realização de **operações** de circulação de mercadorias.

Se a simples circulação de mercadorias fosse objeto de tributação, um estabelecimento comercial ao ser assaltado por bandidos que levassem as mercadorias, os produtos objetos de furto/roubo deveriam ser tributados, ou, ainda, quando houvesse uma enchente e, com a força das águas, as mercadorias fossem arrastadas da loja, também estariam sujeitas à incidência do ICMS, o que seria inadmissível.

Geraldo Ataliba e Cleber Giardino aos discorrerem sobre o tema alertaram que: *"Operações são atos jurídicos; atos regulados pelo Direito como produtores de determinada eficácia jurídica; são atos juridicamente relevantes; circulação e mercadorias são, nesse sentido, adjetivos que restringem o conceito substantivo de operações"*[5].

Na concepção de Paulo de Barros Carvalho: *"Operações, no contexto, exprimem o sentido de atos ou negócios hábeis para provocar a circulação de mercadorias. Adquire, neste momento, a acepção de toda e qualquer atividade, regulada pelo Direito, e que tenha a virtude de realizar aquele evento"*[6].

Em síntese, a operação de circulação de mercadorias consiste em um negócio jurídico, regulado pelo direito que implique necessariamente **mudança** de **titularidade**, passando a mercadoria de uma pessoa para outra, uma vez que **circular** significa, para o direito, mudar de titular, movimentação com mudança de patrimônio.

Por essa razão, o STJ sedimentou seu entendimento de modo que a circulação de mercadorias de um estabelecimento para outro do **mesmo titular** não se sujeita à incidência do ICMS, *in verbis*: *"Súmula n. 166. Não constitui fato gerador do ICMS o simples deslocamento de mercadoria de um para outro estabelecimento do mesmo contribuinte"*.

No mesmo sentido, compreende o STF que não incide ICMS sobre a água canalizada, pois como se trata de um bem de domínio público – de modo que não ocorre a transferência de titularidade –, não realiza o fato jurídico tributário para incidência do ICMS. Segue trecho do julgado nesse sentido:

> Tributário. ICMS. Fornecimento de água tratada por concessionárias de serviço público. Não incidência. Ausência de fato gerador. 1. **O fornecimento de água potável por empresas concessionárias desse serviço público não é tributável por meio do ICMS.2. As águas em estado natural são bens públicos e só podem ser exploradas por particulares mediante concessão, permissão ou autorização. 3. O fornecimento de água tratada à população por empresas concessionárias, permissionárias ou autorizadas não caracteriza uma operação de circulação de mercadoria.** 4. Precedentes da Corte. Tema já analisado na liminar concedida na ADI n. 567, de relatoria do Ministro Ilmar Galvão, e na ADI n.

5. Núcleo da Definição Constitucional do ICM, **Revista de Direito Tributário** v. 25/26, p. 104.
6. *Apud* José Eduardo Soares de Melo. **ICMS e Prática.** 12 ed. São Paulo: Dialética, 2012. p.14.

> 2.224-5/DF, Relator o Ministro Néri da Silveira. 5. Recurso extraordinário a que se nega provimento. (RE n. 607056, rel. Min. Dias Toffoli, Tribunal Pleno, julgado em 10.04.2013, Acórdão Eletrônico Repercussão Geral – Mérito, **DJe**-091, divulg. em 15.05.2013, public. em 16.05.2013) (grifos nossos).

Diante disso, pode-se afirmar que o STF compreende que a água encanada não pode ser considerada mercadoria, uma vez que se trata de serviço público essencial.

Nos contratos de **arrendamento mercantil**, disciplinados pela Lei n. 6.099/74, encontram-se conotações com compra e venda, locação e crédito, denotando características especiais. Mas como a titularidade do bem arrendado pertence ao arrendante, admitida a sua transferência apenas futura ao arrendatário, não há que se falar na incidência do ICMS, pois até o término do contrato não há circulação de bem, para fins de cobrança desse Imposto.

Além disso, a LC n. 116/03 prevê a incidência do ISS no item 15.09 sobre o arrendamento mercantil *leasing*, motivo pelo qual confirma a opinião do STJ e do STF que sobre essa operação incide ISS e não ICMS. Segue o entendimento consolidado do STJ por meio da Súmula 138 e o posicionamento do STF, pela constitucionalidade da cobrança de ISS sobre *leasing:*

> **Súmula n. 138 do STJ**. O ISS incide na operação de arrendamento mercantil de coisas móveis.
>
> RECURSO EXTRAORDINÁRIO. DIREITO TRIBUTÁRIO. ISS. ARRENDAMENTO MERCANTIL. OPERAÇÃO DE *LEASING* FINANCEIRO. ARTIGO 156, III, DA CONSTITUIÇÃO DO BRASIL. O arrendamento mercantil compreende três modalidades, [i] o *leasing* operacional, [ii] o leasing financeiro e [iii] o chamado *leaseback*. No primeiro caso há locação, nos outros dois, serviço. A lei complementar não define o que é serviço, apenas o declara, para os fins do inciso III do artigo 156 da Constituição. Não o inventa, simplesmente descobre o que é serviço para os efeitos do inciso III do artigo 156 da Constituição. No arrendamento mercantil (*leasing* financeiro), contrato autônomo que não é misto, o núcleo é o financiamento, não uma prestação de dar. **E financiamento é serviço, sobre o qual o ISS pode incidir, resultando irrelevante a existência de uma compra nas hipóteses do *leasing* financeiro e do *leaseback*.** Recurso extraordinário a que se dá provimento. (RE n. 547245, rel. Min. Eros Grau, Tribunal Pleno, julgado em 02.12.2009, **DJe**-040, divulg. em 04.03.2010, public. em 05.03.2010, Ement. v. 02392-04, p. 00857, RT, v. 99, n. 897, p. 143-159, 2010, LEXSTF, v. 32, n. 376, p. 175-200, 2010) (grifos nossos).

Por conseguinte, sobre as operações de *leasing* incidirá ISS e não ICMS, tendo em vista o acolhimento da justificativa de que se trata de prestação de serviço, fato gerador daquela exação de competência Municipal, que será estudada no Capítulo a seguir.

As operações de **mútuo** (empréstimo gratuito de coisas fungíveis, art. 586 do CC) e **comodato** (empréstimo gratuito de coisas não fungíveis, art. 579 do CC), por sua vez, também não são hipóteses de incidência do ICMS, pois não implicam a transferência de titularidade.

O STF assentou o seguinte posicionamento sobre esse assunto: *"Súmula n. 573 – Não constitui fato gerador do imposto de circulação de mercadorias a saída física de máquinas, utensílios e implementos a título de comodato".*

As **doações** igualmente estão fora do campo de tributação do ICMS, pois além de implicar manifesta ausência de capacidade contributiva por parte do beneficiário, pode-se afirmar que não se tratam de mercadorias, em decorrência da falta de transação mercantil.

Outrossim, sujeitam-se à tributação de outro imposto estadual, distrital, isto é, o ITCMD, estudado alhures.

Nesse ponto, cumpre evidenciar que não se pode confundir mercadoria com produtos. **Mercadoria** se define por bem móvel sujeito à mercancia, enquanto o produto não está no comércio para ser vendido.

Paulo de Barros Carvalho explica que a definição de mercadoria não está na natureza do bem, contudo está em sua destinação:

> A natureza mercantil do produto não está, absolutamente, entre os requisitos que lhe são intrínsecos, mas na destinação que se lhe dê. É mercadoria a caneta exposta à venda entre outras adquiridas para esse fim. Não o será aquela que mantenho em meu bolso e se destina a meu uso pessoal. Não se operou a menor modificação na índole do objeto referido. Apenas sua destinação veio a conferir-lhe atributos de mercadorias[7].

A mercadoria compreende o bem corpóreo da atividade empresarial do produtor, industrial e comerciante, tendo por finalidade a sua distribuição para consumo. Assim, os bens negociados ou transmitidos por particulares sem implicar mercancia ou não sendo transacionados com **habitualidade** não são qualificados como mercadorias e por isso não podem se sujeitar à incidência do ICMS. O automóvel vendido pelo particular não é objeto de tributação do ICMS, porque não é mercadoria, porém, se vendido pelo fabricante, concessionária, caracteriza-se como mercadoria e, portanto, se sujeita à incidência do ICMS[8].

A venda de bens do **ativo fixo** das empresas também não se submete à incidência do ICMS, pois não são mercadorias, e essa transação não apresenta a característica da habitualidade, segundo o posicionamento do STF:

> ICMS. VENDA DE BENS NO ATIVO FIXO DA EMPRESA. NÃO INCIDÊNCIA DO TRIBUTO. A venda de bens do ativo fixo da empresa não se enquadra na hipótese de incidência determinada pelo art. 155, I, "b", da Carta Federal, tendo em vista que, em tal situação, inexiste circulação no inexiste circulação no sentido jurídico-tributário: os bens não se ajustam ao conceito de mercadorias e as operações não são efetuadas com habitualidade. Recurso extraordinário não conhecido (RE n. 194300, rel. Min. Ilmar Galvão, 1ª Turma, julgado em 24.04.1997, **DJ** de 12.09.1997, p. 43.737, Ement. v. 01882-05, p. 01017).

Ademais, consoante apreciação do STF, não deve incidir ICMS sobre a venda dos bens salvados de **sinistro**, visto que configuram, na verdade, atividade integrante das operações de seguros, sujeitando-se, portanto, à tributação do IOF, nos termos da *"Súmula Vinculante n. 32 do STF – O ICMS não incide sobre alienação de salvados de sinistro pelas seguradoras"*.

Questão muito discutida, também, está no fato de se incide ou não ICMS sobre **softwares** (programas de computadores). A conclusão resultou no raciocínio de que caso se verifique a circulação de cópias ou exemplares dos programas produzidos em **série e comercializados no varejo**, como o chamado 'software de prateleira', constituem mercadorias e, assim, estarão sujeitos ao **ICMS**.

Contudo, se o programa de computador for **específico**, realizado sob **encomenda,** com características individuais para atender às necessidades de um determinado usuário, enquadra-se como prestação de serviço intelectual que, por sua vez, se sujeitará à incidência do ISS.

7. *Apud* José Eduardo Soares de Melo. **ICMS...**, op. cit., p. 206
8. MELO, José Eduardo Soares de. **ICMS Teoria e Prática.** 12. ed. São Paulo: Dialética, 2012. p. 18-19.

Para o STF, a incidência do ICMS ocorrerá nos softwares de **prateleiras,** ainda que a compra seja feita mediante transferência eletrônica de dados, sem que haja uma base física que caracterize o *corpus mechanicum* da criação intelectual.

No tocante a relação do ICMS com o IPI, cumpre evidenciar também o inciso XI do § 2º do art. 155 da CF, *in verbis*:

> **Art. 155.** Compete aos Estados e ao Distrito Federal instituir impostos sobre: (...) § 2º O imposto previsto no inciso II atenderá ao seguinte: (...) XI – não compreenderá, em sua base de cálculo, o montante do imposto sobre produtos industrializados, quando a operação, realizada entre contribuintes e relativa a produto destinado à industrialização ou à comercialização, configure fato gerador dos dois impostos;

Interpreta-se desse artigo que o valor do IPI não fará parte da base de cálculo do ICMS, nos casos em que a operação seja fato gerador das duas exações. Nesse ponto, deve-se salientar que tal prescrição abrange somente as operações "entre contribuintes e relativa a produto destinado à industrialização ou à comercialização", isso quer dizer que os sujeitos envolvidos precisam ser contribuintes dos dois impostos na operação.

2.3.1.2. Serviços de Transporte Intermunicipal e Interestadual

Trata-se da prestação de serviços onerosa em regime de direito privado de transporte entre os Municípios ou os Estados. Diante desse conceito, pode-se afirmar que o transporte realizado dentro do Município – intramunicipal, não haverá incidência de ICMS. Entretanto, incidirá o ISS, nos termos do que prevê a Lei Complementar n. 116/2003.

Nesse ponto, importante mencionar que de acordo com o julgamento do STF proferido na ADI n. 1.600-8, é inconstitucional a incidência do ICMS sobre a prestação de serviço de transporte **aéreo** de passageiros intermunicipal, interestadual, internacional de cargas pelas empresas aéreas nacionais, enquanto persistirem os convênios de isenção por empresas estrangeiras.

Em enfrentamento mais recente (em 5.2.2014), o STF ratificou esse entendimento, por meio da ADI n. 2.669, que inclusive consta no **Informativo** n. 734, juntado ao final desse Capítulo. Para a Corte Suprema, tratam-se de áreas distintas, regidas por normas igualmente distintas. Ademais, "os custos, os riscos, a intensidade da prestação, a abrangência, a rotatividade, a capilaridade e o grau de submissão à regulamentação estatal pertinentes ao transporte aéreo não são os mesmos aplicáveis às pessoas que exploram economicamente a malha viária".

Diante dessa justificativa, o STF demonstra que esse posicionamento não viola o Princípio da Isonomia, de modo que não incidirá o ICMS nessas situações de transporte **aéreo**.

2.3.1.3. Serviço de Comunicação

A Lei Complementar n. 87/96 regulamenta, especificamente, a incidência do Imposto sobre esse serviço, em seu artigo 2º, III: *"Art. 2º O imposto incide sobre: (...) III – prestações onerosas de serviços de comunicação, por qualquer meio, inclusive a geração, a emissão, a recepção, a transmissão, a retransmissão, a repetição e a ampliação de comunicação de qualquer natureza".*

Para que haja incidência do ICMS faz-se imperioso que exista uma fonte emissora, uma fonte receptora e uma mensagem transmitida pelo prestador de serviço. Sem esses elementos não há comunicação. Ademais, salienta-se que a base econômica consiste no serviço de comunicação propriamente dito, e não nas atividades-meio realizadas e cobradas, assim considerados os serviços preparatórios ou acessórios.

Tendo em vista essas considerações, citam-se as Súmulas n. 350 e 334 do STJ que confirmam esse posicionamento:

Súmula n. 350	Súmula n. 334
"O ICMS não incide sobre o serviço de habilitação de telefone celular".	"O ICMS não incide no serviço dos provedores de acesso à Internet".

O serviço desenvolvido pelos **provedores de Internet** não são de telecomunicação, todavia, considera-se como serviço de valor adicionado, como define o artigo 61 da Lei n. 9.472/97:

> "**Art. 61.** Serviço de valor adicionado é a atividade que acrescenta, a um serviço de telecomunicações que lhe dá suporte e com o qual não se confunde, novas utilidades relacionadas ao acesso, armazenamento, apresentação, movimentação ou recuperação de informações. **§ 1º.** Serviço de valor adicionado não constitui serviço de telecomunicações, classificando-se seu provedor como usuário do serviço de telecomunicações que lhe dá suporte, com os direitos e deveres inerentes a essa condição. § 2° É assegurado aos interessados o uso das redes de serviços de telecomunicações para prestação de serviços de valor adicionado, cabendo à Agência, para assegurar esse direito, regular os condicionamentos, assim como o relacionamento entre aqueles e as prestadoras de serviço de telecomunicações.".

Para melhor compreensão, cumpre esclarecer que o provedor de acesso fornece ao usuário, por intermédio de seus equipamentos, um endereço IP (Internet Protocol) temporário (válido para uma sessão de acesso à rede) que viabiliza a chamada navegação pelos sites ou páginas existentes na Internet, garantindo que os pacotes de informação particionados pelo TCP (Transmission Control Protocol) sejam enviados aos destinos certos. Assim sendo, tem-se o internauta como receptor, o responsável pelo site visitado como emissor e o conteúdo da página localizada como a mensagem.

Nesse sentido, faz-se oportuno esclarecer que o último elemento, o meio ou o canal de comunicação, não é realizado pelo serviço de acesso à Internet, pois os provedores de acesso não conseguem viabilizar e realizar qualquer comunicação sem uma infraestrutura de telecomunicação preexistente. Logo o serviço por ele prestado configura de **valor adicionado** e, portanto, desqualifica-se como serviço de comunicação, inexistindo, assim, a incidência do ICMS.

Eduardo D. Bottallo[9] ao definir as atividades desenvolvidas pelos provedores de Internet considera que a hospedagem de sites, em si mesma considerada, não possibilita o acesso direto dos servidores hospedeiros (armazenadores de sites) à Internet Pública.

O autor, supramencionado, ressalta que esse acesso depende de uma conexão (link) fornecida mediante remuneração pela Embratel ou por outra empresa de telecomunicação que liga os servidores hospedeiros à Internet. E, os internautas – aqueles que acessam a Internet – se

9. BOTTALLO, Eduardo D. TURCZYN. **O regime jurídico-tributário dos serviços de hospedagem de sites (*Hosting* na Internet). Revista Dialética de Direito Tributário**, n. 98, p. 35-43, nov. 2003.

valem de serviço de comunicação distinto, seja por modem telefônico, seja por sistema de banda larga, ou, ainda, por outra modalidade, dentre várias existentes no mercado.

Assim, a tecnologia que caracteriza os serviços, objetos da presente análise, concentra-se no interior dos servidores hospedeiros dos sites. Daí para fora (o que neles entra, bem como o que deles sai), tudo fica por conta dos serviços prestados, não pelo hospedeiro, e, sim pelas referidas empresas de telecomunicação. Já não mais se está no campo de *hosting* (hospedagem de sites).

Por não restar quaisquer dúvidas mais sobre a não incidência do ICMS sobre os provedores de Internet, muitos Municípios resolveram cobrar o ISS sobre essas atividades.

Com relação à incidência do ISS nas atividades desenvolvidas pelos provedores de acesso, também não deveria prosseguir, visto que a lista de serviços, que devem ser tributados por esse Imposto, em momento algum menciona o serviço de valor adicionado entre seus itens.

Os Municípios, por sua vez, defendem que o serviço desenvolvido pelos provedores de acesso caracteriza-se como uma atividade de processamento de dados, consistindo na codificação e na decodificação de bytes e no armazenamento de dados, tributável antigamente pelo item 24 e atualmente, pelo item 1 da lista de serviços da Lei Complementar n. 116/2003, devendo, portanto, incidir o ISS nessas atividades.

No entanto, é apropriado esclarecer que o termo processamento de dados designa a organização de dados em computador a fim de obter informação sistematizada. Já os serviços prestados pelos provedores não constituem na codificação, decodificação ou armazenamento de bytes, mas sim na mera viabilidade de acesso dos usuários à rede mundial de computadores.

Assim sendo, pode-se afirmar que os fundamentos utilizados pelos Municípios partiam de uma premissa inválida, à medida que se joga por terra todo o silogismo jurídico, ao aceitar a validade da ampliação do campo de incidência por intermédio do ISS e justificá-lo com interpretação extensiva ou análoga que vise à criação de um fato gerador novo. Trata-se de um obstáculo insuperável imposto pelo § 1º do artigo 108 do CTN e artigos 146, III, "a", e 150, I, ambos da CF, que promovem o Princípio da Tipicidade Fechada, para evitar o eufemismo como estratégia arrecadatória para a Administração Pública Municipal.

Ocorre, no entanto, que no dia 30 de dezembro de 2016 a LC n. 157 alterou a lista de serviços da LC n. 116/2003 e incluiu novos serviços que, como não estavam expressamente na lista, não podiam ser tributados com ISS, mas agora poderão ser, a exemplo, justamente da hospedagem de dados, textos, imagens, vídeos, páginas eletrônicas, aplicativos e sistemas de informação. Confira as alterações:

ANTES DA LC N. 157/2016	ATUALMENTE
1.03 – Processamento de dados e congêneres.	1.03 – Processamento, armazenamento ou hospedagem de dados, textos, imagens, vídeos, páginas eletrônicas, aplicativos e sistemas de informação, entre outros formatos, e congêneres.
1.04 – Elaboração de programas de computadores, inclusive de jogos eletrônicos.	1.04 – Elaboração de programas de computadores, inclusive de jogos eletrônicos, independentemente da arquitetura construtiva da máquina em que o programa será executado, incluindo tablets, smartphones e congêneres.

ANTES DA LC N. 157/2016	ATUALMENTE
Não havia.	1.09 – Disponibilização, sem cessão definitiva, de conteúdos de áudio, vídeo, imagem e texto por meio da internet, respeitada a imunidade de livros, jornais e periódicos (exceto a distribuição de conteúdos pelas prestadoras de Serviço de Acesso Condicionado, de que trata a Lei n. 12.485, de 12 de setembro de 2011, sujeita ao ICMS)..

Entende-se que, a partir da vigência da LC n. 157/2016, os provedores de internet poderão sofrer a incidência do ISS.

2.3.1.4. Energia Elétrica

A incidência do ICMS sobre a energia elétrica está prevista no artigo 155, § 3º, da CF:

> **Art. 155.** (...) § 3º À exceção dos impostos de que tratam o inciso II do *caput* deste artigo e o art. 153, I e II, nenhum outro imposto poderá incidir sobre operações relativas à energia elétrica, serviços de telecomunicações, derivados de petróleo, combustíveis e minerais do País.

O STJ se pronunciou, por meio da Súmula n. 391, quanto à incidência do ICMS sobre energia elétrica, entendendo que só é devida em energia elétrica **efetivamente utilizada**: *"O ICMS incide sobre o valor da tarifa de energia elétrica correspondente à demanda de potência efetivamente utilizada"*.

Antes da edição da referida súmula, o Sujeito Passivo deveria recolher o ICMS sobre a energia **contratada**. Após muitas discussões judiciais, o STJ entendeu por bem editar essa súmula com o fim de determinar a cobrança do ICMS apenas sobre a energia elétrica efetivamente utilizada.

Considerando ser o ICMS tributo **indireto**, em que há o repasse do encargo financeiro para o próximo da cadeia, constatou-se que as Concessionárias, que praticam o fato gerador do ICMS sobre a energia elétrica, continuam recolhendo erroneamente esses valores, com base na energia contratada, e os repassam integralmente para os consumidores finais.

Até um tempo atrás, o STJ negava o direito de restituição desse tributo pago a maior aos consumidores finais, por entender, de acordo com o artigo 165 do CTN, que apenas os Contribuintes de Direito (que realizam o fato jurídico tributário) teriam capacidade ativa para requerer a restituição, e não os Contribuintes de Fato (que suportam o encargo financeiro).

No entanto, em recente julgamento, após observar que as Concessionárias mantiveram o recolhimento com repasse para o consumidor final sobre o valor da energia contratada, para não se indisporem com os Estados e o Distrito Federal, o STJ passou a permitir aos **consumidores finais** ingressarem em juízo para requerem a restituição desses valores pagos a maior, como se depreende da jurisprudência transcrita:

> TRIBUTÁRIO. IPI. RESTITUIÇÃO DE INDÉBITO. CONTRIBUINTES DE FATO. ILEGITIMIDADE ATIVA *AD CAUSAM*. SUJEIÇÃO PASSIVA APENAS DOS FABRICANTES (CONTRIBUINTES DE DIREITO). MATÉRIA SUBMETIDA AO RITO DOS RECURSOS REPETITIVOS. 1. O Superior Tribunal de Justiça, no julgamento do REsp n. 903.394/AL, rel. Min. Luiz Fux, **DJ** de 26.04.2010, submetido ao rito dos recursos repetitivos, pacificou o entendimento segundo o qual o "contribuinte de fato" não detém

legitimidade ativa *ad causam* para pleitear a restituição do indébito relativo ao IPI incidente sobre os descontos incondicionais, recolhido pelo "contribuinte de direito", por não integrar a relação jurídico-tributária pertinente. 2. "Excepcionalmente, tal precedente não se aplica para os casos em que a demanda é ajuizada pelo consumidor de energia elétrica (contribuinte de fato) para questionar o ICMS que entende indevido quando o contribuinte de direito é empresa concessionária de serviço público de energia elétrica." (RMS n. 29475/RJ, rel. Min. Mauro Campbell Marques, 1ª Seção, julgado em 10.04.2013, **DJe** de 29.04.2013), o que não é o caso dos autos. 3. Ilegitimidade ativa *ad causam* caracterizada. Agravo regimental improvido (AgRg no AREsp n. 178.392/RS, rel. Min. Humberto Martins, 2ª Turma, julgado em 25.06.2013, **DJe** de 01.08.2013).

Diante disso, tem-se que a restituição de ICMS sobre energia elétrica requerida pelo consumidor final configura a única possibilidade admitida pelo STJ em que o Contribuinte de Fato detém a capacidade postulatória, pois, nos demais casos de tributos indiretos, apenas o Contribuinte de Direito pode requerer a restituição.

2.3.1.5. Derivados de Petróleo, Combustíveis e Minerais do País

A CF/88, mais especificamente com o advento da EC n. 33/2001, determinou que as operações relativas a combustíveis, lubrificantes, energia elétrica e minerais do país somente poderão ser tributadas com o ICMS e com os Impostos Federais de Importação e de Exportação, nos termos do § 3º do artigo 155 da referida Carta Magna, *in verbis:*

> **CF. Art. 155.** (...) ***§ 3º*** À exceção dos impostos de que tratam o inciso II do *caput* deste artigo e o art. 153, I e II, nenhum outro imposto poderá incidir sobre operações relativas a energia elétrica, serviços de telecomunicações, derivados de petróleo, combustíveis e minerais do País.

Desse modo, nenhum outro **imposto** poderá incidir sobre as operações que envolvam essas mercadorias.

Importante considerar que essa hipótese de incidência constante na alínea "h" do inciso XII do art. 155 da CF deve ser analisada em conjunto com os §§ 4º e 5º do mesmo dispositivo legal, *in verbis:*

> **Art. 155.** (...) h – definir os combustíveis e lubrificantes sobre os quais o imposto incidirá uma única vez, qualquer que seja a sua finalidade, hipótese em que não se aplicará o disposto no inciso X, "b";
>
> (...) § 4º Na hipótese do inciso XII, "h", observar-se-á o seguinte: (Incluído pela Emenda Constitucional n. 33, de 2001)
>
> I – nas operações com os lubrificantes e combustíveis derivados de petróleo, o imposto caberá ao Estado onde ocorrer o consumo; (Incluído pela Emenda Constitucional n. 33, de 2001)
>
> II – nas operações interestaduais, entre contribuintes, com gás natural e seus derivados, e lubrificantes e combustíveis não incluídos no inciso I deste parágrafo, o imposto será repartido entre os Estados de origem e de destino, mantendo-se a mesma proporcionalidade que ocorre nas operações com as demais mercadorias; (Incluído pela Emenda Constitucional n. 33, de 2001)
>
> III – nas operações interestaduais com gás natural e seus derivados, e lubrificantes e combustíveis não incluídos no inciso I deste parágrafo, destinadas a não contribuinte, o imposto caberá ao Estado de origem; (Incluído pela Emenda Constitucional n. 33, de 2001)
>
> IV – as alíquotas do imposto serão definidas mediante deliberação dos Estados e Distrito Federal, nos termos do § 2º, XII, "g", observando-se o seguinte: (Incluído pela Emenda

Constitucional n. 33, de 2001) a) serão uniformes em todo o território nacional, podendo ser diferenciadas por produto; (Incluído pela Emenda Constitucional n. 33, de 2001) b) poderão ser específicas, por unidade de medida adotada, ou ad valorem, incidindo sobre o valor da operação ou sobre o preço que o produto ou seu similar alcançaria em uma venda em condições de livre concorrência; (Incluído pela Emenda Constitucional n. 33, de 2001) c) poderão ser reduzidas e restabelecidas, não se lhes aplicando o disposto no art. 150, III, "b".(Incluído pela Emenda Constitucional n. 33, de 2001)

§ 5º As regras necessárias à aplicação do disposto no § 4º, inclusive as relativas à apuração e à destinação do imposto, serão estabelecidas mediante deliberação dos Estados e do Distrito Federal, nos termos do § 2º, XII, "g" (...) g) regular a forma como, mediante deliberação dos Estados e do Distrito Federal, isenções, incentivos e benefícios fiscais serão concedidos e revogados).

Da observação do referido dispositivo legal, constata-se que os combustíveis e os lubrificantes estão sujeitos à incidência do ICMS, como regra geral.

Contudo, o ICMS incidirá apenas uma vez, independendo da finalidade dada a eles, no caso de combustíveis e derivados do petróleo. Trata-se da **incidência monofásica**, pela qual incide uma única vez, em um só ponto do processo de produção e distribuição da mercadoria, como, por exemplo, o ICMS combustível, nos termos do artigo 155, § 4º, I e § 2º, XI, "h", da CF.

Essa previsão foi elaborada com o objetivo de delinear a cobrança do ICMS mediante a substituição "para frente". Tal previsão, incluída por meio da EC n. 33/2001, introduziu como exceção à imunidade contida no inciso X, "b", do § 2º do art. 155 da CF.

Desse modo, o ICMS incidirá apenas no Estado onde ocorrer efetivamente o consumo dos combustíveis e lubrificantes derivados do petróleo, quando vendido ao consumidor final. E, no caso de não ser destinado à comercialização, incidirá ICMS para o Estado onde estiver o adquirente – inciso I do § 4º do art. 155 da CF.

Ocorre que, conforme o inciso II do § 4º do art. 155 da CF, a situação será um pouco diferente. No caso de operações interestaduais entre combustíveis e lubrificantes não derivados do petróleo e o gás natural e seus derivados, aplica-se a regra para as mercadorias em geral, pela qual, caso o destinatário dos produtos seja Contribuinte do ICMS, a tributação se dará no Estado de origem e no de destino. Todavia, se o destinatário não for Contribuinte, incidirá no Estado de origem, que aplicará a alíquota interna, segundo prevê o inciso III do § 4º do art. 155 da CF.

Por fim, no tocante ao inciso IV do § 4º do art. 155 da CF, tem-se um tipo de exceção ao Princípio da Legalidade, em que a definição das alíquotas poderão ser fixadas por meio de Convênios entre os Estados e o Distrito Federal, devendo obedecer as condições prescritas no referido dispositivo.

Alerta-se, ainda, para o fato de que se deve igualmente observar as disposições contidas na LC n. 87/96 referente ao petróleo, inclusive lubrificantes e combustíveis líquidos e gasosos dele derivados e energia elétrica, quanto às operações **interestaduais**, regulamentadas no início desse instrumento legal. Citam-se principalmente os arts. 2º, § 1º, III e 3º, III, da LC n. 87/96, *in verbis*:

> **Art. 2º** O imposto incide sobre: (...) § 1º O imposto incide também: (...) III – sobre a entrada, no território do Estado destinatário, de petróleo, inclusive lubrificantes e combustíveis líquidos e gasosos dele derivados, e de energia elétrica, quando não destinados à comercialização ou à industrialização, decorrentes de operações **interestaduais**, cabendo o imposto ao Estado onde estiver localizado o adquirente.
>
> **Art. 3º** O imposto não incide sobre:
>
> (...) III – operações **interestaduais** relativas a energia elétrica e petróleo, inclusive lubrificantes e combustíveis líquidos e gasosos dele derivados, quando destinados à industrialização ou à comercialização.

Assim, tem-se que no caso de se tratar de não destinação à comercialização ou industrialização incidirá o ICMS, nas operações interestaduais, no Estado do adquirente. No caso de ser destinado à comercialização ou industrialização não incidirá o ICMS, em razão da imunidade contida no art. 155, § 2º, X, "b", da CF. Houve muita discussão quanto à constitucionalidade da incidência nos casos de ser sem destinação ao comércio. O STF, para encerrar esse conflito, entendeu pela constitucionalidade do dispositivo em questão, justificando que "a benesse fiscal é outorgada às operações que destinem petróleo e seus derivados a outros Estados, mas não àquelas operações interestaduais realizadas pelo consumidor final" (RE 414588 AgR/SP).

Em enfrentamento mais recente, no AI 846557 RS, **DJe**-035, divulg. em 16.02.2012, public. em 17.02.2012, o STF confirma: "A imunidade tributária prevista no art. 155, § 2º, X, "b", da CF, restringe-se ao Estado de origem, não abrangendo o Estado de destino da mercadoria, onde são tributadas todas as operações que compõem o ciclo econômico por que passam os produtos, independentemente de se tratar de consumidor final ou intermediário".

Ademais, cumpre salientar que o ICMS sobre combustíveis respeita apenas o Princípio da Anterioridade **Nonagesimal**, em caso de **redução** ou **restabelecimento** de alíquota, consoante dispõe o artigo 155, § 4º, IV, "c", da CF:

> **Art. 155.** (...) § **4º** Na hipótese do inciso XII, h, observar-se-á o seguinte:(...) **IV** – as alíquotas do imposto serão definidas mediante deliberação dos Estados e Distrito Federal, nos termos do § 2º, XII, "g", observando-se o seguinte: (...) **c)** poderão ser reduzidas e restabelecidas, não se lhes aplicando o disposto no art. 150, III, "b".

2.3.1.6. Importações de Bens

Com a edição da Emenda Constitucional n. 33/2001 houve alteração referente à incidência de ICMS sobre **importações** de bens, de modo que incidirá o ICMS em toda e qualquer importação de bens ou mercadorias, inclusive sobre aqueles que sejam para uso próprio, independentemente de ser o importador Contribuinte habitual do ICMS, como se pode observar no artigo 155, § 2º, IX, "a", da CF:

> **Art. 155.** Compete aos Estados e ao Distrito Federal instituir impostos sobre: (Redação dada pela Emenda Constitucional n. 3, de 1993) (...) § 2.º O imposto previsto no inciso II atenderá ao seguinte: (...) IX – incidirá também: a) sobre a entrada de bem ou mercadoria importados do exterior por pessoa física ou jurídica, ainda que não seja contribuinte habitual do imposto, qualquer que seja a sua finalidade, assim como sobre o serviço prestado no exterior, cabendo o imposto ao Estado onde estiver situado o domicílio ou o estabelecimento do destinatário da mercadoria, bem ou serviço; (Redação dada pela Emenda Constitucional n. 33, de 2001)

O recolhimento do ICMS não se origina aqui de uma operação de circulação de mercadorias, surge, entretanto, da efetivação de um negócio jurídico denominado importação. Por conseguinte, deverá incidir o Imposto, ainda quando se tratar de bem destinado a consumo ou ativo fixo do estabelecimento.

A incidência referida foi ratificada na Lei Complementar n. 87/96, em seu artigo 2º, § 1º, I, com redação dada pela Lcp n. 114, de 16.12.2002:

> **Art. 2º.** O imposto incide sobre: § 1º O imposto incide também: I – sobre a entrada de mercadoria ou bem importados do exterior, por pessoa física ou jurídica, **ainda que não seja contribuinte habitual** do imposto, qualquer que seja a sua finalidade; (Redação dada pela Lcp n. 114, de 16.12.2002) (grifos nossos),

Da observação desses dispositivos legais, constata-se a legalidade da bitributação especificamente nesse caso (em caráter excepcional), permitida pela Constituição Federal, em virtude de a União já cobrar Imposto de Importação sobre o mesmo fato gerador.

Diante dessas circunstâncias, cumpre evidenciar a inaplicabilidade da Súmula n. 660 do STJ para as importações realizadas após a EC n. 33/01, tendo em vista que essa súmula apresenta como precedentes importações operacionalizadas antes da modificação em nossa CF, quando realmente só deveria recolher o ICMS sobre importação, o contribuinte habitual desse Imposto.

Muito se discute sobre a constitucionalidade dessa modificação em nossa Lei Maior, de modo a possibilitar o recolhimento desse Imposto na importação mesmo por aqueles que não são contribuintes habituais. Em enfrentamento da matéria, o STF, em junho de 2014, confirmou a constitucionalidade da incidência, tomando como base a EC n. 33/2001, porém impôs algumas condições, conforme se depreende do RE 594996/RS a seguir:

> RECURSO EXTRAORDINÁRIO. TRIBUTÁRIO. ICMS. IMPORTAÇÃO DE EQUIPAMENTO MÉDICO. NÃO CONTRIBUINTE. EC 33/2001. CRIAÇÃO DE NOVA LEGISLAÇÃO. NECESSIDADE. JURISPRUDÊNCIA FIRMADA NESTA CORTE. 1. A incidência de ICMS sobre operações de importação por não contribuinte é constitucional, nos termos do estabelecido pela EC 33/2001.2. A edição de nova legislação sobre o tema, com observância das regras constitucionais da anterioridade e do prazo nonagesimal, faz-se necessária para viabilização dos efeitos da mencionada emenda constitucional. Precedente: RE 439.796, Rel. Min. Joaquim Barbosa, Plenário, **DJe** de 18.11.2013. 3. *In casu*, o acordão recorrido restou assim ementado: "TRIBUTÁRIO. ICMS. IMPORTAÇÃO DE EQUIPAMENTO MÉDICO POR SOCIEDADE CIVIL. NÃO CONTRIBUINTE. NÃO INCIDÊNCIA DO TRIBUTO. De acordo com precedentes do STF, a importação de equipamento médico por sociedade civil, destinado à prestação de serviços não está sujeita ao recolhimento do ICMS, se o bem importado não se destina ao comércio, mas à prestação das próprias atividades profissionais de quem o está importando. Ainda que a habitualidade não mais seja reputada essencial para a incidência do ICMS na importação de mercadorias e bens, não pode ser tributado o importador que não seja contribuinte. RECURSO DESPROVIDO. SENTENÇA CONFIRMADA EM REEXAME NECESSÁRIO." 4. Recurso extraordinário DESPROVIDO. Decisão: Trata-se de Recurso Extraordinário interposto pelo ESTADO DO RIO GRANDE DO SUL contra acórdão do Tribunal de Justiça do Estado do Rio Grande do Sul, o qual restou assim ementado: "TRIBUTÁRIO. ICMS. IMPORTAÇÃO DE EQUIPAMENTO MÉDICO POR SOCIEDADE CIVIL. NÃO CONTRIBUINTE. NÃO INCIDÊNCIA DO TRIBUTO. De acordo com precedentes do STF, a importação de equipamento médico por sociedade civil, destinado à prestação de serviços não está sujeita ao recolhimento do ICMS, se o bem importado não se destina ao

comércio, mas à prestação das próprias atividades profissionais de quem o está importando. Ainda que a habitualidade não mais seja reputada essencial para a incidência do ICMS na importação de mercadorias e bens, não pode ser tributado o importador que não seja contribuinte. RECURSO DESPROVIDO. SENTENÇA CONFIRMADA EM REEXAME NECESSÁRIO." Nas razões do apelo extremo, sustenta a preliminar de repercussão geral e, no mérito, alega violação aos artigos 5º, *caput*, 146, III, "a", 150, II, 152 e 155, § 2º, I, IX, "a", da Constituição da República. É o relatório. DECIDO. O Plenário desta Corte ao analisar o RE 439.796, **Rel. Min. Joaquim Barbosa, DJe de 18.11.2013, apreciou o mérito da questão e afirmou que, após a EC 33/2001, é constitucional a incidência de ICMS sobre operações de importação por não contribuinte, entretanto ressaltou que a emenda constitucional, por si só, não é capaz de viabilizar tais efeitos. A tributação em tela só será possível com nova legislação local, obedecidas as regras da anterioridade e o prazo nonagesimal.** O julgado restou assim ementado: "CONSTITUCIONAL. TRIBUTÁRIO. IMPOSTO SOBRE CIRCULAÇÃO DE MERCADORIAS E SERVIÇOS. ICMS. IMPORTAÇÃO. PESSOA QUE NÃO SE DEDICA AO COMÉRCIO OU À PRESTAÇÃO DE SERVIÇOS DE COMUNICAÇÃO OU DE TRANSPORTE INTERESTADUAL OU INTERMUNICIPAL. "NÃO CONTRIBUINTE". VIGÊNCIA DA EMENDA CONSTITUCIONAL 33/2002. POSSIBILIDADE. REQUISITO DE VALIDADE. FLUXO DE POSITIVAÇÃO. EXERCÍCIO DA COMPETÊNCIA TRIBUTÁRIA. CRITÉRIOS PARA AFERIÇÃO. 1. Há competência constitucional para estender a incidência do ICMS à operação de importação de bem destinado a pessoa que não se dedica habitualmente ao comércio ou à prestação de serviços, após a vigência da EC 33/2001. 2. A incidência do ICMS sobre operação de importação de bem não viola, em princípio, a regra da vedação à cumulatividade (art. 155, § 2º, I da Constituição), pois se não houver acumulação da carga tributária, nada haveria a ser compensado. 3. Divergência entre as expressões "bem" e "mercadoria" (arts. 155, II e 155, §2, IX, a da Constituição). É constitucional a tributação das operações de circulação jurídica de bens amparadas pela importação. A operação de importação não descaracteriza, tão somente por si, a classificação do bem importado como mercadoria. Em sentido semelhante, a circunstância de o destinatário do bem não ser contribuinte habitual do tributo também não afeta a caracterização da operação de circulação de mercadoria. Ademais, a exoneração das operações de importação pode desequilibrar as relações pertinentes às operações internas com o mesmo tipo de bem, de modo a afetar os princípios da isonomia e da livre concorrência. **CONDIÇÕES CONSTITUCIONAIS PARA TRIBUTAÇÃO 4. Existência e suficiência de legislação infraconstitucional para instituição do tributo (violação dos arts. 146, II e 155, XII, § 2º, i da Constituição). A validade da constituição do crédito tributário depende da existência de lei complementar de normas gerais (LC 114/2002) e de legislação local resultantes do exercício da competência tributária, contemporâneas à ocorrência do fato jurídico que se pretenda tributar.** 5. Modificações da legislação federal ou local anteriores à EC 33/2001 não foram convalidadas, na medida em que inexistente o fenômeno da "constitucionalização superveniente" no sistema jurídico brasileiro. A ampliação da hipótese de incidência, da base de cálculo e da sujeição passiva da regra-matriz de incidência tributária realizada por lei anterior à EC 33/2001 e à LC 114/2002 não serve de fundamento de validade à tributação das operações de importação realizadas por empresas que não sejam comerciais ou prestadoras de serviços de comunicação ou de transporte intermunicipal ou interestadual. 6. **A tributação somente será admissível se também respeitadas as regras da anterioridade e da anterioridade, cuja observância se afere com base em cada legislação local que tenha modificado adequadamente a regra-matriz e que seja posterior à LC 114/2002.**"Ex positis, DESPROVEJO o recurso, com base no disposto no artigo 21, § 1º, RISTF e 557 do CPC. Publique-se. Brasília, 29 de maio de 2014. Ministro Luiz Fux (RE 594996/RS, rel. Min. Luiz Fux, **DJe**-106, divulg. em 02.06.2014, public. em 03.06.2014).

Em suma, a Suprema Corte entendeu que a EC n. 33/2001, por si só, não se considera suficiente para ensejar a incidência do ICMS sobre o importador não habitual, de modo que necessita de Lei Complementar regulando as normas gerais – em observância ao disposto no art. 146 da CF –, bem como lei estadual delineando especificamente a matéria. Ademais, cabe lembrar que a lei estadual deverá ser posterior à EC n. 33/2001, bem como à LC n. 114/2002 (que regulou a matéria de forma geral) e obedecer aos Princípios da Anterioridade, contidos no art. 150, III, "b" e "c", da CF.

2.3.2. Critério Espacial

Nos termos do artigo 11 da LC n. 87/96, tratando-se de **Operações de Circulação** de mercadorias, tem-se como competente para recolhimento do ICMS o Estado ou o Distrito Federal: **(i)onde se encontre** o estabelecimento no momento da ocorrência do fato gerador; **(ii)** no qual se encontre, quando em situação **irregular** pela falta de documentação fiscal ou quando acompanhado de documentação inidônea, como dispuser a legislação tributária; **(iii)** o do estabelecimento que transfira a propriedade, ou o título que a represente, de mercadoria por ele adquirida no País e que por ele não tenha transitado; **(iv) importado do exterior**, o do estabelecimento onde ocorrer a entrada física; **(v)** importado do exterior, o do **domicílio** do adquirente, quando não estabelecido; **(vi)** aquele onde seja realizada a **licitação**, no caso de arrematação de mercadoria ou bem importados do exterior e apreendidos ou abandonados; **(vii)** o do Estado onde estiver localizado o adquirente, inclusive o consumidor final, nas operações interestaduais com **energia elétrica** e petróleo, lubrificantes e combustíveis dele derivados, quando não destinados à industrialização ou à comercialização; **(viii)** o do Estado de onde o ouro tenha sido extraído, quando não considerado como ativo financeiro ou instrumento cambial; **(ix)** o de desembarque do produto, na hipótese de captura de peixes, crustáceos e moluscos;

No caso de **Operação de Serviço de Transporte**: **(i)** o Estado ou Distrito Federal onde tenha início a prestação; **(ii)** onde se encontre o transportador, quando em situação irregular pela falta de documentação fiscal ou quando acompanhada de documentação inidônea, como dispuser a legislação tributária.

Em se tratando de **Prestação Onerosa de Serviço de Comunicação**: **(i)** o da prestação do serviço de radiodifusão sonora e de som e imagem, assim entendido o da geração, emissão, transmissão e retransmissão, repetição, ampliação e recepção; **(ii)** o do estabelecimento da concessionária ou da permissionária que forneça ficha, cartão, ou assemelhados com que o serviço é pago; **(iii)** o do estabelecimento destinatário do serviço, na hipótese e para os efeitos do inciso XIII do art. 12 (Art. 12.(...) XIII – da utilização, por contribuinte, de serviço cuja prestação se tenha iniciado em outro Estado e não esteja vinculada a operação ou prestação subsequente); **(iv)** o do estabelecimento ou domicílio do tomador do serviço, quando prestado por meio de satélite; **(v)** onde seja cobrado o serviço, nos demais casos.

2.3.3. Critério Temporal

Conforme prevê o artigo 12 da LC n. 87/96, o ICMS deve ser recolhido nas **operações de circulação de mercadoria** no momento da saída de mercadoria do estabelecimento do contribuinte; será **no início** da prestação de serviços de **transporte interestadual e inter-**

municipal, e do ato **final** do transporte iniciado no exterior e nos serviços de **comunicação**, no instante da ocorrência do fato gerador.

Na importação será devido o ICMS na ocasião do desembaraço aduaneiro, conforme o entendimento do STF: *"Súmula n. 661. Na entrada de mercadoria importada do exterior, é legítima a cobrança do ICMS por ocasião do desembaraço aduaneiro". Essa Súmula foi recentemente convertida na Súmula Vinculante n. 48 para conferir efeito vinculante ao Poder Executivo e ao Judiciário.*

2.4. Consequente Tributário

2.4.1. Critério Pessoal

2.4.1.1. Sujeito Ativo

Os Estados e o Distrito Federal no qual se constatar a hipótese de incidência; e no caso de uma mercadoria vinda do exterior, será competente o Estado no qual estiver o estabelecimento ou o domicílio do importador, como pode se observar no artigo 155, § 2º, IX, "a", da CF, parte final:

> **Art. 155.** (...) a) sobre a entrada de bem ou mercadoria importados do exterior por pessoa física ou jurídica, ainda que não seja contribuinte habitual do imposto, qualquer que seja a sua finalidade, assim como sobre o serviço prestado no exterior, **cabendo o imposto ao Estado onde estiver situado o domicílio ou o estabelecimento do destinatário da mercadoria, bem ou serviço.** (...)

2.4.1.2. Sujeito Passivo

Conforme dispõe o artigo 155, § 2º, XII, "a", da CF c/c o art. 4º da LC n. 87/96, devem recolher o ICMS as pessoas que realizarem operações de circulação de mercadorias, prestarem serviços de transporte interestadual e intermunicipal, importadores de bens de qualquer natureza, executarem serviços de comunicação, bem como os elencados no Parágrafo Único do artigo 4º da LC n. 87/96, a seguir transcrito, que se referem à importação e à energia elétrica:

> **CF/88. Art. 155.** Compete aos Estados e ao Distrito Federal instituir impostos sobre: (...) § 2.º O imposto previsto no inciso II atenderá ao seguinte: (...) XII – cabe à lei complementar: a) definir seus contribuintes.
>
> **LC n. 87/96. Art. 4º** Contribuinte é qualquer pessoa, física ou jurídica, que realize, com habitualidade ou em volume que caracterize intuito comercial, operações de circulação de mercadoria ou prestações de serviços de transporte interestadual e intermunicipal e de comunicação, ainda que as operações e as prestações se iniciem no exterior. **Parágrafo único.** É também contribuinte a pessoa física ou jurídica que, mesmo sem habitualidade ou intuito comercial; (Redação dada pela Lcp n. 114, de 16.12.2002) I – importe mercadorias ou bens do exterior, qualquer que seja a sua finalidade; (Redação dada pela Lcp n. 114, de 16.12.2002) II – seja destinatária de serviço prestado no exterior ou cuja prestação se tenha iniciado no exterior; III – adquira em licitação mercadorias ou bens apreendidos ou abandonados; (Redação dada pela Lcp n. 114, de 16.12.2002) IV – adquira lubrificantes e combustíveis líquidos e gasosos derivados de petróleo e energia elétrica oriundos de outro Estado, quando não destinados à comercialização ou à industrialização (Redação dada pela Lcp n. 102, de 11.7.2000).

Além dos Sujeitos mencionados acima, que efetivamente praticam o fato gerador, deve-se observar que o Imposto em referência permite figurar no polo passivo o Responsável Tributário, nos termos do artigo 121 do CTN.

Sobre a Responsabilidade Tributária, importa lembrar que a Constituição Federal, em seu artigo 150, § 7º, admite a Responsabilidade Tributária, na modalidade de substituição tributária "para frente" (progressiva). Isso quer dizer que o fato gerador ocorrerá em momento futuro, porém o recolhimento do ICMS acontece antes, *in verbis:*

> **Art. 150.** Sem prejuízo de outras garantias asseguradas ao contribuinte, é vedado à União, aos Estados, ao Distrito Federal e aos Municípios:
>
> (...) § 7º A lei poderá atribuir a sujeito passivo de obrigação tributária a condição de responsável pelo pagamento de imposto ou contribuição, cujo fato gerador deva ocorrer posteriormente, assegurada a imediata e preferencial restituição da quantia paga, caso não se realize o fato gerador presumido. (Incluído pela Emenda Constitucional n. 3, de 1993)

Além da substituição progressiva, no ICMS é possível a substituição tributária regressiva, ou seja, o fato gerador ocorre antes do pagamento do tributo. Destaca-se que o pagamento se realiza de maneira postergada, normalmente, feito pelo consumidor final (Contribuinte de Fato).

No tocante à substituição "para frente" a prova de Procurador do Estado do Pará em 2007 apresentou a seguinte questão discursiva:

Exemplo de questão sobre o tema

▶ Disserte sobre o sistema de substituição tributária "para frente" aplicado ao ICMS, de acordo com o posicionamento do STF e "com a Lei Complementar n. 87/96", abordando obrigatoriamente:

a) Os tipos de sujeição passiva tributária e a espécie aplicada ao caso, e os fundamentos constitucional e infraconstitucional;

b) O aspecto temporal de ocorrência do fato gerador da obrigação tributária;

c) A possibilidade ou não de aplicação do sistema de substituição tributária "para frente", nos casos de imunidade ou não incidência tributária em operações interestaduais, tais como sobre petróleo, combustíveis e lubrificantes;

d) Hipóteses de restituição do tributo em casos de não ocorrência do fato gerador presumido ou diante da ocorrência -do fato gerador em valor menor que o estimado na substituição tributária.

Quanto ao posicionamento do STF, informa-se que a Suprema Corte se inclina para o sentido da legitimidade da substituição "para frente". Conforme se depreende do entendimento contido na ADI 1851 (objeto do **Informativo** do STF n. 267) que, inclusive, traçou um breve histórico da origem do instituto dessa modalidade de substituição tributária. Segue trecho da jurisprudência mencionada:

> Substituição Tributária: EC 3/93 (Transcrições) (v. **Informativo** n. 267) ADI 1.851-AL* RELATOR: MIN. ILMAR GALVÃO Voto: Conforme se viu, trata-se de ação que tem por principal objeto a cláusula segunda do Convênio ICMS n. 13/67 e os §§ 6º e 7º do artigo 498 do Decreto n. 35.245/91, introduzidos pelo Decreto n. 37.406/98, do Estado de Alagoas, cujos textos foram reproduzidos no relatório. O Convênio ICMS n. 13/97 (fl. 115) foi editado pelo CONFAZ com declarado objetivo de atender à 'necessidade de harmonizar os procedimentos a serem adotados pelas unidades federadas com referência às normas atinentes à

substituição tributária do ICMS', em consideração ao disposto na letra a do inciso III do artigo 146 e no § 7º do art. 150 da CF; e no art. 10 da LC n. 87 de 13.09.96. Segundo sustentaram alguns Estados, não se trata de ato normativo da modalidade prevista no art. 155, § 2°, XII, "g", da CF, seja porque não concede nem revoga isenções, incentivos e benefícios fiscais, seja porque não foi subscrito por todos os Estados, razão pela qual não pode ser objeto de ação direta de inconstitucionalidade. Não têm eles razão, entretanto. Pelo simples motivo de que se trata de documento que, nitidamente, objetivou prevenir guerra fiscal entre os Estados, na medida em que lhes vedou a concessão do benefício tributário representado pela restituição de ICMS cobrado a maior em razão de a base de cálculo presumida ter sido superior ao valor da operação real de saída final do produto, questão que se achava envolvida em séria dúvida, a ponto de pelo menos quatro Estados não haverem concordado com a edição do Convênio sob enfoque, cuja diretriz, ademais, resultou abalada pelo Convênio superveniente, de n. 129/97 (fl. 117), por meio do qual, para atenuar os efeitos da primeira medida, se autorizou a redução da carga tributária estadual do contribuinte que optasse pelo regime da substituição tributária. Na verdade, a restituição que para uns poderia parecer um direito, para outros significou um favor fiscal, donde a exigência do Convênio. Daí, haver consignado o Estado do Rio de Janeiro, em sua resposta (fl. 651): "Como poderiam os Estados evitar que – a pretexto de reputarem que, em casos concretos, o encargo financeiro excessivamente suportado pelo contribuinte substituído não teria sido transferido aos adquirentes de suas mercadorias – concedessem alguns deles, Estados, 'créditos' do ICMS a título de restituição, na forma do artigo 10 da Lei Complementar n. 87/96? A solução encontrada foi a estabelecida na Cláusula Segunda do Convênio ICMS n. 37/97, alvejada na Adin..." Tornou-se imperioso, portanto, a edição de Convênio para vedar a restituição, não havendo falar, assim, em ato desprovido de efeito normativo e, consequentemente, insuscetível de ser atacado por via de ação direta de inconstitucionalidade. (...) **A substituição tributária é instituto que se acha envolto em séria controvérsia, notadamente quando se trata da substituição progressiva, ou para frente, que foi considerada inconstitucional por não poucos tributaristas, mesmo depois de expressamente autorizada pela EC 03/93. Segundo ensinamento de Hamilton Dias de Souza (in "Repertório IOB de Jurisprudência", fev./95 e "Revista Dialética de Direito Tributário", 12/15), a substituição tributária é mecanismo de origem antiga, remontando ao sistema impositivo vigente na Europa, no fim do século XVIII, adotado como forma de alargar a sujeição passiva tributária, havendo sua utilização sido sempre justificada pelos doutrinadores, sendo apontadas, de forma uníssona por juristas do mundo moderno, suas finalidades e virtudes. Para o conceituado tributarista, muito se tem discutido sobre a natureza jurídica da substituição, anotando Héctor Villegas que as realidades legislativas conduzem a que o jurista tributário não tenha, às vezes, outro remédio senão ser pragmático. Além da finalidade arrecadatória, permite o instituto seja alcançada maior justiça fiscal, pela distribuição equitativa da carga tributária que o sistema propicia, ao evitar a sonegação. Por meio do instituto, a obrigação tributária é transferida àquele contribuinte que oferece melhores condições para o seu cumprimento. O Código Tributário Nacional previu a substituição tributária progressiva, no inciso II do § 2° do art. 58, em sua redação original, que dispunha: [...] O dispositivo foi expressamente revogado pelo art. 13 do DL n. 406/68, tendo entendido o STF (REs 77.462, 77.885 e 108.407) ser incabível, a partir de então, a atribuição da qualidade de contribuinte substituto do antigo ICM, aos industriais e comerciantes atacadistas em relação às vendas efetuadas pelos varejistas aos consumidores, com base apenas no art. 128 do referido Código, que exige a vinculação do substituto ao fato gerador, *in verbis*: [...] A LC n. 44/83, acrescentou o § 9. ao art. 2.° e deu nova redação ao art. 6.° e §§ 3° e 4°, do DL n. 406/68, nestes termos: [...] Cuida-se de dispositivos por meio dos quais o legislador complementar, no exercício da competência que lhe foi reservada pelo § 1° do art. 19 da Carta de 1967, em relação ao antigo ICM, definiu os aspectos subjetivos (contribuintes e seus substitutos), objetivos (fatos geradores) e de dimensionamento (base de cálculo e alíquota), estabelecendo regras gerais que, por razões de conveniência,**

contemplaram a substituição tributária em ambos os sentidos, seja quanto às operações anteriores (art. 6°, § 3°, "a"), seja em relação às subsequentes (id., id, "b", "c" e "d"). De registrar que os dispositivos transcritos não disciplinaram a restituição do imposto recolhido, no caso de não realização do fato gerador, impondo-se a ilação de que a restituição deveria operar pelos meios regulares de restituição de tributos (arts. 165/170 do CTN). Na verdade, a Carta de 1967 e a EC 01/69 não previam, de maneira específica, esse requisito, o mesmo ocorrendo com a Constituição de 1988 (art. 155, § 2°, XII, "b"). O STF, de outra parte, jamais condicionou a legitimidade da antecipação do fato gerador do ICM, hoje ICMS, à previsão legal da cláusula da restituição. A Constituição de 1988, em sua redação original, limitou-se a reservar à lei complementar, de modo específico, a disciplina da substituição tributária do ICMS (art. 156, § 2.°, XII, b), sem especificar as duas modalidades (progressiva e regressiva), com o que, a rigor, recepcionou, no ponto, o DL n. 406/68. A matéria teve de ser regulamentada pelo Convênio ICM 66/88 (art. 25, II), ante a norma do art. 34, § 8.°, do ADCT/88, para nela fazer abranger o produtor e gerador de energia e o prestador de serviço, em face da expansão da base material de incidência do tributo que, a partir da Carta de 88, passou a abranger a energia elétrica e a prestação de serviços de transporte, além dos serviços de telecomunicações. Com base nos referidos dispositivos, ao atualizarem os estados os seus códigos tributários ou ao editarem novos, mantiveram obviamente o instituto, adaptando-os aos dizeres introduzidos pelo mencionado Convênio ICM 66/88, fazendo, v.g., o Estado do Rio de Janeiro, por meio da Lei n. 1.423/89 e o Estado de São Paulo, pela Lei n. 6.374/89. A matéria acabou contemplada na EC n. 3/93, que introduziu, no art. 150 da CF/88, o § 7°, segundo o qual: [...] O dispositivo, indubitavelmente, não criou a substituição tributária progressiva, visto que já integrava o sistema tributário, havendo inovado, entretanto, primeiramente, ao instituir o fato gerador presumido e, depois, ao estabelecer a garantia de reembolso preferencial e imediato do tributo pago quando não se tiver ele realizado. Ao autorizar a atribuição a outrem da condição de responsável pelo pagamento de tributo cujo fato gerador ainda não tenha ocorrido, na verdade, antecipou, o novo dispositivo, o momento do surgimento da obrigação e, consequentemente, da verificação do fato gerador que, por isso mesmo, definiu como presumido. Entretanto, ao erigir a cláusula de restituição imediata e preferencial em categoria de elemento integrante do instituto, praticamente inviabilizou a aplicação deste, antes que houvesse sido editada a lei complementar reguladora da referida cláusula de salvaguarda. Como a providência somente veio a concretizar-se por meio da LC n. 87/96, forçoso é entender que, de 18.03.93, data da publicação da EC 03/93, até 13.09.96, quando veio à luz a LC 87/96, a substituição esteve, mais uma vez, ausente do sistema jurídico tributário brasileiro, por falta de regulamentação. A referida LC n. 87/89, que veio em substituição ao DL n. 406/68, ditou regulamentação bem mais detalhada do instituto da substituição tributária, relativa a operações antecedentes e subsequentes, nos arts. 6º, 8° e 10, havendo disciplinado, em caráter especial, a restituição, deste modo: [...] Nos dizeres de Alfredo Becker, "... a criação do substituto legal tributário tanto é um fenômeno jurídico perfeitamente normal quanto é um processo técnico de criação do direito utilizado com muito mais frequência do que se imagina em todos os demais ramos do direito. O sujeito passivo da **relação jurídica tributária, normalmente, deveria ser aquela determinada pessoa de cuja renda ou capital a hipótese de incidência é um fato-signo presuntivo. Entretanto, frequentemente, colocar esta pessoa no polo negativo da relação jurídica tributária é impraticável ou simplesmente criará maiores ou menores dificuldades para nascimento, vida e extinção** destas relações. Por isso, nestas oportunidades, o legislador como solução emprega uma outra pessoa em lugar daquela e, toda a vez que utiliza esta outra pessoa, cria o substituto legal tributário.» (op. cit., p. 553). Na substituição tributária regressiva, ou para trás, esse ressarcimento opera abatendo-se do preço a ser pago ao fornecedor do produto tributado o valor corresponde ao tributo devido, que deve ser calculado tomando-se por base o valor da operação, conforme previsto no art. 8.°, I, da LC n. 87/96. Trata-se de medida que se mostra adequada às hipóteses de operações efetuadas por um número consideravelmente grande de fornecedores, tendo por objeto, de ordinário, produtos primários, de origem agropecuária, como leite, cana-de-açúcar, laranja, látex, etc., fornecidos a indústrias de transformação. **Graças ao instituto da substituição, o tributo, em vez de ser exigido de centenas ou de milhares de produtores, é recolhido por um só contribuinte, possibilitando uma fiscalização mais simples e eficaz, capaz de evitar a sonegação. Tem por efeito o diferimento do imposto, calculado em razão de pressuposto material já verificado. O substituído, aí, é geralmente aquele que não é inscrito como contribuinte, que não mantém escrita contábil relativa ao ICMS, o qual, por isso mesmo, não tem como compensar o imposto, que é deduzido do preço dos bens vendidos, com os créditos relativos a insumos incorporados ao processo produtivo. Arca ele, portanto, com o tributo relativo à entrada dos insumos e com o devido pela saída dos bens produzidos.** Justamente diante dessa evidência é que a substituição tributária regressiva é de ser considerada como uma opção para aqueles contribuintes capazes de manter registro regular de seu movimento operacional e, consequentemente, de efetuar a compensação débitos/créditos, própria do ICMS, que suavizará sua carga tributária. **A substituição progressiva, ou para frente, que alguns acham de instituição recente, posto prevista em nossa legislação pelo menos desde 1968 – repita-se – contrariamente à regressiva, tem por contribuintes substitutos, por sua vez, uma infinidade de revendedores do produto, circunstância que dificultaria e oneraria, de maneira acentuada, a fiscalização. Sua prática impede a sonegação sem prejudicar a garantia do crédito tributário, visto que o tributo pelas operações subsequentes, até a transferência da mercadoria ao consumidor final, é recolhido sobre o valor agregado. Nessa espécie, em vez do diferimento, o que ocorre é a antecipação do fato gerador e, consequentemente, do tributo, que é calculado sobre uma base de cálculo estimada.** São das mais diversas naturezas as objeções feitas por renomados tributaristas à substituição tributária progressiva, não passando, para uns, de confisco; para outros, de um empréstimo compulsório sem as garantias constitucionais atinentes à espécie; sustentando, ainda, renomados tributaristas, que não pode o Estado, em princípio, deixar de colher uma pessoa, como sujeito passivo, para, discricionária e arbitrariamente, colher outra, por simples comodidade da arrecadação ou conveniência de ordem fiscal, em face dos princípios da capacidade contributiva, segundo o qual o destinatário da carga tributária deve ser a pessoa que provoca, desencadeia ou produz a materialidade da hipótese de incidência de um tributo. Enfatiza-se, ainda, quanto à legalidade, que havendo mister esgote a lei os contornos da hipótese de incidência do tributo, prescrevendo, de modo exaustivo, todos os seus aspectos, não pode ela descrever fato futuro, por presunção. Alega-se, também, que no art. 6.°, § 3.°, a, b, c, d, do DL 406/68 está ausente uma nota característica essencial da substituição, ou seja, o vínculo entre o substituto e o fato gerador, como previsto no art. 128 do CTN. Não raramente, também, é instituição tida como ofensiva ao princípio da não cumulatividade, havendo, até, os que têm por inconstitucional a EC n. 3/93, por ferir o "princípio da estrita legalidade, considerado como cláusula pétrea da Constituição Federal", além de tratar-se de "um tributo que não existe, pois a realidade econômica sobre a qual incidiria ainda não foi gerada". Esse último, na verdade, é o mais recorrente dos argumentos utilizados pelos opositores do instituto, para os quais não se pode exigir tributo antes da ocorrência do fato gerador, exsurgindo ele, quase sempre, de envolta com a questão da base de cálculo calcada em valores desconhecidos. **Todas essas objeções, entretanto, foram afastadas pelo Plenário do Supremo Tribunal Federal, no julgamento do Re 213.396, que resultou assim ementado: [...] Trata-se de regime a que, na prática, somente são submetidos produtos com preço de revenda final previamente fixado pelo fabricante ou importador, como é o caso dos veículos, cigarros; ou tabelados pelo Governo, como acontecia até recentemente com os combustíveis; e como acontece com a energia elétrica etc., razão pela qual só eventualmente poderão verificar-se excessos de tributação. Por derradeiro, não é difícil demonstrar que o fato gerador presumido não constitui óbice à exigência antecipada do tributo. Em primeiro lugar, porque foi instituído pela própria Constituição, havendo sido regulamentado, como se viu, por lei complementar que lhe definiu a base de**

cálculo. Ao fazê-lo, cuidou o legislador de prefixar uma base de cálculo cuja estimativa se aproxime o mais possível da realidade, ajustando o respectivo valor às leis do mercado, para não onerar o contribuinte e nem, tampouco, prejudicar o Fisco. Aliás, a LC n. 87/96 não apenas definiu o modo de apuração da base de cálculo na substituição tributária progressiva, mas também o aspecto temporal do fato gerador presumido, consubstanciado, obviamente, na saída da mercadoria do estabelecimento do contribuinte substituto, não havendo cogitar, pois, de outro momento, no futuro, para configuração do elemento. A providência não é de causar espécie, porquanto, na conformidade do disposto no art. 114 do CTN, fato gerador da obrigação principal é a situação definida em lei como necessária e suficiente à sua ocorrência. Em segundo lugar, porque, conforme observa Marco Aurélio Greco (in "Substituição Tributária", IOB, p. 40 e segs.), a visão tradicional de que a existência da tributação está centralizada na obrigação e esta não existe enquanto não ocorrido o fato gerador, desconsidera uma característica ínsita ao fenômeno jurídico que é a de serem as normas produto de atos de vontade em que se agregam elementos que serão válidos desde que não contrariem a Constituição; e que esta atribui competência em matéria tributária que comporta todos os modelos operacionais que não contrariem a sua essência, nem o conjunto de princípios do sistema de garantias asseguradas ao contribuinte, consistindo o desafio em encontrar-se o ponto de equilíbrio entre, de um lado, a simplificação para a melhoria das arrecadação e, de outro, a proteção do patrimônio e as garantias do contribuinte. A substituição tributária, portanto, resultou de uma opção legislativa, que elegeu como tributável uma fase preliminar da exteriorização de um dado fenômeno econômico, ou jurídico, que compõe a materialidade da competência tributária prevista, para fim de exigir o respectivo recolhimento, antecipando as consequências que, no modelo tradicional, só seriam deflagradas depois da ocorrência do próprio fenômeno. A escolha da fase preliminar resulta, assim, de opção legislativa, mas não é arbitrária, porque só tem cabimento se o evento assim considerado atender ao requisito da necessidade em r**elação ao evento final (inexistindo este inexistirá o fato gerador); se o referido evento já apresenta elementos que permitam prever com certo grau de certeza o evento final (fato gerador); e se a dimensão pecuniária imposta no momento da antecipação é proporcional à dimensão final que resultará da ocorrência do fato tributável.** Essas, em resumo, as lições de Marco Aurélio Greco, para quem não há incompatibilidade constitucional na figura examinada. "...Ao revés, a mais moderna doutrina do Direito Tributário nacional e estrangeiro sustenta sua validade. As dificuldades que sua interpretação e análise ensejam, ao invés de conduzirem a inconstitucionalidade, propõem, isto sim, um desafio para todos os aplicadores do Direito tributário, qual seja o de identificar os seus contornos e limites em função das peculiaridades de cada tributo e realidade econômica ou jurídica por ele atingida" (op. cit., ps. 44/45). Desnecessária muita agudeza de raciocínio, para perceber, v.g., que a entrega de veículos novos, feita pela montadora a suas revendedoras autorizadas, atende aos três requisitos que, segundo a lição transcrita, são exigidos para configuração da compatibilidade e adequação entre a substituição, como modelo de exigência do tributo, e o respectivo pressuposto de fato, em face da Constituição. Com efeito, trata-se de fato econômico que constitui verdadeira etapa preliminar do fato tributável (a venda do veículo ao consumidor), que o tem por pressuposto necessário; fato esse que, por sua vez, é possível prever, com quase absoluta margem de segurança, uma vez que nenhum outro destino, a rigor, pode estar reservado aos veículos que saem dos pátios das montadoras com destino às distribuidoras, senão a revenda aos adquirentes finais; sendo, por fim, perfeitamente previsível, porque objeto de tabela fornecida pelo fabricante, o preço a ser exigido na operação final, circunstância que concorre para a eliminação de excessos tributários. O que se tem, na antecipação da ocorrência do fato gerador (no dizer de Sampaio Doria, em discurso acerca do imposto sobre a transmissão *inter vivos* de bens imóveis, in "Da Lei Tributária no Tempo", 1968, p. 205) é "opção válida do legislador que não faz nascer o imposto de formalidade oca de significado substancial, nem de ato vazio de conteúdo econômico". **O fato gerador do ICMS e a respectiva base de cálculo, em regime de substituição tributária, de outra parte,**

> **conquanto presumidos, não se revestem do caráter de provisoriedade, sendo de ser considerados definitivos, salvo se, eventualmente, não vier a realizar-se o fato gerador presumido. Assim, não há falar em tributo pago a maior, ou a menor, em face do preço pago pelo consumidor final do produto ou do serviço, para fim de compensação ou ressarcimento, quer de parte do Fisco, quer de parte do contribuinte substituído. Se a base de cálculo é previamente definida em lei, não resta nenhum interesse jurídico em apurar se correspondeu ela à realidade. Por isso mesmo, a salvaguarda estabelecida na Constituição em favor deste último, representada pela imediata e preferencial restituição do valor do imposto pago (o qual, na conformidade do art. 10, § 1.º, da LC 87/96, deverá ocorrer em noventa dias, sob pena de creditamento do respectivo valor, devidamente atualizado, em sua escrita fiscal) é restrita à hipótese de não vir a ocorrer o fato gerador presumido. Admitir o contrário, valeria pela inviabilização do próprio instituto da substituição tributária progressiva, visto que implicaria, no que concerne ao ICMS, o retorno ao regime de apuração mensal do tributo e, consequentemente, o abandono de um instrumento de caráter eminentemente prático, porque capaz de viabilizar a tributação de setores de difícil fiscalização e arrecadação.** Na verdade, visa o instituto evitar, como já acentuado, a necessidade de fiscalização de um sem-número de contribuintes, centralizando a máquina-fiscal do Estado num universo consideravelmente menor, e com acentuada redução do custo operacional e consequente diminuição da evasão fiscal. Em suma, propicia ele maior comodidade, economia, eficiência e celeridade na atividade estatal ligada à imposição tributária. Não seria, realmente, de admitir que, diante desses efeitos práticos, decisivos para a adoção da substituição tributária, viesse o legislador a criar mecanismo capaz de inviabilizar a utilização do valioso instituto, como a compensação de eventuais excessos ou faltas, em face do valor real da última operação, determinando o retorno da apuração mensal do tributo, prática que justamente teve por escopo obviar. Trata-se de aspectos da maior relevância que, infelizmente, na instância de prelibação, escapou a este Relator, levando à suspensão da eficácia da norma contida na Cláusula Segunda do Convênio ICMS n. 013/97, que, justamente, veda a restituição ou a cobrança complementar do ICMS quando a operação ou prestação subsequente à cobrança do imposto, sob a modalidade da substituição tributária, realizar-se com valor inferior ou superior ao presumido. Pelas razões expostas, meu voto, em conclusão, conhece apenas em parte da ação e, nessa parte, julga-a improcedente (ADI 1851/AL – Alagoas – rel. Min. Ilmar Galvão, julgado em 08.05.2002, **DJ** de 22.11.2002) (grifos nossos).

Diante disso, pode-se afirmar que o STF reconhece como legítima a substituição progressiva e a regressiva, tendo como fundamento maior a segurança jurídica e a facilitação para a Fazenda Pública quando da fiscalização da efetiva arrecadação por parte do Sujeito Passivo, com o fim de evitar a sonegação fiscal. Ademais, vale lembrar que pelo entendimento do STF, admite-se, no caso da substituição progressiva (para frente), o pedido de restituição nos casos em que efetivamente não ocorrer o fato gerador.

E, recentemente, essa Corte, ao julgar o RE 593849 (julgamento realizado em 19.10.2016, relatoria do Ministro Edson Fachin) compreendeu que quando o fato gerador ocorrer por um valor menor do que o presumido, o Estado deverá restituir a diferença, em razão de princípios basilares de nosso ordenamento jurídico, como igualdade, capacidade contributiva e vedação do confisco.

O Plenário observou, ainda, não haver autorização constitucional para cobrar mais do que resultaria da aplicação direta da alíquota sobre a base de cálculo existente na ocorrência do fato gerador. Assim, uma interpretação restritiva do § 7º do artigo 150 da Constituição, com o objetivo de legitimar a não restituição do excesso, representaria injustiça fiscal inaceitável em um Estado Democrático de Direito, fundado em legítimas expectativas emanadas de uma relação de confiança e justeza entre Fisco e contribuinte. Desse modo, a restituição do excesso atende ao princípio que veda o enriquecimento sem causa, haja vista a não ocorrência da materialidade presumida do tributo.

2.4.2. *Critério Quantitativo*

2.4.2.1. Base de Cálculo

A base de cálculo consiste: i) no valor da operação, no caso de operação de circulação de mercadoria; ii) no valor do bem importado (informado no documento de importação), utilizando-se o mesmo valor da taxa de câmbio aplicado para cálculo do imposto de importação, e acrescido do IPI, do IOF e das despesas aduaneiras; iii) no preço do serviço, no caso de transporte e de comunicação[10].

Vale mencionar que quando houver serviço que tem incidência de ISS, e este tiver previsão na lista anexa da LC n. 116/2003, porém com entrega de mercadoria, via de regra, há incidência apenas de ISS. Se na LC 116/2003 houver previsão para incidência de ISS e de ICMS, acontecerá a incidência dos dois tributos.

Agora, no caso de ser prestado um serviço sem previsão na lista anexa à LC n. 116/2003 e com entrega de mercadoria, incidirá apenas ICMS sobre o **valor total** da operação, conforme previsão no artigo 155, § 2º, IX, "b", da CF.

Cita-se como exemplo de serviço que não tem previsão na lista anexa à LC n. 116/2003, mas que possui a entrega de mercadorias, o prestado em **bares e restaurantes**, sobre qual incidirá apenas ICMS. Esse entendimento foi consolidado pelo STJ por meio da *Súmula n. 163 do STJ – "O fornecimento de mercadorias com simultânea prestação de serviços em bares, restaurantes e estabelecimentos similares constitui fato gerador do ICMS a incidir sobre o valor total da operação"*.

Sobre esse assunto, o STF foi um pouco mais criterioso no sentido de exigir a existência de lei estadual que a estabeleça, nos termos da Súmula n. 574 n. verbis: "Sem lei estadual que a estabeleça, é ilegítima a cobrança do imposto de circulação de mercadorias sobre o fornecimento de alimentação e bebidas em restaurante ou estabelecimento similar".

Ainda referente à base de cálculo, cumpre evidenciar a Súmula do STJ de n. 431: *"Súmula n. 431. É ilegal a cobrança de ICMS com base no valor da mercadoria submetida ao regime de pauta fiscal"*. Por meio dessa súmula, deve-se entender que não cabe ICMS sobre o valor já fixado anteriormente em determinada pauta fiscal.

Por fim, também quanto à base de cálculo, informa-se que nela (base de cálculo) já está contido o próprio valor do Imposto – trata-se do denominado Imposto "por dentro".

Cumpre esclarecer que na LC n. 87/96 há a previsão de que o montante do ICMS integra a sua própria base de cálculo, constituindo o correspondente destaque no documento fiscal.

10. Artigo 13 da LC n. 87/96.

Com o intuito de possibilitar uma melhor compreensão, cita-se, como exemplo, uma mercadoria de custo de R$1.000,00. Para se encontrar o valor do ICMS não basta aplicar a alíquota de 18% (alíquota mais usual nos Estados) sobre esse valor. Terá que ser feito o seguinte raciocínio: como o valor do Imposto já está embutido na mercadoria, tem-se que utilizar o percentual de 100% (mercadoria com lucro + Imposto) e retirar o percentual da alíquota de 18% (100% – 18% = 82% – transformando o percentual em decimal tem-se: 82/100 = 0,82). Essa medida corresponde a apenas 82% da base de cálculo sobre o qual a alíquota de 18% deve incidir. Com isso, para se encontrar o valor dos 100% da base de cálculo, deve-se pegar o valor da mercadoria de R$1.000 e dividir por 0,82. Esse cálculo trará como resultado o valor de R$1.219,51 – base de cálculo. Apenas diante desse resultado será aplicada a alíquota de 18%. Com isso, se obtém o valor do Imposto a ser recolhido, que, por sua vez, será de R$219,51. Há que se evidenciar que como a mercadoria foi cobrada do consumidor pelo valor de R$1.000,00 e o cálculo é "por dentro", o valor de R$ 780,49 pertencerá ao Sujeito Passivo, valor esse resultante da diferença do valor total da mercadoria com o do ICMS (R$1.000,00 – R$219,51 = R$ 780,49). Perceba-se que se for calculado da maneira simples, sem ser "por dentro", se obteria o resultado de R$180,00 de ICMS, que não seria o correto. Diante disso, por esse cálculo "por dentro", o Sujeito Passivo na realidade acaba por recolher o referido Imposto com um impacto de 21,95%, e não 18%.

Muito se discutiu sobre a constitucionalidade de tal procedimento, em virtude de se argumentar que feriria o Princípio do Não Confisco, bem como o Princípio da Não Cumulatividade. Entretanto, quando tal questão foi abordada no STF, a Suprema Corte entendeu pela constitucionalidade do cálculo "por dentro", como se depreende do julgamento do RE 582.461 a seguir, objeto do **Informativo** n. 627 de 2011:

> Recurso extraordinário. Repercussão geral. 2. Taxa Selic. Incidência para atualização de débitos tributários. Legitimidade. Inexistência de violação aos princípios da legalidade e da anterioridade. Necessidade de adoção de critério isonômico. No julgamento da ADI 2.214, rel. Min. Maurício Corrêa, Tribunal Pleno, **DJ** 19.04.2002, ao apreciar o tema, esta Corte assentou que a medida traduz rigorosa igualdade de tratamento entre contribuinte e fisco e que não se trata de imposição tributária. 3. ICMS. **Inclusão do montante do tributo em sua própria base de cálculo. Constitucionalidade. Precedentes. A base de cálculo do ICMS, definida como o valor da operação da circulação de mercadorias** (art. 155, II, da CF/1988, c/c arts. 2º, I, e 8º, I, da LC 87/1996), inclui o próprio montante do ICMS incidente, pois ele faz parte da importância paga pelo comprador e recebida pelo vendedor na operação. A Emenda Constitucional **n. 33, de 2001, inseriu a alínea "i" no inciso XII do § 2º do art. 155 da Constituição Federal, para fazer constar que cabe à lei complementar "fixar a base de cálculo, de modo que o montante do imposto a integre, também na importação do exterior de bem, mercadoria ou serviço". Ora, se o texto dispõe que o ICMS deve ser calculado com o montante do imposto inserido em sua própria base de cálculo também na importação de bens, naturalmente a interpretação que há de ser feita é que o imposto já era calculado dessa forma em relação às operações internas. Com a alteração constitucional a Lei Complementar ficou autorizada a dar tratamento isonômico na determinação da base de cálculo entre as operações ou prestações internas com as importações do exterior, de modo que o ICMS será calculado "por dentro" em ambos os casos.** 4. Multa moratória. Patamar de 20%. Razoabilidade. Inexistência de efeito confiscatório. Precedentes. A aplicação da multa moratória tem o objetivo de sancionar o contribuinte que não cumpre suas obrigações tributárias, prestigiando a conduta daqueles que pagam em dia seus tributos aos cofres públicos. Assim, para que a multa moratória cumpra sua função de desencorajar a elisão fiscal, de um lado não pode ser pífia, mas, de outro, não

pode ter um importe que lhe confira característica confiscatória, inviabilizando inclusive o recolhimento de futuros tributos. O acórdão recorrido encontra amparo na jurisprudência desta Suprema Corte, segundo a qual não é confiscatória a multa moratória no importe de 20% (vinte por cento). 5. Recurso extraordinário a que se nega provimento. RE 582461/SP, rel. Min. Gilmar Mendes, 18.5.2011. (RE-582461)

Informativo n. 627 de 2011 (...) "Vencidos os Ministros Marco Aurélio e Celso de Mello que proviam o recurso. Este aduzia ser incompatível com o ordenamento constitucional a consideração de valores estranhos à materialidade da hipótese de incidência do ICMS, bem como extensível às obrigações acessórias o princípio da não confiscatoriedade. Aquele assentava que o cálculo "por dentro", no que o vendedor não fatura o ICMS, discreparia do modelo constitucional, em transgressão ao princípio da não cumulatividade. Consignava, ademais, que essa forma de cálculo, uma vez afirmada relativamente ao ICMS, poderia vir a ser transportada para qualquer outro tributo. Salientou também que se teria um confisco, ante a inexistência de móvel para essa cobrança. **Por fim, o Min. Cezar Peluso, Presidente, apresentou proposta de redação de súmula vinculante, a ser encaminhada à Comissão de Jurisprudência, com o seguinte teor: 'É constitucional a inclusão do valor do Imposto sobre Circulação de Mercadorias e Serviços – ICMS na sua própria base de cálculo'**". RE 582461/SP, rel. Min. Gilmar Mendes, 18.5.2011. (RE-582461) (Grifos Nossos)

Por conseguinte, para o STF o referido cálculo "por dentro" não configura dupla tributação, nem afronta o Princípio Constitucional da Não Cumulatividade.

2.4.2.2. Alíquotas

Há alíquotas distintas para cálculo do ICMS. As razões dessas distinções estão, essencialmente, no Princípio da **Seletividade** (art. 155, § 2º, III, da CF) e na existência de alíquotas **internas** (estipuladas pelos Estados) e **interestaduais**.

Ademais, por meio do artigo 155, § 2º, IV e V, da CF, constata-se que o Senado Federal, por meio de **Resolução** (proposta pelo Presidente da República ou por 1/3 dos Senadores e aprovada pela maioria absoluta dos membros do Senado Federal), estabelecerá as alíquotas **mínimas** ou **máximas**, *in verbis*:

"**Art. 155.** Compete aos Estados e ao Distrito Federal instituir impostos sobre: (...)II – operações relativas à circulação de mercadorias e sobre prestações de serviços de transporte interestadual e intermunicipal e de comunicação, ainda que as operações e as prestações se iniciem no exterior; (...) § 2.º O imposto previsto no inciso II atenderá ao seguinte: (...) IV – resolução do Senado Federal, de iniciativa do Presidente da República ou de um terço dos Senadores, aprovada pela maioria absoluta de seus membros, estabelecerá as alíquotas aplicáveis às operações e prestações, interestaduais e de exportação; V – é facultado ao **Senado Federal**: a) estabelecer alíquotas **mínimas** nas operações internas, mediante resolução de iniciativa de um terço e aprovada pela maioria absoluta de seus membros; b) fixar alíquotas **máximas** nas mesmas operações para resolver conflito específico que envolva interesse de Estados, mediante resolução de iniciativa da maioria absoluta e aprovada por dois terços de seus membros; VI – salvo deliberação em contrário dos Estados e do Distrito Federal, nos termos do disposto no inciso XII, "g", **as alíquotas internas, nas operações relativas à circulação de mercadorias e nas prestações de serviços, não poderão ser inferiores às previstas para as operações interestaduais;** VII – nas operações e prestações que destinem bens e serviços a consumidor final, contribuinte ou não do imposto, localizado em outro Estado, adotar-se-á a alíquota interestadual e caberá ao Estado de localização do destinatário o imposto correspondente à diferença entre a alíquota interna do Estado destinatário e a alíquota interestadual; (Redação dada pela Emenda Constitucional nº 87, de 2015) (Produção

> de efeito)a) (revogada); (Redação dada pela Emenda Constitucional nº 87, de 2015)b) (revogada); (Redação dada pela Emenda Constitucional nº 87, de 2015)
>
> VIII – a responsabilidade pelo recolhimento do imposto correspondente à diferença entre a alíquota interna e a interestadual de que trata o inciso VII será atribuída: (Redação dada pela Emenda Constitucional nº 87, de 2015) (Produção de efeito) a) ao destinatário, quando este for contribuinte do imposto; (Incluído pela Emenda Constitucional nº 87, de 2015) b) ao remetente, quando o destinatário não for contribuinte do imposto; (Incluído pela Emenda Constitucional nº 87, de 2015)(...)

Desse modo, com vista a regulamentar o disposto na Carta Magna, tem-se a Resolução n. 22/89, que assim determina:

> "**Art. 1º** A alíquota do Imposto sobre Operações Relativas à Circulação de Mercadorias e sobre Prestação de Serviços de Transporte Interestadual e Intermunicipal e de Comunicação, nas operações e prestações **interestaduais**, será de **doze por cento**.
>
> **Parágrafo único.** Nas operações e prestações realizadas nas Regiões Sul e Sudeste, destinadas às Regiões Norte, Nordeste e Centro-Oeste e ao Estado do Espírito Santo, as alíquotas serão: I – em 1989, oito por cento; II – a partir de 1990, **sete por cento**".

Importante mencionar, sobre essa Resolução, que o art. 2º que dispõe sobre a incidência do ICMS nas operações no exterior perdeu sua aplicabilidade, em virtude da imunidade inserida pela EC n. 42/2003, no art. 155, §2º, X, "a" da CF.

Ademais, haverá a aplicação da alíquota de 4% (quatro por cento) para apuração do Imposto sobre Operações Relativas à Circulação de Mercadorias e sobre Prestação de Serviço de Transporte Interestadual e Intermunicipal (ICMS), nas operações interestaduais, com bens e mercadorias **importados** do exterior, conforme determina a Resolução n. 13/2012.

Pela observação da Resolução do Senado, pode-se identificar que existem as alíquotas internas, que são estipuladas pelo Estado, e as interestaduais, estabelecidas na Resolução em referência.

Cumpre mencionar que a Emenda Constitucional n. 87/2015 alterou a redação do artigo 155, § 2º, VII, "a" e "b" e VII. Diante disso, e para melhor compreensão sobre a aplicação das alíquotas do ICMS quando ocorrem operações com consumidores finais em **outros Estados**, segue exemplo de como previa o artigo 155, § 2º, VII, "a" e "b" e VIII, da CF **antes** da EC 87/2015 , acompanhe a presente situação fictícia:

Imagine que um sujeito que reside em Pernambuco, não é contribuinte do ICMS, adquire uma mercadoria, via Internet, como consumidor final de uma empresa domiciliada em São Paulo. Suponha também que não há qualquer isenção ou redução de alíquota para o produto, nem qualquer outro beneficio fiscal. Considere, ainda, que a alíquota interna de São Paulo é 18% e de Pernambuco, 17%.

No exemplo, como o comprador **não é contribuinte** do ICMS, conforme determina o artigo 155, § 2º, VII, "b", será aplicada nessa operação a alíquota interna de 18%, que ficará para o Estado de São Paulo, por ser o Estado de origem, de onde partiu a mercadoria.

Agora se o comprador, residente na Região Nordeste, **é contribuinte** – um comerciante –, porém, adquire uma mercadoria como consumidor **final**, sem a finalidade de comerciá-la, sendo um bem para o ativo fixo da sua empresa, por exemplo. Nesse caso, será aplicado o disposto no artigo 155, § 2º, VII, "a", da CF, isto é, será tributada a operação com a alíquota interestadual, **7%** (Resolução n. 22/89, art. 1º, II). De modo que o Estado de São Paulo ficará com a alíquota de 7% e Pernambuco, com a **diferença** entre a alíquota interestadual e a sua alíquota interna (17% – 7% = 10%), como determina o artigo 155, § 2º, VIII, da CF.

Com a nova redação do artigo 155, § 2º, VII, "a" e "b" e VII, dada pela **Emenda Constitucional n. 87/2015** o exemplo fica da seguinte maneira:

Tendo em vista que não há mais a diferenciação entre as operações destinadas a consumidores finais, aplicando-se aos contribuintes e aos não contribuintes. Nesses dois casos, será devido o diferencial de alíquota para o Estado destinatário. No exemplo, o Estado de São Paulo. Assim, em suma, nos casos de consumidores finais, sendo contribuinte ou não, caberá alíquota interestadual para o Estado remetente e a alíquota correspondente à diferença ao Estado destinatário. A responsabilidade pelo recolhimento do diferencial de alíquota dependerá da condição do destinatário. Isso quer dizer que se for contribuinte, será ele o responsável e, se não o for, o remetente será responsável pelo recolhimento.

O legislador constituinte, atento ao impacto na arrecadação dos Estados remetentes diante dessa alteração constitucional, viu por bem regular que essa mudança que ocorrerá gradualmente até o ano de 2019, prevendo no art. 99 do ADCT (redação também dada pela EC n. 87/2015) a forma em que se dará:

> Art. 99. Para efeito do disposto no inciso VII do § 2º do art. 155, no caso de operações e prestações que destinem bens e serviços a consumidor final não contribuinte localizado em outro Estado, o imposto correspondente à diferença entre a alíquota interna e a interestadual será partilhado entre os Estados de origem e de destino, na seguinte proporção: (Incluído pela Emenda Constitucional nº 87, de 2015)
>
> I – para o ano de 2015: 20% (vinte por cento) para o Estado de destino e 80% (oitenta por cento) para o Estado de origem;
>
> II – para o ano de 2016: 40% (quarenta por cento) para o Estado de destino e 60% (sessenta por cento) para o Estado de origem;
>
> III – para o ano de 2017: 60% (sessenta por cento) para o Estado de destino e 40% (quarenta por cento) para o Estado de origem;
>
> IV – para o ano de 2018: 80% (oitenta por cento) para o Estado de destino e 20% (vinte por cento) para o Estado de origem;
>
> V – a partir do ano de 2019: 100% (cem por cento) para o Estado de destino.

Diante disso, constata-se que, com a alteração dada pela EC 87/2015, a relevância de ser contribuinte ou não nas operações que envolvem consumidores finais toca apenas a responsabilidade pelo recolhimento, posto que em ambas as situações ocorrerá a incidência da alíquota interestadual e da alíquota diferencial, como se depreende dos incisos VII e VIII, § 2º, do art. 155 da CF.

2.5. Características

2.5.1. Princípios Específicos do ICMS

Sobre o ICMS importa frisar que existem dois Princípios que devem ser observados:

1 **Princípio da Não Cumulatividade** (art. 155, § 2º, I, da CF e art. 19 da LC n. 87/96). Ao considerar tratar, via de regra, de um tributo **plurifásico**, cuja incidência ocorrerá em várias fases, ou seja, nas diversas etapas de transações que a mercadoria passar, a aplicação da **não cumulatividade**, significa dizer que o ICMS será compensado em cada operação relativa à circulação de mercadorias ou prestação de serviços de transporte interestadual ou intermunicipal e de comunicação com o montante cobrado nas operações **anteriores** pelo mesmo ou por outro Estado. Faz-se necessário salientar que apesar de existir a possibilidade de se compensar, o STF entende que o crédito escriturado, oriundo da compensação, não poderá sofrer correção monetária, salvo disposição de lei em contrário, ou se a demora no aproveitamento de tais créditos se der por empecilho da Fazenda Pública.

Segue jurisprudência do STJ neste sentido:

> "PROCESSUAL. TRIBUTÁRIO. ICMS. CRÉDITO ESCRITURAL. UTILIZAÇÃO INDEVIDA. INCIDÊNCIA DE CORREÇÃO MONETÁRIA. IMPOSSIBILIDADE. AUSÊNCIA DE PREVISÃO LEGAL. 1. Segundo o acórdão recorrido, o Fisco Paulista entendeu indevido o creditamento realizado em função da movimentação de mercadorias realizada entre estabelecimentos comerciais da recorrente, por entender que não houve a efetiva circulação de mercadorias. 2. **Conforme entendimento do STJ firmado em julgamento de recurso submetido à sistemática dos recursos repetitivos, não cabe a correção monetária dos créditos escriturais, ante a ausência de previsão legal, salvo se a demora no aproveitamento de tais créditos se der por empecilho da Fazenda Pública.** 3. A utilização inadequada dos créditos escriturais não é capaz de modificar-lhes a natureza jurídica de forma a ensejar a incidência de correção monetária não prevista em lei, por se tratar de medida excepcional. 4. A recorrente não observou as formalidades indispensáveis à interposição do recurso pela alínea "c" do permissivo constitucional, porquanto não procedeu ao cotejo analítico no intuito de demonstrar que os arestos confrontados partiram de situações fático-jurídicas idênticas e adotaram conclusões discrepantes. 5. Recurso especial não provido". (REsp n. 1132593/SP, rel. Min. Castro Meira, 2ª Turma, julgado em 11.06.2013, **DJe** de 18.06.2013) (grifos nossos).

Vale enfatizar ainda que esse Princípio, em casos de **isenções** ou **não incidência**, salvo disposição de lei em contrário, não implica crédito para compensação com o montante devido nas operações seguintes, e acarretará em anulação do crédito relativo às operações anteriores.

Compartilha desse entendimento o STF, que confirmou, em julgamento recente de outubro de 2014 (objeto do **Informativo** n. 763 juntado ao final desse Capítulo), de que se faz necessária lei específica determinando o benefício:

> O Plenário destacou que, a despeito da autorização prevista no § 1º da Cláusula Primeira do Convênio ICMS 128/1994, não constaria que a legislação estadual do Rio Grande do Sul tivesse efetivamente previsto a possibilidade de manutenção integral dos créditos nas hipóteses de redução de base de cálculo. Aduziu que, ao contrário, teria determinado que fosse exigida a anulação proporcional do crédito. Frisou que o legislador estadual poderia ter adotado solução diversa, mas não o fizera. **Destacou que, à falta de lei que autorizasse o aproveitamento integral do crédito, teria plena aplicação a regra do art. 155, § 2º, II, b, da CF. Sublinhou que o convênio, por si só, não asseguraria a concessão do benefício em questão. Pontuou que o convênio seria condição necessária, mas não suficiente, porque teria sentido jurídico meramente autorizativo, e não impositivo: permitiria a concessão do benefício fiscal por parte de cada um dos Estados-membros e do Distrito**

> **Federal, mas não o criaria "per se". Observou que a essa conclusão se chegaria com a leitura do art. 150, § 6º, com redação dada pela EC 3/1993, combinado com o art. 155, § 2º, XII, g, ambos da CF. Registrou que: a) o primeiro exigiria lei específica para a veiculação de isenção ou redução de base de cálculo; e b) o segundo determinaria que a concessão de isenções, incentivos e benefícios fiscais, em matéria de ICMS, deveria observar o procedimento de deliberação previsto em lei complementar, atualmente a LC 24/1975.** Salientou que, nas hipóteses de isenção parcial de base de cálculo, a Fazenda estadual estaria autorizada a proceder à anulação proporcional dos créditos, ressalvada a previsão em sentido contrário na legislação estadual, o que não se verificara no caso em tela. Vencido o Ministro Marco Aurélio, que dava provimento ao recurso para garantir ao contribuinte o creditamento do ICMS na integralidade. Enfatizava não se poder confundir isenção com redução da base de cálculo. Apontava que, na espécie, o contribuinte não poderia optar pelo sistema tradicional ou pelo sistema com redução da base de cálculo mais creditamento proporcional. (...)No RE 477.323/RS, a Corte deu provimento ao recurso. Na espécie, o tribunal de origem declarara a inconstitucionalidade de o Fisco estadual negar o direito de contribuinte utilizar-se, integralmente, de créditos do ICMS relativos à aquisição de insumos, envolvida a prestação de serviço de transportes, mesmo na hipótese de operações de saídas tributadas sob o regime de base de cálculo reduzida. O ora recorrente, Estado do Rio Grande do Sul, arguia a constitucionalidade da restrição ao uso de créditos do mencionado imposto ante a possibilidade de o contribuinte escolher pelo regime de benefício fiscal. O Ministro Marco Aurélio (relator) observou que o contribuinte teria tido oportunidade de optar pelos diferentes sistemas — tradicional ou com redução da base de cálculo. **O Colegiado, tendo isso em conta, enfatizou que os convênios teriam natureza autorizativa e não impositiva, e, consequentemente, não dispensariam lei em sentido formal para a concretização dos benefícios neles previstos, como exigido pelo art. 150, § 6º, da CF".** (RE 635688/RS, rel. Min. Gilmar Mendes, 16.10.2014. (RE-635688) RE 477323/RS, rel. Min. Marco Aurélio, 16.10.2014. (RE-477323))

Diante disso, em observância ao disposto na Constituição Federal, para que seja usufruído do creditamento, em casos de benefícios fiscais de ICMS, faz-se necessário que tal previsão esteja disposta em lei específica, que observa a regulamentação contida na Lei Complementar e respectivo convênio.

Outra questão interessante envolvendo o creditamento do ICMS ocorre quando o Contribuinte adquire um bem para compor seu **ativo fixo** ou mesmo para seu **consumo**. O artigo 20 da LC n. 87/96 admite a possibilidade de compensação dos créditos de ICMS nessa hipótese, mas desde que observado o artigo 33 da LC n. 87/96:

> "**Art. 20.** Para a compensação a que se refere o artigo anterior, é assegurado ao sujeito passivo o direito de creditar-se do imposto anteriormente cobrado em operações de que tenha resultado a entrada de mercadoria, real ou simbólica, no estabelecimento, inclusive a destinada ao seu uso ou consumo ou ao ativo permanente, ou o recebimento de serviços de transporte interestadual e intermunicipal ou de comunicação.
>
> **Art. 33.** Na aplicação do art. 20 observar-se-á o seguinte: I – somente darão direito de crédito as mercadorias destinadas ao uso ou consumo do estabelecimento nele entradas a partir de 1o de janeiro de 2020; II – somente dará direito a crédito a entrada de energia elétrica no estabelecimento: a) quando for objeto de operação de saída de energia elétrica; b) quando consumida no processo de industrialização; c) quando seu consumo resultar em operação de saída ou prestação para o exterior, na proporção destas sobre as saídas ou prestações totais; e d) a partir de 1o de janeiro de 2020 nas demais hipóteses; III – somente darão direito de crédito as mercadorias destinadas ao ativo permanente do estabelecimento, nele entradas a partir da data da entrada desta Lei Complementar em vigor. IV – somente dará direito a crédito o recebimento de serviços de comunicação utilizados pelo estabelecimento: a) ao qual

tenham sido prestados na execução de serviços da mesma natureza; b) quando sua utilização resultar em operação de saída ou prestação para o exterior, na proporção desta sobre as saídas ou prestações totais; e c) a partir de 1o de janeiro de 2020 nas demais hipóteses".

Segundo o parecer do STJ, são legítimas as restrições impostas pela Lei Complementar n. 87/96, inclusive a limitação temporal prevista em seu artigo 33, para o aproveitamento dos créditos de ICMS em relação à aquisição de bens destinados ao uso e consumo ou ao ativo permanente do estabelecimento contribuinte.

No mesmo sentido, confira a orientação do STF:

> "AGRAVO REGIMENTAL NO RECURSO EXTRAORDINÁRIO. LEI COMPLEMENTAR N. 87/96. SUPERVENIÊNCIA DA LEI COMPLEMENTAR N. 102/00. CRÉDITO DE ICMS. LIMITAÇÃO TEMPORAL À SUA EFETIVAÇÃO. VULNERAÇÃO DO PRINCÍPIO DA NÃO CUMULATIVIDADE. INOCORRÊNCIA. PRECEDENTES. 1. O Plenário desta Corte, no julgamento da ADI-MC n. 2.325, **DJ** de 04.10.2004, fixou entendimento no sentido de não ser possível a compensação de créditos de ICMS em razão de operações de consumo de energia elétrica ou utilização de serviços de comunicação ou, ainda, de aquisição de bens destinados ao uso e/ou à integração no ativo fixo do próprio estabelecimento. 2. As modificações nos artigos 20, § 5º, e 33, da Lei Complementar n. 87/96, não violam o princípio da não cumulatividade. Agravo regimental a que se nega provimento". (RE n. 461878-AgR, rel. Min. Eros Grau, 2ª Turma, julgado em 17.06.2008, **DJe**-142, divulg. em 31.07.2008, public. em 01.08.2008, Ement. v. 02326-06, p. 01247).

Em suma, os Tribunais Superiores entenderam pela constitucionalidade das restrições inseridas na referida Lei Complementar, de modo que se reconhece a convivência com o Princípio da Não Cumulatividade, sem qualquer violação.

Como estudado anteriormente, o ICMS também pode ser **monofásico**, incidindo uma única vez, em um só ponto do processo de produção e distribuição da mercadoria, como, por exemplo, o ICMS combustível, nos termos do artigo 155, § 4º, I e § 2º, XI, "h", da CF.

No tocante ao Princípio da Não Cumulatividade a Prova do 17º Concurso do Ministério Público Federal cobrou o conhecimento dessa limitação ao poder de tributar mais especificamente aplicado ao ICMS, conforme enunciado abaixo:

Exemplo de questão sobre o tema

▶ ICMS: Princípio da não cumulatividade. Noções gerais. Restrições constitucionais ao Princípio da não cumulatividade.

O candidato pode descrever sobre as matérias apontadas nesse Capítulo, inclusive abordar o entendimento do STF quanto à aplicação do cálculo por dentro, constante na parte do Consequente da Norma Tributária do ICMS. Ademais, pode buscar as premissas contidas no Capítulo 3 sobre o Princípio da Não Cumulatividade e sua ligação com os demais Princípios.

Outro princípio que, especificamente, o ICMS observa, embora de forma facultativa, consiste no Princípio da Seletividade:

2 **Princípio da Seletividade** (art. 155, § 2º, III da CF). Tem como função orientar a estipulação das alíquotas diferenciadas de ICMS, podendo-se utilizar por base a seletividade, em função da **essencialidade** do produto, quanto mais essencial for o produto menor será a alíquota aplicada, e quanto menor a essencialidade do produto, maior será a alíquota do ICMS. Esse princípio é utilizado para justificar a redução da carga tributária dos produtos considerados essenciais. No caso do ICMS, a Constituição prevê que esse princípio é uma faculdade, assim, os Estados e o Distrito Federal poderão ser valer ou não da seletividade.

2.5.2. *Imunidades Específicas*

A CF em seu artigo 155, § 2º, X (alterado pela EC n. 42/2003), confere imunidade:

A	sobre operações que destinem mercadorias para o exterior, nem sobre serviços prestados a destinatários no exterior, assegurada a manutenção e o aproveitamento do montante do imposto cobrado nas operações e prestações anteriores;
B	sobre operações que destinem a outros Estados petróleo, inclusive lubrificantes, combustíveis líquidos e gasosos dele derivados, e energia elétrica;
C	sobre o ouro, nas hipóteses definidas no art. 153, § 5º;
D	nas prestações de serviço de comunicação, nas modalidades de radiodifusão sonora e de sons e imagens de recepção livre e gratuita.

Referente à primeira hipótese de imunidade, com redação dada pela EC n. 42/2003, sobre as operações que destinem mercadorias para o exterior, nem sobre serviços prestados a destinatários no exterior, vale esclarecer que o legislador visou estimular a exportação.

Sobre a segunda possibilidade de imunidade de ICMS, relativa às operações que destinem a outros Estados petróleo e derivados, trata-se apenas de um reforço da Imunidade Recíproca prevista no artigo 150, VI, "a", da CF. Conforme analisado em Tópico anterior sobre os combustíveis e derivados, cumpre mencionar que apenas incidirá o ICMS no Estado de **destino** dos produtos, quando da sua saída para o consumidor final. Trata-se de posicionamento compartilhado pelo STF, nos termos do AI 846557 RS, **DJe**-035 DIVULG 16/02/2012 PUBLIC 17/02/2012: "A imunidade tributária prevista no art. 155, § 2º, x, b, da C.F., restringe-se ao Estado de origem, não abrangendo o Estado de destino da mercadoria, onde são tributadas todas as operações que compõem o ciclo econômico por que passam os produtos, independentemente de se tratar de consumidor final ou intermediário".

Em relação à terceira imunidade de ICMS sobre o ouro, nas situações definidas no artigo 153, § 5º, evidencia-se que consiste em ouro enquanto **ativo financeiro** apenas, não enquanto mercadoria. Tudo isso porque, sobre o ouro, entendido como ativo financeiro, incidirá, exclusivamente, o IOF.

A última, e quarta hipótese de imunidade de ICMS ocorre sobre prestações de serviço de comunicação nas modalidades de radiodifusão sonora e de sons e imagens de recepção **livre** e **gratuita**. Isso quer dizer que sobre a comunicação por TV à cabo, por exemplo, incidirá normalmente o ICMS. Entendimento compartilhado pelo STJ – AgRg no REsp 1064596/SP: "A transmissão do sinal, quando realizada de maneira **onerosa** pelas empresas de TV a cabo, é considerada serviço de comunicação, nos termos do art. 2º da LC 87/1996, e se submete à tributação estadual".

Entretanto, vale evidenciar que os serviços **preparatórios** para a prestação de serviços de comunicação – adesão a TV a cabo que inclua instalação de equipamentos, por exemplo – não incide ICMS (STJ – AgRg no REsp 867820/MG).

2.5.3. Matérias Tratadas por Lei Complementar

Nos termos do artigo 155, § 2º, XII, da CF:

> **Art. 155.** (...) XII – cabe à lei complementar: a) definir seus contribuintes; b) dispor sobre substituição tributária; c) disciplinar o regime de compensação do imposto; d) fixar, para efeito de sua cobrança e definição do estabelecimento responsável, o local das operações relativas à circulação de mercadorias e das prestações de serviços; e) excluir da incidência do imposto, nas exportações para o exterior, serviços e outros produtos além dos mencionados no inciso X, "a"; f) prever casos de manutenção de crédito, relativamente à remessa para outro Estado e exportação para o exterior, de serviços e de mercadorias; g) regular a forma como, mediante deliberação dos Estados e do Distrito Federal, isenções, incentivos e benefícios fiscais serão concedidos e revogados. h) definir os combustíveis e lubrificantes sobre os quais o imposto incidirá uma única vez, qualquer que seja a sua finalidade, hipótese em que não se aplicará o disposto no inciso X, "b"; (Incluída pela Emenda Constitucional n. 33, de 2001) i) fixar a base de cálculo, de modo que o montante do imposto a integre, também na importação do exterior de bem, mercadoria ou serviço. (Incluída pela Emenda Constitucional n. 33, de 2001).

Por meio desse dispositivo legal, pode-se concluir que a Lei Complementar constitui instrumento utilizado para regular a forma como se dará a **isenção**, bem como sua revogação.

Nesse sentido, a Lei Complementar n. 24/75 estabelece sobre a concessão e revogação de isenção ou redução de alíquotas do ICMS, determinando que serão concedidas por meio de termos de **convênios** celebrados e ratificados pelos Estados e pelo Distrito Federal, conforme se depreende do artigo 1º da LC n. 24/75:

> "**Art. 1º** As isenções do imposto sobre operações relativas à circulação de mercadorias serão concedidas ou revogadas nos termos de **convênios** celebrados e ratificados pelos Estados e pelo Distrito Federal, segundo esta Lei. **Parágrafo único.** O disposto neste artigo também se aplica: I – à redução da base de cálculo; II – à devolução total ou parcial, direta ou indireta, condicionada ou não, do tributo, ao contribuinte, a responsável ou a terceiros; III – à concessão de créditos presumidos; IV – a quaisquer outros incentivos ou favores fiscais ou financeiro-fiscais, concedidos com base no Imposto de Circulação de Mercadorias, dos quais resulte redução ou eliminação, direta ou indireta, do respectivo ônus; V – às prorrogações e às extensões das isenções vigentes nesta data".

Sobre esse assunto, o STF se posicionou entendendo como inconstitucional a concessão de isenção unilateral, sem prévia celebração de convênio intergovernamental, à luz da LC n. 24/75, violando o artigo 155, § 2º, XII, "g", da Constituição Federal, conforme jurisprudência a seguir:

> AÇÃO DIRETA DE INCONSTITUCIONALIDADE. LEI N. 8.366, DE 7 DE JULHO DE 2006, DO ESTADO DO ESPÍRITO SANTO. LEI QUE INSTITUI INCENTIVO FISCAL PARA AS EMPRESAS QUE CONTRATAREM APENADOS E EGRESSOS. MATÉRIA DE ÍNDOLE TRIBUTÁRIA E NÃO ORÇAMENTÁRIA. A CONCESSÃO UNILATERAL DE BENEFÍCIOS FISCAIS, SEM A PRÉVIA CELEBRAÇÃO DE CONVÊNIO INTERGOVERNAMENTAL, AFRONTA AO DISPOSTO NO ARTIGO 155, § 2º, XII, "G", DA CONSTITUIÇÃO DO BRASIL. (...) 3. Pacífico o entendimento

> desta Corte no sentido de que a concessão unilateral de benefícios fiscais relativos ao ICMS, sem a prévia celebração de convênio intergovernamental, nos termos do que dispõe a LC n. 24/75, afronta ao disposto no artigo 155, § 2º, XII, "g", da Constituição Federal. Precedentes. 4. Ação direta julgada procedente para declarar inconstitucional a Lei n. 8.366, de 7 de julho de 2006, do Estado do Espírito Santo. (ADI n. 3809/ES, rel. Min. Eros Grau, Tribunal Pleno, **DJ** de 14.09.2007, p. 00030).

Sobre esse assunto convém citar a prova do 21º Concurso do Ministério Público Federal que cobrou o seguinte enunciado:

Exemplo de questão sobre o tema

▶ Isenção de ICMS, pela União Federal, sobre produtos destinados ao exterior. Constituição Federal: arts. 150, § 6º, 151, III, 155, II, § 2º e XII, "g" e 21, I. Incidência ou não da vedação. Justificar.

Observe-se que a questão aborda sobre a isenção heterônoma, expressamente vedada pela Constituição, com exceção da hipótese de ser concedida pela União, enquanto Chefe de Estado, e não como pessoa jurídica de direito público interno, estudada no Capítulo 4. Segue entendimento do STF nesse sentido:

> DIREITO TRIBUTÁRIO. RECEPÇÃO PELA CONSTITUIÇÃO DA REPÚBLICA DE 1988 DO ACORDO GERAL DE TARIFAS E COMÉRCIO. ISENÇÃO DE TRIBUTO ESTADUAL PREVISTA EM TRATADO INTERNACIONAL FIRMADO PELA REPÚBLICA FEDERATIVA DO BRASIL. ARTIGO 151, INCISO III, DA CONSTITUIÇÃO DA REPÚBLICA. ARTIGO 98 DO CÓDIGO TRIBUTÁRIO NACIONAL. NÃO CARACTERIZAÇÃO DE ISENÇÃO HETERÔNOMA. RECURSO EXTRAORDINÁRIO CONHECIDO E PROVIDO. 1. A isenção de tributos estaduais prevista no Acordo Geral de Tarifas e Comércio para as mercadorias importadas dos países signatários quando o similar nacional tiver o mesmo benefício foi recepcionada pela Constituição da República de 1988. 2. O artigo 98 do Código Tributário Nacional "possui caráter nacional, com eficácia para a União, os Estados e os Municípios" (voto do eminente Ministro Ilmar Galvão). 3. No direito internacional apenas a República Federativa do Brasil tem competência para firmar tratados (art. 52, § 2º, da Constituição da República), dela não dispondo a União, os Estados-membros ou os Municípios. O Presidente da República não subscreve tratados como Chefe de Governo, mas como Chefe de Estado, o que descaracteriza a existência de uma isenção heterônoma, vedada pelo art. 151, inc. III, da Constituição. 4. Recurso extraordinário conhecido e provido (RE 229096/RS, rel. Min. Ilmar Galvão, **DJe**-065, divulg. em 10.04.2008, public. em 11.04.2008).

Ademais, o candidato deve lembrar-se de apontar as peculiaridades desse tributo contidas nesse Capítulo, demonstrando a conformidade com a Carta Magna, nos termos do pedido no enunciado. Tudo isso no sentido de demonstrar a necessidade de Lei Complementar, convênio e demais questões específicas. E ainda, mencionar que hoje há imunidade de ICMS para as mercadorias e serviços destinados ao exterior, nos termos do art. 155, § 2º, X, "a" da CF– redação dada pela EC n. 42/2003.

2.5.4. Outras Características

Quanto ao Princípio da Anterioridade, destaca-se que o ICMS respeita tanto a Anterioridade do Exercício como a Anterioridade Nonagesimal. Todavia, como estudado, as alíquotas do **ICMS sobre combustíveis** respeitarão apenas a Anterioridade **Nonagesimal**, em caso de **redução** ou **restabelecimento** de alíquota, consoante dispõe o artigo 155, § 4º, IV, da CF.

Ademais, o ICMS tem natureza essencialmente **fiscal**, por visar a arrecadação de recursos – o que não impede que venha a ser usado para fins extrafiscais –, bem como se caracteriza como tributo **real**, posto que não leva em consideração as condições inerentes ao Sujeito Passivo, mas sim o bem – fatos econômicos.

Ainda, como analisado anteriormente, o ICMS é um imposto **indireto**, em razão da repercussão econômica nas cadeias de produção e consumo – Contribuinte de Fato e Contribuinte de Direito.

E, por fim, está sujeito ao lançamento por **homologação.**

Critério Material (Fato Gerador)	Realizar operações relativas à circulação de mercadorias e sobre prestações de serviços de transporte interestadual e intermunicipal e de comunicação, ainda que as operações e as prestações se iniciem no exterior.	
Critério Espacial	Estado do estabelecimento onde se encontre a mercadoria, no momento da ocorrência do fato gerador. E demais disposições contidas no artigo 11 da LC n. 87/96.	
Critério Temporal	No momento da saída da mercadoria do estabelecimento, regra geral. Dispositivo legal – art. 11 da LC n. 87/96.	
Critério Quantitativo	**Base de Cálculo**	Preço da mercadoria, regra geral. E demais disposições contidas no artigo 13 da LC n. 87/96.
	Alíquota	Mínimas e máximas por resolução do Senado Federal – art. 155, § 2º, IV e V, da CF.
Critério Pessoal	**Sujeito Ativo**	Estado de origem – art. 155, § 2º, IX, "a", da CF.
	Sujeito Passivo	Comerciante – art. 155, § 2º, XII, "a", da CF c/c o art. 4º da LC n. 87/96.

2.6. Questões

1. (PGE/MT – FCC/2016). No que concerne ao Imposto sobre operações relativas à circulação de mercadorias e prestações de serviços de transporte interestadual e intermunicipal e de comunicação – ICMS, considere:

I. O ICMS incide sobre operações relativas à circulação de mercadorias, inclusive sobre operações de transferência de propriedade de estabelecimento contribuinte.

II. Armazém-geral, embora prestador de serviços sujeito ao Imposto Municipal sobre Serviços de Qualquer Natureza, é insuscetível de ser colocado na condição de sujeito passivo do ICMS.

III. Convênio que autorize a isenção do ICMS sobre o fornecimento de bens e mercadorias destinados à operação de serviços de transporte metroferroviário de passageiros, inclusive por meio de Veículo Leve sobre Trilhos, dá amparo legal à concessão de isenção do ICMS sobre a energia elétrica destinada à alimentação dos trens do VLT.

IV. A base de cálculo, para fins de substituição tributária, em relação às operações ou prestações subsequentes, será obtida pelo somatório das parcelas seguintes: (i) valor da operação ou prestação própria realizada pelo substituto tributário ou pelo substituto intermediário; (ii) montante dos valores de seguro, de frete e de outros encargos cobrados ou transferíveis aos adquirentes ou tomadores de serviço, (iii) margem de valor agregado, inclusive lucro, relativa às operações ou prestações subsequentes.

Está correto o que se afirma APENAS em

(A) I e II.

(B) II e III.

(C) I.

(D) III e IV.

(E) IV

2. (PGE/MT – FCC/2016). Tendo em vista calamidade pública, regularmente decretada pelo Governador do Estado, e a necessidade de elevação dos níveis de arrecadação de Imposto sobre operações relativas à circulação de mercadorias e prestações de serviços de transporte interestadual e intermunicipal e de comunicação – ICMS –, Imposto sobre a propriedade de veículos automotores – IPVA – e Imposto sobre transmissão causa mortis e doação – ITD –, é INCORRETA a adoção da seguinte medida:

(A) aumento do ICMS sobre bens supérfluos, mediante lei estadual, para vigência após decorridos noventa dias da edição da lei correspondente.
(B) revisão, mediante os atos infralegais pertinentes, das margens de valor adicionado utilizadas para o cálculo do ICMS devido no regime de antecipação tributária, para vigência imediata.
(C) aumento, por meio de lei editada no mês de julho do ano corrente, das bases de cálculo do IPVA, para vigência no ano seguinte ao de sua edição.
(D) antecipação dos prazos de recolhimento dos impostos estaduais, para vigência imediata.
(E) elevação, por meio de lei, das alíquotas do ITD aplicáveis a partir dos fatos geradores ocorridos durante o ano-calendário 2017, respeitando-se o prazo mínimo de noventa dias contados da edição da lei.

3. (PGE/MT – FCC/2016). Lei Ordinária de iniciativa de Deputado Estadual, aprovada pela Assembleia Legislativa e sancionada posteriormente pelo Governador de determinado Estado, disciplina os critérios para o crédito das parcelas do produto da arrecadação do imposto sobre operações relativas à circulação de mercadorias e sobre prestações de serviços de transporte interestadual e de comunicação pertencente aos Municípios, fixando o repasse máximo de 25% do produto total arrecadado pelo imposto estadual e estabelecendo o crédito de no mínimo três quartos na proporção do valor adicionado nas operações relativas à circulação de mercadorias e nas prestações de serviços realizadas em seus territórios. Neste caso, à luz da Constituição Federal, referida lei é

(A) inconstitucional, pois a Constituição Federal exige o repasse de 30% do valor total arrecadado a título de ICMS para os Municípios.
(B) constitucional, pois atende todos os preceitos que regulam a repartição de receitas tributárias na Constituição Federal.
(C) inconstitucional, por se tratar de matéria reservada à Lei Complementar.
(D) inconstitucional, por se tratar de lei de iniciativa privativa do Governador do Estado.
(E) inconstitucional, pois a Constituição Federal exige o repasse de 50% do valor total arrecadado a título de ICMS para os Municípios.

4. (Pref. Teresina/PI – Técnico de Nível Superior – Analista Administrativo – FCC/2016). Instituir impostos sobre produtos industrializados, sobre operações relativas à circulação de mercadorias e sobre transmissão *causa mortis* e doação, de quaisquer bens ou direitos inclui-se na competência

(A) dos Estados e do Distrito Federal.
(B) dos Estados e do Distrito Federal, dos Estados e do Distrito Federal e da União, respectivamente.
(C) da União, da União, e dos Estados e do Distrito Federal, respectivamente.
(D) da União.
(E) da União, dos Estados e do Distrito Federal e dos Estados e do Distrito Federal, respectivamente.

5. (Pref. Quixadá/CE – Advogado – SERCTAM/2016). Segundo as regras que regulamentam os impostos estaduais, marque a opção incorreta:

(A) o ICMS não incide sobre alienação de salvados de sinistro pelas seguradoras.
(B) na entrada de mercadoria importada do exterior, é legítima a cobrança do ICMS por ocasião do desembaraço aduaneiro.
(C) é legítima a incidência do ICMS na comercialização de exemplares de obras cinematográficas, gravados em fitas de videocassete.
(D) calcula-se o imposto de transmissão "causa mortis" sobre o saldo credor da promessa de compra e venda de imóvel, no momento da abertura da sucessão do promitente vendedor.
(E) não é legítima a incidência do imposto de transmissão "causa mortis" no inventário por morte presumida.

6. (Procurador da República – MPF/2015). O ICMS incidente na aquisição decorrente de operação interestadual e por meio não presencial (internet, telemarketing, showroom) por consumidor final não contribuinte do tributo:

(A) Pode ter regime jurídico fixado por Estados-membros não favorecidos, se previsto em Protocolos adotados para regulamentar a prestação de assistência mútua no campo da fiscalização do tributo e permuta de informações, nos termos do art. 199 do Código Tributário Nacional.

(B) Tem sua cobrança sujeita, no caso de consumidor final não contribuinte do tributo, à alíquota interna da unidade federada de origem, sob pena de ocorrência de bitributação.

(C) Em nenhuma hipótese a aplicação da alíquota interestadual é cabível quando presente sujeito passivo da relação tributária, que se afigura como consumidor final.

(D) Os Estados-membros, diante de um cenário que lhes seja desfavorável, detêm competência constitucional para instituir novas regras de cobrança de ICMS, sem confronto com o princípio da repartição constitucional estabelecida.

7. (Defensor Público/PA – FMP/2015). Assinale a alternativa CORRETA.

(A) Segundo entendimento do STF não incide o ICMS sobre a importação de mercadorias por pessoas jurídicas não contribuintes do mencionado imposto, mesmo no período posterior à Emenda Constitucional n. 33/2001, ainda que haja a respectiva modificação na legislação complementar e estadual contemplando tal incidência.

(B) O Imposto sobre Transmissão *causa mortis* e doação, de quaisquer bens ou direitos não pode ser progressivo, na esteira do atual entendimento do STF.

(C) Conforme decisão do STF, em sede de repercussão geral, é constitucional a exigência do estorno proporcional dos créditos fiscais do ICMS pela entrada de mercadorias cuja saída do estabelecimento ocorra com base de cálculo reduzida.

(D) Na esteira da jurisprudência do Superior Tribunal de Justiça, devem ser incluídos na base de cálculo do ICMS os descontos incondicionais concedidos nas operações mercantis.

(E) É inconstitucional, de acordo com o entendimento do STF, a legislação estadual instituidora do Imposto sobre a Propriedade de Veículos Automotores, considerando a inexistência de legislação complementar.

8. (Gaúcha do Norte/MT – Procurador – ACPI/2015). Sabendo que um famoso jogador de futebol brasileiro, pessoa física, importou automóvel zero quilômetro da Itália, da marca Ferrari, e foi surpreendido com a cobrança de ICMS pelo Estado onde o mesmo é domiciliado, assinale a alternativa correta.

Para responder a referida questão, analise a súmula abaixo transcrita:

SÚMULA N. 660 STF. "NÃO INCIDE ICMS NA IMPORTAÇÃO DE BENS POR PESSOA FÍSICA OU JURÍDICA QUE NÃO SEJA CONTRIBUINTE DO IMPOSTO".

(A) O referido jogador deve impetrar mandado de segurança, com base na Súmula n. 660 editada pelo STF, a fim de viabilizar a defesa de seus direitos perante Justiça Estadual.

(B) Com o advento da Emenda Constitucional n. 33 de 11/12/2001, que alterou a redação do art. 155, inciso IX, alínea "a", da CF/88, a pessoa física passou, expressamente, a constar como contribuinte de bem ou de mercadoria importada do exterior.

(C) O referido jogador deve propor ação declaratória de inexistência de crédito tributário, com base na Súmula n. 660 editada pelo STF, a fim de viabilizar a defesa de seus direitos perante Justiça Estadual.

(D) Nenhuma das alternativas acima está correta.

9. (TJ/SP – Juiz – VUNESP/2015). Comerciante utiliza notas fiscais de compras de mercadorias para aproveitamento dos respectivos créditos de ICMS e, posteriormente, a empresa fornecedora daqueles bens tem suas atividades encerradas, e reconhecidas pelo Fisco como inidôneas as notas fiscais por ela emitidas. Diante de tal situação,

(A) a má-fé do emitente das notas fiscais contamina as operações subsequentes, invalidando-as e autorizando a autuação.

(B) a boa-fé do comerciante que utilizou aquelas notas fiscais declaradas inidôneas impede que seja autuado pelo Fisco.

(C) a boa-fé do comerciante não impede que seja apurada a veracidade daquelas transações comerciais que originaram as notas fiscais declaradas inidôneas.

(D) nos termos do art. 136 do CTN, a responsabilidade por infrações tributárias independe da intenção do agente, logo, no caso, irrelevante a boa ou má-fé dos envolvidos nas operações.

10. (TJ/SC – Juiz – FCC/2015). Por expressa determinação constitucional, pertencem aos Municípios 25% do produto da arrecadação do ICMS. É a chamada quota-parte municipal sobre o produto da arrecadação do ICMS. O Estado de Santa Catarina concedeu empréstimo a vários Municípios localizados em seu território, sob condição de que o valor emprestado fosse pago no prazo máximo de 24 meses. Findo o referido prazo, a maior parte dos Municípios manteve-se inadimplente. Como consequência dessa inadimplência, o Estado editou norma que condicionou a entrega da quota-parte municipal sobre o produto da arrecadação do ICMS ao pagamento dos referidos créditos vencidos e não pagos. Diante do condicionamento criado pelo Estado, os Municípios catarinenses entraram em juízo, pedindo a declaração de inconstitucionalidade da norma que implementou a referida condição, e alegaram, paralelamente, que deixaram de pagar os referidos empréstimos recebidos como forma de protesto contra o governo estadual, que editara lei, segundo a qual, três quintos da quota-parte municipal sobre o produto da arrecadação do ICMS seriam creditados de acordo com aquela lei. Os Municípios devedores sentiram-se prejudicados pelos termos dessa nova lei. Com base nos fatos hipotéticos narrados acima e na disciplina da Constituição Federal acerca dessa questão, o Estado de Santa Catarina

(A) não poderia ter editado lei ordinária dispondo sobre a forma de creditamento de fração alguma da quota-parte municipal sobre o produto da arrecadação do ICMS, pois essa matéria é reservada à disciplina de lei complementar federal.

(B) não poderia ter editado norma que condicionasse a entrega de recursos provenientes da quota-parte municipal sobre o produto da arrecadação do ICMS, ao pagamento dos créditos de que era titular.

(C) poderia ter editado lei ordinária que dispusesse sobre a forma de creditamento da quota-parte municipal sobre o produto da arrecadação do ICMS, na proporção de até um quarto do valor da referida quota-parte.

(D) poderia ter editado lei ordinária que dispusesse sobre a forma de creditamento da quota-parte municipal sobre o produto da arrecadação do ICMS, na proporção de até metade do valor da referida quota--parte.

(E) não poderia ter editado norma visando reter os recursos provenientes da quota-parte municipal sobre o produto da arrecadação do ICMS, mas poderia tê-la editado para o fim de restringir emprego desses recursos a determinados fins.

11. (TJ/SC – Juiz – FCC/2015). Rubens, agente do fisco de Santa Catarina, compareceu ao estabelecimento de Supermercado Rio Itajaí Ltda., localizado na cidade de Itajaí e, depois de identificar-se funcionalmente aos encarregados diretos da empresa presentes no local, intimou-os a franquear-lhe acesso às dependências internas do estabelecimento, com base no que dispõe o § 3º do art. 69 do Regulamento do ICMS de Santa Catarina, que assim dispõe:

> "Art. 69.(...)
>
> § 3º Os agentes do fisco terão acesso às dependências internas do estabelecimento, mediante a apresentação de sua identidade funcional aos encarregados diretos presentes no local."

Os referidos encarregados da empresa, embora cientes de sua obrigação de dar acesso às dependências internas do estabelecimento ao agente do fisco, negaram-se a fazê-lo, mas de modo bastante cordial. Diante de tal situação, Rubens

(A) não poderá requisitar auxílio de autoridade policial estadual, se não demonstrar que foi vítima de desacato no exercício de suas funções.

(B) poderá requisitar auxílio de autoridade policial estadual, com a finalidade de auxiliá-lo na efetivação da referida medida prevista na legislação tributária.

(C) nada poderá fazer, enquanto não for expedida ordem judicial expressa para que os encarregados da empresa cumpram a determinação contida no Regulamento do ICMS estadual.

(D) só poderá requisitar auxílio de autoridade policial estadual, se demonstrar que a negativa dos encarregados da empresa configura fato definido em lei como crime.

(E) deverá solicitar, necessariamente, a expedição de ordem judicial determinando à autoridade policial estadual que lhe preste auxílio no sentido de dar cumprimento ao disposto no Regulamento do ICMS estadual.

12. (TJ/RR – Juiz – FCC/2015). Mary, Juan, Cristina e François são quatro amigos que tinham, originariamente, as respectivas nacionalidades: americana, mexicana, brasileira e canadense. Eles acabaram de se graduar em música, na Juilliard School, de Nova Iorque. Em 2010, os quatro músicos decidiram passar o carnaval no Brasil. Os estrangeiros se encantaram com a terra, com o povo e, principalmente, com a variedade de sons da música brasileira. Juan gostou tanto que, em 2011, naturalizou-se brasileiro. François, por sua vez, conseguiu visto de residência permanente no Brasil já em 2012. Em 2014, Mary produziu, em Belo Horizonte, um CD com canções sertanejas de Marcelo & Marcelinho, autores gaúchos, que interpretaram as canções de sua autoria; Juan produziu, no Rio de Janeiro, um DVD com melodias do cancioneiro indígena da Amazônia; Cristina produziu, na Argentina, um CD com letras e músicas de sua criação e, por fim, François produziu, em São Paulo, um CD instrumental com melodias folclóricas medievais de autores franceses.

Com base nas informações acima e no que dispõe a Constituição Federal a respeito das limitações ao poder de tributar, o ICMS NÃO incide sobre as operações de comercialização, no território nacional, do

I. CD produzido por Cristina.

II. CD produzido por Mary.

III. DVD produzido por Juan.

IV. CD produzido por François.

Está correto o que se afirma APENAS em:

(A) I, II e IV.

(B) I e IV.

(C) II e III.

(D) II e IV.

(E) III e IV.

13. (TJ/RR – Juiz – FCC/2015). O ICMS é imposto de competência estadual. Não obstante isso, a Constituição Federal estabelece que determinadas matérias deverão ser disciplinadas por meio de lei complementar federal. Assim, dentre as matérias que devem ser necessariamente disciplinadas por meio de lei complementar, encontram-se:

(A) A disciplina relativa à substituição tributária; a regulação da forma como, mediante deliberação dos Estados e do Distrito Federal, isenções, incentivos e benefícios fiscais serão concedidos e revogados; a fixação de suas alíquotas, observados os limites estabelecidos pela Constituição Federal.

(B) A fixação de sua base de cálculo, de modo que o montante do imposto a integre, também, na importação do exterior de bem, mercadoria ou serviço; a definição de seus contribuintes; a disciplina do regime de compensação do imposto.

(C) A fixação, para efeito de sua cobrança e definição do estabelecimento responsável, do local das operações relativas à circulação de mercadorias e das prestações de serviços; a fixação de sua base de cálculo; a fixação das datas e prazos para o seu pagamento.

(D) Previsão dos casos de manutenção de crédito, relativamente à remessa para outro Estado e exportação para o exterior, de serviços e de mercadorias; a fixação do percentual de juros de mora incidentes sobre o crédito tributário não pago na data fixada na legislação; a definição das infrações e as respectivas cominações de penalidades para as infrações à sua legislação.

(E) A fixação das alíquotas interestaduais; a fixação das regras de fiscalização do responsável por substituição tributária, nas operações e prestações interestaduais; a disciplina do regime de compensação do imposto.

14. (TJ/RR – Juiz – FCC/2015). Em uma situação hipotética, um comerciante, contribuinte do ICMS (imposto lançado por homologação), com estabelecimento localizado na cidade de Rorainópolis/RR, promoveu saída de mercadoria tributada, sem emitir o devido documento fiscal, com o intuito comprovado de reduzir o montante do imposto a pagar naquele período de apuração. Tendo apurado esses fatos durante o regular desenvolvimento de processo de fiscalização, o fisco estadual de Roraima efetuou o lançamento de ofício desse imposto, bem como aplicou a penalidade cabível pela infração cometida, tendo intimado o contribuinte da prática desses atos administrativos poucos dias depois da data da saída da mercadoria. No prazo cominado pela legislação do processo administrativo tributário estadual de Roraima para apresentação de impugnação (reclamação) contra os atos praticados pelo fisco, o contribuinte ofereceu seus argumentos de defesa. O referido processo administrativo tributário tramitou durante dois anos, por todas as instâncias administrativas possíveis, e a decisão final, irrecorrível na esfera administrativa, manteve a exigência fiscal fazendária, tendo sido o contribuinte intimado a pagar o crédito tributário constituído, com os devidos acréscimos legais, no prazo previsto na legislação do processo administrativo tributário estadual. Considerando as informações constantes do enunciado acima, e a disciplina do Código Tributário Nacional a esse respeito,

(A) verifica-se que o prazo prescricional teve início somente após a conclusão do processo administrativo tributário referido no enunciado.

(B) e sendo o ICMS um tributo lançado por homologação, o fisco não poderia ter promovido o seu lançamento de ofício.

(C) e sendo a penalidade um tributo lançado por homologação, o fisco poderia ter promovido o seu lançamento de ofício.

(D) verifica-se que, entre a data em que o documento fiscal deixou de ser emitido e a data em que o contribuinte foi intimado da efetuação do lançamento de ofício, transcorreu prazo prescricional inferior a cinco anos.

(E) verifica-se que o prazo para a homologação tácita da atividade de lançamento do imposto, por decurso de prazo, aplicável à situação deste contribuinte, teve início a partir da data da ocorrência do fato gerador.

15. (TJ/RR – Juiz – FCC/2015). Os representantes dos 26 Estados brasileiros, bem como o Distrito Federal, foram convocados para reunião do CONFAZ, na cidade de Boa Vista/RR, com a finalidade de promover a celebração de um convênio que permitiria concessão de isenção do ICMS relativa a determinadas operações internas com mercadorias. Esse convênio era de interesse único e exclusivo do Estado de Roraima. Outras questões, de natureza interna do CONFAZ, também foram objeto de deliberação. A essa reunião, presidida por representante do Governo federal, deixaram de comparecer os representantes dos Estados do Amazonas, da Bahia, de Goiás, do Rio Grande do Norte e de Santa Catarina. Todos os representantes presentes votaram pela aprovação do convênio que permitia a concessão da isenção pretendida pelo Estado de Roraima. O Estado de Goiás, embora ausente da reunião, publicou decreto, no décimo dia subsequente ao da publicação do convênio no **Diário Oficial da União**, por meio do qual rejeitou o convênio firmado em Boa Vista. Considerando a disciplina estabelecida na Lei Complementar n.24/1975 a respeito da celebração de convênios, é correto afirmar que:

(A) a isenção pleiteada pelo Estado de Roraima foi concedida, pois o referido convênio foi ratificado.

(B) as regras desta Lei Complementar também se aplicam à concessão de créditos presumidos do ICMS e à redução de base de cálculo desse imposto.

(C) as deliberações dessa reunião não produziram efeitos, pelo simples fato de que cinco unidades federadas deixaram de comparecer a ela.

(D) a rejeição do convênio pelo Estado de Goiás não impediu sua aprovação, na medida em que mais de quatro quintos das unidades federadas o ratificaram.

(E) este convênio é inconstitucional, porque é vedado celebrar convênios que disponham que a aplicação de suas cláusulas seja limitada a uma ou a algumas Unidades da Federação.

16. (TJ/AL – Juiz – FCC/2015). Um estabelecimento comercial atacadista de São Sebastião/AL realiza operações internas e interestaduais com mercadoria sujeita à incidência do ICMS, e não incluída no regime de substituição tributária. Em conversas com seu contador, o proprietário dessa empresa foi alertado sobre mudanças ocorridas no texto da Constituição Federal, relacionadas com as alíquotas aplicáveis a diversas operações com essa mercadoria. Considerando o que dispõe a Constituição Federal a respeito de alíquotas do ICMS, esse contribuinte deverá adotar, em 2016, a alíquota

(A) interna, nas operações interestaduais com contribuintes, e a alíquota interestadual, nas operações interestaduais com consumidores finais.

(B) interna, nas operações com consumidores finais, tanto internas como interestaduais.

(C) interestadual, nas operações interestaduais com contribuintes, e a alíquota interna, nas operações interestaduais com consumidores finais.

(D) interna, nas operações internas com contribuintes, e a alíquota interna, nas operações interestaduais com consumidores finais.

(E) interestadual, nas operações interestaduais, tanto com destinatários contribuintes como com consumidores finais não contribuintes.

17. (TJ/AL – Juiz –FCC/2015). De acordo com o disposto na Lei Complementar n. 87/1996 e na Lei Complementar n. 116/2003, o ICMS

(A) não incide, por expressa determinação constitucional, sobre a prestação de serviço de transporte com início em Maceió/AL e término em Brasília/DF, pois o Distrito Federal não é Estado federado, nem é tampouco dividido em Municípios.

(B) incide sobre prestação de serviços de comunicação, por qualquer meio, inclusive a geração, a emissão, a recepção, a transmissão, a retransmissão, a repetição e a ampliação de comunicação de qualquer natureza.

(C) não incide sobre a entrada, no território do Estado alagoano, de lubrificantes e combustíveis líquidos, derivados de petróleo, adquiridos em operação interestadual, por empresa localizada no Município de Marechal Deodoro/AL, para uso e consumo desse estabelecimento adquirente.

(D) incide sobre a prestação de serviços de organização de festas (bufê) e sobre o fornecimento de alimentação e bebidas nelas servidos.

(E) incide sobre a entrada de bem importado do exterior, por pessoa física não contribuinte habitual do imposto, para seu uso e consumo.

18. (TJ/GO – Juiz – FCC/2015). A atribuição ao sujeito passivo de obrigação tributária da condição de responsável pelo pagamento de imposto cujo fato gerador deva ocorrer posteriormente

(A) pode acontecer, nos termos da lei, na hipótese em que o empregador faz a retenção na fonte do IRPF de seu empregado.

(B) é inadmissível, uma vez que a obrigação tributária surge apenas após a ocorrência do fato gerador.

(C) pode acontecer, nos termos da lei, na hipótese de recolhimento antecipado de ICMS pelo fabricante de veículos automotores relativamente à futura revenda dos mesmos pelas concessionárias.

(D) trata-se da substituição tributária para trás, cujo fundamento é previsto expressamente na Constituição da República.

(E) pode acontecer, nos termos da lei, quando o tomador do serviço faz a retenção na fonte do ISSQN devido pelo prestador do serviço por ocasião do pagamento pelo serviço prestado.

19. (AGU – Advogado da União – CESPE/2015). Por dispositivo legal expresso, a obrigação de recolhimento de determinado imposto foi atribuída a pessoa diversa da do contribuinte, devendo esse pagamento ser feito antecipadamente, em momento prévio à ocorrência do fato gerador, previsto para ocorrer no futuro. Com relação a essa situação, julgue os itens seguintes.

I. Não ocorrendo o fato gerador, o contribuinte substituído terá direito à restituição do valor do imposto pago. Porém, ocorrendo o fato gerador com base de cálculo inferior à prevista, não será obrigatória a restituição da diferença paga a maior, conforme jurisprudência do STF.

II. Na situação considerada, trata-se do instituto denominado substituição tributária progressiva, que tem previsão expressa relativa ao ICMS.

20. (PGE/PR – Procurador do Estado – PUC/2015). O Imposto sobre operações relativas à circulação de mercadorias e sobre prestações de serviços de transporte interestadual e intermunicipal e de comunicação – ICMS – é o tributo com o maior número de dispositivos positivados no texto da Constituição. Trata-se, ademais disso, da maior fonte de recursos para os diversos Estados da Federação.

Em âmbito nacional, o ICMS é regido pela Lei Complementar n. 87, de 13.09.96. No Estado do Paraná, é a Lei Estadual n. 11.580, de 14.11.96, que dispõe sobre o tributo. Sobre o assunto, assinale a alternativa CORRETA.

(A) Para fins tributários, a jurisprudência tem equiparado os serviços de telecomunicação à indústria, admitindo o creditamento de ICMS decorrente da entrada de energia elétrica consumida pela empresa, vez que é essencial ao desempenho de suas atividades.

(B) O legislador complementar adotou o regime de crédito financeiro, segundo o qual admite-se o creditamento incondicionado do ICMS decorrente da entrada de mercadorias destinadas ao ativo permanente da empresa.

(C) A inclusão do montante do imposto na sua própria base de cálculo (ICMS por dentro) viola a Constituição Federal de 1988.

(D) Por força de imunidade tributária específica, não incide ICMS sobre a operação de compra e venda de álcool combustível celebrada entre uma distribuidora sediada no Estado do Paraná e um posto de combustível situado no Estado de Santa Catarina.

(E) Nas operações de arrendamento mercantil financeiro internacional, incide o ICMS a partir da entrada da mercadoria no território nacional, independentemente do exercício efetivo da opção de compra.

21. (Juiz de Direito Substituto/PA – VUNESP/2014). Assinale a alternativa correta acerca do imposto sobre operações relativas à circulação de mercadorias e sobre prestações de serviços de transporte interestadual e intermunicipal e de comunicação (ICMS), segundo a disciplina constitucional que lhe é conferida.

(A) A isenção ou não incidência, salvo determinação em contrário da legislação, implicará crédito para compensação com o montante devido nas operações ou prestações seguintes.

(B) Poderá ser não cumulativo, compensando-se o que for devido em cada operação relativa à circulação de mercadorias ou prestação de serviços com o montante cobrado nas anteriores pelo mesmo ou outro Estado ou pelo Distrito Federal.

(C) Será seletivo, em função da essencialidade das mercadorias e dos serviços.

(D) Incidirá sobre a entrada de bem ou mercadoria importados do exterior por pessoa física ou jurídica, ainda que não seja contribuinte habitual do imposto, qualquer que seja a sua finalidade, assim como sobre o serviço prestado no exterior, cabendo o imposto ao Estado onde estiver situado o domicílio ou o estabelecimento do destinatário da mercadoria, bem ou serviço.

(E) Incidirá sobre operações que destinem mercadorias para o exterior e sobre serviços prestados a destinatários no exterior, assegurada a manutenção e o aproveitamento do montante do imposto cobrado nas operações e prestações anteriores.

22. (CASAL/AL – Advogado – COPEVE/2014). De acordo com a discriminação constitucional de competências tributárias, cabe aos Estados-membros e ao Distrito Federal instituir o ICMS. Sobre esse imposto, dadas as afirmativas abaixo,

I. Não incide sobre operações de que decorra transferência de bens salvados de sinistro para companhias seguradoras.

II. Além de operações relativas à circulação de mercadorias, incide também sobre a prestação de certos serviços, tais como transporte inframunicipal e interestadual de passageiros.

III. Incide sobre operações relativas à circulação de livros e jornais, apenas nos casos em que se enquadrem como mercadorias.

IV. O ICMS pode incidir sobre serviços que também ensejam a cobrança do imposto sobre serviços de qualquer natureza (ISS), desde que taxativamente previstos em lei complementar (Lei Complementar n. 116/2003).

Verifica-se que está(ão) correta(s) apenas

(A) I.

(B) I e II.

(C) II e III.

(D) III e IV.

(E) I, II e IV.

23. (CASAL/AL – Advogado – COPEVE/2014). Acerca da tributação incidente sobre o fornecimento de água canalizada, assinale a alternativa correta.

(A) Por ser a água bem de uso comum do povo, o poder público não poderá exigir contraprestação tributária pelo fornecimento de água canalizada, exceto nos casos de concessão e permissão.

(B) O fornecimento de água canalizada somente poderá sofrer a incidência de ICMS, uma vez que, quando canalizada, a água deixa de ser bem de uso comum e passa a ser mercadoria.

(C) O tratamento e a purificação de água são serviços sujeitos ao imposto sobre serviços de qualquer natureza – ISS, nos termos da Lei Complementar n. 116/2003.

(D) O fornecimento de água potável por empresas concessionárias desse serviço público não pode sofrer incidência do ICMS, uma vez que não caracteriza operação relativa à circulação de mercadoria.

(E) O fornecimento de água canalizada e tratada configura fornecimento de mercadoria com prestação de serviço e, portanto, pode sofrer incidência de ICMS ou de ISS, nos termos da lei complementar.

24. (TJ/AP – Juiz – FCC/2014). Tendo em vista o disposto na Constituição Federal, é correto afirmar:

(A) ICMS e IPI poderão incidir sobre operações relativas à energia elétrica.

(B) O Estado do Amapá ao definir por lei as alíquotas de ICMS a serem aplicadas nas operações internas deve obrigatoriamente aplicar a seletividade, tendo em vista a essencialidade das mercadorias e dos serviços envolvidos.

(C) Tendo em vista a não incidência de ICMS nas operações que destinem mercadorias ao exterior, é vedado o aproveitamento do montante do imposto cobrado nas operações anteriores.

(D) O IPI não deve integrar a base de cálculo do ICMS quando a operação realizada entre contribuintes for relativa a produto destinado ao uso e consumo do destinatário e configurar fato gerador dos dois impostos.

(E) Contribuinte do ICMS estabelecido no Amapá deve pagar o imposto referente às suas aquisições interestaduais de produtos destinados ao seu uso e consumo, sendo que a alíquota a ser aplicada deve corresponder ao diferencial entre a interna e a interestadual para cada produto adquirido.

25. (TJ/AP – Juiz – FCC/2014). Pessoa física domiciliada em Florianópolis-SC recebe em sua casa notebook para uso domiciliar adquirido por meio de compra feita pela internet diretamente de empresa de informática estabelecida em São Paulo. Com base na Constituição Federal, considere as seguintes afirmações a respeito da cobrança do ICMS devido nesta operação:

I. A alíquota do imposto a ser cobrada do contribuinte paulista deve ser a interestadual.

II. O Estado de Santa Catarina deve receber o imposto calculado com diferencial de alíquota (alíquota interna menos a interestadual).

III. O contribuinte paulista deve pagar imposto à alíquota interna ao Estado de São Paulo e o Estado de Santa Catarina nada recebe de imposto por essa operação.

Está correto o que se afirma APENAS em

(A) II e III.

(B) I.

(C) II.

(D) III.

26. (TJ/CE – Juiz – FCC/2014). Com o objetivo de evitar a chamada "guerra fiscal" no âmbito do ICMS, a Constituição Federal, no seu art. 155, inciso II, c/c § 2º, inciso XII, alínea "g", determina que a concessão de certos benefícios fiscais aos sujeitos passivos desse imposto só seja levada a efeito quando essa concessão for autorizada pelo Conselho Nacional de Política Fazendária – CONFAZ, nos termos do que estabelece a Lei Complementar: no caso, a Lei Complementar n. 24, de 07 de janeiro de 1975. De acordo com essa lei complementar e com os dispositivos citados da Constituição Federal, NÃO está sujeita à autorização do CONFAZ, no que diz respeito ao ICMS, a

(A) inclusão de mercadoria na sistemática de retenção antecipada do imposto, por substituição tributária.

(B) redução de base de cálculo.

(C) outorga de isenções.

(D) redução de alíquota, de 17% para 3%.

(E) concessão de crédito presumido.

27. TJ/CE – Juiz – FCC/2014). Um contribuinte do ICMS do Estado do Ceará adquire, de contribuinte do ICMS localizado na região Sul do país, mercadoria destinada a uso e consumo no seu estabelecimento, localizado em Fortaleza. A alíquota interna cearense das mercadorias adquiridas é de 17%. Considerando que esse adquirente cearense está enquadrado no Simples Nacional, de acordo com o disposto na Lei Complementar n. 123/2006 e no artigo 155 da Constituição Federal, relativamente a essa aquisição, ele

(A) não terá de pagar o ICMS, pois a entrada de mercadoria no estabelecimento, proveniente de outra unidade federada, com a finalidade de comercialização, industrialização, integração no ativo imobilizado ou uso e consumo do estabelecimento não é, via de regra, fato gerador desse imposto.

(B) terá de pagar o ICMS referente ao diferencial entre a alíquota interna e interestadual, calculada com base nas alíquotas aplicáveis às pessoas jurídicas optantes pelo Simples Nacional.

(C) não terá de pagar o ICMS, pois o recolhimento mensal, mediante documento único de arrecadação, exclui eventual incidência desse imposto na referida aquisição interestadual.

(D) terá de pagar o ICMS, pois o recolhimento mensal, mediante documento único de arrecadação, não exclui a incidência do ICMS devido a título de diferencial de alíquota, desde que as mercadorias adquiridas não estejam sujeitas ao regime de antecipação do recolhimento do imposto.

(E) não terá de pagar o ICMS, pois contribuintes enquadrados no Simples Nacional estão dispensados desse pagamento.

28. (PGE/AC – FMP/2014). Assinale a alternativa correta.

(A) Segundo entendimento do Superior Tribunal de Justiça, as empresas prestadoras de serviços de comunicações não fazem jus ao crédito do ICMS relativo à energia elétrica consumida na prestação dos serviços referidos.

(B) De acordo com o entendimento do Superior Tribunal de Justiça, o comerciante de boa-fé que adquire mercadoria, cuja nota fiscal (emitida pela empresa vendedora) posteriormente seja declarada inidônea, pode realizar o aproveitamento do crédito do ICMS pelo princípio da não cumulatividade, uma vez demonstrada a veracidade da compra e venda efetuada, porquanto o ato declaratório da inidoneidade somente produz efeitos a partir de sua publicação.

(C) Segundo a Lei Complementar 87/96, gera crédito do ICMS os veículos adquiridos para o transporte pessoal dos sócios da empresa contribuinte.

(D) De acordo com a Constituição Federal as exportações de mercadorias são imunes ao ICMS, razão pela qual os créditos do aludido imposto registrados em razão da entrada de matéria-prima utilizada em produto posteriormente exportados devem ser estornados.

29. (PGE/AC – FMP/2014). A empresa VHT Hotéis Ltda. ajuizou ação para obter a restituição dos valores de ICMS relativos à demanda contratada e não utilizada de energia elétrica, valores esses que compunham o total da fatura de energia elétrica emitida mensalmente pela concessionária encarregada de prestar serviço de energia elétrica. Considerando o entendimento do Superior Tribunal de Justiça, assinale a alternativa correta.

(A) A ação será julgada procedente, uma vez que o Superior Tribunal de Justiça admite a legitimidade do contribuinte de fato para pleitear a restituição do indébito em se tratando o contribuinte de direito, no caso em exame, de concessionária de serviço público e, no mérito, entende que a base de cálculo do ICMS alcança apenas a energia elétrica efetivamente consumida.

(B) A ação será extinta sem resolução do mérito, uma vez que a empresa autora é contribuinte de fato e, assim, não detém legitimidade para pleitear a restituição do indébito do ICMS no caso em exame.

(C) A ação deve ser julgada improcedente, visto que, no entendimento do Superior Tribunal de Justiça, a demanda contratada de energia elétrica, ainda que não utilizada, está sujeita à incidência do ICMS.

(D) A ação deve ser julgada improcedente, uma vez que, de acordo com o Superior Tribunal de Justiça, a empresa faz jus ao crédito de ICMS de energia elétrica em função de sua atividade de prestadora de serviços de hotelaria.

30. (PGE/BA – CESPE/2014). A respeito da concessão, pelos entes da Federação, de benefício fiscal em relação ao ICMS, julgue os itens subsecutivos.

I. Não há obrigatoriedade de a concessão de benefícios fiscais ser feita por lei complementar estadual.

II. Consideram-se benefícios fiscais as imunidades previstas na CF.

III. De acordo com a CF, cabe a lei complementar regular a forma como, mediante deliberação dos estados e do DF, isenções, incentivos e benefícios fiscais serão concedidos e revogados.

IV. Sendo o ICMS um tributo estadual, a concessão de benefícios fiscais a ele relacionada deve ser feita por meio de atos administrativos normativos, como decretos.

V. Por ser um tributo de importância nacional, o ICMS só pode ser concedido pelos entes da Federação mediante autorização do Senado Federal, ao qual cabe, inclusive, prescrever suas alíquotas em determinados casos.

31. (TJ/BA – Cartório – CESPE/2014). Assinale a opção correta com referência ao ICMS.

(A) A essencialidade das mercadorias e dos serviços que recebem o gravame do ICMS determina a cumulatividade ou não cumulatividade desse tributo.

(B) O ICMS, de acordo com o estabelecido na CF, será não cumulativo e poderá ser seletivo em função da essencialidade das mercadorias e dos serviços.

(C) Quando se compensa o que for devido em cada operação relativa à circulação de mercadoria ou à prestação de serviços com o montante cobrado nas operações anteriores, tem-se, no ICMS, atendido o requisito constitucional da seletividade do imposto.

(D) Conforme a CF, o ICMS deve ser cumulativo e, em razão da essencialidade das mercadorias e dos serviços, seletivo.

(E) A CF estabelece que o ICMS deve ser cumulativo e, em razão da essencialidade das mercadorias e dos serviços, não seletivo.

32. (Procurador do MP junto ao TCE/PB – CESPE/2014). Um contribuinte do ICMS foi autuado em fiscalização ordinária que constatou fraude na escrituração dos livros fiscais e supressão de parte do tributo devido e, em função disso, lhe foi cobrado o valor da diferença entre o que havia recolhido e o que realmente deveria recolher aos cofres públicos, bem como as penalidades respectivas, tudo corrigido monetariamente e com juros de mora.

Com base nessa situação hipotética, assinale a opção correta.

(A) Na hipótese considerada, tem-se um lançamento direto, que é a modalidade de lançamento executada pelo contribuinte do ICMS com a finalidade de informar ao fisco suas operações.

(B) No caso da constatação de fraude, o lançamento a ser feito pelo fisco é da modalidade mista, pois, na apuração do valor devido de ICMS, o próprio contribuinte informa as operações ao fisco.

(C) Todo lançamento feito pelo fisco é da modalidade de ofício ou direto, pois cuida dos tributos ditos diretos e não para os considerados como indiretos, como é o caso do ICMS.

(D) A modalidade de lançamento que o contribuinte realizou antes da autuação feita pelo fisco foi a de lançamento por homologação.

(E) O lançamento realizado pelo fisco foi o de homologação do auto de infração.

33. (MPE/AC – Promotor de Justiça – CESPE/2014). Considerando a concessão, por lei, de parcelamento de débitos tributários e a aplicação das regras da moratória à concessão do parcelamento, assinale a opção correta.

(A) Caso o tributo devido seja o ICMS, o parcelamento deve ser autorizado por convênio firmado entre os estados e o Distrito Federal no âmbito do CONFAZ, antes da edição da lei de concessão do parcelamento.

(B) Por estar previsto em lei complementar federal, o parcelamento, causa de suspensão do crédito tributário, não pode ser concedido em âmbito estadual.

(C) O parcelamento poderá ser concedido a contribuinte que tenha praticado conduta fraudulenta contra o fisco, dada a aplicação das regras da moratória.

(D) A moratória, por ser causa de extinção do crédito tributário, não pode servir de base para a concessão do parcelamento.

(E) O parcelamento pode ser concedido por lei específica ordinária estadual, ainda que se contrariem as regras previstas na lei complementar federal, dada a competência tributária exclusiva dos entes da Federação.

34. (Promotor de Justiça/PA – FCC/2014). Sobre a Lei Complementar no 87/96 – Lei Kandir, é correto afirmar que:

(A) Institui imunidades tributárias relativas ao ICMS dos Estados e Distrito Federal, dentre elas as operações com ouro, quando definido em lei como ativo financeiro ou instrumento cambial e operações de arrendamento mercantil, não compreendida a venda do bem arrendado ao arrendatário.

(B) Considera-se ocorrido o fato gerador do ICMS no momento da saída de mercadoria de estabelecimento de contribuinte, ainda que para outro estabelecimento do mesmo titular.

(C) É a lei instituidora do ICMS dos Estados e Distrito Federal, bem assim das hipóteses de imunidade, isenção e não incidência.

(D) É a lei instituidora do ICMS dos Estados e Distrito Federal e a lei instituidora do ISS dos Municípios, fixando as hipóteses de incidência e não incidência.

(E) Dispõe sobre o ICMS dos Estados e Distrito Federal, mais precisamente de sua instituição, base de cálculo e contribuintes, além das imunidades e hipóteses de não incidência.

35. (Juiz de Direito Substituto – PUC/PR/2014). Acerca do ICMS é CORRETO afirmar:

I. Como imposto não cumulativo, haverá compensação do que for devido em cada operação com o montante cobrado nas anteriores, ainda que sobre estas tenha ocorrido isenção, salvo previsão legal em contrário.

II. Há incidência sobre a entrada de bem ou mercadoria importados do exterior por pessoa física ou jurídica, ainda que não seja contribuinte habitual do imposto e qualquer que seja a sua finalidade.

III. Não incide sobre as prestações de serviço de comunicação nas modalidades de radiodifusão sonora e de sons e imagens de recepção livre e gratuita ou onerosa.

IV. Incide sobre o valor total da operação, quando as mercadorias forem fornecidas com serviços não compreendidos na competência tributária dos Municípios.

(A) Somente as alternativas II e IV estão corretas.

(B) Todas as alternativas estão corretas.

(C) Somente as alternativas I e III estão corretas.

(D) Somente a alternativa IV está correta.

36. (TJ/MA – Juiz – CESPE/2013). Em relação a fato gerador de imposto, orçamento, restos a pagar e limitações do poder de tributar, assinale a opção correta:

(A) O exercício financeiro não coincide com o ano civil.

(B) Consideram-se restos a pagar não processados as despesas empenhadas e liquidadas, mas não pagas até trinta e um de dezembro.

(C) Segundo expressa determinação constitucional, é necessária lei complementar para implementar os seguintes tributos: empréstimo compulsório; imposto sobre grandes fortunas; imposto residual da União e novas contribuições sociais.

(D) Segundo entendimento do STF, a alienação de salvados não integra a própria operação de seguro, constituindo, por conseguinte, fato gerador autônomo do ICMS.

37. (TJ/MA – Juiz – CESPE/2013). No que se refere à competência tributária, a preços públicos e a outros aspectos relacionados ao direito tributário, assinale a opção correta:

(A) De acordo com entendimento firmado no STJ, não é possível a citação por edital na execução fiscal.

(B) A anulação do lançamento por vício formal não tem o condão de reabrir o prazo decadencial.

(C) Os descontos incondicionais nas operações mercantis devem ser incluídos na base de cálculo do ICMS.

(D) A CF não cria tributo, mas outorga competência tributária a cada ente federado, devendo o exercício dessa competência ser regulado por lei, por expressa previsão constitucional.

38. (TC/DF – Procurador do MP – CESPE/2013). Julgue os itens subsecutivos, referentes aos impostos dos estados e do DF:

I. Conforme o entendimento do STF, o ICMS incide sobre a aquisição de software, ainda que a compra seja feita mediante transferência eletrônica de dados, sem que haja uma base física que caracterize o *corpus mechanicum* da criação intelectual.

II. Afrontará o princípio da não cumulatividade legislação estadual que vede a compensação de créditos do ICMS advindos da aquisição de bens destinados ao consumo e ao ativo fixo do contribuinte pessoa jurídica.

39. (AGU – CESPE/2012). Julgue os itens seguintes, a respeito do Sistema Tributário Nacional:

I. Os municípios podem conceder incentivos fiscais referentes ao ICMS.

II. Os estados e o DF podem estabelecer alíquotas internas de ICMS inferiores às previstas para as operações interestaduais.

40. (Defensoria Pública de Rondônia – CESPE/2012). Determinado estado da Federação afastou benefício de não pagamento de ICMS sobre cosméticos, estabelecido por convênio do CONFAZ, regularmente instituído pelos estados e pelo Distrito Federal. O referido estado considerou-se prejudicado em razão de a importação e a exportação de tais produtos serem realizadas por distribuidores localizados em seu território. A União interveio, estabelecendo que sobre tais produtos incidisse a redução tributária inicialmente estabelecida, igualando, assim, as alíquotas de ICMS, dada a forte crise econômica internacional. Considerando essa situação hipotética, assinale a opção correta:

(A) A intervenção da União só seria legítima em relação aos produtos destinados à exportação, dado seu interesse no equilíbrio da balança comercial.

(B) É legítima a intervenção da União, em face do perigo que a ação unilateral do estado poderia causar à economia nacional.

(C) O benefício concedido refere-se à imunidade objetiva, autorizada pela CF, e independe de intervenção dos entes políticos.

(D) A redução tributária refere-se ao instituto de isenção precedida de convênio, necessário no que se refere ao ICMS.

(E) O instituto aplicável, no caso, é a imunidade, dada a possibilidade de interferência da União tanto na instituição do tributo quanto na do benefício.

41. (TJ/AC – Juiz Substituto – CESPE/2012). No que concerne às disposições constitucionais sobre o Sistema Tributário Nacional, assinale a opção correta:

(A) É vedado à União cobrar tributo que implique distinção de estado ou município em detrimento de outro, ou instituir incentivos fiscais que não sejam concedidos, de modo uniforme, às diferentes regiões do país.

(B) Os estados e o DF podem instituir, por decreto do Poder Executivo, contribuição para o custeio do serviço de iluminação pública, cuja cobrança pode ocorrer na fatura de consumo de energia elétrica.

(C) A CF veda a instituição de tratamento desigual entre contribuintes que se encontrem em situação equivalente, mas admite, em caráter excepcional, distinções em razão da ocupação profissional ou função por eles exercida.

(D) As alíquotas de ICMS aplicáveis às operações interestaduais e de exportação de mercadorias e sobre prestação de serviços são estabelecidas por resolução do Senado Federal.

(E) Pertence integralmente aos municípios, relativamente aos imóveis neles situados, o produto da arrecadação do imposto sobre a propriedade territorial rural.

42. (TC/ES – Auditor – CESPE/2012). Com relação ao (ICMS) julgue o item: *A isenção do ICMS concedida pelo estado, em regra, não acarreta a anulação do crédito relativo às operações anteriores.*

43. (MP/PI – Promotor de Justiça Substituto –MP/2012). No que se refere ao ICMS, assinale a opção correta:

(A) Não incide ICMS sobre as prestações de serviço de comunicação nas modalidades de radiodifusão sonora e de sons e imagens de recepção livre e gratuita.

(B) A base de cálculo do ICMS compreende o montante do IPI, quando a operação, realizada entre contribuintes e relativa a produto destinado à industrialização ou à comercialização, configure simultaneamente fato gerador de IPI e de ICMS.

(C) Esse imposto é o único tributo incidente sobre operações relativas a energia elétrica, serviços de telecomunicações, derivados de petróleo, combustíveis e minerais do Brasil.

(D) É facultado ao Senado Federal, mediante resolução de iniciativa da maioria absoluta de seus membros e aprovada por dois terços deles, o estabelecimento das alíquotas mínimas nas operações internas.

(E) Incide ICMS sobre as operações de importação e as que destinem mercadorias para o exterior.

44. (TC/ES – Auditor de Controle Externo: Área Direito – CESPE/2012). Com relação ao imposto sobre operações relativas à circulação de mercadorias e sobre prestações de serviços de transporte interestadual e intermunicipal e de comunicação (ICMS), julgue os itens seguintes:

I. Em relação às operações que destinem bens a adquirente localizado em outro estado, o local do domicílio ou da sede do destinatário é o critério para a adoção da alíquota interna ou da alíquota interestadual do ICMS.

II. O ICMS incide sobre a importação de mercadorias e de bens não destinados ao comércio, seja ela realizada por qualquer pessoa física ou jurídica.

45. (TJ/GO – Juiz Substituto – 2012 – FCC/2012). Lei estadual que prevê recolhimento antecipado, pelo fabricante/ montadora de veículos, de ICMS incidente sobre a venda de veículos automotores disponíveis para a venda em concessionária de veículos é considerada:

(A) Constitucional, por se tratar de substituição tributária para frente, expressamente autorizada pela Constituição Federal.

(B) Inconstitucional, por se tratar de fato gerador presumido, ainda não consumado.

(C) Inconstitucional, por não caber a incidência de ICMS na operação de venda de veículos automotores pelo fabricante/montadora para a concessionária de veículos.

(D) Constitucional, por se tratar de substituição tributária para trás, com fato gerador consumado quando da saída dos veículos do pátio do fabricante/montadora de veículos.

(E) Constitucional, já que o fabricante/montadora de veículos realizou o fato gerador do ICMS quando operou a venda de veículos automotores para a concessionária.

46. (TJ/PR – Juiz Substituto – UFPR/2012). O imposto sobre operações relativas à circulação de mercadorias e sobre prestações de serviços de transporte interestadual, intermunicipal e de comunicação (ICMS), conforme regime estabelecido pela Constituição Federal de 1988:

1. não incidirá sobre a entrada de bem ou mercadoria importados do exterior por pessoa física ou jurídica, ainda que não seja contribuinte habitual do imposto, qualquer que seja a sua finalidade, assim como sobre o serviço prestado no exterior, cabendo o imposto ao Estado onde estiver situado o domicílio ou o estabelecimento do destinatário da mercadoria, bem ou serviço.
2. não incidirá sobre operações que destinem a outros Estados petróleo, inclusive lubrificantes, combustíveis líquidos e gasosos dele derivados, e energia elétrica.
3. compreenderá, em sua base de cálculo, o montante do imposto sobre produtos industrializados, quando a operação, realizada entre contribuintes e relativa a produto destinado à industrialização ou à comercialização, configure fato gerador dos dois impostos.
4. não incidirá sobre o ouro em barra, bem como sobre o definido em lei como ativo financeiro ou instrumento cambial.

Assinale a alternativa correta:

(A) Somente a afirmativa 2 é verdadeira.

(B) Somente as afirmativas 1 e 4 são verdadeiras.

(C) Somente as afirmativas 3 e 4 são verdadeiras.

(D) Somente as afirmativas 1, 2 e 3 são verdadeiras.

47. (TJ/MG – Juiz de Direito Substituto – VUNESP/2012). Analise as afirmativas a seguir:

I. Trata-se de uma imposição constitucional a não cumulatividade do ICMS.

II. À exceção do ICMS e impostos de importação e exportação, nenhum outro tributo poderá incidir sobre operações relativas à energia elétrica.

III. Cabe à legislação municipal estabelecer o sujeito passivo do IPTU.

IV. O simples pedido de parcelamento do débito fiscal importa em interrupção da prescrição.

V. A execução fiscal não se sujeita a concurso de credores ou habilitação.

VI. É prevista legalmente a possibilidade de reconhecimento de ofício de prescrição intercorrente na execução fiscal.

Estão corretas as afirmativas:

(A) I, II e VI, apenas.

(B) II, III, IV e V, apenas.

(C) I, III, IV, V e VI, apenas.

(D) I, II, III, IV, V e VI.

48. (PGE/RO – FCC/2011). Sr. Jorge, empresário do setor de calçados promove a importação de um veículo esportivo de luxo, proveniente da Itália, que será de sua utilização pessoal e exclusiva, sendo que todo processo fiscal de importação foi realizado em seu nome. Diante dessa operação, o ICMS:

(A) será devido, ainda que o adquirente não seja contribuinte habitual do ICMS.

(B) não será devido, uma vez que o adquirente (pessoa física) não é contribuinte do ICMS, não realizando a aquisição do veículo com habitualidade.

(C) não será devido, uma vez que o veículo está sendo adquirido para uso pessoal e exclusivo, não sendo destinado à revenda ou locação.

(D) será devido em razão do princípio da capacidade contributiva por se tratar de artigo de luxo.

(E) será devido, uma vez que o adquirente é proprietário de empresa comercial, sendo esta contribuinte do ICMS.

49. (Procurador Esp. de Contas junto aos Municípios/BA – FCC/2011). As operações relativas à circulação de mercadorias e a saída de mercadoria de estabelecimento de contribuinte correspondem, respectivamente, aos seguintes aspectos da hipótese de incidência do ICMS – Imposto sobre a Circulação de Mercadorias e Serviços:

(A) espacial e temporal;

(B) material e temporal;

(C) material e espacial;

(D) espacial e quantitativo;

(E) temporal e espacial.

50. (TC/BA – Procurador – CESPE/2010). Ao Estado é permitido cobrar o ICMS sobre o valor da tarifa de energia elétrica correspondente à demanda de potência efetivamente disponibilizada ao consumidor.

51. (PGE/AM – FCC/2010). Em não havendo disposição legal em contrário, a isenção não onerosa, para o ICMS, concedida mediante lei:

(A) Exige a manutenção dos créditos do ICMS para operações subsequentes.

(B) Pode ser revogada mediante Decreto, desde que com fundamento jurídico.

(C) Não implica crédito para compensação com o imposto devido nas operações subsequentes.

(D) Gera direito adquirido, não podendo ser revogada a qualquer tempo.

(E) Não gera direito adquirido, devendo ser revogado por Emenda Constitucional.

52. (PGE/AM – FCC/2010). Nas operações interestaduais entre contribuintes do ICMS, via de regra:

(A) A alíquota interestadual é inferior à alíquota interna.

(B) A alíquota interna é inferior à alíquota interestadual.

(C) As alíquotas devem ser idênticas.

(D) As alíquotas serão sempre variáveis, dependendo do Estado de origem.

(E) Existe apenas uma alíquota interestadual, aprovada pelo Senado Federal.

53. (PGE/SC –FEPESE/2010). Considerando a legislação que trata do imposto sobre operações relativas à circulação de mercadorias e sobre prestações de serviços de transporte interestadual e intermunicipal e de comunicação (ICMS), é correto afirmar:

(A) O imposto não incide sobre o serviço prestado no exterior ou cuja prestação se tenha iniciado no exterior.

(B) O imposto incide sobre operações com ouro, quando definido em lei como ativo financeiro ou instrumento cambial.

(C) Na hipótese de prestação de serviço de transporte interestadual e intermunicipal e de comunicação, a base de cálculo do imposto é o preço do serviço.

(D) Considera-se ocorrido o fato gerador do imposto no momento da saída de mercadoria de estabelecimento de contribuinte, salvo quando destinado para outro estabelecimento do mesmo titular.

(E) Não é contribuinte do imposto a pessoa física ou jurídica que, sem habitualidade ou intuito comercial, importe bens ou mercadorias do exterior, qualquer que seja a sua finalidade.

54. (MPE/MG – MPE/2010). Estão corretas as afirmações abaixo relativas ao ICMS, imposto de competência dos Estados, EXCETO:

(A) Poderá ser seletivo, em função da essencialidade das mercadorias e dos serviços.

(B) A isenção ou não incidência, salvo determinação legal em contrário, não implicará crédito para compensação com o montante devido nas operações seguintes.

(C) Incidirá sobre o valor total da operação, quando mercadorias forem fornecidas com serviços não compreendidos na competência tributária dos Municípios.

(D) Compreenderá, em sua base de cálculo, o montante sobre produtos industrializados, quando a operação, realizada entre contribuintes e relativa a produto destinado à industrialização ou à comercialização, configure fato gerador dos dois impostos.

(E) Terá alíquotas interestaduais estabelecidas por resolução do Senado Federal.

55. (Procurador do Município de Rio Largo/AL – COPEVE/UFPI/2010). Assinale a opção correta:

(A) A concessão de isenção, redução de base de cálculo, anistia ou remissão, relativos a impostos dependem de lei específica, ressalvado o sistema aplicável ao ICMS que cabe a lei complementa regular.

(B) O ICMS poderá ser seletivo para qualquer mercadoria ou serviço, de acordo com o que fixar a lei.

(C) O ICMS incidirá sobre a entrada de bem ou mercadoria importados do exterior por pessoa física ou jurídica, desde que o importador seja contribuinte habitual do imposto.

(D) Quanto ao ICMS, em relação às operações e prestações que destinem bens e serviços para consumidor final localizado em outro Estado, a alíquota interestadual será aplicada quando o destinatário for contribuinte do imposto e quando não for.

GABARITO

1. **Alternativa (D).** III e IV.

III. Convênio que autorize a isenção do ICMS sobre o fornecimento de bens e mercadorias destinados à operação de serviços de transporte metroferroviário de passageiros, inclusive por meio de Veículo Leve sobre Trilhos, dá amparo legal à concessão de isenção do ICMS sobre a energia elétrica destinada à alimentação dos trens do VLT.

IV. A base de cálculo, para fins de substituição tributária, em relação às operações ou prestações subsequentes, será obtida pelo somatório das parcelas seguintes: (i) valor da operação ou prestação própria realizada pelo substituto tributário ou pelo substituto intermediário; (ii) montante dos valores de seguro, de frete e de outros encargos cobrados ou transferíveis aos adquirentes ou tomadores de serviço, (iii) margem de valor agregado, inclusive lucro, relativa às operações ou prestações subsequentes.

Comentário: A alternativa **"D"** está correta. O **item I** está incorreto, o ICMS não incide nas operações de transferência de propriedade de estabelecimento contribuinte, Súmula 166 do STJ, visto que o fato gerador do ICMS é realizar operações de circulação de mercadorias, e a operação deve ser jurídica e resultar em transferência de titularidade. O **item II** está incorreto, são fatos geradores distintos. O **item III** está correto, conforme o art. 155, § 2º, XII, "g", da CF, cabe à lei complementar tratar de isenção sobre o ICMS, nesse sentido tem-se a LC n. 24/75 que determina que as isenções serão por meio de convênio. O **item IV** está correto, segundo previsão no art. 8º da LC n. 87/96.

2. **Alternativa (A).** Aumento do ICMS sobre bens supérfluos, mediante lei estadual, para vigência após decorridos noventa dias da edição da lei correspondente.

Comentário: A opção **"A"** está incorreta, é preciso ainda respeitar a anterioridade do exercício, à luz do art. 150, III, "b", da CF. A resposta "B" está correta, a mera revisão é permitida nestes termos. A justificativa "C" está correta, pois se respeita o princípio da anterioridade do exercício, art. 150, III, "b" e "c", da CF. A letra "D" está correta, é permitida a antecipação dos prazos de recolhimento, não é necessário aguardar as anterioridades, conforme Súmula Vinculante n. 50. A alternativa "E" está correta, porque se encontra em conformidade com o texto constitucional, respeitando os princípios da legalidade e da anterioridade, art. 150, I e III, "b" e "c", da CF.

3. **Alternativa (C).** Inconstitucional, por se tratar de matéria reservada à Lei Complementar.

Comentário: A resposta **"C"** está correta, é matéria reservada à Lei Complementar, conforme prescreve o art. 161, I, da CF.

---

4. **Alternativa (E).** Da União, dos Estados e do Distrito Federal e dos Estados e do Distrito Federal, respectivamente.

Comentário: A justificativa **"E"** está correta, pois trata-se, respectivamente, do IPI, previsto no art. 153, IV, da CF, de competência da União; do ICMS, disposto no art. 155, II, da CF e do ITCMD, art. 155, I, da CF, ambos de competência dos estados e do DF.

---

5. **Alternativa (E).** Não é legítima a incidência do imposto de transmissão "causa mortis" no inventário por morte presumida.

Comentário: A letra **"E"** está incorreta, pois conforme a Súmula n. 331 do STF, é legítima a incidência. A alternativa "A" está correta, à luz da Súmula Vinculante n. 32. A opção "B" está correta, com base na Súmula Vinculante n. 48. A resposta "C" está correta, conforme a Súmula n. 662 do STF. A justificativa "D" está correta, de acordo om a Súmula n. 590 do STF.

---

6. **Alternativa (B).** Tem sua cobrança sujeita, no caso de consumidor final não contribuinte do tributo, à alíquota interna da unidade federada de origem, sob pena de ocorrência de bitributação.

Comentário: A alternativa **"B"** está correta, de acordo com o **Informativo** n. 759 do STF, "o Tribunal frisou que, no julgamento da ADI n. 4.565 MC/PI (**DJe** de 27.06.2011), fora assentado que, nas operações interestaduais cuja mercadoria fosse destinada a consumidor final não contribuinte, apenas o Estado-membro de origem cobraria o tributo, com a aplicação da alíquota interna. Realçou que regime tributário diverso configuraria bitributação". As opções "A", "C" e "D" estão incorretas, conforme decisão do STF citada acima. Entretanto, essa questão está **DESATUALIZADA**, em virtude da recente alteração pela Emenda Constitucional n. 87/2015 que alterou o art. 155, § 2º, VII e VIII, conforme estudado nesse Capítulo: Art. 155. (...). § 2º (...): VII – nas operações e prestações que destinem bens e serviços a consumidor final, contribuinte ou não do imposto, localizado em outro Estado, adotar-se-á a alíquota interestadual e caberá ao Estado de localização do destinatário o imposto correspondente à diferença entre a alíquota interna do Estado destinatário e a alíquota interestadual; (Redação dada pela Emenda Constitucional nº 87, de 2015) (Produção de efeito) a) (revogada); (Redação dada pela Emenda Constitucional nº 87, de 2015) b) (revogada); (Redação dada pela Emenda Constitucional nº 87, de 2015) VIII – a responsabilidade pelo recolhimento do imposto correspondente à diferença entre a alíquota interna e a interestadual de que trata o inciso VII será atribuída: (Redação dada pela Emenda Constitucional nº 87, de 2015) (Produção de efeito)a) ao destinatário, quando este for contribuinte do imposto; (Incluído pela Emenda Constitucional nº 87, de 2015) b) ao remetente, quando o destinatário não for contribuinte do imposto; (Incluído pela Emenda Constitucional nº 87, de 2015)". Ser contribuinte ou não deixou de determinar a aplicação de uma ou de outra alíquota para aplicar as duas. A diferenciação (em ser contribuinte ou não) é relevante no que toca a responsabilidade pelo recolhimento. Veja a explicação dada nesse Capítulo.

---

7. **Alternativa (C).** Conforme decisão do STF, em sede de repercussão geral, é constitucional a exigência do estorno proporcional dos créditos fiscais do ICMS pela entrada de mercadorias cuja saída do estabelecimento ocorra com base de cálculo reduzida.

Comentário: A alternativa **"C"** está correta, conforme **Informativo** n. 763 do STF. A opção "A" está incorreta, pois o STF, em junho de 2014, confirmou a constitucionalidade da incidência, tomando como base a EC nº 33/2001. A resposta "B" está incorreta, o STF admitiu, em 2013, a progressividade do ITCMD. A letra "D" está incorreta, os descontos incondicionais não podem ser incluídos na base de cálculo do ICMS, de acordo com o art. 13 da LC n. 87/96. A justificativa "E" está incorreta, as normas gerais do IPVA, referentes ao fato gerador, base de cálculo e Contribuintes, devem ser tratadas por meio de Lei Complementar, nos termos do artigo 146, III, "a", da CF. Essas normas gerais poderão ser estabelecidas pelos Estados e pelo Distrito Federal, tendo em vista a sua competência **plena**, uma vez que inexiste lei federal que regule esse Imposto, segundo permissão constante no art. 24, I, § 3º, da CF.

---

8. **Alternativa (B).** Com o advento da Emenda Constitucional n. 33 de 11/12/2001, que alterou a redação do art. 155, inciso IX, alínea "a", da CF/88, a pessoa física passou, expressamente, a constar como contribuinte de bem ou de mercadoria importada do exterior.

Comentário: A alternativa **"B"** está correta, à luz do art. 155, IX, "a", da CF. A opção "A" está incorreta, pois com a EC n. 33/2001, a Súmula n. 660 do STF não tem mais validade em nosso ordenamento. A resposta "C" está incorreta, tendo em vista a EC n. 33/2001. A justificativa "D" está incorreta, já que a assertiva **"B"** está correta.

9. **Alternativa (C).** A boa-fé do comerciante não impede que seja apurada a veracidade daquelas transações comerciais que originaram as notas fiscais declaradas inidôneas.

Comentário: A alternativa **"C"** está correta, segundo o entendimento do STJ, que compreende que o comerciante de boa-fé que adquire mercadoria, cuja nota fiscal (emitida pela empresa vendedora) posteriormente seja declarada inidônea, pode engendrar o aproveitamento do crédito do ICMS pelo princípio da não cumulatividade, desde que demonstrada a veracidade da compra e venda efetuada, porquanto o ato declaratório da inidoneidade somente produz efeitos a partir de sua publicação. Nesse sentido, atente-se para a Súmula n. 509 do STJ: "É lícito ao comerciante de boa-fé aproveitar os créditos de ICMS decorrentes de nota fiscal posteriormente declarada inidônea, quando demonstrada a veracidade da compra e venda". As opções "A" e "B" estão incorretas em razão do entendimento proferido pelo STJ acima relatado. Com relação à justificativa "D", nesse caso não se aplica o disposto no art. 136 do CTN, pois a responsabilidade do adquirente de boa-fé reside na exigência, no momento da celebração do negócio jurídico, da documentação pertinente à assunção da regularidade do alienante, cuja verificação de idoneidade incumbe ao Fisco.

10. **Alternativa (C).** Poderia ter editado lei ordinária que dispusesse sobre a forma de creditamento da quota-parte municipal sobre o produto da arrecadação do ICMS, na proporção de até um quarto do valor da referida quota-parte.

Comentário: A alternativa **"C"** está correta, pois segundo o art. 160, I, da CF, a receita tributária é obrigatória, porém, a União e os Estados poderão condicionar a entrega de recursos ao pagamento de seus créditos, inclusive de suas autarquias. E com base no art. 158, parágrafo único, II, da CF, as parcelas de receita pertencentes aos Municípios serão creditadas até um quarto, de acordo com o que dispuser lei estadual.

11. **Alternativa (B).** Poderá requisitar auxílio de autoridade policial estadual, com a finalidade de auxiliá-lo na efetivação da referida medida prevista na legislação tributária.

Comentário: A banca considerou como correta a alternativa **"B"**, em observância ao art. 200 do CTN que dispõe que as autoridades administrativas poderão requerer o auxílio da força pública federal, estadual ou municipal quando vítimas de embaraço ou desacato no exercício de suas funções, ou quando necessário à efetivação de medida prevista na legislação tributária, ainda que não se configure fato definido em lei como crime ou contravenção. Observe, no entanto, consoante comentamos no Capítulo 8, item 2, que o STF entende que em caso de recusa por parte do contribuinte, não podem os agentes simplesmente requerer auxílio de força policial, em razão da garantia de inviolabilidade do domicílio, a medida dependerá de autorização judicial. A banca desconsiderou o entendimento jurisprudencial nessa questão e aplicou a literalidade do texto legal.

12. **Alternativa (C).** Somente os **itens II** e **III** estão corretos.

II. CD produzido por Mary.

III. DVD produzido por Juan.

Comentário: Nos termos do art. 150, VI, "e", da CF, os fonogramas e videofonogramas musicais produzidos no Brasil, contendo obras musicais ou literomusicais de autores brasileiros e/ou obras em geral interpretadas por artistas brasileiros, bem como os suportes materiais ou arquivos digitais que os contenham, salvo na etapa de replicação industrial de mídias ópticas de leitura a laser, são imunes aos impostos; por essa razão Juan e Mary não terão de recolher o ICMS.

13. **Alternativa (B).** A fixação de sua base de cálculo, de modo que o montante do imposto a integre, também, na importação do exterior de bem, mercadoria ou serviço; a definição de seus contribuintes; a disciplina do regime de compensação do imposto.

Comentário: A alternativa "A" está incorreta, em que pese o art. 155, § 2º, XII, "b" e "g", determinarem a exigência de lei complementar para tratar sobre substituição tributária e a regulação da forma como, mediante deliberação dos Estados e do Distrito Federal, isenções, incentivos e benefícios fiscais serão concedidos e revogados, respectivamente, não há necessidade de lei complementar para fixar as alíquotas do ICMS. A opção **"B"** está correta, à luz do art. 155, § 2º, XII, "i" e "c". A resposta "C" está incorreta, apenas na fixação, para efeito de sua cobrança e definição do estabelecimento responsável, do local das operações relativas à circulação de mercadorias e das prestações de serviços será necessário lei complementar, como prescreve o art. 155, § 2º, XII, "d". A alternativa D está incorreta não há necessidade de lei complementar para a fixação do percentual de juros de mora incidentes sobre o crédito tributário não pago na data fixada na legislação e nem para a definição das infrações e as respectivas cominações de penalidades para as infrações à sua legislação. A justificativa "E" está incorreta, somente para a disciplina de compensação do imposto do ICMS é necessário lei complementar.

---

14. **Alternativa (A).** Verifica-se que o prazo prescricional teve início somente após a conclusão do processo administrativo tributário referido no enunciado.

Comentário: A alternativa **"A"** está correta, à luz do art. 174 do CTN que estabelece que o fisco terá cinco anos para realizar a cobrança do crédito tributário, contados da data da constituição definitiva do crédito tributário, porém, o art. 151, III, do CTN determina que a apresentação de recursos e reclamações na esfera administrativa suspendem a exigibilidade do crédito tributário, assim, tendo em vista que o contribuinte apresentou recurso administrativo, o prazo prescricional teve início apenas após a decisão administrativa irrecorrível. A opção "B" está incorreta, pois, ainda que o ICMS seja um tributo sujeito a lançamento por homologação, o fisco deverá constituir o crédito de ofício se o tributo não for recolhido corretamente. A resposta "C" está incorreta, penalidade tributária é multa e não tributo. A letra "D" está incorreta, o prazo para constituição de crédito tributário é decadencial e não prescricional. A justificativa "E" está incorreta, ainda que o ICMS seja tributo sujeito ao lançamento por homologação, cujo prazo decadencial, via de regra, conta-se nos termos do art. 150, § 4º, do CTN, cinco anos a partir da ocorrência do fato gerador, consoante ocorreu ausência de pagamento, segundo o entendimento jurisprudencial (STJ).Nessa hipótese, aplica-se a regra do art. 173, I, do CTN, o prazo decadencial inicia-se no primeiro dia do exercício seguinte àquele que poderia ter ocorrido o fato gerador.

---

15. **Alternativa (B).** As regras desta Lei Complementar também se aplicam à concessão de créditos presumidos do ICMS e à redução de base de cálculo desse imposto.

Comentário: As alternativas "A" e "D" estão incorretas, pois à luz do art. 2º, § 2º, da LC n. 24/1975,a concessão de benefícios dependerá sempre de decisão unânime dos Estados representados. A opção **"B"** está correta, consoante o art. 1º, parágrafo único, I e III, da LC n.24/1975, a redução da base de cálculo do ICMS e a **concessão de créditos presumidos do ICMS** serão concedidas ou revogadas nos termos de convênios celebrados e ratificados pelos Estados e pelo Distrito Federal, consoante determina a LC n.24/ 1975.A resposta "C" está incorreta, pois além de a concessão dos benefícios depender de decisão unânime dos Estados representados, o art. 4º da LC n. 24/1975 determina que dentro do prazo de 15 (quinze) dias, contados da publicação dos convênios no **Diário Oficial da União**, o Poder Executivo de cada Unidade da Federação publicará decreto ratificando ou não os convênios celebrados, considerando-se ratificação tácita dos convênios a falta de manifestação no prazo assinalado neste artigo. Será, no entanto, considerado rejeitado o convênio que não for expressa ou tacitamente ratificado pelo Poder Executivo. De acordo com enunciado, o Estado de Goiás publicou decreto, no décimo dia subsequente ao da publicação do convênio no **Diário Oficial da União**, por meio do qual rejeitou o convênio firmado em Boa Vista. A justificativa "E" está incorreta, o art. 155, § 2º, XII, "g", da CF preceitua que cabe à lei complementar regular a forma como os Estados e o Distrito Federal irão conceder isenções, incentivos e benefícios referentes ao ICMS, e nesse sentido foi publicada a LC n. 24/1975 que institui que as isenções, assim como qualquer incentivo ou benefício, deverão ser por meio de convênio celebrado segundo as regras estabelecidas por essa lei.

---

16. **Alternativa (E).** Interestadual, nas operações interestaduais, tanto com destinatários contribuintes como com consumidores finais não contribuintes.

Comentário: A alternativa **"E"** está correta, nos termos do art. 155, § 2º, VII, cuja redação está de acordo com a EC n. 87/2015 que determina que: "Nas operações e prestações que destinem bens e serviços a consumidor final, contribuinte ou não do imposto, localizado em outro Estado, adotar-se-á a alíquota interestadual e caberá ao Estado de localização do destinatário o imposto correspondente à diferença entre a alíquota interna do Estado destinatário e a alíquota interestadual".

17. **Alternativa (E).** Incide sobre a entrada de bem importado do exterior, por pessoa física não contribuinte habitual do imposto, para seu uso e consumo.

Comentário: A alternativa "A" está incorreta, haja vista incidência do ICMS sobre serviços de transporte interestaduais e intermunicipais, conforme previsão no art. 155, II, da CF. A opção "B" está incorreta, o ICMS incide apenas sobre o serviço fim de comunicação e não sobre serviços acessórios ou preparatórios. A resposta "C" está incorreta, não incidirá o ICMS sobre o combustíveis e lubrificantes quando quem comprar for outro Estado (art. 155, § 2º, X, "b", da CF), caso contrário incidirá o ICMS. A letra "D" está incorreta, pois sobre a organização de festas e bufê incidirá o ISS, conforme previsão na LC n. 116/2003, item 17.11. A justificativa **"E"** está correta, após a EC n. 33/2001, qualquer pessoa que importar um bem, ainda que não seja contribuinte habitual do ICMS, terá de pagar o ICMS (art. 155, § 2º, IX, "a", da CF). Segundo entendimento do STF, para aplicação desse dispositivo constitucional deverá existir uma lei estadual que trate sobre a incidência do ICMS na importação.

18. **Alternativa (C).** Pode acontecer, nos termos da lei, na hipótese de recolhimento antecipado de ICMS pelo fabricante de veículos automotores relativamente à futura revenda dos mesmos pelas concessionárias.

Comentário: A alternativa "A" está incorreta, pois no momento em que o empregador faz a retenção do IR já ocorreu o fato gerador. A opção "B" está incorreta, uma vez que a Constituição Federal em seu art. 150, § 7º, prevê sobre a chamada substituição tributária para frente, em que primeiro ocorre o pagamento do tributo e posteriormente o fato gerador. A resposta **"C"** está correta, trata-se justamente de exemplo de substituição tributária para frente. A letra "D" está incorreta, pois é hipótese de substituição tributária para frente. A justificativa "E" está incorreta, visto que no instante em que o tomador vai pagar pela prestação do serviço, já ocorreu o fato gerador do ISS.

19. **Alternativa I (CERTO).** I – Não ocorrendo o fato gerador, o contribuinte substituído terá direito à restituição do valor do imposto pago. Porém, ocorrendo o fato gerador com base de cálculo inferior à prevista, não será obrigatória a restituição da diferença paga a maior, conforme jurisprudência do STF.

Comentário: A resposta está correta, nos termos do artigo 150, § 7º, da CF, na substituição tributária para frente caberá a restituição do tributo caso não ocorra o fato gerador; e segundo o entendimento do STF na ADI 1851, se ocorrer o fato gerador por um valor menor do que aquele presumido, não há inconstitucionalidade em negar a restituição, pois a Constituição apenas tratou sobre a hipótese de não ocorrência do fato gerador

Alternativa II (CERTO). II – Na situação considerada, trata-se do instituto denominado substituição tributária progressiva, que tem previsão expressa relativa ao ICMS. **(Certo)**

Comentário: A resposta está correta, trata-se de substituição progressiva, também conhecida como "para frente", cuja previsão encontra-se no artigo 150, § 7º, da CF.

20. **Alternativa (A).** Para fins tributários, a jurisprudência tem equiparado os serviços de telecomunicação à indústria, admitindo o creditamento de ICMS decorrente da entrada de energia elétrica consumida pela empresa, vez que é essencial ao desempenho de suas atividades.

Comentário: A alternativa **"A"** está correta, o artigo 33, II, "b", da LC n. 87/96 autoriza o direito ao crédito da entrada de energia elétrica quando consumida no processo de industrialização. Por ocasião do julgamento do REsp n. 1.201.635/MG, realizado na sistemática do artigo 543-C do CPC, a Primeira Seção do STJ sedimentou o entendimento pela possibilidade de creditamento do ICMS incidente sobre a energia elétrica consumida pela sociedades prestadoras de serviço de telefonia, por entender que se trata de insumo necessário à prestação desse serviço. A opção "B" está incorreta, o artigo 33 da LC n. 87/96 prevê vários requisitos para serem atendidos para o contribuinte fazer jus ao creditamento do ICMS, quando o contribuinte adquire um bem para compor o ativo fixo. A resposta "C" está incorreta, uma vez que não há vedação nesse sentido. A letra "D" está incorreta, não incidirá o ICMS quando outro Estado adquirir o combustível, conforme prevê o artigo 155, § 2º, X, "b", da CF. A justificativa "E" está incorreta, visto que o Supremo Tribunal Federal, após o julgamento do RE n.º 540.829/SP, firmou o entendimento de que não incide o ICMS na operação de arrendamento mercantil internacional, quando o contrato trata de bem suscetível de devolução, sem opção de compra, porque da mera posse decorrente do arrendamento não se pode cogitar de circulação econômica.

21. **Alternativa (D).** Incidirá sobre a entrada de bem ou mercadoria importados do exterior por pessoa física ou jurídica, ainda que não seja contribuinte habitual do imposto, qualquer que seja a sua finalidade, assim como sobre o serviço prestado no exterior, cabendo o imposto ao Estado onde estiver situado o domicílio ou o estabelecimento do destinatário da mercadoria, bem ou serviço.

Comentário: A Alternativa "A" está incorreta, não implicará crédito para compensação, nos termos do art. 155, § 2º, II, "a", da CF. A opção "B" está incorreta, a incorreção está no verbo "poderá", a não cumulatividade é obrigatória, segundo dispõe o art. 155, § 2º, I, da CF. A letra "C" está incorreta, a seletividade é facultativa para o ICMS, conforme art. 155, § 2º, III, da CF. A assertiva **"D"** é a resposta correta, em conformidade com o art. 155, § 2º, IX, "a", da CF. A justificativa "E" está incorreta, trata-se de uma das imunidades previstas na Constituição, art. 155, § 2º, X, "a", da CF.

22. **Alternativa (A).** I.

I. Não incide sobre operações de que decorra transferência de bens salvados de sinistro para companhias seguradoras.

Comentário: O **Item I** está correto, nos termos da Súmula Vinculante n. 32 do STF: "O ICMS não incide sobre alienação de salvados de sinistro pelas seguradoras". O Item II está incorreto, sobre o transporte realizado dentro do Município – intramunicipal –, não haverá incidência de ICMS. Entretanto, incidirá o ISS, nos termos do que prevê a Lei Complementar n. 116/2003. O Item III está incorreto, trata-se da imunidade de impostos contida no art. 150, VI, "d", "livros, jornais, periódicos e o papel destinado a sua impressão". O Item IV está incorreto, quando houver serviço que tem incidência de ISS, e este tiver previsão na lista anexa da LC n. 116/2003, porém com entrega de mercadoria, via de regra, há incidência apenas de ISS. Se na LC n. 116/2003 houver previsão para incidência de ISS e de ICMS, acontecerá a incidência dos dois tributos. Agora, no caso de ser prestado um serviço sem previsão na lista anexa à LC n. 116/2003 e com entrega de mercadoria, incidirá apenas ICMS sobre o valor total da operação, conforme previsão no art. 155, § 2º, IX, "b", da CF.

23. **Alternativa (D).** O fornecimento de água potável por empresas concessionárias desse serviço público não pode sofrer incidência do ICMS, uma vez que não caracteriza operação relativa à circulação de mercadoria.

Comentário: A opção **"D"** é a assertiva correta, de acordo com o estudado nesse Capítulo, não incide ICMS sobre a água canalizada, pois se trata de um bem de domínio público. Segue trecho do julgado do STF nesse sentido: "Tributário. ICMS. Fornecimento de água tratada por concessionárias de serviço público. Não incidência. Ausência de fato gerador. 1. O fornecimento de água potável por empresas concessionárias desse serviço público não é tributável por meio do ICMS. 2. As águas em estado natural são bens públicos e só podem ser exploradas por particulares mediante concessão, permissão ou autorização. 3. O fornecimento de água tratada à população por empresas concessionárias, permissionárias ou autorizadas não caracteriza uma operação de circulação de mercadoria. 4. Precedentes da Corte. Tema já analisado na liminar concedida na ADI n. 567, de relatoria do Ministro Ilmar Galvão, e na ADI n. 2.224-5/DF, Relator o Ministro Néri da Silveira. 5. Recurso extraordinário a que se nega provimento" (RE n. 607056, rel. Min. Dias Toffoli, Tribunal Pleno, julgado em 10.04.2013, Acórdão Eletrônico Repercussão Geral – Mérito, **DJe**-091, divulg. em 15.05.2013, public. em 16.05.2013).

24. **Alternativa (E).** Contribuinte do ICMS estabelecido no Amapá deve pagar o imposto referente às suas aquisições interestaduais de produtos destinados ao seu uso e consumo, sendo que a alíquota a ser aplicada deve corresponder ao diferencial entre a interna e a interestadual para cada produto adquirido.

Comentário: A resposta "A" está incorreta, conforme o art. 155, § 2º, XI e § 3º da CF – "não compreenderá, em sua base de cálculo, o montante do imposto sobre produtos industrializados, quando a operação, realizada entre contribuintes e relativa a produto destinado à industrialização ou à comercialização, configure fato gerador dos dois impostos". justificativa "B" está incorreta, a seletividade é facultativa para o ICMS, com base no art. 155, § 2º, III, da CF. A alternativa "C" está incorreta, nos termos do art. 155, § 2º, X, "a", da

CF. A letra "D" está incorreta, consoante o art. 155, § 2º, XI, "não compreenderá, em sua base de cálculo, o montante do imposto sobre produtos industrializados, quando a operação, realizada entre contribuintes e relativa a produto destinado à industrialização ou à comercialização, configure fato gerador dos dois impostos". A assertiva **"E"** é a opção correta, à luz do art. 155, § 2º, VII e VIII, da CF.

---

25. Alternativa (D). III.

III. O contribuinte paulista deve pagar imposto à alíquota interna ao Estado de São Paulo e o Estado de Santa Catarina nada recebe de imposto por essa operação

Comentário: A justificativa **"D"** é a alternativa correta, considerando que o Contribuinte está situado em São Paulo, deverá ser aplicado o art. 155, § 2º, VII e VIII, da CF: "(...) VII – em relação às operações e prestações que destinem bens e serviços a consumidor final localizado em outro Estado, adotar-se-á: a) a alíquota interestadual, quando o destinatário for contribuinte do imposto; b) **a alíquota interna**, quando o destinatário **não** for contribuinte dele; VIII – na hipótese da alínea "a" do inciso anterior, caberá ao Estado da localização do destinatário o imposto correspondente à diferença entre a alíquota interna e a interestadual".

---

26. Alternativa (A). Inclusão de mercadoria na sistemática de retenção antecipada do imposto, por substituição tributária .

Comentário: A alternativa **"A"** corresponde ao gabarito da questão, visto que a inclusão de mercadoria na sistemática de retenção antecipada do imposto, por substituição tributária, não consta entre as matérias que precisarão de convênio, conforme art. 155, inciso II, c/c o § 2º , inciso XII, alínea "g" e art. 1º da LC n. 24/75.

---

27. Alternativa (D). Terá de pagar o ICMS, pois o recolhimento mensal, mediante documento único de arrecadação, não exclui a incidência do ICMS devido a título de diferencial de alíquota, desde que as mercadorias adquiridas não estejam sujeitas ao regime de antecipação do recolhimento do imposto.

Comentário: A opção **"D"** é a assertiva correta, consoante prevê o art. 13, VII e §1º, XIII, "h" da LC n. 123/2006: "Art. 13. O Simples Nacional implica o recolhimento mensal, mediante documento único de arrecadação, dos seguintes impostos e contribuições: (...) VII – Imposto sobre Operações Relativas à Circulação de Mercadorias e sobre Prestações de Serviços de Transporte Interestadual e Intermunicipal e de Comunicação – ICMS; § 1º O recolhimento na forma deste artigo não exclui a incidência dos seguintes impostos ou contribuições, devidos na qualidade de contribuinte ou responsável, em relação aos quais será observada a legislação aplicável às demais pessoas jurídicas: (...) XIII – ICMS devido: (...) h) nas aquisições em outros Estados e no Distrito Federal de bens ou mercadorias, não sujeitas ao regime de antecipação do recolhimento do imposto, relativo à diferença entre a alíquota interna e a interestadual".

---

28. Alternativa (B). De acordo com o entendimento do Superior Tribunal de Justiça, o comerciante de boa-fé que adquire mercadoria, cuja nota fiscal (emitida pela empresa vendedora) posteriormente seja declarada inidônea, pode realizar o aproveitamento do crédito do ICMS pelo princípio da não cumulatividade, uma vez demonstrada a veracidade da compra e venda efetuada, porquanto o ato declaratório da inidoneidade somente produz efeitos a partir de sua publicação.

Comentário: A justificativa "A" está incorreta, segundo o entendimento do STJ: "TRIBUTÁRIO. RECURSO ESPECIAL REPRESENTATIVO DA CONTROVÉRSIA (CPC, ART. 543-C). ICMS. ENERGIA ELÉTRICA CONSUMIDA PELAS PRESTADORAS DE SERVIÇOS DE TELECOMUNICAÇÕES. CREDITAMENTO. POSSIBILIDADE. ART. 33, II, "B", DA LC N. 87/96. EQUIPARAÇÃO À INDÚSTRIA BÁSICA PARA TODOS OS EFEITOS LEGAIS. ART. 1º DO DECRETO 640/62. VALIDADE E COMPATIBILIDADE COM O ORDENAMENTO ATUAL. PRINCÍPIO DA NÃO CUMULATIVIDADE. OBSERVÂNCIA. PRECEDENTE DA PRIMEIRA SEÇÃO: RESP 842.270/RS. (...) 2. A Primeira Seção do STJ, no julgamento do REsp 842.270/RS, firmou compreensão no sentido de que o **ICMS incidente sobre a energia elétrica consumida pelas empresas de telefonia, que promovem processo industrial por equiparação, pode ser creditado para abatimento do imposto devido quando da prestação de serviços. Inteligência dos arts. 33, II, "b", da Lei Complementar 87/96, e 1º do Decreto 640/62. 3. Ademais, em virtude da essencialidade da energia elétrica, enquanto insumo, para o exercício da atividade de telecomunicações, induvidoso se revela o direito ao creditamento de ICMS, em atendimento ao princípio da não cumulatividade**. 4. O princípio da não cumulatividade comporta três núcleos distintos de incidência: (I) circulação de mercadorias; (II) prestação de serviços de transporte; e (III) serviços de comunicação. 5. "O art. 33, II, da LC 87/96 precisa ser interpretado conforme a Constituição, de modo a permitir que a não cumulatividade alcance os três núcleos de incidência do ICMS previstos no Texto Constitucional, sem restringi-la à circulação de mercadorias, sem dúvida a vertente central, mas não única hipótese de incidência do imposto" (REsp 842.270/RS, Rel. Ministro LUIZ FUX, Rel. p/ Acórdão Ministro CASTRO MEIRA, PRIMEIRA SEÇÃO, julgado em 23/05/2012, **DJe** de 26.06.2012).6. Recurso especial a que se dá provimento. Acórdão submetido ao rito do art. 543-C do CPC e da Resolução STJ 8/2008 (REsp 1201635/MG, Ministro SÉRGIO KUKINA, **DJe** de 21.10.2013). A alternativa **"B"** é a resposta correta, esse é o entendimento do STJ, conforme jurisprudência: "**O comerciante de boa-fé que adquire mercadoria, cuja nota fiscal (emitida pela empresa vendedora) posteriormente seja declarada inidônea, pode engendrar o aproveitamento do crédito do ICMS pelo princípio da não cumulatividade**, uma vez demonstrada a veracidade na compra e venda efetuada, porquanto o ato declaratório da inidoneidade somente produz efeitos a partir de sua publicação" (REsp 11488444/MG, de 14 de abril de 2010 – STJ). A letra "C" está incorreta, conforme art. 20, § 2º da LC n. 87/96. E, por fim, a opção "D" também está incorreta, consoante art. 155, § 2º, II, da CF.

29. Alternativa (A). A ação será julgada procedente, uma vez que o Superior Tribunal de Justiça admite a legitimidade do contribuinte de fato para pleitear a restituição do indébito em se tratando o contribuinte de direito, no caso em exame, de concessionária de serviço público e, no mérito, entende que a base de cálculo do ICMS alcança apenas a energia elétrica efetivamente consumida.

Comentário: A letra **"A"** é a alternativa correta, conforme estudado nesse Capítulo, o STJ excepciona o pedido de restituição de ICMS, permitindo ao contribuinte de fato postular: "TRIBUTÁRIO. IPI. RESTITUIÇÃO DE INDÉBITO. CONTRIBUINTES DE FATO. ILEGITIMIDADE ATIVA *AD CAUSAM*. SUJEIÇÃO PASSIVA APENAS DOS FABRICANTES (CONTRIBUINTES DE DIREITO). MATÉRIA SUBMETIDA AO RITO DOS RECURSOS REPETITIVOS. 1. O Superior Tribunal de Justiça, no julgamento do REsp n. 903.394/AL, rel. Min. Luiz Fux, **DJ** de 26.04.2010, submetido ao rito dos recursos repetitivos, pacificou o entendimento segundo o qual o "contribuinte de fato" não detém legitimidade ativa *ad causam* para pleitear a restituição do indébito relativo ao IPI incidente sobre os descontos incondicionais, recolhido pelo "contribuinte de direito", por não integrar a relação jurídico-tributária pertinente. 2. "**Excepcionalmente, tal precedente não se aplica para os casos em que a demanda é ajuizada pelo consumidor de energia elétrica (contribuinte de fato) para questionar o ICMS que entende indevido quando o contribuinte de direito é empresa concessionária de serviço público de energia elétrica**" (RMS n. 29475/RJ, rel. Min. Mauro Campbell Marques, 1ª Seção, julgado em 10.04.2013, **DJe** de 29.04.2013), o que não é o caso dos autos. 3. Ilegitimidade ativa *ad causam* caracterizada. Agravo regimental improvido" (AgRg no AREsp n. 178.392/RS, rel. Min. Humberto Martins, 2ª Turma, julgado em 25.06.2013, **DJe** de 01.08.2013).

30. Alternativas: (CERTO) I. Não há obrigatoriedade de a concessão de benefícios fiscais ser feita por lei complementar estadual.

Comentário: Assertiva correta, visto que a obrigatoriedade contida no art. 155, § 2º, XII, "g", da CF, refere-se à regulamentação contida na Lei Complementar n. 24/75. Como estudado, os Estados e o Distrito Federal antes de qualquer benefício fiscal devem firmar convênios (celebrados no CONFAZ). O Convênio é considerado apenas uma das etapas do procedimento de concessão de benefício fiscal.

(ERRADO). II. Consideram-se benefícios fiscais as imunidades previstas na CF.

Comentário: Afirmativa incorreta, trata-se de uma limitação ao poder de tributar, ou seja, configura-se uma hipótese de não incidência prescrita pela Constituição Federal.

(CERTO). III. De acordo com a CF, cabe a lei complementar regular a forma como, mediante deliberação dos estados e do DF, isenções, incentivos e benefícios fiscais serão concedidos e revogados.

Comentário: Resposta correta, segundo o art. 155, § 1º, XII, "g", da CF.

(ERRADO) IV. Sendo o ICMS um tributo estadual, a concessão de benefícios fiscais a ele relacionada deve ser feita por meio de atos administrativos normativos, como decretos.

Comentário: Assertiva incorreta, conforme estudado, os Estados e o Distrito Federal, antes de qualquer benefício fiscal, devem firmar convênios (celebrados no CONFAZ). O Convênio é considerado apenas uma etapa do procedimento de concessão de benefício fiscal. Ademais, o disposto no art. 155, § 2º, XII, "g", da CF refere-se à regulamentação contida na Lei Complementar n. 24/75.

(ERRADO). V. Por ser um tributo de importância nacional, o ICMS só pode ser concedido pelos entes da Federação mediante autorização do Senado Federal, ao qual cabe, inclusive, prescrever suas alíquotas em determinados casos.

Comentário: Afirmativa incorreta, não há a necessidade de autorização do Senado na instituição do ICMS, apenas para estabelecimento de alíquotas, sendo, ainda, facultado ao Senado em algumas hipóteses, nos termos do que prescreve o art. 155, § 2º, IV e V, da CF.

---

31 **Alternativa (B).** O ICMS, de acordo com o estabelecido na CF, será não cumulativo e poderá ser seletivo em função da essencialidade das mercadorias e dos serviços.

Comentário: A alternativa **"B"** é a opção correta, conforme estudado nesse Capítulo, o ICMS observa obrigatoriamente o Princípio da Não Cumulatividade – art. 155, § 2º, I, da CF – e facultativamente o Princípio da Seletividade – art. 155, § 2º, III, da CF.

---

32. **Alternativa (D).** A modalidade de lançamento que o contribuinte realizou antes da autuação feita pelo fisco foi a de lançamento por homologação.

Comentário: A opção **"D"** é a resposta correta, consoante estudado nesse Capítulo, o ICMS é tributo sujeito ao lançamento por homologação, em que o Sujeito Passivo antecipa o pagamento da exação, para depois ser homologado tácita ou expressamente. Contudo, cumpre mencionar que nada impede a Fazenda Pública de efetuar o lançamento de ofício, quando identificar alguma irregularidade.

---

33. **Alternativa (A).** Caso o tributo devido seja o ICMS, o parcelamento deve ser autorizado por convênio firmado entre os estados e o Distrito Federal no âmbito do CONFAZ, antes da edição da lei de concessão do parcelamento.

Comentário: A justificativa **"A"** é a assertiva correta, com base no art. 10 da LC n. 24/75: "Art. 10. Os convênios definirão as condições gerais em que se poderão conceder, unilateralmente, anistia, remissão, transação, moratória, parcelamento de débitos fiscais e ampliação do prazo de recolhimento do imposto de circulação de mercadorias". A letra "B" está incorreta, não existe essa regra, cada Ente Federativo poderá instituir lei autorizadora de parcelamento – art. 155-A do CTN. A resposta "C" está incorreta, tendo em vista que se aplica subsidiariamente as regras da moratória ao parcelamento (art. 155-A, § 2º, do CTN), deve-se entender que em caso de fraude, também não poderá se utilizar do parcelamento, conforme art. 154, Parágrafo Único, do CTN. A opção "D" está incorreta, a moratória é causa de suspensão da exigibilidade do crédito tributário, art. 151, I, do CTN. A alternativa "E" está incorreta, a lei que conceder o parcelamento não poderá contrariar a Lei Complementar Federal.

---

34. **Alternativa (B).** Considera-se ocorrido o fato gerador do ICMS no momento da saída de mercadoria de estabelecimento de contribuinte, ainda que para outro estabelecimento do mesmo titular.

Comentário: As alternativas "A", "C" e "E" estão incorretas, de acordo com o estudado em Capítulo anterior, as imunidades só podem ser instituídas pelo Poder Constituinte, portanto, não pode a referida Lei Complementar instituí-las, mas apenas regulamentá-las. A letra **"B"** é a opção correta, conforme art. 12, I, da LC n. 87/96. A resposta "D" está incorreta, a Lei Kandir (LC n.87/96) não regulamenta o ISS, mas somente "dispõe sobre o Imposto dos Estados e do Distrito Federal sobre operações relativas à circulação de mercadorias e sobre prestações de serviços de transporte interestadual e intermunicipal e de comunicação, e dá outras providências".

---

35. **Alternativa (A).** Somente as alternativas II e IV estão corretas.

II. Há incidência sobre a entrada de bem ou mercadoria importados do exterior por pessoa física ou jurídica, ainda que não seja contribuinte habitual do imposto e qualquer que seja a sua finalidade.

IV. Incide sobre o valor total da operação, quando as mercadorias forem fornecidas com serviços não compreendidos na competência tributária dos Municípios.

Comentário: O Item I está incorreto, conforme se depreende do art. 155, § 2º, II, CF/88. O **Item II** está correto, nos termos do art. 155, § 2º, IX, "a", da CF. O Item III está incorreto, onerosa não, segundo o art. 155, § 2º, X, "d" da CF: "d) nas prestações de serviço de comunicação nas modalidades de radiodifusão sonora e de sons e imagens de recepção livre e gratuita". O **Item IV** está correto, à luz do art. 155, § 2º, IX, "b", da CF.

---

36. **Alternativa (C).** Segundo expressa determinação constitucional, é necessária lei complementar para implementar os seguintes tributos: empréstimo compulsório; imposto sobre grandes fortunas; imposto residual da União e novas contribuições sociais.

Comentário: A alternativa "A" está incorreta, o exercício financeiro coincide com o ano civil. A "B" está incorreta, segundo o art. 36 da Lei n. 4.320/64, "consideram-se Restos a Pagar as despesas empenhadas, mas não pagas até o dia 31 de dezembro, distinguindo-se as processadas das não processadas". A opção **"C"** está correta, conforme disposto nos arts. 148, 153, VII, 154, I, e 195, § 4º, da CF, respectivamente. A "D" está incorreta, conforme o posicionamento do STF, a alienação de salvados integra a própria operação de seguro e por isso não pode ser objeto de tributação do ICMS, nesse sentido veja a Súmula Vinculante n. 32: "O ICMS não incide sobre alienação de salvados de sinistro pelas seguradoras".

374. **Alternativa (D).** A CF não cria tributo, mas outorga competência tributária a cada ente federado, devendo o exercício dessa competência ser regulado por lei, por expressa previsão constitucional.

Comentário: A opção "A" está incorreta, segundo a Súmula n. 414 do STJ: "A citação por edital na execução fiscal é cabível quando frustradas as demais modalidades". A "B" está incorreta, conforme disposição no art. 173, II, do CTN, o Fisco tem cinco anos, a contar da decisão que anular o lançamento por vício formal, para constituir um novo lançamento tributário. A letra "C" está incorreta, conforme compreensão do STJ, os descontos incondicionais não devem compor a base de cálculo do ICMS, Súmula n. 457 do STJ. A assertiva **"D"** está correta, de fato a CF outorga poderes aos Entes Federativos para eles criarem, por meio de lei, os tributos em nosso ordenamento jurídico.

38. **Alternativa: (CERTO).** I. Conforme o entendimento do STF, o ICMS incide sobre a aquisição de software, ainda que a compra seja feita mediante transferência eletrônica de dados, sem que haja uma base física que caracterize o *corpus mechanicum* da criação intelectual.

Comentário: Julgamento de acordo com a ADI n. 1945 MC.

(ERRADO). II. Afrontará o princípio da não cumulatividade legislação estadual que vede a compensação de créditos do ICMS advindos da aquisição de bens destinados ao consumo e ao ativo fixo do contribuinte pessoa jurídica.

Comentário: O art. 33 da LC n. 87/96 prevê limitações à utilização de créditos do ICMS na hipótese de bens adquiridos para consumo ou ativo fixo do estabelecimento comercial e segundo o parecer do STF e STJ, tal limitação não é inconstitucional, conforme visto nesse Capítulo.

39. **Alternativa: (ERRADO).** I. Os municípios podem conceder incentivos fiscais referentes ao ICMS.

Comentário: O ICMS é tributo de competência dos Estados e do DF e por isso não poderão os Municípios conceder incentivos fiscais referente a esse imposto.

(ERRADO) II. Os estados e o DF podem estabelecer alíquotas internas de ICMS inferiores às previstas para as operações interestaduais.

Comentário: Segundo o art. 155, § 2º, VI, da CF, via de regra, as alíquotas internas, nas operações relativas à circulação de mercadorias e nas prestações de serviços, não poderão ser inferiores às previstas para as operações interestaduais.

40. **Alternativa (D).** A redução tributária refere-se ao instituto de isenção precedida de convênio, necessário no que se refere ao ICMS.

Comentário: As justificativas "A", "B" e "E" estão incorretas, a União não pode conceder benefícios referente ao ICMS, pois é um Imposto de competência estadual e distrital. A alternativa "C" está incorreta, a imunidade decorre da Constituição Federal e não de lei. A **"D"** está correta, segundo a opinião do STF, a isenção corresponde à dispensa legal do dever de pagar tributo, e nos termos do art. 155, § 2º, XII, "g", da CF, a Lei Complementar irá regular as isenções referente ao ICMS, e a LC n. 24/75 prevê em seu art. 1º que as isenções serão realizadas por meio de Convênio.

41. **Alternativa (D).** As alíquotas de ICMS aplicáveis às operações interestaduais e de exportação de mercadorias e sobre prestação de serviços são estabelecidas por resolução do Senado Federal.

Comentário: A assertiva "A" está incorreta, conforme dispõe o art. 151, I, da CF, é vedado à União "instituir tributo que não seja uniforme em todo o território nacional ou que implique distinção ou preferência em relação ao Estado, ao Distrito Federal ou ao Município, em detrimento de outro, admitida a concessão de incentivos fiscais destinados a promover o equilíbrio do desenvolvimento socioeconômico entre as diferentes regiões do País". A opção "B" está incorreta, a competência para instituição da Contribuição para Custeio do Serviço de Iluminação Pública é dos Municípios e do Distrito Federal, e só poderá ser instituído esse tributo por meio de lei. A alternativa "C" está incorreta, o art. 150, II, da CF, veda o tratamento desigual entre contribuintes que se encontrem em situação equivalente, bem como, distinções em razão da ocupação profissional ou função por eles exercida. A justificativa **"D"** está correta, nos termos do art. 155, § 2º, IV, da CF. A "E" está incorreta, visto que o ITR somente pertencerá integralmente ao Município que se situe o imóvel rural, se esse Ente realizar a arrecadação e fiscalização do ITR, consoante previsão no art. 158, II, da CF.

---

42. Alternativa (ERRADO). *A isenção do ICMS concedida pelo estado, em regra, não acarreta a anulação do crédito relativo às operações anteriores.*

Comentário: À luz do art. 155, § 2º, II, "b," da CF, a isenção ou não incidência, salvo determinação em contrário da legislação, acarretará a anulação do crédito relativo às operações anteriores.

---

43. Alternativa (A). Não incide ICMS sobre as prestações de serviço de comunicação nas modalidades de radiodifusão sonora e de sons e imagens de recepção livre e gratuita.

Comentário: A letra **"A"** está correta, nos termos do art. 155, § 2º, X, "d", da CF. A "B" está incorreta, segundo o art. 155, § 2º, XI, da CF, a base de cálculo do ICMS não compreenderá o montante do Imposto sobre Produtos Industrializados, quando a operação, realizada entre contribuintes e relativa a produto destinado à industrialização ou à comercialização, configure fato gerador dos dois impostos. A resposta "C" está incorreta, conforme dispõe o art. 155, § 3º, da CF, incidirá ainda o Imposto sobre Importação e o Imposto sobre Exportação. A "D" está incorreta, consoante o art. 155, § 2º, V, "a", da CF, é facultado ao Senado Federal estabelecer alíquotas mínimas nas operações internas, mediante resolução de iniciativa de um terço e aprovada pela maioria absoluta de seus membros. A opção "E" está incorreta, uma vez que incide ICMS sobre as operações de importação, conforme previsão no art. 155, § 2º, IX, "a", da CF, porém não recairá na exportação, art. 155, § 2º, X, "a", da CF.

---

44. Alternativa? (ERRADO). I. Em relação às operações que destinem bens a adquirente localizado em outro estado, o local do domicílio ou da sede do destinatário é o critério para a adoção da alíquota interna ou da alíquota interestadual do ICMS.

Comentário: ~~De acordo com o art. 155, § 2º, VII, "a" e "b", da CF, o que determina a aplicação da alíquota interna ou interestadual é ser o destinatário contribuinte ou não do ICMS.~~ Essa questão está desatualizada em virtude da alteração do art. 155, §2º incisos VII e VIII dada pela **Emenda Constitucional n. 87/2015**.Ser contribuinte ou não deixou de determinar a aplicação de uma ou de outra alíquota para aplicar as duas. A diferenciação (em ser contribuinte ou não) é relevante no que toca a responsabilidade pelo recolhimento. Veja a explicação dada nesse Capítulo.

(CERTO) II. O ICMS incide sobre a importação de mercadorias e de bens não destinados ao comércio, seja ela realizada por qualquer pessoa física ou jurídica.

Comentário: Resposta correta nos termos do art. 155, § 2º, IX, "a", da CF, a partir da EC n. 33/01.

---

45. Alternativa (A). Constitucional, por se tratar de substituição tributária para frente, expressamente autorizada pela Constituição Federal.

Comentário: A alternativa **"A"** está correta, como determina o art. 150, § 7º, da CF, é possível a substituição tributária "para frente", pela qual primeiramente ocorrerá o pagamento do tributo e posteriormente o fato gerador.

---

46. Alternativa (A). Somente a afirmativa 2 é verdadeira.

2. não incidirá sobre operações que destinem a outros Estados petróleo, inclusive lubrificantes, combustíveis líquidos e gasosos dele derivados, e energia elétrica.

Comentário: O Item 1 está incorreto, a partir da EC n. 33/01, que alterou o art. 155, § 2º, IX, "a", da CF, toda pessoa que importar um bem, independentemente de ser contribuinte habitual ou não do ICMS, deverá recolhê-lo na importação. O **Item 2** está correto, nos termos do art. 155, § 2º, X, "b", da CF. O Item 3 está incorreto, segundo o art. 155, § 2º, XI, da CF, o ICMS não compreenderá, em sua base de cálculo, o montante do Imposto sobre Produtos Industrializados, quando a operação, realizada entre contribuintes e relativa a produto destinado à industrialização ou à comercialização, configure fato gerador dos dois impostos. O Item 4 está incorreto, conforme dispõe o art. 155, § 2º, X, "c", da CF, não incide ICMS sobre ouro ativo financeiro. Portanto, a assertiva correta é a letra **"A"**.

47. Alternativa (C). I, III, IV, V e VI, apenas.

I. Trata-se de uma imposição constitucional a não cumulatividade do ICMS.

III. Cabe à legislação municipal estabelecer o sujeito passivo do IPTU.

IV. O simples pedido de parcelamento do débito fiscal importa em interrupção da prescrição.

V. A execução fiscal não se sujeita a concurso de credores ou habilitação.

VI. É prevista legalmente a possibilidade de reconhecimento de ofício de prescrição intercorrente na execução fiscal.

Comentário: O **Item I** está correto, nos termos do art. 155, § 2º, I, da CF. O Item II está incorreto, o art. 155, § 3º, da CF prevê que o ICMS, Imposto sobre Importação e Exportação são os únicos Impostos incidentes sobre operações relativas à energia elétrica, porém não impede que outras espécies tributárias incidam nessas operações, como, por exemplo, Contribuições Sociais. O **Item III** está correto, pois o IPTU é tributo municipal. O **Item IV** está correto, conforme dispõe o art. 174, Parágrafo Único, IV, do CTN. O V está correto, consoante reza o art. 187 do CTN. O VI está correto, segundo o disposto no art. 40, § 4º, da Lei n. 6.830/80.

48. Alternativa (A). Será devido, ainda que o adquirente não seja contribuinte habitual do ICMS.

Comentário: A assertiva **"A"** está correta, nos termos do art. 155, § 2º, IX, "a", da CF.

49. Alternativa (B). Material e temporal.

Comentário: A opção **"B"** está correta, pois segundo o art. 155, § 2º, II da CF, uma das hipóteses de incidência do ICMS é a operação de circulação de mercadoria, e, de acordo com o art. 12 da LC n. 87/96, o critério temporal ocorre no momento da saída da mercadoria do estabelecimento do Contribuinte.

50. Alternativa (ERRADO). Ao Estado é permitido cobrar o ICMS sobre o valor da tarifa de energia elétrica correspondente à demanda de potência efetivamente disponibilizada ao consumidor.

Comentário: Consoante apreciação do STJ, a Súmula n. 391 preceitua: "O ICMS incide sobre o valor da tarifa de energia elétrica correspondente à demanda de potência efetivamente utilizada".

51. Alternativa (C). Não implica crédito para compensação com o imposto devido nas operações subsequentes.

Comentário: A justificativa "A" está incorreta, pois, via de regra, a isenção não implica crédito para compensação (art. 155, § 2º, II, "a", da CF). A "B" está incorreta, visto que a isenção do ICMS só poderá ser revogada por meio de Convênio, conforme prevê o art. 1º da LC n. 24/75. A assertiva **"C"** está correta, nos termos do art. 155, § 2º, II, "a", da CF. As alternativas "D" e "E" estão incorretas, porque a isenção será revogada a qualquer tempo, salvo se concedida por prazo certo e sob certas condições, caso em que será irrevogável (art. 178 do CTN).

52. Alternativa (A). A alíquota interestadual é inferior à alíquota interna.

Comentário: A alternativa **"A"** está correta, nos termos do art. 155, § 2º, VI, da CF.

53. Alternativa (C). Na hipótese de prestação de serviço de transporte interestadual e intermunicipal e de comunicação, a base de cálculo do imposto é o preço do serviço.

Comentário: A opção "A" está incorreta, ainda que o ICMS não incida sobre operações destinadas ao exterior, nos termos do art. 155, § 2º, X, "a", da CF, poderá recair sobre a prestação iniciada no exterior, conforme estabelece o art. 155, II da CF. A letra "B" está incorreta, segundo o art. 155, § 2º, X, "c", da CF, o

ICMS não incide sobre o ouro ativo financeiro. A **"C"** está correta, consoante disciplina o art. 13, III, da LC n. 87/96. A "D" está incorreta, não incide ICMS quando a mercadoria circula de um estabelecimento para outro do mesmo titular (Súmula n. 166 do STJ). A "E" está incorreta, à luz do art. 155, § 2º, IX, "a", a pessoa que importar bens, independentemente de ser Contribuinte habitual ou não do ICMS, deverá recolher esse Imposto na Importação.

54. **Alternativa (D).** Compreenderá, em sua base de cálculo, o montante sobre produtos industrializados, quando a operação, realizada entre contribuintes e relativa a produto destinado à industrialização ou à comercialização, configure fato gerador dos dois impostos.

Comentário: **A questão pede a incorreta.** A assertiva "A" está correta, conforme dispõe o art. 155, § 2º, III, da CF. A "B" está correta, nos termos do art. 155, § 2º, II, "a", da CF. A "C" está correta, segundo a redação do art. 155, § 2º, IX, "b", da CF. A **"D"** está incorreta, pois o ICMS não compreenderá, em sua base de cálculo, o montante do Imposto sobre Produtos Industrializados, quando a operação, realizada entre contribuintes e relativa a produto destinado à industrialização ou à comercialização, configure fato gerador dos dois impostos (art. 155, § 2º, XI, da CF). A opção "E" está correta, em atenção ao art. 155, § 2º, IV, da CF.

55. **Alternativa (A).** A concessão de isenção, redução de base de cálculo, anistia ou remissão, relativos a impostos dependem de lei específica, ressalvado o sistema aplicável ao ICMS que cabe a lei complementa regular.

Comentário: A resposta **"A"** está correta, nos termos do art. 155, § 2º, XII, "g", da CF. A "B" está incorreta, já que o ICMS poderá ser seletivo em função da essencialidade das mercadorias e dos serviços. A "C" está incorreta, a partir da EC n. 33/01, que alterou o art. 155, § 2º, IX, "a", da CF, haverá a incidência do ICMS, independentemente de o importador ser contribuinte habitual ou não do ICMS. ~~A alternativa "D" está incorreta, nos termos do art. 155, § 2º, VII, "b", da CF será aplicada a alíquota interna quando o destinatário não for contribuinte e alíquota interestadual se for contribuinte~~. Alternativa desatualizada, em virtude da alteração dos incisos VII e VIII do § 2º do art. 155 da CF dada pela EC n. 87/2015, veja explicação nesse Capítulo.

3. IMPOSTO SOBRE A PROPRIEDADE DE VEÍCULOS AUTOMOTORES (IPVA)

3.1. Breve Contexto Histórico

Antes de analisar o Imposto sobre a Propriedade de Veículos Automotores (IPVA), importa evidenciar que este Imposto não tem previsão no CTN, pois surgiu apenas em 1985, com a Emenda Constitucional n. 27/85, incluída na Constituição de 1967, em substituição à Taxa Rodoviária Única (TRU).

Trata-se de Imposto de competência estadual e distrital, nos termos do artigo 155, III, da Constituição: *"Art. 155. Compete aos Estados e ao Distrito Federal instituir: (...) III – propriedade de veículos automotores"*.

As normas gerais do IPVA, referentes ao fato gerador, base de cálculo e Contribuintes, devem ser tratadas por meio de Lei Complementar, nos termos do artigo 146, III, "a", da CF. Essas normas gerais poderão ser estabelecidas pelos Estados e Distrito Federal, tendo em vista a sua competência **plena**, uma vez que inexiste lei federal que regule esse Imposto, conforme permissão constante no artigo 24, I, § 3º, da CF. Observe os dispositivos transcritos:

> **Art. 146.** Cabe à lei complementar: (...) III – estabelecer normas gerais em matéria de legislação tributária, especialmente sobre: a) definição de tributos e de suas espécies, bem como em relação aos impostos discriminados nesta Constituição, a dos respectivos fatos geradores, bases de cálculo e contribuintes;

> **Art. 24.** Compete à União, aos Estados e ao Distrito Federal legislar concorrentemente sobre: I – direito tributário, financeiro, penitenciário, econômico e urbanístico; (...) § 3º Inexistindo lei federal sobre normas gerais, os Estados exercerão a competência legislativa plena, para atender a suas peculiaridades.

3.2. Previsão Legal

- Art. 155, III, da CF.

3.3. Hipótese de Incidência Tributária

3.3.1. *Critério Material*

O critério material do IPVA se define por: "Ser proprietário de veículo automotor **(terrestre)**".

Por "auto" tem-se tudo o que pode se mostrar por si mesmo, independentemente de outro elemento[11]. Assim, veículo automotor se entende por aquele dotado de motor próprio, e, portanto, capaz de se locomover em virtude do impulso ali produzido. São abrangidos nesse conceito: carros, ônibus, caminhões, embarcações e aeronaves.

No entanto, esse conceito amplia consideravelmente a incidência do IPVA, tanto é assim que o STF nos Recursos Extraordinários n. 134.509 e 255.111, após interpretação histórica do tributo, ao considerar que o mesmo foi criado em substituição à TRU, entendeu que o IPVA **não** incide sobre **embarcações e aeronaves**.

O entendimento do STF tem-se mantido como se pode comprovar na transcrição do julgado: "(...) 2. Não incide Imposto de Propriedade de Veículos Automotores (IPVA) sobre embarcações (art. 155, III, CF/88 e art. 23, III e § 13, CF/67, conforme EC n. 01/69 e EC n. 27/85). (RE n. 379572, rel. Min. Gilmar Mendes, **DJ** de 11.04.2007)"[12].

3.3.2. *Critério Espacial*

O critério espacial do IPVA compreende o Estado em que está **registrado** o veículo (Certificado de Registro do Veículo – CRV, ou o documento de licenciamento). O registro está sujeito às regras do Código de Trânsito Brasileiro, segundo o qual deve ser registrado no local de domicílio do proprietário do veículo.

---

11. De Plácido e Silva. **Vocabulário Jurídico**. 17. ed. Rio de Janeiro: Forense, 2000. p. 101.
12. O Tribunal iniciou julgamento de recurso extraordinário em que se discute a constitucionalidade da incidência do IPVA sobre embarcações. O Ministro Gilmar Mendes, relator, deu provimento ao recurso para declarar a não recepção do inciso II do art. 5º da Lei 948/1985, do Estado do Rio de Janeiro, no que foi acompanhado pelos Ministros Ricardo Lewandowski, Eros Grau, Carlos Britto e Sepúlveda Pertence. Adotou a orientação fixada pela Corte no julgamento do RE n. 134509/AM (**DJU** de 13.09.2002), **no sentido de que o IPVA é sucedâneo da antiga Taxa Rodoviária Única – TRU, cujo campo de incidência não inclui embarcações e aeronaves.** Em divergência, o Ministro Joaquim Barbosa negou provimento ao recurso por considerar que o IPVA incide também sobre embarcações, já que **o art. 155, III, da CF tem aptidão para abranger a propriedade de todo e qualquer veículo que tenha propulsão própria e sirva ao transporte de pessoas e coisas.** Em seguida, o julgamento foi suspenso em virtude do pedido de vista do Ministro Cezar Peluso. RE n. 379572/RJ, rel. Min. Gilmar Mendes, 20.09.2006. (RE n. 379572) (**Informativo** n. 441).

3.3.3. *Critério Temporal*

De acordo com as leis estaduais, são três os momentos em que ocorre o fato gerador do IPVA:

1	em 1º de janeiro de cada exercício financeiro para veículo **usados**;
2	na data da **aquisição**, no caso de veículo zero Km;
3	na data do **desembaraço aduaneiro**, em se tratando de veículo novo ou usado importado do exterior para o consumidor final.

3.4. Consequente Tributário

3.4.1. *Critério Pessoal*

3.4.1.1. *Sujeito Ativo*

Coincide com o critério espacial. Será o Estado ou Distrito Federal onde estiver licenciado o veículo automotor.

3.4.1.2. *Sujeito Passivo*

Na condição de Contribuinte está o **proprietário** do veículo automotor. Já na categoria de responsável, abrange o adquirente de veículo com dívidas tributárias, conforme previsão no artigo 131 do CTN.

Consoante entendimento do STJ, no contrato de **arrendamento mercantil** se enquadra como responsável solidário, juntamente com o arrendatário, o arrendante, para o adimplemento da obrigação tributária relativa ao IPVA.

Desse modo, o Egrégio Tribunal Superior entende que o arrendante responde pelo pagamento do IPVA, por ser equiparado a possuidor indireto do veículo. Diante disso, se não houver o pagamento, haverá a possibilidade de reaver o bem.

3.4.2. *Critério Quantitativo*

3.4.2.1. *Base de Cálculo*

Trata-se do valor venal do veículo, ou seja, o preço de **mercado**, quando for usado; ou será o valor da **nota fiscal**, no caso de veículo zero Km.

3.4.2.2. *Alíquotas*

Serão estabelecidas por Lei Ordinária Estadual. Com o advento da Emenda Constitucional n. 42/2003, ficou estabelecido que não há limite máximo, no entanto, o Senado Federal, por meio de Resolução, estabelecerá as **alíquotas mínimas**, nos termos do art. 155, § 6º, I, da CF. Ademais, o IPVA poderá ter alíquotas diferenciadas em razão do **tipo** e da **utilização** do veículo, como se pode observar do dispositivo em referência: *"Art. 155. Compete aos Estados e ao Distrito Federal instituir impostos sobre: (...) § 6º O imposto previsto no inciso III: I – terá alíquotas mínimas fixadas pelo Senado Federal; II – poderá ter alíquotas diferenciadas em função do tipo e utilização"*.

3.5. Características

Trata-se de imposto **fiscal,** cuja finalidade precípua consiste em arrecadar. Todavia, o IPVA pode apresentar características de **extrafiscalidade**, quando, por exemplo, o Estado quiser estimular a preservação do meio ambiente e, assim, tributar de forma diferenciada o veículo em função do combustível.

Também se caracteriza por ser um tributo **direto**, pois, entre a ocorrência do fato gerador e a obrigação de pagar o tributo não existe intercalação de Sujeitos. Quem pratica o fato gerador é o proprietário que irá pagar o IPVA.

Ademais, se considera um tributo **real**, posto que não leva em consideração as condições inerentes ao sujeito, são os chamados "Impostos sobre o Patrimônio".

O lançamento, via de regra, é de **ofício**. Por conseguinte, a própria autoridade administrativa verifica a ocorrência do fato gerador, calcula o tributo e encaminha para o Contribuinte quitá-lo.

O IPVA observa tanto o Princípio da Anterioridade do Exercício quanto o da Nonagesimal (arts. 150, III, "b" e "c", da CF). Logo, se o tributo for majorado nesse exercício, se deverá aguardar o exercício seguinte e averiguar se transcorreram os noventa dias da data da publicação da lei.

No entanto, tendo em vista a Emenda Constitucional n. 42/2003, houve a instituição de exceção ao Princípio da Anterioridade Nonagesimal quanto à **base de cálculo do IPVA**. Diante disso, pela observação da parte final do § 1º, art. 150, da CF, para se alterar a base de cálculo haverá a observância apenas do Princípio da Anterioridade do Exercício, não havendo necessidade de se respeitar o Princípio da Anterioridade Nonagesimal. Isso quer dizer que se a **base de cálculo** for majorada em 20 de dezembro de determinado exercício, poderá ser cobrada em 1º de janeiro do exercício seguinte.

Critério Material (Fato Gerador)	Ser proprietário de veículo automotor (terrestre) – art. 155, III, da CF.	
Critério Espacial	Estado em que estiver licenciado o veículo.	
Critério Temporal	Carros Usados	1º de janeiro de cada ano.
	Carros 0 km	Na data da aquisição.
	Importados para o Consumidor Final	Na data do desembaraço aduaneiro.
Critério Quantitativo	**Base de Cálculo**	Valor do automóvel.
	Alíquota	Mínimas fixadas por Resolução do Senado Federal – art. 155, § 6º, I, da CF.
Critério Pessoal	**Sujeito Ativo**	Estado em que estiver licenciado o veículo.
	Sujeito Passivo	Proprietário do veículo.

3.6. Questões

1. (Câmara Municipal de Cáceres/MT – Advogado – UFMT/2015). José da Silva, depois de intensa pesquisa de preços, adquiriu uma caminhonete S10 em concessionária localizada na capital do estado (Cuiabá/MT), porém promoveu o licenciamento no Município de Cáceres/MT, onde reside com sua família. Nessa situação, tem-se que:

(A) Cinquenta por cento do produto da arrecadação do imposto estadual sobre a propriedade de veículos automotores (IPVA) pertencerá ao Município de Cuiabá/MT, local em que ocorrido o fato gerador representado pela circulação da mercadoria.

(B) A integralidade do produto da arrecadação do imposto sobre a propriedade de veículos automotores (IPVA) pertencerá ao Estado de Mato Grosso, em razão de expressa repartição constitucional de competências tributárias.

(C) Cinquenta por cento do produto da arrecadação do imposto estadual sobre a propriedade de veículos automotores (IPVA) pertencerá ao Município de Cáceres/MT.

(D) Vinte e cinco por cento do produto da arrecadação do imposto estadual sobre a propriedade de veículos automotores (IPVA) pertencerá ao Município de Cuiabá/MT, local em que ocorrido o fato gerador representado pela circulação da mercadoria.

2. (TJ/AL – Juiz – FCC/2015). João adquiriu um veículo automotor novo, de procedência estrangeira, pelo valor de € 30.000,00 (trinta mil euros). A lei do IPVA do Estado de domicílio de João estabelece que o fato gerador do IPVA relativo à propriedade de veículo novo, importado do exterior, ocorre na data do desembaraço aduaneiro do veículo. Essa lei, porém, nada diz a respeito da regra de conversão do valor do bem, da moeda estrangeira constante da documentação de importação para a moeda nacional, para fins de lançamento do imposto. Considerando o que dispõe o CTN,

(A) a taxa de câmbio a ser utilizada para cálculo do valor tributário do bem, em moeda nacional, para fins de lançamento, será a mesma utilizada para cálculo do ICMS.

(B) o lançamento do IPVA incidente sobre a aquisição da propriedade desse veículo não poderá ser feito, pois a regra de conversão do valor tributário deveria estar prevista na lei que instituiu esse imposto.

(C) a taxa de câmbio a ser utilizada para cálculo do valor tributário do bem, em moeda nacional, para fins de lançamento, será a mesma utilizada para cálculo do Imposto de Importação.

(D) o lançamento do IPVA incidente sobre a aquisição da propriedade desse veículo será feito em moeda estrangeira.

(E) como o valor tributário do bem estava expresso em moeda estrangeira, sua conversão em moeda nacional, para fins de lançamento, será feita ao câmbio do dia da ocorrência do fato gerador da obrigação.

3. (Câmara Municipal de Cáceres/MT – Advogado – UFMT/2015). José da Silva, depois de intensa pesquisa de preços, adquiriu uma caminhonete S10 em concessionária localizada na capital do estado (Cuiabá/MT), porém promoveu o licenciamento no Município de Cáceres/MT, onde reside com sua família. Nessa situação, tem-se que:

(A) Cinquenta por cento do produto da arrecadação do imposto estadual sobre a propriedade de veículos automotores (IPVA) pertencerá ao Município de Cuiabá/MT, local em que ocorrido o fato gerador representado pela circulação da mercadoria.

(B) A integralidade do produto da arrecadação do imposto sobre a propriedade de veículos automotores (IPVA) pertencerá ao Estado de Mato Grosso, em razão de expressa repartição constitucional de competências tributárias.

(C) Cinquenta por cento do produto da arrecadação do imposto estadual sobre a propriedade de veículos automotores (IPVA) pertencerá ao Município de Cáceres/MT.

(D) Vinte e cinco por cento do produto da arrecadação do imposto estadual sobre a propriedade de veículos automotores (IPVA) pertencerá ao Município de Cuiabá/MT, local em que ocorrido o fato gerador representado pela circulação da mercadoria.

4. (PGM/SP – VUNESP/2014). No que tange à repartição das receitas tributárias estabelecidas pelo texto constitucional, é correto afirmar que pertencem aos Municípios:

(A) vinte e cinco por cento do produto da arrecadação do imposto do Estado sobre a propriedade de veículos automotores licenciados em seus territórios.

(B) cinquenta por cento do produto de arrecadação do imposto do Estado sobre operações relativas à circulação de mercadorias e sobre prestação de serviços de transporte interestadual e intermunicipal e de comunicação.

(C) vinte e um inteiros e cinco décimos do produto de arrecadação do imposto do Estado sobre a propriedade de veículos automotores licenciados em seus territórios.

(D) cinquenta por cento sobre as prestações de serviços de transporte interestadual e intermunicipal e de comunicação e não há repartição tributária de impostos estaduais, como o ICMS e o IPVA.

(E) cinquenta por cento do produto da arrecadação do imposto do Estado sobre a propriedade de veículos automotores licenciados em seus territórios.

5. (Prefeitura de Canas/SP – Procurador – AGIRH/2014). Pertencem ao Município como forma de participação na receita tributária dos Estados Membros:

(A) 75% do IPVA de veículo licenciados em seu território e 18% do ICMS.

(B) 50% do IPVA e do ITR e 25% do ICMS.

(C) 50% do IPVA e do ITR, o IR de seus servidores e 25% do ICMS.

(D) 50% do IPVA de veículos licenciados em seu território e 25% do ICMS.

6. (Procurador do MP junto ao TCE/PB – CESPE/2014). Considerando que um estado da Federação pretenda estabelecer alíquota do imposto sobre a propriedade de veículo automotor (IPVA) para os veículos importados em patamar superior àquela prevista para os veículos nacionais, assinale a opção correta.

(A) O referido estado não poderá realizar a referida cobrança da alíquota em função da limitação de que o tributo deve ser uniforme em todo o território nacional.

(B) O estado em questão não tem competência tributária para estabelecer a diferença tributária entre bens em razão de sua procedência ou destino.

(C) O referido estado possui competência para legislar sobre o IPVA e, portanto, poderá instituir a referida alíquota diferenciada.

(D) O estado em questão não possui competência tributária para estabelecer alíquota de IPVA diferente daquela prevista pela CF.

(E) O estado em apreço não poderá estabelecer a referida alíquota, porque utilizará alíquota de IPVA com a base de cálculo do imposto de importação.

7. (Câmara dos Deputados – Analista Legislativo – Consultor Legislativo – CESPE/2014). Acerca da repartição e vinculação de receitas tributárias, do federalismo fiscal, da guerra fiscal e dos acordos internacionais em matéria tributária, julgue os seguintes itens.

I. Pertencem aos municípios 50% do produto da arrecadação do IPVA licenciados em seus territórios.

II. Independentemente de deliberação do CONFAZ, serão constitucionais as normas que concedam ou autorizem a concessão de benefícios fiscais de ICMS concernentes a créditos presumidos, desde que estabelecidas mediante lei local do ente federado.

III. Segundo pronunciamento do STF, não configura guerra fiscal a concessão unilateral de benefícios fiscais de ICMS sobre a prestação de serviços públicos de água, energia, telefonia e gás a igrejas e templos de qualquer crença.

IV. A Constituição Federal de 1988, ao definir as competências tributárias dos entes políticos, preocupou-se com a repartição das receitas tributárias entre as unidades federadas, inclusive diante da preponderância de impostos e contribuições sociais em favor da União, à qual coube a maior fonte de receitas fiscais.

8. (TC/DF – Procurador do MP – CESPE/2013). Julgue os itens subsecutivos, referentes aos impostos dos estados e do DF. Constitui fato gerador do imposto sobre propriedade de veículos automotores (IPVA) a propriedade de veículos automotores, incluindo-se a de embarcações e aeronaves.

9. (AGU –CESPE/2012). Julgue os itens seguintes, a respeito do Sistema Tributário Nacional: *A concessão de benefícios fiscais relativos ao imposto sobre a propriedade de veículo automotor depende de deliberação do Conselho Nacional de Política Fazendária.*

10. (Defensoria Pública de Rondônia – CESPE/ 2012). No que diz respeito ao Imposto sobre a Propriedade de Veículos Automotores (IPVA), assinale a opção correta consoante a CF e a jurisprudência:

(A) É legítima a cobrança do IPVA com base de cálculo em tabela de preço estabelecida pela FIPE, desde que exista lei autorizando a secretaria de fazenda a adotar os meios necessários para a atualização do valor venal dos veículos automotores.

(B) Cabem ao município a instituição e a cobrança do IPVA dos veículos registrados em sua circunscrição.

(C) Somente mediante convênio celebrado entre os entes tributantes, é possível conceder benefício fiscal relativo ao IPVA.

(D) Em caso de arrendamento mercantil, o arrendante é responsável solidário para o adimplemento da obrigação tributária.

(E) Dada a inexistência de restrição constitucional à incidência de IPVA sobre os automóveis, é legítima a incidência desse imposto sobre as embarcações e aeronaves regularmente registradas no ente político instituidor da exação, porquanto ambas são movidas por propulsão própria.

GABARITO

1. **Alternativa (C).** Cinquenta por cento do produto da arrecadação do imposto estadual sobre a propriedade de veículos automotores (IPVA) pertencerá ao Município de Cáceres/MT.

Comentário: A alternativa **"C"** está correta, conforme o art. 158, III, da CF que prescreve que cinquenta por cento do produto da arrecadação do imposto do Estado sobre a propriedade de veículos automotores pertencerá ao Município que estiver licenciado o veículo.

2. **Alternativa (E).** Como o valor tributário do bem estava expresso em moeda estrangeira, sua conversão em moeda nacional, para fins de lançamento, será feita ao câmbio do dia da ocorrência do fato gerador da obrigação.

Comentário: A alternativa **"E"** é a única correta, de acordo com o art. 143 do CTN que determina: "Salvo disposição de lei em contrário, quando o valor tributário esteja expresso em moeda estrangeira, no lançamento far-se-á sua conversão em moeda nacional ao câmbio do dia da ocorrência do fato gerador da obrigação".

3. **Alternativa (C).** Cinquenta por cento do produto da arrecadação do imposto estadual sobre a propriedade de veículos automotores (IPVA) pertencerá ao Município de Cáceres/MT.

Comentário: A alternativa **"C"** está correta, conforme o artigo 158, III, da CF, que prescreve "cinquenta por cento do produto da arrecadação do imposto do Estado sobre a propriedade de veículos automotores licenciados em seus territórios".

4. **Alternativa (E).** Cinquenta por cento do produto da arrecadação do imposto do Estado sobre a propriedade de veículos automotores licenciados em seus territórios.

Comentário: A alternativa **"E"** é a opção correta, trata-se da disposição contida no art. 158 da CF, referente à repartição tributária. A repartição relativa ao IPVA está prescrita no inciso III do artigo mencionado.

5. **Alternativa (D).** 50% do IPVA de veículos licenciados em seu território e 25% do ICMS.

Comentário: A opção **"D"** é a assertiva correta, trata-se da disposição contida no art. 158 da CF, que se refere à repartição tributária. A repartição relativa ao IPVA e ao ICMS está prescrita nos incisos III e IV do artigo mencionado.

6. **Alternativa (B).** O estado em questão não tem competência tributária para estabelecer a diferença tributária entre bens em razão de sua procedência ou destino.

Comentário: A letra "A" está incorreta, essa proibição é direcionada para a União, conforme art. 151, I, da CF. A resposta **"B"** é a alternativa correta, à luz do art. 152 da CF: "Art. 152. É vedado aos Estados, ao Distrito Federal e aos Municípios estabelecer diferença tributária entre bens e serviços, de qualquer natureza, em razão de sua procedência ou destino". A justificativa "C" está incorreta, embora a CF permita a diferenciação em função do tipo e utilização (art. 155, § 6º, da CF), não se admite a diferenciação por discriminação, consoante entendimento do STF: "AGRAVO REGIMENTAL NO RECURSO EXTRAORDINÁRIO. TRIBUTÁRIO. IPVA. VEÍCULO IMPORTADO. ALÍQUOTA DIFERENCIADA. 1. Não se admite a alíquota diferenciada de IPVA para veículos importados e os de procedência nacional. 2. O tratamento desigual significaria uma nova tributação pelo fato gerador da importação. Precedentes. Agravo regimental a que se nega provimento (RE 367785 AgR, rel. Min. Eros Grau, Segunda Turma, julgado em 09.05.2006, **DJ** de 02.06.2006, p. 00038, Ement. v. 02235-05, p. 00956, RTFP v. 14, n. 69, 2006, p. 301-302; RT v. 95, n. 853, 2006, p. 139-141; RNDJ v. 6, n. 80, 2006, p. 74). A opção "D" está incorreta, as alíquotas não são previstas pela CF, mas sim por meio de Lei Estadual que observa as Resoluções do Senado, segundo o art. 155, § 6º, da CF. A assertiva "E" também está incorreta, pois não existe essa previsão.

7. **Alternativas: (CERTO). I.** Pertencem aos municípios 50% do produto da arrecadação do IPVA licenciados em seus territórios.

Comentário: Item correto, conforme art. 158, III, da CF.

(ERRADO). II. Independentemente de deliberação do CONFAZ, serão constitucionais as normas que concedam ou autorizem a concessão de benefícios fiscais de ICMS concernentes a créditos presumidos, desde que estabelecidas mediante lei local do ente federado.

Comentário: Item II errado, de acordo com o estudado nesse Capítulo, os Estados e o Distrito Federal antes de qualquer benefício fiscal devem firmar convênios (celebrados no CONFAZ). O Convênio é considerado apenas uma das etapas do procedimento de concessão de benefício fiscal. Portanto, os Estados e o DF devem observar os convênios para se conceder o benefício, nos termos do art. 155, § 2º, XII, "g", da CF.

(CERTO). III. Segundo pronunciamento do STF, não configura guerra fiscal a concessão unilateral de benefícios fiscais de ICMS sobre a prestação de serviços públicos de água, energia, telefonia e gás a igrejas e templos de qualquer crença.

Comentário: Item correto, nessa situação o STF entendeu que "a proibição de introduzir-se benefício fiscal, sem o assentimento dos demais Estados, teria como objeto impedir competição entre as unidades da Federação e que isso não se daria na espécie" (igrejas e templos de qualquer crença), consoante se depreende do julgado: "O Tribunal julgou improcedente pedido formulado em ação direta de inconstitucionalidade ajuizada pelo Governador do Estado do Paraná contra a Lei 14.586/2004, da mesma unidade federativa, que 'proíbe a cobrança de ICMS nas contas de serviços públicos estaduais a igrejas e templos de qualquer culto', desde que o imóvel esteja comprovadamente na propriedade ou posse destes e sejam usados para a prática religiosa. Salientou-se que a proibição de introduzir-se benefício fiscal, sem o assentimento dos demais Estados, teria como objeto impedir competição entre as unidades da Federação e que isso não se daria na espécie. Asseverou-se que, na hipótese, a disciplina não revelaria isenção alusiva a contribuinte de direito, a contribuinte que estivesse no mercado, e sim a contribuintes de fato, de especificidade toda própria, isto é, igrejas e templos, observando-se, ademais, que tudo ocorreria no tocante ao preço de serviços públicos e à incidência do ICMS. Entendeu-se estar-se diante de opção político-normativa possível, não cabendo cogitar de discrepância com as balizas constitucionais relativas ao orçamento, sendo irrelevante o cotejo buscado com a Lei de Responsabilidade Fiscal, isso presente o controle abstrato de constitucionalidade. Concluiu-se que, no caso, além da repercussão quanto à receita, haveria o enquadramento na previsão da primeira parte do § 6º do art. 150 da CF, que remete isenção a lei específica ('Qualquer subsídio ou isenção, redução de base de cálculo, concessão de crédito presumido, anistia ou remissão, relativos a impostos, taxas ou contribuições, só poderá ser concedido mediante lei específica, federal, estadual ou municipal, que regule exclusivamente as matérias acima enumeradas ou o correspondente tributo ou contribuição, sem prejuízo do disposto no art. 155, § 2.º, XII, "g"')". ADI 3421/PR, rel. Min. Marco Aurélio, 05.05.2010. (ADI-3421).

(CERTO) IV. A Constituição Federal de 1988, ao definir as competências tributárias dos entes políticos, preocupou-se com a repartição das receitas tributárias entre as unidades federadas, inclusive diante da preponderância de impostos e contribuições sociais em favor da União, à qual coube a maior fonte de receitas fiscais.

Comentário: Item correto, a Constituição Federal detém o poder de estabelecer a competência tributária dos Entes Federativos e o fez, de modo que haja uma certa proporcionalidade. Também se pode chegar a essa conclusão da análise dos ensinamentos do constitucionalista José Afonso da Silva (SILVA, José Afonso da. **Curso de direito constitucional positivo**, 15. ed. São Paulo: Ed. Malheiros. 1998, p. 478): "À União caberão aquelas matérias e questões de predominante interesse geral, nacional, ao passo que aos Estados tocarão as matérias e assuntos de predominante interesse regional e aos Municípios aqueles de interesse local".

(CERTO) V. A norma constitucional que veda a concessão de isenções tributárias heterônomas é inoponível ao Estado federal brasileiro (vale dizer, à República Federativa do Brasil), incidindo, unicamente, no plano das relações institucionais domésticas que se estabelecem entre as pessoas políticas de direito público interno. Nada impede, portanto, que o Estado Federal brasileiro celebre tratados internacionais que veiculem cláusulas de exoneração tributária em matéria de tributos locais, pois a República Federativa do Brasil estará praticando ato legítimo que se inclui na esfera de suas prerrogativas como pessoa jurídica de direito internacional público, que detém – em face das unidades meramente federadas – o monopólio da soberania e da personalidade internacional.

Comentário: Item certo, conforme estudado em Capítulo anterior, a proibição à isenção heterônoma não abarca a União enquanto pessoa jurídica de direito internacional público. Entendimento do STF: RE 229.096, rel.ª p/ o ac. Min.ª Cármen Lúcia, julgamento em 16.8.2007, Plenário, **DJe** de 11.04.2008.

8. **Alternativa (ERRADO).** Constitui fato gerador do imposto sobre propriedade de veículos automotores (IPVA) a propriedade de veículos automotores, incluindo-se a de embarcações e aeronaves.

Comentário: Conforme posicionamento do STF, o IPVA incide apenas sobre veículos terrestres.

9. **Alternativa (ERRADO).** *A concessão de benefícios fiscais relativos ao imposto sobre a propriedade de veículo automotor depende de deliberação do Conselho Nacional de Política Fazendária.*

Comentário: O IPVA é tributo estadual e distrital e, por esse motivo, cada Estado poderá conceder seus benefícios.

10. **Alternativa (D).** Em caso de arrendamento mercantil, o arrendante é responsável solidário para o adimplemento da obrigação tributária.

Comentário: A alternativa "A" está incorreta, visto que a simples correção da tabela não tem o condão de modificar o fato gerador e a base de cálculo e, por isso prescinde de lei. A "B" está incorreta, uma vez que a competência para instituição do IPVA é dos Estados e Distrito Federal, nos termos do art. 155, II, da CF. A "C" está incorreta, porque não há necessidade de Convênio. A **"D"** está correta, conforme entendimento dos Tribunais Superiores verificado neste Capítulo. A "E" está incorreta, segundo entendimento do STF, o IPVA não incide sobre aeronaves e embarcações.

4. QUADRO SINÓTICO

<table>
<tr><th colspan="4">CAPÍTULO 11. IMPOSTOS ESTADUAIS – ITCMD</th></tr>
<tr><th colspan="3">Conteúdo</th><th>Item</th></tr>
<tr><td>Previsão Legal</td><td colspan="2">Art. 155, I, da CF.
Arts. 35 a 42 do CTN.</td><td>1.2</td></tr>
<tr><td rowspan="2">Hipótese de Incidência Tributária</td><td>Critério Material</td><td>O comportamento humano suscetível de tributação pelo ITCMD é a transmissão causa mortis e doação de quaisquer bens e direitos.
Importante:Na renúncia translativa, como o herdeiro renuncia em favor de alguém e como há transmissão de direitos, ocorrerá a incidência do Imposto Causa Mortis quando da aceitação da herança.
Já na renúncia abdicativa, o herdeiro renuncia para o monte sem ressalvas, e por isso não há que se falar na incidência do Imposto sobre Transmissões, pois não houve transferência de direitos, esse é o entendimento.</td><td rowspan="2">1.3 a 1.3.3</td></tr>
<tr><td>Critério Espacial</td><td>O ITCMD quando incidir sobre a transmissão de bens imóveis, competirá o seu recolhimento ao Estado da situação do bem, ou ao Distrito Federal.
Se a transmissão for de bens móveis, títulos e créditos, a competência para a cobrança do respectivo Imposto será do Estado onde se processar o inventário ou arrolamento, ou onde tiver domicílio o doador, ou do Distrito Federal.
Todavia, a competência para a cobrança do Imposto será regulada por Lei Complementar, quando o doador tiver domicílio ou residência no exterior, ou se o de cujus possuía bens, era residente ou domiciliado ou teve o seu inventário processado no exterior – art. 155, § 1º, "d", da CF.</td></tr>
</table>

<table>
<tr><th colspan="5">CAPÍTULO 11. IMPOSTOS ESTADUAIS – ITCMD</th></tr>
<tr><th colspan="4">Conteúdo</th><th>Item</th></tr>
<tr><td rowspan="2">Hipótese de Incidência Tributária</td><td>Critério Espacial</td><td colspan="2">Quando houver transmissão de ações, o Imposto sobre Transmissão Causa Mortis será devido ao Estado em que tenha sede a companhia.</td><td rowspan="2">1.3 a 1.3.3</td></tr>
<tr><td>Critério Temporal</td><td colspan="2">Com relação à doação pode-se afirmar que o ITCMD deve ser recolhido no momento em que há a efetiva transmissão da propriedade. Assim, se for doado um bem móvel só haverá transmissão da propriedade quando for realizada a tradição.

Agora, se a doação versar sobre bens imóveis, o momento para o recolhimento do ITCMD será o do registro desses bens no Cartório de Registro de Bens imóveis, pois só a partir desse momento se verifica a transmissão de propriedade.

O recolhimento do ITCMD por causa da transmissão de bens em decorrência de óbito ocorre somente após a homologação do cálculo, pois em que pese a abertura da sucessão ser o fato gerador do Imposto de Transmissão Causa Mortis, neste momento não se faz surgir ainda o crédito tributário líquido e certo – Súmula n. 114 do STF.</td></tr>
<tr><td rowspan="4">Consequente Tributário</td><td rowspan="2">Critério Pessoal</td><td>Sujeito Ativo</td><td>Em se tratando de Imposto sobre Transmissão Causa Mortis e Doação, será competente o Estado onde se encontrar o bem, quando o fato gerador de incidência desse tributo recair sobre bem imóvel. Com relação aos bens móveis, títulos e créditos o Sujeito Ativo dessa relação será o Estado onde se processar o inventário ou arrolamento, ou, ainda, tiver domicílio o doador.</td><td rowspan="4">1.4 a 1.4.2.2</td></tr>
<tr><td>Sujeito Passivo</td><td>O artigo 42 do CTN autoriza as leis dos Estados a eleger qualquer das partes envolvidas no negócio como contribuinte do imposto. Todavia, em se tratando de causa mortis, somente poderão ser Sujeitos Passivos do tributo os herdeiros ou legatários, isto é, os beneficiados pela transmissão hereditária. Verifica-se que a grande maioria das leis locais que versa sobre o ITCMD atribui ao adquirente dos bens ou direitos a condição de Sujeito Passivo da obrigação tributária.</td></tr>
<tr><td rowspan="2">Critério Quantitativo</td><td>Base de Cálculo</td><td>O artigo 38 do CTN determina que a base de cálculo do ITCMD será o valor venal dos bens ou direitos transmitidos. O valor venal do bem compreende aquele pelo qual este pode ser negociado no mercado. O Imposto de Transmissão Causa Mortis é calculado sobre o valor dos bens na data da transmissão – entendimento do STF, apesar da Súmula n. 113, conforme estudado nesse Item.</td></tr>
<tr><td>Alíquotas</td><td>O STF reconhece a progressividade do ITCM. As alíquotas máximas serão fixadas pelo Senado Federal. O Senado Federal, na Resolução n. 9/92 determinou que a alíquota máxima para o ITCMD é de 8% e autoriza a progressividade do imposto até esse percentual.</td></tr>
</table>

<table>
<tr><th colspan="4">CAPÍTULO 11. IMPOSTOS ESTADUAIS – ITCMD</th></tr>
<tr><th colspan="3">Conteúdo</th><th>Item</th></tr>
<tr><td>Características</td><td colspan="2">Consiste em imposto fiscal, em razão de visar à arrecadação e suprir as necessidades públicas. Trata-se de um tributo direto, não cabendo repercussão. O lançamento, geralmente, é por declaração, apesar de existirem casos, em alguns Estados, de lançamento por homologação, como acontece em São Paulo, Santa Catarina e no Paraná.
Ademais, o ITCMD não incide sobre as transmissões originárias, como ocorre com a Usucapião e a Acessão, nos termos dos arts. 1.238 e 1.248, respectivamente, do Código Civil.
Se caracteriza por se tratar de um tributo real, posto que incide sobre determinado bem do Sujeito Passivo, abstraindo-se sua condição pessoal.</td><td>1.5</td></tr>
<tr><td rowspan="2">Previsão Legal</td><td colspan="2">Art. 155, II, §§ 2º e 3º, da CF.
LC. 24/75.
LC n. 87/96.</td><td rowspan="2">2.2</td></tr>
<tr><td>Critério Material</td><td>A Operação de circulação de mercadoria: consiste em um negócio jurídico, regulado pelo direito que implique necessariamente mudança de titularidade, passando a mercadoria de uma pessoa para outra pessoa, uma vez que circular significa para o direito mudar de titular, movimentação com mudança de patrimônio.
As operações de mútuo e comodato não são hipóteses de incidência do ICMS, pois não implicam a transferência de titularidade.
As doações também estão fora do campo de tributação do ICMS, pois além de implicar manifesta ausência de capacidade contributiva, pode-se afirmar que não são mercadorias, diante da falta de transação mercantil. Outrossim, sujeitam-se à tributação de outro imposto estadual, distrital, isto é, o ITCMD.</td></tr>
<tr><td rowspan="5">Hipótese de Incidência Tributária</td><td>Importante</td><td>Não se pode confundir mercadoria com produtos. Mercadoria é bem móvel sujeito à mercancia, enquanto o produto não está no comércio para ser vendido. A venda de bens do ativo fixo das empresas também não se submetem à incidência do ICMS, pois não são mercadorias.</td><td rowspan="5">2.3 a 2.3.3</td></tr>
<tr><td>Serviço de Transporte Intermunicipal e Interestadual</td><td>Trata-se da prestação de serviços em regime de direito privado de forma onerosa de transporte entre os Municípios ou os Estados. Diante desse conceito, pode-se afirmar que o transporte realizado dentro do Município – intramunicipal, não haverá incidência de ICMS, mas sim de ISS.</td></tr>
<tr><td>Serviços de Comunicação</td><td>Para que haja Incidência do ICMS é imperioso que exista uma fonte emissora, uma fonte receptora e uma mensagem transmitida pelo prestador de serviço. Sem esses elementos não há comunicação. Ademais, salienta-se que a base econômica consiste no serviço de comunicação propriamente dito, e não nas atividades-meio realizadas e cobradas, assim considerados os serviços preparatórios ou acessórios.</td></tr>
<tr><td>Energia Elétrica</td><td>Deve incidir sobre a energia efetivamente consumida e não sobre a contratada.</td></tr>
<tr><td>Derivados de Petróleo, Combustíveis e Minerais do País</td><td>A CF/88, mais especificamente com o advento da EC n. 33/2001, determinou que as operações relativas a combustíveis, lubrificantes, energia elétrica e minerais do país somente poderão ser tributadas com o ICMS e com os Impostos Federais de Importação e de Exportação, nos termos do § 3º do artigo 155 da referida Constituição.</td></tr>
</table>

<table>
<tr><th colspan="5">CAPÍTULO 11. IMPOSTOS ESTADUAIS – ITCMD</th></tr>
<tr><th colspan="4">Conteúdo</th><th>Item</th></tr>
<tr><td rowspan="3">Hipótese de Incidência Tributária</td><td colspan="2">Importação de bens</td><td>Incide sobre toda e qualquer importação de bens ou mercadorias, inclusive sobre aqueles que sejam para uso próprio, independentemente de ser o importador contribuinte habitual do ICMS.</td><td rowspan="3">2.3 a 2.3.3</td></tr>
<tr><td colspan="2">Critério Espacial</td><td>(1) Nas operações de circulação de mercadoria, em regra onde se encontre o estabelecimento no momento da ocorrência do fato gerador e quando importado do exterior, o do estabelecimento onde ocorrer a entrada física ou do domicílio do adquirente, quando não tiver estabelecimento.
(2) Nos serviços de transporte intermunicipal ou interestadual no Estado ou Distrito Federal onde tenha início a prestação. (3) Nos serviços de comunicação, o Estado onde ocorrer a prestação do serviço de radiodifusão sonora e de som e imagem, assim entendido o da geração, emissão, transmissão e retransmissão, repetição, ampliação e recepção – art. 11 da LC n. 87/96.</td></tr>
<tr><td colspan="2">Critério Temporal</td><td>Conforme prevê o artigo 12 da LC n. 87/96, o ICMS deve ser recolhido nas operações de circulação de mercadoria no momento da saída de mercadoria do estabelecimento do contribuinte; será no início da prestação de serviços de transporte interestadual e intermunicipal, e do ato final do transporte iniciado no exterior e nos serviços de comunicação, no instante da ocorrência do fato gerador. Na importação será devido o ICMS na ocasião do desembaraço aduaneiro, conforme o entendimento do STF.</td></tr>
<tr><td rowspan="4">Consequente Tributário</td><td rowspan="2">Critério Pessoal</td><td>Sujeito Ativo</td><td>Os Estados e o Distrito Federal no qual se verificar a hipótese de incidência; e no caso de uma mercadoria vinda do exterior, será competente o Estado no qual estiver o estabelecimento do importador.</td><td rowspan="2">4 a 4.2.2</td></tr>
<tr><td>Sujeito Passivo</td><td>Devem recolher o ICMS as pessoas que realizarem operações de circulação de mercadorias, prestarem serviços de transporte interestadual e intermunicipal, importadores de bens de qualquer natureza, executarem serviços de comunicação.</td></tr>
<tr><td rowspan="2">Critério Quantitativo</td><td>Base de Cálculo</td><td>A base de cálculo consiste: (i) no valor da operação, no caso de operação de circulação de mercadoria; (ii) no valor do bem importado (informado no documento de importação), utilizando-se o mesmo valor da taxa de câmbio aplicado para cálculo do imposto de importação, e acrescido do IPI, do IOF e das despesas aduaneiras; (iii) no preço do serviço, no caso de transporte e de comunicação.</td><td rowspan="2"></td></tr>
<tr><td>Alíquotas</td><td>Há alíquotas distintas para cálculo do ICMS. As razões dessas distinções estão no Princípio da Seletividade (art. 155, § 2º, III, da CF) e na existência de alíquotas internas (estipuladas pelos Estados) e interestaduais.
O Senado Federal, por meio de Resolução (proposta pelo Presidente da República ou por 1/3 dos Senadores e aprovada pela maioria absoluta dos membros do Senado Federal), estabelecerá as alíquotas mínimas ou máximas.
Importante: As alíquotas internas, nas operações relativas à circulação de mercadorias e nas prestações de serviços, não poderão ser inferiores às previstas para as operações interestaduais.</td></tr>
</table>

<table>
<tr><th colspan="5">CAPÍTULO 11. IMPOSTOS ESTADUAIS – ITCMD</th></tr>
<tr><th colspan="4">Conteúdo</th><th>Item</th></tr>
<tr><td rowspan="3">Características</td><td>Princípios específicos do ICMS</td><td colspan="2">Princípio da Não Cumulatividade – art. 155, § 2º, I, da CF – e facultativamente o Princípio da Seletividade – art. 155, § 2º, III, da CF.</td><td rowspan="3">5 a 5.4</td></tr>
<tr><td>Imunidades Específicas</td><td colspan="2">sobre operações que destinem mercadorias para o exterior, nem sobre serviços prestados a destinatários no exterior, assegurada a manutenção e o aproveitamento do montante do imposto cobrado nas operações e prestações anteriores;
sobre operações que destinem a outros Estados petróleo, inclusive lubrificantes, combustíveis líquidos e gasosos dele derivados, e energia elétrica;
sobre o ouro, nas hipóteses definidas no art. 153, § 5º;
nas prestações de serviço de comunicação, nas modalidades de radiodifusão sonora e de sons e imagens de recepção livre e gratuita.</td></tr>
<tr><td>Outras Características</td><td colspan="2">O ICMS respeita tanto a Anterioridade do Exercício como a Anterioridade Nonagesimal. Todavia, as alíquotas do ICMS sobre combustíveis respeitarão apenas a Anterioridade Nonagesimal, em caso de redução ou restabelecimento de alíquota.
O ICMS está sujeito ao lançamento por homologação.
Tem natureza essencialmente fiscal, por visar à arrecadação. Tributo real, posto que não leva em consideração as condições inerentes ao Sujeito Passivo, mas sim o bem – fatos econômicos.
É um imposto indireto, em razão da repercussão econômica nas cadeias de produção e consumo – Contribuinte de Fato e Contribuinte de Direito.</td></tr>
<tr><td>Previsão Legal</td><td colspan="3">Art. 155, III, da CF.</td><td>3.2</td></tr>
<tr><td rowspan="3">Hipótese de Incidência Tributária</td><td colspan="3">O critério material do IPVA é: “Ser proprietário de veículo automotor (terrestre)”.</td><td rowspan="3">3.3 a 3.3.3</td></tr>
<tr><td>Critério Espacial</td><td colspan="2">É o Estado em que está registrado o veículo (Certificado de Registro do Veículo – CRV, ou o documento de licenciamento).</td></tr>
<tr><td>Critério Temporal</td><td colspan="2">De acordo com as leis estaduais, são três os momentos em que ocorre o fato gerador do IPVA: 1) em 1º de janeiro de cada exercício financeiro para veículo usados; 2) na data da aquisição, no caso de veículo zero Km; 3) na data do desembaraço aduaneiro, em se tratando de veículo novo ou usado importado do exterior para o consumidor final.</td></tr>
<tr><td rowspan="4">Consequente Tributário</td><td rowspan="2">Critério Pessoal</td><td>Sujeito Ativo</td><td>Coincide com o critério espacial. Será o Estado ou Distrito Federal onde estiver licenciado o veículo automotor.</td><td rowspan="4">3.4 a 3.4.2.2</td></tr>
<tr><td>Sujeito Passivo</td><td>Na condição de contribuinte, é o proprietário do veículo automotor. Já na categoria de responsável, é o adquirente de veículo com dívidas tributárias, conforme previsão no artigo 131 do CTN.</td></tr>
<tr><td rowspan="2">Critério Quantitativo</td><td>Base de Cálculo</td><td>É o valor venal do veículo, ou seja, ou preço de mercado, quando for usado; e será o valor da nota fiscal, no caso de veículo 0 Km.</td></tr>
<tr><td>Alíquota</td><td>Serão estabelecidas por lei ordinária estadual. Não há limite máximo, no entanto, o Senado Federal, por meio de Resolução estabelecerá as alíquotas mínimas, nos termos do art. 155, § 6º, I, da CF. Ademais, o IPVA poderá ter alíquotas diferenciadas em razão do tipo e da utilização do veículo.</td></tr>
</table>

CAPÍTULO 11. IMPOSTOS ESTADUAIS – ITCMD		
	Conteúdo	Item
Características	Trata-se de imposto fiscal, cuja finalidade precípua é arrecadar. Todavia, o IPVA pode apresentar características de extrafiscalidade, quando, por exemplo, o Estado quiser estimular a preservação do meio ambiente e tributa de forma diferenciada o veículo em função do combustível. O lançamento, via de regra, é de ofício. O IPVA observa tanto o Princípio da Anterioridade do Exercício quanto o Nonagesimal (arts. 150, III, "b" e "c", da CF). Porém, quando a modificação for na base de cálculo do IPVA, deverá respeitar apenas o Princípio da Anterioridade do Exercício, sendo exceção ao Princípio da Anterioridade Nonagesimal. Se considera um tributo real, posto que não leva em consideração as condições inerentes ao sujeito, são os chamados "Impostos sobre o Patrimônio".	3.5

5. INFORMATIVOS

Tarifa de assinatura básica e ICMS

O Imposto sobre Circulação de Mercadorias e Serviços (ICMS) incide sobre a tarifa de assinatura básica mensal cobrada pelas prestadoras de serviço de telefonia, independentemente da franquia de minutos concedida ou não ao usuário.

Com base nessa orientação, o Plenário, por maioria, deu provimento a recurso extraordinário em que discutida a incidência de ICMS sobre o valor pago a título de assinatura mensal básica pelo serviço de telefonia.

Preliminarmente, o Tribunal, por maioria, conheceu do recurso, e rejeitou a alegação de que a matéria estaria preclusa em razão do julgamento do recurso especial. Entendeu que o recorrente interpôs devidamente os recursos especial e extraordinário de forma simultânea contra o acórdão do Tribunal de Justiça, mas ressaltou que o julgamento do recurso especial não teria vinculado o Supremo Tribunal Federal quanto à matéria constitucional.

Vencido, no ponto, o ministro Marco Aurélio, que, ao reafirmar jurisprudência da Corte, considerava prejudicado o recurso extraordinário, por não ter sido interposto agravo contra a decisão de inadmissibilidade do recurso especial.

Quanto ao mérito, o Colegiado concluiu que a tarifa de assinatura básica mensal não é serviço, mas a contraprestação pelo serviço de comunicação propriamente dito, prestado pelas concessionárias de telefonia e consistente no fornecimento, em caráter continuado, das condições materiais para que ocorra a comunicação entre o usuário e terceiro, o que atrai a incidência do ICMS.

Asseverou que a ausência de franquia de minutos vinculada ao preço cobrado e, assim, de efetiva comunicação entre o usuário e terceiro são irrelevantes e não descaracterizam o serviço remunerado pelo valor da assinatura básica mensal como serviço de comunicação.

Acrescentou que o que a Constituição Federal autoriza os Estados e o Distrito Federal a tributar não é exatamente o transporte transmunicipal, a comunicação ou quaisquer outros serviços, mas as prestações onerosas desses serviços.

Aduziu, por fim, que entendimento contrário atribuiria ao plano de serviço, elaborado pela Agência Nacional de Telecomunicações (Anatel) ou pelas próprias prestadoras, a possibilidade de definir a base de cálculo do ICMS-comunicação, o que afastaria a incidência tributária de certas quantias pelo fato de serem cobradas dos usuários a título de tarifa de assinatura básica mensal. Dessa forma, o próprio contribuinte, por ato individual de vontade, poderia definir como bem entendesse a base de cálculo do tributo devido, o que seria inadmissível.

Vencidos os ministros Luiz Fux e Ricardo Lewandowski, que negavam provimento ao recurso, por considerarem que a assinatura básica não seria serviço de comunicação, não devendo incidir, portanto, o ICMS. (RE-912888) (**Informativo** n. 843, Plenário, Repercussão Geral – RE 912888/SP, rel. Min. Teori Zavascki, julgamento em 13.10.2016).

Substituição tributária e restituição – 15

É devida a restituição da diferença do Imposto sobre Circulação de Mercadorias e Serviços (ICMS) pago a mais, no regime de substituição tributária para a frente, se a base de cálculo efetiva da operação for inferior à presumida.

Com base nesse entendimento, o Plenário, por maioria e em conclusão, julgou improcedentes os pedidos formulados em ações diretas de inconstitucionalidade. Assim, declarou constitucionais o art. 19, II da Lei 11.408/1996 do Estado de Pernambuco e o art. 66-B, II, da Lei 6.374/1989 do Estado de São Paulo, com redação dada pela Lei estadual paulista 9.176/1995. Os referidos diplomas legais asseguram a restituição do ICMS pago antecipadamente no regime de substituição tributária, nas hipóteses em que a base de cálculo da operação for inferior à presumida — v. **Informativos** ns. 331, 332, 397, 428, 443 e 455.

O Tribunal observou haver distinção substancial entre a ADI 1.851/AL (**DJU** de 15.5.2003) e as presentes ações diretas, razão pela qual a afastou como paradigma destes julgamentos. Naquele caso, o contribuinte poderia optar pelo regime de substituição tributária com o benefício fiscal da redução da base de cálculo, porém sem a possibilidade de restituição, se o fato gerador ocorrer em valor menor comparado ao presumido.

Ademais, ainda que tratassem da mesma questão, o Supremo Tribunal Federal poderia rediscutir o § 7º do art. 150 da Constituição, pois o efeito vinculante conferido àquela decisão estaria limitado aos demais órgãos do Poder Judiciário e ao Poder Executivo, mas não à Suprema Corte.

As hipóteses de substituição tributária aqui discutidas são obrigatórias e não envolvem nenhum benefício fiscal, mas visam a assegurar a máxima arrecadação pelo Estado. Isso ocorre em virtude da antecipação ficta do fato gerador e da transferência da responsabilidade pelo recolhimento do imposto. Caso não ocorra o fato gerador no valor presumido, o Estado tem o dever de restituir o montante pago a maior, por não ter competência constitucional para a retenção da diferença, sob pena de violação ao princípio constitucional da vedação ao confisco.

Além disso, o Tribunal afastou a alegação de que a restituição implicaria a inviabilidade do sistema de substituição tributária.

Vencidos, em ambas as ações, os ministros Nelson Jobim, Eros Grau, Gilmar Mendes, Sepúlveda Pertence e Ellen Gracie, que julgavam procedentes os pedidos. . (ADI-2777) (**Informativo** n. 844, Plenário) (ADI 2675/PE, rel. Min. Ricardo Lewandowski, 19.10.2016). (ADI-2675) ADI 2777/SP, rel. orig. Min. Cezar Peluso, red. p/ o ac. min. Ricardo Lewandowski, 19.10.2016.

Substituição tributária: direito à restituição e base de cálculo presumida maior que a efetiva – 2

É devida a restituição da diferença do Imposto sobre Circulação de Mercadorias e Serviços (ICMS) pago a mais, no regime de substituição tributária para a frente, se a base de cálculo efetiva da operação for inferior à presumida.

Com base nesse entendimento, o Plenário, por maioria, deu provimento ao recurso extraordinário e reconheceu o direito da recorrente de lançar em sua escrita fiscal os créditos de ICMS pagos a maior, nos termos da legislação tributária do Estado de Minas Gerais, respeitado o lapso prescricional de cinco anos previsto na Lei Complementar 118/2005.

O Tribunal declarou, também, a inconstitucionalidade do art. 22, § 10, da Lei 6.763/1975 ["§ 10. Ressalvadas as hipóteses previstas nos §§ 11 e 11-A deste artigo, o imposto corretamente recolhido por substituição tributária é definitivo, não ficando, qualquer que seja o valor das saídas das mercadorias: 1) o contribuinte e o responsável sujeitos ao recolhimento da diferença do tributo; 2) o Estado sujeito à restituição de qualquer valor, ainda que sob a forma de aproveitamento de crédito para compensação com débito por saída de outra mercadoria"] e do art. 21 do Decreto 43.080/2002 ("Art. 21. Ressalvada a situação em que o fato gerador presumido não se realizar, o imposto corretamente recolhido por substituição tributária é definitivo, não ficando, qualquer que seja o valor das saídas das mercadorias: I – o contribuinte ou o responsável sujeito ao recolhimento da diferença do tributo; II – o Estado sujeito à restituição de qualquer valor, ainda que sob a forma de aproveitamento de crédito para compensação com débito por saída de outra mercadoria"), ambos do Estado de Minas Gerais.

Além disso, conferiu interpretação conforme à Constituição às expressões "não se efetive o fato gerador presumido" e "fato gerador presumido que não se realizou", contidas, respectivamente, no § 11 do art. 22 da

Lei estadual ["§ 11. É assegurado ao contribuinte substituído o direito à restituição do valor pago por força da substituição tributária, nas seguintes hipóteses: 1) caso não se efetive o fato gerador presumido"] e no art. 22 do Regulamento do ICMS ("Art. 22. Para a restituição do valor do imposto pago a título de substituição tributária correspondente a fato gerador presumido que não se realizou, o contribuinte observará o disposto neste Capítulo"), para que sejam entendidas em consonância à tese fixada — v. **Informativo** n. 843.

A Corte afirmou que a substituição tributária, prevista no art. 150, § 7º, da Constituição Federal, tem como fundamento o princípio da praticidade. Desse modo, promove comodidade, economicidade e eficiência na execução administrativa das leis tributárias.

Ponderou, entretanto, que o princípio da praticidade tributária também encontra freio nos princípios da igualdade, capacidade contributiva e vedação do confisco, bem como na arquitetura de neutralidade fiscal do ICMS. Por conseguinte, é papel institucional do Poder Judiciário tutelar situações individuais que extrapolem o limite da razoabilidade.

Deve-se, portanto, interpretar aquele dispositivo constitucional em consonância com o significado jurídico-político do Estatuto Constitucional dos Contribuintes, tal como instituído pela Seção "Das Limitações do Poder de Tributar" da Constituição Federal. Noutras palavras, na qualidade de invenção humana voltada a discriminar o público do privado e redistribuir renda e patrimônio, a tributação não pode transformar uma ficção jurídica em uma presunção "juris et de jure", tal como ocorreria se o fato gerador presumido tivesse caráter definitivo, logo alheio à narrativa extraída da realidade do processo econômico.

O Plenário observou, ainda, não haver autorização constitucional para cobrar mais do que resultaria da aplicação direta da alíquota sobre a base de cálculo existente na ocorrência do fato gerador. Assim, uma interpretação restritiva do § 7º do art. 150 da Constituição, com o objetivo de legitimar a não restituição do excesso, representaria injustiça fiscal inaceitável em um Estado Democrático de Direito, fundado em legítimas expectativas emanadas de uma relação de confiança e justeza entre Fisco e contribuinte. Desse modo, a restituição do excesso atende ao princípio que veda o enriquecimento sem causa, haja vista a não ocorrência da materialidade presumida do tributo.

Vencidos os ministros Teori Zavascki, Dias Toffoli e Gilmar Mendes, que negavam provimento ao recurso extraordinário sob o argumento de que considerar a base de cálculo presumida como provisória, e não como definitiva, inviabilizaria o instituto da substituição tributária. Ademais, destacavam que o valor presumido não seria arbitrário, pois leva em conta a média praticada pelo mercado.

Por fim, o Plenário, por maioria, modulou os efeitos do julgamento. Dessa forma, esse precedente poderá orientar todos os litígios judiciais pendentes submetidos à sistemática da repercussão geral e os casos futuros oriundos de antecipação do pagamento de fato gerador presumido, tendo em conta o necessário realinhamento das administrações fazendárias dos Estados-membros e de todo o sistema judicial. No entanto, em vista do interesse social e da segurança jurídica, decidiu que se preservem as situações passadas que transitaram em julgado ou que nem sequer foram judicializadas. Vencido, quanto à modulação, o Ministro Marco Aurélio. (RE-593849) (**Informativo** n. 844, Plenário, Repercussão Geral – RE 593849/MG, rel. Min. Edson Fachin, 19.10.2016. Acompanhamento Processual: STF – Supremo Tribunal Federal).

ICMS

A subvenção concedida com base no art. 5º da Lei n. 10.604/2002 às concessionárias e permissionárias de energia elétrica compõe a base de cálculo do ICMS. A subvenção concedida pelo art. 5º da Lei n. 10.604/2002 ("Fica autorizada a concessão de subvenção econômica com a finalidade de contribuir para a modicidade da tarifa de fornecimento de energia elétrica aos consumidores finais integrantes da Subclasse Residencial Baixa Renda a que se refere a Lei nº 10.438, de 2002, com efeito a partir da data de sua publicação") possui natureza jurídica de receita alternativa (art. 11 da Lei n. 8.987/1995), buscando manter o equilíbrio econômico-financeiro dos contratos de concessão de energia elétrica e garantir a modicidade tarifária. Não obstante a louvável intenção do Governo Federal de não onerar a tarifa de energia elétrica de parcela carente da população, a concessão de subvenção não implica automática isenção do montante na base de cálculo de ICMS. Utiliza-se aqui a mesma lógica adotada pelo STJ na elaboração da Súmula n. 95: "A redução da alíquota do imposto sobre produtos industrializados ou do imposto de importação não implica redução do ICMS". Ainda que a relação da União com as concessionárias seja contratual, e não tributária, o foco reside na autonomia do Estado para exercer a sua competência tributária. Assim, há duas relações jurídicas distintas: a) uma relação contratual entre a União e as concessionárias (arts. 21, XII, "b", e 175 da CF); e b) outra relação jurídico-tributária entre os Estados e as concessionárias (art. 155, II e § 2°, da CF). Nesse contexto, não há razoabilidade em diminuir a base de cálculo do imposto estadual em razão da concessão de subvenção econômica pela União. A exigibilidade do imposto é anterior à concessão da subvenção econômica. Se, por um lado, não é permitido aos entes federativos estranhos à relação interferirem na execução do contrato entre Poder Concedente e concessionárias, por outro, não é permitido ao Poder Concedente interferir na relação tributária entre outro ente federativo e seus contribuintes. Exigir a redução da base de cálculo do imposto estadual, no caso, é implementar isenção heterônoma em hipótese não permitida pela CF. Ressalta-se que a subvenção foi concedida sob a condição de ser mantida a tarifa reduzida aos consumidores finais de baixa renda. Assim, o caso amolda-se à hipótese prevista na alínea "a" do inciso II do § 1° do art. 13 da LC n. 87/1996, de modo que o ICMS possui como base de cálculo o valor total da operação, ainda que exista no caso desconto concedido sob condição. Desse modo, a subvenção econômica faz parte do preço final da mercadoria, não havendo razão para não incluir na base de cálculo do ICMS a subvenção em operações com energia elétrica. Igual orientação adotou o STJ quando entendeu pela inclusão do PIS e COFINS na base de cálculo de ICMS (EDcl no REsp 1.336.985-MS, Segunda Turma, **DJe** de 13.05.2013). Portanto, a única forma de isentar as concessionárias de energia elétrica de pagar o ICMS sobre o valor da subvenção é mediante convênio na forma da LC n. 24/1975, a qual "dispõe sobre os convênios para a concessão de isenções do imposto sobre operações relativas à circulação de mercadorias, e dá outras providências" (**Informativo** n. 576 – REsp 1.286.705-SP, rel. Min. Humberto Martins, julgado em 15.12.2015, **DJe** de 12.02.2016).

Direito tributário. Óbice ao aproveitamento de crédito de ICMS decorrente de operação de exportação

Não viola o princípio da não cumulatividade a vedação, prevista em legislação estadual, de aproveitamento de crédito de ICMS decorrente de operação de exportação quando o contribuinte possuir débito superior ao crédito. Por esse entendimento, não se nega o direito ao crédito do contribuinte; o que é obstado, na verdade, é a livre disposição de tais créditos, ante a vedação prevista em legislação estadual e a inexistência de saldo credor. Para melhor elucidar a questão, convém observar o art. 25 da LC n. 87/1996 (Lei Kandir): "Art. 25. Para efeito de aplicação do disposto no art. 24, os débitos e créditos devem ser apurados em cada estabelecimento, compensando-se os saldos credores e devedores entre os estabelecimentos do mesmo sujeito passivo localizados no Estado. § 1º Saldos credores acumulados a partir da data de publicação desta Lei Complementar por estabelecimentos que realizem operações e prestações de que tratam o inciso II do art. 3º e seu parágrafo único podem ser, na proporção que estas saídas representem do total das saídas realizadas pelo estabelecimento: I – imputados pelo sujeito passivo a qualquer estabelecimento seu no Estado; II – havendo saldo remanescente, transferidos pelo sujeito passivo a outros contribuintes do mesmo Estado, mediante a emissão pela autoridade competente de documento que reconheça o crédito. § 2º Lei estadual poderá, nos demais casos de saldos credores acumulados a partir da vigência desta Lei Complementar, permitir que: I – sejam imputados pelo sujeito passivo a qualquer estabelecimento seu no Estado; II – sejam transferidos, nas condições que definir, a outros contribuintes do mesmo Estado". Salienta-se, nesse contexto, que não se deve confundir o conceito de crédito e o de saldos credores acumulados. De um lado, o crédito de ICMS é um direito que advém de preceitos constitucionais e infraconstitucionais, corolário do princípio da não cumulatividade. Ressalta-se, inclusive, que o direito de crédito decorrente de operações e prestações de exportação não pode ser limitado por legislação estadual (art. 25, § 1º, da LC n. 87/1996), conforme entendimento consolidado do STJ (AgRg no AREsp 151.708-RS, Segunda Turma, **DJe** de 14.06.2012; AgRg no REsp 1.247.425-MA, Segunda Turma, **DJe** de 16.09.2011; e AgRg no AREsp 187.884-RS, Primeira Turma, **DJe** de 18.06.2014). Por outro lado, o saldo de créditos é uma situação fático-operacional contábil. O procedimento é o seguinte: comparam-se as somas de débitos com créditos de ICMS em determinado período. Se o total de débitos for maior que o de créditos, deduz-se o maior do menor, pagando-se a diferença aos cofres públicos. Caso o total de créditos seja maior, contudo, deduz-se deste o total de débitos, e o saldo credor é transferido para o período seguinte. Veja-se que, por determinação legal, a operação de compensação de débitos com créditos ocorre anteriormente a qualquer outra operação. Havendo, ao final, saldo de créditos de ICMS, abre-se a possibilidade de apropriação, utilização ou transferência pelo contribuinte. A apropriação, a utilização e a transferência de créditos de ICMS pressupõem a existência de saldo credor, o que não ocorre no caso em que o contribuinte possui débito superior ao crédito. Assim, embora o § 1° do art. 25 da LC n. 87/1996 seja autoaplicável, não podendo ser condicionado pelo legislador estadual, o seu pressuposto é a existência de saldos credores. Desta feita, a questão em análise possui natureza operacional. Nessa conjuntura, os créditos de ICMS, conquanto decorrentes de operações de exportação, submetem-se à compensação do caput do art. 25 da Lei Kandir. Desse modo, o que o Fisco não pode fazer é estornar os créditos decorrentes da exportação (art. 21, § 2º, da LC n. 87/1996), caso provada e suficientemente documentada a ocorrência das operações ou prestações de serviço. Em tal caso, estar-se-ia aumentando, de forma ilegítima, o débito de ICMS do contribuinte. Portanto, não fere o princípio da não cumulatividade a lei estadual que veda a apropriação e a utilização de crédito de ICMS ao contribuinte que tiver débito do imposto superior ao montante de créditos (**Informativo** n. 574 – REsp 1.505.296 – SP, rel. Min. Humberto Martins, julgado em 15.09.2015, **DJe** de 09.12.2015).

Direito tributário. Garantia estendida e base de cálculo do ICMS

O valor pago pelo consumidor final ao comerciante a título de "seguro de garantia estendida" não integra a base de cálculo do ICMS incidente sobre a operação de compra e venda da mercadoria. Inicialmente, convém esclarecer que o "seguro de garantia estendida" é um contrato de adesão voluntária estabelecido entre o consumidor (segurado) e uma sociedade seguradora, sendo rotineiramente oferecido e comercializado pela empresa que vendeu a mercadoria, que intermedeia o negócio. Ressalte-se que essa modalidade de seguro foi inicialmente regulamentada pelo Conselho Nacional de Seguros Privados (CNSP) por meio das Resoluções 122/2005 e 296/2013. De acordo com tais regulamentos, essa espécie de seguro tem por escopo fornecer ao segurado/consumidor a extensão e/ou complementação de garantia original da mercadoria adquirida. Importa mencionar, ainda, que a Resolução CNSP 296/2013, em seu art. 13, esclarece expressamente que é "vedado condicionar a compra do bem à contratação do seguro de garantia estendida, assim como condicionar a concessão de desconto no seu preço à aquisição do seguro". De outro lado, a base de cálculo do ICMS, segundo a Lei Kandir (LC 87/1996), é o valor da operação pelo qual se deu a circulação da mercadoria. O imposto, portanto, não está limitado ao preço da mercadoria, abrangendo também o valor relativo às condições estabelecidas e assim exigidas do comprador como pressuposto para a própria realização do negócio. Essa é a inteligência do inciso II do § 1º do art. 13 da LC 87/1996, o qual dispõe que devem integrar a base de cálculo: (A) os seguros, juros e demais importâncias pagas, recebidas ou debitadas, bem como descontos concedidos sob condição; e (B) o frete, caso o transporte seja efetuado pelo próprio remetente ou por sua conta e ordem e seja cobrado em separado. Nessa linha intelectiva, destaque-se que a doutrina ensina que o ICMS deve ser cobrado sobre o prêmio de seguro relativo ao risco do transporte que é contratado e pago pelo vendedor (remetente) e exigido do comprador para a concretização do negócio, pois, nesse caso, tal quantia está compreendida no valor da operação. A par disso, e ponderando os elementos supramencionados, verifica-se que o "seguro de garantia estendida" não se subsume ao art. 13, § 1º, II, "a", da LC 87/1996, pelas razões seguintes. A uma, o pagamento do prêmio dessa modalidade de seguro não deve ser exigido do comprador como condição indispensável para a aquisição da mercadoria. Isso porque o seguro em questão é de adesão voluntária, podendo, ou não, ser contratado diretamente pelo consumidor final. Além disso, o seguro não é pago pelo vendedor para depois ser exigido do comprador, na composição do preço da operação, para o fechamento do negócio; essa, sim, hipótese de incidência do art. 13, § 1º, II, "a", da LC 87/1996. A duas, o seguro de garantia estendida, conforme dispõe o art. 1º da Resolução CNSP 122, de 3/5/2005 e o art. 1º da Resolução CNSP 296, de 25/10/2013, pode ser contratado pelo consumidor quando da aquisição do bem ou posteriormente, durante o prazo de garantia do fabricante, o que denota que esse negócio jurídico, embora relacionado, é autônomo e subsequente à operação de compra, sendo possível a sua contratação depois de já circulada a mercadoria (fato gerador do ICMS), configurando, portanto, nova relação jurídica e, por isso, não pode compor o valor da operação anterior já concretizada. A três, porque os valores pagos pelo consumidor ao comerciante devem ser repassados à companhia seguradora por força contratual da parceria, não configurando, portanto, receita do varejista na espécie. Assim, a garantia estendida é estabelecida entre o consumidor e a empresa seguradora, inexistindo relação jurídico-tributária entre o fisco e o comerciante que possa imputar ao último o dever de recolher tributo sobre receita pertencente a terceiro, sob pena de afronta ao princípio da capacidade contributiva. Entretanto, apenas, se o "seguro de garantia estendida" vier a ser indevidamente exigido pelo comerciante, como condição do negócio, a fim de reduzir, por meio de simulação, a base de cálculo do ICMS, poderá o fisco autuar essa conduta irregular do contribuinte com espeque no princípio da realidade (art. 116, I, do CTN) (**Informativo** n. 556 – REsp 1.346.749-MG, rel. Min. Benedito Gonçalves, julgado em 10.02.2015, **DJe** de 04.03.2015).

ICMS: decreto regulamentar e ofensa ao princípio da legalidade tributária

Somente lei em sentido formal pode instituir o regime de recolhimento do ICMS por estimativa. Esse o entendimento do Plenário, que reconheceu a existência de repercussão geral do tema e deu provimento a recurso extraordinário para declarar a inconstitucionalidade dos Decretos 31.632/2002 e 35.219/2004, ambos do Estado do Rio de Janeiro, que dispõem sobre o pagamento do ICMS no âmbito do referido Estado-Membro. No caso, discutia-se a possibilidade de se disciplinar, mediante decreto, forma de recolhimento de tributo diferentemente do que prevista na LC 87/1996. A Corte afirmou que, apesar de o fato gerador do ICMS acontecer no momento da saída do estabelecimento, a circunstância de ser um imposto não-cumulativo (CF, art. 155, § 2º, I) impediria a cobrança após cada operação, salvo excepcionalmente, conforme estatuído na LC 87/1996. Por isso, o recolhimento deveria ocorrer ao término de certo lapso de tempo, cabendo à legislação estadual fixar o período de apuração do imposto (LC 87/1996: "Art. 24 – A legislação tributária estadual disporá sobre o período de apuração do imposto. As obrigações consideram-se vencidas na data em que termina o período de apuração e são liquidadas por compensação ou mediante pagamento em dinheiro como disposto neste artigo"). Findo o prazo designado pela lei estadual, ao contribuinte incumbiria recolher o tributo, já efetuado o encontro entre créditos e débitos. A citada lei complementar, entretanto, admitiria exceção à regra ("Art. 26. Em substituição ao regime de apuração mencionado nos arts. 24 e 25, a lei estadual poderá estabelecer: ... III – que, em função do porte ou da atividade do estabelecimento, o imposto seja pago em parcelas periódicas e calculado por estimativa, para um determinado período, assegurado ao sujeito passivo o direito de impugná-la e instaurar processo contraditório. ... § 1º Na hipótese do inciso III, ao fim do período, será feito o ajuste com base na escrituração regular do contribuinte, que pagará a diferença apurada, se positiva; caso contrário, a diferença será compensada com o pagamento referente ao período ou períodos imediatamente seguintes"). Portanto, a adoção do regime previsto no transcrito inciso III pressuporia a edição de lei estadual específica, por configurar excepcionalidade. Assim, não seria cabível, no caso, a alegação segundo a qual o art. 39 da Lei fluminense 2.657/1996 seria o fundamento dos decretos em questão ("Art. 39 – O imposto é pago na forma e no prazo fixados pelo Poder Executivo"). A criação de nova maneira de recolhimento do tributo — na espécie, com respaldo em estimativas do mês anterior — revelar-se-ia em descompasso com o poder regulamentar do qual investido o governador do Estado por força do mencionado dispositivo. A determinação de que fosse antecipado o imposto devido valendo-se de base de cálculo ficta, com posterior ajuste, como na hipótese em comento, olvidaria o poder atribuído pela lei para disciplinar "forma" e "prazo" de pagamento. A prova do excesso de poder regulamentar estaria no fato de que a LC 87/1996 exigiria a edição de lei estadual visando nova sistemática de apuração, diploma esse inexistente. O art. 150 da CF veda a exigência de tributo sem lei que o estabeleça. Se não houvesse informação quanto à ocorrência do fato gerador, mostrar-se-ia impossível reconhecer a existência da obrigação tributária, como almejado pelo Estado do Rio de Janeiro. Os decretos impugnados modificariam o modo de apuração do ICMS e, assim, implicaram afronta ao princípio constitucional da legalidade estrita. Vencidos os Ministros Marco Aurélio (relator), Cármen Lúcia e Luiz Fux, apenas quanto ao reconhecimento da repercussão geral (**Informativo** n. 790 – RE 632265/RJ, rel. Min. Marco Aurélio, 18.06.2015).

ICMS e redução da base de cálculo – 1

A redução da base de cálculo de ICMS equivale à hipótese de isenção parcial, a acarretar a anulação proporcional de crédito desse mesmo imposto, relativo às operações anteriores, salvo disposição em lei estadual em sentido contrário. Assim, reduzida a base de cálculo, tem-se impossibilitado o creditamento integral, sem que se possa falar em ofensa ao princípio da não cumulatividade (CF, art. 155, § 2º, II, "b"). Essa a conclusão do Plenário ao julgar conjuntamente dois recursos extraordinários em que se discutia a possibilidade de estorno proporcional de crédito de ICMS nos casos em que as operações subsequentes estivessem sujeitas à redução de base de cálculo. No RE 635.688/RS, com repercussão geral reconhecida, o Tribunal, por maioria, negou provimento ao recurso interposto por empresa contribuinte. Na espécie, questionava-se a possibilidade de o Estado do Rio Grande do Sul proceder à anulação proporcional do crédito fiscal relativo às operações de saída interna de mercadorias componentes da cesta básica, que teriam sido beneficiadas por redução de base de cálculo, nos termos da Lei gaúcha 8.820/1989 e do Convênio ICMS 128/1994. A controvérsia constitucional seria concernente à interpretação do art. 155, § 2º, II, da CF, o qual determina que, em matéria de ICMS, os casos de isenção ou de não incidência, não deverão implicar crédito para compensação com o montante devido nas operações ou prestações seguintes e acarretarão a anulação do crédito relativo às operações anteriores. (...) **ICMS e redução da base de cálculo – 2.** O Tribunal recordou que, no julgamento do RE 174.478/SP (**DJe** de 29.05.2008), a Corte mudara seu entendimento e assentara a tese de que a redução de base de cálculo deveria ser tomada para efeito do que dispõe o art. 155, § 2º, da CF, como forma de "isenção parcial". Asseverou que, embora tivessem estrutura jurídica diversa, tanto a isenção total — que elimina o dever de pagamento do tributo, porque lhe ceifa a incidência — quanto a redução de base de cálculo ou de alíquota — que apenas restringe o critério quantitativo do consequente da regra matriz de incidência tributária — teriam semelhante efeito prático: exonerariam, no todo ou em parte, o contribuinte do pagamento do tributo. Ponderou, no entanto, que o modo como se processaria essa exoneração, em termos jurídicos, seria diferente: a) na isenção total, seria afastada a própria incidência, ou seria dispensado integralmente o pagamento do tributo, em relação aos sujeitos e às situações atingidos pelo benefício; e b) na isenção parcial, haveria a incidência do tributo, mas o valor a ser pago seria menor do que aquele que seria devido não fosse a mudança (redução) no critério quantitativo da norma tributária padrão, seja na alíquota, seja na base de cálculo. Consignou que a obrigação de anular os créditos não estaria contida na Constituição, que apenas relegaria essa opção ao âmbito da discricionariedade política do legislador estadual, a caracterizar típica escolha de política fiscal. Assinalou que a existência de previsão legislativa expressa significaria reconhecer o direito à manutenção do crédito. Por outro lado, ante a falta de norma, seria mandamental a anulação do crédito relativo às operações anteriores. Esclareceu que, na situação dos autos, o Convênio ICMS 128/1994 disporia sobre tratamento tributário para as operações com as mercadorias que compõem a cesta básica e autorizaria expressamente os Estados-membros e o Distrito Federal a "não exigir a anulação proporcional do crédito" nas saídas internas desses produtos. (...) **ICMS e redução da base de cálculo – 3** O Plenário destacou que, a despeito da autorização prevista no § 1º da Cláusula Primeira do Convênio ICMS 128/1994, não constaria que a legislação estadual do Rio Grande do Sul tivesse efetivamente previsto a possibilidade de manutenção integral dos créditos nas hipóteses de redução de base de cálculo. Aduziu que, ao contrário, teria determinado que fosse exigida a anulação proporcional do crédito. Frisou que o legislador estadual poderia ter adotado solução diversa, mas não o fizera. Destacou que, à falta de lei que autorizasse o aproveitamento integral do crédito, teria plena aplicação a regra do art. 155, § 2º, II, b, da CF. Sublinhou que o convênio, por si só, não asseguraria a concessão do benefício em questão. Pontuou que o convênio seria condição necessária, mas não suficiente, porque teria sentido jurídico meramente autorizativo, e não impositivo: permitiria a concessão do benefício fiscal por parte de cada um dos Estados-membros e do Distrito Federal, mas não o criaria "per se". Observou que a essa conclusão se chegaria com a leitura do art. 150, § 6º, com redação dada pela EC 3/1993, combinado com o art. 155, § 2º, XII, g, ambos da CF. Registrou que: a) o primeiro exigiria lei específica para a veiculação de isenção ou redução de base de cálculo; e b) o segundo determinaria que a concessão de isenções, incentivos e benefícios fiscais, em matéria de ICMS, deveria observar o procedimento de deliberação previsto em lei complementar, atualmente a LC 24/1975. Salientou que, nas hipóteses de isenção parcial de base de cálculo, a Fazenda estadual estaria autorizada a proceder à anulação proporcional dos créditos, ressalvada a previsão em sentido contrário na legislação estadual, o que não se verificara no caso em tela. Vencido o Ministro Marco Aurélio, que dava provimento ao recurso para garantir ao contribuinte o creditamento do ICMS na integralidade. Enfatizava não se poder confundir isenção com redução da base de cálculo. Apontava que, na espécie, o contribuinte não poderia optar pelo sistema tradicional ou pelo sistema com redução da base de cálculo mais creditamento proporcional. (...) **ICMS e redução da base de cálculo – 4** No RE 477.323/RS, a Corte deu provimento ao recurso. Na espécie, o tribunal de origem declarara a inconstitucionalidade de o Fisco estadual negar o direito de contribuinte utilizar-se, integralmente, de créditos do ICMS relativos à aquisição de insumos, envolvida a prestação de serviço de transportes, mesmo na hipótese de operações de saídas tributadas sob o regime de base de cálculo reduzida. O ora recorrente, Estado do Rio Grande do Sul, arguia a constitucionalidade da restrição ao uso de créditos do mencionado imposto ante a possibilidade de o contribuinte escolher pelo regime de benefício fiscal. O Ministro Marco Aurélio (relator) observou que o contribuinte teria tido oportunidade de optar pelos diferentes sistemas — tradicional ou com redução da base de cálculo. O Colegiado, tendo isso em conta, enfatizou que os convênios teriam natureza autorizativa e não impositiva, e, consequentemente, não dispensariam lei em sentido formal para a concretização dos benefícios neles previstos, como exigido pelo art. 150, § 6º, da CF (STF – **Informativo** n. 763 – RE 635688/RS, rel. Min. Gilmar Mendes, 16.10.2014. RE 477323/RS, rel. Min. Marco Aurélio, 16.10.2014).

Incidência da COFINS sobre o ICMS – 3

O valor retido em razão do ICMS não pode ser incluído na base de cálculo da COFINS sob pena de violar o art. 195, I, b, da CF ["Art. 195. A seguridade social será financiada por toda a sociedade, de forma direta e indireta, nos termos da lei, mediante recursos provenientes dos orçamentos da União, dos Estados, do Distrito Federal e dos Municípios, e das seguintes contribuições sociais: I – do empregador, da empresa e da entidade a ela equiparada na forma da lei, incidentes sobre: ... b) a receita ou o faturamento"] — v. **Informativos** ns. 161 e 437. Com base nesse entendimento, o Plenário, em conclusão de julgamento e por maioria, proveu recurso extraordinário. De início, deliberou pelo prosseguimento na apreciação do feito, independentemente do exame conjunto com a ADC 18/DF (cujo mérito encontra-se pendente de julgamento) e com o RE 544.706/PR (com repercussão geral reconhecida em tema idêntico ao da presente controvérsia). O Colegiado destacou a demora para a solução do caso, tendo em conta que a análise do processo fora iniciada em 1999. Ademais, nesse interregno, teria havido alteração substancial na composição da Corte, a recomendar que o julgamento se limitasse ao recurso em questão, sem que lhe fosse atribuído o caráter de repercussão geral. Em seguida, o Tribunal entendeu que a base de cálculo da COFINS somente poderia incidir sobre a soma dos valores obtidos nas operações de venda ou de prestação de serviços. Dessa forma, assentou que o valor retido a título de ICMS não refletiria a riqueza obtida com a realização da operação, pois constituiria ônus fiscal e não faturamento. Vencidos os Ministros Eros Grau e Gilmar Mendes, que desproviam o recurso. O primeiro considerava que o montante do ICMS integraria a base de cálculo da COFINS por estar incluído no faturamento e se tratar de imposto indireto que se agregaria ao preço da mercadoria. O segundo pontuava que a COFINS não incidiria sobre a renda, e nem sobre o incremento patrimonial líquido, que considerasse custos e demais gastos que viabilizassem a operação, mas sobre o produto das operações, da mesma maneira que outros tributos como o ICMS e o ISS. Ressaltava, assim, que, apenas por lei ou por norma constitucional se poderia excluir qualquer fator que compusesse o objeto da COFINS. RE 240785/MG, rel. Min. Marco Aurélio, 08.10.2014 (RE-240785) (STF – **Informativo** n. 762, Plenário – RE 240785/MG, rel. Min. Marco Aurélio, 08.10.2014).

"Leasing" e incidência de ICMS – 6

O ICMS — tributo próprio à circulação de mercadorias qualificada pela compra e venda — não incide na importação de bem móvel realizada mediante operação de arrendamento mercantil quando não exercida a opção de compra e, por consequência, suscetível de devolução ao arrendador. Com base nessa orientação, o Plenário, por maioria e em conclusão de julgamento, reafirmou jurisprudência e desproveu recurso extraordinário interposto contra acórdão de tribunal local que reputara indevido o recolhimento do referido imposto, quando do desembaraço aduaneiro, ao fundamento de que o contrato de "leasing" seria complexo — v. **Informativos** ns. 534, 570 e 729. Na espécie, a Corte estadual considerara indevido o recolhimento de ICMS, quando do desembaraço aduaneiro, na importação de aeronave realizada mediante contrato de arrendamento mercantil no qual não fora exercida a opção de compra. Por conseguinte, reconhecera devida apenas a incidência do ISS. O Colegiado, ao reafirmar jurisprudência do tema, aplicou o que fora decidido no julgamento do RE 540.829/SP (j. em 26.9.2014, acórdão pendente de publicação, v. **Informativo** n. 758), com repercussão geral reconhecida. Destacou que, na espécie, conforme apontado pela decisão recorrida, não se cuidaria de operação a envolver circulação de mercadoria, a prevalecer prestação de serviços consoante previsão da Lei Complementar 56/1987. Os Ministros Teori Zavascki, Gilmar Mendes e Celso de Mello, com ressalvas de pontos de vista pessoal no sentido contrário, aderiram às conclusões do Colegiado para negar provimento ao extraordinário. Vencida a Ministra Ellen Gracie (relatora) que dava provimento. Reconhecia a constitucionalidade da incidência do ICMS sobre a entrada de mercadoria importada, qualquer que fosse a natureza do ajuste internacional motivador da importação. RE 226899/SP, rel.ª orig. Min. ª Ellen Gracie, red. p/ o acórdão Min. ª Cármen Lúcia, 1º.10.2014 (RE-226899) (STF – **Informativo** n. 761, Plenário – RE 226899/SP, rel. ª orig. Min. ª Ellen Gracie, red. p/ o acórdão Min. ª Cármen Lúcia, 1º.10.2014).

Protocolo Confaz 21/2011: ICMS e Operação Interestadual Não Presencial

É inconstitucional a cobrança de ICMS pelo Estado de destino, com fundamento no Protocolo ICMS 21/2011 do Conselho Nacional de Política Fazendária – Confaz, nas operações interestaduais de venda de mercadoria a consumidor final realizadas de forma não presencial. Com base nesse entendimento, o Plenário negou provimento a recurso extraordinário em que se discutia a constitucionalidade do mencionado protocolo, que dispõe sobre a exigência de parcela do ICMS pelo estado-membro destinatário da mercadoria ou bem devida *na operação interestadual em que o consumidor final adquire mercadoria ou bem de forma não presencial por meio de internet, "telemarketing" ou "showroom". Julgou, ainda, procedentes os pedidos formulados em ações diretas para declarar a inconstitucionalidade desse mesmo protocolo. O Tribunal frisou que, no julgamento da ADI 4.565 MC/PI (***DJe** de 27.06.2011), fora assentado que, nas operações interestaduais cuja mercadoria fosse destinada a consumidor final não contribuinte, apenas o estado-membro de origem cobraria o tributo, com a aplicação da alíquota interna. Realçou que regime tributário diverso configuraria bitributação. Mencionou que os signatários do Protocolo teriam invadido a competência das unidades federadas de origem, que constitucionalmente seriam os sujeitos ativos da relação tributária quando da venda de bens ou serviços a consumidor final não contribuinte localizado em outra unidade da Federação. Asseverou que essa hipótese ofenderia o princípio do não confisco, bem como o do tráfego de pessoas e bens (CF, art. 150, V). Consignou que o Protocolo impugnado, ao determinar que o estabelecimento remetente fosse o responsável pela retenção e recolhimento do ICMS em favor da unidade federada destinatária, vulnerara a exigência de lei em sentido formal e complementar (CF, art. 155, § 2º, XII, b) para instituir uma nova modalidade de substituição tributária. Em seguida, a Corte, por maioria, deliberou modular os efeitos da declaração de inconstitucionalidade do aludido Protocolo a partir do deferimento da concessão da medida liminar, ressalvadas as ações já ajuizadas. Vencido o Ministro Marco Aurélio, que não modulava. ADI 4628/DF, rel. Min. Luiz Fux, 17.9.2014. (ADI-4628) ADI 4713/DF, rel. Min. Luiz Fux, 17.9.2014. (ADI-4713) RE 680089/SE, rel. Min. Gilmar Mendes, 17.9.2014. (RE-680089) (STF – **Informativo** n. 759, Plenário, Repercussão Geral – ADI 4628/DF, rel. Min. Luiz Fux, 17.9.2014. (ADI-4628) ADI 4713/DF, rel. Min. Luiz Fux, 17.9.2014).

ICMS e "leasing" internacional – 6

Não incide o ICMS importação na operação de arrendamento mercantil internacional, salvo na hipótese de antecipação da opção de compra na medida em que o arrendamento mercantil não implica, necessariamente, transferência de titularidade sobre o bem. Com base nessa orientação, o Plenário, por maioria e em conclusão de julgamento, desproveu recurso extraordinário se discutia a constitucionalidade da incidência de ICMS sobre operações de importação de mercadorias, sob o regime de arrendamento mercantil internacional — v. **Informativos** ns. 629 e 729. O Tribunal assinalou que a incidência do ICMS pressuporia operação de circulação de mercadoria. Assim, se não houver aquisição de mercadoria, mas mera posse decorrente do arrendamento, não se poderia cogitar de circulação econômica. Dessa forma, sublinhou que caberia à Fazenda Pública examinar o contrato de arrendamento para verificar a incidência de ICMS. Frisou que não haveria a aludida incidência sobre a operação de arrendamento mercantil sempre que a mercadoria fosse passível de restituição ao proprietário e enquanto não fosse efetivada a opção de compra. Por outro lado, afirmou que sobre a operação de arrendamento a envolver bem insuscetível de devolução, fosse por circunstâncias naturais ou físicas ou por se tratar de insumo, incidiria ICMS, porque nessa hipótese o contrato teria apenas a forma de arrendamento, mas conteúdo de compra e venda. Apontou que, nos termos do acórdão recorrido, o caso dos autos seria de contrato de arrendamento mercantil internacional de bem suscetível de devolução, sem opção de compra. Ademais, enfatizou que o entendimento de que o ICMS incidiria sobre toda e qualquer entrada de mercadoria importada poderia resultar em situações configuradoras de afronta ao princípio constitucional da vedação de confisco (CF, art. 150, IV). Isso porque, no caso de mercadoria que não constitua o patrimônio do arrendatário, o tributo, ao invés de integrar o valor da mercadoria, como seria da natureza do ICMS, expropriaria parcela do efetivo patrimônio da empresa. Salientou que os conceitos de direito privado não poderiam ser desnaturados pelo direito tributário. Vencidos os Ministros Gilmar Mendes (relator) e Teori Zavascki, que davam provimento ao recurso. O relator aplicava o precedente firmado no RE 206.069/SP (**DJU** de 1º.09.2006), de modo a garantir a incidência do ICMS na importação de bem ou mercadoria provenientes do exterior, independentemente da natureza do contrato internacional celebrado. O Ministro Teori Zavascki, em acréscimo, pontuava que a natureza e o conteúdo do contrato celebrado no exterior não poderia comprometer a ocorrência do fato gerador do ICMS. RE 540829/SP, rel. orig. Min. Gilmar Mendes, red. p/ o acórdão Min. Luiz Fux, 11.09.2014 (RE-540829) (STF – **Informativo** n. 758, Plenário, Repercussão Geral – RE 540829/SP, rel. orig. Min. Gilmar Mendes, red. p/ o acórdão Min. Luiz Fux, 11.09.2014).

ICMS: Revogação de Benefício Fiscal e Princípio da Anterioridade Tributária

Configura aumento indireto de tributo e, portanto, está sujeita ao princípio da anterioridade tributária, a norma que implica revogação de benefício fiscal anteriormente concedido. Com base nessa orientação, a 1ª Turma, por maioria, manteve decisão do Ministro Marco Aurélio (relator), que negara seguimento a recurso extraordinário, por entender que o acórdão impugnado estaria em consonância com o precedente firmado na ADI 2.325 MC/DF (**DJU** de 06.10.2006). Na espécie, o tribunal "a quo" afastara a aplicação — para o ano em que publicados — de decretos estaduais que teriam reduzido benefício de diminuição de base de cálculo do ICMS, sob o fundamento de ofensa ao princípio da anterioridade tributária. A Turma afirmou que os mencionados atos normativos teriam reduzido benefício fiscal vigente e, em consequência, aumentado indiretamente o aludido imposto, o que atrairia a aplicação do princípio da anterioridade. Frisou que a concepção mais adequada de anterioridade seria aquela que afetasse o conteúdo teleológico da garantia. Ponderou que o mencionado princípio visaria garantir que o contribuinte não fosse surpreendido com aumentos súbitos do encargo fiscal, o que propiciaria um direito implícito e inafastável ao planejamento. Asseverou que o prévio conhecimento da carga tributária teria como base a segurança jurídica e, como conteúdo, a garantia da certeza do direito. Ressaltou, por fim, que toda alteração do critério quantitativo do consequente da regra matriz de incidência deveria ser entendida como majoração do tributo. Assim, tanto o aumento de alíquota, quanto a redução de benefício, apontariam para o mesmo resultado, qual seja, o agravamento do encargo. Vencidos os Ministros Dias Toffoli e Rosa Weber, que proviam o agravo regimental. Após aduzirem que benefícios fiscais de redução de base de cálculo se caracterizariam como isenção parcial, pontuavam que, de acordo com a jurisprudência do STF, não haveria que se confundir instituição ou aumento de tributos com revogação de isenções fiscais, uma vez que, neste caso, a exação já existiria e persistiria, embora com a dispensa legal de pagamento. RE 564225 AgR/RS, rel. Min. Marco Aurélio, 02.09.2014 (RE-564225) (STF – **Informativo** n. 757, 1ª Turma – RE 564225 AgR/RS, rel. Min. Marco Aurélio, 02.09.2014).

ICMS e transporte rodoviário de passageiros – 4

É devida a cobrança de ICMS nas operações ou prestações de serviço de transporte terrestre interestadual e intermunicipal de passageiros e de cargas. Com base nesta orientação, em conclusão de julgamento, o Plenário, por maioria, reputou improcedente pedido formulado em ação direta ajuizada contra os artigos 4º; 11, II, a e c; 12, V e XIII, da Lei Complementar 87/1996 (Lei Kandir), que dispõem sobre os contribuintes do ICMS, estabelecem o local da operação ou da prestação de serviço de transporte, para os efeitos da cobrança do imposto, e definem o estabelecimento responsável, bem como fixam o momento de ocorrência da hipótese de incidência do tributo — v. **Informativos** ns. 415 e 522. Asseverou-se não afrontar o princípio da isonomia o não acolhimento da tese de extensão do resultado da ADI 1.600/DF (**DJU** de 20.06.2003) — que, à exceção do transporte aéreo de cargas nacional, declarara inconstitucional a instituição de ICMS sobre a prestação de serviços de transporte aéreo intermunicipal, interestadual e internacional — às operações de transporte terrestre de passageiros e de cargas. Pontuou-se não haver indicação precisa da similitude entre os quadros a que se submeteriam a aviação brasileira e as empresas de transporte terrestre, regidas por normativas distintas. Esclareceu-se que os custos, os riscos, a intensidade da prestação, a abrangência, a rotatividade e o grau de submissão à regulação estatal pertinente ao transporte aéreo não seriam os mesmos aplicáveis às empresas que explorariam economicamente a malha viária. Frisou-se que a escolha da LC 87/1996 como objeto da presente ação direta ocultaria o vício efetivamente debatido, que seria a alegada omissão do legislador, circunstância que tornaria essa específica tentativa de controle de constitucionalidade inadequada para a solução da problemática. Lembrou-se que a criação de obrigações acessórias poderia ser feita por lei ordinária, porque não haveria reserva de lei complementar para esse efeito. Destacou-se não ser possível exigir da LC 87/1996 a especificação de todos os detalhes dos documentos que viabilizassem o exercício do direito ao crédito, como a indicação do adquirente da passagem, a sua eventual condição de contribuinte de ICMS, o itinerário, entre outros. Enfatizou-se a compatibilidade da LC 87/1996 com a Constituição, que preservou a repartição de competência tributária e o direito ao crédito, como meio de anular a acumulação da carga tributária. Sublinhou-se ser inequívoco o propósito da Constituição de tributar as operações de transporte terrestre de passageiro, seja por interpretação direta do art. 155, II, da CF, seja pelo exame da incorporação do antigo imposto federal sobre transportes ao ICMS. Vencidos os Ministros Nelson Jobim, relator, Sepúlveda Pertence, Gilmar Mendes e Celso de Mello, que julgavam procedente o pleito, com eficácia *ex nunc*. Os Ministros Gilmar Mendes e Celso de Mello limitavam a modulação dos efeitos do que decidido, com ressalvas apenas à aplicação da eficácia *ex tunc* aos casos concretos sub judice em período anterior à conclusão do julgamento da presente ação. ADI 2669/DF, rel. orig. Min. Nelson Jobim, red. p/ o acórdão Min. Marco Aurélio, 05.02.2014 (ADI-2669) (STF – **Informativo** n. 734 – ADI 2669/DF, rel. orig. Min. Nelson Jobim, red. p/ o acórdão Min. Marco Aurélio, 05.02.2014).

ICMS e fornecimento de água encanada

Não incide ICMS sobre o serviço de fornecimento de água encanada. Com base nessa orientação, o Plenário, em conclusão de julgamento, desproveu recurso extraordinário, interposto pelo Estado do Rio de Janeiro, em que se alegava a constitucionalidade da incidência do tributo sobre o fornecimento de água encanada por empresa concessionária – v. **Informativo** n. 638. Entendeu-se que a incidência do ICMS prevista na legislação fluminense geraria situação eivada de inconstitucionalidade, a destoar da materialidade deste tributo, inserta no art. 155, II, da CF (*"Art. 155. Compete aos Estados e ao Distrito Federal instituir impostos sobre: ... II – operações relativas à circulação de mercadorias e sobre prestações de serviços de transporte interestadual e intermunicipal e de comunicação, ainda que as operações e as prestações se iniciem no exterior"*). Observou-se que, conquanto o fato gerador estivesse descrito na lei instituidora, o legislador infraconstitucional sujeitar-se-ia aos limites da hipótese de incidência estabelecida na Constituição. Concluiu-se, no ponto, que analisar a extensão dessa hipótese seria indispensável para identificar o que constituiria fato gerador do imposto em questão. No que concerne à noção de mercadoria, para fins dessa tributação, enfatizou-se que se trataria de bem móvel sujeito à mercancia ou, conforme a preferência, objeto de atividade mercantil. Consignou-se que as águas públicas derivadas de rios ou mananciais seriam qualificadas juridicamente como bem de uso comum do povo, consoante os artigos 20, III, e 26, I, da CF, não equiparáveis a uma espécie de mercadoria, sobre a qual incidiria o ICMS. Dessa forma, o tratamento químico necessário ao consumo não teria o condão de descaracterizar a água como bem público de uso comum de todos (STF – **Informativo** n. 701 – RE n. 607056/RJ, rel. Min. Dias Toffoli, 10.04.2013 (RE-607056).

Receita Pública – Fundo de Participação dos Municípios – ICMS

O que previsto no inciso IV do artigo 167 da Constituição Federal não autoriza o estabelecimento de cláusula contratual que implique, a um só tempo, vinculação e repasse direto de valores sem o aporte na contabilidade do município, sem o ingresso nesta última – inteligência do artigo 167, inciso IV e § 4º, da Carta da República (STF – **Informativo** n. 698 – Ag. Reg. no RE n. 397.458-MT – rel. Min. Marco Aurélio, **DJe**-046, divulg. em 08.03.2013).

ITCD e alíquotas progressivas

Em conclusão, o Plenário, por maioria, deu provimento a recurso extraordinário, interposto pelo Estado do Rio Grande do Sul, para assentar a constitucionalidade do art. 18 da Lei gaúcha 8.821/89, que prevê o sistema progressivo de alíquotas para o imposto sobre a transmissão *causa mortis* de doação – ITCD – v. **Informativos** ns. 510, 520 e 634. Salientou-se, inicialmente, que o entendimento de que a progressividade das alíquotas do ITCD seria inconstitucional decorreria da suposição de que o § 1º do art. 145 da CF a admitiria exclusivamente para os impostos de caráter pessoal. Afirmou-se, entretanto, que todos os impostos estariam sujeitos ao princípio da capacidade contributiva, mesmo os que não tivessem caráter pessoal. Esse dispositivo estabeleceria que os impostos, sempre que possível, deveriam ter caráter pessoal. Assim, todos os impostos, independentemente de sua classificação como de caráter real ou pessoal, poderiam e deveriam guardar relação com a capacidade contributiva do sujeito passivo. Aduziu-se, também, ser possível aferir a capacidade contributiva do sujeito passivo do ITCD, pois, tratando-se de imposto direto, a sua incidência poderia expressar, em diversas circunstâncias, progressividade ou regressividade direta. Asseverou-se que a progressividade de alíquotas do imposto em comento não teria como descambar para o confisco, porquanto haveria o controle do teto das alíquotas pelo Senado Federal (CF, art. 155, § 1º, IV). Ademais, assinalou-se inexistir incompatibilidade com o Enunciado 668 da Súmula do STF (*"É inconstitucional a lei municipal que tenha estabelecido, antes da Emenda Constitucional 29/2000, alíquotas progressivas para o IPTU, salvo se destinada a assegurar o cumprimento da função social da propriedade urbana"*). Por derradeiro, esclareceu-se que, diferentemente do que ocorreria com o IPTU, no âmbito do ITCD não haveria a necessidade de emenda constitucional para que o imposto fosse progressivo (STF – **Informativo** n. 694 – RE n. 562045/RS, rel. orig. Min. Ricardo Lewandowski, rel.ª p/ o acórdão Min.ª Cármen Lúcia, 06.02.2013 (RE-562045).

Direito tributário. Não cumulatividade do ICMS incidente na aquisição de combustível por empresa de transporte fluvial

O ICMS incidente na aquisição de combustível a ser utilizado por empresa de prestação de serviço de transporte fluvial no desempenho de sua atividade-fim constitui crédito dedutível na operação seguinte (art. 20 da LC 87/1996). Isso porque combustível constitui insumo indispensável à atividade em questão. Com efeito, se o constituinte originário inseriu os prestadores de serviços de transporte e comunicação no âmbito do ICMS, é imperativo que se compatibilize o princípio da não cumulatividade com as suas atividades, o que só será possível mediante a definição de um critério que preserve um mínimo de créditos, imune às constantes tentativas de mitigação por parte dos Estados-membros. Esse novo critério deve garantir o direito de crédito sobre todos os materiais empregados de forma absolutamente necessária nos veículos utilizados na prestação do serviço de transporte, assim como nas centrais telefônicas de propriedade dos prestadores de serviço de comunicação, por exemplo, até porque esses materiais impactam decisivamente a composição do preço do serviço que será oferecido ao público. Ademais, tratando-se o combustível de insumo, não se lhe aplica a limitação prevista no art. 33, I, da LC 87/1996 – de acordo com a qual "somente darão direito de crédito as mercadorias destinadas ao uso ou consumo do estabelecimento nele entradas a partir de 1º de janeiro de 2020" –, pois só alcança as mercadorias destinadas ao uso ou consumo do estabelecimento. REsp 1.435.626-PA, rel. Min. Ari Pargendler, julgado em 03.06.2014 (STJ – **Informativo** n. 543 – REsp 1.435.626-PA, rel. Min. Ari Pargendler, julgado em 03.06.2014).

Direito tributário. Hipótese de inclusão do ICMS na base de cálculo do IRPJ e da CSLL

No regime de lucro presumido, o ICMS compõe a base de cálculo do IRPJ e da CSLL. Precedentes citados: AgRg no REsp 1.393.280-RN, Segunda Turma, **DJe** de 16.12.2013; e REsp 1.312.024-RS, Segunda Turma, **DJe** de 07.05.2013. AgRg no REsp 1.423.160-RS, rel. Min. Herman Benjamin, julgado em 27.03.2014 (STJ – **Informativo** n. 0539 – AgRg no REsp 1.423.160-RS, rel. Min. Herman Benjamin, julgado em 27.03.2014).

Direito Tributário. Creditamento de ICMS incidente sobre a energia elétrica utilizada na prestação de serviços de telecomunicações. Recurso repetitivo (art. 543-C do CPC e Res. n. 8/2008-STJ)

É possível o creditamento do ICMS incidente sobre a energia elétrica utilizada pelas empresas de telefonia na prestação de serviços de telecomunicações. De fato, o art. 19 da LC n. 87/96 estabeleceu a não cumulatividade do ICMS, prevendo a compensação do que for devido em cada operação relativa à circulação de mercadorias ou prestação de serviços de transporte interestadual e intermunicipal e de comunicação com o montante cobrado nas anteriores pelo mesmo ou por outro estado. Por sua vez, o art. 33, II, "b", da LC n. 87/96 dispõe que a entrada de energia elétrica em estabelecimento implicará direito a crédito quando a energia tiver sido consumida no processo de industrialização. Por seu turno, o art. 1º do Dec. n. 640/1962. equiparou os serviços de telecomunicações à indústria básica para todos os efeitos legais. Por conseguinte, a Primeira Seção do STJ instituiu, no julgamento do REsp n. 842.270-RS, **DJe** de 26.06.2012, a compreensão de que o ICMS incidente sobre a energia elétrica consumida pelas empresas de telefonia, que promovem processo industrial por equiparação, pode ser creditado para abatimento do imposto devido quando da prestação de serviços. Na ocasião, entendeu-se, ademais, que a regra constante do art. 1º do Dec. n. 640/62 é inteiramente compatível com o CTN e com a legislação superveniente e atual, continuando em pleno vigor o referido dispositivo legal, já que não foi revogado. Além disso, considerando a definição de serviço de telecomunicações determinada pelo art. 60 da Lei n. 9.472/97 (Lei Geral de Telecomunicações) segundo o qual serviço de telecomunicações é o conjunto de atividades que possibilita a oferta de telecomunicação, qualificada, pelo § 1º do dispositivo, como a transmissão, emissão ou recepção, por fio, radioeletricidade, meios ópticos ou qualquer outro processo eletromagnético, de símbolos, caracteres, sinais, escritos, imagens, sons ou informações de qualquer natureza , percebe-se que a energia elétrica é um insumo essencial e indispensável para a realização do processo, equiparável, em seus fundamentos, ao de industrialização, que resulta na prestação do serviço de telecomunicações, o que legitima a incidência do princípio da não cumulatividade. Ademais, conforme firmado no voto-vista do Min. Castro Meira, ainda no precedente mencionado, o art. 33, II, "b", da Lei Complementar n. 87/96 precisa ser interpretado conforme a constituição, de modo a permitir que a não cumulatividade alcance os três núcleos de incidência do ICMS previstos no texto da Constituição (a *circulação de mercadorias*, a *prestação de serviços de transporte* e os *serviços de comunicação*), sem restringi-la apenas à circulação de mercadorias, que, embora seja a vertente central, não representa a única hipótese de incidência do imposto. Precedentes citados: REsp n. 842.270-RS , 1ª Seção, **DJe** de 26.06.2012; e AgRg no AgRg no REsp n. 1.134.930-MS, 2ª Turma, **DJe** de 19.12.2012 (STJ – **Informativo** n. 530 – REsp n. 1.201.635-MG, rel. Min. Sérgio Kukina, julgado em 12.06.2013).

Direito Tributário. Restituição do ICMS pago a maior na hipótese em que a base de cálculo real seja inferior à presumida

Na hipótese em que a base de cálculo real do ICMS for inferior à presumida, é possível pedir a restituição da diferença paga a maior a estados não signatários do Convênio Interestadual n. 13/97. De fato, o STF, no julgamento da ADI n. 1.851/AL, já decidiu que, no regime de substituição tributária, somente haverá direito à restituição quando não ocorrer o fato gerador. Deve-se ressaltar, todavia, que os efeitos dessa decisão não alcançam todos os estados integrantes da Federação, mas apenas aqueles que sejam signatários do referido convênio (STJ – **Informativo** n. 526 – AgRg no REsp n. 1.371.922-SP, rel. Min. Humberto Martins, julgado em 06.08.2013).

Direito Tributário. Creditamento de ICMS sobre a energia elétrica consumida pelas prestadoras de serviços de telecomunicações. Recurso repetitivo (art. 543-C do CPC e res. 8/2008-STJ)

É possível o creditamento do ICMS incidente sobre a energia elétrica consumida pelas prestadoras de serviços de telecomunicações para abatimento do imposto devido quando da prestação de serviços. O art. 19 da LC n. 87/96, em âmbito legal, assegura o direito à não cumulatividade para o ICMS, prevendo a compensação do que for devido em cada operação relativa à circulação de mercadorias ou prestação de serviços de transporte — interestadual e intermunicipal — e de comunicação com o montante cobrado nas operações anteriores pelo mesmo estado ou por outro. Por sua vez, o art. 33, II, "b", do referido dispositivo legal prevê a possibilidade de creditamento de ICMS relativamente à aquisição de energia elétrica, na hipótese em que o estabelecimento a utilize no processo de industrialização. A propósito, por força do Dec. n. 640/62 — recepcionado pela Constituição atual e compatível com a legislação tributária posterior — os serviços de comunicação são equiparados à indústria. Assim, em virtude da essencialidade da energia elétrica, como insumo, para o exercício da atividade de telecomunicações, induvidoso se revela o direito ao creditamento de ICMS, em atendimento ao princípio da não cumulatividade. Precedentes citados: REsp n. 842.270-RS, 1ª Seção, **DJe** de 26.06.2012, e AgRg no AgRg no REsp n. 1.134.930/MS, 2ª Turma, **DJe** de 19.12.2012 (STJ – **Informativo** n. 522 – REsp n. 1.201.635/MG, rel. Min. Sérgio Kukina, julgado em 12.06.2013).

Direito Tributário. Creditamento de ICMS apurado na importação de equipamento cedido em comodato

O contribuinte não tem o dever de estornar crédito de ICMS apurado na importação de equipamento destinado ao ativo permanente da empresa na hipótese em que o bem seja, posteriormente, cedido em comodato a terceiro. Esse entendimento é extraído da interpretação dos arts. 20, § 3°, I, e 21, I, ambos da LC n. 87/96. O primeiro artigo autoriza o creditamento do imposto cobrado na operação que tenha resultado na entrada de mercadoria no estabelecimento, mesmo a destinada ao ativo permanente, mas excepciona a hipótese em que a saída subsequente não for tributada ou estiver isenta. O segundo impõe ao contribuinte o dever de estornar o ICMS creditado se incidir essa regra excepcional, isto é, quando o próprio creditamento for vedado. Se os equipamentos são cedidos em comodato, não se pode falar em "saída" sob a perspectiva da legislação do ICMS, entendida como circulação de mercadoria com transferência de propriedade. Nesse caso, os bens não deixam de integrar o patrimônio do contribuinte (STJ – **Informativo** n. 516 – REsp n. 1.307.876/SP, rel. Min. Herman Benjamin, julgado em 05.02.2013). Direito Tributário. Creditamento de ICMS sobre a energia elétrica consumida pelas prestadoras de serviços de telecomunicações. Recurso repetitivo (art. 543-C do CPC e Res. 8/2008-STJ).

Direito Tributário. Não incidência de ICMS sobre a operação de venda, realizada por agência de automóveis, de veículo usado objeto de consignação pelo proprietário

Não incide ICMS sobre a operação de venda, promovida por agência de automóveis, de veículo usado objeto de consignação pelo proprietário. A circulação de mercadorias prevista no art. 155 da CF é a jurídica, que exige efetivo ato de mercancia, para o qual concorrem a finalidade de obtenção de lucro e a transferência de titularidade, a qual, por sua vez, pressupõe a transferência de uma pessoa para outra da posse ou da propriedade da mercadoria. A mera consignação do veículo, cuja venda deverá ser promovida por agência de automóveis, não representa circulação jurídica da mercadoria, porquanto não induz à transferência da propriedade ou da posse da coisa, inexistindo, dessa forma, troca de titularidade a ensejar o fato gerador do ICMS. **Nesse negócio jurídico, não há transferência de propriedade à agência de automóveis, pois ela não**

adquire o veículo de seu proprietário, apenas intermedeia a venda da coisa a ser adquirida diretamente pelo comprador. De igual maneira, não há transferência de posse, haja vista que a agência de automóveis não exerce sobre a coisa nenhum dos poderes inerentes à propriedade (art. 1.228 do CC). Com efeito, a consignação do veículo não pressupõe autorização do proprietário para a agência usar ou gozar da coisa, tampouco a agência pode dispor sobre o destino da mercadoria, pode, apenas, promover a sua venda em conformidade com as condições estabelecidas pelo proprietário. Em verdade, a consignação do veículo significa mera detenção precária da mercadoria para exibição, facilitando, dessa forma, a realização do serviço de intermediação contratado (STJ – **Informativo** n. 515 – REsp n. 1.321.681/DF, rel. Min. Benedito Gonçalves, julgado em 26.02.2013).

ITCD e alíquotas progressivas

Em conclusão, o Plenário, por maioria, deu provimento a recurso extraordinário, interposto pelo Estado do Rio Grande do Sul, para assentar a constitucionalidade do art. 18 da Lei gaúcha 8.821/89, que prevê o sistema progressivo de alíquotas para o imposto sobre a transmissão *causa mortis* de doação – ITCD – v. **Informativos** ns. 510, 520 e 634. Salientou-se, inicialmente, que o entendimento de que a progressividade das alíquotas do ITCD seria inconstitucional decorreria da suposição de que o § 1º do art. 145 da CF a admitiria exclusivamente para os impostos de caráter pessoal. Afirmou-se, entretanto, que todos os impostos estariam sujeitos ao princípio da capacidade contributiva, mesmo os que não tivessem caráter pessoal. Esse dispositivo estabeleceria que os impostos, sempre que possível, deveriam ter caráter pessoal. Assim, todos os impostos, independentemente de sua classificação como de caráter real ou pessoal, poderiam e deveriam guardar relação com a capacidade contributiva do sujeito passivo. Aduziu-se, também, ser possível aferir a capacidade contributiva do sujeito passivo do ITCD, pois, tratando-se de imposto direto, a sua incidência poderia expressar, em diversas circunstâncias, progressividade ou regressividade direta. Asseverou-se que a progressividade de alíquotas do imposto em comento não teria como descambar para o confisco, porquanto haveria o controle do teto das alíquotas pelo Senado Federal (CF, art. 155, § 1º, IV). Ademais, assinalou-se inexistir incompatibilidade com o Enunciado 668 da Súmula do STF ("É inconstitucional a lei municipal que tenha estabelecido, antes da Emenda Constitucional 29/2000, alíquotas progressivas para o IPTU, salvo se destinada a assegurar o cumprimento da função social da propriedade urbana"). Por derradeiro, esclareceu-se que, diferentemente do que ocorreria com o IPTU, no âmbito do ITCD não haveria a necessidade de emenda constitucional para que o imposto fosse progressivo (STF – **Informativo** n. 694 – RE n. 562045/RS, rel. orig. Min. Ricardo Lewandowski, rel.ª p/ o acórdão Min.ª Cármen Lúcia, 06.02.2013 (RE-562045).

CAPÍTULO 12

IMPOSTOS MUNICIPAIS

1. IMPOSTO SOBRE PROPRIEDADE PREDIAL E TERRITORIAL URBANA (IPTU)

1.1. Breve Contexto Histórico

O Alvará de 27 de junho de 1808, pelo qual o Príncipe D. Fernando José de Portugal, criou o "imposto da décima dos prédios urbanos". A partir de então, os proprietários de todos os prédios urbanos em estado de serem habitados deveriam pagar anualmente 10% do rendimento líquido para a Real Fazenda.

Com a Constituição de 1891, o artigo 9º trouxe que os Estados tinham competência exclusiva para decretar Impostos sobre Imóveis Rurais e Urbanos.

Na Constituição de 1934, no artigo 13, § 2º, II, o legislador diferenciou "impostos predial e territorial urbanos", ambos de competência municipal. A Constituição de 1937 manteve tal previsão no seu artigo 28, II.

Finalmente, a Constituição de 1946 acabou por unificar o imposto, com o nome de Imposto Predial e Territorial Urbano (IPTU), deixando-o na competência dos Municípios. E a nossa atual Constituição manteve a previsão, atualmente no artigo 156, I.

1.2. Previsão Legal

- Art. 156, I, da CF.
- Arts. 32 a 34 do CTN.
- Lei n. 10.257/2001 (Estatuto da Cidade – art. 7º, §§ 1º ao 3º) – Regulamenta os arts. 182 e 183 da Constituição Federal, estabelece diretrizes gerais da política urbana e dá outras providências.

1.3. Hipótese de Incidência Tributária

1.3.1. Critério Material

Em atenção ao artigo 156, I, da CF, o critério material do IPTU se constitui pelo fato de ser **proprietário** de imóvel **urbano**.

Ser proprietário, nos termos do artigo 1.228 do Código Civil, envolve a faculdade de usar, gozar e dispor da coisa e o direito de reavê-la do poder de quem quer que injustamente a possua ou detenha.

Sublinhe-se que ao considerar que a Lei Magna estabelece ser a propriedade o fato gerador do IPTU, qualquer outro direito real sobre o imóvel não será hipótese de incidência desse Imposto.

Por essa razão, considera-se que o artigo 32 do CTN, quando prevê que o fato gerador do IPTU consiste na propriedade, o **domínio útil** ou a **posse** de imóvel por natureza ou por acessão física, entende-se que incidirá esse imposto apenas quando for exercida a posse e o domínio útil com ***animus domini.***

A simples posse e domínio útil não ensejam a tributação do IPTU, em virtude de a Constituição determinar como riqueza tributável do IPTU a propriedade em seu sentido pleno.

Nesse sentido, tem-se a decisão do STJ:

> PROCESSUAL CIVIL. TRIBUTÁRIO. VIOLAÇÃO DO ART. 535 DO CPC. ALEGAÇÃO GENÉRICA. SÚMULA N. 284/STF. IPTU. CONTRIBUINTE. AUSÊNCIA DE ANIMUS DOMINI. CONDOMÍNIO. MERO ADMINISTRADOR. (...) 2. O fato gerador do IPTU, conforme dispõe o art. 32 do CTN, é a propriedade, o domínio útil ou a posse. O contribuinte da exação é o proprietário do imóvel, o titular do seu domínio ou seu possuidor a qualquer título (art. 34 do CTN). 3. A jurisprudência do STJ é pacífica no sentido de que somente a posse com ***animus domini*** é apta a gerar a exação predial urbana, o que não ocorre com o condomínio, *in casu*, que apenas possui a qualidade de administrador de bens de terceiros. 4. "Não é qualquer posse que deseja ver tributada. Não é a posse direta do locatário, do comodatário, do arrendatário de terreno, do administrador de bem de terceiro, do usuário ou habitador (uso e habitação) ou do possuidor clandestino ou precário (posse nova etc.**). A posse prevista no Código Tributário como tributável é a de pessoa que já é ou pode ser proprietária da coisa."** (MARTINS, Ives Gandra da Silva (Coord.). Imposto Predial e Territorial Urbano. In: *Curso de direito tributário*. 8. ed. p. 736-737). Recurso especial improvido (REsp n. 1327539/DF, rel. Min. Humberto Martins, 2ª Turma, julgado em 14.08.2012, **DJe** de 20.08.2012) (grifos nossos).

> TRIBUTÁRIO. IPTU. RESPONSABILIDADE TRIBUTÁRIA. ARRENDATÁRIA. ÁREA PORTUÁRIA PERTENCENTE À UNIÃO. IMPOSSIBILIDADE. PRECEDENTES. 1. **Conforme jurisprudência do STJ, o cessionário do direito de uso do imóvel é possuidor por relação de direito pessoal, não sendo, portanto, contribuinte do IPTU, uma vez que exerce a posse sem animus domini.** 2. É inviável atribuir a responsabilidade tributária pelo recolhimento de IPTU à arrendatária de subconcessionária de área do Porto de Santos, pertencente à União. 3. Agravo Regimental não provido (AgRg no AREsp n. 349.019/SP, rel. Min. Herman Benjamin, 2ª Turma, julgado em 19.09.2013, **DJe** de 26.09.2013) (grifos nossos).

Assim, admite-se que o locatário, o arrendatário, o comodatário, o mero detentor, o cessionário de uso de bem público, o titular de direito de habitação não praticam o fato gerador do IPTU, pois não apresentam ***animus domini***.

Com relação ao **superficiário**, há duas correntes que tratam sobre o assunto. A primeira entende que o superficiário pode figurar como Contribuinte do IPTU, com base no artigo 21, § 3º, da Lei n. 10.257/2001 e no artigo 1.371 do Código Civil, em razão da responsabilidade pelo pagamento dos tributos que incidam sobre a propriedade superficiária. A segunda, conclui ser ilegítimo o superficiário ser Contribuinte do IPTU, isso porque segundo o disposto no artigo 146, III, "a", da CF, cabe à Lei Complementar definir os contribuintes, e, nesse ponto, a Lei n. 10.257/2001 estaria violando a CF.

Em **provas de concurso objetivas**, recomenda-se seguir a previsão do artigo 21, § 3º, da Lei n. 10.257/2001, quando se observar que a prova requer a literalidade da lei. Em **provas discursivas** compreende-se ser necessária a menção das duas correntes doutrinárias.

No que se refere à servidão, quem apenas se utiliza de servidão de passagem de imóvel alheio **não pode ser considerado** Contribuinte do IPTU, consoante entendimento a seguir do STJ:

> TRIBUTÁRIO. IPTU. SERVIDÃO DE PASSAGEM. OLEODUTOS. ART. 34 DO CTN. POSSUIDOR. AUSÊNCIA DE TIPICIDADE. NÃO INCIDÊNCIA. SOLIDARIEDADE PASSIVA TRIBUTÁRIA. NECESSIDADE DE EXPRESSA PREVISÃO LEGAL. INOCORRÊNCIA. RECURSO ESPECIAL NÃO PROVIDO. 1. **O possuidor da servidão de passagem, embora detenha o direito de usar e gozar da propriedade, dela não pode dispor, razão pela qual não se insere no rol de contribuintes de IPTU previsto no art. 34 do CTN**. 2. A solidariedade passiva tributária não se presume, devendo advir de previsão legal. 3. Recurso especial não provido (REsp n. 1115599/SP, rel.ª Min.ª Eliana Calmon, 2ª Turma, julgado em 04.05.2010, **DJe** de 13.05.2010) (grifos nossos).

Além disso, em que pese a Súmula n. 399 do STJ mencionar que cabe à legislação municipal estabelecer o Sujeito Passivo do IPTU, deve-se tomar a devida cautela, pois os precedentes que deram origem à sua edição dizem respeito à promessa de compra e venda. Assim, não pode o legislador municipal definir qualquer pessoa como Contribuinte do IPTU. Frise-se, para ser Contribuinte desse Imposto, o sujeito deve estar na condição de proprietário do imóvel, ou possuidor, ou detentor de domínio útil com *animus domini*.

Ainda no tocante à incidência do IPTU, de acordo com o posicionamento do STJ, o possuidor, na qualidade de promitente comprador, pode ser considerado Contribuinte do IPTU, conjuntamente com o proprietário do imóvel, responsável pelo seu pagamento. Isso porque a existência de possuidor apto a ser considerado Contribuinte do IPTU não implica a exclusão automática, do polo passivo da obrigação tributária, do titular do domínio (assim entendido aquele que tem a propriedade registrada no Registro de Imóveis)[1].

O possuidor promitente comprador, portanto, configura Contribuinte do IPTU porque tem a posse do imóvel com *animus domini*.

No que diz respeito ao **usufrutuário** também há discussões sobre sua legitimidade para contribuir com o IPTU. Muitos doutrinadores entendem que ele não seria Contribuinte por não ser proprietário do imóvel e também por não apresentar o *animus domini*. Contudo, o STJ tem compreendido que como o usufrutuário tem direito à posse, ao uso, à administração

1. REsp n. 1.110.551, rel. Min. Mauro Campbell Marques, **DJ** de 18.06.2009. (Recurso julgado em sede de repetitivo).

e à percepção dos frutos do imóvel deve recolher o IPTU. Defende-se que (...) *"em certas circunstâncias, a posse tem configuração jurídica de título próprio, de investidura do seu titular como se proprietário fosse. É o caso do usufrutuário que, como todos sabemos, tem a obrigação de proteger a coisa como se detivesse o domínio"*[2].

Nosso entendimento referente à legitimidade do usufrutuário para ser contribuinte do IPTU segue a orientação jurisprudencial, pois se ao usufrutuário cabe os bônus do imóvel, deve, então, sujeitar-se a tal tributação.

Outra situação interessante, envolvendo a cobrança do IPTU, se revela quando analisados os imóveis **desapropriados**. Há julgamento do STJ no sentido de que a simples declaração de utilidade pública, para fins de desapropriação, não retira do proprietário do imóvel o direito de usar, gozar e dispor do seu bem, podendo até aliená-lo. E, por esse fato, **enquanto não deferida e efetivada a imissão de posse provisória**, o proprietário do imóvel continuaria responsável pelos impostos a ele relativos[3].

Ainda que a sentença definitiva de imissão seja o título hábil para a transferência da propriedade no registro imobiliário, o fato é que no curso da ação de desapropriação, pela qual se discute o valor da indenização, por exemplo, o proprietário do imóvel deixa de ter disponibilidade dos seus direitos como proprietário e, por isso, não deve mais ser contribuinte do IPTU.

Com efeito, não se pode exigir do proprietário o pagamento do IPTU quando sofreu invasão de sua propriedade, defendeu-se por intermédio dos meios jurídicos apropriados e foi expropriado pela municipalidade, sendo que esta, antes de receber a autorização judicial para imissão provisória na posse, ingressou na área com o ânimo de desapropriante.

Nessa toada, pode-se mencionar a cognição do STF:

> "EXECUÇÃO FISCAL. IPTU. IMÓVEL OBJETO DE DESAPROPRIAÇÃO E POSTERIOR DESISTÊNCIA. FATO GERADOR. CTN, ART. 32. Somente a partir do momento em que o desapropriado se reintegrou na posse do imóvel passou a existir o fato gerador do tributo. Recurso extraordinário conhecido e provido". (RE n. 107265, rel. Min. Francisco Rezek, 2ª Turma, julgado em 20.03.1987, **DJ** de 08.05.1987, p. 08362, Ement. v. 01460-01, p. 00163).

Veja também abaixo a transcrição do trecho da ementa de decisão mais recente do STJ a respeito:

> 7. Não se pode exigir do proprietário o pagamento do IPTU quando sofreu invasão de sua propriedade por terceiros, defendeu-se através dos meios jurídicos apropriados e foi expropriado pela municipalidade, sendo que esta, antes de receber a autorização judicial para imissão provisória, ingressou na área com o ânimo de desapropriante. 8. Recurso especial não provido. (REsp n. 1111364/SP, rel. Min. Benedito Gonçalves, 1ª Turma, julgado em 25.08.2009, **DJe** de 03.09.2009).

Portanto, segundo o entendimento do STJ, configura indevida a cobrança do IPTU do proprietário expropriado, uma vez que deixa de ser o possuidor do bem.

---

2. REsp n. 203.098/SP, rel. Min. Carlos Alberto Menezes Direito, **DJ** de 08.03.2000.
3. REsp n. 239.687/SP, 1ª Turma, rel. Min. Garcia Vieira, **DJ** de 20.03.2000.

Importante mencionar ainda que os circos, quiosques, barracas de campismo, bancas de jornais, barracas de feira não estão sujeitos à incidência do IPTU, em virtude de não integrarem a noção jurídica de prédio, pois não estão incorporados permanentemente ao solo.

No que concerne ao **imóvel urbano**, a regra utiliza como critério a **localização** e não a destinação do imóvel. Assim, considera-se como imóvel urbano aquele situado dentro da zona urbana.

À luz do artigo 32, § 1º, do CTN, a zona urbana se define por **lei municipal,** observado o requisito mínimo da existência de melhoramentos indicados em pelo menos 2 (dois) dos incisos desse artigo, construídos ou mantidos pelo Poder Público:

i) meio-fio ou calçamento, com canalização de águas pluviais;

ii) abastecimento de água;

iii) sistema de esgotos sanitários;

iv) rede de iluminação pública, com ou sem posteamento para distribuição domiciliar;

v) escola primária ou posto de saúde a uma distância máxima de 3 (três) quilômetros do imóvel considerado.

Diante disso, a área que não tenha pelo menos dois dos melhoramentos acima mencionados, não poderá ser considerada zona urbana. Assim, os imóveis nela situados podem sofrer a incidência do ITR, ao invés do IPTU, conforme analisado no Capítulo de Impostos Federais.

Conquanto, a lei municipal pode considerar urbanas as áreas urbanizáveis, ou de expansão urbana, constantes de loteamentos aprovados pelos órgãos competentes, destinados à habitação, à indústria ou ao comércio, mesmo que localizados fora das zonas definidas de acordo com o § 1º do artigo 32 do CTN.

Nesse sentido, segundo o STJ, os **sítios de recreio**, situados em áreas de expansão urbana, consideradas por lei municipal, ainda que não dotadas dos melhoramentos previstos no artigo 32, § 1º, do CTN, devem recolher IPTU[4].

Embora a regra para incidência do IPTU leve em consideração a localização do imóvel, constata-se uma exceção, que, inclusive, foi objeto de discussão judicial, trata-se da previsão contida no artigo 15 do DL n. 57/66, que foi recepcionado com status de Lei Complementar em nosso ordenamento jurídico, por meio do qual determina que sobre um imóvel localizado dentro da zona urbana de um Município, mas que tiver como **destinação econômica** a exploração vegetal, agrícola, pecuária ou agroindustrial, incidirá o ITR.

Diante disso, cumpre esclarecer que no caso de se tratar de exploração vegetal, agrícola, pecuária ou agroindustrial, quando situados dentro dos núcleos urbanos municipais, há que se apontar que houve controvérsia que levou à discussão no Poder Judiciário. Isso porque, em que pese exista o raciocínio de que para se enquadrar como zona urbana se faz necessário atender pelo menos dois requisitos do art. 32 do CTN e à lei municipal, sendo, portanto, a

4. AgRg no REsp n. 783.794/SP, rel. Min. Mauro Campbell Marques, 2ª Turma, julgado em 15.12.2009, **DJe** de 08.02.2010.

zona rural de conteúdo residual, deve-se apontar a plena vigência reconhecida pela Suprema Corte do Decreto Lei 57/1966, que, em seu art. 15, determinou que se deve igualmente levar em consideração o critério da destinação, seja exploração extrativa vegetal, agrícola, pecuária ou agroindustrial. Assim, a circunstância que se enquadrar neste último caso, incidirá o ITR e não IPTU. Segue decisão nesse sentido:

> Trata-se de agravo de instrumento contra decisão que inadmitiu recurso extraordinário (art. 102, III, a, da Constituição Federal) interposto de acórdão do Tribunal de Justiça do Estado do Rio Grande do Sul cuja ementa possui o seguinte teor: "DIREITO TRIBUTÁRIO. ITR E IPTU. IMÓVEL LOCALIZADO EM ÁREA URBANA, COM DESTINAÇÃO E UTILIZAÇÃO EM FINS RURAIS: INCIDÊNCIA DO ITR E NÃO DO IPTU. 1. Relevante, para a definição da incidência do ITR (Imposto Territorial Rural) e do IPTU (Imposto Predial e Territorial Urbano), é o efetivo uso e destinação econômica do imóvel tributável, e não a sua localização (rural ou urbana). O art. 32 do CTN não mais prevalece à vista dos arts. 15 e 16, do DL nº 57/66, não revogado pela Lei nº 5.868/72, declarada inconstitucional pelo STF e suspensa sua vigência pela Resolução nº 313/83, do Senado Federal. **Assim, pode o Município instituir o IPTU sobre os bens imóveis localizados em sua zona urbana, definida em lei municipal, qualquer que seja o seu uso e destinação, ressalvados, contudo, os utilizados em exploração extrativa vegetal, agrícola, pecuária ou agro-industrial, que se sujeitam unicamente ao ITR, da competência federal**. 2. Ademais, cabe ao Município comunicar ao proprietário, ensejando a ampla possibilidade de impugnação de sua parte, que seu imóvel rural foi incluído no cadastro fiscal para efeitos do IPTU em razão de sua consideração como urbano, e não ao seu proprietário, para que este informe que o seu imóvel está sendo tributado pelo ITR. RECURSO DESPROVIDO. UNÂNIME." (fls. 196) Alega-se violação do disposto nos arts. 30, III e VIII; 146, I, II e III, e 180, §§ 1º e 2º, da Carta Magna. Observo que não há, no caso, enfoque constitucional a possibilitar o exame da matéria na via estreita do recurso extraordinário, pois o acórdão recorrido está embasado exclusivamente na interpretação da legislação infraconstitucional. É pacífico o entendimento desta Corte no sentido de que o recurso extraordinário não é instrumento adequado para suscitar o exame de ofensas meramente reflexas ou indiretas ao texto constitucional. Aplica-se ao caso o disposto nas Súmulas 280 e 636 desta Corte. Ademais, verifico que referidos fundamentos infraconstitucionais não foram afastados pela via própria do recurso especial (REsp 1.144.644, rel. min. Denise Arruda, **DJe** de 26.08.2009), sendo aplicável o disposto na Súmula 283/STF. Por fim, mesmo que superados tais óbices, **saliento que o Supremo Tribunal Federal fixou entendimento de que o Decreto-Lei 57/1966 foi recepcionado pela Constituição federal de 1967 com o status de lei complementar, não podendo ser alterado por lei ordinária.** Confiram-se, neste sentido, o RE 140.1773 (rel. min. Sydney Sanches, **DJ** de 04.06.1999); o RE 93.850 (rel. min. Moreira Alves, **DJ** de 27.08.1982); o AI 559.827 (rel. min. Gilmar Mendes, **DJ** de 16.06.2006); o AI 414.674 (rel. min. Cezar Peluso, **DJ** de 30.03.2005); e o RE 76.057 (rel. min. Xavier de Albuquerque, **DJ** de 07.06.1974), este último assim ementado: "Imposto territorial urbano. Não incide sobre imóvel utilizado na exploração agropastoril, ainda que situado nos limites da zona urbana, definida em lei municipal. Negação de vigência, pelas instâncias ordinárias, ao art. 15 do DL 57, de 18.11.66, modificador da norma contida no art. 32 do Código Tributário Nacional. Recurso extraordinário conhecido e provido." Do exposto, nego seguimento ao agravo de instrumento. Publique-se. Brasília, 10 de setembro de 2010. Ministro JOAQUIM BARBOSA Relator (AI 773785 / RS – RIO GRANDE DO SUL Relator(a): Min. JOAQUIM BARBOSA, **DJe**-179, divulg. em 23.09.2010) (grifos nossos).

Note-se que dentre as questões enfrentadas pelo STF, um dos objetos da demanda era pela inconstitucionalidade da Lei que revogava o DL 57/66 (Lei nº 5.868/72). A Suprema Corte manteve a regra do DL 57/66, inclusive com a suspensão da execução da norma alteradora por resolução do Senado e, ainda, fixou entendimento de que o Decreto-Lei 57/1966 foi recepcionado pela Constituição Federal de 1967 com o status de lei complementar, não podendo, assim, ser alterado por lei ordinária. Portanto, seguindo o entendimento do STF, no caso de exploração vegetal, agrícola, pecuária ou agroindustrial, quando situados dentro dos núcleos urbanos municipais incidirá o imposto de competência federal – ITR.

Nesse contexto, segue também o posicionamento do STJ:

> TRIBUTÁRIO. IMÓVEL NA ÁREA URBANA. DESTINAÇÃO RURAL. IPTU. NÃO INCIDÊNCIA. ART. 15 DO DL N. 57/66. RECURSO REPETITIVO. ART. 543-C DO CPC. 1. **Não incide IPTU, mas ITR, sobre imóvel localizado na área urbana do Município, desde que comprovadamente utilizado em exploração extrativa, vegetal, agrícola, pecuária ou agroindustrial (art. 15 do DL n. 57/66).** 2. Recurso Especial provido. Acórdão sujeito ao regime do art. 543-C do CPC e da Resolução n. 8/2008 do STJ (REsp n. 1112646, rel. Min. Herman Benjamin, **DJ** de 28.08.2009) (grifos nossos).

1.3.2. Critério Temporal

As leis municipais estabelecem a incidência do IPTU sobre a propriedade em 1º de janeiro de cada ano.

1.3.3. Critério Espacial

Trata-se do Município de localização do imóvel, considerado dentro da zona urbana.

1.4. Consequente Tributário

1.4.1. Critério Pessoal

Sujeito Ativo	Coincide com o critério espacial, sendo o Município da localização do imóvel.
Sujeito Passivo	Nos ditames do artigo 34 do CTN, trata-se do proprietário do imóvel, o titular do seu domínio útil, ou o seu possuidor a qualquer título. Sendo que o detentor de domínio útil e o possuidor para serem contribuintes desse Imposto devem ter *animus domini*, como visto no Subitem 12.1.3.1.

1.4.2. Critério Quantitativo

1.4.2.1. Base de Cálculo

A base de cálculo do IPTU, conforme estabelecido no artigo 33 do CTN, compreende o valor venal do imóvel, considerando, inclusive, a construção e não apenas a terra nua. O valor venal se define pelo valor de mercado do imóvel, aquele que alcançaria se fosse posto à venda, em condições normais.

Na avaliação não deve ser considerado o valor dos bens móveis mantidos em caráter permanente ou temporário no imóvel, para efeito de sua utilização, exploração, aformoseamento ou comodidade, conforme prevê o Parágrafo Único do artigo 33 do CTN.

1.4.2.2. Alíquotas

A Constituição Federal determina que as alíquotas do IPTU podem ser progressivas por duas razões.

A primeira para cumprir a **função social** do imóvel urbano. Assim, nos meandros do artigo 182, § 4º, II, da CF, os imóveis não edificados, não utilizados ou subutilizados podem ter alíquotas maiores do que aqueles devidamente construídos, em virtude de estes últimos estarem cumprindo a sua função social.

A segunda possibilidade de progressividade das alíquotas do IPTU se dá em razão do **valor do imóvel**, consoante reza o artigo 156, § 1º, I, da CF, após EC n. 29/2000. Quanto maior for o valor do imóvel, maior será a alíquota desse Imposto.

Muitos Municípios antes mesmo da EC n. 29/2000 já aderiam a alíquotas progressivas, o que foi refutado pelo STF que entendeu ser possível a progressividade do IPTU **em razão do valor do imóvel** apenas **após** a emenda à CF, posto que não se pode admitir a constitucionalidade superveniente – Teoria da Nulidade adotada pelo STF.

Nessa seara, o Supremo editou a Súmula n. 668:

> **Súmula n. 668.** É inconstitucional a lei municipal que tenha estabelecido, antes da Emenda Constitucional 29/2000, alíquotas progressivas para o IPTU, salvo se destinada a assegurar o cumprimento da função social da propriedade urbana.

Desse modo, para os Municípios poderem cobrar alíquotas progressivas, de acordo com o ordenamento jurídico, tiveram de publicar novas leis, posteriores à EC n. 29/2000, pois, como descrito alhures, ainda que a CF passasse a permitir essa modalidade de progressividade, não se admitiria a "**constitucionalização superveniente**". Isso quer dizer que as leis municipais, anteriores à EC n. 29/2000, que já adotavam as alíquotas progressivas em virtude do valor do imóvel eram inconstitucionais e permanecem inconstitucionais, porque quando publicadas, ainda não existia previsão nesse aspecto na CF.

Ainda no tocante às alíquotas, o artigo 156, § 1º, II, da CF permitiu que as alíquotas do IPTU fossem **diferenciadas,** consoante a localização e o uso do imóvel.

Harada Kiyoshi elucida que "já é uma tradição da legislação municipal adotar alíquotas diferenciadas para favorecer o imóvel de uso residencial, talvez motivado pelo fato de ser a casa asilo inviolável do indivíduo" (art. 5º, XI, da CF)[5].

O STF entende que os imóveis não edificados podem ter alíquotas diferenciadas dos imóveis edificados sem, contudo, confundir-se com o instituto da progressividade.

Isso porque, no caso da progressividade para cumprimento da função social, esta pode ser constatada no tempo para desestimular o proprietário a manter um imóvel sem a devida função social. Para melhor compreensão, reproduz-se a redação da ementa de decisão recente do STF:

> DIREITO TRIBUTÁRIO. IPTU. INSTITUIÇÃO DE ALÍQUOTAS DIFERENCIADAS. IMÓVEL NÃO EDIFICADO. POSSIBILIDADE. PRECEDENTES. ACÓRDÃO RECORRIDO PUBLICADO EM 24.11.2008. A jurisprudência deste Supremo Tribunal Federal é firme no sentido de que a instituição de alíquotas diferenciadas em razão de estar ou não edificado o imóvel urbano não se confunde com o instituto da progressividade, razão pela qual não se divisa a alegada ofensa à Constituição Federal. Agravo regimental conhecido e não provido (AI n. 772064-AgR, rel. Min. Rosa Weber, 1ª Turma, julgado em 18.06.2013, acórdão eletrônico, **DJe**-148, divulg. em 31.07.2013, public. em 01.08.2013).

5. **IPTU**: doutrina e prática. Atlas, 2012. p. 104.

Por conseguinte, a Corte Suprema percebe ser constitucional a aplicação de alíquotas diferenciadas em razão de o imóvel ser ou não residencial, ser ou não edificado. E, ainda, destaca que essa permissão tem natureza diversa da progressividade, não devendo, portanto, confundi-las.

Ainda no tocante ao uso, o STF, em conformidade com o Princípio da Isonomia, compreendeu ser constitucional a lei municipal que reduz o valor do IPTU, em razão de o proprietário residir e de possuir apenas aquele imóvel, nos termos da Súmula 539, *in verbis*: "É constitucional a lei do município que reduz o imposto predial urbano sobre imóvel ocupado pela residência do proprietário, que não possua outro".

Importante salientar, por fim, que as referidas permissões contidas na Constituição Federal – da progressividade, em razão do valor do imóvel, e da diferenciação de alíquotas, em virtude da localização e uso do imóvel – não podem ser confundidas com a quantidade de imóveis.

Tanto é assim que o STF consolidou seu entendimento na Súmula 589: "É inconstitucional a fixação de adicional progressivo do IPTU em função do número de imóveis do contribuinte".

Ressalta-se, portanto, que na Constituição Federal não há qualquer menção quanto ao critério da quantidade de imóveis para ensejar alteração de alíquota na forma progressiva, de forma que caso algum Município se utilize desse critério, será considerado inconstitucional.

Nesse diapasão, segue questão discursiva abordando o Consequente da Norma Tributária do IPTU aplicada na prova de Juiz de Direito do Tribunal de Justiça do Estado de Goiás em 2009:

Exemplo de questão sobre o tema

▶ **(TJ-GO – Juiz de Direito – GO/2009).** Em relação aos aspectos constitucionais do IPTU, em que situação pode um Município majorar a alíquota para o Imposto mencionado em razão do tamanho do imóvel não edificado, considerando o teor da Emenda constitucional 29/2000? Justifique.

Como se trata de questão discursiva, importante o candidato demonstrar o conhecimento abordando a alteração na Constituição, incluída pela EC 29/2000 e o entendimento da Suprema Corte sobre a legislação municipal anterior a essa, conforme estudado nesse Capítulo. Além disso, deve se atentar em diferenciar o tamanho do valor do imóvel, posto que no enunciado o termo utilizado foi "tamanho".

1.5. Características

Trata-se de um imposto **fiscal**, na medida em que sua finalidade precípua visa arrecadar recursos para o Município ou para o Distrito Federal. Todavia, será **extrafiscal** quando se valer da progressividade para coibir o descumprimento da função social da propriedade urbana.

Consiste em um tributo **direto**, vez que, via de regra, não comporta o repasse do encargo financeiro. Também se caracteriza por ser um tributo **real**, posto que não leva em consideração as condições inerentes ao sujeito.

O IPTU respeita o Princípio da Anterioridade do Exercício e o da Anterioridade Nonagesimal (arts. 150, III, "b" e "c", da CF). No entanto, se a alteração ocorrer na **base de cálculo**, deverá respeitar apenas o Princípio da Anterioridade do Exercício, de modo que excepcionará o Princípio da Anterioridade nonagesimal – art. 150, §1º da CF. Por conseguinte, a nova base de cálculo do IPTU será aplicada no dia 1º de janeiro do exercício seguinte, mesmo que sua alteração tenha ocorrido no dia 31 de dezembro.

O **lançamento** do IPTU, em regra, se realiza por **ofício**, conforme previsto no artigo 142 do CTN. O referido lançamento de ofício se materializa por meio da Notificação de Lançamento enviada pelos Correios, segundo entendimento do STJ exarado na Súmula n. 397: *"Súmula n. 397. O contribuinte do IPTU é notificado do lançamento pelo envio do carnê ao seu endereço"*.

Ao Município basta comprovar o envio do carnê de IPTU pelos Correios sem necessidade de demonstrar o efetivo recebimento pelo Contribuinte. Por essa razão o ônus da prova caberá ao Sujeito Passivo.

Nesse diapasão, conforme dispõe o artigo 174 do CTN, o Fisco tem cinco anos para **cobrar** o crédito tributário, contados da sua constituição definitiva – prazo prescricional.

O STJ, em julgamento pelo qual se discutia a ocorrência da constituição definitiva do IPTU, entendeu que o início do prazo, da pretensão executória, se dá com o vencimento do prazo para pagamento do referido Imposto, conforme se depreende do julgado transcrito:

> AGRAVO EM RECURSO ESPECIAL Nº 44.530 – RS (2011/0129170-7) RELATOR : MINISTRO CASTRO MEIRA AGRAVANTE : MUNICÍPIO DE CAXIAS DO SUL PROCURADOR : LARISSA RAYMUNDI E OUTRO(S) AGRAVADO: NELSON BETTONI AGRAVADO: JUREMA BETTONI BOTTIN ADVOGADO: SEM REPRESENTAÇÃO NOS AUTOS PROCESSUAL CIVIL. IPTU. PRESCRIÇÃO. TERMO INICIAL. VENCIMENTO. PRECEDENTES. 1. **O termo inicial da prescrição referente ao IPTU é a data de vencimento do imposto.** Precedentes. 2. Agravo em recurso especial não provido. DECISÃO Cuida-se de agravo em recurso especial interposto com fulcro na alínea "a" do permissivo constitucional em face de acórdão assim ementado: AGRAVO. DIREITO TRIBUTÁRIO. EXECUÇÃO FISCAL. IPTU. PRESCRIÇÃO. OCORRÊNCIA. (...) Decido. Nos termos da jurisprudência desta Corte, o termo inicial da prescrição referente ao IPTU é a data de vencimento do imposto, conforme expressam os seguintes precedentes: PROCESSUAL CIVIL. TRIBUTÁRIO. EXECUÇÃO FISCAL. IPTU. PRESCRIÇÃO. TERMO INICIAL. PROCESSUAL CIVIL. RECURSO ESPECIAL. ALÍNEA "C". NÃO DEMONSTRAÇÃO DA DIVERGÊNCIA. 1. **A constituição definitiva do crédito tributário, no caso do IPTU, se perfaz pelo simples envio do carnê ao endereço do contribuinte, nos termos da Súmula 397/STJ. Contudo, o termo inicial da prescrição para a sua cobrança é a data do vencimento previsto no carnê de pagamento, pois é esse o momento em que surge a pretensão executória para a Fazenda Pública.** 2. A divergência jurisprudencial deve ser comprovada, cabendo a quem recorre demonstrar as circunstâncias que identificam ou assemelham os casos confrontados, com indicação da similitude fática e jurídica entre eles. (...). (AgRg no Ag 1310091/SP, rel. Min. Herman Benjamin, Segunda Turma, julgado em 02.09.2010, **DJe** de 24.09.2010) PROCESSUAL CIVIL. TRIBUTÁRIO. RECURSO ESPECIAL. EXECUÇÃO FISCAL. IPTU. ALEGAÇÃO DE OFENSA AO ART. 302 DO CPC. AUSÊNCIA DE PREQUESTIONAMENTO. SÚMULA 211/STJ. INEXISTÊNCIA DE VIOLAÇÃO DOS ARTS. 131, 458 E 535 DO CPC. ANÁLISE DOS REQUISITOS DA CDA. SÚMULA 7/STJ. PROCESSO ADMINISTRATIVO FISCAL. DESNECESSIDADE DA SUA JUNTADA AOS AUTOS

DA EXECUÇÃO. PRESCRIÇÃO. TERMO INICIAL. ENVIO DO CARNÊ DE PAGAMENTO. SÚMULA 397/STJ. 1. (...) 5. **A constituição definitiva do crédito tributário, no caso do IPTU, se perfaz pelo simples envio do carnê ao endereço do contribuinte, nos termos da Súmula 397/STJ. Entretanto, o termo inicial da prescrição para a sua cobrança é a data do vencimento previsto no carnê de pagamento, pois é esse o momento em que surge a pretensão executória para a Fazenda Pública**. (...) (REsp 1180299/MG, rel.ª Min.ª Eliana Calmon, Segunda Turma, julgado em 23.03.2010, **DJe** de 08.04.2010) No caso dos autos, a despeito da Corte regional ter entendimento diverso, a análise dos elementos fáticos trazidos no processo justificam a manutenção do acórdão proferido em segunda instância. Ante o exposto, nego provimento ao agravo em recurso especial. Publique-se. Brasília, 23 de setembro de 2011. Ministro Castro Meira Relator (AREsp 044530, rel. Min. Castro Meira, public. em 29.09.2011).

Por conseguinte, a constituição definitiva do IPTU ocorre com o procedimento do envio do carnê para o Contribuinte. Contudo, se deve considerar que há um prazo para o pagamento, de modo que o crédito nesse momento se encontra pendente e, por essa razão, ainda não surge para o Fisco a pretensão executória. Diante disso, somente iniciará o prazo prescricional com o vencimento do prazo sem o devido pagamento – conforme determina o artigo 174 do CTN.

E, por fim, no tocante à imunidade do IPTU, convém mencionar que o STF entende que quando alugado a terceiros pelos "partidos políticos, inclusive suas fundações, das entidades sindicais dos trabalhadores, das instituições de educação e de assistência social, sem fins lucrativos, atendidos os requisitos da lei" a imunidade de IPTU permanece. Observe que a Suprema Corte estendeu a imunidade, no entanto, condicionou a utilização dos valores relativos aos aluguéis às finalidades essenciais *segue o teor da* Súmula Vinculante 52 (anterior Súmula 724 do STF): "Ainda quando alugado a terceiros, permanece imune ao IPTU o imóvel pertencente a qualquer das entidades referidas pelo art. 150, VI, "c", da Constituição Federal, desde que o valor dos aluguéis seja aplicado nas atividades para as quais tais entidades foram constituídas".

Critério Material (Fato Gerador)	Ser proprietário de imóvel urbano – art. 156, "I", da CF e art. 32 do CTN.	
Critério Espacial	Município de localização do imóvel, considerado dentro da zona urbana.	
Critério Temporal	1º de janeiro de cada ano.	
Critério Quantitativo	**Base de Cálculo**	Valor venal do imóvel – art. 33 do CTN.
	Alíquota	Progressivas em razão da função social e do valor do imóvel – art. 156, § 1º, da CF.
Critério Pessoal	**Sujeito Ativo**	Município de localização do imóvel.
	Sujeito Passivo	Proprietário do imóvel. O detentor de domínio útil e o possuidor para serem contribuintes desse imposto devem possuir o *animus domini* – nos ditames do artigo 34 do CTN.

1.6. Questões

1. (TJAM – Juiz – CESPE/2016). Por decreto do prefeito, de agosto de 2014, o município de Manaus atualizou a base de cálculo do IPTU e sua planta de valores imobiliários, para a cobrança do tributo em 2015. Na atualização, foi usada como referência a taxa SELIC para títulos federais, índice oficial para cálculo dos encargos pela mora dos tributos federais. Nessa situação hipotética,

(A) o ato é válido, pois, tendo o decreto sido editado no ano de 2014 para surtir efeitos em 2015, foi observado o princípio da anterioridade.

(B) o ato é inválido, pois apenas lei municipal poderia indicar a SELIC como índice de correção monetária no município.

(C) o ato é inválido, por implicar acréscimo real, e não mera correção.

(D) o ato é válido, pois sendo o IPTU um tributo extrafiscal, a ele não se aplica o princípio da legalidade.

(E) o ato é válido, pois a taxa SELIC é índice oficial, não constituindo a sua aplicação, para correção da base de cálculo do IPTU, majoração de tributo.

2. (Defensor Público/MT – UFMT/2016). No tocante à aplicação da progressividade no tempo ao imposto sobre a propriedade territorial urbana (IPTU), é correto afirmar:

(A) A progressividade urbanística do IPTU é compreendida como modalidade de tributação excessiva com efeito semelhante ao confiscatório, uma vez que sua finalidade precípua é retirar a propriedade imobiliária do particular para transferi-la ao Poder Público Municipal.

(B) É medida com função nitidamente fiscal, pois visa aumentar a arrecadação do Município mediante aumento progressivo das alíquotas do IPTU.

(C) A instituição da progressividade no tempo confere ao IPTU uma função extrafiscal para obtenção de certas metas que prevalecem sobre os fins meramente arrecadatórios de recursos monetários.

(D) A cobrança progressiva no tempo do IPTU está relacionada com a função social da propriedade, razão pela qual atinge os proprietários de imóveis com menos tempo de utilização.

(E) A progressividade urbanística do IPTU pode ser afastada quando o uso inadequado do imóvel for justificado pela falta de recursos financeiros de seu proprietário.

3. (Câmara de Estreito/MA – Advogado – IMA/2016). Sobre o IPTU, assinale a alternativa correta:

(A) O fato gerador é a propriedade ou a posse de bem imóvel por natureza.

(B) A base de cálculo é o valor de mercado do imóvel.

(C) É defeso ao Município atualizar o IPTU, mediante Decreto, em percentual superior ao índice oficial de correção monetária.

(D) A alteração na base de cálculo do IPTU está abrangida pela regra da anterioridade nonagesimal (ou princípio da noventena).

4. (Pref. Jacarezinho/PR 2016 – Advogado – FAUEL/2016). O Prefeito Municipal realizou, por Decreto, a atualização monetária da base de cálculo do IPTU (Imposto Predial e Territorial Urbano), com base em índice inflacionário anual previamente previsto em lei. No mesmo ato legal, o Prefeito Municipal determinou que o reajuste da base de cálculo levasse em consideração a atualização monetária dos bens móveis mantidos em caráter permanente no imóvel, para efeito de sua utilização, exploração aformoseamento ou comodidade, os quais deverão integrar a base de cálculo do IPTU. O Decreto Municipal foi publicado em 25 de dezembro de 2015, com vigência a partir de 1° de janeiro de 2016.

Considerando a situação hipotética apresentada, segundo o que determina a Constituição Federal de 1988 e o Código Tributário Nacional (CTN), é correto afirmar que a medida:

(A) Não padece de vício, pois, o CTN dispõe que não constitui majoração de tributo a atualização do valor monetário da respectiva base de cálculo, bem como deve ser considerada, para fins de formação da base de cálculo do IPTU, os móveis mantidos em caráter permanente ou temporário no imóvel, para efeito de sua utilização exploração aformoseamento ou comodidade.

(B) Padece de vício, pois, apesar da atualização monetária em referência não padecer de vício de inconstitucionalidade, o CTN proíbe a inclusão, na determinação da base de cálculo, dos bens móveis mantidos em caráter permanente ou temporário, no imóvel, para efeito de sua utilização exploração aformoseamento ou comodidade.

(C) Padece de vício, pois, a atualização do valor monetário da base de cálculo, ainda que com base em índice previamente descrito em lei, também deve obediência ao princípio da anterioridade nonagesimal.

(D) Padece de vício, pois, a atualização do valor monetário da base de cálculo, por implicar em majoração do tributo, apenas pode ser realizada por lei, devendo, ainda, obediência ao princípio da anterioridade geral e nonagesimal.

5. (Pref. Ceará Mirim/RN 2016 – Advogado – COMPERVEUFRN/2016). O estudo dos tributos municipais, das imunidades tributárias e dos princípios que regem essa matéria indica que

(A) o local de pagamento do Imposto sobre serviços de qualquer natureza é o município onde ocorreu a prestação do serviço.

(B) a elevação progressiva da base de cálculo de IPTU, conforme os ditames da Lei 10.257/2001, requer a necessidade de lei específica para cada aumento, com a devida observância da anterioridade clássica.

(C) ainda quando alugados a terceiros, permanece imune ao IPTU o imóvel pertencente a qualquer das entidades referidas pelo art. 150, VI, "c", da Constituição Federal, desde que o valor dos alugueis seja aplicado nas atividades para as quais tais entidades foram constituídas.

(D) o município pode, hodiernamente, por lei específica, conceder isenção tributária em relação ao Imposto sobre serviços de qualquer natureza.

6. (Pref. Sapucaia do Sul/RS – Advogado – FUNDATEC/2016). De acordo com Leandro Paulsen, na obra **Curso de direito tributário completo**, "O IPTU é considerado um imposto ___________, porquanto considera a propriedade de um imóvel isoladamente e não as riquezas que dimensionam a possibilidade atual de o contribuinte pagar o tributo. Mesmo assim, a Constituição expressamente autoriza sua progressividade tanto por razões meramente arrecadatórias ou fiscais como para fins extrafiscais".

Assinale a alternativa que preenche corretamente a lacuna do trecho acima.

(A) pessoal

(B) real

(C) progressivo

(D) alternativo

(E) subsidiário

7. (Pref. Viamão/RS – Advogado – FUNDATEC/2016). Leia a seguinte notícia: "É uma das principais fontes de receita próprias do município e gera investimentos sociais para o cidadão, como a manutenção de ruas, iluminação pública, recolhimento de lixo, limpeza urbana, entre outros serviços. A falta de pagamento acarreta, entre outras consequências, a aplicação de multa, juros, atualização monetária, inscrição no cadastro de inadimplentes da Prefeitura, inscrição na Dívida Ativa, instauração de processo de execução fiscal e, em última instância, pode levar o imóvel a leilão para satisfação do crédito tributário. A Lei nº 4.416/2015 concedeu desconto de 30% nesse no imposto 2016, para quem pagou até o dia 29 de janeiro." (Fonte: texto adaptado – www.viamao.rs.gov.br). A notícia acima se refere ao imposto municipal pago anualmente por pessoas que possuem propriedades urbanas. Qual o nome desse imposto?

(A) ICMS.

(B) INSS.

(C) IPVA.

(D) IPTU.

(E) ISS.

8. (Pref. Uruçuí/PI – Advogado – IMA/2016). Para os efeitos de cobrança de IPTU, entendesse como "zona urbana" a definida em lei municipal, observado o requisito mínimo de, pelo menos, dois elementos da lista de melhoramentos previstos no CTN, construídos ou mantidos pelo Poder Público. Assinale a alternativa que NÃO compõe um desses elementos:

(A) Meio-fio ou calçamento, com canalização de águas pluviais.

(B) Sistema de esgotos sanitários.

(C) Rede de iluminação pública, com ou sem posteamento para distribuição domiciliar.

(D) Escola primária ou posto de saúde a uma distância máxima de 2 (dois) quilômetros do imóvel considerado.

9. (Câmara Municipal de Penha/SC – Advogado – IOBV/2015). Com relação à repartição constitucional das receitas tributárias, assinale qual alternativa abaixo está erroneamente descrita sobre o que pertence ao Município:

(A) 100% da arrecadação do imposto sobre a propriedade territorial urbana, e 50% da arrecadação de Imposto sobre a circulação de mercadorias e serviços.

(B) 50% da arrecadação do imposto sobre a propriedade de veículos automotores e 50% da arrecadação do Imposto sobre a propriedade territorial rural.

(C) 100% do imposto de renda retido na fonte de seus próprios servidores.

(D) 100% da arrecadação do imposto sobre transmissão de bem imóveis intervivos, e 100% da arrecadação do imposto sobre serviços de qualquer natureza.

10. (Câmara de Quatro Barras/PR – Advogado – OBJETIVA/2015). Quanto ao imposto sobre a propriedade predial e territorial urbana, é CORRETO afirmar que:

(A) Tem natureza exclusivamente fiscal.

(B) Tem como base de cálculo o valor de aquisição do imóvel.

(C) A progressividade de alíquotas em razão do tempo é ilimitada.

(D) A fixação de sua base de cálculo não se submete ao princípio da noventena.

11. (Câmara de Itatiba/SP – VUNESP/2015). Estabelece o Sistema Tributário Nacional a vedação à cobrança de tributos no mesmo exercício financeiro em que haja sido publicada a lei que os instituiu ou aumentou e antes de decorridos noventa dias da data em que haja sido publicada a lei que os instituiu ou aumentou. A observância do referido prazo de noventa dias não se exige em relação a lei que

(A) institua taxa pela utilização de serviço público específico e divisível.

(B) fixe a base de cálculo do IPTU (imposto sobre a propriedade predial e territorial urbana).

(C) aumente o ISS (imposto sobre a prestação de serviços).

(D) institua contribuição para o custeio dos serviços de iluminação pública.

(E) majore a alíquota do ITBI (imposto sobre a transmissão onerosa de bens imóveis).

12. (TJ/MG – Cartório – CONSULPLAN/2015). Um tio doou legitimamente um imóvel (loja comercial em Belo Horizonte – MG) ao sobrinho de 10 anos, Henrique. A criança, também legitimamente, firmou contrato de locação da loja com pessoa maior e capaz; constou no contrato cláusula de que o locatário seria responsável pelo pagamento do IPTU. O locatário exerceu no imóvel atividade proibida de casa de apostas. Passados dois anos, Polícia e Administração Pública mandaram encerrar as atividades e fecharam o estabelecimento. O município de Belo Horizonte iniciou processo executivo de cobrança do IPTU incidente sobre a propriedade do imóvel, que fora devidamente lançado e inscrito em dívida ativa. Por sua vez, a Fazenda Pública Federal apurou administrativamente o imposto e respectivas penalidades e procedeu ao lançamento de ofício do Imposto sobre a Renda – IR–, fazendo-o incidir sobre os ganhos auferidos e não declarados pelo locatário na atividade ilegal. Assim:

(A) Henrique, absolutamente incapaz, é sujeito passivo do IPTU, e não deverá ser provida sua oposição ao pagamento sob alegação de que a responsabilidade pelo pagamento fora transferida ao locatário.

(B) Henrique, proprietário do imóvel, mesmo sendo incapaz, é devedor do IPTU, mas o imposto não pode ser cobrado dele, em razão da existência da cláusula contratual que prevê responsabilidade do locatário.

(C) O imposto de renda não é devido pela casa de apostas ou por seu titular ou responsável, pois o fato gerador, no caso, é percepção de renda auferida em atividade ilegal.

(D) O imposto de renda é devido pela casa de apostas ou por seu titular ou responsável, independentemente de a atividade ser lícita ou ilícita; todavia o lançamento de ofício realizado pela Fazenda Pública está incorreto, pois deveria ser feito lançamento por homologação.

13. (Gaúcha do Norte/MT – Procurador – ACPI/2015). Sabendo que o Prefeito do Município de ZZZ editou decreto modificando critérios relativos à apuração da base de cálculo do IPTU e o publicou em Imprensa Oficial em 19/12/2014, assinale a alternativa incorreta.

(A) O referido decreto é inconstitucional.

(B) O referido decreto fere o princípio da legalidade tributária, pois somente a lei poderá criar novos critérios relativos à base de cálculo do IPTU.

(C) A alteração da base de cálculo de modo a torná-lo mais oneroso equipara-se à majoração de tributo.

(D) O referido decreto é constitucional, pois a alteração da base de cálculo do IPTU é exceção ao princípio da legalidade tributária.

14. (TJ/SP – Juiz – VUNESP/2015). O Supremo Tribunal Federal, no julgamento do ARE 639632 AgR/MS, ao analisar a questão relativa à cobrança progressiva do IPTU estabeleceu alguns parâmetros e, de acordo com tal julgamento, é correto afirmar que:

(A) os pressupostos e condições para aplicação da progressividade extrafiscal e da progressividade fiscal devem ser os mesmos.

(B) a progressividade extrafiscal também tem previsão normativa no Estatuto da Cidade.

(C) é inconstitucional o regime de alíquotas progressivas do IPTU com base no valor venal do imóvel.

(D) a parafiscalidade é o fenômeno por meio do qual se busca a concretização da função social da propriedade.

15. (TJ/SC – Juiz – FCC/2015). Lukas, domiciliado em cidade do interior catarinense, é proprietário de imóvel residencial, que valia, em 2012, R$ 200.000,00. Em 2013, esse imóvel passou a valer R$ 240.000,00, em razão da obra pública realizada pela Prefeitura Municipal, e que resultou na referida valorização. A Prefeitura Municipal instituiu, lançou e cobrou contribuição de melhoria dos contribuintes que, como Lukas, tiveram suas propriedades valorizadas. O mesmo Município catarinense, a seu turno, com base em lei municipal, lançou e cobrou, em 2013, a taxa decorrente da prestação de serviço público de recolhimento de lixo domiciliar, tendo como fato gerador o recolhimento do lixo produzido individualmente, nos imóveis residenciais localizados naquele Município. O Município catarinense lançou e cobrou essa taxa de Lukas, em relação ao mesmo imóvel acima referido. Neste ano de 2015, Lukas recebeu uma excelente oferta pelo seu imóvel e está pensando em vendê-lo. Ocorre, porém, que não pagou a contribuição de melhoria lançada pela municipalidade, nem a taxa lançada pelo Município. Em razão disso, com base nas regras de responsabilidade por sucessão estabelecidas no CTN,

(A) tanto o crédito tributário relativo à contribuição de melhoria como o relativo à taxa se sub-rogarão na pessoa do adquirente, na proporção de 50% do valor lançado.

(B) o crédito tributário relativo à contribuição de melhoria não se sub-rogará na pessoa do adquirente, mas o relativo à taxa sim, salvo se constar do título aquisitivo a sua quitação.

(C) tanto o crédito tributário relativo à contribuição de melhoria como o relativo à taxa se sub-rogarão na pessoa do adquirente, salvo se constar do título aquisitivo a sua quitação.

(D) nem o crédito tributário relativo à contribuição de melhoria, nem o relativo à taxa, se sub-rogará na pessoa do adquirente.

(E) o crédito tributário relativo à contribuição de melhoria se sub-rogará na pessoa do adquirente, salvo se constar do título aquisitivo a sua quitação, mas o relativo à taxa não.

16. (TJ/AL – Juiz –FCC/2015). O fato gerador do IPTU incidente sobre a propriedade de imóveis urbanos localizados em um determinado Município do Estado de Alagoas ocorre no dia 1º de janeiro de cada ano. Considere:

- o IPTU desse Município é imposto lançado de ofício;
- sábados, domingos e os dias 1º de janeiro são dias emque as repartições públicas não funcionam, e
- os dias 1º de janeiro de 2010, 1º de janeiro de 2011 e 1º de janeiro de 2016 são, respectivamente, sexta-feira, sábado e sexta-feira novamente.

É correto afirmar, com fundamento nas regras do CTN, que o último dia para se proceder ao lançamento do IPTU, cujo fato gerador ocorreu em 1º de janeiro de 2010,

(A) foi o dia 02 de janeiro de 2015, uma sexta-feira.

(B) foi o dia 31 de dezembro de 2014, uma quarta-feira.

(C) será o dia 04 de janeiro de 2016, uma segunda-feira.

(D) foi o dia 1º de janeiro de 2015, uma quinta-feira.

(E) será o dia 1º de janeiro de 2016, uma sexta-feira.

17. (TJ/GO – Juiz – FCC/2015). O IPTU

(A) não pode ter alíquotas progressivas porque se trata de imposto real, não se submetendo ao princípio da capacidade contributiva.

(B) é um imposto exclusivamente proporcional, de acordo com o valor venal do imóvel.

(C) admite progressividade extrafiscal, denominada no tempo, que varia de acordo com o valor venal do imóvel.

(D) tem que ter alíquotas progressivas em razão da localização e da destinação do imóvel, submetendo-se ao princípio da capacidade contributiva.

(E) poderá ter alíquotas progressivas em razão do valor venal do imóvel ou no tempo, e seletivas de acordo com a localização e o uso do imóvel, conforme o caso.

18. (Câmara de Itatiba/SP – Advogado – VUNESP/2015). Estabelece o Sistema Tributário Nacional a vedação à cobrança de tributos no mesmo exercício financeiro em que haja sido publicada a lei que os instituiu ou aumentou e antes de decorridos noventa dias da data em que haja sido publicada a lei que os instituiu ou aumentou. A observância do referido prazo de noventa dias não se exige em relação a lei que

(A) institua taxa pela utilização de serviço público específico e divisível.

(B) fixe a base de cálculo do IPTU (imposto sobre a propriedade predial e territorial urbana).

(C) aumente o ISS (imposto sobre a prestação de serviços).

(D) institua contribuição para o custeio dos serviços de iluminação pública.

(E) majore a alíquota do ITBI (imposto sobre a transmissão onerosa de bens imóveis).

19. (TJ/SE – Cartórios – CESPE/2014). Assinale a opção correta com relação ao IPTU.

(A) Na determinação da base de cálculo do IPTU, computa-se o valor dos bens móveis mantidos em caráter permanente no imóvel para efeito de sua utilização, exploração, aformoseamento ou comodidade.

(B) Conforme previsão do CTN, apenas o proprietário do imóvel é considerado contribuinte do IPTU.

(C) Para os efeitos do IPTU, considera-se zona urbana aquela definida como tal em lei municipal e que conte com sistema de abastecimento de água, requisito mínimo expressamente previsto no CTN.

(D) Conforme entendimento do STF, a utilização de índices superiores aos índices oficiais de correção monetária para a majoração do valor venal de imóveis para efeito de cobrança do IPTU será inconstitucional se não tiver sido prevista em lei em sentido formal.

(E) Considera-se fato gerador do IPTU, imposto de competência dos estados, a propriedade, o domínio útil ou a posse de bem imóvel por natureza ou por acessão física, como definido na lei civil, localizado na zona urbana de município.

20. (Juiz de Direito Substituto/PR – PUC/2014). Acerca dos princípios de direito tributário, assinale a alternativa CORRETA.

I. A despeito da consagração do Princípio da Irretroatividade, admite nossa legislação a retroatividade da lei interpretativa, a qual, sem a finalidade de inovar o sistema normativo, pode esclarecer o sentido da norma ainda que seu conteúdo divirja de posição já consolidada junto à jurisprudência.

II. Da irradiação dos valores constitucionais para todo o sistema jurídico, é possível afirmar que inexistem hipóteses de mitigação ou atenuação do Princípio da Legalidade Tributária.

III. Por força do Princípio da Legalidade Tributária, a majoração e a atualização monetária da base de cálculo do tributo somente podem ser feitas por lei.

IV. A lei que altere a base de cálculo do IPTU, majorando-o, não está sujeita ao Princípio da Anterioridade Nonagesimal.

(A) Somente a alternativa IV está correta.

(B) Todas as alternativas estão corretas.

(C) Somente a alternativa I está correta.

(D) Somente as alternativas III e IV estão corretas.

21. (Juiz de Direito Substituto/PA – VUNESP/2014). Para fins de instituição e cobrança do imposto sobre a propriedade predial e territorial urbana (IPTU), exige o Código Tributário Nacional a implementação, por parte do Poder Público municipal, de pelo menos dois melhoramentos que elenca. Assinale a alternativa que corretamente traduz esses melhoramentos.

(A) Meio-fio ou calçamento, com ou sem canalização de águas pluviais e abastecimento de água.

(B) Abastecimento de água e posto de saúde a uma distância mínima de cinco quilômetros do imóvel considerado.

(C) Sistema de esgotos sanitários e rede de iluminação pública, com ou sem posteamento para distribuição domiciliar.

(D) Sistema de esgotos sanitários e escola primária a uma distância mínima de três quilômetros do imóvel considerado.

(E) Abastecimento de água e escola primária a uma distância mínima de três quilômetros do imóvel considerado.

22. (Juiz de Direito Substituto/SP – VUNESP/2014). "A" é proprietário de imóvel residencial situado na Comarca da Capital do Estado. A Prefeitura Municipal afirma ser ele devedor do Imposto Predial e Territorial Urbano – IPTU, referente aos exercícios de 1997 a 2003, ajuizando ação de execução fiscal. Tal ação é proposta em agosto de 2007. O magistrado competente julga a ação extinta, sem mandar citar o executado, afirmando estar ela prescrita, sendo a sentença proferida em agosto de 2009. Tendo em vista a prescrição quinquenal, prevista no art. 174 do Código Tributário Nacional, é correto afirmar que

(A) a referida ação estaria parcialmente prescrita, em virtude de aplicar-se o disposto no art. 174 do CTN, in casu, apenas aos exercícios anteriores ao de 2003, permitindo o prosseguimento da ação executiva no que tange a esse último exercício.

(B) a referida ação encontra-se inteiramente prescrita, podendo o magistrado declará-lo de plano, tendo em vista o disposto no art. 219, § 5°, do Código de Processo Civil, que permite o reconhecimento ex officio da prescrição.

(C) em se tratando de interesse patrimonial disponível, o magistrado não poderia ter decretado a extinção da ação pelo reconhecimento ex officio da prescrição, cabendo anular a sentença e determinar o prosseguimento da execução.

(D) a referida ação não estaria prescrita, pois não chegou a haver a citação pessoal do devedor, nos termos do art. 174, parágrafo único, I, do CTN, tendo o magistrado, como referido, extinguido a ação executiva de ofício.

23. (CASAL/AL – Advogado – COPEVE/2014). Sobre a competência tributária e os limites ao poder de tributar previstos na Constituição Federal, assinale a alternativa correta.

(A) Atendidos os requisitos da lei, são imunes em relação ao Imposto Predial Territorial Urbano (IPTU) os imóveis pertencentes às instituições de educação e de assistência social, sem fins lucrativos, exceto quando alugados a terceiros.

(B) A imunidade tributária que beneficia as instituições de educação e de assistência social sem fins lucrativos também impede a cobrança do Imposto Predial Territorial Urbano (IPTU) em relação aos bens imóveis temporariamente ociosos dessas mesmas entidades.

(C) É inconstitucional, no cálculo do valor de taxa, levar em conta um ou mais elementos da base de cálculo própria de determinado imposto, sob pena de violação da regra constitucional.

(D) É constitucional incidência do Imposto sobre Serviços de Qualquer Natureza – ISS – sobre operações de locação de bens móveis, salvo se pertencentes a instituições de educação e de assistência social sem fins lucrativos, na forma da lei.

(E) A imunidade tributária conferida a instituições de assistência social sem fins lucrativos somente alcança as entidades abertas de previdência social.

24. (Prefeitura de Canas/SP – Procurador – AGIRH/2014). Assinale a alternativa que contém apenas impostos municipais:

(A) IPTU / ITR / ISS e IPVA

(B) IPTU / IPVA / IR e II

(C) IPTU e ISS

(D) IPTU / ITR e ITD.

25. (Prefeitura de Nossa Senhora do Socorro/SE – Gestão de Concursos/2014). Sobre as limitações do poder de tributar, assinale a alternativa INCORRETA.

(A) Não viola o princípio da legalidade tributária a majoração do tributo por ato do Poder Executivo na hipótese de ser realizada anualmente a atualização do valor monetário da respectiva base de cálculo.

(B) É vedado aos municípios instituir tratamento desigual entre contribuintes que se encontrem em situação equivalente, proibida qualquer distinção em razão de ocupação profissional ou função por eles exercida, independentemente da denominação jurídica dos rendimentos, títulos ou direitos.

(C) Na hipótese de lei municipal alterar a base de cálculo do IPTU no mês de dezembro, a cobrança majorada pela lei somente poderá ocorrer após o decurso do prazo de noventa dias, em total respeito ao princípio da anterioridade nonagesimal.

(D) É vedado aos entes federados instituir impostos sobre patrimônio, renda ou serviços, uns dos outros.

(E) É vedado aos entes federados instituir impostos sobre fonogramas e videofonogramas musicais produzidos no Brasil contendo obras musicais ou literomusicais de autores brasileiros e/ou obras em geral interpretada por artistas brasileiros bem como os suportes materiais ou arquivos digitais que os contenham, salvo na etapa de replicação industrial de mídias ópticas de leitura a laser.

26. (Prefeitura de Recife/PE – Procurador – FCC/2014). José das Pindaíbas, residente em bairro modesto do Recife, com muita alegria, recebeu a visita de seu velho amigo de infância, Félix Feliciano, rico dono de resort na região de Porto de Galinhas. Em reservada conversa regada a generosos goles de boa cachaça servida antes, durante e após o jantar, José das Pindaíbas confidenciou a seu amigo Félix que estava com problemas financeiros e que, inclusive, não conseguiria honrar com o pagamento do IPTU no ano de 2014. Imediatamente, com largo sorriso, Félix sacou de papel e caneta e firmou sério compromisso por escrito de pagar em nome de José o tributo municipal a ser cobrado em 2014. Inclusive fez questão de destacar um alerta, também por escrito, ao fisco municipal, para que fizesse a cobrança direta na sua residência em Porto de Galinhas, pois ele, agora, seria o sujeito passivo contribuinte e não mais seu amigo José. Os dois amigos despediram-se com muitos abraços e agradecimentos por parte de José pela generosidade demonstrada pelo amigo. É correto afirmar que o

(A) documento firmado pode ser levado em consideração pelo fisco recifense, quanto à modificação da definição legal do sujeito passivo das obrigações tributárias correspondentes desde que haja lei ordinária municipal permitindo este tipo de tratativa particular.

(B) documento firmado deve ser levado em consideração pelo fisco recifense, tendo em vista que fora feito por escrito e de comum acordo pelos dois amigos.

(C) fisco recifense não deve levar em consideração o documento firmado porque as convenções particulares, relativas à responsabilidade pelo pagamento de tributos, de forma alguma podem ser opostas à Fazenda Pública, para modificar a definição legal do sujeito passivo das obrigações tributárias correspondentes, mesmo se lei municipal dispuser em sentido diverso.

(D) documento firmado não deve ser levado em consideração pelo fisco recifense, tendo em vista que, apesar de ter sido firmado por escrito e de comum acordo pelos dois amigos, não fora registrado em cartório, condição essencial em face de tratar-se de matéria tributária.

(E) fisco recifense deve levar em consideração o documento firmado porque as convenções particulares, relativas à responsabilidade pelo pagamento de tributos podem ser opostas à Fazenda Pública, para modificar a definição legal do sujeito passivo das obrigações tributárias correspondentes.

27. (TJ/BA – Cartório – CESPE/2014). Assinale a opção correta em relação à progressividade e à regressividade dos tributos.

(A) O imposto incidente sobre renda e proventos de qualquer natureza será informado pelo critério da regressividade.

(B) O IPTU é um tributo real e, por essa característica, não poderá ser progressivo.

(C) O ITR é um tributo real e só poderá ser progressivo no tempo.

(D) A progressividade é uma característica exclusiva dos tributos pessoais.

(E) O IPTU poderá ser progressivo em razão do valor do imóvel.

28. (Prefeitura de Cuiabá/MT – Procurador do Município – FCC/2014). Visando ao aumento da arrecadação municipal, a Secretaria de Finanças de Cuiabá elaborou diversas propostas de lei ordinária a serem encaminhadas à Câmara Municipal.

A proposta que NÃO afronta o disposto na Constituição Federal é:

(A) Instituir em 2014 e cobrar em 2015 nova taxa específica sobre o serviço de coleta de lixo de materiais eletrônicos dos proprietários de imóveis localizados tanto no perímetro urbano, como na área rural do município, cuja base de cálculo não pode ser a mesma utilizada para a cobrança do IPTU.

(B) Instituir e cobrar em 2014 nova taxa específica sobre o serviço de coleta de lixo de materiais eletrônicos dos proprietários de imóveis localizados no perímetro urbano do município, cuja base de cálculo será o valor venal dos imóveis que vierem a ser beneficiados com o serviço de coleta.

(C) Instituir em 2014 e cobrar somente em 2015 nova taxa específica sobre o serviço de coleta de lixo de materiais eletrônicos dos proprietários de imóveis localizados tanto no perímetro urbano, como na área rural do município, cuja base de cálculo será o valor venal dos imóveis que vierem a ser beneficiados com o serviço de coleta.

(D) Instituir e cobrar em 2014 nova taxa específica sobre o serviço de coleta de lixo de materiais eletrônicos dos proprietários de imóveis localizados no perímetro urbano do município, cuja base de cálculo não pode ser a mesma utilizada para a cobrança do IPTU.

(E) Instituir em 2014 e cobrar em 2015 nova taxa específica sobre o serviço de coleta de lixo de materiais eletrônicos dos proprietários de imóveis localizados no perímetro urbano do município, cuja base de cálculo será o valor venal dos imóveis que vierem a ser beneficiados com o serviço de coleta.

29. (Prefeitura de Cuiabá/MT – Procurador do Município – FCC/2014). No intuito de aumentar a arrecadação municipal, a Secretaria de Finanças de Cuiabá elaborou estudo propondo medidas viáveis a tal mister. Considere as seguintes propostas, em relação à cobrança de IPTU

I. de instituições religiosas, cujos imóveis estejam localizados no perímetro urbano do município de Cuiabá e que não estejam relacionados com suas finalidades essenciais;

II. de instituições de educação que estejam localizadas no perímetro urbano do município de Cuiabá, com ou sem fins lucrativos, independentemente do atendimento aos requisitos referidos no artigo 14 do Código Tributário Nacional;

III. relativo a imóveis de pessoas físicas ou jurídicas localizados no perímetro urbano de Cuiabá e que estejam locados a órgãos públicos da União ou do Estado.

É constitucionalmente possível o que se afirma APENAS em:

(A) II e III.

(B) I e III.

(C) II.

(D) III.

(E) I.

30. (TC/DF – Procurador do MP – CESPE/2013). No que concerne aos impostos de competência dos municípios e do DF, julgue o item: *Segundo o STJ, incide o imposto sobre a propriedade territorial rural (ITR), e não o imposto sobre a propriedade predial e territorial urbana (IPTU), sobre imóveis comprovadamente utilizados para exploração extrativa, vegetal, agrícola, pecuária ou agroindustrial, ainda que localizados em áreas consideradas urbanas por legislação municipal.*

31. (Prefeitura de Boa Vista/RR – Procurador – AJURI/2012). Sobre o IPTU, é correto afirmar que:

(A) Pode ser instituído ou aumentado sem lei que o estabeleça.

(B) pode ser instituído sobre o patrimônio da União e dos Estados, mas não dos Municípios.

(C) Pode ser progressivo em razão do valor do imóvel e ter alíquotas diferentes de acordo com a localização e o uso do imóvel.

(D) Pode ser instituído sobre o patrimônio dos templos de qualquer culto, bem como dos partidos políticos.

32. (Defensoria Pública de Rondônia – CESPE/2012). O governo do estado X, preocupado com o aumento considerável de invasões de pessoas de baixo poder aquisitivo em terras públicas com o objetivo de fixar residência nessas terras, resolveu regularizar a situação e atribuiu propriedade aos ocupantes, registrando o título no registro de imóveis. Os municípios passaram a cobrar IPTU dos novos proprietários. Inconformados, os moradores das antigas invasões formalizaram abaixo-assinados e procuraram a DP para reclamar da exação, reclamando da inexistência de abastecimento de água, de canalização de águas e de esgotos sanitários, bem como de iluminação pública; esclareceram, ainda, que a escola pública mais próxima estava localizada a mais de três quilômetros de suas casas. Com base nessa situação hipotética, assinale a opção correta:

(A) O município não poderia ter instituído o IPTU sem a garantia do cumprimento da função social da propriedade, devendo aplicar as alíquotas progressivamente no tempo.

(B) O município poderia instituir o tributo, desde que presentes, pelo menos, duas das benfeitorias arroladas como inexistentes pelos moradores.

(C) Dadas a natureza difusa da exação e a capacidade econômica dos novos contribuintes, deverá a DP ajuizar ação civil pública para obstar a cobrança do tributo.

(D) A cobrança do imposto é legal, uma vez que o tributo tem como fato gerador a propriedade de bens imóveis.

(E) Sendo o IPTU imposto de natureza pessoal, é ilegítima a sua cobrança de pessoas que não disponham de recurso para seu pagamento, independentemente do título de proprietário.

33. (TJ/AC – Juiz Substituto – 2012 CESPE/2012). Foi editada lei municipal criando IPTU e constava, anexa à lei, a pauta de valores dos imóveis do município. De acordo com essa lei, a secretaria de fazenda estava autorizada a atualizar, com base na valorização imobiliária, a pauta nos exercícios posteriores. Com base nessa situação hipotética, assinale a opção correta:

(A) Ao Poder Executivo pode ser delegada a atualização do valor do imposto com base na correção monetária.

(B) O município não poderia editar lei instituindo IPTU, uma vez que a CF já o fez, mostrando-se, por isso, indiferente o meio utilizado para a atualização da pauta de valores.

(C) É desnecessária a edição de lei para aprovar a pauta de valores dos imóveis do município, visto que, com o constante aumento das áreas habitadas, isso tornaria impraticável a arrecadação do tributo, bastando, portanto, a edição de decreto regulamentar para majorar ou atualizar a pauta.

(D) Tendo a pauta de valores tornado certo o objeto da tributação (imóvel) e sua base de cálculo (valor) no primeiro exercício, a atualização da pauta nos termos previstos poderá ser efetivada por meio de decreto.

34. (TJ/PA – Juiz Substituto – CESPE/2012). Assinale a opção correta a respeito do IPTU e do ITBI:

(A) As alíquotas do IPTU são fixadas pelos estados e pelo DF.

(B) Na doação de bem imóvel, há incidência do ITBI.

(C) Incide ITBI sobre a venda de ações de sociedade anônima proprietária de imóveis.

(D) Cabe à legislação federal estabelecer o sujeito passivo do IPTU.

(E) É inconstitucional a fixação de adicional progressivo do IPTU em função do número de imóveis do contribuinte.

35. (MP/RR – CESPE/2012). Preocupado com o alto índice de migração da população do município para a capital do estado, o Poder Executivo municipal revogou toda a legislação que instituía o IPTU. Em face dessa situação hipotética, assinale a opção correta:

(A) O município poderia isentar da cobrança as pequenas glebas situadas em zonas rurais onde incidisse tributo sobre propriedade, dada a arrecadação do ITR.

(B) Sendo do município a competência para instituir tributo, é legítimo que ele deixe de instituí-lo, não sendo o exercício dessa competência transferível a outra pessoa jurídica de direito público.

(C) O município não poderia revogar a legislação referente ao IPTU, já que a competência para instituí-lo é do estado.

(D) A União, por possuir competência residual, poderá instituir o IPTU, sempre que a sua instituição não seja exercida por quem tenha competência tributária.

(E) O município poderia ter estabelecido progressividade do IPTU para os fins almejados, em vez de revogá-lo, porque este imposto não tem caráter extrafiscal.

36. (Prefeitura Municipal de Campinas– Procurador – CETRO/2012). Assinale a alternativa correta acerca dos tributos de competência municipal:

(A) É constitucional a lei que estabelece alíquotas progressivas para o Imposto de Transmissão inter vivos de Bens Imóveis (ITBI) com base no valor venal do imóvel.

(B) É inconstitucional a lei municipal que tenha estabelecido, antes da Emenda Constitucional n. 29/2000, alíquotas progressivas para o Imposto Predial Territorial Urbano (IPTU), mesmo que destinadas a assegurar o cumprimento da função social da propriedade urbana.

(C) É constitucional a taxa municipal de conservação de estradas de rodagem cuja base de cálculo seja idêntica à do Imposto Territorial Rural (ITR).

(D) Segundo jurisprudência do Supremo Tribunal Federal, descabe a cobrança de Imposto Predial Territorial Urbano (IPTU) do concessionário em caso de concessão de uso de imóvel pertencente a ente público ainda que esteja presente a exploração de atividade comercial.

(E) O promitente comprador de imóvel residencial transcrito em nome de autarquia não é contribuinte do Imposto Predial Territorial Urbano (IPTU).

37. (PFN – ESAF/2012). De acordo com a jurisprudência do STJ sobre o IPTU – Imposto sobre a Propriedade Territorial Urbana, de competência dos Municípios e do Distrito Federal, é incorreto afirmar que:

(A) É defeso aos municípios aumentarem a base de cálculo do IPTU por meio de decreto.

(B) São contribuintes responsáveis pelo pagamento do IPTU tanto o promitente comprador do imóvel quanto o promitente vendedor, podendo ambos figurar conjuntamente no polo passivo em ações de cobrança do imposto.

(C) Na hipótese em que o lançamento original reportou-se a área menor do imóvel, por desconhecimento de sua real metragem, o imposto pode ser complementado, pois a retificação dos dados cadastrais não significa recadastramento de imóvel.

(D) Não se permite a revisão do lançamento de IPTU referente a imóvel cujo padrão de acabamento considerado era diferente da realidade, pois neste caso o lançamento complementar decorreria de um simples erro de fato, que não ensejaria a revisão da cobrança.

(E) não incide IPTU sobre imóveis objeto de contrato de concessão de direito real de uso, em razão da ausência do fato gerador do tributo

38. (PREFEITURA/SP – Auditor-Fiscal Tributário Municipal I. Área de Especialização: Gestão Tributária – FCC/2012). Um contribuinte do Imposto Predial e Territorial Urbano – IPTU possuía um imóvel urbano com área construída equivalente a 250 m². Após a reforma que promoveu nesse imóvel, no final do ano de 2009, a área construída, passou a ser de 400 m². Essa reforma foi feita sem o conhecimento nem a autorização das autoridades municipais competentes, com o intuito de evitar o aumento do valor do IPTU lançado para esse imóvel. Independentemente das sanções que esse contribuinte possa sofrer pelas irregularidades cometidas, foi constatado que, nos anos de 2010 e 2011, a prefeitura daquele município lançou o IPTU em valor menor do que o devido, pois considerou como construída a área de 250 m², e não de 400 m². Em setembro de 2011, ao tomar conhecimento de que a área construída do referido imóvel havia sido aumentada sem a devida comunicação à municipalidade, a fiscalização municipal, em relação ao IPTU:

(A) Pode revisar de ofício apenas o lançamento do IPTU referente ao exercício de 2011, pois foi nesse exercício que o fisco constatou a existência de aumento da área construída.

(B) Não pode fazer coisa alguma, pois os lançamentos do IPTU referentes aos exercícios de 2010 e 2011 já haviam sido feitos e estavam revestidos de definitividade.

(C) Pode revisar de ofício os lançamentos do IPTU referentes aos exercícios de 2010 e 2011, para apreciar fatos anteriormente desconhecidos (o aumento da área construída), não havendo prazo limite para o início dessa revisão, pois o contribuinte agiu com dolo ao deixar de informar a Fazenda Pública municipal a respeito da ampliação da área construída.

(D) Desde que autorizado judicialmente, pode rever de ofício os lançamentos do IPTU referentes aos exercícios de 2010 e 2011, para apreciar fatos anteriormente desconhecidos (o aumento da área construída), devendo essa revisão do lançamento, porém, ser iniciada enquanto não extinto o direito da Fazenda Pública.

(E) Pode revisar de ofício os lançamentos do IPTU referentes aos exercícios de 2010 e 2011, para apreciar fatos anteriormente desconhecidos (o aumento da área construída), devendo essa revisão do lançamento, porém, ser iniciada enquanto não extinto o direito da Fazenda Pública.

39. (Exame da OAB. – FGV/2010.2). Semprônio dos Santos é proprietário de um sítio de recreio, local destinado ao lazer, na área de expansão urbana, na região serrana de Paraíso do Alto. A área é dotada de rede de abastecimento de água, rede de iluminação pública e esgotamento mantidas pelo município, embora não existam próximos quer escola, quer hospitais públicos. Neste caso Semprônio deve pagar o seguinte imposto:

(A) O IPTU, por ser área de expansão urbana, dotada de melhoramentos.
(B) O ITR, por ser sítio de recreio, não inserido em área urbana.
(C) O IPTU, por ser sítio, explorado para fins empresariais.
(D) O ITR, por não haver escola ou hospital próximos a menos de 3 km do imóvel

GABARITO

1. **Alternativa (C).** O ato é inválido, por implicar acréscimo real, e não mera correção.

Comentário: A alternativa **"C"** está correta, nos termos da Súmula n. 160 do STJ, é defeso, ao Município, atualizar o IPTU, mediante decreto, em percentual superior ao índice oficial de correção monetária.

2. **Alternativa (C).** A instituição da progressividade no tempo confere ao IPTU uma função extrafiscal para obtenção de certas metas que prevalecem sobre os fins meramente arrecadatórios de recursos monetários.

Comentário: A opção **"C"** está correta, a Constituição Federal determina que as alíquotas podem ser progressivas por duas razões, para cumprir a função social do imóvel urbano, art. 182, § 4º, II, da CF, e em razão do valor do imóvel, conforme o art. 156, § 1º, I, da CF, após EC n. 29/2000. A resposta "A" está incorreta, tributo não pode ter efeito confiscatório, com base no art. 150, IV, da CF. A justificativa "B" está incorreta, a progressividade é função extrafiscal do tributo. A letra "D" está incorreta, de acordo com o art. 182, § 4º, II, da CF, os imóveis não edificados, não utilizados ou subutilizados podem ter alíquotas maiores do que aqueles devidamente construídos, por estarem cumprindo a sua função social. A alternativa "E" está incorreta, pois não existe essa previsão no ordenamento.

3. **Alternativa (C).** É defeso ao Município atualizar o IPTU, mediante Decreto, em percentual superior ao índice oficial de correção monetária.

Comentário: A resposta **"C"** está correta, conforme institui a Súmula n. 160 do STJ. A justificativa "A" está incorreta, nos termos do art. 32 do CTN, o fato gerador é a propriedade, o domínio útil ou a posse de bem imóvel por natureza ou por acessão física, como definido na lei civil, localizado na zona urbana do Município. A justificativa "B" está incorreta, segundo a literalidade do art. 33 do CTN, a base do cálculo é o valor venal do imóvel. A letra "D" está incorreta, a alteração da base de cálculo irá respeitar apenas a anterioridade do exercício, art. 150, § 1º, da CF.

4. **Alternativa (B).** Padece de vício, pois, apesar da atualização monetária em referência não padecer de vício de inconstitucionalidade, o CTN proíbe a inclusão, na determinação da base de cálculo, dos bens móveis mantidos em caráter permanente ou temporário, no imóvel, para efeito de sua utilização exploração aformoseamento ou comodidade.

Comentário: A justificativa "B" está correta, de acordo com o art. 33, parágrafo único, do CTN.

5. **Alternativa (C).** Ainda quando alugados a terceiros, permanece imune ao IPTU o imóvel pertencente a qualquer das entidades referidas pelo art. 150, VI, "c", da Constituição Federal, desde que o valor dos aluguéis seja aplicado nas atividades para as quais tais entidades foram constituídas.

Comentário: A letra **"C"** está correta, é a redação da Súmula Vinculante n. 52. A alternativa "A" está incorreta, a LC n. 116/2003, em seu art. 3º, prevê que o Município competente para recolher o ISS é onde estiver o estabelecimento do prestador de serviço, ou na sua falta, o domicílio do prestador de serviço, salvo alguns serviços que será recolhido o ISS no local da prestação do serviço. As exceções estão no próprio art. 3º, incisos. A alternativa "B" está incorreta, conforme o art. 7º da Lei n. 10.257/2001, o Município procederá à aplicação do imposto sobre a propriedade predial e territorial urbana (IPTU) progressivo no tempo, mediante a majoração da alíquota pelo prazo de cinco anos consecutivos. A alternativa "D" está incorreta, com fulcro no art. 156, § 3º, III, da CF.

6. **Alternativa (B).** Real.

Comentário: A alternativa **"B"** está correta, a classificação do tributo em real é quando ele leva em consideração apenas os atributos da coisa, como é o caso do IPTU.

7. **Alternativa (D). IPTU.**

Comentário: A opção **"D"** está correta, o IPTU trata-se de uma receita própria do Município, tendo em vista que é tributo municipal, com fulcro no art. 156, I, da CF, e a sua falta de pagamento pode ensejar o leilão do imóvel, consoante prevê o art. 3º, IV, da Lei nº 8.009/90.

8. **Alternativa (D).** Escola primária ou posto de saúde a uma distância máxima de 2 (dois) quilômetros do imóvel considerado.

Comentário: A resposta "D" está incorreta, de acordo com o art. 32, § 1º, V, do CTN, a distância máxima é de 3 (três) quilômetros do imóvel considerado. As justificativas "A", "B" e "C" estão corretas, nos termos do art. 32, § 1º, I, III e IV, do CTN.

9. **Alternativa (A).** 100% da arrecadação do imposto sobre a propriedade territorial urbana, e 50% da arrecadação de Imposto sobre a circulação de mercadorias e serviços.

Comentário: A alternativa **"A"** está incorreta, conforme o art. 158, IV, da CF, 25% da arrecadação do Imposto sobre a circulação de mercadorias e serviços pertencerá ao Município. Além disso, o Município só ficará com 100% do ITR, nos casos do art. 153, § 4º, III, da CF, quando por meio de Convênio ele realiza a arrecadação, fiscalização desse imposto, caso contrário lhe pertencerá apenas 50% da arrecadação. A opção "B" está incorreta, nos termos do art. 158, II e III, da CF. A resposta "C" está correta, de acordo com o art. 158, I, da CF. A justificativa "D" está correta, consoante o art. 156, II e III, da CF.

10. **Alternativa (D).** A fixação de sua base de cálculo não se submete ao princípio da noventena.

Comentário: A alternativa **"D"** está correta, a alteração na base de cálculo do IPTU deverá respeitar apenas o princípio da anterioridade do exercício, sendo exceção ao princípio da anterioridade nonagesimal, conforme determina o art. 150, § 1º, da CF. A opção "A" está incorreta, o IPTU é um imposto fiscal, uma vez que sua finalidade precípua é arrecadar recursos para o Município ou para o Distrito Federal. Contudo, será extrafiscal quando se valer da progressividade para coibir o descumprimento da função social da propriedade urbana. A resposta "B" está incorreta, nos ditames do art. 33 do CTN, a sua base de cálculo é o valor venal do imóvel. A justificativa "C" está incorreta, a Constituição Federal determina que as alíquotas podem ser progressivas para cumprir a função social do imóvel urbano, art. 182, § 4º, II, da CF e em razão do valor do imóvel, de acordo com o art. 156, § 1º, I, da CF, após a EC n. 29/2000.

11. **Alternativa (B).** Fixe a base de cálculo do IPTU (imposto sobre a propriedade predial e territorial urbana).

Comentário: A alternativa **"B"** está correta, à luz do art. 150, §1º, da CF. A opção "A" está incorreta, as taxas devem respeitar a anterioridade nonagesimal, 150, III, "c", da CF. A resposta "C" está incorreta, o ISS deve respeitar a anterioridade nonagesimal, 150, III, "c", da CF. A letra "D" está incorreta, a COSIP deve respeitar a anterioridade nonagesimal, 150, III, "c", da CF. A justificativa "E" está incorreta, o ITBI deve respeitar a anterioridade nonagesimal, 150, III, "c", da CF.

12. **Alternativa (A).** Henrique, absolutamente incapaz, é sujeito passivo do IPTU, e não deverá ser provida sua oposição ao pagamento sob alegação de que a responsabilidade pelo pagamento fora transferida ao locatário.

Comentário: A alternativa **"A"** está correta, conforme determina o art. 123 do CTN, "salvo disposições de lei em contrário, as convenções particulares, relativas à responsabilidade pelo pagamento de tributos, não podem ser opostas à Fazenda Pública, para modificar a definição legal do sujeito passivo das obrigações tributárias correspondentes", e segundo o art. 126, I, do CTN, a capacidade passiva tributária independe da capacidade civil. A opção "B" está incorreta, nos termos do art. 123 do CTN. A resposta "C" está incorreta, pois o STF tem entendimento majoritário de que praticado o fato gerador previsto em lei, deverá ser pago o imposto, independentemente de a atividade ser lícita ou ilícita. Os Tribunais Superiores aplicam o princípio *pecunia non olet,* ou seja, o dinheiro não tem cheiro. Não importa de onde vem, o que importa é que ocorreu o fato gerador. Pelo princípio da *pecunia non olet* extrai-se o conteúdo axiológico do valor de justiça, direcionando a exigibilidade da exação sobre quem possui capacidade contributiva, ainda que o rendimento provenha de atividade ilícita. A justificativa "D" está incorreta, porque nos tributos sujeitos a lançamento por homologação, consoante previsto no artigo 150 do CTN, se o pagamento do tributo não for realizado de forma correta pelo Sujeito Passivo, a Autoridade Administrativa deverá realizar o lançamento de ofício, à luz do art. 142 do CTN.

13. Alternativa (D). O referido decreto é constitucional, pois a alteração da base de cálculo do IPTU é exceção ao princípio da legalidade tributária.

Comentário: A alternativa **"D"** está incorreta, pois o referido decreto é inconstitucional, a alteração da base de cálculo do IPTU somente poderá ocorrer por meio de lei, conforme preceitua o art. 150, I, da CF. A opção "A" está correta, pois o decreto fere o princípio da legalidade, previsto no art. 150, I, da CF. A resposta "B" está correta, de acordo com o disposto no art. 146, III, "a", da CF. A justificativa "C" está correta, porque se trata de majoração de tributo.

14. Alternativa (B). A progressividade extrafiscal também tem previsão normativa no Estatuto da Cidade.

Comentário: A alternativa "A" está incorreta, pois a progressividade extrafiscal do IPTU que decorre do art. 182, § 4º, II, da CF é para atingir a função social do imóvel, de modo que os imóveis não edificados, não utilizados ou subutilizados podem ter alíquotas maiores do que aqueles devidamente construídos, em virtude de estes últimos estarem cumprindo a sua função social. Já a progressividade fiscal, prevista no art. 156, § 1º, I, da CF se dá em razão do valor do imóvel, quanto maior for o valor do imóvel, maior será a alíquota desse Imposto. A opção "B" está correta, de acordo com o art. 7º da Lei n. 10.257/01 (Estatuto da Cidade), o IPTU terá alíquotas progressivas no tempo mediante a majoração da alíquota pelo prazo de cinco anos consecutivos, se o imóvel não cumprir a sua função social. A resposta "C" está incorreta, pois após a EC n. 29/2000, que incluiu o inciso I ao art. 156, § 1º, da CF, é possível a progressividade em razão do valor do imóvel. A justificativa "D" está incorreta porque a parafiscalidade é a permissão pelo ente que retém a competência tributária de atribuir a outro o poder de arrecadar, fiscalizar e administrar os tributos. Às pessoas delegatárias, em regra, atribui-se, outrossim, o produto arrecadado.

15. Alternativa (C). Tanto o crédito tributário relativo à contribuição de melhoria como o relativo à taxa se sub-rogarão na pessoa do adquirente, salvo se constar do título aquisitivo a sua quitação.

Comentário: A alternativa **"C"** está correta, à luz do art. 130 do CTN que reza que o adquirente de bem imóvel é responsável por pagar dívidas tributárias referente a impostos cujo fato gerador seja a propriedade, posse ou domínio útil de imóvel, contribuição de melhoria e taxas em razão de serviços prestados ao bem imóvel, salvo se tiver prova de quitação.

16. Alternativa (C). Será o dia 04 de janeiro de 2016, uma segunda-feira.

Comentário: A alternativa **"C"** é a única correta, pois tendo em vista ser o IPTU um tributo sujeito ao lançamento de ofício, o prazo decadencial é contado pela regra do art. 173, I, do CTN; logo, a contagem é iniciada no dia 1º/01/2011 e finalizada no dia 1º/01/2016. Por ser uma sexta-feira, a banca considerou possível realizar o lançamento até o dia 04/01/2016 (segunda-feira).

17. Alternativa (E). Poderá ter alíquotas progressivas em razão do valor venal do imóvel ou no tempo, e seletivas de acordo com a localização e o uso do imóvel, conforme o caso.

Comentário: A alternativa "A" está incorreta, nos termos do art. 145, § 1º, da CF, sempre que possível os impostos deverão seguir ao princípio da capacidade contributiva, o IPTU segue esse princípio; além disso, conforme previsão constitucional expressa poderá ser progressivo. A opção "B" está incorreta, pois trata-se de um imposto progressivo em razão do valor do imóvel, como determina o art. 156, § 1º, I, da CF. A resposta "C" está incorreta, à luz do art. 182, § 4º, II, da CF, a progressividade extrafiscal do IPTU é em razão da função social do imóvel e não por ocasião do valor do imóvel. A letra "D" está incorreta, segundo o art. 156, § 1º, II, da CF, as alíquotas do IPTU podem ser diferentes de acordo com a localização e o uso do imóvel. A justificativa **"E"** está correta, nos ditames do art. 182, § 4º, II, da CF, a progressividade do IPTU é no tempo, em razão do cumprimento da função social do imóvel urbano, e também poderá ter sua progressividade, em virtude do valor venal do imóvel, consoante o art. 156, § 1º, I, da CF. E como visto, anteriormente, é possível a diferenciação de alíquotas do IPTU em razão do uso e da localização do imóvel.

18. Alternativa (B). Fixe a base de cálculo do IPTU (imposto sobre a propriedade predial e territorial urbana).

Comentário: A alternativa **"B"** está correta, nos termos do artigo 150, §1º, da CF. A opção "A" está incorreta, as taxas devem respeitar a anterioridade nonagesimal, 150, III, "c", da CF. A resposta "C" está incorreta, o ISS deve respeitar a anterioridade nonagesimal, artigo 150, III, "c", da CF. A letra "D" está incorreta, a COSIP deve respeitar a anterioridade nonagesimal, artigo 150, III, "c", da CF. A justificativa "E" está incorreta, o ITBI deve respeitar a anterioridade nonagesimal, artigo 150, III, "c", da CF.

19. Alternativa (D). Conforme entendimento do STF, a utilização de índices superiores aos índices oficiais de correção monetária para a majoração do valor venal de imóveis para efeito de cobrança do IPTU será inconstitucional se não tiver sido prevista em lei em sentido formal.

Comentário: Alternativa "A" está incorreta, como estudado nesse Capítulo, não são computados os bens móveis. A base de cálculo compreende o valor do imóvel, nos termos do art. 33 do CTN. A opção "B" está incorreta, à luz do art. 34 do CTN: "Art. 34. Contribuinte do imposto é o proprietário do imóvel, o titular do seu domínio útil, ou o seu possuidor a qualquer título". A letra "C" está incorreta, os requisitos mínimos são pelo menos dois dos contidos no § 1º do art. 32 do CTN. A assertiva **"D"** é a resposta correta, conforme entendimento do STF: "Recurso extraordinário. 2. Tributário. 3. Legalidade. 4. IPTU. Majoração da base de cálculo. Necessidade de lei em sentido formal. 5. Atualização monetária. Possibilidade. 6. É inconstitucional a majoração do IPTU sem edição de lei em sentido formal, vedada a atualização, por ato do Executivo, em percentual superior aos índices oficiais. 7. Recurso extraordinário não provido". (RE 648245/MG, rel. Min. Gilmar Mendes, **DJe**-038, divulg. em 21.02.2014). A justificativa "E" está incorreta, consoante analisado nesse Capítulo, a competência do IPTU pertence aos Municípios.

---

20. Alternativa (A). Somente a alternativa IV está correta.

IV. A lei que altere a base de cálculo do IPTU, majorando-o, não está sujeita ao Princípio da Anterioridade Nonagesimal.

Comentário: O Item I está incorreto, a parte final da assertiva está errada, posto que, conforme estudado no Capítulo 3, a exceção ao Princípio da Retroatividade admite apenas em caso de lei expressamente interpretativa sem efeito modificativo, nos termos do que prescreve o art. 106, I, do CTN. Os Itens II e III também estão incorretos, essa regra não é absoluta, cite-se a exceção do Princípio da Legalidade quando a Constituição permite a alteração de alíquotas por meio de Decreto, em razão da extrafiscalidade, com base no art. 153, § 1º, da CF. O **Item IV está correto**, de acordo com o estudado nesse Capítulo, a majoração da Base de Cálculo do IPTU respeita apenas o Princípio da Anterioridade do Exercício, à luz do art. 150, § 1º, da CF. Portanto, a opção "A" é a assertiva correta.

---

21. Alternativa (C). Sistema de esgotos sanitários e rede de iluminação pública, com ou sem posteamento para distribuição domiciliar.

Comentário: A letra **"C"** é a resposta correta, trata-se da única assertiva que elenca corretamente dois melhoramentos, nos termos do § 1º do art. 32 do CTN.

---

22. Alternativa (A). A referida ação estaria parcialmente prescrita, em virtude de aplicar-se o disposto no art. 174 do CTN, *in casu*, apenas aos exercícios anteriores ao de 2003, permitindo o prosseguimento da ação executiva no que tange a esse último exercício.

Comentário: A justificativa **"A"** é a alternativa correta, consoante estudado nesse Capítulo, o prazo prescricional do IPTU se inicia com o vencimento, conforme entendimento do STJ: "PROCESSUAL CIVIL. TRIBUTÁRIO. RECURSO ESPECIAL. EXECUÇÃO FISCAL. IPTU. ALEGAÇÃO DE OFENSA AO ART. 302 DO CPC. AUSÊNCIA DE PREQUESTIONAMENTO. SÚMULA 211/STJ. INEXISTÊNCIA DE VIOLAÇÃO DOS ARTS. 131, 458 E 535 DO CPC. ANÁLISE DOS REQUISITOS DA CDA – SÚMULA N. 7/STJ. PROCESSO ADMINISTRATIVO FISCAL. DESNECESSIDADE DA SUA JUNTADA AOS AUTOS DA EXECUÇÃO. PRESCRIÇÃO. TERMO INICIAL. ENVIO DO CARNÊ DE PAGAMENTO. SÚMULA N. 397/STJ. 1. (...) 5. A constituição definitiva do crédito tributário, no caso do IPTU, se perfaz pelo simples envio do carnê ao endereço do contribuinte, nos termos da Súmula 397/STJ. Entretanto, o termo inicial da prescrição para a sua cobrança é a data do vencimento previsto no carnê de pagamento, pois é esse o momento em que surge a pretensão executória para a Fazenda Pública. (...)" (REsp 1180299/MG, rel.ª Min.ª Eliana Calmon, Segunda Turma, julgado em 23.03.2010, **DJe** de 08.04.2010). Diante disso, apenas o período de 2003 não está prescrito, de modo que o Município terá direito na cobrança executiva, nos termos do art. 174 do CTN.

---

23. Alternativa (B). A imunidade tributária que beneficia as instituições de educação e de assistência social sem fins lucrativos também impede a cobrança do Imposto Predial Territorial Urbano (IPTU) em relação aos bens imóveis temporariamente ociosos dessas mesmas entidades.

Comentário: A opção "A" está incorreta, conforme estudado no Capítulo 3, caso o imóvel das instituições de educação e de assistência social, sem fins lucrativos, seja alugado a terceiros, mas a renda dos aluguéis seja utilizada nas finalidades essenciais das instituições, não há razão para afastar a imunidade, entendimento do STF (RE n. 325822, rel. Min. Ilmar Galvão, rel. p/ acórdão: Min. Gilmar Mendes, Tribunal Pleno, julgado em 18.12.2002, **DJ** de 14.05.2004, p. 00033, Ement. v. 02151-02, p. 00246). A assertiva **"B"** é a resposta correta, com fundamento na imunidade prevista no art. 150, VI, "c", da CF. letra "C" está incorreta, de acordo com o estudado no Capítulo 9, a vedação se refere à base de cálculo de impostos, nos termos do art. 145,§ 2º, da CF. No caso de alguns elementos não haverá proibição – Súmula Vinculante n. 29 do STF. A justificativa "D" está incorreta, a locação de bem móvel ou imóvel não constitui prestação de serviços. Ademais, não consta na lista anexa da LC n. 116/2003. E, por fim, a alternativa "E" também está incorreta, não há essa regra, a imunidade alcança as entidades assistenciais sem fins lucrativos, atendidos os requisitos em lei, segundo o art. 150, VI, "c", da CF.

---

24. **Alternativa (C).** IPTU e ISS.

Comentário: A letra **"C"** é a assertiva correta, conforme prescreve o art. 156 da CF.

---

25. **Alternativa (C).** Na hipótese de lei municipal alterar a base de cálculo do IPTU no mês de dezembro, a cobrança majorada pela lei somente poderá ocorrer após o decurso do prazo de noventa dias, em total respeito ao princípio da anterioridade nonagesimal.

Comentário: **A questão pede a Incorreta.** A resposta "A" está correta, de acordo com o analisado no Capítulo 3, a mera atualização monetária não configura majoração do tributo, portanto, não viola o Princípio da Legalidade, nos termos do art. 97, § 2º, do CTN, podendo ser realizada mediante simples decreto. Nesse sentido, veja também a Súmula n. 160 do STJ. A justificativa "B" correta, à luz do art. 150, II, da CF. A alternativa **"C"** é a opção incorreta, a alteração da Base de Cálculo observa apenas o Princípio da Anterioridade do Exercício, com base no art. 150, § 1º, da CF. A letra "D" está correta, trata-se da imunidade recíproca estabelecida no art. 150, VI, "a", da CF. E, finalmente, a assertiva "E" também está correta, trata-se da imunidade incluída pela EC n. 75/2013, no art. 150, VI, "e", da CF.

---

26. **Alternativa (A).** Documento firmado pode ser levado em consideração pelo fisco recifense, quanto à modificação da definição legal do sujeito passivo das obrigações tributárias correspondentes desde que haja lei ordinária municipal permitindo este tipo de tratativa particular.

Comentário: A justificativa **"A"** é a opção correta, tomar a devida cautela com a disposição literal da lei. No caso de existência de disposição de Lei Municipal é possível levar em consideração tal documento, segundo o art. 123 do CTN: "Art. 123. Salvo disposições de lei em contrário, as convenções particulares, relativas à responsabilidade pelo pagamento de tributos, não podem ser opostas à Fazenda Pública, para modificar a definição legal do sujeito passivo das obrigações tributárias correspondentes".

---

27. **Alternativa (E).** O IPTU poderá ser progressivo em razão do valor do imóvel.

Comentário: A letra "A" está incorreta, o IR será informado pela progressividade, nos termos do art. 153, § 2º, I, da CF. A assertiva "B" está incorreta, o IPTU se caracteriza como tributo real, entretanto também será progressivo, conforme art. 156, § 1º, I, da CF. A resposta "C" está incorreta, o ITR será progressivo e terá suas alíquotas fixadas de forma a desestimular a manutenção de propriedades improdutivas, segundo o art. 153, § 4º, I, da CF. A opção "D" está incorreta, a característica da progressividade também pode conter tributos reais, como o IPTU e o ITR. A alternativa **"E"** é a justificativa correta, consoante art. 156, § 1º, I, da CF.

---

28. **Alternativas (A).** Instituir em 2014 e cobrar em 2015 nova taxa específica sobre o serviço de coleta de lixo de materiais eletrônicos dos proprietários de imóveis localizados tanto no perímetro urbano, como na área rural do município, cuja base de cálculo não pode ser a mesma utilizada para a cobrança do IPTU.

Comentário: A assertiva **"A"** é a resposta correta, conforme estudado no Capítulo 9, as taxas obedecem aos Princípios da Anterioridade do Exercício e da Anterioridade Nonagesimal. Ademais, não podem ter base de cálculo de impostos, à luz do art. 145, § 2º, da CF. Cite-se também o entendimento do STF consolidado na Súmula Vinculante n. 19 do STF: "A taxa cobrada exclusivamente em razão dos serviços públicos de coleta, remoção e tratamento ou destinação de lixo ou resíduos provenientes de imóveis não viola o artigo 145, II, da Constituição Federal".

---

29. **Alternativa (B).** I e III.

I. De instituições religiosas, cujos imóveis estejam localizados no perímetro urbano do município de Cuiabá e que não estejam relacionados com suas finalidades essenciais;

III. Relativo a imóveis de pessoas físicas ou jurídicas localizados no perímetro urbano de Cuiabá e que estejam locados a órgãos públicos da União ou do Estado.

Comentário: O **Item I** está correto, segundo estudado no Capítulo 3, a imunidade das instituições religiosas abrange apenas o patrimônio, a renda e os serviços, relacionados com as finalidades essenciais das entidades nelas mencionadas, conforme art. 150, § 4º, da CF. O Item II está incorreto, as instituições de educação devem atender aos requisitos contidos no art. 14 do CTN, consoante determina a CF, em seu art. 150, VI, "c". O **Item III** está correto, tendo em vista que o Contribuinte é o proprietário do imóvel (art. 34 do CTN) e não o locatário. Assim, a Pessoa Física ou Jurídica da assertiva não tem imunidade de impostos. Diante disso, alternativa **"B"** é o gabarito.

---

30. Alternativa (CERTO). *Segundo o STJ, incide o imposto sobre a propriedade territorial rural (ITR), e não o imposto sobre a propriedade predial e territorial urbana (IPTU), sobre imóveis comprovadamente utilizados para exploração extrativa, vegetal, agrícola, pecuária ou agroindustrial, ainda que localizados em áreas consideradas urbanas por legislação municipal.*

Comentário: A regra para incidência do IPTU e ITR considera a localização do imóvel, porém, há uma exceção, prevista no art. 15 do DL n. 57/66 que estabelece que incidirá o ITR, embora o imóvel esteja localizado em zona urbana, quando comprovadamente verificar que o imóvel é utilizado para exploração extrativa, vegetal, agrícola, pecuária ou agroindustrial. Conforme explicado nesse Capítulo, o DL 57/66 foi recebido com *status* de Lei Complementar, portanto, está em plena vigência.

---

31. Alternativa (C). Pode ser progressivo em razão do valor do imóvel e ter alíquotas diferentes de acordo com a localização e o uso do imóvel.

Comentário: A alternativa "A" está incorreta, porque sendo o IPTU tributo, deverá observar o Princípio da Legalidade, previsto no art. 150, I, da CF, de modo que o tributo só pode ser instituído e majorado por meio de lei. A opção "B" está incorreta, em razão da imunidade recíproca estabelecida no art. 150, VI, "a", da CF, que veda aos Entes Federativos cobrarem impostos um dos outros sobre a renda, patrimônio e serviços. A assertiva **"C"** está correta, em cumprimento do art. 156, § 1º, I e II, da CF. A letra "D" está incorreta, há imunidade tributária de Impostos sobre os templos de qualquer culto, nos termos do art. 150, VI, "b", da CF, e imunidade dos partidos políticos, conforme preconiza o art. 150, VI, "c", da CF.

---

32. Alternativa (B). O município poderia instituir o tributo, desde que presentes, pelo menos, duas das benfeitorias arroladas como inexistentes pelos moradores.

Comentário: A opção "A" está incorreta, o fato gerador do IPTU é ser proprietário ou possuidor, ou detentor de domínio útil com *animus domini*, de imóvel urbano, independentemente de o imóvel cumprir sua função social, que não sendo observada, nos termos do art. 182, § 4º, II, da CF, poderá ter as alíquotas progressivas. A justificativa **"B"** está correta, à luz do art. 32, § 1º, do CTN, que estabelece ser zona urbana o que a lei define e ter no mínimo dois dos cinco melhoramentos elencados por esse dispositivo, como: i) meio-fio ou calçamento, com canalização de águas pluviais; ii) abastecimento de água; iii) sistema de esgotos sanitários; iv) rede de iluminação pública, com ou sem posteamento para distribuição domiciliar; v) escola primária ou posto de saúde a uma distância máxima de 3 (três) quilômetros do imóvel considerado. A alternativa "C" está incorreta, consoante reza o art. 1º, Parágrafo Único, da Lei n. 7.347/85: "Não será cabível ação civil pública para veicular pretensões que envolvam tributos, contribuições previdenciárias, o Fundo de Garantia do Tempo de Serviço – FGTS ou outros fundos de natureza institucional cujos beneficiários podem ser individualmente determinados". A resposta "D" está incorreta, pois deve ser imóvel urbano para se sujeitar à incidência do IPTU. A "E" está incorreta, visto que o IPTU é imposto real, que leva em consideração os atributos da coisa e não da pessoa.

---

33. Alternativa (A). Ao Poder Executivo pode ser delegada a atualização do valor do imposto com base na correção monetária.

Comentário: A assertiva **"A"** está correta, de acordo com o art. 97, § 2º, do CTN que determina que a mera correção monetária não é majoração de tributo, logo não precisa de lei. A opção "B" está incorreta, a CF não cria tributos, ela outorga poderes para os Entes Federativos criarem, e consoante o art. 156, III, da CF compete aos Municípios a instituição do IPTU. As justificativas "C" e "D" estão incorretas, porque só é admitido o Decreto para realizar a correção monetária se utilizar índices oficiais.

---

34. Alternativa (E). É inconstitucional a fixação de adicional progressivo do IPTU em função do número de imóveis do contribuinte.

Comentário: A justificativa "A" está incorreta, as alíquotas do IPTU serão estabelecidas pelos Municípios. A "B" está incorreta, na doação de quaisquer bens, incidirá o ITCMD, conforme preceitua o art. 155, I, da CF. A resposta "C" está incorreta, o ITBI incide sobre a transmissão de bem imóvel a título oneroso; na venda de ações de sociedade, o que se transfere é a titularidade da pessoa jurídica e não os bens imóveis que integram o patrimônio desta. A letra "D" está incorreta, sendo o IPTU um tributo municipal, cabe a esse Ente Federativo estabelecer o Sujeito Passivo. Menciona-se, ainda, a Súmula n. 399 do STJ: "Cabe à legislação municipal estabelecer o sujeito passivo do IPTU". A assertiva **"E"** está correta, conforme disciplina a Súmula n. 589 do STF.

---

35. Alternativa (B). Sendo do município a competência para instituir tributo, é legítimo que ele deixe de instituí-lo, não sendo o exercício dessa competência transferível a outra pessoa jurídica de direito público.

Comentário: A alternativa "A" está incorreta, a propriedade de imóvel rural é fato gerador do ITR e a competência pertence à União. A **"B"** está correta, nos certames do art. 145 da CF, a competência tributária, que consiste na instituição e majoração de tributo é facultativa, e também outra característica: a indelegabilidade. A opção "C" está incorreta, a competência do IPTU é municipal. A "D" está incorreta, a competência tributária é indelegável, por isso, o IPTU só pode ser instituído pelos Municípios, conforme determina a CF em seu art. 156, I. A "E" está incorreta, conquanto o IPTU seja iminentemente fiscal, pode assumir a extrafiscalidade.

---

36. Alternativa (D). Segundo jurisprudência do Supremo Tribunal Federal, descabe a cobrança de Imposto Predial Territorial Urbano (IPTU) do concessionário em caso de concessão de uso de imóvel pertencente a ente público ainda que esteja presente a exploração de atividade comercial.

Comentário: A opção "A" está incorreta, conforme o entendimento do STF, Súmula n. 656, é inconstitucional alíquotas progressivas para o ITBI. A "B" está incorreta, pois desde a CF/88 é permitido alíquotas progressivas para atender à função social do imóvel urbano, nos termos do art. 182, § 4º, II, da CF. A letra "C" está incorreta, é inconstitucional a taxa municipal de conservação de estradas de rodagem cuja base de cálculo seja idêntica à do Imposto Territorial Rural (ITR). A assertiva **"D"** está correta, pois o fato gerador do IPTU é ser proprietário de imóvel urbano ou possuidor, detentor de domínio útil com *animus domini*, e o concessionário não tem *animus domini*. A alternativa "E" está incorreta, de acordo com o parecer do STJ, o promitente comprador juntamente com o promitente vendedor são responsáveis por recolher o IPTU.

---

37. Alternativa (D). Não se permite a revisão do lançamento de IPTU referente a imóvel cujo padrão de acabamento considerado era diferente da realidade, pois neste caso o lançamento complementar decorreria de um simples erro de fato, que não ensejaria a revisão da cobrança.

Comentário: A questão pede a incorreta. A assertiva "A" é verdadeira, pois a majoração de tributo deve ocorrer mediante lei, em atenção ao Princípio da Legalidade, previsto no art. 150, I, da CF. A justificativa "B" é verdadeira, conforme julgamento do STJ, como visto neste Capítulo. A "C" é verdadeira, nos termos do art. 149 do CTN. A **"D"** é falsa, porque segundo o art. 149, VIII, do CTN, é possível a retificação do lançamento quando deva ser apreciado fato não conhecido ou não provado por ocasião do lançamento anterior. A alternativa "E" é verdadeira, o fato gerador do IPTU é ser proprietário, possuidor ou detentor de domínio útil com *animus domini* de imóvel urbano, na concessão de direito de uso não há *animus domini*.

---

38. Alternativa (E). Pode revisar de ofício os lançamentos do IPTU referentes aos exercícios de 2010 e 2011, para apreciar fatos anteriormente desconhecidos (o aumento da área construída), devendo essa revisão do lançamento, porém, ser iniciada enquanto não extinto o direito da Fazenda Pública.

Comentário: A justificativa **"E"** está correta, em consonância com o estabelecido no art. 149, VIII, Parágrafo Único do CTN.

---

39. Alternativa (A). O IPTU, por ser área de expansão urbana, dotada de melhoramentos.

Comentário: A alternativa **"A"** está correta, nos termos do art. 32, § 1º, do CTN.

---

2. IMPOSTO SOBRE A TRANSMISSÃO DE BENS IMÓVEIS (ITBI)

2.1. Breve Contexto Histórico

Em 1809, pelo Alvará n. 03, Dom Pedro I inseriu no ordenamento jurídico o ITBI, sob a designação de Imposto de **Sisa**, o qual também era conhecido apenas por Sisa. O Imposto gravava as transmissões de bens imóveis, por ato *inter vivos*, e a incorporação destes ao capital das sociedades. Alcides da Fonseca Sampaio, ao descrever o histórico desse Imposto, menciona trecho do alvará supracitado:

> "I – De todas as compras, vendas e arrematações de bens de raiz, que se fizerem em todo este Estado e Domínios ultramarinos, se pagará siza para a minha Real Fazenda, que será de dez por cento do preço da compra, sem que desta contribuição se entenda ser isenta pessoa ou corporação alguma, (...) VIII – Todas as compras e vendas de bens de raiz, de que se não houver pago a respectiva siza, serão nullas e de nenhum efeito e vigor, e as próprias partes contratantes, ou seus herdeiros poderão desfaze-as em qualquer tempo, e os Escrivães ou Tabellães que fizerem as escripturas sem certidão do pagamento da siza, incorrerão na pena do perdimento do Officio, na forma da mesma Lei e Regimento. IX – E nesta mesma pena incorrerão os que fizerem vendas de bens de raiz, ou os arrematarem sem pagamento da siza, ou com diminuição do preço, guardando-se e praticando-se em tudo as mesmas disposições acima decretadas"[6].

Em 31 de outubro de 1835 foi instituída a Lei n. 99 que, além de manter a receita desse tributo na Renda Geral do Império (art. 11, item 22), determinou que nas trocas de bens imóveis por bens da mesma natureza, a Sisa incidiria apenas sobre a diferença dos valores permutados, conforme disposição do artigo 10, § 9º.

Com o advento da Lei n. 1.507, de 26 de setembro de 1867, o Imposto de Sisa, bem como a taxa de heranças e legados (Transmissão causa *mortis*) passaram à denominação de Imposto de Propriedade, que incidiriam sobre as transferências de imóveis, móveis e semoventes, por título oneroso ou gratuito, *inter vivos* ou causa *mortis*.

Durante muito tempo, o ITBI e o ITCMD foram os únicos Impostos incidentes sobre a transmissão de propriedade de competência dos Estados. Na Constituição de 1934, os Impostos sobre Propriedade se subdividiram em Imposto de Transmissão de Propriedade Causa *Mortis* (art. 8º, I, "b") e Imposto de Propriedade Imobiliária *Inter Vivos* (art. 8º, I, "c"). Contudo, ambos permaneceram sob a égide de competência dos Estados.

Em 1965, com o advento da Emenda Constitucional n. 18 restabeleceu-se a unidade dos Impostos de Transmissão de Bens Imóveis, *Inter Vivos* e *Causa Mortis*, e atribuiu a competência desses aos Estados e ao Distrito Federal. No Código Tributário Nacional, os artigos 35 a 42 estabelecem regras para esse Imposto sobre a Transmissão.

Com a Constituição de 1988, voltaram a se separar os Impostos de Transmissão. Assim, foi atribuída aos Estados e ao Distrito Federal a competência para instituir Imposto sobre Transmissão Causa *Mortis* e Doação de quaisquer bens ou direitos (art. 155, I). E aos Municípios restou a competência para fixar o Imposto de Transmissão *Inter Vivos*, por ato oneroso de imóveis, por natureza ou acessão física e de direitos a eles relativos (art. 156, II).

---

6. SAMPAIO, Alcides da Fonseca. **ITBI: momento de incidência na compra e venda de imóveis. Revista Dialética de Direito Tributário**, n. 25, 16 p., out. 1997.

Ainda que o CTN se refira ao Imposto sobre a Transmissão de Propriedade, criado com a EC n. 18/65, o artigo 35 do CTN foi derrogado pelo artigo 156, II, da CF/88.

2.2. Previsão Legal

- Art. 156, II, da CF.
- Arts. 35 a 42 do CTN.

2.3. Hipótese de Incidência Tributária

2.3.1. Critério Material

O legislador ordinário, ao disciplinar sobre o ITBI, pode contemplar as três variáveis contidas no protótipo constitucional, vale dizer, erigir por hipótese de incidência desse imposto:

A	a transmissão *inter vivos*, a qualquer título, por ato oneroso, de bens imóveis, por natureza ou acessão física;
B	a transmissão de direitos reais sobre imóveis, exceto os de garantia;
C	a cessão de direitos à sua aquisição.

Com efeito, cumpre analisar cada uma das variáveis contidas no protótipo constitucional.

Antes de adentrar nesse assunto, importante lembrar que o CTN traçou alguns direcionamentos para o legislador ordinário observar, dentre eles o seu artigo 110 do CTN, *in verbis*:

> "A lei tributária não pode alterar a definição, o conteúdo e o alcance de institutos, conceitos e formas de direito privado, utilizados, expressa ou implicitamente, pela Constituição Federal, pelas Constituições dos Estados, ou pelas Leis Orgânicas do Distrito Federal ou dos Municípios, para definir ou limitar competências tributárias".

Assim, para a exata interpretação do texto constitucional, ao discorrer sobre o ITBI, deve-se buscar a conceituação dos vários bens no Código Civil.

O conceito de **bens imóveis** está expresso na Lei n. 10.406/2002 que institui o Novo código Civil Brasileiro. Veja:

> **Art. 79.** São bens imóveis o solo e tudo quanto se lhe incorporar natural ou artificialmente.
>
> **Art. 80.** Consideram-se imóveis para os efeitos legais: I – os direitos reais sobre imóveis e as ações que os asseguram; II – o direito à sucessão aberta.
>
> **Art. 81.** Não perdem o caráter de imóveis: I – as edificações que, separadas do solo, mas conservando a sua unidade, forem removidas para outro local; II – os materiais provisoriamente separados de um prédio, para nele se reempregarem (...).

Além de tomar esses conceitos, cumpre citar que o critério material da hipótese de incidência tributária do ITBI somente pode ser a **transmissão de imóvel**, a transferência, a mudança, a alteração de titularidade do direito de propriedade por ato **oneroso**.

Para o Direito Civil, no caso da transmissão imobiliária, esta só se considerará efetivada, aperfeiçoada, com todos os seus efeitos, quando do **registro** no Cartório de Imóveis. Assim, somente com esse ato o bem imóvel se considerará transmitido, passando a pertencer ao patrimônio do adquirente.

Da Lei n. 10.406/2002, pode-se extrair:

> **Art. 1.245.** Transfere-se entre vivos a propriedade **mediante o registro do título translativo no Registro de Imóveis**. § 1º Enquanto não se registrar o título translativo, o alienante continua a ser havido como dono do imóvel. § 2º Enquanto não se promover, por meio de ação própria, a decretação de invalidade do registro, e o respectivo cancelamento, o adquirente continua a ser havido como dono do imóvel (grifos nossos).

Diante do exposto, depreende-se que o título translativo de propriedade não tem, por si só, aptidão para operar a transmissão da propriedade dos bens imóveis. A transcrição do título constitui elemento integrativo do arquétipo constitucional, sendo, portanto, **indispensável** o registro do título translativo no Registro de imóveis.

Assim sendo, a lavratura do título não tem capacidade de dar margem à transmissão da propriedade do bem imóvel, mas sim a prática do ato que efetivamente transferir a propriedade ao adquirente, que concederá o nascimento à obrigação tributária. Isso quer dizer que o Imposto, a rigor, somente se torna devido quando do registro, por exemplo, da escritura de compra e venda do imóvel no Registro Público correspondente.

Desse modo, em sendo lavrada, por exemplo, uma escritura pública de compra e venda de um imóvel, a qual, porém, jamais é levada ao Registro Imobiliário, deduz-se que não ocorreu a transmissão da propriedade daquele imóvel, e, por essa razão, não nasceu a obrigação de pagar o ITBI.

Questão interessante a se mencionar se refere à possibilidade ou não de incidir o Imposto sobre transmissão de bens imóveis sobre os contratos particulares de compromisso de compra e venda. Muitos doutrinadores entendem que se a promessa de compra e venda for irretratável e irrevogável, e ainda se averbada à margem do registro, equipara-se à transmissão da propriedade, sendo, então passível de incidência do tributo ora tratado.

Sacha Calmon Navarro Coêlho[7] pensa que, nesses casos, deve realmente haver a incidência do ITBI, pois se a promessa de compra for irretratável e irrevogável, e comprovando o pagamento do preço ou da maior parte dele com a respectiva oferta do restante, devidamente averbada à margem do registro, assim como a procuração em causa própria irrestrita, já se apresenta caracterizada a transmissão do bem imóvel, por equiparação.

O autor, ora citado, justifica sua opinião tendo em vista que o Direito Tributário constitui um direito de superposição que se funda, em grande parte, no respeito às formas, institutos e conceitos de Direito Privado.

Entretanto, o Superior Tribunal de Justiça reconheceu que mesmo o compromisso de compra e venda de caráter irrevogável e irretratável não tem o condão de transmitir propriedade, não podendo, desse modo, levar à cobrança do ITBI, conforme julgado a seguir:

> O imposto sobre transmissão de bens imóveis e de direitos a eles relativos tem como fato gerador a transmissão da propriedade ou do domínio útil de bens imóveis e não simples celebração de contrato de promessa de compra e venda, ainda que irretratável ou irrevogável[8].

7. COÊLHO, Sacha Calmon Navarro. **Comentários à Constituição de 1988**–sistema tributário. 8. ed. Rio de Janeiro: Forense, 1999. p. 476.
8. BRASIL, Superior Tribunal de Justiça. Imposto de transmissão *intervivos*. Fato gerador. Não incidência sobre bens objeto de promessa de compra e venda. REsp n. 1066. Wrobel Construtora S/A e Estado do Rio de Janeiro. Ministro relator: Garcia Vieira. 02 de março de 1994. **Diário da Justiça da União**, Brasília, p. 6.291, 28 mar. 1994.

O STF, por sua vez, ao julgar o AI n. 603.309, cuidou de situação em que o contrato de promessa de compra e venda também havia sido registrado, e nessa ocasião manteve a decisão do Tribunal *a quo* que entendeu que **não** deveria incidir o ITBI. A fim de uma melhor visualização, observe abaixo a redação do trecho do Acórdão objeto de Recurso Extraordinário, o qual o STF negou provimento.

Em que pese ter sido elevado o direito de aquisição do promitente comprador à condição de direito real pelo novo Código Civil, **a incidência de ITBI na promessa de compra e venda e posteriormente, também, na transmissão do imóvel, após a efetiva alienação do bem, configura a bitributação** do fisco sobre um mesmo fato gerador. *"O artigo 35 do Código Tributário Nacional estabelece a incidência do imposto sobre a transmissão, a qualquer título, de direitos reais sobre imóveis, o que não ocorre com o simples registro de permuta e outras avenças (fl. 170, verso, grifos nossos)"*. Justificativa no voto do Ministro Eros Grau, no AI n. 603.309:

> **O Supremo Tribunal Federal assentou que os contratos de compromisso de compra e venda não constituem fato gerador para a incidência do Imposto de Transmissão de Bens Imóveis (ITBI).** Nesse sentido: AGRAVO REGIMENTAL NO AGRAVO DE INSTRUMENTO. MATÉRIA INFRACONSTITUCIONAL. OFENSA INDIRETA À CONSTITUIÇÃO DO BRASIL. CONTRATO DE COMPROMISSO DE COMPRA E VENDA. NÃO-INCIDÊNCIA DO ITBI. 1. Controvérsia decidida à luz de normas infraconstitucionais. Ofensa indireta à Constituição do Brasil. 2. **A celebração de contrato de compromisso de compra e venda não gera obrigação ao pagamento do ITBI.** Agravo regimental a que se nega provimento. (AI n. 603.309-AgR, rel. Min. Eros Grau, 2ª Turma, **DJ** de 23.02.2007). Imposto sobre a transmissão de bens imóveis e de direitos a eles relativos. Fato gerador. **O compromisso de compra e venda e a promessa de cessão de direitos aquisitivos, dada a sua natureza de contratos preliminares no direito privado brasileiro, não constituem meios idôneos à transmissão, pelo registro, do domínio sobre o imóvel, sendo, portanto, inconstitucional a norma que os erige em fato gerador do imposto sobre a transmissão de bens imóveis e de direitos a eles relativos.** Representação julgada procedente, declarando-se a inconstitucionalidade do inciso VII do art. 89 do Decreto-lei n. 5, de 15 de março de 1975, com a redação que lhe deu o Decreto-lei n. 413, de 13 de fevereiro de 1979, ambos do estado do Rio de Janeiro (RP n. 1.211, rel. Min. Octávio Galloti, 1ª Turma, **DJ** de 05.06.1987) (grifos nossos).

A mesma linha de pensamento consta no posicionamento de Maurício Conti[9] que afirma que a mera promessa, ou qualquer outro ato prévio àquele destinado à transmissão definitiva da propriedade, não caracteriza o fato gerador do imposto.

Como dito, a Corte Constitucional assentou que os contratos de promessa de compra e venda não constituem fato gerador para a incidência do Imposto sobre a Transmissão de Bens Imóveis, isso por que:

> "O compromisso de compra e venda, no sistema jurídico brasileiro, não transmite direitos reais nem configura cessão de direitos à aquisição deles, razão por que é inconstitucional a lei que o tenha como fato gerador de imposto sobre a transmissão de bens imóveis e de direitos a eles relativos". (RP 1.121, rel. Min. Moreira Alves, **DJ** de 13.04.1984).

9. CONTI, José Maurício. O imposto sobre a transmissão de bens imóveis (ITBI): principais questões. **JusNavigandi**, n. 36, nov. 1999. Disponível em: <http://www1.jus.com.br/doutrina/texto.asp?id=1401>. Acesso em: 07 abr. 2003.

Nesse contexto:

> RECURSO EXTRAORDINÁRIO. IMPOSTO DE TRANSMISSÃO *INTER VIVOS* DE BENS IMÓVEIS. FATO GERADOR. CESSÃO DE DIREITOS. A cobrança do Imposto de Transmissão *inter vivos* de Bens Imóveis está vinculada à existência de registro do instrumento no cartório competente (AI n. 646.443-AgR, rel. Min. Marco Aurélio, 1ª Turma, **DJe** de 24.09.2009).
>
> AGRAVO REGIMENTAL NO AGRAVO DE INSTRUMENTO. MATÉRIA INFRACONSTITUCIONAL. OFENSA INDIRETA À CONSTITUIÇÃO DO BRASIL. CONTRATO DE COMPROMISSO DE COMPRA E VENDA. NÃO INCIDÊNCIA DO ITBI. 1. Controvérsia decidida à luz de normas infraconstitucionais. Ofensa indireta à Constituição do Brasil. 2. A celebração de contrato de compromisso de compra e venda não gera obrigação ao pagamento do ITBI. Agravo regimental a que se nega provimento (AI n. 603.309-AgR, rel. Min. Eros Grau, 2ª Turma, **DJ** de 23.02.2007).

Com acerto, a Corte Máxima, uma vez conciliada a leitura entre o artigo 156, II, da Constituição Federal e o artigo 1.245 do Código Civil de 2002, conclui que a propriedade só se transfere com registro do título translativo no Registro de Imóveis, momento em que se constitui o fato gerador do ITBI. Observe-se, ainda, que os artigos 1.225, VII, e 1.227, ambos da codificação Civil, deram status de direito real ao direito do promitente comprador do imóvel. Isto é, conferiram ao promitente comprador o direito à aquisição e transmissão do bem imóvel, mas o contrato de promessa ou de compromisso, ainda que levado a registro, **não transmite** direitos reais nem configura cessão de direitos à aquisição deles.

> **IMPORTANTE!** A transmissão somente se perfectibilizará com a formalização do contrato principal, com o pagamento do preço, mediante a outorga da escritura definitiva de compra e venda registrada à margem da matrícula do imóvel, termo em que nascerá a obrigação ao pagamento do ITBI.

Em prova realizada pela banca da FCC, em 2013, para o Tribunal de Justiça do Estado de Pernambuco – Serviços Notariais e de Registro –, foi considerada correta a assertiva que afirmava a **não incidência** do ITBI no contrato de promessa de compra e venda levado a registro. Confira:

Exemplo de questão sobre o tema

▶ Quando do **registro** da promessa de compra e venda como forma de assegurar o direito real à aquisição do imóvel, deve o Oficial do Registro de Imóveis observar:

(A) O recolhimento de taxa de fiscalização judiciária.

(B) A incidência de Imposto sobre Transmissão Causa Mortis e Doação – ITCMD.

(C) A incidência de Imposto sobre Transmissão de Bem Imóvel por ato entre vivos a título oneroso – ITBI.

(D) A imunidade em relação ao Imposto sobre Transmissão Causa Mortis e Doação – ITCMD por previsão expressa no Código Tributário Nacional.

(E) A não incidência de Imposto sobre Transmissão de Bem Imóvel por ato entre vivos a título oneroso – ITBI por não restar caracterizado o seu fato gerador.

Resposta: Gabarito alternativa "E".

Além dessas considerações, da leitura do comando constitucional que alude ao ITBI, constata-se outra condição para que ocorra a incidência do Imposto municipal, qual seja: a transmissão dos imóveis ou de seus direitos reais ou de suas cessões a título **oneroso**.

Por conseguinte, somente as cessões onerosas de direitos à aquisição de bens imóveis e de direitos reais sobre imóveis se subsumem ao arquétipo constante da Lei Maior.

Com relação aos **direitos reais** sobre os imóveis constata-se que esses também estão sujeitos à incidência do ITBI, salvo os de **garantia**.

Constituem direitos reais, segundo o artigo 1.225 do Código Civil: a propriedade, a superfície, a servidão, o usufruto, o uso, a habitação, o direito do promitente comprador do imóvel, o penhor, a hipoteca e a anticrese. Ressalta-se que os direitos reais sobre imóveis constituídos, ou transmitidos por atos entre vivos, só se adquire com o registro no Cartório de Registro de Imóveis dos referidos títulos, conforme preceitua o artigo 1.227 do Código Civil.

Os direitos reais de garantia, que **não** estão sujeitos à tributação do Imposto de Transmissão de Bens Imóveis, são a anticrese, a hipoteca e o penhor (CC/2002, art. 1.225, VIII, IX e X).

Na tributação dos direitos reais referidos, quando o proprietário se despede de algum dos poderes que detém sobre a propriedade, transmitindo-o a terceiros, diz-se que houve cessão dos direitos reais sobre a coisa. No pertinente ao ITBI, só interessa a transmissão, por ato **oneroso**, *inter vivos*, de direitos reais sobre imóveis. Ademais, fundamental é a determinação do valor correspondente à base de cálculo, que, à evidência, deve ser inferior ao da propriedade, que corresponde ao direito real na sua plenitude.

O ITBI também incide sobre a **cessão de direitos reais** nos imóveis, assim como nos direitos obrigacionais relacionados à cessão de direitos à aquisição. Porém, segundo o posicionamento do STJ, não recairá na **promessa** de cessão de direitos, como pode ser observado no julgado abaixo:

> PROCESSUAL CIVIL. ALEGAÇÃO GENÉRICA DE VIOLAÇÃO DO ART. 535 DO CPC. SÚMULA N. 284/STF. JULGAMENTO *EXTRA PETITA*. NÃO OCORRÊNCIA. TRIBUTÁRIO. ITBI. PROMESSA DE COMPRA E VENDA. FATO GERADOR. NÃO INCIDÊNCIA. PRECEDENTES. 1. O recorrente limitou-se a alegar, genericamente, ofensa ao art. 535 do Código de Processo Civil, sem explicitar os pontos em que teria sido omisso o acórdão recorrido. Incidência da Súmula n. 284/STF. 2. Não houve julgamento *extra petita* pelo Tribunal de origem, pois cabe ao magistrado decidir a questão de acordo com o seu livre convencimento, utilizando-se dos fatos, provas, jurisprudência, aspectos pertinentes ao tema e da legislação que entender aplicável ao caso concreto. 3. Na hipótese dos autos**, a Corte de origem firmou entendimento assente na jurisprudência no sentido de que a promessa de cessão de direitos à aquisição de imóvel não é fato gerador de ITBI.** Precedentes. Agravo regimental improvido (AgRg no REsp n. 982.625/RJ, rel. Min. Humberto Martins, 2ª Turma, julgado em 03.06.2008, **DJe** de 16.06.2008) (grifos nossos).

Salienta-se que, a cessão de direitos à aquisição de imóveis e a cessão de direitos reais sobre imóveis não estavam no campo de incidência do ITBI nas Constituições do Brasil até a CF de 1946.

Com a previsão na Constituição Federal de 1988, ficaram submetidas à incidência do ITBI, nas cessões de direitos à aquisição de imóveis, a **dação em pagamento, a arrematação e a adjudicação**. Dessa forma, também incide o Imposto na cessão de direitos do arrematante ou adjudicatário, depois de assinado o auto de arrematação ou adjudicação.

No que se refere à arrematação de bem imóvel em hasta pública, há uma corrente doutrinária que entende que não deve incidir o ITBI por se tratar de aquisição originária de bem, porém, em conformidade com o entendimento mais recente do STJ, deve incidir Imposto sobre Transmissão nessa circunstância:

> TRIBUTÁRIO. PROCESSUAL CIVIL. AGRAVO REGIMENTAL NO AGRAVO EM RECURSO ESPECIAL. MANDADO DE SEGURANÇA. INADEQUAÇÃO DA VIA ELEITA. DIREITO LÍQUIDO E CERTO. SÚMULA 7/STJ. IMÓVEL ALIENADO JUDICIALMENTE. VALOR VENAL CORRESPONDENTE AO VALOR DA ARREMATAÇÃO. CRITÉRIO PARA CÁLCULO DO ITBI. VALOR DA ARREMATAÇÃO. PRECEDENTES. 1. A jurisprudência desta Corte é firme no sentido de que, via de regra, aferir a adequação da via eleita, bem como a existência ou não de direito líquido e certo que ampare a ordem mandamental, demanda a incursão no conjunto fático-probatório dos autos, providência vedada pela Súmula 7/STJ. 2. **É entendimento pacífico deste STJ que, nas hipóteses de alienação judicial do imóvel, seu valor venal corresponde ao valor pelo qual foi arrematado em hasta pública, inclusive para fins de cálculo do ITBI**. Precedentes: AgRg no REsp 1.386.560/MG, rel. Min. Humberto Martins, Segunda Turma, julgado em 06.05.2014, **DJe** de 13.05.2014 e AgRg no REsp 1.317.793/MG, de minha relatoria, PRIMEIRA TURMA, julgado em 22.10.2013, **DJe** de 29.10.2013. 3. Agravo regimental a que se nega provimento (AgRg no AREsp 437720/MG, rel. Min. Sérgio Kukina, **DJe** de 24.09.2014).

Nesse sentido, cumpre citar que a prova discursiva de Promotor de Justiça do Mato Grosso do Sul aplicada em 2011, cobrou o seguinte:

Exemplo de questão sobre o tema

▶ **(MPE/MS – Promotor de Justiça – MS/2011).** Em arrematação judicial, determinado bem imóvel é alienado por valor inferior aquele estimado em lei municipal. O valor do imposto de transmissão de bens imóveis (ITBI) deverá ter como base de cálculo o valor alcançado em hasta pública? Fundamente.

Por se tratar de questão discursiva, importante demonstrar o conhecimento citando o posicionamento doutrinário e do STJ, conforme mencionado nesse Capítulo.

Outrossim, ainda, no tocante ao critério material da hipótese de incidência do ITBI, cumpre esclarecer a questão se recai ou não o referido imposto sobre a aquisição da propriedade por usucapião.

Vale lembrar que a transmissão pressupõe uma vinculação decorrente da vontade ou da lei entre o titular anterior (promitente) e o novo titular (adquirente). Por outro lado, o **usucapião** não há transmissão, porque não existe um alienante voluntário. Na verdade, inexiste vínculo entre aquele que perde a propriedade e o que adquire e, por isso, não configura fato jurídico tributário do ITBI.

O Ministro José Carlos Moreira Alves[10] acredita que não há transmissão de propriedade ou um desses direitos por meio de usucapião, visto que a lei tributária não pode alterar a definição e o conteúdo, bem como o alcance dos institutos e os conceitos de Direito Privado, não se admitindo nesse terreno a denominada interpretação econômica, logo, é vedado às

10. ALVES, José Carlos Moreira. **Usucapião e imposto de transmissão de bens imóveis. Revista de Direito Tributário**, n. 17-18. Cadernos de Direito Tributário, São Paulo: Revista dos Tribunais, 1981. p. 48-49.

leis estabelecer a incidência do Imposto de Transmissão quando o direito real se adquire por intermédio de usucapião.

Dessa maneira, no usucapião não há transmissão de bens, e sim aquisição originária, em correspondência com o direito que se perde, **indevido**, portanto, o ITBI.

Evidencia-se, ainda, que não deve incidir Impostos sobre Transmissão quando houver dissolução do matrimônio e 50% dos bens adquiridos na constância do casamento ficar para cada um dos cônjuges, quando tratar-se do regime da comunhão parcial de bens, e 50% de todos os bens do casal, adquiridos antes ou durante o matrimônio, no caso do regime da comunhão universal de bens.

Registre-se que quando ocorre a divisão do patrimônio exatamente pela metade a cada um dos cônjuges, não há que se falar em incidência de ITBI ou ITCMD, já que não há transmissão de propriedade, mas tão somente a **partilha** de bens pertencentes aos cônjuges. Isso porque o percentual já era parte integrante do patrimônio de cada qual das partes.

A doutrina atual e a jurisprudência predominante têm entendido que se não houver excesso de meação, não será passível de tributação o produto da partilha, haja vista não ocorrer transferência e tão pouco acréscimo patrimonial.

Acontece, entretanto, que, em alguns casos, durante a partilha de bens, por conveniência dos envolvidos, um dos cônjuges resolve ficar com uma parte do patrimônio que corresponda a mais da metade do que lhe caberia se a partilha fosse realizada pelas regras impostas pelo regime de bens. Assim, nessas situações, há nítida **transmissão** de propriedade ao outro cônjuge, devendo-se, então, analisar a qual Ente Federativo caberá o recolhimento do tributo sobre a respectiva diferença da sua parte cabível.

Se a transmissão ocorrer por ato jurídico bilateral estabelecido pelas vontades do doador e do donatário (art. 1.165 do CC), essa atribuição patrimonial está fora do campo de incidência do ITBI (porque está contida na esfera de competência dos Estados para exigir imposto sobre doações – ITCMD estudado no Capítulo anterior).

Em suma, se o contrato envolve a transferência de bem imóvel, ou de parte que supera a casa dos 50%, com caráter de liberalidade (gratuitamente), esse enriquecimento patrimonial do donatário só é passível de tributação pelo Estado ou pelo Distrito Federal – ITCMD.

Nesse sentido, reproduz-se a ementa de decisão do STJ:

> TRIBUTÁRIO. IMPOSTO DE TRANSMISSÃO POR DOAÇÃO. SEPARAÇÃO JUDICIAL. MEAÇÃO. 1. Na separação judicial, a legalização dos bens da meação não está sujeita a tributação. 2. **Em havendo a entrega a um dos cônjuges de bens de valores superiores à meação, sem indícios de compensação pecuniária, entende-se que ocorreu doação, passando a incidir, sobre o que ultrapassar a meação, o Imposto de Transmissão por Doação, de competência dos Estados (art. 155, I, da CF)**. 3. Recurso especial conhecido e provido (REsp n. 723.587/RJ, rel.ª Min.ª Eliana Calmon, 2ª Turma, julgado em 05.05.2005, **DJ** de 06.06.2005, p. 300) (grifos nossos).

Diferentemente será a atribuição patrimonial se advir de ato oneroso. É dizer, se em vez de doação houver, pura e simplesmente, contrato de venda e compra (sempre considerando a transmissão do bem imóvel ou de parte dele, excedente de 50%). Nesses casos, tem-se o fato que se subsume à hipótese de incidência do ITBI[11].

Isso posto, outro aspecto deve ser analisado, ainda, para averiguar se haverá realmente a incidência de algum tributo, quando o regime for o parcial ou o universal de bens. Indaga-se se na separação judicial, dentro desses regimes, a partilha dos bens, móveis ou imóveis, se dá considerando o **todo** ou **individualizando-os**.

Aires F. Barreto[12] entende que a partilha deve se processar considerando cada bem imóvel, ou a diferença excedente de 50% será tributável, seja por ato oneroso ou não, independentemente se mantida absoluta equivalência econômico-financeira na partilha. Logo, o cônjuge ao qual couber a metade dos bens imobiliários do casal ficará sujeito ao Imposto estadual ou municipal, conforme o ato tenha sido oneroso ou não.

Entretanto, a matéria não é pacífica, há doutrinadores que creem que os bens do casal permanecem **indivisos** em propriedade comum, formando uma unidade, sendo que os direitos de meação dos cônjuges incidem sobre a totalidade dos bens.

Assim, tomando-se por base esse julgamento comprova-se que havendo equiparação econômica dos bens, ou seja, 50% de todos os bens passados a cada cônjuge, não haverá que se falar em incidência de tributos de transmissão, independentemente se a um dos cônjuges coube apenas bens imóveis, isso porque os bens são tidos em conjunto, e não um a um.

Cita-se o exemplo hipotético em que o casal possui patrimônio equivalente à R$ 400.000,00 em decorrência de dois apartamentos, cada qual avaliado em R$ 200.000,00. Na partilha resolvem que cada um ficará com um apartamento. Depreende-se, com isso, que há uma perfeita divisão, isto é, cada cônjuge ficaria com 50% do patrimônio, não havendo, desse modo, incidência de Imposto algum, por não haver transferência de bens, mas tão somente divisão de bens que lhes pertenciam.

Diante de tal fato, inoportuno seria o entendimento de que na separação judicial deve-se ter a individualização dos bens, pois no exemplo acima exarado, haveria incidência de tributos nos dois casos. Assim, na hipótese de se pensar que cada parte tem direito à fração dos bens e não à unidade, nas duas situações ultrapassariam os 50% correspondentes de cada apartamento.

Dentre os autores que defendem que quando da partilha os bens devem ser tidos em propriedade comum, em conjunto e não individualmente, cita-se Sacha Calmon Navarro Coêlho. O ilustre jurista entende que se "o varão tirar a metade que lhe cabe em bens mobiliários, significa que a meação da mulher, só em imóveis ou parte em imóveis, não deve ser tributada"[13]. Nada lhe terá sido transmitido, porque a metade dos bens já era sua antes da separação dos corpos.

Por conseguinte, tendo em vista o entendimento de que os bens na constância do casamento devem ser analisados em **conjunto**, no exemplo acima referido, se metade do patrimônio correspondesse a bens móveis, e uma das partes ficasse com um apartamento e a

11. MARTINS, Ives Gandra da Silva. **Curso de Direito Tributário.** v. 2, 3. ed. Belém: Cejup, 1994. p. 338.
12. *Ibidem*, p. 338.
13. COÊLHO, Sacha Calmon Navarro, op. cit., 1999, p. 471.

outra com o equivalente a outros bens, **não** poderia incidir a tributação sobre este imóvel. Tudo isso por não haver excesso na meação, apenas a livre escolha e declaração sobre os seus interesses, haja vista exercerem o domínio sobre a totalidade dos bens.

Acompanhando o posicionamento da maioria dos doutrinadores, no sentido de que os bens do casal devem ser considerados conjuntamente e não per si, Leonora Ferraro[14] explica que, enquanto perdurar o casamento, os bens do casal permanecem em estado de indivisão, sendo que com a sua dissolução por separação judicial ou divórcio direto, a comunhão é rompida, e o patrimônio é repartido pela metade. Porém, tal divisão opera-se considerando todo o conjunto de bens, e não cada bem, móvel ou imóvel, de per si; muito embora o mesmo parecer não seja compartilhado pelo Fisco.

Desse modo, a atribuição da meação a cada um dos cônjuges separando-os não é uma modalidade de aquisição de propriedade, pois esta já preexistia, na medida em que o patrimônio, durante o casamento, era comum. A repartição do patrimônio do casal pela metade constitui efeito econômico decorrente da separação judicial ou do divórcio direto.

Ora, se for adotada a linha de raciocínio de que cada bem deve ser visto individualmente e não em conjunto no momento da partilha, não se torna justo que aquele cônjuge que ficar com um bem imóvel, ainda que de valor inferior ao restante atribuído a outra parte, tenha de pagar o tributo devido, apenas por entender que a partilha deve ser compreendida **bem a bem**.

Em consonância com o exposto, nada interessaria se a partilha ocorresse de forma igualitária ou não, se levasse em consideração apenas se a parte adquirira a propriedade inteira e exclusiva do imóvel, esse pensamento não condiz com o presente objetivo.

Neste sentido, tem-se a Súmula n. 116 do STF: *"Súmula n. 116. Em desquite ou inventário, é legítima a cobrança do chamado imposto de reposição, quando houver desigualdade nos valores partilhados"*.

Observe-se que tanto nas legislações quanto na jurisprudência não há a preocupação com a probabilidade de o cônjuge ficar com o bem só para si, apenas acentuam a necessidade de haver igualdade na divisão dos valores partilhados. Portanto, não interessa se a parte ficará com o imóvel inteiro ou apenas com uma parte.

Ocorre que o casamento estabelece entre os cônjuges uma comunidade de vida, quer dizer, a sociedade conjugal, na qual os cônjuges assumem em **conjunto** e **solidariamente** a responsabilidade tanto pela direção moral quanto material da família.

O professor Washigton de Barros Monteiro[15], ao discorrer sobre o assunto, esclarece que a visão clássica do direito é a da sociedade conjugal, que vislumbra na comunhão uma espécie de sociedade com características próprias, que não lhe retiram, todavia, a nota de verdadeira sociedade. Dessarte, é com a sociedade que a comunhão conjugal apresenta maior afinidade ou maior semelhança. Com efeito, se considerar a comunhão como uma espécie de sociedade, o tributo não incide sobre suas quotas, quando dissolvida, vez que a distribuição aos cônjuges

14. FERRARO, Leonora. **Imposto sobre doação e imposto de transmissão *inter vivo* sem partilha decorrente de separação judicial ou divórcio.** Clube Musitech. Disponível em: <http://www.ciglioniconsultoria.hpg.ig.com.br/art16.htm>. Acesso em: 06 maio 2003.
15. MONTEIRO, Washington de Barros. **Curso de Direito Civil:** direito de família. 33. ed. São Paulo: Saraiva, p. 164.

do acervo da sociedade desfeita, nos seus respectivos quinhões, não configura alienação, afastando-se, por conseguinte, a hipótese de distribuição de lucros ou transferência patrimonial.

Diante do exposto, constata-se que os bens pertencentes ao casal, não são tidos por metades ideais, mas sim formados por uma unidade. Logo, exercem a propriedade sobre a totalidade dos bens adquiridos durante o matrimônio, sem fracionar seus direitos. Assim, não poderá incidir os Impostos de Transmissão considerando bem por bem, pois se deverá analisar o **conjunto** de bens transferidos antes de se falar na tributação.

Para concluir sobre o critério material do ITBI, insta salientar que o Imposto não incide em casos de usucapião; desapropriação; servidões; bens de mão-morta; no mandato em causa própria ou com poderes equivalentes e seu substabelecimento, quando outorgado para o mandatário receber escritura definitiva do imóvel; se houver a exata partilha de bens na separação dos cônjuges.

Ainda merece destaque, no presente Item do critério material, a correlação entre o ITBI e o Imposto de Renda. Registre-se que os fatos geradores dessas duas exações são de natureza diferentes, enquanto o Município tributa o valor da transmissão do imóvel, a União cobra o IR sobre o chamado 'lucro imobiliário', em conformidade com a competência atribuída, a cada um desses Entes Federativos, pelo Poder Constituinte.

A transmissão tributada pelos Municípios atinge o valor venal do bem imóvel objeto do negócio jurídico, tenha ou não havido acréscimo patrimonial para as partes. Pode-se entender que o Município participa com um percentual sobre o valor do negócio, como se fosse um corretor. A sua tributação compreende o valor da transmissão. Por outro lado, a União apenas tributará a mais-valia que, porventura, o vendedor obtiver (o chamado lucro imobiliário), pois, na hipótese de haver lucro, terá ocorrido um acréscimo patrimonial imediato, incidindo o fato gerador desse Imposto Federal.

Na concepção da União, o IR incide sobre o valor positivo real (lucro) obtido pelo vendedor com a transação. Já a base de cálculo do ITBI compreende o valor venal, real, do negócio, obtido mediante lançamento direto ou misto.

2.3.2. *Critério Temporal*

No que concerne ao ITBI, não se pode considerar ocorrido o fato jurídico tributário senão a partir do instante em que se tenha operado a transmissão de propriedade. A **transmissão**, conforme analisado anteriormente, só irá acontecer quando da transcrição (inscrição, matrícula, registro) do título aquisitivo, no **Registro** Imobiliário competente.

Dessa forma, pode-se afirmar que o momento para o recolhimento do ITBI consiste no da transmissão da propriedade, uma vez que se trata do fato oponível da hipótese de incidência do tributo ora tratado.

O legislador, ao versar sobre o aspecto temporal da hipótese de incidência, tem a liberdade de eleger o momento inaugural em que se opera a transmissão. Todavia, não pode fixar momentos de tempo antecedentes àquele em que se materializa a transmissão, sob pena de fazer nascer direito ao crédito, antes do surgimento da própria obrigação[16].

16. MARTINS, Ives Gandra da Silva, op. cit., 1994, p. 339-340.

Compartilha desse entendimento o STJ, como se depreende do seguinte julgamento:

> TRIBUTÁRIO. ITBI. FATO GERADOR. OCORRÊNCIA. REGISTRO DE TRANSMISSÃO DO BEM IMÓVEL. 1. Rechaço a alegada violação do art. 458 do CPC, pois o Tribunal a quo foi claro ao dispor que o fato gerador do ITBI é o registro imobiliário da transmissão da propriedade do bem imóvel. A partir daí, portanto, é que incide o tributo em comento. 2. O fato gerador do imposto de transmissão (art. 35, I, do CTN) é a transferência da propriedade imobiliária, que somente se opera mediante registro do negócio jurídico no ofício competente. Precedentes do STJ. 3. Agravo Regimental não provido. (AgRg no AREsp n. 215.273/SP, rel. Min. Herman Benjamin, 2ª Turma, julgado em 02.10.2012, **DJe** de 15.10.2012).

Frise-se, portanto, que o critério temporal do ITBI se constitui pela transmissão da propriedade, na qual, de acordo com o Direito Civil Brasileiro, somente ocorre no instante da inscrição do título no **Registro** de Imóveis competente.

2.3.3. Critério Espacial

Sendo o ITBI exação de competência dos Municípios, o local da ocorrência do fato gerador compreende o do Município onde se **localiza** o imóvel objeto de transmissão, ou ao qual está ligada a cessão de direitos. Diversamente do que ocorre com o IPTU e ITR, no ITBI não há distinção entre zona urbana e rural, valendo, pois, para todo e qualquer imóvel circunscrito na localidade do Município.

Assim, para a incidência do ITBI se considera irrelevante tratar-se de imóvel urbano ou rural. Basta a existência de transmissão de imóvel de direitos reais ou de cessão de direitos à aquisição, *inter vivos*, por ato oneroso, ressalvado os de garantia.

O Código Tributário Nacional – que previa este tributo na forma anterior, fundido ao imposto de Transmissão Causa Mortis – estabelece, em seu artigo 41, que "o imposto compete ao Estado da situação do imóvel transmitido, ou sobre que versarem os direitos cedidos".

Como esclarecido no histórico do ITBI alhures, a disposição contida no CTN (de 1966) antecede a da Constituição de 1988. Por esse motivo, para o ITBI importa identificar qual será o Município competente para recolher o referido Imposto quando um imóvel encontrar-se em local fronteiriço e situado, em parte, no solo estrangeiro ou no de outro Estado.

Em que pese nem o CTN e nem outra Lei Complementar, até o momento, versar sobre o assunto, o critério mais razoável consiste no da tributação proporcional à área e às acessões no Brasil, seja ou não a sede da fazenda situada no País. O mesmo critério aplicar-se-á quando parte do imóvel situar-se num Estado e parte em outro, estendendo aos Municípios também essa forma de tributação[17].

2.4. Consequente Tributário

2.4.1. Critério Pessoal

2.4.1.1. Sujeito Ativo

Em se tratando do Imposto municipal sobre transmissão onerosa de bens imóveis ou direitos a eles relativos, a competência para a cobrança do tributo consiste na do **local da**

17. Idem, *ibidem*, 1994, p. 341.

situação do bem, de acordo com o disposto no inciso II do § 2º do artigo 156 da Constituição Federal.

Assim, considera-se irrelevante o local onde foi celebrado o contrato que dará margem à transmissão do bem ou direito a ele relativo. O imposto correspondente deve ser pago ao Município onde se situa o bem.

2.4.1.2. Sujeito Passivo

Segundo o artigo 42 do CTN, as leis estaduais, municipais ou do Distrito Federal podem escolher como Contribuinte do Imposto quaisquer das partes envolvidas na operação tributária.

Dessa forma, a **Lei Municipal** tem autonomia para estabelecer quem será o Contribuinte do Imposto de Transmissão seja o comprador, e não o vendedor do bem, mais comumente.

Importante lembrar que pela compra e venda, o vendedor pode auferir ganho patrimonial, sujeito, portanto, ao Imposto de Renda – de competência da União. Nesse caso, o Imposto de Transmissão, exatamente porque pago pelo comprador, não poderá ser deduzido do Imposto de Renda a cargo do vendedor – este último incidente sobre o lucro por ele auferido com a venda do imóvel.

Cumpre destacar que no ITBI pode vir a ocorrer um caso específico de Sujeição Passiva indireta, prevista no artigo 134, VI, do Código Tributário Nacional, o qual atribui aos tabeliães, escrivães, notários, oficiais de Registro de Imóveis e demais serventuários a responsabilidade **solidária** pelo cumprimento da obrigação tributária principal devida sobre os atos por eles praticados em razão de seu ofício.

2.4.2. Critério Quantitativo

2.4.2.1. Base de Cálculo

Das disposições do Código Tributário Nacional extrai-se do artigo 38 que a base de cálculo do ITBI compreende o **valor venal** dos bens ou direitos transmitidos.

Isso posto, em caso de cessão de direitos relativos à aquisição de imóveis, a base de cálculo refere-se ao valor venal dos direitos cedidos, e não do imóvel envolvido na transação.

Na visão de Aires F. Barreto[18], o valor venal corresponde ao preço provável que o imóvel poderá alcançar na compra e venda à vista, diante do mercado estável e quando os contratantes têm plena consciência do potencial de uso e ocupação que ao imóvel pode ser dado.

O valor venal do bem, na verdade, se define por aquele valor pelo qual poderá ser negociado no mercado. Assim, a base de cálculo do Imposto poderá ou não ser equivalente ao valor declarado pelo Contribuinte.

No cômputo da base de cálculo do IPTU ou do ITBI não há uma precisão na apuração do valor real do imóvel. E, por essa razão, torna-se necessária a utilização de instrumento

18. BARRETO, Aires F., op. cit., p. 341-342.

jurídico capaz de determinar, em cada caso, o valor da base de cálculo, visando o mais próximo da realidade imobiliária local. Como exemplo, pode-se mencionar as chamadas Plantas Genéricas de Valores que estabelecem os critérios de apuração do valor venal de uma infinidade de imóveis semelhantes com fins de lançamento tributário para cobrança de IPTU, e que, inclusive, pode ser utilizado para cálculo do ITBI. Contudo, nada impede que o próprio Município apure por meio de seus agentes.

O STJ firmou o posicionamento de que o Fisco pode arbitrar o valor de mercado do ITBI, desde que atendida a determinação do artigo 148 do CTN, quando a importância declarada pelo Contribuinte se mostre nitidamente inferior ao valor de mercado[19].

Na prática, o Contribuinte faz o pagamento pelo valor que estiver sobejando o da compra, conforme previsto na escritura, porém, não ficará livre de lançamentos suplementares, devendo prevalecer sempre a verdade real.

No que se refere à base de cálculo na **arrematação** de bem imóvel, o STJ compreende que corresponde ao valor alçado em hasta pública e não ao da avaliação[20].

2.4.2.2. Alíquota

No Imposto sobre Transmissão *Inter Vivos*, a fixação das suas alíquotas gerou muita divergência doutrinária. Há discussão acerca da possibilidade ou não de que as alíquotas sejam fixadas de forma progressiva, aumentando na mesma proporção da base de cálculo.

A parte da doutrina que sustenta ser inconstitucional a progressividade do ITBI funda sua tese no fato de que o constituinte originário, ao abordar o ITBI (art. 156, § 2º, da CF), disciplinou vários aspectos do Imposto de Transmissão, sem qualquer referência à **progressividade**. Assim, a interpretação sistemática da Seção V, que especifica os impostos dos Municípios, leva à conclusão de que o constituinte não pretendeu estender a progressividade ao imposto de transmissão *inter vivos*. Neste contexto, cita-se o trecho do voto do Ministro Carlos Velloso ao julgar o Recurso Extraordinário:

> Afigura-se inegável que a lei do Município, ao instituir a progressividade da alíquota do imposto, o fez por presumir a maior capacidade contributiva do sujeito passivo, a conferir a um tributo real, uma personalização ilegítima, que descaracteriza juridicamente o adicional progressivo.
>
> Na Constituição Federal inexiste permissão para a adoção do sistema de alíquotas progressivas para a cobrança do ITBI. Vale dizer que, caso fosse a intenção do legislador autorizá-la, certamente teria consignado expressamente no texto previsão a respeito, como fez na hipótese do IPTU (art. 156, § 1º, da Lei Maior). A norma geral estatuída no art. 145 da Carta Magna, sofre a restrição do referido art. 156, a desautorizar a cobrança na forma como pretendida pelo fisco[21].

19. Recurso em MS n. 36.966.
20. AgRg no REsp n. 1308814/MG.
21. BRASIL, Supremo Tribunal Federal. Constitucional. Tributário. Imposto de Transmissão de Imóveis *Inter Vivos*. Alíquotas Progressivas. Município de São Paulo e Adolfo Carlos Canan. Relator Carlos Velloso, 08 de abril de 1999. **DJO**, p. 00061, mar. 2000.

Consequentemente, os partidários da possibilidade da progressão das alíquotas sustentam que não há necessidade dessa previsão no artigo 156 da Carta Magna, uma vez que as alíquotas progressivas são formas de tributação que seguem o Princípio da Capacidade Contributiva, consagrado no artigo 145, § 1º, do dispositivo legal ora mencionado.

No tocante ao Princípio da Capacidade Contributiva, Hugo de Brito Machado explica:

> A Constituição Federal de 1988 restabeleceu a norma que expressamente consagrava, na Constituição de 1946, o princípio da capacidade contributiva. Com efeito, em seu art. 145, § 1º, disse que os tributos "serão graduados segundo a capacidade econômica do contribuinte". É certo que a expressão "sempre que possível", utilizada no início do mencionado dispositivo, pode levar o intérprete ao entendimento segundo o qual o princípio da capacidade contributiva somente será observado quando possível. Nos parece, porém, seja essa a melhor interpretação, porque sempre é possível a observância do referido princípio. A nosso ver, o sempre que possível, do § 1º do art. 145, diz respeito apenas ao caráter pessoal dos tributos, pois na verdade nem sempre é tecnicamente possível um tributo com caráter pessoal[22].

Não obstante a progressividade atinja resultados mais precisos quando se aplica sobre a renda auferida, há que se admitir que a do ITBI obedece efetivamente ao Princípio da Capacidade Contributiva. Ora, tem-se como legítima a presunção de que o adquirente de um imóvel de maior valor tem maior capacidade de arcar com o ônus tributário do que quem negociou um imóvel de valor menos elevado, devendo, por isso, suportar uma tributação maior.

Conquanto afirmem nesse aspecto alguns dos defensores da proporcionalidade como critério de justa tributação, a progressividade não significa necessariamente uma penalização dos mais ricos.

Primeiramente, porque considerando-se a progressividade como sendo, por si só, ilegítima, sem levar-se em consideração outros fatores, como o limite máximo das alíquotas, basta o legislador tributar todos os Contribuintes pela alíquota máxima que nada se poderá questionar em termos de progressividade.

Em segundo lugar, porque a progressividade configura a maneira de assegurar a justa tributação dos indivíduos, estabelecendo entre eles uma igualdade de sacrifícios.

A posição doutrinária, que entende ser constitucional a progressividade das alíquotas do ITBI, parece ser a mais adequada, visto que a capacidade contributiva integra um dos princípios constitucionais tributários consagrado expressamente no ordenamento jurídico, em face do disposto no artigo 145, § 1º, da Constituição Federal, com aplicação aos impostos, assim, se entende como correta a utilização das alíquotas progressivas, crescentes conforme o valor venal do imóvel.

Recentemente, o STF reconheceu a possibilidade de alíquotas progressivas para o ITCMD, em aplicação ao Princípio da Capacidade Contributiva, por julgar que **todos os impostos** devem segui-lo[23].

Perceba-se que essa posição da Suprema Corte permite a extensão da progressividade ao ITBI. Entretanto, há que se evidenciar que até o momento, o STF não se manifestou sobre

22. MACHADO, Hugo de Brito. **Curso de Direito Tributário**. 19. ed. São Paulo: Malheiros, 2001. p. 41.
23. RE n. 542485.

a constitucionalidade de alíquotas progressivas para o ITBI, mantendo, portanto, em vigor a sua Súmula n. 656: *"É inconstitucional a lei que estabelece alíquotas progressivas para o imposto de transmissão inter vivos de bens imóveis – ITBI com base no valor venal do imóvel"*.

Cumpre salientar, ainda, que cabe à Lei Ordinária Municipal definir a alíquota ou alíquotas aplicáveis.

O artigo 39 do Código Tributário Nacional dispõe que a alíquota do Imposto não excederá aos limites fixados em Resolução do Senado Federal.

Na Constituição Federal, no inciso IV do § 1º de seu artigo 155, contém regra idêntica, no que diz respeito ao Imposto Estadual sobre Transmissão. Então, o referido tributo estadual terá suas alíquotas máximas fixadas por resolução do Senado Federal.

Todavia, deve-se atentar para o fato de que em relação ao Imposto Municipal sobre Transmissão onerosa de bens imóveis, ou direitos a eles relativos não mais existe regra idêntica na Constituição. Nenhum dos dois incisos do § 2º do artigo 156 da Carta Magna trata das alíquotas do Imposto Municipal. Desse modo, considerando que na Lei Maior não consta tal premissa, os Municípios poderão escolher livremente as alíquotas que desejarem para o ITBI.

2.5. Características

Consiste em imposto **fiscal,** em razão de visar à arrecadação e suprir as necessidades públicas. Trata-se de um tributo **direto**, não cabendo repercussão. E, por fim, se caracteriza por ser um tributo **real**, posto que não leva em consideração as condições inerentes ao sujeito, mas sim ao bem.

O **lançamento** do ITBI, em regra, é feito por **declaração**. Desse modo, o Contribuinte leva ao conhecimento da Autoridade Fazendária os elementos de fato indispensáveis à feitura do lançamento, e esta calcula o Imposto devido, notificando o Contribuinte para pagá-lo. Nada impede, todavia, que a lei municipal estabeleça o lançamento por homologação.

Além do mais, a referida exação respeita o **Princípio da Anterioridade**, tanto **Nonagesimal** como a do **Exercício Financeiro**, à luz do artigo 150, III, "b" e "c", da CF.

2.5.1. *Imunidades Específicas*

Nos termos do artigo 156, § 2º, I, da CF, não incidirá o ITBI sobre a transmissão de bens ou direitos incorporados ao patrimônio de pessoa jurídica em realização de capital, nem sobre a transmissão de bens ou direitos decorrentes de fusão, incorporação, cisão ou extinção de pessoa jurídica, salvo se, nesses casos, a atividade preponderante do adquirente for a compra e venda desses bens ou direitos, locação de bens imóveis ou arrendamento mercantil.

A não incidência supracitada objetiva facilitar a mobilização dos bens de raiz e a sua posterior desmobilização, de modo a auxiliar na formação, transformação, fusão, cisão e extinção de sociedades civis e comerciais, não embaraçando com o ITBI a movimentação dos imóveis, quando comprometidos com tais situações.

Contudo, oportuno salientar que as hipóteses de imunidade previstas no § 2º do artigo 156 da Lei Maior, acima elencadas, não prevalecem no caso de a **atividade preponderante** do adquirente ser a compra e venda dos bens e direitos, a locação de bens imóveis ou o arrendamento mercantil.

O § 1º do artigo 37 do Código Tributário Nacional especifica que será considerada atividade preponderante, para efeitos de incidência do tributo ora tratado, quando mais de 50% (cinquenta por cento) da receita operacional da pessoa jurídica adquirente, nos dois anos anteriores e nos dois subsequentes à aquisição, decorrer da venda ou locação de propriedade imobiliária, ou a cessão de direitos relativos à sua aquisição.

Agora, se o início das atividades da pessoa jurídica adquirente for inferior a dois anos, essa gozará da imunidade prevista no artigo 156, § 2º, da Constituição Federal, sujeita, porém, a perdê-la e ser compelida ao pagamento do Imposto, caso nos três anos posteriores à aquisição verificar-se a preponderância dos negócios imobiliários.

Insta mencionar, entretanto, que há uma ressalva no § 4º do artigo 37 do CTN que afirma que o ITBI não incidirá quando a transmissão dos bens for realizada em conjunto com a totalidade do patrimônio da pessoa jurídica alienante.

Houve uma discussão referente a esse dispositivo do CTN, no tocante à compatibilidade com a Constituição.

Alguns entendem que tal regramento não se compatibiliza com a Constituição, por conflitar com o art. 156, § 2º, I da CF, não devendo ser recepcionado pela Constituição.

Outros defendem que o CTN, em seu art. 37, § 4º, estipulou uma forma de isenção, havendo, portanto, compatibilidade com a Constituição.

Há, ainda, o terceiro posicionamento, que nós aderimos inclusive, no sentido de que não há conflito com a Constituição e, muito menos se trata de uma isenção heterônoma – que por sinal é vedada pela Constituição, com exceção do caso em que a União exerce o papel de pessoa jurídica de direito público internacional –, mas sim uma norma definidora da base de cálculo do Imposto. Trata-se, por essa razão, de uma norma de não incidência. Semelhante ocorreu com a discussão sobre as alíquotas do ISS (que será analisado mais adiante nesse Capítulo), em que a Suprema Corte compreendeu que o art. 9º e §§ 3º e 4º do DL n. 406/68 não institui isenção heterônoma, mas sim uma norma definidora da base de cálculo do ISS (RE 236.604).

Ora, a pessoa jurídica incorporada, e aquelas que se fundem, deixam de existir, e todo o seu patrimônio é adquirido pela incorporadora, ou pela pessoa jurídica resultante da fusão. Dessa forma, mesmo que a atividade preponderante da pessoa jurídica incorporadora, ou daquela que resultará da fusão, seja a de compra e venda ou locação de imóveis, ou de arrendamento mercantil, ainda assim a transmissão de imóveis resultante da incorporação ou fusão ficará imune à incidência do imposto[24].

Vale salientar, ainda, que as operações de transferência de imóveis desapropriados para fins de reforma agrária estão **imunes**, nos termos do artigo 184, § 5º, da CF.

24. DECOMAIN, Pedro Roberto. **Anotações ao Código Tributário Nacional**. São Paulo: Saraiva, 2000. p. 156.

Critério Material (Fato Gerador)	Transmissão *inter vivos*, a qualquer título, por ato oneroso, de bens imóveis, por natureza ou acessão física; Transmissão de direitos reais sobre imóveis exceto os de garantia; Cessão de direitos à sua aquisição.
Critério Espacial	Município da situação do Bem Imóvel.
Critério Temporal	No momento do registro em Cartório.
Critério Quantitativo	Base de cálculo: valor venal do imóvel. **Alíquota**: NÃO pode ser progressiva, em virtude de não existir disposição expressa na Constituição Federal, apesar da discussão doutrinária.
Critério Pessoal	**Sujeito Ativo:** Município da situação do Imóvel. **Sujeito Passivo:** Nos termos do art. 42 do CTN.

2.6. Questões

1. (Câmara de Atibaia/SP – Advogado – CAIPIMES/2016). Relacione corretamente o tributo às características ou aos conceitos apresentados.

I. ITBI.

II. IPTU.

III. ISS.

( ) Imposto municipal, com característica predominantemente fiscal, sem prejuízo da sua excepcional utilização extrafiscal (artigo 182, § 4º, inciso II, da CF), encontra fundamento constitucional nos artigos, 156, inciso I e § 1º, e 182, § 4º, inciso II. No CTN tem previsão legal nos artigos 32 e 34, bem como no artigo 7º do Estatuto da Cidade (Lei 10.257/2001). Tem por fato gerador a propriedade, o domínio útil ou a posse de bem imóvel, localizado na zona urbana do Município, visando assegurar o cumprimento da função social da propriedade. A base de cálculo do imposto é o valor venal do imóvel, não se considerando o valor dos bens móveis mantidos em caráter permanente ou temporário no imóvel, para efeito de sua utilização, exploração, amorfoseamento ou comodidade.

( ) Imposto Municipal que encontra fundamento no texto constitucional no artigo 156, inciso II, e nos CTN nos artigos 35 a 42, e possui como fato gerador a transmissão, por ato oneroso, de bens imóveis, excluindo-se a sucessão (*causa mortis*). E sendo da competência dos Municípios, referido imposto possui legislação própria em cada um deles. A base de cálculo do imposto é o valor venal dos bens ou direitos transmitidos. O contribuinte do imposto é qualquer das partes na operação tributada, como dispuser a lei.

( ) Imposto municipal e também de competência do Distrito Federal, tem como fato gerador a prestação de serviços constantes da lista anexa à Lei Complementar 116/2003, ainda que esses não se constituam como atividade preponderante do prestador. O contribuinte é o prestador do serviço e sua base de cálculo do imposto é o preço do serviço.

Assinale a alternativa que indica a sequência correta:

(A) III, I e II.

(B) II, III e I.

(C) I, II e III.

(D) II, I e III.

2. (Pref. Caçapava do Sul/RS – Advogado – ASSCON-PP/2016). Por força de lei, poderão os municípios instituir seus próprios impostos. Sua criação é desvinculada de qualquer atuação da estatal e não há destinação específica para o dinheiro arrecadado. De acordo com a Constituição Federal, são impostos arrecadados pelos municípios dentre outros:

(A) IPTU, ITBI e IPVA;

(B) IPVA, IPTU, ISS e ICMS;

(C) IPTU, ISS e ITBI;

(D) IPTU, ISS e ITBI.

3. (Câmara de São José do Rio Preto/SP – Advogado – VUNESP/2015). Com relação à transmissão de bens ou direitos decorrentes de fusão de pessoa jurídica cuja atividade preponderante da adquirente seja a de arrendamento mercantil

(A) não incide ITBI (imposto sobre a transmissão de bens imóveis), cuja competência é estadual.

(B) incide ITCMD (imposto sobre a transmissão causa mortis ou por doação), cuja competência é estadual.

(C) incide IR (imposto sobre a renda e proventos de qualquer natureza), cuja competência é federal.

(D) incide ITBI (imposto sobre a transmissão de bens imóveis), cuja competência é municipal.

(E) incide IPTU (imposto sobre a propriedade predial e territorial urbana), cuja competência é municipal.

4. (CORECON/MG 2015 – Advogado – Gestão de Concursos). São tributos de competência tributária ativa dos Estados, EXCETO:

(A) A contribuição, cobrada de seus servidores, para o custeio, em benefício destes, do regime previdenciário especial, contributivo e solidário, cuja alíquota não será inferior à da contribuição dos servidores titulares de cargos efetivos da União.

(B) As taxas, em razão do exercício do poder de polícia ou pela utilização, efetiva ou potencial, de serviços públicos específicos e divisíveis, prestados ao contribuinte ou postos à sua disposição.

(C) A contribuição de melhoria, decorrente de obras públicas.

(D) Imposto sobre a transmissão "inter vivos", a qualquer título, por ato oneroso, de bens imóveis, por natureza ou acessão física, e de direitos reais sobre imóveis, exceto os de garantia, bem como cessão de direitos à sua aquisição.

5. (TJ/MG – Cartório – CONSULPLAN/2015). Sobre atos jurídicos contidos em uma escritura pública por meio da qual um pai doa ao filho recursos financeiros, e ele, com esses recursos, compra um imóvel, no município de Belo Horizonte,

(A) pode haver incidência de ITBI, mas não de ITCMD, já que os recursos financeiros são considerados bens móveis, e, tal como ocorre com o ITBI, o ITCMD somente incide sobre transmissão de bens imóveis (este, nos negócios gratuitos, a exemplo de doação; aquele, nos negócios onerosos, a exemplo de compra e venda).

(B) incidirão ITBI e ITCMD, não sendo sequer possível que haja ato declaratório de isenção de algum desses impostos, vez que jamais se poderá vislumbrar ato de isenção quando o contribuinte for pessoa natural.

(C) poderá incidir, tão somente, ITCMD, vez que na compra e venda com recursos doados há uma sub-rogação do imóvel no lugar do dinheiro objeto de doação e, por conseguinte, a incidência de ITBI configuraria bis in idem, técnica de tributação vedada pela Constituição Federal.

(D) incidirão ITBI (imposto de competência municipal ou do Distrito Federal) e ITCMD (imposto de competência estadual ou do Distrito Federal), salvo hipótese de isenção.

6. (TJ/SE – Cartórios – CESPE/2014). Com relação à responsabilidade tributária do notário, do tabelião e do registrador, assinale a opção correta.

(A) O Estado só pode exigir o ITBI de um tabelião se não tiver como recebê-lo do contribuinte.

(B) Segundo o CTN, a responsabilidade dos tabeliães, escrivães e demais serventuários de ofício é subsidiária.

(C) Admite-se, em relação à responsabilidade tributária solidária, o benefício de ordem.

(D) A atribuição da responsabilidade por determinado tributo, por lei, a um terceiro que não tenha relação com seu fato gerador caracteriza a responsabilidade tributária em sentido estrito.

(E) A responsabilidade tributária dos tabeliães, escrivães e demais serventuários de ofício pode ser caracterizada como responsabilidade por substituição.

7. (TJ/MT – Cartório – FMP/2014). O Imposto Sobre a Transmissão *Inter vivos* por Ato Oneroso de Bens Imóveis (ITBI), é tributo de competência:

(A) da União, dos Estados, do Distrito Federal, dos Municípios, podendo cada um instituí-lo de acordo com a competência concorrente.

(B) da União.

(C) dos Estados e do Distrito Federal.

(D) dos Municípios.

(E) Nenhuma das respostas anteriores.

8. (TJ/MT – Cartório – FMP/2014). Em relação ao Imposto sobre Transmissão *Inter vivos* (ITBI), assinale a afirmativa correta.

(A) Incide sobre transmissões inter vivos, a qualquer título, de bens imóveis por ato não oneroso.

(B) Incide sobre venda e doação de bens imóveis, a qualquer título.

(C) É tributo de competência dos Estados e do Distrito Federal.

(D) Incide sobre transmissão inter vivos, a qualquer título, por ato oneroso, de bens imóveis ou de direitos reais sobre imóveis, exceto os de garantia.

(E) É tributo de competência da União.

9. (TJ/MT – Cartório – FMP/2014). A partilha de um único imóvel de um casal, pelo regime da comunhão universal de bens, quanto ao ITBI – Imposto de Transmissão de Bens Imóveis:

(A) sofre incidência do ITBI sobre o valor de 100% da avaliação do imóvel partilhado.

(B) sofre incidência do ITBI sobre 50% da avaliação do imóvel.

(C) não sofre incidência, pois cada cônjuge já era proprietário de sua metade, não havendo nenhuma transferência de patrimônio.

(D) sofre incidência do ITBI sobre 25% do valor da avaliação do imóvel.

(E) Nenhuma das respostas anteriores.

10. (TJ/MT – Cartório – FMP/2014). O imóvel transferido pelo "de cujus" antes do seu falecimento, através de instrumento particular de compra e venda não registrada, estará sujeito ao

(A) Imposto de Transmissão Causa e Mortis e Doação, ITCD, pois o imóvel permanece no nome do falecido e deverá ser inventariado.

(B) Imposto sobre Transmissão de Bens Imóveis, ITBI, eis que o imóvel foi transferido em vida.

(C) Não incide nenhum dos dois tributos referidos anteriormente.

(D) Incidem os dois tributos referidos anteriormente.

(E) Nenhuma das respostas anteriores.

11. (Prefeitura de Iguatu/CE – Auditor de Tributos Municipais – Pró-Município). Qual o tributo municipal que tem seu fato gerador relacionado, dentre outros aspectos, à transmissão a qualquer título de direitos reais sobre imóveis, exceto os direitos reais de garantia?

(A) ITBI;

(B) IRPJ;

(C) ICMS;

(D) IPVA;

(E) ISSQN.

12. (CISCENOP/PR – Advogado – FAUEL/2012). Acerca dos Impostos, indique a alternativa incorreta:

(A) IPI é uma exceção ao princípio da anterioridade.

(B) IOF possui função extrafiscal.

(C) IPTU admite progressividade fiscal e extrafiscal.

(D) ITBI incide sobre os direitos reais de garantia.

13. (TJ/GO – Juiz Substituto – FCC/2012). Um Município alterou sua legislação para instituir o IPTU progressivo em razão do valor venal do imóvel, criando uma tabela com alíquotas variando de 0,5% a 2,5%. Do mesmo modo instituiu também o ITBI progressivo em razão do valor venal do imóvel, com alíquotas variando de 1% a 5%. Nesse caso, a partir dos fatos apresentados e do entendimento do Supremo Tribunal Federal:

(A) É constitucional a instituição tanto do IPTU como do ITBI progressivo em razão do valor venal do imóvel como forma de graduação dos impostos segundo a capacidade contributiva.

(B) É inconstitucional a instituição de alíquotas progressivas para o IPTU e para o ITBI, pois ambos são impostos reais e, portanto, não podem ter alíquotas progressivas.

(C) É inconstitucional a instituição de dois impostos municipais com mesma base de cálculo, qual seja, valor venal do imóvel, pois caracteriza bis in idem.

(D) É constitucional apenas a instituição do IPTU progressivo em razão do valor venal do imóvel, por expressa autorização na Constituição Federal.

(E) É constitucional apenas a instituição do ITBI progressivo em razão do valor venal do imóvel, por expressa autorização na Constituição Federal.

14. (Prefeitura/SP – Auditor-Fiscal Tributário Municipal I. Área de Especialização: Gestão Tributária – FCC/2012). Um município brasileiro, desconsiderando as regras de direito privado a respeito de transmissões onerosas e doações de bens e direitos, inseriu, na lei ordinária que instituiu o ITBI naquele município, uma regra jurídica que equiparava as doações de imóveis, feitas entre parentes em linha reta e entre parentes em linha colateral, até o terceiro grau, a transmissões onerosas e, com base nessa norma legal, passou a cobrar o ITBI sobre essas transmissões. Nesse caso, a norma municipal acima referida:

(A) Poderia ter sido criada pelo município, desde que o município firmasse convênio com o Estado no qual está localizado, transferindo a competência tributária do Estado para a do município e promovendo repartição de receita com o ente estadual, de modo que este recebesse em repasse a mesma importância que receberia se a operação tivesse sido tributada pelo ITCMD.

(B) Não poderia ter sido criada pelo município, pois é competência dos Estados, e não dos municípios, legislar sobre o ITBI.

(C) Não poderia ter sido criada pelo município, pois ela fere norma geral de direito tributário que impede que a pessoa jurídica de direito público edite norma para alterar a definição, o conteúdo e o alcance de institutos, conceitos e formas de direito privado, utilizados, expressa ou implicitamente, pela Constituição Federal, para definir ou limitar competências tributárias.

(D) Poderia ter sido criada pelo município, pois é competência dos municípios legislar sobre o ITBI.

(E) Poderia ter sido criada pelo município, desde que o município firmasse convênio com o Estado no qual ele está localizado, transferindo a competência tributária do Estado para a competência tributária do município.

15. (Município de Bom Jesus/SC – Advogado – INCAPEL/2012). Marque a alternativa incorreta no tocante ao direito tributário:

(A) Regra geral, medida provisória que implique instituição ou majoração de impostos, só produzirá efeitos no exercício financeiro seguinte se houver sido convertida em lei até o último dia daquele em que foi editada.

(B) ITBI é um tributo lançado por declaração de competência municipal. Seu fato gerador ocorre com o registro da transferência da propriedade registro de imóveis.

(C) Uma lei municipal aumentando a alíquota do ITBI é publicada em 11 de novembro de 2010. Paulo comprou um imóvel em 11 de janeiro de 2011. João comprou um imóvel em 16 de fevereiro de 2011. A nova alíquota deve ser aplicada apenas em relação a João.

(D) A instituição de uma taxa pelo exercício do poder de polícia requer lei complementar definindo, entre outros, base de cálculo e contribuintes.

(E) O imposto sobre serviços de qualquer natureza é um imposto municipal cuja base de cálculo é o preço do serviço. A prestação de serviço de composição gráfica, personalizada e sob encomenda, ainda que envolva fornecimento de mercadorias, esta sujeita, apenas, ao ISS.

16. (Prefeitura Municipal de Rosana – Procurador Jurídico – VUNESP/2012). Considerando os impostos, insertos na competência municipal, incidentes sobre a propriedade predial e territorial urbana (IPTU), a transmissão *inter vivos*, a qualquer título, por ato oneroso, de bens imóveis (ITBI) e a prestação de serviços de qualquer natureza, não compreendidos na competência impositiva dos Estados (ISS), assinale a alternativa correta:

(A) O ITBI incide sobre a transmissão de bens ou direitos incorporados ao patrimônio da pessoa jurídica em realização de capital.

(B) O ITBI incide sobre a transmissão de bens ou direitos decorrentes de fusão, incorporação, cisão ou extinção de pessoa jurídica, ainda que a atividade preponderante do adquirente não for a compra e venda desses bens ou direitos, locação de bens imóveis ou arrendamento mercantil.

(C) O ITBI não incide sobre a transmissão de bens ou direitos decorrentes de fusão, incorporação, cisão ou extinção de pessoa jurídica quando a atividade preponderante do adquirente for a compra e venda desses bens ou direitos, locação de bens imóveis ou arrendamento mercantil.

(D) O IPTU não poderá ter alíquotas diferentes de acordo com a localização e o uso do imóvel.

(E) O ISS tem excluída de sua incidência exportações de serviços para o exterior, nos termos de lei complementar.

17. (Procurador 1ª Categoria/ES – CESPE/2011). Com relação aos impostos de competência dos municípios, assinale a opção correta:

(A) O município poderá instituir imposto sobre serviço que incida sobre a locação de automóveis.

(B) Incidirá ITBI na extinção do condomínio mediante a divisão da propriedade.

(C) A delimitação do campo de competência tributária entre estado e município, relativa à incidência de ICMS e de ISSQN sobre operações que envolvam circulação de mercadoria e serviços, será resolvida em favor do município caso a operação esteja descrita na lista de serviços estabelecida para incidência do ISSQN.

(D) É admitida a progressividade do IPTU desde que para fins extrafiscais, em face da sua natureza real, e para garantir a função social da propriedade.

(E) O ITBI pode ser progressivo.

18. (Município de Niterói/RJ – Procurador – FEMPERJ/2011). Em relação aos tributos que compõem o Sistema Tributário Nacional, analise as afirmativas a seguir:

I. A taxa cobrada exclusivamente em razão dos serviços públicos de coleta, remoção e tratamento ou destinação de lixo ou resíduos provenientes de imóveis, não viola o artigo 145, II, da Constituição Federal.

II. A taxa de limpeza e conservação pública é inconstitucional, pois não preenche os requisitos de divisibilidade e especificidade.

III. O compromisso de compra e venda não registrado não configura fato gerador do ITBI, por não se caracterizar como direito real, mas como mero direito de natureza pessoal.

IV. A partir da vigência da EC n. 29/2000, o IPTU passou a ter um caráter de progressividade fiscal, ou seja, poderá ser progressivo em relação ao valor do imóvel.

V. O local da prestação do serviço pode indicar o Município competente para a imposição do Imposto sobre Serviços de Qualquer Natureza (ISS).

Estão corretas as afirmativas:

(A) somente I, II, III e IV;

(B) somente I, II, III e V;

(C) somente I, II, IV e V;

(D) somente II, III, IV e V;

(E) todas.

19. (TC/BA – Procurador – CESPE/2010). Caso uma pessoa adquira bem imóvel em hasta pública pelo valor de R$370.000,00, mas avaliação judicial tenha atribuído a esse bem o valor de R$ 335.000, 00, o cálculo do ITBI incidente sobre essa transação deverá de ser feito com base no valor alcançado na arrematação.

20. (Exame da OAB 3 – FGV/2010). Nos autos de uma ação de divórcio, os ex-cônjuges, casados em regime de comunhão total de bens, dividiram o patrimônio total existente da seguinte maneira: o imóvel situado no Município X, no valor de R$ 50.000,00, pertencerá ao ex-marido, enquanto o imóvel situado no Município Y, no valor de R$ 30.000,00, pertencerá à ex-esposa. Assinale a alternativa correta quanto à tributação incidente nessa partilha:

(A) O tributo a ser recolhido será o ITCMD, de competência do Estado, e incidirá sobre a base de cálculo no valor de R$ 10.000,00.

(B) O tributo a ser recolhido será o ITBI, sobre ambos os imóveis, cada qual para o município de localização do bem.

(C) O tributo a ser recolhido será o ITBI, de competência do Município, e incidirá sobre a base de cálculo no valor de R$ 10.000,00.

(D) Não há tributo a ser recolhido, pois, como o regime de casamento era o da comunhão total de bens, não há transferência de bens, mas simples repartição do patrimônio comum de cada ex-cônjuge.

GABARITO

1. **Alternativa (D).** II, I e III.

( ) Imposto municipal, com característica predominantemente fiscal, sem prejuízo da sua excepcional utilização extrafiscal (artigo 182, § 4º, inciso II, da CF), encontra fundamento constitucional nos artigos, 156, inciso I e § 1º, e 182, § 4º, inciso II. No CTN tem previsão legal nos artigos 32 e 34, bem como no artigo 7º do Estatuto da Cidade (Lei 10.257/2001). Tem por fato gerador a propriedade, o domínio útil ou a posse de bem imóvel, localizado na zona urbana do Município, visando assegurar o cumprimento da função social da propriedade. A base de cálculo do imposto é o valor venal do imóvel, não se considerando o valor dos bens móveis mantidos em caráter permanente ou temporário no imóvel, para efeito de sua utilização, exploração, amorfoseamento ou comodidade.

( ) Imposto Municipal que encontra fundamento no texto constitucional no artigo 156, inciso II, e nos CTN nos artigos 35 a 42, e possui como fato gerador a transmissão, por ato oneroso, de bens imóveis, excluindo-se a sucessão (*causa mortis*). E sendo da competência dos Municípios, referido imposto possui legislação própria em cada um deles. A base de cálculo do imposto é o valor venal dos bens ou direitos transmitidos. O contribuinte do imposto é qualquer das partes na operação tributada, como dispuser a lei.

( ) Imposto municipal e também de competência do Distrito Federal, tem como fato gerador a prestação de serviços constantes da lista anexa à Lei Complementar 116/2003, ainda que esses não se constituam como atividade preponderante do prestador. O contribuinte é o prestador do serviço e sua base de cálculo do imposto é o preço do serviço.

Comentário: A alternativa **"D"** está correta, pois faz a exata correlação dos impostos municipais.

---

2. **Alternativa (D).** IPTU, ISS e ITBI.

Comentário: A opção **"D"** está correta, conforme preceitua o art. 156 da CF.

---

3. **Alternativa (D).** Incide ITBI (imposto sobre a transmissão de bens imóveis), cuja competência é municipal.

Comentário: A alternativa **"D"** está correta, consoante o art. 156, §2º, I, da CF, que prevê imunidade do ITBI em casos de fusão, mas desde que a atividade preponderante não seja a compra e venda de imóveis, locação ou arrendamento mercantil. A opção "A" está incorreta, incide ITBI no caso e a competência do referido tributo é municipal, conforme o art. 156, II, da CF. A resposta "B" está incorreta, nos termos do art. 155, I, da CF, o caso em questão não se trata de fato gerador do ITCMD. A letra "C" está incorreta, não se trata de hipótese de incidência do IR, segundo o art. 156, §2º, da CF. A justificativa "E" está incorreta, de acordo com o art. 156, I, da CF, não se trata de fato gerador do IPTU.

---

4. **Alternativa (D).** Imposto sobre a transmissão "inter vivos", a qualquer título, por ato oneroso, de bens imóveis, por natureza ou acessão física, e de direitos reais sobre imóveis, exceto os de garantia, bem como cessão de direitos à sua aquisição.

Comentário: A alternativa **"D"** é falsa, consoante art. 156, II, da CF, a competência desse imposto é municipal. A opção "A" é verdadeira, nos termos do art. 149, § 1º, da CF. A resposta "B" é verdadeira, à luz dos arts. 145, II, da CF e 77, *caput*, do CTN, a competência para instituição de taxa é comum. A justificativa "C" é verdadeira, todo e qualquer ente federativo poderá instituir a contribuição de melhoria, a competência é comum, de acordo com o instituído no art. 145, III, da CF.

---

5. **Alternativa (D).** Incidirão ITBI (imposto de competência municipal ou do Distrito Federal) e ITCMD (imposto de competência estadual ou do Distrito Federal), salvo hipótese de isenção.

Comentário: A alternativa "A" está incorreta, pois o ITCMD poderá incidir sobre quaisquer bens, móveis ou imóveis, nas transmissões a título gratuito. A opção "B" está incorreta, basta existir uma lei municipal ou estadual para trazer isenção do ITBI e ITCMD, respectivamente. A resposta "C" está incorreta, uma vez que configuram dois fatos geradores distintos, o primeiro, doação, sobre a qual deverá incidir o ITCMD, e a segunda, operação de compra e venda de bem imóvel deverá incidir o ITBI, razão pela qual torna correta a justificativa **"D"**.

---

6. **Alternativa (A).** O Estado só pode exigir o ITBI de um tabelião se não tiver como recebê-lo do contribuinte.

Comentário: A alternativa **"A"** é a opção correta, conforme estudado nesse Capítulo, trata-se da responsabilidade prevista no artigo 134, VI, do Código Tributário Nacional, o qual atribui aos tabeliães, escrivães, notários, oficiais de Registro de Imóveis e demais serventuários a **Responsabilidade Solidária** pelo cumprimento da obrigação tributária principal devida sobre os atos por eles praticados em razão de seu ofício.

---

7. **Alternativa (D).** Dos Municípios.

Comentário: A opção **"D"** é a assertiva correta, nos termos do art. 156, II, da CF, a Competência do ITBI pertence aos Municípios.

---

8. **Alternativa (D).** Incide sobre transmissão *inter vivos*, a qualquer título, por ato oneroso, de bens imóveis ou de direitos reais sobre imóveis, exceto os de garantia.

Comentário: A assertiva **"D"** é a resposta correta, a hipótese de incidência está delineada no art. 156, II, da CF.

---

9. **Alternativa (C).** Não sofre incidência, pois cada cônjuge já era proprietário de sua metade, não havendo nenhuma transferência de patrimônio.

Comentário: A resposta **"C"** é a justificativa correta, consoante o analisado nesse Capítulo, os bens pertencentes ao casal, não são tidos por metades ideais, mas sim formados por uma unidade. Logo, exercem a propriedade sobre a totalidade dos bens adquiridos durante o matrimônio, sem fracionar seus direitos. Assim, **não** poderá incidir os Impostos de Transmissão considerando bem por bem, pois dever-se-á analisar o conjunto de bens transferidos antes de se falar na tributação. Apenas quando se constatar que a divisão não for igualitária, no sentido de haver natureza onerosa na operação. Diante disso, tem-se a Súmula n. 116 do STF: "Súmula n. 116. Em desquite ou inventário, é legítima a cobrança do chamado imposto de reposição, quando houver desigualdade nos valores partilhados". Observe-se que tanto nas legislações quanto na jurisprudência não há a preocupação com a probabilidade de o cônjuge ficar com o bem só para si, apenas acentuam a necessidade de haver igualdade na divisão dos valores partilhados.

---

10. **Alternativa (B).** Imposto sobre Transmissão de Bens Imóveis, ITBI, eis que o imóvel foi transferido em vida.

Comentário: A justificativa **"B"** é a alternativa correta, à luz da hipótese de incidência delineada no art. 156, II, da CF.

---

11. **Alternativa (A).** ITBI.

Comentário: A alternativa **"A"** está correta, de acordo com o art. 156, II, da CF.

---

12. **Alternativa (D).** ITBI incide sobre os direitos reais de garantia.

Comentário: A opção "A" está correta, porque o IPI não precisa respeitar o Princípio da Anterioridade do Exercício, apenas a Nonagesimal. A "B" está correta, de fato o IOF é um tributo extrafiscal. A "C" está correta, o IPTU apresenta a progressividade fiscal, nos termos do art. 156, § 1º, I, da CF, as alíquotas correspondem ao valor do imóvel, e, também, a extrafiscal, segundo o art. 182, § 4º, II, da CF, em atendimento ao cumprimento da função social do imóvel urbano. A justificativa **"D"** é a incorreta, uma vez que o ITBI incide sobre a transmissão, a título oneroso, de direitos reais dos imóveis, salvo os de garantia, conforme previsão no art. 156, II, da CF.

---

13. **Alternativa (D).** É constitucional apenas a instituição do IPTU progressivo em razão do valor venal do imóvel, por expressa autorização na Constituição Federal.

Comentário: A assertiva **"D"** está correta, consoante o art. 156, § 1º, I, da CF, é permitida a alíquota progressiva para o IPTU em razão do valor do imóvel. Segundo o entendimento consolidado do STF, Súmula n. 656, é inconstitucional a lei que estabelece alíquotas progressivas para o ITBI.

---

14. **Alternativa (C).** Não poderia ter sido criada pelo município, pois ela fere norma geral de direito tributário que impede que a pessoa jurídica de direito público edite norma para alterar a definição, o conteúdo e o alcance de institutos, conceitos e formas de direito privado, utilizados, expressa ou implicitamente, pela Constituição Federal, para definir ou limitar competências tributárias.

Comentário: A justificativa **"C"** está correta, de acordo com o art. 110 do CTN que veda à legislação tributária alterar a definição, o conteúdo e o alcance de institutos, conceitos e formas de direito privado, utilizados, expressa ou implicitamente, pela Constituição Federal, para definir ou limitar competências tributárias. A CF determina em seu art. 155, I, que sobre a transmissão a título gratuito, causa *mortis* ou doação, de quaisquer bens incidirá o ITCMD.

15. **Alternativa (D).** A instituição de uma taxa pelo exercício do poder de polícia requer lei complementar definindo, entre outros, base de cálculo e contribuintes.

Comentário: **A questão pede a Incorreta.** A alternativa "A" está correta, nos termos do art. 62, § 2º, da CF. A "B" está correta, pois o art. 156, II, da CF determina que o fato gerador do ITBI é a transmissão de bem imóvel, por título oneroso, e nos ditames do Código Civil, o bem imóvel só será transmitido no momento do registro em órgão competente. A opção "C" está correta, visto que o ITBI respeita os Princípios da Anterioridade do Exercício e Nonagesimal. A justificativa **"D"** é a incorreta, via de regra, os tributos serão instituídos por meio de Lei Ordinária. A letra "E" está correta, o ISS é imposto municipal previsto no art. 156, III, da CF, tem por base de cálculo o valor do serviço, segundo o art. 7º da LC n. 116/2003. Em conformidade com o julgamento do STJ, Súmula n. 156, a prestação de serviço de composição gráfica, personalizada e sob encomenda, ainda que envolva fornecimento de mercadorias, está sujeita, apenas, ao ISS.

16. **Alternativa (E).** O ISS tem excluída de sua incidência exportações de serviços para o exterior, nos termos de lei complementar.

Comentário: A opção "A" está incorreta, via de regra, o ITBI não incidirá sobre a transmissão de bem imóvel para integralização do capital, conforme prescreve o art. 156, § 2º, I, da CF. As alternativas "B" e "C" estão incorretas, à luz do art. 156, § 2º, I, da CF, não incidirá o ITBI sobre a transmissão de bens ou direitos incorporados ao patrimônio de pessoa jurídica em realização de capital, nem sobre a transmissão de bens ou direitos decorrentes de fusão, incorporação, cisão ou extinção de pessoa jurídica, salvo se, nesses casos, a atividade preponderante do adquirente for a compra e venda desses bens ou direitos, locação de bens imóveis ou arrendamento mercantil. A justificativa "D" está incorreta, porque segundo o art. 156, § 1º, II, da CF, as alíquotas do IPTU poderão ser diferenciadas em razão da localização e utilização do imóvel. A assertiva **"E"** está correta, nos certames do art. 2º, I, da LC n. 116/2003.

17. **Alternativa (C).** A delimitação do campo de competência tributária entre estado e município, relativa à incidência de ICMS e de ISSQN sobre operações que envolvam circulação de mercadoria e serviços, será resolvida em favor do município caso a operação esteja descrita na lista de serviços estabelecida para incidência do ISSQN.

Comentário: A justificativa "A" está incorreta, porque a Súmula Vinculante n. 31 do STF esclarece ser inconstitucional a cobrança de ISS sobre a locação de bens móveis, por não consistir em obrigação de fazer, mas sim de dar. A alternativa "B" está incorreta, pois se o indivíduo passou a ser proprietário de imóvel em valor idêntico à sua cota ideal no condomínio, não incidiria o ITBI. A opção **"C"** está correta, em atenção ao art. 1º, § 2º, da LC n. 116/2003. A letra "D" está incorreta, visto que o IPTU poderá ser progressivo também em razão do valor do imóvel, conforme preceitua o art. 156, § 1º, I, da CF. A resposta "E" está incorreta, segundo o posicionamento do STF (Súmula n. 656), o ITBI não pode ser progressivo.

18. **Alternativa (E).** Todas.

I. A taxa cobrada exclusivamente em razão dos serviços públicos de coleta, remoção e tratamento ou destinação de lixo ou resíduos provenientes de imóveis, não viola o artigo 145, II, da Constituição Federal.

II. A taxa de limpeza e conservação pública é inconstitucional, pois não preenche os requisitos de divisibilidade e especificidade.

III. O compromisso de compra e venda não registrado não configura fato gerador do ITBI, por não se caracterizar como direito real, mas como mero direito de natureza pessoal.

IV. A partir da vigência da EC n. 29/2000, o IPTU passou a ter um caráter de progressividade fiscal, ou seja, poderá ser progressivo em relação ao valor do imóvel.

V. O local da prestação do serviço pode indicar o Município competente para a imposição do Imposto sobre Serviços de Qualquer Natureza (ISS).

Comentário: O **Item I** está correto, nos ditames da Súmula Vinculante n. 19 do STF. O **Item II** está correto, já que a limpeza pública consiste em serviço indivisível e, por essa razão, não pode ser remunerado mediante taxa. O **Item III** está correto, nos termos do art. 156, II, o fato gerador do ITBI é transmissão *inter vivos*, a qualquer título, por ato oneroso, de bens imóveis, por natureza ou acessão física, e de direitos reais sobre imóveis, exceto os de garantia, bem como cessão de direitos a sua aquisição. O **Item IV** está correto, a EC n. 29/2000 incluiu ao art. 156, § 1º, o inciso I que permite a progressividade do IPTU em razão do valor do imóvel. O **Item V** está correto, pois de acordo com o art. 3º da LC n. 116/2003, a regra para cobrança do ISS é o Município em que estiver localizado o estabelecimento do prestador do serviço, porém esse dispositivo enumera alguns serviços em que será devido o ISS onde for prestado o serviço. Logo, todas as assertivas estão corretas.

19. **Alternativa (CERTO).** Caso uma pessoa adquira bem imóvel em hasta pública pelo valor de R$370.000,00, mas avaliação judicial tenha atribuído a esse bem o valor de R$ 335.000, 00, o cálculo do ITBI incidente sobre essa transação deverá de ser feito com base no valor alcançado na arrematação.

Comentário: O entendimento do STJ se inclina para o fato de que a base de cálculo do ITBI na arrematação de bem imóvel compreende o valor alçado em hasta pública.

20. **Alternativa (A).** O tributo a ser recolhido será o ITCMD, de competência do Estado, e incidirá sobre a base de cálculo no valor de R$ 10.000,00.

Comentário: A alternativa **"A"** está correta, porque houve a transmissão de bem imóvel tão somente na monta de R$ 10.000,00, e como se deu a título gratuito incidirá o ITCMD, conforme estudado no Capítulo anterior.

3. IMPOSTO SOBRE SERVIÇOS DE QUALQUER NATUREZA (ISS)

3.1. Breve Contexto Histórico

No Brasil, na vigência da Constituição de 1934, a tributação sobre serviços, na esfera municipal, incidia apenas sobre as diversões públicas, que estava previsto no artigo 13, § 2º, III. Os Estados tributavam os serviços por meio do "Imposto de Transações" que recaía sobre a locação de bens móveis, hospedagem, empreitada, conserto, pintura, estacionamento de veículos, revelação de filmes, ou seja, sobre os serviços não abarcados pelo Imposto de Vendas e Consignações (IVC).

Na Constituição de 1937, o sistema adotado na Constituição anterior para tributação sobre os serviços permaneceu praticamente inalterado. Cabia aos Municípios tributarem tão somente as diversões públicas.

Antes da reforma de 1965, os tributos estavam assim divididos: na esfera estadual, Imposto de Transações que incidia sobre a hospedagem, locação de bens móveis, conserto, pintura e construção; já no campo municipal, Imposto de Indústria e Profissões, que recaía sobre as atividades lucrativas em geral, e também de competência municipal o Imposto sobre Diversões Públicas, incidente sobre jogos e diversões.

Com a reforma tributária, empreendida com a EC n. 18, de 1º.12.1965, passou-se a adotar o **Imposto sobre Serviços de Qualquer Natureza (ISS)**, de forma a simplificar o ordenamento jurídico.

Nesse sentido, Robinson Sakiyama Barreirinhas[25], assim definiu a mudança:

> As premissas da reforma de 1965 eram no sentido de simplificação da tributação, unificando impostos de idêntica natureza e definindo-os por via de referência às suas bases econômica,

25. BARREIRINHAS, Robinson Sakiyama. Definição de "Serviços" para fins de tributação do ISS. **Revista Dialética de Direito Tributário,** n. 104, p. 75-76, maio 2004.

> formando, de fato, um sistema tributário nacional. Assim, baseado nas experiências da Comunidade Econômica Europeia na uniformização da tributação sobre transações de bens e serviços, nos moldes do sistema de valor acrescido francês, o legislador nacional substituiu o imposto estadual sobre vendas e consignações pelo imposto sobre circulação de mercadorias e extinguiu o imposto estadual de transações e os impostos municipais de indústria e profissões e de diversões públicas, criando o imposto sobre serviços de qualquer natureza. Diferentemente da tributação europeia, houve repartição da tributação sobre transações entre Estados e Municípios.

Sergio Pinto Martins[26] entendeu que a criação do ISS justificou-se pelo fato de que o Imposto de Indústrias e Profissões era um tributo relativamente falho, de base econômica real, pois o mero exercício de qualquer atividade que configurava seu fato gerador justificava, quando muito, uma presunção de capacidade contributiva, mas nunca a medida dessa capacidade.

O aparecimento do ISS, com a EC n. 18/65, deu-se por meio da seguinte disposição legal:

> "**Art. 15.** Compete aos Municípios o Imposto sobre Serviços de Qualquer Natureza, não compreendidos na competência tributária da União e dos Estados. **Parágrafo único.** Lei Complementar estabelecerá critérios para distinguir as atividades a que se refere este artigo das previstas no art. 12".

O artigo 12 da EC n. 18/65, ao qual se referia o artigo 15 acima descrito, estabelecia a competência dos Estados-membros para instituírem o Imposto sobre Operações relativas à Circulação de Mercadorias, realizadas por comerciantes, industriais e produtores.

Com a EC n. 18/65, o Município recebeu competência tributária em relação ao ISS para tributar os serviços, desde que não compreendidos na competência tributária da União e dos Estados-membros, cabendo à Lei Complementar estabelecer critérios para distinguir as atividades relativas a serviços de qualquer natureza das entendidas como "operações relativas à circulação de mercadorias".

O ISS estava configurado como tributo residual, isto é, os tributos que não faziam parte da competência tributária da União e dos Estados-membros. Ficariam, assim, na competência dos Municípios.

O ISS, na verdade, desde a EC n. 18/65, apresentou-se como um Imposto sobre a circulação econômica, tendo em vista que seu fato gerador constitui a prestação de serviço a terceiros; a base de cálculo compreende o preço do respectivo serviço, quando da circulação desse; e o Contribuinte consiste no prestador de serviço.

Bernardo Ribeiro de Moraes assim define o Imposto sobre Serviços de Qualquer Natureza:

> O ISSQN apresenta-se, acima de tudo, como um imposto 'sobre a circulação'. O objeto do imposto municipal acha-se dentro desta denominação econômica, que diz ser este imposto um tributo que recai sobre 'serviços de qualquer natureza', isto é, sobre a circulação econômica de determinado bem (serviço), onde se pressupõe um prestador do serviço (vendedor do bem imaterial) e um preço para essa operação de transferência do mesmo[27].

26. MARTINS, Sergio Pinto. **Manual do ISS**. 2. ed. São Paulo: Malheiros, 1998. p. 19.
27. MORAES, Bernardo Ribeiro de *apud* MARTINS, Ives Gandra da Silva. **Curso de Direito Tributário**. Imposto sobre serviços de qualquer natureza. 4. ed. Belém: CEJUP, 1995. p. 286.

Ainda nesse período, o Código Tributário Nacional, Lei n. 5.172/66, mediante artigo 7º do Ato Complementar n. 36, de 13 de março de 1967, dispôs sobre o fato gerador, Contribuinte e base de cálculo do ISS (arts. 71 a 73). De modo a criar critérios distintivos da competência do ISS e do ICM, trazendo, assim, uma lista de serviços composta de cinco itens, ao quais incidiriam o ISS, admitindo, inclusive, a existência de atividades de caráter misto.

O inciso I do § 1º do artigo 71 do CTN, atualmente revogado, trazia a seguinte lista de serviços em que incidiria o ISS:

> "I – Locação de bens móveis; II – locação de espaço em bens móveis, a título de hospedagem ou para guarda de bens de qualquer natureza; III – jogos e diversões públicas; IV – beneficiamento, confecção, lavagem, tingimento, galvanoplastia, reparo, conserto, restauração, acondicionamento, recondicionamento e operações similares, quando relacionadas com mercadorias não destinadas à produção industrial ou à comercialização; V – execução, por administração ou empreitada, de obras hidráulicas ou de construção civil, excluídas as contratadas com a União, estados, Distrito Federal e Municípios, autarquias e empresas concessionárias de serviços públicos; VI – demais formas de fornecimento de trabalho, com ou sem utilização de máquinas, ferramentas ou veículos".

Já a Constituição de 1967, ao estabelecer a competência municipal sobre serviços de qualquer natureza, estabeleceu em seu artigo 25: *"Art. 25. Compete aos Municípios decretar impostos sobre: (...) II – serviços de qualquer natureza não compreendidos na competência tributária da União ou dos estados, definidos em Lei Complementar"*.

Observa-se que a Constituição de 1967 outorgou outra função à Lei Complementar, na medida em que exigiu que a esse ato normativo caberia definir quais eram os serviços tributados pelo ISS, e não mais se exigia que a Lei Complementar tão somente oferecesse critérios para distinguir as atividades submetidas ao ICM e ao ISS.

Antonio Luiz Bandeira Seabra[28], ao traçar considerações sobre o ISS na Constituição de 1967, considerou que a mudança ocasionada não reduzia a força impositiva dos Municípios apenas aos serviços que os Estados ou a União não tributassem, mas declarava área própria de atuação municipal que não estaria compreendida naquelas de atuação das demais entidades federativas.

Assim, entende o autor supracitado que cada poder tributante possuía, no que concernia à sua competência impositiva privativa, área de atuação que lhe dizia respeito e a nenhum outro poder. E, no concernente ao Imposto sobre Serviços, tal área de atuação tinha clareza maior, na medida em que a Lei Complementar iria discriminar sobre quais serviços deveria incidir o ISS.

Em 31 de janeiro de 1968, surgiu no ordenamento jurídico o Decreto-lei n. 406, que **revogou** as normas sobre o ISS do Código Tributário Nacional e, então, estabeleceu normas gerais de Direito Financeiro aplicáveis ao ISS e ao ICM, disciplinando, ainda, os elementos essenciais da tributação, tais como: fato gerador da respectiva obrigação, base de cálculo do Imposto e Contribuinte.

Em 17 de outubro de 1969, a EC n. 1, ao elaborar um novo Sistema Tributário, passou a discriminar a competência municipal no artigo 24 da Lei Maior. Tal Emenda, determinou

28. SEABRA, Antonio Luiz Bandeira. **Tributos, Contribuições e Taxas.** Syslook: São Paulo, 2002. p. 110.

que estava na esfera de competência dos Municípios, os serviços de qualquer natureza, não compreendidos na competência da União ou dos Estados e definidos em Lei Complementar.

Na verdade, a Emenda Constitucional n. 1/69 não trouxe grandes alterações com relação ao ISS consignado na Constituição de 1967, mas a novidade estaria no fato de que caberia agora à Lei Complementar estabelecer as alíquotas máximas do ISS.

Em 1987, surgiu no ordenamento jurídico tributário a Lei Complementar n. 56, de 15 de dezembro de 1987, alterando a lista de serviços sujeitos à incidência do ISS, anexa ao Decreto-lei n. 406/68, a nova lista passou a ter 100 itens, enquanto a anterior possuía apenas 67.

Com o advento da Constituição de 1988, o ISS passou a ser tratado no artigo 156 do Texto Maior, juntamente com os demais tributos de competência Municipal, que estabelece:

> **Art. 156.** Compete aos Municípios instituir impostos sobre: (...) III – serviços de qualquer natureza, não compreendidos no artigo 155, II, definidos em lei complementar; (...) § 3º Em relação ao imposto previsto no inciso III do caput deste artigo, cabe à lei complementar: I – fixar as suas alíquotas máximas e mínimas; II – excluir da sua incidência exportações de serviços para o exterior. III – regular a forma e as condições como isenções, incentivos e benefícios fiscais serão concedidos e revogados.

A expressão "não compreendidos na competência tributária da União ou dos Estados" foi substituída por "serviços de qualquer natureza, não compreendidos no art. 155, II, definidos em Lei Complementar".

Finalmente, em 2003 foi publicada a Lei Complementar n. 116 que revogou a maioria dos artigos referentes ao ISS no Decreto-lei n. 406/68 e trouxe uma nova lista de serviços, passíveis de sofrer a incidência tributária.

Atualmente, a previsão legal referente ao ISS está no artigo 156, III, § 3º, da CF, LC n. 116/2003 e art. 9º do DL n. 406/68. Passa-se a analisar a seguir a regra-matriz desse Imposto.

3.2. Previsão Legal

- Art. 156, III, da CF;
- LC n. 116/2003 – Dispõe sobre o Imposto Sobre Serviços de Qualquer Natureza, de competência dos Municípios e do Distrito Federal, e dá outras providências.

3.3. Hipótese de Incidência Tributária

3.3.1. Critério Material

O critério material vem expresso pelo comportamento de alguém, ou pela ação de uma pessoa, física ou jurídica.

Com relação ao Imposto sobre Serviços de Qualquer Natureza o aspecto material se formaliza pela **prestação de serviços** constantes da lista anexa à LC n. 116/2003.

A Carta Magna não especifica o conceito de serviços, tampouco a Lei Complementar traçou as definições, por isso tal conceito deve ser buscado. Um dos ramos de estudo que se pode encontrar o conceito de serviço consiste no da Economia.

Sergio Pinto Martins entende que os serviços encontram-se classificados no grupo dos bens imateriais ou incorpóreos que são aqueles que não são corporificados, quer dizer, não têm existência física ou extensão corpórea, e, assim, são bens que não podem ser apreensíveis pelos nossos sentidos, não podem ser vistos, tocados. Nesse contexto, o autor, assim, conceitua serviços:

> "Serviço é conceito lato, decorrente da ideia de bem imaterial (incorpóreo) na etapa da circulação econômica, podendo se apresentar como um fornecimento de trabalho a terceiro (serviço prestado pelo médico, pelo advogado, pela manicure, pelo transportador, etc.) (...) A situação fática indicativa de serviços é a atividade ligada à circulação econômica, consistente na circulação de um bem imaterial. Presta-se serviço quando se cede um bem imaterial, pois serviço é um bem incorpóreo na etapa da circulação econômica"[29].

Dessa forma, constata-se que a prestação de serviços se define pela operação pela qual uma pessoa, em troca do pagamento de um preço (preço do serviço), realiza uma **obrigação de fazer**.

A obrigação de fazer não se confunde com a obrigação de dar. Na prestação de dar, o devedor se compromete a entregar um bem a outrem. Já com relação à obrigação de fazer, a ação pessoal do devedor se sobrepõe aos materiais e equipamentos eventualmente aplicados.

Em verdade, na obrigação de fazer o devedor se vincula a determinado comportamento, consistente em praticar um ato, ou realizar uma tarefa, decorrendo uma vantagem para o credor. Pode esta constar de um trabalho físico ou intelectual, como também da prática de um ato jurídico. Assim, assume obrigação de fazer o empreiteiro que ajusta a construção de uma casa; ou o escritor que promete a um jornal uma série de artigos; ou a pessoa que, em contato preliminar, propõe-se a outorgar, oportunamente, um contrato definitivo. De certo modo, se poderia dizer que dentro da ideia de fazer encontra-se a de dar, pois quem promete a entrega de determinada prestação está, em rigor, vinculando-se a fazer referida entrega. Mas as duas espécies de obrigações se distinguem sob outros ângulos, o principal é que na obrigação de dar existe uma prestação de coisa, enquanto na de fazer encontra-se uma prestação de fato[30].

A pessoa que contrata um serviço não objetiva um bem, todavia visa um resultado do esforço e da capacidade, física ou intelectual, do prestador de serviço, ainda que o resultado se expresse por meio de um bem material. A prestação de serviço, portanto, consiste em obrigação de fazer e não de dar.

Aliomar Baleeiro[31] destaca que a prestação de serviços configura uma utilidade (material ou imaterial), como uma execução de **obrigação de fazer** e não de dar coisa, ressalta que deve ser **prestada a terceiro**, excluindo-se os serviços que a pessoa executa em seu próprio benefício, como o transporte de mercadoria de um estabelecimento a outro da mesma pessoa. O autor entende que o serviço, sujeito à incidência do ISS, deve ser executado sem vínculo de subordinação jurídica, entretanto em caráter independente, razão pela qual excluem-se os serviços prestados pelos empregados a seus empregadores e pelos servidores públicos.

29. MARTINS, Sergio Pinto, op. cit.,1998, p. 36-39.
30. RODRIGUES, Silvio. **Direito Civil. Parte Geral das Obrigações**, v. 2, São Paulo: Saraiva, 2002. p. 31.
31. BALEEIRO, Aliomar. **Direito Tributário Brasileiro**. 11. ed. Rio de janeiro: Forense, 2003. p. 491.

O autor acima apontado, afirma, ainda, que a prestação de serviço, para estar sujeita ao Imposto sobre Serviços deve ser **habitual** e não meramente eventual, deve visar à circulação econômica, excluindo-se os serviços gratuitos ou de cortesia, beneficentes. E, por último, define que o serviço deve ser prestado em regime de direito privado (por pessoa física ou jurídica, empresa pública ou sociedade de economia mista), visto que se for público, haverá imunidade, exceto para aqueles serviços dados em concessão ou permissão a terceiros.

A Constituição Federal de 1988, ao versar sobre o ISS, estabeleceu que esse Imposto incide sobre aqueles serviços **não** compreendidos na competência do artigo 155, II, e **definidos** em Lei Complementar. A expressão "definidos em Lei Complementar" significa dizer que o instrumento competente para definir os serviços que serão alcançados pelo ISSQN será unicamente a **Lei Complementar**. Diante dessa primeira análise, pode-se concluir que o ISS:

1	Incide sobre serviços, que consistem em **obrigações de fazer**.
2	Não recaem sobre serviços que estejam na competência do ICMS, ou seja, não incidirá sobre o serviço de transporte intermunicipal ou interestadual.
3	O ISS somente incidirá se houver realização de serviço para terceiro.
4	O ISS recai sobre a prestação de serviço onerosa.
5	A incidência do ISS requer a existência de uma relação jurídica contratual, de direito público ou de direito privado.
6	O ISS recairá sobre os serviços previstos na LC n. 116/2003.

A definição de serviços em listas contidas em Leis Complementares sempre gerou muita discussão, a começar pela questão da autonomia municipal para instituir o ISS, e a outorga de competência ao legislador **nacional** para estipular os serviços que podem ser tributados pelo ISS.

Os interesses do Congresso Nacional não podem se sobrepor à autonomia municipal, pois o Município deve ser livre para escolher quais os serviços entende que devem sofrer a incidência do ISS de acordo com suas necessidades e nos limites impostos pela Constituição Federal.

José Eduardo Soares de Melo evidencia que a "prodigalidade, a benevolência, ou a omissão do Congresso Nacional é que irão determinar o alcance da competência dos Municípios, o que não tem nenhuma sustentação constitucional"[32].

Em que pese a questão ser relevante quanto à secundariedade da autonomia dos Municípios, uma vez que não poderão escolher os serviços tributáveis pelo ISS, ficando à cargo do Congresso Nacional tal escolha, tem-se de aplicar o texto constitucional, de modo que o artigo 156, III, da CF deixa claro que cabe à Lei Complementar definir os serviços tributáveis por esse Imposto.

Outra questão polêmica envolvendo a lista anexa à LC n. 116/2003 refere-se à sua abrangência, extensão, ser ela **taxativa** ou **exemplificativa** na enumeração dos serviços sujeitos à incidência do ISS.

Marcelo Caron Baptista entende que a lista anexa à Lei Complementar não serve para confirmar a incidência do ISS, pois se o Imposto recai sobre a prestação de serviços, basta ocorrer a prestação do serviço para incidir o ISS. Esclarece:

32. **ISS – Aspectos Teóricos e Práticos**. 3. ed. São Paulo: Dialética, 2003. p. 51.

> Reafirme-se que, em última análise, de nada serve a lista, sendo absolutamente inútil, problemática e dispensável. O fato de uma atividade não constar da lista jamais poderá impedir a tributação por meio do ISS. E toda e qualquer atividade dela constante somente poderá ser conceituada como 'prestação de serviço' após a análise do sistema jurídico como um todo, especialmente no seu plano constitucional. A lista não facilita, só dificulta a tarefa científica, o que não impede, porém, uma análise pontual de diversos de seus itens, principalmente para apontar os casos mais marcantes de inconstitucionalidade[33].

Roque Antonio Carrazza defende ser a lista de serviços meramente **sugestiva**, na medida em que "(...) ela contém sugestões que poderão ou não ser seguidas pelo legislador municipal enquanto cria o Imposto sobre Serviços de Qualquer Natureza"[34].

José Souto Maior Borges destaca que a materialidade do ISS deve ser buscada na própria Constituição e não pode ser reduzida por Lei de hierarquia inferior, uma vez que a regra de competência trata-se de norma jurídica plenamente aplicável e autoexecutável, e não de uma norma de eficácia limitada[35].

Embora a doutrina majoritária defenda a não taxatividade da lista, o Poder Judiciário a tem consagrado como **taxativa**, admitindo-se, no entanto, uma interpretação **ampla ou extensiva**, para abranger serviços idênticos aos expressamente previstos, mas com denominação diversa, como ilustra a decisão do STJ abaixo transcrita:

> PROCESSUAL CIVIL E TRIBUTÁRIO. EXECUÇÃO FISCAL. OFENSA AO ART. 535 DO CPC NÃO CONFIGURADA. CDA. REQUISITOS. NULIDADE. REVISÃO. MATÉRIA FÁTICO-PROBATÓRIA. SÚMULA N. 7/STJ. ISS. DL N. 406/68. LISTA DE SERVIÇOS. TAXATIVIDADE. INTERPRETAÇÃO EXTENSIVA DE CADA ITEM. SÚMULA N. 7/STJ. RECURSO REPETITIVO. ART. 543-C DO CPC. 1. A solução integral da controvérsia, com fundamento suficiente, não caracteriza ofensa ao art. 535 do CPC. 2. O Tribunal de origem consignou que a CDA contém os requisitos e indica claramente a especificação dos serviços que geraram a execução do tributo. A revisão desse entendimento implica reexame de fatos e provas, obstado pelo teor da Súmula n. 7/STJ. 3. **A jurisprudência do STJ pacificou-se no sentido de reconhecer que a lista de serviços anexa ao Decreto-lei n. 406/68, para efeito de incidência de ISS sobre serviços bancários, é taxativa, mas admite leitura extensiva de cada item a fim de enquadrar serviços idênticos aos expressamente previstos.** 4. Orientação reafirmada no julgamento do REsp n. 1.111.234/PR, sob o rito dos recursos repetitivos (art. 543-C do CPC). 5. Hipótese em que o Tribunal a quo concluiu, com base na prova dos autos, que os serviços prestados pela instituição bancária ensejam a aplicação do ISS. 6. Por outro lado, para verificar se houve ou não o devido enquadramento das atividades desenvolvidas pelo recorrente, no intuito de comprovar se guardam ou não similitude com os serviços listados no Decreto-lei n. 406/68, imprescindível reexaminar o material fático-probatório, o que é inviável em Recurso Especial, por vedação da Súmula n. 7/STJ: "A pretensão de simples reexame de prova não enseja Recurso Especial". 7. Agravo Regimental não provido (AgRg no REsp n. 1286193/PR, rel. Min. Herman Benjamin, 2ª Turma, julgado em 02.08.2012, **DJe** de 23.08.2012) (grifos nossos).

33. **ISS do texto à norma. Doutrina e Jurisprudência da EC n. 18/65 à LC n. 116/2003.** São Paulo: Quartier Latin, 2005. p. 241.
34. Imposto sobre serviços. **Revista de Direito Tributário**, n. 48, p. 209-210.
35. **Lei Complementar Tributária**. São Paulo: RT, 1975. p.185-206.

O STF igualmente compreende que a lista anexa à Lei Complementar deve ser considerada taxativa, admitindo, porém, segundo expressão utilizada, uma "interpretação **ampla** e **analógica**":

> Cartões de crédito. Imposto de licença. A ele estão sujeitas as entidades que os emitem, em face da natureza das operações que de sua expedição se originou. II. Aplicação do Decreto-lei n. 406/68, com a redação que lhe atribuiu o Decreto-lei n. 834/69, art. 3º, VIII. III. A lista a que se referem os arts. 24, II, da constituição, e 8º do Decreto-lei n. 83/69 É taxativa, embora cada item da relação comporte interpretação ampla e analógica. IV. Recurso extraordinário não conhecido (RE n. 75952, rel. Min. Thompson Flores, 2ª Turma, julgado em 29.10.1973, **DJ** de 02.01.1974, p. 00014, Ement. v. 00934-04, p. 01340) (grifos nossos).

De acordo com o artigo 156, III, da CF e o entendimento jurisprudencial não basta ser serviço para sofrer a incidência do ISS, de fundamental importância a sua previsão em Lei Complementar. Por isso, serviços que não foram lembrados pelo legislador, como, por exemplo, prestados por bailarina, tatuador, ainda que correspondam a uma prestação de serviço, não terão de recolher ISS.

Outro problema identificado pela utilização da lista anexa à Lei Complementar está no fato de que o legislador, ao selecionar quais os serviços que devem incidir o ISSQN, indicou também alguns negócios jurídicos que não constituem autênticos serviços. Desse modo, acabou por infringir o próprio ordenamento jurídico tributário, na medida em que se proíbe modificar conceitos e formas de direito. Diante disso, estabelecer que determinada atividade deva ser enquadrada como serviço, a fim de fazer incidir o ISS, estar-se-á violando as regras jurídicas e sujeitando a operação aos vícios de ilegalidade.

Como já mencionado anteriormente, o artigo 110 do CTN determina que:

> "**Art. 110.** A lei tributária não pode alterar a definição, o conteúdo e o alcance de institutos, conceitos e formas de direito privado, utilizados, expressa ou implicitamente, pela Constituição Federal, pelas Constituições dos Estados, ou pelas Leis Orgânicas do Distrito Federal ou dos Municípios, para definir ou limitar competências tributárias".

O STF, ao julgar o RE 651.703, em 29.09.2016, todavia, asseverou que os conceitos constitucionais tributários não são fechados e unívocos, devendo-se recorrer também aos aportes de ciências afins para a sua exegese, como a Ciência das Finanças, a Economia e a Contabilidade. Dessa sorte, embora os conceitos de Direito Civil exerçam papel importante na interpretação dos conceitos constitucionais tributários, eles não exaurem a atividade interpretativa, que se deve valer desde o método literal até o sistemático e teleológico.

Para o STF, a prestação de serviços configura-se em um conjunto de atividades imateriais, prestado com habitualidade e intuito de lucro, podendo estar conjugado ou não à entrega de bens ao tomador.

No julgamento do RE 651.703 essa Corte compreendeu que o ISS deve incidir sobre os planos de saúde, por se tratarem de serviço, sendo que esse imposto deve incidir sobre a comissão, assim considerada a receita auferida sobre a diferença entre o valor recebido pelo contratante e o repassado para os terceiros prestadores dos serviços médicos.

Assim, para a exata interpretação do texto constitucional, ao tratar do ISS, deve-se buscar a exata conceituação de serviço.

Dessa forma, cumpre esclarecer que a locação de bens móveis, que consiste em prestações de dar e não de fazer, por exemplo, aparece na lista anexa à Lei Complementar, porém isso não a torna como prestação de serviço, sujeita à incidência do ISS.

Nesse sentido, inclusive, o STF já se pronunciou pela não incidência do ISS: *"Súmula Vinculante n. 31. É inconstitucional a incidência do Imposto Sobre Serviços de Qualquer Natureza – ISS – sobre operações de locação de bens móveis".*

No tocante ao serviço por encomenda de softwares, cumpre mencionar que, conforme estudado no Capítulo anterior, no caso de softwares (programas de computador) que configurarem atividade **específica**, realizada sob **encomenda,** com características individuais para atender às necessidades de um determinado usuário, se enquadrará como prestação de serviço intelectual que, por sua vez, se sujeitará à incidência do ISS.

Sobre esse assunto o STF se posicionou pela incidência do referido Imposto Municipal, no caso de encomenda, segue trecho de jurisprudência nesse sentido:

> Trata-se de agravo de instrumento destinado a assegurar o julgamento de recurso extraordinário (art. 102, III, "a", da Constituição) interposto de acórdão prolatado pelo Tribunal de Justiça do Estado de Minas Gerais que **considerou constitucional a incidência do ISSQN sobre a elaboração encomendada de programa de computador (aplicativo, logiciário ou software).** Em síntese, sustenta-se violação dos arts. 5º, LIV e LV, 93, IX e 156, III, da Constituição, na medida em que o acórdão seria omisso e que teria equiparado a cessão de direitos a serviços. Inicialmente registro que o acórdão recorrido está fundamentado, ainda que com essa fundamentação ou o resultado não concorde a agravante. Sobre a ausência do processo administrativo fiscal como requisito de validade da constituição do crédito tributário, os elementos coligidos nos autos são insuficientes para demonstrar essa deficiência que realmente tem como consequência a invalidade do ato administrativo (Súmula 279/STF). Conquanto a fundamentação adotada para negar seguimento ao recurso extraordinário esteja equivocada, a decisão agravada se mantém. A circunstância de esta Suprema Corte ter firmado a incidência do ICMS sobre operações de circulação dos suportes físicos de programas de computador elaborados independentemente de encomenda (*off the shelf*), com a incidência do ISS sobre os programas codificados a partir de encomenda (*bespoke*– cf. O RE 191.732, rel. min. Sepúlveda Pertence, **DJ** de 18.06.1999), não significa que um desses dois tributos sempre deverá incidir sobre operações que envolvam programas de computador. **De fato, há diferença fática e jurídica entre a cessão de direito e a obrigação contratual de elaboração e codificação do programa. Se da instrução resultasse a certeza de que a cessão do direito de uso do programa ocorreu sem a circulação do suporte físico e sem a obrigação de elaboração, nenhum dos dois tributos incidiria.** Porém, no caso em exame, é impossível identificar no que consistia a "exploração de software" permitida pelo contrato firmado com a empresa Autodesk. Em especial, não há indicação de que o conjunto probatório contenha elemento que permita afastar a seguinte constatação a que chegou o Tribunal de origem: "Adotando o relatório da decisão objurgada, acresce-se que o d. Magistrado pontificou, naquela oportunidade, que **o 'software' em questão apresentava-se como um programa específico, que exigia adaptação frequente, para que pudessem ser atendidas as exigências do cliente que requisitara tal programa. Concluiu, portanto, que o 'software' sujeitava-se à incidência do ISS, pois, a seu ver, a empresa que fornece o software, também presta o serviço de programação, manutenção e atualização do programa, previstos no art. 8º, *caput* do Decreto-Lei 406/68, lista anexa – itens 22 a 24" (fls. 13).** Portanto, a questão de fundo não é propriamente a discussão sobre a incompatibilidade entre cessão de direito e prestação de serviço, mas, se no caso concreto, se trata de um ou de outro, ou, ainda, de ambos, situação que implicaria a necessidade de correção da base de cálculo do ISS, para abarcar apenas as parcelas relativas à prestação de serviço. É

impossível reverter o acórdão recorrido sem reabrir a instrução probatória (Súmula 279/STF). Ante o exposto, nego seguimento ao agravo de instrumento. Publique-se. Int.. Brasília, 03 de fevereiro de 2012 (AI 721569/MG – Minas Gerais, rel. Min. Joaquim Barbosa, **DJe**-033, divulg. em 14.02.2012) (grifos nossos).

Observe-se que, pelo posicionamento do STF, para incidir o ISS deve haver uma encomenda do usuário de maneira que o software seja tratado como atividade individualizada, caracterizando, assim, prestação de serviço.

Entretanto, caso o software seja compreendido como de 'prateleira', havendo, portanto, apenas circulação de mercadoria, incidirá ICMS.

Outrossim, no caso de ocorrer apenas a cessão do direito de uso do programa, sem caracterizar "circulação do suporte físico e tampouco obrigação de elaboração", não haverá incidência nem do ISS e nem do ICMS.

Essa discussão já foi objeto de prova discursiva. Na prova de Juiz do Tribunal de Justiça do Rio de Janeiro de 2011 foi cobrada a seguinte questão:

Exemplo de questão sobre o tema

▶ **(TJ/RJ – Juiz de Direito – RJ/2011).** A empresa XYZ faz, em águas internacionais e para si própria, pesquisas de dados sísmicos. Processados tais dados, ela os disponibiliza em software, e cede, mediante pagamento, licença de uso dos mesmos por prazo fixo. O Município do Rio de Janeiro autuou a XYZ no intuito de cobrar o ISS. Na sua opinião, a pretensão do Município procede?

O candidato pode demonstrar conhecimento mencionando o posicionamento recente do STF citado acima, de modo a fazer a diferenciação, quando se tratar de circulação, obrigação de fazer ou apenas cessão do direito de uso.

Outro exemplo de negócio jurídico, que está sob a análise do Poder Judiciário para averiguar se há incidência do ISS, diz respeito às franquias, haja vista sua previsão no item 17.08 da lista anexa à LC n. 116/2003.

A discussão envolve o enquadramento das franquias como prestação de serviços, pois muitos doutrinadores defendem que essa atividade decorre de uma prestação de dar e não de fazer. Por essa razão não há como se admitir sua sujeição à incidência do ISS, ainda que haja previsão na lista anexa à Lei Complementar. A questão permanece pendente de julgamento no STF por meio do RE 603136 – conclusos ao relator desde 14/07/2015 (esse processo se originou no AI 859552/RJ – RIO DE JANEIRO).

Na concepção de Fran Martins[36], o contrato de franquia se define por um pacto que liga uma pessoa a uma empresa, para que esta, mediante condições especiais, conceda à primeira o direito de comercializar marcas ou produtos de sua propriedade sem que, contudo, a esses estejam ligadas por vínculo de subordinação.

José Cretella Neto ao discorrer sobre o assunto, assim definiu o contrato de franquia:

"O contrato de natureza mercantil, firmado entre franqueador e franqueado, que tem por objeto a cessão temporária e onerosa de um conjunto de direitos materiais e inte-

36. MARTINS, Fran. **Contratos e Obrigações Comerciais**. Rio de Janeiro: Forense, 1996. p. 486.

> lectuais, de propriedade exclusiva do franqueador, para o franqueado, que se obriga à comercialização de produtos e/ou serviços, consoante um sistema próprio e único de rede de *marketing* e distribuição, estabelecido conforme as determinações e padrões do franqueador, remunerando-o, de forma única ou periódica, pela cessão dos referidos direitos e/ou pela transferência do *know-how* técnico, comercial e operacional, e também pela assistência técnica e mercadológica que prestará, pelo período do contrato" [37].

Além dos conceitos doutrinários, a Lei n. 8.955/94, que dispõe sobre o contrato de franquia empresarial, apresenta em seu artigo 2º a seguinte definição:

> **Art. 2º** Franquia empresarial é o sistema pelo qual um franqueador cede ao franqueado o direito de uso de marca ou patente, associado ao direito de distribuição exclusiva ou semiexclusiva de produtos ou serviços e, eventualmente, também ao direito de uso da tecnologia de implantação e administração de negócio ou sistema operacional desenvolvidos ou detidos pelo franqueador, mediante remuneração direta ou indireta, sem que, no entanto, fique caracterizado vínculo empregatício.

Diante do exposto, verifica-se que o contrato de franquia se diferencia do de prestação de serviços, visto que o franqueador não presta serviço ao franqueado, tampouco este àquele. Isso porque o contrato de franquia se conceitua como um contrato de **cessão de direitos**, no qual o franqueador cede ao franqueado a prerrogativa de uso de marca ou patente, bem como a de uso de *know-how*, por intermédio do qual auferirá renda, configurando, assim, um sistema de verdadeira parceria empresarial.

Dessa maneira, quem celebra um contrato de franquia está buscando o direito de uso de marca ou patente, o direito de distribuição exclusiva de produtos ou serviços e, até mesmo, o uso de tecnologia de implementação e administração de negócio operacional desenvolvido ou detido pelo franqueador.

Entende-se, por conseguinte, que não deve haver incidência de ISS nos contratos de franquia, uma vez que não há, nessas atividades, qualquer prestação de serviço. Ao contrário, na medida em que prepondera uma obrigação de ceder (dar) cumulada com outras obrigações que visam apenas concretizar e efetivar as obrigações primordiais previstas na lei de franquia.

Ora, tem-se justamente uma obrigação de dar nos contratos de franquia, porquanto o franqueador transfere a titularidade de um direito a outrem, o direito de uso de uma marca devidamente registrada e garantida pela sua qualidade e notoriedade. Isso quer dizer que não há confecção, realização de nada, já está tudo feito, atestado e aprovado. Transfere-se, portanto, ao franqueado para que esse possa explorar tal atividade que já se tem como reconhecida pela qualidade em outros territórios.

Aires F. Barreto ao discorrer sobre a não incidência do ISS nos contratos de franquia, assim concluiu:

> Cessão de direitos é negócio jurídico que, diante da nossa ordem jurídica, não configura "prestação de serviços" e por isso não se subsume no conceito de serviço tributável por via do ISS.
>
> As normas do direto privado, que disciplinam a compostura e a natureza dos negócios jurídicos em geral e da cessão de direitos em particular, impedem conclusão no sentido de que esse específico negócio jurídico integre a categoria de 'prestação de serviços'.

37. CRETELLA, José Neto. **Do Contrato Internacional de *Franchising***. Rio de Janeiro: Forense, 2002. p. 41.

> Isso, aliás, já está assentado pelos nossos Tribunais, que têm decidido no sentido de que o ISS não recai sobre a cessão de direitos de obra intelectual (cf. dentre outros, RE n. 86.815-1, RTJ, 89/976 e RE n. 95.251-9) (...)
>
> Franquia é o contrato pelo qual uma pessoa, mediante certas condições, cede à outra o direito de comercializar produtos ou marcas de que é titular. Trata-se de contrato que tem por essência uma cessão de direitos[38].

Ocorre, todavia, que muitos justificam a incidência do ISS sobre as atividades de franquia sob o pressuposto de que o franqueador, além de oferecer a distribuição dos produtos, também, concede assistência técnica e comercial ao franqueado, e, desse modo, estaria incidindo em obrigação de fazer, devendo se sujeitar à tributação municipal.

Entretanto, embora reconheça se tratar de um tipo de serviço (na verdade autosserviço), Marcelo Caron Baptista justifica que a assistência técnica, treinamento, orientação operacional, controle de qualidade, entre outras atividades prestadas pelo franqueador agem em favor do sucesso do negócio e, consequentemente, tanto presta um autosserviço como realiza prestações-meio, essenciais para o adimplemento da sua obrigação, e por isso não podem se sujeitar à incidência tributária[39].

Jean-Claude Fourgoux[40] assevera que a originalidade do *franchising* reside no fato de que o franqueado aceita pagar ao franqueador uma remuneração pelos conhecimentos transmitidos e pela assistência fornecida (*redevance*), a despeito das obrigações que lhe são impostas pelo franqueador. Vislumbra diferença fundamental entre o *franchising* e o contrato de concessão, ao comparar a relação franqueado/franqueador com a existente entre concedente e concessionário, a qual a despeito de ser, também, privilegiada, não deixa de constituir relação entre o produtor e revendedor. No *franchising*, a relação é mais complexa e abrangente, pois trata-se da forma contratual que não pode ser equiparada a uma simples convenção de assistência técnica, em virtude da articulação essencial do sistema com o símbolo (ou da logomarca, na linguagem do *marketing*) ou a marca do franqueador.

E, ainda, no sentido de demonstrar a particularidade dos contratos de franquia, Hubert Bensoussan traça as principais diferenças entre esses e os contratos de concessão exclusiva de venda:

> (i) A licença de uso de marca é elemento necessário à existência de uma rede de *franchising*, podendo nem mesmo existir, no caso da concessão exclusiva; (ii) A exclusividade territorial é elemento essencial à concessão exclusiva de vendas, mas não no caso do *franchising*; (iii) A transmissão de *know-how* é essencial ao contrato de *franchising*, sendo somente acessória e informal, na concessão de vendas; (iv) A remuneração, no contrato de *franchising* é prevista na forma de uma taxa inicial de entrada, ou de pagamentos periódicos, até o término da relação contratual, enquanto na concessão, não há que se falar em pagamento de taxas, já que o concedente é remunerado a cada unidade vendida ao concessionário[41].

Ante os fatos apresentados, verifica-se que a natureza jurídica dos contratos de franquia, embora seja mista, não se relaciona com mais nenhuma modalidade de contrato, e em que

38. ISS: não incidência sobre franquia. **Revista de Direito Tributário**, n. 64, São Paulo: Malheiros, p. 223.
39. Baptista, Marcelo Caron Baptista. **ISS...**, op. cit., p. 375.
40. FOURGOUX, Jean-Claude *apud* CRETELLA, José Neto. **Do Contrato Internacional de Franchising**. Rio de Janeiro: Forense, 2002. p. 46-61.
41. BENSOUSSAN, Hubert *apud* CRETELLA, José Neto. **Do Contrato Internacional de *Franchising***. Rio de Janeiro: Forense, 2002. p. 46-61.

pese estar prevista na lista de serviços anexa à Lei Complementar n. 116/2003, não deveria incidir o ISS, haja vista não constituir serviço, tal atividade.

O STJ, em suas decisões sobre o assunto de franquia, declina-se da análise do conceito de contrato de franquia por entender tratar de matéria **constitucional** e por aplicar a literalidade, tão somente, da LC n. 116/2003, tem julgado pela incidência do ISS sobre essa atividade, conforme julgados a seguir:

> TRIBUTÁRIO. AGRAVO REGIMENTAL NO RECURSO ESPECIAL. ISS. A PARTIR DA VIGÊNCIA DA LC N. 116/2003, INCIDE ISS SOBRE A ATIVIDADE DE FRANQUIA (ITEM 17.08). PRECEDENTES: EDCL NO RESP 1.121.098/SP, REL. MIN. ARNALDO ESTEVES LIMA, **DJe** de 26.08.2011; AGRG NO RESP 1.191.839/DF, REL. MIN. CASTRO MEIRA, **DJe** de 27.04.2011. PARECER DO MPF PELO DESPROVIMENTO DO RECURSO. AGRAVO REGIMENTAL DESPROVIDO. 1. O Superior Tribunal de Justiça firmou o entendimento de que a LC n. 116/2003 (em vigor a partir de 01.01.2004) expressamente incluiu a atividade de franquia (ou *franchising*) na lista de serviços sujeitos ao ISS. Precedentes: EDcl no REsp 1.121.098/SP, rel. Min. ARNALDO ESTEVES LIMA, **DJe** de 26.08.2011; AgRg no REsp. 1.191.839/DF, rel. Min. CASTRO MEIRA, **DJe** de 27.04.2011. 2. No caso, o acórdão proferido pelo Tribunal de origem entendeu ser inexigível a cobrança do ISS sobre a franquia até a superveniência da LC n. 116/2003 (fls. 367). 3. Ademais, como ressaltado na decisão recorrida, não se trata de julgamento *extra petita*, pois o pedido alternativo formulado pela empresa era o deferimento da compensação do ISS para os contratos de franquia celebrados antes da LC n. 116/2003 (fls. 80). 4. Agravo Regimental do MUNICÍPIO DO RIO DE JANEIRO desprovido. (AgRg no REsp 1113055/RJ, rel. Min. Napoleão Nunes Maia Filho, Primeira Turma, julgado em 03.05.2016, **DJe** de 18.05.2016).

> TRIBUTÁRIO. ISS. EMPRESA FRANQUEADA QUE PRESTA SERVIÇOS POSTAIS E TELEMÁTICOS. VIGÊNCIA DA LEI COMPLEMENTAR N. 116/2003. INCIDÊNCIA. 1. A Primeira Seção do Superior Tribunal de Justiça, no julgamento do REsp n. 1.131.872/SC, da relatoria do Ministro Luiz Fux, **DJ** de 1º.02.2010, submetido ao regime do artigo 543-C do Código de Processo Civil, firmou este entendimento: "A franquia não era listada como serviço pelo legislador complementar, mas, antes, as atividades de corretagem, agenciamento e intermediação que a tivessem por objeto, situação jurídica que restou modificada pela Lei Complementar n. 116, de 31 de julho de 2003, que revogou os artigos 8º, 10, 11 e 12, do Decreto-lei n. 406/68, bem como a Lei Complementar n. 56/87, entre outros, enunciando, no item 26.01 de sua lista anexa, como hipótese de incidência do ISS, os serviços de coleta, remessa ou entrega de correspondências, documentos, objetos, bens ou valores, inclusive pelos correios e suas agências franqueadas". **2. *In casu*, o fato gerador ocorreu durante a vigência da Lei Complementar n. 116/2003, portanto deve incidir ISS sobre serviço de franquia.** 3. Agravo Regimental não provido (AgRg no REsp n. 1372910/PE, rel. Min. Herman Benjamin, 2ª Turma, julgado em 25.06.2013, **DJe** de 16.09.2013) (grifos nossos).

> TRIBUTÁRIO. ISSQN INCIDENTE SOBRE CONTRATOS DE FRANQUIA. INCIDÊNCIA PREVISTA PELA LC N. 116/2003. PRECEDENTES. 1. Cuida-se de embargos de declaração recebidos como agravo regimental, em obediência aos Princípios da Economia Processual e da Fungibilidade. EDcl no AgRg no REsp n. 1.208.878/SP, rel. Min. Mauro Campbell Marques, 2ª Turma, **DJe** de 30.05.2011. 2. Com a edição da LC n. 116/2003, que entrou em vigor a partir de 1º.01.2004, a atividade de franquia passou a ser expressamente prevista no item 17.08 da lista de serviços anexa, ficando, portanto, passível de tributação. **Desde então esta Corte tem entendido que incide o ISS sobre os contratos de franquia, por expressa previsão legal.** Agravo regimental improvido (EDcl no AREsp n. 124.423/SP, rel. Min. Humberto Martins, 2ª Turma, julgado em 17.05.2012, **DJe** de 25.05.2012) (grifos nossos).

Ademais, ressalta-se que em setembro de 2010, o STF reconheceu repercussão geral ao RE n. 603136 para analisar a questão da incidência ou não do ISS nos contratos de franquia, por entender que se trata de conceito constitucional a análise de ser ou não tal atividade serviço.

A grande preocupação do julgamento do STF, a respeito das atividades de franquia, está no fato de que em fevereiro de 2011 essa Corte ao julgar o Rcl n. 8623-AgR entendeu pela incidência do ISS nos contratos de **"cessão de direitos de uso de marca"**. Para verificação, foi reproduzido o trecho do voto do Ministro Gilmar Mendes:

> (...) "Por fim, ressalte-se que há alterações significativas no contexto legal e prático acerca da exigência de ISS, sobretudo após a edição da Lei Complementar n. 116/2003, que adota nova disciplina sobre o mencionado tributo, prevendo a cessão de direito de uso de marcas e sinais na lista de serviços tributados, no item 3.02 do Anexo.
>
> Essas circunstâncias afastam a incidência da Súmula Vinculante n. 31 sobre o caso, uma vez que a cessão de direito de uso de marca não pode ser considerada locação de bem móvel, mas serviço autônomo especificamente previsto na Lei Complementar n. 116/2003".

Registra-se, ainda, que recentemente foi aprovado o projeto de reforma na legislação do ISS, que resultou na LC n. 157/2016. O curioso é que esse projeto previa a revogação do item 17.08 da LC n. 116/2003 (item da lista que trata justamente sobre as franquias), porém, o senado o aprovou sem essa alteração, de modo a manter a cobrança do imposto sobre essa atividade, de acordo com a LC n. 116/2003; por essa razão, devemos manter o acompanhamento do julgamento no STF do RE 603.136.

Ressalta-se, por fim, que o posicionamento do STJ com relação à **cessão de direitos autorais** tende pela não incidência do ISS, por compreender que essa atividade não se confunde com a cessão de direitos de uso de marca. Ademais, como aquela não tem previsão na lista anexa à Lei Complementar n. 116/2003, não pode sofrer a referida tributação:

> TRIBUTÁRIO. RECURSO ESPECIAL. IMPOSTO SOBRE SERVIÇOS DE QUALQUER NATUREZA – ISSQN. CESSÃO DE DIREITO AUTORAL. NÃO INCIDÊNCIA. AUSÊNCIA DE PREVISÃO LEGAL. RECURSO ESPECIAL CONHECIDO E NÃO PROVIDO. 1. "O exame de qualquer texto de lei complementar em matéria tributária há de ser efetuado de acordo com as regras constitucionais de competência. É o que ocorre com o Decreto-lei n. 406/68 (com a redação dada pela Lei Complementar n. 56/87) e com a Lei Complementar n. 116/2003, do mesmo modo, com as legislações municipais, cujos termos só podem ser compreendidos se considerada a totalidade sistêmica de ordenamento, respeitando-se os limites impostos pela Constituição à disciplina do ISS" (CARVALHO, Paulo de Barros. **Direito tributário, linguagem e método**. São Paulo: Noeses, 2008. p. 682/683). 2. **O Imposto sobre Serviços de Qualquer Natureza – ISSQN não incide sobre a cessão de direito autoral, porquanto não se trata de hipótese contemplada na lista anexa à Lei Complementar n. 116/2003.** 3. A interpretação extensiva é admitida pela jurisprudência quando a lei complementar preconiza a hipótese de incidência do ISS sobre serviços congêneres, correlatos, àqueles expressamente previstos na lista anexa, independentemente da denominação dada pelo contribuinte. Se o serviço prestado, não se encontra ali contemplado, não constitui fato gerador do tributo e, por conseguinte, não há falar em interpretação extensiva. É natureza do serviço prestado que determina a incidência do tributo. 4. O direito de uso, em sua acepção ampla, tem sua disciplina no Código Civil, regime jurídico absolutamente distinto. Não se confunde com o direito autoral, regulado por lei específica, qual seja, a Lei n. 9.610/98. Inexiste correlação entre ambos. Nesse contexto, não há falar que a cessão de direito autoral é congênere à de direito de uso, hábil a constituir fato gerador do Imposto sobre Serviços de Qualquer Natureza – ISSQN. 5. A tentativa de aproximar a

cessão de direitos autorais da locação de bem móvel, a fim de viabilizar a tributação, além de incabível pelas mesmas razões expostas em relação ao direito de uso, é absolutamente despropositada, tendo em vista a não incidência do ISSQN na hipótese, nos termos do enunciado da Súmula Vinculante n. 31/STF, que dispõe: "É inconstitucional a incidência do Imposto sobre Serviços de Qualquer Natureza – ISS sobre operações de locação de bens móveis". 6. Recurso especial conhecido e não provido (REsp n. 1183210/RJ, rel. Min. Arnaldo Esteves Lima, 1ª Turma, julgado em 07.02.2013, **DJe** de 20.02.2013) (grifos nossos).

Diante das evidências, conclui-se que somente será fato gerador do ISS a **prestação de serviços** que esteja elencada na lista de serviços anexa à LC n. 116/2003, contudo, deverá ser observado se o negócio jurídico ali descrito realmente configura serviço, caso contrário não poderá se sujeitar à tributação do Imposto sobre Serviços.

A LC n. 157/2016, publicada no dia 30 de dezembro de 2016, incluiu mais alguns serviços na lista anexa à LC n. 116/2003 para sofrer a incidência do ISS. São eles:

LC n. 157/2016 – Art. 3ª A lista de serviços anexa à Lei Complementar nº 116, de 31 de julho de 2003, passa a vigorar com as alterações constantes do Anexo desta Lei Complementar.

Anexo

1.03 – Processamento, armazenamento ou hospedagem de dados, textos, imagens, vídeos, páginas eletrônicas, aplicativos e sistemas de informação, entre outros formatos, e congêneres.

1.04 – Elaboração de programas de computadores, inclusive de jogos eletrônicos, independentemente da arquitetura construtiva da máquina em que o programa será executado, incluindo **tablets**, **smartphones** e congêneres.

(...)

1.09 – Disponibilização, sem cessão definitiva, de conteúdos de áudio, vídeo, imagem e texto por meio da internet, respeitada a imunidade de livros, jornais e periódicos (exceto a distribuição de conteúdos pelas prestadoras de Serviço de Acesso Condicionado, de que trata a Lei nº 12.485, de 12 de setembro de 2011, sujeita ao ICMS).

(...)

6 – (...)

6.06 – Aplicação de tatuagens, **piercings** e congêneres.

7 – (...)

7.16 – Florestamento, reflorestamento, semeadura, adubação, reparação de solo, plantio, silagem, colheita, corte e descascamento de árvores, silvicultura, exploração florestal e dos serviços congêneres indissociáveis da formação, manutenção e colheita de florestas, para quaisquer fins e por quaisquer meios.

(...)

11 – (...)

11.02 – Vigilância, segurança ou monitoramento de bens, pessoas e semoventes.

(...)

13 – (...)

13.05 – Composição gráfica, inclusive confecção de impressos gráficos, fotocomposição, clicheria, zincografia, litografia e fotolitografia, exceto se destinados a posterior operação de comercialização ou industrialização, ainda que incorporados, de qualquer forma, a outra mercadoria que deva ser objeto de posterior circulação, tais como bulas, rótulos, etiquetas, caixas, cartuchos, embalagens e manuais técnicos e de instrução, quando ficarão sujeitos ao ICMS.

14 – (...)

14.05 – Restauração, recondicionamento, acondicionamento, pintura, beneficiamento, lavagem, secagem, tingimento, galvanoplastia, anodização, corte, recorte, plastificação, costura, acabamento, polimento e congêneres de objetos quaisquer.

(...)

14.14 – Guincho intramunicipal, guindaste e içamento.

(...)

16 – (...)

16.01 – Serviços de transporte coletivo municipal rodoviário, metroviário, ferroviário e aquaviário de passageiros.

16.02 – Outros serviços de transporte de natureza municipal.

17 – (...)

17.25 – Inserção de textos, desenhos e outros materiais de propaganda e publicidade, em qualquer meio (exceto em livros, jornais, periódicos e nas modalidades de serviços de radiodifusão sonora e de sons e imagens de recepção livre e gratuita).

(...)

25 – (...)

25.02 – Translado intramunicipal e cremação de corpos e partes de corpos cadavéricos.

(...)

25.05 – Cessão de uso de espaços em cemitérios para sepultamento.

3.3.1.1. Operações Mistas

A materialidade do ISS propicia grande possibilidade de conflitos de competência tributária. Poderá ocorrer entre os próprios Municípios, entre Municípios e Estados, e Municípios e a União.

O conflito de competência entre os Entes Federativos distintos se constata, principalmente, quando há prestação de serviços com entrega de materiais, o que pode gerar dúvidas quanto à incidência do ISS ou de outro tributo.

Numa tentativa de solucionar esses conflitos, Aires F. Barreto[42] classifica os serviços em: puros; com emprego de instrumentos; com aplicação de materiais e com emprego de instrumentos e aplicação de materiais.

Os **serviços puros** são aqueles que prescindem de quaisquer instrumentos, por isso não há dúvidas relativas à incidência exclusiva do ISS. Por outro lado, os serviços com **emprego de instrumentos** ocorrem quando o "esforço humano é apoiado e viabilizado – ou tem sua eficácia assegurada ou apoiada – pelo emprego de coisa que, no contexto da prestação de serviços, surgem como seu requisito"[43].

42. BARRETO, Aires F. **ISS na Constituição e na Lei.** São Paulo: Dialética, 2003. p. 45.

43. Idem, *ibidem*, p. 46.

Exemplos de serviços com emprego de instrumentos: o aparelho do dentista e o ferro elétrico da lavanderia. Como o esforço humano se sobressai, não descaracteriza a prestação de serviço, e por isso haverá a incidência apenas do ISS.

Com relação aos serviços com **aplicação de materiais**, conclui-se que a essência da atividade também configura esforço humano, porém os materiais são condição de sua viabilização. Não há como desenvolver, por exemplo, um parecer jurídico sem a utilização das folhas de papel, todavia, isso não significa que o jurista está vendendo o papel. Diante disso, entende-se pela incidência exclusiva do ISS.

Na lição de Aires Barreto:

> (...) como a aplicação desses materiais é condição ou requisito da produção do serviço – sua presença integra essencialmente o próprio serviço. Dele é indissociável. Não se suponha que sejam mercadorias disfarçadas sob o rótulo de "materiais". Estes não são mercadorias porque não são bens móveis sujeitos ou destinados ao comércio. Nem eles, em si considerados, interessam quer ao prestador, quer ao tomador do serviço. Não são coisas da espécie mercadoria, objeto de mercancia. Ao revés, são meros ingredientes, insumos, componentes, elementos integrantes do serviço. Sua presença, nesse contexto, é explicada exclusivamente em função do esforço humano, em que o serviço se traduz.
>
> (...) Inúmeros serviços dependem, para sua execução, do emprego ou aplicação de materiais, como condição de seu desempenho, ou como ingredientes da própria prestação. O prestador do serviço não é vendedor desses materiais. Não há aí venda de coisas, mas singelo emprego ou aplicação como requisito necessário à prestação do serviço. O engraxate não vende graxa; o dentista não é vendedor de resina, amálgama ou ouro, o barbeiro não tem por objeto vender creme de barba; o médico não vende papel de receita[44].

Há ainda os serviços com **emprego de instrumentos** e **aplicação de materiais**, como o cerne continua a prestação de serviços, também só justifica a incidência do ISS. Pode ser o caso de um complexo e sofisticado exame médico[45].

Situação distinta, no entanto, ocorre quando se identifica a prestação de serviço com entrega de mercadorias (aqui considerado bem móvel com intuito mercantil). Isso porque pode haver confusão, para fins de incidência do tributo, sobre qual atividade prevalece, seja a prestação de serviço ou a operação de circulação de mercadoria.

O artigo 1º, § 2º, da LC n. 116/2003 estabelece que ressalvadas as exceções expressas na lista anexa, os serviços nela mencionados não ficam sujeitos ao Imposto sobre Operações relativas à Circulação de Mercadorias e Prestações de Serviços de Transporte Interestadual e Intermunicipal e de Comunicação – ICMS, ainda que sua prestação envolva fornecimento de mercadorias.

Diante disso, e, ainda de acordo com a LC n. 116/2003, nas hipóteses de operações mistas (prestação de serviço com entrega de mercadorias), se o serviço realizado tiver previsão na lista anexa e não houver nenhuma ressalva quanto à incidência do ICMS, recairá apenas o ISS.

No item 14.03 da lista anexa à LC n. 116/2003 há a disposição de que o serviço de recondicionamento de motores se sujeita à incidência do ISS, e com relação às peças e partes

44. Idem, *ibidem*, p. 47.
45. Idem, *ibidem*, p. 48.

empregadas ficam sujeitas ao ICMS. Essa prescrição constitui um exemplo de estabelecimento expresso na Lei Complementar da incidência dos dois impostos, embora com critérios diferentes. Se não houvesse tal ressalva, de acordo com o artigo 1º, § 2º dessa norma, incidiria apenas o ISS.

Outro exemplo que pode ser mencionado se refere aos serviços hospitalares, os quais as instituições de saúde cobram de seus pacientes o valor da prestação de serviço, incluindo as refeições, medicamentos e materiais hospitalares. Nesse caso, haverá a incidência tão somente do ISS.

Nesse sentido, veja abaixo a transcrição da súmula do STJ: *"Súmula n. 274. O ISS incide sobre o valor dos serviços de assistência médica, incluindo-se neles as refeições, os medicamentos e as diárias hospitalares".*

Agora, quando não houver previsão do serviço na lista anexa à LC n. 116/2003 e for prestado com a entrega de mercadorias, segundo o artigo 155, § 2º, IX, "b", da CF, incidirá **apenas o ICMS**.

Cite-se o caso das atividades dos bares e restaurantes. Não há dúvidas de que se sucede uma prestação de serviço com a entrega de mercadorias. Afinal, quando uma pessoa se dirige ao restaurante não está em busca apenas do alimento, mas de toda a prestação de serviço ali envolvida. Entretanto, como não há previsão desse serviço na lista anexa à LC n. 116/2003 e há a efetiva entrega de mercadorias, em atenção ao artigo 155, § 2º, IX, "b", da CF, o STJ entendeu pela incidência apenas do ICMS. Segue entendimento consolidado na *Súmula n. 163: "O fornecimento de mercadorias com simultânea prestação de serviços em bares, restaurantes e estabelecimentos similares constitui fato gerador do ICMS a incidir sobre o valor total da operação".*

Assim, tem-se a seguinte conclusão:

- Serviços relacionados na lista, ainda que implicando fornecimento de mercadorias, incidência apenas do ISS;
- Serviços relacionados, implicando fornecimento de mercadorias com previsão de incidência do ICMS sobre estas, na lista da LC, incidência do ISS sobre serviços e ICMS sobre as mercadorias;
- Serviços não mencionados na lista, entretanto com fornecimento de mercadorias – Incidência do ICMS.

Cumpre mencionar também o §3º do art. 1º da LC n. 116/2003 em que prevê a incidência do referido Imposto sobre "os serviços prestados mediante a utilização de bens e serviços públicos explorados **economicamente** mediante autorização, permissão ou concessão, com o pagamento de tarifa, preço ou pedágio pelo usuário final do serviço". Tal previsão tem como objetivo a equidade entre os Entes Federativos que se utilizam dos bens ou serviços públicos com as empresas privadas prestadoras de serviços. Tudo para evitar uma possível concorrência desleal ou até uma guerra fiscal.

Ainda no tocante ao art. 1º da LC em apreço, tem-se o § 4º que determina que "a incidência do imposto não depende da denominação dada ao serviço prestado". Tem-se, por esse dispositivo, que para regulamentar a incidência do ISS basta o Município identificar a natureza e os elementos classificatórios do serviço, sendo, portanto, irrelevante a nomenclatura. Por essa razão que se admite aplicação extensiva, embora a lista anexa à LC seja taxativa.

3.3.2. Critério Temporal

O aspecto temporal da hipótese de incidência tributária determina, explícita ou implicitamente, o momento em que se reputa consumado um fato imponível e, via de consequência, surge a obrigação tributária.

Assim, com relação ao ISS, o critério temporal ocorre no instante em que o serviço prestado é finalizado – atividade-fim.

3.3.3. Critério Espacial

O aspecto espacial da regra-matriz de incidência tributária para fins de incidência do ISS, desde a edição do DL n. 406/68, representa objeto de árdua e, aparentemente, eterna controvérsia, em virtude do fato de que muitas vezes o estabelecimento prestador se encontrar sediado em Município diverso daquele onde o serviço é efetivamente prestado.

O local da prestação do serviço para fins de incidência do gravame municipal, anteriormente à edição da Lei Complementar n. 116/2003, era estabelecido pelo artigo 12 do Decreto-lei n. 406/68 que determinava: "Considera-se o local da prestação do serviço: a) a do estabelecimento prestador, ou na falta de estabelecimento, o do domicílio do prestador; b) no caso da construção civil o local onde se efetuar a prestação".

Realmente, nos casos de construção civil não há dúvidas de que o ISS deve ser recolhido para o Município onde se efetuar a prestação, quer dizer, onde estiver localizada a obra da construção civil.

Ocorre, no entanto, que anterior à Lei Complementar n. 116/2003 diversos Municípios entendiam que o local da prestação de serviços, para fins de tributação do ISS, era aquele onde o serviço era realmente **prestado**, não importando qual seria a localização do estabelecimento do Contribuinte. Nesse sentido, havia várias decisões, inclusive do Superior Tribunal de Justiça.

Com a promulgação da Lei Complementar n. 116/2003 permanece a regra geral de que o Município competente para recolher o ISS será aquele onde se **localizar o estabelecimento prestador do contribuinte**. Contudo, a própria lei traz um rol de exceções (entendendo esse ser taxativo), em que o tributo será devido ao Município em que o serviço for prestado.

Realmente, não faz sentido exigir o tributo no Município prestador do Contribuinte, quando na verdade o serviço ali não é prestado. O artigo 3º da LC n. 116/2003, do inciso I ao XXV, traz as exceções, indicando de forma **taxativa** quando o imposto será devido no local da prestação de serviço, *in verbis*:

> **Art. 3º** O serviço considera-se prestado, e o imposto, devido, no local do estabelecimento prestador ou, na falta do estabelecimento, no local do domicílio do prestador, exceto nas hipóteses previstas nos incisos I a XXV, quando o imposto será devido no local: (Redação dada pela Lei Complementar n. 157, de 2016)
>
> I – do estabelecimento do tomador ou intermediário do serviço ou, na falta de estabelecimento, onde ele estiver domiciliado, na hipótese do § 1º do art. 1º desta Lei Complementar;
>
> II – da instalação dos andaimes, palcos, coberturas e outras estruturas, no caso dos serviços descritos no subitem 3.05 da lista anexa;

III – da execução da obra, no caso dos serviços descritos no subitem 7.02 e 7.19 da lista anexa;

IV – da demolição, no caso dos serviços descritos no subitem 7.04 da lista anexa;

V – das edificações em geral, estradas, pontes, portos e congêneres, no caso dos serviços descritos no subitem 7.05 da lista anexa;

VI – da execução da varrição, coleta, remoção, incineração, tratamento, reciclagem, separação e destinação final de lixo, rejeitos e outros resíduos quaisquer, no caso dos serviços descritos no subitem 7.09 da lista anexa;

VII – da execução da limpeza, manutenção e conservação de vias e logradouros públicos, imóveis, chaminés, piscinas, parques, jardins e congêneres, no caso dos serviços descritos no subitem 7.10 da lista anexa;

VIII – da execução da decoração e jardinagem, do corte e poda de árvores, no caso dos serviços descritos no subitem 7.11 da lista anexa;

IX – do controle e tratamento do efluente de qualquer natureza e de agentes físicos, químicos e biológicos, no caso dos serviços descritos no subitem 7.12 da lista anexa;

X – (VETADO)

XI – (VETADO)

XII – do florestamento, reflorestamento, semeadura, adubação, reparação de solo, plantio, silagem, colheita, corte, descascamento de árvores, silvicultura, exploração florestal e serviços congêneres indissociáveis da formação, manutenção e colheita de florestas para quaisquer fins e por quaisquer meios; (Redação dada pela Lei Complementar n. 157, de 2016)

XIII – da execução dos serviços de escoramento, contenção de encostas e congêneres, no caso dos serviços descritos no subitem 7.17 da lista anexa;

XIV – da limpeza e dragagem, no caso dos serviços descritos no subitem 7.18 da lista anexa;

XV – onde o bem estiver guardado ou estacionado, no caso dos serviços descritos no subitem 11.01 da lista anexa;

XVI – dos bens, dos semoventes ou do domicílio das pessoas vigiados, segurados ou monitorados, no caso dos serviços descritos no subitem 11.02 da lista anexa; (Redação dada pela Lei Complementar n. 157, de 2016)

XVII – do armazenamento, depósito, carga, descarga, arrumação e guarda do bem, no caso dos serviços descritos no subitem 11.04 da lista anexa;

XVIII – da execução dos serviços de diversão, lazer, entretenimento e congêneres, no caso dos serviços descritos nos subitens do item 12, exceto o 12.13, da lista anexa;

XIX – do Município onde está sendo executado o transporte, no caso dos serviços descritos pelo item 16 da lista anexa; (Redação dada pela Lei Complementar n. 157, de 2016)

XX – do estabelecimento do tomador da mão-de-obra ou, na falta de estabelecimento, onde ele estiver domiciliado, no caso dos serviços descritos pelo subitem 17.05 da lista anexa;

XXI – da feira, exposição, congresso ou congênere a que se referir o planejamento, organização e administração, no caso dos serviços descritos pelo subitem 17.10 da lista anexa;

XXII – do porto, aeroporto, ferroporto, terminal rodoviário, ferroviário ou metroviário, no caso dos serviços descritos pelo item 20 da lista anexa.

XXIII – (VETADO); (Incluído pela Lei Complementar n. 157, de 2016)

XXIV – (VETADO); (Incluído pela Lei Complementar n. 157, de 2016)

XXV – (VETADO). (Incluído pela Lei Complementar n. 157, de 2016)

Observa-se, ainda, que a própria Lei Complementar acima mencionada traz o conceito de estabelecimento prestador no artigo 4º:

> "Considera-se estabelecimento prestador o local onde o contribuinte desenvolva a atividade de prestar serviços, de modo permanente ou temporário, e que configure unidade econômica ou profissional, sendo irrelevantes para caracterizá-lo as denominações de sede, filial, agência, posto de atendimento, sucursal, escritório de representação ou contato ou quaisquer outras que venham a ser utilizadas".

Nas lições de Aires F. Barreto[46] estabelecimento prestador constitui aquele local em que, concretamente, se der a prestação de serviços, sendo que o porte do estabelecimento, o modo pelo qual se desenvolve a prestação, a dimensão dos poderes administrativos, a existência de subordinação a outro de maior relevo, seriam fatores irrelevantes para caracterizá-lo.

Acrescenta, ainda, o autor, que para a tipificação de estabelecimento prestador, independe o tamanho do lugar, o seu grau de autonomia, ou qualificação específica, não importando se se trata de matriz, ou sede, ou filial, sucursal, loja, escritório, enfim, qualquer outra denominação da espécie, basta que ali se exercitem, de modo concreto, as funções de prestar serviços.

O Autor acima mencionado conclui que estabelecimento prestador se define pelo local em que a atividade efetivamente se exerce ou executa, culminando com a consumação dos serviços.

Bernardo Ribeiro de Moraes, ao versar sobre a matéria, leciona o que vem a ser estabelecimento prestador:

> Estabelecimento vem a ser o local fixo, onde a pessoa exerce sua atividade ou administra seus negócios. Manifesta-se através da loja, do armazém, do escritório, do hospital, da oficina, da agência, do consultório, etc. não vem ao caso, a hipótese do estabelecimento ser a matriz, a filial ou a sede da empresa. O essencial é que a empresa tenha seu estabelecimento prestador (...) A lei faz referência a estabelecimento prestador. Assim qualquer estabelecimento do contribuinte poderá determinar o local de incidência do ISS, pouco valendo a importância do estabelecimento (sede, matriz, filial, sucursal ou agência) ou o local onde esteja centralizada a escrita. O essencial é que o referido estabelecimento prestador do serviço seja o prestador do serviço e não outro. É o estabelecimento prestador do serviço que indicará o local a ser levado em conta para a incidência do ISS. Pode a empresa ter diversos estabelecimentos e nenhum deles ser o estabelecimento prestador[47].

O julgamento do STJ sobre o critério espacial do ISS está nos exatos termos da LC n. 116/2003, como se pode observar em trecho de voto do Ministro Humberto Martins ao julgar o AgRg no AREsp n. 304493/SP:

> "Com o advento da Lei Complementar n. 116/2003, a competência passou a ser o local da sede do prestador do serviço, com exceções previstas nos incisos I a XXII do art. 3º do normativo federal em comento. No caso sob exame, como a agravada não se enquadra nas exceções previstas na lei, conforme consignado no próprio acórdão, forçoso concluir que se aplica ao caso a regra geral do *caput*, ou seja, no *lex domicili* – local do estabelecimento prestador".

Nesse sentido, insta mencionar o julgamento proferido pelo STF, em relação à constitucionalidade da incidência do ISS sobre *leasing*, proferido em 2009, bem como sobre o correspondente local da prestação, decidido pelo STJ em 2012.

---

46. BARRETO, Aires F. *apud* MELO, Fábio Soares de. **Imposto sobre serviços de qualquer natureza (ISS). Arrendamento mercantil (Leasing). Critérios para definição do município competente. Lei Complementar n. 116/2003.RevistaDialética**, n. 102, p. 75, mar. 2004.
47. MORAES, Bernardo Ribeiro. **Doutrina e prática do imposto sobre serviços**. São Paulo: RT, 1975. p. 487.

Informa-se que primeiramente houve a discussão no sentido de determinar se o *leasing* poderia ser considerado prestação de serviço passível de incidência do ISS. Após anos de processo, o STF nos REs n. 116121/SP e n. 547245/SC decidiu pela constitucionalidade da incidência, descrevendo 3 modalidades de *leasing*, quais sejam: "1) o leasing operacional; 2) o leasing financeiro e 3) o chamado *lease-back* (Resolução 2.309/96 do BACEN, artigos 5º, 6º e 23, e Lei 6.099/74, art. 9º, na redação dada pela Lei 7.132/83)". Conforme transcrição do **Informativo** do STF n. 570 de 2009, a Suprema Corte entendeu que as duas últimas modalidades devem ser enquadradas como serviço, confira:

> O Tribunal concluiu julgamento de dois recursos extraordinários em que se discutia a constitucionalidade, ou não, da incidência do Imposto sobre Serviços de qualquer Natureza – ISS – sobre operações de arrendamento mercantil (*leasing*) – v. **Informativo** n. 534. Deu-se provimento ao RE 547245/SC, interposto pelo Município de Itajaí, e negou-se provimento ao RE 592905/SC, interposto por instituição financeira. **Afirmou-se, quanto ao caráter jurídico do contrato de arrendamento mercantil, que ele seria contrato autônomo que compreenderia 3 modalidades: 1) o leasing operacional; 2) o leasing financeiro e 3) o chamado lease-back (Resolução 2.309/96 do BACEN, artigos 5º, 6º e 23, e Lei 6.099/74, art. 9º, na redação dada pela Lei 7.132/83). Asseverou-se que, no primeiro caso, haveria locação, e, nos outros dois, serviço.** Ressaltou-se que o leasing financeiro seria modalidade clássica ou pura de leasing e, na prática, a mais utilizada, sendo a espécie tratada nos recursos examinados. Esclareceu-se que, nessa modalidade, a arrendadora adquire bens de um fabricante ou fornecedor e entrega seu uso e gozo ao arrendatário, mediante pagamento de uma contraprestação periódica, ao final da locação abrindo-se a este a possibilidade de devolver o bem à arrendadora, renovar a locação ou adquiri-lo pelo preço residual combinado no contrato. Observou-se que preponderaria, no leasing financeiro, portanto, o caráter de financiamento e nele a arrendadora, que desempenha função de locadora, surgiria como intermediária entre o fornecedor e arrendatário. **Após salientar que a lei complementar não define o que é serviço, mas apenas o declara, para os fins do inciso III do art. 156 da CF, concluiu-se que, no arrendamento mercantil (leasing financeiro) — contrato autônomo que não é contrato misto, cujo núcleo é o financiamento e não uma prestação de dar —, por ser financiamento serviço, poderia sobre ele incidir o ISS, resultando irrelevante a existência de uma compra.** Vencido o Min. Marco Aurélio, que, por reputar que locação gênero não é serviço, considerava inconstitucional a incidência do tributo, reportando-se ao voto que proferira no julgamento do RE 116121/SP (DJU de 25.5.2001). RE 547245/SC, rel. Min. Eros Grau, 2.12.2009. (RE-547245) (grifos nossos).

Desse modo, como o STF compreendeu pela incidência do ISS sobre operações de *leasing* – por equiparar tal operação a serviço -, restou a discussão quanto ao local da prestação de serviço e sua respectiva base de cálculo.

Essa outra discussão foi enfrentada pelo STJ no REsp 1.060.210-SC, julgado em 28.11.2012. Segue transcrição desse julgado no **Informativo** n. 510 de 2012:

> DIREITO TRIBUTÁRIO. COMPETÊNCIA PARA COBRANÇA DE ISS. DEC.-LEI N. 406/1968. LC N. 116/2003. ARRENDAMENTO MERCANTIL. RECURSO REPETITIVO (ART. 543-C DO CPC E RES. N. 8/2008-STJ). **O Município competente para a cobrança de ISS sobre operações de arrendamento mercantil, na vigência do Dec.-Lei n. 406/1968, é o do local onde sediado o estabelecimento prestador (art. 12), e, a partir da LC n. 116/2003, é aquele onde o serviço é efetivamente prestado (art. 3º).** A LC n. 116/2003 adotou um sistema misto, considerando o imposto devido no local do estabelecimento prestador, ou, na sua falta, no local do domicílio do prestador e, para outras hipóteses definidas, o local da prestação do serviço, do estabelecimento do tomador ou do intermediário (art. 3º). Vê-se, assim, que nem mesmo a LC n. 116/2003, que sucedeu

> o Dec.-Lei n. 406/1968, prestigiou em sua integralidade o entendimento externado pelo STJ, de modo que não se considera como competente para a arrecadação do tributo, em todos os casos, o Município em que efetivamente prestado o serviço. Ademais, ao definir estabelecimento prestador emprestou-lhe alcance bastante amplo, quando assinalou, em seu art. 4º, que "considera-se estabelecimento prestador o local onde o contribuinte desenvolva a atividade de prestar serviços, de modo permanente ou temporário, e que configure unidade econômica ou profissional, sendo irrelevantes para caracterizá-lo as denominações de sede, filial, agência, posto de atendimento, sucursal, escritório de representação ou contato ou quaisquer outras que venham a ser utilizadas". **Dessa forma, somente após a vigência da LC n. 116/2003 é que se poderá afirmar que, existindo unidade econômica ou profissional do estabelecimento prestador do serviço no Município onde a prestação do serviço é perfectibilizada, ou seja, onde ocorrido o fato gerador tributário, ali deverá ser recolhido o tributo.** É certo que a opção legislativa representa um potente duto de esvaziamento das finanças das localidades periféricas do sistema bancário nacional, ou seja, através dessa modalidade contratual se instala um mecanismo altamente perverso de descapitalização dos Municípios de pequeno porte, onde se faz a captação da proposta de contrato bancário, para depois drenar para os grandes centros financeiros do País os recursos assim recolhidos, teria esse mecanismo um forte impacto sobre o ideal federalista descentralizador. No entanto, **a interpretação do mandamento legal leva a conclusão de ter sido privilegiada a segurança jurídica do sujeito passivo da obrigação tributária, para evitar dúvidas e cobranças de impostos em duplicata, sendo certo que eventuais fraudes (como a manutenção de sedes fictícias)** devem ser combatidas por meio da fiscalização e não do afastamento da norma legal, o que seria verdadeira quebra do princípio da legalidade. REsp 1.060.210-SC, rel. Min. Napoleão Nunes Maia Filho, julgado em 28.11.2012.

Diante dessa decisão, pode-se concluir que prevaleceu a redação do art. 3º da LC 116/2003, de modo que o local da prestação será considerado, a partir da LC 116/2003, "aquele onde o serviço é efetivamente prestado, onde a relação é perfectibilizada, assim entendido local onde se comprove haver unidade econômica ou profissional da instituição financeira com poderes decisórios suficientes à concessão e aprovação do financiamento – núcleo da operação de leasing financeiro e fato gerador do tributo".

Ainda com relação ao aspecto espacial da regra matriz de incidência do ISS, mais uma exceção deve ser observada: trata-se do caso do serviço proveniente do exterior, ou cuja prestação tenha iniciado em outro país. Nessas hipóteses, resta ignorar o estabelecimento ou domicílio do prestador (situado no exterior), considerando, assim, o estabelecimento do **tomador** ou do intermediário daquele serviço.

Ademais, importa mencionar de que não há dúvidas de que a regra legal do "**domicílio do prestador**" é supletiva, ou seja, aplicável, tão somente na hipótese de o prestador de serviço não possuir estabelecimento. Em face disso, se a pessoa, prestadora de serviço, não possuir um estabelecimento profissional, será competente para recolher o ISS, o Município do local de seu domicílio.

3.4. Consequente Tributário

3.4.1. *Critério Pessoal*

3.4.1.1. *Sujeito Ativo*

Em se tratando do Imposto sobre Serviços de Qualquer Natureza, a competência para a cobrança do tributo se constitui pelo Município em que se situe o local do estabelecimento prestador do serviço, salvo as exceções trazidas pelo artigo 3º, inciso I a XXII, da LC n. 116/2003.

3.4.1.2. *Sujeito Passivo*

Segundo o artigo 5º da LC n. 116/2003, contribuinte do ISS consiste no **prestador do serviço.**

A respeito do Sujeito Passivo, Paulo de Barros Carvalho traça alguns comentários:

> (...)sujeito passivo da relação jurídica tributária é a pessoa – sujeito de direitos – física ou jurídica, privada ou pública, de quem se exige o cumprimento da prestação: pecuniária, nos nexos obrigacionais; e insuscetível de avaliação patrimonial, nas relações que veiculam meros deveres instrumentais e formais[48].

De acordo com Bernardo Ribeiro de Moraes[49], Contribuinte do imposto supramencionado são todas as pessoas que prestam serviços constantes da lista de serviços aprovada por Lei Complementar. Sendo que os pressupostos para a existência do Contribuinte estão consignados na existência de efetiva prestação de serviços, com **habitualidade** da atividade e **autonomia** no exercício dessa atividade. Outros elementos, tais como a existência de estabelecimento fixo, um resultado econômico positivo, são irrelevantes.

O Contribuinte do ISSQN será, por conseguinte, a empresa individual ou coletiva – unidade econômica organizada para a produção, com prática de atos habituais e autônomos -, ou o profissional autônomo – pessoa que pratica atos sem subordinação e de forma eventual, com habitualidade e autonomia.

Observa-se que o fato de o legislador, na LC n. 116/2003, não ter feito referência expressa à empresa e ao profissional autônomo, como fazia anteriormente, no DL n. 406/68, não prejudica a aplicação da sujeição passiva à entidade e à pessoa física, haja vista poderem se qualificar como naturais prestadores de serviços.

Não são Contribuintes do Imposto sobre Serviços de Qualquer Natureza: **(i)** os que prestem serviços em relação de emprego, **(ii)** os trabalhadores avulsos, **(iii)** os diretores e membros de conselho consultivo ou de conselho fiscal de sociedades e fundações, bem como os sócios-gerentes-delegados, cujas características são colhidas em outros diplomas jurídicos.

Relativo à relação de emprego, segue para ilustrar a definição de empregados contida no artigo 3º da Consolidação das Leis do Trabalho: "Considera-se empregado toda a pessoa física que prestar serviços de natureza não eventual a empregador, sob a dependência deste e mediante salário".

Sobre as cooperativas de serviço, José Eduardo Soares de Melo[50] afirma que as cooperativas de serviços não podem ser caracterizadas como Contribuintes, porque inexiste prestação de serviço consigo mesmo (há plena integração entre cooperativa e cooperados), além de não revelarem efetiva capacidade contributiva, pelo simples fato de que a Lei Federal n. 5.764/71 dispõe que o respectivo contrato de sociedades é realizado sem o objetivo de lucro, sendo que suas sobras são destinadas a Fundos de reserva e de Assistência.

48. CARVALHO, Paulo de Barros. **Curso de Direito Tributário,** op. cit., p. 208.
49. MORAES, Bernardo Ribeiro. **Imposto sobre Serviços de Qualquer Natureza**, op. cit., p. 292.
50. MELO, José Eduardo Soares. **Impostos: Federais, Estaduais e Municipais**, op. cit., p. 258.

Como é cediço, a principal finalidade das cooperativas visa atingir o interesse comum dos associados, sem, contudo, almejarem finalidade lucrativa. Tudo isso porque tais cooperativas agem em nome e no interesse exclusivo dos associados, não possuindo, dessa forma, receitas, uma vez que os valores apenas transitam por seu caixa, pertencendo, na verdade, exclusivamente aos referidos associados.

Diante disso, o ingresso de valores nos cofres das cooperativas não se qualifica como preço de serviços, visto que esses valores são divididos entre os cooperados na proporção dos serviços prestados.

Dessa forma, a capacidade contributiva somente se revela nas atividades dos serviços – em razão de esses serem remunerados por preços -, o que jamais ocorrerá nas atividades específicas das cooperativas, que, por sua vez, não auferem remuneração.

Isso posto, importante ressaltar que os Municípios, mediante Lei, poderão atribuir de modo expresso a responsabilidade pelo crédito tributário a terceira pessoa. Esse terceiro deverá ter vinculação com o fato gerador da respectiva obrigação, excluindo, dessa forma, a responsabilidade do Contribuinte ou atribuindo-a a este em caráter supletivo do cumprimento total ou parcial da referida obrigação, inclusive no que se refere à multa e aos acréscimos legais.

Oportuno salientar, ainda, que são também **responsáveis**: o tomador ou intermediário de serviço proveniente do exterior do País, ou cuja prestação se tenha iniciado no exterior do País; a pessoa jurídica, ainda, que isenta ou imune, tomadora ou intermediária dos serviços descritos nos subitens 3.05; 7.02; 7.04; 7.05; 7.09; 7.10; 7.12; 7.14; 7.15; 7.16; 7.17; 7.19; 11.02; 17.05; 17.10 e 17.10 da lista anexa à LC n. 116/2003 – Art. 6º da LC 116/2003.

3.4.2. *Critério Quantitativo*

3.4.2.1. *Base de Cálculo*

O cálculo do Imposto sobre Serviços de Qualquer Natureza deve considerar **o preço do serviço**, nos termos do artigo 7º da LC n. 116/2003.

Ruy Barbosa Nogueira[51] ensina que o preço do serviço corresponde à receita bruta oriunda da prestação do serviço, isto é, compreende tudo quanto foi auferido pelo prestador do serviço, no desempenho de sua atividade, seria, assim, o total das unidades monetárias exigidas pelo prestador do serviço, sem dedução alguma.

O referido autor cita que sobre o assunto o Tribunal de Alçada de São Paulo assim definiu preço:

> "Preço no conceito econômico fiscal, reflete o total despendido pelo consumidor para obter o produto do vendedor. Nesse total estão incluídos o valor da mercadoria, impostos devidos, lucro, frete, despesas de faturamento e outras mais com pertinência ao assunto".

Há valores, porém, que não mantêm conexão com a quantia acordada como forma de remuneração de serviços, podendo tratar-se de simples recebimentos temporários, ou ingressos de distinta natureza, uma vez que só pode ser considerado como receita aquele valor que integra realmente o patrimônio do prestador.

---

51. NOGUEIRA, Ruy Barbosa. **Direito Tributário Aplicado e Comparado.** v. II, Forense: Rio de Janeiro, 1977. p. 281-282.

Como no caso das agências de turismo em que não podem ser considerados para cálculo do Imposto os valores necessários à aquisição de passagens aéreas, estadias, hotéis, locação de veículos. As agências só devem recolher o ISS incidente sobre a respectiva comissão.

Desse modo, ressalta-se que no cálculo do Imposto sobre Serviços de Qualquer Natureza não deve ser incluídos os valores relativos a seguro, juros e quaisquer outras importâncias recebidas ou debitadas – como multas e indenizações –, pois tais verbas têm natureza diversa (financeira, ressarcitória) do respectivo preço contratual.

Para o referido cálculo, devem-se considerar também os valores relativos a descontos/ abatimentos **incondicionais,** haja vista caracterizarem diminuição do preço dos serviços e consequentemente redução da base de cálculo da exação.

Nesse sentido, segue entendimento do STJ:

> "RECURSO ESPECIAL. TRIBUTÁRIO. ISS. VIOLAÇÃO DO ART. 146, III, DA CONSTITUIÇÃO FEDERAL. COMPETÊNCIA DO STF. NULIDADE DA CDA. REEXAME DE PROVA. OFENSA AO ART. 113, § 2º, DO CTN. FALTA DE PREQUESTIONAMENTO. SÚMULA 211/STJ. CONTRARIEDADE AO ART. 9º DO DECRETO-LEI N. 406/68. DESCONTOS CONCEDIDOS DE MODO INCONDICIONADO NÃO INTEGRAM A BASE DE CÁLCULO DO TRIBUTO. RECURSO ESPECIAL CONHECIDO E PARCIALMENTE PROVIDO. (...) 4. "Descontos no preço do serviço que forem feitos de forma incondicionada, sem qualquer condição, serão válidos. **O preço do serviço será, portanto, o valor cobrado já com o desconto.** Se não for comprovado que a dedução foi incondicionada, mas decorreu de uma certa condição, o fisco poderá cobrar a diferença do ISS". (MARTINS, Sérgio Pinto. *Manual do imposto sobre serviços* 7. ed. São Paulo, Atlas, 2006. p. 82 e 83). 5. Recurso especial conhecido e parcialmente provido para reconhecer que os descontos incondicionados concedidos em nota fiscal não integram a base de cálculo do ISS (REsp n. 1015165/BA, rel.ª Min.ª Denise Arruda, 1ª Turma, julgado em 17.11.2009, **DJe** de 09.12.2009) (grifos nossos).

Outro ponto bem observado por José Eduardo Soares de Melo[52], no momento de se encontrar a base de cálculo do ISS, está no fato de que na prestação de serviços com pagamento do preço mediante a utilização de cartão de crédito, os acréscimos financeiros também devem ser excluídos do cálculo do ISS, uma vez que o pagamento do preço dilatado no tempo constitui operação financeira, distinta da prestação de serviço, na esteira da diretriz jurisprudencial firmada no âmbito do ICMS.

Evidencia-se, igualmente, que quando se tratar de ISS sobre o **Regime Fixo**, a base de cálculo não leva em consideração o valor do serviço, mas apenas um valor anual cobrado pela legislação Municipal. Nesse sentido, o artigo 9º do DL n. 406/68 que não foi revogado pela LC n. 116/2003 estabelece:

> **Art. 9º** A base de cálculo do imposto é o preço do serviço. § 1º Quando se tratar de prestação de serviços sob a forma de trabalho pessoal do próprio contribuinte, o imposto será calculado por meio de alíquotas fixas ou variáveis, em função da natureza do serviço ou de outros fatores pertinentes, nestes não compreendida a importância paga a título de remuneração do próprio trabalho. § 3º Quando os serviços a que se referem os itens 1, 4, 8, 25, 52, 88, 89, 90, 91 e 92 da lista anexa forem prestados por sociedades, estas ficarão sujeitas ao imposto na forma do § 1º, calculado em relação a cada profissional habilitado, sócio, empregado ou não, que preste serviços em nome da sociedade, embora assumindo responsabilidade pessoal, nos termos da lei aplicável.

52. MELO, José Eduardo Soares. **Impostos, Federais, Estaduais e Municipais,** op. cit., p. 263.

A sociedade de advogados, por exemplo, faz jus ao regime de tributação do ISS fixo, conforme posicionamento do STJ, podendo recolher um valor fixo anualmente, calculado de acordo com o número de profissionais, sem levar em consideração o seu faturamento[53] – §§ 1º e 3º do artigo 9º do Decreto-lei n. 406/68.

Vale mencionar, para ilustrar ainda mais o conteúdo, que foi publicada a Lei Complementar n. 147/2014 que inclui os prestadores de serviços de natureza intelectual no regime de tributação do Simples Nacional, de modo que abarcou a sociedade de advogados. Referida Lei Complementar, portanto, alterou a redação da Lei Complementar n. 123/2006 que dispõe sobre a instituição do Estatuto Nacional da Microempresa e da Empresa de Pequeno Porte.

3.4.2.2. Alíquota

No Imposto sobre Serviços de Qualquer Natureza, a Lei Complementar n. 116/2003, em seu artigo 8º, estabeleceu a alíquota **máxima** de 5% (cinco por cento), sem excepcionar nenhuma espécie de serviço e, nada dispondo, com relação à alíquota mínima.

A LC n. 157/2016 acrescentou o art. 8º-A na LC nº 116/2003 para estabelecer a alíquota mínima de 2%, como já era estabelecido anteriormente pelo artigo 88 do ADCT.

> "**Art. 8º-A. A alíquota mínima do Imposto sobre Serviços de Qualquer Natureza é de 2% (dois por cento).**
>
> § 1º O imposto não será objeto de concessão de isenções, incentivos ou benefícios tributários ou financeiros, inclusive de redução de base de cálculo ou de crédito presumido ou outorgado, ou sob qualquer outra forma que resulte, direta ou indiretamente, em carga tributária menor que a decorrente da aplicação da alíquota mínima estabelecida no *caput*, exceto para os serviços a que se referem os subitens 7.02, 7.05 e 16.01 da lista anexa a esta Lei Complementar.
>
> § 2º É nula a lei ou o ato do Município ou do Distrito Federal que não respeite as disposições relativas à alíquota mínima previstas neste artigo no caso de serviço prestado a tomador ou intermediário localizado em Município diverso daquele onde está localizado o prestador do serviço.
>
> § 3º A nulidade a que se refere o § 2º deste artigo gera, para o prestador do serviço, perante o Município ou o Distrito Federal que não respeitar as disposições deste artigo, o direito à restituição do valor efetivamente pago do Imposto sobre Serviços de Qualquer Natureza calculado sob a égide da lei nula."

3.5. Características

Consiste em imposto **fiscal**, em razão de visar à arrecadação e suprir as necessidades públicas.

Trata-se de um tributo **direto**, podendo ser **indireto** se houver o repasse do encargo financeiro, conforme o parecer do STJ:

> "TRIBUTÁRIO. ISS. AGENCIAMENTO MARÍTIMO. REPERCUSSÃO RECONHECIDA PELO TRIBUNAL DE ORIGEM. REPETIÇÃO DE INDÉBITO. SÚMULA N.

53. AgRg no REsp n. 933.443/RJ, rel. Min. Castro Meira, 2ª Turma, julgado em 25.09.2012, **DJe** de 04.10.2012.

> 7/STJ. INOVAÇÃO RECURSAL. 1. **Nos termos da jurisprudência desta Corte, o ISS pode funcionar tanto como tributo direto quanto indireto, a depender da transferência ou não do encargo, pelo contribuinte de direito, ao contribuinte de fato** (REsp n. 860.778/PR, rel.ª Min.ª Eliana Calmon, 2ª Turma, **DJe** de 06.11.2008) 2. A alteração das conclusões adotadas pela Corte de origem, quanto à ocorrência de repercussão econômica do ISS incidente sobre os serviços de agenciamento marítimo, tal como colocada a questão nas razões recursais, demandaria, necessariamente, novo exame do acervo fático-probatório constante dos autos, providência vedada em sede de recurso especial, a teor do óbice previsto na Súmula n. 7/STJ. 3. A alegada necessidade de lei expressa autorizando o repasse do tributo a terceiros, para fins de caracterização da natureza indireta do ISS não pode ser apreciada nesta quadra regimental, por configurar desenganada inovação recursal. 4. Agravo regimental a que se nega provimento (AgRg no REsp n. 1241196/SC, rel. Min. Sérgio Kukina, 1ª Turma, julgado em 21.05.2013, **DJe** de 27.05.2013).

O ISS apresenta **imunidade** tributária, estabelecida pela Constituição Federal em seu art. 156, § 3º, II da CF – parágrafo incluído pela EC n. 37/2002 -, que condiciona sua regulamentação por meio de Lei Complementar, in verbis:

> **Art. 156.** Compete aos Municípios instituir impostos sobre:
>
> (...) § 3º Em relação ao imposto previsto no inciso III do *caput* deste artigo, cabe à lei complementar: (...) II – excluir da sua incidência exportações de serviços para o exterior".

Por sua vez, tal matéria está regulada no artigo 2º, I, da LC n. 116/2003, pelo qual determina que esse Imposto Municipal não incidirá sobre serviços prestados no exterior. Importante lembrar a ressalva, já mencionada anteriormente, de que não se enquadram na referida não incidência "os serviços desenvolvidos no Brasil, cujo resultado aqui se verifique, ainda que o pagamento seja feito por residente no exterior".

Outras hipóteses de não incidência, que já não se enquadram como imunidade, mas sim como benefícios fiscais, estão previstas no art. 2º da LC 116/2003, quais sejam:

> (...) "II – a prestação de serviços em relação de emprego, dos trabalhadores avulsos, dos diretores e membros de conselho consultivo ou de conselho fiscal de sociedades e fundações, bem como dos sócios-gerentes e dos gerentes-delegados;
>
> III – o valor intermediado no mercado de títulos e valores mobiliários, o valor dos depósitos bancários, o principal, juros e acréscimos moratórios relativos a operações de crédito realizadas por instituições financeiras" (...).

Tais casos tratam-se, portanto, de não incidência, por mais que se enquadrem como prestação de serviços.

Observe-se que no caso do inciso II, os serviços são prestados em virtude de relação de trabalho, relação essa entre o empregador e o trabalhador, não havendo razão para incidir o ISS. Apenas haverá incidência de ISS nos casos de serviços prestados por profissionais autônomos, que trabalham por conta própria e sem vínculo de emprego, relativo aos serviços constantes na lista anexa da LC n. 116/2003.

Quanto à hipótese de não incidência contida no inciso III do art. 2º da LC 116/2003, tem-se que o objetivo principal configura na diminuição da cumulatividade nas operações financeiras e valores mobiliários, que incidiria em todas as transações. A incidência ocorre apenas sobre os serviços de intermediação e congêneres (agenciamento e corretagem, por exemplo), nos termos do item 10 da lista anexa à LC n. 116/2003.

Ainda no tocante às características, o ISS, via de regra, está sujeito ao lançamento por **homologação**. O próprio Contribuinte verifica a ocorrência do fato gerador, calcula o valor e paga o montante considerado devido, aguardando ulterior homologação por parte da autoridade administrativa. Entretanto, cabe lembrar que no caso de ISS sob regime fixo, ou irregularidade de recolhimento, o lançamento é feito de **ofício**.

Ademais, respeita o Princípio da Anterioridade, tanto Nonagesimal como a do Exercício Financeiro, à luz do art. 150, III, "b" e "c", da CF.

<table>
<tr><td>Critério Material (Fato Gerador)</td><td colspan="2">Prestar serviços – art. 156, III, da CF e art. 1º da LC n. 116/2003.</td></tr>
<tr><td>Critério Espacial</td><td colspan="2">Regra geral: o Município competente para recolher o ISS será aquele onde se localizar o estabelecimento prestador do contribuinte. Contudo, a LC n. 116/2003 traz um rol de exceções (entendendo esse ser taxativo), em que o tributo será devido ao Município em que o serviço for prestado – art. 3º da LC n. 116/2003.</td></tr>
<tr><td>Critério Temporal</td><td colspan="2">Ocorre no instante em que o serviço prestado é finalizado.</td></tr>
<tr><td rowspan="2">Critério Quantitativo</td><td>Base de Cálculo</td><td>O preço do serviço, nos termos do artigo 7º da LC n. 116/2003.</td></tr>
<tr><td>Alíquota</td><td>Os Municípios devem observar a alíquota máxima de 5% e a mínima de 2%, alíquotas essas previstas no artigo 8º da LC n. 116/2003 e art. 88 do ADCT, respectivamente.</td></tr>
<tr><td rowspan="2">Critério Pessoal</td><td>Sujeito Ativo</td><td>Município em que se situe o local do estabelecimento prestador do serviço, salvo as exceções trazidas pelo artigo 3º, inciso I a XXII, da LC n. 116/2003.</td></tr>
<tr><td>Sujeito Passivo</td><td>Prestador do serviço – art. 5º da LC n. 116/2003.</td></tr>
</table>

4. QUESTÕES

1. (Pref. Uruçuí/PI – Advogado – IMA/2016). Assinale a alternativa correta:

(A) A base de cálculo do IPTU é o valor de mercado do imóvel.

(B) Incide ITBI sobre bens advindos da divisão de patrimônio na separação judicial, em qualquer hipótese de divisão.

(C) O ISS tem seu fato gerador na prestação de serviços constantes da lista publicada pela Lei Complementar 116/2003, mesmo que esse serviço não seja da atividade preponderante da empresa.

(D) A incidência do ISS depende da denominação dada ao serviço prestado.

2. (Pref. Criciúma/SC – Advogado – FEPESE/2016). Analise os itens abaixo sobre os tributos municipais.

1. É inconstitucional a incidência do Imposto sobre Serviços de Qualquer Natureza – ISS sobre operações de locação de bens móveis.
2. Quando alugado para terceiro, incidirá o Imposto Predial e Territorial Urbano sobre bem imóvel pertencente a partido político.
3. O Imposto de Transmissão "Inter Vivos" de Bens Imóveis poderá ter alíquotas progressivas com base no valor venal do imóvel.
4. É inconstitucional a fixação de adicional progressivo do imposto predial e territorial urbano em função do número de imóveis do contribuinte.

Assinale a alternativa que indica todos os itens corretos.

(A) Estão corretos apenas os itens 1 e 3.

(B) Estão corretos apenas os itens 1 e 4.

(C) Estão corretos apenas os itens 2 e 3.

(D) Estão corretos apenas os itens 1, 2 e 4.

(E) Estão corretos apenas os itens 2, 3 e 4.

3. (TJ/MG – Cartório – CONSULPLAN/2015). Acerca de incidência do Imposto sobre Serviços de Qualquer Natureza – ISSQN –, sobre serviços de registros públicos, cartorários e notariais, em julgamento de ação direta de inconstitucionalidade – ADI –, o Supremo Tribunal Federal decidiu

(A) pela constitucionalidade dos dispositivos de lei federal que permitem a incidência do Imposto.

(B) que os dispositivos de lei federal que permitem a incidência do Imposto são inconstitucionais, e fundamentou a decisão em entendimento consolidado na Corte de que emolumentos extrajudiciais têm natureza jurídica de taxa e há vedação constitucional de que haja incidência de imposto sobre taxa (espécie tributária).

(C) que os dispositivos de lei federal que permitem a incidência do Imposto são inconstitucionais, e fundamentou a decisão no princípio da imunidade tributária recíproca, consagrado no art. 150 da Constituição Federal: "Sem prejuízo de outras garantias asseguradas ao contribuinte, é vedado à União, aos Estados, ao Distrito Federal e aos Municípios: VI – instituir impostos sobre: a) patrimônio, renda ou serviços, uns dos outros..."

(D) que os dispositivos de lei federal que permitem a incidência do Imposto são inconstitucionais por violação à norma da Constituição Federal, porquanto a matriz constitucional do Imposto sobre Serviços de Qualquer Natureza permitiria a incidência do tributo tão somente sobre a prestação de serviços de índole privada.

4. (TJ/SP – Juiz – VUNESP/2015). Na cobrança do ISSQN sobre serviços bancários, é correto afirmar, com base nos atuais julgamentos do STJ, que:

(A) a lista de serviços previstos na legislação é exemplificativa, logo, admite outras inclusões.

(B) a lista de serviços previstos na legislação é taxativa e não admite outras inclusões.

(C) a lista de serviços previstos na legislação para a atividade bancária tem tratamento específico porque os serviços bancários têm natureza genérica, sujeitos, portanto, como regra, ao pagamento daquele tributo.

(D) a lista de serviços previstos na legislação é taxativa, porém, admite leitura extensiva para serviços idênticos embora com denominações distintas.

5. (TJ/AL – Juiz – FCC/2015). Dr. Carlos, Juiz de Direito de comarca do interior do Estado de Alagoas, está analisando vários processos em que o cerne da discussão é a incidência do ISSQN ou, alternativamente, do ICMS. Trata-se de casos em que há, concomitantemente, prestação de serviços e fornecimento de mercadorias. Tendo analisado cada um dos casos a ele submetidos à luz da Constituição Federal, da Lei Complementar n. 87/1996 e da Lei Complementar n. 116/2003, Dr. Carlos afirmou que:

I. O ISSQN incide sobre as prestações de serviços constantes da lista anexa à Lei Complementar n. 116/2003, inclusive sobre as prestações de serviço de transporte intermunicipal e sobre a prestação de serviços de comunicação.

II. O ISSQN incide sobre as prestações de serviços constantes da lista anexa à Lei Complementar n. 116/2003 e sobre as mercadorias utilizadas nessa prestação, desde que esse fornecimento não esteja expressamente indicado na referida lista como sendo sujeito ao ICMS.

III. O ICMS incide sobre o fornecimento de mercadorias e sobre a prestação de serviços, sempre que o serviço prestado constar da lista anexa à Lei Complementar n. 116/2003, mas a referida lista expressamente sujeitar aquele fornecimento à incidência do ICMS.

Está correto o que Dr. Carlos afirmou em:

(A) III, apenas.

(B) I, II e III.

(C) I e III, apenas.

(D) II, apenas.

(E) II e III, apenas.

6. (Prefeitura de Recife/PE – Procurador –FCC/2014). Com a finalidade de intensificar a prestação de serviços no Município do Recife, fomentar a formalização dos respectivos prestadores de serviços e, assim, aumentar a arrecadação do ISSQN como um todo, a Secretaria de Finanças Municipal propôs algumas sugestões de instituição de leis ordinárias municipais a serem levadas à apreciação do legislativo recifense. Por cautela, o Prefeito as submeteu à sua Procuradoria Judicial, a fim de verificar a viabilidade constitucional. Analise as propostas de acordo com os preceitos normativos da Constituição Federal de 1988 e do Ato das Disposições Constitucionais Transitórias:

I. Redução a 1% da alíquota a ser aplicada ao ISSQN para aqueles que prestarem em Recife serviços sujeitos à exação municipal.

II. Redução a zero das alíquotas de ISSQN para os prestadores de serviço de construção civil que vierem a se estabelecer nas regiões consideradas mais carentes do Município.

III. Concessão de isenção de ISSQN na prestação de serviço dos buffets localizados em Recife.

Está correto o que consta APENAS em

(A) II e III.

(B) I.

(C) II.

(D) III.

(E) I e III.

7. (Prefeitura de Recife/PE – Procurador – FCC/2014). Preocupada com o trânsito caótico no Município do Recife e visando à melhoria das condições de trafegabilidade, especialmente para aqueles que precisam se locomover profissionalmente no centro do município, a Secretaria de Finanças Municipal pretende fazer sugestões com vistas a mitigar ou até eliminar o problema do trânsito no centro da cidade. Estudos por ela realizados indicam que muitos dos veículos que transitam em Recife não são de residentes na cidade, mas sim, dos municípios circunvizinhos e que fazem parte da região metropolitana do Grande Recife. Algumas propostas foram submetidas à análise da Procuradoria Judicial do Recife a fim de verificar sua constitucionalidade. De acordo com os preceitos normativos da Constituição Federal de 1988, é indicativa de proposta:

(A) Aumento por Lei Municipal da base de cálculo do ISSQN dos estabelecimentos prestadores de serviço de recuperação de pneumáticos localizados no centro do Município do Recife, a ser publicada sua instituição no mês de dezembro de 2013 e com cobrança a partir de janeiro de 2014.

(B) Aumento por meio de Decreto do Executivo Municipal da alíquota de IPTU para as concessionárias de veículos localizadas no Município do Recife.

(C) Cobrança de IPVA dos veículos, no Estado de Pernambuco, de propriedade de instituições religiosas com sede em Recife e utilizados em suas atividades de prestação de serviço religioso.

(D) Cobrança de ISSQN nas prestações de serviços educacionais das instituições de educação de ensino superior sem fins lucrativos, de acordo com os preceitos legais, e que estejam estabelecidas no Município do Recife, com o propósito de diminuir a quantidade de veículos de alunos em circulação na cidade.

(E) Aumento por Lei Municipal da alíquota do ISSQN sobre os serviços prestados por estabelecimentos prestadores de serviço de guarda de veículos localizados no centro do Município do Recife, a ser publicada sua instituição no mês de dezembro de 2013 e com cobrança a partir de maio de 2014.

8. (Prefeitura de Recife/PE – Procurador – FCC/2014). A Secretaria de Finanças do Recife, pretendendo aumentar a arrecadação municipal, propõe algumas iniciativas legais a serem levadas ao conhecimento tanto do chefe do executivo municipal, como à Câmara dos Vereadores da cidade. Em dúvida, contudo, sobre a adequação legal de suas propostas, formula consulta à Procuradoria Judicial do Município, para que ela emita parecer sobre o assunto. De acordo com os preceitos legais do Código Tributário Nacional,

(A) a expressão "legislação tributária" compreende, em relação ao Município do Recife, a partir de 01 de janeiro de 2014, somente as leis, os decretos e as normas complementares que versem, no todo ou em parte, sobre tributos e relações jurídicas a eles pertinentes.

(B) deve-se proceder, por Decreto do Executivo, à atualização do valor monetário da base de cálculo do ISSQN incidente no Município do Recife.

(C) deve-se cominar, por Decreto de Executivo Municipal, novas penalidades para ações ou omissões contrárias a dispositivos legais definidos na lei ordinária instituidora do ISSQN no Município do Recife.

(D) deve-se majorar, por Portaria Municipal, a base de cálculo do IPTU para os imóveis localizados em setores do perímetro urbano, onde se localizam cidadãos de maior poder aquisitivo.

(E) não se permite que tratados internacionais, eventualmente celebrados, revoguem ou modifiquem a legislação tributária municipal do Recife, quando as prescrições normativas dos tratados forem no sentido de diminuição do valor da tributação municipal.

9. (Prefeitura de Recife/PE – Procurador – FCC/2014). Auditor fiscal de rendas de pequeno município do agreste pernambucano, consciente da alta carga tributária que assola o país e das dificuldades dos pequenos empresários, comerciantes, produtores rurais e prestadores de serviço de seu município, em nome do princípio da razoabilidade, ao invés de efetuar diretamente lançamento de ofício ao descobrir, em prestadoras de serviço de seu município, a não emissão de notas fiscais por serviços no campo de incidência do ISSQN e ali prestados, com o consequente não pagamento do tributo devido, orienta os contribuintes flagrados a emitirem, mesmo após o início de ação fiscal, as correspondentes notas fiscais de serviço e de recolherem o respectivo tributo devido. Neste contexto, considere as seguintes afirmações:

I. Louvável a atitude do fiscal municipal, pois a orientação é o melhor caminho para um bom relacionamento entre fisco e contribuinte, sendo que ele, em face do princípio da razoabilidade, agira dentro da lei.

II. Não poderia o fiscal deixar de lavrar o auto de infração por falta de pagamento de ISSQN por não emissão de notas fiscais de serviço, tendo em vista que com o início do procedimento fiscalizatório, cessa a possibilidade de denúncia espontânea, além do procedimento de lançamento ser atividade vinculada e obrigatória, sob pena de responsabilidade funcional.

III. Não poderia o fiscal deixar de lavrar o auto de infração por não emissão de notas fiscais de serviço, mas, em relação ao não pagamento, poderia o contribuinte ficar livre de autuação se o fizesse com o acréscimo de juros de mora.

Está correto o que consta APENAS em

(A) II.
(B) I.
(C) II e III.
(D) III.
(E) I e III.

10. (Prefeitura de Cuiabá/MT – Procurador do Município – FCC/2014). Projeto de lei municipal visando atrair empresas prestadoras de serviço para os bairros menos favorecidos do perímetro urbano de Cuiabá prescreve isenções de IPTU, de ISSQN, de quaisquer taxas municipais e de eventuais contribuições de melhoria, durante três anos consecutivos, para aqueles que ali se estabelecerem até 31/12/2014, dispensando-os nesse período, inclusive, do cumprimento de quaisquer obrigações acessórias relativas às isenções concedidas. Em relação ao projeto de lei citado, deve ser feita ressalva, por ilegalidade ou inconstitucionalidade, à

(A) isenção para taxas e contribuições de melhoria, dispensa do cumprimento de obrigações acessórias.
(B) isenção para taxas e contribuições de melhoria e dispensa do cumprimento de obrigações acessórias.
(C) isenção para taxas instituídas posteriormente à sua concessão.
(D) isenção para contribuições de melhoria.
(E) isenção do ISSQN sem observância da forma e das condições previstas para a concessão conforme lei complementar respectiva.

11. (Prefeitura de Cuiabá/MT – Procurador do Município – FCC/2014). Em face de rescisão de decisão condenatória, cujo trânsito em julgado ocorrera em 29 de junho de 2013, contribuinte do ISSQN do município de Cuiabá pretende pedir a restituição do crédito tributário já pago, tanto em relação ao tributo, como aos juros e às penalidades pecuniárias. Com base nestas informações, considere as assertivas a seguir:

I. Haverá necessidade de que o contribuinte prove não ter repassado a terceiro o encargo financeiro do ISSQN já pago ou que tenha autorização expressa deste para solicitar a restituição.

II. O contribuinte tem 5 anos da data do trânsito em julgado da decisão rescisória para formular seu pedido de restituição.

III. A restituição total do tributo dá lugar à restituição, na mesma proporção, dos juros de mora e de quaisquer penalidades pecuniárias.

Em relação ao pedido de restituição a ser formulado está correto o que se afirma APENAS em

(A) I e III.

(B) I e II.

(C) III.

(D) II.

(E) I.

12. (Prefeitura de Recife/PE – Procurador Judicial – FCC/2014). Autoridade administrativa lotada na Secretaria de Finanças do Município do Recife e em função de fiscalização direta de tributos lavra auto de infração à legislação municipal desconsiderando negócio jurídico praticado por contribuinte do ISSQN. A autoridade fiscal age nos estritos limites procedimentais estabelecidos por Ofício da própria Secretaria de Finanças da qual é funcionário. Neste contexto, e atuando como Procurador Judicial, considere as seguintes afirmações:

I. Correta a atuação do fiscal em termos procedimentais se o Ofício citado tiver fundamento em Decreto do Executivo Municipal.

II. Os procedimentos para a desconsideração dos negócios jurídicos previstos no ofício observado pelo fiscal autuante devem ter por fundamento lei ordinária.

III. Se não houver lei complementar fundamentando os procedimentos de desconsideração praticados pelo agente fiscal autuante, deve-se considerar este ato administrativo como nulo.

Está correto o que consta APENAS em

(A) II e III.

(B) I.

(C) II.

(D) III.

(E) I e III.

13. (Prefeitura de Recife/PE – Procurador Judicial – FCC/2014). Prestadora de serviço constante na lista de serviços do ISSQN estabelecida em Olinda, também presta serviços em Recife, quando necessário. O dono do estabelecimento tem o ISSQN referente aos serviços prestados em Recife exigidos simultaneamente pelos dois municípios: Olinda, por entender que o local do estabelecimento determinaria a respectiva sujeição ativa e Recife, por entender que o local da prestação de serviços seria determinante. O dono do estabelecimento prestador de serviço não sabe a quem deve pagar o ISSQN referente aos serviços que presta em Recife e ainda se depara com o fato de que os seus clientes em Recife querem efetuar a retenção do ISSQN na fonte. Além deste problema, o IPTU de 2010 a 2013 de seu estabelecimento ainda não foi pago e os valores correspondentes foram inscritos em dívida ativa. A fim de que o contribuinte possa regularizar sua situação fiscal frente aos dois municípios e de forma que não corra o risco de ser autuado por qualquer deles ou de ser contra ele ajuizada ação de execução fiscal, são soluções jurídicas possíveis:

(A) Efetuar o pagamento integral do débito de ISSQN para Recife em relação às prestações de serviço que sejam ali realizadas. Quanto ao IPTU, basta pedir parcelamento do débito na maior quantidade de parcelas possível.

(B) Efetuar o pagamento do débito de ISSQN devido à razão de 50%, parte para Recife e parte para Olinda, a fim de não sofrer autuação de quaisquer dos fiscos municipais. Quanto ao IPTU, pedir parcelamento dos débitos tributários referentes ao período de 2010 a 2013, na maior quantidade de parcelas possível.

(C) Consignar judicialmente o crédito tributário do ISSQN pelo maior valor reclamado entre os dois municípios, aguardando decisão judicial a respeito. Quanto ao IPTU, pedir parcelamento dos débitos tributários referentes ao período de 2010 a 2013, na maior quantidade de parcelas possível.

(D) Consignar judicialmente o crédito tributário do ISSQN pelo maior valor reclamado entre os dois municípios, aguardando decisão judicial a respeito. Quanto ao IPTU, pedir parcelamento dos débitos tributários referentes ao período de 2011 a 2013, na maior quantidade de parcelas possível e aguardar a ocorrência do lapso fatal de natureza prescricional referente ao IPTU de 2010 em face de sua proximidade.

(E) Efetuar o pagamento integral do débito de ISSQN para Olinda, tendo em vista que o estabelecimento prestador está ali localizado. Quanto ao IPTU, basta pedir parcelamento do débito na maior quantidade de parcelas possível.

14. (Promotor de Justiça/SC – FEPESE/2014). Analise o enunciado da questão abaixo e assinale se ele é falso ou verdadeiro:

( ) Segundo orientação fixada no STF, é constitucional a incidência de ISSQN – Imposto sobre Serviços de Qualquer Natureza, quando devidamente previsto em legislação tributária municipal, sobre os serviços de registros públicos, cartorários e notariais, prestados na forma do art. 236 da CF por delegação do poder público, posto que a atividade em questão não se encontra ao abrigo da imunidade recíproca (art. 150, VI, "a", da CF), uma vez que o serviço está compreendido em exceção constitucional, que afasta o benefício quanto às atividades desenvolvidas com intuito lucrativo.

15. (Defensor Público/DF – CESPE/2013). Considerando as limitações do poder de tributar e os impostos dos estados e do DF, julgue o item que se segue: *De acordo com o STF, é constitucional a incidência do ISS sobre operações de locação de bens móveis.*

16. (Defensor Público/DF – CESPE/2013). Considerando as limitações do poder de tributar e os impostos dos estados e do DF, julgue o item que se segue: *Nos serviços de plano de saúde, utiliza-se como base de cálculo do ISS o valor total recebido, quer dizer, a mensalidade paga pelo associado à empresa gestora do plano e as quantias repassadas aos terceiros credenciados que prestam o serviço médico.*

17. (Prefeitura do Município do Brejo da Madre de Deus (PE) – Fiscal de Tributos – ADVISE/2013). O imposto sobre serviços de qualquer natureza (ISS) é de competência dos Municípios e do Distrito Federal e tem como fato gerador a prestação de serviços. Assinale a alternativa com o contribuinte desse imposto:

(A) O tomador de serviço.

(B) O prestador de serviço.

(C) O tomador e prestador de serviço.

(D) A pessoa física que contratar o serviço.

(E) A pessoa jurídica que contratar o serviço

18. (Prefeitura do Município do Brejo da Madre de Deus (PE) – Fiscal de Tributos – ADVISE/2013). O cálculo do ISS é efetuado mediante aplicação de alíquota determinado pelo município. A incidência máxima dessa alíquota é de:

(A) 6%;

(B) 3%;

(C) 5%;

(D) 4%;

(E) 7%.

19. (Prefeitura de Iguatu/CE – Pró-Município/2013). O imposto sobre serviços de qualquer natureza – ISSQN, de competência municipal, segundo a jurisprudência do Supremo Tribunal Federal, é:

(A) É inconstitucional a incidência do imposto sobre serviços de qualquer natureza sobre operações de locação de bens móveis;

(B) É inconstitucional a incidência do imposto sobre serviços de qualquer natureza sobre serviços de informática e congêneres;

(C) É inconstitucional a incidência do imposto sobre serviços de qualquer natureza sobre serviços de cuidados pessoais, estética, atividades físicas e congêneres;

(D) É inconstitucional a incidência do imposto sobre serviços de qualquer natureza sobre serviço de demolição.

20. (TC/DF – Procurador do MP – CESPE/2013). No que concerne aos impostos de competência dos municípios e do DF, julgue o próximo item. *O benefício da alíquota fixa do imposto sobre serviços (ISS) alcança as sociedades unipessoais integradas por profissionais que atuem com responsabilidade pessoal e as sociedades empresárias limitadas.*

21. (TJ/AC – Juiz Substituto – CESPE/2012) (Adaptada). A titularidade da competência tributária é outorgada às pessoas políticas de direito público interno, o que resulta em aptidão para criar tributos, tendo sido concedida aos municípios competência para instituir ISS. A esse respeito, assinale a opção correta:

(A) A prestação de serviço simultaneamente à venda de mercadorias em restaurantes constitui fato gerador do ISS.

(B) O licenciamento ou cessão do direito de uso de software, bem como a circulação e cópias desses programas produzidos em série e comercializados nos estabelecimentos comerciais, podem ser tributados por meio de ISS.

(C) Ocorrendo contrato de locação de bens móveis, é possível a instituição de ISS, uma vez que a locação de bens móveis equipara-se à locação de serviços, dada a aplicação extensiva atribuída aos contratos pelo Código Civil brasileiro.

(D) O ISS não está condicionado ao efetivo pagamento do preço acordado entre tomador e prestador, restando, uma vez ocorrido o fato gerador, exigível ainda que o pagamento ocorra em várias prestações futuras.

22. (TC/ES – Auditor de Controle Externo. Área: Direito – CESPE/2012). A respeito do imposto sobre serviços de qualquer natureza (ISS), julgue os próximos itens:

I. Como a CF autoriza a incidência do ISS sobre serviços de qualquer natureza, esse imposto incide sobre os serviços onerosos ou gratuitos, de trato sucessivo ou imediato, intelectuais ou materiais, prestados por pessoas físicas ou jurídicas.

II. O fato gerador do ISS é o contrato cujo objeto seja a prestação de serviços com significado econômico.

23. (PG/João Pessoa – Procurador – FCC/2012). Sobre lei complementar em matéria tributária, é correto afirmar que:

(A) O fato gerador, a base de cálculo e os contribuintes do Imposto sobre Serviços de Qualquer Natureza – ISS – estão definidos no Código Tributário Nacional, recepcionado como lei complementar.

(B) É a única fonte para instituir as contribuições de intervenção no domínio econômico, de competência federal e estadual.

(C) O Imposto Residual, de competência da União, é instituído por lei complementar, tal qual o Imposto Extraordinário instituído em caso de guerra externa ou sua iminência.

(D) É a fonte legislativa prevista na Constituição Federal para estabelecer normas gerais em matéria de legislação tributária, tal como definição de obrigação e crédito tributário.

(E) É fonte instituidora de impostos e taxas não discriminados na Constituição Federal, desde que atrelados à competência residual da União.

24. (Prefeitura/SP – Auditor-Fiscal Tributário Municipal I. Área de Especialização: Gestão Tributária – FCC/2012). Um contribuinte deixou de emitir o documento fiscal referente a uma prestação de serviço tributada pelo ISS, tributo de competência municipal, e, como consequência, foi-lhe aplicada penalidade pecuniária pelo descumprimento dessa obrigação acessória (art. 230, caput, inciso V, alínea "a" do Decreto Municipal n. 52.703/2011) Essa penalidade pecuniária:

(A) É taxa, pois tem a finalidade de ressarcir o erário pelo dano causado pelo descumprimento de uma obrigação acessória.

(B) É imposto, pois está prevista na legislação do ISS.

(C) não é imposto, mas é tributo, em sentido amplo, pois tem natureza compulsória.

(D) É tributo, porque é cobrado por meio de atividade vinculada, conforme estabelece o Código Tributário Nacional.

(E) Não é tributo, pois sanção pelo cometimento de ato ilícito não pode ser definida como tributo.

25. (Prefeitura/SP – Auditor-Fiscal Tributário Municipal I. Área de Especialização: Gestão Tributária – FCC/2012). Legislações municipais brasileiras estabelecem a incidência do ISS nas prestações de serviços de "alfaiataria e costura, quando o material for fornecido pelo usuário final, exceto aviamento". Órgãos de fiscalização de alguns municípios, desconsiderando a própria restrição contida nesse dispositivo da lei complementar federal e de sua própria lei municipal, expediram notificação do lançamento do ISS, reclamando o tributo também sobre as prestações de serviços de alfaiataria e costura, inclusive nos casos em que o material utilizado nessa prestação não tenha sido fornecido pelo usuário final. A justificativa legal para sua cobrança foi o uso da analogia prevista no CTN, pois, no entender daquelas autoridades municipais, as prestações de serviços em que o material é fornecido pelo consumidor final são análogas àquela em que o referido material não é fornecido. Nesse caso, a ação dos órgãos de fiscalização municipal;

(A) Está em desconformidade com a legislação, porém, neste caso, deve o contribuinte se conformar com o lançamento efetuado, tendo em vista sua legalidade, somente restando a ele se socorrer dos princípios gerais de direito público, a fim de minorar os efeitos da cobrança.

(B) Não merece reparos, tendo em vista a possibilidade de se cobrar tributos para fatos não contemplados pela lei, mas que seriam semelhantes a fatos geradores legalmente previstos.

(C) Não merece reparos, porém, neste caso, deve o contribuinte pleitear a aplicação da equidade, tendo em vista ser dispensado do pagamento do tributo devido.

(D) Está em desconformidade com a legislação, porém, nesse caso, deve o contribuinte se conformar com o lançamento efetuado, tendo em vista sua legalidade, somente restando a ele se socorrer dos princípios gerais de direito tributário, a fim de minorar os efeitos da cobrança.

(E) Está em desconformidade com a legislação e, em razão disso, o contribuinte tem a possibilidade de se insurgir contra o lançamento efetuado, alegando que não se pode exigir imposto não previsto em lei, por meio de analogia.

26. (Prefeitura/SP – Auditor-Fiscal Tributário Municipal I. Área de Especialização: Gestão Tributária – FCC/2012). Um determinado município paulista, ao instituir o ISS, imposto de competência municipal, criou, na mesma lei ordinária, várias obrigações acessórias, no interesse da arrecadação e fiscalização desse imposto. Com relação à referida lei ordinária, é correto afirmar que:

(A) Cabe à lei complementar criar tanto obrigações principais, como obrigações acessórias.

(B) Ela não poderia ter criado obrigações acessórias, pois isso é atribuição de decreto.

(C) Ela não poderia ter criado obrigações acessórias, pois isso é atribuição de normas regulamentares e infrarregulamentares.

(D) Não há irregularidade alguma em ela ter criado obrigações acessórias.

(E) Lei ordinária só pode criar obrigação principal e normas infralegais só podem criar obrigações acessórias.

27. (Procurador de São Gonçalo/RJ – CEPERJ/2011). Considere-se que determinado Município tenha editado lei ordinária reduzindo de 2% para 1% a alíquota do Imposto sobre Serviços de Qualquer Natureza – ISSQN, incidente sobre serviços prestados por hotéis, *apart-services* condominiais, *flat*, apart-hotéis, hotéis residências, pensões, motéis e congêneres. Com base no exposto, é correto afirmar que a redução:

(A) Contraria norma prevista na Constituição Federal em vigor.

(B) É regular, porque cabe ao Município do Rio de Janeiro dispor sobre tributos de sua competência.

(C) É regular, porque observa todos os requisitos previstos no Código Tributário Nacional.

(D) É inconstitucional, em razão de ausência de convênio celebrado pelas municipalidades brasileiras.

(E) Contraria norma federal, sendo, portanto, ilegal.

28. (Procurador Esp. de Contas junto aos Municípios/BA – FCC/2011). O imposto de competência dos municípios que deverá ter suas alíquotas mínimas e máximas fixadas em lei complementar é o imposto sobre:

(A) Propriedade territorial rural.

(B) Propriedade territorial urbana.

(C) Serviços de qualquer natureza, não compreendidos na competência dos Estados.

(D) Transmissão de bens imóveis a título gratuito e causa mortis.

(E) Transmissão de bens imóveis a título oneroso e por ato inter vivos.

29. (Procurador Jurídico do Município de Itapororoca/PB – Exames e Consultoria Ltda./2010). Analise os seguintes enunciados no que se refere ao ISS:

I. Podem os Municípios instituir ISS de qualquer natureza sobre os serviços de transporte intermunicipal, desde que definidos em lei complementar.

II. Podem os Municípios, mediante lei ordinária, fixar as alíquotas máximas e mínimas do ISS de sua competência.

III. Cabe à lei complementar regular a forma e as condições como isenções, incentivos e benefícios fiscais concedidos ou revogados.

Está correto o que se afirma apenas em:

(A) II;

(B) III;

(C) I e III;

(D) II e III;

(E) I, II e III.

GABARITO

1. **Alternativa (C).** O ISS tem seu fato gerador na prestação de serviços constantes da lista publicada pela Lei Complementar 116/2003, mesmo que esse serviço não seja da atividade preponderante da empresa.

Comentário: A alternativa **"C"** está correta, o ISS Incide sobre serviços não compreendidos na competência do art. 155, II, da CF e definidos em Lei Complementar. A opção "A" está incorreta, conforme o art. 33 do CTN, a base do cálculo do imposto é o valor venal do imóvel. A resposta "B" está incorreta, quando ocorre a divisão do patrimônio exatamente pela metade a cada um dos cônjuges, não há que se falar em incidência de ITBI ou ITCMD, já que não há transmissão de propriedade. A justificativa "D" está incorreta, não há essa previsão.

2. **Alternativa (B).** Estão corretos apenas os itens 1 e 4.

1. É inconstitucional a incidência do Imposto sobre Serviços de Qualquer Natureza – ISS sobre operações de locação de bens móveis.

4. É inconstitucional a fixação de adicional progressivo do imposto predial e territorial urbano em função do número de imóveis do contribuinte.

Comentário: A opção **"B"** está correta. O **item 1** está correto, conforme a Súmula Vinculante n. 31. O **item 2** está incorreto, segundo a Súmula n. 724 do STF. O **item 3** está incorreto, o ITBI não poderá ser progressivo, consoante a Súmula n. 656 do STF. O **item 4** está correto, de acordo com a Súmula 589 do STF.

3. **Alternativa (A).** Pela constitucionalidade dos dispositivos de lei federal que permitem a incidência do Imposto.

Comentário: A alternativa **"A"** está correta,visto que o STF ao julgar a ADIN n. 3.089 reconheceu a constitucionalidade da incidência do ISS sobre os serviços de registros públicos, por entender que os cartórios desenvolvem suas atividades com inequívoco intuito lucrativo, razão pela qual não merecem imunidade, à luz do art. 150, VI, "a", da CF. Além disso, o STF compreendeu que os cartórios não gozam de imunidade tributária, ainda que exerçam os serviços notariais e de registro (serviços públicos) em caráter privado, por delegação do Poder Público, conforme estabelece o art. 236 da CF. Por essas razões, as opções "B", "C" e "D" estão incorretas.

4. **Alternativa (D).** A lista de serviços previstos na legislação é taxativa, porém, admite leitura extensiva para serviços idênticos embora com denominações distintas.

Comentário: O Superior Tribunal de Justiça firmou entendimento de que é "taxativa a Lista de **Serviços** anexa à LC n. 116/2003, para o efeito de incidência de **ISS,** admitindo-se, aos serviços já existentes apresentados com outra nomenclatura, o emprego da interpretação extensiva para **serviços** congêneres". Nesse sentido, há a Súmula n. 424 desse Tribunal: "É legítima a incidência de **ISS** sobre os **serviços bancários** congêneres da lista anexa ao DL n. 406/1968 e à LC n. 56/1987". Essa súmula é aplicada mesmo na vigência da LC n. 116/2003, por essa razão apenas a alternativa **"D"** está correta.

5. **Alternativa (D).** II, apenas.

II. O ISSQN incide sobre as prestações de serviços constantes da lista anexa à Lei Complementar n. 116/2003 e sobre as mercadorias utilizadas nessa prestação, desde que esse fornecimento não esteja expressamente indicado na referida lista como sendo sujeito ao ICMS

Comentário: Apenas o **item II** está correto, nos termos do art. 1º, § 2º, da LC n. 116/2003. O item I está incorreto, pois o art. 156, III, da CF esclarece que o ISS somente incidirá sobre serviços, que não estejam na competência dos Estados e do Distrito Federal, e desde que tenham previsão em lei complementar. Incide o ICMS sobre os serviços de transportes intermunicipais ou interestaduais e sobre o serviço de comunicação. O item III está incorreto, segundo o art. 155, § 2º, IX, "b", da CF, só incidirá o ICMS sobre as operações mistas que envolverem a prestação de serviços com entrega de mercadorias quando o serviço não estiver sujeito à incidência do ISS, por não existir previsão em lei complementar.

---

6. **Alternativa (C),** II.

II. Redução a zero das alíquotas de ISSQN para os prestadores de serviço de construção civil que vierem a se estabelecer nas regiões consideradas mais carentes do Município.

Comentário: O Item I está incorreto, conforme estudado nesse Capítulo, a alíquota mínima é de 2%, nos termos do art. 88 do ADCT. Portanto, o Município não poderá reduzir para 1%. O **Item II** está correto, posto que o referido serviço se enquadra na ressalva contida no art. 88, I, do ADCT: "Art. 88. Enquanto lei complementar não disciplinar o disposto nos incisos I e III do § 3º do art. 156 da Constituição Federal, o imposto a que se refere o inciso III do *caput* do mesmo artigo: I – terá alíquota mínima de dois por cento, exceto para os serviços a que se referem os itens 32, 33 e 34 da Lista de Serviços anexa ao Decreto-Lei n. 406, de 31 de dezembro de 1968 (...)". Decreto-Lei n. 406/68: (...) "32. Execução por administração, empreitada ou subempreitada, de construção civil, de obras hidráulicas e outras obras semelhantes e respectiva engenharia consultiva, inclusive serviços auxiliares ou complementares (exceto o fornecimento de mercadorias produzidas pelo prestador de serviços, fora do local da prestação dos serviços, que fica sujeito ao ICM); 33. Demolição; 34. Reparação, conservação e reforma de edifícios, estradas, pontes, portos e congêneres (exceto o fornecimento de mercadorias produzidas pelo prestador dos serviços fora do local da prestação dos serviços, que fica sujeito ao ICM)". O Item III está incorreto, a isenção deve ser regulada por meio de Lei Complementar, nos termos do art. 156, § 3º, III, da CF. Portanto, o gabarito é a letra **"C"**.

---

7. **Alternativa (E).** Aumento por Lei Municipal da alíquota do ISSQN sobre os serviços prestados por estabelecimentos prestadores de serviço de guarda de veículos localizados no centro do Município do Recife, a ser publicada sua instituição no mês de dezembro de 2013 e com cobrança a partir de maio de 2014.

Comentário: A alternativa "A" está incorreta, posto que o ISS também deve observar o Princípio da Anterioridade Nonagesimal, prescrito no art. 150, III, "c", da CF. A opção "B" está incorreta, porque fere o Princípio da Legalidade, art. 150, I, da CF. As letras "C" e "D" também estão incorretas, em virtude das imunidades contidas no art. 150,VI, "b" e "c", da CF. A assertiva **"E"** é a resposta correta, em conformidade com os Princípios: da Legalidade – art. 150, I, da CF; da Anterioridade do Exercício – art. 150, III, "b" e da Anterioridade Nonagesimal – art. 150, III, "c".

---

8. **Alternativa (B).** Deve-se proceder, por Decreto do Executivo, à atualização do valor monetário da base de cálculo do ISSQN incidente no Município do Recife.

Comentário: A opção "A" está incorreta, com base no art. 96 do CTN, o termo "legislação tributária" compreende os Tratados e Convenções Internacionais, os Decretos e as Normas Complementares também. A letra **"B"** é a assertiva correta, por se tratar de mera correção, poderá ser realizado por meio de Decreto, segundo o art. 97, § 2º, do CTN. A resposta "C" está incorreta, a cominação de penalidades para as ações ou omissões contrárias a seus dispositivos, ou para outras infrações devem ser estabelecidas por meio de lei, conforme art. 97, V, do CTN. A justificativa "D" está incorreta, a majoração da base de cálculo deve ser realizada por meio de lei, art. 97, II, do CTN. A alternativa "E" está incorreta, nos termos do art. 98 do CTN: "Os tratados e as convenções internacionais revogam ou modificam a legislação tributária interna, e serão observados pela que lhes sobrevenha".

---

9. **Alternativa (A).** II.

II. Não poderia o fiscal deixar de lavrar o auto de infração por falta de pagamento de ISSQN por não emissão de notas fiscais de serviço, tendo em vista que com o início do procedimento fiscalizatório, cessa a possibilidade de denúncia espontânea, além do procedimento de lançamento ser atividade vinculada e obrigatória, sob pena de responsabilidade funcional.

Comentário: O Item I está incorreto, conforme art. 142, Parágrafo Único, do CTN. O **Item II** está correto, à luz dos arts. 138 e 142 do CTN. O Item III está incorreto, com fundamento no art. 138 do CTN, não configura Denúncia Espontânea, posto que já houve início de procedimento administrativo. Portanto, o gabarito é a letra **"A"**.

---

10. Alternativa (E). isenção do ISSQN sem observância da forma e das condições previstas para a concessão conforme lei complementar respectiva.

Comentário: A assertiva "E" é a resposta correta, tal prescrição deve obedecer ao disposto no art. 156, § 3º, III, da CF, art. 88 do ADCT e LC n. 116/2003.

---

11. Alternativa (B). I e II.

I. Haverá necessidade de que o contribuinte prove não ter repassado a terceiro o encargo financeiro do ISSQN já pago ou que tenha autorização expressa deste para solicitar a restituição.

II. O contribuinte tem 5 anos da data do trânsito em julgado da decisão rescisória para formular seu pedido de restituição.

Comentário: O **Item I** está correto, tendo em vista que para o ISS cabe o repasse do encargo financeiro, a essa exação se aplica o art. 166 do CTN. Assim, caso isso tenha ocorrido, aquele que pedir a restituição tem de estar autorizado expressamente. O **Item II** também está correto, nos termos do art. 168 do CTN. O Item III está incorreto, a restituição não será total no caso de haver infração de caráter formal não prejudicada pela decisão favorável de restituição, conforme art. 167 do CTN. Logo, o gabarito é a letra **"B"**.

---

12. Alternativa (C). II.

II. Os procedimentos para a desconsideração dos negócios jurídicos previstos no ofício observado pelo fiscal autuante devem ter por fundamento lei ordinária.

Comentário: O Item I está incorreto, deverá obedecer ao Princípio da Legalidade, art. 150, II, da CF e art. 144 do CTN. **Item II** está correto, em conformidade com o Parágrafo Único do art. 116 do CTN. O Item III está incorreto, vai de encontro ao disposto no art. 116 do CTN, para esse procedimento poderá ser Lei Ordinária. Assim, o gabarito é a letra **"C"**.

---

13. Alternativa (C). Consignar judicialmente o crédito tributário do ISSQN pelo maior valor reclamado entre os dois municípios, aguardando decisão judicial a respeito. Quanto ao IPTU, pedir parcelamento dos débitos tributários referentes ao período de 2010 a 2013, na maior quantidade de parcelas possível.

Comentário: Em relação ao ISS, quando mais de um Ente Federativo exigir sobre o mesmo fato gerador poderá o Contribuinte consignar em pagamento, consoante art. 164 do CTN. Assim, poderá realizar o depósito judicial que suspenderá a exigibilidade do crédito tributário, conforme art. 151, II, do CTN. E, relativo ao IPTU, uma das alternativas para regular sua situação é aderir ao parcelamento, de modo a também suspender a exigibilidade do crédito tributário, nos termos do art. 151, VI, do CTN. Então, o gabarito é a letra **"C"**.

---

14. Alternativa (VERDADEIRO). Segundo orientação fixada no STF, é constitucional a incidência de ISSQN – Imposto sobre Serviços de Qualquer Natureza –, quando devidamente previsto em legislação tributária municipal, sobre os serviços de registros públicos, cartorários e notariais, prestados na forma do art. 236 da CF por delegação do poder público, posto que a atividade em questão não se encontra ao abrigo da imunidade recíproca (art. 150, VI, "a", da CF), uma vez que o serviço está compreendido em exceção constitucional, que afasta o benefício quanto às atividades desenvolvidas com intuito lucrativo.

Comentário: Assertiva verdadeira, conforme estudado nesse Capítulo, o ISS incidirá quando houver fim econômico na prestação de serviços de registros públicos, cartorários e notariais. Segue entendimento consubstanciado pelo STF na ADI n. 3089: "Em conclusão de julgamento, o Tribunal, por maioria, julgou improcedente pedido formulado em ação direta proposta pela Associação dos Notários e Registradores do Brasil – ANOREG/BR – para declarar a inconstitucionalidade dos itens 21 e 21.01 da lista de serviços anexa à Lei Complementar Federal n. 116/2003, que autorizam os Municípios a instituírem o ISS sobre os serviços de registros públicos, cartorários e notariais — v. **Informativos** ns. 441 e 464. Entendeu-se tratar-se, no caso, de atividade estatal delegada, tal como a exploração de serviços públicos essenciais, mas que, enquanto exercida em caráter privado, seria serviço sobre o qual incidiria o ISS. Vencido o Min. Carlos Britto, relator, que, salientando que os serviços notariais e de registro seriam típicas atividades estatais, mas não serviços públicos, propriamente, julgava o pedido procedente por entender que os atos normativos hostilizados afrontariam o art. 150, VI, "a", da CF, que veda que a União, os Estados, o Distrito Federal e os Municípios instituam impostos sobre patrimônio, renda ou serviços, uns dos outros. ADI 3089/DF, rel. orig. Min. Carlos Britto, rel. p/ o acórdão Min. Joaquim Barbosa, 13.2.2008" (ADI-3089).

15. Alternativa (ERRADO). *De acordo com o STF, é constitucional a incidência do ISS sobre operações de locação de bens móveis.*

Comentário: Consoante a Súmula Vinculante n. 31 do STF: "É inconstitucional a incidência do Imposto sobre serviços de qualquer natureza – ISS – sobre operações de locação de bens móveis".

16. Alternativa (ERRADO). *Nos serviços de plano de saúde, utiliza-se como base de cálculo do ISS o valor total recebido, quer dizer, a mensalidade paga pelo associado à empresa gestora do plano e as quantias repassadas aos terceiros credenciados que prestam o serviço médico..*

Comentário: Segundo o entendimento do STJ, é ilegítima a incidência do ISS sobre o total das mensalidades pagas pelo titular do plano de saúde à empresa gestora, pois, em relação aos serviços prestados pelos profissionais credenciados, há a incidência do tributo, de modo que a nova aplicação sobre o valor destinado a remunerar tais serviços caracteriza-se como dupla incidência de um mesmo tributo sobre uma mesma base imponível. Por tal razão, o valor repassado aos profissionais credenciados deve ser excluído da base de cálculo do tributo devido pela empresa gestora (REsp n. 783.022).

17. Alternativa (B). O prestador de serviço.

Comentário: A alternativa **"B"** está correta, nos termos do art. 5º da LC n. 116/2003.

18. Alternativa (C). 5%.

Comentário: À luz do art. 156, § 3º, I, da CF, cabe à Lei Complementar estabelecer as alíquotas mínimas e máximas do ISS; nesse sentido o art. 8º da LC n. 116/2003 determinou a alíquota máxima de 5%.

19. Alternativa (A). É inconstitucional a incidência do imposto sobre serviços de qualquer natureza sobre operações de locação de bens móveis.

Comentário: A opção **"A"** está correta, conforme o parecer do STF, Súmula Vinculante n. 31. As justificativas B, C e D estão incorretas, porque as atividades ali mencionadas configuram serviços e têm previsão na lista anexa à LC n. 116/2003.

20. Alternativa (ERRADO). *O benefício da alíquota fixa do imposto sobre serviços (ISS) alcança as sociedades unipessoais integradas por profissionais que atuem com responsabilidade pessoal e as sociedades empresárias limitadas.*

Comentário: Nos certames do art. 9º, § 3º, do DL n. 406/68, as sociedades que desenvolvem atividades de profissão regulamentada ali arroladas fazem jus ao ISS fixo, desde que sejam sociedades uniprofissionais, nas quais os sócios desenvolvem suas atividades com responsabilidade pessoal. Segundo o posicionamento do STJ, as sociedades constituídas sob a forma de responsabilidade limitada, justamente por excluírem a responsabilidade pessoal dos sócios, não atendem ao disposto no art. 9º, § 3º do DL n. 406/68, e por isso não merecem a postulada tributação privilegiada do ISS.

21. Alternativa (D). O ISS não está condicionado ao efetivo pagamento do preço acordado entre tomador e prestador, restando, uma vez ocorrido o fato gerador, exigível ainda que o pagamento ocorra em várias prestações futuras.

Comentário: A justificativa "A" está incorreta, como os serviços de bares e restaurante não estão previstos na lista anexa à Lei Complementar, aplica-se o art. 155, § 2º, IX, "b", da CF, e sobre o valor total dessa operação incidirá o ICMS, pois há uma prestação de serviço com entrega de mercadorias. Nesse sentido, consultar a Súmula n. 163 do STJ. A opção "B" está incorreta, porque os softwares de prateleira, confeccionados em massa, são mercadorias e, por isso, estão sujeitos ao ICMS. A alternativa "C" está incorreta, a locação de bens móveis consiste em operação de dar, logo não pode ser hipótese de incidência do ISS, aplicação da Súmula Vinculante n. 31 do STF. A assertiva **"D"** está correta, segundo o art. 7º da LC n. 116/2003, a base de cálculo do ISS é o preço do serviço.

22. Alternativa: (ERRADO). I. Como a CF autoriza a incidência do ISS sobre serviços de qualquer natureza, esse imposto incide sobre os serviços onerosos ou gratuitos, de trato sucessivo ou imediato, intelectuais ou materiais, prestados por pessoas físicas ou jurídicas.

Comentário: A prestação de serviço para estar sujeita ao Imposto sobre Serviços deve ser habitual e não meramente eventual, e visar à circulação econômica, excluindo-se os serviços gratuitos ou de cortesia, beneficentes. Além disso, presta-se serviço quando se cede um bem imaterial, pois serviço é um bem incorpóreo na etapa da circulação econômica.

(ERRADO). II. O fato gerador do ISS é o contrato cujo objeto seja a prestação de serviços com significado econômico.

Comentário: O fato gerador do ISS é a prestação de serviço, nos meandros do art. 1º da LC n. 116/2003.

23. Alternativa (D). É a fonte legislativa prevista na Constituição Federal para estabelecer normas gerais em matéria de legislação tributária, tal como definição de obrigação e crédito tributário.

Comentário: A alternativa "A" está incorreta, pois é a LC n. 116/2003 que trata sobre ISS. A "B" está incorreta, as contribuições de intervenção no domínio econômico são de competência privativa da União. A "C" está incorreta, porque o Imposto Extraordinário de Guerra prescinde(dispensa) de Lei Complementar – art. 154, II, da CF. A opção **"D"** está correta, conforme prescreve o art. 146, III, da CF. A "E" está incorreta, já que a CF não trata sobre taxas residuais, apenas sobre Impostos e Contribuições Sociais, estes sim, com base nos artigos 154, I, e 195, § 4º, da CF, respectivamente só poderão ser instituídos mediante Lei Complementar.

24. Alternativa (E). Não é tributo, pois sanção pelo cometimento de ato ilícito não pode ser definida como tributo.

Comentário: A justificativa **"E"** está correta, nos ditames do art. 3º do CTN, que conceitua tributo, esclarecendo que ele não é sanção de ato ilícito.

25. Alternativa (E). Está em desconformidade com a legislação e, em razão disso, o contribuinte tem a possibilidade de se insurgir contra o lançamento efetuado, alegando que não se pode exigir imposto não previsto em lei, por meio de analogia.

Comentário: A assertiva **"E"** está correta, pois de acordo com o art. 156, III, da CF, cabe à Lei Complementar nacional estabelecer os serviços que serão passíveis de sofrer a incidência do ISS. E, consoante o art. 108, § 1º, do CTN, não pode ser exigido tributo mediante analogia.

26. Alternativa (D). Não há irregularidade alguma em ela ter criado obrigações acessórias.

Comentário: A resposta da letra **"D"** está correta, pois a CF não exige Lei Complementar para tratar sobre as obrigações acessórias.

27. Alternativa (A). Contraria norma prevista na Constituição Federal em vigor.

Comentário: A alternativa **"A"** está correta, conforme prevê o art. 156, § 3º, I, da CF, as alíquotas máximas e mínimas do ISS serão reguladas por intermédio de Lei Complementar. A LC n. 116/2003 só estabeleceu a alíquota máxima do ISS, que é 5%, mas nada falou sobre a alíquota mínima, por isso aplica-se o disposto no art. 88 da ADCT que determina ser a alíquota mínima do ISS 2%, enquanto a Lei Complementar não estabelecer outra.

28. Alternativa (C). Serviços de qualquer natureza, não compreendidos na competência dos Estados.

Comentário: A opção **"C"** está correta, nos termos do art. 156, § 3º, I, da CF.

29. Alternativa (B). III.

III. Cabe à lei complementar regular a forma e as condições como isenções, incentivos e benefícios fiscais concedidos ou revogados.

Comentário: O Item I está incorreto, não pode incidir ISS sobre os serviços de transportes intermunicipais, porque já incide ICMS, consoante preceitua o art. 155, II, da CF. O Item II está incorreto, pois as alíquotas mínimas e máximas do ISS só podem ser reguladas mediante lei complementar, art. 156, § 3º, I, da CF. O **Item III** está correto, com base no art. 156, § 3º, III, da CF.

5. QUADRO SINÓTICO

CAPÍTULO 12. IMPOSTOS MUNICIPAIS		
Conteúdo		**Item**
IPTU	O critério material do IPTU é ser proprietário de imóvel urbano. O artigo 32 do CTN, quando prevê que o fato gerador do IPTU é a propriedade, o domínio útil ou a posse de imóvel por natureza ou por acessão física, entende-se que incidirá esse Imposto apenas quando for exercida a posse e o domínio útil com *animus domini*. No que concerne ao imóvel urbano, a regra é a da localização e não da destinação do imóvel. Assim, considera-se um imóvel urbano aquele situado dentro da zona urbana. À luz do artigo 32, § 1º, do CTN, a zona urbana se define por Lei municipal, observado o requisito mínimo da existência de melhoramentos indicados em pelo menos 2 (dois) dos incisos desse artigo, construídos ou mantidos pelo Poder Público: (i) meio-fio ou calçamento, com canalização de águas pluviais; (ii) abastecimento de água; (ii) sistema de esgotos sanitários; (iv) rede de iluminação pública, com ou sem posteamento para distribuição domiciliar; (v) escola primária ou posto de saúde a uma distância máxima de 3 (três) quilômetros do imóvel considerado. Embora a regra para incidência do IPTU leve em consideração a localização do imóvel, constata-se uma exceção, cuja previsão consta no artigo 15 do DL n. 57/66, que foi recepcionado com *status* de Lei Complementar em nosso ordenamento jurídico, que determina que sobre um imóvel localizado dentro da zona urbana de um Município, mas que tiver como destinação econômica a exploração vegetal, agrícola, pecuária ou agroindustrial, incidirá o ITR. A base de cálculo do IPTU é o valor venal do imóvel, considerando, inclusive, a construção, e não apenas a terra nua. A Constituição Federal determina que as alíquotas do IPTU podem ser progressivas por duas razões. A primeira para cumprir a função social do imóvel urbano. Assim, os imóveis não edificados, não utilizados ou subutilizados podem ter alíquotas maiores do que aqueles devidamente construídos, por esses estarem cumprindo a sua função social. A segunda possibilidade de progressividade das alíquotas do IPTU se estabelece em razão do valor do imóvel, quanto maior for o valor do imóvel, maior será a alíquota desse Imposto. As alíquotas do IPTU podem ser diferenciadas, consoante a localização e o uso do imóvel. O IPTU respeita o Princípio da Anterioridade do Exercício e da Anterioridade Nonagesimal (arts. 150, III, "b" e "c", da CF); conquanto, se a alteração for na base de cálculo desse Imposto, deverá respeitar apenas o Princípio da Anterioridade do Exercício, sendo exceção ao Princípio da Anterioridade Nonagesimal– art. 150, §1º da CF.	1 a 1.7
ITBI	O legislador ordinário, ao disciplinar sobre o ITBI, pode contemplar as três variáveis contidas no protótipo constitucional, vale dizer, erigir por hipótese de incidência desse imposto: (i) a transmissão *inter vivos*, a qualquer título, por ato oneroso, de bens imóveis, por natureza ou acessão física; (ii) a transmissão de direitos reais sobre imóveis, exceto os de garantia; (iii) a cessão de direitos à sua aquisição. No que diz respeito ao ITBI, não se pode considerar ocorrido o fato jurídico tributário senão a partir do instante em que se tenha operado a transmissão de propriedade. A transmissão só irá acontecer quando da transcrição (inscrição, matrícula, registro) do título aquisitivo, no registro imobiliário competente. Sendo o ITBI Imposto de competência dos Municípios, o local da ocorrência do fato gerador compreende o do Município onde se localiza o imóvel objeto de transmissão, ou ao qual está ligada a cessão de direitos. Segundo o artigo 42 do CTN, as leis estaduais, municipais ou do Distrito Federal podem escolher como contribuinte do Imposto quaisquer das partes envolvidas na operação tributária. A base de cálculo do ITBI é o valor venal dos bens ou direitos transmitidos.	2 a 2.6

CAPÍTULO 12. IMPOSTOS MUNICIPAIS		
Conteúdo		Item
ITBI	Não incidirá o ITBI sobre a transmissão de bens ou direitos incorporados ao patrimônio de pessoa jurídica em realização de capital, nem sobre a transmissão de bens ou direitos decorrentes de fusão, incorporação, cisão ou extinção de pessoa jurídica, salvo se, nesses casos, a atividade preponderante do adquirente for a compra e venda desses bens ou direitos, locação de bens imóveis ou arrendamento mercantil.	2 a 2.6
ISS	O aspecto material do ISS se formaliza pela prestação de serviços constantes na lista anexa à LC n. 116/2003. A prestação de serviços é operação pela qual uma pessoa, em troca do pagamento de um preço (preço do serviço), realiza uma obrigação de fazer. O Poder Judiciário tem consagrado essa taxatividade, admitindo-se, no entanto, uma interpretação **ampla ou extensiva**, para abranger serviços idênticos aos expressamente previstos, todavia com denominação diversa. O critério temporal do ISS ocorre no instante em que o serviço prestado é finalizado. O Município competente, via de regra, para recolher o ISS será aquele onde se localizar o estabelecimento prestador do contribuinte. Contudo, a própria LC n. 116/2003 em seu art. 3º traz um rol de exceções (entendendo esse ser taxativo), em que o tributo será devido ao Município em que o serviço for prestado. O contribuinte do ISS é o prestador do serviço. O cálculo do Imposto sobre Serviços de Qualquer Natureza deve considerar o preço do serviço. Quando se tratar de ISS sobre o regime **fixo**, a base de cálculo não leva em consideração o valor do serviço, apenas um valor anual cobrado pela legislação Municipal. A alíquota máxima do ISS é de 5%, e a mínima, 2%.	3 a 3.7

6. INFORMATIVOS

ISSQN e redução da base de cálculo

É inconstitucional lei municipal que veicule exclusão de valores da base de cálculo do Imposto Sobre Serviços de Qualquer Natureza (ISSQN) fora das hipóteses previstas em lei complementar nacional. Também é incompatível com o texto constitucional medida fiscal que resulte indiretamente na redução da alíquota mínima estabelecida pelo art. 88 do Ato das Disposições Constitucionais Transitórias (ADCT), a partir da redução da carga tributária incidente sobre a prestação de serviço na territorialidade do ente tributante.

Com base nesse entendimento, o Plenário, por maioria, conheceu em parte de arguição de descumprimento de preceito fundamental, converteu o exame do referendo da cautelar em julgamento de mérito e, na parte conhecida, julgou procedente o pedido para declarar a inconstitucionalidade dos arts. 190, § 2º, II; e 191, § 6º, II, e § 7º, da Lei 2.614/1997, do Município de Estância Hidromineral de Poá, Estado de São Paulo.

No caso, a lei impugnada excluiu da base de cálculo do ISSQN os seguintes tributos federais: a) Imposto de Renda de Pessoa Jurídica (IRPJ); b) Contribuição Social Sobre o Lucro Líquido (CSLL); c) Programa de Integração Social (PIS) e Programa de Formação do Patrimônio do Servidor Público (Pasep); e d) Contribuição para o Financiamento da Seguridade Social (Cofins).

Preliminarmente, o Tribunal, por decisão majoritária, reconheceu violação ao preceito fundamental da forma federativa de Estado em sua respectiva dimensão fiscal. Verificou, ainda, a presença do requisito da subsidiariedade, uma vez que não se vislumbra qualquer outra ação constitucional com aptidão para evitar lesão ao preceito supracitado.

Reputou que a arguição não poderia ser conhecida em sua inteireza, pois a autora apenas apresentou impugnação específica dos arts. 190, § 2º, II; e 191, § 6º, II, e § 7º, da Lei 2.614/1997 do Município de Poá. Os demais dispositivos apontados não deveriam ser conhecidos, diante da patente ausência de fundamentação jurídica. Além disso, a Corte afirmou que a ação estava perfeitamente aparelhada para o julgamento definitivo da controvérsia, com as informações prestadas, sendo desnecessário revisitar a matéria novamente.

O ministro Marco Aurélio ficou vencido quanto a essas preliminares. Manifestou-se pela inadequação da via eleita. Para ele, o fato de um Município disciplinar a base de cálculo do ISSQN, tendo em conta o que entenda como receita bruta, não põe em risco o pacto federativo. Ademais, teria sido ajuizada ação direta de inconstitucionalidade contra a referida norma municipal perante o Tribunal de Justiça do Estado de São Paulo. Assim, não se teria observado o art. 4º, § 1º, da Lei 9.882/1999 ("Não será admitida arguição de descumprimento de preceito fundamental quando houver qualquer outro meio eficaz de sanar a lesividade"). Por fim, concluiu que a ADPF foi incluída em pauta com antecedência mínima de cinco dias úteis, como preconizado pelo novo Código de Processo Civil, para apreciar-se tão somente a liminar implementada pelo relator e não para chegar-se ao exame definitivo. Dessa forma, o processo não estaria aparelhado para julgamento.

Quanto ao mérito, a Corte constatou vícios de inconstitucionalidade formal e material, a partir de dois argumentos centrais: a usurpação da competência da União para legislar sobre normas gerais em matéria de legislação tributária e a ofensa à alíquota mínima estabelecida para o tributo em questão pelo poder constituinte no art. 88 do ADCT.

O Plenário enfatizou que a lei municipal não poderia definir base de cálculo de imposto, visto tratar-se de matéria reservada à lei complementar, conforme preceitua o art. 146, III, "a", da CF ("Art. 146. Cabe à lei complementar: (...) III – estabelecer normas gerais em matéria de legislação tributária, especialmente sobre: a) definição de tributos e de suas espécies, bem como, em relação aos impostos discriminados nesta Constituição, a dos respectivos fatos geradores, bases de cálculo e contribuintes").

Na hipótese, a lei impugnada estabelece que o ISSQN incide sobre o preço do serviço, o que exclui os tributos federais relativos à prestação de serviços tributáveis e o valor do bem envolvido em contratos de arrendamento mercantil. Assim, ao cotejar a lei atacada, o Decreto-Lei 406/1968 e a Lei Complementar 116/2003, percebe-se a invasão de competência por parte do Município em relação às competências da União, o que caracteriza vício formal de inconstitucionalidade.

No âmbito da inconstitucionalidade material, também haveria violação ao art. 88, I e II, do ADCT, incluído pela EC n. 37/2002. Tal normativo fixou alíquota mínima para os fatos geradores do ISSQN, assim como vedou a concessão de isenções, incentivos e benefícios fiscais, que resultasse, direta ou indiretamente, na redução da alíquota mínima estabelecida. Logo, a norma impugnada representa afronta direta ao mencionado dispositivo constitucional, pois reduz a carga tributária incidente sobre a prestação de serviço a um patamar vedado pelo poder constituinte.

O ministro Marco Aurélio ficou vencido quanto ao mérito. Para ele, a lei municipal apenas explicitou a base de incidência de tributo da respectiva competência normativa.

Por fim, o Tribunal deliberou que os efeitos da declaração de inconstitucionalidade teriam como marco inicial a data do deferimento da cautelar. (**Informativo** n. 841, Plenário – ADPF 190/SP, rel. Min. Edson Fachin, julgamento em 29.09.2016. (ADPF-190).

Administração de planos de saúde e incidência de ISSQN – 3As operadoras de planos privados de assistência à saúde (plano de saúde e seguro-saúde) prestam serviço sujeito ao Imposto Sobre Serviços de Qualquer Natureza (ISSQN), previsto no art. 156, III, da CF.

Esse é o entendimento do Plenário, que, em conclusão de julgamento e por maioria, negou provimento a recurso extraordinário em que se discutia a incidência da referida exação relativamente às atividades de administração de planos de saúde.

No caso, segundo o acórdão recorrido, seria possível a incidência de ISSQN sobre a referida atividade. Afinal, não se resumiria a repasses de valores aos profissionais conveniados, mas configuraria real obrigação de fazer em relação aos usuários, não se podendo negar a existência de prestação de serviço. Sustentava-se a existência de violação aos arts. 153, V, e 156, III, da CF. Somado a isso, ressaltava que a principal atividade das empresas de seguro consistiria em obrigação de dar, e não de fazer, o que afastaria a incidência do tributo — v. **Informativo** n. 830.

O Colegiado afirmou que o aspecto primordial para a compreensão da incidência do ISSQN encontra-se no enquadramento do conceito de "serviço". Apenas as atividades assim classificadas — à luz da materialidade constitucional do mencionado conceito (CF, art. 156, III) — seriam passíveis de atrair a obrigatoriedade do imposto, previsto na Lei Complementar 116/2003. Nesse sentido, o STF, no julgamento do RE 547.245/SC (**DJe** de 05.03.2010), entendera não haver, na matéria, um primado do Direito Privado; pois, sem dúvida, seria viável que o Direito Tributário — e primordialmente o Direito Constitucional Tributário — adotasse conceitos próprios. Desse modo, a possibilidade de o Direito Tributário elaborar conceitos específicos decorreria, em última análise, do fato de ser direito positivo. Assim, os conceitos conotados por seus enunciados poderiam identificar-se com aqueles consagrados em dispositivos já vigentes, embora essa identidade não seja imprescindível. Nem mesmo a necessidade de proceder-se à exegese rigorosamente jurídica do texto constitucional implicaria a inexorável incorporação, pela Constituição, de conceitos infraconstitucionais.

Com efeito, o art. 110 do Código Tributário Nacional (CTN) ("A lei tributária não pode alterar a definição, o conteúdo e o alcance de institutos, conceitos e formas de direito privado, utilizados, expressa ou implicitamente, pela Constituição Federal, pelas Constituições dos Estados, ou pelas Leis Orgânicas do Distrito Federal ou dos Municípios, para definir ou limitar competências tributárias") não veicula norma de interpretação constitucional. Não seria possível elaborar interpretação autêntica da Constituição a partir do legislador infraconstitucional, na medida em que esse não poderia balizar ou direcionar o intérprete do próprio texto constitucional. O referido dispositivo do CTN não tem a amplitude conferida por sua interpretação literal.

Nesse sentido, legislação infraconstitucional não poderia alterar qualquer conceito jurídico — do Direito Privado ou não — ou extrajurídico — da Economia ou de qualquer ramo do conhecimento — utilizado pelo constituinte para definir competências tributárias. Portanto, ainda que a contraposição entre obrigações de dar e de fazer para dirimir o conflito de competência entre o Imposto sobre Serviços de Qualquer Natureza (ISSQN) e o Imposto sobre Circulação de Mercadorias e Prestação de Serviços (ICMS) fosse utilizada no âmbito do Direito Tributário, novos critérios de interpretação progressivamente teriam ganhado espaço.

O Tribunal asseverou, ainda, que a chamada "Constituição Tributária" deve ser interpretada de acordo com o pluralismo metodológico, abrindo-se para a interpretação segundo variados métodos, desde o literal até o sistemático e teleológico. Por isso, os conceitos constitucionais tributários não são fechados e unívocos, devendo-se recorrer também aos aportes de ciências afins para a sua exegese, como a Ciência das Finanças, a Economia e a Contabilidade. Dessa sorte, embora os conceitos de Direito Civil exerçam papel importante na interpretação dos conceitos constitucionais tributários, eles não exaurem a atividade interpretativa, conforme assentado no julgamento do precedente acima referido.

A doutrina é uníssona no sentido de que a Constituição, ao dividir as competências tributárias, valera-se eminentemente de tipos, e não de conceitos. Portanto, os elencos dos arts. 153, 155 e 156 da CF consistem em tipos; pois, do contrário, o emprego de lei complementar seria desnecessário para dirimir conflitos de competência, consoante a previsão do art. 146, I, da CF. Apesar de a Constituição usar de linguagem tipológica e potencialmente aberta, esse posicionamento jurídico não conduz a que a lei complementar possa dispor livremente sobre os impostos previstos na Constituição. No entanto, a lista de serviços veiculada pela LC n. 116/2003 tem caráter taxativo, contraponto ao conceito econômico de serviços, que possui razoável abertura semântica.

Essa contraposição confere segurança jurídica ao sistema, num país onde se decidiu atribuir competência tributária aos Municípios. Consequentemente, o STF, no julgamento do RE 547.245/SC, ao permitir a incidência do ISSQN nas operações de *"leasing"* financeiro e *"leaseback"*, sinalizou que a interpretação do conceito de "serviços" no texto constitucional tem um sentido mais amplo do o conceito de "obrigação de fazer". Portanto, "prestação de serviços" não tem por premissa a configuração dada pelo Direito Civil. É conceito relacionado ao oferecimento de uma utilidade para outrem, a partir de um conjunto de atividades imateriais, prestado com habitualidade e intuito de lucro, podendo estar conjugado ou não à entrega de bens ao tomador.

Igualmente e tendo em conta as premissas expostas, a natureza jurídica securitária alegada pelas operadoras de planos de saúde para infirmar a incidência do ISSQN não indica fundamento capaz de afastar a cobrança do tributo no caso. Diferentemente dos seguros-saúde, nos planos de saúde, a garantia oferecida é somente a utilidade obtida mediante a contratação do respectivo plano, o que não exclui o fato de as atividades por elas desempenhadas — operadoras de plano de saúde e operadoras de seguro-saúde — serem "serviço". Nesse sentido, o ISSQN deve incidir sobre a comissão, assim considerada a receita auferida sobre a diferença entre o valor recebido pelo contratante e o repassado para os terceiros prestadores dos serviços médicos.

Vencido o ministro Marco Aurélio, que dava provimento ao recurso. Para ele, não incidiria ISSQN nas atividades desenvolvidas pelas operadoras de plano de saúde na intermediação entre o usuário e os profissionais de saúde, ante a inexistência de obrigação de fazer (prestação de serviço médico ou hospitalar). (RE-651703) (**Informativo** n. 841, Plenário, Repercussão Geral – RE 651703/PR, rel. Min. Luiz Fux, julgamento em 29.09.2016).

Direito tributário. Competência para exigir ISS incidente sobre a prestação de serviço de análise clínica.

É competente para cobrar o ISS incidente sobre a prestação de serviço de análise clínica (item 4.02 da lista anexa à LC 116/03) o município no qual foi feita a contratação do serviço, a coleta do material biológico e a entrega do respectivo laudo, ainda que a análise do material coletado tenha sido realizada em unidade localizada em outro município, devendo-se incidir o imposto sobre a totalidade do preço pago pelo serviço. Dispõe o art. 4º da LC 116/2003 que: "Considera-se estabelecimento prestador o local onde o contribuinte desenvolva a atividade de prestar serviços, de modo permanente ou temporário, e que configure unidade econômica ou profissional, sendo irrelevantes para caracterizá-lo as denominações de sede, filial, agência, posto de atendimento, sucursal, escritório de representação ou contato ou quaisquer outras que venham a ser utilizadas". Diante disso, verifica-se, no caso em análise, que a empresa contribuinte, a despeito de manter seu laboratório em determinado município, estabeleceu unidade econômica e profissional em outra municipalidade com escopo de disponibilizar os seus serviços de análises clínicas para as pessoas dessa localidade. Esse tipo de estabelecimento constituiu unidade econômica porque é lá onde usualmente contrata-se o serviço, providencia-se o pagamento e encerra-se a avença, com a entrega do laudo técnico solicitado pelo consumidor. Também se caracteriza como unidade profissional, uma vez que nesse lugar dá-se a coleta do material biológico, o qual exige conhecimento técnico para a extração, o acondicionamento e o transporte até o laboratório. Por oportuno, deve-se anotar que o caso em análise é absolutamente diferente daquele decidido no Recurso Especial Repetitivo 1.060.210-SC (Primeira Seção, **DJe** 05/03/2013), em que se decidiu que "[a]pós a vigência da LC 116/2003 é que se pode afirmar que, existindo unidade econômica ou profissional do estabelecimento prestador no Município onde o serviço é perfectibilizado, ou seja, onde ocorrido o fato gerador tributário, ali deverá ser recolhido o tributo". Naqueles autos, que cuidavam do ISS incidente sobre o arrendamento mercantil (leasing), concluiu a Primeira Seção que o núcleo da operação, concernente à concessão do financiamento, era integralmente realizado, com a análise e aprovação do crédito, elaboração do contrato e liberação dos valores, pela empresa arrendadora em seu estabelecimento, normalmente localizado nos grandes centros do País. Depreende-se, assim, que, na hipótese do leasing, a empresa que comercializa o bem desejado não constitui unidade econômica ou profissional da empresa arrendadora, na medida em que, em tais casos, o consumidor somente se dirige à empresa vendedora (concessionária de veículos) para indicar à instituição financeira a res que deverá ser adquirida e disponibilizada. Em outras palavras, o consumidor e a empresa concessionária buscam, ainda que de forma não presencial, o auxílio de instituição financeira sediada noutra localidade para concretizar o negócio. Frise-se, ainda, que a faculdade assegurada à empresa contribuinte de eleger o município onde vai manter os seus laboratórios constitui uma conveniência empresarial e, como tal, não pode vincular a competência do ente tributante. Por fim, mostra-se igualmente importante para a solução da controvérsia o local onde é gerada a riqueza tributável. Na presente hipótese, verifica-se que a receita advinda do contrato de prestação de serviço de análises clínicas é obtida em face do estabelecimento da unidade econômica e profissional sediada no município em que realizada a coleta de material biológico. Nesse contexto, compete a essa municipalidade o direito à tributação sobre a riqueza que foi gerada em seu território, pois ali fora estabelecida a relação jurídico-tributária. De mais a mais, registre-se que não é possível decompor o serviço e o valor a ser tributado. Isso porque o ISS é devido ao primeiro município, em que se estabeleceu a relação jurídico-tributária, e incide sobre a totalidade do preço do serviço pago, não havendo falar em fracionamento, ante a impossibilidade técnica de se dividir ou decompor o fato imponível. A par disso, a remessa do material biológico entre unidades do mesmo contribuinte não constitui fato gerador do tributo, à míngua de relação jurídico-tributária com terceiros ou onerosidade. Em verdade, a hipótese em foco se assemelha, no que lhe for cabível, ao enunciado da Súmula 166 do STJ, verbis: "Não constitui fato gerador do ICMS o simples deslocamento de mercadoria de uma para outro estabelecimento do mesmo contribuinte". (**Informativo** n. 555 – REsp 1.439.753-PE, rel. Min. Arnaldo Esteves Lima, Rel. para acórdão Min. Benedito Gonçalves, julgado em 06.11.2014, **DJe** de 12.12.2014).

ECT: imunidade recíproca e IPTU

A imunidade tributária recíproca reconhecida à Empresa Brasileira de Correios e Telégrafos – ECT alcança o IPTU incidente sobre imóveis de sua propriedade, bem assim os por ela utilizados. No entanto, se houver dúvida acerca de quais imóveis estariam afetados ao serviço público, cabe à administração fazendária produzir prova em contrário, haja vista militar em favor do contribuinte a presunção de imunidade anteriormente conferida em benefício dele. Com base nesse entendimento, o Plenário, por maioria, desproveu recurso extraordinário no qual se discutia o alcance da imunidade tributária recíproca relativa ao IPTU, incidente sobre imóveis de propriedade da ECT. O Tribunal salientou que, embora a interpretação literal da Constituição reconhecesse a imunidade recíproca apenas às pessoas políticas, autarquias e fundações, a jurisprudência do STF estendera o beneplácito às empresas públicas e às sociedades de economia mista, desde que prestadoras de serviço público. Assentou que essas entidades poderiam figurar como instrumentalidades das pessoas políticas, de modo a ocupar-se dos serviços públicos atribuídos aos entes federativos aos quais estariam vinculadas, franqueado o regime tributário próprio das autarquias e das fundações públicas. Frisou, no tocante aos tributos incidentes sobre o patrimônio das empresas públicas e das sociedades de economia mista, a necessidade de se analisar a capacidade contributiva, para fins de imunidade, a partir da materialidade do tributo. Distinguiu os institutos da isenção — que seria uma benesse decorrente da lei — e da imunidade — que decorreria diretamente do texto constitucional. Deduziu que, no primeiro caso, incumbiria ao contribuinte que pretendesse a fruição da benesse o ônus de demonstrar seu enquadramento na situação contemplada, enquanto, no segundo, as presunções sobre o enquadramento originalmente conferido deveriam militar a favor do contribuinte. Constatou, a partir desse cenário, que se a imunidade já houvesse sido deferida o seu afastamento só poderia ocorrer mediante a constituição de prova em contrário produzida pelo Fisco. Sublinhou que o oposto ocorreria com a isenção, que constituiria mero benefício fiscal concedido pelo legislador ordinário, presunção que militaria em favor da Fazenda Pública. RE 773992/BA, rel. Min. Dias Toffoli, 15.10.2014. (RE-773992) (STF – **Informativo** n. 763, Plenário, Repercussão Geral – RE 773992/BA, rel. Min. Dias Toffoli, 15.10.2014).

ECT: imunidade recíproca e IPTU

A Corte observou que, no caso dos autos, a autuação fiscal se dera sob a alegação de que a ECT seria empresa pública sujeita ao regime jurídico de direito privado, a atrair a regra do art. 173, § 1º, da CF. Ressaltou, todavia, que esse argumento já teria sido refutado em manifestações anteriores do Colegiado. Destacou que, ao reconhecer a abrangência da imunidade recíproca às empresas prestadoras de serviço público de prestação obrigatória e exclusiva do Estado — a exemplo da ECT —, o STF não se pautaria pelo regime jurídico da entidade integrante da Administração Indireta. Vencidos os Ministros Marco Aurélio e Roberto Barroso, que proviam o recurso. O primeiro pontuava que a imunidade recíproca seria inerente ao pacto federativo, a contemplar apenas os entes políticos e não as pessoas jurídicas de direito privado. Além disso, asseverava que a imunidade seria incompatível com a distribuição de dividendo. O segundo considerava que a Constituição não teria tratado o serviço postal como serviço público e, ainda que o tivesse, ele não seria serviço público de natureza autárquica, um serviço público típico. Ponderava que conceder imunidade à ECT implicaria reconhecer vantagem competitiva contra as empresas privadas, o que seria vedado pelo art. 173 da CF. RE 773992/BA, rel. Min. Dias Toffoli, 15.10.2014 (RE-773992) (STF -– **Informativo** n. 763, Plenário, Repercussão Geral – RE 773992/BA, rel. Min. Dias Toffoli, 15.10.2014).

Direito tributário e internacional público. Cobrança de tributo de estado estrangeiro

O Município não pode cobrar IPTU de Estado estrangeiro, embora possa cobrar taxa de coleta domiciliar de lixo. Encontra-se pacificado na jurisprudência do STJ o entendimento de que os Estados estrangeiros possuem imunidade tributária e de jurisdição, segundo os preceitos das Convenções de Viena de 1961 (art. 23) e de 1963 (art. 32), que concedem isenção sobre impostos e taxas, ressalvadas aquelas decorrentes da prestação de serviços individualizados e específicos que lhes sejam prestados. Assim, em tese, a Taxa de Coleta Domiciliar de Lixo que decorra da prestação de serviço específico pode ser cobrada do Estado estrangeiro. Ademais, a Súmula Vinculante 19 do STF preconiza que "a taxa cobrada exclusivamente em razão dos serviços públicos de coleta, remoção e tratamento ou destinação de lixo ou resíduos provenientes de imóveis não viola o artigo 145, II, da Constituição Federal". RO 138-RJ, rel. Min. Herman Benjamin, julgado em 25.02.2014 (STJ – **Informativo** n. 0538 – RO 138-RJ, rel. Min. Herman Benjamin, julgado em 25.02.2014).

Direito Tributário. Desnecessidade de prévia inscrição de unidades autônomas no registro de imóveis para a cobrança de IPTU individualizado

O fisco, verificando a divisão de imóvel preexistente em unidades autônomas, pode proceder às novas inscrições de IPTU, ainda que não haja prévio registro das novas unidades em cartório de imóveis. Conforme o art. 32 do CTN, o fato gerador do IPTU é a propriedade, o domínio útil ou a posse. O art. 34 do referido diploma, por sua vez, preconiza que o "contribuinte do imposto é o proprietário do imóvel, o titular do seu domínio útil, ou o seu possuidor a qualquer título". Observa-se, portanto, que é absolutamente dispensável o prévio registro imobiliário das novas unidades para proceder ao lançamento do IPTU individualizado. Basta a configuração da posse do bem imóvel para dar ensejo à exação. Assim, verificando-se a superveniência de unidades autônomas, é devida a cobrança do IPTU de forma individualizada, uma vez que é pacífico o entendimento de que os impostos reais — IPTU e ITBI, em especial — referem-se aos bens autonomamente considerados. Desse modo, seria incabível tratar diversos imóveis como universalidade para fins de tributação. Precedente citado: REsp 722.752-RJ, Segunda Turma, **DJe** de 11.11.2009 (STJ – **Informativo** n. 520 – REsp 1.347.693-RS, rel. Min. Benedito Gonçalves, julgado em 11.04.2013).

Direito Administrativo. Possibilidade de entrega de carnês de IPTU E ISS por agentes administrativos do município

A entrega de carnês de IPTU e ISS pelos municípios sem a intermediação de terceiros no seu âmbito territorial não constitui violação do privilégio da União na manutenção do serviço público postal. Isso porque a notificação, por fazer parte do processo de constituição do crédito tributário, é ato próprio do sujeito ativo da obrigação, que pode ou não delegar tal ato ao serviço público postal. Precedente citado: REsp 1.141.300-MG, Primeira Seção, **DJe** de 05.10.2010 (Repetitivo) (STJ – **Informativo** n. 519 – AgRg no AREsp 228.049-MG, rel. Min. Mauro Campbell Marques, julgado em 21.03.2013).

Direito Tributário. Impossibilidade de aplicação da sistemática de recolhimento de ISS prevista no § 1º do art. 9º do Dec.-lei n. 406/1968 aos serviços de registros públicos cartorários e notariais

Não se aplica à prestação de serviços de registros públicos cartorários e notariais a sistemática de recolhimento de ISS prevista no § 1º do art. 9º do Dec.-lei n. 406/1968. O referido preceito legal impõe, como condição para o enquadramento no regime especial de recolhimento de ISS, a prestação de serviços sob a forma de trabalho pessoal do próprio contribuinte. No entanto, a prestação dos serviços cartoriais não importa em necessária intervenção pessoal do notário ou do oficial de registro, tendo em vista que o art. 236 da CF e a legislação que o regulamenta permitem a formação de uma estrutura economicamente organizada para a prestação do serviço de registro público, assemelhando-se ao próprio conceito de empresa. Nesse sentido, o art. 236 da CF determina a natureza jurídica da prestação do serviço como privada, sem determinar, contudo, a unipessoalidade da prestação de serviço cartorário, e o art. 20 da Lei n. 8.935/1994 autoriza, de forma expressa, o notário ou oficial de registro a contratar, para o desempenho de suas funções, escreventes, dentre eles escolhendo os substitutos, e auxiliares como empregados. Além do mais, a realidade comprova que, em regra, a atividade cartorária não é prestada de modo direto apenas pelo tabelião, mas também por atendentes, principalmente nos grandes centros urbanos. Precedentes citados: AgRg no AREsp 129.427-RS, **DJe** de 23.04.2012; e AgRg no AREsp 150.947-RS, **DJe** de 24.08.2012. (STJ – **Informativo** n. 514 – REsp 1.328.384-RS, rel. originário Min. Napoleão Nunes Maia Filho, Rel. para acórdão Min. Mauro Campbell Marques, julgado em 04.02.2013).

CAPÍTULO 13

SIMPLES NACIONAL

1. SIMPLES NACIONAL

1.1. Breve Contexto Histórico

Visando concretizar o Princípio da Isonomia, princípio esse presente desde a Carta Magna de 1824 – embora de forma melhor assegurada em 1964, quando o Brasil tornou-se signatário da Convenção n. 111 da Organização Internacional do Trabalho –, o legislador infraconstitucional criou o primeiro Estatuto da Microempresa em 1984, por meio da Lei n. 7.256, de 1984, resultante de estudos realizados pelo Centro Brasileiro de Apoio à Pequena Empresa – CEBRAE.

Já na Constituição Federal, o tratamento diferenciado especificamente para as Microempresas foi expressamente determinado com a Constituição de 1988, por meio do artigo 179, *in verbis*:

> Art. 179. A União, os Estados, o Distrito Federal e os Municípios dispensarão às microempresas e às empresas de pequeno porte, assim definidas em lei, tratamento jurídico diferenciado, visando à incentivá-las pela simplificação de suas obrigações administrativas, tributárias, previdenciárias e creditícias, ou pela eliminação ou redução destas por meio de lei.

Em seguida, mais especificamente em 1990, foi instituído o denominado Sistema "S", surgindo, então, o SEBRAE de forma autônoma e agora com "S" – Serviço Brasileiro de Apoio às Micro e Pequenas Empresas. Esse SEBRAE foi instituído por meio do Decreto n. 99.570/90, que regulamentou a Lei n. 8.029/90 com diversas diretrizes, dentre as quais se destaca a de fomentar o empreendedorismo para fortalecimento das Microempresas e Pequenas Empresas e criação de novos negócios e postos de trabalho.

Após isso, foi editada a Lei n. 8.864 de 1994 com o propósito de estabelecer normas para as microempresas (ME), e Empresas de Pequeno Porte (EPP), relativas ao tratamento diferenciado e simplificado, nos campos: administrativo, fiscal, previdenciário, trabalhista; creditício e de desenvolvimento empresarial (art. 179 da CF). Essa lei não trouxe muita novidade comparada ao primeiro Estatuto da Microempresa (Lei n. 7.256/84).

Nesse ínterim, o legislador constituinte, com o intuito de enfatizar a importância do tratamento favorecido às Microempresas e Empresas de Pequeno Porte, viu por bem incluir, no Título da Ordem Econômica e Financeira como um dos Princípios Gerais da Atividade Econômica, o inciso IX no art. 170, por meio da Emenda Constitucional n. 6/95, *in verbis*:

> Art. 170. A ordem econômica, fundada na valorização do trabalho humano e na livre-iniciativa, tem por fim assegurar a todos existência digna, conforme os ditames da justiça social, observados os seguintes princípios:
>
> (...) IX – tratamento favorecido para as empresas de pequeno porte constituídas sob as leis brasileiras e que tenham sua sede e administração no País. (Redação dada pela Emenda Constitucional n. 6, de 1995)

Além disso, verifica-se no artigo 179 da Constituição permissão para intervenção estatal no domínio econômico a fim de que as microempresas e empresas de pequeno porte recebam tratamento diferenciado das demais.

> Art. 179. A União, os Estados, o Distrito Federal e os Municípios dispensarão às microempresas e às empresas de pequeno porte, assim definidas em lei, tratamento jurídico diferenciado, visando à incentivá-las pela simplificação de suas obrigações administrativas, tributárias, previdenciárias e creditícias, ou pela eliminação ou redução destas por meio de lei.

A norma constitucional permite aos entes federativos: a) definir e distinguir microempresas e empresas de pequeno porte, através de lei; b) outorgar a elas tratamento jurídico diferenciado, para incentivo, o que se dará através da simplificação, redução ou até eliminação, através de lei, de obrigações: i) administrativas; ii) tributárias; iii) previdenciárias e iv) creditícias. (CUNHA, Carlos Renato. **O Simples Nacional, a norma tributária e o Princípio Federativo.** Curitiba: Juruá, 2011. p. 234)

Lafayete Josué Petter afirma que "... está pressuposto que o tratamento favorecido é decorrente, entre outras razões, das desvantagens comparativas que as menores têm em relação às outras", e conclui:

> De outra banda, certo é que o tratamento jurídico favorecido às empresas de pequeno porte tem variados fundamentos a justificar sua inserção dentre os princípios da ordem econômica. (...) parece mesmo intuitivo que algo deveria ser feito em relação às empresas de pequeno porte. Pois são elas que mais empregam mão de obra, o que nos reconduz à valorização do trabalho humano como fundamento da ordem econômica. São elas que menos investimentos necessitam (...), exercem no contexto da economia papel mais versátil e próximo do consumidor do que o desempenhado por grandes estruturas empresariais. Obtêm sua aprovação no mercado sem a intermediação de pesados investimentos publicitários (...). mas também são elas as que mais dificuldades têm para a obtenção de financiamentos junto às instituições financeiras, daí o necessário tratamento favorecido no respeitante às operações creditícias. (**Princípios constitucionais da ordem econômica**, p. 264-265).

Sob a ótica de Humberto Ávila, a distinção promovida constitucionalmente possui como objetivo: "em primeiro lugar, implementar a justiça tributária por meio da consideração da capacidade contributiva, presumidamente menor quando se trata de microempresa e empresas de pequeno porte. Por isso (...) um tratamento diferenciado e favorecido (**Sistema constitucional tributário**, p. 141).

Com o objetivo de assegurar o tratamento favorecido às microempresas e empresas de pequeno porte, foi promulgada a Lei n. 9.317/96 que estabeleceu o sistema conhecido como "Simples Nacional" (Sistema Integrado de Pagamento de Impostos e Contribuições das Microempresas e das Empresas de Pequeno Porte), dispondo sobre o regime tributário das microempresas e das empresas de pequeno porte.

Ademais, três anos depois foi expedida a Lei n. 9.841 de 1999, que instituiu, em revogação à Lei n. 7.256/84, o Estatuto da Microempresa e da Empresa de Pequeno Porte, dispondo sobre o tratamento jurídico diferenciado, simplificado e favorecido, nos termos que preveem os arts. 170 e 179 da Constituição. Referida lei, além de definir as microempresas, previa benefícios tributários em relação a tributos federais e a deveres instrumentais, nos campos administrativo, trabalhista, previdenciário, creditício e de desenvolvimento empresarial.

E, tão logo, foi publicado pelo Governo Federal o Decreto n. 3.474/2000, com o fim de regulamentar o novo Estatuto e buscar o incentivo e a diminuição de fechamento das Microempresas.

Em 2003, novamente o legislador constituinte deu maior atenção aos microempreendedores e, com a intenção de promover a segurança jurídica e a harmonia do Sistema Tributário, determinou que as normas gerais em matéria de legislação tributária adotada para as microempresas e empresas de pequeno porte devem ser instrumentalizadas por meio de Lei Complementar. Observe a alínea “d” do inciso III e Parágrafo Único do art. 146 da Constituição, incluídos pela EC 42/2003:

> Art. 146. Cabe à lei complementar:
>
> (...) III – estabelecer normas gerais em matéria de legislação tributária, especialmente sobre:
>
> d) definição de tratamento diferenciado e favorecido para as microempresas e para as empresas de pequeno porte, inclusive regimes especiais ou simplificados no caso do imposto previsto no art. 155, II, das contribuições previstas no art. 195, I e §§ 12 e 13, e da contribuição a que se refere o art. 239. (Incluído pela Emenda Constitucional n. 42, de 19.12.2003)
>
> Parágrafo único. A lei complementar de que trata o inciso III, d, também poderá instituir um regime único de arrecadação dos impostos e contribuições da União, dos Estados, do Distrito Federal e dos Municípios, observado que: (Incluído pela Emenda Constitucional n. 42, de 19.12.2003)

E, ainda, para garantir a concretização do mandamento contido no dispositivo alhures, a EC n. 42/2003 incluiu o art. 94 no ADCT, estabelecendo a cessão da vigência de legislação que tratava da referida matéria:

> Art. 94. Os regimes especiais de tributação para microempresas e empresas de pequeno porte próprios da União, dos Estados, do Distrito Federal e dos Municípios cessarão a partir da entrada em vigor do regime previsto no art. 146, III, “d”, da Constituição. (Incluído pela Emenda Constitucional n. 42, de 19.12.2003)

Diante dessa Emenda Constitucional, o legislador editou a Lei Complementar n. 123/2006, que revogou as leis anteriores e, finalmente, instituiu o atual e vigente Estatuto Nacional da Microempresa e da Empresa de Pequeno Porte. A referida Lei Complementar também alterou dispositivos das Leis n. 8.212 e 8.213, ambas de 24 de julho de 1991, da Consolidação das Leis do Trabalho – CLT, aprovada pelo Decreto-Lei n. 5.452, de 1º de maio de 1943, da Lei n. 10.189, de 14 de fevereiro de 2001, da Lei Complementar n. 63, de 11 de janeiro de 1990; e revoga as Leis ns. 9.317, de 5 de dezembro de 1996, e 9.841, de 5 de outubro de 1999.

Vale mencionar que a LC n. 123/2006 passou por algumas alterações, inclusive com inserção de diversas atividades de prestação de serviços no regime de tributação do Simples Nacional (por meio da LC n. 147/2014).

Além disso, cumpre informar que a regulamentação sobre o regime do Simples nas contratações públicas foi dada pelo Poder Executivo logo em seguida, por meio do Decreto n. 6.204/2007. Entretanto, referido Decreto já foi revogado pelo recente Decreto n. 8.538, de 06/10/2015, publicado em 21/10/2015, logo em vigor – após 90 dias da publicação, nos termos do art. 15 do mesmo Decreto.

Passaremos a seguir à análise do Regime do Simples Nacional.

1.2. Previsão Legal

- Arts. 146, III, "d", 170, IX, e 179 da CF;
- Art. 94 do ADCT;
- Lei Complementar n. 123/2006 – Institui o Estatuto Nacional da Microempresa e da Empresa de Pequeno Porte; altera dispositivos das Leis ns. 8.212 e 8.213, ambas de 24 de julho de 1991, da Consolidação das Leis do Trabalho – CLT, aprovada pelo Decreto-Lei n. 5.452, de 1º de maio de 1943, da Lei n. 10.189, de 14 de fevereiro de 2001, da Lei Complementar n. 63, de 11 de janeiro de 1990; e revoga as Leis ns. 9.317, de 5 de dezembro de 1996, e 9.841, de 5 de outubro de 1999;
- Lei n. 11.598/2007 – Estabelece diretrizes e procedimentos para a simplificação e integração do processo de registro e legalização de empresários e de pessoas jurídicas, cria a Rede Nacional para a Simplificação do Registro e da Legalização de Empresas e Negócios – REDESIM; altera a Lei n. 8.934, de 18 de novembro de 1994; revoga dispositivos do Decreto-Lei n. 1.715, de 22 de novembro de 1979, e das Leis ns. 7.711, de 22 de dezembro de 1988, 8.036, de 11 de maio de 1990, 8.212, de 24 de julho de 1991, e 8.906, de 4 de julho de 1994; e dá outras providências;
- Decreto n. 6.038/2007 – Institui o Comitê Gestor do Simples Nacional – CGSN, e dá outras providências;
- Decreto n. 8.538/2015 – Regulamenta o tratamento favorecido, diferenciado e simplificado para as microempresas, empresas de pequeno porte, agricultores familiares, produtores rurais pessoa física, microempreendedores individuais e sociedades cooperativas de consumo nas contratações públicas de bens, serviços e obras no âmbito da administração pública federal;
- Resolução n. 94/2011 – do Comitê Gestor do Simples Nacional (CGSN) que dispõe sobre o Regime Especial Unificado de Arrecadação de Tributos e Contribuições devidos pelas Microempresas e Empresas de Pequeno Porte – Simples Nacional, e dá outras providências (Lei Complementar n. 123, de 2006, art. 2º, inciso I e § 6º).

1.3. Conceito de Simples Nacional, Microempresas e Empresas de Pequeno Porte

Nos moldes do que prevê a Constituição Federal, o Simples Nacional pode ser compreendido como o tratamento jurídico diferenciado dispensado às microempresas e às empresas de pequeno porte "visando à incentivá-las pela simplificação de suas obrigações administrativas, tributárias, previdenciárias e creditícias, ou pela eliminação ou redução destas por meio de lei" – art. 179 da CF.

Marins e Bertoldi entendem tratar-se o SIMPLES de um regime que unifica a arrecadação de alguns tributos:

> Regime especial de tributação por estimação objetiva, constituído em microssistema tributário, material, formal e processual, que unifica a fiscalização, o lançamento e a arrecadação de determinados impostos e contribuições de competência da União, Estados, Municípios e Distrito Federal, aplicável opcionalmente às Microempresas e Empresas de Pequeno Porte, com o escopo de atribuir a estes contribuintes tratamento fiscal diferenciado e favorecido, em caráter parcialmente substitutivo ao regime geral e compulsório. (MARINS, James; BERTOLDI, Marcelo M. **Simples Nacional**: Estatuto da Microempresa e da Empresa de Pequeno Porte comentado, p. 68).

No ponto de vista de Zelmo Denari, o SIMPLES consiste em forma diferenciada de arrecadação de tributos:

> Em linhas gerais, o Simples consiste em um sistema que concentra, por meio de um só recolhimento, o pagamento de vários tributos, especialmente impostos e contribuições sociais, calculados sobre uma determinada receita bruta da empresa. Além de unificar o pagamento de diferentes tributos, o sistema simplifica, ou praticamente elimina, os regimes de apuração dos vários tributos reunidos no Simples: o recolhimento mensal, único, de um valor correspondente a um determinado percentual da receita bruta é suficiente para liquidar ao mesmo tempo, todos os impostos e contribuições no Simples (**Curso de direito tributário**, p. 340)

Só poderão ingressar no regime Simples de tributação as microempresas e empresas de pequeno porte, e para se delimitar o conceito de microempresas ou empresas de pequeno porte, o legislador infraconstitucional adotou como critério principal o da quantificação da receita bruta no período do ano-calendário. Veja o teor do artigo 3º da LC n. 123/2006 nesse sentido:

> Art. 3º Para os efeitos desta Lei Complementar, consideram-se microempresas ou empresas de pequeno porte, a sociedade empresária, a sociedade simples, a empresa individual de responsabilidade limitada e o empresário a que se refere o art. 966 da Lei nº 10.406, de 10 de janeiro de 2002 (Código Civil), devidamente registrados no Registro de Empresas Mercantis ou no Registro Civil de Pessoas Jurídicas, conforme o caso, desde que:
>
> I – no caso da microempresa, aufira, em cada ano-calendário, receita bruta igual ou inferior a R$ 360.000,00 (trezentos e sessenta mil reais); e
>
> II – no caso de empresa de pequeno porte, aufira, em cada ano-calendário, receita bruta superior a R$ 360.000,00 (trezentos e sessenta mil reais) e igual ou inferior a R$ 4.800.000,00 (quatro milhões e oitocentos mil reais). (Redação dada pela Lei Complementar nº 155, de 2016) Produção de efeito
>
> § 1º Considera-se receita bruta, para fins do disposto no *caput* deste artigo, o produto da venda de bens e serviços nas operações de conta própria, o preço dos serviços prestados e o resultado nas operações em conta alheia, não incluídas as vendas canceladas e os descontos incondicionais concedidos.
>
> § 2º No caso de início de atividade no próprio ano-calendário, o limite a que se refere o *caput* deste artigo será proporcional ao número de meses em que a microempresa ou a empresa de pequeno porte houver exercido atividade, inclusive as frações de meses.
>
> § 3º O enquadramento do empresário ou da sociedade simples ou empresária como microempresa ou empresa de pequeno porte bem como o seu desenquadramento não implicarão alteração, denúncia ou qualquer restrição em relação a contratos por elas anteriormente firmados.

§ 4º Não poderá se beneficiar do tratamento jurídico diferenciado previsto nesta Lei Complementar, incluído o regime de que trata o art. 12 desta Lei Complementar, para nenhum efeito legal, a pessoa jurídica:

I – de cujo capital participe outra pessoa jurídica;

II – que seja filial, sucursal, agência ou representação, no País, de pessoa jurídica com sede no exterior;

III – de cujo capital participe pessoa física que seja inscrita como empresário ou seja sócia de outra empresa que receba tratamento jurídico diferenciado nos termos desta Lei Complementar, desde que a receita bruta global ultrapasse o limite de que trata o inciso II do *caput* deste artigo;

IV – cujo titular ou sócio participe com mais de 10% (dez por cento) do capital de outra empresa não beneficiada por esta Lei Complementar, desde que a receita bruta global ultrapasse o limite de que trata o inciso II do *caput* deste artigo;

V – cujo sócio ou titular seja administrador ou equiparado de outra pessoa jurídica com fins lucrativos, desde que a receita bruta global ultrapasse o limite de que trata o inciso II do *caput* deste artigo;

VI – constituída sob a forma de cooperativas, salvo as de consumo;

VII – que participe do capital de outra pessoa jurídica;

VIII – que exerça atividade de banco comercial, de investimentos e de desenvolvimento, de caixa econômica, de sociedade de crédito, financiamento e investimento ou de crédito imobiliário, de corretora ou de distribuidora de títulos, valores mobiliários e câmbio, de empresa de arrendamento mercantil, de seguros privados e de capitalização ou de previdência complementar;

IX – resultante ou remanescente de cisão ou qualquer outra forma de desmembramento de pessoa jurídica que tenha ocorrido em um dos 5 (cinco) anos-calendário anteriores;

X – constituída sob a forma de sociedade por ações.

XI – cujos titulares ou sócios guardem, cumulativamente, com o contratante do serviço, relação de pessoalidade, subordinação e habitualidade. (Incluído pela Lei Complementar n. 147, de 2014)

§ 5º O disposto nos incisos IV e VII do § 4º deste artigo não se aplica à participação no capital de cooperativas de crédito, bem como em centrais de compras, bolsas de subcontratação, no consórcio referido no art. 50 desta Lei Complementar e na sociedade de propósito específico prevista no art. 56 desta Lei Complementar, e em associações assemelhadas, sociedades de interesse econômico, sociedades de garantia solidária e outros tipos de sociedade, que tenham como objetivo social a defesa exclusiva dos interesses econômicos das microempresas e empresas de pequeno porte.

§ 6º Na hipótese de a microempresa ou empresa de pequeno porte incorrer em alguma das situações previstas nos incisos do § 4º, será excluída do tratamento jurídico diferenciado previsto nesta Lei Complementar, bem como do regime de que trata o art. 12, com efeitos a partir do mês seguinte ao que incorrida a situação impeditiva.

§ 7º Observado o disposto no § 2º deste artigo, no caso de início de atividades, a microempresa que, no ano-calendário, exceder o limite de receita bruta anual previsto no inciso I do *caput* deste artigo passa, no ano-calendário seguinte, à condição de empresa de pequeno porte.

§ 8º Observado o disposto no § 2º deste artigo, no caso de início de atividades, a empresa de pequeno porte que, no ano-calendário, não ultrapassar o limite de receita bruta anual previsto no inciso I do *caput* deste artigo passa, no ano-calendário seguinte, à condição de microempresa.

§ 9º A empresa de pequeno porte que, no ano-calendário, exceder o limite de receita bruta anual previsto no inciso II do *caput* deste artigo fica excluída, no mês subsequente à ocorrência do excesso, do tratamento jurídico diferenciado previsto nesta Lei Complementar, incluído o regime de que trata o art. 12, para todos os efeitos legais, ressalvado o disposto nos §§ 9º-A, 10 e 12.

§ 9º-A. Os efeitos da exclusão prevista no § 9º dar-se-ão no ano-calendário subsequente se o excesso verificado em relação à receita bruta não for superior a 20% (vinte por cento) do limite referido no inciso II do *caput*.

§ 10. A empresa de pequeno porte que no decurso do ano-calendário de início de atividade ultrapassar o limite proporcional de receita bruta de que trata o § 2º estará excluída do tratamento jurídico diferenciado previsto nesta Lei Complementar, bem como do regime de que trata o art. 12 desta Lei Complementar, com efeitos retroativos ao início de suas atividades.

§ 11. Na hipótese de o Distrito Federal, os Estados e os respectivos Municípios adotarem um dos limites previstos nos incisos I e II do *caput* do art. 19 e no art. 20, caso a receita bruta auferida pela empresa durante o ano-calendário de início de atividade ultrapasse 1/12 (um doze avos) do limite estabelecido multiplicado pelo número de meses de funcionamento nesse período, a empresa não poderá recolher o ICMS e o ISS na forma do Simples Nacional, relativos ao estabelecimento localizado na unidade da federação que os houver adotado, com efeitos retroativos ao início de suas atividades.

§ 12. A exclusão de que trata o § 10 não retroagirá ao início das atividades se o excesso verificado em relação à receita bruta não for superior a 20% (vinte por cento) do respectivo limite referido naquele parágrafo, hipótese em que os efeitos da exclusão dar-se-ão no ano-calendário subsequente.

§ 13. O impedimento de que trata o § 11 não retroagirá ao início das atividades se o excesso verificado em relação à receita bruta não for superior a 20% (vinte por cento) dos respectivos limites referidos naquele parágrafo, hipótese em que os efeitos do impedimento ocorrerão no ano-calendário subsequente.

§ 14. Para fins de enquadramento como microempresa ou empresa de pequeno porte, poderão ser auferidas receitas no mercado interno até o limite previsto no inciso II do *caput* ou no § 2º, conforme o caso, e, adicionalmente, receitas decorrentes da exportação de mercadorias ou serviços, inclusive quando realizada por meio de comercial exportadora ou da sociedade de propósito específico prevista no art. 56 desta Lei Complementar, desde que as receitas de exportação também não excedam os referidos limites de receita bruta anual. (Redação dada pela Lei Complementar n. 147, de 2014) (Produção de efeito)

§ 15. Na hipótese do § 14, para fins de determinação da alíquota de que trata o § 1º do art. 18, da base de cálculo prevista em seu § 3º e das majorações de alíquotas previstas em seus §§ 16, 16-A, 17 e 17-A, serão consideradas separadamente as receitas brutas auferidas no mercado interno e aquelas decorrentes da exportação. (Redação dada pela Lei Complementar n. 147, de 2014) (Produção de efeito)

§ 16. O disposto neste artigo será regulamentado por resolução do CGSN. (Incluído pela Lei Complementar nº 147, de 2014)

§ 17. (VETADO). (Incluído pela Lei Complementar n. 155, de 2016) Produção de efeito

§ 18. (VETADO). (Incluído pela Lei Complementar n. 155, de 2016) Produção de efeito

Art. 3º-A. Aplica-se ao produtor rural pessoa física e ao agricultor familiar conceituado na Lei nº 11.326, de 24 de julho de 2006, com situação regular na Previdência Social e no Município que tenham auferido receita bruta anual até o limite de que trata o inciso II do *caput* do art. 3º o disposto nos arts. 6º e 7º, nos Capítulos V a X, na Seção IV do Capítulo XI e no Capítulo XII desta Lei Complementar, ressalvadas as disposições da Lei n. 11.718, de 20 de junho de 2008. (Incluído pela Lei Complementar nº 147, de 2014)

Parágrafo único. A equiparação de que trata o *caput* não se aplica às disposições do Capítulo IV desta Lei Complementar. (Incluído pela Lei Complementar n. 147, de 2014)

Art. 3º-B. Os dispositivos desta Lei Complementar, com exceção dos dispostos no Capítulo IV, são aplicáveis a todas as microempresas e empresas de pequeno porte, assim definidas pelos incisos I e II do *caput* e § 4º do art. 3º, ainda que não enquadradas no regime tributário do Simples Nacional, por vedação ou por opção. (Incluído pela Lei Complementar n. 147, de 2014)

Da análise do citado dispositivo legal conclui-se que microempresas ou empresas de pequeno porte compreendem a sociedade empresária, a sociedade simples, a empresa individual de responsabilidade limitada e o empresário a que se refere o art. 966 da Lei n. 10.406, de 10 de janeiro de 2002 (Código Civil), devidamente registrados no Registro de Empresas Mercantis ou no Registro Civil de Pessoas Jurídicas e que, cumulativamente, aufiram: i) no caso de microempresa receita bruta igual ou inferior a R$ 360.000,00 em cada ano-calendário e; ii) no caso de empresa de pequeno porte, receita superior a R$ 360.000,00 até R$ 4.800.000,00.

Importante mencionar, ainda, sobre esse dispositivo, que o legislador prescreveu expressamente as receitas incluídas no conceito de receita bruta, conforme se constata no § 1º, que está em conformidade, inclusive, com o conceito de receita bruta do art. 12 da Lei n. 9.718/98, também estudado no Capítulo 9, que versa sobre as Espécies Tributárias (mais especificamente no Tópico das Contribuições).

Atentar-se igualmente para o fato de que o legislador, no § 4º do mesmo dispositivo legal (art. 3º da LC n. 123/20006), enumerou expressamente quais os casos em que a pessoa jurídica não poderá se enquadrar no Simples, embora tenha ressalvado algumas situações no parágrafo seguinte.

Destaca-se, ainda em relação ao § 4º, a inclusão recente do inciso XI, realizada pela LC n. 147/2014, *in verbis*: "Art. 3º(...). § 4º Não poderá se beneficiar do tratamento jurídico diferenciado previsto nesta Lei Complementar, incluído o regime de que trata o art. 12 desta Lei Complementar, para nenhum efeito legal, a pessoa jurídica: (...) XI – cujos titulares ou sócios guardem, cumulativamente, com o contratante do serviço, relação de pessoalidade, subordinação e habitualidade". (Incluído pela Lei Complementar n. 147, de 2014)

Além dos casos enumerados no § 4º do art. 3º da LC n. 123/2006, cumpre mencionar a vedação **parcial** determinada no art. 17 do mesmo diploma legal, que inviabiliza a possibilidade de recolher os impostos e as contribuições na forma do Simples a microempresa ou a empresa de pequeno porte:

Art. 17. Não poderão recolher os impostos e contribuições na forma do Simples Nacional a microempresa ou a empresa de pequeno porte:

I – que explore atividade de prestação cumulativa e contínua de serviços de assessoria creditícia, gestão de crédito, seleção e riscos, administração de contas a pagar e a receber, gerenciamento de ativos (*asset management*), compras de direitos creditórios resultantes de vendas mercantis a prazo ou de prestação de serviços (*factoring*);

II – que tenha sócio domiciliado no exterior;

III – de cujo capital participe entidade da administração pública, direta ou indireta, federal, estadual ou municipal;

IV – (REVOGADO)

V – que possua débito com o Instituto Nacional do Seguro Social – INSS, ou com as Fazendas Públicas Federal, Estadual ou Municipal, cuja exigibilidade não esteja suspensa;

VI – que preste serviço de transporte intermunicipal e interestadual de passageiros, exceto quando na modalidade fluvial ou quando possuir características de transporte urbano ou metropolitano ou realizar-se sob fretamento contínuo em área metropolitana para o transporte de estudantes ou trabalhadores; (Redação dada pela Lei Complementar n. 147, de 2014) (Produção de efeito)

VII – que seja geradora, transmissora, distribuidora ou comercializadora de energia elétrica;

VIII – que exerça atividade de importação ou fabricação de automóveis e motocicletas;

IX – que exerça atividade de importação de combustíveis;

X – que exerça atividade de produção ou venda no atacado de:

a) cigarros, cigarrilhas, charutos, filtros para cigarros, armas de fogo, munições e pólvoras, explosivos e detonantes;

b) bebidas não alcoólicas a seguir descritas: (Redação dada pela Lei Complementar n. 155, de 2016) Produção de efeito

1 – alcoólicas; (Vide Lei Complementar n. 155, de 2016) Vigência

2 – refrigerantes, inclusive águas saborizadas gaseificadas;

2. (Revogado); (Redação dada pela Lei Complementar n. 147, de 2014)

3 – preparações compostas, não alcoólicas (extratos concentrados ou sabores concentrados), para elaboração de bebida refrigerante, com capacidade de diluição de até 10 (dez) partes da bebida para cada parte do concentrado;

3. (Revogado); (Redação dada pela Lei Complementar n. 147, de 2014)

4 – cervejas sem álcool;

c) bebidas alcoólicas, exceto aquelas produzidas ou vendidas no atacado por: (Incluído pela Lei Complementar nº 155, de 2016) Produção de efeito

1. micro e pequenas cervejarias; (Incluído pela Lei Complementar n. 155, de 2016) Produção de efeito

2. micro e pequenas vinícolas; (Incluído pela Lei Complementar n. 155, de 2016) Produção de efeito

3. produtores de licores; (Incluído pela Lei Complementar n. 155, de 2016) Produção de efeito

4. micro e pequenas destilarias; (Incluído pela Lei Complementar n. 155, de 2016) Produção de efeito

XI – (Revogado); (Redação dada pela Lei Complementar n. 147, de 2014) (Produção de efeito)

XII – que realize cessão ou locação de mão de obra;

XIII – (Revogado); (Redação dada pela Lei Complementar n. 147, de 2014) (Produção de efeito)

XIV – que se dedique ao loteamento e à incorporação de imóveis.

XV – que realize atividade de locação de imóveis próprios, exceto quando se referir a prestação de serviços tributados pelo ISS.

XVI – com ausência de inscrição ou com irregularidade em cadastro fiscal federal, municipal ou estadual, quando exigível.

§ 1º As vedações relativas a exercício de atividades previstas no *caput* deste artigo não se aplicam às pessoas jurídicas que se dediquem exclusivamente às atividades referidas nos §§ 5º-B a 5º-E do art. 18 desta Lei Complementar, ou as exerçam em conjunto com outras atividades que não tenham sido objeto de vedação no *caput* deste artigo.

I – (REVOGADO);

II – (REVOGADO);

III – (REVOGADO);

IV – (REVOGADO);

V – (REVOGADO);

VI – (REVOGADO);

VII – (REVOGADO);

VIII – (REVOGADO);

IX – (REVOGADO);

X – (REVOGADO);

XI – (REVOGADO);

XII – (REVOGADO);

XIII – (REVOGADO);

XIV – (REVOGADO);

XV – (REVOGADO);

XVI – (REVOGADO);

XVII – (REVOGADO);

XVIII – (REVOGADO);

XIX – (REVOGADO);

XX – (REVOGADO);

XXI – (REVOGADO);

XXII – (VETADO);

XXIII – (REVOGADO);

XXIV – (REVOGADO);

XXV – (REVOGADO);

XXVI – (REVOGADO);

XXVII – (REVOGADO);

XXVIII – (VETADO).

§ 2º Também poderá optar pelo Simples Nacional a microempresa ou empresa de pequeno porte que se dedique à prestação de outros serviços que não tenham sido objeto de vedação expressa neste artigo, desde que não incorra em nenhuma das hipóteses de vedação previstas nesta Lei Complementar.

§ 3º (VETADO).

§ 4º Na hipótese do inciso XVI do *caput*, deverá ser observado, para o MEI, o disposto no art. 4º desta Lei Complementar.

§ 5º As empresas que exerçam as atividades previstas nos itens da alínea *c* do inciso X do *caput* deste artigo deverão obrigatoriamente ser registradas no Ministério da Agricultura, Pecuária e Abastecimento e obedecerão também à regulamentação da Agência Nacional de Vigilância Sanitária e da Secretaria da Receita Federal do Brasil quanto à produção e à comercialização de bebidas alcoólicas. (Incluído pela Lei Complementar n. 155, de 2016) Produção de efeito

Observe-se, ainda, que, dentre tais vedações, a Lei Complementar proíbe a adesão ao SIMPLES em relação àqueles que possuem débitos "com o Instituto Nacional do Seguro Social – INSS, ou com as Fazendas Públicas Federal, Estadual ou Municipal, cuja exigibilidade não esteja suspensa" – inciso V do art. 17 da LC n. 123/2006. Assim, com o intuito de facilitar a adesão ao regime, no mesmo diploma legal existe a previsão da possibilidade de realizar o parcelamento dos débitos (procedimento regulamentado pelo Comitê Gestor do Simples Nacional – art. 21, § 15, da LC n. 123/2006), nos termos do que prevê o art. 79 da Lei Complementar. Entretanto, evidencia-se que o parcelamento **não** se aplica em caso de pedido de **reingresso** no Simples, nos termos do § 9º do mesmo dispositivo.

Vale salientar, igualmente, que o STJ tem entendido que a suspensão da execução em embargos não se enquadra como uma das modalidades contidas no art. 151 do CTN. Desse modo, não suspende a exigibilidade do crédito tributário e, por sua vez, não permite o ingresso no Simples Nacional. Segue jurisprudência nesse sentido:

RECURSO ORDINÁRIO EM MANDADO DE SEGURANÇA. TRIBUTÁRIO. INGRESSO NO SIMPLES NACIONAL. EXIGÊNCIA DE REGULARIDADE FISCAL OU EXISTÊNCIA DE DÉBITO FISCAL COM A EXIGIBILIDADE SUSPENSA. ARTIGO 17, V, DA LEI COMPLEMENTAR 123/2006. GARANTIA DA EXECUÇÃO OU ATRIBUIÇÃO DE EFEITO SUSPENSIVO AOS EMBARGOS DO DEVEDOR. NÃO CARACTERIZAÇÃO DE SUSPENSÃO DE EXIGIBILIDADE DO CRÉDITO TRIBUTÁRIO. 1. **A vedação do ingresso, no Simples Nacional, prevista no artigo 17, V, da Lei Complementar 123/2006 (existência de débito fiscal cuja exigibilidade não esteja suspensa), subsiste ainda que a microempresa ou a empresa de pequeno porte tenha garantido a execução fiscal ou que seus embargos à execução tenham sido recebidos no efeito suspensivo, hipóteses não enquadradas no artigo 151 do CTN (causas suspensivas da exigibilidade do crédito tributário).** 2. A Lei Complementar 123/2006 instituiu o Regime Especial Unificado de Arrecadação de Tributos e Contribuições devidos pelas Microempresas e Empresas de Pequeno Porte (Simples Nacional), no âmbito da União, dos Estados Membros e dos Municípios (artigo 12). 3. O Comitê Gestor do Simples Nacional (vinculado ao Ministério da Fazenda e composto por representantes da União, dos Estados e do Distrito Federal, e dos Municípios) é o órgão competente para regulamentar a opção, a exclusão, a tributação, a fiscalização, a arrecadação, a cobrança, a dívida ativa e o recolhimento dos tributos, abrangidos pelo aludido regime especial de tributação (artigos 2º, inciso I, §§ 1º e 6º, da Lei Complementar 123/2006). 4. O Simples Nacional implica o recolhimento mensal, mediante documento único de arrecadação, do IRPJ, do IPI, da CSLL, da COFINS, do PIS, da Contribuição Patronal Previdenciária (para a Seguridade Social a cargo da pessoa jurídica), do ICMS e do ISSQN (artigo 13, da Lei Complementar 123/2006). 5. A ausência de causa suspensiva da exigibilidade do crédito tributário, devido ao INSS ou às Fazendas Públicas Federal, Estadual ou Municipal, constitui uma das hipóteses de vedação do ingresso da microempresa ou da empresa de pequeno porte no Simples Nacional (artigo 17, inciso V, da Lei Complementar 123/2006), o que não configura ofensa aos princípios constitucionais

> da isonomia, da livre iniciativa e da livre concorrência, nem caracteriza meio de coação ilícito a pagamento de tributo, razão pela qual inaplicáveis, à espécie, as Súmulas 70, 323 e 547, do Supremo Tribunal Federal (Precedentes da Primeira Turma do STJ: RMS 30.777, rel. Min. Luiz Fux, julgado em 16.11.2010, **DJe** de 30.11.2010; RMS 27376/SE, rel. Min. Teori Albino Zavascki, julgado em 04.06.2009, **DJe** de 15.06.2009; e RMS 25364/SE, rel.ª Min.ª Denise Arruda, julgado em 18.03.2008, **DJe** de 30.04.2008). 6. Deveras, é certo que a efetivação da penhora (entre outras hipóteses previstas no artigo 9º, da Lei 6.830/80) configura garantia da execução fiscal (pressuposto para o ajuizamento dos embargos pelo executado), bem como autoriza a expedição de certidão positiva com efeitos de negativa (artigo 206, do CTN), no que concerne aos débitos pertinentes. 7. **Entrementes, somente as causas suspensivas da exigibilidade do crédito tributário, taxativamente enumeradas no artigo 151, do CTN (moratória; depósito do montante integral do débito fiscal; reclamações e recursos administrativos; concessão de liminar em mandado de segurança; concessão de liminar ou de antecipação de tutela em outras espécies de ação judicial; e parcelamento), inibem a prática de atos de cobrança pelo Fisco, afastando a inadimplência do contribuinte, que é considerado em situação de regularidade fiscal. 8. Assim é que a constituição de garantia da execução fiscal (hipótese não prevista no artigo 151, do CTN) não têm o condão de macular a presunção de exigibilidade do crédito tributário.** Outrossim, a atribuição de efeito suspensivo aos embargos à execução limita-se a sobrestar o curso do processo executivo, o que não interfere na exigibilidade do crédito tributário. 9. Consequentemente, não merece reforma o acórdão regional, máxime tendo em vista que a adesão ao Simples Nacional é uma faculdade concedida ao contribuinte, que pode anuir ou não às condições estabelecidas na lei, razão pela qual não há falar-se em coação perpetrada pelo Fisco. 10. Recurso ordinário desprovido. (RMS 27473/SE Recurso Ordinário em Mandado de Segurança 2008/0171063-0 – Min. Luiz Fux (1122), T1 – Primeira Turma, **DJe** 07.04/.2011) (grifos nossos).

No tocante aos critérios que permitem o enquadramento no Simples, cumpre trazer à baila as inclusões realizadas pela recente Lei Complementar n. 147/2014 referente ao produtor rural pessoa física e ao agricultor conceituado pela Lei n. 11.326/2006, conforme prescreve o atual art. 3º-A da LC n. 123/2006.

Além do mais, a referida LC n. 147/2014 inovou ao estender a aplicação diferenciada de tributação para diversas atividades de prestação de serviços, como se observa nos parágrafos do art. 18 da LC n. 123/2006, dando-se destaque para os **serviços advocatícios,** contido no inciso VII do art. 5º-C do art. 18.

Não basta o contribuinte ser microempresa ou empresa de pequeno porte, nos termos do art. 3º da LC n. 123/2006 para ter tratamento diferenciado do Regime Simples, ou ainda ser empresário individual que se inscreveu como Microempreendedor Individual (LC n. 12808). Primeiro, deverá verificar sobre sua possibilidade de ingressar no sistema simplificado (que não se encontre numa das situações de vedação de opção do art. 17) e realizar a opção como prevê o art. 16 dessa lei:

> Art. 16. A opção pelo Simples Nacional da pessoa jurídica enquadrada na condição de microempresa e empresa de pequeno porte dar-se-á na forma a ser estabelecida em ato do Comitê Gestor, sendo irretratável para todo o ano-calendário.
>
> § 1º Para efeito de enquadramento no Simples Nacional, considerar-se-á microempresa ou empresa de pequeno porte aquela cuja receita bruta no ano-calendário anterior ao da opção esteja compreendida dentro dos limites previstos no art. 3º desta Lei Complementar.
>
> § 1º-A. A opção pelo Simples Nacional implica aceitação de sistema de comunicação eletrônica, destinado, dentre outras finalidades, a:

I – cientificar o sujeito passivo de quaisquer tipos de atos administrativos, incluídos os relativos ao indeferimento de opção, à exclusão do regime e a ações fiscais;

II – encaminhar notificações e intimações; e

III – expedir avisos em geral.

§ 1º-B. O sistema de comunicação eletrônica de que trata o § 1º-A será regulamentado pelo CGSN, observando-se o seguinte:

I – as comunicações serão feitas, por meio eletrônico, em portal próprio, dispensando-se a sua publicação no Diário Oficial e o envio por via postal;

II – a comunicação feita na forma prevista no *caput* será considerada pessoal para todos os efeitos legais;

III – a ciência por meio do sistema de que trata o § 1º-A com utilização de certificação digital ou de código de acesso possuirá os requisitos de validade;

IV – considerar-se-á realizada a comunicação no dia em que o sujeito passivo efetivar a consulta eletrônica ao teor da comunicação; e

V – na hipótese do inciso IV, nos casos em que a consulta se dê em dia não útil, a comunicação será considerada como realizada no primeiro dia útil seguinte.

§ 1º-C. A consulta referida nos incisos IV e V do § 1º-B deverá ser feita em até 45 (quarenta e cinco) dias contados da data da disponibilização da comunicação no portal a que se refere o inciso I do § 1º-B, ou em prazo superior estipulado pelo CGSN, sob pena de ser considerada automaticamente realizada na data do término desse prazo.

§ 1º-D. Enquanto não editada a regulamentação de que trata o § 1º-B, os entes federativos poderão utilizar sistemas de comunicação eletrônica, com regras próprias, para as finalidades previstas no § 1º-A, podendo a referida regulamentação prever a adoção desses sistemas como meios complementares de comunicação.

§ 2º A opção de que trata o *caput* deste artigo deverá ser realizada no mês de janeiro, até o seu último dia útil, produzindo efeitos a partir do primeiro dia do ano-calendário da opção, ressalvado o disposto no § 3º deste artigo.

§ 3º A opção produzirá efeitos a partir da data do início de atividade, desde que exercida nos termos, prazo e condições a serem estabelecidos no ato do Comitê Gestor a que se refere o *caput* deste artigo.

§ 4º Serão consideradas inscritas no Simples Nacional, em 1º de julho de 2007, as microempresas e empresas de pequeno porte regularmente optantes pelo regime tributário de que trata a Lei no 9.317, de 5 de dezembro de 1996, salvo as que estiverem impedidas de optar por alguma vedação imposta por esta Lei Complementar.

§ 5º O Comitê Gestor regulamentará a opção automática prevista no § 4º deste artigo.

§ 6º O indeferimento da opção pelo Simples Nacional será formalizado mediante ato da Administração Tributária segundo regulamentação do Comitê Gestor.

1.4. Diferenciação de Enquadramento por Estado, Distrito Federal e Município

Diante da autorização constitucional contida em seu art. 179, os entes federados separadamente poderão dispensar tratamento diferenciado para os microempreendedores e pequenos empresários com utilização de faixas de receitas auferidas diferentes das estabelecidas no art. 3º da LC 123/2006.

Sabendo dessa autorização, o legislador complementar, em consonância também com a Constituição – art. 146 –, determinou a possibilidade de os Estados diferenciarem as faixas de receitas, tomando como base a participação do Produto Interno Bruto, à luz dos artigos 19 e seguintes da LC n. 123/2006, *in verbis*:

> Art. 19. Sem prejuízo da possibilidade de adoção de todas as faixas de receita previstas nos Anexos I a V desta Lei Complementar, os Estados cuja participação no Produto Interno Bruto brasileiro seja de até 1% (um por cento) poderão optar pela aplicação de sublimite para efeito de recolhimento do ICMS na forma do Simples Nacional nos respectivos territórios, para empresas com receita bruta anual de até R$ 1.800.000,00 (um milhão e oitocentos mil reais). (Redação dada pela Lei Complementar n. 155, de 2016) Produção de efeito
>
> I – os Estados cuja participação no Produto Interno Bruto brasileiro seja de até 1% (um por cento) poderão optar pela aplicação, em seus respectivos territórios, das faixas de receita bruta anual até 35% (trinta e cinco por cento), ou até 50% (cinquenta por cento), ou até 70% (setenta por cento) do limite previsto no inciso II do *caput* do art. 3º; (Vide Lei Complementar nº 155, de 2016) Vigência
>
> II – os Estados cuja participação no Produto Interno Bruto brasileiro seja de mais de 1% (um por cento) e de menos de 5% (cinco por cento) poderão optar pela aplicação, em seus respectivos territórios, das faixas de receita bruta anual até 50% (cinquenta por cento) ou até 70% (setenta por cento) do limite previsto no inciso II do *caput* do art. 3º; e (Vide Lei Complementar nº 155, de 2016) Vigência
>
> III – os Estados cuja participação no Produto Interno Bruto brasileiro seja igual ou superior a 5% (cinco por cento) ficam obrigados a adotar todas as faixas de receita bruta anual. (Vide Lei Complementar nº 155, de 2016) Vigência
>
> § 1º A participação no Produto Interno Bruto brasileiro será apurada levando em conta o último resultado divulgado pelo Instituto Brasileiro de Geografia e Estatística ou outro órgão que o substitua.
>
> § 2º A opção prevista no *caput* produzirá efeitos somente para o ano-calendário subsequente, salvo deliberação do CGSN. (Redação dada pela Lei Complementar nº 155, de 2016) Produção de efeito
>
> § 3º O disposto neste artigo aplica-se ao Distrito Federal.
>
> § 4º Para os Estados que não tenham adotado sublimite na forma do *caput* e para aqueles cuja participação no Produto Interno Bruto brasileiro seja superior a 1% (um por cento), para efeito de recolhimento do ICMS e do ISS, observar-se-á obrigatoriamente o sublimite no valor de R$ 3.600.000,00 (três milhões e seiscentos mil reais). (Incluído pela Lei Complementar nº 155, de 2016) Produção de efeito
>
> Art. 20. A opção feita na forma do art. 19 desta Lei Complementar pelos Estados importará adoção do mesmo limite de receita bruta anual para efeito de recolhimento na forma do ISS dos Municípios nele localizados, bem como para o do ISS devido no Distrito Federal.
>
> § 1º A empresa de pequeno porte que ultrapassar os limites a que se referem o *caput* e o § 4º do art. 19 estará automaticamente impedida de recolher o ICMS e o ISS na forma do Simples Nacional, a partir do mês subsequente àquele em que tiver ocorrido o excesso, relativamente aos seus estabelecimentos localizados na unidade da Federação que os houver adotado, ressalvado o disposto nos §§ 11 e 13 do art. 3º. (Redação dada pela Lei Complementar nº 155, de 2016) Produção de efeito
>
> § 1º-A. Os efeitos do impedimento previsto no § 1º ocorrerão no ano-calendário subsequente se o excesso verificado não for superior a 20% (vinte por cento) dos limites referidos.

§ 2º O disposto no § 1º deste artigo não se aplica na hipótese de o Estado ou de o Distrito Federal adotarem, compulsoriamente ou por opção, a aplicação de faixa de receita bruta superior à que vinha sendo utilizada no ano-calendário em que ocorreu o excesso da receita bruta.

§ 3º Na hipótese em que o recolhimento do ICMS ou do ISS não esteja sendo efetuado por meio do Simples Nacional por força do disposto neste artigo e no art. 19 desta Lei Complementar, as faixas de receita do Simples Nacional superiores àquela que tenha sido objeto de opção pelos Estados ou pelo Distrito Federal sofrerão, para efeito de recolhimento do Simples Nacional, redução da alíquota efetiva desses impostos, apurada de acordo com os Anexos I a V desta Lei Complementar, conforme o caso. (Redação dada pela Lei Complementar nº 155, de 2016) Produção de efeito

§ 4º O Comitê Gestor regulamentará o disposto neste artigo e no art. 19 desta Lei Complementar.

Comentando tal prerrogativa dos Estados, Ricardo Alexandre leciona:

> "Sob o ponto de vista dos Estados, a regra pode ser considerada razoável, pois a entidade que, para um Estado economicamente grande, é uma empresa de pequeno porte, merecendo tratamento diferenciado, pode ser considerada uma média empresa para um Estado economicamente menor, de forma que a renúncia fiscal decorrente do enquadramento de várias empresas na mesma situação signifique uma perda considerável de arrecadação para as menores economias da federação. (...) A participação de cada Estado e do DF no Produto Interno Bruto brasileiro será apurada levando em conta o último resultado divulgado pelo Instituto Brasileiro de Geografia e Estatística – IBGE – ou outro órgão que o substitua".[1]

Entende o doutrinador que, numa análise geral, em relação aos Estados a aplicação de faixas diferenciadas constitui-se válida, posto que se aproxima da igualdade material. Entretanto, faz a ressalva de que tal benefício pode prejudicar os Estados com economias menores:

> "Sob o ponto de vista das empresas beneficiárias da sistemática, a diferenciação pode ser considerada agressiva ao princípio da isonomia e, em última análise, vir a prejudicar os próprios Estados com economias menores. Assim, duas empresas em idêntica situação de capacidade contributiva poderão vir a ser tratadas de maneira absolutamente diferente simplesmente por estarem situadas em pontos diferentes do território nacional".[2]

Segundo Ricardo Alexandre, essa diferença de tratamento, em virtude de as empresas estarem situadas em pontos diferentes do território nacional, pode ocasionar guerra fiscal, de modo que as empresas migrem suas sedes nos Estados onde houve a adoção das faixas diferenciadas.

Esse tipo de situação pode se agravar, quando analisada a mesma prerrogativa para os Municípios, conforme o doutrinador, posto que referidos entes federados se submetem aos ditames do Estado em que estão localizados, ferindo flagrantemente o pacto federativo, cláusula pétrea da Constituição, com fulcro no artigo 60, § 4º, da CF. Em razão dessa submissão dos Municípios, se o Estado, por exemplo, decide adotar as faixas diferenciadas da LC n. 123/2006, apenas os Municípios daquele Estado poderão aderir. Nas palavras de Ricardo Alexandre:

> "Quanto aos Estados, a questão não é tão problemática, afinal, adoção de faixas diferenciadas de enquadramento é uma opção, podendo cada ente decidir entre a diferenciação e a adoção

1. ALEXANDRE, Ricardo. **Direito tributário esquematizado**. São Paulo: Método, 2013. p. 691-692.
2. Idem, ibidem, p. 692.

do mesmo tratamento vigente nos Estados com economia mais forte. No que concerne aos Municípios, contudo, parece que a LC 123/2006 incidiu em grave inconstitucionalidade ao submetê-los a uma decisão dos Estados em que estiverem situados, decisão esta que pode ter severas repercussões sobre a arrecadação destes entes menores. Registre-se que interferir na arrecadação é também interferir na subsistência e, por conseguinte, na autonomia, principal sustentáculo do pacto federativo, forma de Estado petrificada pelo art. 60, §4º, I, da CF/1988".[3]

Concordamos com o posicionamento do doutrinador, há a possibilidade de se compreender que a diferenciação por faixas acaba por violar tanto o pacto federativo quanto o princípio da isonomia, de modo que se torna inadequada e talvez até difícil a aplicação concreta do artigo 179 da Constituição Federal.

1.5. Tributos abrangidos e não abrangidos pelo Simples Nacional e procedimento para o cumprimento das obrigações tributárias

Consoante descrito anteriormente, ingressar no Simples Nacional implica centralizar, num único documento de arrecadação, o recolhimento de impostos e contribuições.

Diante disso, e em consonância com a competência concedida pela Constituição ao legislador complementar (art. 146, III, da CF), no *caput* do art. 13 da Lei Complementar n. 123/2006 constam quais são os tributos que deverão ser recolhidos nesse documento único de arrecadação para aqueles que aderirem ao regime do Simples Nacional:

> I – Imposto sobre a Renda da Pessoa Jurídica – IRPJ;
>
> II – Imposto sobre Produtos Industrializados – IPI, observado o disposto no inciso XII do § 1º deste artigo;
>
> III – Contribuição Social sobre o Lucro Líquido – CSLL;
>
> IV – Contribuição para o Financiamento da Seguridade Social – COFINS, observado o disposto no inciso XII do § 1º deste artigo;
>
> V – Contribuição para o PIS/Pasep, observado o disposto no inciso XII do § 1º deste artigo;
>
> VI – Contribuição Patronal Previdenciária – CPP para a Seguridade Social, a cargo da pessoa jurídica, de que trata o art. 22 da Lei nº 8.212, de 24 de julho de 1991, exceto no caso da microempresa e da empresa de pequeno porte que se dedique às atividades de prestação de serviços referidas no § 5º-C do art. 18 desta Lei Complementar;
>
> VII – Imposto sobre Operações Relativas à Circulação de Mercadorias e Sobre Prestações de Serviços de Transporte Interestadual e Intermunicipal e de Comunicação – ICMS;
>
> VIII – Imposto sobre Serviços de Qualquer Natureza – ISS.

Observe-se que foram incluídos nessa lista os Impostos Estadual e Municipal ICMS e ISSQN, respectivamente.

De mais a mais, destaca-se a isenção concedida no inciso VI relativo à Contribuição Patronal Previdenciária – CPP – para a microempresa e a empresa de pequeno porte que se dedique às atividades de prestação de serviços referidas no § 5º-C do art. 18 desta Lei Complementar:

3. Idem, ibidem, p. 692-693.

Art. 18. O valor devido mensalmente pela microempresa ou empresa de pequeno porte, optante pelo Simples Nacional, será determinado mediante aplicação das alíquotas constantes das tabelas dos Anexos I a VI desta Lei Complementar sobre a base de cálculo de que trata o § 3º deste artigo, observado o disposto no § 15 do art. 3º.

(...) § 5º-C Sem prejuízo do disposto no § 1º do art. 17 desta Lei Complementar, as atividades de prestação de serviços seguintes serão tributadas na forma do Anexo IV desta Lei Complementar, hipótese em que não estará incluída no Simples Nacional a contribuição prevista no inciso VI do *caput* do art. 13 desta Lei Complementar, devendo ela ser recolhida segundo a legislação prevista para os demais contribuintes ou responsáveis:

I – construção de imóveis e obras de engenharia em geral, inclusive sob a forma de subempreitada, execução de projetos e serviços de paisagismo, bem como decoração de interiores; II – (REVOGADO); III – (REVOGADO); IV – (REVOGADO); V – (REVOGADO); VI – serviço de vigilância, limpeza ou conservação; VII – serviços advocatícios. (Incluído pela Lei Complementar n. 147, de 2014)

Houve discussão sobre tal benefício, em razão de não ter sido concedido por meio de lei específica, nos termos estabelecidos no § 6º do art. 150 da CF e, ainda, sob alegação de violação ao Princípio da Igualdade. Em enfrentamento do tema na Suprema Corte por meio da ADI n. 4.033, o entendimento majoritário foi de que referida isenção se compatibiliza sim com a Constituição Federal:

AÇÃO DIRETA DE INCONSTITUCIONALIDADE. CONSTITUCIONAL. TRIBUTÁRIO. CONTRIBUIÇÃO SINDICAL PATRONAL. ISENÇÃO CONCEDIDA ÀS MICROEMPRESAS E EMPRESAS DE PEQUENO PORTE. SIMPLES NACIONAL ("SUPERSIMPLES"). LEI COMPLEMENTAR 123/2006, ART. 13, § 3º. ALEGADA VIOLAÇÃO DOS ARTS. 3º, III, 5º, *CAPUT*, 8º, IV, 146, III, "D", E 150, § 6º, DA CONSTITUIÇÃO. 1. Ação direta de inconstitucionalidade ajuizada contra o art. 13, § 3º da LC 123/2006, que isentou as microempresas e empresas de pequeno porte optantes pelo Regime Especial Unificado de Arrecadação de Tributos e Contribuições devidos pelas Microempresas e Empresas de Pequeno Porte – Simples Nacional ("Supersimples"). 2. **Rejeitada a alegação de violação da reserva de lei específica para dispor sobre isenção (art. 150, § 6º, da Constituição), uma vez que há pertinência temática entre o benefício fiscal e a instituição de regime diferenciado de tributação. Ademais, ficou comprovado que o Congresso Nacional não ignorou a existência da norma de isenção durante o processo legislativo. 3. A isenção concedida não viola o art. 146, III, d, da Constituição, pois a lista de tributos prevista no texto legal que define o campo de reserva da lei complementar é exemplificativa e não taxativa. Leitura do art. 146, III, "d", juntamente com o art. 170, IX, da Constituição.** 3.1. O fomento da micro e da pequena empresa foi elevado à condição de princípio constitucional, de modo a orientar todos os entes federados a conferir tratamento favorecido aos empreendedores que contam com menos recursos para fazer frente à concorrência. Por tal motivo, a literalidade da complexa legislação tributária deve ceder à interpretação mais adequada e harmônica com a finalidade de assegurar equivalência de condições para as empresas de menor porte. 4. Risco à autonomia sindical afastado, na medida em que o benefício em exame poderá tanto elevar o número de empresas a patamar superior ao da faixa de isenção quanto fomentar a atividade econômica e o consumo para as empresas de médio ou de grande porte, ao incentivar a regularização de empreendimentos. 5. **Não há violação da isonomia ou da igualdade, uma vez que não ficou demonstrada a inexistência de diferenciação relevante entre os sindicatos patronais e os sindicatos de representação de trabalhadores, no que se refere ao potencial das fontes de custeio.** 6. Ação direta de inconstitucionalidade conhecida, mas julgada improcedente. (ADI 4033/DF-DISTRITO FEDERAL, rel. Min. Joaquim Barbosa, **DJe**-024, divulg. em 04.02.2011, public. em 07.02.2011) (grifos nossos).

Portanto, sob o ponto de vista do STF, as isenções concedidas pelo art. 13 da LC n. 123/2006 se constituem legítimas. Salienta-se, outrossim, que o benefício inclui as contribuições para as "entidades privadas de serviço social e de formação profissional vinculadas ao sistema sindical, de que trata o art. 240 da Constituição Federal, e demais entidades de serviço social autônomo", conforme prevê o § 3º do mesmo artigo 13.

Importante ressaltar também os tributos que **não** estão incluídos no regime do Simples Nacional, mas que permanecem obrigatórios para as micro e pequenas empresas. O rol desses tributos está no mesmo artigo 13 em seu § 1º e seguintes da LC n. 123/2006:

> § 1º O recolhimento na forma deste artigo **não** exclui a incidência dos seguintes impostos ou contribuições, devidos na qualidade de **contribuinte ou responsável**, em relação aos quais será observada a legislação aplicável às demais pessoas jurídicas:
>
> I – Imposto sobre Operações de Crédito, Câmbio e Seguro, ou Relativas a Títulos ou Valores Mobiliários – IOF;
>
> II – Imposto sobre a Importação de Produtos Estrangeiros – II;
>
> III – Imposto sobre a Exportação, para o Exterior, de Produtos Nacionais ou Nacionalizados – IE;
>
> IV – Imposto sobre a Propriedade Territorial Rural – ITR;
>
> V – Imposto de Renda, relativo aos rendimentos ou ganhos líquidos auferidos em aplicações de renda fixa ou variável;
>
> VI – Imposto de Renda relativo aos ganhos de capital auferidos na alienação de bens do ativo permanente;
>
> VII – Contribuição Provisória sobre Movimentação ou Transmissão de Valores e de Créditos e Direitos de Natureza Financeira – CPMF;
>
> VIII – Contribuição para o Fundo de Garantia do Tempo de Serviço – FGTS;
>
> IX – Contribuição para manutenção da Seguridade Social, relativa ao trabalhador;
>
> X – Contribuição para a Seguridade Social, relativa à pessoa do empresário, na qualidade de contribuinte individual;
>
> XI – Imposto de Renda relativo aos pagamentos ou créditos efetuados pela pessoa jurídica a pessoas físicas;
>
> XII – Contribuição para o PIS/Pasep, Cofins e IPI incidentes na importação de bens e serviços;
>
> XIII – ICMS devido:
>
> a) nas operações sujeitas ao regime de substituição tributária, tributação concentrada em uma única etapa (monofásica) e sujeitas ao regime de antecipação do recolhimento do imposto com encerramento de tributação, envolvendo combustíveis e lubrificantes; energia elétrica; cigarros e outros produtos derivados do fumo; bebidas; óleos e azeites vegetais comestíveis; farinha de trigo e misturas de farinha de trigo; massas alimentícias; açúcares; produtos lácteos; carnes e suas preparações; preparações à base de cereais; chocolates; produtos de padaria e da indústria de bolachas e biscoitos; sorvetes e preparados para fabricação de sorvetes em máquinas; cafés e mates, seus extratos, essências e concentrados; preparações para molhos e molhos preparados; preparações de produtos vegetais; rações para animais domésticos; veículos automotivos e automotores, suas peças, componentes e acessórios; pneumáticos; câmaras de ar e protetores de borracha; medicamentos e outros produtos farmacêuticos para uso humano ou veterinário; cosméticos; produtos de perfumaria e de higiene pessoal; papéis;

plásticos; canetas e malas; cimentos; cal e argamassas; produtos cerâmicos; vidros; obras de metal e plástico para construção; telhas e caixas d'água; tintas e vernizes; produtos eletrônicos, eletroeletrônicos e eletrodomésticos; fios; cabos e outros condutores; transformadores elétricos e reatores; disjuntores; interruptores e tomadas; isoladores; para-raios e lâmpadas; máquinas e aparelhos de ar-condicionado; centrifugadores de uso doméstico; aparelhos e instrumentos de pesagem de uso doméstico; extintores; aparelhos ou máquinas de barbear; máquinas de cortar o cabelo ou de tosquiar; aparelhos de depilar, com motor elétrico incorporado; aquecedores elétricos de água para uso doméstico e termômetros; ferramentas; álcool etílico; sabões em pó e líquidos para roupas; detergentes; alvejantes; esponjas; palhas de aço e amaciantes de roupas; venda de mercadorias pelo sistema porta a porta; nas operações sujeitas ao regime de substituição tributária pelas operações anteriores; e nas prestações de serviços sujeitas aos regimes de substituição tributária e de antecipação de recolhimento do imposto com encerramento de tributação; (Redação dada pele Lei Complementar n. 147, de 2014) (Produção de efeito)

b) por terceiro, a que o contribuinte se ache obrigado, por força da legislação estadual ou distrital vigente;

c) na entrada, no território do Estado ou do Distrito Federal, de petróleo, inclusive lubrificantes e combustíveis líquidos e gasosos dele derivados, bem como energia elétrica, quando não destinados à comercialização ou industrialização;

d) por ocasião do desembaraço aduaneiro;

e) na aquisição ou manutenção em estoque de mercadoria desacobertada de documento fiscal;

f) na operação ou prestação desacobertada de documento fiscal;

g) nas operações com bens ou mercadorias sujeitas ao regime de antecipação do recolhimento do imposto, nas aquisições em outros Estados e Distrito Federal:

1. com encerramento da tributação, observado o disposto no inciso IV do § 4º do art. 18 desta Lei Complementar;

2. sem encerramento da tributação, hipótese em que será cobrada a diferença entre a alíquota interna e a interestadual, sendo vedada a agregação de qualquer valor;

h) nas aquisições em outros Estados e no Distrito Federal de bens ou mercadorias, não sujeitas ao regime de antecipação do recolhimento do imposto, relativo à diferença entre a alíquota interna e a interestadual;

XIV – ISS devido:

a) em relação aos serviços sujeitos à substituição tributária ou retenção na fonte;

b) na importação de serviços;

XV – demais tributos de competência da União, dos Estados, do Distrito Federal ou dos Municípios, não relacionados nos incisos anteriores.

§ 2º Observada a legislação aplicável, a incidência do imposto de renda na fonte, na hipótese do inciso V do § 1º deste artigo, será definitiva.

§ 3º As microempresas e empresas de pequeno porte optantes pelo Simples Nacional ficam dispensadas do pagamento das demais contribuições instituídas pela União, inclusive as contribuições para as entidades privadas de serviço social e de formação profissional vinculadas ao sistema sindical, de que trata o art. 240 da Constituição Federal, e demais entidades de serviço social autônomo.

§ 4º (VETADO).

> § 5º A diferença entre a alíquota interna e a interestadual de que tratam as alíneas g e h do inciso XIII do § 1º deste artigo será calculada tomando-se por base as alíquotas aplicáveis às pessoas jurídicas não optantes pelo Simples Nacional.
>
> § 6º O Comitê Gestor do Simples Nacional:
>
> I – disciplinará a forma e as condições em que será atribuída à microempresa ou empresa de pequeno porte optante pelo Simples Nacional a qualidade de substituta tributária; e
>
> II – poderá disciplinar a forma e as condições em que será estabelecido o regime de antecipação do ICMS previsto na alínea g do inciso XIII do § 1º deste artigo.
>
> § 7º O disposto na alínea a do inciso XIII do § 1º será disciplinado por convênio celebrado pelos Estados e pelo Distrito Federal, ouvidos o CGSN e os representantes dos segmentos econômicos envolvidos. (Incluído pela Lei Complementar n. 147, de 2014) (Produção de efeito)
>
> § 8º Em relação às bebidas não alcóolicas, massas alimentícias, produtos lácteos, carnes e suas preparações, preparações à base de cereais, chocolates, produtos de padaria e da indústria de bolachas e biscoitos, preparações para molhos e molhos preparados, preparações de produtos vegetais, telhas e outros produtos cerâmicos para construção e detergentes, aplica-se o disposto na alínea a do inciso XIII do § 1º aos fabricados em escala industrial relevante em cada segmento, observado o disposto no § 7º. (Incluído pela Lei Complementar n. 147, de 2014) (Produção de efeito)

Registre-se que quanto aos tributos incluídos no regime de recolhimento único, vale registrar que o legislador recentemente incluiu os §§ 7º e 8º (do art. 13) com o fim de dar maior conformidade e concretude na forma do cumprimento das obrigações tributárias no que se refere ao complexo ICMS, dispondo de forma expressa a necessidade de disciplinamento por meio de convênio.

Observe-se, outrossim, da interpretação do dispositivo legal alhures e ao longo da Lei Complementar em estudo, que o Comitê Gestor constitui o órgão principal responsável por regulamentar os pormenores, com o intuito de ver respeitados os preceitos contidos na legislação complementar e na Constituição. Importante informar nesse ponto o Decreto n. 6.038/2007, que institui o Comitê Gestor do Simples Nacional – CGSN, e dá outras providências.

Ocorre que o Comitê Gestor não constitui o único órgão atuante na gestão do regime do Simples, conforme se interpreta do art. 2º da Lei Complementar n. 123/2006, o Fórum Permanente das Microempresas e Empresas de Pequeno Porte, bem como o Comitê para Gestão da Rede Nacional para Simplificação do Registro e da Legalização de Empresas e Negócios – CGSIM –, correspondem a instâncias responsáveis por essa gestão. Lembrando que somente os Comitês possuem regimento interno – art. 2º, § 4º, da LC n. 123/2006.

No tocante ao cumprimento das obrigações tributárias, o legislador complementar também previu a **base de cálculo e a alíquota** dos tributos a serem pagos pelos optantes do Simples, consoante estabelecem os artigos 18 e seguintes da LC n. 123/2006, alterados pela LC n. 147/2014.

Os referidos artigos remetem as Tabelas Anexas à Lei Complementar, contendo as alíquotas aplicáveis conforme o tipo de atividade da micro e da pequena empresa, bem como a fixação das parcelas do valor recolhido que correspondem a cada tributo incluído no Regime do Simples Nacional.

Citam-se como exemplo os serviços advocatícios contidos no § 5º-C do artigo 18:

> § 5º-C Sem prejuízo do disposto no § 1º do art. 17 desta Lei Complementar, as atividades de prestação de serviços seguintes serão tributadas na forma do **Anexo IV** desta Lei Complementar, hipótese em que não estará incluída no Simples Nacional a contribuição prevista no inciso VI do *caput* do art. 13 desta Lei Complementar, devendo ela ser recolhida segundo a legislação prevista para os demais contribuintes ou responsáveis:
>
> (...) VII – serviços advocatícios. (Incluído pela Lei Complementar nº 147, de 2014)

É fundamental ficar atento ao mesmo § 5º-C do artigo 18, o qual preceitua que a contribuição prevista no inciso VI do *caput* do artigo 13 da LC n. 123/2006 deverá ser recolhida segundo a legislação prevista para os demais contribuintes ou responsáveis. Trata-se da Contribuição Patronal Previdenciária – CPP – para a Seguridade Social:

> Art. 13. O Simples Nacional implica o recolhimento mensal, mediante documento único de arrecadação, dos seguintes impostos e contribuições:
>
> (...) VI – Contribuição Patronal Previdenciária – CPP – para a Seguridade Social, a cargo da pessoa jurídica, de que trata o art. 22 da Lei nº 8.212, de 24 de julho de 1991, exceto no caso da microempresa e da empresa de pequeno porte que se dedique às atividades de prestação de serviços referidas no § 5º-C do art. 18 desta Lei Complementar;

Registre-se também que os valores recolhidos pelo regime do Simples devem ser compostos por parcelas precisamente distintas, em razão de alguns tributos possuírem destinações específicas e arrecadações repartidas. Por esse motivo, os artigos 18 e seguintes da Lei Complementar n. 123/2006 direcionam as Tabelas (anexas à LC n. 123/2006) que devem ser utilizadas de acordo com o tipo de atividade da micro ou pequena empresa.

Repare, outrossim, que as obrigações acessórias permanecem obrigatórias mesmo no Regime do Simples Nacional, devendo proceder em conformidade com o que preveem os artigos 25 e seguintes da LC n. 123/2006.

Importante destacar que o legislador complementar já deixou expressamente determinado no § 1º do artigo 25 da LC n. 123/2006 que a declaração das informações constitui **confissão de dívida e instrumento hábil e suficiente para a exigência dos tributos e contribuições** que não tenham sido recolhidos resultantes das informações nela prestadas. Isso quer dizer que a própria Declaração que o optante pelo Simples elabora será utilizada como título executivo nos casos de eventuais inadimplementos, sem a necessidade de prévia notificação de lançamento para tanto.

1.6. Domicílio Tributário do optante pelo Simples Nacional

O domicílio tributário, nos termos previstos no artigo 16 da LC n. 123/2006, corresponde a um tipo de domicílio **eletrônico** apto a cumprir as obrigações tributárias, receber intimações, notificações, entre outros, como se interpreta do dispositivo citado:

> Art. 16. A opção pelo Simples Nacional da pessoa jurídica enquadrada na condição de microempresa e empresa de pequeno porte dar-se-á na forma a ser estabelecida em ato do Comitê Gestor, sendo irretratável para todo o ano-calendário.
>
> § 1º Para efeito de enquadramento no Simples Nacional, considerar-se-á microempresa ou empresa de pequeno porte aquela cuja receita bruta no ano-calendário anterior ao da opção esteja compreendida dentro dos limites previstos no art. 3º desta Lei Complementar.

§ 1º-A. A opção pelo Simples Nacional implica aceitação de sistema de comunicação eletrônica, destinado, dentre outras finalidades, a:

I – cientificar o sujeito passivo de quaisquer tipos de atos administrativos, incluídos os relativos ao indeferimento de opção, à exclusão do regime e a ações fiscais;

II – encaminhar notificações e intimações; e

III – expedir avisos em geral.

§ 1º-B. O sistema de comunicação eletrônica de que trata o § 1º-A será regulamentado pelo CGSN, observando-se o seguinte:

I – as comunicações serão feitas, por meio eletrônico, em portal próprio, dispensando-se a sua publicação no Diário Oficial e o envio por via postal;

II – a comunicação feita na forma prevista no *caput* será considerada pessoal para todos os efeitos legais;

III – a ciência por meio do sistema de que trata o § 1º-A com utilização de certificação digital ou de código de acesso possuirá os requisitos de validade;

IV – considerar-se-á realizada a comunicação no dia em que o sujeito passivo efetivar a consulta eletrônica ao teor da comunicação; e

V – na hipótese do inciso IV, nos casos em que a consulta se dê em dia não útil, a comunicação será considerada como realizada no primeiro dia útil seguinte.

§ 1º-C. A consulta referida nos incisos IV e V do § 1º-B deverá ser feita em até 45 (quarenta e cinco) dias contados da data da disponibilização da comunicação no portal a que se refere o inciso I do § 1º-B, ou em prazo superior estipulado pelo CGSN, sob pena de ser considerada automaticamente realizada na data do término desse prazo.

§ 1º-D. Enquanto não editada a regulamentação de que trata o § 1º-B, os entes federativos poderão utilizar sistemas de comunicação eletrônica, com regras próprias, para as finalidades previstas no § 1º-A, podendo a referida regulamentação prever a adoção desses sistemas como meios complementares de comunicação.

§ 2º A opção de que trata o *caput* deste artigo deverá ser realizada no mês de janeiro, até o seu último dia útil, produzindo efeitos a partir do primeiro dia do ano-calendário da opção, ressalvado o disposto no § 3º deste artigo.

§ 3º A opção produzirá efeitos a partir da data do início de atividade, desde que exercida nos termos, prazo e condições a serem estabelecidos no ato do Comitê Gestor a que se refere o *caput* deste artigo.

§ 4º Serão consideradas inscritas no Simples Nacional, em 1º de julho de 2007, as microempresas e empresas de pequeno porte regularmente optantes pelo regime tributário de que trata a Lei no 9.317, de 5 de dezembro de 1996, salvo as que estiverem impedidas de optar por alguma vedação imposta por esta Lei Complementar.

§ 5º O Comitê Gestor regulamentará a opção automática prevista no § 4º deste artigo.

§ 6º O indeferimento da opção pelo Simples Nacional será formalizado mediante ato da Administração Tributária segundo regulamentação do Comitê Gestor.

Numa análise desse dispositivo com o Código Tributário Nacional, constata-se que este último estabelece o domicílio tributário como regra residual na falta de eleição e na forma da legislação aplicável. No caso do Capítulo em estudo, a legislação aplicável constitui basicamente a Lei Complementar n. 123/2006, havendo, assim, compatibilidade com a Constituição material e formal – por ser introduzida por Lei Complementar. Confira o teor do artigo 127 do CTN para melhor compreensão:

> Art. 127. Na falta de eleição, pelo contribuinte ou responsável, de domicílio tributário, na forma da legislação aplicável, considera-se como tal:
>
> I – quanto às pessoas naturais, a sua residência habitual, ou, sendo esta incerta ou desconhecida, o centro habitual de sua atividade;
>
> II – quanto às pessoas jurídicas de direito privado ou às firmas individuais, o lugar da sua sede, ou, em relação aos atos ou fatos que derem origem à obrigação, o de cada estabelecimento;
>
> III – quanto às pessoas jurídicas de direito público, qualquer de suas repartições no território da entidade tributante.
>
> § 1º Quando não couber a aplicação das regras fixadas em qualquer dos incisos deste artigo, considerar-se-á como domicílio tributário do contribuinte ou responsável o lugar da situação dos bens ou da ocorrência dos atos ou fatos que deram origem à obrigação.
>
> § 2º A autoridade administrativa pode recusar o domicílio eleito, quando impossibilite ou dificulte a arrecadação ou a fiscalização do tributo, aplicando-se então a regra do parágrafo anterior.

Portanto, aplica-se aos optantes pelo Simples a regra do domicílio fiscal contida na Lei Complementar n. 123/2006. Vale destacar que o legislador complementar não dá outra opção senão a aceitação automática do sistema de comunicação eletrônica. Todavia, isso não quer dizer que há uma obrigação do sujeito passivo em aceitar tal sistemática, apenas no caso de optar pelo regime do Simples Nacional.

Da leitura do dispositivo legal acima, percebe-se que por mais que seja comunicação eletrônica, esta será considerada como pessoal, dispensando-se a publicação em **Diário Oficial** ou envio postal.

1.7. Exclusão do Regime do Simples

Primeiramente, faz-se necessário mencionar que, como nos demais procedimentos adotados no Regime do Simples, o Comitê Gestor tem o papel fundamental de regulamentar a forma como se dará a exclusão do regime – art. 28 da LC n. 123/2006.

O *caput* do art. 28 da LC n. 123/2006 estabelece ainda que a exclusão do regime do Simples Nacional poderá ser de ofício ou por meio de comunicação das próprias empresas optantes. Além disso, o artigo subsequente enumera as hipóteses em que se dará a exclusão de ofício, *in verbis*:

> Art. 29. A exclusão de ofício das empresas optantes pelo Simples Nacional dar-se-á quando:
>
> I – verificada a falta de comunicação de exclusão obrigatória;
>
> II – for oferecido embaraço à fiscalização, caracterizado pela negativa não justificada de exibição de livros e documentos a que estiverem obrigadas, bem como pelo não fornecimento de informações sobre bens, movimentação financeira, negócio ou atividade que estiverem intimadas a apresentar, e nas demais hipóteses que autorizam a requisição de auxílio da força pública;

III – for oferecida resistência à fiscalização, caracterizada pela negativa de acesso ao estabelecimento, ao domicílio fiscal ou a qualquer outro local onde desenvolvam suas atividades ou se encontrem bens de sua propriedade;

IV – a sua constituição ocorrer por interpostas pessoas;

V – tiver sido constatada prática reiterada de infração ao disposto nesta Lei Complementar;

VI – a empresa for declarada inapta, na forma dos arts. 81 e 82 da Lei no 9.430, de 27 de dezembro de 1996, e alterações posteriores;

VII – comercializar mercadorias objeto de contrabando ou descaminho;

VIII – houver falta de escrituração do livro-caixa ou não permitir a identificação da movimentação financeira, inclusive bancária;

IX – for constatado que durante o ano-calendário o valor das despesas pagas supera em 20% (vinte por cento) o valor de ingressos de recursos no mesmo período, excluído o ano de início de atividade;

X – for constatado que durante o ano-calendário o valor das aquisições de mercadorias para comercialização ou industrialização, ressalvadas hipóteses justificadas de aumento de estoque, for superior a 80% (oitenta por cento) dos ingressos de recursos no mesmo período, excluído o ano de início de atividade;

XI – houver descumprimento reiterado da obrigação contida no inciso I do *caput* do art. 26;

XII – omitir de forma reiterada da folha de pagamento da empresa ou de documento de informações previsto pela legislação previdenciária, trabalhista ou tributária, segurado empregado, trabalhador avulso ou contribuinte individual que lhe preste serviço.

§ 1º Nas hipóteses previstas nos incisos II a XII do *caput* deste artigo, a exclusão produzirá efeitos a partir do próprio mês em que incorridas, impedindo a opção pelo regime diferenciado e favorecido desta Lei Complementar pelos próximos 3 (três) anos-calendário seguintes.

§ 2º O prazo de que trata o § 1º deste artigo será elevado para 10 (dez) anos caso seja constatada a utilização de artifício, ardil ou qualquer outro meio fraudulento que induza ou mantenha a fiscalização em erro, com o fim de suprimir ou reduzir o pagamento de tributo apurável segundo o regime especial previsto nesta Lei Complementar.

§ 3º A exclusão de ofício será realizada na forma regulamentada pelo Comitê Gestor, cabendo o lançamento dos tributos e contribuições apurados aos respectivos entes tributantes.

§ 4º (REVOGADO).

§ 5º A competência para exclusão de ofício do Simples Nacional obedece ao disposto no art. 33, e o julgamento administrativo, ao disposto no art. 39, ambos desta Lei Complementar.

§ 6º Nas hipóteses de exclusão previstas no *caput*, a notificação:

I – será efetuada pelo ente federativo que promoveu a exclusão; e

II – poderá ser feita por meio eletrônico, observada a regulamentação do CGSN.

§ 7º (REVOGADO).

§ 8º A notificação de que trata o § 6º aplica-se ao indeferimento da opção pelo Simples Nacional.

§ 9º Considera-se prática reiterada, para fins do disposto nos incisos V, XI e XII do *caput*:

I – a ocorrência, em 2 (dois) ou mais períodos de apuração, consecutivos ou alternados, de idênticas infrações, inclusive de natureza acessória, verificada em relação aos últimos 5 (cinco) anos-calendário, formalizadas por intermédio de auto de infração ou notificação de lançamento; ou

II – a segunda ocorrência de idênticas infrações, caso seja constatada a utilização de artifício, ardil ou qualquer outro meio fraudulento que induza ou mantenha a fiscalização em erro, com o fim de suprimir ou reduzir o pagamento de tributo.

Já as hipóteses de exclusão por comunicação do próprio optante pelo Simples estão enumeradas no art. 30 da LC n. 123/2006. Observe-se que a maior parte dessas hipóteses são obrigatórias, por mais que ocorra por comunicação do próprio micro ou pequeno empreendedor:

Art. 30. A exclusão do Simples Nacional, mediante comunicação das microempresas ou das empresas de pequeno porte, dar-se-á:

I – por opção;

II – obrigatoriamente, quando elas incorrerem em qualquer das situações de vedação previstas nesta Lei Complementar; ou

III – obrigatoriamente, quando ultrapassado, no ano-calendário de início de atividade, o limite proporcional de receita bruta de que trata o § 2º do art. 3º;

IV – obrigatoriamente, quando ultrapassado, no ano-calendário, o limite de receita bruta previsto no inciso II do *caput* do art. 3º, quando não estiver no ano-calendário de início de atividade.

§ 1º A exclusão deverá ser comunicada à Secretaria da Receita Federal:

I – na hipótese do inciso I do *caput* deste artigo, até o último dia útil do mês de janeiro;

II – na hipótese do inciso II do *caput* deste artigo, até o último dia útil do mês subsequente àquele em que ocorrida a situação de vedação;

III – na hipótese do inciso III do *caput*:

a) até o último dia útil do mês seguinte àquele em que tiver ultrapassado em mais de 20% (vinte por cento) o limite proporcional de que trata o § 10 do art. 3º; ou

b) até o último dia útil do mês de janeiro do ano-calendário subsequente ao de início de atividades, caso o excesso seja inferior a 20% (vinte por cento) do respectivo limite;

IV – na hipótese do inciso IV do *caput*:

a) até o último dia útil do mês subsequente à ultrapassagem em mais de 20% (vinte por cento) do limite de receita bruta previsto no inciso II do *caput* do art. 3º; ou

b) até o último dia útil do mês de janeiro do ano-calendário subsequente, na hipótese de não ter ultrapassado em mais de 20% (vinte por cento) o limite de receita bruta previsto no inciso II do *caput* do art. 3º.

§ 2º A comunicação de que trata o *caput* deste artigo dar-se-á na forma a ser estabelecida pelo Comitê Gestor.

§ 3º A alteração de dados no CNPJ, informada pela ME ou EPP à Secretaria da Receita Federal do Brasil, equivalerá à comunicação obrigatória de exclusão do Simples Nacional nas seguintes hipóteses:

I – alteração de natureza jurídica para Sociedade Anônima, Sociedade Empresária em Comandita por Ações, Sociedade em Conta de Participação ou Estabelecimento, no Brasil, de Sociedade Estrangeira;

II – inclusão de atividade econômica vedada à opção pelo Simples Nacional;

III – inclusão de sócio pessoa jurídica;

IV – inclusão de sócio domiciliado no exterior;

V – cisão parcial; ou

VI – extinção da empresa.

Na mesma Seção de Exclusão do Simples, o legislador complementar delineou os efeitos e a forma de cumprimento das obrigações tributárias na transição do Simples para as normas gerais aplicáveis.

Por fim, há previsão de sanções aplicáveis aos casos de falta de comunicação obrigatória da exclusão do Regime do Simples nos prazos determinados pelo artigo 30, conforme dispõem os artigos 36 e seguintes da Seção "Dos Acréscimos Legais" da Lei Complementar n. 123/2006. Cumpre lembrar que as sanções aplicáveis pela legislação em comento não exclui as previstas na legislação penal – art. 37 da LC n. 123/2006.

1.8. Fiscalização, Processo Administrativo e Judicial no Simples Nacional

A Competência para fiscalizar o cumprimento das obrigações tributárias será da Secretaria Federal, Estadual e Municipal, conforme o tributo de sua respectiva competência. Ademais, em relação aos Estados e Municípios, estes poderão celebrar convênios para o compartilhamento das atividades de fiscalização, nos termos do art. 33 da LC n. 123/2006.

Ainda sobre o procedimento de Fiscalização, o Comitê Gestor o regulamentou por meio da Resolução n. 94/2011, com alterações recentes, de forma a evitar conflitos entre os entes federados. Verifique o art. 77 da referida Resolução, que trata sobre a competência para fiscalizar:

> Art. 77. A competência para fiscalizar o cumprimento das obrigações principais e acessórias relativas ao Simples Nacional é do órgão de administração tributária: (Lei Complementar n. 123, de 2006, art. 33, *caput*)
>
> I – do Município, desde que o contribuinte do ISS tenha estabelecimento em seu território ou quando se tratar das exceções de competência previstas no art. 3º da Lei Complementar n. 116, de 2003;
>
> II – dos Estados ou do Distrito Federal, desde que a pessoa jurídica tenha estabelecimento em seu território;
>
> III – da União, em qualquer hipótese.
>
> § 1º No exercício da competência de que trata o *caput*: (Lei Complementar n. 123, de 2006, art. 33, §§ 1º-B e 1º-C) (Redação dada pelo(a) Resolução CGSN n. 117, de 02 de dezembro de 2014)
>
> I – a ação fiscal, após iniciada, poderá abranger todos os estabelecimentos da ME e da EPP, independentemente das atividades por eles exercidas, observado o disposto no § 2º;
>
> II – as autoridades fiscais não ficarão limitadas à fiscalização dos tributos instituídos pelo próprio ente federado fiscalizador, estendendo-se sua competência a todos os tributos abrangidos pelo Simples Nacional.
>
> § 2º Na hipótese de realização, por órgão da administração tributária do Estado, do Distrito Federal ou do Município, de ação fiscal em contribuinte com estabelecimento fora do âmbito de competência do ente federado, **este deverá comunicá-la à administração tributária do**

outro ente federado para que, havendo interesse, se integre à ação fiscal. (Lei Complementar n. 123, de 2006, art. 33, § 4º)

§ 3º A comunicação de que trata o § 2º dar-se-á por meio do sistema eletrônico de que trata o art. 78, no prazo mínimo de 10 (dez) dias antes do início da ação fiscal. (Lei Complementar n. 123, de 2006, art. 33, § 4º)

§ 4º As administrações tributárias estaduais poderão celebrar convênio com os Municípios de sua jurisdição para atribuir a estes a fiscalização a que se refere o *caput*. (Lei Complementar n. 123, de 2006, art. 33, § 1º)

§ 5º Dispensa-se o convênio de que trata o § 4o na hipótese de ocorrência de prestação de serviços por estabelecimento localizado no Município, sujeita ao ISS. (Lei Complementar n. 123, de 2006, art. 33, § 1º-A)

§ 6º **A competência para fiscalizar de que trata este artigo poderá ser plenamente exercida pelos entes federados, de forma individual ou simultânea, inclusive de forma integrada, mesmo para períodos já fiscalizados**. (Lei Complementar n. 123, de 2006, art. 33, §§ 1º-B e 4º)

§ 7º **Na hipótese de ação fiscal simultânea, a autoridade fiscal deverá tomar conhecimento das ações fiscais em andamento, de forma a evitar duplicidade de lançamentos referentes ao mesmo período e fato gerador**. (Lei Complementar n. 123, de 2006, art. 33, §§ 1º-B e 4º)

§ 8º **Na hipótese do § 4º e de ação fiscal relativa a períodos já fiscalizados, a autoridade fiscal deverá tomar conhecimento das ações já realizadas, dos valores já lançados e das informações contidas no sistema eletrônico a que se refere o art. 78, observando-se as limitações práticas e legais dos procedimentos fiscalizatórios.** (Lei Complementar n. 123, de 2006, art. 33, §§ 1º-B e 4º)

§ 9º A seleção, o preparo e a programação da ação fiscal serão realizadas de acordo com os critérios e diretrizes das administrações tributárias de cada ente federado, no âmbito de suas respectivas competências. (Lei Complementar n. 123, de 2006, art. 33, § 4º) (Grifos Nossos)

Destacamos os parágrafos em que o Comitê Gestor expressamente se preocupou em regulamentar e evitar o conflito de competências entre os entes federativos.

O artigo subsequente da Resolução n. 94/2011 trata do Sistema Eletrônico Único de Fiscalização.

No que se refere ao Processo Administrativo Fiscal – arts. 39 e 40 da LC n. 123/2006 –, a competência do órgão julgador será definida pelo ente federativo que efetuar o lançamento, o indeferimento ou a exclusão de ofício do optante pelo Simples, ressalvando-se a hipótese de o Município celebrar convênio com o Estado a que está situado, transferindo a sua atribuição de julgamento.

Importante mencionar também que a intimação será eletrônica, nos termos do que dispõem os §§ do artigo 16 da mesma Lei Complementar e, ainda, que a impugnação, quanto ao indeferimento da opção ou exclusão, poderá ser julgada por órgão diverso e em conformidade com a regulamentação determinada pelo Comitê Gestor – CGSN.

Já quanto ao Processo Judicial, o procedimento se diferencia. Primeiramente, porque já no *caput* do artigo 41 consta a determinação de que os processos relativos aos tributos abrangidos pelo Simples Nacional devem ser ajuizados em face da União, que será representada em juízo pela Procuradoria Geral da Fazenda Nacional – PGFN. Os demais entes federativos, nesse caso, teriam a função de auxiliares.

Contudo, essa regra é ressalvada tanto no § 3º, que permite a delegação pela Procuradoria-Geral da Fazenda Nacional aos Estados e Municípios, mediante convênio, como também no § 5º, nas seguintes hipóteses:

> Art. 41. (...) § 5º Excetuam-se do disposto no *caput* deste artigo:
>
> I – os mandados de segurança nos quais se impugnem atos de autoridade coatora pertencente a Estado, Distrito Federal ou Município;
>
> II – as ações que tratem exclusivamente de tributos de competência dos Estados, do Distrito Federal ou dos Municípios, as quais serão propostas em face desses entes federativos, representados em juízo por suas respectivas procuradorias;
>
> III – as ações promovidas na hipótese de celebração do convênio de que trata o § 3º deste artigo;
>
> IV – o crédito tributário decorrente de auto de infração lavrado exclusivamente em face de descumprimento de obrigação acessória, observado o disposto no § 1º-D do art. 33;
>
> V – o crédito tributário relativo ao ICMS e ao ISS de que tratam as alíneas b e c do inciso V do § 3º do art. 18-A desta Lei Complementar. (Redação dada pela Lei Complementar n. 147, de 2014)

Percebe-se que, em consonância com a legislação complementar, a Resolução do Comitê Gestor (n. 94/2011) preceitua que os créditos tributários serão inscritos e cobrados judicialmente pela PGFN, ressalvando a hipótese de convênio, crédito tributário decorrente de obrigação acessória e relativo ao ICMS e ISS, consoante disposto no art. 125 da Resolução n. 94/2011.

2. QUESTÕES

1. (Tribunal de Contas Estadual (TCE/RN) – Auditor – CESPE/2015). Com relação às microempresas e aos empresários e empresas irregulares, julgue os itens a seguir. A empresa que se enquadrar no conceito de microempresa terá, à luz das disposições da Lei Complementar n. 123/2006, benefícios do regime próprio dessa lei, neles incluídos a apuração e o recolhimento dos impostos da União, dos estados, do Distrito Federal e dos municípios, o que não implica, todavia, qualquer alteração no cumprimento de obrigações trabalhistas e previdenciárias previstas para outras empresas.

(C) Certo

(E) Errado

2. (Tribunal de Contas Estadual (TCE/RN) – Auditor – CESPE/2015). Com relação às microempresas e aos empresários e empresas irregulares, julgue os itens a seguir. Para os efeitos da Lei Complementar n. 123/2006, uma sociedade empresária e uma sociedade simples podem ser consideradas microempresas; esse conceito, todavia, não abrange a empresa individual de responsabilidade limitada nem o empresário individual de responsabilidade limitada.

(C) Certo

(E) Errado

3. (Receita Federal (RFB) – Auditor Fiscal – ESAF/2014). A Lei Complementar n. 123/2006 prevê tratamento tributário diferenciado para Microempresas e Empresas de Pequeno Porte, que consiste em um regime especial unificado de arrecadação de tributos e contribuições devidos por estas entidades, denominado Simples Nacional. Sobre este, é incorreto afirmar que:

(A) para fins do Simples Nacional, considera-se receita bruta o produto da venda de bens e serviços nas operações de conta própria, o preço dos serviços prestados e o resultado nas operações em conta alheia, excluídas as vendas canceladas e os descontos incondicionais concedidos.

(B) o Simples Nacional implica o recolhimento mensal, mediante documento único de arrecadação, de um conjunto de tributos e contribuições. Todavia, mesmo em relação a algum destes tributos e contribuições, há situações em que o recolhimento dar-se-á à parte do Simples Nacional.

(C) na determinação dos valores a serem lançados de ofício para cada tributo, após a exclusão do Simples Nacional, devem ser deduzidos eventuais recolhimentos da mesma natureza efetuados nessa sistemática, observando-se os percentuais previstos em lei sobre o montante pago de forma unificada.

(D) alteração recente na legislação tributária permitiu o parcelamento de débitos do Simples Nacional.

(E) para efeito do Simples Nacional, e enquadramento da sociedade empresária na condição de Microempresa ou Empresa de Pequeno Porte, deve-se considerar a receita de cada estabelecimento individualmente, e não o somatório destes.

4. (Prefeitura de São José do Rio Preto/SP – Auditor Fiscal Tributário Municipal – VUNESP/2014). O tratamento diferenciado e favorecido a ser dispensado às microempresas e empresas de pequeno porte de que trata a LC n. 123/2006 é gerido pelas instâncias que especifica. Dentre elas, a que tem por finalidade orientar e assessorar a formulação e coordenação da política nacional de desenvolvimento das microempresas e empresas de pequeno porte, bem como acompanhar e avaliar a sua implantação, sob a presidência e coordenação da Secretaria da Micro e Pequena Empresa da Presidência da República, denomina-se:

(A) Fórum Permanente das Microempresas e Empresas de Pequeno Porte.

(B) Fórum Gestor das Micro e Pequenas empresas.

(C) Comitê Gestor do Simples Nacional.

(D) Comitê da Gestão da Rede Nacional para Simplificação do Registro e da Legalização de Empresas e Negócios.

(E) Comitê da Gestão da Rede Nacional para Simplificação do Registro e da Legalização de Empresas e Negócios.

5. (Secretaria de Estado da Fazenda/RJ – Auditor Fiscal da Receita – FCC/2014). Considerando o que estabelece a Lei complementar n. 123/2006, é INCORRETO afirmar que um contribuinte do ICMS, enquadrado no Simples Nacional como Empresa de Pequeno Porte,

(A) será excluída do regime se admitir como participante do seu capital outra pessoa jurídica.

(B) poderá continuar enquadrado no regime, mesmo que abra mais duas filiais e desde que a soma anual do faturamento dos três estabelecimentos não ultrapasse o limite anual de R$ 3.600.000,00.

(C) deverá sair do regime se, tendo faturamento anual em vendas internas menor do que R$ 3.600.000,00, tiver realizado exportação de mercadorias, no mesmo período, no valor de R$ 1.000.000,00 que, embora não sejam tributadas, ao serem somadas ao seu faturamento implicam descumprimento do limite de faturamento para as empresas do Simples Nacional.

(D) poderá continuar no regime, mesmo se realizar importação de mercadorias em valor maior do que R$ 3.600.000,00 durante o exercício.

(E) se for excluído do regime por excesso de faturamento, em determinado ano, não terá vedação de retorno ao regime no início do exercício em que ficar demonstrado que, no exercício anterior a esse, seu faturamento não atingiu o limite.

6. (Secretaria de Estado da Fazenda/RJ – Auditor Fiscal da Receita – FCC/2014). De acordo com a Lei Complementar n. 123/2006, a empresa sujeita ao regime do Simples Nacional recolhe mensalmente um determinado percentual sobre o seu faturamento. Trata-se do Documento de Arrecadação do Simples – DAS –, normatizado pelo Comitê Gestor do Simples Nacional. Nesse recolhimento estão englobados vários tributos, inclusive o ICMS. Entretanto, pela mesma lei, tal recolhimento efetuado por empresa do Simples Nacional sediada no Rio de Janeiro não exclui a incidência do imposto estadual em situações específicas, devidos na qualidade de contribuinte ou responsável, em relação aos quais será observada a legislação aplicável às demais pessoas jurídicas, com pagamento direto ao seu Estado. Nesse sentido, considere as seguintes situações:

I. por ocasião do desembaraço aduaneiro;

II. na operação ou prestação desacobertada de documento fiscal;

III. nas operações de fornecimento de alimentação;

IV. nas operações ou prestações sujeitas ao regime de substituição tributária;
V. nas aquisições em outros Estados e no Distrito Federal de bens ou mercadorias, não sujeitas ao regime de antecipação do recolhimento do imposto, relativo à diferença entre a alíquota interna e a interestadual;
VI. na prestação de serviço de transporte.

Serão objeto de pagamento do ICMS devido diretamente ao Estado do Rio de Janeiro pela microempresa ou Empresa de Pequeno Porte APENAS as situações constantes em:

(A) I, II, IV e V.
(B) II, III, IV, V e VI.
(C) II, IV e VI.
(D) I, II, V e VI.
(E) I, III, IV e V.

7. (Sergipe Gás S.A./SE (SERGÁS/SE) – Administrador – FCC/2013). O tratamento diferenciado para microempresas e empresas de pequeno porte, no que diz respeito às licitações públicas, na forma prevista pela Lei Complementar n. 123/2006,

(A) dispensa as microempresas e empresas de pequeno porte da apresentação da documentação relativa à regularidade fiscal.
(B) estabelece que a comprovação da regularidade fiscal somente será exigida das microempresas e empresas de pequeno porte para efeito de assinatura do contrato.
(C) estabelece a preferência para contratação de microempresa ou empresa de pequeno porte, em relação aos demais licitantes, desde que apresente proposta igual ou até 15% acima da melhor classificada.
(D) estabelece a obrigatoriedade de contratação de microempresa ou empresa de pequeno porte em licitações na modalidade pregão, desde que apresente proposta igual ou até 10% acima da melhor classificada.
(E) determina que as licitações para contratações com valor estimado de até R$ 150.000,00 (cento e cinquenta mil reais) deverão ser destinadas apenas à participação de microempresas e empresas de pequeno porte.

GABARITO

1. Alternativa (E). Errado.

Comentário: Alternativa Incorreta, posto que o Regime do Simples, além de englobar benefícios na apuração e o recolhimento de determinados tributos, engloba outros benefícios, conforme preceitua o art. 1º da Lei Complementar n. 123/2006: "Art. 1º Esta Lei Complementar estabelece normas gerais relativas ao tratamento diferenciado e favorecido a ser dispensado às microempresas e empresas de pequeno porte no âmbito dos Poderes da União, dos Estados, do Distrito Federal e dos Municípios, especialmente no que se refere: I – à apuração e recolhimento dos impostos e contribuições da União, dos Estados, do Distrito Federal e dos Municípios, mediante regime único de arrecadação, inclusive obrigações acessórias; II – ao cumprimento de obrigações trabalhistas e previdenciárias, inclusive obrigações acessórias; III – ao acesso a crédito e ao mercado, inclusive quanto à preferência nas aquisições de bens e serviços pelos Poderes Públicos, à tecnologia, ao associativismo e às regras de inclusão. IV – ao cadastro nacional único de contribuintes a que se refere o inciso IV do parágrafo único do art. 146, *in fine*, da Constituição Federal. (Incluído pela Lei Complementar n. 147, de 2014)(...)".

2. Alternativa (E). Errado.

Comentário: Opção Incorreta, no conceito de microempresas ou empresas de pequeno porte estão: a sociedade empresária, a sociedade simples, a empresa individual de responsabilidade limitada e o empresário a que se refere o art. 966 da Lei n. 10.406, de 10 de janeiro de 2002 (Código Civil), devidamente registrados no Registro de Empresas Mercantis ou no Registro Civil de Pessoas Jurídicas – art. 3º da LC n. 123/2006.

3. Alternativa (E). Para efeito do Simples Nacional, e enquadramento da sociedade empresária na condição de Microempresa ou Empresa de Pequeno Porte, deve-se considerar a receita de cada estabelecimento individualmente, e não o somatório destes.

Comentário: A questão pede a **Incorreta**. A alternativa "A" está correta, em conformidade com o § 1º do art. 3º da LC n. 123/2006. A opção "B" está correta, com fulcro no art. 13 da LC n. 123/2006. A resposta "C" está correta, segundo se interpreta do § 10 do art. 21 da LC n. 123/2006: (...) "§ 10. Os créditos apurados no Simples Nacional não poderão ser utilizados para extinção de outros débitos para com as Fazendas Públicas, salvo por ocasião da compensação de ofício oriunda de deferimento em processo de restituição ou após a exclusão da empresa do Simples Nacional", e da Súmula do CARF – Conselho Administrativo de Recursos Fiscais – n. 76: "Na determinação dos valores a serem lançados de ofício para cada tributo, após a exclusão do Simples, devem ser deduzidos eventuais recolhimentos da mesma natureza efetuados nessa sistemática, observando-se os percentuais previstos em lei sobre o montante pago de forma unificada". A justificativa "D" também está correta, a alteração recente de que trata a alternativa foi a do § 1º do art. 43 da LC n. 123/2006, realizada pela LC n. 147/2014: "§ 1º Havendo alguma restrição na comprovação da regularidade fiscal, será assegurado o prazo de 5 (cinco) dias úteis, cujo termo inicial corresponderá ao momento em que o proponente for declarado o vencedor do certame, prorrogável por igual período, a critério da administração pública, para a regularização da documentação, pagamento ou parcelamento do débito e emissão de eventuais certidões negativas ou positivas com efeito de certidão negativa. (Redação dada pela Lei Complementar n. 147, de 2014)". E, por fim, a alternativa **Incorreta** da questão, a letra **"E",** essa regra específica está contida na Resolução do CGSN n. 94/2011 que considera o somatório, à luz do § 2º do art. 16: "Art. 16. A base de cálculo para a determinação do valor devido mensalmente pela ME ou EPP optante pelo Simples Nacional será a receita bruta total mensal auferida (Regime de Competência) ou recebida (Regime de Caixa), conforme opção feita pelo contribuinte. (Lei Complementar n. 123, de 2006, art. 18, *caput* e § 3º) (...) § 2º Na hipótese de a ME ou EPP possuir filiais, deverá ser considerado o somatório das receitas brutas de todos os estabelecimentos. (Lei Complementar n. 123, de 2006, art. 18, *caput*)".

4. **Alternativa (A).** Fórum Permanente das Microempresas e Empresas de Pequeno Porte.

Comentário: A opção correta é a letra **"A",** consoante estudado nesse Capítulo, são três as instâncias responsáveis pela Gestão do Regime do Simples Nacional. Tais instâncias estão prescritas no art. 2º da Lei Complementar n. 123/2006: "Art. 2º O tratamento diferenciado e favorecido a ser dispensado às microempresas e empresas de pequeno porte de que trata o art. 1º desta Lei Complementar será gerido pelas instâncias a seguir especificadas: I – Comitê Gestor do Simples Nacional, vinculado ao Ministério da Fazenda, composto por 4 (quatro) representantes da Secretaria da Receita Federal do Brasil, como representantes da União, 2 (dois) dos Estados e do Distrito Federal e 2 (dois) dos Municípios, para tratar dos aspectos tributários; e II – **Fórum Permanente das Microempresas e Empresas de Pequeno Porte, com a participação dos órgãos federais competentes e das entidades vinculadas ao setor, para tratar dos demais aspectos, ressalvado o disposto no inciso III do *caput* deste artigo**; III – Comitê para Gestão da Rede Nacional para Simplificação do Registro e da Legalização de Empresas e Negócios – CGSIM –, vinculado à Secretaria da Micro e Pequena Empresa da Presidência da República, composto por representantes da União, dos Estados e do Distrito Federal, dos Municípios e demais órgãos de apoio e de registro empresarial, na forma definida pelo Poder Executivo, para tratar do processo de registro e de legalização de empresários e de pessoas jurídicas. (Redação pela Lei Complementar n. 147, de 2014)(...)". A função do Fórum contido no inciso II está descrita no § 5º do art. 2º da LC n. 123/2006: "§ 5º O Fórum referido no inciso II do *caput* **deste artigo tem por finalidade "orientar e assessorar a formulação e coordenação da política nacional de desenvolvimento das microempresas e empresas de pequeno porte, bem como acompanhar e avaliar a sua implantação, sendo presidido e coordenado pela Secretaria da Micro e Pequena Empresa da Presidência da República"**.

5. **Alternativa (C).** Deverá sair do regime se, tendo faturamento anual em vendas internas menor do que R$ 3.600.000,00, tiver realizado exportação de mercadorias, no mesmo período, no valor de R$ 1.000.000,00 que, embora não sejam tributadas, ao serem somadas ao seu faturamento implicam descumprimento do limite de faturamento para as empresas do Simples Nacional.

Comentário: A questão pedia a **Incorreta**. A resposta "A" está correta, nos termos do inciso I do §4º do art. 3º da LC n. 123/2006. A justificativa "B" está correta, conforme interpretação combinada do art. 3º da LC n. 123/2006 com o art. 16, § 2º, da Resolução n. 94/2011: "Art. 16. A base de cálculo para a determinação do valor devido mensalmente pela ME ou EPP optante pelo Simples Nacional será a receita bruta total mensal auferida (Regime de Competência) ou recebida (Regime de Caixa), conforme opção feita pelo contribuinte. (Lei Complementar n. 123, de 2006, art. 18, *caput* e § 3º) (...)§ 2º Na hipótese de a ME ou EPP possuir filiais, deverá ser considerado o somatório das receitas brutas de todos os estabelecimentos. (Lei Complementar nº 123, de 2006, art. 18, *caput*)". A letra **"C"** é a alternativa incorreta, não necessitando sair do regime desde que respeite o limite de receita anual, inclusive com exportação, de acordo com o §14 do art. 3º da LC n. 123/2006, alterado pela LC n. 147/2014: "(...)§ 14. Para fins de enquadramento como microempresa ou empresa de pequeno porte, poderão ser auferidas receitas no mercado interno até o limite previsto no inciso II do *caput* ou no § 2º, conforme o caso, e, adicionalmente, receitas decorrentes da exportação de mercadorias ou serviços, inclusive quando realizada por meio de comercial exportadora ou da sociedade de propósito específico prevista no art. 56 desta Lei Complementar, desde que as receitas de exportação também não excedam os referidos limites de receita bruta anual". A alternativa "D" está correta, poderá sim continuar no regime porque a quantia referente às importações interfere nas despesas e não no faturamento, valor este considerado no limite. A opção "E" está correta, porque não há vedação ao regime no caso de voltar a observar, no exercício seguinte, faturamento inferior ao limite de enquadramento. A limitação ao reingresso, contida no § 1º do art. 29 da LC n. 123/2006, aplica-se aos casos em que a empresa incorrer em infrações indicadas nos incisos II a XII do referido artigo.

6. **Alternativa (A).** I, II, IV e V.

I. por ocasião do desembaraço aduaneiro;

II. na operação ou prestação desacobertada de documento fiscal;

IV. nas operações ou prestações sujeitas ao regime de substituição tributária;

V. nas aquisições em outros Estados e no Distrito Federal de bens ou mercadorias, não sujeitas ao regime de antecipação do recolhimento do imposto, relativo à diferença entre a alíquota interna e a interestadual;

Comentário: A justificativa "A" está correta, tratam-se dos casos em que o optante pelo Simples será sujeito passivo, seja na qualidade de contribuinte ou de responsável, e observará a legislação aplicável às demais pessoas jurídicas. Esses estão contidos no § 1º do artigo 13 da LC n. 123/2006. Consoante o enunciado tratou apenas do ICMS, segue o inciso XII do dispositivo citado: "Art. 13. O Simples Nacional implica o recolhimento mensal, mediante documento único de arrecadação, dos seguintes impostos e contribuições: (...) § 1º O recolhimento na forma deste artigo não exclui a incidência dos seguintes impostos ou contribuições, devidos na qualidade de contribuinte ou responsável, em relação aos quais será observada a legislação aplicável às demais pessoas jurídicas: (...) XIII – ICMS devido: a) nas operações sujeitas ao regime de substituição tributária, tributação concentrada em uma única etapa (monofásica) e sujeitas ao regime de antecipação do recolhimento do imposto com encerramento de tributação, envolvendo combustíveis e lubrificantes; energia elétrica; cigarros e outros produtos derivados do fumo; bebidas; óleos e azeites vegetais comestíveis; farinha de trigo e misturas de farinha de trigo; massas alimentícias; açúcares; produtos lácteos; carnes e suas preparações; preparações à base de cereais; chocolates; produtos de padaria e da indústria de bolachas e biscoitos; sorvetes e preparados para fabricação de sorvetes em máquinas; cafés e mates, seus extratos, essências e concentrados; preparações para molhos e molhos preparados; preparações de produtos vegetais; rações para animais domésticos; veículos automotivos e automotores, suas peças, componentes e acessórios; pneumáticos; câmaras de ar e protetores de borracha; medicamentos e outros produtos farmacêuticos para uso humano ou veterinário; cosméticos; produtos de perfumaria e de higiene pessoal; papéis; plásticos; canetas e malas; cimentos; cal e argamassas; produtos cerâmicos; vidros; obras de metal e plástico para construção; telhas e caixas d'água; tintas e vernizes; produtos eletrônicos, eletroeletrônicos e eletrodomésticos; fios; cabos e outros condutores; transformadores elétricos e reatores; disjuntores; interruptores e tomadas; isoladores; para-raios e lâmpadas; máquinas e aparelhos de ar-condicionado; centrifugadores de uso doméstico; aparelhos e instrumentos de pesagem de uso doméstico; extintores; aparelhos ou máquinas de barbear; máquinas de cortar o cabelo ou de tosquiar; aparelhos de depilar, com motor elétrico incorporado; aquecedores elétricos de água para uso doméstico e termômetros; ferramentas; álcool etílico; sabões em pó e líquidos para roupas; detergentes; alvejantes; esponjas; palhas de aço e amaciantes de roupas; venda de mercadorias pelo sistema porta a porta; nas operações sujeitas ao regime de substituição tributária pelas operações anteriores; e nas prestações de serviços sujeitas aos regimes de substituição tributária e de antecipação de recolhimento do imposto com encerramento de tributação; (Redação dada pele Lei Complementar n. 147, de 2014) b) por terceiro, a que o contribuinte se ache obrigado, por força da legislação estadual ou distrital vigente; c) na entrada, no território do Estado ou do Distrito Federal, de petróleo, inclusive lubrificantes e combustíveis líquidos e gasosos dele derivados, bem como energia elétrica, quando não destinados à comercialização ou industrialização; d) por ocasião do desembaraço aduaneiro; e) na aquisição ou manutenção em estoque de mercadoria desacobertada de documento fiscal; f) na operação ou prestação desacobertada de documento fiscal; g) nas operações com bens ou mercadorias sujeitas ao regime de antecipação do recolhimento do imposto, nas aquisições em outros Estados e Distrito Federal: 1. com encerramento da tributação, observado o disposto no inciso IV do § 4º do art. 18 desta Lei Complementar; 2. sem encerramento da tributação, hipótese em que será cobrada a diferença entre a alíquota interna e a interestadual, sendo vedada a agregação de qualquer valor; h) nas aquisições em outros Estados e no Distrito Federal de bens ou mercadorias, não sujeitas ao regime de antecipação do recolhimento do imposto, relativo à diferença entre a alíquota interna e a interestadual;"

7. **Alternativa. (B).** Estabelece que a comprovação da regularidade fiscal somente será exigida das microempresas e empresas de pequeno porte para efeito de assinatura do contrato.

Comentário: A letra "A" está incorreta, pois contradiz o que preceitua o art. 43 da LC n. 123/2006: "Art. 43. As microempresas e empresas de pequeno porte, por ocasião da participação em certames licitatórios, deverão apresentar toda a documentação exigida para efeito de comprovação de regularidade fiscal, mesmo que esta apresente alguma restrição". A alternativa "B" está correta, nos termos do art. 42 da LC n. 123/2006: "Nas licitações públicas, a comprovação de regularidade fiscal das microempresas e empresas de pequeno porte somente será exigida para efeito de assinatura do contrato". A opção "C" está incorreta, pois na legislação entende-se por empate o percentual de 10%, conforme art. 44, § 1º, da LC n. 123/2006: "Art. 44. Nas licitações será assegurada, como critério de desempate, preferência de contratação para as microempresas e empresas de pequeno porte. § 1º Entende-se por empate aquelas situações em que as propostas apresentadas pelas microempresas e empresas de pequeno porte sejam iguais ou até 10% (dez por cento) superiores à proposta mais bem classificada.(...)". A resposta "D" está incorreta, pois o percentual é de 5%, com fulcro no § 2º do art. 44 da LC n. 123/2006: "§ 2º Na modalidade de pregão, o intervalo percentual estabelecido no § 1º deste artigo será de até 5% (cinco por cento) superior ao melhor preço". E, por fim, a justificativa "E" está incorreta, pois conforme recente alteração da LC n. 147/2014 o valor é de até R$ 80.000,00, com base no inciso I do art. 48 da LC m. 123/2006: "Art. 48. Para o cumprimento do disposto no art. 47 desta Lei Complementar, a administração pública: (Redação dada pela Lei Complementar nº 147, de 2014) I – deverá realizar processo licitatório destinado exclusivamente à participação de microempresas e empresas de pequeno porte nos itens de contratação cujo valor seja de até R$ 80.000,00 (oitenta mil reais); (Redação dada pela Lei Complementar n. 147, de 2014)".

3. QUADRO SINÓTICO

CAPÍTULO 1. SIMPLES NACIONAL		
	Conteúdo	**Item**
Breve Contexto Histórico	O Regime do Simples Nacional passou por uma evolução tanto na Constituição quanto na legislação infraconstitucional começando pelo primeiro Estatuto da Microempresa em 1984, Lei n. 7.256 de 1984 – e pela inclusão na Constituição de 1988 do tratamento diferenciado especificamente para as Microempresas, por meio do artigo 179. Atualmente o Estatuto foi instrumentalizado através da Lei Complementar n. 123/2006, que já passou por diversas alterações.	1.1.
Previsão Legal	Arts. 146, III, "d", 170, IX, e 179 da CF; Art. 94 do ADCT; Lei Complementar n. 123/2006; Lei n. 11.598/2007; Decreto n. 6.038/2007; Decreto n. 8.538/2015; Resolução n. 94/2011.	1.2.

CAPÍTULO 1. SIMPLES NACIONAL		
Conteúdo		**Item**
Conceito de Simples Nacional, Microempresas e Empresas de Pequeno Porte	O Simples Nacional pode ser compreendido como o tratamento jurídico diferenciado dispensado às microempresas e às empresas de pequeno porte "visando a incentivá-las pela simplificação de suas obrigações administrativas, tributárias, previdenciárias e creditícias, ou pela eliminação ou redução destas por meio de lei" – art. 179 da CF. Esse tratamento diferenciado foi classificado como princípio da ordem econômica, à luz do disposto no inciso IX do art. 170 da CF, redação dada pela EC n. 42/2003. Trata-se, de uma forma legal de reduzir a carga tributária e incentivar os micro e pequenos empreendedores. Conforme preceitua a Lei Complementar n. 123/2006 em seu art. 1º. Já as microempresas ou empresas de pequeno porte compreendem a sociedade empresária, a sociedade simples, a empresa individual de responsabilidade limitada e o empresário a que se refere o art. 966 da Lei n. 10.406, de 10 de janeiro de 2002 (Código Civil), devidamente registrados no Registro de Empresas Mercantis ou no Registro Civil de Pessoas Jurídicas e que, cumulativamente, aufiram: i) no caso de microempresa receita bruta igual ou inferior a R$ 360.000,00 em cada ano-calendário; e ii) no caso de empresa de pequeno porte, receita superior a R$ 360.000,00 até R$ 4.800.000,00 – art. 3º da LC n. 123/2006.	1.3.
Diferenciação de Enquadramento por Estado, Distrito Federal e Município	Diante da autorização constitucional contida em seu art. 179, os entes federados separadamente poderão dispensar tratamento diferenciado para os microempreendedores e pequenos empresários com a utilização de faixas de receitas auferidas diferentes das estabelecidas no art. 3º da LC n. 123/2006. Sabendo dessa autorização, o legislador complementar, em consonância também com a Constituição – art. 146 –, determinou a possibilidade de os Estados diferenciarem as faixas de receitas, tomando como base a participação do Produto Interno Bruto, nos termos dos arts. 19 e seguintes da LC n. 123/2006. Entretanto, a aplicação do art. 179 da CF foi criticada pela doutrina, em virtude de ferir o pacto federativo e o princípio da isonomia.	1.4.
Tributos abrangidos e não abrangidos pelo Simples Nacional e procedimento para o cumprimento das obrigações tributárias	Em consonância com a competência concedida pela Constituição ao legislador complementar (art. 146, III, da CF), no art. 13 e seus parágrafos da LC n. 123/2006 constam quais os tributos que deverão ser recolhidos nesse documento único de arrecadação para aqueles que aderirem ao regime do Simples Nacional e quais os tributos que não estão incluídos no regime do Simples Nacional, mas que permanecem obrigatórios para as micro e pequenas empresas. No tocante ao cumprimento das obrigações tributárias, o legislador complementar também previu a base de cálculo e a alíquota dos tributos a serem pagos pelos optantes do Simples, consoante estabelecem os arts. 18 e seguintes da LC n. 123/2006, alterados pela LC n. 147/2014. Os referidos artigos remetem as Tabelas Anexas à Lei Complementar, contendo as alíquotas aplicáveis conforme o tipo de atividade da micro e pequena empresa, bem como a fixação das parcelas do valor recolhido que correspondem a cada tributo incluído no Regime do Simples Nacional.	1.5.
Domicílio Tributário do optante pelo Simples Nacional	O domicílio tributário, nos termos do art. 16 da LC n. 123/2006, corresponde a um tipo de domicílio eletrônico apto a cumprir as obrigações tributárias, receber intimações, notificações, entre outros.	1.6.
Exclusão do Regime do Simples	O Comitê Gestor tem o papel fundamental de regulamentar a forma como se dará a exclusão do regime – art. 28 da LC n. 123/2006. O *caput* do art. 28 da LC n. 123/2006 estabelece que a exclusão do regime do Simples Nacional poderá ser de ofício ou por meio de comunicação das próprias empresas optantes. O art. 29 enumera as hipóteses em que se dará a exclusão de ofício. Já as hipóteses de exclusão por comunicação do próprio optante pelo Simples estão enumeradas no art. 30 da LC n. 123/2006.	1.7.

CAPÍTULO 1. SIMPLES NACIONAL		
Conteúdo		**Item**
Exclusão do Regime do Simples	Na mesma Seção de Exclusão do Simples, o legislador complementar delineou os efeitos e a forma de cumprimento das obrigações tributárias na transição do Simples para as normas gerais aplicáveis. Por fim, há a previsão de sanções aplicáveis aos casos de falta de comunicação obrigatória da exclusão do Regime do Simples nos prazos determinados pelo art. 30, conforme dispõem os arts. 36 e seguintes da Seção "Dos Acréscimos Legais" da Lei Complementar n. 123/2006. Cumpre lembrar que as sanções aplicáveis pela legislação em comento não exclui as previstas na legislação penal – art. 37 da LC n. 123/2006.	1.7.
Fiscalização, Processo Administrativo e Judicial no Simples Nacional	A Competência para fiscalizar o cumprimento das obrigações tributárias será da Secretaria Federal, Estadual e Municipal, conforme o tributo de sua respectiva competência. Ademais, em relação aos Estados e Municípios, estes poderão celebrar convênios para o compartilhamento das atividades de fiscalização, à luz do previsto no art. 33 da LC n. 123/2006. Ainda sobre o procedimento de Fiscalização, o Comitê Gestor regulamentou o procedimento por meio da Resolução n. 94/2011, com alterações recentes, de forma a evitar conflitos entre os entes federados – art. 77 da referida Resolução. No que se refere ao Processo Administrativo Fiscal – arts. 39 e 40 da LC n. 123/2006 –, a competência do órgão julgador será definida pelo ente federativo que efetuar o lançamento, o indeferimento ou a exclusão de ofício do optante pelo Simples, ressalvando-se a hipótese de o Município celebrar convênio com o Estado a que está situado, transferindo a sua atribuição de julgamento. Já quanto ao Processo Judicial, no *caput* do art. 41 consta a determinação de que os processos relativos aos tributos abrangidos pelo Simples Nacional devem ser ajuizados em face da União, que será representada em juízo pela Procuradoria Geral da Fazenda Nacional – PGFN. Os demais entes federativos, nesse caso, teriam a função de auxiliares. Essa regra é ressalvada tanto no § 3º, que permite a delegação pela Procuradoria Geral da Fazenda Nacional aos Estados e Municípios, mediante convênio, como também no § 5º do mesmo art. 42 da LC n. 123/2006. Observe-se que, em consonância com a legislação complementar, a Resolução do Comitê Gestor (n. 94/2011) determina que os créditos tributários serão inscritos e cobrados judicialmente pela PGFN, ressalvando a hipótese de convênio, crédito tributário decorrente de obrigação acessória e relativo ao ICMS e ISS, consoante reza o art. 125 da Resolução n. 94/2011.	1.8.

4. INFORMATIVO

Direito tributário. Empresas optantes pelo SIMPLES e suspensão do IPI

O benefício da suspensão do IPI na saída do produto do estabelecimento industrial (art. 29 da Lei 10.637/2002) não se estende às empresas optantes pelo SIMPLES. O tratamento diferenciado instituído às microempresas e às empresas de pequeno porte, simplificando o cumprimento de suas obrigações administrativas, tributárias e previdenciárias, estabelece o recolhimento de tributos de forma unificada e, em relação ao IPI, prescreve que ele incide cumulado com outros impostos, por alíquota fixa sobre a receita bruta. Essa sistemática de arrecadação já institui forma de benefício fiscal que determina pagamento único e que, consequentemente, exclui qualquer outra vantagem estabelecida às demais empresas, até porque, *contrario sensu*, a extensão do benefício quanto à suspensão do IPI da saída do estabelecimento industrial (art. 29 da Lei 10.637/2002) conduziria à concessão de dupla vantagem – uma, decorrente do recolhimento mitigado do IPI pela opção ao SIMPLES, e outra, pela sua total exclusão – sem expressa previsão legal. Precedentes citados: AgRg no Ag 1.171.321-SC, Primeira Turma, **DJe** de 09.04.2010; e AgRg no REsp 986.560-PR, **DJe** de 11.05.2009. (STJ – **Informativo** n. 554 – REsp 1.497.591-PE, rel. Min. Humberto Martins, julgado em 09.12.2014, **DJe** de 15.12.2014.

CAPÍTULO 14

SÚMULAS DO STF

14.1. Súmulas vinculantes do STF

1. Ofende a garantia constitucional do ato jurídico perfeito a decisão que, sem ponderar as circunstâncias do caso concreto, desconsidera a validez e a eficácia de acordo constante de termo de adesão instituído pela lei complementar nº 110/2001.

2. É inconstitucional a lei ou ato normativo estadual ou distrital que disponha sobre sistemas de consórcios e sorteios, inclusive bingos e loterias.

3. Nos processos perante o tribunal de contas da união asseguram-se o contraditório e a ampla defesa quando da decisão puder resultar anulação ou revogação de ato administrativo que beneficie o interessado, excetuada a apreciação da legalidade do ato de concessão inicial de aposentadoria, reforma e pensão.

5. A falta de defesa técnica por advogado no processo administrativo disciplinar não ofende a constituição.

7. A norma do §3º do art. 192 da Constituição, revogada pela Emenda Constitucional Nº 40/2003, que limitava a taxa de juros reais a 12% ao ano, tinha sua aplicação condicionada à edição de lei complementar.

8. São inconstitucionais o parágrafo único do artigo 5º do decreto-lei nº 1.569/1977 e os artigos 45 e 46 da lei nº 8.212/1991, que tratam de prescrição e decadência de crédito tributário.

10. Viola a cláusula de reserva de plenário (CF, artigo 97) a decisão de órgão fracionário de tribunal que, embora não declare expressamente a inconstitucionalidade de lei ou ato normativo do poder público, afasta sua incidência, no todo ou em parte.

12. A cobrança de taxa de matrícula nas universidades públicas viola o disposto no art. 206, IV, da Constituição Federal.

17. Durante o período previsto no parágrafo 1º do artigo 100 da Constituição, não incidem juros de mora sobre os precatórios que nele sejam pagos.

19. A taxa cobrada exclusivamente em razão dos serviços públicos de coleta, remoção e tratamento ou destinação de lixo ou resíduos provenientes de imóveis, não viola o artigo 145, II, da Constituição Federal.

20. A gratificação de desempenho de atividade técnico-administrativa – data, instituída pela lei nº 10.404/2002, deve ser deferida aos inativos nos valores correspondentes a 37,5 (trinta e sete vírgula cinco) pontos no período de fevereiro a maio de 2002.5º 10.404/2002, no período de junho de 2002 até a conclusão dos efeitos do último ciclo de avaliação a que se refere o artigo 1º da medida provisória no 198/2004, a partir da qual passa a ser de 60 (sessenta) pontos.

21. É inconstitucional a exigência de depósito ou arrolamento prévios de dinheiro ou bens para admissibilidade de recurso administrativo.

24. Não se tipifica crime material contra a ordem tributária, previsto no art. 1º, incisos I a IV, da Lei nº 8.137/90, antes do lançamento definitivo do tributo.

25. É ilícita a prisão civil de depositário infiel, qualquer que seja a modalidade do depósito.

28. É inconstitucional a exigência de depósito prévio como requisito de admissibilidade de ação judicial na qual se pretenda discutir a exigibilidade de crédito tributário.

29. É constitucional a adoção, no cálculo do valor de taxa, de um ou mais elementos da base de cálculo própria de determinado imposto, desde que não haja integral identidade entre uma base e outra.

31. É inconstitucional a incidência do imposto sobre serviços de qualquer natureza – ISS sobre operações de locação de bens móveis.

32. O ICMS não incide sobre alienação de salvados de sinistro pelas seguradoras.

33. Aplicam-se ao servidor público, no que couber, as regras do regime geral da previdência social sobre aposentadoria especial de que trata o artigo 40, § 4º, inciso III da Constituição Federal, até a edição de lei complementar específica.

34. A Gratificação de Desempenho de Atividade de Seguridade Social e do Trabalho – GDASST, instituída pela Lei 10.483/2002, deve ser estendida aos inativos no valor correspondente a 60 (sessenta) pontos, desde o advento da Medida Provisória 198/2004, convertida na Lei 10.971/2004, quando tais inativos façam jus à paridade constitucional (EC 20/1998, 41/2003 e 47/2005).

40. A contribuição confederativa de que trata o art. 8º, IV, da Constituição Federal, só é exigível dos filiados ao sindicato respectivo. (Trata-se de conversão em Súmula Vinculante da Súmula 666)

41. O serviço de iluminação pública não pode ser remunerado mediante taxa. (Trata-se de conversão em Súmula Vinculante da Súmula 670)

47. Os honorários advocatícios incluídos na condenação ou destacados do montante principal devido ao credor consubstanciam verba de natureza alimentar cuja satisfação ocorrerá com a expedição de precatório ou requisição de pequeno valor, observada ordem especial restrita aos créditos dessa natureza.

48. Na entrada de mercadoria importada do exterior, é legítima a cobrança do ICMS por ocasião do desembaraço aduaneiro. (Trata-se de conversão em Súmula Vinculante da Súmula 661)

50. Norma legal que altera o prazo de recolhimento de obrigação tributária não se sujeita ao princípio da anterioridade. (Trata-se de conversão em Súmula Vinculante da Súmula 669)

52. Ainda quando alugado a terceiros, permanece imune ao IPTU o imóvel pertencente a qualquer das entidades referidas pelo art. 150, VI, "c", da Constituição Federal, desde que o valor dos aluguéis seja aplicado nas atividades para as quais tais entidades foram constituídas. (Trata-se de conversão em Súmula Vinculante da Súmula 724)

* Súmulas Vinculantes direta ou indiretamente aplicáveis ao Direito Tributário – atualizado até 30.12.2016. Fonte: http://www.stf.jus.br/arquivo/cms/jurisprudenciaSumulaVinculante/anexo/Enunciados_Sumula_Vinculante_STF_1_a_29_e_31_a_37.pdf

14.2. Súmulas do STF

8. Diretor de Sociedade de Economia Mista pode ser destituído no curso do mandato.

15. Dentro do prazo de validade do concurso, o candidato aprovado tem o direito à nomeação, quando o cargo for preenchido sem observância da classificação.

16. Funcionário nomeado por concurso tem direito à posse.

23. Verificados os pressupostos legais para o licenciamento da obra, não o impede a declaração de utilidade pública para desapropriação do imóvel, mas o valor da obra não se incluirá na indenização, quando a desapropriação for efetivada.

24. Funcionário interino substituto é demissível, mesmo antes de cessar a causa da substituição.

25. A nomeação a termo não impede a livre demissão pelo presidente da república, de ocupante de cargo dirigente de autarquia.

26. Os servidores do Instituto de Aposentadoria e Pensões dos Industriários não podem acumular a sua gratificação bienal com o adicional de tempo de serviço previsto no Estatuto dos Funcionários Civis da União.

28. O estabelecimento bancário é responsável pelo pagamento de cheque falso, ressalvadas as hipóteses de culpa exclusiva ou concorrente do correntista.

29. Gratificação devida a servidores do "sistema fazendário" não se estende aos dos Tribunais de Contas.

30. Servidores de coletorias não têm direito à percentagem pela cobrança de contribuições destinadas à Petrobrás.

35. Em caso de acidente do trabalho ou de transporte, a concubina tem direito de ser indenizada pela morte do amásio, se entre eles não havia impedimento para o matrimônio.

36. Servidor vitalício está sujeito à aposentadoria compulsória, em razão da idade.

49. A cláusula de inalienabilidade inclui a incomunicabilidade dos bens.

64. É permitido trazer do estrangeiro, como bagagem, objetos de uso pessoal e doméstico, desde que, por sua quantidade e natureza, não induzam finalidade comercial.

66. É legítima a cobrança do tributo que houver sido aumentado após o orçamento, mas antes do início do respectivo exercício financeiro.

67. É inconstitucional a cobrança do tributo que houver sido criado ou aumentado no mesmo exercício financeiro.

68. É legítima a cobrança, pelos municípios, no exercício de 1961, de tributo estadual, regularmente criado ou aumentado, e que lhes foi transferido pela emenda constitucional 5, de 21/11/1961.

69. A Constituição estadual não pode estabelecer limite para o aumento de tributos municipais.

70. É inadmissível a interdição de estabelecimento como meio coercitivo para cobrança de tributo.

71. Embora pago indevidamente, não cabe restituição de tributo indireto. (Sem vigência)

72. No julgamento de questão constitucional, vinculada a decisão do tribunal superior eleitoral, não estão impedidos os ministros do Supremo Tribunal Federal que ali tenham funcionado no mesmo processo, ou no processo originário.

73. A imunidade das autarquias, implicitamente contida no art. 31, v, "a", da Constituição Federal, abrange tributos estaduais e municipais.

74. O imóvel transcrito em nome de autarquia, embora objeto de promessa de venda a particulares, continua imune de impostos locais. (Sem vigência)

75. Sendo vendedora uma autarquia, a sua imunidade fiscal não compreende o imposto de transmissão "inter vivos", que é encargo do comprador.

76. As sociedades de economia mista não estão protegidas pela imunidade fiscal do art. 31, V, "a", Constituição Federal (ver art. 173, § 2º, da CF).

77. Está isenta de impostos federais a aquisição de bens pela rede ferroviária federal.

78. Estão isentas de impostos locais as empresas de energia elétrica, no que respeita às suas atividades específicas (sem vigência).

79. O Banco do Brasil não tem isenção de tributos locais.

80. Para a retomada de prédio situado fora do domicílio do locador exige-se a prova da necessidade.

81. As cooperativas não gozam de isenção de impostos locais, com fundamento na Constituição e nas leis federais.

82. São inconstitucionais o imposto de cessão e a taxa sobre inscrição de promessa de venda de imóvel, substitutivos do imposto de transmissão, por incidirem sobre ato que não transfere o domínio.

83. Os ágios de importação incluem-se no valor dos artigos importados para incidência do imposto de consumo.

84. Não estão isentos do imposto de consumo os produtos importados pelas cooperativas.

85. Não estão sujeitos ao imposto de consumo os bens de uso pessoal e doméstico trazidos, como bagagem, do exterior.

86. Não está sujeito ao imposto de consumo automóvel usado, trazido do exterior pelo proprietário.

87. Somente no que não colidirem com a lei 3244, de 14/8/1957, são aplicáveis acordos tarifários anteriores.

88. É válida a majoração da tarifa alfandegária, resultante da lei 3244, de 14/8/1957, que modificou o acordo geral sobre tarifas aduaneiras e comércio (GATT), aprovado pela lei 313, de 30/7/1948.

89. Estão isentas do imposto de importação frutas importadas da argentina, do Chile, da Espanha e de Portugal, enquanto vigentes os respectivos acordos comerciais.

90. É legítima a lei local que faça incidir o imposto de indústrias e profissões com base no movimento econômico do contribuinte.

91. A incidência do imposto único não isenta o comerciante de combustíveis do imposto de indústrias e profissões. (Sem eficácia)

92. É constitucional o art. 100, II, da lei 4563, de 20/2/1957, do município de recife, que faz variar o imposto de licença em função do aumento do capital do contribuinte. (Sem eficácia)

93. Não está isenta do imposto de renda a atividade profissional do arquiteto.

94. É competente a autoridade alfandegária para o desconto, na fonte, do imposto de renda correspondente às comissões dos despachantes aduaneiros.

95. Para cálculo do imposto de lucro extraordinário, incluem-se no capital as reservas do ano-base, apuradas em balanço.

96. O imposto de lucro imobiliário incide sobre a venda de imóvel da meação do cônjuge sobrevivente, ainda que aberta a sucessão antes da vigência da lei 3470, de 28/11/58.

97. É devida a alíquota anterior do imposto de lucro imobiliário, quando a promessa de venda houver sido celebrada antes da vigência da lei que a tiver elevado.

98. Sendo o imóvel alienado na vigência da lei 3470, de 28/11/1958, ainda que adquirido por herança, usucapião ou a título gratuito, é devido o imposto de lucro imobiliário. (Sem eficácia)

99. Não é devido o imposto de lucro imobiliário, quando a alienação de imóvel adquirido por herança, ou a título gratuito, tiver sido anterior à vigência da lei 3470, de 28/11/1958. (sem eficácia)

100. Não é devido o imposto de lucro imobiliário, quando a alienação de imóvel, adquirido por usucapião, tiver sido anterior à vigência da lei 3.470, de 28/11/1958.

101. O Mandado de Segurança não substitui a Ação Popular.

102. É devido o imposto federal do selo pela incorporação de reservas, em reavaliação de ativo, ainda que realizada antes da vigência da lei 3519, de 30/12/1958. (Sem eficácia)

103. É devido o imposto federal do selo na simples reavaliação de ativo, realizada posteriormente à vigência da lei 3519, de 30/12/1958. (Sem eficácia)

104. Não é devido o imposto federal do selo na simples reavaliação de ativo anterior à vigência da lei 3519, de 30/12/1958. (Sem eficácia)

106. É legítima a cobrança de selo sobre registro de automóveis, na conformidade da legislação estadual.

107. É inconstitucional o imposto de selo de 3%, "ad valorem", do Paraná, quanto aos produtos remetidos para fora do Estado. (Sem eficácia)

108. É legítima a incidência do imposto de transmissão "inter vivos" sobre o valor do imóvel ao tempo da alienação e não da promessa, na conformidade da legislação local.

110. O imposto de transmissão "inter vivos" não incide sobre a construção, ou parte dela, realizada pelo adquirente, mas sobre o que tiver sido construído ao tempo da alienação do terreno.

111. É legítima a incidência do imposto de transmissão "inter vivos" sobre a restituição, ao antigo proprietário, de imóvel que deixou de servir à finalidade da sua desapropriação.

112. O imposto de transmissão "causa mortis" é devido pela alíquota vigente ao tempo da abertura da sucessão.

113. O imposto de transmissão "causa mortis" é calculado sobre o valor dos bens na data da avaliação. (Ver considerações sobre essa Súmula no Capítulo 11 de Tributos Estaduais)

114. O imposto de transmissão "causa mortis" não é exigível antes da homologação do cálculo.

115. Sobre os honorários do advogado contratado pelo inventariante, com a homologação do juiz, não incide o imposto de transmissão "causa mortis".

116. Em desquite ou inventário, é legítima a cobrança do chamado imposto de reposição, quando houver desigualdade nos valores partilhados. (Sem eficácia)

117. A lei estadual pode fazer variar a alíquota do imposto de vendas e consignações em razão da espécie do produto.

118. Estão sujeitas ao imposto de vendas e consignações as transações sobre minerais, que ainda não estão compreendidos na legislação federal sobre o imposto único. (Sem eficácia)

119. É devido o imposto de vendas e consignações sobre a venda de cafés ao instituto brasileiro do café, embora o lote, originariamente, se destinasse à exportação.

121. É vedada a capitalização de juros, ainda que expressamente convencionada.

124. É inconstitucional o adicional do imposto de vendas e consignações cobrado pelo Estado do Espírito Santo sobre cafés da cota de expurgo entregues ao instituto brasileiro do café.

125. Não é devido o imposto de vendas e consignações sobre a parcela do imposto de consumo que onera a primeira venda realizada pelo produtor.

126. É inconstitucional a chamada taxa de aguardente, do instituto do açúcar e do álcool.

127. É indevida a taxa de armazenagem, posteriormente aos primeiros trinta dias, quando não exigível o imposto de consumo, cuja cobrança tenha motivado a retenção da mercadoria.

128. É indevida a taxa de assistência médica e hospitalar das instituições de previdência social.

129. Na conformidade da legislação local, é legítima a cobrança de taxa de calçamento. (Sem vigência)

130. A taxa de despacho aduaneiro (art. 66 da lei 3244, de 14/8/1957) continua a ser exigível após o decreto legislativo 14, de 25/8/1960, que aprovou alterações introduzidas no acordo geral sobre tarifas aduaneiras e comércio (GATT).

131. A taxa de despacho aduaneiro (art. 66 da lei 3244, de 14/8/1957) continua a ser exigível após o decreto legislativo 14, de 25/8/1960, mesmo para as mercadorias incluídas na vigente lista III do acordo geral sobre tarifas aduaneiras e comércio (GATT).

132. Não é devida a taxa de previdência social na importação de amianto bruto ou em fibra.

133. Não é devida a taxa de despacho aduaneiro na importação de fertilizantes e inseticidas.

134. A isenção fiscal para a importação de frutas da argentina compreende a taxa de despacho aduaneiro e a taxa de previdência social.

135. É inconstitucional a taxa de eletrificação de Pernambuco.

136. É constitucional a taxa de estatística da Bahia. (sem vigência)

137. A taxa de fiscalização da exportação incide sobre a bonificação cambial concedida ao exportador.

138. É inconstitucional a taxa contra fogo, do estado de minas gerais, incidente sobre prêmio de seguro contra fogo.

139. É indevida a cobrança do imposto de transação a que se refere a lei 899/1957, art. 58, iv, "e", do antigo Distrito Federal. (sem eficácia)

140. Na importação de lubrificantes é devida a taxa de previdência social.

141. Não incide a taxa de previdência social sobre combustíveis.

142. Não é devida a taxa de previdência social sobre mercadorias isentas do imposto de importação.

143. Na forma da lei estadual, é devido o imposto de vendas e consignações na exportação de café pelo estado da Guanabara, embora proveniente de outro estado. (Sem eficácia)

144. É inconstitucional a incidência da taxa de recuperação econômica de minas gerais sobre contrato sujeito ao imposto federal do selo.

147. A prescrição de crime falimentar começa a correr da data em que deveria estar encerrada a falência, ou do trânsito em julgado da sentença que a encerrar ou que julgar cumprida a concordata.

148. É legítimo o aumento de tarifas portuárias por ato do ministro da viação e obras públicas.

150. Prescreve a execução no mesmo prazo de prescrição da ação.

153. Simples protesto cambiário não interrompe a prescrição.

163. Salvo contra a Fazenda Pública, sendo a obrigação ilíquida, contam-se os juros moratórios desde a citação inicial para a ação.

168. Para os efeitos do Dl. 58, de 10.12.37, admite-se a inscrição imobiliária do compromisso de compra e venda no curso da ação.

181. Na retomada, para construção mais útil de imóvel sujeito ao decreto 24150, de 20/4/1934, é sempre devida indenização para despesas de mudança do locatário.

182. Não impede o reajustamento do débito pecuário, nos termos da lei 1002, de 24/12/1949, a falta de cancelamento da renúncia à moratória da lei 209, de 2/1/1948.

183. Não se incluem no reajustamento pecuário dívidas estranhas à atividade agropecuária.

184. Não se incluem no reajustamento pecuário dívidas contraídas posteriormente a 19/12/1946.

185. Em processo de reajustamento pecuário, não responde a União pelos honorários do advogado do credor ou do devedor.

186. Não infringe a lei a tolerância da quebra de 1% no transporte por estrada de ferro, prevista no regulamento de transportes.

191. Inclui-se no crédito habilitado em falência a multa fiscal simplesmente moratória.

192. Não se inclui no crédito habilitado em falência a multa fiscal com efeito de pena administrativa.

205. Tem direito a salário integral o menor não sujeito a aprendizagem metódica.

207. As gratificações habituais, inclusive a de natal, consideram-se tacitamente convencionadas, integrando o salário.

211. Contra a decisão proferida sobre o agravo no auto do processo, por ocasião do julgamento da apelação, não se admitem embargos infringentes ou de nulidade.

218. É competente o juízo da fazenda nacional da capital do estado, e não o da situação da coisa, para a desapropriação promovida por empresa de energia elétrica, se a União Federal intervém como assistente.

228. Não é provisória a execução na pendência de Recurso Extraordinário, ou de agravo destinado a fazê-lo admitir.

233. Salvo em caso de divergência qualificada (lei 623/1949), não cabe recurso de embargos contra decisão que nega provimento a agravo ou não conhece de Recurso Extraordinário, ainda que por maioria de votos.

239. Decisão que declara indevida a cobrança do imposto em determinado exercício não faz coisa julgada em relação aos posteriores.

241. A contribuição previdenciária incide sobre o abono incorporado ao salário.

242. O agravo no auto do processo deve ser apreciado, no julgamento da apelação, ainda que o agravante não tenha apelado.

244. A importação de máquinas de costura está isenta do imposto de consumo.

247. O relator não admitirá os embargos da lei 623, de 19/2/1949, nem deles conhecerá o Supremo Tribunal Federal, quando houver jurisprudência firme do plenário no mesmo sentido da decisão embargada.

248. É competente, originariamente, o Supremo Tribunal Federal, para Mandado de Segurança contra ato do Tribunal de Contas da União.

249. É competente o Supremo Tribunal Federal para a Ação Rescisória, quando, embora não tendo conhecido do Recurso Extraordinário, ou havendo negado provimento ao agravo, tiver apreciado a questão federal controvertida.

250. A intervenção da União desloca o processo do juízo cível comum para o fazendário.

251. Responde a Rede Ferroviária Federal S.A. perante o foro comum e não perante o juízo especial da Fazenda Nacional, a menos que a União intervenha na causa.

252. Na Ação Rescisória, não estão impedidos juízes que participaram do julgamento rescindendo.

253. Nos Embargos da lei 623, de 19/2/1949, no Supremo Tribunal Federal, a divergência somente será acolhida, se tiver sido indicada na petição de Recurso Extraordinário.

254. Incluem-se os juros moratórios na liquidação, embora omisso o pedido inicial ou a condenação.

255. Sendo ilíquida a obrigação, os juros moratórios, contra a Fazenda Pública, incluídas as autarquias, são contados do trânsito em julgado da sentença de liquidação. (Cancelada).

258. É admissível reconvenção em ação declaratória.

259. Para produzir efeito em juízo não é necessária a inscrição, no registro público, de documentos de procedência estrangeira, autenticados por via consular.

260. O exame de livros comerciais, em ação judicial, fica limitado às transações entre os litigantes.

262. Não cabe medida possessória liminar para liberação alfandegária de automóvel.

264. Verifica-se a prescrição intercorrente pela paralisação da ação rescisória por mais de cinco anos.

265. Na apuração de haveres não prevalece o balanço não aprovado pelo sócio falecido, excluído ou que se retirou.

266. Não cabe Mandado de Segurança contra lei em tese.

267. Não cabe Mandado de Segurança contra ato judicial passível de recurso ou correição.

268. Não cabe Mandado de Segurança contra decisão judicial com trânsito em julgado.

269. O Mandado de Segurança não é substitutivo de Ação de Cobrança.

270. Não cabe Mandado de Segurança para impugnar enquadramento da lei 3780, de 12/7/1960, que envolva exame de prova ou de situação funcional complexa.

271. Concessão de Mandado de Segurança não produz efeitos patrimoniais em relação a período pretérito, os quais devem ser reclamados administrativamente ou pela via judicial própria.

272. Não se admite como ordinário Recurso Extraordinário de decisão denegatória de Mandado de Segurança.

273. Nos embargos da lei 623, de 19/2/1949, a divergência sobre questão prejudicial ou preliminar, suscitada após a interposição do Recurso Extraordinário, ou do Agravo, somente será acolhida se o acórdão-padrão for anterior à decisão embargada.

274. É inconstitucional a taxa de serviço contra fogo cobrada pelo Estado de Pernambuco (revogada).

275. Está sujeita a recurso "ex officio" sentença concessiva de reajustamento pecuário anterior à vigência da Lei n. 2804, de 25.6.1956.

276. Não cabe Recurso de Revista em Ação Executiva Fiscal.

277. São cabíveis Embargos, em favor da Fazenda Pública, em Ação Executiva Fiscal, não sendo unânime a decisão.

278. São cabíveis Embargos em Ação Executiva Fiscal contra decisão reformatória da de primeira instância, ainda que unânime.

279. Para simples reexame de prova não cabe Recurso Extraordinário. (CF: art. 102, III, "a" a "d".)

280. Por ofensa a direito local não cabe Recurso Extraordinário. (CF: art. 102, III, "a" a "d".)

281. É inadmissível o Recurso Extraordinário, quando couber na justiça de origem, recurso ordinário da decisão impugnada. (CF: art. 102, III, "a" a "d".)

282. É inadmissível o Recurso Extraordinário, quando não ventilada, na decisão recorrida, a questão federal suscitada. (CF: art. 102, III, "a" a "d".)

283. É inadmissível o Recurso Extraordinário, quando a decisão recorrida assenta em mais de um fundamento suficiente e o recurso não abrange todos eles. (CF: art. 102, III, "a" a "d".)

284. É inadmissível o Recurso Extraordinário, quando a deficiência na sua fundamentação não permitir a exata compreensão da controvérsia. (CF: art. 102, III, "a" a "d".)

285. Não sendo razoável a arguição de inconstitucionalidade, não se conhece do Recurso Extraordinário fundado na letra «c» do art. 101, III, da Constituição Federal. (CF: art. 102, III, "a" a "d".)

286. Não se conhece do Recurso Extraordinário fundado em divergência jurisprudencial, quando a orientação do plenário do Supremo Tribunal Federal já se firmou no mesmo sentido da decisão recorrida.

287. Nega-se provimento ao agravo, quando a deficiência na sua fundamentação, ou na do Recurso Extraordinário, não permitir a exata compreensão da controvérsia.

288. Nega-se provimento a agravo para subida de Recurso Extraordinário, quando faltar no traslado o despacho agravado, a decisão recorrida, a petição de Recurso Extraordinário ou qualquer peça essencial à compreensão da controvérsia.

289. O provimento do Agravo por uma das turmas do Supremo Tribunal Federal ainda que sem ressalva, não prejudica a questão do cabimento do Recurso Extraordinário.

290. Nos embargos da lei 623, de 19/2/1949, a prova de divergência far-se-á por certidão, ou mediante indicação do "diário da justiça" ou de repertório de jurisprudência autorizado, que a tenha publicado, com a transcrição do trecho que configure a divergência, mencionadas as circunstâncias que identifiquem ou assemelhem os casos confrontados.

291. No Recurso Extraordinário pela letra "d" do art. 101, III, da Constituição, a prova do dissídio jurisprudencial far-se-á por certidão, ou mediante indicação do "diário da justiça" ou de repertório de jurisprudência autorizado, com a transcrição do trecho que configure a divergência, mencionadas as circunstâncias que identifiquem ou assemelhem os casos confrontados.

292. Interposto o Recurso Extraordinário por mais de um dos fundamentos indicados no art. 101, III, da Constituição, a admissão apenas por um deles não prejudica o seu conhecimento por qualquer dos outros.

293. São inadmissíveis Embargos Infringentes contra decisão em matéria constitucional submetida ao plenário dos tribunais.

294. São inadmissíveis Embargos Infringentes contra decisão do Supremo Tribunal Federal em Mandado de Segurança.

295. São inadmissíveis Embargos Infringentes contra decisão unânime do Supremo Tribunal Federal em Ação Rescisória.

296. São inadmissíveis Embargos Infringentes sobre matéria não ventilada, pela turma, no julgamento do Recurso Extraordinário.

299. O Recurso Ordinário e o Extraordinário interpostos no mesmo processo de Mandado de Segurança, ou de "Habeas Corpus", serão julgados conjuntamente pelo Tribunal Pleno.

300. São incabíveis os Embargos da lei 623, de 19/2/1949, contra provimento de agravo para subida de Recurso Extraordinário.

302. Está isenta da Taxa de Previdência Social a importação de petróleo bruto.

303. Não é devido o imposto federal de selo em contrato firmado com Autarquia anteriormente à vigência da Emenda Constitucional 5, de 21/11/1961.

304. Decisão denegatória de Mandado de Segurança, não fazendo coisa julgada contra o impetrante, não impede o uso da ação própria.

306. As taxas de recuperação econômica e de assistência hospitalar de Minas Gerais são legítimas, quando incidem sobre matéria tributável pelo Estado.

308. A taxa de despacho aduaneiro, sendo adicional do imposto de importação, não incide sobre borracha importada com isenção daquele imposto.

309. A taxa de despacho aduaneiro, sendo adicional do imposto de importação, não está compreendida na isenção do imposto de consumo para automóvel usado trazido do exterior pelo proprietário.

310. Quando a intimação tiver lugar na sexta-feira, ou a publicação com efeito de intimação for feita nesse dia, o prazo judicial terá início na segunda-feira imediata, salvo se não houver expediente, caso em que começará no primeiro dia útil que se seguir.

317. São improcedentes os embargos declaratórios, quando não pedida a declaração do julgado anterior, em que se verificou a omissão.

318. É legítima a cobrança, em 1962, pela municipalidade de São Paulo, do imposto de indústrias e profissões, consoante as leis 5917 e 5919, de 1961 (aumento anterior à vigência do orçamento e incidência do tributo sobre o movimento econômico do contribuinte).

319. O prazo do Recurso Ordinário para o Supremo Tribunal Federal, em "Habeas Corpus" ou Mandado de Segurança, é de cinco dias.

320. A apelação despachada pelo juiz no prazo legal não fica prejudicada pela demora da juntada, por culpa do cartório.

321. A Constituição Estadual pode estabelecer a irredutibilidade dos vencimentos do ministério público. (revogada).

322. Não terá seguimento pedido ou recurso dirigido ao Supremo Tribunal Federal, quando manifestamente incabível, ou apresentado fora do prazo, ou quando for evidente a incompetência do Tribunal.

323. É inadmissível a apreensão de mercadorias como meio coercitivo para pagamento de tributos.

324. A imunidade do art. 31, V, da Constituição Federal não compreende as taxas.

326. É legítima a incidência do imposto de transmissão "inter vivos" sobre a transferência do domínio útil.

328. É legítima a incidência do imposto de transmissão "inter vivos" sobre a doação de imóvel (sem vigência).

329. O imposto de transmissão "inter vivos" não incide sobre a transferência de ações de sociedade imobiliária.

330. O Supremo Tribunal Federal não é competente para conhecer de Mandado de Segurança contra atos dos Tribunais de Justiça dos Estados.

331. É legítima a incidência do imposto de transmissão "causa mortis" no inventário por morte presumida.

332. É legítima a incidência do imposto de vendas e consignações sobre a parcela do preço correspondente aos ágios cambiais.

333. Está sujeita ao imposto de vendas e consignações a venda realizada por invernista não qualificado como pequeno produtor.

334. É legítima a cobrança, ao empreiteiro, do imposto de vendas e consignações, sobre o valor dos materiais empregados, quando a empreitada não for apenas de lavor.

336. A imunidade da autarquia financiadora, quanto ao contrato de financiamento, não se estende à compra e venda entre particulares, embora constantes os dois atos de um só instrumento.

342. Cabe Agravo no auto do processo, e não Agravo de Petição, do despacho que não admite a reconvenção.

343. Não cabe Ação Rescisória por ofensa a literal disposição de lei, quando a decisão rescindenda se tiver baseado em texto legal de interpretação controvertida nos Tribunais.

344. Sentença de primeira instância concessiva de "Habeas Corpus", em caso de crime praticado em detrimento de bens, serviços ou interesses da União, está sujeita a recurso "ex officio".

345. Na chamada desapropriação indireta, os juros compensatórios são devidos a partir da perícia, desde que tenha atribuído valor atual ao imóvel.

346. A administração pública pode declarar a nulidade dos seus próprios atos.

347. O Tribunal de Contas, no exercício de suas atribuições, pode apreciar a constitucionalidade das leis e dos atos do Poder Público.

348. É constitucional a criação de taxa de construção, conservação e melhoramento de estradas. (Sem vigência)

350. O imposto de indústrias e profissões não é exigível de empregado, por falta de autonomia na sua atividade profissional.

353. São incabíveis os Embargos da lei 623, de 19/2/1949, com fundamento em divergência entre decisões da mesma turma do Supremo Tribunal Federal.

354. Em caso de Embargos Infringentes parciais, é definitiva a parte da decisão embargada em que não houve divergência na votação.

355. Em caso de Embargos Infringentes parciais, é tardio o Recurso Extraordinário interposto após o julgamento dos embargos, quanto à parte da decisão embargada que não fora por eles abrangida.

356. O ponto omisso da decisão, sobre o qual não foram opostos embargos declaratórios, não pode ser objeto de Recurso Extraordinário, por faltar o requisito do prequestionamento.

365. Pessoa Jurídica não tem legitimidade para propor Ação Popular.

368. Não há Embargos Infringentes no processo de Reclamação.

369. Julgados do mesmo Tribunal não servem para fundamentar o Recurso Extraordinário por divergência jurisprudencial.

383. A prescrição em favor da Fazenda Pública recomeça a correr, por dois anos e meio, a partir do ato interruptivo, mas não fica reduzida aquém de cinco anos, embora o titular do direito a interrompa durante a primeira metade do prazo.

389. Salvo limite legal, a fixação de honorários de advogado, em complemento da condenação, depende das circunstâncias da causa, não dando lugar a Recurso Extraordinário.

390. A exibição judicial de livros comerciais pode ser requerida como medida preventiva.

392. O prazo para recorrer de acórdão concessivo de segurança conta-se da publicação oficial de suas conclusões, e não da anterior ciência à autoridade para cumprimento da decisão.

399. Não cabe Recurso Extraordinário, por violação de lei federal, quando a ofensa alegada for a regimento de tribunal.

400. Decisão que deu razoável interpretação à lei, ainda que não seja a melhor, não autoriza Recurso Extraordinário pela letra "a" do art. 101, III, da Constituição Federal.

404. Não contrariam a Constituição os arts 3º, 22 e 27 da lei 3244, de 14/8/1957, que definem as atribuições do conselho de política aduaneira quanto à tarifa flexível.

405. Denegado o Mandado de Segurança pela sentença, ou no julgamento do agravo, dela interposto, fica sem efeito a liminar concedida, retroagindo os efeitos da decisão contrária.

408. Os servidores fazendários não têm direito a percentagem pela arrecadação de receita federal destinada ao Banco Nacional de Desenvolvimento Econômico.

418. O Empréstimo Compulsório não é tributo, e sua arrecadação não está sujeita à exigência constitucional da prévia autorização orçamentária. (Sem eficácia).

419. Os Municípios têm competência para regular o horário do comércio local, desde que não infrinjam leis estaduais ou federais válidas.

420. Não se homologa sentença proferida no estrangeiro sem prova do trânsito em julgado.

423. Não transita em julgado a sentença por haver omitido o recurso "ex officio", que se considera interposto "ex lege".

424. Transita em julgado o despacho saneador de que não houve recurso, excluídas as questões deixadas, explícita ou implicitamente, para a sentença.

425. O Agravo despachado no prazo legal não fica prejudicado pela demora da juntada, por culpa do cartório; nem o agravo entregue em cartório no prazo legal, embora despachado tardiamente.

426. A falta do termo específico não prejudica o agravo no auto do processo, quando oportuna a interposição por petição ou no termo da audiência.

429. A existência de recurso administrativo com efeito suspensivo não impede o uso do Mandado de Segurança contra omissão da autoridade.

430. Pedido de reconsideração na via administrativa não interrompe o prazo para o Mandado de Segurança.

435. O imposto de transmissão "causa mortis" pela transferência de ações é devido ao Estado em que tem sede a companhia.

436. É válida a lei 4093, de 24/10/1959, do Paraná, que revogou a isenção concedida às cooperativas por lei anterior.

437. Está isenta da taxa de despacho aduaneiro a importação de equipamento para a indústria automobilística, segundo plano aprovado, no prazo legal, pelo órgão competente.

438. É ilegítima a cobrança, em 1962, da taxa de educação e saúde, de Santa Catarina, adicional do imposto de vendas e consignações.

439. Estão sujeitos à fiscalização tributária ou previdenciária quaisquer livros comerciais, limitado o exame aos pontos objeto da investigação.

440. Os benefícios da legislação federal de serviços de guerra não são exigíveis dos Estados, sem que a lei estadual assim disponha.

445. A lei 2437, de 7/3/1955, que reduz prazo prescricional, é aplicável às prescrições em curso na data de sua vigência (1º/1/1956), salvo quanto aos processos então pendentes.

448. O prazo para o assistente recorrer, supletivamente, começa a correr imediatamente após o transcurso do prazo do Ministério Público.

450. São devidos honorários de advogado sempre que vencedor o beneficiário de justiça gratuita.

454. Simples interpretação de cláusulas contratuais não dá lugar a Recurso Extraordinário.

455. Da decisão que se seguir ao julgamento de constitucionalidade pelo Tribunal Pleno, são inadmissíveis Embargos Infringentes quanto à matéria constitucional.

456. O Supremo Tribunal Federal, conhecendo do Recurso Extraordinário, julgará a causa, aplicando o direito à espécie.

467. A base do cálculo das contribuições previdenciárias, anteriormente à vigência da lei orgânica da previdência social, é o salário mínimo mensal, observados os limites da lei 2755/1956.

468. Após a emenda constitucional 5, de 21/11/1961, em contrato firmado com a União, estado, município ou autarquia, é devido o imposto federal de selo pelo contratante não protegido pela imunidade, ainda que haja repercussão do ônus tributário sobre o patrimônio daquelas entidades.

469. A multa de cem por cento, para o caso de mercadoria importada irregularmente, é calculada à base do custo de câmbio da categoria correspondente.

470. O imposto de transmissão "inter vivos" não incide sobre a construção, ou parte dela, realizada, inequivocamente, pelo promitente comprador, mas sobre o valor do que tiver sido construído antes da promessa de venda.

471. As empresas aeroviárias não estão isentas do imposto de indústrias e profissões.

472. A condenação do autor em honorários de advogado, com fundamento no art. 64 do Código de Processo Civil, depende de Reconvenção.

473. A administração pode anular seus próprios atos, quando eivados de vícios que os tornam ilegais, porque deles não se originam direitos; ou revogá-los, por motivo de conveniência ou oportunidade, respeitados os direitos adquiridos, e ressalvada, em todos os casos, a apreciação judicial.

474. Não há direito líquido e certo, amparado pelo Mandado de Segurança, quando se escuda em lei cujos efeitos foram anulados por outra, declarada constitucional pelo Supremo Tribunal Federal.

475. A lei 4686, de 21/6/1965, tem aplicação imediata aos processos em curso, inclusive em grau de Recurso Extraordinário.

489. A compra e venda de automóvel não prevalece contra terceiros, de boa-fé, se o contrato não foi transcrito no Registro de Títulos e Documentos.

493. O valor da indenização, se consistente em prestações periódicas e sucessivas, compreenderá, para que se mantenha inalterável na sua fixação, parcelas compensatórias do imposto de renda, incidente sobre os juros do capital gravado ou caucionado, nos termos dos arts. 911 e 912 do código de processo civil.

503. A dúvida, suscitada por particular, sobre o direito de tributar, manifestado por dois Estados, não configura litígio da competência originária do Supremo Tribunal Federal.

504. Compete à Justiça Federal, em ambas as instâncias, o processo e o julgamento das causas fundadas em contrato de seguro marítimo.

506. O agravo a que se refere o art. 4º da Lei 4.348, de 26/6/1964, cabe, somente, do despacho do presidente do Supremo Tribunal Federal que defere a suspensão da liminar, em Mandado de Segurança; não do que a "denega". (revogada).

507. A ampliação dos prazos a que se refere o art. 32 do código de processo civil aplica-se aos executivos fiscais.

508. Compete à Justiça Estadual, em ambas as instâncias, processar e julgar as causas em que for parte o Banco do Brasil S.A.

509. A lei 4632, de 18/5/1965, que alterou o art. 64 do código de processo civil, aplica-se aos processos em andamento, nas instâncias ordinárias.

510. Praticado o ato por autoridade, no exercício de competência delegada, contra ela cabe o Mandado de Segurança ou a medida judicial.

511. Compete à justiça federal, em ambas as instâncias, processar e julgar as causas entre autarquias federais e entidades públicas locais, inclusive mandados de segurança, ressalvada a ação fiscal, nos termos da Constituição Federal de 1967, art. 119, § 3º.

512. Não cabe condenação em honorários de advogado na ação de Mandado de Segurança.

513. A decisão que enseja a interposição de Recurso Ordinário ou extraordinário não é a do Plenário, que resolve o incidente de inconstitucionalidade, mas a do órgão (câmaras, grupos ou turmas) que completa o julgamento do feito.

514. Admite-se Ação Rescisória contra sentença transitada em julgado, ainda que contra ela não se tenha esgotado todos os recursos.

515. A competência para a ação rescisória não é do Supremo Tribunal Federal, quando a questão federal, apreciada no Recurso Extraordinário ou no agravo de instrumento, seja diversa da que foi suscitada no pedido rescisório.

517. As Sociedades de Economia Mista só têm foro na Justiça Federal, quando a união intervém como assistente ou opoente.

518. A intervenção da União, em feito já julgado pela segunda instância e pendente de embargos, não desloca o processo para o tribunal federal de recursos.

519. Aplica-se aos executivos fiscais o princípio da sucumbência a que se refere o art. 64 do código de processo civil.

525. A medida de segurança não será aplicada em segunda instância, quando só o réu tenha recorrido.

532. É constitucional a lei 5043, de 21/6/1966, que concedeu remissão das dívidas fiscais oriundas da falta de oportuno pagamento de selo nos contratos particulares com a caixa econômica e outras entidades autárquicas.

533. Nas operações denominadas "crediários", com emissão de vales ou certificados para compras e nas quais, pelo financiamento, se cobram, em separado, juros, selos e outras despesas, incluir-se-á tudo no custo da mercadoria e sobre esse preço global calcular-se-á o imposto de vendas e consignações.

534. O imposto de importação sobre o extrato alcoólico de malte, como matéria-prima para fabricação de "whisky", incide à base de 60%, desde que desembarcado antes do decreto-lei 398, de 30/12/1968.

535. Na importação, a granel, de combustíveis líquidos é admissível a diferença de peso, para mais, até 4%, motivada pelas variações previstas no decreto-lei 1028, de 4/1/1939, art. 1º.

536. São objetivamente imunes ao imposto sobre circulação de mercadorias os «produtos industrializados», em geral, destinados à exportação, além de outros, com a mesma destinação, cuja isenção a lei determinar.

537. É inconstitucional a exigência de imposto estadual do selo, quando feita nos atos e instrumentos tributados ou regulados por lei federal, ressalvado o disposto no art. 15, § 5º, da Constituição Federal de 1946.

538. A avaliação judicial para o efeito do cálculo das benfeitorias dedutíveis do imposto sobre lucro imobiliário independe do limite a que se refere a lei 3470, de 28/11/1958, art. 8º, parágrafo único.

539. É constitucional a lei do município que reduz o imposto predial urbano sobre imóvel ocupado pela residência do proprietário, que não possua outro.

540. No preço da mercadoria sujeita ao imposto de vendas e consignações, não se incluem as despesas de frete e carreto. (Sem eficácia)

541. O imposto sobre vendas e consignações não incide sobre a venda ocasional de veículos e equipamentos usados, que não se insere na atividade profissional do vendedor, e não é realizada com o fim de lucro, sem caráter, pois, de comercialidade.

543. A lei 2975, de 27/11/1965, revogou, apenas, as isenções de caráter geral, relativas ao imposto único sobre combustíveis, não as especiais, por outras leis concedidas.

544. Isenções tributárias concedidas, sob condição onerosa, não podem ser livremente suprimidas.

545. Preços de serviços públicos e taxas não se confundem, porque estas, diferentemente daqueles, são compulsórias e têm sua cobrança condicionada à prévia autorização orçamentária, em relação à lei que as instituiu.

546. Cabe a restituição do tributo pago indevidamente, quando reconhecido por decisão, que o contribuinte "de jure" não recuperou do contribuinte "de facto" o "quantum" respectivo.

547. Não é lícito à autoridade proibir que o contribuinte em débito adquira estampilhas, despache mercadorias nas alfândegas e exerça suas atividades profissionais.

548. É inconstitucional o decreto-lei 643, DE 19/6/1947, art. 4º, do Paraná, na parte que exige selo proporcional sobre atos e instrumentos regulados por lei federal.

549. A taxa de bombeiros do estado de Pernambuco é constitucional, revogada a súmula 274.

550. A isenção concedida pelo art. 2º da Lei 1.815/1953, às empresas de navegação aérea não compreende a taxa de melhoramento de portos, instituída pela Lei 3.421/1958.

551. É inconstitucional a taxa de urbanização da Lei 2.320, de 20/12/1961, instituída pelo município de porto alegre, porque seu fato gerador é o mesmo da transmissão imobiliária.

553. O adicional ao frete para renovação da marinha mercante (AFRMM) é contribuição parafiscal, não sendo abrangido pela imunidade prevista na letra "d", III, do art. 19 da Constituição Federal.

556. É competente a Justiça Comum para julgar as causas em que é parte Sociedade de Economia Mista.

557. É competente a justiça federal para julgar as causas em que são partes a COBAL e a CIBRAZEM.

558. É constitucional o art. 27 do decreto-lei 898, de 29/9/1969.

559. O decreto-lei 730, de 5/8/1969, revogou a exigência de homologação, pelo ministro da fazenda, das resoluções do conselho de política aduaneira.

560. A extinção de punibilidade, pelo pagamento do tributo devido, estende-se ao crime de contrabando ou descaminho, por força do art. 18, § 2º, do decreto-lei 157/1967. (sem eficácia).

561. Em desapropriação, é devida a correção monetária até a data do efetivo pagamento da indenização, devendo proceder-se à atualização do cálculo, ainda que por mais de uma vez.

563. O concurso de preferência a que se refere o parágrafo único do art. 187 Do Código Tributário Nacional É Compatível Com O Disposto No Art. 9º, I, da Constituição Federal.

565. A multa fiscal moratória constitui pena administrativa, não se incluindo no crédito habilitado em falência.

569. É inconstitucional a discriminação de alíquotas do imposto de circulação de mercadorias nas operações interestaduais, em razão de o destinatário ser, ou não, contribuinte. (Sem vigência)

570. O imposto de circulação de mercadorias não incide sobre a importação de bens de capital.

571. O comprador de café ao IBC, ainda que sem expedição de nota fiscal, habilita-se, quando da comercialização do produto, ao crédito do ICM que incidiu sobre a operação anterior.

572. No cálculo do imposto de circulação de mercadorias devido na saída de mercadorias para o exterior, não se incluem fretes pagos a terceiros, seguros e despesas de embarque. (Sem eficácia)

573. Não constitui fato gerador do imposto de circulação de mercadorias a saída física de máquinas, utensílios e implementos a título de comodato.

574. Sem lei estadual que a estabeleça, é ilegítima a cobrança do imposto de circulação de mercadorias sobre o fornecimento de alimentação e bebidas em restaurante ou estabelecimento similar.

575. À mercadoria importada de país signatário do (GATT), ou membro da (ALALC), estende-se a isenção do imposto de circulação de mercadorias concedida a similar nacional.

576. É lícita a cobrança do imposto de circulação de mercadorias sobre produtos importados sob o regime da alíquota "zero".

577. Na importação de mercadorias do exterior, o fato gerador do imposto de circulação de mercadorias ocorre no momento de sua entrada no estabelecimento do importador. (Sem eficácia).

578. Não podem os estados, a título de ressarcimento de despesas, reduzir a parcela de 20% do produto da arrecadação do imposto de circulação de mercadorias, atribuída aos municípios pelo art. 23, § 8º, da Constituição Federal.

579. A cal virgem e a hidratada estão sujeitas ao imposto de circulação de mercadorias.

580. A isenção prevista no art. 13, parágrafo único, do decreto-lei 43/1966, restringe-se aos filmes cinematográficos.

581. A exigência de transporte em navio de bandeira brasileira, para efeito de isenção tributária, legitimou-se com o advento do decreto-lei 666, de 2/7/1969.

582. É constitucional a resolução 640/1969, do conselho de política aduaneira, que reduziu a alíquota do imposto de importação para a soda cáustica, destinada a zonas de difícil distribuição e abastecimento.

583. Promitente comprador de imóvel residencial transcrito em nome de autarquia é contribuinte do imposto predial territorial urbano.

584. Ao imposto de renda calculado sobre os rendimentos do ano-base, aplica-se a lei vigente no exercício financeiro em que deve ser apresentada a declaração. (Ver entendimento atual do STF no Capítulo 3)

585. Não incide o imposto de renda sobre a remessa de divisas para pagamento de serviços prestados no exterior, por empresa que não opera no brasil.

586. Incide imposto de renda sobre os juros remetidos para o exterior, com base em contrato de mútuo.

587. Incide imposto de renda sobre o pagamento de serviços técnicos contratados no exterior e prestados no brasil.

588. O imposto sobre serviços não incide sobre os depósitos, as comissões e taxas de desconto, cobrados pelos estabelecimentos bancários.

589. É inconstitucional a fixação de adicional progressivo do imposto predial e territorial urbano em função do número de imóveis do contribuinte.

590. Calcula-se o imposto de transmissão "causa mortis" sobre o saldo credor da promessa de compra e venda de imóvel, no momento da abertura da sucessão do promitente vendedor.

591. A imunidade ou a isenção tributária do comprador não se estende ao produtor, contribuinte do imposto sobre produtos industrializados.

595. É inconstitucional a taxa municipal de conservação de estradas de rodagem cuja base de cálculo seja idêntica à do imposto territorial rural.

596. As disposições do decreto 22626/1933 não se aplicam às taxas de juros e aos outros encargos cobrados nas operações realizadas por instituições públicas ou privadas, que integram o sistema financeiro nacional.

597. Não cabem embargos infringentes de acórdão que, em Mandado de Segurança decidiu, por maioria de votos, a apelação.

598. Nos embargos de divergência não servem como padrão de discordância os mesmos paradigmas invocados para demonstrá-la mas repelidos como não dissidentes no julgamento do Recurso Extraordinário.

609. É pública incondicionada a ação penal por crime de sonegação fiscal.

613. Os dependentes de trabalhador rural não têm direito à pensão previdenciária, se o óbito ocorreu anteriormente à vigência da lei complementar 11/1971.

614. Somente o Procurador-Geral da Justiça tem legitimidade para propor ação direta interventiva por inconstitucionalidade de lei municipal.

615. O princípio constitucional da anualidade (§ 29 do art. 153 da Constituição Federal) não se aplica à revogação de isenção do ICM.

616. É permitida a cumulação da multa contratual com os honorários de advogado, após o advento do Código de Processo Civil vigente.

620. A sentença proferida contra autarquias não está sujeita a reexame necessário, salvo quando sucumbente em execução de dívida ativa.

622. Não cabe agravo regimental contra decisão do relator que concede ou indefere liminar em mandado de segurança.

623. Não gera por si só a competência originária do supremo tribunal federal para conhecer do mandado de segurança com base no art. 102, i, "n", da constituição, dirigir-se o pedido contra deliberação administrativa do tribunal de origem, da qual haja participado a maioria ou a totalidade de seus membros.

624. Não compete ao Supremo Tribunal Federal conhecer originariamente de Mandado de Segurança contra atos de outros tribunais.

625. Controvérsia sobre matéria de direito não impede concessão de Mandado de Segurança.

626. A suspensão da liminar em Mandado de Segurança, salvo determinação em contrário da decisão que a deferir, vigorará até o trânsito em julgado da decisão definitiva de concessão da segurança ou, havendo recurso, até a sua manutenção pelo Supremo Tribunal Federal, desde que o objeto da liminar deferida coincida, total ou parcialmente, com o da impetração.

627. No Mandado de Segurança contra a nomeação de magistrado da competência do presidente da república, este é considerado autoridade coatora, ainda que o fundamento da impetração seja nulidade ocorrida em fase anterior do procedimento.

629. A impetração de Mandado de Segurança coletivo por entidade de classe em favor dos associados independe da autorização destes.

630. A entidade de classe tem legitimação para o Mandado de Segurança ainda quando a pretensão veiculada interesse apenas a uma parte da respectiva categoria.

631. Extingue-se o processo de Mandado de Segurança se o impetrante não promove, no prazo assinado, a citação do litisconsorte passivo necessário.

632. É constitucional lei que fixa o prazo de decadência para a impetração de Mandado de Segurança.

634. Não compete ao supremo tribunal federal conceder medida cautelar para dar efeito suspensivo a recurso extraordinário que ainda não foi objeto de juízo de admissibilidade na origem.

635. Cabe ao presidente do tribunal de origem decidir o pedido de medida cautelar em recurso extraordinário ainda pendente do seu juízo de admissibilidade.

636. Não cabe recurso extraordinário por contrariedade ao princípio constitucional da legalidade, quando a sua verificação pressuponha rever a interpretação dada a normas infraconstitucionais pela decisão recorrida.

639. Aplica-se a súmula 288 quando não constarem do traslado do agravo de instrumento as cópias das peças necessárias à verificação da tempestividade do recurso extraordinário não admitido pela decisão agravada.

641. Não se conta em dobro o prazo para recorrer, quando só um dos litisconsortes haja sucumbido.

642. Não cabe ação direta de inconstitucionalidade de lei do distrito federal derivada da sua competência legislativa municipal.

644. Ao titular do cargo de procurador de autarquia não se exige a apresentação de instrumento de mandato para representá-la em juízo.

648. A norma do §3º do art. 192 da Constituição, revogada pela emenda constitucional 40/2003, que limitava a taxa de juros reais a 12% ao ano, tinha sua aplicabilidade condicionada à edição de lei complementar.

649. É inconstitucional a criação, por Constituição estadual, de órgão de controle administrativo do poder judiciário do qual participem representantes de outros poderes ou entidades.

651. A medida provisória não apreciada pelo congresso nacional podia, até a emenda constitucional 32/2001, ser reeditada dentro do seu prazo de eficácia de trinta dias, mantidos os efeitos de lei desde a primeira edição.

653. No tribunal de contas estadual, composto por sete conselheiros, quatro devem ser escolhidos pela assembleia legislativa e três pelo chefe do poder executivo estadual, cabendo a este indicar um dentre auditores e outro dentre membros do ministério público, e um terceiro a sua livre escolha.

654. A garantia da irretroatividade da lei, prevista no art. 5º, XXXVI, da Constituição da república, não é invocável pela entidade estatal que a tenha editado.

655. A exceção prevista no art. 100, "caput", da Constituição, em favor dos créditos de natureza alimentícia, não dispensa a expedição de precatório, limitando-se a isentá-los da observância da ordem cronológica dos precatórios decorrentes de condenações de outra natureza.

656. É inconstitucional a lei que estabelece alíquotas progressivas para o imposto de transmissão "inter vivos" de bens imóveis – ITBI com base no valor venal do imóvel.

657. A imunidade prevista no art. 150, VI, "d", da Constituição Federal abrange os filmes e papéis fotográficos necessários à publicação de jornais e periódicos.

658. São constitucionais os arts. 7º da Lei n. 7.787/1989 e 1º da Lei n. 7.894/1989 e a Lei n. 8.147/1990, que majoraram a alíquota do FINSOCIAL, quando devida a contribuição por empresas dedicadas exclusivamente à prestação de serviços.

659. É legítima a cobrança da COFINS, do PIS e do FINSOCIAL sobre as operações relativas a energia elétrica, serviços de telecomunicações, derivados de petróleo, combustíveis e minerais do país.

660. Não incide ICMS na importação de bens por pessoa física ou jurídica que não seja contribuinte do imposto.

~~**661.** Na entrada de mercadoria importada do exterior, é legítima a cobrança do ICMS por ocasião do desembaraço aduaneiro.~~(Convertida recentemente na Súmula Vinculante n. 48 acima colacionada)

662. É legítima a incidência do ICMS na comercialização de exemplares de obras cinematográficas, gravados em fitas de videocassete.

663. Os §§ 1º e 3º do art. 9º do decreto-lei n. 406/1968 foram recebidos pela Constituição.

664. É inconstitucional o inciso v do art. 1º da lei 8033/1990, que instituiu a incidência do imposto nas operações de crédito, câmbio e seguros – IOF sobre saques efetuados em caderneta de poupança.

665. É constitucional a taxa de fiscalização dos mercados de títulos e valores mobiliários instituída pela lei 7940/1989.

~~**666.** A contribuição confederativa de que trata o art. 8º, IV, da Constituição, só é exigível dos filiados ao sindicato respectivo.~~ (Convertida recentemente na Súmula Vinculante n. 40 acima colacionada)

667. Viola a garantia constitucional de acesso à jurisdição a taxa judiciária calculada sem limite sobre o valor da causa.

668. É inconstitucional a lei municipal que tenha estabelecido, antes da emenda constitucional 29/2000, alíquotas progressivas para o IPTU, salvo se destinada a assegurar o cumprimento da função social da propriedade urbana.

~~**669.** Norma legal que altera o prazo de recolhimento da obrigação tributária não se sujeita ao princípio da anterioridade.~~ (Convertida recentemente na Súmula Vinculante n. 50 acima colacionada)

~~**670.** O serviço de iluminação pública não pode ser remunerado mediante taxa.~~ (Convertida recentemente na Súmula Vinculante n. 41 acima colacionada)

671. Os servidores públicos e os trabalhadores em geral têm direito, no que concerne à URP de abril/maio de 1988, apenas ao valor correspondente a 7/30 de 16,19% sobre os vencimentos e salários pertinentes aos meses de abril e maio de 1988, não cumulativamente, devidamente corrigido até o efetivo pagamento.

672. O reajuste de 28,86%, concedido aos servidores militares pelas leis 8622/1993 e 8627/1993, estende-se aos servidores civis do Poder Executivo, observadas as eventuais compensações decorrentes dos reajustes diferenciados concedidos pelos mesmos diplomas legais.

681. É inconstitucional a vinculação do reajuste de vencimentos de servidores estaduais ou municipais a índices federais de correção monetária.

682. Não ofende a Constituição a correção monetária no pagamento com atraso dos vencimentos de servidores públicos.

687. A revisão de que trata o art. 58 do ato das disposições constitucionais transitórias não se aplica aos benefícios previdenciários concedidos após a promulgação da constituição de 1988.

688. É legítima a incidência da Contribuição Previdenciária sobre o 13º salário.

689. O segurado pode ajuizar ação contra a instituição previdenciária perante o juízo federal do seu domicílio ou nas varas federais da capital do estado-membro.

~~**724.** Ainda quando alugado a terceiros, permanece imune ao IPTU o imóvel pertencente a qualquer das entidades referidas pelo art. 150, VI, "c", da Constituição, desde que o valor dos aluguéis seja aplicado nas atividades essenciais de tais entidades.~~ (Convertida recentemente na Súmula Vinculante n. 52 acima colacionada)

725. É constitucional o § 2º do art. 6º da lei 8024/1990, resultante da conversão da medida provisória 168/1990, que fixou o BTN fiscal como índice de correção monetária aplicável aos depósitos bloqueados pelo plano Collor I.

730. A imunidade tributária conferida a instituições de assistência social sem fins lucrativos pelo art. 150, VI, "c", da Constituição, somente alcança as entidades fechadas de previdência social privada se não houver contribuição dos beneficiários.

732. É constitucional a cobrança da contribuição do salário-educação, seja sob a carta de 1969, seja sob a Constituição Federal de 1988, e no regime da lei 9424/1996.

733. Não cabe Recurso Extraordinário contra decisão proferida no processamento de precatórios.

734. Não cabe Reclamação quando já houver transitado em julgado o ato judicial que se alega tenha desrespeitado decisão do Supremo Tribunal Federal.

735. Não cabe recurso extraordinário contra acórdão que defere medida liminar.

* **Súmulas do STF** direta ou indiretamente aplicáveis ao Direito Tributário – atualizado até 30.12.2016. Fonte: Disponível em: <http://www.stf.jus.br/arquivo/cms/jurisprudenciaSumula/anexo/Enunciados_Sumula_STF_1_a_736.pdf>

CAPÍTULO 15

SÚMULAS DO STJ

3. Compete ao Tribunal Regional Federal dirimir conflito de competência verificado, na respectiva Região, entre Juiz Federal e Juiz Estadual investido de jurisdição federal.

5. A simples interpretação de clausula contratual não enseja Recurso Especial.

8. Aplica-se a correção monetária aos créditos habilitados em concordata preventiva, salvo durante o período compreendido entre as datas de vigência da Lei 7.274, de 10.12.84, e do Decreto-lei 2.283, de 27.02.86.

13. A divergência entre julgados do mesmo tribunal não enseja recurso especial.

14. Arbitrados os honorários advocatícios em percentual sobre o valor da causa, a correção monetária incide a partir do respectivo ajuizamento.

16. A legislação ordinária sobre crédito rural não veda a incidência da correção monetária.

19. A fixação do horário bancário, para atendimento ao público, é da competência da União.

20. A mercadoria importada de país signatário do GATT é isenta do ICM, quando contemplado com esse favor o similar nacional.

29. No pagamento em juízo para elidir falência, são devidos correção monetária, juros e honorários de advogado.

30. A comissão de permanência e a correção monetária são inacumuláveis.

33. A incompetência relativa não pode ser declarada de ofício.

35. Incide correção monetária sobre as prestações pagas, quando de sua restituição, em virtude da retirada ou exclusão do participante de plano de consórcio.

36. A correção monetária integra o valor da restituição, em caso de adiantamento de câmbio, requerida em concordata ou falência.

39. Prescreve em vinte anos a ação para haver indenização, por Responsabilidade civil, de sociedade de economia mista.

42. Compete à Justiça Comum Estadual processar e julgar as causas cíveis em que é parte sociedade de economia mista e os crimes praticados em seu detrimento.

43. Incide correção monetária sobre dívida por ato ilícito a partir da data do efetivo prejuízo.

45. No reexame necessário, é defeso, ao Tribunal, agravar a condenação imposta à Fazenda Pública.

46. Na execução por carta, os embargos do devedor serão decididos no juízo deprecante, salvo se versarem unicamente vícios ou defeitos da penhora, avaliação ou alienação dos bens.

49. Na exportação de café em grão, não se inclui na base de cálculo do ICM a quota de contribuição, a que e refere o art. 2º do decreto-lei 2.295, de 21.11.86.

50. O adicional de tarifa portuária incide apenas nas operações realizadas com mercadorias importadas ou exportadas, objeto do comercio de navegação de longo curso.

54. Os juros moratórios fluem a partir do evento danoso, em caso de responsabilidade extracontratual.

55. Tribunal regional federal não e competente para julgar recurso de decisão proferida por juiz estadual não investido de jurisdição federal.

58. Proposta a execução fiscal, a posterior mudança de domicilio do executado não desloca a competência já fixada.

59. Não há conflito de competência se já existe sentença com transito em julgado, proferida por um dos juízos conflitantes.

65. O cancelamento, previsto no art. 29 do decreto-lei 2.303, de 21.11.86, não alcança os débitos previdenciarios.

66. Compete a Justiça Federal processar e julgar execução fiscal promovida por conselho de fiscalização profissional.

67. Na desapropriação, cabe a atualização monetária, ainda que por mais de uma vez, independente do decurso de prazo superior a um ano entre o cálculo e o efetivo pagamento da indenização.

68. A parcela relativa ao ICM inclui-se na base de cálculo do PIS.

69. Na desapropriação direta, os juros compensatórios são devidos desde a antecipada imissão na posse e, na desapropriação indireta, a partir da efetiva ocupação do imóvel.

70. Os juros moratórios, na desapropriação direta ou indireta, contam-se desde o transito em julgado da sentença.

71. O bacalhau importado de pais signatário do GATT e isento do ICM.

77. A Caixa Econômica Federal e parte ilegítima para figurar no polo passivo das ações relativas as contribuições para o fundo PIS/PASEP.

80. A taxa de melhoramento dos portos não se inclui na base de cálculo do ICMS.

85. Nas relações jurídicas de trato sucessivo em que a Fazenda Pública figure como devedora, quando não tiver sido negado o próprio direito reclamado, a prescrição atinge apenas as prestações vencidas antes do quinquênio anterior a propositura da ação.

87. A isenção do ICMS relativa a rações balanceadas para animais abrange o concentrado e o suplemento.

93. A legislação sobre cédulas de credito rural, comercial e industrial admite o pacto de capitalização de juros.

94. A parcela relativa ao ICMS inclui-se na base de cálculo do FINSOCIAL.

95. A redução da alíquota do imposto sobre produtos industrializado sou do imposto de importação não implica redução do ICMS.

99. O ministério público tem legitimidade para recorrer no processo em que oficiou como fiscal da lei, ainda que não haja recurso da Parte.

100. E devido o adicional ao frete para renovação da marinha mercante na importação sob o regime de benefícios fiscais a exportação (BEFIEX).

105. Na Ação de Mandado de Segurança não se admite condenação em honorários advocatícios.

106. Proposta a ação no prazo fixado para o seu exercício, a demora na citação, por motivos inerentes ao mecanismo da justiça, não justifica o acolhimento da arguição de prescrição ou decadência.

109. O reconhecimento do direito a indenização, por falta de mercadoria transportada via marítima, independe de vistoria.

112. O depósito somente suspende a exigibilidade do credito tributário se for integral e em dinheiro.

113. Os juros compensatórios, na desapropriação direta, incidem a partir da imissão na posse, calculados sobre o valor da indenização, corrigido monetariamente.

114. Os juros compensatórios, na desapropriação indireta, incidem a partir da ocupação, calculados sobre o valor da indenização, corrigido monetariamente.

116. A Fazenda Pública e o Ministério Público tem prazo em dobro para interpor agravo regimental no superior tribunal de justiça.

118. O agravo de instrumento é o recurso cabível da decisão que homologa a atualização do cálculo da liquidação.

121. Na execução fiscal o devedor deverá ser intimado, pessoalmente, do dia e hora da realização do leilão.

123. A decisão que admite, ou não, o recurso especial deve ser fundamentada, com o exame dos seus pressupostos gerais e constitucionais.

124. A taxa de melhoramento dos portos tem base de cálculo diversa do imposto de importação, sendo legitima a sua cobrança sobre a importação de mercadorias de países signatários do GATT, da ALALC ou ALADI.

125. O pagamento de férias não gozadas por necessidade do serviço não está sujeito a incidência do imposto de renda.

126. E inadmissível Recurso Especial, quando o acordão recorrido assenta em fundamentos constitucional e infraconstitucional, qualquer deles suficiente, por si só, para mantê-lo, e a parte vencida não manifesta Recurso Extraordinário.

128. Na execução fiscal haverá segundo leilão, se no primeiro não houver lanço superior a avaliação.

129. O exportador adquire o direito de transferência de credito do ICMS quando realiza a exportação do produto e não ao estocar a matéria-prima.

135. O ICMS não incide na gravação e distribuição de filmes e videoteipes.

136. O pagamento de licença-prêmio não gozada por necessidade do serviço não está sujeito ao imposto de renda.

138. O ISS incide na operação de arrendamento mercantil de coisas moveis.

139. Cabe a procuradoria da fazenda nacional propor execução fiscal para cobrança de credito relativo ao ITR.

148. Os débitos relativos a benefício previdenciário, vencidos e cobrados em juízo após a vigência da lei n. 6.899/81, devem ser corrigidos monetariamente na forma prevista nesse diploma legal.

150. Compete a Justiça Federal decidir sobre a existência de interesse jurídico que justifique a presença, no processo, da União, suas autarquias ou empresas públicas.

151. A competência para o processo e julgamento por crime de contrabando ou descaminho define-se pela prevenção do juízo federal do lugar da apreensão dos bens.

152. Na venda pelo segurador, de bens salvados de sinistros, incide o ICMS. (Cancelada)

153. A desistência da execução fiscal, após o oferecimento dos embargos, não exime o exequente dos encargos da sucumbência.

154. Os optantes pelo FGTS, nos termos da lei n. 5.958, de 1973, tem direito a taxa progressiva dos juros, na forma do art. 4. da lei n. 5.107, de 1966.

155. O ICMS incide na importação de aeronave, por pessoa física, para uso próprio.

156. A prestação de serviço de composição gráfica, personalizada e sob encomenda, ainda que envolva fornecimento de mercadorias, está sujeita, apenas, ao ISS.

157. É ilegítima a cobrança de taxa, pelo Município, na renovação de licença para localização de estabelecimento comercial ou industrial.(Cancelada)

159. O beneficio acidentário, no caso de contribuinte que perceba remuneração variável, deve ser calculado com base na média aritmética dos últimos doze meses de contribuição.

160. E defeso, ao município, atualizar o IPTU, mediante decreto, em percentual superior ao índice oficial de correção monetária.

161. E da competência da Justiça Estadual autorizar o levantamento dos valores relativos ao PIS / PASEP e FGTS, em decorrência do falecimento do titular da conta.

162. Na repetição de indébito tributário, a correção monetária incide a partir do pagamento indevido.

163. O fornecimento de mercadorias com a simultânea prestação de serviços em bares, restaurantes e estabelecimentos similares constitui fato gerador do ICMS a incidir sobre o valor total da operação.

166. Não constitui fato gerador do ICMS o simples deslocamento de mercadoria de um para outro estabelecimento do mesmo contribuinte.

167. O fornecimento de concreto, por empreitada, para construção civil, preparado no trajeto até a obra em betoneiras acopladas a caminhões, e prestação de serviço, sujeitando-se apenas a incidência do ISS.

169. São inadmissíveis embargos infringentes no processo de mandado de segurança.

175. Descabe o deposito prévio nas ações rescisórias propostas pelo INSS.

176. E nula a clausula contratual que sujeita o devedor a taxa de juros divulgada pela ANBID/CETIP.

177. O Superior Tribunal de Justiça é incompetente para processar e julgar, originariamente, Mandado de Segurança contra ato de órgão colegiado presidido por ministro de estado.

178. O INSS não goza de isenção do pagamento de custas e emolumentos, nas ações acidentarias e de benefícios, propostas na Justiça Estadual.

179. O estabelecimento de credito que recebe dinheiro, em depósito judicial, responde pelo pagamento da correção monetária relativa aos valores recolhidos.

184. A microempresa de representação comercial e isenta do imposto de renda.

185. Nos depósitos judiciais, não incide o imposto sobre operações financeiras.

187. E deserto o recurso interposto para o superior tribunal de justiça, quando o recorrente não recolhe, na origem, a importância das despesas de remessa e retorno dos autos.

188. Os juros moratórios, na repetição do indébito tributário, são devidos a partir do transito em julgado da sentença.

189. E desnecessária a intervenção do Ministério Público nas execuções fiscais.

190. Na execução fiscal, processada perante a Justiça Estadual, cumpre a Fazenda Pública antecipar o numerário destinado ao custeio das despesas com o transporte dos oficiais de justiça.

198. Na importação de veículo por pessoa física, destinado a uso próprio, incide o ICMS.

199. Na execução hipotecaria de credito vinculado ao sistema financeiro da habitação, nos termos da lei n. 5.741/71, a petição inicial deve ser instruída com, pelo menos, dois avisos de cobrança.

201. Os honorários advocatícios não podem ser fixados em salários-mínimos.

205. A Lei 8.009/90 aplica-se a penhora realizada antes de sua vigência.

212. A compensação de créditos tributários não pode ser deferida em ação cautelar ou por medida liminar cautelar ou antecipatória.

213. O Mandado de Segurança constitui ação adequada para a declaração do direito à compensação tributária.

215. A indenização recebida pela adesão a programa de incentivo à demissão voluntária não está sujeita à incidência do imposto de renda.

216. A tempestividade de recurso interposto no Superior Tribunal de Justiça é aferida pelo registro no protocolo da secretaria e não pela data da entrega na agência do correio.

219. Os créditos decorrentes de serviços prestados à massa falida, inclusive a remuneração do síndico, gozam dos privilégios próprios dos trabalhistas.

222. Compete à Justiça Comum processar e julgar as ações relativas à contribuição sindical prevista no art. 578 da CLT.

224. Excluído do feito o ente federal, cuja presença levara o Juiz Estadual a declinar da competência, deve o Juiz Federal restituir os autos e não suscitar conflito.

232. A Fazenda Pública, quando parte no processo, fica sujeita à exigência do depósito prévio dos honorários do perito.

233. O contrato de abertura de crédito, ainda que acompanhado de extrato da conta-corrente, não é título executivo.

237. Nas operações com cartão de crédito, os encargos relativos ao financiamento não são considerados no cálculo do ICMS.

250. É legítima a cobrança de multa fiscal de empresa em regime de concordata.

251. A meação só responde pelo ato ilícito quando o credor, na execução fiscal, provar que o enriquecimento dele resultante aproveitou ao casal.

252. Os saldos das contas do FGTS, pela legislação infraconstitucional, são corrigidos em 42,72% (IPC) quanto às perdas de janeiro de 1989 e 44,80% (IPC) quanto às de abril de 1990, acolhidos pelo STJ os índices de 18,02% (LBC) quanto as perdas de junho de 1987, de 5,38% (BTN) para maio de 1990 e 7,00% (TR) para fevereiro de 1991,de acordo com o entendimento do STF (RE 226.855-7-RS).

262. Incide o imposto de renda sobre o resultado das aplicações financeiras realizadas pelas cooperativas.

263. A cobrança antecipada do valor residual (VRG) descaracteriza o contrato de arrendamento mercantil, transformando-o em compra e venda a prestação. (Cancelada)

270. O protesto pela preferência de crédito, apresentado por ente federal em execução que tramita na Justiça Estadual, não desloca a competência para a Justiça Federal.

271. A correção monetária dos depósitos judiciais independe de ação específica contra o banco depositário.

272. O trabalhador rural, na condição de segurado especial, sujeito à contribuição obrigatória sobre a produção rural comercializada, somente faz jus à aposentadoria por tempo de serviço, se recolher contribuições facultativas.

273. Intimada a defesa da expedição da carta precatória, torna-se desnecessária intimação da data da audiência no juízo deprecado.

274. O ISS incide sobre o valor dos serviços de assistência médica, incluindo-se neles as refeições, os medicamentos e as diárias hospitalares.

276. As sociedades civis de prestação de serviços profissionais são isentas da COFINS, irrelevante o regime tributário adotado. (Cancelada)

279. É cabível execução por título extrajudicial contra a Fazenda Pública.

287. A Taxa Básica Financeira (TBF) não pode ser utilizada como indexador de correção monetária nos contratos bancários.

288. A Taxa de Juros de Longo Prazo (TJLP) pode ser utilizada como indexador de correção monetária nos contratos bancários.

290. Nos planos de previdência privada, não cabe ao beneficiário a devolução da contribuição efetuada pelo patrocinador.

293. A cobrança antecipada do valor residual garantido (VRG) não descaracteriza o contrato de arrendamento mercantil.

294. Não é potestativa a cláusula contratual que prevê a comissão de permanência, calculada pela taxa média de mercado apurada pelo Banco Central do Brasil, limitada à taxa do contrato.

295. A Taxa Referencial (TR) é indexador válido para contratos posteriores à Lei n. 8.177/91, desde que pactuada.

296. Os juros remuneratórios, não cumuláveis com a comissão de permanência, são devidos no período de inadimplência, à taxa média de mercado estipulada pelo Banco Central do Brasil, limitada ao percentual contratado.

300. O instrumento de confissão de dívida, ainda que originário de contrato de abertura de crédito, constitui título executivo extrajudicial.

310. O Auxílio-creche não integra o salário-de-contribuição.

314. Em execução fiscal, não localizados bens penhoráveis, suspende-se o processo por um ano, findo o qual se inicia o prazo da prescrição quinquenal intercorrente.

320. A questão federal somente ventilada no voto vencido não atende ao requisito do prequestionamento.

322. Para a repetição de indébito, nos contratos de abertura de crédito em conta-corrente, não se exige a prova do erro.

324. Compete à Justiça Federal processar e julgar ações de que participa a Fundação Habitacional do Exército, equiparada à entidade autárquica federal, supervisionada pelo Ministério do Exército.

325. A remessa oficial devolve ao Tribunal o reexame de todas as parcelas da condenação suportadas pela Fazenda Pública, inclusive dos honorários de advogado.

327. Nas ações referentes ao Sistema Financeiro da Habitação, a Caixa Econômica Federal tem legitimidade como sucessora do Banco Nacional da Habitação.

328. Na execução contra instituição financeira, é penhorável o numerário disponível, excluídas as reservas bancárias mantidas no Banco Central.

334. O ICMS não incide no serviço dos provedores de acesso à Internet.

339. É cabível ação monitória contra a Fazenda Pública.

345. São devidos honorários advocatícios pela Fazenda Pública nas execuções individuais de sentença proferida em ações coletivas, ainda que não embargadas.

349. Compete à Justiça Federal ou aos juízes com competência delegada o julgamento das execuções fiscais de contribuições devidas pelo empregador ao FGTS.

350. O ICMS não incide sobre o serviço de habilitação de telefone celular.

351. A alíquota de contribuição para o Seguro de Acidente do Trabalho(SAT) é aferida pelo grau de risco desenvolvido em cada empresa, individualizada pelo seu CNPJ, ou pelo grau de risco da atividade preponderante quando houver apenas um registro.

352. A obtenção ou a renovação do Certificado de Entidade Beneficente de Assistência Social (CEBAS) não exime a entidade do cumprimento dos requisitos legais supervenientes.

353. As disposições do Código Tributário Nacional não se aplicam às contribuições para o FGTS.

355. É válida a notificação do ato de exclusão do programa de recuperação fiscal do Refis pelo **Diário Oficial** ou pela Internet.

356. É legítima a cobrança da tarifa básica pelo uso dos serviços de telefonia fixa.

360. O benefício da denúncia espontânea não se aplica aos tributos sujeitos a lançamento por homologação regularmente declarados, mas pagos a destempo.

361. A notificação do protesto, para requerimento de falência da empresa devedora, exige a identificação da pessoa que a recebeu.

362. A correção monetária do valor da indenização do dano moral incide desde a data do arbitramento.

363. Compete à Justiça Estadual processar e julgar a ação de cobrança ajuizada por profissional liberal contra cliente.

364. O conceito de impenhorabilidade de bem de família abrange também o imóvel pertencente a pessoas solteiras, separadas e viúvas.

365. A intervenção da União como sucessora da Rede Ferroviária Federal S/A (RFFSA) desloca a competência para a Justiça Federal ainda que a sentença tenha sido proferida por Juízo estadual.

367. A competência estabelecida pela EC n. 45/2004 não alcança os processos já sentenciados.

371. Nos contratos de participação financeira para a aquisição de linha telefônica, o Valor Patrimonial da Ação (VPA) é apurado com base no balancete do mês da integralização.

372. Na ação de exibição de documentos, não cabe a aplicação de multa cominatória.

373. É ilegítima a exigência de depósito prévio para admissibilidade de recurso administrativo.

375. O reconhecimento da fraude à execução depende do registro da penhorado bem alienado ou da prova de má-fé do terceiro adquirente.

376. Compete a turma recursal processar e julgar o Mandado de Segurança contra ato de juizado especial.

386. São isentas de imposto de renda as indenizações de férias proporcionais e o respectivo adicional.

391. O ICMS incide sobre o valor da tarifa de energia elétrica correspondente à demanda de potência efetivamente utilizada.

392. A Fazenda Pública pode substituir a certidão de dívida ativa (CDA) até a prolação da sentença de embargos, quando se tratar de correção de erro material ou formal, vedada a modificação do sujeito passivo da execução.

393. A exceção de pré-executividade é admissível na execução fiscal relativamente às matérias conhecíveis de ofício que não demandem dilação probatória.

394. É admissível, em embargos à execução, compensar os valores de imposto de renda retidos indevidamente na fonte com os valores restituídos apurados na declaração anual.

395. O ICMS incide sobre o valor da venda a prazo constante da nota fiscal.

396. A Confederação Nacional da Agricultura tem legitimidade ativa para a cobrança da contribuição sindical rural.

397. O contribuinte do IPTU é notificado do lançamento pelo envio do carnê ao seu endereço.

399. Cabe à legislação municipal estabelecer o sujeito passivo do IPTU.

400. O encargo de 20% previsto no DL n. 1.025/1969 é exigível na execução fiscal proposta contra a massa falida.

401. O prazo decadencial da ação rescisória só se inicia quando não for cabível qualquer recurso do último pronunciamento judicial.

406. A Fazenda Pública pode recusar a substituição do bem penhorado por precatório.

407. É legítima a cobrança da tarifa de água fixada de acordo com as categorias de usuários e as faixas de consumo.

409. Em execução fiscal, a prescrição ocorrida antes da propositura da ação pode ser decretada de ofício (art. 219, § 5º, do CPC).

409. Em execução fiscal, a prescrição ocorrida antes da propositura da ação pode ser decretada de ofício (art. 219, § 5º, do CPC).

411. É devida a correção monetária ao creditamento do IPI quando há oposição ao seu aproveitamento decorrente de resistência ilegítima do Fisco.

412. A ação de repetição de indébito de tarifas de água e esgoto sujeita-se ao prazo prescricional estabelecido no Código Civil.

414. A citação por edital na execução fiscal é cabível quando frustradas as demais modalidades.

417. Na execução civil, a penhora de dinheiro na ordem de nomeação de bens não tem caráter absoluto.

422. O art. 6º, e, da Lei n. 4.380/1964 não estabelece limitação aos juros remuneratórios nos contratos vinculados ao SFH.

423. A Contribuição para Financiamento da Seguridade Social COFINS incide sobre as receitas provenientes das operações de locação de bens móveis.

424. É legítima a incidência de ISS sobre os serviços bancários congêneres da lista anexa ao DL n. 406/1968 e à LC n. 56/1987.

425. A retenção da contribuição para a seguridade social pelo tomador do serviço não se aplica às empresas optantes pelo Simples.

426. Os juros de mora na indenização do seguro DPVAT fluem a partir da citação.

428. Compete ao Tribunal Regional Federal decidir os conflitos de competência entre juizado especial federal e juízo federal da mesma seção judiciária.

429. A citação postal, quando autorizada por lei, exige o aviso de recebimento.

430. O inadimplemento da obrigação tributária pela sociedade não gera, por si só, a responsabilidade solidária do sócio-gerente.

431. É ilegal a cobrança de ICMS com base no valor da mercadoria submetido ao regime de pauta fiscal.

432. As empresas de construção civil não estão obrigadas a pagar ICMS sobre mercadorias adquiridas como insumos em operações interestaduais.

433. O produto semielaborado, para fins de incidência de ICMS, é aquele que preenche cumulativamente os três requisitos do art. 1º da Lei Complementar n. 65/1991.

435. Presume-se dissolvida irregularmente a empresa que deixar de funcionar no seu domicílio fiscal, sem comunicação aos órgãos competentes, legitimando o redirecionamento da execução fiscal para o sócio-gerente.

436. A entrega de declaração pelo contribuinte reconhecendo débito fiscal constitui o crédito tributário, dispensada qualquer outra providência por parte do fisco.

437. A suspensão da exigibilidade do crédito tributário superior a quinhentos mil reais para opção pelo Refis pressupõe a homologação expressa do comitê gestor e a Constituição de garantia por meio do arrolamento de bens.

445. As diferenças de correção monetária resultantes de expurgos inflacionários sobre os saldos de FGTS têm como termo inicial a data em que deveriam ter sido creditadas.

446. Declarado e não pago o débito tributário pelo contribuinte, é legítima a recusa de expedição de certidão negativa ou positiva com efeito de negativa.

447. Os Estados e o Distrito Federal são partes legítimas na ação de restituição de imposto de renda retido na fonte proposta por seus servidores.

448. A opção pelo Simples de estabelecimentos dedicados às atividades de creche, pré-escola e ensino fundamental é admitida somente a partir de 24/10/2000, data de vigência da Lei n. 10.034/2000.

449. A vaga de garagem que possui matrícula própria no registro de imóveis não constitui bem de família para efeito de penhora.

450. Nos contratos vinculados ao SFH, a atualização do saldo devedor antecede sua amortização pelo pagamento da prestação.

451. É legítima a penhora da sede do estabelecimento comercial.

452. A extinção das ações de pequeno valor é faculdade da Administração Federal, vedada a atuação judicial de ofício.

453. Os honorários sucumbenciais, quando omitidos em decisão transitada em julgado, não podem ser cobrados em execução ou em ação própria.

454. Pactuada a correção monetária nos contratos do SFH pelo mesmo índice aplicável à caderneta de poupança, incide a taxa referencial (TR) a partir da vigência da Lei n. 8.177/1991.

456. É incabível a correção monetária dos salários de contribuição considerados no cálculo do salário de benefício de auxílio-doença, aposentadoria por invalidez, pensão ou auxílio-reclusão concedidos antes da vigência da CF/1988.

457. Os descontos incondicionais nas operações mercantis não se incluem na base de cálculo do ICMS.

458. A contribuição previdenciária incide sobre a comissão paga ao corretor de seguros.

459. A Taxa Referencial (TR) é o índice aplicável, a título de correção monetária, aos débitos com o FGTS recolhidos pelo empregador mas não repassados ao fundo.

460. É incabível o Mandado de Segurança para convalidar a compensação tributária realizada pelo contribuinte.

461. O contribuinte pode optar por receber, por meio de precatório ou por compensação, o indébito tributário certificado por sentença declaratória transitada em julgado.

462. Nas ações em que representa o FGTS, a CEF, quando sucumbente, não está isenta de reembolsar as custas antecipadas pela parte vencedora.

463. Incide imposto de renda sobre os valores percebidos a título de indenização por horas extraordinárias trabalhadas, ainda que decorrentes de acordo coletivo.

464. A regra de imputação de pagamentos estabelecida no art. 354 do Código Civil não se aplica às hipóteses de compensação tributária.

468. A base de cálculo do PIS, até a edição da MP n. 1.212/1995, era o faturamento ocorrido no sexto mês anterior ao do fato gerador.

473. O mutuário do SFH não pode ser compelido a contratar o seguro habitacional obrigatório com a instituição financeira mutuante ou com a seguradora por ela indicada.

474. A indenização do seguro DPVAT, em caso de invalidez parcial do beneficiário, será paga de forma proporcional ao grau da invalidez.

481. Faz jus ao benefício da justiça gratuita a pessoa jurídica com ousem fins lucrativos que demonstrar sua impossibilidade de arcar com os encargos processuais.

482. A falta de ajuizamento da ação principal no prazo do art. 806 do CPC acarreta a perda da eficácia da liminar deferida e a extinção do processo cautelar.

483. O INSS não está obrigado a efetuar depósito prévio do preparo por gozar das prerrogativas e privilégios da Fazenda Pública.

484. Admite-se que o preparo seja efetuado no primeiro dia útil subsequente, quando a interposição do recurso ocorrer após o encerramento do expediente bancário.

485. A Lei de Arbitragem aplica-se aos contratos que contenham cláusula arbitral, ainda que celebrados antes da sua edição.

486. É impenhorável o único imóvel residencial do devedor que esteja locado a terceiros, desde que a renda obtida com a locação seja revertida para a subsistência ou a moradia da sua família.

490. A dispensa de reexame necessário, quando o valor da condenação ou do direito controvertido for inferior a sessenta salários mínimos, não se aplica a sentenças ilíquidas.

494. O benefício fiscal do ressarcimento do crédito presumido do IPI relativo às exportações incide mesmo quando as matérias-primas ou os insumos sejam adquiridos de pessoa física ou jurídica não contribuinte do PIS/PASEP.

495. A aquisição de bens integrantes do ativo permanente da empresa não gera direito a creditamento de IPI.

497. Os créditos das autarquias federais preferem aos créditos da Fazenda Estadual desde que coexistam penhoras sobre o mesmo bem.

498. Não incide imposto de renda sobre a indenização por danos morais.

499. As empresas prestadoras de serviços estão sujeitas às contribuições ao Sesc e Senac, salvo se integradas noutro serviço social.

508. A isenção da COFINS concedida pelo art. 6º, II, da LC n. 70/1991 às sociedades civis de prestação de serviços profissionais foi revogada pelo art. 56 da Lei n. 9.430/1996.

509. É lícito ao comerciante de boa-fé aproveitar os créditos de ICMS decorrentes de nota fiscal posteriormente declarada inidônea, quando demonstrada a veracidade da compra e venda.

515. A reunião de execuções fiscais contra o mesmo devedor constitui faculdade do Juiz.

516. A contribuição de intervenção no domínio econômico para o Incra (Decreto-Lei n. 1.110/1970), devida por empregadores rurais e urbanos, não foi extinta pelas Leis ns. 7.787/1989, 8.212/1991 e 8.213/1991, não podendo ser compensada com a contribuição ao INSS.

518. Para fins do art. 105, III, a, da Constituição Federal, não é cabível recurso especial fundado em alegada violação de enunciado de súmula.

519. Na hipótese de rejeição da impugnação ao cumprimento de sentença, não são cabíveis honorários advocatícios.

521. A legitimidade para a execução fiscal de multa pendente de pagamento imposta em sentença condenatória é exclusiva da Procuradoria da Fazenda Pública.

523. A taxa de juros de mora incidente na repetição de indébito de tributos estaduais deve corresponder à utilizada para cobrança do tributo pago em atraso, sendo legítima a incidência da taxa Selic, em ambas as hipóteses, quando prevista na legislação local, vedada sua cumulação com quaisquer outros índices.

524. No tocante à base de cálculo, o ISSQN incide apenas sobre a taxa de agenciamento quando o serviço prestado por sociedade empresária de trabalho temporário for de intermediação, devendo, entretanto, englobar também os valores dos salários e encargos sociais dos trabalhadores por ela contratados nas hipóteses de fornecimento de mão de obra.

525. Na hipótese de sucessão empresarial, a responsabilidade da sucessora abrange não apenas os tributos devidos pela sucedida, mas também as multas moratórias ou punitivas referentes a fatos geradores ocorridos até a data da sucessão. Primeira Seção, aprovada em 09.12.2015, **DJe** de 15.12.2015 (**Informativo** n. 574).

526. Quando não houver declaração do débito, o prazo decadencial quinquenal para o Fisco constituir o crédito tributário conta-se exclusivamente na forma do art. 173, I, do CTN, nos casos em que a legislação atribui ao sujeito passivo o dever de antecipar o pagamento sem prévio exame da autoridade administrativa. Primeira Seção, aprovada em 09.12.2015, **DJe** de 15.12.2015 (**Informativo** n. 574).

527. É indevida a incidência de imposto de renda sobre o valor da complementação de aposentadoria pago por entidade de previdência privada e em relação ao resgate de contribuições recolhidas para referidas entidades patrocinadoras no período de 1º.01.1989 a 31.12.1995, em razão da isenção concedida pelo art. 6º, VII, "b", da Lei n. 7.713/1988, na redação anterior à que lhe foi dada pela Lei n. 9.250/1995. Primeira Seção, aprovada em 09.12.2015, **DJe** de 15.12.2015 (**Informativo** n. 574).

528. Em ações de execução fiscal, a petição inicial não pode ser indeferida sob o argumento da falta de indicação do CPF e/ou RG ou CNPJ da parte executada. Primeira Seção, aprovada em 09.12.2015, **DJe** de 15.12.2015 (**Informativo** n. 574).

529. Em ações de execução fiscal, é desnecessária a instrução da petição inicial com o demonstrativo de cálculo do débito, por tratar-se de requisito não previsto no art. 6º da Lei n. 6.830/1980. Primeira Seção, aprovada em 09.12.2015, **DJe** de 15.12.2015 (**Informativo** n. 574).

530. A decretação da indisponibilidade de bens e direitos, na forma do art. 185-A do CTN, pressupõe o exaurimento das diligências na busca por bens penhoráveis, o qual fica caracterizado quando infrutíferos o pedido de constrição sobre ativos financeiros e a expedição de ofícios aos registros públicos do domicílio do executado, ao Denatran ou Detran. Primeira Seção, aprovada em 09.12.2015, **DJe** de 15.12.2015 (**Informativo** n. 574).

531. Na importação, é indevida a exigência de nova certidão negativa de débito no desembaraço aduaneiro, se já apresentada a comprovação da quitação de tributos federais quando da concessão do benefício relativo ao regime de drawback. Primeira Seção, aprovada em 27.04.2016, **DJe** de 02.05.2016 (**Informativo** n. 581).

553. Nos casos de empréstimo compulsório sobre o consumo de energia elétrica, é competente a Justiça estadual para o julgamento de demanda proposta exclusivamente contra a Eletrobrás. Requerida a intervenção da União no feito após a prolação de sentença pelo juízo estadual, os autos devem ser remetidos ao Tribunal Regional Federal competente para o julgamento da apelação se deferida a intervenção (Primeira Seção, julgado em 09/12/2015, **DJe** 15/12/2015).

554. Na hipótese de sucessão empresarial, a responsabilidade da sucessora abrange não apenas os tributos devidos pela sucedida, mas também as multas moratórias ou punitivas referentes a fatos geradores ocorridos até a data da sucessão (Primeira Seção, julgado em 09/12/2015, **DJe** 15/12/2015).

555. Quando não houver declaração do débito, o prazo decadencial quinquenal para o Fisco constituir o crédito tributário conta-se exclusivamente na forma do art. 173, I, do CTN, nos casos em que a legislação atribui ao sujeito passivo o dever de antecipar o pagamento sem prévio exame da autoridade administrativa (Primeira Seção, julgado em 09/12/2015, **DJe** 15/12/2015).

556. É indevida a incidência de imposto de renda sobre o valor da complementação de aposentadoria pago por entidade de previdência privada e em relação ao resgate de contribuições recolhidas para referidas entidades patrocinadoras no período de 1º/1/1989 a 31/12/1995, em razão da isenção concedida pelo art. 6º, VII, b, da Lei n. 7.713/1988, na redação anterior à que lhe foi dada pela Lei n. 9.250/1995 (Primeira Seção, julgado em 09/12/2015, **DJe** 15/12/2015).

558. Em ações de execução fiscal, a petição inicial não pode ser indeferida sob o argumento da falta de indicação do CPF e/ou RG ou CNPJ da parte executada (Primeira Seção, julgado em 09/12/2015, **DJe** 15/12/2015).

559. Em ações de execução fiscal, é desnecessária a instrução da petição inicial com o demonstrativo de cálculo do débito, por tratar-se de requisito não previsto no art. 6º da Lei n. 6.830/1980 (Primeira Seção, julgado em 09/12/2015, **DJe** 15/12/2015).

560. A decretação da indisponibilidade de bens e direitos, na forma do art. 185-A do CTN, pressupõe o exaurimento das diligências na busca por bens penhoráveis, o qual fica caracterizado quando infrutíferos o pedido de constrição sobre ativos financeiros e a expedição de ofícios aos registros públicos do domicílio do executado, ao Denatran ou Detran (Primeira Seção, julgado em 09/12/2015, **DJe** 15/12/2015).

569. Na importação, é indevida a exigência de nova certidão negativa de débito no desembaraço aduaneiro, se já apresentada a comprovação da quitação de tributos federais quando da concessão do benefício relativo ao regime de drawback (Primeira Seção, julgado em 27/04/2016, **DJe** 02/05/2016).

585. A responsabilidade solidária do ex-proprietário, prevista no art. 134 do Código de Trânsito Brasileiro – CTB, não abrange o IPVA incidente sobre o veículo automotor, no que se refere ao período posterior à sua alienação (Primeira Seção, julgado em 14/12/2016, **DJe** 01/02/2017).

CAPÍTULO 16

SÚMULAS DO TFR (EXTINTO)

2. Nos termos do Art. 3º do Decreto-Lei nº 730-69, pode a comissão executiva do Conselho de Política Aduaneira estabelecer preço de referência e baixar a respectiva Resolução.

3. Não se aplica a admissão de pessoal pelo Banco Central do Brasil a norma do Art. 1º da Lei nº 6.334-76, que fixa em 50 anos o limite de idade para inscrição em concursos.

4. É compatível com o artigo 19 do Código Tributário Nacional a disposição do artigo 23 do Decreto-Lei nº 37, de 18.11.1966.

5. A multa prevista no Art. 60, item I, da Lei nº 3.244, de 1957, na redação do Art. 169 do Decreto-Lei nº 37, de 1966, não se aplica ao caso de embarque da mercadoria no exterior após o vencimento do prazo de validade da respectiva guia de importação.

6. A multa prevista no Art. 60, item I, da Lei 3.244, de 1957, na redação do Art. 169 do Decreto-Lei nº 37, de 1966, não se aplica ao caso de embarque da mercadoria no exterior antes de emitida a guia de importação mas chegada ao território nacional depois da expedição do referido documento.

7. O artigo 51 do Código de Propriedade Industrial (Lei nº 5.772, de 21-12-71) também se aplica aos pedidos de privilégio.

10. Considera-se como termo inicial dos prazos do Art. 24 da Lei nº 5.772, de 21 de dezembro de 1971 (Código de Propriedade Industrial), para os depósitos anteriores a essa lei, a data de sua vigência.

12. A regra do parágrafo 1º do Art. 15, da Lei nº 4.862, de 1965, somente se refere a decisões proferidas na instância administrativa.

13. A Justiça Federal é competente para o processo e julgamento da ação de usucapião, desde que o bem usucapiendo confronte com imóvel da União, Autarquias ou Empresas Públicas Federais.

14. O processo e julgamento de ação possessória relativa a terreno do domínio da União, Autarquias e Empresas Públicas Federais, somente são da competência da Justiça Federal, quando dela participar qualquer dessas entidades, como autora, ré, assistente ou opoente.

15. Compete à Justiça Federal julgar Mandado de Segurança contra ato que diga respeito ao ensino superior, praticado por dirigente de estabelecimento particular.

16. Compete à Justiça Estadual julgar Mandado de Segurança contra ato referente ao ensino de 1º e 2º Graus e exames supletivos (Lei nº 5.692, de 1971), salvo se praticado por autoridade federal.

19. Compete ao Tribunal Federal de Recursos julgar conflito de jurisdição entre Auditor Militar e Juiz de Direito dos Estados em que haja Tribunal Militar Estadual (CF, Art. 192).

21. Após a Emenda Constitucional nº 7 de 1977, a competência para o processo e julgamento das ações de indenização, por danos ocorridos em mercadorias, no transporte aéreo, é da Justiça Comum Estadual, ainda quando se discuta a aplicação da Convenção de Varsóvia relativamente ao limite da responsabilidade do transportador.

24. A avaliação da indenização devida ao proprietário do solo, em razão de alvará de pesquisa mineral e processada no Juízo Estadual da situação do imóvel.

25. É aplicável a correção monetária, em razão da mora no pagamento de indenização decorrente de seguro obrigatório.

27. É legitima a exigência do adicional ao frete para a renovação marinha mercante (AFRMM), em importação sob regime aduaneiro de "draw back" realizada antes da vigência do Decreto-Lei nº 1.626 de 1 de junho de 1978.

28. Cancelada

29. Os certificados de quitação e de regularidade não podem ser negados, enquanto pendente de decisão, na via administrativa, o débito levantado.

32. Na execução por carta (CPC, art. 747 c/c o art. 658), os embargos do devedor serão decididos no Juízo deprecante, salvo se versarem unicamente vícios ou defeitos da penhora, avaliação ou alienação dos bens.

33. O Juízo deprecado, na execução por carta, é o competente para julgar os embargos de terceiro, salvo se o bem apreendido foi indicado pelo Juízo deprecante.

34. O duplo grau de jurisdição (CPC, Art. 475, II) e aplicável quando se trata de sentença proferida contra a União, o Estado e o Município, só incidindo, em relação as Autarquias, quanto estas forem sucumbentes na execução da dívida ativa (CPC, Art.475, III).

38. Os certificados de quitação e de regularidade de situação não podem ser negados, se o débito estiver garantido por penhora regular (CTN, Art. 206).

39. Não esta sujeita ao imposto de renda a indenização recebida por pessoa jurídica, em decorrência de desapropriação amigável ou judicial.

40. A execução fiscal da Fazenda Pública federal será proposta perante o Juiz de Direito da comarca do domicílio do devedor, desde que não seja ela sede de vara da Justiça Federal.

42. Salvo convenção das partes, o processo expropriatório não se suspende por motivo de dúvida fundada sobre o domínio.

43. O direito de crédito a que se refere o Art. 36 do RIPI, Decreto nº 70.162, de 18.02.72, restringe-se as máquinas aparelhos e equipamentos produzidos no país, não se estendendo a mercadorias importadas, de idêntica natureza, provenientes de país signatário do Acordo Geral de Tarifa e Comércio (GATT).

44. Ajuizada a execução fiscal anteriormente à falência, com penhora realizada antes desta, não ficam os bens penhorados sujeitos a arrecadação no Juízo falimentar; proposta a execução fiscal contra a massa falida, a penhora far-se-á no rosto dos autos do processo da quebra, citando-se o síndico.

45. As multas fiscais, sejam moratórias ou punitivas, estão sujeitas a correção monetária.

46. Nos casos de devolução do depósito efetuado em garantia de instância e de repetição do indébito tributário, a correção monetária e calculada desde a data do depósito ou do pagamento indevido e incide até o efetivo recebimento da importância reclamada.

47. Cancelado o débito fiscal, a correção monetária, relativa a restituição da importância depositada em garantia de instancia, incide a partir da data da efetivação do depósito.

48. Não cabem embargos infringentes a acórdão proferido em agravo de petição, em execução fiscal, após a vigência do CPC de 1973.

49. Compete à Justiça Estadual processar e julgar as causas em que são partes instituições financeiras em regime de liquidação extrajudicial, salvo se a União Federal, suas entidades autárquicas e empresas públicas forem interessadas na condição de autoras, rés, assistentes ou opoentes.

51. Compete à Justiça Estadual decidir pedido de brasileira naturalizada para adicionar patronímico de companheiro brasileiro nato.

53. Compete à Justiça Estadual processar e julgar questões pertinentes ao direito de família, ainda que estas objetivem reivindicação de benefícios previdenciários.

58. Não é absoluta a competência definida no Art. 96, do Código de Processo Civil, relativamente a abertura de inventario, ainda que existente interesse de menor, podendo a ação ser ajuizada em foro diverso do domicílio do inventariado.

59. A autoridade fiscal de primeiro grau que expede a notificação para pagamento do tributo esta legitimada passivamente para a ação de segurança, ainda que sobre a controvérsia haja decisão, em grau de recurso, de conselho de contribuintes.

60. Compete à Justiça Federal decidir da admissibilidade de Mandado de Segurança impetrado contra atos de dirigentes de pessoas jurídicas privadas, ao argumento de estarem agindo por delegação do Poder Público Federal.

61. Para configurar a competência da Justiça Federal, e necessário que a União, Entidade Autárquica ou Empresa Pública Federal, ao intervir como assistente, demonstre legitimo interesse jurídico no deslinde da demanda, não bastando a simples alegação de interesse na causa.

62. Compete à Justiça Federal processar e julgar ação de desapropriação promovida por concessionária de energia elétrica, se a União intervém como assistente.

64. A mulher que dispensou, no acordo de desquite, a prestação de alimentos, conserva, não obstante, o direito a pensão decorrente do óbito do marido, desde que comprovada a necessidade do benefício.

65. Nas operações realizadas com a empresa "investors overseas services", e indevida a aplicação da multa aos investidores, cabendo a estes apenas o pagamento do imposto do selo.

66. Compete à Justiça do Trabalho processar e julgar os litígios decorrentes das relações de trabalho entre os Municípios de Território Federal e seus empregados.

67. Compete à Justiça Federal processar e julgar os litígios decorrentes das relações de trabalho entre os Territórios Federais e seus empregados.

68. A correção monetária não incide nas aquisições de unidades residenciais do INPS, quando a opção de compra tiver sido anterior a vigência do Decreto-Lei nº 19, de 1966, sendo irrelevantes, em face da Lei n. 5.049, de 1966, o valor ou a área do imóvel.

69. Incumbe ao expropriante pagar o salário do assistente técnico do expropriado.

70. Os juros moratórios, na desapropriação, fluem a partir do trânsito em julgado da sentença que fixa a indenização.

71. A correção monetária incide sobre as prestações de benefícios previdenciários em atraso, observado o critério do salário mínimo vigente na época da liquidação da obrigação.

72. Compete à Justiça do Trabalho processar e julgar os litígios decorrentes das relações de trabalho entre as fundações instituídas por Lei Federal e seus empregados.(Cancelada)

73. Não cabe exigir dos Municípios o certificado de quitação, ou de regularidade de situação.

74. Os juros compensatórios, na desapropriação, incidem a partir da imissão na posse e são calculados, até a data do laudo, sobre o valor simples da indenização e, desde então, sobre referido valor corrigido monetariamente.

75. Na desapropriação, a correção monetária prevista no parágrafo 2º do Art. 26 do Decreto-Lei 3.365, de 1941, incide a partir da data do laudo de avaliação, observando-se a Lei 5.670, de 1971.

76. Em tema de imposto de renda, a desclassificação da escrita somente se legitima na ausência de elementos concretos que permitam a apuração do lucro real da empresa, não a justificando simples atraso na escrita.

77. Cabem embargos infringentes a acórdão não unânime proferido em remessa "ex officio" (CPC, art. 475).

78. Proposta a ação no prazo fixado para o seu exercício, a demora na citação, por motivos inerentes ao mecanismo da justiça, não justifica o acolhimento da arguição de prescrição.

79. Não incide a contribuição previdenciária sobre a quantia paga a título de indenização de aviso prévio.

80. É legítima a cobrança da taxa de despacho aduaneiro de empresa de energia elétrica no período compreendido entre a vigência do Decreto-Lei n. 37, de 1966 e a data da extinção do tributo.

81. Mármores e granitos afeiçoados ao emprego final, mediante processo de industrialização, estão sujeitos ao imposto sobre produtos industrializados.

82. Compete à Justiça do Trabalho processar e julgar as reclamações pertinentes ao cadastramento no Plano de Integração Social (PIS) ou indenização compensatória pela falta deste, desde que não envolvam relações de trabalho dos servidores da União, suas Autarquias e Empresas Públicas.

83. Compete à Justiça Federal processar e julgar reclamação trabalhista movida contra representação diplomática de pais estrangeiro, inclusive para decidir sobre a preliminar de imunidade de jurisdição.

85. A contribuição previdenciária da empresa, por serviços prestados pelo trabalhador autônomo, passou a ser devida a partir da vigência do Decreto-Lei nº 959, de 13.10.69.

86. Estendem-se as empresas de construção civil, que tenham aderido ao programa de contenção de preços, os favores fiscais constantes do Art. 35, parágrafo 2º, da Lei 4.862, de 1965.

87. Compete à Justiça Comum Estadual o processo e julgamento da ação de cobrança de contribuições sindicais.

88. Compete à Justiça do Trabalho o processo e julgamento de reclamação ajuizada contra a Rede Ferroviária Federal S/A por servidor cedido pela União Federal.

89. Compete à Junta de Conciliação e Julgamento, sediada em comarca do interior, cumprir carta precatória expedida por Juiz Federal, em matéria trabalhista.

92. O pagamento dos tributos, para efeito de extinção da punibilidade (Decreto-Lei nº 157, de 1967, artigo 18, par. 2º; STF, Súmula 560), não elide a pena de perdimento de bens autorizada pelo Decreto-Lei 1.455, de 1976, artigo 23.

93. A multa decorrente do atraso no pagamento das contribuições previdenciárias não e aplicável às pessoas de direito público.

94. Provadas as despesas com assistência médico-hospitalar prestada assegurada, vitima de acidente de transito, tem o INPS direito a sub-rogação perante a seguradora responsável pelo seguro obrigatório.

96. As companhias distribuidoras de títulos e valores mobiliários estão sujeitas a registro nos conselhos regionais de economia.

97. As resoluções do Conselho de Política Aduaneira, destinadas a fixação de pauta de valor mínimo, devem conter motivação expressa.

99. A Fazenda Pública, nas execuções fiscais, não esta sujeita a prévio depósito para custear despesas do avaliador.

100. O lucro obtido com a exportação de açúcar demerara, adquirido e exportado pelo Instituto do Açúcar e do Álcool, esta isento do imposto de renda.

101. As multas fiscais não são dedutíveis como despesas operacionais, para fins do imposto de renda.

102. A regra inscrita no artigo 205 da Constituição, com a redação da Emenda Constitucional nº 7, de 1977, não e de aplicabilidade imediata, porque dependente de Lei regulamentadora. (prejudicada)

103. Compete ao Tribunal Federal de Recursos processar e julgar, originariamente, Mandado de Segurança impetrado contra ato de órgão colegiado presidido por ministro de estado.

105. Aos prazos em curso no período compreendido entre 20 de dezembro e 6 de janeiro, na Justiça Federal, aplica-se a regra do artigo 179 do Código de Processo Civil.

106. A seguradora não tem direito a restituição do imposto sobre produtos industrializados, no caso de sinistro ocorrido com mercadorias, após a sua saída do estabelecimento produtor.

107. A ação de cobrança do crédito previdenciário contra a Fazenda Pública está sujeita a prescrição quinquenal estabelecida no Decreto nº 20.910, de 1932.

108. A Constituição do crédito previdenciário esta sujeita ao prazo de decadência de cinco anos.

109. A desapropriação iniciada segundo o procedimento previsto no Decreto-Lei nº 512, de 1969, prosseguira na forma da Lei das desapropriações por utilidade pública, no caso de manifesta discordância do expropriado com o preço oferecido.

110. Os juros compensatórios, na desapropriação, são calculados a taxa de 12% (doze por cento) ao ano.

111. Os embargos do devedor devem ser previamente preparados no prazo de trinta dias, contado da intimação do despacho que determinar o seu pagamento.

112. Em execução fiscal, a responsabilidade pessoal do sócio gerente de sociedade por quotas, decorrente de violação da Lei ou excesso de mandato, não atinge a meação de sua mulher.

114. Compete à Justiça Comum Estadual processar e julgar as causas entre os sindicatos e seus associados.

117. A regra do artigo 236, par. 2º, do Código de Processo Civil, não incide quando o procurador da República funciona como advogado da União Federal, ressalvada a disposição inscrita no artigo 25 da Lei 6.830, de 1980.

118. Na ação expropriatória, a revelia do expropriado não implica em aceitação do valor da oferta e, por isso, não autoriza a dispensa da avaliação.

119. A partir da vigência do Código de Processo Civil de 1973, e cabível a cumulação da multa contratual com honorários advocatícios, na execução hipotecária, regida pela Lei nº 5.741, de 1971.

120. A decisão proferida em processo de retificação do registro civil, a fim de fazer prova junto a administração militar, não faz coisa julgada relativamente a União Federal, se esta não houver sido citada para o feito.

121. Não cabe Mandado de Segurança contra ato ou decisão, de natureza jurisdicional, emanado de relator ou presidente de turma.

122. A companheira, atendidos os requisitos legais, faz jus a pensão do segurado falecido, quer em concorrência com os filhos do casal, quer em sucessão a estes, não constituindo obstáculo a ocorrência do óbito antes da vigência do Decreto-Lei 66, de 1966.

124. Prescreve em vinte anos a ação do beneficiário, ou do terceiro sub-rogado nos direitos deste, fundada no seguro obrigatório de responsabilidade civil.

126. Na cobrança de crédito previdenciário, proveniente da execução de contrato de construção de obra, o proprietário, dono da obra ou condômino de unidade imobiliária, somente será acionado quando não for possível lograr do construtor, através de execução contra ele intentada a respectiva liquidação.

129. É exigível das Autarquias, o depósito previsto no Art. 488, II, do Código de Processo Civil, para efeito de processamento da ação rescisória.

130. No cálculo do imposto de renda, não se inclui o ágio cambial pago na aquisição da moeda estrangeira a ser remetida para o exterior a título de juros devidos.

131. A partir do exercício de 1967, o contribuinte do imposto de renda, para fazer jus a alíquota minorada de 3% (três por cento), prevista no Art. 53 da Lei nº 4.504, de 1964, deverá comprovar o cadastramento do imóvel no INCRA.

132. Os fundos de reserva e os lucros suspensos, enquanto não distribuídos, integram o patrimônio da sociedade e devem ser considerados para efeito de tributação, ainda que pessoa pública detenha a maioria das ações do seu capital.

133. Compete à Justiça Comum Estadual processar e julgar prefeito municipal acusado de desvio de verba recebida em razão de convenio firmado com a União Federal.

134. Não cabe ação rescisória por violação de literal disposição de Lei se, ao tempo em que foi prolatada a sentença rescindenda, a interpretação era controvertida nos tribunais, embora posteriormente se tenha fixado favoravelmente a pretensão do autor.

136. A correção monetária, na desapropriação, deve ser calculada com base na variação nominal das obrigações reajustáveis do tesouro nacional (ORTN).

137. A sentença que, em execução fiscal promovida por autarquia, julga extinto o processo, sem decidir o mérito (CPC, Art. 267), não esta sujeita ao duplo grau de jurisdição obrigatório. (Sem eficácia)

138. A pena de perdimento de veículo, utilizado em contrabando ou descaminho, somente se justifica se demonstrada, em procedimento regular, a responsabilidade do seu proprietário na prática do ilícito.

139. Mercadoria estrangeira importada de países signatários do GATT ou do tratado de montevidéu, para a zona franca de Manaus, esta isenta do pagamento do adicional ao frete para renovação da marinha mercante – AFRMM.

141. Nas ações de desapropriação, computam-se, no cálculo da verba advocatícia, as parcelas relativas aos juros compensatórios e moratórios, devidamente corrigidas.

142. A limitação administrativa "non aedificandi" imposta aos terrenos marginais das estradas de rodagem, em zona rural, não afeta o domínio do proprietário, nem obriga a qualquer indenização.

143. Os serviços de composição e impressão gráficas, personalizados, previstos no artigo 8º, par. 1º, do Decreto-Lei nº 406, de 1968, com as alterações introduzidas pelo Decreto-Lei nº 834, de 1969, estão sujeitos apenas ao ISS, não incidindo OIPI.

144. Para que faça jus a isenção da quota patronal relativa as contribuições previdenciárias, e indispensável comprove a entidade filantrópica ter sido declarada de utilidade pública por Decreto federal.

145. Extingue-se o processo de Mandado de Segurança, se o autor não promover, no prazo assinado, a citação do litisconsorte necessário.

146. A "quota de previdência" relativa aos serviços prestados pelos Estados, Municípios e suas Autarquias incide sobre tarifas ou preços públicos, mesmo no regime anterior ao Decreto-Lei 1.505, de 1976, não atingindo, porém, as taxas, entendidas estas na restrita acepção de espécie do gênero tributo.

147. É indispensável a instauração do procedimento administrativo, a que alude o Art. 27 do Decreto-Lei nº 1.455, de 1976, para aplicação da pena de perdimento de mercadorias importadas, cujo prazo de permanência em recintos alfandegados tenha-se expirado.

148. É competente a Justiça Comum Estadual para processar e julgar ação cível proposta contra o escritório central de arrecadação e distribuição – ECAD.

153. Constituído, no quinquênio, através de auto de infração ou notificação de lançamento, o crédito tributário, não há falar em decadência, fluindo, a partir daí, em princípio, o prazo prescricional, que, todavia, fica em suspenso, até que sejam decididos os recursos administrativos.

154. A Fazenda Pública, nas execuções fiscais, não esta sujeita a prévio depósito para custear despesas do oficial de justiça.

159. É legitima a divisão da pensão previdenciária entre a esposa e a companheira, atendidos os requisitos exigidos.

161. Não se inclui na base de cálculo do PIS a parcela relativa ao IPI.

163. Nas relações jurídicas de trato sucessivo, em que a Fazenda Pública figure como devedora, somente prescrevem as prestações vencidas antes do quinquênio anterior a propositura da ação.

164. O gozo dos benefícios fiscais dos artigos 13 e 14, da Lei 4.239-63, até o advento do DL 1.958-77, não se restringia aos rendimentos industriais ou agrícolas do empreendimento.

165. A isenção do imposto de importação, concedida por resolução do CPA, não exclui a mercadoria da alíquota minorada de 1% (um por cento), prevista na lista nacional brasileira, para a taxa de melhoramento dos portos.

166. Os Municípios não estão sujeitos ao recolhimento do salário.

167. A contribuição previdenciária não incide sobre o valor da habitação fornecida por empresa agroindustrial, a título de liberalidade, a seus empregados, em observância a acordo coletivo de trabalho.

168. O encargo de 20%, do Decreto-Lei 1.025, de 1969, e sempre devido nas execuções fiscais da União e substitui, nos embargos, a condenação do devedor em honorários advocatícios.

169. Na comarca em que não foi criada Junta de Conciliação e Julgamento, é competente o Juiz de Direito para processar e julgar litígios de natureza trabalhista.

174. A partir da vigência do Decreto-Lei 1.418-75, o imposto de renda incide na fonte sobre a remessa de divisas para o exterior, em pagamento de serviços técnicos, de assistência técnica, administrativa e semelhantes, ali prestados por empresa estrangeira, sem prejuízo das isenções previstas no Decreto-Lei 1.446-76. (Decreto-Lei 1.446-76 revogado)

175. A base de cálculo da contribuição do FUNRURAL é o valor comercial da mercadoria, neste incluído ICM, se devido.

182. É ilegítimo o lançamento do imposto de renda arbitrado com base apenas em extratos ou depósitos bancários.

183. Compete ao Juiz Federal do distrito federal processar e julgar Mandado de Segurança contra ato do presidente do BNH.

184. Em execução movida contra sociedade por quotas, o sócio, citado em nome próprio, não tem legitimidade para opor embargos de terceiro, visando livrar da constrição judicial seus bens particulares.

188. Na liquidação por cálculo do contador, a apelação da sentença homologatória ressente-se do pressuposto de admissibilidade, quando o apelante não tenha oferecido oportuna impugnação.

189. Proposta a execução fiscal, a posterior mudança de domicilio do executado não desloca a competência já fixada.

190. A intimação pessoal da penhora ao executado torna dispensável a publicação de que trata o Art. 12 da Lei das execuções fiscais.

191. É compatível a exigência da contribuição para o PIS com o imposto único sobre combustíveis e lubrificantes.

192. O agente marítimo, quando no exercício exclusivo das atribuições próprias, não e considerado responsável tributário, nem se equipara ao transportador para efeitos do Decreto-Lei 37, de 1966.

193. A majoração da alíquota do adicional ao frete para renovação da marinha mercante não esta sujeita ao princípio da anterioridade.

195. O Mandado de Segurança não e meio processual idôneo para dirimir litígios trabalhistas.

203. O procedimento sumário previsto na Lei 1.508-51, compreende também a iniciativa do Ministério Público para a ação penal, nas contravenções referentes a caça, conforme remissão feita pelo Art. 4º da Lei 5.197-67.

204. O fato de a Lei 6.439, de 1977, que instituiu o SINPAS, dizer que as entidades da Previdência Social tem sede e foro no Distrito Federal podendo, provisoriamente, funcionar no Rio de Janeiro, não importa em que as ações contra elas interpostas devam ser necessariamente ajuizadas nesta última cidade.

206. O reajuste da base de cálculo de contribuições previdenciárias, instituído pelo Art. 5º e parágrafos da Lei 6.332-76, não esta sujeito ao princípio da anterioridade.

207. Nas ações executivas regidas pela Lei 5.741, de 1971, o parcelamento do imóvel penhorado independe de avaliação.

208. A simples confissão da dívida, acompanhada do seu pedido de parcelamento, não configura denúncia espontânea.

209. Nas execuções fiscais da fazenda nacional, e legitima a cobrança cumulativa de juros de mora e multa moratória.

210. Na execução fiscal, não sendo encontrado o devedor, nem bens arrestáveis, e cabível a citação editalícia.

211. O adicional ao frete para renovação da marinha mercante (AFRMM) não e devido na remessa de mercadoria nacional para a Zona Franca de Manaus.

213. O exaurimento da via administrativa não é condição para a propositura de ação de natureza previdenciária.

216. Compete à Justiça Federal processar e julgar Mandado de Segurança impetrado contra ato de autoridade previdenciária, ainda que localizada em comarca do interior.

217. No âmbito da Justiça Federal, aplica-se aos feitos trabalhistas o princípio da identidade física do juiz.

218. A sentença, proferida em ação expropriatória a qual se tenha atribuído valor igual ou inferior a 50 (cinquenta) ORTNs, não esta sujeita ao duplo grau obrigatório, nem enseja recurso de apelação.

219. Não havendo antecipação de pagamento, o direito de constituir o crédito previdenciário extingue-se decorridos cinco anos do primeiro dia do exercício seguinte aquele em que ocorreu o fato gerador.

220. As mercadorias oriundas do estrangeiro, com simples trânsito em porto nacional, destinadas a outro país, não estão sujeitas ao pagamento da taxa de melhoramento dos portos (TMP).

221. A taxa de melhoramento dos portos (TMP), referente a mercadoria oriunda do estrangeiro com trânsito em porto nacional e destinada a outro porto nacional, somente é devida no destino.

224. O fato de não serem adjudicados bens que, levados a leilão, deixaram de ser arrematados, não acarreta a extinção do processo de execução.

227. A mudança de critério jurídico adotado pelo fisco não autoriza a revisão de lançamento.

234. Não cabe medida cautelar em ação rescisória para obstar os efeitos da coisa julgada.

235. A falta de peças de translado obrigatório será suprida com a conversão do agravo de instrumento em diligência.

236. O empréstimo compulsório instituído pelo Decreto-Lei 2.047-83, não esta sujeito ao princípio da anterioridade.

240. A intimação do representante judicial da Fazenda Pública, nos embargos a execução fiscal, será feita pessoalmente.

242. O bem alienado fiduciariamente não pode ser objeto de penhora nas execuções ajuizadas contra o devedor fiduciário.

244. A intervenção da União, suas Autarquias e Empresas Públicas em concurso de credores ou de preferência não desloca a competência para a Justiça Federal.

247. Não constitui pressuposto da ação anulatória do débito fiscal o depósito de que cuida o Art. 38 da Lei 6.830, de 1980.

248. O prazo da prescrição interrompido pela confissão e parcelamento da dívida fiscal recomeça a fluir no dia que o devedor deixa de cumprir o acordo celebrado.

252. O parágrafo 3º do Art. 125 da Constituição Federal institui hipótese de competência relativa, pelo que não elide a competência concorrente da Justiça Federal.

253. A companheira tem direito a concorrer com outros dependentes a pensão militar, sem observância da ordem de preferências.

256. A falta de impugnação dos embargos do devedor não produz, em relação a Fazenda Pública, os efeitos de revelia.

257. Não rendem juros os depósitos judiciais na Caixa Econômica Federal a que se referem o Decreto-Lei 759, de 12.08.69, Art. 16, e o Decreto-Lei 1.737, de 20.12.79, Art. 3º.

258. Inclui-se na base de cálculo do PIS a parcela relativa ao ICM.

259. Não cabe agravo de instrumento em causa sujeita a alçada de que trata a Lei 6.825, de 1980, salvo se versar sobre valor da causa ou admissibilidade de recurso. (Revogada)

261. No litisconsórcio ativo voluntário, determina-se o valor da causa, para efeito de alçada recursal, dividindo-se o valor global pelo número de litisconsortes.

262. Não se vincula ao processo o Juiz que não colheu prova em audiência.

263. A produção antecipada de provas, por si só, não previne a competência para a ação principal.

264. As cooperativas não estão sujeitas a tributação do imposto de renda por excesso de retirada de seus dirigentes.

REFERÊNCIAS BIBLIOGRÁFICAS

ALEXANDRINO, Marcelo e PAULO, Vicente. **Direito Tributário na Constituição e no STF.** Teoria e Jurisprudência. 15. ed. São Paulo: 2009.

ALONSO GONZÁLEZ, Luis Manuel. ***Los Impuestos Autonómicos de Carácter Extrafiscal.*** Madrid: Marcial Pons, 1995.

ALVES, José Carlos Moreira. **Usucapião e imposto de transmissão de bens imóveis. Revista de Direito Tributário**, n. 17-18. Cadernos de Direito Tributário, São Paulo: Revista dos Tribunais, 1981. p. 48-49.

AMARO, Luciano. **Direito Tributário Brasileiro.** 16. ed. São Paulo: Saraiva, 2010.

ATALIBA, Geraldo. **República e Constituição**. 2. ed. São Paulo: Malheiros. 2001.

______. GONÇALVES, José Artur Lima. **Crédito-Prêmio de IPI, Direito Adquirido, Recebimento em Dinheiro.** Revista de Direito Tributário, São Paulo, Revista dos Tribunais, v. 55.

______. **Hipótese de Incidência Tributária.** 6ª Ed. São Paulo: Malheiros, 2005.

ÁVILA, Humberto. As taxas e sua mensuração. In: **Revista Dialética de Direito Tributário**, n. 204, set. 2012.

______. **Teoria dos Princípios:** da definição à aplicação dos princípios jurídicos, 2006.

______. **Teoria da Igualdade Tributária**, Malheiros, São Paulo, 2008.

______. **Sistema Constitucional Tributário**. São Paulo: Saraiva, 2004.

BALEEIRO, Aliomar. **Direito tributário brasileiro.** 11. ed. Rio de Janeiro: Forense, 2007.

______. **Uma introdução à ciência das finanças**. 6. ed. Rio de Janeiro: Forense, 1969.

______. **Limitações Constitucionais ao Poder de Tributar**. 7.ed. Atualização: Misabel de Abreu Machado Derzi. Rio de Janeiro, Forense, 1997.

BAPTISTA, Marcelo Caron. **ISS do texto à norma**. Doutrina e Jurisprudência da EC n. 18/65 à LC n. 116/2003. São Paulo: Quartier Latin, 2005.

BARREIRINHAS, Robinson Sakiyama. **Definição de "Serviços" para fins de tributação do ISS. Revista Dialética de Direito Tributário,** n. 104, maio 2004.

BARREIRINHAS, Robison Sakiyama. **Manual de Direito Tributário**. São Paulo: Método, 2006.

BARRETO, Aires F. A nova COFINS: **Primeiros apontamentos. In: Revista Dialética de Direito Tributário**, n. 103, São Paulo: Dialética, abr. 2004.

______. **ISS na Constituição e na Lei**. 3. ed. São Paulo: Dialética, 2009.

______. **ISS: não incidência sobre franquia. In**: **Revista de Direito Tributário**, n. 64, São Paulo: Malheiros.

______. **Natureza Jurídica do imposto criado pela medida provisória 160/90. Repertório IOB de Jurisprudência** – 2ª quinzena de maio de 1990.

BECKER, Alfredo Augusto. **Teoria geral do direito tributário.** 5. ed. São Paulo: Noeses, 2010.

BENEVIDES FILHO, Maurício. **A Sanção Premial no Direito.** Brasília: Brasília Jurídica, 1999.

BOBBIO, Norberto. **Da Estrutura à Função: Novos Estudos da Teoria do Direito**. Tradução: Daniela Beccaccia Versiani, Barueri/SP: Manole, 2007.

BERTI, Flávio de Azambuja. **Impostos: Extrafiscalidade e Não-Confisco**. 2.ed. Curitiba: Juruá, 2006.

BORGES, José Souto Maior. **Lei complementar tributária**. São Paulo: RT, 1975.

______. **Introdução ao Direito Financeiro**. 2 ed. São Paulo: Max Limonad, 1998.

______. **Teoria Geral da Isenção Tributária**. 3 ed. São Paulo: Malheiros, 2001.

BOTTALLO, Eduardo D. Turczyn. O regime jurídico-tributário dos serviços de hospedagem de sites (*Hosting*na Internet). In: **Revista Dialética de Direito Tributário**, n. 98, nov. 2003.

BOTTALLO, Eduardo Domingos. **Fundamentos do IPI** – Imposto sobre produtos industrializados. São Paulo: Revista dos Tribunais, 2002.

BUFFON, Marciano. **O Princípio da Progressividade Tributária na Constituição Federal de 1988**. São Paulo: Memória Jurídica, 2003.

BULGARELLI, Waldírio. **Os valores mobiliários brasileiros como títulos de crédito. Revista de Direito Mercantil, Industrial Econômico e Financeiro**, ano XIX, vol. 37, 1980

CANARIS, Claus-Wilhelm. **Pensamento Sistemático e Conceito de Sistema na Ciência do Direito.** Tradução: A Menezes Cordeiro. Lisboa: Gulbenkian, 1989.

CANOTILHO, José Joaquim Gomes. **Direito Constitucional e Teoria da Constituição**. 4 ed. Coimbra: Almedina, 2000.

CANTO, Fábio Ulhôa. **Manual de direito comercial**: direito de empresa. 19. ed. São Paulo: Saraiva, 2007.

CANTO, Gilberto Ulhôa. **Capacidade Contributiva *in* MARTINS**, Ives Gandra da Silva. **Capacidade Contributiva.** São Paulo: Resenha Tributária e CEEU, 1989 (Caderno de Pesquisas Tributárias, nº 14), p. 1-32.

CARDOSO, Oscar Valente. **A controversa incidência do imposto de renda sobre juros de mora decorrentes de condenação judicial**. **RDDT**, n. 153, jun. 2008.

CARRAZZA, Roque Antonio. **A natureza meramente interpretativa do art. 129 da Lei n. 11.196/2005, o imposto de renda, a contribuição previdenciária e as sociedades de serviços profissionais. RDDT,** n. 154, jul. 2008.

______. **Curso de direito constitucional tributário.** 25. ed. São Paulo: Malheiros, 2009.

______. Imposto sobre serviços. **Revista de Direito Tributário,** n. 48.

CARVALHO, Paulo de Barros. **Curso de direito tributário.** 19 ed. São Paulo: Saraiva, 2008.

______. **Direito tributário** – fundamentos jurídicos da incidência. 4. ed., São Paulo: Saraiva, 2006.

CATÃO, Marcos André Vinhas. **Regime Jurídico dos Incentivos Fiscais.** Rio de Janeiro: Renovar, 2004.

CHIESA, Clélio. **A Competência Tributária do Estado Brasileiro: Desonerações Nacionais e Imunidades Condicionadas.** São Paulo: Max Limonad.

CATÃO, Marcos André Vinhas. **Regime Jurídico dos Incentivos Fiscais.** Rio de Janeiro: Renovar, 2004.

COÊLHO, Sacha Calmon Navarro. **Comentários à Constituição de 1988** – sistema tributário. 8. ed. Rio de Janeiro: Forense, 1999.

______. **Teoria geral do tributo e da exoneração tributária.** 3. ed. Belo Horizonte: Del Rey, 2000.

______. **Curso de Direito Tributário Brasileiro.** 9 ed. Rio de Janeiro: Forense, 2006.

______. **Manual de Direito Tributário.** Rio de Janeiro: Forense, 2001.

CONTI, José Maurício. **O imposto sobre a transmissão de bens imóveis (ITBI): principais questões. Jus Navigandi,** n. 36, nov. 1999. Disponível em: <http://www1.jus.com.br/doutrina/texto.asp?id=1401>. Acesso em: 07 abr. 2003.

CONTI, José Maurício. **Princípios Tributários da Capacidade Contributiva e da Progressividade.** São Paulo: Dialética, 1996.

COSTA, Regina Helena. **Princípio da Capacidade Contributiva.** 3.ed. São Paulo: Malheiros, 1996.

______. **Curso de direito tributário** – Constituição e Código Tributário Nacional. São Paulo: Saraiva, 2009.

______. **Imunidades tributárias** – teoria e análise da jurisprudência do STF. 2. ed. São Paulo: Malheiros.

______. **Direito Tributário – Constituição e Código Tributário Nacional.** São Paulo: Saraiva, 2009.

CRETELLA, José Neto. **Do contrato internacional de *franchising*.** Rio de Janeiro: Forense, 2002.

CUÉLLAR, Leila. **As Agências Reguladoras e o seu Poder Normativo**. São Paulo: Dialética, 2001.

CUNHA, Isabel Marques da. **A responsabilidade do arrematante de imóvel em hasta pública por dívidas de IPTU pretéritas. RDDT**, n. 180/85, set. 2010.

DE PLÁCIDO E SILVA. **Vocabulário jurídico**. 17. ed. Rio de janeiro: Forense, 2000.

DECOMAIN, Pedro Roberto. **Anotações ao Código Tributário Nacional**. São Paulo: Saraiva, 2000.

DERZI, Misabel Abreu Machado. **Direito tributário brasileiro.** 11. ed. (atual.). Rio de Janeiro: Forense, 2007.

______. Fundamentos da tributação ampla das importações pelo ICMS e pelo IPI. In: **Revista de Direito Tributário**, n. 69.

DERZI, Misabel de Abreu Machado. **Direito Tributário, Direito Penal e Tipo**. São Paulo: Revista dos Tribunais, 2007.

DIFINI, Luiz Felipe Silveira**. Manual de direito tributário**. São Paulo: Saraiva, 2003.

DINIZ, Maria Helena. **Direito Civil Brasileiro. Teoria das obrigações contratuais e extracontratuais**. 3º v., 15. ed. São Paulo: Saraiva, 2000.

ELALI, André. **IPI** – aspectos práticos e teóricos. Curitiba: Juruá, 2006.

ETCHEGOYEN, Marcos F. García. **El principio de capacidad contributiva**. Buenos Aires: Ábaco e Universidad Austral, 2004.

FABO, Diego Marín-Barnuevo. ***La Protección Del Mínimo Existencial En El Ámbito Del IRPF.*** Colex, 1996.

FALCÃO, Amílcar de Araújo. **Fato Gerador da obrigação Tributária**. 4. ed. São Paulo: RT, 1977.

FALCÃO, Raimundo Bezerra. **Tributação e Mudança Social**. Rio de Janeiro: Forense, 1981.

FERRAZ, Roberto. **Tributação Ambientalmente Orientada e as Espécies Tributárias no Brasil**. *In* TÔRRES, Heleno Taveira. **Direito Tributário Ambiental.** São Paulo: Malheiros, 2005. p. 333-353.

FARIAS, José Fernando de Castro. **A origem do direito de solidariedade**. Rio de Janeiro: Renovar, 1998.

FERRAGUT, Maria Rita. **Responsabilidade tributária e o Código Civil de 2002.** São Paulo: Noeses, 2009.

FERRARO, Leonora. **Imposto sobre doação e imposto de transmissão *inter vivos* em partilha decorrente de separação judicial ou divórcio.** Clube Musitech. Disponível em: <http://www.ciglioniconsultoria.hpg.ig.com.br/art16.htm>. Acesso em: 06 maio 2003.

FERREIRA, Daniel. **Sanções Administrativas**. São Paulo: Malheiros, 2001. (Temas de Direito Administrativo, 4).

______. **Teoria Geral da Infração Administrativa a partir da Constituição Federal de 1988**. Belo Horizonte: Fórum, 2009.

FILHO, Edmar Oliveira Andrade. **Imposto de renda das empresas**. São Paulo: Atlas, 2010.

FOURGOUX, Jean-Claude *apud* CRETELLA, José Neto. **Do contrato internacional de franchising**. Rio de Janeiro: Forense, 2002.

GIARDINA, Emilio. ***Le Basi Teoriche del Principio della Capacitá Contributiva***. Milano: Giuffrè, 1961.

GODOI, Marciano Seabra de. **Justiça, Igualdade e Direito Tributário**. São Paulo: Dialética, 1999.

GORDOA LÓPEZ, Ana Laura. ***Los Fines Extrafiscales en el Sistema Tributario Mexicano***. México: Porrúa, 2000.

GONÇALES, Antônio Manoel. **A imunidade de sociedade de educação sem fins lucrativos.** In: **RT-CDTFP,** n. 14, 1996.

GOUVÊA, Marcus de Freitas. **A Extrafiscalidade no Direito Tributário**. Belo Horizonte: Del Rey, 2006.

GRAU, Eros Roberto. **A ordem Econômica na Constituição de 1988**. 11 ed. São Paulo: Malheiros, 2000.

GREGÓRIO, Argos. **A capacidade contributiva**. São Paulo: Quartier Latin, 2011.

GUSMÃO, Daniela Ribeiro de. **Incentivos Fiscais, Princípios da Igualdade e da Legalidade e Efeitos no Âmbito do ICMS**. Rio de Janeiro: Lumen Juris, 2005.

HARADA, Kiyoshi. **Direito financeiro e tributário.** 20 ed. São Paulo: Atlas, 2011.

HERRERA MOLINA, Pedro Manuel. ***Capacidad Económica y Sistema Fiscal: Análisis del Ordenamiento Español a la Luz del Derecho Alemán***. Madrid, Marcial Pons.

HERRERA MOLINA, Pedro Manuel. ***La Exención Tributaria***. Madrid: Colex, 1990.

HORVATH, Estevão. **O Princípio do Não-Confisco no Direito Tributário**. São Paulo, Dialética, 2002.

JUSTEN FILHO, Marçal. **O Direito das Agências Reguladoras Independentes**. São Paulo: Dialética, 2002.

______. **O Imposto sobre serviços na Constituição.** São Paulo: Revista dos Tribunais, 1985.

______. **Capacidade Contributiva.** In: MARTINS, Ives Gandra da Silva. **Capacidade Contributiva.** São Paulo: Resenha Tributária e CEEU, 1989 (Caderno de Pesquisas Tributárias, nº 14), p. 357-395.

KELSEN, Hans. **Teoria Pura do Direito.** Tradução: João Baptista Machado. 2. ed. São Paulo: Martins Fontes, 1987.

______. **Teoria Geral das Normas**. Trad. rev. José Florentino Duarte. Porto Alegre: Fabris, 1986.

______. **Teoria Geral do Direito e do Estado**. Trad. Luís Carlos Borges. 3. ed. São Paulo: Martins Fontes, 1998.

KEYNES, John Maynard. *El camino hacia la prosperidade. (The means to prosperity).* In: *Domingues Del Brio*, Francisco (Dir.). La Política fiscal en acción. Selección de lecturas sobre política fiscal moderna. Trad. I Servicio de Estudios del Instituto de Estudios Fiscales. Madrid: impresso em La Fabrica Nacional de Moneda y Timbre, 1971.

LACOMBE, Américo Masset. **Imposto de importação.** São Paulo: Ed. Revista dos Tribunais, 1979.

LIMA, Sebastião de Oliveira. **O fato gerador do imposto de importação na legislação brasileira.** São Paulo: Ed. Resenha Tributária, 1981.

LÓPEZ, Ana Laura Gordoa. ***Los Fines Extrafiscales en El Sistema Tributario Mexicano.*** Mexico: Porrúa, 2000.

MACHADO, Hugo de Brito. **Comentários ao Código Tributário Nacional**. v. 1. São Paulo: Atlas, 2003.

MACHADO, Hugo de Brito. **Curso de direito tributário**. 30. ed. São Paulo: Malheiros, 2009.

______. **O IPI e a importação de produtos industrializados**. In: **Revista Dialética de Direito Tributário**, n. 69, jun. 2001.

MARTINS, Fran. **Contratos e obrigações comerciais**. Rio de Janeiro: Forense, 1996.

MARTINS, Ives Gandra da Silva (coord.). **Capacidade Contributiva**. São Paulo, Resenha Tributária e CEEU, 1989. (Caderno de Pesquisas Tributárias, 14).

______. **Curso de direito tributário**. v. 2, 3. ed. Belém: Cejup, 1994.

______. **Inteligência do art. 133 do Código Tributário Nacional.** Origem do dispositivo. Evolução jurisprudencial e doutrinária. Inaplicabilidade à hipótese consultada. **RDDT**, n. 145, out. 2007.

MARTINS, Ives Gandra da Silva; ELALI, André; PEIXOTO, Marcelo Magalhães (coord.). **Incentivos Fiscais: Questões Pontuais nas Esferas Federal, Estadual e Municipal**. São Paulo: MP, 2007.

MARTINS, Sergio Pinto. **Manual do ISS**. 2. ed. São Paulo: Malheiros, 1998.

MELLO, Célia Cunha. **O Fomento da Administração Pública**. Belo Horizonte: Del Rey, 2003.

MELLO, Celso Antônio Bandeira de. **Conteúdo Jurídico do Princípio da Igualdade**. 3 ed. São Paulo: Malheiros, 2002.

______. **Curso de direito administrativo**. 13. ed. São Paulo: Malheiros, 2001.

MELO, José Eduardo Soares de. **Curso de direito tributário**. 10. ed. São Paulo: Dialética, 2012.

______. **ICMS e prática**. 12. ed. São Paulo: Dialética, 2012.

______. **ICMS, teoria e prática.** 12. ed. São Paulo: Dialética, 2012

______. **ISS** – aspectos teóricos e práticos. 3. ed. São Paulo: Dialética, 2003.

______. **O imposto sobre produtos industrializados (IPI).** In: **Curso de iniciação em direito tributário**. São Paulo: Dialética, 2004.

______; PAULSEN, Leandro. **Impostos federais, estaduais e municipais**. 6. ed. Porto Alegre: Livraria do Advogado, 2004.

MENDONÇA, J. X. Carvalho de Mendonça. **Tratado de Direito Comercial Brasileiro.** Rio de Janeiro: Freitas Bastos, 1970, vol. V, 2ª parte

MILLÁN, Emilio Cencerrado. ***El Mínimo Exento En el Sistema Tributario Español.*** Marcial Pons: 1999.

MORAES, Alexandre de. **Direitos humanos fundamentais.** 2 ed. São Paulo: Atlas, 1998. V. 3.

MORAES, Bernardo Ribeiro de *apud* MARTINS, Ives Gandra da Silva. **Curso de direito tributário**. Imposto sobre serviços de qualquer natureza. 4. ed. Belém: CEJUP, 1995.

______. **Doutrina e prática do imposto sobre serviços**. São Paulo: RT, 1975.

MOREIRA NETO, Diogo de Figueiredo. **Mutações do Direito Administrativo.** Rio de Janeiro: Renovar, 2000.

______. **Curso de Direito Administrativo, Parte Introdutória, Parte Geral e Parte Especial**. 15 Ed. Rio de Janeiro: Forense, 2009.

MONTEIRO, Washington de Barros. **Curso de Direito Civil** – direito de família. 33. ed. São Paulo: Saraiva.

MOSCHETTI, Francesco. ***El Principio de Capacidad Contributiva***. Trad. Juan M. Calero Gallego y Rafael Navas Vazques. Madrid: Instituto de Estudios Fiscales, 1980.

MOSQUERA, Roberto Quiroga. **Tributação no Mercado Financeiro e de Capitais.** São Paulo: Dialética, 1998.

NABAIS, José Casalta. Solidariedade social, cidadania e direito fiscal. In: GRECO, Marco Aurélio; GODOI, Marciano Seabra de (Coord.). **Solidariedade social e tributação.** São Paulo: Dialética, 2005.

______. **O Dever Fundamental de Pagar Impostos.** Coimbra: Almedina, 1998.

NAVEIRA DE CASANOVA, Gustavo J. ***El Principio de No Confiscatoriedad: Estudio en España y Argentina***. Madrid: McGraw-Hill, 1997.

NETO, Miguel Hilú. **Imposto sobre importações e imposto sobre exportações.** São Paulo: Quartier Latin, 2003.

NOGUEIRA, Ruy Barbosa. CD-ROM e Imunidade Tributária. In: **Revista Dialética de Direito Tributário**, n. 83, 2002.

______. **Curso de Direito Tributário.** 14. ed. São Paulo: Saraiva, 1995.

______. **Direito Tributário Aplicado e Comparado.** v. II, Forense: Rio de Janeiro, 1977.

OLIVEIRA, Angelina Mariz. Tributação da transmissão de bens por sucessão hereditária. **Revista Dialética de Direito Tributário,** n. 68, maio 2001.

OLIVEIRA, Ricardo Mariz de. **Capacidade Contributiva.** Caderno de Pesquisas. v. 14.

PAULSEN, Leandro. **Contribuições** – teoria geral: contribuições em espécie.

______. **Direito Tributário – Constituição e Código Tributário – à luz da doutrina e da jurisprudência**. 15. ed. Porto Alegre: Livraria do Advogado, 2013.

PEDREIRA, Bulhões. **Imposto sobre a renda:** pessoas jurídicas. v. 1, Rio de Janeiro: Justec, 1979.

PEREIRA, Caio Mário da Silva. **Instituições de Direito Civil.** v. VI, 11. ed. Rio de Janeiro: Forense, 1996.

PIRES, Adilson Rodrigues. **Ligeiras Reflexões sobre a questão dos incentivos fiscais no Brasil** in MARTINS, Ives Gandra da Silva, ELALI, André, PEIXOTO, Marcelo Magalhães. Incentivos Fiscais. Questões Pontuais nas Esferas Federal, Estadual e Municipal.

RENCK, Renato Romeu. **Imposto de Renda da Pessoa Jurídica** – critérios constitucionais de apuração da base de cálculo. Porto Alegre: Livraria do Advogado, 2001.

RODRIGUES, Silvio. **Direito civil. Parte geral das obrigações**, v. 2, São Paulo: Saraiva, 2002.

ROHENKOHL, Marcelo Saldanha. **O Princípio da Capacidade Contributiva no Estado Democrático de Direito (Dignidade, Igualdade e Progressividade na Tributação).** São Paulo: Quartier Latin, 2007.

ROSA, Demerson Dias. Do histórico da tributação sobre o consumo. In: PEIXOTO, Marcelo Magalhães. **IPI** – aspectos jurídicos relevantes, São Paulo: Quartier Latin, 2003.

SALOMÃO FILHO, Calixto. **Regulação da Atividade Econômica – Princípios e Fundamentos jurídicos.** 2 ed. São Paulo: Malheiros, 2008.

SAMPAIO, Alcides da Fonseca. ITBI: momento de incidência na compra e venda de imóveis. **Revista Dialética de Direito Tributário**, n. 25, out. 1997.

SANTOS, Antonio Jeová. **Dano moral indenizável**. São Paulo: Ed. Lejus, 1997. p. 17.

SCHOUERI, Luís Eduardo. **Direito tributário**. 2. ed. São Paulo: Saraiva, 2012.

______. **Normas Tributárias Indutoras e Intervenção Econômica**. Rio de Janeiro, Forense, 2005.

SEABRA, Antonio Luiz Bandeira. **Tributos, contribuições e taxas**. Syslook: São Paulo, 2002.

SEBASTIÃO, Simone Martins. **Tributo Ambiental: Extrafiscalidade e Função Promocional do Direito**. Curitiba: Juruá, 2009.

SERRANO, Mônica de Almeida Magalhães (Org.). Tratados das imunidades e isenções tributárias. In: **A imunidade e isenção tributárias** – pressupostos teóricos e traços diferenciais. São Paulo: Verbatim.

SILVA, José Afonso da. **Aplicabilidade das normas constitucionais**, São Paulo. Ed. Revista dos Tribunais, 1968.

SILVA, Paulo Roberto Coimbra. **Direito Tributário Sancionador**. São Paulo: Quartier Latin, 2007.

SOUZA, Hamilton Dias de. **Estrutura do imposto de importação no Código Tributário Nacional.** São Paulo: Resenha Tributária, 1980.

SPARAPANI, Priscilia. O Estado Social e os Princípios da Segurança Jurídica, da Proteção à Confiança e da Vedação ao Retrocesso em Matéria de Direitos Sociais. In: SPARAPANI, Priscilia, ADRI, Renata Porto (coord.). **Intervenção do Estado no Domínio Econômico e no Domínio Social**. Belo Horizonte: Fórum, 2010.

TAVOLARO, Agostinho Toffoli. Capacidade Contributiva *in* MARTINS, Ives Gandra da Silva. **Capacidade Contributiva.** São Paulo: Resenha Tributária e CEEU, 1989 (Caderno de Pesquisas Tributárias, nº 14).

TIPKE, Klaus e YAMASHITA, Douglas. **Justiça Fiscal e Princípio da Capacidade Contributiva**. São Paulo: Malheiros, 2002.

TOLEDO, José Eduardo Tellini. **IPI** –incidência tributária e princípios constitucionais. São Paulo: Quartier Latin, 2006.

TORRES, Ricardo Lobo. **Planejamento tributário** – elisão abusiva e evasão fiscal. Rio de Janeiro: Elsevier, 2012.

______. Valores e Princípios no Direito Tributário Ambiental. In: **Direito Tributário Ambiental**. Org. TORRES, Heleno Taveira. São Paulo: Malheiros. 2005. p. 21-54.

______. **Curso de Direito Financeiro e Tributário**. Rio de Janeiro: Renovar, 2001.

UCKMAR, Victor. Princípios comuns do direito constitucional tributário. Tradução: Marco Aurélio Greco. São Paulo: **Revista dos Tribunais.** EDUC, 1976.

VELLOSO, Andrei Pitten e PAULSEN, Leandro. **Contribuições** – teoria geral: contribuições em espécie. 2. ed. Livraria do Advogado: Porto Alegre, 2013.

______, Andrei Pitten. **O Princípio da Isonomia Tributária – da Teoria da Igualdade ao controle das desigualdades impositivas.** Porto Alegre: Livraria do Advogado, 2010.

VIEIRA, José Roberto. **A Regra Matriz de Incidência do IPI. Texto e Contexto.** Curitiba: Juruá, 1993.

______. Medidas Provisórias Tributárias e Segurança Jurídica: A insólita opção Estatal pelo "Viver Perigosamente". In: **Segurança Jurídica na Tributação e Estado de Direito.** II Congresso Nacional de Estudos Tributários. IBET. São Paulo: Noeses, 2005, p. 317-373.

______.A Semestralidade do PIS: Favos de Abelha ou Favos de Vespa? **Revista Dialética de Direito Tributário.** São Paulo: Dialética, v. 83, 2002, p. 88-106.

______. IPI e Extrafiscalidade. **Revista de Direito Tributário**. São Paulo: Malheiros, nº 91, [2004?], p. 74-80.

______. Direito Penal Tributário, *in* Apropriação Indébita Tributária no IPI e no ICMS: Vislumbres de um Estado *"Shylock"*. In: BARRETO, Aires F. *et al.* **Direito Tributário, Linguagem e Método: As Grandes Disputas entre Jurisprudência e Dogmática na Experiência Brasileira Atual**. São Paulo: Noeses, 2008, p. 487-549, especialmente p. 500-505.

XAVIER, Alberto. **Tipicidade da Tributação, Simulação e Norma Antielisiva.** São Paulo: Dialética, 2002.

ZILVETI, Fernando Aurelio. **Princípios de Direito Tributário e a Capacidade Contributiva**. São Paulo: Quartier Latin, 2004.

WAGNER, Adolph. **Traité des Science des Finances. Théorie de lÍmpositión, theorie des taxes et théorie genérale des impots**. E. ed. Tra. Jules Ronjat. Paris: V. Giard & Briére, 1909.

EDITORA *Jus*PODIVM
www.editorajuspodivm.com.br

markpress BRASIL
TEL.: (11) 2225-8383
WWW.MARKPRESS.COM.BR